Beck'sche Kurz-Kommentare

Band 48

Jugendgerichtsgesetz

Bearbeitet von

Dr. Ralf Kölbel
o. Professor an der Ludwig-Maximilians-Universität München

21. Auflage 2020

C.H.BECK

21., neu bearbeitete Auflage
des von *Ulrich Eisenberg* begründeten
und bis zur 20. Auflage bearbeiteten Werkes.

Zitiervorschlag:

Eisenberg/Kölbel Gesetz Paragraf Randnummer
Eisenberg/Kölbel JGG § 10 Rn. 3

www.beck.de

ISBN 978 3 406 73878 4

© 2020 Verlag C. H. Beck oHG
Wilhelmstraße 9, 80801 München
Satz, Druck und Bindung: Druckerei C. H. Beck Nördlingen
(Adresse wie Verlag)
Umschlag: Fotosatz Amann, Memmingen

chbeck.de/nachhaltig

Gedruckt auf säurefreiem, alterungsbeständigem Papier
(hergestellt aus chlorfrei gebleichtem Zellstoff)

Vorwort

Die erste Auflage dieses Kommentars erschien 1982. In den darauffolgenden 36 Jahren hat *Ulrich Eisenberg* das Werk in Alleinbearbeitung unablässig ausgebaut und bis zur 20. Auflage reifen lassen. Dank seines beispiellosen Engagements und seiner tiefen Sachkenntnis wurden seine Erläuterungen zum JGG zu einem wichtigen Hilfsmittel der jugendstrafrechtlichen Praxis – und zugleich zu deren systematischer Kritik. Darüber hinaus ist der Kommentar seit Jahrzehnten in der wissenschaftlichen Debatte fest etabliert, breit rezipiert und höchst anerkannt. Deshalb habe ich es nicht nur als eine Ehre, sondern va als eine ganz erhebliche Verantwortung begriffen, als mir durch *Ulrich Eisenberg* und den Verlag die Pflege des Werkes in die Hände gelegt wurde.

Auch wenn sich an dem Charakter und der Ausrichtung des Kommentars künftig wenig ändern wird, geht mit einem Bearbeiterwechsel in der Regel eine umfassende, wenn auch nur schrittweise realisierbare Neubearbeitung einher. Das verhält sich im vorliegenden Fall nicht anders, wie an den größeren Veränderungen in der Einleitung und den Erläuterungen zu §§ 1, 2, 4, 6, 8, 16–18, 44 und 105 ersichtlich ist. Außerdem hat sich nach der letzten Auflage ein ungewöhnlich großer Aktualisierungsbedarf ergeben, da neben der seitherigen Judikatur und Literatur eine Reihe von weitgreifenden Neuregelungen einzuarbeiten war. Das betrifft neben dem Gesetz vom 19.6.2019 (BGBl. I S. 840) in erster Linie die Umsetzung der Richtlinie (EU) 2016/800 durch das Gesetz zur Stärkung der Verfahrensrechte von Beschuldigten im Jugendstrafverfahren. Durch dessen Berücksichtigung ist es zur Integration einiger neuer Vorschriften sowie zu vielen kleineren, aber auch ganz erheblichen Veränderungen (dies va. in den §§ 38, 50, 51, 67, 67a, 68, 70) gekommen. Ich erwähne dies deshalb so ausdrücklich, weil ich auf die Verschiebungen in der Randnummernzählung hinweisen muss.

Die Entstehung der vorliegenden Auflage wurde durch die Mitarbeiterinnen und Mitarbeiter meines Lehrstuhls unterstützt. Besonders zu erwähnen sind Frau *Dr. Karin Neßeler* und Frau *Barbara Rose*. Dafür möchte ich beiden meinen Dank aussprechen.

München, Januar 2020   Ralf Kölbel

Inhaltsverzeichnis

Jugendgerichtsgesetz (JGG)

Erster Teil. Anwendungsbereich

Zweiter Teil. Jugendliche

Erstes Hauptstück. Verfehlungen Jugendlicher und ihre Folgen

Erster Abschnitt. Allgemeine Vorschriften

Zweiter Abschnitt. Erziehungsmaßregeln

Dritter Abschnitt. Zuchtmittel

Vierter Abschnitt. Die Jugendstrafe

Inhaltsverzeichnis

Inhaltsverzeichnis

Inhaltsverzeichnis

Inhaltsverzeichnis

Viertes Hauptstück. Beseitigung des Strafmakels

Fünftes Hauptstück. Jugendliche vor Gerichten, die für allgemeine Strafsachen zuständig sind

Dritter Teil. Heranwachsende

Erster Abschnitt. Anwendung des sachlichen Strafrechts

Zweiter Abschnitt. Gerichtsverfassung und Verfahren

Dritter Abschnitt. Vollstreckung, Vollzug und Beseitigung des Strafmakels

Vierter Abschnitt. Heranwachsende vor Gerichten, die für allgemeine Strafsachen zuständig sind

Vierter Teil. Sondervorschriften für Soldaten der Bundeswehr

Fünfter Teil. Schluß- und Übergangsvorschriften

Inhaltsverzeichnis

Anhang

Verzeichnis der allgemeinen Abkürzungen

aA	andere(r) Ansicht/Auffassung
AA	Auswärtiges Amt
aaO	am angegebenen Ort
Abb.	Abbildung
abgedr.	abgedruckt
Abh.	Abhandlung(en)
Abk.	Abkommen
ABl.	Amtsblatt
abl.	ablehnend
Abs.	Absatz
abschl.	abschließend
Abschn.	Abschnitt
Abt.	Abteilung
abw.	abweichend
abwM	abweichende Meinung
abzgl.	abzüglich
AdR	Ausschuss der Regionen
aE	am Ende
aF	alte Fassung
aG	auf Gegenseitigkeit
AG	Aktiengesellschaft; Amtsgericht
AGH	Anwaltsgerichtshof
AGJ	Arbeitsgemeinschaft für Kinder- und Jugendhilfe
AK	Arbeitskreis
allg.	allgemein(e), (es), (er), (em), (en)
allgA	allgemeine Ansicht
allgM	allgemeine Meinung
Alt.	Alternative
aM	andere(r) Meinung
amtl.	amtlich
Änd.	Änderung
ÄndG	Änderungsgesetz
ÄndVO	Änderungsverordnung
Anh.	Anhang
Anl.	Anlage
Anm.	Anmerkung
AnwG	Anwaltsgericht
AöR	Anstalt des öffentlichen Rechts
AR	Aufsichtsrat
ArbG	Arbeitsgericht
Arch.	Archiv
Arg.	Argumentation
Art.	Artikel
AT	Allgemeiner Teil
Auff.	Auffassung

Abkürzungen

aufgeh.	aufgehoben
Aufl.	Auflage
Aufs.	Aufsatz
ausdr.	ausdrücklich
ausf.	ausführlich
ausl.	ausländisch
ausschl.	ausschließlich
Az.	Aktenzeichen
Bad.	Baden
bad.	badisch
BAG	Bundesarbeitsgericht
BAnz.	Bundesanzeiger
BArbBl.	Bundesarbeitsblatt
Bay.	Bayern
bay.	bayerisch
Bbg.	Brandenburg
bbg.	brandenburgisch
Bd.	Band
Bde.	Bände
BDiG	Bundesdisziplinargericht
Bearb.	Bearbeiter, Bearbeitung
bearb.	bearbeitet
Begr.	Begründung
begr.	begründet
Beil.	Beilage
Bek.	Bekanntmachung
Bekl.	Beklagte(r)
bekl.	beklagt
Belg.	Belgien
belg.	Belgisch
Bem.	Bemerkung
Ber.	Berichtigung
ber.	berichtigt
bes.	besonders
Beschl.	Beschluss
beschr.	beschränkt, beschrieben, beschreibend
Bespr.	Besprechung
bespr.	besprochen
bestr.	bestritten
Bet.	Beteiligte(r)
bet.	beteiligt
Betr.	Betreff
betr.	betrifft, betreffend
BewHelfer	Bewährungshelfer
BewHilfe	Bewährungshilfe
BewHiSt	Bewährungshilfestatistik
BezG	Bezirksgericht
BFH	Bundesfinanzhof
BGBl.	Bundesgesetzblatt

XIV

Abkürzungen

BGH	Bundesgerichtshof
Bl.	Blatt
Bln.	Berlin
bln.	berlinerisch
BMAS	Bundesministerium für Arbeit und Soziales
BMBF	Bundesministerium für Bildung und Forschung
BMEL	Bundesministerium für Ernährung und Landwirtschaft
BMF	Bundesministerium der Finanzen
BMFSFJ	Bundesministerium für Familie, Senioren, Frauen und Jugend
BMG	Bundesministerium für Gesundheit
BMI	Bundesministerium des Innern
BMJV	Bundesministerium der Justiz und für Verbraucherschutz
BMUB	Bundesministerium für Umwelt, Naturschutz, Bau und Reaktorsicherheit
BMVg	Bundesministerium der Verteidigung
BMVI	Bundesministerium für Verkehr und digitale Infrastruktur
BMWi	Bundesministerium für Wirtschaft und Energie
BMZ	Bundesministerium für wirtschaftliche Zusammenarbeit und Entwicklung
BPatG	Bundespatentgericht
BR	Bundesrat
BRD	Bundesrepublik Deutschland
BR-Drs.	Bundesrats-Drucksache
Brem.	Bremen
brem.	bremisch
BRH	Bundesrechnungshof
brit.	britisch
BR-Prot.	Bundesrats-Protokoll
BSG	Bundessozialgericht
Bsp.	Beispiel(e)
bspw.	beispielsweise
BStBl.	Bundessteuerblatt
BT	Bundestag; Besonderer Teil
BT-Drs.	Bundestags-Drucksache
BtM	Betäubungsmittel
BT-Prot.	Bundestags-Protokoll
Buchst.	Buchstabe
Buchst.	Buchstabe
BVerfG	Bundesverfassungsgericht
BVerwG	Bundesverwaltungsgericht
BW	Baden-Württemberg
bw.	baden-württembergisch
bzgl.	bezüglich
BZR	Bundeszentralregister
bzw.	beziehungsweise

XV

Abkürzungen

ca.	circa
cic	culpa in contrahendo
d.	der/die/das/den/des/durch
Darst.	Darstellung
DDR	Deutsche Demokratische Republik
ders.	derselbe
dgl.	dergleichen, desgleichen
dh	das heißt
dies.	dieselbe
diesbzgl.	diesbezüglich
diff.	differenziert, differenzierend
Dig.	Digesten
Diss.	Dissertation
div.	diverse
DJGT	Deutscher Jugendgerichtstag
DJI	Deutsches Jugendinstitut e. V.
Dok.	Dokument
Drs.	Drucksache
dt.	deutsch
DVJJ	Deutsche Vereinigung für Jugendgerichte und Jugendgerichtshilfen
DVO	Durchführungsverordnung
E	Entwurf
EB	Erziehungsbeistand, Erziehungsbeistandschaft
ebd.	ebenda
Ed.	Edition
eG	eingetragene Genossenschaft
EGMR	Europäischer Gerichtshof für Menschenrechte
ehem.	ehemalig/e/er/es
Einf.	Einführung
einf.	einführend
eing.	eingehend
eingef.	eingefügt
einhM	einhellige Meinung
Einl.	Einleitung
einschl.	einschließlich
einschr.	einschränkend
eK	eingetragener Kaufmann
EL	Ergänzungslieferung
Empf.	Empfehlung
endg.	endgültig
engl.	englisch
Entsch.	Entscheidung
Entschl.	Entschluss
entspr.	entspricht, entsprechend
EP	Europäisches Parlament
ER	Europäischer Rat

Abkürzungen

Erg.	Ergebnis, Ergänzung
erg.	ergänzend
Ergbd.	Ergänzungsband
Erkl.	Erklärung
Erl.	Erlass, Erläuterung(en)
Erwgr.	Erwägungsgrund
etc	et cetera (und so weiter)
EuG	Gericht erster Instanz der Europäischen Gemeinschaften
EuGH	Europäischer Gerichtshof
eur.	europäisch
eV	eingetragener Verein
ev.	evangelisch
evtl.	eventuell
EWIV	Europäische wirtschaftliche Interessenvereinigung
EWR	Europäischer Wirtschaftsraum
EZB	Europäische Zentralbank
f., ff.	folgende Seite bzw. Seiten
FAER	Fahreignungsregister
FamG	Familiengericht
FG	Finanzgericht; Festgabe
FMBl.	Finanzministerialblatt
Fn.	Fußnote
Frankr.	Frankreich
frz.	französisch
FS	Festschrift
G	Gesetz
GA	Generalanwalt/Generalanwältin
gAG	Gemeinnützige Aktiengesellschaft
GBA	Generalbundesanwalt/Generalbundesanwältin
GBl.	Gesetzblatt
GbR	Gesellschaft bürgerlichen Rechts
GE	Gesetzesentwurf
geänd.	geändert
geb.	geboren
gem.	gemäß
ges.	gesetzlich
gewöhnl.	gewöhnlich
GewR	Gewerberecht
GewRS	Gewerblicher Rechtsschutz
ggf.	gegebenenfalls
gGmbH	gemeinnützige Gesellschaft mit beschränkter Haftung
ggü.	gegenüber
glA	gleicher Ansicht
GLE	Gleichlautendende Ländererlasse
GmbH	Gesellschaft mit beschränkter Haftung

Abkürzungen

GmbH & Atypisch
Still .... Gesellschaft mit beschränkter Haftung und atypi-
sche stille Gesellschafter
GmbH & Co. KG ..... Gesellschaft mit beschränkter Haftung und Com-
pagnie Kommanditgesellschaft
GmbH & Still .... Gesellschaft mit beschränkter Haftung und stille
Gesellschafter
GMBl. .... Gemeinsames Ministerialblatt
GmS-OBG .... Gemeinsamer Senat der obersten Gerichtshöfe des
Bundes
Grdl. .... Grundlage
grdl. .... grundlegend
grds. .... grundsätzlich
Griech. .... Griechenland
GS .... Gedenkschrift, Gedächtnisschrift
GVBl. .... Gesetz- und Verordnungsblatt
GVO .... Gruppenfreistellungsverordnung; Grundverord-
nung
GVOBl. .... Gesetz- und Verordnungsblatt

hA .... herrschende Ansicht/Auffassung
Halbbd. .... Halbband
HdB .... Handbuch
Hess. .... Hessen
hess. .... hessisch
hins. .... hinsichtlich
hL .... herrschende Lehre
hM .... herrschende Meinung
Hmb. .... Hamburg
hmb. .... hamburgisch
Hrsg. .... Herausgeber
hrsg. .... herausgegeben
Hs. .... Halbsatz
HV .... Hauptversammlung; Handelsvertreter; Hauptverhandlung

ic .... in concreto/in casu
idF .... in der Fassung
idR .... in der Regel
idS .... in diesem Sinne
iE .... im Einzelnen
iErg .... im Ergebnis
ieS .... im engeren Sinne
IGfH .... Internationale Gesellschaft für erzieherische Hilfen
IGH .... Internationaler Gerichtshof
iGr .... in Gründung
iHd .... in Höhe des/der
IHK .... Industrie- und Handelskammer
iHv .... in Höhe von
iJ .... im Jahre

XVIII

Abkürzungen

iL	in Liquidation
Inf.	Information
insbes.	insbesondere
insges.	insgesamt
int.	international
InvAG	Investmentaktiengesellschaft
iRd	im Rahmen des/der
iRv	im Rahmen von
iS	im Sinne
iSd	im Sinne des/der
ISG	Internationaler Seegerichtshof
IStGH	Internationaler Strafgerichtshof
iSv	im Sinne von
it.	italienisch
iÜ	im Übrigen
iVm	in Verbindung mit
iW	im Wesentlichen
iwS	im weiteren Sinne
iZw	Im Zweifel
JA	Jugendarrest
JAmt	Jugendamt
jew.	jeweils
Jg.	Jahrgang
Jge.	Jahrgänge
JGericht	Jugendgericht
Jh.	Jahrhundert
JKammer	Jugendkammer
JMBl.	Justizministerialblatt
JRichter	Jugendrichter
JSchG	Jugendschöffengericht
JStA	Jugendstaatsanwalt(schaft)
JStR	Jugendstrafrecht
jstr	jugendstrafrechtlich
JStrafe	Jugendstrafe
JStV	Jugendstrafverfahren
JStVollz	Jugendstrafvollzug
JuMiKo	Justizministerkonferenz
jur.	juristisch
JVA	Justizvollzugsanstalt
JVerfahren	Jugendverfahren
Kap.	Kapitel, Kapital
kath.	katholisch
Kfz	Kraftfahrzeug
KG	Kommanditgesellschaft; Kammergericht
KGaA	Kommanditgesellschaft auf Aktien
Kj.	Kalenderjahr
Kl.	Kläger

Abkürzungen

kl.	klagend
Kom.	Komitee, Kommission
Komm.	Kommentar
KöR	Körperschaft des öffentlichen Rechts
krit.	kritisch
KuJHiSt	Statistik der Kinder- und Jugendhilfe
LAG	Landesarbeitsgericht
lat.	lateinisch
Lbj.	Lebensjahr
lfd.	laufend
Lfg.	Lieferung
LG	Landgericht
li.	links, linke(r)
Liecht.	Liechtenstein
liecht.	liechtensteinisch
Lit.	Literatur
lit.	litera
Lkw	Lastkraftwagen
Ls.	Leitsatz
LSA	Sachsen-Anhalt
LSG	Landessozialgericht
lt.	laut
Ltd.	Limited (englische Unternehmensform)
LT-Drs.	Landtags-Drucksache
LT-Prot.	Landtags-Protokoll
Lux.	Luxemburg
lux.	luxemburgisch
mablAnm	mit ablehnender Anmerkung
mÄnd	mit Änderungen
mAnm	mit Anmerkung
Mat.	Materialien
maW	mit anderen Worten
max.	maximal
mBespr	mit Besprechung
MBl.	Ministerialblatt
mE	meines Erachtens
mind.	mindestens
Mio.	Million(en)
Mitt.	Mitteilung(en)
mkritAnm	mit kritischer Anmerkung
mN	mit Nachweisen
Mot.	Motive
Mrd.	Milliarde(n)
mtl.	monatlich
MV	Mecklenburg-Vorpommern
mv	mecklenburg-vorpommerisch
mwH	mit weiteren Hinweisen
mwN	mit weiteren Nachweisen

Abkürzungen

mWv	mit Wirkung vom
mzustAnm	mit zustimmender Anmerkung
n.	näher
nachf.	nachfolgend
Nachw.	Nachweise
Nds.	Niedersachsen
nds.	niedersächsisch
nF	neue Fassung
Nov.	Novelle
Nr.	Nummer
nrkr	nicht rechtskräftig
NRW	Nordrhein-Westfalen
nrw	nordrhein-westfälisch
nv	nicht veröffentlicht
o.	oben, oder
o. a.	oben angegeben(e/es/er)
o. g.	oben genannte(r, s)
oÄ	oder Ähnliche/s
öffentl.	öffentlich
OHG	Offene Handelsgesellschaft
oJ	ohne Jahrgang
OLG	Oberlandesgericht
Öst.	Österreich
öst.	österreichisch
oV	ohne Verfasser
OVG	Oberverwaltungsgericht
OWi	Ordnungswidrigkeiten
OWiR	Ordnungswidrigkeitenrecht
PDV	Polizeidienstvorschrift
PKS	Polizeiliche Kriminalstatistik
Pkw	Personenkraftwagen
Pol.	Polen
poln.	polnisch
port.	portugiesisch
Port.	Portugal
Preuß.	Preußen
preuß.	preußisch
Prot.	Protokoll
pVV	Positive Vertragsverletzung
RAnz.	Reichsanzeiger
rd.	rund
RdErl.	Runderlass
RdSchr.	Rundschreiben
re.	rechts, rechte(r)
RefE	Referentenentwurf
RegE	Regierungsentwurf

Abkürzungen

REIT-AG	Real-Estate-Investment-Trust Aktiengesellschaft
RGBl.	Reichsgesetzblatt
RhPf	Rheinland-Pfalz
rhpf	rheinland-pfälzisch
rkr.	rechtskräftig
RKrSt	Reichskriminalstatistik
RL	Richtlinien (zum Jugendgerichtsgesetz)
RMBliV.	Reichsministerialblatt der inneren Verwaltung
Rn.	Randnummer
RPflSt	Rechtspflegestatistik
Rs.	Rechtssache
Rspr.	Rechtsprechung
RT	Reichstag
RT-Drs.	Reichstags-Drucksache
RT-Prot.	Reichstags-Protokoll
russ.	russisch
Russl.	Russland
RVO	Rechtsverordnung; Reichsversicherungsordnung (SozR)
S.	Seite(n), Satz
s.	siehe
s. a.	siehe auch
s. o.	siehe oben
s. u.	siehe unten
Saarl.	Saarland
saarl.	saarländisch
Sachs.	Sachsen
sächs.	sächsisch
sachsanh	sachsen-anhaltinisch
SchlA	Schlussantrag
SchlH	Schleswig-Holstein
schlh	schleswig-holsteinisch
Schr.	Schrifttum, Schreiben
schweiz.	schweizerisch
SE	Europäische Aktiengesellschaft (Societas Europaea)
Sen.	Senat
SG	Sozialgericht
Slg.	Sammlung
sog.	sogenannt
Sp.	Spalte
span.	spanisch
Span.	Spanien
st.	ständig
StA	Staatsanwalt oder Staatsanwaltschaft
StatJb	Statistisches Jahrbuch für die Bundesrepublik Deutschland
Stellungn.	Stellungnahme
StGH	Staatsgerichtshof
Stichw.	Stichwort

Abkürzungen

StR	Strafrecht
str.	streitig, strittig
stRspr	ständige Rechtsprechung
StVerf	Strafverfahren
StVollzSt	Strafvollzugsstatistik
StVR	Strafverfahrensrecht
Suppl.	Supplement
teilw.	teilweise
teilw.	teilweise
Thür.	Thüringen
thür.	thüringisch
TOA	Täter-Opfer-Ausgleich
türk.	türkisch
Türk.	Türkei
TV	Testamentsvollstrecker; Testamentsvollstreckung; Tarifvertrag
tvA	teilweise vertretene Ansicht
Tz.	Textziffer
u.	und, unter, unten
UA	Untersuchungsausschuss
ua	und andere, unter anderem
ua	unter anderem, und andere
uÄ	und Ähnliches
UAbs.	Unterabsatz
UAbschn.	Unterabschnitt
uam	und anderes mehr
uÄm	und Ähnliches mehr
überarb.	überarbeitet
Überbl.	Überblick
überw.	überwiegend
Übk.	Übereinkommen
uE	unseres Erachtens
UG	Unternehmergesellschaft
UK	Unterkommission
Umf.	Umfang
umfangr.	umfangreich
umstr.	umstritten
ung.	ungarisch
Ung.	Ungarn
unstr.	unstreitig
unv.	unverändert, unveränderte Auflage
unveröff.	unveröffentlicht
unzutr.	unzutreffend
Urk.	Urkunde
Urt.	Urteil
usw	und so weiter
uU	unter Umständen

Abkürzungen

uvam	und vieles anderes mehr
uvm	und viele mehr
v.	vom, von
va	vor allem
Var.	Variante
vAw	von Amts wegen
Verf.	Verfasser, Verfassung, Verfahren
VerfG	Verfassungsgericht
VerfGH	Verfassungsgerichtshof
Verh.	Verhandlung
vern.	verneinend
Veröff.	Veröffentlichung
Vers.	Versicherung
Vertr.	Vertrag
vertragl.	vertraglich
Verw.	Verwaltung
Vfg.	Verfügung
VG	Verwaltungsgericht
VGH	Verwaltungsgerichtshof
vgl.	vergleiche
vH	von Hundert
VO	Verordnung
Vol., vol.	volume (Band)
Vollstr.	Vollstreckung
Vollz.	Vollzug
Voraufl.	Vorauflage
Vorb.	Vorbemerkung
vorl.	vorläufig
Vorschr.	Vorschrift
vs.	versus
VU	Versäumnisurteil
Wiss.	Wissenschaft
wiss.	wissenschaftlich
Wj.	Wirtschaftsjahr
wN	weitere Nachweise
Württ.	Württemberg
württ.	württembergisch
zahlr.	zahlreich
zB	zum Beispiel
zBew	zur Bewährung
Zbl	Zentralblatt für Jugendrecht und Jugendwohlfahrt (vormalige Zeitschrift, heute Zeitschrift für Kindschaftsrecht und Jugendhilfe)
ZfJ	Zentralblatt für Jugendrecht (vormalige Zeitschrift, heute Zeitschrift für Kindschaftsrecht und Jugendhilfe)
Ziff.	Ziffer

Abkürzungen

zit.	zitiert
zT	zum Teil
zul.	zuletzt
zusf.	zusammenfassend
zust.	zustimmend
zutr.	zutreffend
ZV	Zwangsvollstreckung; Zwangsversteigerung
zVb	zur Veröffentlichung bestimmt
zw.	zweifelhaft
zzgl.	zuzüglich
zzt.	zurzeit

Verzeichnis der abgekürzt zitierten Literatur

Albrecht JugendStrafR — Albrecht, Jugendstrafrecht, Lehrbuch, 3. Aufl. 2000

Alsberg Beweisantrag .. — Alsberg, Der Beweisantrag im Strafprozess, Handbuch, 7. Aufl. 2019

Altermann Vorverurteilung .... — Altermann, Medienöffentliche Vorverurteilung – strafjustitielle Folgerungen für das Erwachsenen- und das Jugendstrafverfahren?, 1. Aufl. 2009

AnwK U-Haft .... — König, Anwaltkommentar Untersuchungshaft, 1. Aufl. 2011

AnwK-StGB .... — Leipold/Tsambikakis/Zöller, Anwaltkommentar StGB, Kommentar, 2. Aufl. 2015

AnwK-StPO .... — Krekeler/Löffelmann/Sommer, Krekeler/Löffelmann/Sommer, Anwaltkommentar StPO, Kommentar, 1. Aufl. 2010

Arloth/Krä .... — Arloth/Krä, Strafvollzugsgesetz: StVollzG, Kommentar, 4. Aufl. 2017

Barton/Kölbel Opferzuwendung .... — Barton/Kölbel, Ambivalenzen der Opferzuwendung des Strafrechts, Monografie, 1. Aufl. 2012

BeckOK JGG .... — Gertler/Kunkel/Putzke, BeckOK JGG, Kommentar, 15. Aufl. 2019

Bender JGG .... — Bender, Jugendgerichtsgesetz mit den ergänzenden bundeseinheitlichen Gesetzen, VOen und Vven, Kommentar, Loseblattausgabe

BGKM Strafverteidigung .... — Brüssow/Gatzweiler/Krekeler/Mehle, Strafverteidigung in der Praxis, 3. Aufl. 2004

Bierbrauer/Gottwald/ Birnbreuer-Stahlberger Verfahrensgerechtigkeit .... — Bierbrauer/Gottwald/Birnbreuer-Stahlberger, Verfahrensgerechtigkeit, 1. Aufl. 1995

Birkhoff/Lemke GnadenR .... — Birkhoff/Lemke, Gnadenrecht, 1. Aufl. 2012

Birkhoff/Lemke GnadenR .... — Birkhoff/Lemke, Gnadenrecht, Handbuch, 1. Aufl. 2012

BMJ 1986 .... — BMJ, Neue ambulante Maßnahmen nach dem JGG, 1. Aufl. 1986

BMJ 1987 .... — BMJ, Verteidigung in Jugendstrafsachen, 1. Aufl. 1987

BMJ 1989 .... — BMJ, Jugendstrafrechtsreform durch die Praxis, 1. Aufl. 1989

Literatur

BMJ 1992 .... BMJ, Grundfragen des Jugendkriminalrechts und seiner Neuregelung, 1. Aufl. 1992

BMJ 2009 .... BMJ, Jugendkriminalrecht vor neuen Herausforderungen?, 1. Aufl. 2009

BMJV 2017 .... BMJV, Berliner Symposium zum Jugendkriminalrecht und seiner Praxis, 1. Aufl. 2017

Boers/Schaerff Bewegung .... Boers/Schaerff, Kriminologische Welt in Bewegung, 1. Aufl. 2018

Böhm/Feuerlein JugendStrafR .... Böhm/Feuerhelm, Einführung in das Jugendstrafrecht, Lehrbuch, 4. Aufl. 2004

Boxberg Jugendstrafe .. Boxberg, Entwicklungsintervention Jugendstrafe, 1. Aufl. 2018

Brunner/Dölling .... Brunner/Dölling, Jugendgerichtsgesetz, 13. Aufl. 2017

Buckolt Jugendstrafe ... Buckolt, Die Zumessung der Jugendstrafe – eine kriminologisch-empirische und rechtsdogmatische Untersuchung, 1. Aufl. 2009

Budelmann Jugend-StrafR .... Budelmann, Jugendstrafrecht für Erwachsene?, 1. Aufl. 2005

Burmann Sicherungshaft .... Burmann, Die Sicherungshaft gemäß § 453 StPO, 1. Aufl. 1984

Burscheidt Verbot ...... Burscheidt, Das Verbot der Schlechterstellung Jugendlicher und Heranwachsender gegenüber Erwachsenen in vergleichbarer Verfahrenslage, 1. Aufl. 2000

Dallinger/Lackner ..... Dallinger/Lackner, Jugendgerichtsgesetz, 2. Aufl. 1965

Dallinger/Lackner ..... Dallinger/Lackner, Jugendgerichtsgesetz mit ergänzenden Vorschriften, Kommentar, 2. Aufl. 1965

Denkschrift 1964 .... Schüler-Springorium, Denkschrift über die Reform des Jugendgerichtsgesetzes im Rahmen der Großen Strafrechtsreform, 1. Aufl. 1964

Denkschrift 1977 .... DVJJ, Denkschrift über die kriminalrechtliche Behandlung junger Volljähriger, 1. Aufl. 1977

DGHP Juvenile .... Dünkel/Grzywa/Horsfield/Pruin, Juvenile Justice Systems in Europe, 1. Aufl. 2010

Diemer/Schatz/Sonnen .... Diemer/Schatz/Sonnen, Kommentar zum JGG, 7. Aufl. 2016

Dollinger Jugendkriminalität .... Dollinger, Jugendkriminalität als Kulturkonflikt, 1. Aufl. 2010

Dollinger/Schabdach Jugendkriminalität ..... Dollinger/Schabdach, Jugendkriminalität, 1. Aufl. 2013

Dollinger/Schmidt-Semisch Jugendkriminalität-HdB .... Dollinger/Schmidt-Semisch, Handbuch Jugendkriminalität, 3. Aufl. 2018

DSM-5 .... American Psychiatric Association, Diagnostical and statistical manual of mental disorders – DSM-5, 1. Aufl. 2015

Dünkel Freiheitsentzug .... Dünkel, Freiheitsentzug für junge Rechtsbrecher, 1. Aufl. 1990

DVJJ 28 .... Die Durchführung des JGG als Personenfrage. Berlin 1928

DVJJ 55 .... Neue Wege zur Bekämpfung der Jugendkriminalität. Schriftenreihe der DVJJ, Neue Folge, Heft 1, Köln, Berlin 1955

DVJJ 75 .... DVJJ (Hrsg); Jugendgerichtsbarkeit und Sozialarbeit. Schriftenreihe der DVJJ, Neue Folge, Heft 9, München 1975

DVJJ 77 .... DVJJ (Hrsg); Junge Volljährige im Kriminalrecht, München 1997

DVJJ 81 .... DVJJ (Hrsg); Die jugendrichterlichen Entscheidungen – Anspruch und Wirklichkeit; Schriftenreihe DVJJ, Neue Folge, Heft 12; München 1981

DVJJ 84 .... DVJJ (Hrsg); Jugendgerichtsverfahren und Kriminalprävention; Schriftenreihe DVJJ, Neue Folge, Heft 12; München 1984

DVJJ 87 .... DVJJ (Hrsg): Und wenn es künftig weniger werden. – Die Herausforderung der geburtenschwachen Jahrgänge –; Schriftenreihe DVJJ, Neue Folge, Heft 17; München 1987

DVJJ 90 .... DVJJ (Hrsg); Mehrfach Auffällige. Schriftenreihe DVJJ, Neue Folge; Hannover 1990

DVJJ 93 .... DVJJ (Hrsg); Jugend im sozialen Rechtsstaat. Für ein neues Jugendgerichtsgesetz; Schriftenreihe der DVJJ. Neue Folge 23. Texte des DJGT 1992

DVJJ 96/97 .... DVJJ (Hrsg); Sozialer Wandel und Jugendkriminalität. Schriftenreihe der DVJJ, Neue Folge 24. Texte des DJGT 1995

DVJJ 99 .... DVJJ (Hrsg): Kinder und Jugendliche als Opfer und Täter. Schriftenreihe der DVJJ, Neue Folge 25. Texte des DJGT 1998

DVJJ 03 .... DVJJ (Hrsg): Jugend, Gesellschaft und Recht im neuen Jahrtausend. Schriftenreihe der DVJJ, Neue Folge 26. Texte des DJGT 2001

DVJJ 06 .... DVJJ (Hrsg): Verantwortung für Jugend. Schriftenreihe der DVJJ. Neue Folge 27. Texte des DJGT 2004

DVJJ 08 .... DVJJ (Hrsg): Fördern, Fordern, Fallenlassen. Schriftenreihe der DVJJ. Neue Folge 28. Texte des DJGT 2007

Literatur

DVJJ 12 .... DVJJ (Hrsg): Achtung (für) Jugend. Praxis und Perspektiven des Jugendkriminalrechts. Schriftenreihe der DVJJ. Neue Folge 29. Texte des DJGT 2010

DVJJ 15 .... DVJJ (Hrsg): Jugend ohne Rettungsschirm, Herausforderungen annehmen. Schriftenreihe der DVJJ. Neue Folge 30. Texte des DJGT 2013

DVJJ-BAG 2017 .... Bundesarbeitsgemeinschaft der Jugendhilfe im Strafverfahren, Grundsätze für die Mitwirkung der Jugendhilfe in Verfahren nach dem JGG v. 28.7.2017, 1. Aufl. 2017

DVJJ-J .... DVJJ-Journal. Vormalige Zeitschrift (zitiert nach Jahr und Seite)

DVJJ-R .... DVJJ-Rundbrief

Eisenberg Bestrebungen .... Eisenberg, Bestrebungen zur Änderung des JGG, 1. Aufl. 1984

Eisenberg Beweisrecht StPO .... Eisenberg, Beweisrecht der StPO, Kommentar, 10. Aufl. 2017

Eisenberg Minderjährige .... Eisenberg, Minderjährige in der Gesellschaft. Über Zusammenhänge zwischen institutionalisierten Beeinträchtigungen und Delinquenz, Monografie, 1. Aufl. 1980

Eisenberg/Kölbel Kriminologie .... Eisenberg/Kölbel, Kriminologie, Lehrbuch, 7. Aufl. 2017

Elster/Lingemann/ Sieverts KrimHdWB .. Elster/Lingemann/Sieverts, Handwörterbuch der Kriminologie, 2. Aufl. 1966

FAHdB StrafR .... Bockemühl, Handbuch des Fachanwalts Strafrecht, 4. Aufl. 2018

Feuerhelm Gemeinnützige Arbeit .... Feuerhelm, Stellung und Ausgestaltung der gemeinnützigen Arbeit im Strafrecht, 1. Aufl. 1997

Fischer .... Fischer, Strafgesetzbuch: StGB, Kommentar, 67. Aufl. 2020

FK-SGB VIII .... Münder/Meysen/Trenczek, Frankfurter Kommentar SGB VIII, Kommentar, 8. Aufl. 2019

FS Amelung .... Böse/Sternberg-Lieben, Grundlagen des Straf- und Strafverfahrensrechts: FS für Knut Amelung zum 70. Geburtstag, 2009

FS Beulke .... Fahl/Müller/Satzger/Swoboda, Ein menschengerechtes Strafrecht als Lebensaufgabe: FS für Werner Beulke zum 70. Geburtstag, 2015

FS Blau .... Schwind/Berz/Geilen/Herzberg/Warda, FS für Günter Blau zum 70. Geburtstag, 1985

FS Böhm .... Feuerhelm/Schwind/Bock, FS für Alexander Böhm zum 70. Geburtstag, 1999

FS Böttcher .... Schöch/Dölling/Helgerth/König, Recht gestalten – dem Recht dienen: FS für Reinhard Böttcher zum 70. Geburtstag, 2007

FS Brudermüller .... Götz/Schwenzer/Seelmann/Taupitz, Familie – Recht – Ethik. FS für Gerd Brudermüller, 2014

FS Eisenberg .... Müller/Sander/Valkova, FS für Ulrich Eisenberg zum 70. Geburtstag, 2009

FS Eisenberg II .... Goeckenjan/Puschke/Singelnstein, FS für Ulrich Eisenberg zum 80. Geburtstag, 2019

FS Fischer .... Barton/Eschelbach/Hettinger/Kempf/Krehl/Salditt, FS für Thomas Fischer, 2018

FS G. Fischer .... Kern/Lilie, Jurisprudenz zwischen Medizin und Kultur. FS zum 70. Geburtstag von Gerfried Fischer, 2010

FS Geerds .... Schlüchter, Kriminalistik und Strafrecht: FS für Friedrich Geerds zum 70. Geburtstag, 1995

FS Härringer .... Busch/Müller-Dietz/Wetzstein, Zwischen Erziehung und Strafe: FS für Karl Härringer zum 80. Geburtstag, 1995

FS Heinz .... Hilgendorf/Rengier, FS für Wolfgang Heinz zum 70. Geburtstag, 2012

FS Kargl .... Albrecht/Kirsch/Neumann/Sinner, FS für Walter Kargl zum 70. Geburtstag, 2015

FS Kerner .... Boers/Feltes/Kinzig/Sherman/Streng/Trüg, Kriminologie – Kriminalpolitk – Strafrecht: FS für Hans-Jürgen Kerner zum 70. Geburtstag, 2013

FS Kreuzer .... Görgen/Hoffmann-Holland/Schneider/Stock, Interdisziplinäre Kriminologie: FS für Arthur Kreuzer zum 70. Geburtstag, 2008

FS Meyer-Goßner ..... Eser/Goydke/Maatz/Meurer, Strafverfahrensrecht in Theorie und Praxis: FS für Lutz Meyer-Goßner zum 65. Geburtstag, 2001

FS Ostendorf .... Rotsch/Brüning/Schady, Strafrecht – Jugendstrafrecht – Kriminalprävention in Wissenschaft und Praxis: FS für Heribert Ostendorf zum 70. Geburtstag, 2015

FS Paeffgen .... Stuckenberg/Gärditz, Strafe und Prozess im freiheitlichen Rechtsstaat: FS für Hans-Ullrich Paeffgen zum 70. Geburtstag, 2015

FS Pallin .... Melnizky/Müller, Strafrecht, Strafprozessrecht und Kriminologie: FS für Franz Pallin zum 80. Geburtstag, 1989

FS Peters .... Baumann/Tiedemann, Einheit und Vielfalt des Strafrechts: FS für Karl Peters zum 70. Geburtstag, 1974

FS Pfeiffer .... Baier/Mößle, Kriminologie ist Gesellschaftswissenschaft: FS für Christian Pfeiffer zum 70. Geburtstag, 2014

Literatur

FS Rieß .... Hanack/Hilger/Mehle/Widmaier, FS für Peter Rieß zum 70. Geburtstag, 2002

FS Rissing-van Saan ... Fischer/Bernsmann, FS für Ruth Rissing-van Saan zum 65. Geburtstag, 2011

FS Rössner .... Bannenberg/Brettel/Freund/Meier/Remschmidt/Safferling, Über allem: Menschlichkeit: FS für Dieter Rössner zum 70. Geburtstag, 2015

FS Sarstedt .... Hamm, FS für Werner Sarstedt zum 70. Geburtstag, 1981

FS Schild .... Zabel/Kretschmer, Leidenschaftliches Rechtsdenken. Interdiziplinäre Beiträge zum 70. Geburtstag von Wolfgang Schild, 2018

FS Schlothauer .... Barton/Fischer/Jahn/Park, FS für Reinhold Schlothauer, 2018

FS Schöch .... Dölling/Götting/Meier/Verrel, Verbrechen – Strafe – Resozialisierung: FS für Heinz Schöch zum 70. Geburtstag, 2012

FS Schreiber .... Amelung/Beulke/Lilie/Rüping/Rosenau/Wolfslast, Strafrecht – Biorecht – Rechtsphilosophie: FS für Hans-Ludwig Schreiber zum 70. Geburtstag, 2003

FS Schurig .... Michaels/Solomon, Liber Amicorum Klaus Schurig zum 70. Geburtstag, 2012

FS Schwind .... Feltes/Pfeiffer/Steinhilper, Kriminalpolitik und ihre wissenschaftlichen Grundlagen. FS für Hans Dieter Schwind, 2006

FS Streng .... Safferling/Kett-Straub/Jäger/Kudlich, FS für Franz Streng zum 70. Geburtstag, 2017

FS Stutte .... Remschmidt/Schüler-Springorum, Jugendpsychiatrie und Recht: FS für Hermann Stutte zum 70. Geburtstag, 1979

FS von Heintschel-Heinegg .... Bockemühl/Gierhake/Müller/Walter/Knauer, FS für Bernd von Heintschel-Heinegg zum 70. Geburtstag, 2015

FS Weber .... Heinrich/Hilgendorf/Mitsch/Sternberg-Lieben, FS für Ulrich Weber zum 70. Geburtstag, 2004

FS Wolter .... Zöller/Hilger/Küper/Roxin, Gesamte Strafrechtswissenschaft in internationaler Dimension: FS für Jürgen Wolter zum 70. Geburtstag, 2013

Gerken/Schumann
Rechtsstaat .... Gerken/Schumann, Ein trojanisches Pferd im Rechtsstaat, 1. Aufl. 1988

Gerold/Schmidt .... Gerold/Schmidt, RVG: Rechtsanwaltsvergütungsgesetz, Kommentar, 24. Aufl. 2019

Goeckenjan Diversion Goeckenjan, Neuere Tendenzen in der Diversion, Exemplarisch dargestellt anhand des Berliner Diversionsmodells – Zurückdrängung staatsanwaltschaftlicher Entscheidungskompetenz, 1. Aufl. 2005

Göhler .... Göhler, Gesetz über Ordnungswidrigkeiten: OWiG, Kommentar, 17. Aufl. 2017

Göppinger/Witter
ForensPsych-HdB ...... Göppinger/Witter, Handbuch der forensischen Psychiatrie, 1. Aufl. 1972

Graf RiStBV .... Graf, Richtlinien für das Strafverfahren und das Bußgeldverfahren (RiStBV) und Anordnung über Mitteilungen in Strafsachen (MiStra), Kommentar, 1. Aufl. 2015

Grethlein JGG .... Grethlein, Jugendgerichtsgesetz, 2. Aufl. 1965

Grethlein Verschlechte-
rungsverbot .... Grethlein, Problematik des Verschlechterungsverbotes im Hinblick auf die besonderen Maßnahmen des Jugendrechts, 1. Aufl. 1963

Grützner/Pötz/Kreß .. Grützner/Pötz/Kreß, Internationaler Rechtshilfeverkehr in Strafsachen, Loseblattausgabe

GS H. Kaufmann .... Hirsch/Kaiser/Marquardt, Gedächtnisschrift für Hilde Kaufmann, 1986

GS M. Walter .... Neubacher/Kubink, Kriminologie – Jugendkriminalrecht – Strafvollzug, Gedächtnisschrift für Michael Walter, 2014

GS Weßlau .... Herzog/Schlothauer/Wohlers, Rechtsstaatlicher Strafprozess und Bürgerrechte, Gedächtnisschrift für Edda Weßlau, 2016

GS Zipf.................. Gössel/Triffterer, Gedächtnisschrift für Heinz Zipf, 1999

Hartman-Hilter Vertei-
digung .... Hartman-Hilter, Notwendige Verteidigung und Pflichtverteidigerbestellung im Jugendstrafverfahren, 1. Aufl. 1989

Hauber Funktionsver-
teilung .... Hauber, Die Funktionsverteilung zwischen Richter und Sachverständigem im deutschen Jugendgerichtsverfahren, 1. Aufl. 1976

Hauser Jugendrichter .. Hauser, Der Jugendrichter – Idee und Wirklichkeit, 1. Aufl. 1980

Heiland Wiederaufnah-
me .... Heiland, Die Wiederaufnahme des nach den §§ 45, 47 JGG eingestellten Strafverfahrens, 1. Aufl. 2008

Hellwig JGG .... Hellwig, Jugendgerichtsgesetz. Mit Einleitung und Erläuterungen, 1. Aufl. 1923

HK-JGG .... Meier/Rössner/Trüg/Wulf, Jugendgerichtsgesetz, Kommentar, 2. Aufl. 2014

HK-StrafR .... Dölling/Duttge/König/Rössner, Gesamtes Strafrecht, Kommentar, 4. Aufl. 2017

Höfer Sanktionskarrie-
ren .... Höfer, Sanktionskarrieren, 1. Aufl. 2003

Literatur

Höynck/Leuschner Jugendgerichtsbarometer ...... Höynck/Leuschner, Das Jugendgerichtsbarometer, Ergebnisse einer bundesweiten Befragung von Jugendrichtern und Jugendstaatsanwälten, 1. Aufl. 2014

ICD-10 ...... World Health Organisation, The ICD-10 Classification of Mental and Behavioural Disorders. Clinical Descriptions and Diagnostic Guidelines, 1. Aufl. 2015

JAHT Legalbewährung ...... Jehle/Albrecht/Hohmann-Fricke/Tetal, Legalbewährung nach strafrechtlichen Sanktionen, 1. Aufl. 2016

JStVollzKomm ...... Jugendstrafvollzugskommission, Abschlussbericht, 1. Aufl. 1980

Kiesow JGG ...... Kiesow, Jugendgerichtsgesetz, vom 16. Februar 1923, 1. Aufl. 1923

KK-OWiG ...... Mitsch, Karlsruher Kommentar zum Gesetz über Ordnungswidrigkeiten: OWiG, Kommentar, 5. Aufl. 2018

KK-StPO ...... Hannich, Karlsruher Kommentar zur Strafprozessordnung: StPO, Kommentar, 8. Aufl. 2019

Klocke Entschuldigung ...... Klocke, Entschuldigung und Entschuldigungsannahme im Täter-Opfer-Ausgleich, 1. Aufl. 2013

KMR-StPO ...... von Heintschel-Heinegg / Bockemühl, KMR – Kommentar zur Strafprozessordnung, Losblattausgabe

Königschulte Kompetenz ...... Königschulte, Die Kompetenzverteilung zwischen Justiz und Jugendhilfe bei Entscheidungen zu erzieherischen ambulanten Maßnahmen im JGG, insbes. § 10 JGG, 1. Aufl. 2017

Körner/Patzak/Volkmer ...... Körner/Patzak/Volkmer, Betäubungsmittelgesetz: BtMG, Kommentar, 9. Aufl. 2019

Kotz/Rahlfs BtMStrafR ...... Kotz/Rahlf, Praxis des Betäubungsmittelstrafrechts, 1. Aufl. 2013

Kremerskothen Arbeitsauflagen ...... Kremerskothen, Arbeitsweisungen und Arbeitsauflagen im Jugendstrafrecht, 1. Aufl. 2001

Kröber/Dölling/Leygraf Forensische Psychiatrie-HdB ...... Kröber/Dölling/Leygraf, Handbuch der Forensischen Psychiatrie, 1. Aufl. 2006

Literatur

Kümmerlein RJGG .... Kümmerlein, Reichsjugendgerichtsgesetz vom 6. November 1943, mit den ergänzenden Rechts- und Verwaltungsvorschriften auf dem Gebiet des Jugendstrafrechts, Jugendhilferechts und des strafrechtlichen Jugendschutzes, 1. Aufl. 1944

Kunz StrEG .... Kunz, Gesetz über die Entschädigung für Strafverfolgungsmaßnahmen: StrEG, Kommentar, 4. Aufl. 2010

Kurzberg Jugendstrafe Kurzberg, Jugendstrafe aufgrundschwerer Kriminalität, 1. Aufl. 2009

Lackner/Kühl .... Lackner, Strafgesetzbuch, StGB, Kommentar, 29. Aufl. 2018

Laubenthal Jugendgerichtshilfe .... Laubenthal, Jugendgerichtshilfe im Strafverfahren, 1. Aufl. 1993

Laubenthal Strafvollzug .... Laubenthal, Strafvollzug, 8. Aufl. 2019

Laubenthal/Baier/
Nestler JugendStrafR .. Laubenthal/Baier/Nestler, Jugendstrafrecht, Monografie, 3. Aufl. 2006

LK-StGB .... Laufhütte/Rissing-van Saan/Tiedemann, Leipziger Kommentar zum StGB, 12. Aufl. 2006

Lobinger Kostentragung .... Lobinger, Kostentragung und Anordnungskompetenz im Verhältnis von Justiz und Jugendhilfe, 1. Aufl. 2015

Löwe/Rosenberg ...... Becker/Erb/Esser/Graalmann-Scheerer/Hilger/Ignor, Strafprozessordnung und Gerichtsverfassungsgesetz, Großkommentar, 27. Aufl. 2016

LPK-SGB VIII .... Kunkel/Kepert/Pattar, Sozialgesetzbuch VIII. Kinder- und Jugendhilfe, Lehr- und Praxiskommentar, 8. Aufl. 2018

MAH Strafverteidigung .... Müller/Schlothauer, Münchener Anwaltshandbuch Strafverteidigung, Handbuch, 2. Aufl. 2014

Meyer StrEG .... Meyer, StrEG, 10. Aufl. 2016

Meyer-Goßner/
Schmitt .... Meyer-Goßner/Schmitt, Strafprozessordnung: StPO, Kommentar, 62. Aufl. 2019

MüKoStGB .... Joecks/Miebach, Münchener Kommentar zum StGB, Kommentar, 3. Aufl. 2016

MüKoStPO .... Knauer/Kudlich/Schneider, Münchener Kommentar zur StPO, Kommentar, 1. Aufl. 2014

Nix .... Nix, Kurzkommentar zum Jugendgerichtsgesetz, mit Richtlinien und Verwaltungsvorschriften, 1. Aufl. 1994

Literatur

NK-JGG .... Ostendorf, Jugendgerichtsgesetz, Kommentar, 10. Aufl. 2016

Ostendorf JugendStraf-
VollzR .... Ostendorf, Jugendstrafvollzugsrecht, 3. Aufl. 2016

Palmowski Sanktionie-
rung .... Palmowski, Sanktionierung und Rückfälligkeit von Heranwachsenden, 1. Aufl. 2019

Peters RJGG .... Peters, Reichsjugendgerichtsgesetz vom 6. November 1943, 2. Aufl. 1944

Peters Strafprozess ...... Peters, Strafprozess, Ein Lehrbuch, 4. Aufl. 1985

Potrykus .... Potrykus, Kommentar zum Jugendgerichtsgesetz, 4. Aufl. 1955

Radtke/Hohmann ..... Radtke/Hohmann, Strafprozessordnung: StPO, Kommentar, 2. Aufl. 2017

Rettenberger/von
Franqué Kriminalprog-
nostische Verf-HdB .... Rettenberger/von Franqué, Handbuch kriminalprognostischer Verfahren, 1. Aufl. 2013

Reuther Elternrecht ... Reuther, Elternrecht bei Trennung aufgrund stationärer jugendstrafrechtlicher Sanktionen, 1. Aufl. 2008

Rieke Vernehmung .... Rieke, Die polizeiliche und staatsanwaltliche Vernehmung Minderjähriger, 1. Aufl. 2003

Schäfer/Sander/van
Gemmeren Strafzumes-
sung .... Schäfer/Sander/van Gemmeren, Praxis der Strafzumessung, Monografie, 6. Aufl. 2017

Schaffstein/Beulke/
Swoboda Jugend-
StrafR .... Schaffstein/Beulke/Swoboda, Jugendstrafrecht, 15. Aufl. 2016

Schlothauer/Wieder/
Nobis U-Haft .... Schlothauer/Wieder/Nobis, Untersuchungshaft, 5. Aufl. 2016

Schmidt-Quernheim/
Hax-Schoppenhorst
ForensPsych .... Schmidt-Quernheim/Hax-Schoppenhorst, Praxisbuch Forensische Psychiatrie, 3. Aufl. 2018

Schönke/Schröder ..... Schönke/Schröder, Strafgesetzbuch: StGB, Kommentar, 30. Aufl. 2019

Schumann/Wappler
Erziehen und Strafen .. Schumann/Wappler, Erziehen und Strafen, Bessern und Bewahren, 1. Aufl. 2017

Schwer Stellung .... Schwer, Die Stellung der Erziehungsberechtigten und gesetzlichen Vertreter im Jugendstrafverfahren, 1. Aufl. 2004

SK-StGB .... Wolter, Systematischer Kommentar zum Strafgesetzbuch, 9. Aufl. 2015

SK-StPO .... Wolter, Systematischer Kommentar zur Strafprozessordnung, 5. Aufl. 2015

Schomburg/Lagodny .. Schomburg/Lagodny, Internationale Rechtshilfe in Strafsachen = International Cooperation in Criminal Matters, Kommentar, 6. Aufl. 2020

Sowada Richter .... Sowada, Der gesetzliche Richter im Strafverfahren, 1. Aufl. 2002

Strafverteidigertag
2018 .... Organisationsbüro der Strafverteidigervereinigungen, Räume der Unfreiheit. Texte und Ergebnisse des 42. Strafverteidigertages, 1. Aufl. 2018

Streng JugendStrafR ... Streng, Jugendstrafrecht, 4. Aufl. 2016

Thomae Soziale Reife . Thomae, Das Problem der sozialen Reife von 14- bis 20jährigen, 1. Aufl. 1973

Tölle/Windgassen Psychiatrie .... Tölle/Windgassen, Psychiatrie, einschließlich Psychotherapie, 17. Aufl. 2014

Trenczek/Goldberg
Jugendkriminalität ..... Trenczek/Goldberg, Jugendkriminalität, Jugendhilfe und Strafjustiz, 1. Aufl. 2016

Undeutsch Psych-
HdB .... Undeutsch, Handbuch der Psychologie, Band 11, Forensische Psychologie, 1. Aufl. 1967

VFDH Psych. Begutachtung-HdB .... Venzlaff/Foerster/Dreßing/Habermeyer, Psychiatrische Begutachtung, 6. Aufl. 2015

Weber BtMG .... Weber, Betäubungsmittelgesetz: BtMG, Kommentar, 5. Aufl. 2017

Weber Schuldprinzip .. Weber, Die Bedeutung des Schuldprinzips im Jugendstrafrecht, 1. Aufl. 2011

Weidinger Strafaussetzung .... Weidinger, Die Strafaussetzungsmöglichkeiten zur Bewährung im deutschen Jugendstrafrecht, 1. Aufl. 2011

Wiesener Qualitätsanforderungen .... Wiesener, Qualitätsanforderungen an Jugendrichter und Jugendstaatsanwälte, 1. Aufl. 2014

Wiesner .... Wiesner, SGB VIII − Kinder- und Jugendhilfe, Kommentar, 5. Aufl. 2015

Zieger/Nöding Verteidigung .... Zieger/Nöding, Verteidigung in Jugendstrafsachen, 7. Aufl. 2018

Übersicht über die Änderungen des JGG

Laufende Nr.	Änderndes Gesetz	Datum (Inkrafttretung)	Reichs- bzw. Bundesgesetzbl. I Seite	geänderte Paragraphen des JGG	Art d. Änderung
1	Gesetz zur Abänderung der Strafprozessordnung	27.12.1926 (27.12.1926)	529	§ 28 Abs. 4	aufgeh.
2	Ausführungsgesetz zu dem Gesetz gegen gefährliche Gewohnheitsverbrecher und über Maßregeln der Sicherung und Besserung	24.11.1933 (1.1.1934)	1000	§ 9 Abs. 5	geänd.
3	VO zur Durchführung der VO über die Zuständigkeit der Strafgerichte, die Sondergerichte und sonstige strafverfahrensrechtliche Vorschriften	13.3.1940 (15.3.1940)	489	§ 17 Abs. 2, 3, § 29 Abs. 1, 2, 3 S. 1 Hs. 2, § 38 Abs. 2	aufgeh.
4	VO zur Ergänzung des Jugendstrafrechts	4.10.1940 (11.10.1940)	1336	§ 39	geänd.
5	VO über die Vereinfachung und Vereinheitlichung des Jugendstrafrechts (JugendstrafrechtsVO)	6.11.1943 (6.11.1943)	635	§ 40 Abs. 1, 2, 3	aufgeh.
6	Neue Bekanntmachung (RJGG)	6.11.1943 (1.1.1944)	637		
7	Neubekanntmachung des Jugendgerichtsgesetzes	4.8.1953 (1.10.1953)	751		
8	EG zum Wehrstrafgesetz	30.3.1957 (30.4.1957)	306	§§ 112a–112e, § 115 Abs. 3	eingef.
9	Gesetz zur Änderung und Ergänzung des Reichsjugendwohlfahrtsgesetzes	11.8.1961 (1.7.1962)	1193	§ 8 Abs. 2 S. 1, 3, § 9 Nr. 2, § 12, § 34 Abs. 3 Nr. 3, § 48 Abs. 2, § 76 Abs. 1 S. 1, § 82 Abs. 2, § 93	geänd.

Änderungen des JGG

Laufende Nr.	Änderndes Gesetz	Datum (Inkrafttretung)	Reichs- bzw. Bundesgesetzbl. I Seite	geänderte Paragraphen des JGG	Art d. Änderung
				Abs. 3, § 112a Nr. 1	
				§ 38 Abs. 2 S. 6	aufgeh.
10	2. Gesetz zur Sicherung des Straßenverkehrs	26.11.1964 (26.12.1964)	921	§ 39 Abs. 1, § 75 Abs. 1 S. 1, § 76 Abs. 1 S. 1	geänd.
11	Gesetz zur Änderung der Strafprozessordnung und des Gerichtsverfassungsgesetzes	19.12.1964 (1.4.1965)	1067	§§ 34 Abs. 3 Nr. 1, § 61 Abs. 2 S. 2, § 69 Abs. 3 S. 2, § 71 Abs. 2 S. 2	geänd.
				§ 39 Abs. 1 S. 2, § 40 Abs. 1 S. 2	eingef.
				§ 68 Nr. 1	aufgeh.
12	EG zum Gesetz über Ordnungswidrigkeiten	24.5.1968 (1.10.1968)	503	§ 42 Abs. 1, § 75 Abs. 1 S. 2	geänd. aufgeh.
13	Erstes Gesetz zur Reform des Strafrechts	25.6.1969 (1.4.1970)	645	§ 6, § 18 Abs. 1 S. 2, § 21, § 22, § 24, § 25, § 26, § 28, § 30 Abs. 1 S. 2, § 58 Abs. 1 S. 1, § 60 Abs. 1 S. 2, § 88 Abs. 1, 5, § 89 Abs. 1, § 92 Abs. 2 S. 2, 3, § 94 Abs. 1 S. 2, § 96 Abs. 2 S. 1, 106, § 108 Abs. 3, § 112a Nr. 4, § 114	geänd.
				§§ 10 Abs. 1 S. 2, § 15 Abs. 1 S. 2, § 23 Abs. 2, § 26a, § 57 Abs. 3, § 87 Abs. 3 S. 2	eingef.
				§ 20	aufgeh.
14	Gesetz zur allgemeinen Einführung eines zweiten Rechtszuges in Staatsschutz-Strafsachen	8.9.1969 (1.10.1969)	1582	§ 102 S. 2	eingef.
15	Gesetz über das Zentralregister und das	18.3.1971 (1.1.1972)	243	§ 13 Abs. 3, § 97, § 101,	geänd. aufgeh.

Änderungen des JGG

Laufende Nr.	Änderndes Gesetz	Datum (Inkrafttretung)	Reichs- bzw. Bundes-gesetzbl. I Seite	geänderte Paragraphen des JGG	Art d. Änderung
	Erziehungsregister (Bundeszentralregistergesetz – BZRG)			§ 111, § 94, § 95, § 96, § 100	
16	Gesetz über den Verkehr mit Betäubungsmitteln (Betäubungsmittelgesetz)	22.12.1971 (23.12.1971)	2092	§ 5 Abs. 3, § 7, § 10 Abs. 2, § 110 Abs. 1, 93a	geänd. eingef.
17	Gesetz zur Neuordnung des Wehrdisziplinarrechts	21.8.1972 (23.12.1972)	1481	§ 112c Abs. 4	aufgeh.
18	Bekanntmachung der Neufassung des Jugendgerichtsgesetzes	1.3.1973 (1.3.1973)	149	§ 34 Abs. 1, 3, § 59 Abs. 3, 4, § 72 Abs. 5, § 88 Abs. 4, § 109, § 119, § 117 Abs. 1 S. 2, 3, § 118, § 121, § 122	geänd. (teilw. redaktionell) aufgeh.
19	EG zum Strafgesetzbuch (EGStGB)	2.3.1974 (1.1.1975)	469	§ 4, § 5 Abs. 3, § 6 Abs. 1, 2, § 7, § 8 Abs. 2, § 10 Abs. 1 S. 3, § 11 Abs. 1, 2, 3, § 12 S. 2, § 13 Abs. 2, 3, § 15 Abs. 1, 3, § 19 Abs. 3, § 21 Abs. 1, § 23 Abs. 1, 2, § 24 Abs. 2, § 25 S. 4, § 26 Abs. 1, 2, 3, § 29 S. 1, § 38 Abs. 2, § 39 Abs. 2, § 45 Abs. 1, § 48 Abs. 2 S. 1, § 50 Abs. 2, § 52, § 57 Abs. 3, 4, § 59 Abs. 2 S. 1, § 60 Abs. 1, 3, § 62 Abs. 1, § 64 S. 2, § 65 Abs. 1, § 76 Abs. 1, § 78 Abs. 1, § 81, § 83 S. 1, § 88 Abs. 1, 2, 3, 4, 5, § 89 Abs. 1, 2, 3, 4, § 93 Abs. 3, § 93a	geänd. (teilw. redaktionell)

Änderungen des JGG

Laufende Nr.	Änderndes Gesetz	Datum (Inkrafttretung)	Reichs- bzw. Bundes- gesetzbl. I Seite	geänderte Paragraphen des JGG	Art d. Änderung
				Abs. 1, § 97 Abs. 2, 3, § 105 Abs. 3, § 106 Abs. 2 S. 2, § 109 Abs. 2, § 111, § 112a, § 112d, § 123, § 124	
				§ 52a, § 55 Abs. 3, § 83 Abs. 2, § 100, § 105 Abs. 2, § 109 Abs. 2 S. 2, § 123	eingef.
				§ 1 Abs. 3, § 8 Abs. 2 S. 2, § 13 Abs. 3 S. 2, § 22 Abs. 3, § 38 Abs. 3 S. 3, § 52 Abs. 2, 3, § 75, § 76 Abs. 2, § 80 Abs. 3 S. 2, § 90 Abs. 3, 4, § 97 Abs. 1, § 106 Abs. 2 S. 1, § 119 Abs. 2	aufgeh.
20	Gesetz zur Neuregelung des Volljährigkeitsalters	31.7.1974 (1.1.1975)	1713	§ 105 Abs. 1, § 107, § 109 Abs. 1, 2, § 110 Abs. 1	geänd.
21	Erstes Gesetz zur Reform des Strafverfahrensrechts	9.12.1974 (1.1.1975)	3393	§ 33 Abs. 2, 4, § 34 Abs. 1, § 35 Abs. 1 S. 1, § 39 Abs. 1 S. 1, § 40 Abs. 3, § 69 Abs. 3 S. 2, § 83, § 104 Abs. 1 Nr. 5, § 108 Abs. 2, § 109 Abs. 2 S. 1, § 112 S. 1	geänd.
				§ 82 Abs. 1 S. 2, § 112 S. 3	eingef.
				§ 61	aufgeh.
22	Bekanntmachung der Neufassung des Jugendgerichtsgesetzes	11.12.1974 (1.1.1975)	3427	§ 83 Abs. 3, § 88 Abs. 5, § 109 Abs. 1	redaktionell geänd.

Änderungen des JGG

Laufende Nr.	Änderndes Gesetz	Datum (Inkrafttretung)	Reichs- bzw. Bundesgesetzbl. I Seite	geänderte Paragraphen des JGG	Art d. Änderung
23	Strafverfahrensänderungsgesetz 1979 (StVÄG 1979)	5.10.1978 (1.1.1979)	1645	§ 39 Abs. 1 S. 3, 40 Abs. 1 S. 2, 41 Abs. 1 Nr. 1, 2, 62 Abs. 4, 102 S. 1, 103 Abs. 2, 109 Abs. 1 S. 1	geänd.
				§§ 39 Abs. 1 S. 2, 41 Abs. 1 Nr. 3, 47a, 58 Abs. 2	eingef.
				§ 102 S. 3	aufgeh.
24	20. Strafrechtsänderungsgesetz	8.12.1981 (1.5.1982)	1329	§ 26 Abs. 2	geänd.
25	StVollzÄndG	20.12.1984 (1.1.1985)	1654	§ 7	geänd.
26	KJHG (SGB VIII)	26.6.1990 (1.1.1991 (vorm DDR: 3.10.1990))	1163	§ 8 Abs. 1 S. 2, § 9, § 12, § 34 Abs. 3, § 43 Abs. 2, 3, § 55 Abs. 1 S. 2, § 71 Abs. 1, § 76 S. 1, § 77 Abs. 1 S. 1, § 78 Abs. 1 S. 2, § 82 Abs. 2, § 90 Abs. 2 S. 3, § 112a Nr. 1	geänd. (teilw. aufgehoben)
27	1. JGG-ÄndG	30.8.1990 (1.12.1990)	1853	§ 10 Abs. 1 S. 3 Nr. 3, 9, § 11 Abs. 1 S. 2, Abs. 3 S. 3, § 15 Abs. 1 S. 1 Nr. 2, Abs. 3 S. 1, § 16 Abs. 2, § 21 Abs. 1, 2, § 24 Abs. 1 S. 1, Abs. 3 S. 5, § 25 S. 2, § 26 Abs. 2, § 29, § 34 Abs. 2 S. 2, Abs. 3 Nr. 1, 2, § 39 Abs. 2 Hs. 1, § 43 Abs. 1 S. 2, 3, Abs. 2, Abs. 3 S. 2, § 45, § 47 Abs. 1, Abs. 2 S. 1, § 48 Abs. 2, § 58 Abs. 1 S. 1, § 59 Abs. 2, § 60	geänd.

Änderungen des JGG

Lau-fende Nr.	Änderndes Gesetz	Datum (Inkraft-tretung)	Reichs- bzw. Bundes-gesetzbl. I Seite	geänderte Paragraphen des JGG	Art d. Ände-rung
				Abs. 1 S. 2, 3, § 62 Abs. 4, § 64 S. 2, § 65 Abs. 1 S. 4, § 68 Nr. 2, 3, § 70 S. 1, § 71 Abs. 2, § 72 Abs. 4 S. 1, § 73 Abs. 1 S. 1, § 76 S. 1, § 83 Abs. 1, § 87 Abs. 3 S. 4, § 88 Abs. 1, Abs. 2 S. 1, Abs. 6, § 89 Abs. 3, § 91 Abs. 2 S. 3, § 93 Abs. 1, 3, § 109 Abs. 1 S. 1, Abs. 2 S. 1, § 110 Abs. 2, § 121	
				§ 10 Abs. 1 S. 3 Nr. 5–7, § 15 Abs. 1 S. 1 Nr. 3, § 24 Abs. 1 S. 3, Abs. 2, § 26 Abs. 1 S. 2, § 38 Abs. 2 S. 3, 4, 7, Abs. 3 S. 3 Hs. 2, § 50 Abs. 4, § 58 Abs. 1 S. 3, § 65 Abs. 1 S. 2, 3, § 68 Nr. 4, § 72 Abs. 1 S. 2, 3, Abs. 2, § 72a, § 85 Abs. 2–4, 6, 7, § 87 Abs. 3 S. 1, 2, § 88 Abs. 3, § 89a, § 90 Abs. 1 S. 2, 3	eingef.
				§ 16 Abs. 3, § 19, § 30 Abs. 1 S. 2, § 52a Abs. 2, § 89, § 90 Abs. 2 S. 3, § 116 Abs. 3	aufgeh.
28	Rechtspflegeentlas-tungsgesetz	11.1.1993 (1.3.1993)	50	§ 33a, § 33b, § 109 Abs. 3	eingef.
				§ 33 Abs. 3	aufgeh.

Änderungen des JGG

Laufende Nr.	Änderndes Gesetz	Datum (Inkrafttretung)	Reichs- bzw. Bundesgesetzbl. I Seite	geänderte Paragraphen des JGG	Art d. Änderung
				§ 107, § 108 Abs. 3	geänd.
29	Erstes Gesetz zur Änderung des Achten Buches Sozialgesetzbuch (Art. 1 KJHG)	16.2.1993 (1.4.1993)	239	§ 9 Nr. 2, § 12, § 35 Abs. 1 S. 1, Abs. 2 S. 1, Abs. 3 S. 1, Abs. 4, § 55 Abs. 1 S. 2	geänd.
30	Gesetz zur Änderung des Strafgesetzbuches, der Strafprozessordnung und anderer Gesetze	28.10.1994 (1.12.1994)	3186	§ 109 Abs. 2 S. 3	eingef.
31	Justizmitteilungsgesetz	18.6.1997 (1.6.1998)	1430	§ 70 S. 3	eingef.
32	Gesetz zur Reform des Kindschaftsrechts	16.12.1997 (1.7.1998)	2942	§ 84 Abs. 2 S. 3, § 3, § 34 Abs. 2 S. 1, Abs. 3, § 42 Abs. 1, Abs. 2, § 53, § 54 Abs. 1, § 55 Abs. 1, § 70 S. 3, § 84 Abs. 2, § 98 Abs. 1, § 104 Abs. 4, § 34	eingef. geänd.
				Abs. 2 S. 1	aufgeh.
33	Gesetz zur Bekämpfung von Sexualdelikten und anderen gefährlichen Straftaten	26.1.1998 (31.1.1998) (1.7.1998)	160	§ 88 Abs. 1, Abs. 3, § 97 Abs. 1 S. 3, § 100 S. 2	geänd. eingef.
34	Gesetz zur Verlängerung der Besetzungsreduktion bei Strafkammern	19.12.2000 (23.12.2000)	1756	§ 33b Abs. 2 S. 2	eingef.
35	Gesetz zur Änderung der Vorschriften über die Straftaten gegen die sexuelle Selbstbestimmung und zur Änderung anderer Vorschriften	27.12.2003 (1.4.2004)	3007	§ 106 Abs. 1, § 106 Abs. 2 S. 2 § 106 Abs. 2 S. 1 § 106 Abs. 3, 4	geänd. aufgeh. eingef.
36	Gesetz zur Einführung der nachträglichen Sicherungsverwahrung	23.7.2004 (29.7.2004)	1838	§ 106 Abs. 5, 6 § 108 Abs. 3	eingef. geänd.

Änderungen des JGG

Laufende Nr.	Änderndes Gesetz	Datum (Inkrafttretung)	Reichs- bzw. Bundesgesetzbl. I Seite	geänderte Paragraphen des JGG	Art d. Änderung
37	Gesetz zur Modernisierung der Justiz	24.8.2004 (25.8.2004)	2198	§ 49	aufgeh.
38	Anhörungsrügengesetz	9.12.2004 (1.1.2005)	3220	§ 55 Abs. 4	eingef.
39	Gesetz zur Vereinfachung und Vereinheitlichung der Verfahrensvorschriften zur Wahl und Berufung ehrenamtlicher Richter	21.12.2004 (1.1.2005)	3599	§ 35 Abs. 1 S. 1, Abs. 2 S. 1	geänd.
40	2. Justizmodernisierungsgesetz	22.12.2006 (31.12.2006)	3416	§ 41 Abs. 1 Nr. 4, § 51 Abs. 2–5, § 68 Nr. 3, § 74 S. 2, § 78 Abs. 3 S. 3, § 109 Abs. 2 S. 4	eingef.
				§ 48 Abs. 2 S. 1, § 80 Abs. 3, § 109 Abs. 1 S. 1, Abs. 2 S. 1	geänd.
41	Gesetz zur Reform der Führungsaufsicht und zur Änderung der Vorschriften über die nachträgliche Sicherungsverwahrung	13.4.2007 (18.4.2007)	513	§ 106 Abs. 5 S. 2	eingef.
42	Zweites Gesetz zur Änderung des Jugendgerichtsgesetzes und anderer Gesetze	13.12.2007 (1.1.2008)	2894	§ 2 Abs. 1 § 17 Abs. 1, § 83 Abs. 1, § 85 Abs. 2 S. 1, Abs. 3 S. 1–3, §§ 91, 92, § 112b Abs. 2 S. 2, § 114, § 121	eingef. geänd.
				§ 115 Abs. 1, 2	aufgeh.
43	Gesetz zur Einführung der nachträglichen Sicherungsverwahrung bei Verurteilungen nach Jugendstrafrecht	8.7.2008 (12.7.2008)	1212	§ 7 Abs. 2–4, § 41 Abs. 1 Nr. 5, § 82 Abs. 3, § 106 Abs. 7 § 41 Abs. 1 Nr. 3, Nr. 4	eingef. geänd.

Änderungen des JGG

Lau-fende Nr.	Änderndes Gesetz	Datum (Inkraft-tretung)	Reichs- bzw. Bundes-gesetzbl. I Seite	geänderte Paragraphen des JGG	Art d. Ände-rung
44	Gesetz zur Reform des Verfahrens in Fa-miliensachen und in den Angelegenheiten der freiwilligen Ge-richtsbarkeit	17.12.2008 (1.9.2009)	2586	§ 3 S. 2, § 34 Abs. 2 S. 1, Abs. 3, § 42 Abs. 1 Nr. 1, Abs. 2, § 53 S. 1, 2, § 55 Abs. 1 S. 1, § 67 Abs. 4 S. 3, § 70 S. 1, 3, § 84 Abs. 2 S. 1, 2, § 98 Abs. 1 S. 1, § 104 Abs. 4 S. 1	geänd.
45	Gesetz zur Änderung des Untersuchungs-haftrechts	29.7.2009 (1.1.2010)	2274	§§ 72b, 89b, 89c, 121 Abs. 2	eingef.
				§§ 91, 93	aufgeh.
				§ 83 Abs. 1, § 92 Abs. 6 S. 1, § 109 Abs. 1 S. 1, § 110 Abs. 2	geänd.
46	Zweites Opferrechts-reformgesetz	29.7.2009 (1.10.2009)	2280	§ 80 Abs. 3 S. 2	geänd.
47	Gesetz über die wei-tere Bereinigung von Bundesrecht	8.12.2010 (15.12.2010)	1864	§ 35 Abs. 3 S. 2	geänd.
				§ 35 Abs. 6	eingef.
				§ 112a Nr. 2	aufgeh.
				§ 112b	aufgeh.
				§ 112c Abs. 1	aufgeh.
				§ 112c Abs. 2 (neu als Abs. 1)	geänd.
				§ 112c Abs. 3 (neu als Abs. 2)	geänd.
				§ 112d	geänd.
				§ 112e	geänd.
				§ 115	aufgeh.
				§ 116 Abs. 1 S. 2	aufgeh.
				§ 116 Abs. 2	aufgeh.
				§ 117	aufgeh.

Änderungen des JGG

Laufende Nr.	Änderndes Gesetz	Datum (Inkrafttretung)	Reichs- bzw. Bundes- gesetzbl. I Seite	geänderte Paragraphen des JGG	Art d. Änderung
				§ 118	aufgeh.
				§ 119	aufgeh.
				§ 120	aufgeh.
				§ 122	aufgeh.
				§ 123	aufgeh.
				§ 124	aufgeh.
48	Gesetz zur Neu- ordnung des Rechts der Sicherungsver- wahrung und zu be- gleitenden Regelun- gen	20.12.2010 (23.12.2010)	2300	§ 7 Abs. 3 Nr. 2	geänd.
				§ 7 Abs. 4 S. 1	eingef.
				§ 81a	eingef.
				§ 104 Abs. 1 Nr. 13	geänd.
				§ 104 Abs. 1 Nr. 14	geänd.
				§ 104 Abs. 1 Nr. 15	eingef.
				§ 106 Abs. 3 S. 3	geänd.
				§ 106 Abs. 6 S. 1 Nr. 2	geänd.
				§ 106 Abs. 7	aufgeh.
				§ 109 Abs. 1 S. 1	geänd.
49	Gesetz über die Be- setzung der großen Straf- und Jugend- kammern in der Hauptverhandlung	6.12.2011 (1.1.2012)	2554	§ 33b Abs. 2	aufgeh.
				§ 33b Abs. 2–6	eingef.
				§ 33b Abs. 7	eingef. (statt § 33b aF)
				§ 108 Abs. 3 S. 3	eingef.
				§ 121 Abs. 2 aF	aufgeh.
				§ 121 Abs. 2 und Abs. 3	eingef.

Änderungen des JGG

Laufende Nr.	Änderndes Gesetz	Datum (Inkrafttretung)	Reichs- bzw. Bundes- gesetzbl. I Seite	geänderte Paragraphen des JGG	Art d. Änderung
50	Gesetz zur Erweiterung jugendgerichtlicher Handlungsmöglichkeiten	4.9.2012 (8.9.2012) (7.10.2012)	1854	§ 105 Abs. 3 S. 2	eingef.
				§ 26 Abs. 1 S. 1	geänd.
				§ 26 Abs. 1 S. 3	angef.
				§ 26 Abs. 2	geänd.
				§ 26 Abs. 3 S. 2	geänd.
				§ 57 Abs. 1 S. 2	geänd.
				§ 57 Abs. 2	geänd.
				§ 61 Abs. 1	eingef.
				§ 61 Abs. 2	eingef.
				§ 61 Abs. 3 S. 2–4	eingef.
				§ 61a Abs. 1	eingef.
				§ 61a Abs. 2	eingef.
				§ 61b Abs. 1	eingef.
				§ 61b Abs. 2	eingef.
				§ 61b Abs. 3	eingef.
				§ 61b Abs. 4 S. 1 und 2	eingef.
				§ 70a	eingef.
				§ 89	eingef.
				§ 104 Abs. 5	eingef.
				§ 109 Abs. 1 S. 1	geänd.
		(7.3.2013)		§ 8 Abs. 2 S. 1	geänd.
				§ 8 Abs. 2 S. 2	geänd.
				§ 8 Abs. 3	geänd.
				§ 16a Abs. 1	eingef.
				§ 16a Abs. 2	geänd.
				§ 21 Abs. 1 S. 1	eingef.
				§ 21 Abs. 1 S. 3	eingef.
				§ 21 Abs. 2	geänd.
				§ 26 Abs. 3 S. 3	angef.

Änderungen des JGG

Laufende Nr.	Änderndes Gesetz	Datum (Inkrafttretung)	Reichs- bzw. Bundesgesetzbl. I Seite	geänderte Paragraphen des JGG	Art d. Änderung
				§ 30 Abs. 1	geänd.
				§ 30 Abs. 1 S. 2	angef.
				§ 30 Abs. 2	geänd.
				§ 31 Abs. 1 S. 1	angef.
				§ 31 Abs. 2 S. 2	geänd.
				§ 31 Abs. 2 S. 3	geänd.
				§ 31 Abs. 3 S. 1	geänd.
				§ 31 Abs. 3 S. 2	angef.
				§ 59 Abs. 1 S. 1	geänd.
				§ 61 Abs. 3 S. 1	geänd.
				§ 61b Abs. 4 S. 3	geänd.
				§ 87 Abs. 3 S. 4	geänd.
				§ 87 Abs. 4 S. 2 und S. 3	eingef.
51	Gesetz zur bundesrechtlichen Umsetzung des Abstandsgebotes im Recht der Sicherungsverwahrung	5.12.2012 (1.6.2013)	2425	§ 7 Abs. 2 und 3	statt Abs. 2 aF
				§ 7 Abs. 4	bisher Abs. 3
				§ 7 Abs. 5	statt Abs. 4 aF
				§ 81a Abs. 2	aufgeh.
				§ 82 Abs. 3	geänd.
				§ 92 Abs. 1	geänd.
				§ 92 Abs. 2 S. 2	geänd.
				§ 92 Abs. 4 S. 1	geänd.
				§ 92 Abs. 6	geänd.
				§ 106 Abs. 3 und 4	statt Abs. 3 aF
				§ 106 Abs. 5	statt Abs. 4 aF

L

Änderungen des JGG

Lau-fende Nr.	Änderndes Gesetz	Datum (Inkraft-tretung)	Reichs- bzw. Bundes-gesetzbl. I Seite	geänderte Paragraphen des JGG	Art d. Ände-rung
				§ 106 Abs. 6	statt Abs. 5 aF
				§ 106 Abs. 7	bisher Abs. 6
				§ 108 Abs. 3 S. 2	geänd.
52	Gesetz zur Stärkung der Opfer sexuellen Missbrauchs	26.6.2013 (1.1.2014)	1805	§ 36 Abs. 1 S. 2	angef.
				§ 36 Abs. 2	angef.
				§ 109 Abs. 1 S. 1	geänd.
53	Gesetz zur Stärkung des Rechts des Ange-klagten auf Vertre-tung in der Beru-fungsverhandlung und über die An-erkennung von Ab-wesenheitsentschei-dungen in der Rechtshilfe	17.7.2015 (25.7.2015)	1332	§ 69 Abs. 3 S. 3	angef.
54	Gesetz zur Reform der strafrechtlichen Vermögensabschöp-fung	13.4.2017 (1.7.2017)	872	§ 76 S. 1	geänd.
55	Gesetz zur effekti-veren und praxistaug-licheren Ausgestal-tung des Strafverfah-rens	17.8.2017 (24.8.2017)	3202	§ 8 Abs. 3 S. 2	angef.
				§ 89a Abs. 1 S. 5	geänd.
56	Zweites Gesetz zur Stärkung der Verfah-rensrechte von Be-schuldigten im Straf-verfahren und zur Änderung des Schöf-fenrechts	27.8.2017 (5.9.2017)	3295	§ 67a § 78 Abs. 3 S. 2 § 104 Abs. 1 Nr. 9	eingef. geänd. geänd.
57	G zur Stärkung der Rechte von Be-troffenen bei Fixie-rung im Rahmen von Freiheitsentzie-hungen	19.6.2019 (28.6.2019)	840	§ 93	neu gef.

Änderungen des JGG

Lau-fende Nr.	Änderndes Gesetz	Datum (Inkraft-tretung)	Reichs- bzw. Bundes-gesetzbl. I Seite	geänderte Paragraphen des JGG	Art d. Ände-rung
58	G zur Modernisie-rung des Strafverfah-rens	13.12.2019	2121	§ 80	geänd.
59	G zur Stärkung der Verfahrensrechte von Beschuldigten im Ju-gendstrafverfahren	17.12.2019	2146	§ 1, § 38, § 43, § 44, § 50, § 51, § 67, § 68, § 70, § 70b, § 78, § 89c, § 92, § 93, § 104, § 109, § 110	geänd.
		17.12.2019		§ 67a	neu gef.
		17.12.2019		§ 46a, § 51a, § 68a, § 68b, § 70a	eingef.
		1.1.2020		§ 70c	geänd.

Jugendgerichtsgesetz (JGG)

in der Fassung der Bekanntmachung vom 11.12.1974 (BGBl. I S. 3427)

FNA 451-1

zuletzt geändert durch Gesetz zur Stärkung der Verfahrensrechte von Beschuldigten im Jugendstrafverfahren vom 9.12.2019 (BGBl. I S. 2146)

Einleitung

Schrifttum *Baier/Pfeiffer/Simonson/Rabold,* Jugendliche in Deutschland als Opfer und Täter von Gewalt, 2009; *Bartz,* Die besondere polizeiliche Erfassung von Intensivtätern, 2008; Berger (Hrsg.), Verfolgte Kindheit. Kinder und Jugendliche als Opfer der NS-Sozialverwaltung, 2007; *Bochmann,* Entwicklung eines europäischen Jugendstrafrechts, 2009; *Boers/Krawinkel,* Intensivtäterschaft und Delinquenzabbruch, 2016; Boers/Reinecke (Hrsg.), Delinquenz im Altersverlauf, 2019; Decker/Marteache (Hrsg.), International Handbook of Juvenile Justice, 2. Aufl. 2017; *Holzmann,* Polizeilicher Umgang mit unter 14-jährigen Tatverdächtigen, 2008; Farrington/Murray (Hrsg.), Labeling Theory, 2014; *Fritsch,* Die jugendstrafrechtliche Reformbewegung, 1999; *Gensing,* Jugendgerichtsbarkeit und Jugendstrafverfahren im europäischen Vergleich, 2014; Groenemeyer/Hoffmann (Hrsg.), Jugend als soziales Problem, 2014; Junger-Tas/Marshall/Enzmann (Hrsg.), The Many Faces of Youth Crime, 2012; *Kebbedies,* Außer Kontrolle, 2000; *Khostevan,* Zügiges Strafverfahren bei jugendlichen Mehrfach- und Intensivtätern, 2009; *Kubink,* Strafen und ihre Alternativen im zeitlichen Wandel, 2002; *Kühl,* Die gesetzliche Reform des Jugendstrafvollzug in Deutschland im Licht der European Rules for Juvenile Offenders Subject to Sanctions or Measures, 2012; *Ludwig-Mayerhofer,* Das Strafrecht und seine administrative Rationalisierung, 1998; *Mertens,* Schnell oder gut? Die Bedeutung des Beschleunigungsgrundsatzes im Jugendstrafverfahren, 2003; *Oberwittler,* Von der Strafe zur Erziehung?, 2000; Reichert (Hrsg.), Sozialwissenschaftliche Analysen jugendgerichtlicher Interaktion, 1984; *Roth,* Die Erfindung des Jugendlichen, 1983; *Schady,* Die Praxis des Jugendstrafrechts in der Weimarer Republik, 2003; *Schaerff,* Die Behandlung junger Straftäter in den USA, 2015; *Stolp,* Die geschichtliche Entwicklung des Jugendstrafrechts von 1923 bis heute, 2015; *Stump,* „Adult time for adult crime" – Jugendliche zwischen Jugend- und Erwachsenenstrafrecht, 2003; *Wagner-Kern,* Präventive Sicherheitsordnung, 2016.

I. Altersgerechte Reaktionen auf Jugenddelinquenz

1. Delinquenz junger Menschen

a) Hellfeldbefunde. Jugendliche und jüngere Erwachsene sind – bezogen 1
auf die Größe der jeweiligen Bevölkerungsgruppen – deutlicher stärker als die übrigen (jüngeren und älteren) Bevölkerungsteile in die **institutionell registrierte** Kriminalität involviert. Das betrifft sowohl die Viktimisierungs- als auch die Deliktsbegehungshäufigkeit (zusf. *Eisenberg/Kölbel* Kriminologie § 48 Rn. 3 f., 11 f., § 49 Rn. 1). Für 2018 weist die PKS einen Tatverdächtigenanteil der 14- bis 18-Jährigen von 8,6 %, der 18- bis 21-Jährigen von 9 % und der 21- bis 25-Jährigen von 11,2 % aus. Die Tatverdächtigenbelastungsziffer (Anzahl Tatverdächtige pro 100.000 der jeweiligen Altersgruppe)

1

Einleitung

betrug bei Jugendlichen 4.765, bei Heranwachsenden 5.312 und bei 21- bis 25-Jährigen 4.442, während sie über alle Altersgruppen hinweg im strafmündigen Bevölkerungsdurchschnitt bei 2.026 lag. Diese doch recht klare deliktische **Mehrauffälligkeit junger Menschen** geht zwar aus den Kriminalstatistiken im Grunde schon seit deren Einführung hervor, doch hat sie sich in dieser Deutlichkeit erst nach dem 2. Weltkrieg herausgeformt.

2 Ungeachtet dessen ist festzuhalten, dass den zeitweiligen Anstiegen der polizeilichen Registrierung immer auch gegenläufige Entwicklungen folgten. So kam es auch zuletzt wieder nach einer merklichen Zunahme (bis ca. 2007/08) zu einem anhaltenden Rückgang (zu dieser Entwicklung der registrierten und nicht registrierten Delinquenz etwa *Antholz* ZJJ 2014, 230; *Albrecht* RdJB 2016, 395 (396 ff.); zusf. *Eisenberg/Kölbel* Kriminologie § 48 rn. 19 ff.; gewisse Relativierungen für die Jahre ab 2015 bei *Bergmann/Kliem/Krieg/Beckmann,* Jugendliche in Niedersachsen, 2017, 28 ff.; n. auch *Baier/Kliem* ZJJ 2019, 104). Ein solcher Trend zeigt sich international in sehr vielen Rechtsordnungen (vgl. etwa für Europa *Albrecht* RdJB 2018, 382 (384); *McAra/McVie* in Goldson (Hrsg.), Juvenile Justice Europe, 2019, 78 ff. jeweils mwN; zu Erklärungsansätzen für die langfristige und jüngere Entwicklung s. etwa *Baier/Pfeiffer/Hanslmaier* ZJJ 2013, 279 (283 ff.); *Albrecht* RdJB 2016, 395 (418 ff.)).

3 Diese quantitative Mehrbelastung wird qualitativ dadurch relativiert, dass die Schwerpunkte der Delinquenz von 14- bis 25-Jährigen eindeutig in der **Bagatell- und Massenkriminalität** liegen. Das Straftatenspektrum konzentriert sich meist auf Eigentums-, Körperverletzungs- und Betäubungsmittelkriminalität. Schadensintensive Kriminalitätsformen (etwa folgenschwere Gewaltdelikte; Wirtschaftsdelinquenz) treten bei dieser Altersgruppe dagegen selten auf, seltener jedenfalls als bei älteren Erwachsenen (*Dollinger/Schabdach* Jugendkriminalität 113 f.; *Meier* in Meier/Bannenberg/Höffler, Jugendstrafrecht, 4. Aufl. 2019, § 3 Rn. 24 ff.; *Eisenberg/Kölbel* Kriminologie § 48 Rn. 17). Als **charakteristische** Umstände, unter denen es durch junge Menschen zu Delikten kommt, gelten iÜ die Begehung im Gruppenkontext und im öffentlichen Bereich, die Bedeutung expressiver sowie risiko- oder erlebnisbezogener Elemente und die Spontanität bzw. Ungeplantheit und Gelegenheitsbedingtheit der Taten (vgl. bspw. *Leitgöb/Birklbauer/Hirtenlehner* in Niggli/Marty, Risiken der Sicherheitsgesellschaft, 2014, 388; speziell zum Gruppenbezug n. *Bentrup* in Boers/Reinecke, Delinquenz im Altersverlauf 2019, S. 243 ff.; *Wallner/Weiss* in Wallner ua, Devianz und Delinquenz in Kindheit und Jugend, 2019, 51 f. sowie die Übersichten bei *Warr* in Krohn/Lizotte/Hall (Hrsg.), Handbook on Crime and Deviance, 2009, 383 ff.; *Eassey/Buchanan* in Krohn/Lane (Hrsg.), Handbook of Juvenile Delinquency und Juvenile Justice, 2015, 199 ff.; zusf. auch *Eisenberg/Kölbel* Kriminologie § 48 Rn. 18, § 58 Rn. 7 ff.).

4 **b) Dunkelfeldbefunde.** Die Untersuchungen der Dunkelfeldforschung zeigen auf, dass nur ein Ausschnitt des strafrechtlich ggf. einordenbaren Geschehens institutionell überhaupt bekannt und bearbeitet wird. Selbst wenn dieser Teil bei älteren Bevölkerungsgruppen noch stärker selektiert sein dürfte (*Dollinger/Schabdach* Jugendkriminalität 112), ist er auch bei jungen Menschen sehr klein. Häufig wird davon ausgegangen, dass es bei wenig mehr als 10 % der Delikte junger Menschen zu einem Polizeikontakt kommt (*Brettfeld/Wetzels* Praxis der Rechtspsychologie 2003, 226 (234 f.); *Görgen/Taefi/Kraus/Wagner,*

2

Jugendkriminalität und Jugendgewalt, 2013, 64; *Wallner/Weiss* in Wallner ua, Devianz und Delinquenz in Kindheit und Jugend, 2019, 47 ff.). Für die institutionell unentdeckt gebliebene Delinquenz werden die genannten, hellfeldbasierten Beobachtungen zu den Verteilungs- und Merkmalsstrukturen allerdings im Wesentlichen bestätigt. Aus der Verbreitung von (meist geringfügigen) Straftaten unter jungen Menschen muss indes gefolgert werden, dass jedenfalls minder schwere Delinquenz bei ihnen (statistisch) normal und unabhängig von der sozio-ökonomischen Herkunft (dh **ubiquitär**) ist (vgl. etwa die Daten bei *Boers/Reinecke/Bentrup* MschKrim 2014, 183 (186); ferner *Boers* MschKrim 2019, 3 (7 ff.); s. jeweils mwN auch *Dollinger/Schabdach* Jugendkriminalität 115 f.; *Eisenberg/Kölbel* Kriminologie § 48 Rn. 15).

c) **Spontanbewährung und Persistenz.** Die in der angehobenen De- 5
liktsbelastung junger Menschen liegende Problematik ist auch deshalb zu relativieren, weil die strafrechtlich relevante Aktivität mit dem Älterwerden – beginnend indes bereits in der Mitte der Jugendphase – kontinuierlich auf das gesellschaftlich normale Maß zurückgeht. Diese sog. Spontanbewährung ist nicht von äußeren oder gar strafrechtlichen Einwirkungen abhängig (*Boers/Reinecke/Bentrup* MschKrim 2014, 183 (187); *Boers* MschKrim 2019, 3 (7 ff.); *Wallner/Weiss* in Wallner ua, Devianz und Delinquenz in Kindheit und Jugend, 2019, 53 f.; dazu, dass im Hellfeld die Maximalbelastung etwas später im Heranwachsendenalter liegt, vgl. etwa die Daten bei *Albrecht/Grundies* MschKrim 2009, 326 (327)). Jugenddeliktische Auffälligkeit kann daher als ein **passageres** Phänomen eingeordnet werden, das mit **alterstypischen sozialisatorischen** Prozessen zusammenhängt (dazu jeweils zusf. *Walter/Neubacher,* Jugendkriminalität, 4. Aufl. 2011, Rn. 159 ff.; *Eisenberg/Kölbel* Kriminologie § 48 Rn. 13 f., 23, 27).

Deutlichster Ausdruck des episodenhaften Charakters von Jugenddelin- 6
quenz ist, dass die allermeisten strafrechtlich erfassten Jugendlichen gar nicht erneut registriert bzw. sanktioniert werden, oder jedenfalls nur noch selten und zeitlich begrenzt (dazu anhand von BZR-Daten etwa *Jehle* in DVJJ 2019, 188 f.). Etwas anders verhält es sich bei einer kleineren Teilgruppe, die iZm einem oft riskanteren und weniger angepassten Lebensstil (dazu mwN *Eisenberg/Kölbel* Kriminologie § 48 Rn. 26) eine über das alterstypische Maß **quantitativ** und **qualitativ hinausgehende** Deliktsauffälligkeit zeigt. Dies äußert sich gleichermaßen in der Hellfeld- (vgl. etwa *Kopp/Schubarth* in Groenemeyer/Hoffmann (Hrsg.), Jugend als soziales Problem, 2014, 363 ff.; *Hohmann-Fricke* in Neubacher/Bögelein (Hrsg.), Krise – Kriminalität – Kriminologie, 2016, 462 ff.) wie auch in der Dunkelfeldbelastung (vgl. etwa *Boers/Reinecke/Bentrup* MschKrim 2014, 183 (188); *Boers* MschKrim 2019, 3 (9 ff.); zu den hierfür relevanten Risikofaktoren → § 5 Rn. 55 ff.). Dabei hat die sog. Lebenslaufkriminologie gezeigt, dass insofern zwischen **verschiedenen** Untergruppen zu differenzieren ist, deren jeweilige Mitglieder sich in ihren charakteristischen biografischen Auffälligkeitsverläufen (bzgl. Beginn, Ausmaß und Dauer der gesteigerten Auffälligkeit) ähneln (für Deutschland etwa *Boers/Reinecke/Bentrup* MschKrim 2014, 183 (189); *Reinecke* in Boers/Reinecke, Delinquenz im Altersverlauf 2019, S. 148 ff., 161 ff.; internationale Überblicksdarstellungen etwa bei *Piquero* in Liberman (Hrsg.), The Long View of Crime: A Synthesis of Longitudinal Research, 2008, 23 ff.; *Jennings/Reingle* Journal of Criminal Justice 2012, 472; *Boers* MschKrim 2019, 3 (12 ff.); zusf. *Eisenberg/Kölbel* Kriminologie § 55 Rn. 23 ff.).

Einleitung

7   Unabhängig davon ist aber gleichermaßen dokumentiert, dass auch die Teilgruppe der mehrauffälligen Jugendlichen insgesamt schon ab dem 16. Lbj. immer kleiner wird (vgl. etwa *Boers/Krawinkel,* Intensivtäterschaft und Delinquenzabbruch, 2016, 46 ff.; *Reinecke* in Boers/Reinecke, Delinquenz im Altersverlauf 2019, S. 161 ff.). Es kommt also bei den meisten Jugendlichen und Heranwachsenden, die (zeitweilig) stärker deviant agieren, früher oder später ebenfalls zu einer Rückbildung der Mehrbelastung und Auffälligkeit (zusf. *Piquero* in Liberman (Hrsg.), The Long View of Crime: A Synthesis of Longitudinal Research, 2008, 33 ff.; *Boers* MschKrim 2019, 3 (19 f.); s. auch *Eisenberg/Kölbel* Kriminologie § 55 Rn. 6 ff. jeweils mwN). Dass deren biografische Persistenz also selten ist, zeigt, dass es selbst bei zunächst sehr problematischen Individualentwicklungen **keine Zwangsläufigkeit** der Fortsetzung gibt. In der Frage, welche Rolle strafrechtliche Interventionen hierbei spielen – dh wann die Auffälligkeitsrückgänge und „Karriereabbrüche" hierdurch angeregt und unterstützt werden können –, sind allerdings keine verallgemeinernden Aussagen möglich (zu vergleichenden Wirksamkeitsbefunden jugendstrafrechtlicher Reaktionen ua *Eisenberg/Kölbel* Kriminologie § 42).

8   **d) Dysfunktionale Interventionen.** Die neuere Forschung macht aber jedenfalls zunehmend klar, dass – gewissermaßen umgekehrt – gravierende Eingriffe und massive Sanktionen vielfach delinquenzbegünstigend wirken (vgl. etwa *Bales/Piquero* Journal of Experimental Criminology 2012, 71 ff.; *Murray/Blokland/Farrington/Theobald* in Farrington/Murray (Hrsg.), Labeling Theory, 2014, 209 ff.). Dies beruht, wie zuletzt gezeigt werden konnte, darauf, dass invasive Maßnahmen die Anbindung an delinquente Peers fördern (*Bernburg/Krohn/Rivera* JRCD 2006, 67; *Schulte* in Boers/Reinecke, Delinquenz im Altersverlauf 2019, S. 451 ff.), die Schwierigkeiten im schulischen bzw. beruflichen Bereich steigern (*Bernburg/Krohn* Criminology 2003, 1287; *Schumann* in Dessecker (Hrsg.), Jugendarbeitslosigkeit und Kriminalität, 2007, 55 f., 64 f.) sowie das Selbstbild und die auf die Lebensführung bezogenen Haltungen ungünstig beeinflussen (*Krohn/Lopes/Ward* in Farrington/Murray (Hrsg.), Labeling Theory, 2014, 179 (196 ff.); *Restivo/Lanier* Justice Quarterly 2015, 116). Insgesamt liegen viele markante Hinweise auf die **Entwicklungsschädlichkeit** zumindest früher strafrechtlicher Reaktionen vor (n. zum Forschungsstand *Barrick* in Farrington/Murray (Hrsg.), Labeling Theory, 2014, 89 ff.; *Boers/Herlth* MschKrim 2016, 101 (115 ff.); *Boers* MschKrim 2019, 3 (30 ff.); *Eisenberg/Kölbel* Kriminologie § 54 Rn. 12 ff., § 55 Rn. 34 f. jeweils mwN).

2. Vorpositives Anforderungsprofil an altersgerechte Reaktionsstrukturen

9   **a) Jugendadäquate Rechtsfolgen und Vorgehensweisen.** Die Häufigkeit von Spontanbewährungsprozessen und die bestenfalls begrenzte Funktionalität massiver strafförmiger Maßnahmen sprechen dafür, bei Jugenddelinquenz prinzipiell auf einwirkungsarme und/oder entwicklungsfördernde Interventionen oder auch auf Interventionsverzicht zu setzen. Altersgerechte Reaktionen müssen ihrer Art nach deshalb – anders als die insofern evident ungeeigneten Strafformen des StGB (zu den Wirkungsproblemen des Freiheits- oder Geldentzugs s. zusf. *Eisenberg/Kölbel* Kriminologie § 33 Rn. 13 ff., 24 ff., § 37 Rn. 1 ff., § 42 Rn. 16 ff., 63 ff.) – an die Lebenssituation, Leis-

4

tungsfähigkeit und Weltsicht junger Menschen angepasst sein. Dies macht **andere** bzw. eigene „**Sanktions**"-**Formen** notwendig, beginnend mit der Non-Intervention über chancenverbessernde Hilfestellungen bis hin zur nachdrücklichen Bearbeitung sozialisatorischer Fehlentwicklungen.

Auf der Basis der primär schuldorientierten Sanktionszumessungskriterien 10 des allg. StR (§ 46 StGB) wäre es nicht gewährleistet, dass dieses breitere, altersorientierte Spektrum der Reaktionsformen angepasst an die individuell jeweils bestehenden, unterschiedlichen Interventionserfordernisse angewandt wird. Um dies sicherzustellen, bedarf es im Jugendstrafrecht vielmehr einer **Logik der Rechtsfolgenbestimmung,** die die Verwirklichung der jeweiligen Straftat tendenziell nur als Anlass des Eingreifens versteht, während die Wahl und Bemessung der Reaktion vorwiegend am konkreten **Einwirkungsbedarf** auszurichten sind. Damit gehen dann allerdings auch **gesteigerte Anforderungen** an das **Verfahren** einher. Wenn nämlich nicht nur tat-, sondern auch personenbezogene Umstände für die Entscheidung bestimmend sind, erfordert dies prozedurale Instrumente, mit denen die (zur individuell passförmigen Reaktion) erforderliche Diagnose- und Prognoseleistung erbracht werden kann (im Rahmen der in → § 5 Rn. 29 ff. erläuterten engen Möglichkeitsgrenzen). Zu dieser spezialpräventiven Ausrichtung gehört es auch, die prozessbedingten Belastungen für die Vorwurfsadressaten zu reduzieren und die verfahrenseigenen Interaktionsformen an deren Perspektiven und Interaktionskompetenzen anzunähern.

b) Rechtsstaatliche Limitierung. Bei all dem darf jedoch nicht in den 11 Hintergrund treten, dass auch eine zukunftsorientiert und fördernd ausgerichtete Intervention in den Phasen der Anlassklärung, der Interventionsentscheidung und der Interventionsumsetzung mit teilw. erheblichen Belastungen und **Grundrechtseingriffen** für die Betroffenen verbunden ist – besonders wenn dies als ein straf- und strafprozessrechtliches Vorgehen gerahmt und ausgestaltet wird. Es muss daher ohne Einschränkung und in jeder Hinsicht mit Verhältnismäßigkeitserfordernissen und anderen **rechtsstaatlichen** Garantien in Einklang stehen.

II. Entwicklung des deutschen Jugendstrafrechts

1. JGG 1923

a) Herausbildung. Die Entwicklung des frühen Jugendstrafrechts steht 12 historisch iZm der Herausbildung und kulturellen Anerkennung eines eigenständigen Lebensabschnittes „Jugend", der sich „zwischen" das Kind-Sein und den (ursprünglich unmittelbar) folgenden Erwachsenenstand schob (für einen Überblick vgl. *Scherr* in Dollinger/Schmidt-Semisch Jugendkriminalität-HdB 19 ff.; zu einem anfänglich auf randseitige und korrekturbedürftige Personen bezogenen Jugendverständnis s. etwa *von Trotha* KZfSS 1982, 254 ff.; *Roth,* Die Erfindung des Jugendlichen, 1983, 98 ff.; *Heinz/Hübner-Funk* Diskurs 1997, 4 ff.; n. *King/Noel* Déviance & Société 1994, 9 ff.). Eine selbstständige jugendstrafrechtliche Gesetzgebung begann dabei in Deutschland mit dem JGG v. 16.2.1923 (RGBl. I 135), das sich letztlich dem Drängen der Jugendgerichtsbewegung verdankte, in der wiederum ganz verschiedene gesellschaftliche Diskurslinien (in der Rechtspraxis, der Gefängniskunde usw, aber auch von internationalen Vorbildern) zusammengetroffen waren (zur

Einleitung

Entwicklung seit Mitte des 19. Jahrhunderts s. *Fritsch,* Die jugendstrafrechtliche Reformbewegung, 1999, 24 ff.; *Oberwittler,* Von der Strafe zur Erziehung?, 2000, 59 ff.; *Kubink,* Strafen und ihre Alternativen im zeitlichen Wandel, 2002, 127 ff.; *Dollinger/Schabdach* Jugendkriminalität 23 ff.; *Cornel* in Dol-
linger/Schmidt-Semisch Jugendkriminalität-HdB 545 ff.; zur vorbildhaften
Entwicklung in den USA vgl. etwa *Stump,* „Adult time for adult crime", 2003,
48 ff.; *Schaerff,* Die Behandlung junger Straftäter in den USA, 2015, 138 ff.).

13 Das JGG 1923 trat an die Stelle der §§ 55–57 StGB aF, die ua den Beginn
der Strafmündigkeit mit Vollendung des 12. Lebensjahres vorgesehen hatten,
aber als Regelungsbereich in der Praxis nur geringe Bedeutung erlangten.
Mit dem neuen JGG war für die Reaktion auf die Delinquenz junger
Menschen dagegen eine eigene ausdifferenzierte Regelung vorgesehen –
wenngleich diese mit Blick auf die Strafbarkeitsvoraussetzungen weitgehend
an das allg. StR angebunden wurde (weshalb das Gesetz auch Jugend-
gerichts- und nicht Jugendstrafgesetz hieß (dazu *Ostendorf* in Schumann/
Wappler Erziehen und Strafen 51)). Das JGG 1923 markierte damit aber
zugleich auch die bis heute bestimmende Entscheidung, für die jugendgemäße Deliktsreaktion auf ein **Sonderstrafrecht** (das sich vom allg. StR
merklich unterscheidet) zu setzen und dieses nach Zielvorgaben und rechtlicher Ausgestaltung vom Jugendfürsorgerecht abzugrenzen. Ergänzt wurde
das JGG 1923 daher fast zeitgleich durch das 1922 erlassene und 1924 in
Kraft getretene Reichsjugendwohlfahrtsgesetz (zur Entwicklung des JAmts
Eisenberg Zbl 1991, 250 f.). In diesem Nebeneinander lag der bis heute wirksame Abschied von der gleichermaßen denkbaren Option, ein einspuriges
Modell zu verfolgen und ein einheitliches Jugendinterventionsrecht (mit der
integrierten Bearbeitung von Jugendschutz, Jugendfürsorge und Deliktsreaktion) zu erschaffen (zur später gelegentlich aufkommenden Diskussion um
die beiden Grundmodelle etwa *Kubink,* Strafen und ihre Alternativen im
zeitlichen Wandel, 2002, 487 ff.; zu heutigen Kontroversen etwa → § 38
Rn. 6; zur Kostenverteilung etwa *Kolberg* ZKJ 2012, 176 ff.; allg. *Wiesner* FS
Heinz, 2012, 542 ff.). Die stattdessen realisierte **Zweispurigkeit** aus Sanktionierung und Jugendhilfe setzte mit dem JStR damit auch auf eine Spur,
die ungeachtet des darin enthaltenen Erziehungskonzeptes keineswegs nur
unterstützende oder entwicklungsfördernde, sondern von Anbeginn auch
deutliche Kontroll-, Straf- und Disziplinierungskomponenten aufwies (n.
dazu *Dollinger/Schabdach* Jugendkriminalität 27 ff.).

14 **b) Inhalte.** Was die **konkreten Festlegungen** betraf, so begründete das
JGG 1923 im Bereich des materiellen JStR die Straffreiheit für Kinder im
Alter von 12 und 13 Jahren (zur Kinderdelinquenz → § 1 Rn. 8 ff.), während es für Jugendliche (im Alter von 14 bis unter 18 Jahren) die Strafen
durch ein System von erzieherischen Rechtsfolgen ergänzte. Für eine Bestrafung wurde (neben der geistigen und sittlichen Reife) vorausgesetzt, dass
Erziehungsmaßregeln nicht ausreichten. Eine Begrenzung des Mindestmaßes
der Freiheitsstrafe war nicht vorgesehen, sodass auch kurzzeitige Freiheitsstrafen verhängt werden konnten (was in der Praxis auch vergleichsweise
häufig geschah). Eine „unbestimmte Strafe" war nicht zulässig. Die Vollstr.
der Strafe konnte auf Probe ausgesetzt werden (§§ 10 ff. JGG 1923), ohne
dass eine spezielle Institution zur Kontrolle oder Betreuung der Betroffenen
während der Probezeit vorgesehen gewesen wäre (s. zum Ganzen auch den
Überblick bei *Kubink,* Strafen und ihre Alternativen im zeitlichen Wandel,

2002, 188 ff.; *Ostendorf* in Schumann/Wappler Erziehen und Strafen 51 f.; zur gleichwohl eher traditionell straforientierten Praxis nach 1923 vgl. *Schady*, Die Praxis des Jugendstrafrechts in der Weimarer Republik, 2003). – Im Bereich des formellen JStR wurde das Verfahren teilw. eigenständig ausgestaltet. Dies betraf einmal die partiell schon vorher errichteten und nun gleichsam „legalisierten" JGerichte (erstinstanzlich als stets mit Schöffen besetzte kleine oder große JGerichte). Es zeigte sich aber auch am Ausschluss der Öffentlichkeit und der Einschränkung des Legalitätsprinzips. Zur Persönlichkeitsbeurteilung und Kontrolle oder aber Betreuung der Betroffenen war die – vorzugsweise dem JAmt übertragene – JGH vorgesehen.

2. NS-Zeit

a) Neuordnung. Während der NS-Zeit wurde zunächst durch VO v. **15** 4.10.1939 (RGBl. I 2000) eine Schärfung dergestalt eingeführt, dass auf Jugendliche im Alter ab 16 Jahren bei als besonders verwerflich beurteilter „verbrecherischer Gesinnung oder zum Schutz des Volkes" (§ 1 Abs. 2) das allg. StR einschließlich der Todesstrafe (zu deren Häufigkeit *Löffelsender* ZJJ 2017, 215 (219) mwN) angewandt werden konnte. Durch VO v. 4.10.1940 (RGBl. I 1336) wurde der JA (näher → § 13 Rn. 3 ff.) und anschließend durch VO v. 10.9.1941 (RGBl. I 567) die Jugendgefängnisstrafe von unbestimmter Dauer implementiert (s. zum Ganzen auch *Kubink*, Strafen und ihre Alternativen im zeitlichen Wandel, 2002, 280 ff.). Sodann führte das **RJGG** v. **6.11.1943** (RGBl. I 637) unter Beibehaltung dieser Neuerungen zu weitgreifenden Umgestaltungen im gesamten JStR (n. *Kebbedies* Außer Kontrolle, 2000, 101 ff.). Bspw. sieht das Gesetz seither die „schädlichen Neigungen" als eine Verhängungsvoraussetzung von JStrafe vor (→ § 17 Rn. 20 f.). Gemäß § 4 der JStR-VO v. 6.11.1943 (RGBl. I 635) waren die RL der Allg. Verfügung des Reichsjustizministers v. 15.1.1944 (Sonderveröffentlichung der DJ Nr. 30), die Zweifelsfragen des RJGG 1943 klärten, verbindliches Recht. Insgesamt kamen die in der NS-Zeit erfolgten Eingriffe in das JGG 1923 teilw. dessen Entstellung gleich (vgl. auch *Ostendorf* in Schumann/Wappler Erziehen und Strafen 55: „in weiten Teilen Ausdruck der NS-Ideologie"). Erleichtert wurde dies durch die teils erzwungene, teils akzeptierte oder gar gewollte Anpassung nichtstaatlicher Gremien (vgl. detailliert zur DVJJ *Schumann* ZJJ 2017, 313 (314 ff.); ferner *Schumann* in Schumann/Wappler Erziehen und Strafen 73 ff.; *dies.* In DVJJ 2019, 39 ff.).

b) Konkrete Regelungen. Die umfassende Umgestaltung durch das **16** RJGG 1943 betraf besonders die **Rechtsfolgen**. In diesem Bereich wurde die dreischrittige Abstufung von Erziehungsmaßregeln über Zuchtmittel zu Jugendgefängnis eingeführt, wobei der bereits 1940 durch Verordnung implementierte JA (als Zuchtmittel) die kurzzeitige Freiheitsstrafe ersetzen sollte. Das Mindestmaß der Jugendgefängnisstrafe stieg (von ursprünglich einem Tag nach dem JGG 1923) auf zunächst drei Monate an. Es wurden die Strafrahmen des allg. StR für unanwendbar erklärt, einige Vorschriften über Vollstr. und Vollzug sowie die „Beseitigung des Strafmakels durch Richterspruch" eingeführt und ferner die Möglichkeit der Aussetzung auf Probe aufgehoben. Die Altersgrenzen erfuhren eine Relativierung, da erstens Kinder schon ab dem Alter von 12 Jahren in als „schwer" beurteilten Fällen durchaus bestraft werden konnten (§ 3 Abs. 2 S. 2 RJGG) und zweitens das

Einleitung

allg. StR auf sog. frühreife Personen (§ 20 Abs. 1 RJGG) bzw. „charakterlich abartige Schwerverbrecher" (§ 20 Abs. 2 RJGG) schon vor Erreichen des 18. Lbj. angewandt werden durfte.

17 § 60 RJGG 1943 erlaubte es iÜ, die Jugendlichen nach Voll- oder Teilvollstreckung der JStrafe in „Jugendschutzlagern" unterzubringen, wenn bei ihnen eine Anpassung an die Volksgemeinschaft nicht zu erwarten sei (*Kebbedies* Außer Kontrolle, 2000, 240 ff.). Dem war ab 1940 die Entwicklung ähnlicher polizeilicher Lager vorausgegangen (vgl. die Quellenauszüge in DVJJ-Journal 1992, 242 ff.), in die Jugendliche auch ohne (gar gerichtlich festgestellte) Deliktsbegehung zB schon aufgrund der Ablehnung der NS-Ideologie zwangsuntergebracht wurden. Überwiegend hat es sich aber wohl um Abgeschobene aus der Fürsorgeerziehung gehandelt (dazu und zu den Lagerbedingungen etwa *Fritz* in Berger (Hrsg.), Verfolgte Kindheit, 2007, 311 ff., 318 ff.). Aus den Lagern wurden die Untergebrachten nach „Beobachtung" (vgl. etwa *Fritz* in Berger (Hrsg.), Verfolgte Kindheit, 2007, 322 ff.) entweder zum Militär oder in Konzentrationslager verbracht (vgl. *Schumann* ZJJ 2017, 313 (318) mwN).

18 Zum **JStrafverfahren** meinte seinerzeit *Peters,* dass es „(…) noch nicht in der gleichen Weise wie das materielle JStR seine Loslösung von dem Erwachsenenstrafrecht gefunden (…)" habe und demgemäß einen „Doppelcharakter" aufweise (RJGG Vor §§ 21 ff. Anm. 2 f.). Immerhin führte § 23 RJGG 1943 (erstmals) eine JStA ein. Als erstinstanzliche Gerichte wurden die mit Schöffen besetzten Spruchkörper nunmehr durch JRichter und die JKammer ersetzt. Zugleich wurde durch § 25 Abs. 1 RJGG 1943 festgelegt, dass „im gesamten Verfahren die Hitler-Jugend und die JGH zur Mitarbeit herangezogen werden" sollen (n. *Stolp,* Die geschichtliche Entwicklung des Jugendstrafrechts von 1923 bis heute, 2015, 85 ff.; zur Funktion von ministeriellen Anweisungen bzw. sog. Richterbriefen wie auch Rechtsreferenten der HJ s. etwa *Wolff,* Jugendliche vor Gericht im Dritten Reich, 1992, 116 ff.).

3. Entwicklung in der Bundesrepublik

19 **a) JGG 1953.** Das JGG v. 4.8.1953 (BGBl. I 751) hob − ungeachtet breiter Diskussionen (dazu *Kebbedies* Außer Kontrolle, 2000, 105 ff., 112 ff.) − **nur einige** (aber keineswegs alle) **Umgestaltungen** aus der Zeit des Dritten Reiches **auf,** wie etwa die Durchbrechung der Altersgrenzen, die Vorrangstellung der Strafe und die sog. „strengen Tage" im JAVollzug (bei sonstiger Beibehaltung des JA). Allerdings waren diese Korrekturen in der Praxis ohnehin schon vor- und vorweggenommen worden (krit. daher auch DVJJ 1999, AK II–5). Die legislatorische Distanzierung zum JGG 1943 hielt sich in relativ engen Grenzen (*Kubink,* Strafen und ihre Alternativen im zeitlichen Wandel, 2002, 353 ff.). Dies war ua der personellen Kontinuität in maßgebenden Einrichtungen (vgl. etwa *Safferling* FS Streng, 2017, 612 speziell zur Beibehaltung des JA) bzw. in beratenden Organisationen geschuldet (dazu für die DVJJ n. *Schumann* ZJJ 2017, 313 (324 ff.)). Immerhin wurde aber zumindest die Möglichkeit (wieder) eingeführt, die Vollstr. der JStrafe **zBew auszusetzen,** wobei die Voraussetzungen und die Ausgestaltung (insb. Bewährungshilfe und -aufsicht) genauere Konturen erhielten (zu den Diskussionen mwN *Stolp,* Die geschichtliche Entwicklung des Jugendstrafrechts von 1923 bis heute, 2015, 127 ff., 132). Ferner sah das JGG 1953 (in Anlehnung an einzelne ausländische Regelungen) nunmehr die Möglich-

8

keit der **Aussetzung** der **Verhängung** einer JStrafe **zBew** vor (dazu *Potrykus* NJW 1953, 1454; *Lackner* JZ 1953, 529).

Die JGerichtsverfassung erfuhr eine gewisse Neuordnung, wie zB durch **20** Wiedereinführung des Schöffensystems (vgl. näher *Stolp,* Die geschichtliche Entwicklung des Jugendstrafrechts von 1923 bis heute, 2015, 155 f.). Zu Änderungen kam es ebenso im Jugendstrafverfahren. So wurde insb. die **Zuständigkeit** der **JGerichte** auch für Verfahren gegenüber solchen Personen festgelegt, die zur Zeit der Tat **Heranwachsende** waren. Darüber hinaus ist auf diese Personengruppe seither unter bestimmten Voraussetzungen, aber nicht etwa nur als Ausnahme (vgl. BT-Drs. 1/3264, 36 f.; BT-Drs. I/4437, 2 f.), auch **materielles JStR** anzuwenden.

b) Neuregelung 1990. Das **1. JGG-ÄndG** v. 30.8.1990 (BGBl. I 1853) **21** als weiterer prägender Gesetzgebungsschritt nahm zunächst einmal vorwiegend technische Anpassungen an sinnvolle Entwicklungen in der Praxis vor (zu dem zugrunde liegenden rechtspolitischen Diskurs vgl. die Analysen bei *Lampe,* Soziale Probleme 2016, 95 (106)). Diese Angleichung betraf insb. Alternativen zur formellen Verfahrensdurchführung und zur Untersuchungshaft. So wurden einzelne der Einstellungsregelungen näher ausgestaltet und von Kann- in Mussvorschriften umgewandelt. Die Voraussetzungen und Modalitäten der U-Haft sahen nunmehr höhere Hürden vor, auch wegen der neuen Funktionen der JGH. Im Bereich der Rechtsfolgen baute das Gesetz zwar die Kategorie der Zuchtmittel durch Legalisierung einer Arbeitsauflage aus, hob andererseits aber die JStrafe unbestimmter Dauer auf. Das Spektrum der benannten Weisungen wurde um neue ambulante Maßnahmen ergänzt (sozialer Trainingskurs, Betreuungsweisung). Dass die Reichweite der Neuerungen insgesamt aber gleichwohl noch recht begrenzt war, ist daran zu erkennen, dass durch den Bundestags-Rechtsausschuss zugleich etliche, offen gebliebene Aspekte der rechtspolitischen Weiterentwicklung markiert wurden (BT-Drs. 11/7421, 3; dazu *Ostendorf* in Schumann/Wappler Erziehen und Strafen 57). – Das fast gleichzeitig erlassene **SGB VIII** v. 26.6.1990 (BGBl. I 1163) enthielt, geleitet von einer partizipativen (statt kontrollierenden) Perspektive, einige Änderungen, die in mehrfacher Hinsicht relevante Konsequenzen für die Praxis des JStR haben (s. nur §§ 36a, 52 SGB VIII; aber auch → Rn. 25). – Außerdem kam es ebenfalls fast gleichzeitig (mWv 3.10.1990) zu einer Erstreckung des JGG auch auf das Gebiet der ehemaligen DDR (wegen einzelner Modifikationen gem. Einigungsvertrag bzw. gerichtlicher Entscheidungen vgl. Erl. bis zur 13. Aufl.; s. auch BT-Drs. 11/7817, 52 f.; zur Aufhebung iRd Rechtsbereinigung vgl. Gesetz v. 8.12.2010, BGBl. I 1864).

c) Anschließende Neuregelungen. Mit dem **JuMoG** v. 22.12.2006 **22** (BGBl. I 3416) wurden – teilweise unter Hintanstellung des Erziehungsgedankens – mehrere Verfahrensvorschriften geändert (dazu etwa → § 41 Rn. 7a ff., → § 80 Rn. 16 ff.). Das **2. JGG-ÄndG** v. 13.12.2007 (BGBl. I 2894) bekannte sich mit Einführung des § 2 Abs. 1 dagegen zum Erziehungsgedanken (→ § 2 Rn. 2 ff.) und gestaltete iZm der Föderalismusreform die bundesrechtlichen Vorschriften zum Vollzug der JStrafe um, wobei die längst überfälligen, sonstigen Rechtsgrundlagen für das **JStVollzR** ab 1.1.2008 durch Landesgesetze geschaffen wurden (näher → § 92 Rn. 3 ff.). Hierbei handelte es sich ganz überwiegend um selbstständige Gesetze, in mehreren Ländern aber auch (nur) um spezielle Abschnitte allg. Justizvoll-

Einleitung

zugsgesetze. Durch das U-HaftRÄndG v. 29.7.2009 (BGBl. I 2274) wurde ua § 89c eingefügt (teilw. in Orientierung am vormaligen § 93 Abs. 1 und 2) und die Anwendung des § 72a auf Heranwachsende erstreckt (§ 109 Abs. 1 S. 1). Der **U-Haftvollzug** ist indes ebenfalls Gegenstand von Landesgesetzen (näher → § 89c Rn. 6 ff.). Das im Juli 2012 verabschiedete Gesetz zur Erweiterung jugendgerichtlicher Handlungsmöglichkeiten (für eine Bilanz s. *Höffler/Kaspar* RdJB 2018, 449) positivierte die sog. „Vorbewährung" und führte eine Regelung zum Vorbehalt nachträglicher Entscheidung über die Aussetzung der Vollstr. der JStrafe zBew (§§ 61–61b) ein. Außerdem ermöglicht das JGG seither den sog. Kopplungs-JA (§ 8 Abs. 2 S. 2 bzw. § 61 Abs. 3 S. 1, jeweils iVm § 16a). Für dessen Vollzug wie auch den des allg. JA wurde seit 2013 in fast allen Ländern eine Gesetzesgrundlage geschaffen (→ § 89c Rn. 6).

23 Eine dem Erziehungsauftrag (§ 2 Abs. 1) klar zuwiderlaufende Tendenz (ebenso die Kritik bei *Höynck/Ernst* KJ 2014, 249 (253 f.)) weist das Gesetz v. 8.7.2008 (BGBl. I 1212, nicht korrigiert durch das Gesetz v. 20.12.2010 (BGBl. I 2300)) auf, welches die nachträgliche Anordnung von Sicherungsverwahrung bei nach JStR Verurteilten ermöglichte (zur Einordnung der Sicherungsverwahrung als „originäres NS-Projekt" vgl. *Wagner-Kern,* Präventive Sicherheitsordnung, 2016, 54 ff.). Bei Heranwachsenden, die nach allg. StR sanktioniert werden, waren die vorbehaltene und die nachträgliche Sicherungsverwahrung bereits 2003 bzw. 2004 zugelassen worden. Eingebettet war dies in eine dichte Abfolge von Gesetzgebungsanträgen, die in dieser Phase (2000 bis 2003) auf diverse Verschärfungen des JStR hinwirken wollten (Zusammenstellung bei *Hotter/Albrecht* RdJB 2003, 282 (285 ff.)). Diese legislative Aktivität stand iZm der Verschiebung des kriminalpolitischen Diskurses, der Kriminalität anders als in den davor liegenden Jahren weniger als Ergebnis dysfunktionaler und desintegrativer gesellschaftlicher Bedingungen begriff, sondern zunehmend dazu tendierte, die Verantwortung bei der betr. Person und deren Gefährlichkeit zu verorten (n. dazu die diskursanalytischen Auswertungen bei *Dollinger/Rudolph/Schmidt-Semisch/ Urban* in Groenemeyer/Hoffmann (Hrsg.), Jugend als soziales Problem, 2014, 140 ff.; *Dollinger/Rudolph* Zeitschrift für Diskursforschung 2016, 51; *Dollinger* ZJJ 2018, 213 (215 ff.)).

24 Nachdem in BVerfGE 128, 326 = NJW 2011, 1931 die Verfassungswidrigkeit der insofern kennzeichnenden Regelungen zur Sicherungsverwahrung (einschließlich derjenigen des § 106 Abs. 3, 5 und 6) festgestellt worden war (näher → § 7 Rn. 30 ff., → § 106 Rn. 11 ff.), führte das daraufhin geschaffene AbstandsgebotsG v. 5.12.2012 (BGBl. I 2425; grundsätzlich krit. *Höffler/Kaspar* ZStW 2012, 87) die vorbehaltene Sicherungsverwahrung für „Neufälle" im JGG ein – dies aber, ohne den dahingehenden Bedarf und die Zuverlässigkeitsgrenzen der dafür erforderlichen Prognosemethoden geprüft zu haben –, wohingegen es bei „Altfällen" die bisherige Regelung beibehielt (vgl. Art. 316f EGStGB). Immerhin hat dieses Gesetz wenigstens erhebliche Änderungen iZm und beim Vollzug von Sicherungsverwahrung bzw. iZm Sicherungsverwahrung mit sich gebracht (näher → § 92 Rn. 155 ff.).

25 **d) Anstöße im Jugendhilferecht.** Das BKiSchG v. 22.12.2011 (BGBl. I 2975) hatte die Pflicht zu „struktureller Zusammenarbeit" konkretisiert (vgl. § 81 Nr. 2 und Nr. 9 SGB VIII). Der **RefE-KJSG v. 17.3.2017** sah sodann die Anfügung eines S. 3 in § 41 Abs. 1 SGB VIII vor, der ausdrücklich

klarstellte, dass eine Beendigung der Hilfe die erneute Gewährung von Hilfen „nicht ausschließt" (relevant sowohl für bisher stationäre Hilfen als auch die im Bereich des JGG weit überwiegenden ambulanten Hilfen). Allerdings ist dieser Satz bereits im RegE-KJSG v. 12.4.2017 entfallen. In der vom Deutschen Bundestag am 29.6.2017 verabschiedeten Gesetzesfassung (BR-Drs. 553/17) wurde für spezifische Formen einzelfallbezogener Zusammenarbeit mit „anderen öffentlichen Einrichtungen und sonstigen Stellen" in § 52 Abs. 1 S. 2 (Soll-Vorschrift) und S. 3 SGB VIII zum Ausdruck gebracht, dass die Initiative bei der JHilfe liegt. Zudem war eine Erweiterung des § 52 Abs. 2 S. 1 SGB VIII um eine Prüfpflicht des JAmts auch hinsichtlich „anderer Sozialleistungsträger" (nach dem RefE ausdrücklich auch „Rehabilitationsträger", entfallen aber im RegE (vgl. aber Begr. S. 70 iVm S. 57)) mit dem Ziel der Mitteilung an die JStA oder das JGericht zur Berücksichtigung in Entscheidungen nach § 45 bzw. § 47 (§ 52 Abs. 1 S. 2 KJG) vorgesehen, von Relevanz besonders für Belange von Heranwachsenden und jungen Volljährigen (etwa iZm einer Arbeitsförderung durch die Agenturen für Arbeit). Die Zusammenarbeit von JRichtern und JStAen mit öffentlichen Einrichtungen und anderen Stellen sollte gem. Art. 7 mit Einführung eines § 37a JGG geregelt werden. Der Bundesrat hat die Beratungen zum SGB VIII am 22.9.2017 von der Tagesordnung genommen.

e) Jüngste Entwicklungen. Insgesamt betrachtet ist die gesetzgeberische 26 Dynamik im JStR eher moderat. Dies gilt jedenfalls im Vergleich zu vielen Bereichen des allg. StR und StVerf, wobei sich allerdings viele der dortigen Rechtsänderungen durch § 2 Abs. 2 auch im JStR niederschlagen – ohne dass dies legislatorisch immer hinreichend reflektiert worden ist. Spezifisch jugendstrafrechtliche Neuregelungen wurden in jüngerer Zeit allerdings durch Vorgaben der EU initiiert (→ Rn. 32 f.). In deren Umsetzung hat das Gesetz zur Stärkung der Verfahrensrechte von Beschuldigten im Jugendstrafverfahren gleich eine ganze Kette von Einzelbestimmungen in das JGG eingeführt, durch die bspw. die Stellung der JGH und der Strafverteidigung gestärkt worden ist.

4. Rechtspolitik und empirische Forschung

Unabhängig davon, wie die relative Stabilität in der Jugendstrafgesetz- 27 gebung zu beurteilen ist, bestätigt sich in der bisherigen Entwicklung die Notwendigkeit der Beobachtungs- und Nachbesserungspflicht des Gesetzgebers, zumal es verschiedentlich zu **rational nicht begründeten (bzw. nicht begründbaren)** gesetzlichen Regelungen kommt (vgl. dazu näher etwa *Rolinski* FS Eisenberg, 2009, 179 ff.; *Hillenkamp* FS Eisenberg, 2009, 302 f., 307 ff., 313 ff., 320). Dies betraf in der Vergangenheit einmal Legislativakte, die sich erklärtermaßen über die ausdrücklichen Bedenken und Einwände der Fachwissenschaften hinwegsetzten, wie etwa das Gesetz zur Erweiterung der jugendgerichtlichen Handlungsmöglichkeiten v. 4.9.2012, das das JGG um den erwähnten Kopplungsarrest (→ Rn. 22) sowie die Strafrahmenerweiterung in § 105 Abs. 3 S. 2 – unter expliziter Hintanstellung kriminologischer Vorbehalte (→ § 16a Rn. 3, → § 105 Rn. 56) – erweitert hat. Zum anderen zeigt sich dies bei jenen Modifikationen des StGB und der StPO, die über § 2 Abs. 2 auch im JGG zu berücksichtigen sind, ohne dass diese „Ausstrahlungswirkung" und die Frage der jugendstrafrechtlichen

Einleitung

„Verträglichkeit" im Gesetzgebungsprozess überhaupt mitbedacht wurden. Beispiele hierfür bieten die Neuregelung der Vermögensabschöpfung (→ § 6 Rn. 11) und der Ausbau strafprozessualer Opferrechte (zu gesetzgeberischen Nichterörterung ihrer Relevanz im JGG vgl. *Kölbel* BMJV 2017, 10).

28 Dass die Kenntnisnahme und Berücksichtigung der (jugend-)kriminologischen Forschung nicht immer in der erforderlichen Weise geschieht, äußert sich ferner in (jeweils tagesaktuellen oder „zeitgeistgeprägten") kriminalpolitischen Verlautbarungen, denen stets auch das Potenzial einer letztlich unzuträglichen Umsetzung im JStR innewohnt. Dies betrifft bspw. die periodisch wiederkehrende **Behauptung** einer insgesamt steigenden Tendenz der Jugendgewalt – sei es bzgl. deren Verbreitung (so etwa für Gewalt gegenüber der Polizei BT-Drs. 18/11161) oder bzgl. der Brutalität in deren Begehung (zu entspr. Annahmen in der StA etwa BGH NStZ-RR 2013, 169 (170)). In beiderlei Hinsicht wird ein solches Vorbringen durch die empirische Forschung aber nicht bestätigt (dazu etwa *Baier,* Entwicklung der Jugenddelinquenz und ausgewählte Bedingungsfaktoren (…), 2008, 22 ff.; *Baier/Simonson/Rabold,* Jugendliche in Deutschland als Opfer und Täter von Gewalt, 2009, 19 ff., 92 ff.; *Baier/Pfeiffer/Hanslmaier* ZJJ 2013, 279 (281 f.); vgl. auch *Luff,* Gewalt: mehr oder weniger, 2015, 105 ff.; sowie zusf. und mwN *Eisenberg/Kölbel* Kriminologie § 45 Rn. 11, § 48 Rn. 21 f.; speziell zur polizeigerichteten Gewalt s. *Singelnstein/Puschke* NJW 2011, 3473; *Puschke/Rienhoff* JZ 2017, 924). Vielmehr gelten auch hier die Aussagen zur (zumindest zuletzt rückläufigen) Entwicklung der Jugendkriminalität insgesamt (→ Rn. 2).

29 Fehlbehauptungen der genannten Art haben nicht nur alltagstheoretische Grundlagen, sondern ihre Ursachen auch in der Zweideutigkeit gängiger **Datengrundlagen.** So ist mit Blick auf die PKS die Möglichkeit der erheblichen Übererfassungen bzw. Totalverzerrung nachgewiesen (vgl. *Feltes* Kriminalistik 2009, 37 sowie mwN n. *Eisenberg/Kölbel* Kriminologie § 15 Rn. 20 ff.). Bedeutsam dürfte auch die kriminalitätsbezogene Berichterstattung in den Medien mit ihrer dramatisierenden Grundrichtung sein (zu Befunden *Eisenberg/Kölbel* Kriminologie § 24 Rn. 50 ff.). Unstreitig finden aus Anlass von Einzelfällen – und zwar oftmals vor deren näherer Aufklärung – eskalierende Kampagnen in öffentlichen Diskursen statt (zu dahingehenden Auswertungen etwa *Reichert* KrimJ 2009, 105; *Hanslmaier/Kemme* Zeitschrift für Rechtssoziologie 2011, 129). Dabei steht tendenziell der Anprangerung des Beschuldigten eine Idealisierung des mutmaßlichen Opfers gegenüber (vgl. empirisch etwa *Hestermann* Kriminalistik 2016, 731 (734 f.)). – Diese und andere Bedingungen fördern Fehlwahrnehmungen der Kriminalitätsentwicklung, und das auch bei der StA und dem Straf- bzw. JGericht (vgl. *Gerhardt* ZRP 2009, 247 ff. (250)) ebenso wie bei der JGH (vgl. näher aufgrund empirischer Untersuchung *Baier/Höynck/Wallaschek/Klatt* RPsych 2017, 146 (158 f., 176) betr. Jugendgewalt). Dass die Rechtspolitik hiervon frei wäre, ist nicht anzunehmen.

5. Internationale Ebene

30 **a) Allgemeines.** Auch wenn internationale Vergleichsaussagen auf der Basis der verfügbaren Datengrundlagen nur mit ganz erheblichen Abstrichen möglich sind (speziell zu jugendkriminalitätsbezogenen Statistiken in Europa s. *Campistol/Aebi* European Journal on Criminal Policy and Research 2018, 55; zur Problematik ferner *Eisenberg/Kölbel* Kriminologie § 53 Rn. 2 ff.), gelten

12

die in → Rn. 1 ff. gemachten Aussagen zur Jugenddelinquenz (innerhalb der westlichen Welt) als generalisierbar (kennzeichnende Befunde bei *Junger-Tas / Marshall / Enzmann ua* (Hrsg.), The Many Faces of Youth Crime, 2012). Demzufolge ist auch das jugendstrafrechtliche Anforderungsprofil (→ Rn. 9 ff.) von allg. Art. Gleichwohl ist der auf Kinder, Jugendliche und Heranwachsende bezogene straf- und strafverfahrensrechtliche Regelungsbereich auf europäischer Ebene (auch in den Mitgliedstaaten der EU) traditionell durchaus unterschiedlich gestaltet (etwa → § 3 Rn. 3a, → § 11 Rn. 12, → § 89c Rn. 2, → § 105 Rn. 4). Hierzu liegen einige rechtsvergleichende Detailuntersuchungen vor (s. zB zum US-amerikanischen JStR *Schaeff,* Die Behandlung junger Straftäter in den USA, 2015, 199 ff., 247 ff.). In etlichen Sammelwerken wird das JStR verschiedener Staaten systematisch dar- und gegenübergestellt (s. bspw. *Muncie / Goldson* (Hrsg.), Comparative Youth Justice, 2006; *Winterdyck* (Hrsg.), Juvenile Justice, 2015; *Decker / Marteache* (Hrsg.), International Handbook of Juvenile Justice, 2017; für Europa *Stump,* „Adult time for adult crime", 2003, 184 ff.; vertiefend DGHP Juvenile). Dabei haben die nähere Analyse und systematische Untersuchung der verschiedenen Ausrichtungen und Grundstrukturen eine Reihe von Typologien hervorgebracht (etwa „welfare model", „justice model", „minimum intervention model" usw – vgl. hierzu den zusammenfassenden Überblick bei *Dollinger / Schabdach* Jugendkriminalität 222 ff. mwN; vgl. auch *Albrecht* RdJB 2018, 382 (391 f.)).

b) Verfahrensbezogene Anstöße des internationalen Rechts. Inner- **31** halb der EU wurde für das JStV zwischenzeitlich indes eine gewisse Angleichung erreicht (dazu für europäische Staaten n. und diff. *Gensing,* Jugendgerichtsbarkeit und Jugendstrafverfahren im europäischen Vergleich, 2014, 143 ff.; ferner anhand der Rechtsstellung der mutmaßlich Geschädigten *Kölbel* BMJV 2017, 27 f.). Systemdifferenzen grundlegender Art sind selten (s. hier aber auch rechtspolitisch *Bochmann,* Entwicklung eines europäischen Jugendstrafrechts, 2009, 88 ff., 127 ff.). Die relative und zunehmende Harmonisierung beruht ua auf dem Einfluss internationaler Standards wie etwa der **UN-Kinderrechtskonvention** (dazu eingehend *Keiser* ZStW 2008, 25 (31 ff.); *Bung* StV 2011, 626; *Pruin* ZJJ 2011, 127; *Albrecht* RdJB 2018, 382 (386 ff.)) und teilw. auch der Umsetzung von Europäischen Richtlinien (vgl. etwa betr. Haftverschonung bei U-Haftanordnung Rahmenbeschluss 2009/ 829/JI (ABl. 2009 L 294, 20 ff.)). Eine gewisse Bedeutung haben hierbei ferner die EMRK und die Rechtsprechung des **EGMR** erlangt (dazu systematisch *Arnold / Rehmet* RdJB 2018, 401; *Knauer* ZJJ 2019, 39).

Von besonderem Gewicht für die Entwicklung gemeinsamer EU-weiter **32** Standards des JStV ist die **RL (EU) 2016/800** des Europäischen Parlaments und des Rates v. 11.5.2016 über „Verfahrensgarantien in Strafverfahren für Kinder, die verdächtigte oder beschuldigte Personen in Strafverfahren sind" (für Einzelheiten der RL vgl. 20. Aufl. Rn. 12a ff.; ferner *Sommerfeld* in BMJV 2017, 68 ff.; *ders.* in DVJJ 2019, 497 ff.; *Höynck* StraFo 2017, 267 (271 ff.); *Bock* StV 2019, 508; *Nixdorf* NK 2018, 355; speziell zu einigen – hinsichtlich Schutzbelangen teilw. noch ausgedehnteren – Entwürfen und Stellungnahmen im Vorfeld der RL vgl. 18. Aufl.; ferner *Rap / Zlotnik* EJCCLCJ 2018, 110 (110 ff.)). Ausdrückliches Anliegen der RL sind das Kindeswohl, die Verfahrensfairness sowie die Entwicklung und soziale Integration beschuldigter Kinder (Erwägungsgründe 1, 8 und 9). Viele der in der RL hierfür vorgesehenen Verfahrensgarantien waren im JGG allerdings

Einleitung

bereits gewährleistet. An jenen Punkten, bei denen diese Standardsetzung diverse Änderungen im deutschen JStV notwendig gemacht hat, ist dies durch Gesetz zur Stärkung der Verfahrensrechte von Beschuldigten im Jugendstrafverfahren auch erfolgt, dies allerdings erst nach Ablauf der Umsetzungsfrist. Dadurch wurde die Frage virulent, ob und inwieweit den RL-Vorgaben in der Zwischenzeit durch eine daran orientierte Auslegung der JGG-Normen faktisch Geltung zu verschaffen war (bzgl. notwendiger Verteidigung bej. LG Chemnitz StV 2019, 601). Bei den hinreichend bestimmt gefassten Teilen der RL kam auch deren unmittelbare Anwendung in Betracht (s. dazu bei der nur bedingt vergleichbaren Problematik bzgl. RL (EU) 2016/1919 bej. *Kaniess* HRRS 2019, 201; *Jahn/Zink* StraFo 2019, 318 (327 f.); diff. KG BeckRS 2019, 18928; abl. BGH 1 BGs 170/19 v. 4.6.2019). Ausweislich einer daran orientierten Durchsicht der einzelnen Bestimmungen in der RL (EU) 2016/800 (dazu im Detail *Bock/Puschke* ZJJ 2019, 224 (227 ff.); s. auch *Eckel/Körner* NStZ 2019, 433) war über diese beiden Wege durchweg eine „vorübergehende Realisierung" mit jenen Inhalten möglich, die im Wesentlichen dem RegE des Umsetzungsgesetzes entsprachen (ähnlich das Vorgehen bei AG Freiburg BeckRS 2019, 19711).

33 In der Summe ergeben sich aus dem schließlich ergangenen Gesetz zur Stärkung der Verfahrensrechte von Beschuldigten im Jugendstrafverfahren eine doch relativ umfangreiche Neugestaltung vieler Einzelbestimmungen (auch → Rn. 26). Besonders bemerkbar macht sich dies in einer verstärkten Einbindung der JGH (s. § 38 nF), in erweiterten Unterrichtungspflichten (s. § 70a nF) und in einer Ausweitung der auf Erziehungsberechtigte und gesetzliche Vertreter bezogenen Regelungen (s. §§ 51, 67 f. nF). Im Zusammenhang mit der Umsetzung der RL (EU) 2016/1919 kam es zudem zu einem Ausbau und einer früheren Beteiligung der notwendigen Verteidigung (s. §§ 68 ff. nF). Diese insgesamt recht positiven Auswirkungen der RL (EU) 800/2016 erstrecken sich – nach der Konzeption des JGG konsequenterweise – im Wesentlichen auch auf Heranwachsende (s. § 109 nF). Die europäischen Vorgaben waren indes nur für Jugendliche verbindlich (Art. 3 Nr. 1 RL (EU) 2016/800), wobei es aber ausschlossen war, die bereits bestehenden Maßgaben in §§ 105 ff. zurückzunehmen bzw. das höhere Schutzniveau für Heranwachsende gleichsam negativ-anpassend zu beschneiden (Art. 23 RL (EU) 2016/800; dazu, dass das JGG durch die Anknüpfung an das Tatzeitalter ebenfalls über die (auf das Alter bei Verfahrensbeginn abstellende) Richtlinie hinausgeht, s. *Bock* StV 2019, 508 (510)).

34 **c) Materiell-rechtliche Anstöße des internationalen Rechts.** Richtungsweisend für den Rechtsfolgenbereich sind verschiedene (meist allerdings nicht verbindliche) Regelwerke der Vereinten Nationen und des Europarats (zusammenfassender Überblick bei *Neubacher* BMJ 2009, 277 ff.; *Bochmann,* Entwicklung eines europäischen Jugendstrafrechts, 2009, 21 ff.). Dazu zählen insb. die ERJOSSM (November 2008; näher dazu *Kühl,* Die gesetzliche Reform des Jugendstrafvollzugs (…), 2012, 28 ff.; *Dünkel* GS Walter, 2014, 275 ff.), die sich bei bestimmten tatsächlichen Voraussetzungen auch auf Heranwachsende beziehen. Im Übrigen verlangen Nr. 18 und 19 ERJOSSM für das JStrafverfahren auch ein besonders befähigtes Personal (einschr. zur Umsetzung in den Mitgliedstaaten *Dünkel* GS Walter, 2014, 294; zu den Sozialen Diensten *Jehle/Palmowski* Bewährungshilfe 2015, 101 ff.). Von Experten der Vereinten Nationen ist ein „Model Law on

Juvenile Justice" erarbeitet worden (dazu *Dünkel* FS Streng, 2017, 417). Bedeutsam sind ferner die (auch für Erwachsene geltenden) European Prison Rules (Neufassung 2006; zusf. zu europäischen und internationalen Kontrollmechanismen des Strafvollzugs *Flügge* FS 2012, 150; detailliert zu Verstößen *Goerdeler* FS Ostendorf, 2015, 380 ff.). Diese stehen ihrerseits iZm den Mindestgrundsätzen der Vereinten Nationen zur Behandlung von Gefangenen, welche am 17.12.2015 eine Neufassung erfahren haben.

Bisweilen bestehen bzgl. der Rechtsfolgen auch Vorgaben des **EU-** **35** **Rechts.** So ist die grenzüberschreitende Abgabe und Übernahme der Bewährungsüberwachung (auch) für den Anwendungsbereich des JGG durch Rahmenbeschluss des Rates v. 27.11.2008 (2008/947/JI 2008/947/JI (ABl. 2008 L 337, 102 ff.)) geregelt worden (zur Umsetzung im IRG → § 1 Rn. 40 ff.). Was die Sanktionsregimes und -praktiken betrifft, zeigen sich im JStR der europäischen Rechtsordnungen (ungeachtet der Gemeinsamkeiten in der spezialpräventiven Grundausrichtung und der zurückhaltenden Inhaftierung) teilw. nicht unerhebliche Unterschiede (*Dünkel/Pruin/Grzywa* in DGHP Juvenile 1623 ff.).

III. Umsetzung eines jugendgemäßen Sonderstrafrechts im JGG und deren Defizite

1. Grundlagen

a) Jugend-Strafgerichtsbarkeit. Die Jugendgerichtsbarkeit ist gekenn- **36** zeichnet von der Konzeption des **strafrechtlichen Modells** (bzw. „justice models") und der sanktionsförmigen Intervention im Rahmen eines (besonderen) Strafverfahrens. Das Gegenmodell eines einheitlichen („einspurigen") JHilferechts, bei dessen deliktsveranlassten Reaktionen das fürsorgerische oder sozialpädagogische Vorgehen im Vordergrund stünde, hat sich weder bei Inkrafttreten des JWG und des JGG 1923 noch iRd Vorbereitung und Fortentwicklung des Kinder- und Jugendhilferechts im SGB VIII durchgesetzt (→ Rn. 13). Tendenziell **verstärkt** wird diese Grundausrichtung durch die insofern aufschlussreiche Judikatur zur institutionellen Struktur: Während die höchstrichterliche Rspr. den JGerichten noch im Jahre 1962 einen eigenständigen Aufbau mit besonderer Zuständigkeit zuerkannte, gelten die JGerichte seit einer Entscheidung des Großen Senats für Strafsachen (BGHSt 18, 79 = NJW 1963, 60) als Abteilungen der allg. Strafgerichte (näher → §§ 33–33b Rn. 9).

Allerdings nimmt das Gesetz auch eine gewisse **Öffnung** hin zum **einspu-** **37** **rigen** Modell vor, indem es eine institutionelle Verzahnung vorschreibt. Dies betrifft einmal die Einbindung der JGH in das Strafverfahren (§ 38) und zum anderen etliche Zuständigkeiten, die dem JRichter in familienrechtlichen Fragen übertragen werden (§ 34 Abs. 2; vgl. auch § 53 zur Überweisung an das Familiengericht). Auf eine Vertiefung dieser Verbindung zielt auch die regionale Einführung sog. „Fallkonferenzen" (oder sog. „Häuser des Jugendrechts") ab (s. auch § 81 SGB VIII). Allerdings überwiegen hierbei derzeit die damit verbundenen Nachteile (n. → § 43 Rn. 17 ff., → § 79 Rn. 3a f.).

Die an sich in die gleiche Richtung weisende Forderung nach der besonde- **38** ren **jugenderzieherischen Befähigung** und **Erfahrung** des die Jugendgerichtsorganisation tragenden Personals (vgl. § 35 Abs. 2 S. 2, §§ 36 f.) wird hinsichtlich der JStA (→ § 36 Rn. 10 ff.) und der JGerichte kaum eingelöst (→ § 37 Rn. 11 ff.). Möglich wird dies durch die legislatorische Wahl von **Soll-Bestimmungen** und die Auslegung durch die herrschende Rspr. (vgl. etwa schon BGH NJW 1958, 639 (Ls.) = BeckRS 1958, 31194845), derzufolge eine fehlende erzieherische Kompetenz keinen revisiblen Verfahrensverstoß darstellt. Demgemäß scheint der genannten Qualifikation bei der Geschäftsverteilung mitunter keine besondere Bedeutung beigemessen zu werden (krit. auch *Schaffstein/Beulke/Swoboda* JugendStrafR Rn. 571 ff.; s. aber RL Nr. 1–4 zu § 37). Der RegE-StORMG v. 23.3.2011, der einen Vorstoß zu einer Fortentwicklung vorgenommen hatte (näher → § 36 Rn. 7, → § 37 Rn. 6 ff.), wurde in § 36 nur eingeschränkt umgesetzt und betr. § 37 gänzlich zurückgestellt (Gesetz v. 29.6.2013 (BGBl. I 1805)).

39 **b) Erzieherische Ausrichtung.** Jugendliche befinden sich einerseits in einer Lebensphase der zeitlich begrenzten Freisetzung und Entpflichtung von gesellschaftlichen Aufgaben und Teilhabeformen (zur Jugend als „Moratorium" n. BT-Drs. 18/11059, 89 ff.). Zugleich gehen mit diesem **Übergangsstadium** zwischen Kindheit und Erwachsenenalter aber (infolge biologisch-sexueller und psychischer Entwicklungsprozesse) im Allgemeinen – und unabhängig von der Frage der Verantwortlichkeit (§ 3 S. 1) – auch erhebliche **Unsicherheiten** hinsichtlich ihrer Identität und Rolle sowie der für sie verbindlichen Verhaltensnormen einher (zum Überblick *Weichold/Silbereisen* in Schneider/Lindenberger, Entwicklungspsychologie, 8. Aufl. 2018, 239 ff.). Unterstützung und emotionaler Rückhalt von erwachsenen Bezugspersonen sind für die erfolgreiche Herausbildung von Eigenständigkeit und Selbstverantwortung unentbehrlich. Insofern besteht bei ihnen ein erhöhtes **Bedürfnis** nach Angeboten für unterschiedlichste Hilfestellungen, mit dem allerdings auch eine besondere Ansprechbarkeit für entspr. Maßnahmen korrespondiert

40 Das JGG ist daran – iRd strafrechtlichen Modells (s. auch § 2 Rn. 15) – jedenfalls partiell angepasst und durch die erzieherische Grundausrichtung der **zukünftigen Entwicklung** Jugendlicher und Heranwachsender verpflichtet. Diese grundsätzlich begrüßenswerte normative Konzeption entspricht der allg. jugendkriminologischen Problemstruktur (→ Rn. 9 ff.) und ist zugleich Ausdruck mehrfacher grundgesetzlicher Vorgaben. Dazu zählt das Sozialstaatsprinzip, das den Staat ua dazu anhält, auf das Ausbleiben (weiterer) künftiger Repressionsanlässe hinzuwirken, da hiervon entspr. Reaktionen und darüber die Gefahr desintegrativer Entwicklungen hervorgerufen würden. Dies korrespondiert wiederum mit dem allg. Persönlichkeitsrecht als einem umfassenden Anspruch auf Achtung und Entfaltung der Persönlichkeit. Die hierauf beruhende, grundsätzlich förderungsorientierte Grundausrichtung des Gesetzes besteht trotz einer erheblichen **Relativität** der strafrechtlichen Erfassung, die sich daraus ergibt, dass zum einen die Vorschriften der tatbestandlichen Verhaltenseinordnung von (kriminal-)politischer Natur und also weithin variablem politischem Dafürhalten unterworfen sind, und dass zum anderen deren tatsächliche Anwendung von einer Vielzahl außerrechtlicher Umstände abhängt (vgl. zum Ganzen näher *Eisenberg/Kölbel* Kriminologie §§ 22–43).

41 Die soziale Wirklichkeit des Jugendstrafrechts ist also alles andere als eine spiegelbildliche Umsetzung des JGG. Sie ist auch keine direkte Realisierung der Hinweise, Empfehlungen und Anweisungen zur Anwendung des JGG, die sich in den RL (s. Anh. 2) als – von den Landesjustizverwaltungen

erlassenen – einheitlichen VV finden. Das Geschehen in den jugendstrafrechtlichen Institutionen ist vielmehr **beeinflusst** vom dortigen hierarchischen Aufbau, von den Binnennormen, Handlungsroutinen und informellen Praxismustern. Eine hierfür exemplarische Handlungsnorm, die auch für arbeitsorganisatorische Überlegungen funktionelle Bedeutung erlangt, betrifft die Erwartung, effektiv zu arbeiten. Die entspr. Wirksamkeitskriterien richten sich weniger auf die Intensität und Qualität der Tätigkeit als **vielmehr** auf die **Anzahl** der während der Dienstzeit **erledigten Fälle.** Nach diesen Effizienzkriterien entwickeln sich in der Praxis Reduktionsregeln, denen zufolge aus der Komplexität und Individualität jedes Falles nach Möglichkeit einzelne wenige, häufig wiederkehrende Fakten herausgegriffen werden, um eine möglichst reibungslose, auf Erledigung orientierte Fallbearbeitung zu gewährleisten. Auch werden die Voraussetzungen zur Verwirklichung zentraler Elemente des Erziehungsauftrags – etwa Schutz (anschaulich *Zieger/Nöding* Verteidigung Rn. 117 f.), Förderung und Integration (ebenso BGH BeckRS 2016, 15483 Rn. 44) – nicht nur im öffentlichen Bewusstsein, sondern mitunter auch bei den Amtsträgern nur eingeschränkt akzeptiert (vgl. etwa zur JGH *Dollinger* ZJJ 2012, 416 (424 f.); ferner → Rn. 23). – Das JGG in seiner individuumsbezogenen, fördernden und zukunftsorientierten Ausrichtung bedarf einer Auslegung, die dessen Widerständigkeit gegenüber all diesen Relativierungen stärkt.

2. Jugendstrafverfahren

a) Beschleunigung. Im Bereich des JStV wird eine (im Vergleich zum 42 allg. StVerf.) besondere **jugendgemäße** Gestaltung nur **eingeschränkt** realisiert. Dies gilt zunächst für die prinzipiell gebotene **Beschleunigung** (Art. 6 Abs. 1 S. 1 letzte Alt. EMRK; vgl. auch rechtsvergleichend für die EU *Dünkel* ZJJ 2015, 19 (21 ff.)). Hinsichtlich einer besonders schnellen Verfahrensdurchführung ist allerdings darauf hinzuweisen, dass diese nicht nur der Qualität der Entscheidungsfindung dienen kann (etwa bei sonst drohendem Beweismittelverlust). Vielmehr besteht hier insofern ein Spannungsverhältnis, als eine „zügige und sorgfältige Bearbeitung der Fälle" (Art. 13 Abs. 1 RL EU 2016/800; dazu etwa *Sommerfeld* ZJJ 2018, 296 (301) erforderlich ist (vgl. etwa auch *Kölbel* in MüKoStPO StPO § 160 Rn. 33 mwN). Die verschiedenen, meist lokalen Modelle, mit denen in Deutschland eine beschleunigte Verfahrensabwicklung zu erreichen versucht wurde, haben dies bestätigt. Dort hat sich gezeigt, dass unter der systematischen Ablaufstraffung und interinstitutionellen Koordination die Einbindung der JGH und bisweilen sogar die Einräumung von Beschuldigtenrechten leiden können (n. → §§ 76–78 Rn. 3 f., → § 79 Rn. 3 ff.). Im Übrigen hat die Evaluation dieser Projekte wiederholt deutlich gemacht, wie ungesichert das normative Leitbild (RL zu §§ 82–85 Abs. 2 Nr. 1; *Schatz* FS Ostendorf, 2015, 804 ff.) und die verbreitete Annahme, wonach gerade eine kurzfristige Deliktsreaktion entwicklungsförderlich wirke (mit Abstrichen etwa *Rose* NStZ 2013, 315 (317 f., 327); *Ostendorf* ZJJ 2014, 253 (254)), empirisch eigentlich sind (*Dünkel* ZJJ 2015, 19 (20 f.); *Goeckenjan* ZJJ 2015, 26 (31); eingehend zur **Ambivalenz** der Verfahrensbeschleunigung *Mertens,* Schnell oder gut?, 2003, 35 ff.; *Degener* ZJJ 2015, 1; *Dollinger* ZJJ 2015, 19). Zumindest haben einige Untersuchungen keine verbesserten spezialpräventiven Effekte einer beschleunigten Verfahrensdurchführung nachweisen können

Einleitung

(*Bliesener/Thomas* ZJJ 2012, 382; *Ebert* ZJJ 2015, 32; anhand eines Modells für Intensivtäter vgl. *Khostevan,* Zügiges Strafverfahren bei jugendlichen Mehrfach- und Intensivtätern, 2009, 218 ff.; *Boers/Krawinkel,* Intensivtäterschaft und Delinquenzabbruch, 2016, 60 ff.). Erhebliche „Erfolgs"-Unterschiede zu Verfahren mit sonst üblicher Dauer bestehen kaum (zusf. *Eisenberg/Kölbel* Kriminologie § 42 Rn. 14 f.).

43 Dass es gleichwohl erforderlich ist, gerade das JStV ohne unnötige Verzögerung durchzuführen, beruht auf den verfahrensbedingten Beeinträchtigungen für die beschuldigte Person. Gerade bei jungen Betroffenen machen sich die allein vom Prozess ausgehenden Belastungen besonders bemerkbar (je nach Person: U-Haft (→ § 89c Rn. 44 ff., → § 72 Rn. 3) und andere Verfahrenseingriffe, psychischer Druck durch den unvorhersehbaren Verfahrensausgang, Inanspruchnahme zeitlicher und finanzieller Ressourcen, Rufschädigung usw). Insofern lässt es aufmerken, dass die insofern als noch tragbar geltende Dauer (vgl. etwa OLG Karlsruhe NStZ-RR 2017, 59: „maximal" 6–9 Monate „gerade noch" zulässig) offenbar nicht selten überschritten wird. Zumindest andeutungsweise erkennbar ist dies anhand der vorliegenden Daten zur Länge der Hauptverfahren (zur amtlichen Statistik und zu diversen Aktenanalysen s. *Ostendorf* ZJJ 2014, 253 (255); ferner *Ferber,* Strafkammerbericht, 2017, 48 ff., 66 ff. (dort auch zur Häufigkeit von Kompensationen, die JKammern wegen überlanger Verfahrensdauer gewähren)).

44 **b) Vor- und Zwischenverfahren.** Für das **Vorverfahren** sind einige Sondervorschriften vorgesehen (§§ 43–46, sowie – ua auch für diese Verfahrensphase – die §§ 67–74 sowie §§ 79 Abs. 1, 80). Soweit es sich dabei um Soll- bzw. Ermessens-Vorschriften handelt, kann dies Konsequenzen für ihre Befolgung haben – sowohl wegen der eingeschränkten gerichtlichen Überprüfbarkeit als auch wegen der Spielräume in der Handhabung, durch die sich ggf. behördeneigene Belange bemerkbar machen. – Für den Bereich des Zwischenverfahrens (§§ 199 ff. StPO) hat der Gesetzgeber (abgesehen von § 79 Abs. 2) keine ausdrücklichen Sonderregelungen getroffen (vgl. aber § 47 Abs. 1, § 67 Abs. 2 aF bzw. § 67a Abs. 1 nF iVm § 201 StPO sowie §§ 209, 209a Nr. 2 StPO und §§ 210 Abs. 2, 209a Nr. 2 StPO).

45 Was die Tätigkeit der am Vorverfahren beteiligten Organe angeht, so **entbehrt der „Verfahrensbeginn"** (§ 163 Abs. 1 StPO) einer **jugenderzieherischen** Prägung (zust. *Bottke* ZStW 83 (1995), 69 ff. (87)). An sich würde es dem Auftrag des § 2 Abs. 1 nur gerecht werden, wenn Ermittlungsbeamte (§ 152 StPO iVm § 2 Abs. 2) über eine Qualifikation iSv § 37 verfügen. Durch Art. 20 Abs. 1 RL (EU) 800/2016 (→ Rn. 32) wird die Notwendigkeit besonderer Sachkunde ebenfalls nahegelegt („angemessene spezifische Schulungen"; dazu etwa *Sommerfeld* ZJJ 2018, 296 (303)). Dass das Gesetz dennoch keine eigene „Jugendkriminalpolizei" vorschreibt (s. etwa RegE BT-Dr. 19/13837, 36; auch → § 37 Rn. 3), macht sich vor allem deshalb nachteilig bemerkbar, weil die gesetzlich vorgesehene Steuerung des Vorverfahrens durch die JStA (§§ 160 ff. StPO) de facto vielfach nicht eingelöst wird. In der Regel werden die Vorgänge erst nach Abschluss der Ermittlungen durch die Polizeibehörden an die JStA übersandt (allg. zur Problematik mwN *Kölbel* in MüKoStPO StPO § 160 Rn. 16 ff.). Die zum frühestmöglichen Verfahrenszeitpunkt (§ 38 Abs. 3 S. 2 aF bzw. § 38 Abs. 5 nF einzurichtende Beteiligung der JGH könnte dafür zwar einen gewissen Ausgleich bieten, gerade auch wegen ihrer partiell „polizeifremden" Funk-

tionen und Zielvorstellungen (*Gloss* RdJB 2010, 323 (324 ff.); erg. → § 43 Rn. 16a). Allerdings nimmt der Vertreter der JGH seine Tätigkeit immer erst nach Information über eine bereits laufende strafrechtliche Ermittlung auf und ist deshalb fast nie die erste institutionelle Kontaktperson des beschuldigten Jugendlichen (zum bisher oft erst relativ späten Beginn der Kontaktaufnahme durch die JGH → § 38 Rn. 38).

Die Problematik wird in der Praxis etwas gemildert, wenn bei den Polizei- **46** behörden spezielle **Kommissariate für Jugendstrafsachen** eingerichtet sind und diese dank einer besonderen Qualifizierung (oder doch zumindest einer beruflichen Erfahrung) eine altersgerechte und erzieherische Ausrichtung des ersten institutionellen Kontaktes gewährleisten können. Entgegen PDV 382 bestehen solche Jugendfachkommissariate aber nicht einheitlich (zu einer ausführlichen Übersicht schon *Folberth* DVJJ-Journal 1994, 327; vgl. ferner *Brandes/Piszczan* Kriminalistik 2013, 551 (für Nds.); *Gloss* persönliche Mitteilung v. 30.9.2013: „in der Mehrheit der Bundesländer keine (flächendeckenden) Strukturen polizeilicher Jugendsachbearbeitung", wohl aber zB in Hbg. und dem Saarl.). Auch scheint nicht hinreichend geklärt, dass bzw. inwieweit die eingesetzten Polizeibeamten über eine besondere jugenderzieherische Befähigung und Erfahrung verfügen (zu den Anforderungen *Hübner/Kerner/Kunath/Planas* ZJJ 2012, 430 (432 ff.)), zumal nach einer bundesweit angelegten Befragung nicht einmal 50 % der Jugendsachbearbeiter diese Materie als ihren Haupteinsatzbereich bezeichneten (*Holzmann,* Polizeilicher Umgang mit unter 14-jährigen Tatverdächtigen, 2008 (Angaben ohne BW, Bay. und Thür.)). Ferner wirken sich innerorganisatorische Effizienzstrategien einschränkend aus. So sind in einzelnen Bundesländern die Jugendbeauftragten, die koordinierende Funktionen innehaben, weggefallen (vgl. *Gloss* ZJJ 2018, 92: „Fluktuation und Entspezifizierung"). Damit entfallen die Akteure, die die polizeiliche Jugendsachbearbeitung gezielt fachlich steuern und kontrollieren und die aufwändige Vernetzungsarbeit mit anderen Institutionen (Justiz, Jugendhilfe und Schulen) leisten.

Selbst bei vorhandenen Jugendfachkommissariaten ist iÜ nicht gesichert, **47** dass sich deren Zuständigkeit auf alle Delikte erstreckt (was jedenfalls früher nur ausnahmsweise gegeben war (s. *Poerting/Dörmann/Grimminger,* Polizeiliche Jugendarbeit, 2. Aufl. 1982, 24; ferner *Hoffmann* DVJJ 2012, 145 f.)) und dass sie zudem auch alle (vom JGG einbezogenen) Altersgruppen einschließt. Soweit Heranwachsende im Allgemeinen ausgenommen sind (vgl. etwa in Nds (vgl. RdErl. MI Nds. v. 29.3.2012, Nr. 3.3.6 – VORIS 21021); in BW mit Ausnahme von sog. „Intensivtätern" (persönliche Mitteilung LKA v. 7.10.2013); teilweise auch in NRW (*Gloss* persönliche Mitteilung v. 30.9.2013: „Mischformen")), verträgt sich dies mit § 107 iVm § 36 und mit § 41 SGB VIII kaum. – Ohnehin nicht ausgeschlossen ist (zumal bei Zuständigkeit nach dem Tatort; vgl. hingegen zum Wohnortprinzip in BW *Gloss* ZJJ 2007, 278 (281)), dass die ersten Maßnahmen von insoweit „fachfremden" Bediensteten vorgenommen oder die Jugendsachbearbeiter gar erst nach Ermittlung des jugendlichen Tatverdächtigen eingeschaltet werden (s. allerdings PDV 382, 3.2.7).

c) Beweiserhebung. Jugendliche und Heranwachsende verfügen in Er- **48** mittlungssituationen entwicklungsbedingt oft über relativ geringe Widerstands- und Vorwurfsabwehrressourcen (n. zum Forschungsstand *Feld* in Feld/ Bishop (Hrsg.), Oxford Handbook of Juvenile Crime and Juvenile Justice,

Einleitung

2012, 669 ff.; *Lamb/Sim* Youth Justice 2013, 131 (134 ff.) jeweils mwN; n. → § 70c Rn. 6 ff.). Auch die Alters- und Statusunterschiede zu den Amtsträgern in den Strafverfolgungsinstitutionen sowie die damit einhergehenden Zugangsschranken und (Miss-)Verständnismöglichkeiten (einschließlich einer etwaigen Tendenz zur Voreingenommenheit) rufen ein spezifisches Fehlerrisiko hervor, das an sich einer ausgleichenden, **entwicklungspsychologisch sensiblen Methodik** der Beweiserhebung bedarf. Dahingehende Vorkehrungen sind gesetzlich indes nur bedingt vorgesehen (im Wesentlichen nur für die Vernehmung, s. → Rn. 49). Daraus folgt (auch) eine Erhöhung der (generellen) Gefahr, dass das Strafverfahren mit fehlerhaften Ergebnissen endet – einschließlich der verschiedenen Formen eines Fehlurteils (zum Stand der Forschung bzgl. Prävalenz und Risikofaktoren von Fehlurteilen s. allg. *Kölbel/Puschke/Singelnstein* GA 2019, 129). Fehlerhafte Entscheidungen sind indes umso abträglicher (weil zerstörender), je jünger die Betroffenen sind.

49 Ein Problembereich, bei dem die besagte Gefahr jugendspezifischer Beweiserhebungsfehler mit besonderer Dringlichkeit besteht, liegt in der (polizeilichen) **Vernehmung** junger Beschuldigter (zur Gefahr von falschen selbstbelastenden „Einlassungen" in der Vernehmung eingehend → § 70c Rn. 9 ff.; zu Problemen beim ggf. erforderlichen Einsatz von Dolmetschern → § 50 Rn. 14b; n. zum Ganzen mwN auch *Eisenberg/Kölbel* Kriminologie § 28 Rn. 7 ff., 45 ff.). Die Überforderung mit der Situation erschwert dort den Jugendlichen zudem die Vertretung ihrer Eigeninteressen. Deshalb sehen §§ 70b, 70c Abs. 1 nF eine spezifisch jugendgemäße Interaktionsweise und § 67 Abs. 3 nF ein Recht auf elterliche Anwesenheit vor. Neben den ohnehin geltenden, herkömmlichen Vorkehrungen (§§ 136, 136a StPO) weitet § 70c Abs. 3 – 4 nF zudem die Schutzmechanismen der audiovisuellen Vernehmung und des Verteidigerkonsultationsrechts tendenziell aus (vgl. auch §§ 68 ff. nF zur notwendigen Verteidigung).

50 **d) Hauptverfahren.** Ist das Hauptverfahren eröffnet, greifen einige **Sonderbestimmungen** ein (§§ 47–54, aber auch §§ 67–69, 71–74, 81). Hierdurch soll ua eine altersgerechte Kommunikation und jugenderzieherische Gestaltung in der Hauptverhandlung ermöglicht werden. Teilweise steht dies allerdings in einem gewissen Spannungsverhältnis mit der allg. rechtsstaatlich garantierten Verfahrensrechten – bspw., wenn es um eine reduzierte Förmlichkeit geht (→ § 48 Rn. 8 ff.) oder um den Schutz vor abträglichen Situationen (→ § 51 Rn. 5 ff.) oder um Fragen der rechtlichen Verständlichkeit (→ § 54 Rn. 5 ff.). Eine ähnliche Problematik besteht iÜ hinsichtlich der Besonderheiten sowohl des vereinfachten JVerfahrens (§§ 76–78) als auch des Rechtsmittelverfahrens (n. → § 55 Rn. 35 ff.).

51 Soweit eine Verwirklichung des Erziehungsauftrags (§ 2 Abs. 1) durch entspr. Einwirkung in der **Hauptverhandlung** erwogen wird (dazu programmatisch allg. *Wexler* William & Mary Law Review 1993, 279), ist hierfür schon keine Rechtsgrundlage gegeben. Ein solcher Ansatz lässt sich auch kaum mit der Unschuldsvermutung (Art. 6 Abs. 2 EMRK) vereinbaren, da er (über eine altersgerecht angemessene Verhandlungsatmosphäre hinausgehend) auf eine kommunikative Intervention setzt, obwohl der Interventionsanlass (dh die Tatschuld als der Anlass für erzieherisches Bemühen) noch gar nicht durch ein prozessordnungsgemäßes Verfahren festgestellt worden ist (dazu, dass dies auch pädagogisch kaum vertretbar wäre, vgl. schon *Mrozynski* RdJB 1976, 1 (5 f.)). – Ohnehin sind der erzieherischen

Verhandlungsgestaltung rechtliche Grenzen gesetzt. So muss der JRichter stets eine „Rest-Formalität" (Belehrungen usw) und rechtsstaatliche Mindeststandards zu wahren. Deshalb stellt bspw. die Herstellung einer erziehungsförderlichen Gesprächsatmosphäre stets einen Balanceakt dar, insofern sie nicht darauf ausgelegt sein darf, den Angeklagten zu selbstbelastenden Erklärungen zu veranlassen. Unabhängig davon, ob dem Geständnis eine pädagogische Funktionalität zukommt, würde hierdurch nämlich jedenfalls auch die strafrechtliche Überführung gefördert – womit sich das pädagogische Vorgehen im Kern als (getarnter) Ermittlungsvorgang erwies.

Unabhängig davon wird sich die Kommunikationsstruktur ihres strafprozessualen alltagsfremden Charakters nur eingeschränkt entheben lassen (näher etwa *Legnaro* KrimJ 1991, 272): Auch im Jugendgericht findet die Verhandlung nämlich vor einem Sanktions- und Zwangshintergrund statt, der sich schlecht mit einem einwirkungsförderlichen Kontext verträgt (dazu, dass dieser auch präsent bleibt, vgl. die Prozessbeobachtungen bspw. bei *Muth* in Reichertz (Hrsg.), Sozialwissenschaftliche Analysen jugendgerichtlicher Interaktion, 1984, 58 ff.; *Ludwig-Mayerhofer,* Das Strafrecht und seine administrative Rationalisierung, 1998, 152 ff.; *Dollinger / Fröschle / Gilde / Vietig* MschKrim 2016, 325; s. auch *Ohder* FS Eisenberg, 2009, 434: „idR Mangel an Dialog"). Die **Kommunikationsstruktur** der Hauptverhandlung (dazu → § 50 Rn. 11 ff.) ist durch die Dominanz der richterlichen Akteure bestimmt, die über die interaktiven Vorrechte verfügen, also etwa über die Befugnis zu fragen und zu bestimmen, wer sich wozu wann äußern darf usw (*Eisenberg / Kölbel* Kriminologie § 31 Rn. 19 ff. mwN). Verstärkt wird dies durch die vielfach eingeschränkte situative Handlungsfähigkeit des Angeklagten (*Eisenberg* Beweisrecht StPO 844 ff.), was insgesamt die Tendenz zu einer einseitigen oder bisweilen gar autoritär ausgerichteten Kommunikationsbeziehung evoziert. Solche Bedingungen sind für eine individuell angepasste erzieherische Wirksamkeit kontraindiziert. Zu berücksichtigen ist ferner, dass die Beteiligten miteinander lediglich in punktuellem oder gar einmaligem Kontakt stehen. **52**

Der fortschreitende Ausbau, den die Aktiv- und Passivrechtsstellung von mutmaßlich geschädigten Personen erfahren hat (zur Entwicklung der sog. prozessualen **„Opferrechte"** *Kölbel* in BMJV 2017, 10 f., 30 f.), hat Rahmensetzungen für die Hauptverhandlung mit sich gebracht, die mit Blick auf § 2 Abs. 1 regelrecht **dysfunktional** sind. Dies betrifft nicht nur Einschränkungen der Verteidigungs- und Beweiserhebungsmöglichkeiten etwa infolge des Aktenwissens oder der Abschirmung von sog. Opferzeugen (→ §§ 33–33b Rn. 59, → §§ 33–33b Rn. 68, → § 40 Rn. 4), sondern auch eine Tendenz zu Interaktionsstrukturen, die eine altersgerechte und zielführende Kommunikation mit dem Angeklagten erschweren. So führen die unterschiedlichen (anwaltlichen, psychosozialen usw) Beistände, die der mutmaßlich Verletzte in der Verhandlung hinzuziehen kann, zu einer unmäßigen Übermacht der „Anklägerseite" und zumindest bei der Nebenklage leicht auch zu einer konfrontativen Verhärtung (n. → § 80 Rn. 13; zum Ganzen bspw. auch *Zöller* FS Paeffgen, 2015, 719; *Kölbel* ZJJ 2015, 58; *Kölbel* in BMJV 2017, 14 ff.; zu Fragen des OEG *Brettel* FS Rössner, 2015, 483 ff.). **53**

3. Rechtsfolgen, Vollstreckung, Vollzug

a) Allgemeines. Das materielle JStR kennt keine Sonderregelungen bzgl. der **Straftatbestände** wie auch der dogmatischen Bewertung eines Gesche- **54**

hensablaufs als **Straftat,** sodass gem. § 2 Abs. 2 bzw. § 10 StGB die Vor-schriften des **allg. StR** gelten. Jedoch ist bei deren Auslegung der Erzie-hungsauftrag (§ 2 Abs. 1) zu berücksichtigen, wobei diese Frage mangels gesetzlicher Vorgaben teilw. kontrovers gesehen wird (n. dazu → § 2 Rn. 28 ff.). Hinsichtlich der **jugendstrafrechtlichen Rechtsfolgen** sieht das JGG jedoch umfangreiche Sondervorschriften vor (n. → § 5 Rn. 13 ff.), durch die das Sanktionsregime des allg. StR weitgehend verdrängt wird (zu Ausnahmen aber → § 6 Rn. 4). Teilweise müssen diese Sanktionen des JStR (jedenfalls in ihrer aktuellen Vollzugsgestaltung) mit Blick auf die gesetzliche Grundausrichtung als **problematisch** gelten, denn Erziehung ist hier „von Strafmotiven durchdrungen" (*Dollinger/Schabdach* Jugendkriminalität 52). Das betrifft neben der Möglichkeit, lange JStrafen zu verhängen, die (jeden-falls auch) repressiv orientierte Institution des JA (→ § 16 Rn. 4 f.) und einige eher als Disziplinierungsmittel eingesetzte ambulante Sanktionen (insb. die Arbeitsauflage). Gerade bei den stationären Sanktionen (wie auch der U-Haft) sind – von Einzelaspekten und -ansätzen abgesehen – keine strukturell angelegten Strategien zur Überwindung des strafrechtlichen Mo-dells ersichtlich. Umgekehrt wäre im Bereich der Weisungen ein weiterer Ausbau sozialpädagogischer Interventionen wünschenswert.

55 Im Übrigen entwickelt die Praxis teilw. eine **Tendenz zur Angleichung** an die Rechtsfolgen des allg. StR. Dies äußert sich bspw. in einer stark tatorientierten Rechtsfolgenbemessung (→ § 18 Rn. 12) und in der rechts-tatsächlichen Prominenz des sanktionsbezogenen Eskalationsprinzips bei wiederholter Erfassung (vgl. etwa *Höfer* Sanktionskarrieren 138 ff.; betr. Verkehrsdelikte *Reiff,* Straßenverkehrsdelinquenz in Deutschland, 2015, 271 f.; ferner → § 5 Rn. 9), ebenso aber auch in der dogmatischen Gleich-setzung von Freiheits- und JStrafen durch einen Teil der Judikatur und Literatur (hierzu n. → § 17 Rn. 3, → § 17 Rn. 60 ff., → § 7 Rn. 60). Im OWiR gelten die allg. Bestimmungen ohnehin schon von Gesetzes wegen einheitlich, sodass es auch gegenüber Jugendlichen zur Verhängung der Geldbuße kommt. Erst das Vollstreckungs- (§ 98 OWiG) oder das Ein-spruchsverfahren (§ 78 Abs. 4 iVm § 98 Abs. 1 OWiG) bieten eine gewisse Anpassung an jugendbezogene Rechtsfolgen.

56 **b) § 105 Abs. 1.** Die unter bestimmten Voraussetzungen eröffnete Mög-lichkeit, **materielles JStR** auf Heranwachsende anzuwenden, wird aus-gesprochen uneinheitlich wahrgenommen (→ § 105 Rn. 10 f.). Das spricht gegen die Sachgerechtigkeit einer auf den Einzelfall abstellenden Regelung. Die gebotene Homogenisierung kann allerdings nur in der Einbeziehung aller Heranwachsenden in das Sanktionsregime des JGG bestehen, da die Alternative (dh die generelle Herausnahme der Heranwachsenden aus dem Anwendungsbereich des materiellen JStR) aus entwicklungspsychologischer wie aus sozialwissenschaftlicher Sicht evident sachwidrig wäre (vgl. zum Ausmaß von Plastizität auch über das 18. Lebensjahr hinaus schon *Thomae* Soziale Reife; zur neueren Forschung *Dünkel/Geng/Passow* ZJJ 2017, 123; n. → § 105 Rn. 5 f.). Das gilt besonders in schwierigen Lebenslagen (zur erforderlichen Unterstützung beim Übergang aus der Heimerziehung etwa *Strahl/Thomas* Forum Erziehungshilfen 2014, 132 (133 f.); zum Hilfebedarf im Falle einer sozialgesetzlichen oder ausländerrechtlichen Sanktionierung *Wiesner,* Hilfen für junge Volljährige. Rechtliche Ausgangssituation, 2014, 28 f., 40 ff.).

c) Vollstreckung und Vollzug. Für die Umsetzung der Rechtsfolgen **57** enthält das JGG einige besondere Einzelvorschriften – und zwar sowohl für die Vollstr. (vgl. §§ 83 ff., 56 sowie §§ 57 ff., 62 ff., 65 f.) als auch den Vollzug (§§ 90, 93a). Ergänzt wird dies durch Landesgesetze zum U-Haft-vollzug (n. → § 89c Rn. 6 ff.), zum JStrafvollzug (→ § 92 Rn. 8 f.) sowie zum JAVollzug (→ § 90 Rn. 5). Mit diesen föderalen Vollzugsregelungen hat sich die ehemals problematische Situation zwar nicht unbedingt in der Voll-zugsausgestaltung, immerhin aber hinsichtlich rechtsstaatlicher Fragen (Ge-setzesvorbehalt) entschärft (→ Rn. 22). So wurden etwa die vormaligen VVJug, die die JStVollzO v. 1.9.1944 (AV des Reichsjustizministers, Sonder-veröffentlichung DJ Nr. 32) gegenstandslos gemacht hatten (vgl. ausdrück-lich etwa JMBl. NW 1977, 5), abgelöst bzw. aufgehoben (vgl. ausdrücklich etwa AV Brandenburg v. 14.2.2009 (MBl. 35)). Detailliert geregelt ist damit vornehmlich die Umsetzung stationärer Sanktionen (einschließlich der For-men von Aussetzung zBew). Dagegen fehlt es hinsichtlich (sonstiger) ju-gendstrafrechtlicher Rechtsfolgen an speziellen gesetzlichen Regelungen, insb. für Rechtsfolgen nichtfreiheitsentziehender Art (vgl. dazu am Bsp. der Abwälzung der Leistungserbringung bei der Geldauflage → § 15 Rn. 24). – Soweit das JGG keine Sonderregelungen enthält, kommen gem. § 2 Abs. 2 für die Vollstr. die Bestimmungen der §§ 449 ff. StPO zur Anwendung. Entsprechendes gilt für das Verhältnis der RL zum JGG gegenüber den VV zur StrVollstrO. Dabei verlangen die RL zu §§ 82–85, abgesehen von der Generalklausel (Abs. 2 Nr. 1), eine beschleunigte Vollstr. nur für Verwar-nung (Abs. 4 Nr. 1), JA (Abs. 5 Nr. 4) und JStrafe (Abs. 6 Nr. 1), nicht jedoch für die anderen Rechtsfolgen und insbes. nicht für die Erziehungs-maßregeln.

4. Präventivpolizeiliche Kopplungen

Von institutioneller Seite geht man bei der „Verbrechensbekämpfung" **58** zunehmend zu repressiv-präventiven Komplexmaßnahmen über, die ver-schiedene Elemente der staatlichen Gefahrenabwehr und Deliktsverfolgung (über die wechselseitige Nutzung jeweils angefallener Informationen hinaus) systematisch miteinander verzahnen. Die hiervon erwarteten Effizienzge-winne korrespondieren dabei idR mit einer Eingriffskumulation bei den Betroffenen (für einen Überblick s. *Eisenberg/Kölbel* Kriminologie § 29 Rn. 63 ff.). Speziell im JStR äußert sich dies (neben dem Vorgehen gegen-über „radikalisierten Personen") etwa in sog. **polizeilichen Intensivtäter-programmen** (zu deren Entstehung und einer umfassenden Zusammen-stellung vgl. *Bartz,* Die besondere polizeiliche Erfassung von Intensivtätern, 2008, 10 ff., 55 ff.). Hierin aufgenommen werden Jugendliche und Heran-wachsende nach teilweise divergierenden Erfassungskriterin (dazu und zu den darin liegenden Typisierungen vgl. etwa *Kopp/Schubarth* in Groenemey-er/Hoffmann (Hrsg.), Jugend als soziales Problem, 2014, 358 ff.; *Eisenberg/Kölbel* Kriminologie § 19 Rn. 15) sowie auf der Grundlage individueller Einschätzungen der beteiligten Sachbearbeiter (für widersprüchliche Befun-de zur Tragfähigkeit ihres Expertenwissens vgl. *Bergmann* Expertise in der Prognose von Kriminalität, 2018). Gegenüber den einbezogenen Personen kommen auf Basis einer personenbezogenen Zuständigkeitskonzentration und institutionellen Koordinierung vielfach präventiv-repressive Maßnah-mebündel zum Einsatz (für einen Überblick *Riesner/Bliesener/Thomas* ZJJ

2012, 40 (41 f.); *Goeckenjan* ZJJ 2015, 26 (27)). Diese setzen sich aus polizeilichen Präventivaktivitäten (Aufklärungsgespräche mit Familie, Kontroll-
besuche, polizeiliche Beobachtung, Gefährderansprachen usw), Umfeld-
ermittlungen und systematischer personenbezogener Informationssammlung
sowie im Falle von Straftaten auch einer priorisierten und beschleunigten
Fallbearbeitung zusammen (allg. dazu n. *Tausendteufel/Bindel-Kögel/Kühne,*
Deliktunspezifische Mehrfachtäter als Zielgruppe von Ermittlungen im Bereich der sexuellen Gewaltdelikte, 2006, 168 ff., 199 ff.).

59 Bezeichnenderweise wird an den Programmen von den beteiligten Sach-
bearbeitern der Polizei und StA (neben den ablauftechnischen Aspekten)
insb. die Ermittlungsförderung als Vorteil geschätzt, deutlich mehr jedenfalls
als der Präventivaspekt (vgl. die Befragung bei *Riesner/Bliesener/Thomas* ZJJ
2012, 40 (41 f.)). In der Tat ist ein solcher Kontext für die Tatentdeckung
ebenso wie für die Beweissammlung förderlich – und zwar teilw. ohne dass
die Informationserhebung an die strengen Voraussetzungen der StPO geknüpft wäre, wenn bspw. die informelle **Gefährderansprache** de facto die
Beschuldigtenvernehmung informatorisch substituiert (vgl. etwa *Goeckenjan*
ZJJ 2015, 26 (30)). Überhaupt wohnt der Gefährderansprache eine erhebliche Problematik inne (n. *Jasch* DVJJ 2015, 91 ff.; *Jasch* in Estermann (Hrsg.),
Der Kampf ums Recht, 2012, 139 ff.)., schon wegen ihrer Stigmatisierungs-
tendenz (auch nach der Art der rhetorischen Ausgestaltung – vgl. anschaulich dazu etwa *Wesely* ZJJ 2015, 64 (65)). Rechtlich handelt es sich jenseits
eines nur „banalen Rats zur Legalität" hierbei iÜ um einen Grundrechtseingriff (Art. 2 Abs. 1 GG), für den die gesetzliche Ermächtigungsgrundlage
nicht immer klar ist (zur Problematik allg. etwa NdsOVG NJW 2006, 391;
HessVGH NVwZ-RR 2012, 344: polizeiliche Generalklausel; s. auch *Gloss*
RdJB 2010, 323 (330 ff.); *Meyn* Kriminalistik 2008, 672 (673 ff.)).

Erster Teil. Anwendungsbereich

Persönlicher und sachlicher Anwendungsbereich

1 (1) **Dieses Gesetz gilt, wenn ein Jugendlicher oder ein Heranwachsender eine Verfehlung begeht, die nach den allgemeinen Vorschriften mit Strafe bedroht ist.**

(2) **Jugendlicher ist, wer zur Zeit der Tat vierzehn, aber noch nicht achtzehn, Heranwachsender, wer zur Zeit der Tat achtzehn, aber noch nicht einundzwanzig Jahre alt ist.**

(3) **Ist zweifelhaft, ob der Beschuldigte zur Zeit der Tat das achtzehnte Lebensjahr vollendet hat, sind die für Jugendliche geltenden Verfahrensvorschriften anzuwenden.**

Schrifttum *Baier/Pfeiffer/Rabold,* Kinder und Jugendliche in Deutschland: Gewalterfahrungen, Integration, Medienkonsum, 2010; *Beelmann/Raabe,* Dissoziales Verhalten von Kindern und Jugendlichen, 2007; *Cipriani,* Children's Rights and the Minimum Age of Criminal Responsibility, 2009; *Holthusen,* Projekt: Polizeilich mehrfach auffällige Strafunmündige, 2011; *Holzmann,* Polizeilicher Umgang mit unter 14-jährigen Tatverdächtigen, 2008; *Meier* (Hrsg.), Kinder im Unrecht, 2010; *Reinecke/Stemmler/Wittenberg* (Hrsg.), Devianz und Delinquenz im Kindes- und Jugendalter, 2016; *Zopfs,* Der Grundsatz „in dubio pro reo", 1999.

Übersicht

I. Persönlicher Anwendungsbereich des JGG

1. Jugendliche und Heranwachsende

1   **a) Allgemeine Festlegung.** Abs. 1 stellt klar, dass das Gesetz (nur) für Jugendliche und Heranwachsende gilt. Für Angehörige älterer Altersgruppen hat das JGG also keine unmittelbare Bedeutung (s. aber § 114). Auch für jüngere Personen (Kinder) gilt allein das allg. StR und StVR, wobei dies aber im Wesentlichen nur die Regelung zur Strafunmündigkeit betrifft (→ § 3 Rn. 3a; n. unten → Rn. 11 ff.). Auf Jugendliche und Heranwachsende ist das JStR hingegen auch dann anzuwenden, wenn das gegen sie gerichtete Verfahren ausnahmsweise (etwa nach §§ 102, 103 Abs. 2 S. 2) vor den für allg. Strafsachen zuständigen Gerichten stattfindet (s. auch § 104).

2   In Abs. 2 sind die insofern maßgeblichen Legaldefinitionen enthalten, wobei die **Berechnung** des hierbei ausschlaggebenden Alters (mangels entspr. Vorschriften im JStR) nach den allg. Maßgaben des Zivilrechts erfolgen muss (§§ 186, 187 Abs. 2 BGB). Das hat zur Folge, dass jede Person bereits mit Beginn des Tages, an dem sie ihr 14. bzw. 18. bzw. 21. Lbj. vollendet, die jeweils nächste Altersstufe (Jugendlicher, Heranwachsender, Erwachsener) erreicht (allgA). Die auf das konkrete Alter abstellenden Kriterien des Abs. 2 sind iÜ abschließender Art. Zivilrechtliche Sondernormen, etwa die bei Ausländern nach ausländischem Recht ggf. mögliche Volljährigkeitserklärung, sind für die Einstufung daher unbeachtlich (→ § 67 Rn. 2).

3   **b) Einzelfragen.** Der für die **Einordnung** relevante Zeitpunkt ist der der Tat. Es kommt also auf das Alter bei Begehung der Verfehlung an – konkret: auf denjenigen Zeitpunkt, zu dem die für die Erfüllung des Straftatbestands entscheidende Willensbetätigung stattgefunden hat oder (bei Unterlassungsdelikten) spätestens hätte stattfinden müssen (s. § 8 StGB). Das Alter bei Eintritt des Taterfolges oder zur Zeit der strafrechtlichen Verfolgung (Anklageerhebung, Aburteilung usw) ist (insoweit) folglich ohne Bedeutung (auch → Rn. 6).

4   **Erstreckt** sich das strafrechtlich relevante Verhalten auf einen gewissen **Zeitraum** (zB Dauerdelikt, Handlungspflicht bei Unterlassungsdelikt, Einordnung mehrerer Tatbestandsverwirklichungen als nur eine Tat (→ § 32 Rn. 13; → § 3 Rn. 5)) und wird die minderjährige Person erst während dieses Zeitraums 14 Jahre alt, so hängt ihre Strafbarkeit davon ab, ob ihr (auch) für die Zeit nach Erreichen der Strafmündigkeit (§ 19 StGB) ein Vorsatz zugerechnet werde kann. Ferner müssen die – in solchen Fällen besonders überprüfungsbedürftigen – Voraussetzungen des § 3 S. 1 erfüllt sein. Das Verhalten im strafunmündigen Alter bleibt jedenfalls außer Betracht (vgl. zu § 9 JGG 1923 auch RGSt 66, 3; für Konstellationen, in denen auf die sich über einen gewissen Zeitraum erstreckende Verfehlung teils JStR und teils allg. StR anzuwenden ist, vgl. → § 32 Rn. 2).

Sind **mehrere Personen** zu unterschiedlichen Zeitpunkten an einer Tat 5 beteiligt, so kommt es für die jeweils individuelle Beurteilung auf den Zeitpunkt des – gesondert zu betrachtenden – Tatbeitrages jedes einzelnen an. Demgemäß kann eine Handlung im strafunmündigen Alter nicht dadurch strafbar werden, dass es nach Erreichen des 14. Lbj. zu Tatbeiträgen anderer Mittäter kommt (vgl. § 29 StGB; s. auch *Brunner/Dölling* Rn. 20; offen geblieben für die obere Altersgrenze und die StGB-Anwendung in BGH JR 1954, 271). Insoweit ist es ebenfalls unerheblich, wenn der Vorsatz des nur im strafunmündigen Alter tätig gewordenen Gehilfen schon alle Mittäterhandlungen umfasst, deren Ausführung erst für einen Zeitpunkt nach Eintritt seiner Strafmündigkeit vorgesehen ist.

c) Verfahren gegen inzwischen erwachsen Gewordene. Aus den vor- 6 genannten Maßgaben folgt, dass das JGG auch bei Verfehlungen solcher Personen anzuwenden ist, die zur Tatzeit noch Jugendliche oder Heranwachsende waren, zum Zeitpunkt des Verfahrens jedoch Erwachsene sind (dazu n. und unter Auswertung unveröffentlichter Judikatur *Budelmann* JugendStrafR 157 ff.). Dies gilt selbst dann, wenn es erst sehr lange nach dem Delikt zum Strafprozess kommt (vgl. etwa OLG Hamm BeckRS 2015, 6744: 23 Jahre zurückliegende Tat; LG Flensburg BeckRS 2017, 103090: 35 Jahre zurückliegend). Gerechtfertigt wird dies durch den Umstand, dass Delikte junger Menschen von altersbedingt herabgesetzter Vorwerfbarkeit sind (vgl. etwa *Streng* JugendStrafR Rn. 12; n. auch → § 17 Rn. 54) und das Sonderstrafrecht im JGG insgesamt ua auch hierauf abgestimmt ist. Dennoch können in diesen ausgesprochen seltenen Konstellationen (*Palmowski* Sanktionierung 329 ff. mit Zahlen) gewisse Besonderheiten bei der Anwendung des JGG zu berücksichtigen sein, insb. mit Blick auf die Rechtsfolgen (dazu etwa → § 17 Rn. 57, → § 31 Rn. 36). Der Grund dafür liegt darin, dass die Bedeutung des Erziehungsgedankens für die Sanktionsentscheidung in solchen atypischen Fällen mit fortschreitendem Erwachsenenalter sinkt (BGH NStZ 2016, 101 (102); 680 (681); n. zu dieser Problematik *Beulke* FS Streng, 2017, 411 ff.; *Bachmann* JZ 2019, 759 / 761 ff.)).

d) Sonderfragen. Das JGG gilt auch für jugendliche und heranwachsen- 7 de **Soldatinnen** und **Soldaten** (§§ 112a ff.). – Zur Frage der Geltung des JGG für **Nichtdeutsche** und **Auslandstaten** enthält das JGG keine ausdrückliche Regelung, weshalb es gem. § 2 Abs. 2 für Jugendliche und Heranwachsende beim allg. Strafanwendungsrecht bleibt. Unter den Voraussetzungen der §§ 3–7 StGB – mit der Reichweite des allg. StR also korrespondierend – gilt das JGG prinzipiell auch für Nichtdeutsche und Auslandstaten. Soweit das JStR auch Rechtsfolgen kennt, die speziell der Erziehung dienen sollen und die von Trägern der Jugendhilfe organisiert werden (insb. Erziehungsmaßregeln), folgt deren Anwendbarkeit auf Nichtdeutsche (auch) aus § 6 Abs. 1 und 2 SGB VIII (vgl. näher *Elmauer* in Wiesner

SGB VIII § 6 Rn. 14 ff.; vgl. iÜ zu Ansprüchen Nichtdeutscher auf Jugendhilfe das Europäische Fürsorgeabkommen (BGBl. 1956 II 563) sowie das Haager Minderjährigenschutzabkommen (BGBl. 1971 II 217); speziell für Österreich BGBl. 1969 II 1; näher hierzu *Münder/Eschelbach* in FK-SGB VIII SGB VIII § 6 Rn. 13 ff.).

2. Rechtslage bei Kindern

8 **a) Grundlagen. aa) Kriminologische Prävalenzbefunde.** Verglichen mit der Delinquenz anderer Bevölkerungsgruppen sind Kinder (dh Personen bis zur Vollendung des 14. Lbj) in der PKS (ungeachtet gewisser längerfristiger Schwankungen) **unterdurchschnittlich** erfasst (mit zuletzt 3–6 % aller Tatverdächtigen). Der Art nach bezieht sich die Registrierung ganz überwiegend auf einfachen Diebstahl, wobei (mit Abstrichen) auch Sachbeschädigung und Brandstiftung gewisse Schwerpunkte bilden. Das Deliktsspektrum ist aber schmal (s. zum Ganzen den Überblick bei *Eisenberg/Kölbel* Kriminologie § 48 Rn. 7 f.). Da gegen Kinder mangels Strafmündigkeit gar keine Ermittlungen geführt werden dürfen (→ Rn. 11 ff.), sind die statistischen Angaben − unabhängig von der Frage, ob sie überhaupt auf einer zulässigen Erfassung beruhen − allerdings besonders lückenhaft. Verdachtslagen bleiben hier (häufiger als bei anderen Altersgruppen) unbearbeitet oder jedenfalls unregistriert. Ohnehin wird auf (private) Strafanzeigen gegen Kinder sehr häufig verzichtet. Das Dunkelfeld ist deswegen beträchtlich. Bei (in dieser Altersgruppe indes sehr unzuverlässigen) Befragungen geben bspw. bis zu 16 % bzw. 13 % der interviewten Viert- und Fünftklässler an, im vergangenen Jahr (mindestens) ein Eigentums- bzw. Sachbeschädigungsdelikt begangen zu haben (vgl. hierzu die insgesamt sehr inhomogenen Daten bei *Baier/Pfeiffer/Rabold,* Kinder und Jugendliche in Deutschland, 2010, 271; *Baier/Rabold,* Kinder- und Jugenddelinquenz im Bundesland Saarland, 2012, 55; *Wittenberg/Wallner* in Reinecke/Stemmler/Wittenberg (Hrsg.), Devianz und Delinquenz im Kindes- und Jugendalter, 2016, 39; speziell zu Vandalismus bei 13- bis 14-Jährigen s. *Hirtenlehner ua* ZJJ 2019, 120).

9 Im Normalfall geht Kinderdelinquenz in die entwicklungstypische (passagere, gelegentliche und bagatellarische) Jugenddelinquenz über, die nur manchmal eine nicht unerhebliche − wenn auch episodenhafte („adolescence-limited") − Ausprägung annimmt (→ Einl. Rn. 5 ff.). Teilweise anders ist dies indes bei einer sehr **kleinen Teilpopulation,** bei der sich sehr früh eine Symptomatik antisozialer Verhaltensauffälligkeiten zeigt (Überblick über diesbzgl. (Prävalenz-)Befunde bei *Beelmann/Raabe* Dissoziales Verhalten von Kindern und Jugendlichen, 2007, 37 ff.). Delinquenz hat hier quantitativ und qualitativ größeres Gewicht sowie biografisch eine andere Relevanz (oft allein schon wegen der dadurch hervorgerufenen Reaktionen). Meist geht dies auf soziale oder familiäre und zuweilen auch persönlichkeitsspezifische Belastungsfaktoren zurück (vgl. etwa *Wallner/Stemmler* in Wallner ua, Devianz und Delinquenz in Kindheit und Jugend, 2019, 134 f.). Obwohl die Mehrauffälligkeit in dieser Gruppe vielfach über längere Phasen anhält, handelt es sich hierbei aber nicht um einen zwangsläufigen Verlauf (*Eisenberg/Kölbel* Kriminologie § 55 Rn. 6 ff. mwN). Ernsthafte und/oder gehäufte Kinderdelinquenz („early onset") ist lediglich eine begrenzt relevante (und nur bedingt hinweiskräftige) Risikokonstellation für eine stabil-delinquente Entwicklung (vgl. den Forschungsüberblick bei *Boers* MschKrim 2019, 3

(12 ff.)). Beispielsweise wurden in einer deutschen Verlaufsstudie 2,1 % (Jungen) bzw. 0,5 % (Mädchen) der knapp 3.400 befragten Siebtklässler als „Mehrfachintensivtäter" eingestuft (mindestens fünf schwere, selbst berichtete Gewaltdelikte im vergangenen Jahr), doch bildete sich die deliktische Belastung bei einem erheblichen Teil dieser frühauffälligen Kinder schon im Jugendalter zurück (*Boers* in Dölling/Jehle (Hrsg.), Täter – Taten – Opfer, 2013, 13, 19 f.).

bb) Einordnung. Aus einer vorstrafrechtlichen Warte stellen „Kinderdelikte" idR gar keine „strafrechtlich erfassbaren Vorgänge" dar. Entwicklungspsychologische, pädagogische und soziologische Untersuchungen haben deutlich gemacht, dass sich die individuellen Tathintergründe, Motivlagen und Steuerungskapazitäten bei Kindern wesentlich von denen der Erwachsenen unterscheiden (zu den neurobiologischen und entwicklungspsychologischen Grundlagen vgl. den Forschungsüberblick bei *Dünkel/Geng/Passow* ZJJ 2017, 123 (124 ff.)). Hinter einem formal straftatbestandlichen Sachverhalt verbirgt sich bei einem kindlichen Urheber daher meist ein ganz anderer lebensweltlicher Handlungssinn und daher qualitativ auch ein ganz anderes Ereignis als beim gleichen Vorgehen einer erwachsenen Person (Spaß, Austesten, Erprobung, Sport, Abenteuersuche, altersgemäße Konfliktaustragung usw). Bei einer **altersgruppenbezogenen Interpretation** geht es hierbei also nicht um „echt deliktswertige" Normverstöße. Dem wird das Strafrecht in Deutschland (wie in vielen anderen Rechtsordnungen auch (→ § 3 Rn. 3a)) dadurch gerecht, dass es solche Verhaltensweisen bei bis zu 13-jährigen Kindern – rechtstechnisch über eine generelle unwiderlegliche Schuldunfähigkeitsfiktion (§ 19 StGB) – pauschal für straflos erklärt (zur prinzipiellen Angemessenheit dieser Strafmündigkeitsgrenze → § 3 Rn. 3c; *Eisenberg/Kölbel* Kriminologie § 25 Rn. 38 jeweils mwN). Eine davon unabhängige Frage ist, ob eine **Einschaltung der (Kriminal-) Polizei** bei tatbestandsmäßigen Taten von Kindern (ohne anschließendes Strafverfahren) ggf. entwicklungsförderlich und der jeweiligen Normverinnerlichung dienlich sein kann. Dafürsprechende empirische Anhaltspunkte liegen allerdings nicht vor. [10]

b) Keine strafrechtliche Reaktion. Weil die – bedingte (vgl. § 3) – Strafmündigkeit mit 14 Jahren beginnt (§ 19 StGB iVm § 2 Abs. 2) und jüngere Kinder deshalb **nicht schuldfähig** sind (BGH NStZ-RR 2009, 308), ist eine strafrechtliche Verfolgung der von ihnen begangenen tatbestandsmäßigen und rechtswidrigen Taten nicht möglich. Prozessual gesehen **fehlt** es an einer **Prozessvoraussetzung** (vgl. etwa RGSt 57, 206 (208); *Schaffstein/Beulke/Swoboda* JugendStrafR Rn. 150). Da dieses Verfahrenshindernis in jeder Verfahrenslage zu beachten ist und ein Kind mangels (von Amts wegen zu prüfender) Verfolgbarkeit nicht Beschuldigter iSv §§ 136, 163a StPO sein kann, muss ein Ermittlungsverfahren gegen eine unter 14-jährige Person vollständig unterbleiben (vgl. nur *Ostendorf* in NK-JGG Rn. 4; *Rieke* Vernehmung 220, 235 f.). Der Vorgang darf daher nicht über die bloße Anzeigeaufnahme hinaus weiter betrieben werden (vgl. auch *Gloss* FS Eisenberg II, 2019, 221). Wird von diesen Maßgaben abgewichen, liegt darin grds. ein amtsseitiger **Verstoß gegen ein Verbot.** [11]

Wo solche Ermittlungen gegen ein Kind erfolgen (zB wegen Unkenntnis oder Irrtums bzgl. des Alters), hat dieses unstreitig die Rechte eines Beschuldigten im JStV (allgA, vgl. etwa *Putzke* in BeckOK JGG Rn. 3). Das führt [12] bspw. dazu, dass die JGH eingeschaltet werden muss (→ § 38 Rn. 34 ff.; vgl. auch *Nixdorf* NK 2018, 355 (361)) und bereits in der **ersten Vernehmung,** in der Kinder zu Klärung eines gegen sie gerichteten Anfangsverdachts befragt werden (zur damit eintretenden Beschuldigtenstellung bspw. *Kölbel* in MüKoStPO StPO § 163a Rn. 2 f.), sämtliche Modi und Bedingungen einer regulären Beschuldigtenvernehmung einzuhalten sind (zu den Anforderungen → § 70c Rn. 12 ff.). Sobald den Strafverfolgungsbehörden die Strafunmündigkeit bekannt wird, muss das Ermittlungsverfahren jedoch unverzüglich **eingestellt** werden (§§ 170 Abs. 2, 204, 206a StPO iVm § 2 Abs. 2; nach Eröffnung des Hauptverfahrens gem. § 260 Abs. 3 durch Prozessurteil). Wird das Verfahren mit der Begründung eingestellt, der Täter sei zur Zeit der Tat noch nicht 14 Jahre alt gewesen, ist ein **Klageerzwingungsverfahren** (gem. § 172 StPO) nur zulässig, wenn Zweifel an der Richtigkeit dieser altersbezogenen Feststellung bestehen. Deshalb ist auch allein im Falle eines solchen Zweifels eine Zustellung der Einstellungsentscheidung an den „Antragsteller" (§ 171 StPO) angebracht (Nr. 91 Abs. 2 S. 2 RiStBV). Andernfalls erfolgt lediglich eine formlose Benachrichtigung von der Einstellung.

13 Allerdings kann sich im Zusammenhang mit dem tatbestandlichen Verhalten eines strafunmündigen Kindes eine andere strafmündige Person strafbar gemacht haben. Liegt hierfür ein Anfangsverdacht vor, darf das fragliche Kinderdelikt zum Anlass genommen werden, um ein Ermittlungsverfahren (allein) **gegen diesen Dritten** (oder gegen Unbekannt) zu führen. Eine entspr. Konstellation kann bei **mittäterschaftlicher** Tatbegehung gegeben sein. Hierbei ist es prinzipiell möglich, dass ein Kind im Zusammenwirken mit einem schuldfähigen Täter eine Tat für diesen zu einer gefährlichen Tat qualifiziert (s. auch BGHSt 23, 122 = NJW 1970, 105: da der natürliche Tatwille genüge). Bei einer tatbestandsmäßigen und rechtswidrigen (Haupt-) Tat des Kindes kommt gem. §§ 26, 27 iVm § 29 StGB ggf. auch eine strafbare **Teilnahme** jugendlicher, heranwachsender oder erwachsener Personen in Betracht (wobei es hier aber oft am erforderlichen (Haupttat-) Vorsatz des Kindes fehlen wird – vgl. BGH NJW 2018, 3658 (3659); auch → § 2 Rn. 28 ff.). Zudem kann ein strafmündiger Dritter in Anknüpfung an die rechtswidrige Tat eines Kindes eine Hehlerei (BGHSt 1, 47 (50)) oder eine Begünstigung begehen – nicht aber eine Strafvereitelung (weil eine schuldfähige Person der Bestrafung nicht entzogen werden kann).

14 **c) Un-/Zulässigkeit von Ermittlungsmaßnahmen.** Da ein Kind nicht als Beschuldigter behandelt werden darf, sind ihm gegenüber nur wenige strafprozessuale Ermittlungseingriffe zulässig (eingehend schon *Frehsee* ZStW 1988, 290 (301 ff.)). Eine **Festnahme** des Kindes ist **nicht** möglich, auch nicht nach § 127 StPO (vgl. nur OLG Bamberg NStZ 1989, 40; *Meyer-Goßner/Schmitt* StPO § 127 Rn. 3a; *Hilger* in Löwe/Rosenberg StPO § 127 Rn. 8; *Schultheis* in KK-StPO StPO § 127 Rn. 8; *Sonnen* in Diemer/Schatz/Sonnen Rn. 22; aA KG JR 1971, 30; *Brunner/Dölling* Rn. 26; *Verrel* NStZ 2001, 284 (286 f.); zur ggf. drohenden Strafbarkeit gem. § 344 StGB vgl. *Hirt* Kriminalistik 2003, 570 (577)). Eine körperliche Untersuchung gem. **§ 81a StPO scheidet** ebenfalls **aus.** Lediglich zur Feststellung der Strafmündigkeit (→ Rn. 24 ff.) ist sie als äußerstes Mittel und in engen Grenzen erlaubt (ebenso *Frehsee* ZfJ 1991, 223 (225 f.); nicht unbedenklich PDV 382, 7.1.1 S. 1: bei „schwerwiegenden Straftaten"). Auch eine Maßnahme der DNA-Identitätsfeststellung nach § 81g StPO ist unzulässig (ebenso *Meyer-Goßner/Schmitt* StPO § 81g Rn. 5; vgl. iÜ zu entspr. Einschränkungen bei polizeirechtlichen Befugnissen zur DNA-Identitätsfeststellung OLG Frankfurt/M. BeckRS 2011, 00336: besondere Prüfung der Verhältnismäßigkeit erforderlich).

Nach überwiegender Auffassung besteht keine Befugnis für eine **erken-** 15 **nungsdienstliche** Behandlung (*Krause* in Löwe/Rosenberg StPO § 81b Rn. 8 f.; *Meyer-Goßner/Schmitt* StPO § 81b Rn. 7; *Rogall* in SK-StPO StPO § 81b Rn. 28; *Ostendorf* in NK-JGG Rn. 2; *Eisenberg* StV 1989, 554 (556); *Walter-Freise* DVJJ-Journal 1995, 314; *Apel/Eisenhardt* StV 2006, 490 (493); ebenso für § 81b Alt. 1 StPO *Hadamitzky* in KK-StPO StPO § 81b Rn. 2; *Verrel* NStZ 2001, 284 (286); aber → Rn. 24 ff.). Mit Blick auf § **81b Alt. 2 StPO** (Strafverfolgungsvorsorge) geht man – entgegen der hier vertretenen Ansicht (s. bspw. auch *Kölbel* in MüKoStPO StPO § 160 Rn. 12; *Eisenberg/ Singelnstein* GA 2006, 168 (170); *Frister* FS Amelung, 2009, 614 f.; *E. Müller* GA 2013, 510 (512 f.); *Mayer* Kriminalistik 2015, 520) – allerdings teilw. davon aus, dass es sich hierbei gar nicht um eine strafprozessuale, sondern um eine polizeirechtliche Maßnahme handele (so etwa BVerwG NJW 2006, 1225 mkritAnm *Eisenberg/Puschke* JZ 2006, 728; OLG Celle NStZ-RR 2012, 254). Aber auch bei einer solchen Einordnung ist die Maßnahme tatbestandlich an den Beschuldigten-Status geknüpft, weshalb sie bei Kindern ausscheidet (*Frehsee* ZStW 1988, 290 (302 f.); *Streng* FS Gössel 2002, 505; vgl. auch *Frehsee* ZfJ 1991, 223 (225 ff.); abw. *Hadamitzky* in KK-StPO StPO § 81b Rn. 2; *Brunner/Dölling* Rn. 26; *Verrel* NStZ 2001, 284 (286)). Unzulässig ist daher ebenfalls die Speicherung der fraglichen Daten (*Apel/ Eisenhardt* StV 2006, 490 (493 ff.)). Polizeirechtlich können ggf. Befugnisse zur Identitätsfeststellung bei Kindern bestehen (*Walter-Freise* DVJJ-J 1995 314 (315 f.); *Hüneke* in Meier (Hrsg.), Kinder im Unrecht, 2010, 92 f.). Auf strafprozessualer Grundlage sind diese Maßnahmen dagegen allein im Rahmen von § **163b Abs. 2 StPO** bei drittgerichteten Ermittlungen erzwingbar. Dagegen setzt § 163b Abs. 1 StPO die bei Kindern nicht mögliche Situation voraus, einer Straftatbegehung verdächtig zu sein. Eine Eingriffsbefugnis besteht auf dieser Grundlage daher nur, falls das Alter bzw. die Strafunmündigkeit des verdächtigen Kindes äußerlich nicht sicher erkennbar ist und sich ausschließlich über die Identitätsfeststellung klären lässt (*Erb* in Löwe/Rosenberg StPO § 163b Rn. 15; *Kölbel* in MüKoStPO StPO § 163b Rn. 9; *Verrel* NStZ 2001, 284 (285); *Streng* FS Gössel, 2002, 504).

Eine (Wohnungs-)**Durchsuchung** bei einem Kind kommt allenfalls in 16 Betracht, wenn sich die Ermittlungen gegen Dritte richten, nicht aber im Verfahren gegen den Strafunmündigen selbst (OLG Bamberg NStZ 1989, 40; n. *Eisenberg* StV 1989, 556). – Für die Beschlagnahme gem. § **111b StPO** bestehen, da die hierdurch gesicherte Einziehung oder Unbrauchbarmachung auch bei schuldunfähigen Personen zulässig ist, bei Kindern dagegen keine Einschränkungen (*Huber* in BeckOK StPO StPO § 111b Rn. 5; ebenso zu § 111b Abs. 5 StPO aF *Verrel* NStZ 2001, 284 (285 f.); abw. *Ostendorf* in NK-JGG Rn. 4).

Auch Kinder unterliegen prinzipiell der Zeugenpflicht (n. *Keiser* in Meier 17 (Hrsg.), Kinder im Unrecht, 2010, 118 ff.; n. zu den Einzelheiten und der Aussagefähigkeit → §§ 33–33b Rn. 45 ff.). Wird ein Kind als **Zeuge** vernommen, ist § 52 StPO zu beachten (*Sander/Cirener* in Löwe/Rosenberg StPO § 252 Rn. 17; n. *Eisenberg* Beweisrecht StPO Rn. 1217 ff.; zu hier

bestehenden Schutzpflichten der JHilfe schon *Rauschert* Zbl 1989, 477 f.).
Gegebenenfalls ist gem. § § 52 Abs. 2 StPO eine Zustimmung der sorgeberechtigten Personen erforderlich (n. dazu *Ignor/Bertheau* in Löwe/Rosenberg
StPO § 52 Rn. 25 ff.). Im Falle einer „Tatbeteiligung" ist eine namentliche
Nennung zu vermeiden und – wegen drohender sanktionsäquivalenter Auswirkungen (vgl. nur § 1666a BGB, § 34 SGB VIII sowie → Rn. 18) – auch
§ 55 StPO entsprechend anzuwenden (vgl. *Eisenberg* GA 2001, 153 (156 f.);
abw. *Verrel* NStZ 2001, 284 (285); mit zust. Tendenz dagegen *Ellbogen/
Wichmann* JuS 2007, 114 (117); weitergehend noch *Ostendorf* FS Heinz,
2012, 470 f.: Belehrung nach § 136 Abs. 1).

18   **d) Außerstrafrechtliche Folgen.** Auch bei ausbleibenden straf- und
strafprozessualen Konsequenzen kann Kinderdelinquenz anderweitige Folgen haben (international dazu *Cipriani,* Children's Rights (…), 2009, 136 ff.,
139 ff. unter Hinweis auf ausländische Rechtsordnungen, die hier teilw.
überhaupt keine Interventionen, teilw. aber auch ausgesprochen harsche
Freiheitsentziehungen erlauben). Stellt die JStA das Verfahren bei einer Straf-
anzeige gegenüber einem Kind wegen Schuldunfähigkeit ein, so hat sie
demgemäß zu prüfen, wer zu benachrichtigen und ob gegen Aufsichtspflichtige einzuschreiten ist (RL 2). Das Verhalten des Kindes kann – sofern
weitere aussagekräftige Hinweise zu entspr. psychosozialen Bedingungen
vorliegen (s. etwa *Brettel* ZJJ 2012, 352) – ein Anlass sein, um kinder- und
jugendhilferechtlich von einem „Betreuungs-, Gefährdungs- oder Verwahr-
losungsfall" auszugehen und fürsorgerische Maßnahmen nach **SGB VIII** zu
ergreifen. Die von der Polizei teilw. – namentlich in Fällen, in denen ein
entspr. Interventionsanlass gesehen wird – an das JAmt übersandten Unterlagen (vgl. PDV Nr. 382, 3.2.7 zur ggf. bestehenden Informationspflicht
gegenüber der JGH) enthalten dann hierfür vielfach einschlägige Hinweise,
etwa in sog. Risikomitteilungen (dazu die Erhebung bei *Bähr/Hartmann/
Hoffmann,* Evaluation des Handlungskonzeptes „Stopp der Jugendgewalt",
2015, 3 ff., 277 ff.; vgl. aber zur eingeschränkten Reaktionsquote der Jugendämter die Regionalbefunde bei *Bindel-Kögel ua* unsere jugend 2003,
333; *Holthusen,* Projekt: Polizeilich mehrfach auffällige Strafunmündige,
2011, 9, 20). Auch ist die polizeiliche Ermittlung von Taten ein wesentlicher
Anlass familiengerichtlichen Einschreitens (s. etwa *Schmieder* in Meier
(Hrsg.), Kinder im Unrecht, 2010, 97 ff.; *Holldorf* ZJJ 2012, 363). Insofern
wird allerdings das vergleichsweise formstrenge JStV bei der strafrechtlichen
Erfassung von Kinderverhalten (und auch bei Jugendlichen (§ 3 S. 2)) durch
das eher formlose Verfahren der freiwilligen Gerichtsbarkeit ersetzt (zu den
Fairnessanforderungen EGMR v. 23.3.2016 – 47152/06 Rn. 179 ff.). Insgesamt ist kaum überschaubar, welche Reaktionsmuster in der Praxis dominieren (krit. zu einigen Maßnahmen und der defizitären Einbeziehung von
Eltern aber *Schäfer* DVJJ-Journal 2000, 134 (137 f.); im Übrigen → § 3
Rn. 42 ff.). Bisweilen kommt es indes sogar zur **geschlossenen** Unterbringung in Einrichtungen der Jugendhilfe (vgl. etwa die hierfür in Bayern
speziell vorgesehenen „Clearingstellen" für massiv-dissoziale und kriminell
auffällige Kinder" (n. etwa ZJJ 2003, 44; BayLT-Drs. 16/7070); zu den hier
durch Art 5 Abs. 1 EMRK gesetzten Grenzen s. EGMR Nr. 47152/06
Rn. 164 ff.). Es liegen Hinweise vor, dass darin funktional ein sanktions-
ersetzendes Vorgehen gesehen werden kann (*Antholz* KJ 2016, 363; zum
Alltag in der freiheitsentziehenden Unterbringung vgl. *Hoops* FS 2018, 343

(347); zur außerordentlich starken psychosozialen Belastung der dort unter-gebrachten Kinder s. die Daten bei *Jenkel/Schmid* unsere jugend 2018, 354 (356 ff.)).

e) Auswirkungen auf spätere Strafverfahren. aa) Informations- 19 **erfassung.** Kam es wegen eines Deliktes, das in strafunmündigem Alter begangen wurde, zu einem Polizeikontakt, sind die sich daraus ergebenden **Informationen** auch in Ermittlungsverfahren, die wegen eines späteren Deliktes nach Erreichen des 14. Lbj. geführt werden, institutionell vielfach verfügbar. Dies beruht auf verschiedenen „Kanälen". So legt die Polizei anlässlich von Ermittlungsverfahren über die Beschuldigten häufig eine sog. Kriminalakte an, wenn sie von diesen Personen eine neuerliche Straftat erwartet. Das geschieht auch bei Kindern, wenngleich teilw. unter einer anderen Aktenartbezeichnung (vgl. die bundesweite (ohne Baden-Württem-berg, Bayern und Thüringen) Befragung von *Holzmann* (Polizeilicher Um-gang mit unter 14-jährigen Tatverdächtigen, 2008), in der ca. 1/3 der Jugend-sachbearbeiter angaben, bei der (ersten) Anzeige entspr. vorzugehen). Auch in der JStA liegen infolge hausinterner Registrierung in den Folgeverfahren idR die entspr. Kenntnisse vor (zu §§ 492 ff. StPO dagegen sogleich → Rn. 20). Im Übrigen werden teilw. unter 14–Jährige in die behörden-eigenen Intensivtäterlisten aufgenommen (*Brodkorb* ZJJ 2006, 62 (63); *Osten-dorf* FS Heinz, 2012, 467 f.; *Goeckenjan* ZJJ 2015, 26 (28)). Von den JGe-richten wird wiederum teilw. über die JStA eine unmittelbare Auskunft von der Polizei angefordert. Eine ältere schriftliche Befragung von JStA (N=193) bzw. JGerichten (N=381) ergab insofern erhebliche Unterschiede hinsicht-lich der diesbzgl. Informationsquellen, wobei aber neben der polizeilichen Mitteilung auch der JGH-Bericht besonders häufig erwähnt wurde (*Bottke* FS Geerds, 1995, 270 (272); zur Inkenntnissetzung der JGH → Rn. 18).

Mit Blick auf die aktenförmige Erfassung oder Speicherung sowie die 20 jeweilige Weitergabe entspr. Informationen bestehen **datenschutzrecht-liche** Bedenken (dazu bei der JGH → § 38 Rn. 66 ff.). In der StPO ist die hierfür jeweils erforderliche gesetzliche Grundlage nicht ersichtlich, da die entspr. allg. Befugnisse in §§ 474 ff., 483 ff., 492 ff. StPO an eine Beschul-digtenstellung und ein zulässig geführtes Verfahren anknüpfen, woran es bei Strafunmündigen gerade fehlt. Eine Ausnahme ergibt sich für die Daten-speicherung implizit aus der Löschungsfristregelung in § 489 Abs. 4 Nr. 4 StPO allein für jene Fälle, in denen die Strafunmündigkeit zunächst (bei der Datenerfassung) unbekannt war (*Singelnstein* in MüKoStPO StPO § 489 Rn. 20; *Hilger* NStZ 2001, 15 (19); ebenso wohl auch BT-Drs. 14/1484, 34 f.; s. ferner *Bottke* FS Geerds, 1995, 282 ff.). Bei der Erfassung und Speicherung auf polizeirechtlicher Grundlage (§ 483 Abs. 3 StPO), die an die Notwendigkeit zur Gefahrenabwehr und nicht an die Beschuldigten-stellung anknüpft, ergeben sich jedoch uU weitergehende Befugnisse (nicht aber bspw. bei „StPO-analog" gestalteten Regelungen wie Art. 54 Abs. 2 BayPAG).

Bei Zulässigkeit der Speicherung und Aufbewahrung müssen die Daten 21 bei Wegfall der Erfassungsnotwendigkeit **gelöscht** werden, was spätestens nach zwei Jahren zu überprüfen ist (§ 489 Abs. 3 und 4 Nr. 4 StPO; ebenso die ordnungsrechtlichen und innerpolizeilichen Regelungen, etwa Art. 54 Abs. 2 S. 3 BayPAG und KpS-RL Bremen Nr. 5.2.4 (bei Fällen von „gerin-gerer Bedeutung" maximal ein Jahr)). Gleichfalls problematisch ist indes, dass

33

prinzipiell über diese Aussonderungsprüfpflicht hinaus eine weitere Speicherung und Aufbewahrung für mehrere Jahre als zulässig behandelt wird, „wenn Tatsachen die Annahme rechtfertigen, dass wegen Art und Ausführung der Tat, die der Betroffene begangen hat oder derer er verdächtig war, die Gefahr der Wiederholung besteht oder die Aufbewahrung der Unterlagen aus anderen schwerwiegenden Gründen zur Aufgabenerfüllung (…) weiterhin erforderlich ist" (so etwa KpS-RL Bremen Nr. 5.3). Dies kann im Einzelfall zu einer Datenvorhaltedauer führen, die länger ist, als es die gem. §§ 46, 51 BZRG zulässige Informationsverwertung selbst bei strafrechtlicher Verfolgung der fraglichen Tat wäre (kennzeichnender Fall bei BGH NStZ 2005, 397).

22   **bb) Informationsverwertung.** Was die Verwertung einschlägiger aktenmäßiger Unterlagen in einem (späteren) JStV angeht, so ergab die früher durchgeführte Befragung von *Bottke* (FS Geerds, 1995, 273) einige Hinweise darauf, dass Delikte im strafunmündigen Alter von der JStA bei später begangenen Straftaten durchaus häufig berücksichtigt werden, etwa bei der Wahl zwischen Verfahrenseinstellung und Anklageerhebung oder beim Antrag auf Verhängung von JStrafe wegen „schädlicher Neigungen". Auch durch die JGerichte werden hiernach die Informationen über „Frühdelikte" bei der Rechtsfolgenauswahl und -bemessung herangezogen, und zwar insb. bei Erziehungsmaßregeln und Zuchtmitteln, aber (gleichfalls) auch bei JStrafe wegen „schädlicher Neigungen" (zur Heranziehung bei Anordnungen nach § 16a s. die Befragung bei *Schmidt* NK 2019, 74 (81)). Eine solche rechtspraktische Handhabung ist an sich nicht prinzipiell abzulehnen (diese einschränkungslos für zulässig haltend *Brunner/Dölling* Rn. 26). So kann die Kenntnis von abweichendem Verhalten aus der Kindheit mitunter für eine erzieherisch adäquate Rechtsfolgenbestimmung vorteilhaft sein (etwa wenn sich die Interpretation einer Jugendstraftat als – vermutliche – Episode gerade durch die Feststellung eröffnet, dass der Beschuldigte vor Jahren als Kind zwar in ähnlicher Weise einmal punktuell erfasst worden war, in seinem Sozialverhalten ansonsten jedoch unauffällig blieb).

23   Die de facto im Vordergrund stehende Berücksichtigung früherer Kinderdelikte **zulasten** der betreffenden Beschuldigten begegnet indes **erheblichen Bedenken:** Wenn Verhaltensweisen aus der Kindheit etwa bei der Rechtsfolgenverhängung (zB von JA) als negativer Umstand (im Sinne einer gesteigerten Interventionsbedürftigkeit) gewertet werden und somit ein restriktiveres Vorgehen begründen, fungiert die straflos begangene Tat nämlich als Stufe einer Sanktionseskalation – was die gesetzliche Grenzziehung (§ 19 StGB) iErg zum Nachteil des Beschuldigten unterläuft. Darin liegt auch eine Schlechterstellung gegenüber Erwachsenen, bei denen eine solche strafschwerende Berücksichtigung nach hM nicht zulässig ist (für das allg. StR OLG Köln StV 2017, 665 (Ls.) = BeckRS 2016, 126206; anders für § 66 Abs. 1 S. 1 Nr. 4 StGB aber BGH NStZ 2005, 397). Im Übrigen beruhen die Informationen zu tatbestandswertigem Handeln strafunmündiger Personen ausschließlich auf polizeilichen Feststellungen und Bewertungen, ohne dass Tatbestandsmäßigkeit und Rechtswidrigkeit der fraglichen Taten einer richterlichen Beurteilung unterzogen worden wären (dazu auch BGH NStZ-RR 2009, 308 309: Ermittlungsverfahren ist „kein Tatnachweis"; ebenfalls krit. unter Betonung der Unschuldsvermutung etwa *Bottke* FS Geerds, 1995, 291).

3. Probleme bei der Altersgruppeneinordnung

a) Feststellungspflicht und -methoden. Ist in einem JStV die Klärung 24
der Strafmündigkeit oder auch die rechtsanwendungserhebliche Einordnung
in die Altersgruppen der Jugendlichen, Heranwachsenden und Erwachsenen
nicht in zuverlässiger Weise anhand der üblicherweise verfügbaren Grundlagen (Meldedaten, Personaldokumente usw) zu gewährleisten, muss das
Alter von Amts wegen eigens überprüft und festgestellt werden (zur **Aufklärungspflicht** zB BGH NStZ 1998, 50). Anlass hierfür besteht bisweilen
bei nichtdeutschen Beschuldigten (etwa bei um Jahre verspäteter Eintragung
in das Geburtenregister oder bei einer Pauschaldatierung des Geburtsdatums
bei der Einreise (zB 1.1.)). International handelt es sich hierbei um ein
Problem mit hoher Verbreitung (insb. infolge von Migrationsprozessen oder
von Unzulänglichkeiten im Meldewesen), auf das man in den verschiedenen
Rechtsordnungen mit einem weiten Spektrum von Maßnahmen reagiert
(*Cipriani* Children's Rights (…), 2009, 131 ff.: beginnend mit der richterlichen Altersschätzung bis zur medizinischen Untersuchung).

Für die Altersfeststellung kann auf naheliegende (außer-medizinische) 25
Informationsquellen zurückgegriffen werden (Befragung der beschuldigten
und angehörigen Personen, Behördenauskünfte, Dokumentenbeibringung).
Daneben sind prinzipiell auch Altersfeststellungen durch medizinische Sachverständige denkbar. Dabei werden verschiedene Verfahren diskutiert (für
einen Überblick über die forensische **Altersdiagnostik** vgl. bspw. *Gese-
rick/Schmeling/Kaatsch ua* Kriminalistik 2001, 428; Wissenschaftlicher Dienst
BTag WD9-3000-001/18, 5 ff.; *Jung* StV 2013, 51 (52 ff.); n. etwa *Schme-
ling/Dettmeyer/Rudolf/Vieth/Geserick* Deutsches Ärzteblatt 2016, 45; *Schme-
ling/Schmidt/Schulz/Wirth* Archiv für Kriminologie 2018, 162; *Lauscher/Kra-
mer/Ritter ua* Archiv für Kriminologie 2019, 12). Neben der Erfassung
äußerlicher Reifezeichen (sekundäre Geschlechtsmerkmale, Gewicht, Größe
und ggf. Wachstum während des Verfahrens) basieren diese bspw. auf der
Entwicklung des Schlüsselbeins und des Handwurzelknochens (jeweils Grad
der Schließung von Wachstumsspalten) sowie der Gebissentwicklung
(Durchbruch, Reife und Wurzelentwicklung der Weisheitszähne). Von der
Rspr. sind diese Methoden anerkannt (vgl. etwa LG Hamburg BeckRS
2013, 7408). In der Regel müssen die erforderlichen Messungen indes durch
– medizinethisch problematische (*Cremer* ZJJ 2016, 4; s. schon *Beck* DVJJ-J
1995, 323) und juristisch fragwürdige (→ Rn. 27) – Röntgenuntersuchungen vorgenommen werden (bzgl. der Schlüsselbeinverknöcherung sogar
durch eine Computertomographie).

Eine genaue Datierung des Geburtszeitpunktes ist mit diesen medizi- 26
nischen Methoden nicht möglich. Es lassen sich hierbei vielmehr idR nur
Altersspannen (sowie das Mindest- und das wahrscheinlichste Alter) feststellen (*Knell* Kriminalistik 2012, 122), auch weil die körperliche Reifung
nach dem Geschlecht sowie interindividuell variiert (vgl. etwa Wissenschaftlicher Dienst BTag WD9-3000-006/18, 6 f.) und von den (ua auch sozio-
ökonomisch geprägten) Bedingungen des Aufwachsens ggf. beeinflusst wird
(generell einschränkend *Jung* StV 2013, 51 (53)). Die möglichen Altersspannen nehmen mit dem Alter ohnehin auch zu (*Lauer* DVJJ-Journal 1995,
317 (321); *Rötzscher/Grundmann* Kriminalistik 2004, 337 (339)). All dies hat
zur Infragestellung der Methoden geführt (vgl. *Nowotny/Eisenberg/Mohnike*
Deutsches Ärzteblatt 2014, A786; für einen Verfahrensbericht mit einer

sachverständigen Einordnung ein und desselben Angeklagten sowohl als Erwachsener als auch als Jugendlicher s. *Thielemann* StraFo 2004, 6). Die Unschärfen und Unsicherheiten der Aussagen lassen sich lediglich durch die **Kombination** mehrerer Methoden verringern (*Schmidt/Schramm/Ribecke ua* ArchKrim 2016, 25 ff.; *Schmeling/Dettmeyer/Rudolf/Vieth/Geserick* Deutsches Ärzteblatt 2016, 45 (47)). Dabei muss der Sachverständige die verschiedenen körperlichen Entwicklungsindikatoren – in nach außen hin nachvollziehbarer Weise – zueinander in Beziehung setzen und gewichten (OLG Hamburg StV 2005, 206 = LSK 2005, 230572; abw. *Gundelach* ZJJ 2018, 139 (141 f.): angesichts des fachwissenschaftlichen Dissenses keine richterliche Anknüpfung an Gutachten mit den fraglichen Methoden möglich). Punktuellen Daten zufolge kommen die auf dieser Grundlage erfolgenden Untersuchungen in der Praxis nicht selten zum Befund, dass das reale Lebensalter höher als das angegebene sein müsse (für die Rechtsmedizin in Münster in den Jahren 2007–2018 vgl. *Hagen u. a.* Rechtsmedizin 2019, 323 (341): von 594 Personen, deren Minderjährigkeit durch Behörden angezweifelt wurde, waren 234 volljährig).

27   Mit Blick auf die **Zulässigkeit** der besagten Vorgehensweisen ist zu berücksichtigen, dass hiermit (medizinisch nicht indizierte) Eingriffe in die körperliche Unversehrtheit (Röntgenaufnahmen) und Eingriffe in die Intimsphäre (äußerliche körperliche Untersuchung) einhergehen (die Zulässigkeit mit Blick auf die UN-Kinderrechtskonvention abl. *Cremer* ZJJ 2016, 4 (8)). Dass die Befugnisse in §§ 81a, 81b Var. 1 StPO iVm § 2 Abs. 2 dafür eine ausreichende Grundlage bieten (zur Nichteinschlägigkeit von § 43 Abs. 2 → § 43 Rn. 39), ist insb. bei den mit Strahlenbelastung verbundenen Methoden nicht unproblematisch. Prinzipiell werden Röntgenuntersuchungen von der hM zwar für erlaubt erachtet (*Eisenberg* Beweisrecht StPO Rn. 1638; *Rogall* in SK-StPO StPO § 81a Rn. 49; *Trück* in MüKoStPO StPO § 81a Rn. 16 mwN), doch beim Einsatz für die Altersbestimmung ist wegen der erwartbaren Ergebnisungenauigkeit die Verhältnismäßigkeit des hierfür vorgenommenen Eingriffs fraglich (s. auch *Lauer* DVJJ-J 1995, 317 (320 ff.)). Unabhängig davon bestimmt sich die Angemessenheit bzw. Proportionalität der besagten Maßnahmen einzelfallabhängig. An ihr kann es wegen besonderer personaler Bedingungen (Bsp.: vorherige Strahlenexposition des Beschuldigten) oder wegen einer fallkonkret geringen Tragweite der Alterskonsequenzen fehlen (Bsp.: geringfügiges Delikt). Reichen andere Informationsquellen aus, ist eine medizinische Untersuchung als **ultima ratio** ausgeschlossen (RL (EU) 2016/800 Erwägungsgrund 13; vgl. auch RegE BT-Drs. 19/13837, 20: Konsequenz des Verhältnismäßigkeitsprinzips). Als medizinisch schonendere Verfahren der Altersbestimmung (ohne Röntgenuntersuchung) kommen zwar neben Ultraschallmessungen (noch nicht ausreichend evaluiert) ggf. DNA-Analysen in Betracht (speziell hierzu Wissenschaftlicher Dienst BTag WD9-3000-006/18, 4 ff.; vgl. auch BT-Drs. 19/ 14747, 27). Eine dahingehende Nutzung von molekulargenetischem Material wird durch § 81e Abs. 2 StPO nF jedoch allein zur Suche nach noch nicht identifizierten Personen („unbekannte Spurenleger") erlaubt, nicht aber bei einem Beschuldigten.

28   **b) Abs. 3 nF und andere Konstellationen des unaufklärbaren Zweifels. aa) Unklare Strafmündigkeit.** Gelegentlich besteht anhaltender Anlass für Zweifel am Tatzeitalter. Bezieht sich dieser Zweifel auf die Strafmün-

digkeit der beschuldigten Person und ist er mit den zulässigen und verfügbaren Methoden nicht zu beheben, dann steht das Erreichen der Altersgrenze nicht mit der erforderlichen Sicherheit fest. Hier muss (gem. dem Grundsatz **in dubio pro reo**) davon ausgegangen werden, dass das 14. Lbj. bei der Tat noch nicht vollendet war. Das Verfahren ist dann – ebenso wie bei Nichtausschließbarkeit anderer Prozesshindernisse (dazu bei der Verjährung BGHSt 18, 274 = NJW 1963, 1209; allg. *Zopfs,* Der Grundsatz „in dubio pro reo", 1999, 345 ff.) – einzustellen. In gleicher Weise haben JStA und JGericht zu verfahren, wenn die erforderliche Strafmündigkeit wegen der nicht zu behebenden Unklarheit über den Zeitpunkt der Tatbegehung fraglich bleibt. Ob allerdings schon durch unsubstantiierte (Tatzeit-)Behauptungen ein Anlass für einen dahingehenden Zweifel gegeben wird, ist einzelfallabhängig (KG StV 2019, 438 = BeckRS 2019, 9343))

bb) Unklare Einordnung in Altersgruppe. Führt die nicht zu beseitigende Unsicherheit bzgl. des Alters und/oder Tatzeitpunktes dazu, dass Zweifel hinsichtlich der Einordnung in die verschiedenen strafrechtlichen Altersgruppen fortbestehen, ist nach demselben Prinzip zu verfahren (OLG Hamm StV 2000, 187 = BeckRS 1999, 13129). Geht es um die **Abgrenzung** zwischen **Jugendlichem** und **Heranwachsendem,** hängt die für den Beschuldigen günstigste und deshalb heranzuziehende Lösung indes von der (schrittweise erfolgenden) Einordnung in eine von mehreren möglichen Konstellationen ab: Deshalb wird zunächst das Vorliegen der Voraussetzungen des § 3 S. 1 geprüft und im Falle fehlender Verantwortlichkeit (sowie bei nicht behebbaren Zweifeln bzgl. der Verantwortungsreife (→ § 3 Rn. 4)) zugunsten des Beschuldigen ein Tatzeitalter von unter 18 Jahren unterstellt. Andernfalls ist zu untersuchen, ob bei ihm (bei Annahme eines über 18 Jahren liegenden Alters) die Voraussetzungen von § 105 Abs. 1 vorlägen. Ist dies zu bejahen, wirkt sich die Unklarheit über das reale Tatzeitalter nicht aus, denn es kommt jeweils materielles JStR zur Anwendung. Liegen die Voraussetzungen des § 105 Abs. 1 dagegen nicht vor oder ist deren Vorliegen zweifelhaft, müssen die fallkonkret angemessenen Rechtsfolgen sowohl nach JStR als auch nach allg StR bestimmt und dann diejenigen verhängt werden, die weniger schwer in die Rechtsstellung des Beschuldigen eingreifen (n. → Rn. 32; → § 105 Rn. 47 f.; ebenso bspw. *Laue* in MüKoStGB Rn. 10 ff.). **29**

Der Zweifelssatz gilt im Übrigen nicht nur im materiellen JStR, sondern **auch in verfahrensrechtlichen** Fragen (n. und diff. zur diesbzgl. allg. Problematik *Zopfs,* Der Grundsatz „in dubio pro reo", 1999, 338 ff.). Deshalb ist bspw. ein Nebenklageanschluss (außerhalb der in § 80 S. 1 geregelten Fälle) unzulässig, wenn nicht feststeht, dass der Beschuldigte zur Tatzeit das Heranwachsendenalter erreicht hatte (aA nach früherer Rechtslage BGH ZJJ 2007, 414 = BeckRS 2007, 16297). Überall dort, wo das Gesetz zwischen dem prozessualen Vorgehen bei Jugendlichen und Heranwachsenden differenziert (s. dazu § 109), sind – wenn und solange zweifelhaft ist, ob der Beschuldigte zur Tatzeit das achtzehnte Lebensjahr bereits vollendet hatte – stets (dem jugendstrafrechtlichen Schutzprinzip entspr.) die für Jugendliche geltenden („beschuldigtenfreundlicheren") Verfahrensvorschriften anzuwenden. Auf die Frage, ob sich nach §§ 109 Abs. 2, 105 Abs. 1 fallkonkret die gleiche Folge ergäbe, kommt es hier dann also gar nicht mehr an. Diese seit langem vertretene Ansicht (vgl. etwa 20. Aufl. § 1 Rn. 11; *Laue* in MüKoStGB Rn. 8; wohl auch *Brunner/Dölling* Rn. 23) wurde in **Abs. 3 nF** klarstellend **30**

positiviert (dazu und zur sinngleichen Vorgabe in Art. 3 S. 2 RL (EU) 2016/800 s. RegE BT-Drs. 19/13837, 47; *Bock* StV 2019, 308 (310)). – Sofern das JStV zwischen Jugendlichen altersmäßig unterscheidet (s. die Haftgrundeinschränkung bis **zum 16. Lbj.** in § 72 Abs. 2), kommt die Entscheidungsregel, wonach im Zweifel das jüngere Alter bzw. das weniger eingriffsintensive Recht zugrunde gelegt wird, gleichermaßen zum Tragen.

31   **cc) Unklare Anwendbarkeit des JGG.** Auch mit Blick auf die Unterscheidung von Heranwachsenden und **Erwachsenen** kann es wegen Unaufklärbarkeit des Alters und/oder der Tatzeit offen sein, ob der Angeklagte das **21. Lbj.** zur Tat bereits (oder noch nicht) vollendet hatte. Hier bezieht sich der Zweifel auf die **Anwendbarkeit** von § 105 und **des JGG** insgesamt (weshalb das Alter auch eine doppelrelevante Tatsache darstellt – vgl. BGH NStZ 2013, 290). Da das materielle JStR und das Recht des JStV eine deutlich stärkere Ausrichtung auf die Lebenssituation, Entwicklungsbedarfe und Verantwortlichkeitslagen junger Menschen aufweisen, muss es als ein Strafrechtsgebiet gelten, das für Beschuldigte im Ganzen vorteilhafter als die Anwendung von StGB und StPO ist. Deshalb ist in den besagten Situationen in dubio pro reo davon auszugehen, dass das **21. Lbj.** zur Tatzeit noch nicht vollendet war (BGHSt 5, 366 = NJW 1954, 847; BGHSt 47, 311 (313) = NJW 2002, 2483; BGH NStZ-RR 1996, 250; ZJJ 2007, 216 = BeckRS 2007, 8322; KG StV 2019, 438 = BeckRS 2019, 9343; abw., aber mit gleichem Endergebnis *Laue* in MüKoStGB Rn. 17 f.).

32   Denkbar ist ferner, dass selbst nach Ausschöpfung aller Ermittlungsmöglichkeiten nicht mit Sicherheit festgestellt werden kann, ob der Heranwachsende noch einem Jugendlichen gleichsteht und/oder ob die Tat sich als Jugendverfehlung erweist. Hier bezieht sich der Zweifel lediglich darauf, ob iRd sicher anwendbaren JStR die Voraussetzungen des **§ 105 Abs. 1** vorliegen – und ob die speziellen **Rechtsfolgen des JStR** (sowie einige prozessuale Maßgaben des JGG gem. § 109 Abs. 2) heranzuziehen sind oder nicht. Da sich die Günstigkeitsfrage an diesem speziellen Punkt (anders als beim allgemeinen Vergleich von allg. StR und JStR) keineswegs pauschal oder einheitlich beantworten lässt, hat das JGericht in solchen Fällen zu prüfen, zu welchen Konsequenzen das allg. StR und das JStR für den individuellen Angeklagten führen. Nach dem Grundsatz „in dubio pro reo" muss es sodann die konkret eingriffsärmere Variante wählen (n. → § 105 Rn. 47 f.).

II. Sachlicher Anwendungsbereich des JGG

33   Der in Abs. 1 zur Bestimmung des sachlichen Anwendungsbereichs genutzte Begriff der **Verfehlung** bezeichnet jede **rechtswidrige Tat** iSv §§ 11 Abs. 1 Nr. 5, 12 StGB (Haupt- oder Nebenstrafrecht einschließlich entsprechender landesrechtlicher Bestimmungen). Bei der fallkonkreten Feststellung einer Straftatbegehung sind indes die in → § 2 Rn. 28 ff. erörterten Grundsätze einer jugendgemäßen Normauslegung zu berücksichtigen. Die nähere normtextliche Kennzeichnung („nach allgemeinen Vorschriften mit Strafe bedroht") stellt sodann klar, dass bei allen Sanktionsregimes, die nicht mit eine Strafbewehrung im engeren technischen Sinne operieren, keine Verfehlungen in Betracht kommen. Auf die hier stattfin-

denden Verstöße ist das JGG nicht anwendbar. Das betrifft bspw. Pflichtverletzungen, die **disziplinar**rechtlich geahndet werden. Auch **Ordnungswidrigkeiten** zählen nicht zu den Verfehlungen iSd Norm. Jedoch findet das JGG auf das Bußgeldverfahren kraft ausdrücklicher Anordnung sinngemäße Anwendung, soweit das OWiG nichts anderes bestimmt (§ 46 Abs. 1 OWiG; RL 1 S. 2; n. → § 2 Rn. 64 ff.).

Bei einem Verhalten, für das **Ordnungs**- oder Zwangsmittel vorgesehen 34 sind, handelt es sich ebenfalls nicht um eine Verfehlung iSv Abs. 1 (vgl. RL 1 S. 1). Pflichtverstöße der hier zugehörigen Art können auch im Verlauf eines JStV begangen werden (vgl. etwa ungebührliches Verhalten gem. § 178 GVG, zeugenpflichtwidriges Verhalten gem. §§ 51, 70 StPO − jeweils iVm § 2 Abs. 2). Die Sanktionierung setzt dann Verschulden − dh auch das Erreichen des 14. Lbj. (§ 19 StGB entsprechend) und die erforderliche Altersreife (entsprechend § 3 S. 1) − voraus (*Eisenberg* Beweisrecht StPO Rn. 1072; *Brunner/Dölling* Rn. 3; *Meier* JZ 1991, 638 (640)). Gegenüber Kindern kommt Ordnungsgeld oder -haft also nicht in Betracht (BVerfGE 20, 323 (333 f.) = NJW 1967, 195 (196); *Meyer-Goßner/Schmitt* StPO § 51 Rn. 15). Auch die zwangsweise Vorführung kindlicher Zeugen verbietet sich regelhaft. Zwar handelt es sich hier um eine Vollstreckungsmaßnahme, für die die sanktionsrelevanten Maßgaben der bedingten Strafmündigkeit keine Bedeutung haben, doch muss ein solches Vorgehen wegen der hiervon drohenden entwicklungsschädlichen Folgen meist − auch wegen der ggf. möglichen kommissarischen Vernehmung − als unverhältnismäßig gelten (vgl. *Ostendorf* in NK-JGG Rn. 10; *Meyer-Goßner/Schmitt* StPO § 51 Rn. 20; n. zum Ganzen *Meier* JZ 1991, 638 (640)). Verhindern Eltern, dass ihre Kinder als Zeugen vor Gericht erscheinen, läge in der Vorführung zudem ein Eingriff in deren Sorge- und Aufenthaltsbestimmungsrecht. In diesen Fällen können allenfalls Eingriffe gem. § 1666 BGB geprüft werden. Ordnungsmaßnahmen gegenüber den Eltern sind mangels einer gesetzlichen Regelung nicht zulässig (OLG Hamm NJW 1965, 1613; KG BeckRS 2014, 13844; *Meyer-Goßner/Schmitt* StPO § 51 Rn. 1).

III. Folgen falscher Einordnung

Beruht ein Urteil auf einer altersbezogen falschen Einordnung des Be- 35 schuldigten, so ist es wegen einer Verletzung von materiellem JStR mit den gesetzlich vorgesehenen Rechtsmitteln anfechtbar. Auch kann es wegen des altersbedingten Vollstreckungshindernisses nicht vollstreckt werden (vgl. *Kühne* in Löwe/Rosenberg Einl. K Rn. 121). **Umstritten** ist indes, **ob** und ggf. unter welchen Voraussetzungen ein solches Urteil bei formeller Rechtskraft auch materiell rechtskräftig werden kann oder aber **nichtig** (und damit für jeden unbeachtlich) ist. Im Allgemeinen wird Nichtigkeit nur dann angenommen, wenn ein Urteil offensichtlich nicht hätte ergehen dürfen und sein Bestand als für die Allgemeinheit unerträglich bewertet wird − und wenn die schwere Fehlerhaftigkeit aus dem Urteil selbst heraus offensichtlich und erkennbar ist (BGH NStZ 1984, 279; KG NJW 1954, 1901; OLG Hamm NStZ 2011, 527 (528); *Roxin/Schünemann,* Strafverfahrensrecht, 29. Aufl. 2017, § 52 Rn. 25; krit. *Meyer-Goßner/Schmitt* Einl. Rn. 104 mwN). Verurteilungen von Kindern nach JStR und von Jugendlichen nach allg. StR sollen nach oft vertretener Ansicht einen derartigen Grad der

Fehlerhaftigkeit nicht erreichen (vgl. *Kühne* in Löwe/Rosenberg Einl. K Rn. 121 mwN). Dies wird mit Blick auf die Schutzerfordernisse bei Minderjährigen allerdings bezweifelt (gegen die hM *Potrykus* § 1 Anm. 4; *Ostendorf* in NK-JGG Rn. 13; *Frehsee* ZStW 1988, 290 (296); *Roxin/Schünemann,* Strafverfahrensrecht, 29. Aufl. 2017, § 52 Rn. 26).

36   Richtigerweise ist zu **differenzieren:** Beruht die falsche Einordnung auf Mängeln bei der Bildung des Entscheidungssachverhalts, ist die Entscheidung nicht aus sich selbst heraus unrichtig. Vielmehr ergibt sich die Fehlerhaftigkeit erst aus inhaltlich veränderten tatsächlichen Feststellungen. Es liegt dann kein nichtiges Urteil vor (aA *Ostendorf* in NK-JGG Rn. 13). In solchen Fällen kommt die Wiederaufnahme des Verfahrens (§§ 359, 362 StPO) in Betracht (OLG Hamburg NJW 1952, 1150; KreisG Saalfeld DVJJ-J 1993, 305; *Dallinger/Lackner* Rn. 20; *Brunner/Dölling* Rn. 24; aA *Potrykus* Anm. 4; *Potrykus* NJW 1953, 93). – Basiert die falsche Einordnung indes auf einer **fehlerhaften Rechtsanwendung,** ist das Urteil jedenfalls dann nichtig, wenn gegen eine strafunmündige oder jugendliche Person auf eine Rechtsfolge erkannt wird, die bei ihr rechtlich unmöglich ist (und auch durch das FamG gegen sie nicht angeordnet werden dürfte). Dagegen hat die Rspr. eine Nichtigkeit selbst dann abgelehnt, wenn ein Jugendlicher zu Freiheitsstrafe verurteilt wurde (BGH bei Dallinger MDR 1954, 400 (401); ebenso *Dallinger/Lackner* Rn. 21). Zuzustimmen ist ihr aber darin, dass umgekehrt die Verurteilung eines Erwachsenen nach JStR keine Nichtigkeit begründet (BGH bei Dallinger MDR 1954, 400; OLG Hamm NStZ 2011, 527 (528); LG Berlin 11.4.2013 – 518 Qs 19/13 bei *Fricke* StRR 2014, 478).

37   Bei Nichtigkeit des Urteils kann das Strafverfahren vor dem zuständigen Gericht erneuert bzw. von dem Verfahrensstand aus, in dem es sich vor Ergehen des Urteils befand, fortgesetzt und durch eine neue Entscheidung beendet werden. Eine solche neue Entscheidung hat das nichtige Urteil unerwähnt zu lassen, weil dieses als nicht vorhanden gilt. – Nach überwiegender Auffassung kann gegen ein nichtiges Urteil (aus Praktikabilitätsgründen) ein **ordentliches Rechtsmittel** eingelegt werden. Teilweise hält man – was besonders im Falle des Ablaufs der Rechtsmittelfrist bedeutsam ist – einen **Antrag** auf beschlussförmige **Feststellung** der **Nichtigkeit** für zulässig (*Peters* Strafprozess 524; abw. *Kühne* in Löwe/Rosenberg Einl. K Rn. 130: Korrektur nur inzident anlässlich allg. Rechtsmittel). Der Beschuldigte kann die Nichtigkeit eines rechtskräftigen Urteils iÜ durch Einwendungen gegen die Zulässigkeit der Strafvollstreckung gem. § 458 StPO geltend machen.

IV. Rechtshilfe bei Jugendlichen und Heranwachsenden

1. Rechtshilfe zugunsten ausländischer Strafverfolgung

38   **a) Ermittlungshandlungen.** Für Fragen der Internationalen Rechtshilfe gelten das IRG sowie die einschlägigen völkerrechtlichen Vereinbarungen und Verträge, wobei für die Mitgliedsstaaten der EU idR Besonderheiten zu beachten sind. Verpflichtungen zur sog. sonstigen Rechtshilfe, die auch strafprozessuale Ermittlungshandlungen einschließen kann, ergeben sich aus §§ 59 ff. IRG und dem EuRHÜbk. Dort sind jeweils keine Sonderregelungen für Jugendliche und Heranwachsende enthalten. Fraglich kann im

Einzelfall die Zulässigkeit von Rechtshilfemaßnahmen sein, die sich gegen **Kinder** richten. Der **ordre public** (§ 73 IRG; Art. 2 Buchst. b EuRHÜbk) ist allerdings nach hM (BGHSt 30, 55 (61) = NJW 1981, 1166 (1167); *Johnson* in Grützner/Pötz/Kreß IRG § 59 Rn. 31) nur verletzt, wenn die fragliche Rechtshilfeleistung den von allen Rechtsstaaten anerkannten Grundsätzen widerspricht. Deshalb wurde es für zulässig gehalten, in der Bundesrepublik die im türkischen Recht vorgesehene Feststellung der „Urteilsfähigkeit" eines 13-jährigen Verfolgten durchzuführen (OLG Stuttgart NJW 1985, 573 (574)). Auch die richterliche Vernehmung einer 11-jährigen Person berühre den ordre public iSd Art. 2 Buchst. b EuRHÜbk nicht (OLG Schleswig NJW 1989, 2207 (2208) mzustAnm *Walter* NStZ 1989, 537; krit. *Trautmann/Zimmermann* in Schomburg/Lagodny IRG § 59 Rn. 63 f.; *Mayer* GA 1990, 508 (513 f.): nur verhältnismäßig, wenn Strafmündigkeit im ersuchenden Staat bereits festgestellt). Dem Ersuchen eines türkischen Gerichts (gem. Art. 1 Abs. 1 EuRhÜbK), einen wegen desselben Tatvorwurfs in Deutschland bereits rechtskräftig Verurteilten zu vernehmen, soll das Verbot der Doppelbestrafung (Art. 103 Abs. 3 GG; § 59 Abs. 3 IRG) nicht entgegenstehen, weil es keine Regel des Völkerrechts iSd Art. 25 S. 1 GG sei und sich nur auf deutsche Gerichte beziehe (BVerfGK 19, 265 = NJW 2012, 1202; OLG Stuttgart NStZ-RR 2015, 387 (zum allg. StR)). In Fällen, in denen die Art der Rechtshilfemaßnahme ein krasses Missverhältnis zu der nach deutscher Beurteilung eher geringfügigen Tat aufweist, können jedoch Gründe der **Verhältnismäßigkeit** gegen die Zulässigkeit der Rechtshilfeleistung sprechen.

b) Maßnahmen der Überwachung. aa) Überwachung zur U-Haft- 39 **vermeidung.** Gesteigerte Rechtshilfepflichten bestehen zwischen den **Mitgliedstaaten der EU** (dazu bzgl. der Auslieferung zur Strafverfolgung in einem anderen Staat → Rn. 43 ff.). Ein Bsp. hierfür bietet die Anordnung von Überwachungsmaßnahmen zur Vermeidung von U-Haftvollzug. Die hierfür in §§ 90o ff. IRG erfolgte Regelung setzt den EU-Rahmenbeschluss 2009/829/JI v. 23.10.2009 (ABl. 2009 L 294, 20 ff. = RB EuÜA) um (n. bspw. *Morgenstern* ZIS 2014, 216; *Schlothauer/Wieder/Nobis* U-Haft Rn. 622 ff.). Relevant ist dies insb. für Beschuldigte, die in der Bundesrepublik zu Haus sind und gegen die in einem anderen Mitgliedsstaat ein Ermittlungsverfahren geführt wird. Um eine U-Haft im ermittlungsführenden Staat zu vermeiden, werden diese Personen durch die deutschen Strafverfolgungsbehörden mittels der in § 90p Abs. 1 S. 2 Nr. 4 IRG genannten Auflagen, Verpflichtungen und Maßnahmen überwacht, was mit ambulanten Mitteln ein Sichentziehen der Beschuldigten verhindern soll. Dies gilt auch für Jugendliche und Heranwachsende (zumal diese Option in ihrer Zielrichtung dem Subsidiaritätsgebot in § 72 entspricht). Bei Kindern und Jugendlichen, bei denen es am Erfordernis des § 3 fehlt, wären U-Haft und U-Haftvermeidende Maßnahmen im Rahmen deutscher Ermittlungen nicht erlaubt. Deshalb ist bei ihnen auch eine Überwachung für einen anderen Staat unzulässig (§ 90p Abs. 3 Nr. 1 IRG). – Bei einem in einem anderen Mitgliedsstaat lebenden Beschuldigten können die deutschen Behörden die Überwachung abgeben (§ 90y IRG).

bb) Überwachung der Bewährung. §§ 90a ff. IRG regeln in Umset- 40 zung des EU-Rahmenbeschlusses 2008/947/JI (ABl. 2008 L 337, 102 ff.) die grenzüberschreitende Übernahme der Bewährungsüberwachung (zur Übertragung der Überwachung einer deutschen Bewährungsentscheidung an einen anderen Mitgliedsstaat s. §§ 90l ff. IRG). Wurde eine Person im Ausland verurteilt, so wird diese, wenn sie sich in der Bewährungszeit in der Bundesrepublik aufhält, durch deutsche Institutionen kontrolliert. Dies gilt einmal für mitgliedsstaatliche gerichtliche Entscheidungen, durch die eine verhängte freiheitsentziehende Sanktion ganz (oder nach Teilvollstreckung) partiell zBew ausgesetzt worden ist, zum anderen aber auch für die gerichtliche Anordnung einer anderweitigen Sanktion, die (ohne im deutschen Recht vorgesehen zu sein) inhaltlich Bewährungsauflagen oder -weisungen entspricht und für den Fall des Verstoßes eine zu vollstreckende freiheitsentziehende Sanktion nach sich zieht (§ 90b Abs. 1 Nr. 1, Nr. 2 IRG). Zu beachten ist, dass Übernahme wie Abgabe der Bewährungsüberwachung bei Entscheidungen, die nach oder entsprechend §§ 27 ff. getroffen wurden, nicht möglich sind (*Rothärmel* ZJJ 2016, 232 (233)). Hierbei handelt es sich um keine Aussetzung zBew im fraglichen Sinne, weil eine ggf. verhängte JStrafe in diesen Konstellationen nicht an den Verstoß gegen Bewährungsmaßnahmen geknüpft ist (→ § 30 Rn. 6: ein solcher gilt eher nur als Indiz für die Verhängungsvoraussetzung).

41   Mit der Übernahme der Bewährungsaufsicht geht im Regelfall das gesamte Vollstreckungsverfahren über (§ 90j Abs. 1 IRG), dh auch die Zuständigkeit für alle Folgeentscheidungen, einschließlich des Bewährungswiderrufs und der ggf. auf Vollstr. der Sanktion gerichteten Entscheidungen (vgl. dazu bspw. *Rothärmel* ZJJ 2016, 232 (234)). Deshalb muss in der Übernahmeerklärung die fragliche freiheitsentziehende Sanktion für in Deutschland vollstreckbar erklärt werden; erforderlichenfalls müssen diese Sanktion und die festgelegten Bewährungsmaßnahmen dabei in Sanktionen und Maßnahmen des deutschen Strafrechts umgewandelt werden (§ 90h Abs. 3–5, 7 IRG). Bei Jugendlichen und Heranwachsenden sind die entspr. ausländischen Festlegungen folglich in die ähnlichsten **Rechtsfolgen** und **Verpflichtungen** des **JGG** umzubilden (auch → Rn. 49 ff.). Einer solchen Anpassung bedarf es bspw. bei eingehenden Ersuchen zur Überwachung solcher Bewährungsmaßnahmen, deren Ausgestaltung oder Dauer im deutschen Recht bzw. JStR so nicht vorgesehen ist oder an deren Voraussetzungen es nach deutschem Recht fehlt oder die nicht hinreichend bestimmt sind (dazu, dass sich festgelegten Auslandssanktionen, die sich nicht in eine zBew ausgesetzte JStrafe des deutschen Rechts überführen lassen, die Übernahme auf die bloße Überwachung beschränkt ist, s. § 90h Abs. 6 IRG sowie BT-Drs. 18/4347, 158; *Rothärmel* ZJJ 2016, 232 (233)).

42   Verfahrensrechtlich muss die gem. §§ 50, 51 IRG zuständige StA (als Bewilligungsbehörde gem. § 90f IRG), sofern sie die Bewilligung eines eingehenden Ersuchens beabsichtigt und hierzu eine vorläufige Bewilligungsentscheidung trifft und begründet, bei dem zuständigen LG (hier: **JKammer**) beantragen, dass die Überwachung der Bewährungsmaßnahmen für zulässig erklärt wird. Neben den Zulässigkeitsvoraussetzungen prüft das Gericht danach auch die Ermessensausübung seitens der StA (§§ 90f Abs. 2, 90h Abs. 3 IRG), bevor es die eben (→ Rn. 41) genannten Entscheidungen trifft. Mit der Bewilligungsentscheidung durch die StA wird das LG auch für die Überwachung der verurteilten Person während der Bewährungszeit und für Folgeentscheidungen zuständig. Bei Jugendlichen und Heranwachsenden liegt die Zuständigkeit für die Überwachung hingegen beim **JRichter** (§ 90j Abs. 1 S. 3 IRG). – **Abgelehnt** werden dürfen eingehende Ersuchen iÜ

nur, wenn ein Zulässigkeits- oder aber ein Bewilligungshindernis besteht (s. §§ 90b f., 90e IRG). Als zwingendes Zulässigkeitshindernis ist ua auch die fehlende Strafmündigkeit (§ 19 StGB) bzw. Einsichtsunfähigkeit (§ 3 S. 1 JGG) angeführt (s. § 90c Abs. 1 Nr. 1 IRG) – ebenso wie ein Mangel an Bezügen zu Deutschland als Vollstreckungsstaat. Auch kann die Bewilligungsbehörde in Ausübung ihres Ermessens ein Bewilligungshindernis geltend machen (bspw., wenn die verbleibende Dauer der Bewährungsmaßnahme weniger als sechs Monate beträgt (s. § 90e Abs. 1 Nr. 4)). Mit Blick auf das Anliegen des EU-Rahmenbeschlusses 2008/947/JI, auch bei grenzüberschreitenden Lebenssachverhalten eine Bewährungssanktion praktisch zu ermöglichen und die Aussetzung zBew dadurch zu fördern, ist eine bewilligungsfreundliche Ermessensausübung in den hierfür vorgesehenen Fällen angezeigt.

c) Auslieferung. aa) Grundlagen. Die relativ strengen Voraussetzungen **43** einer Auslieferung sind zwischen den **Mitgliedsstaaten der EU** abgesenkt. Hier lassen die §§ 78 ff. IRG bspw. das Auslieferungshindernis der deutschen Staatsangehörigkeit weitgehend entfallen (§ 80 IRG); auch das Erfordernis der beiderseitigen Strafbarkeit wird eingeschränkt (§ 81 IRG). Die Bindung des ersuchenden Staates an die (ua vorwurfsbezogenen) Grundlagen der Auslieferungsentscheidung (Spezialitätsgrundsatz gem. § 11 IRG) wird bei Vorliegen eines Europäischen Haftbefehls modifiziert (§§ 82, 83h IRG). Speziell bei der Auslieferung zur Vollstr. einer Auslandsentscheidung erfährt die Einschränkung, die für in Abwesenheit verhängte Sanktionen an sich besteht (§ 83 Abs. 1 Nr. 3 IRG), durch § 83 Abs. 2–4 IRG eine Reihe von weitreichenden Ausnahmen (zu den Gegenausnahmen, die indes durch RL 2016/343 bei Abwesenheitsurteilen in sog. Fluchtfällen zu berücksichtigen sind und die auch die in → Rn. 49 ff. behandelte Vollstreckungshilfe betreffen, s. eingehend *Böse* StV 2017, 754).

bb) Ausnahmen von der Auslieferung. Die Auslieferung eines zur **44** Tatzeit nach deutschem Strafrecht strafunmündigen **Kindes** ist, auch bei zwischenzeitlichem Eintritt der Strafmündigkeit oder Volljährigkeit, **unzulässig.** Innerhalb der EU ist dies ausdrücklich festgelegt (§ 83 Abs. 1 Nr. 2 IRG; vgl. auch Art. 3 Nr. 3 RB-EUHb). Mit Blick auf Drittstaaten folgt dies aus dem Vorbehalt des ordre public in § 73 IRG (BT-Drs. 9/1338, 36; OLG Hamm StraFo 2007, 160 = BeckRS 2007, 03177; *Gleß/Wahl/ Zimmermann* in Schomburg/Lagodny IRG § 3 Rn. 15 und § 73 Rn. 61 f.; geringfügig abw. *Vogel/Burchard* in Grützner/Pötz/Kreß IRG § 3 Rn. 52: „scheitert in aller Regel"). Das Auslieferungsverbot gilt ebenso, wenn sich die Strafmündigkeit der verfolgten Person nicht zweifelsfrei feststellen lässt (→ Rn. 28). Wegen des Auslieferungsverbotes ist auch die Auslieferungshaft unzulässig (*Hackner* in Schomburg/Lagodny IRG § 27 Rn. 7).

Bei **Jugendlichen** oder **Heranwachsenden** sind hingegen entspr. Ein- **45** schränkungen jedenfalls nicht eigens positiviert – auch nicht im Verhältnis zu den EU-Mitgliedsstaaten oder iZm den Regelungen zum Europäischen Haftbefehl (krit. daher schon *Schünemann* StV 2003, 531 (532); s. auch *Ranft* wistra 2005, 361 (368)). Obwohl die strafrechtliche Verfolgung von 14- bis 21-Jährigen in manchen EU- und Drittstaaten hinter den Standards zurückbleibt, die in Deutschland für eine altersgruppengerechte strafrechtliche Reaktion umgesetzt wurden, besteht kein spezielles, auf das JStR bezogenes Auslieferungshindernis (OLG Hamm StraFo 2007, 160 = BeckRS 2007,

03177). § 40 Abs. 2 Nr. 3 IRG, der für jugendliche Verfolgte einen Pflicht-beistand im Auslieferungsverfahren vorschreibt, zeigt vielmehr die prinzi-pielle gesetzliche Zulassung der Auslieferung an (für die damit verbundenen Härten kennzeichnend OLG Schleswig SchlHA 2003, 217 = BeckRS 2002, 17748; OLG Stuttgart NStZ-RR 2004, 345). Ausnahmen können sich allein aus zwischenstaatlichen Verträgen ergeben. – Diese Rechtslage ist **unbe-friedigend.** Nicht von Ungefähr sollen nach einer Empfehlung des Minis-terkomitees des Europarates (schon v. 21.5.1975) bei der Prüfung der Aus-lieferungsvoraussetzungen die Interessen des im ersuchten Staat lebenden Jugendlichen berücksichtigt werden. Es sei zu versuchen, sich auf andere Maßnahmen zu verständigen, wenn durch die Auslieferung die „Re-Sozial-isierung" des Jugendlichen beeinträchtigt werden könnte (n. *Vogel* in Grütz-ner/Pötz/Kreß § 73 Rn. 104 f.).

46 Bisweilen folgt ein Auslieferungsverbot – abgesehen von den Konstellatio-nen des **§ 9 Nr. 1 IRG** (Fall der deutschen Gerichtsbarkeit und einer abschließenden (nicht notwendig rechtskräftigen) Entscheidung deutscher Gerichte oder Behörden (auch nach §§ 45, 47)) – allerdings aus der **ordre public**-Klausel (§ 73 IRG). Dies hängt davon ab, dass die beteiligten Institu-tionen mit Blick auf die Strafverfolgungsbedingungen im ersuchenden Staat (und die individuellen Verhältnisse der verfolgten Person) anerkennen, dass die Rechtshilfegewährung allg. anerkannten Rechtsgrundsätzen widersprä-che (→ Rn. 38). Solche Widersprüche bestehen, wenn im ersuchenden Staat von grundlegenden Prinzipien des deutschen JStR abgewichen wird, etwa wenn dort gar kein besonderes StR für Jugendliche und Heranwachsende vorgesehen ist (vgl. nur *Vogel* in Grützner/Pötz/Kreß IRG § 73 Rn. 103 ff.) oder das strafvollzugliche Trennungsprinzip (n. → § 92 Rn. 1 ff.) nicht gilt.

47 Der Rspr. zufolge kann eine Auslieferung ferner abgelehnt werden, wenn es mit Blick auf das Verhältnis zwischen Tatvorwurf und der **unerträglichen Härte** der drohenden oder bereits verhängten Strafe anderenfalls zu einem (gemessen an deutschen Verhältnissen) unverhältnismäßigen Eingriff in die Rechte der verfolgten Person (etwa in deren Recht auf Familienleben gem. Art 8 EMRK) käme (OLG Stuttgart Die Justiz 2004, 362 = BeckRS 2004, 5729; OLG Karlsruhe StV 2007, 145 = BeckRS 2006, 10835; OLG Hamm NStZ-RR 2014, 156; NStZ-RR 2014, 227; *Brunner/Dölling* Rn. 6). Eine solche Belastungsintensität kann sich auch aus atypischen persönlichen Ver-hältnissen (Kleinkinder usw) ergeben (OLG Hamm StraFo 2007, 160 = BeckRS 2007, 03177) oder auf den Gegebenheiten des **Sanktionsvollzugs** beruhen, etwa wenn dem Jugendlichen oder Heranwachsenden eine Frei-heitsstrafe unter unwürdigen Haftbedingungen droht (dazu zum allg. StR etwa BVerfG NJW 2018, 686 (689); OLG Hamm StraFo 2013, 215 = BeckRS 2013, 6212). – Im Rahmen des Entscheidungsermessens, über das die deutschen Institutionen im Auslieferungsverfahren teilw. verfügen (etwa bzgl. des Bewilligungshindernisses gem. § 83b Abs. 2 Nr. 2 IRG), kann ggf. gegen eine Auslieferung sprechen, dass die erzieherischen bzw. **resozialisa-torischen Aussichten** bei einem Sanktionsvollzug in Deutschland deutlich höher wären (OLG Karlsruhe StV 2015, 371 = BeckRS 2015, 3541 bzgl. eines schon lange in der BRD lebenden Ausländers).

48 **cc) Prozessuales und Vollzug.** Zuständig zur Vorbereitung und Durch-führung einer bewilligten Auslieferung ist die StA bei dem OLG (§ 13 Abs. 2 IRG). – Für die **Auslieferungshaft** Jugendlicher und das Verfahren, mit dem ein **Europäischer Haftbefehl** gegen einen Jugendlichen in Deutschland vollstreckt werden soll, verlangt das EU-Recht besondere Vorkehrungen, im Wesentlichen nämlich die Einhaltung der für das JStV generell bestehenden, prozessualen Mindestanforderungen (Art. 2 Abs. 2 und Art. 17 RL (EU) 2016/800). Diese Anforderungen sind in den Verfahrensvorschriften des IRG umgesetzt (teilw. in den Einzelregelungen, teilw. durch die ergänzende Anwendbarkeit der Vorschriften des JGG gem. § 77 Abs. 1 IRG). So gilt durch die Verweisung in § 25 Abs. 2 IRG das jugendstrafrechtliche Subsidiaritätsprinzip für die Haftbefehlsvollstreckung (§ 72 Abs. 1 S. 1). Bei Aussetzung des Vollzugs des Auslieferungshaftbefehls bestimmt die StA gem. § 27 Abs. 2 IRG auch das Heim der JHilfe (vgl. *Hackner* in Schomburg/Lagodny IRG § 27 Rn. 4). Wird die Auslieferungshaft jedoch vollstreckt, richtet sich der Vollzug gem. § 27 Abs. 1 IRG nach den Vorschriften der U-Haftvollzugsgesetze der Länder (zu diesen n. → § 89c Rn. 6 ff.). Bei (zur Tatzeit) jugendlichen oder heranwachsenden Personen gilt dies gem. § 27 Abs. 1 iVm §§ 89c, 110 Abs. 2 JGG bis zum Ende des 21. Lbj. einschränkungslos und bei entspr. richterlicher Entscheidung (§ 27 Abs. 3 IKG iVm § 89c S. 3 aF bzw. § 89c Abs. 1 S. 3 nF) auch noch bis zum Ende des 24. Lbj.

2. Vollstreckungshilfe

a) Grundlagen. Die Rechtshilfe durch innerdeutsche Vollstr. einer im 49 Ausland rechtskräftig verhängten Sanktion ist gegen einen zur Tatzeit noch **nicht 14-Jährigen** gem. § 49 Abs. 1 Nr. 3 IRG **unzulässig.** Dagegen gelten bei Strafmündigkeit die allg. Regeln in §§ 48 ff. IRG. Hiernach muss das ausländische Erkenntnis durch gerichtliche Entscheidung iSv § 55 IRG für vollstreckbar erklärt werden ("Exequaturentscheidung"). Dabei ist die verhängte Sanktion in die ihr im deutschen Recht am ehesten entsprechende Sanktion umzuwandeln (§ 54 Abs. 1 S. 2 IRG), wobei hinsichtlich der Höhe der Sanktion die ausländische Entscheidung maßgebend ist (§ 54 Abs. 1 S. 3 IRG). – Bei der Vollstreckbarkeitserklärung sind iÜ die im Ausland bereits erfolgten Teilvollstreckungen anzurechnen (§ 54 Abs. 4 IRG). Dabei darf das Gericht aber keinen eigenen Umrechnungsmaßstab bilden, um die ggf. bestehenden Härten ausländischer Vollzugsbedingungen auszugleichen (zu dieser sonst bestehenden Möglichkeit → § 52a Rn. 9a), da § 51 Abs. 4 S. 2 StGB in diesem Zusammenhang unanwendbar ist (dazu jeweils im allg. StR etwa OLG Celle NStZ-RR 2011, 248; OLG Stuttgart NStZ-RR 2017, 257; für eine Berücksichtigung bei der Bestimmung der Mindestvollzugsdauer bei der Strafrestaussetzung aber *Lagodny* StV 2010, 85 (87)).

b) Umwandlung der Sanktion. Geht es um die innerdeutsche Vollstr. 50 einer gegen einen **Jugendlichen** verhängten Sanktion, ist für die Umwandlung das JGG entsprechend anzuwenden (§ 54 Abs. 3 IRG). Werden die dort geregelten Höchstmaße für eine freiheitsentziehende Sanktion im ausländischen Erkenntnis überschritten, bedarf es der in § 54 Abs. 1 S. 3 und 4 IRG sowie § 84g Abs. 4 IRG vorgesehenen Ermäßigungen. Eine umwandlungsbedingte Unterschreitung der Mindestdauer einer JStrafe (§ 18 Abs. 1 JGG) ist indes möglich (BT-Drs. 9/1338, 76). War hingegen im Ausland die Zahlung eines Geldbetrages angeordnet worden, kann dies in eine ambulante

Rechtsfolge des JGG und auch in eine Geldauflage umgewandelt werden (bei Rechtshilfe für einen EU-Mitgliedstaat gem. § 87i Abs. 4 S. 1 IRG grundsätzlich auch in eine andere Auflage oder Erziehungsmaßregel). Die hier bestehenden Begrenzungen (bspw. § 15 Abs. 1 S. 2, Abs. 2) sind dabei aber nicht außer Kraft gesetzt (tendenziell abw. OLG Hamburg ZIS 2015, 119 mzustAnm *Johnson* ZIS 2015, 121: statt betragsmäßiger Herabsetzung auf Niveau von § 15 Abs. 2 idR nur Ratenzahlung geboten). Eine Umwandlung in JA oder gar in eine Rechtsfolge gem. § 17 oder § 27 ist – ebenso wie generell auch der Nichtbefolgungsarrest gem. § 11 Abs. 3 (vgl. § 87n Abs. 3 IRG) – ausgeschlossen (*Trautmann* in Schomburg/Lagodny IRG § 87i Rn. 6 f.). – Wenn das JGG gar keine Sanktion kennt, die der im Ausland verhängten Sanktion der Art nach entspricht, ist die rechtshilfeförmige Vollstr. unzulässig (§ 49 Abs. 4 IRG). Soweit aber eine Sanktion in eine nach dem JGG zulässige Rechtsfolge umgewandelt worden ist, richten sich deren Vollstr. und Vollzug nach dem deutschen JStR (§ 57 Abs. 4 IRG).

51   Auch bei **Heranwachsenden** erfolgt die Umwandlung in eine JGG-Sanktion (§ 54 Abs. 3 IRG). Wurde die fragliche Person im Ausland jedoch nach Erwachsenenstrafrecht verurteilt, müssen hierfür indes die Voraussetzungen des § 105 Abs. 1 festgestellt werden (dazu und zur hier ggf. bestehenden Notwendigkeit „einer ergänzenden Beweiserhebung" s. BT-Drs. 9/1338, 75; OLG Hamburg ZIS 2015, 119 mzustAnm *Johnson* ZIS 2015, 121; vgl. auch *Hackner* in Schomburg/Lagodny § 54 Rn. 36 sowie für EU-Mitgliedstaaten § 87i Abs. 3 S. 2 IRG). Bleiben in dieser Hinsicht unbehebbare Zweifel, ist bei der Umwandlung im Exequaturverfahren das JGG anzuwenden (*Hackner* in Schomburg/Lagodny IRG § 54 Rn. 36), wenn daraus dem Verurteilten keine Nachteile erwachsen (*Grotz* in Grützner/Pötz/Kreß IRG § 54 Rn. 17). Bei Verneinung von § 105 Abs. 1 wird das ausländische Erkenntnis nach den allg. Regeln (→ Rn. 49) für vollstreckbar erklärt (s. auch § 87i Abs. 4 S. 3 IRG).

52   **c) Prozessuales.** Abgesehen von den Fällen des §§ 87g Abs. 1, 87i Abs. 1 IRG (Vollstreckungshilfe zwischen EU-Mitgliedern bei Geldsanktionen), in denen der JRichter zuständig ist, liegt die **Zuständigkeit** für die von der JStA (§ 50 S. 2 IRG, § 84f Abs. 1 S. 2 IRG) zu beantragende Vollstreckbarkeitsentscheidung gegen Jugendliche und Heranwachsende bei der JKammer (*Eisenberg/Goeckenjan* NStZ 1999, 536; ebenso *Brunner/Dölling* Rn. 5c; *Schatz* in Diemer/Schatz/Sonnen § 41 Rn. 3; aA KG NStZ 1999, 196 f.; Nr. 68 RiVASt: Strafvollstreckungskammer wie bei Erwachsenen (§ 78a Abs. 1 S. 2 Nr. GVG)). Dies ergibt sich gesetzessystematisch daraus, dass die Aufgaben der Strafvollstreckungskammer im Bereich des JStR generell durch JGerichte – meist durch den JRichter (vgl. §§ 82 Abs. 1, 83, 110), hier aber mit Blick auf § 50 S. 1 IRG durch die JKammer – wahrgenommen werden. Auch weisen weder der Wortlaut des § 78a Abs. 1 S. 1 GVG („soweit … Erwachsene") noch die Entstehungsgeschichte des IRG auf eine abw. Regelung bei der Vollstreckungshilfe hin (kennzeichnend BT-Drs. 9/1338, 75 und 18/4347, 124, 171). Für die hier vertretene Auffassung spricht ferner, dass in den Fällen, in denen das Vorliegen der Voraussetzungen des § 105 Abs. 1 geprüft werden muss (→ Rn. 51), eine Beurteilung der Täterpersönlichkeit erforderlich sein kann. Ohnehin können bei der Umwandlung diverse Auswahl- und Bemessungsentscheidungen zu treffen sein (→ Rn. 50), sodass ein Bedarf für die besondere jugendstrafrechtliche Befähigung (§ 37) besteht.

3. Auslieferung und Ausweisung nach Inlandsverurteilung

Die Vollstr. einer in Deutschland verhängten Sanktion gegen einen Ju- **53** gendlichen oder Heranwachsenden kann unter den Voraussetzungen des § 71 IRG an einen anderen (hierbei Rechtshilfe leistenden) Staat übertragen werden. Teilweise geschieht dies im Interesse des Verurteilten (bspw., wenn er aus dem Vollstreckungsstaat stammt und/oder dort lebt). Es können aber auch öffentliche Interessen bzw. solche der Strafverfolgungsinstitutionen anlassgebend sein. Entsprechende Möglichkeiten beruhen iÜ auch auf dem Übereinkommen über die Überstellung verurteilter Personen (BGBl 1991 II 1006). Nach § 85 IRG darf obendrein die Vollstr. einer freiheitsentziehenden Sanktion an einen EU-Mitgliedstaat übertragen werden. In der Regel kommt es bei all diesen Varianten nicht zwingend auf eine Zustimmung des (nichtdeutschen) Betroffenen an. Es müssen dann allerdings die jeweiligen Voraussetzungen einer unfreiwilligen Übertragung geprüft und festgestellt werden (vgl. etwa zu § 85c IRG und der JStrafen-Vollstreckung in Rumänien OLG Celle StraFo 2016, 431 = BeckRS 2016, 15370). Auch muss in verlässlicher Weise geprüft werden, ob der Strafvollzug des Vollstreckungsstaates die grundlegenden Mindeststandards iSd ordre public (§ 73 IRG) wahrt (VerfGH Berlin StV 2015, 368 = BeckRS 2015, 41897). Umgekehrt darf eine Übertragung aber auch nicht einfach deshalb abgelehnt werden, weil man im übernehmenden Staat einen besonders schonenden Umgang (besonders frühzeitige Entlassung usw) erwartet (zum diesbzgl. Ermessensfehlgebrauch vgl. im allg. StR etwa KG StV 2016, 243 = BeckRS 2015, 19929; OLG Köln StV 2018, 587 = BeckRS 2017, 101911).

Daneben erlaubt es § 456a StPO, aus Interessen der Strafverfolgungs- **54** institutionen heraus (zur Entlastung des Vollzugs) bei jenen Personen, die ohnehin nach Ende der freiheitsentziehenden Sanktion die Bundesrepublik absehbar verlassen müssen, von deren Vollstr. ganz oder teilw. abzusehen und diese auszuliefern oder auszuweisen (n. bspw. *Pohlreich* ZStW 2015, 410 (417 ff., 420 ff.); zur einschlägigen EGMR-Judikatur s. *Arnold/Rehmet* RdJB 2018, 401 (411 ff.); zur Praxis und der vorgenannten Vollstreckungsübertragung s. BT-Drs. 19/3596; *Eisenberg/Kölbel* Kriminologie § 39 Rn. 11). Dies gilt auch für die JStrafe (*Brunner/Dölling* Rn. 9). Vielfach ist das Absehen von der Verfolgung mit einer Abschiebung des (nichtdeutschen) Verurteilten in die Freiheit verbunden. Ob es hierzu kommt, liegt im Ermessen der Vollstreckungsbehörde, die sich dabei ua mit Blick auf den frühestmöglichen Absehenszeitpunkt an landesrechtlichen RL zu orientieren hat (vgl. deren Zusammenstellung bei *Conen* in BeckOK StPO StPO § 456a Rn. 4.1). Beispielsweise kann nach Rundschreiben RhPf v. 23.4.2001 (JBl. 2001, 213 f.; vgl. ähnlich schon AV Bbg. v. 20.3.1997 (JMBl. 38), zuletzt geänd. durch AV v. 2.2.2011 (JMBl. 18)) bei Jugendlichen oder Heranwachsenden idR nach Vollstr. von 1/3 der JStrafe von der weiteren Vollstr. abgesehen werden (im Einzelfall auch schon früher) – wobei aber zusätzlich zu berücksichtigen ist, ob das Erziehungsziel in dieser Zeit bereits erreicht wurde oder künftig noch erreicht werden kann. Trotz dieses zusätzlichen individualpräventiven Kriteriums kann nicht etwa aus erzieherischen Gründen eine längere Vollstr. vor Anwendung des § 456a StPO als bei Erwachsenen in Betracht kommen (zust. *Schmülling/Walter* StV 1998, 313 (320): Schlechterstellung). Eine ggf. negative Kriminalprognose darf für die Ermessensentscheidung nur dann bedeutsam sein, wenn sie tatsächlich begründet wird und zudem Anhaltspunkte dafür bestehen, der Verurteilte werde nach Deutschland zurückkehren (OLG Karlsruhe NStZ-RR 2013, 227; OLG Bamberg StraFo 2014, 259 = BeckRS 2014, 9279 jeweils zum allg. StR).

55   Eine Vorweganordnung, die Vollstr. einer JStrafe (bzw. eines JStrafrestes) im Falle der Rückkehr nach Deutschland nachzuholen, und der Erlass eines dies sichernden Haftbefehls (§ 456a Abs. 2 S. 3 StPO), dürfen keine automatisch ergehenden Nebenentscheidungen bei einem Absehen von der Verfolgung sein. Bei der Ausübung des diesbzgl. Ermessens sind ua auch erzieherische und zukunftsorientierte Belange (§ 2 Abs. 1) zu berücksichtigen (AG Ahrensburg StRR 2010, 76).

Ziel des Jugendstrafrechts; Anwendung des allgemeinen Strafrechts

2 (1) **¹Die Anwendung des Jugendstrafrechts soll vor allem erneuten Straftaten eines Jugendlichen oder Heranwachsenden entgegenwirken. ²Um dieses Ziel zu erreichen, sind die Rechtsfolgen und unter Beachtung des elterlichen Erziehungsrechts auch das Verfahren vorrangig am Erziehungsgedanken auszurichten.**

(2) **Die allgemeinen Vorschriften gelten nur, soweit in diesem Gesetz nichts anderes bestimmt ist.**

Schrifttum *Beier,* Zulässigkeit und Modalitäten von Verständigungen im Jugendstrafrecht, 2014; *Flitner,* Konrad, sprach die Frau Mama …, 1982; *Harnach-Beck,* Psychosoziale Diagnostik in der Jugendhilfe, 6. Aufl. 2011; *Huhle,* Die Sanktionierung von jungen Menschen im Ordnungswidrigkeitenrecht, 2017; *Kron/Jürgens/Standop,* Grundwissen Pädagogik, 8. Aufl. 2013; *Lehmann-Björnekärr,* Der Gruppenbezug jugendlicher Delinquenz, 2014; *Märker,* Vorsatz und Fahrlässigkeit bei jugendlichen Straftätern, 1995; *Marks ua* (Hrsg.), Wiedergutmachung und Strafrechtspraxis, 1993; *Pankiewicz,* Absprachen im Jugendstrafrecht, 2008; *Seidel/Krapp,* Pädagogische Psychologie, 6. Aufl. 2014; *Tyler/Trinkner* Why Children Follow Rules, 2017; *Walter,* Formelle Disziplinierung im Jugendstrafvollzug, 1998; *Zapf,* Opferschutz und Erziehungsgedanke im Jugendstrafverfahren, 2012; *Zeltwanger,* Die Motive bei Tötungsdelikten Jugendlicher und Heranwachsender, 1989.

Übersicht

	Rn.
I. Anwendungsbereich	1
II. Grundausrichtung des gesamten JGG	2
1. Struktur der gesetzlichen Zielfestlegung	2
a) Grundsatz in Abs. 1 S. 1	2
b) Konkretisierung in Abs. 1 S. 2	3
c) Konsequenzen und Relativierung	4
aa) Materielles Recht	4
bb) Prozessrecht	7
2. Bedeutung des Erziehungsgedankens (Abs. 1 S. 2)	8
a) Zur Problematik des gesetzlichen Erziehungsziels	8
aa) Erziehung	8
bb) Erziehungsziel	9

I. Anwendungsbereich

Die Vorschrift gilt unmittelbar auch dann, wenn das Verfahren gegen **1** Jugendliche oder Heranwachsende vor einem für **allg. Strafsachen** zustän- digen **Gericht** stattfindet (→ § 112 Rn. 2, → § 104 Rn. 28).

II. Grundausrichtung des gesamten JGG

1. Struktur der gesetzlichen Zielfestlegung

2   **a) Grundsatz in Abs. 1 S. 1.** Abs. 1 wurde durch Gesetz v. 13.12.2007 (BGBl. 2007 I 2894) eingeführt. Die Norm legt in S. 1 das Ziel des JStR ausdrücklich fest („erneuten Straftaten [...] entgegenwirken"). Daher sind die Auslegung und fallkonkrete Anwendung des JGG ganz dezidert an der spezialpräventiven Wirksamkeit zu orientieren. Dies gilt angesichts der weiten Formulierung („des Jugendstrafrechts") für das **gesamte,** dh sowohl für das materielle wie auch das formelle JStR und damit für jede jugendstrafrechtlich getragene Inter-/Aktion mit bzw. gegenüber Jugendlichen und Heranwachsenden (vgl. für Jugendliche auch Art. 40 KRK: „soziale Wiedereingliederung sowie die Übernahme einer konstruktiven Rolle in der Gesellschaft durch das Kind zu fördern").

3   **b) Konkretisierung in Abs. 1 S. 2.** Was die grundlegende spezialpräventive Orientierung des materiellen und formellen JStR bedeutet, wird in Abs. 1 S. 2 näher konkretisiert. Die Norm bestimmt ein „Mittel" (BT-Drs. 16/6293, 9) bzw. einen Weg, „um dieses Ziel zu erreichen". Hiernach ist das gesamte JStR „am Erziehungsgedanken auszurichten". Ungeachtet der in einem Erziehungsprogramm liegenden Problematik (n. → Rn. 8 ff.) schließt das Gesetz damit einige denkbare Modi, individualpräventive Wirksamkeit zu entwickeln, mit außerordentlicher Deutlichkeit aus (insb. ein auf sog. Sicherungs- und negative Spezialprävention setzendes Vorgehen). Das gesamte JStR soll vielmehr so ausgelegt und angewandt werden, dass dies zu einer Gesetzeshandhabung führt, bei der zukunftsbezogen fördernd und chanceneröffnend auf den Jugendlichen oder Heranwachsenden eingewirkt wird (→ Rn. 14). Dass das JGG in funktionaler Hinsicht durchziehende Leitprinzip ist also das der **positiven Spezialprävention** bzw. „das Verfassungsrang beanspruchende Ziel möglichst weitgehender sozialer Integration" (BVerfG NJW 2008, 281 (283)).

4   **c) Konsequenzen und Relativierung. aa) Materielles Recht.** Für das materielle JStR begründet dieses jugendstrafrechtliche Leitprinzip zunächst einmal eine fundamentale Abweichung von der Logik und den Kriterien, die im allg. StR bestimmend sind. Die Maßgabe des § 46 Abs. 1 StGB, wonach spezialpräventive Gesichtspunkte allein in den Grenzen des primär zu berücksichtigenden **Schuldausgleichs** zum Tragen kommen sollen, gilt angesichts von Abs. 1 (sowie § 18 Abs. 2) im JStR nicht. Hier kommt es für die Sanktionswahl und -bemessung vielmehr umgekehrt auf die spezialpräventive Einwirkungsbedürftigkeit an (n. → § 5 Rn. 13 ff.), wohingegen der Schuldausgleich dabei allein als „Limitierung nach oben" von Bedeutung ist (BT-Drs. 16/6293, 10; zum Ganzen bei der JStrafe → § 18 Rn. 33, 35 ff.).

5   Ähnlich verhält es sich mit Blick auf die (negative und positive) **Generalprävention.** Dass das Ziel, derartige Wirkungen erreichen zu wollen, die Rechtsfolgenentscheidung prägen oder beeinflussen darf, wird selbst im allg. StR bezweifelt oder doch zumindest diff. auf eng konturierte Konstellationen begrenzt (zusf. *Kinzig* in Schönke/Schröder StGB § 46 Rn. 5 f.). Ohnehin ist die Frage, ob es sich bei Belangen der Abschreckung oder der (unterstellten) öffentlichen Sanktionserwartung um zulässige Aspekte der

Sanktionsbestimmung handelt, immer nur dann von Interesse, wenn eine spezialpräventiv angemessene Reaktion in diesen Hinsichten als „zu wenig" erscheint. Es geht hierbei also stets darum, über das der individuellen Einwirkungsbedürftigkeit entspr. Maß hinauszugehen. Dem wird im JStR jedoch eine Absage erteilt. Die Möglichkeit, generalpräventiv orientierte Rechtsfolgen anzuordnen, ist in Abs. 1 nicht vorgesehen und wird hierdurch also versperrt (→ § 17 Rn. 6 f., → § 18 Rn. 43). Dass entspr. Effekte ggf. „bei Gelegenheit" der JStR-Anwendung eintreten können (so etwa *Putzke* in BeckOK JGG Rn. 5: „als Nebeneffekt akzeptiert"; *Laue* in MüKoStGB Rn. 2: „Reflexwirkung"), ist für die Zielbestimmung ohne Belang.

All das gilt ungeachtet der partiell einschränkenden Fassung von Abs. 1, **6** die das Leitprinzip positiv-spezialpräventiver Einwirkung in seiner Maßgeblichkeit **geringfügig relativiert.** Nach den Erläuterungen bei Normerlass soll es hierdurch keineswegs möglich gemacht werden, dass generalpräventive Interessen in gewissem Maße zum Tragen kommen (dies ausdrücklich ausschließend BT-Drs. 16/6293, 10). Deshalb verlangt der Normtext, dass „erneuten Straftaten eines Jugendlichen" anstatt „Straftaten von Jugendlichen" entgegengewirkt wird (vgl. auch *Laue* in MüKoStGB Rn. 2). Insofern zielt er allein darauf, dass bei bestimmten Sanktionen (Zuchtmittel, JStrafe gem. § 17 Abs. 2 Var. 2) durchaus „auch Belangen des Schuldausgleichs Rechnung getragen" wird (BT-Drs. 16/6293, 9). Die konkrete Fassung der Einschübe bringt allerdings zum Ausdruck, dass das Kriterium der zu fördernden individuellen Entwicklung dabei in keinem Einzelfall negiert oder in den Hintergrund gedrängt werden darf. Der normtextlichen Formulierung („vor allem", „vorwiegend") zufolge ist es in manchen Fällen nur nicht allein oder exklusiv zu berücksichtigen, wiewohl es in der Relevanz und Gewichtung aber auch hier allen anderen Belangen **vorgeht.**

bb) Prozessrecht. Hinsichtlich des JStV und der Bestimmungen, die **7** hierfür im JGG vorgesehen oder nach Abs. 2 aus dem allg. Prozessrecht transferiert werden, verpflichtet Abs. 1 ebenfalls zu einer Handhabung, die der spezialpräventiven Grundausrichtung des JStR dienlich ist und zumindest die hierfür abträglichen Begleiteffekte des Verfahrens minimiert. Bei Interventionen mit Eingriffs- und Zwangselementen besteht angesichts der einschränkenden Formulierung ein spezifischer Vorbehalt („unter Beachtung des elterlichen Erziehungsrechts", im RegE noch „soweit möglich"). Dies soll nach der legislatorischen Begründung klarstellen, dass derartige Maßnahmen erst nach einer Verurteilung zulässig sind – im vorangehenden Verfahren dagegen nur, sofern es für die betroffenen Jugendlichen „lediglich vorteilhaft und auf ihr Wohl ausgerichtet" ist (so BT-Drs. 16/6293, 9 unter Hinweis auf Maßnahmen nach § 72 Abs. 1 zur Vermeidung von U-Haft). Hierdurch wird der elterliche Erziehungsvorrang bis zur urteilsförmigen Feststellung des Bedarfs an staatlicher erzieherischer Intervention gewährleistet. Das prozessuale Vorgehen an sonstigen (erziehungsunabhängigen) Belangen auszurichten und dafür Abstriche an der spezialpräventiven Eignung in Kauf nehmen zu dürfen, soll durch die Fassung des Normtextes dagegen ausdrücklich nicht erlaubt werden.

2. Bedeutung des Erziehungsgedankens (Abs. 1 S. 2)

8   **a) Zur Problematik des gesetzlichen Erziehungsziels. aa) Erziehung.** Zum Verständnis von Erziehung findet sich in Wissenschaft und Praxis ein weites Spektrum zwischen der „dialogischen Begegnung der Generationen einerseits und teleologischer Manipulation andererseits" (*Langhanky* DVJJ-Journal 1996, 150). Die vorherrschende Auffassung in Pädagogik und pädagogischer Psychologie begreift hierunter die personale **Einflussnahme** eines Erziehenden, die auf (je nach Erziehungsziel und -situation) spezifische **Veränderungen** bei der zu erziehenden Person abzielt. Dies ist indes nicht im Sinne einer einseitigen Einwirkung, sondern als ein Prozess wechselwirkender Interaktion zu verstehen, der seitens des Jugendlichen zB die Interpretation der Einflussnahme und die damit verbundenen Empfindungen und Reaktionen ebenso umfasst wie die darauf wiederum folgenden Reflektionen und Antworten der erziehenden Person (vgl. *Kron/Jürgens/Standop,* Grundwissen Pädagogik, 8. Aufl. 2013, 58 f.; *Dollinger/Schabdach* Jugendkriminalität 46 f.). − Erziehung unterscheidet sich iÜ von Prozessen der **Sozialisation** (oder „Sozialwerdung"), die über die Erziehung hinaus auch „ungeplante" Lernvorgänge in der Auseinandersetzung mit der sozialen Umwelt einschließen (vgl. dazu etwa *Harnach-Beck,* Psychosoziale Diagnostik in der Jugendhilfe, 2011, 44 ff., 55 ff.) und erzieherische Verläufe überformen und modifizieren (zu unterschiedlichen Sozialisationsmodellen s. die Beiträge in *Hurrelmann/Bauer/Grundmann/Walper,* Handbuch Sozialisationsforschung, 2015, 144 ff.).

9   **bb) Erziehungsziel.** Als Ziele von Erziehung bezeichnet man häufig den Schutz sowie die Förderung und Integration junger Menschen. In der sozialen Wirklichkeit und den realen Praktiken sind die dazu bestehenden Auffassungen indes heterogen. Auch unterliegen Erziehungsziele der gesellschaftlichen Entwicklung (vgl. dazu etwa *Harnach-Beck,* Psychosoziale Diagnostik in der Jugendhilfe, 2011, 46 ff.). Insgesamt besteht hier ein enger Zusammenhang mit der jeweiligen gesellschaftlichen Wertestruktur. Die damit verbundene Offenheit des Erziehungsbegriffs ist im strafrechtlichen Kontext allerdings merklich reduziert: Das Ziel der Einwirkung wird hier durch die Festlegung in Abs. 1 S. 1 auf die **soziale Konformität** festgelegt: Es geht also nicht um Moralbildung (vgl. bspw. *Brunner/Dölling* Rn. 3; *Weigend* in BMJ 1992, 167; *Dollinger/Schabdach* Jugendkriminalität 40; abw. *Putzke* in Beck-OK JGG Rn. 8), sondern um die Bereitschaft und Fähigkeit, ein Leben ohne Straftaten zu führen. Dieses Konformitätsziel hat eine protektive Seite, insofern die Adressaten präventiv vor längerfristiger Marginalisierung und Desintegration, vor Verstrickung in Abhängigkeitsbeziehungen (etwa im Rahmen „Organisierter Kriminalität" oder politisch-ideologisch bzw. religiös radikalisierter Gruppen) und vor den destruktiven Seiten wiederholter staatlicher Sanktionierung geschützt werden sollen (auch → Einl. Rn. 40). Es ist aber nicht zu übersehen, dass die in Abs. 1 formulierte Zielstellung ungeachtet ihrer positiv-rechtlichen Verbindlichkeit auch disziplinierend-kontrollierende Züge annehmen kann. Soweit hiernach der „ideale" Jugendliche als angepasst verstanden wird, liegt darin die Gefahr, dass auf eine schweigende Jugend hingewirkt wird, die die Erwachsenengesellschaft reproduziert, ohne deren Unzulänglichkeiten in Frage zu stellen (zu der diesbzgl. Funktion von Delinquenz s. *Eisenberg/Kölbel* Kriminologie § 12 Rn. 1 ff.).

b) Zur Problematik erzieherischer Methoden. aa) Grenzen der 10 Strenge. Unabhängig von der Problematik der Ziele ist stets zu überprüfen, ob das reale Erziehungsverhalten hierfür jeweils dienlich ist. Versteht man unter Erziehen ein Begleiten und Mitwirken „an dem, was im Zusammenleben von Menschen, also unabhängig von der Erziehung, von selbst geschieht", indem dieses (von selbst) Geschehende „verstärkt, korrigiert und vor schädlichem Einfluss bewahrt" wird, wirft dies die Frage nach den zuträglichen und angemessenen **Techniken** auf. Negative Sanktionen scheinen dazu − wenn überhaupt − nur dann zu zählen, wenn sie „eine aufbauende Komponente haben, mit der sich die Verletzung der Grenze und die Verletzung der Beziehung überwinden lässt" (*Flitner,* Konrad, sprach die Frau Mama …, 1982, 63, 86). Vordergründig mag zwar auch ein auf Unterordnung ausgerichteter Einwirkungsstil zur Erreichung bestimmter Ziele durchaus oder sogar besonders effektiv sein. Dies hält in der Regel jedoch nur so lange an, wie Kontrolle ausgeübt wird (vgl. dazu *Lewin/Lippitt/White* Journal of Social Psychology 1939, 271 ff.; *Tausch/Tausch,* Erziehungspsychologie, 1998, 332 ff.). Die dauerhafte Konfrontation mit Strenge (insb. in der Kombination mit Minderausprägungen von emotionaler Zuwendung, Wertschätzung und Unterstützung) gilt iU als wesentlich für Anpassungsprobleme und Verhaltensauffälligkeiten bei Kindern und Jugendlichen (vgl. etwa *Hoeve/ Dubas ua* Journal of Abnormal Child Psychology 2009, 749; *Kawabata/Alink ua* Developmental Review 2011, 240). Einengende Rigorosität hemmt die Entwicklung von Autonomie und damit einhergehend die des Selbstwertgefühls und der Fähigkeit zur Verantwortungsübernahme von Jugendlichen (vgl. etwa *Kuntsche/Reitzle/Silbereisen,* Psychologie in Erziehung und Unterricht 2003, 143). Vorzugswürdig ist im sozialen Kontext ein Einwirkungsverhalten, das von Zuwendung, gewährter Selbstbestimmung und positiver Bekräftigung erwünschten Verhaltens gekennzeichnet ist.

bb) Generationelle Perspektivität. Ein Problem, das sich auch beim 11 zuwendenden erzieherischen Umgang mit Minderjährigen stellt, scheint darin zu liegen, dass Erwachsene (zB Eltern, Sozialarbeiter, Richter, Gutachter) die Belange von Minderjährigen ausschließlich aus Erwachsenen-Sicht beurteilen. Vor dem Hintergrund von „Erfahrungen" bestimmen sie, was „das Beste", was „vernünftig" und „richtig" für junge Menschen ist − ohne deren Weltsicht einnehmen zu können und ohne die früher selbst gemachten Erfahrungen mit dem „Rechthaben" Erwachsener noch präsent zu haben. Durch die sich zwischen den Generationen schnell ändernden Jugendkulturen wird die **lebensweltliche Kluft** noch verstärkt (vgl. *Plewig* ZJJ 2013, 240 (243): Erwachsenen „fehlt die Vorstellung von Zukunft"). Jugendliche Verhaltensinhalte bzw. Interessen erscheinen Erwachsenen dadurch als „unvernünftig" und „problematisch", auch wenn sie für die Handelnden aus deren Sicht durchaus sinnvoll bzw. sinnstiftend sind (vgl. auch *Winkler* in BMJ 2009, 144: „große Welterfahrung und Weltkenntnis hochbelasteter Kinder und Jugendlicher"). Umgekehrt schätzen Jugendliche zwar auch im strafrechtlichen Kontext spürbaren Respekt, anerkennende Selbstständigkeit und reale Hilfe, weisen aufgedrängte Erziehungsansprüche aber eher zurück (vgl. *Scholz* DVJJ-Journal 1999, 232 (239); siehe hierzu die Befunde bei *Dollinger/Fröschle/Gilde/Vietig* MschKrim 2016, 325; *Dollinger/ Gilde/Heppchen/Vietig* in Weinbach/Coelen ua (Hrsg.), Folgen sozialer Hilfen, 2017, 168 ff.). Ohne das aufwändige und einfühlsame Bemühen, die

Perspektiven Minderjähriger im Allgemeinen und im konkreten Fall verstehend zu erschließen, gerät erwachsenes Reagieren daher leicht zur vorschnellen und ggf. gar repressiven Grenzensetzung, die alle Entscheidungsanteile der Minderjährigen eliminiert. Entwicklungsfördernd ist es dagegen, (anstelle einer Unterordnung unter eine „Erwachsenenvernunft") mit den eigenen Wünschen und Vorstellungen ernst genommen zu werden – also neben der notwendigen **Orientierung** auch einen **Freiraum** für die Selbsterprobung zu erhalten. „Interventionen" und Hilfsangebote (auch solche von institutioneller Seite) sind so gesehen besonders dann vielversprechend, wenn sie auf der Zustimmung oder freiwilligen Annahme des Jugendlichen beruhen (vgl. auch *Sonnen* FS Wolter, 2013, 1232).

12   **c) Zur Problematik der Erziehung im Strafrecht.** Das JStR bietet als **Strafrecht schwerlich ein geeignetes Umfeld** für erzieherische Einwirkungen (n. *Tyler/Trinkner* Why Children Follow Rules, 2017, 184 ff.). Abgesehen von einigen besonderen Sanktionsformen, bei denen der Jugendliche in eine längerfristige Beziehung zu bestimmten Funktionsträgern tritt (bspw. Betreuern, Bewährungshelfern usw), bleibt es hier idR bei punktuellen Kontakten (insb. zum JRichter). Dabei fehlt es nahezu durchgehend an der für Lernprozesse (sei es für die Rolle eines Modells oder die Funktion eines Verstärkers) notwendigen emotionalen Verbindung. Charakteristisch ist vielmehr eine ausgesprochen hierarchische Beziehungsstruktur, aus der heraus die Intervention in einem autoritären Modus – also weitgehend ohne Anteile eines interaktiven Bestimmens – festgelegt und durchgeführt wird. Das dabei nur gering ausgeprägte Maß an anerkannter Gleichwertigkeit (vgl. *Winkler* in BMJ 2009, 143: zumindest „Minimum") oder an „basaler Akzeptanz" des Beschuldigten (nicht des vorgeworfenen Verhaltens – näher *Ohder* FS Eisenberg, 2009, 435) macht das Vorgehen zur Maßregelung, die leicht eine Abwehrhaltung (anstelle einer Übernahme von Handlungsverantwortung) provoziert. Ein etwaiger Misserfolg der Intervention wird dann von institutioneller Seite idR dem Erziehungs-„Objekt" angelastet (zust. *Walter,* Formelle Disziplinierung im Jugendstrafvollzug, 1998, 224), was bei Wiederholung leicht zu einer Sanktionseskalation führen kann.

13   Als ein Strafrecht muss sich das JStR zwangsläufig auf die Auseinandersetzung mit der Person des Jugendlichen beschränken. Da eine hinreichend differenzierte Würdigung der individuellen Disposition des Beschuldigten iRd JStV rechtstatsächlich aber selten erwartbar ist, bleibt stets eine erhebliche Unsicherheit, ob sich die im konkreten Einzelfall vorgesehene Rechtsfolge mit einiger Wahrscheinlichkeit als ein geeignetes erzieherisches Vorgehen erweisen wird. Überhaupt stellt sich die Frage, wie sinnvoll eine Maßnahme sein kann, die auf den **einzelnen** Beschuldigten abzielt, obwohl davon ausgegangen werden muss, dass das deliktische Verhalten zu einem ganz erheblichen Teil durch oft schwer rekonstruierbare **soziale Einflüsse** (der Eltern, Gleichaltriger, der Umwelt insgesamt) ebenso wie durch Ausgrenzungen ggf. auch durch staatliche Behörden mitbestimmt wird (→ § 5 Rn. 56 ff.). Im Kontext des StR geht es um eine Sanktion, die mit einer individualisierenden Abwertung auf ein persönliches „Fehlverhalten" reagiert und dadurch in ihrem Wirkungs- und Präventionsanspruch von den oft komplexen Zusammenhängen, die zu dem Geschehen geführt oder beigetragen haben, abstrahiert (vgl. auch *Dollinger* ZJJ 2012, 28 (33)). Selbst dort, wo die Rechtsfolge einen dezidiert unterstützenden Charakter hat, weist sie deshalb einen individualisierenden Zuschnitt auf, mit dem das Scheitern selbst von vielversprechend erscheinenden Interventionen teilw. erklärt werden kann.

d) Konsequenzen für die Handhabung von Abs. 1 S. 2. Vor diesem **14** Anspruchs- und Problemhintergrund kann der in Abs. 1 S. 2 positivierte Erziehungsgedanke allein als **regulatives Prinzip** aufgefasst werden, das durch das materielle und prozessuale JStR stets nur „nach Möglichkeit" zu realisieren ist und das sich auch nicht in konkrete Maßgaben umlegen, sondern allein in weitgehend allgemeinen Attributen und Kennzeichen reformulieren lässt – das hierdurch aber eine hinreichend deutliche, leitlinienartige **Orientierungswirkung** für die Auslegung und Anwendung des JStR entwickelt. Mit dem Erziehungsgedanken ist danach festgelegt, dass sich das JStR jenen Reaktionsformen verpflichtet, die gerade keinen retributiven (und damit erzieherisch dysfunktionalen) Charakter haben (diese Strafabkehr betonend *Pieplow* GS Walter, 2014, 341; *Swoboda* ZStW 2013, 86 (92)). Vielmehr wird auf eine Verarbeitung von strafrechtlich einordbaren Ereignissen gesetzt, die an die fraglichen Personen fördernd und chanceneröffnend herantritt (etwa *Walkenhorst* RdJB 2016, 469 (473)), sie dabei vor abträglichen Strafrechtswirkungen schützt und sich in dieser Weise als entwicklungs- und zukunftsbezogene Intervention versteht. Dabei nimmt das JStR eine durch und durch individualisierende Ausrichtung an, die an Art und Maß des jeweiligen Interventionsbedarfs angepasst ist (zum Individualisierungsprinzip s. etwa *Grunewald* NStZ 2002, 452 (456 f.)) und deshalb vielfach (dh bei der ubiquitären Massendelinquenz) auf eine Nicht- oder Geringst-Intervention hinauslaufen muss (vgl. bspw. *Dollinger/Schabdach* Jugendkriminalität 37 f.). Ohnehin hat, da es sich bei den von Abs. 1 S. 2 geleiteten Maßnahmen um staatliches und deshalb auch **grundrechtlich gebundenes** Vorgehen handelt, dieses sich zugleich als verhältnismäßig zu erweisen (s. auch *Brunner/Dölling* Rn. 3) – es hat also nicht nur im eben genannten Sinne erzieherisch funktional, sondern auch auf das notwendige und dem Interventionsanlass proportionale Maß beschränkt zu sein (dazu unter dem Gesichtspunkt der Schuldlimitierung → § 18 Rn. 33, 35 ff.).

III. Auslegungsprinzipien

1. Teleologische Interpretation der JGG-Normen

Es sind verschiedene methodische Herangehensweisen an die Konkretisie- **15** rung des JStR möglich. Das eine Ende des Spektrums wird durch ein Auslegungsprinzip gebildet, das die grundlegende Trennung von JStR und Jugendhilferecht (→ Einl. Rn. 13) unterstreicht und das JStR daher de facto als Spielart oder **bloße** (punktuelle) **Modifizierung** des allg. StR begreift. Aus dieser Warte wird das Gesetz in der gleichen formalen Weise interpretiert, wie dies üblicherweise bei StGB und StPO geschieht. Tiefgehende Besonderheiten der jugendstrafrechtlichen Regelungsmaterie erfahren dabei, soweit diese nicht ausdrücklich positiviert wurden, keine systematische Berücksichtigung („**dogmatisch-strafrechtliches Modell**" – repräsentativ hierfür bspw. *Altenhain* NStZ 2011, 272 (betr. Einziehung); *Radtke* in Mü-KoStGB StGB § 18 Rn. 15, 23 (betr. JStrafbemessung)). Den gegenüberliegenden Pol markiert das hier vertretene „**teleologisch-empirische Mo-**

dell", das die spezifische Zweckbestimmung des JGG in den Vordergrund rückt und das JStR vom allg. StR emanzipiert (vgl. auch *Höynck* StraFo 2017, 267 (267 f.): „aliud"). Dabei werden die altersbedingten Eigenarten der zu verarbeitenden Delinquenz systematisch und empirieorientiert in Rechnung gestellt, um hierdurch – in den Grenzen der Gesetzesbindung und unter Wahrung des Verhältnismäßigkeitsprinzips – bei möglichst jeder Einzelfrage zu einer positiv-spezialpräventiv möglichst funktionalen Norm-interpretation zu gelangen.

16   Dieses Auslegungsprogramm wird durch die gesetzliche Zielstellung in Abs. 1 autorisiert und iÜ auch von deren legislatorischen Erläuterung in seiner Notwendigkeit deutlich gemacht (zum Folgenden BT-Drs. 16/6293, 10). Die Zweckausrichtung des Gesetzes besage nämlich, „dass bei der Aus-legung und Anwendung des JStR **normative Erwägungen nicht genügen** können." Stattdessen „müssen die Berücksichtigung von Wirkungszusam-menhängen und **empirische Einschätzungen im Vordergrund** stehen". Dies wiederum „verlangt die besondere Beachtung kriminologischer, päda-gogischer, jugendpsychologischer und anderer fachlicher Erkenntnisse" insb. zu den Merkmalen von Jugenddelinquenz (→ Einl. Rn. 1 ff.; betr. Episoden-haftigkeit auch BVerfG NJW 2008, 281 (282)) und den Effekten jugend-strafrechtlicher Intervention (*Eisenberg/Kölbel* Kriminologie, § 42).

2. Geltung und Interpretation allg. Vorschriften (Abs. 2)

17   **a) Vorrangigkeit des JGG.** Da das materielle und prozessuale StR für Jugendliche und Heranwachsende im JGG nur eine partielle, nicht-erschöp-fende Sonderregelung erfahren hat, muss für die nicht speziell geregelten Fragen auf die „allg. Vorschriften" zurückgegriffen werden. Insofern statuiert Abs. 2 (deklaratorisch) das Prinzip der **Subsidiarität** (BT-Drs. 1/4437, 3; abw. *Laue* in MüKoStGB Rn. 10: Spezialität), wonach diese Bestimmungen immer dann (und soweit) anwendbar sind, wenn (und soweit) das JGG keine eigene Regelung vorsieht. Dies betrifft sämtliche Rechtsnormen zur straf-rechtlichen Erfassung, die **unabhängig** vom **Alter** des Beschuldigten (§ 1) gelten. Werden außerhalb des JGG bestimmte sanktionsrelevante Materien dagegen speziell für Jugendliche oder Heranwachsende normiert (zB betr. Schulpflichtverletzung), können Besonderheiten zu berücksichtigen und die Bestimmungen des JGG ggf. sogar nachrangig sein.

18   Subsidiäre **allg. Vorschriften** iSv Abs. 2 sind das StGB (vgl. auch § 10 StGB), die StPO und das GVG, aber auch das BtMG, StVG sowie alle Spezialregelungen zB im Bereich des Neben-StR (zu Ordnungswidrigkeiten dagegen → Rn. 64 ff.). Für das materielle StR finden sich insb. bzgl. der Rechtsfolgen jugendstrafrechtliche Sondervorschriften, wohingegen für Strafbarkeitsvoraussetzungen die allg. Regelungen gelten (vgl. aber § 3). Dazu zählen auch die Maßgaben zur Wahlfeststellung (n. *Mitsch* JR 2017, 8 (11 ff.) sowie mit Abstrichen (§ 31) die Regelungen über sog. Konkurrenzen (n. → § 18 Rn. 54, → § 31 Rn. 3 f.). Bezogen auf das allg. StVR enthält das JGG in §§ 39 ff. etliche Sonderregelungen. Einige der allg. Prozessvorschrif-ten werden auch ausdrücklich ausgeschlossen (durch §§ 79–81, 109 Abs. 2) oder ergänzt (zB durch § 43) bzw. modifiziert (zB § 42). – Bei strafrechtlich relevanten VV (zB RiStBV, GnadenO) führt die entsprechende Anwendung von Abs. 2 (abl. *Ostendorf* in NK-JGG Rn. 14; *Laue* in MüKoStGB Rn. 15) zu deren Subsidiarität gegenüber denjenigen **VV,** die speziell für Jugendliche und Heranwachsende erlassen worden sind (insb. **RL zum JGG** (vgl. Anh. 2)). Auch setzt die (ergänzende) Anwendung von allg. VV auf Jugendliche und Heranwachsende voraus, dass diese den Grundsätzen des JGG nicht zuwiderlaufen.

b) Prinzip der jugendgemäßen Auslegung. aa) Im allg. StR und StVR. Soweit allg. Vorschriften auf Jugendliche oder Heranwachsende anwendbar sind, kann bei deren Auslegung eine Inbezugsetzung von Vorschriften des JStR erforderlich sein. Bisweilen bereitet dies gewisse Schwierigkeiten, weil einzelnen **Begriffen ein unterschiedlicher Sinngehalt** zugeordnet wird. Dies zeigt sich etwa bei der Kategorie der „Strafe", die das JStR ausschließlich in Form der JStrafe kennt (§ 13 Abs. 3). Kommen Vorschriften des allg. StR, die an das Merkmal der „Strafe" anknüpfen, im Bereich des JStR zum Tragen, bedarf es dann ggf. einer weiten („untechnischen") Auslegung. Dies gilt zB für §§ 46a, 157 Abs. 2, 158 Abs. 3, 199 StGB, §§ 154, 154a, § 466 StPO, für das Verschlechterungsverbot (→ § 55 Rn. 24, 73 ff.) und im BZRG. Hier gelten auch die Erziehungsmaßregeln und Zuchtmittel – entgegen ihrer jugendstrafrechtlichen Bedeutung – als Strafen (dazu bereits OVG NRW NJW 1972, 1965 zu § 10 Abs. 1 S. 2 AuslG aF). 19

bb) Im JGG. Die vorgenannte, JGG-orientierte Lesart, derer es bei einzelnen allg. Vorschriften zur „technischen" Koordinierung bedarf, ist nur punktuell bedeutsam. Aus § 2 ergibt sich aber auch das **Auslegungsprinzip** der jugendgemäßen Norminterpretation, dessen Relevanz bei **jeder** Anwendung des allg. StR und StVR im Bereich des JGG zu prüfen ist. Dass nach Abs. 2 die allg. Vorschriften nur gelten, soweit im JGG „nichts anderes bestimmt ist", geht als Vorrangregelung über die Gesetzessubsidiarität (→ Rn. 17) nämlich deutlich hinaus. Vielmehr hat dies auch für die allg. Bestimmungen in der StPO und dem StGB, für die das JGG keine verdrängende Sonderregelung enthält, eine erhebliche Bedeutung. Diese allg. Vorschriften greifen hiernach im JStR nämlich – ungeachtet ihrer prinzipiellen Geltung – „inhaltlich" nur mit jenen Maßgaben und Rechtsfolgen ein, zu denen es im JGG keine abw. Festlegung gibt. Bei der Auslegung der im JGG-Bereich prinzipiell anwendbaren StGB- und StPO-Normen ist also ein „Übertragbarkeitstest" (*Kölbel* in BMJV 2017, 29) vorzunehmen und gem. Abs. 2 stets zu fragen, ob deren „Normalinterpretation" bei Jugendlichen und Heranwachsenden aufrecht erhalten werden kann oder ob das JStR etwas „anderes bestimmt". 20

Zu den JGG-Bestimmungen, anhand derer diese Prüfung vorzunehmen ist, zählt (neben den Einzelregelungen in §§ 3 ff.) auch Abs. 1. Dies geht aus dem Wortlaut von Abs. 2 eindeutig hervor („in diesem Gesetz nichts anderes bestimmt" anstatt „in den folgenden Vorschriften nichts anderes bestimmt"). Daher ist die spezialpräventive Grundausrichtung nicht nur für die Auslegung der JGG-Regelungen leitend (→ Rn. 15 f.), sondern ebenso bei der Deutung und Handhabung des jugendstrafrechtlich anwendbaren allg. StR und StVR. Diese Normen sind – **ggf. abw. von ihrer üblichen Konkretisierung** – immer in einer jugendgemäßen (dh in einer der **Spezialprävention möglichst dienlichen** und an Besonderheiten der Adressaten und ihrer Ansprechbarkeit orientierten) Weise zu interpretieren (dazu auch *Eisenberg* ZJJ 2018, 33; *Kölbel* in Strafverteidigertag 2018, 337; ebenso oder sehr ähnlich wie hier OLG Karlsruhe NStZ 2000, 485; *Sonnen* in Diemer/ 21

Schatz/Sonnen Rn. 15; *Ostendorf* in NK-JGG Rn. 11; *Bringewat* NStZ 1992, 315 (316 f.); *Schady/Sommerfeld* ZJJ 2018, 219 (222 f.); *Mitsch* NStZ 2019, 681 (681 f.)). Das kann dann (abhängig von den problemkonkreten Sach- und Rechtsstrukturen) zu einer modifizierten Auslegung der allg. Vorschriften führen, ggf. aber auch zu einer die Anwendbarkeit einschränkenden Interpretation. Relevant ist das in erster Linie für Regelungen der StPO (→ Rn. 39 ff.), darüber hinaus aber auch für manche Maßgaben des allg. materiellen StR (→ Rn. 28 ff.).

22   Allerdings wird die Notwendigkeit der jugendgemäßen Auslegung nicht selten bestritten (s. etwa *Altenhain* NStZ 2011, 272 (272 f.); ferner *Laue* in MüKoStGB Rn. 23 mwN). Diese Gegenansicht kann indes die Existenz von Abs. 2 nicht erklären. Da sich die technische Subsidiarität der StGB-/StPO-Vorschriften (→ Rn. 17 f.) bereits aus dem sondergesetzlichen Charakter des JGG ergibt, bedürfte es der dahingehenden Festlegung nicht (vgl. auch BT-Drs. 1/4437, 3: Subsidiarität ist ohnehin geltendes Recht). Soll das Gesetz an einer regelungssystematisch so hervorgehobenen Stelle wie der des § 2 Abs. 2 nicht eine überflüssige, nur-deklaratorische Bestimmung enthalten, muss die Regelung also die hier vertretene, darüber hinausgehende Wirkung haben. Insbesondere aber nimmt die **aA** eine offensichtliche **Widersprüchlichkeit** in Kauf, wenn ihr zufolge die allg. Vorschriften selbst in einer erziehungsfeindlichen Auslegung − trotz Abs. 1 − allein deshalb im JStR gelten sollen, weil sie dort an einer eigenen Sondernorm fehlt (für ein plastisches Bsp. derartiger Dysfunktionalitäten → § 6 Rn. 9 ff. bei der Einziehung). − Teilweise wird die hiesige Position auch gar nicht grundsätzlich abgelehnt. Im Einzelfall sei (bei entspr. Anlass) die Berücksichtigung des jugendstrafrechtlichen Kontextes bei der Auslegung allg. Vorschriften durchaus möglich und geboten, nur gebe es kein dahingehendes Prinzip (*Brunner/Dölling* Rn. 6, 11; mit Blick auf das materielle StR mwN → Rn. 28 ff.). Allerdings wird erst durch Anerkennung der hier vertretenen, bei jeder Auslegung zu bedenkenden Maxime sichergestellt, dass die jugendorientierte Auslegungsnotwendigkeit nicht nur zufällig berücksichtigt wird.

23   **c) Verbot der Schlechterstellung.** Eine besondere Ausprägung der jugendgemäßen Auslegung besteht in dem Prinzip, wonach − abgesehen von den gesetzlich vorgesehenen Fällen (etwa § 55 Abs. 1 und 2 (dazu historisch → § 55 Rn. 33 ff.)) − durch Auslegung des JGG sicherzustellen ist, dass Jugendliche und Heranwachsende in der Handhabung des JStR **nicht rechtlich benachteiligt** und schlechter gestellt werden als Erwachsene in vergleichbarer Situation bei Anwendung des allg. StR. Dieser Auslegungsgrundsatz repräsentiert eine international verbreitet eingenommene Position (vgl. Recommendation CM/Rec (2008)11 on the ERJOSSM Nr. 13 S. 2: „Juveniles shall not have fewer legal rights and safeguards than those provided to adult offenders by the general rules of criminal procedure"; dazu *Dünkel* RdJB 2014, 294 (296); s. aber *Knauer* ZJJ 2019, 39 (48) mwN zur diesbzgl. widersprüchlichen Haltung des EGMR). Er wird daher auch vielfach zust. vertreten (vgl. zB BayObLG NJW 1992, 1520 (1521); LG Itzehoe StV 1993, 537 mAnm *Ostendorf* StV 1993, 538; *Ostendorf* in NK-JGG § 18 Rn. 6; *Sonnen* in Diemer/Schatz/Sonnen Rn. 9; *Laue* in MüKoStGB Rn. 21; *Laubenthal/Baier/Nestler* JugendStrafR Rn. 6; *Walter/Neubacher,* Jugendkriminalität, 4. Aufl. 2011, Rn. 553; *Zieger/Nöding* Verteidigung Rn. 37; *Bottke* NJW 1987, 1068; *Bottke* BMJ 1987, 76 ff.; *Weigend* in Marks ua, Wieder-

gutmachung und Strafrechtspraxis, 1993, 48; *Kemme/Stoll* MschKrim 2012, 32 (45); *Sonnen* FS Wolter, 2013, 1232).

Dies hat bei **zahlreichen Einzelfragen** konkrete Konsequenzen (so etwa **24** bei der Rechtsfolgenbemessung: → § 1 Rn. 23, → § 18 Rn. 8 f., → § 18 Rn. 40; bei der U-Haftanrechnung: → § 52a Rn. 2; bei der Verfahrensverzögerung: → § 15 Rn. 26, → § 16 Rn. 33, → 18 Rn. 45; bei der Verfahrenseinstellung: → § 45 Rn. 9a, 12, → § 47 Rn. 13; bei der Arbeitsweisung: → § 10 Rn. 21a; bei der Einheitssanktion: → § 31 Rn. 35, 55, → § 82 Rn. 12; bei der zeitweiligen Ausschließung: → § 51 Rn. 6; bei der Entschädigung → Rn. 62). Zu berücksichtigen ist hierbei jedoch, dass das Schlechterstellungsverbot durchaus auch auf Ablehnung stößt (vgl. zB *Schaffstein/Beulke/Swoboda* JugendStrafR Rn. 575; *Schatz* in Diemer/Schatz/Sonnen § 55 Rn. 6; *Blessing/Weik* in HK-JGG § 45 Rn. 10; *Putzke* in BeckOK JGG Rn. 31.2; *Streng* JugendStrafR Rn. 13; *Beulke* GA 1999, 143 (145); *Grunewald* NStZ 2002, 452 (456); *Fahl* FS Schreiber, 2003, 68 ff.; *Fahl* NStZ 2009, 613 (615)). Misst man dem Erziehungsgedanken (Abs. 1 S. 2) allerdings die Bedeutung einer **eingriffsbegrenzenden** und von Strafe weglenkenden Grundorientierung zu (→ Rn. 14), spricht dies für die hiesige Position, wenn nicht sogar für eine prinzipielle Besserstellung junger Menschen im StR (s. *Trenczek* in FK-SGB VIII § 52 Rn. 7; *Hoffmann-Holland* FS Eisenberg, 2009, 80; zur Heranziehung von Art. 3 Abs. 1 GG *Burscheidt* Verbot 31 ff.; *Heiland* Wiederaufnahme 106 f.; *Hartman-Hilter* Verteidigung 14; *Altermann* Vorverurteilung 201 f.).

Auch das Argument der aA, dass der Erziehungsgedanke eine spezialprä- **25** ventiv indizierte Schlechterstellung im JGG gerade erforderlich machen könne, überzeugt bei näherem Hinsehen nicht. Da eine benachteiligende Vorgehensweise von den Betroffenen als ungerecht erlebt werden dürfte, ist es nämlich schwer vorstellbar, dass und wie eine solche Praxis erzieherisch begründet sein kann (*Mitsch* JR 2017, 8 (15)). Vielmehr wird umgekehrt das Schlechterstellungsverbot von der sog. Procedural Justice-Forschung ersichtlich gestützt, weil ihr zufolge die Urteilsakzeptanz und die anschließende Legalbewährung (auch) junger Angeklagter ua davon abhängt, dass diese sich **fair** (dh also auch nicht schlechter als andere) **behandelt** fühlen (vgl. *Sprott/ Green* Crime & Delinquency 2010, 269; *Penner/Viljoen/Douglas/Roesch* Law and Human Behavior 2014, 225; *Cavanagh/Cauffman* Psychol. Pub. Pol'y & L. 2015, 432 ff. sowie den Forschungsüberblick bei *Kölbel* FS Schild, 2018, 57 ff.). In die gleiche Richtung weist der von *Sherman* (JRCD 1993, 445 (459 ff.)) begründete Ansatz, wonach als unfair und unangemessen erlebte strafrechtliche Prozeduren und Sanktionen vielfach Ärger- und Trotzreaktionen hervorrufen und so deliktsverstärkend wirken.

IV. Materiell-rechtliche Konsequenzen der jugendgemäßen Auslegung

1. Einheitliche Geltung von Strafnormen

Das JStR enthält keine Sonderregelungen bzgl. der Strafbarkeitsvoraus- **26** setzungen (s. aber § 3). Dies ist verständlich, weil Jugendlichen bzw. Heranwachsenden der Schutz der tatbestandlichen **Garantiefunktion** nicht entzogen werden darf. Auch dient das JStR der Einübung von konformem Ver-

halten in einer gemeinsamen Legalordnung (→ Rn. 2). Allerdings bestehen
gegenüber der einheitlichen Geltung von Strafnormen insoweit **Bedenken,**
als bestimmte Tatbestände (insb. solche mit hoher sozialer Sichtbarkeit) den
Status, den Entwicklungsstand und die Verhaltensmuster von Jugendlichen
und Heranwachsenden mehr berühren, als es bei Erwachsenen der Fall ist
(zB Eigenkonsum von Cannabis). Die Wahrscheinlichkeit für junge Menschen, einen bestimmten Straftatbestand zu verletzen, steigt, wenn bzw. weil
die altersgruppentypischen Alltagspraktiken und Lebensstile eine größere
Nähe zu den Regelungsbereichen dieser Strafnormen begründen (*Eisenberg/
Kölbel* Kriminologie § 24 Rn. 16 ff.; dazu am Bsp. „gemeinschaftlicher Begehung" auch *Eisenberg* ZJJ 2018, 33 (35)). Durch eine besondere Ent-
deckungsselektivität wird dies nicht kompensiert. Vielmehr hängen Anzeige-
risiken und Verfolgungsintensitäten von unterschiedlichsten außerrechtlichen
Begleitumständen ab (Privat- und institutionelle Interessen, Stereotypen,
moralische, ökonomische und selbst ästhetische Aspekte), die insgesamt zu
keiner korrigierend-verminderten Verfolgungsdichte dieser jugendtypischen
Delinquenz führen (vgl. zusf. etwa *Eisenberg/Kölbel* Kriminologie § 26
Rn. 14 ff., 30 ff., § 27 Rn. 36 ff.).

27   Bisweilen haben derartige und ähnliche Erwägungen zu Reformvorschlä-
gen geführt, die auf (altersgruppenbezogene) **Strafrechtsanpassungen**
hinauslaufen (vgl. etwa zur materiellen Entkriminalisierung im „Bagatell-
und Ubiquitätsbereich" abwägend *Viehmann* in BMJ 1992, 455 f.; zur Frage
einer Strafbarkeitseinschränkung wegen „jugend- bzw. sozialtypischen" Verhaltens sowie bei Geringfügigkeit von Gefährdung oder Schaden s. *Ostendorf*
in BMJ 1992, 199 ff.; UK I DVJJ-Journal 1992, 10 f., 12 f.; zum Verzicht auf
Mord(-merkmale) im JStR s. *Zeltwanger,* Die Motive bei Tötungsdelikten
Jugendlicher und Heranwachsender, 1989, 258 f.; ähnlich *Mitsch* NStZ 2019,
681 (682); zur Herausnahme gesetzlicher Qualifikationsmerkmale im JStR
und „nicht passender" bzw. „nicht notwendiger" Tatbestände aus dem
Deliktskatalog s. *Ostendorf* BJM 1989, 335 f.; UK I DVJJ-Journal 1992, 12).
Derartige Vorstöße sind, auch mit Blick auf die Klarheit und Konsequenz
der Gesetzesgeltung (zu diesen Prinzipien aus polizeilicher Sicht *Dietsch/
Gloss,* Handbuch der polizeilichen Jugendarbeit, 2005, Rn. 109 ff.) schon
früh auf Einwände gestoßen (vgl. etwa *Walter/Kubink* GA 1995, 51 (53);
Robra DVJJ 1993, 62 f.; *Laubenthal* JZ 2002, 807 (813)). Anzeichen einer
legislatorischen Berücksichtigung gibt es nicht (*Mitsch* JR 2017, 8 (11)).

2. Beispiele der an Abs. 1 orientierten Auslegung

28   **a) Subsumtions- und Auslegungsgrundsatz.** Auch die rechtliche
Subsumtion eines Sachverhalts unter einen Straftatbestand geschieht weithin nach den allgemeinen Grundsätzen. Die Rechtsordnung kann Unrecht
nur einheitlich bewerten, schon um eine unberechenbare Anwendung der
Straftatbestände zu vermeiden. Vielfach will man aber bei bestimmten wert-
ausfüllungsbedürftigen Begriffen gewisse Bewertungsunterschiede zulassen
(vgl. *Dallinger/Lackner* § 2 Rn. 5), etwa wenn subjektive Umstände bei
einem Jugendlichen anders zu beurteilen seien als bei einem Erwachsenen
(*Walter/Kubink* GA 1995, 51 (53): zB betr. „rücksichtslos" in § 315c Abs. 1
Nr. 2 StGB, soweit nicht Gleichgültigkeit, sondern Spiel, Mutprobe oder
Abenteuer das Verhalten prägen). Richtigerweise muss jedoch generell das
Vorliegen auch anderer **Strafbarkeitsmerkmale** stets daraufhin überprüft

werden, ob sich unter Gesichtspunkten der Jugendtypik ggf. Abweichungen von der sonstigen Handhabung bei Erwachsenen ergeben (ebenso bspw. *Ostendorf* in NK-JGG § 1 Rn. 10; *Rössner* in HK-JGG Rn. 25 f.; *Sonnen* in Diemer/Schatz/Sonnen Rn. 8 ff.; *H.-J. Albrecht*, Gutachten Deutscher Juristentag, 2002, D 109; *Zieger/Nöding* Verteidigung Rn. 35; *Schimmel* in Kotz/Rahlf BtMStrafR Kap. 9 Rn. 22; *Huhle*, Die Sanktionierung von jungen Menschen im Ordnungswidrigkeitenrecht, 2017, 164 ff.; sowie schon *Peters* in Elster/Lingemann/Sieverts KrimHdWB 455 ff.; prinzipiell wohl auch *Putzke* in BeckOK JGG § 1 Rn. 22; *Laubenthal* JZ 2002, 807 (813)). Dabei handelt es sich um eine Spielart der **an Spezialprävention orientierten Interpretation** allg. Vorschriften (→ Rn. 20 ff.). Diese zeigt sich hier darin, dass den Besonderheiten der Normadressaten und den „qualitativen Unterschieden" äußerlich identischen Verhaltens (*Albrecht* JugendStrafR 93 f.) bei der Frage nach dem Vorliegen eines Sanktionsanlasses (bzw. einer Verfehlung) auslegungsförmig Rechnung getragen wird.

Im Einzelnen ist dies jeweils tatbestandsspezifisch geprägt (dazu bei § 249 **29** StGB durch Bedrohen und „Abziehen" von Sachen *Wronn* DVJJ-Journal 1993, 183 f.; *Rentzel-Rothe* DVJJ-Journal 2000, 191; *Eisenberg* DRiZ 2006, 120 f.; *Altermann* FS Eisenberg, 2009, 244; abw. AG *Bremerhafen* DVJJ-Journal 2000, 190; vgl. auch AG *Saalfeld* NStZ-RR 2004, 264: großmäulige Todesdrohung auf Pausenhof ohne ernstlichen Charakter iSv § 241 StGB; s. weiter BGH NStZ-RR 2013, 291; StV 2017, 40 = BeckRS 2016, 7025; LG Limburg BeckRS 2015, 7831: mildernde Berücksichtigung des geringen Altersabstands zwischen den Beteiligten eines sexuellen Missbrauchs).

b) Subjektive Merkmale und Altersspezifik. Der vorgenannte Grund- **30** satz macht sich ganz besonders bei den **subjektiven Strafbarkeitsmerkmalen** bemerkbar (vgl. etwa *Lüderssen* FS Schreiber, 2003, 294; für die strafrechtliche Unbeachtlichkeit unbewusster Fahrlässigkeit bei Jugendlichen *Märker*, Vorsatz und Fahrlässigkeit bei jugendlichen Straftätern, 1995, 28). Wegen der Besonderheiten der Weltsichten und Vorstellungsbilder, der situativen Perspektiven und spezifischen Intentionen junger Menschen können ihnen Vorsatz und spezifische Absichten nicht in der gleichen Weise zugeschrieben werden wie Erwachsenen. Ohne dass dies als Ausdruck eines systematischen jugendspezifischen Auslegungsprinzips ausgeflaggt würde, wird das in der Judikatur in manchen Entscheidungen durchaus anerkannt (vgl. etwa bei § 316 StGB BGH NStZ 2013, 231 (232) kein Vorsatz „aufgrund jugendlicher Selbstüberschätzung"; bei § 95 Abs. 1 Nr. 3 AufenthG BGH NJW 2018, 3658 (3659): „das jugendliche (...) Alter und die Unreife des Haupttäters können gegen eine Vorsatztat sprechen"). Besonders im Bereich der **Tötungsdelikte** liegt eine umfangreiche (allerdings nicht widerspruchsfreie) Kasuistik vor, in der der Tatvorsatz unter Bezug auf altersspezifische Bedingungen problematisiert wird.

Generell gilt eine lebensgefährliche Handlungsweise in der Rspr. des **31** BGH als zentraler Indikator eines Tötungsvorsatzes. Da dies jedoch weder „einer unzulässigen Beweisregel" nahekommen, noch auf „eine vom Einzelfall gelöste Festlegung des Beweiswerts und der Beweisrichtung" eines typischen Situationselements hinauslaufen darf (BGH NStZ-RR 2013, 89 (90)), ist stets nach entkräftenden Gegenindizien zu fragen. Auch im JGG-Bereich bedarf es der „Erörterung vorsatzkritischer Umstände" (BGH NStZ-RR 2019, 137 (138)). „Selbst die offen zu Tage tretende Lebensgefährlichkeit zugefügter Verletzungen bedeutet zwar ein gewichtiges Indiz für einen (bedingten) Tötungsvorsatz, stellt aber keinen zwingenden Beweisgrund dar" (BGH NStZ 2013, 538 (540)). Gefordert wird daher eine fallbezogene, vollständige und widerspruchsfreie Würdigung aller sich anbietenden Anhaltspunkte (BGH NStZ 2019, 468 (469); vgl. für das allg. StR die Rspr.-Analysen bei *Schneider* in MüKoStGB StGB § 212 Rn. 18 ff.; *Steinberg/Stam* NStZ 2011, 177; s. auch *Laue* in MüKoStGB Rn. 25). Wollte man dabei daraus, dass das Bewusstsein um die Gefährlichkeit bestimmter Handlungsformen unter Jugendlichen situationsgelöst durchaus gegeben sein mag, auf den Vorsatz einer individuellen Person bei Vornahme entspr. Tathandlungen schließen (so *Heinke* NStZ 2010, 119 auf der Grundlage einer methodisch höchst anfechtbaren Befragung zum sog. Tottreten), würde man der notwendigen fallkonkreten Gesamtwürdigung deshalb schwerlich gerecht (n. *Eisenberg* NStZ 2010, 125; *Eisenberg* ZKJ 2012, 54 (57 f.)). Es kommt vielmehr stets auf die **Erfahrungshintergründe** und **Situationssichten** der jeweils Handelnden an (vgl. näher *Lempp,* Jugendliche Mörder, 1977, 175).

32   Die **Rspr.** stellt daher zutr. auf die konkreten Bedingungen ab, die sich aus – auch **altersspezifischen** – situativen und personalen Gegebenheiten ergeben, wenn es um die Verneinung insb. des voluntativen Vorsatzelements geht (vgl. etwa BGH BeckRS 2000, 30143443: Tötung ungeeignet, um anwesenden Freunden zu „imponieren"; BGH NStZ 2003, 369 (370): wollte nur „nicht als Feigling dastehen"; BGH NStZ 1983, 365: wollte nur gefährliches „Spiel"; BGH BeckRS 1999, 30071125: der „noch unreife Angeklagte" wollte das Opfer allein „in die Schranken weisen"; BGH StV 2004, 74 = BeckRS 2003, 01203; NStZ 2012, 384; NStZ 2013, 538 (539); NStZ-RR 2013, 242 (243 f.); NStZ 2014, 35; NStZ 2016, 668; BeckRS 2019, 21864: objektiv gefährliche Handlung wird „spontan" bzw. „ohne einsichtigen Grund" bzw. in provokationsbedingter „Erregung" ausgeführt; BeckRS 2019, 25538: Handeln, „um sich selbst zu beweisen", wobei bei „gruppendynamisch geprägten Gewalthandlungen" von „gedankenloser Verletzungsabsicht" abzugrenzen ist). Auch vorsatzbejahende Entscheidungen gehen auf jugendtypische Aspekte ein (vgl. etwa bzgl. einer Auseinandersetzung zwischen zwei Jugendcliquen BGH ZJJ 2010, 326 (327 f.) = BeckRS 2010, 15452: „auch unter Berücksichtigung des Alters sowie des Bildungs- und Kenntnisstands der Angeklagten drängte sich die Lebensgefährlichkeit (…) auf"; s. ferner BGH NStZ 2018, 460 (462): „Unterschätzung von Gefahren und zur Überschätzung der eigenen Fähigkeiten" bei selbst- und drittgefährdendem Verhalten). Es liegen allerdings auch zahlreiche Judikate vor, die den Vorsatz für möglich halten und die Altersproblematik dabei nicht eigens berücksichtigen besonders deutlich etwa BGH BeckRS 2019, 32558; s. auch die Zusammenstellung in → 20. Aufl. § 1 Rn. 24e).

33   Die Pflicht zur Prüfung und Würdigung jugendspezifischer Intentionen bezieht sich ferner auf **mordqualifizierende subjektive Merkmale** (dazu fallbezogen *Eisenberg* HRRS 2012, 23; *Eisenberg* JA 2013, 34 ff.), wobei für die Ermittlung des Tatmotivs die Aussage des jugendlichen bzw. heranwachsenden Beschuldigten oftmals ungeeignet oder gar hinderlich ist (s. dazu *Lempp,* Jugendliche Mörder, 1977, 164 sowie die Fallstudie bei *Eisenberg/ Schmitz* NStZ 2008, 95 (96)). Gelegentlich klingen altersorientierte Aspekte in einzelnen Entscheidungen durchaus an (zur möglichen Verneinung von Habgier und Ermöglichungsabsicht wegen „mitbestimmenden Fluchtimpulses" BGH BeckRS 2016, 9879). Beispielsweise wurden niedrige Beweg-

gründe verneint bei einem affektiv erregten und alkoholisierten Angeklagten in einem eifersuchtsmotivierten Kampf „Mann gegen Mann" (BGH BeckRS 2014, 18815) und bei einem „fest in seine Familie eingebundenen Angeklagten, der glaubte, sich zur Rettung der verletzten Familienehre einsetzen zu müssen" (BGH StV 1994, 182 = BeckRS 2009, 17620)). Allerdings sind auch Entscheidungen verbreitet, die sich einer offensichtlich angezeigten Problematisierung verweigern (etwa BGH BeckRS 2019, 20151: Mordlust bei 15-Jährigen bejaht, der aus Spannungssuche nach Identifizierung mit Comic-Figur gehandelt hatte; ferner bspw. LG München BeckRS 2012, 587: Bejahung niedriger Beweggründe bei „Rache", und zwar trotz tatsituativer Gruppendynamik und opferseitiger Eskalationsanteile (nicht beanstandet von BGH BeckRS 2011, 23618)).

Prinzipiell ist auch bei anderen subjektiven Kategorien des allg. StR zu **34** berücksichtigen, dass das Vorgehen und die Situationswahrnehmung von Jugendlichen und Heranwachsenden durch alterstypische Perspektiven und lebensweltliche Verständnisse geprägt sind. Das kann Ereignisbewertungen erforderlich machen, die anders als bei erwachsenen Akteuren ausfallen. Anknüpfungspunkte hierfür stellen bspw. das für **Mittäterschaft** erforderliche Tatinteresse und Tatherrschaftsbewusstsein dar. Entwicklungsspezifische Intentionen sind – entgegen der Rspr. (für eine Zusammenstellung → 20. Aufl. § 1 Rn. 24h) – uU auch iRd **Rücktritt**sprüfung zu berücksichtigen, namentlich bei der Fallzuordnung zu den Kategorien des beendeten, unbeendeten oder fehlgeschlagenen Versuchs sowie bei der Frage der Freiwilligkeit. Ähnlich verhält es sich hinsichtlich der sog. Garantenstellung bei unechten Unterlassensdelikten (dazu für eine Situation gemeinsamen „Kiffens" BGH BeckRS 2019, 34879).

c) Strafbarkeitsmerkmale mit Gruppenbezug. Jugenddelikte werden **35** außerordentlich häufig **in der Gruppe,** dh von mindestens zwei Personen gemeinschaftlich, oder aus einer Gruppe heraus, dh unter dem Einfluss wechselseitiger Beeinflussung, begangen (vgl. *Eisenberg/Kölbel* Kriminologie § 58 Rn. 7 ff.; Einl. Rn. 2 jeweils mwN). In dieser Hinsicht bestehen erhebliche Unterschiede zur allg. Kriminalität. Dies wirft also öfter als bei Erwachsenen die Frage auf, ob die strafrechtliche Zuweisung der **persönlichen Tatverantwortung** angemessen ist oder ob dies nicht eher die Bindung individuellen Verhaltens an heterogene Gruppen- oder Organisationsnormen übergeht (vgl. bspw. BGH NStZ 2008, 644 (645): „im Zusammenhang mit dem gruppendynamischen Hintergrund"; zur Problematik auch *Eisenberg/Kölbel* Kriminologie § 58 Rn. 4 ff.; s. ferner *Schumacher* StV 1993, 540; *Hoffmann* StV 2001, 196). Unabhängig davon steht der deliktische Gruppenbezug in einem Spannungsverhältnis mit den Festlegungen des allg. StR, wonach kollektive (und daher auch als gefährlicher geltende) Formen der Tatbegehung als Deliktsqualifikationen eingestuft werden. Eine solche unrechtssteigernde Berücksichtigung ist bei jungen Menschen aber vielfach nicht berechtigt, da die gruppenförmige Vorgehensweise bei ihnen (stärker als bei Erwachsenen) einen typischen bzw. normalen Fall der Deliktsverwirklichung darstellt und keinen Modus mit angehobenem Gewicht. Daher ist eine dies berücksichtigende Auslegung jener Tatbestände angezeigt, die (wie §§ 224 Abs. 1 Nr. 4, 113 Abs. 2 S. 2 Nr. 3 StGB) eine **gemeinschaftliche Begehung** unter Strafe stellen (s. *Eisenberg* ZJJ 2018, 33 (35)).

36　Ebenso verhält es sich bei den Qualifikationstatbeständen, die an das Vorhandensein einer Bande und die Verwirklichung eines für Jugenddelinquenz charakteristischen Grunddeliktes anknüpfen. So ist aus den erwähnten Gründen die Anwendbarkeit von § 244a StGB auf eine Deliktsgemeinschaft Jugendlicher („Jugendbande") idR höchst zweifelhaft (dazu eingehend *Möller* StraFo 2009, 92; *Lehmann-Björnekärr,* Der Gruppenbezug jugendlicher Delinquenz, 2014, 102 ff., 210 ff.). Die höchstrichterliche Rspr. akzeptiert dahingehende Einschränkungen allerdings nicht (vgl. BGH NStZ 1998, 197 (Ls.); NStZ-RR 2000, 344; NStZ 2006, 574; NStZ 2008, 625; ebenso zu § 250 Abs. 1 Nr. 2 StGB gar betr. 14- bis 18-Jährige AG Bonn ZJJ 2016, 77 mkritAnm *Eisenberg* ZJJ 2016, 80; zu § 30 Abs. 1 Nr. 1 BtMG bei 15-Jährigem BGH BeckRS 2008, 21117). Bei solchen Einordnungen handelt es sich um eine qualitative Verzeichnung von außerordentlicher Deutlichkeit, ohne dass dem durch ein Einschwenken auf einen minderschweren Fall (§ 244a Abs. 2 StGB) substantiell abgeholfen werden könnte (kritisch auch *Kindhäuser* in NK-StGB StGB § 244a Rn. 2).

37　**d) Besonderheiten in Fragen der Schuldfähigkeit.** Mit Blick auf die im Kern dem **allg. StR entsprechende Schuldfähigkeitsprüfung** (zur Funktion von Schuld n. *Eisenberg/Kölbel* Kriminologie § 24 Rn. 1 ff.) ist stets zu prüfen, ob zB der Einfluss von Alkohol oder Drogen anders beurteilt werden muss als bei Erwachsenen. Anlass dafür geben die biologische Entwicklung von Jugendlichen und Heranwachsenden, ihr Reifegrad und ihre meist geringere Konsumgewöhnung (zur gebotenen Heranziehung eines Sachverständigen BGH StV 1993, 168 = BeckRS 1992, 1542; NStZ 2008, 644). Nach der Rspr. ist anerkannt, dass bei Jugendlichen und Heranwachsenden (ungeachtet eines ggf. noch intakten Leistungsverhaltens) schon BAK-Werte unter 3‰ zu Schuldunfähigkeit (vgl. etwa BGH BeckRS 2012, 23336; OLG Düsseldorf NStZ-RR 1998, 86) bzw. solche unter 2‰ zu einer erheblichen Minderung der Schuldfähigkeit führen können (BGH NStZ-RR 1997, 65; 2012, 137 (betr. 2,2‰); s. dazu auch *Laue* in MüKoStGB Rn. 25 sowie mwN → § 18 Rn. 26).

38　**e) Aufklärungshilfe.** Die entspr. Anwendung von **§ 46b StGB** und **§ 31 BtMG** im JStV ist problematisch. Die Rspr. tendiert dazu, die Frage (ohne Erörterung der Vereinbarkeit mit Abs. 1) zu bejahen (vgl. nur BGH NStZ-RR 2017, 28 (Ls.) = BeckRS 2016, 16023; ebenso *Christoph,* Der Kronzeuge im Strafgesetzbuch, 2019, 124 ff.; anders bei § 31 BtMG aber AG Saalfeld StV 2007, 16). Dafür spricht die anderenfalls drohende Schlechterstellung gegenüber Erwachsenen (ebenso *Hüneke* ZJJ 2009, 335 (336)). Andererseits wird die Sanktionsfestlegung im JGG eigenständig geregelt (§§ 5, 18). Es kann ferner bezweifelt werden, dass sich das Sanktionszugeständnis für die „Illoyalität des Kronzeugen" mit dem Erziehungsauftrag verträgt (sehr skeptisch auch *Weber* Schuldprinzip 136; *Rössner* in HK-JGG Rn. 27). Zudem handelt es sich bei den fraglichen Konstellationen idR auch um Sonderkonstellationen von Absprachen, die (insb. im JStV) ihrerseits fragwürdig sind (→ Rn. 47 ff.). Bei einer jugendgemäßen Auslegung spricht deshalb viel für die Nichtanwendbarkeit, wobei die Aufklärungshilfe aber iRd allg. Erwägungen zur Bemessung von Rechtsfolgen berücksichtigt werden kann und muss (zust. *Maier* in MüKoStGB StGB § 46b Rn. 17).

V. Prozessrechtliche Konsequenzen der jugendgemäßen Auslegung

1. Grundsatz

Der Vorrang des JGG gegenüber den allg. Vorschriften (Abs. 2) besteht **39** nicht nur für ausdrückliche Bestimmungen, sondern auch für Grundsätze des JGG (ebenso zB *Laubenthal/Baier/Nestler* JugendStrafR Rn. 262), sofern das allg. StVR diesen widerspricht (*Dallinger/Lackner* Rn. 7) oder dessen Anwendung zu einem spezialpräventiv nicht funktionalen Ergebnis führen würde (*Potrykus* Anm. 2). Bei prozessrechtlichen Vorschriften, die mangels einer abw. Regelung im JGG prinzipiell anwendbar sind, ist daher stets zu prüfen, ob ihre übliche Handhabung (dh die im allg. StVR) auch den Besonderheiten der jugendstrafrechtlichen Adressaten und ihrer Ansprechbarkeit gerecht wird (*Eisenberg* NStZ 1999, 281). Abs. 2 iVm Abs. 1 macht dann ggf. eine **jugendgemäße Auslegung** (dh eine besondere und an spezialpräventiven Erfordernissen orientierte Interpretation) notwendig (n. → Rn. 20 ff.). Die Anwendung der im JGG geltenden Normen des allg. StVR hat bei Auslegungsfragen also jugend- bzw. heranwachsenden-typische Umstände zu berücksichtigen. Dadurch ist eine Verfahrensführung sicherzustellen, die die meist noch geringe Verhandlungskompetenz junger Beschuldigter in Rechnung stellt. Auch in jenen Fragen, in denen der Strafprozess durch allg. Vorschriften geregelt wird, muss eine einschüchterungsfreie und einfühlsame Prozedur gewährleistet sein. Art. 13 Abs. 2 RL 2016/800 verlangt ausdrücklich, dass Jugendliche „immer auf eine Art und Weise behandelt werden, die ihre Würde schützt und die ihrem Alter, ihrem Reifegrad und ihrem Verständnis entspricht und jegliche besonderen Bedürfnisse einschließlich etwaiger Kommunikationsschwierigkeiten, die sie möglicherweise haben, berücksichtigt".

2. Beispiele der an Abs. 1 orientierten Auslegung

a) Einzelne (Ermittlungs-)Maßnahmen. aa) Vorläufige Festnahme. **40** Auch ohne ausdrückliche gesetzliche Vorschrift ist idR eine altersangemessene Methode der **Festnahme** geboten, dh eine möglichst von Zwangsmitteln absehende Vorgehensweise (zur Belehrung § 70a bzw. § 70b nF). Die pflichtgemäße Vorführung vor Gericht soll im allg. StVR im Falle von § 128 Abs. 1 StPO (anders aber § 115 StPO) bei entspr. Ermittlungsbedarf (in den Grenzen der Vorführungsfrist) hinausgeschoben werden dürfen, um zwischenzeitlich noch weitere polizeiliche Vernehmungen durchführen zu können (dazu mwN auch zur aA etwa *Schultheis* in KK-StPO StPO § 128 Rn. 5). Bei einer Festnahme Jugendlicher ist – mit Blick auf deren erhöhte Schutzbedürftigkeit – diese Möglichkeit jedoch stark begrenzt. „Unverzüglichkeit" der Vorführung ist hier als „schnellst möglich" zu verstehen; die im allg. StVR akzeptierten Ausnahmen setzen im JStV deshalb einen besonders gewichtigen Verzögerungsgrund (zB naheliegende Entlastungsmöglichkeit; notwendige Bestellung eines Pflichtverteidigers) voraus (ohne Problemerörterung abw. aber BGH ZJJ 2017, 185 = BeckRS 2017, 104457 mkritAnm *Eisenberg* ZJJ 2017, 186 (188)). – Im **Polizeigewahrsam** sind einschneidende Maßnahmen (zB Fixierung) bei Jugendlichen und Heranwachsenden unzulässig. Die Ausstattung der Hafträume (mindestens Matratzen) muss den Schutzpflichten ggü. Jugendlichen genügen (vgl. zum Ganzen etwa Bericht Europarat CPT//Inf (2017) 13, v. 1.6.2017). Besonderer Sorgfalt bedarf es bei Anhaltspunkten für eine fehlende oder eingeschränkte Gewahrsamstauglichkeit (zB Bewusstlosigkeit, Alkoholvergiftung, reaktiv-depressive Suizidgefahr – n. zu den hier bestehenden Mängeln und regionalen Unterschieden der diesbzgl. Prüfung *Kleiber/Heide* FS G. Fischer, 2010, 169 ff. (betr. allg. StR)).

41 **bb) Erfassung der Person.** Bei einer Identitätsfeststellung gem. **§ 163b StPO** iVm Abs. 2 zählt zu den allg. Voraussetzungen der Rechtmäßigkeit auch die Eröffnung des Tatverdachts (*Kölbel* in MüKoStPO StPO § 163b Rn. 20 mwN), wobei hier im JStV auf § 70a aF bzw. § 70b nF zu achten ist. Soll eine erkennungsdienstliche Behandlung (**§ 81b StPO** iVm Abs. 2) vorgenommen werden, haben die Erziehungsberechtigten ein Anwesenheitsrecht (n. → § 67 Rn. 11 ff.), sodass sie von der Polizei zu benachrichtigen sind. Bei einem vorliegenden Einverständnis entfällt die zwangsweise Vornahme der fraglichen Maßnahmen, wobei es dafür auf eine entspr. Erklärung sowohl des Jugendlichen wie auch der Erziehungsberechtigten – nach jeweiliger Aufklärung über Art und Tragweite der Maßnahme – ankommt (zum Ganzen OVG LSA BeckRS 2012, 59635; AG Bielefeld StraFo 2014, 208 = BeckRS 2014, 11787 mzustAnm *Eisenberg* StraFo 2014, 208). Andernfalls besteht idR ein Verwertungsverbot. Die für eine erkennungsdienstliche Behandlung nach § 81b Alt. 2 StPO erforderliche Wiederholungsgefahr kann bei Jugendlichen nicht in gleicher Weise wie bei Erwachsenen geprüft werden (verkannt von VG Göttingen ZJJ 2010, 71 = BeckRS 2009, 41336 mkritAnm *Bezjak/Sommerfeld* ZJJ 2010, 72). Auf Basis einer jugendgemäßen Auslegung, die hier auch die maßnahmebedingten Wirkungen für die „weitere Entwicklung (…) zu berücksichtigen" hat, ist die Frage der Erforderlichkeit streng zu prüfen und bei moderater oder erstmaliger Auffälligkeit idR zu verneinen (VG München StraFo 2004, 53).

42 Stärker noch als bei § 81b StPO begründen Maßnahmen nach **§ 81g StPO** die Gefahr einer stigmatisierenden „Brandmarkung", die die Integration in der weiteren Entwicklung (und damit auch die Legalbewährung der betroffenen Person) zu behindern geeignet ist (ausdrücklich anerkannt von BVerfG NJW 2008, 281; StV 2014, 578 = BeckRS 2013, 53073). Durch die sachliche und zeitliche Ausdehnung der befugniseröffnenden Sachverhalte in § 81g Abs. 1 S. 2 und Abs. 4 StPO wird die Problematik noch vertieft (krit. daher auch *Duttge/Hörnle/Renzikowski* NJW 2004, 1065 (1071 f.) betr. allg. StR; zu den zeitlichen Grenzen iSv § 81g Abs. 4 s. LG Aachen StV 2004, 9 = LSK 2004, 060254). Wenngleich die Vorschriften zur DNA-Analyse und -Identitätsfeststellung prinzipiell bei Jugendlichen und Heranwachsenden anwendbar sind, stehen diese Maßnahmen also in einem Widerspruch zu Abs. 1, weshalb ihre restriktive Handhabung und eine jugendgemäße Auslegung von § 81g StPO angezeigt ist.

43 Unter Berücksichtigung des Umstandes, dass bestimmte Delikte qualitativ bei Jugendlichen einen anderen Stellenwert und ein geringeres Gewicht als bei Erwachsenen haben (dazu iZm alterstypischen Verhaltensmustern auch → Rn. 26), sind an das Merkmal „Straftat von erheblicher Bedeutung" besonders hohe Anforderungen anzulegen (woran es bspw. bei einer Einstellung nach §§ 45, 47 grundsätzlich fehlt (vgl. LG Hanau BeckRS 2015,

07828)). Angesichts des passageren Charakters von – durchaus auch schwerer und/oder gehäufter – Jugenddelinquenz (→ Einl. Rn. 5, 7) bestehen zudem gesteigerte (Begründungs-)Anforderungen hinsichtlich der eingriffseröffnenden **Negativprognose.** Aufzeigbar ist diese idR nur bei Personen mit einer atypisch stark ausgeprägten Belastungssituation (so in der Sache jeweils auch BVerfG NJW 2008, 281; StV 2014, 578 = BeckRS 2013, 53073; OLG Karlsruhe DVJJ-Journal 2002, 465 (466); LG Freiburg NStZ-RR 2001, 336; LG Berlin StraFo 2004, 320; vgl. auch LG Weiden StV 2005, 494; AG St. Wedel ZJJ 2010, 432; LG Darmstadt StV 2011, 402 = BeckRS 2011, 17716; *Eisenberg* FS Meyer-Goßner, 2001, 301 f.; *Höynck* DVJJ-Journal 2000, 287 (290); bedenklich dagegen AG Hamburg StV 2001, 11). Diese Eingriffsvoraussetzungen dürfen nicht dadurch umgangen werden, dass man den Beschuldigten die Abgabe des entspr. Probenmaterials gleichsam informell abverlangt (*Zieger/Nöding* Verteidigung Rn. 183: unzulässige Praxis). Im Übrigen können die Befugnisgrundlagen nur festgestellt werden, wenn ausreichende Kompetenzen zur Beurteilung individueller Entwicklungsumstände vorhanden sind. Daher bestimmt sich die Zuständigkeit zur Anordnung der fraglichen Maßnahmen in jugendgemäßer Auslegung richtigerweise nach den §§ 34, 107 JGG (ebenso LG Weiden StV 2005, 495; *Meyer-Goßner/Schmitt* StPO § 81g Rn. 15; *Eisenberg* FS Meyer-Goßner, 2001, 302; *Bareis* ZJJ 2006, 392 (395); abw. LG Berlin NStZ 2006, 525). Praktikabilitäts- und Effektivitätsinteressen, die der abw. Geschäftsverteilung bei sonstigen Zwangsmaßnahmen (krit. → § 34 Rn. 5 f.) zugrunde liegen dürften, sind hier von sekundärem Rang.

cc) Weitere Eingriffsformen. Im Falle einer **Durchsuchung** bei Jugendlichen und Heranwachsenden (§ 102 StPO iVm Abs. 2) sind die Schutz- und Kontrollvorschriften (§§ 105, 106 StPO) besonders sorgfältig zu berücksichtigen (AG Cottbus StraFo 2005, 198). – Sog. „Brechmitteleinsätze" schienen, wo sie praktiziert wurden, allerdings besonders auch gegenüber jüngeren Personen zum Einsatz gekommen zu sein (s. etwa *Polläne/Kemper* KrimJ 2005, 200 (207): betr. Hamburg überwiegend gegenüber Nichterwachsenen; *Bausch,* Brechmitteleinsatz zur Exkorporation von Betäubungsmitteln – eine zulässige Maßnahme der Beweissicherung?, 2007, 46 betr. Bremen: überwiegend gegenüber Jugendlichen). Die Vomitivmittelvergabe ist (inzwischen) indes (generell) unzulässig (dazu im allg. StVR EGMR NJW 2006, 3117 mzustAnm *Kemper/Polläne* ZJJ 2006, 438: Verletzung von Art. 3 und Art. 6 Abs. 1 EMRK). **44**

b) Verhandlung. aa) §§ 177 ff. GVG. Hinsichtlich der sitzungspolizeilichen Gewalt sind die Maßgaben der §§ 177 ff. GVG nur mit Einschränkungen auf das Verfahren ggü. jugendlichen Angeklagten übertragbar. Dies betrifft insb. die Zielsetzung, „ungebührliches" Verhalten mit Ordnungsmitteln zu ahnden (§ 178 GVG), sofern dies auf eine (nicht näher definierte) Wahrung der Würde des Gerichts und die Beachtung traditioneller Förmlichkeiten abzielt (vgl. *Diemer* in KK-StPO GVG § 178 Rn. 1). Ein autoritär geprägtes Kommunikationsverständnis widerspricht jedenfalls dem Leitbild des JStV, das vielmehr den Anspruch verfolgt, einen Zugang zum Angeklagten und ggf. auch eine gewisse Verfahrensakzeptanz zu finden. Die jugendgemäße Auslegung der §§ 177 ff. GVG führt daher zu einer restriktiven Anwendung und tatbestandlichen Modifikationen. So unterliegt die Qualifizierung eines Verhaltens als „ungebührlich" erhöhten Anforderungen (vgl. **45**

schon betr. „Beatles-Frisur" KG JR 1966, 73). Das demonstrative Kauen eines Kaugummis oder ein situationsunangemessenes Grinsen genügen daher nicht (*Zieger/Nöding* Verteidigung Rn. 74; zw. dagegen OLG Bamberg OLGSt GVG § 178 Nr. 11 = BeckRS 2014, 9441). Im Übrigen kann das diesbzgl. **Verschulden** nicht ohne weiteres bejaht werden. Da sich „Ungebühr" auch am Maßstab ungeschriebener, institutioneller Verhaltenserwartungen bemisst, ist die dahingehende Einsichtsfähigkeit mit Blick auf den Reifegrad oder die situative Verunsicherung des Angeklagten keineswegs selbstverständlich zu erwarten (nicht erörtert bzgl. „Unflätigkeit" durch OLG Hamburg StV 2015, 680 = BeckRS 2014, 22297 mAnm *Rinio* StV 2015, 681). – Mit den sachlichen Voraussetzungen korrespondierend sind auch die darauf bezogenen Protokollierungspflichten (§ 182 GVG) erhöht (vgl. schon zum allg. StVR OLG Nürnberg StraFo 2013, 213: „Dazwischenreden" genügt jedenfalls ohne Präzisierung von Art und Umfang nicht).

46   **bb) Schutz vor Öffentlichkeit.** Wie anhand von §§ 48, 6 Abs. 1 S. 2 ersichtlich ist, zählt zu einer spezialpräventiven Ausgestaltung des JStV nach der Konzeption des Gesetzes auch der Grundsatz der Nichtöffentlichkeit. Dem widerspricht es, wenn im Zuge einer öffentlichen Zustellung der Ladung (§ 40 StPO) ein Aushang an der Gerichtstafel vorgenommen (vgl. § 37 Abs. 1 StPO iVm §§ 185 ff. ZPO) und dabei auch der Name (ggf. auch der Tatvorwurf) genannt wird (OLG Stuttgart NStZ 1987, 443; *Meyer-Goßner/Schmitt* StPO § 40 Rn. 2; *Valerius* in MüKoStPO StPO § 40 Rn. 6; *Sonnen* in Diemer/Schatz/Sonnen Rn. 16). Daher ist ein solcher Modus der Ladung gegen zur Tatzeit (n. → § 48 Rn. 3) Jugendliche (auch für die Berufungsverhandlung) unzulässig (abw. KG NStZ-RR 2006, 120 (121 f.) mkritAnm *Eisenberg/Haeseler* JR 2006, 301; LG Zweibrücken MDR 1991, 985; *Nowak* JR 2008, 234).

47   **c) Absprachen im Strafverfahren. aa) Jugendgemäße Zulässigkeitsbedingungen.** Eine Anklageerledigungsform, bei der ein Austausch von beweisführungserleichternden Leistungen und sanktionsförmigen Zugeständnissen im Vordergrund steht, kann weder auf Sanktionen abzielen, die die Entwicklung des Beschuldigten iSv Abs. 1 S. 2 möglichst individuell angepasst fördern, noch kann sie im Interesse an den spezialpräventiv relevanten Erhebungen (§ 43) im gebotenen Maße aufbringen. Das Abspracheverfahren verkörpert vielmehr die (allein an institutioneller Effizienz orientierte) Abkehr vom Programm der positiven Einwirkung (instruktiv hierfür, weil Entstehungszusammenhänge der Taten außen vor lassend, etwa das Verfahren von LG Berlin ZJJ 2012, 203 mAnm *Eisenberg* ZJJ 2012, 204). Prozessual kann – entgegen dem Gebot jugendgerechter Kommunikation (vgl. nur → § 50 Rn. 12 ff.) – der Verständigungsablauf kaum anders gestaltet sein als im allgemeinen StV (vgl. auch *Pankiewicz,* Absprachen im Jugendstrafrecht, 2008, 287 ff., 316 ff). Ohnehin lassen die subtilen Zwangselemente und der nicht zu leugnende zynische Utilitarismus, die der sog. Verständigung innewohnen, es als schwer vorstellbar erscheinen, wie ein solches Verfahren iSv Abs. 1 S. 2 „am Erziehungsgedanken" ausgerichtet sein soll.

48   Da eine ggf. erreichbare Verfahrensbeschleunigung kein von der Ergebnis- und Prozessqualität unabhängiger Eigenwert ist (→ Einl. Rn. 42 f.), spricht für die Anerkennung der Absprache im JStV ganz allein der Aspekt, dass junge Angeklagte dieselben Chancen auf einen Sanktionsbonus wie Erwachsene haben sollten (s. 20. Aufl. Rn. 33d sowie zB *Diemer* in Diemer/Schatz/

Sonnen § 5 Rn. 26 f.; *Meyer-Goßner* StraFo 2003, 401 (404); *Beier*, Zulässigkeit und Modalitäten von Verständigungen im Jugendstrafrecht, 2014, 178 ff.; n. zum Schlechterstellungsverbot → Rn. 23 ff.). Doch da diese „Chance" auf der Preisgabe der Glaubwürdigkeit des Prozesses beruht, geht mit ihr notwendigerweise ein Verlust an Institutions- und Rechtsvertrauen einher. Diese Begleitwirkung durch Zulassung der Absprache sehenden Auges zu akzeptieren, lässt sich mit der dezidiert spezialpräventiven Orientierung des JStR nicht vereinbaren. Aus diesem Grund sind im JStV keine „geeigneten Fälle" iSv § 257c Abs. 1 StPO denkbar (auch → § 105 Rn. 2, → § 27 Rn. 5) und Verfahrensabsprachen **unzulässig** (ebenfalls für Unzulässigkeit oder zumindest für sehr starke Einschränkungen *Velten* in SK-StPO StPO § 257c Rn. 9; *Pankiewicz,* Absprachen im Jugendstrafrecht, 2008, 240 ff.; *Fahl* NStZ 2009, 613 (614 f.); *Knauer* ZJJ 2010, 15 (18); vgl. auch BT-Drs. 16/11736, 9: „Aspekte des Erziehungsgedankens in der Regel entgegenstehen werden"). − Die „Erörterung der in Betracht kommenden Sanktionen mit dem Beschuldigten und das Hinwirken auf dessen Mitwirkungsbereitschaft" stellen allerdings keine Verständigung dar (BT-Drs. 16/11736, 8). Überhaupt wird hier lediglich die Absprache iS eines Handels abgelehnt, nicht aber iS einer prozessüblich-kooperativen Annäherung als „einer grundlegenden Methodik der forensischen Sachverhaltskonstruktion" (*Kuntze-Kaufhold* MschKrim 2003, 390 (403); n. *Starystach,* Die soziale Praxis des Gerichtsverfahrens, 2018, 126 ff., 175 ff.). Deshalb kann und soll die Verteidigung auch nach der hiesigen Auffassung namentlich mit Blick auf eine **Einstellungsentscheidung** (§§ 45, 47) das Gespräch mit der JStA und dem JRichter führen und suchen (vgl. *Jahn* in MüKoStPO StPO § 160b Rn. 12). Dies gilt aber nur, solange es dabei nicht um eine mehr oder weniger gut bemäntelte Austauschbeziehung und ein Gegenleistungsverhältnis geht, sondern allein um die jeweiligen Optionen einer iSv Abs. 1 zielführenden Erledigungs- und Reaktionsform.

bb) Jugendgemäße Modalitäten. Die hier vertretene jugendspezifische **49** Auslegung von § 257c StPO iVm Abs. 2 wird in der Literatur nicht durchgehend geteilt (dezidiert für die Zulässigkeit der Absprache im JStV etwa *Jahn/Kudlich* in MüKoStPO StPO § 257c Rn. 86; *Zieger/Nöding* Verteidigung Rn. 221 ff.; s. ferner etwa *Ostendorf* in NK-JGG § 18 Rn. 16; *Rössner* in HK-JGG Rn. 27; *Nowak* JR 2010, 248). Der BGH hatte zunächst Bedenken geäußert (BGH NJW 2001, 2642 mAnm *Eisenberg* NStZ 2001, 556), sich sodann offener gezeigt (BGHSt 52, 165 = NJW 2008, 1752 mAnm *Eisenberg* NStZ 2008, 698), um später wieder zu betonen, „dass Verfahrensabsprachen im Jugendstrafverfahren nur in besonderen Ausnahmefällen in Frage kommen" (BGH BeckRS 2018, 3836). − Soweit man in diesem Rahmen eine Absprache im JStV für zulässig hält und ein entspr. geeigneten Fall verhandelt wird, ist das Vorgehen indes mit einer Reihe von Problemen und Maßgaben verknüpft. So stellt sich neben der zwingenden Verteidigereinbindung (→ § 68 Rn. 26; ebenso bspw. Begr. BT-Drs. 16/11736, 9; *Jahn/Kudlich* in MüKoStPO StPO § 257c Rn. 87; *Knauer* ZJJ 2010, 15 (17)) die Frage, ob bei einer Absprache die **spezifischen Beteiligungsregeln des JGG** suspendiert werden können. Während dies bei den (elterlichen usw) Anwesenheitsrechten gem. § 67 naheliegt (weil diese von den Rechten des Jugendlichen abgeleitet sind), ist das bei der JGH wegen ihrer Mitwirkungsrechte (→ § 38 Rn. 35) weniger klar (vgl. zudem zur

Unerlässlichkeit der Untersuchung gem. § 43 *Knauer* ZJJ 2010, 15 (17); ähnlich *Nowak* JR 2010, 248 (251); *Beier,* Zulässigkeit und Modalitäten von Verständigungen im Jugendstrafrecht, 2014, 306). Ungeklärt ist, ob die von § 257c Abs. 3 S. 4 geforderte Zustimmung auch durch die Eltern erteilt werden muss.

50 Die Zusage einer **Sanktionsobergrenze** kommt überhaupt nur in Betracht, wenn die Anwendungsvoraussetzungen der jeweiligen Sanktionsart (s. insb. § 17) vorab bereits festgestellt wurden (dann die Zusage im JStV für zulässig haltend BGHSt 52, 165 = NJW 2008, 1752 mAnm *Eisenberg* NStZ 2008, 698; BGH StV 2005, 489 = BeckRS 2005, 08391; *Noack* StV 2002, 445 (448 f.); *Nowak* JR 2010, 248 (251 ff.)). Allerdings ist dann die Mitteilung einer (beim Nichtzustandekommen der Absprache erwartbaren) Alternativstrafe problematisch. Schon im allg. StR sind die Übergänge zu einer Sanktionsschere, mit der unzulässiger Druck ausgeübt wird, fließend (s. nur *Jahn/Kudlich* in MüKoStPO StPO § 257c Rn. 56, 131; vgl. zur Illustration der Problematik die Auskunft des Verteidigers im Verfahren bei BVerfG StraFo 2013, 160 v. 18.4.2013: Verurteilung zu Dauerarrest nach vorheriger Ankündigung einer zBew ausgesetzten JStrafe von 1 Jahr und 3 Monaten). Im JStV kommt hinzu, dass das prozessuale Vorgehen erziehungsförderlich sein soll (Abs. 1 S. 2), was bei der (stets nötigungsnahen) Alternativstrafennennung kaum zu gewährleisten ist (diese folgerichtig für unzulässig haltend *Beier,* Zulässigkeit und Modalitäten von Verständigungen im Jugendstrafrecht, 2014, 267 f.). – Soweit eine Sanktionsobergrenze zugesagt worden ist, kann sich das Gericht hiervon iÜ kaum befreien. Die in § 257c Abs. 4 StPO abschließend geregelten Gründe für einen Wegfall der **Bindung** sind im JStV teilw. unanwendbar (vgl. auch *Knauer* ZJJ 2012, 260 (262); *Beier,* Zulässigkeit und Modalitäten von Verständigungen im Jugendstrafrecht, 2014, 290 ff.). Dies betrifft namentlich die für die jugendstrafrechtliche Sanktionsbemessung irrelevante (→ § 5 Rn. 2 ff.) Konstellation, in der „der in Aussicht gestellte Rahmen nicht mehr tat- oder schuldangemessen ist". Das Gericht wird also allein dadurch frei, dass der Angeklagte seine Zusage bricht (§ 257c Abs. 4 S. 2 StPO).

51 **d) Rechtsstellung von Zeugen und (mutmaßlich) Verletzten. aa) Zeugenvernehmung.** Eine etwaige **Vereidigung** von Zeugen im JStV bestimmt sich nach § 59 Abs. 1 S. 1 StPO iVm Abs. 2. Handelt es sich beim Zeugen um ein Kind oder einen Jugendlichen, besteht das Vereidigungsverbot nach § 60 Nr. 1 StPO. Die Zeugenvereidigung ist an die Bedingung ihrer Notwendigkeit geknüpft, sodass hierfür weniger Raum ist als für die – im richterlichen Ermessen stehende – Vereidigung von Sachverständigen (§ 79 Abs. 1 S. 1 StPO iVm Abs. 2). Für eine entspr. Ermessenswahrnehmung spricht hierbei iÜ, dass die Aussage des Sachverständigen faktisch mit institutioneller Machtausübung ggü. dem jugendlichen oder heranwachsenden Angeklagten einhergeht und durch die Vereidigungsmöglichkeit gewissermaßen eingegrenzt wird.

52 Prinzipiell haben Zeugen gem. § 68b Abs. 1 StPO iVm Abs. 2 auch im JStV das Recht auf **anwaltlichen Beistand** (wobei dieser nach *Freund,* Die Weisungsgebundenheit der Rechtsanwälte von Verletzten und Zeugen, 2014, 203 ff. wie ein Verteidiger weisungsgebunden ist). Für einen Ausschluss des Beistands (§ 68b Abs. 1 S. 3 StPO) besteht im JStV allerdings eher Anlass als im allg. StV, insb. bei einer vom Beistand ausgehenden Beein-

flussung (minderjähriger) Zeugen oder wenn die Anwesenheit den Beschuldigten als Erkenntnisquelle beeinträchtigt. Eine Beiordnung gem. § 68b Abs. 2 S. 1 StPO ist schon im allg. StVR „nur in außergewöhnlichen Situationen vorgesehen" (*Maier* in MüKoStPO StPO § 68b Rn. 66; für ein nicht unproblematisches Bsp. vgl. OLG Stuttgart NJW 2001, 1589).

bb) Einschränkungen der Verletztenrechte. Das außerordentlich breite Spektrum an **Aktiv- und Passivrechten** der mutmaßlich geschädigten Person (sog. „Opfer"-Rechte, s. dazu die Zusammenstellung bei *Kölbel* in BMJV 2017, 30 f.) soll nach einer verbreiteten Auffassung auch im JStV gelten – ausgenommen die an die Nebenklagebefugnis geknüpften Rechtspositionen, die nur bei einer entspr. Berechtigung anwendbar seien (s. etwa *Schatz* in Diemer/Schatz/Sonnen § 80 Rn. 29 f.; *Schöch* ZJJ 2012, 246 (251 ff.); *Zapf*, Opferschutz und Erziehungsgedanke im Jugendstrafverfahren, 2012, 383 f.). Dabei wird übersehen, dass die meisten prozessualen „Verletzten"-Rechte auch für solche „Opfer"-Interessen nutzbar sind, deren Realisierung (wie bspw. bei Genugtuungs- und Vergeltungsbedürfnissen oder bestimmten materiellen Belangen) zu spezialpräventiv dysfunktionalen Verfahrensverläufen und -ergebnissen führt (*Kölbel* in BMJV 2017, 16 f.; aus der internationalen Literatur ebenso etwa *Henning* California Law Journal 2009, 1107). Deshalb muss die **Verträglichkeit** dieser Rechtspositionen **mit Abs. 1** stets konkret überprüft und ggf. eine jugendorientierte Auslegung vorgenommen werden (ebenso *Velten* in SK-StPO StPO Vor §§ 406d–406h Rn. 7; grundsätzlich auch *Hilger* in Löwe/Rosenberg StPO Vor § 406d Rn. 6). Dies gilt sowohl bei der Nebenklage (*Kölbel* in Strafverteidigertag 2018, 338; → § 80 Rn. 16 ff.) und den von einer Nebenklagebefugnis abhängigen Rechten (→ § 80 Rn. 14) wie auch bei hiervon entkoppelten Rechtspositionen (bzgl. der Anwesenheitsrechte → § 48 Rn. 16a, 16c und bzgl. der Vernehmungsoptionen gem. § 247 S. 2, §§ 168e, 247a und §§ 58a, 255a StPO → §§ 33–33b Rn. 53 ff.).

So ist das JGericht bspw. nicht nur regelhaft gehalten, die nach § 406e Abs. 1 und 3 iVm Abs. 2 StPO begehrte **Akteneinsicht** durch den (mutmaßlich) Verletzten bei dessen noch bevorstehender Zeugenbefragung (s. § 406e Abs. 2 S. 2 StPO) zu versagen (OLG Hamburg NStZ 2015, 105; *Grau* in MüKoStPO StPO § 406e Rn. 14; *Baumhöfener/Daber/Wenske* NStZ 2017, 562). Vielmehr hat es auch zu berücksichtigen, dass die Akten infolge der dezidiert auf den jugendlichen Beschuldigten orientierten Ermittlungen (§ 43) in besonderem Maße persönlichkeitsrechtlich relevante Informationen enthalten. Werden diese Daten dritten Personen zugänglich, handelt es sich ggf. um einen tiefgreifenden Grundrechtseingriff (BVerfG NJW 2017, 1164) und meist um eine entwicklungsabträgliche, Abs. 1 widersprechende Situation. Um dies zu vermeiden, muss die Akteneinsicht idR nach § 406e Abs. 2 S. 1 StPO abgelehnt oder jedenfalls auf die nicht-personenbezogenen Aktenbestandteile beschränkt werden (zur Erforderlichkeit einer vorherigen Anhörung des Beschuldigten BVerfG BeckRS 2016, 55370). Im Übrigen ist auch **§ 406d Abs. 2 StPO** allenfalls restriktiv anwendbar (vgl. *Höynck* DVJJ 2008, 430: „unbelasteter Neuanfang").

Die **psychosoziale Prozessbegleitung** läuft den Belangen von Abs. 1 S. 2 schon deshalb zuwider, weil sie die ohnehin kaum überwindbaren Kommunikationshürden in der Hauptverhandlung (zu diesen → § 50 Rn. 11 ff.) zusätzlich erhöht. Auch lässt sie außer Acht, dass der beschuldigte

71

oder angeklagte Jugendliche – unabhängig davon, ob der Tatvorwurf zutrifft – oft ebenso und ggf. sogar eher als der mutmaßlich „Verletzte" einer psychosozialen Prozessbegleitung bedarf (*Kölbel* in BMJV 2017, 19; n. → § 70c Rn. 8 sowie statt vieler *Johnston/Prentice/Whitehead* ua JForensPsychiatPsych 2016, 802 ff. sowie Bericht der Expertenkommission zur effektiveren praxistauglicheren Ausgestaltung des allgemeinen Strafverfahrens und des jugendgerichtlichen Verfahrens, 2015, 175: „große Mehrheit" der Kommunikation „nicht gewachsen", vielmehr „des Schutzes und der Fürsorge bedürfen"). Dass nach der gesetzlichen Konzeption nur das mutmaßliche „Opfer", nicht aber der mutmaßliche „Täter" die psychosoziale Unterstützung erhält, dürfte von den Beschuldigten gerade bei Jugendstraftaten, die aus einem sozialen Kontakt- oder gar Beziehungsverhältnis oder aus uneindeutigen Geschehensabläufen heraus entstehen, schwerlich als gerecht empfunden werden und eher eine Abwehrhaltung provozieren (auch → Rn. 25) – ganz besonders natürlich, wenn sich die verletzte Person am Prozessende gar nicht als Opfer erweist. Vor diesem Hintergrund ist die Anwendbarkeit von § 406g StPO im JStV nicht zweifelsfrei (eingehend *Eisenberg* ZJJ 2016, 33; zust. *Putzke* in BeckOK JGG Rn. 34). Hinzu kommen erhebliche Bedenken mit Blick auf die Waffengleichheit im Prozess und eine begleitungsbedingte subtile Beeinflussung der Aussage des fraglichen Zeugen (abw. und relativierend *Riekenbrauk* in DVJJ 2019, 271 ff.).

56   **e) Diverse andere Einzelregelungen. aa) § 187 Abs. 2 und 3 GVG.** Mit Blick auf die noch laufende Reifeentwicklung der Beschuldigten sind idR keine Einschränkungen des – belehrungspflichtigen (§ 163a Abs. 5 StPO) – Anspruchs auf eine **schriftliche Übersetzung** von freiheitsentziehenden Anordnungen sowie von Anklageschriften usw angängig (was etwa in den bspw. von *Schacht* RdJB 2016, 428 behandelten Verfahren gegen unbegleitete minderjährige Flüchtlinge relevant ist). Problematisch sind daher zunächst einmal die Anspruchsrelativierungen in § 187 Abs. 2 S. 2 und S. 4 sowie insb. S. 5 GVG, weil sich die Abwälzung der Übersetzungsleistung auf die Verteidigung nicht damit verträgt, dass es hier um eine besondere staatliche Fürsorgepflicht geht. Vor allem aber reicht es im JStVR (anders als im allg. StVR) für einen wirksamen Verzicht auf eine schriftliche Übersetzung nicht aus, dass der Beschuldigte zuvor über sein diesbzgl. Recht und die Folgen eines Verzichts formal belehrt worden ist (dazu und zur Dokumentation von Belehrung und Verzicht s. § 187 Abs. 3 GVG). Vielmehr muss die Belehrung in der gem. § 70a Abs. 1 aF bzw. § 70b Abs. 1 nF vorgeschriebenen Weise geschehen und es muss sichergestellt sein, dass der Beschuldigte die Bedeutung der Belehrung und die Tragweite des Verzichts verstanden hat.

57   **bb) Revision und Verwertungsverbote.** Auf der Basis jugendspezifischer Auslegung (zur hier vertretenen Ansicht n. *Eisenberg* NK 2013, 229 (239, 244)) ist eine Revisionsverwerfung nach **§ 349 Abs. 2 StPO** nur unter Vorbehalt zu empfehlen (zur Unzulässigkeit nach § 354 Abs. 1a StPO → § 54 Rn. 52 ff.). Dem Beschluss muss – die Befähigung des Berichterstatters und/oder des Vorsitzenden iSv § 37 vorausgesetzt – ua eine Einsichtnahme aller beteiligten Senatsmitglieder in die Aktenunterlagen vorausgegangen sein (offenlassend BGH NStZ-RR 2013, 214 zum allg. StR). Sofern der Antrag der StA unzutreffend oder unvollständig begründet ist, müssen dem Beschluss (unter Beachtung von § 54 Abs. 1 S. 2 und Abs. 2) zudem Erläuterungen angefügt werden. – Mit Blick auf die sog. **Abwägungslösung,** mit der die Rspr. das Eingreifen eines Beweisverwertungsverbots prüft, spricht viel für den Vorschlag von *Mitsch* (NStZ 2019, 681 (682)), das „Abwägungskriterium der „Schwere des Tatvorwurfs" durch die „Schwere des erzieherischen Mangels" zu ersetzen oder zumindest zu ergänzen".

cc) Einwendungen gegen die Vollstreckung. Das Verhältnis von 58 Rechtsmittelrecht (einschließlich der Wiederaufnahme des Verfahrens) und Vollstreckungsrecht zeigt, dass **§ 458 Abs. 1 Alt.** 3 StPO nicht auch solche Einwendungen einschließt, die sich gegen den Bestand oder die inhaltliche Richtigkeit der zu vollstreckenden Entscheidung richten (allg. Auffassung). Ausnahmen bestehen aber bei als „unerträglich" empfundenen Verstößen gegen elementare strafrechtliche Grundsätze (insb. in Form von Eingriffen in die Freiheit der Person). Im Hinblick hierauf ist im allg. StR fraglich, ob ein entspr. Vollstreckungshindernis zB dort vorliegt, wo das Doppelbestrafungsverbot (Art. 103 Abs. 3 GG) verletzt wurde (bejahend *Meyer-Goßner/Schmitt* StPO § 458 Rn. 9 iVm § 359 Rn. 39; abw. *Appl* in KK-StPO StPO § 458 Rn. 13) oder ein Verstoß gegen das Rückwirkungsverbot (Abs. 2, § 2 Abs. 1 StGB, Art. 103 Abs. 2 GG, Art. 7 Abs. 1 EMRK) geschehen ist. Im JStR ist in derartigen Fällen zu berücksichtigen, dass letztlich nur eine glaubwürdige Strafverfolgung spezialpräventiv wirksam sein kann, sodass die jugendgemäße Auslegung für die Anwendbarkeit von § 458 Abs. 1 Alt. 3 StPO spricht (abw. LG München ZJJ 2014, 398 mAnm *Eisenberg* ZJJ 2014, 399 (401 f.)). Dies gilt besonders, wenn der Verurteilte um die inhaltliche Unrichtigkeit weiß und/oder eine „offensichtliche Rechtswidrigkeit" konstatiert werden muss (AG München ZJJ 2016, 83).

f) Entschädigung. aa) StrEG. Macht der Jugendliche oder Heranwach- 59 sende im JStV die Erfahrung irregulären staatlichen Vorgehens – etwa in Form institutionell initiierten und durchgesetzten Unrechts (zB U-Haft bei anschließendem Freispruch) –, handelt es sich um eine erzieherisch abträgliche Beeinträchtigung höheren Grades. Insofern besteht Anlass zu einer auch symbolisch sichtbaren Selbstkorrektur des Staates. Die Regelungen zum Ausgleich unberechtigter (strafprozessualer und materiellrechtlicher) Strafeingriffe weisen indes eine Reihe von strukturellen Defiziten auf (n. *Hoffmann/Leuschner,* Rehabilitation und Entschädigung nach Vollstr. einer Freiheitsstrafe und erfolgreicher Wiederaufnahme, 2017). Dies ist durch eine jugendgemäße Handhabung nicht nur einiger Ausschlusstatbestände (→ Rn. 60 ff.), sondern auch der Bestimmungen zum Anspruchsumfang immerhin bedingt abzumindern. Beispielsweise ist bei Strafverfolgungsmaßnahmen gegenüber Jugendlichen und Heranwachsenden, die einen Anspruch nach StrEG begründen, ein entschädigungspflichtiger Vermögensschaden (§ 7 Abs. 1 StrEG) ggf. auch durch entgangenen Gewinn infolge einer Unterrichts- oder Ausbildungsunterbrechung anzuerkennen. Dessen bedarf es insb., wenn der Jugendliche maßnahmebedingt ein Schuljahr wiederholen muss (vgl. dazu etwa den bei *Eisenberg* StraFo 2010, 421 (424); s. auch *Eisenberg* Kriminalistik 2010, 44 behandelten Fall) oder an der Ablegung einer Abschlussprüfung gehindert wird (nicht erörtert von OLG Stuttgart NStZ-RR 2014, 120 mAnm *Eisenberg* ZKJ 2013, 491; *Eisenberg* GA 2014, 107).

60   Bei der Frage, ob der Jugendliche oder Heranwachsende die Strafver-
folgungsmaßnahme durch sein Aussageverhalten ggf. (in anspruchsaus-
schließender Weise) **grob fahrlässig verursacht** hat (§ 5 Abs. 2 S. 1
bzw. S. 2 StrEG), ist die alterstypische Überforderung junger Beschuldigter
bei ihrer Vernehmung zu berücksichtigen (zB betr. widerlegbares Alibi,
widersprüchliche oder lückenhafte Angaben); für die entspr. Verantwor-
tungszuweisung ist danach selten Raum (neben § 44 im Allgemeinen auch
→ 70c Rn. 8). Das Gleiche gilt bei einem ggf. abgelegten falschen Geständnis (§ 6 Abs. 1 Nr. 1 StrEG; zu jugendtypischen Entstehungszusammenhängen n. → § 70c Rn. 9 ff.). – Im Übrigen ist die Ausschlussregelung
des **§ 5 Abs. 1 Nr. 1 StrEG,** die bei formaler Gesetzesauslegung die
Vorschrift des § 52a Abs. 1 S. 1 und sogar den Ausnahmefall der Nichtanrechnung auf JA (§ 52) einschließt, im JStR nicht uneingeschränkt anwendbar, da sie der Umsetzung des schadensersatzrechtlichen Grundsatzes
dient, dass mitwirkendes Verschulden des Geschädigten den Ersatzanspruch
aufhebt oder mindert. Im Gegensatz dazu lässt § 52a eine Nichtanrechnung aber auch aus erzieherischen Gründen zu. Da solche Fälle nicht zu
den Sachverhalten gehören, auf die sich die Ausschlussvorschrift zweckhaft
bezieht, kann der Ersatzanspruch hier nicht versagt werden (diff. aber
Meyer StrEG § 6 Rn. 43 ff.; offenlassend *Kunz* in MüKoStPO StrEG § 5
Rn. 3).

61   Die Entschädigung in Fällen, in denen es nach einer U-Haft zu einer
Einstellung gem. §§ 45, 47 (dann § 3 StrEG) oder der urteilsförmigen
Anordnung einer ambulanten Rechtsfolge (dann § 4 Abs. 1 Nr. 2 StrEG)
kommt, kann nach **§ 6 Abs. 2 StrEG** ganz oder teilw. versagt werden, wenn
das Gericht die besagte Entscheidung deshalb trifft, weil es von einem
Wegfall der erzieherischen Erforderlichkeit von JA oder JStrafe durch die
bereits erfolgte Freiheitserziehung ausgeht. Bei solchen Prozessverläufen
stellt sich regelmäßig die Frage, ob die Rechtsfolgenentscheidung nicht die
zuvor angenommene Verhältnismäßigkeit der U-Haft als fragwürdig erscheinen lässt (näher → § 72 Rn. 5 a f.). Ungeachtet dessen soll die Entschädigung
unterbleiben können, weil der Freiheitsentzug faktisch angerechnet wird
und sich „günstig" in einer eingriffsarmen Sanktion auswirkt (*Meyer* StrEG
§ 6 Rn. 42; *Kunz* StrEG § 6 Rn. 38 f.). Nach der jugendgemäßen Auslegung des Rechtsbegriffs „berücksichtigen" reicht es aber nicht aus, dass das
Gericht eine erzieherische Wirkung der U-Haft behauptet; es muss diese
Wirkungen vielmehr nach Beratung durch die JGH (dazu *Eisenberg* ZKJ
2013, 491 (492)) einzelfallbezogen und empirisch tragfähig begründen. Ist
dies nicht möglich (bspw. weil die U-Haft irregulär war und der Betroffene
ohnehin auch gar keine Indikation einer stationären Einwirkung aufweist),
ist die Entschädigung der „überschießenden" U-Haft also nicht ausgeschlossen (vgl. auch *Meyer* StrEG § 6 Rn. 42: Nachweis des Erfolgs; ferner BVerfG
BeckRS 2012, 56127; *Kunz* in MüKoStPO StrEG § 6 Rn. 44: Konstruktion erzieherischer Erwägungen, um die Unverhältnismäßigkeit der U-Haft
zu rechtfertigen, ist verfehlt).

62   Insgesamt wird sich die Rechtspraxis hiernach nur selten auf § 6 Abs. 2
StrEG berufen können (weil das Aufzeigen „echter erzieherisch günstiger"
U-Hafteffekte methodisch schwierig ist – vgl. *Eisenberg/Reuther* ZKJ 2006,
490 (492)). Diese Konsequenz ist aber auch notwendig, weil sich das JGericht bei der Ablehnung der Entschädigung sonst – auch in Fällen apokrypher Haftgründe oder unverhältnismäßiger U-Haftdauer – hinter pauschalen

Behauptungen zur U-Haftwirkung letztlich verstecken kann (wie dies in den Verfahren von BGH BeckRS 2012, 15988; KG NStZ 2010, 284; OLG Stuttgart NStZ-RR 2014, 120 auch geschehen ist). Nur durch die weitgehende Zurückdrängung von § 6 Abs. 2 StrEG kommt es für die Entschädigung auf die richterliche Anwendung von §§ 3, 4 Abs. 1 Nr. 2 StrEG an, sodass der Jugendliche oder Heranwachsende in die Lage versetzt wird, die hier jeweils vorzunehmenden Billigkeitswertungen des JGerichts ggf. im Beschwerdeverfahren zumindest auf Ermessensfehler (dazu KG NStZ 2010, 284 (285)) hin überprüfen zu lassen. Allein auf diese Weise wird eine unzulässige Schlechterstellung gegenüber Erwachsenen (→ Rn. 23 ff.), bei denen § 6 Abs. 2 StrEG gar nicht gilt, ausgeschlossen (n. zum Ganzen *Eisenberg* GA 2014, 107).

bb) EMRK. Sind Rechte des **Art. 5 Abs. 1–4 EMRK** durch rechtswid- 63 rige Festnahme oder Haft verletzt worden, so hat der Betroffene einen zwingenden und verschuldensunabhängigen Anspruch auf Schadensersatz gegen den jeweiligen Mitgliedstaat (Art. 5 Abs. 5 EMRK), der vor den Zivilgerichten geltend zu machen ist (wobei ein immaterieller Schadensersatz entsprechend Art. 41 EMRK bestimmt wird (vgl. etwa BGHZ 122, 268 = NJW 1993, 2927)). Da dieser Anspruch nicht den Beschränkungen des allgemeinen Staatshaftungsrechts oder des StrEG unterliegt, bleibt er durch einen Entschädigungsanspruch nach dem StrEG oder durch dessen Versagung unberührt. Somit kann Art. 5 Abs. 5 EMRK im JStR wegen der benachteiligenden Besonderheiten des § 6 Abs. 2 StrEG (→ Rn. 61 f.) rechtstatsächlich noch größere Bedeutung zukommen als im allg. StR. – Im Einzelnen ist hinsichtlich Art. 5 Abs. 1 S. 2 Buchst. c EMRK wesentlich, dass es für die Rechtmäßigkeit oder Rechtswidrigkeit von U-Haft auf die Einhaltung der einzelnen, in den nationalen Gesetzen geregelten Voraussetzungen ankommt (allg. Auffassung, vgl. zur Herleitung EGMR 20.3.2001 – 33591/96 Rn. 46, 50; näher *Esser* in Löwe/Rosenberg EMRK Art. 5 Rn. 46, 104; zum Ganzen *Krauße* StraFo 2017, 349). Die Kriterien einer schadensersatzrelevanten Verletzung bestimmen sich (auch) nach nationalem Recht – einschließlich der §§ 72, 72a.

VI. Umgekehrte Vorrangbeziehung im Ordnungswidrigkeitenrecht

Innerhalb des **prozessualen** OWiR gelten vorrangig die Vorschriften 64 des OWiG, die (Verfahrens-)Vorschriften von JGG, StPO und GVG dagegen lediglich sinngemäß und auch dies nur, soweit das OWiG nichts anderes bestimmt (§ 46 Abs. 1 OWiG). Prinzipiell, dh unter dem Vorbehalt nicht vorhandener Spezialregelungen im OWiR, sind diese Vorgaben aber im OWiR durchaus von Bedeutung. Im Rahmen dieses „Transfers" gilt, soweit es um Jugendliche und Heranwachsende geht, wiederum der Vorrang des JGG gegenüber der StPO (→ Rn. 17 f.) und die jugendgemäße Auslegung des allg. StVR (→ Rn. 20 ff.). Infolge dessen kommt es auch nicht zu einem Konflikt mit EU-rechtlichen Mindeststandards (→ Einl. Rn. 32), deren Anwendungsbereich sich gem. Art. 2 Abs. 6 RL (EU) 2016/800 (zu dessen deutscher Lesart *Sommerfeld* ZJJ 2018, 296 (297)) auf das gerichtliche Verfahrensstadium im Bußgeldverfahren erstreckt (zur dor-

tigen, durch Art. 7 Abs. 9 RL (EU) 2016/800 ermöglichten Nichtheranziehung der JGH gem. § 46 Abs. 6 OWiG s. RegE BT-Drs. 19/13837,
18 f.; ferner → § 43 Rn. 4).

65 Ein **Kind** kann nicht ordnungswidrig handeln (§ 12 Abs. 1 S. 1 OWiG)
und deshalb weder verwarnt (§ 56 OWiG) noch einem Bußgeldverfahren
unterzogen werden (§ 46 Abs. 1 OWiG). Bei **Jugendlichen** kommt es
darauf an, ob sie (nach den Kriterien des § 3) ihrer Entwicklung nach für die
Tat verantwortlich sind (§ 12 Abs. 1 S. 2 OWiG). Allerdings wird die
Prüfung der Voraussetzungen des § 3 S. 1 durch die jeweiligen Behörden-
vertreter idR nur schematisch und nicht in jener Tiefe erfolgen können, die
im JStV anzustreben ist. Gerade bei Verkehrsordnungswidrigkeiten Jugendlicher wird eine hinreichende Einsichtsfähigkeit idR vorliegen (schon wegen
der allg. Verkehrsaufklärung und des schulischen Verkehrsunterrichts), doch
wäre auch in diesem Bereich der Umstand altersgruppenmäßig unterschiedlicher Verhaltensmuster (dazu → Rn. 26) zu beachten. Im Zweifel ist die
bußgeldrechtliche Verantwortlichkeit des Jugendlichen zu verneinen (*Rengier*
in KK-OWiG OWiG § 12 Rn. 9 unter Hinweis darauf, dass „hier der
Handlungsunwert oft schwer fassbar ist").

66 Bei bejahter Verantwortlichkeit kann der betroffene Jugendliche verwarnt
und mit einem Verwarnungsgeld belegt werden (§ 56 OWiG). Im Bußgeldverfahren darf auch gegenüber Jugendlichen und Heranwachsenden nur auf
Geldbuße (§ 1 OWiG) oder allenfalls auf Fahrverbot (§ 25 StVG) erkannt
werden (BayObLG NJW 1972, 837; de lege ferenda für die Einführung
jugendbezogener Sanktionen im OWiG etwa *Huhle,* Die Sanktionierung
von jungen Menschen im Ordnungswidrigkeitenrecht, 2017, 303 ff.). Die
Umwandlung der Geldbuße in eine gewisse Auswahl spezifisch **jugendbezogener Rechtsfolgen** ist erst nachgeschaltet iRv Vollstreckungsanord-
nungen (sei es nach Nichtzahlung im Vollstreckungsverfahren gem. § 98
OWiG oder nach Einspruch gem. § 78 Abs. 4 iVm § 98 Abs. 1 OWiG im
gerichtlichen Verfahren vor dem gem. § 68 Abs. 2 OWiG zuständigen
Jugendrichter) möglich (n. zur Vollstr. → § 82 Rn. 29 ff.). Das Einheitsprinzip (§ 31) gilt im OWiR nicht (→ § 31 Rn. 8). Diese erheblichen Abweichungen von der Grundorientierung des JGG in Abs. 1 werden damit
begründet, dass erzieherische Aufgaben den Verwaltungsbehörden wesens-
fremd, dagegen die grundsätzliche Einschaltung des JRichters unangemessen
sei (*Gürtler* in Göhler OWiG § 12 Rn. 8; zur Verfassungsmäßigkeit der
Regelungslage s. *Huhle,* Die Sanktionierung von jungen Menschen im Ordnungswidrigkeitenrecht, 2017, 217 ff.).

67 Bei der **Bemessung** von Verwarnungsgeld und von **Geldbußen** sind die
wirtschaftlichen Verhältnisse zu berücksichtigen (s. dann § 28a StVG), nicht
aber bei geringfügigen Ordnungswidrigkeiten (§ 56 Abs. 1 S. 1 OWiG,
§ 17 Abs. 3 S. 2 Hs. 2 OWiG; anders indes *Krumm* NZV 2010, 68 (70)).
Auf eine etwaige Mittellosigkeit des Jugendlichen oder Heranwachsenden
komme es insoweit nicht an, weil jene altersbezogenen Umstände nach § 98
OWiG bei der (jugendgemäßen) Vollstr. berücksichtigt werden können
(*Seitz/Bauer* in Göhler OWiG § 47 Rn. 21; auch → § 45 Rn. 3). Gegenüber einer solchen, nicht auf jugendtypische Besonderheiten eingehenden
Auslegung des § 17 Abs. 3 S. 2 OWiG bestehen Bedenken, ua im Hinblick
auf die spezialpräventiv abträglichen Nebenfolgen finanzieller Sanktionen (n.
zur Abwälzung ua Problemen → § 15 Rn. 23 ff.), zumal es sich keineswegs
immer nur um sehr geringe Beträge handeln muss.

Gegen ein Urteil, durch das „anstelle einer zu verhängenden Geldbuße" **68** nach § 78 Abs. 4 OwiG eine Arbeitsauflage angeordnet wurde, ist die **Rechtsbeschwerde** möglich, ohne dass es deren Zulassung bedarf (§ 79 Abs. 1 S. 1 Nr. 1, 2 OWiG; BayObLG bei *Rüth* DAR 1984, 248; s. auch OLG Schleswig bei *Lorenzen/Görl* SchlHA 1989, 121). – Zur Zuständigkeit des JugendR s. § 68 Abs. 2 OWiG.

Zweiter Teil. Jugendliche

Erstes Hauptstück. Verfehlungen Jugendlicher und ihre Folgen

Erster Abschnitt. Allgemeine Vorschriften

Verantwortlichkeit

3 **¹Ein Jugendlicher ist strafrechtlich verantwortlich, wenn er zur Zeit der Tat nach seiner sittlichen und geistigen Entwicklung reif genug ist, das Unrecht der Tat einzusehen und nach dieser Einsicht zu handeln. ²Zur Erziehung eines Jugendlichen, der mangels Reife strafrechtlich nicht verantwortlich ist, kann der Richter dieselben Maßnahmen anordnen wie das Familiengericht.**

Schrifttum AFET (Hrsg.), Gewalt gegen Kinder und Jugendliche in Institutionen, 2004; *Barnikol,* Unterstellt statt überprüft? Das richterliche Vorgehen bei der Verantwortlichkeitsbeurteilung nach § 3 JGG, 2012; *Birtsch,* Handbuch Erziehungshilfen, 2001; *Blandow,* Heimerziehung und Jugendwohngemeinschaften, in Blandow/Faltermeier (Hrsg.), Erziehungshilfen in der Bundesrepublik Deutschland. Stand und Entwicklungen, 1989; *Dräger,* Die Strafmündigkeitsgrenzen in der deutschen Kriminalgesetzgebung des 19. Jahrhunderts, 1992; Egg (Hrsg.), Psychiatrisch-psychologische Begutachtung in der Strafjustiz, 2012; *Fischer,* Strafmündigkeit und Strafwürdigkeit im Jugendstrafrecht, 2000; *Freigang ua,* Mädchen in Einrichtungen der Jugendhilfe, 1986; *Fritsch,* Die jugendstrafrechtliche Reformbewegung, 1999; *Pelagia ua* FS Fenge, 1996; *Funke,* Zur Rolle von Jugendlichen im Jugendhilfeprozeß, 1981; Gabriel/Winkler (Hrsg.), Heimerziehung, 2003; *Hartwig,* Sexuelle Gewalterfahrungen von Mädchen. Konfliktlagen und Konzepte mädchenorientierter Heimerziehung, 1990; *Heitkamp,* Heimerziehung und Pflegefamilien – Konkurrenz innerhalb der Jugendhilfe?, 1989; *Materialien* zum 11. Kinder- und Jugendbericht, Bd. 1, 2002; *Lemm,* Die strafrechtliche Verantwortlichkeit jugendlicher Rechtsbrecher, 2000; *Lempp,* Das Problem der Strafmündigkeit aus kinder- und jugendpsychiatrischer Sicht, in Nissen/Schmitz (Hrsg.), Strafmündigkeit. Juristische, jugendpsychiatrische und theologische Aspekte, 1973; *Mollenhauer,* Jugendhilfe. Soziologische Materialien, 1968; *Peters,* Die Beurteilung der Verantwortungsreife, in Undeutsch (Hrsg.), Handbuch der Psychologie, 1967; *Pongratz ua,* Kinderdelinquenz, 1975; *Rupp-Diakojanni,* Die Schuldfähigkeit Jugendlicher innerhalb der jugendstrafrechtlichen Systematik, 1990; *Steinbrecher,* Daten zur Heimschulsituation, in Materialien zur Heimerziehung, Nr. 5/6, 1984; Struck ua (Hrsg.), Reform der Heimerziehung, 2003; *Wegener,* Einführung in die forensische Psychologie, 1981; *Wenn,* Beurteilung der strafrechtlichen Verantwortlichkeit und der Schuldfähigkeit in jugendpsychiatrischen Gutachten, 1992; *Wolf,* Machtprozesse in der Heimerziehung, 1999; *Zenz,* Kindesmißhandlung und Kindesrechte, 1979.

Übersicht

I. Anwendungsbereich

1. Jugendliche

1   **a)** Die Vorschrift findet auf Jugendliche grundsätzlich auch dann Anwendung, wenn das Verfahren vor den für allgemeinen Strafsachen zuständigen Gerichten durchgeführt wird (§ 104 Abs. 1 Nr. 1; betr. familienrechtliche Erziehungsaufgaben → § 34 Rn. 1, 14).

1a   **b)** Eine *spezielle Einschränkung* des Anwendungsbereichs von § 3 stellt § 60 Abs. 1 Nr. 1 Alt. 1 StPO dar. Die unwiderlegbare Vermutung, dass Jugendlichen die nötige Reife fehlt, um die Bedeutung eines Eides zu erfassen, hat zur Folge, dass ein Jugendlicher, der unter Verstoß gegen die genannte Vorschrift vereidigt wird, mangels diesbezüglicher Strafmündigkeit nicht wegen Meineids bestraft werden darf (näher *Eisenberg* Beweisrecht StPO Rn. 1145).

2. Heranwachsende

Die Vorschrift gilt für Heranwachsende auch dann **nicht,** wenn sie nach 2
ihrem Entwicklungsstand noch einem Jugendlichen gleichstehen und deshalb auf sie materielles JStR angewandt wird (§ 105 Abs. 1); sie sind stets
strafmündig (allgemeine Auffassung, vgl. auch *Laubenthal/Baier/Nestler* JugendStrafR Rn. 83). Erhebliche Entwicklungsmängel können nur iRd
§§ 20, 21 StGB berücksichtigt werden (zust. *Weber* Schuldprinzip 77).

II. Allgemeines

1. Entstehungsgeschichte

Im 19. Jahrhundert ergaben sich zwei unterschiedliche Konzepte zur Frage 3
einer absoluten oder nur bedingten (oder relativen) Strafmündigkeit und
Strafunmündigkeit (vgl. ausf. *Dräger,* Die Strafmündigkeitsgrenzen in der
deutschen Kriminalgesetzgebung des 19. Jahrhunderts, 1992, 25 ff.; *Fritsch,*
Die jugendstrafrechtliche Reformbewegung, 1999, 99). Dabei kannten die
deutschen Partikulargesetze eine **absolute Strafmündigkeit** von zuletzt
14 Jahren – im bayerischen StGB von 1810 betrug sie acht Jahre –, wobei
für die Altersgruppe bis zu 16 und zuletzt bis zu 18 Jahren Strafminderung
vorgesehen war. Demgegenüber ließ der Code pénal (1810) die Strafmündigkeit mit Vollendung des 16. Lebensjahrs eintreten, wobei jüngere Personen **bedingt strafmündig** waren, nämlich nur bei Vorliegen des Unter-
scheidungsvermögens von Recht und Unrecht; Preußen (1851) und Bayern
(1861) übernahmen dieses System. Das RStGB (1871), das allein in §§ 55,
57 Bezug auf Nichterwachsene nahm, trug beiden Konzepten Rechnung,
indem es einerseits ein absolutes Strafmündigkeitsalter bei Vollendung des
12. Lebensjahrs festsetzte, andererseits aber bei der Tätergruppe im Alter
von 12–18 Jahren die Strafbarkeit vom Vorliegen der zur Erkenntnis der
Strafbarkeit erforderlichen Einsicht bei Tatbegehung abhängig machte und
darüber hinaus für den Fall der Strafbarkeit eine Strafmilderung vorschrieb.
Es betrug zB die Anzahl der in den Jahren 1908 und 1912 zu Gefängnisstrafe
verurteilten 12- und 13-Jährigen 4.192 und 4.121 (RKrSt 1908 Tabelle I,
35; RKrSt 1912 Tabelle I, 43).

Nach dem **JGG 1923** blieben Personen im Alter von unter 14 Jahren 3a
straffrei, während bzgl. der strafrechtlichen Verantwortlichkeit von Personen
zwischen 14 und 18 Jahren neben geistiger auch sittliche Reife vorausgesetzt
wurde; dabei waren die Reifevoraussetzungen (in § 3) negativ formuliert, dh
danach, wann die strafrechtliche Verantwortlichkeit bei Jugendlichen entfällt.
Kinder, dh Personen unter 14 Jahren (krit. zur historischen Entwicklung
Dörner RdJB 1992, 144 ff. (150 ff.), sind seither in Deutschland ausnahmslos strafunmündig (zu den meist, aber nicht überall sehr ähnlichen Altersgrenzen
im Ausland s. DGHP Juvenile, Bd. 4, 1820 ff. sowie *Dünkel* RdJB 1999,
292 ff.; *ders.* NK 2008, 102 ff.; Wissenschaftlicher Dienst BT WD7-3000-
120/19). Durch RJGG 1943 wurde diese Voraussetzung positiv gefasst,
wodurch zwar materiell-rechtlich keine Änderung erfolgte, für die praktische Anwendung iSd Regel-/Ausnahmeverhältnisses aber eine eher jugendgemäße Auswirkung sich hätte erwarten lassen (aber zur funktionalen Relevanz → Rn. 4, 20). Als eine der Rechtsauffassung des NS-Systems geschul-

dete (vgl. RG Deutsches Recht 1944, 660: „dem Sinn und Zweck der Rechtsordnung zuwiderläuft") materiell-rechtliche Änderung wurde die Fassung des § 3 JGG 1923, die auf das „Ungesetzliche" der Tat abstellte, durch „Unrecht der Tat" ausgetauscht (aber näher → Rn. 16, 20).

2. Kriminalpolitische Erwägungen

3b Anhaltend wird von verschiedenen Autoren bzw. Institutionen nicht nur die Herausnahme der 14- und 15-Jährigen aus dem Bereich der JStrafe (oder gar freiheitsentziehender Rechtsfolgen schlechthin) empfohlen (sog. Bestrafungsmündigkeit (AK II/1, DVJJ 93; abl. *Robra* DVJJ 93 sowie DVJJ 93, AK V/3; krit. auch *Streng* DVJJ-Journal 1993, 140; zur Vollzugsdurchführung aber auch → § 92 Rn. 14, 141), sondern insbes. und umfassender eine „Entkriminalisierung" dieser Altersgruppe durch Heraufsetzen des Strafmündigkeitsalters auf **16 Jahre** (vgl. etwa *Busch* Zbl 1985, 396 f. mN; Sondervotum 1 UK I DVJJ-Journal 1992, 15; *Nickolai* NK 2006, 3 f.; *Fischer,* Strafmündigkeit und Strafwürdigkeit im Jugendstrafrecht, 2000, 146 ff.) oder gar 18 Jahre (Sondervotum 4 UK I DVJJ-Journal 1992, 16) angeregt (zum Vorschlag, die strafrechtliche Verantwortung bei aus „sozialer Not" begangenen Delikten (auch → § 5 Rn. 42) auszuschließen, vgl. Sondervotum UK I DVJJ-Journal 1992, 16).

3c Umgekehrt finden sich von allgemein-politischer Seite (etwa iZm Tötungen durch Kinder (vgl. zu Beispielsfällen krit. *Kreuzer* Universitas 1994, 969)) immer wieder auch Forderungen nach einer Senkung der Strafmündigkeitsgrenze (vgl. etwa *Hinz* ZRP 2000, 111 f.; *Paul* ZRP 2003, 204; vgl. zur Befragung von Schöffen *Köhnken ua* DVJJ 12 sowie *Köhnken ua* in Egg, Psychiatrisch-psychologische Begutachtung in der Strafjustiz, 2012, Tab.: Altersgrenze zu hoch meinten 46,7 % (19,1 % der Staatsanwälte), allerdings bei erheblichen regionalen Unterschieden; speziell für England *Crofts* ZStW 111, 728 ff.). Ebenso wie bei den vergleichbaren Debatten zur Heranwachsendenregelung ist eine solche Absenkung abzulehnen (ebenso bspw. auch BayerLJA ZfJ 1997, 325 f.; *Hefendehl* JZ 2000, 604 ff.; *Albrecht* NJW 2002, 26 ff.; *Laubenthal* JZ 2002, 811 f.; *Momsen* ZJJ 2005, 179 ff.). Dass eine früher einsetzendes JStR gegenüber den bislang vorgesehenen außerstrafrechtlichen Interventionen (n. → § 1 Rn. 8 ff.) vorteilhaft wäre, ist nämlich nicht zu erkennen (ebenso aus polizeilicher Sicht *Hübner/Kunath* DVJJ-Journal 1996, 334 f. bzw. *Hirt* Kriminalistik 2003, 573; aus staatsanwaltlicher Sicht *Pflieger* SchlHA 1999, 88; aus richterlicher Sicht *Haase* DVJJ-Journal 1996, 328). Dies gilt nicht nur in spezial-, sondern auch in generalpräventiver Hinsicht (dazu auch die in → § 105 Rn. 4 ff. diskutierten Befunde).

III. Gesetzliche Voraussetzungen der Verantwortlichkeit

1. Zeitpunkt der Tat

4 **a)** Die Voraussetzungen des S. 1 müssen „zur Zeit der Tat" vorgelegen haben; auf einen Zeitpunkt während des Verfahrens (dazu → Rn. 55) kommt es nicht an. Zudem müssen die Voraussetzungen für die **konkrete einzelne Rechtsverletzung** erfüllt gewesen sein, und sie müssen **positiv festgestellt** werden (OLG Jena NStZ-RR 2007, 218; OLG Hamm ZJJ 2005, 448:

Urteilsaufhebung wegen Nicht-Feststellung). Kommt das Tatgericht zur Überzeugung einer Einschränkung der Steuerungsfähigkeit, so bedeutet dies (zugunsten des Angeklagten) eine Verneinung des „reif-genug"-Seins, weil eine positive Feststellung „nicht" mehr „sicher möglich" ist und es zur Bejahung nicht ausreicht, wenn die Steuerungsfähigkeit nur als nicht ausgeschlossen beurteilt würde (LG Hamburg 27.2.2012 – 604 Ks 13/11, S. 41 f.; aA BGH NStZ 2013, 286 = ZKJ 2013, 382 mAnm *Eisenberg* ZKJ 2013, 347; übergangen von AG Reutlingen ZJJ 2014, 176 mAnm *Eisenberg*).

In Anwendung des S. 1 ist eine eingehende individuelle Prüfung (und **4a** Darlegung) erforderlich, die umso intensiver zu sein hat, je deutlicher – zB den in → Rn. 21 ff. angeführten Fallgruppen – entgegen stehende Anhaltspunkte vorliegen. **Rechtstatsächlich** indes findet eine Prüfung kaum statt, vielmehr werden die Voraussetzungen in der Regel gleichsam routinemäßig bejaht (näher → Rn. 10). Ob dies (unzulässigerweise) generalpräventiven Erwägungen oder Eigenbelangen der Jugendstrafjustiz geschuldet ist, bleibt einstweilen offen. Immerhin müsste ein tendenziell häufigerer Ausschluss der Verantwortlichkeit die Legitimation jugendstrafjustitieller Tätigkeit auf der Grundlage des Schuldprinzips im Sinne eines Regel-Ausnahme-Verhältnisses zunehmend in Frage stellen, dh die **Vernachlässigung** der Prüfungspflicht ist von **positiv-funktionaler** (wenn nicht existentieller) Bedeutung für die organisierte JStR-Pflege (vgl. – unbeschadet gewichtiger Unterschiede hinsichtlich der Prüfkriterien (→ Rn. 9) – zu teilweiser Entsprechung betr. §§ 20, 21 StGB *Eisenberg* Beweisrecht StPO Rn. 1714) und könnte insoweit ggf. gar als *Missbrauch* Jugendlicher verstanden werden. – Bei **nicht behebbaren Zweifeln** ist (gem. dem Grundsatz in dubio pro reo) zugunsten des Beschuldigten das Fehlen der Verantwortlichkeit anzunehmen (BGH ZJJ 2005, 205 mAnm *Ostendorf*).

b) Bei **mehreren Taten** muss die Strafmündigkeit für jede Tat gesondert **5** geprüft und gesondert bejaht oder verneint werden, weil die Voraussetzungen des S. 1 sich weder hinsichtlich des zeitlichen Ablaufs noch bezüglich unterschiedlicher Umstände einschließlich solcher des Delikts einheitlich feststellen lassen (prinzipielle Möglichkeit partieller Schuldfähigkeit). So ist die Verantwortlichkeit besonders sorgfältig zB dann zu prüfen, wenn es sich um eine Verfehlung handelt, die (nur) als Fortsetzung eines im strafunmündigen Alter begonnenen Verhaltens zu beurteilen ist (instruktiv *Thomsen* ZJJ 2009, 52: „seit seinem 7. Lebensjahr"); allerdings kann im Einzelfall auch ein 13-Jähriger bereits die Einsichts- und Handlungsfähigkeit gehabt haben.

aa) Bei **Tateinheit** (im strafrechtlichen Sinne) darf die Verantwortlichkeit **6** nicht etwa von vornherein einheitlich für alle Taten der einen Handlung unterstellt werden; vielmehr können auch hier die einzelnen Taten hinsichtlich S. 1 unterschiedlich zu beurteilen sein (RG 47, 385; BGHSt 10, 35; 15, 377 (383) = NJW 1961, 1031; ZJJ 2005, 205 (betr. „damals gerade noch 15-Jährigen"; krit. *Böhm* NStZ-RR 2005, 289)). – Werden die Voraussetzungen des S. 1 für einzelne dieser Taten verneint, so ist insoweit Einstellung des Verfahrens oder Freispruch unzulässig (vgl. *Dallinger/Lackner* Rn. 21).

bb) Auch bei **Gesetzeskonkurrenz** mehrerer Taten kann die Beurtei- **7** lung der Verantwortlichkeit für die einzelnen Taten unterschiedlich sein, sofern sie sich in der Unrechtssteigerung quantitativ oder qualitativ – dh hinsichtlich des geschützten Rechtsgutes bzw. durch erschwerende Umstände – unterscheiden. Demgemäß können die Voraussetzungen des S. 1 zB bei leichterer Verfehlung bejaht, für die schwerere Tat jedoch verneint werden, sodass die leichtere Verfehlung im konkreten Fall nicht verdrängt werden kann; Entsprechendes gilt für das Verhältnis von Grundstraftatbestand und den qualifizierten Strafttatbeständen, sodass ggf. eine Verurteilung wegen des Grundtatbestandes in Betracht kommt (aA RG Deutsches Recht 1944, 659).

8   cc) Bei **Tatmehrheit** ist eine bezüglich der einzelnen Taten unterschiedliche Beurteilung der Voraussetzungen des S. 1 ohnehin zulässig, und zwar unabhängig von der zeitlichen Reihenfolge der Taten (BGH *Herlan* GA 1961, 358). − Soweit die Voraussetzungen des S. 1 hinsichtlich einzelner der Taten verneint werden, ist das Verfahren insoweit zu beenden (hierzu → Rn. 55).

2. Voraussetzungen der Verantwortungsreife

9   Die Bejahung des Vorliegens der in Rede stehenden Reife setzt die **Einsichtsfähigkeit** (als eine emotionale und eine kognitive Qualität) ebenso wie die **Steuerungsfähigkeit** (als eine volitive Qualität (Gesetzeswortlaut: Handlungsfähigkeit)) voraus. Regelmäßig betrifft es die Beurteilung nur von Einschränkungen der jeweiligen Fähigkeit (vgl. auch *Remschmidt/Rössner* in HK-JGG Rn. 27) − andernfalls würde weithin § 2 Abs. 2, § 20 StGB zur Anwendung kommen −, und dem entspricht es, dass das Gesetz eine *eingeschränkte* Einsichts- bzw. Steuerungsfähigkeit als selbstständige Kategorie oder gar ein eingeschränktes „Reif-genug"-Sein *nicht* kennt (näher → Rn. 4). Eine Unterscheidung zwischen den beiden Fähigkeiten ist, bei aller gebotenen Bemühung um genaue Trennung (*Bohnert* NStZ 1988, 250 ff.), nur sehr begrenzt durchführbar, zumal die Aktualisierung der Voraussetzungen normorientierten Verhaltens von den „Feldkräften" der gesamten inneren und äußeren Situation, „nicht aber von einer isolierten Potenz wie der des Willens" (Thomae UniversTage 1964, 105; zust. *Trenczek/Goldberg* Jugendkriminalität 303) abhängt. Meist liegt das zentrale Problem in der Erfassung einer **Diskrepanz** zwischen der **Kenntnis** von **Normen** einerseits und der Fähigkeit zur **Integration** dieser **Normen** in das Verhalten (spektakulär etwa bei Bindung an Gruppennormen) andererseits. Jeweils kommt es nicht auf die positive Feststellung des Vorliegens der genannten Qualitäten, sondern der **Reife** an, die das Vorliegen dieser Qualitäten impliziert. Dabei entspricht der Begriff dieser Reife einer sozio-kulturell abhängigen Konvention; er ist ideologiebefrachtet, am Idealfall orientiert und **weder mess-** noch **berechenbar.** Das vorgeblich psychologische Element der Verantwortlichkeit (auch) iSd S. 1 gerät in der Praxis tatsächlich zu einem Produkt subjektiver Wertung der Amtierenden der JStR-Pflege (zust. *Barnikol,* Unterstellt statt überprüft? Das richterliche Vorgehen bei der Verantwortlichkeitsbeurteilung nach § 3 JGG, 2012, 242; instruktiv zu einem Einzelfall *Wronn* DVJJ-Journal 1993, 183 f.). Jedoch ist von Gesetzes wegen bereits im *Ermittlungsverfahren* (auch durch die JGH, § 38 Abs. 2 S. 2; vgl. auch DVJJ-BAG 2017, 10: obligatorisch), zumindest aber im Zwischenverfahren (→ § 43 Rn. 11a) und ohnehin in der HV zu *untersuchen,* ob die Voraussetzungen vorliegen (näher → Rn. 56, 58).

10   **a) Beurteilungskriterien.** Wissenschaftliche Bemühungen um Beurteilungskriterien der Verantwortungsreife stammten zunächst überwiegend von Juristen oder Medizinern, kaum jedoch von Psychologen oder Sozialpsychologen, zumal vormals meist Psychiater als forensische Sachverständige beauf-

tragt wurden. Soweit (inzwischen) auch Psychologen und Sozialpsychologen als Sachverständige herangezogen werden (→ § 43 Rn. 43 ff.), haben sie zwar im Einzelnen andere Kriterien entwickelt (→ Rn. 12a–12c), jedoch die rechtstatsächlich vorhandene Perspektive weithin beibehalten. Es bedeutet für die **Praxis,** dass eine allg. entwicklungspsychologische Fragestellung im Sinne eines Regel-Ausnahme-Verhältnisses auf pathologische (oder dem Pathologischen nahe stehende) bzw. vom „normalen" Reifeprozess extrem abweichende Einzelfälle reduziert wird. Dies kommt funktionalen Belangen der Jugendstrafjustiz entgegen (→ Rn. 4), soweit Verantwortungsreife in aller Regel ohne nähere Prüfung in formelhaft verwendeter Pauschalbeurteilung bejaht wird (vgl. *Keller ua* MschKrim 1975, 153 ff.; *Lemm,* Die strafrechtliche Verantwortlichkeit jugendlicher Rechtsbrecher, 2000; *Zieger* StV 1988, 309: „so gut wie keine Bedeutung"; nach einer überregionalen Fragebogenuntersuchung (N=716, davon N=215 Schöffen, N=184 Verteidiger) *Köhnken ua* DVJJ 12 sowie *Köhnken ua* in Egg, Psychiatrisch-psychologische Begutachtung in der Strafjustiz, 2012, 12: „nur äußerst selten verneint", bei erheblichen Unterschieden in der (besonders häufigen) Bejahung durch Richter und Staatsanwälte bzw. (der reduzierten Bejahung) durch Schöffen und Verteidiger), wozu speziell die auf Richter und Richterinnen konzentrierte Teilerhebung (aus dem vorgenannten Forschungsprojekt (*Köhnken ua* in Egg, Psychiatrisch-psychologische Begutachtung in der Strafjustiz, 2012, 12)) von *Barnikol* differenzierte (vorläufige) Bestätigungen (zum Methodischen krit. etwa *Barnikol,* Unterstellt statt überprüft? Das richterliche Vorgehen bei der Verantwortlichkeitsbeurteilung nach § 3 JGG, 2012, 161, 247 ff.) hinsichtlich eines Zusammenhangs der Beurteilung mit „intern-personalen Faktoren" (persönliche Einstellung (242 f.), Fachkenntnisse (245), eingeschränkt auch mit „Selbstwirksamkeits"-Vorstellung (244 f.)), nur teilweise aber mit „extern-situativen Faktoren" (Zusammenhang zwischen bejahter Handhabungsschwierigkeit und Zweifel am Vorliegen der Voraussetzungen, 246) erbrachte. Zudem wird Verantwortungsreife auch in „nicht normalen" Fällen von Sachverständigen tendenziell eher bejaht als verneint (vgl. dazu *Wenn,* Beurteilung der strafrechtlichen Verantwortlichkeit und der Schuldfähigkeit in jugendpsychiatrischen Gutachten, 1992, 52; exemplarisch LG Berlin nach BGH NStZ 2007, 522 mAnm *Eisenberg/Schmitz* NStZ 2008, 94 sowie LG Berlin 2.10.2014 – (539 KLs) 234 Js 368/13 (2/14); nicht beanstandet von BGH StV 2016, 709 mAnm *Eisenberg* StV 2016, 709 – jeweils zwei Zeilen bei Anklage wegen Mordes).

Im Einzelnen wurde verschiedentlich berichtet, dass in 1/5 der Entschei- **11** dungen die Voraussetzungen des S. 1 überhaupt nicht erwähnt worden seien (vgl. vormals *Knoll,* Empirische Untersuchungen zur richterlichen Sanktionsauswahl, 1978, 77; *Momberg* MschKrim 1982, 73, der zudem in 1/3 der JGH-Berichte keine Stellungnahme zu § 3 S. 1 fand; speziell zu BGH BeckRS 2011, 26153 mAnm *Eisenberg* JA 2013, 34 ff.; vgl. betr. weibliche Betroffene schon *Schönfelder* RdJB 1972, 331).

aa) (1) Aus **(jugend-)psychiatrischer Sicht** wurde verschiedentlich da- **12** hingehend argumentiert, allenfalls mangelnde geistige Reife bzw. Einsichtsfähigkeit könne eindeutig festgestellt werden, was dann aber gleichzusetzen sei mit „Schwachsinn", also unter § 20 StGB falle (zu Nachw. 10. Aufl.; krit. zur Reduzierung auf „pathologische Einzelfälle" *Strunk ua* FS Härringer, 1995, 149). Demgegenüber hält *Lempp* (*Lempp* in Nissen/Schmitz, Strafmündigkeit; Juristische, jugendpsychiatrische und theologische Aspekte,

1973) „eine empirisch-psychiatrische und psychologische Antwort" generell
für möglich, da kein Maßstab für eine allgemeine Verantwortungsreife gefordert, sondern konkret die Einsichts- und Handlungsfähigkeit einer Person
für eine bestimmte Tat zu prüfen ist. Hierbei kommt es neben sonstigen
Faktoren (→ Rn. 21 ff.) wesentlich auf die Leistungsfähigkeit zur Zeit der
Tat (zB Einfluss von Ermüdung, besondere Belastung) sowie die Überschau-
barkeit der Tatsituation, auf das Vorliegen ungewohnter und affektiv getönter
Umstände sowie auf das Vorhandensein sozialen Drucks durch Gruppen-
abhängigkeit an.

12a   (2) (a) Die **entwicklungspsychologische** Forschung bezüglich Moral-
vorstellungen und Rechtsbewusstsein begegnet, soweit es sich um Theorien
von *Piaget* einerseits und das sechsstufige Modell der Moralentwicklung von
Kohlberg andererseits handelt, erheblicher Kritik. Bei *Piaget* sind insbes.
empirische Unzulänglichkeiten (wegen unzureichend entwickelter Methodik) zu verzeichnen, bei *Kohlberg* ist die (relative) Rigidität der Stufenfolge
hinsichtlich Gültigkeit und Zuverlässigkeit eher weniger geeignet (vgl. *Weyers* KrimJ 2005, 14 ff.: nicht Stufen, wohl aber moralische Bindungen; vgl.
auch *Eisenberg* FS Blau, 1985, 210 ff.; vgl. aber auch speziell iZm Entschuldigung und Drittentschädigung bzw. zur „Ordnungsgefährdung" (nach Diebstahl) *Hommers* ZEntwPädPsych 1988, 121 bzw. *Hommers/Lewand* MschKrim
2001, 430 ff. (ergänzend *Hommers/Lewand* ZfJ 2003, 7 ff. bzw. MschKrim
2005, 67)). Ohnehin erfasst das Modell von *Kohlberg* nur ein eng umgrenztes
Teilgebiet möglicher moralischer Dilemmata, und zwar die Wahl zwischen
zwei einander ausschließenden, grundsätzlich aber moralisch vertretbaren
Handlungsalternativen (wobei die Einschätzung auf der moralischen Stufen-
skala anhand der Qualität der Begründung vollzogen wird).

12b   (b) Zur Verdeutlichung der in Rede stehenden Anwendungsprobleme des
S. 1 könnten − auf dem Hintergrund **kognitionspsychologischer** Forschung über menschliche Informationsverarbeitung entwickelte − allgemeine Verhaltenssysteme einen Beitrag leisten, die zur Einordnung von Handlungen als mehr oder weniger moralisch richtig bzw. falsch führen (vgl.
vormals etwa *Shultz ua* CanJBehavSci 1981, 238 ff.; *Crick/Dodge* Psycho-
logical Bulletin 115 (1994), 74 ff.). Dabei ergeben sich Parallelen zwischen
intuitiven und formal-juristischen Schuldzuweisungs- und Strafbegrün-
dungs- sowie -zumessungsvorgängen. − Eine Forschungsalternative dazu
bieten sog. Netzwerkmodelle, die moralische Entscheidungsprozesse als
Heuristika auffassen. Hiernach werden Entscheidungen über die moralische
Vertretbarkeit einer Handlung nach dem Durchlaufen eines Netzes miteinander (unterschiedlich stark) verknüpfter Konzepte (wie Verantwortung,
Schuld, Kausalität, etc) getroffen. Grundsätzlich sind derartige Modelle geeignet, Erkenntnisse über moralische Entwicklungsprozesse auch im Jugendalter zu liefern. Weniger geeignet sind sie allerdings zur Bestimmung eines
gewissen moralischen und auf das Rechtsbewusstsein bezogenen Entwicklungs"standes" im Einzelfall, allein schon deshalb, weil es an entsprechenden
Testverfahren fehlt.

12c   (3) Unbeschadet von Ausprägungen dieser oder jener psychiatrischen bzw.
(entwicklungs- oder kognitions)psychologischen Forschungsrichtung bleibt
gerade auch für die Altersgruppe **Jugendlicher** zweifelhaft, ob die Annahme
eines gleichsam auf alle Lebensbereiche bezogenen moralischen und rechtlichen Bewusstseins tragfähig sein kann. Vielmehr ist eine einzelfallorientier-
te **differenzierte** Würdigung unter Berücksichtigung des jeweils in Betracht

kommenden **Straftatbestandes** vonnöten. Dabei mag eine Kombination standardisierter Entwicklungs-, Intelligenz- und Sozialreifetests (vgl. dazu etwa *Lemm, Die* strafrechtliche Verantwortlichkeit jugendlicher Rechtsbrecher, 2000, 91 ff., 134 ff.), ggf. in Verbindung mit anderen Untersuchungsmethoden (insb. klinischer Diagnose), hilfreich sein, falls dadurch (im Vergleich zu subjektiv-intuitiver Beurteilung) ein höheres Maß an Nachprüfbarkeit erzielt werden kann. Allerdings ist nicht zu übersehen, dass es an der Geeignetheit von Testuntersuchungen oftmals fehlt (→ § 43 Rn. 54a–54c), und, unabhängig davon, dass sich einschlägige Testergebnisse nicht ohne weiteres in eine Beurteilung der Voraussetzungen von S. 1 „übersetzen" lassen. Hiernach besteht nicht selten die Gefahr, dass Testuntersuchungen eine von Beurteilungsmaßstäben der Verwaltungs- und Justiz*behörden* geprägte *Interpretation* erfahren, wobei der eigentliche psychologische oder klinische Aussagegehalt nicht mehr entscheidend zum Tragen kommt (vgl. allg. zur Unterscheidung zwischen Test-IQ und tatsächlichem Leistungsverhalten BGH BeckRS 2016, 8073 Rn. 14; zu einzelnen Untersuchungen vormals *von Uslar* MschKrim 1970, 136; *Hiltman ua* Freiburger UniversBl. 38, Nov. 1972, 35 ff.).

bb) Soweit unterstellt wird, eine zu sehr **phasenabhängig** und einseitig **13** **entwicklungsdynamisch** orientierte Betrachtungsweise verkenne, dass Ausprägungen vermeintlicher Unreife nicht selten als mehr oder weniger dominante Persönlichkeitszüge fortbestünden, mag dies zwar möglicherweise für Extremfälle zutreffen. Jedoch lassen sich Straftaten Jugendlicher in der Regel qualitativ nicht mit Straftaten Erwachsener gleichsetzen, sondern sie sind insoweit als (gar notwendiger) Ausdruck eines Durchgangsstadium (vgl. aber auch *Remschmidt* MschKrim 1978, 81: „Umwege") im Entwicklungsprozess zu verstehen, wie auch das deutliche Überwiegen der nur vorübergehenden einschlägigen Auffälligkeiten belegt (→ § 5 Rn. 48–52, 53–54).

Eine eher sozial isolierende Perspektive kommt auch in allg. wertenden **14** Stellungnahmen des Inhalts zum Ausdruck, es würde „die Ausbildung ethischer Normen bei einem jungen Menschen" empfindlich stören, zöge man ihn für Straftaten nicht zur Rechenschaft (*Brunner/Dölling* Rn. 1). Denn eine Verneinung der Voraussetzungen der S. 1 bedeutet nicht, die Tat eines Jugendlichen gewissermaßen zu billigen, vielmehr besteht eine Vielzahl anderer Reaktionsmöglichkeiten (vgl. schon *Peters* in Undeutsch Psych-HdB 282; näher → Rn. 41 ff.). Insbesondere ist durchaus umstritten, ob oder inwieweit das JStV zur Einübung von Legalverhalten bzw. zur Einlösung des Erziehungsanspruchs des Jugendlichen geeignet ist (vgl. auch *Lempp* in Nissen/Schmitz, Strafmündigkeit, 1973, 27: ein Einstellungsbeschluss könnte von einem formlosen Gespräch des JStaatsanwalts oder JRichters mit dem Jugendlichen begleitet sein, damit der Jugendliche diesen Beschluss nicht als „Selbstwertkränkung" oder als „Freibrief für weitere ähnliche Taten" erleben könnte).

b) „Sittliche" bzw. „geistige Entwicklung". aa) Was im Einzelnen **15** den Begriff der „sittlichen Entwicklung" angeht, so wird vielfach angenommen, er sei im Sinne einer ethischen oder (aber) einer sozialen Reife zu interpretieren (so auch schon *Wegener,* Einführung in die forensische Psychologie, 1981; zust. *Peters* ZStW 1994 (82), 1011). Allerdings unterscheiden sich ethische Normensysteme von sozialen (einschließl rechtlichen und auch (jugend-)strafrechtlichen) Normensystemen üblicherweise dadurch, dass ihnen der Charakter der Konkretheit und der Gegenseitigkeit sowie der Verbindlichkeit der Normen fehlt. Daher wird es eher auf den Entwicklungsstand einer sozialen Reife ankommen (ebenso *Doering ua* Praxis RPsych 2014, 173).

15a Für die Beurteilung gilt grundsätzlich, dass das „Bewusstsein für sittliches Unrecht … und persönliche Schuld … früher vorhanden (ist) als das Bewusstsein für ‚rechtliches‘ Unrecht, Ungesetzlichkeit und rechtliche Schuld" (*Peters* in Undeutsch Psych-HdB 264; ähnl. *Schaffstein/Beulke/Swoboda* JugendStrafR Rn. 174). – Zu ergänzen ist, dass die Vielfalt der Normen unserer Rechtsordnung zur Folge hat, dass zahlreiche Rechtsnormen nicht oder nur vage aus dem menschlichen Zusammenleben abgeleitet werden können und eingängig sind (auch → Rn. 19).

16   **bb)** (1) Bei dem Begriff der „geistigen Entwicklung" handelt es sich um die Verstandesreife als einem kognitiven Element. Dabei kommt es nicht nur darauf an, dass der Jugendliche im Allgemeinen zur Unterscheidung von Recht und Unrecht reif (gewesen) ist. Vielmehr muss er zu der Einsicht reif (gewesen) sein, dass sein konkretes Verhalten nicht Recht, sondern *Unrecht* ist (zum Irrtum → Rn. 31, 32), und zwar *strafbares* Unrecht (zur erzieherischen Aufgabe der Hauptverhandlung → § 50 Rn. 12a; vgl. schon §§ 56, 57 RStGB 1871: „die zur Erkenntnis der Strafbarkeit erforderliche Einsicht"). Zwar hat das JGG 1923 auf das „Ungesetzliche" abgestellt (nach RG 58, 100 im weiteren Sinne, dh auch betr. außerstrafrechtliche Gesetze), und das RJGG 1943 hat selbst diese Grenze überschritten (vgl. nur RG Deutsches Recht 1944, 660; dazu → Rn. 3), jedoch verbieten es die erzieherischen Grundsätze der Transparenz und des Schutzes, verankert in § 2 Abs. 1, Jugendliche strafrechtlich zu verfolgen und ggf. zu sanktionieren, wenn ihnen die Reife fehlte, diese Konsequenz zu erkennen. Nichts anderes ergibt sich aus dem Verbot der Schlechterstellung im Vergleich zu Erwachsenen (→ § 2 Rn. 6, 11–13, → § 45 Rn. 9a), soweit der Auffassung gefolgt wird, die auch im allgemeinen StR – im Sinne eines traditionsreichen Grundsatzes (vgl. näher *Vogel* in LK-StGB StGB § 17 Rn. 16 ff.; vgl. etwa auch *Laubenthal/Baier* GA 2000, 207) – auf das strafrechtliche Unrecht abstellt (aA BGHSt 52, 227 (239); *Fischer* StGB § 17 Rn. 3). – Eine Reife, die dazu befähigt, das Verhalten als sittenwidrig oder unmoralisch zu beurteilen, reicht ohnehin nicht aus (*Dallinger/Lackner* Rn. 4; BGHSt 10, 35 (41) betr. Verbotsirrtum; weitergehend betr. Großbritannien *Crofts* ZStW 108, 218 f.).

16a   (2) Es liegen Anhaltspunkte dafür vor, dass (Kinder und) Jugendliche mitunter zB ein Verbot „Spielen auf dem Hof" ebenso werten wie ein Verbot für das Stehlen; in solchen Fällen ist das Bestehen einer hinreichenden **Differenzierungsfähigkeit** zwischen Recht und Unrecht **fraglich** (vgl. dazu *Pongratz ua,* Kinderdelinquenz, 1975; *Ostendorf* in BMJ 1992, 203 (zB betr. nebenstrafrechtliche Tatbestände in Fällen der Fahrzeugmanipulation); *Schlüchter* ZRP 1992, 394; *Peterson* Can.J.Criminol.Criminology.Justice 1988, unter Hinweis auf teilweise geschlechtsunterschiedliche Bewertung delinquenten Verhaltens (S. 388, 394)). Allerdings ist insofern die Abgrenzung zu Neutralisierungstechniken (vgl. mN *Amelang ua* MschKrim 1988, 178 ff.; aus der Praxis für Bremen *Emig ua* ZJJ 2015, 299 ff.) nur vom Einzelfall her möglich.

16b   (3) Substantiell **verfehlt** und ggf. simplifizierend ist es, wenn zur Prüfung und Begründung der geistigen Entwicklung weniger verlässliche, pauschale Kriterien (zB Schulerfolg, „altersentsprechender Eindruck") oder der „gemessene" Intelligenzquotient (krit. → § 43 Rn. 54a–54c; *Heim* forensia 1985, 182) verwandt werden (vgl. demgegenüber zu Bewältigungsstrategien und einzelnen kognitiven Defiziten *Karle* Praxis der Rechtspsychologie 2003, 274 ff.; zur Tendenzen bei richterlich Amtierenden *Najdowski/Bottoms* JForPsychiatrPsych 26 (15), 407 ff.), und wenn Zweifel allenfalls bei Anzeichen für erheblichen „Schwachsinn" aufkommen (vgl. schon *Keller ua* MschKrim 1975; *Stenger* ZfSoziologie 1985, 28). Gleichwohl entspricht dies verbreiteter Praxis (vgl. betr. 14-Jährigen etwa LG Heilbronn 17.12.2012 – 2 (3) KLs 46 Js 3954/10 jug, S. 80: überdurchschnittlich intelligent, altersgerechte Entwicklung), dazu Revisionsverwerfungsbeschluss BGH 8.8.2013 – 1 StR 318/13), und zwar unter Ausblendung ua tatsituativer Umstände (nur → Rn. 12).

c) Steuerungsfähigkeit. aa) Was die Fähigkeit anbetrifft, Verhalten zu **17** steuern, so wird – in Einschränkung dieser Voraussetzung zugrundeliegenden Postulats der Willensfreiheit (dazu *Eisenberg* Beweisrecht StPO Rn. 1714, 1716) – der **Möglichkeit** einer **Determiniertheit** von Verhalten im JStR eher Rechnung getragen als im allgemeinen StR, zumal die Anordnung von Maßnahmen nach S. 2 in Betracht kommt. Insbesondere wird eingeräumt, dass es an der Reife dazu gefehlt haben kann, Hemmungsvorstellungen oder Elemente des Widerstandes gegenüber der Tatbegehung (zur Beteiligung von Autoritätspersonen → Rn. 24) gewissermaßen abzurufen und/oder sie wirkungskräftiger werden zu lassen als diejenigen Elemente, die auf das strafrechtlich relevante Verhalten gerichtet sind (näher → Rn. 23 ff.; zust. *Doering ua* Praxis RPsych 2014, 174; zur diesbezüglich nur eingeschränkten Kompetenz des Sachverständigen → § 43 Rn. 54d).

bb) Im Einzelnen kommt zB Protestreaktionen aus jugendlichem Un- **18** abhängigkeitsdrang oder gem. pubertätsbegründeter Identitätssuche in denjenigen Fällen wesentliche Bedeutung zu, in denen dieser Drang „nicht ohne Entgleisung gegenüber der gesellschaftlichen oder rechtlichen Ordnung zu beherrschen" (*Peters* in Undeutsch Psych-HdB 271) ist. – Insbesondere aber ist es aufgrund der je nach – zB altersbezogen oder sozio-ökonomisch – verschiedenen Segmenten innerhalb der Bevölkerung **unterschiedlichen** Verteilung **(straf-)normrelevanter Situationen** (dazu → § 2 Rn. 26) „weithin zufällig und milieugebunden" (*Peters* in Undeutsch Psych-HdB 271), ob die Handlung unter ein Strafgesetz fällt. Jedoch verläuft die **jugendstrafrechtliche Reaktion** gegenüber Jugendlichen, unbeschadet ihrer Zugehörigkeit zu derart verschiedenen Segmenten, allenfalls gleich, **vielfach** jedoch – etwa aufgrund sonstiger struktureller Unterschiede – zusätzlich **selektiv.** Gerade weil das Ausmaß der (subkulturellen) Orientierung bzw. Gebundenheit Jugendlicher an Normen, Wertvorstellungen und Interessen Gleichaltriger und das entsprechende Ausmaß der Abgrenzung Jugendlicher gegenüber der Erwachsenengesellschaft im Allgemeinen umstritten ist und sich vielfach „eine erhebliche Kontinuität der Entwicklung" (*Thomae* Soziale Reife 32) ergeben hat, muss bei der Entscheidung zu S. 1 vermieden werden, dass der Jugendliche **Handlungsmaßstäben** und moralischen Erwartungen unterworfen wird, die **nicht** der (von ihm erlebten) **Wirklichkeit** entsprechen (vgl. exemplarisch gar betr. „Abziehen" von Sachen *Eisenberg* DRiZ 2006, 121 f.).

d) Abgrenzungsschwierigkeiten. Trotz Vorliegens der geistigen Ein- **19** sichtsfähigkeit kann es an der sittlichen (iSv sozialen) Einsichtsfähigkeit fehlen, wenn die beschuldigte Person die Grenze zwischen (ihr) **alters-gemäßen Verhaltensmustern** (dazu → § 2 Rn. 26) und sozialem Unrecht nicht hinreichend zu erkennen vermag. Denn es kommt darauf an, dass die beschuldigte Person reif ist, ihre Handlung als rechtlich beanstandenswert zu empfinden (BGH *Herlan* GA 1956, 345; *Dallinger/Lackner* Rn. 5; auch → Rn. 15 ff.). Dabei ist einzuräumen, dass die Abgrenzung zu (nur) tatsituativen Umständen methodische Schwierigkeiten bereiten mag, und dass dies im Einzelfall vom Ergebnis her zu erzieherisch abträglichen, zumindest aber unbefriedigenden Entscheidungen führen kann.

20 Eine an den erzieherischen Bedürfnissen und Interessen orientierte Prüfung entsprechender Umstände im Einzelfall scheint gelegentlich durch eine Verkürzung auf die geistige Einsichtsfähigkeit vermieden zu werden, wodurch „das" oftmals „Wichtigste", die „affektive Betonung" (*Aschaffenburg* DVJJ 1927, 107), übergangen wird. So sei geistig und sittlich reif, das Unrecht einzusehen, wem bewusst ist, dass er etwas Verbotenes tut (BGH *Herlan* GA 1959, 47). Umfassender ist eine Auslegung dahingehend (BGH EJF C I Nr. 3), dass zur sittlichen Reife auch die gefühlsmäßige Verarbeitung und die Einsicht in den Ernst sittlicher Forderungen gehört (zum Problem zB bei punktueller Belehrung über ein Verbot *Bohnert* NStZ 1988, 252 ff.).

3. Einzelne Umstände (ohne psychische Auffälligkeit)

21 Es besteht Einigkeit darin, dass das Vorliegen der Voraussetzungen des S. 1 von einer Vielzahl von Einzelfaktoren abhängig ist. Soweit von Seiten der Praxis versucht wird, **Kategorien** zu bilden, bei denen ein **Fehlen** der **Verantwortungsreife naheliegt,** begegnen diese Bestrebungen teilweise dem Einwand, die Art der Kategorienbildung entspreche informellen internen Handlungsnormen (dazu *Eisenberg/Kölbel* Kriminologie § 32) der befassten Strafverfolgungsbehörden bzw. Gerichte, dh es liege eine Orientierung weniger an der Reifeentwicklung der Beschuldigten und mehr an bürokratisch-organisatorischen Belangen zugrunde.

21a Während verschiedenste Beeinträchtigungen im Persönlichkeitsbereich nur durch einen Sachverständigen (näher → Rn. 56 sowie → § 43 Rn. 1 ff.) festgestellt werden können (zB zerebrale Schäden), erlauben zahlreiche andere Umstände eine (zumindest vorläufige) Beurteilung durch Strafverfolgungsbehörden und Gerichte selbst.

22 **a) Alter.** Hinsichtlich des Lebensalters ist eine Verneinung der Voraussetzungen des S. 1 umso eher vertretbar, je weniger der Beschuldigte bei Tatbegehung bereits von dem Übergang aus der Kindheit entfernt war, also insbes. bei den 14- und auch bei den 15-Jährigen. Allerdings bestehen erhebliche interindividuelle Unterschiede in der Entwicklung, sodass das jeweilige Alter zwar als **Anhaltspunkt** dienen kann, hingegen als Argumentationsgrundlage bei der Beurteilung des Einzelfalles (etwa im Sinne eines damit assoziierten „normalen" Entwicklungsstandes) ungeeignet ist (vgl. auch *Weber* Schuldprinzip 82: keine allgemeine Regel).

22a **aa)** Dabei wird die teilweise vertretene entwicklungspsychologische Annahme berücksichtigt, zumindest vor dem 10. oder 11. Lebensjahr ergebe sich keine Verinnerlichung sozialen Verständnisses im Sinne einer Einsicht in die Geltung bestimmter gesellschaftlicher Normen. So sei zB die überwiegende Zahl der Sachbeschädigungen durch Kinder in den Kategorien Sport und Abenteuersuche anzusiedeln, die ein harmloses, kindliches Verhalten bezeichneten. Auch scheint die Delinquenz von Kindern, nicht zuletzt im Hinblick auf den außergewöhnlich hohen Anteil gemeinschaftlicher Tatbegehung und teilweise auch hinsichtlich des „Rückfall"-Intervalls, anderen Verläufen zu folgen als die Delinquenz Jugendlicher und insbes. als diejenige Erwachsener (vgl. etwa schon *Pongratz ua* KrimJ 1974, 10; ergänzend → § 5 Rn. 53).

bb) Die Annahme, es liege bei Jugendlichen entsprechenden Alters nur **22b** eine Erziehungs-, aber noch nicht Strafmündigkeit im engeren Sinne vor, hat sich (bisher) nicht durchgesetzt (krit. → Rn. 3a). So wird (selbst) JStrafe nicht ganz selten auch gegenüber Jugendlichen im Alter von zwischen 14 und 16 Jahren verhängt (näher → § 17 Rn. 19 sowie → § 92 Rn. 12, 14).

b) Tatumstände. aa) Was die Tat angeht, so wird bei vielfältigen Delik- **23** ten hinsichtlich **Tatsituation** und **-ausgestaltung** zu berücksichtigen sein, ob es an einer unmittelbaren Beziehung zu dem Geschädigten und/oder an einer Erkennbarkeit der Schädigung fehlt (zB Vermögensdelikte gegenüber juristischer Person oder schlechthin in Warenhäusern; Taten, die in der Umgebung des Jugendlichen allg. üblich sind oder zB aus einem Spielgeschehen heraus entstehen; Gebrauchsentwendung ohne „Diebstahlsabsicht" (vgl. *Lempp* in Nissen/Schmitz, Strafmündigkeit, 1973, 19 ff.), etwa iZm Konsumprovokation; ggf. auch Hehlerei, Beteiligung am Glücksspiel, etc). Besondere Bedeutung kann jugendgemäßen Impulsen iSv (verdecktem) Zuwendungsbedürfnis oder sog. „Mutprobe" aufgrund des Bedürfnisses nach Anerkennung bei Gleichaltrigen und iSd Selbstwertgefühls zukommen (vgl. dazu *Hülshoff,* Medizinische Grundlagen der Heilpädagogik, 2. Aufl. 2010, 405). – Soweit bei solchen Delikten das Verhältnis zwischen Täter und Opfer von Anonymität gekennzeichnet ist, kann zweifelhaft sein, ob die jugendliche Person das begangene Unrecht als solches zu bewerten weiß. Andererseits scheidet dieses Kriterium (zB bei bestimmten Gewaltdelikten) ggf. dann aus, wenn es für die Motivation geradezu ausschlaggebend war, das Opfer nicht gekannt zu haben (vgl. dazu etwa *Kersten* RdJB 1994, 188 f.).

bb) Bei Taten aus **(sozialer) Konflikt**situation ist in besonderem Maße **24** zu prüfen, ob der Beschuldigte über die erforderliche sittliche (iSv sozialer) Reife bzw. die erforderliche Reife betr. die Handlungsfähigkeit verfügt hat. Zu diesen Taten kann auch Verhalten zählen, das als Ausdruck von Spontaneität auf unvorhersehbare Ereignisse erscheint (vgl. schon *Peters* in Undeutsch Psych-HdB 263 ff. (268); ergänzend → § 5 Rn. 40 ff.) oder das einer überfordernden emotionalen Zuspitzung entspringt (vgl. LG Hamburg StV 2019, 478 (479) = LSK 2018, 44751 für die Situation andauernder Zurückweisung).

Soweit die Tat unter Beteiligung von **Autorität**spersonen (zB Eltern, **24a** Anführer einer Tätergemeinschaft (s. *Lempp* DVJJ-Journal 1994, 60)) oder einem als überlegen erfahrenen oder beurteilten, nicht notwendig älteren Tatbeteiligten (vgl. etwa LG Hamburg 27.2.2012 – 604 Ks 13/11; dazu aber auch BGH ZKJ 2013, 382 mAnm *Eisenberg* ZKJ 2013, 347; nicht erörtert von LG Münster ZJJ 2013, 323 mAnm *Eisenberg*) begangen wird, kann dies zum Fehlen zumindest der Steuerungsfähigkeit führen (vgl. *Schaffstein/Beulke/Swoboda* JugendStrafR Rn. 177; näher *Bohnert* NStZ 1988, 254 f.; aus der Praxis DVJJ-BAG 2017, 10). Im Übrigen ist davon auszugehen, dass – auch unabhängig von einer konkreten Tatbeteiligung solcher Personen – im

Einzelfall die (Einsichts- und/oder) Steuerungsfähigkeit aufgrund entsprechender, meist längerfristiger Einflussnahme eingeschränkt sein kann. Dazu wird etwa bereits eine solche Einwirkung ausreichen können, die geeignet ist, die Entwicklung der in Rede stehenden Fähigkeit(en) zu hemmen (verkürzt BGH BeckRS 2016, 17711 Rn. 21 = ZJJ 2016, 410 mAnm *Eisenberg/ Wolf*). – Im Einzelfall bedarf es zudem der Prüfung, ob *mittelbare Täterschaft* (§ 2 Abs. 2, § 25 Abs. 1 Alt. 2 StGB) zu bejahen ist, dh der Jugendliche nur als Tatwerkzeug fungierte (vgl. dazu, jeweils kasuistisch, *Schaffstein* FS Stutte, 1979, 269 bzw. *Eisenberg* StV 2016, 709 sowie näher *Eisenberg* GS Weßlau, 2016, 67 ff.).

25 **cc)** Hinsichtlich der bio-psychologischen Entwicklung kann der **Pubertät** iZm ihren vielfältigen sozialpsychologischen Auswirkungen etwa iSv *Protest*verhalten (auch → Rn. 18) wie ggf. auch bei *Gewalt*- oder gar *Tötungs*delikten iRv (ua familiären) konfliktbehafteten Entwicklungen wesentliche Bedeutung zukommen, die ggf. zur Verneinung der Reife führt (vgl. exemplarisch Verfahren vor dem LG Kassel (dazu *Schaffstein* FS Stutte, 1979) bzw. LG Hamburg 27.2.2012 – 604 Ks 13/11; wiedergegeben in BGH NStZ 2013, 286 = ZKJ 2013, 382 mAnm *Eisenberg* ZKJ 2013, 347). Um solches erkennen zu können, bedarf es ggf. der Heranziehung eines Sachverständigen, und zwar unter Einhaltung des § 43 Abs. 2 S. 2 (verfehlt LG Berlin 13.6.2006 – (530) 1 Kap Js 1874/05 KLs (101/05) – zur Revisionsverwerfung BGH NStZ 2007, 522 mkritAnm *Eisenberg/Schmitz* NStZ 2008, 94 f. – bzw. 2.10.2014 – (539 KLs) 234 Js 368/13 (2/14); Revisionsverwerfung StV 2016, 709 mAnm *Eisenberg* StV 2016, 709 sowie näher *Eisenberg* GS Weßlau, 2016, 67 ff.). Speziell bei strafrechtlich relevantem **sexualität**sbezogenem Verhalten wird, abgesehen von der insoweit erhöhten Problematik der Einsichtsfähigkeit, teilweise angenommen, der Jugendliche werde von der Wirkung des Geschlechtstriebs gewissermaßen überrascht, sodass er seine Verhaltenssteuerung nicht darauf habe einstellen können. Auch sollen bei Delikten dieses Bereichs die Voraussetzungen des S. 1 wegen besonderer Belastungen in der Sozialisation (zB Intoleranz der Erziehungsperson bzw. Erfahrungen als Zeuge oder Opfer sexueller Gewalt) vergleichsweise häufig zu verneinen sein, und zwar besonders nahe liegend betr. exhibitionistisches Verhalten (vgl. schon *Gerson* PraxisKiPsych 1954, 249).

26 **dd)** Endlich wird es an der erforderlichen Einsichtsfähigkeit häufig dann fehlen, wenn es sich um Straftbestände oder Tatbegehungsweisen handelt, deren Wesen nach entwicklungspsychologischer Auffassung eher außerhalb der **Denk-** und **Erlebniswelt** Jugendlicher liegt (vgl. zum folgenden *Dallinger/Lackner* Rn. 13–17; vgl. auch *Crofts* ZStW 106 (1994), 225; zu Nachw. auch *Clearly* Psychol. Pub. Pol'y & L. 1923 (17), 118 ff.). Zur Veranschaulichung wird auf – für den Bereich des JStR eher extreme – deliktische Konstellationen verwiesen (zB qualifizierte Straftatbestände aufgrund besonderer Verantwortung und/oder öffentlicher Stellung bzw. Straftatbestände, die staatspolitische und wirtschaftsrechtliche Kenntnisse voraussetzen).

27 **c) Bisherige erzieherische Beeinträchtigungen.** Bei verschiedenen Gruppen Beschuldigter mit nur eingeschränkten Identifizierungsmöglichkeiten gilt in besonderem Maße, dass die Fähigkeit zu zweckrationalem Verhalten nicht mit den Voraussetzungen des S. 1 verwechselt werden darf (dies gilt unabhängig davon, dass sich methodisch nicht generell feststellen

lässt, inwieweit tragende Faktoren eher durch Sozialisation erworben oder schon durch Anlagedisposition bedingt sind).

aa) (1) Was Mängel **elterlicher Erziehung** angeht, so kann ua (näher 27a → § 5 Rn. 59 ff.) eine funktional defizitäre Herkunftsfamilie und im Speziellen eine Minderjährige beeinträchtigende Familienatmosphäre bedeutsam sein. Aus lernpsychologischer Sicht tragen verschiedene Faktoren zu einer fehlenden oder gestörten Identifikation mit sozialen Normen bei. Defizite elterlicher Erziehung können bis hin zu schwererer *Deprivation* (an Zuneigung, grundsätzlichem Respekt, Vermitteln von Vertrauen und an Voraussetzungen zur *kognitiven* Entwicklung) reichen (vgl. etwa iZm Horror-Videos LG Passau NStZ 1996, 601 = NJW 1997, 1165 mkritAnm *Eisenberg* NJW 1997, 1136 = JR 1997, 118 mAnm *Brunner;* nicht erörtert in BGH NStZ 2007, 522 mAnm *Eisenberg/Schmitz* NStZ 2008, 94; vgl. näher zu einem Einzelfall *Eisenberg* GS Walter, 2014, 55 ff.); dabei muss die Schwere der Beeinträchtigung nicht notwendigerweise proportional zu den Auswirkungen auf die Entwicklung sein.

(2) Hinsichtlich wiederholter strafrechtlicher (Erfassung oder gar) *Verurtei-* 28 *lung* von Eltern *und* Kindern (näher → § 5 Rn. 56) bleibt offen, inwieweit hier das sittliche (iSv sozialem) Verständnis für die Einhaltung von StR-Normen beeinträchtigt sein mag (auch → Rn. 24). – Zur Problematik in Fällen, in denen Minderjährige Opfer von Kindesmisshandlung waren, vgl. *Zenz,* Kindesmißhandlung und Kindesrechte, 1979, 229 f.; *Eisenberg/Kölbel* Kriminologie § 59 Rn. 28 mwN.

bb) Bezüglich Formen Öffentlicher Erziehung außerhalb einer Familie 29 kann insbes. in Fällen von **Heimerziehung,** namentlich soweit diese geschlossener Art (näher → § 12 Rn. 42a–42d) gewesen ist, ein Mangel hinsichtlich der Voraussetzungen des S. 1 nahe liegen. Trotz vielfältiger und teilweise qualitativer Wandlungen etwa seit den Siebziger Jahren des 20. Jahrhunderts scheint vielfach auch weiterhin die Reglementierung in Heimen zu veränderter oder reduzierter Willensbildung und Durchsetzungsfähigkeit zu führen. Die damit einhergehende Reduzierung von in persönlicher Beziehung gründenden Identifikationsmöglichkeiten kann zur Folge haben, dass soziale Fähigkeiten (wie zB auch diejenige zum Verständnis zwischenmenschlicher Situationen) weniger entwickelt werden oder sogar verkümmern, wobei allerdings meist noch zusätzliche Faktoren relevant sind (näher → Rn. 48 ff.).

cc) Endlich ist eine besonders sorgfältige Prüfung bei solchen Personen 30 angezeigt, die aufgrund **divergierender Kultursysteme** einer Normenverunsicherung ausgesetzt sind (vgl. vormals zB *Kreissl* RdJB 1984, 353, ergänzend → § 105 Rn. 33 ff.), wie es etwa bei der „zweiten" und namentlich der „dritten Generation" von Zugewanderten (vgl. aus psychiatrischer Sicht etwa schon *Focken* StV 1982, 313 f.) und nicht minder bei erwachsenen Flüchtlingen der Fall zu sein scheint (vgl. etwa *Dittmann/Müller* ForE 2013, 262 ff.; n. auch → § 105 Rn. 34; betr. Heimunterbringung etwa *Brinks/ Dittmann* ForE 2016, 113 ff.). Am deutlichsten werden sozialstrukturelle und sozialisationsbezogene Faktoren bei denjenigen Personen zu erkennen sein, die im Kleinkindalter nach Deutschland kamen oder gar erst hier geboren sind. Denn bei diesen ist eine Identifizierung mit der Herkunftskultur nebst Akzeptierung der Rolle als Außenseiter innerhalb der in Deutschland vorherrschenden Kultur ggf. weniger möglich, wobei entsprechende Identifizierungsprobleme namentlich im Jugendlichenalter ggf. mit allgemeinen

Formen phasenspezifischer Normenverunsicherung kumulieren (zu psychischen Störungen bei Kindern vormals *Steinhausen/Remschmidt* ZKJP 1982, 344).

IV. Verhältnis zum Irrtum und zu §§ 20, 21 StGB

1. Tatbestandsirrtum, Verbotsirrtum

31   **a)** Ein *Tatbestandsirrtum* (§ 2 Abs. 2, § 16 StGB) ist unabhängig von der Altersreife, wobei allerdings zu beachten ist, dass auch Unwissenheit und Unerfahrenheit einen Irrtum veranlassen können. Kommt bei Vorliegen eines Tatbestandsirrtums eine fahrlässige Tat in Betracht, so ist die Altersreife besonders zu prüfen.

32   **b)** Den Voraussetzungen des S. 1 und denjenigen des *Verbotsirrtums* (§ 17 StGB) ist gemeinsam, dass sie sich unmittelbar auf die Schuld beziehen (nach *Bohnert* NStZ 1988, 250 ff. habe S. 1 Alt. 1 keinen gegenüber § 17 StGB eigenen Inhalt; dagegen *Walter/Kubink* GA 1995, 58: Unterschied zwischen Einsichtsreife und (potentieller) Fähigkeit zur Einsicht). Indes betrifft S. 1 den reifebedingten Verbotsirrtum, § 17 den „intellektuell bedingten" (*Zieger/Nöding* Verteidigung Rn. 40; *Streng* JugendStrafR Rn. 49). Da die jeweiligen Voraussetzungen also auf verschiedenen Ebenen liegen, sind sie selbstständig voneinander zu prüfen, zumal auch ihre Bedeutung für die Rechtsfolgenverhängung nicht einheitlich ist (vgl. auch *Streng* GS Walter, 2014, 431 ff.). Das Verhältnis der Voraussetzungen untereinander ergibt, dass **zunächst** diejenigen des **S. 1** zu prüfen sind.

32a   Sind die Voraussetzungen des S. 1 gegeben, so ist damit nichts zu der Frage gesagt, ob der Verbotsirrtum entschuldbar ist, dh ob der Jugendliche das Unrecht seines Tuns hätte einsehen können (zB in Fällen fehlerhafter Rechtsauskunft), denn es besteht insoweit keine Abhängigkeit (zust. *Walter/Kubink* GA 1995, 57); zudem werden die Anforderungen an die Vermeidbarkeit für Jugendliche (gem. Existenz und Struktur materiellen JStR im Unterschied zum allgemeinen StR) weniger hoch anzusetzen sein (vgl. schon *Dallinger/Lackner* § 3 Rn. 36; kategorisch *Ostendorf* JZ 1986, 665; aA *Diemer* in Diemer/Schatz/Sonnen Rn. 9). – Die Möglichkeit der Milderung der Rechtsfolge bei verschuldetem Verbotsirrtum ist im JStR wegen dessen Besonderheiten der Rechtsfolgenbemessung formell ohne Bedeutung; jedoch wird dieser Aspekt bei der Auswahl der Rechtsfolgen des JGG zu berücksichtigen sein.

2. Verhältnis zu §§ 20, 21 StGB

33   **Unterschiede** in den **Voraussetzungen** von **S. 1** und §§ 20, 21 StGB bestehen darin, dass bei Mängeln im Prozess der Reifeentwicklung die Verantwortlichkeit gem. S. 1 fehlt, während bei Vorliegen eines vom Reifungsprozess unabhängigen psychopathologischen Zustandes, der als nicht oder nur mangelhaft ausgleichsfähig beurteilt wird, §§ 20, 21 StGB anzuwenden sind (*Perron/Weißer* in Schönke/Schröder StGB § 20 Rn. 44; *Schaffstein/Beulke/Swoboda* JugendStrafR Rn. 183f; *Lempp* RdJB 1972, 326 (329); *Rupp-Diakojanni,* Die Schuldfähigkeit Jugendlicher innerhalb der jugendstrafrechtlichen Systematik, 1990, 63 ff.); liegen Mängel in beiderlei Hinsicht

vor, also jedenfalls auch solche der Reifeentwicklung, so kommt S. 1 zur Anwendung (LG Hamburg 27.2.2012 – 604 Ks 13/11; auch → Rn. 40; offen gelassen von BGHSt 26, 67 Rn. 4 mAnm *Brunner* JR 1976, 116). Indes bestehen von vornherein Einschränkungen insofern, als solche allgemeinen diagnostischen Kategorien, die an eher statischen Vorstellungen orientiert sind, spezifische Gegebenheiten jugendtümlicher Entwicklungsdynamik schon begrifflich weniger zu erfassen vermögen.

Wenngleich das JGG eine verminderte Verantwortlichkeit nicht kennt, ist **34** **§ 21 StGB** – mit der möglichen Folge gem. § 7, § 63 StGB (aber zur Subsidiarität → § 7 Rn. 9) – **auch** auf **Jugendliche** anwendbar (vgl. BGHSt 5, 366 (367); BGH bei *Böhm* NStZ 1985, 447; BayObLGSt 58, 263). Hiergegen bestehen insoweit nicht schon begrifflich-dogmatische Bedenken, als das Vorhandensein der Verantwortlichkeit nach S. 1 die Feststellung verminderter Schuldfähigkeit gem. § 21 StGB nicht ausschließt (s. aber *Bernsmann* in BMJ 1992, 213); dabei kann die Altersreife auch trotz erheblich verminderter Schuldfähigkeit gegeben sein (BGHSt 5, 366 (367)). **Verwehrt** ist die Anwendbarkeit des § 21 jedoch dann, wenn – wie es schon bei Einschränkung der Steuerungsfähigkeit der Fall ist (→ Rn. 4) – die (Schuld-)**Voraussetzungen** sind **S. 1** zu **verneinen** sind (ebenso *Laubenthal/Baier/Nestler* JugendStrafR Rn. 79; *Schaffstein/Beulke/Swoboda* JugendStrafR Rn. 186; *Conen* in AnwK StGB StGB § 21 Rn. 48; *Rössner* in HK-JGG Rn. 32; aA BGHSt 26, 67; AG Ansbach 25.3.1992 – Ls 2 Js 11151/91 jug; krit. *Eisenberg* NJW 1986, 2409), und zwar wegen der elementaren Bedeutung des Vorhandenseins (oder aber des Fehlens, S. 1, § 20 StGB) der strafrechtlichen Verantwortlichkeit als Grundlage jeglicher strafrechtlicher Reaktion einerseits und der erst auf der Stufe der Zumessung relevanten Verminderung (§ 21 StGB) andererseits (vgl. auch *Ostendorf* in NK-JGG Rn. 4). Begriffslogisch nachvollziehbar wäre eine Anwendbarkeit des § 21 StGB bei Verneinung der Voraussetzungen des S. 1 nur, wenn es sich bei der Verantwortlichkeit nach S. 1 um ein aliud gegenüber der strafrechtlichen Schuldunfähigkeit handelte (in diese Richtung *Dehne-Niemann* NStZ 2018, 375 (376), wofür indes rechtsdogmatische Anhaltspunkte nicht ersichtlich sind. – Keinesfalls aber enthebt die Bejahung der Voraussetzungen nach S. 1 von der Prüfung der Voraussetzungen verminderter Schuldfähigkeit nach § 21 StGB als fakultativer Schuldminderungsgrund (näher → § 18 Rn. 26).

a) Unterschiedliche Auffassungen zum Vorrang. aa) Fehlt es an der **35** strafrechtlichen Verantwortlichkeit nach **S. 1** und liegt **zugleich** nach **§§ 20, 21 StGB** Schuldunfähigkeit bzw. verminderte Schuldfähigkeit vor (vgl. zu eher geringem Anteil bei Gutachten *Wenn,* Beurteilung der strafrechtlichen Verantwortlichkeit und der Schuldfähigkeit in jugendpsychiatrischen Gutachten, 1992, 37 f.), lässt also ein Entwicklungsmangel auf psychopathologische Grundlage (sog. Retardierung) mit zunehmendem Alter einen *Ausgleich erwarten,* oder bewirken voneinander unabhängige Ursachen den Ausschluss einerseits der Verantwortlichkeit nach S. 1, andererseits der Schuldfähigkeit nach § 20 StGB oder deren Verminderung nach § 21 StGB, so werden zur Rechtsanwendung **unterschiedliche Auffassungen** vertreten:

(1) Dogmatischer **Vorrang** von **S. 1,** sodass bei mangelnder Verantwortungsreife kein Raum mehr für §§ 20, 21, 63 StGB bleibt (OLG Karlsruhe **36** NStZ 2000, 485; *Peters* in Undeutsch Psych-HdB 281; *Lempp* RdJB 1972,

326 (330); *Bernsmann* in BMJ 1992, 207 ff. (211 ff.); iErg ebenso *Ostendorf* in NK-JGG Rn. 20, indes erst bei der Rechtsfolgenentscheidung), wohl aber für § 3 S. 2.

37   (2) **Vorrangige** Prüfung von **§§ 20, 21 StGB,** mit der Folge, dass bei Vorliegen der Voraussetzungen des § 63 StGB die Unterbringung angeordnet werden muss und die fehlende Verantwortungsreife nach S. 1 gänzlich bedeutungslos wird, da die Unterbringung, wie unterstellt wird, „nicht nur dem allgemeinen Sicherungsbedürfnis, sondern auch dem Wohl des betroffenen Jugendlichen" am besten diene (BGHSt 26, 67 (70, obiter dictum) mzustAnm *Brunner* JR 1976, 116; *Diemer* in Diemer/Schatz/Sonnen Rn. 28; OLG Jena NStZ-RR 2007, 218 (mit der Mutmaßung, „regelmäßig" komme der Störung iSv §§ 20, 21 StGB „größere Bedeutung" zu) mablAnm *Otto* R&P 2008, 165 f.; *Gabber* ZJJ 2007, 173; krit. zum Streitstand in der Psychiatrie *Rupp-Diakojanni,* Die Schuldfähigkeit Jugendlicher innerhalb der jugendstrafrechtlichen Systematik, 1990, 64 ff.). Nur wenn die Unterbringung als nicht erforderlich erachtet wird, sollen erzieherische Maßnahmen gem. § 3 S. 2 angeordnet werden können (*Brunner/Dölling* Rn. 10; *Diemer* in Diemer/Schatz/Sonnen Rn. 29; *Dehne-Niemann* NStZ 2018, 375 (377 f.)).

38   (3) **Wahlmöglichkeit** zwischen allen in Betracht kommenden Rechtsfolgen, um die für den **Einzelfall** als am ehesten „gerecht" beurteilte Reaktion einsetzen zu können (vgl. *Rudolphi* in SK-StGB StGB § 20 Rn. 2; *Schaffstein/Beulke/Swoboda* JugendStrafR Rn. 185 sowie schon *Schaffstein* ZStW 1965, 191 (194); *Dallinger/Lackner* Rn. 32; aus Zweckmäßigkeitsgesichtspunkten *Meier* in Meier/Bannenberg/Höffler, Jugendstrafrecht, 4. Aufl. 2019, § 5 Rn. 18; für eine Nachrangigkeit der Maßregeln des StGB *Ostendorf* JZ 1986, 668).

39   **bb)** Von diesen Lösungsmöglichkeiten erscheint am ehesten die erstgenannte den allgemeinen Grundsätzen des JStR zu entsprechen (zust. *Renzikowski* NJW 1990, 2910 Fn. 67; *Nix/Cabanis* in Nix Rn. 5; offen gelassen in BGH NStZ 2017, 644 mAnm *Laue* NStZ 2017, 646 (aber auch → Rn. 44)), die einer Dominanz des allgemeinen StR insofern entgegenstehen, als das JGG bei einem Fehlen der Verantwortlichkeit seinerseits die Anordnung familiengerichtlicher Maßnahmen (S. 2) vorsieht. Es gilt umso mehr, als gem. erzieherischer Intention stigmatisierende Folgen (zB §§ 63, 67d argumentum e contrario StGB) und eine benachteiligende registerrechtliche Behandlung (vgl. §§ 4, 11 Abs. 1 und 3, 60 Abs. 1 Nr. 6 BZRG) vermieden werden sollten.

40   **b) Ungeklärtheit der Voraussetzungen.** Kann nicht aufgeklärt werden, ob das Fehlen der Schuldvoraussetzungen (nur) entwicklungsbedingt (S. 1) ist oder (zugleich) auf vom Reifungsvorgang unabhängigen Beeinträchtigungen beruht (§ 20 StGB), so ist (gem. dem Grundsatz in dubio pro reo) **nur S. 1** anzuwenden (*Perron/Weißer* in Schönke/Schröder StGB § 20 Rn. 44; *Schreiber/Rosenau* in VFDH Psych. Begutachtung-HdB, 5. Aufl. 2009, 106; vgl. auch schon *Schaffstein* ZStW 1977 (65), 191, 195).

V. Familiengerichtliche Maßnahmen

1. Zweifel an der Verantwortungsreife

Fraglich ist, ob S. 2 auch dann zur Anwendung kommt, wenn S. 1 **41** lediglich wegen **Zweifeln** an dem Vorliegen der **Voraussetzungen** verneint wird (→ Rn. 4 aE). Im Falle der §§ 20, 21 StGB ist eine Unterbringung gem. § 63 nicht zulässig, wenn Zweifel an der Schuldunfähigkeit oder an der verminderten Schuldfähigkeit bestehen (näher → § 7 Rn. 8). Nach *Dallinger/Lackner* (Rn. 42; *Laue* in MüKoStGB Rn. 35) würde es hingegen dem Sinn des JGG widersprechen, dass gegen strafrechtlich verantwortliche bzw. nicht verantwortliche Jugendliche Erziehungsmaßregeln gem. § 9 bzw. Maßnahmen nach S. 2 angeordnet werden können, während für diejenigen, bei denen zweifelhaft ist, zu welcher dieser beiden Gruppen sie gehören, eine Lücke bestünde. Demgegenüber ist allerdings zu bedenken, dass eine vom Tatsächlichen her auf möglicherweise verfehlter Grundlage angeordnete Maßnahme ggf. zu schwerwiegenderen Beeinträchtigungen zu führen vermag als der Verzicht auf eine Maßnahme (ebenso *Cabanis/Nix* in Nix Rn. 19). Nur soweit gegenüber derartigen Gefahren Vorsorge getroffen wird, könnte der Anordnung entsprechend S. 2 zuzustimmen sein.

2. Maßnahmen

Hinsichtlich der Maßnahmen gem. §§ 27–41 KJHG ist nach dem Ge- **42** setzeswortlaut davon auszugehen, dass die **Anordnungskompetenz** dem JRichter verblieben ist, da auch bezüglich dieser Erziehungshilfen das FamG unter den tatbestandlichen Voraussetzungen des § 1666 BGB zuständig ist (ebenso *Diemer* in Diemer/Schatz/Sonnen Rn. 35; aA *Miehe* FS Fenge, 1996, 448). Hierfür spricht auch (die historische und vor allem) die teleologische Auslegung, da ein Verlust an strengbeweisrechtlichen Verfahren im Hinblick auf die zu besorgende *Eingriffsintensität* zu Beeinträchtigungen der *Schutzbelange* Jugendlicher führen könnte.

Was die nach S. 2 bestehende Möglichkeit der Anordnung von Maß- **42a** nahmen nach BGB (vgl. auch § 34 Abs. 3) schon durch den JRichter angeht, so hat sie die Funktion der Abkürzung und Konzentration des Verfahrens (nach aA soll sie etwaige erzieherisch nachteilige Folgen einer Einstellung oder eines Freispruchs wegen fehlender Verantwortungsreife vermeiden). Dabei hat der JRichter das Vorliegen der **materiell-rechtlichen Voraussetzungen** der jeweiligen Vorschriften des BGB zu **prüfen**, da S. 2 nur eine Zuständigkeitserweiterung, nicht aber eine Erweiterung der Eingriffsbefugnis des JRichters darstellt (allgemeine Auffassung). Auch ist der Gefahr zu begegnen, die Maßnahmen von den Strafrahmen der in Rede stehenden Straftatbestände abhängig zu machen (vgl. auch § 18 Abs. 1 S. 3; dazu *Blumenstein* Kriminologische Gegenwartsfragen 1984, 158). Im Übrigen ist gem. dem **Grundsatz** der **Verhältnismäßigkeit** jeweils im Einzelnen abzuwägen, ob im Falle der Anordnung einer entsprechenden Maßnahme **erzieherische Vorteile** oder aber **Nachteile** überwiegen (vgl. grundsätzlich auch *Zieger/Nöding* Verteidigung Rn. 32). – Es bleibt der JStaatsanwaltschaft wie auch dem JRichter – insbes. dann, wenn er seinerseits (wegen Nichterforderlichkeit) von der Anordnung von Maßnahmen absieht

– unbenommen, bei (dem JAmt oder) dem FamG erzieherische Hilfen anzuregen, deren Prüfung nach den Vorschriften des FamFG geschieht (vgl. ergänzend zum Verhältnis JGericht und FamG → Rn. 57–59).

43 Ist der Jugendliche bereits von jugendhilferechtlichen Maßnahmen betroffen und sind dem JRichter familiengerichtliche Erziehungsaufgaben übertragen (§ 34 Abs. 2 S. 1), so ist der Rechtsgedanke des § 65 Abs. 1 S. 1 Nr. 2 KJHG zu beachten, wenngleich der Richter die jeweiligen Informationen tatsächlich nicht ohne weiteres nach deren Quelle wird trennen können.

44 a) Vermeidung von Segregation. Die in Betracht kommenden Maßnahmen, von denen im Allgemeinen Kinder und Jugendliche aus sozioökonomisch untersten Bevölkerungsgruppen deutlich überrepräsentiert betroffen sind, können eine (erhöhte) Segregation zur Folge haben.

45 aa) Einzelne der Maßnahmen wirken zumindest auch als Mittel zur Stabilisierung und Legitimierung der Interessen der behördlich vertretenen Erwachsenengesellschaft bzw. des bestehenden gesellschaftlichen Systems, soweit sie tatsächlich weiterhin mehr von einem Kontrollverständnis und weniger von einem Angebotskonzept beherrscht sind. Auch liegen empirische Anhaltspunkte dafür vor, dass mit der Ausdehnung von „fürsorgerischer" oder „pädagogisch-therapeutischer" behördlicher Tätigkeit in Bereichen solcher Familien oder Wohngemeinschaften (aus Wohngegenden mit hoher Bevölkerungsdichte und niedrigem Wohnstandard), die als defizitär bezeichnet werden, ein Anstieg (auch) registrierter Delinquenzbelastung Minderjähriger aus diesen Familien oder Wohngemeinschaften einhergeht, und zwar zunehmend in früherem Alter und bei geringfügigeren Anlässen sowie in der Folgezeit auch nach Schwere und Häufigkeit. Wenngleich methodisch verlässlich nicht geklärt ist, ob oder inwieweit der negativ sanktionierte Verlauf ohne entsprechende behördliche Tätigkeit weniger belastet oder aber noch belasteter gewesen wäre, scheint es, als ob das Risiko strafrechtlicher Erfassung mit behördlicher Betreuung bzw. Kontrolle ansteige. Soweit die Funktion der (Herkunfts-)Familie (wie auch der Schule), statistisch betrachtet, eine Tradierung und Gewährleistung (auch) sozialer Ungleichheit darstellt, ist nicht auszuschließen, dass sie in dem hier gemeinten Bereich durch behördliche Tätigkeit qualitativ übertroffen wird.

46 bb) Die Berücksichtigung des Willens des Minderjährigen ist nur partiell rechtlich abgesichert. Dies erscheint insofern als sachfremd, als es für einen erzieherischen Erfolg primär auf die Bereitschaft der Minderjährigen ankommt, und als ein Zwang zur Annahme einer Maßnahme in keinem Lebensalter sinnvoll ist (vgl. aber näher Schwabe/Wust unsere jugend 2008, 5 ff.), sofern die Minderjährigen – ihrem jeweiligen Entwicklungsstadium gem. – „vertretbare" Gründe für die Ablehnung erkennen lassen. Ein Problem besteht hier allerdings in der Beurteilung dessen, was als vertretbar gelten kann, zumal eine (nur) an den Vorstellungen der Erwachsenengesellschaft orientierte Auslegung (vgl. hierzu die Befragung bei JÄmtern von Kotthaus ZKJ 2007, 174 ff. (biologische Kompetenzannahme)) dazu führen könnte, dass ein Abstellen auf den Willen des Minderjährigen und auf (erwünschte) Freiwilligkeit sich erübrigt. Wird eine erzieherische Maßnahme vom Minderjährigen ohne (wie auch immer definierte) „vertretbare" Gründe abgelehnt, so bleibt eine pädagogisch überzeugende Lösung des Konflikts kaum ersichtlich, vielmehr spiegelt sich darin weithin der allgemei-

ne Konflikt zwischen Erziehungsanspruch und (oftmals empfundenem) Strafcharakter von Rechtsfolgen wider (zur Kooperation zwischen Kinder- und Jugendhilfe mit Kinder- und Jugendpsychiatrie (auch) hinsichtlich eines Wechsels stationärer Unterbringung AGJ v. 17./18.9.2015, S. 11 f. (online)). – Zudem sind in dem hier erörterten Bereich Fragen der *Akteneinsicht* sowie der Unterstützung durch einen *Rechtsbeistand* (auch) bezüglich solcher betroffener Minderjähriger nicht den Grundrechten genügend geregelt, die kaum oder weniger in der Lage sind, ihre Bedürfnisse und Interessen in der Sprache der zuständigen Behörden verständlich zu machen (zur „Ausklammerung" der Rechte Betroffener *Busch/Fiedler* unsere jugend 2006, 404 f.).

b) Heimunterbringung. Für den Fall der Anordnung von Maßnahmen ist zu würdigen, dass seither unter den (mehrfach) zu freiheitsentziehenden (jugend-)strafrechtlichen Rechtsfolgen Verurteilten sich eine spektakuläre Überrepräsentierung solcher Personen findet, die vormals in Heimerziehung waren (aber auch → Rn. 53), und zwar erhöht, soweit diese geschlossener Art gewesen ist (auch → § 12 Rn. 42a–42d). Dabei bleibt allerdings im Einzelnen weithin ungeklärt, in welchem Ausmaß zB der Vorauswahl der in Öffentliche Erziehung gelangenden Minderjährigen bzw. der Ausgestaltung Öffentlicher Erziehung (wie vor allem der in Rede stehenden Heime) eine kausale Bedeutung zukommt (ergänzend → § 12 Rn. 42e, 34). Zu den Differenzierungen des KJHG bezüglich **anderer Wohnformen** als Alternative zur Heimerziehung, deren Nutzung im Unterschied zur Familie mitunter durch verbreitete öffentliche und behördliche Distanzierung oder gar Ablehnung zusätzlich erschwert ist, wird auf die Erläuterungswerke zum KJHG verwiesen (vgl. ansonsten speziell für Berlin etwa schon *Jannicke* unsere jugend 1998, 408 ff.; vgl. auch vormals § 69 Abs. 3 JWG („in der Regel")). **47**

aa) Ob oder inwieweit der Einfluss einer vorrangig in **Heimen** der JHilfe stattfindenden Erziehung (betr. soziale Ungleichheit *Bürger* unsere jugend 2004, 22) im Sinne zukünftiger **Legalbewährung** eher günstig oder aber ungünstig ist, lässt sich generell nicht beantworten, zumal stets von einer Wechselwirkung mit etwaigen anderen Einflussfaktoren auszugehen ist. So kann im Speziellen auch die Entwicklung **sozialer Einsichts-** und **Handlungsfähigkeit** durch das Aufwachsen oder längere Aufenthalte in einer Heimumwelt beeinflusst werden, jedoch kann den lebensgeschichtlichen Vorerfahrungen der von Heimerziehung betroffenen Kinder und Jugendlichen ebenso entscheidende Bedeutung zukommen wie der jeweiligen Ausgestaltung der Heimerziehung. Zwar können Heime schon aufgrund ihrer geordneten Struktur ein gewisses „Schonklima" gegenüber den sozialen Verhältnissen außerhalb bieten, andererseits gelten Heime tendenziell gleichsam als letztes „Auffangbecken" ansonsten unerwünschter oder als nicht anderweitig betreubar eingestufter Kinder und Jugendlicher (wobei diese „Abschiebe"-Funktion ggf. im Bewusstsein auch der Betroffenen selbst verankert ist, vgl. betr. geschlossene Unterbringung aufgrund Interviews *Menk/Schnorr ua,* Woher die Freiheit bei all dem Zwange?, 2013, Kap. 4 und 6). **48**

(1) Als Spezifika der Heimerziehung, die die soziale Entwicklung beeinflussen, sind vor allem zu nennen **Reglementierung** sowie zwangsläufige **Begrenztheit** individuell-personeller **Zuwendung,** deren Intensität und Dauerhaftigkeit nur eingeschränkt durch die Bedürfnisse der Betroffenen gesteuert wird, ganz überwiegend dagegen durch institutionelle Belange **48a**

(krit. zur (Selbst-)Regelung der Arbeitszeit und entsprechender Diskontinuität *Lindemann* unsere jugend 1993, 326 (330 f.); zu handlungsbezogener Reflektion und Begründung *Maykus* unsere jugend 2001, 105 ff.). Hinzu kommen die Unterbindung selbstgewählter Gleichaltrigenbeziehungen von außerhalb des Heims (vgl. *Wolf,* Die Fluchtprognose im Untersuchungshaftrecht, 2017, 182 ff., 303, 367) und ggf. gar rechtswidrige (physische oder psychische) Gewaltausübung bis hin zu Deliktsbegehungen seitens des Erziehungspersonals (vgl. AFET 04 (zur Aufdeckung *Obele* 118 ff., betr. sexuellen Missbrauch auch seitens Erzieherinnen *Conen* 163 ff.)), zu deren **Prävention** bzw. **Abwehr** § 45 Abs. 2 S. 2 Nr. 3 KJHG (schon betr. die Erteilung der „Betriebserlaubnis") sowie § 79a S. 2 KJHG (iSd Qualitätskontrolle) den Minderjährigen Schutzrechte einräumen. Unabhängig davon können eine zu starke Reglementierung und (faktische) Sanktionierung Minderjähriger dazu führen, dass die vor Einweisung festgestellten, als negativ bewerteten Verhaltensweisen nicht überwunden werden, sondern nach Entlassung wieder zu Tage treten, ggf. sogar in verfestigterem Ausmaß, als es zuvor der Fall war (zur Behinderung von „Ich-Stärke" und sozialer Integration *Tanner* Kriminol.Bull 1992, 73 ff.; zu Machtmissbrauch *Busch/Fiedler* unsere jugend 2006, 403 ff.).

49   (2) Der im Vergleich zur familiären Erziehung in der Regel weniger intensive und weniger dauerhafte **Kontakt** zu **erwachsenen Bezugspersonen** kann im Allgemeinen zu verminderter sozialer Bindungsfähigkeit und dem Verlust von Vertrauensverhältnissen (vgl. aber *Stanulla* unsere jugend 2004, 3 ff.) führen, und umso eher kommt es zu einem Mangel an (für die Betroffenen) glaubwürdigen Identifikationsmöglichkeiten und Rollenmodellen (dazu *Funke,* Zur Rolle von Jugendlichen im Jugendhilfeprozeß, 1981, 226; zu negativ ausgeprägtem Selbstbild *Quensel ua* MschKrim 1983, 94). Mögliche Reaktionen sind „Flucht" in eine „geborgte" Identität (zB als Mitglied einer bestimmten Bande/Gruppe, vgl. zu ggf. psycho(patho) logischen „Auffälligkeiten" *Müller* FS Beulke, 2015, 1195 ff.) oder der Aufbau einer „Gegen"-Identität, die den Vorstellungen der Gesamtgesellschaft zuwiderläuft. Auch aus diesen Gründen wird verschiedentlich ein Mangel an Einbeziehung der *Eltern* beanstandet (sog. „Elternarbeit"; vgl. etwa schon *Kemper* Jugendwohl 1988, 424; *Gossheger ua* Jugendwohl 1988, 447; *Merchel* unsere jugend 1991, 467 (472 f.) unter Hinweis auf § 37 Abs. 1 KJHG; *Obersteiner* Jugendwohl 1994, 137 ff.; betr. den Bezug zu Erziehungserfolgen *Rumpf* Jugendwohl 1995, 214 ff.; s. auch *Dörnhoff* Jugendwohl 1998, 139: „Ausgrenzung nur noch in … Einzelfällen"; zur notwendigen Qualifikation des Erziehungspersonals *Vonderbank* unsere jugend 2005, 382 ff.; zu Großeltern-Enkel-Beziehungen *Wieners* unsere jugend 2002, 301), jedoch wurde eine Vielzahl von Partizipationsmöglichkeiten entwickelt (vgl. zu „systemischem Handeln" *Bohlken/Krüger* unsere jugend 2007, 472 ff.; im Übrigen *Gragert/Seckinger* ForE 2008, 4 ff.; näher auch *Kriener* ForE 2017, 202 ff.; zum Anspruch der Eltern *Knaake* ForE 2017, 212 ff.).

49a   Allerdings ist insgesamt davon auszugehen, dass **interne**/verdeckte **Machtpositionen** und ihre tatsächliche Ausübung das Leben im Heim stärker beeinflussen können als der offizielle, institutionell aufgestellte Erziehungsplan (vgl. *Heitkamp,* Heimerziehung und Pflegefamilien − Konkrrenz innerhalb der Jugendhilfe?, 1989, 130 ff.; zu Interdependenzen und Machtprozessen *Wolf,* Die Fluchtprognose im Untersuchungshaftrecht, 2017, 139 ff.), und deshalb kommt Beteiligungs- und Beschwerderechten besondere Relevanz zu (s. §§ 8b Abs. 2, 45 Abs. 2 S. 2 Nr. 3 KJHG (zudem § 79a S. 2 KJHG); aber → Rn. 46). Je weniger sich das Heim nach außen öffnet und Erfahrungen mit der komplexen Wirklichkeit außerhalb zulässt, umso schwerer haben es die Betroffenen, Erfahrungen mit verschiedenen Verhaltensspielräumen zu machen und in das Zusammenspiel sozialer und gesetzlicher Normen hineinzuwachsen. Unbeschadet des (Heim-)Erziehungsziels, den Jugendlichen Freiräume gem. ihrem Entwicklungsstand einzuräumen, legen nicht selten Sachzwänge und Engpässe administrativer, finanzieller und personeller Art eine wesentlich repressivere Vorgehensweise nahe (vgl. zum Verteilungsschlüssel Proband: Erzieher/in vormals *Lindemann* unsere jugend 1993, 326; zu räumlichen Ausstattung *Günder* unsere jugend 1993, 340 ff.).

(3) Eine erhebliche Bedeutung auch iZm dem Ausmaß an Offenheit und **50** gesellschaftlicher Normalität eines Heims haben die Ausgestaltung von **Beschulung** und **Ausbildung.** Dabei hat der Anteil an in Heimen untergebrachten Kindern und Jugendlichen, die ausschließlich auf den Besuch einer heiminternen Schule angewiesen sind, seit den Reformbemühungen der Siebziger und Achtziger Jahre des 20. Jahrhunderts erheblich abgenommen (vgl. dazu *Steinbrecher,* Daten zur Heimschulsituation, in Materialien zur Heimerziehung, Nr. 5/6, 1984, 58; zur Kooperation zwischen Schule und Heimschule vormals *Rumpf* Jugendwohl 1994, 167 ff. bzw. *Maykus* in Gabriel/Winkler, Heimerziehung, 2003, 134 ff., zwischen Heim und Heimschule *Rumpf* unsere jugend 2001, 167). Darüber hinaus gibt es keine eindeutigen Anhaltspunkte, dass Heimschulen in Hinblick auf Wissensvermittlung und schulische Qualifikation Regelschulen grundsätzlich unterlegen seien. Von daher ist mit einer Heimunterbringung keine zwangsläufige Unterprivilegierung bezüglich Schul- und Berufsausbildung verbunden (teilweise sollen die beruflichen (dann in der Regel heiminternen) Ausbildungsmöglichkeiten sogar oberhalb der Stufen liegen, die Jugendliche aus sozioökonomisch benachteiligten Gruppen sonst erreichen, vgl. etwa schon *Kersten* KrimJ 1986, 245; betr. weibliche Betroffene vgl. zu Beispielen *Obersteiner* unsere jugend 1993, 419 ff.). Unabhängig davon jedoch mag die Bescheinigung, eine heiminterne Schul- oder Berufsausbildung durchlaufen zu haben, ggf. als diskriminierend empfunden werden (vgl. etwa *Mrozynski,* KJHG, 5. Aufl. 2009, KJHG § 34 Rn. 7; zur Heimschule als Lebensfeld *Mueller* unsere jugend 1991, 189) und mitunter auch tatsächlich zu Benachteiligungen führen (zur Relevanz selbst gewählter Gleichaltrigenbeziehung außerhalb des Heimes → Rn. 48).

bb) (1) Im Einzelnen bestehen zumal seit den Reformbestrebungen der **51** Siebziger Jahre des 20. Jahrhunderts eine Fülle verschiedener Heimtypen nebeneinander (vgl. etwa *Wolf* in Struck ua, Reform der Heimerziehung, 2003, 20 ff.; zu statistischen Angaben → § 12 Rn. 37–39, 41), die sich zum Teil in ihren pädagogischen Konzeptionen grundlegend unterscheiden (vgl. vormals *Blandow* in Blandow/Faltermeier, Erziehungshilfen in der Bundesrepublik Deutschland, 1989, 288 f.). So gibt es neben der „Vollheimerziehung" klassischen Zuschnitts (unbeschadet Dezentralisierungstendenzen), den (nach dem Modell der SOS-Kinderdörfer) strukturierten „Familienheimen" (vgl. *Koch/Lambach* ForE 2008, 15 ff.) und den Jugendwohngemeinschaften bzw. dem betreuten Einzelwohnen auch die „nicht-stationäre" Form der Tagesheimgruppen. Des Öfteren wird ein **Mangel** an **Differenziertheit** der **Einweisungspraxis** insoweit beklagt, als nicht immer dem

Spektrum der an sich zur Verfügung stehenden Alternativen Rechnung getragen wird, sondern ggf. administrative, geographische und/oder finanzielle Belange dominieren (zur Betriebskostenstruktur s. vormals *Lemeyer* Neue Praxis 1983, 53 (57 ff.); zu verbindlichen Grundsätzen für die Heimdifferenzierung etwa schon *Carspecken* Zbl 1983, 580; zum Anspruch nach dem KJHG *Merchel* Zbl 1991, 469 (473 ff.); zum Vorschlagsrecht der Betroffenen *Kaute* Zbl 1987, 359 f.; zu Einweisungsgründen vgl. vormals etwa die Aktenanalyse bei *Müller* Jugendwohl 1984, 54 ff.; zu Suchtproblemen und diesbezüglichen Differenzierungsbelangen *Petermann* Jugendwohl 1988, 323 ff. mN). Allerdings beruht der genannte Mangel ua auch auf dem Bestreben, Minderjährige zur Aufrechterhaltung und Weiterentwicklung sozialer Bindungen nach Möglichkeit in räumlicher Nähe zu Personen unterzubringen, zu denen entsprechende Beziehungen bestehen, sodass uU andere Auswahlkriterien gar nicht mehr zum Tragen kommen.

51a   (2) Andererseits ist die Forderung nach Differenziertheit (und damit zwangsläufig einhergehend Spezialisierung) der Heimerziehung umstritten (vgl. etwa *Knuth* ForE 2013, 143 (betr. NRW); *Krause* ForE 2013, 146 (aus Sicht Betroffener)). Insgesamt scheint zu gelten, dass Heime Schwierigkeiten haben, für die in ihnen lebenden Minderjährigen nicht nur „Behandlungs-„ (vgl. dazu etwa *Rothermel-Funk* unsere jugend 1998, 387 ff.) und „Aufbewahrungsort" zu sein, sondern einen von der Außenwelt nicht zu sehr entfremdeten (und also „lohnenden") Lebensraum zu schaffen (vgl. auch *Mrozynski,* KJHG, 5. Aufl. 2009, KJHG § 34 Rn. 6; *Wolf* in Struck ua, Reform der Heimerziehung, 2003, 28 ff.). Auch von daher scheint es geboten, eine Differenzierung nach Klientel usw nicht zu weit zu treiben, sondern eine gewisse **Diversität** zuzulassen. So gilt nach verbreiteter Auffassung eine Erziehung unter kompletter Trennung zB nach dem Geschlecht der Betroffenen eher als lebensfremd (vgl. dazu allg. etwa schon *Fesel* RdJB 1985, 360; zu unterschiedlichen Erziehungsschwerpunkten und Erzieherverhalten *Kersten* KrimJ 1986, 243 (246 f., 249 ff.); zu unterschiedlichen Bedürfnissen für Jungen und Mädchen *Permien* Sozial Extra 2004, 26 ff.), wogegen nach anderer Ansicht Heimen nur für weibliche Betroffene (auch) die Funktion eines Schutzraumes (vor etwaiger konkreter männlicher Dominanz) zuerkannt wird, was bei entsprechender Konzeption des Heims positive Auswirkungen auf die Entwicklung des Selbstwertgefühls bzw. die Überwindung der Fixierung auf typisch-traditionelle Frauenrollen usw habe (vgl. *Freigang ua,* Mädchen in Einrichtungen der Jugendhilfe, 1986, 125 ff.; zur Erziehung weiblicher Untergebrachter in katholischen Heimen etwa *Kalscheur* Jugendwohl 1987, 192; zu etwaiger Schutzlos-Stellung von Opfern sexueller Gewalt *Hartwig,* Sexuelle Gewalterfahrungen von Mädchen, 1990, 277, 288 f.). – Zu hinterfragen bleibt im Einzelfall, ob Differenzierungsvorschläge mitunter hauptsächlich den Trägerbelangen dienlich sind (vgl. grundsätzlich schon *Mollenhauer,* Jugendhilfe, 1968, 13 f.). Insbesondere gilt dies auch für Etikettierungen mit pädagogischen Schlagwörtern, die je nach Strömung in der Gunst der Fachwelt stehen, ohne dass damit ein ernsthaftes pädagogisches Engagement verbunden wäre (vgl. schon *Blandow* in Blandow/Faltermeier, Erziehungshilfen in der Bundesrepublik Deutschland, 1989, 295; zu methodischem Handeln *Günder ua* unsere jugend 2004, 14 ff.).

52   **cc)** Hinsichtlich Angaben zur **fachlichen Eignung** von **Heimerziehenden** ist zu unterscheiden zwischen der Eignung in der Praxis (vgl. dazu etwa *Sieland* in Gabriel/Winter, Heimerziehung, 2003, 84 ff.; zum Ausschluss vgl.

§§ 48, 72a KJHG) nebst methodischen Schwierigkeiten einer Evaluation einerseits (zur Qualitätsentwicklung §§ 79 Abs. 2 Nr. 2, 79a KJHG, betr. freie JHilfe § 74 Abs. 1 S. 1 Nr. 1 KJHG) und Berechnungen des Anteils zB speziell sozialpädagogisch ausgebildeten Personals andererseits (betr. Einrichtungen stationärer Erziehungshilfen in den „alten" Bundesländern wurden für 1982 und 1998 Anteile von 63% und 76% genannt (*Schilling* in Birtsch ua, Handbuch Erziehungshilfen, 2001, 468; s. auch Materialien zum 11. Kinder- und Jugendbericht, 2002, 48 f., 64 f., 77 f.); zu Schulen für Heimerzieher, aber auch zum Selbst- sowie Fremdbild von Heimerziehern vormals *Eitle/Bader* Jugendwohl 1986, 102 f. (105–107); zu einschlägigen Möglichkeiten und Grenzen von Psychologen *Petermann/Petermann* unsere jugend 1986, 395; zu fördernder Tätigkeit aus psychiatrischer Sicht *Furger* Kriminol.Bull 1984, 73; zur Qualifikation *Almstedt* unsere jugend 1998, 365 ff.). – Aus Sicht der im Heim mit erzieherischen Aufgaben betrauten Beschäftigten kann dem pädagogischen Auftrag wegen **administrativer Vorgaben** und **praktischer Notwendigkeiten** nur eingeschränkt Rechnung getragen werden. Wahrgenommene Erfolglosigkeit der Tätigkeit kann, im Zusammenspiel mit anderen Faktoren (ua auch Überlastung), zu einen (auch) in kontrollierenden bzw. helfenden Berufen nicht seltenen Syndrom des „Ausgebranntseins" (burnout) führen, das sowohl die einzelne Persönlichkeit wie auch deren Arbeitsfähigkeit erheblich belastet (zu Kompensationsmöglichkeiten durch „institutionelle Mythen" *Blandow* in Blandow/Faltermeier, Erziehungshilfen in der Bundesrepublik Deutschland, 1989, 307 f.; vgl. zudem *Stahlmann* unsere jugend 1994, 535 ff.).

(1) Nicht selten bilden nicht Heimerziehende, sondern andere **(Mit-) Untergebrachte** das **dominierende Lernmodell** für von der Heimerziehung Betroffene. Überwiegend handelt es sich bei den Vorbild-Rollenträgern um Jugendliche, die subkulturell orientiert sind und „Erfolge" in der bisherigen Delinquenz vorzuweisen haben. Gegebenenfalls kommt es bei anderen Untergebrachten zur Übernahme ua „delinquenter" Verhaltensmuster durch Heimaufenthalt.   52a

(2) Eher nachteilig im Hinblick auf die intendierten Erziehungsziele ist auch die regelmäßige und erhebliche **Fluktuation** der Untergebrachten (wie auch der Erziehenden, vgl. vormals zB aus einem Praxisbericht NDV 1977, 169 f.; vgl. auch *Kiehn* Jugendwohl 1983, 97), die das Eingehen stabiler zwischenmenschlicher Bindungen weithin unmöglich macht. Häufige Wechsel sind zum Teil in den Umständen des Einzelfalls begründet, erklären sich ua aber auch aus Vorgaben zB der Altershomogenität bestimmter Gruppen oder Heime bzw. aus „Abschiebungen" mit der Begründung, „für das Heim untragbar" zu sein (zu erhöhter jugendstrafrechtlicher Verfolgung → § 12 Rn. 30).   52b

(3) Das Fehlen einer **Nachbetreuung** (nicht zuletzt betr. junge Volljährige) nach Abschluss einer Heimerziehung ist vielfach kritisiert worden (vgl. vormals etwa *Schmidt* Jugendwohl 1983, 273; auch *Niemitz* unsere jugend 1983, 381; Nachw. in Jugendwohl 1986, 163 ff.; zu Wohngemeinschaften *Vogel/Zimmermann* unsere jugend 1986, 95; *Thimm* unsere jugend 1990, 389; vgl. im Übrigen *Pütz* Jugendwohl 1988, 31). Dringend geboten erschiene es, Selbstständigkeit im Zeitpunkt der Entlassung aus dem Heim nicht in jedem Falle als gegeben anzunehmen, sondern für einen begrenzten Zeitraum Förderung und Unterstützung anzubieten – unbeschadet der Tatsache, dass ein nicht unerheblicher Teil der Betroffenen (auch abhängig von den   52c

jeweiligen Erfahrungen mit Heimerziehung) die Nicht-Betreuung lediglich als Nicht-Reglementierung empfindet und daher bevorzugt.

53   **dd)** In der pädagogischen Literatur gilt Heimerziehung insbes. dann als **Erfolg versprechend,** wenn sie aufgrund des Alters des Jugendlichen eine geeignete Unterstützung bei der „Befreiung" von diesem oder jenem Elternteil darstellt und aufgrund der Vorerfahrungen des Jugendlichen geboten erscheint (vgl. etwa *Köngeter/Schröer* ForE 2013, 180). Dies soll am ehesten bei solchen Jugendlichen der Fall sein, die lange Zeit in konfliktreichen Familienbeziehungen gelebt haben und denen der Heimaufenthalt diesbezüglich eine Entlastung bringen könne (vgl. auch *Mrozynski,* KJHG, 5. Aufl. 2009, KJHG § 34 Rn. 3). Indes lassen sich generelle Aussagen über Beginn bzw. Aufnahmealter und Dauer als sog. Wirksamkeitskriterien der Heimunterbringung nicht treffen, weil stets konkret zB nach der Art von Einflussnahme, einem Verlust oder aber Aufbau von Beziehungskontinuität etc zu differenzieren ist. – Ein empirischer Nachweis der **intendierten Wirksamkeit** (öffentliche Erziehung und namentlich) von Heimerziehung ist bisher nicht erbracht worden (vgl. etwa *Petermann* Jugendwohl 1990, 227; krit. zur Messbarkeit *Freigang* in Struck ua, Reform der Heimerziehung, 2003, 45 ff.; speziell zur vormaligen Fürsorgeerziehung sowie Erfahrungen des Auslands → § 12 Rn. 34–34b; nach Angaben von *Kiehn* (Jugendwohl 1983, 98) haben 87 % der Heimerzieher der eigenen Tätigkeit im Heim keinen Erfolg beigemessen, und nach der Befragung von *Funke* (Zur Rolle von Jugendlichen im Jugendhilfeprozeß, 1981, 217) schätzte keiner der Jugendlichen seine Heimunterbringung als adäquate und persönlich hilfreiche pädagogische Maßnahme ein; vgl. aber zu Anhaltspunkten für eher günstige Entwicklungen auch hinsichtlich Legalbewährung *Kiehn* Jugendwohl 1986, 387; *Hansen* unsere jugend 1994, 224 ff.).

3. Nichtanwendbarkeit der §§ 9, 11 JGG

54   Die Anordnung von **Erziehungsmaßregeln** gem. § 9 ist im Falle der Verneinung der Voraussetzungen des S. 1 **nicht zulässig.** Dementsprechend ist für Fälle, in denen die vom JRichter gem. S. 2 angeordneten Maßnahmen nicht befolgt werden, die Anwendung des § 11 Abs. 3 ausgeschlossen, und zwar unabhängig davon, ob hinsichtlich der Nichtbefolgung die Voraussetzungen des S. 1 gegeben wären.

VI. Verfahrensrechtliches

1. Zeitpunkt der Prüfung

55   Zur Vermeidung einer unzulässigen Fortsetzung des Verfahrens mit erzieherisch nachteiligen und vom Betroffenen als belastend empfundenen Auswirkungen sollten die Prüfung der Voraussetzungen des S. 1 und die etwaige Beendigung des Verfahrens **möglichst frühzeitig** vorgenommen werden. Fehlt es an der Reife, sollte möglichst schon die Jugendstaatsanwaltschaft wegen mangelnden Tatverdachts einstellen (§ 170 Abs. 2 StPO), zumindest sollte das JGericht die Eröffnung des Hauptverfahrens ablehnen (§§ 203, 204 StPO); die Erledigung durch Einstellung gem. § 47 Abs. 1 Nr. 4 hingegen ist nur in der HV zulässig (näher → § 47 Rn. 5; s. auch § 60 Abs. 1 Nr. 6

BZRG). Stets ist zu beachten, dass der Gerichtssaal als „der ungeeignetste Ort gilt, in das geistig-seelische Leben eines Menschen einzudringen" (*Peters* Strafprozess 405), ganz abgesehen davon, dass es hinsichtlich der Voraussetzungen des S. 1 allein auf den Zeitpunkt der Tat ankommt (→ Rn. 4). – Ob das Verfahren durch Freispruch wegen Fehlens der Voraussetzungen des S. 1 beendet werden (unerwähnt in RL 2) sollte (ua zur Vermeidung der Belastung mit einer (ggf. unberechtigten) Eintragung gem. § 60 Abs. 1 Nr. 6 BZRG), oder aber eingestellt werden sollte (ua zur Vermeidung von Feststellungen zum äußeren Straftatbestand im Urteil; zur Erheblichkeit sich darauf beziehender Beweistatsachen *Güntge* in Alsberg Beweisantrag Rn. 1138 (anders noch AG Kiel NJW 1952, 1429 mablAnm *Potrykus* NJW 1953, 276)), hat das Gericht abzuwägen (dazu *Ziegler/Nöding* 42; auch → § 47 Rn. 12)).

2. Heranziehung von Sachverständigen

Die **Ermittlungen** (auch) zur Frage des Vorliegens der Voraussetzungen 56 des S. 1 sind unter Einschaltung der **JGH** zu führen; iRd Vernehmung nach § 44 haben der **Jugendstaatsanwalt und** der **Jugendrichter** in besonderem Maße die Möglichkeit, die Prüfung der Voraussetzungen des S. 1 vorzubereiten.

Verbleiben Zweifel (nach OLG Hamm NStZ-RR 2007, 124 muss dies 56a nicht schon bei Meinungsverschiedenheiten zwischen Gericht und JGH der Fall sein), so ist – in den Grenzen des Verhältnismäßigkeitsgrundsatzes (nicht erwähnt in RL 1) – die Zuziehung eines **Sachverständigen** (§ 43 Abs. 2 S. 2, ggf. auch die Unterbringung zur Beobachtung (§ 73)) erforderlich (hierzu → § 43 Rn. 33, 43). Was im Einzelnen Anhaltspunkte für **Alkohol**- bzw. **Drogenabhängigkeit** angeht, so besteht ggf. Anlass, einen Sachverständigen zur Frage einer eventuellen Beeinträchtigung der Reifeentwicklung heranzuziehen (auch → § 43 Rn. 43, 47), zumal bei der Beurteilung der Schuldfähigkeit nach §§ 20, 21 StGB unterschiedliche einschlägig bedingte psychische Störungen in Betracht kommen (vgl. näher *Eisenberg* Beweisrecht StPO Rn. 1724 ff., 1748 ff., 1783 ff., jeweils auch zur Rspr.).

3. Anordnung durch das Jugendgericht bzw. das Familiengericht

a) Ob das JGericht eine entsprechende Anordnung nach Möglichkeit 57 dem FamG überlassen sollte, weil diesem insoweit eine höhere Sachkompetenz zukomme oder weil eine Anordnung des JGerichts (als eines Strafgerichts) im Allg. eine erhöht stigmatisierende Auswirkung habe, ist umstritten (auch → Rn. 42; *Ostendorf* JZ 1986, 668; *Ostendorf* in NK-JGG Rn. 18). Verlässliche empirische Nachweise liegen zu dieser Frage bislang nicht vor.

b) Stellt die Staatsanwaltschaft einen Antrag auf Anordnung von Maß- 58 nahmen nach S. 2 bei dem **JGericht** (nach *Rössner* in HK-JGG Rn. 48 analog §§ 413 ff. StPO), so prüft dieses (gem. den Vorschriften der StPO und des JGG) zunächst, ob eine rechtswidrige Tat vorliegt.

Ordnet das JGericht gem. S. 2 eine Maßnahme an und wird dazu eine 58a *nachträgliche Änderung* erforderlich, so bleibt wegen des inhaltlichen Zusammenhangs (und zur Vermeidung andernfalls etwa zu besorgender widersprüchlicher Beurteilungen) das JGericht auch dafür zuständig (anders *Brunner/Dölling* Rn. 17). – Hinsichtlich der Angreifbarkeit der jgerichtlichen

Anordnung gelten neben den Vorschriften des JGG nicht diejenigen des FamFG, sondern die der StPO (aA *Bohnert* NStZ 1988, 255), sei es betr. die Beschwerde, sei es betr. Berufung oder Revision. Eine Rechtsmittel-beschränkung gem. § 55 Abs. 1 besteht nicht, da die Anordnung gem. S. 2 in § 55 Abs. 1 nicht angeführt ist, jedoch gilt die instanzielle Rechtsmittel-beschränkung (§ 55 Abs. 2) auch hier (allg. Auffassung).

59   **c)** Für das **FamGericht** besteht die Möglichkeit der Anordnung von Maßnahmen gem. **S. 2 unabhängig** davon, in welchem **Verfahrens-abschnitt** das Fehlen der Voraussetzungen des S. 1 festgestellt wurde. Allerdings wird die **Jugendstaatsanwaltschaft,** sofern sich das Fehlen der Voraussetzungen des S. 1 bereits im Ermittlungsverfahren ergibt, nach Einstellung (§ 170 Abs. 2 StPO) die Anordnung etwa als erforderlich erachteter erzieherischer Maßnahmen **bei** dem **FamG anregen** (vgl. *Schaffstein/Beulke/Swoboda* JugendStrafR § 7 III).

4. StREG

60   Wurde strafrechtliche Verantwortlichkeit zu Unrecht bejaht, so kann eine Entschädigung entsprechend § 6 Abs. 1 Nr. 2 StREG zuerkannt werden. Bei der Ermessensentscheidung sei die Versagung einer Entschädigung gerechtfertigt, wenn der Betroffene anlässlich einer jugendgerichtlichen Unterbringung eine „wichtige Förderung" erfahren habe (vgl. LG Hamburg 27.2.2012 – 604 Ks 13/11, S. 46 (Entschädigung bejahend jedoch, soweit der Freispruch auf Fehlen eines Tötungsvorsatzes beruht, S. 45 f.); allg. auch → § 2 Rn. 28 ff.). Das Beschwerdegericht ist nicht auf die Prüfung von Ermessensfehlern beschränkt, vielmehr trifft es eine eigene Ermessensentscheidung (OLG Hamm NJW 2012, 3046 (zum allgemeinen StR)).

Rechtliche Einordnung der Taten Jugendlicher

4 Ob die rechtswidrige Tat eines Jugendlichen als Verbrechen oder Vergehen anzusehen ist und wann sie verjährt, richtet sich nach den Vorschriften des allgemeinen Strafrechts.

Schrifttum *Asholt,* Verjährung im Strafrecht, 2016; *Jakobs,* Strafrecht Allgemeiner Teil, 2. Aufl. 1993; *Radtke,* Bestrafungshindernisse aufgrund des Zeitablaufs, 2001.

I. Anwendungsbereich

1   Die Vorschrift ist für Jugendliche auch dann heranzuziehen, wenn das Verfahren vor den für allg. Strafsachen zuständigen Gerichten stattfindet (§ 104 Abs. 1 Nr. 1).

2   Die Vorschrift gilt für Heranwachsende – vor Jugendgerichten wie vor den für allg. Strafsachen zuständigen Gerichten – dann, wenn auf sie materielles JStR angewandt wird (§§ 105 Abs. 1, 112 S. 1 und 2, § 104 Abs. 1 Nr. 1).

II. Einstufung der Taten

Bei einer Reihe von Fragen hängt die Beantwortung im allg. StR von der 3
Einstufung des Delikts als Verbrechen oder Vergehen ab, wofür wiederum
die fallkonkret jeweils vorgesehene Strafhöhe maßgebend ist. Infolge der
Nichtgeltung von Strafdrohungen des StGB (§ 18 Abs. 1 S. 3) fehlt es dafür
im JStR jedoch an sich an der Entscheidungsgrundlage. Dies wird durch § 4
kompensiert. Hiernach ist die **Strafdrohung** des **allg. StR** (§ 12 StGB iVm
§ 2 Abs. 2) auch im JStR das **Kriterium** für die Einordnung der Tat. Für die
etwaige Erweiterung des JStrafrahmens gem. § 18 Abs. 1 S. 2 hat dies (derzeit) zwar nur deklaratorische Bedeutung, weil das geltende Strafrecht allein
bei Verbrechen eine mehr als zehnjährige Freiheitsstrafe vorsieht (*Putzke* in
BeckOK JGG Rn. 3.1). Praktisch relevant ist die Festlegung jedoch für den
Widerruf der Strafmakelbeseitigung bei Begehung eines Verbrechens oder
vorsätzlichen Vergehens (§ 101 S. 1) sowie für Fragen des Versuchs (§ 23
StGB, § 2 Abs. 2) und die Anwendung von § 45 Abs. 1 iVm § 153 StPO
sowie von §§ 7 Abs. 2 S. 1 Nr. 1, 106 Abs. 3 Nr. 1 und von 80 Abs. 3 S. 1.

III. Verfolgungsverjährung

Der Eintritt der Verfolgungsverjährung von Taten bestimmt sich auch im 4
JStR nach **§§ 78 ff. StGB** (§ 2 Abs. 2). Eine eingetretene Verjährung steht
der Einleitung und Durchführung jedes Strafverfahrens entgegen, selbst
wenn allein ein erzieherisches Vorgehen im Rahmen einer Diversionsentscheidung oder durch Verhängung von Erziehungsmaßregeln beabsichtigt ist.
– Überhaupt gelten für Verjährungsfragen im JStV die allg. Maßgaben
(*Mitsch* in MüKoStGB StGB Vor § 78 Rn. 2; krit. *Radke,* Bestrafungshindernisse aufgrund des Zeitablaufs, 2000, 147 f.). Deshalb bewirken zB Maßnahmen des Richters nach §§ 45 Abs. 3, 47 keine Verjährungsunterbrechung, weil es sich hierbei um keinen der in § 78c StGB iVm § 2 Abs. 2
geregelten Fälle handelt (ebenso *Ostendorf* in NK-JGG Rn. 3; *Diemer* in
Diemer/Schatz/Sonnen Rn. 3). Als Ausnahmevorschrift ist die Regelung
zur Verjährungsunterbrechung eng auszulegen und, da den Beschuldigten
belastend, einer analogen Anwendung unzugänglich. Einer vom allg. StrafR
abw. Handhabung stünde iÜ auch das Schlechterstellungsverbot entgegen
(→ § 2 Rn. 23).

IV. Vollstreckungsverjährung

Die Vorschrift regelt allein die Verfolgungs- und nicht auch die Vollstre- 5
ckungsverjährung („Tat … verjährt", nicht „Rechtsfolge … verjährt").
Wann ein verjährungsbedingtes Vollstreckungshindernis eintritt, ist im JGG
überhaupt nur fragmentarisch normiert. So gilt für den **JA** die Vorschrift in
§ 87 Abs. 3 S. 2 und Abs. 4 (→ § 87 Rn. 6b, → § 87 Rn. 10 ff.). Ansonsten
fehlt es im JStR an eigenen Bestimmungen über die Vollstreckungsverjährung bei jugendstrafrechtlichen Rechtsfolgen (vgl. aber für Geldbußen wegen Ordnungswidrigkeiten Jugendlicher oder Heranwachsender die allg.
Regelung in § 34 OWiG). Rechtspraktisch hat dieses Regelungsdefizits nur

selten Konsequenzen. In den wenigen Ausnahmefällen ist die Regelungslage dann jedoch bedenklich (eingehend *Radke,* Bestrafungshindernisse aufgrund des Zeitablaufs, 2000, 149 ff.). Sie kann hier nämlich dazu führen, dass es (wegen des Nicht-Eintritts der Vollstreckungsverjährung) zur Vollstr einer erzieherisch ausgerichteten Rechtsfolge ggf. (erst) zu einem Zeitpunkt kommt, in dem dies **spezialpräventiv nicht mehr vertretbar** ist.

6 So wird von der hM bei den **Maßregeln** der Besserung und Sicherung und der **JStrafe** die sinngemäße Geltung (§ 2 Abs. 2) der §§ 79 ff. StGB angenommen (VerfG Bbg BeckRS 2015, 56548; *Mitsch* in MüKoStGB StGB § 79 Rn. 3; offen gelassen bei BVerfG ZJJ 2013, 315 (317) = BeckRS 2013, 49763). Die damit in das JStR inkorporierten Verjährungsfristen (zum Ruhen der Verjährung während der Bewährungszeit gem. § 79a Nr. 2b StGB iVm § 2 Abs. 2 vgl. → § 22 Rn. 12, → § 28 Rn. 6) sind va bei der JStrafe misslich. Hier haben sie zur Folge, dass die Vollstr frühestens (abhängig von der verhängten Dauer) nach fünf Jahren unzulässig wird. Problematisch ist dies mit Blick auf den Zweck der JStrafe (dazu § 2 Abs. 1, § 18 Abs. 2) und den daraus resultierenden Umstand, dass deren Anordnung in Ob und Maß einer spezialpräventiven (dh täterbezogenen und zukunftsorientierten) Notwendigkeit entsprechen muss. Eine erzieherische Angezeigtheit der stationären Sanktion ist hiernach nämlich nicht nur zur Zeit der Verurteilung erforderlich (→ § 17 Rn. 34 bzw. → § 17 Rn. 55), sondern folgerichtig auch zu Beginn der Strafvollstr. Der Möglichkeit, dass die angehobene Interventionsbedürftigkeit nach der Verurteilung infolge alterstypisch-dynamischer Persönlichkeitsentwicklungen durchaus kurzfristig wegfallen kann (→ Einl. Rn. 7), werden die langen Fristen in § 79 Abs. 3 StGB nicht gerecht (ebenso zB *Asholt,* Verjährung im Strafrecht, 2016, 120) – und dies, obwohl sich die §§ 78 ff. StGB nach teilw. vertretener Ansicht an sich auch damit erklären sollen, dass sich die Identität des Täters „insb. bei Jugendlichen und Jungerwachsenen" (*Jakobs,* Strafrecht AT, 1993, 10. Abschnitt Rn. 22) mit der Zeit ändern kann (s. auch *Mitsch* in MüKoStGB StGB § 78 Rn. 3; *Asholt,* Verjährung im Strafrecht, 2016, 116 ff.)).

7 Um zu verhindern, dass die spezialpräventiv strukturierte JStrafe trotz zwischenzeitlichen Wegfalls ihrer Notwendigkeit und ihrer Eignung vollstreckt wird, bedarf es daher die lege ferenda einer kürzeren altersgruppenorientierten Fristbestimmung für das JStR (*Mitsch* in MüKoStGB StGB § 79 Rn. 3). Nach deren Ablauf sollte das Voraussetzungsspektrum der §§ 17 Abs. 2, 18 Abs. 2 für eine Haftladung erneut zu prüfen sein oder eine Vollstr (wie beim JA nach § 87 Abs. 4) sogar stets unzulässig werden. Eine Differenzierung zwischen den beiden Anordnungsgründen in § 17 Abs. 2 wäre hierbei iU nicht angezeigt. Erstens bedarf es in beiden Varianten der spezialpräventiven Indikation und zweitens gäbe es sonst auf der Stufe der Vollstr zwei verschiedene JStrafen (ganz abgesehen davon, dass diese Unterscheidung bei Verhängung wegen beider Alternativen des § 17 Abs. 2 kaum möglich wäre). Solange eine solche verjährungsrechtliche Spezialregelung im JGG nicht existiert, haben die Maßgaben von Art 2 Abs. 2 S. 2 GG eine besondere Bedeutung: Ist das Einwirkungsziel infolge einer positiven Entwicklung, die der Verurteilte während der (längeren) Zeit einer nicht erfolgenden Vollstr nimmt, bereits erreicht, kann die JStrafe deshalb im Einzelfall auch vor Ablauf der Verjährungsfristen unnötig und deshalb zu einem **unverhältnismäßigen Eingriff** in das Freiheitsgrundrecht werden (so explizit BVerfG ZJJ 2013, 315 (317) = BeckRS 2013, 49763).

Bei **Erziehungsmaßregeln** ist die Problematik in dem Sinne verschärft, 8
als die angeordnete Maßnahme hier eine besonders starke Individualisierung
aufweisen soll und idR stärker auf die konkrete Einwirkungsbedürftigkeit
ausgerichtet ist. Ein im Urteilszeitpunkt als richtig angesehenes erzieherisches Eingreifen kann hier schon nach einigen (vollstreckungsfreien) Monaten ungeeignet werden, deutlich schneller also als bei der JStrafe. Dennoch
ist die Vollstreckungsverjährung hier gar nicht geregelt, da sich auch aus § 79
StGB keine einschlägige Begrenzung ergibt. Allerdings erledigen sich Weisungen mit dem Zeitablauf (§ 11 Abs. 1). Auch wird dadurch, dass sie (wenn
erzieherisch geboten) abänder- oder aufhebbar sind (§ 11 Abs. 2), das Problem etwas entschärft. Außerdem kann die Befolgung von (ungeeignet
gewordenen) Weisungen nicht im Wege der Zwangsvollstreckung erzwungen werden. Im Falle eines Nichtbefolgungsarrestes (§ 11 Abs. 3) ist § 87
Abs. 4 S. 1 entspr. anzuwenden, wobei es für die Fristberechnung auf die
Rechtskraft der Weisungsanordnung ankommen muss (ebenso bspw. *Putzke*
in BeckOK JGG Rn. 12; abw. *Diemer* in Diemer/Schatz/Sonnen Rn. 5; zu
einem Vollstreckungsverbot bei mittlerweile Erwachsenen *Ostendorf* in NK-
JGG Rn. 4 sowie NK-JGG § 11 Rn. 14).

Im Übrigen kann die Zulässigkeit von Erziehungsmaßregeln auch (rei- 9
fungsunabhängig) allein durch das Älterwerden der Adressaten entfallen, so
insbes. bei der EB und der Verpflichtung nach § 12 Nr. 2 (n. → § 12
Rn. 17 f. und → § 12 Rn. 43–45). Gegen einen inzwischen Heranwachsenden, bei dem diese Erziehungsmaßregeln danach idR unzulässig sind, kommt
eine Vollstr folglich nicht mehr in Betracht (ebenso *Laue* in MüKoStGB
Rn. 8). Spätestens bei Vollendung des 24. Lbj. gilt dies nach dem Rechtsgedanken in § 89b Abs. 1 S. 2 sowie § 63 Abs. 1 BZRG generell (abl. *Laue*
in MüKoStGB Rn. 8). – Für die **Zuchtmittel** der Verwarnung und der
Erteilung von Auflagen bestehen ebenfalls keine Vorschriften über die Vollstreckungsverjährung. Aus den Regelungen in § 15 Abs. 3 ergibt sich letztlich die gleiche notdürftige Abhilfe wie aus § 11 Abs. 2 und 3. Eine legislative Problemklärung wäre jeweils angezeigt.

Die Folgen der Jugendstraftat

5 (1) **Aus Anlaß der Straftat eines Jugendlichen können Erziehungsmaßregeln angeordnet werden.**

(2) **Die Straftat eines Jugendlichen wird mit Zuchtmitteln oder mit
Jugendstrafe geahndet, wenn Erziehungsmaßregeln nicht ausreichen.**

(3) **Von Zuchtmitteln und Jugendstrafe wird abgesehen, wenn die
Unterbringung in einem psychiatrischen Krankenhaus oder einer Entziehungsanstalt die Ahndung durch den Richter entbehrlich macht.**

Schrifttum: *Andrews/Bonta,* Level of Service Inventory–Revised, 1995; *Andry,*
Delinquency and Parental Pathology, 1960; *Bauer,* Schmerzgrenze. Vom Ursprung
alltäglicher und globaler Gewalt, 2011; *Baumeister ua,* Relation of threatened egotism to
violence and aggression in Baumeister (Hrsg.), The self in social psychology, 1999;
Berghaus/Krüger (Hrsg.), Cannabis im Straßenverkehr, 1998; *Berner/Karlick-Bolten,*
Verlaufsformen der Sexualkriminalität, 1986; *Blackburn,* The Psychology of Criminal
Conduct, 1993; *Block,* Jugendkriminalität und staatliche Reaktion in Hamburg 1997–
2007. Entwicklungen und Hintergründe, 2010; *Boers/Reinecke,* Delinquenz im Jugendalter, 2007; *Brauneck,* Die Entwicklung jugendlicher Straftäter. Hamburger Rechts-

studien Heft 49, 1961; *Dietz ua*, „Lehre tut viel ...", 1997; Dölling (Hrsg.), Symposium zum 80. Geburtstag von Rudolf Brunner, 2001; *Dollard*, Frustration und Aggression, 1970; *Düffer*, Gewalt von Kindern und Jugendlichen im Schulbereich, 2000; Duncker ua (Hrsg.), Forensische Psychiatrie. Ulrich Venzlaff zum 85. Geburtstag, 2006; *Ehret*, Strafen oder Erziehen? Eine komparative Längsschnittstudie zu den Auswirkungen strafrechtlicher Verfolgung von Jugenddelinquenz in Bremen, Deutschland und Denver (CO, USA), 2007; Elz (Hrsg.), Täterinnen, 2009; *Exner*, Kriminologie, 3. Aufl. 1949; *Fittkau/Graser*, Zur Kriminologie und Soziologie von Tötungsdelikten Jugendlicher und Heranwachsender, 2008; *Fuchs ua*, Tatort Schule. Gewalt an Schulen 1994–1999, 2001; *Fuchs ua*, Gewalt an Schulen, 2. Aufl. 2009; *Geißler*, Erziehungsmittel, 6. Aufl. 1993; *Geraedts*, Zur Tötungsdelinquenz bei jugendlichen und heranwachsenden Straftätern, 1998; *Glogauer*, Kriminalisierung von Kindern und Jugendlichen durch Medien, 4. Aufl. 1994; *Glueck/Glueck*, Toward a Typology of Juvenile Offenders. Implications for Therapy and Prevention, 1970; *Göppinger*, Angewandte Kriminologie, 1985; *Görgen ua*, Jugendkriminalität und Jugendgewalt, 2013; *Gold*, Status forces in delinquent boys, 1963; *Goldberg*, Freizeit und Kriminalität bei Jugendlichen, 2003; *Grunewald*, Die De-Individualisierung des Erziehungsgedankens im Jugendstrafrecht, 2003; *Hacker*, Gewalt in der Schule, 2010; Haesler (Hrsg.), Die Beziehungen des infantilen psychoorganischen Syndroms zur Kriminalität, 1979; Heitmeyer/Schröttle (Hrsg.), Gewalt, 2006; *Herbertz/Salewski*, Gewalttätige Jugendliche und Soziale Kontrolle, 1985; *Hering*, Mechanismen justitieller Eskalation im Jugendstrafverfahren, 1993; *Höhn*, Der schlechte Schüler, 1976; *Hoops*, Was hilft bei Kinderdelinquenz? Familien als Experten, 2009; *Huber*, Delinquenz als Schicksal?, 2013; *Huck*, Jugendliche Intensivtäter/innen, 2009; *Jung*, Kriminologische Untersuchungen an Vermögensverbrechern, 1970; Junkerjürgen/von Treskow (Hrsg.), Amok und Schulmassaker, 2015; *Kanz*, Medienkonsum und Delinquenz, 2014; *Khostevan*, Zügiges Strafverfahren bei jugendlichen Mehrfach- und Intensivtätern: das Münsteraner Modellprojekt „B-Verfahren", 2008; *Koch-Arzberger ua*, Mehrfach- und Intensivtäter in Hessen, Hessisches LKA, 2010; Kröber/Steller (Hrsg.), Psychologische Begutachtung im Strafverfahren, 2. Aufl. 2005; *Lempp*, Nebenrealitäten. Jugendgewalt aus Zukunftsangst, 2009; *Lenz*, Die Rechtsfolgensystematik im JGG, 2007; Loeber/Farrington (Hrsg.), Serious and violent juvenile offenders, 1998; *Meier*, Der Fußballfan. Ein Gewalttäter?, 2017; *Meier*, Jugendliche Gewalttäter zwischen Jugendhilfe- und krimineller Karriere, 2015 (DJI); *Meyer/Bachmann*, Spielsucht, 2000; *Neubert*, 18 Jahre alt, Intensivtäter und dann?, 2013 (Dt. Hochschule der Polizei); *Oberwittler ua*, Soziale Lebenslagen und Delinquenz, 2001; *Oberwittler ua*, Polizei und Jugendliche in multiethnischen Gesellschaften, 2015; *Ortmann*, Resozialisierung im Strafvollzug, 1987; *Otremba ua*, Gewaltprävention im Kindesalter, 2014 (DJI); *Pankhofer*, Freiheit hinter Mauern. Mädchen in geschlossenen Heimen, 1997; *Paulus*, Das Amok-Puzzle, 2016; *Permien/Zink*, Straßenkarrieren von Jugendlichen, 1999; *Petersen*, Sanktionsmaßstäbe im Jugendstrafrecht, 2007; *Pollich*, Problembelastung und Gewalt, 2010; *Quenzer*, Jugendliche und heranwachsende Sexualstraftäter: eine empirische Studie über Rückfälligkeit und Risikofaktoren im Vergleich mit Gewaltstraftätern, 2009; *Reich*, Integrations- und Desintegrationsprozesse junger männlicher Aussiedler aus der GUS, 2005; *Rienhoff*, Präventionsarbeit im sozialen Brennpunkt, 2016; *Schreiber-Kittl/Schröpfer*, Abgeschrieben? Ergebnisse einer empirischen Untersuchung über Schulverweigerer, 2002; Schumann ua (Hrsg.), Berufsausbildung, Arbeit und Delinquenz, 2003; *Schwenkel*, Jugenddelinquenz in den Mittelschichten, 1973; *Seddig*, Soziale Wertorientierungen, Bindungen, Normakzeptanz und Jugenddelinquenz, 2014; *Seiser*, Untersuchungshaft als Erziehungshaft im Jugendstrafrecht, 1987; *Seligman*, Erlernte Hilflosigkeit, 1979; *Silkenbeuner*, Biografische Selbstentwürfe und Weiblichkeitskonzepte aggressiver Mädchen und junger Frauen, 2007; *Sitzer*, Jugendliche Gewalttäter, 2009; *Spittler*, Die Kriminalität Strafunmündiger, 1968; *Sutterlüty*, Gewaltkarrieren. Jugendliche im Kreislauf von Gewalt und Mißachtung, 2002; *Traulsen*, Delinquente Kinder und ihre Legalbewährung, 1976; *Villmow/Stephan*, Jugendkriminalität in einer Gemeinde, 1983; Wahl (Hrsg.), Skinheads, Neonazis, Mitläufer, 2003; *Walburg*, Migration und Jugenddelinquenz, 2014; *Walper ua*, Familienentwicklung nach Trennung der Eltern als Sozialisationskontext für Kinder und Ju-

gendliche, Bericht aus der Arbeitsgruppe, Nr. 40/2000; *Weiher,* Jugendliche Vielfachtäter, 1986; Weschke (Hrsg.), Jugenddelinquenz ..., 1989; *West/Farrington,* Who becomes delinquent?, 1973; *West/Farrington,* The delinquent way of life, 1977; *Westphal,*
Die Aussetzung der Jugendstrafe zur Bewährung gem. § 21 JGG, 1995; *Wetzels ua,*
Jugend und Gewalt, 2001; *Wierschem,* Über situationsbedingte Kriminalitätserscheinun-
gen – theoretisches Verständnis und präventive Bedeutung, 2010; *Wiggins,* Personality
and Prediction, 1973; *Wolfgang,* Patterns in Criminal Homicide, Montclair, näher J. 75
(58); *Woll,* Kriminalität bei Berufsschülern, 2011; *Zdun,* Ablauf, Funktion und Prävention von Gewalt ... in Cliquen Russlanddeutscher, 2007; *Zitelmann,* Kindeswohl und
Kindeswille im Spannungsfeld von Pädagogik und Recht, 2001.

Übersicht

	Rn.
I. Anwendungsbereich	1
II. Erziehungsauftrag und Rechtsfolgensystem	2
1. Erzieherische Belange	2
a) Legalbewährung als maßgebliches Kriterium	3
b) „Sühne"	6
c) Positive soziale Erfahrung	8
2. Rechtsfolgensystem im Jugendstrafrecht	10
a) Unterschiede zum allg. Strafrecht	10
b) Erziehungsbedürftigkeit, -fähigkeit und -bereitschaft	13
c) Vorrang der Erziehungsmaßregeln; Subsidiaritäts- prinzip	18
3. Rechtsfolgen von Ordnungswidrigkeiten	22
III. Voraussetzungen des Rechtsfolgenausspruchs	23
1. Straftat	23
2. Speziell jugendstrafrechtliche Rechtsfolgen	24
a) Erziehungsmaßregeln	24
b) Zuchtmittel	26
c) Jugendstrafe	27
3. Maßregeln der Besserung und Sicherung (Abs. 3)	28
IV. Prognosestellung	29
1. Methodische Grundlagen	30
a) Einzelne Verfahren	31
b) Voraussetzungen der Geeignetheit	33
c) Grenzen der Überprüfbarkeit	34
2. Inhaltliche Zusammenhänge	37
a) Thematisch vorgegebene Erkenntnisschwierigkeiten	38

b) Tatorientierte Faktoren (Tatsituation, Verhältnis zwi-
      schen Täter und Opfer, Verlaufsformen von
      Delinquenz)
	40

c) Täterorientierte Faktoren (sozialpsychologischer und
      soziologischer, psychologischer und psychiatrischer
      sowie körperlicher Bereich)
	55

d) Typologien	83
e) Folgerung	87
V. Urteilsbegründung und -formel	88
1. Urteilsbegründung	88
2. Urteilsformel	91
VI. Registereintragungen	92
1. Bundeszentralregister	92
2. Erziehungsregister	95
3. Dateiregelungen; Zentrales Verfahrensregister	97

I. Anwendungsbereich

1   Es gelten die Ausführungen zu → § 4 Rn. 1 f. entsprechend.

II. Erziehungsauftrag und Rechtsfolgensystem

1. Erzieherische Belange

2   Wegen formeller und inhaltlicher Voraussetzungen des Erziehungsauftrags (§ 2 Abs. 1) → Einl. Rn. 39 ff., → § 2 Rn. 14 ff.

3   **a) Legalbewährung als maßgebliches Kriterium.** Was im Einzelnen, bezogen auf die JStrafe, das Erziehungsziel **„rechtschaffener Lebenswandel"** (vgl. § 21 Abs. 1 S. 1; zum Attribut „rechtschaffener Mensch" § 97 Abs. 1 S. 1) angeht, so wurde es erstmals im JGG 53 eingeführt, und zwar gleichsam an Stelle der Formulierung des RJGG „Einordnung in die Volksgemeinschaft" (BT-Drs. I/3264, 35 (41)). Es soll nach hM über das Ziel künftiger Legalbewährung hinausgehen und einen erzieherisch relevanten Bereich betreffen (nach vormaligem Verständnis zwischen den Polen „Gesinnung" und „innere Werte", vgl. *Dallinger/Lackner* § 21 Rn. 2; vgl. auch OLG Koblenz GA 1978, 83; aA *Streng* GA 1984, 152). Dieses Ziel folge aus dem Erziehungszweck des JStR, zumal Jugendliche infolge noch nicht erreichter geistiger und seelischer Erwachsenen-Reife kaum in der Lage seien, eine nur äußere Anpassung an strafrechtliche Verbote zu vollziehen, soweit sie diese innerlich ablehnten.

4   Allerdings **ermangelt** der zugrundeliegende Begriff nicht nur hinreichender **Bestimmtheit,** sondern er wird hinsichtlich einer **Relevanz** für zukünftige **Legalbewährung angezweifelt** (und zwar erhöht für Fälle nach § 17 Abs. 2 Alt. 2). Zudem bietet er einen vergleichsweise breiten Spielraum zur Durchsetzung solcher von der Majorität der Erwachsenengesellschaft erwünschter Ziele, die mit Bedürfnissen und Interessen der Verurteilten nichts gemein haben müssen (auch → § 92 Rn. 23; zu einem modifizierten Erziehungsgedanken etwa schon DVJJ 1990, 133).

5   Demgegenüber steht auch das JStR unter den Grundsätzen der Subsidiarität und der Verhältnismäßigkeit, sodass **erzieherische Einwirkung** iSv **Spezialprävention** (vgl. zur Empirie statt vieler *Eisenberg/Kölbel* Kriminologie § 42) nicht weiter gehen darf, als für ein **Leben ohne Straftaten** unerlässlich ist (zust. *Westphal,* Die Aussetzung der Jugendstrafe zur Bewährung gem. § 21 JGG, 1995, 75; *Petersen,* Sanktionsmaßstäbe im Jugendstrafrecht, 2007, 42 f.). Auch ist, soweit es nicht um die allg. verbindlichen Straftatbestände selbst geht (→ § 1 Rn. 23), ungeklärt, nach welchen Wert- und Interesseninhalten welcher gesellschaftlicher Gruppen die genannten Begriffe ausgefüllt werden könnten, zumal es (entgegen der Ideologie der Chancengleichheit) einer verbreiteten pädagogischen Vorstellung entspricht, eine Erziehung nicht über den als erreichbar gedachten sozio-ökonomischen Status des Betroffenen hinaus anzustreben.

6   **b) „Sühne".** Eine etwaige Erwartung iSv „Sühneleistung" könnte nur vom Täter selbst erfüllt werden, setzt aber die Fähigkeit zu „Leidensdruck" und Eingestehen persönlichen Fehlverhaltens voraus. Aus diesen Gründen ist

die erzieherische Relevanz einer Sühnefunktion jugendstrafrechtlicher Rechtsfolgen – zumindest bei repressiver Ausgestaltung – zahlenmäßig vergleichsweise durchaus gering (Nachw. 19. Aufl.); dies gilt umso mehr, als schon die Verständnis- und Äußerungsformen von „Leidensdruck" und der Bereitschaft zu erzieherischer Beeinflussung bzw. Therapie ua von allgemeinen Variablen hinsichtlich des Bildungs- und Reflektionsniveaus abhängig sind (vgl. betr. Psychotherapie zur Art des Schulabschlusses etwa schon *Dahle,* Bewährungshilfe, 1993, 403–405). Hinzukommt, dass die Schuldargumentation ggf. ohnehin erzieherisch „kontraindiziert" ist und „Gesichtspunkte der Sühne eine Reduzierung der Sicherheit" der Allgemeinheit (*Bayer ua* MschKrim 1987, 171 (173)) zur Folge haben.

Der Begriff Sühne wird im Übrigen häufig sinnentstellend gebraucht 7 (ähnlich *Grunewald,* Die De-Individualisierung des Erziehungsgedankens im Jugendstrafrecht, 2003, 141: „bedenklich"), wobei die Begriffe Vergeltung und Sühne gewissermaßen ausgewechselt werden (zust. *Swoboda* ZStW 125 (13), 108; konkret etwa LG Berlin BeckRS 2013, 14274). Der Unterschied ist hingegen grundlegend, zumal Vergeltung – entgegengesetzt zu einer „Sühneleistung" des Täters – Belange und Verhalten gesellschaftlicher Gruppen sowie staatlicher Institutionen betrifft und an dem Täter vollzogen wird (vgl. allerdings auch die Begriffsverwendung in § 380 StPO).

c) Positive soziale Erfahrung. Die erzieherisch notwendige Vermitt- 8 lung auch der Erfahrung, dass Verfehlungen bestimmte Rechtsfolgen nach sich ziehen, wird gelegentlich als Begründung für die Auffassung verwandt, Erziehung und Ahndung bedingten sich teilweise gegenseitig. Indes ist Ahndung iSd Gesetzestextes des JGG nicht identisch mit dem Spektrum erzieherisch geeigneter Rechtsfolgen (etwa → Rn. 6, aber auch → § 92 Rn. 33), vielmehr ist *Ahndung* offen für Schmerzzufügung wie Demütigung und daher latent *aggressionsfördernd* (vgl. systematisch *Bauer,* Schmerzgrenze, 2011, S. 11 sowie *Bauer* ZJJ 2013, 357 f.). – Im Allgemeinen ist davon auszugehen, dass eine erzieherisch positive Beeinflussung von (beanstandeten) Verhaltensweisen von einer Änderung im Bereich der **Einstellungen** abhängig ist. Einstellungen ihrerseits aber ändern sich (nur), wenn sich das Bewertungssystem verschiebt oder entwickelt. Eine solche Modifizierung ist indes in der Regel nur dann möglich, falls andere, und zwar positive soziale Erfahrungen gemacht werden. Aus diesem Grunde ist eine wirksame erzieherische Intervention kaum zu erwarten, soweit der Jugendliche durch Rechtsfolgen gewissermaßen gesellschaftlich ausgegrenzt wird, und Möglichkeiten, soziale Belohnung zu erhalten, reduziert werden (anders *Grunewald* NStZ 2002, 457 f.). Von diesem Zusammenhang her ist auch die Notwendigkeit zu sehen, dem Verurteilten die Möglichkeit zu geben, eine verhängte Rechtsfolge als im Interesse des gesellschaftlichen Zusmmenlebens liegend zu akzeptieren, soweit eine solche Begründung für ihn nachvollziehbar ist.

Hiernach werden es erzieherische Belange gem. dem Grundsatz der Ver- 9 hältnismäßigkeit (vgl. *Viehmann* DVJJ 2012, 623 f.) vielfach gebieten, auf eine **jugendstrafrechtliche Reaktion** oder Sanktion zu **verzichten,** zumal die Mängel des JGG und insbes. diejenigen seiner praktischen Anwendung regelmäßig die Gefahr beinhalten, eine erneute Straftatbegehung zu fördern (dazu auch *Walter* in BMJ 1989, 236 f.; aber auch → Rn. 53). Was die (teilweise auch in der Praxis vertretene, vgl. *Höfer* Sanktionskarrieren 134 ff.;

einschränkende Angaben bei *Bliesener/Thomas* FS Ostendorf, 2015, 73 ff.) **Vorstellung** angeht, die anzuwendenden Rechtsfolgen müssten bei **„Rückfall"** zunehmend einschneidender und **repressiver** werden, so **entbehrt** sie aus **pädagogischer** und **erziehungspsychologischer** Sicht eines **Zugangs** (vgl. im Übrigen BGHSt 37, 34 = JR 1990, 481 mAnm *Eisenberg; Scholz* DVJJ-Journal 1999, 239: Erinnerung an vorausgegangene Anordnungen gem. jugendspezifischer Zeitdimensionen eingeschränkt). Vielmehr legt die Berücksichtigung von Entwicklungsstufen, Lernbedürfnissen und Handlungsmöglichkeiten Jugendlicher und auch Heranwachsender es nahe, einer Eskalation jugendstrafrechtlicher Eingriffsintensität zu wehren (ebenso *Kraus/Rolinski* MschKrim 1992, 42; zur (wegen § 18 Abs. 1 S. 3) rechtswidrigen Würdigung des „besonders schweren Falles" *Reuther* FS Eisenberg, 2009, 450), auch wenn eine solche verschiedentlich (vgl. diff. *Hering,* Mechanismen justitieller Eskalation im Jugendstrafverfahren, 1993, 207 ff., 220 ff.) aufgrund von Institutionalisierungen innerhalb von Gerichten und Behörden (nach *Göge* Jugendwohl 1986, 207 werde „Rückfall" seitens des Gerichts als persönliche Niederlage oder „Beleidigung" gewertet) wie auch in Teilen der Öffentlichkeit erwartet wird (tendenziell zust. *Seiser,* Untersuchungshaft als Erziehungshaft im Jugendstrafrecht, 1987, 50–52; Nachw. auch bei *Streng* JugendStrafR Rn. 434; zu älteren Nachw. vgl. bis 15. Aufl.); zudem ist spezialpräventiv bedeutsam, dass fortgesetzt strafverfolgte Personen zu einer Relativierung erfahrener und erwarteter Sanktionen tendieren könnten (so etwa *Karstedt-Henke* in BMJ 1989, 191 f.).

2. Rechtsfolgensystem im Jugendstrafrecht

10 **a) Unterschiede zum allg. Strafrecht.** Den besonderen entwicklungsbezogenen Umständen Jugendlicher und ggf. auch Heranwachsender (§ 105 Abs. 1) trägt das JGG wesentlich dadurch Rechnung, dass ein von dem allgemeinen StR **unterschiedliches Rechtsfolgensystem** gilt (näher → Rn. 18f). Während die Hauptstrafen des allgemeinen StR im JStR unzulässig sind, sind die Nebenfolgen (vgl. § 6) und die Maßregeln der Besserung und Sicherung (vgl. § 7) des allgemeinen StR im JStR nur zum Teil anwendbar.

10a Indes ergibt die statistische Auflistung ausgesprochener Rechtsfolgen (vgl. Tabelle unten bzw. umseitig stehendes Schaubild sowie – betr. Heranwachsende – Tabelle bei → § 105 Rn. 49) eine vergleichsweise eingeschränkte Bedeutung der Erziehungsmaßregeln bei einem deutlich überwiegenden Gebrauch der Zuchtmittel, dh (auch) ahndender Rechtsfolgen (vgl. zu ähnlich hohen Anteilen bis 2006 bezogen auf die „alten" Bundesländer frühere Aufl.)). Insbesondere aber ist der Anteil freiheitsentziehender Rechtsfolgen deutlich höher als im allgemeinen StR (vgl. schon *Pfeiffer* DVJJ-Journal 1991, 114 ff.; zu regionalen Unterschieden *Heinz* in Dölling, Symposium zum 80. Geburtstag von Rudolf Brunner, 2001, 93); dies beruht ua auf der Anordnungshäufigkeit von JA und deutet auf eine – im JStR unzulässige (→ § 17 Rn. 6 f.; → § 18 Rn. 43) – Berücksichtigung generalpräventiver Erwägungen hin, ebenso wie ggf. auch betr. die Verbindung von Rechtsfolgen (krit. → § 8 Rn. 2; zur Empirie vgl. *Eisenberg/Kölbel* Kriminologie § 41).

10b **Tabelle:** Wegen Verbrechen und Vergehen nach Jugendstrafrecht Verurteilte nach der schwersten Rechtsfolge (StrafSt Tabelle 2.3, 4.1 und 4.3; zu den Vorjahren RpflSt Tabelle 3.4; gem. StBA bis 2006 jeweils in den „alten"

Bundesländern (seit 2000 einschließlich Gesamt-Berlin), ab 2007 für Deutschland insgesamt)

Kategorie/Jahr	absolut in % 2002		absolut in % 2006		absolut in % 2010		absolut in % 2014		absolut in % 2016	
Verurteilte insgesamt	101.482	100	105.902	100	108.464	100	72.094	100	61.728	100
von diesen erhielten als schwerste Rechtsfolge										
– Erziehungsmaßregeln davon:	7.155	7,1	6.783	6,4	9.846	9,1	8.753	12,1	7.794	12,6
– Weisungen, EB[1]	7.100	99,2	6.745	99,4	9.788	99,4	8.703	99,4	7.767	99,6
– Heimerziehung	55	0,8	38	0,6	58	0,6	50	0,5	27	0,3
– Zuchtmittel davon:	76.643	75,5	82.233	77,6	81.377	75,0	51.569	71,5	43.901	71,1
– Verwarnung, Auflagen[2]	57.892	75,5	61.477	74,7	61.485	75,5	38.863	75,4	33.125	75,4
– JA – davon nach § 16a[3]	18.751	24,5	20.756	25,2	19.892	24,4	12.706 621	24,6 4,8	10.776 616	24,5 5,7
– Jugendstrafe davon:	17.684	17,4	16.886	15,9	17.241	15,9	11.772	16,1	10.033	16,2
– Aussetzung gem. § 21	10.876	61,5	10.211	60,4	10.858	62,9	7.222	61,3	5914	58,9
– ohne Aussetzung gem. § 21	6.808	38,5	6.675	39,5	6.383	37,0	4.550	38,6	4119	41,1

Schaubild: Rechtsfolgen (auch soweit nebeneinander) bei den im Jahr 2016 in Deutschland verurteilten Jugendlichen, ohne Nebenfolgen, Nebenstrafe, Maßregeln der Besserung und Sicherung (nach Zahlen aus StrafSt Tabelle 4.2 und 4.4; für frühere Jahre, bezogen auf die „alten" Bundesländer, vgl. Vorauflagen).

aa) In Bestimmungen des allgemeinen StR gelten auch die jugendstraf- 11 rechtlichen Rechtsfolgenkategorien **Erziehungsmaßregeln** und **Zuchtmittel** als **„Strafe"** (→ § 2 Rn. 19), wie es etwa iZm den Formen des Absehens von Strafe oder der Straffreierklärung der Fall ist. Bei Erziehungsmaßregeln und Zuchtmitteln hat das Gericht unter Beachtung von Sinn und Zweck dieser Rechtsfolgen zu prüfen, ob es von jeglicher **Rechtsfolge absieht** oder nicht (grundsätzlich *Altermann* Vorverurteilung 198–215; vgl.

---

[1] Errechnet als Differenz von Erziehungsmaßregeln als schwerste Rechtsfolge und Heimerziehung (unter der Vorgabe, dass diese [stets] als schwerste Rechtsfolge angeordnet werde).

[2] Errechnet als Differenz von Zuchtmitteln als schwerste Rechtsfolge und JA (unter der Vorgabe, dass JA [stets] als schwerste Rechtsfolge angeordnet werde).

[3] Ohne Bezeichnung als schwerste Rechtsfolge.

betr. § 233 StGB aF BayObLG NJW 1961, 2029 (2030); Zbl 1991, 557 = JR 1992, 387 mAnm *Brunner* = NStZ 1992, 491 mAnm *Scheffler;* absehend trotz Kieferwinkelfraktur und Verlust eines Backenzahns LG Freiburg 26.4.1991 – 34 Ns 22/91 VI AK 17/91 jug; die Anwendbarkeit bei Erziehungsmaßregeln vern. *Bringewat* NStZ 1992, 318; bejahend *Altermann* Vorverurteilung 212 f.), wobei allerdings auch das Verbot der Schlechterstellung Jugendlicher gegenüber Erwachsenen in vergleichbarer Verfahrenssituation (→ § 2 Rn. 23) zu berücksichtigen sein wird. – Der Anwendbarkeit von § **46a StGB** (→ § 2 Rn. 38) steht § 18 Abs. 1 S. 3 nicht entgegen.

12   **bb)** Die Geltung des **Rechtsfolgensystems** des **JGG** ist jedoch, von der Ausnahme im Falle der Überweisung an das FamG abgesehen (§ 53), auf Strafverfahren **beschränkt.** Soweit zB in nicht-strafrechtsbezogenen Vorschriften als mögliche familiengerichtliche Reaktion eine „Weisung" angeführt ist, handelt es sich nicht um die Rechtsfolge gem. § 10, sodass zB auch die Regelung des § 11 Abs. 3 nicht anwendbar ist (vgl. vormals etwa § 21 Abs. 6 GjS; ergänzend schon *Potrykus* unsere jugend 1956, 183 (184)).

12a   **cc)** Indes finden die Unterschiede des allgemeinen strafrechtlichen Rechtsfolgensystems zu demjenigen des JGG, und zwar vor allem hinsichtlich der Bemessung der JStrafe (aber etwa auch → § 45 Rn. 20b), auch in **außerstrafrechtlichen** Rechtsgebieten ihren Niederschlag. Dies gilt zB für Nichtdeutsche gem. § 35 Abs. 3 bzw. §§ 53, 54 AufenthG (und eingeschränkt auch für solche des FreizügigG/EU) sowie § 12a StAG. – Im Einzelnen soll iRd § 31 eine JStrafe iSv § 54 Abs. 1 Nr. 1 AufenthG die letzte – einheitliche – Verurteilung sein, welche Voraussetzung daher auch im Fall des § 31 Abs. 2 erfüllt sein könne (vgl. HessVGH 15.7.2013 – 3 B 1429/13 Rn. 6, InfAuslR 2014, 3 = BeckRS 2013, 53963).

13   **b) Erziehungsbedürftigkeit, -fähigkeit und -bereitschaft.** Alle Rechtsfolgen des **JStR** unterliegen dem **Erziehungsauftrag** (§ 2 Abs. 1), der eine **Zukunftsorientierung** gebietet (zust. *Kornprobst* JR 2002, 310; näher zum Begriff der Erziehung → § 2 Rn. 5 ff., 13 f). Indes kommt dem insoweit nur eingeschränkte Bedeutung zu, als die jeweilige Rechtsfolge – bei entsprechender Reduzierung der Tragweite des Erziehungsgedankens (dazu etwa → Rn. 18–20) – iSd Vergeltungsprinzips nur zur Anwendung gelangt, wenn sie als im Verhältnis zu dem in der **Straftat** hervorgetretenen **Unrecht** (krit. und mN *Eisenberg* NStZ 2001, 334 f.; vgl. auch *Eckert* Zbl 1982, 135 (148 f.); zu Sanktionsmaßstäben bzw. -modellen *Petersen,* Sanktionsmaßstäbe im Jugendstrafrecht, 2007, 154 ff., 207 ff.) bzw. der strafrechtlichen **Schuld** (vgl. aber *Haffke* FS Amelung, 2009, 35: „verkappt zweispurige Reaktion") stehend beurteilt wird. Dem entspricht es, dass aus erziehungspsychologischer Sicht ein Rechtsfolgensystem iSd gemeinsamen Aushandelns von (Dienstleistungs-)Angeboten, die der Betroffene in bestimmten Grenzen sanktionslos ablehnen kann, erforderlich wäre, welche Voraussetzung indes allenfalls bei EB (dazu → § 12 Rn. 8) erfüllt ist.

13a   Als Bedingung geeigneter erzieherischer Intervention gelten – in den Grenzen und zur Konkretisierung der allgemeinen Grundsätze der Subsidiarität und der Verhältnismäßigkeit (vgl. nur → Rn. 4, 20) – Erziehungsbedürftigkeit, -fähigkeit und -bereitschaft (wegen verschiedener Inkonsistenzen etwa → Rn. 17, 25a; abl. *Rzepka* in Nix Rn. 13; bejahend *Semler/Möller* in Nix § 9 Rn. 2), und zwar entsprechend dem Wesen der Erziehung als

eines auf Gegenseitigkeit gegründeten Geschehens auf Seiten jugendstrafrechtlich Beurteilender wie Beurteilter.

aa) Bei Begriff und Voraussetzungen der **Erziehungsbedürftigkeit** geht 14
es um die Abgrenzung dessen, inwieweit der Staat intervenieren darf oder
muss, wobei diesbzüglich auch für das JStR das Prinzip der Subsidiarität
öffentlicher Erziehung gilt (Art. 6 Abs. 2 GG, § 1 Abs. 2 KJHG; vgl. hierzu
Wiesner in Wiesner SGB VIII § 1 Rn. 17 f.). Unzulässig ist es, einen Maßstab anzulegen, der über das Erziehungsziel eines Lebens ohne Straftaten
hinausgeht, zumal ua zB eine übermäßige Anpassung und Befolgungsbereit-
schaft im Hinblick auf Tätergemeinschaften ggf. auch kriminogen nicht
weniger bedeutsam ist als Nichtanpassung und Auflehnung (dazu *Eisenberg/
Kölbel* Kriminologie § 58 Rn. 75). Hiernach liegt eine Erziehungsbedürftigkeit eher **nicht** vor, wenn sich aus der Art der Straftat ergibt, dass nicht
Erziehungsmängel, sondern andere Gegebenheiten auslösend für das strafrechtlich erfasste Verhalten waren (zur etwaigen Konsequenz einer Benachteiligung des „Wohlerzogenen" durch Zuchtmittel oder gar JStrafe schon
Meyer-Höfer Jura 1991, 433; krit. im Übrigen *Walter* BJM 1992, 29). Als
solche kommen in Betracht die Relevanz tatfördernder situativer Umstände
sowie solcher des Täter/Opfer-Verhältnisses einschließlich besonderer Kon-
fliktsituationen (→ Rn. 40f, 44 ff.), die konkrete finanzielle Situation, speziell
Taten mit dem Charakter eines „Streiches" (ohne Wiederholungswahr-
scheinlichkeit) oder solche aus Unachtsamkeit. Dies entspricht der Erkenntnis, dass es sich bei der überwiegenden Zahl der Delikte um eine „Episode"
handelt (dazu auch → Einl. Rn. 5 ff.).

(1) Hieraus ergibt sich, dass in einer Vielzahl von Verfahren der Erzie- 14a
hungsauftrag (§ 2 Abs. 1) nicht nur eine förmliche Rechtsfolge als überflüssig erkennen lässt, sondern deren Unterlassung gebietet, damit es bei
einer Episode bleiben kann (*Eisenberg,* Bestrebungen zur Änderung des JGG,
1984, 7; näher *Eisenberg/Kölbel* Kriminologie § 48 Rn. 9f, § 55 Rn. 1 ff.,
12). Insbesondere die Dunkelfeldforschung hat die allgemeine Erkenntnis
bestätigt, dass (vermutetes) delinquentes Verhalten von Kindern und Jugendlichen weithin ein normales und ubiquitäres Vorkommnis ist, während es
nur bei einem Teil der (mutmaßlichen) Täter zur strafrechtlichen Verfolgung
kommt. Im Übrigen verbietet sich im Allgemeinen ein verengt individuali-
sierendes Verständnis (zB iSv Defiziten des Beschuldigten, krit. etwa
→ Rn. 58 ff.; gegen das Verlangen einer Änderung (nur) des betroffenen
Jugendlichen vgl. schon *Frehsee* MschKrim 1988, 292), zumal für die ganz
überwiegende Mehrheit der Beschuldigten bzw. Verurteilten lediglich festzustellen ist, dass die von ihnen gewählten **Methoden** zur Erreichung **allgemein** angestrebter **Ziele** illegal waren. – Hiernach ist, soweit in der Praxis
die Prüfung mitunter auf das Vorliegen einer „kriminellen Gefährdung"
(krit. etwa → § 13 Rn. 12) verkürzt wird, zumindest eine – im Vergleich zu
Gleichaltrigen – erhöhte besondere „Rückfall"-Gefährdung vorauszusetzen,
da ein Großteil zumindest sog. Bagatelldelinquenz keine Defizite, sondern
ein eher vorübergehendes Verhalten offenbart, das mit fortschreitender Entwicklung „von selbst" (BReg, BT-Drs. 10/6739, 1, 28 f.) verschwindet.

(2) Verschiedene Anhaltspunkte deuten darauf hin, dass ein Erziehungs- 14b
bedürfnis bei weiblichen Jugendlichen tendenziell nur in geringerem Ausmaß angenommen wird als bei männlichen (vgl. etwa schon *Geißler/Marissen*
KZfSS 1988, 505; *Geißler/Marissen* KZfSS 1992, 549; krit. *Oberlies* KZfSS
1990, 129; *Ludwig-Mayerhofer/Rzepka* KZfSS 1991, 542; DVJJ 15 AK 8).

Jedoch lassen sich insofern generelle Aussagen (bislang) schwerlich treffen (vgl. *Eisenberg/Kölbel* Kriminologie § 26 Rn. 31, § 27 Rn. 47, § 31 Rn. 72, § 48 Rn. 36–46).

15 **bb)** Bei der Prüfung der **Erziehungsfähigkeit** ist zu **unterscheiden** zwischen einerseits den Gegebenheiten bei dem Beschuldigten („Erziehbarkeit") und andererseits der intervenierenden Geeignetheit der Amtierenden (in Polizei, StA, Gericht), der anderweit mit Erziehungsaufgaben Betrauten sowie der Gegebenheiten des Rechtsfolgenvollzugs.

15a (1) Die Frage nach der **Erziehungsfähigkeit** eines **Jugendlichen** im Allgemeinen lässt sich (einstweilen) wissenschaftlich nicht eindeutig beantworten. Dies beruht zum einen darauf, dass entsprechende Aussagen kaum verlässlicher sein können als (retrospektive) Aussagen über Entstehungszusammenhänge jugendstrafrechtlich erfassten Verhaltens (dazu → Rn. 37–87) – diesbezügliche Untersuchungen sind nur teilweise dazu in der Lage, zwischen anlagebedingten oder aber erworbenen Dispositionen abzugrenzen, zumal eine von der konkreten Erfassung oder Beurteilung isoliert bleibende Untersuchung kaum vorstellbar ist. Es liegt zum anderen in Unwägbarkeiten jeder zukünftigen Entwicklung und den daraus sich ergebenden Einschränkungen jeder Prognosestellung begründet. Die Erforderlichkeit der aufgezeigten methodischen Vertiefung erübrigt sich auch nicht etwa, wenn – *entgegen* dem *Gesetz* (§ 2 Abs. 2 und § 43) – die Erziehungsfähigkeit mit der Begründung verneint wird (auch → § 12 Rn. 31 ff.), dass „trotz" zuvor bereits getroffenen Rechtsfolgenentscheidungen weiterhin Delikte begangen wurden. So bedürfte es solchenfalls vorab zumindest der Prüfung, ob schon die Kommunikation der *Jugendstrafjustiz* mit dem Jugendlichen *ineffizient* war (vgl. näher *Ohder* FS Eisenberg, 2009, 428 f. (434)) und ob die Umsetzung der Rechtsfolgen erzieherisch geeignet war. – Die (statistisch betrachtet vergleichsweise selten vorliegenden) Voraussetzungen einer „Sühne" können nur dann gegeben sein, wenn bei dem Beschuldigten subjektiv ein diesbzügliches Bedürfnis besteht, dh nur dann darf auf Rechtsfolgen mit der Begründung einer Sühnefunktion erkannt werden (näher → Rn. 6f).

16 (2) Hinsichtlich der **Erziehungsfähigkeit** der jeweils amtierenden bzw. mit Erziehungsaufgaben betrauten Personen oder Vollzugseinrichtungen finden sich nur vereinzelt Vorschriften (→ § 37 Rn. 3, speziell etwa auch → § 36 Rn. 10–11a); im Übrigen ist die „Verantwortungszäsur" zwischen JRichter und den mit der Durchführung jugendstrafrechtlicher Rechtsfolgen befassten Personen und Einrichtungen geeignet, Umsetzungsmängel zuzulassen (vgl. etwa OLG Schleswig NStZ 1985, 476 mAnm *Schüler-Springorum*), abgesehen von der Gefahr des **Verlustes** des **personalen Bezuges** als Voraussetzung zur Vermittlung von Einsicht (vgl. *Geißler,* Erziehungsmittel, 6. Aufl. 1993, 160 f., 172 ff.; zu Beispielen der pädagogischen Praxis etwa *Friske* Jugendwohl 1990, 456; ergänzend *Eisenberg* JR 1987, 488 f.). – Im Hinblick auf eine konkret in Betracht kommende **Rechtsfolge** ist zu prüfen, ob deren Einwirkung **im Einzelfall** geeignet ist, einem Erziehungsbedürfnis abzuhelfen; regelmäßig kommt der Ausgestaltung des Angebots zur Rechtsfolgendurchführung (vgl. zur Übersicht vormals etwa *Hupfeld* DVJJ-Journal 1993, 147 ff.) Bedeutung zu.

16a Nach (gegenwärtig) vorherrschendem erziehungspsychologischen Verständnis erscheinen jugendstrafrechtliche Rechtsfolgen, soweit ihre Durchsetzung erzwingbar ist, hinsichtlich einer erzieherischen Eignung ohnehin als bedenklich (auch → Rn. 8f). Zwar gilt als unstreitig, dass Jugendliche vielfach durchaus eine Erwartung hinsichtlich der Reaktion auf ihr (Fehl-) Verhalten haben, jedoch lässt sich daraus nicht etwa ableiten, es sei ein repressiver Charakter von Rechtsfolgen geeignet oder gar erforderlich, um der Erwartung zu entsprechen. Auch ist ein erzieherischer Vorgang am ehesten bei positiver interpersonaler Beziehung zwischen Jugendlichem und Erziehendem möglich, eine solche Qualität jedoch ist bei **jugendstraf-rechtlichen Rechtsfolgen,** die stets **Ausdruck** von **Machtausübung** sind, nur eingeschränkt erreichbar (→ § 2 Rn. 12 f.). Es kommt hinzu, dass aus lernpsychologischer Sicht die Wirkung einer Reaktion vom unmittelbaren Zusammenhang mit dem konkreten Verhalten abhängig ist, sodass förmliche Rechtsfolgen − anders als etwa die elterliche Reaktion (oder uU die Fest-nahme auf frischer Tat) − in der Regel an Erziehungsfähigkeit verloren haben (→ § 55 Rn. 35).

cc) Auch bezüglich der **Erziehungsbereitschaft** ist zwischen der Ebene **17** der Jugendlichen und derjenigen der Amtierenden bzw. der mit Erziehungs-aufgaben betrauten Personen zu unterscheiden.

(1) Eine Erziehungsbereitschaft des betroffenen Jugendlichen setzt voraus, **17a** dass er sich nicht als Objekt von „Behandlung" oder Betreuung, sondern − woran es nicht selten fehlt − als gleichwertiger Partner empfindet. Hierzu gehört auch, dass er den Ausspruch bzw. die Durchführung der Rechtsfolge als Hilfestellung annimmt (wegen Einschränkungen gem. tatneutralisierender Elemente vgl. zu Nachw. bei *Eisenberg/Kölbel* Kriminologie § 25 Rn. 7). Dabei ist methodisch zu beachten, dass im Hinblick auf das Machtgefälle zwischen Amtierenden bzw. Erziehenden und Jugendlichen sowie auf die verfahrenssituativen Belastungen eine entsprechende Bereitschaft oder Moti-vierbarkeit nicht etwa schon und allein dann unterstellt werden kann, wenn ein Widerstand nicht erkennbar ist. Umgekehrt darf aus fehlenden Anzei-chen von Freiwilligkeit nicht auf mangelnde Bereitschaft geschlossen werden (vgl. *Scholz* DVJJ-Journal 1999, 239: „aufsuchende Sozialarbeit" unabding-bar).

(2) Im Hinblick auf die Dominanz des strafrechtlichen Modells innerhalb **17b** der Jugendgerichtsbarkeit (→ § 2 Rn. 15; vgl. auch schon *Pommerenig* MschKrim 1982, 193 (195) zum Selbstverständnis bei JRichtern) wie auch auf organisationsinterne Handlungsnormen (dazu *Eisenberg/Kölbel* Krimino-logie § 32) kann nicht pauschal angenommen werden, sämtliche in dem Geschäft jugendstrafrechtlicher Erziehung Amtierenden bzw. damit Betrau-ten könnten sich stets als erziehungsbereit erweisen, zumal insoweit neben der Problematik der Ausbildung (→ § 37 Rn. 3) auch allgemeine anthro-pologische Grenzen bestehen.

c) Vorrang der Erziehungsmaßregeln; Subsidiaritätsprinzip. 18 aa) Das JGG berücksichtigt die entwicklungsmäßigen Besonderheiten kon-kret durch das **eigenständige Rechtsfolgensystem,** das Möglichkeiten des Sanktions- bzw. Reaktionsverzichts einschließt. So ergibt sich eine spezi-fische Orientierung an Bedürfnissen und Interessen Jugendlicher ggf. bei **Einstellung** des Verfahrens unter den Voraussetzungen der §§ 45, 47, nach welchen der JRichter formlos bestimmte Maßnahmen des JGG anwenden kann (näher → § 45 Rn. 1 ff., → § 47 Rn. 1 ff). Hinsichtlich der Art der gem. §§ 45 Abs. 2, 47 Abs. 1 Nr. 2 notwendigen Maßnahmen (vgl. RL zu § 5) muss es sich nicht um solche handeln, die von Behörden formeller (zB

JGH, Polizei, StA, FamG, JGH) oder semiformeller (zB Schule, Ausbildungsstelle, Heim) strafrechtlicher Kontrolle angeordnet worden sind, sondern es kann eine solche des Erziehungsberechtigten oder zB auch des Verteidigers ausreichen (vgl. RL Nr. 3 zu § 45; näher → § 45 Rn. 18–22; zur Bedeutung für die Selektionsproblematik → Rn. 38). − Das **Rechtsfolgensystem** im Übrigen ist **primär** von der **Dreiteilung** in Erziehungsmaßregeln, Zuchtmittel und JStrafe gekennzeichnet, wobei Erziehungsmaßregeln (idealiter) ausschließlich dem Erziehungsprinzip entsprechen, Zuchtmittel (auch) ahndende Bedeutung haben (§ 13 Abs. 1) und JStrafe ggf. Raum für eine noch stärkere Berücksichtigung auch von Belangen des Schuldausgleichs bietet (vgl. jeweils Erl. zu den einschlägigen Vorschriften).

19 Im Einzelnen wird die **Struktur** des Rechtsfolgensystems darin deutlich, dass das JGG innerhalb des § 5 durch die Stellung der Abs. 1 und 2 **Erziehungsmaßregeln** von **Zuchtmitteln** und **JStrafe abhebt** und zudem in Abs. 3 die Anwendung von Maßregeln des allgemeinen StR in besonderer Weise regelt. Diese gesetzliche Abstufung zwischen Abs. 1 und Abs. 2 bringt die **Priorität** (aA *Diemer* in Diemer/Schatz/Sonnen Rn. 17) wie Abgrenzung der **Erziehungsmaßregeln** gegenüber Zuchtmittel und JStrafe zum Ausdruck und steht einer verschiedentlich angestrebten Tendenz zu einer diesbezüglichen Nivellierung entgegen. Zwar mag eine solche Tendenz begünstigt werden durch die Vorschrift des § 8, wonach, vorbehaltlich von Ausnahmen, ua Erziehungsmaßregeln und Zuchtmittel nebeneinander angeordnet werden dürfen, jedoch erscheint diese zulässige Koppelung schon von der systematischen Stellung im Gesetz her eher als ergänzende Möglichkeit. − Soweit **kriminalpolitisch** teilweise − und vorzugsweise im behördlichen Interesse − eine Überwindung der Trennung zwischen Erziehungsmaßregeln und Zuchtmittel durch Einführung eines gemeinsamen Oberbegriffs „Erziehungsmaßnahmen" empfohlen wird (zu Hinweisen etwa schon DVJJ 1981, 288), ist zu besorgen, dass kategoriale Unterschiede in der (gedachten) erzieherischen Zielsetzung vermengt werden (zu Nachw. 19. Aufl.). Zu einem grundsätzlich veränderten System jugendstrafrechtlicher Rechtsfolgen UK der DVJJ (DVJJ-Journal 1992, 27 ff.; nachdrücklich abl. etwa *Robra* DVJJ 93).

20 **bb)** Zugleich weist die Fassung der Abs. 2 und 3 einen Teil des **Prinzips** der **Subsidiarität** jugendstrafrechtlicher Rechtsfolgen aus (zu Abs. 2 etwa LG Oldenburg StV 2017, 713 (Ls.)). Nach diesem Prinzip besteht eine Steigerung innerhalb der jugendstrafrechtlichen Rechtsfolgen, die sich aus einer Kombination der Rechtsfolgenkategorien Erziehungsmaßregeln, Zuchtmittel und JStrafe mit den **Kriterien Eingriffsintensität** und dabei insbes. **freiheitsentziehend** oder nicht freiheitsentziehend ergibt (zur Rangfolge näher näher → § 55 Rn. 75 ff.). Die vorgenannte Steigerung ist allerdings nicht konsequent durchgeführt (so ist die Verwarnung, obgleich es sich um ein Zuchtmittel handelt, die am wenigsten einschneidende Rechtsfolge).

20a Grundsätzlich darf eine **in Unfreiheit** zu vollziehende Rechtsfolge nicht angeordnet werden, falls eine in Freiheit zu vollziehende Rechtsfolge ausreicht (zust. schon *Pfeiffer* DVJJ-Journal 1991, 125 sowie *Pfeiffer* in BMJ 1992, 83); also können bestimmte Erziehungsmaßregeln subsidiär gegenüber Zuchtmitteln sein. Der Gesetzeswortlaut **„nicht ausreichen" (Abs. 2)** ist daher in diesem Sinne zu verstehen, dass er die *unterschiedliche Zielrichtung* der in Rede stehenden Rechtsfolgenkategorien zu berücksichtigen hat (vgl. aber zu nicht seltener Bevorzugung von JA gegenüber ambulanten Maßnahmen die Erhebung von *Riechert-Rother,* Jugendarrest und ambulante Maßnahmen. Anspruch und Wirklichkeit des 1. JGGÄndG, 2008, 205, 335 ff.), und zu ergänzen wäre der Gesetzeswortlaut durch eine Einfügung iSv „oder mangels Erziehungsbedürftigkeit oder wegen **fehlender Verhältnismäßigkeit** nicht angezeigt wären" (vgl. auch *Scholz* DVJJ-Journal 1999, 236: „nicht angebracht"; vgl. systematisch zu Erforderlichkeit bzw. zu Verhältnismäßigkeit im engeren Sinne *Lenz,* Die Rechtsfolgensystematik im JGG, 2007, 167 ff. bzw. 206 ff.). Hierdurch werden zwar „ausreichende", aber (im Verhältnis zur Tat) in unvertretbarem Umfang den Jugendlichen beeinträchtigende Erziehungsmaßregeln gegenüber insoweit weniger beeinträchtigenden Zuchtmitteln zurückgestellt.

cc) Soweit in Vorschriften förmlicher Gesetze für Jugendliche eine im JGG enthaltene Rechtsfolge angedroht wird, so geht diese speziellere Vorschrift der Regelung des § 5 vor, dh ggf. können dann nur die in dieser Vorschrift angedrohten Rechtsfolgen angeordnet werden (LG Würzburg RdJB 1962, 42 mAnm *Müller*). **21**

3. Rechtsfolgen von Ordnungswidrigkeiten

Wegen der Rechtsfolgen von **Ordnungswidrigkeiten** → § 2 Rn. 64 ff. **22**

III. Voraussetzungen des Rechtsfolgenausspruchs

1. Straftat

Erste Voraussetzung für den Ausspruch von **Rechtsfolgen** des JStR ist eine **Straftat** (Abs. 1 und 2), dh eine rechtswidrige und schuldhafte Verletzung eines Straftatbestands. **23**

2. Speziell jugendstrafrechtliche Rechtsfolgen

a) Erziehungsmaßregeln. Diese Rechtsfolgen werden „aus Anlass der Straftat" **(Abs. 1)** angeordnet, sofern ein **Erziehungsmangel** in der Straftat zum **Ausdruck** gekommen ist (also zB nicht im Falle eines als „verwahrlost" beurteilten Beschuldigten, der ein – mit der „Verwahrlosung" nicht in Zusammenhang stehendes – Fahrlässigkeitsdelikt begangen hat). Ferner müssen Art und Umfang erzieherisch angezeigt sein. Daraus wird zum einen gefolgert, für die Anordnung seien zukunftsorientierte Überlegungen wesentlich (dazu → Rn. 29 ff.); zum anderen ist ein durch die Erziehungsmaßregel vorgenommener Eingriff nur insoweit durch die Erziehungsbedürftigkeit gerechtfertigt, als er zur Beseitigung des Erziehungsmangels erforderlich ist (wegen der Voraussetzungen im Übrigen → Rn. 13 ff.). **24**

aa) Das als Straftat beurteilte Verhalten hat insofern Bedeutung, als nur darauf das JStV sich beziehen darf. Aus diesem Grunde muss die **Rechtsfolgen**verhängung iSd Verhältnismäßigkeitsgrundsatzes in **Beziehung** zu dieser **Straftat** stehen. Zwar wird es unabweislich sein, hierbei auch das Schutzbedürfnis der Allgemeinheit zu berücksichtigen. *Nicht* jedoch erlaubt Abs. 1 eine Prüfung dessen, ob und in welchem Umfang ein Bedürfnis der Allgemeinheit nach *Vergeltung* bestehe und ob ihm durch die belastende Wirkung einer Erziehungsmaßregel Genüge geleistet werde (so aber noch **25**

Dallinger/Lackner Rn. 16), zumal es hierbei zu einer Überschneidung mit (im JStR unzulässigen, → § 17 Rn. 6 f., → § 18 Rn. 43) generalpräventiven Erwägungen käme.

25a **bb)** Für die Frage, ob Erziehungsmaßregeln „ausreichen" **(Abs. 2),** ergibt sich aus dem Gesetz insofern ein Hinweis, als die Voraussetzungen der Zuchtmittel umschrieben sind (§ 13 Abs. 1). Fehlt es an diesen Voraussetzungen, so lässt sich in der Regel annehmen, Erziehungsmaßregeln seien geeignet und ausreichend (zur Prüfungsabfolge auch *Putzke* Jura 2009, 632).

25b Soweit es andererseits an einer von mehreren **Voraussetzungen** zur Verhängung von **Erziehungsmaßregeln fehlt** (zB an der Erziehungsbedürftigkeit oder -fähigkeit, einschränkend zur Erziehungsbereitschaft → Rn. 17), so lässt sich zwar nicht annehmen, Erziehungsmaßregeln reichten aus. Jedoch ist in entsprechenden Fällen, sofern ein Sanktionsverzicht als nicht vertretbar angesehen werden sollte (aber → Rn. 11), besonders zu prüfen, ob die Verhängung von Zuchtmitteln oder JStrafe nicht dem Verhältnismäßigkeitsgrundsatz entgegenstünde. − Umgekehrt mag es Fälle geben, in denen zwar die Voraussetzungen eines Zuchtmittels (nicht hingegen der JStrafe) gegeben sind, gleichwohl aber Erziehungsmaßregeln ausreichen. Solchenfalls dürfen gem. dem Vorrang des Erziehungsgedankens (§ 2 Abs. 1) Erziehungsmaßregeln unabhängig davon erteilt werden, ob sie in ihrer belastenden Wirkung dem gebotenen Zuchtmittel gleichkommen oder gar es übertreffen (vgl. dazu → § 55 Rn. 75, 78; aA noch *Dallinger/Lackner* Rn. 16a). Handelt es sich um mehrere Tatbeteiligte, bei denen insoweit unterschiedliche Voraussetzungen vorliegen, erlaubt es die Flexibilität des jugendstrafrechtlichen Rechtsfolgensystems, dem Gerechtigkeitsempfinden der Betroffenen zu genügen.

26 **b) Zuchtmittel.** Wegen der Voraussetzungen zur Anordnung von Zuchtmitteln, die (auch) ahndende Funktion haben (§ 13 Abs. 1; auch → Rn. 18, 19), wird auf die Erl. zu §§ 13–16 (→ § 13 Rn. 1 ff., → § 14 Rn. 1 ff., → § 15 Rn. 1 ff., → 16 Rn. 1 ff.) verwiesen. Eine Prognosestellung ist unerlässlich.

27 **c) Jugendstrafe.** Zu den Voraussetzungen, die für die Verhängung von JStrafe bestehen (§ 17; auch → Rn. 18, 19), wird auf die Erl. zu § 17 verwiesen (→ § 17 Rn. 1 ff.). Insbesondere bei § 17 Abs. 2 Alt. 1, aber im Grundsatz auch bei Alt. 2 kommt der Prognosestellung maßgebliche Bedeutung zu.

3. Maßregeln der Besserung und Sicherung (Abs. 3)

28 **a)** Die Regelung des Abs. 3 enthält die Möglichkeit, eine **Kumulation** oder **Zweispurigkeit** von Rechtsfolgen, wie sie im allgemeinen StR vorgesehen ist (krit. zur Geltung im JStR → § 7 Rn. 3), **abzuwenden** (zur Urteilsfassung → Rn. 90f; zur Unwirksamkeit einer Teilanfechtung → § 7 Rn. 14, 26, → § 55 Rn. 17). Insbesondere bei der Maßregel der **Unterbringung** in einem **psychiatrischen Krankenhaus** (§ 7, § 63 StGB) wird weithin von einer Entbehrlichkeit ahndender Rechtsfolgen ausgegangen (vgl. zur Rspr. BGHR JGG § 5 Abs. 3, Absehen 1; NStZ-RR 2002, 183 sowie 2003, 186; NStZ 2005, 326; NStZ-RR 2009, 354; 2014, 28; NStZ 2015, 394; StraFo 2016, 110; vgl. auch NStZ-RR 1998, 189 unter Beanstandung der tatrichterlichen Auffassung, die psychopathologische Beeinträchtigung stehe nicht in kausalem Zusammenhang mit der Tat). Aber auch dann, wenn die Unterbringung in einer **Entziehungsanstalt** (§ 7, § 64 StGB) angeordnet wird, wird überwiegend eine Entbehrlichkeit bejaht bzw. nicht ausgeschlossen (vgl. dazu BGH BeckRS 2008, 06228; StV 2009, 353; StraFo 2009, 300; NJW 2009, 2694; BeckRS 2011, 14185 Rn. 9; StraFo 2011, 288: „Kapitaldelikt" muss nicht entgegenstehen; BeckRS 2014, 03158; 5.3.2014 – 3 StR 12/14; ZJJ 2007, 415 (hier tendenziell vern.); BeckRS 2015, 14859 Rn. 7 und 12; NStZ-RR 2017, 346; BeckRS 2017, 122775; vgl. auch BeckRS 2016, 19823; 2018, 1514; „ausnahmsweise" vern. BGH BeckRS 2016, 115539 Rn. 30 = NStZ 2017, 277 mAnm *Kett-Straub*).

b) Ist die Strafzumessung fehlerhaft, so verlangt der unmittelbare Sach- **28a** zusammenhang mit Abs. 3 grundsätzlich eine Aufhebung des Maßregelaus- spruchs unabhängig davon, ob dessen Begründung für sich genommen beanstandungsfrei ist (vgl. nur BGH StV 2014, 282 f. (Aufhebung schon eines Teils des Schuldspruchs); BeckRS 2015, 14381 Rn. 9: „hat hier zur Folge"; BeckRS 2016, 4091); Entsprechendes gilt umgekehrt bei Aufhebung des Maßregelanspruchs (vgl. nur BGH NStZ-RR 2018, 139; s. auch → § 7 Rn. 14 f.).

IV. Prognosestellung

Soweit das Rechtsfolgensystem des JStR im Vergleich zum allgemeinen **29** StR weniger auf die Tatschuld und mehr auf die **Persönlichkeit** des Beschul- digten bzw. Verurteilten ausgerichtet ist, bedeutet dies eine erhebliche Relati- vierung der **Beurteilungsmaßstäbe.** Die damit verbundenen Einschrän- kungen von Rechtsgleichheit und -sicherheit sind nur vertretbar, soweit das eher persönlichkeitsorientierte Vorgehen im Interesse des Beschuldigten bzw. Verurteilten ein höheres Maß an Effizienz erbringt. Diesem rechtspolitischen Bedürfnis dient ua die (kriminologische) Prognose- sowie die Evaluations- forschung (zu jeweiligen Ergebnissen vgl. die Erl. bei den einzelnen Rechts- folgen), wobei indes **Ubiquität** bzw. **Normalität** von Jugenddelinquenz weithin ein **Absehen** von detaillierter Prognose und förmlichen Rechts- folgen nahelegen (auch → Rn. 11, 14, 14a). Die Aufgabe der **Prognose- stellung** ist inhaltlich eng mit als (einstweilen) gültig erachteten Forschungs- ergebnissen zu Entstehungszusammenhängen bereits „begangener Straftaten" (umgangssprachlich: „Ursachen" von Delinquenz) verbunden (hierzu näher → Rn. 37–87). – Diese Forschungsergebnisse differieren teilweise danach, ob die zur Grundlage der Forschungen genommenen vorausgegangenen Strafta- ten sich aus privaten Angaben zum Dunkelfeld oder aus straf- bzw. strafver- fahrensrechtlichen Entscheidungen (insb. Verurteilungen) herleiten (näher näher → Rn. 34 sowie → Rn. 39–39b bzw. → Rn. 40 f f.). Zudem ist die Gültigkeit diesbezüglicher Ergebnisse zB insoweit fraglich, als verschiedene Forschungen von einer multifaktoriellen Herangehensweise geleitet sind, bei der offen bleibt, wie die einzelnen in Betracht gezogenen Merkmalausprä- gungen miteinander interagieren (aber → Rn. 87). Bei der Umsetzung in eine Prognose zur Frage künftiger Legalbewährung wäre es aber methodisch fehlerhaft, dergestalt als relevant angebotene Merkmalsausprägungen (irgend- wie) nach ihrer Schwere zu gewichten oder gar gleichsam zu addieren (aber auch → Rn. 34–36).

29a   Da die Erstellung der Prognose auch der Legitimierung von Entscheidun-
       gen dient, besteht von vornherein ein Missverhältnis insofern, als **Prog-
       nosen** ihrem Wesen gem. stets nur **Wahrscheinlichkeitscharakter** haben
       können (zu sonstigen methodischen Schwierigkeiten statt vieler näher *Eisen-
       berg/Kölbel* Kriminologie § 21 Rn. 1 ff., § 32 Rn. 21 ff.), Entscheidungen
       sich jedoch durch Bestimmtheit auszeichnen.

1. Methodische Grundlagen

30   **Prognosen** werden aufgrund von Erfahrungen gestellt, wobei es sich
       einmal um die (tradierte) individuelle Erfahrung eines Einzelnen (**intuitive**
       oder aber **klinische** Methode) und zum anderen um ein entsprechend der
       Häufigkeit aus indizierenden Faktoren zusammengesetztes Instrument han-
       delt (**statistische** Methode). In der *Praxis* kommt, von Ausnahmen besonde-
       rer fachlicher Vertiefung Amtierender bzw. der Heranziehung eines Sach-
       verständigen (→ § 43 Rn. 45 ff.) abgesehen, in aller Regel nur die *intuitive
       Methode* vor. Die eine Hauptverhandlung abschließende, die Entscheidung
       bestimmende *richterliche* Prognosestellung bleibt gem. der strafprozessualen
       Konzeption der Überzeugungsbildung (§ 2 Abs. 2, § 261 StPO; näher
       Eisenberg Beweisrecht StPO Rn. 88 ff.) ohnehin grundsätzlich eine intuitive,
       dh Ergebnissen der klinischen wie auch der statistischen Methode kommt
       nur die Funktion eines Hilfsmittels zu. – Zentrale Bedeutung für die Prog-
       nosestellung haben die Gestaltung situativer Einflüsse (→ Rn. 40 ff.) sowie
       das Täter-Opfer-Verhältnis (→ Rn. 44 ff.) ebenso wie die psycho(patho)logi-
       sche Verlaufsentwicklung (gar unter dem Aspekt einer Disposition für be-
       stimmtes Verhalten) bzw. unterstützend-stabilisierende Faktoren iSd Chance
       einer hinsichtlich der Legalordnung angepassten gesellschaftlichen Einord-
       nung (näher → Rn. 48–82).
30a   Sämtliche Prognosemethoden vermögen am ehesten Aussagen bezüglich
       solcher Personen zu treffen, die hinsichtlich des Vorliegens sog. pronostisch
       günstiger bzw. ungünstiger Faktoren einer **Extremgruppe** entsprechen
       (auch → Rn. 36). Eine mittlere Ausprägung solcher Faktoren ist demgegen-
       über wenig aussagekräftig und liefert keine tragfähige Grundlage für die in
       der Praxis iErg meist dichotome (dh positive oder negative) Prognose**ent-
       scheidung.** Dies muss nicht (nur) den Prognose**methoden** zuzurechnen
       sein, falls eine mittlere Ausprägung negativer Faktoren tatsächlich einer mitt-
       leren Wahrscheinlichkeit künftiger Straftatbegehung entspricht. Gerade in
       diesem sog. „Mittelfeld" können *institutionalisierte Erwartungen* oder aber
       solche der *einzelnen Amtierenden* im jeweiligen Inhalt der Prognose ihren
       Niederschlag finden.

31   **a) Einzelne Verfahren. aa)** Im Unterschied zur intuitiven Prognose
       (betr. Vollzugsbedienstete vormals krit. etwa schon *Bottenberg/Gareis* ZfStrVo
       1987, 75) wird die **klinische** Prognose von einem Psychiater, einem Psycho-
       logen oder einem einschlägig ausgebildeten Kriminologen gestellt.
31a   (1) Dabei ist ein **subjektives** Element der Steuerung sowohl der Daten-
       erhebung als auch der Entschließung nicht zu übersehen, da die Exploration
       wie auch die Durchführung verschiedener Testverfahren (etwa → § 43
       Rn. 52, 54a) einerseits die Möglichkeit bieten, einzelne Erhebungsbereiche
       auszuklammern, und andererseits, vermutete Befunde schließlich zu gewin-
       nen.

Quantitativ betrachtet hat die klinische Prognosemethode für die Praxis 31b
im Allgemeinen schon deshalb nur eine eingeschränkte Relevanz, weil sie
wegen des vorausgesetzten Sachverständigenwissens sowie aus Gründen der
Prozessökonomie nur einem Bruchteil der zu treffenden Prognosestellungen
vorbehalten bleibt. Häufiger ist ihre Anwendung hingegen im Bereich bestimmter Verfahren wegen Straßenverkehrsdelikten (auch → Rn. 43) bzw.
wegen schwerer Gewaltdelikte oder Delikten gegen die sexuelle Selbstbestimmung.

(2) (a) Mitunter irreführend ist die Verwendung von (aktuarischen) **Auf-** 31c
listungen sog. „Risikomerkmale" zur Erstellung eines „Rückfall-Profils"
(zB static-99/R (10 Items; krit. auch *Campbell* JForensPsych 2011, 82 ff.),
SAVRY (Structured Assessment of Violence Risk in Youth, 24 Items; vgl.
aber *Meyers/Schmidt* CJB 2008, 344 ff.; zusf. *Klein/Rettenberger* in Retten-
berger/von Franqué Kriminalprognostische Verf-HdB 66 ff., 73 ff.), VRAG
(Violence Risk Appraisal Guide; zusf. *Rossegger ua* in Rettenberger/von
Franqué Kriminalprognostische Verf-HdB 141, 149 ff.; dt. Übersetzung *Rettenberger ua* KrimZ 2017, SORAG (Sexual Offender Risk Appraisal Guide,
14 Variablen; zusf. *Rossegger ua* in Rettenberger/von Franqué Kriminalprognostische Verf-HdB 159 ff.), HCR-20 oder SVR-20 (zusf. zu diesen *von
Franqué* in Rettenberger/von Franqué Kriminalprognostische Verf-HdB
256 ff. bzw. *Habermann/von Franqué* in Rettenberger/von Franqué Kriminalprognostische Verf-HdB 273 ff., FOTRES) schon im allgemeinen StR und
umso mehr im **JStR** (speziell betr. static-99 *Dahle ua* FPPK 2008, 217 f.:
größtenteils „ohne prognostischen Wert"; betr. PCL:YV *Welsh ua* Assessment 15 (2008), 104 ff.; *Quenzer*, Jugendliche und heranwachsende Sexualstraftäter: eine empirische Studie über Rückfälligkeit und Risikofaktoren im
Vergleich mit Gewaltstraftätern, 2009, 214 f. (betr. 294 aus dem JStrafvollzug
Entlassene) jeweils die prognostische Validität in Frage stellend, *Sevecke ua* GS
Walter, 2014, 404: Nachweis prädiktiver Aussagekraft „steht weiter aus"), die
mangels qualifizierter prospektiver Validierung allenfalls zu Einschätzungen,
nicht aber zu **verlässlichen** Wahrscheinlichkeitsaussagen taugen. Dies gilt
auch für den Anspruch, deliktsspezifische *Basisraten* (für „Rückfälligkeit") –
denen folgend ein Grenzwert (zwischen negativer und positiver Prognose)
anzusetzen wäre – ergänzen, relativieren und modifizieren zu können, da
nicht nur die Basisraten zwischen vorausgegangenen Untersuchungen und
der Zielgruppe (= Personen, über deren Verhalten aktuell eine Prognose
verlangt wird) in aller Regel unterschiedlich sind, sondern es weithin an
gesicherten Erkenntnissen zur Bestimmung von Basisraten fehlt und Basisraten ihrerseits dem Wandel unterworfen sind (krit. zum Ganzen etwa auch
Dollinger ZJJ 2014, 237 ff.). – Im Einzelnen sind Verfahren zur Erfassung
speziell *pädophiler* Orientierung (zB Messung des Ausmaßes der Durchblu-
tungsänderung am Penis, Veränderung der Hautleitfähigkeit, fMRT (=funk-
tionelle Magnetresonanztomograpie) als bildgebendes Verfahren betr. akti-
vierte Hirnareale) nicht etwa als „objektiv" geeignet anerkannt (auch → § 43
Rn. 47a), schon weil darunter auch strafrechtlich unauffällige Personen fallen
könnten (vgl. näher *Briken ua* FPPK 2013, 28 ff.; zu einer Screening Scale
pädophilen Tatverhaltens, die als „klassifikationsgeeignet" interpretiert wird,
Dahle ua FPPK 2014, 208 ff. (gar mit der Tendenz, auf Angaben des Probanden weniger angewiesen zu sein); zu psychophysiologischen Verfahren
bzw. diagnostischen Risiken, jeweils bezogen auf DSM-5, *Müller ua* FPPK
2015 (online), 9. bzw. *Briken* FPPK 2015 (online), 2.6.).

125

31d   (b) Solche Auflistungen könnten nur unter der Voraussetzung der Vergleichbarkeit der zugrundeliegenden Personengruppe und von deren Lebensumständen mit dem jeweiligen Beschuldigten und dessen zukünftigen Lebensumständen berücksichtigungsfähig sein (vgl. BGH StV 2008, 301 sowie 302; StraFo 2011, 62, zum allgemeinen StR), ohne dass dadurch die ihnen innewohnende Gefahr überwunden wäre, in erheblichem Ausmaß **unzutreffend negative** Prognosen auszulösen (vgl. aufgrund empirischer Analysen etwa *Hood ua* BJC 2002, 371 ff.; *Eher ua* R&P 2008, 86 f. bzw. (betr. static-99) MschKrim 2009, 22 f. (vgl. aber zu SVG-5 *Eher ua* MschKrim 2012, 18 ff.); Anm. *Eisenberg* StV 2005, 345–347; (verkannt bei *Kröber* in Kröber/Dölling/Leygraf Forensische Psychiatrie-HdB 134 f., 163; *Fegert* ZJJ 2007, 288 f. und speziell betr. SVR-20 *Stadtland ua* Nervenarzt 2006, 587 ff.); vgl. ergänzend zu dem Katalog des PCL-R krit. *H. E. Müller* NStZ 2011, 665 ff.; auch → Rn. 77, → § 43 Rn. 47a). Inwieweit das LSI-R (*Andrews/Bonta,* Level of Service Inventory–Revised, 1995, 95), das systematisch dynamische Risikofaktoren einbezieht und 54 Items (aus zehn übergeordneten Risikobereichen (strafrechtliche Vorbelastungen, schulischer und beruflicher Werdegang, familiärer und sozialer Bindungsbereich, Finanzen und Wohnsituation, Freizeitgestaltung, Substanzkonsum, klinische Auffälligkeiten, Einstellungen)) umfasst, speziell auch für Jugendliche bzw. Heranwachsende geeignet sein könnte (zum (erstmaligen) JStVollzug *Grieger* RPsych 2015, 11 ff. (methodenkritisch RPsych 2015, 13 (15 f.))), ist nicht hinreichend geklärt (zu uneinheitlicher prognostischer Validität vgl. etwa *Dahle/Schmidt* FPPK 2014, 109 f. (speziell betr. „muslimischen" Migrationshintergrund)).

32   **bb)** (1) Die **statistische** Prognosemethode zeigt demgegenüber das Merkmal der Starrheit, und sie ist schon deshalb nur eingeschränkt anwendbar. Sie kann naturgemäß weder einen generell seltenen, im konkreten Einzelfall aber wesentlichen Faktor oder die deutliche Abhängigkeit, Überlagerung oder Änderung eines solchen berücksichtigen.

32a   (2) Darüber hinaus muss sich die statistische Prognose weitgehend auf **äußere Faktoren** beschränken, zumal bei „weichen" Merkmalsausprägungen mitunter methodisch unüberwindbare Schwierigkeiten der Subsumtion bestehen. Die Anwendbarkeit einer **Prognosetafel** setzt ferner eine weitgehende Identität mit den Verhältnissen der zugrundeliegenden Untersuchung voraus. Zudem bedarf die Prognosetafel einer umfassenden und vor allem prospektiven Validierung sowie einer ständigen Überprüfung dessen, ob sie trotz des sozialen Wandels noch gültig ist.

32b   **cc)** Verschiedene sonstige Prognoseverfahren stehen insofern zwischen den klinischen und den statistischen Prognosemethoden oder bauen auf diesen auf, als sie zwar auf Auszählungen beruhende Erfahrungssätze enthalten, andererseits aber schwerlich ohne geeignete Ausbildung angewandt werden können. Dies betrifft etwa die **entwicklungspsychologisch** relevante Einbeziehung zB von Angstdimensionen oder psychosozialem Belastungsempfinden bzw. von Entwicklungsstand und -potential (vgl. *Dahle* in Kröber/Steller, Psychologische Begutachtung im Strafverfahren, 2. Aufl. 2005, 133 ff.).

33   **b) Voraussetzungen der Geeignetheit. aa)** Die Treffsicherheit dh die Geeignetheit dieser oder jener Methode, eine zutreffende Prognose zu stellen, hängt zunächst von der unterschiedlichen Befähigung der Anwendenden ab. Damit steht in Zusammenhang, dass ggf. die Datenerhebung als der vorgelagerte Arbeitsabschnitt fehlerhaft war und daher das Ergebnis einer falschen Prognose nichts über die Geeignetheit der verwandten Prognose-methode besagen muss. Zudem ergeben sich methodische Schwierigkeiten der Messung daraus, dass Entscheidungen, die der Prognose folgen, be-stimmte Auswirkungen nach sich ziehen, die ihrerseits im nachhinein die Prognose zu einer „richtigen" oder aber „falschen" werden lassen können (vgl. → Rn. 34a, 35).

bb) Nach verschiedenen vorwiegend sekundäranalytischen Auswertungen **33a** lässt sich für das Verhältnis zwischen intuitiver Prognose und den (mitunter als wissenschaftlich bezeichneten) Methoden der klinischen bzw. der statisti-schen Prognose (seither) allenfalls eine jeweils **begrenzte Überlegenheit** der beiden zweitgenannten nachweisen (vgl. etwa *Maukisch ua* Blutalkohol 2000, 423 ff.; *Eisenberg/Kölbel* Kriminologie § 21 Rn. 29 ff.). Für das Ver-hältnis zwischen klinischer und statistischer Prognosemethode fehlt es an Feststellungen eindeutiger Überlegenheit (vgl. etwa auch zur psychiatrischen Prognostik schon *Wiggins,* Personality and Prediction, 1973, 221; näher aus psychologischer Sicht *Rettenberger* ForPsychiatr 12 (18), 28 bzw. *Dahle/Leh-mann* aaO S. 37) – ob sich eine Kombination statistischer (= sog. „harter") *und* klinisch erhobener (=sog. „weicher") Daten empfehlen könnte, ist bis-lang nicht geklärt.

c) Grenzen der Überprüfbarkeit. aa) Die Prüfung dessen, ob ein **34** Jugendlicher oder Heranwachsender (erneut) eine Straftat begehen wird oder nicht, muss sich grundsätzlich auf die Frage beschränken, ob er (erneut) formell als Straftäter erfasst werden wird oder nicht. Demnach wird der Richtigkeit der Prognose nicht nach dem (mutmaßlich) **tatsächlichen** als **deliktisch** beurteilten Geschehen geprüft. Sofern bereits die Prognose nicht auf jedes (mutmaßliche) zukünftige Delikt gerichtet ist, sondern nur auf zukünftige Deliktsbegehung unter der Voraussetzung **strafjustitieller Erfas-sung** (oder gar Verurteilung), ist die vorgenannte Art der Überprüfung adäquat. Sofern die Prognose jedoch pauschal auf die (mutmaßlich) tatsäch-liche Entwicklung hinsichtlich künftiger Tatbegehung(en) gerichtet ist, ist eine adäquate Überprüfung nicht möglich.

(1) Demgemäß würde es sich bei der Überprüfung der Richtigkeit von **34a** Prognosen zum einen darum handeln, ob eine regelmäßige Entdeckung des Täters bzw. von dessen Tat oder aber eine regelmäßige Nichtentdeckung sich wiederholte. Zum anderen würde es sich um die Bestätigung dessen han-deln, dass neben deliktsfördernden Faktoren auch die in die Prognosestellung bereits eingegangenen Faktoren, die – wenngleich in unterschiedlicher In-tensität – für die private und formelle Strafverfolgung maßgebend sind, wiederum zur Wirkung kamen bzw. deren Nichtvorliegen eine Überfüh-rung und Verurteilung verhinderte. Diese Fragestellung berührt nicht zuletzt auch die (bei unkritischer Betrachtungsweise) als gesichert geltende prog-nostische Bedeutsamkeit **strafrechtlicher Vorbelastung.**

Die vorgenannte Implikation betrifft sämtliche Prognosemethoden (spe- **34b** ziell zu JHilfe-Daten *Riesner* ZJJ 2016, 395 ff.). So sind die meisten der zur Verfügung stehenden statistischen Prognoseverfahren wie auch der – iRd klinischen Prognosestellung verwandten – psychologischen Testverfahren bei als Straftäter verurteilten Personen entwickelt worden. Entsprechendes gilt für die individuellen Erfahrungswerte, die bei der intuitiven wie auch der klinischen Prognosestellung ihren Niederschlag finden. Des Weiteren ist zu berücksichtigen, dass im Allgemeinen nur falsche „*positive*" (= günstige) Prognosen nachträglich einer gewissen (wenngleich mangelbehafteten) Erkennbarkeit zugänglich sind, während falsche „*negative*" (= ungünstige) Prognosen in der Regel entsprechende Entscheidungen nach sich ziehen, sodass selbst in Verläufen ohne weitere Straftatbegehung nicht geklärt werden kann, ob schon die Prognose falsch war (auch → Rn. 35).

34c   (2) Sämtliche Prognosemethoden sind darüber hinaus mit *Einschränkungen* der sog. „*Trennschärfe*" ggf. relevanter Faktoren konfrontiert, die sich aus der (prospektiven) **Aussagerichtung** ergeben. Gefragt ist zum Zwecke der Prognoseentscheidung nach der Wahrscheinlichkeit, mit der eine gewisse Ausprägung biographischer, sozialer und ggf. psychischer Gegebenheiten zu späterer Straftatbegehung führt (wobei „führen" nur in Extremfällen im kausalen Sinne zu verstehen ist). Erkenntnisse auf diesem Gebiet, seien sie systematisch-statistischer oder unsystematisch-subjektiver Natur, beruhen jedoch in der Regel auf Zusammenhängen der umgekehrten (retrospektiven) Richtung, namentlich, mit welcher Wahrscheinlichkeit – bei gegebener (mehrfacher) Straftatbegehung – sich bestimmte Datenkombinationen in der Biographie der Betroffenen finden lassen (→ Rn. 29). Faktoren, die auf diese Art ermittelt werden, können insbes. dann bedeutungslos sein, wenn sie auch bei Jugendlichen bzw. Heranwachsenden auftreten, die künftig (mutmaßlich) keine weiteren Delikte begehen. Umgekehrt könnte es Faktoren geben, die zur Vorhersage von künftig (mutmaßlich) weiterer Straftatbegehung(en) tauglich sind, aber nicht in Betracht gezogen werden, weil sie nur bei einer kleinen Minderheit innerhalb der Gruppe mehrfach als Straftäter verurteilter Personen (aber eben nur bei diesen) vorliegen, indes in ihrer einschlägigen Bedeutung bislang nicht erkannt wurden.

35   **bb)** Eine Überprüfung der Richtigkeit einer Prognose ist ohne **Berücksichtigung** von Art und Ausmaß der sich **anschließenden** rechtlichen **Entscheidung** nicht möglich (verfehlt *Kröber* in Kröber/Dölling/Leygraf Forensische Psychiatrie-HdB 86 f.). Allerdings bereitet die Einbeziehung der Frage, in welchem Maße die Durchführung der im Anschluss an eine Prognose getroffenen Entscheidung das weitere Legalverhalten des Probanden beeinflusst hat, besondere methodische Schwierigkeiten.

35a   So ist trotz methodischer Bedenken zB das Konzept der „Eigendynamik gesellschaftlicher Voraussagen" (self-fulfilling prophecy) zu beachten, wonach eine unrichtige Einschätzung einer Sachlage oder einer Entwicklung Folgen nach sich ziehe, die diese Einschätzung zur richtigen oder wirklichkeitsgetreuen werden lasse. Bei diesem Mechanismus soll es sich zum einen darum handeln, dass die negative Prognose unmittelbar auf den Probanden dergestalt einwirkt, dass er sich ihr entsprechend verhält. Zum anderen geht es um Interaktionsmechanismen, welche den Probanden in Form einer (negativen) „sozialen Progression" zunehmend oder gar erst beginnend in eine delinquente Rolle hineindrängen.

36   **cc)** Hiernach vermögen die im JStV Amtierenden bzw. Beauftragten die ihnen vom Gesetzgeber auferlegte Prognosestellung nur mit **unbekannter Fehlergrenze** zu leisten, ohne dass bisherige Forschungsergebnisse dem abhelfen könnten, da es diesen an hinreichenden Zuverlässigkeits- und Gültigkeitsprüfungen fehlt (vgl. zu Nachw. etwa *Eisenberg/Kölbel* Kriminologie § 21 Rn. 8 ff.; *Eisenberg/Kölbel* Kriminologie § 56 Rn. 4 ff., 11 ff.). Zwar mag in Extrembereichen, in denen Straftatbegehung bzw. -Nichtbegehung gleichsam als Rollenverhalten imponiert (aber → Rn. 38 sowie → § 21 Rn. 18), eine vergleichsweise hohe Vorhersagbarkeit und Treffsicherheit bestehen. Im Bereich des „Mittelfeldes" aber kann dies schon wegen Möglichkeiten der Selbstanpassung und von Spontanmechanismen nur weniger der Fall sein.

2. Inhaltliche Zusammenhänge

Was den kriminologischen Wissensstand über Entstehungszusammenhän- **37** ge von (zuvor begangenen) **Straftaten** in ihrer Bedeutung für die **Prognosestellung** angeht, so entsprechen die Befunde bezüglich Jugendlicher und Heranwachsender tendenziell weithin den aus Untersuchungen über Erwachsene berichteten Ergebnissen; Ähnliches gilt tendenziell für das Verhältnis von Befunden bezüglich Jugendlicher und Heranwachsender mit bzw. ohne Migrationshintergrund (vgl. DVJJ 15 AK 10) wie auch betreffend männliche bzw. weibliche Personen (vgl. auch DVJJ 15 AK 8; speziell aber zu Gewalttaten weiblicher Personen *Silkenbeuner,* Biografische Selbstentwürfe und Weiblichkeitskonzepte aggressiver Mädchern und junger Frauen, 2007). Ein allgemeingültiger Nachweis **überzufälliger Unterschiede** zwischen (mehrfach) als Straftäter erfassten Personen und (nur einmal oder gar) niemals als Straftäter erfassten Personen ist bisher nicht erzielt worden (vgl. etwa schon *Thiem-Schräder/Bruckmeier* in Weschke, Jugenddelinquenz, 1989, 100, 134) und nach begründeter Annahme auch **nicht erzielbar.** Demgegenüber sind allenfalls bei einzelnen (strafrechtlich erfassten) Tat- und Tätergruppen gewisse Gleichförmigkeiten zu erwarten, sodass die Interpretation von Untersuchungsergebnissen schon deshalb stets nur iVm den Auswahlkriterien für die jeweils untersuchten Delikte bzw. Personen möglich ist. Zudem hat bezüglich **Jugendlicher** die weit überwiegende Zahl der als Straftaten beurteilten Geschehensabläufe nur episodischen Gehalt (→ Rn. 14a), dh sie sind nicht Symptom negativ beurteilter Merkmalsausprägungen.

a) Thematisch vorgegebene Erkenntnisschwierigkeiten. aa) Die **38** einschlägigen Forschungen beschäftigen sich überwiegend mit **vorbestraften Personen,** darunter oftmals mit der Extremgruppe **Jugendstrafgefangener.** Demgegenüber stehen Untersuchungen an Erstbestraften eher zurück, während als (mutmaßliche) Straftäter unentdeckt gebliebene Personen bisher schon aus forschungstechnischen Gründen – abgesehen von Ansätzen der Dunkelfeldforschung (dazu → Rn. 39–39b) – als Erkenntnisquellen ausgeschlossen bleiben. Demgemäß fragt es sich, ob erhobene Merkmalsbündel tatsächlich und allein für Entstehungszusammenhänge von Straftatbegehung bedeutsam sind. So ist nicht von vornherein auszuschließen, dass entsprechende Befunde – zumindest auch – in mehr oder weniger engem Zusammenhang mit Kriterien des **unterschiedlich intensiven** privaten wie formellen **Strafverfolgungs**prozesses (vgl. etwa *Block,* Jugendkriminalität und staatliche Reaktion in Hamburg 1997–2007, 10) oder der **Sanktionierung** stehen oder gar mit diesen identisch sind. Die Erkenntnisschwierigkeit ist deshalb erhöht, weil die (jugend-)kriminologische Forschung in diesem Bereich auf mittelbare Erhebungen angewiesen ist, da sie die als Täter (wie auch die als Opfer) beurteilten Personen kaum einmal im Zeitpunkt der Tatbegehung zu untersuchen vermag, sondern sich insoweit auf Rekonstruktionen beschränken muss.

39   **bb)** Befunde aus der **Dunkelfeldforschung** über personale und auch
soziale Merkmale mutmaßlicher Straftäter liegen zwar nur für ausgewählte
Personengruppen vor, jedoch insbes. für (Kinder) Jugendliche und Heranwachsende. Danach wiesen die nach Häufigkeit und Schwere der mutmaßlichen Straftaten mehr belastet erscheinenden Befragten im Vergleich zu den
übrigen Probanden tendenziell einen niedrigeren sozio-ökonomischen Status
und eher Benachteiligungen durch Erwachsene (vgl. betr. Defizite an Zuneigung *Kierhus/Baer* Can.J.Criminol.Criminology.Justice 2002, 440 ff. bzw.
zu als sanktionierend beurteiltem Erziehungsstil *Raithel* NK 2002, 63 f.) sowie
unter Einzelaspekten auch psychische Belastungen (vgl. etwa schon *Villmow/
Stephan,* Jugendkriminalität in einer Gemeinde, 1983; *Buikhuisen ua* Delikt
en Delinkwent 2014, 84) bzw. Auffälligkeiten sowie Freizeitstilrisiken auf
(vgl. zu hedonistischer Wertorientierung *Boers ua* NK 2002, 145; *Oberwittler
ua* S. 56 ff.; ausf. *Walburg,* Migration und Jugenddelinquenz, 2014, 243 ff.;
zur Vermittlung durch informelle Bindung an Bezugspersonen *Seddig,* Soziale
Wertorientierungen, Bindungen, Normakzeptanz und Jugenddelinquenz,
2014, 169 ff., 181 ff. und betr. situative Taten *Gerstner/Oberwittler* MschKrim
2015, 204 (methodisch aufschlussreich MschKrim 2015, 213 f.)). Solche Forschungsergebnisse werden vielfach als Bestätigung von Befunden über (mehrfach) vorbestrafte (Jugend-)Strafgefangene (→ Rn. 55 ff.) bzw. als inhaltlich-
präventive Legitimation für entsprechend unterschiedliche Strafverfolgungsintensität sowie Rechtsfolgenauswahl und -bemessung interpretiert (vgl. aber
zu Verzerrungen hinsichtlich selbstberichteter Delikte wie auch inhaltlicher
Erwünschtheit *Köllisch/Oberwittler* KZfSS 2004, 718 ff. (725 ff.); detailliert
Walburg, Migration und Jugenddelinquenz, 2014, 154 ff.; ergänzend *Eisen-
berg/Kölbel* Kriminologie § 16 Rn. 8 ff. sowie *Eisenberg/Kölbel* Kriminologie
§ 54 Rn. 5 ff.). Demgegenüber darf die quantitativ und/oder qualitativ **ansteigende Entwicklung** zumindest bei einzelnen Gruppen der als Täter
beurteilten Personen nicht losgelöst von etwaigen Verschiedenheiten in der
Entdeckungsresistenz sowie der **Reaktion** privater (vgl. näher *Köllisch*
MschKrim 2009, 28 ff. (betr. selbstberichtete Körperverletzung)) und formeller Art (gar im Sinne einer Stabilisierung von Delinquenz, vgl. *Ehret,*
Strafen oder Erziehen?, 2007, 364) wie auch von zum Teil relativ früh
einsetzenden **Stigmatisierungen** betrachtet werden (vgl. *Sutterlüty,* Gewaltkarrieren, 2002, 205 ff.; ähnlich schon *Farrington ua* BJC 18 (78), 277 ff.;
Dunford/Elliott JRCD 1921 (84), 57, 79). Ansonsten ist aufgrund der Dunkelfeldforschung ganz überwiegend von Episodenhaftigkeit (bzw. „Spontanbewährung") auszugehen (vgl. *Boers ua* MschKrim 1989 (06), 72; *Boers ua* NK
2010, 58: spätestens ab dem 17. Lebensjahr niedrigeres Delinquenzniveau als
im 13. Lebensjahr; *Boers ua* MschKrim 1997 (14), 187 f. (Verlauf vom 13. bis
22. Lebensjahr)); zu Einzelaspekten (zB Alkohol- und Drogenkonsum, Migrationshintergrund, etc) aufgrund Vergleichsuntersuchungen an Schulen in
Dortmund und Nürnberg vgl. *Reinecke ua* NK 2013, 307 ff., 214 ff. (speziell
zu Vernachlässigung durch Eltern NK 2013, 224 f.; insgesamt näher zu Daten
aus dem Forschungsprojekt CURL („Chancen und Risiken im Lebensverlauf") *Stemmler ua* FS Streng, 2017, 627 ff.), weiterhin *Görgen ua,* Jugendkriminalität und Jugendgewalt, DHPol 2013, 54 (68 f.).

39a   (1) Nach zusätzlichen empirischen Anhaltspunkten ist der **sozio-ökonomische Status** nicht primär, sondern eher iRv Sozialisationsbelastung,
besonders iZm erwarteten Schulleistungen, delinquenzfördernd (vgl. schon
Quensel MschKrim 1971, 255; *Hughes ua* JClinPsych 1991, 448 ff.; zur

Relevanz des Bildungsbereichs (auch iSd Schulart) vgl. näher *Walburg,* Migration und Jugenddelinquenz, 2014, 180 ff.; ergänzend zu selektiver Zuschreibung *Dietz ua,* „Lehre tut viel …", 1997). So habe die „objektive" Zugehörigkeit von **Schülern** zu dem auf die Eltern bezogenen sozio-ökonomischen Status keinen deutlichen Einfluss auf die delinquente Gesamtbelastung ergeben, wohl aber bei deliktsstruktureller Differenzierung – Befragte mit höherem Status nannten häufiger sog. „Fluchtverhalten" (zB „von Zuhause weglaufen", Haschisch rauchen, „Schule schwänzen"), solche mit niedrigerem Status häufiger Eigentums- und Gewaltdelikte (vgl. *Albrecht/Howe* KZfSS 1992, 697 ff.; *Mehlkop/Becker* KZfSS 2004, 121 ff.; zur Funktion der Gleichaltrigengruppe betr. Gewaltdelikte vgl. etwa *Wetzels/Enzmann* DVJJ-Journal 1999, 119 ff. sowie *Enzmann ua* KZfSS SH 43/03, 276 ff.: Kultur der Ehre). Hinsichtlich des Migrationshintergrundes bestehen Anhaltspunkte für eine tendenziell negativere Einstellung zur Polizei (vgl. näher *Oberwittler ua* S. 37 ff. (zu „indirekter", dh vermittelter Wahrnehmung S. 36); vgl. betr. besondere Belastungen etwa *Uslucan* FPPK 2012, 103 ff.).

(2) Jugendkriminologische Untersuchungen zu **(Gewalt-)Delikten** gehen, neben tatsituativen Umständen, teilweise von einer individuellen Verinnerlichung wie auch (zB subkulturellen) Verbreitung „neutralisierender" (auch → Rn. 17, → § 3 Rn. 16a, → § 92 Rn. 35) oder gar quasi „legitimierender" informeller Normen aus (vgl. etwa *Beier* KZfSS 2016, 457 ff.). Forschungen zu (Gewalt-)Delikten von Schülern gegenüber Schülern im **Schulbereich** (speziell betr. Gewalt gegenüber Lehrenden *Sterbling* Die Polizei 2004, 216 (220 ff.)) haben – nicht zuletzt wegen unterschiedlichen methodischen Vorgehens – zwar erheblich differierende Ergebnisse erbracht, nicht jedoch eine tatsächliche Zunahme ausgewiesen (vgl. näher etwa *Düffer,* Gewalt von Kindern und Jugendlichen im Schulbereich, 2000; *Fuchs ua,* Tatort Schule, 2001 bzw. *Fuchs ua,* Gewalt an Schulen, 2. Aufl. 2009 (mit dem auf schriftlicher Befragung an allgemein- und berufsbildenden Schulen Bayerns beruhenden Ergebnis eines Zusammenhangs zwischen wahrgenommenem innerfamiliären Opferstatus und der Frequenz der Opferwerdung durch Mitschüler, allerdings auch des Täterstatus diesen gegenüber); speziell betr. Berufsschüler *Woll,* Kriminalität bei Berufsschülern, 2011, 148 ff., 177, 186 ff. (zum Methodischen 74 ff.)). Bezüglich einer Relevanz der ethnischen Zugehörigkeit bzw. des **Migration**shintergrundes (auch → Rn. 39, 39a) sind die Befunde unterschiedlich (vgl. *Wetzels ua,* Jugend und Gewalt, 2001, 212 ff., 259 ff.; *Baier ua* in Heitmeyer/Schröttle, Gewalt, 2006, 246 ff.; vern. etwa *Boers ua* NK 2010, 61; *Boers ua* MschKrim 1997 (14), 192 f., jeweils mwNachw; diff. unter Einbeziehung delinquenzbezogener Normorientierung bzw. Gewaltbefürwortung *Walburg,* Migration und Jugenddelinquenz, 2014, 228 ff., 234 ff.). – Hinsichtlich **Medienkonsums** wird eine „eigenständige Ursache" verneint (vgl. *Hacker,* Gewalt in der Schule, 2010, 143 ff. (aufgrund Schülerbefragung im Jahre 2008); ähnlich schon *Fuchs ua,* Gewalt an Schulen, 2. Aufl. 2009, 206 f.; zur Förderung von Aggressionsbereitschaft zusf. *Krahé* EuropRevSocPsych 2014, 71 ff.), wohl aber – auf der Grundlage gewaltbefürwortender Einstellungen – verschiedentlich eine Wirkung als „auslösender Faktor" bejaht (vgl. *Boers ua* NK 2010, 62; zum Ganzen auch → § 10 Rn. 28). Nach den Befunden von *Kanz* (Medienkonsum und Delinquenz, 2014, 190 ff., 209 ff., 244 ff.) gelte dies bezüglich männlicher Jugendlicher ganz überwiegend für Gewalt*film*konsum, kaum aber für Gewaltbildschirm*spiel*konsum (ähnlich dazu gem. online-Befragung 11–13-Jähriger

Hirtenlehner/Strohmeier MschKrim 2015, 444 (451 ff.), wogegen es sich bei den – insgesamt deutlich seltener konsumierenden – weiblichen Jugendlichen eher umgekehrt verhalte.

39c   Teilweise werden Unterschiede in den Forschungsergebnissen auf Auswirkungen formeller Sanktionierung beruhen, zumal auch das Anzeigebzw. Meldeverhalten dem Wandel unterliegt (vgl. dazu etwa *Oberwittler ua* S. 32 f.), und zwar ggf. auch aufgrund der Einführung dienstlicher Pflichten zur Anzeigeerstattung (vgl. zB betr. Nordrhein-Westfalen GemRdErlass v. 30.9.2003 bzw. v. 31.8.2007 (SMBl 2051) und dazu zust. etwa *Fahrenholz* Der Kriminalistik 2008, 353 ff.; für Bremen eher auch krit. *Emig* ZJJ 2007, 406 ff.; für Hamburg *Villmow/Savinsky* FS Streng, 2017, 641 ff. (ggf. „strafrechtlich unzutreffende Einordnungen"), näher zur Verteilung (dergestalt registrierter Gewaltdelinquenz) nach Schulformen bzw. Stadtbezirken *Villmow/Savinsky* FS Streng, 2017, 645 ff. (649 ff.)).

40   **b) Tatorientierte Faktoren (Tatsituation, Verhältnis zwischen Täter und Opfer, Verlaufsformen von Delinquenz). aa)** Bei der Erklärung von Zusammenhänge der Straftatbegehung auch und gerade im Hinblick auf die Prognose (einschließlich präventiven Bezugs, vgl. *Dietsch/Gloss,* Handbuch der polizeilichen Jugendarbeit, 2005, Rn. 85 ff.) kommt der *Tatsituation* besondere Bedeutung zu. Der Begriff der Tatsituation umfasst die zur Zeit des Entschlusses und der Ausführung des als Straftat beurteilten Geschehens vorhandenen **äußeren** ebenso wie **psychischen** sowie (besonders betr. das Verhältnis von Täter und Opfer) **intersubjektiven Elemente.** Systematisch lassen sich unterscheiden die lebensgeschichtliche Situation, die aktuellen Lebensumstände sowie die Tatsituation im engeren Sinne. – Die Tatsituation berührt wesentlich sowohl Umstände der **Alleintäterschaft** als auch solche von **Gruppentäter**phänomenen, wobei Taten im Rahmen faktischen Gruppenzwangs als Alleintäter, von Ausnahmen abgesehen, wohl nicht begangen worden wären (vgl. im Übrigen kasuistisch (betr. Verurteilungen wegen Mordes, Totschlags und Körperverletzung mit Todesfolge in Brandenburg 1992–2001, absolut 16 Tatkomplexe) *Fittkau/Graser,* Zur Kriminologie und Soziologie von Tötungsdelikten Jugendlicher und Heranwachsender, 2008; nicht erörtert in BGH NStZ 2013, 280). Hier kann Präventionsbemühungen, etwa im Sinne mobiler, szeneaufsuchender Jugendarbeit, Bedeutung zukommen (vgl. etwa *Hermann* Kriminalistik 2009, 345).

41   Eine zentrale Bedeutung ergibt sich im Allgemeinen daraus, dass bestimmte Delikte von der **legislatorischen Definition** her eine Tatsituation zur Voraussetzung haben, die nur bei bestimmten **Adressatengruppen,** und zwar aufgrund außerpersonaler Umstände, vorkommen kann, bzw. die vorzugsweise bei bestimmten Adressatengruppen vorkommt (auch → § 2 Rn. 26). Ähnliches gilt tendenziell bezüglich der Zugangsmöglichkeiten zu **Objekten,** die typischerweise bei der Verwirklichung bestimmter Straftatbestände eine Rolle spielen (zB Waffen oder aber Schecks). Entsprechende Diskrepanzen liegen auch bei quantitativ gewichtigen Delikten wie zB Diebstahl vor. – Auf diesem Hintergrund gewinnt der Umstand zusätzliches Gewicht, dass im Kreise der jugendlichen und heranwachsenden Täter noch mehr als bei Erwachsenen Delikte in der überwiegenden Zahl ohne vorherige Planung geschehen und sich gleichsam als „gedankenlose" Handlungen darstellen, und zwar selbst bei Tötungsdelikten (vgl. etwa schon *Strehlow ua* ZKiJPsychiatr 88; *Littmann ua* MschKrim 1976 (93), 22 ff.;

Geraedts, Zur Tötungsdelinquenz bei jugendlichen und heranwachsenden Straftätern, 1998, 26 f.; speziell betr. „fremdenfeindliche" Brandanschläge *Neubacher* MschKrim 1982 (99), 7).

(1) (a) Beispiele für deliktsfördernde **äußere Elemente** sind etwa 42 Zwangs- bzw. Bedürfnislagen oder auch Gelegenheiten. Hierzu zählen absolute oder relative wirtschaftliche Not (etwa betr. sog. „Straßenkinder" (zu vorausgegangener behördlicher Ausgrenzung vgl. *Leuschner* KrimJ 2009, 213 ff.); vgl. betr. JStrafgefangene vormals statistische Anhaltspunkte für Schleswig-Holstein in ZfStVo 1991, 237), zumal für physische Bedürfnisse wegen deren organischer Bedingtheit eine gleichmäßige Befriedigung als angezeigt gilt. Zu äußeren Elementen können aber auch Auswirkungen bestimmter interpersonaler bzw. familiärer Dauerkonflikte gehören.

(b) **Soziale Bedürfnisse** lassen sich nicht in einer den körperlichen Be- 42a dingungen entsprechenden Art eingrenzen, sondern deren Ausmaß bestimmt sich (zumindest auch) je nach der Ausgestaltung gesellschaftlicher Ordnung und Kontrolle und ist ua iZm Dimensionen der Ungleichheit zu würdigen. Zu sozialen Bedürfnissen gehören Belange der *Anerkennung* (vgl. zu deren Versagung (nebst sozialer Missachtung) *Sitzer,* Jugendliche Gewalttäter, 2009) und des *Status* ebenso wie die Überwindung negativ besetzter Rollen (zB sog. „Sündenbock", etwa durch innerfamiliäre Delegation und Übernahme). Für den Status innerhalb einer *Gleichaltrigen-Gruppe* haben der Besitz bestimmter Gegenstände und auch bestimmte (ggf. delinquente) Verhaltensweisen wesentliche Bedeutung – dies entspricht der allgemeinen Erkenntnis, dass (registrierte) Jugendlichen- und auch Heranwachsenden-Delinquenz (zumal solche unter Gewaltanwendung) eher überwiegend gemeinschaftlich begangen wird, und dass speziell etwa die Zugehörigkeit zu einer *Bande* ein gewichtiger Risikofaktor betr. zukünftige Legalbewährung sein kann (vgl. dazu etwa *Hawkins ua* in Loeber/Farrington, Serious and violent juvenile offenders, 1998, 106 ff. bzw. *Thornberry* in Loeber/Farrington, Serious and violent juvenile offenders, 1998, 147 ff.; speziell zu ggf. psycho(patho)logischen „Auffälligkeiten" *Müller* FS Beulke, 2015, 1195 ff.; zu Autonomen bzw. Hooligans *Hartmann* in Kröber/Dölling/Leygraf Forensische Psychiatrie-HdB 215 ff.; zu Hooligans in der Schweiz gem. Fan-Befragung *Meier* S. 57 ff.). – Diese Aspekte sind im Speziellen zB auch bei als *rechtsextrem* (oder neonazistisch) beurteilten Gruppen zu berücksichtigen (vgl. betr. allgemeine Konfliktsdynamik innerhalb der multi-ethnischen Szene für Norwegen *Bjørgo* EJC 2005, 49 ff.; speziell zu Skinheads vgl. *Gaßebner ua* in Wahl, Skinheads, Neonazis, Mitläufer, 2003, 47, sowie interpretationskritisch 43 f.; betr. Tötungsdelikte *Graser/Fitkau* Kriminalistik 2008, 34 ff. (die politische Orientierung selbst meist vern.); zu Minderjährigen als Opfer rechtsextrem orientierter Gewalthandlungen vgl. etwa *Böttger ua* ZJJ 2005, 11 ff.).

(c) Als Bsp. für **besondere Gelegenheiten** gelten etwa der nicht kon- 42b trollierte Zugang zu öffentlichen Verkehrsmitteln (vgl. etwa schon *Berlitz ua* KrimJ 1987, 29) oder das Warenangebot im Kaufhaus (bzw. ggf. auch das Kreditangebot seitens Geldinstituten vgl. *Pilz-Kusch* DJ 1993, 62–65)). Dabei kommt der Art und Weise der Werbung erhebliche Bedeutung zu. (Jugend-) Kriminologisch lässt sich diesbezügliches Verhalten der Hersteller bzw. der Warenhäuser ggf. als Tatbeitrag iSd Täter-Opfer-Verhältnisses verstehen (→ Rn. 44 ff.).

(2) (a) Bezüglich regelmäßig wiederkehrender **psychischer Faktoren** 43 steht hinsichtlich amtlicher Registrierung der *Alkohol*einfluss im Sinne aku-

ten Alkoholkonsums und/oder gar von Alkoholismus (auch → Rn. 80) deutlich an der Spitze. Dies gilt für Straßenverkehrsdelinquenz bzw. -kriminalität (vgl. § 8 Abs. 3 iVm § 25 Abs. 1 S. 2 StVG, § 24a StVG (vgl. betr. Entnahme einer Blutprobe ohne richterliche Anordnung § 46 Abs. 4 S. 2 OWiG, eingefügt durch Gesetz v. 17.8.2017 (BGBl. I 3202); § 7, § 69 Abs. 2 Nr. 1, 2, 4 StGB) und dabei insbes. für die Schwere bei Unfallfolgen (zum gleichzeitigen Vorliegen von Drogenkonsum → Rn. 80) ebenso wie für Allgemeine Kriminalität, und bei dieser in graduell höherem Ausmaß besonders für Körperverletzungsdelikte. Innerhalb der aktenmäßigen Unterlagen der Ermittlungsbehörden findet dieses Merkmal mitunter allerdings nur dann (nähere) Berücksichtigung, wenn es für die Frage der Schuld oder für die vorgesehene Rechtsfolge darauf ankommt (aber auch → Rn. 80). Im Übrigen liegen Anhaltspunkte dafür vor, dass Alkoholeinfluss für die Anzeigebereitschaft bzw. Verfolgungsintensität zumindest nicht weniger bedeutsam sein kann als für die tatsächliche Deliktsbegehung. – Ein anderer (auch statistisch) besonders häufiger psychischer Faktor besteht in (übermäßigem) *Drogen*konsum oder gar Drogenabhängigkeit (→ Rn. 79 ff.), wobei zwischen der Verletzung von Straftatbeständen des BtMG oder aber solchen anderer Gesetze zu unterscheiden ist. Historisch betrachtet ist nicht zu verkennen, dass die (jugend-)kriminologische Relevanz dieses Faktors weithin durch die Schaffung und Ausdehnung des BtMG bedingt ist.

43a (b) Deliktsstrukturell betrachtet liegen zB speziell zum (Straßen-)Raub Hinweise auf *tatsituativ* relevante Ausprägungen von Impulsivität, moralischer Ambiguität und Expressivität vor (*de Haan/Vos* KZfSS SH 43/03, 322 ff.; zur Verhaltensprävention vgl. *Rienhoff,* Präventionsarbeit im sozialen Brennpunkt, 2016, 125 ff., 146 ff.). Mitunter gewinnen auch bestimmte Wahrnehmungen der Deliktsbegehung – sei es in der Realität, sei es zB in Film- oder Druckerzeugnissen (vgl. zu Horror-Videos → Rn. 81b) – iRv Imitation tatsituative Bedeutung (vgl. etwa *Glogauer,* Kriminalisierung von Kindern und Jugendlichen durch Medien, 4. Aufl. 1994, 77 ff.), und zwar möglicherweise auch iZm Tötungsdelikten (vgl. zu einem Einzelfall *Marquardt* Der Kriminalistik 2016, 4 ff.; betr. (sonstige) Gewaltdelikte eine unmittelbare Wirkung eher vern. *Streng* ZJJ 2007, 198 ff. (Schülerbefragung)).

43b (3) Im Übrigen können einzelne **Delikte** spezifische Abläufe im Sinne einer **situativen Eigendynamik** aufweisen, die ggf. iZm spezifischen **Motivation**sgefügen stehen.

43c (a) Es betrifft **Tötungsdelikte** im Allgemeinen (vgl. Nachw. 19. Aufl.), wobei die vom Beschuldigten genannte Tatmotivation nicht selten unzutreffend ist und einschlägige „Rückfall"-Quoten durchaus niedrig sind (vgl. *Günter ua* FS Venzlaff, 2006, 153 ff., 158 ff., teilweise abw. und ohne näher deliktsbezogene Angaben *Habermann ua* FPPK 2008, 244 f. (jeweils betr. Gutachtenfälle)). – Sind der Tat Aggressions- bis hin zu Tötungs*fantasien* vorausgegangen – sie kommen während der Pubertät bzw. Adoleszenz (zumal bezogen auf Macht innehabende Personen, zB Eltern, Lehrer, etc) nicht selten vor (vgl. etwa *Lempp,* Jugendliche Mörder, 1977, 95: „gang und gäbe") –, so erlaubt dies für sich genommen nicht etwa den Schluss auf eine Vorbereitung oder Planung der Tat (zu Beispielen *Lempp,* Jugendliche Mörder, 1977, 12, 94 ff.).

43d Es gilt aber auch für Tötungsdelikte im Sinne eines „*Massakers" in Institutionen* (zB Schulen, Behörden (abl. zur irreführenden Bezeichnung als „Amok" etwa *Hoffmann ua* Kriminalistik 2009, 196 ff.; *Müller* in Junkerjürgen/von Treskow, Amok und Schulmassaker, 2015, 51 ff.); *Eisenberg/Kölbel* Kriminologie § 57 Rn. 15); zu einer Vergleichsanalyse *Giebel ua* Kriminalistik 2016, 260 ff.; eine paranoide oder narzisstische Persönlichkeitsstörung zuschreibend *Paulus,* Das Amok-Puzzle, 2016, 71 ff. (zur Altersgruppe 121 ff.)), zumal als Erklärung die (zukunfts-)angstbegründete Verstrickung in eine „Nebenrealität" (*Lempp* Nebenrealitäten 60 f. (121 ff.); zu Vorab-Signalen (isV „Warnverhaltensweisen") *Leuschner/Scheithauer* FPPK 2012, 129 f. sowie näher *Fiedler ua* ZJJ 2017, 14 ff.) in Betracht kommt und präventiv ein Verbot täterbezogen medialer Informationsvermarktung angeregt wird (*Müller* in Junkerjürgen/von Treskow, Amok und Schulmassaker, 2015, 51 ff.; vgl. dazu auch *Dase* P&W 2010, S. 12 ff.; zu polizeilichem Einsatz *Körber* in Junkerjürgen/von Treskow, Amok und Schulmassaker, 2015, 83 ff.). Nicht minder betrifft es solche Gewalt- und Tötungsdelikte, die iRv *Radikalisierung* (zur begrifflichen Erfassung vgl. *Kudlacek/Jukschat* NK 2017, 379 ff.; bzw. *Bibbert ua* NK 2017, 388 ff.); zur Übersicht *Ehrt* ZJJ 2018, 11 ff.) als extremistisch (vgl. etwa *Zick ua* ForumKrimPräv 2016, 27 ff.; zur Gestaltung der Aufrufe zu rechtsextremen Gewalthandlungen im Internet und in sozialen Medien vgl. *Struck ua* NK 2017, 398 ff.) oder aber gar als *terroristisch* beurteilt werden, dh die einer politisch oder religiös orientierten Beeinflussung und Motivation des Kampfes gegenüber orientierter Orientierung entspringen (vgl. betr. djihadistische Gewaltexzesse etwa *Goertz/Holst* MschKrim 2017, 450 ff.; kasuistisch betr. 16-Jährige BGH BeckRS 2016, 17711 Rn. 21 = ZJJ 2016, 410 mAnm *Eisenberg/Wolf*; betr. Heranwachsende → § 105 Rn. 37). Auch den zuletzt genannten Erscheinungsformen gehen überwiegend emotionale Defizite, Erwartungsverletzungen und Ausgrenzungen voraus (dazu etwa → Rn. 58 ff., 63 ff.; zu entwicklungspsychologischen Ausprägungen bei schweren „zielgerichteten" Gewalttaten an Schulen vgl. etwa *Sommer* ForumKrimPräv 2016, 17 ff.).

(b) Hinzu kommen besondere *Konstellationen* von **Gewaltdelikten** (vgl. **43e** *Sutterlüty,* Gewaltkarrieren, 2002, 41 ff., 77 ff.: gleichsam euphorisierende Wirkung, „intrinsische Gewaltmotive"; dazu, in Abgrenzung von instrumenteller Gewaltausübung, auch *Friedmann* ZJJ 2012, 60 ff.; betr. Täterinnen *Silkenbeuner,* Biografische Selbstentwürfe und Weiblichkeitskonzepte aggressiver Mädchern und junger Frauen, 2007) und Fälle der *Vergewaltigung* infolge geschlechtsrollenabhängiger Verkennung eines Anreizes (vgl. etwa schon *Abbey ua* JApplSocialPsych 1987, 108; *Stacy ua* JSexEducTher 1992, 257 ff.).

bb) Als für die Prognose bedeutsame Anhaltspunkte zur Erfassung des **44 Verhältnisses** zwischen (mutmaßlichem) **Täter** und **Opfer** sind zB die Unterscheidung zwischen Deliktsbegehung im sozialen Nah- oder aber Fernraum sowie der Grad der sozialen Tangierungsstrecken oder -punkte (*Eisenberg* GA 1971, 178 f.) bzw. die (Nicht-)Auswechselbarkeit/(Nicht-) Austauschbarkeit des (Tat-)Opfers oder auch eines bestimmten Gegenstandes (*Eisenberg* GA 1971, 179) zu prüfen (vgl. zu sog. „multiplen" Tötungsdelikten etwa *Görgen ua* ForumKrimPräv 2016, 32 ff. sowie, auch bezogen auf Verurteilte ohne vorherigen BZR-Eintrag, *Taefi ua* ZJJ 2017, 56 ff. (58 ff.)).

(1) Versuche zur Erfassung von **Tatbeitrag** oder **Provokation** durch das **45** Opfer bereiten (schon definitorische) Schwierigkeiten (vgl. betr. Aussiedler *Reich,* Integrations- und Desintegrationsprozesse junger männlicher Aussiedler aus der GUS, 2005, 276 ff., 292 ff.). Zudem ist auch die Interpretation von Befunden nicht frei von (wandelbaren) Verhaltenskonventionen.

45a   Hinsichtlich der „Tatbeteiligung" des Opfers überwiegen bei Tötungs-
und Gewaltdelikten sowie bei Delikten gegen die sexuelle Selbstbestimmung
diejenigen Opfer, die vom tatsächlichen Geschehensablauf her betrachtet
eine aktive Rolle dieser oder jener Tendenz einnahmen, gegenüber den
„Nicht-Beteiligten". Das als Straftat beurteilte Geschehen ergibt sich in der
erstgenannten Fallgruppe, insbes. bei Delikten gegen die sexuelle Selbstbestimmung, in der Regel aus einer kontinuierlichen Steigerung eines –
bisweilen einverständlichen – wechselseitigen Verhaltens im Zeitpunkt der
Überschreitung der normativ gesetzten Schwelle.

46   (2) Eine (formale) soziale Verbindung zwischen der als Täter bzw. als
Opfer beurteilten Person besteht eher häufig insbes. bei Tötungs- (vgl. etwa
Strehlow ua ZKiJPsychiatr 1988, 82 f.; *Geraedts,* Zur Tötungsdelinquenz bei
jugendlichen und heranwachsenden Straftätern, 1998, 28) und Gewaltdelikten sowie bei Delikten gegen die sexuelle Selbstbestimmung (vgl. zu sexueller Nötigung einer weiblichen Person durch weibliche Personen BGH NStZ
2013, 658 (mAnm *Eisenberg* NStZ 2013, 636), indes ohne Angaben zur
Frage sozialer Verbindung), deutlich seltener hingegen bei Betrug (vgl. näher
Eisenberg/Kölbel Kriminologie § 60 Rn. 40f).

47   (3) Unter dem Aspekt des Vorliegens **gleicher Merkmale** bei der als
Täter bzw. als Opfer beurteilten Person kommt der Zugehörigkeit zu gleichen gesellschaftlichen Gruppen (etwa des Alters oder des sozio-ökonomischen Status) eine vorherrschende Rolle zu (betr. „Gang"-Zugehörigkeit
Hoyt ua JRCD 1999, 384 f.; betr. Einfluss islamischer Werte *Bucerius* ZfSoziologie 2008, 258 ff.). Als weitere gemeinsame Merkmale wurde für zahlreiche Delikte von sozialer Isolierung iSd Fehlens dauerhafter und tragfähiger
sozialer Beziehungen, Alkoholeinfluss (bzgl. Tötungsdelikte vormals *Wolfgang,* Patterns in Criminal Homicide, näher J. 75 (58), 136 f.; *Rasch* in Elster/
Lingemann/Sieverts KrimHdWB, Bd. 2, 378) sowie strafrechtlicher Vorbelastung oder (kriminalpolizeilicher) Vorerfassung berichtet. Nicht zuletzt
kommt dem Wechsel von der **Opfer-** zur **Täter-Rolle** (und mitunter auch
umgekehrt) Bedeutung zu (vgl. etwa *Hosser/Raddatz* ZJJ 2005, 17 ff.; betr.
Misshandlung als Kind und Gewaltdelikten als Jugendlicher *Kindler* ZJJ 2013,
138 ff.), und zwar auch speziell betr. Delikte gegen die sexuelle Selbstbestimmung (vgl. etwa BezGericht Leipzig 20.11.1992 – 3 Kr 33 Js 2059/92; Rez.
Biermann PraxisKiJPsychiatr 1993, 31 f.; betr. heterosexuellen Missbrauch
durch Frauen gegenüber später wegen Vergewaltigung Verurteilten *Denov*
Can.J.Criminol.Criminology.Justice 2001, 314 ff. (322 ff.) mit sonstigen
Nachw.).

48   **cc)** Eine prognostisch wesentliche Bedeutung haben empirische Anhaltspunkte über **Verlaufsformen** registrierter **Delinquenz.**

49   (1) (a) Dies gilt zum einen bei *psychologischer* Betrachtungsweise, die um
empirische Anhaltspunkte auf einem Spektrum bemüht ist, das von *Selbst-
definition* oder *Identitätsprägung* einer Person als delinquent bis hin zu anlage-
bedingter *Disposition* für soziale Nichtanpassung und Hinentwicklung zur
Delinquenz reicht. Dabei ist (auch) hierzu am ehesten ein prospektives
Vorgehen geeignet (ob allerdings bereits „ab dem Kindergartenalter" (*Lösel*
ZJJ 2012, 8, bezogen auf „Gewalt und Delinquenz", verbunden mit Präven-
tionsinterventionen), ist aus methodischen Gründen wie aufgrund (unbe-
absichtigt) ggf. auslösender Früh-Stigmatisierung zweifelhaft).

49a   (b) In Zusammenhang mit dem Erziehungsauftrag (§ 2 Abs. 1) besonders
relevant ist eine *sozialpsychologische* Sichtweise, derzufolge zu Beginn des

Verlaufs ein solches anfängliches normverletzendes Verhalten steht, das sich etwa als *Zufallsgeschehen* oder als *„Probehandeln"* bezeichnen lässt. Diesbezüglich ist wesentlich, dass der Eintritt normrelevanter Situationen gesellschaftsstrukturell unterschiedlich verteilt ist (→ § 1 Rn. 23b), und dass der Situationsablauf vor und bei Deliktsbegehung *überwiegend ohne* erkennbare *Planung* geschieht. Delinquentes Verhalten kann sich in entsprechenden Fällen damit verfestigen, dass eine Person in ihren sozialen Kontakten zum Außenseiter wird (zB nach Ausfällen zunächst im schulischen Bereich ggf. Abweisung und Abstempelung durch Sozialisations- und/oder Kontrollinstitutionen, ausf. zur JHilfe *Meier* S. 31 ff. (betr. „Gewalttäter")), wobei neben objektiven Ausgrenzungsmechanismen bestimmte delinquente Techniken zur Problembewältigung treten und es zur Aufnahme delinquenter Rollen kommt (dazu etwa schon *Rieländer/Quensel* MschKrim 1983, 85; *Seus/Prein* in Schumann ua, Berufsausbildung, Arbeit und Delinquenz, 2003, 178 ff.). Jedoch lassen sich Stigmatisierungsprozesse nicht einheitlich als irreversible Verfestigungen verstehen; vielmehr gibt es Verläufe, in denen sich in jeder Etappe von Neuem dessen Fortgang oder Abbruch entscheidet (näher → Rn. 52).

(c) Aus *soziologischer* Sicht wurde bezüglich (sozio-ökonomisch) erhöht **50** *unterprivilegierter* Personen (eines „Armenghettos") hervorgehoben (dazu schon *Hess* KrimJ 1972, 264), dass – im Unterschied zu den Gegebenheiten in sozio-ökonomisch mittleren Schichten oder auch generell in der Arbeiterschaft – die Jugendlichen (und Jungerwachsenen) im Verlauf ihrer Entwicklung keine neuen Positionen einnähmen und nicht solche Rollen zugewiesen bekämen, die sie zu „legalem" Verhalten (auch) verpflichteten; insbes. führe Delinquenz nicht zum Bruch mit der eigenen Familie. So seien entsprechende gesellschaftliche Gruppen wegen ökonomischer Notlage und milieubedingt reduzierter privater sozialer Kontrolle zumindest für Eigentums- und Gewaltdelikte in gewisser Weise prädisponiert; zudem trügen eine höhere Anzeigebereitschaft, eine striktere formelle Kontrolle und eine besondere Härte der Sanktionen ihnen gegenüber wesentlich dazu bei, „sie in die kriminelle Rolle zu drängen und dort festzuhalten …" (*Hess* KrimJ 1972, 264 (267); vgl. auch DVJJ 2008, AK 9). – Im Übrigen wurden sekundäranalytisch Zusammenhänge zwischen Lebensbedingungen und der Fähigkeit zur Selbstkontrolle mit dem Ergebnis dargelegt, dass sich sog. „delinquente" Verhaltensmuster eher als prägbar denn als stabil erweisen (vgl. *Huber,* Delinquenz als Schicksal?, 2013, zusf. 255).

(2) Eine gewisse prognostische Bedeutung kommt gem. traditioneller Per- **51** spektive auch dem Verhältnis von **gleichartigen** (homotropen) und **ungleichartigen** (polytropen) **Straftaten** im Deliktsverlauf zu. Bei Unterscheidung danach, ob ungleichartige Delikte gleichzeitig auftreten oder sich ablösen (Parallel- oder Wandlungserscheinung), findet sich der Diebstahl im Sinne einer sich ablösenden Entwicklung – und nicht als „Episode" (→ Rn. 53f) – fast immer im ersten Entwicklungsabschnitt, dagegen zB Gewaltdelikte wie auch Delikte gegen die sexuelle Selbstbestimmung (vgl. aber zum Ausmaß gleichartiger Verläufe bei diesen vormals *Berner/Karlick-Bolten,* Verlaufsformen der Sexualkriminalität, 1986, 91, 110 ff. sowie einschränkend *Rubinstein ua* AmJPsychiatr 1993, 262 ff.) im zweiten Entwicklungsabschnitt. Indes ist die laienhafte Annahme einer Eskalation der Deliktsschwere im Laufe der Entwicklung im Allgemeinen ohne wissenschaftliche Bestätigung geblieben, eher ist sie widerlegt (vgl. *Herbertz/Salewski,* Gewalttätige Jugendliche und Soziale Kontrolle, 1985, 197 ff.).

52   (3) Prognostisch kommt insbes. dem *Ende* strafrechtlichen Registriertwerdens bzw. dem *Abbruch* als strafrechtlich relevant beurteilten Verhaltens Bedeutung zu (auch → Rn. 53–54). Wenngleich auch bei den zuvor gar mehrfach strafrechtlich Verurteilten ab etwa dem Alter von 25 oder 30 Jahren *deutlich überwiegend* ein Ende bzw. ein Abbruch zu verzeichnen ist (auch → Rn. 54), und zwar auch bei zuvor als „persistent" Beurteilten (vgl. näher *Boers* DVJJ 2008, 341 ff., 256 ff.; *Albrecht/Grundies* MschKrim 2009, 327 ff.), sind die Zusammenhänge nach bisherigem Forschungsstand durchaus unterschiedlich (vgl. etwa *Böttger* MschKrim 2000, 277; *Bernburg/Krohn* criminology 41 2003, 1287 ff.; *Stelly/Thomas* Bewährungshilfe 2003, 58 ff. bzw. ZJJ 2006, 45 ff.; betr. Wendepunkt-Ereignisse *Nagin ua* MschKrim 2009, 111 ff.; zur Bedeutung von sozialen Bindungen wie auch geförderten Selbstkonzepts DVJJ 08, AK 4; zur Überwindung psychosozialer Entwicklungsverzögerung *Steinberg ua* Juvenile Justice Bulletin März 2015, 6 ff. (online); zu geschlechtsspezifischen Unterschieden von Delinquenz im Lebensverlauf *Seus/Prein* KZfSS SH 43 (04), 215 ff.; ergänzend *Eisenberg/Kölbel* Kriminologie § 55 Rn. 39 ff.), jedoch sind *abträgliche* Einflüsse regelmäßig seitens formeller *Kontrollinterventionen* zu besorgen (vgl. näher *Boers/Herlth* MschKrim 1999 (16), 106 ff. (115 ff.)).

53   **dd)** (1) Was den Verlauf nach **„Delinquenz"** schon im **Kindesalter** (zur rechtlichen und erziehungspsychologischen Problematik → § 1 Rn. 8 ff., → § 43 Rn. 24, 24a) anbetrifft, so bestehen keine gesicherten Erkenntnisse über Zusammenhänge zwischen dem altersmäßigen Zeitpunkt der *ersten* strafrechtlichen Registrierung (von Kindern) und der Art der „delinquenten" Eingangs- oder Ersthandlung einerseits und dem späteren strafrechtlich erfassten Verhalten andererseits (vgl. schon *Spittler,* Die Kriminalität Strafunmündiger, 1968, 13, 47; *Traulsen* NJW 1974, 597 f.; *Lux* ZfJ 1991, 372 ff.; speziell zu Brandstiftung *Stutte/Dauner* MschKrim 1978, 328). Anders könnte es sich bei einzelnen Delikten bzw. Deliktsausgestaltungen verhalten *Traulsen,* Delinquente Kinder und ihre Legalbewährung, 1976, 74 ff.). – Insgesamt ergaben sich zwar (vgl. *Traulsen* KrimJ 1974, 23) als Merkmale derjenigen wegen Delinquenz registrierten Kinder, die später strafrechtlich verurteilt wurden, im Vergleich zu den anderen eine längere Dauer der delinquenten Phase, eine gewisse Schwere der Tatvorwürfe, eine Verschiedenartigkeit der vorgeworfenen Taten (polytrop), eine geringere Dauer der Straffreiheit nach der letzten strafrechtlich registrierten Verfehlung als Kind; jedoch hielten sich manche Probanden trotz erheblicher Gesetzesverstöße in der Kindheit nach dem 24. Lebensjahr ohne strafrechtliche Verfolgung. So war nach *Traulsen* (KrimJ 1974, 27) bei Kinder-„Delinquenz" der Grad der Wahrscheinlichkeit späterer Straftatbegehung nicht groß genug, als dass er im Einzelfall einen prognostisch gewichtigen Hinweis hätte erlauben können (ähnl. auch *Pongratz ua* KrimJ 1974, 7; vgl. auch *Walter/Remschmidt* MschKrim 2004, 339; aA für eine Teilgruppe *Weinschenk* ZKiJPsych 1984, 342 ff.).

53a   Nicht einheitlich geklärt bzw. zu beurteilen ist, ob der aufgezeigte *Zusammenhang* im Sinne stärkerer Verhaltensbeeinträchtigungen unabhängig von der Reaktion auf Delinquenz oder von Auswirkungen einer Stigmatisierung zu sehen ist. Dabei ist zu unterscheiden zwischen *Auswahlprozessen* bei der Registrierung von Kindern und einer Auswirkung des Inhalts, dass die Betroffenen erst aufgrund der Registrierung und sich daran anschließender Maßnahmen in die Rolle des Außenseiters gedrängt werden (zu informellen

Normen *Madon ua* JApplSozPsych 2005, 574 ff. (580 ff.); speziell zum Einfluss der Familie *Hoops,* Was hilft bei Kinderdelinquenz?, 2009, etwa 13–15, 39 f., 126; zu direkter Beziehung von Normakzeptanz und (geringerer) Delinquenz *Boers ua* MschKrim 1992 (09), 267 ff.; betr. Berufsschüler *Woll,* Kriminalität bei Berufsschülern, 2011, 109 ff.; auch → Rn. 9, 38).

(2) Bezüglich der **Delinquenz** von **Jugendlichen** wird (im Sinne prognostisch negativer „Frühkriminalität") weithin ein Erfahrungssatz unterstellt, wonach, statistisch betrachtet, die Zahl späterer Verurteilungen umso größer sei, je jünger ein Verurteilter bei seiner Erstverurteilung war. Hingegen kann ein solcher Erfahrungssatz schon deshalb allenfalls eingeschränkt anerkannt werden, weil **„Rückfälle"** meistens noch innerhalb der **Jugendphase** geschehen, hingegen nur zu einem erheblich **geringeren** Anteil noch im Erwachsenenalter (vgl. etwa schon *Brauneck,* Die Entwicklung jugendlicher Straftäter, Hamburger Rechtsstudien Heft 49, 1961, 23, 32 ff.; betr. im Alter von 14/15 Jahren erstmals Registrierte tendenziell ähnlich *Albrecht/Grundies* MschKrim 1992 (09), 336 (338); wegen sonstiger Nachw. vgl. bis 14. bzw. 19. Aufl.). Zudem ist ein nicht unerheblicher Teil der Personen, die wegen im Erwachsenenalter begangener Straftaten verurteilt wurden, in der Jugend weder strafrechtlich noch durch Jugendbehörden erfasst gewesen (vgl. *Stelly ua* MschKrim 1981 (98), 105 f. (112 f.); *Roth/Bartsch* PraxisKiPsych 2004, 722 f.; generell *Albrecht/Grundies* MschKrim 2009, 327 ff. (Geburtskohorten 1970, 1973 (1975, 1978), Baden-Württemberg)). 54

Im Übrigen gelten hinsichtlich der Interpretation von Verlaufsformen anhaltender „Rückfälligkeit" die Erl. zu Prognose (→ Rn. 34–36) wie auch zu Verlaufsformen nach „Kinder-Delinquenz" (→ Rn. 53, 53a) jeweils sinngemäß. 54a

c) Täterorientierte Faktoren (sozialpsychologischer und soziologischer, psychologischer und psychiatrischer sowie körperlicher Bereich). Aus der Fülle von Untersuchungsergebnissen über „Auffälligkeiten" (mehrfach) Verurteilter wird gelegentlich auf ein sog. **„anomisches Syndrom"** (iSv „Fehlverhalten" zugleich im Arbeits-, Sozialbereich im engeren Sinne und im Freizeitbereich als Ausdruck sozialer Desintegration) geschlossen (*West/Farrington,* Who becomes delinquent?, 1973, 199). Jedoch enthebt eine solche Koinzidenz nicht von der Frage, wie das Verhältnis der jeweiligen Bereichs-„Auffälligkeiten" untereinander beschaffen ist und insbes., in welchem Bereich zuerst „Auffälligkeiten" auftraten, und ob die „Auffälligkeiten" in den anderen Bereichen insoweit abhängige Variablen darstellen (auch → Rn. 66–68). Im Übrigen finden sich sog. „anomische Syndrome" auch bei solchen Personengruppen, die nach anderen Kategorien negativ sanktionierten abweichenden Verhaltens erfasst sind, dh es handelt sich um kein Spezifikum für Straftatbegehung. 55

aa) (1) Bezüglich **registrierter Straftat(en)** schon der **Eltern** und der Jugendlichen (oder Heranwachsenden) haben mehrere Untersuchungen eine deutliche Beziehung insbes. dann ergeben, wenn die (noch oder vormals) Jugendlichen (oder Heranwachsenden) „Rückfällige" waren. Ähnliches zeigte sich, soweit die Untersuchungen nach dem Kriterium einer „Frühkriminalität" differenzierten (vgl. schon die Nachw. bei *Exner,* Kriminologie, 3. Aufl. 1949, 120; vgl. sodann schon *Osborn/West* BJC 1979, 121 (124)). Dabei mag die negative Entwicklung der Jugendlichen (oder Heranwachsenden) einerseits durch Lernvorgänge, durch Folgen von Vernachlässigung, sog. 56

„soziales Erbe" (vgl. zum Verhältnis „reaktiver Aggressionen" und Alkohol-missbrauch der Eltern *Hummel* PraxisKiPsych 1999, 739 ff.; betr. biologische Befunde *Portnoy/Raine* MschKrim 1997 (14) 473 ff.) oder aber durch *selektive* private und formelle strafrechtliche *Verfolgung* bei Bekanntsein einschlägiger elterlicher Belastung gefördert werden (dazu bereits *West/Farrington,* The delinquent way of life, 1977, 117–119). – Aus dem Bereich erblich bedingter Dispositionen zur Straftatbegehung sind die Ergebnisse der **Zwillingsfor-schung** im Hinblick auf die regelmäßig, wenngleich im Ausmaß uneinheit-lich festgestellten Unterschiede zwischen eineiigen und zweieiigen Zwillin-gen insofern bedeutsam, als sie zwar keine Aussagen über die Erbanlage, wohl aber über die Wirkung identischer Anlage zulassen könnten (zur Methodenkritik einschränkend etwa *Barnes ua* Criminology 1952 (14), 627 ff.); im Übrigen ist die Annahme bestätigt worden, dass das Vorkommen strafrechtlicher Registrierung bei eineiigen Zwillingen in hohem Maße auch von der Umgebung der Zwillinge abhängt (dazu zB schon *Christiansen* IntJCrimPen 1973, 36 (43)). Bezüglich **Adoption** wurde etwa berichtet, es habe sich neben Anhaltspunkten für erbliche Beeinflussung auch ergeben, dass die Deliktsbelastung bei Adoptivvätern der in der Folgezeit strafrechtlich registrierten Adoptierten doppelt so hoch gewesen sei als diejenige der Adoptivväter von nicht einschlägig registrierten Adoptierten (vgl. schon *Rosenthal* CrimJustBeh 1975, 12 ff. mwN). Bei der Interpretation entspre-chender Forschungsergebnisse wird ua zu berücksichtigen sein, dass gegen-über dem adoptierten Kind, falls die (leiblichen) Eltern als Straftäter regis-triert sind, eine selektive Wahrnehmung und eine (evtl. verborgene) ein-schlägige Erwartungshaltung bestehen können.

57 (2) Die Überrepräsentierung von Personen aus **sozio-ökonomisch un-teren** Schichten innerhalb der (mehrfach) zu JStrafe Verurteilten gehört zu denjenigen Merkmalen, die gewissermaßen zeitüberdauernd festgestellt wur-den, ohne dass diese Feststellung, für sich allein genommen, zur Erklärung oder gar prognostisch geeignet wäre. Auch lässt sich schwerlich die Annahme vertreten, dass mit sozio-ökonomisch niedrigem Status regelmäßig *Sozialisa-tionsdefizite* einhergingen, zumal es schon an einem zur Überprüfung geeig-neten Maßstab fehlt. Ähnliche Einwände bestehen gegenüber der Vorstel-lung, es sei zu Erklärung wie Prognose eine dem unteren sozio-ökonomi-schen Status entsprechende *unterschiedliche* Sozialisation wesentlich, denn es sind (auch) außerhalb des strafrechtlichen Bereichs Diskrepanzen zwischen Sozialisationszielen und -normen innerhalb unterschiedlicher gesellschaftli-cher Gruppen zu verzeichnen, und zwar nicht nur nach dem genannten Status, sondern zB auch nach dem Geschlecht.

58 (3) Hingegen können **benachteiligende erzieherische** Einflüsse deshalb erklärungs- wie prognoserelevant sein, weil sie konkrete Abläufe zum Ge-genstand haben.

58a (a) (aa) Meist werden **Beeinträchtigungen** durch **elterliches** Fehlver-halten besonders zu prüfen sein. Was dabei tendenziell entgegenstehende Angaben des Inhalts angeht, die (später) verurteilte Person habe Unebenhei-ten der Erziehung selbst veranlasst (krit. *Boll ua* ZEPP 2001, 197 ff.) oder sie bereite ihrerseits erzieherische Schwierigkeiten, so sind solche Angaben nicht ohne weiteres bereits dann belegt, wenn etwa festgestellt werden sollte, dass die Erziehung von Geschwistern durch dieselben Eltern ausgewogen oder „problemlos" (gewesen) zu sein schien. Zudem ist zu berücksichtigen, dass gehäuft eine durch familiäre Machtstrukturen geprägte elterliche Tendenz anzutreffen ist, gegenüber sich innerfamiliär abw. verhaltenden Kindern zunehmend Zurückweisung und Ausgrenzung zu praktizieren, die bis hin zur Vorhersage und Bekräftigung einer negativen Rolle und eines negativen Selbstbildes des Kindes führen kann (vgl. schon *Deitz* JgeneticPsychology 1969, 285 ff.; ergänzend *Raithel* NK 2002, 63 f.). Einer solchen elterlichen Distanz entspricht eine ggf. nur eingeschränkte Resistenz anlässlich behördlicher Ermittlungen gegenüber dem Kind (vgl. etwa auch *Oberwittler ua* S. 44 ff.; ergänzend → Rn. 68). – Im Einzelnen scheinen zur Erklärung wie etwaigen prognostischen Relevanz des sog. **Weglaufens** am ehesten ein ambivalenter Beziehungsmodus sowie Ausstoßungstendenzen geeignet zu sein, jeweils gekoppelt mit hoher Verhaltenskontrolle (vgl. zu sog. „Straßenkarrieren" *Permien/Zink,* Straßenkarrieren von Jugendlichen, 1999, 112 ff.; speziell zu weiblichen Personen *Pankofer* S. 136 ff.). Die betroffenen Minderjährigen werden ggf. vorübergehend in sog. Jugendschutzstellen untergebracht (§ 42 KJHG; zu Binnensanktionen DIV-Gutachten ZfJ 1992, 91), ggf. auch in (Bereitschafts-)Pflegefamilien, und sodann „zurückgeführt", bei Erfolglosigkeit jedoch (wohl meist) in betreuten Jugendwohngemeinschaften oder in Heime eingewiesen (näher zum Ganzen KiJHiSt „Vorläufige Schutzmaßnahmen" 2011 (StBA 12)); § 42 KJHG findet auch auf **unbegleitete** minderjährige Flüchtlinge Anwendung (dazu *Wiesner* in Wiesner SGB VIII § 42 Rn. 16 ff.).

(bb) Nach Untersuchungen (insb. aus dem anglo-amerikanischen Raum) **59** werden **Inkonsistenz** ebenso wie **Geringschätzung** und **Zurückweisung** durch die Eltern als bedeutsame Faktoren (auch) für delinquente Entwicklung genannt (vgl. betr. vormalige jahrelange Missachtung bzw. Ohnmacht und spätere Gewaltdelikte *Sutterlüty,* Gewaltkarrieren, 2002, 103 ff., 150– 208; betr. zugrunde liegende Selbstwertunsicherheit und (Zukunfts-)Angst *Lempp* Nebenrealitäten 21; vgl. in Verbindung mit Nichtanerkennung *Sitzer,* Jugendliche Gewalttäter, 2009), und prognostische Bedeutung wird verbots- bzw. gebotsorientierten Erziehungsstilen in dem Sinne beigemessen, dass bei wiederholter Delinquenz in der Regel ein größeres Ausmaß an Verbotsorientiertheit nachgewiesen wurde. Betreffend die einschlägige Relevanz von Eltern-Kind-*Konflikten* für Delinquenz können als positiv erlebte familiäre Interaktionen ggf. einen gewissen Ausgleich vermitteln (vgl. zu einer Längsschnittstudie *Pinquart* Kindheit und Entwicklung 2004, 132 ff.; zu multisystemischer Therapie *Heekerens* ZJJ 2006, 163 (166 ff.)).

Was die Fähigkeit von Eltern angeht, mit Kindern eine **positive** emo- **60** tionale **Beziehung** als Voraussetzung von erzieherischen Impulsen zu haben, so wird angenommen, deren Vorliegen sei nicht von biologischen, sondern von sozialpsychologischen Faktoren geprägt. Dem entspricht es, dass physische wie psychische *Kindesmisshandlung* von Männern wie von Frauen begangen wird (vgl. etwa (auch durch Unterlassen) BGH NStZ 2017, 282), und Entsprechendes gilt für homo- wie heterosexuellen Missbrauch (vgl. näher *Denov* Can.J.Criminol.Criminology.Justice 2001, 314 ff.; *Kavemann* in Elz, Täterinnen, 2009, 137), und zwar jeweils ohne Unterschiede nach Art und Schwere (*Kavemann* in Elz, Täterinnen, 2009, 139 (entgegen einem „klassischen Klischee")). Im Übrigen kamen mehrere Untersuchungen zu männlichen Jugendlichen, die formell als Straftäter erfasst waren, zu dem Ergebnis, Beeinträchtigungen hätten sich daraus ergeben, dass sie frühzeitig auf die (väterliche) Identifizierungsperson verzichten mussten (vgl. vormals *Andry,* Delinquency and Parental Pathology, 1960, 120 ff.; krit. zu Auswirkungen iSd GewSchGesetzes (auch → Rn. 62) betr. das Ausland *Mills* BJC 2004, 983). Teilweise sind Anhaltspunkte dafür geliefert worden, dass Einzeltäter eher ein *negatives Mutterbild,* Gruppentäter hingegen eher ein *negatives Vaterbild* hätten (vgl. etwa schon *Brigham ua* JConsulting Psych 31 (67), 420 ff.; vgl. auch betr. als Gewalttäter erfasste Personen *Johnson ua* BJC 2004, 917–924) – allerdings dürfen solche Befunde, bei denen schon die Formulierung des Untersuchungsgegenstandes stark von der vertretenen psychotherapeutischen Schule abzuhängen scheint, nur zurückhaltend übernommen werden. – Im Übrigen wurde festgestellt, dass außerhäusliche und/oder volle Berufstätigkeit der Elternteile im Allgemeinen keine höhere Delinquenzbelastung der Kinder zur Folge habe (vgl. schon *Glueck/Glueck,* Toward a Typology of Juvenile Offenders, 1970, 496–498; *West/Farrington,* Who becomes delinquent?, 1973, 27; *Schwenkel,* Jugenddelinquenz in den Mittelschichten, 1973, 168), zumal erzieherische Qualitäten (zB Fähigkeit zu emotionaler Bindung, Zuwendung, Identifizierungsfähigkeit) in keinem Zusammenhang mit quantitativen Kategorien zeitlicher Präsenz stehen.

61   (cc) Bezüglich der Frage danach, ob außereheliche Geburt, **Verwaisung** oder **Trennung** der **Eltern** eine bestimmte prognostische Bedeutung haben, sind abschließende Aussagen insofern erschwert, als die üblicherweise zugrundegelegten formalen Kriterien zu global sind und ohne Unterteilung des biographischen Verlaufs angewendet werden; zudem sind umfassende Vergleichsinformationen nicht ohne weiteres zu erlangen (speziell betr. Nicht-Kennen des Vaters *Cornel* Bewährungshilfe 2000, 310). Im Übrigen ist statistisch betrachtet die Struktur der „Kernfamilie" einem raschen und fortschreitenden sozialen Wandel unterworfen, wodurch sich die Bedeutung einschlägiger Faktoren entsprechend ändern kann (vgl. auch *Walper ua,* Familienentwicklung nach Trennung der Eltern als Sozialisationskontext für Kinder und Jugendliche, Bericht aus der Arbeitsgruppe, Nr. 40/2000, 43 ff.). Soweit mehrfach (zu JStrafe) Verurteilte zu überhöhtem Anteil (gar mehrfach) von Ehescheidungen der Eltern betroffen waren, besteht wegen der offenbar signifikant erhöhten Scheidungshäufigkeit in sozio-ökonomisch unteren Schichten der Einwand, das Merkmal der Scheidung der Eltern sei eine von der Schichtzugehörigkeit abhängige Variable.

61a   Im Übrigen kommt es in Fällen der Ehescheidung der Eltern erzieherisch wesentlich darauf an, ob die kindschaftsrechtliche Regelung tatsächlich dem Kindeswohl entsprach, und insbes., ob das Kind bei einem Elternteil verblieb, zu dem eine **emotional positive Beziehung** bestand (zust. *Westphal,* Die Aussetzung der Jugendstrafe zur Bewährung gem. § 21 JGG, 1995, 214; krit. zur Unterscheidung nach rationalem und emotionalem Willen *Zitelmann,* Kindeswohl und Kindeswille im Spannungsfeld von Pädagogik und Recht, 2001, 217 ff.; zu behördlich latenter Mutter- statt Kind- oder gar Vaterorientierung *Maiwald ua* ZRSoziologie 2003, 63) und der auch im Übrigen erzieherisch geeignet war (vgl. Nachw. schon bei *Exner,* Kriminologie, 3. Aufl. 1949, 227 f.; zu Beispielen kindeswohlwidriger Verfahren vormals etwa *Wolski* Zbl 1987, 500 ff., teilweise unter Hinweis auf *Lempp;* vgl. auch OLG Bamberg Zbl 1988, 239 sowie *Schütz/Jopt* Zbl 1988, 349 und *Meyer/Zeller* Zbl 1988, 357; zur Gefahr der Beeinflussung seitens Verfahrenspflegern bzw. Interessenvertretern *Zitelmann,* Kindeswohl und Kindeswille im Spannungsfeld von Pädagogik und Recht, 2001, 301 ff., 338 ff.). Ansonsten entspricht es allg. Erkenntnis, dass eine Trennung der Eltern je nach sozio-ökonomischer Zugehörigkeit unterschiedlich gravierende negative

Auswirkungen für **Entfaltungsmöglichkeiten** des Kindes haben kann, zumal ggf. auch langfristig. – Entwicklungspsychologisch lässt sich der mehr oder weniger umfassende Verlust eines Elternteils (durch Tod oder Trennung der Eltern) als **kritisches Lebensereignis** verstehen. Dessen Bewältigung hängt zum einen ua davon ab, ob und inwieweit das Ereignis antizipiert werden konnte, zum anderen kann die Art der vorhergesehenen und tatsächlich eintretenden Konsequenzen bedeutsam sein. Insbesondere führt möglicherweise ein erlebter Mangel an Kontrollierbarkeit des Ereignisses zu vergleichsweise schlechterer Bewältigung und entsprechend negativen psychischen Folgen.

(b) Wegen der prognostischen Bedeutung der Unterbringung in verschiedenen Stellen **öffentlicher Erziehung** kommt es jeweils im Einzelnen auf deren Gestaltung ebenso an wie auf die Chance zur Entwicklung einer zwischenmenschlich positiven oder gar emotional positiven Beziehung zwischen der minderjährigen Person und der betreuenden bzw. kontrollierenden Person (vgl. etwa zu Verläufen nach Adoption *Schleiffer* ZKJP 1993, 115; zu pädagogischen Vorzügen bei Ersatzeltern im Unterschied zu Heimerziehung *Wendels* unsere jugend 1990, 292; vgl. ergänzend Nachweise bei *Eisenberg/Kölbel* Kriminologie § 55 Rn. 41, § 56 Rn. 25). **62**

Wegen prognostisch etwa bedeutsamen Aspekten bei **Heimerziehung** einschließlich Beurlaubung (betr. einen Extremfall BGH BeckRS 2016, 16702: sexueller Missbrauch seitens der Mutter) wird auf die Erl. zu → § 3 Rn. 29, 47 ff. bzw. → § 12 Rn. 42–42d verwiesen. **62a**

(4) Innerhalb des **Schul-** und **Ausbildungsbereichs** sind iRd Erklärung der Entstehungszusammenhänge erfasster Delikte und auch prognostisch – nicht zuletzt bei etwa erforderlich werdender Auswahl und Bemessung von Rechtsfolgen – mehrere Fragen zu prüfen. Zunächst geht es darum, ob vormals oder anhaltend Leistungsdefizite und/oder abw. Sozialverhalten der Jugendlichen (und ggf. Heranwachsenden) befunden wurden oder werden (zu Ermittlungsschwierigkeiten bei Schikaniertwerden (gar durch „prosoziale" Strategien) etwa *Stoiber/Schäfer* PraxisKiPsych 2013, 197 ff.). Im Falle der Bejahung von Leistungsdefiziten und/oder abw. Sozialverhalten ist zu untersuchen, welche Umstände dem vorausgegangen sind, und wie Lehrende und/oder Ausbildende – und Mitschüler/Mit-Auszubildende oder Kollegen – darauf reagiert haben oder reagieren. Dabei ist auch zu prüfen, ob seitens der Schule bzw. Ausbildungsstelle geeignete Angebote zur Förderung unterbreitet wurden, und ob die Jugendlichen (oder Heranwachsenden) diese angenommen haben oder nicht, und falls nicht, aufgrund welcher Umstände sie nicht angenommen worden sind (zur Bedeutung des schulischen Umfeldes etwa *Eklund/Fritzell* EJC 11 (14), 682 ff.). **63**

(a) (aa) Auch für **Lehrende** gilt, dass soziale Wahrnehmung (und die Beurteilung von Schülerverhalten) von bestimmten Beurteilungstendenzen und *Einstellungen* geprägt ist, welche wiederum auf subjektiven Annahmen über Zusammenhänge von Persönlichkeits- und Verhaltensmerkmalen beruhen (zur Relevanz des Verhältnisses seitens Lehrender (Interesse bzw. Desinteresse) zum Schüler für Abschwächung oder aber Verstärkung delinquenten Verhaltens *Boers ua* MschKrim 1997 (14), 190). So kann ein schulischer Misserfolg nach allg. Erkenntnis zB als Ergebnis eines fehlgeschlagenen Interaktionsprozesses zwischen Lehrenden und Schüler interpretiert werden (Nachw. 19. Aufl.). Herkömmlicherweise wird allgemein angenommen, dass gegenüber solchen Schülern, die den schulischen Leistungsstandards nicht **64** entsprechen, tendenziell eher als gegenüber anderen Schülern Erwartungen bestehen, sie würden auch in sonstigen Verhaltensbereichen von Normen abweichen (vgl. vormals *Höhn,* Der schlechte Schüler, 1976, 104, 220).

64a　　(bb) Da sich das Verhalten und die Reaktionen der Lehrenden gegenüber leistungsschwachen Schülern meist in Gegenwart von Mitschülern vollziehen, stellen sich das „Versagen" und dessen Bedingungen wie Auswirkungen zugleich als ein gruppenpsychologisches Phänomen dar, das zu erheblicher Stereotypisierung (vgl. vormals *Höhn,* Der schlechte Schüler, 1976, 107, 219), *„Schulangst"* (iSv Sozialisations- und Leistungsängsten, vgl. nur *Hülshoff,* Medizinische Grundlagen der Heilpädagogik, 2. Aufl. 2010, 392) sowie Formen der Isolation führen kann (vgl. etwa *Lempp* Nebenrealitäten 137 f.: Auslesefunktion; zu Erinnerungsaufsätzen während des JStVollz siehe *Tielicke* unsere jugend 1986, 379; allg. zum Konzept „erlernter Hilflosigkeit" *Seligman,* Erlernte Hilflosigkeit, 1979). Hiernach mag es sein, dass auch ein erster Rechtsbruch dann nur als sekundäres Verlaufsereignis einzuordnen ist, wenn er sich als Reaktion auf eine durch Lehrende vorgenommene **Rollenzuweisung** darstellt (vgl. schon *Frease* BJC 1972, 133 ff.; vgl. auch *West/Farrington,* Who becomes delinquent?, 1973, 98 ff.; ergänzend *Eisenberg/Kölbel* Kriminologie § 55 Rn. 32f, § 56 Rn. 28f). – Nach vormaligen Untersuchungsergebnissen im Rahmen einer Dunkelfeldforschung ergab sich zwischen der von Lehrenden vorgenommenen Typisierung als „kriminell gefährdet" und der von den jeweiligen Schülern selbst berichteten Delinquenzbelastung eine hohe Korrelation, wobei in den Fällen einer Diskrepanz oder Fehleinschätzung Kinder aus sozio-ökonomisch höheren Schichten von Lehrenden auch bei hoher selbstberichteter Delinquenzbelastung eher als „ungefährdet" (vgl. *Brusten* KrimJ 1974, 36 f.) eingestuft wurden. Allerdings lässt sich die Frage der Priorität von Devianz oder aber Rollenzuweisung durch Lehrende aufgrund von Angaben über selbstberichtete Delinquenz auch deshalb nur begrenzt überprüfen, weil diese Angaben auf einer unterschiedlichen Toleranzschwelle beruhen können, die ihrerseits von einer etwaigen Rollenzuweisung durch Lehrende geprägt sein mag.

64b　　(cc) Wenngleich die verschiedenen Formen des **unregelmäßigen** Schulbesuchs (vgl. etwa *Cornel* Bewährungshilfe 2000, 311; *Oberwittler ua* S. 69 ff. bzw. *Wagner ua* KZfSS 2004, 473: gem. Schülerbefragung hätten 35,2 % „überhaupt schon einmal … geschwänzt", aber auch → § 11 Rn. 15a), **Schulmisserfolge** sowie **vorzeitiger** Schul**abgang** bei (jugend-)strafrechtlich Verurteilten nahezu regelmäßig als überrepräsentiert festgestellt worden sind (zum Schulwechsel vgl. vormals *Kruse* unsere jugend 1988, 338 (340 ff.)), bedarf es, sofern entsprechende Ausprägungen im Einzelfall vorliegen, einer sorgfältigen Interpretation (vgl. dazu etwa *Schreiber-Kittl/Schröpfer,* Abgeschrieben?, 2002, 168; *Wagner ua* KZfSS 2004, 474 ff.; *Beckmann/Bergmann* ZJJ 2017, 347 ff. (insb. zu gender-bezogener Differenzierung); auch → Rn. 63–64a). So wird sich zB die Bedeutung von Schulzufriedenheit nur iZm Vorliegen oder Nichtvorliegen sonstiger deliktsbezogen negativer Einflüsse würdigen lassen (allgemeine Auffassung). Im Einzelnen ist zu prüfen, ob Anhaltspunkte zB für psychosomatische Beschwerden (dazu etwa schon *Mansel/Hurrelmann* Soziale Welt 1994, 165 ff.) oder allgemeine Verhaltensstörungen (zur pädagogischen Betreuung bei (mutmaßlichem) Ladendiebstahl *Quenstedt* Jugendwohl 1987, 34) bestehen, und für die Entwicklung kann auch dem (zunächst) entschuldigten Fernbleiben Bedeutung zukommen (vgl. nur *Lenzen ua* PraxisKiPsych 2013, 570 ff.). Bei Schülern mit

Migrationshintergrund bedarf es der Einbeziehung von Fragen nach normativ-kulturellen Unterschieden (vgl. zu Sonderschülern schon *Pfeiffer* DVJJ 1987, 30 sowie *Savelsberg* DVJJ 1987, 372; insofern verengt die Auswertung psychiatrisch-psychologischer Gutachten-„Fälle" bei *Kilchmann ua* FPPK 2015, 47 ff. (51 ff.)).

(b) Soweit Nichtbeginn, Abbruch oder Wechsel der **Berufsausbildung** 65 bei (jugend-)strafrechtlich Verurteilten regelmäßig als überrepräsentiert festgestellt worden sind, wäre es methodisch verfehlt, zur Erklärung wie zur Prognose diesen Defiziten pauschal eine gleichsam deliktsbedingende Relevanz beizumessen. Denn auch bei diesen Defiziten kann es sich um von anderen Faktoren abhängige Variablen handeln. Schon deshalb ist das Verhältnis von beruflicher Nichtausbildung und Straftatbegehung durchaus **ambivalent** (vgl. vormals etwa *Jung,* Kriminologische Untersuchungen an Vermögensverbrechern, 1970, 159 ff.; *Weiher,* Jugendliche Vielfachtäter, 1986, 94).

Im Übrigen setzt auch hier die Berücksichtigung entsprechender Ausprä- 65a gungen im Einzelfall eine Prüfung der ausschlaggebend gewesenen Zusammenhänge voraus. Zu berücksichtigen können zB Fragen der Kooperation zwischen Allgemeiner Berufsschule und Organen der StRPflege (vgl. für Bremen *Bosecker ua* ZJJ 2005, 152 (157 f.)) ebenso sein wie kulturell-normative Unterschiede bei Jugendlichen oder Heranwachsenden mit Migrationshintergrund (vgl. betr. Aussiedler schon *J. Walter* Neue KrimPolitik 1998, 5 ff.; *Giest-Warsewa* DVJJ-Journal 1998, 358; *Hirtenlehner* MschKrim 1999, 314; *Reich,* Integrations- und Desintegrationsprozesse junger männlicher Aussiedler aus der GUS, 2005, 226 ff., 244 ff., 256 ff.; allg. betr. „Illegale" *Jünschke/Paul* ZJJ 2004, 379 ff.).

(5) (a) Soweit bezüglich des **Arbeitsbereichs** bei (jugend-)strafrechtlich 66 Verurteilten vielfach *Defizite* an Stetigkeit oder Stabilität dargestellt wurden (vgl. etwa *Weiher,* Jugendliche Vielfachtäter, 1986, 97; vgl. aber zu Isolation und Konkurrenz jenseits des formellen Arbeitsschutzes schon *Baum* JSchutz 1985, 276), haben solche Umstände nicht geringe Bedeutung auch für die Anzeige- bzw. die Strafverfolgungsbereitschaft, soweit als *Selektionskriterium* das Ausmaß von Leistungserbringung gilt (vgl. etwa *Dietz ua,* „Lehre tut viel …", 1997). Im Übrigen liegt es zwar nahe, dass Arbeitslosigkeit und Delinquenz sich wechselseitig fördern bzw. teilweise bedingen (vgl. näher etwa auch *Nagin/Paternoster* Law & Society Review 1993, 467 ff.; vgl. auch *Prein/ Schumann* in Schumann ua, Berufsausbildung, Arbeit und Delinquenz, 2003 (seltener Übergang von der Ausbildung in die Berufstätigkeit bzw. häufigere Phasen der Arbeitslosigkeit)), jedoch können auch hier Drittvariablen (zB häusliche und berufsschulische Umstände, Mangel finanzieller Mittel trotz Berufstätigkeit) dominierend sein. Zudem kommt es für die prognostische Bedeutung der Berufstätigkeit weniger auf die formale Berufsposition, sondern mehr auf die tatsächliche Berufsfunktion und das Leistungsverhalten darin an.

Hinsichtlich (jugend-)kriminologisch relevanter Auswirkungen von **Ar-** 66a **beitslosigkeit** sind im Einzelnen die verschiedensten Variablen zu berücksichtigen (vgl. etwa *Cornel* Bewährungshilfe 2000, 307; *Wirth* Bewährungshilfe 2003, 309). Dabei kommt es stets zB schon auf die (ggf. rapidem Wandel unterworfene) Arbeitsmarktsituation an, wie sie in den jeweiligen Etappen der Entwicklung des Jugendlichen oder Heranwachsenden bestanden hat bzw. besteht (vgl. etwa zur Ausdehnung auf Gruppen „sozialer

Unauffälligkeit" in Nordrhein-Westfalen in den Jahren 1977–1982 *Albrecht* KrimJ 1984, 218; auch → § 43 Rn. 20c; ergänzend *Eisenberg/Kölbel* Kriminologie § 56 Rn. 31; aber auch näher *Eisenberg/Kölbel* Kriminologie § 50 Rn. 21 ff.).

67 (b) Bzgl. des **Sozialbereichs im engeren Sinne** wird häufig eine „Bindungsunfähigkeit" zugeschrieben (krit. etwa *Gloger-Tipppelt/König* in Deegener/Körner, Kindesmisshandlung und Vernachlässigung, 2005, 354 ff.). Derartige Aussagen sind, abgesehen von der Unbestimmtheit oder gar Vagheit dieses Begriffs, iRd Erklärung von Entstehungszusammenhängen bisheriger Delikte wie auch prognostisch nur begrenzt ergiebig (Nachw. 19. Aufl.), soweit sie nicht im interaktionistischen Zusammenhang und unter Zugrundelegung von Zeiträumen und Entwicklungsphasen, die (zB in Heimen) durch Freiheitsentziehung (mit-)geprägt waren, geprüft werden. Stets kommt es darauf an, wem gegenüber eine Bindungsunfähigkeit angenommen wird, und ob ggf. Gründe dafür seitens insoweit abgelehnter Personen gesetzt worden sind oder werden. Im Einzelnen könnte zB eine ausgeprägte Bindungsfähigkeit zu ihrerseits strafrechtlich vorbelasteten anderen Jugendlichen (oder Heranwachsenden) – gar in Heimen, JA- oder JStVollzugseinrichtungen – bestehen, wobei ein solcher Befund von der Frage zu trennen ist, ob solches sich mittelbar ggf. deliktsförderlich auswirkt.

68 (c) Was den **Freizeitbereich** anbelangt (näher dazu *Goldberg,* Freizeit und Kriminalität bei Jugendlichen, 2003, 99 ff.), so sind bei Berücksichtigung bestimmter Ausprägungen in besonderem Maße die Unterschiede zu beachten, die zwischen verschiedenen gesellschaftlichen Gruppen hinsichtlich Wert- und Interessenskalen wie allgemeinen Verhaltensmustern bestehen. So entspricht im Allgemeinen zB frühzeitig verstärkt „außerhäusiger" Freizeitaufenthalt teilweise unmittelbar unterschiedlichen Bedingungen des sozioökonomischen Status sowie sozialer Ausgrenzungen (Nachw. 19. Aufl.) – allerdings ist zu Beginn des 21. Jahrhunderts eine Reduzierung solchen Aufenthalts durch die Entwicklung von Kommunikations- bzw. Beschäftigungsformen (zB mittels Smartphones, Online-Spielen, etc) zu verzeichnen. – Eine fremdbestimmte Unterteilung in „aktives" bzw. „passives" Freizeitverhalten kann irreführend sein, wenn sie den Stellenwert für den Jugendlichen oder Heranwachsenden und dessen Beurteilung unberücksichtigt lässt.

68a Nähere Untersuchungen berücksichtigen zB Benachteiligungen von Wohngebieten (vgl. *Kilb* DJ 1993, 82 ff.; *Graif* Criminology 53 (2015), 366 ff., unter Einbeziehung der Nachbarschaft und bei deutlichen Gender-Unterschieden) bzw. Umstände eines Migrationshintergrundes (betr. Spätaussiedler vgl. *Kerner ua* DVJJ-Journal 2001, 370 ff. bzw. Russlanddeutsche *Zdun,* Ablauf, Funktion und Prävention von Gewalt … in Cliquen Russlanddeutscher, 2007: relevant für Straßenkultur „Männlichkeit", „Ehre", „Ruf"). – Die Annahme oder Ablehnung von Förderungsangeboten durch spezielle Einrichtungen (zB „Freizeitzentren" bzw. „Jugendhäuser") ist je nach fachlicher Qualifikation der Beschäftigten und Fragen einer präventivpädagogischen Geeignetheit zu prüfen (vgl. näher zur Diagnostik etwa *Otremba ua,* Gewaltprävention im Kindesalter, 2014 (DJI), 9 ff., 30 ff.). Dabei wird aber auch zu berücksichtigen sein, ob oder inwieweit Einrichtungen unvermeidlich eine Placierung von (Kindern und) Jugendlichen oder Heranwachsenden als „Randseiter" vermitteln und faktisch ggf. gar einen Beitrag zur Beibehaltung subkultureller Normen leisten (vgl. speziell betr. Gewaltdelikte *Pfeiffer ua* ZJJ 2008, 258 ff. sowie ZJJ 2008, 366 f.; aA *Hafeneger ua* ZJJ 2008, 361 ff.).

bb) Bezüglich des **psychischen Bereichs** wird nach einer Vielzahl von 69 psychologischen und psychiatrischen Reihenuntersuchungen überwiegend angenommen, es liege **kein** genereller Nachweis **überzufälliger Unterschiede** zwischen (jugend-)strafrechtlich verurteilten und nicht verurteilten Personen vor. Allerdings sind die Ergebnisse der Analysen, die nach Auswahl und Interpretation divergieren, unterschiedlich abgestuft.

(1) Insgesamt betrachtet ist zB die vielfach geäußerte Vermutung einer − 70 innerhalb des normalpsychologischen Bereichs liegenden − niedrigeren **Intelligenz** bei als Straftäter verurteilten Personen generell nicht bestätigt worden (vgl. speziell aber bereits *Stattin/Klackenburg-Larsson* J.Abnorm.Psychol. 1993, 369 ff.; ergänzend Nachw. bei *Eisenberg/Kölbel* Kriminologie § 56 Rn. 44). Immerhin haben sich zB bei Erhebungen gem. dem HAWIE (einschränkend → § 43 Rn. 54a), der in Verbal- und Handlungsteil gegliedert ist, für den Verbalteil etwas niedrigere Werte ergeben (zu entspr. Ergebnissen bei Anwendung anderer Methoden vgl. schon *Walsh* CrimJustBeh 1987, 370 (374 f.))). − Bei Verwendung von Intelligenztests ist stets zu prüfen, inwieweit sie (in erheblichem Maße) abhängig von (durch Eltern oder Schule) vermittelter Bildung im Sinne trainierbarer Kriterien sind, sodass sie den unter anderen Voraussetzungen aufgewachsenen Proband zusätzlich benachteiligen.

(2) (a) Anzeichen für eine im Allgemeinen vorliegende Mehrbelastung 71 (jugend-)strafrechtlich verurteilter Personen mit **Aggression**stendenzen sind bisher nicht hinreichend bestätigt worden (vgl. etwa schon *Blackburn,* The Psychology of Criminal Conduct, 1993, 232 ff.; vgl. aber betr. proaktive Aggression Nachw. bei *Kölch ua* FPPK 2012, 160). Allerdings ist auch hierbei nach Delikts- und Tätergruppen zu differenzieren. So liegen speziellere empirische Anhaltspunkte zB zur Erklärung von Aggression im *Straßenverkehr* vor (vgl. iZm hormonellen Vorgängen schon *Stephan,* 26. VGT, 197 ff. bzw. zum Einfluss von Narzissmus, Selbstkonzept und Selbstwertbedrohung *Steffgen* Zf Sozialpsych 2007, 45 (47 ff.)). Auch zu strafverfolgten Jugendlichen mit *rechtsextremistischem* Motivationshintergrund haben sich Hinweise zur Aggressionsbelastung ergeben (vgl. schon *Schenk* DJ 1993, 167 (170 f.), *Nickolai* Jugendwohl 1993, 226; vgl. aber auch *Breymann* DVJJ-Journal 1993, 29 ff.: angstbesetzt, hilflos, perspektivlos, von Spontaneität bestimmtes Handeln).

(b) Verbreitet wurde bzw. wird der Ausgestaltung des **Selbstkonzepts** 72 Bedeutung beigemessen (vgl. schon *Stutte* MschKrim 1940 (57), 103). Insgesamt betrachtet scheint die globale Aussage, jugendliche oder heranwachsende als Straftäter beurteilte Personen hätten im Unterschied zu „Nichtstraftätern" dieser Altersgruppen ein anderes, negatives Selbstkonzept (etwa infolge von Stigmatisierung (vgl. *Seus/Prein* in Schumann ua, Berufsausbildung, Arbeit und Delinquenz, 2003, 154 ff.)), in Frage gestellt zu sein (vgl. aber zB auch schon *Villmow-Feldkamp/Kury* MschKrim 1966 (83), 113 (116); betr. Gewalttaten *Baumeister,* The self in social psychology, 1999, 240 ff.). Allerdings ist methodisch regelmäßig zu prüfen, inwieweit die Befragungssituation (etwa iZm institutioneller Deprivation (vgl. betr. das Selbstbild bereits *Quensel ua* MschKrim 1966 (83), 94)) bzw. die befragende Person als intervenierende Variable das Antwortverhalten beeinflusst (vgl. etwa schon *Rieländer* MschKrim 1966 (83), 77 (79))).

72a (c) Im Übrigen liegen Anhaltspunkte für **geringere** Leistungsmotivation bzw. Fähigkeit zu **Belohnungsaufschub** (betr. Schul- und Berufsplanung → Rn. 63–65) und geringeres Wissen über **Problemlösungsverhalten** vor. Auch finden sich Hinweise auf eine eher pessimistische Zukunftsorientierung oder gar „depressive Verstimmung" (betr. Aussiedler *Schmitt-Rodermund/Silbereisen* KZfSS SH 43/03, 254, aber auch *Zdun,* Ablauf, Funktion und Prävention von Gewalt … in Cliquen Russlanddeutscher, 2007, 127, 132). Zudem sind Ausprägungen der Ängstlichkeit bzw. erlernten sozialen **Hilflosigkeit** nachgewiesen (vgl. etwa *Ortmann,* Resozialisierung im Strafvollzug, 1987, 168 ff., 175 ff., 251, 258). Weiterhin bestehen Zusammenhänge zwischen **Flucht**tendenzen (auch → Rn. 39a) und Deliktsbegehung (zu Fahnenflucht vormals etwa *Barbey* forensia 1985, 185; *Ottenhof* RevScienceCrim 1987, 498 ff.). − Weiterhin sind im Einzelfall mitunter von wesentlicher Bedeutung Ausprägungen von Suggestibilität (iZm Gedächtnisbeeinträchtigungen) oder auch Manipulierbarkeit, wozu deutliche, möglicherweise auch für den Schuldvorwurf (§ 3 S. 1 bzw. § 2 Abs. 2, §§ 20, 21 StGB) wesentliche Ausprägungen zB bei nachweisbarem **Fetalen Alkoholsyndrom** (FAS, vgl. DSM-5: Verhaltensstörung aufgrund pränataler Schädigung durch Alkohol (VS-PAE), aber auch → Rn. 82a) vorliegen können (etwa LG Arnsberg openJur 2015, 7137 (zum allgemeinen StR)).

73 (3) Nach psychoanalytischer Auffassung werden bei als Straftäter beurteilten Personen im Wesentlichen zwei verschiedene Gruppen unterschieden, und zwar **„Neurotiker"** sowie, mit deutlicher Überrepräsentierung in sozio-ökonomisch untersten Schichten, Persönlichkeiten mit **„asozialem Charakter"** (in der US-Literatur mitunter als „Psychopath" oder auch als „Soziopath" bezeichnet (vgl. aber einschränkend → Rn. 77)). Zuverlässige Angaben über die Häufigkeit der genannten Zuschreibungen sind nicht vorhanden (vgl. schon vormals *Moser* KJ 1970, 401).

74 Eine gewisse Bedeutung für die Begehung von Straftaten wurde und wird der (in Anlehnung an *Freud*'sche Aussagen entwickelten) Vorstellung beigemessen, dass **aggressives Verhalten** stets eine Reaktion auf **Frustrationen** sei (vgl. dazu bereits *Dollard ua,* Frustration und Aggression, 1970, 128 f.). So wurde − eher eindimensional − bei als Straftäter beurteilten Personen ein erhöhtes Maß an erlittenen Frustrationen bzw. eine niedrigere Frustrationstoleranz vermutet. Eine Veranschaulichung für derartige Zusammenhänge leistet die allgemeine Erkenntnis, dass bei (Kindern und) Jugendlichen nicht selten insbes. geringfügige Taten (zB Diebstähle) im Anschluss an zugefügte „Ungerechtigkeiten" oder Misshandlungen − quasi als psychische (De-)Kompensation − begangen werden.

75 (4) (a) In medizinisch-psychiatrischer Betrachtungsweise wird zur Erklärung der Entstehungszusammenhänge von Straftaten Jugendlicher oder Heranwachsender ua von Funktionsstörungen im Bereich der Informationsverarbeitung zwischen einzelnen Hirnabschnitten ausgegangen, wofür überwiegend die Diagnose **ADS** (= Aufmerksamkeits-Defizit-Syndrom; vgl. ICD-10 F90.0) bzw. − unter Einbeziehung des Begriffs der Hyperaktivität − **ADHS** (vgl. DSM-5, 314.01; *Günter* in VFDH Psych. Begutachtung-HdB, 5. Aufl. 2009, 353; *Hosser ua* ZJJ 2007, 244 ff.; *Vloet ua* MschKrim 1997 (14), 430 ff.; *Just ua* ForPsychiatr 2017, 96 ff.) − verwandt wird (betr. §§ 20, 21 StGB näher aber konkret vern. (Begr. zw., vgl. *Eisenberg* Beweisrecht StPO Rn. 1786); BGH StV 2017, 588; OLG Hamm NStZ-RR 2008, 138 (jeweils zum allgemeinen StR); zum Ganzen systematische Lehrbücher der

Psychiatrie). Entsprechendes gilt bezüglich der Feststellung eines infantilen psychoorganischen Syndroms, „das in enger ursächlicher Beziehung zur leichtgradigen frühkindlichen Hirnschädigung steht und weitgehend identisch ist mit der ‚minimal brain dysfunction'„ (*Lempp* in Haesler, Die Beziehungen des infantilen psychoorganischen Syndroms zur Kriminalität, 1979, 45; vgl. nachdrücklich auch schon *Szewczyk* Kriminologische Gegenwartsfragen 1984, 121 (129); *Camman ua* ZKJP 1985, 5; *Geraedts,* Zur Tötungsdelinquenz bei jugendlichen und heranwachsenden Straftätern, 1998, 20), oder auch für das hyperkinetische Syndrom. – Speziell für bestimmte Gewaltverbrechen wird dem sog. **Borderline-Syndrom** (ICD-10 F60.31 (zur Nichtanwendbarkeit bei 14–15-Jährigen vgl. ICD-10 F60); DSM-5, 301.83; vgl. etwa *Herpertz ua* ForPsychiatr 16 (online, Juni)) als Ausdruck emotionaler Instabilität im Sinne einer Tendenz zu teilweisem und/oder vorübergehendem Verlust an Realitätsbezug bzw. an Impulskontrolle (nicht erörtert in BGH BeckRS 2017, 139903) Bedeutung beigemessen (zB episodenhaft projizierte Aggression bei anschließendem Unverständnis gegenüber der Tat).

(b) Entgegen einer aufgrund spektakulärer Einzelfälle außerwissenschaft- **76** lich geläufigen Vorstellung stellen an **Schizophrenie** erkrankte Personen innerhalb der (jugend-)strafrechtlich Verurteilten eine seltene Besonderheit dar, und zwar, wenngleich weniger deutlich, auch innerhalb der wegen Kapitaldelikten Verurteilten (vgl. etwa *Marneros ua* MschKrim 1995 (12), 376 ff.; *Tölle/Windgassen* Psychiatrie 230). Nicht anders verhält es sich bei der Form der **Hebephrenie** (ICD-10 F20.1; DSM-5, 295.10 („desorganisierter Typus"); Schuldunfähigkeit eher bejahend (ergänzend aber auch → § 7 Rn. 8) etwa BGH BeckRS 2010, 18742; eher einschränkend BGH BeckRS 2018, 477), die einen frühen *Beginn* vom Zeitraum der *Pubertät* an aufweist und als deren Symptome eine Verflachung der Gestimmtheit sowie des affektiven Bereichs und zudem Denkzerfahrenheit gelten (zu etwaigen Besonderheiten neuronaler Entwicklung vgl. *Hodgins ua* MschKrim 1997 (14), 502 ff.).

Bezüglich **Epilepsie,** die unterschiedliche Ursachen haben kann (zB **76a** Hirnverletzungen oder –tumore, ggf. Entzugssymptome bei chronischem Suchtmittelmissbrauch, im Übrigen als sog. „genuine" Epilepsie), ist eine Mehrbelastung der Probanden durch Deliktsbegehung nicht belegt (vgl. etwa schon *Peters/Gross* MschKrim 1956 (73), 94 f.). Auch ist nicht davon auszugehen, dass bestimmte Delikte etwa spezifisch für Epileptiker wären (vgl. aber zu Einzelfällen *Pittrow/Saß* MschKrim 1994 (11), 85, 87), zumal Delikte verschiedentlich nicht unmittelbar auf die psychopathologische Erscheinung, sondern mehr auf Folgewirkungen zurückzuführen sind, die sich aus dem Anfallsleiden für den Kranken im sozialen Umgang ergeben.

(c) Eine Überrepräsentierung als **„schwachsinnig"** (vgl. ICD-10 F70.9– **76b** F79.9; DSM-5, 319, Bereich 315) eingeordneter Personen unter (jugend-)strafrechtlich formell erfassten und auch Abgeurteilten ist regelmäßig festgestellt worden, allerdings ist hierbei die Vermutung besonders nahe liegend, dass bei ihnen die Wahrscheinlichkeit des Entdeckt- und Überführtwerdens überdurchschnittlich hoch ist. Auch kommt es nicht ganz selten zu verfehlten Vor- bzw. *Verdachtszuschreibungen* einer Minderbegabung, und zwar iZm einer „Verselbstständigung" der institutionellen Beurteilung über den Betroffenen im Verlauf der biographischen Entwicklung, beginnend etwa mit Sonderbeschulung bei frühen Verhaltensauffälligkeiten und Konzentrationsschwierigkeiten. Einige der Intelligenztests sind, neben sonstigen Einwänden (auch → Rn. 70), von sprachlichen Fähigkeiten (beim Verstehen wie bei der Beantwortung der Fragen) abhängig, sodass solche Tests – zumal bei zugleich vorliegenden Mängeln der Lese- und Schreibfähigkeiten – nur bei Personen mit leichterer Behinderung anwendbar sind. Am ehesten erkennbar ist der jeweilige Schweregrad von „Schwachsinn" an Defiziten hinsichtlich der *Abstraktionsfähigkeit,* dh dem (Un-)Vermögen, zwischen Wesentlichem und Unwesentlichem zu unterscheiden, Schlussfolgerungen zu ziehen bzw. eine Beurteilung abzugeben.

76c   Abgesehen von dem Schweregrad der Idiotie, kommt es zu (Straf-)Taten meist infolge mangelnder gegenseitiger Akzeptanz von Verhaltensregeln oder aber insofern, als „Schwachsinnige" uU Episoden vermehrter Reizbarkeit durchleben oder aufgrund einer fehlverstandenen Situation inadäquate Reaktionen zeigen. Verfehlt wäre es, solche Einschränkungen aufgrund subkultureller Gegebenheiten zu übergehen, wozu etwa informelle Regeln iSd „Gesetzes" der Straße (bestimmend für Verhalten in der Öffentlichkeit) gehören (vgl. auch BGH NStZ-RR 2010, 257 betr. sog. „Straßenkompetenz" (zum allgemeinen StR)). Auch sind etwaige kumulierende Wirkungen aufgrund verfehlter Interaktionen (zB Ablehnung oder Verwöhnung, Hilflosigkeit oder Härte) zu prüfen, dh Deprivationsfolgen im Sinne einer Verkümmerung der Entwicklungsmöglichkeiten. – Generelle Aussagen über einen „Entwicklungsstillstand" intellektuell Minderbegabter jenseits des Jugendalters sind schwerlich vertretbar (vgl. schon *Wegener* MschKrim 1960, 147 ff.; näher → § 105 Rn. 39 ff.), vielmehr bedürfte eine entsprechende Prognose der Begründung durch Befundtatsachen bzgl. des jeweiligen Probanden.

77   (d) **Persönlichkeitsstörungen,** deren Betroffene als psychopathisch iSd „klassischen" Psychiatrie beurteilt werden, finden sich nach inzwischen wohl überwiegenden Forschungsergebnissen nur bei einem sehr geringen prozentualen Anteil innerhalb der mehrfach (jugend-)strafrechtlich Verurteilten (vgl. aber zu neurobiologischen Störungen *Müller* DVJJ-Journal 2002, 436; *Müller* in Egg, Psychiatrisch-psychologische Begutachtung in der Strafjustiz, 12 (ohne Unterteilung nach dem Lebensjahr)). Anders verhält es sich bei einem Verständnis des Begriffs „Psychopathie", das sich aus weithin wertenden (bzw. teilweise moralisierenden) „Merkmalen" speist, aber schwerlich eine psychopathologische Kategorie darstellt, wobei diesbezügliche „Merkmals-Auflistungen" prognostisch auch deshalb nicht geeignet sind, weil sie einer prospektiven Validierung entbehren (vgl. zu PCL-R (nach Hare) etwa *Ross/Pfäfflin* MschKrim 1988 (05), 6 f.; *Thalmann* MschKrim 1992 (09), 376 ff.: Konzept nicht haltbar; *Eisenberg* StV 2005, 346 f.; grundsätzlich *H. E. Müller* NStZ 2011, 565 ff.; zu dem PCL:YV *Quenzer,* Jugendliche und heranwachsende Sexualstraftäter: eine empirische Studie über Rückfälligkeit und Risikofaktoren im Vergleich mit Gewaltstraftätern, 2009, 149 ff., 206 ff., speziell 214 f. (anders etwa *Philipse ua* CrimJustBeh 2005, 643 (648 ff.) zB zur Entwicklung von Selbstwertempfinden, Vermeideverhalten, aber auch „antisozialem Narzissmus") bzw. *Sevecke/Krischer* MschKrim 1990 (07), 459 ff. und ZJJ 2007, 242 mit der Unterstellung „gut validiert", einschränkend aber *Sevecke ua* GS Walter, 2014, 403 ff.); zum CAPP-Modell (=Comprehensive Assessment of Psychopathic Personality, *Cooke ua* JPersonalityDisorders 2004, 337 ff.) *Lösel/Schmucker* MschKrim 1997 (14), 485 ff.).

77a   Bei den Konstrukten „**dissoziale** Persönlichkeitsstörung" (ICD-10 F60.2), ggf. iVm „emotional instabilen Zügen" (zu Unterformen F60.30

impulsiv und F60.31 Borderline) bzw. „**antisozialer** Persönlichkeitsstörung" (DSM-5, 301.7), handelt es sich nicht um solche speziell der Psychiatrie (vgl. nur *Tölle/Windgassen* Psychiatrie 126: die Definition geschieht „nicht nur psychologisch, sondern auch kriminologisch"), denn die aufgelisteten „Merkmale" betreffen in eher überwiegendem Maße solche des Lebensstils in Form von *Anpassungsdefiziten,* und die Konstrukte werden weithin nur in Strafverfahren gegen Personen mit anhaltender Delinquenz verwandt (auch → § 10 Rn. 50). Die Aufnahme in die vorgenannten Klassifikationssysteme ist nur von den eher selten anzutreffenden Probanden her vertretbar, bei denen medizinisch-psychopathologische Faktoren (dazu etwa → Rn. 82, 82a) von bedingendem Einfluss für die Entwicklung einer „dissozialen" oder „antisozialen" Persönlichkeitsstörung sein können.

Die Diagnose einer psychopathologischen Störung davon abhängig zu **77b** machen, ob auch (im Übrigen) soziale Auffälligkeit bejaht wird, kann ggf. irreführend sein (vgl. BGH StraFo 2013, 165 mAnm *Eisenberg*), und zudem ist eine solche Zuschreibung nicht frei von gar selektiven Wertungen der sozialen Umgebung.

(e) Speziell bzgl. Diebstahlsdelikten findet sich anhaltend die Vorstellung **78** von einem „*Stehltrieb*" (Kleptomanie), wobei es sich inhaltlich ua um ein Element aus Zusammenhängen allg. Stimmungslabilität oder aber auch psychischer Erkrankung handle (vgl. auch ICD-10 F 63.2), während in anderen Fällen sozialpsychologische Auffälligkeiten im Vordergrund stünden. Ähnliche Differenzierungen ergeben sich, soweit bei Diebstählen ohne Bereicherungstendenz von einem psychopathologischen Syndrom ausgegangen (vgl. vormals *Pauleikhoff/Hoffmann* FortschrNeurPsychiat 1975, 245 ff.) oder auf eine Ersatzfunktion des Stehlens abgestellt wird (etwa bei Personen mit Pubertätsmagersucht).

(5) Im Bereich des **Alkohol**- und **Drogenkonsums** haben zur Erklärung **79** der Entstehungszusammenhänge von Delikten wie prognostisch erhebliche Bedeutung sowohl **der Missbrauch** (= Verwendung ohne medizinische Indikation bzw. in übermäßiger Dosierung) als auch die **Abhängigkeit** (= Zustand psychischer und/oder physischer Abhängigkeit von einer Substanz mit zentralnervöser Wirkung). Innerhalb der Drogen werden im Allg. sieben verschiedene Typen unterschieden: Morphin-, Cannabis-, Halluzinogen-, Amphetamin-, Kokain-, Barbiturat- und Khat-Typ. Der Alkohol wird – wegen ähnlicher Intoxikations- und Abstinenzphänomene (sog. Kreuztoleranz) – dem Barbiturat-Typ subsumiert, obwohl verschiedene soziokulturelle Faktoren dem *Alkoholismus* eine gesonderte Stellung zukommen lassen. – Was das Schnüffeln („Einatmen von Dämpfen leicht flüchtiger Fettlösungsmittel mit anschließender Rauschwirkung") angeht, das wegen der Ähnlichkeit der rauschartigen Veränderungen den Halluzinogenen nahesteht, so wurde es vor allem bei 12- bis 14-Jährigen festgestellt (vgl. vormals zum Zusammenhang ua mit Perspektivlosigkeit und sozialer Inkompetenz s. *Thomasius* Suchtgefahren 1986, 153 ff.).

Die (jugend-)strafrechtliche Erfassung der Weitergabe neuer *psycho-aktiver* **79a** Stoffe (NpS, auch „Designer-Drogen" (vormals auch „Legal Highs") genannt) bestimmt sich nach § 4 des Gesetzes v. 21.11.2016 (NpSG, BGBl. I 2615) nebst Anlagen mit der Definition von Stoffgruppen (nicht mehr nach §§ 95, 96 AMG, vgl. EuGH NStZ 2014, 461 mAnm *Patzak ua;* speziell zu Bewährungsauflagen *Musshoff/Sachs* ZJJ 2016, 348) – nach diesem Gesetz nicht strafbewehrt sind Erwerb und Besitz zwecks Eigenkonsums (zu etwaigen Ausnahmen betr. Anstiftung vgl. Gesetzesbegr. BR-Drs. 231/16, 12, 18, 20; diff. *Patzak* NStZ 2017, 263 (265)). Allerdings wurden zuvor zahlreiche NpS in die Anlagen des BtMG aufgenommen, und dies bleibt auch zukünftig je nach beurteiltem Ausmaß an Gesundheitsgefährdung und Missbrauch vorbehalten, zumal das BtMG nähere Regelungen enthält.

80   (a) Im Einzelnen ist *Alkoholeinfluss* insbes. bei „Rückfälligkeit" (zur Erfassungsvalenz → Rn. 43) der (jugend-)strafrechtlich Verurteilten von Gewicht, wobei die Zahl der Personen mit ständigem Alkoholkonsum innerhalb der als „rückfällig" Registrierten mit der Zahl ausgewiesener „Rückfälle" steigt. Indes wird begründet angenommen, dass bei einem nicht unerheblichen Anteil der (jugend-)strafrechtlichen Verurteilungen einer (mutmaßlichen) Alkohol- oder Drogenabhängigkeit in den Urteilsgründen nicht (hinreichend) nachgegangen wird (vgl. etwa *Heimerdinger,* Alkoholabhängige Täter, Justizielle Praxis und Strafvollzug, 2006, 139 ff. (betr. Freiheits- und JStrafe 54); *Haffner/Dettling* in VFDH Psych. Begutachtung-HdB 36.4: weil orientiert an der „Verkehrsvorgeschichte"). Entsprechendes gilt für die (mutmaßliche) *Wirkungskombination* von Alkohol und anderen Drogen bzw. Medikamenten, wobei stets die *Wirkungsart* zu beachten ist (vgl. zur Unterschiedlichkeit (oder auch Gegenläufigkeit) von Alkohol und Cannabis etwa schon *Krüger/Löbmann* in Berghaus/Krüger, Cannabis im Straßenverkehr, 1998, 113 ff.)).

80a   Von der *Verlauf*sentwicklung her sind Fälle, in denen eine strafrechtliche Verfolgung dem (übermäßigen) Alkoholkonsum vorausging, von solchen zu unterscheiden, in denen die (mutmaßliche) Deliktsbegehung Folge des Alkoholeinflusses ist. Als am häufigsten gelten Fälle, in denen (übermäßiger) Alkoholkonsum und (wiederholte) Deliktsbegehung gemeinsame Entstehungsbedingungen aufweisen (zu einer Schülerbefragung *Baier ua* ZJJ 2016, 324 ff.; wegen der tatsituativen Bedeutung des Alkoholeinflusses → Rn. 43).

81   (b) Inwieweit der Einfluss anderer *Drogen* einen linearen oder gar (im naturwissenschaftlichen Sinne) kausalen Zusammenhang zur Straftatbegehung aufweist, ist bisher wenig geklärt (vgl. zur Konsumhäufigkeit vor Inhaftierung (allerdings einschließlich U-Haft) bzw. JAVollzug nach einer Fragebogenuntersuchung (betr. zwei norddeutsche JVAen und eine JA-Anstalt) *Köhler ua* Praxis der Rechtspsychologie 2010, 96 ff.; diff. die Beiträge in Berghaus/Krüger (eher einschränkend *Krüger/Löbmann* in Berghaus/Krüger, Cannabis im Straßenverkehr, 1998, 53 ff.)). Ob und in welchem Ausmaß der Drogenkonsum seinerseits „Verwahrlosungs"-Erscheinungen oder die Begehung von Straftaten schlechthin vorbereitet und fördert, oder aber es sich schon bei dem Gebrauch eher um eine austauschbare *Ersatzbetätigung* wegen Fehlens psychosozialer Bindung (dazu etwa → Rn. 60, 67) oder anstelle anderer „sozial auffälliger" oder strafgesetzlich erfasster Verhaltensweisen handelt, lässt sich einheitlich nicht beantworten (vgl. vormals etwa *Thimm* unsere jugend 1991, 285). Zwar ist die Unterscheidung zwischen abhängigmachenden und sonstigen Drogen anerkannt, jedoch betrifft dies nur unter definitorischen Einschränkungen die mittelbare oder unmittelbare *Beschaffungskriminalität* (zu sog. „Mischformen" vgl. etwa *Patzak* in Körner/Patzak/Volkmer BtMG Vor §§ 29 ff. Rn. 137), wenngleich diese bei Drogenabhängigen in der Regel zugleich zum Bestreiten des sonstigen Lebensbedarfs dient. Erkenntniserschwerend ist zudem, dass Aggressionsdelikte Drogenabhängiger am ehesten innerhalb der „Szene" begangen zu werden scheinen, sodass wegen der besonderen Ausgestaltung des Täter-Opfer-Verhältnisses das einschlägige Dunkelfeld als vergleichsweise groß vermutet wird. Hiernach ist in jedem *Einzelfall* eine vergleichende Betrachtungsweise nach der Verlaufsentwicklung des Verhältnisses von Drogeneinfluss einerseits und Delikten andererseits angezeigt (so auch schon *Römer* DVJJ-Journal 1993, 119 f. (123)).

(6) (a) Bedeutung für rechtswidrige Taten Jugendlicher oder Heranwach- **81a** sender haben – und zwar bis hin zu (mittelbarer) Beschaffungskriminalität – auch Erscheinungsformen im Bereich des **„pathologischen"** oder „suchtartigen" **Glücksspiels** (vgl. zusf. *Schäffler* ZJJ 2016, 349 ff.). Hinsichtlich des *Einflusses* auf die *Reifeentwicklung* bzw. die *Schuldfähigkeit* hat die Rspr. – möglicherweise auch im Hinblick auf die Häufigkeit (vgl. etwa *Meyer* JbSucht 2007, 99 (113)) und die verbreitet gewesene Einordnung als Impulskontrollstörung (vgl. noch DSM-IV-TR 312.31; ICD-10 F63.0: mindestens über einen Zeitraum von einem Jahr; vgl. aber auch *Petry* ZklinPP 2001, 123 ff.) – bislang eine Relevanz nicht nur für die Schuldfähigkeit, sondern auch für deren Verminderung eingeschränkt (vgl. BGH JR 1989, 379 mAnm *Kröber;* NStZ 2005, 207 (zum allgemeinen StR); vgl. ferner etwa *Meyer ua* StV 1990, 464 ff.), wogegen aus ärztlicher Sicht (vgl. *Kellermann* StV 2005, 290 (294); *Grüsser ua* Nervenarzt 87 (07), 997 ff.; *Böning ua* Nervenarzt 84 (13), 563 ff.) und bei methodischer Analyse (vgl. empirisch diff. *Meyer* ZklinPsych 1991, 264 ff., 255 ff.; *Meyer/Stadler* MschKrim 1998, 158 ff. (166)) Bedenken bestehen. Sodann wurde jedoch in DSM-5, 312.31 in gewisser Weise eine Gleichstellung stoffgebundenen und nichtstoffgebundenen Suchtverhaltens vorgenommen („Gambling Disorder" (integriert in die Kategorie „Substance-Related and Addictive Disorders"), vgl. näher *Romanczuk-Seiferth ua* ForPsychiatr 2016, 155 ff.: „klare Parallelen" zu substanzabhängigen Erscheinungen; für eine einheitliche Würdigung (unbeschadet jeweils unterschiedlicher Entzugserscheinungen) *Meyer/Bachmann,* Spielsucht, 2000, 49; vgl. auch schon *Haller ua* WienerZSuchtforschung 1993, 37 ff.; *Lempp/Schütze* in Lempp/Schütze/Köhnken, Forensische Psychiatrie und Psychologie des Kindes- und Jugendalters, 2. Aufl. 2003, 170; *Tölle/Windgassen* Psychiatrie 146), und auch das ICD-10 sieht eine entsprechende Veränderung vor (*Meyer* ZRP 2013, 140). Zu berücksichtigen ist zumindest, ob die Delikte „der Fortsetzung des Spielens dienen" (OLG Hamm NStZ-RR 1998, 241), wobei die Frage nach einem zeitlichen Zusammenhang gem. Besonderheiten der „Spielsucht" ggf. anders als bei Substanzabhängigkeit zu beantworten sein wird (eher verkürzt BGH BeckRS 2011, 17759 zum allgemeinen StR).

(b) Zu Intensität und Wechselwirkung des Einflusses des Konsums von **81b** **Horror-Videos** auf formell nachgewiesene Staftaten Jugendlicher oder Heranwachsender lassen sich generelle Aussagen kaum treffen (eine Simulation scheint verkannt bei BGH NStZ 2007, 522 mAnm *Eisenberg/Schmitz* NStZ 2008, 94; zur Unterbewertung vgl. Anm. *Eisenberg* StV 2012, 273 ff. sowie näher GS Walter, 2014, 55 ff. (betr. einen – entgegen § 43 Abs. 2 S. 2 ausgewählten – LG-Arzt; vgl. ergänzend zu Befragungsbefunden betr. Medien(gewalt)konsum 39b). Bei Jugendlichen stellt sich auch in diesem Bereich schon die Frage, ob die Voraussetzungen des § 3 S. 1 erfüllt sind (betr. zur Tatzeit 14-Jährigen bejahend LG Passau NStZ 1996, 601 = NJW 1997, 1165 mkritAnm *Eisenberg* NJW 1997, 1136 sowie *Günter* DVJJ-Journal 1997, 200 f. und *Laue* Jura 1999, 639–641 sowie *Weber* Schuldprinzip 107:

das LG wegen der Schwere der Tat „unbedingt zu einer Verantwortlichkeit nach § 3 kommen wollte"; ergänzend → § 3 Rn. 27a, → § 10 Rn. 28).

82   (7) (a) Bezüglich **körperlicher Krankheiten** und **Auffälligkeiten** fehlt es im Allgemeinen an eindeutigen Nachweisen einer Mehrbelastung (jugend-)strafrechtlich verurteilter Personen. Soweit die Auffassung vertreten wurde, somatische Akzeleration (= Beschleunigung) bedinge eine Diskrepanz zwischen körperlicher und psychischer Reifung, die wiederum in einem engeren Zusammenhang mit delinquentem Verhalten zu sehen sei, so wurde diese Annahme in Zweifel gezogen (vgl. etwa schon *Remschmidt* ZfKiJPsychiat 1975, 67; *Remschmidt* MschKrim 1978 (61), 79, 81). – Auch Untersuchungen zur Chromosomenanomalie XYY – statt XY – sowie solche zum Klinefelter-Syndrom (vgl. etwa *Sörensen/Nielsen* KrimGgfr 1984, 33 ff.; *Hummel* ZKiJPsychiatr 1993, 132 ff.) lassen, soweit ersichtlich, keine verallgemeinerungsfähigen Ergebnisse erkennen. Ähnliches gilt für physiologische Merkmale (vgl. zB zu EEG-Messdaten bereits *Fishbein/Thatcher* JRCD 1986, 243 (246)).

82a   Hinsichtlich Entstehungszusammenhängen (auch) körperlicher Defizite kann nach bisherigen empirischen Anhaltspunkten körperlichen Misshandlungen während der Kindheit insoweit besondere Relevanz zukommen, als sie – unabhängig von körperlichen Verletzungen selbst – sozusagen eigenständig durch *Sekundärfolgen* (als traumaassoziierte epigenetische Modifikation, vgl. mN *Brückl/Binder* ForPsychiatr 2017, 118 ff.) nachwirken, wenngleich die allg. methodische Frage nach einem linearen Zusammenhang (iSv „post hoc ergo propter hoc") auch hier nicht hinreichend geklärt ist.

82b   (b) Jedoch wird verschiedentlich über **neurophysiologische bzw. -biologische Faktoren** (speziell zu bildgebenden Verfahren → § 43 Rn. 39) mit Einfluss auf Delinquenz berichtet (vgl. etwa *Laucht* ZfKiJPsychiatrie 2001, 302 ff.; vgl. auch *Müller ua* Nervenheilkunde 2001, 330 ff.; *Retz* in Müller, Neurobiologie forensisch-relevanter Störungen, 2010, 96 ff.; zusf. *Dreßing/Dreßing* MschKrim 1997 (14) 345 ff. bzw. *Müller/Nedopil* MschKrim 1997 (14) 356 ff.). Neuroanatomisch bzw. *neurofunktionell* wird besonders auf Schädigungen oder Schwächungen des Mandelkerns (Amygdala) und des Stirnlappens hingewiesen (vgl. etwa *Bogerts* ForensPsychiatrPsychotherapie 2004, 1 ff.; *Crowe/Blair* Development and Psychopathology 20 (2008) 1145 ff.; *DeLisi ua* CJB 1936 (09) 1241 ff.; *Kalus* FPPK 2012, 46 f.). Molekulargenetische Forschungen heben *Genvarianten* hervor, etwa iSv Fehlregulationen bei sog. Gehirnbotenstoffen (wie Serotonin, Noradrenalin) und Einfluss auf impulsiv-aggressives Verhalten (vgl. statt vieler *Reif ua* Neuropsychopharmacology 32 (2007), 2375 ff.; *Bauer* ZJJ 2013, 358 f.; vgl. aber zur Verhaltensprävention etwa *Rienhoff*, Präventionsarbeit im sozialen Brennpunkt, 2016, 91 ff., 146 ff.). *Hormonell* wurde für als aggressiv beurteilte Jugendliche von einem vergleichsweise niedrigen Blutcortisol-Spiegel berichtet (vgl. dazu *Böhnke ua* JNeural Transmission 117 (2010), 629 ff., 1145 ff.). – Verschiedene Forschungen haben auf die Relevanz eines Fetalen Alkoholsyndroms (vgl. DSM-5, Störung der neuronalen und mentalen Entwicklung bei pränataler Alkoholexposition (F88)) aufmerksam gemacht (vgl. zu Nachw. etwa *Becker* Ärzteblatt August 2015, 369, auch → Rn. 72a).

83   **d) Typologien.** Eine prognostische Ergiebigkeit von (jugend-)kriminologischen Typologien setzt voraus, dass die Typen möglichst zuverlässig feststellbar sind. Zugleich ist regelmäßig abzuklären, ob bzw. inwieweit die Typologien – und zwar namentlich die Tätertypologien – inhaltlich keine Aussagen zur Deliktsbegehung erlauben, sondern vielmehr eine unterschiedliche Verfolgung(sintensität) widerspiegeln könnten (allg. → Rn. 38).

aa) Nutzen und **Aussagekraft** von Typologien sind von vornherein aus zwei Gründen stets **begrenzt.** 84

(1) Wenn die einzelnen *Merkmalskombinationen* wenig *unterteilt* sind, sind die einzelnen Typen zwar unmittelbar verständlich. Andererseits sind sie solchenfalls zu umfassend, als dass eine Handhabung praktikabel wäre. Trägt man hingegen bei der Zusammenstellung der Typen den Verästelungen in einem möglichst großen Umfang Rechnung, so spiegeln sich in den einzelnen Merkmalskombinationen die jeweiligen Besonderheiten wider, jedoch handelt es sich schwerlich noch um Typen. 84a

(2) Die zweite Begrenzung ergibt sich daraus, dass – empirisch festgestellte und zur empirischen Überprüfung geeignete – *Realtypen* eine Verallgemeinerung darstellen. Dem entspricht es, dass sie offen sind und die Einbeziehung unbekannter Ausgestaltungen möglich bleibt. Insofern ist eine kriminologische Typologie nicht beendet. Dieser Umstand wirkt sich bezüglich der gegenwärtigen Aussagekraft regelmäßig hinderlich aus. – Auflistungen von *Idealtypen* (wie etwa „MIVEA"), die einer Beurteilung des Probanden gem. dem Abstand zu diesem oder jenem Idealtyp dienen sollen, sind zum einen deshalb *wenig geeignet,* weil die Verwendung ohne Kontrolle iSd Mindestvoraussetzungen von Zuverlässigkeit und Gültigkeit geschieht (vgl. dazu nur *Eisenberg/Kölbel* Kriminologie § 13 Rn. 11; verfehlt *Wulf* in HK-JGG 36: gar „interkulturell und intertemporär gültig"), zum anderen, weil das den Auflistungen zugrunde liegende Forschungsprojekt methodisch irreführend war und ohne Validierung geblieben ist, zumal es interaktionistische Faktoren sowie solche zB des sozio-ökonomischen Status, der Geschlechtsrollen und des (Im-)Migrationshintergrundes ausgeblendet hat (vgl. zum Ganzen etwa schon *Leferenz* ZStW 1984 (72), 974 (wenig mehr als „asozial" bzw. „sozial"); *Diekmann* SozRevue 1986, 301; *Graebsch/Burkhardt* ZJJ 2006, 140 ff. und StV 2008, 327 ff.; *Eisenberg/Kölbel* Kriminologie § 19 Rn. 13, § 5 Rn. 3f, § 55 Rn. 22). 84b

bb) (1) Soweit die **Typologien** an das (jugend-)strafrechtlich erfasste Verhalten anknüpfen, wird zum einen auf die relativ anhaltende, regelmäßige oder häufige Verübung eines gewissen **Deliktstyps** iSd Kriminalphänomenologie abgestellt. Hiervon zu unterscheiden sind Delinquenzmuster im Sinne typischer Profile der Art und des Umfangs (vgl. *Block ua* ZJJ 2009, 131 (betr. Schülerbefragung, ohne „Schulverweigerer" und „Förderschüler", Block ua ZJJ 2009, 131 (138))). 85

(2) Bedenken bestehen auch dann, wenn als Grundlage für kriminologische Typologien die statistisch ausgezählte **Häufigkeit** oder **Frequenz** der Deliktsbegehung verwandt wird, wobei zwischen „Ersttäter" (iSv Erstregistrierung) und Wiederholungstäter einerseits, einmaligem Täter, Gelegenheitstäter (iSd gelegentlicher Tatbegehung) und „ständigem Rückfall"-Täter andererseits und im Übrigen zwischen Tätern mit Variabilität der Delikte und solchen mit Gleichartigkeit der Delikte unterschieden wird. Entsprechende statistische Typen sind kriminologisch nur von ergänzender, nicht jedoch tragender Bedeutung. 85a

(3) (a) Der dem JGG nicht bekannte Begriff „Intensivtäter" – der Polizeipraxis entstammend, jedoch im JHilfesystem „nicht gebräuchlich" (*Walsh* 85b

ZJJ 2017, 28 f.) – entspricht ua dem Politjargon (zust. *Jasch* in Estermann (Hrsg.) Der Kampf ums Recht, 2012, 137 ff.; *Jasch* KritV 2014, 243–245; zum Sich-Einschleichen in die Judikatur etwa KG 26.6.2013 – 4 Ws 32/13 – 141 AR 76/13, S. 7 (bei *Fricke* StRR 2014, 478)); abgestuft findet sich der Begriff „Schwellentäter" (vgl. VwV BW Die Justiz 2012, 7 ff., 3.1.4; RdErl. Niedersachsen v. 22.12.2014 (JuSIT) Nr. 4.1; betr. Recklinghausen *Feltes* ZJJ 2012, 38 Fn. 18; in Verbindung mit Sport *Ulrich/Feltes* Kriminalistik 2015, 560 sowie allg. zu Aufschaukelungen bei „Gewalttäterdateien" des BKA *Ruch/Feltes* NK 2016, 67 f. (71 f.); zu empirischen Befunden betr. die Verschiedenartigkeit der in Dateien als gewaltbereite Fußballfans erfassten Personen vgl. *Albers ua* MschKrim 2016, 485 ff.; näher zur Schweiz *Meier* S. 74 ff., 99 ff.). Die Begriffe sind zur Erklärung der Deliktsbegehung wie zur Prognose ungeeignet (vgl. *Spiess* in Polizei Führungsakademie (Jugendkriminalität in Deutschland), 2005, 37 ff. (47); vgl. auch *Kopp* ZJJ 2012, 268 ff.; *Sutterer* zitiert nach *Förster* ZJJ 2007, 321; *W. Huck/Mielenz* ZJJ 2011, 405; ergänzend schon *Wolke* Kriminalistik 2003, 500 ff. (506): Konzeptionslosigkeit bzw. *Sonka/Riesner* FPPK 2012, 119 ff.: Heterogenität der Konzepte; näher zu (ggf. selektiv übersandten) Länderprogrammen *Neubert,* 18 Jahre alt, Intensivtäter und dann?, 2013, 43, 46 ff., 156 ff.). So begehen auch die so bezeichneten Personen – ohne (gar eingriffsintensive) strafjustitielle Reaktion – überwiegend nur während eines Zeitraums bis (allenfalls) zur Adoleszenz Delikte (vgl. aber zur Ausdehnung des Erfassungsprogramms auf Heranwachsende RdErl. Niedersachsen v. 22.12.2014 (JuSIT) Nr. 4), sofern sie beruflich und sozial unauffällig eingebunden sind (*Boers/Reinecke,* Landespressekonferenz NRW v. 22.5.2014). Zudem sind die Begriffe (auch im Hinblick auf eine terminologische Beeinflussung nicht nur der Öffentlichkeit, sondern ggf. zB auch von Laienrichtern) irreführend, da es sich um – auf exekutiver *Selektion* beruhende (auch → § 36 Rn. 10a), verstärkte Überwachung vorgeblich legitimierende (*Goeckenjan* ZJJ 2015, 30) – *intensivverfolgte Tatverdächtige* handelt (vgl. etwa betr. Erstellung einer „stets aktuellen" Liste Betroffener, mit der auch die JStAe auszustatten sind, RdErl. Niedersachsen v. 22.12.2014 (JuSIT) Nr. 5.2.3, Nr. 6.3.4; krit. zur Kontrolle der Erfassung in polizeiinternen Dateien *Goeckejan* ZJJ 2015, 29). Insbesondere sind die Begriffe – entgegen interaktionistischer Kriminologie (zu sozialpathologisch orientierter Zuschreibung RdErl. Nds. v. 22.12.2014 (JuSIT) Nr. 4.2 (bei angestrebter „Abstimmung" mit der JGH, Nr. 3.2)) – weder hinsichtlich der Frage des episodenhaften Auftretens im Lebensverlauf (betr. Dunkelfeld → Rn. 39; im Speziellen *Block ua* ZJJ 2009, 132 ff.; *Boers ua* NK 2010, 60 f.; *Pollich,* Problembelastung und Gewalt, 2010, 175: „ein recht instabiles, flüchtiges Phänomen") ohne auffällige Steigerung der Deliktsschwere (vgl. auch *Trenczek/Goldberg* Jugendkriminalität 94) noch bezüglich der Qualität der Kriminogenese aussagegeeignet oder gar hinreichend aussagekräftig (vgl. *Ohder* ZJJ 2007, 56; *Puschke* vorgänge 2007, 66 f.; zum Verhältnis zu Risikofaktoren näher *Block,* Jugendkriminalität und staatliche Reaktion in Hamburg 1997–2007, 10; speziell *Steffen* ZJJ 2003, 153 f.; *Walter* ZJJ 2003, 160 (162) sowie RdJB 2003, 272; zu Unterschieden bei *politisch* als „Rechte" bezeichneten Personen zusf. *Logvinov* Kriminalistik 2015, 377 ff. (für Sachsen; krit. zu Akten der Strafverfolgungsbehörden als Untersuchugsquelle *Rieker* ZJJ 2016, 85 f.); tendenziell anders aber *Koch-Arzberger ua,* Mehrfach- und Intensivtäter in Hessen, Hessisches LKA, 10; *Kempfer* in Dölling/Duttge/König/Rössner, Gesamtes Strafrecht, 4. Aufl. 2017, § 46

V. Rn. 54; einseitig *Hennings/Kohler* Die Polizei 2011, 309), zumal die *Heterogenität* der von den Begriffen Betroffenen hintangestellt wird (vgl. näher *Beller/Baier* EuropJPsych 2013, 378 ff. sowie *Beller* FPPK 2014, 96 ff.; vgl. auch *Ostendorf* FS Streng, 2017, 579 ff.). Demgegenüber enthalten die Begriffe vermöge ihrer isolierenden Personalisierung ein nachhaltig stigmatisierendes Potential (vgl. näher *Huck,* Jugendliche Intensivtäter/innen, 2009, 80 f., 239 ff.; *Sonka/Riesner* FPPK 2012, 121 bzw. *Glaubitz* ua ForPsychiatr 2017, 349: „callousunemotional traits"); vgl. aber *Pollich,* Problembelastung und Gewalt, 2010, 242: „scheint insgesamt kein reines methodisches Artefakt zu sein"), wogegen es sich bei sachlicher Würdigung schlicht um Mehrfach-Beschuldigte bzw., nach etwaiger gerichtlicher Schuldfeststellung, um „Serientäter" oder *Mehrfach-* bzw. Vielfach-*Täter* handelt, und zwar in der Regel um benachteiligte Personen (betr. „Gewalttäter" *Meier* S. 19 ff.).

(b) Eher ist der Begriff „Intensivtäter" dafür geeignet, Belange der Exekutive zu verdecken (etwa „Erhöhung des Fahndungsdrucks" (*Walsh* ZJJ 2017, 29), Eingriffe in die gerichtliche Kompetenz, Befugnis zu polizeilicher Beobachtung (vgl. § 27 Abs. 2 Nr. 1 ASOG Berlin) bzw. sog. „Gefährderansprachen" (einschränkend *Meyn* Kriminalistik 2008, 672 ff.; krit. *Gloss* RdJB 2010, 323; *Hoffmann* DVJJ 12; *Riesner ua* ZJJ 2012, 40 ff.), Ausweisung Nichtdeutscher, die nicht EU-Bürger sind (vgl. etwa § 54 bzw. § 56 AufenthG; BayVGH openjur 2015, 3238 Rn. 8; BeckRS 2017, 108379 Rn. 14: „seit dem Alter von zwölf Jahren als sog. „jugendlicher Intensivstraftäter" bekannt), wozu auch eine (personalpolitisch relevante) Funktion als „Rekrutierungsapparat für zukünftige Rezidivisten" (*Brodkorb* ZJJ 2006, 64; näher zu oberen Altersgrenzen *Neubert,* 18 Jahre alt, Intensivtäter und dann?, 2013, 55–63, 116 (ergänzend auch 96 ff.)) gehören kann (zur Verwertbarkeit polizeilicher Datensammlungen krit. *Conen* in AnwK StGB StGB § 19 Rn. 7). Entsprechendes gilt ggf. für die Ablehnung von Hilfeleistungen, wie sie unter „normalen Umständen" (*Schendel* DVJJ 2008, 396) anerkannt werden (vgl. hingegen betr. BewHilfe *Haverkamp/Walsh* in Niggli/Marty, Risiken der Sicherheitsgesellschaft, 2014, 290 ff.). Unstreitig ist der Anteil von Jugendlichen und Heranwachsenden mit „Migrationshintergrund" innerhalb der als „Intensivtäter" bezeichneten Personen überproportional hoch (n. *Ohder* ZJJ 2007, 57 f. (betr. Berlin) und auch schon *Emig* ZJJ 2004, 399 (betr. Bremen)). Ansätze zur *Evaluation* (etwa im Sinne einer Reduzierung von „Rückfälligkeit") sind *defizitär* (vgl. *Walsh* ZJJ 2017, 28 ff.). – Wie wird der Begriff insoweit flexibel einsetzbar ist, erweist sich auch darin, dass selbst polizeiintern „keine einheitliche Definition" gilt (vgl. für Bayern (betr. Info-System „Jugendliche Mehrfach- und Intensivtäter" seit Anfang 2004) etwa *Gloss* ZJJ 2007, 281; näher dazu *Bliesener* Bewährungshilfe 2010, 359 ff. bzw. *Walsh* ZJJ 2017, 29 sowie zu methodischen Einwänden betr. Effizienz *Walsh/Riesner* FPPK 2012, 115 f.; zu Schleswig-Holstein *Rose* SchlHA 2004, 321; für Baden-Württemberg seit 1999 „Initiativprogramm Jugendliche Intensivtäter"; für ein zeitlich gedrängtes Modellprojekt „B-Verfahren" in Münster *Khostevan,* Zügiges Strafverfahren bei jugendlichen Mehrfach- und Intensivtätern: das Münsteraner Modellprojekt „B-Verfahren", 2008). Auch eignen sich verschiedene Definitionen in besonderem Maße zu extensiver Wertung (vgl. RdErl. Hessen JMBl. 2002, 588 f.; AV Berlin v. 31.3.2005 (ABl. 1379): Verdacht betr. „den Rechtsfrieden besonders störende Straftaten" oder innerhalb eines Jahres in „zehn Fällen Straftaten von einigem Gewicht"; zu Punktesystemen schon *Hünecke* NeueKrimPol 2011, 122 (betr.

85c

Schleswig-Holstein); zu einer „Faktorisierung" anhand Schlüsselzahlen der PKS RdErl. Niedersachsen v. 22.12.2014 (JuSIT) Nr. 4.2).

86 **cc)** (1) Allgemeine **Tätertypologien** betreffend jugendstrafrechtlich verurteilte Personen beziehen zwar Elemente der Tatsituation bzw. Häufigkeitskriterien ein, sind jedoch im Wesentlichen bewertender Art und einer verlässlichen Subsumtion wenig zugänglich geblieben (vgl. vormals etwa *Exner,* Kriminologie, 3. Aufl. 1949, 216 f.; krit. zur Praxis in der NS-Zeit *Wolff,* Jugendliche vor Gericht im Dritten Reich, 1992, 218 ff.; speziell zur Zuschreibung einer Unerziehbarkeit → § 12 Rn. 31).

86a (2) Innerhalb von Typologien nach **Tatmotiven** oder **Beweggründen** werden kaum spezifische Deliktsmotive zu finden sein, dh solche, die nicht auch Motive zu anderen Handlungen Jugendlicher oder Heranwachsender sein könnten. Ob es andererseits motivlose Taten geben kann, ob sich bei entsprechenden Verläufen die Motive inhaltlich verselbstständigen oder aber ob sie sich lediglich einer strafrechtlichen Einordnung entziehen, ist bisher wenig geklärt. Im Übrigen bereitet es Schwierigkeiten, eine Typologie nach Tatmotiven gegenüber einer Tattypologie abzugrenzen, weil einzelnen Delikten zumindest tendenziell bestimmte – oder gar ausschließlich mögliche – Motive zugrunde liegen. Allerdings würde umgekehrt eine Beschränkung auf die in Strafrechtsnormen enthaltenen Motive unzulänglich sein, weil (menschliches und) soziales Handeln meist in Motivzusammenhängen eingebettet ist, nicht jedoch mit einem einzelnen Motiv in Beziehung steht.

86b (3) Bisherige Versuche zur **typologischen** Einordnung (jugend-)strafrechtlich verurteilter Personen gem. der (gedachten) Wirkungen der **Rechtsfolgen** sind substantiell oder aber wegen methodischer Mängel wenig hilfreich geblieben.

87 **e) Folgerung.** Die dargestellten Befunde bilanzierend ergibt sich, dass nahezu jeder der untersuchten Bereiche (→ Rn. 37–86) – wenngleich in durchaus unterschiedlichem Ausmaß an (vorläufiger) Verlässlichkeit – *Erkenntnisse* ermöglicht hat, die für die jugendstrafrechtliche Praxis auf einem Spektrum von äußerst seltenen bis durchaus häufigen Fallkonstellationen *relevant* sind oder werden können. Unter diesen Einschränkungen wäre es verfehlt, Befunde zu diesen oder jenen Bereichen als von vornherein nicht praxisgeeignet oder aber als besonders praxisgeeignet zu beurteilen. Vielmehr kommt es stets auf die methodische Korrektheit der den Erkenntnissen zugrunde liegenden Untersuchungen und die Prüfung der einzelfallbezogenen Relevanz an. Indes ist die (Wunsch-)Vorstellung nach einer *Integration* der Erkenntnisse wegen deren Komplexität nur eingeschränkt erreichbar, am ehesten könnte solches in sich überschneidenden Bereichen gelingen (zB entwicklungs- bzw. sozialpsychologische Erkenntnisse zur Ausgrenzungsdynamik (→ Rn. 59 ff., 72), pluridisziplinär erzielte Erkenntnisse zu Risiko- (nicht aber iSv „Risiko-Management") und Schutzfaktoren einschließlich solcher zu sog. „Wendepunkten" der Entwicklung, neurophysiologische bzw. -biologische Faktoren (→ Rn. 82a)).

87a Eine geeignete Anwendung setzt voraus, dass im *Einzelfall* zunächst Ausprägungen dieser oder jener Faktoren *ermittelt* werden (§ 43 Abs. 1 S. 1). Bereits dabei liegt die methodisch wichtigste Aufgabe darin, das *Wechselverhältnis* zu berücksichtigen, das zwischen offen wahrnehmbaren und – entwicklungspsychologisch gar zunehmend – überlagerten bzw. verdeckten, aber gleichwohl vorhandenen und ggf. reaktivierbaren Faktoren besteht. Im

Speziellen gilt dies für solche Überlagerungen, die interventionsbedingt sind, wobei im Allgemeinen zwischen Interventionen im Privatbereich und solchen durch staatliche Organe (darunter insbes. des JStR) zu unterscheiden ist. Eine wesentliche Erleichterung für die Zielführung der genannten Ermittlungsaufgabe ergibt sich bei Bildung und Überprüfung von *Alternativhypothesen* betr. Entstehung, Einfluss und Überwindbarkeit oder aber Reaktivierung einzelner Faktoren innerhalb des genannten Wechselverhältnisses.

V. Urteilsbegründung und -formel

1. Urteilsbegründung

Im Allgemeinen wird davon ausgegangen, in der Urteilsbegründung **88** müssten, ebenso wie im allg. StVR, nur diejenigen Umstände angeführt werden, die für die gerichtliche Entscheidung „bestimmend" (§ 54 Abs. 1 S. 1) waren. Hiergegen bestehen aus erziehungspsychologischer Sicht ebenso wie aus allg. sozialpsychologischen (oder interaktionistischen) Erwägungen heraus deshalb Bedenken, weil eine solche Art der Begründung dem Verurteilten als Verzerrung des Sachverhalts erscheinen mag und insofern eine (etwa vorhanden gewesene) Bereitschaft zur Beteiligung an erzieherischen Abläufen zu beeinträchtigen geeignet ist (näher näher → § 54 Rn. 24).

Im Einzelnen muss (gem. § 54 und) entsprechend den **Voraussetzungen** **89** der **Rechtsfolgenverhängung** (→ Rn. 24 ff.) jeweils begründet werden, ob *Erziehungsmaßregeln* geeignet und ausreichend sind, oder ob dies nicht der Fall ist (vgl. in Abgrenzung zu Auflagen (§ 15) etwa LG Oldenburg StV 2017, 713 (Ls.)). Ähnlich ist betr. *Zuchtmittel* zu begründen, ob sie anzuordnen sind, oder warum dies nicht der Fall ist. Endlich ist bei Verhängung von *JStrafe* zu begründen, warum Erziehungsmaßregeln und/oder Zuchtmittel nicht ausreichen.

Ebenso muss im Urteil begründet werden, wenn von einer Entbehrlich- **90** keit ahndender Rechtsfolgen gem. **Abs. 3** ausgegangen wird (BGHR JGG § 5 Abs. 3, Absehen 1) oder wenn eine Entbehrlichkeit verneint wird (BGH StV 1998, 341; NStZ-RR 1998, 189; 2002, 182; DVJJ-Journal 2002, 464 (zu Abs. 3 auch → Rn. 28, 28a). Dies hat stets ausdrücklich zu geschehen (vgl. aber vormals BGH 13.6.1995 – 4 StR 315/95 bei *Böhm* NStZ 1995, 535; BGH BeckRS 2015, 14631, wonach es ausreiche, falls sich die Nichtentbehrlichkeit aus den Urteilsgründen ergibt), und zwar auch dann, wenn eine Entbehrlichkeit eher fernzuliegen scheint (BGH NStZ 2004, 296; StraFo 2011, 288; BGH BeckRS 2015, 13121). Fehlt die Begründung, so ist der Rechtsfolgenausspruch insgesamt aufzuheben (BGH BeckRS 2000, 30097341; NStZ 2000, 469; BeckRS 2006, 05382; 2010, 10840; NStZ-RR 2010, 319; StraFo 2011, 240; BGH NStZ-RR 2017, 346; vgl. ergänzend BGH NStZ 2000, 469).

2. Urteilsformel

Es wird nur diejenige Rechtsfolge genannt, die angeordnet oder verhängt **91** wird, dh ohne Hinweis darauf, dass nicht auf eine weniger oder aber auf eine stärker eingreifende Rechtsfolge erkannt wird (vgl. demgegenüber § 2 RJGG 1943). Dies ergibt sich daraus, dass (gem. Abs. 2 und 3) die Ver-

hängung einer stärker eingreifenden Rechtsfolge unzulässig ist, wenn eine
weniger eingreifende Rechtsfolge ausreicht, dh es handelt sich hinsichtlich
der jeweils schwereren Rechtsfolge dann nicht etwa um einen Fall des
Absehens von Strafe.

91a   Die Entbehrlichkeit der Ahndung iSd Abs. 3 sollte nicht in der Urteilsformel ausgesprochen werden. Dies gilt als mit § 2 Abs. 2, § 260 Abs. 4 S. 4
StPO vereinbar. Wenngleich in dieser Vorschrift ausdrücklich bestimmt ist,
dass das Absehen von Strafe im Urteilsspruch zum Ausdruck zu bringen ist,
ist wegen unterschiedlicher Zielsetzungen der Anwendungsbereich von § 2
Abs. 2, § 260 Abs. 4 S. 4 StPO bei Absehen in dem hier genannten Zusammenhang nicht gegeben.

VI. Registereintragungen

1. Bundeszentralregister

92   Hierin werden JStrafe, Maßregeln der Besserung und Sicherung sowie die
Aussetzung der Verhängung einer JStrafe zBew eingetragen (§ 4 Nr. 1, 2, 4
BZRG), hingegen Erziehungsmaßregeln, Zuchtmittel, Nebenstrafen und
Nebenfolgen nur dann, wenn sie mit den vorgenannten Rechtsfolgen ver-
bunden werden (§ 5 Abs. 2 BZRG; im Übrigen → Rn. 95). Wird fest-
gestellt, dass es an der Verantwortlichkeit gem. § 3 S. 1 fehlt oder kann das
Fehlen nicht ausgeschlossen werden, so wird dies nicht eingetragen (§ 11
Abs. 3 BZRG).

93   **a)** Bei Erteilung eines **Führungszeugnisses** (§§ 30 ff. BZRG) sind die
Einschränkungen des Grundsatzes, nach dem in das Strafregister eingetragene strafgerichtliche Verurteilungen aufgenommen werden (§ 32 Abs. 1
BZRG), für nach JStR verurteilte Personen, soweit es sich nicht um Verurteilungen nach den in § 32 Abs. 1 S. 2 BZRG bezeichneten Straftatbeständen handelt (eingefügt durch Gesetz v. 28.1.1998 (BGBl. I 160)),
weitreichender als für nach allgemeinem StR verurteilte Personen (§ 32
Abs. 2 Nr. 2–4 BZRG; zur verbleibenden „Gefahr der Enttarnung" *Stelly/
Thomas* Bewährungshilfe 2003, 59). – Diese Besserstellung betrifft allerdings
nicht das Verhältnis zu den in § 41 Abs. 1 BZRG bestimmten Behörden der
StR-Pflege (vgl. aber einschränkend § 41 Abs. 3 BZRG).

94   **b)** Auch was die **Fristen** zur **Tilgung** von Registereintragungen angeht
(für die Berechnung gelten §§ 186 ff. BGB, vgl. nur BGH NStZ-RR 2014,
356), so bestehen, soweit es sich nicht um Verurteilungen nach den in § 46
Abs. 1 Nr. 3 BZRG bezeichneten Straftatbeständen handelt (eingefügt
durch Gesetz v. 28.1.1998 (BGBl. I 160)), Unterschiede für die nach JStR
verurteilten gegenüber den nach allgemeinem StR verurteilten Personen
(§ 46 Abs. 1 Nr. 1 Buchst. c–f, Nr. 2 Buchst. c BZRG). Über die Regelungen namentlich die Tilgung betr. geht die für besondere Fälle geltende
Institution der „Beseitigung des Strafmakels" (§§ 97 ff., s. auch § 13 Abs. 1
Nr. 5 BZRG, § 32 Abs. 2 Nr. 4 BZRG) noch hinaus. Dabei bestehen für
den Fall der auch auf Antrag möglichen Beseitigung (§ 97) insofern Bedenken, als der Verurteilte die Überzeugung vermittelt haben muss, ein „rechtschaffener Mensch" zu sein (näher → § 97 Rn. 11; krit. hierzu → Rn. 3f; s.
hingegen auch § 100).

Ist Tilgungs**reife** eingetreten (vgl. näher §§ 45 ff. BZRG) – es kommt **94a** nicht auf den Zeitpunkt der Tatbegehung, sondern auf das Ende der Hauptverhandlung an (vgl. nur BGH StV 1999, 639; BGHR BZRG § 52 Abs. 1 Nr. 2 Verwertbarkeit 2 (Gründe) = StraFo 2016, 115 = NStZ-RR 2016, 120; jeweils zum allgemeinen StR) –, so ist eine Verwertung auch dann unzulässig, wenn der Angeklagte die Tat und die Verurteilung *selbst mitgeteilt* hat (vgl., sämtlich zum allgemeinen StR, BGH NStZ-RR 2002, 332; 2001, 337; 2012, 143 = StV 2012, 533; auch → § 18 Rn. 39; teilweise aA BGH StV 2002, 479 unter Hinweis auf BGH 27, 108 ff. (zum allgemeinen StR)). – Auch die Verwertung einer *ausländischen* Verurteilung in einem in Deutschland geführten Strafverfahren zum Nachteil des Beschuldigten ist nur zulässig, wenn diese, handelte es sich um eine Verurteilung nach deutschem Recht, nicht tilgungsreif wäre (§ 2 Abs. 2, §§ 51 Abs. 1, 56 Abs. 1 S. 1 BZRG (ggf. iVm § 63 Abs. 4 BZRG)); dies gilt (auf der Grundlage von § 2 Abs. 2, § 58 BZRG) auch dann, wenn die Verurteilung im BZRG nicht eingetragen ist (vgl. auch *Tolzmann,* Bundeszentralregistergesetz, 5. Aufl. 2015, BZRG § 58 Rn. 6, 7), wozu das JGericht die für die Frage der Tilgungsreife erforderlichen Feststellungen trifft und bewertet (vgl. dazu auch § 2 Abs. 2, § 56 Abs. 1 S. 2 BZRG) und dies im Urteil darlegt (BGH StV 2012, 149 = NStZ-RR 2012, 305 (zum allgemeinen StR)). Vgl. zur Verletzung des Grundrechts auf faire Verfahrensführung (Art. 20 Abs. 3, Art. 2 Abs. 1 GG) und von Art. 19 Abs. 4 GG durch unzureichende Sachaufklärung in einer Registersache BVerfG (2. K. des 2. S.) NJW 2017, 1731 = StV 2017, 637: hier Eintragung einer Schnellverurteilung in das BZRG, zum allgemeinen StR),.

2. Erziehungsregister

a) Andere Entscheidungen der JGerichte werden in das **Erziehungs- 95 register** eingetragen (§ 60 BZRG) – zur (begrenzten) Auskunfts- bzw. Offenbarungspflicht s. § 61 BZRG bzw. § 64 BZRG. Dieses Kontrollinstrument ist dem Grundsatz verpflichtet, dass zur Vermeidung von (zusätzlichen) Stigmatisierungen verurteilter Jugendlicher und zur Förderung (zukünftig) legalen Verhaltens nicht alle getroffenen Entscheidungen eingetragen werden dürfen. – Rechtspolitisch geht das genannte Register auf eine Anordnung „gerichtliche Erziehungskartei" der NS-Rechtspolitik zurück (AV des RJM v. 16.12.1943 (DJ 1943, 578)), neu gefasst im Jahre 1955 (BAnz. 1955 Nr. 37; für eine Streichung der Vorschriften vgl. schon NDV 1983, 3; zust. *Carspecken* Zbl 1983, 254).

Nicht ersichtlich ist aus der Eintragung der Tathergang (zB Ausmaß des **95a** Schadens, unterer oder oberer Schwerebereich eines Verbrechens, etc), und ein etwaiger Rückschluss aus Art und Höhe der Rechtsfolge kann ggf. zu einem Trugschluss geraten (vgl. dazu *Eisenberg* DRiZ 2006, 124).

b) § 63 BZRG regelt die **Entfernung** dieser **Eintragungen.** Mit Voll- **96** endung des **24. Lebensjahrs,** und sei es am Tag der Urteilsverkündung, dürfen Eintragungen (nur) im Erziehungsregister nicht mehr zum Nachteil des Betroffenen verwertet werden (§ 63 Abs. 1 und 4, s. aber auch § 52 Abs. 1 BZRG; BVerfG StraFo 2009, 277; 2004, 356 (betr. JA); BGH StraFo 2009, 161; BeckRS 2013, 03737; NStZ-RR 2014, 119; BeckRS 2014, 18918). Dabei ist, obgleich § 63 Abs. 1 BZRG von der Eintragung spricht, diese bereits mit Eintritt der „Entfernungsreife" nicht mehr verwertbar (BGH bei *Böhm* NStZ 1995, 538).

96a   Nur wenn im Zentralregister eine der in § 63 Abs. 2 BZRG genannten Rechtsfolgen eingetragen ist (nicht darunter fällt JA nach § 11 Abs. 3 (s. § 4 Nr. 1 BZRG e contrario), BGH StraFo 2004, 456; 2012, 424; im Übrigen allerdings → § 11 Rn. 26), bleiben bis zu deren Tilgungsreife (→ Rn. 94a) auch die Eintragungen im Erziehungsregister erhalten (BGH BeckRS 2012, 02360 Rn. 4).

3. Dateiregelungen; Zentrales Verfahrensregister

97   **a)** Im Übrigen sind gem. **Dateiregelungen** (§ 2, §§ 483 ff. StPO) die in § 2 Abs. 2, § 483 Abs. 1 bzw. 2 StPO genannten Gerichte bzw. Stellen berechtigt, personenbezogene Daten zu speichern, zu verändern und zu nutzen, soweit dies für Zwecke des Strafverfahrens bzw., betr. die Nutzung, für andere Strafverfahren erforderlich ist. Zusätzliche Regelungen bestehen für die Verwendung von Daten für künftige Strafverfahren bzw. für die Übermittlung gespeicherter Daten (§ 2 Abs. 2, § 484 bzw. § 487 StPO).

97a   Hinsichtlich der *Löschung* verpflichtet § 2 Abs. 2, § 489 Abs. 2 S. 1 gem. dem Grundrecht auf informationelle Selbstbestimmung (Art. 2 Abs. 2 GG, Art. 1 Abs. 1 GG) zur Prüfung der Erforderlichkeit als „Einzelfallbearbeitung" (vgl. näher OLG Hamburg NStZ 2009, 707 mAnm *Habenicht* sowie StraFo 2010, 85; KG StraFo 2009, 337 (jeweils zum allgemeinen StR)). Bei Daten für Zwecke künftiger Strafverfahren (§ 2 Abs. 2, § 484 StPO) gilt für zur Tatzeit Jugendliche eine Prüffrist von 5 Jahren (§ 489 Abs. 4 S. 2 Nr. 2; Nr. 4 berührt nicht die Unzulässigkeit der Speicherung betr. Strafunmündige – sie können nicht Beschuldigte sein (→ § 1 Rn. 4) –, sondern betrifft zB Fälle, in denen das Alter im Zeitpunkt der Speicherung nicht bekannt war).

98   **b)** Darüber hinaus besteht auf Grundlage der (seit 1.12.1994 geltenden) §§ 492 ff. StPO, die nach § 2 Abs. 2 auch auf das JStVerfahren Anwendung finden, beim Bundesamt für Justiz (Registerbehörde) ein **zentrales staatsanwaltschaftliches Verfahrensregister** (ZStAVerfR) unter Führung des GBA. Die Speicherung betrifft gem. § 494 Abs. 2 StPO auch rechtskräftige Freisprüche, endgültige und vorläufige Verfahrenseinstellungen (zB solche nach § 170 Abs. 2 StPO (vgl., jeweils zum allgemeinen StR, zur Zulässigkeit betr. Namen und Aktenzeichen zwecks „leichter Wiederauffindbarkeit der Akte" aber OLG Frankfurt a. M. NStZ-RR 2008, 183 sowie NStZ-RR 2010, 351; OLG Hamburg NStZ 2009, 707) und nach § 153a StPO (auch → § 45 Rn. 11)), sodass die vormalige Entscheidung des Gesetzgebers, bestimmte Arten der Verfahrenseinstellung nicht in das Zentralregister einzutragen, in einer Weise unterlaufen wird, die durch das aus § 160 Abs. 1 und 2 StPO resultierende Informationsbedürfnis der StA kaum gerechtfertigt werden kann. Zu bedenken ist außerdem, dass die für das automatisierte Abrufverfahren gem. § 493 StPO vorgesehene nachträgliche stichprobenartige Zulässigkeitskontrolle den schutzwürdigen Interessen des Betroffenen kaum genügend Rechnung tragen kann (vgl. auch *Brunner/Dölling* Vor § 97 Rn. 31a).

Nebenfolgen

6 (1) [1] Auf Unfähigkeit, öffentliche Ämter zu bekleiden, Rechte aus öffentlichen Wahlen zu erlangen oder in öffentlichen Angelegenheiten zu wählen oder zu stimmen, darf nicht erkannt werden. [2] Die Bekanntgabe der Verurteilung darf nicht angeordnet werden.

(2) Der Verlust der Fähigkeit, öffentliche Ämter zu bekleiden und Rechte aus öffentlichen Wahlen zu erlangen (§ 45 Abs. 1 des Strafgesetzbuches), tritt nicht ein.

Schrifttum: *Sobota*, Die Nebenfolge im System strafrechtlicher Sanktionen, 2015.

Übersicht

	Rn.
I. Anwendungsbereich	1
II. Ausgeschlossene Nebenfolgen	2
III. Zulässige Nebenfolgen	4
1. Grundlagen	4
2. Fahrverbot	6
3. Einziehung	9
a) §§ 73 ff. StGB	9
b) Einschränkungen	11
aa) Keine Wertersatzeinziehung	11
bb) Keine gesamtschuldnerische Haftung	15
cc) §§ 74 ff. StGB	17

I. Anwendungsbereich

Es gelten die Ausführungen zu § 4 (→ § 4 Rn. 1 f.) entsprechend. – Wird **1** auf Heranwachsende allg. StR angewandt, so kommt die Kann-Vorschrift des § 106 Abs. 2 zur Anwendung.

II. Ausgeschlossene Nebenfolgen

Im JStR dürfen die Amtsfähigkeit, die Wählbarkeit und das Stimmrecht – **2** entgegen den (Kann-)Vorschriften des § 45 Abs. 2 und 5 StGB – auch bei Verwirklichung einschlägiger Straftatbestände (s. etwa § 358 StGB, § 375 Abs. 1 AO) nicht aberkannt werden **(Abs. 1 S. 1).** Ferner tritt der Verlust der Amtsfähigkeit und der Wählbarkeit, der unter den in § 45 Abs. 1 StGB geregelten Voraussetzungen im allg. StR zwingend ist, gem. **Abs. 2** nicht ein. Mit all dem sollen Rechtsfolgen, deren Funktion bei Jugendlichen ins Leere liefe und die sich hier allein als erziehungsschädliches Symbol einer spezifischen Desintegration darstellen würden, vermieden werden.

Nach **Abs. 1 S. 2** darf die Nebenfolge, die Verurteilung bekanntzugeben, **3** entgegen den Vorschriften des allg. StR (zB §§ 165, 200 StGB) nicht angeordnet werden. Dies ist Ausdruck des jugendstrafrechtlichen Schutzprinzips (Vermeidung von Bloßstellung und Stigmatisierung, vgl. → § 48 Rn. 8).

III. Zulässige Nebenfolgen

1. Grundlagen

4   Im Umkehrschluss ergibt sich aus § 6, dass auf (Nebenstrafe und alle) Nebenfolgen des allg. StR, die **in der Vorschrift nicht genannt** sind, prinzipiell erkannt werden darf (BGHSt 6, 258 (259) = NJW 1954, 1616 (1617)) – und zwar nicht nur neben Jugendstrafe, sondern auch mit Erziehungsmaßregeln und Zuchtmitteln verbunden (§ 8 Abs. 3). Dies gilt unabhängig davon, ob die Nebenfolge im StGB geregelt, ob deren Anwendung im allg. StR nur neben einer (Haupt-)Strafe möglich oder ob sie im objektiven Verfahren (§§ 435 ff. StPO) zulässig ist. Schreibt das jeweilige Gesetz eine zwingende Anordnung vor, gilt dies bei Vorliegen der Voraussetzungen auch im JStR (s. aber → Rn. 13).

5   Zugleich sind **Einschränkungen** zu beachten. Diese können sich erstens aus den Voraussetzungen der einzelnen Nebenfolgen ergeben. Soweit deren Anordnung an die Verurteilung zu einer bestimmten Freiheitsstrafe geknüpft ist – also an eine Sanktion, die das JStR nach Art und Qualität nicht kennt –, kommt diese Nebenfolge nicht Betracht (mit Blick auf die JStrafe str.; näher → § 17 Rn. 62; *Sobota,* Nebenfolge im System strafrechtlicher Sanktionen, 2015, 238 f.). Zweitens folgen aus den allg. Grundsätzen des JGG inhaltliche Zulässigkeitsgrenzen für die in § 6 nicht genannten Nebenfolgen (abw. *Laue* in MüKoStGB Rn. 8; *Diemer* in Diemer/Schatz/Sonnen Rn. 3). Dies betrifft namentlich die Vereinbarkeit mit erzieherischen Belangen (vgl. auch RL zu § 6), was etwa bei strafrechtlichen Nebenfolgen aus dem Bereich der Arbeits- und Berufsregelung virulent wird. Konkret unterliegt die Einsetzbarkeit der fraglichen Rechtsfolgen im JStR stets der jugendspezifischen Auslegung (hierzu → § 2 Rn. 20 ff.). Durch diese teleologisch-systematische Interpretation wird der jeweilige Anwendungsbereich vielfach reduziert (in der Sache zust., aber über eine analoge Anwendung von §§ 6 Abs. 1, 106 Abs. 2 *Sobota,* Nebenfolge im System strafrechtlicher Sanktionen, 2015, 234 ff.).

2. Fahrverbot

6   Die jugendstrafrechtliche Zulässigkeit des Fahrverbots (§ 44 StGB) geht auch aus § 8 Abs. 3 S. 2 und § 76 S. 1 hervor. In der Praxis eingesetzt wird diese Nebenstrafe in moderater, aber relevanter Häufigkeit (StrafSt Tabelle 5.3: in 2017 bei 266 Jugendlichen und 1497 Heranwachsenden). Allerdings gehen hiermit charakteristische Schwierigkeiten einher. So kann der Alltagsvollzug durch eine entsprechende Anordnung in einer sensiblen Phase (zB Aufrechterhaltung einer Ausbildung, Berufseinstieg) zeitweilig verbaut werden (*Hettenbach* KrimJ 2007, 33 (35 ff.)). **Erzieherisch** wäre dies ersichtlich **kontraindiziert** (zu dieser, sich bei der Entziehung der Fahrerlaubnis noch drängender stellenden Frage näher → § 7 Rn. 73). Darüber hinaus ist die Möglichkeit, ein Fahrverbot zu verhängen, **nicht** (mehr) auf Delikte mit **Straßenverkehrsbezug** begrenzt. Durch Gesetz v. 17.8.2017 (BGBl. I 3202) wurde der Anwendungsbereich des Fahrverbots für sämtliche – nach der Rechtsänderung begangenen (BGH BeckRS 2018, 20463) – Straftaten geöffnet (§ 44 Abs. 1 S. 2 StGB). Diese Ausdehnung ist zwar mit Einwänden behaftet (vgl. etwa *Bömke* DAR 2000, 385 ff.; *Kühn* NK 2008, 132; zum Ganzen näher *Zopfs* FS Wolter, 2013, 820 (betr. allg. StR); kriminalpolitisch zu einer Umgestaltung in eine selbstständige Hauptstrafe etwa *Verrel* Bonner Rechtsjournal 2014, 135; *Wedler* NZV 2015, 209; *Schöch* FS Rengier, 2018, 657 ff.; abl. bspw. *Heinz* ZJJ 2008, 60 (62); *Sonnen* DRiZ 2010, 119). Trotzdem wurde im Gesetzgebungsverfahren die pauschal postulierte jugendstrafrechtliche Anwendbarkeit (BT-Drs. 18/12785, 45) nicht daraufhin überprüft, ob bzw. hinsichtlich welcher Straftatbestände die Neuregelung im JStR mit § 2 verträglich sein könnte (abl. DRiB Nr. 16/16, August 2016; DAV 47/16 v. 23.8.2016). Gerade bei allgemeiner Delinquenz stellt sich aber die Frage nach der spezialpräventiven Sinnhaftigkeit eines Ausschlusses von der Verkehrsteilnahme. Die erzieherisch erforderliche Akzeptanzfähigkeit der Fahrverbotssanktion dürfte nämlich, wenn der Tatvorwurf in keinem Verkehrszusammenhang steht, bei jungen Menschen regelhaft fehlen (*Zieger/ Nöding* Verteidigung Rn. 96; dazu mit empirischen Hinweisen schon *Streng* ZRP 2004, 237 (239 f.); das Problem bestreitend *Schöch* FS Rengier, 2018, 661). Ohne eine dies berücksichtigende **jugendspezifische** Auslegung (→ Rn. 5) handelt es sich bei der Sanktion daher um eine (das JGG tendenziell entstellende) systematische Fehlkonstruktion.

Nach der demnach gebotenen, an § 2 Abs. 1 orientierten Auslegung von **7** § 44 StGB kann ein Fahrverbot nur verhängt werden, wenn die Folgen für den Verbotsadressaten iRd Rechtsfolgenermessens in einer **nicht-schematisierenden** Weise in Rechnung gestellt wurden. Die Maßnahme muss zur (verkehrs-)erzieherischen Einwirkung konkret angezeigt und geeignet sein (AG Saalfeld DAR 2005, 52 (53)). Drohen spezialpräventiv schädliche Nebenwirkungen, muss von einer Anordnung (auch bei den Regelfahrverbotskonstellationen des § 44 Abs. 1 S. 3 StGB) ganz abgesehen (dies ggf. zugunsten einer Weisung gem. § 10 Abs. 1 S. 3 Nr. 9), zumindest aber die Verbotsdauer verkürzt werden. Bei Nichtverkehrsdelikten setzt darüber hinaus schon das allg. StR voraus, dass es der Hauptsanktion für sich genommen an hinreichender Wirksamkeit im jeweiligen Einzelfall fehlt. Im Bereich des JGG ist dies durch die dezidierten **Subsidiaritätsmaßgaben** (etwa: § 5 Abs. 2) insofern verschärft, als die Erforderlichkeit sowohl im Verhältnis zu Erziehungsmaßregeln als auch zu Zuchtmitteln bzw. JStrafe konkret gegeben sein muss. Ohnehin kommt ein Fahrverbot hier von vornherein nur zu Einwirkungszwecken und nicht auch zur „Verteidigung der Rechtsordnung" (§ 44 Abs. 1 S. 2 Hs. 2 Var. 2 StGB) in Betracht (dazu allg. → § 17 Rn. 6 f., → § 18 Rn. 43). Das Gericht hat dann also nicht nur wie bei einem Verkehrsdelikt gem. § 2 Abs. 1 das Fehlen einer erzieherischen Kontraindikation und die individuelle spezialpräventive Funktionalität darzulegen (so *Dölling* FS Fischer, 2018, 866), sondern auch die einwirkungsbezogene Unentbehrlichkeit (§ 44 Abs. 1 S. 2 StGB). Bei Fehlen eines Zusammenhangs zwischen Delikt und Sanktion wird das selten belastbar gelingen. Im Übrigen sind einschränkend wirkende Gesichtspunkte aus dem allg. StR im JStR gleichermaßen zu beachten. Beispielsweise darf die Fahrverbotsentscheidung nicht von der Nicht-/Inanspruchnahme prozessualer Rechte abhängig gemacht werden (OLG Bamberg NZV 2018, 91).

Mit Blick auf die **Fahrverbotsdauer** wird den Besonderheiten des JStR **8** bereits dadurch Rechnung getragen, dass das Fahrverbot gem. § 8 Abs. 3 S. 2 – anders als nach allg. StR (§ 44 Abs. 1 S. 1 StGB nF: sechs Monate) – die Höchstdauer von drei Monaten nicht überschreiten darf. Da die aktive

Teilnahme am Straßenverkehr für viele Jugendliche von besonderem Symbol- und Prestigewert ist (*Eisenberg/Kölbel* Kriminologie § 45 Rn. 128) und der Ablauf von Verbotsfristen ihnen reifebedingt ohnehin oft subjektiv kaum erträglich erscheint, ist es allerdings für sie qualitiativ schwerer, eine mehrmonatige Verbotsdauer ohne − abermals strafrechtlich relevante − Nichtbefolgung durchzustehen. Die Gerichte sind daher auch mit Blick auf die zeitliche Bemessung zu einer zurückhaltenden Anordnungspraxis gehalten.

3. Einziehung

9   a) §§ 73 ff. StGB. Die mit Gesetz v. 13.4.2017 (BGBl. I 872) neu geregelte, mit einem speziellen Entschädigungsverfahren (§ 459h StPO) verbundene Vermögensabschöpfung sieht die **obligatorische** Einziehung aller deliktsbedingten Vorteile (auch Surrogate und Nutzungen) vor (§ 73 StGB). Bei Verlust, Verbrauch usw des originären Vorteils ist dessen (nach § 73d Abs. 2 StGB ggf. zu schätzender) Wert einzuziehen (§ 73c StGB; zur Nichtabzugsfähigkeit der zur Tat eingesetzten Eigenmittel § 73d Abs. 1 StGB). Weil es idR zur Durchsetzung der Einziehungsanordnung (ggf. nebst Herausgabe bzw. Auskehrung an den Verletzten vgl. §§ 459j, 459k StPO) kommen soll, ist ein Abschöpfungsverzicht auf Ausnahmefälle (Bagatellen, unverhältnismäßiger Aufwand) und entsprechende Ermessensausübung von StA und Gericht beschränkt (§ 421 StPO; vgl. auch § 435 Abs. 1 S. 2 StPO). Zwar muss bei der Wertersatzeinziehung von deren Vollstr bei Vorteilswegfall oder Unverhältnismäßigkeit des Vorgehens abgesehen werden (§ 459g Abs. 5 StPO), wobei der Verurteilte eine entspr. gerichtliche Entscheidung selbst beantragen kann (BGH wistra 2018, 427 = BeckRS 2018, 7862). Allerdings soll auch dann in manchen Fällen (§ 459h Abs. 2 S. 2 iVm § 111i Abs. 2 StPO: Antrag von zwei Verletzten) ein Insolvenzverfahren ausgelöst werden können (so *Reitemeier* ZJJ 2017, 354 (357); unklar BGH wistra 2019, 427 = BeckRS 2018, 7862; *Köhler* NStZ 2018, 731 (732))).

10   Dieser gesamte Regelungskomplex gelte der Rspr. zufolge **im JStR einschränkungslos.** Angesichts der knappen Erwähnung in § 76 JGG und des Nicht-Ausschlusses in § 6 wurde dies bereits für die §§ 73 ff. StGB aF vertreten (BGHSt 55, 174 = NStZ 2011, 270 mzustAnm *Altenhain* NStZ 2011, 272; *Diemer* in Diemer/Schatz/Sonnen § 8 Rn. 11 f.; ferner damals ohne jede Erörterung BGH NJW 2001, 1805; 2009, 2755; NStZ-RR 2017, 14; BeckRS 2011, 04347; 2012, 12752; 2017, 133981). Für das jetzige Abschöpfungsrecht hält man daran weiterhin fest. Anfänglich geschah das idR ohne inhaltliche Auseinandersetzung (so bspw. in BGH NStZ 2018, 654; ZJJ 2018, 338 = BeckRS 2018, 13566; NJW 2019, 1008; AG München ZJJ 2018, 166 (168); *Brunner/Dölling* Rn. 5; *Fischer* StGB § 73 Rn. 3; *Reitemeier* ZJJ 2017, 354). Diese Position, die als charakteristischer Ausdruck des dogmatisch-strafrechtlichen Modells gelten kann (→ § 2 Rn. 15), wird inzwischen allerdings auch ganz ausdrücklich vertreten (so BGH ZJJ 2019, 285 = BeckRS 2019, 9584; BGH BeckRS 2019, 20407; OLG Frankfurt/M. BeckRS 2019, 5748 mkritAnm *Eisenberg* ZKJ 2019, 356; OLG Zweibrücken BeckRS 2019, 24556; LG Trier BeckRS 2017, 129590; LG Limburg BeckRS 2019, 15472; LG Köln NStZ-RR 2019, 232; *Laue* in MüKoStGB Rn. 8; unter Hinweis auf § 828 Abs. 3 BGB *Schumann* StraFo 2018, 415 (418 f.); offenlassend dagegen *Reh* NZWiSt 2018, 20 (23 f.)). In der Konsequenz ist dann nicht nur bei einer Verurteilung, sondern auch bei einer

Einstellung nach §§ 45, 47 die (selbstständige) Einziehung möglich (→ § 45 Rn. 39b; → § 47 Rn. 25a).

b) Einschränkungen. aa) Keine Wertersatzeinziehung. Dass die „un- **11** eingeschränkte Anwendung der §§ 73 ff. StGB (…) nach Auffassung des Reformgesetzgebers im Einklang mit dem Erziehungsgedanken" stehe (so begründungslos *Köhler* NStZ 2018, 731; ähnlich apodiktisch LG Limburg BeckRS 2019, 15472; *Korte* NZWiSt 2018, 231 (233)), muss nachdrücklich bezweifelt werden (s. auch → Rn. 16). Es muss vielmehr als fraglich gelten, dass die Problematik überhaupt legislatorisch näher erwogen wurde; jedenfalls ist ein gesetzgeberisches Konzept angesichts der hierzu vollständig schweigenden Gesetzesmaterialien nirgends ersichtlich (ebenso *Berberich/Singelnstein* StV 2019, 505 (507); *Eisenberg* ZJJ 2019, 286 (286 f.); *Schady/Sommerfeld* ZJJ 2019, 235 (236, 239)). Zugleich wurde eine Einschränkung der Einziehung dem ungeregelten Justizermessen bei § 421 StPO anheimgestellt und die Abschöpfung ansonsten mit hoher Zwangsläufigkeit ausgestaltet (vgl. BGH NStZ 2019, 221 mkritAnm *Eisenberg* NStZ 2019, 222: revisibler Fehler, wenn Tatgericht die mögliche Einziehung nicht erörtert). Deshalb besteht im JStR – angesichts des hier typischen Zusammentreffens von Entreicherung und Vermögenslosigkeit der Verurteilten – Anlass zu einer **jugendgemäßen Auslegung** (eingehend zum Folgenden *Kölbel* in Strafverteidigertag 2018, 334 ff., 339 f.).

Spezialpräventiv muss eine Abschöpfungsmaßnahme (die gem. § 8 Abs. 3 **12** zudem mit „normalen" jugendstrafrechtlichen Rechtsfolgen zu kombinieren ist) nämlich als kontraproduktiv gelten, wenn sie ökonomische Zwangslagen erzeugt und damit Entwicklungschancen verstellt (*Eisenberg/Kölbel* Kriminologie § 8 Rn. 4 ff., § 50 Rn. 27 ff., § 54 Rn. 12 ff.). Bei der **Wertersatzeinziehung,** die bei Wegfall des Tatvorteils geldstrafenähnlich in das „allgemeine Vermögen" des Jugendlichen (ohne Rücksicht auf dessen Leistungsfähigkeit) eingreift, liegt die Gefahr derartig dysfunktionaler Effekte auf der Hand. Die erzieherisch angelegten Hauptsanktionen werden dann durch die Zahlungspflichten komplett konterkariert, ganz besonders bei einer offensichtlichen Überforderung (BGH NZWiSt 2019, 360 (364)) durch hohe Einziehungsbeträge (vgl. dazu die in der Rspr. schulterzuckend für zulässig gehaltenen fünfstelligen Werte bei BGH BeckRS 2017, 131923; BeckRS 2018, 33169). Dies widerspricht der Ausrichtung des JGG, das finanzielle Belastungen mit negativen Auswirkungen für die zukünftige Entwicklung der Verurteilten vermeidet (durch Unzulässigkeit einer Geldstrafe und durch die Regelungen in §§ 74, 81).

Die hM trägt diesem Problem allein mit einem pauschalen Verweis auf die **13** §§ 421, 459g Abs. 5 StPO Rechnung (so BGH ZJJ 2019, 285 = BeckRS 2019, 9584; BGH BeckRS 2019, 20407; LG Köln BeckRS 2019, 5463; n. etwa *Schumann* StraFo 2018, 415 (420 ff.); *ders.* StraFo 2019, 431 (431 f.); diff. *Schady/Sommerfeld* ZJJ 2019, 235 (238 f.); eine strikt jugendorientierte Handhabung fordernd *Höynck* FS Eisenberg II, 2019, 255 f.). Doch hiernach wird über Ermessensspielräume und unbestimmte Rechtsbegriffe nur die Möglichkeit eröffnet, von der Einziehung oder ihrer Vollstr abzusehen, ohne eine entspr. Zurückhaltung der Strafverfolgungsinstitutionen sicherzustellen (vgl. die dafür kennzeichnenden Abwägungen bei *Rose* NStZ 2019, 648 (649 ff.)). Ohnehin wohnt einer Entscheidung nach § 459g StPO (s. auch → § 82 Rn. 39a, 45) im Hinblick auf die Möglichkeit, dass das Verfahren grds.

wiederaufgenommen werden kann, keine Verlässlichkeit inne (BGH NZWiSt 2019, 360 (363) mAnm *Eisenberg* JR 2019, 598). Angesichts dieser ungesicherten Vorkehrung gegenüber einer **spezialpräventiv dysfunktionalen** Einziehungspraxis hat sich eine von § 2 Abs. 1 geleitete Auslegung erzieherisch zu orientieren. Hiernach **scheidet** im JStR eine Wertersatzeinziehung bei Entreicherung **aus** (so iErg auch LG Münster NStZ 2018, 669; AG Rudolstadt ZJJ 2018, 63; AG Frankfurt a. M. ZJJ 2018, 249 (250 f.) = BeckRS 2018, 21953; AG Frankfurt/M. ZJJ 2018, 251 (252 f.) = BeckRS 2018, 21956; *Zieger/Nöding* Verteidigung Rn. 96a; ähnlich zu § 73a StGB aF *Ostendorf* in NK-JGG Rn. 3; *Laubenthal/Baier/Nestler* JugendStrafR Rn. 430; *Eisenberg* StV 2010, 580; jedenfalls bei fallindividuell aufzeigbarer Erziehungsschädlichkeit ebenso LG Neuruppin ZJJ 2019, 284 mAnm *Eisenberg* ZJJ 2019, 286; *Schady/Sommerfeld* ZJJ 2018, 219 (223 f.); *Berberich/Singelnstein* StV 2019, 505 (506 f.)). Weniger konsequent (und fehlgebrauchsanfällig) ist es dagegen, wenn der 1. Senat (vgl. BGH NZWiSt 2019, 360 mAnm *Eisenberg* JR 2019, 598) die Wertersatzeinziehung ins Ermessen des Tatrichters stellen will (zur zudem sehr zw. Berufung auf § 8 Abs. 3 als Grundlage für das in § 73c StGB nicht vorgesehene Ermessen s. → § 8 Rn. 4).

14   Für die hier vertretene Ansicht spricht die darin liegende Anknüpfung an die innergesetzliche Typisierung, die in § 15 Abs. 2 Nr. 2 JGG ein **klares Modell** für die Grenzen der Erziehungsverträglichkeit formuliert: Wenn bei der Geldauflage eine Entziehung nicht mehr vorhandener Tatgewinne wegen ihrer spezialpräventiv untunlichen Wirkung ausdrücklich ausgeschlossen wird, muss dies auch bei der Abschöpfung gem. §§ 73 ff. StGB gelten. Ohne diese koordinierende Interpretation dürfte der JRichter bei Wegfall der Tatvorteile zwar keine Geldauflage anordnen, müsste im Widerspruch dazu aber die wirtschaftlich äquivalent wirkende Einziehung veranlassen (n. dazu auch *Schumann* StraFo 2018, 415 (418): Der Anwendungsbereich von § 15 Abs. 2 Nr. 2 JGG würde durch die Einziehung weitgehend aufgelöst).

15   **bb) Keine gesamtschuldnerische Haftung.** Sofern der Vorteil (oder das Surrogat oder der Verkaufserlös) noch vorhanden und der Verurteilte **noch bereichert** ist, wirkt die Herausgabe dagegen nicht überfordernd und nicht erziehungsfeindlich. Daher ist die Einziehung hier nach den allg. Vorschriften an sich uneingeschränkt zulässig (aus vollstreckungsrechtlichen Gründen teilw. abw. *Eisenberg* StV 2010, 580: nur bei erzieherischer Eignung infolge Leistungsbereitschaft des Verurteilten). Allerdings sind gewisse Modifikationen angezeigt: Zum einen stellt in jenen (typischen) Fällen, in denen der deliktisch erlangte Vorteil gerade aus Geld besteht und dieses auch noch vorhanden ist, die Geldauflage nach § 15 Abs. 1 S. 1 Nr. 4, Abs. 2 Nr. 2 das **speziellere Gesetz** dar (s. auch → § 45 Rn. 39b; → § 47 Rn. 25a). Ungeachtet der abw. rechtlichen Ausgestaltung (deswegen die Spezialität bestreitend *Schady/Sommerfeld* ZJJ 2018, 219 (223 f.); *dies.* ZJJ 2019, 235 (236, 239); *Schumann* StraFo 2018, 415 (419)) sieht das JStR für den Zweck der Gewinnabschöpfung hiermit ein eigenes Instrument vor, das ggf. mit anderen Sanktionen kombiniert werden kann (§ 8) und so die funktional äquivalente Einziehung des allg. StR gem. § 2 Abs. 2 verdrängt (offenbar für ein Wahlrecht aber *Brunner/Dölling* Rn. 6). Raum für die Vorteilseinziehung besteht danach nur bei nicht-monetären Vorteilen. Zum anderen ist die Einziehung auch bei mehreren Tatbeteiligten je nach den persönlich erlangten Vorteilen zu individualisieren, weil nur so die Rechtsfolge mit dem

jeweils zu verantwortenden Tatbeitrag korrespondiert. Dieser erzieherische Aspekt wird durch eine **gesamtschuldnerische Haftung** negiert, weshalb deren Anordnung (anders als im allg. StR) **nicht** in Betracht kommt (abw. BGH ZJJ 2018, 338 = BeckRS 2018, 13566 mkritAnm *Laue* ZJJ 2018, 340 (341 f.); BGH NStZ 2018, 654; BGH NStZ 2019, 221 mkritAnm *Eisenberg* NStZ 2019, 222 (223); BeckRS 2019, 29190 sowie die stRspr).

Dafür, dass diese und die anderen Anpassungen an die Besonderheiten des **16** JStR mit dem gesetzgeberischen Willen kollidierten, gibt es im Übrigen keine Anzeichen. Die Gesetzesmaterialien schweigen zu den Gründen, aus denen der Verfall und die Einziehung seinerzeit in § 76 JGG aF aufgenommen wurden (vgl. etwa BT-Drs. 7/550, 331; näher 20. Aufl., Rn. 7), und erklären § 76 nF allein als redaktionelle Anpassung (BT-Dr. 18/9525, 104). Dagegen hat man die zur Abschöpfung geschaffene Regelung des § 15 Abs. 2 Nr. 2 auf den noch vorhandenen Gewinn beschränkt und gleichwohl als „einen hinreichenden Ersatz" für die nicht übernommenen Rechtsfolgen des Ersatzes und Ersatzverfalls eingestuft (vgl. BT-Drs. 1/3264, 40).

cc) §§ 74 ff. StGB. Die Differenzierungen der jugendgemäßen Aus- **17** legung des allg. Abschöpfungsrechts sind in entsprechender Weise auf die Regelungen der §§ 74 ff. StGB und auf anderweitige Spezialbestimmungen in Nebengesetzen zu erstrecken. Zulässig sind daher bspw. die Einziehung von Tatprodukten (§ 74 StGB), die Unbrauchbarmachung (§ 74d StGB; zust. *Laubenthal/Baier/Nestler* JugendStrafR Rn. 442) und die Einziehung des Jagdscheines (§ 40 BJagdG). Soweit Abschöpfungsregelungen geldstrafenäquivalent wirken, gelten indes die in → Rn. 13 f. dargestellten Einschränkungen (etwa bei §§ 8 ff. WiStG, § 375 Abs. 2 AO). Dies betrifft auch den (durch Gesetz v. 13.4.2017 (BGBl. I 872) neu gefassten) **§ 74c StGB.** Die hier erlaubte Form der Wertersatzeinziehung ist zur Vermeidung erzieherisch abträglicher Folgen gleichermaßen auf Fälle beschränkt, in denen keine Entreicherung eingetreten ist und der Verurteilte den entsprechenden Geldbetrag zur Verfügung hat (zust. *Rössner* in HK-JGG Rn. 3; ähnlich *Ostendorf* in NK-JGG Rn. 4).

Maßregeln der Besserung und Sicherung

7 (1) **Als Maßregeln der Besserung und Sicherung im Sinne des allgemeinen Strafrechts können die Unterbringung in einem psychiatrischen Krankenhaus oder einer Entziehungsanstalt, die Führungsaufsicht oder die Entziehung der Fahrerlaubnis angeordnet werden (§ 61 Nr. 1, 2, 4 und 5 des Strafgesetzbuches).**

(2) ¹**Das Gericht kann im Urteil die Anordnung der Sicherungsverwahrung vorbehalten, wenn**

1. **der Jugendliche zu einer Jugendstrafe von mindestens sieben Jahren verurteilt wird wegen oder auch wegen eines Verbrechens**
   a) **gegen das Leben, die körperliche Unversehrtheit oder die sexuelle Selbstbestimmung oder**
   b) **nach § 251 des Strafgesetzbuches, auch in Verbindung mit § 252 oder § 255 des Strafgesetzbuches,**
   durch welches das Opfer seelisch oder körperlich schwer geschädigt oder einer solchen Gefahr ausgesetzt worden ist, und

2. die Gesamtwürdigung des Jugendlichen und seiner Tat oder seiner Taten ergibt, dass er mit hoher Wahrscheinlichkeit erneut Straftaten der in Nr. 1 bezeichneten Art begehen wird.

[2] Das Gericht ordnet die Sicherungsverwahrung an, wenn die Gesamtwürdigung des Verurteilten, seiner Tat oder seiner Taten und ergänzend seiner Entwicklung bis zum Zeitpunkt der Entscheidung ergibt, dass von ihm Straftaten der in Satz 1 Nummer 1 bezeichneten Art zu erwarten sind; § 66a Absatz 3 Satz 1 des Strafgesetzbuches gilt entsprechend. [3] Für die Prüfung, ob die Unterbringung in der Sicherungsverwahrung am Ende des Vollzugs der Jugendstrafe auszusetzen ist, und für den Eintritt der Führungsaufsicht gilt § 67c Absatz 1 des Strafgesetzbuches entsprechend.

(3) [1] Wird neben der Jugendstrafe die Anordnung der Sicherungsverwahrung vorbehalten und hat der Verurteilte das siebenundzwanzigste Lebensjahr noch nicht vollendet, so ordnet das Gericht an, dass bereits die Jugendstrafe in einer sozialtherapeutischen Einrichtung zu vollziehen ist, es sei denn, dass die Resozialisierung des Verurteilten dadurch nicht besser gefördert werden kann. [2] Diese Anordnung kann auch nachträglich erfolgen. [3] Solange der Vollzug in einer sozialtherapeutischen Einrichtung noch nicht angeordnet oder der Gefangene noch nicht in eine sozialtherapeutische Einrichtung verlegt worden ist, ist darüber jeweils nach sechs Monaten neu zu entscheiden. [4] Für die nachträgliche Anordnung nach Satz 2 ist die Strafvollstreckungskammer zuständig, wenn der Betroffene das vierundzwanzigste Lebensjahr vollendet hat, sonst die für die Entscheidung über Vollzugsmaßnahmen nach § 92 Absatz 2 zuständige Jugendkammer. [5] Im Übrigen gelten zum Vollzug der Jugendstrafe § 66c Absatz 2 und § 67a Absatz 2 bis 4 des Strafgesetzbuches entsprechend.

(4) Ist die wegen einer Tat der in Absatz 2 bezeichneten Art angeordnete Unterbringung in einem psychiatrischen Krankenhaus nach § 67d Abs. 6 des Strafgesetzbuches für erledigt erklärt worden, weil der die Schuldfähigkeit ausschließende oder vermindernde Zustand, auf dem die Unterbringung beruhte, im Zeitpunkt der Erledigungsentscheidung nicht bestanden hat, so kann das Gericht nachträglich die Unterbringung in der Sicherungsverwahrung anordnen, wenn

1. die Unterbringung des Betroffenen nach § 63 des Strafgesetzbuches wegen mehrerer solcher Taten angeordnet wurde oder wenn der Betroffene wegen einer oder mehrerer solcher Taten, die er vor der zur Unterbringung nach § 63 des Strafgesetzbuches führenden Tat begangen hat, schon einmal zu einer Jugendstrafe von mindestens drei Jahren verurteilt oder in einem psychiatrischen Krankenhaus untergebracht worden war und

2. die Gesamtwürdigung des Betroffenen, seiner Taten und ergänzend seiner Entwicklung bis zum Zeitpunkt der Entscheidung ergibt, dass er mit hoher Wahrscheinlichkeit erneut Straftaten der in Absatz 2 bezeichneten Art begehen wird.

(5) Die regelmäßige Frist zur Prüfung, ob die weitere Vollstreckung der Unterbringung in der Sicherungsverwahrung zur Bewäh-

rung auszusetzen oder für erledigt zu erklären ist (§ 67e des Strafgesetzbuches), beträgt in den Fällen der Absätze 2 und 4 sechs Monate, wenn die untergebrachte Person bei Beginn des Fristlaufs das vierundzwanzigste Lebensjahr noch nicht vollendet hat.

Schrifttum *Bohnert,* Unterbringungsrecht, 2000; *Bruhn,* Die Sicherungsverwahrung im Jugendstrafrecht, 2010; *Carroll,* Die nachträgliche Sicherungsverwahrung im Jugendstrafrecht, 2014; *Dimmek ua,* Bewährungsverlauf und Wiedereingliederung suchtkranker Rechtsbrecher, 2010; *Eisenberg ua,* Verkehrsunfallflucht. Eine empirische Untersuchung, 1989; *Forensik* 2004, 19. Eickelborner Fachtagung, 2005; *Gundelach,* Die Führungsaufsicht nach der Volllverbüßung einer Jugendstrafe, 2015; *Höffler* (Hrsg.), Brauchen wir eine Reform der freiheitsentziehenden Sanktionen?, 2015; *Ingenleuf,* Maßregelvollzug – Gemeinsames Stiefkind von Psychiatrie und Justiz, 1992; *Karnrodt,* Sicherungsverwahrung bei Verurteilungen nach Jugendstrafrecht, 2012; *Kaspar* (Hrsg.), Sicherungverwahrung 2.0?, 2017; *Mushoff,* Strafe – Maßregel – Sicherungsverwahrung, 2008; *Rohrbach,* Die Entwicklung der Führungsaufsicht unter besonderer Berücksichtigung der Praxis in Mecklenburg-Vorpommern, 2014; *Rüter,* Nachträgliche Sicherungsverwahrung im Jugendstrafrecht, 2011; *Schmitt-Homann,* Alkohol- und drogenabhängige Patienten im Maßregelvollzug nach § 64 StGB am Beispiel des Bundeslandes Hessen, 2001; *Tessenow,* Jugendliche und Heranwachsende im psychiatrischen Maßregelvollzug, 2002.

Übersicht

	Rn.
I. Anwendungsbereich	1
II. Allgemeines	2
1. Entstehungsgeschichte; Verhältnis zum Erziehungsziel	2
a) Entstehungsgeschichte	2
b) Verhältnis zum Erziehungsziel	3
2. Anordnung und Durchführung	6
III. Unterbringung in einem psychiatrischen Krankenhaus	7
1. Gesetzliche Zusammenhänge	7
2. Voraussetzungen	8
3. Aussetzung der Vollstreckung zur Bewährung; Erledigung	10
4. Vollstreckung(sreihenfolge)	13
5. Revision	14
6. Rechtstatsächliches	15
IV. Unterbringung in einer Entziehungsanstalt	17
1. Gesetzliche Zusammenhänge	17
2. Voraussetzungen	18
a) Hinreichend konkrete Aussicht	18
b) Sonstige Regelungen	20
3. Erledigung	21
4. Vollstreckung(sreihenfolge)	22
5. Verfahrensrechtliches	24
6. Rechtstatsächliches	27
V. Unterbringung in Sicherungsverwahrung	29
1. Gesetzliche Zusammenhänge	29
2. Entstehungsgeschichte; Verhältnis zu anderen Normen	30
a) Entstehungsgeschichte und Judikatur	30
b) Verhältnis zum Erziehungsauftrag (§ 2 Abs. 1)	33
c) Verhältnis zum Verbot der Doppelbestrafung	38
d) Verhältnis zu Verbotsnormen der EMRK	39

I. Anwendungsbereich

1   Es gelten die Ausführungen zu → § 4 Rn. 1 f. entsprechend.

II. Allgemeines

1. Entstehungsgeschichte; Verhältnis zum Erziehungsziel

2   **a) Entstehungsgeschichte. aa)** Bei Einführung des **Gesetzes** gegen **gefährliche Gewohnheitsverbrecher** und der **Maßregeln** der **Sicherung**
und **Besserung** v. 24.11.1933 (RGBl. I 995) wurden durch Änderung von
§ 9 Abs. 5 JGG 1923 im AusführungsG (RGBl. I 1000 (1005)) nur noch die
Maßregeln der Unterbringung in einer Heil- und Pflegeanstalt und in einer
Trinkerheilanstalt als zulässig erklärt; in § 17 RJGG 1943 war die zweitgenannte Maßregel nicht mehr enthalten, da Trinkerheilanstalten für Jugendliche nicht passend seien bzw. kein diesbezügliches Bedürfnis bestehe
(*Kümmerlein* Deutsche Justiz 1943, 529 (536)). Jedoch wurde in § 60 RJGG
1943 die „Jugendbewahrung" eingefügt, die bereits durch Erlass des Reichs-
ministers des Inneren v. 3.10.1941 eingeführt worden war und die als Ersatz
der Sicherungsverwahrung für Jugendliche angesehen wurde (*Peters* RJGG
§ 17 Anm. 3, § 60 Anm. 1); danach konnte ein Jugendlicher – bei unbestimmter JStrafe bereits nach Teilvollstreckung – vom Vollstreckungsleiter
zur Unterbringung in ein „Jugendschutzlager" der Polizei überwiesen wer-

den (vgl. auch → Einl. Rn. 17), sofern angenommen wurde, er habe sich als der Erziehung unzugänglich gezeigt.

bb) Im JGG 1953 wurde in § 7 festgelegt, dass als Maßregeln die Unter- 2a bringung in einer Heil- und Pflegeanstalt sowie die Entziehung der Fahrerlaubnis angeordnet werden dürfen, während die „Jugendbewahrung" aus dem Gesetz herausgenommen wurde. Mit der Neufassung des JGG vom 1.1.1973 (BGBl. I 149) wurde die Maßregel der Unterbringung in einer Entziehungsanstalt in § 7 aufgenommen und § 93a eingefügt. Ebenso wurde die Maßregel der Führungsaufsicht, die durch das 2. StRG 1969 in das allg. StR eingeführt worden war, in § 7 einbezogen (zur Begründung s. BT-Drs. VI/3250, 313).

Durch Gesetze v. 27.10.2003 bzw. v. 23.7.2004 ist die Möglichkeit vor- 2b gesehen worden, bei Heranwachsenden im Falle der Anwendung allg. StR die (spätere) Anordnung von Sicherungsverwahrung vorzubehalten bzw. eine solche nachträglich anzuordnen (dazu → § 106 Rn. 13–15 (n. bis 14. bzw. 15. Aufl.); zu grundsätzlichen Einwänden *Mushoff*, Strafe – Maßregel – Sicherungsverwahrung, 2008, 305 ff., 426 ff. (betr. allg. StR)), durch Gesetz v. 8.7.2008 wurde die Möglichkeit nachträglicher Anordnung dieser Maßregel bei Verurteilungen nach JStR eingeführt, und das – die nachträgliche Anordnung von Sicherungsverwahrung im allg. StR einschränkende (vgl. aber § 66b StGB) – Gesetz v. 22.12.2010 (BGBl. I 2300) behielt diese Ausdehnungen im JStR bei (vgl. auch → § 81a Rn. 3). Sodann wurden die genannten Eingriffsnormen als verfassungswidrig erkannt, und es folgten wiederum gesetzliche Änderungen(vgl. näher zum Ganzen → Rn. 4, 29 ff., → § 106 Rn. 10 ff.; vgl. ergänzend die Neuregelungen der § 68b Abs. 1 S. 1 Nr. 12 StGB, § 68d Abs. 2 S. 1 StGB nebst Begr. BT-Drs. 17/3403, 77; vgl. auch § 463a Abs. 4 StPO (S. 2 Nr. 5 erweitert durch Gesetz v. 11.6.2017, BGBl. I 1612)). – Betreffend das Verhältnis der freiheitsentziehenden *Maßregeln untereinander* bzw. jeweils gegenüber der Freiheitsstrafe wurden durch Gesetz v. 16.7.2007 (BGBl. I 1327) – fiskalisch relevante – Einschränkungen in der Handhabung der §§ 63, 64 StGB eingeführt (vgl. BT-Drs. 16/5137, zuvor Entwürfe BT-Drs. 16/1110 bzw. BT-Drs. 16/1344 (dazu krit. *Eisenberg* GA 2007, 348 ff.)); bezüglich § 63 StGB s. Abs. 4 (vgl. → Rn. 54).

b) Verhältnis zum Erziehungsziel. Soweit ersichtlich, ist die **Verein- 3 barkeit** von Maßregeln der Besserung und Sicherung mit dem **Erziehungsgedanken kaum** systematisch **überprüft** worden (vgl. aber *v. Beckerath,* Jugendstrafrechtliche Reaktionen bei Mehrfachtäterschaft, 1997, 69 ff.). Ähnlich wie im allg. StR begegnet die **Zweispurigkeit** auch im JStR zunächst logisch-begrifflichen Bedenken im Hinblick auf **antithetische** Aspekte des Verhältnisses von Schuld und Gefährlichkeit. Zudem ist für das JStR im Hinblick auf dessen Rechtsfolgenvielfalt und -flexibilität wenig verständlich, warum es zusätzlich bessernder und sichernder Maßregeln bedürfen soll (s. aber auch zur Abwendung der Zweispurigkeit § 5 Abs. 3). Auch läuft es dem Erziehungsziel entgegen, falls Sicherungsbelange der in Rede stehenden Maßregeln dominant sind (vgl. zB auch → Rn. 38). Nicht zuletzt lassen sich die durchgängig bestehenden Voraussetzungen der Rechtsbegriffe **Gefährlichkeit** (vgl. nur → Rn. 8b, 35, 39, 46) bzw. **Gefahr** (vgl. etwa → Rn. 17, 45), die gleichsam artifiziell eine Vielzahl von (auch tatsituativen) Faktoren unterschiedlicher Problembereiche umfassen und sich unmittelbar weder auf juristische noch auf verhaltenswissenschaftliche Prüfkriterien beziehen (vgl. grds. zum Einfluss äußerlicher Erscheinung etwa *Johnson/King* Criminology 1955 (17), 520 ff.), ganz besonders bei im Reifungsprozess stehenden Personen schwerlich verlässlich feststellen (vgl. aber zur Erweiterung der zu § 51 BZRG bestehenden Ausnahme des § 52 Abs. 1 Nr. 2 BZRG (dazu etwa BGH NStZ 2017, 579) Gesetz v. 18.7.2017 (BGBl. I 2732)). Ob gegenüber diesen Unzuträglichkeiten eine begrifflich synthetisierende Betrachtung im Sinne einer contra legem postulierten Einspurigkeit des jugendstrafrechtlichen Rechtsfolgensystems (s. *Ostendorf* in NK-JGG Grdl. zu §§ 5–8 Rn. 3; in NK-JGG Grdl. zu §§ 1 und 2 Rn. 5) Abhilfe verspricht, ist zweifelhaft.

4   **aa)** Hinsichtlich der nach geltendem JStR anwendbaren mehreren Maßregeln fällt betr. den **Sicherungsaspekt** auf, dass die Unterbringung in einem **psychiatrischen Krankenhaus** zeitlich nicht befristet (§ 67d StGB, also auch lebenslang zulässig) ist, ohne dass die Neufassung der Vorschriften zur Überprüfung der Fortdauer der Unterbringung (vgl. → Rn. 11, 11a) die besonderen Belange der nach JStR Abgeurteilten berücksichtigte; zudem wird die Registrierung der Anordnung dieser Maßregel nicht getilgt (§ 45 Abs. 3 Nr. 2 BZRG). Demgegenüber darf die Unterbringung in einer **Entziehungsanstalt** zwei Jahre nicht überschreiten (§ 67d Abs. 1 S. 1 StGB), und die Tilgungsfrist beträgt 15 Jahre (§ 46 Abs. 1 Nr. 4 BZRG; zu Anstalten iSv § 93a vgl. näher → § 93a Rn. 3, 7–9). Im Übrigen wird der Alltag innerhalb der forensischen Abteilungen der psychiatrischen Anstalten weithin von Sicherungsbelangen bestimmt (zum **Vollzug** vgl. → § 92 Rn. 146 ff. bzw. 151 ff.).

Die vorbehaltene Anordnung der **Sicherungsverwahrung** und ohnehin die nachfolgende Anordnung (zur jeweiligen Registrierung s. § 13 Abs. 1 Nr. 7 bzw. Nr. 8 BZRG, eingef. durch Gesetz v. 18.7.2017 (BGBl. I 2732)) ist (auch) mit dem Erziehungsauftrag (§ 2 Abs. 1) **nicht vereinbar** (vgl. näher → Rn. 44 ff., → § 106 Rn. 14, 15; zum Vollzug vgl. → § 92 Rn. 155 ff.), und es fehlt schon (zumindest bzgl. jugendstrafrechtlich erfasster Personen) an einem Nachweis des Bedarfs (vgl. auch → Rn. 33 ff.), dh das kriminal*politische* Postulat, für eine „zahlenmäßig äußerst geringe Extremgruppe" müsste auch im JStR eine primär auf Sicherung gerichtete Rechtsfolge vorgehalten werden, entbehrt einer empirischen Grundlage. Das AbstandsgebotsG v. 5.12.2012 (BGBl. I 2425; krit. *Höffler/Kaspar* ZStW 124 (2012), 87 ff.), verabschiedet aufgrund der Anforderungen in BVerfGE 128, 326 ff. = NJW 2011, 1931 ff. = StV 2011, 470 ff.), brachte die Abschaffung nachträglicher Sicherungsverwahrung (nach vorherigem JStrafvollzug (Abs. 2 aF) bzw. betr. Heranwachsende nach vorherigem Freiheitsstrafvollzug (§ 106 Abs. 5 aF)) zugunsten der *vorbehaltenen* Sicherungsverwahrung – für nach JStR Abgeurteilte in Abs. 2 bzw. (unter Modifizierung der bisherigen Regelungen über die vorbehaltene Sicherungsverwahrung) für nach allg. StR abgeurteilte Heranwachsende in § 106 Abs. 3 und Abs. 4 – nur für Fälle, in denen die letzte Anlasstat nach Inkrafttreten dieser Neuregelung begangen wurde; für sog. „Altfälle" behielt es die bisherigen Vorschriften bei (§ 316f EGStGB), allerdings unter gem. BVerfGE 128, 326 ff. = NJW 2011, 1931 ff. = StV 2011, 470 ff. einschränkenden Voraussetzungen (vgl. → Rn. 43, näher 16. Aufl.).

5   **bb)** In besonderer Maße begegnet die **Führungsaufsicht** insoweit erzieherischen Bedenken (für Streichung DBH Bewährungshilfe 1988, 247; UK IV DVJJ-Journal 1992, 37), als sie die Zeit **behördlicher Kontrolle ver-**

längert, zumal die Maßregel (statistisch) seit geraumer Zeit ganz überwiegend **kraft Gesetzes** eintritt (§ 68f Abs. 1 S. 1 StGB) − zu den Voraussetzungen des Entfallens (§ 68f Abs. 2 StGB) OLG Celle StV 2016, 715 (konkret bejahend nach gänzlicher Vollstr einer EinheitsJStrafe und günstiger Prognose in anderer Sache). Insbesondere fehlt es an einer empirisch begründeten Konzeption iSd staatlichen Pflicht nach § 2 Abs. 1 (dazu auch *Gundelach,* Die Führungsaufsicht nach der Volllverbüßung einer Jugendstrafe, 2015, 163–200: verfassungswidrig). Stattdessen wäre eine vorrangig *betreuende* Ausgestaltung vonnöten (demgegenüber krit. zu § 2 Abs. 2, § 68a Abs. 7 StGB schon *Dessecker* FS Heinz, 2012, 631 ff. (635 ff.): Verpolizeilichung; vgl. ergänzend → Rn. 63). Eine Strafrahmenerhöhung des § 145a StGB von einem auf drei Jahre wurde durch Gesetz v. 13.4.2007 eingeführt (BGBl. I 513), obgleich der zur Tatbestandserfüllung erforderliche Nachweis der Geeignetheit einer solchen − verfassungsrechtlich zumindest bedenklichen − Weisung, konkret die Gefährdung abzuwenden (vgl. nur *Fischer* StGB § 145a Rn. 3), kaum gelingen kann (vgl. hingegen zum Anstieg der Anwendung des § 145a StGB *Rohrbach,* Die Entwicklung der Führungsaufsicht unter besonderer Berücksichtigung der Praxis in Mecklenburg-Vorpommern, 2014 (vorrangig zum allg. StR)); auch deshalb setzt der Antrag der Aufsichtsstelle (Abs. 1, § 145a S. 2 StGB) die vorherige Anhörung des BewHelfers voraus (Abs. 1, § 68a Abs. 6 StGB; ausf. KG StV 2014, 144; AG Straubing StV 2015, 705 (Ls.) − jeweils zum allg. StR; aA BGH StV 2015, 688 mit abl. Anm. *Pollähne,* vgl. ergänzend zu BGH StraFo 2015, 473 = NStZ-RR 2016, 10 mit Bspr. *Berster* HRRS 2016, 18 ff. (jeweils zum allg. StR)).

Die Entziehung der **Fahrerlaubnis** ist wesensmäßig ohnehin **primär** eine 5a
Sicherungsmaßregel, die − abgesehen von den Zweifeln an einer spezial-präventiven Wirksamkeit − dem erzieherisch zu beachtenden Streben Jugendlicher und Heranwachsender (auch) nach dem Kfz als Statussymbol Erwachsener kaum Rechnung trägt (daher kann in Fällen gem. § 69a Abs. 1 S. 3 StGB Zurückhaltung geboten sein, vgl. AG Saalfeld ZJJ 2003, 307 (erg. *Molketin* DAR 1982, 114); allg. schon *Hentschel* KrimGgfr 1986, 186 f.; näher → Rn. 42 ff.). Allerdings kann diese Maßregel (mittelbar) ggf. auch dem Schutz Jugendlicher und Heranwachsender dienen.

2. Anordnung und Durchführung

Bei Anwendung von **materiellem JStR** sind von den Maßregeln der 6
Besserung und Sicherung des allg. StR **nur** die in **§ 7 genannten** zulässig (Abs. 1: „können"). Für die Voraussetzungen der Anordnung und für die Durchführung gelten die Bestimmungen des allg. StR, dh das JGericht hat ein **Ermessen** nur insoweit, als es im **allgemeinen Strafrecht** eingeräumt ist (vgl. zu abw. Auffassung → Rn. 73). Jedoch hat die Prüfung der konkreten Tatsachen bei der Prognoseaussage wie auch zur Abwägung der Verhältnismäßigkeit (§ 62 StGB) bei den einzelnen Maßregeln gem. den besonderen materiell-rechtlichen **Verpflichtungen** des **JGG** zu geschehen (vgl. auch → Rn. 3, 33 ff.; teilweise anders *Ostendorf* in NK-JGG Rn. 15, 3), wie sie auch bei den (objektiven und subjektiven) Voraussetzungen der Strafbarkeit zu berücksichtigen sind (vgl. → § 2 Rn. 28 ff.; zu verfahrensrechtlichen Grundsätzen des JGG → § 2 Rn. 39 ff.).

a) Wurde neben JStrafe auf Unterbringung in einem psychiatrischen 6a
Krankenhaus oder in einer Entziehungsanstalt erkannt, so gelten die Vor-

schriften des Vikariierens (§§ 67 Abs. 1–3, Abs. 5 S. 2, 67a Abs. 1, Abs. 3, 67c StGB); bedenklich ist, dass die Einschränkung der Anrechnung nach § 67 Abs. 4 (eingef. durch 23. StRÄndG v. 13.4.1986 (BGBl. I 393); nach BVerfG (StV 1994, 597 f.) nicht zu beanstanden; vgl. aber auch § 67 Abs. 6 gem. Gesetz v. 8.7.2016 (BGBl. I 1610)), keine Sonderregelung für nach JStR Verurteilte vorsieht. Bezüglich der Unterbringung in einer Entziehungsanstalt können sich allerdings im Hinblick auf § 93a Abweichungen ergeben (vgl. → Rn. 25). – Hinsichtlich der Entziehung der Fahrerlaubnis (für Streichung im JStR UK IV DVJJ-Journal 1992, 31) ist nach hier vertretener Auffassung die Regelvermutung des § 69 Abs. 2 StGB nicht anwendbar und stattdessen eine Einzelfallprüfung vorzunehmen, da den Taten (anders als bei Erwachsenen) nicht von vornherein die in Rede stehende Indizwirkung zukommt (vgl. näher → Rn. 73).

6b **b)** Fehlt es an einem klaren und eindeutigen förmlichen Hinweis nach § 2 Abs. 2, § 265 Abs. 2 StPO, so erfüllt dies revisionsrechtlich die Beruhensvoraussetzung (§ 337 Abs. 1 StPO) und führt also zur Aufhebung in den Rechtsfolgen (BGH BeckRS 2009, 14413; BGH StraFo 2009, 209 (betr. allg. StR)).

III. Unterbringung in einem psychiatrischen Krankenhaus

1. Gesetzliche Zusammenhänge

7 **a)** Soweit es allein an der strafrechtlichen Verantwortlichkeit iSv § 3 S. 1 fehlt, kommt eine Anordnung nach § 63 StGB nach allgM nicht in Betracht (s. nur *Dehne-Niemann* NStZ 2018, 375 (375) mwN; wegen der umstrittenen sonstigen Zusammenhänge von § 3 S. 1 und §§ 20, 21 StGB s. → § 3 Rn. 33 ff., 39 f.). – Soweit die Voraussetzung von § 3 S. 1 gegeben sind und die **Unterbringung** gem. **§§ 21, 63 StGB** angeordnet wird (vgl. aber → § 3 Rn. 34), wäre eine Verbindung mit sämtlichen Rechtsfolgen des JStR, also auch mit Zuchtmitteln oder JStrafe zulässig (§ 5 Abs. 3). Jedoch fehlt es insofern nahezu regelmäßig an der Vereinbarkeit mit allg. jugendrechtlichen Grundsätzen.

7a Ein *Sicherungsverfahren* (§ 2 Abs. 2 (iVm § 7 Abs. 1, § 105 Abs. 1), §§ 413 ff. StPO) scheidet aus, wenn die Voraussetzungen des § 3 S. 1 zu verneinen sind (vgl. auch *Gössel* in Löwe/Rosenberg § 413 Rn. 2; *Meyer-Goßner/Schmitt* § 413 Rn. 4), und zwar ohnehin dann, wenn zugleich die Voraussetzungen erheblich verminderter Schuldfähigkeit (§ 21 StGB), die ihrerseits nicht diejenigen der § 71 Abs. 1 StGB, § 413 StPO erfüllen (BGH 31, 136), bejaht werden sollten (ebenso *Gössel* in Löwe/Rosenberg StPO Vor § 413 Rn. 6). Nach der (vormaligen) Rspr. (BGH 26, 67 (70), obiter dictum = JR 1976, 116 mAnm *Brunner*) gelte dies jedoch nicht, wenn zugleich die Voraussetzungen des § 20 StGB vorlägen (n. dazu aber → § 3 Rn. 37, 39). – Im Sicherungsverfahren bedarf die Einziehung (näher → § 6 Rn. 9 ff.) eines besonderen Antrags (§ 2 Abs. 2, § 76a Abs. 1 S. 1 StGB, § 435 StPO; vgl. BGH NStZ 2018, 35).

2. Voraussetzungen

a) Eine Anordnung erfordert die positive **Festellung** eines länger dauern- **8** den Zustandes (vgl. nur BGHR StGB § 63 Zustand 27 (Gründe); BGH NStZ 2007, 266: „mittlerweile" eine … hebephrene Schizophrenie „im Vordergrund" unzureichend; ähnlich dazu BGH BeckRS 2010, 18742; StraFo 2013, 165: „schizoide Persönlichkeit" unzureichend; betr. Schizophrenie zur Abgrenzung von Schüben etwa BGH BeckRS 2016, 11572; im Übrigen BeckRS 2013, 17468; sowie (betr. IQ von 65 und Abgrenzung zu krankhafter seelischer Störung) BeckRS 2017, 129026: Fehlen näherer Befunde für „Schwachsinn"; BeckRS 2015, 17661: „Diagnose" einer „kombinierten" Persönlichkeitsstörung, deren Bestandteile jeweils für sich genommen „kaum messbar" und „objektiv schwer darstellbar" sind (BGH NStZ-RR 2016, 135), unzureichend; zur Ermittlung der Krankheitsgeschichte bei Migranten ggf. im Wege der RHilfe BGH 13.10.2016 – 1 StR 445/16 Rn. 16 f., StV 2017, 585), der **zumindest** eine erhebliche Einschränkung der Schuldfähigkeit **(§ 21 StGB)** „sicher" begründet, dh ein „nicht auszuschließen" reicht nicht (stRspr; vgl. auch BGH BeckRS 2010, 10840).

(1) Die **Prognose** erheblicher rechtswidriger Taten setzt eine **Wahr- 8a scheinlichkeit höheren Grades** voraus (vgl. etwa BGH NStZ-RR 2011, 241: latente Gefahr unzureichend; BGH StraFo 2011, 189; 15.1.2015 – 4 StR 419/14 Rn. 16, NStZ 2015, 394; NStZ-RR 2018, 139 (140); vgl. auch BGH 28.8.2012 – 3 StR 304/12 Rn. 4, BeckRS 2012, 23337: Taten „während einer Unterbringung" bzw. „auf unterbringungsspezifische Situationen" zurückzuführende Taten keine geeignete Grundlage (iErg weniger berücksichtigt aber in BGH BeckRS 2017, 106508); NStZ-RR 2015, 72; jeweils betr. allg. StR), die Unterbringung muss im öffentlichen Interesse **unerlässlich** sein (vgl. BVerfG, 2. K. des 2. S., 5.7.2013 – 2 BvR 789/13 Rn. 17, BeckRS 2013, 53753; BGH StV 2016, 732, jeweils zum allg. StR; näher *Eher ua* R&P 2016, 96 ff.: ultima ratio). – Nach der Neufassung durch Gesetz v. 8.7.2016 (BGBl. I 1610; vgl. zuvor RegE v. 13.1.2016 (BT-Drs. 18/7244) bzw. Bund-Länder-Arbeitsgruppe v. 21.1.2015; grds. betr. § 64 StGB zu Reformbedarf *Schalast/Lindemann* R&P 2015, 81 f.; *Querengässer ua* NStZ 2016, 508 ff.) muss es sich bei den prognostizierten Taten um solche handeln, durch die Personen „seelisch oder körperlich erheblich geschädigt oder erheblich gefährdet" werden oder „schwerer wirtschaftlicher Schaden angerichtet" wird (§ 63 S. 1 StGB); sofern die Anlasstat diese Umstände nicht aufweist, darf die Unterbringung als Ausnahme nur angeordnet werden, wenn – täter- und tatbezogene – „besondere Umstände die Erwartung rechtfertigen", dass der Täter „infolge" seines Zustandes „derartige erhebliche rechtswidrige Taten" begehen wird (§ 63 S. 2 StGB).

Zwischen psychischer Verfassung und **Gefährlichkeit** muss demnach der- **8b** gestalt ein *symptomatischer* Zusammenhang bestehen, dass sowohl die Anlasstat (vern., zum allg. StR, zB BGH BeckRS 2014, 14636; 2014, 14632; 2016, 11645; 2016, 11572; 2017, 129026) als auch (zukünftig) zu befürchtende rechtswidrige Taten Folgen dieser Verfassung sind. – Die Prüfung der tatsächlichen Voraussetzungen ist im JStR **besonders gründlich** vorzunehmen (BGHSt 37, 373 mAnm *Walter* NStZ 1992, 100; BGHR JGG § 5 Abs. 3 Absehen 1; BGH NStZ 1998, 86 sowie NStZ-RR 2007, 105 f.: „schwere Störung des Sozialverhaltens" keine zureichende Diagnose, ebenso wenig BeckRS 2016, 4091 betr. „kombinierte Störung des Sozialverhaltens und der Emotionen (ICD-10 F92.8)" – vgl. hierzu näher *Eisenberg* Beweisrecht StPO Rn. 1796a). Insbesondere ist Verhalten im strafunmündigen Alter, falls es überhaupt berücksichtigt werden darf, „von geringer Aussagekraft" (BGH NStZ 2007, 266; vgl. aber BGH NStZ 2017, 644), und es ist zumindest grundsätzlich auch keine hinreichende Relevanz des Erstdeliktsalters sowie der Art vorausgegangener Delikte anzunehmen (vorläufige Auswertung bei *Stöver ua* FPPK 2013, 190; ergänzend → § 5 Rn. 51–54). Auch bei sehr jungen Tätern ist idR zw., dass bereits angesichts der kurzen Einschätzungsphasen eine hinreichende Gefährlichkeitsbeurteilung schon möglich ist (abw. und bei knapp 15-Jährigem auf Anlasstat fokussierend BGH BeckRS 2019, 23885).

9 **b)** Über den allg. **Verhältnismäßigkeitsgrundsatz** des § 62 StGB **hinausgehend** (vgl. zur Aufhebung schon im Allg. StR nur BGH BeckRS 2015, 8001) besteht gem. den jugendrechtlichen Aufgaben von **Schutz, Förderung** (bzw. Unterstützen sowie Befähigen) und **Integration** die Pflicht zu besonders sorgfältiger Überprüfung, ob nicht weniger einschneidende Maßnahmen (zB Weisung nach § 10 Abs. 2 oder anderweitige Unterbringung (notfalls etwa auch eine solche gem. § 64 StGB)) geeignet sind (BGH NJW 1951, 450; BGHSt 37, 374 mAnm *Walter* NStZ 1992, 100; BGHR StGB § 63 Gefährlichkeit 18 (Gründe); BGH DVJJ-Journal 2002, 464; NStZ 2017, 644 m. PK *Laue* NStZ 2017, 646; OLG Schleswig SchlHA 1957, 161; OLG Jena NStZ-RR 2007, 219; aA *Laue* in MüKoStGB Rn. 8). Dies gilt auch dann, wenn solche Maßnahmen bereits zuvor und gar mehrfach durchgeführt wurden (vgl. zu dominanten Anteilen früherer mehrjähriger Heimunterbringung bzw. kinder- und jugendpsychiatrischer Behandlung etwa *Stöver ua* FPPK 2013, 185 (187); *Elsner* in Schmidt-Quernheim/ Hax-Schoppenhorst ForensPsych 437), weil zum einen der Entwicklungsverlauf Änderungen mit sich bringt und es zum anderen stets auch auf die Art der Durchführung der Maßnahme ankommt.

3. Aussetzung der Vollstreckung zur Bewährung; Erledigung

10 **a)** Im Falle der Anordnung hat das Gericht zudem die Voraussetzungen der sofortigen **Aussetzung** der *Vollstr zBew* (§ 2 Abs. 2, § 67b Abs. 1 S. 1 StGB) zu prüfen (vgl. (zum allg. StR) bejahend etwa BGH StraFo 2010, 256).

11 **b)** aa) Was die – mindestens jährlich zu treffende (§ 67e Abs. 2 StGB) – Entscheidung zu der Frage angeht, ob der Zweck des Maßregelvollzuges erfüllt und eine *Entlassung* vertretbar ist, so bestehen (nicht weniger als bei nach allg. StR Untergebrachten) erhebliche methodische Implikationen hinsichtlich der Abhängigkeit des Betroffenen von den Beurteilungen des behandelnden Arztes (vgl. vormals etwa *Ritzel* MschKrim 1975, 186; eher verengt § 463 Abs. 4 S. 1 StPO (zu zumindest strikter Einhaltung BVerfG, 3. K. des 2. S., NStZ-RR 2010, 122 betr. allg. StR)), wie auch iZm Vergleichen zwischen externen und internen Gutachten deutlich werden kann (s. etwa *Müller ua* R&P 2006, 174 ff.). Dies galt eher noch verstärkt gem. der (durch Gesetz v. 26.1.1998, BGBl. I 160) eingeführten Pflicht, einen **Sachverständigen** heranzuziehen (vgl. ergänzend → § 43 Rn. 46), wenn das Gericht eine Aussetzung „erwägt" (§ 463 Abs. 3 S. 4 StPO), jedoch brachte das Gesetz vom 8.7.2016 (BGBl. I 1610) zur **Vermeidung von Perpetuierung** etc in § 463 Abs. 4 S. 3 und 4 Soll-Vorschriften (der

RefE enthielt jeweils noch zwingende Vorschriften: „darf nicht"; vgl. zu S. 4 schon *Graalmann/Scheerer* in Löwe/Rosenberg StPO § 463 Rn. 36; aA noch OLG Rostock NStZ-RR 2013, 189 (jeweils zum allg. StR)). Schon wegen der Bedeutung von (vormaliger) Pubertät bzw. Adoleszenz (vgl. Anm. *Eisenberg* NStZ 1998, 104) wird das Gericht dabei schwerlich von der *mündlichen Anhörung* absehen dürfen, selbst wenn ein Verzicht erklärt wurde; die mündliche Anhörung (§ 2 Abs. 2, § 463 Abs. 4 S. 7 StPO, § 454 Abs. 2 S. 3, 4 StPO) ist auch dann erforderlich, wenn die Frist gem. § 2 Abs. 2, § 463 Abs. 4 S. 1 StPO noch nicht erreicht ist (OLG Brandenburg NStZ-RR 2011, 125). Im Übrigen handelt es sich grds. um eine Konstellation *notwendiger Verteidigung* (§ 68 Nr. 5 nF (vgl. betr. allg. StR Anm. *Schiemann* zu OLG Braunschweig R&P 2017, 252)).

§ 67d Abs. 6 S. 1 StGB findet keine Anwendung, wenn die *Unterbrin-* **11a** *gungsdiagnose* fehlerhaft war, jedoch kann solchenfalls eine Prüfung gem. § 67d Abs. 2 StGB veranlasst sein (BVerfG, 3. K. des 2. S., NStZ-RR 2015, 59 (betr. allg. StR)). Methodisch verfehlt wäre das Verlangen, es müsse „mit Sicherheit feststehen", dass die Voraussetzungen nicht mehr vorliegen (so aber OLG Braunschweig NStZ-RR 2014, 357; 2015, 190 (zum allg. StR)). Der Einrichtung obliegt eine Aufklärungspflicht zum Unterbringungsverlauf unter Einbeziehung auch bereits vorliegender Gutachten (vgl. näher betr. Divergenzen OLG Karlsruhe BeckRS 2017, 116955), und zwar unabhängig von einer (Nicht-)Entbindung von der ärztlichen Schweigepflicht (Art. 2 Abs. 2 S. 2 iVm Art. 104 Abs. 1 GG, vgl. BVerfG, 3. K. des 2. S., R&P 2015, 148 (zum allg. StR)). – Unabhängig davon, ob Therapien als (erfolglos) ausgeschöpft beurteilt werden, kann der Verhältnismäßigkeitsgrundsatz eine Entlassung gebieten, wofür auch die Aburteilung nach JStR ein Kriterium ist (vgl. BVerfG, 2. K. des 2. S., BeckRS 2014, 54608 Rn. 27; nicht erörtert von OLG Karlsruhe BeckRS 2017, 116955).

bb) (1) Gemäß Neufassung des § 67d Abs. 2 S. 1 StGB durch Gesetz v. **11b** 8.7.2016 (BGBl. I 1610) müssen die prognostizierten Taten „erhebliche" sein (vgl. zum Begriff → Rn. 8a). Durch dieses Gesetz wurden zugleich § 67d Abs. 6 die S. 2 und 3 angefügt, wobei S. 2 ein Regel-Ausnahme-Verhältnis darstellt (vgl. ausdrücklich KG R&P 2017, 106 (zum allg. StR)), und nach S. 3 StGB nach einer Unterbringungsdauer von 10 Jahren § 67d Abs. 3 S. 1 StGB entsprechend gilt (krit. *Schalast/Lindemann* R&P 2015, 79 f.).

(2) Die Neufassung, die mit § 13 EGStPO eine Übergangsregelung ein- **11c** führte, ist eher unbestimmt in § 463 Abs. 4 S. 5, wonach nur solche „ärztliche oder psychologische" Sachverständige – nicht angeführt sind kriminologische (vgl. dazu → § 43 Rn. 41f, 46; krit. auch *Brettel/Höffler* medstra 2016, 67 ff.) – beauftragt werden „sollen", die über „forensisch-psychiatrische" Sachkunde und Erfahrung verfügen (nach der Begründung der Bund-Länder-Arbeitsgruppe (v. 21.1.2015, 24) könnten dafür zureichen – „bei Approbation" für Psychologische Psychotherapie bzw. Rechtspsychologie – etwa „Zeiten der klinischen Tätigkeit (auch in Form einer schwerpunktmäßig forensischen Weiterbildung) in der Forensik" sowie bisherige „supervidierte Gutachtertätigkeit mit typischen forensischen Fragestellungen"; zw.). Endlich enthält die Neufassung in § 463 Abs. 6 StPO einen neuen S. 2, wonach in den Fällen des § 67d Abs. 6 StGB der Verurteilte „mündlich zu hören" ist.

cc) Entscheidungen zur Frage der Entlassung fallen auch deshalb ver- **11d** gleichsweise selten bejahend aus (s. aber BVerfG NJW 1993, 778 zur Kontrolle nach Entlassung mittels Weisungen), weil eine **Aufnahmebereitschaft** durch Angehörige bzw. Möglichkeiten der Unterbringung in Übergangs- oder Pflegeheimen nur eingeschränkt gegeben zu sein scheinen (vgl. zur Gesetzwidrigkeit eines Aufenthalts ohne Einwilligung (§ 2 Abs. 2, § 68b Abs. 2 S. 4 StGB, § 56c Abs. 3 StGB) LG Stralsund NStZ-RR 2008, 59; nach AG Ludwigsburg (NStZ 1986, 237) soll gem. § 67a StGB analog der Vollzug ggf. in einer sozialtherapeutischen Anstalt (§ 9 StVollzG) durch- geführt werden dürfen). Als förderlich gelten Formen ambulanter Nacht- therapie, die an verschiedenen Orten iVm den jeweiligen Anstalten der Ge- sundheitsverwaltung organisiert wurden (zB Berlin, Haina, Eickelborn).

12 **c)** Unabhängig von Fragen vorzeitiger Entlassung ist die Maßregel – selbst bei der Befürchtung neuer Straftaten – **für erledigt** zu **erklären,** wenn die Grundlage für die Anordnung entfallen ist oder sich ergibt, dass §§ 20, 21 StGB im Erkenntnisverfahren zu Unrecht angenommen worden sind (OLG Hamm NStZ 1982, 300; OLG Frankfurt a. M. NJW 1978, 2347, jeweils für das allg. StR).

4. Vollstreckung(sreihenfolge)

13 **a)** Wird der Angeklagte zu JStrafe verurteilt und wird gleichzeitig die in Rede stehende Maßregel angeordnet, so ist ein **Abweichen** von der Regelung **vorrangiger Vollstr** der Maßregel (§ 67 Abs. 1 StGB) unter der Voraussetzung des § 67 Abs. 2 S. 1 StGB zu begründen (vgl. zur Ver- anschaulichung vormals schon BGH NJW 1989, 2959); fehlt es daran, so ist auch die Maßregel aufzuheben (OLG Hamm bei *Böhm* NStZ 1985, 447). Ein Abweichen ist nur zulässig, wenn der Zweck der Maßregel dadurch leichter erreicht wird (BGH NStZ 1986, 331), wozu aber eine tatsächliche Grundlage gegeben sein muss. Hierfür genügt es nicht, dass ein als erziehe- risch angezeigt erachteter „strenger Rahmen" zur Lebensgestaltung (zB regelmäßige Arbeit) „derzeit" besser vom JStrafvollzug erreicht werden könne. Gänzlich unzureichend ist die Spekulation, der Betroffene müsse einem gewissen Leidens- oder Motivationsdruck „unterworfen" werden, „damit er für therapeutische Maßnahmen aufgeschlossener werde" (vgl. BGH bei *Böhm* NStZ 1988, 493; BGH StraFo 2006, 299 f.; vgl. auch → § 10 Rn. 57, → § 5 Rn. 7). – Die Begründungspflicht gilt auch für die **spezielle** Soll-Vorschrift des **§ 67 Abs. 2 S. 2** nebst **S. 3** (BGH NJW 2009, 2694 mit Bspr. *Rose* ZJJ 2010, 196).

13a **b)** Betreffend *Nichtdeutsche* gilt die Soll-Vorschrift des § 67 Abs. 2 S. 4 StGB. – Im Übrigen bestehen Regelungen zwecks Entledigung der Vollstr ua gem. § 456a StPO (vgl. etwa schon GemRdErl Hessen JMBl. 2002, 89).

5. Revision

14 Die Frage danach, ob die Anordnung oder Nichtanordnung der *Unter- bringung* wirksam vom Angriff *ausgenommen* werden kann (offen gelassen in BGH NStZ-RR 2003, 18; vern. BGHR JGG § 5 Abs. 3 Absehen 1; BGH StV 1998, 155; 2004, 651 Rn. 9; NStZ-RR 2014, 54 zum allg. StR; bejahend aber BGH NStZ-RR 2019, 32; OLG Düsseldorf StraFo 2007, 66), begegnet (auch im Hinblick auf § 5 Abs. 3) verschiedentlich Schwierig- keiten. Stets hängt es von der Art der Verknüpfung der im konkreten Fall gegebenen Voraussetzungen der Rechtsfolgen ab, ob nur iZm der Frage der

Anordnung der Maßregel (allein oder neben einer anderen jugendstrafrecht-lichen Rechtsfolge) entschieden werden kann. – Entsprechend ist eine neben einer JStrafe angeordnete *Unterbringung* dann selbstständig *anfechtbar,* wenn die Beanstandung rechtlich und tatsächlich unabhängig von der Verhängung der JStrafe beurteilt werden kann. Wurde die JStrafe unter Berücksichtigung von § 5 Abs. 3 verhängt, so steht dies der Anfechtbarkeit nur der Maßregel-anordnung nicht entgegen, weil deren Wegfall sich nicht zu Gunsten des Verurteilten auf die verhängte JStrafe auswirken könnte (vgl. BGH StraFo 2015, 467 = NStZ 2016, 105). Anders verhält es sich, wenn die Maßregel-anordnung *unterblieben* war, aber im weiteren Verfahren in Betracht kommt. Eine Abtrennbarkeit vom (übrigen) Strafspruch ist hier nicht möglich, weil sonst die verhängte JStrafe rechtskräftig würde und von ihr nicht mehr gem. § 5 Abs. 3 abgesehen werden könnte (BGH NStZ-RR 2009, 277 = StraFo 2009, 300; NStZ-RR 1998, 188 f. = StV 1998, 342; StV 2019, 259 = BeckRS 2018, 23312; BeckRS 2019, 5407).

14a Ob gem. § 2 Abs. 2, § 358 Abs. 2 S. 2 StPO (eingefügt durch Gesetz v. 27.4.2007, BGBl. I 1327) im Falle der Aufhebung der Anordnung der ein-schlägigen Unterbringung eine Strafe verhängt werden darf (vgl. auch BGH StraFo 2013, 165 = BeckRS 2013, 2239; 15.9.2015 – 5 StR 311/15 Rn. 8, BeckRS 2015, 17661), ist zweifelhaft (vgl. ergänzend → § 55 Rn. 93; zur Nichterörterung Begr. BT-Drs. 16/1344, 17).

6. Rechtstatsächliches

15 **a)** Die Maßregel wurde in den Jahren 1994, 2000 und 2006 (gem. StBA jeweils in den „alten" Bundesländern) sowie in den Jahren 2011–2016 in Deutschland insgesamt iRv Aburteilungen gegen 14, 21 und 21 sowie 25, 20, 16, 21, 14 und 18 Jugendliche (davon waren weiblich 1994 keine, 2000 drei und 2006 (erneut) drei sowie 2011 eine, 2012 fünf, 2013 keine, 2014 vier, 2015 eine und 2016 vier), und ggü. 27, 53 und 64 sowie 69, 52, 45, 39, 35 und 39 Heranwachsenden (davon waren weiblich zwei, eine und sechs sowie fünf, keine, sieben, sechs, drei und zwei) angeordnet (StrafSt Tabelle 5.4 (bis 2001), Tabelle 5.5 (ab 2002)). Trotz der besonderen Anforderungen (vgl. → Rn. 8, 9) und der Beschränkungen im Vollzugsbereich (vgl. → § 92 Rn. 146 ff.) sind, bezogen auf alle (Straf-)Taten insgesamt innerhalb der Aburteilungen unter Bejahung der Voraussetzungen des § 20 StGB, die nach JStR gegenüber den nach allg. StR Abgeurteilten mit Anordnungen gem. § 63 StGB nur vergleichsweise wenig geringer belastet (2011–2014 = 63,93 %, 63,82 %, 64,51 %, 81,82 %, 80,00 % und 75,00 % ggü. 75,84 %, 73,95 %, 78,27 %, 85,09 %, 79,15 %. und 83,30 %, StrafSt, Tabelle 5.6; vgl. auch → § 3 Rn. 37, 39; ergänzend frühere Aufl.; instruktiv schon *Strehlow* ZKiJPsychiatr 1990, 215). – Zu Anhaltspunkten für eine Zunahme der Unterbringungen bei unter 21-Jährigen vgl. für Baden-Württemberg *Traub/Weithmann* FS 2013, 213 (auch betr. Immigrationshintergrund).

16 **b)** Verlässliche Daten zur durchschnittlichen **Unterbringungsdauer** lie-gen nicht vor (methodisch einschränkend *Tessenow,* Jugendliche und Heran-wachsende im psychiatrischen Maßregelvollzug, 2002, 202–204; *Stöver ua* FPPK 2013, 185; *Eisenberg/Kölbel* Kriminologie § 38 Rn. 35 ff.).

IV. Unterbringung in einer Entziehungsanstalt

1. Gesetzliche Zusammenhänge

17   a) Wegen der Voraussetzungen der Unterbringung in einer **Entzie-hungsanstalt** im Allg. wird auf die Erl.-Werke zu § 64 StGB verwiesen. Nur ergänzend ist anzuführen, dass es an einem **symptomatischen Zu-sammenhang** nicht deshalb fehlen muss, weil die Planung der Taten in nüchternem Zustand geschah (vgl. BGH BeckRS 2016, 19823) oder wenn die Tat daneben auch andere Mitursachen (Geltungsdrang, Fixierung auf Waffen) hatte (BGH NStZ-RR 2019, 74 (75)). Der in Rede stehende Zusammenhang kann zudem auch bei Einfluss (nur) auf die Qualität der Straftaten gegeben sein (BGH BeckRS 2016, 115539 Rn. 28 f. unter Bezug-nahme auch auf den Bericht der JGH StV 2017, 321 = NStZ 2017, 277 mAnm *Kett-Straub*). Zur Bejahung der **Gefahr** iSv § 2 Abs. 2, § 64 S. 1 letzter Hs. StGB bei „hangbedingtem" schweren Gewaltdelikt als Anlasstat vgl. BGH BeckRS 2015, 400. Einem „Hang" muss nicht entgegen stehen, wenn die „Arbeits- und Leistungsfähigkeit des Angeklagten" nicht erheblich beeinträchtigt gewesen sei (vgl. BGH BeckRS 2017, 103567) bzw. der Angeklagte während des U-Haftvollzugs „keine schwerwiegenden Entzugs-symptome" aufgewiesen habe (vgl. BGH BeckRS 2016, 14080 zum allg. StR). Ansonsten handelt es sich bei „geringen Mengen von Cannabis zum Eigenkonsum" um keine erhebliche Tat iSv § 64 Abs. 1 S. 1 StGB (OLG Düsseldorf StRR 2012, 196; vgl. auch kriminalpolitisch → § 2 Rn. 26 f.).

17a   b) Eine **Entbehrlichkeit** von **Zuchtmitteln** oder **JStrafe** (§ 5 Abs. 3) im Falle der Anordnung der Unterbringung in einer Entziehungsanstalt ist in den meisten Fällen (ohnehin hinsichtlich der Zuchtmittel; einschr. betr. JStrafe etwa BGH BeckRS 2016, 3830) anzunehmen (vgl. näher → § 5 Rn. 28).
Im Übrigen ist die Problematik bestehender „Ansteckungsgefahren" und des Bedürfnisses besonderer Sicherungsvorkehrungen bei der Einweisung Drogenabhängiger in den Vollzug des JA und besonders der JStrafe (vgl. bereits *Kreuzer* Zbl 1974, 214; ergänzend → § 92 Rn. 105 ff.) zu berück-sichtigen.

2. Voraussetzungen

18   a) **Hinreichend konkrete Aussicht.** Bei der Prüfung einer Aussicht auf erfolgreichen **Verlauf** der **Entziehungskur** (Abs. 1, § 64 S. 2 StGB) wird unter Berücksichtigung der Interessen und Bedürfnisse Jugendlicher (und ggf. Heranwachsender) und im Hinblick auf die ohnehin bestehenden einge-schränkten Erfolgsmöglichkeiten einschlägiger Therapie auch nach Ände-rung des § 64 StGB (S. 1 als Soll-Vorschrift durch Gesetz v. 27.4.2007, BGBl. I 1327 ff.; krit. *Eisenberg* GA 2007, 350 f.) iRd (weiterhin) im Urteil darzulegenden Ermessensausübung (BGH NStZ-RR 2009, 235 (zum allg. StR); zu empirisch-methodischer Überforderung *Quergässer/Ross* MschKrim 2015, 335 ff.) eine notwendigerweise (BGH StraFo 2009, 247 (zum allg. StR)) konkret festgestellte Chance als ausreichend anzusehen sein (vgl. auch BGH ZJJ 2007, 415; vormals zum allg. StR BVerfG StV 1994, 597), zumal wenn der Angeklagte sich noch keiner Drogentherapie unterzogen hat

(BGH BeckRS 2016, 3830). Ein Bemerken „nicht von vornherein aussichts-los" genügt jedoch nicht (BGH NStZ-RR 2005, 10). – Gemäß Gesetz v. 8.7.2016 (BGBl. I 1610) ist in Ergänzung von § 64 S. 2 StGB als Referenz-zeitraum für die Aussicht die „Frist nach § 67d Abs. 1 S. 1 oder S 3" bestimmt (dazu BGH BeckRS 2018, 1514). Aus empirischer Sicht müsste grds. eine voraussichtliche Dauer von mehr als zwei Jahren nicht entgegen-stehen (so aber schon BGH NJW 2012, 2292 zum allg. StR; anders LG Kleve StV 2010, 687 (zum allg. StR, mit rechtstatsächlichen Belegen – näher zu solchen, dh von wissenschaftlich-therapeutischen Forschungsergebnissen zu unterscheidenden *Kemper* R&P 2008, 15 (18); *Dimmek ua,* Bewährungs-verlauf und Wiedereingliederung suchtkranker Rechtsbrecher, 2010; *Trenck-mann* NStZ 2011, 22 ff.)).

Der Abbruch einer früheren einschlägigen Therapie (allein) steht ebenso **19** wenig entgegen (BGH BeckRS 2008, 06228; 21.7.2015 – 3 StR 256/15 Rn. 5, BeckRS 2015, 14859) wie das Fehlen von Krankheitseinsicht und/oder „ernsthafter Therapiemotivation" (BGH StraFo 2009, 300; NStZ-RR 2016, 246: „aktuelle" Unwilligkeit (zum allg. StR); BeckRS 2020, 181), es sei denn, solches kann sich nachweislich und aktuell auch durch therapeuti-sche Bemühungen nicht entwickeln (n. dazu *Dannhorn* NStZ 2012, 417 f. (eher zum allg. StR); „fehlender Schulabschluss", Gewaltaten und mehrjäh-riger Suchtmittelkonsum belegen solches indes nicht (BGH StV 2016, 734); bei Nichtdeutschen ist auch in Annahme einer *Ausreisepflicht* (vgl. dazu BT-Drs. 16/5137, 10) ohne nähere Prüfung eine Versagung unzulässig (BGH NStZ-RR 2009, 171; vgl. aber auch BGH StV 2009, 586 mablAnm *Jung* (jeweils betr. allg. StR)), zumal sprachliche Kommunikationsschwierigkeiten nur eingeschränkt entgegenstehen (vgl. auch BGH 17.8.2011 – 5 StR 255/11 Rn. 7, BeckRS 2011, 22403 = R&P 2011, 237 = StV 2012, 281; vgl. aber BGH BeckRS 2016, 4096 zum allg. StR; zum Ganzen auch *Kern* JR 2015, 411 ff.). Weiterhin wird aus erzieherischer Sicht eine Anordnung auch dann gem. § 64 S. 2 ergehen, wenn die Aussichtslosigkeit nicht oder nicht nur (vgl. vormals LG Bonn NJW 1977, 345; LG Dortmund StV 1982, 371 mzustAnm *Budde*) auf Gründen in der Person des Verurteilten beruht, sondern aus dem Fehlen einer geeigneten Anstalt oder geeigneten Ausgestal-tung (vgl. zum allg. StR BGH BeckRS 2012, 20647) bzw. eines Platzes in einer solchen folgt (ebenso *Laubenthal/Baier/Nestler* JugendStrafR Rn. 448; aA für das allg. StR BGHSt 28, 327; 36, 199 (201); NStZ-RR 1997, 97, und zu entsprechender Anwendung des § 67a StGB schon im Urteil OLG Hamm MDR 1981, 70); da sämtliche Rechtsfolgen des JStR (auch) dem Erziehungsgedanken unterliegen, handelt es sich insoweit um eine Frage der Erziehungsfähigkeit auf Seiten des Staates (näher → § 5 Rn. 16; verfehlt *Altenhain* in MüKoStGB Rn. 16).

b) Sonstige Regelungen. Die Unterbringung ist anzuordnen bei Vor- **20** liegen der Voraussetzungen (vgl. BGH NStZ-RR 2002, 107: bei „systemati-schem Alkoholmissbrauch" (trotz Gruppendynamik bei der Tat); BGH ZJJ 2007, 415; BeckRS 2008, 06228; StV 2010, 578 mAnm *Eisenberg;* BeckRS 2011, 14185; 2011, 16208; 2012, 16113; BeckRS 2012, 22796 Rn. 2; 5.3.2014 – 3 StR 12/14: bestehender „Suchtdruck" bei Tatbegehung; BeckRS 2016, 3830: „pauschale Ablehnung eines Hangs"), und die (erst) vollstreckungsbezogenen §§ 35, 36 BtMG dürfen den Rechtsfolgenaus-spruch des Erkenntnisverfahrens nicht beeinflussen (BGH NStZ-RR 2003,

12; 2009, 235; NStZ 2009, 441; NStZ-RR 2010, 319 Rn. 8; StraFo 2011, 323; 25.3.2014 – 1 StR 86/14 Rn. 3 f., BeckRS 2014, 8242; 26.1.2017 – 1 StR 646/16 Rn. 11, BeckRS 2017, 103567; 2017, 108443; (eher verdeckt auch) BGH NStZ-RR 2016, 276 betr. allg. StR).

20a   Hingegen ist die Anordnung gem. den allg. Grundsätzen der Subsidiarität und der Verhältnismäßigkeit **unzulässig** (aA *Bohnert,* Unterbringungsrecht, 2000, 244, unter Hinweis auf § 72 Abs. 1 StGB), **wenn** eine **Weisung,** sich einer Entziehungskur zu **unterziehen** (§ 10 Abs. 2), „**ausreicht**" (näher → § 10 Rn. 37 ff., 60 ff.). Dabei sind ambulante Beratungs- und Therapiebemühungen selbst in Fällen chronischen Rauschmittelkonsums nicht von vornherein ungeeignet, sofern zB eine Aussicht auf Distanzierung von dem einschlägigen Vorerfahrungen besteht (vgl. auch schon *Stutte* MschKrim 1971, 9). – Umstritten war, ob die vormalige Bestimmung des § 75 Abs. 2 S. 2 JWG im Falle einer auf Drogenabhängigkeit beruhenden „Verwahrlosung" der Anordnung von FE entgegenstand (bejahend LG Aachen Zbl 1973, 446; vern. OLG Celle Zbl 1980, 143 f.).

3. Erledigung

21   Die nachträgliche Erledigung der Maßregel mangels weiterer Erfolgsaussicht aus Gründen „in der Person des Untergebrachten" ist unter den Voraussetzungen des § 67d Abs. 5 StGB (eingeführt durch 23. StrÄndG, neu gefasst durch Gesetz v. 27.4.2007) als Fall der **Nichterreichbarkeit** des **Zwecks** einer Unterbringung zu erklären. – Nach der (vormaligen) Judikatur müsse der Untergebrachte auch bei Fortbestehen der Drogenabhängigkeit und selbst dann entlassen werden, wenn dadurch die Gefahr weiterer erheblicher rechtswidriger Taten zu befürchten sei (OLG Düsseldorf JMBl. NW 1978, 81; OLG Frankfurt a. M. GA 1982, 224 (Ls.); OLG Celle NStZ 1982, 303 (Ls.) = JR 1982, 468 mzustAnm *Stree*).

4. Vollstreckung(sreihenfolge)

22   **a)** Vorrangig zu berücksichtigen ist der **Erziehungsauftrag** (§ 2 Abs. 1) auch bei der Frage des Abweichens von der gesetzlichen Vollstreckungsreihenfolge (§ 2 Abs. 2, § 67 Abs. 1 StGB; näher → Rn. 25; aA BGH NStZ 1982, 132) hinsichtlich der (durch Gesetz v. 27.4.2007 (BGBl. I 1327 ff.) – ohne Erörterung der Grundsätze des JGG – eingeführten) Soll-Vorschrift des § 67 Abs. 2 S. 2 (nebst S. 3; zur Aufhebung bei Unterlassen einer Entscheidung hierzu BGH NJW 2009, 2694 mit Bspr. *Rose* ZJJ 2010, 196; NStZ-RR 2009, 105 (betr. allg. StR)) – es sei denn, der Vorwegvollzug hat sich durch U-Vollzug bereits erledigt. Unzulässig ist ein Abweichen mit der Begründung, im JStVollzug würde ein vorher etwa erreichter Therapieerfolg wieder zunichte gemacht (BGH BeckRS 2003, 30305883). Im Allg. bedenklich ist die Auffassung, der JStVollzug könne isV § 67 Abs. 2 S. 1 StGB die Motivation zur Therapie fördern (vgl. aber etwa BGH StV 1981, 66; krit. zu „Leidensdruck" aus (auch) medizinischer Sicht *Schmitt-Homann,* Alkohol- und drogenabhängige Patienten im Maßregelvollzug nach § 64 StGB am Beispiel des Bundeslandes Hessen, 2001, 23, 25 ff.).

22a   Grundsätzlich ist eine **Abweichung** von der Vollstreckungsreihenfolge (§ 67 Abs. 1 StGB) gem. § 67 Abs. 2 S. 1 StGB für die Strafe insgesamt oder – seit 1.5.1986 (eingeführt durch 23. StrÄndG) – für einen Teil derselben nur aus solchen Gründen der Erreichung des Maßregelzwecks zulässig, die in der Person des Verurteilten liegen. Der Vorwegvollzug einer JStrafe gem. § 67 Abs. 2 S. 1 StGB wegen Fehlens eines geeigneten Therapieplatzes in einer Einrichtung iSv § 93a (sog. „Organisationshaft") ist unzulässig (BGH NStZ 1982, 132; vgl. auch BGH NStZ 1981, 492; OLG Hamm StV 2004, 274 ff.; grds. ebenso zum allg. StR LG Göttingen StV 2016, 514).

b) Betreffend *Nichtdeutsche* bestehen Regelungen zwecks Entledigung der 23 Vollstr ua gem. § 67 Abs. 2 S. 4, Abs. 3 S. 2, 3 StGB (eingefügt durch Gesetz v. 27.4.2007), § 456a StPO (vgl. etwa schon GemRdErl Hessen, JMBl. 2002, 89).

5. Verfahrensrechtliches

a) Auf Unterbringung in einer Entziehungsanstalt darf im **vereinfachten** 24 Jugendverfahren (§§ 76–78) **nicht** erkannt werden (§ 78 Abs. 1 S. 2).

b) Bezüglich der Heranziehung eines **Sachverständigen** zur Prüfung der 25 Voraussetzungen der Unterbringung ist auf § 2 Abs. 2, § 246a Abs. 1 StPO (erweitert unter Tangierung des Übermaßverbots durch Gesetz v. 27.4.2007) zu verweisen (betr. Auswahl ergänzend → § 43 Rn. 47; zu rechtstatsächlichen Befunden *Eisenberg* Beweisrecht StPO Rn. 1821). Hinsichtlich der Voraussetzungen der Entlassung gilt § 463 Abs. 3 S. 4 StPO (eingefügt durch Gesetz v. 26.1.1998, BGBl. I 160), wobei schon wegen der Bedeutung von Pubertät und Adoleszenz ein Absehen von der mündlichen Anhörung nur eingeschränkt vertretbar sein wird.

c) Hat nur der Verurteilte **Revision** eingelegt, hindert dies die Nach- 26 holung der Unterbringungsanordnung nicht (§ 2 Abs. 2, § 358 Abs. 2 S. 3 StPO; stRspr, vgl. nur BGH BeckRS 2012, 20346; OLG Celle 26.6.2012 – 32 Ss 78/12 Rn. 37, BeckRS 2012, 16160), wobei die Aussetzung der Vollstr einer verhängten Freiheisstrafe zBew die Prüfung der Aussetzung der Vollstr der daneben angeordneten Unterbringung zBew nicht präjudiziere (vgl. OLG Celle NStZ-RR 2013, 317 (zum allg. StR)). Anders verhält es sich, sofern die Unterbringung wirksam von dem Revisionsangriff ausgenommen ist (vgl. nur BGH StraFo 2011, 288; StV 2012, 203 (zum allg. StR)). – Ist die Revision wirksam (ggf. nicht notwendig ausdrücklich, sofern die Auslegung der Revisionsbegründung es ergibt) auf den Ausspruch über die Anordnung der Unterbringung beschränkt (vgl. ergänzend → Rn. 14), so steht die eingetretene Teilrechtskraft einer Änderung des Schuldspruchs entgegen (BGH 16.4.2013 – 2 StR 46/13).

6. Rechtstatsächliches

a) In der Praxis ist – nicht zuletzt, weil Einrichtungen gem. § 93a seither 27 nur als Ausnahmen vorhanden sind – vielfach eine Tendenz zur **Nivellierung** des Verhältnisses zwischen dieser **Maßregel** und **JStrafe** idS zu gewärtigen, dass die Maßregel weiterhin vergleichsweise restriktiv angeordnet wird, wenngleich seit etwa den 90er Jahren des 20. Jahrhunderts ein (auch relativer) Anstieg zu verzeichnen ist. Die insgesamt (noch immer) eher **restriktive Praxis** der Gerichte (zur Ablehnung seitens Richtern und Staatsanwälten vgl. vormals etwa die Befragung von *Ingenleuf*, Maßregelvollzug – Gemeinsames Stiefkind von Psychiatrie und Justiz, 1992) wird ua mit Auswirkungen des Verhältnismäßigkeitsgrundsatzes (§ 62 StGB) begründet;

mitunter finden sich auch Hinweise auf das Unvermögen, das Ausmaß der Abhängigkeit der Betroffenen zu erkennen bzw. in psychiatrischen Krankenhäusern mit Probanden verschiedenster psychopathologischer Befunde eine drogenspezifische Therapie durchzuführen (zu methodischer Vagheit und Ineffizienz vgl. *Kemper* R&P 2008, 17 (19 ff.) (betr. NRW, ganz überwiegend zum allg. StR); zur überregionalen Übersicht betr. Vollzugseinrichtungen und Belegungszahlen vgl. *Stöver ua* FPPK 2013, 184 f.; *Elsner* in Schmidt-Quernheim/Hax-Schoppenhorst ForensPsych 436). Als weiterer Grund wurde verschiedentlich genannt, dass Entziehungsanstalten eher auf ältere Alkoholabhängige und nicht auf junge BtM-Abhängige eingestellt seien, deren Bedürfnissen eher durch freie Therapieeinrichtungen Rechnung getragen werden könne(anders BGH NStZ 2005, 219). Im Übrigen aber zeichnet sich teilweise eine gemeinsame Strategie der Gerichte wie der Therapeuten entsprechender Anstalten ab, potentielle „Entweicher" und/ oder „Störer" eher von dieser Maßregel auszunehmen und (allein) zu JStrafe zu verurteilen (vgl. zum allg. StR tendenziell auch schon *Marneros ua* MschKrim 1993, 175).

28   **b)** Die Maßregel wurde in den Jahren 1994, 2000 und 2006 (gem. StBA jeweils in den „alten" Bundesländern) sowie im Jahre 2011–2016 in Deutschland insgesamt iRv Aburteilungen gegen 4, 10 und 17 sowie 19, 15, 18, 28, 14 und 13 Jugendliche (davon waren weiblich wiederholt keine, sodann eine und (2011–2014) eine, wiederholt keine Person, zwei sowie eine und zwei) angeordnet; bezüglich Heranwachsender betrugen die entsprechenden Zahlen 38, 92 und 108 sowie 151, 122, 129, 122, 134 und 115 (davon waren weiblich vier, acht und zehn sowie (2011–2014) wiederholt acht, sodann sieben, sechs, acht und sieben) (StrafSt Tabelle 5.4 (bis 2001), Tabelle 5.5 (ab 2002)).

V. Unterbringung in Sicherungsverwahrung

1. Gesetzliche Zusammenhänge

29   **a)** Hinsichtlich der Voraussetzungen der Unterbringung in Sicherungsverwahrung wird zur – ggf. zentralen – Streitfrage, ob in § 66 StGB JStrafe mit Freiheitsstrafe gleichgestellt werden darf, verwiesen auf die Erl. bei → § 17 Rn. 62.

29a   **b)** Wegen (der Unzulässigkeit unmittelbarer Anordnung, jedoch) der Regelungen zur Vorbehalts- sowie zur nachträglichen Anordnung von Sicherungsverwahrung betr. nach materiellem *allg. StR* verurteilte *Heranwachsende* s. § 106 Abs. 3–6 sowie Abs. 7 nebst Erl. → § 106 Rn. 19 ff. sowie → § 106 Rn. 27 ff.

2. Entstehungsgeschichte; Verhältnis zu anderen Normen

30   **a) Entstehungsgeschichte und Judikatur. aa)** Die durch Gesetz v. 8.7.2008 (BGBl. I 1212) im deutschen Recht „erstmalig … eingeführte" (vgl. Begr. RegE, BT-Drs. 16/6562, 13) Möglichkeit nachträglicher Anordnung der – ggf. lebenslang anhaltenden – Sicherungsverwahrung bei zur Tatzeit *Jugendlichen* und bei nach *materiellem JStR* verurteilten *Heranwachsenden* (§ 105 Abs. 1) gem. *Abs. 2–4* aF (vgl. auch BR-Drs. 551/07) ging insoweit sogar über das NS-Recht aus dem Jahre 1939 (dazu *Kinzig,* Rechtsausschuss, BT-Drs. 16/6562, 2; vgl. aber zur „Jugendbewahrung" → Rn. 2) bzw. des § 20 RJGG 1943 (vgl. ergänzend → Einl. Rn. 17) hinaus. Die Einführung war vorbereitet worden durch Gesetzesentwürfe mehrerer Bundesländer (vgl. BR-Drs. 238/04 (fünf Länder) bzw. BR-Drs. 276/05 (drei Länder)), und sie geschah entgegen sechs fundierten Gutachten (vgl. Rechtsausschuss Mai 2008, BT-Drs. 16/6562), und zwar *ohne* konkretes Regelungs*bedürfnis* iSv Realfällen (vgl. auch *Karmrodt,* Sicherungsverwahrung bei Verurteilungen nach Jugendstrafrecht, 2012, 358: ohne verlässlichen Bedarfsnachweis; vgl. aber auch *Carroll,* Die nachträgliche Sicherungsverwahrung im Jugendstrafrecht, 2014, 253 ff.).

(1) Die Präsentation *eines* Verurteilten (zur deshalb fristverkürzten Befassung im BR schon am 4.7.2008, BR-Drs. 440/08) beruhte auf einem methodisch ungeeigneten psychiatrischen Konstrukt (vgl. näher *Eisenberg* DRiZ 2009, 219–222), das ua die zentrale Beweisfrage nach dem Wahrheitsgehalt selbstbelastender Äußerungen überging (verfehlt auch LG Regensburg ZJJ 2009, 383 (n. *Eisenberg* JR 2010, 314 ff.), zudem beruhend auf einem wegen Täuschung nicht verwertbaren Gutachten (LG Regensburg StV 2012, 332: § 136a Abs. 3 S. 2 StPO) und der – von der Täuschungswirkung schwerlich befreiten – zeitnah nachfolgenden Exploration in einem zweiten Gutachten). Auch in dem anschließenden Verfahren in diesem Fall (NSV 121 Js 17270/1998 jug), das zur (mit Zuschreibungen begründeten) Anordnung führte (Urt. v. 3.8.2012) – und sich (gem. § 136a Abs. 3 S. 2 StPO) unzulässig ua auf die Zeugenaussage des vormaligen zweiten Sachverständigen stützte –, verhielt sich der Gutachtenauftrag entgegen der Aufklärungspflicht zu der vorgenannten Beweisfrage nicht, sodass die Frage in den vorläufigen schriftlichen Gutachten der beiden nunmehr beauftragten Sachverständigen (v. 24.11.2011 bzw., auch ansonsten methodisch nicht tragfähig, v. 12.12.2011) nicht geprüft wurde (vgl. aber BGH BeckRS 2013, 4492: Verwerfung ohne Begründung; iErg bestätigend Kammer des EGMR NLMR 2017, 14 mit Bspr. *Eisenberg* R&P 2017, 86 ff., jedoch von der Großen Kammer als „schwerwiegende" Frage (Art. 43 Abs. 2 EMRK) angenommen und einer mehrstündigen Anhörung v. 29.11.2017 zugeführt). 30a

Betreffend zwei andere bayerische Verfahren wurde in einem Fall die Anordnung abgelehnt (LG München 17.10.2011 – 10 NSV 122 Js 10353/97; dazu *Eisenberg* StV 2012, 235 (aufgehoben ohne tragfähige Gründe – stattdessen mit unzutreffenden Angaben versehen – von BGH NStZ 2013, 225 mAnm *Eisenberg* sowie näher *Eisenberg* FS Kerner, 2013, 577 ff. und Bspr. *Bock* HRRS 2012, 533), jedoch Einstellung des Verfahrens durch das LG München nach Ablehnung der Auslieferung durch Beschluss des LG Maribor 15.3.2013 – I Ks 11390/2013 wegen der in Slowenien „höheren Rechtsgarantien der persönlichen Freiheit" und weil der Betroffene „der Umgebung gut angepasst ist", sodann Aufhebung des Unterbringungsbefehls (§ 81a, § 275a Abs. 6 StPO) durch OLG München R&P 2015, 226 ff. mAnm *Eisenberg*), in einem anderen (LG Augsburg Jug KLs 401 Js 107041/02), das aufgrund eines methodisch angreifbaren psychiatrischen Gutachtens eingeleitet worden war (vgl. *Eisenberg* StV 2012, 237 f.) und Unterstützung durch ein anderes auftragsorientiertes psychiatrisches Aktengutachten fand (Rückfallgefahr über 50 %), geschah die Anordnung (Urt. v. 15.11.2012 (S. 172 ff.: „hochgradige Rückfallgefahr")) entgegen einem neuerlichen, 30b methodisch tragfähigen Gutachten (v. 10.5.2012: Rückfallgefahr unter 50 %; näher zum Ganzen *Eisenberg* GS Walter, 2014, 55 ff.).

30c In einem Verfahren vor dem LG Verden (24.10.2014 – 3 KLs 1/14) betr. einen zur Tatzeit 18 Jahre und 2 Wochen alten Verurteilten wurde die vorbehaltene Anordnung auf ein methodisch gänzlich ungeeignetes Gutachten gestützt (vgl. näher Bspr. *Eisenberg* NK 2016, 390 ff., vgl. auch → § 43 Rn. 42b, 50 aE, → § 50 Rn. 12, → § 106 Rn. 20).

30d (2) In den genannten vier Verfahren war zudem die Anlassverurteilung **entgegen** dem **Gesetz** (§§ 109 Abs. 1, 43 Abs. 2) *ohne* einen *jugend*psychiatrischen, -psychologischen oder -kriminologischen Sachverständigen ergangen.

30e In anderen Verfahren wurde schon der Erlass eines Unterbringungsbefehls (§ 81a, § 275a StPO; LG Regensburg 27.5.2011 – NSV 108 Js 16553/2001 jug) bzw. die Eröffnung des Verfahrens (LG Neuruppin, zitiert nach BGH ZJJ 2011, 448 mAnm *Eisenberg*) abgelehnt.

31 **bb)** Mehrere Entscheidungen des EGMR erklärten das System der Sicherungsverwahrung als mit Art. 5 Abs. 1 S. 2 Buchst. a und b EMRK nicht vereinbar. Dies veranlasste eine Kehrtwende in der Judikatur des BVerfG, indem – abw. von BVerfGE 109, 133 mit (statt vieler) krit. Bspr. *H. E. Müller* StV 2010, 207 ff. – in BVerfGE 128, 326 Rn. 95 ff. = NJW 2011, 1931 ff. = StV 2011, 470 ff. mAnm *Kreuzer/Bartsch* StV 2011, 472 ff. und *Eisenberg* StV 2011, 480 ff., Bspr. *Hörnle* NStZ 2011, 488 ff.; ergänzend BVerfG EuGRZ 2011, 413 (zum allg. StR) sowie BVerfG, 2. K. des 2. S., StraFo 2013, 213 die bisherigen Abs. 2 und Abs. 3 ebenso wie § 106 Abs. 3, 5 und 6 (vgl. → § 106 Rn. 10 ff.) und das gesamte System der Eingriffsnormen betr. Sicherungsverwahrung nach allg. StR als mit Art. 2 Abs. 2 S. 2, Art. 104 Abs. 1 S. 1 GG unvereinbar erklärt wurden, die sie ein *Abstandsgebot* zwischen Schuldstrafe und Maßregel Sicherungsverwahrung nicht wahrten; zudem wurde Abs. 2 aF (ebenso wie Folgevorschriften) wegen Verletzung des Rechtsstaatsgebots grundrechtlichen Vertrauensschutzes als mit Art. 2 Abs. 2 S. 2 iVm Art. 20 Abs. 3 GG nicht vereinbar erklärt (BVerfGE 128, 326 Rn. 174). Im Übrigen aber wurde in BVerfGE 128, 326 ff. eine Orientierung an dem Strafbegriff des Art. 7 Abs. 1 EMRK abgelehnt, wodurch die Bejahung eines Verstoßes gegen das Rückwirkungsverbot (Art. 103 Abs. 2 GG) bzw. des Verbots der Doppelbestrafung (Art. 103 Abs. 3 GG) und der jeweiligen – einer Abwägung unter Einbeziehung von Belangen des Schutzes der Allgemeinheit nicht zugänglichen – ausnahmslosen rechtlichen Konsequenz vermieden wurde (krit. *Höffler* StV 2014, 169 (174)), und es wurde davon abgesehen, die in Rede stehenden Normen für nichtig zu erklären (vgl. krit. statt vieler *Eschelbach* NJW 2010, 2500).

32 Allerdings wurde die Anordnung der Unterbringung gem. **Abs. 2** aF ebenso wie die Fortdauer der Unterbringung **nur** unter der einschränkenden Voraussetzung als zulässig erklärt, dass eine **hochgradige Gefahr** *schwerster Gewalt*- oder *Sexualstraftaten* aus **konkreten** Umständen in der Person oder dem Verhalten des Untergebrachten abzuleiten ist (BVerfGE 128, 326 Rn. 172; Anordnung abl. daher LG München 17.10.2011 – 10 NSV 122 Js 10353/97; mit unzutreffender Begründung aufgehoben von BGH NStZ 2013, 225 mablAnm *Eisenberg;* zu dieser Voraussetzung auch betr. § 1 ThUG BVerfG NJW 2013, 3151 mit zutr. krit. Bspr. *Höffler* StV 2014, 168 ff.; *Kreuzer/Bartsch* StV 2011, 475 (anders OLG Nürnberg StV 2011, 686 mablAnm *Kinzig* betr. allg. StR)) **und** dieser an einer **„psychischen Stö-**

rung" (iSv § 1 Abs. 1 Nr. 1 ThUG (BGBl. 2010 I 2300); krit. dazu statt vieler *Brettel* in Höffler S. 17 f., *Wendl* in Höffler S. 47: „entgrenzende Interpretation") leidet (BVerfGE 128, 326 Rn. 138, 143, 151). Mit dem **AbstandsgebotsG** (→ Rn. 4, 33) war die einschränkende Voraussetzung überholt (vgl. BGH NStZ 2015, 208 f.; BeckRS 2017, 111463 jeweils zum allg. StR).

b) Verhältnis zum Erziehungsauftrag (§ 2 Abs. 1). Das ua in § 2 **33** Abs. 1 verankerte Verhältnis von **JGG** und **StGB** und die daraus folgende erforderliche Abstufung zwischen den jeweiligen Eingriffsnormen sowie der Durchführung einer Sanktion war in Abs. 2 (bisherige Fassung) nicht gewahrt. Auch das AbstandsgebotsG v. 5.12.2012 (BGBl. I 2425) **entbehrt** dessen in den Abs. 2 S. 3 und Abs. 3 S. 5 mit dem Verweis auf § 66c Abs. 1 und Abs. 2 StGB.

aa) Dieser Mangel ist mit dem **Grundsatz** der **Verhältnismäßigkeit** (iSd **34** Geeignetheit bzw. Erforderlichkeit) **kaum vereinbar,** und zwar schon wegen des methodischen Unterschieds zwischen **Prognose(un)möglichkeiten** bei zur Tatzeit Erwachsenen im Vergleich zu Personen, die sich zur Tatzeit noch in der Reifeentwicklung befanden (§§ 3 S. 1, 105 Abs. 1; vgl. schon, jeweils vor dem Rechtsausschuss (BT-Drs. 16/6562), *Graebsch* S. 4 ff., 8 ff.; *Kinzig,* Die Legalbewährung gefährlicher Rückfalltäter, 2. Aufl. 2010, 7: „illusorisch"; ergänzend *Nestler/Wolf* NK 2008, 156: „faktisch nicht zu bewältigen"; vgl. ergänzend → § 106 Rn. 16f). Ein hinreichend valides jugendspezifisches Prognoseverfahren ist nicht vorhanden (vgl. auch *Rüter,* Nachträgliche Sicherungsverwahrung im Jugendstrafrecht, 2011, 165), obgleich entwicklungsbedingt das gesamte Verhalten **episodenhaft** und unterschiedlichsten Einflüssen unterworfen ist. Daher besteht die Gefahr, dass phasenbedingte Umstände verfehlt als statisch in die Beurteilung der Persönlichkeit Eingang finden. Insgesamt sind gerade auch **im JStR** deutlich **mehr falsche** als zutreffende **Prognosen** als Grundlage für die Anordnung zu besorgen, zumal ein während der Haft entstandener etwa negativer Befund nichts zu der Frage besagt, wie der Befund nach einer etwaigen Entlassung ausfiele (vgl. auch DRB, Stellungnahme vor dem BVerfG v. 7.9.2010, S. 8; *Renzikowski* NJW 2013, 1; 641; vgl. indes zu einer − retrospektiven − Aktenanalyse (nach mindestens fünfjähriger JStrafe)) *Grindel/ Jehle* in Niggli/Marty, Risiken der Sicherheitsgesellschaft, 2014, 203 ff. sowie *Grindel/Jehle* FS Rössner, 2015, 103 ff.); die Unlösbarkeit erhöht sich insofern, als trotz vergleichsweise kurzer Biographie − ebenso wie bei nach allg. StR Verurteilten (§ 106 Abs. 5 aF; vgl. → § 106 Rn. 14) − die Möglichkeit der Anordnung sogar auch **ohne** einschlägige **Vorverurteilung** bestand (abl. *Lange,* Die Kriminalprognose im Recht der Sicherungsverwahrung, 2012, 154 f. (schon zum allg. StR)) vgl. § 106 Abs. 6 bei vorbehaltener Anordnung besteht (vgl. RegE v. 6.6.2012 (BT-Drs. 17/9874); vgl. krit. auch schon *Laubenthal/Baier/Nestler* JugendStrafR Rn. 476 zu BGH JR 2010, 306 ff.: hierzu „hat der BGH keinen Gedanken verschwendet").

Demgegenüber ist die **Aussage,** „grundsätzlich" könnten auch für diese **35** Personen „valide" (BVerfG NJW 2012, 3357 Rn. 85) **Gefährlichkeitsprognosen** erstellt werden, die eine „taugliche Grundlage" für die Entscheidung seien (BVerfGE 128, 326 ff., entgegen § 43 Abs. 2 S. 2 ausschließlich ärztliche Gutachten anführend), **empirisch abstinent** (vgl. zu Befunden nur *Kinzig,* Die Legalbewährung gefährlicher Rückfalltäter, 2. Aufl.

2010, 196 ff., *Alex/Feltes* FS 2010, 159 ff. (erg. *Alex* NK 2013, 357: bei 77 Probanden nach 6½ bis 13 Jahren eine auf Gewalt- und Sexualdelikte beschränkte „Rückfall"-Quote von etwa 15 %, dh ein Anteil an Fehlprognosen von 85 %); vgl. ergänzend – im Anschluss an *Müller, J. L. ua* MschKrim 2011 (94), 256 ff. – betr. N=32 Probanden und nach durchschnittlich 78,5 Monaten *Müller/Stolpmann* MschKrim 2015 (98), 38 f.: laut BZR 34 % keine erneute Erfassung, 37 % erneute Erfassung mit eher wenig gewichtigem und 28,1 % mit als „schwer" bezeichnetem Delikt; abw. (und ggf. gar tendenziell zirkelschlüssig) *Rössner* in HK-JGG Rn. 16, 25 (retrospektiv betr. acht Erwachsene bei systemimmanenten Zuschreibungen); vgl. → § 5 Rn. 31 ff., 72, → § 92 Rn. 47f sowie *Eisenberg/Kölbel* Kriminologie § 20 Rn. 16 ff., § 38 Rn. 32 ff.).

36   **bb) Abs. 2 und Abs. 3** – bisherige Fassung Abs. 2 – sind mit dem **Erziehungsauftrag** (§ 2 Abs. 1) **unvereinbar** (vgl. auch *Kemme* Praxis der Rechtspsychologie 2011, 94 ff. (112)), soweit zur Selektion in Betracht gezogene Betroffene aufgrund einer Vorab-Erfassung durch die Staatsanwaltschaft (gem. VV der Bundesländer, vgl. betr. allg. StR schon Die Justiz 2005, 423) einer Sonderüberwachung unterworfen sowie hinsichtlich „Meldungen" tatsächlich oder angeblicher Vorfälle Bediensteten wie Mitgefangenen bzw. -untergebrachten gleichermaßen ausgeliefert sind (vgl. auch DRB, Stellungnahme ggü. dem BVerfG v. 7.9.2010, S. 6; nicht erörtert in BGH ZJJ 2011, 448 mAnm *Eisenberg*). Ob oder inwieweit eine Abmilderung durch die gem. AbstandsgebotsG (BGBl. 2012 I 2425) eingeführte **vollzugsbegleitende gerichtliche Kontrolle** sowie Verankerung **notwendiger Verteidigung** (vgl. näher → § 92 Rn. 176 ff.) gelingen könnte, lässt sich ohne nähere empirische Erhebungen nicht beantworten. Ohne substantiell geänderte Vollzugsbedingungen handelt es sich (auch) bei der vorbehaltenen Anordnung in den tatsächlichen Auswirkungen noch weit mehr als bei der **JStrafe** von **unbestimmter Dauer,** wie sie durch VO v. 10.9.1941 (RGBl. I 567) eingeführt und durch das 1. JGG-ÄndG v. 30.8.1990 (BGBl. I 1853) aus verfassungsrechtlichen Gründen und wegen der Folgen iSv Nicht-Motivation und Frustration aufgehoben worden ist, um eine erzieherisch kontraindizierte Sanktion. Schwerlich auszuschließen ist, dass hafttypische und jugendentwicklungsspezifische Konflikte sowie die vielfältigen mit langjähriger Freiheitsentziehung einhergehenden Beeinträchtigungen vorrangig unter dem Aspekt einer Gefährlichkeitsprognose registriert und gewürdigt werden (vgl. noch BT-Drs. 16/6562, 7 re. Sp.: „… der möglicherweise präjudizielle, in jedem Fall aber die weitere Entwicklung eines jungen Menschen belastende Vorbehalt einer Sicherungsverwahrung soll nicht ausgesprochen werden").

37   Von der Möglichkeit der Anordnung bzw. der vorbehaltenen Anordnung von Sicherungsverwahrung mittelbar **betroffen** ist eine bei weitem größere Zahl jugendstrafrechtlich Verurteilter als diejenigen, denen gegenüber tatsächlich angeordnet oder vorbehalten wird, und zwar prinzipiell **alle,** die die **formellen Voraussetzungen** erfüllen (vgl. vormals rechtstatsächliche Nachw. zum allg. StR bei *Ullenbruch* NJW 2008, 2611). In diesem Ausmaß wird die erzieherische Aufgabe des JStVollzugs insgesamt beeinträchtigt (vgl. *Graebsch* ZJJ 2008, 286: „vom Gesetzgeber ignoriert"), es sei denn, eine substantielle Änderung könnte dem wehren.

c) Verhältnis zum Verbot der Doppelbestrafung. Nach dem Geset- 38
zeswortlaut des Abs. 2 (bisherige wie nF) kommt es nicht darauf an, ob als
prognostisch negativ beurteilte Befunde oder Umstände erst nach einer Verurteilung erkennbar werden (sog. „neue"), sondern die Vorschrift ist auch
dann anwendbar, wenn solches bereits im Zeitpunkt der Verurteilung erkennbar gewesen ist (vgl. BGH JR 2010, 306 ff. Rn. 47 mkritAnm *Eisenberg;*
krit. auch *Bruhn,* Die Sicherungsverwahrung im Jugendstrafrecht, 2010, 199;
Meier in Höffler S. 171 f.). Damit aber liegt ein Verstoß gegen das Verbot des
„ne bis in idem" **(Art. 103 Abs. 3 GG)** nahe (ähnlich *Schäfer* Rechtsausschuss aaO. 5–7; *Kinzig* ZJJ 2008, 248 f.; *Karmrodt,* Sicherungsverwahrung
bei Verurteilungen nach Jugendstrafrecht, 2012, 242 ff.). Insofern verhält es
sich qualitativ anders als (vormals) im allg. StR, sodass der Rückzug auf –
nicht das JGG berührende – Entscheidungen des BVerfG (vgl. Rechtsausschuss BT-Drs. 16/9643, 7 (8)) untauglich war und ist (vgl. ergänzend zur
Unvereinbarkeit mit Nr. 3 und 13 ERJOSSM *Dünkel* ZJJ 2011, 142).

d) Verhältnis zu Verbotsnormen der EMRK. aa) Die bisherige Re- 39
gelung des Abs. 2 erfüllte mangels unmittelbaren Kausalzusammenhangs
(„nach Verurteilung") nicht die Voraussetzungen von **Art. 5 Abs. 1 S. 2**
Buchst. a EMRK (vgl. EGMR NJW 2010, 2496 Rn. 107, 113; EGMR
13.1.2011 – 6587/04 Rn. 75, NJW 2011, 3423: the „detention" must
follow the „conviction" in point of time: in addition, the „detention" must
result from, follow and depend upon or occur by virtue of the „conviction"
(abw. Erl. bei *Diemer* in Diemer/Schatz/Sonnen Rn. 48; vgl. aber auch
Hörnle NStZ 2011, 490); aA BT-Drs. 17/3403, 53 ohne ein Wort der Begr.);
zudem liegen idR mangels konkreter Gefahr auch die Voraussetzungen von
Art. 5 Abs. 1 S. 2 Buchst. c EMRK (erg. → § 106 Rn. 13f) nicht vor. Einstweilen **bleibt offen,** ob die Neufassung durch das AbstandsgebotsG (BGBl.
2012 I 2425) andere Bewertungen zulässt oder verlangt (vgl. aber BVerfG
NJW 2012, 3357 Rn. 99 ff. zum allg. StR; *Ullenbruch/Morgenstern* in Mü-
KoStGB StGB § 66a Rn. 43); einer Vereinbarkeit mit Art. 5 Abs. 1 S. 2
Buchst. a EMRK wird zumindest das anhaltende **Unvermögen** sicherer
Feststellbarkeit von Gefährlichkeit entgegenstehen (vgl. auch *Merkel* ZIS
2012, 521 ff.; ähnlich *Pösl/Dürr* EuCLR 2012, 156 ff.).

bb) (1) Gleichfalls könnten Bedenken dazu bestehen, ob die Neufassung 40
des Abs. 2 den Anforderungen des Art. 5 Abs. 1 S. 2 **Buchst. e** EMRK
genügt, wozu eine verlässliche und valide Diagnose einer geistigen Gestörtheit gehört (vgl. EGMR 13.1.2011 – 6587/04 Rn. 77, NJW 2011, 3423: s.
meine Anm. oben „he must reliably be shown to be of unsound mind, that
is, a true mental disorder must be established before a competent authority
on the basis of objective medical expertise"; ebenso EGMR 13.4.2011 –
17792/07 Rn. 55, BeckRS 2011, 80354; vgl. aber – ohne Erörterung der
Streitfrage eines Verstoßes – vern. EGMR 2.2.2017 – 10211/12, 27505/14
Rn. 64 ff., NLMR 2017, 14 mit Bspr. *Eisenberg* R&P 2017, 86 ff., jedoch
von der Großen Kammer als „schwerwiegende" Frage (Art. 43 Abs. 2
EMRK) angenommen und einer mehrstündigen Anhörung v. 29.11.2017
zugeführt), und ferner, dass die Art der Unterbringung der Gestörtheit
entspricht (EGMR 13.1.2011 – 6587/04 Rn. 78, NJW 2011, 3423 mN:
„In principle, the ´detention` of a person as a mental health patient will only
be ´lawful`… if effected in a hospital, clinic or other appropriate institution";
bejahend betr. „Zentrum" in Straubing EGMR aaO13.1.2011 – 6587/04,

NJW 2011, 3423 Rn. 69 ff. − soweit sich dieses Judikat als Bruch mit der bisherigen Judikatur des EGMR ausnimmt (vgl. auch *Köhne* NJW 2017, 1007), könnte es mit personellem Wechsel der Berichterstatterin iZ stehen (vgl. nur allg. Regeln 49, 50 der Verfahrensordnung des EGMR).

40a   Zwar scheidet eine **„Persönlichkeitsstörung"** nicht von vornherein aus, jedoch kommt es auf deren Intensität und sonstige Tatsachen an (vern. betr. „dissoziale Persönlichkeitsstörung" EGMR 13.4.2011 − 17792/07 Rn. 54, BeckRS 2011, 80354; bedingt vern. 28.11.2013 − 7345/12 Rn. 79–81; **aA** BVerfG NJW 2011, 1931 Rn. 152; StV 2012, 25 mkritAnm *Krehl;* vgl. aber auch BGH ZJJ 2011, 448 mAnm *Eisenberg*). Es handelt sich um eine Rechtsfrage, die nicht dem den Mitgliedstaaten zugestandenen Gestaltungsspielraum (EGMR 22.10.2009 − 1431/03 Rn. 34 betr. „psychiatric institution") unterfällt (allg. Auffassung).

41   (2) (a) Ob § 1 Abs. 1 Nr. 1 ThUG (vgl. auch → Rn. 32) diesen Voraussetzungen genügt, ist deshalb zw. (vgl. auch *Renzikowski* ZIS 2011, 538; *Merkel* R&P 2011, 209 ff.), weil die genannte Vorschrift wie das ThUG insgesamt − zu Beginn des Jahrs 2015 sollen sich in den meisten Bundesländern keine und im Übrigen nur vereinzelt Personen in Unterbringung nach dem ThUG befunden haben (betr. allg. StR) − den Zweck hat (vgl. etwa Gesetzesbegründung S. 53 f.; vgl. auch DGPPN (www.dgppn.de): „Augenwischerei", Therapie wird „zu einem reinen Vorwand für Verwahrung"), die Funktion nachträglicher Sicherungsverwahrung aufrecht zu erhalten (vgl. Art. 316e Abs. 1 S. 2 EGStGB) oder gar aufzufangen (zur (unzulässigen) Einleitung des Verfahrens, gar ohne dass zuvor Sicherungsverwahrung angeordnet worden ist, LG Saarbrücken BeckRS 2011, 21940; OLG Saarbrücken StV 2012, 31 betr. allg. StR). Auch ist der Begriff „persons of unsound mind" (Art. 5 Abs. 1 Buchst. e EMRK) tendenziell enger als der Begriff „psychische Störung" in § 1 Abs. 1 ThUG (vgl. EGMR 28.11.2013 − 7345/12 Rn. 87: Art. 5 Abs. 1 S. 2 Buchst. e), und ohnehin müsste eine „psychische Störung" zuverlässig nachgewiesen sein (BVerfGE 128, 326 Rn. 152f; OLG Hamm StV 2012, 231). − Ist eine „psychische Störung" erst während des Vollzugsablaufs entstanden, so wäre eine Vorgehensweise iSd vom BVerfG vorgegebenen Einbeziehung ohnehin unzulässig (vgl. BGHSt 51, 191 ff.: Umgehung des § 63 StGB), zumal soweit die Entstehungszusammenhänge in den − staatlicherseits zu verantwortenden − Vollzugsbedingungen liegen.

41a   (b) Bedenken bestehen auch wegen der Anfügung eines **Abs. 2** in **§ 2 ThUG** (vgl. RegE v. 6.6.2012 (BT-Drs. 17/9874)), wodurch die **gemeinsame Unterbringung** von Sicherungsverwahrten und anderen Personen, die wegen Verstoßes gegen das Rückwirkungsverbot nicht mehr in Sicherungsverwahrung untergebracht werden dürfen, ermöglicht wird (vgl. EGMR 28.11.2013 − 7345/12 Rn. 75, 85, 92–96: Krankenhaus, Klinik oder andere geeignete Einrichtung mit therapeutischer Ausgestaltung; vgl. auch OLG Karlsruhe NStZ 2011, 586 (zum allg. StR), wonach gem. § 2 Nr. 3 ThUG ein Gebäude auf dem nach außen gesicherten Gelände einer JVA nicht genüge). Die Angliederung (bzw. „Vermischung"), deren Ziel vor allem fiskalisch begründet wurde (vgl. RegE v. 6.6.2012, BT-Drs. 17/9874, 12, 15), lässt offen, worin im Einzelnen die Therapieunterbringung sich von der Unterbringung anderer Personen unterscheidet, und sie legt die Interpretation einer Umetikettierung von (ehemals) Sicherungsverwahrten zu „psychisch Gestörten" nahe (nicht erörtert in EGMR 2.2.2017 − 10211/12,

27505/14 Rn. 27, 43, 65, NLMR 2017, 14 mit Bspr. *Eisenberg* R&P 2017, 86 ff.; vgl. auch → Rn. 40).

Eine Unsicherheit ergibt sich zudem daraus, dass in BVerfGE 128, 326 ff. **41b** mit der Anforderung einer **„psychischen Störung"** zwar auf die Regelung des § 1 Abs. 1 Nr. 1 ThUG verwiesen wurde, ohne dass indes auf der Grundlage der EMRK geklärt wäre, welche Zuschreibungen von Persönlichkeitsstörungen darunter fallen (nach BVerfG StV 2012, 25 Rn. 36 mkritAnm *Krehl* kämen ua „Störungen der Impuls- und Triebkontrolle" in Betracht; vgl. gar betr. „emotional instabile Persönlichkeitsstörung vom impulsiven Typ" (ICD-10 F60.30) undifferenziert bejahend LG Regensburg 6.5.2011 – NSV 121 Js 17270/1988 jug, S. 5 f.: „Erkrankungen").

cc) Fraglich ist weiterhin, ob es sich bei **Abs. 2** auch in der Neufassung **42** um eine unzulässige **zusätzliche Strafe** iSd **Art. 7 Abs. 1 S. 2 EMRK** handelt (vgl. dazu EGMR StV 2010, 181 Rn. 122 ff. mit Bspr. *H. E. Müller* StV 2010, 207). Ein solcher Verstoß wurde bezüglich Abs. 2 aF (wegen dessen zeitversetzter Ersteinführung) im Vergleich zum allg. StR als *noch schwerer* beurteilt (vgl. *Kreuzer* NStZ 2010, 477; *Renzikowski* NStZ 2010, 508; *Greger* NStZ 2010, 679; vgl. auch *Pösl/Dürr* EuCLR 2012, 158 ff.). Ob auch hinsichtlich der Neufassung die Beurteilung zumindest vertretbar ist (bejahend EGMR NJW 2017, 1007 mAnm *Köhne*), dass der Vorbehalt der Anordnung den Verstoß nicht behebt (vgl. schon *Gazeas* StraFo 2005, 9 ff. (14)), wird davon abhängen, ob die Vollzugsbedingungen substantiell geändert werden (vgl. → § 92 Rn. 155 ff., 176 ff.). – Im Fall der nachfolgenden Anordnung könnte, da der EGMR seinerseits den Begriff „Strafe" in Art. 7 Abs. 1 S. 2 EMRK „autonom" auslegt und rechtstatsächliche Umstände berücksichtigt (betr. „Zentrum" in Straubing zusätzliche Strafe vern. Kammer des EGMR NJW 2017, 1007 Rn. 41a), relevant sein, dass das Gesetz schon hinsichtlich der Organisation der örtlich-räumlichen Unterbringung als einem zentralen Kriterium eine Anbindung an StVollzAnstalten und also den status quo toleriert (vgl. § 66c Abs. 1 Nr. 2 Buchst. b: „besonderen Gebäuden oder Abteilungen"; vgl. auch § 3 Abs. 3 JVollzGB BW I: „Abteilungen", zudem modifiziert in § 4 Abs. 3 S. 2 („sollen"), Abs. 6, 8).

3. Fortgeltung des Abs. 2 aF, Voraussetzungen von Abs. 2

a) Nachträgliche Sicherungsverwahrung. Gemäß Art. 316f Abs. 2 **43** S. 2, 3 EGStGB (AbstandsgebotsG v. 5.12.2012, BGBl. I 2425) ist für **vor Inkrafttreten** des Gesetzes begangene **Taten** (sog. „Altfälle") das **bisherige Recht** – unter den Einschränkungen gem. BVerfGE 128, 326 ff. – anzuwenden. Insofern werden die allg. Voraussetzungen der nachträglichen SV (Abs. 2 a. F.; vgl. auch LG Hagen StV 2019, 480 (Ls.) = LSK 2019, 13063: Antragstellung zwingend vor Entlassung aus JStVollzug) verschärft (näher 16. Aufl.; vgl. dazu etwa BGH BeckRS 2016, 21436: „hochgradige Gefahr" vern). So „statuiert" Art. 316f Abs. 2 S. 2 EGStGB – ebenso wie bereits bzgl. § 1 ThUG geschehen (vgl. → Rn. 41) – ein Kausalitätserfordernis zwischen „psychischer Störung" und hochgradiger Gefahr „statuiert" (Begr. RegE v. 6.6.2012, BT-Drs. 17/9874, 45; zur Zweifelhaftigkeit der Kategeorie einer „pychischen Störung", die aufgrund objektiver „ärztlicher" Fachkompetenz festgestellt sei (Begr. RegE v. 6.6.2012, BT-Drs. 17/9874, 46), vgl. → Rn. 41). Ungeklärt ist gleichwohl, ob die Fortgeltung der nachträglichen SV trotz dieser angehobenen Anforderungen überhaupt mit der

EMRK vereinbar ist (ebenso *Zimmermann* HRRS 2013, 173 ff. (zum allg. StR)), und zwar betr. **Art. 5 Abs. 1 S. 2 Buchst. e EMRK.** Diese Frage wurde durch den EGMR zwar bejaht (NLMR 2017, 14 mit Bspr. *Eisenberg* R&P 2017, 86 ff.; vgl. auch *Drenkhahn* ZJJ 2017, 176 (179), dann aber von der Großen Kammer als „schwerwiegende" Frage gem. Art. 43 Abs. 2 EMRK angenommen und vor der neuerlichen Bejahung (EGMR NLMR 2018, 526) einer mehrstündigen Anhörung v. 29.11.2017 zugeführt (s. näher und krit. *Eisenberg* ZJJ 2019, 69; *ders.* NJW- Spezial 2019, 56). Parallel liegen die Dinge bei **Art. 7 EMRK.**

44   **b) Voraussetzungen vorbehaltener Sicherungsverwahrung.** Das Abstandsgebotsg (v. 5.12.2012, BGBl. 2012 I 2425) hat die bisherige Regelung betr. nachträgliche Sicherungsverwahrung nach vorheriger JStrafe bei Jugendlichen und Heranwachsenden abgeschafft und (stattdessen) die Möglichkeit einer vorbehaltenen Sicherungsverwahrung für nach JStR Verurteilte (Abs. 2, einschließlich Heranwachsender gem. § 105 Abs. 1) bzw. für nach allgemeinem Strafrecht verurteilte Heranwachsende (§ 106 Abs. 3) eingeführt (zu widersprüchlicher Begründung *Meier* in Höffler 176). Indes fehlt auch diesen Neuregelungen, zumindest derjenigen gem. Abs. 2, aus empirischer Sicht der Nachweis eines Bedarfs (vgl. näher → Rn. 30), und sie entbehren eines Schutzes davor, dass in Zweifelsfällen zu Lasten des Jugendlichen bzw. Heranwachsenden entschieden wird, und zwar trotz der notorischen Häufigkeit falscher negativer Prognosen (vgl. → Rn. 34f). Ob die *Unsicherheit* hinsichtlich der Gesetzesauslegung für die Betroffenen wie für die Allgemeinheit durch die Neuregelung reduziert werden kann, ist einstweilen offen, zumal nicht auszuschließen ist, dass bei identischen Entscheidungsgrundlagen die Begründungen an die geänderten Voraussetzungen nur verbal angepasst werden (vgl. idS LG Regensburg, Unterbringungsbefehl gem. § 81a, § 275a StPO 6.5.2011 – NSV 121 Js 17270/1988 jug, S. 5, unter allein retrospektiver Herleitung konkreter Umstände (vgl. näher → Rn. 30)).

44a   Im Übrigen lässt sich noch nicht beurteilen, ob die durch das Abstandsgebotsg eingeführten Änderungen bzgl. Vollzugsbedingungen (§ 66c StGB – anzuwenden gem. Abs. 3 S. 5 bzw. § 2 Abs. 2 – sowie §§ 119a, 120 Abs. 1 StVollzG – vgl. näher → § 92 Rn. 155 ff.) dazu geeignet sein könnten, dass die Vorbehaltsentscheidung während des JStVollzugs Bemühungen iSe günstigeren Prognose fördert. Bisher war davon auszugehen, dass die Möglichkeit nachfolgender Anordnung von Sicherungsverwahrung sich abträglich auf den JStVollzug auswirken kann (vgl. zur Umetikettierung in einen „Hochsicherheitsprobanden" nebst Abbruch therapeutischer Bemühungen Antrag der StA Augsburg 1.6.2011 – Jug KLs 401 Js 107041/02; dazu *Eisenberg* StV 2012, 238).

45   **aa)** Zu den formellen Voraussetzungen der Neuregelung gehört zunächst ein im Vergleich zum allg. StR **engerer Deliktskatalog.** Es muss sich um eine **Anlasstat** iSd in **Abs. 2 S. 1 Nr. 1** aufgeführten Straftatbestände handeln. Zudem ist, wie schon in Abs. 2 bisherige Fassung, als zusätzliche Qualifikation bereits der Anlasstat eine Beurteilung **schwerer** seelischer oder körperlicher **Schädigung** des Opfers oder einer solchen **Gefahr** vorausgesetzt (entspr. schon § 106 Abs. 3 S. 2 Nr. 1, Abs. 5 S. 1 aF; krit. dazu DRB, Stellungnahme ggü. dem BVerfG v. 7.9.2010, S. 7 f.) – dieses wertende Erfordernis als einer Rechsfrage **ermangelt** der **Bestimmtheit** und damit einer Geeignetheit zur Schaffung von Rechtssicherheit.

Weiterhin ist diejenige – mit dem **Wesen** von Maßregeln als schuldindiffe- **45a**
rent **in Konflikt** stehende – Voraussetzung des Abs. 2 aF beibehalten, dass
eine Verurteilung zu einer **JStrafe** von **mindestens 7 Jahren** erfolgt sein
muss (krit. auch dazu schon DRB, Stellungnahme ggü. dem BVerfG v.
7.9.2010, S. 7 f.; *Nestler/Wolf* NK 2008, 157), wobei die besonderen Strafzumessungsregeln des JStR berücksichtigt sind. Die Formulierung „auch
wegen" bezieht sich auf Fälle einer EinheitsJStrafe (§ 31), bei der (im
Unterschied zur Gesamtstrafenbildung gem. §§ 53, 54 StGB) nicht offenge-
legt ist, welche Strafhöhe für (die verschiedenen gleichzeitig abgeurteilten
Straftaten und also auch für) eine hier einschlägige Anlasstat bemessen wurde
oder worden wäre(zu Einwänden vgl. *Ostendorf/Petersen* ZRP 2010, 246;
Kreuzer NStZ 2010, 475).

bb) Zu den **materiellen Voraussetzungen** gehört gem. **Abs. 2 S. 1** **46**
Nr. 2, dass sich aus den bei der Anlassverurteilung erkennbaren Tatsachen
im Rahmen einer Gesamtwürdigung eine **hohe Wahrscheinlichkeit** dafür
ergibt, dass der Verurteilte **erneut** Straftaten der in Abs. 2 S. 1 Nr. 1
bezeichneten Art unter zusätzlicher Verwirklichung der besonderen, auf ein
potentielles Opfer bezogenen Voraussetzung begehen wird. Hohe Wahrscheinlichkeit ist ua deshalb vorausgesetzt, weil wegen der vergleichsweise
kürzeren Lebensgeschichte idR nicht in einem Ausmaß wie bei Erwachsenen an Vorstrafen oder Haftaufenthalte als prognostisch relevante
Indikatoren angeknüpft werden kann. – Für die zum Ausspruch des Vorbehalts erforderliche „Gefährlichkeits"-Prognose kommt es (insoweit ebenso wie im allg. StR) auf den **Zeitpunkt** der **Verurteilung** an. Zu prüfen
ist, ob sich im Rahmen einer „Gesamtwürdigung" ergibt, dass zu diesem
Zeitpunkt ein Hang des Betroffenen zu Straftaten der in Nr. 1 genannten
Art und eine daraus hergeleitete „ Gefährlichkeit" für die Allgemeinheit
vorliegen, dh die Würdigung von Hang und Gefährlichkeit muss sich auf
Verbrechen der in S. 1 Nr. 1 bezeichneten Art einschließlich der genannten
opferbezogenen Qualifikation beziehen („erhebliche Straftaten" (§§ 66a
Abs. 2 Nr. 3, 66 Abs. 1 S. 1 Nr. 4 StGB) genügen nicht). Da der Gesetzgeber die Voraussetzung hoher Wahrscheinlichkeit nur auf die Deliktsbege-
hungsprognose beschränkt, genügt bei formeller Gesetzesauslegung wie im
allg. StR für Hang und Gefährlichkeit eine **bloße Wahrscheinlichkeit**
(vgl. § 66a Abs. 2 Nr. 3 StGB: „zumindest wahrscheinliche" Vorliegen
einer hangbedingten Gefährlichkeit). Ohne sich um eine Legitimation für
diese niedrige Schwelle zu bemühen, **übergeht** der Gesetzgeber wiederum
das **rechtssystematisch** getrennte Verhältnis von JGG und StGB (vgl.
→ Rn. 33) – nicht abgemildert wird dies durch die (allg. Auffassung entspr.)
Darlegungspflicht des Gerichts in den Urteilsgründen, ob es vom Vorliegen
dieser Voraussetzungen überzeugt ist oder aber solches nur für wahrscheinlich hält.

c) Aussetzung der Unterbringung nach Vollstreckung der Jugend- **47**
strafe. aa) Die Prüfung, ob die Unterbringung in der Sicherungsverwahrung am Ende des Vollzugs der JStrafe auszusetzen ist, bestimmt sich nach
§ 67c Abs. 1 S. 1 StGB entsprechend (vgl. → § 82 Rn. 49, 50).
Im Falle der Aussetzung tritt Führungsaufsicht ein (§ 2 Abs. 2, § 67c
Abs. 1 S. 2 Hs. 2 StGB).

bb) Da die Neufasssung des Abs. 2 S. 2 Hs. 2 die entsprechende An- **48**
wendbarkeit von § 66a Abs. 3 S. 1 StGB bestimmt, kann über die vorbehal-

tene Anordnung der Unterbringung in Sicherungsverwahrung **nur bis** zur vollständigen **Vollstr** der JStrafe entschieden werden.

48a Nach Abs. 2 S. 2 ordnet das Gericht die Unterbringung in Sicherungsverwahrung an, wenn sich durch eine erneute, die Entwicklung des Betroffenen seit seiner Verurteilung einbeziehende Gesamtwürdigung bestätigt, dass Straftaten der in Abs. 2 S. 1 Nr. 1 bezeichneten Art von ihm „zu erwarten sind". Dies verlangt zwar keine „hohe Wahrscheinlichkeit", jedoch wäre die Annahme einer „nahe liegenden Gefahr" weder hinreichend bestimmt noch kontrollierbar, dh es bedarf auch hier verlässlich festgestellter Tatsachen. Was deren Würdigung angeht, so darf die (auch hier zu verzeichnende) gesetzgeberische **Missachtung** der **rechtssystematischen** Trennung zwischen JGG und StGB (vgl. → Rn. 33) nicht zu **Fehlinterpretationen** insbes. von (als prognostisch negativ zugeschriebenen) Einstellungen oder Vorkommnissen wähend des JStVollzuges (zB Disziplinarverfahren, (Nicht-)Annahme von als betreuend geltenden Angeboten) führen (im Einzelnen verbietet sich zB eine Anlastung sog. „Therapieverweigerung" im Allg. zudem schon deshalb, weil die Anordnungsvoraussetzungen von Sicherungsverwahrung psychopathologische Ausprägungen nicht kennen (übergangen bei *Freuding* in BeckOK JGG Rn. 49)).

4. Vollstreckung und gerichtliche Kontrolle

49 **a) Ausgestaltung gerichtlicher Kontrolle.** Gemäß **Abs. 3** (AbstandsgebotsG v. 5.12.2012 (BGBl. I 2425)) – in S. 1–3 im Wesentlichen § 106 Abs. 4 S. 1–3 aF entsprechend – hat das erkennende Gericht bereits den Vollzug der verhängten JStrafe in einer **sozialtherapeutischen Einrichtung** anzuordnen, wenn die zukünftige Legalbewährung dadurch eher gefördert werden kann. Die Anordnung kann das Gericht treffen, solange der Verurteilte **nicht** das **27. Lbj.** vollendet hat. Dies kann auch **nachträglich** geschehen (Abs. 3 S. 2), etwa wenn die Möglichkeit einer besseren Förderung zukünftiger Legalbewährung durch den Vollzug in einer sozialtherapeutischen Einrichtung bei der Verurteilung noch nicht erkannt wurde oder zu erkennen war. Unter den Voraussetzungen des Abs. 3 S. **3** muss die Frage einer Anordnung nach jeweils **sechs Monaten** erneut geprüft werden. – Durch den Verweis in Abs. 3 S. **5** auf § 66c Abs. 2 StGB ist klargestellt, dass ansonsten diese Vorschrift auch im JStR anwendbar ist, und das Gleiche gilt für den Verweis auf § 67a Abs. 2–4 StGB (für den Vollzug von Sicherungsverwahrung gilt § 66c Abs. 1 StGB bereits über § 2 Abs. 2, vgl. auch RegE v. 6.6.2012 (Begr. BR-Drs. 17/9874, 32).

49a Durch das AbstandsgebotsG (BGBl. 2012 I 2425) ist die Entscheidungsbefugnis der JKammer bzw. der StrafvollstrKammer über die Vollstr und Fortdauer der Sicherungsverwahrung nach §§ 67c Abs. 1, 67d Abs. 2, 3 StGB ausgedehnt worden. Entsprechend den Vorgaben aus der Entscheidung BVerfGE 128, 326 ff. **darf** Sicherungsverwahrung wegen Verletzung des Verhältnismäßigkeitsgrundsatzes dann **nicht vollstreckt** werden, wenn eine als notwendig erachtete Behandlung während des Vollzuges nicht angeboten worden ist. Zudem ist die **Verhältnismäßigkeit** gem. § 67d Abs. 2 S. 2 StGB für den Zeitraum nach Beginn der Vollstr von Sicherungsverwahrung für den Fall des Fehlens geeigneter Behandlungsangebote zu prüfen. Zwar ist in § 67c Abs. 1 Nr. 2 StGB ebenso wie in § 67d Abs. 2 S. 2 StGB die rechtswidrige Versagung derjenigen Kategorie *zentraler* Behandlungsmaßnahmen, die in *Vollzugslockerungen* (gem. § 66c Abs. 1 Nr. 3 StGB) besteht, nicht angeführt, jedoch wird das Gericht aus Sachgründen diesen Bereich nicht ausklammern.

aa) Das AbstandsgebotsG hat gem. (§ 2 Abs. 2,) § 119a StVollzG eine **50** **zwingende gerichtliche Kontrolle** der Bemühungen eingeführt, die zur Vermeidung bzw. Beendigung von Sicherungsverwahrung während des (Jugend-)Strafvollzuges bzw. der danach möglicherweise vollstreckten Sicherungsverwahrung stattfinden. Wenngleich das Gesetz dies nicht ausdrücklich auch auf *vollzugsöffnende* Maßnahmen bezieht (§ 119a Abs. 1 Nr. 1 StVollzG verweist nicht auf § 66c Abs. 1 Nr. 3 StGB), wird das Gericht diesen *prognostisch zentralen* Bereich berücksichtigen (restriktiv KG NStZ-RR 2016, 125 bzw. OLG Hamm NStZ-RR 2016, 26 (Ls.) = BeckRS 2016, 03071 (jeweils zum allg. StR)).

Die Regelung des § 119a Abs. 7 StVollzG, derzufolge die insoweit **gerichtlich** getroffenen **Feststellungen** für nachfolgende Gerichte **bindend** **50a** sind, soll für den Vollzug eine gewisse Rechtssicherheit ermöglichen. Indes könnte die Bindung insofern unzulässig sein, als im Vollstreckungsverfahren – auch entgegen zuvor ergangener Entscheidungen in Vollzugsverfahren – mit Relevanz für die Prognose etwa festzustellen wäre, dass notwendige Behandlungsmaßnahmen (wie zB vollzugsöffnende Maßnahmen) faktisch (rechtswidrig) verweigert worden sind (vgl. entspr. zu lebenslanger Freiheitsstrafe BVerfG, 4. K. des 2. S., NJW 2009, 1941 mzustAnm *Groß* jurisPR-StrafR 12/09 und eher abl. Bspr. *Reichenbach* NStZ 2010, 424 ff.; krit. zur Umsetzung im Allg. *Böhm* ForPsychiatr online Mai (18)).

bb) Die Regelungen zur gerichtlichen Kontrolle werden unterstützt **50b** durch § 120 Abs. 1 S. 1 StVollzG, wonach (teilweise vergleichbar dem Verwaltungsverfahren) die Möglichkeit der Androhung und Umsetzung von Zwangsmitteln gegen die JVA besteht, sofern sie gerichtlichen Entscheidungen nicht Rechnung trägt. Indes wird durch eine solche Vorschrift der vormals in Einzelfällen zu beanstandend gewesene Umstand einer „Machtlosigkeit" der Gerichte iSe Weigerung, gerichtlich bindende Vorgaben umzusetzen, faktisch nur begrenzt überwunden werden können.

b) Nachträgliche Überweisung. Die durch das AbstandsgebotsG (v. **51** 5.12.2012 (BGBl. I 2425)) getroffene Neufassung des **Abs. 3 S. 5** betrifft die Geltung des gleichfalls neu gefassten **§ 67a Abs. 2 S. 2 StGB,** wodurch die nachträgliche Überweisung aus dem JStVollzug in ein psychiatrisches Krankenhaus (§ 63 StGB) oder in eine Entziehungsanstalt (§ 64 StGB) auch bei nur vorbehaltener Sicherungsverwahrung ermöglicht wird, wenn sie zur Durchführung einer Heilbehandlung oder Entziehungskur (zB bei Suchtmittelkranken) angezeigt ist (die Voraussetzung des Vorliegens eines „Zustandes nach § 20 oder § 21 StGB" in § 67a Abs. 2 S. 2 aF sind entfallen) und die zukünftige Legalbewährung dadurch eher gefördert werden kann (diese Unterbringungszeit wird auf die Strafhaft angerechnet, Begr. RegE v. 6.6.2012 (BT-Drs. 17/9874), 24). Indes wäre eine Interpretation des „Angezeigtseins" im Sinne (nur) medizinischer Beurteilung eher verengend (oder gar sachfremd), denn es kommt gem. dem Verhältnismäßigkeitsgrundsatz nur darauf an, dass im Vollzug angebotene Maßnahmen weniger erfolgversprechend sind.

c) Zuständigkeit. Die Prüfung und Anordnung obliegt nach **Abs. 3 S. 4** **52** der für Entscheidungen über Vollzugsmaßnahmen – also auch für iZm

Sicherungsverwahrung stehende Entscheidungen nach § 119a StVollzG – zuständigen **JKammer** (§ 92 Abs. 2), jedoch der StVollstrKammer, soweit die JStrafe nach den Vorschriften des StVollzugs für Erwachsene vollzogen wird oder der Betroffene das 24. Lbj. vollendet hat (vgl. zu dieser Altersgrenze auch § 92 Abs. 6 S. 1 und § 85 Abs. 6 S. 1, § 89b Abs. 1 S. 2 und § 114).

5. Abs. 5

53   Die Vorschrift ist im Vergleich zu Abs. 4 aF um die Erledigung (gem. § 2 Abs. 2, § 67d Abs. 3 StGB) ergänzt worden. – Die Verkürzung der **Überprüfungsfrist** von vormals einem Jahr (Abs. 4 aF) auf nunmehr sechs Monate für Betroffene vor Vollendung des 24. Lbj. (vgl. im Übrigen § 67e Abs. 2 StGB) beruht auf dem in BVerfGE 128, 326 Rn. 117 angeführten besonderen Kontrollgebot, da der Sicherungsverwahrungs-Vollzug bei nach JStR Verurteilten idR noch schwerwiegender in die Grundrechte eingreift als bei älteren Personen (vgl. auch Abs. 3 S. 3). Das Gericht kann aber auch kürzere Fristen setzen, was im Einzelfall angezeigt sein wird (zur Abwehrhaltung aus der Praxis vgl. Stellungnahmen Rechtsausschuss (BT-Drs. 17/9874) zum allg. StR).

6. Abs. 4

54   Ob diese Regelung (gem. AbstandsgebotsG v. 5.12.2012 (BGBl. I 2425), Abs. 3 aF) mit Art. 5 EMRK vereinbar ist, ist fraglich (vgl. → Rn. 31; zutr. vern. zumindest bei vormaligem Freispruch *Renzikowski* Rechtsausschuss BT-Drs. 17/3403, 5; ergänzend *Esser* in Löwe/Rosenberg EMRK Art. 5 Rn. 86; nicht erörtert in BGH NStZ 2012, 317 (zu § 66b StGB)). Indem die Vorschrift die Voraussetzungen entsprechend den für nach allg. StR abgeurteilte Personen bestehenden Regelungen (§ 66b StGB, § 106 Abs. 7) festlegt (krit. wegen Nicht-Austauschbarkeit *Lange,* Die Kriminalprognose im Recht der Sicherungsverwahrung, 2012, 210; nachdrücklich krit. auch *Karmrodt,* Sicherungsverwahrung bei Verurteilungen nach Jugendstrafrecht, 2012, 158 ff.), wird die Bedeutung der Altersvariable übergangen. Demgegenüber enthält Abs. 4 schon wegen der kürzeren Biographie Betroffener im Vergleich zum allg. StR erhöhte methodische Schwierigkeiten verlässlicher Beurteilung (vgl. aber unreflektiert vormals RegE Begr., 15: „als hochgefährlich anzusehen"). Unbeschadet dessen, dass es sich bei der Entscheidung gem. § 67d Abs. 6 StGB um eine formelle Voraussetzung handelt und es deshalb auf deren materielle Richtigkeit nicht ankommt, hat das Gericht vor nachträglicher Anordnung in eigener Verantwortung auch hier (vgl. → § 106 Rn. 30) zum einen zu prüfen, ob der psychische Zustand des Betroffenen der Anordnung entgegensteht. Zum anderen hat es bei der Ermessensentscheidung hinsichtlich der Würdigung der Gründe, die für eine Erledigung angeführt werden, zu prüfen, inwieweit mittelbar etwaige Eigenbelange der Exekutive bzw. von Sachverständigen eingeflossen sind (zB sich sog. „störender" Untergebrachter zu entledigen bzw. Kosten zu sparen, zumal die Unterbringung in Sicherungsverwahrung deutlich kostengünstiger ist als die in einem psychiatrischen Krankenhaus).

7. Verfahrensrechtliches

a) aa) Für das über die Vollstr der Maßregel entscheidende Gericht (§ 82 **55** Abs. 3) gilt § 67c Abs. 1 StGB entsprechend **(Abs. 2 S. 3).**

bb) Gemäß § 109 Abs. 3 StVollzG ist dem Betroffenen zur Durchsetzung **56** der Maßnahmen nach § 66c StGB ein **Rechtsanwalt** als **Beistand** zu bestellen. Rechtstatsächlich nicht bedenkenfrei ist die – als verfahrensöko-nomischer und fiskalischer Kompromiss erscheinende – Ausnahmeregelung, derzufolge bei Beurteilung der Sach- und Rechtslage als „einfach" die Mit-wirkung eines Rechtsanwalts nicht geboten erscheine, und Entsprechendes gilt für die Alternative des „Ersichtlich"-Seins, dass der jeweilige Antragsteller seine Rechte selbst ausreichend wahrnehmen könne. Zum einen kann eine Fremd- statt einer Selbstbeurteilung zu durchaus unterschiedlichen Ergeb-nissen führen, und zum anderen lässt sich nicht ausschließen, dass die Beur-teilungskriterien sich als disponibel erweisen (vgl. näher → § 92 Rn. 180).

cc) Für die Prüfung gem. § 2 Abs. 2, § 67c Abs. 1 StGB ist unabhängig **57** davon, ob eine Aussetzung der Vollstr zBew erwogen wird, ein **Sachver-ständiger** heranzuzuziehen (§ 463 Abs. 3 StPO).

Wegen der **einzuholenden Gutachten** vgl. Erl. zu § 43 (→ § 43 **57a** Rn. 47a betr. Auswahl des Sachverständigen) sowie zu § 81a (betr. Beleh-rung durch Sachverständigen → § 81a Rn. 10 (s. aber auch § 70a Abs. 1 aF bzw. § 70b Abs. 1 nF entspr.), betr. Kosten → Rn. 16).

b) In der **Revision** wird auch die Prognose nur auf Rechtsfehler geprüft. **58**

8. Rechtstatsächliches

An den Stichtagen des 31.3.2014 und 2015 war im (J)Strafvollzug jeweils **59** ein zu JStrafe verurteilter Insasse mit vorbehaltener Sicherungsverwahrung ausgewiesen. Jeweils drei Personen waren nach einer Verurteilung nach JStR in Sicherungsverwahrung untergebracht (*Dessecker/Leuschner* Sicherungsver-wahrung und vorgelagerte Freiheitsstrafe, 2019, 40, 93). Einer Befragung bei den Landesjustizverwaltungen (vgl. *Meier* in Kaspar 220 f.) zufolge befanden sich am 31.3.2016 insgesamt vier Personen mit Vorbehaltsanordnung „im JStVollzug/Sozialtherapie" (je eine in BW, Hess., Nds. und NRW) und zwei waren in Sicherungsverwahrung untergebracht (beide Bay.). Diese – im Ver-hältnis zum allg. StR und unbeschadet des altersbezogen geringen Anteils nach JStR in Betracht kommender Betroffener – äußerst niedrige Zahlen, die zudem von nur wenigen Bundesländern produziert wurden, scheinen die schon bei Einführung der Regelungen wissenschaftlich begründeten Stel-lungnahmen zu bestätigen, denen zufolge ein Bedarf nicht besteht (vgl. → Rn. 30), es sich vielmehr eher um (kriminal-)politische Belange handelte (zu Verfahrensmängeln vgl. → Rn. 30–30b).

VI. Führungsaufsicht

1. Gesetzliche Zusammenhänge; Weisungen

a) Rechtliche und tatsächliche Grenzen. aa) Nach BVerfGE 25, 28 = **60** NStZ 1981, 21 f. (zum allg. StR) **verstößt** die gem. Abs. 1, § 68f StGB kraft Gesetzes eintretende Fürungsaufsicht auch im Falle der Erteilung von Wei-sungen (§ 68b StGB) **nicht gegen** das **Verbot** der **Doppelbestrafung**

(Art. 103 Abs. 3 GG) und auch nicht gegen den Verhältnismäßigkeitsgrundsatz. Indes sind insoweit Bedenken schon im allg. StR ua wegen der **Pauschalisierung** (nach Deliktsart bzw. Sanktionsart und -höhe) nicht ausgeräumt, und der individuellen Entwicklungsbezogenheit des **JGG** steht die Maßregel ohnehin eher **entgegen.** Dies gilt umso mehr, als der Anwendungsbereich weiterhin ausgebaut wurde (vgl. speziell betr. Delikte gegen die sexuelle Selbstbestimmung aus empirischer Sicht abl. *Schalast* R&P 2006, 62; *Dessecker* Bewährungshilfe 2007, 281; Zweifel wegen Unverhältnismäßigkeit (vgl. → § 43 Rn. 29) begründet die durch das StORMG (BGBl. 2013 I 1805) eingeführte Ausdehnung betr. Abs. 1, § 68b Abs. 2 S. 2 gem. Abs. 1, § 246a Abs. 2 StPO; zu Nachweisen für die Dominanz von Kontrolle ggü. Betreuung *Rohrbach,* Die Entwicklung der Führungsaufsicht unter besonderer Berücksichtigung der Praxis in Mecklenburg-Vorpommern, 2014 (Daten für Schleswig-Holstein)). – Nach der auf das materielle **JStR** bezogenen, äußerst verkürzt begründeten Entscheidung BVerfG, 3. K. des 2. S., NStZ-RR 2008, 217 f. = ZJJ 2008, 191 f. **verstoße** der Eintritt gem. Abs. 1, § 68f StGB (trotz des Fehlens einer Möglichkeit zur Ermesensausübung) **nicht gegen** den Grundsatz des **Gesetzesvorbehalts** (Art. 103 Abs. 2 GG); aA AG Hameln ZJJ 2008, 83 und 84; *Pollähne* ZJJ 2009, 6 sowie 8; dezidiert *Sommerfeld* NStZ 2009, 249 (jedoch die Anwendbarkeit gem. § 2 Abs. 2 bejahend, NStZ 2009, 249 f.)). Dem folgte die Entscheidung BVerfG, 1. K. des 2. S., BeckRS 2008, 42264, wonach der Gesetzestext **„Freiheitsstrafe"** bzw. „Gesamtfreiheitsstrafe" **auch** die **Jugendstrafe** gem. § 17 Abs. 1 JGG erfasse (aA auch hierzu AG Hameln ZJJ 2008, 84), obgleich schon die Verhängungsvoraussetzungen durchaus unterschiedlich sind und bejahendenfalls deren **Nivellierung ex post** gar zum Nachteil Betroffener stattfindet, und zwar mit unabsehbaren Folgen für die Frage spezialpräventiver (Nicht-)Geeignetheit der Maßregel (vgl. auch → Rn. 65; statistische Anhaltspunkte im Allg. bei *Weigelt/Hohmann-Fricke* Bewährungshilfe 2006, 216 ff.).

Eine vertiefte Überprüfung der (Nicht-)Vereinbarkeit mit Normen der EMRK steht noch aus.

60a Verlässliche aktuelle Angaben zur **Häufigkeit** des Eintritts kraft Gesetzes im materiellen JStR fehlen (am Stichtag des 31.12. der Jahre 1980, 1985 und 1990 (jeweils in den „alten" Bundesländern) waren 609, 1.019 und 1.178 Personen nach JStR der Führungsaufsicht unterstellt, darunter 180, 295 und 267 Jugendliche (BewHiSt bis 1990 Tabelle 1)). Zur Anwendungshäufigkeit insgesamt vgl. etwa *Kinzig* NeueKrimPol 2015, 230 ff.

61 **bb)** Im Allg. ist gegenüber dieser Maßregel einzuwenden, dass weder abstrakt noch hinsichtlich der Verwirklichung eine Integration der beiden Zwecke (beaufsichtigende Kontrolle und helfende Betreuung) gelingen zu können scheint (zum Übergewicht der „Überwachung" aber § 481 Abs. 1 S. 3 (eingefügt durch Gesetz v. 17.8.2017, BGBl. I 3202), wonach Mitteilungen nach S. 2 unter dehnbar auslegungsfähigen Voraussetzungen auch durch BewHelfer erfolgen „können"; vgl. schon VV Bay. MdJ v. 7.4.1987, abgedruckt Bewährungshilfe 1988, 352; sodann ähnlich RefE-BMJV v. 6.6.2016, allerdings noch einschränkend auf eine „Gefahr für Leib, Leben, die persönliche Freiheit oder die sexuelle Selbstbestimmung Dritter"; vgl. auch zuvor zwecks Gefahrenabwehr bei bestimmten Delikten E-BR v. 2.7.2014 (BT-Drs. 18/2012); aA *Anders* Bewährungshilfe 2011, 27 ff. (betr. allg. StR)). Hinzu tritt die Problematik der **Zweigleisigkeit** (oder **Überbetreuung)** in der Zusammenarbeit von Führungsaufsichtsstelle (Art. 295

EGStGB) und BewHilfe (vgl. § 68a Abs. 2 StGB; hierzu bereits *Brusten* Bewährungshilfe 1978, 201 (209 ff.)). Insofern sind Ausgestaltung und erwartete Einwirkungsmöglichkeiten (für Einschränkung der Berichtspflicht der Aufsichtsstelle ggü. dem Gericht *Mainz* NStZ 1987, 541) dieser Maßregel vergleichsweise vage geblieben (vgl. vormals allg. etwa *Antons* Bewährungshilfe 1992, 286: viele FA-Stellen beschränkten sich auf das Sammeln von Daten und Informationen).

b) Weisungen. aa) Die gem. § 68b StGB zulässigen Weisungen (erwei- **62** tert durch Gesetz v. 13.4.2007 (BGBl. I 513)) bedürfen sowohl einer *gesetzlichen Grundlage* als auch – ua bezüglich *Kontrolle* (Art, Häufigkeit, Zuständigkeit) und *Kosten*tragung (bei schuldlosem Unvermögen die Staatskasse, vgl. OLG Bremen NStZ 2011, 216; OLG Karlsruhe NStZ-RR 2011, 30 (jeweils zum allg. StR)) – hinreichend genauer *Bestimmtheit* (§ 68b Abs. 1 S. 2 StGB; BGH NJW 2013, 710; OLG München NStZ 2011, 95; OLG Koblenz BeckRS 2011, 20782, jeweils zum allg. StR; speziell zu Abs. 1, § 68b Abs. 1 S. 1 Nr. 3 BGH NStZ-RR 2014, 78 betr. allg. StR), andernfalls sind sie rechtswidrig (BVerfG, 1. K. des 1. S., EuGRZ 2011, 88 = HRRS 2011 Nr. 121; OLG Dresden NStZ-RR 2008, 28 sowie NStZ 2008, 572 (faktische Umgehung von § 70 StGB), jeweils zum allg. StR). Grundsätzlich bedarf die Erteilung einer schriftlichen *Begründung* (einschr. OLG Frankfurt a. M. NStZ-RR 2012, 94 (betr. allg. StR)), die betr. § 68b Abs. 1 StGB auch den Hinweis auf die Strafbewehrung (§ 145a StGB) enthalten muss (BGH StV 2015, 690 (betr. § 68b Abs. 1 Nr. 1 und 12 zum allg. StR); BGH StraFo 2015, 471 (nicht ersetzbar durch eine mündliche Belehrung, „sog. Gefährderansprachen" oder Hinweise des BewHelfers), BGH NStZ-RR 2016, 200; BeckRS 2016, 18882 bzw. OLG Bamberg NStZ 2013, 531; OLG Saarbrücken NStZ-RR 2016, 243; abw. LG Verden StraFo 2017, 512 mkritAnm *Baur* zum allg. StR).

Einschränkungen von *Grundrechten* sind im Verhältnis zu dem Interesse der **62a** Allgemeinheit an zukünftigem Legalverhalten des Verurteilten abzuwägen (vgl. zur Hintanstellung freier Berufswahl (Art. 12 GG) BVerfG NStZ 1981, 21 f.; hingegen zum Vorrang der freien Meinungsäußerung (Art. 5 Abs. 1 S. 1 GG) BVerfG, 1. K. des 1. S., EuGRZ 2011, 88 = HRRS 2011 Nr. 121 sowie die Grundrechts auf Gewährleistung der Vertraulichkeit und Integrität informationstechnischer Systeme OLG Zweibrücken NStZ 2017, 291 (jeweils zum allg. StR)). Zudem dürfen Weisungen Rechte nur in einer *Reichweite* einschränken, wie sie sich aus der maßregelbegründenden Tat ergibt (vgl. OLG Köln NStZ 2010, 153 („unterläuft die familien/zivilgerichtliche Zuständigkeit") zum allg. StR).

(1) Hinsichtlich des *Wohnorts* erlaubt Abs. 1, § 68b Abs. 1 S. 1 Nr. 1 **63** StGB nicht die Auswahl gegen den Willen des Betroffenen (OLG München StraFo 2011, 244 (betr. allg. StR)).

(a) Betreffend *Drogenkontrolle* ist umstritten, ob eine Haarprobe einen kör- **63a** perlichen Eingriff darstellt (§ 68b Abs. 1 Nr. 10 StGB bzw. § 56c Abs. 3 StGB; bejahend OLG München NStZ 2011, 94; OLG Nürnberg NStZ-RR 2012, 261; vern. OLG München NJW 2010, 3527 (jeweils zum allg. StR)). Umstritten ist speziell zu *„Drogenscreenings"* auch die Zulässigkeit im Hinblick auf § 145a StGB (vern. OLG Dresden NJW 2009, 3315; bejahend aber (unter Einschränkungen) OLG Rostock NStZ-RR 2012, 222; OLG München NStZ-RR 2012, 324 (jeweils zum allg. StR)), die Kosten unterfallen nicht § 464a Abs. 1 S. 2 StPO, § 465 StPO, sondern darüber wird in einer Annexentscheidung zur Weisung (unter Berücksichtigung auch von § 68b Abs. 3 StGB) entschieden (OLG Bremen NStZ 2011, 216; OLG München NStZ-RR 2012, 324 (jeweils zum allg. StR)). – Was *Vorstellungs-* und *Therapieweisungen* angeht (§ 68b Abs. 1 Nr. 11, Abs. 2 S. 2 und 3 StGB, eingefügt durch Gesetz v. 13.4.2007 (BGBl. I 513)), so ist gem. § 68b Abs. 1 Nr. 11 StGB zwar die Kontaktaufnahme durchsetzbar, nicht aber ist eine (strafbewehrte) Therapie erzwingbar (OLG Dresden NStZ-RR 2008, 27 f.); jedoch ist gem. § 68b Abs. 2 StGB eine Therapieweisung zulässig (zum Kreis forensischer Ambulanzen vgl. etwa VV BW Die Justiz 2017, 246; zur Ermittlungspflicht der BewHilfe hinsichtlich der finanziellen Verhältnisse (betr. Kostentragung) Die Justiz 2017, 246 Nr. 8.6, 9.3).

63b Rechtswidrig wäre eine Weisung, behandelnde Ärzte von der Schweigepflicht zu befreien (KG NStZ-RR 2007, 169; vgl. aber VV BW Die Justiz 2017, 246 Nr. 11.1: Entbindung „ist Grundlage der Behandlung").

63c (b) Die Weisung betr. *elektronische Überwachung* (§ 68b Abs. 1 Nr. 12 StGB, eingefügt durch Gesetz v. 22.12.2010 (BGBl. I 2300); affirmativ JuMiKo v. 17./18.6.2015: „bewährt hat") ist von erheblicher Tragweite (vgl. etwa *Brauneisen* StV 2011, 311 ff.; *Maltry* Bewährungshilfe 2013, 117 ff.; abl. zur Fortdauer OLG Nürnberg NStZ 2015, 167 (betr. allg. StR); näher zum Ganzen *Fünfsinn/Kolz* StV 2016, 191 ff.), wobei Zweifel ggü. präventiver Geeignetheit bislang teilweise nicht hinreichend ausgeräumt sind.

63d (2) Weisungen unterliegen zudem der *Zumutbarkeitsgrenze* (Abs. 1, § 68b **Abs. 3 StGB**), die bei Strafbewehrung eines Verstoßes (Abs. 1, §§ 68b Abs. 1, 145a StGB) enger zu ziehen ist als in Fällen gem. Abs. 1, § 68b Abs. 2 S. 1 StGB (vgl. betr. § 68b Abs. 1 S. 1 Nr. 3 StGB zur Unverhältnismäßigkeit OLG Dresden StV 2015, 701; zu unzulässig ausdehnender Bejahung BGH NStZ-RR 2016, 10 – jeweils zum allg. StR) oder als bei Weisungen iRd Aussetzung der Vollstr der JStrafe zBew (vgl. BVerfG, 3. K. des 2. S., NJW 2016, 2170 = StraFo 2016, 203: *Abstinenz*weisung bei suchtbedingt nicht erfüllbarer Erwartung als Verstoß gegen die Verhältnismäßigkeit (betr. allg. StR); OLG Celle NStZ-RR 2010, 92 (zu Sucht, betr. allg. StR)). Ohnehin müssen Weisungen auch mit dem *Gesetzeszweck vereinbar* sein (vgl. betr. die Weisung, das deutsche *Staatsgebiet* zu verlassen, vern. OLG Köln StraFo 2009, 436 (betr. allg. StR); ergänzend zu jstr Weisung → § 10 Rn. 18).

64 **bb)** Die (gesetzlich nicht vorgesehene) Übertragung der *Erteilungsbefugnis* auf die Führungsaufsichtsstelle oder den BewHelfer ist (aufgrund in Betracht kommender Tiefe von Eingriffen in das Freiheitsgrundrecht des Verurteilten) wegen Verstoßes gegen den Richtervorbehalt verfassungswidrig (OLG Hamm 15.12.2009 – 3 Ws 485/09 Rn. 14, RuP 2010, 98 = BeckRS 2010, 2230).

64a **cc)** Betreffend Führungsaufsicht nach ausgesetzter Unterbringung soll es der *Invollzugsetzung* (§ 67h StGB) nach überwiegender Auffassung nicht entgegen stehen, wenn die Aussetzung bereits im Urteil geschah (OLG Jena NStZ-RR 2009, 222 mN (zum allg. StR; vgl. näher zum Ganzen *Schuster* StV 2011, 506 ff.)), wobei indes die Gefahr der *Eingriffsausdehnung* besteht, soweit Zweifel daran verbleiben, ob andernfalls ein Widerruf unvermeidbar wäre.

2. Verhältnis zum Jugendstrafrecht

65 **a)** Anhaltend bestehen Zweifel an der Geeignetheit der Maßregel (vgl. etwa schon *Antons* Bewährungshilfe 1992, 282 ff. (283): „oft ‚hoffnungslose'

Probanden"; vgl. aber betr. „forensische Ambulanzen" in Baden-Württemberg *Cless/Wulf* R&P 2011, 132 ff.; vormals zur Einweisung in Jugendschutzlager vgl. → Einl. Rn. 17, → § 12 Rn. 31 sowie Quellen in DVJJ-Journal 1992, 242 ff., krit. zum Ganzen → Rn. 5, 60 sowie → § 17 Rn. 61 f. entspr.). Schon deshalb wie auch gem. allg. jugendrechtlichen Zielen von Schutz, Förderung (bzw. Unterstützen sowie Befähigen) und Integration (§ 2 Abs. 1) und nicht zuletzt wegen des Verhältnismäßigkeitsgrundsatzes (Abs. 1, § 62 StGB) kommt die **Kann-Vorschrift** des **§ 68 Abs. 1 StGB** nur in **Ausnahmefällen** zur Anwendung (vgl. auch *Rzepka* in Nix Rn. 10: höchst restriktiv). Die Zahl der Anordnungen gem. Abs. 1 betrug in den Jahren 1994, 2000 und 2006 (gem. StBA jeweils in den „alten" Bundesländern) sowie in den Jahren 2012–2016 in Deutschland insgesamt bei *Jugendlichen* 2, 3 und 9 sowie 2, (2013) eins, (2014) zwei, (2015) eins und (2016) 0 (weiblich waren 2006 keine, 2012 eine, 2013–2015 jeweils keine) Fälle, und bei *Heranwachsenden* 18, 8 und 13 sowie jeweils 2, (2014) 1, (2015) 3 und (2016) 2 (weiblich waren 2006 und 2012 keine, 2013 eine, (2014) keine, (2015) eine und (2016) keine (StrafSt Tabelle 2 (bis 1985), Tabelle 6.1 (1986), Tabelle 5.4 (1987–2001), Tabelle 5.5 (ab 2002)).

b) Bezüglich Führungsaufsicht **kraft Gesetzes** ist schon die Subsumtion **66** von JStrafe unter den Begriff Freiheitsstrafe verfehlt (vgl. → Rn. 60) und die Verfassungsgemäßheit in Frage gestellt (vgl. nur *Gundelach,* Die Führungsaufsicht nach der Vollverbüßung einer Jugendstrafe, 2015, 163–200). Sofern dem nicht gefolgt wird, ist hinsichtlich der Voraussetzungen gem. Abs. 1 iVm §§ 68 Abs. 2, 68f Abs. 1 StGB (ggf. abl. betr. Subsumtion von JStrafe unter Freiheitsstrafe *Gundelach/Nix* ZJJ 2015, 148 ff.) bei einer *EinheitsJStrafe* (§ 31 Abs. 2) wegen der spezifisch-jugendstrafrechtlichen Vorgaben die *Dauer einer* der einbezogenen JStrafen maßgeblich, dh unbeschadet der Alt. Gesamtfreiheitsstrafe § 68f Abs. 1 StGB (seit ÄndG v. 17.4.2007; ebenso LG Hannover ZJJ 2008, 82; vgl. vormals OLG Hamm NStZ-RR 1998, 61; OLG Stuttgart Die Justiz 2003, 267; KG NStZ-RR 2004, 257 mAnm *Böhm;* OLG Dresden ZJJ 2004, 435; OLG Zweibrücken NStZ-RR 2005, 246 (Ls.); LG Hamburg StV 1990, 508; *Brunner/Dölling* Rn. 11; **aA** OLG Hamm BeckRS 2014, 13010; OLG Saarbrücken BeckRS 2016, 111323 = StV 2017, 719 (Ls.), indes Gesetzwidrigkeit wegen Fehlens der Voraussetzungen des § 181b StGB bejahend; LG Berlin ZJJ 2008, 80; LG Hannover ZJJ 2008, 82; vgl. vormals OLG München NStZ-RR 2002, 183 = ZJJ 2004, 198 mzustAnm *Ostendorf;* OLG Bamberg NStZ-RR 2007, 94; nach BVerfG, 3. K. des 2. S., NStZ-RR 2008, 217 verfassungsrechtlich nicht zu beanstanden; *Brunner/Dölling* Rn. 11; vgl. auch *Fiebrandt* ZJJ 2008, 278 f.; *Sommerfeld* NStZ 2009, 249 f.). Zudem verlangt der **Verhältnismäßigkeitsgrundsatz,** die Maßregel grds. nur Taten mit hohem Unrechts- und Schuldgehalt vorzubehalten (OLG Hamm NStZ 1998, 61; aA *Diemer* in Diemer/Schatz/Sonnen Rn. 12, 13; *Schatz* in Diemer/Schatz/Sonnen § 31 Rn. 32). Im Übrigen seien Bedenken hier entsprechend, die sich gegen eine auf die Einheitsstrafe bezogene Anknüpfung von Rechtswirkungen nach allg. Strafrecht richten (vgl. → § 31 Rn. 53). – Zur Bildung einer auf die Verurteilung wegen vollstreckter Vorsatztaten beschränkten „fiktiven" Gesamtstrafe OLG Frankfurt a. M. NStZ-RR 2008, 391 (betr. allg. StR).

Demgegenüber stehen die vorgenannten Einwände der Führungsaufsicht **67** nach Abs. 1 iVm § 68f Abs. 1 StGB dann nicht entgegen, wenn nach

Strafrestaussetzung (§ 88) der Widerruf gem. § 26 Abs. 1 Nr. 1, 2 (vgl. hierzu → § 26 Rn. 6, 8) erfolgt und nunmehr die Vollstr der Strafe insgesamt, nicht aber die Vollstr des Restes bzw. die bereits vollstreckte Strafe die Dauer von zwei Jahren erreicht; in diesen Fällen handelt es sich nicht um Ausnahmen von der im Allg. als prognostisch ungünstig beurteilten Einschätzung sog. „Vollverbüßer". Ein Widerruf gem. § 26 Abs. 1 Nr. 3 hingegen vermag eine Prognoseänderung in dem bezeichneten Sinne nicht zu begründen (vgl. → § 26 Rn. 9).

67a　　Ist die JStrafe durch Anrechnung gem. § 51 StGB (vgl. auch → § 52a Rn. 9a) vollständig erledigt, ist die Voraussetzung „Entlassung aus dem Strafvollzug" (§ 68f Abs. 1 S. 1 StGB) nicht erfüllt und es fehlt idR der einschlägige Eingliederungsbedarf, dh Führungsaufsicht tritt − zumal im JStR (vgl. → Rn. 5, 32) − nicht ein (vgl. zum Streitstand nach allg. StR KG NStZ-RR 2005, 43).

3. Dauer, Beendigung

68　　**a)** Was den für das allg. StR in Anlehnung an § 56a Abs. 1 S. 2 StGB festgelegten Rahmen der **Dauer** der Unterstellung (§ 68c Abs. 1 StGB) anbetrifft, so ist er im JStR iSv § 22 Abs. 1 S. 2 auszufüllen (vgl. auch → § 22 Rn. 2), dh die *Höchstgrenze* beträgt regelmäßig drei Jahre (LG Berlin ZJJ 2009, 266), ohne dass es auf das Alter im Zeitpunkt der Entlassung ankommt (vgl. aber LG Berlin ZJJ 2009, 266: „insb." bei Personen, die zu diesem Zeitpunkt noch nicht 21 Jahre alt sind). Dies entspricht den verfassungsrechtlichen Vorgaben zur Wahrung des Erziehungsauftrags (§ 2 Abs. 1) bei der Ausübung des Ermessens (vgl. BVerfG, 3. K. des 2. S., NStZ-RR 2008, 217), auch um einer „Demotivierung" (LG Berlin ZJJ 2009, 266) nicht Vorschub zu leisten.

69　　**b)** Bezüglich der **Beendigung** bzw. des Ruhens zielt § 68e StGB (gem. ÄndG v. 17.4.2007) auf die Vermeidung parallel bestehender Führungsaufsichten bzw. auf die Beendigung bei Beginn der Maßregelunterbringung (vgl. zur frühestmöglichen Aufhebung § 68e Abs. 2 S. 2 StGB). Wird eine hinsichtlich der Vollstr zBew ausgesetzte Reststrafe erlassen, so endet damit auch eine wegen derselben Tat angeordnete oder kraft Gesetzes eingetretene Führungsaufsicht (Abs. 1, § 68 Abs. 3 S. 1 StGB; hM, vgl. nur OLG Oldenburg NStZ-RR 2009, 261 mN).

69a　　Ist im Register eine Führungsaufsicht, aber noch nicht deren Beendigung eingetragen, so unterrichtet die Registerbehörde, sobald sie eine Mitteilung über die Anordnung oder den Eintritt einer neuen Führungsaufsicht erhält, diejenige Behörde, welche die bereits eingetragene Führungsaufsicht mitgeteilt hat, über die neue Eintragung (§ 2 Abs. 2, § 22 Abs. 4 BZRG).

4. Verfahrensrechtliches

70　　**a) Revision.** Die Rüge eines Verfahrensverstoßes, wonach der Angeklagte nicht auf die in Betracht kommende Anordnung hingewiesen wurde (§ 2 Abs. 2, § 265 Abs. 2 StPO), kann zumindest dann zur Aufhebung führen, wenn weder die Anklageschrift noch der Eröffnungsbeschluss und auch nicht das HV-Protokoll notwendige Hinweise darauf enthalten (vgl. BGH StV 2015, 207 (zum allg. StR)). Materiell-rechtlich liegt eine Aufhebung nahe, wenn das Tatgericht die gem. Abs. 1, § 68 Abs. 1 StGB vorausgesetzte

Gefahr ohne hinreichend konkrete Prognoseentscheidung, die eine Gesamt-würdigung von Tat und Täter voraussetzt, bejaht hat, wozu es umso verläss-licherer Anhaltspunkte bedarf, je weniger der Abgeurteilte strafrechtlich vorbelastet ist (vgl. BGH StV 2015, 207 (betr. Nicht-Vorbestraften))

b) Vollstreckung. Vollstreckungsmaßnahmen iZm der Führungsaufsicht **70a** obliegen dem Vollstreckungsleiter (§ 82 Abs. 1, § 54a StrVollStrO; vgl. auch RL VII Nr. 2 zu §§ 82–85; OLG Koblenz GA 1975, 285). Entscheidungen gem. § 463 StPO sind jugendrichterliche, werden also in richterlicher Un-abhängigkeit getroffen (§ 83 Abs. 1).

Die Möglichkeit der *Abgabe* für einen inzwischen 24 Jahre alt gewordenen **70b** Verurteilten (§ 85 Abs. 6 S. 1) gilt auch für Führungsaufsicht, wobei § 85 Abs. 6 S. 2 nur die (unmittelbare) Anwendung der verfahrensrechtlichen Vorschriften über die Strafvollstreckung vorsieht, hinsichtlich materiell-rechtlicher Fragen es aber bei den Regelungen des JStR bleibt (OLG Hamm 18.12.2013 – 3 Ws 389/13 Rn. 3 f., BeckRS 2014, 13010; aA LG Kleve ZJJ 2015, 76 mablAnm *Eisenberg*).

VII. Entziehung der Fahrerlaubnis

1. Gesetzliche Zusammenhänge

Wegen der Voraussetzungen der Anordnung dieser Maßregel (Abs. 1, § 69 **71** StGB) im Allg. wird auf die Erl. in der strafrechtlichen Spezialliteratur verwiesen (zur (restriktiven) Orientierung am Schutzzweck BGH GS NJW 2005, 1957; zur Verneinung der Anordnung betr. Auslieferung von BtM BGH StV 2015, 630 (zum allg. StR)). Die Maßregel darf auch bei Fehlen der strafrechtlichen Verantwortlichkeit iSv § 3 S. 1 angeordnet werden, weil Voraussetzung allein eine rechtswidrige Tat ist (vgl. iE ebenso BGH 6, 394 (397 f.); BayObLGSt 58, 263; OLG Hamm DAR 1964, 137).

Eine Anordnung ist auch neben Erziehungsmaßregeln und Zuchtmitteln **72** zulässig. Jedoch hat die Maßregel gem. dem allg. Subsidiaritätsprinzip dann zurückzustehen, wenn eine Weisung geeignet ist, das angestrebte Ziel zu erreichen (zust. *Böttcher/Schütrumpf* in MAH Strafverteidigung § 53 Rn. 94; eher überfolgernd *Ostendorf* in NK-JGG Rn. 3). – Im Einzelnen lässt sich im Rahmen einer Weisung, bestimmte Gegenstände während der Dauer eines festgelegten Zeitraums abzuliefern, die Einreichung des *Führerscheins* anord-nen. Allerdings ist dies (als Weisung) nur dann zulässig, wenn der Grund nicht ausschließlich oder überwiegend in der Reaktion auf ein Verkehrs-delikt oder in dem präventiven Ziel der Sicherung der Allgemeinheit im Straßenverkehr liegt, weil es sich sonst um eine *Umgehung spezieller Rechts-folgen* handelte (vgl. OLG Düsseldorf NJW 1968, 2156). Dabei kann es im Einzelfall schwierig sein, zu ermitteln, inwieweit die Weisung überwiegend erzieherisch wirken und auf Dauer die Lebensführung beeinflussen soll, insbes. dann, wenn im Vergleich zu anderen Fällen ein Fahrverbot oder eine Entziehung der Fahrerlaubnis als angezeigt erscheint.

2. Verhältnis zum Jugendstrafrecht

a) Aus dem Wesen des JStR (zur Automobilität als Entwicklungsaufgabe **73** vgl. *Mienert* ZVS 2002, 27 ff. (75 ff.)) folgt die Notwendigkeit besonderer (vgl. AG Oldenburg/Hlst SVR 2008, 230: jugendspezifischer), einzelfall-orientierter Prüfung der Erforderlichkeit entgegen der Regelvermutung des § 69 Abs. 2 StGB (OLG Zweibrücken StV 1989, 314; vgl. auch Meiningen bei *Janiszewski* NStZ 1992, 269 f.; iE ebenso schon LG Oldenburg Blut-alkohol 1985, 186 sowie Blutalkohol 1988, 199, das allerdings betr. den Gesetzeswortlaut (Abs. 1: „können", vgl. dazu aber → Rn. 6) ein Ermessen des Gerichts annimmt; zust. AG Saalfeld Blutalkohol 1994, 270 mit (insoweit abl.) Anm. *Molketin* sowie AG Saalfeld DVJJ-Journal 2001, 426; DVJJ-Kommission (15.8.2002), DVJJ-Journal 2002, 252). Die insofern abw. und gegen eine Einschränkung eintretende **hM** (BGHSt 37, 373 mAnm *Walter* NStZ 1992, 100; OLG Nürnberg StRR 2011, 367; AG Bremen-Blumen-thal StV 2002, 373; *Molketin* Blutalkohol 1988, 310; *Ostendorf* in NK-JGG Rn. 3; *Laue* in MüKoStGB Rn. 21; *Rössner* in HK-JGG Rn. 13; *Wölfl* NZV 1999, 69 f. (aber für größere Möglichkeiten der Abweichung von der Regel-vermutung)), berücksichtigt nicht hinreichend, dass der Lebensvollzug Ju-gendlicher durch die Maßnahme behindert und damit auf eine **erzieherisch kontraindizierte** Weise zeitweilig verbaut werden kann (BezGericht Mei-ningen bei *Janiszewski* NStZ 1992, 269 f.; AG Saalfeld BeckRS 2005, 2890; AG Saalfeld VRS 2005, 41).

74 Auch mit Relevanz für den Verhältnismäßigkeitsgrundsatz bestehen (bzw. bestanden) betr. die Wirksamkeit allg. empirische Anhaltspunkte dafür, dass eine unterschiedliche Entzugsart oder -dauer keinen unterschiedlichen Ein-fluss auf die **„Rückfall"-Wahrscheinlichkeit** hat (vgl. vormals zB zur besonders hohen „Rückfall"-Quote bei Trunkenheits-Ersttätern im Alter zwischen 15 und 20 Jahren (= 49,1 %) bzw. 21 und 25 Jahren (= 42,8 %) *Stephan* ZVS 1984). Zu sonstigen empirischen Anhaltspunkten vormals *Ostermann* Blutalkohol 1987, 19 f.; krit. dazu *Stephan* Blutalkohol 1987, 297 (vgl. im Übrigen *Stephan* DAR 1992, 1 ff.).

75 **b)** Die Entziehung darf nicht allein mit mangelnder praktischer Erfahrung begründet werden (vgl. OLG Hamm VRS 13, 32 f.; *Geppert* in LK-StGB StGB § 69 Rn. 53).

76 **c) aa)** Gerade auch wegen des jugendrechtlichen Zieles des Schutzes ist nicht von vornherein eine mildere Handhabung als im allg. StR angezeigt (vgl. aber, besonders auch zu § 69a Abs. 1 S. 3 StGB, → Rn. 5; zu § 69 Abs. 2 StGB vgl. *Bandemer* Zbl 1988, 325). Jedoch entspricht es dem JStR **nicht,** wenn die Praxis die **Dauer** des Fahrerlaubnisentzuges, die sich nach der Prognose zur Dauer der einschlägigen Ungeeignetheit bestimmt (BGH BeckRS 1989, 31092679), in **tatstrafrechtlicher** Orientierung weitgehend ebenso bemisst wie im allg. StR (vgl. allg. → Rn. 3; ebenso AG Saalfeld VRS 107, 186; AG Rudolstadt StV 2013, 764 = ZJJ 2013, 420: Sperrfrist vier Monate; AG Rudolstadt ZJJ 2017, 284 (286); ferner krit. bereits *Buß-mann/Gerhardt* Blutalkohol 1984, 210 (für kürzere Bemessung *Molketin* Blut-alkohol 1988, 314); tendenziell eher einschränkend BGH StV 1985, 419; NStZ-RR 1998, 86; vgl. aber auch OLG Nürnberg StRR 2011, 367: wie im allg. StR; ergänzend *Ostendorf* in NK-JGG Rn. 15).

76a **bb)** Entsprechendes gilt für die Abkürzung oder Aufhebung der **Sperr-frist** (dazu aber OLG Düsseldorf NZV 1990, 237; zur Aufhebung nach Verkehrstherapie und Abstinenznachweis LG Berlin DAR 2010, 712 mAnm *Mahlberg*, trotz zur Tatzeit 2,82 ‰ (betr. allg. StR); zur Veranlassung einer Abkürzung betr. Erstverurteilte (unabhängig vom Alter) und Nachschu-lungskurs VV Die Justiz 2008, 359 (generell krit. zur (Nicht-)Feststellung der Eignung der Teilnehmenden *Haffner/Dettling* in VFDH Psych. Begutachtung-HdB 36.4)). Vielmehr wird die Erziehungsaufgabe (§ 2 Abs. 1) bei der Sperrfristbemessung oder -verkürzung (vgl. etwa AG Aldesheim Blutalkohol 2009, 432: um drei Monate nach Absolvieren eines Aufbauseminars (§ 2b Abs. 2 S. 2 StVG) „üblich" (betr. allg. StR)) bzw. bei der *Aufhebung* der Sperre (§ 69a Abs. 7 StGB; zur Zuständigkeit → § 82 Rn. 4) gegenüber solchen präventiven Überlegungen, die an einem Sicherungsbedürfnis der Allgemeinheit orientiert sind, zu berücksichtigen sein (vgl. schon → Rn. 3; AG Saalfeld VRS 2004, 287; *Zieger/Nöding* Verteidigung Rn. 94a; anders *Dallinger/Lackner* § 7 Rn. 6; *Laue* in MüKoStGB Rn. 23; für Würdigung der Grundgedanken der §§ 3 S. 1 und 105 Abs. 1 Nr. 1 *Bandemer* NZV 1991, 300); ggf. könnte auch das psychologisch-pädagogisch orientierte Fahreignungsseminar (§ 4a StVG) relevant sein (methodisch betr. Kurs gem. § 70 FeV *Hoecher* Blutalkohol 2015, 177 ff.; zu etwaigen Erfolgen des Kursprogramms IFT *König/Zentgraf* Blutalkohol 2015, 374 ff.).

Regelmäßig auch zu berücksichtigen wird sein, dass durch eine zu lange **76b** Bemessung der Sperrfrist eine Verstärkung der möglicherweise kriminogenen Wirkung des § 69 StGB (etwa in Form von unerlaubtem Sich-Entfernen vom Unfallort oder Fahren ohne Fahrerlaubnis) zu besorgen sein könnte, was im Widerspruch zu Bemühungen um Vermeidung von Folgedelikten stünde (hierzu *Böhm/Feuerhelm* JugendStrafR 126; vgl. auch UK IV DVJJ-Journal 1992, 31 = Verstärkung delinquenter „Karrieren"; näher aus fachpsychologischer Sicht *Mienert* ZVS 2003, 32–34, 37–40, 44–46).

3. Empirische Zusammenhänge; Häufigkeitsverteilungen

a) Empirische Zusammenhänge. aa) Was die Angezeigtheit dieser **77** Maßregel im Einzelfall angeht, so haben **Verkehrsmedizin** und **-psychologie** eine Fülle differenzierter Beiträge zur Diagnostik namentlich der im Verkehr häufig und gefährlich auffälligen Personen vorgelegt. Jedoch lassen sich die erlangten Befunde wegen der Selektion der Probanden kaum verallgemeinern. Zutreffend ist, dass es eine spezifische „Straftäterpersönlichkeit" im Bereich der Straßenverkehrsstraftaten ebenso wenig gibt wie in den Bereichen von Allgemeiner Kriminalität und von Wirtschaftskriminalität. Gleichwohl wird teilweise an der Annahme festgehalten, es bestehe eine Abhängigkeit des Verhaltens im Straßenverkehr von Merkmalen auch in der Person des Verkehrsteilnehmers (vgl. speziell zur Lebensphase Jugendlicher zusf. etwa bereits *Himmelreich* DAR 1985, 201 (202 f.)). Bei Beratungen zur Prognose wird das Gericht regelmäßig das (ua etwaigen Eigenbelangen wehrende) methodische Gebot der personellen und institutionellen Trennung von Beurteilung einerseits und Durchführung von Kursen etc zur Förderung der Fahreignung andererseits berücksichtigen (vgl. allg. etwa *Müller* Blutalkohol 2008, 292 ff.). – Die **Einteilung** in **„Alkoholtäter"** und **„Nicht-Alkoholtäter"** ist zwar verhältnismäßig eindeutig, jedoch – für sich allein genommen – wenig differenziert (vgl. aber § 69 Abs. 2 Nr. 1, 2 und 4 StGB).

bb) In der Kriminologie geht man zum einen davon aus, dass sich die **78** Gesamtgruppe der wegen Verkehrsstraftaten Abgeurteilten generell danach unterscheide, ob zugleich Normverletzungen im Bereich Allgemeiner Kriminalität vorliegen oder nicht (vgl. zum „reinen Verkehrstäter" *Reiff,* Straßenverkehrsdelinquenz in Deutschland, 2015, 472). Tatsächlich haben verschiedene Untersuchungen Ergebnisse zu der Annahme geliefert, dass solche

Personen, die wegen Delikten Allgemeiner Kriminalität mehrfach verurteilt sind, mehr Verkehrs*unfälle* verursachen als „Nicht-Straftäter" iSd Allgemeinen Kriminalität. Bei derjenigen Teilgruppe, bei der dies nicht der Fall ist, soll die Begehung der Verkehrsdelikte wesentlich mehr als bei der auch im Bereich Allgemeiner Kriminalität belasteten Teilgruppe mit Merkmalen des Verkehrsflusses im Sinne einer Überforderung der Verkehrsteilnehmer und der Fahrerfahrung zusammenhängen. – Allerdings enspricht es allg. rechtstatsächlichem Kenntnisstand, dass hinsichtlich der Kriterien verkehrsrechtliche Registrierung und besonders verkehrsgerichtliche Aburteilung auch allg. Mechanismen unterschiedlicher Überführungsresistenz bzw. selektive Abläufe betr. die Verfolgungsintensität relevant sind.

78a Umgekehrt vermag die Tatsache, wegen Delikten aus dem Bereich Allgemeiner Kriminalität (mehrfach) verurteilt zu sein, keinen hinreichenden Indikator für Verkehrsgefährlichkeit abzugeben; vielmehr haben die einzelnen Untersuchungen jeweils einen – nach der zugrundeliegenden Untersuchungseinheit differierenden – nicht unerheblichen Anteil solcher wegen Delikten Allgemeiner Kriminalität verurteilter Personen ergeben, die nicht wegen Verkehrsdelikten verurteilt waren. – Auch hat sich betr. die Deliktsart der Vorbelastungen ergeben, dass die Quote der Vorbelastungen der „Verkehrsstraftäter" wegen Delikten Allgemeiner Kriminalität bei einzelnen Straßenverkehrsdelikten unterschiedlich ist (n. etwa *Eisenberg/Kölbel* Kriminologie § 57 Rn. 46f). Allerdings ist auch hierzu eine differenzierende Interpretation schon insofern angezeigt, als gerade bei „Trunkenheitsdelinquenten" (n. zu Straßenverkehrsunfällen unter Alkoholeinfluss *Eisenberg/Kölbel* Kriminologie § 45 Rn. 124–127) solche Personen überrepräsentiert sind, die sozio-ökonomisch unteren Schichten zugehören (vgl. dazu etwa schon *Winkler* Blutalkohol 1985, 443 (445); *Legat* Blutalkohol 1987, 415 ff.); dies betrifft zugleich die Unfallflucht, da bei diesem Delikt ua die Alkoholbeeinflussung erhöhte Relevanz hat (n. *Eisenberg ua,* Verkehrsunfallflucht. Eine empirische Untersuchung, 1989).

79 **b) Häufigkeitsverteilungen.** Die Anwendungshäufigkeit der Maßregel übertrifft diejenige des Fahrverbots. Dies beruht ua darauf, dass seitens der Strafrechtspraxis der Höchstzeitraum des Fahrverbots für das allg. StR als zu kurz beurteilt wird bzw. wurde (vgl. zur Anhebung auf sechs Monate Gesetz v. 17.8.2017 (BGBl. I 3202)), eine Einschätzung, die für das JStR unzutreffend ist (vgl. auch § 8 Abs. 3 S. 2: weiterhin drei Monate; ergänzend → § 8 Rn. 6 ff.). Rechtstatsächlich überwiegen innerhalb der Maßregelanordnungen hinsichtlich der Dauer der Sperre die längeren ggü. den kürzeren Fristen.

79a Im Einzelnen betrug in den Jahren 2006 (gem. StBA jeweils in den „alten" Bundesländern) sowie 2011, 2013, 2015 und 2016 in Deutschland insgesamt die Zahl der Entziehungen der Fahrerlaubnis (einschließlich nur der Sperre für die Erteilung einer Fahrerlaubnis, § 69a Abs. 1 S. 3 StGB) ggü. Jugendlichen 1.220 (2003 = 1.364) sowie 991, 659, 472 und 437, wovon 42 (2003 = 49) sowie 50, 30, 23 und 19 Entziehungen weibliche Personen betrafen; ggü. Heranwachsenden lauteten die entsprechenden Zahlen 8.248 (2001 = 10.068) sowie 7.397, 5.564, 4.096 und 3.939, betr. weibliche Personen 703 (2004 = 764) sowie 651, 555, 372 und 432. Die Dauer der Entziehung betrug ggü. Jugendlichen in 561 (2004 = 597) sowie 426, 297, 188 und 191 Fällen bis einschließlich sechs Monate und in 659 (2003 = 752) sowie 565, 362, 284 und 246 Fällen mehr als sechs Monate; ggü. Heranwachsenden lauteten die

Zahlen der Entziehungen bis einschließlich sechs Monate 3.062 (2001 = 4.035) sowie 2.773, 2.162, 1.599 und 1.606 bzw. für die Dauer von über sechs Monaten bis einschließlich zwei Jahren 5.173 (2004 = 6.104) sowie 4.595, 3.387, 2.480 und 2.309 und für die Dauer von über zwei Jahren 13 sowie 29, 15, 17 und 24 (StrafSt Tabelle 5.3 (bis 2001), Tabelle 5.4 (ab 2002)). – Die Zahlen der Verhängung von Fahrverbot betrugen in den Jahren 2006 (gem. StBA jeweils in den „alten" Bundesländern) sowie 2011, 2013, 2015 und 2016 in Deutschland insgesamt ggü. Jugendlichen 1.388 (2004 = 1.639) sowie 1.068 (2009: 1.353), 736, 381 und 367, wovon 29 sowie 21, 19, 14 und 11 Fälle weibliche Personen betrafen; ggü. Heranwachsenden lauteten die entsprechenden Zahlen 2.360 (2004 = 2.769) sowie 2.574, 2.054, 1.643 und 1.583, betreffend weibliche Personen 411 (2002 = 499) sowie erneut 411, 365, 251 und 268 (StrafSt Tabelle 5.2 (bis 2001), Tabelle 5.3 (ab 2002)).

Verbindung von Maßnahmen und Jugendstrafe

8 (1) ¹Erziehungsmaßregeln und Zuchtmittel, ebenso mehrere Erziehungsmaßregeln oder mehrere Zuchtmittel können nebeneinander angeordnet werden. ²Mit der Anordnung von Hilfe zur Erziehung nach § 12 Nr. 2 darf Jugendarrest nicht verbunden werden.

(2) ¹Neben Jugendstrafe können nur Weisungen und Auflagen erteilt und die Erziehungsbeistandschaft angeordnet werden. ²Unter den Voraussetzungen des § 16a kann neben der Verhängung einer Jugendstrafe oder der Aussetzung ihrer Verhängung auch Jugendarrest angeordnet werden. ³Steht der Jugendliche unter Bewährungsaufsicht, so ruht eine gleichzeitig bestehende Erziehungsbeistandschaft bis zum Ablauf der Bewährungszeit.

(3) ¹Neben Erziehungsmaßregeln, Zuchtmitteln und Jugendstrafe kann auf die nach diesem Gesetz zulässigen Nebenstrafen und Nebenfolgen erkannt werden. ²Ein Fahrverbot darf die Dauer von drei Monaten nicht überschreiten.

Übersicht

I. Anwendungsbereich

1   Es gelten die Erl. zu § 4 Abs. 1 entsprechend (→ § 4 Rn. 1 ff.). – Wird auf Heranwachsende materielles JStR angewandt (§§ 105 Abs. 1, 112 S. 1, 2, § 104 Abs. 1 Nr. 1), so sind auch dann aus dem Bereich der Erziehungsmaßregeln nur Weisungen zulässig (näher → § 9 Rn. 2).

II. Grundlagen

1. Verhältnis zum Erziehungsauftrag (§ 2 Abs. 1)

2   Die Möglichkeit der Kopplung verschiedener Sanktionen soll es ermöglichen, dem individuellen Interventionsbedarf durch eine Kombination verschiedener Einwirkungsmittel gerecht zu werden und so „die erzieherisch höchstmögliche Wirkung anstreben" zu können (BGHSt 18, 207 (208) = NJW 1963, 770). Die Praxis macht von dieser Option regen Gebrauch (Zahlen bei *Streng* JugendStrafR Rn. 300; *Palmowski* Sanktionierung 203). Dass es dabei durchweg gelingt, das Vorgehen „nach erzieherischen Gesichtspunkten zu optimieren" (*Diemer* in Diemer/Schatz/Sonnen Rn. 2), ist allerdings fraglich. Vielmehr kommt es auf Grundlage von § 8 nicht selten zu einer Verbindung von **Rechtsfolgen unterschiedlicher Kategorien** und verschiedener Wirkrichtung (Erziehung, Ahndung oder aber Besserung und Sicherung – beifällig dagegen *Laue* in MüKoStGB Rn. 2 f.; *Brunner/ Dölling* Rn. 1). Oftmals scheint dies auch eher schematisch zu erfolgen, dh ohne einzelfallbezogen zu reflektieren, ob die Kombination einsichtig, in sich verträglich, erforderlich und in ihrer Gesamtbelastung angemessen ist. Daher sieht sich die Normhandhabung auch unterhalb der Schwellen von unzulässigen Verbindungen (→ Rn. 6 ff.) und unzweckmäßigen Kopplungen (→ Rn. 12 ff.) **erzieherischen Einwänden** ausgesetzt (instruktiv zu einem Einzelfall *Reinecke* DVJJ-Journal 1994, 194; verfehlt AG Plön ZJJ 2013, 326 f. mAnm *Eisenberg* ZJJ 2013, 328). Skeptisch stimmt bspw. die verbreitete Verbindung von pädagogischen Maßnahmen mit Arbeitsauflagen als einer sanktionsorientierten Reaktion. Es bestehen Bedenken ggü. der pauschalen Annahme, ahndende Rechtsfolgen seien gleichsam eine notwendige Ergänzung oder gar erzieherische Wirksamkeitsvoraussetzung der (zugleich angeordneten) nicht ahndenden Interventionen (gegen eine Kopplung speziell der Betreuungsweisung mit Zuchtmitteln schon BArbGemeinschaft für ambulante Maßnahmen DVJJ-Journal 1991, 294). Besonders deutlich abzulehnen ist es, wenn die Verbindung von funktional verschiedenartigen Rechtsfolgen stillschweigend aus – im JStR unzulässigen (vgl. → § 17 Rn. 6 f.; → § 18 Rn. 43) – generalpräventiven Erwägungen erfolgt (vgl. dazu auch bereits DVJJ 1984, AK VI). Da das empirische Wissen über die Wechselwirkungen verschiedener Sanktionsarten bislang gering ist, bedarf es insgesamt einer zurückhaltenden Verbindung von jugendstrafrechtlichen Rechtsfolgen unterschiedlicher Kategorien. Eine Überforderung der Adressaten muss aus **Verhältnismäßigkeitsgründen** stets vermieden werden (nicht erörtert in KG 26.6.2013 – 4 Ws 32/13 – 141 AR 76/13 bei *Fricke* StRR 2014, 478).

2. Einzelne Kopplungsregelungen

a) Verbindung von JGG-eigenen Rechtsfolgen. Das Gesetz erlaubt es, 3
Erziehungsmaßregeln und Zuchtmittel (mit Ausnahme der stationären Varianten) unter- und miteinander zu verbinden **(Abs. 1 S. 1).** Auch bei der
JStrafe bestehen nach Maßgabe von **Abs. 2 S. 1** gewisse Kopplungsmöglich-
keiten (Weisungen, Auflagen, EB). Das Gesetz („können") räumt dem JGericht hierbei jeweils **Ermessen** ein. In der Praxis wurde dies genutzt, um das
Instrument der sog. „Vorbewährung" herauszubilden und bis zu einer zu-
rückgestellten Entscheidung über die Aussetzung der Vollstr zBew (§ 57)
zunächst Weisungen zu erteilen oder Auflagen anzuordnen (näher → § 61b
Rn. 5). – Seit dem JGGÄndG v. 4.9.2012 (BGBl. I 1854; in Geltung ab
7.3.2013) erlaubt die Regelung in **Abs. 2 S. 2** zudem die Anordnung von
JA neben der Aussetzung der Vollstr bzw. Verhängung von JStrafe zBew (vgl.
ferner § 61 Abs. 3 S. 1). Diesen speziellen Kombinationsmöglichkeiten
wohnt (ungeachtet der engen Voraussetzungen nach § 16a) die in → Rn. 2
erörterte Widersprüchlichkeit in besonderem Maße inne (näher → Rn. 14,
→ § 16a Rn. 3).

b) Verbindung mit allgemeinen Rechtsfolgen. Nach **Abs. 3 S. 1** ist 4
es zulässig, die im JGG anwendbaren Nebenstrafen und Nebenfolgen (§ 6) –
im Gegensatz zum allg. StR – auch ohne Zusammenhang mit einer (Haupt-)
Strafe (dh im JGG: einer JStrafe) zu verhängen. Dies erlaubt es zB, ein
Fahrverbot (in den zeitlichen Grenzen von Abs. 3 S. 2) nicht nur als „Nebenstrafe", sondern auch als ein „Nebenzuchtmittel" oder als eine „Neben-
erziehungsmaßregel" auszusprechen (*Athing/von Heintschel-Heinegg* in Mü-
KoStGB StGB § 44 Rn. 4, s. aber → § 27 Rn. 20). Dabei ist die Normtext-
formulierung „kann" als ein „Dürfen" zu verstehen, welches sich allein auf
die Sanktionsverbindung („kombinieren dürfen") bezieht. Für die **Anwend-
barkeitsvoraussetzungen** der zu verbindenen Rechtsfolgen hat Abs. 3 S. 1
dagegen keine Bedeutung, denn diese bestimmen sich (ebenso wie die Frage,
ob ein Anordnungsermessen oder eine diesbzgl. Pflicht besteht) ausschließlich nach den jeweils einschlägigen Regelungen (BGH BeckRS 2019,
20407; abw. BGH NStZ 2019, 682 (683) mAnm *Eisenberg* JR 2019, 598;
krit. *Schumann* StraFo 2019, 431 (431)). Nicht verbunden werden dürfen also
Nebenstrafen und Nebenfolgen, an deren speziell normierten Anordnungsvoraussetzungen es fallkonkret fehlt (was jugendstrafrechtlich nach hier vertr.
Ansicht bspw. bei der Wertersatzeinziehung (in Entreicherungskonstellatio-
nen → § 6 Rn. 12 ff.) und beim Fahrverbot (bei fehlender erzieherischer
Eignung → § 6 Rn. 6 ff.) häufig der Fall ist). – Der Normtext von Abs. 3
S. 1 („neben") schließt iÜ eine isolierte Verhängung von Nebenstrafen und
Nebenfolgen aus, soweit eine solche nicht (wie durch § 76a StGB) generell
vorgesehen ist (*Laue* in MüKoStGB Rn. 21).

§ 8 enthält **keine Regelung** über Verbindungen von Erziehungsmaß- 5
regeln, Zuchtmitteln und JStrafe einerseits mit den allg. **Maßregeln** der
Besserung und **Sicherung** andererseits. Daher wird allg. angenommen, die
Maßregeln dürften, soweit sie im JGG überhaupt zulässig sind (dazu § 7
nebst Erl.), mit allen jugendstrafrechtlichen Rechtsfolgen gekoppelt werden
(was im Gesetz für den Fall des § 5 Abs. 3 auch stillschweigend vorausgesetzt
wird). Eine Kombination von Maßregeln und (gem. § 6 zulässigen) Nebenstrafen bzw. -folgen kann indes aus allg. Gründen ausgeschlossen sein. So

kommt neben der Entziehung der Fahrerlaubnis (oder der Anordnung einer isolierten Sperrfrist), für die die Eignung zum Führen von Kraftfahrzeugen – anders als nach § 44 StGB – fehlen muss, ein Fahrverbot idR nicht in Betracht (zu Ausnahmen *Athing/von Heintschel-Heinegg* in MüKoStGB StGB § 44 Rn. 8). Die Ausdehnung des Fahrverbots auf Nichtverkehrsdelikte (→ § 6 Rn. 6) hat daran nichts geändert (offenlassend BGH BeckRS 2018, 20463 Rn. 7).

III. Unzulässige Verbindungen

1. Unvereinbarkeit der Zielsetzung der Rechtsfolgen

6   Die in § 8 festgelegten Verbindungsverbote beruhen darauf, dass die gleichzeitige Anordnung bestimmter Rechtsfolgen mit deren jeweiliger Zielsetzung unvereinbar ist. Ferner soll eine übermäßige Belastungskumulation vermieden werden. Konkret schließt Abs. 1 S. 2 deshalb eine Kopplung von JA mit Heimerziehung (bzw. anderen von § 12 Nr. 2 erfassten Maßnahmen) aus (vgl. aber → Rn. 10 und → Rn. 13). Aus Abs. 2 S. 1 ergibt sich, dass eine JStrafe weder mit einer Verwarnung (OLG Schleswig SchlHA 2004, 261 = BeckRS 2013, 20133) noch mit der Hilfe zur Erziehung nach § 12 Nr. 2 kombiniert werden darf; im Falle einer vollstreckbaren JStrafe gilt dies auch für den JA (vgl. aber → Rn. 14). Verschiedene Rechtsfolgen freiheitsentziehender Art lassen sich also (mit Ausnahme von Abs. 2 S. 2) nicht verbinden. Damit ist im JGG im Wesentlichen ein Prinzip der **Einspurigkeit** festgelegt (zum Verhältnis zwischen freiheitsentziehenden und nichtfreiheitsentziehenden Rechtsfolgen → Rn. 12).

7   Im Hinblick hierauf ist eine Verbindung der Entscheidung gem. § 27 mit **stationärer Hilfe zur Erziehung** ebenfalls unzulässig, weil dies nach § 30 S. 1 sonst in eine doppelte Freiheitsentziehung münden könnte (abl. betr. FE auch BGHSt 35, 288 = NJW 1988, 2251 mit ausf. Anm. *Böhm* JR 1989, 298). Ohnehin werden mit der Bejahung der Voraussetzungen von § 12 Nr. 2 bisweilen die Zweifel hinsichtlich des Umfangs „schädlicher Neigungen" ausgeräumt (→ § 17 Rn. 32). Auch wäre die Verbindung aus erzieherischen Gründen wenig einleuchtend. Denn im Fall der Aussetzung gem. § 27 soll der Jugendliche gerade eine Möglichkeit der Bewährung in Freiheit erhalten, an der es unter den (ggf. gar geschlossenen) Bedingungen eines Heimes fehlt (zust. *Wenger* FS Härringer, 1995, 75 f.).

8   Eine Verbindung von EB und Hilfe zur Erziehung nach § 12 Nr. 2 wird schwerlich in Betracht kommen (zum Verbot betr. FE vormals § 61 Abs. 2 S. 2 JWG). – Wegen Gefahren im Sinne einer „Doppelbetreuung" bleibt es Aufgabe des Gesetzgebers, die Gleichzeitigkeit von Betreuungsweisung (§ 10 Abs. 1 S. 3 Nr. 5) und BewHilfe bei Verhängung von JStrafe unter Aussetzung der Vollstr zBew zu verbieten (s. *Mrozynski* Zbl 1992, 448 Fn. 12).

9   Was die **Sonderregelung** in **Abs. 2 S. 3** zum Ruhen der EB anbetrifft, so gilt sie unabhängig davon, ob diese Maßnahme im JStV angeordnet oder aber ob ein Erziehungsbeistand durch das Jugendamt (§ 30 SGB VIII) eingesetzt wurde. Die fortbestehende, aber in der Ausübung ruhende EB lebt mit Beendigung der BewZeit wieder auf, sofern sie zwischenzeitlich nicht ihrerseits beendet worden ist.

2. Reichweite des Verbindungsverbots

Die Verbote des § 8 gelten uneingeschränkt für die **gleichzeitige** Verhängung (auch bei mehreren Taten, § 31 Abs. 1 S. 2). Nach allg. Auffassung sind sie auch für die Rechtsfolgenentscheidung bei **verschiedenen** Verfahren bedeutsam, sofern es im letzten Verfahren zu einer Einbeziehung der vorher bereits abgeurteilten Straftaten kommt (§ 31 Abs. 2). Unter Hinweis auf §§ 31 Abs. 3, 66 Abs. 1 S. 2 wird aber durchaus auch ein Nebeneinander von nicht kopplungsfähigen Sanktionen ausnahmsweise zugelassen (etwa *Streng* JugendStrafR Rn. 261: JA bei noch laufender strafrechtlich verhängter Heimerziehung). Dies betrifft Konstellationen, in denen im späteren Verfahren auf eine einheitliche Rechtsfolge gerade verzichtet wird, weil das Gericht die fragliche Rechtsfolgenmehrheit im Einzelfall für sinnvoll hält. Berücksichtigt man indes die Gründe der in § 8 vorgesehenen Verbindungsverbote (→ Rn. 2), ist das Vorliegen der Zweckmäßigkeits-Voraussetzung selten begründbar. Das Gericht kann bei einer Nichteinbeziehung jedoch nach § 31 Abs. 3 S. 2 verfahren. **10**

3. Rechtsmittel

Die Verletzung eines Kombinationsverbotes stellt einen Revisionsgrund dar, der zur **Aufhebung** der Entscheidung führt (vgl. etwa OLG Schleswig SchlHA 2004, 261 = BeckRS 2013, 20133 für die Verbindung von JStrafe und Verwarnung; BGHSt 35, 288 = NJW 1988, 2251 für die Verbindung von Heimerziehung und Entscheidung gem. § 27). **11**

IV. Unzweckmäßige Verbindungen

1. Einzelne Beispiele

Die Verbindung freiheitsentziehender mit nichtfreiheitsentziehenden jugendstrafrechtlichen Rechtsfolgen ist nur ausnahmsweise sinnvoll (für ein Bsp. vgl. AG Berlin-Tiergarten NStZ 1988, 428: JStrafe und Betreuungsweisung). In der Regel müssen solche Kombinationen als unzweckmäßig gelten, falls die stationäre Sanktion nicht (hinsichtlich ihrer Vollstr) zBew ausgesetzt wird (*Ostendorf* in NK-JGG Rn. 7; abw. *Laue* in MüKoStGB Rn. 10). Weisungen und Auflagen würden hier ohnehin vielfach leerlaufen. Deshalb sind sie zB auch neben der – umfassenderen – etwa in Unfreiheit zu vollziehenden Hilfe zur Erziehung nach § 12 Nr. 2 selten angezeigt. Wenngleich nach Beendigung der Hilfe zur Erziehung vor allem Weisungen eine ergänzende Bedeutung entwickeln könnten, ist zum Anordnungszeitpunkt im Allgemeinen noch kaum vorhersehbar, ob ambulante Maßnahmen zum Beendigungszeitpunkt (und ggf. welche) erforderlich sein werden. Auch könnten die Jugendbehörden die Erteilung als „Einmischung" empfinden. – Ebenfalls als ungeeignet erscheint idR die Kopplung von Verwarnung und JA, da bei JA die repressive jugendstrafrechtliche Reaktion in einer ungleich massiveren Art als bei der Verwarnung spürbar wird. Die Verbindung einer Geldauflage mit freiheitsentziehenden Rechtsfolgen wird sich meist deshalb nicht empfehlen, weil sie dem Jugendlichen als zusätzliche Belastung schwer verständlich (und für ihn kaum zu verkraften) ist; anders verhält es sich **12** lediglich dort, wo die Geldauflage den Gewinn aus der (oder das Entgelt für die) Tat entziehen soll (§ 15 Abs. 2 Nr. 2).

2. Jugendhilferechtliche Maßnahmen

13 § 8 regelt allein die Kombination jugendrichterlicher Anordnungen (*Diemer* in Diemer/Schatz/Sonnen Rn. 3). Gleichwohl ist die Zweckmäßigkeit mitunter fraglich, wenn sich aus der zwar getrennten, aber **aneinander anschließenden Tätigkeit** von JGericht und FamGericht (oder Jugendamt) faktische Interventionsverbindungen ergeben. Durch § 8 untersagt werden diese allerdings nicht. So hält man etwa die Verhängung von JA bei gleichzeitiger Überweisung an das FamGericht zwecks nachfolgender Anordnung von Heimerziehung (§ 53) für zulässig, sofern hierfür ein Bedürfnis besteht und dieses Vorgehen nicht nur der Umgehung des Verbindungsverbotes dient (*Brunner/Dölling* Rn. 3; ebenso schon früher *Potrykus* Anm. 2; abw. *Ostendorf* in NK-JGG Rn. 6; *Streng* JugendStrafR Rn. 263). Auch wird die Anwendbarkeit der jugendstrafrechtlichen Rechtsfolgen durch das Laufen (oder absehbare Bevorstehen) einer Hilfe zur Erziehung oder einer sonstigen jugendhilferechtlichen Maßnahme selbst dann nicht eingeschränkt, wenn der Gegenstand des sozialrechtlichen Verfahrens mit dem des JStV identisch ist (*Diemer* in Diemer/Schatz/Sonnen Rn. 3). Dennoch gilt es, dezidiert zu berücksichtigen, dass solche faktischen Verbindungen in ihren **Auswirkungen** auf die Betroffenen meist **ungünstig** sind (zust. *v. Beckerath,* Jugendstrafrechtliche Reaktionen bei Mehrfachtäterschaft, 1997, 65 f.). Dies betrifft ganz besonders die erzieherisch abträgliche Kumulation freiheitsentziehender Eingriffe. Unabhängig davon ist die Verhängung von JA während einer bereits veranlassten und noch laufenden **Hilfe zur Erziehung** idR schon deshalb nicht zweckmäßig, weil gerade jene Personen, die dieser Hilfe bedürfen, als „arrestungeeignet" gelten (näher → § 16 Rn. 21; abw. *Laue* in MüKoStGB Rn. 8).

3. Abs. 2 S. 2

14 Gesetzessystematisch ist die Anordnung eines Zuchtmittels nur dann zulässig, wenn JStrafe nicht geboten ist (§ 13 Abs. 1). Soll ein sog. Kopplungsarrest neben einer zBew ausgesetzten JStrafe bzw. einer zBew ausgesetzten Verhängung einer JStrafe veranlasst werden, ist diese Bedingung aber gerade nicht erfüllt bzw. im Falle einer Entscheidung nach § 27 gerade fraglich. Ihrer Zweckrichtung nach zielen JA und JStrafe demnach auf unterschiedliche Tätergruppen ab, sodass an sich nur die eine oder eben die andere Rechtsfolge angezeigt sein kann (vgl. dazu auch *Verrel/Käufl* NStZ 2008, 177 ff.; *Radtke* ZStW 121 (2009), 416 (436 f.); *Gonska* GreifRecht 2013, 32 ff.; *Swoboda* FS Beulke, 2015, 1236). Vor diesem Hintergrund wurde die Zulässigkeit einer solchen Verbindung (speziell bei § 27) von der hM anhaltend verneint (vgl. – wenn teilw. auch mit anderer Begründung – etwa BVerfGK 4, 261 = NJW 2005, 2140; BGHSt 18, 207 = NJW 1963, 770; OLG Celle NStZ 1988, 315; BayObLG NStZ-RR 1997, 216; NStZ-RR 1998, 377; OLG Hamm StraFo 2004, 325 = BeckRS 2015, 04789; *Herrlinger/Eisenberg* NStZ 1987, 177; *Radtke* ZStW 121 (2009), 416 (418 ff.); abweichend etwa KG NJW 1961, 1175; LG Augsburg NStZ 1986, 507; AG Meppen NStZ 2005, 171 (Ls.); *Reichenbach* NStZ 2005, 136). Dass Abs. 2

S. 2 hiervon abgerückt ist und den Kopplungsarrest nunmehr eigens erlaubt
(→ Rn. 3), ändert nichts an dessen **funktionaler Unverträglichkeit.** Immerhin trägt das Gesetz diesem strukturellen Zweckmäßigkeitsdefizit insofern Rechnung, als es die Anordnung eines Kopplungsarrestes (bzw. die
Verbindung mit einem solchen) von materiell-rechtlichen Bedingungen
abhängig macht. **§ 16a Abs.** 1 setzt hierfür das Vorliegen einer von drei
vertypten Situationslagen voraus, bei denen die Zweckmäßigkeit des Kopplungsarrestes legislatorisch postuliert bzw. gesetzlich fingiert worden ist (vgl.
zudem die spezialpräventiv ausgerichteten Vorkehrungen in § 16a Abs. 2,
§ 87 Abs. 4 S. 2, 3). Daher besteht eine strikte Bindung an die engen
Voraussetzungen (zu abw. Tendenzen in der Praxis → § 16a Rn. 9).

Zweiter Abschnitt. Erziehungsmaßregeln

Arten

9 Erziehungsmaßregeln sind
1. die Erteilung von Weisungen,
2. die Anordnung, Hilfe zur Erziehung im Sinne des § 12 in Anspruch zu nehmen.

Schrifttum *Cornel/Dünkel/Pruin/Sonnen/Weber*, Diskussionsentwurf für ein Landesresozialisierungsgesetz: Nichtfreiheitsentziehende Maßnahmen und Hilfeleistungen für Straffällige, 2015.

Übersicht

	Rn.
I. Allgemeines	1
1. Anwendungsbereich	1
2. Häufigkeiten	3a
II. Begriff Erziehungsmaßregeln	4
III. Voraussetzungen der Erteilung bzw. Anordnung	8
1. Schuldfähigkeit	8
2. „Aus Anlass der Straftat"	9
3. Erziehungsbedürftigkeit, -fähigkeit und -bereitschaft	10
4. § 5 Abs. 2	11
IV. Zusammenarbeit von JGericht und FamG	12
V. Verfahrensrechtliches	13
1. Auskunftsverweigerungsrecht (§ 2 Abs. 2, § 55 StPO)	13
2. Registereintragungen	14

I. Allgemeines

1. Anwendungsbereich

1   **a) Die Vorschrift** gilt für **Jugendliche** in Verfahren vor den für allg. Strafsachen zuständigen Gerichten mit der Maßgabe, dass diese Gerichte Erziehungsmaßregeln nicht selbst anordnen dürfen, vielmehr Auswahl und Anordnung dem FamG überlassen müssen (§ 104 Abs. 1 Nr. 1 und Abs. 4; vgl. auch RL zu § 53).

2   **b) Für Heranwachsende** gilt die Vorschrift – vor JGerichten wie vor den für allg. Strafsachen zuständigen Gerichten – dann, wenn auf sie materielles JStR angewandt wird (§§ 105 Abs. 1, 112 S. 1, § 104 Abs. 1 Nr. 1). Jedoch sind ihnen ggü. nur Weisungen als Erziehungsmaßregeln gem. Nr. 1 zulässig (§ 105 Abs. 1), deren Auswahl und Anordnung allerdings dem JRichter zu überlassen ist, in dessen Bezirk der Heranwachsende sich aufhält, wenn das Urteil von einem für allg. Strafsachen zuständigen Gericht ergeht (§ 112 S. 3). Bei Heranwachsenden ist Nr. 2 nicht anwendbar. (Zur (Un-) Zulässigkeit einer Unterbringung Erwachsener, die nur der „Besserung"

dienen soll, s. BVerfGE 22, 180 (218 ff.) = NJW 1967, 1795 (betr. § 73 Abs. 2, 3 BSHG aF)).

c) Für **Soldatinnen** und **Soldaten** ist Nr. 2 nicht anwendbar (§ 112a 3 Nr. 1), und bezüglich Nr. 1 gelten Besonderheiten (§ 112a Nr. 3).

2. Häufigkeiten

Erziehungsmaßregeln wurden in Deutschland in den Jahren 2007, 2011, 3a 2015 und 2017 (StrafSt Tabelle 4.4; zu Anteilen in den „alten" Bundesländern Ende des 20. Jahrhundert vgl. frühere Aufl.), bezogen auf Rechtsfolgen bei den nach JStR Verurteilten, (allein oder neben anderen Rechtsfolgen ohne Nebenfolgen, Nebenstrafe, Maßregeln der Besserung und Sicherung) bei Jugendlichen in 26,62%, 35,12%, 40,97% und 42,89% sowie bei Heranwachsenden in 21,42%, 27,56%, 33,69% und 36,83% angeordnet. Innerhalb dieses Anteils entfielen in diesen Jahren bei Jugendlichen auf Weisungen 99,09%, 99,14%, 99,11% und 98,99% sowie bei Heranwachsenden 99,39%, 99,61%, 99,51% und 99,52%; für Erziehungsbeistandschaft betrugen die Anteile bei Jugendlichen 0,65% (absolut 109), 0,65% (absolut 109), 0,67% (absolut 87) und 0,59% (absolut 72) sowie bei Heranwachsenden 0,42% (absolut 52), erneut 0,37% (absolut 47), 0,45% (absolut 52) und 0,46% (absolut 53), während sich der Anteil der Anordnung von Heimerziehung auf 0,25% (absolut 42), 0,19% (absolut 33), 0,21% (absolut 27) und 0,16% (absolut 20) sowie 0,18% (absolut 23), 0,09% (absolut 13), 0,03% (absolut 4) und 0,02% (absolut 2) belief. Dabei ist insbes die geringe Anordnungshäufigkeit von Erziehungsbeistandschaft als (wohl einzige) jugendstrafrechtliche Rechtsfolge ohne Zwangscharakter nicht unbedenklich (näher → § 12 Rn. 8).

II. Begriff Erziehungsmaßregeln

1. Soweit das Gesetz diesen Begriff verwendet, sind die Rechtsfolgen nach 4 §§ 9–12 gemeint. Hiervon sind familiengerichtliche Maßnahmen, erzieherische Maßnahmen und sonstige Maßnahmen zu unterscheiden.

2. a) Familiengerichtliche **Maßnahmen** (§ 3 S. 2) sind die in § 34 5 Abs. 3 angeführten Einwirkungsmöglichkeiten.

b) Der Begriff **erzieherische Maßnahmen** (§ 45 Abs. 2) umfasst im 6 allg. Sinne sämtliche Einwirkungen, die privat oder behördlich in Erfüllung einer Erziehungsaufgabe bezogen auf Jugendliche vorgenommen werden.

c) Soweit das JGG den Begriff „**Maßnahmen**" (zB §§ 31, 66) kennt, 7 wird er im Gegensatz zur JStrafe verwandt, dh er meint dann sämtliche Rechtsfolgen mit Ausnahme der JStrafe, die in der jeweiligen Vorschrift aufgeführt sind.

III. Voraussetzungen der Erteilung bzw. Anordnung

1. Schuldfähigkeit

Die Anordnung von Erziehungsmaßregeln setzt – im Unterschied zu den 8 familiengerichtlichen Maßnahmen (§§ 3 S. 2, 34 Abs. 3) – Schuldfähigkeit voraus (§ 5 Abs. 1: „Straftat" im Vergleich zu „Verfehlung" in § 1 Abs. 1).

2. „Aus Anlass der Straftat"

9 Gemäß § 5 Abs. 1 dürfen sie nur anlässlich einer Deliktsbegehung erteilt bzw. angeordnet werden, dh Erziehungsmängel müssen ihren Ausdruck in der Straftat gefunden haben (näher → § 5 Rn. 24; s. aber *Bohnert* JZ 1983, 517 (521) iSv „auf Grund der Straftat"). Dies bedeutet betr. EB und Hilfe zur Erziehung nach § 12 Nr. 2, dass der JRichter im Verfahren nach dem JGG zu dem gleichen Ergebnis kommen muss, das allein nach KJHG auch ermittelt worden wäre (vgl. auch *Böhm/Feuerhelm* JugendStrafR 176). Ordnet er solche Hilfen zur Erziehung an, so ist damit das Vorliegen von deren Voraussetzungen festgestellt (vgl. auch *Beulke* FS Kreuzer, 2008, 70).

3. Erziehungsbedürftigkeit, -fähigkeit und -bereitschaft

10 Die Anordnung von Erziehungsmaßregeln ist ferner nur dann zulässig, wenn hinsichtlich der Durchführungsvoraussetzungen bzw. der mit der Durchführung befassten Personen wie auch bei dem konkreten Beschuldigten Erziehungsbedürftigkeit, -fähigkeit und -bereitschaft vorliegen (näher → § 5 Rn. 13 ff.; die Relevanz auch von Erziehungswilligkeit bej, jedoch als Voraussetzung abl. *Buhr* in HK-JGG Rn. 10 (unter Hinweis auf die Notwendigkeit einer Änderung bei etwaigem Widerruf des Einverständnisses), ähnlich *Lobinger* Kostentragung 123 f.; aA *Diemer* in Diemer/Schatz/Sonnen Rn. 8; *Kreiner* in BeckOK JGG Rn. 6.1: auf Erziehungswilligkeit komme es grds. nicht an).

4. § 5 Abs. 2

11 Endlich ist erforderlich, dass Erziehungsmaßregeln als formelle Reaktion auf die Straftat **ausreichen.** Ob dies der Fall ist, hängt allerdings weithin weniger von tatsächlichen Gegebenheiten als vielmehr von der Auffassung des Beurteilenden über das Verhältnis zwischen erzieherischen und vergeltenden Belangen ab (hierzu näher → § 5 Rn. 3 ff., 24 ff.; vgl. aber zu Erwägungen de lege ferenda betr. „Resozialisierung" *Cornel ua* Landesresozialisierungsgesetz 15). So stellt sich die Häufigkeit der Anwendung von Erziehungsmaßregeln im Urteil, gemessen an den jugendrechtlichen Zielen von Schutz, Förderung (bzw. Unterstützen und Befähigen) und Integration – und außerhalb der Einstellungen nach §§ 45, 47 –, als recht gering dar (näher → Rn. 3); in erhöhtem Maße scheint dies für Nichtdeutsche zu gelten, wobei allerdings regionale Unterschiede festzustellen sind.

IV. Zusammenarbeit von JGericht und FamG

12 Eine wesentliche Aufgabe der jeweiligen Tätigkeit besteht darin, Widersprüche oder Inkonsequenzen in den erzieherischen Einwirkungen von Rechtsfolgen bzw. Maßnahmen zu vermeiden. Dies gilt insbes. in Fällen, in denen das FamG seinerseits aus Anlass einer Jugendstraftat tätig wird (zum Problem zweckgebundener Daten § 64 Abs. 1 KJHG iVm § 78 SGB X); allerdings tritt dies während eines anhängigen JStV aus Gründen der Spezialität der JGerichte idR nur ein, wenn außerhalb der Strafsache liegende Gründe dies erfordern, oder wenn seitens der am JStV beteiligten Behörden eine entsprechende Anregung an das FamG ergeht (etwa wenn der JRichter

um die Herbeiführung einer Einstellungsvoraussetzung gem. §§ 45, 47 bemüht ist, soweit die ihm zustehenden formlosen Maßnahmen im konkreten Fall als ungeeignet erscheinen). Bei **personeller Identität** in Erfüllung jugendrichterlicher und familienrichterlicher Aufgaben vereinfacht sich dieses Verfahren, weil ein- und dieselbe Person sowohl Entscheidungen nach bürgerlichem Recht und nach KJHG als auch nach JStR treffen darf. – Verfahrensrechtlich hat das FamG stets die Möglichkeit, neben den vom JGericht oder von ihm selbst (nach § 53) angeordneten jugendrichterlichen Erziehungsmaßregeln noch familiengerichtliche Maßnahmen gem. § 3 S. 2 anzuordnen.

V. Verfahrensrechtliches

1. Auskunftsverweigerungsrecht (§ 2 Abs. 2, § 55 StPO)

Unbeschadet der gebotenen sachlich-rechtlichen Differenzierung ggü. **13** Zuchtmitteln und JStrafe erscheint – wegen des Charakters der Erziehungsmaßregeln als formelle Reaktionen sowie ihrer Sanktionsbewehrung (§ 11 Abs. 3) – die Gewährung eines **Auskunftsverweigerungsrechts** (§ 55 StPO) als angezeigt (vgl. etwa *Eisenberg* Beweisrecht StPO Rn. 1116; betr. die Gefahr der Verhängung von Zuchtmitteln s. BGHSt 9, 34).

2. Registereintragungen

Hinsichtlich des **Zentralregisters** gilt § 5 Abs. 2 BZRG, bezüglich der- **14** jenigen in das Erziehungsregister § 60 Abs. 1 Nr. 2 BZRG (vgl. auch RL zu § 9).

Weisungen

10 (1) ¹**Weisungen sind Gebote und Verbote, welche die Lebensführung des Jugendlichen regeln und dadurch seine Erziehung fördern und sichern sollen. ²Dabei dürfen an die Lebensführung des Jugendlichen keine unzumutbaren Anforderungen gestellt werden. ³Der Richter kann dem Jugendlichen insbesondere auferlegen,**

1. Weisungen zu befolgen, die sich auf den Aufenthaltsort beziehen,
2. bei einer Familie oder in einem Heim zu wohnen,
3. eine Ausbildungs- oder Arbeitsstelle anzunehmen,
4. Arbeitsleistungen zu erbringen,
5. sich der Betreuung und Aufsicht einer bestimmten Person (Betreuungshelfer) zu unterstellen,
6. an einem sozialen Trainingskurs teilzunehmen,
7. sich zu bemühen, einen Ausgleich mit dem Verletzten zu erreichen (Täter-Opfer-Ausgleich),
8. den Verkehr mit bestimmten Personen oder den Besuch von Gast- oder Vergnügungsstätten zu unterlassen oder
9. an einem Verkehrsunterricht teilzunehmen.

(2) ¹Der Richter kann dem Jugendlichen auch mit Zustimmung des Erziehungsberechtigten und des gesetzlichen Vertreters auferlegen, sich einer heilerzieherischen Behandlung durch einen Sachver-

ständigen oder einer Entziehungskur zu unterziehen. [2] **Hat der Jugendliche das sechzehnte Lebensjahr vollendet, so soll dies nur mit seinem Einverständnis geschehen.**

Schrifttum *BAG* für *ambulante Maßnahmen* in der DVJJ (Hrsg.), Neue ambulante Maßnahmen, 2000; *Bannenberg,* Wiedergutmachung in der Strafrechtspraxis, 1993; *Bilsky ua,* Täter-Opfer-Ausgleich in Braunschweig. Bestandsaufnahmen und Perspektiven, 1990; *Blumenberg ua,* Jugendhilfe für junge Straffällige, 1987; *Bohnert ua,* Lebenspraxis und Unterstützungsnetze von Drogenkonsumenten, 1988; *Brodkorb,* Verfassungsrechtliche Grenzen bei der Erteilung von Erziehungsmaßregeln und Zuchtmitteln gegenüber Jugendlichen und Heranwachsenden, 1998; *Dettling,* Verhaltensstörungen und ihre Zuordnung in der öffentlichen Jugendhilfe, 1978; DJI (Hrsg.), Jugendgerichtshilfebarometer. Empirische Befunde zur Jugendhilfe im Strafverfahren in Deutschland, 2011; *Dölling ua* (Hrsg.), Täter-Opfer-Ausgleich in Deutschland, 1998; *Egg* (Hrsg.), Drogentherapie und Strafe, 1988; *Egg* (Hrsg.), Brennpunkte der Rechtspsychologie, 1991; *Engstler,* Die heilerzieherische Behandlung gem. § 10 Abs. 2 JGG in der jugendstrafrechtlichen Praxis – Eine empirische Analyse …, 1985; *Gregor,* Täter-Opfer-Ausgleich im Jugendgerichtsverfahren unter besonderer Berücksichtigung weiblicher Opfer, 2000; *Hartmann,* Schlichten oder Richten, 1995; *Hartmann/Schmidt/Kerner,* Täter-Opfer-Ausgleich in Deutschland, 2018; *Itzel,* Die Abgrenzung der Weisungen von den Auflagen nach dem JGG, 1987; *Hertle,* Schadenswiedergutmachung als opfernahe Sanktionsstrategie, 1994; *Hinsch/Pfingsten,* Gruppentraining sozialer Kompetenzen, GSK, 6. Aufl. 2015; *Hofmann,* Soziale Trainingskurse als ambulante Maßnahmen im Rahmen des Jugendstrafverfahrens, 2014; *Klein/Neuhäuser,* Heilpädagogik als therapeutische Erziehung, 2006; *König,* Der Beitrag der Methadonsubstitution zur kommunalen Kriminalprävention, 2002; *Kremer,* Der Einfluß des Elternrechts auf die Rechtmäßigkeit der Maßnahmen des JGG, 1984; *Kuhn ua,* „Tatsachen" als Konflikt. Täter-Opfer-Ausgleich …, Modellprojekt „Handschlag", 1989; *Kurtz,* Katamnesen bei jugendlichen Opiatabhängigen nach richterlich angeordneter Langzeittherapie, 1980; *Legge ua,* Der Einfluß des Methadonprogramms auf die Deliquenzentwicklung polizeibekannter Drogenkonsumenten, 2000; *Liedtke,* School Shooting and Counter-Strike, 2015; *Mann* (Hrsg.), Suchtforschung und Suchttherapie in Deutschland, 1995; Niedersächsisches Justizministerium (Hrsg.), Neue ambulante Maßnahmen …, 2. Aufl. 1986; *Pelster,* Täter-Opfer-Ausgleich in Braunschweig. Ergebnisse der schriftlichen Befragung von Jugendgerichtshelfern, 1990; *Petermann/Petermann,* Training mit Jugendlichen, 10. Aufl. 2017; *Petrow,* Strafe ohne Schloss und Riegel: begleitete Arbeitsleistungen im Jugendstrafrecht, 2011; *Pielmaier,* Verhaltenstherapie bei delinquenten Jugendlichen, 1979; *Pielmaier* (Hrsg.), Training sozialer Verhaltensweisen, 1980; *Reuband,* Soziale Determinanten des Drogengebrauchs, 1994; *Rolinski/Eibl-Eibesfeldt* (Hrsg.), Gewalt in unserer Gesellschaft, 1990; *Schorsch ua,* Perversion als Straftat. Dynamik und Psychotherapie, 1985; *Schreckling,* Täter-Opfer-Ausgleich nach Jugendstraftaten in Köln, 2. Aufl. 1991 (1. Aufl. 1990); *Schwerin-Witkowski,* Entwicklung der ambulanten Maßnahmen nach dem JGG in Mecklenburg-Vorpommern, 2003; *Servicebüro* für Täter-Opfer-Ausgleich und Konfliktschlichtung (Hrsg.), Täter-Opfer-Ausgleich in den neuen Bundesländern, 1995; *Taubner,* Einsicht in Gewalt – Reflexive Kompetenz adoleszenter Straftäter beim Täter-Opfer-Ausgleich, 2009; *Täschner/Bloching/Bühringer/Wiesbeck,* Therapie der Drogenabhängigkeit, 2. Aufl. 2010; *Thesing/Vogt,* Pädagogik und Heilerziehungspflege. Ein Lehrbuch, 5. Aufl. 2013; *Wedler,* Weisungen nach § 10 Abs. 1 JGG und elterliches Erziehungsrecht, 2011; *Weiß,* Von der Gewalt fasziniert, 1991; *Winter,* Verfassungsrechtliche Grenzen jugendrichterlicher Erziehungsmaßregeln und Zuchtmittel, 1966; *Zurhold,* Drogenkarrieren von Frauen im Spiegel ihrer Lebensgeschichten, 1993.

Übersicht

I. Anwendungsbereich

Es gelten die Ausführungen zu § 9 Abs. 1 entsprechend (→ § 9 Rn. 1 ff.).   **1**

II. Voraussetzungen

1. Allgemeine Voraussetzungen

Es wird auf die Erl. zu den Voraussetzungen für die Erteilung bzw. An-   2
ordnung von Erziehungsmaßregeln verwiesen (vgl. → § 9 Rn. 8 ff.).

2. Besondere Voraussetzungen

3   Die **gesetzliche Regelung** der Erteilung von Weisungen ist wesensmäßig
von **Unbestimmtheit** gekennzeichnet. Dies gilt für die − dem Gericht
überlassene − Art und Ausgestaltung der Anordnung (§ 10 S. 3; „insb.")
ebenso wie für die Änderung, Befreiung und Verlängerung (§ 11 Abs. 2). Es
wird begründet mit Belangen erzieherischer Flexibilität, grenzt jedoch zugleich die Möglichkeit des Beschuldigten ein, sich ggü. Entscheidungen
behaupten zu können. Aus diesem Grunde kommt der Einhaltung der
besonderen negativen und positiven **Voraussetzungen** der Erteilung erhöhte Bedeutung zu (vgl. dazu schon *Winter,* Verfassungsrechtliche Grenzen
jugendrichterlicher Erziehungsmaßregeln und Zuchtmittel, 1966, 128 ff.).

4   **a) Materielle Geeignetheit. Weisungen** sind nur **zulässig,** wenn sie
bestimmt und geeignet sind, die **Lebensführung** des Jugendl im Allgemeinen oder in einzelnen Bereichen oder auch nur Ausschnitten zu **regeln** und
dadurch seine **Erziehung** zu **fördern.** Voraussetzungen der Erteilung sind
Erziehungsbedürftigkeit, -fähigkeit und -bereitschaft des Jugendlichen (vgl.
allg. → § 5 Rn. 13 ff.); dies schließt eine Eignung auch der konkret in
Betracht kommenden Weisung ein, hinsichtlich begründet angenommener
erzieherischer Mängel Abhilfe zu schaffen. Demgemäß ist die Anordnung
einer Weisung unzulässig, wenn eine erzieherische Einflussnahme nicht
möglich erscheint (vgl. auch *Lobinger* Kostentragung 303).

4a   **aa)** Als **Zielgruppen,** bei denen Weisungen idR prinzipiell geeignet sind,
können einmal jene Jugendlichen gelten, die bei sozialer Unauffälligkeit
ohne schwerwiegende Delinquenz erfasst worden sind und bei denen besondere Gründe vorliegen, hierauf nicht zu reagieren. §§ 45, 47 zu reagieren. Vor
allem aber zählen hierzu mehrfach auffällig gewordene Jugendliche, bei
denen − meist wegen sozialer und sozialisatorischer Benachteiligungen und
gesellschaftlicher Desintegrationserfahrungen − ein Bedarf an einer rechtzeitigen sozialpädagogischen Intervention besteht. Dies gilt jedenfalls bei den
Varianten iSv Abs. 1 S. 3 Nr. 5 und 6 sowie ähnlichen unbenannten Weisungen (*Drewniak* in Dollinger/Schmidt-Semisch Jugendkriminalität-HdB
462). Aber auch bei den übrigen Weisungsformen kommt den individuellen
Gegebenheiten − dh dem **Entwicklungsstand** des Jugendlichen zur Zeit
der Aburteilung, den sozialisatorischen **Problemstellungen** und den für ihn
relevanten Wertvorstellungen und **Bezugspersonen** bzw. -gruppen −
die vorrangige Bedeutung für Auswahl und Ausgestaltung der Weisungen
zu. Zur Erfassung des Entwicklungsstandes bietet das Alter nur einen gewissen Anhaltspunkt (vgl. auch → § 3 Rn. 22), sodass es, ebenso wie hinsichtlich der anderen Kriterien, eines sorgfältigen Eingehens auf die konkreten
Gegebenheiten bezüglich des Jugendlichen und seiner Lebensbedingungen
bedarf.

5   **bb)** Erforderlich ist, dass die Weisung **für** den **Jugendlichen sinnvoll**
und **einleuchtend** ist, wozu gehört, dass deren Ausgestaltung ihn als **Subjekt** anerkennt und respektiert, sodass ua eine Diskriminierung auszuschließen ist (vgl. auch RL (EU) 2016/800, Erwägungsgrund 65 (näher → Einl.
Rn. 32).

5a   (1) Dabei kann ein inhaltlicher **Bezug** zwischen **Tat** (und etwaigem
bisherigen Verhalten) und Art der **Weisung** die erzieherische Aufgabe wesentlich erleichtern (vgl. RL 1), was zB der Fall ist, wenn Weisungen auf

einen etwa „ursprünglich wirksamen kriminogenen Faktor" (*Itzel,* Die Abgrenzung der Weisungen von den Auflagen nach dem JGG, 1987, 228) gerichtet werden. Indes ist die Bestimmbarkeit solcher Faktoren durch allg. Grenzen verlässlicher kriminologischer Aussagen ebenso eingeschränkt wie konkret zB durch die Dimension der Tatsituation und die idR zu verzeichnende Komplexität delinquenzfördernder Faktoren (vgl. statt vieler *Eisenberg/Kölbel* Kriminologie §§ 54 ff.). Andererseits darf die Weisung den Jugendlichen nicht mit der Wirkung einer negativen Verstärkung belasten, wie es im Falle einer andauernden demonstrativen Vorhaltung der Tat geschieht. Dies gilt umso mehr, als gem. allg. erziehungspsychologischer, gem. § 2 Abs. 1 zu berücksichtigender Erkenntnis Zuspruch und Lob – wie überhaupt positive Verstärkung – konstruktiver sind als ein Verhalten, das negativer Sanktionierung gleichkommt.

(2) Bereits hieraus ergibt sich zugleich, dass Weisungen, sollen sie erzieherisch vertretbar sein, **von vergeltenden** oder repressiven **Elementen frei** bleiben müssen (zust. etwa *Mrozynski* JR 1983, 387; s. bereits Schriftl. Bericht, BT-Drs. 1/4437, 3: „ohne sühnenden Charakter ausschließl der Erziehung des Jugendlichen dienen"; *Göbel* NJW 1954, 15 f.; *Winter,* Verfassungsrechtliche Grenzen jugendrichterlicher Erziehungsmaßregeln und Zuchtmittel, 66). Die gegenteilige Auffassung (betr. Abs. 1 S. 3 Nr. 4 – etwa schon *Pfeiffer* KrimJ 1983, 211) verbindet Zielsetzung und – nach Möglichkeit zu vermeidende – etwaige tatsächliche Wirkung (s. aber auch *Itzel,* Die Abgrenzung der Weisungen von den Auflagen nach dem JGG, 1987, 22 ff., der positivrechtlich eine Differenzierung in dem bezeichneten Sinne in Frage stellt). **6**

In der **Praxis** wird freilich immer wieder ein strafähnlicher Einsatz der Weisungen ausgemacht. Dies komme darin zum Ausdruck, dass man eher die sanktionsartigen (etwa Abs. 1 S. 3 Nr. 4) als die sozialpädagogisch ausgelegten Weisungen anordne (→ Rn. 21a). Außerdem würden Weisungen regelmäßig gem. § 8 als „erzieherische Draufgabe" mit Zuchtmitteln und JStrafen verknüpft (*Drewniak* in Dollinger/Schmidt-Semisch Jugendkriminalität-HdB 468). Unabhängig davon lässt sich eine Repressionsfreiheit allerdings schon deshalb **nur eingeschränkt verwirklichen,** weil tendenziell jede im Anschluss an ein erfasstes Verhalten verhängte jugendstrafrechtliche Rechtsfolge als negative Sanktionierung empfunden und damit möglicherweise insgesamt aversiv erlebt wird. Dem entgegen gebietet es die erzieherische Aufgabe (§ 2 Abs. 1), wenn von Gesetzes wegen irgend zulässig (zusätzlich) negativ sanktionierende Inhalte zu vermeiden (anders *Brunner/Dölling* § 9 Rn. 5). Wird einer „Weisung" ein vergeltender Zweck beigefügt, und sei dies nur in ergänzender Weise, so handelt es sich sachlich nicht mehr um eine Weisung (aA *Dallinger/Lackner* Rn. 2 mN). **6a**

cc) Im Übrigen muss die **Erteilung** von Weisungen **klar** und **bestimmt** und in ihrer **Einhaltung überprüfbar** sein (vgl. auch RL 2 S. 3). So lässt sich – zumal in Großstädten – zB die Weisung, Alkohol- und/oder Nikotinkonsum oder den Besuch bestimmter Gaststätten zu unterlassen, kaum überwachen. Exponiert wurde die Aufnahme einer versicherungspflichtigen Tätigkeit ua damit begründet, ohne diese Voraussetzung fehle es an der notwendigen Überprüfbarkeit (LG Würzburg NJW 1983, 463 f.). – Hinsichtlich der technischen Handhabung wird seitens der Praxis teilweise empfohlen, dem Jugendlichen detaillierte Anweisungen schriftlich in die Hand zu geben, **7**

und zugleich die Belehrung über den im Falle der Nichteinhaltung drohenden Arrest (§ 11 Abs. 3, hierzu → § 11 Rn. 11 ff.) beizufügen.

8 **b) Keine Umgehung. aa)** Weisungen sind **unzulässig,** wenn sie sich als Umgehung anderer Vorschriften darstellen: Sieht das Gesetz unter bestimmten Voraussetzungen eine bestimmte Rechtsfolge vor, so darf das Gericht nicht eine inhaltsgleiche Weisung erteilen, sofern sie demselben kriminalpolitischen Zweck entspricht, den die andere Rechtsfolge anstrebt. Dieses Verbot gilt unabhängig davon, ob die Voraussetzungen der anderen Rechtsfolge im konkreten Einzelfall gegeben sind oder nicht. Andernfalls dürfte das Gericht die einer anderen Rechtsfolge beigemessene kriminalpolitische Funktion – etwa auch soweit es sich dabei um eine solche des allg. StR und also eine nicht primär erzieherisch orientierte handelt – unter dem verbalen Etikett einer jugendstrafrechtlichen Weisung durchsetzen (so etwa Meldepflicht (Gesetzesantrag Bayern v. 17.10.2000, BR-Drs. 637/00; Gesetzentwurf BR-Drs. 238/04 v. 14.5.2004 auf Antrag von fünf Bundesländern) als Präventiv- bzw. Überwachungsmaßnahme iSd Polizeirechts).

8a Ebenso sind solche Weisungen unzulässig, deren unmittelbare Zielsetzung der gesetzlich festgelegten **Funktion** von Weisungen **widerspricht** (zB Wohlverhalten vor der Entlassung aus JStrafvollzug).

9 **bb) Unzulässig** sind auch generelle Weisungen, den Anordnungen einer bestimmten Person nachzukommen, da der **JRichter** seine **Befugnis,** Weisungen zu erteilen, **nicht** (auch nicht der JGH) **übertragen** darf (vgl. Art. 101 Abs. 1 S. 2 GG; vgl. aber → Rn. 21a (betr. Weisung nach Abs. 1 S. 3 Nr. 4)). Eine Übertragung sieht das Gesetz nur in den Fällen des Abs. 2 vor (vgl. → Rn. 37–69).

10 **c) Kein Eingriff in Grundrechte.** Weisungen sind insbes. dann **unzulässig,** wenn sie in uneinschränkbare **Grundrechte** oder in unvertretbarer Weise in solche Grundrechte eingreifen, die unter einem Gesetzesvorbehalt stehen.

10a **aa)** Unzulässig sind daher Weisungen, die die **Glaubens- und Gewissensfreiheit (Art. 4 GG;** zB Weisung zu regelmäßigem Kirchenbesuch), das **Recht** auf **freie Meinungsäußerung (Art. 5 GG)** oder die **Koalitionsfreiheit (Art. 9 GG;** zB Weisung, einem bestimmten Verein oder einer Religionsgesellschaft beizutreten), beeinträchtigen. Durch die Weisung, aus einem bestimmten Verein auszutreten, von dem konkrete erzieherische Gefahren ausgehen, wird im Sinne eines faktischen Grundrechtseingriffs die Koalitionsfreiheit unabhängig davon berührt, ob die allg. weltanschauliche oder politische Haltung der Vereinigung oder die unmittelbare Gefährdung des Jugendlichen den Grund für die Maßnahme bildet (s. auch *Ostendorf* in NK-JGG Rn. 5; *Diemer* in Diemer/Schatz/Sonnen Rn. 9; aA noch *Dallinger/Lackner* Rn. 26).

11 **bb)** Unzulässig sind auch solche Weisungen, die die Aufnahme einer bestimmten Lehre oder Ausbildung anordnen, da dadurch die **freie Wahl** des **Berufes,** des **Arbeitsplatzes** oder der **Ausbildungsstätte (Art. 12 GG)** beeinträchtigt wird (s. LG Hannover RdJB 1962, 13; s. aber nach allg. StR zu §§ 57 Abs. 3, 56c Abs. 2 Nr. 1 StGB OLG Hamm NStZ 1985, 310; zu § 68b StGB BVerfG NStZ 1981, 21 f.). Die Weisung, eine Lehre bis zum Abschluss zu durchlaufen, ist nur zulässig (generell abl. *Ostendorf* in NK-JGG Rn. 11), wenn dadurch nicht (faktisch) die Ausbildung der Art nach angeordnet wird. Soweit das Gericht gleichwohl die Weisung erteilen will, eine bestimmte Lehre oder Ausbildung aufzunehmen, so ist wegen Art. 12 GG die Zustimmung des Jugendlichen und des Erziehungsberechtigten unabdingbar (vgl. grds. *Sonnen* FS Wolter, 2013, 1232 Nr. 2). Insoweit ist jedoch zu berücksichtigen, dass entsprechende Erklärungen der genannten Personen häufig nicht (wirklich) freiwillig abgegeben werden, sondern (in erster Linie) von der Sorge vor etwaigen eingreifenderen Folgen getragen sind. – Teilweise wird bezweifelt, ob die Weisung nach Abs. 1 S. 3 Nr. 4 mit Art. 12 Abs. 2 GG vereinbar ist (s. vormals etwa *Mrozynski* JR 1983, 400; vgl. ergänzend aber → Rn. 20).

cc) Weisungen – mit dem Erziehungsgedanken explizit (vgl. Abs. 1 S. 1 **12** sowie § 2 Abs. 1) verbundene Rechtsfolgen – können zudem in einen **Konflikt** mit dem **Vorrang elterlicher** Erziehung **(Art. 6 Abs. 1, 2 S. 1 GG)** geraten (und insoweit auch wegen Unzumutbarkeit unzulässig sein, vgl. *Müller/Kraus* JA 2003, 899; näher → § 11 Rn. 16; aA *Walter/Wilms* NStZ 2004, 600 ff.). Gleichwohl geht die überwiegende Meinung davon aus, dass Weisungen, die gegen den Willen sorgeberechtigter Eltern erteilt werden, dann kein Verstoß gegen Art. 6 Abs. 1 und 2 S. 1 GG sein müssen, wenn im Verfahren festzustellendes (*Lipp* RdJB 2003, 363; krit. dazu *Reuther* Elternrecht 93 ff.) erzieherisches Versagen der betreffenden Personen vorlag bzw. vorliegt (zu Kindeswohlgefährdung *Wedler* 128 ff., 140 ff.; zusf. *Wedler* NStZ 2012, 298), da sie insoweit Ausdruck der in Art. 6 Abs. 2 S. 2, Abs. 3 GG bestimmten Schranken seien. Tatsächlich kann in Fällen erzieherischen Versagens der Sorgeberechtigten ein Bedarf dafür bestehen, dass das Gericht Weisungen auch gegen deren ausdrücklichen Willen erteilt, zumal dann, wenn die jugendrichterliche Weisung gerade verfehlte oder ausgebliebene erzieherische Angebote oder Maßnahmen seitens der Sorgeberechtigten ersetzen soll. Ansonsten sind zumindest Weisungen von „größerem Gewicht" nur bei Zustimmung der sorgeberechtigten Eltern zulässig (vgl. näher *Böhm/Feuerhelm* JugendStrafR 181 ff.; ausf. *Kremer,* Der Einfluß des Elternrechts auf die Rechtmäßigkeit der Maßnahmen des JGG, 1984, 82 ff.; krit. *Brodkorb,* Verfassungsrechtliche Grenzen bei der Erteilung von Erziehungsmaßregeln und Zuchtmitteln gegenüber Jugendlichen und Heranwachsenden, 1998, 683 ff.; zur Tragweite des § 36 KJHG s. etwa *Schwenkel-Omar* Zbl 1990, 495; aA *Walter/Wilms* NStZ 2004, 605 f.; nach *Zieger/Nöding* Verteidigung Rn. 52; *Diemer* in Diemer/Schatz/Sonnen Rn. 12 sei die Zustimmung der Eltern keine Rechtmäßigkeitsvoraussetzung der Weisung), wozu im Falle deren Nichterscheinens in der HV (vgl. → § 50 Rn. 21) sonstige Möglichkeiten der Erfragung zu versuchen sein werden.

d) Verhältnismäßigkeit. aa) Bei der Erteilung von Weisungen ist darü- **13** ber hinaus auch der **Grundsatz** der **Verhältnismäßigkeit** zu beachten, dh sie dürfen in ihrer Belastungsintensität nicht außer Verhältnis zu den sie veranlassenden tatsächlichen Geschehnissen bzw. Vorwürfen stehen. Allerdings liegen zur Prüfung der Verhältnismäßigkeit (auch) bezüglich Weisungen keine standardisierten Kriterien vor (zur Grundrechtsrelevanz *Kerner/Karnowski/Eikens* FS Ostendorf, 2015, 465 ff.). Die Frage kann nur im Einzelfall aufgrund umfassender Würdigung aller Umstände beantwortet werden.

bb) Weisungen sind ferner **unzulässig,** wenn sie **unzumutbare Anfor- 14 derungen** an den Jugendlichen stellen (Abs. 1 S. 2). Dieses Kriterium verweist auf eine Belastungsgrenze, deren Überschreitung von den Betroffenen für sich genommen nicht mehr hingenommen werden muss. Anders als bei der Verhältnismäßigkeit, die sich aus Eignung, Erforderlichkeit und Eingriffs-Vorwurfs-Relation ergibt, geht es hier um den Gedanken, dass ganz unabhängig von der Anlasstat keine überfordernden Sanktionen verhängt werden dürfen. Dies betrifft etwa Arbeits- oder geistige Leistungen, die die psychischen und/oder physischen Möglichkeiten des Jugendlichen übersteigen).

III. Weisungen nach Abs. 1

1. Allgemeines

15 **a)** Bei der Auswahl von Weisungen kommt den in **Abs.** 1 angeführten **Bsp.** gem. dem erzieherischen Prinzip der Flexibilität und dem speziellen jstr Grundsatz täterorientierter Differenzierung **kein Vorrang** zu. Das Gericht muss nicht etwa zunächst prüfen, ob eine dieser ausdrücklich angeführten Weisungen in Betracht kommt (so aber *Diemer* in Diemer/Schatz/Sonnen Rn. 26; *Laubenthal/Baier/Nestler* JugendStrafR Rn. 590: Gebot der Vorhersehbarkeit), sondern es kann von vornherein eine Weisung anderer Art anordnen (zust. *Buhr* in HK-JGG Rn. 16).

16 **b)** Während Weisungen zur Regelung der Lebensführung nicht nur auf die Zukunft ausgerichtet sein, sondern auch für eine gewisse Dauer gelten sollen, fehlt es einzelnen der im Gesetz genannten Weisungen an diesem Dauercharakter. Diese sind insofern systemwidrig und könnten, soweit ein ahndendes Element hinzukommt (zB Nr. 4), als unzulässig beurteilt werden, da sie eher der Rechtsfolgenkategorie der Auflagen (§ 15) entsprechen.

2. Ausdrücklich im Gesetz angeführte Weisungen

17 **a) Nr. 1 und Nr. 2.** Diese beiden Weisungen sind **keine Rechtsgrundlage** für eine **Unterbringung** (zu Nr. 2 OLG Hamm BeckRS 2015, 21047). Deren Erteilung ist idR nur mit Zustimmung des Aufenthaltsbestimmungsberechtigten zulässig (*Böhm/Feuerhelm* JugendStrafR 182 f.; *Kremer,* Der Einfluß des Elternrechts auf die Rechtmäßigkeit der Maßnahmen des JGG, 1984, 84 f.; einschr. *Brunner/Dölling* Rn. 8: nicht unbedingt; aA *Diemer* in Diemer/Schatz/Sonnen Rn. 29; *Reisenhofer,* Jugendstrafrecht in der anwaltlichen Praxis, 2. Aufl. 2012, § 5 Rn. 57f). Sie haben (schon deshalb) nur unterstützende und verstärkende Bedeutung. Gegebenenfalls kann sich eine Verbindung dieser Weisungen mit solchen nach Nr. 3 empfehlen.

18 **aa)** Im Einzelnen ist gerade bei der Weisung nach **Nr. 1** neben der Regelung der Lebensführung auch auf die Voraussetzungen der Förderung der Erziehung (vgl. → Rn. 3; für Streichung dieser Weisung UK IV DVJJ-Journal 1992, 30) zu achten, dh es wäre **unzulässig,** im wesentlichen zB auf den Schutz der Allgemeinheit vor weiteren Straftaten abzustellen (LG Freiburg JR 1988, 523 mkritAnm *Eisenberg* betr. eine Weisung ggü. einem Nichtdeutschen, auf die Dauer von zwei Jahren *nicht einzureisen;* vgl. entspr. zum allg. StR gem. **hM** OLG Nürnberg StraFo 2014, 257; LG Landshut StV 2008, 83, anders indes LG Köln NStZ-RR 2010, 49, LG Berlin NStZ 2005, 100).

bb) Bei der Weisung gem. **Nr.** 2 wird zu beachten sein, dass sie in die 18a
Lebensführung des Jugendlichen iErg nicht ebenso schwer eingreifen darf,
wie es bei Unterbringungen nach § 12 der Fall ist (ebenso *Lobinger* Kostentragung 388). Dies gilt hinsichtlich der Dauer der Anordnung; nach überwiegender Auffassung soll es auch bezüglich der Bedingungen innerhalb
einer Familie oder eines Heimes gelten.

Besonders bei der Weisung, in einem Heim zu wohnen, empfiehlt es sich, 18b
vor deren Anordnung zu klären, ob die Kosten für den Jugendlichen von
diesem selbst, von dem Unterhaltspflichtigen oder von einer Behörde bzw.
einer anderen Institution übernommen werden (OLG Hamm NStZ-RR
2004, 151; vgl. auch RL 6). Bei Hilfen zur Erziehung in einem Heim oder
einer sonstigen betreuten Wohnform (§ 34 KJHG) übernimmmt der Träger
der öffentlichen JHilfe die Kosten der Hilfe unabhängig von der Erhebung
eines Kostenbeitrags (§ 91 Abs. 5 KJHG). – Sind die Voraussetzungen speziell der § 91 Abs. 1 Nr. 1, § 13 Abs. 3 KJHG nicht erfüllt (n. *Lobinger*
Kostentragung 82 f.), und hat der Jugendliche keine eigenen Mittel, so wird
das Gericht von dieser Weisung absehen bzw. sie gem. § 11 Abs. 2 ändern.

b) Nr. 3. Kommt eine solche Weisung in Betracht oder wird sie erteilt, so 19
hat das Jugendamt zu prüfen, ob Leistungen gem. § 13 Abs. 1 KJHG
anzubieten sind (vgl. *Mrozynski* Zbl 1992, 449).

Die Weisung darf nicht das Grundrecht der freien Berufswahl (Art. 12 19a
GG) antasten (vgl. → Rn. 11). Sie darf deshalb ohne Einverständnis des
Beschuldigten nur darauf gerichtet sein, eine – nicht aber eine bestimmte –
Stelle anzutreten (LG Würzburg NJW 1983, 463 f.) und beizubehalten
(*Schaffstein/Beulke/Swoboda* JugendStrafR 315). Hingegen ist eine Weisung,
eine bestimmte Stelle aufzugeben oder beizuhalten, unzulässig (*Diemer* in
Diemer/Schatz/Sonnen Rn. 31; s. aber zum allg. StR betr. § 68b StGB
BVerfG NStZ 1981, 21 f.; für Streichung dieser Weisung UK IV DVJJ-
Journal 1992, 30).

c) Nr. 4. aa) Umstritten ist, welchen Zweck und welches Ausmaß die 20
mit einer solchen Weisung (betr. Kosten vgl. → Rn. 81) verbundene Einwirkung auf den Beschuldigten haben darf. Nach Ansicht einiger Gerichte
ist sie nur zulässig, wenn durch sie die **Einstellung** zur **Arbeit** beeinflusst
werden soll (BGH MDR 1976, 634; KG JR 1965, 29; BayObLG StV 1984,
254; BayObLG bei *Bär* DAR 1988, 366; OLG Karlsruhe Die Justiz 1988,
488; so auch *Itzel,* Die Abgrenzung der Weisungen von den Auflagen nach
dem JGG, 1987, 187 (189); *Köhler* JZ 1988, 749 ff.). Weniger eng ist die
Auffassung, die diese Weisung unter **allg.** als erzieherisch geeignet unter-
stelltem **Aspekt** (Tagesstrukturierung, Teamerleben usw) eingesetzt wissen
will (*Dölling* Zbl 1987, 258 f.; DBH Bewährungshilfe 1988, 245; diff. *Böhm/
Feuerhelm* JugendStrafR 185; eher krit. *Kreuzer* Soziale Arbeit 1985, 493 f.) –
nach BVerfG ist dies aus verfassungsrechtlicher Sicht zumindest nicht unvertretbar (BVerfGE 74, 102 ff. = NStZ 1987, 502 (Ls.) mAnm *Schaffstein;* vgl.
auch BVerfG ZfJ 1987, 637). Es geht dabei um Jugendliche mit erhöhtem
Betreuungsbedarf, sodass eine Kopplung mit JA generell verfehlt wäre
(vgl. auch DVJJ ZJJ 2016, 421 f.).

bb) Arbeit zur **Ahndung** ist **nicht** als Weisung, sondern allenfalls als 20a
Auflage zulässig (§ 15 Abs. 1 Nr. 3 sowie ggf. Nr. 1; betr. ein etwaiges
Sühnebedürfnis → § 5 Rn. 7, aber auch *Adam* in BMJ 1986, 96). Dies
unterstellt die Möglichkeit einer Unterscheidung zwischen einer pädago-

gisch (Weisung) und einer normverdeutlichend (Auflage) ausgestalteten Verpflichtung zur Arbeit. Zugleich ergibt sich gerade hierbei die Notwendigkeit, auf das Verständnis von Sinn und Zweck der Rechtsfolgen bei dem Jugendlichen – und nicht (nur) bei dem Gericht – abzustellen, wie schon aus dem allg. Erfordernis der Erziehungsbereitschaft (vgl. → § 5 Rn. 17) folgt (krit. methodischen Einwänden *Ludwig* KrimJ 1985, 298 ff.). Tatsächlich werden vielfach auch solche arbeitsbezogene Weisungen erteilt, die Zwangscharakter haben (zur – die Zufälligkeit der Auswahl bedingenden – ganz überwiegenden Verneinung inhaltlicher Unterschiede zur Arbeitsauflage durch JRichter und JStaatsanwälte vgl. *Höynck/Leuschner* Jugendgerichtsbarometer 104 f.; *Höynck/Leuschner* ZJJ 2014, 368) oder gar eine **erzieherisch** angezeigte **Höchstbegrenzung** überschreiten (nach *Kremerskothen* Arbeitsauflagen 137 durchschnittlich 32,5 Stunden; vgl. auch DVJJ-Journal 2002, 250; KJHG § 36a Rn. 29; nach *Buhr* in HK-JGG Rn. 21: 40–50 Stunden noch zumutbar; überhöht DVJJ ZJJ 2016, 421), sodass dem Jugendlichen die Weisung nicht einsichtig wird und diesen auch überfordert (s. auch *Brodkorb*, Verfassungsrechtliche Grenzen bei der Erteilung von Erziehungsmaßregeln und Zuchtmitteln gegenüber Jugendlichen und Heranwachsenden, 1998, 398 f.; vgl. aber → § 15 Rn. 3). Dies gilt umso mehr, als der Zeitraum zwischen Tatzeit und Arbeitsbeginn im Allg. nicht unerheblich ist (nach *Kremerskothen* Arbeitsauflagen 81 durchschnittlich 34,1 Wochen bis Beendigung) und ggf. gar bis zu einem Jahr beträgt. – Nach der **Art** der Arbeit liegen empirische Anhaltspunkte dafür vor, dass Reinigungs- und Aufräumtätigkeiten im Vordergrund stehen (erg. *Trenczek* ZJJ 2009, 359: ggf. „demütigend"), ohne dass eine begleitende erzieherische Betreuung stattfände (vgl. betr. Rhein-Neckar-Kreis *Kremerskothen* Arbeitsauflagen 188 f.). Demgegenüber kann iSv Zukunftsorientierung der **Inhalt** der Leistung durchaus unkonventionell sein (zB Abfassen von Bewerbungsschreiben, künstlerisch-kreative Tätigkeit etc (vgl. dazu *Bührendt/Meißner* DVJJ-Journal 1996, 379 f.)), zumal erzieherisch stets die Ermöglichung von – legal erzielten – Erfolgserlebnissen anzustreben ist (s. näher *Meißner/Pelz* in BAG ambulante Maßnahmen 319 ff.).

21   **cc)** Im Übrigen ist das **JArbSchG** zumindest sinngemäß anzuwenden (Art. 293 Abs. 2 S. 2, Abs. 3 EGStGB); Gefahren zusätzlicher Beeinträchtigung (betr. Verlust des Arbeitslosengeldes s. vormals *Uebele* Bewährungshilfe 1987, 201; betr. Arbeitsauflage vgl. *Firgan* NStZ 1989, 110) sind ggf. zu berücksichtigen. Was den notwendigen **Versicherungsschutz** angeht, so wurde hinsichtlich *Unfallschäden* zumindest betr. Weisungen nach Nr. 3 und 4 auf § 2 Abs. 2 S. 2 SGB VII verwiesen, worin ausdrücklich auch Anordnungen der StA und der Jugendbehörden einbezogen sind (s. auch BGH VersR 1959, 109; vgl. näher *Höynck* DVJJ-Journal 2000, 285 f.). Die Frage des Versicherungsschutzes bezüglich *Haftpflichtschäden* bei der Ausführung von Weisungen, die mit der Tätigkeit des Jugendlichen verbunden sind, ist gesetzlich nicht geregelt, dh der Jugendliche bzw. Heranwachsende müsste – vorbehaltlich privater Haftpflichtversicherung – im Rahmen allg. Verschuldensvorschriften einstehen. Handelt es sich um eine Einsatzstelle, deren Träger (zB Krankenhaus) über eine Betriebshaftpflichtversicherung verfügt, so können etwaige Schäden (teilweise) davon abgedeckt sein; im Übrigen bestehen Formen spezieller Versicherungsabschlüsse seitens der Jugendämter bzw. Freien Träger (vgl. für Bayern *Wimmer* DVJJ-Journal 1998, 36 f.; s. näher *Höynck* DVJJ-Journal 2000, 286 f.).

dd) Nach BVerfGE 74, 102 ff. = NStZ 1987, 275 mAnm *Schaffstein* NStZ 21a
1987, 502 berührt diese Weisung den Schutzbereich des Art. 12 Abs. 2, 3
GG nicht (zw.); auch sei die Bestimmtheit gewahrt, wenn die richterliche
Erteilung lautet: „16 Stunden Hilfsdienst nach Weisung der JGH zu leisten",
dh das Gericht soll die Auswahl der Arbeitsstelle der JGH überlassen dürfen
(ebenso OLG Braunschweig NStZ 2012, 575). Das *Verbot* der *Schlechterstellung* Jugendlicher ggü. Erwachsenen in vergleichbarer Verfahrenssituation ist
zwar nicht unmittelbar einschlägig, wirkt aber einschränkend (s. auch *Bottke*
NJW 1987, 1068). Dies gilt, unbeschadet des Wesens von ErzMaßregeln (vgl.
aber auch → Rn. 6), auch für die Berücksichtigung rechtsstaatswidriger *Verfahrensverzögerung* (abw. ohne nähere Begr. BGH ZKJ 2017, 425 mit krit.
Bspr. *Eisenberg* ZKJ 2017, 419 f.; dem BGH zust. aber *Nehring* in BeckOK
JGG Rn. 24). Eine Kompensation ist hiernach erforderlich (näher *Kölbel* JR
2018, 575 ff.), zumal eine solche Verzögerung eine erzieherische Geeignetheit von vornherein in Frage stellt und das JStV (aus entprechenden Gründen) einem speziellen Beschleunigungsgebot unterliegt. Der Ausgleich muss
aber nicht zwangsläufig nach dem Vollstreckungsmodell erfolgen, sondern ist
ggf. auch in anderer Form möglich (entspr. Erklärung, Sanktionsabschlag).
Im Falle von Weisungen ist dies bislang ungeklärt (vgl. zur Geldauflage
→ § 15 Rn. 26, zum JA → § 16 Rn. 29, zur JStrafe → § 18 Rn. 44 ff.).

ee) Innerhalb der „ambulanten Maßnahmen" kommt der in Rede stehen- 21b
den Weisung statistisch eine herausragende Bedeutung zu, und zwar besonders bei als „Ersttäter" und als sog. „Bagatell"-Täter beurteilten Jugendlichen
(vgl. für LG-Bezirk Flensburg vertiefend *Çağlar,* Neue ambulante Maßnahmen in der Reform, 2005, 69 ff.; krit. zur breiten Befürwortung auch durch
die JGH *Köpcke* DVJJ 1987, 201; vgl. aber zu erneuter Erfassung von nur
18 % der Betroffenen in den JGH-Akten zwei Jahre nach Abschluss *Petrow,*
Strafe ohne Schloss und Riegel: begleitete Arbeitsleistungen im Jugendstrafrecht, 2011, 47 ff. (betr. Bonn)).

d) Nr. 5. Diese Weisung (s. auch RL 2 S. 1; gegen den Begriff „Unter- 22
stellung" Fachausschuss der BAG der LJÄmter DVJJ-Journal 1991, 453;
wegen der Kosten vgl. → Rn. 81) wird nicht selten **statt JA** in Betracht
kommen. Ansonsten hat sie besonders auch für Heranwachsende Bedeutung,
da bei dieser Altersgruppe EB (§ 12) nicht angeordnet werden darf. Gegenüber Jugendlichen wird eine solche Weisung (ebenso wie EB) im Allg. nur
dann zulässig und sinnvoll sein, wenn das Einverständnis der Erziehungsberechtigten vorliegt oder begründet unterstellt werden kann (RL 2 S. 2; zu
Fragen des Akzeptierens oder aber des Empfindens als Einmischung s. *Mohr*
DVJJ-Journal 1991, 261). Im Übrigen wird – auch wegen der Gefahr einer
unzulässigen Umgehung (vgl. → Rn. 8) – vielfach der EB der Vorzug zu
geben sein, zumal sie, im Unterschied zur Weisung (§ 11 Abs. 3), von
förmlichen Zwangsmitteln frei ist und auch insofern als (weniger belastendes) erzieherisches Angebot ggf. eher geeignet ist (aA *Ostendorf* in NK-JGG
Rn. 17). – Die **Kombination** einer Weisung nach Nr. 5 mit sonstigen
Weisungen oder Auflagen („Cocktail") und im Speziellen zB mit **Geldauflage** oder gar mit **JA** ist nahezu **sinnlos** (vgl. allg. → § 8 Rn. 12; vgl.
aber zu teilweise entgegenstehender Praxis *v. Kutzschenbach-Braun* in Blumenberg ua, Jugendhilfe für junge Straffällige, 1987, 99 ff.) und bedeutet
zudem ggf. eine Mehrbelastung im Vergleich zu der bloßen Bewährungsunterstellung bei einer Entscheidung gem. § 21 Abs. 1.

22a Als Dauer der Betreuung gilt für den Regelfall ein **Zeitraum** von höchstens 12 Monaten (§ 11 Abs. 1 S. 2 Hs. 2; nach DVJJ 04, Forum 1, AK 1.6 unter V.: ab sechs Monate). Die Betreuungsperson ist dem Jugendlichen möglichst alsbald namentlich zu nennen. Ihre Aufgabe ist es, ihm zu helfen und Anregungen zu vermitteln, die konkret als geeignet erscheinen, (auch) zukünftige Legalbewährung zu unterstützen.

22b Verbindliche Anordnungen, deren Nichtbefolgung nach § 11 Abs. 3 zu JA führen könnte, darf die Betreuungsperson nicht treffen. Die Befugnis dazu hat der Gesetzgeber nur dem JRichter zuerkannt, ohne ihn legitimiert zu haben, sie in Form einer Weisung zu delegieren (vgl. entspr. bezüglich des Verhältnisses zum BewHelfer → § 23 Rn. 13–15).

23 **aa)** Als Betreuungsperson kommen zum einen **ehrenamtlich** Tätige (zu deren Rolle s. etwa schon *Kraimer/Müller-Kohlenberg* RdJB 1990, 175) in Betracht. Hier besteht am ehesten die Chance, dass eine zwischenmenschlich positive Beziehung genutzt wird bzw. zustande kommt (im Sinne individueller Auswahl aus Sicht der Praxis bereits *Wenger* FS Härringer, 1995, 75).

23a Eingeschränkt gilt dies auch für **Freie Träger** der Jugendhilfe (vgl. etwa betr. Nichtdeutsche vormals DVJJ 84, AK X), wenngleich ua bei diesen mitunter Tendenzen der „Entspezialisierung" ausgemacht werden (vgl. anschaulich *Höynck* DVJJ online v. 29.6.2016). – Institutionell bedeutsam sind Bemühungen „freier Jugendhilfe" neben den Aktivitäten der öffentlichen Jugendhilfe bzw. der freien Träger (vgl. dazu etwa *Schaar* Zbl 1985, 441 (zB mit Hinweis auch auf finanzielle Einzelhilfen Zbl 1985, 441 (442)); *Schaar* Zbl 1987, 18; *Meyer/Hassemer* DVJJ-Journal 1990, 40: „Vertrauen … eher beim freien Träger", vgl. betr. Mecklenburg-Vorpommern ergänzend *Schwerin-Witkowski,* Entwicklung der ambulanten Maßnahmen nach dem JGG in Mecklenburg-Vorpommern, 2003, 142 f.).

24 **bb)** Vielfach wird die Funktion der Betreuungsperson auf **BewHelfer** übertragen (wenn auch meist erst für 16-jährige und ältere Verurteilte). Dies ist deshalb bedenklich, weil der Jugendliche somit in die Nähe von solchen Personen gerückt werden könnte, die zu JStrafe verurteilt worden sind, und weil der BewHelfer seinerseits mit einer als geboten erachteten Differenzierung seiner Tätigkeit ggf. überfordert sein mag; dies gilt etwa auch bezüglich der Frage einer Berichtspflicht. Hinzu kommen Probleme der Institutionalisierung sowie die Gefahr der Ausdehnung des Kontrollnetzes (n. dazu schon *Eisenberg* Bestrebungen 14–17 mN). Nicht zuletzt ist zu besorgen, dass im Falle einer im Rahmen eines späteren JStV verhängten JStrafe die Voraussetzungen des § 21 (vgl. §§ 24, 25) gar eher verneint werden.

24a Soweit rechtstatsächlich nicht eine bestimmte Person, sondern die BewHilfe schlechthin benannt wird, bietet dies zwar die Möglichkeit, im Falle mangelnden gegenseitigen Verständnisses die (zunächst) eingesetzte Person des BewHelfers durch eine andere auszutauschen; jedoch stellt es den Ablauf faktisch ggf. zur Disposition der Organisation BewHilfe. – *Berichtet* der BewHelfer dem Gericht außerhalb von gesetzlich geregelten Anlässen (§§ 48 Abs. 2 S. 1, 50 Abs. 4 S. 2, 65 Abs. 1 S. 2), so fehlt es an einer besonderen Erlaubnisnorm (Umkehrschluss aus § 25); datenschutzrechtlich tritt eine *Zweckänderung* ein, denn die vom BewHelfer erhaltenen Informationen dienen ausschließlich der Betreuung des Jugendlichen.

24b **cc)** Das Gesetz sieht entgegen vorausgegangenen Entwürfen davon ab, mit der Unterstellung einen **Vertreter** der **JGH** zu betrauen. Entgegen der hM (vgl. etwa *Nehring* in BeckOK JGG Rn. 37) darf der JRichter die

Weisung auch nicht dergestalt fassen, dass der Jugendliche einer von der JGH zu benennenden geeigneten Persönlichkeit unterstellt wird, zumal die JGH zur Frage, wer zu bestellen ist, lediglich Vorschläge machen soll (§ 38 Abs. 3 S. 3 aF bzw. § 38 Abs. 5 S. 2 nF (→ Anlage 7)). Soweit die Aufgabe mangels richterlicher Bestellung einer Person der JGH zufällt (§ 38 Abs. 2 S. 7 aF bzw. § 38 Abs. 5 S. 3 nF (→ Anlage 7); vgl. auch RL 2 S. 3), gelten – wenngleich eingeschränkt – die Einwände unter bb) (erg. schon *Eisenberg* MschKrim 1988, 133 f.; zur Frage der Zustimmung des Erziehungsberechtigten vgl. allg. → Rn. 5). Zwar ist eine solche Lösung angezeigt, falls der Jugendliche zu dem Vertreter der JGH etwa mehr Vertrauen haben sollte als zu anderen geeigneten Personen, jedoch ist die Erklärung der JGH, sie könne einstweilen keine (andere) geeignete Person benennen, kein inhaltlich tragfähiger Grund.

dd) Im Einzelnen haben sich verschiedene **konkrete Modelle** derjenigen 25 Ausgestaltung entwickelt, dass der Jugendliche sich von bestimmten Personen mit der Ausbildung als Sozialarbeiter oder Sozialpädagoge oder gleichgestellter Qualifikation betreuen lässt. Dabei müsse die richterliche Anordnung, soweit sie gem. § 11 Abs. 3 – zur Kontaktanbahnung der Eingangsphase der Betreuung, jeweils mit anschließender Erledigterklärung nach § 87 Abs. 3 – etwa erzwungen wird, für die folgende Betreuung keine kommunikationsstörende Wirkung haben. Sie belaste auch nicht die Eingehung einer Beziehung zu der jeweiligen Betreuungsperson, insbes. bei nichtrepressivem Umgang mit dem Verurteilten (zur Möglichkeit des Austauschs des Mitarbeiters bei fehlendem Sich-Verstehen mit dem Jugendlichen s. *Riemann/Pfeiffer* DVJJ-Journal 1990, 43).

Betreffend bestimmte Projekte ist diejenige Ausgestaltung einer Weisung 25a zu nennen, sich zur Kontaktanbahnung und Überwindung der „Schwellenangst" zB mit einem als hierfür geeignet erachteten Vertreter der Familienfürsorge in Verbindung zu setzen.

e) Nr. 6. Diese Weisung Teilnahme an einem **Sozialen Trainingskurs** 26 wird, ähnlich wie diejenige nach Nr. 5, nicht selten statt JA in Betracht kommen (zu empirischen Anhaltspunkten schon *Wellhöfer* MschKrim 1995, 42; *Kraus* DVJJ-Journal 1997, 309). Als Kurs**dauer** ist für den Regelfall ein Zeitraum von höchstens sechs Monaten vorgesehen (§ 11 Abs. 1 S. 2 Hs. 2); zweckmäßiger wird jedoch eine Dauer von höchstens drei Monaten sein. *Historisch* ist die Weisung nach Nr. 6 ist aus vielfältigen Projekten entstanden, die im Rahmen sonstiger Weisungen unter dem Begriff des Erziehungskurses bzw. schon als soziale Trainingskurse oder auch als Übungs- und Erfahrungskurse (vgl. etwa *Steinhilper* Nds. JuM 135 ff. bzw. speziell *Fischer* Nds. JuM 165 ff.; *Bolz ua* unsere jugend 1983, 149) sowie Stützkurse durchgeführt wurden (vgl. DBH Bewährungshilfe 1988, 244). Andere Formen erzieherischer Gruppenarbeit können auch als sonstige Weisungen bestimmt werden (näher → Rn. 30; zu Überlagerungen *Drewniak/Höynck* ZfJ 1998, 490 f.).

aa) Die Weisung hat das **Ziel,** durch Gruppenarbeit persönliche und 26a soziale Verantwortung zu fördern, Vorurteile und sog. Berührungsängste abzubauen, sowie (nach Möglichkeit) Toleranz zu erfahren. Die Kurs**gestaltung** kann gesprächs-, handlungs- oder erlebnisorientiert sein (vgl. etwa *Roggemann ua* DVJJ 1996, 190; zu empirischer Geeignetheitsuntersuchung vgl. *Göppner* DVJJ-Journal 2000, 277 ff. sowie *Kessel* DVJJ-Journal 2000, 373 ff.; speziell betr. „Gewalttäter" in Hamburg *van Rennings* DVJJ-Journal

2003, 46 ff.; betr. Anti-Aggressivitätstraining in Iserlohn *Cosmai/Hein* Bewährungshilfe 2006, 402 ff. sowie *Hofmann,* Soziale Trainingskurse als ambulante Maßnahmen im Rahmen des Jugendstrafverfahrens, 2014, 127 f. (krit. zur Frage der Geeignetheit schon der Vorgaben → § 92 Rn. 60)). – Eine methodische Kombination stellen hierbei zB Modifikationen des sog. „Gruppentrainigs sozialer Kompetenzen" (vgl. etwa *Hinsch/Pfingsten,* Gruppentraining sozialer Kompetenzen, GSK, 6. Aufl. 2015) dar, wobei Betroffene bezogen auf situationsspezifische Rollenspiele eine Reflexion über ihr Verhalten durch die übrigen Gruppenmitglieder und durch Video-Aufzeichnungen erfahren sollen, um hierdurch ua soziale und personale Ressourcen zu entdecken bzw. eigene Stärken und Schwächen wahrzunehmen (vgl. auch → Rn. 29; ergänzend *Abel/Raithel* unsere jugend 1998, 206 f.). Im Kontext von sog. Rollenspielen in der Gruppe sei ein Erfolg nur durch gelenkte Rollenspiele zu erwarten: hierbei werden von dem Gruppentrainer das Thema, die Lösung bzw. das angestrebte Zielverhalten, die Rollenverteilung und die Auswertungsstruktur vorgegeben (vgl. *Petermann/Petermann,* Training mit Jugendlichen, 10. Aufl. 2017, 67). Zu dem Ziel dauerhafter Intervention durch selbst geleistete „Mentalisierung" wird ua theaterpädagogisches Vorgehen empfohlen (vgl. ausf. *Nisser/Rüth* ZJJ 2015, 199 ff.).

26b Bezüglich sozialer Trainingskurse und ähnlicher Maßnahmen wird vielfach der Einwand erhoben, dass ohnehin weniger belastete Probanden **bevorzugt** würden (krit. daher *Köhnke* Zbl 1983, 213; s. auch *Homfeldt/Kahl* Zbl 1987, 572 (578); vgl. aber auch *Kraus/Rolinski* MschKrim 1992, 32 ff.). Darüber hinaus kann auch die spezifische *Art* eines *solchen* Gruppenwesens seitens des Betroffenen *nicht erwünscht* sein (s. etwa schon *Hausmann* Bewährungshilfe 1984, 259 (260, 263); betr. BtM-Abhängigen AG Rudolstadt NStZ-RR 2013, 387 = ZJJ 2014, 48; zum Drogenseminar schon *Schaar* Zbl 1985, 118; vgl. näher → Rn. 60 ff.). Indes bleibt es dem JRichter freigestellt, statt der Teilnahme an einem dergestalteten sozialen Trainingskurs eine **individuell** an den besonderen **Bedürfnissen** des Jugendlichen orientierte pädagogische Hilfe, ggf. unter Einbeziehung anderer Formen sozialen Trainings, als Weisung zu bestimmen (vgl. etwa *Körner* ZJJ 2006, 269 f. (Vorbereitung auf „Denkzeit" in „konflikthaften" Situationen)).

Im Hinblick auf Jugendliche mit **Migrationshintergrund,** die erst kurze Zeit in Deutschland leben, bieten sich Trainingskurse an, die Elemente des Spracherlernens, der beruflichen Orientierung, der Kulturvermittlung usw verbinden (vgl. aber DJI 2011, 84: entspr. Angebote nur durch wenige Jugendgerichtshilfen).

26c **bb)** Zur **Durchführung** kommen (vom Gesetz nicht näher bestimmte) geeignete (allg. → § 5 Rn. 16) Personen oder Organisationen in Betracht (zu Kriterien betr. weibliche Betroffene *Kawamura-Reindl* ZJJ 2011, 364 ff.; speziell zu Mecklenburg-Vorpommern *Schwerin-Witkowski,* Entwicklung der ambulanten Maßnahmen nach dem JGG in Mecklenburg-Vorpommern, 2003, 66 ff.), wobei gegenüber der bisherigen Dominanz der JGH (s. Begr. BT-Drs. 11/5829, 22) und noch mehr ggü. der BewHilfe Bedenken bestehen (vgl. → Rn. 24; zust. *Hohendorf* Bewährungshilfe 1994, 91 f. unter Hinweis auf eine subsidiäre Pflicht des JAmtes). Vgl. auch im Einzelnen zB zu „Treffpunkt e. V." in Nürnberg *Spindler* (ZJJ 2016, 68 ff.), der neben einem deutlichen Rückgang vor allem bei den 14- und 15-Jährigen von einer Veränderung der Zuweisungskriterien im Sinne einer Zunahme besonders benachteiligter und mit Hafterfahrungen vorbelasteter Personen berichtet.

Die verwandten Konzepte sind regional durchaus unterschiedlich und 26d
nicht immer empirisch anerkannt (vgl. instruktiv *Hofmann* (Soziale Trainingskurse als ambulante Maßnahmen im Rahmen des Jugendstrafverfahrens, 2014, 93: bundesweite Befragung der Jugendämter, sodann der Anbieter)). – Organisatorisch sind Wochenend-, Block- oder auch eher dauerhafte Kurse möglich, wobei der zeitliche Abstand nach den Chancen eines Lernerfolgs bestimmt wird.

f) Nr. 7. Dieser Bereich von Weisungen (betr. Kosten vgl. → Rn. 81) 27
stellt eine Teilverwirklichung umfassender kriminalpolitischer Bemühungen dar, die Bewältigung des strafrechtlich beurteilten Geschehensablaufs auf die Beteiligten zurückzuführen (vgl. auch → § 45 Rn. 20c, 20d), und daher sollte sie prinzipiell nicht mit anderen Rechtsfolgen gekoppelt werden (s. aber zur Praxis *Albrecht* JugendStrafR 184; *Trenczek* ZJJ 2009, 362: „Draufgabe", „Sanktionscocktails"). Die Weisung dient dem Zweck, bei dem Verletzten den immateriellen und materiellen Schaden auszugleichen und legitimiert sich mit dem Anspruch, bei dem jugendlichen Verurteilten einen Lernprozess einzuleiten (RL 4 S. 4; nach der Befragung von *Hertle* (Schadenswiedergutmachung als opfernahe Sanktionsstrategie, 1994, 177) messen ihr mehr als 80 % der JRichter und JStaatsanwälte eine spezialpräventive Wirkung bei; krit. *Bleckmann/Tränkle* Zeitschrift für Rechtssoziologie 2004, 97 f.: Ausübung „moralischer Macht"). Sie **setzt** aus rechtsstaatlichen Gründen ebenso wie wegen ihres auf das Gerechtigkeitsempfinden abzielenden Charakters **voraus,** dass Tathergang (dh Geschehen zwischen Täter und Opfer einschließlich etwaiger aktiver Beteiligung des Opfers (vgl. nur *Eisenberg/Kölbel* Kriminologie § 60 Rn. 1f, 12, 21, 34)) und *Schuld außer Zweifel* stehen; ein Geständnis ist indes insoweit nicht ohne weiteres eine hinreichende Bedingung zur Erteilung dieser Weisung (vgl. nur zur Frage falscher Geständnisse → § 70c Rn. 9 ff.). Im Übrigen ist die *Zustimmung* des Beschuldigten erforderlich (ebenso *Laubenthal/Baier/Nestler* JugendStrafR Rn. 606; grds. *Sonnen* FS Wolter, 2013, 1232; zur Rechtsstellung der Erziehungsberechtigten und gesetzlichen Vertreter vgl. die Erl. zu § 67). Diesbezüglich ist der Beschuldigte zwecks Wahrung der „Freiwilligkeit" (krit. *Albrecht* JugendStrafR 152; *Frehsee* in Schünemann/Dubber (Hrsg.), Die Stellung des Opfers im Strafrechtssystem, 2000, 133: „unter der Bedrohung staatlicher Zwangsanwendung"; *Bleckmann/Tränkle* Zeitschrift für Rechtssoziologie 2004, 101: „Heuchelei") darauf hinzuweisen, dass er, ohne dass ihm dies zum Nachteil gereichen darf, zugunsten einer anderen (vom Richter zu bestimmenden) Rechtsfolge von einer Zustimmung absehen kann. – Umgekehrt kann dem Gesetzeswortlaut zufolge das ernsthafte Bemühen des Jugendlichen um eine Konfliktregelung auch dann berücksichtigt werden, wenn das Tatopfer seine Mitwirkung versagt (BT-Drs. 11/5829, 17).

aa) Der Täter-Opfer-Ausgleich ist **nicht** von vornherein auf Verfahren 27a
wegen bestimmter **Deliktsgruppen** (zB Bagatellfälle; s. aber *Albrecht* JugendStrafR 182: „wenig Raum" für personenbezogene Konfliktvermittlung) **begrenzt.** Ausgenommen sind jedoch Fälle ohne konkretisierbares Opfer (nicht aber solche, in denen das Opfer keine natürliche Person ist) sowie jene, in denen die unmittelbar tatbetroffene Person (tatbedingt oder aus anderen Gründen) verstorben ist (BGH NJW 2019, 319 f.: kein Täter-Opfer-Ausgleich mit Hinterbliebenen). Prinzipiell kommt die Maßnahme indes auch bei Verurteilung wegen eines Verbrechens in Frage. Allerdings

wird durch die Regelung als Weisung der Geeignetheit des Täter-Opfer-Ausgleichs auch für Delikte sog. mittlerer Schwere – und damit auch ggf. statt JA – in der Praxis mitunter nicht Rechnung getragen (vgl. betr. die gesetzgeberische Systematik krit. *Albrecht* JugendStrafR 189: „falsche Zielgruppe"), obwohl diese Weisung auch dann in Betracht kommt, wenn es einer nicht unerheblichen Anzahl von Gesprächen bedarf (vgl. für Bremen zu (auch schweren) Delikten unter Gewaltanwendung bei psychoanalytischer Orientierung (betr. 21 Probanden) *Taubner,* Einsicht in Gewalt – Reflexive Kompetenz adoleszenter Straftäter beim Täter-Opfer-Ausgleich, 2009, 186, 278).

27b   **bb) Rechtstatsächlich** erstreckt sich der Anwendungsbereich in erster Linie auf Verfahren wegen Körperverletzungsdelikten sowie Diebstahls, Betrugs und Sachbeschädigung, eingeschränkt auch wegen Raubes und Erpressung (vgl. dazu *Hartmann/Stroezel* in Dölling ua; vgl. aber auch → § 45 Rn. 20c, 20d), wobei die Häufigkeit der Anwendung regional und teilweise auch an demselben Gericht (vgl. dazu etwa *Winter/Matt* NK 2012, 77) unterschiedlich ist. Im Rahmen einer *Ausgleichsvereinbarung* kommt es dabei meist zu einer Verpflichtung des Verurteilten zur Zahlung von Schmerzensgeld oder Schadenersatz an das Opfer (bei Mittellosigkeit uU auch durch (entgeltliche) Erbringung von Arbeitsleistungen) sowie zu einer persönlichen Entschuldigung und ggf. sonstigen symbolischen Wiedergutmachungsleistungen. *Gegen* die Ausgestaltung *als Weisung* – statt einer Strafbarkeitsgrenze (in Ergänzung von § 4, s. dazu näher DVJJ-Rundbrief 131, Juni 1990, 19 f.) bzw. einer selbstständigen Rechtsfolge (in Ergänzung von § 5) – wird auch eingewandt, dass sie dem als freiwillige konstruktive Bewältigung gedachten Wesen dieses Ausgleichs nicht entspricht (krit. auch *Albrecht* JugendStrafR 183 f.; *Albrecht* in Schünemann/Dubber (Hrsg.), Die Stellung des Opfers im Strafrechtssystem, 2000, 44 (46 ff.); zu Nachweisen für „Parteinahme" gegen die verurteilte Person *Mau* in Friedrich Ebert Stiftung (Hrsg.), Der „Täter-Opfer-Ausgleich", 1998, 127; zur Kritik postalisch befragter Beschuldigter *Kunz* MschKrim 2007, 474 f. (478)). Darüber hinaus kann die Abgrenzung gegenüber der Auflage gem. § 15 Abs. 1 Nr. 1 und 2 Schwierigkeiten bereiten (zu psychologischen Ergebnissen der Befragung Verurteilter s. *Hommers/Schüßler* in Egg, Brennpunkte der Rechtspsychologie, 1991, 266 ff.). Aus kriminologischer Sicht könnte die Regelung (statt einer Berücksichtigung auch makrostruktureller (distaler) Entstehungsbedingungen von Straftaten (zur methodischen Einbeziehung im Allg. etwa *Boers ua* MschKrim 2009, 267 ff.)) eine Verengung auf individualisierende Perspektiven bzw. auf das Täter-Opfer-Verhältnis (s. *Albrecht* JugendStrafR 30 f.) begünstigen. Andererseits lässt sich nicht von vornherein ausschließen, dass im Rahmen einschlägiger Kommunikation gegenseitige Akzeptanz sowie die Anerkennung von Fremd- und Selbstwert gefördert werden könnten.

27c   **cc)** Eine methodisch verlässliche *Evaluation* liegt seither *nicht* vor und würde auch nur unter Einschränkungen zu erreichen sein. Der vormaligen Modellphase der Projekte folgten zahlreiche Abschlussberichte (vgl. etwa schon betr. „die Waage" in OLG Köln *Schreckling,* Täter-Opfer-Ausgleich nach Jugendstraftaten in Köln, 2. Aufl. 1991; „Handschlag" in Reutlingen *Kuhn ua* „Tatsachen" als Konflikt. Täter-Opfer-Ausgleich …, Modellprojekt „Handschlag", 1989; Projekt in Braunschweig *Bilsky ua,* Täter-Opfer-Ausgleich in Braunschweig. Bestandsaufnahmen und Perspektiven, 90; *Pelster,* Täter-Opfer-Ausgleich in Braunschweig. Ergebnisse der schriftlichen Befragung von Jugendgerichtshelfern, 90; „Ausgleich" in München und Landshut *Hartmann,* Schlichten oder Richten, 95; vergleichend mit Nicht-Modellprojekten *Bannenberg,* Wiedergutmachung in der Strafrechtspraxis, 93; zu den „neuen" Bundesländern Servicebüro, Täter-Opfer-Ausgleich in den neuen Bundesländern, 95; zu „TOA-Standards" *Hüncken* ZJJ 2010, 320 ff.), deren meist günstige Bewertung – sowohl hinsichtlich der Bereitschaft der Beteiligten als auch der Ergebnisse der Ausgleichsgespräche – wegen der Mitwirkung der Berichtenden an Aufbau und Gestaltung der Projekte methodologischen Einschränkungen unterliegt. Hinzu kommen – je nach Ausgestaltung des Projekts – ggf. Einwände, wie sie auch die vom BMJ herausgegebene, *ohne* Wahrung der *Unschuldsvermutung* die Begriffe „Straftaten" bzw. „Geschädigte" verwendende sog. „TOA-Statistik" (beruhend auf bundesweiten Berichten daran teilnehmender Einrichtungen, deren Zahl nur zögerlich wächst (*Hartmann ua,* Täter-Opfer-Ausgleich in Deutschland, 2018, 9 (Tab. 2): zuletzt bundesweit 72); zur Abnahme des Anteils Jugendlicher und Heranwachsender *Hartmann ua,* Täter-Opfer-Ausgleich in Deutschland, 2018, 14 (Tab. 3): zuletzt 31,7 % (vgl. etwa schon *Winter* ZJJ 2005, 201)). Zugleich finden sich anhaltend *kritische* Stellungnahmen (vgl. allg. *Beste* KrimJ 1986, 161 sowie MschKrim 1987, 347; *Voß* NK 1989, 3 (5); s. auch *Feest* Bewährungshilfe 1988, 371; *Trenczek* ZJJ 2009, 361 ff.; ergänzend → § 45 Rn. 20c, 20d), die ua eine Neutralität der vermittelnden Person als wesentliche Voraussetzung erkennen (vgl. DVJJ 93 AK V/1) und – dem Wesen der Weisung entgegenstehende – Repressionstendenzen (im Rahmen eines Betreuungs- oder Kontrollverhältnisses) beanstanden (s. *Wandrey* DVJJ-Journal 1999, 274 ff. (284 ff.); speziell betr. weibliche Opfer für Hamburg *Gregor* 106 ff.). – Wesentlich ist ggf. eine gründliche Prüfung des Wortlauts der *Äußerungen,* um zu erkennen, was die Beteiligten tatsächlich zum Ausdruck bringen wollen, dh das Gelingen kann durchaus von der Sprachkompetenz der mit der Durchführung bzw. deren Kontrolle betrauten Personen abhängen (vgl. näher *Klocke* Entschuldigung 179 ff.).

g) Nr. 8. Diese Weisungen kommen nach rechtlichem Inhalt und Anwendung in der Praxis einer Auflage iSv § 15 nahe (vgl. auch → Rn. 16; für Abschaffung UK IV DVJJ-Journal 1992, 30). Stets ist gerade auch bei dieser Weisung das Erfordernis der Bestimmtheit (→ Rn. 7) zu beachten (vgl. betr. Personen aus der „rechten Szene/Neonazi-Szene" vern. OLG Jena NStZ 2006, 39 zum allg. StR). – Im Zusammenhang mit dieser Weisung wird der JRichter auch den negativen Einfluss gewisser **Videospiele** und **Filmdarstellungen** zu berücksichtigen haben (vgl. ergänzend → § 5 Rn. 39b; zur etwaigen deliktsfördernden Bedeutung iZm passivem Freizeitverhalten s. *Rolinski* in Rolinski/Eibl-Eibesfeldt, Gewalt in unserer Gesellschaft, 1990, 31 ff.; zum habituellen Konsum bejahend *Möller ua* ZEPP 2013, 121 (127); eher anders die qualitative Untersuchung von *Liedtke,* School Shooting and Counter-Strike, 2015, 90 ff.; vgl. auch *Markey,* Psychology of popular media culture 4 (15), 277 ff.), zumal im Bereich der Kontrolle von Gewaltdarbietungen ohnehin eine vergleichsweise ausgedehnte Toleranz zu bestehen scheint (vgl. etwa schon *Gesch* JSchutz 1985, 5, speziell betr. Horror-Gewalt-Videos bei Schülern *Weiß,* Von der Gewalt fasziniert, 91; ergänzend *Eisenberg/Kölbel* Kriminologie § 51 Rn. 14–22).

Zu berücksichtigen ist, dass die Durchführung dieser Weisung mit einem (insb. bei jüngeren Jugendlichen und in Großstädten auftretenden) Bedürfnis

28

28a

nach *„territorialem Bezug"*, der altersgemäß eine gewisse Bindung vermittelt, in Konflikt stehen kann, sodass insofern ein Scheitern sich als erwartunggemäß darstellen kann.

29 **h) Nr. 9.** Hinsichtlich einer solchen Weisung ist klarzustellen, dass bei einer Verletzung von Verkehrsvorschriften auch andere Weisungen (zust. *Buckolt/ Hoffmann* Jura 2004, 714; vgl. aus pädagogischer Sicht *Walkenhorst* ZfJ 1991, 102) oder aber speziell verkehrsrechtliche Rechtsfolgen verhängt werden können (zum Absehen von Fahrverbot wegen Geschwindigkeitsüberschreitung nach verkehrspsychologischer „Nachschulung" vgl. AG Rendsburg NZV 2006, 611 (betr. allg. StR)). Entsprechend der Entwicklung Jugendlicher stellen sich Verkehrsdelikte oftmals als Ausdruck von Risikoverhalten schlechthin dar, sodass die jugendstrafrechtliche Intervention (auch) in diesem Bereich mehr an vorhandenen Fähigkeiten und weniger an Defiziten des betroffenen Jugendlichen zu orientieren wäre (vgl. dazu *Raithel* Jugendwohl 1998, 66; s. auch *Thomson* DVJJ-Journal 1999, 425; *Kühn* NK 2008, 129 ff.; nicht erörtert von AG Döbeln ZJJ 2013, 327 mAnm *Eisenberg*). Zu empirischen Ergebnissen bzgl. Aufbauseminaren (§ 2b Abs. 2 S. 2 StVG bzw. vormals Nachschulungskursen; krit. zur Feststellung der Geeignetheit der Teilnehmenden *Haffner/ Dettling* in VFDH Psych. Begutachtung-HdB 36.4) für (erstmals erfasste) Trunkenheitstäter im Straßenverkehr s. *Bußmann/Gerhardt* Blutalkohol 1984, 214 ff.; *Gontard/Janker* DAR 1992, 8 ff.; *Brieler/Zentgraf* Blutalkohol 2010, 387 ff. (Datenquelle: Eintragung im Verkehrszentralregister (nunmehr Fahreignungsregister)), eher zum allg. StR; zu Kursen bezogen auf Drogenkonsum vgl. *Biehl/Birnbaum* ZVS 2004, 28 ff.; und dazu methodenkritisch *Jacobshagen* ZVS 2004, 199 f. bzw. *Jansen* ZVS 2004, 200–202. – Allg. zu (einschlägiger) Wiederverurteilung gem. BZR-Daten *Jehle/Hohmann-Fricke* ZJJ 2006, 299.

29a Umstritten ist, ob es sich um Erziehungshilfe handelt und also die JHilfe die *Kosten* zu tragen hat (bejahend JuMiKo ZJJ 2007, 448; näher *Königschulte* Kompetenz 115 ff.), zumal das KJHG eine ausdrückliche Regelung nicht enthält. In der Praxis wird verschiedentlich eine Beurteilung als sonstige Hilfe zur Erziehung iSv § 27 KJHG befürwortet.

3. Sonstige Weisungen

30 Ordnet das Gericht Weisungen an, die in **Abs. 1 nicht ausdrücklich** angeführt sind, bestimmt sich die Frage der Zulässigkeit nach den allg. Grundsätzen (vgl. → Rn. 3–9). Im Übrigen verbietet sich eine Einengung auf bestimmte Personen- oder Deliktsgruppen, da das JGericht den erzieherischen Belangen im Einzelfall verpflichtet ist.

30a Tendenziell wird es sich zur Vermeidung von Überlastung des Jugendlichen und von sozialer Instabilität im Allg. empfehlen, die Erfüllung ohnehin bestehender Pflichten (zB Schule, Ausbildung, Arbeit, Unterhalt) anzuordnen (aA *Ostendorf* in NK-JGG Rn. 22). Daneben kommt im Sinne zukünftiger Legalbewährung der – etwa erforderlichen (vgl. → § 5 Rn. 14) – Vermittlung des Verständnisses für bestimmte Straftatbestände (vgl. auch → § 50 Rn. 12) Bedeutung zu (s. etwa zur Teilnahme an „Informationsgesprächen für Schwarzfahrer" unsere jugend 1992, 167 ff.). Kaum vertretbar wäre es, hinsichtlich des *Ausmaßes* des *Eingriffs* über die im Gesetz ausdrücklich genannten Weisungen hinauszugehen. Unzulässig ist solches namentlich dann, wenn inhaltlich ein gleicher Bereich beeinflusst werden soll – so zB bei Anordnung der Beendigung einer Ausbildung (vgl. hierzu → Rn. 11) oder – weitreichender als Abs. 1 S. 3 Nr. 8 – der Unterlassung des Umgangs mit als gefährdend beurteilten Gruppierungen (vgl. OLG Hamburg NJW 1964, 1814; zust. *Heinitz* JR 1965, 265). – Betreffend die in *Abs.* 2 genannten Weisungen wird unter den dort genannten Voraussetzungen (näher → Rn. 37 ff.) zB die Weisung, an einem Urinkontrollprogramm teilzunehmen, als zulässig zu erachten sein (vgl. auch → Rn. 67 sowie → § 23 Rn. 5, 8), soweit solche Kontrollen ohnehin Teil der Weisung nach Abs. 2 S. 1 Alt. 2 wären (vgl. zum allg. StR OLG Stuttgart Die Justiz 1987, 234; aA *Hoferer* NStZ 1997, 173 f.: Verstoß gegen das Verbot des Selbstbezichtigungszwangs sowie Umgehung des BtMG bei Sanktionierung gem. § 11 Abs. 3).

a) Regelung der finanziellen Verhältnisse. Erhebliche Bedeutung haben Weisungen zum Bereich der finanziellen Verhältnisse – so zB ein Verbot, Schulden einzugehen oder Kaufverträge auf Abzahlung zu schließen, Anlegung eines gesperrten Kontos, regelmäßige Nachweise über die Verwendung der Einkünfte. Allerdings ist gerade auch hierbei die Notwendigkeit zu berücksichtigen, dass der Jugendliche die Selbstständigkeit in finanziellen Angelegenheiten erproben kann. **31**

Wichtig (auch im Hinblick auf langfristige Entfaltungsmöglichkeiten im Leistungsbereich) können inhaltlich konkretisierte Weisungen zur Annahme von Hilfen bezüglich der Überwindung von „Fehlverhalten" als Schüler bzw. zur Steigerung der Leistungen in der **Schule** sein (zB iRv JHilfe zu vermittelnder „Nachhilfeunterricht"; vgl. etwa auch schon *Viet* Zbl 1981, 524). Die Gestaltung setzt allerdings schon wegen der Gefahr einer Kontraindikation im Einzelnen eine sorgfältige Ermittlung ua der individuellen Situation des Jugendlichen einschließlich seines Selbstkonzepts als Lernender, seiner schulischen und allg. leistungsbezogenen Biographie sowie der schulischen Infrastruktur voraus. **31a**

Weniger häufig, aber in Einzelfällen hilfreich können Gruppensitzungen mit jungen *Müttern* (s. zu „Brücke e. V." München etwa schon *Lorenz* ZfJ 1995, 208) oder *Vätern* sein. **31b**

b) Nichtbenutzung eines Verkehrsmittels. Was eine diesbzgl. Weisung angeht, dh zB ein Fahrrad, ein Motorrad etc für eine zu bestimmende Zeit nicht zu benutzen oder (etwa bei der Polizei) abzuliefern, so ist streitig, in welchen Fällen dies ggf. als *Umgehung* der §§ 44 oder 69 StGB unzulässig ist. Zumindest ist Voraussetzung, dass die Weisung nach ihrem wesentlichen Zweck erzieherisch auf die Lebensführung des Verurteilten einwirken soll (zB bei extremer, zur Verletzung von Pflichten führender Neigung zum Gebrauchen von Motorfahrzeugen). – Hingegen stellt eine Weisung, den Führerschein für eine bestimmte Zeit zu den Akten einzureichen, unbeschadet „erzieherischer Verbrämung" (*Laubenthal/Baier/Nestler* JugendStrafR Rn. 621) grundsätzlich eine unzulässige Umgehung dar (s. auch schon OLG Braunschweig NdsRPfl 1969, 235; vgl. aber auch OLG Düsseldorf NJW 1968, 2156 mkritAnm *van Els*). **32**

Bedenklich ist die Weisung ggü. einem als rücksichtslos beurteilten Verkehrsteilnehmer, eine *Haftpflichtversicherung* abzuschließen (*Schnitzerling* DAR 1956, 125). Zur Problematik der Weisung, die *Fahrerlaubnis* zu *erwerben,* bejahend AG Saalfeld ZJJ 2003, 307 (vgl. vormals *Seiler* DAR 1974, 260, und betr. die Nichtbefolgung s. *Händel* DAR 1977, 309 (311 f.); bejahend zum allg. StR OLG Stuttgart Die Justiz 2013, 115 (betr. Restaussetzung)). **33**

34 **c) Verhalten im Vollzug von Jugendarrest.** Eine neben der Verurteilung zu JA angeordnete Weisung, die sich auf die Führung während dessen Vollzugs bezieht, gilt als unzulässig (vgl. auch OLG München NStZ 1985, 411 zu § 56b StGB). Während vormals dem Vollstreckungsleiter das Recht zustand, einen Teil des vollzogenen JA wegen als „schlecht" beurteilter Führung für nicht vollstreckt zu erklären, hob das JGG 1953 diese Möglichkeit auf; eine Weisung des genannten Inhalts aber würde wegen § 11 Abs. 3 diese gesetzlich aufgehobene Befugnis iErg mit ähnlicher Wirkung wieder herstellen können. – Nicht unbedenklich ist die neben der Verurteilung zu JA erteilte Weisung, den Arrestvollzug pünktlich anzutreten (abl. *Ostendorf* in NK-JGG Rn. 22), ua weil somit die Möglichkeit eines zusätzlichen JA gem. § 11 Abs. 3 gleichsam in Kauf genommen wird.

35 **d) Sonstige Weisungen. aa)** Die Erteilung einer Weisung im Sinne eines Verhaltens, das als Ausdruck von *Nächstenliebe* zu beurteilen wäre, ist allenfalls in Einzelfällen erzieherisch geeignet. Generell gilt, dass der JRichter nicht legitimiert ist, die erzieherisch gebotene Klarheit und Zweckmäßigkeit zugunsten moralisierender, die Anlasstat hervorkehrender (und dabei gar „ahndender") Inhalte zurückzustellen (vgl. auch *Böhm/Feuerhelm* JugendStrafR 180 ff. mit Beispielen).

36 **bb)** Die Weisung, einen *„Besinnungsaufsatz"* zu schreiben, mag von dem Zweck einer gedanklichen Durchdringung und emotionalen Beschäftigung mit der Straftat geleitet sein, jedoch wird sich ein anschließendes Gespräch mit einer dafür geeigneten Person im Sinne einer weiteren Reflektion empfehlen. Allerdings ist zu berücksichtigen, dass Jugendliche mit vergleichsweise niedriger Elementarbildung durch eine solche Weisung überfordert und benachteiligt werden könnten; auch könnte die Weisung gleichsam wie eine von der Schule gestellte Aufgabe empfunden werden und folglich eher als Leistungspflicht verstanden werden und weniger die Auseinandersetzung mit der Tat zur Folge haben. Zum anderen ist zu besorgen, dass Jugendliche im Hinblick auf Unterschiede des Wert- und Normensystems ihrer (zB altersmäßigen oder sozio-ökonomischen) Bezugsgruppe einerseits und desjenigen des JRichters andererseits veranlasst sein könnten, gerade nicht das zu schreiben, was tatsächlich ihrer Meinung entspricht. – Günstiger könnte die Wirkung eines auf die Erlebnisse der Strafverfolgung bezogenen *Erfahrungsberichts* sein, falls diese Maßnahme dergestalt erläutert wird, dass der Jugendliche als Subjekt schreiben sollte. Allerdings bestehen auch insofern vielfältige Einschränkungen hinsichtlich einer erzieherischen Wirksamkeit, zB soweit die Betroffenen aus Selbstschutz (vor Eltern oder JStrafjustiz) formulieren (n. *Eisenberg* FS Blau, 1985).

36a **cc)** Die Weisung, sich mit einem bestimmten *Jugendbuch* oder zB einer bestimmten Darstellung im *internet* oder dergleichen zu beschäftigen und anschließend ein vertiefendes Gespräch hierüber mit einem Betreuer zu führen (vgl. zu einem Modell in Dresden *Mollik* ZJJ 2007, 301 f.), könnte die erzieherische Idealvorstellung einer gleichsam partnerschaftlichen Ebene erreichen, wenngleich auch hier die vorgenannten Einschränkungen (zB betr. Elementarbildungsniveau, Selbstschutz etc bestehen). Zumindest wird eine Beteiligung des Verurteilten schon bei der Auswahl des Buches oder sonstigen Darstellung *und* des Gesprächspartners anzustreben sein (so praktiziert im sog. Münchener Leseprojekt KonTEXT (dazu und zum Ganzen n. *Steindorff-Classen* Bewährungshilfe 2014, 19).

IV. Weisungen nach Abs. 2

1. Verfahrensrechtliche Zusammenhänge

a) Die Weisung, sich einer **heilerzieherischen Behandlung** oder einer 37 **Entziehungskur** zu unterziehen, darf bei Jugendlichen nur mit Zustimmung des Erziehungsberechtigten und des gesetzlichen Vertreters angeordnet werden. Gemäß allg. Grundsätzen (vgl. → § 5 Rn. 6) ist idR auch die Einwilligung des Jugendlichen erforderlich, wenngleich Abs. 2 S. 2 dies erst vom 16. Lbj. an und zudem − im Gegensatz zu § 57 Abs. 3 S. 2 − nicht zwingend erfordert (aA LG Marburg NStZ-RR 2006, 122 unter Hinweis auf Art. 2 Abs. 1 GG sowie § 56c Abs. 3 Nr. 1 StGB). Eine Anordnung gegen den Willen des Jugendlichen wird auf besondere Ausnahmefälle beschränkt bleiben müssen. − Bei Heranwachsenden kommt es allein auf deren eigenes Einverständnis an (zust. *Schimmel* in Kotz/Rahlf BtMStrafR Kap. 9 Rn. 60).

Wegen der Wahrung des Rechts auf *informationelle Selbstbestimmung* bzw. 37a des *Schweigerechts* der Behandelnden vgl. OLG Nürnberg NStZ-RR 1999, 175 (zum allg. StR).

b) Soweit empfohlen wird, diese Weisung nur nach vorheriger Anhörung 38 des für ihre Durchführung in Betracht kommenden **Sachverständigen** anzuordnen (vgl. RL 9; nach *Engstler,* Die heilerzieherische Behandlung gem. § 10 Abs. 2 JGG in der jugendstrafrechtlichen Praxis − Eine empirische Analyse ..., 1985, 220 sei vor heilerzieherischer Behandlung häufig kein Sachverständiger hinzugezogen und entgegen der Bestimmtheitsvoraussetzung (vgl. → Rn. 7) mitunter die Auswahl des Therapeuten dem Leiter der JA-Anstalt überlassen worden (*Engstler,* Die heilerzieherische Behandlung gem. § 10 Abs. 2 JGG in der jugendstrafrechtlichen Praxis − Eine empirische Analyse ..., 1985, 224 f., näher → Rn. 40)), so lassen sich hierfür gewichtige Argumente anführen. Dies gilt besonders auch für eine vom Verfahrensablauf her möglichst frühzeitige Hinzuziehung (vgl. *Pfeiffer* MschKrim 1960, 169; vgl. auch → Rn. 42 f.), um durch eine − idR ambulante − Untersuchung des Jugendlichen Fragen der Interventionsbedürftigkeit und -möglichkeit sowie erforderlichenfalls der (über die bloße Zustimmung hinausgehenden) Bereitschaft der Eltern zur aktiven Mitarbeit zu klären. Andererseits bedeutet diese Empfehlung, dass die Frage der Anordnung in nicht unerheblichem Maße zur Disposition des jeweiligen mit dem Fall befassten Sachverständigen gestellt ist. Dies ist im Hinblick auf unterschiedliche Voraussetzungen, Möglichkeiten und Vorgehensweisen verschiedener therapeutischer Richtungen und auf mögliche Eigeninteressen von Sachverständigen (vgl. auch → § 43 Rn. 49) nicht unbedenklich.

c) Vor der Anordnung sollte geklärt werden (vgl. RL 6), ob die **Kosten** 39 von einem öffentlichen Träger oder einer sonstigen Institution übernommen werden. Die Verpflichtung hierzu kann sich aus dem Recht der gesetzlichen Krankenversicherung, dem Sozialhilferecht (subisidiäre Krankenhilfe nach § 47f SGB XII, Eingliederungshilfe nach § 53 SGB XII nebst Eingliederungshilfe-VO, Hilfe zur Überwachung besonderer sozialer Schwierigkeiten nach §§ 67 ff. SGB XII) und dem KJHG (etwa § 35; s. aber zu Vorrang und Zuständigkeit näher § 10 Abs. 3 und 4 KJHG) ergeben. Bei Zuständigkeitsüberschneidungen wird durch Vereinbarung zwischen den in

Betracht kommenden Kostenträgern sicherzustellen sein, dass keine Lücken in der Kostenträgerschaft entstehen (bei Eilbedürftigkeit kommt eine vorläufige Kostenübernahme in Betracht (§ 43 Abs. 1 SGB I)); in der Praxis wird diese Frage vielfach ohne Zutun des Gerichts geklärt (krit. zu Beeinträchtigungen der Behandlung, weil die Kostenträgerschaft ungeklärt ist, *Lempp* Neue Praxis 1983, 208 ff. (215)). Die in den verschiedenen gesetzlichen Regelungen verwandten Bezeichnungen (zB seelische Behinderung, Neurose, Verhaltensstörung) allein erlauben nicht immer eine eindeutige Differenzierung. Im Allg. scheint die Leistungserbringung durch das **Gesundheitswesen** bevorzugt zu werden (nach AV Psychotherapie – ambulant v. 1.11.2000 (ABl. Berlin 2000, 4556 Nr. 1 Abs. 2, Nr. 7 Abs. 4) gehen diese vor), soweit die finanziellen Möglichkeiten in diesem Bereich *günstiger* sind und die Zuweisung weniger das Prestige der Familie beeinträchtigt. – Indes wird mitunter als Abgrenzungskriterium genannt, **Hilfe** sei dann zu leisten, wenn ein erzieherischer Bedarf bestehe oder gar ein bereits manifest gewordenes Erziehungsdefizit vorliege (s. zum Verhältnis medizinischer und jugendhilferechtlicher Maßnahmen vormals näher *Mrozynski* Zbl 1992, 450 ff.; näher zuvor *Dettling,* Verhaltensstörungen und ihre Zuordnung in der öffentlichen Jugendhilfe, 1978).

39a Eine Heranziehung des *Jugendlichen* oder *Unterhaltspflichtiger* zur Beteiligung an den Kosten der Behandlung kann nachteilig wirken, insbes. dann, wenn die Behandlung innerfamiliäre Konflikte einbeziehen muss (während andererseits – bei grundsätzlichem Einverständnis mit der heilerzieherischen Maßnahme – im Einzelfall nicht auszuschließen ist, dass eine gewisse Kostenbeteiligung die Mitwirkungsbereitschaft und damit den Erfolg fördern könnte).

40 **d)** aa) Weisungen nach **Abs. 2** werden innerhalb jugendstrafrechtlicher Rechtsfolgen vergleichsweise **selten** angeordnet. So haben nach einer von *Engstler* durchgeführten Umfrage bei den Justizverwaltungen der „alten" Bundesrepublik einschließlich (West-)Berlin (Rücklaufquote=84,6%) nur knapp ein Drittel das Vorkommen heilerzieherischer Behandlung bejaht, wobei sich nicht unerhebliche regionale Unterschiede ergaben (85, 75 f.). Der Grund hierfür mag in Unsicherheiten hinsichtlich der Möglichkeiten und Grenzen der Behandlung sowie in dem Mangel an geeigneten Sachverständigen und Behandlungseinrichtungen liegen (n. *Engstler,* Die heilerzieherische Behandlung gem. § 10 Abs. 2 JGG in der jugendstrafrechtlichen Praxis – Eine empirische Analyse …, 1985, 93, 135; s. auch *Ostendorf* ZRP 1988, 434 f.). Ferner wird vielfach darauf hingewiesen, dass Einsicht und Bereitschaft zu einer Weisung nach Abs. 2 bei den meisten Jugendlichen und Heranwachsenden nur vergleichsweise gering seien (vgl. *Engstler,* Die heilerzieherische Behandlung gem. § 10 Abs. 2 JGG in der jugendstrafrechtlichen Praxis – Eine empirische Analyse …, 1985, 117) oder auch nur oberflächlich Einsicht gezeigt werde, um andere Ziele zu erreichen. – Darüber hinaus ist der Nichtbefolgungs-JA (§ 11 Abs. 3) idR kontraindiziert, soweit JA-Anstalten es ablehnen, Drogenabhängige aufzunehmen, und der Nichtbefolgungs-JA dann nicht vollstreckt werden kann (vgl. auch *Weber* BtMG Vor §§ 29 ff. Rn. 1319).

41 **bb)** Mitunter wird angenommen, die Weisung nach Abs. 2 sei oftmals nicht ausreichend (§ 5 Abs. 2); vielmehr bedürfe es, zur Verhinderung des vorzeitigen Abbruchs einer Behandlung bzw. Therapie wie ohnehin zum Schuldausgleich, einer Verbindung mit anderen Rechtsfolgen (zB JStrafe

unter Aussetzung der Vollstr zBew oder JA). Hiervon zu unterscheiden ist die Auffassung, besonders vor Verhängung einer JStrafe wegen „schädlicher Neigungen" sei zu prüfen, ob stattdessen eine Weisung nach Abs. 2 ausreiche; ein „Schuldspruch" nach § 27 hingegen lege die Frage einer Verbindung mit einer Weisung nach Abs. 2 nahe (vgl. auch schon DVJJ/DVJPsychiatrie MschKrim 1972, 381–383). – Die **Verbindung** von **heilerzieherischer Behandlung** und repressiver **Ahndung** kann jedoch bedeuten, dass die Durchführung der Therapie schon von den Ausgangsbedingungen her gefährdet werden könnte. Andererseits wird nach verbreiteter Ansicht damit die Möglichkeit eröffnet, auch bei als vergleichsweise schwer beurteilten Straftaten eine Erziehungsmaßregel erteilen zu können, weil zugleich Belangen der Ahndung Rechnung getragen werde.

e) Aus Gründen der Freiwilligkeit der Intervention wird teilweise empfohlen, die Notwendigkeit nicht im Urteil auszusprechen, sondern Jugendlichen für den Fall der Bereitschaft über einen gewissen Zeitraum hinweg eine **Einstellung** gem. § 47 in Aussicht zu stellen. Das Verfahren bleibe dadurch auch variabler, da in entsprechenden Fällen in einer fortgesetzten HV neue Maßnahmen angeordnet werden können, falls sich während der Behandlung bzw. Therapie herausstellt, dass der Jugendliche oder der Behandelnde bzw. Therapeut einschlägig nicht geeignet war oder ist. – Bedenken ggü. solchen Empfehlungen bestehen insofern, als sie ein Hinauszögern der HV mit sich bringen. **42**

Hiervon zu unterscheiden ist das Vorgehen, im Falle einer angezeigten Behandlung bzw. Therapie das **FamG** über den Sachverhalt zu **informieren**, sodass dieses ggf. die Intervention anordnet. Das Jugendstrafverfahren kann dann zumeist nach §§ 47 Abs. 1 Nr. 2, 45 Abs. 2 eingestellt werden. Diese Vorgehensweise befreit zwar davon, vor Anordnung der Behandlung die Verantwortlichkeit des Jugendlichen iSv § 3 S. 1 feststellen zu müssen. Ferner erscheint das familiengerichtliche Verfahren auch hinsichtlich der in Betracht kommenden Maßnahmen flexibler, etwa wenn die Weisung aus erzieherischen Gründen nachträglich geändert werden sollte: Während der JRichter in entsprechenden Fällen nur eine andere Weisung iSv § 10 erteilen darf (§ 11 Abs. 1), stehen dem FamG vielfältigere Möglichkeiten zur Anordnung von Maßnahmen zur Verfügung. Jedoch kann die Eintragung der Einstellung im Erziehungsregister abträglich sein (vgl. *Buhr* in HK-JGG Rn. 54). **43**

2. Heilerzieherische Behandlung

Nach allg. Auffassung ist der **Begriff** heilerzieherische Behandlung nicht eingeschränkt auf Heilpädagogik im engeren Sinne (zB Behandlung von Schreib-Lese-Schwächen), sondern er umfasst ua auch stützend-führende (zB Gesprächstherapie), symptomorientierte (zB Verhaltenstherapie) sowie aufdeckende Behandlungsformen (zB analytische Psychotherapie), wobei diese Methoden in Einzel- und Gruppentherapie und in deren Kombination angewandt werden können (vgl. schon DVJJ/DVJPsychiatrie MschKrim 1972, 381–383; näher → Rn. 50 ff.). Es lässt sich somit das Verständnis von Heilpädagogik als Erziehung, Bildung und Förderung behinderter und verhaltensauffälliger Menschen zugrunde legen (vgl. *Klein/Neuhäuser*, Heilpädagogik als therapeutische Erziehung, 2006; *Thesing/Vogt*, Pädagogik und **44**

Heilerziehungspflege. Ein Lehrbuch, 5. Aufl. 2013; zur Praxis vormals etwa *Krimm* unsere jugend 1999, 10 ff.).

45   **a) Anlass zu Ermittlungen. aa)** Eine Prüfung der Voraussetzungen zur Anordnung einer heilerzieherischen Behandlung besteht bei begründetermaßen als insoweit „auffällig" beurteilten Ausprägungen im psychischen und körperlichen Bereich des Jugendlichen (vgl. näher → § 5 Rn. 69 ff., 82 ff.), wobei zusätzlich auch für die Entstehungszusammenhänge als relevant in Betracht kommende Umstände bei Eltern, in Institutionen oder bei sonstigen Kontaktpersonen zu berücksichtigen sind.

46   (1) Für den **psychosozialen Bereich** werden im Einzelnen ua auffallende Ängstlichkeit in der Kindheit, Störungen der sprachlichen und motorischen Entwicklung sowie isolierte Ausfälle im Lesen und Schreiben genannt (vgl. näher zum Ganzen *Hülshoff*, Medizinische Grundlagen der Heilpädagogik, 2. Aufl. 2010, 374–397); Ähnliches gilt für gesteigertes aggressives Verhalten aus (scheinbar) inadäquatem Anlass sowie für sonstige auffallende Symptome (zB Stottern, Einnässen, Einkoten usw). Im Allg. wird angenommen, Jugendliche mit erheblicher Minderbegabung seien für eine heilerzieherische Behandlung seltener geeignet, von ihr aber nicht grundsätzlich auszuschließen (vgl. etwa schon DVJJ/DVJPsychiatrie MschKrim 1972, 381–383); allerdings wird es nicht darauf ankommen dürfen, den geeigneten Delinquenten, sondern die geeignete heilerzieherische Methode zu finden. Ferner besteht die Auffassung, unter den als „verwahrlost" beurteilten Jugendichen komme heilerzieherische Behandlung insbes. bei neurotischer Struktur in Betracht. – Im Übrigen wird ua aus jugendpsychiatrischer Sicht empfohlen, die Indikation *„unabhängig* von der strafrechtlichen Verantwortlichkeit zu sehen" (so bereits *Remschmidt* MschKrim 1978, 92; vgl. näher *Bernsmann* in BMJ 1992, 211 (214), der de lege ferenda vorschlägt, diese Weisung – statt des nachteiligeren Maßregelvollzugs (vgl. → § 7 Rn. 13f) bzw. informellen Formen – auch für Schuldunfähige in Betracht zu ziehen; vgl. aber → § 9 Rn. 8).

47   Für den **körperlichen Bereich** werden chronische Erkrankungen, Sinnesdefizite sowie sonstige deutliche Auffälligkeiten genannt.

48   (2) Maßgeblich soll jedoch eine **Diskrepanz** zwischen zurückliegender **Persönlichkeitsentwicklung** und **zwischenzeitlich** eingetretenen **Auffälligkeiten** einschließlich der Tatbegehung sein. So wird verschiedentlich empfohlen, heilerzieherische Behandlung sei besonders bei **erworbenen seelischen Störungen** angezeigt. Dies gelte vor allem, wenn ursprünglich leistungsfähige Anlagen der Persönlichkeit durch besondere entwicklungsbezogene Lebensumstände an einer dispositionsgemäßen Entfaltung gehindert wurden.

49   **bb)** Von der **Deliktsstruktur** her betrachtet wird heilerzieherische Behandlung meist iZm Delikten gegen die sexuelle Selbstbestimmung oder mit Brandstiftungsdelikten angeordnet. Dies entspricht einer allg. Tendenz individualisierender Pathologisierung als Voraussetzung der Hilfeleistung, und es kann im Einzelnen eine (ggf. unangemessene) Hervorhebung zB von Interpretationen iSd Psychoanalyse bedeuten. Hingegen kann bei Zugrundelegung tatsächlicher Bedürfnisse heilerzieherische Behandlung in gleicher Weise aus Anlass anderer Delikte angezeigt sein. – Ziel der Behandlung wegen (Delikten iSv sexuellen Übergriffen oder von) Straftaten gegen die sexuelle Selbstbestimmung ist, dass Jugendliche lernen, ihr Verhalten zu erkennen, zu verändern und zu kontrollieren. Grundsätzlich wird es als Voraussetzung anzusehen sein, dass die Jugendlichen mit dem Behandlungsangebot einverstanden sind. Einer *diagnostischen* Untersuchung, die sich neben Familien-, Persönlichkeits- und Sexualanamnese auch auf den Ablauf des Tatgeschehens bezieht, schließt sich die Behandlungsplanung an. Zentral sind *Einzel*gespräche mit dem Jugendlichen, ergänzend finden Gespräche mit Eltern/Sorgeberechtigten bzw. (anderen) Bezugspersonen und/oder ggf. mit Betreuungspersonen statt.

b) Behandlung. aa) Zu verschiedenen Behandlungsformen bezüglich 50 betroffener (und nicht selten eher pauschal als „dissozial" bezeichneter) Jugendlicher liegen Erfahrungsberichte bzw. Sekundäranalysen vor, die sich auf ambulante, teilstationäre oder stationäre Durchführung beziehen. – Soweit Zuschreibungen gar iSe „dissozialen Persönlichkeitsstörung" (ICD-10 F60.2) bzw. „antisozialen Persönlichkeitsstörung" (DSM-5, 301.7) vorliegen, schwächen sich beanstandete Ausprägungen, insgesamt betrachtet, am ehesten im Zeitverlauf ab, zumal sie besonders häufig mit – später ggf. in Wegfall kommender – Zugehörigkeit zu als *deviant* beurteilten (Jugend-)*Gruppen* ebenso wie mit *Drogen-* und *Alkoholmissbrauch* einhergehen. Im Allg., dh für die deutliche Mehrheit der hier gemeinten Probanden, werden – entsprechend den Merkmalen der vorgenannten Klassifikationen (vgl. ergänzend → § 5 Rn. 77) – keine intrapsychisch orientierten Therapien empfohlen, sondern das Ziel einer Intervention liegt eher in sozialer Anpassung (vgl. *Tölle/Windgassen* Psychiatrie 127).

(1) Eine **analytische Therapie** wurde ua schon von *Hartmann* (Praxis- 51 KiPsych 1973, 125 ff. betr. insbes. auch sog. „Verwahrlosungsneurose") und *Künzel* (PraxisKiPsych 1976, 114 ff.) angeregt, allerdings nicht im Sinne einer „großen" Psychoanalyse, sondern als modifizierte psychoanalytische Therapie bzw. als „analytische Gruppenpsychotherapie". Es seien jedoch – zumindest anfänglich – eine stationäre Durchführung und im Übrigen eine vergleichsweise längere Dauer vorzusehen (vgl. hierzu aber → Rn. 57).

(2) Bezüglich **Gesprächspsychotherapie** vertrat vormals zB *Minsel* (Pra- 52 xisKiPsych 1973, 131 ff.) die Auffassung, trotz Fehlens der allg. Voraussetzungen (Wunsch, „sich zu ändern"; gewisse Fähigkeit zur Introspektion; Offenheit eigenen Gefühlen ggü.; gewisse Intelligenz und Sprachvermögen usw), ließen einzelne empirische Untersuchungen den Schluss zu, dass diese Methoden, bei Ergänzung durch direkte Fragen, Themenvorschläge usw – dh in Abwandlung des non-direktiven Vorgehens – sowie durch „direkte Lebenshilfe" (ähnl. der Milieutherapie), angezeigt sein könnten. Im Übrigen scheine „freiwillige oder erzwungene Behandlung ... kein bedeutsames Kriterium ... für ein erfolgreiches psychotherapeutisches Ergebnis" (*Minsel* PraxisKiPsych 1973, 131 (134)) zu sein. – Allerdings widerspricht die Durchführung einer Therapie, die auf den ausdrücklichen Widerstand des „Zwangspatienten" trifft, den berufsethischen Richtlinien der therapeutischen Berufe. Daher ist stets zu prüfen, ob es bei dem Jugendlichen zumindest (noch) zu einer Akzeptanz der Therapie kommt bzw. kommen kann. Fehlt es daran, so sollte die Aufnahme therapeutischer Tätigkeit unterbleiben bzw. eine (in der Hoffnung auf eine diesbezügliche Einstellungsänderung) begonnene Therapie (zunächst) abgebrochen werden.

(3) Hinsichtlich der verschiedenen Verfahren der **Verhaltenstherapie** ist 53 zum einen die Funktion der Bezugsgruppe wesentlich, dh Therapieziel ist

es im Einzelfall, „die Formen der Interaktion innerhalb der sozialen Gruppen, vor allem die Verstärkungskontingenzen, zu ändern" (so vormals *Schulte* PraxisKiPsych 1973, 139), sodass erwünschtes soziales Verhalten durch die Gruppe (Familie, Schule, Heim) künftig konsequent positiv verstärkt, hingegen unangemessenes, gar als „dissozial" bezeichnetes Verhalten nicht beachtet oder anderweit sanktioniert werde. Dies bedeutet zum einen, dass – besonders in Heimen (und Vollzugsanstalten) – entsprechende Bemühungen einer zuverlässigen Beobachtung auch der Verstärkungskontingenzen bedürfen, zumal auch zu prüfen ist, inwieweit die Lernbedingungen mehr von „delinquenten Kameradengruppen" (vgl. schon *Barkey/Eisert* MschKrim 1972, 318) als vom Personal bestimmt werden (erg. → § 3 Rn. 52). Zum anderen ermöglicht es das genannte Vorgehen allenfalls, bestimmte schon vorhandene Verhaltensweisen zu verstärken bzw. abzubauen. – Soweit gerade bei als „dissozial" beurteilten Jugendlichen der Aufbau neuer, angemessener Verhaltensweisen anzustreben ist, gelten Lernen am „Modell" und Rollenspiel (zur Entfaltung etwa bereits *Schäfer* DJ 1986, 393) als geeignet (zu entspr. Untersuchungen in einer JStVollzAnstalt schon *Hommers ua* MschKrim 1976, 31 ff.).

53a   Verhaltenstherapeutische Methoden auf **ambulanter** Grundlage gelten im Allg. als geeignet, soweit die notwendige Bereitschaft zur Mitarbeit von Bezugspersonen bzw. -gruppen (zB Gleichaltrige, Familie, Schule) zu erwarten ist. Diese Voraussetzung ist allerdings bei – bereits eher sozial ausgegrenzten – als „delinquent" registrierten Jugendlichen keineswegs regelmäßig gegeben. Der Stellenwert (auch) dieser Verfahren in Heimen oder JStVollzugsanstalten wird teilweise (vgl. *Pielmaier,* Training sozialer Verhaltensweisen, 1980, 325 f.) eher als „kurzfristig" und für die weitere Verlaufsentwicklung weitgehend bedeutungslos eingeschätzt (anders speziell betr. wegen Sexualdelikten erfassten Personen *Kossack/Muller* unsere jugend 2000, 170 ff.), zumindest soweit ambulante Anschlussprogramme fehlen.

54   (4) Bedeutung (auch) für die hier in Rede stehende Personengruppe können auch Maßnahmen iSd **Sozialtherapie** haben, bei denen insbes. versucht wird, (korrigierende) Erfahrungen im Beziehungsverhalten zu vermitteln (vgl. etwa schon *Hirschberg/Altherr* PraxisKiJPsychiatr 1991, 362). Im Übrigen wird auf die Spezialliteratur verwiesen.

55   **bb)** (1) Die Prüfung einer **Bereitschaft** oder **Motivation** des Jugendlichen zur **Mitwirkung** bei einer heilerzieherischen Behandlung (iSv Erziehungsbereitschaft) wird schon bei der Voruntersuchung veranlasst sein, ua auch durch Vereinbarung einer „Probezeit" von etwa 5–10 Therapie-Sitzungen, nach deren Ablauf Therapeut **und** Proband entscheiden, ob die Behandlung endgültig durchgeführt wird (§ 11 Abs. 2). Im Falle der Ablehnung könnte uU ein zweiter Versuch mit einem anderen Therapeuten – evtl. auch anderer therapeutischer Richtung – sinnvoll sein (vgl. auch *Pielmaier* S. 131–142).

56   (2) Günstig für die Bereitschaft des Jugendlichen, an der heilerzieherischen Behandlung teilzunehmen, kann es – etwa bei Probanden aus sozio-ökonomisch unteren Gruppen – sein, wenn der Therapeut zunächst **konkrete Hilfen** (zB zur schulischen und/oder beruflichen Förderung, zur Verbesserung des „Klimas" in der Familie) anbietet (vgl. etwa schon *Minsel* PraxisKiPsych 1973, 131 ff.; krit. wegen „Vorerfahrungen" *Rickert* unsere jugend 1987, 232), und erst auf der dadurch geschaffenen Vertrauensbasis im engeren Sinne „psychotherapeutisch" tätig wird. Darüber hinaus wird teilweise angeregt, ambulante Hilfen für als „dissozial" bezeichnete Jugendliche eher unter organisatorischer und/oder räumlicher Angliederung an eine (heilpädagogische) Schule (mit dem Angebot materieller und fördernder Hilfen) als unter einem „therapeutischen Aushängeschild" zu leisten.

(3) Zahlreiche Vertreter (besonders) der psychoanalytischen Behandlungs- **57** formen erwarten nicht nur die einfache Zustimmung, zumal diese auch daraus resultieren kann, dass die heilerzieherische Behandlung als das „kleinere Übel" angesehen wird; vielmehr setzen sie das durch *„Leidensdruck"* begründete aktive Verlangen nach therapeutischer Hilfe voraus (in Frage gestellt für Sexualdelinquenten bei *Schorsch ua,* Perversion als Straftat. Dynamik und Psychotherapie, 1985, 96–106). Ein solches Verlangen aber entsteht (nur) aufgrund einer Auseinandersetzung mit der eigenen Person und ihren Schwächen und Fehlern, wie sie gerade bei als „dissozial" beurteilten Jugendlichen weniger stattfindet; soweit zwecks Vermeidung eines vorzeitigen Therapieabbruchs empfohlen wird, betroffene Jugendliche in geschlossenen Institutionen zu behandeln (vgl. vormals *Hartmann* PraxisKiPsych 1973, 125 ff.; s. auch *Hartmann,* S. 86; *Reicher* PraxisKiPsych 1973, 120 ff.), darf nicht übersehen werden, dass das Fehlen von „Leidensdruck" wesentlich gerade durch vorausgegangene Unterbringung(en) in Institutionen bedingt sein mag (vgl. im Übrigen krit. → § 5 Rn. 7).

cc) Was die **Durchführung** der **Weisung** angeht, so kommen entspre- **58** chend der Breite der Behandlungsformen Psychotherapeuten, (Jugend-)Psychiater (zu ambulanten Formen s. *Günter* Bewährungshilfe 1991, 51 ff.), Diplompsychologen, Psychagogen ebenso wie Heil-, Sozial- und Sonderpädagogen in Betracht. Bei den vielfach im Vordergrund stehenden Identifikations- und Kontaktproblemen der Jugendlichen ist oftmals eine geeignete Behandlung am ehesten unter der Voraussetzung einer Betreuung durch einen Co-Therapeuten oder Mentor unter der Supervision eines Therapeuten zu erreichen sein. Eine solche Mentorenbetreuung bedeutet eine intensive Führung, und sie setzt differenzierte psychologische Kenntnisse voraus (vgl. schon DVJJ/DVJPsychiatrie MschKrim 1972, 381–383).

c) **Ertrag.** Die vorliegenden Überprüfungen (→ Rn. 50–54) lassen – vor- **59** behaltlich wissenschaftlich verlässlicher praxisbegleitender Erfolgsuntersuchungen – die Erwartung zu, dass heilerzieherische Behandlung häufig **günstigere,** zumindest aber kaum schlechtere **Auswirkungen** auf die weitere Verlaufsentwicklung hat als andere jugendstrafrechtliche Rechtsfolgen (zust. aus Sicht der Praxis schon *Wenger* FS Härringer, 1995, 75). Dies gilt auch insoweit, als sich praktische Unterstützung (zB hinsichtlich Schulleistungen) vielfach am besten mit heilerzieherischer Behandlung vereinbaren lässt. Insoweit findet die in der Praxis äußerst zurückhaltende Anwendung (vgl. allg. → Rn. 40, 41) dieser Weisung allenfalls insoweit eine Berechtigung, als es für den Betroffenen weniger beeinträchtigend sein mag, wenn die heilerzieherische Behandlung zB von dem JAmt initiiert wird und sodann nach §§ 47 Abs. 1 Nr. 2, 45 Abs. 2 verfahren werden kann. Auch ist eine Stigmatisierung durch heilerzieherische Behandlung umso weniger zu besorgen, je mehr sachliche Aufgeschlossenheit an Stelle von Repressionsbedarf in der Bevölkerung zu verzeichnen ist.

3. Entziehungskur

60   Vor Anordnung einer darauf gerichteten Weisung ist in mehrfacher Hinsicht eine differenzierte Vorgehensweise angezeigt, da gerade sehr junge und erst vergleichsweise kurze Zeit Alkohol- oder Drogengefährdete und umso mehr schon einschlägig Abhängige durch einschneidende Maßnahmen nachhaltig stigmatisiert und an Suchtstoffen gewissermaßen festgehalten werden könnten (zust. betr. Drogen *Schmitz-Justen* in BGKM Strafverteidigung Rn. 34; *Eberth ua,* Verteidigung in Betäubungsmittelsachen, 7. Aufl. 2018, Rn. 390). Auch ist eine punktuelle, auf die Gefährdung oder die Abhängigkeit als Einzelsymptom fixierte Strategie zu vermeiden, zumal primär- und sekundärpräventiven Maßnahmen zumindest gleichrangige Bedeutung zukommt (s. auch schon *Kluge/Strassberg* PraxisKiPsych 1981, 24 ff. (29 ff.)). Andererseits darf diese Weisung nicht dazu dienen, die enger umschriebenen Voraussetzungen der zwangsweisen Unterbringung in einer Entziehungsanstalt (§ 7, § 64 StGB) zu umgehen.

61   **a) Alkohol.** Hierbei kommt es für die Bestimmung des Behandlungsangebotes zunächst darauf an, ob eine Gefährdung vorliegt oder bereits eine Abhängigkeit eingetreten ist. Im Allg. gilt als gesichert, dass bei Kindern und Jugendlichen auch Alkohol vielfach weniger als Genuss-, sondern als Rauschmittel erlebt und benutzt wird.

61a   Eine stationäre Unterbringung wird bei Abhängigkeit idR erforderlich sein. – Als ambulante Maßnahmen werden meist Einzel- und Gruppentherapie angeboten (zu technischen Fragen der Kontrolle durch auf der Haut befestigte Messgeräte und Fehlmeldungen *Beck* Blutalkohol 2013, 153 (156)).

61b   Wesentlich sind gerade auch in diesem Bereich die Angebote von freien Trägern der Jugendhilfe, Vereinen und sonstigen Institutionen. Sie umfassen oftmals Formen psychosozialer Beratung wegen Schwierigkeiten, die iZm missbräuchlichem Konsum stehen.

62   **b) BtMG.** Wenngleich das Gesetz nicht einheitlich zwischen „harten" (zB Heroin) und „weichen" (zB Haschisch) Drogen trennt, geschieht dies seitens der Jugendstrafjustiz durchaus (n. etwa → § 17 Rn. 28, → § 18 Rn. 28). – In der therapeutischen Praxis aber wird der Einteilung der Abhängigen gem. *Drogengruppen* (vgl. → § 5 Rn. 79) vielfach deshalb keine besondere Bedeutung beigemessen, weil bei den Betroffenen – zB hinsichtlich Therapiebedürfnis bzw. Beeinträchtigungen der Sozialisation – bisher keine Unterschiede festgestellt werden konnten, die diesen Drogengruppen entsprächen. Im Übrigen bestehe – ebenso wie bei Konsumenten legaler Drogen (zB Alkohol, Nikotin, Koffein) – eine Tendenz zur Polytoxikomanie. Allerdings scheint (oder schien) der Drogenkonsum Jugendlicher idR auf wenige Probierhandlungen beschränkt zu sein (vgl. vormals etwa *Reuband,* Soziale Determinanten des Drogengebrauchs, 1994, 277), dh er entwickelt sich nur bei einer Minderzahl zu einem wiederholten und dauerhaften Gebrauch.

63   **aa)** (1) Im Einzelnen bestehen **ambulante** therapeutische Angebote hauptsächlich für Sucht**gefährdete** (zum Teil auch für Medikamenten- sowie Halluzinogenabhängige), während bei bereits eingetretener **Abhängigkeit** – vor allem von Opiaten – meist eine stationäre Behandlung für erforderlich gehalten wird. Allerdings liegen generelle Erkenntnisse über die

Abgrenzung zwischen Gefährdung und Abhängigkeit ebenso wenig vor wie über etwaige Merkmalskombinationen, die eine für ambulante Behandlung günstige Prognose versprechen. Insbesondere lässt sich bei der Prognosestellung auch durch Sachverständige bzw. Drogenberatungsstellen schon deshalb kaum einmal verlässlich darlegen, ob der jugendliche bzw. heranwachsende Drogenabhängige diese oder jene Behandlung durchhalten wird oder nicht, weil die (Qualität der) Therapiemotivation sich oftmals erst in der therapeutischen Auseinandersetzung entwickelt. Neben solchen Probanden-Variablen sind offenbar noch mehr Merkmalsausprägungen der jeweiligen Therapeuten bzw. Einrichtungen von Einfluss auf das Behandlungsergebnis (vgl. dazu schon *Vollmer/Ellgring* Suchtgefahren 1988, 281 f.; *Bühringer* in Kreuzer, Handbuch des Betäubungsmittelstrafrechts, 1998, 660). Auch ist zu berücksichtigen, dass durch eine überhöhte Erwartung an den Jugendlichen oder Heranwachsenden ein erneuter „Rückfall" gewissermaßen programmiert werden kann, dass aber auch der Jugendliche oder Heranwachsende im Falle einer negativen Vorabprognose zusätzlich beeinträchtigt werden kann.

(2) Ob oder inwieweit eine ambulante Entziehungskur geeignet sein kann, **63a** hängt von **Motivation** und **Persönlichkeit** des Verurteilten (vgl. näher schon *Stutte* MschKrim 1971, 137 ff.) sowie von **Art** und **Umfang** des **Drogengebrauchs** (vgl. betr. jugendliche Heroinabhängige vormals *Schneider* Suchtgefahren 1984, 229) bzw. von **allg. erzieherischen Bedürfnissen** einerseits (vgl. auch → § 5 Rn. 81) und den vorhandenen speziellen **personellen** und **sächlichen Gegebenheiten** andererseits ab (vgl. auch *Weber* BtMG Vor §§ 29 ff. Rn. 1316; ergänzend → § 7 Rn. 15 ff., 21 ff.). Anerkannt ist, dass ein – methodisch kaum genau erfassbarer – Anteil der Betroffenen aus der Drogenabhängigkeit „herausreift" (sog. „maturing out") bzw. herausfindet (vgl. bereits *Lange* MschKrim 1986, 105 (109); zu **„self-correctors"** etwa *Bohnert ua*, Lebenspraxis und Unterstützungsnetze von Drogenkonsumenten, 1988, 85 ff.: ähnlich häufig durch „Selbstheilung" wie durch Therapie; zum Konzept „außerstationärer Therapie" s. *Strohotte* in Egg, Drogentherapie und Strafe, 1988, 199–203), und zwar mitunter auch nach langjährigem Konsum; als mögliche Motive für den selbstorganisierten Ausstieg werden ein (aus immerzu gleichen Erfahrungen resultierender) „Sättigungseffekt" von Drogen, Schlüsselerlebnisse, existentielle Lebenskrisen oder – bei weiblichen Personen – Schwangerschaft und Geburt genannt (vgl. betr. „Selbstheilung" bzw. kontrollierten Gebrauch *Weber/Schneider* WienerZSuchtforschung 1993, 37 ff.; vgl. im Übrigen speziell bezogen auf Frauen schon *Zurhold,* Drogenkarrieren von Frauen im Spiegel ihrer Lebensgeschichten, 1993, 51 ff.).

Hiernach bedarf die **Prüfung** der Möglichkeit ambulanter Behandlung **63b** einer sorgfältigen **Anamnese** hinsichtlich der Verlaufsstufe und -form – üblicherweise vom Probierverhalten bis hin zu Abhängigkeit ggf. mit Polytoxikomanie – einschließlich der Motivation (n. *Bühringer* in Kreuzer BtMStrafR-HdB 98, 369, 388, 421, wonach die Ergebnisse bei ambulanter Therapie im Allg. zumindest nicht ungünstiger sind als bei stationärer). Dabei ist zu beachten, dass die Betroffenen sich meist einer Therapie sperren, aus Angst, ohne Droge wieder „mit ihren Problemen allein zu sein" bzw. durch Therapie in ihrer Persönlichkeit verletzt zu werden. Im Allg. gelten die Erfolgschancen zu Beginn einer „Drogenkarriere" als umso größer, je mehr der Drogenkonsum von (einzelnen) **Bezugspersonen** oder **-gruppen** des Beschuldigten missbilligt wird.

63c   **bb)** Wenngleich Polytoxikomanie sowie schwere Grade der Abhängigkeit (zB täglich mehrmalige Injektion, Konsum hoher Dosen oder zusätzlich Medikamente zur Wirkungsverstärkung) eine ambulante Therapie als kontraindiziert erscheinen lassen, kommt es – eher selten – auch im Spätstadium der Sucht vor, dass **Abhängige** gewissermaßen **von sich aus** den Abbruch des Konsums anstreben und dies – etwa mit Hilfe von Ersatzmitteln zur Dämpfung der Entzugssymptome – auch erreichen. Am ehesten kann dies geschehen, sofern tragfähige Beziehungen zu anderen Personen bestehen, die dieses Bestreben unterstützen (vgl. im Übrigen zur Relevanz der Schuldenregulierung allg. *Zimmermann* Bewährungshilfe 1993, 68 f.). Im Falle schwerer Entzugssymptome, insbes. soweit sie als Kombination mit Vergiftungssymptomen (etwa aufgrund vom Selbstbehandlung mit Barbituraten oder ähnlichem) auftreten, ist die Einweisung in eine Intensivstation notwendig. Zwar ist der Entzug selbst selten lebensgefährlich, jedoch kann ein „Rückfall" dann zu Lebensgefahr führen, wenn der Proband einen Teil seiner physischen Toleranz zwischenzeitlich verloren hat und nunmehr eine für ihn zuvor übliche Dosis konsumiert (nach einer medizinischen Untersuchung betr. 32 anlässlich eines „Rückfalls" Verstorbenen trat der Tod bei 23 innerhalb der ersten Woche nach der Entwöhnung ein, *Püschel ua* SUCHT 1994, 384 (390)).

64   (1) Grundlage von in Teilen des (europäischen) Auslands versuchten Formen **legaler Vergabe** von Heroin bzw. Kokain als Teil einer Erhaltungstherapie ist der sog. „harm-reduction"-Ansatz, der darauf abzielt, die negativen Begleiterscheinungen der Drogenabhängigkeit nicht durch Änderung der Personen, sondern der situativen Kontextbedingungen zu reduzieren. – Für Deutschland sind gem. § 10a BtMG verschiedentlich Voraussetzungen zur Einrichtung von Drogenkonsumräumen geschaffen worden (vgl. etwa GVBl. Nds. 2002, 82; GVBl. Berlin 2002, 366).

64a   Die – bei Jugendlichen ohnehin und auch bei Heranwachsenden weniger im Vordergrund stehende – Anwendung von Methadon/Polamidon und anderen **Ersatzstoffen** zur Bekämpfung der Heroinabhängigkeit ist umstritten. Soweit dadurch Entzugserscheinungen verhindert werden, ohne dass zB ein Dämmerzustand hervorgerufen wird, kann etwa bei denjenigen Abhängigen, bei denen die Strafverfolgung nicht (mehr) abschreckt und die sonstigen Behandlungsmethoden nichts bewirken (vgl. *Bohnert ua*, Lebenspraxis und Unterstützungsnetze von Drogenkonsumenten, 1988, 27, 29) bzw. bei den beruflich und sozial noch integrierten Abhängigen (s. *Bohnert ua,* Lebenspraxis und Unterstützungsnetze von Drogenkonsumenten, 1988, 64 ff.) am ehesten eine äußere Anpassung erreicht bzw. aufrecht erhalten werden (vgl. etwa *Meyer-Fehr/Zimmer-Höfler* Kriminol.Bulletin 1983, 29 ff.; aber auch Beiträge in Suchtgefahren 1985, 95–131; abl. *Wille* DVJJ 1987, 436–438; bejahend für bestimmte Betroffenengruppen *von Kalmthout* DVJJ 1987, 449 f.; *Albrecht* Bewährungshilfe 1993, 21 f.; zu weiteren Befunden *Eisenberg/Kölbel* Kriminologie § 42 Rn. 72–74).

64b   (2) Die Hoffnung, die Abhängigkeit von Methadon durch psychotherapeutische Nachbehandlung leichter beheben zu können als die Abhängigkeit von Heroin, ist allerdings weitgehend unerfüllt geblieben (vgl. vormals etwa *Sickinger* KrimJ 1983, 284 ff.). Hinzu kommen Besorgnisse darüber, dass entsprechende Ersatzmittel eine Steigerung der Abhängigkeit und des Ausgeliefertseins bewirken können (krit. etwa *Laufs* NJW 1999, 1758 (1769); *Servais* Kriminalistik 1999, 124 ff.), zumal – ebenso wie bei der Gesamtbevölkerung bezüglich vom BtMG nicht erfasster Stoffe auch – ohnehin eine Tendenz zur Polytoxikomanie bestehe. Andererseits ist nicht zu übersehen, dass (auch) bei dieser Thematik zugleich Berufsrollen- und Rivalitätskonflikte zugrundeliegen.

Immerhin hat sich in verschiedenen Untersuchungen herausgestellt, dass es **64c** bei mit Ersatzstoffen behandelten intravenös konsumierenden Drogenabhängigen im Verlaufe der Substitution zu einer (signifikanten) *Verbesserung* des *Gesundheitszustandes* (zB Rückgänge an Spritzenabszessen, Venenleiden und Lebererkrankungen) gekommen ist (*Lang/Zenker* SUCHT 1994, 235 ff.). Bei mit dem HI-Virus Infizierten habe die Substitution eine effektive Behandlung der Infektion wesentlich begünstigt (so hätten 58 % (N=22) der behandelten HIV-positiven Patienten ihr seelisches und körperliches Befinden als „gut" oder „sehr gut" beurteilt (*Rittmansberger ua* WienerZSuchtforschung 1992, 21 ff.)). Jedoch zeigte sich in den Studien auch, dass ein hoher Prozentsatz (je nach Methode der Beigebrauchserfassung zwischen 10 % und 84 %) zusätzlich zu der Substitution psychotrope Substanzen einnahm. Allerdings *sank* der *Beigebrauch* im Lauf der Behandlung (vgl. zB *Lang/Zenker* SUCHT 1994, 235 (258); *Rösinger ua* in Mann, Suchtforschung und Suchttherapie in Deutschland, 1995, 130 ff.; ebenso zu Ergebnissen aus der österreichischen Substitutionsforschung WienerZSuchtforschung Heft 2/92; eher entgegengesetzt (ab drei Jahren Dauer) *König,* Der Beitrag der Methadonsubstitution zur kommunalen Kriminalprävention, 02; diff. nach Art des Beigebrauchs *Legge ua* 115).

(3) Empirische Anhaltspunkte deuten auf eine *Reduzierung* der *Deliktsbege-* **64d** *hung* hin (*Lang/Zenker* SUCHT 1994, 261; *Legge ua* 66 ff.; *König,* Der Beitrag der Methadonsubstitution zur kommunalen Kriminalprävention, 02 (gem. Befragung)), und zwar nicht nur in Bezug auf Verstöße gegen das BtMG, sondern auch hinsichtlich Gewalt- und Eigentumsdelikten (*Springer ua* WienerZSuchtforschung 1992, 6; ergänzend zum Wechselverhältnis im Allg. *Eisenberg/Kölbel* Kriminologie § 56 Rn. 55 ff.). Differierende Angaben bestehen bezüglich Fragen nach beruflicher *Wiedereingliederung* (*Rittmannsberger ua* WienerZSuchtforschung 1992, 22 stellten einen deutlichen Anstieg der Beschäftigungsrate (von 18 % auf 33 %) auch für HIV-positive Substituierte fest, wohingegen nach Daten von *Lang/Zenker* SUCHT 1994, 235 (264) die berufliche Rehabilitation hinter den Erwartungen zurückblieb (nach zwei Jahren lag sie bei 17 %)).

cc) Stationäre Therapie **ohne geschlossene** Unterbringung und auf **65** freiwilliger, therapiemotivierter Grundlage als eine Form von „therapeutischer Gemeinschaft" wird in Einrichtungen verschiedener (teils privater) Träger und Ausgestaltung (einschließlich Selbsthilfe-Wohngemeinschaften) durchgeführt. Dabei wird der körperliche Entzug (Entgiftung), der idR nicht länger als eine Woche dauert, entweder in diesen Einrichtungen selbst vorgenommen oder die Probanden werden in Kliniken entgiftet und sodann von diesen Einrichtungen übernommen (zur AIDS-Problematik vgl. → § 92 Rn. 108–110). Indes ist die physische Abhängigkeit von der Droge im Allg. weniger gravierend als die psychische Abhängigkeit.

(1) Verschiedentlich wird davon ausgegangen, es sei die totale Kontrolle **66** durch die Gruppe (krit. im Hinblick auf die Versagung von Grundrechten *Scheerer* Kriminalsoz Bibl 1985, Heft 49, 5 (7)) oft nicht nur medizinische Notwendigkeit, sondern auch therapeutisches Prinzip. So wird auch für einen vergleichsweise längeren Zeitraum der Kontakt selbst zu Bezugsper-

sonen außerhalb der Einrichtung (zB Eltern) unterbunden. Innerhalb eines vorgegebenen, fest geregelten Tagesablaufs soll der Abhängige allmählich lernen, gruppenintern Verantwortung zu tragen und persönliche Interessen, die außerhalb von Drogenmissbrauch liegen, zu entwickeln. Bei einem Verstoß gegen die Grundregeln der Gruppe („Keine Drogen, kein Alkohol, keine Gewalt") droht der sofortige Ausschluss aus der Gruppe. Als Dauer der Behandlung wird zumindest ein Jahr für erforderlich gehalten.

67   (2) Zur **Kontrolle** können auch in diesem Rahmen Urinuntersuchungen (zwecks Nachweis von Drogenfreiheit) dienen. Wurde die Weisung als Motivationshilfe verstanden, um zu versuchen, durch regelmäßigen Kontakt mit Beratungsstellen eine Therapiewilligkeit zu erreichen, kann die Kontrolle der Weisung aus der Zusammenarbeit von Gerichten und Beratungsstellen heraus erfolgen.

68   **dd)** Die **Bereitschaft** der **Eltern** oder von (anderen) **Bezugspersonen** zu aktiver Mitarbeit in speziellen Gruppen der Drogenberatungsstellen erscheint bei ambulanter Therapie solcher Jugendlicher, die bei den Eltern oder (anderen) Bezugspersonen wohnen, idR als unerlässlich (vgl. auch → Rn. 63). Bei Unterbringung Jugendlicher in therapeutischen Einrichtungen bzw. Wohngemeinschaften ist eine solche Bereitschaft, sofern die Eltern oder (anderen) Bezugspersonen nicht tatsächlich einen entgegensteuernden Einfluss haben, als empfehlenswert, und zwar mit dem Ziel, dass einschlägig gefährdende bisherige Verhaltensmuster überwunden und neue Möglichkeiten des Verhaltens erfahren werden. Zugleich könnte dadurch, sofern bisher eine Bindung zu den Eltern bestand bzw. hinsichtlich (anderer) Bezugspersonen, einer zu besorgenden Entfremdung entgegengewirkt werden. – Im Übrigen mag auch ein (etwa zeitweiliger) Kontakt zu anderen Eltern in ähnlicher Situation vorteilhaft sein.

69   **ee)** Im Hinblick auf das besondere Verständnis, das Drogengefährdete und -abhängige von ihrer Situation haben, bedarf diese Weisung auch **sozialpsychologisch** vertiefter **Hilfe** und **Überwachung;** ggf. ist eine Verbindung mit einer Betreuungsweisung (näher → Rn. 22 ff.), etwa auch zur Bewältigung der Kostenfrage, zu empfehlen. Im Rahmen der Vorsorge sind gerade auch bei ambulanter Therapie schon während der Eingangsphase intensive Bemühungen des Therapeuten erforderlich, soll dem Probanden die Möglichkeit angeboten werden, Vertrauen in die Person des Therapeuten zu entwickeln. Im Übrigen sind wesentlich die Unterbrechung der Verbindung zu Drogenhändlern und/oder -konsumenten, die Gewährleistung von Verbindungen zu behandlungsmotivierenden Bezugspersonen und -gruppen (ggf. aus der eigenen Familie) sowie die Aufrechterhaltung oder Bereitstellung eines Arbeitsplatzes. Das Ziel einer lückenlosen „Therapiekette" umfasst neben der Kontakt-, der Entgiftungs- sowie der Entwöhnungsphase insbes. auch die Nachsorge- und Rehabilitationsphase (s. zB *Böhm* Bewährungshilfe 1993, 47 f. (52)). In der Regel darf ein Proband nach stationär vorgenommener Entgiftung und Entwöhnung nicht ohne nachsorgende Betreuung entlassen werden. – Was Fragen des **Erfolges** stationär durchgeführter Behandlung angeht, so sind vorliegende Befunde nur teilweise von unmittelbarer Relevanz für die in Rede stehende Weisung. *Dittrich ua* (in Suchtgefahren 1976, 121) ermittelten einen Anteil von 9 % „absolut" drogenfrei gebliebener Probanden, hingegen etwa ein Drittel mit zufrieden stellender beruflicher wie sozialer Integration. Nach *Kurtz* (Katamnesen bei jugendlichen Opiatabhängigen nach richterlich angeordneter Langzeittherapie, 1980, 87) betrug

die „absolute" Drogenfreiheit über einen Zeitraum von zwei Jahren 10,5 %, während die Legalbewährungsquote insoweit etwa 50 % ausgemacht habe (vgl. ähnlich *Täschner ua,* Therapie der Drogenabhängigkeit, 2. Aufl. 2010, 261 betr. Maßregeleinrichtung in Weinsberg). Vormals gelangte *Bschor* (ZfRechtsmedizin 1976, 28) zwar zu einer etwas günstigeren Quote hinsichtlich Drogenabstinenz, zu einer ungünstigeren hingegen bezüglich sozialer Integration. Kosten-Nutzen-Analysen gelangen in der Summe zu einem klaren Nutzen, dies allerdings bei Unterschiedenen zwischen verschiedenen Therapieformen (Überblick bei *Täschner ua,* Therapie der Drogenabhängigkeit, 2. Aufl. 2010, 266 f.; vgl. ergänzend *Eisenberg/Kölbel* Kriminologie § 42 Rn. 47 ff. zu Legalbewährungseffekten von Therapien).

V. Überwachung und Reaktion bei Nichtbefolgung

1. Überwachung

a) Diese Aufgabe obliegt, wie bei anderen Weisungen auch, der **JGH** 70 (**§ 38 Abs. 2 S. 5 aF bzw. § 38 Abs. 5 S. 1 nF** (→ Anlage 7); zur Verneinung einer strafbaren Unterlassung iSv § 13 StGB vgl. OLG Karlsruhe NStZ-RR 2001, 114). Auch deshalb muss die JGH gem. § 38 Abs. 3 S. 3 aF bzw. § 38 Abs. 6 S. 2 nF (→ Anlage 7) vor der Anordnung gehört werden (RL 7). Dabei wird ua zu erörtern sein, ob die Überwachung einer vorgesehenen Weisung durchführbar erscheint (teilweise anders *Schmid-Oberkirchner* in Wiesner SGB VIII § 29 Rn. 13).

b) Ob die Übertragung von Teilaufgaben der gesetzlichen Über- 71 wachungspflicht auf eine bestimmte *andere Person* zulässig ist, ist umstritten (bejahend *Brunner/Dölling* Rn. 21; eher abl. *Ostendorf* in NK-JGG Rn. 29; *Diemer* in Diemer/Schatz/Sonnen 63; *Buhr* in HK-JGG Rn. 65), zumal auch datenschutzrechtliche Gründe entgegenstehen können; unstreitig hingegen kann eine solche andere Person zur Übernahme nicht verpflichtet werden (ebenso OLG Karlsruhe NStZ-RR 2001, 114). Keinesfalls wird durch die etwaige Einschaltung eines bestimmten Helfers zur Überwachung einer Weisung die allg. Überwachungspflicht der JGH (§ 38 Abs. 2 S. 5 aF bzw. § 38 Abs. 5 S. 1 nF (→ Anlage 7)) gegenstandslos, dh die JGH darf von der Überwachung nicht ausgeschlossen werden; vielmehr ist ein solcher Helfer auch der JGH gegenüber verantwortlich.

c) Bezüglich der Bestimmung eines **BewHelfers** bestehen im Hinblick 72 auf die Notwendigkeit der Differenzierung vielfältige Bedenken (vgl. → Rn. 24). Gleichwohl kann ein (auch hauptamtl) BewHelfer wie jeder andere Bürger mit seinem Einverständnis oder ggf. aufgrund einzelner landesrechtlicher Vorschriften (dazu § 113) eingeschaltet werden. Wiederum anders verhält es sich im Falle einer Betreuungsweisung, soweit als Betreuungsperson ein amtlicher BewHelfer bestimmt wurde (RL 2; vgl. → Rn. 22a, 24).

d) Der **JRichter** darf die Einhaltung der Weisungen auch selbst über- 73 prüfen; dies würde sich wegen der Unmittelbarkeit der Tatsachenerfassung sogar besonders empfehlen.

2. Reaktion bei Nichtbefolgung

74   **a)** Die **Befolgung** der **Weisungen** kann **nicht erzwungen** werden. Jedoch kann − abgesehen von zustimmungsbedürftigen Weisungen (vgl. → Rn. 37, → § 11 Rn. 11) − die Nichtbefolgung mit JA geahndet werden (§ 11 Abs. 3; näher → § 11 Rn. 11 ff.).

75   **b) Verbieten** die **Erziehungsberechtigten** die Befolgung der Weisung (zB Heimaufenthalt), so kann darauf im Allg. (vgl. aber → Rn. 5) nur durch Änderung der Weisung bzw. durch Befreiung reagiert werden (→ § 11 Rn. 5 ff.).

VI. Verfahrensrechtliches

1. Art der Entscheidung

76   **a)** Nach systematischem Verständnis dürfen Weisungen prinzipiell nur **aufgrund** einer HV oder im vereinfachten JVerfahren (§§ 76 ff.) aufgrund einer **mündlichen Verhandlung** durch **Urteil** erteilt werden. Dies gilt nicht in den − statistisch bedeutsamen − Fällen der Erteilung von Weisungen bei Einstellung des Verfahrens gem. §§ 45, 47, bei der Anordnung durch das FamG nach Überlassung gem. § 53, in Fällen nachträglicher Änderung durch Beschluss gem. §§ 11, 65 sowie bei Erteilung iRd BewAufsicht durch Beschluss (§ 58 Abs. 1).

77   **b)** Was die **Urteilsformel** angeht, so ist es geboten, Weisungen inhaltlich präzise zu formulieren (auch → Rn. 7, → § 54 Rn. 13); ferner ist die **Laufzeit** der Weisung (§ 11 Abs. 1) genau anzugeben, weil für alle Beteiligten übersichtliche Verhältnisse bestehen müssen.

78   **c)** Es unterliegt tatrichterlicher Würdigung, ob eine erteilte Weisung unter den Umständen des konkreten Falles dazu bestimmt und geeignet ist, die Lebensführung des Jugendlichen zu regeln und dadurch seine Erziehung zu fördern. Falls der Zweck einer Weisung nicht offensichtlich ist, muss der JRichter sich in den **Urteilsgründen** damit auseinandersetzen. Im Übrigen ist die tatrichterliche Würdigung der Nachprüfung im Rechtsmittelverfahren, sofern nur über die Gesetzmäßigkeit der Weisung zu entscheiden ist (zB aufgrund der Rechtsmittelbeschränkung gem. § 55 Abs. 1, im Revisionsverfahren und bei BewWeisungen im Verfahren gem. § 59 Abs. 2), nur insoweit unterworfen, als sie gegen Denkgesetze, allg. Erfahrungssätze oder gesicherte wissenschaftliche Erkenntnisse verstößt (stRspr im allg. StVR zu § 337 StPO; vgl. auch schon *Dallinger/Lackner* Rn. 5).

79   In Fällen des Abs. 2 ist in den Urteilsgründen ggf. das Vorliegen der Zustimmungs- bzw. Einverständniserklärung mitzuteilen (s. auch BGH NStZ-RR 2001, 215 Rn. 14).

80   **d)** Über die Bedeutung der Weisungen und die Folgen schuldhafter Nichteinhaltung (§ 11 Abs. 3 S. 1) soll der Richter den Verurteilten **belehren** (hierzu auch → Rn. 7; zur Art der Belehrung § 70a Abs. 1 aF bzw. § 70b Abs. 1 nF). Nach RL 8 wird die Belehrung „in der Niederschrift über die HV vermerkt oder sonst aktenkundig gemacht".

2. Kosten

a) Die zur Durchführung der Weisung anfallenden Kosten (empirische 81
Daten dazu bei *Neßeler* ZJJ 2019, 359) sind nach hM nicht Bestandteil der
Kosten und Auslagen iSv § 74, weil die Weisung nicht erzwingbar ist, es sich
also nicht um Kosten der Vollstr handelt (→ § 74 Rn. 12, → § 71 Rn. 19;
LG Tübingen BeckRS 2018, 13742; *Hilger* in Löwe/Rosenberg StPO § 465
Rn. 11; aA *Ostendorf* in NK-JGG Rn. 30 (notwendige Auslagen iSv § 464a
Abs. 2 StPO seien ggf. auch Ausgaben aufgrund einer Verurteilung)). Bei
Weisungen, die (unabhängig von dem Anlass der Erteilung) jugendhilferecht-
liche Maßnahmen darstellen (insb. **Abs. 1 S. 3 Nr. 2, 5, 6** (§§ 29, 30
KJHG)), ist die jugendhilferechtliche Verpflichtung des zuständigen Leis-
tungsträgers zu prüfen (vgl. § 36a Abs. 1 S. 1 Hs. 2 KJHG, s. auch LG
Tübingen BeckRS 2018, 13742; *Schmid-Oberkirchner* in Wiesner SGB VIII
§ 36a Rn. 16; *Jung-Pätzold* ZJJ 2009, 241 ff.; s. vormals speziell zu Abs. 1 S. 3
Nr. 6 *Bizer* ZfJ 1992, 620 (aA *Mayer* ZfJ 1993, 188 f.) sowie *Fischer/Pelz* in
BAG für ambulante Maßnahmen 204 ff. und generell zu ambulanten Maßnahmen gem. §§ 9 ff. *Bizer* DVJJ-Journal 1993, 62 ff.). Die jugendhilfrecht-
liche Kostentragung setzt allerdings einen Hilfebedarf iSv SGB VIII voraus.
Dabei kann Fragen der Antragstellung des Jugendlichen und des Einverständnisses der Sorgeberechtigten (weitergehend für Familien-Hilfeplan-Kon-
ferenz *Königschulte* Kompetenz 234 ff.) Bedeutung zukommen (zur Härte-
klausel des § 93 Abs. 3 aF KJHG, der in der Sache § 92 Abs. 4, 5 KJHG
entspricht, s. *Spiehl* DVJJ-Journal 1991, 265).

b) Ob die Jugendhilfe unabhängig von den jeweiligen allg. Leistungs- 81a
voraussetzungen verpflichtet sein könnte, die Kosten jugendgerichtlich erteilter Weisungen zu tragen (dazu n. auch betr. Heranwachsende *Rieken-
brauck* ZJJ 2007, 165), ist seither nicht abschließend geklärt (für Schaffung
einer „eindeutigen Kostenregelung" innerhalb des JGG *Wiesner* BMJ 2009,
330; *Königschulte* Kompetenz 122 ff.: als „Annexproblem"; zur Frage der
Verfassungswidrigkeit (Art. 92 iVm Art. 104 Abs. 2 GG) des § 36a KJHG
wenig weiterführend BVerfG ZJJ 2007, 213 (auf Vorlage von AG Eilenburg
ZJJ 2006, 85; zust. *Bareis* ZJJ 2006, 11 ff.) mit Bspr. *Möller/Schütz* ZKJ 2007,
282 f.; vgl. ergänzend → § 38 Rn. 5 ff.). Hinsichtlich der diesbezüglich besonders umstrittenen Weisungen nach **Abs. 1 S. 3 Nr. 4** (und ohnehin der
Arbeitsauflagen, vgl. → § 15 Rn. 13a) bzw. **Nr. 7** (hier ist wegen der ggf.
beweisrechtlichen Tragweite tendenziell eine (auch) verfahrensökonomischen Belangen dienende Funktion nicht zu verkennen, vgl. ergänzend auch
→ § 93c Rn. 2, 15) wird es – vorbehaltlich einer ausdrücklichen gesetzlichen
Regelung (vgl. dazu JuMiKo ZJJ 2008, 449; sodann *Jung-Pätzold* ZJJ 2009,
243 f.; *Königschulte* Kompetenz 221 f., 226) – darauf ankommen, ob sie als
den Voraussetzungen der § 27 Abs. 3 KJHG bzw. § 13 Abs. 2 KJHG genügend (eher zw.; speziell zur Anzahl der Arbeitsstunden krit. → Rn. 20a) oder
konkret als „niedrigschwellige" Hilfe (iSv § 36a Abs. 2 KJHG) beurteilt
werden könnten (vgl. auch DVJJ 08, AK 4; *Beulke* FS Kreuzer, 2008, 75;
jeweils ohne empirische Würdigung bejahend JuMiKo ZJJ 2008, 445–447);
dies gilt ebenso, wenn sich Freie Träger zu Leistungen bereit erklären und
die Zuständigkeitsvoraussetzung des § 36a Abs. 1 KJHG also nicht erfüllt ist.
Auch bei der Betreuungsweisung **(Abs. 1 S. 2 Nr. 5)** bedarf es für die
Leistungspflicht der JHilfe deren („umwandelnder") Anerkennung als Be-

treuungshilfe (§ 30 KJHG; VG Darmstadt JAmt 2008, 323 sowie HessVGH JAmt 2008, 327).

Laufzeit und nachträgliche Änderung von Weisungen; Folgen der Zuwiderhandlung

11 (1) [1]**Der Richter bestimmt die Laufzeit der Weisungen.** [2]**Die Laufzeit darf zwei Jahre nicht überschreiten; sie soll bei einer Weisung nach § 10 Abs. 1 Satz 3 Nr. 5 nicht mehr als ein Jahr, bei einer Weisung nach § 10 Abs. 1 Satz 3 Nr. 6 nicht mehr als sechs Monate betragen.**

(2) Der Richter kann Weisungen ändern, von ihnen befreien oder ihre Laufzeit vor Ablauf bis auf drei Jahre verlängern, wenn dies aus Gründen der Erziehung geboten ist.

(3) [1]Kommt der Jugendliche Weisungen schuldhaft nicht nach, so kann Jugendarrest verhängt werden, wenn eine Belehrung über die Folgen schuldhafter Zuwiderhandlung erfolgt war. [2]Hiernach verhängter Jugendarrest darf bei einer Verurteilung insgesamt die Dauer von vier Wochen nicht überschreiten. [3]Der Richter sieht von der Vollstreckung des Jugendarrestes ab, wenn der Jugendliche nach Verhängung des Arrestes der Weisung nachkommt.

Schrifttum *Kratochvil-Hörr,* Der Beschlussarrest, 2016; *Schreiber-Kittl/Schröpfer,* Abgeschrieben? Ergebnisse einer empirischen Untersuchung über Schulverweigerer, 2002; *Schumann* (Hrsg.), Jugendarrest und/oder Betreuungsweisung, 1985.

Übersicht

I. Anwendungsbereich

1 Es gelten die Erl. zu § 9 Abs. 1 entsprechend (→ § 9 Rn. 1 ff.).

II. Dauer

1. Abs. 1

Die Regelung in Abs. 1 S. 1 **verbietet** die Anordnung von **Weisungen** 2 **unbestimmter Dauer.** Die zwingend vorzunehmende Befristung (vgl. auch OLG Braunschweig NStZ 2012, 575 = ZJJ 2012, 318) ebenso wie die gesetzlich festgelegte **Höchstdauer** von **zwei Jahren** (Abs. 1 S. **2 Hs. 1**) ist Ausdruck von Rechtsstaatlichkeit im Allg. und des Bestimmtheits- sowie des Verhältnismäßigkeitsgrundsatzes im Besonderen. Die **Soll-Vorschrift** des Abs. 1 S. **2 Hs. 2** folgt der Auffassung, dass bei den beiden genannten Weisungen eine über den jeweiligen Zeitraum hinaus erstreckte Dauer pädagogisch schwerlich förderlich sein kann, sich vielmehr eher negativ auf das Verhalten des Jugendlichen auswirken könnte (s. auch Begr. BR in BT-Drs. 11/5829, 40).

Tatsächlich liegt es nahe, dass eine länger anhaltende Dauer von Weisun- 3 gen durch zunehmende zeitliche und inhaltliche Distanz von den Gegeben-heiten im Zeitpunkt der Anordnung, ggf. auch durch Gewöhnung, die angestrebte erzieherische Wirkung beeinträchtigt. Soweit der Verurteilte die Weisung fortdauernd als negative Sanktionierung aus Anlass der Straftat empfindet, kommt ggf. hinzu, dass er sie nach einer gewissen Dauer als nicht mehr vertretbar beurteilen wird und sie dadurch gewissermaßen zu einer Abstumpfung führen könnte. Allerdings lässt sich die Grenzziehung gerade bei zwei Jahren empirisch nicht begründen.

2. Abs. 2

Nach dieser Vorschrift darf das Gericht „**aus Gründen der Erziehung**" 4 die Dauer vor deren Ablauf um höchstens ein Jahr, also auf insgesamt drei Jahre **verlängern.** Auch wenn es sich hierbei gem. dem Aufbau des § 11 eher um eine Vorschrift mit Ausnahmecharakter handelt, bestehen ihr ggü. rechtliche und erzieherische Bedenken, ähnlich wie bezüglich der Möglich-keit der Änderung (vgl. → Rn. 5–8).

Hat der JRichter (bewusst oder versehentlich) nicht verlängert, so darf das 4a Rmittelgericht nicht dadurch in dessen Kompetenz eingreifen, dass es einen (zuvor gem. Abs. 3 angeordneten, nach Ende der Laufzeit nicht mehr voll-streckbaren JA, vgl. → Rn. 12a) als eigenständige freiheitsentziehende Sank-tion behandelt (so aber LG Berlin 29.6.2017 – 509 Qs 16/17 Rn. 21, BeckRS 2017, 133031).

III. Änderung; Aufhebung

1. Änderung

a) Gemäß **Abs. 2** können „**aus Gründen der Erziehung**" Weisungen 5 geändert werden. Dies kann zwar im Einzelfall möglicherweise erzieheri-schen Belangen von Flexibilität entsprechen (zur Anregungspflicht bei JA-Vollzug vgl. § 6 Abs. 2 S. 1 JAVollzG Hmb.), ist jedoch im Hinblick auf Belange der Rechtssicherheit und insbes. der Rechtskraft bedenklich, zumal für eine Änderung ein Verschulden des Verurteilten nicht erforderlich ist. Demgegenüber erscheint die Interpretation, es erwachse nicht eine konkret angeordnete Weisung, sondern die allg. Erteilung bzw. Anordnung in Rechtskraft, (auch) für den Verurteilten kaum nachvollziehbar. Die Bedenken erhöhen sich insofern, als es nach hM als zulässig erachtet wird, die im Wege der Änderung angeordneten neuen Weisungen nicht nur in anderer Art, sondern auch eingreifender auszugestalten.

6   **b) Gründe** für eine Änderung sind gegeben, wenn sich **Tatsachen geändert** haben (zB im Bereich persönlicher oder sozialer Verhältnisse, hinsichtlich Entwicklung oder Erreichen eines zunächst erstrebten erzieherischen (Teil-)Erfolges oder durch die besonderen Umstände als Soldatin oder Soldat der Bundeswehr (vgl. § 112a Nr. 3 S. 2)). – Zudem wird davon ausgegangen, eine Änderung müsse vorgenommen werden, sofern sie als **erzieherisch notwendig** beurteilt wird.

7   Darüber hinaus ist eine Änderung auch zulässig, **wenn** die Weisung sich als **unzweckmäßig** herausstellt. Dies kann zB der Fall sein, wenn sich die begründete Beurteilung ergibt, dass der Verurteilte im Vergleich zur bisherigen Annahme des Gerichts schwerer oder leichter erziehbar ist, dass eine neue Umgebung oder Aufsichtsperson sich als ungeeignet herausstellt oder dass die Weisung nicht überwachbar ist.

8   **c)** Auch bei Änderung dürfen **nur Weisungen** gem. § 10 erteilt werden (hM, nachdrücklich etwa *Feuerhelm* Gemeinnützige Arbeit 243 f.; aA *Potrykus* Anm. 1 hinsichtlich Geldauflage; betr. § 112a Nr. 3 S. 2 *Dallinger/Lackner* § 112a Rn. 28). Dabei sind die allg. Voraussetzungen (und insbes. Grenzen) zu beachten, die den Weisungen gesetzt sind (näher → § 10 Rn. 2 −14). Dies betrifft nicht zuletzt auch den Verhältnismäßigkeitsgrundsatz.

2. Aufhebung

9   Ebenso ist gem. **Abs. 2** die Aufhebung aller Weisungen möglich. Dies bietet sich etwa an, wenn der Erfolg früher als erwartet erreicht erscheint oder aber wenn inzwischen angenommen wird, der Erfolg sei mit Weisungen nicht zu erreichen. Im zweitgenannten Fall mag ggf. beim FamG die Anordnung anderer Maßnahmen angeregt werden.

3. Weisungen von längerer Dauer

10   Bei solcher Art erteilter Weisungen muss aus erzieherischen Gründen in angemessenen **zeitlichen Abständen überprüft** werden, **ob** sie **aufgehoben (oder geändert)** werden sollten bzw. müssen. Wenngleich die Anhörung des Vertreters der **JGH** vor einer nachträglichen Entscheidung nicht ausdrücklich vorgesehen ist, wird eine solche Anhörung gem. dem Grundsatz des § 38 Abs. 3 S. 3 aF = § 38 Abs. 6 S. 2 nF (→ Anlage 7) auch in diesen Fällen idR vorzunehmen sein (vgl. zudem RL 1). Jedoch stehen in der jugendrichterlichen Würdigung diejenigen rechtlichen Belange, die eine Aufhebung nahe legen, im Verhältnis zu Maßstäben eines Leistungserfolges (§ 64 Abs. 2 KJHG) nicht von vornherein zurück (vgl. aber auch → § 43 Rn. 24).

IV. Ahndung schuldhafter Nichtbefolgung

Der **schuldhafte** (§ 3, § 20 StGB), vorsätzliche oder fahrlässige **Verstoß** 11
gegen eine Weisung kann mit JA geahndet werden, **sofern** der Verurteilte in
geeigneter Weise (§ 70a Abs. 1 aF bzw. § 70b Abs. 1 nF) über diese rechtliche
Möglichkeit **belehrt worden** ist (**Abs. 3;** wegen dieser Voraussetzung ist das
Protokoll maßgeblich, vgl. auch *Schimmel* in Kotz/Rahlf BtMStrafR Kap. 9
Rn. 53). – Bedarf die Erteilung der Weisung der Zustimmung des Jugendlichen (§ 10 Abs. 2 bzw. § 57 Abs. 3 S. 2), so entfällt mit der Nichtbefolgung,
die eine Rücknahme der Zustimmung darstellt, die Rechtmäßigkeit der
Weisung, sodass eine Ahndung ausscheidet (LG Marburg NStZ-RR 2006,
122, ergänzend unter zutr. Verneinung einer Analogie zu § 67g Abs. 3 StGB).

1. Entstehungsgeschichte; Rechtsnatur, Einwände und Häufigkeit

a) Diese Art des JA wurde durch § 19 RJGG **1943** erstmals **eingeführt,** 12
im JGG 1953 unter geringfügigen Änderungen übernommen und durch
EGStGB v. 2.3.1974 (Art. 26 Nr. 14b, BGBl. I 527) auf die Nichtbefolgung
von BewWeisungen bzw. -auflagen ausgedehnt (n. *Eisenberg* Zbl 1989, 16 f.
(auch zur Handhabung vor der NS-Zeit); zu rechtsvergleichenden Anhaltspunkten s. *Dünkel* Zbl 1990, 433 f.; *Dünkel* DVJJ-Journal 1991, 29 („spezifisch deutsche Erfindung" praktisch ohne Entsprechung im Ausland) sowie
Dünkel NK 2008, 102 ff.). Kriminalpolitisch ist mehrfach die Abschaffung
empfohlen worden (vgl. *Frehsee* DVJJ 1990, 326; betr. Aussetzung der Vollstr
wie der Verhängung zBew *Weber* DVJJ 1990, 346; auch im Übrigen diff.
Herrlinger DVJJ-Journal 1991, 157).

b) Die **Rechtsnatur** des JA gem. Abs. 3 ist umstritten, teilweise bestehen 12a
sprachliche Missverständnisse (zB „Ungehorsam" (Fehlzitat bei *Neuheuser*
NStZ 2017, 624 Fn. 5), vor allem aber ist die Frage nach einer grundrechtlichen Legitimation für den Eingriff in die persönliche Freiheit, soweit
ersichtlich, seither nicht hinreichend beantwortet. Am ehesten vertretbar
erscheint die Auffassung, derzufolge es sich um eine in das JGG einge-
schobene besondere jugendstrafrechtliche *Reaktionsmöglichkeit* (zust. LG Berlin BeckRS 2017, 133031auf die Nichtbefolgung handelt, und zwar mit
dem *Zweck,* auf die *Befolgung* hinzuwirken (zust. *Buhr* in HK-JGG Rn. 19;
ähnlich etwa *Böttcher/Weber* NStZ 1991, 8; iSv § 2 Abs. 1 verfehlt *Diemer* in
Diemer/Schatz/Sonnen Rn. 11: „Beugemaßnahme"). Dieser Auffassung
entspricht die Voraussetzung, dass die Weisung noch Bestand hat und befolgt
werden kann (LG Landau StV 2003, 461; s. auch LG Berlin 28.9.1988 – 507
Qs 44.88, wonach es sich um einen Akt der Vollstr handle, der vom Fortbestand des zugrunde liegenden Urteils abhängig sei (zur abw. Auffassung
→ Rn. 4); AG Berlin-Tiergarten 1.11.1999 – 417 VRJs 1126/99). Nach aA
stelle dieser JA eine unselbstständige Ersatzmaßnahme dar (*Potrykus* Anm. 4,
7 f.; *Ostendorf* Zbl 1983, 563 ff. (576); *Ostendorf* in NK-JGG Rn. 11; *Dünkel*
DVJJ-Journal 1991, 29; *Feltes* NStZ 1993, 111; krit. *Frehsee* DVJJ 1990, 315).
– Ein Verstoß ist keine mit Strafe bedrohte Verfehlung iSv § 1, sodass § 1
keine Beschränkung auf Zuwiderhandlungen verlangt, die vor Vollendung
des 18. Lbj. (s. aber *Ostendorf* Zbl 1983, 563 (576)) oder gar des 21. Lbj.

begangen sind (vgl. *Streng* JugendStrafR Rn. 272; *Baur ua* JuS 2013, 539 f.; anders *Ostendorf* in NK-JGG § 11 Rn. 14), dh die Reaktionsmöglichkeit besteht unabhängig davon, ob eine im Zeitpunkt des Verstoßes begangene Straftat nach materiellem JStR abzuurteilen wäre. Im Übrigen ist jedoch, auch soweit solchenfalls der inhaltliche Zweck nicht mehr erreichbar ist, auf → Rn. 18 f. zu verweisen.

13 **c)** Die Androhung dieses JA mag als **Druckmittel** zur Heranführung an die Befolgung von Weisungen möglicherweise mitunter geeignet sein. So weist die Differenz zwischen Arrestersuchen und -antritten darauf hin, dass zwischen Anordnung und Beginn des JA doch noch etliche Auflagen und Weisungen erfüllt werden (*Seidl* ua ZJJ 2013, 292 (293)). Auch ist nicht auszuschließen, dass in extremen Einzelfällen ein gem. Abs. 3 verhängter JA geeignet ist, um eine erzieherisch ggf. als unerlässlich beurteilte Herauslösung des Jugendlichen aus seinem sozialen Umfeld herbeizuführen. Dies könnte zB für Fälle gelten, in denen bei dem Jugendlichen aufgrund äußeren Zwangs eine negative Entwicklung eingetreten ist, sodass es gewissermaßen zur Selbstentfaltung (betr. „Bindungsanbahnung" s. *Lempp* DVJJ-Journal 1994, 62) zunächst erneut eines Elementes von Zwang bedürfe.

13a Jedoch sind die **Verhängung** und **Vollziehung** des Nichtbefolgungs-JA erziehungspsychologisch prinzipiell **einwandbehaftet** (krit. seitens der JStR-Praxis *Hügel* Bewährungshilfe 1987, 53; aber auch *Hinrichs* Bewährungshilfe 1987, 58), weil sie idR eine Gruppe betrifft, die sich sozial und sozialisatorisch in erheblichen Belastungslagen befindet (*Kratochvil-Hörr,* Der Beschlussarrest, 2016, 70 ff.), und gerade bei ihr als eine **negative Verstärkung** der Nichtbefolgung wirken kann (zust. *Laubenthal* Jugendgerichtshilfe 168; nach *Werlich* (in Schumann, Jugendarrest und/oder Betreuungsweisung, 1985, 168) seien in den Jahren 1980–1983 dem Vollzug zwangsweise zugeführt worden 66,2 %, 48,3 %, 47,8 %, 49,2 % (allerdings ohne Differenzierung nach Betroffenen von Erziehungsmaßregeln, Zuchtmitteln oder JStrafe)). – Zu berücksichtigen ist, dass die bisher nicht erbrachte Leistung auch aus der JA-Anstalt heraus oder innerhalb derselben erbracht werden und die Vollstr sodann abgekürzt werden kann.

14 **d)** Die Häufigkeit des **Nichtbefolgungsarrestes** ist relativ hoch. Für den hierauf entfallenden Anteil innerhalb des JA-Vollzuges werden regional unterschiedliche Zahlen genannt (vgl. etwa *Thalmann* FS 2011, 82: „zwischen 40 % und 70 % aller zu vollstreckenden JAe"; vgl. auch *Seidl ua* ZJJ 2013, 292 (293): ca. 40 %; ähnlich für Berlin *Kratochvil-Hörr,* Der Beschlussarrest, 2016, 70; für Bayern *Endres/Lauchs* Bewährungshilfe 2018, 384 (390 f.); speziell für Hamburg *Schmidt* FS 2011, 90: (ca. 60 % aller angeordneten und) ca. 40 % aller vollstreckten JAe; vgl. aber auch vormals für das Land Bremen *Werlich* (in Schumann, Jugendarrest und/oder Betreuungsweisung, 1985, 168), wonach die Quote „am gesamten Arrest" in den Jahren 1980–1983 18,8 %, 27,0 %, 33,5 % und 30,6 % betragen habe).

2. Voraussetzungen

15 **a)** Es muss eine **Weisung** verletzt sein, die **im Urteil** gem. Abs. 1 **oder** nach **§ 53** (n. → § 53 Rn. 14) vom FamG erteilt wurde. Eine Weisung, die nach *§§ 45, 47* (§ 45 Abs. 3 S. 3; OLG Düsseldorf MDR 1994, 505) *oder* vom FamG in *eigener Zuständigkeit* ausgesprochen worden ist, *genügt nicht* (Abs. 3 S. 2 („Verurteilung")). Ohnehin können Weisungen, die nicht auf

dem JGG beruhen, wegen ihrer Zugehörigkeit zu einem anderen Rechts-
gebiet die Anwendbarkeit des Abs. 3 nicht begründen (vgl. → § 5 Rn. 12).
– Eine **entsprechende Anwendung** sieht das Gesetz für den Verstoß gegen
eine Auflage (**§ 15 Abs. 3**) sowie gegen eine BewWeisung oder -Auflage
(**§ 23 Abs. 1 S. 4**) vor.

Teilweise einschränkend ist die Regelung für den Fall eines Verstoßes 15a
gegen § 98 Abs. 1 **OWiG** (s. **§ 98 Abs. 2–4** (zB Abs. 2 S. 2: Höchstdauer
eine Woche); vgl. auch → § 82 Rn. 34, 36). Hierbei bestehen insbes. betr.
Verfahren wegen – der Kompetenz der *Schulbehörde* (zur Nichtverfolgung
nach Entlassung aus der Schule § 126 Abs. 2 S. 2 SchulG NRW) und der
Jugendhilfe unterliegenden – sog. „Schulschwänzens" Bedenken iSd Verhältnismäßigkeit und speziell der erzieherischen Geeignetheit (vgl. Thesen AK
VI DVJJ 90; *Frehsee* DVJJ 1990, 327; *Emig* DVJJ-Journal 1991, 52 f.; *Dünkel*
DVJJ-Journal 1991, 29; *Mollik* ZJJ 2016, 168 ff.; betr. Erziehungsberechtigte
s. zur Übersicht *Rinio* ZfJ 2001, 221 ff. bzw. Deegener/Körner/*Raack,*
Kindesmisshandlung und Vernachlässigung, 2005, 271 ff.; vgl. auch *Thalmann* FS 2011, 83; DVJJ 15 AK 5: untauglich), und hinsichtlich der Häufigkeit der Arrestvollstr ergeben sich regional erhebliche Unterschiede (vgl.
aufgrund Befragung sämtlicher Vollstreckungsleiter (Rückmeldungen ca. 2/
3) *Höynck/Klausmannn* ZJJ 2012, 405 ff.). Ohnehin ist zwischen Fällen der
Ablehnung seitens des Jugendlichen selbst (zur Häufigkeit vorausgegangenen
„Sitzenbleibens" *Schreiber-Kittl/Schröpfer* 156, 161) und zB des Zurückgehal-
tenwerdens (vgl. auch *Ricking* ZJJ 2017, 263 (264): „elternbedingter Schul-
absentismus") zu unterscheiden (vgl. auch → § 5 Rn. 64b). Grundsätzlich ist
eine mit den Gefahren „kaskadenartiger" (vgl. *Ricking* ZJJ 2017, 263 (265))
Sanktionsentwicklung verbundene Meldung an außerschulische Behörden
erst nach präventiv geeigneter Ausschöpfung sämtlicher in Betracht kommender Möglichkeiten der Abhilfe (Kriterien sind ua frühzeitige Aufklärung
der Motive bzw. Gründe, Verschaffen von Schutz und Unterstützung, Ermöglichung von Belohnungserfahrungen, etc) vertretbar. – Aber auch in
anderen Bereichen des OWi-Rechts (ggf. zB betr. Fälle aus dem Straßenverkehr) bestehen Zweifel an einer entsprechenden Anwendung schon gem.
dem Grundsatz der Verhältnismäßigkeit.

b) Die Prüfung der **Voraussetzungen** eines **schuldhaften** Verstoßes ent- 16
spricht dem Vorgehen bei der Subsumtion unter Straftatbestände, dh es
bedarf stets einer – ggf. auch näheren – Aufklärung (vgl. aber krit. zur Praxis
Höynck/Ernst in Dollinger/Schmidt-Semisch Jugendkriminalität-HdB 675;
Thalmann FS 2011, 82: „idR einfach unterstellt wird"). Dabei ist die Entscheidung hinsichtlich der obj. Voraussetzungen eines Verstoßes umso
schwieriger, je mehr die Weisung allgemein gehalten bzw. je weniger sie
bestimmt war. Der Nachweis der subj Voraussetzungen ist umso zweifelhafter, je weniger die Weisung klar und verständlich gefasst war. Ist zB für eine
Weisung keine Laufzeit bestimmt (vgl. → Rn. 2) und enthält die Erteilung
auch ansonsten Lücken, ist die Anordnung von JA unzulässig (LG Bielefeld
StV 2001, 175).

Ist die Nichtbefolgung etwa wegen einer *entgegenstehenden Anordnung* der 16a
Erziehungsberechtigten (zB, ihnen zwecks Arztbesuchs, Behördengangs oder
anderer Anlässe Hilfe zu leisten oder ggf. (vgl. → Rn. 11 ff.) auch wegen
entgegenstehender erzieherischer Überzeugung (mit abstrakter Begründung
vern. VerfGH RhPf NStZ 2013, 292)) rechtmäßig, lehnt die JGH eine
notwendige Vermittlung ab (vgl. LG Kaiserslautern ZJJ 2010, 430 (betr.

Arbeitsauflage, unabhängig davon, ob ein Fehlverhalten des Verurteilten vorausgegangen war)) oder ist die Befolgung *nicht zumutbar* (vgl. etwa zum Schikaniertwerden durch Mitschüler *Stoiber/Schäfer* PraxisKiPsych 2013, 197 ff.) bzw. stößt sie auf *Unvermögen* des Jugendlichen (vgl. auch *Kuil* DVJJ-Journal 1992, 332), so **fehlt** es (zumindest) an der **Schuld.** Hinsichtlich der Umstände des Unvermögens ist zB aufzuklären, inwieweit der soziale Erfahrungsraum des Jugendlichen sich für im JStV Amtierende ggf. wie eine „Insel" ausnimmt, „die sie nie betreten haben" (*Ohder* FS Eisenberg, 2009, 434; als Bsp.: Aufstehen in der sozialen Umgebung nicht vor 10 Uhr, auferlegter Arbeitsbeginn aber um 7 Uhr (vgl. schon *Eisenberg* Zbl 1989, 20 f.)). Entsprechende Normen- oder Erwartungskollisionen sollten durch Erörterung der vorgesehenen Weisung mit dem Erziehungsberechtigten nach Möglichkeit vermieden werden (§ 67). – Bei einem *Konflikt* mit *militärischen Pflichten* gehen diese vor und bilden einen *Rechtfertigungsgrund.*

17   **c)** Hinsichtlich des **Zeitablaufs** wird davon auszugehen sein, dass ein Zeitraum von zwei Jahren seit Erteilung bzw. Anordnung der Weisung bzw. Auflage im Allg. einer Verhängung entgegensteht (vgl. den Rechtsgedanken aus Abs. 1 S. 2, § 28 Abs. 1; ergänzend → § 4 Rn. 5 ff.).

3. Abs. 3 als Kann-Vorschrift; Einzelfragen

18   **a)** Die Verhängung des JA gem. Abs. 3 ist als Kann-Vorschrift ausgestaltet, dh auch bei Vorliegen der Voraussetzungen (vgl. → Rn. 15–17) ist die Rechtsfolge eines JA nicht zwingend. Wegen des Verhältnismäßigkeitsgrundsatzes, aber auch wegen der ggü. dem Nichtbefolgungsarrest bestehenden Bedenken (vgl. → Rn. 11–13) wird allg. davon ausgegangen, die Verhängung und Vollstr (vgl. näher → § 87 Rn. 6 ff.) des JA gem. Abs. 3 sei **allenfalls** bei **erheblichen Verstößen** angebracht (vgl. § 38 Abs. 2 S. 6 aF bzw. § 38 Abs. 5 S. 2 nF (→ Anlage 7); einschr. auch RL 2 S. 1; für völligen Verzicht *Schumann* DVJJ 1987, 413; für Befreiung von dem Rest nach (nur) teilweiser Befolgung *Weber* DVJJ 1990, 348: kein „Prestigekampf" des JRi; s. auch AV SenJust Berlin, ABl. 1991, 3 Nr. 3).

19   Im Übrigen ist zu erwägen, dass im Falle der Nichtbefolgung einer Weisung bzw. Auflage zunächst eine (Mit-)Verursachung bei denjenigen zu suchen sein mag, die die konkrete Weisung bzw. Auflage ohne die erforderliche Kommunikation (besonders mit dem Jugendlichen) erteilt bzw. angeordnet haben (zust. *Laubenthal* Jugendgerichtshilfe 168), sofern die Weisung bzw. Auflage nicht geeignet war (s. auch *Scholz* DVJJ-Journal 1999, 239: „ins Leere laufen"; *Scholz* DVJJ 2006, 273 f.) oder es an einer wesensmäßigen Voraussetzung fehlte (vgl. zum Grundsatz der Freiwilligkeit des Täter-Opfer-Ausgleichs (§ 10 Abs. 1 S. 3 Nr. 7) bzw. der Entschuldigung (§ 15 Abs. 1 S. 1 Nr. 2) etwa → § 15 Rn. 14; *Streng* JugendStrafR Rn. 197; *Klocke* Entschuldigung 23). Im Allg. ist es zB auch im elterlichen Erziehungsverhalten erwartungsgemäß, dass selbst gut gemeinte Maßnahmen auf die jugendliche Person „nicht passen". In solchen Fällen wäre die erteilte bzw. angeordnete Weisung bzw. Auflage aufzuheben und allenfalls eine andere Rechtsfolge – meist eine Weisung bzw. Auflage anderer Art und Ausgestaltung – an deren Stelle zu setzen (vgl. *Feltes* NStZ 1993, 109; ähnlich *Buhr* in HK-JGG Rn. 22; vgl. auch *Hoops/Holthusen* DVJJ 2012, (unter 3.3.1); krit. aber → Rn. 5). Indes fehlt es vor der Entscheidung nach Abs. 3 nicht selten an einer hinreichenden Tatsachengrundlage, zumal soweit schon die Überwachungsfunktion seitens der JGH nur begrenzt wahrgenommen wird (s. dazu *Frehsee* DVJJ 1990, 326).

b) Betreffend die **Anhörung** des **Jugendlichen** (vgl. auch RL 3) vgl. 20 → § 65 Rn. 10 (rechtstatsächlich krit. *Kuil* DVJJ-Journal 1992, 332 f.).

c) Da Abs. 3 als Reaktionsmöglichkeit auf die Nichtbefolgung verstanden 21 wird (vgl. → Rn. 12), könnte insofern jede Nichtbefolgung in Betracht kommen (vgl. Abs. 3 S. 2: „insgesamt") und also bei **mehrfachem Verstoß** gar jeweils eine der (verschiedenen) Formen des JA verhängt werden. Jedoch verbietet sich ein solches Vorgehen idR schon gem. dem Verhältnismäßigkeitsgrundsatz. Ohnehin wäre es erzieherisch verfehlt, soweit der Verlauf auf die Ungeeignetheit der zugrundeliegenden Weisung bzw. Auflage hindeutet und insbes. der zeitliche und inhaltliche Zusammenhang zu der Anlasstat verblasst (vgl. näher *Eisenberg* Zbl 1989, 18 f.; zu den zeitlichen Grenzen vgl. → Rn. 17). Zumindest ist in entsprechenden Fällen im Allg. gem. dem Zweck des JA zunächst ein Nichtbefolgungsarrest zu vollstrecken, bevor ein zweiter verhängt wird (LG Freiburg 23.6.1987 – VI Qs 27/87; LG Zweibrücken ZJJ 2012, 88).

In der Praxis scheint der Nichtbefolgungsarrest häufig mit einer **Dauer** 21a von ca. zwei Wochen verhängt und vollstreckt zu werden (*Kratochvil-Hörr,* Der Beschlussarrest, 2016, 177 ff.). Maximal zulässig sind (auch bei Mahrfachanordnung) insgesamt vier Wochen (Abs. 3 S. 2). Im Übrigen darf gem. gesetzessystematischer Auslegung (unter Einbeziehung der Grundnormen des § 2 Abs. 1 sowie des § 16 Abs. 4 S. 2 wie auch wegen der von Gesetzes wegen bestimmten Spanne zwischen § 16 Abs. 4 S. 2 und § 18 Abs. 1 S. 1 Hs. 1) auch zur Vermeidung von Widersprüchen bei einer Verurteilung **insgesamt** – dh „Urteilsarrest" und „Beschlussarrest" zusammen – die besagte Höchstdauer von vier Wochen nicht überschritten werden (LG Zweibrücken ZJJ 2012, 888 mzustAnm *Eisenberg* ZJJ 2013, 75; *Streng* JugendStrafR Rn. 371; iErg ebenso *Ostendorf* in NK-JGG Rn. 13; näher *Ostendorf* Zbl 1983, 566 f.; aA LG Mühlhausen BeckRS 2011, 11930; AG Pirmasens BeckRS 2018, 27928; *Dölling* ZJJ 2014, 94; *Brunner/Dölling* Rn. 7; *Diemer* in Diemer/Schatz/Sonnen Rn. 18; *Putzke* in BeckOK JGG § 15 Rn. 95; einschr. *Buhr* in HK-JGG Rn. 22); es kommt dabei auf die Verhängung, nicht auf die Vollstr an (sodass zB ein Absehen nach Abs. 3 S. 3 unerheblich ist, OLG Zweibrücken StV 1991, 425 = NStZ 1992, 84 mAnm *Ostendorf*). Ist wegen eines Verstoßes bereits rechtskräftig JA verhängt, aber noch nicht vollständig vollstreckt, so gilt das Einheitsprinzip des § 31.

d) Teilweise wird empfohlen, der JRichter sollte das Maß eines gem. 22 Abs. 3 als erforderlich erachteten JA idR zunächst so festsetzen, dass im **Wiederholungsfall** eine **Steigerung möglich** ist (RL 2 S. 2). Diese Konzeption entspricht einer **mechanisch** gedachten Struktur des jugendstrafrechtlichen Rechtsfolgensystems im Allg. (vgl. → § 5 Rn. 18, 19) und begegnet insofern prinzipiellen **erziehungspsychologischen Bedenken.** Jedenfalls bei wiederholter Verhängung von JA ist anzunehmen, dass die Weisung bzw. Auflage ihrerseits ungeeignet ist (ähnlich *Ostendorf* Zbl 1983, 574; vgl. aber auch LG Hannover NdsRpfl 1969, 191 zur Frage der Verhältnismäßigkeit).

e) Umstritten ist, ob (bzw. wann) das **Einheitsprinzip** jugendstrafrecht- 22a licher Rechtsfolgen (**§ 31**) im Verhältnis von Verstößen gegen Weisungen bzw. Auflagen zu Straftaten gilt, dh ob (bzw. wann) ein gem. Abs. 3 angeordneter JA mit Rechtsfolgen wegen Straftaten zusammengefasst werden kann (näher → § 31 Rn. 7a). Wird die Frage verneint, bedeutet dies die Durchbrechung eines Grundprinzips des JStR.

23 **f)** Gleichfalls umstritten ist, inwieweit Verhängung bzw. Vollstr von JA wegen schuldhafter Nichtbefolgung von Weisungen bzw. Auflagen unterbleibt, wenn wegen einer anderen Straftat auf eine freiheitsentziehende Rechtsfolge erkannt wird (zB Verurteilung zu einer vollstreckbaren JStrafe; vgl. dazu etwa *Brunner/Dölling* Rn. 5). Teilweise wird eine analoge Anwendung von § 47, § 154 StPO unter der Voraussetzung der Einbeziehungsfähigkeit (vgl. → Rn. 21, 22a) abgelehnt (vgl. *Diemer* in Diemer/Schatz/ Sonnen Rn. 23), weil andernfalls einem etwaigen Absehen gem. § 66 Abs. 1 S. 2, § 31 Abs. 3 nicht Rechnung getragen würde.

4. Verhältnis zwischen Weisung und Nichtbefolgungsarrest

24 **a)** Die Weisung bzw. Auflage **bleibt** unabhängig von Verhängung und Vollzug des JA **bestehen** und zu befolgen, es sei denn, der JRichter befreit ausdrücklich von ihr (vgl. speziell die Kann-Vorschrift des § 15 Abs. 3 S. 3 sowie dazu → Rn. 25). Eine solche **Befreiung** ist entgegen der wohl hM zumindest dann angezeigt (zust. DVJJ 1987, 418 (Thesen AK X c); Fachkommission JA ZJJ 2009, 276; *Ostendorf* Zbl 1983, 575; *Ostendorf* in NK-JGG § 11 Rn. 12), wenn die Erforderlichkeit des JA auf fehlende Geeignetheit der Weisung bzw. der Auflage hindeutet. Soweit demgegenüber besorgt wird, es könnte iErg ein (nicht vorgesehenes) Wahlrecht des Verurteilten zwischen Erfüllung der Weisung bzw. der Auflage oder JA wegen schuldhafter Nichtbefolgung entstehen, so mag verkannt werden, dass das Gericht selbst die Ebene der Weisungen bzw. Auflagen partiell verlassen hat, sobald es JA für erforderlich hielt.

24a **b) Befolgt** der Verurteilte die Weisung bzw. **erfüllt** er die Auflage erst **nach Verhängung** dieses **JA,** wird damit die Anordnung des JA nicht hinfällig (vgl. zur Praxis etwa die Befragung von *Hinrichs* DVJJ-Journal 1999, 268). Aus diesem Grunde schreibt **Abs. 3 S. 3** vor, dass der JRichter des ersten Rechtszuges (§ 65 Abs. 1 S. 1) von der Vollstr des JA in solchen Fällen abzusehen hat; Entsprechendes gilt gem. dem Gesetzeswortlaut auch dann, wenn die Vollstr bereits abgegeben worden ist (BGH NJW 2003, 370 = JR 2003, 215 mAnm *Eisenberg;* aA *Landmann* Rpfleger 1987, 403; 1999, 256; 2003, 483). Dieses Absehen von der Vollstr darf aus Gründen der Rechtssicherheit und der erzieherischen Klarheit nicht dergestalt geschehen, dass der Eintritt der Frist des § 87 Abs. 4 S. 1 abgewartet wird (*Dallinger/Lackner* Rn. 15). Vielmehr ist der Verurteilte bei der Ladung davon zu unterrichten, dass er mit der Erfüllung der Weisung bzw. der Auflage die Vollstr des JA abwenden kann (Fachkommission JA ZJJ 2009, 276).

V. Verfahrensrechtliches

1. Allgemeines

25 **a) Zuständigkeit, Verfahren** und **Anfechtung** bestimmen sich nach § 65 (vgl. auch → § 53 Rn. 16–18).

25a **b)** Zum **Wiederaufnahmeverfahren** vgl. Erl. bei → § 55 Rn. 26, 29, 30.

2. Eintragung im Erziehungsregister

JA gem. Abs. 3 wird, vorbehaltlich einer Prüfung der Verfassungswidrig- 26
keit wegen Verstoßes gegen Art. 2 Abs. 2, Art. 1 Abs. 1 GG, in das Erziehungsregister eingetragen ($\S$ 60 Abs. 1 Nr. 2 BZRG idF des Gesetzes v.
18.7.2017 (BGBl. I 2732)). Diese Regelung ist systematisch verfehlt, weil es
sich bei der Nichtbefolgung um keine Verfehlung handelt ($\S$ 1 Abs. 1 iVm
$\S$ 12 StGB; zur Anordnung als bloßer Akt der Vollstr vgl. $\rightarrow$ Rn. 12a). Die
Aufnahme der (gleichfalls systematisch verfehlten) Bezeichnung „Ungehorsamsarrest" in $\S$ 60 Abs. 1 Nr. 2 BZRG (s. nur $\S$ 19 WStG, zur historisch
ideologischen Entwicklung vgl. näher $\rightarrow$ Rn. 12a sowie $\rightarrow$ $\S$ 13 Rn. 12; zur
Wendung „verwahrloste ... Jugendliche und Heranwachsende" *Tölzmann,*
Bundeszentralregistergesetz, 5. Aufl. 2015, BZRG $\S$ 59 Rn. 4) hat hierzu
keinerlei Klärung erbracht (vgl. BT-Drs. 18/11933, 31 mit dem bloßen
Bemerken: „der Ungehorsamsarrest, bei dem es sich um eine mögliche
nachträgliche Maßnahme handelt"; krit. auch *Ernst* ZJJ 2017, 366 ff.; abw.
jedoch *Bücherl* in BeckOK StPO BZRG $\S$ 60 Rn. 7; *Gertler* in BeckOK
JGG Rn. 30; widersprüchlich zum Verhältnis von JGG und BZRG *Neuheuser* NStZ 2017, 623 f.). Zudem erschöpft sich die Gesetzesbegründung in
dem ebenso einseitigen wie verkürzten Bemerken, für die Frage der Beeinflussbarkeit durch Erziehungsmaßregeln und Zuchtmittel sei auch die Kenntnis „früher verhängter" einschlägiger Arreste „wichtig" (BT-Drs. 18/11933,
31; zu Gefahren verfehlter Interpretation der Registereintragungen vgl.
$\rightarrow$ $\S$ 5 Rn. 95). Eine dergestalt gar statisch orientierte Sichtweise ist mit der
von $\S$ 2 Abs. 1 verlangten Zukunftsorientierung nicht vereinbar, dh der
bloße Hinweis auf eine vorausgegangene nicht oder nicht vollständig erfüllte
Rechtsfolgenerwartung verhält sich schon nicht dazu, ob zB bereits die Auswahl und Bemessung der Rechtsfolge verfehlt war, ob und wenn ja welche
Fehler bei der Umsetzung gemacht wurden, etc.

Nicht eingetragen wird der Arrest nach $\S$ 98 Abs. 2 OWiG, weil Ahndun- 27
gen von Ordnungswidrigkeiten grundsätzlich nicht eintragungspflichtig sind
(vgl. auch *Tölzmann,* Bundeszentralregistergesetz, 5. Aufl. 2015, BZRG $\S$ 4
Rn. 16, $\S$ 60 Rn. 11; vgl. schon *Götz* GA 1973, 195).

Hilfe zur Erziehung

12 **Der Richter kann dem Jugendlichen nach Anhörung des Jugendamts auch auferlegen, unter den im Achten Buch Sozialgesetzbuch genannten Voraussetzungen Hilfe zur Erziehung**
**1. in Form der Erziehungsbeistandschaft im Sinne des $\S$ 30 des Ach-
ten Buches Sozialgesetzbuch oder**
**2. in einer Einrichtung über Tag und Nacht oder in einer sonstigen
betreuten Wohnform im Sinne des $\S$ 34 des Achten Buches Sozialgesetzbuch**
in Anspruch zu nehmen.

Schrifttum *Elger ua*, Ausbruchsverusche Jugendlicher, 1984; *Hahn,* Die Fürsorgeerziehung im JGG, 1968; *Hartmann,* Theoretische und empirische Beiträge zur Verwahrlosungsforschung, 1970; *Hartmann/Eberhard,* Legalprognosetest für dissoziale Jugendliche (LDJ), 1972; *Iben,* Von der Schutzaufsicht zur Erziehungsbeistandschaft. Idee und
Wirklichkeit einer sozialpädagogischen Maßnahme, 1967; Jugendwerk St. Josef

(Hrsg.), 75 Jahre Jugendwerk St. Josef, 1985; KAV (= Kommunale Ausländerinnen-
und Ausländervertretung) der Stadt Frankfurt/M. (Hrsg.), Das Jugendstrafverfahren,
seine ausländerrechtlichen Konsequenzen ..., 1996; LWV Baden (Hrsg.), Erziehungshilfe statt U-Haft, 1991; *Menk ua,* Woher die Freiheit bei all dem Zwange?, 2013;
Moritz/Meier, Jugendhilfe auf dem Prüfstand, 1982; *Pankhofer,* Freiheit hinter Mauern.
Mädchen in geschlossenen Heimen, 1997; *Piecha,* Die Lebensbewährung der als „unerziehbar" entlassenen Fürsorgezöglinge, 1959; *Possin,* Heimerziehung gem. §§ 27, 34
SGB VIII als Jugendstrafrechtliche Intervention, 1995; *Retzmann,* Familiäre Interaktion
..., 1986; *Specht,* Sozialpsychiatrische Gegenwartsprobleme der Jugendverwahrlosung,
1967; *Steinert* (Hrsg.), Der Prozess der Kriminalisierung, 1973; *Trost/Scherpner* (Hrsg.),
Handbuch der Heimerziehung, 1952–1966; *Vent,* Verwahrlosung Minderjähriger,
1979; *von Wolffersdorff ua,* Geschlossene Unterbringung in Heimen. Kapitulation der
Jugendhilfe?, 2. Aufl. 1996.

Übersicht

I. Anwendungsbereich

1　　Es gelten die Erl. zu § 9 Abs. 1 entsprechend (→ § 9 Rn. 1 ff.).

II. Grundlagen

1. Voraussetzungen der Anordnung

2　　**a)** Im Allg. wird von einer Verpflichtung nach **Nr. 2** innerhalb des letzten
Jahres **vor** Eintritt der **Volljährigkeit abzusehen** sein, wovon indes im

Interesse sofortiger Angebote abgewichen werden kann (vgl. *Buhr* in HK-JGG Rn. 16). Auch kommt es hier nicht auf den Zeitpunkt der Tat, sondern auf denjenigen der Entscheidung an. Bei Rechtsmittelverfahren ist nicht die (erst-)anordnende Entscheidung, sondern die letzte Entscheidung einer Tatsacheninstanz bzw. im Falle der Zurückweisung die neuerliche Entscheidung maßgebend. – Hinsichtlich der etwaigen **Fortdauer** der Hilfe **über** den Eintritt der **Volljährigkeit hinaus** (§ 41 Abs. 1 und 3 KJHG) fehlt es an einer ausdrücklichen (das vormalige Antragserfordernis (§§ 6 Abs. 3, 75a JWG) ausgleichenden) Regelung über das Einwilligungserfordernis (vgl. auch *Schmid-Oberkirchner* in Wiesner SGB VIII § 41 Rn. 24). Daher wird sich – auch wegen des Wegfalls richterlicher Zuständigkeit für Ausführung und Beendigung der Erziehungsmaßregel (vgl. § 82 Abs. 2 iVm § 85 KJHG) – eine diesbezügliche Unterrichtung des Jugendlichen zum Zeitpunkt der Verpflichtung empfehlen.

Bezüglich der Voraussetzungen nach KJHG ist es (auch) im JStV rechtlich **3** ohne Bedeutung, ob oder inwieweit ein Dritter (wie zB der Erziehungsberechtigte) die zur Anordnung führenden Gegebenheiten verursacht oder verschuldet hat, oder ob es sich dabei um Anlagefaktoren oder -dispositionen oder aber um allg. sozialstrukturelle Einflüsse handelt (vgl. schon *Dallinger/Lackner* Rn. 11, 21).

b) Neben den Voraussetzungen des KJHG müssen die allg. **jugendstraf-** **4** **rechtlichen Voraussetzungen** für die Anordnung von Erziehungsmaß-regeln (→ § 9 Rn. 8–11) vorliegen. Dies gilt auch für die ausdrücklich festzustellende Altersreife. Liegt diese nicht vor, so ist eine Anordnung nach Nr. 1 bzw. Nr. 2 durch das JGericht unzulässig (vgl. aber → § 3 Rn. 42 ff.; *Albrecht* JugendStrafR 196).

2. Verhältnis zu Vorschriften des KJHG (und des AuslG)

a) Der *Zwangscharakter* jugendstrafrechtlicher Maßnahmen wird durch das **5** Ziel des KJHG, Angebote bereitzustellen, *nicht beseitigt* (für Streichung der „systemwidrigen Verbindung" *Streng* DJT 02 (Abt. StR), Thesen I. 2.; s. krit. auch UK IV DVJJ-Journal 1992, 29), wobei (die Vollstreckbarkeit der Hilfe nach Nr. 2 ggf. ua über § 53, § 1631b BGB erreicht wird) zudem die Hilfen nach Nr. 1 und Nr. 2 die Folgen des § 60 Abs. 1 Nr. 2 BZRG nach sich ziehen. Der Grundsatz der Verhältnismäßigkeit (vgl. → Rn. 14, 30 ff.) ist daher zu beachten (ausf. BGH ZJJ 2013, 313). – Hinsichtlich *Nichtdeutscher* bezweckt § 1 Abs. 1 KJHG eine weitgehende Gleichstellung mit deutschen Jugendlichen (s. Begr. BT-Drs. 11/5948, 46 f.; näher zu ausländerrechtlichen Folgen der Inanspruchnahme von Leistungen der JHilfe *Elmauer* in Wiesner SGB VIII § 6 Rn. 49 ff.; FK KJHG § 6 Rn. 30). Dem wird die Handhabung von Beurteilungs- und Ermessensspielraum speziell in denjenigen Konstellationen zu entsprechen haben (zur Verpflichtung gem. Nr. 2 als etwaiger Ausweisungsgrund betr. Personen, die nicht EU-Bürger sind, gem. § 55 Abs. 2 Nr. 7 Hs. 1 AufenthG (vorbehaltlich § 55 Abs. 2 Nr. 7 Hs. 2)), bei denen eine Inanspruchnahme von Leistungen nach KJHG die Leistungsverpflichtung aufheben können soll (§ 6 Abs. 2 KJHG iVm §§ 51 Abs. 1 Nr. 5, 55 Abs. 2 Nr. 7 Hs. 1 AufenthG; vgl. krit. vormals *Huber* in KAV 46; s. auch AK I/6 DVJJ 96).

b) Soweit § 12 aF ein „Einvernehmen mit dem JAmt" voraussetzte, **5a** bestanden Bedenken hinsichtlich der Vereinbarkeit mit Art. 92 GG und dem

Gebot richterlicher Unabhängigkeit als einem Element des Gewaltentei-
lungsprinzips (n. 4. Aufl.). Die Änderung durch den Gesetzgeber im Sinne
einer „bloßen Anhörungspflicht" war daher geboten (s. aber mit gewichtigen Gegenargumenten *Mrozynski* Zbl 1992, 446); dem steht das Erfordernis
eines „Einvernehmens" bei sonstigen Sachfragen nicht entgegen. Im Übrigen darf das JGericht eine Verpflichtung nach § 12 nicht aussprechen, wenn
die Voraussetzungen der §§ 27 ff. KJHG tatsächlich nicht vorliegen (vgl.
auch *Möller/Schütz* ZKJ 2007, 179; zum Fehlen der Anordnungskompetenz
(§ 36a Abs. 1 S. 1 Hs. 1 KJHG) *Mrozynski* KJHG, 5. Aufl. 2009, KJHG
§ 34 Rn. 9, 10).

6 **c)** Hinsichtlich Voraussetzungen, Ausübung und Ausführung sowie Beendigung (s. dazu aber *Schaffstein/Beulke/Swoboda* JugendStrafR § 17 IV., die
das FamG (vormals Vormundschaftsgericht) für zuständig halten) der Maßnahme gelten die Vorschriften des KJHG (zur Verneinung hinreichender
Bestimmtheit des § 1631b Abs. 1 BGB aF AG Hamburg ZJJ 2005, 451; betr.
Sachverständige (iRd § 321 FamFG) *Vogel* Praxis der Rechtspsychologie
2014, 457 ff.; *Enser* DVJJ 2015, 314 ff.; empirisch zu Verfahrensmängeln
schon *Hoops/Permien* ZJJ 2005, 46 f.; krit. zu „fortschreibenden" Beschlüssen
AGJ Diskussionspapier v. 17./18.9.2015, 19 (online). Indes folgt aus dem
(schuld-)strafrechtlichen Anlass der Maßnahme, dass das JGericht diese von
vornherein zeitlich begrenzen kann (ebenso *Ostendorf* in NK-JGG Rn. 12).
Die Annahme der Hilfe kann das JGericht hingegen rechtlich nicht durchsetzen (vgl. ergänzend → § 82 Rn. 7).

III. Erziehungsbeistandschaft

1. Funktion

7 **a)** Die **EB** (zur historischen Entwicklung *Iben,* Von der Schutzaufsicht zur
Erziehungsbeistandschaft. Idee und Wirklichkeit einer sozialpädagogischen
Maßnahme, 1967) hat den Zweck, bei weniger gravierenden Entwicklungsproblemen die Verurteilten diesen unter Bereitstellung öffentlicher Erziehungshilfe und Kontrolle in seiner sozialen und räumlichen **Umgebung** zu
belassen (vgl. § 30 KJHG). Als **Erziehungsbeistand** kann immer nur eine
bestimmte Person, nicht also das JAmt bestellt werden. Der Erziehungsbeistand wird vom JAmt eingesetzt (§ 82 Abs. 2 iVm § 85 Abs. 1 KJHG) und
von diesem in seiner Tätigkeit beraten und unterstützt (vgl. vormals § 60
JWG). Der ersatzlose Wegfall der Berichtspflicht (vgl. vormals § 58 Abs. 2
JWG) und die ausdrückliche Normierung des besonderen Vertrauensschutzes stärken die Beistands- ggü. der Kontrollfunktion insofern, als sie gleichsam in Umkehrung des Regel-Ausnahme-Verhältnisses zwischen Berichten
und Schweigen dem Erziehungsbeistand auferlegen, die materiellen Voraussetzungen der Datenverwendung zu prüfen. Bei Berichten an das JAmt ist
nach § 65 Abs. 1 S. 1 Nr. 5 KJHG (entspr. den zu § 203 StGB entwickelten
Grundsätzen) der Vorrang des Vertrauensschutz-Interesses ggü. dem Informationsinteresse zu beachten.

8 **b)** Im Übrigen bietet die Inanspruchnahme der EB als **nicht zwangs-
besetzte** Rechtsfolge eine erziehungspsychologisch eher günstige Voraussetzung (eher negativ beurteilt aber von *Ostendorf* in NK-JGG Rn. 5 (wegen
des allg. Merkmals der Fremdbestimmung); *Brunner/Dölling* Rn. 4), dh im

Unterschied etwa zu der Betreuungsweisung fehlt ihr ein dem § 11 Abs. 3 ähnliches Druckmittel. Dabei fragt sich, inwieweit die Auffassung und verbreitete Praxis, in entsprechenden Fällen – etwa mangels zur Verfügung stehender hauptamtlicher Erziehungsbeistände – der Betreuungsweisung ggü. der EB den Vorzug zu geben, in Einklang mit dem Gesetz steht (für eine häufigere Anwendung der EB etwa *Bucher* Zbl 1987, 333; aA *Münder* in FK-SGB VIII KJHG § 30 Rn. 7, 9); dies gilt umso mehr, soweit Möglichkeiten der Erziehungsberatung (s. dazu *Gerlicher, Häger, Presting* sowie *Sundström ua* in PraxisKiPsych 1987, 198 ff. (204 ff., 210 ff., 220 ff.), jeweils mN) nicht oder nicht hinreichend genutzt werden. Immerhin könnte die Aufhebung starrer Verfahrensregeln (§§ 55 ff. des vormaligen JWG) durch das KJHG die Anwendungsbereitschaft fördern, wenngleich materiell eine Abgrenzung der Voraussetzungen ggü. der Betreuungsweisung (§ 10 Abs. 1 S. 3 Nr. 5, § 30 KJHG; vgl. auch → Rn. 10 sowie BT-Drs. 11/5948, 70) eher erschwert wurde.

    c) Am 31.12. der Jahre 2013 und 2015 standen insgesamt 23.535 und **9** 25.219 junge Menschen unter EB (KuJHiSt Teil I Tabelle 5.4). Von den in diesen Jahren beendeten 19.482 und EBen lauteten die Zahlen betreffs Abweichung vom Erziehungsplan 5.014 und 5.272, davon beendet durch Soreberechtigten bzw. jungen Volljährigen 3.235 und 3.378, den Minderjährigen selbst 1.046 und 1.179 (KuJHiSt Teil I Tabelle 13.4). Die Dauer der in den Jahren 2013 und 2015 beendeten EBen (19.482 und 20.756) hatte – bei gewisser Gleichförmigkeit in der Verteilung – nach Monaten 1–3 = 15,12 % und 14,86 %, 3–6 = 18,61 % und 17,88 %, 6–9 = 14,47 % und 14.12 %, 9–12 = 12,63 % und 13,51 %, 12–18 = 16,57 % und 16,84 %, 18–24 = 10,01 % und 9,39 % sowie 2–3 Jahre = 8,27 % und 8,30 % betragen (KuJHiSt Tabelle 18.4.1, KuJHiSt Teil I Tabelle 16.4).

2. Voraussetzungen

    a) Zur **Anordnung** von EB verlangt das Gesetz zunächst das Vorliegen **10** von **Entwicklungsproblemen** (§ 12 Nr. 1 iVm § 30 KJHG). Hiermit hat das Gesetz die Zuschreibung eher stigmatisierender Begriffe (vgl. § 55 des vormaligen JWG: gefährdete oder geschädigte Entwicklung) vermieden. Auch ersetzt § 1 Abs. 1 KJHG im Wortlaut das Erziehungsziel des § 1 JWG („Erziehung zur leiblichen, seelischen und gesellschaftlichen Tüchtigkeit") durch die Leitlinien der „Eigenverantwortlichkeit" und der „Gemeinschaftsfähigkeit". Jedoch bleibt fraglich, ob oder inwieweit Entwicklungsprobleme sich in der Beurteilung durch die Praxis auch dann als „normal" darstellen (s. aber Begr. BT-Drs. 11/5948, 47: „Subjektivität des Jugendlichen" als Maßstab), wenn sie iZm einer Straftat zu beurteilen sind. In Anbetracht der unveränderten Gegebenheiten jugendstrafrechtlicher Intervention wird bei Beurteilung der leiblichen, seelischen und geistigen Entwicklung eines minderjährigen Täters weiterhin die Gefahr bestehen, dass unter den allzu allg. gehaltenen Begriff „Entwicklungsprobleme" (nahezu beliebig) unterschiedlichste, von dem – regional, temporal bzw. individuell oder behördenbezogen – akzeptierten Soll-Zustand abweichende Verhaltensweisen subsumiert werden können; indes sind entsprechende Entwicklungsnormen nicht verlässlich nachweisbar und weithin tatsächlich wohl auch nicht existent. Zu bedenken ist zudem, dass der Betreffende in sozialen Bezügen steht, die sich entsprechend ua durch die jeweilige Milieu- bzw. Statuszugehörigkeit unterscheiden können. Insbesondere erscheint es kaum gerechtfertigt, Entwicklungsprobleme schon dann anzunehmen, wenn iZm Feststellungen oder gar nur Mutmaßungen degradierende Wertungen zugeschrieben werden (zB „Neigung" zu „kleinen" Eigentumsdelikten, häufiges „Herumstreichen", sog. „Schuleschwänzen", gar auch „Arbeitsscheu", „Lügenhaftigkeit", Umgang in „zwielichtigen" Gast- oder Vergnügungsstätten oder Anfälligkeit für Prostitution).

11   **aa)** Nach früherem Verständnis sollte für die Annahme einer bloßen „**Gefährdung**" der Entwicklung ein geringerer Grad von Entwicklungsmängeln als etwa eine „drohende Verwahrlosung" (näher → Rn. 20 ff.) genügen. Hiernach sollte bereits ein nur weniger erhebliches Absinken des geistigen, leiblichen oder seelischen Zustandes unter eine (vorgestellte) durchschnittliche Norm und selbst die durch bestimmte Tatsachen begründete bloße Gefahr einer bevorstehenden sehr speziellen oder partiellen (vgl. *Potrykus* RdJB 1962, 217) Beeinträchtigung der Entwicklung ausreichen.

12   Eine „**Schädigung**" der Entwicklung sollte nach überwiegender Auffassung dann gegeben sein, wenn der leibliche, geistige oder seelische Zustand des Jugendlichen insgesamt, in Einzelbereichen oder in einzelnen Ausprägungen unterhalb einer Norm lag, die bei einem Jugendlichen unter den gleichen Verhältnissen als durchschnittliches Ergebnis einer ordnungsgemäßen Erziehung angenommen wurde.

13   **bb)** Soweit auch auf der **Grundlage** des **KJHG** der Sache nach Darstellungen iSv „Gefährdung" bzw. „Schädigung" verwandt werden, ist zumindest zu berücksichtigen, dass es kaum Fälle geben wird, in denen sich leibliche von geistigen oder von seelischen Entwicklungsproblemen völlig trennen ließen. Vielmehr werden sich entsprechende Umstände meist überschneiden und untereinander bedingen.

14   **b)** EB ist ferner nur dann zulässig, wenn sie geeignet ist, in dem in § 30 KJHG genannten Sinne die **Verselbstständigung** des Jugendlichen zu fördern und wenn sie zur Abwendung der Entwicklungsprobleme **erforderlich** und **ausreichend** ist (vgl. auch § 27 KJHG). Erforderlich ist sie, wenn weniger eingreifende Maßnahmen im privaten oder öffentlichen Bereich nicht möglich oder Erfolg versprechend sind. Ausreichend ist sie, wenn noch eingreifendere Maßnahmen nicht erforderlich sind, und wenn *jugendstrafrechtliche Belange* des Schuldausgleichs nicht eine Ahndung der Tat (Zuchtmittel oder JStrafe) verlangen.

15   **c)** aa) Da der Erziehungsbeistand nur eine beratende und unterstützende, nicht aber eine bestimmende Funktion hat, ist die Wirksamkeit seiner Tätigkeit von Fähigkeit und Bereitschaft des **Jugendlichen** wie der **Erziehungsberechtigten** zur **Zusammenarbeit** abhängig. Demgemäß erscheint die Anordnung dieser Erziehungsmaßregel nur dann vertretbar, wenn neben dem Jugendlichen auch die Erziehungsberechtigten damit einverstanden sind und sich ihrerseits um die Erziehung bemühen. Aus diesem Grunde wird der JRichter EB nur dann anordnen, wenn er zuvor ein Einverständnis der Erziehungsberechtigten eingeholt hat oder ein solches begründet vermuten kann (enger *Schmid-Oberkirchner* in Wiesner SGB VIII § 27 Rn. 26: eindeutige Willensbekundung erforderlich; abw. *Gertler* in BeckOK JGG Rn. 31 f. mwN). Da die Beratung bzw. Unterstützung sowohl der Eltern als auch des Jugendlichen zu Interessen- und Vertrauenskonflikten führen kann (oder gar muss), wird die Anordnung hinsichtlich des Kriteriums der Geeignetheit zusätzlich davon abhängig zu machen sein, ob der Erziehungsbeistand in der Lage erscheint, solche Konflikte zu überwinden.

bb) Der Erfolg der EB ist zunächst abhängig von der **Eignung** der Person 16 des **Erziehungsbeistandes** (vgl. hierzu aber → § 3 Rn. 48). Dabei bestehen im Allg. Bedenken zB ggü. einer etwa regelmäßigen Beauftragung von BewHelfern als Erziehungsbeistände, weil BewHelfer sich mit den noch bedürftigeren oder „schwereren" Fällen iZm einer JStrafe zu befassen haben; aber auch gegen die „Vollzugsfunktion" des JAmts ergeben sich Einwände betr. eine formalisierte Ausgestaltung (vgl. etwa auch *Miehe* DVJJ-Journal 1997, 260). Rechtstatsächlich ergab eine Befragung bei den Erziehungsbei-ständen der JHilfe, dass eher das Empfinden von Ineffizienz ihrer eigenen Tätigkeit vorherrschend war. Als Gründe hierfür wurden organisatorische Probleme genannt sowie eine von 62 % der Erziehungsbeistände als zu hoch eingeschätzte Zahl der „Klienten" (vgl. *Moritz/Meier,* Jugendhilfe auf dem Prüfstand, 1982, 196 ff.; tendenziell ähnlich negativ fiel eine Befragung von Vertretern der JGH aus, vgl. *Köpcke* DVJJ 1987, 200 f.). – Zum anderen kommt es im Einzelnen darauf an, ob ein Erziehungsbeistand zur Hilfe und Betreuung gerade des konkreten Jugendlichen in der Lage ist, denn auch ein ansonsten geeigneter Erziehungsbeistand kann bei einem bestimmten Ju-gendlichen versagen (zB weil es zwischenmenschlich an Voraussetzungen für eine erzieherische Beziehung fehlt). Dabei wird es nicht ausreichen, eine Person deshalb als für den konkreten Verurteilten geeignet zu beurteilen, weil sie zB im Bereich der JGH oder bei einer Erziehungsberatungsstelle (zu einem „Trainingsprogramm" betr. Eltern s. etwa *Retzmann,* Familiäre Inter-aktion …, 1986) tätig ist.

Um die Voraussetzungen für eine EB zu schaffen, empfiehlt es sich, dass 16a das Gericht im **Gespräch** mit dem jeweiligen einzelnen **Jugendlichen** – und im Übrigen nach Möglichkeit in Absprache mit dem JAmt oder wäh-rend der HV mit dem Vertreter der JGH – zu klären versucht, ob ein für diesen Jugendlichen geeigneter Erziehungsbeistand bestellt werden kann.

3. Beendigung und Aufhebung; Ruhen

a) Die EB endet idR mit **Volljährigkeit** (erg. § 41 Abs. 2 iVm Abs. 1 17 S. 2 KJHG: bis zur Vollendung des 21. Lbj) oder durch Aufhebung (vormals § 61 Abs. 2 JWG). Dabei ist die EB dann aufzuheben, wenn der **Erzie-hungszweck erreicht** oder die Erreichung des Erziehungszwecks **ander-weitig** sichergestellt ist (vormals § 61 Abs. 2 JWG) bzw. wenn Hilfe nach Nr. 2 beginnt.

b) Während einer **BewZeit ruht** eine bestehende **EB** (§ 8 Abs. 2 S. 3), 18 nicht hingegen während des Vollzuges von JStrafe.

IV. Hilfe nach Nr. 2

1. Voraussetzungen

Die Entscheidung des JGerichts nach Nr. 2 verlangt die Prüfung der 19 §§ 27, 34 KJHG in vollem Umfang (vgl. allg. → Rn. 6, → § 9 Rn. 9).

a) Bedürfnis pädagogischer bzw. therapeutischer Angebote. Erfor- 20 derlich für ein Auferlegen nach Nr. 2 ist zunächst der Wille, zumindest aber ein Bedürfnis oder gar die Notwendigkeit **pädagogischer** bzw. **therapeuti-scher Angebote** (§ 34 KJHG; ergänzend auch § 27 Abs. 3 KJHG) nach

Maßgabe des § 27 Abs. 2 KJHG (zur Frage der Vollstr vgl. → § 82 Rn. 7). Hiermit hat das Gesetz die Zuschreibung des eher stigmatisierenden Begriffs „Verwahrlosung" (vormals § 64 JWG; dazu 4. Aufl., Rn. 21–29) vermieden, ohne dass damit indes eine grundlegende, inhaltliche Umgestaltung der Bewertungskriterien erreicht wäre (vgl. auch → Rn. 10; nach *Schlüchter* ZRP 1992, 395 werde gar „ungenierter das Erfordernis der Erziehung als eine drohende oder bestehende Verwahrlosung attestiert").

21 **aa)** (1) Juristisch wurde unter **„(Jugend-)Verwahrlosung"** die nicht nur unerhebliche und vorübergehende Gefährdung der körperlichen, geistigen oder seelischen Entwicklung verstanden. Gegenüber der Geeignetheit dieser Umschreibung bestehen nachhaltige Bedenken, da sie inhaltlich disponibel sind (vgl. etwa KG JFG 15, 7; OLG München JFG 17, 168 (171); auch BayObLGSt 23, 219 f.) und ggf. äußerst dehnbar ist. So kann nahezu jede Art von als missliebig beurteilten Einflüssen auf den Jugendlichen davon erfasst werden, umsomehr als die mit der Umschreibung implizierten Entwicklungsnormen tatsächlich weithin wohl nicht existent sind (vgl. auch → Rn. 10, zudem → Rn. 24 ff.). – Vergleichbare Einwände bestehen ggü. der (vormaligen) Definition einer einschlägigen **Gefährdung,** die bei einem Zustand von einiger Dauer vorliege, in dem der Jugendliche „in erheblichem Grade derjenigen körperlichen, geistigen oder sittlichen Eigenschaften ermangelt, die bei einem Minderjährigen unter sonst gleichen Verhältnissen als Ergebnis einer ordnungsgemäßen Erziehung vorausgesetzt werden müssen" (OLG München JFG 17, 168 (169 f.); OLG Hamm Zbl 1955, 85; OLG Köln Zbl 1960, 122).

22 Insofern wird der Gefahr zu wehren sein, ein Bedürfnis nach pädagogischen bzw. therapeutischen Angeboten nach dem **KJHG** in substantiell vergleichbarer Weise darzustellen. Ohnehin ist zur Annahme dieser Voraussetzung stets die Feststellung bestimmter Tatsachen erforderlich, aus denen sich das Bedürfnis ergibt. So darf zB ein sog. „schlechter Ruf" des Jugendlichen allein auch nicht nur unterstützend verwandt werden, sofern keine konkreten Tatsachen ermittelt werden können (vgl. schon betr. „Verwahrlosung" BayZ 1961, 82 (88)).

23 Tatsächlich kommt ein körperliches, geistiges oder seelisches Bedürfnis nach pädagogischen oder therapeutischen Angeboten (vgl. → Rn. 20) kaum einmal getrennt voneinander vor, sondern meist gehen die ein Bedürfnis etwa begründenden Umstände in den einzelnen Bereichen ineinander über und bedingen sich untereinander (vgl. auch → Rn. 13).

24/25 (2) Ausweislich der **vormals** häufigsten **Gründe** für die Anordnung von FE bzw. freiheitsentziehenden Maßnahmen wurden Symptome einer „Verwahrlosung" bzw. einer „Gefährdung" bei männlichen Jugendlichen namentlich in Eigentumsdelikten, „Herumstrolchen" und „Arbeitsscheu" sowie „Aggressivität" gesehen, bei weiblichen Jugendlichen namentlich in „Umhertreiben", Eigentumsdelikten und „sexueller Verwahrlosung" sowie Alkohol- oder Drogenmissbrauch (vgl. hierzu auch § 2 Abs. 5 JSchG; *Pongratz/Hübner,* Lebensbewährung nach öffentlicher Erziehung, 1959, 98; *Feser* RdJB 1985, 360 bzw. *Permien* R&P 2006, 114). Tendenziell weithin ähnliche Gründe wurden (vorbehaltlich begrenzter Vergleichbarkeit) für die Schweiz wieder gegeben (vgl. *Tanner* Kriminol.Bull 1992, 71: Einweisungsgrund „unerwünschtes Sexualverhalten" bei weiblichen Personen zu 30,9 %, bei männlichen zu 7,3 %, während „aktenkundige Delinquenz" bei männlichen Personen weit öfter angegeben wurde als bei weiblichen). – Im Einzelnen war die je nach *sozio-ökonomischer* Schichtzugehörigkeit unterschiedliche Verteilung „verwahrlosungsrelevanter" Bedingungen, Situationen und Bewertungen auffällig, so zB betr. den Leistungsbereich (s. aber OLG Köln SjE E 16, 243; krit. OLG Frankfurt a. M. SjE E 16, 242g; LG Osnabrück Zbl 1971, 348).

(3) Auch bei der *Interpretation* vormaliger Befunde über „verwahrloste" **26** Personen, die sich in FE befanden (vgl. *Specht,* Sozialpsychiatrische Gegenwartsprobleme der Jugendverwahrlosung, 1967; *Hartmann,* Theoretische und empirische Beiträge zur Verwahrlosungsforschung, 1970; *Hartmann/Eberhard,* Legalprognosetest für dissoziale Jugendliche (LDJ), 1972; *Munkwitz* in Hb Kriminalistik, Bd. 3, 2. Aufl., 521–527), ist zu berücksichtigen, dass für die Anordnung in erster Linie nicht die Persönlichkeit und Entwicklung des Jugendlichen, sondern negativ sanktionierte Verhaltensweisen maßgebend waren; dabei konnten Diskrepanzen zwischen Normensystemen unterschiedlicher sozio-ökonomischer oder altersmäßiger Gruppen dazu führen, dass im Einzelfall (zB betr. Sexualverhalten weiblicher Personen) auch dann „Verwahrlosung" angenommen und FE angeordnet wurde, wenn auf der Grundlage der Bezugsgruppe der betroffenen Person eine anhaltende Gefährdung der Entwicklung nicht zu besorgen war. Auch ließ sich verschiedentlich eine Interdependenz zwischen den Voraussetzungen zur Durchführung von Maßnahmen (zB Heimplätze usw) und der Beurteilung von „Verwahrlosungserscheinungen" veranschaulichen.

bb) (1) Seitens der *Psychowissenschaften* wurde verschiedentlich an Stelle **27** des Begriffs „Verwahrlosung" der eher deskriptive Begriff einer sog. „**Dissozialität**" empfohlen. Dieser schließt einen größeren Bereich von „Verhaltensauffälligkeiten" ein als „Verwahrlosung", nämlich auch solche, die zwar gegen Regeln des gesellschaftlichen Zusammenlebens verstoßen, die aber nicht ausdrücklich verfolgt werden, jedoch ist der Begriff nicht minder **einwandbehaftet** (vgl. näher → § 10 Rn. 50; vgl. etwa auch *Vent,* Verwahrlosung Minderjähriger, 1979). Mitunter wird danach unterschieden, ob eine Normbindung und -befolgung immerhin ggü. bestimmten Einzelpersonen bzw. Gruppen oder aber „überhaupt nicht" – eine nach jugendkriminologischen Erkenntnissen zweifelhafte Annahme – festzustellen ist.

Insbesondere aus *jugendpsychiatrischer* Sicht wurde mitunter neben „Verwahrlosung" (vgl. etwa *Remschmidt,* Adoleszenz. Entwicklung und Entwicklungskrisen im Jugendalter, 1992, 290) auch die Zuschreibung „Störungen des Sozialverhaltens" verwandt (vgl. ICD-10 F91; s. aber etwa *Schleiffer* ZKiJPsychiatr 1988, 242 ff.; *Schleiffer* ZKiJPsychiatr 1993, 115 ff.). Auch wurde von einigen Autoren ein Einfluss von Fürsorgemängeln auf „Verwahrlosung" (zur Abgrenzung etwa *Munkwitz* in Hb Kriminalistik, Bd. 3, 2. Aufl., 518–521) im Allg., aber nicht auch auf Straftaten Jugendlicher bejaht. Ferner wurde vertreten, bei „Verwahrlosung" bestehe eine Neigung zu Aggressivität, Impulsivität (iSv Getriebensein) und Unfähigkeit, Reglementierungen zu ertragen (*Hartmann,* Theoretische und empirische Beiträge zur Verwahrlosungsforschung, 1970, 120 ff.) – wobei es sich allerdings um Eigenschaften handelt, die auch als Widerstand gegen eine Disziplinierungsfunktion von „Verwahrlosungs"– oder Delinquenzkontrolle verstanden werden können.

(2) Auch in der *sozialpädagogischen* Literatur wurde „Verwahrlosung" überwiegend negativ zu umschreiben versucht, wobei zwischen Mängeln ggü. dem Erziehungsziel bzw. solchen ggü. der Erziehungsaufgabe getrennt wur-

de. Jedoch wurde eine Unterscheidung zwischen „Verwahrlosung" und Straftatbegehung als prinzipiell unbeachtlich angesehen.

30   **b) Geeignetheit.** Hilfe nach Nr. 2 ist nur dann zulässig, wenn sie geeignet ist, den Jugendlichen in seiner **Entwicklung** zu **fördern** (§ 34 S. 1 KJHG) sowie die in **§ 34 S. 2 Nr. 1–3 KJHG** genannten **Ziele** zu erreichen. **Erforderlich** bzw. **ausreichend** (vgl. § 27 Abs. 1 KJHG) ist diese Hilfe nur dann, wenn nicht mildere Erziehungsmaßnahmen privater oder behördlicher Art zur Überwindung des Bedürfnisses nach pädagogischen bzw. therapeutischen Angeboten ausreichen bzw. wenn nicht andererseits JStrafe als schwerere Rechtsfolge des JStR notwendig ist. Die Prüfung der Erforderlichkeit von Hilfe nach Nr. 2 hat deshalb erhöhte Bedeutung, weil diese Erziehungsmaßregel – neben der JStrafe – diejenige jugendstrafrechtliche Rechtsfolge mit dem stärksten *Eingriff* in den Individualbereich des Verurteilten darstellen kann. Da die Hilfe nach Nr. 2 (ebenso wie die EB, vgl. → Rn. 17) nicht von vornherein zeitlich begrenzt ist (vgl. dazu → Rn. 43–45), kann sie im Extremfall sogar als eine ggü. der JStrafe *schwerere* Rechtsfolge beurteilt werden (näher → § 55 Rn. 77–77b). Gerade insoweit ist bei der Anordnung zu würdigen, dass in Bezug auf die Tatschwere der Verhältnismäßigkeitsgrundsatz nicht verletzt werden darf (vgl. → § 5 Rn. 19), wogegen es allein nach dem KJHG auf das Kriterium der Tat nicht unmittelbar ankommt (vgl. zur Abgrenzung ggü. der Unterbringung in einem geschlossenen Heim vormals BayZ 1987, Nr. 23). – Im Übrigen wird zu bedenken sein, dass die Anordnung zumal bei Heimunterbringung ggf. eine gleichsam permanente Situation des Verdachts bezüglich in Betracht kommender zukünftiger „Unbekanntsachen" begründet, dh die strafrechtliche Verfolgungsbereitschaft und -intensität wird eher erhöht.

31   **c) Fehlen von Erziehungsfähigkeit.** Die Erreichung des Erziehungszieles kann aus Gründen in der Person des Beschuldigten und/oder in Gegebenheiten der Rechtsfolge bzw. deren Durchführung von vornherein ausgeschlossen sein (näher → § 5 Rn. 16).

31a   **aa)** Nicht hinreichend geklärt ist, (ob und ggf.) unter welchen Umständen eine **„Nichterziehbarkeit"** des Verurteilten angenommen werden darf (vgl. zur vormaligen Konsequenz der Einweisung in Jugendschutzlager *Huvalé* Zbl 1984, 61 ff.; *Neugebauer* DVJJ-Journal 1992, 236; zu Quellen DVJJ-Journal 1992, 242 ff.; auch → Einl. Rn. 17, → § 7 Rn. 2, 65). Regelmäßig wird zu prüfen sein, ob Mängel eher bei den verwandten Methoden bzw. den erzieherisch befassten Personen oder Institutionen liegen (vgl. auch DVJJ 04, Forum 1, AK 1.1 Nr. 5; ergänzend betr. „Nicht-Therapiegeeignetheit" *Eisenberg* NStZ 2004, 242 ff.) als bei dem Verurteilten.

32   Nach überwiegender Meinung müssen zur Bejahung **medizinische Tatsachen** (erg. vormals § 75 Abs. 2 JWG) vorliegen. Eine medizinisch begründete „Nichterziehbarkeit" komme zB in Betracht, wenn das Verhalten des Jugendlichen Ausfluss eines unabänderlichen Triebes sei (vgl. KG JFG 2, 104; 9, 56; vgl. auch 11, 89). – Schon wegen der Subsidiarität der FE war die vorläufige Anordnung unzulässig, wenn zweifelhaft blieb, ob der Beschuldigte aufgrund medizinischer Befunde (nicht) erziehbar war (bejahend OLG Celle Zbl 1980, 143 f.; vern. LG Aachen Zbl 1973, 446).

33   Hingegen soll es auf negative **pädagogische** Voraussetzungen nicht ankommen, vielmehr müsse bei deren Vorliegen zumindest der Versuch einer Erziehung unternommen werden (OLG Hamm FamRZ 1964, 101 (102);

OLG Celle Zbl 1980, 143; *Ostendorf* in NK-JGG Rn. 6). Diese Auffassung entspricht der methodischen Schwierigkeit, dass auch bei als „schwersterziehbar" beurteilten Personen, bei denen nur geringste Aussicht auf erzieherische Wirksamkeit bestehe (s. *Piecha,* Die Lebensbewährung der als „unerziehbar" entlassenen Fürsorgezöglinge, 1959; *Miehe* RdJB 1966, 5 ff. (34, 64 ff.)), sich eine Beurteilung als „nichterziehbar" nur unter erheblichen Vorbehalten und Ungewissheiten vornehmen lässt (vgl. etwa *Walkenhorst* KrimPäd 1943 (15), 64: „empirisch-prognostisch gibt es keine hoffnungslosen Fälle", *Walkenhorst* KrimPäd 1943 (15), 64 (65): „Misserfolge sind Anlass, die Förderpläne und -ansätze selbstkritisch zu hinterfragen und fort zu entwickeln"). Demgemäß wäre allerdings die pädagogische Erfolgsaussicht stets vorauszusetzen (OLG Hamm JMBl. NW 1963, 107; LG Braunschweig NdsRpfl 1965, 14; aA LG Bochum RdJB 1963, 302; LG Detmold RdJB 1963, 303), dh auch wenn das Gericht daran Zweifel hätte, dürfte es die Erziehungsfähigkeit nicht verneinen. – Zumindest ist es nicht nur unzulässig, sondern auch immanent widersprüchlich, wenn in der Praxis bei bestimmten „schwersterziehbaren" Personen tendenziell eher „schädliche Neigungen" angenommen werden, um diese der JStrafe zuzuführen (vgl. schon *Miehe* RdJB 1963, 116), denn das Erziehungsziel ist bei der Verpflichtung nach Nr. 2 nicht höher als bei JStrafe gem. § 17 Abs. 2 Alt. 1.

bb) Was die Voraussetzungen der Erziehungsfähigkeit bezüglich der **Ge-** 34 **gebenheiten** der **Rechtsfolgendurchführung** angeht, so liegen für den Zeitraum nach Einführung des **KJHG** noch keine hinreichend umfänglichen und differenzierten Befunde vor.

Hinsichtlich der *vormaligen FE* blieb empirisch *ungeklärt,* ob sie eine 34a erzieherische Wirksamkeit hatte (zu empirischen Untersuchungen näher 7. Aufl.), und vor allem, ob eine solche nur bei zeitlich längerer Dauer möglich war, oder aber ob nicht vielmehr Zwecke einer Disziplinierung oder gar Ausgrenzung im Vordergrund standen. Daher fehlt es an einem Beleg dafür, dass die Anordnung von FE als Erziehungsmaßregel im Allg. überhaupt vertretbar war. Allerdings kam es im Einzelnen auf die Art ihrer Durchführung an.

Die folgenden Angaben, die (als partiell vergleichbar erscheinende) Ein 34b richtungen des Auslands einbeziehen (vgl. ergänzend auch *Caldwell ua* JRCD 2006, 148 ff.), dienen eher nur der Problemverdeutlichung.

(1) Bezüglich der Legalbewährung von 246 als „neurotisch-dissozial" be 34c zeichneten Jugendlichen, die durchschnittlich 11/2 bis 2 Jahre im therapeutisch-pädagogischen Jugendheim „Haus Sommerberg" (nahe Köln) psychoanalytisch und sozialpädagogisch betreut worden sind und deren durchschnittliches Lebensalter im Zeitpunkt der Aufnahme bei 16 2/3 Jahren gelegen hat, seien drei Jahre nach der Entlassung 52,5% straffrei, 47,5% hingegen erstmalig bzw. erneut rechtskräftig verurteilt worden; dabei ist hinsichtlich des Überprüfungszeitraums zu bemerken, dass von zu früherer Zeit Entlassenen 21,4% der Taten zwischen dem vierten und fünften Jahr und 13,1% der Taten erst nach mindestens fünf Jahren seit Entlassung begangen worden seien (vgl. *Schüpp* PraxisKiPsych 1979, 148 (155)). Bei differenzierender Betrachtungsweise habe sich ergeben, dass das Behandlungsprogramm weitestgehend nur jenen Jugendlichen helfe, die im engeren Sinne als „nicht verwahrlost" und eher als „neurotisch" gelten.

Nach einer Verlaufsuntersuchung über die Entwicklung der vormals im 34d St. Josef-Heim (Landau/Pfalz) Untergebrachten, von denen nur ein Teil FE-

Probanden waren, wurden gem. Angaben der befragten JÄmter bei einem Kontrollzeitraum von 3 Jahren seit Entlassung von denjenigen, die vor oder während des Heimaufenthalts jugendstrafrechtlich überführt worden waren, 68,3 % erneut (jugend-)strafrechtlich überführt; gleichwohl wurden von diesen 46,4 % seitens der JÄmter als „resozialisiert" beurteilt (*Riess/Gnägy* in Jugendwerk St. Josef (Hrsg.), 75 Jahre Jugendwerk St. Josef, 1985, 237). – Deutlich günstigere Quoten der Legalbewährung ergab eine Untersuchung der aus dem Heim Mariahof (Hüfingen) Entlassenen, jedoch war die Auswahl in einem Ausmaß selektiv, das keine allg. relevante Aussage zulässt (*Kruse* Jugendwohl 1988, 162, 164, 207 ff.).

34e (2) Aus einer Wiener Untersuchung über die Legalbewährung nach „einfach bedingter Verurteilung", bedingter Verurteilung zu Strafe bei Ausspruch von BewHilfe und bedingtem Ausspruch von Strafen nebst Einweisung in ein Erziehungsheim wurde berichtet, die Quoten der „Rückfälligkeit" hätten nach einem Zeitraum von fünf Jahren – in der Reihenfolge der genannten Rechtsfolgen – 57 %, 43 % und 15 % betragen. Nachdem (zur Ausschaltung von Selektionsmerkmalen der Rechtsfolgenverhängung) versucht worden sei, bezüglich „Deliktsbelastung", „familiäre Belastung" und „Ausbildungs-/Berufsbelastung" gleiche Gruppen zu bilden, habe sich ergeben, „dass die Maßnahme ‚Erziehungsheim' in allen Gruppen den geringsten Erfolg behält" (*Hinsch* in Steinert, Der Prozess der Kriminalisierung, 1973, 165).

34f (3) In einer Längsschnittuntersuchung bezüglich 17 Institutionen in der Deutsch- und Welschschweiz, die sich auf einen Zeitraum von 10 Jahren bezog und 273 Personen beiderlei Geschlechts betraf, ergaben sich Hinweise darauf, dass Unterschiede im Ausmaß der Förderung von Selbstthematisierung, -reflektion und -verantwortung, Konfliktlösungsfähigkeit und Ich-Stärke persönlichkeits- und einstellungspsychologisch unterschiedliche Wirkungen zeitigten (*Tanner* Kriminol.Bull 1992, 53 ff.) – wobei dies ggf. allerdings (auch) aus unterschiedlichen Bedürfnissen der einbezogenen Personen resultiert. Aufgrund einer Nachuntersuchung wurde berichtet, dass bei etwa je einem Drittel Bewährung, bedingte Bewährung (iSd Verbleibens in einer „Randzone" zwischen Bewährung und Nichtbewährung) und fortgesetzte Deliktsbegehung vorlag (*Tanner* Kriminol.Bull 1992, 93).

2. Verfahrensrechtliche Diskrepanzen der Anordnung im Jugendstrafverfahren oder im Verfahren vor dem Familiengericht

35 **a)** Entsprechend seither überwiegender Auffassung (betr. (vormalige) FE und gem. der Pflicht der JÄmter nach § 52 Abs. 2 KJHG) wird auch die Anordnung von Hilfe nach Nr. 2 durch das JGericht **nur** dann zulässig und erzieherisch sinnvoll sein, wenn sich die **Erforderlichkeit** in der **HV** ergibt bzw. ergeben kann (zB weil zuvor JStrafe in Betracht kam) und wenn alle vorausgesetzten Feststellungen in dieser Verhandlung getroffen werden (vgl. vormals aber auch *Roestel* unsere jugend 1964, 19 (21); s. ferner *Hahn,* Die Fürsorgeerziehung im JGG, 1968). Solchenfalls hätte etwa die Überlassung gem. § 53 an das FamG eine verfahrensmäßig unnötige Wiederholung zur Folge (zur Frage der Vollstr vgl. → § 82 Rn. 7). – Für diese Auffassung ist ua wesentlich, dass das Verfahren vor dem FamG zwar einen rascheren Zugriff ermöglichen könnte als das JStV. So muss die Entscheidung über die Hilfe nach Nr. 2 im JStV durch ein Urteil ergehen, und die Durchführung der Anordnung ist erst nach Rechtskraft – dh ggf. erst nach Abschluss eines Rechtsmittelverfahrens (§ 55) – zulässig (zur Frage der Zulässigkeit der Hilfe nach Nr. 2 als vorläufige Anordnung über die Erziehung vgl. → § 71 Rn. 3). Das FamG (vormals Vormundschaftsgericht) wartet in der Praxis zuvor vielfach die Entscheidung des JRichters ab.

Soweit aber – wie es vergleichsweise häufig der Fall ist (dazu → Rn. 24) – **36** eine (zunächst nur mutmaßliche) **Straftat Anlass** für die Anordnung der Hilfe nach Nr. 2 ist, würde die Überlassung an das FamG inhaltliche Bedenken im Sinne einer **Umgehung** der strengeren **Verfahrensvorschriften** des JGG begründen (für Vorrang der Entscheidung durch den JRichter *Possin*, Heimerziehung gem. §§ 27, 34 SGB VIII als Jugendstrafrechtliche Intervention, 1995, 134 ff.). Von der verfahrensrechtlichen Stellung des Jugendlichen her kritisch betrachtet könnte sich die Überlassung als im Interesse eines vereinfachten und reibungsloseren, rechtsstaatlich weniger kontrollierten Ablaufs liegend darstellen, zumal für das FamG der Grundsatz der Verhältnismäßigkeit zur Tat nicht unmittelbar maßgebend ist. – Zugleich wird das Problem deutlich, in welchem Ausmaß die Unterscheidung in einschlägig „hilfebedürftige" und „kriminelle" Jugendliche eine institutionelle und von der gewählten Reaktionsart abhängige sein kann.

b) Zu statistischen Daten über die vormalige FE s. 2.–5. Aufl. – Heim- **37/38** erziehung bzw. sonstige betreute Wohnform als Hilfen zur Erziehung (§ 34 KJHG) endeten in den Jahren 2005, 2010 und 2015 bei 24.898, 32.014 und 40.648 Personen, von denen 16.949, 21.617 und 27.914 noch minderjährig waren. Von den Beendigungen abweichend vom Hilfeplan geschahen in den Jahren 2010 und 2015 zu 55,15 % und 52,70 % durch den Sorgeberechtigten/jungen Volljährigen, zu 22,34 % und 23,61 % durch die bisher betreuende Einrichtung/die Pflegefamilie/den Dienst sowie zu 22,50 % und 23,67 % durch den Minderjährigen selbst (KuJHiSt Teil 1 Tabelle 13.7).

Die durchschnittliche Dauer der Leistung hatte in den Jahren 2005, 2010 **39** uund 2015 bei männlichen Personen 28, 21 und 18 sowie bei weiblichen 25, 18 und 19 Monate betragen; insgesamt hatte die Dauer bei 9.825, 16.450 und 22.521 weniger als ein Jahr, bei 12.509, 13.451 und 15.493 Personen zwischen ein und fünf Jahren und bei 2.564, 2.113 und 2.634 Personen mehr als fünf Jahre erreicht (KuJHiSt Teil I Tabelle 16.7).

3. Einzelne Angaben zur Durchführung

Bei der Entscheidung, ob **Heimerziehung** oder **Erziehung** in einer **40** **betreuten Wohnform** (§ 34 KJHG) durchgeführt werden soll, hat die Frage nach den jeweiligen Möglichkeiten zur Berufsausbildung Bedeutung (vgl. auch → § 3 Rn. 47, 50). Nicht weniger kommt es darauf an, ob eine Familie gefunden werden kann, die sowohl im Allg. als auch für den jeweiligen Betroffenen als zur Erziehung geeignet erscheint. Nicht unerhebliche Auswirkungen hat die Tatsache, dass die Kosten der Unterbringung in Familienerziehung wesentlich niedriger sind als diejenigen der Heimunterbringung (zur Kostenfrage auch im Verhältnis zu Kinder- und Jugendpsychiatrie vgl. AGJ v. 17./18.9.2015, 16 f. (online)).

41 **a) Häufigkeit.** Heimerziehung und sonstige betreute Wohnformen (§ 34 KJHG) wurden 2014 und 2016 bei insgesamt 39.719 und 59.110 Personen aufgenommen, davon 61,00 % und 62,60 % in einer Mehr-Gruppen-Einrichtung, 34,62 % und 37,40 % in einer Ein-Gruppen-Einrichtung sowie 4,13 % und 4,29 % in der Wohnung des Betreuten – zusätzlich 142 und 120 Personen außerhalb Deutschlands. Die 36.089 und 43.889 in den genannten Jahren beendeten Hilfen dieser Art (§ 34 KJHG) verteilten sich auf die vorgenannten Formen zu 60,57 % und 63,80 % bzw. 34,16 % und 36,20 % bzw. 4,83 % und 4,81 % sowie 155 und 122 (KuJHiSt Teil I Tabelle 5.7 und 9.7, Heimerziehung, sonstige betreute Wohnform § 34 SGB VIII).

41a Zu statistischen Daten über das zahlenmäßige Verhältnis zwischen Familien- und Heimerziehung innerhalb der vormaligen FE vgl. 2.–6. Aufl.

42 **b) (Geschlossene) Heimunterbringung. aa)** Hinsichtlich der Heimunterbringung im Allg. (vgl. näher mN etwa *Schmid-Oberkirchner* in Wiesner SGB VIII § 34 Rn. 12 ff.) ist eine hinreichende Differenzierung der jeweiligen Anstalten zwecks Geeignetheit für unterschiedliche Probanden-Gruppen in der Praxis seither nur eingeschränkt verwirklicht (vgl. auch → § 3 Rn. 50). Vereinzelt wird von unkonventionellen Bsp. berichtet (vgl. etwa zu Schiffsfahrten *Güntner* unsere jugend 1987, 306 (krit. *Frehsee* MschKrim 1988, 288: „Gefängnisaufenthalt an frischer Luft"); näher *Hegemann* Praxis-KiJPsychiatr 1991, 61).

42a **bb) (1)** Für die Anordnung einer **geschlossenen** Heimunterbringung (vgl. auch *Lobinger* Kostentragung 128 f., 385; krit. zu § 34 S. 1 Alt. 1 KJHG *Schmid-Oberkirchner* in Wiesner SGB VIII § 34 Rn. 21f; *Trenczek* in FK-SGB VIII KJHG § 42 Rn. 46) fehlt es an verlässlichen Kriterien (*v. Wolffersdorff/Sprau-Kuhlen,* Geschlossene Unterbringung in Heimen. Kapitulation der Jugendhilfe?, 2. Aufl. 1996, 58 f.; *Permien* R&P 2006, 111 f.; s. aber etwa Senatsverwaltung Hamburg DVJJ-Journal 2002, 335 und dazu *Bernzen* unsere jugend 2003, 323 ff. bzw. *Bange ua* ZJJ 2005, 357; sodann *Bernzen/Grimm* ZJJ 2008, 175 ff.; betr. die Entwicklung in Berlin, Hamburg und Mecklenburg-Vorpommern krit. *Ehmann* ZJJ 2011, 290 ff.; ergänzend *Ehmann* RdJB 2013, 103 ff.; dazu aber krit. *Wiesner* RdJB 2013, 233 ff.; krit. zum Ganzen IGfH Zbl 1988, 36 sowie Zbl 2002, 385 bzw. *Lindenberg* ZJJ 2005, 362 und DVJJ 2006, 346 ff.; *Lukasczyk/Niehaus* DtJugend 1989, 111). Auch wird die Frage nach einer erzieherischen Geeignetheit deutlich verneint (vgl. *Hoops* ZfJ 2004, 280 ff.; vgl. diff. *Menk ua,* Woher die Freiheit bei all dem Zwange?, 2013, 55 ff., 86), zumal Überreglementierung (und dadurch bedingte Zwangsverhältnisse) „tendenziell pädagogisches Tun verhindert" (*Kessl/Koch* ZJJ 2014, 8). Daher darf eine geschlossene Unterbringung – wenn man sie denn überhaupt für zulässig hält (vern. *Gertler* in BeckOK JGG Rn. 25) – **nur** bei außergewöhnlichen Komplikationen als bewusste **Notlösung** durchgeführt werden (zust. *Hoffmann* R&P 2009, 123 sowie (zu Voraussetzungen) 15, 172 f.; zu genehmigten Plätzen vgl. *Hoops/Permien* ZJJ 2005, 43; speziell zu Gründen für die Unterbringung in Isolierzellen *v. Wolffersdorff/Sprau-Kuhlen,* Geschlossene Unterbringung in Heimen. Kapitulation der Jugendhilfe?, 2. Aufl. 1996, 319 ff.; vgl. aber auch *Blumenberg/Wetzstein* in LWV Baden 20 f.; *Trauernicht* Zbl 1991, 520; zur Verurteilung eines Referenten der Heimaufsicht wegen fahrlässiger Körperverletzung AG Köln 14.2.1986 – 34 Js 42/85), zumal die Anlässe einschlägiger Unterbringung durchaus unterschiedlich sind und es (auch) für den Vollzug an einer klaren und kohärenten Gestaltung fehlt (vgl. zu einer Länderumfrage *Hoops/Permien* ZJJ 2005, 44–46; zu einer Auswertung von Heimakten *Permien* R&P 2006, 114, wonach das durchschnittliche Aufnahmealter 13,8 Jahre (Jungen 13,3, Mädchen 14,2) betragen hat).

So liegen Anhaltspunkte dafür vor, dass auch *Versagen* bzw. *Belange* der **42b** *Institutionen* (wie Jugendbehörden und Heime) nicht selten (unausgesprochenes) Kriterium zur Einweisung sind (zusf. etwa *Menk/Schnorr ua,* Woher die Freiheit bei all dem Zwange?, 2013, 278). Dies ist etwa der Fall, wenn eine vergleichsweise hohe Zahl bisheriger Heimunterbringungen oder bestimmte soziale Merkmalsausprägungen (ohne eine etwa vom Betroffenen ausgehende besondere Gefahr) der Entscheidung zugrunde gelegt werden (zur Bedeutung von ambivalentem Beziehungsmodus sowie Ausstoßungstendenzen, gekoppelt mit hoher Verhaltenskontrolle, s. allg. *Elger ua,* Ausbruchsverusche Jugendlicher, 1984). – Den aufgezeigten Umständen entsprechend haben besondere Bedeutung die möglichst enge **zeitliche Beschränkung** (vgl. DVJJ 15 AK 13) sowie das **Management** iZm der **Entlassung** (vgl. zum Fehlen (laut Interviews mit Betroffenen) *Menk/Schnorr ua,* Woher die Freiheit bei all dem Zwange?, 2013, 80 f.; vgl. aber auch *Pankofer/Permien* ZJJ 2011, 388 ff. (speziell betr. weibliche Betroffene)).

Komplikationen, die eine geschlossene Heimunterbringung rechtfertigen **42c** könnten, sind – entgegen verbreiteter Praxis – auch nicht etwa schon bei mehrfachem Entweichen aus Heimerziehung mit (angeblich) drohender Gefahr der Straftatbegehung gegeben (ebenso grds. Diskussionspapier AGJ v. 17./18.9.2015 (online)). Vielmehr ist zu berücksichtigen, dass es sich bei verschiedenen Konstellationen des Entweichens um ein normales und natürliches, vielfach von Angst geprägtes Schutzverhalten handelt (vgl. schon *Eisenberg* Zbl 1987, 329, unter Hinweis darauf, dass Weglaufen weniger situativ von günstigen äußeren Gelegenheiten und mehr von psychischen Bedingungen abhängt; s. zudem *Kaute* Zbl 1987, 359), und dass sich daraus – gem. dem Subsidiaritätsprinzip jugendstrafrechtlicher Rechtsfolgen (vgl. → § 5 Rn. 19, 29 ff.) – eine negative Delinquenzprognose, die eine erneute Freiheitsentziehung rechtfertigen könnte, nur unter ganz besonderen Voraussetzungen ableiten lässt. Fluchttendenzen nur unter derartigen negativen Vorzeichen zu interpretieren, steht einer Würdigung des Entweichens als einer Art von Selbstbehauptung entgegen: So könnte ein „Sich-Entziehen" auch als Ausdruck des Versuchs gesehen werden, Konflikte und Beziehungsprobleme zu bestimmten Personen außerhalb des Heims selbst zu lösen und somit einem wichtigen Ziel geschlossener Unterbringung näher zu kommen (vgl. *von Wolffersdorff ua,* Geschlossene Unterbringung in Heimen. Kapitulation der Jugendhilfe?, 2. Aufl. 1996, 311). – Soweit eine geschlossene Unterbringung auch dazu dienen soll, etwaige auf den Betroffenen bezogene Bemühungen seitens Eltern um Kontakt, Unterstützung oder Einfluss zu vereiteln, handelt es sich tatsächlich (auch) um die behördliche Strategie, Kritik und Widerstand auszuschalten bzw. dem Betroffenen eine etwa vorhandene positive emotionale Bindung zu beschneiden.

(2) Es verbleiben für eine geschlossene Heimunterbringung zunächst nur **42d** solche Fälle, in denen es – mangels zureichender personeller Ausstattung – als vertretbar erscheint, einem Betroffenen eine vorübergehende auch räumliche Sicherung (vgl. dazu *Hoffmann* R&P 2009, 123) im Sinne einer **Hilfestellung** aufzuerlegen (zur „Bindungsanbahnung" s. *Lempp* DVJJ-Journal 1994, 62; eher abl. *Lerche* DVJJ 1997, 709: Verhältnis „Eingeschlossene zu

Schließern"). Die Praxis spricht insofern mitunter – und nicht ohne die Gefahr der Stereotypisierung – vom „typischen Wegläufer" oder „Trebejungen", bei dem Anzahl und Frequenz zB von (Straf-)Taten belastend seien. Allerdings ist die Abgrenzung solcher Konstellationen von anderen Fällen schwierig, wobei stets zu berücksichtigen sein wird, dass es unmittelbar um die Inkaufnahme erzieherischer Abträglichkeit geht (zu teilgeschlossener Unterbringung *Permien* unsere jugend 2011, 17 ff.). – Häufiger, wenngleich durchschnittlich kürzer sind Fälle von (als erforderlich beurteilter) **Verwahrung** wegen spezieller psycho-physischer Belastungen (zB Formen der Epilepsie, der Gehirnerkrankung; krit. ggü. einer Ausdehnung im Übrigen *Kowerk* ZKiJPsychiatr 1990, 198; betr. „dissozial" (ICD-10 F60.2) bzw. „emotional-labil" (ICD-10 F60.3) s. krit. *Pankofer* § 10 Rn. 50, bezüglich „schwache intellektuelle Begabung" krit. *Rüth ua* ZfJ 2002, 373 f.), ggf. aber auch bei Drogenabhängigkeit (vgl. dazu aber → § 7 Rn. 15 ff., → § 10 Rn. 60 ff., → § 89b Rn. 25 ff. und → § 92 Rn. 107) bzw. Alkoholsucht. Ob darüber hinaus Fälle psycho-physischer Unauffälligkeit und gleichwohl erheblicher Gefährlichkeit vorkommen können, in denen eine geschlossene Unterbringung iSv Verwahrung erforderlich erscheint, ist zweifelhaft (stattdessen für „szenenahe niedrigschwellige Angebote" bzw. „szeneferne" Lebensmittelpunkte *Lerche* DVJJ 1997, 716 f. (723)), jedoch für einzelne Betroffenen nicht von vornherein auszuschließen (s. etwa *Pohlmann/Wensink* Jugendwohl 1995, 286 ff.; *von Wolffersdorff* RdJB 1999, 325; *Gustedt/Bodenburg* Kriminalistik 2003, 579 (585 ff.)).

42e   **c) Träger der Heime.** Mehr als zwei Drittel der ehemaligen FE-Heime waren solche außerhalb der öffentlichen Hand (wie etwa diejenigen kirchlicher Wohlfahrtsverbände); die Verteilung nach der Art der Heime ist bislang regional unterschiedlich gewesen, wobei die Konfessionsstruktur erhebliche Bedeutung gehabt zu haben scheint (n. 5. Aufl.). – Ohne dass ein Vergleich beabsichtigt wäre, sei ergänzend erwähnt, dass am 31.12.2002 von insgesamt 1.349 Einrichtungen der stationären Erziehungshilfe auf einem Heimgelände 100 (= 7,4 %) auf öffentliche und 1.249 (= 92,6 %) auf freie Träger entfielen (KuJHiSt – Einrichtungen und tätige Personen, Tabelle 1 (neuere Daten nicht verfügbar)).

4. Beendigung und Aufhebung

43   Zur Beendigung der Hilfe nach Nr. 2 hat das KHJG auf starre Verfahrensregeln verzichtet (s. aber etwa OLG Düsseldorf Zbl 1984, 437, das gem. Umkehrschluss aus § 75 JWG die Unzulässigkeit einer Befristung von FE ableitete). Die Hilfe nach Nr. 2 endet idR mit Eintritt der *Volljährigkeit* (erg. aber § 41 Abs. 3 iVm Abs. 1 S. 2 KJHG: bis zur Vollendung des 21. Lbj; zur Unterrichtung über das Einwilligungserfordernis vgl. → Rn. 2) oder durch *Aufhebung* (vgl. entspr. → Rn. 17).

44   Im Einzelnen kann ihr Zweck auch durch Intervention auf privater Ebene erfüllt werden.

45   Wenngleich die Annahme einer Nichterziehbarkeit (seit dem Jahre 1961) kein gesetzlicher Beendigungsgrund der FE mehr war, hat die Rspr., begrenzt auf ganz besondere Ausnahmefälle, eine solche Begründung als zulässig erachtet (vgl. LG Kassel RdJB 1968, 248; OLG Saarbrücken NJW 1968, 455 f.).

V. Sonstiges Verfahrensrechtliches

1. Entscheidung im Urteil

Die Anordnung von **EB** und von **Hilfe** nach **Nr. 2** iRd JStV geschieht **46** im Urteil. Dabei richtet es sich nach den Vorschriften des JGG, wer Beteiligter am JStV ist, wem erforderliche Mitteilungen zu machen sind (§ 70) und wem das Urteil zuzustellen ist. So wird das Urteil dem Landesjugendamt nicht förmlich zugestellt und der JGH nur mitgeteilt.

2. Rechtsmittel

Gegen ein Hilfe zur Erziehung anordnendes Urteil kann nur der Ver- **47** urteilte und sein gesetzlicher Vertreter bzw. Erziehungsberechtigter Rechtsmittel einlegen (§ 67 Abs. 3 aF bzw. § 67 Abs. 2 nF).

Das **JAmt** (bzw. die JGH) und das **Landesjugendamt** haben **keine 47a** Berechtigung, Rechtsmittel gegen das Urteil (vgl. auch → § 67 Rn. 6) einzulegen, da ihnen erst nach Rechtskraft des Urteils eine einschlägige erzieherische Funktion zukommt. – Wegen des Rechtsmittelverfahrens vgl. → § 55 Rn. 8.

Dritter Abschnitt. Zuchtmittel

Arten und Anwendung

13 (1) **Der Richter ahndet die Straftat mit Zuchtmitteln, wenn Jugendstrafe nicht geboten ist, dem Jugendlichen aber eindringlich zum Bewußtsein gebracht werden muß, daß er für das von ihm begangene Unrecht einzustehen hat.**

(2) **Zuchtmittel sind**

1. die Verwarnung,
2. die Erteilung von Auflagen,
3. der Jugendarrest.

(3) **Zuchtmittel haben nicht die Rechtswirkungen einer Strafe.**

Schrifttum *Foerster,* Schuld und Sühne, 1961; *Klönne,* Jugend im Dritten Reich ..., 1982; *Meyer-Höger,* „Der Jugendarrest", 1998; *Müller/Otto* (Hrsg.), Damit Erziehung nicht zur Strafe wird, 1986.

Übersicht

I. Anwendungsbereich

1   Die Vorschrift gilt für **Jugendliche** auch dann, wenn das Verfahren vor den für allg. Strafsachen zuständigen Gerichten stattfindet (§ 104 Abs. 1 Nr. 1).

2   Die Vorschrift gilt für **Heranwachsende** – vor JGerichten wie vor den für allg. Strafsachen zuständigen Gerichten – dann, wenn auf sie materielles JStR anzuwenden ist (§§ 105 Abs. 1, 112 S. 1 und 2, § 104 Abs. 1 Nr. 1).

II. Entstehungsgeschichte und Zielsetzung

1. NS-Rechtspolitik

a) Funktionaler Zusammenhang. Die Entwicklung der Rechtsfolgen- 3
kategorie Zuchtmittel ist weithin verbunden mit derjenigen des **JA,** der
durch VO des **Reichsverteidigungsrates** v. 4.10.1940 (RGBl. I 1336)
eingeführt wurde und – nach *Sieverts* (in Würtenberger (Hrsg.), Kriminologie und Vollzug der Freiheitsstrafe, 1961, 150 (s. aber auch 154 ff.)) – weder
im Ausland noch in der jüngeren deutschen Geschichte ein Vorbild gehabt
hat (zur Entstehung n. etwa *Pieplow* ZJJ 2014, 108). Als ein Vorläufer gilt der
Jugenddienstarrest, einer Maßnahme der *Hitler-Jugend* gegen Disziplinarverstö-
ße (zur Kontrolle durch den HJ-Streifendienst s. etwa *Klönne,* Jugend im
Dritten Reich …, 1982, 121 ff., 261), der erst durch Erlass des Reichs-
jugendführers v. 17.9.1940 eingeführt worden war. Der JA wurde zunächst
unterschiedlich als Erziehungsstrafe (*Schaffstein* Deutsches Recht 1936, 64,
(66)), jugendgemäße Strafe (*Freisler,* zitiert nach *Kümmerlein* Deutsche Justiz
1939, 167 (169)), Ehrenstrafe (*Schaffstein* Deutsches Recht 1936, 64 (65)),
Schockstrafe (*Schaffstein* Deutsches Recht 1936, 64 (66); *Tigges* BlGefK 72,
132 (136)) und als „ähnlich drastisches Erziehungsmittel wie die körperliche
Züchtigung" (*von Dühren,* zitiert nach *Schaffstein* DStrR 1937, 73 (83)),
angesehen (vgl. auch *Scheffler* RdJB 1981, 451 (456)), und er sollte die kurze
Freiheitsstrafe an Härte und Strenge übertreffen (RG 75, 366 (368 f.)); in § 1
DVO v. 28.11.1940 (RGBl. I 1541) zu der vorgenannten VO findet sich die
Bezeichnung Zuchtmittel, und in § 2 dieser VO heißt es, JA sei keine Strafe.
Wesentlich war die kriminalpolitische Auffassung, dass der Feststellung einer
Straftat alsbald auch eine spürbare Sanktion folgen, danach jedoch die Angelegenheit erledigt sein müsse, eine Aussetzung zBew insoweit also verfehlt
sei (vgl. etwa *Axmann* Deutsche Justiz 1940, 1257). Dies ist nicht zu verwechseln mit den Erwägungen *Foersters* (Schuld und Sühne, 1961, 108 ff.) zu
einer als JA bezeichneten „Besinnungsstrafe" für Fälle „besonderer Zügello-
sigkeit oder Widersetzlichkeit" bzw. für „Rohheitsdelikte" (ebenso *Meyer-
Höger,* „Der Jugendarrest", 1998).

aa) JA wurde ua mit der Notwendigkeit zur Wahrung der **Ehre** der 4
Gemeinschaft begründet. Funktional stand eine Disziplinierung Jugendlicher im **Arbeitsbereich** (vgl. *Axmann* Deutsche Justiz 1940, 1257 (1258))
und wohl auch im **militärischen** Bereich im Vordergrund. Die Schockwirkung des JA – und die damit intendierte Disziplinierung (n. *Kühndahl-
Hensel,* Der individualpräventive Schock im Jugendkriminalrecht, 2014,
27 ff., 50 ff.) – sollte durchgesetzt werden durch ein beschleunigtes Verfahren
(s. dazu *Scheffler* RdJB 1981, 451). So verlautete zB, was dem JA „materiell
durch die Abhebung von der Strafe und ihren schädlichen Wirkungen und
Folgen an Schärfe genommen ist, wird ihr gewissermaßen verfahrensrechtlich auf andere unschädliche Weise ersetzt" (*Boldt* Deutsches Recht 1940,
2033 (2037)).

bb) Nicht zu verkennen ist, dass ein Ziel bei Einführung des JA darin 5
bestand, die Zahl kurzzeitiger **Gefängnisstrafen** ggü. Jugendlichen zu **reduzieren** (zur Funktion von Dauerarrest als – unzulässige – kurze JStrafe s.
Dünkel Zbl 1990, 427 (435 f.)). So beliefen sich in den Jahren 1918 bis 1930
sowie 1934 und 1936 die Zahlen der Verurteilungen Jugendlicher zu Ge-

fängnisstrafen von weniger als drei Monaten im Deutschen Reich auf 49.779, 32.296, 45.995, 41.831, 24.949, 30.004, 18.731, 10.687, 10.183, 9.499, 9.713, 9.555, 9.928 sowie 5.024 und 6.445 (RKrSt 1928, 68; 1930, 15; 1936, 95).

6 **b) Modifikationen durch RJGG 1943.** Dieses Gesetz führte, neben den herkömmlichen Erziehungsmaßregeln und der Kriminalstrafe, in §§ 7–10 die – bereits seit 1940 geltende – Kategorie **Zuchtmittel** ein (für Entfernung etwa DVJJ 99, Thesen Forum II, 1; Gesetzentwurf BR-Drs. 238/04). Dazu wurden, ergänzend zu JA in § 8, in § 9 die **Auferlegung besonderer Pflichten** und in § 10 die **Verwarnung** platziert. Diese beiden zuletzt genannten Rechtsfolgen waren allerdings schon im **JGG 1923** enthalten (§ 7 Nr. 3 bzw. Nr. 1), jedoch als **Erziehungsmaßregeln** (dies sind sie der Sache nach auch geblieben; krit. *Müller/Otto* in Müller/Otto, Damit Erziehung nicht zur Strafe wird, 1986, 2).

2. Begriff und Bedeutung

7 **a) Erzieherische Zielsetzung und Ahndung.** Der Begriff Zuchtmittel ist im Gesetz nicht definiert, sodass sich lediglich Rückschlüsse aus der Stellung der Zuchtmittel zwischen Erziehungsmaßregeln und JStrafe ziehen lassen. Dabei ergibt sich zum einen, dass mit den Erziehungsmaßregeln eine Übereinstimmung insofern besteht, als auch Zuchtmittel eine erzieherische Zielsetzung verfolgen, dh sie müssen danach ausgewählt und bestimmt werden, dass sie erzieherisch iSd Erwartung der Amtierenden („positiv") wirken. Im Einzelnen ist der erzieherische Gehalt der Zuchtmittel bei der Verwarnung **(Abs. 2 Nr. 1)** sowie bei den Auflagen der Schadenswiedergutmachung und der Entschuldigung **(Abs. 2 Nr. 2 iVm § 15 Abs. 1 Nr. 1, 2)** eher gewährleistet als bei der Geldauflage (Abs. 2 Nr. 2 iVm § 15 Abs. 1 Nr. 4) und bei dem JA (Abs. 2 Nr. 3). – Auch umfassen sämtliche Zuchtmittel zugleich eine Ahndung **(Abs. 1 Hs. 1),** dh sie sollen (auch) dem Schuldausgleich oder der Vergeltung dienen (vgl. *Schaffstein/Beulke/ Swoboda* JugendStrafR 387; in der Begründung abw. *Ostendorf* in NK-JGG grdl. zu §§ 13–16 Rn. 4.

8 **b) Verhältnis zu Strafen.** Jedoch wird betr. Zuchtmittel auch für JA von Gesetzes wegen **(Abs. 3)** noch immer (vgl. aber zur Herkunft → Rn. 3–6, → Einl. Rn. 16) die Rechtswirkung einer Strafe verneint. Dies bedeutet zwar, dass der Betroffene nicht als **vorbestraft** gilt und dass Zuchtmittel, sofern sie nicht in Verbindung mit JStrafe verhängt werden, nicht in das BZR eingetragen werden (§ 5 Abs. 2 BZRG). Indes hat es benachteiligende Auswirkungen zB für die Rechtsmittelbeschränkung (s. § 55 Abs. 1 S. 2) sowie für die Voraussetzung notwendiger Verteidigung (vgl. → § 68 Rn. 32).

8a Gleichwohl tritt aufgrund des (auch) ahndenden Wesens der Zuchtmittel – im Unterschied zu Erziehungsmaßregeln – ein **repressiver Wesensgehalt** hinzu. Demgemäß wird teilweise die Auffassung vertreten, bei den Zuchtmitteln, zumindest aber bei JA, handele es sich inhaltlich um eine Strafe (zur teilweisen Geltung der DSVollzO auch für den JAVollzug s. etwa AV JVerwBl Hmb. 88, 103 f.). Dafür lässt sich anführen, dass andernfalls Abs. 3 als überflüssig – und nicht nur als Klarstellung – erscheinen könnte. – Von diesen Erwägungen unabhängig ist, dass Zuchtmittel bei einzelnen Vorschriften des allg. StR oder StVR begrifflich als „Strafe" (vgl. nur *Lobinger* Kostentragung 363) behandelt werden können (vgl. → § 2 Rn. 19).

c) Negative Auswirkungen. Im Gegensatz zu Erziehungsmaßregeln und 9 zur JStrafe sind Zuchtmittel **nicht** auf **Dauerwirkung** angelegt. Dies soll ua dem Zweck dienen, negative Auswirkungen zB auch in Schule und Beruf zu vermeiden. Demgegenüber hat es teilweise den Anschein, als ob etwa bei Fragen der Ausbildungs- und Arbeitsplatzvergabe auch die Verurteilung zu Zuchtmitteln ausdrücklich registriert und negativ berücksichtigt werde (s. krit. schon *Dallinger/Lackner* Rn. 4). Zudem liegen Anhaltspunkte dafür vor, dass auch Arbeitsgerichte der Verhängung von Zuchtmitteln bei der Entscheidung über Lehr- und Arbeitsverhältnisse ein gewisses negatives Gewicht beimessen (vgl. vormals etwa ArbG Wilhelmshaven RdJB 1957, 206; allerdings ist von gerichtlicher Seite sogar der EB eine negative Auswirkung beigemessen worden (LG München FamRZ 1979, 850 f.)).

Nach (gegenwärtig) überwiegender erziehungspsychologischer Auffassung 10 gilt von den Arten der Zuchtmittel inbesondere der **JA** als **erzieherisch ungeeignet** (vgl. → § 5 Rn. 16 sowie → § 16 Rn. 19). Es scheint vielfach selbst an einer temporären Effizienz zu fehlen, wie sie autoritären Erziehungsmaßnahmen im Allg. zukommt, weil unter den besonderen Umständen des JStR weder eine Androhung gewissermaßen unmittelbar vor Tatbegehung noch die Wahrscheinlichkeit nahezu regelmäßiger Erfassung gegeben ist.

III. Voraussetzungen

1. Verhältnismäßigkeit

Zuchtmittel sind nur dann **zulässig,** wenn begründet angenommen 11 werden darf, dem Jugendlichen müsse eindringlich zum Bewusstsein gebracht werden, dass er für das von ihm begangene Unrecht einzustehen hat (zur gebotenen Differenzierung zwischen gesetzlicher Zielrichtung und tatsächlicher Wirkung vgl. bereits → § 10 Rn. 6), und wenn Erziehungsmaßregeln „nicht ausreichen" (§ 5 Abs. 2; vgl. auch BGH StV 2017, 713 = BeckRS BeckRS 2017, 122307; näher → § 5 Rn. 20, 89), andererseits JStrafe nicht geboten ist (schon deshalb ist zB eine Kopplung von JA mit Aussetzung der Verhängung der JStrafe zBew (§ 8 Abs. 2 S. 2, § 16a) widersprüchlich; näher → § 8 Rn. 14).

Hiernach sind Zuchtmittel bei bloßen „Unbotmäßigkeiten" oder gering- 11a fügigen Streichen aus einer überschwenglichen Verfassung heraus auch dann, wenn sie nicht ganz unerhebliche Beeinträchtigungen oder Schäden verursacht haben, eine zu gewichtige und also nicht verhältnismäßige Rechtsfolge (Ausnahme ggf.: Verwarnung (§ 14)). Insbesondere ist zu berücksichtigen, dass bereits das JStV den Beschuldigten in einem Ausmaß zu beeinträchtigen vermag, das dem durch die Verfehlung entstandenen Schaden nicht mehr entspricht. In solchen Fällen sollte eine außergerichtliche Erledigung und Einstellung des Verfahrens (§ 45 Abs. 2) vorgenommen werden. − Bei Bejahung von „Schwere der Schuld" (§ 17 Abs. 2 Alt. 2) hingegen sind Zuchtmittel keine ausreichende Rechtsfolge.

2. Anwendungsroutinen

12   **a)** Entsprechend der ideologischen Tendenz in der Entstehungsgeschichte
(vgl. → Rn. 4, 5) gelten Zuchtmittel als geeignet nur für „im Grunde gut
geartete" Jugendliche, bei denen ein Appell an das „Ehrgefühl" (krit.
Frehsee DVJJ 1990, 320; *von Beckerath* Jugendstrafrechtliche Reaktionen bei
Mehrfachtäterschaft, 1997) und ein „Zwang zur Selbstbesinnung" noch
Erfolg versprechend seien (vgl. BGHSt 18, 207 (209)). Dies sei nicht der Fall
bei als „verwahrlost", erheblich „gefährdet" bzw. „frühkriminell" bezeichneten Jugendlichen, da Zuchtmittel als zeitlich befristete, gewissermaßen punktuell wirkende Rechtsfolgen dann nicht ausreichten. Nicht geeignet seien
auch geistig erheblich zurückgebliebene Jugendliche, soweit sie den Sinn der
Zuchtmittel nicht verstünden. – Als „nicht angezeigt" bzw. „unzulässig" galt
JA bei Juden bzw. Sinti und Roma („Zigeuner"), da diese nach ihren
„Rasseeigenschaften" dessen Zweck, die „Einordnung in die Volksgemeinschaft, ... nicht zugänglich sein" könnten (RG Deutsches Recht 1943, 516).

12a   Allerdings sind **Zuschreibungen** iSv „gut geartet" bzw. „nicht gut geartet" unvereinbar mit den Grundlagen des KJHG (vgl. etwa → § 12 Rn. 10–
12). Zudem sind sie inhaltlich **disponibel** und individualistisch orientiert,
und sie stellen zugleich eine methodisch unergiebige Verkürzung der Heterogenität strafrechtlich erfasster Jugendlicher dar. Zugleich fördern sie Stereotypisierungen, dh die systematische Überschätzung von etwaigen Unterschieden zwischen „gut Gearteten" und anderen Jugendlichen sowie die systematische Unterschätzung von Unterschieden innerhalb beider Kategorien.

13   **b)** Nach allg. Erkenntnissen der Effektivitätsmessung innerhalb der Sank-
tions- und Interventionsforschung kann ggf. auch ein kurzfristiges Bemühen
eine langfristige erzieherische Auswirkung zur Folge haben (zust. iZm Erziehungsbedürftigkeit und -fähigkeit (→ § 5 Rn. 13) *Lobinger* Kostentragung
132). Sofern jedoch eine kontinuierliche erzieherische Hilfeleistung erforderlich erscheint, ist die Anordnung von Zuchtmitteln ungeeignet.

14   **c)** Mitunter wird die Auffassung vertreten, wegen der kürzeren Einwirkungsdauer von Zuchtmitteln seien Verbindungen (§ 8) mit Erziehungsmaßregeln oftmals angezeigt. Demgegenüber verfolgen Erziehungsmaßregeln
bzw. Zuchtmittel unterschiedliche erzieherische Ziele, die sich untereinander eher ausschließen als ergänzen (vgl. auch → Rn. 11, → § 5 Rn. 18; auch
allg. → § 8 Rn. 2).

IV. Verfahrensrechtliches

1. Einzelne Rechtsfragen

15   **a)** Die Gefahr der Verhängung von Zuchtmitteln rechtfertigt die **Verweigerung** der **Aussage** iSv § 55 StPO (vgl. BGHSt 9, 34).

16   **b)** Zuchtmittel werden regelmäßig durch **Urteil** angeordnet; wegen der
Urteilsformel vgl. → § 54 Rn. 11. – Auflagen können jedoch zur Vorbereitung der Einstellung des Verfahrens (§§ 45 Abs. 3, 47 Abs. 1 Nr. 3) sowie
iRd BewHilfe (§ 23) durch **Beschluss** angeordnet werden (§ 58 Abs. 1);
auch der JA gem. § 11 Abs. 3 wird durch Beschluss verhängt (§ 65 Abs. 1).
– Die Überlassung der Auswahl und Anordnung von Zuchtmittel an das
FamG ist unzulässig (vgl. → § 53 Rn. 9).

2. Registereintragungen

Wegen der Eintragung in das BZR ist § 5 Abs. 2 BZRG, wegen derjeni- 17
gen in das Erziehungsregister ist § 60 Abs. 1 Nr. 2 BZRG einschlägig.

3. Gnadenentscheidung

Auch bei Zuchtmitteln ist eine Entscheidung im Gnadenwege möglich (s. 18
etwa § 1 S. 1 Thür GnO; vgl. auch *Birkhoff/Lemke* GnadenR 277; zum
Ganzen *Sonnen* FS Streng, 2017, 617 ff.).

Verwarnung

14 Durch die Verwarnung soll dem Jugendlichen das Unrecht der Tat eindringlich vorgehalten werden.

Übersicht

	Rn.
I. Anwendungsbereich	1
II. Zielsetzung und Anwendungshäufigkeit	2
1. Erzieherische Zwecke	2
2. Statistische Angaben	3
III. Voraussetzungen	4
1. Systematische Stellung	4
2. Verhältnismäßigkeit	6
3. Verbindungen	7
IV. Vollziehung	8
1. Verhältnis von Verhängung und Vollziehung	8
2. Zur Verfahrenspraxis	9

I. Anwendungsbereich

Es gelten die Erl. zu → § 13 Rn. 1 f. entsprechend. Ungeachtet der 1
grundsätzlichen Anwendbarkeit wird eine Verwarnung gegen Heranwachsende, auch wenn diese zur Zeit der Tat noch Jugendliche waren, nur teilw.
als sinnvoll gelten können. Zu berücksichtigen ist hier, dass diese Rechtsfolgenkategorie auf den Entwicklungsstand Jugendlicher ausgerichtet ist
(*Dallinger/Lackner* § 105 Rn. 63).

II. Zielsetzung und Anwendungshäufigkeit

1. Erzieherische Zwecke

Die **Verwarnung** (noch im **JGG 1923** als **Erziehungsmaßregel** aus- 2
gestaltet, vgl. → § 13 Rn. 5) **soll** überwiegend erzieherischen Zwecken
dienen; allerdings hat sie als ausdrückliche gerichtliche Reaktion (auch)
einen **repressiven Charakter** (etwa im Sinne einer Ehrenstrafe). Die Verwarnung soll eine „förmliche Zurechtweisung" des Verurteilten sein, durch
die er auf die Schwere des Schuldvorwurfs und auf die Folgen für den
Verletzten und die Allgemeinheit hingewiesen wird. Zugleich soll er vor

weiteren Verfehlungen (auch im eigenen Interesse) gewarnt und unter Anrufung seiner Ehre und seines Gewissens zur Rücksichtnahme ggü. anderen ermahnt werden. Während entsprechende Elemente auch in anderen jugendstrafrechtlichen Rechtsfolgen enthalten sind, hebt sich die Verwarnung hiervon durch die Art und Weise ab, in der sie – im Urteilsspruch (vgl. → § 54 Rn. 11) und in der Vollziehung (vgl. → Rn. 8 ff.) – angewandt wird.

2. Statistische Angaben

3   Bezogen auf Verurteilte ist die Verwarnung nach der Erteilung von Auflagen die **zweithäufigste** jugendstrafrechtliche Rechtsfolge. Die Zahlen beliefen sich in den Jahren 1988, 1996 und 2004 (gem. StBA jeweils in den „alten" Bundesländern) sowie in den Jahren 2012, 2014, 2016 und (in Deutschland insgesamt), bezogen auf 1.000 Verurteilte, auf 323.7, 289.7 und 286.4 sowie 288.8, 280.2, 275.1 und 278,9 – betr. Jugendliche auf 362.9, 320.0 und 293.1 sowie 312.3, 304.4, 298.4 und 301,8, betr. Heranwachsende auf 290.2, 258.5 und 239.6 sowie 266.2, 257.7, 253.6 und 258,0 (StrafSt Tabelle 4.3, 4.4), wobei sich in der Anwendungshäufigkeit regional bzw. getrennt nach Bundesländern erhebliche Unterschiede finden (s. hierzu auch *Pfeiffer/Strobl* DVJJ-Journal 1992, 250 ff.; s. ferner *Eisenberg/Kölbel* Kriminologie § 39 Rn. 25).

III. Voraussetzungen

1. Systematische Stellung

4   Zur Bestimmung der Voraussetzungen der Verwarnung ist zunächst von deren Verhältnis zur Ermahnung iSv §§ 45 Abs. 3, 47 Abs. 1 Nr. 3 auszugehen. Der Unterschied besteht darin, dass die Ermahnung – ohne Trennung zwischen Anordnung und Vollziehung – formlos ausgesprochen wird und zur Einstellung des Verfahrens führt. Inhaltlich bestehen Unterschiede zwischen beiden (jeweils eine negative Reaktion enthaltenden) Rechtsfolgen darin, dass die Ermahnung, die frei von dem repressiven Wesen eines Zuchtmittels (und dem Bezug zur Ehre) ist, schon deshalb tendenziell eher zukunftsorientiert ist als die Verwarnung.

5   Eine Verwarnung durch **Urteil** wird idR **nur** dann in Betracht kommen, wenn sich erst in der HV ergibt, dass eine „förmliche Zurechtweisung" des Jugendlichen angezeigt erscheint. Soweit jedoch von vornherein keine schwerere Rechtsfolge als eine Verwarnung zu erwarten ist, was bei leichteren Straftaten im Allg. der Fall sein wird, so steht die Benachteiligung des Beschuldigten durch das förmliche Verfahren ebenso wie der Verfahrensaufwand meist in keinem Verhältnis zu dieser Rechtsfolge, sodass in solchen Fällen gem. § 45 Abs. 3 bzw. § 47 Abs. 1 Nr. 3 vorgegangen wird (bzw. werden sollte).

2. Verhältnismäßigkeit

6   Im Allg. wird eine Verwarnung (ohne Verbindung mit anderen Rechtsfolgen) ohnehin bei eher **leichten Verfehlungen** solcher Jugendlicher in Betracht kommen, die bereits durch das Verfahren einschließlich der gerichtlichen Verhandlung iSd Ziels der Einhaltung der Legalordnung beeindruckt

worden sind. Dies kann durchaus trotz wiederholter Verfehlungen der Fall sein (zur Ideologie betr. „Gutartige" krit. → § 13 Rn. 12). Aber auch bei einer vergleichsweise schwereren Verfehlung kann ggf. eine Verwarnung als die pädagogisch angezeigte Reaktion ausreichen.

3. Verbindungen

Wenig stimmig ist es, die Verwarnung regelmäßig dann mit einer Weisung 7 oder einer Auflage zu verbinden, wenn durch die Verwarnung das in der Tat enthaltene Unrecht (gar im Sinne einer „Ehrenstrafe", vgl. → § 13 Rn. 4) besonders betont werden soll (vgl. auch *Zieger/Nöding* Verteidigung Rn. 58: „Entwertung" der Verwarnung). Im Hinblick auf die unterschiedlichen Ziele der genannten Rechtsfolgen und auf das erzieherische Gebot der Klarheit wird hingegen auch bei der Verwarnung eine Verbindung (§ 8) zumindest nicht die Regel sein dürfen (näher → § 8 Rn. 2 sowie → § 13 Rn. 14).

IV. Vollziehung

1. Verhältnis von Verhängung und Vollziehung

Zu trennen ist zwischen der Verhängung durch Ausspruch der Rechtsfolge 8 einerseits und deren (Rechtskraft voraussetzenden) Vollziehung andererseits.

Die Verwarnung soll grundsätzlich nur mündlich erteilt werden (RL IV 8a Nr. 1 zu §§ 82–85; *Dallinger/Lackner* Rn. 9; *Potrykus* Anm. 5), ohne dass allerdings die schriftliche Form ausgeschlossen wäre. Es sollte im Einzelfall die Form gewählt werden, die aus pädagogischer Sicht eine am ehesten geeignete Wirkung hat.

2. Zur Verfahrenspraxis

a) Bei allseitigem **Rechtsmittelverzicht** sollte die Verwarnung nach 9 Möglichkeit im Anschluss an die Verhandlung erteilt werden.

b) Soweit das Urteil – zB aufgrund der Abwesenheit des JStaatsanwalts in 10 der mündlichen Verhandlung im vereinfachten JVerfahren (vgl. dazu → §§ 76–78 Rn. 25, 33) oder des Fehlens des gesetzlichen Vertreters in der HV – erst später rechtskräftig wird, wird ggf. von der Anberaumung eines **Termins** (nur) zwecks **Vollziehung** der Verwarnung abgesehen werden dürfen.

aa) Gegenüber einem besonderen Termin bestehen neben erzieherischen 10a wie auch behördlich-zeitökonomischen Einwänden (vgl. auch *Brunner/Dölling* Rn. 5; verfehlt *Diemer* in Diemer/Schatz/Sonnen Rn. 7: „müssen von dem Jugendlichen als Folge seines strafbaren Verhaltens hingenommen werden") zusätzliche Bedenken im Hinblick auf den Grundsatz der Verhältnismäßigkeit, zumal inhaltlich gar nur dasselbe bzw. substantiell nicht wesentlich mehr gesagt wird, wie es bei der Urteilsverkündung bereits der Fall war. Zudem besteht keine Verfahrensvorschrift, die eine zwangsweise Vorführung des Verurteilten zu einem solchen Termin zuließe (allg. Auffassung).

bb) Als Alternative kommt die schriftliche Vollziehung der Verwarnung 11 in Betracht. Dabei steht dem Nachteil des Unpersönlichen der Vorteil ggü., dass weder ein Schul-, Ausbildungs- oder Arbeitsversäumnis eintritt noch eine – möglicherweise weite – Fahrtstrecke zum Gericht zurückzulegen ist. – Allerdings kann im Wege der Amtshilfe auch ein anderer als der erkennende Richter um mündliche Vollziehung ersucht werden (OLG Hamm Zbl 1970, 56 f.; gegen GA 1969, 251), da es sich um Maßnahmen des Vollstreckungsleiters handelt, die – soweit nicht gem. § 83 jugendrichterliche Entscheidungen betroffen sind – Akte der Justizverwaltung sind (näher → § 83 Rn. 2 ff., 6 ff.).

Auflagen

15 (1) ¹Der Richter kann dem Jugendlichen auferlegen,

1. nach Kräften den durch die Tat verursachten Schaden wiedergutzumachen,

2. sich persönlich bei dem Verletzten zu entschuldigen,

3. Arbeitsleistungen zu erbringen oder

4. einen Geldbetrag zu Gunsten einer gemeinnützigen Einrichtung zu zahlen.

²Dabei dürfen an den Jugendlichen keine unzumutbaren Anforderungen gestellt werden.

(2) Der Richter soll die Zahlung eines Geldbetrages nur anordnen, wenn

1. der Jugendliche eine leichte Verfehlung begangen hat und anzunehmen ist, daß er den Geldbetrag aus Mitteln zahlt, über die er selbständig verfügen darf, oder

2. dem Jugendlichen der Gewinn, den er aus der Tat erlangt, oder das Entgelt, das er für sie erhalten hat, entzogen werden soll.

(3) ¹Der Richter kann nachträglich Auflagen ändern oder von ihrer Erfüllung ganz oder zum Teil befreien, wenn dies aus Gründen der Erziehung geboten ist. ²Bei schuldhafter Nichterfüllung von Auflagen gilt § 11 Abs. 3 entsprechend. ³Ist Jugendarrest vollstreckt worden, so kann der Richter die Auflagen ganz oder zum Teil für erledigt erklären.

Schrifttum *Frehsee,* Schadenswiedergutmachung als Instrument strafrechtlicher Sozialkontrolle, 1987; *Itzel,* Die Abgrenzung der Weisungen von den Auflagen nach dem JGG, 1987; *von Spiegel,* Drittwirkung der Geldstrafe, 1979.

Übersicht

I. Anwendungsbereich

Es gelten im Allgemeinen die Erl. zu § 13 Abs. 1 entsprechend (→ § 13 **1** Rn. 1 ff.)

Bei Soldatinnen und Soldaten sollen die Besonderheiten des Wehrdienstes **2** berücksichtigt werden (§ 112a Nr. 3), und zwar bei der Anordnung wie auch durch Anpassung von (bereits zuvor angeordneten) Auflagen (näher → § 112a Rn. 16–18, 21f).

II. Zielsetzung

Die – abschließend geregelten – **Auflagen** sind im Verhältnis zu Erzie- **3** hungsmaßregeln **subsidiär** (§ 5 Abs. 2; vgl. näher → § 5 Rn. 20, 89, → § 13 Rn. 11). Sie sind, und zwar namentlich diejenigen gem. Abs. 1 Nr. 1 und 2, in besonderem Maße Ausdruck **negativer Sanktionierung** des strafrechtlich erfassten Verhaltens, da sie stets den Bezug zur Tat wahren. Der Unterschied zu den Weisungen besteht darin, dass nicht die Regelung der Lebensführung des Jugendlichen angestrebt wird, sondern dass ihm durch Auferlegung einer Leistungspflicht das begangene Unrecht und die daraus erwachsenen Folgen bewusst gemacht werden sollen. – In **keinem Fall** dürfen an den Verurteilten **unzumutbare** Anforderungen gestellt werden **(Abs. 1 S. 2).**

III. Schadenswiedergutmachung

1. Leistung

4 **a)** Es kommen neben oder anstelle der Zahlung eines Geldbetrages Arbeits- oder andere Ersatzleistungen (zB Reparatur oder Wiederherrichten eines beschädigten Gegenstandes/sonstigen Objektes) in Betracht (vgl. auch RL 1). Wegen der Kosten der Ausführung ist, nicht unbedenklich im Hinblick auf ggf. zusätzliche, der Zukunftsorientierung entgegenstehende Belastungen, RL Nr. 5 zu § 74 einschlägig (krit. auch *Ostendorf* ZRP 1988, 434 f.; s. aber zur Förderung JuM SchlH SchlHA 1989, 171 f.). Zu Fragen betr. Unfall- und Haftpflichtversicherung vgl. die Erl. bezüglich entsprechender Weisungen (→ § 10 Rn. 21). – Teilweise wird eine derartige (Schadens-)Wiedergutmachung auch iRd Bemühens um einen „Täter-Opfer-Ausgleich" durchgeführt (vgl. ferner zur Frage einer Kopplung → § 10 Rn. 27); vgl. allg. Koalitionsvertrag-Bund v. 27.11.2013, Zeilen 6625–6627: Gedanken der Wiedergutmachung stärken, entsprechend der Vorgabe in Art. 12 RL 2012/29/EU (Europäisches Parlament und Rat) v. 25.10.2012 über „Mindeststandards für die Rechte, die Unterstützung und den Schutz von Opfern von Straftaten sowie zur Ersetzung des Rahmenbeschlusses 2001/220/JI"(ABl. 2012 L 315, 57 ff.).

5 **b) „Nach Kräften"** bedeutet, dass der Verurteilte durch die Auflage (auch im Hinblick auf Abs. 3 S. 2) nicht überfordert und entmutigt werden darf, gleichwohl aber zur Anstrengung angehalten werden soll. Diese Formulierung lässt erkennen, dass es bei dieser Auflage wesentlich auf den „guten Willen" und tendenziell weniger oder zumindest nicht unbedingt auf eine volle Wiedergutmachung ankommen soll (s. auch *Theißen* Zbl 1984, 543; anders *Putzke* in BeckOK JGG Rn. 21 unter deshalb verfehltem Umkehrschluss aus § 10 Abs. 1 S. 3 Nr. 7, weil das Gelingen des dort genannten Ausgleichs nicht allein von dem Verurteilten abhängt).

2. Zivilrechtliches Rechtsverhältnis

6 **a)** Gemäß der Voraussetzung eines **Schadens muss** die Leistung zivilrechtlich eine **Grundlage** haben (vern. bei rechtskräftiger Abweisung der zivilrechtlichen Klage LG Zweibrücken NStZ 1997, 283; betr. Nichtvermögensschaden zu den Voraussetzungen gem. § 253 Abs. 1 bzw. Abs. 2 BGB LG Oldenburg StV 2017, 713 (Ls.)); andernfalls ist sie gesetzwidrig (allg. Auffassung für das JStR wie für das allg. StR (vgl. nur LG Frankenthal StraFo 2009, 218)) und – trotz § 55 Abs. 1 – durch Rechtsmittel anfechtbar (vgl. auch BGH StV 2017, 713 = BeckRS 2017, 122307). Im Unterschied zum allg. StR (vgl. OLG Hamm NJW 1976, 527; OLG Stuttgart NJW 1980, 1114) wird es im JStR zudem als zumindest vertretbar anzusehen sein, auch die Nicht-Verjährung als Voraussetzung anzuerkennen (*Jakobs/Molketin* Jugendwohl 1983, 159 (163)). Denn Auflagen dienen zwar (auch) der Ahndung (§ 13 Abs. 1 Hs. 1), jedoch müssen sie zumindest auch eine erzieherische Zielsetzung iSv § 2 Abs. 1 S. 2 haben (vgl. → Rn. 7), und zwar in stärkerer Qualität als die JStrafe (aA *Diemer* in Diemer/Schatz/Sonnen Rn. 8 („Sühnefunktion dieser Auflage"); *Linke* in HK-JGG Rn. 9). Ebenso wird die auferlegte strafrechtliche Pflicht gegenstandslos, falls der

Geschädigte auf Wiedergutmachung wirksam verzichtet oder der Schaden von einem Dritten (zB Gesamtschuldner oder Haftpflichtversicherung) erstattet wird (iErg ebenso zum allg. StR M-G 16 zu $\S$ 153a: nicht angebracht; aA *Ostendorf* in NK-JGG Rn. 10; *Putzke* in BeckOK JGG Rn. 14).

Soweit der Jugendliche Leistungen erbringt, auf die der Geschädigte einen **6a** Anspruch hat, bedeutet dies Tilgung des Anspruchs durch Erfüllung. Falls der Jugendliche andersartige Leistungen erbringt, die den Schaden mittelbar ausgleichen, die jedoch zivilrechtlich nicht geschuldet sind, so setzt das Erlöschen des Anspruchs die Annahme an Erfüllungs statt voraus ($\S$ 364 BGB); in solchen Fällen ist es angezeigt, dass der Richter sich der entsprechenden Bereitschaft des Geschädigten versichert.

b) In **zivilrechtlich unklaren** oder streitigen Fällen sollte diese Auflage **7** nicht angeordnet werden, da insoweit (gem. $\S$ 2 Abs. 1 maßgebliche) grundlegende erzieherische Prinzipien – hier diejenigen der Klarheit und der Konsequenz – entgegenstehen und deshalb der erzieherische Sinn in sein Gegenteil verkehrt werden könnte. Von der Anordnung sollte auch dann **abgesehen** werden, wenn der Schaden zwar im Außenverhältnis von mehreren Schuldnern und insofern auch vom Beschuldigten zu tragen ist, im Innenverhältnis aber ein anderer allein aufzukommen hat (n. *Brunner* Zbl 1976, 269 mN).

c) Die **Höhe** des **zivilrechtlichen** Anspruchs des Verletzten bestimmt **8** zugleich die **Höchstgrenze** der Auflage. Unter Berücksichtigung der **zukunftsorientiert** zu prüfenden erzieherischen Wirksamkeit der Auflage und der Leistungsfähigkeit des Jugendlichen wird der Schaden meist **nicht ausgeschöpft** werden dürfen.

d) Nicht empfehlenswert ist es, die Zahlung der **Verfahrenskosten** auf- **9** zuerlegen (für das allg. StR abl. BGHSt 9, 365; OLG Hamm NJW 1956, 1887; für das JStR abl. schon *Dallinger/Lackner* Rn. 3). Dagegen spricht, dass ein ursächlicher Zusammenhang zwischen der Tat und den der Allgemeinheit zur Last fallenden Verfahrenskosten und -auslagen nicht unmittelbar zu erkennen ist. Auch lässt sich wegen der **Verteidigung**sbelange im Einzelnen meist nicht sicher feststellen, ob zB eine umfangreiche Beweisaufnahme oder eine kostenaufwändige Verzögerung des Verfahrens mutwillig herbeigeführt ist. Endlich kann es erzieherisch abträglich sein, wenn der Verurteilte insoweit an den Staat, deren Repräsentanten in Gestalt der JRichter für ihn Vertrauenspersonen sein sollen, Zahlungen zu leisten hat.

3. Bestimmtheitserfordernis

Im Einzelnen ist die **genaue Bezeichnung** dessen erforderlich, welche **10** Arbeits- oder Ersatz**leistungen** oder aber Geld**zahlungen** (s. zu Schmerzensgeld LG Bremen NJW 1971, 153) zu erbringen sind und in welcher Art und Weise und zu welchen Zeitpunkten oder -räumen dies zu geschehen hat. So reicht die Anweisung, „den angerichteten Schaden nach besten Kräften wiedergutzumachen", nicht aus. Die erforderliche Klarstellung vermeidet nachfolgende Schwierigkeiten, erleichtert die Überwachung und ist maßgebend für die etwaige Verhängung des JA gem. Abs. 3 S. 2 (bzw. $\S$ 23 Abs. 1 S. 4 oder für den Widerruf der Aussetzung der Strafvollstr zBew gem. $\S$ 26 Abs. 1 S. 1 Nr. 3).

4. Voraussetzung erzieherischer Geeignetheit

11 **a)** Die Anordnung dieser Auflage begründet eine **strafrechtliche Verpflichtung** zum Schadensausgleich. Sie gilt als erzieherisch geeignet, weil sie eine dem Jugendlichen unmittelbar verständliche Rechtsfolge darstellt (vgl. etwa auch *Frehsee* KrimJ 1982, 126 sowie *Frehsee,* Schadenswiedergutmachung als Instrument strafrechtlicher Sozialkontrolle, 1987, 231–233). Jedoch kann ein Konflikt zwischen erzieherischen Belangen einerseits und Interessen des Geschädigten andererseits schon deshalb vorliegen, weil sich nicht ohne weiteres beurteilen lässt, ob und mit welchen etwaigen Folgen die im Rahmen einer Ahndung abverlangte Erinnerung an die Tat erziehungspsychologisch als Verstärkung wirken und daher **erzieherisch abträglich** sein wird. Dies gilt besonders für Fälle, in denen die Vollstr eines zivilrechtlichen Schadensersatzanspruchs nicht möglich ist, der Anordnung der Auflage also gewissermaßen eine Ersatzfunktion zukommt. Auch das beim Einsatz der Wiedergutmachungsauflage offenbar die bloße Geldleistung im Vordergrund steht, nicht aber Arbeits- oder Ersatz- bzw. immaterielle Leistungen (so jedenfalls für den LG–Bezirk Kiel *Frehsee,* Schadenswiedergutmachung als Instrument strafrechtlicher Sozialkontrolle, 1987, 270 ff.), kommt zwar den praktischen Interessen der Geschädigten entgegen, weniger aber den Erziehungsbelangen.

12 **b)** Nur **eingeschränkt,** dh nur unter besonderen Voraussetzungen, wird sich bei dieser Auflage die **Verbindung** mit anderen Rechtsfolgen (§ 8) empfehlen, zumal nach empirischen Anhaltspunkten die Leistung am ehesten bei selbstständiger Anordnung erbracht wird (vgl. *Frehsee,* Schadenswiedergutmachung als Instrument strafrechtlicher Sozialkontrolle, 1987, 367; s. ferner *Herz* Bewährungshilfe 1984, 240; zur „restitution" in den USA *Schneider ua* JRCD 1982, 47). Denn es ist nicht ausgeschlossen, dass diese Auflage wegen der sozialpädagogisch ggf. möglichen „Überwindung" der Tat (dazu im Übrigen *Eisenberg* JR 1987, 490) eine hinreichende, erzieherisch positive Dauerwirkung hat. Sofern hingegen im Einzelfall ein längerfristiges erzieherisches Bemühen erforderlich ist (zu „kriminellen und verwahrlosten Tätern" *Dallinger/Lackner* Rn. 7), so erscheint diese Auflage als **unzulässig,** weil für ihre erzieherische Geeignetheit nichts dargetan ist und sie als bloße Repression und Schadensersatzleistung empfunden werden mag.

5. Anwendungshäufigkeit

13 Statistisch betrachtet ergibt sich bezogen auf Verurteilte (demgegenüber aber auch § 45 Abs. 3 S. 1, § 47 Abs. 1 Nr. 3) – trotz eines tendenziellen Anstiegs der absoluten Zahlen – eine vergleichsweise eher geringe Anwendung (nach *Knoll,* Empirische Untersuchungen zur richterlichen Sanktionsauswahl, 1978, 118 in 3,24 % der Urteile; zur Bedeutung der Kostenlast s. *Ostendorf* ZRP 1988, 434 f.; zur finanziellen Förderung schon JuM SchlH SchlHA 1989, 171 f.). – Für die Jahre 2012 und 2017 (in Deutschland insgesamt) beliefen sich die Zahlen der Anordnung bezüglich Jugendlicher auf 1.081 und 604 (von 28.479 verurteilten Jugendlichen), bezüglich Heranwachsender auf 1.716 und 1.027 (von nur noch 31.189 nach JStR verurteilten Heranwachsenden (StrafSt Tabelle 4.4; zu den Vorjahren RpflSt, Tabelle 3.4.2)).

IV. Entschuldigung

Diese Auflage kommt nur in Betracht, wenn der Verurteilte (str.; abw. **14** etwa *Putzke* in BeckOK JGG Rn. 37: nicht zwingend) wie auch der Verletzte zur Vornahme bzw. Entgegennahme bereit sind. Diese Voraussetzungen liegen in der höchstpersönlichen Eigenschaft der Entschuldigung begründet. Die Entschuldigung soll grundsätzlich in Gegenwart des JRichters vorgenommen werden. – Es besteht eine Nähe zu „symbolisch expressiven" Sanktionen als einer Art von demonstrativer Missbilligung.

Diese Auflage kann bei Heranwachsenden (§ 105 Abs. 1) ebenso an- **14a** gebracht sein wie bei Jugendlichen, dh es wird auch insoweit stets auf die Besonderheiten des Einzelfalles ankommen (ähnlich *Diemer* in Diemer/ Schatz/Sonnen Rn. 15).

1. Spezielle Voraussetzungen

Oftmals fehlt es an der Bereitschaft des Verletzten, vor Gericht zu erschei- **15** nen. Dabei handelt es sich um ein Bsp. dafür, dass eine kommunikative Rechtsfolgenregelung stets davon abhängt, ob das konkrete Opfer die Interaktion will. Nicht zuletzt deshalb wird diese Auflage in der Praxis vergleichsweise selten angewandt (vgl. → Rn. 16; betr. Zuchtmittel insgesamt bei → § 5 Rn. 10, → § 105 Rn. 49). – Aus sprachwissenschaftlicher Sicht begegnen Entschuldigung wie deren Annahme besonderer Prüfung des Inhalts, der nach dem Willen der Beteiligten zum Ausdruck gebracht werden sollte (krit. dazu *Klocke* Entschuldigung 344, 350).

Nimmt der Verletzte die Entschuldigung nicht an, so kann die Auflage **15a** gleichwohl als erfüllt gelten (allg. Auffassung). Im Übrigen bestünden erhebliche erzieherische Bedenken gegen eine Anordnung von JA gem. Abs. 3 S. 2 im Falle der Nichterfüllung (vgl. → § 11 Rn. 19).

2. Anwendungshäufigkeit

Der prozentuale Anteil hat bis Ende der 80er Jahre des 20. Jahrhunderts **16** abgenommen und weist seitdem gewisse Schwankungen auf. Die absoluten Zahlen lauten zB für die Jahre 1990 und 2000 (gem. StBA jeweils in den „alten" Bundesländern) sowie für die Jahre 2010 und 2017 (in Deutschland insgesamt) nur auf 135 und 119 sowie 221 und 143 (StrafSt Tabelle 4.4.1; zu den Vorjahren RpflSt 1988 Tabelle 3.4.2).

V. Arbeitsleistungen

1. Gesetzessystematische Aspekte

a) Diese Auflage wurde im Anschluss an verschiedene kriminalpolitische **17** Bestrebungen (vgl. CSU-Leitsätze zum JStR und JStVollz Zbl 1982, 821 (824 f.); zust. *Böhm* Info DVJJ Hessen 2/88, 13; s. aber auch schon Denkschrift 1964, 1 f.) durch das 1. JGGÄndG eingeführt. Zur Begründung wurde argumentiert, in bestimmten Fällen wäre in der Praxis – unzulässigerweise – eine nur äußerlich als Weisung bezeichnete, der Sache nach aber als

Arbeitsauflage zu würdigende Rechtsfolge ohnehin ausgesprochen worden (vgl. aber → § 10 Rn. 20, 20a). Indes mag die dogmatische Diskrepanz zwischen Weisung und Auflage sich aus der Sicht der Verurteilten schon deshalb nur eingeschränkt verwirklichen, weil beide Rechtsfolgen im Urteil ausgesprochen werden. Entsprechendes würde für eine (gedachte) kriminologische Differenzierung gelten (vgl. *Itzel,* Die Abgrenzung der Weisungen von den Auflagen nach dem JGG, 1987, 221, der Arbeitsleistungen zugunsten einer staatlichen oder gemeinnützigen Einrichtung nur als Auflage zulassen will). Im Übrigen wird teilweise auch in der **Durchführung** von Arbeitsweisung und etwaiger Arbeitsauflage kein Unterschied festgestellt (vgl. etwa betr. die Praxis im Rhein-Neckar-Kreis *Kremerskothen* Arbeitsauflagen 152 ff.; ergänzend Befragung von JRichtern und JStaatsanwälten *Höynck/Leuschner* Jugendgerichtsbarometer 104 f.; *Höynck/Leuschner* ZJJ 2014, 368), wenngleich die Zahl der auferlegten Arbeitsstunden mitunter eher noch höher angesetzt wird (vgl. etwa AG Nürnberg ZJJ 2013, 325 f. mAnm *Eisenberg:* 100 Stunden; AG Plön ZJJ 2013, 326 f. (betr. drei Angeklagte) 100, 120 und 150 Stunden).

18   **b)** Demgegenüber könnte in entsprechenden Fallgestaltungen eine adäquate Problembewältigung weithin schon iRd §§ 45, 47 geschehen (vgl. zur regional uneinheitlichen Praxis etwa → § 45 Rn. 17d). Ob die Arbeitsauflage mit dem Schutzbereich des Art. 12 Abs. 2 und 3 GG vereinbar ist, wurde bislang nicht grundsätzlich untersucht (eher nur punktuell dazu BVerfGE 74, 102 ff. (= NStZ 1987, 502 (Ls.) mAnm *Schaffstein*); ebenso Begr. BT-Drs. 11/5829, 18; vgl. aber betr. „Zurichtung" *Franzen* ZJJ 2018, 43 (45)). Eine pauschale Gleichstellung mit dem allg. StR (vgl. zur Arbeitsauflage bei bedingter Entlassung BVerfG NStZ 1991, 181 (betr. Art. 4 Abs. 3 Buchst. a EMRK)) wird sich – zumal nach Einführung von § 2 Abs. 1 – wegen der zentralen Bedeutung der Zukunftsorientierung kaum bejahen lassen (krit. auch *Brunner* Zbl 1987, 257 f.; zum Vorschlag entgeltlicher Beschäftigung, wobei der Verdienst gemeinnützigen Zwecken zufließen müsste, *Scholz* DVJJ-Journal 1992, 311), auch weil die Arbeitsweisung gerade wegen der weisungstypischen Funktionen als verfassungsrechtlich vertretbar beurteilt wurde (vgl. → § 10 Rn. 20). Als Zielvorstellung wird (auch hier) eine Normverdeutlichung genannt (vgl. DVJJ ZJJ 2016, 421).

2. Bestimmtheit und Zuständigkeit

19   **a)** Bewährungsauflagen müssen bestimmt (und daher eindeutig klar) sein, auch weil es andernfalls bei Überprüfung eines etwaigen Verstoßes an der Voraussetzung „schuldhaft" (§ 11 Abs. 3 S. 1) bzw. an den Voraussetzungen eines Widerrufs iSv § 26 Abs. 1 fehlt. Der Verurteilte muss klar erkennen können, was von ihm verlangt wird (daher unwirksam, wenn das Ende des Zeitraums, innerhalb dessen die Leistung zu erbringen ist, nicht bestimmt ist, vgl. BVerfG, 3. K. des 2. S., NJW 2016, 148 zum allg. StR).

19a   **b)** Das Gericht selbst hat die Ausgestaltung der Auflage festzulegen, wozu neben Art und Umfang der Leistung auch der Zeitraum, innerhalb dessen die Leistung zu erbringen ist, und nach Möglichkeit zudem der Ort bzw. die Stelle der Leistungserbringung zu bestimmen sind (zu Kommunikationsbedarf *Franzen* ZJJ 2018, 43 ff.). Indes wird es hinsichtlich der zuletzt genannten Vorgabe, ggf. gar zugleich bezüglich des Zeitraums, vertretbar sein, wenn das Gericht aus Gründen der praktischen Umsetzbarkeit durch die JGH (oder auch durch die Jugend-BewH) eine nachgeordnete Zuständigkeit dergestalt einräumt, dass die Bestimmung im Einvernehmen mit dem Gericht geschieht (vgl. etwa OLG Hamm ZJJ 2014, 174; KG StraFo 2014, 338; vgl. ähnlich zur Arbeitsweisung → § 10 Rn. 21a; abw. offenbar *Putzke* in BeckOK JGG Rn. 59). Allerdings muss auch eine solche Teil-Delegation, für den Verurteilten klar erkennbar, in dem Beschluss geregelt sein (KG StraFo 2014, 338).

3. Kosten; Versicherung

Wegen der **Kosten** der Ausführung vgl. RL Nr. 5 zu § 74 sowie → § 10 **20** Rn. 81 entsprechend (s. auch DVJJ 08, AK 4: „können vom Hilfen- und Leistungsspektrum der Jugendhilfe umfasst sein"; pauschal und ergebnisorientiert hingegen JuMiKo ZJJ 2007, 445). Das Ausmaß der Verhängung dieser Auflage scheint auch dadurch begünstigt zu werden, dass deren Finanzierung innerhalb der JHilfe durch Hintanstellung pädagogischer Betreuung vergleichsweise wenig aufwändig ist (n. *Höynck* FS Ostendorf, 2015, 457 f.). Betreffend Fragen der Unfall- und Haftpflicht**versicherung** gelten die Erl. bezüglich Weisungen (→ § 10 Rn. 21) entsprechend.

4. Häufigkeit und Umfang

Entgegen den aufgezeigten Bedenken (vgl. → Rn. 17, 18) weist die Ar- **21** beitsauflage nach kontinuierlichem Anstieg inzwischen − unbeschadet eines zuletzt geringfügigen Rückgangs − einen deutlich über der Geldauflage liegenden Anteil auf. Er betrug (ausgenommen kumulative Anordnung neben Entschuldigung) bezogen auf Zuchtmittel bei in den Jahren 2010, 2013 und 2017 nach JStR Verurteilten 43,75 %, 39,87 % und 37,70 % (StrafSt, Tabelle 4.3; umfasst sind Mehrfachzählungen). Bezogen auf Auflagen insgesamt belief sich der Anteil der Arbeitsauflage bei verurteilten Jugendlichen in diesen Jahren gar auf 82,34 %, 80,98 % und 81,01 %, bei Heranwachsenden auf 58,86 %, 55,96 % und 54,09 % (StrafSt, Tabelle 4.4).

Nach einzelnen empirischen Anhaltspunkten betrug der **Zeitraum** zwischen Tatbegehung und Vollstr der Auflage durchschnittlich 52,9 Wochen und die Zahl der Arbeitsstunden durchschnittlich 31,8 (vgl. betr. Rhein-Neckar-Kreis *Kremerskothen* Arbeitsauflagen 81 bzw. 137).

VI. Geldauflage

Im Unterschied zum allg. StR (§ 56b Abs. 2 Nr. 2 StGB, § 153a Abs. 1 **22** Nr. 2 StPO) ist die Zahlung stets an eine gemeinnützige Einrichtung zu leisten, weil dem Jugendlichen eine finanzielle Einbuße dadurch eher verständlich gemacht werden kann (BGH BGHR JGG Geldauflage 1 − juris). Gemeinnützig sind Einrichtungen dann, wenn durch deren Tätigkeit ausschließlich und unmittelbar die Allgemeinheit gefördert wird (OLG Düsseldorf JMBl. NW 1962, 191; vgl. auch MdJ NRW in JMBl. 1985, 186); der Staat ist idS keine solche Einrichtung (OLG Hamm MDR 1954, 245; OLG Zweibrücken StV 1991, 425 = NStZ 1992, 84 mAnm *Ostendorf;* OLG Nürnberg NStZ-RR 2008, 128 mAnm *Ebner* ZJJ 2008, 385 (nebst − abzulehnender, vgl. → § 54 Rn. 51a − Erwägung betr. § 354 Abs. 1a StPO).

Dabei sollte aus erzieherischen Gründen nach Möglichkeit eine solche gemeinnützige Einrichtung ausgewählt werden, deren Ziele auch der Verurteilte anerkennt. Aus diesem Grunde sollte der JRichter versuchen, diesbezügliche Vorstellungen des Jugendlichen (und ggf. auch des Erziehungsberechtigten) in Erfahrung zu bringen. Ob hingegen tendenziell am ehesten Einrichtungen der Bew- oder Straffälligenhilfe für Jugendliche zu bevorzugen seien, ist deshalb fraglich, weil der Verurteilte entsprechende Institutionen möglicherweise zumindest subjektiv als ihm nachteilig empfinden mag. – Die begünstigte gemeinnützige Einrichtung muss im Urteil (nach OLG Düsseldorf JMBl. NW 1960, 220 f. sogar in der Urteilsformel) genau benannt werden.

1. Verhältnismäßigkeit; Abwälzbarkeit

23 **a)** Zwar sollen Geldauflagen gem. **Abs. 2 Nr.** 1 nur dann angeordnet werden, wenn „**eine leichte Verfehlung**" zugrundeliegt (abw. AG Lübeck StV 2013, 759 = BeckRS 2013, 16591). Jedoch bestehen betr. Fahrlässigkeitsdelikte – wie schon im allg. StR bezüglich der Geldstrafe – aus erzieherischen Gründen erhöhte **Bedenken** ggü. der namentlich bei **Heranwachsenden** (§ 105 Abs. 1) vergleichsweise **ausgedehnten** Anwendungshäufigkeit vor allem wegen Straßenverkehrsdelikten. Jeweils ist zu besorgen, dass die Problembewältigung nicht über die Ebene des Finanziellen hinausgelangt; dies gilt insbes. für Verurteilte mit vergleichsweise hohem Einkommen, zumal der Eindruck entstehen oder verfestigt werden könnte, mit Geld sei Fehlverhalten auszugleichen. – Besteht ein Bedürfnis nach längerfristiger Erziehung oder gar eine Tendenz zu wiederholter Straftatbegehung, so ist die Geldauflage iSv Abs. 2 Nr. 1 nicht angezeigt.

24 **b)** Die zweite Voraussetzung innerhalb des Abs. 2 Nr. 1 soll der – erzieherisch abträglichen – **Gefahr** der **Abwälzung** der Leistungserbringung begegnen (vgl. anders § 46a Nr. 1 StGB, vgl. BGH BeckRS 2015, 9415: „Zahlung von der Familie erbracht"); §§ 46 Abs. 1, 56 Abs. 1 S. 1, § 17 Abs. 3 S. 2, § 98 OWiG (vgl. auch → § 2 Rn. 64 ff.); krit. dazu *Schenker* Zbl 1983, 524 ff. (526 f.)).

24a **aa)** (1) Eine häufige Form der Abwälzung der auf Vermögen gerichteten Rechtsfolgen besteht in deren „**Streuwirkung**" auf Angehörige und Familien- bzw. Gemeinschaftsmitglieder, und zwar insbes. dann, wenn untereinander Unterhaltsleistungen erbracht werden. Soweit das Zusammenleben als Konsumgemeinschaft ausgestaltet ist, ist es kaum regelmäßig möglich, dass nur das „bestrafte" Mitglied selbst die Beeinträchtigung des wirtschaftlichen Lebensstandards zu spüren bekommt. Eher werden die anderen Familien- bzw. Gemeinschaftsmitglieder in ihren Konsummöglichkeiten ebenfalls eingeschränkt, und zwar ggf. zu ähnlichen Anteilen wie der Verurteilte. Auch kann es vorkommen, dass diese allein eine Einbuße hinnehmen, während der Verurteilte seinen üblichen Konsum beibehält. Andererseits mag der Verlust jedoch, je nach den Verhältnissen im Einzelfall, von den genannten Personen informell sanktioniert werden, sodass der Verurteilte insofern ein anderes – ggf. der Intention des JGerichts zuwider laufendes – Strafübel erfährt.

24b (2) Zum anderen bedingt das Leistungsobjekt Geld die Möglichkeit, die zu zahlenden Beträge aus solchen Einkünften zu entrichten, die ihrerseits aus – ggf. neuerlich begangenen – Straftaten stammen. So mag die Geldauflage kriminogener **Anreiz** dafür sein (einschr. *Linke* in HK-JGG Rn. 20 (zu hoher Betrag), **andere Straftaten** zu begehen, um die Mittel zur Bezahlung der Geldauflage zu beschaffen (zB Diebstahl, Erpressung).

bb) Durchschlagende Möglichkeiten, den verschiedenen Formen der Ab- 25 wälzbarkeit oder auch der kriminogenen Bedeutung der Geldauflage zu begegnen, bestehen seither nicht (s. aber auch *v. Spiegel,* Drittwirkung der Geldstrafe, 1979). − Für Fälle einer zu befürchtenden Abwälzung auf Angehörige kämen Anordnungen in Betracht, die sich auf die wirtschaftlichen Verhältnisse oder die Unterhaltsleistungen beziehen.

c) Die **Höhe** des Geldbetrages, dessen Zahlung auferlegt wird, soll den 26 wirtschaftlichen Verhältnissen des Verurteilten angepasst sein. Der Geldbetrag darf nicht so bemessen werden, dass durch die Erfüllung der Auflage die in erster Linie gebotene Wiedergutmachung des Schadens in Frage gestellt wird. Unabhängig hiervon bestehen Bedenken hinsichtlich einer erzieherischen Wirksamkeit der Geldauflage, zumal sie als Ersatz für die (im JStR unzulässige) Geldstrafe empfunden werden kann (s. zur entspr. Bemessung der Höhe bei Trunkenheitsdelikten im Straßenverkehr *Bußmann/ Gerhardt* Blutalkohol 1984, 207). Ohnehin wird bei der Bemessung die obere Grenze iErg nicht über der Belastung mit einer Geldstrafe liegen dürfen, auf die bei Anwendung allg. StR etwa zu erkennen wäre (vgl. aber auch → § 18 Rn. 8 f.). Teilweise wird empfohlen, Sorge dafür zu tragen, dass der Jugendliche die Geldstrafe unter persönlichen Opfern erbringt − etwa durch Abzug von Lohn oder Taschengeld mit der Folge, Ausgaben in der Freizeit einschränken zu müssen. Allerdings lässt sich vielfach nicht einmal verläßlich feststellen, ob der Jugendliche den Geldbetrag voraussichtlich überhaupt mit Mitteln bezahlt, über die er selbstständig verfügen kann (vgl. auch → Rn. 33).

Gemäß dem *Verbot* der *Schlechterstellung* Jugendlicher ggü. Erwachsenen in 26a vergleichbarer Verfahrensituation ist eine rechtsstaatswidrige *Verfahrensverzögerung* schon wegen des auch ahndenden Elements zu berücksichtigen, zumal das JStV einem speziellen Beschleunigungsgebot unterliegt. Ob die zwingend zu erbringende Kompensation (*Kölbel* JR 2018, 575 (578)) nach dem sog. Vollstreckungsmodell (dazu beim JA → § 16 Rn. 29; bei der JStrafe → § 18 Rn. 44 ff.) erfolgen kann und muss, ist indes ungeklärt (ohne näher Begr. vern. BGH ZKJ 2017, 425 mit krit. Bspr. *Eisenberg* ZKJ 2017, 419 f.).

2. Abs. 2 Nr. 2

Hiernach ist V**oraussetzung,** dass ein **Gewinn** oder **Entgelt** aus der Tat 27 **noch vorhanden** ist, dh dass eine unberechtigte Bereicherung (noch) besteht (allg. Auffassung). Diese Art der Geldauflage dient sowohl erzieherischen Belangen als auch solchen des rechtlichen Ausgleichs. Allerdings unterscheidet sich die Geldauflage unter den Voraussetzungen des Abs. 2 Nr. 2 von derjenigen iSv Abs. 2 Nr. 1 dadurch, dass sie einen selbstständigen Ahndungscharakter nicht aufweist. Gerade die Erfahrung, dass ein Gewinn aus der Verfehlung nicht zurückbleibt, wird vielfach erzieherisch eher wirksam sein als die Verbindung mit einer zusätzlich ahndenden Rechtsfolge; anders verhält es sich im Falle eines solchen Erziehungsbedürfnisses, das die Verbindung mit einer Erziehungsmaßregel erfordert (s. aber auch *Dallinger/ Lackner* Rn. 12).

3. Anwendungshäufigkeit

28   Trotz der verschiedenen Bedenken stellt die Geldauflage (als Zuchtmittel) diejenige jugendstrafrechtliche Rechtsfolge dar, die bis Mitte der 60er Jahre des 20. Jahrhunderts am häufigsten ausgesprochen wurde. In der Folgezeit ist deren Bedeutung im Verhältnis zur Arbeitsauflage (vgl. → Rn. 21) allerdings insgesamt ganz erheblich gesunken. Die Zahlen betrugen in den Jahren 1988, 1996 und 2004 (gem. StBA jeweils in den „alten" Bundesländern) sowie in den Jahren 2012 und 2017 (in Deutschland insgesamt), bezogen auf 1.000 Verurteilte, 300.6, 204.6 und 158.7 sowie 150.3 und 156.1 – für Jugendliche beliefen sie sich auf 208.5, 135.2 und 104.0 sowie 81.7 und 81.5, für Heranwachsende auf 378.9, 276.2 und 222.3 sowie 212.1 und 224.2 (StrafSt Tabelle 4.3, 4.4; zu den Vorjahren RpflSt Tabelle 3.4.2; vgl. im Übrigen aber → § 16 Rn. 7).

VII. Verfahrensrechtliches

1. Kontrolle

29   Bezüglich der Auflage der *(Schadens-)Wiedergutmachung* und bei der *Geld-auflage* kann es sich empfehlen, dem Verurteilten ein *Schriftstück* auszuhändi-gen, wonach er selbst die Leistungen bzw. Zahlungsbelege der überwachen-den Stelle (vgl. → Rn. 30) vorzulegen bzw. etwa eintretende Zahlungs-schwierigkeiten rechtzeitig mitzuteilen hat; Entsprechendes gilt für die – iSv § 70a Abs. 1 aF bzw. § 70b Abs. 1 nF) geeignete – Belehrung darüber, dass im Falle der Nichtbefolgung die Verhängung von JA drohe (vgl. RL 5).

30   Die **Überwachung** geschieht, wie bei einer Weisung (vgl. → § 10 Rn. 70), grundsätzlich **durch** die **JGH**, ggf. durch einen hierzu bestellten Helfer oder aber durch den JRichter (als Vollstreckungsleiter). Die JGH sollte auch deshalb vor einer Anordnung gehört werden (*Potrykus* Anm. 7). – Soweit die Erfüllung der Auflagen sich auf einzelne überschaubare Teilakte beschränkt, erscheint eine unmittelbare Überwachung durch den JRichter nahe liegender als bei den Weisungen.

2. Änderung; Befreiung

31   Auflagen dürfen *geändert* werden (zur Anregungspflicht bei JA-Vollzug vgl. § 6 Abs. 2 S. 1 JAVollzG Hamburg), jedoch nur in den Grenzen gleicher Belastung des Jugendlichen (*Feuerhelm* Gemeinnützige Arbeit 239: zB Ver-längerung unzulässig; vgl. auch → § 23 Rn. 8, 9 sowie → § 11 Rn. 5 ff.; aA *Putzke* in BeckOK JGG Rn. 93; *Streng* JugendStrafR Rn. 406). Der JRich-ter darf aus erzieherischen Gründen nachträglich von Auflagen ganz oder zum Teil befreien **(Abs. 3 S. 1)** – eine Regelung, die das möglicherweise erzieherisch abträgliche Vorgehen vermeidet, überholte Auflagen aufheben zu müssen. Gemäß allg. Verhältnismäßigkeitsgrundsätzen der Geeignetheit und Erforderlichkeit wird der Befreiung in solchen Fällen ein Vorrang zukommen, in denen sich wegen nachträglicher Änderung rechtsfolgenrele-vanter Lebensumstände (zB Beendigung von Arbeitslosigkeit) oder unzurei-chender Anpassung der Rechtsfolge an die Verhältnisse des Verurteilten (zB überhöhte Geldauflage ggü. arbeitslosen Jugendlichen) die Auflage als unver-

hältnismäßig darstellt. Ohne eingehende Erforderlichkeitsprüfung wäre ein Austausch von Arbeits- und Geldauflage unzulässig.

3. Reaktion auf Nichtleistung

a) Eine **Vollstr** zur Durchsetzung der Auflage ist **unzulässig** (vgl. auch 32 → § 10 Rn. 74). Dies gilt insbes. bezüglich einer Geldauflage, dh eine Beitreibung ist ausgeschlossen (vgl. RL 6 S. 2).

b) Gemäß Abs. 3 S. 2 ist jedoch **§ 11 Abs.** 3 in vollem Umfang ent- 33 sprechend **anwendbar,** dh es **kann** ggf. JA verhängt werden (dieser wird in das Erziehungsregister eingetragen, § 60 Abs. 1 Nr. 2 BZRG idF des Gesetzes v. 18.7.2017 (BGBl. I 2732), krit. dazu → § 11 Rn. 26). – Wird bei einer auf Zahlung eines Geldbetrages gerichteten Auflage (Abs. 1 Nr. 3, ggf. auch Nr. 1) die **Leistung durch** einen **Dritten** erbracht, so ist wenig geklärt, unter welchen Voraussetzungen eine schuldhafte **Nichterfüllung** angenommen werden kann. Dabei wird auch zu berücksichtigen sein, inwieweit der JRichter die tatsächlichen Verhältnisse im Hinblick auf die Regelung des Abs. 2 Nr. 1 hinreichend ermittelt hatte.

c) Ist **JA** verhängt und **vollstreckt** worden, so kann der JRichter die 34 **Auflagen** ganz oder zum Teil für **erledigt erklären** (Abs. 3 S. 3; nach *Semler* in Nix Rn. 7: muss). Dies sollte zumindest dann geschehen (vgl. im Übrigen → § 11 Rn. 24), wenn die mit der Auflage angestrebte Bewusstmachungs- und Ahndungsfunktion durch die Vollstr des JA als erreicht anzusehen ist (eine funktionelle Äquivalenz von Auflagen und Zuchtmitteln sieht insoweit *Itzel,* Die Abgrenzung der Weisungen von den Auflagen nach dem JGG, 1987, 37).

Jugendarrest

16 (1) **Der Jugendarrest ist Freizeitarrest, Kurzarrest oder Dauerarrest.**

(2) **Der Freizeitarrest wird für die wöchentliche Freizeit des Jugendlichen verhängt und auf eine oder zwei Freizeiten bemessen.**

(3) **¹Der Kurzarrest wird statt des Freizeitarrestes verhängt, wenn der zusammenhängende Vollzug aus Gründen der Erziehung zweckmäßig erscheint und weder die Ausbildung noch die Arbeit des Jugendlichen beeinträchtigt werden. ²Dabei stehen zwei Tage Kurzarrest einer Freizeit gleich.**

(4) **¹Der Dauerarrest beträgt mindestens eine Woche und höchstens vier Wochen. ²Er wird nach vollen Tagen oder Wochen bemessen.**

Schrifttum *Arndt,* Kriminologische Untersuchungen zum Jugendarrest, 1970; *Bihs,* Grundlegung, Bestandsaufnahme und pädagogische Weiterentwicklung des Jugendarrests in Deutschland unter besonderer Berücksichtigung des Jugendarrestvollzuges in Nordrhein-Westfalen, 2013; *Bruns,* Jugendliche im Freizeitarrest, 1984; *Eckold,* Zeit im Arrest, 2018; *Eisenhardt,* Die Wirkung der kurzen Haft auf Jugendliche, 2. Aufl. 1980; *Eisenhardt,* Gutachten über den Jugendarrest, 1989; *Jaeger,* Zur Notwendigkeit und Ausgestaltung eines Jugendarrestvollzugsgesetzes, 2010; *Klosterkemper,* Erfolg und Mißerfolg ambulanter Maßnahmen und des Dauerarrestes, 1971; *Klatt/Bliesener,* Evaluierung des Jugendarrestes in Schleswig-Holstein, 2018; *Kühndahl-Hensel,* Der individualpräventive Schock im Jugendkriminalrecht, 2014; *Meyer-Höger,* Der Jugendarrest – Entstehung und Weiterentwicklung einer Sanktion, 1998; *Müller,* Haftschaden, 2016; *Nolte,* Die Rückfälligkeit Jugendlicher und Heranwachsender nach der Verbüßung von Jugendarrest, 1978; Ostendorf (Hrsg.), Reform des Jugendarrests in Schleswig-Holstein, 1994; Redmann/Hußmann (Hrsg.), Soziale Arbeit im Jugendarrest, 2015; *Riechert-Rother,* Jugendarrest und ambulante Maßnahmen, 2008; Schumann (Hrsg.), Jugendarrest und/oder Betreuungsweisung, 1985; *Schwegler,* Der Dauerarrest als Erziehungsmittel für junge Straftäter, 1999; *Süssenguth,* Jugendarrest in Bayern, 1973.

Übersicht

I. Anwendungsbereich

1   Für Jugendliche und Heranwachsende gelten die Erl. zu § 13 Abs. 1 entsprechend (→ § 13 Rn. 1 ff.).

2   Bei Soldatinnen und Soldaten sind militärische Belange im Hinblick auf § 112c nicht nur bei der Vollstreckung, sondern ggf. auch bei der Verhängung von JA zu berücksichtigen (*Potrykus* NJW 1957, 814 ff.).

II. Konzeptionelle Einordnung und Leistungserwartung

3   Der JA, einer wehrstrafrechtlichen Sanktion und einer Maßnahme der Hitler-Jugend entlehnt, wurde durch VO v. 4.10.1940 eingeführt, um damit eine **schnelle nachdrückliche Züchtigung** vornehmen und zugleich kurzzeitige JStrafen (samt damit verbundener Abwesenheit kriegswichtiger Arbeitskräfte) vermeiden zu können (n. dazu – auch zu der für die NS-Ideologie typischen prozessualen Ausgestaltung – etwa *Meyer-Höger* Der Jugendarrest, 1998, 35 ff., 58 ff.; *Götte* Jugendstrafvollzug im „Dritten Reich", 2003, 93 ff.; *Pieplow* ZJJ 2014, 108; erg. → Einl. Rn. 16). Bei Vorbereitung des JGG 1953 hatte man die Beibehaltung des JA als mögliche

Rechtsfolge sodann in Frage gestellt, doch bestand hier keine vollständige Klarheit. Die dahingehende, auf einen späteren Zeitpunkt verschobene Entscheidung (BT-Drs. 1/3264, 40) steht noch immer aus. Gegen eine Abschaffung des JA (dafür seither bspw. *Schumann* Zbl 1986, 363 (368); DVJJ 1990, AK XIII (Thesen)) spricht angesichts der empirischen Lage (→ Rn. 17 f.) dabei allein die dann drohende Zunahme von JStrafen (vgl. auch *Franzke* RdJB 2018, 428 (436 f.)). Eine darüber hinausgehende „sachliche" Legitimität dieser Sanktionsform setzt hingegen einen **konzeptionellen** und begrifflichen **Übergang** zu einem „stationären sozialen Training" voraus (vgl. dazu bereits Fachkommission JA ZJJ 2009, 275 (276 f.); statt vieler auch *Bihs/Walkenhorst* ZJJ 2009, 11 (17 ff.); *Wulf* ZJJ 2010, 191; *Hügel* in FS Heinz, 2012, 420; vertiefend *Bihs* Grundlegung, Bestandsaufnahme (…), 2013, 386 ff.; einen entspr. Handlungsbedarf dagegen noch bestreitend BReg BT-Drs. 16/13142, 59). Umgesetzt wurden solche Ansätze bislang aber nur punktuell (→ Rn. 15 f.; speziell zu JA in freien Formen → § 90 Rn. 27; zum sozialpädagogischen Übergangsmanagement *Werny* in Redmann/Hußmann (Hrsg.), Soziale Arbeit im Jugendarrest, 2015, 267 ff.). Daher bleibt die Frage weiterhin **virulent,** was JA so, wie diese freiheitsentziehende Sanktion derzeit meist noch vollzogen wird, im Rahmen des heutigen JStR überhaupt **bezweckt.**

Legt man die zur Entstehungszeit (vgl. → § 13 Rn. 4 f.) dominierende **4** Vorstellung zugrunde, soll der JA als „tatbezogener Ordnungsruf" den Verurteilten „seelisch erschüttern und ihm bewusst machen, dass er an einem Scheideweg steht" (*Dallinger/Lackner* Rn. 7; zu spezialpräventiven Bedenken → § 13 Rn. 9 f.; krit. speziell zum Disziplinararrest nach der WDO *Walz* NZWehrr 1991, 89 ff. (98); *Weisse* NZWehrr 1993, 27 ff.). In diesem Sinne soll der JA dem Jugendlichen auch gem. § 90 Abs. 1 S. 1 in präventiver Absicht „eindringlich zum Bewusstsein bringen", dass er für begangenes „Unrecht einzustehen" habe (s. ebenso etwa *Brunner/Dölling* Rn. 1). Aus einer solchen Warte dient der JA als eine eher **kurzzeitige stationäre Intervention** also dazu, primär Selbstreflexionen zu veranlassen und ggf. daneben bei der Bewältigung etwa erkennbarer deliktsförderlich gewesener Umstände zu helfen (§ 90 Abs. 1 S. 3; vgl. → § 5 Rn. 37 ff.; zum Verhältnis zu Art. 6 GG s. *Reuther* Elternrecht 69 ff.).

Durch die dahingehende Leistungserwartung **unterscheidet sich** der JA **5** deutlich von der **langfristigen Gesamterziehung** iSd JStrafe. Ob JA in anderer Hinsicht zumindest **faktisch** einer JStrafe gleichkommt, ist umstritten (→ § 13 Rn. 8). Die Rechtsfolge gilt aber jedenfalls **nicht** als **Strafe** im **technischen** Sinne, sondern als kurzfristiger Freiheitsentzug mit schuldausgleichendem und zugleich erzieherischem Charakter (BVerfG NJW 2005, 2140 (2141); Sondervotum *Geller/Rupp* in BVerfGE 32, 40 ff. (53) = NJW 1972, 93 (95); BGHSt 18, 207 (209) = NJW 1963, 770 (771)). Wegen des qualitativen Unterschieds zur Freiheits- oder JStrafe kann der JA auch nicht deren außerstrafrechtliche Folgen haben (vgl. etwa SG Gießen BeckRS 2010, 68064; SG Dresden BeckRS 2014, 67475; LSG LSA BeckRS 2015, 66259: kein Anspruchsverlust iSv § 7 Abs. 4 S. 2 SGB II). Innerhalb des JStV wird die legislatorische Unterscheidung von JStrafe und JA bspw. in dessen Außerachtlassung bei § 68 Nr. 5 nF deutlich. Auch ist beim JA (anders als gem. § 14a WStG beim Strafarrest) keine Aussetzung zBew möglich (n. und krit. *Domzalski* ZJJ 2012, 51). Stattdessen darf lediglich von seiner Vollstreckung (ggf. ganz oder teilw.) abgesehen werden (§ 87 Abs. 1 und 3).

III. Empirische Einordnung

1. Entwicklung der Verhängungszahlen

6   Seit der zweiten Hälfte der 1960er Jahre war zunächst ein erhebliches **Absinken** der Verhängung von JA zugunsten der Verwarnung, der (Geld-) Auflage und möglicherweise auch der JStrafe zu verzeichnen, gegen Ende des 20. Jh. jedoch wieder ein leichter Anstieg. Dieser hat sich zu Anfang des 21. Jh. nicht fortgesetzt; vielmehr sind die Zahlen etwa gleich geblieben (vertiefend *Heinz* ZJJ 2014, 97). Demgegenüber lässt die Entwicklung der Häufigkeit der Arbeitsauflage keinen unmittelbaren Zusammenhang zum JA erkennen.

Tabelle: Häufigkeit der Arbeitsauflage und des Dauer- sowie Freizeitarrests (außer zusammen mit Entschuldigung) und der Geldauflage auf 1.000 nach JStR Verurteilte

Jahr	Dauerarrest	Freizeitarrest	Arbeitsauflage	Geldauflage
1968	173.9	196.2	–	324.9
1971	110.7	126.9	–	410.2
1974	97.3	106.0	–	404.7
1977	86.6	113.2	–	372.7
1980	78.5	111.3	–	380.5
1983	90.9	103.5	–	292.1
1986	83.6	103.5	–	295.4
1989	78.2	93.4	–	328.7
1992	83.6	69.9	206.0	271.2
1995	87.5	70.3	314.3	220.4
1998	92.7	81.3	358.7	190.5
2001	87.0	77.0	371.5	205.8
2004	92.7	81.2	432.2	158.7
2007	91.8	76.4	454.9	151.1
2010	92.7	74.2	437.5	141.6
2013	91.8	67.2	398.7	149.4
2016	91.0	62.1	388.1	151.5
2017	90,4	58,4	385,5	156,1

Quelle: RPflSt Tabelle 8 (1968–1974), Tabelle 3.8 (1977–1986); StrafSt Tabelle 4.3 (seit 1989); bis 2006 jeweils in den „alten" Bundesländern, ab 2007 in Deutschland gesamt.

Von in Deutschland in den Jahren 2007, 2010, 2013, 2016 und 2017 **7** insgesamt 121.354, 108.464, 81.737, 61.728 und 59.668 nach JStR Verurteilten wurde JA (in absoluten Zahlen) bei 22.153, 19.892, 14.481, 10.776 und 10.072 Personen angeordnet. Innerhalb der drei Formen von JA ist die Anwendung von Kurzarrest deutlich am seltensten. Die absoluten Zahlen der Verhängung in den genannten Jahren lauteten für Freizeitarrest 9.272, 8.054, 5.496, 3.832 und 3.487, für Kurzarrest 1.740, 1.780, 1.227, 709 und 544 sowie für Dauerarrest 11.141, 10.058, 7.503, 5.619 und 5.395 (StrafSt Tabelle 4.3). Auf prozentuale Anteile bezogen nimmt innerhalb der (generell zurückgehenden) JA-Verhängungen gerade die **eingriffsintensivste Form zu** (*Eisenberg/Kölbel* Kriminologie, 2017, § 38 Rn. 11; ferner *Franzke* RdJB 2018, 428 (429): „Verlagerung weg von den Kurz- und Freizeitarresten hin zum Dauerarrest"). Dabei währt der Dauerarrest offenbar meist ein oder zwei Wochen (so jedenfalls für NRW 2016/17 die Daten bei *Lobitz/Wirth* FS 2018, 326 (327): drei und vier Wochen jeweils ca. 10 % und zwei Wochen knapp 42 % aller Dauerarrestanten).

Bei **regionaler** Betrachtungsweise ergeben sich erhebliche Unterschiede **8** (vgl. dazu bereits *Pfeiffer* MschKrim 1981, 28 (34); bezogen auf LG-Bezirke *Pfeiffer/Strobl* DVJJ-Journal 1991, 37 ff.). Nach den amtlichen Daten liegt die Häufigkeit der Anordnung von JA bezogen auf die Größe der betr. Bevölkerungsgruppe bspw. in Bay., Bln. und dem Saarl. deutlich über dem bundesweiten Durchschnitt, in BW, Sachs. und Bbg. dagegen deutlich darunter (*Endres/Lauchs* Bewährungshilfe 2018, 384 (387 f.)). Auch wurde generell ein West-Ost-Gefälle berechnet (*Kröplin,* Die Sanktionspraxis im Jugendstrafrecht in Deutschland im Jahr 1997, 2002, 119 ff., 206 f. (für 1997)).

2. Zugänge in JA-Vollzugsanstalten

Um die empirische Wirklichkeit des JA abzuschätzen, muss neben der **9** Anordnung auch der **tatsächliche Zugang** berücksichtigt werden. Dies zeigt sich bereits in **zeitlicher** Hinsicht. So unterstreicht der Umstand, dass die Vollstreckung gem. § 87 Abs. 4 S. 1 bei einem zu langen Zeitablauf seit Eintritt der Rechtskraft des auf JA lautenden Urteils (ein Jahr) unzulässig wird, grds. das gesetzliche Anliegen, wonach der JA (als kurzfristiger Freiheitsentzug) aus erzieherischen Gründen **zügig einsetzen** soll. In der Praxis wird dies allerdings nicht immer sichergestellt (zu Zeiträumen von durchschnittlich nicht unter sechs Monaten oder gar bis zu neun Monaten zwischen Tat und Vollstr schon *Pfeiffer* MschKrim 1981, 28 (32); nach *Schwegler,* Der Dauerarrest als Erziehungsmittel für junge Straftäter, 1999, 218 f. im Durchschnitt 13 Monate (betr. Dauerarrest); vgl. erg. auch *Giffey/ Werlich* in Schumann, Jugendarrest und/oder Betreuungsweisung, 1985, 37 ff.). Dies beruht (oder beruhte) auf den verfahrensmäßigen Vorgängen zwischen Anordnung und Beginn der Vollstr bzw. auf Verzögerungen und Aufschub infolge von Überfüllung der Unterbringungsmöglichkeiten (vgl. hierzu vormals zB *Nolte,* Die Rückfälligkeit Jugendlicher und Heranwachsender nach der Verbüßung von Jugendarrest, 1978).

Unabhängig davon werden die in der StrafSt erfassten JA nicht notwendig **10** auch umgesetzt (zB wegen später erfolgender Umwandlung in eine andere Maßnahme oder wegen Absehens von der Vollstreckung). Insofern sollten die **Zugangszahlen** geringer als die der Anordnungen sein. Die diesbzgl. (unveröffentlichte) behördeninterne Übersicht ergibt aber ein gegensätzliches Bild. Für die Zugänge in JA-Anstalten und Freizeitarresträumen betrugen in den Jahren 2006, 2009, 2012, 2015 und 2017 die Zahlen bei Heranwachsenden (und älteren Personen) 21.891, 21.173, 19.653, 14.230 und 12.772, bei 16- bis unter 18-Jährigen 11.049, 10.111, 9.087, 6.968 und 6.236, und bei 14- bis unter 16-Jährigen 2.677, 2.658, 2.600, 1.911 und 1.667. Die im Vergleich (→ Rn. 6 ff.) deutlich **angehobene Größenordnung** erklärt sich teilw. mit der Mehrfachzählung bei Freizeitarrest sowie iÜ mit der Verhängung von Nichtbefolgungsarrest (§ 11 Abs. 3; s. ergänzend zum Kopplungsarrest → § 16a Rn. 5). Darauf weisen auch Einzeluntersuchungen hin, denen zufolge 40 % (und mehr) der Belegung von JA-Anstalten auf Nichtbefolgungs- und ca. 60 % auf Urteilsarrest beruhen (→ § 11 Rn. 14).

3. Betroffene Gruppen

11 Bezogen auf **Altersgruppen** haben JA-Anordnungen in der Tendenz bei jüngeren Verurteilten eine etwas größere Bedeutung. So wurde in den genannten Jahren JA in 12.715, 11.280, 7.554, 5.637 und 5.308 Fällen ggü. Jugendlichen und in 9.438, 8.612, 6.927, 5.139 und 4.764 Fällen gegenüber Heranwachsenden verhängt. Bei Jugendlichen handelte es sich in 5.633, 4.820, 3.024, 2.169 und 1.966 Fällen um Freizeit-, in 983, (erneut) 983, 620, 353 und 277 Fällen um Kurz- und in 6.099, 5.477, 3.785, 2.820 und 2.735 Fällen um Dauerarrest, während die entsprechenden Zahlen – in gleicher Folge – bei Heranwachsenden 3.639, 3.234, 2.472, 1.663 und 1.523 bzw. 757, 797, 607, 356 und 267 sowie 5.042, 4.581, 3.718, 2.799 und 2.660 lauteten (StrafSt Tabelle 4.4; zu vormaligen Häufigkeiten vgl. frühere Aufl.).

12 Jugendliche und Heranwachsende, bei denen JA angeordnet wird, sind psychosozial oft stark belastet bzw. **gefährdet** (→ Rn. 14). Der Anteil derjenigen Insassen von JA-VollzAnstalten, bei denen zuvor **bereits eine stationäre** Sanktion (JA oder gar JStrafe) vollstreckt worden war, scheint seit dem letzten Viertel des 20. Jh. zumindest zeitweilig zugenommen zu haben (*Riechert-Rother* Jugendarrest und ambulante Maßnahmen, 2008, 283 ff.; *Heinz* FS 2011, 76; für Bayern 2015/16 vgl. *Endres/Lauchs* Bewährungshilfe 2018, 384 (392): 36 % mit früherem JA). Nach der (unveröffentlichten) behördeninternen Übersicht über die **Zugänge** in JA-Anstalten und Freizeitarresträumen betraf dies in den Jahren 2006–2017 bei früherem JA 9.523, 9.853, 9.820, 9.858, 10.441, 10.431, 10.923, 10.459, 9.314, 8.139, 7.663 und 6.788 der Eingewiesenen und bei früherer Freiheits- oder JStrafe 1.818, 1.935, 1.882, 1.938, 1.890, 1.790, 1.532, 1.484, 1.490, 1.262, 1.093 und 1.032 Personen. Inwieweit diese Zahlen durch eine Mehrfachzählung bei Freizeitarrest verzerrt werden und zu welchen Anteilen es sich um Personen handelt, bei denen die Arrestanordnung und -vollstreckung nur ersatzweise geschah (§ 11 Abs. 3, § 15 Abs. 3, § 23 Abs. 1 S. 4, § 29 S. 2, § 88 Abs. 6 S. 1; vgl. n. → § 11 Rn. 17), lässt die Übersicht nicht erkennen.

13 Im Übrigen scheint (Dauer-)Arrest bei **Nichtdeutschen** häufiger und mit längerer Dauer angeordnet zu werden als als bei Deutschen (so jedenfalls die älteren Daten von *Pfeiffer/Strobl* DVJJ-Journal 1991, 35 (43); *Rathke* NK 3/1992, 9 (9); *Riechert-Rother* Jugendarrest und ambulante Maßnahmen, 2008, 212 ff., 245 ff.). Demgemäß liegen zudem Anhaltspunkte dafür vor, dass bei den durch JA sanktionierten Nichtdeutschen die psychosoziale Belastung bzw. Gefährdung im Vergleich zu deutschen Personen eine geringere ist (ablesbar an sozialen Faktoren und/oder dem Anteil sog. „Ersttäter" – vgl. etwa *Pfeiffer* und *Savelsberg* in DVJJ 1987, 30 f. und 371 f.; tendenziell einschränkend *Dittmann/Warnitznig* MschKrim 2003, 200 (203)). Dabei dürfte eine Rolle spielen, dass das Spektrum geeigneter ambulanter Sanktionen wegen der Sprachbarrieren eingeschränkt ist.

4. Befunde zum JA-Vollzug

Was die Möglichkeiten einer positiv fördernden, zukunftsgerichteten Einwirkung unter den Gegebenheiten des JA-Vollzugs angeht, sind zunächst einmal entspr. **Zielsetzungen** und **Gestaltungsvorgaben** zu konzedieren (n. → § 90 Rn. 15 ff.). Insofern gehen die landesrechtlichen Vorgaben über § 90 Abs. 1 S. 2 und 3 teilw. hinaus. Eine nur-repressive, dh nur freiheitsentziehende oder verwahrende Vollzugsdurchführung ist de lege late also nicht angelegt. Dies wäre auch offensichtlich dysfunktional, da die **Betroffenen** ganz überwiegend mit wirtschaftlichen, psychischen und sozialisatorischen Problemlagen (teilw. erheblich) belastet sind (vgl. dazu etwa *Riechert-Rother* Jugendarrest und ambulante Maßnahmen, 2008, 221 ff.; *Köhler ua* Praxis der Rechtspsychologie 2012, 90 ff.; *Heinz* ZJJ 2014, 97 (103); *Endres/Lauchs* Bewährungshilfe 2018, 384 (394 f.); *Lobitz/Wirth* FS 2018, 326 (327) sowie schon *Hauser* Jugendrichter 78 f.; *Pfeiffer* MschKrim 1981, 28; *Rathke* NK 3/1992, 9 (10); *Eisenhardt,* Gutachten über den Jugendarrest, 1989, 127 f.). Zusätzlich beeinträchtigende Interventionen könnten hier kaum positiv wirksam werden. Dennoch wird dem JA-System in **rechtstatsächlicher Hinsicht** allenfalls eine **geringe erzieherische Leistungsfähigkeit** zugetraut (vgl. auch → Rn. 17 f. sowie → § 13 Rn. 10; statt vieler etwa *Reuther* Elternrecht 133 ff.; *Thalmann* FS 2011, 79). 14

Insgesamt ist es bislang nämlich (nur) manchen Anstalten gelungen, einen sozialpädagogisch orientierten JA-Vollzug zu verwirklichen (zu inzwischen aufgebauten Maßnahmeangeboten und den damit erreichten Arrestantenanteilen s. für Sachs. die Beiträge in *Redmann/Hußmann* (Hrsg.), Soziale Arbeit im Jugendarrest, 2015, 216 ff.; für NRW *Lobitz/Wirth* FS 2018, 326 (328 f.); vgl. ferner *Gernbeck/Höffler/Verrel* NK 2013, 307 (309 f.); relativierend aber noch *Seidl/Holthuisen/Hoops* ZJJ 2013, 292 (294)). Vielfach bestehen dagegen die **Ähnlichkeiten** mit einem kurzzeitigen **(Verwahr–)Strafvollzug** weiterhin fort (vgl. dazu bspw. die Beschreibungen der Vollzugssituation und der Alltagsgestaltung in vier Einrichtungen durch *Kobes/Pohlmann* ZJJ 2003, 370; zusf. zu den vorliegenden Befunden zur Vollzugswirklichkeit *Kolberg/Wetzels* Praxis der Rechtspsychologie 2012, 113 (121 ff.); *Bihs* Grundlegung, Bestandsaufnahme (…), 2013, 221 ff., 386 ff.; s. auch *Jaeger* Zur Notwendigkeit und Ausgestaltung (…), 2010, 59 ff.; *Kühndahl-Hensel,* Der individualpräventive Schock im Jugendkriminalrecht, 2014, 112 ff.; *Kaplan* FS 2018, 313 (314 f.)). Ohnehin ist die Realisierung nachhaltiger erzieherischer Ein-/Wirkungen schon durch den institutionellen Zwangshintergrund erschwert. Hinzu kommt, dass die fraglichen Beziehungen immer nur passagerer Art und (va beim Freizeit- und Kurzarrest) zeitlich stark limitiert sind. 15

Die Vollzugssituation dürfte daher durch Befunde, die die Förderlichkeit des JA-Vollzugs in Frage stellen, tendenziell zutr. erfasst und keineswegs verzeichnet werden. Das betrifft auch Befragungsdaten, die teilw. auf Angst machende und aggressiv stimmende Wahrnehmungen der Betroffenen (*Mül-* 16 *ler,* Haftschaden, 2016, 51 ff.) oder doch zumindest auf das Ausbleiben von „Besinnungs"-Prozessen hinweisen (*Schwegler* Der Dauerarrest als Erziehungsmittel für junge Straftäter, 1999, 256 ff.; *Schumann* ZJJ 2014, 142 (144 f.)). Insgesamt wird die Einsperrung individuell wohl ganz unterschiedlich erlebt und empfunden, ohne dabei aber Transformationsprozesse auszulösen, „die die Arrestzeit in der Retrospektive der Arrestanten bedeutsam werden" ließ (*Eckold, Zeit im Arrest,* 2018, 81 ff., 183; zu ähnlichen älteren Befunden zusf. *Bihs* Grundlegung, Bestandsaufnahme (…), 2013, 231 ff.). Bis zu einer durchgehenden sozialpädagogischen Ausrichtung des JAVollzugs bleibt es also grds. noch höchst **zweifelhaft,** JA als eine mit Blick auf § 2 **Abs. 1 zeitgemäße** Sanktionsform einzusetzen (zur dahingehenden Debatte auch *Höynck/Ernst* in Dollinger/Schmidt-Semisch Jugendkriminalität-HdB 682 ff.).

5. Daten zur Leistungsfähigkeit des JA

17   Schon **ältere** Untersuchungen haben idR eine **sehr hohe „Rückfälligkeits"-**Rate nach JA festgestellt (s. *Schaffstein* ZStW 1982 (1970), 853 ff. (860 ff. mN): etwa 60 % bis 70 %; *Ostendorf* (Hrsg.), Reform des Jugendarrests in Schleswig-Holstein, 1994, 25 f.: zumindest 62,5 %; *Schumann/Döpke* in Schumann (Hrsg.), Jugendarrest und/oder Betreuungsweisung, 1985, 135 ff.: nach durchschnittlich 15 Monaten 72,5 % (Bremen) bzw. 81,1 % (Bremerhaven); niedriger aber *Eisenhardt* Die Wirkung der kurzen Haft auf Jugendliche, 1980, 531). Dabei waren die Werte umso geringer, je „enger" die Auswahl bei der Verhängung des JA getroffen wurde (vgl. schon *Schaffstein* ZStW 1982 (1970), 853 ff.; s. auch *Böhm/Feuerhelm* JugendStrafR 214 f.). So lag die „Rückfälligkeits"-Quote derjenigen Probanden, die als „arrestgeeignet" galten (s. aber → Rn. 26), nach einem Zeitablauf von etwa vier bis fünf Jahren nach Entlassung aus dem Dauerarrest knapp über 50 % – deutlich unter der Folgebelastung der als „arrestungeeignet" geltenden Personen (vgl. etwa *Arndt* Kriminologische Untersuchungen zum Jugendarrest, 1970, 119: 50,7 % bzw. 78,7 %; s. ferner die ähnlichen Aussagen in Untersuchungen von *Klosterkemper* Erfolg und Mißerfolg ambulanter Maßnahmen und des Dauerarrestes, 1971, 24 und *Süssenguth* Jugendarrest in Bayern, 1973, 115). Nach *Nolte* (Die Rückfälligkeit Jugendlicher und Heranwachsender nach der Verbüßung von Jugendarrest, 1978, 139 f., 142) wurden 69,2 % wieder erfasst (bei Jugendlichen 78,2 %, bei Heranwachsenden 53,7 %). Dabei betrug die Quote bei den als „verwahrlost und schwer gefährdet" eingeordneten Personen 82,1 % und bei den „nicht oder nicht nennenswert Gefährdeten" 43,1 %.

18   Nach den neueren bundesweiten **BZR-Daten** wurde bei 63,7 % der 2010 Entlassenen innerhalb von drei Jahren eine neuerliche Eintragung und bei 34,2 % eine solche zu JA, Freiheits- oder JStrafe registriert. Für den Bezugsjahrgang 2003 betrugen die Rückfallraten nach drei, sechs und neun Jahren ca. 67 %, 76 % und 78 % (*JAHT* Legalbewährung 63, 183). Dies bleibt nur wenig hinter den Werten für JStrafen ohne und mit Aussetzung zBew zurück. Zu ganz ähnlichen Ergebnissen gelangen auch neuere Regionaluntersuchungen (vgl. für BW *Gernbeck/Hohmann-Fricke* ZJJ 2016, 362; für SchlH *Klatt/Bliesener,* Evaluierung des Jugendarrestes in Schleswig-Holstein, 2018, 32 ff.; für Thür. *Giebel/Ritter* in Niggli/Marty, Risiken der Sicherheitsgesellschaft, 2014, 199).

IV. Anordnungskonstellationen

1. Probleme der praktischen Zielgruppenbestimmung

Die diffuse und unklare Zweckbestimmung ($\rightarrow$ Rn. 4) ist für die Frage, **19** wann bzw. bei wem JA angezeigt sein könnte, nur wenig ergiebig. Deshalb wurde schon frühzeitig versucht (vgl. *Peters* ZStW 1941, 551 (559); sodann BGHSt 18, 207 (209) = NJW 1963, 770 (771)), der konzeptionellen Unterbestimmtheit mit charakteristischen Anwendungsbsp. zu begegnen und hierfür an Beweggründe und tatsituative Umstände anzuknüpfen (vgl. allg. $\rightarrow$ $\S$ 13 Rn. 12). Das hat zu einem weiten Katalog an **Tathintergründen** geführt (zB Verfehlungen aus Unachtsamkeit, aus jugendlichem „Kraftgefühl" und Übermut, aus typisch jugendlichen Neigungen und jugendlichem „Vorwärtsstreben", jugendlicher Trotzhaltung, jugendlicher Abenteuerlust und mangelnder Selbstständigkeit). Dass dem eine entwicklungspsychologische Basis und nicht nur eine Zuschreibung durch institutionell eingebundene Erwachsene zugrunde lag, war allerdings fraglich. Ohnehin blieb hier unklar, inwieweit dies das spezifische Anwendungsfeld des JA oder nicht vielmehr allg. Kennzeichen von Jugenddelinquenz erfasste. Das betrifft im Grunde auch Hinweise auf situativ bestimmte Gelegenheits- und Augenblicksverfehlungen oder Taten aus „schlichter Bedenkenlosigkeit" (darauf verweisend aber *Tonhauser ua* DVJJ-Journal 1991, 275).

Neben den gesetzlichen Voraussetzungen zur Anordnung von JA (dazu **20** auch $\rightarrow$ $\S$ 13 Rn. 11) finden iÜ in der Praxis offenbar anhaltend andere Kriterien Berücksichtigung (zu „Missbräuchen" s. *Eisenhardt,* Gutachten über den Jugendarrest, 1989, 118, 121, 152). Dies scheint besonders für eine generalpräventiv motivierte Anwendung zu gelten, obwohl dies im JStR nicht angängig ist (vgl. $\rightarrow$ $\S$ 17 Rn. 6 f.; $\rightarrow$ $\S$ 18 Rn. 43). Höchst problematisch und grds. unzulässig ist es auch, dem Beschuldigten zur Begründung der Verhängung von JA sein Verteidigungsverhalten (bzw. den Mangel an Reue usw) anzulasten (vgl. näher $\rightarrow$ $\S$ 18 Rn. 31, $\rightarrow$ $\S$ 21 Rn. 8). Das gilt idR ebenso für das Verhalten in der HV (vgl. näher $\rightarrow$ $\S$ 50 Rn. 11; verfehlt daher LG Augsburg BeckRS 2015, 15024: „indiskutables Prozessverhalten (…) grundsätzlich geeignet, Erkenntnisse hinsichtlich des Nacherziehungsbedarfs eines Angeklagten zu gewinnen").

2. Allg. Negativkriterien

Die Herausbildung einer „Indikation", dh personen- und tatbezogener **21** Merkmale, bei denen JA angezeigt sein könnte, ist bis heute weder in der Literatur noch in der Rspr. erfolgt (ebenso *Höynck/Ernst* in Dollinger/ Schmidt-Semisch Jugendkriminalität-HdB 671 f.). Es zeichnen sich für die Maßnahmeeignung allenfalls vage Rahmensetzungen ab. So wird angenommen, die erforderliche Ansprechbarkeit setze ein gewisses Niveau **geistiger Entwicklung** voraus. Aus diesem Grunde sei im Allg. bei den 14- und 15-jährigen Verurteilten eine nur zurückhaltende Anwendung dieser Rechtsfolge angezeigt, da Personen dieser Altersgruppe vielfach eine entsprechende Reife noch fehle (*Dallinger/Lackner* Rn. 20). Umgekehrt soll die Anordnung des JA bei Personen, die das 21. Lbj. im Entscheidungszeitpunkt (deutlich) überschritten haben, jedenfalls nicht mit erzieherischen Erwägungen begründbar sein – sei es, weil sich dies angesichts der zw. Eignung (*Pütz* in BeckOK JGG Rn. 63) oder unter normativen Aspekten (Wegfall des staatlichen Erziehungsrechts) verbiete (BGH NStZ 2016, 680 (681); zur Problematik n. → § 18 Rn. 57).

22 Überhaupt lassen sich anstelle einer „positiven Indikation" (bzw. echter Arresteignungsmerkmale) am ehesten negative, die Anordnung von JA **ausschließende Kriterien** bestimmen (ähnlich *Ostendorf* in NK-JGG Rn. 5; für die Positivierung eines die JA-Verhängung ausschließenden Negativkatalogs *Franzke* RdJB 2018, 428 (442)). So müssen die Risiken zukunftsschädigender, mit dem Erziehungsauftrag (**§ 2 Abs. 1**) nicht zu vereinbarender Auswirkungen, die dem JA innewohnen, stets berücksichtigt werden. Anerkannt ist deshalb, dass JA nicht gleichsam schematisch angeordnet werden darf, wenn ein Jugendlicher erstmals jugendstrafrechtlich verfolgt wird und ein Erziehungsbedürfnis im Sinne einer längerfristigen Einwirkung iSv § 9 fehlt. Hier spricht iÜ auch die Unsicherheit, die mit Blick auf die erzieherische Eignung besteht, für einen Verzicht auf den JA. Im Allg. kaum oder gar nicht geeignet ist die Verhängung von JA als „Einstiegsarrest" neben der Aussetzung der Verhängung der JStrafe (näher → § 8 Rn. 14).

3. Vorherige Freiheitsentziehung als Ausschlussgrund?

23 Verbreitet gilt JA (unbeschadet § 5 Abs. 2) ggü. Jugendlichen oder Heranwachsenden, die **bereits** (in geschlossenen Formen der Heimerziehung oder) im JA-Vollzug oder im JStrafvollzug (bzw. gar im Freiheitsstrafvollzug) **untergebracht** (gewesen) sind, als **nicht** oder nur wenig **geeignet** (stellvertretend *Brunner/Dölling* Rn. 15 f.; *Streng* JugendStrafR Rn. 411; *Zieger/ Nöding* Verteidigung, Rn. 61). Bei einem solchen biografischen Hintergrund bestehen in der Tat einschlägige Anstaltserfahrung wie auch Anhaltspunkte für eine diesbzgl. Nicht-Ansprechbarkeit des Jugendlichen (oder aber für ein Versagen der jeweiligen Institution). Bedeutung könnte dabei auch der Überlegung zukommen, wonach gerade der wiederholte JA (va bei „abschreckender" Ausgestaltung) womöglich Gewöhnungseffekte zeige, mit denen die Aussicht auf eine JStrafe ihre etwaige Eindrücklichkeit verliert (vgl. schon *Schumann* DVJJ 1987, 410). Eine Kontraindikation begründet all dies allerdings nur, wenn man den JA als Anstoß zu einer „Selbstbesinnung" versteht, die sich in den vorgenannten Fällen kaum erwarten lässt. Sofern man die Idee eines „short sharp shocks" als Funktionsgrundlage des JA dagegen ohnehin nicht für tragfähig hält (→ Rn. 17 f.), ist eine frühere Anstaltsunterbringung für die JA-Eignung irrelevant.

24 In den Vordergrund rückt dann allein der Aspekt, dass statt einer **wiederholten** Verhängung von **JA** idR eine länger dauernde freiheitsentziehende Rechtsfolge anzuordnen wäre. Da es sich dabei vielfach nur um eine JStrafe handeln kann, die als Sanktion eine deutlich intensivere Eingriffswirkung bei ebenfalls stark begrenzter „Erfolgsrate" aufweist, ist hier jedoch Zurückhaltung geboten. Vielmehr kann hier eine **„Ersatzfunktion"** des JA als „das kleinere Übel" (*Streng* JugendStrafR Rn. 412) zum Tragen kommen, was die kontraindizierende Wirkung früherer Freiheitsentziehungen vollends relativiert. In der Praxis (s. auch → Rn. 12) wird (wiederholter) JA deshalb zu Recht ua deshalb angeordnet, weil Hilfen zur Erziehung nach § 12 Nr. 2 nicht in Betracht kommen (vgl. auch → § 12 Rn. 33) und ansonsten nur der „Sanktionssprung" zur JStrafe mit deren deutlich höherem Mindestmaß zur

Debatte steht (empirisch zu diesen Austauschprozessen zwischen JA und JStrafe etwa *Heinz* ZJJ 2014, 97 (103)).

Im Übrigen gibt es Konstellationen, in denen ein wiederholter JA idR 25 **zweckmäßiger** als JStrafe ist. Dies gilt namentlich dort, wo die neuerliche Verurteilung ein Fahrlässigkeits- oder ein als geringfügig beurteiltes Vorsatzdelikt betrifft, wo die Tat einen anderen Entstehungszusammenhang als das Vordelikt aufweist, wo die vorausgegangene Verurteilung (bzw. die dem zugrunde liegende Verfehlung) längere Zeit zurückliegt oder schließlich wo zunächst mit Freizeit- oder Kurzarrest geahndet wurde, sodass im nunmehrigen Dauerarrest eine Steigerung liegt. Die Frage, ob eine bereits erfolgte JA-Anordnung gegen eine neuerliche Anordnung spricht, ist also allein im **Einzelfall** zu beantworten (wofür die von Gesetzes wegen zu erstellenden JA-Schlussberichte (vgl. → § 90 Rn. 30a) bei methodenkritischer Auswertung gewisse Informationsquellen bieten können). Hier stattdessen eine pauschale bzw. generalisierende Negativindikation anzunehmen, scheint eine Logik der Sanktionseskalation zu verbrämen und damit den institutionellen Belangen eher als denen der Verurteilten zu entsprechen.

Insgesamt fehlt es nicht nur an diesem Punkt, sondern insgesamt an 26 Möglichkeiten der Definition, Abgrenzung und Erhebung, um die **„Arrestungeeignetheit"** jugendlicher Personen methodisch verlässlich zu konstatieren (*Höynck/Ernst* in Dollinger/Schmidt-Semisch Jugendkriminalität-HdB 671). Der Hinweis auf Jugendliche mit ausgeprägter Alkohol- oder Drogenabhängigkeit (*Brunner/Dölling* Rn. 29; *Weber* BtMG Vor §§ 29 ff. Rn. 1663) oder mit schweren Sozialisationsdefiziten (*Streng* JugendStrafR Rn. 411), bei deren besonderen Problemlagen der JA von vornherein keine Hilfestellung zu geben vermag, verweist hier indes auf eine vage orientierende Tendenz. Im Ganzen gesehen gilt es jedoch, bei der Anwendung von § 16 einer Linie zu folgen, wonach JA angesichts der Eingriffsschwere nur bei mindestens mittelschweren Delikten zulässig ist, wobei das eng begrenzte erzieherische Potenzial des JA einen zurückhaltenden Gebrauch erforderlich macht, der sich am ehesten in prinzipiell auch für JStrafe in Betracht kommenden Fällen rechtfertigen lässt.

V. Arrestarten

1. Gesetzliche Unterteilung

Der JA ist in den Formen eines **Freizeit-, Kurz-** oder **Dauerarrestes** 27 vorgesehen (Abs. 1). Im Unterschied zum Dauerarrest soll der Freizeitarrest (Abs. 2) ohne negative Auswirkungen va auf den Arbeits- und Ausbildungsbereich des Verurteilten sein. Das Gleiche gilt für den Kurzarrest, der aus erzieherischen Gründen ersatzweise „statt des Freizeitarrestes" (Abs. 3 S. 1) verhängt wird. Seit dem 1. JGGÄndG ist die Zahl der Freizeiten auf höchstens zwei beschränkt (Abs. 2), womit ua dem verschiedentlich festgestellten Gewöhnungseffekt Rechnung getragen wurde. Dass Freizeit- und Kurzarrest tatsächlich folgenarm und durchgehend ohne weitere Beeinträchtigungen umsetzbar sind, muss man indes bezweifeln. Die schädlichen Auswirkungen in der Lebenswelt des Betroffenen werden aber idR deutlich geringer als beim Dauerarrest sein.

28   **Freizeitarrest** darf immer nur während der Freizeit vollzogen werden (vgl. RL 1). Wird nach Ladung des Verurteilten zum Arrestantritt die hierfür vorgesehene Freizeit durch schulisch oder beruflich gerechtfertigte Gründe beansprucht, muss die Vollstr auf eine spätere Freizeit verschoben werden (vgl. näher → § 87 Rn. 3; vgl. auch schon *Dallinger/Lackner* Rn. 9a). Von wann bis wann eine Freizeit konkret dauert, ist in § 16 nicht normiert. Im Alltagsleben hat sich ihr ursprünglicher Beginn (Samstagmittag) in den zurückliegenden Jahrzehnten an sich nach vorn verschoben, weil die wöchentliche Arbeitszeit Jugendlicher vielfach nur noch bis zum Freitagnachmittag reicht. Gleichwohl setzt der Freizeitarrest in Orientierung an § 25 Abs. 3 JAVollzO üblicherweise am Samstag um 08.00 Uhr bzw. um 15.00 Uhr ein (vgl. aber *Kobes/Pohlmann* ZJJ 2003, 376 mit Bsp. für „Freitag bis 17.00 Uhr"). Ende ist (spätestens) am Montagmorgen (07.00 Uhr), bei entspr. lokaler Handhabung auch am Sonntagabend (hierzu n. *Pütz* in BeckOK Rn. 24 ff.). Eine Freizeit sollte jedenfalls nicht länger als für die Dauer von insgesamt 48 Stunden angeordnet werden, weil es sonst zu Widersprüchen mit dem Umwandlungsmaßstab für den Kurzarrest (Abs. 3 S. 2) käme.

29   **Kurzarrest** fungiert nach Abs. 3 als **Ersatzform** des **Freizeitarrestes** für jene Fälle, in denen der Freizeitarrest aus erzieherischen Gründen unzweckmäßig ist oder nicht in Betracht kommt. Für die Frage, ob sich Kurzarrest besser eignet, kommt es auf die zeitlichen Freiräume des Jugendlichen an (also zB auch auf Schul- oder Ausbildungszeiten bzw. -termine, Ferien bzw. Urlaub, sog. „Brückentage" usw.), wobei diese Aspekte nach den tatvorwurfsbezogenen Ermittlungen (einschließlich der Befragungen) während der HV zu klären sind. Wird die Unzweckmäßigkeit des Freizeitarrests erst nachträglich er- oder bekannt, kommt gem. § 86 bis zum Vollzug noch eine ersatzweise Umwandlung in einen Kurzarrest in Betracht. Im Regelfall handelt es sich bei Kurzarrest allerdings – ungeachtet des Normtextes in Abs. 3 S. 2 („statt") – nicht um einen umgeänderten Freizeitarrest, sondern um eine unmittelbar bzw. von vornherein angeordnete, eigene Sanktion. Dabei darf Kurzarrest höchstens vier Tage dauern (Abs. 2 iVm Abs. 3 S. 2). Was die **Umrechnung** anbelangt (Abs. 3 S. 2), können aber durchaus auch drei Tage Kurzarrest an die Stelle von zwei Freizeiten treten (ebenso etwa *Sonnen* in Diemer/Schatz/Sonnen Rn. 21; abw. *Ostendorf* in NK-JGG Rn. 11).

30   **Dauerarrest** erstreckt sich gem. Abs. 4 auf einen zusammenhängenden Zeitraum von höchstens vier Wochen (nicht also einen Monat). Die **Mindestdauer** beträgt eine Woche (Abs. 4 S. 1), wobei es faktisch zu deren Unterschreitung kommen kann, wenn der Vollstreckungsleiter gem. § 87 Abs. 3 S. 1 Alt. 2 von der Vollstr eines JA-Restes absieht. Die vierwöchige Maximaldauer darf dagegen **nicht überschritten** werden – auch nicht dadurch, dass mit Blick auf eine (neben dem JA) angeordnete Weisung oder Auflage im Vollstreckungsverfahren zusätzlich ein sog. Beschlussarrest (§ 11 Abs. 3, § 15 Abs. 3 S. 2) verhängt wird (→ § 11 Rn. 21a). Angesichts dieser Kumulationsproblematik ist die Verbindung von JA mit einer nach dessen Vollstr durchzuführenden „Nachbetreuungsweisung" gem. § 10 Abs. 1 S. 3 Nr. 5 (s. auch *Eisenhardt,* Gutachten über den Jugendarrest, 1989, 143 (157); vgl. für Hmb. *Holtfreter* DVJJ 1984, 449) nicht unbedenklich. – Gleichermaßen unzulässig wäre es iÜ, die zeitliche Höchstgrenze durch die kombinierte Anordnung verschiedener Arreste bzw. Arrestarten zu überschreiten (zumal eine solche Verbindung schon deshalb ausscheidet, weil es sich bei den drei JA-Varianten lediglich um unterschiedliche Spielarten ein- und desselben Zuchtmittels handelt).

2. Auswahl und Bestimmung

a) Freizeit- und Kurzarrest. Bei fahrlässigen und geringfügigeren vor- 31
sätzlichen Vergehen mit vergleichsweise geringer Schuld wird (wenn überhaupt) allein Freizeit- und Kurzarrest verhältnismäßig sein. Abgesehen von
dieser Grenzsetzung ist für die Wahl zwischen den verschiedenen Arrestformen die fallkonkrete erzieherische Geeignetheit maßgebend (§ 2 Abs. 1).
Diesbzgl. gelten zunächst einmal die obigen skeptischen Erwägungen zum
spezialpräventiv orientierten Einsatz von JA (vgl. → Rn. 19 ff.). Speziell
bei Freizeit- und Kurzarrest ist darüber hinaus zu berücksichtigen, dass es
sich hierbei mit besonderer Deutlichkeit um eine Nur-Einsperrung handelt,
deren Kurzzeitigkeit jede sozialpädagogische Ausgestaltung de facto nahezu
ausschließen muss. Dass bei einer derartigen Maßnahme eine erzieherische
Funktion realisiert werden kann, ist nicht zu erkennen (ebenso etwa schon
Eisenhardt, Die Wirkung der kurzen Haft auf Jugendliche, 2. Aufl. 1980, 80;
vgl. auch *Bruns,* Jugendliche im Freizeitarrest, 1984, 155; *Schumann/Döpke* in
Schumann, Jugendarrest und/oder Betreuungsweisung, 1985, 116 (118)).
Die Existenzberechtigung der beiden kurzen Arrestformen (für eine Abschaffung bereits der Fachausschuss der BAG der LJÄer DVJJ 1991, 453;
Resolution DVJJ-Journal 2002, 447; tendenziell ähnlich *Wulf* FS 2011,
106 f.; zum bloßen Einschluss vgl. Befragung von *Hinrichs* DVJJ-Journal
1999, 269) liegt also ausschließlich darin, eine Alternative zum Dauerarrest
und dessen Nebenwirkungen (→ Rn. 27) zu bieten. Allein dies bildet dann
auch ihre „spezialpräventive Indikation".

b) Bemessung des Dauerarrests. Als Länge des Dauerarrestes darf jede 32
Tageszahl von 7 bis 28 bestimmt werden. Eine an der Wirksamkeit orientierte, konkrete Festlegung des jeweiligen Zeitraums kann indes nicht ohne
dezisionistische Anteile bleiben und sich wegen der jeweiligen personalen
und sozialen Besonderheiten des Verurteilten sowie der fraglichen Vollzugsbedingungen auch kaum in tragfähigen Orientierungswerten verdichten
lassen. Das Gericht muss jedenfalls die soziale und persönliche Situation des
Jugendlichen, dessen vermutliche Anpassung an die Vollzugsbedingungen
und die diesbzgl. Gegebenenheiten berücksichtigen. Die Offenheit dieser
Bemessungsentscheidung erklärt, warum der mit der Vollzugsleitung befasste
JRichter – der gem. § 85 Abs. 1 auch Vollstreckungsleiter ist – den Dauerarrest durch ein teilw. Absehen von der Vollstr korrigierend abkürzen darf
(zu § 87 Abs. 3 S. 1 bereits → Rn. 30). Im Hinblick auf die prinzipiellen
Bedenken ggü. einer erzieherischen Wirksamkeit des JA sollte das Höchstmaß nur in besonderen Fällen angeordnet werden. Ganz in diesem Sinne
wird JA, dessen Dauer zwei Wochen übersteigt, vielfach wegen der **negativen Auswirkungen** auf den Jugendlichen meist auch rechtspraktisch auf
Ausnahmen reduziert (vgl. dazu → Rn. 7; ferner *Schumann/Döpke* in Schumann, Jugendarrest und/oder Betreuungsweisung, 1985, 116; *Schwegler,* Der
Dauerarrest als Erziehungsmittel für junge Straftäter, 1999, 256 f.; krit. ggü.
dem „kurzen Dauerarrest" *Eisenhardt,* Gutachten über den Jugendarrest,
1989, 142; *Koepsel* FS Böhm, 1999, 626).

War der Anordnung von Dauerarrest eine rechtsstaatswidrige **Verfahrens-** 33
verzögerung vorausgegangen, ist zu deren Kompensation schon wegen der
freiheitsentziehenden und ahndenden Elemente des JA (§ 13 Abs. 1) auch
hier – ebenso wie bei der JStrafe (näher → § 18 Rn. 44 ff.; betr. Geldauflage

→ § 15 Rn. 26) – die sog. „Vollstreckungslösung" anzuwenden (BGH NStZ-RR 2014, 119 (120); abw. OLG Hamm NStZ 2012, 576 mkritAnm *Braun* StRR 2012, 110 („de facto Ungleichbehandlung im JStV")).

VI. Verfahrensrechtliche Aspekte

1. Urteilsinhalte

34   Die Fassung des Urteils (vgl. → § 54 Rn. 11) darf nicht darüber hinweg-gehend, dass eine Freiheitsentziehung veranlasst wird, aber auch nicht sugge-rieren, dass es sich dabei um eine Strafe oder nur-vergeltende Maßnahme handele. – Eine (stets begründungsbedürftige) **Umwandlung** von Freizeit-arrest in Kurzarrest (Abs. 3) und eine entsprechende **Umrechnung** ist nur in den Gründen darzulegen, nicht hingegen im Urteilsspruch zum Ausdruck zu bringen (vgl. auch → § 54 Rn. 11, 33, s. aber auch → § 55 Rn. 79).

35   War es in dem Verfahren zu **U-Haft** oder einer vorläufigen Unterbrin-gung gekommen, kann der Richter gem. § 52 im Urteil bestimmen, dass der verhängte JA nur teilw. oder gar **nicht vollstreckt** werden soll. Erfor-derlich ist dafür die bereits eingetretene Erreichung des mit dem JA ver-folgten Zwecks. Ungeachtet der Unklarheit, was mit JA angezielt und erreicht werden kann, wird diese Voraussetzung wegen der vom Betroffenen erlebten Freiheitsentziehung regelhaft bejaht (n. → § 52 Rn. 7).

2. Alsbaldige Vollstreckung

36   Die Vollstreckung des JA richtet sich nach §§ 82–87, der **Vollzug** nach § 90 und den einschlägigen Landesgesetzen. Dabei wird idR ein Bedürfnis nach einem raschen Vollzugsbeginn bejaht (vgl. auch § 4 JAVollzO). Im Hinblick hierauf regt man teilw. an (vgl. *Brunner/Dölling* Rn. 21; *Pütz* in BeckOK JGG Rn. 86), dass der Vollzugsleiter (§ 90 Abs. 2 S. 2) dem JRich-ter des Einzugsbereichs der jeweiligen JA-Anstalt die allg. Zustimmung erteilt, den rechtskräftig Verurteilten unmittelbar zum Arrestantritt zu laden (vgl. auch RL V. Nr. 1 S. 2 zu §§ 82–85: „Sofortvollstreckung" im Anschluss an die HV). In der Praxis scheint dies kaum zu geschehen.

37   Außerdem wird oder wurde aus Beschleunigungsgründen bisweilen emp-fohlen, den Jugendlichen in der HV zwar über die Rechtsmittel und ihre Tragweite zu belehren (zur erforderlichen Geeignetheit § 70a Abs. 1 aF bzw. § 70b Abs. 1 nF), ihn bzw. seinen Verteidiger und seine Erziehungsberech-tigten „in allen glatten Fällen" jedoch zum Rechtsmittel**verzicht** „zu ver-anlassen" (*Dallinger/Lackner* Rn. 30; *Pütz* in BeckOK JGG Rn. 78). Das ist schon deswegen fragwürdig, weil mitunter erst das Rechtsmittelverfahren darüber Aufschluss zu geben vermag, ob es sich bei einem vermeintlich „glatten" Fall tatsächlich um einen solchen handelt (ebenso *Wulf* in HK-JGG Rn. 34). Ein Geständnis ist – auch angesichts seines Fehlerpotenzials (n. → § 70c Rn. 9 ff.) – für sich genommen dafür grds. kein geeignetes Kriteri-um (vgl. *Greenspan/Scurich* Law & Human Behavior 2016, 650: Geständ-nisbewertung variiert je nach Bewertung der sonstigen Beweislage).

Jugendarrest neben Jugendstrafe

16a (1) Wird die Verhängung oder die Vollstreckung der Jugendstrafe zur Bewährung ausgesetzt, so kann abweichend von § 13 Absatz 1 daneben Jugendarrest verhängt werden, wenn

1. dies unter Berücksichtigung der Belehrung über die Bedeutung der Aussetzung zur Bewährung und unter Berücksichtigung der Möglichkeit von Weisungen und Auflagen geboten ist, um dem Jugendlichen seine Verantwortlichkeit für das begangene Unrecht und die Folgen weiterer Straftaten zu verdeutlichen,
2. dies geboten ist, um den Jugendlichen zunächst für eine begrenzte Zeit aus einem Lebensumfeld mit schädlichen Einflüssen herauszunehmen und durch die Behandlung im Vollzug des Jugendarrests auf die Bewährungszeit vorzubereiten, oder
3. dies geboten ist, um im Vollzug des Jugendarrests eine nachdrücklichere erzieherische Einwirkung auf den Jugendlichen zu erreichen oder um dadurch bessere Erfolgsaussichten für eine erzieherische Einwirkung in der Bewährungszeit zu schaffen.

(2) Jugendarrest nach Absatz 1 Nummer 1 ist in der Regel nicht geboten, wenn der Jugendliche bereits früher Jugendarrest als Dauerarrest verbüßt oder sich nicht nur kurzfristig im Vollzug von Untersuchungshaft befunden hat.

Schrifttum *Gernbeck,* Stationäres soziales Training im (Warnschuss-)Arrest, 2017; *Klatt/Ernst/Höynck ua,* Evaluation des neu eingeführten Jugendarrestes neben zur Bewährung ausgesetzter Jugendstrafe (§ 16a JGG), 2016; Kubink/Springub, Der „Warnschussarrest" – oder wie man einen „Untoten" wiederbelebt, 2019; *Schmidt,* Die Koppelung von Jugendarrest und bedingter Jugendstrafe als sog. „Warnschussarrest" gem. § 16a JGG, 2018.

Übersicht

I. Grundlagen

1. Anwendungsbereich

1   Es gelten die Erl. in → § 13 Rn. 1, 2 entsprechend.

2. Rechtspolitische Einordnung

2   a) Kritikwürdigkeit des Normzwecks. Die Vorschrift wurde mit Gesetz v. 4.9.2012 (BGBl. I 1854) in das JGG implementiert (gem. RegE v. 24.4.2012 (BT-Drs. 17/9389)). Sie trägt eine gewichtige **Ausnahme** vom Prinzip der **Einspurigkeit** stationärer Sanktionen (→ § 8 Rn. 6) in das JStR hinein und ermöglicht Sanktionskombinationen von innerer Widersprüchlichkeit (→ § 8 Rn. 14). Zwar greift sie ein allg. rechtspolitisches Drängen nach Einführung einer entsprechenden Arrestform auf (vgl. etwa Art. 1 Nr. 1 RE-1. JGGÄndG 1983 sowie BT-Drs. 14/3189, 15/1472, 15/3422, 16/1027; zu entsprechenden Auffassungen in der Justiz s. *Jansen,* Stärkere Punitivität? – Ergebnisse einer Onlinebefragung (...), 2015, 230; *Kaspar/ Schmidt* in Boers/Schaerff Kriminologische Welt 391). Der überwiegende Teil der Wissenschaft (und Teilen der Praxis) war man dem regelmäßig entgegengetreten (stellvertretend *Heinz* ZJJ 2008, 60 (62 f.); tolerierend für einzelne Fallgruppen aber *Verrel/Käufl* NStZ 2008, 181; *Müller-Piepenkötter/Kubink* ZRP 2008, 176 ff.; *Radtke* ZStW 121 (2009), 416 (428)). Gestützt wurde die Normeinführung denn auch von einer teilweise sachfremden und dramatisierenden Rhetorik (krit. etwa *Kreuzer* ZRP 2012, 101; zum „Wahlkampf-Kalkül" schon *Breymann/Sonnen* NStZ 2005, 673).

3   Ein **Bedarf** an einem Kopplungsarrest bestand (und besteht) **nicht.** In der bis 2012 geführten Debatte (dazu eingehend *Gernbeck,* Stationäres soziales Training (...), 2017, 48 ff.) wurde von den Befürwortern hervorgehoben, dass solche Verurteilte, bei denen die verhängte JStrafe zBew (oder deren Verhängung) ausgesetzt wird, weniger spürbar belastet seien als andere Beteiligte, bei denen es (nach ähnlichen oder gar gemeinsam begangenen Handlungen) wegen der Verneinung „schädlicher Neigungen" zu JA kommt. Eine solche Diskrepanz habe eine erzieherisch eher abträgliche Signalwirkung (zumal Entscheidungen gem. §§ 21, 27 als Quasi-Freispruch missverstanden werden könnten). Dabei wurde indes die Belastungs-, Kontroll- und Sozialisierungswirkung der bewährungsergänzenden Maßnahmen, die das Gesetz bei nicht vollstreckter bzw. nicht verhängter JStrafe vorsieht (§§ 22 ff. und §§ 29, 23 ff.), nur unzureichend berücksichtigt (diese Maßnahmen ebenfalls für ausreichend haltend bspw. *Ayass* Bewährungshilfe 1984, 197 f.; *Herrlinger/ Eisenberg* NStZ 1987, 177; *Dünkel ua* ZRP 2010, 175 (177 f.); *Kreuzer* ZRP 2012, 101 (102); *Rössner/Lenz* in HK-StrafR StGB V § 46 Rn. 60). Zudem lassen Anordnungen gem. § 16a **kaum positive Effekte** erwarten (vgl. die entspr. Rückfallraten für Bayern bei *Kaspar/Schmidt* in Boers/Schaerff Kriminologische Welt 391 f.; vertiefend *Schmidt* Die Koppelung von Jugendarrest (...), 2018, 433 ff.; hierzu auch → § 16 Rn. 20). Berücksichtigt man etwa, dass JA und JStrafe an sich für ganz unterschiedliche Verurteiltengruppen vorgesehen sind (→ § 8 Rn. 14) und dass es im Vollzug des Kopplungsarrestes daher zu unüberbrückbaren Divergenzen kommen muss (*Wulf* FS 2011, 106), ist es wenig überzeugend, dass in Grenzfällen gerade durch die Anordnung

des JA eine günstige Prognose und damit auch eine Aussetzung zBew erreichbar sein soll (aber → Rn. 7). Kaum stimmig ist das oft geäußerte Ziel, der gekoppelte Arrest solle als „Warnschuss" die Mitwirkungsbereitschaft in der parallel laufenden BewZeit fördern, da das hierfür erforderliche Vertrauen durch ein freiheitsentziehendes Zwangsmittel schwerlich begründet wird (*Eisenberg* NJW 2010, 1507 (1509); *Hügel* Bewährungshilfe 1987, 53; abl. aus der Praxis des JA-Vollzugs statt vieler schon *Hinrichs* Bewährungshilfe 1987, 56 ff.). In der Vollzugswirklichkeit ist vor und während des Kopplungsarrestes ohnehin oft schon gar kein Kontakt mit dem BewHelfer gegeben (Befunde bei *Gernbeck,* Stationäres soziales Training (…), 2017, 230 ff.).

b) Relativierende Umsetzung. Die technische Umsetzung der politi- 4 schen Implementierungsentscheidung ist durch das Bemühen getragen, hierfür in § 16a eine „schadensbegrenzende" und sich in das JStR halbwegs einfügende Ausgestaltung zu entwickeln (kennzeichnend *Gebauer* DVJJ-BW Info 2013, 47 ff.). Dies führte zu der in Abs. 1 erfolgten Anbindung an drei Konstellationen mit einer gewissen − das schlichte „Denkzettel"-Modell verlassenden − erzieherischen Indikation (krit. *Zieger/Nöding* Verteidigung Rn. 61e: sämtlich nicht überzeugend). Ferner verlangt das Gesetz diesbzgl. auch ein konkretes Gebotensein. Kopplungsarrest allein deshalb zu verhängen, um bei einer Verurteiltenmehrheit eine subjektiv wahrnehmbare Belastungsgleichheit herzustellen, ist nicht erlaubt (BT-Drs. 17/9389, 13; zur hier gebotenen besonderen Belehrung s. § 70a Abs. 2 aF bzw. § 70b Abs. 2 nF und → Rn. 10). Auch soll durch spezielle **Anrechnungsvorschriften** verhindert werden, dass Art. 103 Abs. 3 JGG bei der ggf. erfolgenden Verhängung bzw. Vollstr der JStrafe verletzt und das Schuldmaß durch die Kumulation stationärer Rechtsfolgen überschritten wird (§ 26 Abs. 3 S. 3, § 30 Abs. 1 S. 2, § 31 Abs. 2 S. 3, § 61b Abs. 4 S. 3). Die grundlegende Dysfunktionalität entfällt durch all dies freilich nicht. Zu deren Reduzierung bedarf es einer sozialtherapeutischen Ausgestaltung des Arrestvollzugs einschließlich diverser Übergangs- und nachvollzuglicher Hilfen (für dahingehende Konzeptionen vgl. § 16 Rn. 3 sowie *Gernbeck,* Stationäres soziales Training (…), 2017, 130 ff.; *Endres/Breuer* ZJJ 2014, 127 (132 ff.)).

3. Rechtstatsächliche Befunde

a) Anwendungshäufigkeit. Die Absolutzahlen der Arrestanordnungen 5 nach § 16a sind − korrespondierend mit der Überflüssigkeit dieser Sanktionsform (→ Rn. 3) − insgesamt betrachtet nicht sonderlich hoch. Sie lagen 2013 bei 255 und betrugen in den Folgejahren 621, 638, 616 und 646 (in 2017), wobei sie zu annähernd gleichen Teilen auf Jugendliche und Heranwachsende entfallen (StrafSt Tabelle 4.3., 4.4); s. aber zu Erfassungsproblemen und der Möglichkeit einer statistischen Mindererfassung n. *Kubink/Springub* Der „Warnschussarrest", 2019, 31 f.). − Zugleich geschieht die Anwendung regional in durchaus unterschiedlicher Häufigkeit (*Antholz* Krim 2015, 99; näher zu Relativzahlen nach BZR *Klatt ua,* Evaluation des neu eingeführten Jugendarrestes …, 2016, 30 ff.). In Bayern scheint die Verhängungsrate tendenziell mit der Nähe zu den Vollzugsanstalten (*Schmidt,* Die Koppelung von Jugendarrest (…), 2019, 246) und einer geringeren Einwohnerdichte zu steigen (*Endres/Maier* FS Streng, 2017, 435: insgesamt regional sehr „diskrepant"). Bezogen auf die in § 16a Abs. 1 voraussetzend genannten Entscheidungen (= Gesamtzahl der auf §§ 21, 27 lautenden Entscheidungen) betragen die Anteile 2014 und 2016 zB für Baden-Württemberg 8,35 % und 9,69 %, Bayern 12,22 % und 17,50 %, Niedersachsen 13,11 % und 8,47 %, Nordrhein-Westfalen 6,03 % und 9,49 %, Schleswig-Holstein 5,51 % und 7,20 %, hingegen für BE 1,30 % und 0,98 % (StrafSt Tabelle 4.2.1, 4.4.1). Die Akzeptanz und Anwendung des Kopplungsarrestes dürfte also stark durch lokale Justizkulturen und landespolitische Erwartungen beeinflusst zu sein.

6 **b) Anwendungsprobleme.** In der Anwendungspraxis des Kopplungs-arrests ist es, soweit hierzu empirische Belege vorliegen (vgl. *Klatt ua* ZJJ 2016, 354 ff. sowie → Rn. 17), in erheblichem Ausmaß zu gesetzeswidrigen Anordnungen gekommen. Die Anordnungsrealität wird offenbar stark durch die jeweiligen Erwartungen an die Sanktionswirkung geprägt, woran dann die Normhandhabung jeweils „flexibel angepasst" wird. Die bei der Ge-setzeseinführung verbalisierten Zwecke wurden (bislang) jedenfalls kaum erreicht (so die empirischen Hinweise bei *Klatt ua,* Evaluation des neu eingeführten Jugendarrestes …, 2016, 203 ff. und das Ergebnis von *Gernbeck,* Stationäres soziales Training (…), 2017, 415 für Baden-Württemberg). Da-gegen treten subjektive Belastungswirkungen und sozialisatorisch abträgliche Nebeneffekte (→ § 16 Rn. 19) durchaus in der vorhergesagten Weise ein (vgl. die Interviews bei *Gernbeck,* Stationäres soziales Training (…), 2017, 235 ff.). – Eine gesetzeskonform abgrenzbare „Zielgruppe" hat sich im justiziellen Einsatz (den empirischen Untersuchungen zufolge) bislang nicht herauskristallisiert. Bevorzugt verhängt wurde der Kopplungsarrest ggü. Per-sonen, denen eine höhere Anzahl an Deliktsarten zugeschrieben wird (vgl. *Klatt ua,* Evaluation des neu eingeführten Jugendarrestes …, 2016, 63 ff.; vgl. auch für Bayern *Endres/Maier* FS Streng, 2017, 432; *Schmidt* NK 2019, 74 (80 ff.); vertiefend *Schmidt,* Die Koppelung von Jugendarrest (…), 2018, 247 ff.). Auch liegen Hinweise vor, wonach die Vorbelastung bei Kopplungs-arrestanten qualitativ (Schwere der Delikte/Sanktionen), nicht aber quantita-tiv stärker als bei sonstigem JA ausgeprägt ist (*Gernbeck,* Stationäres soziales Training (…), 2017, 164 ff.; vgl. auch *Klatt ua,* Evaluation des neu einge-führten Jugendarrestes …, 2016, 72 ff.).

II. Materielle Voraussetzungen

1. Grundlegende Vorgaben

7 **a) Erforderliche Anwendungsziele.** JA iSv § 16a kommt (allein) in Verbindung mit Entscheidungen gem. §§ 21, 27, 61 in Betracht. Um hier einen gem. § 8 Abs. 2 S. 2 etwa undifferenziert verhängten JA und eine unverhältnismäßige Verbindung mit (diesen) anderen Sanktionen zu vermei-den, erlaubt die Vorschrift den Kopplungsarrest aber nur zur Verfolgung von ganz spezifischen Einwirkungsabsichten. Insofern benennt das Gesetz zu-nächst einmal (abschließend) drei mögliche **Erstzwecke** (ausgestaltet in Nr. 1–3) Mit deren angestrebter Realisierung müssen wiederum spezifische, **konstellationsabhängige Endzwecke** verfolgt werden: In den Fällen des § 27 muss der Kopplungsarrest nämlich dazu dienen, durch die Umsetzung eines der in Abs. 1 genannten Erstzwecke die erfolgreiche Bewältigung der Bewährungszeit zu unterstützen. Dagegen kann es bei Verurteilten, bei denen die Vollstr der JStrafe zBew ausgesetzt wird, nicht um diese allgemein-

spezialpräventiven bzw. bewährungsförderlichen (End-)Wirkungen gehen, weil es hier zur erwartbaren Legalbewährung voraussetzungsgemäß einer stationären Maßnahme an sich gerade gar nicht bedarf (§ 21 Abs. 1 S. 1). Raum für die Anordnung von Kopplungsarrest besteht in dieser Variante deshalb nur dort, wo in der von Nr. 1 bis 3 beschriebenen Weise eine positive Entwicklungsprognose begründet und erst dadurch die (sonst unsichere) Bewährungseignung gem. § 21 Abs. 1 S. 3 herbeigeführt werden soll (*Swoboda* FS Beulke, 2015, 1236 f.).

b) Verhältnismäßigkeitsanforderungen. Die Arrestverhängung muss 8 der eben dargestellten Zweckverfolgung nicht allein dienen, sondern hierfür **geboten,** dh ein geeignetes und erforderliches Mittel sein (vgl. nur *Gebauer* DVJJ-BW Info 2013, 50; *Eisenberg* ZJJ 2016, 80 (81)). Auch kann die besagte **Eignung** des Kopplungsarrestes in diesem Zusammenhang nicht einfach unterstellt werden. Vielmehr muss das JGericht prüfen, ob eine erzieherisch zielführende Gestaltung des Arrestvollzugs in der in Betracht kommenden Einrichtung (einschließlich des sog. „Übergangsmanagements" und einer evtl. angezeigten Anschlussbetreuung) zu erwarten und das Sanktionsziel so überhaupt zu erreichen ist (hierzu und zur frühzeitigen Zusammenarbeit der Vollzugseinrichtung mit der JGH und ggf. der BewHilfe → § 90 Rn. 10). Im Rahmen dieser Eignungsprüfung sind ggf. absehbare Nebenfolgen des Arrests zu berücksichtigen, besonders wenn diese sich erzieherisch und für die Legalbewährung als ungünstig oder gar „schädlich" erweisen könnten.

Dass der Kopplungsarrest geboten sein muss, besagt mit Blick auf den 9 Verhältnismäßigkeitsgrundsatz schließlich, dass er **lediglich subsidiär** verhängt werden darf. Nur wenn das Gericht davon ausgeht, dass im jeweiligen Einzelfall die genannten konstellationsabhängigen Ziele mit weniger eingriffsinvasiven Interventionen (dh mit gem. § 8 verbundenen Anordnungen nach §§ 10, 15 oder mit Bewährungsauflagen) nicht ebenfalls zu erreichen sind, kann es nach § 16a verfahren (BT-Drs. 17/9389, 12). Vorrangig sind deshalb zB die Teilnahme an einem sozialen Trainingskurs (§ 10 Abs. 1 Nr. 6), eine verkehrspsychologische Intervention (vgl. → § 10 Rn. 32), soziale Gruppenarbeit (§ 29 SGB VIII), intensive sozialpädagogische Einzelbetreuung (§ 35 SGB VIII) oder vergleichbare Maßnahmen (nicht erörtert bspw. in den von *Eisenberg* ZJJ 2013, 328; ZJJ 2014, 399 und ZJJ 2016, 80 krit. besprochenen Entscheidungen der AG Nürnberg, Plön, Döbeln, Memmingen und Bonn). Dass konkret geeignete, eingriffsmildere Alternativen, die zwar prinzipiell bestehen, lediglich vor Ort nicht verfügbar sind, eröffnet die Anwendbarkeit des § 16a nicht.

2. „Verdeutlichungsarrest" (Abs. 1 Nr. 1)

Ein erstes zulässiges Ziel des Kopplungsarrestes besteht darin, dem Jugend- 10 lichen seine **Verantwortlichkeit** für das begangene **Unrecht** und die Folgen **weiterer Straftaten** zu verdeutlichen (Abs. 1 Nr. 1). Im Sinne der bereits angesprochenen Subsidiarität wird dies allerdings normtextlich von der **(Erforderlichkeits-)**Bedingung abhängig gemacht, wonach dieser Zweck nicht durch andere Einwirkungsformen erreicht werden kann. Zu jenen anderen Formen gehört zunächst die − erzieherisch geeignet zu gestaltende (§ 70a Abs. 1 aF bzw. § 70b Abs. 1 nF) − **Belehrung** (§ 2 Abs. 2 iVm § 268a Abs. 3 StPO sowie § 60 Abs. 1 S. 2, § 64 S. 2, § 61 Abs. 3

S. 3, ferner § 268a Abs. 3 StPO iVm § 2 Abs. 2). Darin ist die Bedeutung der Aussetzung einer JStrafe zBew (oder des Vorbehalts einer diesbzgl. nachträglichen Entscheidung) begreiflich zu machen – und zwar so, dass dies möglichst auch jene ggf. anwesenden Tatbeteiligten korrekt einordnen, die (nur) zu Erziehungsmaßregeln oder Zuchtmitteln verurteilt werden (§ 70a Abs. 2 aF bzw. § 70b Abs. 2 nF). Ob von diesen anderen Tatbeteiligten dabei tatsächlich verstanden wird, dass die Aussetzungsentscheidung nicht etwa eine den Schuldspruch gleichsam entschärfende, herabstufende oder gar neutralisierende Funktion hat, spielt für den Kopplungsarrest jedoch keine Rolle (BT-Drs. 17/9389, 13). Nr. 1 stellt vielmehr allein auf den jeweils Verurteilten ab und verlangt insofern eine unzureichende Geeignetheit der Belehrung, ihm das Vorwurfs- und Sanktionsgewicht begreiflich zu machen. Zu einer solchen Bewusstmachung kommen indes auch **Weisungen** bzw. **Auflagen** in Betracht, wobei diese je nach Dauer und Eingriffstiefe den Verurteilten uU sogar massiver belasten können als ein Kopplungs-JA. – Der Ausgangspunkt, es gebe Verurteilte, die sich weder über ein Vorgehen nach §§ 10, 15 noch mit Belehrungen erzieherisch erreichen ließen, beruht letztlich aber auf einer **Unterstellung.** Weisen Amtsträgern die in §§ 36, 37 vorausgesetzte Befähigung auf, dürften diese also schwerlich Fälle identifizieren, in denen es eines „spürbaren Anstoßes" (Begr. RegE 17/9389, 20) durch einen Kopplungsarrest tatsächlich bedarf.

11   Eine außerordentlich gesteigerte Begründungslast besteht für die Anordnung des Verdeutlichungsarrestes, wenn ggü. dem Verurteilten bereits früher JA als Dauerarrest vollstreckt worden ist oder er sich nicht nur kurzfristig im U-Haftvollzug befunden hat. Hier fehlt es nämlich meist schon an der Maßnahme**eignung,** weil sich in Fällen derartiger **Vorerfahrung** der in Nr. 1 bezeichnete Verdeutlichungseffekt nicht erwarten lässt. Deshalb ist das Gebotensein hier nur in ganz seltenen und gesteigert erörterungsbedürftigen Ausnahmen gegeben (etwa bei sehr lange zurückliegendem JA). Im Regelfall fehlt es hieran indes **(Abs. 2).** Da der JA allerdings auch schon nach einer FE, die wenige Stunden oder Tage währt, die fragliche Verdeutlichungseignung verlieren kann (vgl. *Verrel* NK 2013, 70), müssen die Voraussetzungen von Nr. 1 nach vorausgegangenem Kurz- oder Freizeitarrest oder kürzerem U-Haftvollzug ebenfalls in individualisierender und besonders eingehender Weise aufgezeigt werden. Dies gilt erst recht bei bereits früher vollstreckter JStrafe (*Sonnen* in Diemer/Schatz/Sonnen Rn. 12). – Ungeachtet dessen handelt es sich bei den rechtspraktischen Fällen mit nach Abs. 1 Nr. 1 verhängtem Kopplungsarrest freilich nicht selten um solche des Abs. 2. Dabei werden nur wenige der dort getroffenen Entscheidungen den gesteigerten Begründungsanforderungen gerecht (dazu die jeweils ähnlichen Ergebnisse von Aktenauswertungen bei *Klatt ua,* Evaluation des neu eingeführten Jugendarrestes …, 2016, 75 f.; *Gernbeck,* Stationäres soziales Training (…), 2017, 181 f., 217; *Endres/Maier* FS Streng, 2017, 242).

3. „Herausnahme- und Vorbereitungsarrest" (Abs. 1 Nr. 2)

12   Ein zweites zulässiges Ziel besteht darin, den Verurteilten zunächst für eine begrenzte Zeit von seinem sozialen **Umfeld,** das auf ihn legalbewährungsbezogen unzuträgliche Wirkungen habe, zeitweilig zu **trennen** und ihn durch die erzieherische Einwirkung im JA-Vollzug auf die Bewährungszeit **vorzubereiten** (Abs. 1 Nr. 2). Damit ist diese Variante zunächst an eine

bestimmte tatbestandlich vorausgesetzte Situation gebunden („Lebensumfeld mit schädlichen Einflüssen"), die nur bei einem Nachweis durch feststehende Tatsachen als gegeben bejaht werden kann. Es sind also auch mit Blick auf die „Schädlichkeit" konkrete Feststellungen des Gerichts nötig, während verallgemeinernde alltagstheoretische Wertungen unzulänglich wären (speziell zu Fußball-Fans vgl. LG Münster ZJJ 2013, 323; s. hierzu (und den Betroffenen von Stadionverboten) auch *Albers ua* MschKrim 2015, 485 ff.; *Eisenberg/Kölbel* Kriminologie § 58 Rn. 13 ff.). Dabei ist immer auch zu berücksichtigen, dass selbst ein als ungünstig erscheinendes Umfeld psychosozial nicht ersetzbare Funktionen erfüllen kann (gerade die Peer Group – vgl. dazu *Hurrelmann/Quenzel,* Lebensphase Jugend, 13. Aufl. 2016, 172 ff.).

Ausweislich des Normtextes handelt es sich bei der Variante von Abs. 1 **13** Nr. 2 um ein **Doppelziel,** sodass der Kopplungsarrest für beide kumulierten Einzelzwecke jeweils für sich genommen geboten sein muss. Dies betrifft einmal die **Subsidiarität** des Eingriffs (→ Rn. 9). Kopplungsarrest entfällt hiernach, wenn es entweder für die Bewährungsvorbereitung oder für die Herauslösung weniger einschneidende Möglichkeiten gibt. In Betracht kommen dafür in beiderlei Hinsicht die unterschiedlichsten Weisungen (etwa ein Verkehrsverbot gem. § 10 Abs. 1 S. 3 Nr. 8) oder auch eine vorübergehende freiwillige Inanspruchnahme einer JHilfemaßnahme (§ 34 KJHG, hier: Heimunterbringung (deren gerichtliche Anordnung gem. § 8 Abs. 2 S. 1 ausscheidet)). Die Anordnung nach Abs. 1 Nr. 2 setzt insofern eine konkret fehlende Tauglichkeit dieser Alternativmaßnahmen voraus. Zum anderen muss sich der Kopplungsarrest seinerseits zur Umsetzung der beiden Ziele **eignen,** woran es jedoch nahezu immer fehlt. Mit Blick auf den Trennungszweck ist von einer relativ kurzen Freiheitsentziehung kaum eine anhaltende Herauslösung aus einem ungünstigen Beziehungsumfeld zu erwarten (*Ostendorf* in NK-JGG Rn. 5). Und hinsichtlich des Vorbereitungszwecks setzt die notwendige JA-Eignung eine geeignete erzieherische nach-/vollzugliche Betreuung voraus, und dies auch deshalb, weil oftmals der trennungsbedingte Verlust subjektiv wertgeschätzter Sozialkontakte nur so (partiell) kompensiert werden kann. Allerdings kommt der idR erst nach Wochen oder Monaten vollstreckte JA (→ Rn. 18) für eine Vorbereitung der dann bereits (lange Zeit) laufenden Bewährung offensichtlich zu spät. Auch dürfte die Unfreiwilligkeit der sozialen Trennung und Freiheitsentziehung einer Vertrauensanbahnung (zu einem BewHelfer) vielfach entgegenstehen. – In der Justizpraxis wird Abs. 1 Nr. 2 außerordentlich selten herangezogen (vgl. *Klatt ua* ZJJ 2016, 358; für Bayern *Endres/Maier* FS Streng, 2017, 434: gar nicht).

4. „Einwirkungsarrest" (Abs. 1 Nr. 3)

Vergleichsweise häufig (vgl. *Klatt ua* ZJJ 2016, 358) bezieht sich die Praxis **14** auf die in Abs. 1 Nr. 3 zugelassenen Zwecke, durch den JA-Vollzug entweder eine nachdrücklichere erzieherische Einwirkung (sog. **Intensivbetreuung**) oder bessere Erfolgsaussichten für eine erzieherische Einwirkung in der Bewährungszeit zu erreichen **(Einleitung längerfristiger Betreuung).** Dabei sind erneut die Eignung und Erforderlichkeit (→ Rn. 8 und → Rn. 9) des angeordneten JA vorausgesetzt („geboten"), wobei beide Aspekte in der Entscheidungsbegründung anhand von „konkret festzustellenden Umständen" (Begr. RegE, BT-Drs. 17/9389, 13) aufgezeigt werden müssen. Dies betrifft einerseits die individuelle Einwirkungsbedürftigkeit (infolge persönlicher oder lebenssituativer Bedingungen) und andererseits die dem gerecht werdende Gestaltung des JA-Vollzuges. Deshalb muss in einer (dem Erziehungsauftrag geschuldeten) **Prognose** gezeigt werden, dass durch den JA – bezogen auf die fragliche Person und die gegebenen Vollzugsumstände – entweder eine bessere spezialpräventive Einwirkung als durch ambulante Interventionen zu erreichen ist oder die Wirkungschancen der anschließenden Bewährungsbetreuung stärker als durch nicht-stationäre Maßnahmen steigen.

5. Altfälle

15   Bei Taten, die **vor Inkrafttreten** der Vorschrift (7.3.2013) begangen wurden, darf § 16a aufgrund des vom Rechtsstaatsprinzip umfassten Rückwirkungsverbots (vgl. Art. 103 Abs. 2 GG; dazu im vorliegenden Zusammenhang *Eisenberg* ZJJ 2014, 399 (400)) und des auch im JStR gem. § 2 Abs. 2 geltenden Meistbegünstigungsprinzips (§ 2 Abs. 3 StGB) nur angewandt werden, wenn sich diese neue Regelung als die (verglichen mit den Regelungen zur Tatzeit) mildere Option darstellt. Dies ist ausschließlich in Fällen denkbar, in denen die JStrafe allein wegen des Kopplungsarrestes zBew ausgesetzt wird (und nach altem Recht vollstreckt worden wäre). Für die erforderliche diesbzgl. Darlegung im Urteil reicht eine implizite Bezugnahme auf § 21 Abs. 1 S. 3 zumindest dann nicht aus, wenn die Entscheidung keine sonstigen aufschlussreichen Anhaltspunkte enthält (zum Ganzen *Holste* ZJJ 2013, 289 f.; *Gernbeck/Höffler/Verrel* NK 2013, 307 (312); *Sonnen* ZJJ 2013, 38). Fehlt es daran, können der Jugendliche sowie die JStaatsanwaltschaft (vgl. hierzu § 2 Abs. 2, Nr. 147 Abs. 3 RiStBV; ähnlich *Holste* ZJJ 2013, 289 f.) hiergegen Rechtsmittel einlegen.

III. Verfahrensrechtliches

1. Urteil

16   Aus der Formulierung „neben der Verhängung einer JStrafe" (§ 8 Abs. 2 S. 2) folgt, dass auch die Anordnung des Kopplungsarrests **im Urteil** selbst geschehen **muss**. Nicht möglich ist dies im Wege eines nachträglichen Beschlusses. Dies gilt auch bei einem Vorgehen nach § 61 (abw. *Brunner/Dölling* Rn. 6), weil der JA nur mit Aussetzungsvorbehalt kombiniert werden darf, nicht aber auch mit der Aussetzung zBew im anschließenden Beschluss (*Radtke* in MüKoStGB § 61 Rn. 12, 33).

17   Da in den Urteilsgründen auszuführen ist, „welche Umstände für seine Bestrafung, für die angeordneten Maßnahmen (...) bestimmend waren", sind die anordnungsrelevanten, materiell-rechtlich vorausgesetzten Gesichtspunkte – also die jeweils herangezogene Variante von Abs. 1, ferner die Erwägungen zur Zielstellung, der Eignung und Erforderlichkeit sowie (bei Abs. 1 Nr. 3 auch) zur Prognosestellung – **eigens darzustellen** und näher (nicht nur formelhaft) zu begründen. – Betrachtet man die veröffentlichte einschlägige Judikatur, fällt jedoch nicht nur ein hoher Anteil von abgekürzten Urteilen (§ 267 Abs. 4 StPO iVm § 2 Abs. 2) unter den Entscheidungen auf (vgl. stellvertretend AG Cloppenburg ZJJ 2014, 394), sondern auch eine oftmalige **Vernachlässigung der Erörterungspflicht** (s. etwa AG Reutlingen ZJJ 2014, 176 (kein Wort der Begründung); näher hierzu *Sonnen* in Diemer/Schatz/Sonnen Rn. 25 und die Anmerkungen von *Eisenberg* ZJJ 2013, 328; ZJJ 2014, 177; 2014, 396 (399) und ZJJ 2016, 80). Auch den vorliegenden Aktenauswertungen zufolge verfehlen die Entscheidungsbegründungen sehr häufig den geforderten Gründlichkeitsgrad (vgl. etwa *Klatt ua* ZJJ 2016, 60: etwas nähere Begründung nur in 5,6 %; für ähnliche Befunde s. *Endres/Maier* FS Streng, 2017, 240 (242); *Gernbeck,* Stationäres soziales Training (…), 2017, 206 ff.; *Schmidt,* Die Koppelung von Jugendarrest (…), 2018, 308 ff.; *Kubink/Springub* Der „Warnschussarrest", 2019, 33 f.). In der Summe spricht der Forschungsstandfür einen „net-widening-Effekt dergestalt, dass die Jugendrichter den Warnschussarrest in einigen Fällen als bloße ,Draufgabe' auch in den Fällen verhängen, in denen sie früher ohnehin lediglich eine bedingte Jugendstrafe verhängt hätten" (*Höffler/Kaspar* RdJB 2018, 449 (469)).

2. Vollzugsbeginn

Bei einem nach § 16a verhängten JA muss der Vollzug spätestens vor **18** Ablauf von **drei Monaten** seit Rechtskraft des Urteils beginnen. Andernfalls ist der Vollzug unzulässig (§ 87 Abs. 4 S. 2). Diese Regelung beruht auf der Erwägung, eine Gefährdung zwischenzeitlicher positiver Entwicklungen während der Bewährungszeit durch eine beschleunigte Vollstr möglichst verhindern zu wollen. Dabei gilt diese Negativ-Voraussetzung durch den Verweis in § 61 Abs. 3 S. 1 ebenfalls für einen JA, zu dessen Anordnung es in einem Urteil kommt, das die Entscheidung über die Aussetzung einer verhängten JStrafe einem nachträglichen Beschluss vorbehält. – In der Praxis scheint der Kopplungsarrest tatsächlich schneller als der sonstige JA vollstreckt zu werden (vgl. für Baden-Württemberg *Gernbeck,* Stationäres soziales Training (…), 2017, 226 ff.: im Durchschnitt 7,4 Wochen nach Rechtskraft und nur selten nach mehr als drei Monaten). Unabhängig davon muss die Vorgabe des § 87 Abs. 4 S. 2 mit der Notwendigkeit ausbalanciert werden, den JA in störungsarmen Phasen (Ferien- und Urlaubzeit) zu vollstrecken und entsozialisierende Effekte so einzugrenzen (*Ostendorf* in NK-JGG Rn. 9).

3. Rechtsmittel

Die Verhängung eines Kopplungsarrests unterliegt nicht den Einschrän- **19** kungen von § 55 Abs. 1 S. 1 (→ § 55 Rn. 50).

Vierter Abschnitt. Die Jugendstrafe

Form und Voraussetzungen

17 (1) **Die Jugendstrafe ist Freiheitsentzug in einer für ihren Vollzug vorgesehenen Einrichtung.**

(2) **Der Richter verhängt Jugendstrafe, wenn wegen der schädlichen Neigungen des Jugendlichen, die in der Tat hervorgetreten sind, Erziehungsmaßregeln oder Zuchtmittel zur Erziehung nicht ausreichen oder wenn wegen der Schwere der Schuld Strafe erforderlich ist.**

Schrifttum *Düber/Leitner/Köhler,* Die Beurteilung schädlicher Neigungen nach § 17 JGG, 2016; *Konze,* Die Jugendstrafe wegen schädlicher Neigungen gem. § 17 II Fall 1 JGG, 2015; *Lenz,* Die Rechtsfolgensystematik im JGG, 2007; *Meier,* Richterliche Erwägungen bei der Verhängung von Jugendstrafe und deren Berücksichtigung durch Vollzug und Bewährungshilfe, 1994; *Meyer-Odewald,* Die Verhängung und Zumessung der Jugendstrafe gem. § 17 Abs. 2, 2. Alt. JGG …, 1993; *Nix,* Kritik der „Erziehungsstrafe" im Jugendstrafrecht, 2017; *Schulz,* Die Höchststrafe im Jugendstrafrecht …, 2000; *Schumann/Berlitz/Guth/Kaulitzki,* Jugendkriminalität und die Grenzen der Generalprävention, 1987; *Stelly/Thomas,* Evaluation des Jugendstrafvollzugs in Baden-Württemberg, 2017.

Übersicht

	Rn.
I. Anwendungsbereich	1
II. Grundlagen	2
1. Ausgestaltung der Jugendstrafe als Rechtsinstitution …	2
2. Funktionen der Jugendstrafe	4
a) Erziehungsauftrag (§ 2 Abs. 1)	4
b) Irrelevanz generalpräventiver Belange	6
3. Allgemeine Voraussetzungen	8
a) Subsidiarität und Verhältnis zum Erziehungsauftrag (§ 2 Abs. 1)	8
b) Verhältnis innerhalb von Abs. 2	10
c) Verhältnis zu § 21	12
III. Anwendungspraxis und deren Kritik	13
1. Verhängung von Jugendstrafen	13
a) Häufigkeit und Verteilung	13
b) Entscheidungsfaktoren	15
2. Wirkungsbefunde	16
a) „Rückfallstatistik"	16
b) Einzelbefunde	17
c) Folgerungen	19
IV. „Schädliche Neigungen"	20
1. Grundprobleme der Feststellung	20
a) Begriff und Kritik	20
b) Relevanz der begangenen Delikte	25
aa) Bewertung von Praxistendenzen	25
bb) Kontraindizierende Merkmale	26
cc) Deliktsentwicklung	28
dd) Doppelverwertungsverbot	30
c) Relevanz psychosozialer Bedingungen	31

I. Anwendungsbereich

Die Vorschrift findet auf Jugendliche auch vor den für allg. Strafsachen 1
zuständigen Gerichten Anwendung (§ 104 Abs. 1 Nr. 1). Für Heranwachsende gilt die Vorschrift – vor JGerichten wie vor den für allg. Strafsachen
zuständigen Gerichten – dann, wenn auf sie materielles JStR angewandt
wird (§§ 105 Abs. 1, 112 S. 1, 2, § 104 Abs. 1 Nr. 1). Auch die Verhängung
ggü. Soldatinnen und Soldaten unterliegt keinen Besonderheiten, und dies
auch nicht bei der Aussetzung der Vollstr zBew und bei Nebenentscheidungen, Erlass oder Widerruf (§§ 21 ff., 88).

II. Grundlagen

1. Ausgestaltung der Jugendstrafe als Rechtsinstitution

Die JStrafe wird im JGG separat geregelt und abw. von der Freiheitsstrafe 2
des StGB ausgestaltet. Dies zeigt sich in ganz spezifischen Anordnungsvoraussetzungen (Anordnungsgründe gem. Abs. 2; speziell ausgestaltete Subsidiarität), die sich deutlich von denen des § 46 Abs. 1 S. 1 StGB unterscheiden (vgl. → Rn. 20 ff.), aber auch in den charakteristischen Maßgaben der
§ 8 und §§ 31, 32. Ebenso verhält es sich schließlich mit Blick auf die
Bemessung der JStrafe, die anders als im allg. StR primär nach erzieherischen
Gesichtspunkten erfolgen muss (§ 18 Abs. 2). Anders als die Freiheitsstrafe
ist unter den Voraussetzungen der §§ 27–30 eine Aussetzung der Verhän-

gung zulässig. Für die Aussetzung der Vollstr zBew sowie die Strafrestaussetzung sind abschließende Sonderbestimmungen vorgesehen (§§ 21–26a, 61 –
61b, 88). Dies gilt ebenso für die Strafvollstreckung (§§ 82 ff., 89a) und die
länderrechtlichen Vollzugsbestimmungen. All dies ergibt ein **eigenständiges**
und weitgehend **abgeschlossenes** Regelungsregime (abw. *Streng* Jugend-
StrafR Rn. 423; s. auch *Radtke* in MüKoStGB Rn. 78 ff.: nur graduelle
Unterschiede).

3 Zugleich wird die JStrafe aber oft als Strafe „im formellen Sinn" (*Streng*
GA 2017, 80 (81)) eingestuft (aber → Rn. 23). Darüber hinaus entspreche
„die Verurteilung zu und die Verbüßung von JStrafe der Verurteilung zu und
Verbüßung von Freiheitsstrafe" (*Streng* JugendStrafR Rn. 423; zu den Konsequenzen dieser Gleichstellung → Rn. 60 ff.). Und in der Tat steht sie, was
ihre sozialen Auswirkungen sowie die Ausgestaltung und die Organisationsstruktur der JStVollzugseinrichtungen betrifft, der Freiheitsstrafe nahe. Dafür
sprechen die gemeinsamen Beeinträchtigungen durch die Freiheitsentziehung, in gewissem Ausmaß aber auch der Umstand, dass altersgruppenspezi-
fische erzieherische Angebote – ungeachtet teilweise erheblicher Unterschiede zwischen den Ländern – den Vollzugsalltag nicht so stark prägen,
dass dieser von einer gänzlich anderen Qualität als beim Freiheitsstrafenvollzug wäre. Da für den rechtlichen Charakter der JStrafe allerdings die völlig
eigenständige rechtliche Ausgestaltung maßgeblich ist, kommt es auf die
Ähnlichkeiten der Vollzugswirklichkeit nicht an. Auch die bewusst gewählte
besondere Bezeichnung („Jugend"-Strafe) weist vielmehr auf einen **selbstständigen Rechtsstatus** hin. Die JStrafe ist also „wesensverschieden von
der Gefängnisstrafe" (BGHSt 5, 366 (369) = NJW 1954, 847 (848); ebenso
BGHSt 10, 100 (103) = NJW 1956, 680). Es handelt sich um eine Strafe (s.
etwa *Schöch/Höffler* in Meier/Bannenberg/Höffler, Jugendstrafrecht, 4. Aufl.
2019, § 11 Rn. 2 unter Hinweis auf §§ 4 Nr. 1, 32 BZRG) – aber um eine
solche von eigener Art (*Eisenberg/Schlüter* NJW 2001, 188 (190); *Laubenthal*
ZStW 116 (2004), 703 (722); *Zieger/Nöding* Verteidigung Rn. 62), die „mit
der Freiheitsstrafe nicht gleichgesetzt" (RL 1 S. 2) und daher auch „nicht
ohne weiteres vom Begriff der Freiheitsstrafe des Strafvollzugsgesetzes umfasst" (BT-Drs. 19/8393, 21) ist (vgl. mit weiteren Erwägungen auch *Knauer*
ZStW 124 (2012), 204 (216 ff.)). Wäre dies anders, ließen sich Vorschriften,
in denen ausdrücklich eine „entsprechende" Anwendbarkeit freiheitsstrafen-
spezifischer Regelungen auf die JStrafe angeordnet wird (s. etwa § 38
BtMG), nicht erklären.

2. Funktionen der Jugendstrafe

4 **a) Erziehungsauftrag (§ 2 Abs. 1).** Die grundlegende erzieherische
Orientierung bildet eine jener Komponenten, dank derer die JStrafe trotz
der ihr innewohnenden allg. Strafelemente einen eigenständigen Charakter
erlangt. Das Gesetz verleiht den positiv-spezialpräventiven Belangen bei der
Entscheidung über eine JStrafe **besonderes Gewicht** (allg. → § 5 Rn. 13)
und ggü. den wertenden Belangen des Schuldausgleichs den **Vorrang** (§ 2
Abs. 1 S. 2). Voraussetzung für Auswahl und Bemessung der JStrafe ist stets,
dass sie im konkreten Fall erzieherischen Zielen gerecht zu werden vermag
(dazu mit Blick auf die Eltern und Art. 6 GG *Reuther* Elternrecht 69 ff.).
Damit ist nicht etwa das Auslösen einer „Sühneleistung" gemeint (→ § 5
Rn. 7; abw. etwa BGHSt 18, 207 (209) = NJW 1963, 770 (771)), sondern

die jeweils bedarfsgerechte Chancen-, Orientierungs-, Erfahrungs- und Kompetenzenvermittlung (wofür auch die tatsächlichen Verhältnisse in einer bestimmten JStVollzugseinrichtung zu berücksichtigen sind (ebenso *Schimmel* in Kotz/Rahlf BtMStrafR Kap. 9 Rn. 71); allg. → § 5 Rn. 16). Unzulässig ist es, die Belange der Erziehung gleichsam als bloße Zweckmäßigkeitserwägungen dem Schuldgesichtspunkt unterzuordnen (*Dallinger/Lackner* Rn. 4); vielmehr ist die JStrafe in jedem einzelnen Fall hinsichtlich ihrer positiv-einwirkenden Eignung zu prüfen (s. auch RL 1 S. 2).

Ungeachtet dessen sind auch Belange des Schuldausgleichs nicht ohne 5 Bedeutung. Diese werden „anlässlich" des erzieherischen Vorgehens „mitverfolgt" − wenngleich sich diese Gewichtung bei den beiden Anordnungsgründen unterschiedlich darstellt (→ Rn. 9). Eine eigene Funktion haben Vergeltungsaspekte durch die Rechtsfolgenlimitierung „nach oben": Erziehungsbedürfnissen darf bei der Entscheidung nach §§ 17, 18 nämlich nur so weit Rechnung getragen werden, wie die JStrafe in Ob und Dauer **nicht außer Verhältnis** zum Schuldvorwurf steht (BVerfG NStZ 2005, 642; näher → Rn. 25 zu einer bspw. von *Radtke* in MüKoStGB Rn. 7 f. vertretenen weitergehenden Ansicht in der Literatur). Grundrechtsdogmatisch lässt sich dies auch als Angemessenheitserfordernis iRd notwendigen Eingriffsverhältnismäßigkeit konstruieren (*Lenz*, Die Rechtsfolgensystematik im JGG, 2007, 218 ff.; *Streng* JugendStrafR Rn. 247). In der Konsequenz kommt JStrafe ohne eine hinreichend gewichtige Tat also auch bei einer disozialen Entwicklung nicht in Betracht (dazu bei zugeschriebener „Verwahrlosung" schon LG Frankfurt a. M. Zbl 1960, 218).

b) Irrelevanz generalpräventiver Belange. Dass eine bestimmte Sank- 6 tionspraxis, hier die Verhängung von JStrafen, für sich genommen (also ohne Einbettung in eine formelle und informelle Kontrollverdichtung) überindividuelle abschreckende Effekte erzeugt, ist jugendkriminologisch überaus fraglich (s. bereits *Schumann ua*, Jugendkriminalität und die Grenzen der Generalprävention, 1987; Forschungsüberblick bei *Dölling* ZJJ 2012, 124 (126 ff.); *Eisenberg/Kölbel* Kriminologie § 42 Rn. 13 f., 22 ff.). Eine individuelle JStrafenanordnung, die an entsprechende Wirkungsannahmen ausgerichtet werden soll, ließe sich deshalb schwerlich auf eine fundierte Begründung stützen (weshalb man diese Praxis denn auch eher „verschleiert", s. *Neubacher* MschKrim 82 (1999), 1 (13); vgl. ferner *Reuther* Elternrecht 176 ff.). Nach überwiegender Auffassung ist es aber ohnehin **unzulässig,** die JStrafe auf Belange der **negativen Generalprävention** hin zu orientieren und mit der Verhängungsentscheidung dieses Ziel zu verfolgen (vgl. nur BGHSt 15, 224 = NJW 1961, 278; BGHSt 16, 261 = NJW 1961, 2359; BGH StV 1990, 505 = BeckRS 1989, 31104507; BayObLG StV 1985, 155; näher → § 18 Rn. 43). Das ergibt sich aus dem in § 2 Abs. 1 normierten Leitprinzip des JGG und dem Fehlen solcher Regelungen, die (wie im allg. StR (§§ 47 Abs. 1, 56 Abs. 3 StGB)) eine punktuelle Berücksichtigungsfähigkeit der Generalprävention vorsehen (vgl. etwa *Hinz* JR 2001, 53 f.). Mit Blick auf die erzieherischen Bedürfnisse ist es deshalb auch zweifelhaft, dass der Abschreckungsgedanke zB dann mittelbar berücksichtigt werden darf, wenn der Jugendliche sich der „ansteckenden" Wirkung seiner Tat bewusst gewesen ist und die Vorwerfbarkeit so erhöht hat.

Nach manchen Aussagen diene die JStrafe (zumindest bei Abs. 2 Var. 2) 7 indes der **positiven Generalprävention** (etwa *Schaffstein/Beulke/Swoboda*

JugendStrafR 460; *Swoboda* ZStW 125 (2013), 86 (98 ff.); *Herberger,* Wirksamkeit von Sanktionsandrohungen, 2000, 75 ff.; abgeschwächt ferner *Höffler/Kaspar* in MüKoStPO Einl. § 33 Rn. 25 ff.; für entsprechende vage Ansätze in der neueren Rspr. vgl. BGH NStZ 2018, 728 (729)). Wo man damit einen automatischen Begleiteffekt schuldausgleichender Reaktionen meint (*Radtke* in MüKoStGB Rn. 21; *Streng* JugendStrafR Rn. 436), wird lediglich die Kategorie der Vergeltung um die der Normbestätigungswirkung folgenlos „angereichert". Soweit jedoch der Schuldausgleich durch den positiv-generalpräventiven Strafzweck funktional substituiert werden soll, bestimmen sich das Ob und die Bemessung der Jugendstrafe durch das gesellschaftliche Reaktionsbedürfnis, das aus der deliktischen Erschütterung des Rechtsfriedens erwachse, für die wiederum der objektive Unrechtsgehalt des Geschehens maßgeblich sei (so *Ostendorf* in NK-JGG Rn. 5; *Kaspar* FS Schöch, 2012, 220 ff.). Letztlich sollen so sogar erzieherisch kontraindizierte JStrafen zulässig sein, nur „um dem Strafbedürfnis der Allgemeinheit Rechnung zu tragen" (*Ostendorf* in NK-JGG Rn. 11; *Bottke,* Generalprävention und Jugendstrafrecht, 1984, 41). Augenscheinlich wird hier die Anordnung der Jugendstrafe an ein Ziel gebunden, das dem Leitprinzip in § 2 Abs. 1 widerspricht, das hiervon vollständig abgelöst und das damit auch nicht koordinierbar ist (*Kölbel* JR 2019, 40 (42 f.); ähnlich *Eisenberg* ZJJ 2018, 144). Ohnehin handelt es sich bei der positiven Generalprävention um ein Konstrukt, das ohne empirisches Gegenstück bleibt und das damit an die Sanktionsvorstellungen der jeweiligen Verwender willkürlich angepasst werden kann (*Kölbel* Zeitschrift für Rechtssoziologie 2005, 249 (256 ff.); vgl. auch *Eisenberg/Kölbel* Kriminologie § 41 Rn. 32 ff.). Solche weitgehend spekulativ bleibenden Zusammenhänge sind deshalb bei der fallkonkreten JStrafen-Begründung **nicht** heranziehbar.

3. Allgemeine Voraussetzungen

8 **a) Subsidiarität und Verhältnis zum Erziehungsauftrag (§ 2 Abs. 1).** JStrafe darf allein dann verhängt werden, wenn „Erziehungsmaßregeln nicht ausreichen" (§ 5 Abs. 2 JGG) und wenn sie – weil Zuchtmittel auch unter Verhältnismäßigkeitsgesichtspunkten nicht mehr genügen – fallkonkret „geboten ist" (§ 13 Abs. 1 JGG). Diese Subsidiarität ist in den Konstellationsmerkmalen von Abs. 2 näher ausgestaltet und durch deren restriktive Interpretation zu gewährleisten. Sind jene Merkmale im Einzelfall erfüllt und kommen andere Rechtsfolgen des JGG nicht in Betracht, muss JStrafe verhängt werden. Dies gilt unabhängig davon, ob der Verurteilte inzwischen Erwachsener ist (aber auch → Rn. 57; hierzu wegen des Vollzugs § 89b Abs. 1, 2).

9 Weil JStrafe primär dem Erziehungsauftrag unterliegt (vgl. → Rn. 4), darf sie grundsätzlich **nicht** verhängt werden, wenn sie die **Entwicklung** des Verurteilten nicht fördern und nur schwerwiegend **beeinträchtigen** würde. Solche Schäden drohen umso eher, je länger die Dauer der JStrafe ist. Zudem können sie auch aus rechtlichen Nebenwirkungen der JStrafe erwachsen. Zu berücksichtigen ist indes, dass Rechtsfolgen mit solchen Konsequenzen ganz bewusst in das Gesetz eingefügt worden sind – sowohl in Form von erziehungsfeindlichen Strafdauern (§ 18 Abs. 1 S. 2, § 105 Abs. 3) als auch von außerstrafrechtlichen Nebenfolgen (wie etwa in Form ausländer- und asylrechtlicher Folgeentscheidungen). Hier ist in den einschlägigen Fällen durch

eine möglichst erziehungsfreundliche Lösung ein Ausgleich mit § 2 Abs. 2 zu suchen (näher → § 18 Rn. 34; → § 105 Rn. 54 ff.). Dabei kommt es auch darauf an, wie sicher die spezialpräventiv abträglichen Folgeprozesse prognostizierbar sind.

b) Verhältnis innerhalb von Abs. 2. JStrafe kann nur unter den besonderen **Voraussetzungen** des **Abs.** 2 verhängt werden. Dort sind zwei verschiedene Anordnungsgründe normiert. Beide knüpfen sowohl an den Aspekt des Schuldausgleichs als auch an den der positiven Spezialprävention an, dies aber in verschiedener Weise. Sie gleichen die **Zweckdivergenz** von Vergeltung und Erziehung daher (zumindest partiell) in jeweils eigener Weise aus: Variante 1 betrifft Fälle, in denen das Gericht beim Betroffenen eine gesteigerte (dh eine die JStrafe erfordernde) Interventionsbedürftigkeit sieht, wobei diese Reaktion aber nicht außer Verhältnis zur Vorwerfbarkeit stehen darf (→ Rn. 20 ff.). Dagegen erfasst Variante 2 solche vorwerfbaren Ereignisse, denen man in den Augen des Gerichts nur durch JStrafe gerecht werden kann, ohne aber dass sich dies spezialpräventiv als sinnlos oder gar schädlich ausnehmen darf (→ Rn. 45 ff.). Im JStR, das sowohl dem Einwirkungsauftrag unterstellt als auch an das Schuldprinzip gebunden ist, gibt es mithin weder eine vorwurfsgelöste erzieherische Freiheitsentziehung noch eine (freiheitsentziehende) Strafe, die allein die Funktion hat, dem Verurteilten als Ausgleich bzw. Vergeltung schuldhaften Unrechts ein Übel zuzufügen. **10**

Ohne das Vorliegen einer der beiden Varianten darf JStrafe nicht verhängt werden. Fehlt es an der „Schwere der Schuld" und ist ungewiss, ob „schädliche Neigungen" überhaupt (vgl. aber → § 27 Rn. 11) oder im von Abs. 2 geforderten Maße gegeben sind, kommt indes eine Aussetzung der Verhängung der JStrafe zBew (§ 27) in Betracht. Im Übrigen stehen die zwei Anordnungsgründe in Abs. 2 zueinander nicht im Verhältnis der Exklusivität. Es ist also möglich, **beide Varianten** zu bejahen. Da sich die erzieherische Indikation in solchen Fällen häufig anders als bei Vorliegen nur einer der Voraussetzungen darstellen wird, kann dies die Höhe der JStrafe beeinflussen (BGHSt 16, 261 (262 f.) = NJW 1961, 2359, 2360; BGH StV 1993, 531 = BeckRS 1993, 31078968; vgl. auch → Rn. 63). Nimmt das Gericht eine Variante als gegeben an, ist es deshalb nicht von der Überprüfung der anderen befreit. Ohnehin kann es bisweilen zur Feststellung, jedenfalls aber zur Bemessung der „Schwere der Schuld" erforderlich sein, auch dem Vorliegen „schädlicher Neigungen" nachzugehen (so BGH StV 1986, 305 = BeckRS 1986, 31101680: zur Klärung schuldrelevanter „Wesenszüge"). **11**

c) Verhältnis zu § 21. Im Hinblick auf den Erziehungsauftrag und das Verhältnismäßigkeitsprinzip muss das Gericht nach Bejahung eines Anordnungsgrundes (oder beider) stets die Möglichkeit einer **Aussetzung** der Vollstr zBew prüfen. Dies gilt auch nach Annahme **„schädlicher Neigungen".** Bei sorgfältiger Berücksichtigung der jeweiligen Persönlichkeit und sozialen Umständen kann die Prognose nämlich ergeben, dass sich die hier zunächst für erforderlich gehaltene, längere „Gesamterziehung" (BGHSt 11, 169 = NJW 1958, 638) gleichermaßen durch die Wirkungen erreicht lässt, die die Verhängung der JStrafe entweder für sich genommen oder in Verbindung mit den Nebenentscheidungen gem. §§ 23 ff. und dem Druck des drohenden Bewährungswiderrufs (§ 26), notfalls auch durch einen Kopplungsarrest (§ 21 Abs. 1 S. 3), entwickeln kann (ähnlich bei der Aussetzung **12**

zBew in der vergleichbaren Situation des § 47 Abs. 1 StGB etwa BGHSt 24, 164 = NJW 1971, 1415). Dies gilt gerade auch deshalb, weil die prognostizierbare Eignung der verschiedenen Optionen, auf einen über die Haftzeit hinausgehenden „rechtschaffenen Lebenswandel" (näher → § 21 Rn. 7) hinzuwirken, in den praktischen Entscheidungssituationen ohnehin immer nur einem relativ unsicheren Vergleich zugänglich ist (näher → § 5 Rn. 29 ff.).

III. Anwendungspraxis und deren Kritik

1. Verhängung von Jugendstrafen

13   **a) Häufigkeit und Verteilung.** Bezogen auf die wegen eines Verbrechens oder Vergehens nach JStR Verurteilten betrug 2017 der Anteil von JStrafen 16,2 %. Für frühere Jahre wurden folgende Werte mitgeteilt: 14,8 % in 1984, 15,5 % in 1988, 18,2 % in 1992, 18,7 in 1996, 18,9 % in 2000 und 16,5 % in 2004 (jeweils ehemaliges Bundesgebiet) sowie 16,5 % in 2008, 16,1 % in 2012 und 16,3 % in 2016 (StrafSt Tabelle 4.1). Eine in den letzten Jahrzehnten eindeutig gestiegene Punitivität zeigt sich in diesem Bereich nicht (eingehend *Heinz* in BMJ (Hrsg.), Jugendkriminalrecht vor neuen Herausforderungen?, 2009, 29 ff.). – Mit Blick auf die regionale Verteilung (zur diesbzgl. Disparität allg. die Daten bei *Höfer* Sanktionskarrieren 128 f.) ergeben sich teilweise deutliche Unterschiede in der **Anwendungshäufigkeit.** So beliefen sich die entsprechenden Anteile in den Jahren 2014 und 2017 zB in MV auf 19,31 % und 21,6 % sowie in SN auf 22,0 % und 20,5 % (StrafSt Tabelle 4.2). Dies beruht auch auf einer ungleichen institutionellen Selektion. So spricht einiges für einen Zusammenhang mit der Diversionsrate: je höher diese ist, umso höher scheint (wegen der strengeren Fallauswahl) unter den Angeklagten bzw. Verurteilten der Anteil mit verhängter JStrafe zu sein. Ein durchgehendes einheitliches Muster ist insgesamt aber nicht zu erkennen. – Im Übrigen liegt bei **Jugendlichen** der JStrafen-Anteil unter den Verurteilten insgesamt etwas unter den Gesamtwerten. Er war nach 1975 rückläufig (Tiefstand 1980 mit 7,7 %), um sodann zunächst deutlich zu steigen (1994/2000: 12,5 % und 12,6 %) und sich danach auf einem wieder etwas niedrigeren Niveau einzupegeln (zB 10,7 % in 2004, 11 % in 2008, 10,6 % in 2012, 11,4 % in 2015 und 11,7 % in 2017 (StrafSt Tabelle 4.2). Im internationalen Vergleich ist die deutsche Praxis der Jugendstrafverhängung noch als moderat einzustufen (wenngleich sich letztlich überall eine deutliche Zurückhaltung in der Verhängung von (rechtlich unterschiedlich ausgestalteten) JStrafen beobachten lässt (Überblick bspw. bei *Albrecht* RdJB 2007, 201 (204 ff.); *Dünkel* DVJJ 2015, 527 ff.)).

14   Was die **Anordnungsgründe** betrifft, so zeigen (ältere) Auswertungen, dass die JStrafe offenbar ganz überwiegend wegen „schädlicher Neigungen" verhängt wird. Die alleinige Begründung mit der „Schwere der Schuld" scheint in der Praxis deutlich seltener vorzukommen. Relativ häufig wird das Vorliegen sowohl von „Schwere der Schuld" als auch von „schädlichen Neigungen" angenommen. Die drei Anwendungskonstellationen verteilten sich (in der genannten Reihenfolge) wie folgt: bei *Lange,* Rückfälligkeit nach Jugendstrafe, 1973, 113: 69,3 % – 10,1 % – 20,6 %, bei *Matzke,* Leistungsbereich bei Jugendstrafgefangenen, 1982, 183: 71,5 % – 15,8 % – 12,3 % und bei *Meier,* Richterliche Erwägungen ..., 1994, 73 f.: 38,7 % – 32,3 % –

29,0 %. In neueren Analysen lauten die Werte 4,1 % – 36,5 % – 58,1 % (*Schulz*, Höchststrafe im Jugendstrafrecht, 2000, 126) bzw. 20,9 % – 16,4 % – 56, 7 % (Jugendliche) und 25,2 % – 18,3 % – 45, 8 % (Heranwachsende (*Kurzberg* Jugendstrafe 186)).

b) Entscheidungsfaktoren. Dass die Wahl der JStrafe als fallkonkret 15 angeordnete Sanktion nach deutlich anderen Kriterien als im allg. StR (§ 46 StGB) erfolgen soll (nämlich anhand der in Abs. 2 geregelten Voraussetzungen), wird in der Justizwirklichkeit nur bedingt umgesetzt. De facto sind für die Rechtsfolgenentscheidung jene Gesichtspunkte bestimmend, die auch die Strafpraxis gegenüber Erwachsenen prägen (dazu etwa die Auswertungen von *Dölling* GS Zipf, 1999, 187 f. (192 f.); *Kurzberg* Jugendstrafe 206 ff.; s. aber bei der JStrafenverhängung auch *Buckolt* Jugendstrafe 295 ff., 342 ff., 442: stärkere Berücksichtigung personenbezogener Aspekte). Ungeachtet der an sich besonders bedeutsamen erzieherischen Indikation ist vor allem das Verletzungs- und **Schadensausmaß** ein besonders relevanter Gesichtspunkt für die Verhängung von JStrafe (vgl. die Berechnungen bei *Dölling* GS Zipf 1999, 192 f.; *Streng* FS Böttcher, 2007, 443 ff.). Einen eigenständigen und tendenziell noch größeren Einfluss auf die Anwendungswahrscheinlichkeit von Abs. 2 haben die Anzahl und Schwere **vorheriger Sanktionen** (*Walter/Neubacher,* Jugendkriminalität, 4. Aufl. 2011, Rn. 570 ff.; speziell bei der JStrafe *Gerken/Berlitz* in Gerken/Schumann Rechtsstaat 19 ff.; *Kunkat,* Junge Mehrfachauffällige und Mehrfachtäter, 2002, 446 ff.; *Höfer* Sanktionskarrieren 134 ff., 138 ff.; diff. *Bliesener/Thomas* FS Ostendorf, 2015, 76 f. (81 f.)). Auch in dieser Hinsicht ist die Praxis in anderen Rechtsordnungen ähnlich (vgl. bspw. *Wermink* EJC 2015, 739 (751 ff.)).

2. Wirkungsbefunde

a) „Rückfallstatistik". Die Häufigkeit der erneuten strafrechtlichen Erfassung nach vorangegangener JStrafe ist **sehr hoch** (zu den differenzierten Werten bei unterschiedlicher Strafdauer, bei (teilweise) zBew ausgesetzter Vollstr und bei verschiedenen Vollzugsformen → § 18 Rn. 13; *Eisenberg/ Kölbel* Kriminologie, § 42 Rn. 35 ff.). Nach der sog. Rückfallstatistik, die auf den Eintragungsdaten des BZR basiert, wurden von den Personen, die den Jugendstrafvollzug in 2004 verlassen hatten, ca. 70 % nach drei, ca. 80 % nach sechs und ca. 83 % nach neun Jahren wegen (mindestens) einer erneuten (jugend-)strafrechtlichen Sanktion (meist einer Freiheits- oder JStrafe) registriert (*JAHT* Legalbewährung 182 f.). Die meisten erfassten Rückfälle ereigneten sich in den **ersten 9 Monaten** nach der Entlassung (insgesamt 50 % in den ersten 11 Monaten (*JAHT* Legalbewährung 180 f.)). Unabhängig von den strittigen Validitätseinschränkungen von BZR-Daten (vgl. *JAHT* Legalbewährung 31 f., 172: eher begrenzt; abw. aber *Obergfell-Fuchs/ Wulf* FS 2008, 231 (233)), ist indes zu berücksichtigen, dass als „Rückfall" hierbei allein die abermalige Sanktionierung zählt (zur begrenzten Aussagekraft dieses Miss-/Erfolgskriteriums *Spiess* Bewährungshilfe 2012, 17 (20 ff.); *Eisenberg/Kölbel* Kriminologie § 20 Rn. 17 ff.).

b) Einzelbefunde. Auch nach einigen (oft älteren) Aktenanalysen, von 17 denen die Wiedererfassung nach einer Jugendstrafe untersucht worden war, ist von einer ganz erheblichen „Rückfälligkeitsquote" auszugehen. In einem meist 5- bis 6-jährigen Nachentlassungszeitraum lag diese kaum einmal unter

60 % (vgl. etwa *Fleck/Müller* ZfStV 1984, 74; ferner mwN *Eisenberg/Kölbel* Kriminologie § 42 Rn. 21). Den Untersuchungen von *Böhm* (RdJB 1973, 33 ff.) zufolge wies die registrierte Entwicklung nur bei 30–40 % auf eine weitgehende Legalbewährung hin. Jedoch divergierten die vorliegenden Ergebnisse etwas, wofür auch der regional unterschiedlichen Spruch- wie Vollzugspraxis eine gewisse Bedeutung zukommen dürfte. So stellte eine Auswertung für einen Zeitraum von mindestens vier Jahren seit Entlassung eine Wiederverurteilungsquote von 82,9 % bei erneuter Strafvollstreckung von 54 % fest (*Dolde/Grübl* ZfStrVo 1988, 29 (30 f.)). In einer weiteren Erhebung mit gleichfalls vierjährigem Kontrollzeitraum wurde eine „Rückfälligkeitsquote" von 79,6 % errechnet, bei 45,1 % bzgl. (erneuter) unbedingter freiheitsentziehender Strafe (*Wirth* in Kaiser (Hrsg.), Kriminologische Forschung in den 80er Jahren, 1988, 442).

18   In der Zeit **nach 2000** wurden in Thüringen für die Entlassungsjahre 2005 bzw. 2006 und einen Kontrollzeitraum von vier Jahren die Anteile von 73,4 % bzw. 73,2 % – betr. erneuten Freiheitsentzug von 58,2 % bzw. 56,7 – berechnet (*Giebel/Ritter* FS 2012, 302 (304)). Aktuellere Studien liegen ebenfalls vor für Berlin und Bbg. (vgl. *Cornel* FS Ostendorf, 2015, 173 ff.) bzw. für Bayern (*Endres ua* MschKrim 99 (2016), 342 (346 ff.): nach „im Mittel" knapp zwei Jahren seit Entlassung ca. 1/3 wieder „in Haft"). Für norddeutsche Jugendhaftanstalten und eine Gruppe von über 2.400 männlichen Erstinhaftierten stellten *Hosser ua* (in Bannenberg/Jehle 453) in einem bis zu siebenjährigen Beobachtungszeitraum eine Rückfallrate von 83 % und eine Wiedereinweisungsrate von 52 % fest (vgl. auch die Auswertung bei *Boxberg* Jugendstrafe 246 ff.). Für Baden-Württemberg lauten die Raten für einen Dreijahreszeitraum nach der Entlassung in 2012/13 74 % und 39 % (*Stelly/Thomas*, Evaluation des Jugendstrafvollzugs in Baden-Württemberg, 2017, 82). Die Evaluation des Hessischen JStrafvollzugs (*Kerner ua*, Systematische Rückfalluntersuchung im Hessischen Jugendvollzug, 2011, 98 ff.) ergab für die Entlassungsjahrgänge 2003/06 Anteile von 33,5 % bzw. 32,8 %, bei denen es innerhalb von drei Jahren zu einer Wiedererfassung wegen einer unbedingten Jugend-/Freiheitsstrafe kam (bei 64 % bzw. 68 % Rückfälle insgesamt). Auch hier fanden sehr viele Rückfälle in den ersten Nachvollzugsmonaten statt. Allerdings ergaben die ergänzend durchgeführten qualitativen Befragungen am Haftbeginn und -ende deutliche Verbesserungen im Einstellungsbereich sowie bei Gewaltbereitschaft und Verhaltensabsichten (zusf. auch *Coester* in Strafverteidigertag 2018, 395 ff.). Auch waren die im Bewährungszeitraum begangenen Straftaten idR nicht so schwerwiegend wie die vorvollzugliche Auffälligkeit. Außerdem lagen die Rückfallwerte umso niedriger, je älter die Insassen bei der Entlassung waren – offenbar, weil sich bei ihnen teilw. ein Reifungsprozess bemerkbar machte (maturing- bzw. agingout – zu diesem oft beobachteten Effekt bspw. auch *Willems/Meier* FS Eisenberg II, 2019, 183).

19   **c) Folgerungen.** Unabhängig von der Frage, ob und inwieweit diese Bilanzen durch eine funktionale Vollzugs- und Übergangsgestaltung verbessert werden könnten, geben sie jedenfalls Anlass zu einem weiter zurückhaltenden und auch zu **reduzierenden** Einsatz der JStrafe. Auch wenn die Rspr. eine Verhängung von JStrafe ggü. 14- bis 16-Jährigen am ehesten bei Verurteilung wegen eines Kapitaldeliktes als unumgänglich erachtet (vgl. zB BGH NStZ 2002, 216 mkritAnm *Eisenberg* NStZ 2002, 331), bestehen insofern bei anderen Delikten durchaus entsprechende Spielräume. Soweit in solchen Fällen bspw. bei Jugendlichen gelegentlich auch deshalb eine JStrafe verhängt wird, weil deren Lebenslage als „verlassen" oder „ausweglos" beurteilt wird („hartnäckige Wegläufer"), ist dies angesichts der grds. geringeren Geeignetheit wie auch des größeren Schädlichkeitspotentials, die negativ-freiheitsentziehende Sanktionen im Vergleich mit intensiv helfender Betreuung aufweisen (dazu nachdrücklich auch AG Rudolstadt NStZ-RR 2016, 229), idR nicht angezeigt (näher → § 12 Rn. 42–42d). Das ist in dieser Altersgruppe verallgemeinerungsfähig. Landesweite dänische Daten, denen zufolge bei einem geringeren Erstinhaftierungsalter die psychosziale Entwicklung mittel- und langfristig stärker als bei höherem Alter beeinträchtigt wird (*Baćak/Andersen/Schnittker* Social Forces 2019, 303 ff.), unterstreichen nämlich sehr deutlich, dass die Vulnerabilität gegenüber abträglichen Haftfolgen **umso größer ist, je jünger** die Betroffenen sind. Überhaupt bietet sich eine Einschränkung der JStrafen-Anwendung im Allgemeinen bei Eigentums- und Vermögensdelikten an. Bei dieser Deliktsgruppe stellt sich regelhaft die Frage, ob der strafbar verursachte (und künftig befürchtete) Schaden nicht in einem **Missverhältnis** zur Eingriffsintensität bei den verurteilten Jugendlichen steht (gerade auch mit Blick auf Belastungen und Gefährdungen, denen namentlich die Gruppe „schwacher" Jugendlicher in der Machthierarchie der JStrafgefangenen ausgesetzt ist (dazu → § 92 Rn. 40a)).

IV. „Schädliche Neigungen"

1. Grundprobleme der Feststellung

a) Begriff und Kritik. Der normtextlich verwendete Begriff wurde 20 durch VO des Reichsjustizministers über die unbestimmt Verurteilten v. 10.9.1941 (RGBl. I 567) in das deutsche JStR eingeführt (vgl. zuvor *Schaffstein* Deutsches Recht 1936, 65 f.: „die hoffnungslosen Kriminellen …Hang zum Verbrechertum"). Das **RJGG 1943** behielt ihn nicht nur bei, sondern setzte ihn zudem als Bezeichnung einer **selbstständigen Voraussetzung zur Verhängung** von JStrafe ein (§§ 4 Abs. 1, 6 Abs. 2). Zwar fand sich der Begriff zuvor bereits in § 12 Abs. 1 S. 1 des österreichischen „Gesetzes über die Behandlung junger Rechtsbrecher" v. 18.7.1928 (Österreichisches BGBl. 1928 Nr. 234: „… zur Wandlung seiner Gemütsart und zur Überwindung seiner schädlichen Neigungen …"), dies aber allein mit Blick auf die Bemessung der JStrafe unbestimmter Dauer (n. zum Ganzen etwa *Nix,* Kritik der „Erziehungsstrafe" im Jugendstrafrecht, 2017, 12 ff.; zur Auslese- und Entehrungsfunktion im NS-Kontext vgl. *Swoboda* ZJJ 2016, 278 (279)).

Der Begriff ist inhaltlich disponibel und begegnet erheblichen Einwänden 21 hinsichtlich seiner Bestimmtheit und empirischen Erfassbarkeit (vgl. anschaulich etwa *Meier,* Richterliche Erwägungen …, 1994, 72; *Tams* GreifRecht 2015, 97 ff.). Er ist in seiner individualisierenden und moralisierenden Akzentuierung geeignet, den gemeinten Jugendlichen als (bedrohliche) „Defekt-Persönlichkeit" zu beurteilen (zust. *J. Walter* DVJJ-Journal 2000, 255). Dies geht einher mit **Stereotypisierungen,** deren Effekt in der systematischen Überschätzung von Unterschieden zwischen Jugendlichen mit „schädlichen Neigungen" und „normalen" Jugendlichen besteht (ebenso wie in der systematischen Unterschätzung der Heterogenität beider Gruppen). Sichtbar wird dies zB in Zuschreibungen, wonach die Person erhebliche „Mängel der Charakterbildung" zeige und in ihrer „Entwicklung zu einem brauchbaren Glied der sozialen Gemeinschaft gefährdet" sei (vgl. etwa BGH StV 1985, 419 = BeckRS 1985, 31101444). Damit fördert der Begriff zugleich auch **Ausgrenzungsstrategien,** die in Prinzipien des allg. StR wie auch des JStR oder gar des JHilferechts keine Grundlage finden.

22   In der überwiegenden Lesart handele es sich (ähnlich wie schon nach RL Nr. 1 zu § 6 RJGG) bei „schädlichen Neigungen" um Störungen der Persönlichkeitsentwicklung, welche **ohne** längere **Gesamterziehung** die Gefahr der weiteren Begehung von nicht nur gemeinlästigen oder bagatellarischen **Straftaten** in sich bergen (stellvertretend BGH NStZ 2016, 681; 2018, 658). Dieses Verständnis verleitet indes zu einer zirkelschlüssigen (krit. etwa *Zieger/Nöding* Verteidigung Rn. 63) Gleichsetzung des Begriffs mit einer ungünstigen „Rückfall"-Prognose (kennzeichnend BGH BeckRS 2012, 22788; sowie auch BGH StV 1984, 253 = BeckRS 1984, 31110427: „kriminelle Neigungen"). Vermieden wird dies allein durch die Differenzierung der beiden Komponenten (Persönlichkeitsmängel und zu prognostizierende Gefährlichkeit), die für die Bejahung „schädlicher Neigungen" zusammentreffen müssen (vgl. etwa *Kemme* StV 2014, 760 (762); *Swoboda* ZJJ 2016, 278 (280)).

23   Neben den so verstandenen „schädlichen Neigungen" ist für die Verhängung von JStrafe auch eine schuldhaft begangene Tat vorausgesetzt. Diese fungiert aber letztlich nur als Anlass und Limitierung der Sanktion (→ Rn. 39), während der eigentliche Sanktionsgrund letztlich in der individuellen Interventionsbedürftigkeit (nämlich in der zugeschriebenen „neigungsbedingten Gefährlichkeit") liegt (die noch im Zeitpunkt der Verurteilung fortbestehen muss (→ Rn. 34)). Da es auf die Entstehungszusammenhänge solcher „Neigungen" nach hM nicht ankommen soll (BGHSt 11, 169 (171) = NJW 1958, 638), wird allerdings nicht überprüft (und kann auch schwerlich überprüft werden), inwieweit dem Jugendlichen in dieser Hinsicht ein (Schuld-)Vorwurf gemacht werden kann (vgl. auch *Tams* Greif-Recht 2015, 97 ff.). Wenn ihn mit der JStrafe gleichwohl eine repressive Schuldstrafe trifft (so eingehend *Swoboda* ZJJ 2016, 278 (282 f.)), ist dies also **widerspruchsreich** (ebenso *Haffke* FS Amelung, 2009, 21; *Konze,* Jugendstrafe wegen schädlicher Neigungen, 2015, 101; *Kemme* StV 2014, 760 (762): mit dem Schuldprinzip nicht vereinbar). In der Sache weist Abs. 2 Var. 1 jedenfalls erhebliche Ähnlichkeiten mit einer Maßregel der Besserung und Sicherung auf (weitergehend *Begemann* ZRP 1991, 44 (45); *Haffke* FS Amelung, 2009, 21; für eine Einschränkung auf Sicherungsfunktion und Verwahrfälle *Streng* GA 1984, 149 (165)).

24   Teilweise wird die Vorschrift für verfassungswidrig gehalten (*Konze,* Jugendstrafe wegen schädlicher Neigungen, 2015, 101 ff., 113 ff.) und ihre Streichung empfohlen (dazu etwa *Walter/Wilms* NStZ 2007, 1 (7); vgl. zu wN bis 19. Aufl.). Bisweilen wird **kriminalpolitisch** aber auch nur eine Neudefinition angeregt (vgl. etwa BR-Drs. 238/04: „Gefährdung oder Störung der Persönlichkeitsentwicklung"), was keine substanzielle Änderung veranlassen würde. Dies gilt auch für die Ersetzung durch eine „Erziehungsstrafe" (dazu etwa *Streng* JugendStrafR Rn. 431) – es sei denn hierbei würde eine dezidiert spezialpräventive Einwirkung zielführend umgesetzt. Dabei muss es um „nachhaltige Unterstützung" iSv § 2 Abs. 1 und strukturell um

eine Entflechtung von der Kategorie Strafe gehen (für eine Umgestaltung in eine grundsätzlich ambulante Maßnahme bspw. *Nix,* Kritik der „Erziehungsstrafe" im Jugendstrafrecht, 2017, 217 ff.; beifällig zur Rechtslage indes *Radtke* in MüKoStGB Rn. 26 f.). Spätestens im Lichte der RL (EU) 2016/ 800 (→ Einl. Rn. 32) wäre eine mehr als nur terminologische Neuregelung geboten gewesen (so auch Beschluss der JuMiKo v. 25./26.6.2014, II. 11 sowie der JuMiKo v. 1./2.6.2016, II. 13: „notwendige und dringende Reform").

b) Relevanz der begangenen Delikte. aa) Bewertung von Praxis- 25 **tendenzen.** Die Praxis knüpft bei der Bejahung „schädlicher Neigungen" oftmals an das Vorliegen von wiederholter strafrechtlicher Erfassung („Karriere") sowie an eine gewisse Deliktsschwere an. Merkmalsausprägungen aus dem Sozial- oder Persönlichkeitsbereich (→ Rn. 31), die für die Frage zwar ergiebiger, aber oft auch schwieriger festzustellen und bisweilen mehrdeutig sind, scheinen erst in zweiter Linie bestimmend zu sein (kennzeichnend die Aktenanalyse von *Kurzberg* Jugendstrafe 188 f.; vgl. auch *Buckolt* Jugendstrafe 74 ff., 349 f.; *Bliesener/Thomas* FS Ostendorf, 2015, 76 f. (81 f.); *Swoboda* ZJJ 2016, 278 (285 f. mwN); speziell zur weitgehend intuitiven „Neigungs-Diagnostik" der Jugendgerichtshelfer vgl. die Befragung von *Düber* in Düber/Leitner/Köhler (Hrsg.), Die Beurteilung schädlicher Neigungen nach § 17 JGG, 2016, 57 ff.). Dies muss insofern als problematisch gelten, als jedenfalls das **objektive Tatunrecht** der Anlasstat für sich genommen für die Zuschreibung „schädlicher Neigungen" oft „weitgehend unergiebig" ist (BGH NStZ 2016, 682). Andererseits nimmt die Rspr. an, dass sich die fraglichen Defizite meist im Zuge „einer längeren Entwicklung" herausbildeten, „in deren Verlauf es immer wieder zu Straftaten" komme, die deshalb durchaus Schlüsse auf die beiden Komponenten der „schädlichen Neigungen" (→ Rn. 22) erlaubten (OLG Hamm NStZ-RR 1999, 377). Dies sei keineswegs erst bei einem Grad der Vorbelastung möglich, der zu einer Einstufung als „Intensiv-/Wiederholungstäter" (bzw. als sog. „Gewohnheits- oder Hangverbrecher") geführt hat (BGHSt 11, 169 = NJW 1958, 638; s. aber auch BGHSt 12, 129 = NJW 1959, 156). Zu den fraglichen Folgerungen könne vielmehr schon eine weniger gravierende Deliktsgeschichte Anlass geben, nur sei dies dann im Einzelnen zu begründen, etwa unter Darstellung und Auswertung der hinweiskräftigen Tatumstände (BGH StV 2011, 589 = BeckRS 2011, 4359).

bb) Kontraindizierende Merkmale. Die früher begangenen Delikte 26 haben aus dieser Warte also in dem Sinne eine „diagnostische" Bedeutung, als der Tatschwere oder anderen Ereignismerkmalen ein gewisser Hinweiswert zukommen kann. Dies gilt jedoch auch in einem **negativen,** den Anordnungsgrund ausschließenden Sinne und betrifft etwa die **Art** der früheren Delinquenz:
• So deuten jedenfalls Gelegenheits-, Konflikt- oder Notdelikte nicht auf „schädliche Neigungen" hin (BGHSt 11, 169 = NJW 1958, 638; BGHSt 16, 261 = NJW 1961, 2359). Dies gilt gleichfalls für **geringfügige** Delikte (BGH NStZ-RR 2015, 323; OLG Hamm NStZ-RR 1999, 377 (378); LG Gera StV 1999, 660; AG Rudolstadt StV 2013, 36 = LSK 2013, 020550; vgl. auch → Rn. 39) und verhält sich bei **situativ bedingten** Delikten prinzipiell ebenso (vgl. BGH StV 1984, 253 = BeckRS 1984,

31110427). Wird ein einmaliges situativ geprägtes Versagen verneint, so muss dies deshalb – ebenso wie jeder andere für „diagnostisch relevant" gehaltene Deliktsbegehungsaspekt – in den Urteilsgründen näher ausgeführt werden (BGH NStZ-RR 2010, 387).

• Es genügt auch nicht die Zugehörigkeit zu einer delinquenten **Jugendgruppe,** sofern weder eine Beteiligung an deren Delikten noch eine diesbzgl. Kenntnis festgestellt ist (BGH bei *Böhm* NStZ 1984, 445). Vor dem Hintergrund der einschlägigen kriminologischen Forschung (dazu *Eisenberg/Kölbel* Kriminologie § 56 Rn. 33, § 58 Rn. 7 ff.) sind „schädliche Neigungen" auch bei gemeinsam begangener Vordelinquenz besonders begründungsbedürftig (abw. Tendenz aber bei BGH BeckRS 2011, 26153 Rn. 42 mablAnm *Eisenberg* HRRS 2012, 23 (27)); es ist stets zu prüfen, ob die Tat „nicht durch einen gewissen Gruppenzwang, falsch verstandene Solidarität oder ein Bedürfnis nach Anerkennung" wesentlich mitbestimmt war (BGH BeckRS 1985, 05573; BeckRS 1985, 31101444; GA 1986, 370; zur Relevanz von Gruppendynamik *Schumacher* StV 1993, 549 (550 f.); zur jeweiligen Differenzierung im Einzelfall *Hoffmann* StV 2001, 196 (198 f.); s. auch BGH BGHR JGG § 17 Abs. 2, schädliche Neigungen 1, wonach zB „Begünstigungshandlungen" mit dem Ziel der Strafvereitelung „für Jugendliche besonders typisch" seien).

27 Negative Hinweiskraft ist ferner mit Blick auf die individuelle **deliktische Entwicklung** zu beachten:

• Die bloße „Rückfälligkeit" oder die Kürze der **Intervalle** reicht für die Annahme „schädlicher Neigungen" allenfalls bei schweren Delikten und Rechtsfolgen aus (BGH NStZ 2013, 289 (290)), während längere Straffreiheit vor der Anlasstat dagegen spricht (BGH NStZ-RR 2015, 155; 2015, 323). Rechtswidrige Taten aus der **Kindheit** dürfen gar nicht berücksichtigt werden (ebenso *Zieger/Nöding* Verteidigung Rn. 64; aber → § 1 Rn. 8 ff.).

• Frühere Tatvorwürfe, bei den die Jugendstraf**verfahren eingestellt** worden sind, werden in der Praxis oft „vortrafenähnlich" behandelt (vgl. BGH BeckRS 2018, 28645: „Einstellungsbeschluss nach § 47 Abs. 2 kommt (…) Warnfunktion zu"). Für die Frage nach „schädlichen Neigungen" haben sie indes schon wegen ihres meist bagatellarischen Charakters idR keine Hinweiskraft (BGH NStZ-RR 2015, 323). Ohnehin dürfen sie allenfalls dann indiziell herangezogen werden, wenn sie prozessordnungsgemäß (§ 261 StPO iVm § 2 Abs. 2) festgestellt und ihre Konsequenzen in einem rechtzeitigen vorherigen Hinweis dargelegt wurden (BGH StV 2016, 699 (Ls.) = BeckRS 2015, 14380; KG StV 2011, 582 = BeckRS 2011, 23364; ferner eingehend und mwN *Eisenberg* Beweisrecht StPO Rn. 411 ff., 418 ff.). Den gleichen Voraussetzungen unterliegt die Verwertung von noch **nicht abgeurteilten** Straftaten aus Parallelverfahren (BGH StV 1994, 526 = BeckRS 1994, 7947; NStZ 2010, 280 (281); OLG Hamm NStZ-RR 1999, 377 (378); StraFo 2001, 176 = BeckRS 1999, 30085899).

28 **cc) Deliktsentwicklung.** Regelmäßig müssen sich die fraglichen Persönlichkeitsausprägungen, mit denen eine negative Prognose einhergeht, schon **vor der Anlasstat entwickelt** (BGH GA 1986, 370: „wenn auch verborgen", ebenso zB BGH NStZ 2010, 280; 2018, 658) und diese sodann

beeinflusst haben (stellvertretend etwa BGH StV 1993, 531 = BeckRS 1993, 31078968; NStZ 2010, 281; OLG Zweibrücken JBl. RhPf. 1989, 104). Dass „schädliche Neigungen" schon vor dem Deliktsereignis bestanden haben müssen, gilt auch in Fällen, in denen die prozessgegenständliche Straftat aus mehreren aufeinander folgenden Einzeltaten besteht (zu Taten in „unmittelbarem zeitlichen Zusammenhang und ggü. demselben Tatopfer" vgl. BGH NStZ-RR 2015, 155), schon weil hier nicht auszuschließen ist, dass es sich um „eine Kette bloßer Gelegenheitstaten" handelt (OLG Schleswig bei *Lorenzen/Görl* SchlHA 1989, 120; OLG Hamm OLGSt § 17 Nr. 2 (betr. wiederholten Verkaufs „harter Drogen" geringer Menge)).

Das Fehlen von Vorstrafen (bzw. (entdeckter) Vordelinquenz) spricht ge- **29** gen vor der Anlassstat bestehende erhebliche Persönlichkeitsmängel (BGH NStZ 2016, 681 (682)). Nur **ausnahmsweise** hält es die Rspr. für möglich, „schädliche Neigungen" bereits dann zu bejahen, wenn sie **erstmals in der abzuurteilenden Straftat** (erkennbar) zum Ausdruck gelangt oder sich im Verlauf der zur erstmaligen Aburteilung führenden Straftaten entwickelt haben (BGHSt 11, 169 = NJW 1958, 638; BGH StV 1986, 68; ZJJ 2018, 57 (61)). Anders als bei einer Mehrzahl sukzessiver Straftaten sind anhaltende Persönlichkeitsdefizite und Rückfalltendenzen (→ Rn. 22) nämlich anhand nur eines einzigen Deliktes kaum zuverlässig zu erschließen. Soll die „Neigungs-Feststellung" dennoch allein auf eine Ersttat gestützt werden, bedarf es folglich äußerst sorgfältiger tatsächlicher Erhebungen (BGHSt 16, 261 = NJW 1961, 2359; BGH BGHR JGG § 17 Abs. 2 schädliche Neigungen 7; NStZ-RR 1997, 21; NStZ-RR 2019, 159), in denen die fraglichen Problem- und Risikomerkmale aus dem Geschehen ganz konkret gefolgert werden (BGH NStZ 2018, 658). In ähnlicher Weise gesteigert ist die Überprüfungsnotwendigkeit, wenn allein solche früheren Verfehlungen vorliegen, bei denen das Verfahren eingestellt wurde und die daher keinen Hinweiswert (→ Rn. 27) haben (vgl. BGH BGHR § 17 Abs. 2 schädliche Neigungen 2; OLG Köln StV 1993, 531 (Ls.)). – In diesen Konstellationen des besonderen Begründungsbedarfs (BGH NStZ-RR 2019, 159) ist Abs. 2 Var. 1 bspw. abzulehnen, wenn der Angeklagte „vor und nach der Tat ein ordentliches Leben geführt" (OLG Zweibrücken OLGSt JGG § 17 Nr. 1 = BeckRS 1989, 31166509 mAnm *Brunner* JR 1990, 305) oder wenn er die Anlassstat unter Gruppeneinfluss (vgl. auch → Rn. 26) bzw. Einfluss eines Tatbeteiligten (BGH NStZ 2010, 280 (281); NStZ-RR 2015, 323) begangen hat. Dagegen reicht die Schwere des Anlassdelikts als „Neigungs-Indikator" für sich genommen kaum aus. Allerdings wurden entsprechende Schlüsse in einigen bedenklichen Entscheidungen durchaus akzeptiert (BGH NStZ-RR 1997, 21: aktive und brutale Tatbeteiligung; BGH NStZ-RR 2002, 20: Überwindung hoher Hemmschwellen; BGH NStZ 2019, 216: besondere Empathielosigkeit (trotz Bejahung von § 21 StGB)).

dd) Doppelverwertungsverbot. Das in § 46 Abs. 3 StGB geregelte allg. **30** Doppelverwertungsverbot ist nach hM im JStR nicht anwendbar, weil es Bestandteil des im JGG ausgeschlossenen Rechtsfolgenrechts sei (vgl. nur BGH NStZ-RR 1997, 21; *Streng* GA 2017, 80 (87): da im StR keine enge Bindung an tatbestandsbezogene Strafrahmen). Unabhängig von der direkten formalen Anwendbarkeit ist aber jedenfalls der Schutzgedanke (instruktiv OLG Bamberg StV 2018, 248 = BeckRS 2017, 127410 (zum allg. StR)) zu berücksichtigen (→ Rn. 51). Handlungselemente, Schadensfolgen usw, die in spezifischer Weise (dh als unmittelbares Tatbestandsmerkmale) schon für das Bestehen eines Sanktionsanlasses bestimmend sind, können daher nicht auch noch als Indikatoren „schädlicher Neigungen" dienen (n. *Eisenberg* NStZ 2001, 334 (335); *Eisenberg* FS Rieß, 2002, 829 (840 ff.)). Anderenfalls würden Jugendliche im Vergleich mit Erwachsenen materiell-rechtlich **schlechter gestellt** (zur diesbzgl. Unzulässigkeit → § 2 Rn. 23).

31 **c) Relevanz psychosozialer Bedingungen.** Legt man die Interpretation von Abs. 2 Var. 1 durch die hM (→ Rn. 22) zugrunde, können insbes. **psychische Problemlagen** und schwere **Verhaltensauffälligkeiten** für die verfestigten Persönlichkeitsprobleme und die Rückfallerwartung aufschlussreich sein (zu Grundlagen und Problemen der hier vorzunehmenden Prognose (→ § 5 Rn. 29 ff.). Entsprechende Anzeichen sind bspw. Bindungsschwächen, geringe Impulskontrollen, ein dissozialer Lebensstil usw (näher mit Checkliste *Düber ua* in Düber/Leitner/Köhler (Hrsg.), Die Beurteilung schädlicher Neigungen nach § 17 JGG, 2016, 103 ff.; für eine Zusammenstellung von Risikofaktoren auch *Kemme/Wetzels* Praxis der Rechtspsychologie 2014, 45 (58)). Allerdings reicht die bloße Mitteilung früher Fehlanpassung nicht aus; es muss deutlich gemacht werden, dass und warum deshalb künftig erhebliche Folgedelinquenz zu erwarten ist (vgl. bereits BGH MDR 1992, 631 = BeckRS 1992, 31083581). Überhaupt bedarf es einer **Entscheidungsbegründung**, die sich mit der Entwicklung des Jugendlichen und mit den hier bestehenden Zusammenhängen zur Anlassstat ebenso auseinandersetzt wie mit der erzieherischen Eignung und Notwendigkeit der JStrafe (OLG Hamm NStZ-RR 1999, 377; KG StV 2011, 582 = BeckRS 2011, 23364; auch → Rn. 38).

32 Jugendliche, bei denen pädagogische bzw. therapeutische Angebote in Heimerziehung oder sonstiger betreuter Wohnform (§ 34 SGB VIII) nach jugendhilfrechtlichen Standards angezeigt sind (vgl. auch die vormalige Voraussetzung einer „Verwahrlosung" gem. § 64 JWG aF), zeigen nicht notwendig auch „schädliche Neigungen" (s. auch *Brunner/Dölling* Rn. 37). Die fragliche **jugendhilferechtliche Indikation** wird nämlich schon bei einem Zustand von einiger Dauer bejaht, in dem es einem jugendlichen Menschen in erheblichem Grade an jenen körperlichen, geistigen oder sittlichen Eigenschaften mangelt, die bei Altersgenossen als Ergebnis einer ordnungsgemäßen Erziehung sonst vorausgesetzt werden (vgl. → § 12 Rn. 20 ff.). Wenngleich zur Annahme eines solchen Zustandes die Feststellung entsprechender Tatsachen erforderlich ist, bleiben die Kriterien inhaltlich disponibel, zumal sie eine (in der pluralistischen Gesellschaft) nicht existente Norm-Entwicklung zugrunde legen und die sozio-ökonomisch unterschiedliche Verteilung (bedürfnis–)relevanter Bedingungen ignorieren (skeptisch bezüglich der „Indikation" zu einer Heimerziehung auch *Mrozynski*, KJHG, 5. Aufl. 2009, § 34 Rn. 3; zu Praxiskriterien für die gesteigerte Form einer „geschlossenen" Unterbringung vgl. *Permien* R&P 2006, 111 (114); überblicksartig *Eisenberg/Kölbel* Kriminologie § 38 Rn. 4, 8). Jugendhilferechtliche Einstufungen können für Abs. 2 Var. 1 daher allein hilfsweise (als Hinweise) herangezogen werden.

2. Weitere Voraussetzungen

a) „In der Tat hervorgetreten". Die nach den vorgenannten Kriterien 33 festgestellten „schädlichen Neigungen" müssen **bei Tatbegehung** vorgelegen und in dem angeklagten Delikt dergestalt zum Ausdruck gekommen sein, dass dieses sich **als deren symptomatischer Ausfluss** darstellt. Diese Voraussetzung muss bezüglich jeder einzelnen prozessgegenständlichen Tat konkret geprüft werden. Haben sich die „schädlichen Neigungen" nach Ansicht des Gerichts allein in sekundären Teilaspekten des Tatgeschehens niedergeschlagen, reicht dies nicht aus. Wird mit Blick auf diesen Zusammenhang also lediglich darauf verwiesen, der Angeklagte habe ein (zu Verteidigungszwecken mitgeführtes) Messer bei der Tat eingesetzt (vgl. BGH NStZ 1984, 413) oder aus „krimineller Abenteuerlust" bzw. „falsch verstandener Kameradschaft" gehandelt (vgl. BGH StV 1985, 419 = BeckRS 1985, 31101444), liegen die Voraussetzungen von Abs. 2 Var. 1 nicht ohne weiteres vor. Das Ergebnis der diesbezüglichen Prüfung kann bei unterschiedlichen Taten bzw. Delikten verschieden ausfallen.

b) Fortbestand der Problemlagen. aa) Entscheidungszeitpunkt. 34 Die Komponenten der „schädlichen Neigungen" (→ Rn. 22) müssen nach stRspr noch im Zeitpunkt der Entscheidung vorliegen, weil die JStrafe sonst nicht mehr erzieherisch indiziert sein kann (vgl. bspw. BGH StV 1998, 331 = BeckRS 1997, 31120008; NStZ 2013, 287; ZJJ 2014, 46 = BeckRS 2014, 00752; NStZ 2016, 682). Daher ist zB eine einfache Bezugnahme auf die Bejahung „schädlicher Neigungen" in früher erfolgten Verurteilungen absolut unzureichend (BGH NStZ-RR 2015, 154). Besonders begründungsbedürftig ist das Fortdauern der Defizite bei einem größeren Abstand zwischen den Tat- und Entscheidungzeitpunkten (BGH NStZ-RR 2015, 154: Tatzeit lag 12 und 8 Monate zurück; BGH NStZ-RR 2015, 155: zwei Jahre; BGH NStZ-RR 2015, 323: 18 Monate; vgl. ferner BGH StV 2011, 589 = BeckRS 2011, 4359). Gerade (aber nicht nur) in derartigen Konstellationen können etwa eine zwischenzeitlich aufgenommene Ausbildung, das Absolvieren sozialpädagogischer Maßnahmen, neue soziale Bindungen usw für einen postdeliktischen **Abbau** der „schädlichen Neigungen" sprechen (OLG Hamm NStZ-RR 1999, 377, 378 f.). Die JGH oder die Erziehungsberechtigten sollten deshalb auf solche Entwicklungen hinwirken; für den Verteidiger kann dies Anlass sein, das Verfahren „sich hinziehen" zu lassen (ggf. durch ein Rechtsmittel (vgl. ähnlich *Zieger/Nöding* Verteidigung Rn. 66)).

Unabhängig davon liegen nicht selten **Umstände** vor, die Zweifel an der 35 Fortdauer „schädlicher Neigungen" begründen könnten und die durch das Gericht deshalb eingehend zu **erörtern** sind (missachtet etwa bei AG Cloppenburg ZJJ 2014, 394 mablAnm *Eisenberg* ZJJ 2014, 396). Dazu zählen bereits eine längere zwischenzeitliche Konformität (KG StV 2003, 456 = BeckRS 2002, 14725) oder ein Wohnort- bzw. Unterkunftwechsel (BGH StraFo 2003, 206 f. = BeckRS 2003, 02878; NStZ 2010, 280 (281)). Ebenso liegt es, wenn sich der Jugendliche den Ermittlungsbehörden gestellt (BGH NStZ-RR 2010, 387 (388)), bei den Geschädigten (ggf. mit Schadensersatzzahlungen) entschuldigt (verfehlt AG Memmingen ZJJ 2014, 397 mablAnm *Eisenberg* ZJJ 2014, 399 (400)) oder von den Mitangeklagten abgewandt hat (BGH 7.3.1997 – 3 StR 515/96 bei *Böhm* NStZ 1997, 480 (481); vgl. auch BGH BGHR JGG § 17 Abs. 2 schädliche Neigungen 4: aus Angst keine weitere Teilnahme an späteren Taten der Mitangeklagten). – Einen häufigen Anlass, das Andauern „schädlicher Neigungen" näher und in konkreter Weise aufzeigen zu müssen, geben ferner die Unterbringung (und persönliche Entwicklung) in einem Heim der JHilfe (§§ 72 Abs. 4, 71 Abs. 2) und in **U-Haft** (BGH NStZ 2016, 681 (682); OLG Köln StV 2003, 457; OLG Hamm StV 2007, 2 = BeckRS 2006, 15058; speziell zur Geburt eines Kindes in der U-Haft vgl. AG München 11.6.2015 – 1034 Ls 468 Js 199228/14).

36 **bb) Postdeliktisches Verhalten.** Umgekehrt kann auch für die **Feststellbarkeit** des Fortbestehens „schädlicher Neigungen" auf das nachtatliche Geschehen verwiesen werden, insbes. auf das Nachtatverhalten. So wird die **neuerliche Begehung einer erheblichen Straftat** (ggf. im Erwachsenenalter) prinzipiell indizieren, dass die fraglichen Defizite beim Angeklagten (überhaupt bzw.) weiterhin bestehen (BGH DAR 2018, 377 (379)). Es muss aber aufgezeigt werden, dass die Deliktsbegehung zwischen der abzuurteilenden Tat und der richterlichen Entscheidung auf nicht (erst) zum Urteils-, sondern auch (bereits) zum Tatzeitpunkt bestehende „schädliche Neigungen" hinweist (BGH BeckRS 2018, 42343). Da es sich bei „schädlichen Neigungen" um eine selbstständige Voraussetzung der JStrafenverhängung handelt, muss das fragliche Folgedelikt zudem prozessordnungsgemäß festgestellt (oder – wie bei BGH BGHR JGG § 17 Abs. 2 Schädliche Neigungen 9 – in einem anderen Verfahren bereits rechtskräftig abgeurteilt) worden sein (→ Rn. 27). Erlaubtes **prozessuales Nachtatverhalten** darf dem Angeklagten dagegen nicht angelastet und daher auch nicht zur Begründung von „niedrigen Beweggründen" herangezogen werden (BGH StraFo 2003, 206 (207) = BeckRS 2003, 02878; OLG Hamm ZJJ 2004, 298 = BeckRS 2015, 04300). Dies betrifft Fälle, in denen er sein Recht auf effektive Verteidigung wahrnimmt (etwa durch Bestreiten („Leugnen") der Tatbegehung oder durch Darlegung einer Notwehrsituation) oder in denen er sich auf sein Schweigerecht stützt (BGH StV 2006, 228 = BeckRS 2005, 01760). Grundsätzlich gilt dies auch, wenn er weder Reue noch Bedauern zeigt (BGH StV 2011, 589 = BeckRS 2011, 4359; bzgl. „fehlender Distanzierung von der Tat" eher abw. aber BGH NStZ 2016, 682).

37 **c) Subsidiarität.** Da die Reifeentwicklung eines Jugendlichen noch nicht abgeschlossen ist, lässt sich eine prinzipiell gegebene **Erziehungsfähigkeit** (u. → § 5 Rn. 15) vorab auch in „schwierigen Fällen" kaum dezidiert verneinen (u. → § 12 Rn. 33; zust. *Meyer-Odewald,* Verhängung und Zumessung der Jugendstrafe, 1993, 116 f.). Wo dies vor allem infolge medizinischer oder psychopathologischer Umstände doch einmal der Fall ist (→ § 12 Rn. 31 ff.), scheidet JStrafe als dann erzieherisch ungeeignete Intervention aus. Allerdings dürfte hier regelhaft auch die Schuldfähigkeit beeinträchtigt und das speziell dafür vorgesehene Rechtsfolgenspektrum eröffnet sein. Ungeachtet der also nur in Sonderkonstellationen fehlenden Möglichkeit einer Erziehung des Jugendlichen ist diese (entgegen der justizpraktischen Handhabung) eigens zu prüfen (*Kemme* StV 2014, 760 (765); abw. *Swoboda* ZJJ 2016, 278 (286 f.): Erziehungsfähigkeit gesetzlich fingiert). Auch versteht es sich nicht von selbst, dass die Einwirkungspotenziale gerade im Vollzug der JStrafe realisierbar sind. Deshalb muss das Gericht ausführen, welche **Wirkungen** die verhängte JStrafe – auch unter den Vorzeichen vorliegender

Wirkungsbefunde (→ Rn. 16 ff.) – haben soll und kann (OLG Karlsruhe StV 2007, 3 = BeckRS 2006, 12987).

Ferner muss gem. Abs. 2 Var. 1 letzter Hs. im Sinne einer Negativ- **38** Voraussetzung **ausgeschlossen** sein, dass die fraglichen (auf die Begehung von Straftaten bezogenen) Neigungen durch **andere** jugendstrafrechtliche **Rechtsfolgen ausreichend** erzieherisch beeinflusst werden können (OLG Hamm StV 2014, 747 = BeckRS 2014, 10892). Gegen die Erforderlichkeit der JStrafe bzw. der „längeren Gesamterziehung" (*Radtke* in MüKoStGB Rn. 47 ff.) spricht es bspw., wenn die festgestellten Defizite wenig verfestigt sind und mit einer verzögerten Entwicklung zusammenhängen (OLG Karlsruhe StV 2007, 3 = BeckRS 2006, 12987). Dass Erziehungsmaßregeln und Zuchtmittel bei vergleichbaren Vordelikten wirkungslos geblieben waren, kann indes (bei konkreter Begründung) in gegensätzlicher Weise aufschlussreich sein (OLG Hamm NStZ 2007, 45 (betr. Propagandadelikt des „rechtsradikalen Spektrums")). Kann die Erforderlichkeit nicht eindeutig geklärt werden, ist gem. § 27 zu verfahren. – Stets bedarf es für die Erörterung der Subsidiarität einer eingehenden **Persönlichkeitsuntersuchung** iSv § 43 (nicht berücksichtigt von OLG Zweibrücken NStZ-RR 1998, 118 mAnm *Eisenberg/Forstreuter* JR 1999, 174; zum Ganzen auch *Kemme/Wetzels* Praxis der Rechtspsychologie 2014, 45 (54 ff.)). Dieses Sorgfaltserfordernis besteht umso dringlicher, als die Verhängung einer JStrafe gem. Abs. 2 Var. 1 der Situation des § 246a Abs. 1 StPO (mit obligatorischer Sachverständigenvernehmung) stark ähnelt (→ Rn. 23). Mit Blick auf die deshalb oftmals angezeigte (abw. *Kemme* StV 2014, 760 (764): immer gebotene) Einholung eines Gutachtens verfährt die Praxis **viel zu zurückhaltend** (kennzeichnend AG Winsen NStE Nr. 1 zu § 43; *Brunner/Dölling* Rn. 22: idR eigene Sachkunde des JRichters ausreichend). So kam es bspw. bei sämtlichen Personen, die 2002 bis 2007 zu mehr als fünfjähriger (vollständig vollstreckter) JStrafe verurteilt worden waren, nur bei 70 % im Erkenntnisverfahren zu einer Begutachtung, und davon lediglich einmal (auch) zur Frage der „schädlichen Neigungen" (*Pahl,* Begutachtungspraxis bei langen Jugendstrafen, 2018, 124, 184 f.).

3. Verhältnismäßigkeitskontrolle

a) Vorwurfsproportionalität. Wie jedes staatliche Eingriffshandeln ist **39** auch die Verhängung von JStrafe nur als ein verhältnismäßiges Vorgehen erlaubt. Die Sanktion muss deshalb nicht nur die spezialpräventive Eignung und Erforderlichkeit aufweisen (→ Rn. 38), sondern auch **angemessen** sein. Deshalb darf die „stationäre Gesamterziehung" nicht in einem Missverhältnis zu ihren Eingriffswirkungen stehen. So kommt es auf eine ausbalancierte Relation zwischen der JStrafe und ihrer Auswirkungsintensität (dazu → Rn. 40 f.) sowie dem Gewicht des Interventionsanlasses an. Eine (zwar erzieherisch angezeigte) JStrafe, die mit Blick auf den prozessgegenständlichen Tatvorwurf nicht gerechtfertigt werden kann, wäre unverhältnismäßig und unzulässig (→ Rn. 5; dazu, dass dies bei Betonung des Maßregelcharakters (hierzu → Rn. 23) ganz ähnlich gilt, vgl. § 62 StGB und → § 7 Rn. 9, 18). Aus diesem Grunde muss JStrafe als Reaktion immer dann ausscheiden, wenn ein gesteigertes Erziehungsbedürfnis nicht mit einem gesteigerten **Schuldgehalt** einhergeht – also insbes. bei geringfügigen Anlassdelikten (zur ebenfalls erforderlichen Erheblichkeit der diagnostisch relevanten Vordelinquenz und der prognostizierbaren Delikte → Rn. 22, 26). Rechtfertigt das Gewicht der Straftat lediglich eine so kurze Dauer der JStrafe, dass dies eine als erforderlich erachtete erzieherische Einwirkung nicht zulässt, so ist die Verhängung von JStrafe insgesamt unzulässig. Ob in solchen Fällen ggf. eine Verpflichtung nach § 12 Nr. 2 angezeigt ist, lässt sich nur izm den jeweiligen konkreten Gegebenheiten der (geschlossenen) Heimerziehung (vgl. → § 3 Rn. 49 ff.) beurteilen.

40   **b) Altersabhängigkeit.** Das von der JStrafe ausgehende Eingriffsgewicht ist umso höher, **je jünger** und daher auch vulnerabler die Betroffenen sind. Deshalb ist eine Verhängung bei 14-, 15- und auch 16-Jährigen selbst bei Anlasstaten von nicht unerheblichem Gewicht nur selten gerechtfertigt. Die wenigen Ausnahmen liegen vor, wo es um die Verurteilung wegen einer erheblichen Straftat geht und dies mit einer außergewöhnlich gesteigerten (und deliktisch sichtbar gewordenen) Einwirkungsbedürftigkeit zusammentrifft. Eine ggf. bereits erfolgte polizeiliche Einordnung als sog. „Intensivtäter" macht, zumal jene Zuschreibungen oft problematisch sind (→ § 5 Rn. 53 f.), die eigene gerichtliche Überprüfung der erzieherischen Notwendigkeiten nicht entbehrlich (vgl. § 43).

41   Gegenüber älteren Jugendlichen oder **Heranwachsenden** (→ Rn. 49, → Rn. 57, → § 105 Rn. 52 ff.). kommt JStrafe am ehesten bei erheblicheren Gewalttaten in Betracht. Nur eingeschränkt wird dies bei Verkehrs- und einfachen Drogendelikten gelten können, zumal deren Gewicht infolge alterstypischer Entstehungszusammenhänge nicht überzubewerten ist. **Unverhältnismäßig** ist JStrafe idR bei Beleidigung, (einfacher) Sachbeschädigung, Beförderungserschleichung und anderen vergleichsweise leichten Straftaten (aA OLG Zweibrücken NStZ-RR 1998, 118 mablAnm *Eisenberg/Forstreuter* JR 1999, 174 und *Ostendorf* NStZ 1999, 515).

4. Handhabung bei Drogenabhängigkeit und -delinquenz

42   In der Praxis wird vielfach auch ggü. Drogenabhängigen (zur Problematik → § 5 Rn. 79 ff.) eine JStrafe verhängt, und zwar zu vergleichsweise hohen Anteilen mit einer Dauer von mehr als einem Jahr (zu den daraus resultierenden Anteilen Abhängiger unter den Jugendstrafgefangenen vgl. *Eisenberg/Kölbel* Kriminologie § 36 Rn. 27). Vermutlich ist dies Folge eines skeptischen justiziellen Verhältnisses ggü. der Weisung gem. § 10 Abs. 2 S. 1 Alt. 2 (näher → § 10 Rn. 60 ff.) und wohl auch der Maßregel gem. § 7 iVm § 64 StGB (näher → § 7 Rn. 15 ff.). Dabei wird indes zu wenig berücksichtigt, dass der Jugendstrafvollzug schwerlich als ein günstiges drogentherapeutisches Setting und bei Abhängigen damit – entgegen *Brunner/Dölling* Rn. 33 – auch **nicht** als eine **spezialpräventiv geeignete** Umgebung gelten kann (→ § 92 Rn. 105 ff.; vgl. auch *Eisenberg/Kölbel* Kriminologie § 36 Rn. 37). Dahinter muss die Erwägung zurücktreten, der zufolge die Sanktionspraxis, die in diesem Deliktbereich generell rigoros ist, auch gegenüber abhängigen Personen durchzuhalten sei, weil sich jugendliche Verurteilte, die nicht drogenabhängig sind, sonst benachteiligt sehen könnten.

43   Während das Sanktionsregime des BtMG nicht zwischen verschiedenen Drogenarten trennt, neigt die (jugend-)strafrechtliche Praxis durchaus dazu, bei Delikten mit „harten" Drogen (zB Heroin) strenger als bei „weichen" Drogen (zB Haschisch) zu reagieren (OLG Hamm StV 2011, 583, 585 =

BeckRS 2010, 16652; auch → § 18 Rn. 28; kennzeichnend ferner die
frühere Debatte zum allg. StR etwa bei LG Hildenheim DVJJ-Journal 1992,
117 sowie LG Frankfurt a. M. StV 1993, 77 = BeckRS 9998, 56378; abw.
BGH NJW 1992, 2975 mablAnm *Schneider* StV 1992, 514; OLG Hamm
StV 1992, 521 = LSK 1993, 250212). Allerdings vermögen auch Erwerb
und Konsum „harter" Drogen nicht von den oben genannten **allg. Voraussetzungen der Verhängung von JStrafe** zu entheben (OLG Zweibrücken
OLGSt JGG § 17 Nr. 1 = BeckRS 1989, 31166509 mAnm *Brunner* JR
1990, 305; s. ferner *Brunner/Dölling* Rn. 24). So ist die konkrete Feststellung
der beiden Komponenten „schädlicher Neigungen" (→ Rn. 22) erforderlich, wofür aber selbst eine BtM-deliktische Vorgeschichte nicht immer
einen klaren Indikator bietet (OLG Hamm StV 2005, 69 = BeckRS 2004,
2165). Dies gilt gerade, wenn die früheren Straftaten unter intensivem
Einfluss des sozialen Umfelds erfolgten (AG Bremen-Blumenthal StV 1994,
601 = LSK 1995, 100289; *Eberth ua,* Verteidigung in Betäubungsmittelsachen, 7. Aufl. 2018, Rn. 390). Für Persönlichkeitsprobleme und Rückfallerwartung sprechen jedoch bspw. eine Teilnahme am professionellen bzw.
organisierten Handel (*Weber* BtMG Vor §§ 29 ff. Rn. 1670; vgl. ferner BGH
BGHR JGG § 17 Abs. 2 Schädliche Neigungen 9: Scheitern von Integrati-
onsmaßnahmen iRv früheren Bewährungsstrafen). Allerdings ist immer zu
prüfen, ob nicht nach der Anlasstat eine zwischenzeitliche Distanzierung von
der Drogenszene erfolgt und die „schädlichen Neigungen" dadurch entfallen
sind (OLG Brandenburg StV 1999, 658 = BeckRS 1999, 11929).

Gemäß §§ 38 Abs. 1 S. 1, 35 BtMG ist bei Drogenabhängigen in Fällen **44**
der Verurteilung zu JStrafe – sofern die vorrangige Aussetzung der Vollstr
zBew versagt wurde (→ § 21 Rn. 19) – eine **Zurückstellung der Straf-
Vollstr** (bzw. des Restes derselben sowie der Maßregelvollstr gem. § 7 iVm
§ 64 StGB) möglich (zu den Voraussetzungen näher → § 82 Rn. 10 ff.).
Zuständig ist, je nach Stand des Vollstreckungsverfahrens, der ursprüngliche
(§§ 82 Abs. 1, 84) oder nachfolgende (§ 85 Abs. 2, 3) Vollstreckungsleiter
(= JRichter) als weisungsgebundene Verwaltungsbehörde (→ § 83 Rn. 2).
Die Verurteilungen Drogenabhängiger werden bei (unwiderrufen bleibender) Zurückstellung gem. § 35 BtMG nicht in das Führungszeugnis aufgenommen (§ 32 Abs. 2 Nr. 3 BZRG; zur Handhabung bei ausländischen
Urteilen ggü. Heranwachsenden s. krit. *Driest* StV 1989, 458). Nach dem
Normwortlaut von §§ 38 Abs. 1 S. 1, 35 BtMG kommt das dort eröffnete
Vorgehen an sich aber nicht in Betracht, wenn lediglich eine Unterbringung
nach § 7 iVm § 64 StGB angeordnet wurde. Für die Gerichte könnte das
ein Anlass sein, entgegen der durch § 5 Abs. 3 vorgegebenen Tendenz
(→ § 5 Rn. 28) daneben auch **JStrafe** nach Abs. 2 Var. 1 zu verhängen, **nur
um §§ 35 ff. BtMG anwenden** zu können. Dies wäre aber wegen der
Entbehrlichkeit der Sanktion unzulässig (ebenso *Volkmer* in Körner/Patzak/
Volkmer § 38 Rn. 3). Es ist im Übrigen auch überflüssig, da die §§ 35 ff.
BtMG angesichts des offensichtlichen legislatorischen Versehens weit auszulegen sind und eine Zurückstellung danach auch bei auf § 5 Abs. 3
beruhender isolierter Maßregelanordnung erlauben (abw. *Weber* BtMG § 38
Rn. 5).

V. „Schwere der Schuld"

1. Vorwurfsbezogene Voraussetzungen

45 **a) Verhältnis zur Schuld im allg. Strafrecht. aa) Allgemeines.** Der in Abs. 2 Var. 2 geregelte Anordnungsgrund setzt voraus, dass dem Verurteilten wegen des fraglichen Deliktes ein Vorwurf von einer Schwere gemacht wird, bei der eine JStrafe „erforderlich ist". Diese Voraussetzungsstruktur setzt sowohl Kriterien zur **Vorwurfsgewichtung** voraus als auch die Bestimmung eines **Grenzwertes**, an dem die Unentbehrlichkeit der JStrafe beginnt. Beides kann es indes weder in einem exakten Sinne noch ohne erhebliche Wertungsspielräume geben. Für die Frage des Grenzwertes hat die bisherige Debatte denn auch nur außerordentlich **vage Formeln** hervorgebracht. Danach müsse die Vorwerfbarkeit ein solches Ausmaß haben, dass jede andere Sanktion „in einen unerträglichen Widerspruch zum allgemeinen Gerechtigkeitsgefühl" träte (*Laubenthal/Baier/Nestler* Jugend-StrafR Rn. 742; *Laue* NStZ 2016, 103) bzw. für „das Rechtsempfinden schlechthin unverständlich" wäre (zB *Brunner/Dölling* Rn. 25; *Ostendorf* in NK-JGG Rn. 7). In ihrer offensichtlichen und unbefriedigenden Unterbestimmtheit besagen solche nahezu beliebig verwendbaren „Richtgrößen" (→ Rn. 6) allerdings nicht mehr als das Erfordernis von deutlich angehobener Schuld (für die Erforderlichkeit „schwerster" Vorwerfbarkeit *Beulke* NK 2019, 269 (277)). Dies macht es umso erforderlicher, wenigstens für die (reflektiert-wertende) Bestimmung des Vorwurfsgrades möglichst substanziell begründete Gesichtspunkte heranzuziehen.

46 **bb) Jugendspezifische Bewertung.** Der Rspr. zufolge hat dabei die Gewichtung des Vorwurfs anhand spezieller, altersgruppenspezifischer Kriterien zu erfolgen, die sich von den sonst (im allg. StR) herangezogenen Aspekten unterscheiden bzw. diese modifizieren (s. aber Befragungshinweise auf eine etwas abw. untergerichtliche Praxis bei *Buckolt* Jugendstrafe 330 ff.). In diesem Sinne spricht man von einer **jugendspezifischen Vorwerfbarkeit** (auch → § 18 Rn. 22). Danach ist Schuld „nicht abstrakt nach dem verwirklichten Tatbestand messbar" (BGH NStZ 2009, 450) und auch nicht von der Einstufung im StGB als Verbrechen herzuleiten (dazu etwa BGH NStZ-RR 2012, 92 bei unbedeutender Tatbeteiligung; OLG Zweibrücken OLGSt JGG § 17 Nr. 1 = BeckRS 1989, 31166509 mAnm *Brunner* JR 1990, 305 bei weniger schwerer Begehungsform). Vielmehr kommt „dem äußeren Unrechtsgehalt der Tat und ihrer Einstufung im allg. StR keine selbstständige Bedeutung zu" (BGH NStZ 2013, 289 (290)). Nach einem **von § 46 Abs. 1 S. 1 StGB erheblich abw. Maßstab** muss – was das BVerfG (BeckRS 2006, 28246) nicht moniert – **stattdessen** mehr auf das subjektive und persönlichkeitsbegründete Verhältnis des Angeklagten zur Tat als auf deren sichtbare Schwere abgestellt werden (BGHSt 15, 224 = NJW 1961, 278; BGHSt 16, 261 (263) = NJW 1961, 2359 (2360); ferner zB BGH NStZ 2014, 407; StV 2017, 714 = BeckRS 2016, 16406). Das äußere Unrechtsgeschehen (Handeln, Folgen usw) ist lediglich mittelbar für die Schuldbewertung relevant, insofern es „Schlüsse auf die Persönlichkeit des Täters und seine Schuld zulässt" (BGHSt 15, 224 = NJW 1961, 278; ferner zB BGHSt 61, 188 (191) = NJW 2016, 2050 (2051); BGH NStZ 2014, 409;

NStZ-RR 2015, 155 (156); NStZ 2017, 648 (649)). Es kommt, so eine gleichsinnige Leitlinie, darauf an, „inwieweit sich die charakterliche Haltung, die Persönlichkeit und die Tatmotivation (…) in der Tat in vorwerfbarer Schuld niedergeschlagen haben" (BGH NStZ-RR 2016, 325 (326); NStZ-RR 2018, 358; s. auch BGH BGHR JGG § 18 Abs. 2 Tatumstände 2). In dieser Hinsicht darf der „Unrechtsgehalt der Tat (…) nicht unberücksichtigt bleiben" (BGH NStZ 2018, 728 mAnm *Eisenberg* NStZ 2018, 729 und *Kölbel* JR 2019, 40; zur Judikatur mwN auch *Fricke* StRR 2013, 167 ff.).

Ein angehobenes Gewicht der so verstandenen und zu prüfenden Schuld **47** ist bspw. gegeben, wenn die Art der Begehung eines Sexualdeliktes von einem abwertenden „Frauenbild" zeugt, wobei diese persönliche Haltung vom Gericht **konkret aufzuzeigen** ist und nicht einfach unterstellt werden darf (BGH NStZ-RR 2014, 119). Gegebenenfalls kann auch ein kennzeichnendes Nachtatverhalten für entsprechende Schlussfolgerungen herangezogen werden, dies jedoch nicht bei prozessualer Zulässigkeit (vgl. nur BGH StV 1999, 657 = BeckRS 1999, 30072969: fehlende Reue bei Tatleugnen). Ebenfalls aus normativen Gründen (gesetzgeberische Wertung bei § 24 StGB) ist es ausgeschlossen, die Schuldschwere auf den Umstand zu stützen, dass der Jugendliche neben dem verwirklichten Delikt zunächst auch vorübergehend (dh bis zum wirksamen Rücktritt) eine weitere Straftat verwirklichen wollte (BGHSt 61, 188 (192 f.) = NJW 2016, 2050 (2051) mzustAnm *Eisenberg* ZJJ 2016, 299).

Umgekehrt liegt eine angehobene Schwere der (nach den vorgenannten **48** Grundsätzen verstandenen) Schuld selbst bei **gravierenden Delikten nicht zwangsläufig** vor. Sie wurde verneint oder als besonders begründungsbedürftig erachtet bspw. beim schweren sexuellen Missbrauch (LG Limburg BeckRS 2015, 07831: fast 14-jährige und zustimmende Freundin als Geschädigte), bei sexueller Nötigung (LG Hamburg BeckRS 2016, 15546: situative Überforderung des Steuerungsvermögens beim Jugendlichen), bei Beihilfe zum räuberischen Diebstahl (BGH NStZ 2016, 681: gruppendynamische Prozesse) oder auch beim schweren Raub (BGH NStZ 2018, 659: Kurzschlusshandlung, alkoholbedingte Enthemmung und fehlender Bereicherungswille des Jugendlichen (s. hierzu auch OLG Schleswig SchlHA 2004, 261 = BeckRS 2013, 20133; ferner betr. BtMG OLG Hamm StV 2001, 175 = BeckRS 2000, 5425; AG Rudolstadt StV 2014, 744 = BeckRS 2014, 00305)). – Zur Klärung der sich hier stellenden Fragen (besondere Motive, Situationen usw) ist eine Stellungnahme der JGH angezeigt; ggf. empfiehlt sich die Heranziehung eines Sachverständigen (§ 43 Abs. 2).

cc) Dynamische Maßstäbe. Für die Schuldschwere ist generell auch der **49** **Grad** strafrechtlicher **Schuldfähigkeit** (§ 3 S. 1; näher → § 3 Rn. 15 ff.) von Bedeutung (ebenso bspw. *Weber* Schuldprinzip 116). Die Reife iSv § 3 S. 1 kann, selbst wenn sie prinzipiell schon gegeben ist, entwicklungsbedingt „so sehr an der unteren Grenze der Verantwortlichkeit liegen" (*Schaffstein/ Beulke/Swoboda* JugendStrafR 456), dass die Schuld nicht den von Abs. 2 Var. 2 geforderten Grad erreicht (vgl. BGH MDR 1996, 881 mAnm *Streng* StV 1998, 336 (betr. Verurteilung eines noch wenig entwickelten 16-Jährigen wegen Mordes); auf die Problematik hinweisend auch BGH NStZ-RR 2008, 258 (Totschlag mit knapp über 14 Jahren); nicht erörtert dagegen in BGH NStZ 2013, 280; 2016, 102 (betr. 15-Jährige)). Umgekehrt folgt aus dieser Rspr. aber auch, dass der Aspekt der sich erst noch entwickelnden Verantwortungsfähigkeit mit **zunehmendem** (Heranwachsenden-)**Alter** an Bedeutung verliert (auch → Rn. 57, → § 105 Rn. 52 ff.). Bei der Beurteilung des Vorwurfsgrades wird der Jugendspezifik in der Schuldwertung (→ Rn. 46) damit also etwas weniger Raum gegeben, wohingegen die äußerlichen Unrechtsaspekte stärker ins Gewicht fallen (wenn auch weniger als im allg. StR). – Im Übrigen können aber Umstände, die eine Minderung der Schuldfähigkeit (§ 21 StGB) begründen, auch bei vorsätzlich verursachten schweren Tatfolgen die „Schwere der Schuld" ausschließen (vgl. *Schaffstein/Beulke/Swoboda* JugendStrafR 456).

50 **b) Einzelheiten der Schuldschwere-Bestimmung. aa) Allgemeine Deliktsqualität.** Zur Bestimmung der „Schwere der Schuld" ist zunächst eine vollständige Prüfung des Tatvorwurfs nach den gesetzlichen Regelungen des allg. StR erforderlich (zu dabei zu beachtenden Besonderheiten im JStR → § 2 Rn. 28 ff.). Die hiernach im allg. StR bestehenden gesetzlichen **Strafrahmen,** in denen die legislatorische Unrechtsbewertung zum Ausdruck gelangt, können dann uU auch in der jugendspezifischen Schuldwertung zu berücksichtigen sein. Das betrifft einmal Straftaten, für die eine geringe oder mittlere Strafdrohung vorgesehen ist. Die hierin sichtbar werdende Einordnung des Tatgewichts macht sich dann auch in der jugendspezifischen Geschehensbewertung bemerkbar, sodass die Schuld eines Jugendlichen, der bspw. ein **Vergehen,** zumal mit vergleichsweise geringem Schaden (und sei es „bedenkenlos"), begangen hat, idR nicht iSv Abs. 2 Var. 2 als „schwer" gelten darf (BGH NStZ 1998, 317; StV 2004, 66 = LSK 2005, 120211; StV 2005, 66 = BeckRS 2004, 11326; OLG Frankfurt a. M. StV 2009, 92 = BeckRS 2009, 9981 (betr. BtM); OLG Hamm ZJJ 2005, 447 = BeckRS 2007, 5923 (betr. Körperverletzung)). Einen ähnlichen Hinweiswert haben die gesetzlichen Strafrahmen, insofern eine Verschiebung „nach unten" bei Vorliegen **un-/benannter minder schwerer Fälle** (auch → § 18 Rn. 25) auch iRd besonderen jugendstrafrechtlichen Maßstäbe einen herabgesetzten Vorwurfsgrad bedingt (BGH NStZ-RR 2013, 291; 2015, 155; OLG Hamm StV 2011, 583, 585 = BeckRS 2010, 16652; problematisch dagegen BGH NStZ 2019, 216).

51 Die Rspr. hät eine für Abs. 2 Var. 2 hinreichende Schuldschwere nicht nur bei **Kapitaldelikten,** sondern **ausnahmsweise** auch bei anderen Taten, die mit Blick auf ihre allg. Strafbewehrung als **gravierend** beurteilt werden, für grundsätzlich möglich (betr. § 250 StGB vgl. BGH NStZ-RR 2001, 215; betr. § 176 Abs. 1 StGB vgl. BGH NStZ 2016, 102 mablAnm *Laue* NStZ 2016, 103; betr. psychische Beihilfe zum Landfriedensbruch vgl. OLG Naumburg NJW 2001, 2034; betr. Straßenraub vgl. LG Berlin NStZ 2007, 46). Es muss sich aber auch im konkreten **Einzelfall** um ein gravierendes Geschehen handeln, woran es bspw. bei Delikten mit Gewalt- oder Raubkomponente fehlt, wenn die Ereignisse nicht gegenüber „häufig vorkommenden, gruppendynamisch geprägten Delikten „herausragen" (KG StV 2009, 91 = BeckRS 2009, 9983). Ohnehin kommt es auch hier immer auf die individuelle Würdigung der eigens festzustellenden tatbezogenen Motiv- und Persönlichkeitszusammenhänge an, da die objektive Verwirklichung eines Delikts für sich genommen noch keine altersgerechte Schuldbewertung erlaubt (vgl. die Fallbsp. in → Rn. 48). Dabei ist (ungeachtet der dogmatisch str. Direktanwendbarkeit von § 46 Abs. 3 StGB im JStR (→ Rn. 30)) die

Schutzfunktion des **Doppelverwertungsverbots** zu wahren (BGH BeckRS 2012, 21708). So kann der Schluss auf schuldwertungsrelevante Merkmale des Jugendlichen bspw. nicht auf Umstände, die das Vorliegen eines Tatbestandsmerkmals begründen, gestützt werden. Unverwertbar ist ebenso die Feststellung, der Jugendliche habe Bedenken gegen eine Tatbegehung beiseitegeschoben. Damit würde ihm als ein Schuldschwere-Aspekt angelastet, dass er „die Tat überhaupt begangen hat" (BGH BeckRS 2012, 15222; ähnlich BGH NStZ-RR 2013, 291; NStZ 2016, 681 (682)).

bb) Insbesondere Fahrlässigkeitstaten. Geradezu regelhaft scheidet die 52 Bejahung einer „Schwere der Schuld" iSv Abs. 2 Var. 2 bei Fahrlässigkeitstaten aus. Dies gilt gerade für solche im Straßenverkehr. Das hier im Vordergrund stehende Erfolgsunrecht muss nämlich zunächst einmal schon aus den eben behandelten Gründen (→ Rn. 50 f.) ein ganz erhebliches sein, und auch dann lässt die Schadensintensität idR keine Rückschlüsse auf die iSv → Rn. 46 begriffene Tatschuld zu (kennzeichnend BayObLG StV 1985, 155; OLG Karlsruhe NStZ 1997, 241; ebenso AG Lübeck StV 2013, 759 = BeckRS 2013, 16591: § 222 StGB nach alterstypischer Risikofahrt durch sozial unauffälligen Jugendlichen). Lediglich **in engsten Grenzen** kommt – etwa bei nachweisbarer Geringschätzung fremden Lebens oder Gleichgültigkeit ggü. der Gefährdung fremder Rechtsgüter – der für Abs. 2 Var. 2 vorauszusetzende Vorwurfsgrad in Betracht (ähnlich *Brunner/Dölling* Rn. 31). Die Rspr. ist hier teilweise weniger restriktiv (vgl. etwa AG Dillenburg NStZ 1987, 409 und OLG Braunschweig NZV 2002, 195 mwN zur Judikatur und in einem Fall von § 222 StGB in bewusster Fahrlässigkeit). Die dann meist verwendeten Anhaltspunkte für ein „persönlichkeitstypisches" Zustandekommen der Fahrlässigkeitstaten (bspw. fortgesetzte Risikofahrweise trotz mehrfacher (Beinahe-)Unfälle oder Sanktionierungen) haben aber lediglich eine Indizfunktion. Abgesehen von den stets mitzuberücksichtigenden anderen Tatumständen ist zu überprüfen, ob diese Verhaltenstendenzen nicht eher Ausdruck alterstypischer Entwicklungsphasen und eines noch unzureichend entwickelten Pflichtgefühls sind.

cc) Insbesondere erfolgsqualifizierte Delikte. Die Regelung dieser 53 Deliktsform einschließlich der §§ 11 Abs. 2, 18 StGB gilt auch im materiellen JStR, da im JGG „nichts anderes bestimmt ist" (§ 2 Abs. 2). Soweit erfolgsqualifizierte Delikte gem. § 11 Abs. 2 StGB (auch) in Rechtsfolgenfragen des allg. StR als Vorsatzdelikte behandelt werden (dazu etwa *Saliger* in NK-StGB § 11 Rn. 72), sieht das JStR für die Sanktionsbemessung indes eigenständige Vorschriften und Grundsätze vor. Deshalb ist auch die Frage, ob bei Begehung einer solchen Straftat durch einen Jugendlichen die „Schwere der Schuld" iSv Abs. 2 Var. 2 angenommen werden muss, allein nach den hierfür vorgesehenen Maßgaben zu beantworten. Wenn bei erfolgsqualifizierten Delikten schon im allg. StR die Würdigung der inneren Tatseite als ein „entscheidender Strafzumessungsfaktor" (vgl. Vogel in LR[12] § 18 Rn. 94) von Gewicht ist, gilt dies im JStR also besonders (allzu verkürzt daher BGH NStZ-RR 2011, 305). Dabei hindert die formale Einstufung als Vorsatzdelikt nicht daran, in der Schuldwertung beim erfolgsqualifizierten Delikt zwischen dessen **Bestandteilen zu differenzieren** (*Baumhöfener* ZJJ 2011, 428 (430)). Beispielsweise ist ein Fall des § 227 StGB dann also nicht etwa wie eine vorsätzliche Tötung, sondern wie eine vorsätzliche Körperverletzung und eine fahrlässige Tötung zu beurteilen. Dabei ist hinsichtlich des Grunddeliktes nach den Prinzipien für Vorsatztaten vorzugehen (→ Rn. 46 ff.) und hinsichtlich der fahrlässig verursachten Folge nach den hierfür geltenden Kriterien – mit der Folge, dass dieser Geschehensteil nur ganz ausnahmsweise schuldwertungsrelevant wird (→ Rn. 52).

54 **c) Stellungnahme.** Im Ausgangspunkt ist der Rspr. zuzustimmen: Unter entwicklungs- und sozialpsychologischen Vorzeichen können an die Selbstkontroll- und Steuerungsfähigkeiten junger Menschen nicht die sonst sozialüblichen Standards angelegt werden. Geht es um die Vorwerfbarkeit verwirklichten Unrechts, bedarf es einer individualisierenden Wertung, die einmal dem jeweiligen sozialisatorischen Stand (zur altersbedingt herabgesetzten Verantwortlichkeit → Rn. 49) sowie zum anderen den zahlreichen jugendtypischen Motiv-, Handlungs- und Kontextbedingungen dezidiert und in bestimmender Weise gerecht zu werden versucht (etwa der Anfälligkeit für Gruppeneinflüsse, den Risikoanreizen und situativ-verführenden Anstößen, der Neigung zu „Mutproben" und Abenteuersuche, den Anerkennungsbedürfnissen, der geringeren Alkoholtoleranz usw). Von daher verbietet sich eine schematische Gleichbehandlung der Tat eines Jugendlichen und ggf. auch eines Heranwachsenden (§ 105 Abs. 1) mit der äußerlich identischen Tat eines Erwachsenen. Allerdings kann dies auch iRd **allg. Schuldwertungs-Kategorien** (wie bei § 46 Abs. 1 S. 1 StGB) geschehen – wobei die obligatorisch-dezidierte Berücksichtigung der erwähnten Entwicklungs-, Motiv- und Situationsfaktoren dabei **regelhaft** das Handlungsunrecht mindert und so zu einem **deutlich geringeren** Vorwurfsgrad als bei ähnlichem Handeln älterer Personen führt (*Streng* JugendStrafR Rn. 433; kennzeichnend dafür auch § 18 Abs. 1 S. 2, § 106 Abs. 1). Hiervon unterscheidet sich der Ansatz der Rspr. iErg letztlich nur darin, als der Vorwurf bei Jugendlichen auch an deren tatwirksam gewordene Einstellungen, Haltungen und Persönlichkeitszüge anknüpfen soll (→ Rn. 46). Dies rückt indes in die Nähe eines Charakterschuld-Vorwurfs und überzeugt (zumal die Zuverlässigkeit der rechtspraktischen Charakterdiagnostik erheblichen Einschränkungen unterliegen dürfte) daher nicht (*Streng* JugendStrafR Rn. 432; krit. schon *Tenckhoff* JR 1977, 485 ff.; s. auch *Radtke* in MüKoStGB Rn. 21, 70). Das hinter dem Konzept der „jugendspezifischen Vorwerfbarkeit" stehende Anliegen, über eine persönlichkeitsorientierte Perspektive auch den Aspekt der individuellen **Interventionsbedürftigkeit** in die Entscheidung nach § 17 Abs. 2 Var. 2 JGG zu integrieren, ist nicht im Schuldschwere-Merkmal, sondern im Erfordernis einer hinzutretenden spezialpräventiven Indikation zur Geltung zu bringen.

2. Spezialpräventive Indikation

55 **a) Anforderungen der Judikatur. aa) Erzieherische Erforderlichkeit.** Auch bei Bejahung von „Schwere der Schuld" lässt die Rspr. eine JStrafe nach Abs. 2 Var. 2 im Grundsatz nur dann zu, wenn diese Reaktion auch erzieherisch angezeigt ist (BGHSt 15, 224 (225 f.) = NJW 1961, 278; BGHSt 16, 261 (263) = NJW 1963, 2359 (2360); ebenso ausdrücklich zB BGH NStZ 1998, 317; NStZ-RR 2014, 119; 2018, 358 (359); OLG Brandenburg StV 1999, 658 = BeckRS 1999, 11929; OLG Schleswig BeckRS 2013, 20133; OLG Hamm ZJJ 2004, 298 (299) = BeckRS 2015, 04300; NStZ-RR 2005, 246 f.; StV 2011, 583 (585) = BeckRS 2010,

16652). Häufig bringt sie dies auf eine Kurzformel, wonach dem Tatunrecht in diesem Zusammenhang „keine selbstständige Bedeutung" zukomme (so etwa BGH NStZ 2012, 164; NStZ-RR 2014, 119; NStZ 2018, 728 (729)). Die spezialpräventive Indikation ist (noch) zum **Zeitpunkt** der gerichtlichen **Entscheidung** erforderlich (BGH StV 2017, 710 (711) = BeckRS 2017, 120759; OLG Hamm NStZ-RR 2005, 59). Den Grad „schädlicher Neigungen" muss diese Interventionsbedürftigkeit zwar nicht erreichen (weil Var. 2 sonst angesichts von Var. 1 überflüssig wäre). Allerdings darf die JStrafe im konkreten Fall jedenfalls erzieherisch nicht kontraproduktiv oder funktionslos sein. Die so verstandene **Erforderlichkeit** ist unbeschadet der Deliktsschwere konkret (KG StV 2013, 35 (36) = BeckRS 2012, 11906) und sorgfältig zu prüfen (nach OLG Düsseldorf StraFo 2007, 475 = BeckRS 2008, 09235: „besonders", wenn die Tat „Ausnahmecharakter" aufweist). Keinesfalls darf der Erziehungsgedanke ggü. den Belangen des Schuldausgleichs so weit außer Acht gelassen werden, dass dies zu einer „reinen Schuldstrafe" führt (OLG Hamm ZJJ 2017, 282 = BeckRS 2017, 106830). Vielmehr sind die Folgen einer etwaigen JStrafe für die weitere Entwicklung des Angeklagten stets „in den Blick" zu nehmen (BGH BeckRS 2013, 13698).

Nur **ganz ausnahmsweise,** namentlich bei Kapital- und anderen **56 schwersten Delikten,** weist die Rspr. der Schuldschwere eine eigene Relevanz zu (und dies auch bei der Bemessung, → § 18 Rn. 36 f.). Diese soll dann für sich genommen für den Anordnungsgrund in Abs. 2 Var. 2 **ausreichend** sein (zB BGH StV 2017, 710 (711) = BeckRS 2017, 120759; OLG Hamm NStZ-RR 2005, 58 (59); OLG Düsseldorf StraFo 2007, 475 = BeckRS 2008, 09235; krit. *Höynck* ZJJ 2016, 305 (306); tendenziell auch BGH NStZ 2018, 728 (729) mAnm *Eisenberg* NStZ 2018, 729 und *Kölbel* JR 2019, 40). Bisweilen wird dann die JStrafe auf das Vorliegen eines gesteigerten Vorwurfgewichts gestützt, ohne erzieherische Aspekte daneben eigens zu thematisieren (BGH NStZ 2014, 407 (408); 2017, 648 (649); OLG Hamburg NStZ 2017, 544 (545)). Eine Infragestellung der vorgenannten Grundregel liegt darin allerdings nicht. Die bislang einzige Entscheidung, die sich (in einem obiter dictum) explizit vom erzieherischen Indikationserfordernis distanzierte (so der 1. Senat in BGH NStZ 2013, 658 (659)), blieb in der Rspr. ohne Gefolgschaft (Ausnahmen: LG Ravensburg NStZ-RR 2016, 227 (228); LG Flensburg BeckRS 2017, 103090 sowie teilw. BGH NStZ 2016, 101 f.), sodass selbst der 1. Senat inzwischen wieder ausdrücklich der allg. Rspr.-Linie folgt (BGH NStZ 2018, 659 (660)).

bb) Altersabhängige Relativierung. Auch bei Zugrundelegung der **57** vorgenannten Grundsätze steigt der Rspr. zufolge bei **älteren** Heranwachsenden (auch → Rn. 49) die relative Bedeutung der vorwurfsbezogenen Aspekte in der fallkonkreten Gesamtbewertung an (OLG Hamm NStZ-RR 2005, 58 (59)). Im Gegenzug sinkt das Gewicht der spezialpräventiven Gesichtspunkte, um bei einem bestimmten Alter − wenn auch noch nicht mit knapp über 21 Jahren (BGH NStZ-RR 2017, 231) − weitgehend zu schwinden (BGH StV 2011, 589 = BeckRS 2011, 4359). Die Frage der individuellen erzieherischen Indikation kann sich iRv Abs. 2 Var. 2 nämlich nur stellen, wenn die zur Debatte stehende Freiheitsentziehung überhaupt nach den erzieherisch orientierten Maßgaben des JStrafvollzugs erfolgen würde. Infolge der typisierenden Grenzsetzung in § 89b Abs. 1 S. 2 ist dies nach hier vertretener Ansicht nur bei Personen der Fall, die weit genug vom

Erreichen des 24. Lbj. entfernt sind. Haben sie diese Altersgrenze zum Zeitpunkt der Aburteilung (einer weit zurück liegenden Tat) hingegen überschritten oder (beinahe) erreicht, kommt es für den Anordnungsgrund in Abs. 2 Var. 2 bei ihnen somit ausschließlich auf die Schuldschwere an (so iErg auch *Eisenberg* NStZ 2013, 636 (637); vgl. auch *Eisenberg* JA 2016, 623 (627) bzgl. eines vom LG Ansbach (30.7.2015 – KLs 1023 Js 8836/14 jug) verurteilten 29-Jährigen). Auch die **Bemessung** der JStrafe erfolgt dann schuldorientiert. – Die Rspr. verfährt in dieser Hinsicht (bei Abs. 2 Var. 2 wie auch § 18 Abs. 2) indes noch sehr uneinheitlich (s. anhand unveröffentlichter Judikatur *Budelmann* JugendStrafR 111 ff.). In neueren Entscheidungen wird die Problematik v.a. als Problem der Strafdauerbemessung diskutiert, wobei man teilw. zu einer früher (ab dem 21. Lbj.) einsetzenden Unbeachtlichkeit des Indikationserfordernisses tendiert (so wohl auch BGH NStZ 2016, 101 (102); 2016, 680 (681); BeckRS 2019, 32558; weitergehend LG Ravensburg NStZ-RR 2016, 227 (228); zust. *Bachmann* JZ 2019, 759 (761 ff.)). Nach aA soll diese Anordnungsvoraussetzung dagegen auch bei Jugenddelikten von inzwischen erwachsen Gewordenen für (Abs. 2 Var. 2 und va) § 18 Abs. 2 uneingeschränkt zu berücksichtigen sein (BGH NStZ 2018, 662 (663 f.); *Beulke* FS Streng, 2017, 411 ff.; wohl auch LG Arnsberg ZJJ 2010, 424 (426) = BeckRS 2010, 22183). Die erzieherische Notwendigkeit bleibe „Leitmotiv der Strafzumessung", wenn auch bei steigendem Alter mit schrittweise sinkender Bedeutung (*Beulke* FS Eisenberg II, 2019, 191).

58 **b) Bedeutung des Erziehungsauftrags (§ 2 Abs. 1).** Große Teile der **Literatur** lehnen das Indikationserfordernis bei Abs. 2 Var. 2 allerdings vollständig ab (so zB *Radtke* in MüKoStGB Rn. 60 f.; *Brunner/Dölling* Rn. 27; *Ostendorf* in NK-JGG Rn. 4; *Streng* JugendStrafR Rn. 436 f.; *Streng* GA 2017, 80 (82 ff.); *Böhm* NJW 1977, 2198 (2200); *Walter/Wilms* NStZ 2007, 1 (7); *Swoboda* ZStW 125 (2013), 86 (107); *Rose* NStZ 2019, 57 (59); *Beulke* NK 2019, 269 (274 ff.); *Bachmann* JZ 2019, 759 (759 f.) jeweils mwN). Bei diesem Anordnungsgrund werde die erzieherische Notwendigkeit der JStrafe weder durch die Gesetzgebungsgeschichte noch durch den Normtext als eine Anordnungsvoraussetzung gestützt. Der Gesetzeswortlaut lege es vielmehr nahe, allein auf eine gesteigerte Vorwerfbarkeit abzustellen. Dies sei auch deshalb geboten, weil das gesellschaftliche Sanktionsbedürfnis ggü. Jugendlichen, bei denen zum Urteilszeitpunkt trotz Begehung einer schweren Straftat kein Bedarf an langfristig-stationärer erzieherischer Einwirkung besteht, sonst nicht befriedigt werden könne. Relevant wird dies etwa, wenn die Tat unter zwischenzeitlich beendetem Einfluss Dritter begangen wurde bzw. wenn wegen längeren U-Haftvollzugs nur noch ein sehr kurzer (Rest-) Vollzug der JStrafe anstünde (BGH NStZ-RR 1998, 317 (318)). Ebenso läge es dort, wo der Beschuldigte (ungeachtet der erheblichen Vorwerfbarkeit) nicht erziehungsbedürftig oder -fähig ist. Das justizielle Fallaufkommen gibt indes keine Hinweise auf eine praktisch relevante Häufigkeit dieser Konstellationen. Es ist deshalb fragwürdig, dass die generelle (Normalfall-)Interpretation von Abs. 2 Var. 2 – unter **Aufgabe des Erziehungsauftrags (§ 2 Abs. 1)** – anhand einer offensichtlich atypischen Problemlage geprägt werden soll.

59 Die besagte Literaturauffassung repräsentiert nicht nur die Herangehensweise des hier abgelehnten dogmatisch-strafrechtlichen Modells, für das die teleologische Ausrichtung des JGG nur sekundär ist (→ § 2 Rn. 15). Sie vernachlässigt darüber hinaus auch normsystematische Aspekte: Wenn das

Jugendstrafrecht das gesamte Rechtsfolgensystem des JGG durchgehend auf eine **spezialpräventive** Eignung ausrichtet und diese **Grundorientierung** auf die JStrafe erstreckt – wie an § 2 Abs. 1 S. 2 sowie ausnahmslos allen Ausgestaltungsvorschriften (→ Rn. 2) ersichtlich ist –, kann dies bei den Anordnungsvoraussetzungen nicht anders sein (n. *Eisenberg* NStZ 2013, 636; *Eisenberg* NStZ 2018, 729 (739); vgl. zB auch *Sonnen* in Diemer/Schatz/ Sonnen Rn. 22; *Zieger/Nöding* Verteidigung Rn. 68; *Buckolt* Jugendstrafe 47; *Schüler-Springorum* NStZ 1985, 476 (477 f.); *Müller* JR 2017, 121; *Höynck* StraFo 2017, 267 (270)). Auch ergäben sich anderenfalls Paradoxien, da bspw. bei den (von der Gegenansicht stilisierten) Schwersttätern, bei denen keine Erziehung erforderlich (!) ist, die JStrafe nach dem klaren Wortlaut von § 18 Abs. 2 so bemessen werden müsste, „dass die erforderliche (!) erzieherische Einwirkung möglich (!) ist". Im Übrigen handelt es sich bei der für die aA bisweilen reklamierten grundgesetzlichen Basis (*Radtke* in MüKoStGB Rn. 61: „verfassungsrechtlich fundiertes Gebot materieller Gerechtigkeit") um eine Überhöhung, die die sanktionsbezogenen Vorgaben des GG ebenso überstrapaziert wie deren insofern offenere Interpretation durch das BVerfG (vgl. BVerfG BeckRS 2006, 28246; ferner die Analyse bei *Diehm* in Scheffczyk/Wolter (Hrsg.), Linien der Rspr. des BVerfG, Bd. 4, 2017, 223 ff.). Deshalb kann auch bei schwerster Delinquenz keine reine Schuldstrafe (unter völliger Außerachtlassung erzieherischer Aspekte) zulässig sein (ebenso *Höynck* ZJJ 2016, 305 (306)). Dies wird durch das BVerfG ganz explizit anerkannt (ZJJ 2013, 315 (317) = BeckRS 2013, 49763: auch bei Abs. 2 Var. 2 „tritt die erzieherische Grundausrichtung des Jugendstrafrechts nicht vollständig zurück").

VI. Jugend- als „Freiheitsstrafe" in anderen Vorschriften?

JStrafe hat eine **andere rechtliche Qualität** als eine **Freiheitsstrafe** 60 (näher → Rn. 3). Wird in Vorschriften des allg. StR das Vorliegen, Drohen oder die (erfolgte) Vollstr einer Freiheitsstrafe vorausgesetzt, ist das betr. Tatbestandsmerkmal bei einer JStrafe folglich nicht gegeben (abw. *Ostendorf* in NK-JGG § 31 Rn. 25). Bestätigt wird dies bspw. durch § 38 BtMG, wo die entsprechende Anwendung der Regeln zur Freiheitsstrafe (§ 35 BtMG) auf Fälle der JStrafe eigens angeordnet wird (vgl. bspw. auch § 54 Abs. 1 Nr. AufenthG: Freiheits- „oder" Jugendstrafe). Fehlt es an einer solchen gesetzlichen Klarstellung, kann die JStrafe der Freiheitsstrafe nur ausnahmsweise gleichgesetzt werden – nämlich allein dann, wenn sich aus dem **Sinn- und Funktionszusammenhang** der fraglichen Norm ergibt, dass diese sich auf beide Formen der Freiheitsentziehung bezieht. Bspe. dafür bieten etwa **§ 4 Nr. 1 BZRG** (Rückschluss aus § 32 Abs. 2 Nr. 3, 4 BZRG) und **§ 10 Abs. 1 Nr. 5 StAG** (Rückschluss aus § 12a Abs. 1 Nr. 1 StAG; vgl. auch VG Darmstadt BeckRS 2008, 36509). Ebenso liegt es bei den Voraussetzungen von U-Haft gem. **§ 112a Abs. 1 S. 1 Nr. 2 StPO.** Das Merkmal der erwartbaren Freiheitsstrafe von mindestens einem Jahr ist auch bei einer absehbaren JStrafe dieser Dauer gegeben (*Radtke* in MüKoStGB Rn. 80; *Böhm* in MüKoStPO StPO § 112a Rn. 41 mwN). Die besagte Straferwartung hat gemeinsam mit dem Deliktskatalog die Funktion, eine Begrenzung der Präventivhaft auf Anlasstaten höheren Gewichts sicherzustellen. Dies ist dort, wo sich das Ob und die Bemessung einer mindestens einjährigen JStrafe abzeichnet, durchaus gegeben. Zwar beruht diese Sanktionsaussicht (anders als im allg. StR) primär auf erzieherischen Einwirkungsnotwendigkeiten. Mit Blick auf die Limitierungswirkung des Tatvorwurfs kann die Deliktsschwere in solchen Fällen aber nicht geringer sein, als es § 112a Abs. 1 S. 1 Nr. 2 StPO bei Erwachsenen fordert (→ § 18 Rn. 9). Das Problem liegt indes in der allg. Fragwürdigkeit des Haftgrundes (→ § 72 Rn. 7b).

61   Dagegen ist in **§ 57 Abs. 2 Nr. 1 StGB** eine Gleichstellung von JStrafe mit dem Begriff der Freiheitsstrafe **unzulässig** (dazu *Eisenberg* NStZ 1987, 169 f.; zust. *Gross* in MüKoStGB StGB § 57 Rn. 25). Dies gilt auch im Falle eines Vollzugs nach den Vorschriften der Freiheitsstrafe (§ 89b Abs. 2). Dagegen schließt die von der **hM** vertretene **abw. Ansicht** einen sog. „Erstverbüßer"-Status bzw. eine Halbstrafenaussetzung nach früherer Vollstr von JStrafe stets ebenso aus wie nach früherer Freiheitsstrafe (etwa OLG Oldenburg NStZ 1987, 174; OLG Stuttgart JZ 1987, 1085 (1086); OLG Karlsruhe NStZ 1989, 323; *Fischer* § 57 Rn. 23; *Heger* in Lackner/Kühl § 57 Rn. 15; *Radtke* in MüKoStGB Rn. 78). Dies läuft indes auf eine Gleichbehandlung von wesentlich Ungleichem hinaus, da dem vorherigen Vollzug von JStrafe schon wegen der Unterschiede zwischen den Adressatengruppen nicht die gleiche „Warnwirkung" wie dem einer vorherigen Freiheitsstrafe zugeschrieben werden kann (siehe auch → Rn. 3: eingeschränkte Ähnlichkeit der jeweiligen Vollzugsrealität bei klarer Unterschiedlichkeit der Verhängungs-, Vollstr- und Entlassungsvoraussetzungen). Im Übrigen ist JStrafe bei Anschlussvollstreckung mit einer Freiheitsstrafe nicht zur Addition gem. § 57 Abs. 2 Nr. 1 Hs. 2 StGB geeignet (OLG Stuttgart NStZ 1987, 575; abw. OLG Karlsruhe NStZ 1989, 323 (324)).

62   Unzulässig ist es schließlich, iRd formellen Voraussetzungen von **§§ 66–66b StGB** die dort geforderte Verurteilung zu oder Vollstr von Freiheitsstrafe bei verhängter oder vollstreckter JStrafe zu bejahen (n. dazu *Eisenberg/Schlüter* NJW 2001, 189 f.; zust. *Ullenbruch/Drenkhahn/Morgenstern* in MüKoStGB StGB § 66 Rn. 67; *Laubenthal* ZStW 116 (2004), 703 (722); iErg auch *Stree/Kinzig* in Schönke/Schröder § 66 Rn. 19; *Knauer* ZStW 124 (2012), 204 (222)). Auch hier herrscht indes eine **aA** vor (etwa BGHSt 26, 155 = NJW 1975, 1666; BGH NJW 1999, 3725; NStZ-RR 2002, 183; BeckRS 2011, 03860; NStZ 2017, 650; BeckRS 2019, 9749; LG Bielefeld BeckRS 2015, 20685 mAnm *Eisenberg* R&P 2016, 116 ff.; *Fischer* § 66 Rn. 26; *Radtke* in MüKoStGB Rn. 79; zur Subsumtion einer Einheitsstrafe vgl. → § 31 Rn. 53 ff.). Diese hM kann allerdings mit Blick auf Funktion der Freiheitsstrafen im Voraussetzungsgefüge von § 66 StGB kaum überzeugen, weil sich eine JStrafe **nicht** als ein solcher Belastungs-/Gefährlichkeits-**Indikator** eignet, wie er mit der Verurteilung zu bzw. Vollstr von Freiheitsstrafe fallkonkret vorliegen soll. Dafür unterscheiden sich die Anordnungsvoraussetzungen in Abs. 2 („schädliche Neigungen", Schuldschwere, mangelnde Leistungsfähigkeit anderer Rechtsfolgen des JStR) zu stark von denen in § 46 StGB (ebenso allg. und in anderem Zusammenhang BGH BeckRS 2017, 130131, Rn. 25). Im Übrigen hat eine JStrafe für die personalen („Gefährlichkeits-")Merkmale einer Person schon wegen der Unvorhersehbarkeit der persönlichen und sozialen Entwicklung gerade bei jungen Menschen eine viel geringere Relevanz als die Freiheitsstrafe bei Erwachsenen (vgl. näher → § 7 Rn. 29 ff.). Dies gilt gerade, weil jenseits etwa des 25. bzw. 30. Lbj. sog. „delinquente Verläufe" ganz überwiegend (und oft auch erwartungswidrig) enden (vgl. *Eisenberg/Kölbel* Kriminologie § 55 Rn. 6 ff., 39 ff.).

VII. Revision

Wird im Revisionsverfahren ein Teil des Schuldspruchs aufgehoben (oder 63
kommt es zu einer teilweisen Einstellung gem. § 2 Abs. 2 iVm § 154 Abs. 2
StPO), so kann – ungeachtet einer bisweilen sichtbar werdenden abw.
Tendenz in der Judikatur (vgl. etwa BGH 24.4.1997 – 4 StR 687/96 bei
Böhm NStZ 1997, 482; BGH BeckRS 2009, 04279; 2014, 7977) – die
Verhängung von JStrafe oftmals nicht bestehen bleiben. Dies setzt nämlich
voraus, dass das Tatgericht auch bei dem aufrecht erhaltenen Schuldspruch
(-teil) eine JStrafe verhängt hätte, was für das Revisionsgericht häufig nur
eingeschränkt zu beurteilen ist.

Grundsätzlich ist der revisionsrechtliche Prüfungsmaßstab mit Blick auf 64
Abs. 2 beschränkt und auf Gesetzesverletzungen beschränkt (etwa BGH
NStZ-RR 2016, 325 (326)). Wird das Vorliegen von Abs. 2 unzulänglich
begründet, sodass dem Revisionsgericht die Fehlerprüfung nicht möglich ist,
muss das Urteil aufgehoben werden (*Radtke* in MüKoStGB Rn. 30, 81 f.).
Hatte die Tatsacheninstanz die JStrafe auf beide Anordnungsgründe gestützt
und wird hiervon einer im Revisionsverfahren in Zweifel gezogen, so führt
dies indes – schon zur Wahrung von Art. 101 Abs. 1 S. 2 GG (vgl. BVerfGK
2, 207 = NStZ 2004, 273 (zur Gesamtstrafe im allg. StR)) – idR zur
Aufhebung des Urteils, weil die Höhe der erkannten JStrafe hiervon meist
beeinflusst sein wird (stRspr – vgl. etwa BGHSt 16, 261 (262 f.) = NJW
1961, 2359 (2360); BGH StV 1993, 531 = BeckRS 1993, 31078968; 2013,
14774; *Sonnen* in Diemer/Schatz/Sonnen Rn. 21, 29; vgl. auch schon *Böhm*
NStZ 1982, 414; weitere Nachw. 19. Aufl.). Aus diesem Grund stellt allerdings auch umgekehrt die Außerachtlassung eines fallrelevanten Anordnungsgrundes einen revisiblen Fehler dar. Soweit das Ausmaß der Schuld
durch Wesenszüge des Jugendlichen verringert sein kann, darf im Übrigen
das Tatgericht schon deshalb die Frage des Bestehens „schädlicher Neigungen" nicht offenlassen (BGH StV 1986, 305 = BeckRS 1986, 31101680).
Gegebenenfalls zu berücksichtigen ist bei all dem indes das Verschlechterungsverbot (dazu → § 55 Rn. 24, 81 ff., 86 ff.).

Dauer der Jugendstrafe

18 (1) ¹**Das Mindestmaß der Jugendstrafe beträgt sechs Monate,
das Höchstmaß fünf Jahre. ²Handelt es sich bei der Tat um ein
Verbrechen, für das nach dem allgemeinen Strafrecht eine Höchststrafe von mehr als zehn Jahren Freiheitsstrafe angedroht ist, so ist
das Höchstmaß zehn Jahre. ³Die Strafrahmen des allgemeinen Strafrechts gelten nicht.**

(2) **Die Jugendstrafe ist so zu bemessen, daß die erforderliche
erzieherische Einwirkung möglich ist.**

Schrifttum *Miehe,* Die Bedeutung der Tat im Jugendstrafrecht, 1964; *Schmidt-Esse,*
Lange Jugendstrafen bei jugendlichen und heranwachsenden Gewalt- und Sexualstraftätern, 2018; *Schulz,* Die Höchststrafe im Jugendstrafrecht …, 2000; *Weitl,* Die dogmatischen Grundlagen des geltenden Jugendstrafrechts, 1965.

Übersicht

I. Anwendungsbereich

Zur Anwendbarkeit für Jugendliche und Heranwachsende gelten die Erl. **1**
in → § 17 Rn. 1 entsprechend, bei Verhängung von JStrafe gegen Heranwachsende indes mit einem Vorbehalt: Hier beträgt das Höchstmaß – entgegen Abs. 1 S. 1 – grundsätzlich zehn Jahre (§ 105 Abs. 3 S. 1); aufgrund
eines gesetzgeberischen Exzesses sind ggf. und als äußerst eng umgrenzte
Ausnahme (zust. *Kerner/Karnowski/Eikens* FS Ostendorf, 2015, 471) sogar
15 Jahre zulässig (§ 105 Abs. 3 S. 2). – Für den JRichter als Einzelrichter gilt
§ 39 Abs. 2.

II. Strafrahmen der JStrafe

1. Zur Systematik

Das JStR sieht **eigene Strafrahmen** für die JStrafe vor. Diese sind für den **2**
Regelfall in Abs. 1 S. 1 enthalten. Abgesehen von der Relevanz für Taten,
die das allg. StR als besonders schwere Verbrechen einordnet (Abs. 1 S. 2),
gelten – eingeführt durch das RJGG 1943 (damals mit einem Mindestmaß
von drei Monaten) – die StGB-Strafrahmen dagegen ausdrücklich nicht
(Abs. 1 S. 3). Unanwendbar sind folglich auch die Strafzumessungsregeln der
besonders schweren Fälle (bspw. § 243 StGB oder § 29 Abs. 3 BtMG
(diesbzgl. OLG Düsseldorf NStZ-RR 1999, 311)). Allerdings setzen die
Strafrahmen des allg. StR der Rechtsfolgenentscheidung mit Blick auf
das Schlechterstellungsverbot durchaus Grenzen (→ Rn. 8 f.). Zudem haben
sie eine **mittelbare** Bedeutung, denn die in ihnen zum Ausdruck kommende legislatorische Unrechtsbewertung ist bei der Bemessung der JStrafe zu
berücksichtigen (→ Rn. 21).

2. Mindestmaß (Abs. 1 S. 1)

a) **Legitimitätsdefizite.** Die Dauer der verhängten JStrafe muss mindes- **3**
tens **sechs Monate** betragen. Verglichen mit dem allg. StR (§ 38 Abs. 2
StGB) liegt darin eine deutliche Benachteiligung junger Verurteilter (vgl. *von
Liszt,* Strafrechtliche Aufsätze und Vorträge, Bd. 2, 1905, 19 f.: „jugendliches
Alter als natürlicher Strafschärfungsgrund"). Diese Festlegung (eingeführt
durch JGG v. 4.8.1953 (BGBl. I 751)) beruht auf der Vorstellung, dass bei
einem kürzeren Vollzugszeitraum eine sinnvolle erzieherische Einwirkung
idR nicht möglich sei und sich nur die negativen Haftfolgen bemerkbar
machten (etwa *Müller* FS Eisenberg, 2009, 423). Allerdings fehlt es an
empirisch verlässlichen Belegen für diese Annahme (vgl. auch BGH
17.5.1995 – 5 StR 186/95 bei *Böhm* NStZ 1995, 536). Bei der kurzen
Freiheitsstrafe im allg. StR hat sich jedenfalls die verbreitete Vermutung einer
besonderen spezialpräventiven Schädlichkeit international nicht bestätigt
(*Killias ua* Journal of Experimental Criminology 6 (2010), 115 ff.; *Aarten ua*
EuropJCrim 11 (2014), 702 ff.). Außerdem bleiben auch für einen mehr als
sechs monatigen JStrafvollzug die Nachweise von erzieherischen Erfolgen
bestenfalls diffus (vgl. → Rn. 13, → § 17 Rn. 16 ff.). Unstrittig ist allein der
höhere Organisationsaufwand bei kurzzeitiger Haft und entsprechend größe-

rer Fluktuation, was die Annahme nährt, dass die Mindestdauervorschrift sich unter anderem hierdurch erklärt.

4   Das angehobene Mindestmaß bringt es zudem mit sich, dass die Verhängung einer JStrafe ggü. der Anordnung von JA einen erheblichen **Sanktionssprung** verkörpert, weil der Unterschied zum Höchstmaß des Dauerarrestes (§ 16 Abs. 4 S. 1) ein erheblicher ist. Der Justizpraxis wird so in schwer begreiflicher Form die Möglichkeit genommen, mit (auch hinsichtlich der Einwirkungsdauer) kontinuierlich abgestuften Interventionsformen operieren zu können. Angesichts der fehlenden empirischen Absicherung einer erzieherischen Mindesteinwirkungszeit (→ Rn. 3) kann dies auch nicht damit gerechtfertigt werden, dass die JStrafe wegen ihres eigenen (vom JA abweichenden) Zweckes eine deutlich längere Vollzugsdauer als der JA aufweisen müsse. Insgesamt steht Abs. 1 S. 1 Hs. 1 also in einem Missverhältnis zu Abs. 2. Einen sinnvollen **(Neben-)Zweck** füllt die gesetzliche Festlegung allein insofern aus, als sie dem JRichter gerade durch ihren singulären Eingriffsgrad nahelegt, einen spezialpräventiven Erfolg auch im Falle eines anhaltenden Erziehungsbedürfnisses möglichst durch länger wirksame Erziehungsmaßregeln (sowie in seltenen Ausnahmefällen durch JA (→ § 16 Rn. 21 ff.)) anzustreben (vgl. auch RL 1) – und JStrafe dagegen nur als äußerstes Mittel zu verhängen (zust. *Schmitz-Justen* in BGKM Strafverteidigung Rn. 65).

5   **b) Unterschreitung.** In Fällen, in denen die Verhängung einer sechsmonatigen JStrafe als schuldüberschreitende Sanktion (→ Rn. 33) gelten muss, darf gar nicht auf JStrafe entschieden werden (vgl. etwa *Laubenthal/ Baier/Nestler* JugendStrafR Rn. 748; *Streng* JugendStrafR Rn. 440 mwN). Ein Unterschreiten des Mindestmaßes ist ausgeschlossen und auch bei minderschweren Fällen sowie Versuch oder Beihilfe **unzulässig** (*Potrykus* NJW 1956, 654 (656); *Dallinger/Lackner* Rn. 2). Zu kürzeren JStrafen kann es nur ganz ausnahmsweise aus Gründen des Verschlechterungsverbotes kommen (zu diesen besonderen Konstellationen im Rechtsmittelverfahren vgl. näher → § 55 Rn. 89; aA *Ostendorf* in NK-JGG Rn. 3; *Sonnen* in Diemer/Schatz/ Sonnen Rn. 4).

3. Höchstmaß (Abs. 1 S. 1) und Ausnahme (Abs. 1 S. 2)

6   Bei **Jugendlichen** (für Heranwachsende s. § 105 Abs. 3) ist JStrafe auf **höchstens fünf Jahre** (Abs. 1 S. 1) beschränkt. Diese Strafrahmenobergrenze gilt absolut und darf nicht überschritten werden, auch nicht bei Bildung einer EinheitsJStrafe (§ 31 Abs. 1 S. 3) und Zusammentreffen mehrerer selbstständiger Delikte (verfehlt LG Berlin BeckRS 2007, 17912 (sechs Jahre sechs Monate in einem Fall von § 31 Abs. 2 bei sog. „Intensivtäter"); abl. auch *Neubacher* DVJJ 2012, 359). Dieses Höchstmaß beruht auf der typisierenden Vorstellung, der zufolge Anstaltserziehung maximal bis zu einer Dauer von fünf Jahren erfolgreich sein könne; danach würde selbst eine etwaige positive Einwirkung durch die negativen Effekte des Freiheitsentzugs überkompensiert (zu dieser traditionell vertretenen Ansicht BGH NStZ 1996, 232; *Mollenhauer* MschKrim 44 (1961), 162 ff.; *Stenger* DVJJ 1984, 463 ff.; ferner etwa *Sonnen* in Diemer/Schatz/Sonnen Rn. 6; *Ostendorf* in NK-JGG § 18 Rn. 11; *Streng* JugendStrafR Rn. 442; *Buckolt* Jugendstrafe 64; einschr. BGH NStZ 1996, 496 mAnm *Streng* StV 1998, 336; s. auch

→ Rn. 35). Zuweilen hält man im Hinblick auf die negativen Auswirkungen stationärer Unterbringung schon einen Zeitraum von mehr als einem oder anderthalben Jahr für kaum noch geeignet (vgl. schon *Grassberger* Österr JZ 1961, 169 (174)).

Bei Jugendlichen kann der Regelstrafrahmen der JStrafe von sechs Mona- 7 ten bis zu fünf Jahren lediglich in den Fällen des **Abs. 1 S. 2** überschritten werden (BGH StV 2017, 715 = BeckRS 2016, 20607). Nur wenn sich die Verurteilung auf ein Verbrechen bezieht, für das nach dem allg. StR eine Höchststrafe von mehr als zehn Jahren Freiheitsstrafe angedroht ist, beträgt das Höchstmaß **zehn Jahre** (vgl. schon § 9 Abs. 1 JGG 1923). Das Vorliegen dieser Strafrahmenerweiterung bestimmt sich in abstrakter Betrachtungsweise nach den im allg. StR jeweils einschlägigen Strafdrohungen. Es kommt also weder darauf an, wie ein Erwachsener wegen der Tat bestraft würde, noch ob fallkonkret diverse minder oder besonders schwere Umstände vorliegen (BGHSt 8, 79 = NJW 1955, 1605; vgl. aber → Rn. 9 zum Schlechterstellungsverbot bei minder schweren Fällen). – Abs. 1 S. 2 beruht auf Belangen des Schuldausgleichs und des allg. Sicherungsbedürfnisses, was in einem **Spannungsverhältnis** zu Abs. 2 steht und rechtspolitisch kritikwürdig ist (etwa *Albrecht* JugendStrafR 254: langfristige Gefahren für die Allgemeinheit durch haftbedingte Entwicklungsschäden). In der Literatur wird die Vorschrift indes oft zum Anlass für die These genommen, das JStR kenne JStrafen, die nicht durch spezialpräventive Belange, sondern durch allg. Strafbedürfnisse legitimiert seien (stellvertretend *Swoboda* ZStW 125 (2013), 86 (98 ff.); dazu aber → Rn. 38 und → § 17 Rn. 59).

4. Höchstmaß durch Schlechterstellungsverbot

§ 2 Abs. 1 verlangt ein auf Schutz, Förderung und Integration ausgerich- 8 tetes Vorgehen und verbietet es daher (sofern das Gesetz keine abw. Regelungen vorsieht), den Jugendlichen oder Heranwachsenden bei konkreten Entscheidungen schlechter zu stellen, als er in demselben Verfahrensstadium und in einer gleichen Entscheidung als Erwachsener stünde (→ § 2 Rn. 23 ff.). Dieses Prinzip ist auch bei der Bemessung der JStrafe zu beachten. An sich wäre es im Zuge einer isolierten Betrachtungsweise zwar denkbar, im Bereich des JGG, das ein ggü. dem allg. StR selbstständiges Strafzumessungssystem aufweist und in dem die allg. Strafrahmen nicht gelten, auch solche JStrafen für erlaubt zu halten, die (etwa aus spezialpräventiven Gründen) höher ausfallen, als es die jeweils deliktsspezifisch einschlägige Strafdrohung im allg. StR erlaubt (dies vormals nicht grds. abl. BGH MDR 1955, 372 = BeckRS 1955, 31192754; StV 1982, 27 = BeckRS 1981, 31111782; 1983, 31110702; *Dallinger/Lackner* Rn. 6; *Bruns* StV 1982, 592 (593): sofern strafrahmenübersteigende Bemessung der JStrafe durch besondere erzieherische Gesichtspunkte nachvollziehbar begründet). Doch dies würde übergeordnete Prinzipien verletzen und eine **Ungleichbehandlung** zulasten Jugendlicher bzw. Heranwachsender darstellen, deren Tat ein höheres Gewicht erhielte, als es der Gesetzgeber für die jeweils schwersten Fälle der jeweiligen Straftaten bei Begehung durch Erwachsene festgelegt hat. Dass dies im Gesetz nicht angelegt ist, zeigen auch die unterschiedlichen Höchststrafen im JGG und StGB (*Streng* JugendStrafR Rn. 443).

Die obere Grenze des nach allg. StR einschlägigen Strafrahmens, der ggf. 9 nach Konkurrenzregeln bestimmt wird (zu deren Bedeutung im JStR

→ § 54 Rn. 8), markiert also eine **Sperre** für die **maximale Dauer** der JStrafe, und dies ggf. auch unterhalb der gem. Abs. 1 (→ Rn. 6 f.) sonst geltenden Obergrenze (ebenso zB *Sonnen* in Diemer/Schatz/Sonnen Rn. 14 f.; *Brunner/Dölling* Rn. 28; *Radtke* in MüKoStGB Rn. 4; *Ostendorf* in NK-JGG Rn. 6; *Schaffstein/Beulke/Swoboda* JugendStrafR 474; *Laubenthal/Baier/Nestler* JugendStrafR Rn. 752; *Miehe,* Bedeutung der Tat im Jugendstrafrecht, 1964, 118 ff.; *Lenz,* Die Rechtsfolgensystematik im JGG, 2007, 218 ff.; *Streng* GA 1984, 149 (164)). Erfüllt das jeweilige Verhalten das Delikt in einem **minder schweren Fall,** wird die verbindliche Obergrenze folglich durch das entsprechend abgesenkte Höchstmaß gesetzt (abw. wohl *Radtke* in MüKoStGB Rn. 4: „abstrakte Höchstgrenze des ausgeurteilten Straftatbestandes"). Innerhalb des sich hiernach ergebenden Strafrahmens (= zwischen sechsMonaten und der fallkonkret maximalen Strafdauer nach allg. StR) sind dann alle Umstände, die nach allg. Regeln in der Straffestlegung zu berücksichtigen sind (etwa § 21 StGB usw), bedingt in die konkrete Bemessung nach § 18 einzubeziehen (dazu → Rn. 20 ff.). Nicht ausgeschlossen wird in der Praxis dadurch allerdings eine konkrete JStrafendauer, die im vorbenannten Rahmen bleibt, aber länger als eine konkret absehbare Freiheitsstrafe nach einer vergleichbaren Erwachsenentat ausfällt (→ Rn. 11). Solche Eingriffserweiterungen stehen − und handele es sich bei ihnen auch um erzieherisch gedachte „Zuschläge" (Befragungsdaten dazu bei *Buckolt* Jugendstrafe 275 ff.) − in einem Spannungsverhältnis mit dem Schuldprinzip (*Streng* JugendStrafR Rn. 443), da die Schuld des jugendlichen oder heranwachsenden Verurteilten nicht größer als bei einem Erwachsenen sein kann (→ Rn. 22) und die Grenze der zulässigen Strafe (→ Rn. 33) meist deutlich niedriger liegt (dazu auch → § 105 Rn. 53, 55).

III. Empirische Befunde

1. Bemessungspraxis

10 **a) Tendenzen der Judikatur.** Von den 16.168 bzw. 9.685 in den Jahren 2011 bzw. 2017 verhängten JStrafen entfielen auf eine Dauer von sechs Monaten 13,12 % bzw. 11,79 %, von mehr als sechs bis einschließlich neun Monaten 16,97 % bzw. 16,12 %, von mehr als neun Monaten bis einschließlich ein Jahr 19,99 % bzw. 20,65 %, von mehr als einem Jahr bis einschließlich zwei Jahren 35,99 % bzw. 36,42 %, von mehr als zwei bis einschließlich fünf Jahren 13,18 % bzw. 14,55 % und von mehr als fünf bis einschließlich zehn Jahren 0,72 bzw. 0,49 % (StrafSt Tabelle 4.1). − Die Zeitreihen der Bemessung von JStrafe seit 1960 lassen einen tendenziellen **Anstieg** der Anteile **höherer** Strafdauer (insb. von mehr als zwei Jahren) erkennen (eher anders noch *Schulz,* Höchststrafe im Jugendstrafrecht, 2000, 99; eine spezielle Untersuchung hätte die zwischenzeitliche Abschaffung der JStrafe unbestimmter Dauer zu berücksichtigen). So lag der Anteil einer Dauer von mehr als zwei Jahren bis einschließlich fünf Jahren an allen (bestimmten) JStrafen 1980 noch bei 6,71 %, 1988 bei 8,39 %, von 1992 bis 2004 meist bei etwas über 10 % (gem. StBA jeweils in den „alten" Bundesländern), um dann ab 2008 (für Deutschland gesamt) auf 13,96 % (2012), 14,04 % (2016) und in 2017 auf 14,55 % zu steigen (StrafSt Tabelle 4.1). − Regionale Unterschiede hinsichtlich der Dauer der JStrafe entsprechen nicht einheitlich den Unter-

schieden in der relativen Häufigkeit, mit der JStrafe verhängt wird (dazu → § 17 Rn. 13). Die Anteile an JStrafen von mehr als zwei Jahren bis einschließlich fünf Jahren betrugen zB im Jahr 2010 für die „alten" Bundesländer (mit Berlin) 13,32 %, für die „neuen" 12,47 %, allerdings bei einem teilweise erheblich höheren Anteil in Großstädten (StrafSt Tabelle 4.2).

b) Vergleich mit allgemeinem StR. Aus Detailauswertungen ergeben 11 sich Hinweise, wonach die Häufigkeit und Dauer freiheitsentziehender Rechtsfolgen im JGG-Bereich vergleichsweise hoch sind (dazu anhand von Heranwachsenden und Jungerwachsenen bspw. *Heinz* ZJJ 2012, 129 (137 f.); *Spiess* Bewährungshilfe 2012, 17 (27 ff.); *Jehle/Palmowski* FS Pfeiffer, 2014, 331 ff.; *Kerner/Karnowski/Eikens* FS Ostendorf, 2015, 476 ff.; *Palmowski* in Sanktionierung 353 ff. *Boers/Schaerff* Kriminologische Welt 376). Auch unter Berücksichtigung methodischer Probleme (Verzerrungswirkungen durch § 31 Abs. 2 JGG; offene Vergleichbarkeit der Gruppen) äußert sich hier vermutlich eine justizpraktische Tendenz, im JStR teilw. nachdrücklicher als im allg. StR zu intervenieren (einschr. *Streng* FS Böttcher, 2007, 447 ff., 456 f.). Jedenfalls zeigen einige Auswertungen (Überblick bei *Kemme/Stoll* MschKrim 95 (2012), 32 (34 f.)), dass innerhalb eines homogenen Fallmaterials (einheitliche Deliktsgruppe und Vorstrafenbelastung) der nach JGG behandelte Teil bisweilen in **härtere (Jugend-)Strafen** als der StGB-Teil mündet − jedenfalls bei stärkerer Vorstrafenbelastung (so bereits *Pfeiffer* StV 1991, 363). Nach den Berechnungen von *Kemme/Stoll* MschKrim 95 (2012), 32 (36 f.)) war das Risiko jugendlicher und heranwachsender Beschuldigter, wegen §§ 242, 246 StGB zu einer unbedingten JStrafe/Freiheitsstrafe verurteilt zu werden, bei vier Vorerfassungen mehr als doppelt so hoch wie in der erwachsenen Vergleichsgruppe (zur geringeren Aussicht auf eine Aussetzung der Vollstr zBew vgl. die Daten bei *Jehle/Palmowski* FS Pfeiffer, 2014, 329 ff.).

c) Zumessungskriterien. Nach empirischen Anhaltspunkten aus der 12 Praxis spielen, im Einklang mit der Dominanz des strafrechtlichen Modells (vgl. → § 2 Rn. 15), erzieherische Belange als **Kriterien** für die Strafbemessung eine eher sekundäre Rolle. Bereits für die Jahre 1959 bis 1961 wurde in einer Auswertung von 1.214 Urteilen ein hoher Anteil ausgemacht, in dem die Erziehung überhaupt nicht (59,4 %) oder nur summarisch (39,1 %) Erwähnung fand (*Weitl,* Die dogmatischen Grundlagen des geltenden Jugendstrafrechts, 1965, 113 f.). Im Grunde hat sich dies nach neueren Untersuchungen nicht grundsätzlich geändert (dazu *Streng* Jugend-StrafR Rn. 455 und → § 17 Rn. 15 mwN). So kam bspw. nach einer Auswertung von Akten der Jahre 2001−2003 in 40 % der jugendstrafrechtlichen Verurteilungen die Erziehung nicht vor (*Kurzberg* Jugendstrafe 222 ff.). Auch wurde bei Verurteilungen zu nicht unter 2 Jahren nachgewiesen, dass Vorstrafen und deren Höhe deliktsunabhängig eine ganz erhebliche Bedeutung zukam, kaum aber den persönlichen oder sozialisatorischen Defiziten des Verurteilten (*Kurzberg* Jugendstrafe 126 ff., 223 ff.).

2. Wirkungsrelevanz

BZR-Daten zufolge ist die Rückfallquote und −schnelligkeit nach Vollstr 13 von JStrafe insgesamt recht hoch (→ § 17 Rn. 16 ff.). Mit Blick auf die Bemessung ergeben sich jedoch Unterschiede. Bei Personen, die zu JStrafe bis zu zwei Jahren verurteilt worden waren, sind die Werte **höher als bei** denen mit **längerer** JStrafe (*JAHT* Legalbewährung 198 f.). Auch wenn man auf die tatsächlich vollstreckte Vollzugszeit abstellt, liegt die „Misserfolgsquote" bei kürzerer Haft (wesentlich) höher als bei Personen mit Haftdauer von mehr als einem Jahr (dazu und zu teilw. auch abw. Befunden in älteren Untersuchungen vgl. 20. Aufl. § 17 Rn. 14 mwN; s. ferner *Eisenberg/Kölbel* Kriminologie § 42 Rn. 23 sowie international bspw. *McCuish/Lussier/Corrado* Journal of Developmental and Life-Course Criminology 2018, 427 (436 ff.)). Dies gilt auch noch im Vergleich von vollständig vollstreckter JStrafe zwischen fünf bis sieben und sieben bis 10 Jahren (*Grindel/Jehle* FS Rössner, 2015, 123; *Pahl,* Begutachtungspraxis bei langen Jugendstrafen, 2018, 121). Insgesamt sind die Zusammenhänge zwischen (verhängter oder tatsächlicher) Strafdauer und Legalbewährung aber nicht durchgehend klar; jedenfalls sprechen die vorliegenden Angaben nicht für die „Kontraindiziertheit" kürzerer Vollzugszeiten (zust. schon *Balbier* DRiZ 1989, 404 (408) sowie iErg auch *Dünkel* Freiheitsentzug 434 ff.). Einmal könnte die geringere „Misserfolgsquote" bei längeren JStrafen teilw. darauf beruhen, dass sich unter den Betroffenen auch Jugendliche befinden, die eine als schwer beurteilte Straftat begangen haben, ansonsten aber strafrechtlich kaum vorbelastet waren (ähnlich *J. Walter* ZJJ 2009, 369 (370); s. hierzu die relativ moderaten „Rückfall"-Quoten nach Verurteilung zur mehr als fünfjähriger sowie maximaler JStrafe bei *Schulz,* Höchststrafe im Jugendstrafrecht, 2000, 157 ff.; *Grindel/Jehle* FS Rössner, 2015, 110). Zudem ist zu berücksichtigen, dass der Vollzug einer JStrafe von bis zu zwei Jahren vielfach auf einer negativen prognostischen Einschätzung beruht, da in diesem Strafbereich anderenfalls gem. § 21 verfahren wird. Und schließlich könnte sich gerade bei längerer Haftdauer auch eine entwicklungstypische „Reifung" (neben oder anstelle vollzuglicher Einwirkungen) bemerkbar machen. Im Sinne dieser Annahme ging die bessere Legalbewährung bei längerer Dauer der JStrafe in den Daten von *Giebel ua* in Kury/Shea (Hrsg.), Punitivity. International Developments, Bd. 1, 2011, 395 ff.) statistisch denn auch vorwiegend auf den „aging-out effect" zurück (hierzu auch → § 17 Rn. 18).

IV. Bemessung

1. Grundsatz

14   Dass sämtliche Rechtsfolgen im JStR vorrangig am Erziehungsgedanken auszurichten sind (§ 2 Abs. 1 S. 2), wird bei der Konkretisierung der JStrafe zusätzlich unterstrichen. Diese muss nach Abs. 2 so bemessen werden, dass „die erforderliche erzieherische Einwirkung möglich ist" (wobei zudem auch die Vollstr im Sinne einer speziellen „erzieherischen Einwirkung" nach § 21 zBew ausgesetzt werden kann). Für die Festlegung der JStrafdauer ist also (wie überhaupt für die Ausgestaltung der JStrafe) ein **dezidiert spezialpräventives Entscheidungsprogramm** und ein spezialpräventives Leitkriterium (individueller Bedarf und Sanktionseignung) vorgegeben. Die stärker tatorientierten Maßgaben des allg. StR (§ 46 StGB) werden verdrängt (§ 2 Abs. 2). Sie können nur iRd erzieherischen Grundausrichtung berücksichtigt werden. Bei der Strafhöhenfestlegung geht es deshalb stets um die Frage, welche Dauer der stationären „Gesamterziehung" der „in erster Linie zu berücksichtigende Erziehungsgedanke" (BGHR JGG § 17 Abs. 2 schädliche

Neigungen 4 (Gründe)) notwendig macht. Einen Unterschied zwischen den beiden Anordnungsgründen des § 17 sieht Abs. 2 dabei nicht vor (*Bruns* StV 1982, 592 (593)). Dass die Strafdauerbegründung **keineswegs** zu wesentlichen Teilen oder gar ausschließlich auf jene Zumessungserwägungen gestützt werden darf, **die bei Erwachsenen** in Betracht kommen (stellvertretend BGH NStZ-RR 1997, 281; NStZ 2012, 164; 2014, 407; NStZ-RR 2015, 154; NStZ 2016, 614; 2016, 683; NStZ-RR 2016, 351; BeckRS 2019, 25540), betrifft also **beide JStraf-Varianten.** Auch wenn JStrafe allein wegen Schwere der Schuld verhängt wird, ist bei der Bemessung vorrangig der Erziehungsgedanke zu berücksichtigen (BGHSt 15, 224 (226) = NJW 1961, 278; BGHSt 16, 261 (263) = NJW 1961, 2359 (2360); BGH StV 1994, 598 = BeckRS 1993, 31086212; StraFo 2005, 42 = BeckRS 2004, 09104; NStZ-RR 1998, 285; NStZ 2016, 683; BeckRS 2018, 23062). Abstriche hiervon sind allenfalls bei inzwischen **älteren** Angeklagten möglich (n. → § 17 Rn. 57). Deshalb verbietet sich auch generell die Übernahme des in der Praxis oft wirksam werdenden (→ § 5 Rn. 9, → § 17 Rn. 15) pauschalen Eskalationsprinzips aus dem allg. StR.

Die Diagnose des Einwirkungsbedarfs und die Prognose der erforderlichen **15** stationären Einwirkung sind in außerordentlich gründlicher Weise vorzunehmen, da – anders als in den Fällen von §§ 11 Abs. 2, 15 Abs. 3 S. 1 – die Dauer der eingriffsinvasiven JStrafe auch bei einer Fehleinschätzung nachträglich nur partiell korrigiert werden kann. So ist es unzulässig, eine JStrafe im Nachhinein zu verlängern, wenn der Erziehungserfolg noch nicht erreicht ist und die JStrafe ex post als zu kurz bemessen erscheint. Zeigt sich im Verlauf, dass umgekehrt der vollständige Vollzug der verhängten JStrafe nicht geboten ist, lässt sich deren Dauer lediglich unter Voraussetzungen des § 88 verkürzen (was insbes. bei längeren JStrafen bedeutsam ist). Diese **begrenzte** (und einseitige) **Reaktionsbeweglichkeit** könnte es nahelegen, die JStrafe im Zweifel vorsorglich so hoch zu bemessen, dass sie selbst unter unerwartet ungünstigen Umständen die erforderliche Erziehung ermöglichen kann, zumal die Strafrestaussetzung auch eine Anpassung an eine günstige Entwicklung erlaubt. Allerdings würde hierdurch die Sanktion faktisch in die abgeschaffte JStrafe von unbestimmter Dauer überführt (ähnlich BGH BeckRS 2010, 13555; s. auch *Diemer* in Diemer/Schatz/Sonnen Rn. 24). Dies ist zudem schon deshalb unzulässig, weil bei positiven Verläufen eine überharte JStrafe registerrechtlich fortbestünde und die Haftverkürzung ohnehin recht unsicher ist (etwa wegen ihrer faktischen Abhängigkeit von den Stellungnahmen der Anstaltsbediensteten).

2. Konkrete Erörterung der spezialpräventiven Erforderlichkeit

Die Auseinandersetzung mit der erzieherischen Indikation einer bestimm- **16** ten JStrafendauer darf nicht nur pauschal geschehen (vgl. bspw. schon BGH StV 1993, 531 = BeckRS 1992, 31079281 oder etwa auch OLG Jena NStZ-RR 1998, 119 (120)). Die Feststellung, „nur" die festgelegte Strafdauer werde „erzieherisch diesem Angeklagten gerecht", genügt also nicht (BGH BeckRS 1996, 31080038). Vielmehr ist die Strafbemessung an den Voraussetzungen erzieherischer Einwirkung im konkreten Einzelfall auszurichten und im Hinblick auf diese Anforderungen – anstelle nur „formelhafter Erwähnung" (BGH NStZ 2010, 281; BeckRS 2012, 08598; StV 2013, 38 = BeckRS 2012, 14175) – **konkret** zu **begründen** (BGH NStZ 2013, 287).

17   Die argumentativ herangezogene Einwirkungsnotwendigkeit muss eine solche sein, die der erzieherischen Einwirkung zugänglich ist – nicht also eine krankhafte seelische Störung, bei der die Unterbringung nach § 63 StGB die dafür vorgesehene Reaktion ist (gegen eine „Vermischung von Strafe und indifferenter Maßregel" bei an Heilungsbedarf ausgerichteter Strafbemessung BGH NStZ 1987, 506; 1998, 86). Zentrale Bewertungsgrundlage für das **Ausmaß des Bedarfs** an einer stationären Gesamterziehung ist die individuelle **vortatliche** Biografie, deren Problematik sich idR in Verhaltensauffälligkeiten, Fehlanpassungen und Delinquenz niedergeschlagen haben wird (*Diemer* in Diemer/Schatz/Sonnen Rn. 19 ff.; *Radtke* in MüKoStGB Rn. 37 f.). In diesem Zusammenhang wird dann häufig mit der Ungeeignetheit bereits verhängter Rechtsfolgen bzw. mit der Erfolglosigkeit von deren früher bereits geschehener Vollstr argumentiert. Hier bedarf es indes ebenfalls einer näheren Erläuterung (abw. BGH BeckRS 2013, 15729).

18   Daneben kommt aber auch der **nachtatlichen** Entwicklung des Verurteilten für die Bemessung der JStrafe (ebenso wie für deren Verhängung (→ § 17 Rn. 34 ff.)) vielfach Bedeutung zu, insbes. bei Ansätzen zu einer positiven Veränderung (BGH NStZ 1986, 71; StV 1991, 423 = BeckRS 1990, 31098340; NStZ-RR 2013, 113; StV 2013, 758 = BeckRS 2013, 00350). Bei gegebenem Anlass näher zu erörtern sind also bspw. Entzugsbemühungen bei Drogensucht (BGH NStZ-RR 2018, 15 (16)), Anstrengungen bei Schul- und Berufsausbildung (etwa BGH StV 1987, 306 = BeckRS 1986, 31109573; NStZ-RR 2011, 385) sowie Einwirkungen während des U-Haftvollzugs (BGH NStZ 1984, 508; NStZ-RR 2011, 305; NStZ 2015, 105) und/oder einer zwischenzeitlich vollzogenen JStrafe (vgl. BGH NStZ-RR 2010, 257; unklar bzgl. eines zwischenzeitlichen Freizeitarrests BGH NStZ-RR 2012, 92). Soweit innervollzugliche Verläufe zu würdigen sind, sind die tatsächlichen Gegebenheiten in der jeweiligen Vollz.-Einrichtung sowie Anpassungsprobleme ebenso wie Lernentwicklungen bzw. erzieherische Erfolge zu beachten. Ferner kann relevant sein, dass sich der Verurteilte aus der Gruppe der Mitangeklagten gelöst hat (BGH StV 2003, 458 = BeckRS 2003, 00691) oder „nunmehr erstmals in stabilen Verhältnissen" lebt (BGH BeckRS 2006, 08001).

19   Aufgezeigt werden muss, weshalb gerade die festgelegte Vollzugsdauer als spezialpräventiv sinnvoll eingeschätzt wird (etwa BGH NStZ 2011, 305: „es hätte eingehender Erörterung bedurft, inwieweit die Verbüßung einer längeren Jugendstrafe (…) erforderlich ist", um konkretes Defizit zu beheben). Gegebenenfalls muss sich das Gericht damit auseinandersetzen, dass mit Blick auf die schuldbezogene Limitierung (→ Rn. 33) und anzurechnende U-Haftzeiten nur noch ein begrenzter Restzeitraum zur Vollstr anstehen kann (BGH BGHR JGG § 18 Abs. 2 Tatumstände 2). Auch absehbar abträgliche **Nebeneffekte** der Sanktion sind, soweit sie die Einwirkung beeinträchtigen könnten, erörterungsbedürftig (Abbruch von Ausbildung, sozialen Kontakten usw). Überhaupt ist auf die (negativen) Folgen der Strafe wie auch die Förderungsmöglichkeiten während der Dauer des JStVollzugs einzugehen (BGH NStZ-RR 2008, 258 (259)). Selbst bei eingehend begründetem erheblichem Erziehungsbedarf sind JStrafen am oberen Strafrahmenrand problematisch (vgl. aber BGH NStZ 2010, 290 (291): vier Jahre acht Monate JStrafe wegen §§ 221, 224 StGB ggü. einer zur Tatzeit 14-Jährigen). Nachteilige gesetzlich vorgesehene Folgeentscheidungen (etwa Ausweisung oder

Abschiebung) berühren nicht die erzieherische Eignung der JStrafe, sondern deren Tatproportionalität und Schuldadäquanz (dazu → Rn. 34).

3. Bedeutung allg.-strafrechtlicher Bemessungsaspekte

a) **Grundsätze der Vorwurfsberücksichtigung.** Abs. 2 schließt die 20 Berücksichtigung des Tatvorwurfs bei der Bemessung der JStrafe nicht aus (RL 2 S. 1). Da die Strafdauerfestsetzung hiernach so zu erfolgen hat, dass „die erforderliche erzieherische Einwirkung möglich ist", kann das Unrechtsgewicht nur ein Grenzen setzender Aspekt (→ Rn. 33), aber kein darüber hinausgehender (iSv leitender) Bemessungsaspekt sein. Die Funktion dieses Gesichtspunktes besteht (neben der Limitierungswirkung) vielmehr darin, **innerhalb des Spektrums** der denkbaren Strafhöhen, zu dem die **spezialpräventiven** Erforderlichkeitserwägung (Abs. 2) regelmäßig führen werden (BGH NJW 2018, 2062 (2063); *Eisenberg* ZKJ 2017, 419 (420)), gewissermaßen „nach oben" oder „nach unten" zu gehen (aA *Streng* Jugend-StrafR Rn. 450; teilw. abw. auch die Rspr. (→ Rn. 37): Abwägung des Unrechtsgewichts mit den – allerdings vorrangien – erzieherischen Belangen). Dies gilt für **beide Anordnungsgründe** in § 17 Abs. 2, da das Gesetz insofern keine Differenzierung erkennen lässt (dazu, dass auch die Bemessung einer JStrafe wegen „Schwere der Schuld" in erster Linie nach erzieherischen Erfordernissen zu erfolgen hat, → Rn. 14; s. aber für deutlich über 21-Jährige → § 17 Rn. 57). Dabei ist der Tatvorwurf am Rande auch insofern von Belang, als eine erzieherisch abträgliche Signalwirkung zu vermeiden ist, wie sie von einer außerordentlich verharmlosend wirkenden Sanktionshöhe ausgehen mag.

Mit Blick auf diese eingeschränkte Vorwurfsrelevanz haben die **Strafrah-** 21 **men** des allg. StR eine gewisse Hinweisfunktion. Obwohl sie (wie in → Rn. 2 ausgeführt) dank der täterstrafrechtlichen Konzeption des JGG im JStR nicht gelten – und dies auch nicht als nur gedachte Ober- und Untergrenzen (s. BGH BeckRS 2018, 28848 Rn. 7 „hypothetische Strafrahmenbetrachtung") –, ist die Bewertung des Unrechtsausmaßes, die in den straftatbestandlich jeweils vorgesehenen Rechtsfolgen zum Ausdruck gelangt, nach stRspr bei der Bemessung der JStrafe mitzuberücksichtigen (vgl. etwa BGH NJW 1972, 693; StV 1993, 532 = BeckRS 1992, 31081369; NStZ 2016, 683). Die Strafrahmen(-obergrenzen) des allg. StR – genau genommen eher die Aussagekraft der zwischen ihnen bestehenden Staffelungen und Unterschiede – zeigen gesetzgeberische Wertungen an. Diese dienen als orientierende Größen für das jeweilige fallkonkrete Vorwurfsgewicht und gehen hierdurch **mittelbar** in die Festlegung der JStrafendauer ein (etwa *Ostendorf* in NK-JGG § 5 Rn. 4; vgl. auch BGH GA 1986, 177 = BeckRS 1985, 31093065: „vergleichende Parallelwertung").

Die Bedeutung dieser strafrahmenbasierten Hinweise wird allerdings da- 22 durch gemindert, dass das objektive Unrechtsgeschehen für die Gewichtung des (nach → Rn. 20 ohnehin nur eingeschränkt relevanten) Tatvorwurfs nicht im Vordergrund steht. Eher von Belang sind nach der Rspr. (anders als im allg. StR) „die charakterliche Haltung und das Persönlichkeitsbild, wie sie in der Tat zum Ausdruck gekommen sind" (BGH NStZ 1996, 496 mzustAnm *Dölling* NStZ 1998, 39). Es besteht hier also der gleiche Grundsatz, der bereits für das Vorliegen eines Anordnungsgrundes (§ 17 Abs. 2) maßgebend ist (*Radtke* in MüKoStGB Rn. 24; zur **„jugendspezifischen**

Vorwerfbarkeit" und der etwas anders akzentuierten hiesigen Ansicht näher → § 17 Rn. 46 ff.). Deshalb ist in diesem Zusammenhang ein besonderes Augenmerk bspw. auf dysfunktionale elterliche Erziehungsmethoden (BGH NStZ-RR 2008, 258 (259)) oder Reiferückstände und die Tatverleitung durch Mittäter zu legen (BGH NStZ 1984, 508; vgl. auch BGH NStZ 2011, 305: „besondere Tatsituation (...) durch alkoholbedingte Enthemmung und jugendtypische Solidarisierung mit dem Mitangeklagten"). All dies gilt umso mehr, je jünger die fragliche Person ist (n. zur Bemessung der JStrafe bei **Heranwachsenden** → § 105 Rn. 54 ff.).

23   Die den erzieherischen Belangen untergeordnete Relevanz des (objektiven) Unrechtsausmaßes wird von der Rspr. – jedenfalls prinzipiell (aber → Rn. 36 f.) – auch **bei (äußerlich) schweren Delikten** anerkannt. Dies gilt etwa für Vergewaltigung (vgl. etwa BGH StV 1996, 269 = BeckRS 1995, 05279: entgegen drei Jahre JStrafe seien der Ausnahmecharakter sowie die Nichterforderlichkeit dieser Dauer zu prüfen (ähnlich BGH 3.11.1993 – 2 StR 382/93 bei *Böhm* NStZ 1994, 529)), für sexuellen Missbrauch (vgl. etwa BGH BeckRS 1999, 8475), für gewichtigere BtM-Delikte (vgl. etwa BGH BeckRS 1985, 05574; BGH BeckRS 2008, 21117 (betr. bandenmäßiges Handeltreiben mit BtM: „das Strafmaß entscheidend mitbestimmende Erziehungsgedanke")), für schwere räuberische Erpressung (vgl. BGH 3.1.1991 – 1 StR 632/90 bei *Böhm* NStZ 1991, 522; StV 1993, 532 = BeckRS 1992, 31081369) oder Raubtaten (OLG Hamm NStZ 2005, 646) und den gefährlichen Eingriff in den Straßenverkehr (vgl. BGH NStZ-RR 1998, 86). Als Ausdruck und Konsequenz dieses Ansatzes bleibt die festgesetzte Dauer der JStrafe hinter dem Maß, mit dem Freiheitsstrafen im allg. StR deliktsüblich verhängt werden, oftmals deutlich zurück. Das zeigt sich etwa bei Mord (vgl. etwa BGH StV 1994, 598 = BeckRS 1993, 31086212 (bei Verminderung der Steuerungsfähigkeit zwei Jahre JStrafe); ferner BGH NStZ 2006, 503 („dreifacher Mord" durch Kfz-Aufprall: vier Jahre JStrafe); BGH NStZ-RR 2016, 325 (versuchter Mord und fahrlässige Tötung zwei Jahre EinheitsJStrafe zBew)) oder bei §§ 212, 213 StGB (vgl. BGH BeckRS 2017, 132361 (bei uneingeschränkter Schuldfähigkeit zwei Jahre neun Monate JStrafe); LG Essen BeckRS 2015, 00009 (bei verminderter Schuldfähigkeit zwei Jahre JStrafe zBew)).

24   **b) Einzelne ereignisbezogene Umstände. aa) Relevanz von Vorwurfsabstufungen.** Prinzipiell ist auch die Verwirklichung eines (un-/benannten) besonders schweren Falls nach den gleichen Grundsätzen wie das allg. Unrechtsausmaß (→ Rn. 20 ff.) berücksichtigungsfähig (BGH NStZ 2000, 194 (195); LG Köln BeckRS 2009, 09713; *Radtke* in MüKoStGB Rn. 25; *Laubenthal/Baier/Nestler* JugendStrafR Rn. 754). Ebenso liegt es bei Deliktsqualifikationen oder **Privilegierungstatbeständen** (vgl. etwa LG Bamberg PflR 2014, 236 betr. § 216 StGB durch Altenpflegepraktikant). Vor allem aber erlangt hierdurch das Vorliegen eines **minder schweren Falles** eine Bemessungsrelevanz, weshalb dessen jeweilige Voraussetzungen zu prüfen (*Reuther* FS Eisenberg, 2009, 447) und gem. § 267 Abs. 3 S. 2 StPO im Urteil darzustellen sind (erg. → § 54 Rn. 8a; abw. noch BGH NStZ 1993, 551 (betr. § 213 StGB)). Die abgesenkte Strafdrohung zeigt hier nämlich an, dass das strafrechtliche Eingreifen weniger schwerwiegend als nach Umsetzung eines tatbestandlichen Regelfalls sein soll. § 2 Abs. 1 gibt keinen Anlass, dies bei einem Jugendlichen nicht zu berücksichtigen. Des-

halb gilt es in solchen Konstellationen, nicht allein eine etwaige Verschiebung der Strafrahmenobergrenze zu beachten (→ Rn. 9), sondern auch die eben dargestellte Orientierungsfunktion bei der konkreten Bemessung zu realisieren (zu dieser doppelten Relevanz etwa BGH StV 1989, 545 = BeckRS 1989, 31098188). Dieser Grundgedanke ist obendrein generalisierbar. Deshalb haben auch andere Gesichtspunkte, die im allg. StR als Vorwurfsabstufungen zugunsten des Betroffenen bei der Sanktionsbemessung zu berücksichtigen sind, eine – **iRd erzieherischen Beurteilungsspielräume** bestehende – mittelbare Relevanz.

Anlass zur Einbeziehung in die JStrafenbemessung – und zwar jeweils „mit **25** ihrem vollen Gewicht" (BGH StV 1989, 545 = BeckRS 1989, 31098188; StV 1992, 432 = BeckRS 1992, 31083476) – besteht sowohl bei benannten wie unbenannten minder schweren Fällen (BGH NStE Nr. 7 § 18 JGG = BeckRS 1987, 31098471; 2012, 18906; NStZ 2016, 105; NStZ-RR 2019, 159; BeckRS 2019, 15629). Bei der Frage, ob ein minder schwerer Fall vorliegt, sind alle betr. Tat und Täter bedeutsamen Umstände zu prüfen, wobei die Voraussetzungen mit Blick auf das Alter der Verurteilten im JStR tendenziell eher als im allg. StR bejaht werden können (kennzeichnend dafür etwa BGHR StGB § 21 Alkoholauswirkungen 5 (Gründe) = BeckRS 1991, 31092556; BayObLG bei *Bär* DAR 1990, 366; OLG Hamm StV 2001, 178 f. = BeckRS 2000, 12784). Die Details sind hierbei teilw. auch konstellativ und grunddeliktisch geprägt (zu § 178 Abs. 2 StGB aF BGH GA 1986, 177 = BeckRS 1985, 31093065; zu § 176a Abs. 4 StGB BGH NStZ-RR 2013, 291; zu § 224 Abs. 1 S. 1 Hs. 2 StGB BGH BeckRS 2013, 15729; zu § 226 Abs. 2 StGB aF BGH StV 1987, 306 = BeckRS 1987, 31104109; BGHR StGB § 226, Strafrahmenwahl 1 (Gründe) = BeckRS 1989, 31092881; zu § 250 Abs. 3 StGB BGH NStE Nr. 14 zu § 250 StGB = BeckRS 1989, 31106193; NStE Nr. 7 § 18 JGG = BeckRS 1987, 31098471 und zu § 213 StGB BGH BeckRS 1989, 31098845; NStZ 1989, 119). Für die notwendige Berücksichtigung des minder schweren Falles ist es – angesichts der jeweils gleichartigen Bemessungskriterien (→ Rn. 14) – ohne Belang, ob die Anordnung der JStrafe auf „schädlichen Neigungen" oder Schuldschwere beruht.

bb) Vertypte Milderungsgründe iSv § 49 StGB. Mit Blick auf § 2 **26** Abs. 2 iVm § 21 StGB steht zumindest bei konsumgewohnten Personen ein motorisch kontrolliertes und äußerlich geordnetes sowie ggf. auch planmäßig vorgehendes Verhalten einer alkoholbedingten Beeinträchtigung des Hemmungsvermögens nicht notwendigerweise entgegen (vgl. näher BGH NStZ-RR 1996, 289; 1997, 65 (66); 2012, 137). Im Unterschied zum allg. StR können bei Jugendlichen und Heranwachsenden die Voraussetzungen des **§ 21 StGB** schon bei einem BAK-Wert unter 2‰ anzunehmen sein (vgl. etwa BGH NStZ-RR 1997, 65 (66); OLG Zweibrücken StV 1994, 599 = LSK 1995, 090458; *Eisenberg* Beweisrecht StPO Rn. 1749b). Auch ist das Ausmaß der Beeinträchtigungen iSv § 21 StGB im JStR ggf. ohne Vorliegen sämtlicher Voraussetzungen zumessungsrelevant (BGH BGHR StGB § 21 Alkoholauswirkungen 5 (Gründe) = BeckRS 1991, 31092556: BAK nahe der Grenze zu erheblich verminderter Schuld und Tatbereitschaft zusätzlich gefördert durch „gruppen-dynamischen Prozess"). (BtM-)Abhängigkeit wird von der Rspr. allerdings wie im allg. StR nur ausnahmsweise (bei schwersten Persönlichkeitsveränderungen oder Handeln unter bzw. aus Angst vor starken

Entzugserscheinungen) als Fall des § 21 StGB anerkannt (OLG Hamm Blutalkohol 2001, 291 (292) = BeckRS 2000, 16812). BGH NStZ-RR 1999, 295 hält eine Relativierung des Milderungsgrundes für möglich, wenn der Verurteilte infolge Abhängigkeit oder großer Konsumerfahrung um die enthemmende oder aggressionssteigernde Wirkung einer Alkoholisierung weiß (zw.). – Im Übrigen kann die Schuldfähigkeit iSv § 21 StGB durch nicht vorwerfbare Wesenszüge (etwa iSv § 17 Abs. 2 Alt. 1 (BGH StV 1986, 305 = BeckRS 1986, 31101680)) oder durch entwicklungsbedingte Schwierigkeiten, einem „Affektsturm" (BGH NStZ 1984, 259) oder den „Anreizen zur Tat" mit hinreichender Hemmung zu widerstehen, eingeschränkt sein (dazu in der Sache BGH NJW 1987, 3015; BeckRS 2001, 5419). Außerdem gilt der Grundsatz „in dubio pro reo" hinsichtlich „Art und Grad" eines psychischen Ausnahmezustandes ebenso wie bei dessen etwaiger Auswirkung „auf die Tatentstehung" (BGH StV 2013, 560 = BeckRS 2013, 05044; vgl. auch BGH NStZ-RR 2009, 337).

27 Auch die anderen **vertypten Milderungsgründe** des allg. StR haben diese mittelbare Relevanz. Dies betrifft § 46a StGB (→ Rn. 30), § 30 StGB (BGH NStZ-RR 2015, 155 (156)), die Beihilfe (BGH StV 1984, 254 = BeckRS 1984, 31107555; s. auch BGH NStZ-RR 2006, 88), den Versuch (BGH StV 1990, 544 = BeckRS 1990, 31082365; NStZ-RR 2019, 159) und die Konstellation des unechten Unterlassens (BGH NJW 1982, 393; StV 1992, 432 = BeckRS 1992, 31083476). Vertypte Milderungsgründe können überdies Anlass für die Annahme eines minder schweren Falls sein und auf diese Weise bedeutsam werden (so für § 21 StGB und § 213 StGB BGH NStE Nr. 1 zu § 18 = BeckRS 1987, 31100016; NStZ-RR 2018, 14). Treten vertypte Milderungsgründe und davon unabhängige Umstände minder schwerer Fälle zugleich auf, ist deren jeweilige (also eine **mehrfache**) Berücksichtigung angezeigt (so für § 250 Abs. 2 StGB und § 27 StGB vgl. BGH 17.9.1985 – 2 StR 486/85 bei *Böhm* NStZ 1986, 447). Dabei ist indes der Rechtsgedanke des § 50 StGB (Doppelverwertungsverbot) zu beachten. Dass Fälle, in denen § 21 StGB und § 213 StGB „auf dieselben Wurzeln zurückzuführen" sind, dem gleichstünden und es bei einer einmaligen (statt einer mehrfachen) Milderung bleiben soll (BGH NStZ 1986, 71; zust. *Radtke* in MüKoStGB Rn. 25), ist fraglich.

28 **cc) Sonstige Aspekte der Vorwurfsabstufung.** In der prinzipiell gleichen (mittelbaren) Weise sind Umstände iSv **§ 46 Abs. 2 S. 2 StGB** bemessungsrelevant (BGH BGHR StGB § 46 Abs. 2 Tatumstände 11 (Gründe) = BeckRS 1993, 31091152; für Nachtatverhalten näher → Rn. 31). Hierbei ist indes auf die jugendgemäße Würdigung zu achten (→ Rn. 22). Außertatbestandliche Folgen, die der Jugendliche in ihren Einzelheiten nicht hat voraussehen können, sind daher nicht zu berücksichtigen (abw. OLG Hamm bei *Böhm* NStZ 1985, 447, wonach die Entstehung aus der schuldhaft herbeigeführten allg. Gefahrenlage genüge). Das **Fehlen** eines Milderungsgrundes darf nicht negativ gewürdigt werden (BGH BeckRS 2017, 112118; *Streng* JugendStrafR Rn. 464). Bei Straftaten nach dem **BtMG** kommt dem Vorliegen der Rauschgiftmenge bzw. einer geringen Menge eine gewisse Bedeutung für die Bemessung zu (BGH NJW 1992, 380; 2001, 1805). Das gleiche gilt für die Einteilung zwischen „harten" und „weichen" Drogen (ebenso wie für die graduellen Zwischenstufen), wobei aber pauschale Zuschreibungen (oder gar Überhöhungen) bestehender Gesundheitsgefahren

zu vermeiden sind (vgl. betr. Methamphetamin BGH NStZ 2016, 614 mAnm *Patzak/Dahlenburg* NStZ 2016, 615). – Eine (rechtmäßige und erst recht eine unzulässige) **Deliktsprovokation** muss strafmildernde Auswirkungen haben (BGH NJW 1992, 380; BGH BeckRS 2019, 25540; ergänzend *Kölbel* in MüKoStPO StPO § 163 Rn. 25; *Eisenberg* Beweisrecht StPO Rn. 1036 ff. jeweils mwN). Nach BGHSt 60, 276 = NJW 2016, 91 (zum allg. StVR) ist ggf. wegen eines Verfahrenshindernisses einzustellen.

dd) Besonderheiten bei Migrationsbedingungen. Bei Jugendlichen **29** mit sozio-kulturell relevantem **Zuwanderungshintergrund** sind in Ausnahmekonstellationen entweder Normbefolgungskonflikte zu berücksichtigen (bei kulturell abw. Wert- und (auch informellem) Normensystem (vgl. zum allg. StR etwa *Werner,* Zum Status fremdkultureller Wertvorstellungen bei der Strafzumessung, 2016, 291)) oder reduzierte Hemmschwellen zu beachten (besonders in Fällen sozialer Erwartungshaltung im Umfeld). Fallbezogen kann eine strafmildernde Berücksichtigung in Betracht kommen, wenn der Jugendliche dezidiert mit Blick auf seine Familienbindung zur Tat motiviert war (nicht erörtert bei LG Aachen BeckRS 2009, 89101) oder iRd Familienhierarchie hierzu gedrängt oder gar bestimmt worden ist (zB bei BtM-Delikten oder Tötungsdelikten (vgl. zum allg. StR BGH NStZ 1995, 79; zum JStR offen gelassen in BGH NStZ 1996, 612 mkritAnm *Eisenberg/Düffer* JR 1997, 80); zur Judikatur zum sog. „Ehrenmord" s. *Kasselt* Ehre im Spiegel der Justiz, 2016, 82 ff., 171 ff.). – Zu Ungunsten darf der Ausländer- oder **Asylbewerberstatus** des Jugendlichen nicht berücksichtigt werden, da sich hieraus kein höherer Pflichtwidrigkeitsgrad der Straftat ergibt (vgl. auch *Ostendorf* in NK-JGG Rn. 15). Unzulässig sind auch verdeckte Anlastungen (vgl. BGH NJW 2017, 1491: mit der Tat „einer positiven Einstellung der Bevölkerung gegenüber anwesenden Asylsuchenden und anderen Ausländern entgegengewirkt").

c) Postdeliktisches Geschehen. aa) Postdeliktische Ereignisse. Ent- **30** wicklungen zwischen dem Deliktsereignis und der gerichtlichen Entscheidung können nicht nur für die Beurteilung der spezialpräventiven Bemessungsaspekte maßgeblich sein (→ Rn. 18), sondern – auf dem Weg der eingeschränkten und mittelbaren Berücksichtigung (→ Rn. 20 ff.) – auch als vorwurfsbezogene Bemessungskomponente. Das betrifft insbes. Verhalten des Jugendlichen, das die Voraussetzungen von **§ 46a StGB** erfüllt (zu § 46b StGB → § 2 Rn. 38). Solche Umstände sind deshalb vom Tatgericht eigenverantwortlich zu prüfen (BGH BeckRS 2014, 8649 Rn. 9; StV 2015, 765 = BeckRS 2015, 06005; zu ausreichendem „indirekten Kontakt" mit der minderjährigen Geschädigten BGH BeckRS 2017, 138584 (betr. allg. StR)). – Die Begehung einer **weiteren Straftat** in Kenntnis des aktuellen Verfahrens besagt kaum etwas über das Unrechtsausmaß bzgl. der verhandelten Tat und ist daher in dieser Hinsicht nicht berücksichtigungsfähig (abw. BGH NStZ-RR 2018, 302 (Ls.) = BeckRS 2018, 18771; auch wegen der etwaigen Relevanz für den individuellen Einwirkungsbedarf ferner → Rn. 18 und → Rn. 42).

bb) Verhalten im Verfahren. (Teil-)**Geständnisse** und Wiedergutma- **31** chung(-sbemühungen) rechtfertigen es idR, von einer geringeren Einwirkungsnotwendigkeit auszugehen. Auch unter Vorwurfsaspekten sind sie nach allgA zugunsten des Angeklagten zu werten (s. etwa BGH NStZ-RR 2014,

92 (93); *Radtke* in MüKoStGB Rn. 31). – Im umgekehrten Falle einzelner (ggf. als deplatziert erachteter) Entäußerungen ist vom Gericht zu erwarten, sich hiervon ebenso wenig wie von einem (ungünstigen) „Gesamteindruck" des Angeklagten während der HV beeinflussen zu lassen (vgl. → Einl. Rn. 51 f.; → § 50 Rn. 11 ff.). Solche Verhaltensweisen sind meist durch die Anklagesituation und deren Begleitumstände in einem Maße geprägt, dass sie kaum als aufschlussreiche „Anzeichen" interpretiert werden können – schon gar nicht für den Deliktsvorwurf (abwegig AG Siegen bei *Eisenberg* JuS 1983, 575 („Trotzreaktion des Gerichts"); nicht ganz unbedenklich auch BGH NJW 1989, 1492 aE; zur verteidigerseitigen „Vorbeugung" durch (informelles) Gespräch oder Plädoyer vgl. *Zieger/Nöding* Verteidigung Rn. 74). Davon abgesehen stellt sich hier oft auch die Frage eines gesetzlichen Berücksichtigungsverbotes (weitere Konstellationen → Rn. 39). Wie im allg. StR ist es nämlich idR **unzulässig,** das Verteidigungsverhalten des Verurteilten oder das Nichtmitwirken an der Tataufklärung zu seinem Nachteil zu werten (vgl. etwa BGH NStZ-RR 2009, 148: „kein Anzeichen von Reue" oder „Entschuldigung" (bei Schweigen); BGH NStZ-RR 2010, 88: ohne „jegliche Verantwortung für den Tod (…), der ihm gleichgültig zu sein schien"; BGH BeckRS 2011, 25748: Infragestellung der Glaubwürdigkeit der (mutmaßlichen Opfer)-Belastungszeugin durch Vorlage von Fotos etc; BGH NStZ 2014, 396 (397): „kein Mitgefühl" und „keine Schuldeinsicht" in den (bestrittenen) eigenen Tatbeitrag; OLG Hamm NStZ 2006, 520 mAnm *Goerdeler* ZJJ 2006, 77: Weigerung, eine Leistung als Bedingung einer Einstellung zu erbringen; OLG Brandenburg NStZ-RR 2015, 53 (54): „fehlende Äußerung zur Person"; BGH BeckRS 2017, 104061: „Leugnen der Tat"; BGH BeckRS 2001, 30222849: Verweis der Alleinverantwortung an Mitangeklagten). Dies gilt prinzipiell auch, wenn „falsche Angaben" zu Anklagevorwurf oder zu persönlichen (etwa finanziellen) Verhältnissen zugleich Auswirkungen auf den Ersatzanspruch des Verletzten haben (abw. BGH StV 2019, 442 = BeckRS 2018, 23215). Das Gericht darf die unzulässige Anknüpfung an solche Umstände auch nicht verdeckt vornehmen (n. *Eisenberg* GS Weßlau, 2016, 67).

32   **cc) Nebeneffekte des Prozesses.** Kommt es als Nebeneffekt des Verfahrens beim Angeklagten zu besonderen und atypischen Belastungen (idR infolge ungewöhnlich ablehnender Reaktionen in seinem Umfeld), ist dies bei der Bemessung der JStrafe zu berücksichtigen. Grund hierfür ist der hinter § 60 StGB stehende Gedanke. Deshalb sind ähnlich wie im allg. StR auch etwaige Beeinträchtigungen des Beschuldigten durch **Medienberichterstattung** in die Strafdauerfestlegung als mindernder Aspekt einzubeziehen (*Altermann* Vorverurteilung 215 ff.). Aufgrund der entwicklungspsychologisch tendenziell stärkeren Verletzbarkeit wird dies mit größerem Gewicht zu geschehen haben als im allg. StR, und zwar grundsätzlich auch bei nur neutralen Berichten (vgl. *Knauer* GA 2009, 541 (551) (zum allg. StR)).

4. Sonstige Bedeutung des Tatvorwurfs

33   **a) Limitierungsfunktion.** Nach hM haben Belange des **Schuldausgleichs** für die Strafbemessung auch eine über die vorgenannte (eingeschränkte) Berücksichtigungsfähigkeit hinausgehende Bedeutung. Einigkeit herrscht dabei darin, dass JStrafe **nicht** von **unangemessener Länge** sein

darf. Das Gewicht der schuldhaften Tat begrenzt nach allg. Auffassung das Höchstmaß der zulässigen Dauer, unabhängig von dessen erzieherischer Funktionalität (vgl. bspw. BVerfG NStZ 2005, 642; BGH NStZ 1986, 71; *Miehe,* Bedeutung der Tat im Jugendstrafrecht, 1964, 64; *Loos* in Wolff/ Marek, Erziehung und Strafe, 1990, 89; *Streng* JugendStrafR Rn. 447). Andernfalls würde der Verurteilte zum Erziehungsobjekt. Auch ist für die Freiheitsstrafe anerkannt, dass eine Strafdauer, die schuldangemessene Strafen (in ihrer oberen Grenze) überschreitet, eine mit dem Rechtsstaatsprinzip unvereinbare Freiheitsbeschränkung darstellt (etwa BVerfGE 54, 100 (108) = NJW 1980, 1943). Eine an den Zielen des Schutzes, der Förderung und der Integration Jugendlicher ausgerichtete Intervention kann davon für das JStR schwerlich abweichen. Deshalb wird der Bemessung durch das Vorwurfs- gewicht eine **obere Zulässigkeitsgrenze** (RL 2 S. 2) auch dann gesetzt, wenn das Spektrum von erzieherisch möglichen JStrafdauern (→ Rn. 20) bis zu höheren JStrafen reichen sollte (wobei eine solche Konstellation nur eine theoretische ist, weil eine vom Betroffenen als ungerecht lang wahrgenom- mene Strafe kaum als positiv-spezialpräventiv geeignete Interventionsform gelten kann (vgl. schon *Noll,* Die ethische Begründung der Strafe, 1962, 22; *Grassberger* Österr JZ 1961, 169 (172); *Weitl,* Die dogmatischen Grundlagen des geltenden Jugendstrafrechts, 1965, 192)). – Eine andere Frage ist, ob diese Obergrenze erst dann verletzt ist, wenn die festgesetzte Strafdauer außer jedem **Verhältnis** zur **Tatschuld** steht (so etwa BGH 13.6.1995 – 4 StR 315/95, abgekürzt bei *Böhm* NStZ 1995, 536; „überschreitet das für vergleichbare Fälle übliche Maß so erheblich", dass es … „rechtsfehlerhaft ist"). Dem kann man nur insofern zustimmen, als die Unschärfen der Schuldwertung idR keine Bestimmung einer klaren Grenzlinie erlauben, sodass die Bemessung erst oberhalb eines Bereichs von noch angemessenen Strafdauern unzulässig wird.

Ausländerrechtliche Folgen einer JStrafe sind nach der Rspr. idR kein 34 Aspekt, der die Strafschwere erhöht und der deshalb mit Blick auf die Ober- grenze schuldangemessenen Strafens zu berücksichtigen wäre. Vielmehr wird die Problematik auf das ausländerrechtliche Verfahren und die dortige Ab- wägung von Ausweisungs- und Bleibeinteressen (§ 55 AufenthG) verwiesen. Durch Übersteigen bestimmter Strafdauern erlangt die JStrafe allerdings eine dies nahezu **präjudizierende Wirkung** (§ 54 Abs. 1 Nr. 1 und 1a Auf- enthG). In Fällen, in denen das Schuldobermaß in der Nähe dieser gesetzli- chen Grenzwerte gesehen wird, läge in deren Überschreitung deshalb fak- tisch ein deutlicher Sprung der außer-/strafrechtlichen Strafschwere. Dies bedarf der Erörterung (BGH NJW 1997, 403 (für allg. StR)) und muss bei der Bestimmung der vorwurfsadäquaten Obergrenze berücksichtigt werden (OLG Frankfurt a. M. StV 2003, 459 = LSK 2003, 421002; ebenso *Epik* StV 2017, 268 (271 f.) (betr. allg. StR); wohl abw. BGH NStZ 2012, 147; NStZ- RR 2018, 41; NStZ 2018, 469 (471 mwN): nur, wenn individuelle Auf- enthaltsbeendigung eine atypische Härte wäre (betr. allg. StR)). Für die Frage, ob die außer-/strafrechtlichen Rechtsfolgen noch vorwurfsproportio- nal sind, kommt es – ebenso wie im Übrigen auch für die weitere Frage, ob eine Strafdauer mit „Ausweisungstendenz" mit Abs. 2 vereinbar ist (dazu AG Bernau ZJJ 2007, 418 = BeckRS 2009, 24309; *Zieger/Nöding* Verteidi- gung Rn. 19c) – sodann auf die konkreten Umstände an (Aufwachsen, familiäre Bindung und Integration in Deutschland; Zugehörigkeit zu sog. „reisenden Tätern" usw).

35   **b) Durch Schuldausgleich geleitete Bemessung? aa) Streitstand.**
Das JGG erlaubt JStrafen, die mit seiner **erzieherischen** Grundausrichtung
unverträglich sind. Während Abs. 1 S. 2 den Strafrahmen ausnahmsweise
auf bis zu 10 Jahren erweitert, lassen sich positiv-spezialpräventive Wirkungen nach verbreiteter Ansicht in diesem Bereich nicht erwarten. Etwaige
entwicklungsfördernde Effekte der Freiheitsentziehung nähmen spätestens
nach vier bis fünf Jahren ab und würden dann durch nachteilige Vollzugs-
wirkungen (Befunde bei *Eisenberg/Kölbel* Kriminologie § 37 Rn. 1 ff., § 42
Rn. 16 ff.) typischerweise überkompensiert (so etwa BGH NStZ 1996, 232
(233); *Sonnen* in Diemer/Schatz/Sonnen § 18 Rn. 6; *Ostendorf* in NK-JGG
§ 18 Rn. 11; *Buckolt* Jugendstrafe 64; s. auch → Rn. 6). Diese Annahme ist
zwar (insb. in ihrer verabsolutierenden Tendenz und in der zeitlichen Festlegung) empirisch ungesichert (vgl. etwa die diesbzgl. indifferenten Befunde
bei *Schmidt-Esse,* Lange Jugendstrafen bei jugendlichen und heranwachsenden Gewalt- und Sexualstraftätern, 2018, 117 ff., 259). Auch steht sie in
einem Spannungsverhältnis zur vergleichsweise guten Legalbewährung nach
sehr langen JStrafen (→ Rn. 13). Doch andererseits ist es ebenso wenig
belegt und abgesehen von Sonderfällen auch nicht plausibel, dass die Entwicklung junger Menschen von einem langjährigen Freiheitsentzug (typischerweise) profitiert. Die Anordnung von JStrafen, deren Dauer um oder
über der in Abs. 1 S. 1 vorgesehenen Grenze liegt, dient also nur selten
erzieherischen Zwecken, sondern idR anderen Zielen – insbes. solchen des
Schuldausgleichs (BGH NStZ 1996, 232 (233); *Streng* JugendStrafR
Rn. 436, 442; *Laubenthal/Baier/Nestler* JugendStrafR Rn. 750; *Swoboda*
ZStW 125 (2013), 93 (99, 106 ff.)).

36   Aus dieser Gesetzeslage wird sodann verbreitet geschlossen, dass die Bemessung von Jugendstrafen schlechthin nicht nur an der spezialpräventiven
Eignung, sondern **generell auch am Schuldausgleich** auszurichten sei
(BGH NStZ 2016, 683; *Brunner/Dölling* § 18 Rn. 13 ff.; *Radtke* in Mü-
KoStGB Rn. 15, 23; *Streng* GA 2017, 80 (82 ff.)). Konkret bilde das „Ausmaß der individuellen Schuld", so eine teilw. vertretene Ansicht, den „Rahmen, innerhalb dessen die erzieherisch erforderliche Strafe gefunden werden
muss" (BGH NJW 2018, 2062 (2063); NStZ-RR 2018, 358 (359); BeckRS
2019, 32558; *Radtke* in MüKoStGB Rn. 7 f., 15; für § 17 Abs. 2 Var. 2
prinzipiell auch *Streng* GA 2017, 80 (90)). Unbeschadet der hierbei jugend-
spezifisch verstandenen Vorwerfbarkeit wird damit die sog. **Spielraumtheorie** (BGHSt 24, 132 (133 f.) = NJW 1971, 61; BGHSt 34, 345 (349) = NJW
1987, 3014 (3015)) aus dem allg. StR in das JStR überführt – mit der Folge,
dass spezialpräventiv ausreichende, schuldunterschreitende JStrafdauern ausgeschlossen wären (abl. *Sonnen* in Diemer/Schatz/Sonnen Rn. 26, 28; *Ostendorf* in NK-JGG Rn. 7; *Bruns* StV 1982, 592 (595); zur daran schon im
allg. StR verbreitet geübten Kritik etwa *Stree/Kinzig* in Schönke/Schröder
StGB Vor § 38 Rn. 21). Diesem Konzept ist jedoch **entgegenzutreten,**
weil es erzieherisch ungeeignete Strafen geradezu systematisch inkorporiert
und mit Abs. 2 und § 2 Abs. 1 S. 2 dadurch nicht zu vereinbaren ist. Wäre
die Sanktionszumessungslogik die gleiche wie im StGB, ließe sich außerdem
nicht erklären, wieso das JStR überhaupt von § 46 StGB abweichende
Sondervorschriften enthält (*Kölbel* JR 2018, 575 (577)).

37   Vorherrschend ist in der Rspr. indes ein Ansatz, wonach „das Gewicht des
Tatunrechts gegen die Folgen der Strafe für die weitere Entwicklung (…)
abzuwägen" sei (stellvertretend BGH NStZ-RR 2012, 186 (187); NStZ

2014, 40; ebenso *Brunner/Dölling* Rn. 13: Erziehung und Schuldausgleich auszutarierende Doppelzwecke). Mit Blick auf Abs. 2 stehen dabei zwar meist die positiv-spezialpräventiven Belange im Vordergrund (etwa BGH NStZ-RR 2011, 305; NStZ 2016, 683; NStZ-RR 2017, 231; NStZ 2018, 662: „Erziehungsgedanke vorrangig zu berücksichtigen'"). Jedoch kann die **Abwägung** auch durch Aspekte des Schuldausgleichs dominiert werden (dazu auch bei § 17 Abs. 2 Var. 2 → § 17 Rn. 56). Dies gelte vor allem in Fällen **schwersten Verschuldens** (und schwerster Schäden), in denen die Belange der Vergeltung (bzw. der unterstellten (vgl. nur *Seddig ua* KZfSS 2017, 259 ff.) spezialpräventiven Abschreckung (vgl. BGHR JGG § 17 Abs. 2, Strafzwecke 1)) „angemessen" berücksichtigt werden und eine maßgebende („eigenständige") Bedeutung in der Strafbemessung erlangen müssten (stellvertretend BGH StV 1982, 121 = NStZ 1982, 163 (Ls.); BeckRS 1983, 31112673; ferner bspw. BGH StV 2017, 710 (711) = BeckRS 2017, 120759; NStZ 2018, 728 (729); für ein drastisches Bsp. vgl. BGH NStZ 2007, 522 mablAnm *Eisenberg/Schmitz* NStZ 2008, 94: Maximalstrafe gegen zur Tatzeit gerade 16-Jährigem „maßgeblich mit der ‚höchst schweren Schuld' begründet" (betr. Mord) – ungeachtet achtmonatiger U-Haft sowie eines „Geständnisses, der erheblich verminderten Steuerungsfähigkeit und des überaus unglücklich verlaufenen Werdeganges"). Auch auf der Grundlage dieses Konzepts werden von der Rspr. also Strafhöhen verhängt, die – entgegen abw. Behauptungen (etwa BGH NStZ 2017, 648 (649): „Einklang" mit Erziehungsbedürfnissen) – **spezialpräventiv** als **kontraindiziert** gelten müssen. Wann genau dies zulässig sein soll (dh bei welchen Straftaten sich die Hierarchie von Einwirkungs- und Schuldaspekten in der Abwägung umkehrt), bleibt in der Judikatur freilich weitgehend unbestimmt (charakteristisch BGH NStZ-RR 2018, 358 (359): „bei Kapitalverbrechen und anderen schwerwiegenden Straftaten").

bb) Stellungnahme. Unter den sehr langen JStrafen kann allenfalls bei **38** einem sehr kleinen Teil davon ausgegangen werden, dass hierbei „die erforderliche erzieherische Einwirkung möglich ist" (Abs. 2). Solche Rechtsfolgen werden idR auch nicht „vorrangig am Erziehungsgedanken" ausgerichtet (§ 2 Abs. 2), sondern allein von der im JStR ausgeschlossenen Zumessungslogik des § 46 Abs. 1 StGB geprägt. Sie sind daher nach hier vertr. Ansicht unzulässig. Den Leitkriterien der Rechtsfolgenbestimmung im JStR zufolge können Schuldaspekte vielmehr nur in der oben (→ Rn. 20 ff.) erörterten Weise im Rahmen spezialpräventiver Spielräume berücksichtigt werden. Das gilt jedenfalls in den Regelfällen der JStrafenbemessung, dh im Geltungsbereich von Abs. 1 S. 1. Die Ausnahmenorm in **Abs. 1 S. 2** ist indes als eine zentrale **gesetzgeberische Differenzierung** zu verstehen. Hiernach soll in den normtextlichen genannten Fällen – allerdings **lediglich dort** (dh **allein** bei Verbrechen mit Mindeststrafe von 10 Jahren) – nicht allein der Strafrahmen erweitert sein, sondern der Schuldausgleich ein entscheidungsbestimmendes Gewicht haben. Daneben sind jedoch auch in diesem Bereich spezialpräventive Aspekte spätestens seit Einführung von § 2 Abs. 1 JGG mit einzubeziehen (ausdrücklich BT-Drs. 16/6293, 9 „neben (…) auch zu berücksichtigen"). Konkret muss eine „erzieherische Einwirkung" immerhin noch „möglich" sein. Deshalb können Vergeltungsinteressen äußerstenfalls eine spezialpräventiv sinnlose Strafdauer rechtfertigen – nicht aber eine JStrafe, bei der eine „erzieherische Einwirkung" wegen der absehbar dysfunktionalen Haftdauer entgegen Abs. 2 von vornherein nicht mehr „möglich ist". Lange JStrafen (deutlich über fünf Jahre) sind mit diesen Anforderungen nur sehr selten und nur bei eingehender Darstellung eines außerordentlichen sozialtherapeutischen Bedarfes vereinbar (unzureichend bspw. LG Berlin BeckRS 2007, 17912: sechs Jahre und sechs Monate JStrafe, weil „ein erzieherischer Prozess" in der U-Haft „noch nicht in Gang gesetzt werden konnte"). Denkbar ist eine solche Konstellation de facto überhaupt nur bei den genannten (erheblich strafbewehrten) Verbrechen, bei denen die JStrafe auf beiden Anordnungsgründen von § 17 Abs. 2 beruht und die Schuldbelange mit den (der stationären Förderung bedürfenden) personalen Problemlagen des Verurteilten zusammenhängen (ähnlich *Eisenberg* ZJJ 2018, 144 (145); zur Situation bei Heranwachsenden → § 105 Rn. 54 ff.).

5. Berücksichtigungsverbote

39   **a) Von Gesetzes wegen.** Auch im JStR ist es nicht zulässig, zur Tatzeit **tilgungsreife** Vorverurteilungen oder damit „eng in Zusammenhang stehende Umstände" (BGH NStZ 2006, 587 betr. vormaligen JStrafvollzug) erschwerend zu berücksichtigen (näher → § 5 Rn. 94a). Dass dies auch (schon) bei der Beseitigung des Strafmakels gilt, wird von der hM bestritten (→ § 100 Rn. 3a).

40   Soweit in die Bemessung − iRd erzieherischen Spielräume (→ Rn. 20) und überlagert durch subjektive Vorwurfselemente (→ Rn. 22) − das objektive Unrecht eingehen kann, gilt bei dessen Quantifizierung das **Verbot der Doppelverwertung.** Sieht man von der unechten Ausnahme ab, dass (ggf. strafrahmenverändernde minder schwere Fälle mittelbar zu berücksichtigen sind (→ Rn. 24), ist eine Heranziehung jener Umstände, die die Tatbestandlichkeit des Geschehens begründen, hier also unzulässig (BGH NStZ 2014, 409 (410); wohl auch BGH BeckRS 2004, 04057; bei § 17 Abs. 2 Var. 2 auch *Streng* GA 2017, 80 (88, 91)). Ungeachtet der dogmatisch streitigen Direktanwendbarkeit von § 46 Abs. 3 StGB im JStR (→ § 17 Rn. 30)), ergibt sich dies aus der notwendigen Vermeidung einer Schlechterstellung im Vergleich zu Erwachsenen (näher → § 2 Rn. 23; abw. bspw. BGH NStZ 2007, 522 (523); 2008, 693 (Ls.); BeckRS 2007, 08789; diff. *Schuster* Jura 2010, 551 (555)).

41   **b) Diverse rechtssystematische Beschränkungen.** Als rechtlich verfehlt wird es beanstandet, wenn die Bemessung in Abhängigkeit von den formalen **Voraussetzungen des § 21** vorgenommen wird (BGH NStZ 2008, 693; BeckRS 2015, 18919; NStZ 2017, 648 (649)). Das überzeugt in dieser Entscheidenheit nicht (näher → § 21 Rn. 4). Vielmehr ist es angesichts des Erziehungsauftrags (§ 2 Abs. 1) in geeigneten Fällen angezeigt, die Bewährungsoption mit in den Blick zu nehmen und die Strafdauerbemessung auch daran zu orientieren (ebenso BGH StV 2013, 758 = BeckRS 2013, 00350: Gericht muss den „Umstand, dass eine nicht aussetzungsfähige Jugendstrafe dieser positiven Entwicklung in Freiheit ein Ende setzt, ausdrücklich in seine Strafbemessung einbeziehen" (betr. JStrafe von 3½ Jahren wegen §§ 212, 22, 23 StGB bei späterer Konsolidierung der Lebensverhältnisse)). Ebenso verhält es sich bzgl. der formalen Sanktionsgrenzen gem. § 35 Abs. 1 und 3 iVm § 38 BtMG (abw. BGH NStZ-RR 2012, 183 (zum allg. StR)).

Wie im allg. StR auch, bestehen Bedenken ggü. der Anlastung **(noch)** 42
nicht rechtskräftig abgeurteilter weiterer Taten. Nicht hinnehmbar ist
die Berücksichtigung bloßer Verdachtssachverhalte, da dies die Verteidigungsbelange nicht wahrt (n. zu Rspr. und Schrifttum *Eisenberg* Beweisrecht
StPO Rn. 411 ff.; nicht erörtert in BGH BeckRS 2014, 09821). Der Sachverhalt muss daher prozessordnungsgemäß (§ 261 StPO iVm § 2 Abs. 2)
festgestellt werden (→ § 17 Rn. 27).

c) Ausscheiden generalpräventiver Elemente. Ebenso wie bei der 43
Verhängung von JStrafe (vgl. → § 17 Rn. 6) ist die Berücksichtigung generalpräventiver Funktionen nach hM auch bei der JStrafbemessung unzulässig (so BGHSt 15, 224 = NJW 1961, 278; BGHSt 16, 261 (263) = NJW
1961, 2359 (2360); BGH StV 1982, 335 = BeckRS 1982, 00460; NJW
1994, 395 (396); *Böhm/Feuerhelm* JugendStrafR 233; *Bruns* StV 1982, 592
(593); betr. BtM–Delikte *Franke/Wienroeder,* Betäubungsmittelgesetz,
3. Aufl. 2008, Rn. 60 (Strafzumessung)). Das Verbot ist konkretisiert durch
Abs. 2 sowie § 2 Abs. 1. Es bezieht sich aus den in → § 17 Rn. 7 genannten
Gründen auf die **negative** ebenso wie die sog. **positive** Generalprävention
(*Dölling* ZJJ 2012, 124 (125); wohl auch *Sonnen* in Diemer/Schatz/Sonnen
Rn. 16; abw. *Schaffstein/Beulke/Swoboda* JugendStrafR 478). In der Praxis
scheinen allerdings zumindest Abschreckungserwägungen verbreitet zu sein
(vgl. die Befragungsergebnisse bei *Buckolt* Jugendstrafe 310 ff.).

6. Verfahrensverzögerung

Die Umstände, dass die Tat **lange zurück** liegt und das Strafverfahren von 44
außergewöhnlicher Dauer war, sind als jeweils eigene sanktionsmildernde
Gesichtspunkte in Anschlag zu bringen (*Streng* in MüKoStGB StGB § 46
Rn. 316 f. mwN). Bei Sexualdelikten an sehr jungen Opfern kann (mit
Blick auf die hier oft verzögerte Tatentdeckung) für den bloßen Zeitablauf
anderes gelten (BGH NStZ 2006, 287 (288)).

Beruhte die Verfahrensdauer auf **amtsseitigen Pflichtverstößen,** müssen 45
die dadurch erzeugten verfahrensbegleitenden Belastungen durch die tatgerichtliche Feststellung des Verfahrensunrechts und, wo dies nicht ausreichend
ist, durch eine Berücksichtigung bei der Sanktionierung zusätzlich kompensiert werden (§ 199 Abs. 3 S. 1 GVG; zur subsidiären Geldzahlung § 198
Abs. 1 GVG). Dies geschieht durch Festlegung eines als bereits vollstreckt
geltenden Sanktionsteils (BGHSt 52, 124 = NJW 2008, 860). Im JStR wird
dies bei JStrafen nach § 17 Abs. 2 Var. 2 ebenso gehandhabt (BGH StV
2003, 458 = BeckRS 2003, 00691; BeckRS 2006, 08001; ZJJ 2010, 326
(330) = BeckRS 2010, 15452; 2012, 15222; BGHSt 57, 1 = NJW 2011,
3314; StV 2014, 336 = BeckRS 2013, 15322; BeckRS 2019, 32558). Wird
JStrafe allein oder auch wegen „schädlicher Neigungen" angeordnet, lehnt
der BGH dies jedoch teilw. ab, weil die verbleibende Strafdauer sonst kürzer
sei, als es in der Bemessungsentscheidung für erziehungsnotwendig gehalten
wird (BGH NStZ 2003, 364 f.; NStZ-RR 2007, 61; zust. *Volkmer* NStZ
2008, 608 (609)). Kompensiert werden kann dann nur verbal oder monetär
(BT-Drs. 17/3802, 20). Andere Entscheidungen tendieren zwar zum Vollstreckungsmodell (BGH NStZ 2011, 524 (525); implizit auch OLG Stuttgart
Die Justiz 2004, 169 = BeckRS 2004, 536), schränken dieses aber dahingehend ein, dass die deklarierte Teilvollstreckung nicht zu einer **Unter-**

schreitung der erzieherisch erforderlichen Strafdauer führen darf (OLG Düsseldorf NStZ 2011, 525 (526); in der Sache auch BGH NStZ 2010, 94 (95)). Insofern nehmen alle Spielarten allerdings eine (unzulässige (→ § 2 Rn. 23)) Schlechterstellung Jugendlicher gegenüber Erwachsenen in Kauf (abl. daher etwa BGH NJW 2018, 2062 (2063); *Eisenberg* ZJJ 2010, 330 (331); *Eisenberg* ZKJ 2017, 419 (420); *Streng* JugendStrafR Rn. 460; *Laubenthal/Baier/Nestler* JugendStrafR Rn. 765; *Ostendorf* StV 2011, 586 (587))).

46   Gegen eine Einschränkung der Kompensationsmöglichkeiten in Fällen des § 17 Abs. 2 Var. 1 spricht auch, dass die Strafdauerfestlegung bei beiden Anordnungsgründen prinzipiell nach den gleichen Regeln erfolgt (→ Rn. 14). Abgesehen davon, dass sich die von der aA angenommene erzieherische Einwirkungsdauer idR gar nicht als ein exakter Wert bestimmen lässt (→ Rn. 20), sieht das Gesetz in § 52a S. 1 auch ein gesetzliches Vorbild vor, in dem das Vollstreckungsmodell unabhängig von den erzieherischen „Nebenwirkungen" umgesetzt wird (BGH NJW 2018, 2062 (2063); zust. *Kett-Straub* NStZ 2019, 220 (221)). Entscheidend ist indes, dass die Vollstreckungslösung eine unbegründete Prozessverzögerung wiedergutmacht und so „eine Art Staatshaftungsanspruch erfüllt" (BGHSt 52, 124 (137 f.) = NJW 2008, 860 (864)). Dies stellt eine Maßnahme dar, die von der JStrafenbemessung und deren Kriterien völlig unabhängig ist (und aus verfahrenspragmatischen Gründen allein „oberflächlich" mit dem Strafausspruch verbunden wird). Als völlig **eigenständige Materie** muss sie mit den allgemeinen Zumessungsaspekten weder ausbalanciert werden, noch kann sie durch jene eine Begrenzung erfahren (ebenso *Radtke* in MüKoStGB Rn. 44; ähnlich *Scheffler* JR 2003, 509 (511)). Wird das **Vollstreckungsmodell** als die einschlägige Wiedergutmachungsform im JStV erst einmal anerkannt, gilt es für alle Varianten der JStrafe – auch wenn seine Anwendung fallkonkret zur Unterschreitung etwaiger schuld- oder präventionsbezogener Mindestmaße führt (n. *Kölbel* JR 2018, 575; iErg auch BGH NJW 2018, 2062).

V. Verfahrensrechtliches

1. Transparenzanforderungen

47   Vielfach wird empfohlen, dass der JRichter anlässlich der mündlichen Urteilsverkündung die **Begründungszusammenhänge** der JStrafbemessung dem Jugendlichen in einer ihm verständlichen Weise darlegt. Dies gilt, auch im Hinblick auf die unterschiedlichen Bemessungskriterien zwischen JStrafe und Freiheitsstrafe, insbes. dann, wenn Jugendliche und Erwachsene gemeinsam abgeurteilt werden. Bereits im Vorfeld ist es ggf. erforderlich, besondere Hinweise zu geben. Dies ist bspw. bei der beabsichtigten Berücksichtigung anderer, nicht rechtskräftig abgeurteilter Taten der Fall (→ § 17 Rn. 27). Ebenso verhält es sich bei Veränderung der rechtlichen Würdigung im Verlauf des Verfahrens, die (wie etwa im Verhältnis von Beihilfe und Täterschaft) bei der Bemessung der JStrafe zu berücksichtigen sind (vgl. → Rn. 24 ff.). Fehlt hier der im JStV besonders dringliche **förmliche Hinweis** (§ 265 StPO Abs. 1 und 2 iVm § 2 Abs. 2), ist das Urteil angreifbar (dazu, dass das Urteil revisionsrechtlich regelmäßig auf der Verletzung dieser Vorschriften beruht, vgl. etwa BGH StV 2016, 272 = BeckRS 2015, 16594 (betr. allg. StR)).

2. Revision

a) Defizite in der Entscheidungsbegründung. Mit Blick auf die An- 48
wendung des § 18 ist die revisionsgerichtliche Kontrolldichte auf die Kontrolle der rechtlichen Fehlerfreiheit und der Darlegungsanforderungen beschränkt (ohne dass die Bemessung selbst überprüft werden könnte). Bei
fehlerhafter Begründung der Bemessung ist das Urteil idR aufzuheben.
Dies ist der Fall, wenn die grundlegenden Bemessungskriterien und deren
Funktion wesentlich verkannt werden (Bsp.: offen schuldmaßüberschreiten-
de JStrafe; Bemessung unter offener Zurückweisung von Abs. 2). Auch die
Verkennung der in Abs. 1 festgelegten Strafrahmen (bzw. die fehlerhafte
Einordnung des Falls in Abs. 1 S. 1 oder S. 2) fällt regelmäßig in diese
Mängelkategorie (vgl. schon *Böhm* NStZ 1984, 446 mwN; sodann BGH
StV 2016, 702 (Ls.) = BeckRS 2016, 4653; StV 2017, 715 = BeckRS 2016,
20607; BeckRS 2018, 1432; BeckRS 2018, 22537; einschr. *Sonnen* in
Diemer/Schatz/Sonnen Rn. 8). Ausnahmen sind hier nur denkbar, wenn es
aufgrund der konkreten Begründung vollkommen ausgeschlossen ist, dass
das Tatgericht innerhalb des korrekten Strafrahmens eine andere JStrafdauer
festgelegt hätte oder sich auf Aktenbasis sicher erkennen lässt, dass die verhängte JStrafe iSv § 354 Abs. 1a StPO iVm § 2 Abs. 2 angemessen ist
(*Radtke* in MüKoStGB Rn. 48; hierzu im Fall eines Verstoßes gegen § 51
Abs. 1 BZRG BGH NStZ 2006, 587).

Auch eine **ungenügende Begründung** (dh eine lückenhafte usw Dar- 49
stellung der Bemessungsgründe) führt oftmals zur Aufhebung des Urteils.
Die Begründung soll dem Revisionsgericht die sachlich-rechtliche Nachprüfung ermöglichen (→ § 54 Rn. 47). In den Urteilsgründen muss deshalb
deutlich werden, dass die oben dargestellten Grundsätze und Gesichtspunkte
(→ Rn. 14→ Rn. 45) beachtet und berücksichtigt wurden (vgl. auch
→ § 54 Rn. 49 ff.). Das ist nicht der Fall, wenn die Ausführungen bspw. nur
den Begründungsanforderungen des allg. Strafrechts entsprechen (etwa BGH
StV 2016, 702 (Ls.) = BeckRS 2016, 4653) oder wenn sie die JStrafdauer
nur formelhaft erläutern (etwa OLG Hamm StV 2002, 404 = BeckRS 2001,
30198870) oder wenn sie eine Auseinandersetzung mit dem (vorrangigen)
Erziehungsgedanken und eine Abwägung der entwicklungsbezogenen Sank-
tionsfolgen vermissen lassen (etwa BGH BeckRS 2012, 17379; NStZ 2013,
287). Demgemäß ist nicht nur das Fehlen jedes Wortes der Begründung zur
Frage der erzieherischen Erforderlichkeit zu beanstanden. Vielmehr muss in
den Urteilsgründen in nachvollziehbarer Weise zum Ausdruck gebracht
werden, dass und wie das Leitkriterium des Abs. 2 zugrunde gelegt und
nicht etwa in den Hintergrund gerückt worden ist (→ Rn. 16; ferner BGH
StV 2003, 458 = BeckRS 2003, 00691; OLG Hamm NStZ 2005, 645
(646)).

Hinsichtlich der **vorwurfsbezogenen** Bemessungsaspekte muss das Urteil 50
bei fallbezogener Relevanz eine Berücksichtigung erkennen lassen. Aufgehoben wird deshalb bspw., wenn die naheliegenden Voraussetzungen von
§ 46a StGB nicht geprüft wurden (BGH BeckRS 2014, 08649 (Zahlung
von 150 EUR in der HV und mündliche Entschuldigung)). Aufgehoben
wird auch, wenn aus dem Fehlen von Milderungsgründen eine negative
(iErg strafschärfende) Wertung hergeleitet wurde (BGH StV 1986, 305 =
BeckRS 1986, 31101680: „keine unmittelbare Provokation durch das Opfer"). Bei Annahme eines minder schweren Falles sind die Maßgaben des

§ 267 Abs. 3 S. 2 StPO relevant (erg. → § 54 Rn. 8a; anders BGH NStZ 1993, 551 (betr. § 213 StGB); *Brunner/Dölling* Rn. 7).

51 **b) Änderung des Schuldspruchs bzw. der Begründung des Rechtsfolgenausspruchs. aa) Schuldspruchänderung zuungunsten des Angeklagten.** Eine für den Angeklagten ungünstige Änderung des Schuldspruchs muss nicht notwendigerweise zu einer Aufhebung des Strafausspruchs führen, da bei der Bemessung der JStrafe der Schuldumfang nicht das gleiche Gewicht hat wie bei einer Strafe nach allg. StR (zur hier gem. § 354 Abs. 1 analog StPO erfolgenden Aufrechterhalten des Rechtsfolgenausspruchs etwa BGH NJW 1992, 2103 (2104); NJW 1994, 395 (396); NStZ-RR 2004, 139 (140); NStZ 2006, 574; krit. *Radtke* in MüKoStGB Rn. 48). Anders ist zu verfahren, wenn die veränderte materiell-rechtliche Einordnung auch die bemessungsrelevanten Vorwurfsaspekte oder deren Gewichtung verschiebt.

52 **bb) Schuldspruchänderung zugunsten des Angeklagten.** Andererseits darf der Strafausspruch bei einer **wesentlichen** Schuldspruchänderung zugunsten des Angeklagten oftmals **nicht** bestehen bleiben. Häufig kann das Revisionsgericht dann angesichts der (allerdings beschränkten) Bemessungsrelevanz von Vorwurfsaspekten (→ Rn. 20 ff.) nicht ausschließen, dass die JStrafe anders bemessen worden wäre. Dies gilt bei Wegfall von einzelnen tatrichterlich bejahten Straftaten (etwa BGH VRS 107 (2004), 38 = BeckRS 2004, 04277; 2012, 23336; 2014, 20117; 2016, 20304; dazu auch → § 17 Rn. 63) oder Einzelhandlungen (BGH BeckRS 2012, 16286). Ferner betrifft dies die Änderung bspw. von täterschaftlicher Begehung in Beihilfe (BGH BeckRS 2014, 12520), von versuchtem Mord in versuchten Totschlag (BGH NStZ-RR 2010, 372), von §§ 227, 27 StGB in §§ 224, 27 StGB (BGH NStZ-RR 2013, 113) und die Änderung von vollendeter in versuchte besonders schwere räuberische Erpressung (BGH BeckRS 2016, 9875). Ist der Unrechts- und Schuldgehalt bei mehreren Taten geringer als vom Tatgericht angenommen, gilt dies erst recht (BGH BeckRS 2017, 105430). Auch bei einer Änderung in ein strafrahmengleiches Delikt kann Anlass zur Strafaussspruchsaufhebung bestehen (BGH NStZ-RR 1999, 103: § 255 StGB statt § 249 StGB, da nur Gebrauchs-, aber keine Zueignungsabsicht). – In der Regel ist bei einer unzutreffenden Annahme allg. strafschärfender Umstände (BGH NStZ 2016, 614; NJW 2017, 1491) oder der **Nichtberücksichtigung** der in → Rn. 24 erörterten strafmildernden Umstände (BGH NStZ-RR 2009, 337) der Rechtsfolgenausspruch ebenfalls aufzuheben. Vereinzelt wird durch das Revisionsgericht das JStrafmaß in entsprechender Anwendung von § 354 Abs. 1 StPO selbst vermindert (BGH BeckRS 2012, 18377).

53 Dem stehen indes nicht wenige Entscheidungen ggü., in denen eine entlastende Änderung des Strafausspruchs fallkonkret für **bemessungsneutral** gehalten und von einer **Aufhebung** gem. § 354 Abs. 1a StPO **abgesehen** wurde (so bspw. in BGH NStZ-RR 2000, 234; BeckRS 2005, 7290; StraFo 2006, 299 = BeckRS 2006, 04009; NStZ-RR 2007, 78; NStZ-RR 2019, 203 (205); auch → § 17 Rn. 63). Teilweise wird dies damit begründet, dass sich durch die revisionsrichterlichen Korrekturen „der Unrechtsgehalt der Taten nicht wesentlich verändert" habe (stellvertretend BGH BeckRS 2013, 01331). Daneben verweist das Revisionsgericht oftmals auf die dezidiert erzieherisch begründete Bemessung, angesichts derer man es „aus-

schließen" könne, dass das Tatgericht wegen des modifizierten Schuldspruchs „auf eine geringere Jugendstrafe erkannt hätte" (BGH NJW 1999, 69 (71); BeckRS 2012, 10714; NStZ-RR 2018, 118; abl. *Radtke* in Mü-KoStGB Rn. 48). Beides ist etwa bei einer Änderung von §§ 255, 224, 52 StGB in §§ 255, 223, 52 StGB und einer dezidiert an Abs. 2 ausgerichteten JStrafenbemessung der Fall (BGH NStZ 2015, 584). Verschiedentlich gibt diese Praxis aber auch Anlass zur Skepsis (vgl. auch BVerfG NStZ 2004, 273 (zum allg. StR)). Dies gilt etwa in Fällen, in denen Täterschaft in Beihilfe abgeändert wird (BGH NStZ-RR 2012, 375), in denen das Revisionsgericht drei tateinheitlich begangene Totschlagsversuche auf einen Versuch reduziert (BGH BeckRS 2014, 7977) oder in denen die ursprünglich unterbliebene Anerkennung von § 21 StGB ohne erhebliche Auswirkungen auf die erzieherisch orientierte JStrafdauerfestlegung gewesen sei (BGH BeckRS 2010, 07261; 2012, 08656; wNachw. in 20. Aufl. Rn. 50).

cc) Konkurrenzen. Auch eine Änderung des Schuldspruchs durch korrigierende Einordnung der Konkurrenzen kann zu berücksichtigen sein (offenlassend aber BGH NStZ 2013, 280 (281)). Anders verhält es sich, wenn eine Auswirkung auf die Bemessung aus den in → Rn. 53 genannten Gründen sicher ausgeschlossen werden kann. Das gilt sowohl für den Wechsel von Tateinheit auf Tatmehrheit (BGH BeckRS 2012, 21851) als auch umgekehrt (vgl. etwa BGH BeckRS 2017, 109849; 2016, 4209 (ein Fall des Handeltreibens mit BtM statt vier); für die Änderung von Tateinheit in Gesetzeskonkurrenz auch BGH NStZ 2017, 155 (da strafschärfende Berücksichtigung in beiden Var. zulässig)). Speziell beim Übergang von Tatmehrheit auf Idealkonkurrenz (infolge Annahme einer Bewertungs- bzw. natürlichen Handlungseinheit von mehreren Teilakten) wird die Aufhebung des Strafausspruchs von der Revisions-Rspr. auch deshalb abgelehnt, weil der „Schuldgehalt der Tat" von dieser Änderung „nicht berührt" sei (BGH NJW 2001, 838 (839); BeckRS 2013, 18830; vgl. auch BGH BeckRS 2011, 24458 (betr. eine Beihilfehandlung statt der tatgerichtlich bestimmten sieben)). 54

Hat das Tatgericht **entgegen § 31 Abs. 2 S. 1** nicht alle Urteile einbezogen, in denen auf noch nicht erledigte JStrafen erkannt worden war (vgl. → § 31 Rn. 37 ff.), sondern nur eine vorangegangene Entscheidung, die allerdings die anderen Urteile bereits einbezogen hatte, so soll es „ausgeschlossen" sein, dass bei korrekter Vorgehensweise auf eine niedrigere EinheitsJStrafe erkannt worden wäre (BGH BeckRS 2012, 21260 (zw.)). 55

19 *(aufgehoben)*

Fünfter Abschnitt. Aussetzung der Jugendstrafe zur Bewährung

20 (weggefallen)

Strafaussetzung

21 (1) ¹Bei der Verurteilung zu einer Jugendstrafe von nicht mehr als einem Jahr setzt das Gericht die Vollstreckung der Strafe zur Bewährung aus, wenn zu erwarten ist, daß der Jugendliche sich schon die Verurteilung zur Warnung dienen lassen und auch ohne die Einwirkung des Strafvollzugs unter der erzieherischen Einwirkung in der Bewährungszeit künftig einen rechtschaffenen Lebenswandel führen wird. ²Dabei sind namentlich die Persönlichkeit des Jugendlichen, sein Vorleben, die Umstände seiner Tat, sein Verhalten nach der Tat, seine Lebensverhältnisse und die Wirkungen zu berücksichtigen, die von der Aussetzung für ihn zu erwarten sind. ³Das Gericht setzt die Vollstreckung der Strafe auch dann zur Bewährung aus, wenn die in Satz 1 genannte Erwartung erst dadurch begründet wird, dass neben der Jugendstrafe ein Jugendarrest nach § 16a verhängt wird.

(2) Das Gericht setzt unter den Voraussetzungen des Absatzes 1 auch die Vollstreckung einer höheren Jugendstrafe, die zwei Jahre nicht übersteigt, zur Bewährung aus, wenn nicht die Vollstreckung im Hinblick auf die Entwicklung des Jugendlichen geboten ist.

(3) ¹Die Strafaussetzung kann nicht auf einen Teil der Jugendstrafe beschränkt werden. ²Sie wird durch eine Anrechnung von Untersuchungshaft oder einer anderen Freiheitsentziehung nicht ausgeschlossen.

Schrifttum *Bottke,* Generalprävention und Jugendstrafrecht, 1984; *Egg* (Hrsg.), Die Therapieregelungen des BtM-Rechts, 1992; *Franck,* Strafverfahren gegen HIV-Infizierte, 2001; *Hermanns,* Sozialisationsbiographie und jugendrichterliche Entscheidungspraxis, 1983; *Schüler-Springorum* (Hrsg.), Mehrfach Auffällig, 1982; *Weigelt,* Bewähren sich Bewährungsstrafen?, 2009; *Westphal,* Die Aussetzung der Jugendstrafe zur Bewährung gem. § 21 JGG, 1995.

Übersicht

I. Anwendungsbereich

1. Jugendliche; Heranwachsende

a) Die Vorschrift gilt für Jugendliche auch in Verfahren vor den für allg. 1
Strafsachen zuständigen Gerichten (§ 104 Abs. 1 Nr. 1; aber → Rn. 3).

b) Die Vorschrift gilt für Heranwachsende – vor JGerichten wie vor den 2
für allg. Strafsachen zuständigen Gerichten – dann, wenn auf sie materielles
JStR angewandt wird (§§ 105 Abs. 1, 112 S. 1, 2, § 104 Abs. 1 Nr. 1).

2. Übertragung nachträglicher Entscheidungen

Im Falle der Anordnung vor einem für allg. Strafsachen zuständigen Ge- 3
richt sind die Entscheidungen, die nach einer Aussetzung der Vollstr zBew
erforderlich werden (§§ 22–26a), dem JRichter, in dessen Bezirk der Jugendliche oder Heranwachsende sich aufhält, zu übertragen (§ 104 Abs. 5
Nr. 1, § 112 S. 1), dh in diesen Fällen können diese Entscheidungen nicht
mit der Anordnung der Aussetzung verbunden werden.

II. Grundlagen

1. Gesetzliche Zusammmennhänge

a) Verhältnis zur Strafbemessung. Die Aussetzung der Vollstr zBew 4
stellt nach ihrem rechtlichen Wesen **keine selbstständige** Rechtsfolge dar,
sondern bezieht sich (unbeschadet ihrer speziellen präventiven Funktion)
dogmatisch allein auf den Bereich der Vollstr; eine Vermischung etwa unter
Hinweis auf einheitlich zu berücksichtigende erzieherische Belange könnte
zudem Schutzbelange der Verhängungsvoraussetzungen („Hemmschwelle")

wie auch der Vorschriften zur Bemessung der JStrafe (§ 18) preisgeben (BGH StraFo 2008, 251). Demgemäß ist die JStrafe unabhängig davon zu bemessen, ob das Gericht eine Aussetzung beschließt; formal muss der Abschnitt der **Strafbemessung beendet** sein, **bevor** die Frage der **Aussetzung** der **Vollstr zBew** erörtert werden darf (vgl. auch → § 18 Rn. 41). Erfolgt die Strafbemessung *unter Berücksichtigung* der Voraussetzungen der Aussetzung (vgl. zu rechtstatsächlichen Anhaltspunkten *Buckolt* Betrifft Justiz 2007, 62), so ist dies wegen *§ 18 Abs. 2* jedoch *zulässig* und, im Unterschied zum allg. StR (vgl. BGHSt 29, 319 (321 f.); NStZ 1992, 489), keine Gesetzesumgehung und keine Verletzung der Bindung des Gerichts an das Gesetz. Gegenüber diesen Grundsätzen kann die Erwägung, es könne kaum verlässlich kontrolliert werden, ob das Gericht sich bei der Strafbemessung in unzulässiger Weise leiten lässt (vgl. auch *Nix* in Nix Rn. 5), für die rechtliche Beurteilung nicht entscheidend sein. − Dem rechtlichen Wesen der Aussetzung der Vollstr zBew entspricht es, dass der Schuld- und Strafausspruch unabhängig von der noch nicht erledigten Anordnung einer Aussetzung in Teilrechtskraft erwachsen kann und dass − nach der ausdrücklichen Regelung des § 59 (vgl. → Rn. 27) − eine isolierte Anfechtung der Entscheidung über die Aussetzung auch ggü. Urteilen nur mit der sofortigen Beschwerde möglich ist.

4a   Die Bejahung der Voraussetzungen der Verhängung von JStrafe − insbes. wegen „schädlicher Neigungen" (§ 17 Abs. 2 Alt. 1) − widerspricht nicht der gleichzeitigen Bejahung der Voraussetzungen der Aussetzung nach § 21 (vgl. hierzu → § 17 Rn. 12).

5   **b) Keine Teilaussetzung.** Eine Teilaussetzung der Vollstr zBew ist gem. Abs. 3 S. 1 **unzulässig** (de lege ferenda eine Änderung empfehlend *Weidinger* Strafaussetzung 365 ff.). Es kann immer nur die Vollstr der gesamten JStrafe ausgesetzt werden (jedoch ist nach Vollstr eines Teils ggf. die Aussetzung des Strafrestes zulässig, § 88).

6   **c) Zweck.** Nach dem (kriminalpolitischen) Zweck der Aussetzung der Vollstr zBew kommt es jeweils darauf an, ob eine Aussetzung nebst den zur Verfügung stehenden Einwirkungsmöglichkeiten (§§ 23, 24) ebenso gut oder sogar besser geeignet ist, das angestrebte Erziehungsziel zu erreichen, als dies unter Freiheitsentziehung in einer JStVollzEinrichtung der Fall wäre. Dabei geht der **Gesetzeswortlaut** (Abs. 1 S. 1, Abs. 2) von der Vorstellung aus, die Vollstr einer JStrafe sei im Allg. geeignet, das Ziel eines „rechtschaffenen Lebenswandels" (dazu krit. → Rn. 14 ff., 17 ff. sowie → § 5 Rn. 3, 4) bzw. einer künftigen Sozial- und Legalbewährung − von der Haftzeit abgesehen − positiv zu beeinflussen. Für eine solche Annahme **fehlt** es an **empirischen Belegen** (vgl. → § 17 Rn. 16 ff., ergänzend → § 92 Rn. 33 ff.). Dennoch wäre eine Aussetzung der Vollstr zBew nach dem Gesetzestext nicht zulässig, wenn die Prognose bei Aussetzung wie bei Vollstr gleich wäre. Hingegen wird im **Zweifelsfall** auf der Grundlage der empirisch fundierten Bedenken ggü. der erzieherischen Geeignetheit des JStrafvollzugs (vgl. auch *Lempp* Zbl 1992, 388: „unnötig" bei Personen mit „Beziehungsfähigkeit", bei den anderen eher nur negativ wirkend) gerade aus erzieherischen Gründen eine **Aussetzung** zBew geboten sein (abw. *Radtke* in MüKoStGB Rn. 18 mwN).

2. Ungeeignete Gründe

a) Ausscheiden generalpräventiver Belange. Bei der Frage der Ausset- 7
zung der Vollstr der JStrafe zBew ist – im Unterschied zu § 56 Abs. 3 StGB
– für generalpräventive Erwägungen iSd Begriffes der „Verteidigung der
Rechtsordnung" (BGHSt 24, 360 ff.)) kein Raum (zust. *Bottke,* Generalprävention und Jugendstrafrecht, 1984, 42; iE ebenso auch BGH 15.2.1994 – 5
StR 747/93 bei *Böhm* NStZ 1994, 530). Dies entspricht dem Vorrang
erzieherischer Belange (auch) im Bereich der JStrafe. Dabei ist es unerheblich, ob es sich um JStrafe gem. der 1. oder 2. Alternative des § 17 Abs. 2
handelt. Im Übrigen wäre eine generelle Versagung der Aussetzung bei
bestimmten Deliktsgruppen – solches wäre schon iRd § 56 Abs. 3 StGB
unzulässig (BGH NStZ-RR 2005, 38) – im JStR ohnehin verfehlt.

Daher ist die in Abs. 1 und insbes. in Abs. 2 vorgenommene Einschränkung in der Anwendbarkeit durch die Dauer der JStrafe nicht stimmig (für
eine Anhebung auf 3 Jahre nachdrücklich *Weidinger* Strafaussetzung 357 ff.,
360). Sie hebt sich von § 10 Abs. 1 S. 1 JGG 1923 ab, einer Regelung, der
zufolge die Dauer der erkannten Strafe für die Frage der Aussetzung als
„belanglos" (*Kiesow* JGG § 10 Anm. 2a) galt. Erzieherisch wie kriminalpolitisch unbefriedigend bleibt, dass wegen der in Rede stehenden Einschränkung mitunter eine Aussetzung nicht zulässig ist, obwohl sie im
Einzelfall das Mittel der Wahl wäre (ähnlich *Beulke* FS Schurig, 2012, 18;
vgl. auch DVJJ 1993 AK V/4: allein auf der Erwartung der Legalbewährung
beruhend).

b) Keine Anlastung von Verteidigungsverhalten. Das **Bestreiten** der 8
Tat darf **nicht** (auch nicht prognostisch) **zum Nachteil** gewertet werden,
wenn es der Wahrung der Verteidigungsposition entspricht (vgl. etwa BGH
StV 1993, 533 betr. die Äußerung, ein Geständnis sei „aufgenötigt" worden). Das Gleiche gilt, sofern der Verurteilte die Tat im Ermittlungsverfahren
bestritten hat (vgl. BGH BeckRS 2017, 104061) oder weiterhin bestreitet,
aber auch bei anderer Verteidigungsstrategie (vgl. OLG Bamberg DAR
2013, 89 Rn. 12 = StV 2013, 162 (Abwertung eines Geständnisses), zum
allg. StR), für **Fehlen** von Reue bzw. Wiedergutmachungsbereitschaft (vgl.
nur BGH BeckRS 2007, 09488; 2016, 2984, gar „nach dem Schuldspruch"
BGH NStZ-RR 2018, 105, jeweils zum allg. StR) oder für die **Ablehnung**
einer Auseinandersetzung mit dem Tatvorwurf in Therapie (allg. Auffassung,
vgl. nur BGH BeckRS 2015, 2500 Rn. 4 = NStZ-RR 2015, 107 (zum allg.
StR)). Rechtstatsächlich sind solche Formen des Widerstandes ohnehin
schon deshalb nicht ohne weiteres geeignet, eine negative Prognose zu
stellen, weil die Möglichkeit von Fehlurteilen (vgl. → Einl. Rn. 48) nur
selten auszuschließen ist (vgl. zur Gefahr „doppelter" Sanktionierung etwa
Huff Can.J.Criminol.Criminology.Justice 2004, 107 ff.; *Campbell/Denov*
Can.J.Criminol.Criminology.Justice 2004, 157).

3. Rechtstatsächliches

a) Häufigkeiten. Der Anteil der zu (bestimmter) JStrafe Verurteilten, 9
denen ggü. die Vollstr zBew ausgesetzt wurde, betrug im Jahre 1962 noch
48,8 % und ist seitdem – abgesehen von leichten Schwankungen – stetig
angestiegen; ab dem Jahre 1976 blieb er bis 2015 nicht mehr unter 60 %
(1994 = 63,44 %, 2000 = 62,12 %, 2006 = 62,31 % (jeweils in den „alten"

Bundesländern), 2014 = 61,61 %, 2015 = 60,50 % (Deutschland insgesamt); 2009 = 64,27 %; StrafSt Tabelle 4.1). 2016 lag der Wert allerdings nur bei 58,94 % und 2017 bei 59,93 %. Diese Größenordnung entspricht in gewisser Weise der Entwicklung bei der Freiheitsstrafe, ist aber insofern unterschiedlich, als der Anteil von zu JStrafe Verurteilten an allen jugendstrafrechtlich Verurteilten zu berücksichtigen ist (vgl. näher → § 17 Rn. 13 sowie Eisenberg/Kölbel Kriminologie § 36 Rn. 41). – Der Anteil der Aussetzung der Vollstr der JStrafe zBew an allen jugendstrafrechtlich Verurteilten hat sich seit 1965 entsprechend der Ausdehnung der Verurteilungen seinerseits erweitert; während er im genannten Jahr bei absoluten Zahlen von 64.951 und 3.901 = 6,0 % betrug, lauteten die entsprechenden Werte 2004 = 10,26 %, 2006 allerdings nur 9,64 % (gem. Statistisches Bundesamt jeweils in den „alten" Bundesländern), in den Jahren 2007 und 2008 (Deutschland insgesamt) jedoch 10,23 % und 10,31 %, dem in den Jahren 2009–2017 insgesamt ein leichtes Sinken folgte (10,27 %, 10,01 %, 9,73 %, 9,66 %, 9,77 %, 10,01 %, 9,76 %, 9,58 % und 9,73 %; jeweils StrafSt Tabelle 4.1).

9a Die Aussetzungswahrscheinlichkeit ist umso höher, je kürzer die verhängte JStrafe ist. Im Einzelnen ist im Jahre 1976 ausgesetzt worden bei der JStrafe von sechs Monaten in 81,9 %, bei der JStrafe von mehr als sechs Monaten bis zu neun Monaten in 78,9 %, bei der JStrafe von mehr als neun Monaten bis zu einem Jahr in 73,6 % und bei der JStrafe von mehr als einem Jahr bis zu zwei Jahren in 20,5 % der Fälle die Vollstr; im Jahre 1996 lauteten die entsprechenden Anteile 83,7 %, 81,0 %, 72,5 % und 56,4 %, und im Jahre 2006 81,4 %, 80,0 %, 72,7 % und 55,3 % (gem. StBA jeweils in den „alten" Bundesländern); für das Jahr 2017 (Deutschland insgesamt) betrugen die Anteile 84,85 %, 81,60 %, 75,15 % und 58,39 % (jeweils StrafSt Tabelle 4.1; zur Entwicklung der Rspr. vgl. → Rn. 12).

9b **b) Möglichkeiten der Reduzierung.** Ausweislich der BZR-Daten liegen die **Rückfallraten** bei zBew ausgesetzten JStrafen auf einem hohen Niveau (so etwa beim Entscheidungsjahrgang 2004: 63,4 % nach drei Jahren, 78,1 % nach 9 Jahren) – deutlich unter den Werten bei vollständig oder teilw. vollstreckten JStrafen. Bei Freiheitsstrafen sind die Rückfälle insgesamt weniger häufig und die Unterschiede zwischen zBew ausgesetzten und ganz/teilw. vollstreckten Freiheitsstrafe größer (JAHT Legalbewährung 207, 217; früher dazu bereits Uhlig Bewährungshilfe 1987, 293 (304)); zu den Bewährungswiderrufen → §§ 26, 26a Rn. 15 ff.; vertiefend Weigelt, Bewähren sich Bewährungsstrafen?, 2009, 231 ff.).

9c Die Häufigkeits- und Verteilungsdaten unterstreichen die rechtspraktische Anerkennung und kriminalpolitische Berechtigung der Nichtvollstreckung von JStrafe. So sehr also die Praxis der Aussetzung mit der Erkenntnis übereinstimmt, dass Erziehung unter Freiheitsentziehung prinzipiell geringere Erfolgsaussichten hat als in Freiheit (vgl. dazu schon Meyer MschKrim 1982, 281 ff.), so erhebt sich gleichwohl die Frage, ob nicht die Häufigkeit bereits der Verhängung von JStrafe eingeschränkt werden müsste. Dies gilt insbes. für Fälle der Verhängung von JStrafe wegen „schädlicher Neigungen". So wird angenommen, in einem nicht unerheblichen Teil der Fälle hätte schon die Verhängung der JStrafe zBew ausgesetzt werden müssen (§§ 27 ff.; s. bereits Grethlein JR 1964, 88).

III. Voraussetzungen

1. Verhältnis der Abs. 1–3 untereinander

Es muss sich um eine **JStrafe** von nicht mehr als **einem Jahr** (Abs. 1) **10** bzw. – wenn nicht die Entwicklung des Jugendlichen entgegensteht – von nicht mehr als **zwei Jahren** (Abs. 2) handeln, und in beiden Fällen muss eine **günstige Prognose** bestehen (näher → Rn. 14 ff.). Jeweils **muss** der JRichter die Vollstr zBew aussetzen, sofern die Voraussetzungen gegeben sind (BGH StV 1991, 423; näher → Rn. 12f). – Wird nach einer Aussetzung der Verhängung zBew auf JStrafe erkannt (§ 30 Abs. 1 S. 1), so ist auch deren Aussetzung gem. § 21 zulässig (näher → § 30 Rn. 10–13).

a) Maßgebend die bemessene Strafhöhe. Die Dauer der (hinsichtlich **11** der Vollstr) ggf. auszusetzenden JStrafe bestimmt sich nach der bemessenen Höhe. Dies ist deshalb beachtlich, weil die **Anrechnung** von **U-Haft** (BGHSt 6, 391) oder – im Falle vorherigen Vollzugs – von **JA** oder **JStrafe** (bei Bildung einer EinheitsJStrafe gem. § 31 Abs. 2) die Aussetzung der Vollstr zBew **nicht hindert** (Abs. 3 S. 2). Es kommt also nicht auf die Höhe des (nach Anrechnung) zur Vollstr verbleibenden Teils der JStrafe an (BGHSt 5, 377). Allerdings muss gem. der wohl hM nach Anrechnung noch ein Strafrest verbleiben, damit überhaupt Raum für die Aussetzung besteht. Hierzu wird ergänzend argumentiert, der Verurteilte werde „durch dieses Sanktionsmittel beschwert" (BGHR JGG § 21, Strafe, verbüßte 1, Rn. 3), weil es sich für ihn im Falle neuerlicher Deliktsbegehung und Strafverfolgung bei der dann ergehenden „Bemessung der Strafe" nachteilig auswirken „kann" (BGH JGG § 21, Strafe, verbüßte 1, Rn. 3). Dem war eine Entscheidung zum allg. StR vorausgegangen, in der eine mit ähnlicher Argumentation begründete Beschwer des Verurteilten gegen die trotz Wegfalls eines Strafrestes angeordnete Aussetzung der Vollstr zBew anerkannt wurde (BGH NJW 1961, 1220; iErg ähnlich BGHSt 31, 25 f. = NStZ 1982, 326 mablAnm *Stree* zum allg. StR). Jedoch verliert der Verurteilte im Falle der Nicht-Aussetzung günstigere registerrechtliche Folgen.

b) Abs. 2. Die Vorschrift wird gem. dem Erziehungsauftrag (§ 2 Abs. 1), **12** dh unter Berücksichtigung des „das JStR beherrschenden Erziehungsgedankens" (BGH NStE Nr. 5 zu § 21 JGG) weniger zurückhaltend anzuwenden sein als die Kann-Vorschrift des § 56 Abs. 2 StGB (betr. die Freiheitsstrafe des allg. StR). Denn es besteht eine enge Verknüpfung des Abs. 2 mit dem **erzieherischen Sinngehalt** des JGG (vgl. BGH GA 1974, 343), wie er auch in § 2 Abs. 1 zum Ausdruck gebracht ist, woraus zwingend folgt, dass die Kriterien hier **anders** zu handhaben sind und ggf. zu anderen Ergebnissen führen müssen als bei Erwachsenen (s. betr. aF BGHSt 24, 360; BGH StV 1987, 306; BGHR JGG § 21 Abs. 2 Gesamtwürdigung 2; OLG Düsseldorf NStZ 1982, 119; OLG Koblenz OLGSt zu § 56 StGB, 36; vgl. auch *Weidinger* Strafaussetzung 85 f.). Insbesondere steht die **Zukunftsorientierung** als einem zentralen Element des JStR einer einschränkenden Anwendung entgegen (BGH StV 1981, 283 f. mAnm *Molketin* Jugendwohl 1982, 296; BGH bei *Böhm* NStZ 1985, 448 sowie NStZ 1986, 447; BGHR JGG § 21 Abs. 2, Gesamtwürdigung 1; BGH 22.12.1992 – 1 StR 586/92 Rn. 1, 6 (iuris); sowie 3.11.1993 – 2 StR 382/93 bei *Böhm* NStZ 1994, 529 (jeweils betr. Vergewaltigung); BGH StV 1996, 270 wegen neuerlicher Tat innerhalb der BewZeit; zust. *Molketin* AnwBl 2001, 89; vgl. auch → Rn. 6).

13   **c) Verlaufsgestaltungen. aa)** Demgemäß kommt eine Aussetzung der Vollstr zBew nach Abs. 1 wie auch nach Abs. 2 grundsätzlich **unabhängig** davon in Betracht, ob JStrafe nach Alt. 1 oder Alt. 2 oder nach beiden **Alternativen** des § 17 Abs. 2 verhängt wurde. Für die Praxis bedeutet das, dass auch bei wegen „schädlicher Neigungen" verhängter JStrafe von mehr als einem Jahr (aber nicht mehr als zwei Jahren) jeweils zu prüfen sein wird, ob die Legalprognose bei Aussetzung ebenso günstig oder gar günstiger ist als bei Vollstr (vgl. auch → Rn. 7). So kann es zB darauf ankommen, ob eine etwa vorhandene Möglichkeit eines beruflichen Neuanfangs bei Vollstr der JStrafe gefährdet wäre (vgl. etwa BGH 3.1.1991 − 1 StR 632/90 bei *Böhm* NStZ 1991, 523) oder ob eine Drogenberatung, die in Freiheit bereits angenommen ist, im JStVollzug fehlt oder weniger geeignet vorgehalten wird (vgl. AG Halle-Saale Kreis Neue K'Politik 2000, 38 f.). − Bei wegen „Schwere der Schuld" verhängter JStrafe der in Rede stehenden Höhe ist eine Aussetzung der Vollstr zBew ohnehin stets zu prüfen (und tendenziell zu bejahen; vgl. auch *Westphal*, Die Aussetzung der Jugendstrafe zur Bewährung gem. § 21 JGG, 1995, 245 f.: bei dieser Alternative unabhängig von einer Prognose immer auszusetzen), dh es wäre verfehlt, den Zweck von Abs. 2 auf eine Abhilfe bei Taten aus „jugendtypischen Konfliktlagen" oder „persönlichkeitsfremden" Taten Jugendlicher zu verengen (betr. aF anders noch OLG Koblenz OLGSt zu § 21, 1).

13a   Was die zusätzliche Voraussetzung angeht, dass die Vollstr nicht durch die **Entwicklung** geboten ist (s. auch RL 1 S. 3), so rechtfertigen solche Gründe der Erziehung, die bei der Verhängung und Bemessung der JStrafe und auch betr. die allgemeine Prognose (Abs. 1) bedeutsam sind, keine Ausnahme von der grundsätzlich obligatorischen Aussetzung nach Abs. 2 (Begr. BT-Drs. 11/5829, 20; prägnant *Zieger/Nöding* Verteidigung Rn. 79 f.). Im Hinblick auch auf das Subsidiaritätsprinzip wird die Bejahung eines der Aussetzung entgegenstehenden Entwicklungsverlaufs tendenziell nicht ohne gutachtliche Stellungnahme (§ 43 Abs. 2) verantwortbar sein (s. auch Begr. BT-Drs. 11/5829, 20). Gleichsam in Umkehrung der früheren Rechtslage verlangt die positive Aussetzungsentscheidung nach Abs. 2 nunmehr neben der Prognose nach Abs. 1 lediglich die („negative") Prognose, dass die Entwicklung des Jugendlichen die **Vollstr** nicht **ausnahmsweise** gebiete. Daher werden nicht nur solche Umstände, die schon nach der aF aussetzungsgünstig waren, eine Vollstr ausschließen, sondern es wird auch eine Würdigung von Umständen, die nach der aF als negativ bewertet wurden, unter Berücksichtigung des Ausnahmecharakters der Vollstr vorzunehmen sein.

13b   **bb)** Als (schon nach Abs. 2 aF) **nicht** mehr **vertretbar** stellt(e) sich eine **Versagung** der Aussetzung zB dar, wenn nur „die Lebensverhältnisse" und *ein* „Wesenszug" zur Begründung der Nichtaussetzung angeführt und als positiv zu beurteilende Umstände nicht berücksichtigt wurden (BGH StV 1986, 69 betr. einen Marokkaner; vgl. im Übrigen BGH NStZ-RR 2018, 105 betr. mangelnde Deutschkenntnisse eines Asylbewerbers (zum all StR)). Auch wenn allgemeine Bedingungen der Lebensführung, die in keinem erkennbaren Zusammenhang zur Tat stehen (familiäre Einbindung, fester Wohnsitz, Berufsausbildung/-tätigkeit, Nicht-/Verbleiben in Deutschland) die Grundlage für eine positive Legalprognose bilden können, reicht ihr Fehlen zur Begründung einer negativen Prognose regelmäßig nicht aus (BGH NStZ-RR 2007, 138; NStZ 2018, 658 (659)). Das Gleiche gilt, wenn ohne eingehende Auseinandersetzung (vgl. zu Bsp. *Böhm* NStZ 1986, 446; abw. obiter dictum BGH NStZ 2012, 163) mit als positiv zu bewertenden Umständen ausgeführt wird, der Verurteilte bedürfe einer nachhaltigen erzieherischen Beeinflussung im Strafvollzug (vgl. ergänzend etwa BGH NStZ 1986, 379; s. auch BGH BeckRS 1987, 31101305, wonach unbeschadet „maßvoller Strafe" das Fehlen von Vorstrafen auch bei der Aussetzungsentscheidung zu berücksichtigen ist; ebenso OLG Hamm OLGSt § 17 Nr. 2).

2. Relevanz und Rahmenbedingungen der Prognose

Die von Gesetzes wegen zu stellende Prognose bezieht sich, insoweit **14** ebenso wie im allg. StR (§ 56 Abs. 1 StGB), zunächst auf eine Warnungswirkung schon durch die Verurteilung. Sodann richtet sich die Prognose, insoweit *im Unterschied* zum *allg. StR* (§ 56 Abs. 1 StGB: „keine Straftaten mehr begehen wird"), darauf, dass „unter der erzieherischen Einwirkung in der BewZeit künftig" (dh nicht nur während des Zeitraums bis zu deren Ablauf ein „rechtschaffener Lebenswandel" (hierzu krit. → § 5 Rn. 4) zu erwarten ist. – Nach **Abs. 1 S. 3** iVm § 16a wird angenommen bzw. unterstellt, es gäbe Fälle, in denen eine günstige Prognose erst aufgrund der (zusätzlichen) Anordnung eines Kopplungs-JA und dessen Vollzug begründet werde. Indes bedürfte es hierfür verlässlich festgestellter **Tatsachen** im **Einzelfall**, die umso gewichtiger sein müssten, als der bisherige empirische Forschungsstand zB die höchsten oder zumindest zweithöchsten „Rückfälligkeits"-Quoten nach JA schlechthin ausweist (vgl. → § 16 Rn. 20) – andernfalls läge eine zu beanstandende, weil „unnötige Kopplungsarrestdraufgabe" (*Verrel* NK 2013, 74) vor. Fehlt es an solchen Tatsachen, so wird es sich daher – auch zur Vermeidung einer ggf. zu besorgenden **Sanktionseskalation** iZm einem etwaigen **Widerruf** nach einer gleichwohl dergestalt begründeten Prognose – empfehlen, von Spekulationen über eine angebliche legalbewährungsbezogene Wirkung eines Kopplungs-JA abzusehen.

a) **Maßgebender Zeitpunkt.** Die prognostische Beurteilung hat auf den **15** Zeitpunkt der **Entscheidung** abzustellen (BGH StV 1991, 424), nicht also auf den Zeitpunkt der Tat. Demgemäß kann eine zunächst – dh zur Zeit der Tat – möglicherweise günstig gewesene Prognose, die durch die Begehung neuer Straftaten ausgeschlossen wird, auch dann nicht berücksichtigt werden, wenn sie im Falle einer früheren Aburteilung gestellt worden wäre (OLG Köln NJW 1957, 472).

b) **Wahrscheinlichkeitsgrad.** Für eine zur Aussetzung gereichende Pro- **16** nose kommt es – insoweit ähnlich dem allg. StR – darauf an, dass zukünftige Legalbewährung eher zu erwarten ist als erneute Deliktsbegehung (BGH NStZ-RR 2005, 38), wozu eine nicht unbegründete Erwartung künftigen „rechtschaffenen Lebenswandels" gegeben sein muss (zur Abgrenzung zwischen ausreichender Erwartung ggü. „Hoffnung" s. OLG Köln OLGSt zu § 56 StGB, S. 19). Eine Gewissheit oder auch nur eine **bestimmte Wahrscheinlichkeit** der Legalbewährung (s. BGH StV 1986, 16 zu § 56 StGB) ist **nicht erforderlich** (zur Entscheidung im Zweifelsfall vgl. → Rn. 6).

Jedoch muss eine negative Erwartung auf bestimmte **Tatsachen** gestützt sein, wozu ein sog. „Anfangsverdacht" nicht ausreicht und auch einer Anklageerhebung (in einem anderen Verfahren) „kein prognoserelevanter Aussagegehalt" (BGH BeckRS 2012, 14984 Rn. 8) zukommt; betr. diese Tatsachen findet der Grundsatz „in dubio pro reo" Anwendung (BGH bei *Dallinger* MDR 1973, 900; *Heger* in Lackner/Kühl StGB § 56 Rn. 8; *Hubrach* in LK-StGB StGB § 56 Rn. 12; aA noch *Dallinger/Lackner* Rn. 7).

17 **c) Tatsachenermittlung.** Ob eine günstige Prognose besteht, kann nur eine **jugendkriminologisch** orientierte Ermittlung (§ 43) ergeben (s. aber auch RL 1), wobei es allerdings nicht auf – etwa gutachterliche – Wertungen, sondern auf Tatsachen ankommt (vgl. BGH StV 1991, 424; BeckRS 2015, 8839 betr. vage Zuschreibungen „Persönlichkeitsstörung mit dissozialen und schizoiden Anteilen" nebst „Störung des Sozialverhaltens"). Dabei sind die allg. methodischen Probleme der Prognosestellung (vgl. → § 5 Rn. 30 ff., ergänzend *Eisenberg/Kölbel* Kriminologie § 21 Rn. 1 ff., § 32 Rn. 21–25) durch die **Ungeeignetheit** des Kriteriums „**rechtschaffener Lebenswandel**" (vgl. dazu → § 5 Rn. 4) noch erhöht.

18 **aa) Stets** kommt es auf die Gegebenheiten des **Einzelfalles** an, sodass generalisierte Ausgrenzungen (vgl. etwa *Kübel* Bewährungshilfe 1961, 214; *Siegmund* Bewährungshilfe 1958, 105; s. im Übrigen krit. die Beiträge in *Schüler-Springorum,* Mehrfach Auffällig, 1982) zurückzustehen haben (vgl. schon *Härringer* in Würtenberger (Hrsg.), Kriminologie und Vollzug der Freiheitsstrafe, 1961, 179); sodann *Westphal,* Die Aussetzung der Jugendstrafe zur Bewährung gem. § 21 JGG, 1995, 211). Andernfalls wäre auch zu besorgen, dass die vielfältigen Möglichkeiten der Ausgestaltung von Weisungen und Auflagen wie auch der BewHilfe nicht hinreichend genutzt würden. Aus diesem Grunde ist auch einer Tendenz zu wehren, entgegen dem Auftrag gem. § 2 Abs. 1 solche neuen Informationen systematisch abzuwerten, die zu einer früheren Entscheidung dissonant sind (vgl. → § 43 Rn. 14). Ebenso wäre eine Vorab-*Ausgrenzung* nach bestimmten *Delikten* oder Deliktsgruppen *unzulässig,* weil sie keine Grundlage im Gesetz fände (s. für das allg. StR BGHSt 6, 298; abwegig betr. nach AufenthG unerlaubte Einreise AG Nürtingen 2.7.2009 – 20 Ls 56 Js 18187/09; zitiert nach VG Stuttgart 16.3.2010 – 11 K 4295/09 Rn. 27, BeckRS 2010, 48200). Demgemäß darf die Ablehnung der Aussetzung auch nicht wegen solcher Gesichtspunkte geschehen, die (bereits) in der Straftat als solche begründet sind (BGH NJW 1958, 1100; vormals speziell zu „Totalverweigerer" OLG Stuttgart Die Justiz 1988, 454).

19 **bb)** Betreffend **Drogenabhängige** wird auf die Erl. zu → § 10 Rn. 60 ff. verwiesen (vgl. speziell zu höherer „Erziehungsempfindlichkeit" bei HIV–Infizierten *Franck,* Strafverfahren gegen HIV-Infizierte, 2001, 90, 92 ff.). Insbesondere sind die Voraussetzungen des § 21 (vgl. auch → Rn. 24) unabhängig von denjenigen der nachrangigen §§ 38, 35 BtMG (vgl. dazu → § 17 Rn. 42 ff. sowie → § 82 Rn. 10 ff.) zu prüfen, dh sie dürfen nicht unterlaufen werden (s. aber allg. betr. Befragung von Richtern und Staatsanwälten *Knötzele* in Egg, Die Therapieregelungen des BtM-Rechts, 1992, 113, ferner *Franck,* Strafverfahren gegen HIV-Infizierte, 2001, 97b). Zudem erscheint eine etwaige Teilvollstr – unbeschadet der Unterschiede zwischen zwangsweiser Unterbringung und zwangsweiser Therapie – allenfalls vordergründig geeignet (so auch Befragungsergebnisse bei *Knötzele* in Egg, Die Therapie-

regelungen des BtM-Rechts, 1992, 110), die Voraussetzungen der §§ 38, 35 BtMG zu fördern (bei Anwendung der letztgenannten Vorschriften wird das Gericht allerdings nicht mit der – pensenmäßig eher weniger gewürdigten – Bewährungsüberwachung belastet).

3. Zur Methode der Prognosestellung

a) Ungeeignetheit einer standardisierenden Perspektive. aa) Sach- 20 fremd und den **Grundprinzipien** des JStR **zuwiderlaufend** ist eine schematisierende Vorgehensweise, die sich lediglich einiger Kriterien, die als Risikohinweise gelten, bedient und daraus unmittelbar (oder gleichsam kalkulatorisch verrechnend) eine Prognose erstellt (zu dieser aktuarischen Logik und der quasi-statistischen Methode etwa *Eisenberg/Kölbel* Kriminologie § 21 Rn. 21 ff.). Die erforderliche Individualisierung, die das dezidiert spezialpräventive JStR voraussetzt, geht dabei zwangsläufig verloren. Dies gilt auch für die standardisierende und einzelfallgelöste Anknüpfung an traditionelle „Negativ-Merkmale". Es ist also nicht sachgerecht, wenn eine günstige Prognose von vornherein umso eher verneint wird, je mehr die verurteilte Person soziale Benachteiligung und psychische und/oder physische Beeinträchtigungen erfahren hat, ihr überwiegend negative Eigenschaften zugeschrieben werden und sie demgemäß erzieherischer Hilfe in besonderem Maße bedarf (wenig vertieft LG Berlin NStZ 2007, 46 („eingefleischte Verhaltensmuster"); vgl. näher *Hermanns,* Sozialisationsbiographie und jugendrichterliche Entscheidungspraxis, 1983, 17; vgl. aber → Rn. 7). Dies gilt auch für bereits (mehrfach) vorbestrafte Personen (vgl. OLG Frankfurt a. M. NJW 1977, 2175), und zwar auch dann, wenn sie sich bereits in Einrichtungen gem. § 34 KJHG (bzw. vormals FE), JA oder JStVollzug befunden haben. Insbesondere ist bei zeitlich etwas länger zurückliegenden Straftaten jeweils zu berücksichtigen (BGH StV 1992, 432), dass die **Entwicklung** in jugendlichem Alter – idR in deutlichem Unterschied zu Erwachsenen und daher auch zu Amtierenden – **beschleunigt** und gelegentlich **überraschend** verlaufen kann oder auch muss. – Ist die Vollstr einer JStrafe zBew ausgesetzt und wird wegen einer während der BewZeit begangenen neuerlichen Straftat wiederum auf JStrafe erkannt, so wird auch hierfür die Aussetzung anzuordnen sein, sofern die Grundlagen der vorherigen Prognosestellung nicht erschüttert sind (vgl. auch → §§ 26, 26a Rn. 6) und die Tatumstände nicht entgegenstehen (vgl. auch AG Kiel Zbl 1965, 55 betr. den Fall, dass nach einer bereits vollstreckten JStrafe die Vollstr einer weiteren JStrafe zBew ausgesetzt werden kann).

bb) Einwände bestehen im Einzelnen ggü. der Auffassung, eine Ausset- 21 zung sei abzulehnen, wenn die Taten **während** der Hilfe zur Erziehung gem. § 34 KJHG begangen worden sind, denn gerade die Umstände dieser Hilfe bzw. Maßnahme könnten die Straftatbegehung gefördert haben (vgl. Erl. zu → § 10 Rn. 16, besonders aber → Rn. 34 ff., 40 ff.). Soweit Aussetzung zBew angeordnet wird, so wird eine bestehende entsprechende Hilfe – anders als bei EB (§ 8 Abs. 2 S. 3) – davon zwar nicht unmittelbar berührt, sodass eine Unterstellung unter BewHilfe mit der genannten Hilfe abzustimmen wäre; jedoch ist fraglich, ob durch die Tätigkeit der BewHilfe die Voraussetzungen einer solchen anderen Hilfe entfallen könnten. – Bedenklich erscheint es, zB in Fällen von Heimunterbringung, in denen eine solche Hilfe erst begonnen hat oder Anhaltspunkte für erzieherische Fortschritte vorliegen, den Heimleiter zum ehrenamtlichen BewHelfer zu bestimmen. Dadurch würde zwar die Einheitlichkeit der Erziehung gewahrt, zugleich aber könnte die Abhängigkeit des Verurteilten vom Heimleiter (noch) zunehmen (vgl. auch → § 25 Rn. 6).

22   **b) Wesentliche Kriterien.** Vorrangige Bedeutung kommt den konkreten Umständen der **Tatsituation** zwischen **Täter** und **Opfer** (vgl. speziell zu einem Sohn/Vater-Konflikt etwa BGH BeckRS 2015, 8839), und dem Verhalten nach der Tat zu. Nicht minder wesentlich ist die **Verlaufsentwicklung** des Jugendlichen unter Berücksichtigung der interaktionistischen Zusammenhänge zwischen dem **Verhalten** seiner **Umwelt** und seinem **eigenen** Verhalten, wozu es gem. § 43 der Aufklärung des Entwicklungsabschnitts bedarf, in dem er sich gegenwärtig befindet.

23   **aa)** Als zur Aussetzung besonders **geeignet** gelten Jugendliche, deren Tat aus Einwirkungen der Pubertät (*Dallinger/Lackner* Rn. 14) iSv seelischen Krisen, übersteigertem Ehrgefühl oder aus anderen (nur) **entwicklungsbedingten** Schwierigkeiten zu erklären sein können. Dies kann sich auf Vermögensdelikte bei (sonstiger) sozialer Unauffälligkeit, auf bestimmte Delikte gegen die sexuelle Selbstbestimmung (vgl. etwa BGH StV 1991, 424)) oder allg. auf sog. „Primitivreaktionen" auf der Grundlage einer Retardierung oder iSv sog. „Kurzschlusshandlungen" ohne bleibende Bedeutung beziehen (vgl. aber auch → Rn. 5, 13). Umgekehrt ist anerkannt, dass eine günstige Prognose auch bei *Erstbestraften* nicht immer gerechtfertigt sein muss (RL 1 S. 1). Ob dies schon deshalb gilt, weil eine registrierte strafrechtliche Vorbelastung im Vergleich zu etwa unerfasst gebliebenen (mutmaßlichen) Straftaten (im sog. Dunkelfeld) möglicherweise nur eine verschwindend geringe Bedeutung hat, ist zw. (vgl. → Rn. 17 sowie → § 5 Rn. 4); zumindest sind extreme Verläufe nicht auszuschließen, bzgl. deren auch bei einer tatsächlich ersten Straftat Umstände gegeben sind, die einer günstigen Prognose entgegenstehen.

24   **bb)** Daneben sind namentlich Gegebenheiten im **Leistungs-, Sozial-** und Familienbereich sowie im **Freizeitbereich** zu berücksichtigen (vgl. näher → § 5 Rn. 55 ff., 66 ff.). Dabei kann wesentlich sein, ob ungünstige Umstände in einem oder mehreren dieser Bereiche *zwischenzeitlich* weggefallen sind oder zwar fortbestehen, aber den Verurteilten nicht mehr beeinträchtigen; dies gilt insb., soweit ungünstige Gegebenheiten für die zurückliegende Tat bedeutsam waren (BGH StV 1991, 424). Dabei dürfen und müssen auch **Umstände** berücksichtigt werden, die eine **positive** Wirkung erst **erwarten** lassen (BGH NJW 1978, 559).

24a   (1) So sind auch solche günstigen Veränderungen einzubeziehen, die erst nach U-Haftvollstr (vgl. BGH ZJJ 2007, 82; NStZ-RR 2008, 259) oder durch erzieherische Einwirkungen iSv BewHilfe, Weisungen und Auflagen des Gerichts herbeigeführt werden (§ 21 Abs. 1 S. 1). Entsprechendes kann für Veränderungen gelten, die auf privater oder behördlicher Grundlage von dritter Seite gewährleistet werden (vgl. etwa schon OLG Frankfurt a. M. NJW 1977, 2175). Mehr noch als im allg. StR kommt es ua darauf an, ob sich die *Lebensverhältnisse* nach der Tat *stabilisiert* haben (speziell zu Abs. 2 aF BGH StV 1986, 307; 1987, 306; BGH 9.11.1990 – 2 StR 509/90, (teilweise in) StV 1991, 423). So sollte eine Aussetzung zBew nach Möglichkeit vorgenommen werden, wenn der Vollzug der JStrafe eine bereits angeordnete, Erfolg versprechende *Erziehungsmaßregel* gefährden würde. Speziell bei

Drogenabhängigen ist als berücksichtigungsfähiger Umstand von Gewicht die Teilnahme an einer ambulanten Drogentherapie nebst „Drogenfrei"-Sein (zumindest für einen bestimmten Zeitraum) anerkannt (vgl. schon BGH 13.9.1988 – 1 StR 451/88 Rn. 11 (iuris), BeckRS 1988, 31087129: „bereitwillig und konstruktiv an einer ambulanten Drogentherapie ... teilgenommen" (sinngleich zum allg. StR schon BGH 23.10.1985 – 2 StR 470/85). – Betreffend das Verhältnis der Aussetzung zBew zu erzieherischen Einwirkungen durch bereits angeordnete jugendstrafrechtliche Rechtsfolgen bei § 31 Abs. 2 vgl. → § 31 Rn. 13 ff.

(2) Nach *empirischen Anhaltspunkten* sind negative Ausprägungen in den **24b** genannten Bereichen – jedenfalls bei Verurteilten mit vorangegangener U-Haft – jedoch von weit geringerem Einfluss auf die Aussetzungs-Entscheidung (*Hermanns,* Sozialisationsbiographie und jugendrichterliche Entscheidungspraxis, 1983, 120 ff.) als strafrechtliche Vorbelastungen (und sogar als eine bereits früher verhängte JStrafe (vgl. *Hermanns,* Sozialisationsbiographie und jugendrichterliche Entscheidungspraxis, 1983, 153)). Lediglich iRv Entscheidungen nach Abs. 2 ergab sich ein deutlicherer Zusammenhang zu negativen Ausprägungen hinsichtlich familiarer Sozialisation (*Hermanns,* Sozialisationsbiographie und jugendrichterliche Entscheidungspraxis, 1983, 197 ff.; vgl. aber auch → Rn. 25a).

cc) (1) Bei der Bewertung des **Verhaltens nach** der **Tat,** insbes. auch *im* **25** *Strafverfahren* (sog. „Prozessverhalten"; zum Bestreiten der Tat vgl. → Rn. 8), ist gerade bei Jugendlichen eine differenzierte Betrachtungsweise angebracht (zu Anhaltspunkten für eine sog. „Trotzreaktion" des Gerichts aber zB AG Wiesbaden RdJB 1974, 476 f. oder AG Siegen (zitiert nach *Eisenberg* JuS 1983, 575)). So kann ein Verhalten, das als *uneinsichtig* oder als *rechtsfeindliches* Bestreiten bzw. Mangel an erkennbarer Reue und Schuldeinsicht erscheinen mag, unmittelbarer *Ausdruck* von *Angst* oder *Hilflosigkeit* und deshalb für die hier zu treffende Prognose unerheblich sein; ähnliches gilt für angeblich „fehlendes Problembewusstsein" (ebenso schon BGH StV 1991, 424). – Soweit eine Wiedergutmachung ausgeblieben ist, so kann dies nur dann prognostisch negativ verwandt werden, falls das Ausbleiben auf Eigenschaften des Verurteilten beruht, die als bedeutsam für die zukünftige Sozial- und Legalbewährung erachtet werden (vgl. für das allg. StR schon BGHSt 5, 238; s. auch BGH *Herlan* GA 1961, 358).

(2) Empirischen Befunden zufolge scheinen (bei Verurteilten mit voraus- **25a** gegangener U-Haft) Veränderungen in der Lebensführung (zB Aufnahme eines Arbeits- oder Ausbildungsverhältnisses) oder aber Bindungen an als positiv bewertete Bezugspersonen – selbst bei vergleichsweise hoher strafrechtlicher Vorbelastung – (gerade auch in Fällen des Abs. 2) häufig von Einfluss auf positive Aussetzungsentscheidungen zu sein (*Hermanns,* Sozialisationsbiographie und jugendrichterliche Entscheidungspraxis, 1983, 170 ff.; vgl. aber auch → Rn. 24b). Auch bestünden Anzeichen dafür, dass Lebensführung, Einstellung zu Normen des Leistungsbereichs und Integrationsbereitschaft hierfür bedeutsamer seien als Gegebenheiten im Sozial- und Familienbereich sowie strafrechtliche Vorbelastungen (vgl. *Hermanns,* Sozialisationsbiographie und jugendrichterliche Entscheidungspraxis, 1983, 181, aber auch 202 ff. mit Hinweis auf die ungünstige Beurteilung Drogenabhängiger).

dd) Aus den Voraussetzungen einer günstigen Prognose ergibt sich, dass **26** diese idR nur bei **Einverständnis** des **Verurteilten** mit der Aussetzung zBew bestehen wird (ebenso *Meier* in HK-JGG Rn. 15; aA *Westphal,* Die Aussetzung der Jugendstrafe zur Bewährung gem. § 21 JGG, 1995, 231; *Nehring* in BeckOK JGG Rn. 11). Für eine Ablehnung, der Aussetzung zBew zuzustimmen, können gewichtige Gründe bestehen, zB die Sorge, den Belastungen durch flankierende Maßnahmen (gem. §§ 22, 23) nicht gewachsen zu sein. Allerdings wäre es verfehlt, aus bestimmten Außerungen oder Verhaltensweisen des Verurteilten etwa iRd Strafverfahrens auf eine mangelnde Bereitschaft zu einer erzieherischen Betreuung in Freiheit schließen zu wollen. So kann eine etwa ausdrückliche Verweigerung der Zustimmung auf situativ geprägten Umständen des Augenblicks beruhen, die sich etwa aus der psychischen und sozialen Belastung ergeben, die das Strafverfahren idR kennzeichnet. Im Übrigen könnte eine Aussetzung zBew, die gegen das Einverständnis des Jugendlichen angeordnet wurde, im Falle anhaltend ablehnender Einstellung des Verurteilten widerrufen werden.

IV. Verfahrensrechtliches

1. Entscheidung und Rechtsmittel

27 **a)** Die Aussetzung zBew wird im Anschluss an die Verhandlung durch **Urteil oder** nachträglich durch **Beschluss** angeordnet (§ 57 Abs. 1 S. 1). Die Wahl dieser oder jener Möglichkeit steht im Ermessen des Gerichts (BGHSt 14, 74). Als **Rechtsmittel** allein gegen die Ablehnung der Aussetzung ist bei beiden Formen der Entscheidung nur **sofortige Beschwerde** zulässig (§ 59 Abs. 1 S. 2). – Die zweitgenannte Möglichkeit mag in solchen Fällen sinnvoll sein, in denen für die Entscheidung zusätzliche Informationen oder Erkenntnisse erlangt werden müssen, die nach der HV noch nicht vorliegen (vgl. → § 57 Rn. 12). Hingegen bestehen prinzipielle pädagogische Bedenken dagegen, die Aussetzung zBew nur deshalb noch nicht im Urteil anzuordnen, um dem Jugendlichen zunächst eine zusätzliche Warnung zu vermitteln oder ihn im Unklaren zu lassen, ob Vollstr oder Aussetzung zBew eintreten wird.

28 **b)** Zur Einleitung des **nachträglichen** Beschlussverfahrens **von Amts wegen** ist der JRichter **verpflichtet,** wenn im Urteil die nachträgliche Entscheidung vorbehalten wurde oder aber wenn zur Frage der Aussetzung zBew nicht Stellung genommen worden ist.

2. Mehrheitsverhältnis, Nebenentscheidungen, Gnadenerweis

29 **a)** Die Anordnung setzt nur einfache, die Ablehnung hingegen ⅔-Mehrheit (§ 2 Abs. 2, § 263 Abs. 1 StPO) voraus.

29a Wegen der Urteilsfassung vgl. → § 54 Rn. 19, wegen der Urteilsbegründung → § 54 Rn. 37 (vgl. auch RL 3).

30 **b)** Im Falle der Aussetzung zBew sollen **Weisungen** erteilt, und es können Auflagen angeordnet werden (§ 23 Abs. 1 S. 1, 2); gleichzeitig muss ein **BewHelfer** bestellt werden (§ 24).

31 **c)** Lehnt das Gericht die Anordnung der Aussetzung zBew ab, so kann die Gnadenbehörde einen entsprechenden **Gnadenerweis** gewähren (zum Gnadenrecht im JStR *Sonnen* FS Streng 2017, 617 ff.). Dies kommt gem. dem Wesen des Gnadenverfahrens in Fällen solcher Ausgestaltung in Be-

tracht, deren Besonderheiten mit dem gesetzlichen Rechtsfolgensystem des JGG nicht hinreichend Rechnung getragen wird (vgl. auch *Birkhoff/Lemke* GnadenR 290).

3. (Nicht-)Eintragung in das Führungszeugnis

S. hierzu § 32 Abs. 2 Nr. 3 BZRG (zur Handhabung bei ausländischen 32 Urteilen ggü. Heranwachsenden s. krit. *Driest* StV 1989, 458).

Bewährungszeit

22 (1) [1] **Der Richter bestimmt die Dauer der Bewährungszeit.** [2] **Sie darf drei Jahre nicht überschreiten und zwei Jahre nicht unterschreiten.**

(2) [1] **Die Bewährungszeit beginnt mit der Rechtskraft der Entscheidung über die Aussetzung der Jugendstrafe.** [2] **Sie kann nachträglich bis auf ein Jahr verkürzt oder vor ihrem Ablauf bis auf vier Jahre verlängert werden.** [3] **In den Fällen des § 21 Abs. 2 darf die Bewährungszeit jedoch nur bis auf zwei Jahre verkürzt werden.**

Schrifttum *Rolinski,* Prägnanztendenz im Strafurteil, 1969; *Trapp,* Rechtswirklichkeit von Auflagen und Weisungen bei Strafaussetzung zur Bewährung, 2003; *Weigelt,* Bewähren sich Bewährungsstrafen?, 2009.

Übersicht

I. Anwendungsbereich

Es gelten die Erl. zu § 21 Abs. 1 und 2. entsprechend (→ § 21 Rn. 1 ff.). 1

II. Festlegung der Bewährungszeit

1. Bestimmung durch das Gericht

a) Maßstäbe der Bestimmung. Die Entscheidung dazu obliegt dem 2 JGericht iRd Grenzen des Abs. 1 S. 2 nach pflichtgemäßem Ermessen. Dabei sind gem. dem Erziehungsauftrag (§ 2 Abs. 1) **vorrangig erzieherische** Gesichtspunkte zu berücksichtigen (für eine gesetzliche Regel-Mindestdauer von nur einem Jahr *Fritschka* Bewährungshilfe 1991, 285). So ist auch die Höchstfrist aus *erzieherischen* Gründen *kürzer* gestaltet worden als im allg. StR (§ 56a StGB), weil angenommen wird, eine den Zeitraum von drei Jahren überschreitende Dauer sei erzieherisch nicht mehr wirksam, sondern eher abträglich.

3 **aa)** Ohne besondere Gründe sollte sich das Gericht an der Mindestdauer orientieren. Nicht vertretbar wäre es, wenn der JRichter das Höchstmaß mit der Begründung ausschöpfte, eine etwaige günstige Entwicklung des Verurteilten durch Abkürzung der BewZeit (Abs. 2 S. 2) belohnen oder sich in anderer Weise erzieherische Einwirkungsmöglichkeiten vorbehalten zu wollen. Prinzipiell nämlich ist auch im JStR jede Rechtsfolge einschließlich begleitender Maßnahmen auf das notwendige Minimum zu beschränken. Zudem besteht die Möglichkeit nachträglicher Verlängerung (Abs. 2 S. 2), wenngleich ggü. dieser Vorschrift erhebliche Bedenken anerkannt sind (vgl. → Rn. 9).

4 **bb)** Rechtspraktisch dominiert den (allerdings regionalen) Daten von *Trapp* zufolge die Zweijahresdauer (Rechtswirklichkeit von Auflagen und Weisungen bei Strafaussetzung zur Bewährung, 2003, 40; ebenso die BZR-Daten für 1994 bei *Weigelt,* Bewähren sich Bewährungsstrafen?, 2009, 133). Bei der Bestimmung hat sich zudem, entsprechend der sog. „Prägnanztendenz" (systematisch dazu *Rolinski,* Prägnanztendenz im Strafurteil, 1969), eine bevorzugte Bemessung zB nach Jahren oder Halbjahren verbreitet. Dies dient zwar möglicherweise Belangen der Rechtsgleichheit und -sicherheit, jedenfalls aber Interessen der Verwaltungs- und Justizbehörden an der Vereinfachung ihrer Aufgabe, den BewZeitraum formal zu bestimmen. Auch mag es geeignet sein, solche Angriffsflächen zu vermeiden, die zu einer häufigeren Einlegung von Rechtsmitteln führen könnten. Zur individuellen erzieherischen Aufgabe jedoch sind entsprechende schematische Bemessungen prinzipiell eher ungeeignet. – Was die formale Bestimmung der BewZeit angeht, so kann sie auch durch Festlegung eines Endtermins geschehen (gegen Datumsangabe *Ostendorf* StV 1987, 321; *Ostendorf* in NK-JGG Rn. 3).

5 **b) Sonstiges zu Beginn und Ende der Bewährungszeit. aa)** Die für den Beginn der BewZeit maßgebende Entscheidung, auf deren **Rechtskraft** abgestellt wird (Abs. 2 S. 1), kann gem. § 57 Abs. 1 S. 1 entweder durch Urteil oder nachträglich durch Beschluss getroffen werden. Da es für den Beginn der BewZeit nicht auf die Entscheidung über die BewZeit ankommt, wirkt eine erst zu späterer Zeit getroffene Entscheidung über die BewZeit (vgl. auch → § 58 Rn. 6) auf den Zeitpunkt der Rechtskraft der Entscheidung über die Aussetzung der Vollstr zBew zurück.

6 **bb)** Soweit der Endtermin nicht durch ein bestimmtes Datum festgelegt ist, berechnet sich die Beendigung durch entsprechende Anwendung des § 188 BGB.

7 **cc)** In Fällen des Widerrufes der Aussetzung der Vollstr zBew (§ 26) tritt das Ende der BewZeit mit Rechtskraft des widerrufenden Beschlusses ein.

2. Nachträgliche Änderungen

8 **a) Verkürzung.** In den Grenzen von Abs. 2 S. 2 ist es zulässig, die BewZeit abzukürzen. Es liegt im pflichtgemäßen Ermessen des JRichters, ob

er von dieser Möglichkeit Gebrauch macht. So wird eine Verkürzung anzuordnen sein, wenn sie nach erziehungspsychologischen Kriterien begründet ist, zB als positive Bekräftigung iSv Belohnung einer einstweilen guten Führung.

b) Verlängerung. Gemäß Abs. 2 S. 2 ist eine Verlängerung der BewZeit 9
grundsätzlich (nur) innerhalb der BewZeit zulässig (OLG Frankfurt a. M.
NJW 1975, 270). Nach deren Ablauf soll dies (nur) dann nicht gelten, wenn
andernfalls widerrufen werden müsste (§ 26 Abs. 2; LG Hamburg NStE
Nr. 1 zu § 26 JGG; vgl. aber → §§ 26, 26a Rn. 11).

Umstritten ist, ob in der **BewZeit** erlittener **Freiheitsentzug** die 10
BewZeit verlängert (OLG Braunschweig NJW 1964, 1581 – mit grds. abl.
Anm. *Dreher* – differenziert nach der Länge der Zeit (zum allg. StR)). Die
Frage wird (trotz des theoretischen Widerspruchs zum Wesen der Aussetzung zBew als ambulante Rechtsfolgenausgestaltung und des im JStR obligatorischen Elements der Hilfe und Betreuung mangels gesetzlicher Grundlage
(s. aber § 7, § 68c Abs. 4 S. 2 StGB) schon wegen der mit dem Aufsichtselement verbundenen Einschränkungen und Belastungen (zB Widerrufsrisiko) zu verneinen sein (tendenziell zust. *Ostendorf* StV 1987, 321; *Ostendorf* in
NK-JGG Rn. 6).

III. Verfahrensrechtliches

1. Entscheidung sowie Einzelfragen

S. hierzu §§ 58, 59 Abs. 2.   11

2. Vollstreckungsverjährungsfrist

Diese Frist verkürzt bzw. verlängert sich um die tatsächliche BewZeit (§ 2 12
Abs. 2, § 79a Nr. 2b StGB), dh sofern die BewZeit nachträglich verkürzt
oder verlängert wird (vgl. → Rn. 8–10), so wirkt sich dies auf das Ruhen der
Verjährung entsprechend aus. Im Falle des (vorzeitigen) Widerrufs der Aussetzung zBew endet das Ruhen der Verjährung mit Rechtskraft des widerrufenden Beschlusses (vgl. dazu schon *Dallinger/Lackner* § 23 Rn. 12).

Weisungen und Auflagen

23 (1) ¹**Der Richter soll für die Dauer der Bewährungszeit die
Lebensführung des Jugendlichen durch Weisungen erzieherisch beeinflussen. ²Er kann dem Jugendlichen auch Auflagen erteilen. ³Diese Anordnungen kann er auch nachträglich treffen, ändern
oder aufheben. ⁴Die §§ 10, 11 Abs. 3 und § 15 Abs. 1, 2, 3 Satz 2
gelten entsprechend.**

**(2) Macht der Jugendliche Zusagen für seine künftige Lebensführung oder erbietet er sich zu angemessenen Leistungen, die der
Genugtuung für das begangene Unrecht dienen, so sieht der Richter
in der Regel von entsprechenden Weisungen oder Auflagen verläufig
ab, wenn die Erfüllung der Zusagen oder des Anerbietens zu erwarten ist.**

Schrifttum *Trapp,* Rechtswirklichkeit von Auflagen und Weisungen bei Strafaussetzung zur Bewährung, 2003; *Ulmschneider,* Durchführung, Erfolg und rechtliche Grenzen der Bewährungsauflage bei Jugendlichen, 1966.

Übersicht

I. Anwendungsbereich

1   Es gelten die Erl. zu § 21 Abs. 1 S. 1 und 2 entsprechend (→ § 21 Rn. 1 ff.). – Generell (und insbes. bzgl. Heranwachsender) ist die Eignung von Weisungen bei zunehmendem Alter und namentlich bei inzwischen etwa eingetretener Volljährigkeit besonders zu prüfen (vgl. → § 9 Rn. 2, → § 105 Rn. 50).

2   Die Vorschrift findet auch auf **Soldatinnen und Soldaten** Anwendung. Dabei soll der JRichter die Besonderheiten des Wehrdienstes berücksichtigen, zB bereits erteilte Weisungen und Auflagen diesen anpassen (§ 112a Nr. 3) und vor einer Entscheidung den nächsten Disziplinarvorgesetzten anhören (§ 112d).

II. Gesetzliche Regelungen

1. Abs. 1 S. 1 und 2

a) Abs. 1 S. 1. Es handelt sich bezüglich **BewWeisungen** deshalb um 3 eine **Soll-Vorschrift,** weil Weisungen nicht immer erzieherisch angezeigt sind (gegen die Erteilung schlechthin DVJJ 1993, AK V/4). Hingegen berührt diese Art der Vorschrift nicht die grundsätzliche Pflicht des JRichters, die Lebensführung des Verurteilten während der BewZeit erzieherisch zu beeinflussen, soweit dies als erforderlich erachtet wird.

b) Abs. 1 S. 2. Die Fassung bezüglich **BewAuflagen** als **Kann-Vor-** 4 **schrift** entspricht der geringeren Flexibilität innerhalb des abschließenden Katalogs von Auflagen ebenso wie deren im Allg. auch ahndendem Zweck (§ 13 Abs. 1, Abs. 2 Nr. 2). Allerdings ist auch dadurch ein gewisser gesetzessystematischer *Widerspruch* zu § 13 Abs. 1 nicht ausgeräumt, nämlich Auflagen bei verhängter JStrafe anzuordnen, obwohl diese Rechtsfolgen – bei entsprechender Ausgestaltung als Zuchtmittel – geradezu zur Anordnungsvoraussetzung haben, dass JStrafe „nicht geboten" (und deshalb auch nicht verhängt) ist.

2. Abs. 1 S. 4

a) Art und Ausgestaltung von Weisungen und Auflagen. Es wird im 5 Allg. verwiesen auf die Ausführungen zu §§ 10 und 15 (auch hinsichtlich Kostentragung, Haftpflicht und Unfallversicherung; vgl. aber speziell zum Bewährungsplan § 60 nebst Erl.). Bei ihrer Auswahl und Ausgestaltung für den konkreten **Einzelfall** ist allein auf die erzieherischen Bedürfnisse und Interessen des Verurteilten abzustellen und insbes. zu prüfen, welche Art von Weisungen oder Auflagen für ihn am ehesten ein geeignetes Angebot zur Erreichung eines „rechtschaffenen Lebenswandels" (§ 21 Abs. 1 S. 1, dazu aber krit. → § 5 Rn. 4) bzw. der Sozial- und Legalbewährung nach Ende der BewZeit sein könnte. Rechtspraktisch dominieren Arbeitsweisungen und (mit Abstrichen) auch Geldauflagen (näher zur ansonsten stark fallabhängigen Praxis im allg. StR und JStR *Trapp,* Rechtswirklichkeit von Auflagen und Weisungen bei Strafaussetzung zur Bewährung, 2003, 190 ff.). Im Übrigen ist insbes. ein Grad der **Bestimmtheit** zu wahren, durch den der Verurteilte erkennen kann, was genau von ihm verlangt wird und unter welchen Umständen ggf. ein Widerruf droht (KG StV 2014, 746 = BeckRS 2014, 13285). Unzureichend ist zB die Formulierung, sich in „ambulante Psychotherapie" zu begeben, weil weder Einrichtung und Qualifikation noch Art und Häufigkeit ersichtlich sind (vgl. OLG Schleswig StraFo 2007, 424 f. (jeweils betr. allg. StR)).

aa) Bei den Verurteilten handelt es sich nicht selten um Personen, bei 5a denen im Urteil – auch unabhängig von der Tatschwere – Weisungen oder Auflagen allein nicht angeordnet worden wären (speziell etwa zur Bew-Weisung bzw. -Auflage ggü. als „aggressiv" beurteilten Jugendlichen, an einem Konflikttraining teilzunehmen, s. *Pörtner/Hoffmeyer* Zbl 1992, 406 (408: Aufbau von Selbstvertrauen und sozialer Kompetenz)). Jedoch werden bestimmten Weisungen und Auflagen iRd Aussetzung der Vollstr zBew wegen des ggf. drohenden Widerrufs (§ 26) ein größeres Gewicht und günstigere Erfolgsaussichten beigemessen als bei einer isolierten Anordnung nach §§ 10 oder 15.

5b   **bb)** Im Einzelnen gilt (betr. Drogenkonsum) die *Weisung,* in bestimmten Abständen ein Negativattest über eine *Urinkontrolle* beizubringen, als zulässig (BVerfG NStZ 1993, 482 (zum allg. StR) und – vern. betr. Auflagen – LG Detmold StV 1999, 663; LG Cottbus BeckRS 2009, 8006; allg. krit. *Faller* Bewährungshilfe 1993, 358), wobei die Kosten bei nicht verschuldetem Unvermögen ggf. von der Staatskasse zu tragen sind (vgl. betr. allg. StR OLG Stuttgart Die Justiz 2012, 483 = NStZ 2013, 346). Dies soll auch für eine Weisung gelten, schriftliche Berichte über die ambulante Nachsorge durch die Suchtberatung zu erstatten (LG Cottbus BeckRS 2009, 8006; vgl. aber → § 10 Rn. 36). – Wegen Fragen nach der Zulässigkeit einer Weisung, die *Fahrerlaubnis* zu erwerben, vgl. → § 10 Rn. 33 (zum allg. StR bejahend OLG Stuttgart Die Justiz 2013, 115). Weisungen, die für einen bestimmte Dauer die Ein- und Durchreise in bzw. durch die Bundesrepublik untersagen, sind zumindest bei EU-Bürgern mit Bezug zu Deutschland hoch problematisch (dazu bei einem deutschsprachigen und in Grenznähe lebenden Niederländer LG Aachen StV 2019, 481 = BeckRS 2018, 20772).

5c   Bezüglich *BewAuflagen* besteht jedoch die Einschränkung, dass sie – im Unterschied zu der bereits verhängten JStrafe bzw. zu selbstständig angeordneten Auflagen (§ 15) – als nur zukunftsorientiert ausschließlich der Förderung der Entwicklung des Verurteilten, dh *nicht* auch *ahndenden* Zielsetzungen dienen (ebenso *Apfel/Piel* in FAHdB StrafR 6/23 Rn. 245; offen gelassen bei *Schaffstein/Beulke/Swoboda* JugendStrafR 508; **aA** die hM, *Böhm/Feuerhelm* JugendStrafR 242 f.; *Brunner/Dölling* Rn. 1; *Meier* in HK-JGG Rn. 5; *Heublein* ZfJ 1994, 466; *Feuerhelm* Gemeinnützige Arbeit 63 unter (nicht zwingendem) Hinweis auf BT-Drs. VI/3250, 315 sowie (wortgleich) BT-Drs. VII/550, 329).

6   **b) Abstimmung auf die Mitwirkung des Bewährungshelfers.** Die Ausgestaltung der Weisungen und Auflagen sollte idR inhaltlich und technisch auf die (obligatorische) Mitwirkung des BewHelfers (§ 24) abgestimmt sein (die Pflicht des Verurteilten, den BewHelfer von der Erfüllung zu informieren, wird im BewPlan festzuhalten sein, vgl. → § 60 Rn. 15). Denn gem. den allg. erzieherischen Grundsätzen der Klarheit und der Konsequenz ist davon auszugehen, dass heterogene Aufforderungen oder Erwartungen an den Verurteilten erzieherisch abträglich sein können, soweit sie zu Lasten einer Orientierungshilfe gehen oder gar als widersprüchliches Verhalten erscheinen mögen. Zudem könnten zB besonders spezielle Maßnahmen des Gerichts die Tätigkeit des BewHelfers einengen (*Dallinger/Lackner* § 24 Rn. 33; s. auch RL 2 S. 2 zu § 25) oder dieser gar zuwiderlaufen.

6a   Andererseits wird es zulässig und im Einzelfall sogar angezeigt sein, dass das JGericht solche Maßnahmen erteilt bzw. anordnet, die *außerhalb* des Einflussbereichs des BewHelfers bleiben sollen.

3. Befristung; nachträgliche Entscheidungen

7   **a) Bewährungszeit.** Grundsätzlich dürfen die Weisungen und Auflagen für die BewZeit getroffen werden. Innerhalb dieser Vorgabe dürfen sich Weisungen ggf. aber auch auf einen kürzeren (zur Erreichung eines vorgesehenen Teilzwecks etwa zureichenden) Zeitraum beschränken. – Auflagen dürfen sich in einem einmaligen Handeln (zB Schadenswiedergutmachung) erschöpfen.

b) Abs. 1 S. 3. Die Zulässigkeit **nachträglicher Anordnung** von Wei- **8** sungen und Auflagen entspricht einem praktischen Bedürfnis, damit der JRichter nicht verpflichtet ist, die Entscheidung über BewWeisungen und -auflagen unmittelbar mit derjenigen über die Aussetzung der Vollstr zBew zu verbinden. Gegen die Zulässigkeit der **Änderung** von BewWeisungen und -auflagen können hingegen Bedenken im Hinblick auf die Prinzipien der Rechtssicherheit und der Bestimmtheit ebenso wie wegen erziehungs-psychologischer Belange bestehen (vgl. → Rn. 9, 10; ergänzend → § 11 Rn. 5 ff.; zur Nichtgeltung des Verschlechterungsverbot betr. BewAuflagen im Bereich des § 23 Abs. 1 S. 3 vgl. → § 55 Rn. 82). Für eine **Aufhebung** können rechtliche Bedürfnisse (zB im Falle eines Zivilurteils, das einer Wiedergutmachungsauflage die Grundlage entzogen hat, vgl. → § 15 Rn. 6; *Jakobs/Molketin* Jugendwohl 1983, 159 ff.) oder Umstände der nachfolgenden Entwicklung einen Anlass geben.

aa) Unzulässig wäre eine **ändernde** Anordnung, die primär der **Vor-** **9** **bereitung** einer **Widerruf**sentscheidung dient (s. zur Urinkontrolle aber OLG Stuttgart Die Justiz 1987, 234 (für das allg. StR); krit. schon *Mrozynski* JR 1983, 397 (403); vgl. auch → Rn. 5). Bezüglich der Frage nach der Zulässigkeit einer **Änderung** ist nicht zu verkennen, dass sich mitunter erst im Verlauf der BewZeit eine angeordnete Art der erzieherischen Beein-flussung als ungeeignet erweist, eine nicht angeordnete Art hingegen als Erfolg versprechend. Dies kann zB der Fall sein, weil die Entwicklung des Verurteilten anders verlaufen ist, als das JGericht es sich vorgestellt hatte, wenn eine nicht voraussehbare Änderung von Umständen in den Lebens-verhältnissen des Verurteilten eingetreten ist (RL 2 iVm RL 1, 2 zu § 11) oder weil durch ein abw. Zivilurteil zB einer Wiedergutmachungsauflage die (erzieherische) Grundlage entzogen ist (vgl. *Jakobs/Molketin* Jugendwohl 1983, 159 ff.). – Rechtssystematisch lässt sich darauf verweisen, dass BewAuf-lagen dann nachträglich angeordnet werden dürfen, wenn die Entscheidung über die Aussetzung zBew erst nachträglich geschieht (§ 57).

bb) Bei einer Abwägung der verschiedenen Gesichtspunkte wird eine **10** Änderung von **Auflagen** zumindest dann, wenn diesen entgegen der hier vertretenen Auffassung (vgl. → Rn. 5) ein ahndender Charakter zukommt, als **unzulässig** gelten müssen, **sofern** andernfalls eine **zusätzliche Beein-trächtigung** (bzw. Beschwer) für den Verurteilten eintreten würde (vgl. ähnlich zum allg. StR *Kinzig* in Schönke/Schröder StGB § 56e Rn. 3; **aA** die hM, BGH NJW 1982, 1544 = JR 1982, 338 mAnm *Meyer;* OLG Frankfurt a. M. NJW 1971, 720; *Fischer* StGB § 56e Rn. 1; mit Einschrän-kungen auch *Heger* in Lackner/Kühl StGB § 56e Rn. 3; *Grethlein* Ver-schlechterungsverbot 54 ff.; *Ostendorf* in NK-JGG Rn. 11 für „begründete Ausnahmefälle"). Selbst wenn im allg. StR eine Änderung der BewAuflagen als gerechtfertigt gelten könnte, falls der Richter vorher schon bestehende Umstände erst nachträglich erfahren hat oder schon bekannt gewesene Umstände aufgrund neuer Einsichten anders beurteilt (vgl. aber OLG Stutt-gart NStZ-RR 2004, 89: nur wenn sich „objektiv" etwas geändert hat) – nicht allerdings bei „bloßen Änderungen der Bewertung von Rechtsfragen" (*Fischer* StGB § 56e Rn. 2) –, so widerspräche es den **erzieherischen**

Prinzipien der **Konsequenz** und des erforderlichen **Vertrauens,** wenn diese, nicht von dem Verurteilten zu vertretenden Gründe im Nachhinein eine Auflage zulässig sein ließen.

4. Nichtbefolgungsarrest

11 **a) Voraussetzungen.** Kommt der Verurteilte den erteilten Weisungen oder angeordneten Auflagen **schuldhaft** nicht nach, so kann JA verhängt werden, wenn eine geeignete **Belehrung** (§ 70a Abs. 1 aF bzw. § 70b Abs. 1 nF) über die Folgen schuldhafter Zuwiderhandlung erfolgt war (§ 23 Abs. 1 S. 4, § 11 Abs. 3, § 15 Abs. 3 S. 2; nach BVerfG (3. Kammer des 2. Senats) NJW 1989, 2529 steht dies trotz Art. 103 Abs. 3 GG einer strafrechtlichen Ahndung nicht entgegen; zur Unzulässigkeit weiterer Beschwerde OLG München StV 2011, 596). Ziel dieser Regelung ist es, durch rasch verhängten JA den Widerruf zu vermeiden. Dies mag insbes. bei JAVollzug ohne berufs- oder schulausbildungsgefährdende Konsequenzen zwar als einleuchtend erscheinen (vgl. schon *Wagner* Jugendwohl 1986, 211), andererseits teilweise als inkonsequent, soweit − unabhängig von der Schwere der Tatschuld − anlässlich der Verurteilung die Voraussetzungen zur Anordnung von JA nicht bejaht wurden. Auch steht diese Regelung, zumindest im Falle der Anordnung und Vollstr des JA, im Gegensatz zu allg. erziehungspsychologischen Grundsätzen (vgl. → § 11 Rn. 13).

11a Hiernach verhängter JA wird in das Erziehungsregister eingetragen (§ 60 Abs. 1 Nr. 2 BZRG idF des Gesetzes v. 18.7.2017 (BGBl. I 2732)), vgl. krit. → § 11 Rn. 26. Die Verpflichtung, der Auflage oder Weisung nachzukommen, besteht weiterhin (*Nehring* in BeckOK JGG Rn. 17; → § 11 Rn. 24).

12 **b) Widerruf der Aussetzung.** Im Falle des als „gröblich und beharrlich" beurteilten Verstoßes gegen BewWeisungen und -auflagen kann unter bestimmten Umständen ein Widerruf der Aussetzung zulässig sein (§ 26).

III. Einbeziehung des Bewährungshelfers

1. Zuständigkeitsabgrenzung

13 In der Praxis bedarf es einer **Abgrenzung** zwischen (unzulässiger) Delegierung des **jugendrichterlichen** Weisungsrechts auf den **BewHelfer** und dessen **Befugnissen** zur Erteilung von konkreten Anordnungen (zB bzgl. Arbeit, Familie, Kontaktpersonen, Freizeit, finanzielle Angelegenheiten).

14 **a) Unzulässige Aufgabenübertragung. aa)** Nach inzwischen ganz überwiegender Auffassung wäre eine jugendrichterliche Weisung des Inhalts unzulässig, „allen Weisungen des BewHelfers nachzukommen" (ob sie als Anordnung dazu gewissermaßen umgedeutet werden könnte, Ratschläge des BewHelfers zu berücksichtigen (so *Pentz* RdJB 1961, 305 (309))), erscheint fraglich. Eine entsprechend umfangreiche **Delegierung** des jugendrichterlichen Rechts zur Erteilung von Weisungen **verbietet** sich wegen des *Bestimmtheits*prinzips. Zugleich ist die mit dem Recht auf Erteilung von Weisungen geschaffene Legitimation für Eingriffe in *Grundrechte* an die Stellung des JRichters gebunden und ohne gesetzliche Grundlage nicht auf den BewHelfer übertragbar. Nicht zuletzt würde eine entsprechend umfang-

reiche Delegierung iErg zu einer Verlagerung der Verantwortung des JRichters führen, wodurch dem BewHelfer eine Machtposition ggü. dem Verurteilten zuwachsen würde, die der gesetzlichen Leitvorstellung eines partnerschaftlichen Verhältnisses zwischen ihm und dem Verurteilten widersprechen würde. Aus der zuletzt genannten Erwägung ergibt sich zugleich, dass eine Delegierung auch aus erzieherischen Gründen nicht angezeigt ist.

bb) Der **BewHelfer** sollte die erzieherisch als erforderlich erachteten **Maßnahmen** idR mit **Einverständnis** des **Verurteilten** durchführen. Lehnt der Verurteilte es ab, Ratschläge des BewHelfers zu berücksichtigen, deren Nichtbefolgung den Erfolg der Aussetzung zBew in Frage stellt, so wird angenommen, der JRichter könne nachträglich (Abs. 1 S. 3; vgl. zur Problematik auch → Rn. 8) Weisungen entsprechenden Inhalts erteilen (vgl. schon *Berndt* Bewährungshilfe 1963, 229 ff.). Soweit der Verurteilte ein Verhalten zeigt, das bereits als unmittelbarer Verstoß gegen Mindestanforderungen an eine Legalbewährung zu beurteilen und daher zu unterbinden ist, so bleibt dem BewHelfer der Hinweis auf einen drohenden Widerruf der Aussetzung. **14a**

b) Zulässige Aufgabenübertragung. aa) Hingegen ist es **zulässig,** wenn der Richter die Ausgestaltung der **Durchführung** einer **Weisung** im Einzelnen dem BewHelfer überlässt, sofern bei Erteilung der Weisung ein rechtlicher Maßstab (vgl. *Dallinger/Lackner* Rn. 6a) festgelegt wurde und der BewHelfer innerhalb dieser Grenzen tätig wird (zust. OLG Schleswig SchlHA 1988, 168: kein zusätzlicher Eingriff in die Rechtssphäre des Verurteilten (zum allg. StR); in diesem Fall zw. wegen der Art der zu erbringenden Arbeit). Aus Gründen des *technischen Ablaufs* der Durchführung einer Weisung wie auch aus Gründen einer notwendigen Selbstständigkeit des BewHelfers in seiner Tätigkeit wird sich ein entsprechendes Vorgehen in der Praxis vielfach empfehlen. **15**

bb) Hinsichtlich der **Auflagen** wird nach deren Inhalt zu differenzieren sein, wobei besonders die Arbeitsauflage (vgl. → § 15 Rn. 13a) enge Grenzen der Befugnisse des BewHelfers verlangt, ohne dass diese Grenzen im Einzelnen gesetzlich vorgegeben wären. So wurde zB entschieden, dass Art, Umfang, Zeit, Ort sowie die Stelle, bei der die Leistung zu erbringen ist, richterlicher Bestimmung bedürfen (vgl. LG Zweibrücken VRS 10 (119), 121 (zum allg. StR)). Nach aA genüge es hinreichender Bestimmtheit, dass „100 Stunden gemeinnützige unentgeltliche Arbeit nach näherer Weisung des Bewährungshelfers innerhalb von 3 Monaten" zu verrichten seien (OLG Hamm NStZ 1998, 56 (zum allg. StR)). **15a**

2. Beispiele für Weisungen

Es kann angezeigt sein, solche Weisungen zu erteilen, die die Durchführung der BewAufsicht erleichtern oder eine Betreuung erst ermöglichen (zB Verpflichtung, den Vorladungen des BewHelfers zur Sprechstunde Folge zu leisten oder einen Wechsel von Wohnsitz oder Arbeitsplatz alsbald dem Gericht mitzuteilen). Hingegen kann es sich als unzulässig darstellen, eine Weisung des Inhalts zu erteilen, Wohnsitz (vgl. betr. Führungsaufsicht → § 7 Rn. 62) oder Arbeitsplatz (vgl. auch → § 10 Rn. 11) nur nach vorheriger Zustimmung des BewHelfers zu wechseln (aA *Brunner/Dölling* Rn. 2). **16**

3. Überwachung

17 Es obliegt dem BewHelfer (§ 24 Abs. 3), nicht der JGH (§ 38 Abs. 2 S. 5 aF bzw. § 38 Abs. 5 S. 1 nF), die Einhaltung der Weisungen bzw. Auflagen zu kontrollieren.

IV. Zusagen oder Anerbieten von Leistungen

18 Gemäß Abs. 2 besteht aus erzieherischen Gründen die Möglichkeit, **bei Zusagen** und **Anerbieten** angemessener **Leistungen** „idR" vorläufig von Weisungen oder Auflagen **abzusehen** und dem Jugendlichen selbst die Initiative für eine Genugtuung zu überlassen.

1. Fürsorgepflicht des Jugendgerichts

19 Hierbei ist zu bedenken, dass der **Verurteilte,** zumal in der **Ausnahmesituation** der **HV,** mit einer Entscheidung zu Zusagen oder Anerbieten häufig **überfordert** sein wird, selbst wenn er vorher beraten wurde. So mag er ausschließlich von der Alternative Freiheit oder JStVollzug geleitet sein und seine Möglichkeiten überschätzen, Zusagen oder Anerbieten auch einlösen zu können. Insofern stellt diese Regelung iErg einen Vorteil für diejenigen Verurteilten dar, die aufgrund sozio-ökonomisch günstiger Verhältnisse davon ausgehen können, in der Lage zu sein, entsprechende Erklärungen auch einzuhalten (zust. *Nix* in Nix Rn. 1).

20 Aus diesen Gründen wird jedenfalls die Art der **Verhandlungsführung** erhebliche Bedeutung haben (näher → Einl. Rn. 51 f. sowie → § 50 Rn. 11 –13 und § 70c Abs. 1 nF). Insbesondere wird darauf zu achten sein, dass etwaige Widersprüche aufgeklärt werden (zB Bestreiten des Tatvorwurfs, aber gleichzeitig Zusage). Zudem ist insofern möglicherweise das nachträgliche Beschlussverfahren (§ 57 Abs. 1, 3 S. 1; vgl. auch RL zu § 57) eher geeignet, zumal eine bejahende Beantwortung durch den Jugendlichen mit dem Verteidigungsvorbringen unvereinbar sein könnte (vgl. vormals *Thiesmeyer* RdJB 1970, 33 (37)).

2. Nichteinhaltung

21 Kommt der Jugendliche seinen Zusagen nicht nach, so ist dies **kein Widerrufsgrund** iSv § 26, sondern ggf. Anlass, gem. Abs. 1 einen Beschluss betr. Weisungen und Auflagen zu erlassen bzw. gem. § 22 Abs. 2 S. 2 die BewZeit zu verlängern.

V. Verfahrensrechtliches

1. Allgemeine Regelungen

22 Es wird auf §§ 58–60 verwiesen.

2. Einzelfragen

23 BewWeisungen und -auflagen werden nicht im Urteil, sondern durch **besonderen Beschluss** angeordnet **(§ 58).** – Die **Belehrung** über die

Folgen schuldhafter Zuwiderhandlung gegen Weisungen und Auflagen geschieht zweckmäßigerweise bei der Belehrung über die Aussetzung und/oder iVm der Aushändigung des BewPlans (§ 60; vgl. auch → Rn. 25), und muss iSv § **70a Abs. 1** aF bzw. § 70b Abs. 1 nF in geeigneter Weise vorgenommen werden.

Zur Zulässigkeit der **Anfechtung** s. § 59 Abs. 2, zu Fragen des **Ver- 24 schlechterungsverbots** → § 55 Rn. 82.

3. Bewährungsplan

Darin werden die angeordneten BewWeisungen und -auflagen (nach 25 Rechtskraft) zusammengestellt (**§ 60**).

Bewährungshilfe

24 (1) ¹**Der Richter unterstellt den Jugendlichen in der Bewährungszeit für höchstens zwei Jahre der Aufsicht und Leitung eines hauptamtlichen Bewährungshelfers. ²Er kann ihn auch einem ehrenamtlichen Bewährungshelfer unterstellen, wenn dies aus Gründen der Erziehung zweckmäßig erscheint. ³§ 22 Abs. 2 Satz 1 gilt entsprechend.**

(2) ¹**Der Richter kann eine nach Absatz 1 getroffene Entscheidung vor Ablauf der Unterstellungszeit ändern oder aufheben; er kann auch die Unterstellung des Jugendlichen in der Bewährungszeit erneut anordnen. ²Dabei kann das in Absatz 1 Satz 1 bestimmte Höchstmaß überschritten werden.**

(3) ¹**Der Bewährungshelfer steht dem Jugendlichen helfend und betreuend zur Seite. ²Er überwacht im Einvernehmen mit dem Richter die Erfüllung der Weisungen, Auflagen, Zusagen und Anerbieten. ³Der Bewährungshelfer soll die Erziehung des Jugendlichen fördern und möglichst mit dem Erziehungsberechtigten und dem gesetzlichen Vertreter vertrauensvoll zusammenwirken. ⁴Er hat bei der Ausübung seines Amtes das Recht auf Zutritt zu dem Jugendlichen. ⁵Er kann von dem Erziehungsberechtigten, dem gesetzlichen Vertreter, der Schule, dem Ausbildenden Auskunft über die Lebensführung des Jugendlichen verlangen.**

Bestellung und Pflichten des Bewährungshelfers

25 ¹**Der Bewährungshelfer wird vom Richter bestellt. ²Der Richter kann ihm für seine Tätigkeit nach § 24 Abs. 3 Anweisungen erteilen. ³Der Bewährungshelfer berichtet über die Lebensführung des Jugendlichen in Zeitabständen, die der Richter bestimmt. ⁴Gröbliche oder beharrliche Verstöße gegen Weisungen, Auflagen, Zusagen oder Anerbieten teilt er dem Richter mit.**

Schrifttum *Bieker,* Bewährungshilfe aus der Adressatenperspektive, 1989; *Bockwoldt,* Strafaussetzung und Bewährungshilfe in Theorie und Praxis, 1982; *Böttner,* Der Rollenkonflikt der Bewährungshilfe in Theorie und Praxis, 2004; *Hesener,* Die Arbeitsbeziehung Bewährungshelfer – Proband, 1986; *Klug/Schaitl,* Soziale Dienste der Justiz, 2012; *Kury* (Hrsg.), Entwicklungstendenzen kriminologischer Forschung, 1986; *Lip-*

penmeier, Soziale Gruppenarbeit in der Bewährungshilfe, 1981; *Sommer,* Bewährungshilfe zwischen Beratung und Zwang, 1986; *Spieß,* Soziale Integration und Bewährungserfolg, 1983; *Winter/Winter,* Bewährungshelfer im Rollenkonflikt, 1974.

Übersicht

	Rn.
I. Anwendungsbereich	1
II. Allgemeines	2
1. Hauptamtlicher und ehrenamtlicher Bewährungshelfer	2
a) Hauptamtlicher BewHelfer	2
b) Ehrenamtlicher BewHelfer	4
2. Obligatorische Unterstellung; Beginn und Ende der Tätigkeit	6
a) Unterschied zum allgemeinen Strafrecht und Durchbrechung	6
b) Beginn und Ende der Tätigkeit	7
3. Verhältnis zur (Jugend-)Strafjustiz	8
a) Weisungsgebundenheit und Dienstaufsicht	8
b) Einflussmöglichkeiten	10
III. Aufgaben und Rechte	11
1. Informationspflicht	11
a) Bericht und Mitteilung	11
b) Unterschiedliche Informationsanlässe	13
c) Verschwiegenheitspflicht	16
2. Hilfe und Betreuung	19
a) Einzelfallhilfe	21
b) Gespräche	22
c) „Doppelfunktion"	23
d) Zusammenwirken mit Erziehungsberechtigten und gesetzlichen Vertretern	24
3. Rechte	25
IV. Verfahrensrechtliches	28
1. Grundsätze und Vorschriften der StPO	28
2. Sonstiges	29

I. Anwendungsbereich

1   Es gelten die Erl. zu § 21 I.1. und 2. entsprechend. – Wegen Sonderregelungen bei Soldatinnen und Soldaten s. § 112a Nr. 4 und 5 sowie Erl. dort.

II. Allgemeines

1. Hauptamtlicher und ehrenamtlicher Bewährungshelfer

2   **a) Hauptamtlicher BewHelfer.** Es handelt sich um eine zu diesem Zweck bei einer Verwaltungsbehörde beschäftigte Person. Diese ist Amtsträger iSv § 11 Abs. 1 Nr. 2 StGB, und zwar unabhängig davon, ob sie dienstrechtlich als Beamter oder als Angestellter (des öffentlichen Dienstes) tätig ist. Wegen der Eignungsvoraussetzungen und der organisatorischen Stellung des hauptamtlichen BewHelfers vgl. Erl. zu → § 113 Rn. 1 ff.

Das Ziel einer Vertrauensbildung zwischen Proband und BewHelfer lässt 3
es als empfehlenswert erscheinen, die **Zuweisung** des BewHelfers nicht
nach dem Geschäftsverteilungsplan (vgl. näher → § 113 Rn. 1 ff.), sondern
einzelfallbezogen nach der Geeignetheit gem. **personalen** und **sozialen**
Gegebenheiten vorzunehmen (vgl. auch → Rn. 5; zur Praxis aber etwa
schon *Stein* Bewährungshilfe 1987, 155), und zwar insbes. dann, wenn die
Zuweisung im Einvernehmen mit dem Probanden geschehen kann (nach
der Befragung von *Hesener,* Die Arbeitsbeziehung Bewährungshelfer − Proband, 1986, 169 f. wollten 78,5 % der Probanden ihren BewHelfer selbst
aussuchen (methodisch einschr. aber 136, 138, 141)). Zwar liegen einzelne
Befragungsergebnisse vor, denen zufolge die Probanden das Verhältnis zu
den BewHelfern als eher positiv beurteilen (vgl. etwa *Bieker,* Bewährungshilfe aus der Adressatenperspektive, 1989, 165 (betr. Verurteilte auch nach
allg. StR); *Kawamura-Reindl / Stancu* Bewährungshilfe 2010, 133 ff., speziell
S. 146 f.: 82,8 % gaben an, im Falle erneuter Verurteilung denselben
BewHelfer wieder haben zu wollen). Jedoch sind solche Ergebnisse ua deshalb nicht frei von Einwänden, weil den Probanden nach ihren Angaben zB
schon die „Doppelfunktion" des BewHelfers überwiegend nicht bekannt
gewesen sei (vgl. *Bieker,* Bewährungshilfe aus der Adressatenperspektive,
1989, 161; *Kawamura-Reindl / Stancu* Bewährungshilfe 2010, 133 (141 f.)). Im
Übrigen ist es nicht fernliegend, dass die Probanden Misstrauen hinsichtlich
der Anonymität der Befragung gehegt haben könnten (unbeschadet der
Übergabe des Fragebogens an den BewHelfer in einem „geschlossenen
Kuvert"), sodass insoweit eine Orientierung an der Erwünschtheit nicht
ausgeschlossen werden kann (vgl. zB *Kawamura-Reindl / Stancu* Bewährungshilfe 2010, 133 (136): schriftliche Befragung in der (besonders heiklen) Phase
zwischen sechs und zwei Monaten vor Ende der BewZeit).

b) Ehrenamtlicher BewHelfer. Die Unterstellung unter einen solchen 4
ist im Sinne einer Ausnahme vorgesehen (§ 24 Abs. 1 S. 2). Diese von
Gesetzes wegen nachgeordnete Platzierung wird damit begründet, dass die
für die Tätigkeit eines BewHelfers erforderlichen Kenntnisse bei ehrenamtlich tätigen Personen nicht vorausgesetzt werden könnten. Zwar trifft es
zu, dass „guter Wille" und emotionales Engagement zwar hervorragende
Bedeutung für die Aufgabe eines BewHelfers haben, dass sie aber mangelnde
Kenntnisse der Kriminologie sowie der Entwicklungs-, Erziehungs- und
Sozialpsychologie nicht zu ersetzen vermögen. Andererseits scheint es gerade
an einer diesbezüglichen Qualifikation vielfach auch bei hauptamtlichen
BewHelfern zu fehlen (näher → § 113 Rn. 5f).

Hingegen mag die Position des ehrenamtlichen BewHelfers, da dieser der 4a
Dienstaufsicht einer Anstellungsbehörde im engeren Sinne nicht untersteht,
teilweise dem Verdacht ausgesetzt sein, tendenziell eher den Bedürfnissen
und Interessen des Verurteilten als den Eigeninteressen der Verwaltungs- und
Justizbehörden nahe zu stehen. Insofern verwundert es nicht, wenn als
ehrenamtliche BewHelfer vielfach solche Personen herangezogen werden,
die − außerhalb der amtlichen BewHilfe − im öffentlichen Dienst tätig sind.

aa) Ein **ehrenamtlicher** BewHelfer kann einen erheblichen **Vertrau-** 5
ensvorsprung haben bzw. gewinnen, wenn eine individuelle Durchführung
von Aufsicht und Betreuung möglich ist (vgl. allg. schon *Cyrus* Bewährungshilfe 1982, 357). Dies wird für Personen gelten, die den Verurteilten bereits
verhältnismäßig gut kennen und Einfluss auf ihn haben (zB auch Verwandte).

Insofern enthält die Einrichtung des ehrenamtlichen BewHelfers die Chance der **Eignung** zur Aufsicht und Betreuung gerade **des konkreten Jugendlichen** (sog. „matching"). Entsprechendes gilt für diejenige Voraussetzung einer adäquaten Betreuung, dass der BewHelfer mit den kulturellen und sozialen Bedingungen der Lebensführung der unterstellten Person zumindest vertraut ist. Allerdings scheint überwiegend sozio-ökonomisch und speziell ausbildungsmäßig eine Statusdiskrepanz zu bestehen (nach einer Auswahl von *Spieß-Kiefer/Bluhm* (Bewährungshilfe 1985, 146) hatten 26,3% der ehrenamtlichen Mitarbeiter in der BewHilfe Realschulabschluss, 10,5% Fachabitur, 28,9% Abitur und ebenfalls 28,9% abgeschlossenes Hochschulstudium). – Zudem mag durch die Bestellung eines ehrenamtlichen BewHelfers zB eine (zusätzliche) Stigmatisierung des Verurteilten in seiner sozialen Umgebung eher vermieden werden als durch den Einsatz eines hauptamtlichen BewHelfers. Ehrenamtliche entwickeln ggf. einen eigenständigen Zugang zu den Probanden, da sie idR nicht von dem institutionellen Berufsfeld und der JStrafjustiz geprägt sind. Insofern wäre eine zu enge Verzahnung mit hauptamtlichen BewHelfern ggf. abträglich, und das Gleiche ist wegen etwaiger Konkurrenzen und Rivalitäten nicht auszuschließen (vgl. zum Ganzen auch *Reckling* ZJJ 2016, 230).

5a **bb)** Zweifelhaft ist aus Gründen einer erzieherisch einheitlichen Vorgehensweise solche Rollenträger geeignet sind, die bereits als Heimleiter etwa gem. § 34 KJHG tätig sind (bejahend *Potrykus* NJW 1955, 245; *Heinen* Bewährungshilfe 1956, 233 (235); vgl. auch → § 90 Rn. 16). So kann die zusätzliche Funktion eines ehrenamtlichen BewHelfers zu Machtzuwachs bei mangelnder Transparenz und Kontrolle der Tätigkeit führen (vgl. auch → § 21 Rn. 21).

2. Obligatorische Unterstellung; Beginn und Ende der Tätigkeit

6 **a) Unterschied zum allgemeinen Strafrecht und Durchbrechung.** Anders als im allg. StR (§ 56d Abs. 1 StGB) ist nach **§ 24 Abs. 1 S. 1** die jugendrichterliche **Unterstellung** unter einen BewHelfer im JStR **obligatorisch** (vgl. aber zur partiellen (zeitlichen) Durchbrechung → Rn. 7). Dies wird teilweise für entbehrlich (*Fritschka* Bewährungshilfe 1991, 285; DVJJ 1993 AK V/4; str. in UK IV DVJJ-Journal 1992, 36) bzw. für zu wenig flexibel gehalten (s. (etwa betr. Fahrlässigkeitsdelikte) *Müller-Engelmann* Bewährungshilfe 1982, 332 (335)).

6a Jedoch ist in § 24 Abs. 1 S. 1 (eingef. durch 1. JGG-ÄndG) zugleich eine Durchbrechung der obligatorischen BewUnterstellung vorgesehen, da die Betreuung nach Ablauf von etwa zwei Jahren präventiv weniger bedeutsam ist (für eine weitergehende Kürzung der Betreuungszeit (und eingeschränkt auch der BewZeit) schon UK IV DVJJ-Journal 1992, 36; gegen die in Rede stehende Trennung *Cyrus* Bewährungshilfe 1984, 199). Für das allg. StR war zwar bereits durch das 23. StRÄndG v. 13.4.1986 (BGBl. I 393) die Möglichkeit der Unterstellung nur für „einen Teil" der BewZeit (§ 56d Abs. 1 StGB) eingeführt worden, woraus sich für das JStR jedoch schon deshalb keine unmittelbaren Folgerungen ergaben, weil die Unterstellung im JStR eine ungleich größere Bedeutung gewinnt als im allg. StR, für das sie schon nicht obligatorisch ist (vgl. auch *Eisenberg* MschKrim 1988, 136). Entsprechend der erzieherischen Zielsetzung des JGG kann die genannte Durchbrechung oftmals dergestalt überwunden werden, dass der JRichter mit der Betreu-

ungszeit auch die BewZeit (ggf. unter Verkürzung derselben, → § 22 Rn. 8)
enden lässt (vgl. auch BT-Drs. 11/5829, 20). Im Allg. allerdings wird die
Dauer der Unterstellung so zu bemessen sein, dass eine möglichst förderliche
Betreuung es gestattet, Betreuungs- und Bewährungszeit in Übereinstimmung zu halten (ebenso *Nehring* in BeckOK JGG Rn. 8).

b) Beginn und Ende der Tätigkeit. Der Beginn bestimmt sich nach 7
§ 22 Abs. 2 S. 1 (Abs. 1 S. 3).

Gemäß **§ 24 Abs. 2** (eingeführt durch 1. JGG-ÄndG) ist, etwa auf An- 7a
regung des BewHelfers hin, nach S. 1 Hs. 1 nicht nur die vorzeitige Aufhebung der Unterstellung, sondern zB auch die Verkürzung oder − ggf.
unter Überschreitung der zeitlichen Grenze nach § 24 Abs. 1 S. 1 (§ 24
Abs. 2 S. 2) − Verlängerung der Betreuungszeit zulässig. Aus Gründen der
Kontinuität hat dies während der laufenden Unterstellung zu geschehen.
Nach § 24 Abs. 2 S. 1 Hs. 2 kann darüberhinaus erforderlichenfalls die
vorbezeichnete Durchbrechung der obligatorischen BewUnterstellung rückgängig gemacht werden. Stets bestimmt sich das **Höchstmaß** nach § 22
Abs. 2 S. 2.

3. Verhältnis zur (Jugend-)Strafjustiz

a) Weisungsgebundenheit und Dienstaufsicht. Der BewHelfer unter- 8
liegt einer fachlichen Weisungsgebundenheit durch den JRichter (nach § 24
Abs. 1 JGG aF stand er insoweit sogar „unter Aufsicht" des JRichters), der
hauptamtliche BewHelfer steht daneben unter der Dienstaufsicht der Anstellungsbehörde (dazu aber näher Erl. zu § 113).

aa) Demgemäß kann der JRichter dem BewHelfer zur Ausführung seiner 8a
Aufgaben **Anweisungen** erteilen. Dies gilt für Aufsicht wie Betreuung, da
der JRichter die Verantwortung für beide Bereiche trägt, und da sie sich in
der praktischen Arbeit vielfach ohnehin überschneiden. Allerdings wird es
sich empfehlen, den BewHelfer nach Möglichkeit von bis ins einzelne
gehenden Anweisungen zu verschonen, da ihm andernfalls die zur erzieherischen Tätigkeit erforderliche Selbstständigkeit genommen würde (vgl. auch
→ § 23 Rn. 13 ff.). − In der Praxis steht eine Ausübung der Fachaufsicht
durch die JRichter ohnehin eher zurück (s. etwa *Foth* Bewährungshilfe 1987,
197), zumal die fachliche Eignung des JRichters in (Methoden-)Fragen der
Sozialarbeit teilweise bezweifelt wird (vgl. etwa *Stein* Bewährungshilfe 1987,
155), und zwar auch von JRichtern selbst.

bb) „**Im Einvernehmen mit dem Richter**" überwacht der BewHelfer 9
„die Erfüllung der Weisungen, Auflagen, Zusagen und Anerbieten" (§ 24
Abs. 3 S. 2; vgl. RL 1). Er hat dem JRichter über die Lebensführung (vgl.
zu diesem unbestimmten Rechtsbegriff § 10 Abs. 1 S. 2 (→ § 10 Rn. 3 ff.))
des Verurteilten zu **berichten**, und zwar in Zeitabständen, die der JRichter
bestimmt (§ 25 S. 3). Jedoch steht ihm (auch im JStR (zum Recht auf
Zutritt gem. § 24 Abs. 3 S. 4 vgl. → Rn. 24, 26)) eine unmittelbare oder gar
umfassende Überwachung der Lebensführung nicht zu. Ein Datenaustausch
ist nach allg. datenschutzrechtlichen Grundsätzen in aller Regel von dem
Einverständnis des Verurteilten abhängig, dh die rechtlichen Möglichkeiten,
zur Erfüllung der Berichtpflicht Informationen zu erlangen, sind insoweit
begrenzt (vgl. ergänzend → § 23 Rn. 6, → § 60 Rn. 15; krit. zu den RL
Fünfsinn Bewährungshilfe 1993, 125; *Böttner,* Der Rollenkonflikt der Be-

währungshilfe in Theorie und Praxis, 2004, 45, 67 f.). – Der JRichter seinerseits soll bzw. muss (§ 58 Abs. 1 S. 2) den BewHelfer vor der Erteilung und Abänderung (vgl. krit. → § 23 Rn. 9, 10) von Weisungen und Auflagen, vor Verlängerung und Verkürzung der BewZeit und vor der abschließenden Entscheidung hören.

10   **b) Einflussmöglichkeiten.** Der BewHelfer ist in seiner Tätigkeit der Gefahr einer Verengung im Rahmen „professioneller" Standards (*Dollinger* MschKrim 2012, 1 ff.; krit. zu der daran in den Vordergrund rückenden Sicherheits- und Opferorientierung *Schlepper/Wehrheim* KrimJ 2017, 3 ff.) ausgesetzt. Zudem ist er in besonderem Maße mit **institutionalisierten Handlungsnormen** konfrontiert, und zwar denjenigen seiner Anstellungsbehörde (zu Grundlagen der dienstlichen Beurteilung s. vormals *Gräber* Bewährungshilfe 1982, 302 (309 f.)) ebenso wie denjenigen der JGerichte. Insbesondere wird er sich mit dem Gericht arrangieren und demzufolge auch seine Stellungnahmen dergestalt abfassen, dass sie dem Gericht geeignet erscheinen, will er nicht an Einwirkungsmöglichkeit verlieren. Im Übrigen gilt ein regelmäßiger persönlicher Kontakt als unerlässlich, um ein gewisses Vertrauen zwischen BewHelfer und JRichter zu ermöglichen. – Nach empirischen Anhaltspunkten hat der BewHelfer durchaus Einflussmöglichkeiten iSd Entlastung des Probanden, und zwar gerade in Fällen (angeblich) ungünstiger Prognose etwa wegen strafrechtlicher Vorbelastungen sowie Defiziten im Schul- und Berufsausbildungsbereich (vgl. etwa schon *Spieß* Bewährungshilfe 1984, 255 f.; *Hermann/Kerner* in Kury, Entwicklungstendenzen kriminologischer Forschung, 1986, 187, wonach dies indes nicht bei erzieherischen Defiziten bzw. solchen der Herkunftsfamilie gelte).

10a   Zugleich ist der BewHelfer auf eine reibungslose Zusammenarbeit mit anderen Behörden (zB Jugend-, Arbeits- und Wohnungsamt, Vollzugsanstalt), die zur Amtshilfe verpflichtet sind, sowie mit Wohlfahrts-Organisationen und ggf. auch Heimen angewiesen. Demgemäß muss er sich auch auf deren jeweilige organisationsinterne Handlungsnormen einstellen: zB zu solchen der Ausländerbehörde, die den Kriterien der BewHilfe entgegenstehen können, bereits *Bruckmeier/Thiem-Schräder* Bewährungshilfe 1982, 262 (265 ff.)). Ungeachtet dieser inner-/interinstitutionellen Bindungen bestehen Spielräume der BewHelfer, um unterschiedliche Stile entwickeln und dabei die widersprüchlichen Aufgaben der BewHilfe (→ Rn. 11 ff., 19 ff.) differenziert ausbalancieren zu können. Das Spektrum liegt zwischen den Polen des „caseworker aproach" (Begleitung und Hilfestellung bei Problemlösungen und Zielerreichung) und eines „surveillance approach", der strukturgebend und weniger auf Ressourcenaufbau ausgerichtet ist (näher etwa *Doekhie ua* Journal of Developmental and Life-Course Criminology 2018, 491).

III. Aufgaben und Rechte

1. Informationspflicht

11   **a) Bericht und Mitteilung.** Begrifflich unterscheidet § 25 zwischen (angefordertem) **Bericht** (S. 3) und (nicht angeforderter) **Mitteilung** (S. 4), die jedoch gleichfalls als Bericht geschieht. **Inhaltlich** sind die Berichte stets auf diejenigen Informationen zu **beschränken,** deren es für die jeweilige

jugendrichterliche Entscheidung bedarf (vgl. *Damian* Bewährungshilfe 1992, 348; *Fünfsinn* Bewährungshilfe 1993, 121; vern. zB betr. Ablehnung von Hilfe durch den Probanden *Böttner,* Der Rollenkonflikt der Bewährungshilfe in Theorie und Praxis, 2004, 40 ff.). Die hierfür erforderlichen Daten erhält der BewHelfer iRd regelmäßigen Meldungen und Besuche, durch Dokumentenvorlage, Behördenkontakte usw (dazu und zur hierin wirksam werdenden Kontrollfunktion *Klug/Schaitl,* Soziale Dienste der Justiz, 2012, 48 ff.).

aa) Der wesentliche Zweck der **Berichtstätigkeit** des BewHelfers (§ 25 **11a** S. 3; vgl. RL 3; s. im Einzelnen schon *Sommer,* Bewährungshilfe zwischen Beratung und Zwang, 1986; für Streichung der allg. Berichtspflicht betr. die Lebensführung DVJJ 1993 AK V/4) darin, **(wahre) Tatsachenangaben** über Bezugspersonen und -gruppen des Verurteilten, über dessen Leistungs-, Sozial- bzw. Familienbereich und bezüglich seiner Freizeitgestaltung sowie seine wirtschaftlichen Verhältnisse bzw. über Verstöße iSd S. 4 zu übermitteln, und zwar jeweils möglichst ohne Selektion oder Filterung (ebenso *Mutz* Bewährungshilfe 2007, 143). Nur auf dieser Grundlage können ggf. auch Interpretationen, Bewertungen und Schlussfolgerungen für den JRichter brauchbar werden (ebenso *Brause/Klug* Bewährungshilfe 1997, 23; einschr. aber *Breternitz* Bewährungshilfe 2007, 121: im Wesentlichen wie im allg. StR). Ohnehin ist zu beachten, dass die Mitteilungen idR gem. allg. – und nicht nur die BewHilfe betreffenden – Erkenntnissen sowohl institutionenspezifisch (nach Wahrnehmungskatalog bzw. Informationsstrategie des Probanden) als auch je individuell seitens des einzelnen BewHelfers beeinflusst sein werden.

bb) Im Einzelnen kann der JRichter Tatsachenangaben nur dann verwenden, wenn der BewHelfer jeweils die **Informationsquelle** anführt **12** (nach *Mutz* Bewährungshilfe 2007, 143 eine Frage der „Verlässlichkeit"), auf die er sich bei der Angabe bezieht. Andernfalls bliebe dem JRichter keine Möglichkeit, zu überprüfen, ob es sich um **wahre oder** um **falsche Tatsachenangaben** handelt. Zudem ist verfahrensrechtlich die Verwendung des Ermittlungsergebnisses iZm einer gerichtlichen Entscheidung nur nach den Vorschriften der StPO zulässig (vgl. auch → Rn. 28), sodass in dem Bericht Angaben zu Beweismitteln enthalten sein müssen. Konstruktiv (und andererseits zeitaufwändig) wäre es, bei negativen Berichten und zu besorgenden Maßnahmen des Auftraggebers *vor* Versenden an diesen dem Probanden Gelegenheit zur (korrigierenden) Stellungnahme einzuräumen (vgl. dazu *Breternitz* Bewährungshilfe 2007, 116). – Soweit es sich bei den Informationsquellen um Personen und insbes. um den Verurteilten selbst handelt, sollte der Bericht zugleich eine Einschätzung des BewHelfers über das Verhältnis zwischen der jeweiligen Person und ihm selbst enthalten (vgl. aber *Sommer,* Bewährungshilfe zwischen Beratung und Zwang, 1986 192 f. zu häufiger Nichterwähnung von Kooperationsschwierigkeiten (zwischen BewHelfer und Proband) in den Berichten).

b) Unterschiedliche Informationsanlässe. aa) Vielfach wird nach **13** **Erst-, Zwischen- und Schlussbericht** unterschieden, wobei gem. den jeweiligen Funktionen im Allg. entsprechend unterschiedliche Zeitabstände gewahrt werden (s. auch RL 3 S. 1). Der Erstbericht soll im Anschluss an die Tatsachenvermittlung Anregungen dazu enthalten, in welcher Hinsicht die Erziehung des Jugendlichen während der BewZeit gefördert werden könnte.

Zwischenberichte sollen Angaben über den Verlauf der BewZeit und insbes. über eine etwa angezeigte Abkürzung der BewZeit oder über Änderungen des BewPlans enthalten. Der Schlussbericht (s. RL 1 zu § 26) muss ua zur Frage des Straferlasses und des Widerrufs Stellung nehmen; er muss rechtzeitig genug eingereicht werden, um erforderlichenfalls die Unterstellungs- oder BewZeit noch verlängern (näher → §§ 26, 26a Rn. 11) zu können (§§ 26 Abs. 2, 22 Abs. 2 S. 2).

14 **bb)** (1) Die Mitteilung über „gröbliche oder beharrliche Verstöße" gem. **§ 25 S. 4** (zum Datenschutz vgl. → Rn. 9, → § 23 Rn. 6, → § 60 Rn. 15) macht der BewHelfer auch außerhalb der vom JRichter nach § 25 S. 3 angeordneten Zeitabständen. Dabei wird im Allg. angenommen, dies habe umgehend (ebenso für „besondere Vorfälle" RL 3 S. 3; vgl. aber krit. → Rn. 15) und unaufgefordert zu geschehen. Hat der BewHelfer – auch im Hinblick auf die Art der Formulierung im richterlichen Beschluss (vgl. näher → § 23 Rn. 5 ff.) – Zweifelhaft, ob eine Berichtspflicht entstanden ist, kann es sich unter Abwägung mit Vertrauensbelangen ggü. dem Probanden notfalls empfehlen, dies vorab (fern-)mündlich mit dem zuständigen JRichter zu erörtern. – Wegen der Voraussetzung „gröbliche oder beharrliche Verstöße" (vgl. auch → §§ 26, 26a Rn. 8) besteht zwar weithin Einigkeit darin, dass sie dann als erfüllt gilt, wenn der BewHelfer seinerseits (trotz seiner in dem Bericht darzulegenden Bemühungen) keine Chance mehr sieht, die Verstöße zu überwinden. Wann dies gegeben ist und ob widerstrebende äußere oder innere Umstände noch überwunden oder doch abgemildert werden könnten, lässt sich indes nur von den Möglichkeiten des Einzelfalls her beurteilen. Vor allem hinsichtlich eines Verstoßes gegen die (als Weisung zugrunde liegende) Pflicht, Kontakt mit dem BewHelfer zu halten (nach *Damian* Bewährungshilfe 1992, 342 f. unterliegt ein solcher Verstoß nicht der Mitteilungspflicht), wird sich schon wegen der Vertrauensproblematik ein behutsames Vorgehen empfehlen.

14a (2) **Andere** Verstöße gegen Weisungen, Auflagen, Zusagen oder Anerbieten hingegen sind dem JRichter nach pflichtgemäßem **Ermessen** mitzuteilen. Diese abgestufte Regelung soll ein (etwa vorhandenes) Vertrauen des Verurteilten zum BewHelfer stärken (s. auch RL 2).

15 **cc)** Abgesehen von den gesetzlich umschriebenen Berichtspflichten kann es sich bei **Besonderheiten** der Umgebung oder der Persönlichkeit des Probanden ggf. empfehlen, den JRichter – in den Grenzen der Vertrauensbelange (s. RL 2) – durchgängig über Umstände zu **informieren,** die für den vorgesehenen Ablauf der BewZeit von Bedeutung sein könnten. Eine solche ständige Informationsvermittlung lässt sich am ehesten durch unmittelbaren (fern-)mündlichen Kontakt ohne Einhaltung strenger Verfahrensvorschriften erreichen.

15a Ob der BewHelfer dem JRichter ausnahmsweise (oder gar jeweils) auch von solchen negativ beurteilten Verhaltensweisen des Verurteilten berichten sollte, die nach ihrem Gewicht (noch) nicht unter § 25 S. 4 fallen, hängt von den Umständen des Einzelfalles ab (vgl. aber zum Grundsatz inhaltlicher Beschränkung → Rn. 11; nicht ganz unbedenklich RL 3 S. 2). Im Interesse der Chance zur etwaigen Anbahnung oder Aufrechterhaltung eines gewissen Vertrauensverhältnisses (s. auch RL 2) kann es sich empfehlen, von einer Mitteilung abzusehen.

c) **Verschwiegenheitspflicht. aa)** Der Bericht darf grundsätzlich **nur an** 16
den **Auftraggeber** übersandt werden (vgl. aber vormals zu sonstiger Auskunftserteilung mit dessen Zustimmung und derjenigen des Probanden (betr.
das allg. StR) etwa *Fünfsinn* Bewährungshilfe 1993, 125 f.; *Bruns* Bewährungshilfe 1997, 8; s. auch schon *Damian* Bewährungshilfe 1992, 357). Der
BewHelfer wird im Übrigen in seinem Verhalten darum **bemüht** sein, dass
der Verurteilte in seiner sozialen Umgebung **nicht** zusätzlich **benachteiligt**
oder stigmatisiert wird. Hierzu kann auch gehören, dass der BewHelfer selbst
sich insoweit in seiner Funktion nicht erkennen lässt. Strafrechtlich (§ 203
Abs. 1 Nr. 5 StGB (Sozialarbeiter)) und dienstlich verpflichtet ist er, **Verschwiegenheit** über sämtliche Umstände zu wahren, von denen er in seiner
amtlichen Eigenschaft Kenntnis erhalten hat. − Im Einzelnen muss und darf
er **Vorstrafen** des (vorzeitig entlassenen) Unterstellten dem künftigen Arbeitgeber **nicht mitteilen** (vgl. schon LG Stuttgart Justiz 1976, 469 zu
§ 839 BGB (keine Amtspflicht ggü. dem Arbeitgeber)).

bb) (1) Auch **ggü. Behörden** (speziell Polizei und StA) ist der BewHel- 17
fer zur **Verschwiegenheit** verpflichtet (§ 203 Abs. 1 Nr. 5 StGB (Sozialarbeiter); gegen innerbehördliche Geltung *Schenkel* NStZ 1995, 67). Soweit
er die Einsichtnahme in seine Handakten seitens solcher Personen dulden
muss, die außerhalb des Betreuungsverhältnisses stehen oder die nicht gleichfalls (nach § 203 Abs. 1 Nr. 5 StGB) schweigeverpflichtet sind, wird teilweise empfohlen, hinsichtlich solcher Informationen, die nicht zur Grundlage des Berichts gehören, eine zusätzliche, vor jeder Einsichtnahme geschützte Handakte anzulegen (vgl. schon *Kästner* Bewährungshilfe 1982,
320; zu datenschutzrechtlichen Problemen vgl. Bericht in Bewährungshilfe
1986, 64; betr. die JGH näher → § 38 Rn. 66 ff.). − Als erlaubt ist hingegen
die Mitteilung an Einrichtungen des Justiz- und Maßregelvollzugs geregelt,
soweit Daten für den Vollzug der Freiheitsentziehung (namentlich zur Förderung der Vollzugs- und Behandlungsplanung oder der Entlassungsvorbereitung) als „erforderlich" zu beurteilen sind (§ 487 Abs. 1 S. 2 StPO,
eingef. durch Gesetz zur effektiveren und praxistauglicheren Ausgestaltung
des Strafverfahrens v. 17.8.2017 (BGBl. I 3202)).

(2) Eine **Mitteilung** an die **Strafverfolgungsbehörden** iZm einer (mut- 17a
maßlichen) neuerlichen Deliktsbegehung gehört **nicht** zu seinen Aufgaben
(vgl. RL 4; ebenso *Sonnen* in Diemer/Schatz/Sonnen Rn. 26), dh für eine
etwa unterstellte Mitteilungspflicht (vgl. aber zu einer Kann-Vorschrift § 481
Abs. 1 S. 3 StPO, eingef. durch Gesetz zur effektiveren und praxistauglicheren Ausgestaltung des Strafverfahrens v. 17.8.2017 (BGBl. I 3202)) besteht
keine Rechtsgrundlage (vgl. aber, ohne ausdrückliche Benennung des JGG
(§ 2 Abs. 2), § 496 Abs. 1 iVm Abs. 3 StPO des Gesetzentwurfs zur Stärkung der Bewährungshilfe und der Straffälligenarbeit, BR v. 2.7.2014 (BT-
Drs. 18/2012): auch unmittelbar an die Polizei; dazu krit. Stellungnahme
DBH v. 9.12.2014; zuvor bejahend *Anders* Bewährungshilfe 2011, 19 (27 ff.,
33) mit der Erwägung (zum allg. StR), eine Datenübermittlungspflicht
zwecks Gefahrenabwehr betr. bestimmte Straftatbestände einzuführen), zumal diese Behörden − im Unterschied zum Gericht − einer Verfolgungs-
pflicht unterliegen und bestimmte Voraussetzungen eines Vertrauensverhältnisses zum BewHelfer aufgegeben würden. Allerdings unterliegt auch der
BewHelfer der Anzeigepflicht gem. § 138 StGB.

Im Übrigen schließt die im pflichtgemäßen Ermessen liegende Mittei- 17b
lungspflicht **ggü.** dem **JRichter** (vgl. → Rn. 14a) den Verdacht bezüglich

neuer – aufgrund ihm beweisrechtlich tragfähig erscheinender Information bekanntgewordener – Straftaten des Verurteilten ein, sodass das weitere Vorgehen der Verantwortlichkeit des JRichters unterliegt. Ob sich die Mitteilungspflicht nur auf erhebliche (so *Schaffstein/Beulke/Swoboda* Jugend-StrafR 567; vgl. auch *Schmitt* Bewährungshilfe 1992, 361) oder auf Straftaten schlechthin bezieht (wie sich aus dem nicht abschließenden Charakter von § 25 S. 4 sowie daraus ergebe, dass der JRichter (und nicht der BewHelfer) auch für die Entscheidung nach § 26 Abs. 1 Nr. 1, Abs. 2 (und nicht nach § 26 Abs. 1 Nr. 2, 3, Abs. 2) zuständig sei (so *Gräber* Bewährungshilfe 1982, 303, einschr. aber 304; *Mutz* Bewährungshilfe 2007, 144 f.)), hängt weniger von dem Verhältnismäßigkeitsgrundsatz als von dem Funktionsverständnis der BewHilfe ab. Dabei wird es im Interesse vertrauensbildenden Verhaltens (vgl. → Rn. 23; anders *Ostendorf* in NK-JGG § 25 Rn. 11) idR im pflichtgemäßen Ermessen liegen, die Mitteilungspflicht tendenziell eher zurückhaltend zu handhaben, zumal § 25 S. 4 den zentralen Aufgabenbereich der BewHilfe, § 26 Abs. 1 Nr. 1 hingegen denjenigen der Strafverfolgungsbehörden betrifft.

18   **cc)** Der BewHelfer hat **kein Zeugnisverweigerungsrecht** (BVerfGE 33, 367 = NJW 1972, 2214; *Foth* Bewährungshilfe 1987, 199 f.; vgl. die Nachw. bei → § 38 Rn. 43 ff. entspr.). Der hauptamtliche BewHelfer bedarf gem. § 2 Abs. 2, § 54 StPO aber der Aussagegenehmigung. Soweit möglich, wird der JRichter den BewHelfer nicht als Zeugen gegen den Verurteilten heranziehen. Meist genügt eine informatorische Anhörung (sie bedarf (nur) vor dem nach §§ 25, 82 Abs. 1 zuständigen Gericht keiner Aussagegenehmigung (vgl. *Gräber* Bewährungshilfe 1982, 302 (305 f.)), die allerdings strengbeweisrechtlich nicht verwertbar ist (vgl. auch → Rn. 28).

2. Hilfe und Betreuung

19   Zugleich hat der BewHelfer die Aufgabe, dem Verurteilten „helfend und betreuend zur Seite" zu stehen (§ 24 Abs. 3 S. 1), und er „soll die **Erziehung** des Jugendlichen **fördern**" und nach Möglichkeit mit Erziehungsberechtigten und gesetzlichen Vertretern **„vertrauensvoll zusammenwirken"** (§ 24 Abs. 3 S. 3). Diesen Voraussetzungen von Hilfe und Betreuung stehen – dem Rollenkonflikt immanent – die Berichtspflichten teilweise entgegen. Aus diesem Grunde empfiehlt es sich, dem Verurteilten *von vornherein* zu eröffnen (sog. *Belehrung* (vgl. auch § 70a Abs. 1 aF bzw. § 70b Abs. 1 nF entspr.)), in welchem Umfang der BewHelfer eine Berichtspflicht hat (vgl. vorzugsweise zum allg. StR auch *Schipholt* NStZ 1993, 471; *Brause* Bewährungshilfe 1996, 224 f.; *Schenkel* NStZ 1995, 70). Andernfalls könnte der BewHelfer dieser Pflicht nur unter Verletzung eines ihm entgegengebrachten Vertrauens nachkommen (vgl. aber die schriftliche überregionale Befragungsuntersuchung zum allg. StR von *Böttner* (Der Rollenkonflikt der Bewährungshilfe in Theorie und Praxis, 2004: Rücklauf 34,7 %), derzufolge 86 % eine Trennung von Hilfe und Kontrolle ablehnten; ähnlich *Mutz* Bewährungshilfe 2007, 143).

20   Hinsichtlich der **Betreuungsaufgabe** ist das Verhältnis zwischen **JRichter** und **BewHelfer** nicht auf der Ebene des förmlichen Gesetzes (dafür aber DJT 02 (Abt. StR) „Abstimmung" VIII. 2.), sondern **nur** durch **VV** geregelt. Dabei soll der JRichter den BewHelfer in seinem Bemühen um ein persönliches Verhältnis zu dem Verurteilten unterstützen (RL 2), während es sich im Übrigen empfehle, die Selbstständigkeit des BewHelfers bei der Betreuung des Verurteilten nicht einzuschränken (RL 1 S. 2, s. aber auch S. 1).

a) Einzelfallhilfe. Die Betreuungstätigkeit des BewHelfers ist bedarfsori- 21 entiert auszurichten. Das macht – hinsichtlich Art und Umfang – individu-umsorientierte (also keine standardisierten oder zufällig verteilten) Unterstüt-zungsangebote notwendig. Vor diesem Hintergrund wird (auch aus Ressour-cengründen) eine **nach Zielgruppen differenzierte** Kapazitätsverteilung praktiziert, die bei entsprechender Risikoeinstufung eine Intensivbewäh-rungshilfe mit deutlich erhöhter Kontaktdichte vorsieht (zu entspr. Program-men etwa *Haverkamp/Walsh* BewHi 2014, 117; *Bieschke/Tetal* in Boers/Scha-erff Kriminologische Welt 517 ff.).

Bei den Maßnahmen den Einzelfallhilfe handelt es sich einerseits um 21a dringende existentielle Probleme bezüglich Schule, Ausbildung, Arbeitsplatz (vgl. vormals zB *Müller-Engelmann* Bewährungshilfe 1982, 332 (337 ff.); betr. Arbeitslose vgl. etwa *Siegismund ua* Bewährungshilfe 1985, 219; *von Renner-Barka* Bewährungshilfe 1985, 236), Unterkunft (betr. Wohnprojekte s. zB bereits *Petersen* Bewährungshilfe 1980, 382 ff.; *Bayer* Bewährungshilfe 1985, 242), Schuldentilgung (vgl. dazu → §92 Rn. 61a) sowie Umgang mit Be-hörden (vgl. auch *Spieß,* Soziale Integration und Bewährungserfolg, 1983; *Hesener,* Die Arbeitsbeziehung Bewährungshelfer – Proband, 1986, 163, 167 f. (aber methodisch einschr. 136, 138, 141); vgl. eingehend zum Spek-trum *Klug/Schaitl,* Soziale Dienste der Justiz, 2012, 70 ff.). Jedoch hat der BewHelfer keine Befugnis, ohne oder gegen den Willen des gesetzlichen Vertreters Rechtshandlungen für den Jugendlichen vorzunehmen, insbes. ihn rechtsgeschäftlich zu vertreten. Verschiedentlich wurde berichtet, der Anteil der Probanden, die nur unregelmäßig Kontakt mit dem BewHelfer halten, steige mit zunehmender Instabilität der Lebensbedingungen (und der Be-sorgnis des Widerrufs) an, und es gelinge dem BewHelfer in einem gewissen Teil der Fälle nicht, die Intensität der Bemühungen der Problemlage an-zupassen (diff. *Hesener,* Die Arbeitsbeziehung Bewährungshelfer – Proband, 1986, 259 f. (allerdings bei selektiver Stichprobe, 136)).

b) Gespräche. Weiterhin gehören zu dieser Tätigkeit des BewHelfers 22 **beratende** persönliche Gespräche sowie Gruppenbetreuung (vgl. etwa schon *Lippenmeier,* Soziale Gruppenarbeit in der Bewährungshilfe, 1981; *Kastenhuber* Bewährungshilfe 1984, 53 ff.). Dabei besteht in Praxis wie Wis-senschaft eine Vielzahl von Methoden und einzelnen methodischen Aus-gestaltungen, ohne dass – von einem Mindestniveau abgesehen – geklärt wäre, welche dieser Verfahrensweisen zur Erreichung des erzieherischen Zieles am ehesten geeignet sind (für Einflussnahme etwa *Mayer* Bewährungs-hilfe 2010, 155 f. (eher betr. allg. StR)). Als unerlässlich und zugleich als am ehesten Erfolg versprechend gelten die erziehungspsychologischen Prinzi-pien des **Angebots** und der **Konsequenz;** im Übrigen ist die Qualität der zwischenmenschlichen Begegnung zwischen Verurteiltem und BewHelfer von zentraler Bedeutung, wobei jedoch die „beste Überzeugung" des BewHelfers qualifizierte Kenntnisse nicht zu ersetzen vermag (vgl. schon → Rn. 3).

c) „Doppelfunktion". Zur Betreuungs- und Hilfeleistung wäre ein 23 **Mindestmaß** an **Vertrauen** seitens des Verurteilten erforderlich (vgl. näher

→ Rn. 4). Hieran fehlt es vielfach deshalb, weil diesem (und dessen Bezugspersonen) die „Doppelfunktion" des BewHelfers bekannt ist, die sich aus der – zugleich bestehenden – Aufsichts- und Berichtspflicht ergibt. Der BewHelfer wird insoweit als Vertreter der Behörden strafrechtlicher Erfassung von Verhalten wahrgenommen (vgl. schon *Winter/Winter,* Bewährungshelfer im Rollenkonflikt, 1974; zu einer gewissen Beziehungslosigkeit zwischen BewHelfer und Proband bereits *Bockwoldt,* Strafaussetzung und Bewährungshilfe in Theorie und Praxis, 1982, sowie *Bockwoldt* GA 1983, 546 (553 ff.)). Dies berührt nicht die ggf. zu verzeichnende Anerkennung der persönlichen Leistung des einzelnen BewHelfers (vgl. *Hesener,* Die Arbeitsbeziehung Bewährungshelfer – Proband, 1986, 165 (methodisch einschr. aber 136, 138, 141)). Von den BewHelfern selbst wird der Rollenkonflikt oftmals aber gar nicht als problematisch oder jedenfalls nicht als nur negativ wahrgenommen (*Klug/Schaitl,* Soziale Dienste der Justiz, 2012, 26 ff.: „Doppeltes Mandat als Chance").

24 **d) Zusammenwirken mit Erziehungsberechtigten und gesetzlichen Vertretern.** Die Soll-Vorschrift (§ 24 Abs. 3 S. 3, 5) gilt nur bzw. nur so lange, als der Verurteilte minderjährig ist. Sie entspricht der Annahme, eine etwaige besondere erzieherische Bedürftigkeit des Verurteilten beruhe (auch) auf Verhalten der genannten Personen. Demgemäß ist es ggf. Aufgabe des BewHelfers, diese Personen in die erzieherischen Bemühungen einzubinden. Allerdings verbirgt sich hinter dem Ziel einer einheitlichen Erziehung die Gefahr einer solchen Zusammenarbeit zwischen dem BewHelfer und den genannten Personen, die sich als Kumulierung von Machtausübung ggü. dem Verurteilten darstellt. – Andererseits sollte in Fällen der Behinderung des „Rechts auf Zutritt zu dem Jugendlichen" (§ 24 Abs. 3 S. 4, vgl. auch → Rn. 26) nur als äußerstes Mittel von den rechtlichen Möglichkeiten Gebrauch gemacht werden, den Jugendlichen aus seiner häuslichen Umgebung herauszunehmen.

3. Rechte

25 **a)** Seitens der BewHelfer wird teilweise angeregt, ihnen in der HV gegen einen ihrer Probanden ein Recht auf persönliche Anhörung einzuräumen (vgl. näher → § 50 Rn. 14; zur Zeugnispflicht vgl. → Rn. 18).

26 **b)** Ist der Unterstellte in **U-Haft,** darf der BewHelfer ihn wie ein Verteidiger **besuchen** (§ 2 Abs. 2, § 119 Abs. 4 S. 2 Nr. 1 StPO).

26a Der BewHelfer kann das **Zutrittsrecht** zu dem Verurteilten notfalls durch Inanspruchnahme der Polizei durchsetzen (§ 24 Abs. 3 S. 3, 4; *Dallinger/Lackner* § 24 Rn. 27). Dies gilt nicht nur betr. Erziehungsberechtigte, sondern ggü. jeder Person, in deren Haushalt sich der Verurteilte befindet. Es wird sich für den BewHelfer idR allerdings empfehlen, Zwangsmaßnahmen zu vermeiden, da er hierdurch etwaige Möglichkeiten einer Zusammenarbeit langfristig belastet (vgl. schon *Rappenecker* Bewährungshilfe 1973, 236 ff.). Ist oder wird der Verurteilte volljährig, so ist besondere Zurückhaltung angezeigt.

27 **c)** Was das **Auskunftsrecht** des BewHelfers ggü. Erziehungsberechtigten und gesetzlichem Vertreter sowie Schule und Ausbildenden über die Lebensführung (§ 24 Abs. 3 S. 5) angeht, so ist eine Erzwingung gesetzlich nicht vorgesehen (ebenso *Nehring* in BeckOK JGG Rn. 25; anders vormals *Dallin-*

ger/Lackner § 24 Rn. 28: richterliche Zeugenvernehmung; zw.). Ist oder wird der Verurteilte volljährig, so besteht das Recht nur noch ggü. Schule und Ausbildenden, und es ist idR eine besonders zurückhaltende Handhabung angezeigt.

IV. Verfahrensrechtliches

1. Grundsätze und Vorschriften der StPO

Zur Entscheidungsbildung und -begründung dürfen die **Berichte** und 28 (fern-)mündlichen Mitteilungen, die der Richter durch den BewHelfer während der BewZeit erhält, **nur** unter Einhaltung der allg. strafprozessualen Regelungen (§ 2 Abs. 2) **verwertet** werden (vgl. dazu schon *Schipholt* NStZ 1992, 470). Hiernach dürfen Angaben zu Fragen, die für den Schuld- oder Rechtsfolgenausspruch von Bedeutung sind, nur verwertet werden, wenn der BewHelfer sie als Zeuge gemacht hat (OLG Celle StV 1995, 292; vgl. auch → Rn. 18). Bezieht sich das Gericht hingegen auf das Ergebnis einer formlosen Anhörung des BewHelfers, so führt dies dann zur Aufhebung des Urteils, wenn nicht auszuschließen ist, dass das Urteil auf diesem Fehler beruht (§ 2 Abs. 2, § 337 StPO; OLG Oldenburg MDR 1977, 775).

Umstritten ist, inwieweit Beweisverwertungsverbote bzw. Belange des 28a Datenschutzes der Verwendung aufgezeichneter Telefongespräche durch andere Personen als dem BewHelfer entgegenstehen (vgl. Dokumentation Bewährungshilfe 1993, 158–161). Insoweit wird auf die Spezialliteratur verwiesen.

2. Sonstiges

Der BewHelfer darf nicht zum Verteidiger bestellt werden, selbst wenn er 29 die Erste Juristische Staatsprüfung abgelegt hat (BGHSt 20, 95).

Die Bestellung des BewHelfers zum Beistand (§ 69) wird zur Vermeidung 29a etwaiger erzieherischer Nachteile meist unterbleiben.

Widerruf der Strafaussetzung

26 (1) ¹**Das Gericht widerruft die Aussetzung der Jugendstrafe, wenn der Jugendliche**

1. in der Bewährungszeit eine Straftat begeht und dadurch zeigt, daß die Erwartung, die der Strafaussetzung zugrunde lag, sich nicht erfüllt hat,

2. gegen Weisungen gröblich oder beharrlich verstößt oder sich der Aufsicht und Leitung des Bewährungshelfers beharrlich entzieht und dadurch Anlaß zu der Besorgnis gibt, daß er erneut Straftaten begehen wird, oder

3. gegen Auflagen gröblich oder beharrlich verstößt.

²**Satz 1 Nr. 1 gilt entsprechend, wenn die Tat in der Zeit zwischen der Entscheidung über die Strafaussetzung und deren Rechtskraft begangen worden ist. ³Wurde die Jugendstrafe nachträglich durch Beschluss ausgesetzt, ist auch § 57 Absatz 5 Satz 2 des Strafgesetzbuches entsprechend anzuwenden.**

(2) **Das Gericht sieht jedoch von dem Widerruf ab, wenn es ausreicht,**

1. weitere Weisungen oder Auflagen zu erteilen,

2. die Bewährungs- oder Unterstellungszeit bis zu einem Höchstmaß von vier Jahren zu verlängern oder

3. den Jugendlichen vor Ablauf der Bewährungszeit erneut einem Bewährungshelfer zu unterstellen.

(3) [1]**Leistungen, die der Jugendliche zur Erfüllung von Weisungen, Auflagen, Zusagen oder Anerbieten (§ 23) erbracht hat, werden nicht erstattet.** [2]**Das Gericht kann jedoch, wenn es die Strafaussetzung widerruft, Leistungen, die der Jugendliche zur Erfüllung von Auflagen oder entsprechenden Anerbieten erbracht hat, auf die Jugendstrafe anrechnen.** [3]**Jugendarrest, der nach § 16a verhängt wurde, wird in dem Umfang, in dem er verbüßt wurde, auf die Jugendstrafe angerechnet.**

Erlaß der Jugendstrafe

26a [1]**Widerruft der Richter die Strafaussetzung nicht, so erläßt er die Jugendstrafe nach Ablauf der Bewährungszeit.** [2]**§ 26 Abs. 3 Satz 1 ist anzuwenden.**

Schrifttum *Breuning,* Bewährungshilfe, 1960; *Höhne,* Die Strafaussetzung zur Bewährung bei Jugendstrafen ..., 1985; *Nerlich,* Die kriminalpolitischen Auswirkungen der Aussetzung zur Bewährung nach § 20 JGG bei Jugendlichen und Heranwachsenden, 1966; *Rohnfelder,* Die Bewährungshilfe, 1974; *Schünemann,* Bewährungshilfe bei Jugendlichen und Heranwachsenden, 1971.

Übersicht

I. Anwendungsbereich

Es gelten die Erl. zu § 21 Abs. 1 und 2 (→ § 21 Rn. 1 ff.) entsprechend.   **1**

II. Voraussetzungen (einschließlich Subsidiarität) des Widerrufs

1. Widerrufsanlässe

a) Gesetzesauslegung. aa) § 26 Abs. 1 Nr. 1–3 als abschließende 2 Regelungen. Andere als die in den genannten Vorschriften bestimmten Anlässe für einen Widerruf sind nicht zugelassen (aA *Potrykus* § 26 aF Anm. 4, wonach es sich nur um Bsp. handle). Kriminalpolitisch ist verschiedentlich eine gesetzliche Reduzierung auf den Anlass gem. § 26 Abs. 1 Nr. 1 empfohlen worden (vgl. etwa schon DBH Bewährungshilfe 1988, 243; DVJJ 1990, Thesen AK VII; für Streichung von § 26 Abs. 1 Nr. 2 UK IV DVJJ-Journal 1992, 36: Versuchung für den BewHelfer, „bequem zu werden").

(1) Der Verstoß gegen *unzulässige Weisungen* (vgl. → § 10 Rn. 3 ff.) oder **2a** *Auflagen* (vgl. dazu → § 15 Rn. 3 ff.) kann einen Widerruf *nicht* begründen (OLG München NStZ 1985, 411 zum allg. StR). War die BewZeit unzulässigerweise (zB nach ihrem Ablauf, vgl. → § 23 Rn. 8, 9; ergänzend aber auch → Rn. 11) verlängert worden, so darf der Widerruf nicht auf das Verhalten des Verurteilten innerhalb der verlängerten BewZeit gestützt werden (OLG Hamm MDR 1980, 1036 zu § 56 StGB). – Erfüllt der Verurteilte Zusagen oder Anerbieten gem. *§ 23 Abs. 2 nicht,* so ist das kein Anlass zum Widerruf.

(2) Die Widerrufsanlässe zeichnen sich jeweils durch **Mängel an Be- 3 stimmtheit** aus (näher → Rn. 5f, 8f), wobei zudem der Anlass gem. Nr. 2 dem interaktionistischen Verhältnis zwischen Proband und BewHelfer kaum Rechnung trägt und sich bei dem Anlass gem. Nr. 3 die Frage nach der inhaltlichen Legitimität betr. zukünftige Legalbewährung stellt. Die Anlässe beziehen sich sämtlich auf ein Verhalten innerhalb der BewZeit; dies bestimmt das Gesetz für Nr. 1 ausdrücklich (ausdehnend Abs. 1 S. 2, vgl. → Rn. 4), während es sich für Nr. 2 und 3 daraus ergibt, dass nach § 23 Abs. 1 Weisungen und Auflagen nur für die Dauer der BewZeit erteilt und

nach § 24 Abs. 1, 2 S. 2 der Verurteilte nur innerhalb dieser Zeit dem BewHelfer unterstellt wird. Bei der Prüfung der Frage, ob ein Verstoß vorliegt, ist das JGericht schon wegen des drohenden Freiheitsentzugs zu größtmöglicher Aufklärung verpflichtet (BVerfG, 3. K. des 2. S., BeckRS 2010, 54621 (zum allg. StR)). – Straftaten, die *zwischen* dem *Ende* der (ursprünglichen) Bewährungszeit und dem diese verlängernden Beschluss begangen werden, scheiden nach hM wegen des Rückwirkungsverbots und des Vertrauensschutzes aus (vgl. nur OLG Köln JMBl. NRW 2006, 116; OLG Jena NStZ-RR 2007, 220; OLG Frankfurt a. M. NStZ 2008, 222 (jeweils betr. allg. StR)).

4   **bb) Erweiterte Normgeltung.** (1) Gemäß **Abs. 1 S. 2** gilt **Nr. 1 ent-sprechend** dann, wenn der Tatzeitpunkt zwischen der einschlägigen Ent-scheidung und **vor** deren **Rechtskraft** lag. Die Belehrung (zur Geeignetheit § 70a Abs. 1 aF bzw. § 70b Abs. 1 nF) nach § 268a Abs. 3 StPO ist keine materielle Voraussetzung des Widerrufs, und es steht diesem nicht entgegen, wenn der Jugendliche nicht darüber belehrt worden ist, dass er „ab sofort" keine Straftat „begehen darf" (BVerfG StV 1992, 283). Im Übrigen setzt Nr. 1 voraus, dass eine Straftat **vor Ablauf** der BewZeit (s. schon OLG Zweibrücken MDR 1976, 333) begangen worden ist. Bei einem **Dauer-delikt** oder (anderen) Formen der Beurteilung mehrerer Tatbestandsver-wirklichungen als **eine Tat** (vgl. → § 32 Rn. 13) **genügt** es, wenn ein **Teilakt** in die BewZeit fällt.

4a   (2) **Abs. 1 S. 3** erfasst durch Verweisung auf § 57 Abs. 5 S. 2 StGB (erg. § 56f Abs. 1 S. 2 StGB) auch diejenigen Fälle, in denen eine neuerliche Straftat **zwischen** den Zeitpunkten der **Verurteilung** (letzte tatgerichtliche Entscheidung) und der nachträglichen **Entscheidung** über die **Aussetzung** der Vollstr der JStrafe zBew begangen wird, sofern bei dieser die Straftat „aus tatsächlichen Gründen" nicht berücksichtigt wurde (zB Nicht-Bekanntsein, ein die Unschuldsvermutung (Art. 6 Abs. 2 EMRK) nicht überwindender Tatverdacht, etc), deren Bekanntsein bzw. Verwertbarkeit hingegen zur **Ver-sagung** der Aussetzung der Vollstr zBew **„geführt hätte".** Die zuletzt genannte Voraussetzung ist nicht erfüllt, wenn gem. Abs. 2 gleichwohl aus-gesetzt worden wäre (Begr. BT-Drs. 17/9389, 24), wobei die von Gesetzes wegen verlangte ex post-Beurteilung jugendstrafrechtliche Grundsätze der Klarheit und Transparenz tangiert. – Zweifelhaft ist, ob die Annahme oder Unterstellung (vgl. Begr. BT-Drs. 17/9389, 14: „vergleichbaren Konstella-tionen"), schon die Verurteilung zu einer JStrafe (und nicht erst bzw. zusätzlich die Aussetzungsentscheidung) stelle eine nachdrückliche Warnung im Hinblick auf die Folgen der Deliktsbegehung dar, mit alters- und reifebe-dingten Unterschieden im Vergleich zu Erwachsenen vereinbar ist. Die **Bedenken** gelten umso mehr, als Abs. 1 S. 3 **alle** Fälle einer **nachträgli-chen Aussetzung** der Vollstr der JStrafe zBew durch **Beschluss** betrifft, also auch solche ohne Vorbehalt im Urteil und einer damit verbundenen Warnfunktion (zur vorausgesetzten geeigneten Belehrung § 61 Abs. 3 S. 4 iVm § 70a aF bzw. § 70b nF).

5   **b) Straftat und Anlass für einen Widerruf. aa)** Ob eine „begangene Straftat" (Abs. 1 S. 1 Nr. 1) vorliegt, bestimmt sich iSd Unschuldsvermutung (Art. 6 Abs. 2 EMRK) grundsätzlich danach, ob eine rechtskräftige Aburtei-lung besteht (EGMR StV 2003, 82 mAnm *Pauly* (zum allg. StR); StV 2016, 703 mAnm *Pauly* sowie Bspr. *Esser* NStZ 2016, 697 ff.; OLG Celle StV

1990, 504; OLG Bamberg StV 1991, 174 (Ls.); OLG München StV 1991, 174 (Ls.); OLG Koblenz StV 1991, 172; OLG Schleswig SchlHA 1991, 42; OLG Hamm VRS 106, 47 (zum allg. StR); einschr. *Ostendorf* in NK-JGG Rn. 7). Zwar kann es unter engen Voraussetzungen zureichend sein, dass die Begehung der Straftat, also auch die Schuldfähigkeit (OLG Düsseldorf StV 1986, 346 (für das allg. StR)), lediglich zur Überzeugung des *Gerichts* feststeht, doch die Voraussetzungen dafür sind außerordentlich streng (BVerfG NStZ 1988, 21; 1991, 30 (betr. das allg. StR); speziell zum JStR LG Hamburg MDR 1994, 1140; systematisch *Seher* ZStW 2006, 118; s. ferner OLG Düsseldorf MDR 1991, 787: nur ausnahmsweise; OLG Stuttgart Justiz 1991, 403: bei „völlig unproblematischer" Beweislage; OLG Düsseldorf StV 1993, 35: bei Bestreiten nur nach „Quasi-HV"; LG Osnabrück NStZ 1991, 533 mzustAnm *Brunner*). So ist ein Geständnis hierfür schon im allg. StR und besonders im JStR (vgl. dazu → § 70c Rn. 9 ff.) nicht ohne weiteres geeignet (nach OLG Schleswig StV 1992, 327: vor einem Richter im Beisein des Verteidigers erforderlich; OLG Karlsruhe Die Justiz 1993, 287 sowie NStZ 2012, 702 (vor der Polizei ungeeignet; abw. etwa OLG Saarbrücken BeckRS 2009, 86315; OLG Koblenz BeckRS 2005, 07235); OLG Stuttgart NZV 2005, 276 (jeweils zum allg. StR); s. aber auch BVerfG NStZ 2005, 204 (zum allg. StR)). Ganz und gar nicht ausreichend ist es im Falle des späteren Geständniswiderrufs (EGMR NJW 2016, 3645 mAnm *Pauly* StV 2016, 703 sowie Bspr. *Esser* NStZ 2016, 697 ff.: Verstoß gegen Art. 6 Abs. 2 EMRK; AG Bremen StraFo 2008, 41). Eine Zustimmung nach § 153a Abs. 2 StPO reicht ebenfalls nicht aus (BVerfG StV 1996, 163). Auch der Umstand einer *Anklageerhebung* trägt für sich genommen *nicht* (VerfGH Bln 25.4.2013 – VerfGH 180/12 Rn. 16 (iuris), NStZ-RR 2013, 242 (Ls.)).

Daher soll das zur Widerrufsentscheidung zuständige Gericht tunlichst **5a** (und unbeschadet der durch das 1. JGGÄndG eingeführten Pflicht, dem Betroffenen Gelegenheit zur mündlichen Äußerung zu geben (§ 58 Abs. 1 S. 3)) abwarten, bis das gerichtliche *Verfahren* wegen einer mutmaßlichen neuerlich begangenen Straftat *abgeschlossen* ist (LG Saarbrücken ZJJ 2005, 450 mzustAnm *Möller*). Schon deshalb ergeben sich Bedenken ggü. der (für das allg. StR teilweise vertretenen) Auffassung, dem Widerruf stehe nicht entgegen, wenn eine Verurteilung wegen der neuen Tat nur aus prozessualen Gründen nicht zu erwarten ist (OLG Karlsruhe Die Justiz 1993, 387).

Soweit das Verfahren mit einem rechtskräftigem *Strafbefehl* abgeschlossen **5b** wird, wird wegen der idR (nur) summarischen Prüfung nach Aktenlage ein Widerruf nicht ohne weiteres als rechtliche Grundlage genügen (vgl. dazu KG BeckRS 2014, 19174 Rn. 16 (Voraussetzung richterliche Überzeugung bzw. „willentliches" Akzeptieren durch den Verurteilten)).

bb) Ob eine Straftat Anlass für einen Widerruf ist, hängt davon ab, ob sie **6** zur **Erschütterung** derjenigen **Legalprognose** führt, die der Aussetzung der Vollstr zBew zugrunde lag. Dies lässt sich nur durch eine Inbezugsetzung der konkreten prognostischen Erwartung zu den Zusammenhängen der (neuen) Straftat beurteilen, dh es kommt namentlich auf die Tatsituation und das Verhältnis zwischen Täter und Opfer sowie auf die Motivstruktur an (vormals betr. „Totalverweigerer" vern. BVerfG NStZ 1989, 123). Daneben haben Art und Umfang der Tat Bedeutung (bei einer Verurteilung wegen der neuen Straftat zu Freiheitsstrafe unter deren Aussetzung der Vollstr zBew kommt ein Widerruf nur ausnahmsweise in Betracht, s. schon LG Dortmund StV 1992, 588). Eine vergleichsweise geringfügige oder völlig anders geartete Straftat wird kaum Anlass für einen Widerruf sein (nach KG ZJJ 2015, 75 steht eine Verurteiluung „nur" zu Geldstrafe nicht entgegen); Entsprechendes gilt bei einem zeitlichen Intervall von mehreren Jahren (AG Braunschweig DVJJ-Journal 1996, 396). Keinesfalls steht eine neue Straftat einer neuerlich günstigen Prognose entgegen, sofern vorteilhafte (s. OLG Frankfurt a. M. NJW 1977, 2175) oder besondere (OLG Saarbrücken NJW 1975, 2215 f. (zum allg. StrR)) Umstände vorliegen (vgl. auch LG Marburg 19.3.1982 – Qs 26/82 bei *Böhm* NStZ 1982, 415). Solche Umstände mögen gerade im JStR wegen des Ausmaßes und der Geschwindigkeit von entwicklungsbedingten Veränderungen häufiger gegeben sein als im allg. StR (BGH NStZ 2010, 83). Speziell betr. Drogenabhängigkeit kann trotz darauf beruhender erneuter Straftat von einem Widerruf abgesehen werden, falls durch die Strafvollstr eine Langzeittherapie unterbrochen würde (vgl. auch AG Krefeld StV 1983, 250 betr. § 35 BtMG).

7 Eine **Fahrlässigkeitstat** wird nur in Ausnahmefällen genügen. Solches wurde unter die Annahme gestellt, dass die Tat „darauf schließen lasse", dass der Verurteilte „nicht ernstlich gewillt" sei, der Erwartung auf zukünftige Legalbewährung nachzukommen (OLG Hamm MDR 1971, 942).

8 **c) „Gröblicher" und/oder „beharrlicher" Verstoß.** Ein Verstoß gegen hinreichend bestimmte Weisungen (vgl. → § 10 Rn. 7; konkret vern. LG Saarbrücken ZJJ 2005, 450 mzustAnm *Möller*) oder Auflagen gilt als **„gröblich",** wenn das Ausmaß nicht unwesentlich ist und wenn die Art und die Motive des Verstoßes die Intentionen der BewHilfe verletzen. **„Beharrlich"** verstoße bzw. entziehe sich der Verurteilte dann, wenn er mindestens schon einmal den Weisungen zuwidergehandelt habe und aus Missachtung oder Gleichgültigkeit dies immer wieder tue oder zu tun bereit sei, nicht aber schon bei „zeitweiligem nur sporadischem" Aufsuchen des BewHelfers (vgl. OLG Hamm ZJJ 2017, 71 f.). – Jedoch muss das Verhalten nach Abs. 1 **Nr. 2** in jedem Fall konkret befürchten lassen, dass der Verurteilte erneut Straftaten begehen wird. Schon im allg. StR lässt sich keineswegs von dem einen ohne weiteres auf das andere schließen (vgl. BVerfG (3. Kammer des 2. Senats) NStZ-RR 2007, 338). Zudem ist **im JStR** eine Beurteilung (nur) iSd allg. StR unzulässig, da die Prognose bei Jugendlichen bzw. Heranwachsenden **oftmals günstiger** ausfallen wird als bei Erwachsenen (vgl. auch → Rn. 6, → Einl. Rn. 5 ff.; *Molketin* ZfJ 1981, 266). Die in Rede stehende Besorgnis setzt zumindest im Einzelnen bezeichnete konkrete und objektivierbare Verdachtsmomente voraus (vgl. auch KG StraFo 2014, 339; OLG Hamm ZJJ 2017, 76 (78) = StV 2017, 619; zum allg. StR OLG Karlsruhe Justiz 1975, 350; OLG Hamm MDR 1976, 505; LG Hamburg MDR 1976, 946; vgl. auch → § 88 Rn. 8, 9). Demgegenüber bleibt zB eine Wendung, bei „Rückfall" in den Drogenkonsum (wenn die abgeurteilten Straftaten (auch) zu dessen Finanzierung begangen worden seien) und Nichterfüllung der Weisung, sich einer Drogentherapie zu unterziehen, „liegt es auf der Hand" (OLG Köln BeckRS 2009, 9620), eher verkürzt.

9 **d) Abs. 1 Nr. 3.** Bezüglich entsprechend beurteilter Verstöße gegen **Auflagen** kommt es nicht auf eine Besorgnis der erneuten Begehung von Straftaten an. Darin liegt zumindest deshalb eine systematische **Unstimmigkeit,** weil die Annahme, schon durch die Nichtbefolgung würden neue Delikte gefördert, rechtstatsächlich nicht erwiesen ist. – Zudem lässt sich nicht ausschließen, dass nach dieser Vorschrift die Nichtbefolgung solcher

(Bew-)Maßnahmen, die (auch) zur Ahndung eingesetzt werden (vgl. abl. zur Frage der Zulässigkeit → § 23 Rn. 5, 9), negativ sanktioniert wird. Zugleich wird dadurch − zumindest gedanklich − die erzieherische Reaktionsbeweglichkeit eingeschränkt.

2. Absehen von einem Widerruf

Das Gericht darf nicht widerrufen, wenn eine Entscheidung nach **Abs. 2** 10 „ausreicht" (speziell zu Drogenabhängigen vgl. → § 82 Rn. 14 entspr.). Diese Regelung gilt für sämtliche Widerrufsanlässe (§ 26 Abs. 1 Nr. 1–3; s. aber betr. Auflagen *Feuerhelm* Gemeinnützige Arbeit 249: vorwiegend Abs. 1 S. 1 Nr. 3) und entspricht dem **allg. Subsidiaritätsgrundsatz** jugendstrafrechtlicher Rechtsfolgen (vgl. → § 5 Rn. 20), wobei das Wort „ausreicht" sich jeweils auf die Erwartung eines „rechtschaffenen Lebenswandels" (§ 21 Abs. 1 S. 1; aber krit. → § 5 Rn. 4) bzw. zukünftiger Legalbewährung bezieht. Der Grad der prognostischen Wahrscheinlichkeit ist nicht höher anzusetzen als im Falle des § 21 Abs. 1 S. 1 (zust. *Schendler* in Nix Rn. 6; s. zu § 25 Abs. 2 StGB aF aber aA OLG Bremen MDR 1974, 593; dagegen zutr. OLG Schleswig MDR 1980, 511 = NJW 1980, 2320 betr. § 56f Abs. 2 aF StGB).

a) § 26 Abs. 2 Nr. 1–3. aa) Gemäß § 26 Abs. 2 Nr. 1 hat der Widerruf 11 ggf. hinter der Erteilung **anderer Weisungen** oder **Auflagen** zurückzutreten.

bb) (1) Nach § 26 Abs. 2 Nr. 2 ist eine **Verlängerung** der BewZeit bis 11a zu einem Höchstmaß von vier Jahren (s. auch § 22 Abs. 2 S. 2) zulässig. Um zu verhindern, dass die zugunsten des Verurteilten bestehenden Möglichkeiten der *Abwendung* eines *Widerrufs* in unangemessener Weise eingeschränkt werden (s. schon OLG Hamm NJW 1975, 2112; anders aber etwa OLG Hamm MDR 1980, 1036), gilt dies *auch* noch *nach Ablauf* der BewZeit (LG Hamburg NStE Nr. 1 zu § 26 JGG). Dem steht der Wortlaut des § 22 Abs. 2 S. 2 nicht entgegen, zumal diese Möglichkeit der Fristverlängerung lediglich einen notwendigen Ausgleich dafür bietet, dass nach hM auch der Widerruf noch nach Ablauf der BewZeit (vgl. → Rn. 18 ff.) bis zum Erlass der JStrafe ungeachtet der Frage der Zurechenbarkeit etwaiger Zeitverzögerungen (s. auch RL 1 zu §§ 26, 26a) zulässig sei. − Jedoch darf eine Verlängerung nach Ablauf der BewZeit nicht etwa zur faktischen Ausdehnung der Schranken des § 22 Abs. 2 S. 2 angeordnet werden. Da eine Verlängerung nicht an nähere, gesetzlich bestimmte Voraussetzungen geknüpft ist (vgl. etwa § 22 aF Abs. 1 S. 2: „wenn der Jugendliche BewAuflagen schuldhaft nicht nachkommt", oder § 11 Abs. 2: „wenn dies aus Gründen der Erziehung geboten ist"), bestehen ohnehin Bedenken im Hinblick auf die Prinzipien der Rechtssicherheit und Bestimmtheit sowie auf erziehungspsychologische Belange (hierzu → § 11 Rn. 3); dies gilt umso mehr, als es sich überwiegend um JStrafen wegen „schädlicher Neigungen" handelt. − Anders kann es sich im Einzelfall aus Gründen der Verhältnismäßigkeit verhalten (vgl. dazu ThürVerfGH BeckRS 2017, 124495: Schwangerschaft im 8. Monat (zum allg. StR)).

(2) Ansonsten ist eine Verlängerung der Unterstellungszeit nur **vor Ab-** 11b **lauf** der BewZeit zulässig (s. **§ 22 Abs. 2 S. 2;** ergänzend § 26 Abs. 2 Nr. 3).

12 **cc)** Endlich hat das JGericht von dem Widerruf abzusehen, wenn eine **erneute** Unterstellung (§ 26 Abs. 2 Nr. 3) ausreicht.

13 **b)** **§ 26 Abs. 2 Hs. 2.** Bei der Subsumtion der Voraussetzung „wenn es **ausreicht**" (§ 26 Abs. 2 Hs. 2) wird in der Praxis verschiedensten **Umständen** Bedeutung beigemessen.

13a **aa)** Generell können eine *positive Entwicklung* nach Ablauf der BewZeit (OLG Braunschweig NJW 1964, 1581 (zum allg. StR) mzustAnm *Dreher*), entwicklungsbedingte *Schwierigkeiten* (entspr. bei Drogenlangzeittherapie AG Krefeld StV 1983, 250) oder zB verminderte Schuldfähigkeit berücksichtigt werden. − Ist in anderer Sache eine Zurückstellung gem. §§ 38, 35 BtMG erfolgt (vgl. ergänzend zur EinheitsJStrafe → § 82 Rn. 26), wäre ein Widerruf ggf. nicht verhältnismäßig (vgl. auch OLG Celle StV 2012, 485 (zum allg. StR)).

14 **bb)** Die Frage, ob neben den in Abs. 2 abschließend genannten Maßnahmen auch die Anordnung des *(Nichtbefolgungs-)JA* gem. § 23 Abs. 1 S. 4, § 11 Abs. 3 geeignet sein könnte, den Widerruf der Aussetzung zu vermeiden, wird eher nur *ausnahmsweise* zu bejahen sein (zum Absehen von der Vollstr des JA im Falle des Widerrufs der Aussetzung vgl. → § 87 Rn. 7, zur Anrechnung eines bereits vollstreckten JA auf die Dauer der JStrafe vgl. → Rn. 25). Soweit das Vorliegen „schädlicher Neigungen" (§ 17 Abs. 2 Alt. 1) angenommen wurde, ist JA idR nicht angezeigt, es sei denn, es handelt sich um solche Verstöße gegen BewWeisungen oder -auflagen, die nicht Ausdruck „schädlicher Neigungen" sind. Im Übrigen würde (der Vollzug von) JA der vorausgegangenen Entscheidung über die Aussetzung insofern widersprechen, als dem Verurteilten gerade die Möglichkeit gegeben werden sollte, sich in Freiheit zu bewähren (aA *Ostendorf* in NK-JGG Rn. 16).

14a **cc)** In der Praxis findet sich gelegentlich die Strategie, im Falle des Erlasses eines Sicherungshaftbefehls bei drohendem Widerruf der Aussetzung (§ 453c StPO) den Termin zur Anhörung erst nach mehrwöchigem U-*Haftvollzug* durchzuführen, sodann den U-Haftvollzug als „Denkzettel" zu bewerten und unter Hinweis auf diesen von einem Widerruf abzusehen (vgl. ähnlich *Brunner/Dölling* § 31 Rn. 21). Wenngleich hierdurch die Durchführung des JStVollzugs ggf. vermieden werden kann, begegnet ein entsprechendes Vorgehen vielfältigen verfahrensrechtlichen und erzieherischen *Bedenken* (so auch *Burmann* Sicherungshaft 59; zur Effizienz krit. *Schumann* ZRP 1984, 322 f. mN; vgl. auch → § 72 Rn. 9).

3. Häufigkeiten des Widerrufs

15 Für die Legalbewährung bei JStraf- und JStrafrestaussetzung (→ § 21 Rn. 9a; → § 88 Rn. 20) ist die Häufigkeit des Bewährungswiderrufs nur bedingt von Belang, weil der Widerruf rückfallunabhängige Gründe haben kann und andererseits etliche Rückfälle nicht zu einem Widerruf führen (näher etwa *Eisenberg/Kölbel* Kriminologie § 42 Rn. 35 ff.). Ohnehin wurden Bewährungswiderrufe nur im Falle einer − im JStR indes obligatorischen − Bewährungsunterstellung amtlich ansatzweise erfasst (zu den Daten → § 113 Rn. 8 ff.). Zudem liegen einige (ältere) Reihenuntersuchungen vor. Hiernach lag die **Widerrufsquote** bei Aussetzung der Vollstr zBew (ohne vorherigen Vollzug) bei 40−45 % der Fälle (vgl. die Angaben bei *Schaffstein/ Beulke/Swoboda* JugendStrafR § 24 II; nach *Höhne,* Die Strafaussetzung zur

Bewährung bei Jugendstrafen ..., 1985, 182: 35,3 %; iÜ aber *Rohnfelder,* Die Bewährungshilfe, 1974, 87 Fn. 328). Dabei ist der Anteil an Widerrufen bei solchen JStrafen, die wegen „schädlicher Neigungen" verhängt worden waren, größer als bei wegen „Schwere der Schuld" verhängten. Ferner waren nach einer Einzeluntersuchung die Widerrufs- ebenso wie die „Rückfall"- Quoten während der BewZeit und NachbewZeit bei JStrafen einer Dauer von einem Jahr bzw. von mehr als einem und bis zu zwei Jahren wenig unterschiedlich, aber jeweils deutlich höher als die Widerrufsquote bei einer Dauer bis unter einem Jahr (*Höhne,* Die Strafaussetzung zur Bewährung bei Jugendstrafen ..., 1985, 137, die allerdings für einen Zeitraum nach Erlass eine geringere „Rückfall"-Quote bei denjenigen Probanden errechnete, die zu einer JStrafe von mehr als einem bis zu zwei Jahren verurteilt worden waren (*Höhne,* Die Strafaussetzung zur Bewährung bei Jugendstrafen ..., 1985, 168)).

Die Widerrufsquote bei Aussetzung der Vollstr des Strafrestes zBew gilt **15a** demgegenüber als höher. So soll das Verhältnis von Erfolg zu Misserfolg bei der erstgenannten Gruppe etwa 2:3 (und bei vollständiger Aussetzung zBew etwa 3:2) gewesen sein (vgl. vormals *Abel* Bewährungshilfe 1970, 129 (135)), wobei allerdings danach zu differenzieren sein wird, dass in Fällen neuerlicher Verurteilung zu einheitlicher JStrafe gem. § 31 Abs. 2 die bisherige JStrafe wegfällt. Zudem ist zur Interpretation davon auszugehen, dass der JStVollzug die ohnehin belasteteren Verurteilten erfasst, sodass im Einzelnen ungeklärt bleibt, inwieweit die höhere Misserfolgsquote mit abträglichen Folgen des Vollzugsaufenthaltes (vgl. näher etwa → § 89b Rn. 19 ff., → § 92 Rn. 22 ff., 111 ff.) zusammenhängt.

a) Widerrufsanlässe. Hinsichtlich des Verhältnisses von „erneut began- **16** gene Straftat", „Auflagenverstoß" und „erstere beiden plus sonstige Gründe" wurden in früheren Untersuchungen Anteile von 64,4 % und 36,6 % (*Nerlich,* Die kriminalpolitischen Auswirkungen der Aussetzung zur Bewährung nach § 20 JGG bei Jugendlichen und Heranwachsenden, 1966, 12 (letzte Kategorie unbesetzt)), 70,7 %, 8 %, sowie 21,3 % (*Schünemann,* Bewährungshilfe bei Jugendlichen und Heranwachsenden, 1971, 154) und 32,9 %, 7,9 % sowie 59,2 % (*Vogt* S. 115 ff.) errechnet. Zur Disposition der BewHilfe (auch anlässlich demographischer Veränderungen) vgl. → § 25 Rn. 10, → § 113 Rn. 10.

b) Merkmalsausprägungen. Verschiedene frühere Untersuchungen ha- **16a** ben Häufungen widerrufsträchtiger Konstellationen aus den Bereichen der Deliktsstruktur, der Altersphasen sowie der sozialen Gegebenheiten festgestellt (vgl. *Suttinger* MschKrim 1960, 76 ff. (82); *Breuning,* Bewährungshilfe, 1960, 114 ff.; s. aber teilweise abw. Angaben bei *Bindzus/Carter* Bewährungshilfe 1968, 186 f.).

III. Zeitpunkt des Widerrufs und Beschleunigungsprinzip

1. Allgemeines

Liegen die Voraussetzungen des Widerrufs vor, so ist der Widerruf während **17** der BewZeit jederzeit möglich. Dabei soll die **Entscheidung** gem. einem allg. erzieherischen Prinzip **möglichst bald** getroffen werden; dies ist auch im Hinblick auf § 22 Abs. 2 S. 2 (vgl. RL 1) angezeigt. Aus diesen Gründen sollen besondere Ermittlungen, die neben der ohnehin bestehenden Aufsichts- und Berichtspflicht des BewHelfers etwa erforderlich werden, möglichst frühzeitig eingeleitet werden (vgl. auch → Rn. 27). – Die Entscheidung muss spätestens dann getroffen werden, wenn keine begründete Aussicht mehr besteht, dass weitere einschlägig relevante Erkenntnisse zu gewinnen sind (KG JR 1967, 307).

2. Nach Ablauf der Bewährungszeit

18   Darüber hinaus ist der Widerruf auch nach Ablauf der BewZeit zulässig, so lange die JStrafe nicht erlassen worden ist (§ 26a S. 1). Dabei ist jedoch schon aus rechtstaatlichen Gründen baldmöglichst zu entscheiden.

19   **a) Befristung; Verzögerung. aa)** Nach (am allg. StR orientierter) **hM** besteht **keine Frist,** innerhalb welcher nach Ablauf der BewZeit der Widerruf auszusprechen ist (OLG Hamm JMBl. NW 1971, 258 und NJW 1974, 1520; OLG Karlsruhe GA 1974, 156 (zum allg. StR); OLG Stuttgart Justiz 1982, 336 (Ls.) zum allg. StR; OLG Hamburg NJW 1970, 65; OLG Koblenz MDR 1977, 513: bestimmte Höchstfristen kommen nicht in Betracht). Unzulässigkeit liege aber bei ganz außergewöhnlichen **Verzögerungen** im Einzelfall vor (OLG Karlsruhe Justiz 1976, 436; vgl. auch OLG Braunschweig StV 1983, 72 (Ls.); OLG Düsseldorf GA 1983, 87 (jeweils zum allg. StR)), und dies wurde zum JStR zB bei einem Zeitraum von 10 Monaten bejaht (LG München I StV 2002, 43).

20   **bb)** Nach **aA** soll der Widerruf nur bis zu **sechs Monaten** seit Ablauf der BewZeit oder Rechtskraft der Verurteilung wegen einer in der BewZeit begangenen Straftat zulässig sein (OLG Hamm MDR 1966, 156; LG Dortmund NJW 1968, 1149; LG Tübingen JZ 1974, 682). Im Schrifttum wird verschiedentlich eine deutliche **kürzere Zeitspanne** empfohlen (vgl. zu 30 Tagen (in Anlehnung an § 229 Abs. 2 S. 1 StPO) *Ostendorf* in NK-JGG Rn. 3).

21   **cc)** Daneben wird die Auffassung vertreten, es sei zu berücksichtigen, inwieweit der Verurteilte zur Verzögerung beigetragen habe oder in welchem Umfang er in Anbetracht seines BewVersagens auf Vertrauensschutz rechnen durfte (OLG Celle NStZ-RR 2010, 27 (Ls.) = BeckRS 2009, 27559; LG Hamburg MDR 1977, 159; OLG Bremen StV 1986, 165 zu §§ 57, 56f StGB). Hierfür kann es auf einen rechtzeitigen Hinweis an den Verurteilten ankommen, dass ein Widerruf ggf. noch nach Ablauf der Bewährungszeit in Betracht kommt und der Ausgang eines laufenden Verfahrens abgewartet werden soll (LG Trier StV 2019, 481 (Ls.) = LSK 2018, 44753).

22   **b) Erziehungsauftrag.** Die hM **widerspricht** dem **erzieherischen Zweck** (§ 2 Abs. 1) insofern, als zur Erziehung ein gewisses Vertrauen Voraussetzung ist und als das spezielle jugendstrafrechtliche Beschleunigungsprinzip berührt wird. Wenn auch für die Bejahung einer Frist eine ausdrückliche gesetzliche Grundlage fehlt, so kann doch aus Gründen des Vertrauensschutzes der Widerruf nach Ablauf der BewZeit im Einzelfall unzulässig sein. – Abträglich ist in diesem Zusammenhang die Orientierung am allg. StR schon deshalb, weil das (auf ein und dieselbe Zeitspanne bezogene) **Zeit-**

empfinden Jugendlicher und auch Heranwachsender mit demjenigen Erwachsener nicht zu vergleichen ist (allg. Auffassung).

IV. Folgen des Widerrufs

1. § 26 Abs. 3 S. 1

Die Regelung über die Nichterstattung dient der Ausschaltung etwaiger 23 Zweifelsfragen nach bürgerlichem Recht.

2. § 26 Abs. 3 S. 2

Die hiernach zulässige **Anrechnung** von **Leistungen** auf die JStrafe gilt 24 als vollstreckte Strafe iSv § 88 Abs. 1 (vgl. → § 88 Rn. 4).

Der **Ausschluss** der **Anrechnung** solcher Leistungen auf die JStrafe, die 25 in der Erfüllung von *Weisungen* (§§ 10, 23 Abs. 1 S. 1) bestanden haben (§ 26 Abs. 3 S. 2 argumentum e contrario), liegt darin begründet, dass Leistungen aufgrund von Weisungen oder von diesen entsprechenden Anerbieten die Lebensführung beeinflussen sollen (vgl. auch → § 10 Rn. 3 ff.; speziell zu Therapieweisung LG Offenburg NStZ-RR 2004, 58; vgl. aber betr. § 36 Abs. 3 BtMG → § 82 Rn. 13). – Ob ein nach §§ 23 Abs. 1 S. 4, 11 Abs. 3 vollstreckter NNichtbefolgungs-JA (vgl. auch → Rn. 14; für den Fall bisheriger Nichtvollstreckung vgl. → § 87 Rn. 7) – nach später etwa erfolgtem Widerruf – auf die JStrafe angerechnet werden kann, ist umstritten (vern. *Brunner/Dölling* Rn. 12; bejahend *Ostendorf* in NK-JGG Rn. 18: entspr. § 52a sowie *Schady* FS Ostendorf, 2015, 779 (784 f.): entspr. § 26 Abs. 3 S. 3). Wenngleich er nur als Reaktion auf die Nichtbefolgung gilt, wird die Frage iSd Einheitsprinzips zu bejahen sein (vgl. dazu auch → § 31 Rn. 7, 7a).

3. § 26 Abs. 3 S. 3

Die **Anrechnung** des vollstreckten **Kopplungs-JA** (§ 16a) ist **zwin-** 25a **gend,** wenn aufgrund des Widerrufs der Aussetzung der Strafvollstreckung zBew die verhängte JStrafe zu vollstrecken ist (ebenso *Ostendorf* in NK-JGG Rn. 18; aA *Brunner/Dölling* Rn. 11; *Nehring* in BeckOK JGG Rn. 32). Dadurch wird einer „Doppelbestrafung" bzw. der Überschreitung des Schuldmaßes durch den Kopplungs-JA gewehrt werden (Begr. BT-Drs. 17/ 9389).

V. Erlass der Jugendstrafe

Nach Ablauf der BewZeit ist die JStrafe zu erlassen, soweit die Aussetzung 26 der Vollstr zBew nicht widerrufen wird (§ 26a S. 1) und ein Grund zur Verlängerung der BewZeit nicht besteht.

1. Abschlussermittlungen und Beschleunigungsprinzip

Die Entscheidung setzt abschließende Ermittlungen voraus (vgl. RL 1). 27 Mit diesen sollte **rechtzeitig** begonnen werden, sodass sie spätestens mit

Ablauf der BewZeit beendet sind. Aus erzieherischen Gründen ist es erforderlich, dass der Verurteilte nach Ablauf der BewZeit eindeutig darüber orientiert und informiert wird, ob das Verfahren nunmehr beendet ist oder nicht. Insofern kommt es auf die besonderen Umstände des Einzelfalles an, ob es entgegen diesem Zweck vertretbar sein kann, nach Ablauf der BewZeit zusätzliche Ermittlungen mit der Begründung vorzunehmen, die bisher vorliegenden Informationen reichten zu einer Entscheidung nicht aus.

2. Wirkungen des Erlasses

28 Die Entscheidung über den Erlass wird **sofort rechtskräftig,** weil er unanfechtbar ist (§ 59 Abs. 4; vgl. auch → § 59 Rn. 30); zugleich ist er konstitutiv. Die Wirkung des Erlasses tritt mit Verkündung oder Zustellung des den Erlass aussprechenden Beschlusses, nicht mit dem Ablauf der BewZeit ein (jedoch darf iRd Rechtsfolgenbemessung in einem anderen Verfahren nicht zum Nachteil des Angeklagten berücksichtigt werden, dass noch nicht erlassen war, sondern es kommt auf den Ablauf der BewZeit an (BGH BeckRS 1985, 05571; vgl. auch BGH StV 2018, 358 = BeckRS 2016, 17379 zum allg. StR).

29 **a) Strafmakelbeseitigung.** Mit dem Erlass muss der Strafmakel als beseitigt erklärt werden (§ 100; zur (verneinten) Relevanz für eine Ausweisungsentscheidung BayVGH BeckRS 2014, 55805 Rn. 16, 35).

30 **b) Fälle der Nichterstattung.** Im Rahmen der BewWeisungen, BewAuflagen, Zusagen oder Anerbieten erbrachte Leistungen werden nach Straferlass nicht erstattet (§ 26a S. 2 iVm § 26 Abs. 3 S. 1).

3. Nichtanwendbarkeit des § 56g Abs. 2 StGB

31 Eine dieser Vorschrift des allg. StR entsprechende Möglichkeit des Widerrufs des Straferlasses findet sich im JGG nicht (BGH StV 1992, 432 f.).

VI. Verfahrensrechtliches

1. Allgemeines

32 **a)** Für die Zuständigkeit und das Verfahren gilt § 58. Vor der Entscheidung über den Widerruf sowie über den Erlass der JStrafe sind der StA, der Verurteilte, (ggf.) der Verteidiger und der BewHelfer **zu hören** (§ 58 Abs. 1; vgl. RL 2). Die Voraussetzungen **notwendiger Verteidigung** sind analog § 83 Abs. 3 S. 2, § 68 Nr. 1 JGG aF iVm § 140 Abs. 2 StPO bzw. § § 68 Nr. 5 nF zu prüfen (vgl. LG Saarbrücken ZJJ 2015, 426 mAnm *Möller;* vgl. zuvor bereits UK III DVJJ-Journal 1992, 25).

2. Sicherungshaftbefehl

33 Ist ein Widerruf zu erwarten, so kann der JRichter unter bestimmten Voraussetzungen einen Sicherungshaftbefehl (§ 453c StPO) erlassen (vgl. auch RL 3; dazu aber auch → Rn. 14a).

3. Beschwerde

Wegen der Beschwerdemöglichkeiten s. § 59 Abs. 2–4; zur Frage, ob die 34
StA die Ablehnung des Antrages auf Widerruf anfechten kann, vgl. → § 59
Rn. 27a. – Wegen des Fehlens der Vollstreckbarkeit im Falle der Einlegung
sofortiger Beschwerde vgl. → § 59 Rn. 28.

4. Einleitung der Vollstreckung

Ist die Aussetzung widerrufen, so obliegt die Einleitung der Vollstr dem 35
zuständigen Vollstreckungsleiter (§§ 84 f.), der idR allerdings mit dem erkennenden JRichter identisch ist.

Sechster Abschnitt. Aussetzung der Verhängung der Jugendstrafe

Voraussetzungen

27 **Kann nach Erschöpfung der Ermittlungsmöglichkeiten nicht mit Sicherheit beurteilt werden, ob in der Straftat eines Jugendlichen schädliche Neigungen von einem Umfang hervorgetreten sind, daß eine Jugendstrafe erforderlich ist, so kann der Richter die Schuld des Jugendlichen feststellen, die Entscheidung über die Verhängung der Jugendstrafe aber für eine von ihm zu bestimmende Bewährungszeit aussetzen.**

Schrifttum *Baier,* Die Bedeutung der Aussetzung der Verhängung der Jugendstrafe und der Vorbewährung in der jugendgerichtlichen Praxis in Bayern, 2015; *Friehe,* Der Verzicht auf Entschädigung für Strafverfolgungsmaßnahmen, 1997; *Lorbeer,* Probleme der Aussetzung der Verhängung der Jugendstrafe nach §§ 27 ff. JGG, 1980.

Übersicht

	Rn.
I. Anwendungsbereich	1
1. Jugendliche; Heranwachsende	1
2. Jugendgericht	3
3. Verständigung	5
4. Sonstiges	5a
II. Allgemeines	6
1. Systematische Bedeutung der Vorschrift	6
a) Kein Strafmakel	6
b) Überbrückungsfunktion	7
2. Unterstellung unter Bewährungshilfe	8
III. Voraussetzungen; Ermessensentscheidung und Häufigkeit	9
1. Voraussetzungen	9
a) Negativvoraussetzungen	9
b) Erschöpfende Ermittlungen; verbleibende Ungewissheit	10
aa) Umfang der Ermittlungen	10
bb) Verbleibende Ungewissheit	11
2. Ermessensentscheidung	13
a) Erziehungsauftrag	13
b) Tendenzen einschränkender Anwendung	14
3. Häufigkeit	16
IV. Verbindung mit anderen Rechtsfolgen	17
1. Jugendarrest; Verpflichtung nach § 12 Nr. 2	18
2. Maßregeln der Besserung und Sicherung	19
3. (Nebenstrafen und) Nebenfolgen	20
V. Verfahrensrechtliches	21
1. Allgemeines und Urteil	21
2. Anrechnung von U-Haft; Entscheidung nach StrEG	23
a) Anrechnung vollzogener U-Haft	23
b) Entschädigungsentscheidung	24
3. Bindungswirkung	25
4. Registereintragungen	28

I. Anwendungsbereich

1. Jugendliche; Heranwachsende

Die Vorschrift findet auf Jugendliche auch dann Anwendung, wenn die 1
Aussetzung der Verhängung von einem Gericht angeordnet wurde, das für
allg. Strafsachen zuständig ist (§ 104 Abs. 1 Nr. 1).

Die Vorschrift gilt für Heranwachsende – vor JGerichten wie vor den für 2
allg. Strafsachen zuständigen Gerichten – dann, wenn auf sie materielles JStR
angewandt wird (§§ 105 Abs. 1, 112 S. 2, § 104 Abs. 1 Nr. 1).

2. Jugendgericht

Ist die Aussetzung der Verhängung von einem für allg. Strafsachen zustän- 3
digen Gericht angeordnet worden, so muss dieses die Entscheidung gem.
§§ 28, 29 dem JGericht übertragen (§§ 104 Abs. 5 Nr. 2, 112 S. 1).

Der JRichter sollte, soweit er Einzelrichter ist, den Schuldspruch nur 4
vornehmen, wenn sich ausnahmsweise voraussagen lässt, dass iRd Nachverfahrens eine JStrafe von nicht mehr als einem Jahr verhängt würde (vgl. § 39
Abs. 2); soweit diese Möglichkeit nicht gegeben ist, ist vor Eröffnung des
Hauptverfahrens die Vorlage an das JSchöffengericht geboten, um zu vermeiden, dass ein anderes Gericht die Entscheidung nach § 30 trifft (s. auch
§ 62; *Potrykus* NJW 1956, 654 (655 f.); aA *Ostendorf* in NK-JGG Rn. 2). –
Für den Fall des Vorliegens der Voraussetzung einer Verweisung gem. § 270
StPO vgl. Erl. zu → § 39 Rn. 23, → § 40 Rn. 8, 10 sowie → § 62 Rn. 10.

3. Verständigung

Als Gegenstand einer Absprache (vgl. näher → § 2 Rn. 47 ff.) ist die 5
Aussetzung gem. § 27 wegen der Voraussetzungen der Vorschrift nicht
geeignet (vgl. näher *Nowak* JR 2010, 250).

4. Sonstiges

Zur Bedeutung einer *Amnestie* für die Anwendung des § 27, BGHSt 9, 5a
104 (vgl. § 15 Abs. 2 Straffreiheitsgesetz 1954; s. auch *Brunner/Dölling*
Rn. 8).

II. Allgemeines

1. Systematische Bedeutung der Vorschrift

a) Kein Strafmakel. Die Regelung eröffnet die Möglichkeit, die Schuld 6
des Jugendlichen im Urteil festzustellen (Schuldspruch), die Entscheidung
über die Verhängung der JStrafe hingegen auszusetzen. Dabei gilt die Aussetzung als ggf. erzieherisch konstruktive Rechtsfolge, da sie den Jugendlichen
ohne Strafmakel belässt (vgl. aber auch → Rn. 28). Zudem mag sie durch
Zurückstellung der gerichtlichen Bejahung des in Rede stehenden Umfanges „schädlicher Neigungen" (zusätzlich) stigmatisierende Auswirkungen auf
den Jugendlichen vermeiden (s. ergänzend aber auch *Heublein* ZfJ 1995,

436). – Soweit der Aussetzung darüber hinaus die Eigenschaft eines besonderen Anlasses zu (einstweilen) normangepasstem Verhalten beigemessen wird, da der Jugendliche hinsichtlich der Frage der Rechtsfolgenverhängung im Ungewissen bleibt (vgl. aber auch → Rn. 15 aE), entspricht dies zwar verbreitetem Alltagsverständnis, jedoch fehlt es hierfür an empirischen Belegen.

7 **b) Überbrückungsfunktion.** Die Vorschrift mildert die erhebliche Kluft, die zwischen den sonstigen Rechtsfolgen des JStR und der JStrafe besteht und die sich etwa in der Diskrepanz zwischen der Höchstdauer des JA und der Mindestdauer der JStrafe zeigt. Diese Überbrückungsfunktion (zu Anwendungsbereichen *Heublein* ZfJ 1995, 438) soll in denjenigen Fällen Abhilfe schaffen, in denen besonders deutlich wird, dass eine zuverlässige Feststellung über das Vorliegen „schädlicher Neigungen" bzw. über deren Umfang kaum einmal möglich ist (näher → § 17 Rn. 20 ff.). Zugleich erscheint die Regelung des § 27 inhaltlich dadurch legitimiert (vgl. auch *Jaglarz* NStZ 2015, 191 (194)), dass es an hinreichenden empirischen Anhaltspunkten für die – dem Gesetzeswortlaut implizierte – Annahme fehlt, der JStrafe komme im Allg. eine erzieherisch positive Wirkung zu (§ 17 Abs. 2 Alt. 1; näher → § 17 Rn. 16). – Kriminalpolitisch wird teilweise eine tendenzielle *Verselbstständigung* befürwortet, um die seither eher zurückhaltende Anwendung (vgl. → Rn. 15) zu überwinden. Hingegen wäre eine Aufhebung der §§ 27 ff. (so *Lorbeer,* Probleme der Aussetzung der Verhängung der Jugendstrafe nach §§ 27 ff. JGG, 1980, 244 ff.; *Radtke* ZStW 121 (2009), 443 f.) nicht sachgerecht (hM, vgl. nur *Neubacher/Bachmann* NStZ 2013, 386 (387)).

2. Unterstellung unter Bewährungshilfe

8 Im Falle der Aussetzung wird der Jugendliche für eine vom JRichter zu bestimmende BewZeit (§ 28) der **Aufsicht** und **Leitung** eines **BewHelfers** unterstellt (§ 29 S. 1). Zudem ist der JRichter während der BewZeit bemüht, den Verurteilten durch Entscheidungen gem. § 29 – ggf. iVm anderen Rechtsfolgen (§ 8) – in einer Weise erzieherisch positiv zu beeinflussen, dass **JStrafe überflüssig** wird. Es handelt sich also *nicht* um eine *bloße* Aussetzung zwecks weiterer *Ermittlungen* zur Vorbereitung des Rechtsfolgenausspruchs. Der Vorschrift des § 27 sollte schon deshalb kein Ausnahmecharakter zukommen (aA *Diemer* in Diemer/Schatz/Sonnen Rn. 4).

III. Voraussetzungen; Ermessensentscheidung und Häufigkeit

1. Voraussetzungen

9 **a) Negativvoraussetzungen.** Eine Entscheidung nach § 27 ist nach hM **unzulässig,** wenn JStrafe wegen „**Schwere der Schuld**" als erforderlich erachtet wird, da der Wortlaut des § 27 nur auf „schädliche Neigungen" abstellt (vgl. RL 1; für eine Anwendung auch bei schwerwiegenden Taten *Lempp* Zbl 1992, 392). Zugleich setzt eine Entscheidung nach § 27 voraus, dass die Verhängung von JStrafe wegen „schädlicher Neigungen" keine Verletzung des Verhältnismäßigkeitsgrundsatzes darstellen würde (allg. → § 17 Rn. 39).

b) Erschöpfende Ermittlungen; verbleibende Ungewissheit. 10
aa) Umfang der Ermittlungen. **Voraussetzung** ist, dass eingehende Ermittlungen in dem erforderlichen Umfang gem. § 43, § 244 StPO vorgenommen worden sind (vgl. auch *Jaglarz* NStZ 2015, 191 (195): Ausschöpfung aller Erkenntnismöglichkeiten). Die Rspr. wendet § 27 bspw. an, wenn die Einbeziehung der JGH und der Eltern nicht für die erforderliche Klarheit gesorgt haben (vgl. etwa OLG Celle 17.7.2018 – NZS 4-1/17). Da nähere Aufklärungsversuche im **vereinfachten Jugendverfahren** nur eingeschränkt vorgeschrieben sind, kann in diesem Verfahren eine Entscheidung nach § 27 **nicht** getroffen werden (BayObLGSt 70, 213; vgl. auch → §§ 76–78 Rn. 9, 30; aA *Ostendorf* in NK-JGG § 62 Rn. 1). Jedoch rechtfertigt der ausdrückliche Gesetzeswortlaut („Erschöpfung der Ermittlungsmöglichkeiten") nicht die Annahme, vor einer Entscheidung nach § 27 sei idR ein Sachverständigengutachten einzuholen (vgl. auch → § 43 Rn. 33).

bb) Verbleibende Ungewissheit. (1) Weiterhin muss nach Abschluss 11
der Ermittlungen ungewiss geblieben sein, ob der **Umfang** der vorliegenden „schädlichen Neigungen" ein solcher ist, dass JStrafe erforderlich ist, dh die Ungewissheit muss sich darauf beziehen, ob Erziehungsmaßregeln oder Zuchtmittel ausreichen (§ 17 Abs. 2 Alt. 1). Unzulässig ist hiernach eine Aussetzung der Verhängung mit der Begründung, es sei schon das Vorliegen „schädlicher Neigungen" überhaupt ungewiss geblieben (OLG Oldenburg ZJJ 2011, 91 = BeckRS 2011, 16838; OLG Zweibrücken BeckRS 2019, 421; *Diemer* in Diemer/Schatz/Sonnen Rn. 7; *Böhm/Feuerhelm* Jugend-StrafR 271; *Weidinger* Strafaussetzung 103 f.; aA OLG Düsseldorf MDR 1990, 466; AG Meppen ZJJ 2004, 200 mablAnm *Spahn; Schaffstein/Beulke/Swoboda* JugendStrafR § 26 I 2; *Meier* in HK-JGG Rn. 6; wohl auch Schriftlicher Bericht 6 f. sowie *Dallinger/Lackner* Rn. 13). – Nur wenn die genannten Voraussetzungen gegeben sind, darf die Aussetzung angeordnet werden, andere Gründe berechtigen dazu nicht.

(2) Die genannte Ungewissheit wird regelmäßig dann bestehen, wenn 12
deutliche Anhaltspunkte oder Belege dafür vorhanden sind, dass zu beanstandende Verhaltensweisen des Jugendlichen wesentlich durch private oder behördliche **Beeinträchtigung** beeinflusst sind. So wird eine Aussetzung nach § 27 besonders dann angezeigt sein, wenn sie – iZm der Entscheidung nach § 29 – die Möglichkeit bietet, den Jugendlichen aus einer **ungünstigen Umgebung** oder Konstellation **heraus** zu geleiten. Denn gerade auch die reelle Aussicht, dass die unterstützenden Möglichkeiten der Bewährungszeit wahrgenommen werden, lässt weitere Klarheit hinsichtlich des Vorliegens „schädlicher Neigungen" erwarten (OLG Hamburg LSK 2018, 4475 = StV 2019, 478 (480)). Bevor die Geeignetheit der Aussetzung mit der Begründung abgelehnt wird, von einer BewZeit könne eine günstige Beeinflussung nicht erwartet werden, müssen sämtliche Möglichkeiten zur Förderung einer günstigen Entwicklung ausgeschöpft sein.

2. Ermessensentscheidung

a) Erziehungsauftrag. Sind die Voraussetzungen des § 27 gegeben, ist 13
die Anordnung der Aussetzung nicht obligatorisch, sondern sie liegt im pflichtgemäßen Ermessen des JRichters. Dabei ist jedoch davon auszugehen, dass (im Falle gegebener Voraussetzungen) gem. dem Erziehungsauftrag (§ 2

Abs. 1) idR eine Aussetzung anzuordnen ist. Als Alternative wäre nur die Anordnung von Erziehungsmaßregeln oder Zuchtmitteln zulässig, nicht hingegen die Verhängung von JStrafe unter Aussetzung von deren Vollstr zBew (vgl. auch *Dallinger/Lackner* Rn. 11).

13a Soweit empirische Daten vorliegen, sind für ein **erfolgreiches** Bestehen der BewZeit nicht unerhebliche Anteile zu verzeichnen (vgl. → § 30 Rn. 21; zu statistischen Daten *Wenger* FS Härringer, 1995, 86 f.) − allerdings bei vergleichsweise geringer Anwendungshäufigkeit (vgl. auch *Lorbeer,* Probleme der Aussetzung der Verhängung der Jugendstrafe nach §§ 27 ff. JGG, 1980).

14 **b) Tendenzen einschränkender Anwendung.** **aa)** Verschiedentlich wird angenommen, die Zahl der Fälle einer Aussetzung der Verhängung müsse deshalb vergleichsweise niedrig bleiben, weil der JRichter verfahrensrechtlich verpflichtet ist, umfangreiche Erhebungen durchzuführen. Daher könnten Zweifel betr. den Umfang von „schädlicher Neigungen" idR ausgeschlossen werden. Eine solche Argumentation entbehrt hingegen einer rechtstatsächlichen Bestätigung (vgl. → Rn. 8). − Was die Erwägung angeht, das Wesen dieser Rechtsfolge sei dem Jugendlichen nur schwer verständlich zu machen (s. etwa *Zieger* StV 1988, 310), so sollte daraus die Anregung an die Praxis folgen − iRd zeitlich möglichen − sich (noch) geduldiger um Vermittlung des Verständnisse zu bemühen (diff. *Wenger* FS Härringer, 1995, 79).

15 **bb)** Die vergleichsweise zurückhaltende Anwendung mag zum einen darauf beruhen haben, dass der vormalige S. 2 des § 30 Abs. 1 die gebotene erzieherische Flexibilität einschränkte. Unabhängig davon können sich bei Aussetzung nach § 27 vielfältige Probleme ergeben, zB betr. gleichzeitige Anordnung von JA (§ 8 Abs. 2 S. 2 (vgl. dazu → § 8 Rn. 14)), Abgabe des Nachverfahrens (an den JRichter, in dessen Bezirk der Jugendliche sich aufhält), Anrechnung (falls eine neue Straftat begangen wird) und nicht zuletzt Unzulässigkeit eines Sicherungshaftbefehls (§ 453c StPO als sog. „Krisenintervention" (vgl. auch → § 58 Rn. 17)). Endlich kann der *Zeitfaktor* Schwierigkeiten bedingen: wird etwa wegen eines Verhaltens, das sich zwei Jahre nach dem Tatzeitpunkt ereignet hat, sog. „schlechte Führung" bejaht und daraus auf die Tat rückgeschlossen, so kann dies von dem Verurteilten als ungerecht empfunden werden. Im Übrigen mag die niedrige Anwendungshäufigkeit Ausdruck der Angleichung an das Rechtsfolgensystem des allg. StR sein (vgl. → Einl. Rn. 55).

3. Häufigkeit

16 Die absoluten Zahlen von Entscheidungen nach § 27 betrugen in den Jahren 2008 bis 2017 (zu früheren Jahren vgl. 19. Aufl.) = 2.830, 2.880, 2.603, 2.382, 2.331, 2.185, 2.098, 1.987, 1.805 und 1.781 (StrafSt Tabelle 2.2), wobei das Sinken zur Abnahme der insgesamt nach JStR Verurteilten in Bezug zu setzen ist; die Anteile betrugen zB in den Jahren 2014−2017: 2,91%, 3,04%, 2,92% und 2,98% (StrafSt Tabelle 2.2). − Zusätzliche statistische Angaben fanden sich iZm Unterstellungen unter BewHilfe. Hierfür beliefen sich die Zahlen am Stichtag des 31.12. in den Jahren 2008 und 2011 (gem. StBA jeweils in den „alten" Bundesländern, ab 1996 ohne Hamburg) auf 4.796 und 4.341 (BewHiSt Tabelle 2 (1984, 1988), RPflSt Tabelle 5.2

(1992), sodann BewHiSt Tabelle 1.2.1 (neuere Zahlen nicht verfügbar)). Zwischen den Bundesländern variieren die Anteile erheblich, wobei insbes. Bayern und Berlin vergleichsweise niedrige, Baden-Württemberg, Brandenburg, Nordrhein-Westfalen, Rheinland-Pfalz und Schleswig-Holstein vergleichsweise hohe Anteile aufwiesen (vgl. unten stehende Tab; vgl. für Bayern – mit erheblichen Unterschieden zwischen einzelnen LG-Bezirken – vormals näher *Heublein* ZfJ 1995, 436 f.; vgl. auch schon für München Zahlen bei *Pfeiffer* KrimJ 1979, 276). Die unabhängig hiervon generell geringe Anwendungshäufigkeit könnte sich auch mit Praktikeransicht erklären, dass das Instrument von den Adressaten missverstanden werde und somit erzieherisch eher ungeeignet sei (vgl. die Befragung von *Baier,* Die Bedeutung der Aussetzung der Verhängung der Jugendstrafe (...), 2015, 147 ff., 163 ff.).

Tabelle: Prozentualer **Anteil** der Aussetzung zBew nach § 27 (und § 21) **16a** bei Unterstellungen unter **BewHilfe** nach JStR (BewHiSt Tabelle 2 (1984), RPflSt Tabelle 5.2 (1992); ab 1992 BewHiSt Tabelle 1.2.2 (neuere Zahlen nicht verfügbar))

Jahr jeweils 31.12.	„alte" Bundesländer (ab 1992 ohne Hamburg)	BW	Bay.	Berlin	Bremen
1984	7,5	6,9	5,7	4,9	12,9
	(68,2)	(68,7)	(64,8)	(79,3)	(60,4)
1992	8,3	10,0	7,2	4,7	10,7
	(66,6)	(62,0)	(62,6)	(73.1)	(69,8)
2000	10,6	14,3	7,0	5,2	9,9
	(69,6)	(66,7)	(67,7)	(81,0)	(69,9)
2008	13,4	14,8	6,9	6,1	13,0
	(64,4)	(63,5)	(62,9)	(80,8)	(67,4)
2011	13,6	14,6	(5,1)	(6,1)	(16,8)
	(61,6)	(61,9)	(59,9)	(80,8)	(64,0)
Jahr jeweils 31.12.	„alte" Bundesländer (ab 1992 ohne Hamburg)	Hessen	Nds.	NRW	RhPf.
1984	7,5	11,4	9,9	6,9	7,9
	(68,2)	(69,0)	(68,1)	(69,8)	(69,6)
1992	8,3	8,6	10,3	6,1	8,6
	(66,6)	(68,6)	(65,1)	(70,0)	(68,5)
2000	10,6	8,2	11,6	11,0	12,3
	(69,6)	(73,0)	(70,1)	(68,9)	(69,3)
2008	13,4	11,5	12,8	16,0	17,0
	(64,4)	(70,1)	(65,7)	(63,1)	(59,7)
2011	13,6	13,2	12,6	16,4	18,6
	(61,6)	(65,7)	(61,7)	(59,2)	(56,8)

Jahr jeweils 31.12.	„alte" Bundesländer (ab 1992 ohne Hamburg)	Saarl.	SchlH	Bbg.	MV
1984	7,5	3,1	13,6		
	(68,2)	(66,5)	(61,9)		
1992	8,3	4,2	15,9		
	(66,9)	(71,1)	(56,3)		
2000	10,6	3,5	17,7	11,7	12,1
	(69,6)	(83,4)	(66,3)	(72,8)	(74,4)
2008	13,4	13,5	23,3	16,8	16,5
	(64,4)	(72,6)	(57,6)	(62,9)	(69,2)
2011	13,6	30,3	19,5	14,0	16,4
	(61,6)	(56,1)	(59,7)	(65,0)	(65,4)

IV. Verbindung mit anderen Rechtsfolgen

17   Was die iZm der Aussetzung gem. § 27 zulässigen anderen Rechtsfolgen (§ 8) angeht, so lässt sich deren Geeignetheit für den konkreten Einzelfall schon deshalb kaum generell beantworten, weil die jeweilige Ausgestaltung der BewAnordnungen (§§ 29, 23, 11, 15) zu berücksichtigen ist.

1. Jugendarrest; Verpflichtung nach § 12 Nr. 2

18   Während eine Verbindung bezüglich Jugendarrest gem. § 8 Abs. 2 S. 2 zulässig geworden ist, bleiben Einwände hinsichtlich einer inhaltlichen Vereinbarkeit bestehen (nicht erörtert von AG Bonn ZJJ 2016, 77 mAnm *Eisenberg*). Das Gleiche gilt bezüglich einer Verpflichtung nach § 12 Nr. 2 (vgl. hierzu Erl. zu → § 8 Rn. 12 f.). Dabei entspricht der Streit teilweise dem unterschiedlichen Verständnis vom Wesen der Entscheidung nach § 27 (isolierter Schuldspruch zwecks weiterer Ermittlungen oder aber Schuldspruch verbunden mit erzieherischen Maßnahmen gem. § 29; zur Empfehlung der Aufhebung des § 27 und Erweiterung des § 21 um einen Abs. 3 sowie Änderung des § 57 *Radtke* ZStW 121 (2009), 146 ff.).

2. Maßregeln der Besserung und Sicherung

19   Neben der Entscheidung nach § 27 können, soweit die Voraussetzungen im Einzelnen vorliegen, die im JStR zulässigen Maßregeln (**§§ 7, 5 Abs. 3**) angeordnet werden. Dabei wird bezüglich der freiheitsentziehenden Maßregeln allerdings regelmäßig eine Entscheidung nach § 27 entbehrlich sein (s. § 5 Abs. 3).

3. (Nebenstrafen und) Nebenfolgen

20   Neben der Entscheidung nach § 27 können auch die genannten, im JStR zulässigen Rechtsfolgen (**§ 8 Abs. 3**) angeordnet werden. Dies gilt jedoch **nicht** für das **Fahrverbot** (§§ 2 Abs. 2, 6, 76, § 44 StGB; *Fischer* StGB § 44

Rn. 11 mN; *Athing/von Heintschel-Heinegg* in MüKoStGB StGB § 44 Rn. 4; *Bareis* ZJJ 2006, 273; ferner *Braun* NStZ 1982, 191 unter allg. Befürwortung restriktiver Anwendung bei (jugendlichen) Drogenabhängigen; **aA** *Kinzig* in Schönke/Schröder StGB § 44 Rn. 9; *Kühl* in Lackner/Kühl StGB § 44 Rn. 5; *Diemer* in Diemer/Schatz/Sonnen Rn. 11; *Rzepka* in Nix Rn. 4; *Nehring* in BeckOK JGG Rn. 21).

V. Verfahrensrechtliches

1. Allgemeines und Urteil

Zum Verfahren s. § 62 Abs. 1.   21

Die **Urteilsbegründung** (vgl. → § 54 Rn. 34) muss besonders vertieft 22 auf die Frage eingehen, warum die zur Anwendung des § 27 erforderliche Ungewissheit (vgl. → Rn. 11) nicht ausräumbar war (zust. *Beulke* FS Schurig, 2012, 21). Die Auseinandersetzung hiermit ist auch zur Vorbereitung einer abschließenden Entscheidung nach § 30 erforderlich.

2. Anrechnung von U-Haft; Entscheidung nach StrEG

a) Anrechnung vollzogener U-Haft. Die Anrechnung ist nur im 23 **Nachverfahren** (§ 30) möglich, falls JStrafe verhängt wird. Es ist jedoch angezeigt, in den *Urteilsgründen* der Entscheidung gem. § 27 darauf hinzuweisen, dass die Entscheidung über die Anrechnung von U-Haft dem späteren Verfahren vorbehalten bleibt (*Dallinger/Lackner* Rn. 17; *Portrykus* NJW 1956, 654). – Im Falle einer etwaigen Anordnung von **JA** (vgl. → Rn. 18) **neben** der Entscheidung nach § 27 ist jedoch eine **Berücksichtigung** vollzogener **U-Haft** möglich.

b) Entschädigungsentscheidung. Bereits bei einer Entscheidung gem. 24 § 27 mit einer Bewährungszeit von mindestens einem Jahr und nicht mehr als zwei Jahren (§ 28 Abs. 1; zur Möglichkeit nachträglicher Änderung vgl. § 28 Abs. 2 S. 2) ist nach § 8 Abs. 1 S. 1 StrEG zugleich die – schon im allg. StR keinen Aufschub duldende – Entschädigungsentscheidung zu treffen (*Meyer* StrEG § 4 Rn. 6; aA LG Offenburg NStZ-RR 2003, 351; *Schatz* in Diemer/Schatz/Sonnen § 62 Rn. 6; *Meier* in HK-JGG § 30 Rn. 15; *Nehring* in BeckOK JGG Rn. 29). Dies gilt im JStR umso mehr, als ein Hinausschieben seitens der Strafjustiz, die das erlittene Unrecht verursacht hat, dem Erziehungsanspruch auch insofern zuwiderliefe, als es Mutmaßungen einer Beeinflussung der Entscheidung nach § 30 fördern könnte (zum etwaigen Interesse innerhalb der Strafjustiz, bei Absprachen auf Ansprüche nach dem StrEG zu verzichten, vgl. *Friehe* Verzicht 258 ff.). – Sollte sich im Verfahren nach § 30 ein Fall der Anrechnung gem. § 52a S. 1 ergeben, tritt die Entschädigungsentscheidung entsprechend § 14 Abs. 1 S. 1 StrEG außer Kraft (vgl. auch OLG Düsseldorf StV 2001, 517 (zum allg. StR)), und die Zahlung kann gem. § 14 Abs. 1 S. 2 StrEG zurückgefordert werden. Im Übrigen kann ggf. eine Unabhängigkeit der Entschädigungsentscheidung von der Anrechnung in Betracht kommen.

3. Bindungswirkung

25 Die innerprozessuale Bindungswirkung umfasst nur den Schuldspruch und die ihn unmittelbar tragenden Feststellungen, bei Heranwachsenden auch die Entscheidung nach § 105 Abs. 1 (vgl. → § 30 Rn. 16; zum Wiederaufnahmeverfahren vgl. → § 55 Rn. 29).

26 Hinsichtlich aller **sonstigen** Feststellungen tritt **keine** Bindung für das Nachverfahren ein, weil diese Feststellungen nur die Voraussetzungen des § 27, dh die bestehende Ungewissheit, darlegen sollen. Eine Bindungswirkung an sie wäre auch deshalb nicht vertretbar, weil der Jugendliche keine Möglichkeit hätte, gegen diese den Schuldspruch nicht unmittelbar tragenden Feststellungen vorzugehen (*Dallinger/Lackner* § 30 Rn. 14).

27 Die neben dem Schuldspruch angeordneten Rechtsfolgen (vgl. → Rn. 17 ff.) können in **Rechtskraft** erwachsen, soweit sie hierzu geeignet sind. Dies ist für die BewZeit und für die BewWeisungen und -auflagen wegen deren Abänderbarkeit (§ 28 Abs. 2 S. 2 und § 29 S. 2, § 23 Abs. 1 S. 3) nicht der Fall.

4. Registereintragungen

28 Wegen dieser Folgen s. §§ 4 Abs. 1 Nr. 4, 7 Abs. 3, 13 Abs. 2, ggf. auch § 60 Abs. 1 Nr. 3 BZRG (vgl. aber → § 30 Rn. 19).

Bewährungszeit

28 (1) **Die Bewährungszeit darf zwei Jahre nicht überschreiten und ein Jahr nicht unterschreiten.**

(2) ¹**Die Bewährungszeit beginnt mit der Rechtskraft des Urteils, in dem die Schuld des Jugendlichen festgestellt wird.** ²**Sie kann nachträglich bis auf ein Jahr verkürzt oder vor ihrem Ablauf bis auf zwei Jahre verlängert werden.**

I. Anwendungsbereich

1 Es gelten die Erl. zu § 27 Abs. 1 S. 1 und 2 (→ § 27 Rn. 1 ff.) entsprechend.

II. Regelungsgehalt

1. Dauer der Bewährungszeit

2 **a) Grundsatz der Flexibilität.** Eine Vorab-Festlegung eines Endes verbietet sich, vielmehr richtet sich die Dauer danach, welcher Zeitraum voraussichtlich benötigt wird, um die gem. § 27 bestehende Ungewissheit zu beheben. Ist die Ungewissheit früher als erwartet ausgeräumt, so **kann** die Dauer **verkürzt** werden. Ist die Ungewissheit hingegen aufgrund neu hinzugekommener Umstände (allg. Auffassung) in dem zunächst vorgesehenen Zeitraum nicht behoben, so kann – also abhängig ggf. auch von dem Vorliegen als negativ beurteilter besonderer Vorkommnisse im zwischenzeitlichen Verhalten des Verurteilten – die Dauer **verlängert** werden (Abs. 2 S. 2).

b) Höchstgrenze. Die Begrenzung der BewZeit auf höchstens zwei Jahre 3 **(Abs. 1)** ist wegen der Belastung des Jugendlichen mit der Ungewissheit der zukünftigen Entscheidung aus rechtsstaatlichen Gründen kürzer als bei der Aussetzung der Vollstr zBew. Ob hingegen für die Prüfung der Frage, in welchem Umfang „schädliche Neigungen" vorhanden sind, ein kürzerer Zeitraum ausreicht, als er benötigt wird, wenn auf erzieherische Belange im Allg. abgestellt wird, erscheint zweifelhaft.

2. Sonstiges

Wegen Einzelfragen zu Dauer, Berechnung und nachträglicher Verlänge- 4 rung der BewZeit gilt das zu § 22 Ausgeführte entsprechend.

III. Verfahrensrechtliches

Gemäß §§ 62 Abs. 4, 63 Abs. 2 finden **§ 58 Abs. 1, Abs. 3 S. 1** (s. dazu 5 BGH NStZ 1999, 361) – nicht jedoch § 58 Abs. 3 S. 3 (BGHR JGG § 28 Überwachung 2, Übertragung) – sowie **§ 59 Abs. 2, 5 Anwendung.**

Die **Strafvollstreckungsverjährung** ruht während der BewZeit (§ 2 6 Abs. 2, § 79a Nr. 2b StGB).

Bewährungshilfe

29 ¹**Der Jugendliche wird für die Dauer oder einen Teil der Bewährungszeit der Aufsicht und Leitung eines Bewährungshelfers unterstellt.** ²**Die §§ 23, 24 Abs. 1 Satz 1 und 2, Abs. 2 und 3 und die §§ 25, 28 Abs. 2 Satz 1 sind entsprechend anzuwenden.**

I. Anwendungsbereich

Es gelten die Erl. zu § 27 Abs. 1 S. 1 und 2. (→ § 27 Rn. 1 ff.) ent- 1 sprechend.

II. Ausgestaltung der Bewährungszeit

1. Vorrang erzieherischer Belange

Die vorgesehenen Einwirkungen haben ähnliche Zielsetzungen wie in 2/3 Fällen der Aussetzung der **Vollstr** zBew nach § 21. Zugleich jedoch, und zwar im Unterschied zu den Einwirkungen nach einer Entscheidung gem. § 21, sollen sie im Verlauf ihrer Durchführung dazu dienen, die Ungewissheit auszuräumen, die zur Entscheidung nach § 27 geführt hat. Aus dieser zweitgenannten Zielsetzung heraus ergeben sich Unterschiede in der Ausgestaltung der Anordnungen des JRichters sowie der Aufsicht und Betreuung durch den BewHelfer. Im Übrigen gilt das zu den **entsprechend anwendbaren Vorschriften** Ausgeführte sinngemäß. – Im Einzelnen weicht S. 1 im Wortlaut von § 24 Abs. 1 S. 1 ab, da nach § 28 die BewZeit ohnehin zwei Jahre nicht übersteigen darf, sodass auch § 24 Abs. 2 S. 2 keine Anwendung findet. Die Verweisung auf § 28 Abs. 2 S. 1 verdeutlicht, dass die Betreuungszeit stets mit der Rechtskraft des Urteils beginnt, in dem die Schuld des Jugendlichen festgestellt wird.

4 Für **Heranwachsende** gelten hinsichtlich der Ausgestaltung der BewZeit die Erl. zu → § 105 Rn. 50 entsprechend, für **Soldatinnen und Soldaten** gilt das zu → § 23 Rn. 2 und § 11 Ausgeführte entsprechend.

2. Nachrangigkeit von Heimeinweisung

5 Verfehlt erscheint die Auffassung, in solchen Fällen verspreche die Heimeinweisung (§ 10 Abs. 1 Nr. 2) tendenziell den besten Erfolg, sofern ein geeignetes Heim zur Verfügung stehe. Zum einen ist eine Heimunterbringung idR mit (zusätzlichen) Beeinträchtigungen verbunden. Zum anderen sind die Gegebenheiten innerhalb eines Heimes tendenziell gerade nicht geeignet, die in Frage stehende Ungewissheit auszuräumen, weil sie den Verhältnissen in der Außengesellschaft nicht entsprechen (vgl. allg. → § 3 Rn. 47 ff.). Schließlich könnte eine solche Heimunterbringung als ersatzweise angeordnete freiheitsentziehende Rechtsfolge empfunden werden.

III. Verfahrensrechtliches

6 Es findet § 62 Anwendung.

Verhängung der Jugendstrafe; Tilgung des Schuldspruchs

30 (1) ¹Stellt sich vor allem durch schlechte Führung des Jugendlichen während der Bewährungszeit heraus, daß die in dem Schuldspruch mißbilligte Tat auf schädliche Neigungen von einem Umfang zurückzuführen ist, daß eine Jugendstrafe erforderlich ist, so erkennt das Gericht auf die Strafe, die es im Zeitpunkt des Schuldspruchs bei sicherer Beurteilung der schädlichen Neigungen des Jugendlichen ausgesprochen hätte. ²§ 26 Absatz 3 Satz 3 gilt entsprechend.

(2) **Liegen die Voraussetzungen des Absatzes 1 Satz 1 nach Ablauf der Bewährungszeit nicht vor, so wird der Schuldspruch getilgt.**

Schrifttum *Baier,* Die Bedeutung der Aussetzung der Verhängung der Jugendstrafe und der Vorbewährung in der jugendgerichtlichen Praxis in Bayern, 2015; *Gütt,* Die Bewährung bedingt verurteilter Jugendlicher und Heranwachsender, 1964; *Lorbeer,* Probleme der Aussetzung der Verhängung der Jugendstrafe, 1980; *Meyer-Wentrup,* Die erneute Straffälligkeit nach Jugendstrafe, 1966.

Übersicht

I. Anwendungsbereich

Es gelten die Erl. zu § 27 Abs. 1 S. 1 (→ § 27 Rn. 1 ff.) entsprechend. **1**

II. Voraussetzungen einer (das Erkenntnisverfahren abschließenden) Entscheidung

Die Entscheidung nach § 30 kann in der **Verhängung** von **JStrafe** **2** (Abs. 1) **oder** aber in der **Tilgung** des **Schuldspruchs** (Abs. 2) bestehen. – Sind die Voraussetzungen des Abs. 1 S. 1 erfüllt, so verbietet ein gem. § 2 Abs. 1 auch für das Nachverfahren geltender allg. Grundsatz (vgl. → § 17 Rn. 34) die Verhängung von JStrafe dann, wenn „schädliche Neigungen" im *Zeitpunkt* der *Entscheidung* nicht mehr vorliegen (vgl., allerdings betr. einen Erwachsenen, OLG Hamm 1.7.2010 – III-3 RVs 55/10 Rn. 48 (juris), NStZ 2011, 527; ausf. zum Ganzen mit iErg aA *Jaglarz* NStZ 2015, 191).

1. Verhängung von Jugendstrafe

Diese Entscheidung im Nachverfahren (zur Form vgl. § 62 Abs. 1 S. 1) **3** setzt – neben dem Schuldspruch (§ 27) – die Feststellung voraus, dass die Tat auf „schädlichen Neigungen" von einem die Verhängung erfordernden Umfang zurückzuführen ist. Eine solche Feststellung setzt indes ihrerseits voraus, dass *zeitlich nach* der Entscheidung gem. § 27 *Tatsachen bekannt* geworden sind, aufgrund derer die zunächst vorhandene Ungewissheit in einer den Jugendlichen belastenden Weise behoben ist.

4   **a) Gesamtergebnis der Ermittlungen.** Jedoch ist Quelle der Feststellung des Vorliegens „schädlicher Neigungen" das Gesamtergebnis der Ermittlungen **vor** *und* **nach** dem **Schuldspruch,** dh das JGericht ist grds. nicht auf solche Feststellungen beschränkt, die während der BewZeit getroffen wurden (str., vgl. etwa *Nehring* in BeckOK JGG Rn. 4). Dabei können auch zwischenzeitlich bekannt gewordene Tatsachen berücksichtigt werden, die sich auf das *Verhalten* des Verurteilten *vor* der Begehung der Straftat oder aber auf Umstände der Begehung der rechtskräftig festgestellten Tat beziehen. Tatsachen im zuletzt genannten Sinne werden jedoch durch die Rechtskraft des Schuldspruchs insoweit *ausgeschlossen,* als sie in *Widerspruch* zu solchen Feststellungen stehen, die den Schuldspruch unmittelbar tragen (vgl. auch *Dallinger/Lackner* Rn. 4, 14; ähnlich *Meier* in MRTW Rn. 3; weitergehend *Diemer* in Diemer/Schatz/Sonnen Rn. 5).

5   **aa) Grundlage** für die Verhängung bleibt die im Schuldspruch rechtskräftig festgestellte **Straftat** (vgl. auch *Jaglarz* NStZ 2015, 191 (196)), während das sonstige Verhalten des Jugendlichen vor oder nach der Entscheidung gem. § 27 nur zur Interpretation der Straftat(en) im Hinblick auf die Frage nach dabei hervorgetretenen „schädlichen Neigungen" dienen darf.

6   Hiernach erlauben ein Verstoß gegen BewWeisungen und/oder -auflagen, allg. schlechte Führung oder neue strafbare Handlungen (BGHSt 9, 160 (162)) für sich allein *nicht den Schluss,* die im Zeitpunkt der Entscheidung nach § 27 vorhanden gewesene Ungewissheit sei nunmehr ausgeräumt. Solchen Geschehnissen kommt nur eine *Indizfunktion* zu. Aber auch ein Verhalten des Jugendlichen iSv § 26 Abs. 1 allein muss nicht zur Verhängung der JStrafe gem. Abs. 1 S. 1 führen.

7   **bb)** Im Falle einer neuen Verfehlung kann gem. § 45 (§ 154 StPO) von einem **neuen Verfahren abgesehen** werden (→ § 31 Rn. 42, 30 aE; vgl. auch → §§ 26, 26a Rn. 6f), wenn es aus erzieherischen und aus sonstigen jugendstrafrechtlichen Gründen zureicht, von den Möglichkeiten der §§ 28, 29 Gebrauch zu machen (krit. *Jaglarz* NStZ 2015, 191 (192)). Werden hingegen selbstständig anzuordnende Erziehungsmaßregeln oder Zuchtmittel als erforderlich erachtet, ist eine Beendigung der Aussetzung aber erzieherisch nicht angezeigt, so kann von einer Einbeziehung der nach § 27 getroffenen Entscheidung abgesehen (→ § 31 Rn. 28 ff.) und allein betr. die neue Verfehlung entschieden werden, wobei jedoch eine Einheitlichkeit zwischen den Maßnahmen nach §§ 28, 29 und den Rechtsfolgen der neuen Entscheidung anzustreben ist.

8   **b) Bemessung.** Die JStrafe ist so zu bemessen, wie sie bei der vorausgegangenen Entscheidung gem. **§ 27** ohne Ungewissheit hinsichtlich der relevanten Umstände bemessen **worden wäre** (speziell betr. Kompensation überlanger Verfahrensdauer OLG Düsseldorf OLGSt JGG § 17 Nr. 4 Rn. 40 ff.; näher → § 18 Rn. 44 ff.).

9   Das Verhalten während der **BewZeit** darf deshalb **nicht** zur **Strafschärfung** führen (ebenso *Brunner/Dölling* Rn. 8; *Streng* JugendStrafR Rn. 552; krit. zur Einhaltung *Wenger* FS Härringer, 1995, 81; aA *Ostendorf* in NK-JGG Rn. 5; *Meier* in HK-JGG Rn. 7; *Nehring* in BeckOK JGG Rn. 12).

c) **Aussetzung der Vollstreckung zur Bewährung. aa) Zulässig** ist 10
es, die Vollstr der im Nachverfahren verhängten JStrafe gem. § 21 zBew
auszusetzen. Auch ließe sich eine Vorstellung des Inhalts, in diesem Falle
bestünden für die Aussetzung gem. § 21 keine Erfolgsaussichten, im Allg.
nicht vertreten. Vielmehr erlaubt es die Zulässigkeit der Aussetzung nach
§ 21 dem JGericht, die Differenzierungsmöglichkeiten, die ihm bei Verhängung einer JStrafe in anderen Fällen auch zur Verfügung stehen, zu
nutzen. Zudem mag die Aussetzung gem. § 21 geeignet sein, eine häufigere
Anwendung der Entscheidung nach § 27 zu fördern (zu Alternativen s. auch
Ostendorf NJW 1981, 378 ff.).

bb) (1) Eine Aussetzung der Vollstr zBew gem. § 21 ist **ohnehin** zulässig, 11
wenn JStrafe in einem neuen Verfahren wegen solcher Verfehlungen verhängt wird, die **nach** Rechtskraft der früheren Entscheidung begangen sind,
und bei Einbeziehung des Schuldspruchs gem. § 31 eine EinheitsJStrafe
gebildet wird.

Handelt es sich um Verfehlungen, die **vor** der nach § 27 getroffenen 11a
Entscheidung begangen sind, so ist im Falle der Bildung einer EinheitsJStrafe
(§ 31) gleichfalls ohnehin eine Aussetzung gem. § 21 zulässig, da diese auch
bei einer gemeinsamen Verhandlung aller Verfehlungen anstelle der Entscheidung nach § 27 hätte angeordnet werden können.

Unstreitig kann in einem neuen Verfahren **wiederum** eine **Aussetzung** 12
nach § 27 – mit neu beginnender BewZeit – getroffen werden (zur Frage,
ob die neu verhängten Rechtsfolgen milder sein dürfen, vgl. → § 31
Rn. 42).

(2) Die nachträgliche Aussetzung der JStrafe zBew ist in das **BZR** ein- 13
zutragen, und zwar bei Entscheidung durch Beschluss gem. § 13 Abs. 1
Nr. 1 BZRG, bei Entscheidung durch Urteil nach § 13 Abs. 2 S. 1 Hs. 2
BZRG.

2. Bindung an das Urteil zum Schuldspruch

a) Grundsatz. Im Nachverfahren gem. § 30 besteht eine Bindung des 14
JGerichts an das Urteil nach § 27 hinsichtlich des Schuldspruchs und der ihn
unmittelbar tragenden Feststellungen (vgl. auch BGHSt 7, 283; 10, 71)
einschließlich jugendstrafrechtlicher Rechtsfolgen (OLG Hamm NStZ 2011,
527 Rn. 37: Ausschluss anderen Rechtsfolgensystems bei zur Tatzeit bereits
Erwachsenem; vgl. ergänzend *Budelmann* JugendStrafR), also zB auch hinsichtlich der Entscheidung zu § 105 Abs. 1 (*Dallinger/Lackner* § 105 Rn. 69;
aA *Potrykus* NJW 1955, 246). Da jedoch auch im Nachverfahren ein Urteil
nur ergehen darf, wenn keine *Prozesshindernisse* vorliegen, ist eine *Nachprüfung* unabhängig von den diesbezüglichen Feststellungen in der Entscheidung nach § 27 – trotz der genannten Bindung – vorzunehmen (BGHSt 8,
269); im Falle eines einschlägigen Mangels ist das Verfahren einzustellen
(§ 206a StPO).

b) Ausnahmen. Ein Abgehen von dem in Rechtskraft erwachsenen 15
Schuldspruch ist nur aus bestimmten materiell-rechtlichen Gründen zulässig.

aa) So besteht eine Bindung dann nicht, wenn die im Schuldspruch 16
bezeichnete Rechtsnorm keine strafrechtlichen Rechtsfolgen nach sich ziehen kann. Dies ist zB der Fall, wenn der Schuldspruch auf einem **ungülti-
gen Gesetz** beruht oder wenn er wegen Versuchs einer Straftat ergangen ist,

deren Versuch **nicht strafbar** ist; Entsprechendes gilt, wenn die verletzte Norm kein Straftatbestand, sondern der Tatbestand einer **OWi** war (Bay-ObLG NJW 1954, 611).

17   **bb)** Ergibt sich erst im Nachverfahren, dass der Jugendliche jugendstrafrechtlich **nicht verantwortlich** (§ 3 S. 1) oder dass er schuldunfähig (§ 2 Abs. 2, § 20 StGB) ist, so darf JStrafe nicht verhängt werden, weil es an der Voraussetzung hierzu fehlt (ebenso *Brunner/Dölling* Rn. 10; aA *Diemer* in Diemer/Schatz/Sonnen Rn. 5).

18   **cc)** War der Schuldspruch aus anderen Gründen **offensichtlich unrichtig** und ist eine **Strafvorschrift nicht** verletzt, so sind „schädliche Neigungen" nicht „in der Tat hervorgetreten" (§ 17 Abs. 2 Alt. 1). Aus diesem Grunde wird – in Abwägung zwischen den Belangen der vorgesehenen Bindung an den Schuldspruch einerseits und dem Verhältnis zwischen KJHG und JStR andererseits – auch in solchen (Ausnahme-)Fällen von der Verhängung der JStrafe abzusehen sein.

3. Tilgung des Schuldspruchs

19   **a) Erziehungsregister.** Ist während der BewZeit eine JStrafe nicht verhängt worden und hat sich aus den laufenden wie auch aus den abschließenden Ermittlungen eine Notwendigkeit für die Verhängung von JStrafe nicht ergeben, so **muss** der Schuldspruch getilgt werden (zur Form § 62 Abs. 1, 2). Dabei verlangt es das besondere jugendstrafrechtliche Beschleunigungsprinzip, dass die Entscheidung möglichst rasch ergeht (vgl. → § 62 Rn. 22).

19a   Gemäß § 60 Abs. 1 Nr. 2 BZRG (idF des Gesetzes v. 18.7.2017 (BGBl. I 2732): Streichung der bisherigen Nr. 2 im Verweis auf § 13 Abs. 2 S. 2 (Inkrafttreten 31.8.2020, vgl. BT-Drs. 18/11933, 34: Programmieraufwand); vgl. ebenso zuvor BR-Drs. 529/14; vgl. auch *Tolzmann*, Bundeszentralregistergesetz, 5. Aufl. 2015, BZRG § 60 Rn. 12) wird ein nach § 30 Abs. 2 getilgter sowie ein nach § 13 Abs. 2 S. 2 Nr. 1 BZRG aus dem BZRG entfernter Schuldspruch in das Erziehungsregister aufgenommen. Zur Begründung dafür, dass (entgegen § 60 Abs. 1 Nr. 3 BZRG aF) in *Ausdehnung* der Registrierungen auch der Schuldspruch selbst in das Erziehungsregister eingetragen wird, wurde ein in der Praxis im Falle „späterer JStrafverfahren" bestehendes „berechtigtes Interesse" an der Kenntnis der dem Schuldspruch zugrundeliegenden Taten genannt (vgl. BT-Drs. 18/11933, 31), und zwar zwecks eines „möglichst vollständigen Überblicks über die strafrechtliche Vergangenheit" der Betroffenen (krit. *Ernst* ZJJ 2017, 368 f.). Im Einzelnen wurde auf nicht mit dem Schuldspruch verbundene, sondern „entsprechend § 23 als BewWeisungen und -auflagen erteilte (§ 29 S 2)" und „nicht in das Erziehungsregister aufgenommene" Erziehungsmaßregeln und Zuchtmittel abgestellt, in welcher Konstellation sich insoweit im Erziehungsregister „gar kein Hinweis" auf den vorherigen Schuldspruch finde, sodass dieses Register solchenfalls ein „verzerrtes Bild über die strafrechtliche Vergangenheit" der Betroffenen biete. – Indes ist rechtstatsächlich nicht hinreichend belegt, inwieweit eine solche Informationslücke tatsächlich besteht bzw. ob dem nicht in anderer Weise abgeholfen werden könnte. Insbesondere aber ist die Ausdehnung systematisch verfehlt, weil sie der befriedenden Funktion der Tilgung des Schuldspruchs zuwiderläuft bzw. die Garantiewirkung der Tilgung untergräbt. Auch ermöglicht der Schuldspruch selbst erzieherisch keinen Aufschluss, wogegen dessen ausgedehnte Registrierung abträgliche

Wirkungen zur Folge haben kann (vgl. auch → § 5 Rn. 95); zwar wird die Eintragung nicht in das Führungszeugnis aufgenommen (§ 32 Abs. 2 Nr. 2 BZRG), jedoch erhalten die verschiedensten Dienststellen und Einrichtungen unbeschränkte Auskunft (§ 41 BZRG). Grundsätzlich handelt es sich um eine retrospektive Betrachtungsweise, die bei gar statischer Akzentuierung mit der von § 2 Abs. 1 verlangten Zukunftsorientierung nicht vereinbar ist.

b) Anordnung der Tilgung. Mit dem erfolgreichen Abschluss der 20 BewZeit **entfällt** der staatliche Anspruch, auf **Rechtsfolgen** zu erkennen, und zwar einschließlich erzieherischen Maßnahmen. Demgemäß wäre es unzulässig, zugleich mit der Anordnung der Tilgung Erziehungsmaßregeln zu erteilen oder Zuchtmittel anzuorden (BGHSt 18, 211; *Dallinger/Lackner* Rn. 8; aA *Potrykus* Anm. 1c und NJW 1955, 246). Desgleichen dürfen BewWeisungen und -auflagen nach Beendigung der BewZeit nicht aufrechterhalten werden (§ 23 Abs. 1 S. 1). Im Übrigen mag das JGericht, falls es weitere erzieherische Maßnahmen für erforderlich hält, deren Anordnung beim FamG anregen.

4. Häufigkeiten

Die Anteile nicht erfolgreichen Abschlusses der BewZeit sind nach den 21 Ergebnissen empirischer Untersuchungen geringer gewesen als in Fällen der Aussetzung nach § 21. Allerdings sind (auch) diese Ergebnisse wegen der (teilweise) unterschiedlichen Kriterien eines erfolgreichen Abschlusses untereinander allenfalls bedingt vergleichbar. Im Einzelnen wurden Anteile der Nichttilgung von 26,5 % (*Gütt,* Die Bewährung bedingt verurteilter Jugendlicher und Heranwachsender, 1964, 3), 34,8 % (*Meyer-Wentrup,* Die erneute Straffälligkeit nach Jugendstrafe, 1966, 221) und 25,9 % (*Lorbeer,* Probleme der Aussetzung der Verhängung der Jugendstrafe nach §§ 27 ff. JGG, 1980, 222) errechnet (tendenziell anders aber *Meyer* Zbl 1981, 365 (373 ff.)). In Bayern lag 2012 der Anteil der (Misserfolgs–)Fälle, in denen es am Bewährungsende zur Verhängung der Jugendstrafe kam, darunter (*Baier,* Die Bedeutung der Aussetzung der Verhängung der Jugendstrafe (…), 2015, 137).

III. Zeitpunkt einer Entscheidung

1. Belastende bzw. entlastende Tatsachen

Werden nach der Entscheidung gem. § 27 hinreichende tatsächliche An- 22 haltspunkte für die Annahme bekannt, dass die Ungewissheit in einem den Jugendlichen belastenden Sinne behoben ist, so kann das **Verfahren** nach § 30 unabhängig von der Dauer des bisherigen Ablaufs der BewZeit **eingeleitet** werden. Während die Verhängung der JStrafe vor oder mit Beendigung der BewZeit angeordnet werden darf, darf die **Tilgung** des Schuldspruchs **nur nach Ablauf** der BewZeit ausgesprochen werden **(Abs. 2).** – Hiernach geht das Gesetz von der Vorstellung aus, eine abschließende Entscheidung zugunsten des Jugendlichen sei erst nach Ablauf der BewZeit vertretbar. Dies wird auch damit begründet, dass die Aussetzung nach § 27 zugleich einer erzieherischen Einwirkung während der BewZeit diene, sodass die Grenzen des Mindestmaßes der BewZeit aus erzieherischen Gründen nicht unterschritten werden dürften (vormals aA *Potrykus* Anm. 1c; OLG Schleswig NJW 1958, 34).

23 Ergibt eine vor Ablauf der BewZeit zur Entscheidung anberaumte Verhandlung nicht die Voraussetzungen für die Verhängung von JStrafe, so bleibt es gem. § 62 Abs. 3 weiterhin bei der Aussetzung (krit. → § 62 Rn. 13), falls nicht die BewZeit inzwischen – uU durch Verkürzung (§ 28 Abs. 2 S. 2) – beendet und die Tilgung des Schuldspruchs angezeigt ist (*Dallinger/Lackner* Rn. 17; aA *Potrykus* Anm. 1c). Eine Anordnung gem. § 62 Abs. 3 mag ggf. mit Änderungen der BewWeisungen und -Auflagen (§§ 29, 23) verbunden werden, soweit diese sich als ungeeignet erwiesen haben.

2. Sonstiges

24 Wegen der Streitfrage, **ob** die **Verhängung** der JStrafe **nach Ablauf** der BewZeit noch **zulässig** ist, gilt das zu → §§ 26, 26a Rn. 18 ff. Ausgeführte entsprechend.

24a Ein **Aufschieben** der abschließenden Entscheidung mit der Begründung, die in Rede stehende Ungewissheit sei noch nicht hinreichend behoben, ist **unzulässig.** In einem solchen Fall muss zugunsten des Jugendlichen entschieden werden (vgl. auch *Dallinger/Lackner* Rn. 19), zumal das JGericht bereits vom Zeitpunkt der Entscheidung gem. § 27 an die Aufgabe hat, die für eine abschließende Entscheidung erforderlichen Ermittlungen durchzuführen.

IV. Verfahrensrechtliches

1. Allgemeines

25 Für das Verfahren gilt § 62, für die (Nicht-)Anfechtbarkeit § 63.

2. Anrechnung

26 **a) Untersuchungshaft.** Vor dem Schuldspruch (§ 27) vollzogene U-Haft kann gem. § 52a angerechnet werden (vgl. schon *Potrykus* NJW 1956, 655).

27 **b) Jugendarrest.** War neben der Entscheidung nach § 27 **Kopplungs**JA (§ 16a) verhängt worden (vgl. aber näher → § 8 Rn. 14), so muss die VollstrZeit voll angerechnet werden, wenn im Nachverfahren auf JStrafe erkannt wird (Verweis gem. **Abs. 1 S. 2;** vgl. bereits *Grethlein* NJW 1962, 1606). – Ein etwa nach §§ 29 S. 2, 23 Abs. 1 S. 4, §§ 11 Abs. 3, 15 Abs. 3 angeordneter und vollstreckter Nichtbefolgungs-JA kann, wenngleich er keine Reaktion auf die abgeurteilte Straftat ist, sondern nur als Reaktion auf die Nichtbefolgung gilt, iSd Einheitsprinzips angerechnet werden (vgl. auch → §§ 26, 26a Rn. 25).

Siebenter Abschnitt. Mehrere Straftaten

Mehrere Straftaten eines Jugendlichen

31 (1) [1] Auch wenn ein Jugendlicher mehrere Straftaten begangen hat, setzt das Gericht nur einheitlich Erziehungsmaßregeln, Zuchtmittel oder eine Jugendstrafe fest. [2] Soweit es dieses Gesetz zuläßt (§ 8), können ungleichartige Erziehungsmaßregeln und Zuchtmittel nebeneinander angeordnet oder Maßnahmen mit der Strafe verbunden werden. [3] Die gesetzlichen Höchstgrenzen des Jugendarrestes und der Jugendstrafe dürfen nicht überschritten werden.

(2) [1] Ist gegen den Jugendlichen wegen eines Teils der Straftaten bereits rechtskräftig die Schuld festgestellt oder eine Erziehungsmaßregel, ein Zuchtmittel oder eine Jugendstrafe festgesetzt worden, aber noch nicht vollständig ausgeführt, verbüßt oder sonst erledigt, so wird unter Einbeziehung des Urteils in gleicher Weise nur einheitlich auf Maßnahmen oder Jugendstrafe erkannt. [2] Die Anrechnung bereits verbüßten Jugendarrestes steht im Ermessen des Gerichts, wenn es auf Jugendstrafe erkennt. [3] § 26 Absatz 3 Satz 3 und § 30 Absatz 1 Satz 2 bleiben unberührt.

(3) [1] Ist es aus erzieherischen Gründen zweckmäßig, so kann das Gericht davon absehen, schon abgeurteilte Straftaten in die neue Entscheidung einzubeziehen. [2] Dabei kann es Erziehungsmaßregeln und Zuchtmittel für erledigt erklären, wenn es auf Jugendstrafe erkennt.

Schrifttum *Schulz,* Die Höchststrafe im Jugendstrafrecht (10 Jahre) – eine Analyse der Urteile von 1987–1996, 2000.

Übersicht

<table>
<tr><td></td><td>Rn.</td></tr>
<tr><td>I. Anwendungsbereich ....</td><td>1</td></tr>
<tr><td>II. Systematische Bedeutung der Vorschrift ....</td><td>3</td></tr>
<tr><td>   1. Prinzip einheitlicher Rechtsfolgenverhängung ....</td><td>3</td></tr>
<tr><td>   a) Verhältnis der Abs. 1–3 untereinander ....</td><td>3</td></tr>
<tr><td>   b) Tatmehrheit bzw. Tateinheit gem. allg. Strafrecht ...</td><td>4</td></tr>
<tr><td>   2. Art der Entscheidung bzw. der Rechtsfolge ....</td><td>5</td></tr>
<tr><td>   a) Urteil; Beschluss nach § 66 Abs. 2 S. 2 ....</td><td>5</td></tr>
<tr><td>   b) Maßnahmen nach §§ 45, 47 ....</td><td>6</td></tr>
<tr><td>   c) Nichtbefolgungsarrest (§ 11 Abs. 3) ....</td><td>7</td></tr>
<tr><td>   d) Zuwiderhandlungen ....</td><td>7b</td></tr>
<tr><td>   3. Ordnungswidrigkeiten ....</td><td>8</td></tr>
<tr><td>III. Gleichzeitige Aburteilung mehrerer Straftaten in einem
    Verfahren (Abs. 1) ....</td><td>9</td></tr>
<tr><td>   1. Voraussetzungen ....</td><td>9</td></tr>
<tr><td>   2. Abs. 1 S. 3 ....</td><td>11</td></tr>
<tr><td>   3. Aussetzungsentscheidungen ....</td><td>12</td></tr>
<tr><td>IV. Aburteilung mehrerer Straftaten in verschiedenen Verfahren (Abs. 2, 3) ....</td><td>13</td></tr>
<tr><td>   1. Allgemeine Voraussetzungen ....</td><td>13</td></tr>
<tr><td>   a) Abschließende jugendstrafrechtliche Sondervorschriften ....</td><td>13</td></tr>
</table>

I. Anwendungsbereich

1　Die Vorschrift findet auf **Jugendliche** auch in Verfahren vor den für allg. Strafsachen zuständigen Gerichten Anwendung (§ 104 Abs. 1 Nr. 1).

2　Die Vorschrift gilt für **Heranwachsende** – vor JGerichten wie vor den für allg. Strafsachen zuständigen Gerichten – dann, wenn auf sie materielles JStR angewandt wird (§§ 105 Abs. 1, 112 S. 1, § 104 Abs. 1 Nr. 1; näher → Rn. 14).

II. Systematische Bedeutung der Vorschrift

1. Prinzip einheitlicher Rechtsfolgenverhängung

3　**a) Verhältnis der Abs. 1–3 untereinander.** Die Vorschrift tritt in Fällen der Aburteilung eines Jugendlichen wegen mehrerer Straftaten **(Tatmehrheit)** an die Stelle der Bestimmungen des allg. StR über tatmehrheitliche Konkurrenzen (insb. §§ 53, 55 StGB (vgl. aber → Rn. 9); eine Beschwer bei Verurteilung als Tateinheit vern. BGH NJW 2016, 657 Rn. 42, 44). **Abs. 1** betrifft die Aburteilung mehrerer Straftaten in einem Verfahren, **Abs. 2** die

Aburteilung mehrerer Straftaten in verschiedenen Verfahren. In beiden Fallgruppen kommt das erzieherisch begründete **Prinzip** der **einheitlichen**
Maßnahme bzw. Rechtsfolgenentscheidung zur Anwendung, und zwar in
der einen Fallgruppe immer, in der anderen (wegen Abs. 3) nur in der
Regel. Verfehlt wäre die (verengende) Bezeichnung dieses Prinzips als „Einheitsstrafe", da es auch Erziehungsmaßregeln und Zuchtmittel betrifft. Im
Rahmen der einheitlichen Rechtsfolgenverhängung ist eine Kopplung nach
§ 8 zulässig (Abs. 1 S. 2).

Auch in Fällen der *Tateinheit* (§ 52 StGB) kommt es zu einer einheitlichen
Rechtsfolge. Dies ergibt sich jedoch bereits aus § 5, wonach die jugendstrafrechtlichen Rechtsfolgen an die „Straftat" und nicht an die Anzahl der
Gesetzesverletzungen anknüpfen (abw. *Schlehofer* in BeckOK JGG Rn. 3 ff.:
§ 31 anwendbar).

b) Tatmehrheit bzw. Tateinheit gem. allg. Strafrecht. Ob Tatmehr- 4
heit oder tatsächliche bzw. rechtliche (Gesetzeskonkurrenz, Dauerstraftat
oder sonstige Formen (vgl. → § 32 Rn. 13)) Tateinheit vorliegt, beurteilt
sich nach allg. StR (vgl. nur BGH BeckRS 2011, 21576 Rn. 5; BGH NJW
2016, 657 Rn. 21 ff. (betr. mitgliedschaftliche Beteiligungsakte nach §§ 129
Abs. 1, 129a Abs. 1 StGB und andere Straftat)). Die Entscheidung darüber
muss **unabhängig von** der Anwendung des § 31 getroffen werden.

2. Art der Entscheidung bzw. der Rechtsfolge

a) Urteil; Beschluss nach § 66 Abs. 2 S. 2. Die Anwendung des Ein- 5
heitsprinzips gem. § 31 setzt grundsätzlich ein Urteil voraus.

Darüber hinaus wird das Einheitsprinzip nach dem Sinn der Vorschrift auf 5a
das nachträgliche Beschlussverfahren gem. § 66 Abs. 2 S. 2 ausgedehnt.

b) Maßnahmen nach §§ 45, 47. Die gem. §§ 45, 47 angeordneten 6
Maßnahmen dürfen **nicht einbezogen** werden. Diese dienen (als formlose
Anordnungen) zwar der Vorbereitung der Einstellung des Verfahrens, sind
aber nicht Teil formeller Entscheidungen zum Abschluss des Verfahrens. −
Allerdings erscheint die in Rede stehende Regelung als formalistisch und
zumindest erzieherisch bedenklich, zumal erhebliche bzw. überwiegende
Anteile aller JStVerfahren nach §§ 45, 47 abgeschlossen werden (näher
→ § 45 Rn. 17e, → § 47 Rn. 11).

c) Nichtbefolgungsarrest (§ 11 Abs. 3). aa) Unbeschadet allg. erzie- 7
herischer Bedenken gilt eine **Einbeziehung bei Anordnung** (im Übrigen
aber → Rn. 7a) eines Nichtbefolgungs-JA als **unzulässig.** Zur Begründung
wird ua angeführt, die ein JStVerfahren abschließende Entscheidung einerseits und die Entscheidung aufgrund von entsprechenden Zuwiderhandlungen andererseits lägen auf verschiedenen Ebenen (vgl. § 65 bzw. §§ 31, 66),
und es sei nicht zulässig, dass eine Entscheidung der erstgenannten Kategorie
in einer Reaktion auf Nichtbefolgung gewissermaßen untergehe (vgl. *Dal-
linger/Lackner* Rn. 49; *Schatz* in Diemer/Schatz/Sonnen Rn. 21; aA *Potrykus*
§ 11 Anm. 8). Demgegenüber entspricht allerdings auch diese Reaktion
ihrerseits erzieherischen Belangen der Förderung von Legalverhalten (vgl.
auch → § 11 Rn. 22a, 23).

bb) In eine ein JStVerfahren **abschließende Entscheidung** darf jedoch 7a
− unbeschadet des Gesetzeswortlauts (Abs. 1: „… Straftaten", nicht „Nicht-

befolgung"; Abs. 2: „Urteil", nicht „Beschluss") – ein **bereits angeordneter** Nichtbefolgungs-JA **einbezogen** werden (BGH BeckRS 2009,
15992; HessGenStA bei *Döring* DRiZ 1987, 278; *Potrykus* unsere jugend
1957, 355 (358); *Dallinger/Lackner* Rn. 49; ergänzend *Eisenberg* Zbl 1989,
17 f.). Dies bedeutet nicht etwa eine unzulässige Vermischung mit Rechtsfolgen aufgrund einer Straftat, denn die das Verfahren abschließende Entscheidung hat ggü. der Ahndung der Nichtbefolgung höheren Rang. Vielmehr würde anderenfalls ebenso sinnwidrig wie grundlos in der Folge der
Durchsetzung jugendstrafrechtlicher Rechtsfolgen der Grundsatz der einheitlichen erzieherischen Beeinflussung aufgegeben (zust. *v. Beckerath,* Jugendstrafrechtliche Reaktionen bei Mehrfachtäterschaft, 1997, 98). Auch
lässt sich dieser Grundsatz dem Betroffenen wohl einsichtig machen, um
dessen etwaigem Verständnis von (Nichtbefolgungs-)JA nur als Reaktion auf
die Nichtbefolgung Rechnung zu tragen. – Soweit der in Rede stehende
Arrest als Akt der Vollstr verstanden wird (vgl. → § 11 Rn. 11), entfällt er
ipso iure mit der Einbeziehung des zugrundeliegenden Urteils, zumal das
Verbot des ne bis in idem verletzt würde, wenn er neben der neuen Entscheidung noch vollstreckt würde (so LG Berlin 28.9.1988 – 507 Qs 44/88).

7b   **d) Zuwiderhandlungen.** Das Einheitsprinzip gilt *entsprechend* auch dann,
wenn *mehrere* Zuwiderhandlungen *gegen* eine *Weisung* und/oder *Auflage* (§ 11
Abs. 3 S. 1, § 15 Abs. 3 S. 2, § 23 Abs. 1 S. 3) zusammentreffen (ebenso
Schatz in Diemer/Schatz/Sonnen Rn. 12).

3. Ordnungswidrigkeiten

8   § 31 gilt **nicht** für **Geldbußen** im OWi-Verfahren (*Gürtler* in Göhler
OWiG § 20 Rn. 5; *Mitsch* in KK-OWiG OWiG § 20 Rn. 7). Da § 20
OWiG einem Grundgedanken des JGG zuwiderläuft, empfiehlt es sich, einer
erzieherisch abträglichen Geldbußenhäufung ggf. durch die Art der Bemessung bzw. durch Teileinstellung zu wehren.

III. Gleichzeitige Aburteilung mehrerer Straftaten in einem Verfahren (Abs. 1)

1. Voraussetzungen

9   Bei Einbeziehung nach Abs. 1 (zum Begriff mehrere Straftaten → Rn. 3,
4) werden die verschiedenen von einem Jugendlichen begangenen Delikte
und deren Konkurrenzverhältnis zwar im Urteilsspruch festgestellt, die
Rechtsfolge wird jedoch in gleicher Weise wie bei Aburteilung nur eines
Delikts bestimmt.

10   Die Einbeziehung ist nur bezüglich solcher Taten zulässig, die von einem
deutschen Gericht verfolgt werden dürfen. Soweit gem. dem Grundsatz der
Spezialität des Auslieferungsrechts (vgl. dazu BGHSt 15, 125; BGH bei *Holtz*
MDR 1982, 104; vgl. auch → Rn. 13, → § 1 Rn. 43) eine Strafverfolgung
ausgeschlossen ist, ist das Verfahren wegen solcher Taten vorläufig einzustellen (betr. Verfahren aufgrund *EuropHaftbefehls* zu eingeschränkter Geltung
des Grundsatzes EuGH NStZ 2010, 35 Rn. 76 mAnm *Heine* zum Verzicht
auf den Schutz § 83h Abs. 2 Nr. 5 IRG (im Übrigen §§ 41 Abs. 2, 11
IRG)). Werden gleichwohl auch solche Taten einbezogen, so ist das Urteil

anfechtbar, aber nicht nichtig (allg. Auffassung, vgl. schon OLG Hamm NJW 1956, 1936; *Grethlein* NJW 1963, 945). – Aufgrund der übergeordneten Normen des Auslieferungsrechts kann es noch im Vollstreckungsverfahren zu einer Ausgliederung eines Teils der Taten kommen.

2. Abs. 1 S. 3

Der Strafrahmen ist der gleiche wie bei einer Tat. Gilt für eine der 11 mehreren Taten der erhöhte Strafrahmen der § 18 Abs. 1 S. 2, § 105 Abs. 3, so ist dieser für alle einheitlich zu würdigenden Taten maßgebend (zust. *Wohlfahrt* StraFo 2019, 267 (268)). Andernfalls fände eine Verkürzung deshalb statt, weil neben einer oder mehreren schwerer bewerteten Straftat(en) eine oder mehrere leichter bewertete Straftat(en) treten.

Bei der Prüfung der speziellen Frage, ob eine *Amnestie* der Höhe nach bei 11a bestimmten Einzeltaten eingreift, ist für jede einzelne Tat nachträglich eine – gedachte – Einsatzstrafe zu bemessen. Denn § 31 kann und will eine mögliche Amnestie für bestimmte Einzeltaten nicht verhindern (BayObLGSt 70, 186 für das Straffreiheitsgesetz 1970).

3. Aussetzungsentscheidungen

Unter den Begriff JStrafe fallen **auch** die verschiedenen Formen der 12 Aussetzung zBew, also auch diejenige nach § 27 (*Dallinger/Lackner* Rn. 5).

IV. Aburteilung mehrerer Straftaten in verschiedenen Verfahren (Abs. 2, 3)

1. Allgemeine Voraussetzungen

a) Abschließende jugendstrafrechtliche Sondervorschriften. Die 13 Regelungen der Geltung des Einheitsprinzips bei Aburteilung mehrerer Straftaten eines Jugendlichen in verschiedenen Verfahren (Abs. 2 und 3) stellen Sondervorschriften im Verhältnis zu den Voraussetzungen einer nachträglichen Gesamtstrafenbildung gem. § 55 StGB dar. Anders als dort ist bei der einheitlichen Rechtsfolgenverhängung nach Abs. 2 unbeachtlich, in welcher zeitlichen Reihenfolge die erfassten Straftaten begangen worden sind, insbes. ist nicht Voraussetzung, dass die Tatbeghung der neuere(n) Straftat(en) vor Verkündung des früheren Urteils lag (BGH BeckRS 2011, 26711; vgl. auch schon für Rückfalldiebstahl aF BGHSt 7, 300; OLG Hamm NJW 1971, 1664; für § 17 StGB aF *Grethlein* NJW 1954, 1591; vgl. auch RL 1). Jedoch scheidet eine Einbeziehung aus, wenn die Vorverurteilung bereits in ein anderes – nicht rechtskräftiges – Urteil einbezogen war, weil andernfalls eine doppelte Verwertung stattfände (BGH NJW 2003, 2036).

Gemäß dem Grundsatz der **Spezialität** des **Auslieferungsrechts** steht es 13a der Anwendung von Abs. 2 S. 1 als Verfahrenshindernis entgegen (vgl. aber auch → Rn. 10), wenn der ausliefernde Staat die Einbeziehung von Vorverurteilungen nicht bewilligt hat (vgl. zu Art. 14 EuAlÜbk BGH StV 1998, 324; vgl. zum Nachtragsersuchen Nr. 100 RiVASt). Ist daher die Einbeziehung und Verhängung einer einheitlichen JStrafe versagt, so wird eine sich daraus ergebende Schlechterstellung des Angeklagten – entsprechend der Judikatur zum allg. StR (betr. § 55 StGB) – aufzufangen sein („*Härteausgleich*", BGH StraFo 2011, 155 (allerdings unter eher einschränkendem Hinweis darauf, dass in diesem Fall wegen fortgeschrittenen Alters eine Bemessung gem. § 18 Abs. 2 im engeren Sinne ausschied); vgl. auch → § 32 Rn. 9a; *Schatz* in Diemer/Schatz/Sonnen Rn. 9).

14   **b) Verurteilungen nach Jugendstrafrecht bzw. nach allgemeinem Strafrecht.** Bei Anwendung von JStR auf **Heranwachsende** ist gem. §§ 105 Abs. 2, 31 Abs. 2 S. 1, Abs. 3 bzw. bei nachträglichen Entscheidungen gem. § 109 Abs. 2 S. 1, § 66 eine Einbeziehung **auch** dann vorgesehen, **wenn** der Heranwachsende wegen eines Teils der Straftaten **bereits nach allg. StR rechtskräftig verurteilt** worden ist (vgl. BGH NStZ 1981, 355; BeckRS 1992, 31086440 = StV 1992, 431 (betr. früher verhängte Geldstrafe); OLG München StraFo 2011, 366; BGH NStZ 2018, 660 (661); betr. Entscheidungen nach § 27 vgl. aber → § 102 Rn. 3). – Gleiches gilt, wenn das einzubeziehende Urteil wegen einer **als Erwachsener** begangenen Straftat erging (BGHSt 37, 34 = JR 1990, 481 mAnm *Eisenberg;* BGHR JGG § 31 Abs. 2 Einbeziehung 9; BGH StV 1998, 345; BGH BeckRS 2002, 871). Insofern ist jedoch der Grundsatz des § 32 einschlägig, mit der Folge, dass der Anwendungsbereich des § 55 StGB eröffnet wird, falls die Schwergewichtsprüfung zur Anwendung von allg. StR führt (näher → § 105 Rn. 64).

14a   Zur Fallgestaltung einer bereits ergangenen Verurteilung nach allg. StR und einer solchen später abzuurteilenden Straftat, die **vor** Erreichen des **18. Lbj.** begangen wurde, vgl. → § 105 Rn. 65 aE.

15   **c) Straftaten in verschiedenen Altersstufen.** Es gilt § 32 (vgl. auch → § 105 Rn. 64).

2. Besondere Voraussetzungen

16   **a) Art der Rechtsfolgen.** Eine Einbeziehung nach Abs. 2 setzt dem Worlaut nach voraus, dass sowohl die frühere Entscheidung als auch die wegen der neuen Tat zu treffende Entscheidung als Rechtsfolge Erziehungsmaßregeln, Zuchtmittel oder JStrafe (einschließlich Formen der Aussetzung zBew) beinhalten bzw. vorsehen. Wird wegen der neuen Tat **allein** auf **Nebenstrafen** oder **-folgen** oder auf **Maßregeln** der **Besserung** und **Sicherung** erkannt oder sind aus dem einzubeziehenden Urteil nur solche vorhanden bzw. noch übrig, so soll daher eine Einbeziehung ausgeschlossen sein (*Dallinger/Lackner* Rn. 10). Diese Regelung erscheint hinsichtlich des Systems der im JStR zulässigen Rechtsfolgen als unbefriedigend (vgl. § 5 Abs. 3); Entsprechendes gilt für die Begründung, mit dem zweitgenannten Arten von Rechtsfolgen würden keine spezifisch erzieherischen Zwecke verfolgt (vgl. auch → § 7 Rn. 3 ff.). Dem Gesetzeszweck des Abs. 2 würde es eher entsprechen, **jede** rechtskräftige urteilsmäßige Rechtsfolge (vgl. → Rn. 7) als einbeziehungsfähig anzusehen (bejahend BGHSt 39, 92 = JZ 1993, 529 mzustAnm *Eisenberg/Sieveking* = JR 1993, 513 mit bedingt zust. Anm. *Brunner* betr. Fälle nach § 5 Abs. 3; s. auch *Ostendorf* in NK-JGG Rn. 7; *Schatz* in Diemer/Schatz/Sonnen 19). So nennt das Gesetz auch keine Beschränkungen hinsichtlich der bei Heranwachsenden einzubeziehenden Rechtsfolgen (vgl. § 105 Abs. 2).

b) Erledigung der Rechtsfolge. Voraussetzung für eine Einbeziehung 17
ist ferner, dass die früher verhängten Rechtsfolgen **noch nicht vollständig
ausgeführt, vollstreckt** oder **sonst** erledigt sind, und hierzu muss sich das
Tatgericht auch im Falle der Nichteinbeziehung im Urteil ausdrücklich verhalten (vgl. BGH StraFo 2015, 36). Trifft die genannte Voraussetzung bei
mehreren früher verhängten Rechtsfolgen nur auf einzelne zu, so erfasst die
– stets das gesamte Urteil betreffende (vgl. → Rn. 37) – Einbeziehung gem.
der Sperre des Abs. 2 nur noch die übrigen (BGH NStZ 1997, 387; BGHSt
42, 299 mzustAnm *Dölling* NStZ 1998, 355). Einer Schlechterstellung, die
daraus entstehen kann, dass der Jugendliche nur einen Teil der Rechtsfolgen
aus dem früheren Urteil geleistet hat bzw. nur ein Teil ihm ggü. vollstreckt
worden ist und diese Teile daher nicht mehr einbezogen werden können, ist
dadurch entgegenzuwirken, dass diese Teile bei der Bemessung der neuen
Rechtsfolge berücksichtigt werden (vgl. → § 54 Rn. 20). Bei der Frage, ob
von einer (einzelnen) früher verhängten Rechtsfolge ein Teil erledigt ist,
wird nach der Art der Rechtsfolge zu unterscheiden sein. – Sind die hierfür
erkannten Rechtsfolgen hingegen vollständig vollstreckt, so liegt ein *Nachteil*
vor, der zu berücksichtigen ist (BGH BeckRS 2006, 08001; NStZ-RR
2010, 257).

aa) Erziehungsmaßregeln und Zuchtmittel – mit Ausnahme von JA (vgl. 18
→ Rn. 22) – werden iSv Abs. 2 S. 1 **„ausgeführt".**

(1) Dabei lässt sich bezüglich **Weisungen** ggf. nicht ohne weiteres fest- 19
stellen, ob sie vollständig ausgeführt sind; dies gilt namentlich dann, wenn
die Weisung ohne erforderliche zeitliche Begrenzung erteilt worden ist.
Ausschlaggebend kann sein, ob der Verurteilte den erzieherischen (An-)
Geboten Folge geleistet hat, sofern deren Wirksamkeit nicht zB durch Zeitablauf erloschen ist.

(2) Hinsichtlich der **EB** sowie der Verpflichtung nach § 12 Nr. 2 vgl. 20
→ § 12 Rn. 17f sowie 43–45.

(3) Betreffend eine **Verwarnung** kommt es darauf an, dass sie vollzogen 21
worden ist (vgl. → § 14 Rn. 8 ff.).

bb) Ist **nur ein Teil** des **JA** oder der **JStrafe vollstreckt,** so steht dies 22
einer Einbeziehung nicht entgegen. Entsprechendes gilt für Fälle, in denen
eine **Aussetzung** der Vollstr zBew angeordnet worden ist (§§ 21, 88).

cc) (1) **Erledigt** sind **Weisungen** oder **Auflagen** dann, wenn sie aus 23
tatsächlichen Gründen nicht mehr erfüllt werden können.

(2) **JA** ist **erledigt,** wenn von der Vollstr abgesehen wird (§ 87 Abs. 3) 24
oder seit Rechtskraft der Verhängung ein Jahr verstrichen ist (§ 87 Abs. 4
S. 1).

(3) **JStrafe** ist **erledigt,** wenn der Vollstr einer JStrafe die Vollstreckungs- 25
verjährung (§ 2 Abs. 2, §§ 79 ff. StGB), Straferlass (zu § 26a (s. auch § 59
Abs. 4) BGH BeckRS 1991, 31082470; BGH StV 1992, 432 f.; NStZ-RR
2003, 292 bei *Böhm*), Gnadenerweis oder Amnestie entgegenstehen.

(4) Ein **Schuldspruch** nach § 27 ist mit Rechtskraft der Entscheidung 26
gem. § 30 **erledigt.** Wird JStrafe verhängt, so ersetzt diese Entscheidung
den Schuldspruch, und kann ihrerseits iSv Abs. 2 einbezogen werden. Wird
Tilgung des Schuldspruchs angeordnet, so ist dieser endgültig erledigt und
eine Einbeziehung ausgeschlossen.

c) Maßgebender Zeitpunkt. Für die zur Einbeziehung erforderliche 27
Rechtskraft der früheren Entscheidung (andernfalls kommt nur eine spätere

Einbeziehung nach § 66 in Betracht) wie auch für die vollständige Ausführung, Vollstr oder sonstige Erledigung der früher verhängten Rechtsfolgen kommt es auf die letzte Sitzung innerhalb der **ersten Tatsachenverhandlung** an (vgl. auch BGH BeckRS 2014, 8139; vgl. näher zum Berufungs- bzw. Wiederaufnahmeverfahren *Schlehofer* in BeckOK JGG Rn. 32 f.). Hierbei können hinsichtlich der noch nicht vollständigen Erledigung die Voraussetzungen der Einbeziehung zwar in den Tatsacheninstanzen gegeben gewesen, in der Revisionsinstanz jedoch weggefallen sein. Sofern das Revisionsgericht deshalb zurückverweist, weil die Einbeziehung unterblieben ist, so steht (entspr. der Rechtslage im Falle nachträglicher Gesamtstrafenbildung (BGHSt 4, 366)) der Nachholung der Einbeziehung die inzwischen eingetretene Erledigung der Rechtsfolgen aus der früheren Entscheidung nicht entgegen (BGH NStZ 1985, 410 = StV 1986, 69; StraFo 2011, 288; *Dallinger/Lackner* Rn. 12; *Schatz* in Diemer/Schatz/Sonnen Rn. 27; aA *Ostendorf* in NK-JGG Rn. 13). Das Gleiche gilt, wenn das Revisionsgericht wegen einer aus anderen Gründen als fehlerhaft beurteilten Rechtsfolgenentscheidung zurückverwiesen hatte und (erst) im Zeitpunkt der neuerlichen tatrichterlichen Entscheidung die Rechtsfolgen aus der früheren Entscheidung erledigt sind (BGHR § 31 Abs. 2 Einbeziehung 6; BGH StV 2001, 179).

3. Erzieherische Zweckmäßigkeit (Abs. 3 S. 1)

28 Nach dieser Vorschrift steht die Einbeziehung gem. Abs. 2 unter dem Vorbehalt der bezeichneten Zweckmäßigkeit, und im Falle der Nichteinbeziehung kann das Gericht, wenn es JStrafe verhängt, gem. **Abs. 3 S. 2** Erziehungsmaßregeln oder Zuchtmittel für erledigt erklären (nicht jedoch umwandeln (zutr. OLG Celle NStZ-RR 2001, 90 f.)). Allgemeingültige Kriterien zu der Frage, wann aus diesem Grunde von einer Einbeziehung abgesehen werden kann, lassen sich nicht angeben; die Vorstellung, ein Absehen sei zur Vermeidung einer „angeblich ungerechtfertigten Begünstigung" zweckmäßig, „liegt fern" (BGH bei *Theune* NStZ 1986, 160). Die Entscheidung über Einbeziehung oder Nichteinbeziehung ist in jedem Einzelfall nach pflichtgemäßem Ermessen vorzunehmen, wobei zu beachten ist, dass die Gesetzesfassung die *Nichteinbeziehung* als *Ausnahme* ansieht (BGH StraFo 2004, 394; StV 2011, 690; NStZ 2018, 660 (661): Absehen nur bei erzieherischen Gründen „von ganz besonderem Gewicht", die das Nebeneinander „notwendig erscheinen lassen"; s. aber BGH NStZ 2000, 263 mablAnm *Eisenberg* NStZ 2000, 484), die daher ausführlich zu begründen ist (BGH BeckRS 2017, 128742 Rn. 19 (betr. allg. StVR); OLG Hamm StraFo 2003, 205). – Bei Erwachsenen, zumindest jenseits der Gruppe sog. „Jung-Erwachsener" (bis 24 Jahre), wird die Vorschrift mangels Erziehungsrechts nicht anwendbar sein (vgl. auch Bspr. *Eisenberg* JA 2016, 623 ff.) bzw. dem Erziehungsgedanken nur geringes Gewicht zukommen können (BGH NStZ 2018, 660 (661)).

29 **a) Einzelne Fallgruppen. aa)** Eine Einbeziehung kann unzweckmäßig sein, wenn es aus erzieherischen Gründen darauf ankommt, dass durch die neue Rechtsfolge die Erreichung des in der früher verhängten Rechtsfolge *angestrebten Ziels* nicht beeinträchtigt wird.

bb) Auch kommen Konstellationen vor, in denen die neue Straftat aus 29a erziehungspsychologischer Sicht mit den *bisherigen Straftaten nicht zu vergleichen* ist, zB weil sie durch eine Ausnahmesituation bedingt und nicht als „Rückfälligkeit" iSd bisherigen Straftaten zu verstehen ist (vgl. etwa BGHR § 31 Abs. 2 JGG Einbeziehung 5; LG Freiburg 17.5.1991 – VI AK 22/91 Hw, 34 Ns 32/91: „nochmaliger, aber letzter Ausrutscher"; AG Rudolstadt StV 2016, 706). In solchen Fällen wird sich der Ausspruch einer neuen Rechtsfolge empfehlen, die selbstständig neben die zuvor verhängte Rechtsfolge tritt, allerdings nach Möglichkeit mit dieser in Einklang zu bringen ist (*Potrykus* NJW 1956, 654 (655); *Grethlein* NJW 1957, 1462; *Wohlfahrt* StraFo 2019, 265 (267)), zB nach Verurteilung zu JStrafe wegen schweren Raubes in drei Fällen bei nunmehriger Anordnung einer Arbeitsauflage (wegen gemeinschaftlichen Warenhausdiebstahls) deren Vollziehung im JStrafvollzug (AG Tiergarten 22.4.2009 – 47 Js 2276/08 Ls). – Hingegen ist, soweit eine neue Tat nach Art und Schwere aus dem Rahmen der früher begangenen Straftat(en) herausfällt, dies für sich allein kein Grund, von einer Einbeziehung abzusehen, da das Gesetz nicht zwischen gleichartigen und ungleichartigen Taten unterscheidet (BGH NStZ 1997, 387).

cc) Weiterhin ist ein Absehen von der Einbeziehung erzieherisch un- 30 zweckmäßig, wenn die noch nicht vollständig ausgeführten, vollstreckten oder sonst erledigten Rechtsfolgen ggü. der Rechtsfolgenverhängung des neuen Urteils vom *Umfang* her *ohne Bedeutung* sind.

dd) Soweit umgekehrt die Rechtsfolgen des neuen Urteils ggü. denjeni- 31 gen der früheren Entscheidung vom Umfang her ohne Bedeutung sind, wird sich allenfalls ein *Absehen* empfehlen, um eine etwaige erzieherisch nachteilige Annahme des Inhalts zu unterbinden, die Rechtsfolgen einer neuen Tat würden in der einheitlichen Rechtsfolgenentscheidung gewissermaßen untergehen bzw. auf sie würde verzichtet (BGH 25.10.1960 – 1 StR 406/60; s. auch *Dallinger/Lackner* Rn. 37). Haben die neuen Taten keine wesentliche selbstständige Bedeutung, ist jedoch eine *Einstellung* nach § 2 Abs. 2, *§ 154 StPO* vorzuziehen, und zwar ggf. iVm der Abänderung von BewWeisungen oder -auflagen und/oder der Verlängerung der BewZeit, mit der Einleitung des Nachverfahrens nach § 30 (vgl. RL 4) oder mit dem Widerruf einer Aussetzung der Vollstr zBew nach § 26 oder § 88 Abs. 6 (vgl. hierzu → §§ 26, 26a Rn. 5). Kommt solches nicht in Betracht, kann ein Absehen geeignet sein, um eine unverhältnismäßige Sanktionsschwere zu vermeiden (vgl. etwa AG Rudolstadt StV 2013, 36).

ee) Ferner kann von einer Einbeziehung abgesehen werden, wenn bei 32 einer EinheitsJStrafe wegen deren Höhe eine *Aussetzung* der *Vollstr zBew* nicht mehr zulässig wäre (§ 21 Abs. 1, 2), eine solche Aussetzung aus erzieherischen Gründen jedoch noch zu vertreten ist (zust. *Böttcher/Schütrumpf* in MAH Strafverteidigung § 53 Rn. 97; zur Darstellungspflicht BGH NStZ 1997, 387; NStZ-RR 1996, 120; OLG Koblenz NStZ-RR 2008, 323 (Zeitablauf)). Hierbei ist indes zu berücksichtigen, dass die prognostische Beurteilung iSv § 21 nicht schlechthin mit dem Vorliegen „erzieherischer Gründe" gleichgesetzt werden darf (so OLG Düsseldorf JMBl. NW 1983, 190 f. = MDR 1983, 956). Soll eine Aussetzung zBew ermöglicht werden, bedarf es also sowohl einer positiven Prognose als auch einer erzieherischen Rechtfertigung für das Nebeneinander zweier Sanktionen (BGH NStZ 2018, 660 (661). Soweit dies gegeben ist, kann die Vollstr der neuen JStrafe selbst dann zBew ausgesetzt werden, wenn die Summe beider JStrafen die in

§ 21 Abs. 1 bzw. Abs. 2 festgelegte Dauer übersteigt (*Potrykus* NJW 1959, 1064); iErg laufen dann beide Bewährungsverfahren selbstständig nebeneinander. Zu berücksicvhtigen ist hier indes, dass bei einer gesonderten weiteren Verurteilung in der Summe eine höhere Belastung als bei einer Einheitssanktion entstünde, falls es zu einem anschließenden Bewährungswiderruf käme (*Wohlfahrt* StraFo 2019, 265 (266 f.)).

33 **b) Überschreiten gesetzlicher Höchstgrenzen. aa)** Umstritten ist die Frage, ob eine Einbeziehung geboten ist, wenn durch selbstständig bleibende Rechtsfolgenentscheidungen die Grenzen von JA bzw. JStrafe (§ 16 Abs. 4 S. 1, § 18 Abs. 1 S. 1 und 2, § 105 Abs. 3) überschritten würden (offen gelassen in BGHSt 22, 22 (24); BGH bei *Holtz* MDR 1981, 401). Grundsätzlich ist davon auszugehen, dass eine solche Überschreitung **nicht** zweckmäßig (Abs. 3) und daher eine getrennte Rechtsfolgenentscheidung ohne Berücksichtigung der Höchstgrenzen idR unzulässig ist (*Frisch* NJW 1959, 1669; *Böhm* StV 1986, 69; *Ostendorf* in NK-JGG Rn. 15; *Schaffstein/Beulke/Swoboda* JugendStrafR 281).

33a (1) Allerdings soll eine Ausnahme bestehen und eine Überschreitung durch eine getrennte Rechtsfolgenentscheidung dann angezeigt sein, wenn andernfalls eine bereits vorgenommene Verurteilung des Jugendlichen zum Höchstmaß von (JA oder) JStrafe gewissermaßen einen „Freibrief" zur Begehung anderer Straftaten abgeben könnte (KG JR 1981, 306 (308); *Schaffstein/Beulke/Swoboda* JugendStrafR 284; enger *Ostendorf* in NK-JGG Rn. 15: „bei neuen schwersten Verbrechen"); hierfür ist kein Raum, wenn die Strafe für die Vortat im Tatzeitpunkt noch nicht feststand (BGH NStZ 1995, 595; s. aber BGH NStZ 2000, 263 mablAnm *Eisenberg* NStZ 2000, 484 sowie (betr. dasselbe Verfahren) BGH NStZ 2002, 204 mkritAnm *Walter*). Die Jugendstrafjustiz macht von Überschreitungen der gesetzlichen Höchstgrenze mit der aufgezeigten Begründung nur selten Gebrauch (vgl. zu empirischen Daten etwa *Schulz,* Höchststrafe im Jugendstrafrecht, 2000, 142 ff.).

34 (2) Gleichfalls eine Ausnahme wird bejaht, wenn nach bereits verhängter, die Höchstgrenze nicht voll ausschöpfender JStrafe im neuen Verfahren die kumulative Verhängung der Höchststrafe aus besonderen auch erzieherischen Gründen als unumgängl beurteilt wird (BGHSt 36, 37 f. = NStZ 1989, 574 mablAnm *Walter/Pieplow* = JR 1989, 519 mzustAnm *Brunner;* so tendenziell schon BGH NStZ 1985, 410 = StV 1986, 69 mit ausführlicher krit. Anm. *Böhm*). Gegenüber dieser Auffassung ist jedoch zu bedenken, dass auch bei Einbeziehung – und der dabei erforderlichen Berücksichtigung der Höchstgrenze von JStrafe – sich der Umstand der erneuten Straftatbegehung für den Jugendlichen zumindest bei der Entscheidung zur Frage der vorzeitigen Entlassung nachteilig auswirken kann, sodass eine erzieherisch abträgliche Bevorteilung insoweit nicht zu besorgen ist. Maßgeblich ist auch die Trennung zwischen Fällen, in denen das Höchstmaß des § 18 Abs. 1 S. 1, und anderen, in denen dasjenige des § 18 Abs. 1 S. 2 einschlägig ist, wobei das „Freibrief"-Argument zumindest für die erstgenannte Fallgruppe ggü. den erzieherischen Bedenken (vgl. auch → § 18 Rn. 5) zurückzustehen haben wird.

35 **bb)** Eine erzieherisch nachteilige Auswirkung und also Unzweckmäßigkeit sieht der BGH (NStZ 1995, 596) darin, dass im Falle der Nichteinbeziehung eine „im Verhältnis zu Erwachsenen unterschiedliche Verfahrensweise" Platz greife, und zwar im Sinne einer *Schlechterstellung* der *nach JStR* behandelten Verurteilten (auch → Rn. 55 sowie allg. → § 2 Rn. 23 ff.). So verhalte es sich dann, wenn nach allg. StR die Bildung einer Gesamtfreiheitsstrafe mit der Folge, dass die Höchststrafen des § 38 StGB nicht überschritten werden dürften (§ 54 Abs. 2 S. 2 StGB), zwingend vorgeschrieben gewesen wäre (§ 54 StGB).

c) Nichtvorliegen der Voraussetzungen. Fehlt es an den Voraussetzun- 36 gen der Einbeziehung, so bleibt die frühere Entscheidung unberührt, sodass sich die Vollstr zB eines JA oder einer JStrafe nicht unmittelbar in dem Ausspruch der neuen Entscheidung auswirkt. Allerdings ist es nicht ausgeschlossen und ggf. sogar erforderlich, dass frühere Straftaten und vollzogene Rechtsfolgen nach den auf erzieherischen Grundsätzen beruhenden Prinzipien der Rechtsfolgenbemessung berücksichtigt werden. So kann zB darin, dass eine frühere Verurteilung zu – inzwischen vollstreckter – JStrafe nicht mehr gem. Abs. 2 herangezogen werden darf, eine „zu berücksichtigende Härte für den Angeklagten liegen" (BGH 11.6.1986 – 2 StR 298/86 Rn. 4 (iuris), BeckRS 1986, 31101850 = StV 1986, 436). Ganz wesentlich ist, welche erzieherische Wirkung *insgesamt* (BGH NStZ 1995, 596) von beiden (oder mehreren) Rechtsfolgenaussprüchen ausgeht; dies gilt nicht, wenn der Betroffene im Zeitpunkt der (nunmehrigen) Verurteilung Erwachsener oder zumindest nicht mehr sog. Jungerwachsener ist (BGH StraFo 2015, 481: hier 23 Jahre und knapp 7 Monate), weil solchenfalls ihm gegenüber kein Erziehungsrecht besteht (vgl. auch → § 17 Rn. 57).

4. Tragweite der Einbeziehung

Gegenstand der Einbeziehung sind nicht nur die Rechtsfolgen des 37 früheren Urteils, sondern dieses ingesamt einschließlich des Schuldspruchs (*Potrykus* NJW 1959, 1064; vgl. auch → § 54 Rn. 20 zur Urteilsformel).

a) Bindungswirkung. aa) Der Schuldspruch des einbezogenen Urteils 38 und die ihn tragenden Feststellungen sind für das einbeziehende Gericht nach hM bindend (BGH GA 1953, 83), sofern nicht ausnahmsweise zwischen Schuld- und Strafausspruch ein untrennbarer Zusammenhang besteht (vgl. näher → § 55 Rn. 15; zur Frage der Trennbarkeit auch → § 30 Rn. 16 ff.). – Im Falle der Einbeziehung eines rechtskräftigen Schuldspruchs gem. § 27 ist nur die Rechtskraft des Schuldspruchs mit den diesen unmittelbar tragenden tatsächlichen Feststellungen bindend (näher → § 30 Rn. 16).

bb) Demgegenüber besteht bezüglich des Rechtsfolgenausspruchs und 38a der dazu getroffenen Feststellungen – außer grds. bei (tragenden) doppelrelevanten Tatsachen (vgl. aber etwa BGHSt 46, 259 f., zum allg. StR) – keine Bindung. Vielmehr ist das neue Urteil unter zusammenfassender eigenständiger Würdigung der in dem früheren Urteil rechtskräftig festgestellten Straftaten und der neuen Straftaten iSd Einheitsprinzips zu finden, dh es ist originär, „von der früheren Beurteilung unabhängig" (BGH 24.9.1991 – 1 StR 498/91 Rn. 3 (iuris); vgl. auch OLG Koblenz ZJJ 2011, 90) auf diejenige Rechtsfolge zu erkennen, die das Gericht – nach etwaiger veränderter Beurteilung der erzieherischen Bedürfnisse (vgl. auch RL 3) – für sämtliche begangene Straftaten als angemessen beurteilt (BGH StV 1982, 338; BGHR JGG § 31 Abs. 2 Strafzumessung 1; BGHR JGG § 31 Abs. 2

Einbeziehung 2; betr. einzubeziehende Freiheitsstrafen BGH StV 1998, 345; OLG Koblenz NStZ-RR 2008, 323). Ein rechnerisches Addieren der Rechtsfolgen der einbezogenen Entscheidung und der für die neue Straftat erkannten Rechtsfolge(n) ist unzulässig (BGHSt 49, 90)1 f.); BGH StV 1989, 545 f.; NStZ 1995, 596; AG Rudolstadt ZJJ 2018, 66 (67) = BeckRS 2017, 128620; s. auch BGH bei *Böhm* NStZ 1997, 482: frühere Strafe keine „bloße Rechnungsgröße").

38b Diese Grundsätze gelten ungeschmälert **auch** dann, wenn **bereits** in die einbezogene Entscheidung weitere frühere Entscheidungen − etwa auch gem. § 105 Abs. 2 (BGH BeckRS 2000, 4684; näher → § 105 Rn. 64) − **einbezogen waren,** dh solchenfalls sind **alle** diese Entscheidungen **erneut** einzuziehen (BGH 18.12.1996 − 2 StR 499/96 bei *Böhm* NStZ 1997, 482; BGH BeckRS 1999, 30059961 bei *Böhm* NStZ-RR 1999, 290 (auch bei Nichterwähnung in der aktuell einzubeziehenden Entscheidung); BGH StV 1999, 661; zum Urteilstenor → § 54 Rn. 20). Zu berücksichtigen ist, dass die Strafzumessungserwägungen einer Überprüfung zugänglich sein müssen, dh sie dürfen nicht „so formelhaft und kurz" sein (BGHR § 31 Abs. 2 JGG Einbeziehung 3; s. auch BGH BeckRS 1989, 31106266; BGH 5.7.1990 − 1 StR 320/90 bei *Böhm* NStZ 1990, 529; BGH NStZ-RR 2017, 28 = BeckRS 2016, 16023 Rn. 4; OLG Celle NStZ-RR 2001, 90 f.); vielmehr sind die früheren Taten darzustellen, wobei eine − pragmatisch ggf. erwünschte oder gar unvermeidbare − Straffung bzw. Kürzung stets die Gefahr von Missverständnissen einschließt (krit. auch BGH 20.7.1994 − 3 StR 216/94; StV 1996, 273; vgl. näher → Rn. 62f).

39 **cc)** Die umfassende **Bindung** des nunmehr entscheidenden JRichters an die früheren **Feststellungen** kann im Falle von Widersprüchen jedoch zu Konflikten führen, da sowohl die in der früheren Entscheidung getroffenen Feststellungen wie auch die von diesen abweichenden, im neuen Verfahren getroffenen Feststellungen der einheitlichen Entscheidung zugrunde gelegt werden müssten. Es ist aber in solchen Fällen **zulässig,** dass der JRichter gem. allg. Grundsätzen richterlicher Beweiswürdigung von den früher getroffenen Feststellungen **Abstand nimmt** (vgl. *Dallinger/ Lackner* Rn. 22). So darf zB eine mit „schädlichen Neigungen" begründete JStrafe nicht in eine etwa zu verhängende JStrafe einbezogen werden, sofern diese Verhängungsvoraussetzung nicht mehr gegeben ist (LG Freiburg 17.5.1991 − VI AK 22/91 Hw, 34 Ns 32/91; s. auch BGHR § 31 Abs. 2 JGG Einbeziehung 5; vgl. → § 17 Rn. 34). Ansonsten jedoch hat der JRichter die tatsächlichen Feststellungen der früheren Entscheidung auch bezüglich der Straffrage der neuen einheitlichen Entscheidung zugrunde zu legen.

40 **b) Auswirkung auf die einheitliche Rechtsfolgenentscheidung.** Nach hM ist es zulässig, dass die Rechtsfolgenverhängung der früheren Entscheidung sich auf Art und Umfang der einheitlichen Rechtsfolgenverhängung auswirkt, jedoch gilt dies nur unter Einschränkungen und bei gebotener Differenzierung.

41 **aa)** Soweit **Erziehungsmaßregeln** angeordnet waren, tritt allerdings **keinerlei** Form von **Bindung** ein, da es bei diesen allein auf Erziehungsbedürftigkeit, -fähigkeit und -bereitschaft (näher → § 5 Rn. 14 ff.) ankommt. In der einheitlichen Entscheidung können also sowohl mildere als auch strengere Erziehungsmaßregeln angeordnet werden.

bb) Soweit jedoch **Rechtsfolgen** mit (zumindest auch) **ahndender** 42 **Funktion** (Zuchtmittel und JStrafe) verhängt worden waren, ist die einheitliche Rechtsfolge zumindest dann unabhängig vom Rechtsfolgenausspruch der einbezogenen Entscheidung zu bestimmen, wenn ihr andere (zB erzieherische) Gesichtspunkte zugrundeliegen. Die einheitliche Rechtsfolge kann damit *ggf.* durchaus auch *milder* als die einbezogene sein (JStrafe BGHSt 37, 34 = JR 1990, 481 mzustAnm *Eisenberg* = NStZ 1991, 184 mAnm *Ostendorf* (*Ostendorf* in NK-JGG Rn. 21: vertretbar); BGHR § 31 Abs. 2 JGG, Einbeziehung 5; vgl. auch BGH BeckRS 1998, 30022142; 1999, 30059961, jeweils bei *Böhm* NStZ-RR 1999, 290; OLG Koblenz NStZ-RR 2008, 323; AG Bernau ZJJ 2007, 420; AG Rudolstadt ZJJ 2018, 66 (67) = BeckRS 2017, 128620; aA noch *Dallinger/Lackner* Rn. 26 mN; vgl. aber auch *Seiser* NStZ 1997, 374: einbezogene Rechtsfolge als Untergrenze). Diese Auffassung hebt sich von Strategien im Sinne einer gleichsam mechanischen Steigerung der Rechtsfolgenauswahl und -bemessung ab (vgl. → § 5 Rn. 9; näher *Höfer* Sanktionskarrieren 134 ff.; vgl. aber vormals statistische Daten zur Schlechterstellung iZm Abs. 2 im Vergleich zum allg. StR bei *Pfeiffer* DVJJ-Journal 1991, 117 (119)), und zwar gem. der gesetzlichen **Verpflichtung** (vgl. § 2 Abs. 1) iSd erzieherischen Prinzipien der Reaktionsbeweglichkeit und der Flexibilität. Diese aber gebieten es, mit der einheitlichen Rechtsfolgenverhängung nicht nur eine Korrektur des früheren Urteils, sondern eine eigenständige, an dem **neueren Beurteilungsstand** orientierte Entscheidung vorzunehmen (ebenso *Nicolai* in Nix Rn. 24).

Aus diesen Gründen ist **jeweils** zu **prüfen,** ob ein etwaiges ahndendes 42a Element der konkret verhängten oder in Betracht gezogenen Rechtsfolgen eine **Eskalation** erfordert (krit. BGH StraFo 2015, 36: nicht notwendigerweise höher; vgl. speziell zum Wesen der JStrafe iSv § 17 Abs. 2 Alt. 1 → § 17 Rn. 18), ein **Gleichbleiben** der Höhe erlaubt (LG Mannheim NStZ 1997, 388) bzw. ob die erzieherischen Elemente eine **Milderung** verlangen (vgl. auch BGH BeckRS 2013, 11728 Rn. 10 betr. Therapiebedarf). – Abgesehen davon, lässt sich wegen der teilweise nur mangelnden Vergleichbarkeit verschiedener Rechtsfolgen des JStR untereinander nicht immer ohne weiteres erkennen, ob die neu verhängte Rechtsfolge bezogen auf die früher verhängte Rechtsfolge schärfer oder milder ist.

c) Anrechnung von Untersuchungshaft. Gleichfalls neu zu treffen sein 43 wird die Entscheidung über die Anrechnung von U-Haft aus dem einbezogenen Verfahren (s. BGHSt 25, 355; s. auch RL 5; zur Urteilsfassung vgl. → § 54 Rn. 22). Geschieht dies im Falle der Verurteilung zu JStrafe nicht, so wird angerechnet, da es gem. § 52a S. 1 (anders als nach § 52a S. 2 bzw. § 52) keines Ausspruchs bedarf; dies gilt auch dann, wenn die Anrechnung in dem einbezogenen Verfahren ausgeschlossen war (vgl. BGH NStZ 1996, 233).

5. Wegfall der Rechtsfolgen aus der früheren Entscheidung

a) Umfang. Mit der **Einbeziehung** entfallen die **Rechtsfolgen** der 44 **früheren** Entscheidung, als wäre diese nicht ergangen (zur Entfernung aus dem BZR vgl. § 13 Abs. 3 BZRG, zur Eintragung in des Erziehungsregister § 60 Abs. 1 Nr. 3 BZRG (vgl. auch → Rn. 46a)). Erziehungsmaßregeln

und Zuchtmittel, die in der neuen Entscheidung nicht ausdrücklich aufrechterhalten werden, werden **gegenstandslos.**

45   **aa)** Dies gilt auch für **Maßregeln** der Besserung und Sicherung sowie für
Nebenstrafen und **-folgen** (vgl. aber → Rn. 16). Das Gericht muss deren
Voraussetzungen erneut prüfen und sie ggf. neu festsetzen (so bzgl. der
Entziehung der Fahrerlaubnis BGH bei *Holtz* MDR 1988, 278; BGH
BeckRS 1993, 08304; BeckRS 2014, 21651 Rn. 18; ebenso betr. Dauer der
Sperrfrist (§ 69a Abs. 1 StGB) BGH StV 2019, 469 = BeckRS 2018, 28276
(dies noch offenlassend BGH BeckRS 2016, 116233); betr. Unterbringung
in einem psychiatrischen Krankenhaus BGH NStZ 1997, 100 mzustAnm
Brunner; betr. Unterbringung in einer Entziehungsanstalt BGH StraFo 2011,
240; vgl. auch BGHSt 24, 381 betr. die Aufhebung einer Gesamtstrafe:
Nebenstrafen, Nebenfolgen und Sicherungsmaßregeln entfallen).

46   **bb)** Auch hinsichtlich der **Kostenentscheidung** verliert das frühere Urteil seinen Bestand, dh die Kostenentscheidung ist in dem neuen Urteil
selbstständig zu treffen (BGH JGG § 31 Abs. 2, Einbeziehung 3). Wird zB
(entgegen RL 2 S. 2, 3 S. 2 zu § 74) in dem neuen Urteil von der Auferlegung von Kosten abgesehen (§ 74), so sind schon bezahlte Kosten zu-
rückzuerstatten bzw. vorgenommene Aufrechnungen rückgängig zu machen
(AG Frankfurt a. M. 15.2.1991 – 43 Js 7474/87–950 Ls 510 bei *Böhm* NStZ
1991, 523), weil gem. dem – nunmehr allein bestehenden – zweiten Urteil
die Staatskasse ungerechtfertigt bereichert ist.

46a   **cc)** Hingegen beginnt die **Tilgungsfrist** im Falle nachträglicher Bildung
einer einheitlichen JStrafe nach § 36 S. 2 Nr. 1 BZRG mit dem Tag des
ersten Urteils zu laufen. Dies gilt gem. dem erzieherischen Auftrag (§ 2
Abs. 1) unabhängig davon, ob die Voraussetzungen einer nachträglichen
Gesamtstrafenbildung (§ 55 Abs. 1 StGB) vorgelegen hätten (vgl. BGH
28.12.1983 – 4 StR 737/83 Rn. 5 (juris), BeckRS 1983, 31112322: „das
Gesetz privilegiert jugendliche…").

47   **b) Bereits ausgeführte oder vollzogene Rechtsfolgen.** Solchenfalls
sind die rechtlichen Auswirkungen **unterschiedlich.**

48   **aa)** Handelt es sich um **Erziehungsmaßregeln,** so werden sie in dem
Stadium, in dem sie sich befinden, gegenstandslos. Dies gilt auch für EB und
Hilfe zur Erziehung gem. § 12 Nr. 2, weil die Einbeziehung bereits die
Anordnung beseitigt, sodass die Vorschriften des KJHG nicht weiter zur
Anwendung kommen. – Eine Anrechnung teilweise ausgeführter Erziehungsmaßregeln auf solche des neuen Urteils ist formalrechtlich nicht möglich. Jedoch ist bei einer erneuten Anordnung ohnehin zu berücksichtigen,
welche Wirkungen bereits teilweise ausgeführte Erziehunsmaßregeln erbracht haben.

49   **bb)** Im Bereich der **Zuchtmittel** werden die Verwarnung sowie die
Auflagen in dem Stadium der bisherigen Ausführung beendet. Das Gleiche
gilt für einen teilweise vollstreckten JA, sofern in dem neuen Urteil nicht auf
JA oder JStrafe erkannt wird. – War **JA** verhängt worden und wird in dem
neuen Urteil wiederum JA verhängt, so enthält das Gesetz keine ausdrückliche Pflicht zur Anrechnung, und demzufolge scheidet eine förmliche An-
rechnungsentscheidung aus. Jedoch ist ein bereits vollstreckter Teil nach allg.
Grundsätzen zu berücksichtigen, und er wird idR als Vollstr der einheitlichen Rechtsfolgenverhängung anzurechnen sein (so durch das RevGericht
BGH BeckRS 2016, 6842; vgl. auch *Wohlfahrt* StraFo 2019, 265 (268)). –

Wird auf JStrafe erkannt, so verlangt das Gesetz (Abs. 2 S. 2) eine Entscheidung über die Anrechnung von teilweise vollstrecktem JA aus dem früheren Urteil, und zwar in Ausübung pflichtgemäßen Ermessens. Ein vollstreckter **Kopplungs-JA** (§ 16a) ist (auch für den Fall, dass das betroffene Urteil nachträglich in eine neue Entscheidung einzubeziehen und JStrafe zu vollstrecken ist) **obligatorisch anzurechnen** (Abs. 2 S. 3).

cc) War **JStrafe** verhängt worden und wird in dem neuen Urteil wiederum JStrafe verhängt, so wird ein bereits vollstreckter Teil als Vollstr der einheitlichen Rechtsfolgenverhängung behandelt und demgemäß angerechnet. Die Einziehung berührt den Ablauf des Strafvollzugs nicht. − War der Verurteilte nach Teilvollstr der JStrafe aus dem einbezogenen Urteil bis zu dem einbeziehenden Urteil in Freiheit, so liegt eine Strafunterbrechung vor (§ 40 StrVollstrO). **50**

Scheidet die Einbeziehung eines früheren Urteils wegen vollständiger Vollstr der darin verhängten JStrafe aus, ist ein „Härteausgleich" vorzunehmen (vgl. BGH BeckRS 2006, 08001; NStZ-RR 2010, 257), etwa dergestalt, dass die vollstreckte Dauer bei der Festsetzung der Höhe der JStrafe angerechnet wird (vgl. LG Flensburg 17.1.2017 − II Ks 2/16). **50a**

Entscheidungen über die **Aussetzung zBew** (§§ 21, 27, 88) bezüglich des früheren Urteils verlieren gleichfalls formell ihren Bestand (vgl. näher AG Berlin-Tiergarten ZJJ 2012, 89, wonach ein Widerruf wegen einer in der vormaligen BewZeit begangenen neuerlichen Straftat ausscheidet; RL 2; zur Rechtsmittelfrage vgl. → Rn. 69). Eine Anrechnung der früheren BewZeit auf die etwaige neue BewZeit gilt als ausgeschlossen (*Potrykus* NJW 1959, 1065; für reduzierende Wirkung bei Bemessung der BewZeit aber *Ostendorf* in NK-JGG Rn. 23). Mit dem Wegfall der Aussetzungsentscheidung werden auch die auf sie bezogenen BewAnordnungen gegenstandslos. Bereits *erbrachte Leistungen* sind grundsätzlich *anzurechnen,* da der Verurteilte nicht schlechter gestellt werden darf als bei einem Widerruf gem. § 26 (s. § 26 Abs. 3 S. 2) bzw. als Erwachsene in vergleichbarer Verfahrenslage (§ 58 Abs. 2 S. 2 StGB; vgl. → § 2 Rn. 23 ff.) und im Übrigen der Vergleich zu einem Verurteilten, der abverlangte Leistungen nicht erbracht hat, dafür streitet (OLG Köln VRS 100, 66; vgl. auch *Streng* JugendStrafR Rn. 275; vgl. auch → § 88 Rn. 4; **aA** BGHSt 49, 92 (nur ggf., und zwar wertungsabhängig, Berücksichtigung bei der Strafzumessung = JR 2004, 392 mablAnm *H. E. Müller* = JZ 2004, 687 mablAnm *Eisenberg;* BeckRS 2014, 5432; OLG Koblenz NStZ-RR 2008, 324; *Schatz* in Diemer/Schatz/Sonnen Rn. 45; *Schlehofer* in BeckOK JGG Rn. 50 ff.). − Im Falle einer neuerlichen Aussetzungsentscheidung müssen die BewZeit neu bestimmt, BewAnordnungen neu getroffen und der BewPlan neu aufgestellt werden. **51**

dd) Das für die JStrafe Ausgeführte (vgl. → Rn. 50) gilt entsprechend auch für die Nebenstrafe des **Fahrverbots** (vgl. → § 6 Rn. 6 ff.) (OLG Schleswig bei *Ernesti-Lorenzen* SchlHA 1985, 142). **51a**

ee) Betreffend angerechnete **U-Haft** vgl. → Rn. 43. **52**

c) **Rechtswirkungen einer JStrafe im allgemeinen Strafrecht.** **53**
aa) (1) Die Subsumtion unter § 66 StGB setzt − soweit JStrafe entgegen der hier vertretenen Auffassung (vgl. → § 17 Rn. 62) als Freiheitsstrafe iSv § 66 Abs. 1 S. 1 Nr. 2 oder Abs. 2 bzw. Abs. 3 S. 2 StGB und der Vollzug von JStrafe als Vollstr von Freiheitsstrafe iSv § 66 Abs. 1 Nr. 3 StGB gilt − voraus, dass zumindest bei einer der einheitlich geahndeten Vortaten eine JStrafe der

vorausgesetzten Mindestdauer verhängt worden wäre (BGH StraFo 2003, 207; NStZ-RR 2007, 171; BeckRS 2013, 9610; NStZ 2017, 650). Jedoch sind hierzu Feststellungen dazu erforderlich, wie das Gericht des vorausgegangenen Verfahrens die einzelnen Vortaten bewertet hat, weil andernfalls nicht auszuschließen wäre, dass das nunmehr zuständige Gericht dazu im Nachhinein seinerseits eine Strafzumessung vornähme (BGH NStZ-RR 2011, 170; BGH StV 2012, 215; BeckRS 2014, 22270 Rn. 22; NStZ 2017, 650; aufhebend BGH BeckRS 2016, 21444).

53a Im Übrigen gilt die EinheitsJStrafe nach hM nur dann als einzige Verurteilung iSv § **66 Abs. 4 S. 1 StGB,** wenn sie den (engeren) Voraussetzungen der Gesamtstrafe des allg. StR entspricht (OLG Hamm NJW 1971, 1664; OLG Köln GA 1984, 517), dh wenn bei Anwendung des allg. StR eine Gesamtstrafe hätte gebildet werden müssen (BayObLG GA 1980, 109 zu § 48 StGB aF). − Für den *Vorbehalt* der Anordnung von Sicherungsverwahrung gem. §§ 66a Abs. 1, 66 Abs. 3 S. 1 StGB ist nach hM, sofern der EinheitsJStrafe entsprechender Höhe ausschließlich Katalogtaten zugrunde liegen, eine Vorverurteilung zu einer EinzelJStrafe von mindestens drei Jahren nicht vorausgesetzt (vgl. BGH BeckRS 2015, 19044).

54 Die hM berücksichtigt nur, dass es sich um unterschiedliche Altersabschnitte, nicht aber, dass es sich zugleich um den **Entwicklungsverlauf** ein- und derselben Person handelt. Insofern bedarf das Argument, dass eine einheitliche Rechtsfolge aus erzieherischen Gründen und zur Erreichung einer zukünftigen erzieherischen Wirkung gebildet wird, der Ergänzung. − Endlich erscheint die Erwägung, der Gesetzgeber hätte es zum Ausdruck bringen müssen, wenn er nicht nur die Gesamtstrafe des allg. StR, sondern auch die (weitergehende) einheitliche Rechtsfolge des § 31 als einzige Verurteilung hätte gewertet wissen wollen (*Dallinger/Lackner* Rn. 30), als eher formal. Zudem veranlasst sie die entgegengesetzte Argumentation, dass nämlich der Gesetzgeber eine ausdrückliche Einbeziehung nicht vorgenommen hat. − Gegen die Gleichstellung von JStrafe mit Freiheitsstrafe spricht auch, dass nach der hM eine Vereinheitlichung, die während eines früheren Altersabschnitts (auch) aus erzieherischen Erwägungen vorgenommen und vom Angeklagten als Vereinheitlichung verstanden worden ist (aA *Ostendorf* in NK-JGG Rn. 27), diesem ggü. nachträglich wieder rückgängig gemacht werden müsste (s. *Eisenberg* NStZ 1983, 27 (28) zu § 48 StGB aF) und also Ausdruck der Inkonsequenz und nachträglicher Benachteiligung bzw. Sanktionsverschärfung wäre.

55 (2) Gemäß dem **Verbot** der **Schlechterstellung Jugendlicher** ggü. Erwachsenen in vergleichbarer Verfahrenssituation (n. dazu → § 2 Rn. 23 ff.; ergänzend → § 18 Rn. 8 f.) ergibt sich für die hM im Einzelnen ua folgende Konsequenz: Eine einheitliche JStrafe nach § 31 erfüllt − entsprechend der Berücksichtigung einer Gesamtfreiheitsstrafe − die Voraussetzungen des § 66 Abs. 1 Nr. 1 StGB nur dann, wenn sie Feststellungen darüber zulässt, dass der Jugendliche nach Bewertung des Tatgerichts des Vorverfahrens wenigstens bei einer der ihr zugrundeliegenden Straftaten eine JStrafe von mindestens einem Jahr verwirkt hätte, sofern sie als Einzeltat gesondert abgeurteilt worden wäre (BGH NStZ 1996, 331; StV 1998, 343; NStZ 2002, 29; vgl. auch BGHSt 26, 152). Ergeben sich solche Feststellungsmöglichkeiten nicht (vgl. dazu etwa BGH BeckRS 1990, 31093829: vern. betr. Verurteilung wegen schweren Raubes in vier Fällen und wegen Diebstahls zu einer JStrafe von zwei Jahren), so ist eine Anwendung des § 66 Abs. 1 Nr. 1 StGB auf die

einheitliche JStrafe nicht zulässig. Insbesondere darf das für diese Entscheidung zuständige Gericht sich **nicht** an die Stelle des Tatgerichts des Vorverfahrens setzen und ex post eine **eigene Strafzumessung** vornehmen (BGH StV 1988, 296).

bb) Ist eine Einheitsstrafe von mindestens zwei Jahren bzw. einem Jahr **56** wegen Straftaten gem. § 181b StGB wegen mehrerer vorsätzlicher Taten vollständig vollstreckt worden, so tritt nach **§ 68f Abs. 1 S. 1 StGB** mit der Entlassung **Führungsaufsicht nur** dann ein, wenn die in Rede stehende Voraussetzung auch für eine der einbezogenen JStrafen erfüllt ist (näher → § 7 Rn. 66).

V. Verfahrensrechtliches

1. Sachliche Zuständigkeit

Wegen der Zuständigkeit der JGerichte in Fällen, in denen eine Einbezie- **57** hung einer rechtskräftigen Entscheidung zu erwarten ist, vgl. → § 39 Rn. 13, → § 40 Rn. 6, → § 102 Rn. 3.

2. Beweisaufnahme

In Fällen der Einbeziehung nach Abs. 2 ist eine vollständige oder teilweise **58** Wiederholung der Beweisaufnahme über Umstände, die Gegenstand des früheren Verfahrens gewesen sind, grundsätzlich ausgeschlossen. Anders ist es nur dann, wenn dem mit dem neuen Verfahren befassten Gericht Zweifel oder Widersprüche zu bestehen scheinen oder wenn es bisher nicht festgestellte Tatsachen in Bezug auf den Gegenstand des früheren Verfahrens aufklären will, etwa um eine breitere Beurteilungsgrundlage für die einheitliche Rechtsfolgenverhängung zu gewinnen (vgl. RL 3; vgl. im Übrigen → Rn. 37–39). – Solchenfalls darf ein Mitangeklagter, auch wenn er von dem Verfahrensteil unmittelbar nicht betroffen ist, nicht gem. § 2 Abs. 2, § 231c S. 1 StPO beurlaubt werden (BGH NStZ 2009, 400: Aufhebung gem. § 2 Abs. 2, § 338 Nr. 5 StPO).

3. Urteil

a) Urteilstenor. Wegen der Aufnahme gem. Abs. 2 einbezogener *Urteile* **59** im **Urteilstenor** vgl. → § 54 Rn. 20. – Da in der neuen Entscheidung neue *Rechtsfolgen* für die Gesamtheit aller Straftaten ausgesprochen werden, muss der Urteilstenor diese Rechtsfolgen sämtlich enthalten (BGHSt 16, 335 (336 f.); vgl. ergänzend → § 54 Rn. 20), dh es darf zB nicht ein aufgrund des früheren Urteils vollstreckter Teil einer JStrafe weggelassen und nur der noch zu vollstreckende Rest iRd EinheitsJstrafe genannt werden (BGH *Herlan* GA 1963, 105; BGHSt 42, 299). Andernfalls fehlte es an einem verbindlichen Ausspruch über die Folgen der nach § 31 einheitlich zu bewertenden Straftaten.

aa) Soweit das Gericht im Falle der Verurteilung zu JStrafe einen **teil- 60 weise vollstreckten JA** anrechnet (Abs. 2 S. 2), so ist ein besonderer Ausspruch im Tenor erforderlich. Auch wenn der JRichter eine Anrechnung nicht vornimmt, muss sich aus dem Urteil erkennen lassen, dass er die Möglichkeit der Anrechnung bedacht hat.

61   **bb)** Auch die neu zu treffende Entscheidung über die **Anrechnung** der **U-Haft** (vgl. → Rn. 43) muss im Urteilstenor enthalten sein (BGHSt 25, 355).

62   **b) Urteilsgründe.** Damit im Rechtsmittelverfahren überprüft werden kann, ob eine einheitliche Wertung – und nicht nur eine (unzulässige) rechnerische Berücksichtigung oder gar eine Würdigung des einbezogenen Urteils lediglich als „Vorstrafe" (BGH 13.10.1992 – 1 StR 517/92 Rn. 20 (juris), NStZ 1993, 137) – der verschiedenen Straftaten vorgenommen wurde, muss im Falle der Einbeziehung eines Urteils **auch** der diesem **zugrundeliegende Sachverhalt** mitgeteilt (BGHSt 16, 335 (337); StV 1982, 338; 98, 344; BeckRS 2013, 13618 Rn. 14; NStZ-RR 2017, 28 und eine neue, selbstständige Gesamtwürdigung aller der Einbeziehung unterliegenden Taten einschließlich der diesbezüglichen – und gleichfalls mitzuteilenden – Strafzumessungserwägungen (vgl. nur BGH NStZ 2009, 43 = ZJJ 2008, 294; NStZ 2017, 539; OLG Hamm 29.4.2014 – 1 RVs 11/14 Rn. 29 (juris), BeckRS 2014, 10892) vorgenommen werden (BGH StV 1989, 308; ZJJ 2008, 295; OLG Koblenz NStZ-RR 2008, 323; ZJJ 2016, 414).

63   Diese Anforderungen gelten auch hinsichtlich solcher Urteile, die ihrerseits bereits in ein nunmehr einbezogenes Urteil einbezogen worden waren (BGH StV 1982, 474; BeckRS 1998, 31357558; BGH StV 1999, 661; BeckRS 2011, 18239).

64   **c) Kostenentscheidung.** Auch der Ausspruch der einbezogenen Entscheidung über die Kosten wird unwirksam, sodass eine neue Entscheidung zu treffen ist (vgl. → Rn. 46).

4. Rechtsmittel

65   Wesentlich ist zunächst, dass die einheitliche Rechtsfolgenverhängung nur die Straffrage betrifft, den Prozessgegenstand hingegen nicht beeinflusst (*Dallinger/Lackner* § 55 Rn. 15–20). Hat das Revisionsgericht die tragenden Erwägungen des Rechtsfolgenausspruchs (nicht die dessen Grundlage bildenden tatsächlichen Feststellungen) aufgehoben, so darf bei erneuter tatgerichtlicher Befassung nicht auf sie Bezug genommen werden (BGH StraFo 2011, 97).

65a   **a) Nichteinbeziehung. aa)** Das **unberechtigte Unterlassen** der Einbeziehung (vgl. → Rn. 35) kann mit dem zulässigen Rechtsmittel angefochten werden, wobei die Anfechtung nicht den Beschränkungen des § 55 Abs. 1, wohl aber denjenigen des § 55 Abs. 2 unterliegt. Wird wegen Unterlassens der Einbeziehung angefochten, so darf der Anfechtungsberechtigte grundsätzlich nicht auf die Möglichkeit der Einbeziehung in einem nachträglichen Verfahren (§ 66) verwiesen werden (BGH 10.3.1994 – 3 VAs 7/94 bei *Böhm* NStZ 1994, 530). Im allg. StR wird in Fällen der gebotenen Bildung einer Gesamtstrafe eine Verweisung auf das Nachtragsverfahren nur dann als zulässig erachtet, wenn aufgrund der bisherigen Ermittlungen eine verlässliche Entscheidung nicht möglich ist, sondern hierzu noch weitere, zeitaufwändige Ermittlungen erforderlich sind (vgl. BHGSt (GrS) 12, 10; OLG Hamm NJW 1970, 1200 mAnm *Küper* NJW 1970, 1559), oder wenn der Angeklagte mit Aussicht auf Erfolg Wiedereinsetzung gegen die Versäumung der Rechtsmittelfrist bezüglich des früheren Urteils beantragt hat (BGHSt 23, 98; *Küper* MDR 1970, 885).

bb) Lässt die Entscheidung **offen, ob** das Gericht sich der Möglichkeit 66 einer Einbeziehung und einheitlichen Rechtsfolgenverhängung **bewusst** war, so ist der Rechtsfolgenausspruch **aufzuheben,** soweit der Angeklagte möglicherweise durch die Nichteinbeziehung der anderen Rechtsfolge beschwert ist (BGH bei *Böhm* NStZ 1985, 448 (betr. frühere Geldstrafe; vgl. näher → Rn. 14); BGH BeckRS 1996, 31082129 = MDR 1996, 553; BeckRS 2011, 26711; BeckRS 2017, 109846; BeckRS 2017, 109824 Rn. 2: betr. andere Verurteilung bei Nichteinbeziehung ggf. Widerruf der AusszBew; BeckRS 2017, 122307). Da die Anwendung von § 31 Abs. 1 dazu führt, dass eine neue, von der früheren Beurteilung unabhängige einheitliche Rechtsfolgenbemessung für sämtliche Taten vorzunehmen ist (→ Rn. 38a), ist das RevisionsG an einer diesbzgl. Entscheidung gehindert (BGH BeckRS 2019, 8440). Kann jedoch ausgeschlossen werden, dass das JGericht bzw. die JKammer gem. § 31 Abs. 3 von der Einbeziehung abgesehen bzw. im Falle der Einbeziehung auf eine andere JStrafe erkannt hätte, kommt eine **Abänderungsentscheidung** gem. § 2 Abs. 2, § 354 Abs. 1 StPO in Betracht (BGH NStZ 2000, 420; BeckRS 2009, 15992 Rn. 3; BeckRS 2013, 19766; 2014, 8142; BeckRS 2016, 14085; NStZ-RR 2018, 125; BGH BeckRS 2018, 2976).

b) Einzelne Rechtsfragen. aa) Da die Entscheidung über das **Absehen** 67 von einer Einbeziehung in unmittelbarem Zusammenhang mit einer einheitlichen Rechtsfolgenverhängung steht, kann die erstgenannte Entscheidung mit einem Rechtsmittel nicht angefochten werden, ohne dass zugleich die Rechtsfolgenbemessung angefochten wird (BGH 19.6.1961 − 5 StR 158/61).

Die Anfechtung eines Urteils darf **nicht** darauf **beschränkt** werden, dass 67a eine nicht vollstreckte JStrafe nicht einbezogen wurde, denn die gem. Abs. 2, 3 zu prüfenden Fragen können nicht von den übrigen Strafzumessungserwägungen losgelöst werden (BGH *Herlan* GA 1963, 105; vgl. → § 55 Rn. 14 ff.).

bb) Das **Verschlechterungsverbot** soll eine Erhöhung einer EinheitsJ- 68 Strafe um den bereits vollstreckten Teil der einbezogenen JStrafe eines früheren Urteils nicht hindern, wenn in dem aufgehobenen Urteil rechtsirrig nur der noch nicht vollstreckte Teil der JStrafe aus dem früheren Urteil einbezogen war (BGHSt 16, 335 und BGH *Herlan* GA 1963, 105; vgl. aber auch → § 55 Rn. 84). Auch im Übrigen soll entsprechend Grundsätzen des allg. StR (vgl. auch BGH NJW 2010, 3589 = StraFo 2010, 469) dieses Verbot einer auf der Einbeziehung eines zu Unrecht bisher nicht einbezogenen Urteils beruhenden Erhöhung der EinheitsJStrafe nicht entgegenstehen (BGHR JGG § 31 Abs. 2 Einbeziehung 7; BGH BeckRS 1996, 31082129 = MDR 1996, 553). Bedenken können sich jeweils ggf. im Hinblick auf die erzieherischen Prinzipien des Vertrauens und der Konsequenz sowie wegen Belangen jugendrichterlicher Autorität (vgl. → § 55 Rn. 36) ergeben.

cc) Wird eine JStrafe, deren Vollstr rechtskräftig zBew ausgesetzt ist, auf 69 **Berufung** des Verurteilten in eine neue JStrafe **einbezogen,** so steht, sofern auch die StA (und zwar zum Nachteil des Angeklagten) Berufung eingelegt hat (§ 2 Abs. 2, § 331 StPO), dem Verurteilten hiergegen weder Revision noch sofortige Beschwerde (§ 59 Abs. 1) zu. Die sofortige Beschwerde (§ 59

Abs. 3) wird auch nicht dadurch zulässig, dass die Vollstr der neuen JStrafe nicht zBew ausgesetzt wurde (OLG Stuttgart MDR 1976, 1043 (Ls.).; näher OLG Bamberg NStZ 2012, 166; aber auch → § 55 Rn. 81).

70　　**c) Teilweiser Wegfall der Verurteilung.** Entfällt die Verurteilung in einem von mehreren zu einer EinheitsJStrafe führenden Tatvorwürfen, so hat dies deren Aufhebung zur Folge, zumindest soweit nicht ausgeschlossen werden kann, dass sich die weggefallene Verurteilung auf die Bemessung der JStrafe ausgewirkt hat (BGH 3.4.1991 – 2 StR 28/91 bei *Böhm* NStZ 1991, 523 f.; OLG Frankfurt a. M. StV 2009, 92). Das Gleiche gilt grundsätzlich bei *Änderung* des Schuldspruchs zugunsten des Angeklagten (vgl. speziell BGH StraFo 2010, 471 = NStZ 2011, 34 Rn. 14).

Mehrere Straftaten in verschiedenen Alters- und Reifestufen

32 ¹**Für mehrere Straftaten, die gleichzeitig abgeurteilt werden und auf die teils Jugendstrafrecht und teils allgemeines Strafrecht anzuwenden wäre, gilt einheitlich das Jugendstrafrecht, wenn das Schwergewicht bei den Straftaten liegt, die nach Jugendstrafrecht zu beurteilen wären.** ²**Ist dies nicht der Fall, so ist einheitlich das allgemeine Strafrecht anzuwenden.**

Übersicht

	Rn.
I. Anwendungsbereich	1
II. Voraussetzungen	2
1. Mehrere Straftaten	2
a) Subsumtion	2
b) Vorfragen	3
2. Gleichzeitige Aburteilung	4
a) Auslegungsfragen	4
b) Ungerechtfertigte Härte bei Nichtvorliegen	7
3. Schwergewicht der Straftaten	10
a) Subsumtion	10
b) Beurteilungszeitpunkt	14
III. Rechtsfolgen	15
1. Einheitliche Anwendung des Jugend- oder des Allgemeinen Strafrechts	15
2. Berücksichtigung tatsächlicher Umstände	18
IV. Verfahrensrechtliches	19
1. Herbeiführung einer Verbindung	19
2. Rechtsmittel	21

I. Anwendungsbereich

1　　Es gelten die Erl. zu § 31 Abs. 1 (→ § 31 Rn. 1 ff.) entsprechend, jedoch nur insoweit, als gem. S. 1 feststehen muss, dass (bei gleichzeitiger Aburteilung) ein Teil der Taten nach JStR, ein anderer Teil hingegen nach allg. StR abzuurteilen wäre.

II. Voraussetzungen

1. Mehrere Straftaten

a) Subsumtion. aa) Die Vorschrift regelt eine **einheitliche** Anwendung 2
von **JStR oder allg.** StR in Fällen gleichzeitiger Aburteilung mehrerer
Straftaten derselben Person aus verschiedenen Alters- oder Reifestufen. Der
Gesetzeswortlaut „mehrere Straftaten" bezieht sich hierbei auf Fälle der
Realkonkurrenz.
bb) Über ihren Wortlaut hinaus wird die Vorschrift **entsprechend** auch 2a
auf **Dauerdelikte** sowie (sonstige) Formen der Beurteilung **mehrerer** Tat-
bestandsverwirklichungen als **eine Tat** (näher → Rn. 13) angewandt, da ihr
Grundgedanke auf diese Fallgestaltungen gleichfalls zutrifft (vgl. BGH
BeckRS 2017, 133981; wegen der Zuständigkeit des JGerichts aber → § 103
Rn. 32).

b) Vorfragen. Die Vorschrift ist erst anwendbar, wenn feststeht, dass für 3
jede der **Taten** strafrechtliche **Verantwortlichkeit** vorliegt, dh zunächst ist
eine Prüfung nach § 3 sowie nach § 20 StGB vorzunehmen. Voraussetzung
der Anwendung des § 32 ist ferner die Feststellung, dass bei gleichzeitiger
Aburteilung ein Teil der Straftaten nach JStR und ein anderer Teil nach allg.
StR abzuurteilen wäre, dh eine ggf. vorzunehmende Prüfung gem. § 105
muss abgeschlossen sein. Ergibt sich bei dieser Prüfung, dass die Taten
einheitlich entweder nach JStR oder nach allg. StR zu behandeln sind, so
kommt § 32 nicht zur Anwendung.

2. Gleichzeitige Aburteilung

a) Auslegungsfragen. Hinsichtlich der Voraussetzung, dass die einzelnen 4
Straftaten gleichzeitig in einem Verfahren abgeurteilt werden, ist eine weite
Auslegung angebracht (zum Bestreben der Praxis, eine Verbindung herbeizuführen, vgl. → Rn. 19f).
aa) Unerheblich ist, ob die verschiedenen Taten **von vornherein** in 4a
einem einheitlichen Verfahren verfolgt werden oder ob die gleichzeitige
Aburteilung erst durch **nachträgliche Verbindung** (§ 2 Abs. 2, § 4 StPO)
zustande kam.
bb) Wird gleichzeitig über eine Straftat im **Nachverfahren** gem. § 30 5
und über eine neue Straftat entschieden, so ist die Voraussetzung erfüllt, da
hinsichtlich der erstgenannten Straftat eine Verhängung der JStrafe noch
nicht vorgenommen wurde.
cc) Sofern aufgrund der Beschränkung eines Rechtsmittels die Verurtei- 6
lung wegen einer Tat in **Teilrechtskraft** erwachsen ist und die andere Tat
erst im Rechtsmittelverfahren oder nach Zurückverweisung abgeurteilt
wird, so ist die Voraussetzung des § 32 dem Wortlaut nach zwar nicht erfüllt.
Gleichwohl wird eine **entsprechende Anwendung** vorgenommen, weil
dem Verurteilten aufgrund der verfahrensmäßigen Besonderheiten keine
Nachteile entstehen dürfen (BGH LM Nr. 4 zu § 32; NStZ 2005, 644 =
StraFo 2005, 468; aA noch BGHSt 10, 100; vgl. auch → § 55 Rn. 19).

b) Ungerechtfertigte Härte bei Nichtvorliegen. Ist die Voraussetzung 7
gleichzeitiger Aburteilung der verschiedenen Straftaten **nicht** gegeben

461

und sind auch die Voraussetzungen der §§ 105 Abs. 2, 31 Abs. 2, 3 (näher → § 31 Rn. 14) nicht erfüllt – was insbes. dann der Fall ist, wenn ein Angeklagter bereits rechtskräftig nach JStR verurteilt wurde und später nach allg. StR bestraft wird –, so könnten an sich Rechtsfolgen des JStR und des allg. StR neben- oder nacheinander vollzogen werden. Dies wäre jedoch unbefriedigend, da die unverkürzte Vollstr der nach JStR und der nach allg. StR verhängten Rechtsfolgen eine durch die Schwere der Straftaten nicht gerechtfertigte Härte darstellen würde (BGHSt 14, 287 (290); BGH *Holtz* MDR 1979, 106; BGH 28.1.1983 – 3 StR 511/82). Sofern zudem die **Voraussetzungen** des – in solchen Fällen nicht unmittelbar einschlägigen – **§ 55 StGB** vorliegen und der Verurteilte nur wegen des Fehlens einer Brücke zwischen JStR und allg. StR die Strafminderung durch Gesamtstrafenbildung verliert, ist eine unzulässige Schlechterstellung zu besorgen.

8 **aa)** Nach einer *Mindermeinung* soll in solchen Fällen die Bildung einer Gesamtfreiheitsstrafe (unter den Voraussetzungen des § 55 StGB) über den Wortlaut dieser Vorschrift hinaus zulässig sein (vgl. LG Braunschweig MDR 1965, 594; *Ostendorf* in NK-JGG Rn. 8; *Schoreit* NStZ 1989, 462). Diese Auffassung ist indes insofern nicht bedenkenfrei, als sie weniger berücksichtigt, dass JStrafe und Freiheitsstrafe ihrem Wesen nach verschiedene Strafübel sind.

9 **bb)** Vorzugswürdig erscheint die bisweilen in der *Literatur* und auch von einem Teil der älteren Judikatur vertretene *Auffassung,* nach der § 32 über seinen Wortlaut hinaus entsprechend anzuwenden ist (OLG Koblenz GA 1954, 281; LG Osnabrück MDR 1980, 957 f.; s. auch JSchöffenG Hannover (v. 26.11.1980) bei *Böhm* NStZ 1981, 253; *Schlehofer* in BeckOK JGG Rn. 18 ff.; *Böhm/Feuerhelm* JugendStrafR 69; *Lackner* GA 1955, 33 (39 f.); *Dallinger/Lackner* Rn. 5; *Dingeldey* Zbl 1981, 150 ff.; *Ranft* Jura 1990, 468 f.; Anm. *Böhm/Büch-Schmitz* NStZ 1991, 130; aA etwa *Krauth* FS Lackner, 1987, 1057 (1062) Fn. 15a; *Ostendorf* in NK-JGG Rn. 7).

9a **cc)** Hingegen lässt der **BGH** (BGHSt10, 100 (103); 14, 287; 36, 270 (271); BGH NStZ-RR 1998, 151; 2007, 168; 2016, 683 (684); OLG Schleswig NStZ 1987, 225 mablAnm *Knüllig-Dingeldey;* OLG Bremen NStE Nr. 5 zu § 32 JGG; LG Hannover StV 2015, 648) unter Hinweis auf den Gesetzeswortlaut eine entsprechend **ausdehnende Anwendung** des § 32 **nicht** zu (s. aber BGH NStZ 1981, 355 mAnm *Dingeldey,* wonach im Hinblick auf die Neuregelung des § 105 Abs. 2 (EGStGB v. 2.3.1974, BGBl. I 469 (529)) die Entscheidung BGHSt 14, 287 zumindest betr. § 31 Abs. 2 S. 1 (näher → § 31 Rn. 14) „überholt" sei; in BGHR JGG § 32, Aburteilung, getrennte 1 = NStZ 1987, 24 wurde die Frage einer analogen Anwendung offen gelassen). Vielmehr sei in solchen Fällen bezüglich der noch zu verhängenden Einzelstrafe ein sog. **„Härteausgleich"** durch Strafmilderung vorzunehmen (vgl. etwa BGH NStZ 2016, 683 (685); BeckRS 2019, 33502; näher auch BGH StraFo 2012, 156, unter Zurückverweisung an eine JKammer (unbeschadet der „gebotenen Verhängung" nach allg. StR), unter Hinweis auf BGH StV 1994, 451 (mablAnm *H.-J. Schneider*), zumal eine aus mehreren Gründen angezeigt und zulässig gewesene einheitliche Aburteilung in einem verbundenen Verfahren tatgerichtlich versäumt wurde). Dieser Lösungsweg wird als „systemwidrig" (vgl. *Bringewat* JuS 1991, 24 (27)) bzw. als dogmatisch nicht besser als die Analogielösungen (Anm. *Böhm/Büch-Schmitz* NStZ 1991, 132) beurteilt. – Ist die nach allg. StR ergehende Verurteilung eine Gesamtstrafe, so kann es erforderlich sein, den Härteausgleich nicht erst bei der Gesamtstrafe (zu spürbarer Umsetzung bei deren Bemessung BGH BeckRS 2013, 13696: ggf. Unterschreiten der Mindestdauer von einem Monat), sondern *schon* bei der Festsetzung der höchsten *Einzelstrafe* vorzunehmen (BGH 11.5.1995 – 4 StR 172/95 Rn. 4 (juris); vgl. zum allg. StR näher BGH NJW 2011, 868 = StV 2011, 158 Rn. 5–9 (nicht iSd sog. „Vollstreckungslösung"); abw. BGH NStZ 2016, 683 (685)).

Lassen die Strafzumessungsgründe solche Überlegungen nicht erkennen, **9b** so kann dies zur Aufhebung in der Revision führen (vgl. auch BGH NStZ-RR 1998, 151 f.; BeckRS 2005, 02149; nach BGH 16.4.1996 – 5 StR 127/ 96 bei *Böhm* NStZ 1996, 479 auch dann, wenn gegen den Angeklagten fehlerhaft (aber rechtskräftig) JStR angewandt wurde; vgl. aber BGH NStZ-RR 2007, 169: Selbstvornahme gem. § 354 Abs. 1a StPO (vgl. indes → § 54 Rn. 51a)). – Allerdings bedeutet diese Lösungsstrategie, dass eine aus der Gesamtheit der verhängten Rechtsfolgen heraus angezeigte Milderung sich lediglich bei einer Einzelstrafe niederschlägt. Falls eine andere Einzelstrafe – etwa durch Wiederaufnahme des Verfahrens (vgl. *Dallinger/Lackner* Rn. 5) – wegfiele, so käme dem Verurteilten ein ungerechtfertigter Vorteil zu.

3. Schwergewicht der Straftaten

a) Subsumtion. Nach dem Gesetz hängt es von dem „Schwergewicht" **10** ab, ob für die einzelnen Taten einheitlich JStR oder allg. StR anzuwenden ist. Bei der Subsumtion unter den Schwergewichts-Begriff wird im Wesentlichen von zwei Kriterien ausgegangen: Zum einen ist die Berücksichtigung des (äußeren und) inneren *Unrechtsgehalts* maßgeblich, zum anderen kommt es aus jugendkriminologischer Sicht auf die Qualität der Tat (nicht zu verwechseln mit der tatstrafrechtlichen Bewertung der Schwere) iRd *Verlaufsentwicklung* an (hierzu näher → § 5 Rn. 39 ff., 48 ff.; abw. *Schlehofer* in BeckOK JGG Rn. 10 ff.: maßgeblich sei, ob insgesamt eher die Zwecke des allg. StR oder des JStR induziert sind). Je nach Wahl dieser oder jener Interpretationsebene mögen sich bisweilen unterschiedliche Wertungen ergeben; jedoch ist eine einheitliche Entscheidung zu treffen.

Für eine (von § 2 Abs. 1 vorgegebene) zukunftsorientierte Würdigung ist **10a** eher das Kriterium der **Verlaufs-** (bzw. Verfahrens-)**entwicklung** aufschlussreich (zust. *Schmitz-Justen* in BGKM Strafverteidigung Rn. 75: „qualitative Betrachtungsweise"). Dabei wird der „ersten Straftat" idR ein höheres Gewicht beizumessen sein als etwaigen Folgetaten im Sinne einer eventuellen *sekundären Abweichung*. Für die erziehungspsychologische – aber auch für die (jugend-)strafrechtliche – Gewichtung wird gleichermaßen wesentlich sein, ob die Straftaten sich in erhöhtem Maße als *situativ bestimmt* darstellen (vgl. BGHR JGG § 32 Schwergewicht 3: bei den früheren Taten sexueller Nötigung fügten sich die Opfer, nunmehr – Mord und sexuelle Nötigung – setzte sich das Opfer zur Wehr). Im Übrigen ergeben sich bei der Prüfung erhebliche methodische Abwägungen insofern, als eine Würdigung nur ex post möglich ist und auch die als Maßstab genannte Erwartungshaltung nur ex post – und damit von den zwischenzeitlichen Abläufen nicht unbeeinflusst – inhaltlich ausgefüllt werden kann (vgl. auch → Rn. 14).

aa) Nach hM haben **Zahl** und äußere **Schwere** der Straftaten **keine** **11** **entscheidende Bedeutung,** sondern können nur als Anzeichen wirken

(BGH JR 1954, 271; NStZ 1986, 219 (betr. Mord); abw. BGH StraFo 2003, 201 = NStZ 2003, 493 = StV 2004, 58 Rn. 14 (betr. ua „Zuhälterei")).

12   Im Mittelpunkt der Prüfung steht die Frage, ob die früheren Straftaten zugleich eine **vorgreifende Bedeutung** für die anschließenden Straftaten haben (vgl. BGH 27.6.1989 – 1 StR 266/89 bei *Böhm* NStZ 1989, 523, in welchem Fall die „Tatwurzeln" der mehrheitlich als Erwachsener begangenen Taten sich im Heranwachsendenalter fanden; s. auch BeckRS 2009, 19280 Rn. 11). Hier stellen sich die späteren Delikte gewissermaßen als in den früheren bereits angelegt dar (BGH BeckRS 1992, 31095732 (betr. Mord); OLG Düsseldorf StV 1983, 378; BGH bei *Böhm* NStZ 1995, 537: nach Vollendung des 21. Lbj. begangene Tathandlung nur Folge und Auswirkung der früheren Taten; BGH 31.8.1999 – 1 StR 268/99 bei *Böhm* NStZ-RR 2000, 323; BGH NStZ 2018, 662 (663): gleichartige Sexualdelikte im Heranwachsenden- und Erwachsenenalter; anders BGH BeckRS 1999, 30058313, wonach trotz gleichartigen Deliktsverlaufs eine zwischenzeitliche Strafvollstreckung eine Zäsur darstelle (wohl zust. aber *Böhm* NStZ-RR 1999, 290); BGH BeckRS 2011, 16914 Rn. 21: Zäsur durch „Beginn des Tötungsversuchs"; BGH NStZ 2018, 662 (663 betr. Delikte gegen die sexuelle Selbstbestimmung, die auf im Jugendalter entwickelten Neigungen beruhten); LG Kaiserslautern ZJJ 2015, 76). Denkbar ist dies etwa bei BtM-Abhängigkeit (vgl. AG Rudolstadt NStZ-RR 2013, 387). Hierdurch soll von jenen Konstellationen unterschieden werden, in denen sich die früheren Taten eher als Ausdruck einer abgeschlossen erscheinenden altersmäßigen Entwicklung interpretieren lassen und die spätere Verlaufsentwicklung ihnen nicht mehr entspricht (s. BGHSt 6, 6 (7); BGH LM Nr. 2 zu § 1; JR 1954, 271; GA 1956, 346 bei *Herlan*). Bei der Abgrenzung und Einordnung ist jeweils auch der **Einfluss privater** und/oder **behördlicher Reaktion** auf frühere Straftaten zu berücksichtigen. – Ohne eine Untersuchung der Frage nach der auslösenden Bedeutung würde auch eine Beurteilung primär danach, ob (noch) Erziehungsbedürftigkeit und -ähigkeit bestehen, kaum auskommen (der Einwand mangelnder Vereinbarkeit mit dem Gesetzeswortlaut hingegen ließe sich unter Bezugnahme auf Grundsätze des JGG abschwächen).

13   **bb) Bei Dauerdelikten** sind die Tatteile zu vergleichen, die jeweils für sich allein nach JStR oder nach allg. StR zu beurteilen wären (KG StV 2019, 438 = BeckRS 2019, 9343). Dabei kann der Frage erhebliche Bedeutung zukommen, ob der (Gesamt-)Vorsatz noch im Geltungsbereich des JStR gefasst worden ist oder nicht (LG Berlin StV 1984, 520: auch wenn 4/5 der Dauerstraftat nach allg. StR zu beurteilen wären; vgl. auch BGH NStZ-RR 2009, 320 Rn. 11 (betr. Zeitpunkt der „Bandenabrede")). Entsprechendes gilt für (sonstige) Formen der Beurteilung mehrerer Tatbestandsverwirklichungen als nur eine Tat sowie **natürliche Handlungseinheit, Bewertungseinheit** (BGH NStZ-RR 1996, 250) oder, beschränkt auf Fälle unumgänglicher Anwendung (BGH (GS) NJW 1994, 1663), fortgesetzte Handlung (vgl. dazu Nachw. → 7. Aufl.).

14   **b) Beurteilungszeitpunkt.** Umstritten ist, ob zur Beurteilung (betr. Anfechtbarkeit → Rn. 21f) des Schwergewichts auf den Zeitpunkt des Urteils (so zutr. *Dallinger/Lackner* Rn. 10; *Schlehofer* in BeckOK JGG Rn. 15; *Krauth* FS Lackner, 1987, 1068) oder auf denjenigen der Straftatbegehung abzustellen ist (vgl. OLG Bremen MDR 1951, 569; *Potrykus* Anm. 4; *Osten-*

dorf in NK-JGG Rn. 13; *Buhr* in HK-JGG Rn. 13). Eine Berücksichtigung auch der Entwicklung des Verurteilten (gleichsam als ein etwaiges Indiz) wird ohnehin nicht unzulässig sein. So kann zB nur durch eine ex post-Betrachtung festgestellt werden, ob eine im Zeitpunkt ihrer Begehung als durchaus bedeutsam beurteilte Tat für die weitere Entwicklung tatsächlich von Bedeutung war. Andererseits stellt die Beurteilung ex post an die unerlässliche Berücksichtigung etwaiger erzieherischer Schäden, die erst aufgrund erzieherisch verfehlter Rechtsfolgenverhängung eingetreten sind (vgl. auch → Rn. 11, 12 aE), erhöhte methodische Anforderungen.

III. Rechtsfolgen

1. Einheitliche Anwendung des Jugend- oder des Allgemeinen Strafrechts

Kommt nach Feststellung des Schwergewichts der Taten **JStR** zur Anwendung, so ist eine einheitliche Rechtsfolgenverhängung (§ 31) vorzunehmen. Ausgeschlossen ist es, in einem Urteil zugleich auf eine einheitliche JStrafe (§ 31) und auf eine Freiheitsstrafe zu erkennen (hM; vgl. BGHSt 29, 67; BGH NStZ 2000, 483). **15**

Findet nach Feststellung des Schwergewichts der Taten **allg. StR** Anwendung, so sind zunächst Einzelstrafen des allg. StR zu bemessen, und sodann ist iRd §§ 53 ff. StGB eine Gesamtstrafe zu bilden (BGH bei *Herlan* GA 1954, 309). Dies gilt nach überwiegender Auffassung im Falle einer vorherigen Verurteilung nach JStR und nachfolgender Verurteilung nach allg. StR (vgl. → Rn. 9) auch für die einbezogenen Straftaten, auf die JStR anzuwenden wäre, wenn das Schwergewicht der Taten bei den nach allg. StR zu beurteilenden liegt (vgl. zur Bindung (betr. Nachholung einer Gesamtstrafenbildung) OLG Stuttgart Die Justiz 2016, 35). **16**

Lässt sich **nicht eindeutig** erkennen, dass das Schwergewicht bei den Straftaten liegt, die nach JStR zu beurteilen wären, oder ist die Bedeutung beider Tatgruppen etwa gleich verteilt, so ist nach **hM** jeweils **allg. StR** anzuwenden (BGHSt 12, 129 (134); BGHR JGG § 32, Schwergewicht 4; BGH NStZ 2005, 644 (645); StraFo 2008, 396; NStZ 2016, 101; OLG Hamm BeckRS 2017, 142837; *Krauth* FS Lackner, 1987, 1065; *Wohlfahrt* StraFo 2019, 265 (270)). Dies wird aus dem Umstand, dass die einheitliche Anwendung von JStR von der positiven Feststellung des dort liegenden Schwergewichts abhängig macht, gefolgert. Mit Blick auf § 2 Abs. 1 ist dies aber abzulehnen, weil das nach JStR zu beurteilende Delikt diese rechtliche Verarbeitung sonst trotz einer unscharfen Gewichtsrelation verliert (ähnlich *Schlehofer* in BeckOK JGG Rn. 8.1 mwN). Auch wird die Rspr. der häufig bedeutsamen *Nachreifeentwicklung* sog. „Jungerwachsener" und der sich deshalb empfehlenden fortdauernden erzieherischen Orientierung nur unzureichend gerecht. **17**

2. Berücksichtigung tatsächlicher Umstände

Soweit aufgrund des § 32 alle Straftaten hinsichtlich der Rechtsfolgen so behandelt werden, als ob sie sämtlich dem JStR oder aber dem allg. StR unterfielen, so enthebt diese gewissermaßen verzerrende Einordnung nicht **18** von dem Bedürfnis, bei der **Rechtsfolgenbemessung** die tatsächlichen Alters- und Reifeverhältnisse zu berücksichtigen. So ist im Falle der einheitlichen Anwendung von JStR dem Umstand Rechnung zu tragen, dass die altersmäßige Entwicklung bereits fortgeschritten ist. Im Falle einheitlicher Anwendung von allg. StR hingegen ist das niedrigere Alter bei den früheren Taten (bzw. ggf. bei Tatentschluss zu fortgesetzter Handlung, OLG Zweibrücken StV 1987, 308 (vgl. aber → Rn. 13)) zu berücksichtigen. – Bei einer *BtM-Tatserie* unter den Voraussetzungen des § 30a Abs. 2 Nr. 1 BtMG kann es einen minderschweren Fall iSv § 30a Abs. 3 BtMG darstellen, wenn der Angeklagte zu *Beginn* der Serie noch *nicht Erwachsener* war (BGH StV 2012, 289 Rn. 7).

IV. Verfahrensrechtliches

1. Herbeiführung einer Verbindung

19   Im gesamten JStVerfahren sollte **versucht** werden, in Fällen der Aufklärung mehrerer Straftaten ein und derselben Person aus verschiedenen Altersoder Reifestufen eine Verbindung herbeizuführen (ebenso *Schatz* in Diemer/Schatz/Sonnen Rn. 30). Neben den allg. Gründen für eine Verbindung mehrerer Einzelverfahren (s. § 31) ist dies aus der erzieherischen Zielsetzung einer einheitlichen Rechtsfolgenverhängung heraus anzustreben (s. aber BGHSt 8, 349 (352); zu Fragen der Verbindung und Trennung von Verfahren einschließlich etwaiger Benachteiligungen auch BGHSt 10, 100 (102); BGH MDR 1974, 54; *Brunner* JR 1974, 429). – Wegen der Zuständigkeit des JGerichts vgl. → § 103 Rn. 28 ff.

20   Hinsichtlich der Steuerungsmöglichkeiten der JStaatsanwaltschaft (zB durch Teileinstellung nach § 2 Abs. 2, §§ 154, 154a StPO, und erhöht nach Anklage, OLG Düsseldorf NStZ-RR 2017, 28 = ZJJ 2017, 387 mzustAnm *Bachmann*) mit der Folge, dass die Anwendbarkeit materiellen JStR durch gezielte Einstellungen zum Nachteil des Angeklagten ausgeschlossen werden könnten, kommt es auf die Abwägung zwischen sachlicher Begründetheit und etwaigen Benachteiligungen des Betroffenen an (zur Frage willkürlicher Teileinstellung s. BGHR JGG § 32, Schwergewicht 2). Gegebenenfalls gilt § 32 analog, mit der Folge, dass der Tatrichter die nicht verfahrensgegenständlichen (eingestellten) Taten mitberücksichtigen muss, um feststellen zu können, auf welchen Taten das Schwergewicht (vgl. → Rn. 10) liegt (vgl. etwa BGH NZWiSt 2019, 298 (299); OLG Düsseldorf NStZ-RR 2017, 28 = ZJJ 2017, 387 mzustAnm *Bachmann;* AG Kiel 13.11.2002 – 32 Ls Jug 567 Js 37975/01; s. auch bereits *Drees* NStZ 1995, 481: Die teilw in Rspr. (BGH BeckRS 2019, 25412 mkritAnm *Eisenberg* ZJJ 2019, 400 (401)) und Literatur (*Schlehofer* in BeckOK JGG Rn. 3.4) vertretene aA gewährt, vorwiegend auf den Normtext verweisend, der StA sehenden Auges die missbrauchbare Rechtsmacht, die richterliche Beurteilungsgrundlage gezielt zu „gestalten". – Nach BGHSt 36, 294 (= StV 1991, 4 mkritAnm *Walter/Pieplow* = JR 1990, 523 mAnm *Brunner*) liegt ein Verfahrenshindernis iSv § 2 Abs. 2, § 260 Abs. 3 StPO nicht vor, wenn eine Verbindung dadurch unmöglich wurde, dass die StA das Verfahren wegen im Erwachsenenalter begangener zusätzlicher Taten zunächst nach § 2 Abs. 2, § 154 Abs. 1 StPO einstellte, später jedoch Anklage erhob (zw.).

2. Rechtsmittel

Die Beurteilung des unbestimmten Rechtsgriffs **Schwergewicht** unter- 21
liegt der tatrichterlichen Würdigung (BGH RdJB 1956, 93; BGH *Herlan*
GA 1964, 135), wobei ein gewisser *Beurteilungsspielraum* eröffnet ist. Die
Würdigung geschieht im Rahmen pflichtgemäßen tatrichterlichen Ermessens (BGH NStZ 1986, 219). Der JRichter hat die für das Ergebnis seiner
Beurteilung maßgebenden **Erwägungen** im Einzelnen **darzulegen,** damit
das Rechtsmittelgericht prüfen kann, ob die Grenzen dieses Beurteilungs-
spielraums eingehalten sind. Geschieht dies nicht (oder ist gar schon die iVm
§ 105 Abs. 1 vorzunehmende Prüfung unterblieben (BGH ZJJ 2007, 216;
NStZ 2016, 101), führt die mangelnde Darlegung auf die Sachrüge hin zur
Aufhebung des Rechtsfolgenausspruchs (BGH NStZ-RR 1996, 250; NStZ
2003, 493; OLG Düsseldorf JMBl. 1983, 164 = JR 1983, 479 mzustAnm
Brunner). Im Übrigen entzieht sich die tatrichterliche Würdigung gem. allg.
Grundsätzen der Nachprüfung durch das Revisionsgericht (vgl. etwa schon
BGH 6.5.1975 – 1 StR 119/75 Rn. 6, BeckRS 1975, 00100; 2017, 140478
Rn. 13; BGH NStZ 2018, 662 (663)).

Die Revision kann innerhalb der Straffrage nicht auf die fehlerhafte Zu- 22
ordnung nach §§ 105, 32 beschränkt werden, dh eine fehlerhafte Zuordnung
betrifft die Straffrage insgesamt (BGH *Herlan* GA 1964, 135; vgl. auch
→ § 55 Rn. 20, → § 105 Rn. 68).

Zweites Hauptstück. Jugendgerichtsverfassung und Jugendstrafverfahren

Erster Abschnitt. Jugendgerichtsverfassung

Jugendgerichte

33 (1) Über Verfehlungen Jugendlicher entscheiden die Jugendgerichte.

(2) Jugendgerichte sind der Strafrichter als Jugendrichter, das Schöffengericht (Jugendschöffengericht) und die Strafkammer (Jugendkammer).

(3) [1] Die Landesregierungen werden ermächtigt, durch Rechtsverordnung zu regeln, daß ein Richter bei einem Amtsgericht zum Jugendrichter für den Bezirk mehrerer Amtsgerichte (Bezirksjugendrichter) bestellt und daß bei einem Amtsgericht ein gemeinsames Jugendschöffengericht für den Bezirk mehrerer Amtsgerichte eingerichtet wird. [2] Die Landesregierungen können die Ermächtigung durch Rechtsverordnung auf die Landesjustizverwaltungen übertragen.

Besetzung des Jugendschöffengerichts

33a (1) [1] Das Jugendschöffengericht besteht aus dem Jugendrichter als Vorsitzenden und zwei Jugendschöffen. [2] Als Jugendschöffen sollen zu jeder Hauptverhandlung ein Mann und eine Frau herangezogen werden.

(2) Bei Entscheidungen außerhalb der Hauptverhandlung wirken die Jugendschöffen nicht mit.

Besetzung der Jugendkammer

33b (1) Die Jugendkammer ist mit drei Richtern einschließlich des Vorsitzenden und zwei Jugendschöffen (große Jugendkammer), in Verfahren über Berufungen gegen Urteile des Jugendrichters mit dem Vorsitzenden und zwei Jugendschöffen (kleine Jugendkammer) besetzt.

(2) [1] Bei der Eröffnung des Hauptverfahrens beschließt die große Jugendkammer über ihre Besetzung in der Hauptverhandlung. [2] Ist das Hauptverfahren bereits eröffnet, beschließt sie hierüber bei der Anberaumung des Termins zur Hauptverhandlung. [3] Sie beschließt

eine Besetzung mit drei Richtern einschließlich des Vorsitzenden und zwei Jugendschöffen, wenn

1. die Sache nach den allgemeinen Vorschriften einschließlich der Regelung des § 74e des Gerichtsverfassungsgesetzes zur Zuständigkeit des Schwurgerichts gehört,
2. ihre Zuständigkeit nach § 41 Absatz 1 Nummer 5 begründet ist oder
3. nach dem Umfang oder der Schwierigkeit der Sache die Mitwirkung eines dritten Richters notwendig erscheint.

[4]Im Übrigen beschließt die große Jugendkammer eine Besetzung mit zwei Richtern einschließlich des Vorsitzenden und zwei Jugendschöffen.

(3) Die Mitwirkung eines dritten Richters ist nach Absatz 2 Satz 3 Nummer 3 in der Regel notwendig, wenn

1. die Jugendkammer die Sache nach § 41 Absatz 1 Nummer 2 übernommen hat,
2. die Hauptverhandlung voraussichtlich länger als zehn Tage dauern wird oder
3. die Sache eine der in § 74c Absatz 1 Satz 1 des Gerichtsverfassungsgesetzes genannten Straftaten zum Gegenstand hat.

(4) [1]In Verfahren über die Berufung gegen ein Urteil des Jugendschöffengerichts gilt Absatz 2 entsprechend. [2]Die große Jugendkammer beschließt ihre Besetzung mit drei Richtern einschließlich des Vorsitzenden und zwei Jugendschöffen auch dann, wenn mit dem angefochtenen Urteil auf eine Jugendstrafe von mehr als vier Jahren erkannt wurde.

(5) Hat die große Jugendkammer eine Besetzung mit zwei Richtern einschließlich des Vorsitzenden und zwei Jugendschöffen beschlossen und ergeben sich vor Beginn der Hauptverhandlung neue Umstände, die nach Maßgabe der Absätze 2 bis 4 eine Besetzung mit drei Richtern einschließlich des Vorsitzenden und zwei Jugendschöffen erforderlich machen, beschließt sie eine solche Besetzung.

(6) Ist eine Sache vom Revisionsgericht zurückverwiesen oder die Hauptverhandlung ausgesetzt worden, kann die jeweils zuständige Jugendkammer erneut nach Maßgabe der Absätze 2 bis 4 über ihre Besetzung beschließen.

(7) § 33a Abs. 1 Satz 2, Abs. 2 gilt entsprechend.

Schrifttum *Burgheim/Friese*, Sexualdelinquenz und Falschbezichtigung. Eine vergleichende Analyse realer und vorgetäuschter Sexualdelikte, 2006; *Busse ua*, Belastungserleben von Kindern in Hauptverhandlungen, 1996; Dawid ua (Hrsg.), Kooperation von öffentlicher Jugendhilfe und Strafjustiz bei Sexualdelikten gegen Kinder, 2010; Deckers/Köhnken (Hrsg.), Die Erhebung von Zeugenaussagen im Strafprozess, 2. Aufl. 2014; *Dölling ua*, Die Besetzungsreduktion bei den großen Straf- und Jugendkammern – Evaluierung der § 76 Abs. 2 GVG und § 33b Abs. 2 JGG, 2011; Fabian (Hrsg.), Praxisfelder der Rechtspsychologie, 2002; *Gunder*, Der Umgang mit Kindern im Strafverfahren, 1999; *Hasdenteufel*, Die StPO als Grenze des Einsatzes von Videotechnologie im Strafverfahren bei sexuell mißbrauchten Kindern, 1997; *Kölbel/Bork*, Sekundäre Viktimisierung als Legitimationsfigur, 2012; *Lafrenz*, Wahrheit und Lüge bei Zeugenaussagen: Trennschärfeanalyse der so genannten Realkennzeichen, 2006;

LKA Bayern, Vergewaltigung und sexuelle Nötigung, 2005; *Maaß,* Der Schutz besonders sensibler Zeugen durch den Einsatz von Videotechnik unter besonderer Berücksichtigung der Beschuldigtenrechte und Verfahrensprinzipien, 2012; *Niehaus ua,* Entwicklungsgerechte Befragung von Kindern in Strafverfahren, 2017; *Pape,* Legalverhalten nach Sexualdelinquenz. Eine empirische Analyse der Delinquenzkarrieren nach Sexualstraftaten an Kindern, 2007; *Quas/Goodman ua,* Childhood Sexual Assault Victims: Long Term Outomes After Testifying in Criminal Court, 2005; Salgo (Hrsg.), Vom Umgang der Justiz mit Minderjährigen, 1995; *Saywitz/Camparo,* Evidence based child forensic interviewing, 2014; *Scheumer,* Videovernehmung kindlicher Zeugen: zur Praxis des Zeugenschutzgesetzes, 2007; *Schreiber,* Zeugenbefragung von Kindern, 2000; *Schüttpelz,* „Witness Preparation in International and Domestic Criminal Proceedings", 2013; *Volbert/Pieters,* Zur Situation kindlicher Zeugen vor Gericht, 1993; Volbert/ Steller (Hrsg.), Handbuch der Rechtspsychologie, 2008.

Übersicht

	Rn.
I. Anwendungsbereich	1
1. Jugendliche, Heranwachsende	1
2. Jugendgerichte	3
3. Ordnungswidrigkeiten	5
4. Jugendschutzgerichte	6
II. Sachliche Zuständigkeit der Jugendgerichte im Verhältnis zu anderen Gerichten der ordentlichen Gerichtsbarkeit	8
1. Meinungswandel	9
a) Entwicklung seit BGHSt GS 18, 79 (82)	9
b) Vormals hRspr	10
c) Entwicklung seit StVÄG 1979	11
2. Senate der OLGe und des BGH keine Jugendgerichte	12
III. Besetzung (§§ 33a, 33b)	13
1. Berufsrichter und Jugendschöffen	13
2. Jugendschöffengericht und Jugendkammer	14
a) Allgemeines; reduzierte Besetzung der Jugendkammer	14
b) Entscheidungen ohne JSchöffen	17
3. Weibliche und männliche Jugendschöffen	18
IV. Zuständigkeitskonzentration (§ 33 Abs. 3)	20
1. Bestimmtheitsgrundsatz (Art. 80 Abs. 1 S. 2 GG)	20
2. Örtliche Zuständigkeit	21
3. Einzelne Gestaltungsformen	23
a) Bezirksjugendrichter	23
b) Gemeinsames JSchöffengericht	26
V. Verfahrensrechtliches	28
1. Geschäftsverteilung	28
2. Abgabe	29
3. Revision	37
VI. Verfahrensgestaltung in Jugendschutzsachen	45
1. Rechtsstellung und Schutzbelange Minderjähriger	45
a) Aussagefähigkeit, Zeugnisverweigerungsrecht sowie Belehrung; Nebenklage	45
b) Außerstrafrechtliche Schutzbelange Minderjähriger	46
2. Abträgliche Interventionen	47
a) Umstände einer Sekundärviktimisierung	47
b) Beeinflussungen der Aussage	50
aa) Aufklärungspflicht	50

I. Anwendungsbereich

1. Jugendliche, Heranwachsende

1 Die Vorschriften gelten nicht in Verfahren gegen *Jugendliche* vor den für allg. Strafsachen zuständigen Gerichten (§ 104 Abs. 1; unter Tangierung der Muss-Vorschrift des § 2 Abs. 1 S. 2 (vgl. → § 102 Rn. 2), ebenso bei §§ 34 –37, 42). Anders verhält es sich unter den Voraussetzungen des § 103 Abs. 1, 2 S. 1 (zu Ausnahmen s. § 103 Abs. 2 S. 2).

2 Die Vorschriften finden in Verfahren gegen *Heranwachsende* entsprechende Anwendung (§ 107). Dies gilt jedoch nicht vor den für allg. Strafsachen zuständigen Gerichten (§ 112 S. 1), es sei denn, die Voraussetzungen des § 103 Abs. 1, 2 S. 1 liegen vor (zu Ausnahmen s. § 103 Abs. 2 S. 2).

2a In Verfahren gegen Erwachsene kommen die Vorschriften vor Jugend-schutzgerichten (vgl. → Rn. 6f, ergänzend → Rn. 45 ff.) zur Anwendung.

2. Jugendgerichte

3 Zum Begriff **Verfehlung** vgl. → § 1 Rn. 33. – Zur Zuständigkeit der JGerichte in besonderen Verfahrensarten vgl. § 41 sowie namentlich §§ 76 ff.

4 Maßgeblich für den Begriff des Jugendlichen bzw. Heranwachsenden (vgl. § 107) ist das **Alter** zur **Zeit** der **Tat** (§ 1 Abs. 2; zur Berechnung des Alters vgl. → § 1 Rn. 2). Demgemäß tritt eine Änderung in der Zuständigkeit des JGerichts nicht ein, wenn ein Beschuldigter nach Tatbegehung das 21. Lbj. vollendet. – Das JGericht entscheidet auch, wenn an dem Alter des Beschuldigten und/oder der Tatzeit nicht ausschliessbare **Zweifel** darüber bestehen, ob der (zur Tatzeit zumindest 14 Jahre alte) Beschuldigte zur Tatzeit bereits 21 Jahre alt war. Die prozessuale Reichweite des Grundsatzes „in dubio pro reo" gebietet es, bei solchen Zweifeln die Zuständigkeit des JGerichts zu bejahen (BGHSt 5, 370; 7, 26 mAnm *Dallinger* MDR 1955, 181; BGH NStZ 2003, 47 mAnm *Rieß;* BGH StV 2008, 117 = BeckRS 2007, 8322). Wegen sachlich-rechtlicher Fragen vgl. Erl. zu → § 1 Rn. 28 ff.; ergänzend auch → § 32 Rn. 17.

4a Zur Zuständigkeit bei **mehreren Taten** sowie Unterlassungs- und Dauerdelikten aus der Zeit vor und nach Vollendung des 21. Lbj. vgl. → § 103 Rn. 27 ff.

3. Ordnungswidrigkeiten

5 Das JGericht entscheidet im Einspruchsverfahren auch über Handlungen, die im Bußgeldverfahren nach dem OWiG geahndet wurden (vgl. aber auch

Ellbogen in KK-OWiG OWiG § 68 Rn. 28 ff.); zuständig ist der JRichter (§ 68 Abs. 2 OWiG; zum JStaatsanwalt vgl. → § 36 Rn. 8; vgl. auch § 1). Im Übrigen ist nach § 33 (bei Heranwachsenden iVm § 107 Abs. 1) die **Zuständigkeit** von **Verwaltungsbehörden,** über Verstöße Jugendlicher gegen Straftatbestände im engeren Sinne (dh ausgenommen des OWiRechts) zu entscheiden, **ausgeschlossen** (s. auch § 1). Gleichwohl ist nicht zu verkennen, dass die abschließende **Entscheidungskompetenz** der **JGerichte** (zu gesetzlichen Ausnahmen s. §§ 102, 103 Abs. 2 S. 2) tatsächlich dadurch eingeschränkt ist, dass dem JGericht vorgelagerte Jugend- bzw. Kontrollbehörden aus der Gesamtheit der ihnen zur Kenntnis gelangenden Verhaltensweisen Jugendlicher einen Teil als strafrechtlich bedeutsam einstufen. Im Übrigen geschehen die Verfahrenseinstellungen gem. § 45 Abs. 1 iVm § 153 Abs. 1 S. 2 StPO und § 45 Abs. 2 ohne Zutun des JGerichts.

4. Jugendschutzgerichte

Bei bestimmten Straftaten **Erwachsener** sind JGerichte zuständig (§§ 26, **6** 74b GVG; vgl. ferner § 103 Abs. 1, 2 S. 1; zu Besonderheiten der Verfahrensgestaltung vgl. → Rn. 45 ff.). Zur Anwendung des **§ 26 GVG** wird auf eine speziellere Befähigung jugendgerichtlich Amtierender ua zur Vernehmung sowie zur Beurteilung einer mutmaßlichen Schädigung Minderjähriger (und bejahendenfalls deren Schwere) abgestellt (vgl. LG Zweibrücken ZJJ 2012, 454: bejahend trotz zwischenzeitlichen Erwachsenenalters von 3 der 4 mutmaßlich Geschädigten; zw.). Nach allg. Auffassung ist **Abs. 1 S. 1** der Vorschrift nicht erfüllt, wenn die Tat zum Tod des Kindes bzw. des Jugendlichen „geführt hat", indes können zumindest bei zeitlichem Intervall Fragen des Kausalzusammenhangs auftreten (speziell betr. Schütteltrauma zu auch ärztlichem Fehlverhalten laut kinderneurochirurgischem Gutachten „lange Zeit dauernde falsche Behandlung", „Kompensation... verhindert" (zitiert nach *Eisenberg* medstra 2016, 207 f.)). – Sollte eine Kindeswohlgefährdung anzunehmen sein, darf der *Arzt* iRd ärztlichen Heilauftrags (äußerstenfalls) das Jugendamt benachrichtigen (§ 4 Abs. 3 KKG), nicht aber die Polizei.

Bei dem hier einschlägigen Deliksbereich sind – nicht ganz selten iZm **6a** aussagepsychologischen Erkenntnissen (vgl. zum Ganzen → Rn. 45 ff.) bzw. zB bei Hör- oder Sprachbehinderten (vgl. § 186 Abs. 1 GVG; zur näheren Ausgestaltung s. § 186 Abs. 3 GVG, angef durch Gesetz v. 8.10.2017 (BGBl. I 3546)) – die Voraussetzungen zur Erfüllung der sog. Umgrenzungsfunktion der **Anklage** (§ 200 Abs. 1 S. 1 StPO) mitunter nur unzureichend gegeben, sodass ein Prozesshindernis besteht (vgl. etwa KG StV 2016, 547 (betr. Misshandlung in Tateinheit mit gefährlicher Körperverletzung); zu sonstiger Judikatur vgl. Nachw. etwa bei *Eisenberg* Beweisrecht StPO Rn. 745 ff.). – Gegenüber der **Wahlzuständigkeit** (Abs. 1) unter unspezifischer Formulierung (Abs. 2) bestehen verfassungsrechtliche Bedenken im Hinblick auf Art. 101 Abs. 1 S. 2 GG (vgl. allg. zu erforderlichen Einschränkungen BVerfGE 9, 228; 22, 258; vgl. auch *Degener* in SK-StPO GVG § 26 Rn. 9; aA die hM, vgl. nur BGHSt 13, 298 f.; vgl. auch BVerfG, 1. K. des 2. S., NStZ 2007, 40 (betr. Abgabe von BtM an Jugendliche ohne sonstige Besonderheiten): Eröffnung durch das allg. Strafgericht keine Verletzung von VerfassungsR).

7 Die Einwände werden teilweise durch eine hinsichtlich Jugendschutzsachen gem. Gesetz v. 29.6.2013 (BGBl. I 1805) vorgenommene Modifizierung des § 26 Abs. 2 S. 1 GVG abgeschwächt, derzufolge Anklage bei den JGerichten erhoben werden *soll,* wenn dadurch schutzwürdige Interessen minderjähriger Zeugen „besser gewahrt werden können" (vgl. auch *Deutscher* StRR 2013, 325; ergänzend aber → § 39 Rn. 8, → § 41 Rn. 7a, 7b); nach der Gesetzesbegründung (RegE-StORMG v. 23.3.2011, 19) hat die StA auch hierin kein Wahlrecht, wohl aber einen Beurteilungsspielraum. Soweit nach der Geschäftsverteilung unter den Gerichten für allg. Strafsachen zB besondere JSchutzkammern eingerichtet sind, werde auch weiterhin die Anklage dann nicht bei den JGerichten zu erheben sein, wenn eine gleichwertige Wahrung der in Rede stehenden schutzwürdigen Belange „zu erwarten ist" (vgl. Begr. RegE-StORMG v. 23.3.2011, 19).

II. Sachliche Zuständigkeit der Jugendgerichte im Verhältnis zu anderen Gerichten der ordentlichen Gerichtsbarkeit

8 § 33 Abs. 2 stellt klar, dass die JGerichte der ordentlichen Gerichtsbarkeit zugehören. Dagegen lässt sich dem Wortlaut der Bestimmung nichts zur Frage der sachlichen Zuständigkeit im Verhältnis zu anderen Gerichten dieser Gerichtsbarkeit entnehmen. Einerseits regelt diese Bestimmung nicht das Rangverhältnis zwischen JGerichten und allg. Strafgerichten, andererseits erfordert sie zwingend (Art. 101 Abs. 1 S. 2 GG) die besondere Zuordnung von JSachen an JGerichte durch den Geschäftsverteilungsplan. Die Frage ist ua revisionsrechtlich bedeutsam (vgl. → Rn. 37 ff.).

1. Meinungswandel

9 **a) Entwicklung seit BGHSt GS 18, 79 (82).** Im Anschluss an diese Entscheidung vertritt die Judikatur (vgl. BGHSt 18, 173; 22, 48; 26, 191 (198); ihm folgend BayObLGSt 74, 135 mablAnm *Brunner* JR 1975, 202; OLG Koblenz GA 1977, 374) und die hL (*Dallinger/Lackner* Rn. 3; *Scheuten* in KK-StPO StPO § 1 Rn. 27 ff., § 6 Rn. 2; *Schaffstein/Beulke/Swoboda* JugendStrafR § 28 III 2) die Auffassung, die **JGerichte** seien den ordentlichen Gerichten nicht nur wesensgleich, vielmehr seien sie – wie sich aus § 108 Abs. 2, 3 ergebe – **Strafgerichte.** Deshalb komme den JGerichten keine andersartige sachliche Zuständigkeit als den allg. Strafgerichten zu; sie hätten lediglich einen **besonderen** sachlichen **Geschäftskreis** innerhalb derselben Gerichtszuständigkeit inne (funktionelle Zuständigkeit). Diese Auffassung ist (nur) wertender Art, da die Spezialzuständigkeit kraft Gesetzes ihrem rechtspolitischen Gewicht nach zwischen der sachlichen und einer bloß geschäftsverteilungsmäßigen Zuständigkeit angesiedelt ist (vgl. *Rieß* GA 1976, 22; *Rieß* NStZ 1981, 305). So ist verschiedentlich eine Ausgliederung der JGerichtsbarkeit aus der allg. Strafgerichtsbarkeit, abgesehen von Haft- und Bereitschaftsdienst bei „relativ kleinen JGerichten", empfohlen worden (vgl. UK II bzw. UK III DVJJ-Journal 1992, 17 f. bzw. 23; vgl. aber auch DVJJ 1993 AK IV/3).

b) Vormals hRspr. Demgegenüber vertrat die zuvor dominierende Rspr. 10
(BGHSt 7, 26; 8, 349; 9, 399; LM Nr. 1 zu § 103; BayObLGSt 55, 530; 57,
1; 61, 89; 64, 91; NJW 1967, 216; OLG Frankfurt/M. NJW 1956, 1211;
KG NJW 1964, 2437; OLG Saarbrücken NJW 1966, 1041; s. auch *Grethlein*
NJW 1961, 2144) den Standpunkt, den JGerichten seien mit der Aburteilung heranreifender junger Menschen mit körperlichen und geistigen Ent-
wicklungsbesonderheiten **andere Aufgaben** überwiesen als den allg. Strafgerichten, wie sich in der Ausstattung mit einem eigenständigen jugendgemäßen Verfahren und besonders besetzten Spruchkörpern bestätige. Somit
unterschieden sie sich der **sachlichen Zuständigkeit** nach von den allg.
Strafgerichten. Diese Auffassung wird den Beweggründen des historischen
Gesetzgebers bei der Schaffung des JGG eher gerecht (s. BayObLG GA
1964, 335; OLG Saarbrücken NJW 1966, 1041; vgl. auch *Hanack* JZ 1971,
90).

c) Entwicklung seit StVÄG 1979. Wenngleich der Gesetzgeber bei der 11
Neugestaltung der Zuständigkeitsabgrenzungen durch das StVÄG 1979 von
der nunmehr herrschenden Judikatur ausging (vgl. BT-Drs. 8/976, 20, s.
aber auch BT-Drs. 8/976, 44, 70), wurde durch diese Neuregelung (§§ 209a
Nr. 2, 225a Abs. 1, 270 Abs. 1 StPO; § 47a) das Verhältnis von JGerichten
und allg. Strafgerichten als Problem der sachlichen Zuständigkeit **fingiert**
(*Stuckenberg* in Löwe/Rosenberg StPO § 209a Rn. 2, 3) und zugleich mit
der Neufassung des § 103 Abs. 2 (zur früheren Rechtslage s. *Rieß* GA 1976,
3 (22)) der JGerichtsbarkeit rechtspolitisch größeres Gewicht verliehen
(Vorrangprinzip). Die Gerichte der **Tatsacheninstanz** prüfen daher in
jeder Phase des Verfahrens ihre Zuständigkeit **von Amts wegen** (§ 6 StPO;
vgl. auch OLG Oldenburg NJW 1981, 1384 mAnm *Rieß* NStZ 1981, 305;
aA die wohl hM, vgl. etwa OLG Karlsruhe Die Justiz 1999, 142; *Frisch* in
SK-StPO StPO § 338 Rn. 96 mN zur Rspr.); § 6a StPO findet keine
Anwendung (s. auch BT-Drs. 8/976, 33; vgl. ergänzend → Rn. 41).

2. Senate der OLGe und des BGH keine Jugendgerichte

Nur an den **Amts-** und **LGerichten** hat der Gesetzgeber JGerichte 12
vorgesehen. Demgemäß entscheiden in der Revisionsinstanz die für allg.
Strafsachen zuständigen OLG- bzw. BGH-Senate (im Übrigen s. § 102 iVm
§ 120 Abs. 1, 2 GVG; vgl. → § 102 Rn. 2). Jedoch ist es rechtssystematisch
zwingend, dass auch die *revisionsgerichtlich Amtierenden* die für die Instanzge-
richte gesetzlich (iSv Soll-Vorschriften) geforderte jugenderzieherische Befähigung und Erfahrung (§§ 35 Abs. 2, 37; vgl. auch § 34 Abs. 2) aufweisen
bzw., soweit dies nicht der Fall ist, anlässlich ihrer Entscheidungen die Inhalte
dieser ggf. zB durch Handhabung seitens der JGerichte sowie Fachliteratur
zugänglichen Qualifikation *zugrunde legen* (ebenso *Wiesener* Qualitätsanforderungen 4 f., 45). Anderes liefe der Gesetzeslage zuwider, die im Vergleich
zum allg. StR speziellere (§ 2 Abs. 2) materiell-rechtliche und verfahrensrechtliche Vorschriften des JGG aufweist und der im Übrigen ggf. eine –
den Grundsätzen des JGG (vgl. → § 2 Rn. 20 ff.) folgende – speziellere
teleologische, sich an Belangen Jugendlicher und Heranwachsender orientierende Auslegung von Vorschriften des allg. StR und StVR entspricht. – Als
zweckmäßig wurde erwogen, im Interesse einer jugendgemäß einheitlichen
Rechtsanwendung und -fortbildung, bei den Revisionsgerichten (de lege

lata im Wege der Geschäftsverteilung) JSachen bei einem Senat zusammenzufassen (vgl. schon *Dallinger/Lackner* Rn. 5), zumal hinsichtlich der in Rede
stehenden Geeignetheit eine erhebliche Diskrepanz zwischen verschiedenen
Senaten besteht (vgl. exemplarisch BGH ZJJ 2011, 201 mAnm *Eisenberg*
bzw. BGH BeckRS 2011, 26153 mit Bspr. *Eisenberg* HRRS 2012, 23 sowie
Eisenberg JA 2013, 34 ff.).

III. Besetzung (§§ 33a, 33b)

1. Berufsrichter und Jugendschöffen

13   Während der JRichter als Einzelrichter – innerhalb wie außerhalb der HV
– allein entscheidet (§ 39), sind die Kollegialorgane in der HV neben Berufsrichtern mit Laienrichtern besetzt, welchen gleichrangige Entscheidungsbefugnis zukommt (vgl. § 30 Abs. 1 GVG). In Ergänzung von § 45a DRiG
werden die ehrenamtlichen Richter als „JSchöffen" bezeichnet (vgl. näher
→ Rn. 17–19; zur praktischen Bedeutung der Laienbeteiligung und zu Re-
formvorstellungen vgl. → § 35 Rn. 3, 2).

2. Jugendschöffengericht und Jugendkammer

14   **a) Allgemeines; reduzierte Besetzung der Jugendkammer. aa)** Das
JSchG ist **in der HV** mit dem JRichter als Vorsitzendem und zwei JSchöffen
besetzt **(§ 33 Abs. 1 S. 1).** – Ein **Richter auf Probe** (§ 12 DRiG) darf im
ersten Jahr nach seiner Ernennung nicht Vorsitzender sein (§ 2 Abs. 2, § 29
Abs. 1 S. 2 GVG).

15   Bei **besonderem Umfang** der **Sache** besteht bis zur Eröffnung des
Hauptverfahrens eine Übertragungsmöglichkeit **an** die **JKammer** (§ 40
Abs. 2–4), mit der Folge, dass für die Zuziehung eines zweiten Berufsrichters
(wie in § 29 Abs. 2 GVG vorgesehen) kein Raum bleibt (ebenso *Bender* JGG
Anm. 17; *Dallinger/Lackner* Rn. 6; *Potrykus* Anm. 7).

16   **bb)** Eine verlässliche vergleichende Überprüfung dazu, inwieweit die
Einführung **reduzierter Besetzung** der JKammer (vgl. vormals Art. 15
Abs. 2 des Gesetzes v. 11.1.1993 (BGBl. I 1950) iVm Art. 5 des Gesetzes v.
30.12.2006 (BGBl. I 3416) bzw. Art. 1 des Gesetzes v. 7.12.2008 (BGBl. I
2348)) sich als für die **Qualität** der gerichtlichen Entscheidungen **abträglich** erweist, begegnet methodischen Schwierigkeiten, jedoch tendieren
Praxisberichte zu einer Bejahung (vgl. auch *Dölling ua,* Die Besetzungsreduktion bei den großen Straf- und Jugendkammern – Evaluierung der
§ 76 Abs. 2 GVG und § 33b Abs. 2 JGG, 2011, 11 (besonders betr. Beurteilung seitens Verteidigern); zum Ganzen auch *Caspari* DRiZ 2011, 302 ff.).
Ein Manko kann darin liegen, dass die Stimme des Vorsitzenden verstärktes
Gewicht erlangt (§ 2 Abs. 2, § 196 Abs. 4 GVG). Dennoch hat der Gesetzgeber eine reduzierte Besetzung beibehalten (Gesetz v. 13.12.2011 (BGBl. I
2554)).

16a   (1) **§ 33b Abs. 2** trifft Regelungen zur zwingenden Dreierbesetzung der
großen JKammer (entsprechend § 76 Abs. 1 Hs. 1, Abs. 2 GVG). Die
Eröffnung geschieht, soweit eine Nachholung erst nach Beginn der HV als
zulässig erachtet wird (vgl. BGHSt 29, 224 (zum allg. StR); zw., vgl. nur
Meier-Goßner/Schmitt StPO § 203 Rn. 4; *Paeffgen* in SK-StPO StPO § 203

Rn. 4), außerhalb derselben, also auch dann unter Ausschluss der JSchöffen (§ 2 Abs. 2, § 76 Abs. 1 S. 2 GVG) mit drei Berufsrichtern (vgl. BGHSt 50, 267; NJW 2015, 2515; StraFo 2017, 509; BeckRS 2017, 130280).

Nach S. 3 **Nr. 1** ist die Dreierbesetzung vorgeschrieben, wenn nach den **16b** allg. Vorschriften einschließlich der Regelung des § 74e GVG die Sache zur Zuständigkeit des Schwurgerichts gehört. – Nach S. 3 **Nr. 2** ist die JKammer auch dann zwingend mit drei Berufsrichtern zu besetzen, wenn ihre Zuständigkeit nach § 41 Abs. 1 Nr. 5 begründet ist (dh auch in den Fällen, in denen eine Unterbringung in einem psychiatrischen Krankenhaus zu erwarten ist; betr. eine etwaige Unterbringung in Sicherungsverwahrung gilt § 2 Abs. 2, § 74f Abs. 4 GVG (vgl. bereits BGH StraFo 2011, 518 Rn. 10; ergänzend aber BVerfG NJW 2012, 3357 Rn. 131 ff.)). Hierfür sind dieselben Gründe maßgeblich wie bei § 76 Abs. 2 S. 3 Nr. 2 GVG.

S. 3 **Nr. 3** betrifft Fälle der Erforderlichkeit wegen des *Umfangs* oder der *Schwierigkeit der Sache,* wobei diese Begriffe in **§ 33b Abs. 3** durch Regelbsp. umschrieben sind (vgl. vormals (zum allg. StR) LG Aschaffenburg StV 2007, 522: im Zweifel 3 Berufsrichter; zu rechtstatsächlichen Daten *Arenhövel/Otte* DRiZ 2010, 272; zum Anstieg des Anteils der 2er-Besetzung und zu regionalen Unterschieden näher *Dölling ua,* Die Besetzungsreduktion bei den großen Straf- und Jugendkammern – Evaluierung der § 76 Abs. 2 GVG und § 33b Abs. 2 JGG, 2011). Darunter ist, zusätzlich zu den in § 76 Abs. 3 GVG geregelten Fällen, in Abs. 3 Nr. 1 der Fall angeführt, dass die Zuständigkeit der JKammer nach § 41 Abs. 1 Nr. 2 begründet ist, dh wenn eine Übernahme der durch das JSchG vorgelegten Sache allein wegen des besonderen Umfangs geschieht, sodass die Mitwirkung eines dritten Richters regelmäßig geboten sein wird.

Hat die JKammer eine Besetzung mit zwei Richtern einschließlich des **16c** Vorsitzenden und zwei JSchöffen beschlossen, ergeben sich aber vor Beginn der HV **neue Umstände** (etwa bei Verbindung erstinstanzlicher Verfahren), die nach Maßgabe der § 33b Abs. 2–4 eine Besetzung mit drei Richtern einschließlich des Vorsitzenden und zwei JSchöffen erforderlich machen, so beschließt die JKammer gem. **§ 33b Abs. 5** (entspr. § 76 Abs. 4 GVG) eine solche Besetzung (vgl. vormals aber auch BGH NJW 2009, 1760; zum Ganzen *Freuding* NStZ 2009, 611–613).

(2) In **Berufungsverfahren** gegen Urteile des **JRichters** ist die JKammer **16d** mit dem Vorsitzenden und zwei JSchöffen (als „kleine JKammer") besetzt (§ 33b Abs. 1 Hs. 2).

Gemäß **§ 33b Abs. 4 S. 1** gelten im Berufungsverfahren gegen ein Urteil **16e** des **JSchG** die in Abs. 2 getroffenen Regelungen für die Besetzung als *Berufungskammer* entsprechend (vgl. vormals Gesetzesbegr. BT-Drs. 14/3831, im Anschluss an BGH NStZ-RR 1997, 22 Rn. 5: bei Terminierung der Berufungssache ist über die Besetzung in der Berufungs-HV zu entscheiden; BayObLG NStZ 1998, 102; NStZ-RR 2001, 49; OLG Düsseldorf StV 2001, 166 mablAnm *Rzepka;* OLG Koblenz StraFo 2007, 119; OLG Brandenburg NStZ-RR 2008, 58; zur Frage nach hier qualitativen Unterschieden zwischen 2er- bzw. 3er-Besetzung *Dölling ua,* Die Besetzungsreduktion bei den großen Straf- und Jugendkammern – Evaluierung der § 76 Abs. 2 GVG und § 33b Abs. 2 JGG, 2011).

Nach § 33b Abs. 4 S. 2 ist die große JKammer im Berufungsverfahren **16f** außerdem zwingend mit drei Berufsrichtern zu besetzen, wenn mit dem angefochtenen Urteil auf eine JStrafe von mehr als vier Jahren erkannt

wurde. Diese Regelung wurde wegen der unbeschränkten Rechtsfolgenkompetenz des JSchG (vgl. → § 40 Rn. 5, abw. von § 24 Abs. 1 Nr. 2 GVG
betr. das ErwachsenenschöffenG) sowie in Entsprechung zur Besetzung des
RechtsmittelG im allg. StVR (vgl. auch § 74 Abs. 1 S. 2 GVG, das schon
die erstinstanzliche Zuständigkeit des LG bei der Erwartung einer Freiheitsstrafe von mehr als vier Jahren bestimmt) als „angezeigt" beurteilt (Begr.
RegE v. 5.9.2011, BT-Drs. 17/6905). So steht im allg. StVR dem Angeklagten gegen ein Urteil der mit mindestens zwei Berufsrichtern besetzten
Strafkammer die Revision zum BGH offen, wogegen im JStV der Angeklagte, sofern er gegen das Urteil des JSchG Berufung einlegt, aufgrund der
Alternativität der Rechtsmittel (§ 55 Abs. 2) grundsätzlich keine Revision
mehr zum OLG einlegen kann (vgl. → § 55 Rn. 54, 57).

16g   (3) Für den Fall der **Zurückverweisung** einer Sache durch das Revisionsgericht kann die große JKammer erneut über ihre Besetzung entscheiden
(**§ 33b Abs. 6,** entspr. § 76 Abs. 5 GVG; vgl. zum allg. StVR gem. § 222b
Abs. 2 S. 1 StPO BGH NStZ 2018, 110).

16h   Das Gleiche gilt nach **Aussetzung** der HV (**§ 33b Abs. 6,** entspr. § 76
Abs. 5 GVG).

17   **b) Entscheidungen ohne JSchöffen.** Bei formeller Gesetzesauslegung
trifft **außerhalb** der **HV** beim AG der JRichter ohne Mitwirkung der
JSchöffen (§ 33a Abs. 2, § 30 Abs. 2 GVG) die erforderliche Entscheidung
(zB Einstellung, § 47), und auch die JKammer entscheidet ohne Mitwirkung
der JSchöffen, und zwar in der Besetzung von drei Berufsrichtern (einschließlich des Vorsitzenden) bzw. durch den Vorsitzenden allein (§ 33b
Abs. 3; s. auch § 2 Abs. 2, § 76 Abs. 1 S. 2 GVG). Da sich den §§ 30
Abs. 2, 76 Abs. 1 S. 2 GVG vom Inhalt her nicht entnehmen lässt, welche
Entscheidungen *in der HV* zu treffen sind und welche nicht, ist gem. dem aus
Art. 101 Abs. 1 S. 2 GG folgenden Erfordernis, schon der bloßen Möglichkeit einer Manipulation vorzubeugen (BVerfG NJW 1997, 1498), zumindest
betr. *Haftentscheidungen* eine verfassungskonforme Auslegung dahingehend
anzustreben, dass sie zwischen Beginn und Ende der HV grundsätzlich in
der Besetzung **wie in der HV** zu treffen sind (vgl. BGHSt 43, 91; OLG
Koblenz StV 2010, 37; KG StraFo 2015, 419 (422 f.) sowie StraFo 2016, 292
(auch bei unterbrochener HV; betr. allg. StVR); *Kunisch* StV 1998, 687;
Sowada StV 2010, 37 ff.; s. auch *Meyer-Goßner/Schmitt* StPO § 126 Rn. 8;
aA BGH NStZ 2011, 356 mAnm *Krüger* NStZ 2012, 342 und krit. Bspr.
Gittermann DRiZ 2012, 12–14; OLG Köln NStZ 2009, 589 (unter Aufgabe
vorheriger Ansicht) mit iErg zust. Anm. *Krüger;* KG StraFo 2015, 110 mit
ausf. abl. Bspr. *Lieber* RohR 2015, 62 ff. (jeweils betr. allg. StR); *Schultheis* in
KK-StPO StPO § 126 Rn. 10: *Rönnau* GS Weßlau, 2016, 302); für den
Bereich des OLG in 1. Instanz gilt dies ohnehin (vgl. BGH NStZ 1997, 606
mzustAnm *Dehn*).

3. Weibliche und männliche Jugendschöffen

18   In Abweichung von den allg. Vorschriften des GVG sollen als JSchöffen zu
jeder HV eine **Frau** und ein **Mann** herangezogen werden (§ 33a Abs. 1 S. 2,
§ 33b Abs. 3). Zur Einhaltung der Bestimmung soll der Hilfeausschuss
ebenso viele Männer wie Frauen vorschlagen (§ 35 Abs. 2 S. 1) und der
Schöffenwahlausschuss (§ 40 GVG) eine gleiche Anzahl von Frauen und

Männern wählen (§ 35 Abs. 1 S. 2); im Übrigen werden die Schöffenlisten getrennt geführt (§ 35 Abs. 5). Ohne empirischen Beleg geblieben ist die Vorstellung (*Dallinger/Lackner* Rn. 9 mN; *Lackner* JZ 1953, 530; *Messerer* unsere jugend 1951, 2 (6)), Frauen verfügten über eine **besondere** erzieherische **Befähigung,** die gerade in JSachen bedeutsam sei. Obgleich eine solche Vorstellung einem Klischee auf der Grundlage herkömmlicher geschlechtsspezifischer Rollenerwartung und -verteilung entspricht (vgl. ergänzend → § 5 Rn. 59 ff.), scheint die gesetzlich geforderte erzieherische Befähigung und jugenderzieherische Erfahrung (§ 35 Abs. 2 S. 2) beim Vorschlag potenziell zu wählender weiblicher Personen eher unterstellt zu werden als bei männlichen Personen.

Zum Auswahlverfahren vgl. § 35; zu revisionsrechtlichen Fragen vgl. **19** → Rn. 43 f.

IV. Zuständigkeitskonzentration (§ 33 Abs. 3)

1. Bestimmtheitsgrundsatz (Art. 80 Abs. 1 S. 2 GG)

Zweifelhaft ist, ob die **gesetzliche** Ermächtigung im Hinblick auf Inhalt, **20** Zweck und Ausmaß den verfassungsrechtlichen Erfordernissen der Bestimmtheit genügt (Art. 80 Abs. 1 S. 2 GG; s. auch *Dallinger/Lackner* Rn. 36). Die Konkretisierung in der entsprechenden Vorschrift der allg. Gerichtsverfassung (§ 58 GVG) bietet jedoch die Grundlage für eine verfassungskonforme Auslegung, wobei zu berücksichtigen ist, dass die in § 58 Abs. 1 S. 1 GVG ermöglichte örtliche Konzentration einzelner Verfahrensentscheidungen iRv § 33 Abs. 3 wegen des Grundsatzes der Einheitlichkeit jugendverfahrensrechtlicher Entscheidungen nur eingeschränkt verwirklicht werden darf.

2. Örtliche Zuständigkeit

Die Vorschrift eröffnet für den Bereich der AGe (nicht der LGe; hierzu **21** noch de lege ferenda Denkschrift 1964, 18; *Potrykus* RdJB 1955, 247) die (durch VO übertragbare, § 33 Abs. 3 S. 2) Rechtsetzungskompetenz der Landesregierungen, die **örtliche Zuständigkeit** in JSachen für den Bezirk mehrerer AGe zusammenzufassen.

Vorteile der örtlichen Zuständigkeitskonzentration könnten darin zu se- **22** hen sein, dass sie einen Rahmen bietet, in dem eine **Uneinheitlichkeit** der Rspr. **begrenzt** wird, und zwar durch besonders jugenderzieherisch befähigte und erfahrene Richter (§ 35 Abs. 2 S. 2, § 37; ähnlich *Dallinger/Lackner* Rn. 35; krit. *Ostendorf* in NK-JGG Rn. 18). Allerdings ist ggf. nicht auszuschließen, dass weniger Gesichtspunkte jugenderzieherischer Sachkompetenz funktionale Bedeutung für die Konzentrationsüberlegung erlangen, sondern dass hierfür eher organisationsbedingte Effektivitätsbelange der Justizverwaltung von Einfluss sind. So werden etwa Konzentrationsregelungen nach § 58 Abs. 1 GVG mit solchen nach § 33 Abs. 3 häufig kombiniert, obwohl bei ersteren iSd gesetzlichen Zweckbestimmung Gesichtspunkte der (nicht jugendbezogenen) Verfahrensbeschleunigung dominierend sein könnten.

3. Einzelne Gestaltungsformen

23   a) **Bezirksjugendrichter.** Von der Möglichkeit zur Bestellung von BezirksJRichtern (§ 33 Abs. 3 S. 1 Alt. 1) wird in der Praxis ggf. am ehesten in
Ballungsgebieten mit mehreren AGen Gebrauch gemacht werden dürfen
(vgl. auch schon *Hinrichsen* unsere jugend 1956, 304; UK III DVJJ-Journal
1992, 23). Dagegen wird in ländlichen Gegenden im Hinblick auf die im
JGerichtsverfahren besonders bedeutsame Vertrautheit des JRichters mit den
örtlichen Verhältnissen eher davon abzusehen sein (allg. Auffassung). – Wegen jeweiliger VOen der Länder s. Nachw. in *Schönfelder* zu Abs. 3 S. 1.

24   **aa)** Gegenüber einer Konzentration **eines Teils** jugendrichterlicher **Aufgaben** bei einem BezirksJRichter (vgl. § 58 Abs. 1 GVG) ist **Zurückhaltung** geboten (ebenso *Gittermann* in Löwe/Rosenberg GVG § 58 Rn. 13),
da eine entsprechende Teilbestellung dem gesetzlichen Leitbild der Einheitlichkeit erzieherisch orientierter Entscheidung im JStV – auch hinsichtlich
personeller Kontinuität des Entscheidungsorgans (vgl. zB §§ 34 Abs. 1, 2, 42
Abs. 1, 2, 82 Abs. 1, 90 Abs. 2 S. 2) – widerspricht.

25   **bb)** Was Erwägungen einer Aufgabenteilung nach Jugendlichen und Heranwachsenden angeht (vgl. auch → § 107 Rn. 10), so sprechen dagegen
gleichfalls Erwägungen der Kontinuität.

26   **b) Gemeinsames JSchöffengericht.** Die Konzentration eines solchen
Gerichts bei einem AG für den Bezirk mehrerer AGe (§ 33 Abs. 3 S. 1 Alt.
2) begegnet tendenziell gleichfalls Bedenken (vgl. schon *von Schlotheim*
unsere jugend 1954, 130, 327; befürwortend aber *Brunner/Dölling* Rn. 10;
Dallinger/Lackner Rn. 40 mN). So ist zB nicht hinreichend erkennbar, weshalb im Zuständigkeitsbereich des JSchG im Gegensatz zu dem des JRichters
örtliche Verhältnisse von geringerer Bedeutung sein könnten oder aber Taten
von erhöhter Gewichtigkeit im sachliche Zuständigkeitsbereich des JSchG
eine Konzentration wünschenswert erscheinen lassen könnten.

27   Die meisten Länder haben von der Ermächtigung (wenngleich in unter-
schiedl Umfang) Gebrauch gemacht (wegen jeweiliger VOen s. Nachw. in
Schönfelder zu § 33 Abs. 3 S. 1).

V. Verfahrensrechtliches

1. Geschäftsverteilung

28   Nach hM bestimmt sich die Tätigkeit der JGerichte innerhalb derselben
Gerichtszuständigkeit nach Grundsätzen der Geschäftsverteilung (zur Kritik
→ Rn. 10). Maßnahmen des Präsidiums (§ 21e GVG) unterliegen pflichtgemäßem Ermessen, das von § 37 mitbestimmt wird (nach BVerfG, 1. K.
des 2. S., NJW 2008, 910 bedürfe es bei einer Neubesetzung keines Eig-
nungsvorsprungs iSd „Bestenauslese" (Art. 33 Abs. 2 GG)). – Die Vornahme
einer nach der Geschäftsverteilung nicht zugewiesenen richterlichen Handlung ist hiernach in Anwendung von § 22d GVG gültig (s. aber auch
Dallinger/Lackner Rn. 23 mit Hinweis auf § 20 StPO).

28a   Nach der Rspr. sei auch im JStV eine zeitweilige Vertreterbestellung ohne
Änderung des Geschäftsverteilungsplans (§ 21e Abs. 1, 3 GVG) ggf. hinnehmbar (BGH 4.6.2003 – 5 StR 30/03 Rn. 7 (juris), NStZ 2004, 400; zw.
schon wegen der Belange gem. § 37).

2. Abgabe

Soweit das JGG keine Regelung vorsieht, wie zu verfahren ist, wenn die 29
vor das Erwachsenengericht bzw. JGericht gehörige Sache **irrtümlich** vor
dem JGericht bzw. Erwachsenengericht **angeklagt** worden ist, gelten die
allg. Vorschriften (§ 2 Abs. 2; nicht jedoch §§ 14, 19 StPO (LG Saarbrücken
NStZ-RR 2005, 153)).

a) aa) Vor Eröffnung des Hauptverfahrens kann **innerhalb desselben** 30
Gerichts die Abgabe an die zuständige Abteilung oder Kammer zur Ent-
scheidung über die Eröffnung erfolgen (hM; vgl. BGHSt 18, 173; 25, 242;
Dallinger/Lackner Rn. 25, vgl. auch *Meyer-Goßner/Schmitt* StPO § 209
Rn. 4, StPO § 269 Rn. 6).

(1) Hält das zunächst angegangene Erwachsenengericht das **JGericht** hö- 31
herer oder gleicher Ordnung in seinem Bezirk für **zuständig,** so legt es die
Akten durch Vermittlung der StA dem JGericht zur Entscheidung vor
(§§ 209 Abs. 2, 209a Nr. 2 StPO). Nimmt das zunächst angegangene Erwachsenengericht hingegen die Zuständigkeit des JGerichts *niedrigerer Ordnung* an, so eröffnet es das Hauptverfahren vor diesem Gericht (§ 209 Abs. 1
StPO).

(2) Das zunächst angegangene JGericht, das ein **Erwachsenengericht** 32
gleicher oder niedrigerer Ordnung desselben Bezirks als **zuständig** erachtet,
eröffnet das Hauptverfahren vor diesem (§ 209 Abs. 1 StPO iVm § 209a
Nr. 2 StPO; zur Besonderheit bei § 103 Abs. 2 S. 2, 3 vgl. → § 103
Rn. 15f, 18). Hält das zunächst angegangene JGericht die Zuständigkeit
eines Erwachsenengerichts *höherer Ordnung* (vern. für das Verhältnis von
Schwurgericht zu JSchutzkammer BGH NStZ 1996, 346) für begründet, so
verfährt es nach § 209 Abs. 2 StPO (die Verweisungen in § 39 Abs. 1 S. 3,
§ 40 Abs. 1 S. 2 sind nur im Verhältnis von JGerichten verschiedener Ordnung von Bedeutung).

bb) Eine **Abgabe** im Verhältnis des JGerichts zum Erwachsenengericht 33
und umgekehrt **scheidet** dagegen **aus,** wenn das als zuständig erachtete
Gericht einem **anderen Gerichtsbezirk** angehört (vgl. näher § 42). Sofern
keine Zurücknahme der Anklage erfolgt (§ 156 StPO), ist die Eröffnung des
Hauptverfahrens abzulehnen (§ 204 StPO).

b) aa) Nach Eröffnung des Hauptverfahrens legt das Erwachsenenge- 34
richt, wenn es ein **JGericht** höherer oder gleicher Ordnung in einer Sache,
die keine JSchutzsache ist, in seinem Gerichtsbezirk vor Beginn einer HV
für **zuständig** hält, die Akten durch Vermittlung der StA diesem vor (§ 225a
Abs. 1 S. 1 StPO); **nach Beginn** einer **HV** verweist es die Sache durch
Beschluss an das zuständige JGericht (§ 270 Abs. 1 S. 1 StPO; BGH StV
2002, 401 = StZ 2003, 47 mAnm *Rieß*). Erachtet das Erwachsenengericht
ein JGericht *niedrigerer Ordnung* für zuständig, darf es sich nicht für unzuständig erklären (§ 269 StPO, der vor Beginn einer HV entspr. Anwendung
findet, da er in Abwandlung von § 6 StPO einen allg. Rechtsgrundsatz
enthält (vgl. *Meyer-Goßner/Schmitt* StPO § 269 Rn. 1)).

Das mit der Sache befasste JGericht legt dem **Erwachsenengericht** 35
höherer Ordnung in seinem Gerichtsbezirk, das es **vor Beginn** einer **HV** für
sachlich **zuständig** hält, die Akten durch Vermittlung der StA zur Entscheidung über die Übernahme vor (§ 225a Abs. 1 S. 1 StPO); **nach Beginn** einer **HV** verweist es die Sache durch Beschluss an das zuständige
Erwachsenengericht (§ 270 Abs. 1 S. 1 StPO). Dagegen darf es sich nach

Eröffnung des Hauptverfahrens nicht für unzuständig erklären, weil es die Sache vor ein **Erwachsenengericht** *gleicher* oder *niedrigerer Ordnung* gehörig erachtet (§ 47a S. 1; BGH StV 2002, 402 = NStZ 2003, 48 mAnm *Rieß;* BGH StraFo 2004, 103; zur Besonderheit bei § 103 Abs. 2 S. 2, 3 vgl. → § 103 Rn. 15f, 18).

36 **bb)** Ob § 225a Abs. 2 StPO, demzufolge der Angeklagte noch vor der HV auf die Erhebung einzelner Beweise hinzuwirken berechtigt ist, auch dann gilt, wenn der Strafrichter an den JRichter oder das Schöffengericht an das JSchöffen abgeben will, ist umstritten. Wenngleich die JGerichte gem. § 209a Nr. 2a mit Gerichten höherer Ordnung gleichgestellt sind, ist die Frage zu bejahen, weil die in Betracht kommende Anwendung des JStR (zB betr. Heranwachsende) durchaus neue rechtliche Umstände umfasst (*Gmel* in KK-StPO StPO § 225a Rn. 20; *Jäger* in Löwe/Rosenberg StPO § 225a Rn. 35; *Eschelbach* in KMR StPO § 225a Rn. 27, 28).

36a **cc)** Die Abgabe im Verhältnis des JGerichts zum Erwachsenengericht und umgekehrt (BGHSt 18, 173 (176)) an ein Gericht eines **anderen Gerichtsbezirks** ist **nicht** zulässig (*Dallinger/Lackner* Rn. 27a mN).

3. Revision

37 **a) aa)** Ein **revisionsrechtlich** zu berücksichtigender Mangel **sachlicher Unzuständigkeit** (und nicht nur ein Eingriff in den Geschäftskreis einer anderen Abteilung desselben Gerichts) liegt dann vor, wenn ein Spruchkörper die eigene **Strafgewalt überschreitet** und in den erweiterten Strafbann eines Gerichts höherer Ordnung eingreift (BGHSt 18, 83). Dies ist etwa der Fall im Verhältnis des Einzelrichters zum JSchG.

38 **bb)** Verstöße gegen die **Zuständigkeits**abgrenzung zwischen **JGericht** und **Erwachsenengericht** sollen nach **hM** nicht die Folgen eines Verstoßes gegen die sachliche Zuständigkeit des Gerichts (BGHSt 18, 79) haben, dh es handle sich bei der genannten Abgrenzung nicht um eine Prozessvoraussetzung (*Rieß* NJW 1978, 2267 sowie schon *Rieß* GA 1976, 1 (23)). Vielmehr soll das Revisionsgericht nur auf zulässig erhobene Revisionsrüge mit der Sache befasst sein (BGHSt 18, 79 (83); 27, 191 (198); ZJJ 2007, 216; s. auch OLG Oldenburg NJW 1981, 1384 mablAnm *Rieß* NStZ 1981, 304; zur Beschränkung der Rüge auf eine von mehreren Taten BGHSt 10, 100). – Dies müsste auch dann gelten, wenn im Geschäftsverteilungsplan des Gerichts JSachen nicht erwähnt sind, mithin an diesem Gericht (unter Verstoß gegen Art. 101 Abs. 1 S. 2 GG) kein JGericht besteht (vgl. BGH StraFo 2010, 466 = HRRS 2010 Nr. 879 Rn. 3: „keine Zuständigkeiten als JKammer zugewiesen"; OLG Saarbrücken NJW 1966, 1041). Auch nach hiervon abw. Auffassung wäre aber eine Rügepräklusion entsprechend § 222b StPO (in den Fällen der erstinstanzlichen Zuständigkeit der JKammer gem. § 41 Abs. 1 JGG) mit Sinn und Ausgestaltung der JGerichtsbarkeit nicht vereinbar, sodass für eine Analogie insoweit kein Raum ist (ähnlich *Hilger* NStZ 1983, 340).

39 Entgegen der hM legen die Fiktion der **Höherrangigkeit** der **JGerichte** ggü. den allg. Strafgerichten (vgl. → Rn. 10) wie auch die Fassung des **§ 103 Abs. 2,** der über eine bloße Verfahrensregelung hinaus der Bestimmung des gesetzlichen Richters dient (BGH MDR 1980, 456), die Zuordnung dieser Spezialzuständigkeit als auch in der Revisionsinstanz (von Amts wegen) zu beachtende Prozessvoraussetzung nahe (vgl. bereits OLG Oldenburg NJW

1981, 1384; vgl. auch *Jahn* JuS 2000, 385; aA hM, BGHSt 47, 311 (313); BeckRS 2013, 3968 Rn. 9; *Gericke* in KK-StPO StPO § 338 Rn. 69; *Brunner/Dölling* Rn. 8, 20a; *Schady* in NK-JGG Rn. 8f).

(1) Für den Fall der Aburteilung eines **Erwachsenen** durch ein **JGericht** **40** schließt allerdings die Regelung des § *47a S. 1* (s. hierzu BGHSt 30, 260) entsprechend dem Rechtsgedanken des § 269 StPO (*Rieß* NJW 1978, 2267) die Revisionsrüge nach § 338 Nr. 4 StPO aus (allg. Auffassung), es sei denn, es ist zugleich § 270 Abs. 1 S. 1 StPO verletzt. Bei Aburteilung eines Erwachsenen durch ein aufgrund Verbindung nach § 103 Abs. 1 **unzuständiges allg. Strafgericht** (§ 103 Abs. 2 S. 1) ist für diesen eine Beschwer gegeben (Art. 101 Abs. 1 S. 2 GG; so BGH MDR 1980, 456); die Rügepräklusion des § 6a StPO gilt nur in den Fällen des § 47a S. 2 iVm § 103 Abs. 2 S. 2, 3 (vgl. auch → Rn. 10).

(2) Die Revisionsrüge ist nach hM (BGHSt 8, 335; 10, 75; BGH 5.2.1986 **41** – 3 StR 23/86; *Dallinger/Lackner* Rn. 32; *Rieß* NJW 1978, 2267; *Brunner/Dölling* Rn. 8; aA *Potrykus* Anm. 3) auf **§ 338 Nr. 4 StPO** – nicht auf § 338 Nr. 1 StPO – zu stützen. Ein Einwand nach § 6a StPO ist hierfür nicht Voraussetzung, weil diese Vorschrift im Verhältnis zur JGerichtsbarkeit keine Anwendung findet (BGH MDR 1981, 269; 5.2.1986 – 3 StR 23/86; BGHSt 47, 313; StraFo 2010, 466; OLG Oldenburg NJW 1981, 1384).

(3) Das Revisionsgericht entscheidet nach **§ 355 StPO** (BGHSt 10, 103; **42** 44, 121 (betr. Fehlen eines Übernahmebeschlusses, zum allg. StR); diff. *Rieß* NStZ 1981, 304 (s. auch *Rieß* JR 1980, 389), der für den Fall, dass Gegenstand des angefochtenen Urteils des Berufungsgerichts die Aufhebung und Zurückverweisung nach § 328 Abs. 3 StPO war, die Aufhebung und Zurückverweisung des Revisionsgerichts als Sachentscheidung gem. § 354 Abs. 1 StPO beurteilt). Erkennt das **Berufungsgericht** den Mangel, verfährt es nach **§ 328 Abs. 2 StPO** (vgl. BayObLGSt 61, 121 (123); OLG Schleswig GA 1959, 28; auch OLG Oldenburg NJW 1981, 1384; OLG Karlsruhe Die Justiz 1999, 142; *Dallinger/Lackner* Rn. 33).

b) Verstöße gegen die vorgeschriebene **Besetzung** des **JSchG** mit einem **43** männlichen wie weiblichen JSchöffen (§ 33a Abs. 1 S. 2, § 33b Abs. 3) sollen eine Revision nach § 338 Nr. 1 StPO nicht ohne weiteres begründen können (überwiegende Auffassung, vgl. etwa *Wellershoff* in BeckOK JGG § 33a Rn. 19), da die Vorschrift lediglich eine – nicht zwingende – Handlungsanweisung an den die Auslosung vornehmenden Richter (§§ 45, 77 GVG) beinhalte (zw. bei paritätischer Besetzung der Schöffenliste). Allerdings ist die gesonderte Auslosung weiblicher und männlicher **HauptJ-Schöffen** und deren Einteilung für einzelne Sitzungstage möglich, weil die gewählten Frauen und Männer in (nach dem Geschlecht) getrennten JSchöffenlisten geführt werden (§ 35 Abs. 5). Sofern gleichwohl – ohne dass eine gesetzlich zulässige Ausnahme vorliegt (§ 54 GVG) – in einer HV nicht die durch die Auslosung bestimmten JSchöffen mitwirken, ist das Gericht iSv **§ 338 Nr. 1 StPO** vorschriftswidrig besetzt, sodass danach die Revisionsrüge begründet ist (ebenso *Dallinger/Lackner* § 33 Rn. 10; zum Ganzen krit. *Schady* in NK-JGG § 35 Rn. 10).

Entsprechendes gilt bezüglich der **JHilfsschöffen** (§ 42 Abs. 1 Nr. 2 S. 1 **44** GVG, §§ 49, 77 Abs. 2, 3 GVG), soweit eine nach Frauen und Männern getrennte Reihenfolge der Mitwirkung nicht eingehalten wird (vgl. RGSt 62, 424; *Dallinger/Lackner* § 33 Rn. 11; auch RGSt 63, 309; BGHSt 5, 73; *Dallinger* MDR 1953, 598 sowie → § 35 Rn. 15); für JErgänzungsschöffen

(§ 48 GVG) hingegen kann diese Anforderung (wegen des ansonsten erforderlichen Ausmaßes der Vorab-Heranziehung) übermäßig sein.

44a **c)** Für die Revisionsrüge der sachlichen Unzuständigkeit (§ 338 Nr. 4 StPO), weil eine Strafkammer nicht als **JSchutzkammer** tätig geworden sei (grds. einschränkend *Franke* in Löwe/Rosenberg StPO § 338 Rn. 78), soll der Vortrag der Nichtbesetzung mit JSchöffen nicht ausreichen, vielmehr müsse auch der maßgebliche Inhalt des Geschäftverteilungsplans mitgeteilt werden, weil das Präsidium JSchutzsachen auch einer allg. Strafkammer zuweisen könne (§ 21e Abs. 1 GVG (BGH BeckRS 2007, 07084 S. 3 bei *Sander/Cirener* NStZ-RR 2008, 37 f.)). Die Besetzungsrüge (§ 338 Nr. 1 StPO) erfordere einen Vortrag zur Frage einer Präklusion (§ 222b StPO; BGH BeckRS 2007, 07084 S. 4).

VI. Verfahrensgestaltung in Jugendschutzsachen

1. Rechtsstellung und Schutzbelange Minderjähriger

45 **a) Aussagefähigkeit, Zeugnisverweigerungsrecht sowie Belehrung; Nebenklage. aa)** (1) Die Bedeutung besonderer Verfahrensgestaltungen in JSchutzsachen und vor allem von (zusätzlichen) Belastungen Minderjähriger ergibt sich schon daraus, dass *Aussagefähigkeit* im Allg. ab dem Alter von etwa vier Jahren bestehen kann (vgl. *Volbert/Lau* in Volbert/Steller, Handbuch der Rechtspsychologie, 2008, 292; *Rohmann/Volbert* in Bliesener/Lösel/Köhnken, Lehrbuch Rechtspsychologie, 2014, 229 f. und 408 ff.), wozu im Einzelfall Abweichungen nach oben wie nach unten vorkommen (vgl. *Eisenberg* Beweisrecht StPO Rn. 1411 ff.). Indes darf das Gericht nicht aufgrund (etwa durch einen Sachverständigen) bejahter Aussage*un*fähigkeit (zB wegen Erinnerungsunfähigkeit) den Minderjährigen als *zeugnisunfähig* beurteilen (vgl. zutreffend etwa BGH NStZ 2015, 419), vielmehr setzt eine solche *verfahrensrechtliche* Beurteilung eine umfassende Würdigung der Gesamtumstände voraus und darf deshalb grds. erst nach der Vernehmung getroffen werden (betr. Kind als Zeugen zu Fragen der Zumutbarkeit (de lege ferenda) vgl. Nachw. bei *Eisenberg* Beweisrecht StPO Rn. 1055). – Steht dem minderjährigen Zeugen ein *Zeugnisverweigerungsrecht* zu, so ist dessen Ausübung zu respektieren (zur Befangenheit des Sachverständigen durch Bedrängen des Zeugen vgl. OLG Rostock NStZ 2015, 359 = ZJJ 2015, 323 mAnm *Eisenberg;* näher Bspr. *Eisenberg* NStZ 2016, 11 ff.), und zwar auch bei einem als nicht verstandesreif beurteilten Zeugen. Ist der Grund der Ablehnung einer Mitwirkung an einer *aussagepsychologischen Untersuchung* „nicht ernsthaft" (zB ein bloß aktueller Wunsch, einem anderen, reizvolleren oder angenehmeren Interesse nachzukommen), so mag der Versuch, in neutraler Weise die Bedeutung der Aussage zu vermitteln, nicht von vornherein unzulässig sein; jedoch ist auch solchenfalls zu besorgen, dass die abverlangte Aussage der Wahrheitsermittlung nicht dienlich sein wird.

45a (2) Die *Belehrungen* über das Zeugnisverweigerungsrecht (§ 52 Abs. 3 S. 1 StPO) ebenso wie über das Untersuchungsverweigerungsrecht (§ 81c Abs. 3 S. 2 Hs. 2 StPO) obliegen der die Untersuchung anordnenden Amtsperson (vgl. nur BGHSt 36, 217 (220) = JZ 1990, 47 mAnm *Weigend;* OLG Rostock NStZ 2015, 350 = ZJJ 2015, 323 mAnm *Eisenberg;* näher Bspr. *Eisenberg* NStZ 2016, 11 ff.; eine Übertragung auf den Sachverständigen als

„Gehilfen" (dazu *Neuhaus* in Dölling ua, Die Besetzungsreduktion bei den großen Straf- und Jugendkammern – Evaluierung der § 76 Abs. 2 GVG und § 33b Abs. 2 JGG, 2011, StPO § 81c Rn. 13) scheidet aus, da der Sachverständige zumindest kein „Gehilfe" außerhalb seiner Fachdisziplin ist). Sie sind vor Durchführung der Untersuchung und bei mehreren (etwa zeitversetzten) Untersuchungshandlungen vor jeder (§ 52 Abs. 3 S. 1 StPO) vorzunehmen. Der Zeuge ist selbst zu belehren. – Soweit hinsichtlich des *Aussageverweigerungsrechts* etwaige Zweifel bestehen, ob er iSv § 81c Abs. 3 S. 2 Hs. 1 StPO über eine genügende Vorstellung verfügt, ist das interaktive Geschehen der Belehrung wesentlicher Teil der Prüfung der gesetzlichen Voraussetzung (ergibt sich währenddessen deren Nichtvorliegen, so ist die Belehrung abzubrechen), dh nur in Extremfällen darf von vornherein von seiner Belehrung abgesehen werden (vgl. *Peters* JR 1970, 68; anders *Rogall* in SK-StPO StPO § 81c Rn. 59; zum Ganzen aber eher restriktiv BGHSt 40, 338 mkritAnm *Eisenberg* StV 1995, 625; *Meyer-Goßner/Schmitt* StPO § 81c Rn. 26). Indes wird zu erwägen sein, ob nicht auch dann eine Belehrung erforderlich ist, weil Ablauf und Funktion dieser Untersuchungen einer Aussagesituation vergleichbar sind und diese partiell ersetzen, sodass eher ein Anwendungsfall des § 52 Abs. 3 S. 1 StPO zu bejahen wäre (vgl. Anm. *Weigend* JZ 1990, 48 f.; *Bosch* in Satzger/Schluckebier/Widmaier, Strafprozessordnung, 3. Aufl. 2017, StPO § 81c Rn. 23).

Es gehört nicht zu den Aufgaben des Sachverständigen, zu überprüfen, ob **45b** strafverfahrensrechtlich ordnungsgemäß belehrt worden ist. Erlangt er jedoch Kenntnis von dem Fehlen oder einem Mangel, wird er (vorbehaltlich irreversibel abträglicher Folgen im Einzelfall) seine Untersuchung zurückzustellen (oder gar abzubrechen) haben und dies dem Auftraggeber mitteilen (BGHR StPO § 74 Ablehnungsgrund 5 = StV 1997, 231 = NStZ 1997, 349). Ansonsten wird der Sachverständige, sofern er erkennt, dass die Belehrung der zu untersuchenden Person nicht mehr oder nicht hinreichend präsent ist, iRd Fürsorgepflicht seinerseits (und ggf. mehrfach) den Zeugen belehren (vgl. nur BGHR StPO § 81c Abs. 3 Untersuchungsverweigerungsrecht 1 = StV 1988, 419).

(3) Die *Ermittlung* derjenigen (Hilfs-)Tatsachen, die sich auf die Person des **45c** Zeugen beziehen, geschieht grds. im Wege des Freibeweises (allg. Auffassung), hingegen nach den Regeln des Strengbeweises dann, wenn der Zeuge in der HV bereits gehört worden ist (vgl. allg. etwa BGH NStZ 2008, 52; näher *Beulke* FS Kargl, 2015, 54 ff., auch betr. die mittelbare Einführung durch Vernehmung des Ermittlungsrichters (und das zu dem Vernehmungsinhalt eingeholte Sachverständigengutachten)).

bb) (1) Die Sachlage wird teilweise dadurch entschärft, dass nach hier **45d** vertretener Auffassung eine *Nebenklage* der mutmaßlich geschädigten *minderjährigen Person* gegen deren *Willen* unzulässig ist (ebenso (betr. Strafantrag) *Schwarz/Sengbusch* NStZ 2006, 677 (679 f.)); für die Prüfung des Willens kommt es im Allg. auf die Verstandesreife an, er kann aber (vergleichbar dem Zeugnisverweigerungsrecht) auch dann entgegenstehen, wenn es an dieser fehlt. Hiernach dürfen Personensorgeberechtigte oder gesetzliche Vertreter gegen den Willen der minderjährigen Person den Anschluss nicht erklären (n. *Eisenberg* GA 1998, 32 ff.; vgl. dazu *Hilger* in Löwe/Rosenberg, 26. Aufl., StPO § 395 Rn. 28: „gute Gründe für sich, ... zu sachgerechten Entscheidungen führen" (jedoch wegen etwaiger „unvertretbarer Belastungen der Praxis" oder Verfahrensverzögerungen – es geht indes schon um die Zulässigkeit des Verfahrens – „letztlich" abl.); **aA** die hM, vgl. nur *Meyer-Goßner/Schmitt* StPO Vor § 395 Rn. 7). Daher ist in jedem Fall sorgfältig zu prüfen, ob die minderjährige Person einen Anschluss an das Verfahren tatsächlich will (betr. Zurückhaltung ggü. weiblichen Personen vgl. aber etwa *Quas ua* J.Appl.Soc.Psychol. 2002, 1393 ff., 2004 f.; vgl. ergänzend → § 5 Rn. 47, 61) bzw. der Wille auf Beeinflussung oder gar Nötigung seitens Personensorgeberechtigten oder gesetzlichem Vertreter beruht (vgl. hierzu ggf. LG Zweibrücken 15.6.2016 zitiert nach BGH StV 2018, 199 = BeckRS 2017, 128306); andernfalls können Vernehmung und Exploration nicht nur unergiebig bleiben, sondern gleichsam zu einer Entwürdigung werden (vgl. insoweit BGH JZ 2010, 471 mAnm *Eisenberg* sowie Anm. *Hoffmann/Wendler* NJW 2010, 1216).

45e   (2) Will die minderjährige Person Nebenklage erheben, so kann sie diese Entscheidung allein treffen und die Anschlusserklärung abgeben, sofern sie *verstandesreif* ist (n. *Eisenberg* GA 1998, 32 ff.; ebenso (betr. Strafantrag) *Schwarz/Sengbusch* NStZ 2006, 678 f.; aA KG NStZ-RR 2010, 22 Rn. 24–26). Diese Reife bestimmt sich entsprechend der iRd Zeugnisverweigerungsrechts und der Glaubhaftigkeits-(bzw. Glaubwürdigkeits-)Untersuchung geltenden Grundsätze (vgl. BGH StV 1995, 563; NStZ 1997, 350; vgl. auch *Rogall* in SK-StPO StPO Vor § 48 Rn. 37, § 81c Rn. 50; *Eisenberg* Beweisrecht StPO Rn. 1224), dh das Vorliegen hängt von der individuellen Entwicklung ab, wird im Allg. jedoch ab dem Alter von zwischen 4 und 6 Jahren anzunehmen sein. Fehlt es an der Reife, so ist die Anschlusserklärung nur mit Zustimmung der Eltern wirksam.

46   **b) Außerstrafrechtliche Schutzbelange Minderjähriger. aa)** Um dem mutmaßlichen Opfer ggf. seine Familie oder Familienangehörige bzw. *Bezugspersonen* nach Möglichkeit zu erhalten, kann sog. anonymen Beratungen der JHilfe wesentliche Bedeutung zukommen, auch weil bzw. soweit sie *vor* dem *Strafverfolgungszwang* (§ 152 Abs. 2 StPO) *schützt* (vgl. *Krüger/Niehaus* in Dawid ua, Kooperation von öffentlicher Jugendhilfe und Strafjustiz bei Sexualdelikten gegen Kinder, 2010, 332–334). Daher haben Geheimnisträger von einer Mitteilung an StA oder Polizei grds. abzusehen (§ 4 Abs. 3 KKG argumentum e contrario; vgl. aber KG MedR 2013, 787).

46a   **bb)** Im Übrigen wird rechtspolitisch zu erwägen sein, bei tatsächlichen Anhaltspunkten für Kindesmisshandlung (zum Rechtsgut des § 171 StGB vgl. etwa *Wittig* FS von Heintschel-Heinegg, 2015, 505 ff.) oder sexuellen Missbrauch im innerfamiliären Bereich das Verfahren schon vor Beginn der Ermittlungen (zumindest aber vor Eröffnung des Hauptverfahrens) *auszusetzen*, um den Versuch von Betreuung oder auch Kontrolle zu unternehmen (vgl. auch § 4 Abs. 1 KKG), allerdings unter strikter Wahrung der Unschuldsvermutung. Insbesondere ist ein „Herausnehmen" des Kindes aus gewachsenen psychischen Bindungen und ein Verbringen in eine ihm völlig fremde Umgebung in Verkennung der Qualität sog. „elterlicher Präsenz" (vgl. *Josuttis* ZJJ 2014, 333 mN) nur bei strenger Abwägung von jeweiligen Vor- und Nachteilen verhältnismäßig (s. *Lempp* in Salgo, Vom Umgang der Justiz mit Minderjährigen, 1995, 334 f.; *Aymans* in Politische Studien, Sonderheft 2/97, 132; *Eisenberg* StV 1995, 627; vgl. ergänzend *Bovenschen/Spangler* Praxis der Rechtspsychologie 2014, 374 sowie zu etwaigen Intervenieren anlässlich Gutachtenerstattung *Lübbehüsen/Kolbe* Praxis der Rechtspsychologie 2014, 319 ff.). Handelt es sich um falschen Verdacht, so kann es erhöht zu kindespsychisch gleichsam zerstörerischen Aktionen kommen (vgl. etwa die Abläufe in den sog. „Wormser Verfahren" (vgl. dazu *Steller* R&P 1998, 16)), wobei falsche Verdächtigungen gerade bei „Sexualdelikten" zumal ggü. Minderjährigen keineswegs selten sind, wie aufgrund unverhältnismäßig gewichtiger beweisrechtlicher Fehler (vgl. → Rn. 50–51b, 51f, 52), Anklagen ohne genügenden Anlass (§ 170 Abs. 1 StPO; exemplarisch etwa Anm. *Eisenberg* StraFo 2017, 89) sowie dem überpropotionalen Anteil an Freisprüchen (vgl. etwa auch *Kinzig/Stelly* StV 2017, 610 f. (615)) begründet anzunehmen ist. – Modifiziert wird Entsprechendes für *Institutionen* zu gelten haben (vgl. auch Justiz-Arbeitsgruppe „Runder Tisch Sexueller Kindesmissbrauch", Richtlinien zur Einschaltung der Strafverfolgungsbehörden v. 10.3.2011), wenngleich nicht nur erhöhte Entdeckungsresistenzen, sondern tendenziell auch erhöhte Gefährdungen bestehen, soweit es sich um totale Institutionen handelt (vgl. *Eisenberg* HRRS 2011, 64 ff.). Eine Inobhutnahme in *Kindheits-Häusern* wegen eines strafrechtlichen Verdachts befördert grds. die Annahme einer – ggf. unbegründeten und daher erzieherisch kontraindizierten – Opferrolle nebst ggf. falschen belastenden Aussagen, zumal soweit die in Rede stehenden Einrichtungen ein auch materielles Interesse am Fortbestand haben (vgl. auch *Deckers* StraFo 2017, 133 ff.).

cc) Rechtstatsächlich geschieht der *Verfahrensabschluss,* wie bei anderen **46b** Tatvorwürfen auch, zu einem erheblichen Anteil durch Einstellung gem. § 170 Abs. 2 StPO und nur zu einem eingeschränkten Anteil durch Verurteilung (vgl. etwa *Pape,* Legalverhalten nach Sexualdelinquenz. Eine empirische Analyse der Delinquenzkarrieren nach Sexualstraftaten an Kindern, 2007, 174, 184: 43,8 % bzw. 28 %). Einstellungen nach dieser Vorschrift betreffen besonders auch Fälle eines Näheverhältnisses zwischen Beschuldigtem und mutmaßlichem Opfer und insofern auch vergleichsweise schwerere Tatvorwürfe, ohne dass die Tatsache der Einstellung ohne weiteres darauf schließen ließe, dass es sich um falsche Anzeigen (zB zwecks Durchsetzung von Vorteilen innerhalb des Näheverhältnisses) handelte; war ein vorausgegangenes Verfahren nach dieser Vorschrift erledigt worden, so darf dieser Umstand ohne geeignete Erörterung der Gründe der Einstellung nicht als belastendes Indiz herangezogen werden (vgl. BGH StV 2017, 7). Hinsichtlich Tatvorwürfen betr. Delikte gegen die sexuelle Selbstbestimmung kommt es mitunter zu einer Ausdehnung der *Voraussetzungen* zur *Eröffnung* des Hauptverfahrens (§ 2 Abs. 2, § 203 StPO) bzw. zu einer Überschätzung der Möglichkeiten zur Aufklärung in der HV (vgl. etwa OLG Koblenz NJW 2013, 98; vgl. ergänzend → § 80 Rn. 14, 15).

2. Abträgliche Interventionen

a) Umstände einer Sekundärviktimisierung. aa) Die einer Zeugen- **47** person, die (mutmaßliches) Opfer ist, im Ermittlungs- und Hauptverfahren abverlangten Leistungen (zur Frage einer Vorführung vgl. → § 1 Rn. 17) können geeignet sein, eine Sekundärviktimisierung iSd wiederholten Konfrontation mit mutmaßlich (vgl. nur → Rn. 62c) belastenden und traumatischen Erinnerungsinhalten hervorzurufen (s. näher schon *Lempp* NJW 1968, 2266; Nachw. bei *Volbert/Pieters,* Zur Situation kindlicher Zeugen vor Gericht, 1993, 13 ff.); Entsprechendes gilt bei vergleichsweise langer Dauer des Verfahrens (vgl. zu justitieller Veranlassung KG StV 1997, 65 mAnm *Düring/ Eisenberg* StV 1997, 458; näher *Gunder,* Der Umgang mit Kindern im Strafverfahren, 1999, 283 ff., 362 ff.), aber ggf. wohl auch bei inhaltlicher Beeinflussung der Aussage (vgl. näher *Schüttpelz*, „Witness Preparation in International and Domestic Criminal Proceedings", 2013, 161 f.). Ob oder wie häufig eine Sekundärviktimisierung tatsächlich geschieht, ist indes **methodisch** oftmals **unklar** (vgl. näher *Volbert/Pieters,* Zur Situation kindlicher Zeugen vor Gericht, 1993, 20 ff.; *Volbert/Busse* in Bierbrauer/Gottwald/ Birnbreier-Stahlberger Verfahrensgerechtigkeit 139, 141 ff., 162). Dies erklärt sich auch durch die Unklarheiten über die Schwellen, bei deren Überschreitung eine Belastung in eine Viktimisierung übergeht, zumal einerseits zwischen delikts- und verfahrensbedingten Beeinträchtigungen zu unterscheiden und eine entsprechende Trennung vorzunehmen ist und andererseits **moderierende,** gewissermaßen auffangende Schutzvorschriften (§ 168c Abs. 3 S. 2 bzw. Abs. 5 S. 2 StPO, §§ 168e, 241a, 247, 247a StPO; § 172 Nr. 4 GVG (Erhöhung auf bis unter 18 Jahre gem. 2. OpferRRG); näher → Rn. 53 ff.) sowie persönliche und soziale Schutz**faktoren** einzubeziehen sind (eingehend *Kölbel/Bork,* Sekundäre Viktimisierung als Legitimationsfigur, 2012, 40 ff.). Eine empirische Überprüfung ohne prospektive Datenerhebung und nach Möglichkeit verlässliche Vergleichsgruppenbildung wäre jedenfalls ungeeignet (vgl. auch *Kölbel* in Barton/Kölbel 223).

47a   Für die Bundesrepublik liegen Arbeiten mit tragfähigen quantifizierenden Angaben nicht vor. Auch international finden sich nur sehr wenige Untersuchungen mit einer verlässlichen Methodik (Zusammenstellung bei *Kölbel/ Bork,* Sekundäre Viktimisierung als Legitimationsfigur, 2012, 49 ff.; vgl. auch *Eisenberg/Kölbel* Kriminologie § 54 Rn. 24; zur Frage der Übertragbarkeit einiger Befunde skeptisch wegen anderer strafprozessualer Gegebenheiten etwa *Niehaus ua* in Kröber/Dölling/Leygraf Forensische Psychiatrie-HdB 678 (auch betr. *Dudeck/Freyberger* in Kröber/Dölling/Leygraf Forensische Psychiatrie-HdB 265 ff.)). In der qualitativ hervorstechenden Langzeitstudie von *Quas ua* (Childhood Sexual Assault Victims: Long Term Outomes After Testifying in Criminal Court, 2005) ergab sich letztlich nur bei einer kleinen Gruppe von Missbrauchsopfern eine verfahrensinduzierte anhaltende psychische Auffälligkeit (insb. bei mehrfacher konfrontativer Vernehmung).

47b   (1) Im Übrigen ist die **individuelle Disposition** iVm der **sozialen (Nicht-)Eingebundenheit** der jeweiligen Zeugenperson für einschlägige Beeinträchtigungen durchaus unterschiedlich und ggf. gar resistent, sodass nicht regelmäßig davon auszugehen ist, dass Kinder und auch Jugendliche die verfahrensbedingten Anforderungen bzw. Zumutungen in weitaus stärkerem Maße erfahren als Erwachsene. Auch ist bei minderjährigen Zeugen (als (mutmaßlich) tatsächlichen Opfern) nicht von vornherein ausgeschlossen, dass eine (aus ihrer Sicht) erfolgreiche, dh zB mit einer Verurteilung des Angeklagten endende Mitwirkung an einem Verfahren entlastend und stärkend zu wirken vermag, wenn damit ein Verlassen der Opferrolle und eine Reduzierung von Gefühlen der Angst, Scham und Hilflosigkeit verbunden sind (vgl. *Pfäfflin* StV 1997, 95 ff.; vgl. auch *Busse ua,* Belastungserleben von Kindern in Hauptverhandlungen, 1996, 198; *Greve ua* in Barton/Kölbel; *Lens ua* EJC 2015, 18 f.). Mitunter scheint es sich (besonders bei (mutmaßlich) falschen Aussagen) auch bei einer minderjährigen Zeugenperson sogar gleichsam umgekehrt zu verhalten (vgl. etwa → Rn. 51c), soweit sie ihre Rolle nicht etwa als Belastung, sondern (gar triumphierend) als positives Erlebnis empfindet.

(2) Andererseits kann ein Zwang zur Erinnerung an das Tatgeschehen 48 gerade dann belastend sein, wenn die Zeugenperson, sofern sie (mutmaßlich) tatsächlich Opfer ist, sich inzwischen in einer anderen **Phase** der **Verarbeitung** befindet (vgl. betr. Gründe der Aussageverweigerung auch OLG Rostock NStZ 2015, 359 f.; näher *Eisenberg* NStZ 2016, 11 ff.). Zudem ist im Allg. bei Kindern und ggf. auch bei Jugendlichen zw., ob sie die gleiche Möglichkeit wie Erwachsene haben, sich im Strafprozess auch **psychisch** zu **etablieren** und den Ablauf (auch) als Mittel zur Klärung und strafrechtlichen Beurteilung des (mutmaßlich) an ihnen begangenen Unrechts, im weitesten Sinne also als Mittel zur Wahrung bzw. Wiederherstellung der eigenen Rechte und eigenen Würde, zu begreifen.

bb) Daraus ergibt sich die Frage, wie eine etwaige Sekundärviktimisie- 49 rung bzw. deren Auswirkungen aufgrund von Vernehmungen im Ermittlungs- und Hauptverfahren insb. für kindliche Zeugenpersonen, die mutmaßliches Opfer sind, vermieden bzw. zumindest **reduziert** werden können (vgl. EU-Rahmenbeschluss 2001/220/JI des Rates v. 15.3.2001 über die Stellung des Opfers im Strafverfahren; zur Einfügung „besonderer Schutzbedürftigkeit" vgl. OpferRRG 2004 (BGBl. I 1354; krit. *Heghmanns* DRiZ 2005, 291); sodann Richtlinie 2012/29/EU (EuropParlament und Rat) v. 25.10.2012 „Mindeststandards für die Rechte, die Unterstützung und den Schutz von Opfern von Straftaten sowie zur Ersetzung des Rahmenbeschlusses 2001/220/JI" (ABl. 2012 L 315, 57). Hierfür liegt eine Vielzahl von Anregungen vor (aus strafjustitieller Sicht etwa schon *Bölter* DRiZ 1996, 273 ff. sowie *Bölter* Die Polizei 1997, 133 ff.), die sich auf diejenigen Umstände beziehen, die vorrangig zu einer Reaktivierung und ggf. Verschlimmerung etwa vorliegender tatsächlicher posttraumatischer Symptome beitragen könnten. Dies betrifft ua Wissensdefizite über Ablauf des jeweiligen Verfahrens (Ermittlungs- oder Hauptverfahren (vgl. zu informierender Filmvorführung *Blattner/Rohmann* Praxis der Rechtspsychologie 2004, 208 ff.)), ausgedehnte Warteperioden, belastende Vernehmungsatmosphäre (etwa bei gar als feindselig oder abwertend erlebten Vernehmungspersonen), Gerichtsumfeld sowie eine (etwaige) direkte Konfrontation mit dem Angeklagten (vgl. näher *Busse ua,* Belastungserleben von Kindern in Hauptverhandlungen, 1996, 192). − Wegen etwaigen Ausschlusses der *Öffentlichkeit* vgl. → § 51 Rn. 19a.

b) Beeinflussungen der Aussage. aa) Aufklärungspflicht. Bei Ver- 50 suchen, dergestaltige Belastungen zu minimieren, ergibt sich fast zwangsläufig ein Spannungsverhältnis zwischen Schutz (mutmaßlich) tatsächlicher Opfer und der tatrichterlichen Aufklärungspflicht gem. der **Nullhypothese** (vgl. BGHSt 45, 164 ff. (betr. Sachverständige); BeckRS 2015, 1590 Rn. 8 = NStZ-RR 2015, 86; zur Darlegungspflicht BGH NStZ-RR 2016, 382; BeckRS 2016, 17117; verfehlt *Fegert ua* ZKJ 2016, 324 ff., zudem unter Verkennung erzieherischer Abträglichkeit und ggf. psychischer Beeinträchtigung des Kindes aufgrund eigener Falschaussagen) bzw. den Beschuldigtenrechten (vgl. auch *Deckers* NJW 1996, 3105 ff.). Grundsätzlich kann es − unbeschadet der Anwesenheit eines Verteidigers (zur Benachrichtigungspflicht gem. § 2 Abs. 2, § 168c Abs. 5 S. 1 StPO auch in Fällen gem. § 168c Abs. 4 StPO (und ohnehin Abs. 3) BGH BeckRS 2012, 20644 Rn. 6) − eine tatsächliche Beeinträchtigung der **Aufklärungspflicht** bzw. Schlechterstellung des Angeklagten bedeuten, wenn er während der Ver-

nehmung des kindlichen/jugendlichen Zeugen ausgeschlossen wird. Denn
in Fällen der – partiellen oder vollständigen, absichtlichen oder mit bestem
Wissen und Gewissen geschehenen – Falschbezichtigung wird es sich häufig
so verhalten, dass **nur** der **Angeklagte selbst** aufgrund dieses oder jenes
Details der Aussage deren Glaubhaftigkeit erschüttern kann. Nicht ersetzbar
ist er als Erkenntnisquelle zur Kontrolle von Aussagen, die durch Anwendung empirischer Methoden zur Glaubhaftigkeitsbeurteilung (auch) kindlicher und auch jugendlicher Zeugen seitens eines etwa herangezogenen *Sachverständigen* (zur Notwendigkeit bei Depression und Alkoholabhängigkeit des
Zeugen etwa BGH NStZ-RR 2017, 338; vgl. näher *Eisenberg* Beweisrecht
StPO Rn. 1860a) präsentiert werden (vgl. zum Fehlschluss auf Nicht-Beein-
flussbarkeit etwa BGH BeckRS 2017, 118931; zur Orientierung an Signalen
des Auftraggebers wie gar zu usurpatorischen Genzüberschreitungen vgl.
Eisenberg Beweisrecht StPO Rn. 1602a wie Rn. 1613a (nicht aber betr.
logische Konsistenz, vgl. auch BGH BeckRS 2015, 2493 Rn. 7), zu Fehlerquellen *Eisenberg* Beweisrecht StPO Rn. 1426 ff., 1441 ff. bzw. Rn. 1860 ff.;
speziell zum strategischen Einbau von Handlungskomplikationen vgl. Details in Falschaussagen *Niehaus ua* ZfSozialpsychologie 2005, 177 f. (185)). –
Die Untersuchung durch einen Sachverständigen muss, um unbeeinflusst
und ungestört verlaufen zu können, grundsätzlich an einem *neutralen Ort*
stattfinden (vgl. *Köhnken* in Deckers/Köhnken, Die Erhebung von Zeugenaussagen im Strafprozess, 2. Aufl. 2014, 23; *Eisenberg* Beweisrecht StPO
Rn. 1863; zur Befangenheit LG Duisburg JR 2009, 343 mAnm *Eisenberg*).

51   **bb) Beeinflussbarkeit.** Die Pflicht zur Wahrheitsermittlung erlaubt eine
Einschränkung der Beschuldigtenrechte umso weniger, als gem. empirischem Kenntnisstand Falschbezichtigungen durch Kinder und ggf. auch
Jugendliche bezüglich sexuellen Missbrauchs schon wegen der im Vergleich
zu Erwachsenen tendenziell höheren Beeinflussbarkeit, wobei zB auch nur
gemutmaßte Erwartungen der Bezugsperson relevant sein können, ggf. als nahe
liegend in Betracht zu ziehen sind. Dies gilt ohnehin etwa bei Auseinandersetzungen um das *Umgangs-* bzw. *Sorgerecht* (vgl. Nachw. bei *Endres/Scholz*
NStZ 1994, 470; instruktiv BGH BeckRS 2011, 15301 Rn. 5, 7 = StraFo
2011, 400 sowie BeckRS 2013, 21213 Rn. 3, 9, jeweils: „was nur Kinder
tun können"; vgl. betr. körperliche Misshandlung ergänzend BGH BeckRS
2015, 6440; vern. aber KG BeckRS 2013, 13833 – trotz wesentlicher
Unklarheiten), wozu nach einer empirischen Untersuchung der Tatvorwurf
nur in 14 % der Fälle bestätigt wurde (vgl. *Busse ua* Praxis der Rechtspsychologie 2000, 69 (entgegen den Stellungnahmen des JAmtes, S. 45)), bzw.
allgemeine zivilrechtliche Interessen (ggf. gar Verdrängen aus der Wohnung,
vgl. etwa BGH StV 2017, 5; nicht erörtert in BGH BeckRS 2016, 110753;
zur Darlegungspflicht aber BGH BeckRS 2016, 20307). Hinzukommen
Fälle *psychischer* Störung oder gar Krankheit des Beschuldigten oder aber des
ihn belastenden Elternteils. Die Erforschung des Sachverhalts ist zudem deshalb erschwert, weil in den exemplarisch genannten Fallgruppen durchaus
auch wahre Beschuldigungen vorkommen und als auch bei einer unter
suggestiven Bedingungen entstandenen Aussage nicht immer von vornherein
feststeht, dass sie tatsächlich suggeriert und nicht doch erlebnisbegründet ist.

51a   **(1) Alter und geistige Gesundheit.** Eine unmittelbare Korrelation zwischen dem *Alter* von Kindern und ggf. auch Jugendlichen und dem Grad
von Beeinflussbarkeit lässt sich nicht feststellen, vielmehr kommt es auf die

Art der suggestionsfördernden Bedingungen (*Volbert/Pieters* PRu 1996, 186 ff.) sowie individuelle Persönlichkeitszüge des Kindes an (nicht erörtert in BGH BeckRS 2016, 110753 betr. ggf. suggestible Einflüsse). – Ähnlich liegt es bei Aussagen von lern- oder geistig behinderten Kindern. Entgegen vielfacher Erwartungen scheint die Glaubhaftigkeit ihrer Aussagen hier weniger unter ihrer Beeinträchtigung, sondern deutlich mehr unter sachwidrigen Befragungsformen und Kontextbedingungen zu leiden (näher mwN *Stiller/Doll* ZJJ 2018, 205 (206 ff.)).

(2) Gefahren institutioneller Tendenzen. Regelmäßig ist bei Amtie- **51b** renden (von JHilfe bzw. Polizei bis zur Strafjustiz einschließlich Schöffen (zur Frage der Befangenheit aufgrund Tätigkeit bei „Wildwasser" verfehlt OLG Celle NStZ-RR 2014, 346 mablAnm *Barton* StV 2015, 210; vgl. zu Gefahren *Lorenz* DRiZ 1999, 253 (255); *Schwenn* FPPK 2013, 258 (262))) etwaigen Vorab-Tendenzen zu *konfirmatorischer* (n. *Niehaus ua*, Entwicklungsgerechte Befragung von Kindern in Strafverfahren, 2017, 77 ff.) oder aber *nivellierender*, dh Mutmaßungen oder Verdachtsmomente bestärkender oder aber hintanstellender Beurteilung (unter Aktivierung eines Schemas) zu *wehren* (ua in Aussage gegen Aussage-Konstellationen, vgl. nur BGH BeckRS 2014, 20040 Rn. 7–9; NStZ-RR 2015, 86 sowie 146; BGH BeckRS 2015, 11800 Rn. 16; zum Erfordernis einer im Urteil „geschlossenen Darstellung der früheren Aussagen" BGH NStZ-RR 2015, 52; NStZ 2017, 551 (552): auch „Aussagen bei der Polizei" müssen wiedergegeben werden; systematisch *Eisenberg* Beweisrecht StPO Rn. 1481). So darf den Bekundungen des Zeugen, weil er (mutmaßlicher) Verletzter ist, kein „schon im Ansatz ausschlaggebend höheres Gewicht" beigemessen werden als den Angaben des Angeklagten (vgl. etwa BGH BeckRS 2016, 109931: Auseinandersetzungen mit der Darstellung des Angeklagten sowie mit Inkonstanzen in den Angaben der Nebenklage fehlen; vgl. auch BGH BeckRS 2015, 19370 Rn. 19 (zum allg. StR)). – Hinsichtlich konfirmatorischer Tendenzen gilt dies umso mehr, als vermöge des Akteneinsichtsrechts (vgl. näher → § 2 Rn. 54) das Kriterium der Aussage-Konstanz unterlaufen werden kann (vgl. nur BGH StV 2017, 7; im Übrigen näher Anm. *Eisenberg* JR 2016, 391 ff. (zum allg. StR); vgl. auch *Deckers* StV 2017, 52 ff.: zirkelschlüssig) und zB auch *Sachverständige* wie auch (Psycho-)*Therapeuten* (vgl. zusf. etwa *Smeets ua* ApplCogPsy 31 (17), 26 f.) nicht selten Belastungsstrategien unterliegen oder gar solche befördern (vgl. nur BGH BeckRS 2016, 8334: „dazu ermutigt, die Vorwürfe nicht fallen zu lassen"; zur Aufklärungsbedürftigkeit BGH NStZ-RR 2017, 319; zur Verneinung eines Erfahrungssatzes BeckRS 2017, 137607 Rn. 27), die ggf. von der Polizei oder Jugendbehörden verfolgt werden (vgl. etwa LG Mannheim 1.7.2010 – 5 KLs 404 Js 3608/10 mit Bspr. *Eisenberg* JZ 2011, 676 f. (680 f.) mN (betr. allg. StR); aus der Sachverständigenpraxis *Schulz-Hardt/Köhnken* PraxisR-Psychologie 2000, 60 ff.: Ignorieren von Alternativhypothesen, Zuverlässigkeitsmängeln von Informationen, jeweiliger Basisrate; krit. betr. Realkennzeichen *Lafrenz*, Wahrheit und Lüge bei Zeugenaussagen: Trennschärfeanalyse der so genannten Realkennzeichen, 2006), zB gar durch einseitige, konkret nicht überprüfte Verwendung psychologischer oder psychoanalytischer Konstruktionen (vgl. betr. Reduzierung der „Qualität des Aussagematerials" in der HV BGH BeckRS 2012, 15767 Rn. 6: „Mutmaßungen" der Sachverständigen, bzw. BGH BeckRS 2011, 4353 Rn. 19 ff.: unbewusstes

Vermeidungsverhalten, Verdrängung (vgl. auch BGH BeckRS 2013, 10323 betr. Zuschreibung einer posttraumatischen Belastungsstörung, vgl. auch → Rn. 53, 56 sowie → Rn. 62c, 63); betr. Beweisrelevanz einer „Verhaltensänderung" abl. BGH BeckRS 2012, 24117 Rn. 15; zum Verhältnis von „subdepressiver Persönlichkeit" bzw Selbstverletzungen und Detailarmut der Aussage krit. BGH StV 2017, 9 bzw. NStZ-RR 2018, 220 (221). Besondere Gefahren können in der Funktion der Nebenklage-Vertretung liegen (vgl. näher → § 80 Rn. 20, 20a), soweit im Zuge der Beratung unwiderstehlich eine inhaltliche Vorbereitung der Aussage stattfindet (vgl. näher *Schüttpelz*, „Witness Preparation in International and Domestic Criminal Proceedings", 2013, 73; vgl. auch → Rn. 62b).

51c   **(3) Gefahren (nicht rechtlicher) „psychosozialer Prozessbegleitung"**. Im Kontrast zum Beschuldigten gestattet **§ 406g Abs. 1 StPO** es *Verletzten* schlechthin, sich eines solchen Begleiters zu bedienen, der bei deren Vernehmungen und auch in der HV dabei sein darf; dieser Rechtsanspruch besteht auch, wenn das Verfahren ein nicht nebenklagefähiges Delikt betrifft. Zudem begründet **Abs. 3** einen für den Verletzten kostenfreien Rechtsanspruch auf Beiordnung, und zwar gem. S. 1 als Mussvorschrift (zu einer Diskrepanz des Gesetzeswortlauts im Vergleich zur Begründung s. BT-Drs. 18/4621, 31: nur Minderjährige), gem. S. 2 als Kann-Vorschrift (zu „besonderer Schutzbedürftigkeit" s. § 48 Abs. 3 StPO, vgl. auch BT-Drs. 18/4621, 32). Wegen der **Kosten** s. betr. die Erhöhung der Gerichtsgebühren pauschal GKG Nr. 3150–3152), wegen der Begrenzung als notwendige Auslagen (für das allg. StVR) s. § 472 Abs. 1 S. 2 StPO und wegen Billigkeitsregelungen (für das allg. StVR) s. § 472 Abs. 1 S. 3 StPO bzw. § 465 Abs. 2 S. 4 StPO. – Hinsichtlich dieser Regelungen nebst §§ 2 und 3 PsychPbG (eingef. durch Gesetze v. 21.12.2015 (BGBl. I 2525 (2529))) bestehen Zweifel schon hinsichtlich eines Bedarfs bzw. Nutzens für den Zeugen (dazu *Stremlau* PraxRPsych 2016, 130), besonders aber bezüglich einer Vereinbarkeit mit den Grundsätzen der Unschuldsvermutung (Art. 6 Abs. 2 EMRK; vgl. nur *Strate* NJW 2016 Heft 37, Kolumne: „Bekenntnis zum Abschied"), der Wahrheitsermittlungspflicht (§ 244 Abs. 2 StPO) sowie der Verhältnismäßigkeit (vgl. auch *Putzke* in BeckOK JGG § 2 Rn. 34). Unbeschadet der formal-rechtlichen Einordnung als Verletzter handelt es sich nur um ein mutmaßliches Opfer, und diese Einordnung besagt nichts zur Frage eines Bedürfnisses nach psychosozialer Unterstützung; § 2 Abs. 1 S. 2 PsychPbG könnte hinsichtlich des Kriteriums einer „Sekundärviktimisierung" schon wegen Verstoßes gegen die Unschuldsvermutung als verfassungswidrig zu erachten sein (zur Häufigkeit der Vortäuschung von Straftaten speziell solcher gegen die sexuelle Selbstbestimmung vgl. → Rn. 52; nicht erörtert von *Wenske* JR 2017, 457). Aufgrund der gruppendynamisch vermittelten Faktizität eines Opfers und der Überrepräsentation (nicht auf der Seite des Beschuldigten oder Angeklagten stehender) Anwesenheitsberechtigter wird eine Verteidigungschance oftmals reduziert sein oder gar sich verflüchtigen, und zwar unabhängig davon, ob der Tatvorwurf zutrifft oder nicht (vgl. auch *Kölbel* ZJJ 2015, 61). – Andererseits ist nicht ganz zweifelsfrei, ob die Begleitung für tatsächliche Opfer in jedem Fall eine Unterstützung ist, oder ob nicht zB eine etwa ideologiekritische Haltung Prozessbegleitender gegenüber den Strafverfolgungsbehörden und insb. dem Strafgericht ggf. vorhandene Ängste bestehen lassen (oder gar vergrößern) könnte (vgl. auch Nachw. bei *Pollähne* StV 2016, 676 f.). Im Übrigen wird an Auswirkungen besorgt (vgl. *Stremlau* PraxRPsych 2016, 130 f.), dass (faktisch) Zeugnisverweigerungsrechte des Verletzten umgangen werden und eine aussagepsychologische Begutachtung unmöglich gemacht werde (zur Frage der Anwesenheit auch bei einer aussagepsychologischen Exploration *Stremlau* PraxRPsych 2016, 130 (131)).

Vor Beiordnung wird rechtliches Gehör zu gewähren sein (§ 2 Abs. 2, **51d** § 33 Abs. 2, 3 StPO), gegen eine fehlerhafte Beiordnung steht dem Beschuldigten ggf. die Beschwerde bzw. die Revision zu (entspr. § 397a StPO; näher *Neuhaus* StV 2017, 59 (63)). – Ob eine Person zwei oder mehrere Verletzte psychosozial begleiten darf, ist von Gesetzes wegen nicht von vornherein zu verneinen, zumal § 146 StPO keine Anwendung findet, jedoch eher fraglich (bejahend aber *Wenske* JR 2017, 457 (461)). Umgekehrt ist nicht geklärt, ob und ggf. unter welchen besonderen Voraussetzungen ein Verletzter zwei (oder gar mehrere) psychosoziale Prozessbegleiter erhalten darf.

(a) Rechtstatsächlich ergeben sich auch wegen landesbezogen unter- **51e** schiedlicher Organisationsformen Unklarheiten betr. Berufsbild und Qualifikation, wobei das Gesetz betr. die Prüfung von Geeignetheit mehrfach die Wendung „in eigener Verantwortung" genügen lässt (§ 3 Abs. 3, Abs. 4 S. 2, Abs. 5 PsychPbG; wegen der Anerkennung als psychosoziale Prozessbegleiter s. Ausführungsgesetze der Länder). Beweisrechtlich bestehen – unbeschadet der Versagung eines Zeugnisverweigerungsrechts (§ 2 Abs. 2 S. 3 PsychPbG), worüber der Verletzte zu belehren ist – Gefahren iSd Annäherung an das sog. *Zeugencoaching* (krit. *Volbert* in Barton/Kölbel 205, 209; *Eschelbach* ZAP 2014, Fach 22 S. 971 (980 ff.)). So ist schon zweifelhaft, ob sich rechtstatsächlich eine Trennung von (unzulässiger) Beratung und Aufklärung (§ 2 Abs. 2 S. 1, 2 PsychPbG) hinsichtlich des mutmaßlichen Tatgeschehens einerseits und bloßer Begleitung andererseits erreichen lässt, wozu in der Gesetzesbegründung (vgl. BR-Drs. 56/15, 29) allerdings nur von „Ausnahmefällen" eines „Gesprächs mit dem Verletzten über den Sachverhalt" die Rede ist, das „zu dokumentieren ist" – die Art der Dokumentation blieb unerörtert, obgleich es darauf im Strafverfahren aus Gründen der Authentizität und Gültigkeit gerade ankommt. Zudem steht *keine* verlässliche Möglichkeit zur *Kontrolle* von Verhalten, das die Zeugenaussage beeinflussen könnte, zur Verfügung, da eine Grenzverletzung in diesem Bereich von außen nicht erkennbar ist (krit. dazu auch *Stremlau* PraxRPsych 2016, 130; zu Nichtverwertbarkeit einer belastenden Aussage des Zeugen (wegen Nicht-Kontrollierbarkeit einer Beeinflussung) *Putzke* in BeckOK JGG Rn. 34.2). Hat der Prozessbegleiter unter Verstoß gegen das Trennungsgebot mit dem Verletzten über die Tat gesprochen, kommt er als **Zeuge** in Betracht (vgl. *Hillenbrand* StRR 2017, 6; zur Empfehlung, bei Gericht nicht zu begleiten und also von sich aus nicht zu erscheinen, *Lyndian* RA-Kammer Hamm, Report 2017/5 S. 6, aber auch S. 7 f.); bei demVerlangen nach Konkretisierung eines hierauf gerichteten **Beweisantrags** (vgl. *Wenske* JR 2017, 457 (464)) wird die Unzugänglichkeit in Rede stehender Gesprächsinhalte zu berücksichtigen sein. – Bezeichnenderweise ist der (in BR-Drs. 56/15 und BT-Drs. 18/4621 benannte) Zweck, „die Aussagetüchtigkeit zu fördern", später zur Vermeidung „des Anscheins" der Beeinflussung des Aussageinhalts (Rechtsausschuss des BT, *Stahlmann-Liebelt* v. 12.6.2015 S. 3: aber „Nebeneffekt") zwar gestrichen worden, jedoch bleibt rechtstatsächlich die Funktion einer Stabilisierung des mutmaßlich Verletzten als Zeugen und damit auch dessen bisheriger Aussage bestehen, was umgekehrt die Gefahr eines Fixiertwerdens auf diese möglicherweise falsche oder, war sie zB durch (gar suggestive) Intervention Dritter ausgelöst, von dem Zeugen nunmehr als nicht ausschließbar falsch erkannte Aussage in sich trägt (krit. *Neuhaus* StV 2017, 63). Im Übrigen ist der Schutz der Wahrheitsermittlung durch etwaigen Ausschluss (§ 406g Abs. 4 StPO (zur Nichtanfechtbarkeit S. 2 Hs. 2 iVm § 336 S. 2 StPO)), ohnehin beschränkt auf den nicht beigeordneten Begleiter, kaum hinreichend gesichert; für beigeordnete Begleiter besteht lediglich die Ablehnungsmöglichkeit „aus wichtigem Grund" (§ 406g Abs. 3 S. 4 StPO unter Verweis auf § 142 Abs. 1 S. 2 StPO; vgl. auch Rechtsausschuss, BT-Drs. 18/6906, 24). Es kommt hinzu, dass – in Übereinstimmung mit der psychosozialen Funktion – auch bei der Auswahl des beizuordnenden Begleiters der Wunsch des Verletzten idR zu befolgen sein wird (§ 406g Abs. 3 S. 3 StPO iVm § 142 Abs. 1 S. 1 StPO), wodurch Formen des Verständnisses untereinander und damit eben auch der Möglichkeiten bewusster oder unbewusster Einflussnahme gefördert werden; auch legt das finanzielle Eigeninteresse an Weiterempfehlung ein Bemühen um die Gunst des Verletzten nahe.

51f   (b) Unstreitig erhöht psychosoziale Prozessbegleitung das **Ungleichgewicht** zwischen Rechten des Angeklagten bzw. des vermeintlichen Verletzten, und zwar in Widerspruch zur Unschuldsvermutung (vgl. auch *Stremlau* PraxRPsych 2016, 130). Die Stellung der JGH erlaubt schon gem. ihrer gänzlich unterschiedlichen, auch Kontrolle einschließenden Funktion (s. § 38) keine Abmilderung, zudem ist sie nicht regelmäßig präsent (vgl. sogar zur HV nur → § 50 Rn. 23 ff.) und vor allem ist ein Vertrauensverhältnis weniger zu erwarten, weil – im Unterschied zum Verletzten – kein Auswahlrecht besteht und die JGH weniger Zeit zur Anbahnung zur Verfügung hat. – Hiernach und besonders wegen der Verpflichtungen gem. § 2 Abs. 1 (vgl. auch → § 2 Rn. 53 ff.) sind die Regelungen nach hier vertretener Auffassung bei **jugendlichen** (und ggf. auch bei heranwachsenden) **Beschuldigten** idR wegen Unvereinbarkeit mit § 2 Abs. 2 **nicht anwendbar** (vgl. näher *Eisenberg* ZJJ 2016, 33 ff.; aA, jeweils ohne Begründung, BT-Drs. 18/4621, 31 sowie *Sommerfeld* in NK-JGG § 80 Rn. 1; *Ferber* NJW 2016, 281; *Wenske* JR 2017, 457). Dies gilt hinsichtlich Beeinträchtigungen der Artikulierung auch wegen des altersmäßig ohnehin isolierten Status, der durch psychosoziale Prozessbegleiter des Verletzten im Sinne einer Umzingelung durch fortgeschrittene Erwachsene massiv erhöht wird (zu Einschüchterung und Zunahme falscher Geständnisse *Neuhaus* StV 2017, 61).

51g   **(4) Verhandlungsführung.** Zentrales *Qualitätsmerkmal* der jeweiligen Verhandlungsführung ist die systematische Prüfung der Möglichkeit *alternativen Geschehens* (vgl. auch → Rn. 62c). Dies gilt zB schon betr. andere Ursachen (vgl. BGH BeckRS 2009, 21878 Rn. 7: verkannt wurde, dass im Falle einer anderen Ursache der Verletzung die belastende Aussage gezielt zur Verdeckung der wirklichen Ursache entstanden sein kann; vgl. – betr. körperliche Misshandlung durch diesen und/oder jenen Elternteil – etwa auch BGH BeckRS 2015, 6440 Rn. 9) und insb. für die Würdigung der Tragfähigkeit der Aussage (vgl. betr. Detailarmut der Aussage BGH BeckRS 2010, 29892 Rn. 9; NStZ-RR 2014, 15 Rn. 11 (entgegen tatgerichtlicher Angabe „Detailreichtum") sowie BeckRS 2017, 137607 Rn. 24; zu „erheblicher Inkonstanz" BGH BeckRS 2011, 4353 Rn. 6; ähnlich BGH NStZ-RR 2016, 87 (88) (entgegen pauschaler Wertung des Tatgerichts, Rn. 4) sowie 30.3.2016 – 2 StR 92/95; zur Floskel „detailreich, in sich schlüssig, widerspruchsfrei und nicht von übermäßigem Belastungseifer" aufhebend BGH BeckRS 2013, 15377 Rn. 7 (ähnlich OLG Celle NdsRPfl 2017, 392), darauf abstellend aber KG BeckRS 2013, 13833), zumal in Fällen des Gebrauchmachens von einem Aussageverweigerungsrecht in der HV (vgl. BGH BeckRS 2012, 20644). Tendenzen der Einseitigkeit (auch) durch einen herangezogenen Sachverständigen ist durch dessen Anhörung *in der HV* zu begegnen (vgl. BGH NStZ 2017, 299 = StraFo 2017, 24: Aufhebung wegen unzulässiger Verlesung; anders BGH BeckRS 2008, 6936), ggf. auch durch unmittelbare Ladung eines *anderen* Sachverständigen (zur dadurch erreichten Erschütterung des Vorgutachtens LG Saarbrücken StraFo 2009, 174). Allerdings handelt es sich um eine widersprüchliche Würdigung, wenn das Gericht dem Sachverständigen vollständig folgt, dann aber ergänzend andere, vom Sachverständigen als unbrauchbar eingestufte Realkennzeichen heranzieht (BGH BeckRS 2018, 28278). – Hinsichtlich der *gynäkologischen* Frage, ob ein intaktes Hymen der Bejahung eines vorgeworfenen GV entgegenstehen muss (vgl. näher vormals BGHSt 14, 162: nur bei „von Natur aus durchgängigem oder dehnbarem Hymen"; vgl. auch BGH BeckRS 2008, 19493 Rn. 4), sind die jeweiligen Voraussetzungen darzulegen (vgl. ergänzend betr. den Vorwurf der Einführung eines Vibrators BGH NStZ-RR 2017, 319).

cc) Spontane Aussagen; Autosuggestion. Wenngleich falsche Anschuldigungen bzw. die Vortäuschung von Straftaten (vgl. speziell betr. solche gegen die sexuelle Selbstbestimmung zur Häufigkeit selbst beigefügter Verletzungen *Behrmann ua* Kriminalistik 1990, 207 ff.; LKA Bayern, Vergewaltigung und sexuelle Nötigung, 2005, zusf. 282, näher 186 ff.; *Burgheim/Friese,* Sexualdelinquenz und Falschbezichtigung. Eine vergleichende Analyse realer und vorgetäuschter Sexualdelikte, 2006; *Püschel* Die Zeit v. 7.7.2011 (online, bei S. Rückert)) ganz überwiegend zumindest mittelbar (iSv Induktion) von Erwachsenen als Nahestehenden oder aber zB als Verbandsvertreter (zu „Weißer Ring" vgl. BGH NStZ-RR 2017, 88 betr. LG Marburg 31.8.2015 – 3 KLs 1 Js 676/13 mit Bspr. *Eisenberg* NZFam 2017, 1 ff.) ausgehen, ist auch bei **ursprünglichen** (bzw. spontanen) Kindesaussagen ein nicht vernachlässigungsfähiger Anteil an **Falschaussagen** einzukalkulieren (s. instruktiv etwa BGH BeckRS 2005, 01293; wohl auch BGH BeckRS 2008, 11728 Rn. 8; und BGH NStZ 2008, 581 = StV 2008, 449 Rn. 6, 11; vgl. ähnlich *Endres/Scholz* NStZ 1994, 470 f. mN; zur Täuschungs- bzw. Verschweigensfähigkeit ab dem Alter von 4 Jahren *Volbert* in Bliesener/Lösel/Köhnken, Lehrbuch Rechtspsychologie, 2014, 412 f. sowie abstufend *Niehaus ua,* Entwicklungsgerechte Befragung von Kindern in Strafverfahren, 2017, 37 ff.).Vom **Motiv** her kann es auf dem Hintergrund allg. erzieherischer Konflikte um Entlastung zB iZm Verhalten in einem „Tabubereich" gehen (vgl. etwa BGH BeckRS 2017, 118931: Anschauen von Sexfilmen) bzw. zwischen *Kind* und *beschuldigtem* Elternteil „Ärger" und/oder „Wut" auf Seiten des Kindes von Enfluss sein (vgl. zum „Sich-Rächen" BGH StV 2017, 5; BeckRS 2016, 17117), weiterhin kann als Ziel die Durchsetzung von Eigeninteressen in Betracht kommen (zB Umziehen zu dem anderen Elternteil, dazu etwa BGH StV 2017, 367) oder aber es

52

kann sich um eine Reaktion darauf handeln, dass der Beschuldigte dem Wunsch des Kindes oder Jugendlichen nach sexuellen Handlungen nicht nachkam (vgl. etwa BGH BeckRS 2013, 1329); ohnehin gilt es für *jugendliche* Zeugen (vgl. betr. histrionische Zeugen etwa BGH BeckRS 2011, 7393 Rn. 14; näher *Eisenberg* FS Amelung, 2009, 586 f. (591 f.)). Jeweils sind Begleiterscheinungen der Aussage (zB Weinen, Zittern) zur Abgrenzung nicht geeignet, weil sie bei wahrheitsgemäßen wie bei Falschaussagen vorkommen. Zudem ist geläufig, dass auch Kinder und Jugendliche in ihrer Zeugenaussage zu Täuschungsstrategien fähig sind und diesbezüglich nicht etwa Altersabhängigkeiten im Sinne einer kontinuierlich ansteigenden Bedeutung bestehen (vgl. zu empirischen Anhaltspunkten *Niehaus* FPPK 2008, 46 ff.). – Von bewussten Falschaussagen zu unterscheiden sind *autosuggestive* Verläufe, bei denen – zB auf der Suche nach Erklärungen für aktuelle psycho-physische Beschwerden oder Insuffizienzempfindungen (vgl. nur *Loftus/Davis* Annual Review ClinPsych 2006, 469 ff.) – Erlebnisse unbewusst erfunden, verfälscht oder ausgeschmückt werden, dh dem Zeugen ist der Unterschied zwischen dem, was er tatsächlich wahrgenommen hat, und dem, was er sich einbildet, nicht bewusst (idR langsames Entstehen durch Uminterpretation harmloser Erlebnisse bis hin zu subjektiver Gewissheit; vgl. BGH BeckRS 2011, 7393 Rn. 12; auch BeckRS 2013, 10323 Rn. 7; betr. reduziertes Aussagematerial („stakkatoartig") zur Abgrenzung von Einflüssen ua durch Darstellungen im internet und „in der Persönlichkeit der Nebenklägerin begründeten Besonderheiten" BGH BeckRS 2012, 25602 Rn. 19; allg. etwa *Volbert* in Volbert/Steller, Handbuch der Rechtspsychologie, 2008, 335; bejahend betr. inzwischen erwachsene Zeugin LG Duisburg 6.7.2009 – 36 Ns 295 Js 748/03).

3. Strafprozessuale Schutzbestimmungen

53   **a) § 247 S. 2 StPO. aa)** Hinsichtlich der **Schutzvorschriften** (vgl. systematisch und diff. *Maaß,* Der Schutz besonders sensibler Zeugen durch den Einsatz von Videotechnik unter besonderer Berücksichtigung der Beschuldigtenrechte und Verfahrensprinzipien, 2012, 12) im Einzelnen ist speziell der Ausschluss des Angeklagten gem. § 247 S. 2 StPO nur zulässig, wenn das Vorliegen konkreter Umstände es nahelegt, dass das Wohl des Kindes bzw. des Jugendlichen durch die Anwesenheit des Angeklagten einen erheblichen Nachteil erfährt, zB bei einem Abhängigkeitsverhältnis oder bei Furcht vor Racheakten des Angeklagten (*Meyer-Goßner/Schmitt* StPO § 247 Rn. 11; näher *Laubenthal* JZ 1996, 337 (339)). Demgegenüber reicht die bloße Angst eines kindlichen Zeugen, der (mutmaßliches) Opfer ist, vor dem Angeklagten auszusagen, dann nicht aus, wenn sie zB motiviert ist durch die (von manchen Kindern geteilte) Erfahrung, im privaten Umfeld als nicht so glaubwürdig beurteilt zu werden wie Erwachsene, gekoppelt mit der Befürchtung, etwa selber am Ende wegen (vermeintlichen) Lügens oder – iZm den vorgeworfenen sexuellen Handlungen stehenden – Verfehlungen (intern) bestraft zu werden (vgl. *Eisenberg* Beweisrecht StPO Rn. 1413). – In solchen Fällen könnte uU der kindlichen Zeugenperson ein wichtiger Schutz fehlen, was ggf. die Gefahr des Wiederauftretens bzw. der Intensivierung tatsächlich vorhanden gewesener (vgl. aber → Rn. 62c) posttraumatischer Störungen in sich bergen könnte. Dem wird durch die Art der

Verhandlungsführung und die Unterrichtung von Personen des privaten Umfelds zu begegnen sein.

Andererseits ist nicht zu verkennen, dass die Entfernung des Angeklagten gem. § 247 S. 2 StPO zumindest der Vermutung entspricht, dass die *Zeugenperson* von dem Angeklagten tatsächlich etwas zu befürchten hat bzw. dass zwischen beiden ein zu Bedenken Anlass gebendes Abhängigkeitsverhältnis besteht. Insofern aber ist kaum zu vermeiden, dass in die Entscheidung eine Vorabeinschätzung des Tatvorwurfs und der möglichen Schuld des Angeklagten miteinfließt. Dabei wird dieser Effekt umso stärker sein, je restriktiver die genannte Ausschlussmöglichkeit gehandhabt wird. **54**

bb) Nach geltendem Recht wird es gleichwohl vertretbar sein, bereits vorhandene Befürchtungen des minderjährigen Zeugen, falls sie nicht auf Beeinflussung beruhen (vgl. → Rn. 51–51c), als hinreichend konkrete Gefährdung seines seel Wohls anzusehen und den Angeklagten auszuschließen. Dann allerdings müssen die *dem Angeklagten* durch einen Ausschluss ggf. *entstehenden Nachteile* bei der sonstigen Beweisaufnahme und besonders bei der Beweiswürdigung umso *bewusster berücksichtigt* werden. Umgekehrt muss sich das Gericht bemühen, etwaige Nachteile oder Schäden sorgfältig zu würdigen, die eine minderjährige Person durch eine erzwungene Vernehmung in Anwesenheit des Angeklagten erleiden könnte. – Das jew. Vorgehen setzt allerdings voraus, dass die Frage nach dem Ausschluss von den Fragen nach dem Wahrheitsgehalt der Zeugenaussage bzw. nach der Schuld des Angeklagten durch ausdrückliche **Klarstellung** auch diesem ggü. strikt getrennt wird. **55**

b) Videoaufnahmen. aa) Bei der *richterlichen* Vernehmung der Zeugenperson unter räumlicher Trennung von der beschuldigten Person sind sowohl im Ermittlungsverfahren als auch in der HV Videoaufnahmen zum einen iSd *Simultanübertragung* in Bild und Ton zulässig, sofern die dringende Gefahr eines schwerwiegenden Nachteils für das Wohl der Zeugenperson besteht, wenn sie in Gegenwart der Anwesenheitsberechtigten bzw. der in der HV Anwesenden vernommen wird (§§ 168e, 247a StPO); seit OpferRRG (BGBl. 2004 I 1354) ist der Anwendungsbereich erweitert (Wegfall der Vorrangigkeit anderer Schutzmöglichkeiten). Gewöhnliche Unannehmlichkeiten, wie sie mit einer Zeugenvernehmung in Anwesenheit des Beschuldigten verbunden sind oder sein können, reichen (ebenso wie bei § 247) nicht aus (vgl. → Rn. 53); dringend ist die Gefahr nur dann, wenn sie auf tatsächlichen Umständen beruht und eine hohe Wahrscheinlichkeit für den Nachteil der Zeugenperson aufweist (nach BVerfG, 3. Kammer des 2. Senats, NJW 2014, 1082 mAnm *Eisenberg* StraFo 2014, 424 f. sowie MedStra 2015, 34 ff. und Anm. *Hamm* StV 2015, 139 ff. (zum allg. StR, unter Referierung eines rechtlich wie methodisch unzulässigen Berichts einer behandelnden Psychiaterin betr. posttraumatische Belastungsstörung, vgl. dazu auch → Rn. 62c) hat das Tatgericht ggf. Ermittlungen zur Frage der Gefahr anzustellen). **56**

(1) Sofern im *Vorverfahren § 168e* angewandt wird, halten sich sowohl der Richter als auch der Zeuge von den übrigen Anwesenheitsberechtigten getrennt in einem *Vernehmungsraum* auf (sog. „Mainzer Modell"). Da gem. § 168e S. 3 die Anwesenheitsberechtigten zur Mitwirkung befugt sind, muss eine akustische und grundsätzlich auch eine optische Verbindung auch in den Vernehmungsraum bestehen (sog. zweiseitige Übertragung). – Wird in **56a**

der *HV* nach *§ 247a* verfahren (zur Begründung eines entspr. Antrags der StA s. Nr. 130a Abs. 1 RiStBV), so hält sich die Zeugenperson an einem *anderen Ort* auf als das Gericht. Gemäß § 247a S. 1 Hs. 2 ist die Anordnung auch unter den Voraussetzungen des § 251 Abs. 2 StPO zulässig, soweit es zur Erforschung der Wahrheit erforderlich ist. Es muss (auch hier) wechselseitig eine akustische und grundsätzlich auch optische Verbindung bestehen (sog. zweiseitige Übertragung). Während der HV erlaubt § 247a allein diese Handhabung (vgl. auch BGH NJW 2017, 181), dh *unzulässig* wäre ein Vorgehen gem. dem sog. „Mainzer Modell", und daher ist die Nichtbeanstandung eines solchen Vorgehens gem. § 238 Abs. 2 revisionsrechtlich unschädlich (BGH NJW 2017, 181).

57 (2) Praktisch stellen sich Fragen nach dem Verhältnis zwischen technischem Aufwand und Ertrag solcher Formen der **Simulation** von **Unmittelbarkeit,** die nicht mit tatsächlicher Unmittelbarkeit im Gerichtssaal gleichzusetzen ist (vgl. dazu vormals LG Mainz StV 1995, 354: eine Kamera; krit. *Dahs* NJW 1996, 178: „elektronisierter Strafprozess"; *Jansen* StV 1996, 123; *Strate* StraFo 1996, 4 f.; s. aber auch *Kintzi* DRiZ 1996, 191 f.; *K. Böhm* ZRP 1996, 259; zu eingeschränkter Handhabung betr. sechs LG-Bezirke in Nds. vgl. *Scheumer* (Videovernehmung kindlicher Zeugen: zur Praxis des Zeugenschutzgesetzes, 2007, Erhebungsmethoden 83 ff.)). Eine Beeinträchtigung der Unmittelbarkeit besteht auch dann, wenn gem. § 247a der (befragende) Vorsitzende im Sitzungssaal verbleibt und das Gespräch mit der Zeugenperson mittels übertragender Technik geführt wird (s. näher *Bohlander* ZStW 107, 88 ff.; *Hasdenteufel,* Die StPO als Grenze des Einsatzes von Videotechnologie im Strafverfahren bei sexuell mißbrauchten Kindern, 1997, 38 ff.; aA *Geppert* Jura 1996, 555). Hinzu kommen etwaige Beeinträchtigungen des Präsenzgebots (§ 226 StPO; vgl. auch *Laubenthal* JZ 1996, 343). Zudem ist eine Überlegenheit ggü. dem Vorgehen gem. § 247 StPO begrenzt (vgl. betr. § 247 S. 4 BGHSt 51, 180 = JR 2007, 256 mAnm *Kretschmer* = JZ 2007, 744 mAnm *Rieck,* wonach die technisch geeignete Übertragung aus dem Sitzungssaal zureichen könne, jedoch gilt die Simultanübertragung als vorrangig (so BGH NJW 2017, 3397 mAnm *Metz* und Bespr. *Schneider* NStZ 2018, 128 ff. (betr. Revision S. 133 ff.)).

57a Insbesondere aber ist **nicht sicher,** ob durch ein solches Verfahren eine sekundäre Viktimisierung des (mutmaßlich) tatsächlichen Opfers **vermieden** werden kann (eher vern. *Volbert / Pieters,* Zur Situation kindlicher Zeugen vor Gericht, 1993, 50; *Pfäfflin* StV 1997, 98 f.; näher *Hasdenteufel,* Die StPO als Grenze des Einsatzes von Videotechnologie im Strafverfahren bei sexuell mißbrauchten Kindern, 1997, 19 ff., 24 ff. mwN; zu Grenzen des Wissenstandes *Köhnken* StV 1995, 376 ff. (betr. Großbritannien); zum Einsatz der Videotechnologie in anderen europäischen Staaten *Gleß* StV-Tag 2010, 193 ff.).

58 **bb)** Zulässig sowie teilw. auch verpflichtend ist unter bestimmten Voraussetzungen auch die audiovisuelle Aufzeichnung der staatsanwaltschaftlichen oder richterlichen Vernehmung der Zeugenperson schon im *Ermittlungsverfahren* zwecks *späterer Vorführung* (§ 58a Abs. 1 StPO). Die Vorschrift gilt grundsätzlich auch für Vernehmungen durch die Polizei (§ 163 Abs. 3 S. 1 StPO, eingef. durch 2. OpferRRG; vgl. eher überhöhend *Sievers* Kriminalist 2013, 25 ff.; s. auch *Bader* in KK-StPO StPO § 58a Rn. 3; ebenso schon *Rieß* StraFo 1999, 3 für den Fall des Einverständnisses der Zeugenperson).

(1) Bei einer polizeilichen oder staatsanwaltschaftlichen Vernehmung kann **58a**
die Aufzeichnung auf Basis einer entspr. Ermessensentscheidung erfolgen
(§ 58a Abs. 1 S. 1 StPO). Seit dem Gesetz v. 29.6.2013 (BGBl. I 1805) soll
sie erfolgen bei (ermittlungs-)**richterlichen** Vernehmungen (krit. wegen
Wartezeiten *Dwoarzik* Rechtsausschuss BT-Drs. 17/6261, 3) von Zeugen
unter 18 Jahren (erhöht von 16 auf 18 durch 2. OpferRRG), sofern diese
mutmaßliche Opfer sind und auf diese Weise die bessere Wahrung von deren
schutzwürdigen Interessen – in Ausdehung der aF („geboten ist") – erreicht
werden soll (§ 58a Abs. 1 S. 2 Nr. 1 StPO; zur gemeinsamen und zeitglei-
chen Aufnahme der vernehmenden Person und des Zeugen sowie zur
Dokumentation der Belehrung und der (etwaigen) Bereitschaft zur Aussage
(§ 52 Abs. 2 S. 1 StPO) s. RiStBV Nr. 19 Abs. 2 S. 2). Seit dem Gesetz v.
29.6.2013 (BGBl. I 1805) gilt all dies gem. § 58a Abs. 1 S. 2 Nr. 1 StPO
auch, wenn der mutmaßlich (durch eine Tat iSv § 255a Abs. 2 StPO)
viktimisierte Zeuge zur Tatzeit minderjährig war, inzwischen aber erwachsen
geworden ist (krit. bspw. *Velten* in SK-StPO StPO § 255a Rn. 16). Außerdem greift die genannte Soll-Vorschrift, wenn zu besorgen ist, dass eine
Vernehmung in der HV ausscheidet, die Konservierung aber zur Erforschung
der Wahrheit erforderlich ist (Nr. 2). Auf das Einverständnis der Zeugenperson mit dieser Art der Dokumentation kommt es nicht an (BT-Drs. 13/
7165, 6; *Rieß* StraFo 1999, 2 f.; aA DVJJ 1999, AK II-2). Liegt eine solche
Zustimmung indes vor und geht es bei der mutmaßlichen Viktimisierung
des (minderjährigen oder erwachsenen) Zeugen um eine Tat iSv §§ 174 –
184j StGB, muss die richterliche Vernehmung aufgezeichnet werden, sofern
dessen schutzwürdige Interessen so besser zu wahren sind (Abs. 1 S. 3;
eingeführt durch Gesetz zur Modernisierung des Strafverfahrens).

Diese Variante, die mit den Grundsätzen der Mündlichkeit der Verhand- **59**
lung und der Unmittelbarkeit der Beweiserhebung bricht (zust. *Hasdenteufel,*
Die StPO als Grenze des Einsatzes von Videotechnologie im Strafverfahren
bei sexuell mißbrauchten Kindern, 1997, 38 ff.), ist bezüglich der einschlägigen Beschuldigtenrechte **nicht unbedenklich** (zu einem Verstoß gegen
Art. 6 Abs. 3 EMRK vgl. DAV Nr. 10/11 *(von Galen)* 2 ff.; zu Grenzen der
Rechte vgl. EuGH NJW 2012, 595, sodann die – den vorgenannten Rahmenbeschluss ersetzende – Richtlinie 2012/29/EU (EuropParlament und
Rat) v. 25.10.2012 „Mindeststandards für die Rechte, die Unterstützung
und den Schutz von Opfern von Straftaten" (ABl. 2012 L 315, 57 ff. v.
14.1.2013); zuvor *Bock* in Barton/Kölbel 277 ff. sowie krit. *Kölbel* in Bar-
ton/Kölbel 220; krit. zur Bezeichnung „Opfer" als feststehend statt vieler
Rogall in SK-StPO StPO Vor § 48 Rn. 30 ff., und ähnliche Einwände
ergeben sich aus Unterstellungen aufgrund der Bezeichnung Verletzter (s.
auch § 48 Abs. 3 StPO, eingef. durch 3. OpferRRG)). Zudem können sich
bei besonders umfangreichen Aufzeichnungen Schwierigkeiten ergeben –
sei es der Konzentration bei den Mitverfolgenden, sei es der Verzerrung
schon durch vorheriges Zusammenschneiden (v. *Volbert/Pieters,* Zur Situation kindlicher Zeugen vor Gericht, 1993, 40 f.; vgl. aber auch *Hussels* NJW
1995, 1877; *Wegner* ZRP 1995, 406). Strafprozessual ist zudem zu besorgen,
dass der Akzent sich bei der Urteilsbegründung verstärkt auf die protokol-
lierten Angaben des mutmaßlichen Opfers verlagern könnte, da diese ggf.
auch in der Revision überprüft werden (vgl. zu Nachw. *Eisenberg* Beweisrecht StPO Rn. 1471) und dem Beschuldigten hieraus Nachteile erwachsen
könnten.

60 (2) Im Einzelnen gelten gem. § 255a Abs. 1 StPO für die Vorführung die §§ 251, 252, 253 und 255 entsprechend, woraus – im Unterschied zur Verlesung von Niederschriften – insoweit *Gefahren* für die Wahrheitsermittlung entstehen können, als die verschiedensten technischen Möglichkeiten und ggf. Notwendigkeiten des Straffens und sonstiger Veränderung der Aufzeichnung bestehen. – Eine gesteigerte Durchbrechung des Unmittelbarkeitsprinzips ermöglicht § 255a Abs. 2 S. 1 StPO, da unter dessen Voraussetzungen eine frühere *richterliche* Vernehmung einer minderjährigen Zeugenperson deren Aussage in der HV gänzlich ersetzen oder zumindest ergänzen kann (rigide betr. die StA Nr. 130a Abs. 4 RiStBV), ohne dass die Voraussetzungen der §§ 251 ff. StPO vorliegen müssten. Gleichwohl sieht § 255a Abs. 2 StPO seit Einführung durch Gesetz v. 29.6.2013 (BGBl. I 1805) zum einen als S. 2 eine Erweiterung dergestalt vor, dass S. 1 auch für Zeugen gilt, die zur Zeit der mutmaßlichen Tat minderjährig waren (vgl. krit. dazu → Rn. 58), und zum anderen als S. 3 die Muss-Vorschrift, bei der Entscheidung nach S. 1 „auch die schutzwürdigen Interessen des Zeugen" zu berücksichtigen und „den Grund für die Vorführung bekanntzugeben". Demgegenüber wirft eine nur ergänzende Befragung im Sinne abgetrennter Inhalte aussagepsychologisch erhebliche Probleme bezüglich der Verlässlichkeit der Antworten auf. Zudem ist die Auffassung, es liege im Interesse des „Opferzeugen", es (wenn irgend möglich) bei nur einer Vernehmung bewenden zu lassen, keineswegs verallgemeinerungsfähig (vgl. aus psychowissenschaftlicher Sicht etwa *Pfäfflin* StV 1997, 95 ff.; *Volbert* in Volbert/Steller, Handbuch der Rechtspsychologie, 2008, 198 f.; aus beweisrechtlicher Sicht *Eisenberg* HRRS 2011, 67 ff.). – Das Mitwirkungsrecht des Angeklagten und seines Verteidigers setzen voraus, dass der *Verteidiger* vorher vollständige *Akteneinsicht* hatte (ausf. etwa *Maaß,* Der Schutz besonders sensibler Zeugen durch den Einsatz von Videotechnik unter besonderer Berücksichtigung der Beschuldigtenrechte und Verfahrensprinzipien, 2012, Kap. 3 A. III. 2; zum allg. StR eher verfehlt LG Frankfurt/M. StV 2015, 20 (mit ausf. abl. Anm. *Teuter*), wonach es – entgegen den Kriterien des BGH zur Glaubhaftigkeit (vgl. näher dazu *Eisenberg* Beweisrecht StPO Rn. 1480 ff.) – zur Aussagewürdigung keiner Aktenkenntnis bedürfe), und außerdem, dass zumindest § 168c Abs. 4 und 5 StPO nicht zur Anwendung gekommen sein dürfen.

60a Eine *ergänzende Vernehmung* des Zeugen in der HV ist zulässig (§ 255a Abs. 2 S. 2); sie ist erforderlich, wenn sich neue Gesichtspunkte oder gar neue Ermittlungsergebnisse bzw. Beweisthemen ergeben, die bei der Erstvernehmung noch nicht präsent waren.

60b **cc)** Bei beiden Varianten ist die Frage nach etwaigen verzerrenden Effekten dieser oder jener Tendenz auf die *Würdigung* von Aussagefähigkeit bzw. Glaubhaftigkeit der Aussage empirisch *kaum geklärt* (bedenklich daher vormals JuM Nds NJW 1998, 360 (362)).

4. Vernehmungsgestaltung

61 Von uU entscheidender Bedeutung für eine etwaige Sekundärviktimisierung bzw. deren Unterbindung oder nur Reduzierung kann die **Art** der **Vernehmungsdurchführung** sein (zu Empfehlungen vgl. *Niehaus ua*, Entwicklungsgerechte Befragung von Kindern in Strafverfahren, 2017, 57 ff.; speziell bei lern- oder geistig behinderten Kindern vgl. *Stiller/Doll* ZJJ 2018,

205 (209 f.)). Dementsprechend wird nach allg. Auffassung eine analoge Anwendung des § 241a StPO auch iRd § 168c StPO zu empfehlen sein.

Soweit angenommen wird, mit wachsender Erfahrung würden Fehler in 62 der Verhandlungsführung zunehmend vermieden, begegnet dies Bedenken. Denn Erfahrung allein fördert schon deshalb nicht notwendigerweise eine angemessene, Beeinträchtigungen sei es der Wahrheitsfindung, sei es der Psyche des (mutmaßlich) tatsächlichen Opfers vermeidende bzw. reduzierende Verhandlungsführung, weil der verhandelnde Richter idR keine Möglichkeiten hat, von über den Verhandlungszeitraum hinausgehenden Wirkungen seiner Verhandlungsführung verlässlich Kenntnis zu erlangen.

a) Vorbedingungen. aa) (1) Wenn irgend möglich zu vermeiden ist es, 62a *kindliche* Zeugen, die (mutmaßlich) tatsächliche Opfer von Straftaten sind, auf ihre Vernehmung warten zu lassen oder gar (nach einem Wartenlassen) sodann, obgleich ggf. verfahrensökonomisch voraussehbar – (zB wegen zwischenzeitlicher Verständigung iSv § 257c StPO oder aus anderen Gründen) – auf deren Vernehmung zu verzichten (vgl. *Volbert* in Barton/Kölbel 210 sowie *Schädler* in Barton/Kölbel 134). Auch sind sie so zu laden (zB in ein „Kinderzimmer"), dass sie nicht mit evtl. anderen Zeugen oder dem Angeklagten zusammentreffen. Unzulässig ist es aber auch, als Betreuende geltenden Personen (zu etwa negativen Einflüssen *Volbert* in Barton/Kölbel 205, 209) zB Kenntnis von der Anklageschrift zukommen zu lassen.

(2) Bei der eigentlichen Vernehmung selbst sollten nur die Personen im Raum sein, deren Anwesenheit unbedingt notwendig ist, dh auch die Zulassung von als Betreuende geltenden Personen oder von gesetzlichen Vertretern (s. dazu etwa *Kintzi* DRiZ 1996, 192 f.) kann ggf. zur Beeinträchtigung sowohl des Kindes als auch der Wahrheitsermittlung geeignet sein (ebenso *Busse ua*, Belastungserleben von Kindern in Hauptverhandlungen, 1996, 204; JuM Nds NJW 1998, 360 re. Sp.). Stühle etc sind so zu stellen, dass ein Gespräch möglich wird. Insbesondere sollte der Abstand zwischen den Gesprächspartnern nicht zu groß sein. – Andererseits sind Vertraulichkeiten wie körperliche Berührungen, auf-den-Schoß-Nehmen etc auch kleineren Kindern ggü. unbedingt zu vermeiden (der Richter ist kein „guter Onkel", die Richterin keine „gute Tante"). Setzt sich die gerichtlich vernehmende Person unmittelbar neben das Kind, so mag es eine evtl. zu besorgende Distanz oder Über-Unterordnung mildern, jedoch ist ggf. eine Beeinflussung nicht auszuschließen. Im Einzelfall kann es hilfreich sein, die Vernehmung vom Gerichtssaal in andere Räumlichkeiten zu verlegen, um Beeinträchtigungen durch die (im Allg. für ein Kind beklemmende) Gerichtsatmosphäre möglichst zu vermeiden.

bb) (1) Unerlässlich ist es, sich vor der Vernehmung des Kindes und auch 62b des jugendlichen Zeugen zu vergegenwärtigen, welchen **Fragen,** Interviews und Vernehmungen bezüglich des untersuchten Straftatbestandes es durch Privatpersonen, Einrichtungen oder Behörden **bereits ausgesetzt war** (vgl. etwa BGH StV 2003, 604: Glaubhaftigkeit vern. bei „Inkonstanzen" zwischen Aussagen der Betreuerin eines Kinderheims bzw. einer Fachpsychologin für Rechtspsychologie). Das Gleiche gilt für die Frage, ob das Kind oder der jugendliche Zeuge an *„psychosozialer Prozessbegleitung"* (§ 406g StPO, näher → Rn. 51c; dazu *Freudenberg* NK 2013, 99 ff.) oder an *„Gerichtsvorbereitungsprogrammen"* (dazu Nachw. bei *Volbert/Pieters*, Zur Situation kindlicher Zeugen vor Gericht, 1993, 29 ff., 49 f.; GenStA SchlH SchlHA 1996,

120 f.; mit ausf. Begr. abl. zu verbreiteter Praxis im VölkerStR *Babucke* ZIS 2017, 782 (789 ff.)) teilgenommen hat (zur Instruktion einzufügender, ggf. erfundener Realkennzeichen *Schwenn* StV 2010, 708).

62c (2) Weiterhin ist vor der Vernehmung zu prüfen, ob das Kind oder der jugendliche Zeuge sich möglicherweise in einer *„Trauma-Therapie"* befand oder befindet. Dabei ist mangels gesicherter wissenschaftlicher Erkenntnisse (BGH NStZ-RR 2011, 52) methodisch die Prüfung einzubeziehen, ob ein (etwa verlässlich festgestelltes) Trauma – mit die Aussagefähigkeit beeinträchtigender Verdrängung oder aber Dissoziation – Folge der vorgeworfenen Tat oder aber Ursache einer Falschbelastung ist (vgl. auch → Rn. 51b; differenziert zur Empirie (und einen dergestalt bedingten Erinnerungsverlust idR vern.) *Volbert* FPPK 2011, 18 ff.; zur Diagnose auch *Rohmann* in Deckers/ Köhnken, Die Erhebung von Zeugenaussagen im Strafprozess, 2. Aufl. 2014, 220 ff.). Denn sachlich verfehlt wäre die Annahme, traumatisierende (belastende) Erlebnisse könnten in aller Regel nur schlecht, fragmentiert, inkonsistent oder gar nicht erinnert werden. Weist die Aussage einer mutmaßlich traumatisierten Person aussageanalytische Mängel auf, so ist zu untersuchen, ob solche Mängel Folge einer Traumatisierung sind (Hypothese „Trauma-Folge"). Dabei ergeben sich methodische Schwierigkeiten besonders dann, wenn der ersten dokumentierten amtlichen Vernehmung bzw. Exploration durch einen Sachverständigen eine traumatherapeutische Bearbeitung des mutmaßlichen Geschehens *vorausgegangen* ist, weil dadurch eine irreparable, dh im Nachhinein nicht mehr auflösbare Veränderung des Gedächtnisses verursacht worden sein kann (zum Mangel, originäre Erinnerungen hinreichend zuverlässig von nachträglich generierten Pseudo-Erinnerungen unterscheiden zu können, vgl. zusf. *Eisenberg* Beweisrecht StPO Rn. 1377, 1417). Also kann solchenfalls oftmals die Hypothese einer durch Therapie erzeugten (umfassenden oder partiellen) Pseudo-Erinnerung bzw. einer Gedächtnisillusion nicht mehr zurückgewiesen werden, dh *beweisrechtlich* darf dann nicht mehr (iSd Hypothese „Trauma-Folge") davon ausgegangen werden, die Aussage sei nur durch eigene Erlebnisse erklärbar – andernfalls würde die verfahrensrechtlich unerlässliche Überprüfung der sog. Null-Hypothese (vgl. → Rn. 50) gegen jegliche Falsifizierung immunisiert.

62d Nicht zu verwechseln mit psychoanalytischen Trauma-Konzepten ist die am ehesten auf (vor- oder nachgelagerte) Nebengeschehnisse bezogene und der allg. Wahrnehmungsforschung (vgl. zu Nachw. *Eisenberg* Beweisrecht StPO Rn. 1373, 1373a) entsprechende Annahme, dass nach Schockeinwirkung ein Erinnerungsausfall vorkommen kann.

63 **b) Inhaltsbezogene Grundregeln.** Grundsätzlich gilt, dass unterschiedliche Ausbildungen sowie Zielsetzungen der das Kind Befragenden (zu diesen als Quelle von Beeinflussungen *Scholz* RuP 2003, 78 f.) zu *unterschiedlichen Akzentuierungen* führen, was uU auf die Verarbeitung tatsächlicher traumatischer Erlebnisse sowie deren Darstellung durch das Kind nicht ohne Einfluss bleibt (*Boat/Everson* Child Abuse and Neglect 1988, 171 ff.). Dies ist zunächst von Bedeutung, um abzuschätzen, welche Belastung mit der bevorstehenden Vernehmung verbunden sein könnte, sodann aber auch zur Einschätzung der Beweiskraft der Aussage. Hierfür ist zum einen deren *Entstehungs*geschichte zentral (vgl. nur BGH NStZ 2009, 108 f. sowie 109; NStZ-RR 2015, 146; zur Erörterungspflicht BGH BeckRS 2010, 21226; BGH 13.7.2016 – 2 StR 465/17 Rn. 18; NStZ 2018, 116; zudem zu

Voraussetzungen partiellen „Nicht-Glaubens" bzw. „Glaubens" einer Zeugenaussage sowie detailliert zu Lücken der Darstellung; betr. Aufhebung einer Verurteilung zu JStrafe BGH StV 2008, 236; BeckRS 2013, 15377 Rn. 8 f.; 2016, 453 Rn. 15; tendenziell eher abw. BGH BeckRS 2016, 13109 Rn. 15); es betrifft hinsichtlich Fremdbeeinflussungen im Sinne intentionaler bzw. irrtümlicher Induktion einer Falschaussage durch einen Dritten ua den Befund, dass die Induktion vom Kind – obgleich subjektiv zunächst ggf. als unwahr erkannt – übernommen wird (s. *Volbert* ZKiJPsychiatr 1995, 22–24; betr. „Wormser" Verfahren III *Steller* R&P 1998, 16). Zum anderen kommt es wesentlich auf die *Entwicklungs*geschichte der Aussage an (vgl. zur Urteilsaufhebung etwa BGH BeckRS 2010, 27953; BeckRS 2012, 22782 Rn. 13, 17; 2017, 130712).

aa) Empfehlenswert ist es, dem Kind **Sinn** und **Zweck der Verneh-** 64 **mung** zu **erläutern** (vgl. auch *Volbert/Erdmann* MschKrim 1996, 245, denen zufolge die Praxis insoweit nicht immer problembewusst sei; *Saywitz/ Camparo,* Evidence based child forensic interviewing, 2014, 61 ff., 71 ff.; *Rohmann* in Bliesener/Lösel/Köhnken, Lehrbuch Rechtspsychologie, 2014, 227 ff.), falls dies nicht schon vorher geschehen ist. Dies dient vor allem dem augenblicklichen Wohlbefinden des Kindes, das sich ansonsten möglicherweise in einer für es unerklärlichen Situation befindet (zur Unkenntnis bezüglich Gerichtsverhandlungen vgl. *Wolf/Steller* in Bierbrauer/Gottwald/ Birnbreier-Stahlberger Verfahrensgerechtigkeit 168 ff., 175 ff.). Ist ein Kind noch zu jung, um ihm den Sinn und Zweck wenigstens ungefähr und in einfachen Worten verständlich zu machen, oder sind ihm solche Erklärungen aufgrund seines individuellen Reifegrades nicht zugänglich, so wird eine Vernehmung durch den Vorsitzenden idR ohnehin auch hinsichtlich der zu erwartenden Beweiskraft unergiebig sein und sich von daher die Hinzuziehung eines Sachverständigen empfehlen.

bb) (1) Erhöhte Sorgfalt erfordern Fälle „überexplorierter" (oder zB von 65 Gruppensuggestion „überschütteter") Kinder (s. näher *Köhnken* MschKrim 1997, 295 ff.), bei denen meist durch entsprechend motivierte und zum Teil nicht ganz vorurteilsfreie Dritte, bei denen es sich um Privat- oder Amtspersonen (zB JAmt) gar in der Funktion als Befragende (vgl. *Niehaus ua,* Entwicklungsgerechte Befragung von Kindern in Strafverfahren, 2017, 53 ff.) handeln kann, (angeblicher) sexueller Missbrauch „entdeckt" wurde – zumal eine Auffälligkeit, die spezifisch für das Erlebthaben sexuellen Missbrauchs wäre, wissenschaftlich nicht bekannt ist. Im Extremfall kann dies dazu führen, dass Kindern eine Interpretation ihrerseits gezeigter – aber insgesamt fragwürdiger – Anzeichen für sexuellen Missbrauch als „wahr" gewissermaßen übergestülpt wurde und ihnen die Authentizität ihres eigenen Wissens und ihrer eigenen Erinnerungen verloren ging. Sind (minderjährige) Zeugen aber von der Richtigkeit der **suggerierten** Inhalte überzeugt, so **unterscheiden sich** ihre Aussagen kriteriologisch **nicht** von erlebnisbegründeten Aussagen (BGH 45, 164 = StV 1999, 473 = NStZ 2000, 100; betr. Jugendliche BGH NStZ 2002, 555 mAnm *Eisenberg; Köhnken* MschKrim 1997, 297; *Böhm ua* in Fabian, Praxisfelder der Rechtspsychologie, 2002, 143 ff., 146 ff.; vgl. auch → Rn. 65).

(2) Was etwa das Spielen mit sog. „anatomisch korrekten" **Puppen** an- 65a geht, so ist es zwar nicht grundsätzlich zu Untersuchungszwecken abzulehnen, zumal ihm eine Hilfefunktion etwa bei sprachlichen Ausdrucksschwierigkeiten bzw. insofern zukommen kann, als Betroffene ggf. Scham emp-

finden, körperbezogene Details zu berichten. Aber das genannte Spielen taugt schon deshalb nicht als alleiniges oder tragendes Indiz für sexuellen Missbrauch (BGHSt 45, 164 = StV 1999, 473 = NStZ 2000, 100; StV 2008, 236; krit. auch BGH StV 1995, 563), weil es gerade jüngeren Kindern im Allg. schwerfällt, Puppen als (symbolische) Repräsentanten der eigenen Person zu verstehen und zu instrumentalisieren (*De Loache/Marzolf* JExpChildDevelopment 1995, 155 ff.). Insbesondere ist kindliches Spielverhalten tendenziell offen für Fehlinterpretationen, und die Auswertung ist nicht hinreichend festgelegt (*Coolbear* Canadian Psychology 1992, 151 ff. (154)). Nicht zuletzt kann es sich im Einzelfall um ein Instrument zur Kaschierung falscher Aussagen handeln. – Ähnliche Enwände bestehen ggü. der Deutung von **Zeichnungen** oder unspezifischen Verhaltensweisen bzw. Antworten zB auf eine „Einladung" zur **Spekulation** (etwa gem. der Frage: „Was könnte dann passiert sein?"). Solche Entäußerungen führen – insb. auch im Zeitablauf, dh iSd Entwicklung einer Eigenrealität – zu einem Anstieg zwar durchaus erwartbarer, aber falscher Angaben (vgl. zu experimentellen Belegen *Schreiber,* Zeugenbefragung von Kindern, 2000, 62 f.). Bedenken ergeben sich auch bei der Verwendung von (als erinnerungserleichternd geltenden) **Bildkarten** (vgl. allg. etwa *Roebers/Beuscher* Praxis-KiPsych 2004, 707 ff.), die, auch wenn sie erst im Anschluss an einen „freien Bericht" eingesetzt werden, Gefahren der (suggestiven) Verfestigung bzw. Verzerrung in sich tragen (weniger krit. *Hermanutz/Adler* Kriminalistik 2009, 626 ff., krit. dazu aber *Weihmann* Kriminalistik 2010, 82 ff.); vergleichbare Einwände der Einengung bestehen ggf. hinsichtlich Vernehmungskarten (vgl. *Schröder/Hermanutz* Kriminalistik 2016, 679 ff. sowie, betr. Einbeziehung auch von Bildkarten, *Hahn/Hermanutz* P&W 14, 15).

66   **cc)** In manchen Fällen ist das Ziel der **Wahrheit**sermittlung uU überhaupt **nicht** oder nicht **mehr** erreichbar (zum Verbot, dies betr. erwiesene Tatsachen strafschärfend zu berücksichtigen, BGH StV 2017, 32 = BeckRS 2016, 17225). Dies kann zum einen für Fälle gelten, in denen das (mutmaßliche) tatsächliche Opfer schon zur Wahrnehmung nicht oder nur eingeschränkt fähig war (vgl. etwa BGH NStZ 2011, 473: BAK der 13-jährigen Zeugin 1,94 ‰ (Aufhebung der Verurteilung zu JStrafe von 8 Jahren), NStZ 2011, 473). Zum anderen gilt es bei erinnerungsbeeinträchtigenden Interventionen (vgl. zB Anm. *Düring/Eisenberg* StV 1997, 458; vgl. auch *Endres/ Scholz* NStZ 1994, 467 (472 f.); näher zur Entstehung *Scholz* RuP 2003, 76 ff.), dh diesbezügliche Versuche auch seitens des Gerichts sind hinfällig (wohl einschlägig etwa BGH StV 2003, 604: Aufhebung der Verurteilung entgg den Gutachten einer Fachpsychologin für Rechtspsychologie und eines Psychiaters). So lassen sich qualitative Unterschiede zwischen erlebnisbegründeten und suggerierten Aussagen im Wesentlichen nicht finden (vgl. *Volbert* in Volbert/Steller, Handbuch der Rechtspsychologie, 2008, 338 f.; vgl. auch → Rn. 64). Ergibt die Aussagegenese begründete Hinweise auf suggestive Einflüsse, so kann die Möglichkeit, dass die Aussage auf Pseudoerinnerungen beruht, auch dann nicht verneint werden, wenn ihr gem. inhaltsanalytischer Methodik eine als hoch beurteilte Aussagequalität zukäme: nach potentiell suggestiver Genese ist die Aussage *„invalidiert"* (vgl. BGH StV 2017, 9; StraFo 2017, 25 = NStZ-RR 2017, 88 betr. LG Marburg 31.8.2015 – 3 KLs 1 Js 676/13 mit Bspr. *Eisenberg* NZFam 2017, 1 ff.; BGH NStZ-RR 2018, 120; *Steller* in Volbert/Steller, Handbuch der Rechtspsychologie, 2008, 307).

c) **Vernehmungstechnik. aa)** (1) Bezüglich des Vernehmungs**stils** im 67 engeren Sinne ist ruhiges und behutsames Vorgehen zwar eine notwendige, keineswegs jedoch eine hinreichende Bedingung zur Vermeidung von Sekundärviktimisierungseffekten wie zur Wahrheitsermittlung. Für die Praxis erscheinen folgende **Grundregeln** erwähnenswert: Das Kind bzw. der Jugendliche sollte (vgl. auch § 69 Abs. 1 S. 1 StPO, Muss-Vorschrift) nach Möglichkeit (zunächst) eine freie Schilderung der in Frage stehenden Vorkommnisse geben (vgl. auch *Volbert* ZKiJPsychiatr 1995, 22: „anfangs so offen wie möglich ... erst allmählich spezifischer"; vgl. auch *Saywitz/Camparo,* Evidence based child forensic interviewing, 2014, 99 ff. bzw. 130 ff.). Ist dies nicht oder nur unzureichend möglich, sollte mit Hilfe allg. Fragen nach dem (angeblichen) weiteren Geschehensablauf versucht werden, eine Wiedergabe mit den Worten des Kindes bzw. des Jugendlichen zu erhalten. Bei sich anschließenden Fragen sollte – jedenfalls bei Kindern und idR auch bei Jugendlichen – davon abgesehen werden, Zweifel und Unglauben laut werden zu lassen; eine sachliche Klärung ist eher durch neutrales Nachfragen (etwa: „ich habe das noch nicht richtig verstanden") zu versuchen. Besonders ist zu beachten, dass in Fragen etc keine negativen Wertungen des Verhaltens des Kindes/Jugendlichen oder seiner Person mitschwingen dürfen. Insgesamt könnte zwar ein etwaiger Mangel an Unterstützungsbereitschaft seitens der vernehmenden Person die Wirksamkeit strafprozessualer Schutzvorschriften beeinträchtigen (vgl. auch *Busse ua,* Belastungserleben von Kindern in Hauptverhandlungen, 1996, 203; zum kognitiven Interview ggf. auch bei 4-jährigen vgl. *Holliday* Child Development 2003, 728 ff.), jedoch verlangt die Wahrheitsermittlung unbedingte Neutralität auch bei Anwendung dieser Vorschriften.

(2) Weiterhin sind Suggestivfragen (im Sinne einer Fehlleitung) auf dem 68 Hintergrund dieser oder jener *Erwartungshaltung* zu *vermeiden.* Dies gilt zwar in erster Linie im Interesse der Wahrheitfindung, aber letztendlich auch im Interesse der psychischen Stabilität des Kindes. So können Suggestivfragen uU aufgrund der wahrgenommenen Autorität des Vernehmenden zu einer Verunsicherung bezüglich der eigenen Erinnerung und deren Authentizität führen (zur Aussagewürdigung vgl. Nachw. bei *Eisenberg* Beweisrecht StPO Rn. 1413 ff., 1428 ff.). – Soweit § 69 Abs. 2 S. 2, eingeführt durch Gesetz v. 29.6.2013 (BGBl. I 1805), die vernehmende Person verpflichtet (dazu ohnehin §§ 160, 244 Abs. 2 StPO), dem als durch die mutmaßliche Straftat verletzt geltenden Zeugen „Gelegenheit zu geben", sich zu *Auswirkungen* der mutmaßlichen Tat zu äußern (abl. Stellungnahme DAV Nr. 10/11 *(von Galen)* S. 1), nährt es die *Gefahr,* dass durch die Aufforderung oder Anregung gleichsam eine suggestive Wirkung hinsichtlich der Unterstellung des Erwiesenseins der mutmaßlichen Tat ausgelöst und der Zeuge zudem gar zur Verletzung der Pflicht, wahrheitsgemäß auszusagen (§ 48 Abs. 1 StPO), provoziert werden könnte (vgl. schon zum RefE-StORMG *Eisenberg* HRRS 2011, 65; vgl. auch *Deutscher* StRR 2013, 325; *Pollähne* HbStV § 56 Rn. 9, 19: „Symbolkraft").

bb) Was die **polizeiliche Vernehmung** kindlicher/jugendlicher Zeugen 69 angeht, die (mutmaßlich) tatsächlich Opfer sind, so interessieren zum einen die etwaigen Probleme, die sich aus Ablauf und Durchführung für die Evaluierung der Glaubhaftigkeit der Angaben stellen. Zum anderen aber können sich schon aus der Art der polizeilichen Vernehmungs- und Ermittlungsführung Nachteile für den betroffenen Minderjährigen im Sinne einer weiteren Traumatisierung ergeben (haben). Dies ist für das erkennende Gericht nicht schon deshalb irrelevant, weil es für eine etwa bereits entstandene Sekundärtraumatisierung nicht verantwortlich ist und daran naturgemäß auch nichts mehr ändern kann. Vielmehr bleiben einschlägig negative Erfahrungen wohl kaum ohne Einfluss auf das weitere Verhalten des betroffenen Kindes/Jugendlichen in vergleichbaren (Vernehmungs-)Situationen. Von daher kann sich zumindest die Notwendigkeit ergeben, den Verlauf des „Erstkontaktes" des Kindes/Jugendlichen mit einer Strafverfolgungsbehörde nachzuvollziehen und bei der Gestaltung der eigenen Vernehmung zu berücksichtigen, wobei freilich in entsprechend ungünstig gelagerten Einzelfällen fraglich sein kann, ob hinreichend Spielraum besteht, bereits wirksam gewordene negative **Einflüsse** auf die Qualität der **Aussage** zu neutralisieren.

70 (1) Grundsätzlich sind auch die Leitlinien für die polizeiliche Vernehmung von kindlichen/jugendlichen Zeugen dem Gedanken verpflichtet, (weitere) Traumatisierungen zu verhindern (s. auch die elterliche Anwesenheit, → § 67 Rn. 11 ff.; vgl. insb. PDV 382 1.2 S. 1 (einschr. aber bereits S. 2), 3.2.1, 3.6.1). Erkennbar jedoch erscheinen kriminaltaktische und praktische Erwägungen des Dienstbetriebes fast durchweg geeignet, Vorrang ggü. den Belangen und dem Schutz des (mutmaßlich) tatsächlichen Opfers vor psychischen Belastungen einzunehmen (vgl. PDV 382 3.2.2, 3.5.6, 3.6.3 S. 1). Deshalb wäre eine konsequente Berücksichtigung der genannten Schutzbelange in den einschlägigen polizeilichen Vorschriften zu empfehlen, ohne dass verkannt werden darf, dass bestimmte Belastungen des kindlichen/jugendlichen Zeugen aus sachimmanenten Gründen nicht umgangen werden können. Derartige Gründe können zB in der notwendigen Identifizierung eines Tatverdächtigen durch den Zeugen liegen.

71 (2) Bei der zu diesem Zwecke durchzuführenden **Gegenüberstellung** freilich handelt es sich für kindliche/jugendliche (mumaßlich) tatsächliche Opferzeugen in der Mehrheit der Fälle um eine extrem belastende Situation. Daher ist in jedem Fall die Notwendigkeit der Identifizierung durch diese Person ebenso wie die Ausgestaltung der Identifizierungssituation einer genauen Prüfung zu unterziehen. Insoweit lassen PDV 382 3.7.1–3.7.6 es an der notwendigen Klarheit und Flexibilität fehlen, sodass ein diesbezüglich hinreichend sensibler Umgang mit kindlichen Zeugen in der hier erörterten Funktion im polizeilichen Dienstalltag nicht immer gewährleistet erscheint (s. insb. PDV 382 3.7.4 S. 2 als allfällige Einschränkungsmöglichkeit des S. 1). Indes sind bei Gegenüberstellungen, die die Probleme und Ängste kindlicher (mutmaßlich) tatsächlicher Opferzeugen missachten, auch falsche Identifizierungen bzw. Nichtidentifizierungen zumindest nicht unwahrscheinlich (vgl. zu Problemen der Personen(falsch)identifizierung Nachw. bei *Eisenberg* Beweisrecht StPO Rn. 1383 ff.; speziell betr. jugendlichen Zeugen BGH JR 2012, 167 mkritAnm *Eisenberg*).

72 **cc)** Vernehmungen sollten nicht abrupt abgebrochen werden (vgl. auch *Saywitz/Camparo*, Evidence based child forensic interviewing, 2014, 147 ff.). Es ist empfehlenswert, dem Kind/Jugendlichen für seine Mitarbeit zu danken, ihm eine Art „Rückmeldung" zu geben und ihm auch den **weiteren Verlauf** des Verfahrens kurz zu **erklären.** Zwar mag in den meisten Fällen die Mitarbeit des Kindes/Jugendlichen zumindest auf der jeweiligen Verfahrensstufe mit seiner Aussage beendet sein, sodass die vernehmende Person von einer entsprechenden Gesprächsausleitung „nichts mehr hat". Sie er-

möglicht jedoch damit dem Kind/Jugendlichen, seine Rolle in dem Prozess besser einzuordnen und hilft damit uU, Spannungen und Frustrationen zu vermeiden.

Aufgaben des Jugendrichters

34 (1) **Dem Jugendrichter obliegen alle Aufgaben, die ein Richter beim Amtsgericht im Strafverfahren hat.**

(2) [1]**Dem Jugendrichter sollen für die Jugendlichen die familiengerichtlichen Erziehungsaufgaben übertragen werden.** [2]**Aus besonderen Gründen, namentlich wenn der Jugendrichter für den Bezirk mehrerer Amtsgerichte bestellt ist, kann hiervon abgewichen werden.**

(3) **Familiengerichtliche Erziehungsaufgaben sind**

1. **die Unterstützung der Eltern, des Vormundes und des Pflegers durch geeignete Maßnahmen (§ 1631 Abs. 3, §§ 1800, 1915 des Bürgerlichen Gesetzbuches),**
2. **die Maßnahmen zur Abwendung einer Gefährdung des Jugendlichen (§§ 1666, 1666a, 1837 Abs. 4, § 1915 des Bürgerlichen Gesetzbuches).**

Schrifttum *Hartmann,* Die Anordnung von U-Haft ..., 1988; *Hoops/Permien,* „Mildere Maßnahmen sind nicht möglich!", Freiheitsentziehende Maßnahmen nach § 1631b BGB in Jugendhilfe und Jugendpsychiatrie, 2006; *Otto,* Der Grundsatz der Ämtereinheit des Jugend- und des Vormundschaftsrichters, 1970; *Schmidt,* Die Personalunion des Jugend- und Familienrichters, 2014; *Simon,* Der Jugendrichter im Zentrum der Jugendgerichtsbarkeit, 2003.

Übersicht

I. Anwendungsbereich

Die Vorschrift gilt für **Jugendliche** nicht in Verfahren vor den für allg. **1** Strafsachen zuständigen Gerichten (§ 104 Abs. 1).

2   Abs. 1 gilt – im Gegensatz zu Abs. 2 und 3 – auch in Verfahren gegen
     Heranwachsende (§ 107), allerdings nur vor den JGerichten, also nicht in
     Verfahren vor den für allg. Strafsachen zuständigen Gerichten (§ 112 S. 1,
     § 104 Abs. 1). – In Verfahren gegen Erwachsene gilt Abs. 1 vor Jugend-
     schutzgerichten (vgl. → § 33–33b Rn. 6f, ergänzend → Rn. 45 ff.).

II. Zum Verhältnis von Jugendgericht und Familiengericht

3   Bis zum Inkrafttreten des Kindschaftsrechtsreformgesetzes (1997) be-
     stimmte Abs. 2 S. 1 aF, dass der JRichter nach Möglichkeit zugleich Vor-
     mundschaftsrichter sein sollte. Diese Forderung nach einer Personalunion
     von JRichter und Vormundschaftsrichter ging auf den Anfang einer eigen-
     ständigen JGerichtsbarkeit zurück und entsprach dem sog. Frankfurter Sys-
     tem (vgl. näher 7. Aufl.; eingehend zur Regelungsgeschichte *Schmidt,* Die
     Personalunion des Jugend- und Familienrichters, 2014, 107 ff.).
4   Bereits durch das vorgenannte Gesetz wurden verschiedene Aufgaben vom
     VormundschaftsG auf das FamG übertragen, sodass dem erstgenannten im
     JStrafverfahren eine geringere Bedeutung zukam und eine ergänzende Zu-
     ständigkeit des JRichters allein als Vormundschaftsrichter nicht mehr zweck-
     mäßig erschien. Andererseits hätte eine allg. Zuständigkeit des JRichters
     sowohl für vormundschafts- als auch für familiengerichtliche Aufgaben zu
     einer Überlastung des JRichters geführt. Daher wurde die Forderung nach
     einer Personalunion in Abs. 2 S. 1 aF gestrichen und durch eine beschränkte
     Zuweisung einzelner Maßnahmen, die in die Zuständigkeit des Vormund-
     schafts- oder FamG fallen, ersetzt (vgl. BT-Drs. 13/4899, 143 f.). Außerdem
     wurde durch das genannte Reformgesetz in **Abs. 3 Nr. 2** der Verweis auf
     § 1837 Abs. 4 BGB eingefügt, in der Funktion, klarzustellen, dass auch die
     Kontrolle der Ausübung der Personen- und Vermögenssorge durch den
     Vormund zu den familien- und vormundschaftsgerichtlichen Aufgaben ge-
     hört. Durch das FamFG v. 17.12.2008 (BGBl. I 2586) wurde einheitlich die
     Zuständigkeit des *FamG* eingeführt (§ 151 Nr. 8 FamFG).

III. Jugendgerichtliche Aufgaben

1. Allgemeines

5   Neben den dem JRichter gesetzlich besonders zugewiesenen Aufgaben
     (§§ 45 Abs. 3, 77, 82 ff., 97 ff.) obliegen ihm nach **Abs. 1** entsprechend
     einem Richter am AG im Strafverfahren die Aufgaben des erkennenden
     Einzelrichters (§§ 33 Abs. 2, 39) und des Vorsitzenden des JSchG (§ 33a
     Abs. 1 S. 1, § 40) wie auch die außerhalb der HV erforderlich werdenden
     Entscheidungen (§ 30 Abs. 2 GVG), namentlich die richterlichen Hand-
     lungen im vorbereitenden Verfahren (§§ 65, 86 ff., 98, 100, 105, 114 ff., 125
     Abs. 1, 126 Abs. 1, 128, 162, 165, 166 StPO, §§ 71, 72 (s. aber Verlagerung
     gem. VO Hmb. v. 18.3.2004, GVBl. 182)) nebst Rechtshilfe im JStrafver-
     fahren (vgl. RL Nr. 1 S. 1, § 157 GVG).

2. Geschäftsverteilungsplan

Die von **Abs.** 1 umfasste Aufgabenzuweisung stellt eine **zwingende** 6 gesetzliche Regelung **für** die Aufstellung eines Geschäftsverteilungsplanes dar. Bei strikter Gesetzesauslegung wäre es nach § 34 Abs. 1 unzulässig, einzelne Bereiche des Jugendstrafverfahrens verschiedenen Richtern zuzuweisen, dh dem Jugendrichter müssten in dem jeweiligen Verfahren sämtliche Aufgaben übertragen werden, damit er selbst unmittelbar umfassende Kenntnis über alle das Verfahren gegen einen Jugendlichen betreffenden Verfahrensabschnitte erlangen kann (vgl. OLG Düsseldorf BeckRS 2006, 07150; VG Schleswig DRiZ 1991, 98 f.). § 34 verlangt aber keine durchgehende personale Identität bzw. Kontinuität des JRichters, schon diese sich zB in Verfahren erstinstanzlicher Zuständigkeit der JKammer (§ 41) nicht verwirklichen lässt und auch sonst Gründe der Praktikabilität oder iSv Gefahren voreingenommenen Beharrens (gar eines sog. „primacy effects") entgegenstehen (*Höffler* in MüKoStPO Rn. 5). Notwendig ist aber, dass im gesamten Verfahren ausschließlich Richter tätig werden, die als JRichter eingesetzt sind (und die Qualifikationserfordernisses gem. § 37 erfüllen). Deshalb muss es sich auch bei einem „JErmittlungsrichter" um einen JRichter mit dieser besonderen Geeignetheit handeln, der ansonsten in allen Abschnitten des JStrafverfahrens eingesetzt wird. Soweit er *zeitweise* ausschließlich als Ermittlungsrichter tätig ist, setzt dies voraus, dass er zuvor hinreichend lange in allen Abschnitten des JStrafverfahrens tätig war und zukünftig auch wieder dort tätig sein wird (*Höffler* in MüKoStPO Rn. 5 mwN.; n. zur Diskussion und für eine abw. Handhabung *Reichenbach* NStZ 2005, 618 (619 ff.). Unbeachtlich ist demgegenüber, ob ein Ermittlungsrichter im Geschäftsverteilungsplan als „JErmittlungsrichter" bezeichnet ist (vgl. OLG Düsseldorf BeckRS 2006, 07150). Soweit eine Zäsur zwischen Erstentscheidung nach § 2 Abs. 2, § 128 Abs. 1 StPO – bei der es vorrangig um Sachaufklärung gehe und Geeignetheit gem. § 37 weniger gefragt sei – und Anschlussentscheidungen empfohlen wird (vgl. etwa *Czerner/Habetha* in HK-JGG Rn. 5), trägt dies der Bedeutung des Eingriffs durch die Erstentscheidung ebenso wenig Rechnung wie es unberücksichtigt lässt, dass eine Vielzahl rechtlicher Voraussetzungen des Eingriffs jugendstrafrechtlich anderen bzw. modifizierten Kriterien unterliegen, als es im allg. StR der Fall ist, und dass es deshalb gerade auch bei der Erstentscheidung der Geeignetheit gem. § 37 bedarf (vgl. auch *Schady* in NK-JGG Rn. 2 (betr. VO Hamburg v. 18.3.2004, GVBl. 182)). – Ob indes eine Verletzung von § 16 S. 2 GVG, Art. 101 Abs. 1 S. 2 GG vorliegt, wenn JStrafsachen nach Verfahrensstadien mehreren Richtern zugeteilt werden (LG Göttingen NdsRpfl 1977, 218; vgl. auch OLG Köln Zbl 1981, 34; vgl. speziell *Hartmann,* Die Anordnung von U-Haft …, 1988, 151 ff.), ist nach hM an die Voraussetzung von Willkür geknüpft (konkret vern. BVerfG NStZ-RR 2005, 279; OLG Düsseldorf BeckRS 2006, 07150; LG Berlin NStZ 2006, 525).

Wenngleich hiernach die Regelung in § 22d GVG unanwendbar ist, weil 7 sie einen gesetzmäßigen Geschäftsverteilungsplan voraussetzt (LG Göttingen NdsRpfl 1977, 218 (219)), ist dadurch in der Praxis allerdings nur begrenzt dem jugendstrafrechtlichen Grundgedanken der Entscheidungskonzentration bei einem Richter mit besonderer Sachkunde und Erfahrung Rechnung getragen (vgl. auch BVerfG NStZ-RR 2005, 279; dazu aber Bspr. *Reichenbach* NStZ 2005, 617). So bestehen ua Anhaltspunkte dafür, dass bei der

Zuweisung von JRichter-Dezernaten mitunter *organisatorische* Gesichtspunkte der Justizverwaltung solche der Eignung und Erfahrung *überlagern* (vgl. kasuistisch zu AG Krefeld etwa Anm. *Eisenberg* ZJJ 2017, 186; → Einl. Rn. 38 sowie → § 37 Rn. 11 f.).

IV. Familiengerichtliche Erziehungsaufgaben

1. Erzieherische Belange

8   Die Zuweisung der familiengerichtlichen Erziehungsaufgaben soll – ähnlich (wenn auch weniger weitreichend) wie die vormals in Abs. 2 S. 1 aF vorgesehene Personalunion – eine einheitliche erzieherische Wirkung (vgl. → § 31 Rn. 3) der jugend- und familiengerichtlichen Maßnahmen gewährleisten, indem sie aufeinander abgestimmt und planmäßig durchgeführt werden. Hinsichtlich der Personalunion wurde es vielfach als Vorteil der richterlichen Aufgabenverbindung erachtet, dass derselbe Richter den Jugendlichen bereits seit früher Kindheit „kenne", was zu einer besseren Persönlichkeits- und sachgerechteren Tatbeurteilung führe (vgl. *Dallinger/ Lackner* Rn. 6; *Messerer* unsere jugend 1951, 2; v. *Schlotheim* unsere jugend 1954, 130). Zu bedenken ist allerdings, dass eine vorausgegangene zB kontrollierende Funktion als Familienrichter dazu führen kann, dass derselbe Richter etwaige nachfolgende Verfehlungen des Minderjährigen umso eher iSd Bestätigung seiner früheren Kontrollausübung versteht, als auch Amtierende allg. Abwehrmechanismen ggü. kognitiver Dissonanz unterliegen, und zwar unabhängig von der Eignung iSv § 37 (vgl. auch → § 43 Rn. 14; im Übrigen *Schaffstein/Beulke/Swoboda* JugendStrafR 595). Zudem besteht eine darin liegende Gefahr der Verletzung des Grundsatzes, dass in anderer Funktion (s. (betr. das JAmt) § 50 KJHG) erlangte Daten nicht zu anderem Zweck übermittelt oder genutzt werden dürfen (§ 64 KJHG iVm § 78 SGB X; ebenso *Laubenthal/Baier/Nestler* JugendStrafR Rn. 130).

2. Absatz 2

9   **a) Grundsatz und Abweichung.** Der nur als Soll-Bestimmung ausgestaltete Grundsatz der Übertragung familiengerichtlicher Erziehungsaufgaben auf den JRichter (Abs. 2 S. 1) lässt bei der Geschäftsverteilung Raum für gerichts**organisatorische** Gesichtspunkte. Entsprechende Erwägungen (sowie Fragen der Belastung und Spezialisierung) sind in der Praxis verbreitet und Anlass für eine deutliche normbezogene Skepsis – die wiederum dazu beiträgt, dass die Ämtereinheit von Jugend- und Familienrichter rechtstatsächlich sehr selten realisiert wird (zum Ganzen die Befragungsdaten dazu bei *Simon,* Der Jugendrichter im Zentrum der Jugendgerichtsbarkeit, 2003, 67; *Hügel* FS Brudermüller, 2014, 352; *Schmidt,* Die Personalunion des Jugend- und Familienrichters, 2014, 229 ff., 240 ff.; zur Umsetzung von Abs. 2 S. 1 aF s. 7. Aufl.).

10   Gesetzessystematisch wenig folgerichtig und in rechtlich bedenklicher Unbestimmtheit sieht Abs. 2 S. 2 die Möglichkeit einer Abweichung vom Gebot der Aufgabenzuweisung aus besonderen Gründen vor. Betreffend das (einzige) im Gesetz erwähnte Beispiel wird es sich empfehlen, dem BezirksJRichter nicht die familiengerichtlichen Erziehungsaufgaben aus den

anderen Bezirken zur Erledigung zu übertragen, sondern ihm lediglich diejenigen aus seinem AG-Bezirk zuzuteilen (vgl. auch schon *Dallinger/ Lackner* Rn. 12; *Potrykus* Anm. 5).

b) Einzelfragen. aa) Zur Vermeidung einer dem vorgenannten Grund- 11 satz widersprechenden Aufgabenverteilung bei verschiedenen Gerichten ist für eine **örtliche Verfahrenskonzentration** Vorsorge getroffen (vgl. für den Gerichtsstand der familiengerichtlichen Zuständigkeit $\S$ 42 Abs. 1 Nr. 1, Abs. 2; s. auch RL 2, 3; zu Mitteilungspflichten $\S$ 70 nebst MiStra Nr. 31, 32, vgl. auch → $\S$ 70 Rn. 10, 16).

bb) Eine **Verbindung** der Aufgaben des **JRichters** mit denjenigen des 12 **Strafrichters** sollte möglichst (s. aber $\S\S$ 47a, 103) vermieden werden, da nur in dieser Weise den gesetzlich vorgegebenen grundsätzlichen Unterschieden zwischen JStR und allg. StR praktische Geltung wird verschafft werden können (vgl. aber BGH NJW 1966, 1037).

cc) Die Aufteilung von JRichter-Dezernaten nach Jugendlichen einerseits 13 und Heranwachsenden andererseits verbietet sich bereits im Hinblick auf $\S$ 105 Abs. 1 (zu weitgehend *Becker* JR 1953, 413).

3. Abs. 3

Die familiengerichtlichen Erziehungsaufgaben in Abs. 3 sind begrifflich 14 den Maßnahmen des FamG ($\S$ 3 S. 2) zuzuordnen und von den erzieherischen Maßnahmen ($\S$ 45) sowie den Erziehungsmaßregeln iSv $\S\S$ 9 ff. zu unterscheiden. – Die in Nr. 1 aufgeführten Maßnahmen sind dadurch gekennzeichnet, dass sie nur im Einverständnis mit den Erziehungsberechtigten angeordnet werden. Die Aufgaben nach Nr. 2 greifen Raum bei Missbrauch des Personensorgerechts sowie im Falle der Vernachlässigung oder sonstigen Gefährdung des Minderjährigen (speziell betr. mehrfaches unentschuldigtes Fernbleiben vom Unterricht *Buck* DRiZ 2013, 134 f.; vgl. ergänzend → $\S$ 5 Rn. 64b, → $\S$ 11 Rn. 15a, → $\S$ 82 Rn. 34).

a) Freiheitsentziehung. Bei jeder Form eines solchen Eingriffs ggü. 15 einem Minderjährigen verlangen Art. 2 Abs. 2 S. 2 iVm Art. 104 Abs. 2 S. 1 GG jeweils eine – dem besonders hohen Rang des **Freiheitsgrundrechts** (im Allg. und) bei in der **Reifeentwicklung** befindlichen Personen im Besonderen entsprechende – gerichtliche Prüfung der Rechtmäßigkeit. Demgemäß sind in der Entscheidung Art und Dauer der Unterbringung zu bezeichnen ($\S$ 38 FamFG), und ohnehin ist die Unterbringung aufzuheben, sobald die Voraussetzungen entfallen sind (dazu $\S$ 1631b Abs. 1 S. 2 BGB).

Immer dann, wenn es zur Wahrnehmung der Interessen des Minderjäh- 15a rigen **erforderlich** ist ($\S$ 158 FamFG), hat das Gericht ihm einen **Verfahrensbeistand** zu bestellen (zur Vergütung pauschal $\S$ 158 Abs. 7 FamFG) – dies wird idR der Fall sein bei Entscheidungen zur Frage freiheitsentziehender Unterbringung bzw. des Entzugs der elterlichen Sorge (vgl. näher $\S$ 158 Abs. 2 Nr. 3 bzw. Nr. 2 FamFG). Derjenige, über dessen Unterbringung entschieden wird ($\S$ 159 FamFG, betr. einstweilige Anordnung als Soll-Vorschrift $\S$ 156 Abs. 3 S. 3), ebenso wie die Personensorgeberechtigten sind **persönlich anzuhören** ($\S$ 160 FamFG), und zudem besteht eine **Erörterungspflicht** darüber, wie einer Gefährdung des Kindeswohls begegnet werden kann ($\S$ 157 FamFG). – Zudem ist ein Gutachten eines **Sachverständigen** einzuholen ($\S$ 163 FamFG), der bezüglich Entscheidungen gem. § 1631b BGB zumindest eine abgeschlossene Ausbildung zB auf dem Gebiet der Psychotherapie, Psychologie, Pädagogik, Sozialpädagogik oder Psychiatrie aufzuweisen hat (§ 167 Abs. 6 FamFG; vgl. in Übrigen *Vogel* Praxis der Rechtspsychologie 2014, 457 ff.). Eine solche Ausbildung ist indes allenfalls eine notwendige, keineswegs aber eine hinreichende Voraussetzung für die erforderliche Qualifikation. Schon deshalb hat das Gericht das Gutachten selbstständig und **krit.** zu **würdigen** (vgl. auch → § 43 Rn. 50 ff. entspr.). – Eine *einstweilige Anordnung* ist auch wegen der Gefahr von (zusätzlichen) Beeinträchtigungen des Minderjährigen nur unter *engen Voraussetzungen* zulässig (§ 49 iVm § 156 Abs. 3 S. 1 oder § 157 Abs. 3, iVm § 49 FamFG).

16   **b) Inobhutnahme.** Bezüglich der jugendhilferechtlichen Inobhutnahme *gegen den Willen* des Minderjährigen (§ 42 Abs. 5 KJHG) ist die Prüfung der Rechtmäßigkeit (zur Frist vgl. § 42 Abs. 5 S. 2 KJHG) unabhängig davon vorzunehmen, ob die Eltern eine Freiheitsentziehung beantragt haben und anstreben. Hinsichtlich der Gefahr geht es nicht um eine solche für die Allgemeinheit iSd Polizeirechts, sondern es ist eine Gefahr iSv § 1666 BGB zu prüfen, wobei die Zulässigkeit polizeilichen „Obhutsgewahrsams" ein „Sich-Entziehen" aus der Obhut der Personensorgeberechtigten voraussetzt (vgl. nur § 39 Abs. 2 BPolG (ebenso die Landespolizeigesetze); zur Prüfungspflicht insgesamt *Kahl* Kriminalistik 2013, 208 ff.). Im Übrigen kommt gerade hier dem *Verhältnismäßigkeitsgrundsatz,* insb. den Kriterien der Erforderlichkeit bzw. der Subsidiarität, wesentliche Bedeutung zu. Besondere Ermittlungsaufgaben (zB zur Altersfeststellung) können sich bei unbegleiteten *nichtdeutschen* Jugendlichen ergeben (vgl. §§ 42a–42f KJHG, eingef. durch Gesetz v. 28.10.2015 (BGBl. I 1802); vgl. nur *Trenczek/Düring/Neumann-Witt,* Inobhutnahme – Krisenintervention und Schutzgewährung durch die Jugendhilfe, 3. Aufl. 2017, 88 ff., 248 ff., 350 ff.).

16a   Rechtstatsächlich ist entsprechend der Ausdehnung der Pflichten des JAmts zur Anrufung des FamG bzw. zur vorläufigen Inobhutnahme auch ohne dessen Entscheidung (§ 8a Abs. 3 S. 1 bzw. 2 KJHG; vgl. zur „Einschätzung" von „Gefährdung" § 8a Abs. 4 (s. auch Abs. 5) KJHG) ein Anstieg der Verfahren nach diesen Vorschriften, dh eine Ausdehnung von Kontrolle zu verzeichnen gewesen (vgl. zu Zahlen des Statistischen Bundesamtes ZKJ 2008, 351). Allerdings unterliegt der Eingriff schon wegen der Vagheit von „Einschätzungen" in besonderem Maße dem Verhältnismäßigkeitsgrundsatz.

17   **c) Längerfristige Freiheitsentziehung; Entziehung des Sorgerechts. aa)** Familienrechtlich bedarf es einer gerichtlichen Entscheidung (§ 1631b Abs. 1 BGB), wenn eine *längerfristige Freiheitsentziehung* vorgesehen ist. Eine Genehmigung kommt nur in Fällen erheblicher Selbst- oder Fremdgefährdung in Betracht (nach BT-Drs. 16/6815, 14 seien beide „eng miteinander verbunden"), jedoch ist eine Fremdgefährdung nur relevant, wenn sie mit einer Selbstgefährdung einhergeht. Eine Vorab-Unterbringung ist nur zulässig, wenn das gerichtliche Verfahren einen Aufschub bedingen würde und mit diesem die in Rede stehende Gefahr verbunden ist, jedoch ist dann die Genehmigung unverzüglich nachzuholen (§ 1631b Abs. 1 S. 3 Hs. 2 BGB). – Rechtstatsächliche Anhaltspunkte (aus zurückliegender Zeit) lassen auf Verfahrensmängel (zB hinsichtlich Anhörung des Minderjährigen, Verfahrenspflegschaft etc) schließen (vgl. *Hoops/Permien* 60 ff.; zum Sachverständigen vgl. *Vogel* Praxis der Rechtspsychologie 2014, 457 ff.).

Die Unterbringung geschieht (oder geschah) nur zu eher kleinerem Anteil 17a
in geschlossenen Heimen der JHilfe, in erheblicher Zahl hingegen in Einrichtungen der Psychiatrie (krit. *Dünkel* NK 2008, 123).

bb) Hinsichtlich der teilweisen oder gänzlichen *Entziehung* des *Sorgerechts* 18
(§§ 1666, 1666a BGB) steht gem. § 1666 Abs. 3 BGB eine gewisse Anzahl
an Interventionsmöglichkeiten zur Verfügung, um eine Entziehung zu vermeiden. Im Übrigen kommt es auf den Makel eines Erziehungsversagens im
Sinne schuldhafter Verursachung („missbräuchliche Ausübung der elterlichen
Sorge") nicht (mehr) an. Andererseits sieht § 166 FamFG als Soll-Vorschrift
eine Überprüfung idR binnen drei Monaten in Fällen einer den Entzug
ablehnenden Entscheidung vor, dh es ist neben dem (verbaliter angeführten)
Schutzeffekt zweierlei an Negativa zu besorgen: zum einen könnte es aus
arbeitsökonomischen Gründen ggf. zu einer eher extensiven Entziehungspraxis kommen, zum andern könnten Beeinträchtigungen einer gedeihlichen Entwicklung des Minderjährigen durch eine (seitens des JAmts gar
rechthaberisch motivierte) „Dauerkontrolle" die Folge sein.

Rechtstatsächlich ist, mehr noch als bei der Inobhutnahme (vgl. 18a
→ Rn. 16), entsprechend der Ausdehnung der Pflichten des JAmts zur
Anrufung des FamG bzw. zur vorläufigen Inobhutnahme auch ohne dessen
Entscheidung (§ 8a Abs. 3 S. 1 bzw. 2 KJHG; zur „Einschätzung" von
„Gefährdung" § 8a Abs. 4 (s. auch Abs. 5) KJHG), zunächst tendenziell ein
Anstieg teilweiser oder gänzlicher Entziehung des Sorgerechts zu verzeichnen gewesen (vgl. zu Zahlen des StatBA ZKJ 2008, 351 f.).

Jugendschöffen

35 (1) ¹Die Schöffen der Jugendgerichte (Jugendschöffen) werden
auf Vorschlag des Jugendhilfeausschusses für die Dauer von
fünf Geschäftsjahren von dem in § 40 des Gerichtsverfassungsgesetzes vorgesehenen Ausschuß gewählt. ²Dieser soll eine gleiche Anzahl
von Männern und Frauen wählen.

(2) ¹Der Jugendhilfeausschuß soll ebensoviele Männer wie Frauen
und muss mindestens die doppelte Anzahl von Personen vorschlagen, die als Jugendschöffen und -hilfsschöffen benötigt werden. ²Die
Vorgeschlagenen sollen erzieherisch befähigt und in der Jugenderziehung erfahren sein.

(3) ¹Die Vorschlagsliste des Jugendhilfeausschusses gilt als Vorschlagsliste im Sinne des § 36 des Gerichtsverfassungsgesetzes. ²Für
die Aufnahme in die Liste ist die Zustimmung von zwei Dritteln der
anwesenden stimmberechtigten Mitglieder, mindestens jedoch die
Hälfte aller stimmberechtigten Mitglieder des Jugendhilfeausschusses erforderlich. ³Die Vorschlagsliste ist im Jugendamt eine Woche
lang zu jedermanns Einsicht aufzulegen. ⁴Der Zeitpunkt der Auflegung ist vorher öffentlich bekanntzumachen.

(4) Bei der Entscheidung über Einsprüche gegen die Vorschlagsliste des Jugendhilfeausschusses und bei der Wahl der Jugendschöffen
und -hilfsschöffen führt der Jugendrichter den Vorsitz in dem Schöffenwahlausschuß.

(5) **Die Jugendschöffen werden in besondere für Männer und Frauen getrennt zu führende Schöffenlisten aufgenommen.**

(6) **Die Wahl der Jugendschöffen erfolgt gleichzeitig mit der Wahl der Schöffen für die Schöffengerichte und die Strafkammern.**

Schrifttum *Glöckner ua,* Entscheidungsverhalten von Schöffen, Forschungsbericht (online abrufbar); *Hinrichs,* Leitfaden für Jugendschöffen, 1995 (DVJJ); *Klausa,* Zur Typologie der ehrenamtlichen Richter, 1972; *Lennartz,* Erziehung durch Jugendschöffen?, 2016; *Rennig,* Die Entscheidungsfindung durch Schöffen und Berufsrichter in rechtlicher und psychologischer Sicht, 1993.

Übersicht

	Rn.
I. Anwendungsbereich	1
II. Aufgabe des Jugendschöffen; Erwägungen zur Gesetzesänderung	2
1. Ausübung des Richteramtes	2
2. Erwägungen zur Gesetzesänderung	3
III. Auswahl der Jugendschöffen	4
1. Vorschlagsrecht	5
a) Vorschlagsliste; erzieherische Qualifikation	6
b) Aufstellung der Vorschlagsliste	9
2. Einspruch	12
3. Wahlverfahren	14
4. Haupt- und Hilfsschöffen	15
IV. Abs. 6	16
V. Revision	17
1. Absoluter Revisionsgrund	17
2. Sonstige Mängel	18

I. Anwendungsbereich

1   Die Bestimmung gilt in Verfahren gegen **Jugendliche** und **Heranwachsende** (§ 107) vor den JGerichten, dagegen nicht vor den für allg. Strafsachen zuständigen Gerichten (§§ 104 Abs. 1, 112 S. 1). – In Verfahren gegen Erwachsene gilt die Vorschrift vor Jugendschutzgerichten vgl. → §§ 33–33b Rn. 6f, ergänzend → Rn. 45 ff.).

II. Aufgabe des Jugendschöffen; Erwägungen zur Gesetzesänderung

1. Ausübung des Richteramtes

2   Die gesetzlich bestimmte Funktion der JSchöffen liegt darin, während der HV das Amt eines Richters – von gesetzlichen Ausnahmen abgesehen (zB § 31 Abs. 2 StPO) – in vollem Umfang (§ 30 Abs. 1 GVG) und unabhängig wie ein Berufsrichter (§ 45 Abs. 1 S. 1 DRiG) auszuüben (ebenso *Gerstein* ZfJ 1997, 51). Sie tragen damit eine Verantwortung ua zur Kontrolle solcher Entscheidungskriterien, die – neben dem Gesetz oder gar entgegen dem Gesetz – als institutionalisierte Handlungsnormen (vgl. dazu etwa *Eisenberg/*

Kölbel Kriminologie § 32) praktiziert werden (zur Auflösung der Laien-
gerichtsbarkeit durch VO v. 1.9.1939 vgl. *EbSchmidt* Bd. I (1964) Rn. 68,
zur Wiederherstellung Gesetz v. 12.9.1950 (BGBl. I 455, 629). Nur in
engen Grenzen kann es mit der Garantie des gesetzlichen Richters (Art. 101
Abs. 1 S. 2 GG) ggf. noch vereinbar sein, wenn die Voraussetzungen einer
Entbindung (§ 54 GVG; vgl. aber auch zur Amtsenthebung → Rn. 4) nicht
hinreichend überprüft werden (vgl. zur Aufhebung des Urteils gem. § 338
Nr. 1 StPO BGH NStZ 2015, 350 (betr. berufliche Gründe); betr. Urlaub
anders BGH NStZ 2015, 714 mzustAnm *Arnoldi;* aufhebend wegen man-
gelnder Aufklärung einer Unzumutbarkeit indes BGH StraFo 2017, 160 =
NStZ 2017, 491 mkritAnm *Arnoldi,* jeweils zum allg. StR) bzw. es iRd
Terminierungsermessens des Vorsitzenden faktisch zu einer Verhinderung
der Mitwirkung dieses oder jenes Schöffen kommt (vgl. näher dazu *Sowada*
Richter 729 ff.). – Die Schöffen haben ein Fragerecht (§ 2 Abs. 2, § 240
Abs. 2 S. 1 StPO) – zu dessen Ausübung (ohne „Vorfestlegung", dh in
offener und verständlicher sowie „respektvoller" Formulierung (*Schady*
RohR 2017, 96 f.) geben die Vorsitzenden Gelegenheit (vgl. auch *Temming*
in Graf RiStBV VV zu Nr. 126 Abs. 2 S. 1 RiStBV) –, und zwar (modifiziert) auch gegenüber minderjährigen Zeugen (§ 2 Abs. 2, § 241a Abs. 2
StPO). Die beiden Schöffen können den einen Berufsrichter überstimmen
(§ 2 Abs. 2, § 196 GVG), und in einer JKammer können die Schöffen gegen
das Abstimmungsverhalten der Berufsrichter eine dem Angeklagten nachteilige Entscheidung verhindern (§ 2 Abs. 2, § 263 Abs. 1 StPO).

Hinsichtlich der Stellung der JSchöffen fehlt in den RL eine Regelung **2a**
bezüglich der in RiStBV Nr. 126 behandelten Fragen namentlich zu *Infor-
mationsrechten* sowie dem (begrenzten) Zugang zur *Anklageschrift,* jedoch wird
eine entsprechende Anwendung angezeigt sein. – Zur Streitfrage betr. das
Akteneinsichtsrecht, die im JStR grundsätzlich nicht anders zu beurteilen ist
als im allg. StR (ebenso *Sonnen/Kalcher* DVJJ-Journal 2003, 59–61), vgl.
BGHSt 43, 36 (39); RiStBV Nr. 126 Abs. 3 nebst Erl. in *Temming* in Graf
RiStBV VV Rn. 8 zu Nr. 126; *Eisenberg* Beweisrecht StPO Rn. 74f; näher
Lennartz, Erziehung durch Jugendschöffen?, 2016, 108 ff., 273 ff.; vern. etwa
Rönnau GS Weßlau, 2016, 300 f. sowie FS Schlothauer, 2018, 375: Verlust
von „Unbefangenheit". Zur Verneinung dieses Rechts wird ua die Rolle des
Schöffen als Garant der Unmittelbarkeit iSv § 261 StPO ins Feld geführt,
wenngleich dieses Argument in der Informations- und Kommunikations-
gesellschaft an Bedeutung verloren hat.

Rechtstatsächlich bestehen zum allg. StVerfahren Anhaltspunkte dafür, dass **2b**
die Mitwirkung ehrenamtlicher Richter in der HV seitens der beteiligten
JRichter und JSchöffen eher positiv eingeschätzt wird (*Klausa,* Zur Typologie der ehrenamtlichen Richter, 1972, 69 f.; iE einschr. indes *Gerken* in
Gerken/Schumann, Rechtsstaat, 106 ff.; *Lennartz,* Erziehung durch Jugendschöffen?, 2016, 311, 342 f.). Die Erhebung von *Rennig* (Die Entscheidungsfindung durch Schöffen und Berufsrichter in rechtlicher und psychologischer Sicht, 1993) hat ergeben, dass die Entscheidungsprozesse der Schöffen
sich qualitativ (wie speziell auch betr. Härte oder Milde bzw. Extrempositio-
nen) nicht von denjenigen der Berufsrichter unterscheiden (vgl. aus der
Praxis *David* RohR 2015, 87: idR nur „Abnicken und Zuhören" bzw.
Thielmann RohR 2015, 84: „niemals erlebt, dass Schöffen den Vorsitzenden
überstimmt hätten"; andere Tendenz in den Befragungsdaten von *Lennartz,*
Erziehung durch Jugendschöffen?, 2016, 279 ff., 287 ff.). Tendenziell ähnlich

waren die Ergebnisse der Untersuchung von *Glöckner ua* (gem. schriftlich erfragter (Selbst-)Einschätzung betr. Bayern (21 % der Befragten waren in JSachen eingesetzt, S. 8), etwa S. 14, 18). Es wird für auch für Laienrichter von einem ausgedehnten Spektrum hinsichtlich der Umsetzung des Auftrags gem. § 2 Abs. 1 auszugehen sein (vgl. speziell zu Repressionsdominanz betr. Berufsrichter (auch iZm → § 37 Rn. 12a, 12b) *Eisenberg/Kölbel* Kriminologie § 31 Rn. 18, 30, betr. JSchöffen KG NStZ 2016, 252 (Extremfall)).

2c Indes kann es auch zu *Konflikten* mit Berufsrichtern (vgl. betr. Fernbleiben (§ 2 Abs. 2, § 56 GVG) restriktiv OLG Düsseldorf NStZ-RR 2011, 215 (zum allg. StR)) bzw. zu (gar gröblicher) Pflichtverletzung (zur Amtsenthebung OLG Celle NStZ-RR 2015, 54 (betr. allg. StVR)) kommen. Im Verfahren einstweiliger Anordnung der Amtsenthebung wegen wiederholten unentschuldigten Fernbleibens ist in die Abwägung neben dem jugendstrafrechtlichen Beschleunigungsgrundsatz auch die erzieherischeAbträglichkeit einzustellen, dass „ausgerechnet Mitglieder des Gerichts" (OLG Rostock RoHR 2016, 65) das Gesetz verletzen.

2. Erwägungen zur Gesetzesänderung

3 De lege ferenda wurde angeregt, JSchöffen aus der Altersgruppe der betroffenen Jugendlichen und Heranwachsenden bzw. „Jungerwachsenen" zu berufen (*Haegert* NJW 1968, 927 (929)). Die Empfehlung entspricht dem Ziel, eine Übereinstimmung des Schöffenmindestalters (§ 33 Nr. 1 GVG) mit dem Alter der Volljährigkeit (§ 2 BGB) und den damit verbundenen Rechtspositionen auch im staatlichen Bereich (vgl. Art. 38 Abs. 2 GG) zu schaffen (iE ebenso *Schady* in NK-JGG Grdl. §§ 33–38 Rn. 13; zu Anhaltspunkten für eine deutliche Unterrepräsentierung der (männlichen) Altersgruppe bis zum 40. Lbj. vgl. vormals *Katholnigg/Bierstedt* ZRP 1982, 267 f.). Allerdings wäre eine dementsprechende generelle Regelung insofern systematisch unstimmig, als speziell § 105 Abs. 1 Nr. 1 eine individuelle Prüfung des Reifegrades verlangt.

3a Was die Annahmen angeht, potenzielle jugendliche und heranwachsende Angeklagte stünden gleichaltrigen JSchöffen ablehnender ggü. als älteren JSchöffen, und gleichaltrige JSchöffen verurteilten repressiver als ältere JSchöffen (*Ullrich* RdJB 1969, 303 f.), so finden sich entsprechende Tendenzen üblicherweise zwar zB innerhalb von Subkulturen (vgl. auch betr. sog. „Schülergerichte" → § 45 Rn. 20a). Indes steht der empirische Nachweis dafür aus, dass allein gleiches Alter einschlägige Auswirkungen haben könnte oder müsste. Im Übrigen wird mitunter gerade umgekehrt vermutet, es könne bei JSchöffen gleichen Alters zu Gewissenskonflikten kommen (*Weil/Wilde* Jugendwohl 1983, 303 (305), die den genannten Vorschlag ablehnen). Eine solche Konstellation wäre im Interesse einer sach- und problembezogenen Entscheidungsfindung indes wohl nicht von Nachteil. Andererseits wäre die Tätigkeit von Angehörigen der vorgenannten Altersgruppen – noch mehr als verschiedentlich bei mindestens 25-Jährigen (§ 33 Nr. 1 GVG) – ggf. mit erheblichen Einschränkungen im (Schul-)Ausbildungsbereich bzw. Berufsanfang verbunden, und zwar auch iZm der Dauer des Ehrenamts sowie drohender Sanktionen im Falle des Ausbleibens ohne „genügende" Entschuldigung (§ 56 GVG). – Weitere Reformansätze betrafen die Einführung besonders ausgebildeter „Jugendfachrichter" sowie Änderungen des Wahlverfahrens unter Verstärkung des Einflusses der JRichter auf die JSchöffenauswahl (vgl. schon *Delitzsch* MschKrim 1979, 26 ff.; s. aber *Hauber* Zbl 1978, 329) bzw. die Erweiterung der JSchöffentätigkeit (s. bereits *Ludemann* Jugendwohl 1974, 233).

III. Auswahl der Jugendschöffen

Grundsätzlich bestimmen sich Auswahl und Tätigkeit der JSchöffen **4** nach den allg. Vorschriften (§§ 31 ff., 77 GVG; § 35 Nr. 2 GVG, geänd. gem. Gesetz v. 27.8.2017 (BGBl. 3295)), die jedoch durch § 35 in vielfacher Hinsicht modifiziert sind. An einer hinreichend effektiven Kontrolle der (Nicht-)Geeignetheit fehlt es, zumal rechtstatsächlich eine gewisse Verantwortungsdelegation der befassten Organe untereinander stattzufinden scheint.

Hinzu kommt als negatives Auswahlkriterium die Befähigung, „ohne **4a** Ansehen der Person zu urteilen und nur der Wahrheit und Gerechtigkeit zu dienen" (§ 45 Abs. 3 S. 1 DRiG), woran es bei Verankerung in extremen politischen Auffassungen zB religiöser, geschlechterpolitischer oder allg. gesellschaftspolitischer Art (zB rechts- oder linksradikal) und dadurch veranlasster Voreingenommenheit bzw. Parteilichkeit in Verfahren wegen bestimmter Tatvorwürfe bzw. gegen Angehörigen bestimmter gesellschaftlicher Gruppen fehlen kann. Vgl. zB LG Dortmund NStZ 2007, 360 betr. muslimische Hilfsschöffin, die entgegen Art. 3 Abs. 2 GG vorgegebene Unterschiede zwischen Männern und Frauen mit Relevanz für die Glaubhaftigkeits- bzw. Glaubwürdigkeitsprüfung von Zeugenaussagen bejahte. Vgl. aber auch (jeweils iZm einer Besorgnis der Befangenheit) zu einem Verfahren wegen Delikten gegen ihre sexuelle Selbstbestimmung betr. Mitgliedschaft in „Wildwasser" OLG Celle NStZ-RR 2014, 346 (verkürzt) mablAnm *Barton* StV 2015, 210 bzw. zur Entlassung eines JHilfsschöffen in einem Verfahren gegen Personen mit Migrationshintergrund iZm fremdenfeindlicher Ideologie aufgrund Mitgliedschaft in der NPD AG Hannover (vgl. dessen Pressemitteilung v. 15.4.2015) sowie zuvor aufgrund Mitgliedschaft in der Partei „Die Republikaner" AG Köln StV 2007, 127; zur *Amtsenthebung* gem. § 51 GVG OLG Dresden NStZ-RR 2015, 121; KG NStZ-RR 2016, 252 (Hass-Spots gegen pädophile Täter und Nichtdeutsche, Propagierung der Todesstrafe und „entgrenzter Körperstrafen" über „viele Monate" hinweg), OLG München RohR 2016, 102 = StV 2016, 637 (jeweils nur Ls.): Infragestellung der Legitimität der Bundesrepublik Deutschland als Staat, Äußerungen in Bezug auf Ausländer in Menschen verachtender und rassistischer Weise, OLG Hamm NStZ-RR 2017, 354: Befolgung der Argumentation von „Reichsbürgern" (zum allg. StVR); **vern.** aber bei einzelnem Fehlverhalten, das die Besorgnis der Befangenheit begründet, OLG Köln 26.7.2017 – 2 Ws 421/17). – De lege ferenda wird die Schaffung einer Vorschrift im GVG bzw. im JGG zu erwägen sein, die bewirkt, „einseitig ideologisch festgelegte Personen", sofern deren Einstellungen in Konflikt zu Grundsätzen der StPO und/oder des JGG stehen können, „im Wahlverfahren auszusortieren" (*Lieber* RohR 2015, 37).

1. Vorschlagsrecht

5   Dieses Recht betr. für das JSchöffenamt geeignete Personen obliegt – anders als nach allg. StVR (§ 36 Abs. 1 S. 1 GVG) – nicht den Gemeinden, sondern dem **JHilfeausschuss** (Abs. 1; §§ 70–72 KJHG (zu AVen vormals *Herbert* ZfJ 1991, 569)). Sofern für den Bezirk eines AG mehrere JÄmter zuständig sind (vgl. § 69 KJHG), bedarf es einer dahingehenden Regelung, welche Anzahl von Personen von jedem einzelnen zuständigen JHilfeausschuss mindestens vorzuschlagen sind. Mangels besonderer gesetzlicher Regelungen ist die Bestimmung in entsprechender Anwendung der den §§ 43 Abs. 1, 58 Abs. 2 GVG zugrundeliegenden Rechtsgedanken dem Gerichtspräsidenten zuzuerkennen (ebenso *Wellershoff* in BeckOK JGG Rn. 2; vgl. etwa BayJMBl. 1991, 254).

6   **a) Vorschlagsliste; erzieherische Qualifikation. aa)** Der JHilfeausschuss darf in die Vorschlagsliste nur Personen aufnehmen, welche nach allg. gerichtsverfassungsrechtlichen Vorschriften die **Befähigung** zum Schöffenamt haben (vgl. §§ 31 S. 2, 32 GVG; betr. § 52 Abs. 1 Nr. 1 GVG, jeweils zum allg. StR). Dies kann hinsichtlich der Repräsentanz von Minderheiten ggf. zu zusätzlichen Einschränkungen führen (zur Unerheblichkeit des Kopftuchtragens KG StraFo 2013, 164 (betr. allg. StVR); LG Bielefeld NJW 2007, 3014 mit zust. Bspr. *Bader* NJW 2007, 2964; s. aber LG Dortmund NStZ 2007, 360 (Unfähigkeit als gläubige Muslime zur Einhaltung des GG); vgl. auch Nachw. bei *Rönnau* GS Weßlau, 2016, 297).

6a   Darüber hinaus ist bei Erstellung der Vorschlagsliste zu berücksichtigen, dass nach §§ 33, 34 GVG bestimmte Personengruppen im Hinblick auf ihre persönlichen oder beruflichen Verhältnisse nicht zum Schöffenamt berufen werden sollen. Insoweit mag es der Wahrnehmungs- und Beurteilungsfähigkeit des Gerichts abträglich sein, dass auch für das Amt des JSchöffen ein Mindestalter von 25 Jahren (§ 33 Nr. 1 GVG) bestimmt ist (ebenso *Haegert* NJW 1968, 927 (929); aA *Ullrich* RdJB 1969, 303; vgl. auch → Rn. 3), und Entsprechendes mag für das Höchstalter von 70 Jahren gelten (§ 33 Nr. 2 GVG, faktisch ausgedehnt durch Änderung von § 35 Nr. 2 GVG gem. Gesetz v. 27.8.2017 (BGBl. I 3295)). Betreffend die nach § 33 Nr. 3 GVG zu beachtende Einschränkung genügt es in entsprechender Anwendung dieser Vorschrift, wenn die JSchöffen seit einem Jahr im Bezirk des JHilfeausschusses und zum Zeitpunkt des Vorschlages in demjenigen AG-Bezirk wohnen, dessen Ausschuss die Wahl vornimmt (*Dallinger/Lackner* Rn. 6).

7   **bb)** Was die bloße Soll-Vorschrift betr. **erzieherische Qualifikation** der Vorgeschlagenen angeht (Abs. 2 S. 2; vgl. auch BGHSt 8, 349 (354); 9, 399 (402)), so hat diese Begrifflichkeit nur einen begrenzten Aussagewert (s. schon *Delitzsch* MschKrim 1979, 26 ff.; ferner *Weil/Wilde* Jugendwohl 1983, 303; *Gerken* in Gerken/Schumann, Rechtsstaat S. 108, 120: ohne „Eignungsprüfung"; zu empfohlener Änderung *Lennartz,* Erziehung durch Jugendschöffen?, 2016, 320 ff.; vgl. ergänzend → § 37 Rn. 5 ff., → Einl. Rn. 38).

7a   Die gesetzl Anforderungen sind nicht an bestimmte – etwa im Bereich öffentlicher Erziehung stehende – Berufsgruppen gebunden (*Dallinger/Lackner* Rn. 6; *Potrykus* Anm. 5), wenngleich vielfach eine Überrepräsentierung der Angehörigen des öffentlichen Dienstes zu verzeichnen ist (s. allg. bereits *Katholnigg/Bierstedt* ZRP 1982, 267 f.; speziell betr. JSchöffen vgl. zB für

Berlin: *Klausa,* Zur Typologie der ehrenamtlichen Richter, 1972, 50; gegen eine „zu starke Bevorzugung" auch BayJMBl. 1991, 254; ergänzend (auch zu anderen Bundesländern) *Lieber* RohR 2002, 9; *Lennartz,* Erziehung durch Jugendschöffen?, 2016, 205, 209) und – wenngleich in geringerem Maße – der selbstständigen Berufe (s. für Schöffen insgesamt *Katholnigg/Bierstedt* ZRP 1982, 267). *Anhaltspunkte* für die geforderte jugenderzieherische Erfahrung (und auch „Bewährung", zutr. *Potrykus* Anm. 5) können sich mitunter ergeben aus länger andauernder beruflicher wie ehrenamtlicher Betätigung im Bereich von JVerbänden (schon *Potrykus* Zbl 1953, 137; *Schiefer* unsere jugend 1954, 418) und JHilfe- und JFreizeiteinrichtungen, im schulischen Bereich sowie im Rahmen privater Erziehungs- und Betreuungstätigkeit (ähnl. *Dallinger/Lackner* Rn. 6; *Potrykus* Anm. 5; *Wagner* Zbl 1982, 325 (330)).

Im Hinblick auf § 30 GVG, wonach Laienrichter in vollem Umfang und 8 mit dem gleichen Stimmrecht wie Berufsrichter ihr Richteramt ausüben, sollten Bemühungen um *Vor-, Aus-* und *Weiterbildung* der JRichter (vgl. → § 37 Rn. 6, 9f) die JSchöffen einbeziehen (vgl. schon *Heinen* Zbl 1954, 163 (165 f.); vgl. auch *Delitzsch* MschKrim 1979, 26 (29); betr. Verständnisvermögen und juristische Schulung von Schöffen im allg. Strafverfahren *Rennig,* Die Entscheidungsfindung durch Schöffen und Berufsrichter in rechtlicher und psychologischer Sicht, 1993, 513 ff., 571 f., 584 f.). Weitergehend haben *Hinrichs ua* (Leitfaden für Jugendschöffen, 1995, 5 f.) ein konkretes Anforderungsprofil einer koordinierten Qualifizierung von JSchöffen vorgelegt.

b) Aufstellung der Vorschlagsliste. aa) Der Vorgang setzt betr. die 9 Aufnahme die *Zustimmung* von zwei Dritteln der anwesenden stimmberechtigten Mitglieder des JHilfeausschusses voraus, mindestens jedoch der Hälfte aller stimmberechtigten Mitglieder (Abs. 3 S. 2, geänd. durch Gesetz v. 8.12.2010 (BGBl. I 1864) in Anpassung an § 36 Abs. 1 GVG). Die nach Abs. 3 S. 2 aF strenger qualifizierte Mehrheit führte in der praktischen Handhabung mitunter zu Schwierigkeiten bei der Aufstellung der Vorschlagslisten. Ob die vormals strengere Fassung durch sachliche Gründe gerechtfertigt war (vern. Begr. des vorgenannten ÄndG), lässt sich ohne geeignete rechtstatsächliche Untersuchung kaum verlässlich beurteilen.

Die Regelung ist nur eingeschränkt geeignet, einseitigen oder unsachli- 9a chen, insb. *partei-* oder zB auch geschlechter*politischen* Gesichtspunkten bei der Erstellung der Vorschlagsliste entgegenzuwirken, zumal Absprachen iSd Proporzes nicht auszuschließen sind (zum parteipolitischen Einfluss s. *Ullrich* RdJB 1969, 304; *Delitzsch* MschKrim 1979, 28 Fn. 18; vgl. auch *Klausa,* Zur Typologie der ehrenamtlichen Richter, 1972, 47 f.; *Gerken* in Gerken/ Schumann, Rechtsstaat, S. 107); so erscheint es auch als nicht unbedenklich, dass Gruppenvorschläge entsprechend der Zusammensetzung des JHilfeausschusses für zulässig erachtet werden (vgl. BGHSt 12, 197).

bb) Der Vorschlag einer gleichen Zahl von **Männern** wie **Frauen** 10 (Abs. 2 S. 1; s. auch Abs. 1 S. 2) folgt aus § 33a Abs. 1 S. 2 (vgl. → §§ 33– 33b Rn. 18).

Durch die doppelte Anzahl im Verhältnis zu den zu wählenden JSchöffen 10a (Abs. 2 S. 1) soll dem Wahlausschuss eine gewisse Auswahl unter den Vorgeschlagenen ermöglicht werden (*Potrykus* Anm. 4; zu den Konsequenzen einer nicht ausreichenden Anzahl von Vorschlägen s. BGH MDR 1976,

1034). Schon wegen des Bedarfs bei Ergänzungswahlen ist der Beschluss des BR v. 23.9.2016 (BR-Drs. 419/16), die eineinhalbfache Mehrheit genügen zu lassen (ebenso zu § 36 Abs. 4 S. 1 GVG), eher verfehlt, zumal sich Regelungen betr. andere Gerichtsbarkeiten auf jeweils unterschiedliche Vorgaben gründen.

11   Die Gesamtzahl der benötigten JSchöffen bestimmt (gem. § 43 GVG) der LG-Präsident (AG-Präsident). Die Zahl der JSchöffen bei einem gemeinsamen JSchG ist angemessen auf die Einzelnen zugehörigen AG-Bezirke zu verteilen. Die Anzahl der für die JKammer erforderlichen JSchöffen hat der Präsident des LG gleichmäßig auf alle zugehörigen AG-Bezirke zu verteilen (ohne einzelne AG-Bezirke übergehen zu dürfen, OLG Celle NdsRpfl 1980, 55 = JR 1981, 169 f. mAnm *Wagner*).

2. Einspruch

12   Wird gegen die Vorschlagsliste Einspruch erhoben, so bestimmt sich das Verfahren nach § 37 GVG. Einspruch kann aus den Gründen der §§ 32 ff. GVG (nicht aber wegen fehlender Voraussetzungen nach Abs. 2 S. 2) zwei Wochen seit Beginn der Auflegung (Abs. 3 S. 3, § 37 GVG) schriftlich oder zu Protokoll erhoben werden. Auf die gesetzlich vorgeschriebene Frist und die Einspruchsmöglichkeit ist bei der öffentlichen Bekanntmachung des Zeitpunkts der Auflegung (Abs. 3 S. 4) hinzuweisen (ebenso *Dallinger/Lackner* Rn. 13). – Zum weiteren Verlauf des Einspruchsverfahrens vgl. §§ 38 f. GVG.

13   Entscheidungen über Einsprüche im Schöffenauswahlausschuss ergehen gem. **Abs. 4** unter **Vorsitz** des JRichters.

3. Wahlverfahren

14   Die Wahl der JSchöffen und -hilfsschöffen aus der (evtl. berichtigten) Vorschlagsliste erfolgt durch den allg. Schöffenwahlausschuss (§ 40 GVG iVm Abs. 1 S. 1; zu den Anforderungen betr. die Zusammensetzung vgl. BVerfGE 31, 181) unter **Vorsitz** des JRichters (**Abs. 4;** zu fehlerhafter Wahl *Gittermann* in Löwe/Rosenberg GVG § 40 Rn. 24). Der BezirksJRichter führt in allen Wahlausschüssen seines Bezirks den Vorsitz (*Brunner/Dölling* Rn. 3; *Dallinger/Lackner* Rn. 16; aA vormals *Heinen* Zbl 1954, 165; vgl. im Übrigen AVen bzw. VVen der Länder). Mit der vorgenannten Mehrheit wählt der Ausschuss die erforderliche Zahl von JSchöffen und -hilfsschöffen auch in den Fällen der §§ 46, 47 GVG (§ 42 Abs. 1 GVG; betr. ihre Zuweisung im Einzelnen vgl. → Rn. 15). – § 117 Abs. 1 bestimmt die *Gleichzeitigkeit* der Wahl.

4. Haupt- und Hilfsschöffen

15   Die Schöffenlisten werden gesondert nach Haupt- und Hilfsschöffen (§ 44 GVG) sowie jeweils getrennt für Männer und Frauen (Abs. 5) geführt. Auf ihrer Grundlage erfolgt die Feststellung der ordentlichen Sitzungstage und hieran anknüpfend die Auslosung (§§ 45 Abs. 1 und 2, 77 Abs. 3 S. 1 GVG; vgl. hierzu BGHSt 15, 107; wegen der Öffentlichkeit s. LG Bremen StV 1982, 461 mAnm *Jungfer* zum allg. StVR). Betreffend die Bildung neuer ständiger Spruchkörper s. §§ 46, 77 GVG. – Hingegen erfolgt im Falle der

Bildung von Hilfs-JSchöffengerichten bzw. Hilfs-JKammern aus Gründen der Praktikabilität die Heranziehung gem. § 47 GVG (§ 77 Abs. 1 GVG) (BGHSt 31, 157; BGH StV 1986, 49; KG StV 1986, 49).

IV. Abs. 6

Gemäß Gesetz v. 14.12.2010 (BGBl. I 1864) übernimmt Abs. 6 den Inhalt 16 von § 117 Abs. 1 Hs. 2 aF. Die Vorschrift knüpft die JSchöffenwahl an die Schöffenwahl für die allg. Strafgerichtsbarkeit (der nicht mehr aktuelle Regelungsinhalt des § 117 Abs. 1 Hs. 1 aF wurde durch das vorgenannte Gesetz aufgehoben).

V. Revision

1. Absoluter Revisionsgrund

Wählt der Schöffenwahlausschuss einen JSchöffen, der nicht vom JHilfe- 17 ausschuss vorgeschlagen ist, so ist die Wahl **ungültig.** Wirkt der JSchöffe dennoch in der HV mit, ist ein Urteil auf die **Besetzungsrüge** nach § 338 Nr. 1 StPO hin aufzuheben (BGHSt 26, 391). Ein solcher Revisionsgrund (nach § 338 Nr. 1 StPO) liegt auch dann vor, wenn der in der HV mitwirkende Schöffe nicht die Befähigung zum Schöffenamt (§§ 31 S. 2, 32 GVG) hatte (*Dallinger/Lackner* Rn. 6). – Zu Verstößen gegen § 338 Nr. 1 bei **Entbindung** vgl. → Rn. 2.

2. Sonstige Mängel

Zu revisiblen **Mängeln** bei der **Auslosung** der JSchöffen vgl. die Erläute- 18 rungswerke zum GVG. – Wurde ein in der HV mitwirkender JSchöffe von einem gesetzwidrig besetzten Schöffenwahlausschuss gewählt, kann Art. 101 Abs. 1 S. 2 GG verletzt sein (BVerfGE 31, 181; vgl. auch → Rn. 14).

Ist bei der Verteilung der für die JKammer erforderlichen Zahl der JSchöf- 19 fen **ein AG-Bezirk übergangen** worden, so soll – sofern nicht weniger JSchöffen benötigt werden, als AG-Bezirke bestehen – der damit verbundene Verstoß gegen § 2 Abs. 2, § 77 Abs. 2 S. 1 GVG idR als bloßer error in procedendo nicht mit der Revision angegriffen werden können (OLG Celle NdsRpfl 1980, 55 = JR 1981, 169 mablAnm *Wagner; Brunner/Dölling* Rn. 4; zw.).

Jugendstaatsanwalt

36 (1) ¹**Für Verfahren, die zur Zuständigkeit der Jugendgerichte gehören, werden Jugendstaatsanwälte bestellt.** ²**Richter auf Probe und Beamte auf Probe sollen im ersten Jahr nach ihrer Ernennung nicht zum Jugendstaatsanwalt bestellt werden.**

(2) ¹**Jugendstaatsanwaltliche Aufgaben dürfen Amtsanwälten nur übertragen werden, wenn diese die besonderen Anforderungen erfüllen, die für die Wahrnehmung jugendstaatsanwaltlicher Aufgaben an Staatsanwälte gestellt werden.** ²**Referendaren kann im Einzelfall**

die Wahrnehmung jugendstaatsanwaltlicher Aufgaben unter Aufsicht eines Jugendstaatsanwalts übertragen werden. [3] **Die Sitzungsvertretung in Verfahren vor den Jugendgerichten dürfen Referendare nur unter Aufsicht und im Beisein eines Jugendstaatsanwalts wahrnehmen.**

Schrifttum *Adam ua* (Hrsg.), Jugendrichter und Jugendstaatsanwälte in der Bundesrepublik, 1986.

Übersicht

I. Anwendungsbereich

1   Die Vorschrift findet in Verfahren gegen **Jugendliche** (§ 33 Abs. 1) ebenso wie gegen **Heranwachsende** (§§ 107, 33 Abs. 1) vor den JGerichten, nicht jedoch vor den für allg. Strafsachen zuständigen Gerichten (§§ 104 Abs. 1, 112 S. 1) Anwendung.

II. Allgemeines

1. (Zusätzliche) Aufgaben der Jugendstaatsanwaltschaft

2   **a) Sachkundige Umsetzung des Erziehungsauftrags (§ 2 Abs. 1). aa)** (1) Als **erstes** mit der JSache **befasstes justitielles Organ** trägt die JStaatsanwaltschaft eine besondere Verantwortung für eine jugendgemäße Gestaltung des Verfahren. Daher ist es unverzichtbar, dass der JStaatsanwalt mit den – auch regionalen – Besonderheiten strafrechtsrelevanten Verhaltens Jugendlicher und Heranwachsender vertraut ist (ebenso *Wiesener* Qualitätsanforderungen 17) und den Anforderungen des § 37 genügt. Fehlerhaft geführte Ermittlungen – die der JStaatsanwalt zu leiten hat (BGHSt 6, 328; vgl. aber → Einl. Rn. 45) –, unnötig erhobene (vgl. vormals etwa AG Emden Zbl 1979, 117 (118)) oder unzulässige Anklagen (zB (entgegen § 18 Abs. 1 S. 3) „besonders schwerer Fall", näher dazu *Reuther* FS Eisenberg, 2009, 447), unangebrachte Anträge und pädagogisch ungeeignetes Verhalten in der HV können die Entwicklung Jugendlicher in verhängnisvoller Weise und mit ebensolchen Folgen auch für die Allgemeinheit beeinträchtigen (*Peters* Strafprozess 596 mwN).

Eine besondere Verantwortung besteht speziell auch bezüglich **nichtdeut-** **scher** Beschuldigter (zu einer Mitteilungspflicht bereits bei Anklageerhebung in beweisrechtlich oftmals besonders schwierigen Verfahren vgl. § 8 Abs. 1a AsylG, s. dazu auch § 60 Abs. 8 S. 3 AufenthG). Gemäß § 79 Abs. 2 S. 1 Nr. 1 AufenthG ist die Entscheidung über die Erteilung bzw. Verlängerung eines Aufenthaltstitels bei Einleitung eines *Straf- oder Bußgeldverfahrens* auszusetzen, sofern darüber nicht unabhängig von dem Ausgang eines solchen Verfahrens entschieden werden kann. Die mit der Aussetzung verbundenen Belastungen in der Zukunftsgestaltung (zu etwaiger Abmilderung durch eine Fiktionsbescheinigung s. § 78a Abs. 5 iVm § 81 Abs. 5 AufenthG, die indes sichtbarer Ausdruck der Ungewissheit ist) werden von einer nachfolgenden Einstellung eines solchen Verfahrens oder einem Freispruch nicht berührt, zudem bleibt die Einleitung des Verfahrens aktenkundig, ggf. nicht ohne Auswirkung auf eine nachfolgende Ermessensausübung. – Nach § 12a Abs. 3 S. 1 StAG führt schon die Einleitung eines Ermittlungsverfahrens – im Falle der Verurteilung bis zum Eintritt der Rechtskraft – zur Aussetzung des Einbürgerungsverfahrens (gem. S. 2 gilt dies auch für eine Entscheidung nach § 27). **2a**

(2) Wegen der Tragweite der Entscheidungen des JStaatsanwalts sollen gem. **Abs. 1 S. 2** Richter auf Probe und Beamte auf Probe *im ersten Jahr* nach der Ernennung *nicht* zum JStaatsanwalt bestellt werden. Zwar hat der Gesetzgeber (bislang) von einer stringenteren Regelung abgesehen (vgl. näher → Rn. 7), jedoch erlaubt die Fassung als Soll-Vorschrift auch auf dem Hintergrund von § 2 S. 1 eine Nichteinhaltung nur in engen Grenzen. **2b**

bb) Der JStaatsanwalt sollte sich frühzeitig eine eigene **Beurteilungs-** **grundlage** vom Tathergang und der Persönlichkeit des tatverdächtigen Jugendlichen bzw. Heranwachsenden verschaffen (ebenso *Nix* in Nix Rn. 4). Zur Erleichterung dieser Aufgaben wäre es im Hinblick auf die herkömmlich „bürokratisch gehemmte Arbeitsweise" (vgl. schon *Dallinger/Lackner* Rn. 6; vgl. vormals allg. *Sessar* MschKrim 1979, 129 sowie *Barton* MschKrim 1980, 206) erwägenswert, **Selbstständigkeit** und **Eigeninitiative** der JStaatsanwälte zu fördern. Diese Erwägung muss sich nicht auf die in den Ländern verschiedentlich angeordnete spezielle Vorlegepflicht betr. abschließende Verfügungen in Sachen beziehen, die gem. § 41 Abs. 1 Nr. 1 zur Zuständigkeit der JKammer gehören (vgl. OrgStA Baden-Württemberg v. 14.12.2003 (Die Justiz S. 627) Nr. 12 Abs. 2a („zur Billigung")), Bayern v. 19.8.2005 (JMBl. 134) Nr. 14 Abs. 2 Nr. 1; Brandenburg v. 27.1.2009 (JBl. 20) Nr. 11 Abs. 2; Hamburg v. 8.2.2000 (JVerwBl. 9; geänd. 13.11.2000, JVerwBl. 75) Nr. 14, 2. a); Mecklenburg-Vorpommern v. 5.9.1995 (ABl. 1060; geänd. 7.6.2006, ABl. 446), Saarland v. 26.6.1995 (– 3262– geänd. 20.11.2001), jeweils Nr. 14 Abs. 2 Nr. 1; Nordrhein-Westfalen v. 1.10.2002 (JMBl. 238) Nr. 10 Abs. 2a; Thüringen v. 4.9.2002 (JBl. 80) Nr. 14 Abs. 2). **3**

4   Besonderer Prüfung bedarf stets die Frage, ob ein **Absehen von** der **Verfolgung** der Tat unter den Voraussetzungen des § 45 in Betracht kommt, da hierbei die Einhaltung des Legalitätsprinzips iSd Verwirklichung des Erziehungsgedankens eingeschränkt ist (vgl. → § 45 Rn. 9, 17; ergänzend vormals zur JStA bei dem LG Hamburg *Raben* DVJJ-Journal 1991, 383). Im Einzelnen ist hierbei zu berücksichtigen, dass eine aus Anlass der Tat von den Eltern eines Jugendlichen getroffene erzieherische Maßnahme zu einer Prüfung nach § 45 Abs. 2 S. 1 Veranlassung gibt, zumal **staatliche Maßnahmen** zur Erziehung des Jugendlichen dem grundgesetzlich garantierten Erziehungsrecht der **Eltern** (Art. 6 Abs. 2 S. 1 GG) **nachrangig** sind (vgl. schon AG Emden Zbl 1979, 118; vgl. auch → § 45 Rn. 20; RL 3 zu § 45).

5   **b) Einzelfragen zur Hauptverhandlung. aa)** In der HV ist der jugendliche bzw. heranwachsende Angeklagte möglichst direkt (unter Vermeidung der Rede in der dritten Person) anzusprechen (so allg. Ansicht für den Schlussvortrag des JStaatsanwalts (§ 258 Abs. 1 StPO); zur Pflicht der StA, den Schlussvortrag (vgl. → Rn. 5b) zu halten, OLG Zweibrücken StV 1986, 51).

5a   **bb)** Traditionell umstritten ist, ob von der Stellung bestimmter **Anträge** in der HV grundsätzlich abzuraten ist, um Meinungsverschiedenheiten mit dem Gericht, die divergierende Erziehungsstile aufdecken könnten, möglichst zu vermeiden (so *Dallinger/Lackner* Rn. 8; *Potrykus* Anm. 3; aA *Brunner/Dölling* Rn. 4a; *Schady* in NK-JGG Rn. 4). Zumindest bzgl. der Rechtsfolgen wird auf konkrete Vorschläge oder auch Forderungen der JStA ohnehin nicht verzichtet werden können (anders noch *Dallinger/Lackner* Rn. 8; *Potrykus* Anm. 3). Eines förmlichen Antrags allerdings wird es – im Interesse einer jugendgemäßen Verfahrensgestaltung (vgl. auch → Einl. Rn. 48 ff.) und der von Gesetzes wegen herausgehobenen Funktion des JGerichts – (unter insoweit modifizierter Geltung zB von Nr. 127 Abs. 1 RiStBV) ohnehin nicht bedürfen (aA *Peters* RJGG § 23 Anm. 4; *Brunner/Dölling* Rn. 4a; einschr. *Schady* in NK-JGG Rn. 4). Aber auch im Übrigen könnte ein Disput zwischen JGericht und JStA allenfalls aus der Perspektive autoritärer Erziehungsmethoden (vgl. etwa → § 5 Rn. 6) als erzieherisch abträglich beurteilt werden, zumal es sich nicht um einen Fall von Inkonsequenz in der Erziehung handelt.

5b   **cc)** Bei der Fassung des **Schlussvortrags** ist (im Übrigen) entsprechend § 46 darauf zu achten, dass die Wahrnehmung des dargestellten (Beweis-)Ergebnisses durch den Jugendlichen bzw. Heranwachsenden bei diesem möglichst keine negativen erzieherischen Wirkungen verursacht.

2. Rechtstatsächliche Einschränkungen und Reformbestrebungen

6   **a) Eingeschränkte Befolgung der Vorschrift.** Bei rechtstatsächlicher Würdigung ergibt sich, dass die beschriebenen (hohen) Anforderungen, die an den JStaatsanwalt gestellt sind, mitunter idealisiert (und damit nicht mehr praxisgerecht) dargestellt werden (vgl. schon *Dallinger/Lackner* § 37 Rn. 3). Es wird zudem der Eindruck vermittelt, (auch) bei JStaatsanwälten handele es sich um besonders ausgewählte, in der Berufsausübung gereifte Persönlichkeiten. Gelegentliche Berichte aus der Praxis stehen hierzu in deutlichem Gegensatz insofern, als es vorkommen soll, dass Jugenddezernate zeitweise

unbesetzt bleiben (möglicherweise infolge erhöhter Fluktuation entgegen RL Nr. 2 S. 2 zu § 37; vgl. dazu die Umfrage von *Höynck/Leuschner* Jugend-gerichtsbarometer 54 ff.) und von anderen Staatsanwälten vertretungsgemäß miterledigt werden (vgl. etwa bereits *Best* KrimJ 1971, 167 (170); abl. betr. sämtliche allg. Dezernenten auch als Jugenddezernenten *Eisenberg* GA 2002, 579 ff.); zudem sei die Bewertung des Status eines JStaatsanwalts vergleichs-weise gering (auch dazu schon *Best* KrimJ 1971, 167 (170 f.)). Die (vor-malige) empirische Untersuchung von *Adam ua* (Jugendrichter und Jugend-staatsanwälte in der Bundesrepublik, 1986) hat ergeben, dass die erwartete Qualifikation aus vielfältigen Gründen und gem. unterschiedlichen Kriterien nur eingeschränkt erreicht zu werden scheint (näher → § 37 Rn. 9, 11, 12).

b) Erwägungen zur Gesetzesänderung. Art. 20 Abs. 2 RL(EU) 7 2016/800 (vgl. auch Erwägungsgründe 54 und 63) verlangt, dass JStaats-anwälte besondere **Sachkunde** hinsichtlich der jugendstrafrechtlichen und jugendkriminologischen Besonderheiten aufweisen und/oder entspr. ge-schult werden. Trotz der vorgenannten Defizite hat die BReg. darin aber keinen Anlass für legislatorische Änderungen in § 36 gesehen (vgl. dazu *Sommerfeld* ZJJ 2018, 296 (303)). Dagegen war im RegE-StORMG v. 23.3.2011 bzgl. der Eignung Amtierender bei JGerichten und JStaatsanwalt-schaften noch vorgesehen worden, die Vorschrift (und auch § 37, vgl. näher → § 37 Rn. 6a) noch partiell zu ergänzen (Abs. 1 S. 2: „Richter auf Probe und Beamte auf Probe dürfen im ersten Jahr nach ihrer Ernennung nicht zum Jugendstaatsanwalt bestellt werden; sie dürfen in dieser Zeit die Sit-zungsvertretung in Verfahren vor den Jugendgerichten nur unter Aufsicht eines Jugendstaatsanwalts wahrnehmen."). Noch weiter ging der RefE-StORMG 2010 („Beisein" statt „unter Aufsicht"), wozu alsbald Bedenken erhoben wurden (vgl. Stellungnahme DRB, Januar 2011; sodann abl. Presse-mitteilung DRB v. 23.3.2011: „Eingriff in die unabhängigen Geschäftsver-teilungsentscheidungen der Präsidien der Gerichte", „Misstrauen ggü. der Kompetenz der jungen Kolleginnen und Kollegen"; gänzlich abl. Ausschuss Bundesrat v. 27.5.2011 (BR-Drs. 213/11), 4; beibehaltend BReg v. 22.6.2011 (BT-Drs. 17/6261), 32; wegen inhaltlicher Unbestimmtheit krit. *Bittmann* ZRP 2011, 73). Allerdings ist ua wegen der Verknüpfung mit JSchutzverfahren (vgl. zur Neufassung des § 26 GVG → §§ 33–33b Rn. 5) nicht auszuschließen, dass die beabsichtigten Neuregelungen nach der Art ihrer Umsetzung sich iErg im Sinne jugendstrafrechtlicher Grundsätze (vgl. nur § 2 Abs. 1 nebst → Rn. 27 ff.) eher als kontraproduktiv hätten auswirken können (vgl. etwa *Eisenberg* HRRS 2011, 64 ff.).

III. Zuständigkeit der Jugendstaatsanwaltschaft

1. Sachliche Zuständigkeit

Die Bestellung von JStaatsanwälten wie deren Tätigkeit erstreckt sich auf **8** sämtliche zur Zuständigkeit der JGerichte gehörenden Verfahren (vgl. auch → § 103 Rn. 11). Hieraus folgt, dass der JStaatsanwalt auch JSchutzsachen (§§ 26, 74b GVG) bearbeitet, soweit eine Anklage vor dem JGericht in Betracht kommt (sämtliche Länder sehen dies in der jeweiligen OrgStA zumindest als Soll-Vorschrift vor). Das Gleiche gilt betr. die Zuständigkeit des JGerichts in OWiG-Verfahren (vgl. → Rn. 5 zu §§ 33–33b) wegen der

Akzessorietät der (J)Staatsanwaltschaft zum Gericht auch für das Vorlageverfahren gem. § 69 Abs. 4 S. 2 OWiG (vgl. *Ellbogen* in KK-OWiG OWiG § 68 Rn. 28).

8a   Die Tätigkeit der JStA ist auf das Erkenntnisverfahren des ersten Rechtszuges und die Berufung beschränkt (aA (entgegen Gesetzeswortlaut) *Schady* in NK-JGG Rn. 2), da im Revisionsverfahren keine JGerichte bestehen (vgl. § 33 Abs. 2) und die Vollstr − abw. vom allg. StVR (§ 451 StPO) − grds. dem JRichter obliegt (§ 82); ist die StA im Vollstreckungsverfahren zu beteiligen, so ist der JStaatsanwalt zuständig.

2. Örtliche Zuständigkeit

9   Diese richtet sich nach derjenigen der JGerichte (§ 2 Abs. 2, § 143 Abs. 1 GVG). Gemäß § 42 gelten insoweit neben den Bestimmungen des allg. StVR (namentlich §§ 7 ff. StPO) besondere Gerichtsstände, die auch für die örtliche Zuständigkeit der JStAen von Bedeutung sind (allg. Auffassung). Wird während des Verfahrens ein anderes Gericht zuständig, erfolgt wegen § 143 GVG auch ein Wechsel in der Zuständigkeit der JStaatanwaltschaft (hM; *Brunner/Dölling* Rn. 6; *Dallinger/Lackner* § 42 Rn. 1, § 83 Rn. 5; auch *Erb* in Löwe/Rosenberg § 13 Rn. 9; aA LG Kiel SchlHA 1956, 274; *Voss* SchlHA 1967, 139).

9a   Nach einem Modellprojekt in NRW wurde an einzelnen Standorten die alphabetisch bestimmte Zuständigkeit durch eine örtliche ersetzt, wobei nach rechtstatsächlicher Auswertung eine Verfahrensbeschleunigung (krit. dazu etwa → §§ 76–78 Rn. 3) errechnet wurde (vgl. *Ebert* ZJJ 2015, 32 ff.).

3. Geschäftsverteilungsplan

10   **a) Allgemeine Staatsanwaltschaft statt JStaatsanwaltschaft.** (1) Ist die JStaatsanwaltschaft mit mehreren JStaatsanwälten besetzt, soll bei der Aufgabenverteilung durch den Behördenleiter iRd Geschäftsverteilungsplans dafür Sorge getragen werden, dass jeder JStaatsanwalt in gleichem Umfang Sachen gegen Jugendliche wie gegen Heranwachsende bearbeitet. Schwerlich mit dem Gesetz vereinbar ist die verbreitet anzutreffende Praxis, aus Gründen der Spezialisierung Verfahren mit bestimmten **Deliktsgruppen** bzw. Kriminalitätsbereichen der **JStaatsanwaltschaft** zu **entziehen** und diesbezüglichen Sonderdezernaten der allg. StA zuzuweisen (vgl. auch *Wellershoff* in BeckOK JGG Rn. 2: „nicht immer sachgerecht"), wenn deren Dezernent zugleich als JStaatsanwalt bestellt ist (vgl. etwa OrgStA Nordrhein-Westfalen v. 1.10.2002 (JMBl. 238), Brandenburg v. 27.1.2009 (JMBl. 20), jeweils Nr. 18 Abs. 3; Berlin v. 25.7.2007 (Just II C 3), Bremen v. 22.8.2005 (− 3262 −), Hessen v. 4.6.2009 (RdErl. MdJIE), jeweils Nr. 10 Abs. 3; Niedersachsen v. 4.7.2005 (NdsRpfl 2005, 225; geänd. 14.1.2005, NdsRpfl 2005, 52) Nr. 11 Abs. 3; Hamburg v. 8.2.2000 (JVerwBl. 9 (11); geänd. 13.11.2000, JVerwBl. 75), Nr. 10, 3.). Denn dabei bleibt idR die Dominanz der Aufgaben und Belange des Sonderdezernats einschließlich von institutionalisierten Binnennormen (und darunter insb. solchen der Effizienz) bestehen (vgl. exemplarisch betr. Freispruch nach Ermittlungsfehlern LG Berlin BeckRS 2010, 2511 mit Bspr. *Eisenberg* Kriminalistik 2010, 444 (446 f.) sowie JZ 2011, 674 f. (679 f.); gleichfalls betr. Kap. jeweils LG Berlin 20.8.2012 − (erg. zur Revision *Eisenberg* NK 2013, 240; LG Berlin

v. 2.10.2014 – 529 KLs 234 Js 368/13 (2/14); nicht beanstandet v. BGH BeckRS 2015, 12159 mAnm *Eisenberg* StV 2016, 709; sowie näher GS Weßlau, 2016, 67 ff.). Bei solchermaßen nicht selten auftretenden Konflikten zwischen JGericht und allg. Staatsanwaltschaft geht es aber nicht so sehr um bloße Meinungsverschiedenheiten oder nur unterschiedliche Erziehungsstile, sondern um mitunter **entgegengesetzte Perspektiven** (zum Teil als Ausdruck eines Qualifikationsgefälles hinsichtlich der Voraussetzungen des § 37; vgl. auch *Adam ua,* Jugendrichter und Jugendstaatsanwälte in der Bundesrepublik, 1986, 149 (betr. das Verständnis der Rechtsfolgen); krit. daher *Laubenthal/Baier/Nestler* JugendStrafR Rn. 154; *Eisenberg* NStZ 1994, 67 ff.; DVJJ 99 AK II-4; speziell betr. Gewalttaten *Viehmann* ZRP 1993, 82 f.; instruktiv (betr. NSU) *Frenzel* KJ 2013, 419 ff. (423 ff.); aA betr. BtM-Delikte *Weber* BtMG Vor §§ 29 ff. Rn. 1382).

Die Konflikte erhöhen sich im Falle einer vom Gesetz noch weiter ent- **10a** fernten **organisatorischen** Konstruktion, wonach Verfahren aus **beschuldigtenbezogenen** Gründen der JStaatsanwaltschaft, obwohl sie dem personenorientierten JStR verpflichtet ist, **vorenthalten** werden. Dies kann bezüglich **Heranwachsender** (zwar nicht formal, vgl. → Rn. 1), aber inhaltlich im Sinne einer faktisch weitgehenden Heraushaltung der JGH (und speziell etwaiger Sachbeiträge zB zu Fragen der Haftentscheidungshilfe (§ 72a) oder von Diversionsmaßnahmen (§ 45)) entgegen auch § 41 KJHG dann der Fall sein, wenn ihnen eine polizeiliche Jugendsachbearbeitung versagt wird (vgl. → Einl. Rn. 45; *Höynck* ZJJ 2013, 343). – Speziell hinsichtlich der Herausnahme sog. „**Intensivtäter**" (n. zu diesem Begriff → § 5 Rn. 85a, 85b; RdErl. Hessen JMBl. 2002, 590; krit. *H. E. Müller* StV-Tag 2010, 182 ff.; unstimmig AV Berlin (ABl. 2005, 1378 f.): „Sonderdezernate im Bereich einer Jugendhauptabteilung … unabhängig vom Lebensalter") besteht nach hier vertretener Auffassung – wegen der Selektion Amtierender (ohne gesetzliche Grundlage; vgl. auch *Ostendorf* ZJJ 2007, 300: ggf. „willkürliche Zuordnung") bei Steigerung der Eingriffsintensität (vgl. *Ohder* ZJJ 2007, 56 (64)) – ein *Verfahrenshindernis* (vgl. Anm. *Eisenberg* NStZ 2006, 522 (zu KG)). Nicht auszuschließen ist zudem, dass Konstruktionen der in Rede stehenden Art *verfahrensfremd* ua (auch) zugunsten von Funktionen zB iSv §§ 54, 56 AufenthG (vgl. etwa BayVerwGH BeckRS 2017, 108379; VG Stuttgart 16.3.2010 – 11 K 4295/09 Rn. 31, BeckRS 2010, 48200) vorgenommen werden (vgl. näher etwa *H. E. Müller* StV-Tag 2010, 182 ff.; LG Berlin ZJJ 2012, 203 mAnm *Eisenberg* (speziell S. 206 f.)).

(2) Der Sachbearbeiter der JStaatsanwaltschaft soll ferner – abgesehen vom **10b** vereinfachten JVerfahren (vgl. § 78 Abs. 2) – die Anklage möglichst **auch in der HV** vertreten (RL zu § 36). Von einer Übertragung auf örtliche Sitzungsvertreter („Sitzungsgeher") sollte demgemäß abgesehen werden. Eine nicht ganz selten anzutreffende, von behördlichen Effizienzbelangen iSd Erledigungsökonomie getragene abw. Praxis ist mit der gesetzlich umschriebenen Funktion des JStaatsanwalts (vgl. auch → Rn. 3, 5) kaum vereinbar und beeinträchtigt dessen Erziehungsfähigkeit im konkreten Verfahren (ebenso *Wiesener* Qualitätsanforderungen 12; vgl. allg. → § 5 Rn. 16).

b) Amtsanwaltschaft. aa) Nach **Abs. 2 S. 1** dürfen jugendstaatsanwalt- **11** liche Aufgaben nur dann Amtsanwälten übertragen werden, wenn sie die „besonderen Anforderungen" erfüllen, die für die Wahrnehmung an JStaatsanwälte gestellt werden (demgegenüber sollte noch nach RefE-StORMG die Übertragung gänzlich ausgeschlossen sein, und zwar auch betr. das vorbereitende Verfahren). Dabei bleibt eher unbestimmt, wie geprüft wird, ob die genannten Anforderungen erfüllt sind (krit. *Wiesener* Qualitätsanforderungen 80 f.). Eine Befassung wird sich dann verbieten, wenn nach dem beruflichen Werdegang der Amtsanwälte nicht die dem Erziehungsgedanken (§ 2 Abs. 1) folgende täterorientierte, sondern die tatorientierte Arbeitsweise iSd allg. StVR im Vordergrund steht (abl. daher schon *Potrykus* Anm. 1 aE) und es an der besonderen Voraussetzung jugenderzieherischer Erfahrung (§ 37) fehlt (idS schon *Ullrich* unsere jugend 1983, 363 ff. (368)).

11a   Gemäß Regelungen in den Bundesländern ist die Amtsanwaltschaft **überwiegend** von der Bearbeitung von Verfahren gegen Jugendliche und Heranwachsende wegen *Straftaten* **ausgeschlossen** (vgl. OrgStA Brandenburg v. 27.1.2009 (JMBl. 20) Nr. 23 Buchst. a, Bremen v. 22.8.2005 (– 3262 –) Nr. 20 Buchst. a, Hamburg v. 8.2.2000 (JVerwBl. 9 (11) Nr. 20, Hessen v. 4.6.2009 (RdErl. MdJIE) Nr. 20, 1., Sachsen-Anhalt aaO Nr. 22, 1., Mecklenburg-Vorpommern v. 5.9.1995 (ABl. 1060) Nr. 22, 1., Nordrhein-Westfalen v. 1.10.2002 (JMBl. 238) Nr. 21 Buchst. a, Schleswig-Holstein aaO Nr. 23, 1.; einschr. OrgStA Niedersachsen v. 4.7.2005 Nr. 20 Buchst. a: „sollen nicht" bzw. Berlin v. 25.7.2007 (Just II C 3) Nr. 17 S. 1, 2, Saarland v. 26.6.1995 (– 3262– geänd. 20.11.2001) Nr. 23, 1.: jeweils erlaubt in Verkehrssachen (verfehlt zB betr. § 142 StGB); s. auch *Schady* in NK-JGG Rn. 7; *Nix* in Nix Rn. 7). Ohnehin kommt eine Vertretung der Anklage durch Amtsanwälte vor den JGerichten grundsätzlich nur im amtsgerichtlichen Zuständigkeitsbereich und regelmäßig **nicht** vor dem **JSchG** (OrgStA Sachsen-Anhalt v. 22.7.1991 (MBl. 433; Fassung v. 18.6.2007, MBl. 187) Nr. 25; Nordrhein-Westfalen v. 1.10.2002 (JMBl. 238) Nr. 21a), Rheinland-Pfalz v. 10.2.1981 (JBl. 49; verl. JBl. 2004, 262) Nr. 27, Schleswig-Holstein v. 8.9.1975 (SchlHA 1975, 159) Nr. 27; vgl. aber zu Ausnahmen OrgStA Berlin v. 25.7.2007 (Just II C 3) Nr. 23 Abs. 2, Brandenburg v. 27.1.2009 (JMBl. 20) Nr. 27 Abs. 2, Bremen v. 22.8.2005 (– 3262 –) Nr. 25, 2., Hamburg v. 8.2.2000 (JVerwBl. 9; geänd. 13.11.2000, JVerwBl. 75) Nr. 24, 2. („im Einzelfall"), Hessen v. 4.6.2009 (RdErl. MdJIE) Nr. 24 Abs. 2, MV v. 5.9.1995 (ABl. 1060; geänd. 7.6.2006, ABl. 446) Nr. 26 Abs. 2 („im Einzelfall"); Niedersachsen v. 4.7.1995 (NdsRPfl S. 225; geänd. 1.5.2005, NdsRpfl 2005, 52) Nr. 24 S. 2, Rheinland-Pfalz v. 10.2.1981 (JBl. 49; verl. JBl. 2004, 262) Nr. 27, Thüringen v. 4.9.2002 (JBl. 80) Nr. 26) in Betracht (§ 2 Abs. 2, §§ 142 Abs. 1 Nr. 3, Abs. 2, 145 Abs. 2 GVG; zur Vereinbarkeit der Wahrnehmung durch Rechtspfleger mit dem Rechtsstaatsprinzip s. BVerfG NJW 1981, 1033).

11b   **bb)** Einer Befassung könnte zudem entgegenstehen, dass nur durch *einheitliche Bearbeitung* der JSachen – die der Amtsanwalt von Gesetzes wegen nicht zu leisten vermag (vgl. § 142 Abs. 2 GVG) – gewährleistet ist, dass der JStaatsanwalt entsprechend dem Sinn des § 36 mit den Erscheinungsformen der behördlich verfolgten Delinquenz Jugendlicher und Heranwachsender in seinem LG-Bezirk insgesamt (befasst und) vertraut wird. Insoweit verhält es sich ähnlich bei dem (allerdings nur vorübergehenden) Einsatz von Referendaren (vgl. dazu auch → Rn. 14, 15).

IV. Revision

1. § 2 Abs. 2, § 338 Nr. 5 StPO

Nach einer frühen Entscheidung des **BGH** (bei *Herlan* GA 1961, 358) **12**
könne ein Verstoß gegen § 36 für sich allein die Revision **nicht** begründen.
Insbesondere liege der absolute Revisionsgrund des § 2 Abs. 2, § 338 Nr. 5
StPO (nach seinem Wortlaut) nicht vor, wenn ein Vertreter der StA, ohne
zum JStaatsanwalt bestellt zu sein, vor dem JGericht die Staatsanwaltschaft
vertritt, weil deren Anwesenheit während der HV weder personen- noch
funktionsgebunden sei (vgl. auch § 144 GVG; nicht ganz unbedenklich
entspr. OLG Karlsruhe NStZ 1988, 241 betr. die Sitzungsvertretung durch
einen Amtsanwalt vor dem JSchöffenG). Dieser Auffassung lässt sich allerdings entgegenhalten, dass gem. § 2 Abs. 2 die Vorschrift des § 36 JGG als
lex specialis ggü. §§ 142, 144 GVG anzusehen ist (anders LG Duisburg
StRR 2010, 469, wonach die §§ 36, 37 JGG keine abw. Bestimmungen
zum GVG enthielten, da es sich um bloße Ordnungsvorschriften handle (vgl.
auch → Rn. 13)).

2. Beruhen

Streitig ist, ob ein Urteil nicht möglicherweise iSv § 337 StPO darauf **13**
beruhen kann, dass ein JStaatsanwalt (mangels Bestellung) nicht mitgewirkt
hatte (zust. *Höffler* in MüKoStPO StPO § 337 Rn. 10; dagegen abl. *Brunner/
Dölling* Rn. 1). Der BGH (bei *Herlan* GA 1961, 358; ebenso OLG Karlsruhe
NStZ 1988, 241) lehnte dies mit der ohne Begründung gebliebenen Auffassung ab, § 36 stelle eine bloße Ordnungsvorschrift und kein Gesetz iSv
§ 337 StPO dar (aA *Schady* in NK-JGG Rn. 8; *Nix* in Nix Rn. 8). Da es bei
der Kategorisierung einer Norm als Ordnungsvorschrift vor allem darauf
ankommt, welchen verfahrensrechtlichen (Schutz-)Zweck sie hat und ob bei
einem Verstoß Rechte des Beschwerdeführers betroffen sein können, lässt
sich die (pauschale) Zuordnung des § 36 als Ordnungsvorschrift angesichts
der Bedeutung der JStaatsanwaltschaft für das gesamte Verfahren schwerlich
vertreten (vgl. aus der Praxis *Helmken* ZJJ 2009, 148: „Schlüsselfigur des
JStR-Systems"; ergänzend *Helmken* ZRP 2012, 209 ff.). Die Bedeutung
erweist sich zB schon anlässlich der Würdigung des Ergebnisses der Vernehmung bei der Polizei bzw. eines Antrages auf Anordnung von U-Haft
(vgl. exemplarisch zu Mängeln (auch in der Stellungnahme der GenStA) KG
StraFo 2015, 108), bei der Auswahl eines heranzuziehenden Sachverständigen (nur partiell beanstandet von BGH NStZ 2007, 522 mAnm *Eisenberg/
Schmitz* NStZ 2008, 94) − rechtstatsächlich wird bei der Auswahl nicht selten
§ 43 Abs. 2 S. 2 (vgl. auch § 109 Abs. 1 S. 1) übergangen, sodass entwicklungsbezogene psychiatrische wie psychologische Ausprägungen ggf. verkannt werden − sowie aufgrund der Notwendigkeit, mit den konkreten
Möglichkeiten von Diversion vertraut zu sein (n. dazu *Hartmann* DVJJ-
Journal 1993, 330 (338)). Nicht zuletzt wird die genannte Bedeutung ver-
anschaulicht iZm dem Plädoyer in der HV (einschließlich des Einflusses auf
den Rechtsfolgenausspruch, gar iSd sog. „Ankereffekts", vgl. dazu näher
Englich ua PSPB 2006, 188 ff.; *Oswald* in Bliesener/Lösel/Köhnken, Lehrbuch Rechtspsychologie, 2014, 250 f.; einschr. iSd „primacy"-Effekts (§ 2

Abs. 2, § 258 Abs. 2 Hs. 2 StPO) zusf. *Traut/Nickolaus* StraFo 2015, 485 (491)). – Wegen des Gewichts der Aufgaben des JStaatsanwalts ist zugleich unverkennbar, dass dessen Verfahrensbeteiligung das Urteil beeinflussen kann, sodass die Beruhensfrage sich zumindest nicht generell verneinen lassen wird. Vielmehr wird kaum einmal ausgeschlossen werden können, dass das Urteil bei Sitzungsvertretung durch einen JStaatsanwalt anders ausgefallen wäre (n. schon *Eisenberg* NStZ 1994, 69).

3. Referendare

14   **a)** Gemäß Abs. 2 S. 2 kann **Referendaren** im Einzelfall die Wahrnehmung jugendstaatsanwaltlicher Aufgaben unter Aufsicht eines JStaatsanwalts übertragen werden. Jedoch dürfen Referendare die Sitzungsvertretung in Verfahren vor den JGerichten – auch in Amtsanwaltssachen (vgl. Begr. RegE-StORMG, 23) – nur unter *Aufsicht und im Beisein* eines JStaatsanwalts wahrnehmen, also – entgegen seither verbreiteter Praxis – nicht aufgrund vorausgegangener Absprachen, Weisungen oder telefonischer Rücksprachen. Diese Neuregelung ist teilweise geeignet, die Vorschrift des § 2 Abs. 2, § 142 Abs. 3 GVG zu konkretisieren (vgl. vormals näher *Eisenberg* DRiZ 1998, 161 ff.; *Helmken* ZJJ 2009, 147 f.; einschr. *Löhr* DRiZ 1998, 165 ff.), und sie ist erforderlich, weil andernfalls § 37 keine Beachtung fände und im Übrigen das Ausbildungsverhältnis des Referendars unter verschiedenen Gesichtspunkten einer angemessenen Funktionserfüllung entgegenstehen kann (vgl. speziell AG Kamen 30.6.2009 – Cs 181 Js 24/09–43/09 nach Bericht in StRR 2010, 107: Referendar ohne Kompetenz als Verfahrenshindernis, anders aber LG Duisburg StRR 2010, 460).

15   Nach vormaliger *Rspr.* wurde im Falle der Beauftragung von Referendaren mit der Wahrnehmung amtsanwaltlicher Aufgaben (vgl. § 142 Abs. 3 GVG) und ihrer Verfahrensbeteiligung in *JStrafsachen* das Vorliegen eines Verfahrensfehlers verneint (OLG Düsseldorf JMBl. NW 1965, 103; OLG Hamm JMBl. NW 1994, 23 (allerdings mit Bedenken ggü. etwaiger „durchgängiger Teilnahme")); vgl. zum Zustimmungsbedürfnis bei Verfahrenseinstellungen OrgStA Hessen v. 4.6.2009 (RdErl. MdJIE) Nr. 25 Abs. 3; zu ausgedehnter „Verwendung" vormals krit. *Middelhof* Zbl 1987, 66 ff. (betr. Aachen)). Diese Auffassung setzte jedoch zumindest voraus, dass vom Geschäftsbereich der Amtsanwaltschaft solche Delikte ausgeschlossen waren, die die Befähigung iSv § 37 erfordern (wie zB § 142 StGB (vgl. auch *Eisenberg* DRiZ 1998, 163)). Betreffend örtliche Sitzungsvertreter wurde in einzelnen Ländern das Zustimmungsbedürfnis bei Verfahrenseinstellungen, Zurücknahme der Klage oder Rechtsmittelverzicht normiert (Bayern, OrgStA v. 19.8.2005 (JMBl. 134) Nr. 20 Abs. 3; vgl. auch Hessen, OrgStA v. 4.6.2009 (RdErl. MdJIE) Nr. 25 Abs. 3); nach OrgStA Bayern Nr. 20 Abs. 2 (v. 19.8.2005 (JMBl. 134)) muss der Sitzungsvertreter die Voraussetzungen des § 37 erfüllen und der OLG-Präsident sowie der GenStA der Übertragung auf ihn zustimmen.

16   **b)** Für **JSchutzsachen** wird allg. davon ausgegangen, dass eine Sitzungsvertretung durch Referendare ausscheide.

Auswahl der Jugendrichter und Jugendstaatsanwälte

37 Die Richter bei den Jugendgerichten und die Jugendstaatsanwälte sollen erzieherisch befähigt und in der Jugenderziehung erfahren sein.

Schrifttum *Adam ua* (Hrsg.), Jugendrichter und Jugendstaatsanwälte in der Bundesrepublik, 1986; *Drews,* Die Aus- und Fortbildungssituation von Jugendrichtern und
Jugendstaatsanwälten …, 2005; *Fenn,* Kriminalprognose bei jungen Straffälligen, 1981;
Hering, Mechanismen justitieller Eskalation im Jugendstrafverfahren, 1993; *Noll,* Gesetzgebungslehre, 1973; *Rehbein,* Öffentliche Erziehung im Widerspruch, 1980; *Simon,*
Der Jugendrichter im Zentrum der Jugendgerichtsbarkeit, 2003; *Streng,* Strafzumessung und relative Gerechtigkeit, 1984.

Übersicht

	Rn.
I. Anwendungsbereich	1
1. Jugendliche und Heranwachsende	1
2. Organisatorische Reichweite	2
3. Verhältnis zu anderen Funktionsträgern im Jugendstraf- verfahren	3
II. Tragweite der Vorschrift; Regelungsdefizite und Reform- bestrebungen	4
1. Zur Abgrenzung jugendgerichtlicher von allgemein- strafgerichtlicher Tätigkeit	4
a) Kognitive Autorität	4
b) Erziehungsauftrag (§ 2 Abs. 1)	5
2. Regelungsdefizite und Reformbestrebungen	6
a) Gesetzeswortlaut	6
b) Reformbestrebungen	6a
aa) Ansätze und Widerstände	6a
bb) RegE vom 23.3.2011	6b
III. Erzieherische Befähigung; Erfahrung in der Jugenderzie- hung	7
1. Erlangung erzieherischer Befähigung	7
a) Studium und Referendarausbildung	7a
b) Fortbildung	8
2. Erfahrung in der Jugenderziehung	10
3. Auswahlpraxis; Tätigkeit auch in Verfahren nach Er- wachsenenstrafrecht	11
a) JRichter	11
b) JStaatsanwälte	13
IV. Revision	14
1. Fragen der Geschäftsverteilung	14
2. Aufklärungsrüge	15
3. Herabstufung als Ordnungsvorschrift	16

I. Anwendungsbereich

1. Jugendliche und Heranwachsende

1 Die Vorschrift gilt in Verfahren gegen Jugendliche ebenso wie gegen Heranwachsende (§ 107) vor den JGerichten, nicht jedoch vor den für allg. Strafsachen zuständigen Gerichten (§§ 104 Abs. 1, 112 S. 1).

2. Organisatorische Reichweite

2 Die Vorschrift umfasst **nicht** den Zuständigkeitsbereich der **Revisionsgerichte** (vgl. §§ 33 Abs. 2, 36; zur Kritik → §§ 33–33b Rn. 12) und also auch nicht der **Generalstaatsanwaltschaften** (zur Empfehlung, „den Rechtsgedankens des § 37" auch hier zu „berücksichtigen", *Wellershoff* in BeckOK JGG Rn. 2).

3. Verhältnis zu anderen Funktionsträgern im Jugendstrafverfahren

3 Hinsichtlich der **Befähigung** sonstiger mit Aufgaben im JStrafverfahren befasster Personen (vgl. auch → Einl. Rn. 38) bestehen vergleichbare gesetzliche Sonderregelungen **nur** für die JSchöffen (§ 35 Abs. 2 S. 2) und nach Landesgesetzen teilweise für Bedienstete des JStVollzugs (vgl. → § 89b Rn. 28, → § 92 Rn. 29), **nicht** aber für **Polizeibeamte** (§ 2 Abs. 2, § 152 GVG (§§ 161 Abs. 1, 163 StPO); § 43; vgl. näher → Einl. Rn. 45), Erziehungsberechtigte und gesetzliche Vertreter (§ 67; einer entspr. Regelung sind durch Art. 6 Abs. 2 S. 1 GG allerdings enge Grenzen gesetzt), Beistände (§ 69), Vertreter der **JGH** (§ 38; s. aber allg. § 72 KJHG), **Verteidiger** (vgl. näher → § 68 Rn. 9 f., → Rn. 3, 11; anders noch § 42 Abs. 2 RJGG 1943 (krit. *Potrykus* RdJB 1955, 361 (362); sowie *Becker* RdJB 1955, 362 (364))), **Sachverständige** (§ 43 Abs. 2 S. 2, vgl. § 73 Abs. 1), Erziehungsbeistände (§§ 9 Nr. 2, 12 iVm §§ 82 Abs. 2, 85, 30 KJHG; s. aber allg. § 72 KJHG), Hilfe nach § 34 KJHG Leistende (§§ 9 Nr. 3, 12 iVm §§ 82 Abs. 2, 85 Abs. 2 Nr. 5, 34 KJHG; s. aber allg. § 72 KJHG), **BewHelfer** (§ 113 iVm §§ 24, 25, 29 S. 2, § 88 Abs. 6 S. 1).

II. Tragweite der Vorschrift; Regelungsdefizite und Reformbestrebungen

1. Zur Abgrenzung jugendgerichtlicher von allgemein- strafgerichtlicher Tätigkeit

4 **a) Kognitive Autorität.** Ergänzend zu dem Gesetzeswortlaut legen Erkenntnisse der Richterpsychologie und -soziologie es nahe (und wäre de lege ferenda ggf. einzubeziehen), bei der Auswahl den Grad der **Selbstkontrolle** iSd Fähigkeit und Bereitschaft zur Reflektion über solche Faktoren, die den Entscheidungsprozess beeinflussen, zu berücksichtigen. Denn die besondere Verantwortung für die Zukunft jugendstrafrechtlich Verfolgter gebietet eine über die allg. richterliche Unabhängigkeit hinausreichende

kognitive Autorität sowohl bei der Beweiswürdigung bezüglich des Tatvorwurfs (vgl. krit. zB zum Fingieren bei der Rekonstruktion etwa *Künzel* Zeitschrift für Rechtssoziologie 2004, 70 ff.) als auch bei der Rechtsfolgenauswahl und -bemessung. Eine solche Autorität müsste sich rechtstatsächlich als Unabhängigkeit von bestimmten Erwartungen – sei es der Erwachsenengesellschaft im Sinne allg. Erwünschtheit, sei es der Strafjustiz im Sinne allg. Konventionen oder Schemata (vgl. dazu *Eisenberg* Beweisrecht StPO Rn. 913 ff., 922 ff.) – bzw. von mitunter vorkommenden Mustern der Rechtsanwendung (vgl. speziell betr. Geschlechtszugehörigkeit etwa *Maiwald* Zeitschrift für Rechtssoziologie 2003, 28) erweisen, die dem jeweiligen Betroffenen ggf. nicht gerecht werden. – Bezüglich Kollegialgerichten wäre die genannte Selbstkontrolle zudem erforderlich, um Tendenzen der (übermässigen Dominanz des Berichterstatters bzw. der) Einschränkung an persönlicher Verantwortlichkeit jedes einzelnen JRichters zu wehren (zur Selbstablehnung (§ 24 Abs. 2 StPO) einer Richterin, die nach Abtrennung bezüglich eines Mitangeklagten bei der Verurteilung im Ausgangsverfahren als Berichterstatterin mitgewirkt hat, hinsichtlich des abgetrennten Verfahrens LG München I StV 2015, 761).

b) Erziehungsauftrag (§ 2 Abs. 1). Eine dem Erziehungsgedanken des **5** JStR Rechnung tragende Erwartung hinsichtlich der Ausübung der Tätigkeit des JRichters (und auch JStaatsanwalts) liegt innerhalb des Spektrums von Sozialisations- und/oder Kontrollinstitutionen zwischen elterlicher Erziehungsperson an dem einen und allg. Strafrichter (bzw. Staatsanwalt) an dem anderen Extrem. Auch wenn vor der Idealisierung einer pädagogisierten Richterfigur zu warnen ist, muss doch von den als JRichter tätigen Personen eine faire, nicht-punitive, Chancen eröffnende und entwicklungsfördernde Grundhaltung gegenüber ihrer Klientel gefordert werden (*Streng* in Dollinger/Schmidt-Semisch Jugendkriminalität-HdB 396 f.). Neben der altersorientierten Verfahrensführung betrifft dies auch die notwendige Selbstständigkeit und Bereitschaft, sich bei der Subsumtion unter nicht erschöpfend ausformulierte Straftatbestände (im Rahmen teleologischer Auslegung) bzw. in Ausfüllung nicht abschließend geregelter Rechtsfolgeninhalte (vgl. etwa → § 10 Rn. 15, 30 ff.; § 45 Abs. 2 S. 1; vgl. auch *Hupfeld* DVJJ-Journal 1993, 13 f. (17)) iSd Vorgaben des § 2 Abs. 1 zu entscheiden. Dazu kann eine gewisse Fähigkeit zu sog. „normativer Distanz" gehören (zust. *Weidermann* Zbl 1987, 14 (16) betr. BtM-Delikte; allg. ähnlich *Frehsee* MschKrim 1988, 295–297; für konkrete Einzelfälle iErg wohl nicht anders *Wagner* Jugendwohl 1989, 363 ff.; vgl. zum Begriff etwa *Noll,* Gesetzgebungslehre, 1973). Ein insoweit erwartungsgemäßes Engagement mag auf dem Hintergrund sonstiger Prinzipien strafverfolgender und -richterlicher Tätigkeit allerdings als erwartungswidrig und abw. beurteilt und innerbehördlich entsprechend (informell oder gar formell) sanktioniert werden (vgl. etwa zum Vorwurf der Strafvereitelung abl. LG Mannheim DRiZ 2004, 261 ff. mit zust. Bspr. *Albrecht* ZRP 2004, 259 sowie *Böllinger* KJ 2005, 203 ff.; ergänzend *Endler/Hinney* DRiZ 2005, 97 f.) bzw. sich negativ auf die berufliche Wertschätzung auswirken (zu etwaigen Einflüssen dieser Umstände auch auf tatsächliche Auswahlkriterien vgl. → Rn. 11 f).

2. Regelungsdefizite und Reformbestrebungen

6   **a) Gesetzeswortlaut.** Die Bestimmung des § 37 entspricht weithin dem Wortlaut des § 24 RJGG 1943, das JGG 53 hat lediglich auf das (zusätzliche) Erfordernis der „Erfahrung in der Jugendführung" verzichtet. Die Gesetzesfassung wird als „unverbindlich", die verwendeten Begriffe der erzieherischen Befähigung und Erfahrung in der Jugenderziehung werden als „nichts sagend" bezeichnet (*Peters* Strafprozess 594). Jugenderziehung, Befähigung und Erfahrung sind solange nicht hinreichend rechtlich nachprüfbar, als hierfür maßgebliche **Kriterien** nicht gesetzlich festgelegt sind. Dem entspricht es, dass die im Schrifttum vertretenen Auffassungen sowie die RL zu § 37 hinsichtlich der Anforderungen im Einzelnen keineswegs einheitlich sind (hierzu → Rn. 7 ff.; zu einem idealisierten Bild des JRichters s. vormals etwa *Müller* RdJB 1955, 23 f.; *Riedel* RdJB 1955, 368; krit. hingegen *Göge* Jugendwohl 1986, 204, betr. die Justizverwaltung *Drews,* Die Aus- und Fortbildungssituation von Jugendrichtern und Jugendstaatsanwälten …, 2005, 91 f.). Insbesondere fehlt es an Erkenntnissen der Erziehungs- und Entwicklungspsychologie (vgl. auch → Rn. 7) sowie der Jugendpädagogik, an denen postulierte erzieherische Wirkungen des JStrafverfahrens zu messen wären (s. aber zu einer (lediglich) auf Legitimität jugendrichterlicher Tätigkeit abzielenden Zweckverfolgung *Hauber* Zbl 1977, 372). Es erscheint daher zw., ob § 37 denjenigen Erfordernissen entspricht, die nach Art. 101 Abs. 2 GG (s. hierzu BVerfGE 18, 257; 22, 48; 27, 362 f.) an die Einrichtung der JGerichtsbarkeit unter dem Gesichtspunkt des Gesetzesvorbehalts zu stellen sind.

6a   **b) Reformbestrebungen. aa) Ansätze und Widerstände.** Das Anliegen, kriminologische und psychologische Kompetenz zur zwingenden Voraussetzung für die Besetzung des JRichter-Amtes zu machen, stößt in der Rechtspolitik regelmäßig auf Vorbehalte, die durch nur-institutionelle Interessen geprägt sind (etwa befürchtete Probleme bei der Geschäftsverteilung, Vermeidung neuer Urteilsanfechtungsgründe (dazu *Streng* in Dollinger/ Schmidt-Semisch Jugendkriminalität-HdB 398). So haben die jugendrichterlichen Sachkunde-Erfordernisse, die von Art. 20 Abs. 2 RL (EU) 2016/ 800 gefordert werden, ohne Folgen bei der Richtlinienumsetzung (→ § 36 Rn. 7). Bereits davor waren die im RegE-StORM (BT-Drs. 17/6261; zur Relevanz *Gebauer* DVJJ − BW INFO 2013, 52 ff.) vorgesehenen weitreichenden Konkretisierungen der Vorschrift „angesichts der massiven, insb. justizorganisatorischen Bedenken" der Bundesländer (BT-Drs. 17/12735) bei der Verabschiedung des Gesetzes durch den Bundestag unberücksichtigt geblieben.

6b   **bb) RegE vom 23.3.2011.** Der Entwurf sieht für einen Abs. 1 der Vorschrift, die als S. 1 die bisherige Fassung beibehält, die Anfügung von drei weiteren Sätzen und zudem von zwei zusätzlichen Absätzen vor.Nach einem Abs. 1 S. 2 RegE-StORMG werden als Soll-Vorschrift „mehr als rudimentäre" (Begr., 24) *Kenntnisse* auf den angeführten Gebieten der „Kriminologe, Pädagogik und Sozialpädagogik sowie der Jugendpsychologie" erwartet, ohne indes das Spektrum unterschiedlicher und teilweise konträrer Aussagen (vgl. speziell zur Kriminologie → § 5 Rn. 37–86a; vgl. auch *Sonnen* in Diemer/Schatz/Sonnen § 43 Rn. 7) einzugrenzen (vgl. krit. auch *Wiesener* Qualitätsanforderungen 52; insoweit zutr. Kritik bei *Nemetz,* Rechtsausschuss BT-Drs. 17/6261, 4). Demgegenüber wäre der Wegfall der in Nr. 3

RL zu § 37 enthaltenen Disziplinen Jugendpsychiatrie und Soziologie wenig geeignet, da einerseits zur Leitung und Kontrolle jugendpsychiatrischer Sachverständiger (§ 2 Abs. 2, § 78 StPO) jugendrichterliche Fachkenntnisse (gerade auch in JSchutzsachen) unerlässlich sind, und andererseits Erkenntnisse der Soziologie zB zu informellen und formellen Normensystemen oder zu Totalen Institutionen in ihrer Relevanz auch für den Einzelfall durch die Sozialpädagogik so nicht vermittelt werden.

Gemäß einem Abs. 1 S. 3 RegE-StORMG *sollen* (weitergehend noch **6c** RefE-StORMG: „dürfen") einem Richter oder Staatsanwalt, dessen Kenntnisse auf diesen Gebieten nicht belegt sind, die Aufgaben eines JRichters oder JStaatsanwalts erstmals nur zugewiesen werden, wenn der Erwerb der Kenntnisse durch die Wahrnehmung von einschlägigen Fortbildungsangeboten oder eine anderweitige einschlägige Weiterqualifizierung „alsbald" zu erwarten ist (nach der Begr. des RegE, 25 sind hierbei auch die organisatorischen Umstände zu berücksichtigen, jedoch „wird" wegen der grundsätzlichen Geltung der Anforderungen des S. 2 eine geeignete Weiterqualifizierung seitens der Justizverwaltung „zu fördern sein"). – Im Bemühen um Durchsetzung stellt der RegE-StORMG darauf ab, dass die Kenntnisse *„belegt"* sind, wobei die Anerkennung einer „wertenden" Entscheidung des Präsidiums bzw. der Behördenleitung überlassen bleibe (Begr., 24). Stattdessen würde es sich empfehlen, die Beurteilung *im Einvernehmen* mit den seither jugendstrafrechtlich Amtierenden durchzuführen, weil andernfalls – auch im Verhältnis von JStrafsachen zu JSchutzsachen – zu besorgen sein könnte, dass am ehesten (oder gar nur) solche *Inhalte* der jeweiligen Fachgebiete anerkannt werden könnten, die konform zur Strafrechtspraxis schlechthin und also nur eher retrospektiv-repressiv sind, weniger (oder kaum) aber solche, die (iR strafrechtlicher Vorgaben) gem. § 2 Abs. 1 vorrangig an der *Zukunft* des Jugendlichen und Heranwachsenden *orientiert* sind. Eine solche Tendenz ließe sich umso eher begründen, als die angeführten Fachgebiete jeweils ein Spektrum an Forschungsperspektiven und -ergebnissen aufweisen, sodass ohne zusätzlich *inhaltliche* Qualitätsvoraussetzungen das Ziel einer Geeignetheit schwerlich erreichbar ist – indes liegt hierin ein Zwiespalt des RegE-StORMG insofern, als § 2 Abs. 1 in JSchutzverfahren gegen erwachsene Beschuldigte nicht zur Anwendung kommt.

Wegen der Besetzung bei kleineren AGen sieht RegE-StORMG in der **6d** *Kann*-Vorschrift eines Abs. 2 unter bestimmten Voraussetzungen ein Abweichen von den Vorschriften eines Abs. 1 für den Einsatz im Bereitschaftsdienst vor, wozu hinsichtlich der Beurteilung des Vorliegens dieser Voraussetzungen ein gewisser Spielraum verbleibe (Begr., 26). – Nach einem Abs. 3 S. 1 RegE-StORMG *sollen* als JRichter beim AmtsG oder als Vorsitzender einer JKammer „nach Möglichkeit" nur Amtierende eingesetzt werden, die – in vager Formulierung – bereits über „Erfahrungen" aus früherer Wahrnehmung jugendgerichtlicher oder jugendstaatsanwaltlicher Aufgaben verfügen (präziser noch RefE-StORM 2010: „mindestens *ein Jahr* lang zum überwiegenden Teil ihres Dienstes" solche Aufgaben „erfüllt"). Gemäß einem Abs. 3 S. 2 RegE-StORMG *kann* davon – mit Relevanz am ehesten für kleinere AGe (Begr., 26) – bei Richtern, die nur im Bereitschaftsdienst Geschäfte des JRichters wahrnehmen, abgewichen werden. – Nach einem Abs. 3 S. 3 RegE-StORMG ist es einem Richter *auf Probe* untersagt, im ersten Jahr nach seiner Ernennung „Geschäfte des JRichters" wahrzunehmen (insoweit entspr. § 36 Abs. 1 S. 2 RegE).

III. Erzieherische Befähigung; Erfahrung in der Jugenderziehung

1. Erlangung erzieherischer Befähigung

7 Betreffend eine solche Befähigung der für die Auswahl in Betracht kommenden Personen (zur historischen Entwicklung der JRichter-Ausbildung vgl. *Hauber* Zbl 1977, 315 (316 ff.)) bieten Abs. 1 S. 2 Reg-StORMG mit den darin genannten Fächern (vgl. auch → Rn. 6a) sowie RL Nr. 3 („Kenntnisse auf den Gebieten der Pädagogik, der JPsychologie, der JPsychiatrie, der Kriminologie und der Soziologie" seien „von besonderem Nutzen") eher nur Hinweise. Abgesehen von der eher ungenauen und unvollständigen Zusammenstellung bedeutsamer Disziplinen ist mit *Peters* (Strafprozess 594) davon auszugehen, dass eine *Ausbildung* zur Erlangung entsprechender Kenntnisse *notwendig* ist (ähnlich *Dallinger/Lackner* Rn. 5; *Scholz* DVJJ-Journal 1999, 238: „fundierte Kenntnisse in der Kriminologie"; vgl. aus psychologischer Sicht auch schon *Waldeck* RdJB 1956, 216 (232 f.)); denn auch durch langjährige Berufspraxis werden diese erforderlichen Kenntnisse nicht erworben (dazu schon *Hinrichsen* RdJB 1955, 366 f.; *Messerer* unsere jugend 1951, 2 (4)).

7a a) **Studium und Referendarausbildung. aa)** Während innerhalb der *universitären* Ausbildung seit Mitte der 60er Jahre des 20. Jahrhunderts bzw. seit ca. 2004/2007 durch Einführung einer Wahlfachgruppe bzw. einer Schwerpunktfächergruppe, die überwiegend Kriminologie, JStR und Strafvollzug umfasst(e), einige Fortschritte erzielt wurden bzw. werden, ist in den Folgejahren eine Enschränkung (wenn nicht ein Verlust) des Lehrangebots insb. auf dem Gebiet der Kriminologie zu verzeichnen (zB infolge der Umwidmung oder des Wegfalls von Professuren). Zudem waren nach einer früheren Befragungsuntersuchung die *Anteile* derjenigen JRichter und JStaatsanwälte, die schon während des Studiums einschlägige Lehrangebote wahrgenommen haben (bei vergleichsweise hohen Quoten für SchlH und Nds.), nicht geeignet, die gesetzlichen Qualifikationserfordernisse als tendenziell schon angelegt zu erachten (nach *Adam ua*, Jugendrichter und Jugendstaatsanwälte in der Bundesrepublik, 1986, 53 f., aber auch 88 ff., 100 f.; *Simon,* Der Jugendrichter im Zentrum der Jugendgerichtsbarkeit, 2003, 82 f.: 57,1 % besuchten eine Lehrveranstaltung Kriminologie während eines oder zwei Semestern und (nur) etwa 20 % über mehr als zwei Semester, eine Vorlesung zum JStR hatten fast 50 %, eine Vorlesung zum Strafvollzug fast 60 % nie gehört). Nicht wesentlich anders verhält es sich mit Ergebnissen späterer Befragungsforschungen (bezogen auf die Länder Baden-Württemberg, Berlin, Brandenburg, Hessen, Nordrhein-Westfalen und Sachsen-Anhalt hatten von 342 an Jugendgerichten Amtierenden (Rücklauf = 37,1 %) zwei Drittel zuvor nicht mit JStR zu tun gehabt, *Buckolt* Jugendstrafe E. I. 3; vgl. ergänzend *Drews,* Die Aus- und Fortbildungssituation von Jugendrichtern und Jugendstaatsanwälten …, 2005, 95: nur 1/4 der befragten JStaatsanwälte wiesen Kenntnisse iSd RL Nr. 3 auf; *Höynck/Leuschner* Jugendgerichtsbarometer 58; *Höynck/Leuschner* ZJJ 2014, 365 f.; Zusammenstellung der vorliegenden Befunde auch bei *Streng* in Dollinger/Schmidt-Semisch Jugendkriminalität-HdB 399 ff.).

bb) Der *Vorbereitungsdienst* für Referendare lässt Angebote für eine ju- 7b
gendstraf- und jugendhilferechtlich orientierte Ausbildung noch weitgehend
vermissen (zu Vorschlägen s. etwa schon *Kreuzer* ZRP 1987, 287).

b) Fortbildung. aa) Eine weitergehende Spezialisierung insb. der JRich- 8
ter-Ausbildung (vgl. vormals *Hauber* Zbl 1977, 372 ff. und zu Reformvor-
schlägen *Hauber,* Funktionsverteilung S. 76, gar unter Einschluss einer besonderen JRichter-Prüfung) wird überwiegend unter Hinweis auf die dem
DRiG entsprechende gleiche Befähigung jedes Richters für alle Gerichts-
zweige abgelehnt (vgl. bereits *Becker* RdJB 1955, 362 f.; *Cohnitz* RdJB 1955,
364; *Hellmer* RdJB 1955, 365 f.; *Riedel* RdJB 1955, 368 (371); ähnlich *Radtke*
Rechtsausschuss, BT-Drs. 17/6261, 13). Dem scheint die wohl mehrheitli-
che Auffassung der an JGerichten Amtierenden zu entsprechen (s. *Pommere-*
ning MschKrim 1982, 193 (196); s. auch BT-Drs. 10/6739, 26; nach der
Befragung von *Buckolt* (vgl. → Rn. 7) hatten mehr als die Hälfte im vorausgegangenen Jahr nicht einen Tag für eine einschlägige Fortbildung auf-
gewandt).Jedoch wäre es verfehlt, wenngleich im Interesse von Belangen der
Justizverwaltungen liegend, eine „einhellige" Ablehnung seitens „der Praxis"
(*Dvoarzik* Rechtsausschuss, BT-Drs. 17/6261, 49) zu behaupten (vgl. zur
Befürwortung einer Speziaisierung BAG Justiz und Anwaltschaft in der DVJJ
v. 26.10.2011).

bb) Voraussetzung für eine geeignete Fortbildung (im Rahmen landes- 9
gesetzlicher Verpflichtung) von JRichtern und JStaatsanwälten ist zunächst –
wie in RL Nr. 2 S. 2 angedeutet –, dass die Tätigkeit im jugendstrafrechtlichen Bereich nicht kurzfristig angelegt ist, sondern ein Dezernatswechsel
möglichst mehrere Jahre hindurch unterbleibt (ebenso schon *Potrykus* Anm.
2, der wenigstens 4–5 Jahre verlangt; ähnlich *Cohnitz* RdJB 1955, 364;
Hauber Zbl 1977, 376; *Hinrichsen* RdJB 1955, 367; *Stettner* RdJB 1954, 298).
Eine frühere Befragungsuntersuchung (*Adam ua,* Jugendrichter und Jugendstaatsanwälte in der Bundesrepublik, 1986, 37 ff.) ergab, dass die durchschnittliche Amtszeit der JRichter bei etwa sieben Jahren, wogegen diejenige
der JStaatsanwälte etwa zwei Jahre darunter lag. Von beiden Befragtengrup-
pen wurden Versetzungen gegen ihren Willen am häufigsten in Bayern und
Nordrhein-Westfalen, am seltensten in Baden-Württemberg und Niedersachsen befürchtet (vgl. aber auch → Rn. 11 ff.). – Angaben liegen auch betr.
die Fortbildung vor (vgl. etwa *Bergmann* MschKrim 1983, 295, der ua
Widerstände analysierte; näher hingegen *Höynck/Leuschner* Jugendgerichtsbarometer 60 f. (aufgrund Umfrage bei JRichtern und JStaatsanwälten),
Höynck/Leuschner ZJJ 2014, 365 f.); zu einem berufsbegleitenden Master-
studiengang in Hamburg (vgl. *Sonnen* MschKrim 2013, 262 ff.) liegen nähere
Angaben noch nicht vor. Nach der Untersuchung von *Adam ua,* Jugendrichter und Jugendstaatsanwälte in der Bundesrepublik, 1986, 73 wurden 10
−14 tägige Veranstaltungen nur von knapp 20 % der Befragten gewünscht (s.
ferner *Kreuzer* ZRP 1987, 237; vgl. auch RL 3 S. 2 („sollte"), 4).

2. Erfahrung in der Jugenderziehung

Betreffend diese von Gesetzes wegen geforderte Erfahrung ist zu berück- 10
sichtigen, dass dieselbe schon vor Amtsantritt vorhanden sein muss (ebenso
Peters Strafprozess 594; *Hauber* Zbl 1977, 376), da die Vorschrift auf den
Zeitpunkt der Auswahl jeweils geeigneter Personen abzielt (s. auch RL Nr. 2

S. 1; Entsprechendes gilt bezügl der JSchöffen, s. § 35 Abs. 2 S. 2). Insofern müssten Belange einer gleichen Auswahlchance für „junge interessierte Kräfte" (*Hellmer* RdJB 1955, 365) ggü. dem Schutzzweck für die betroffenen Jugendlichen und Heranwachsenden idR zurücktreten. – Der Umstand, eigene Kinder erzogen zu haben, kann zwar zu jugenderzieherischer Erfahrung beitragen, jedoch keinesfalls allein die Auswahl rechtfertigen, zumal hieraus für die geforderte Befähigung kein Aufschluss zu gewinnen ist (ähnl. *Hinrichsen* RdJB 1955, 366; auch *Sach* RdJB 1969, 298 (300); *Hauber* Zbl 1977, 372 (376 f.); aA *Potrykus* § 36 Anm. 3 und § 37 Anm. 4; einschr. *Dallinger/Lackner* Rn. 3 aE). Nichts anderes gilt für eine vorhergehende familiengerichtliche Tätigkeit allein (vgl. auch RL Nr. 1 S. 2).

3. Auswahlpraxis; Tätigkeit auch in Verfahren nach Erwachsenenstrafrecht

11   **a) JRichter.** Angesichts der gesetzgeberischen und im Schrifttum geäußerten Erwartungen an Befähigung und Erfahrung der auszuwählenden bzw. einzusetzenden JRichter und JStaatsanwälte („Nur die besten ..." (*Brunner/Dölling* Rn. 3); ähnlich *Dallinger/Lackner* Rn. 3; vormals *Weinkauff* DRiZ 1951, 85) wäre eine besonders sorgfältige Auswahlpraxis bzw. Geschäftsverteilung zu vermuten. Dies gilt umso mehr, als auch in der Rspr. wiederholt die „entscheidende Bedeutung" der Auswahl im Hinblick auf die gerade bei Jugendlichen und Heranwachsenden erhöhte Tragweite einzelner Maßnahmen für die weitere Entwicklung betont wurde (BGHSt 8, 354; 9, 402). Demgegenüber sehen zum einen die *Geschäftsverteilung*spläne zB für die JKammern eine sog. „Turnusverteilung" vor (vgl. etwa für Berlin ab 1.1.2016 S. 116 ff.), und zum anderen bestehen teilweise empirische Anhaltspunkte dafür, dass die tatsächlichen Auswahlkriterien in der Justizpraxis den Anforderungen von § 37 auch nicht annähernd genügen (zur Kritik schon *Hauber* Zbl 1977, 372 (376 f.); *Schaffstein/Beulke/Swoboda* JugendStrafR 587; *Kreuzer* unsere jugend 1999, 58; auch *Vaupel* unsere jugend 1980, 391; s. auch RL Nr. 1 S. 1 seit 1.8.1994: „sollte" (zuvor „ist")). Konträr zu Belangen einer Auswahlpraxis iSd gesetzlichen Vorgaben (vgl. auch *Wellershoff* in BeckOK JGG Rn. 14: „Schwerpunkt"der Tätigkeit „verkannt") mag wegen etwa besorgter Marginalisierung (gar mit der Konsequenz einer Wegbewerbung oder Form von „Versetzung") mitunter eine erhöhte Anpassung im Sinne institutionalisierter Handlungsnormen (s. allg. *Eisenberg/Kölbel* Kriminologie § 32) auftreten, wobei jugendkriminologische Zusammenhänge ausgeblendet werden (vgl. exemplarisch betr. Verurteilungen wegen Mordes etwa LG Augsburg 5.2.2003 – JuG KLs 401 Js 107041(02), näher dazu → § 7 Rn. 30; LG Berlin (nach BGH NStZ 2007, 522) mAnm *Eisenberg/Schmitz* NStZ 2008, 94; LG München BeckRS 2012, 587 – nicht beanstandet von BGH BeckRS 2011, 23618 mit Bspr. *Eisenberg* ZKJ 2012, 54 ff.; LG Ulm 31.3.2010 – 6 KLs 41 Js 6865/09, BeckRS 2010, 142226), nicht beanstandet von BGH BeckRS 2010, 27745 mit Bspr. *Eisenberg* HRRS 2012, 466 ff.).

12   **aa)** Nach einer vormaligen Einzeluntersuchung beurteilten jeweils zwischen 66 % bis 100 % von 33 befragten **JRichtern** (an den 29 Amtsgerichten der LG-Bezirke Freiburg, Offenburg, Rottweil und Konstanz) es nach ihrer Erfahrung als bei der Geschäftsverteilung **„unwichtig"**, ob die folgenden **Kriterien** vorliegen: „Betätigung bei einem Verein mit Bezug zur Jugend; Begabung im Umgang mit jungen Menschen; Neigung für den Beruf des

JRichters; Interesse gerade an jugendrichterlicher Tätigkeit; Lebensalter des JRichters; Wunsch, JRichter zu werden; eigene Kinder" (*Hauser* Jugendrichter 25).

Gemäß einer früheren Befragungsuntersuchung (vgl. *Adam ua,* Jugend- **12a** richter und Jugendstaatsanwälte in der Bundesrepublik, 1986, 32 ff. (vgl. → Rn. 7)) waren 42,8 % der befragten JRichter und 31,4 % der befragten JStaatsanwälte aufgrund eigener Bemühungen in diese Position gelangt, wobei sich erhebliche Schwankungen zwischen Stadt- bzw. Flächenstaaten ergaben. Der entsprechende Anteil aus der späteren Befragung von *Buckolt* (betr. JRichter, vgl. → Rn. 7) betrug 28 %.

bb) Darüber hinaus nahm nach einer vormaligen Einzeluntersuchung nur **12b** knapp jeder vierte der befragten Richter ausschließlich jugendrichterliche Funktionen wahr, während die Mehrzahl (76 %) **zusätzlich** mit **Verfahren** nach **allg. StR** befasst war (*Hauser* Jugendrichter 74; vgl. auch *Knoll,* Empirische Untersuchungen zur richterlichen Sanktionsauswahl, 1978, 14); ähnlich lauteten die Ergebnisse zur Aufgabenverteilung in einer späteren Befragung (*Buckolt,* Jugendstrafe (vgl. → Rn. 7): nur 26 % waren (zu 80 % ihrer Tätigkeit insgesamt) einschlägig beschäftigt). Nach einer anderen (älteren) Untersuchung (Befragung mit vergleichsweise geringer Rücklaufquote) übten 38 % (= absolut 54) der befragten JRichter „ausschließlich" und 30 % (= absolut 21) „hauptsächlich" eine jugendrichterliche Tätigkeit aus, wogegen 10 % (= absolut 14) einen hälftigen Aufgabenanteil nannten (*Pommerening* MschKrim 1982, 193 (194)). Laut der (früheren) Befragung von *Adam ua* (Jugendrichter und Jugendstaatsanwälte in der Bundesrepublik, 1986, Rn. 7, S. 44 ff.) gaben nur 38,0 % der JRichter an, dass der Anteil der JStrafsachen bei ihnen mehr als 95 % betrage; allerdings galt dies für 77,8 % der JRichter in Großstädten und für 59,5 % solcher in Mittelstädten, jedoch für nur 18,3 % der JRichter in Orten von weniger als 100.000 Einwohner; bezüglich der JStaatsanwälte lauteten die entsprechenden Quoten 58,2 % (= insgesamt), 68,6 %, 60,0 % und 47,5 %. – In einer gleichfalls auf die „alten" Bundesländer bezogenen Fragenbogen-Untersuchung, an der ca. 30 % der in den AG-Bezirken tätigen JRichter teilnahmen, erwies sich eine Spezialisierung im Sinne ausschließlicher oder überwiegender Beschäftigung mit JStrafsachen eher als Ausnahme, und die durchschnittliche Auslastung mit JStrafsachen betrug 56,7 % (*Hupfeld* DVJJ-Journal 1993, 15).

Indes bestehen Anhaltspunkte für eine tendenziell eher **weniger** domi- **12c** nante **Repression**sorientierung bei Richtern am AG, die ausschließlich in JStrafsachen tätig sind (vgl. etwa *Fenn,* Kriminalprognose bei jungen Straffälligen, 1981, 175 ff.; *Streng* JugendStrafR Rn. 84, 126 ff.; *Buckolt* Betrifft Justiz 2007, 66 sowie näher *Buckolt,* Jugendstrafe, XI. 1. a) bb); abwägend *Hering,* Mechanismen justitieller Eskalation im Jugendstrafverfahren, 1993, 242 ff.). Auch im Vergleich mit der Bevölkerung sind die JStA vertreten JRichter offenbar weniger punitive Haltungen (*Baier/Höynck/Wallaschek/Klatt* RPsych 2017, 146 (153); Hinweise auf eine nicht unerhebliche und gestiegene Punitivität unter JStAen auch bei *Jansen,* Stärkere Punitivität? – Ergebnisse einer Onlinebefragung (…), 2015, 220 ff.). Differenzierend sind empirisch getragene Hinweise darauf, dass nicht selten der Wechsel der beruflichen Rolle zwischen JRichter und JStaatsanwalt einen Wandel der Bewertung etwa von U-Haft und JStrafvollzug erkennen lasse (vgl. *Adam ua,* Jugendrichter und Jugendstaatsanwälte in der Bundesrepublik, 1986, 76 ff.). Jedoch wird der Unterschied im Durchschnitt nicht übermäßig ausgeprägt sein, zumal gerade einschlägig nicht „**spezialisierte**" JRichter mitunter eine eindeutigere erzieherische, dh zukunftsorientierte Grundeinstellung aufweisen als sog. „spezialisierte" JRichter (s. auch Anhaltspunkte bei *Hupfeld* DVJJ-Journal 1993, 17; für das Ausland zu Hintergrundfaktoren bei Amtierenden s. *Mears* CJB 2001, 206 ff.). Dies könnte sich ua daraus erklären, dass „spezialisierte" JRichter ihrerseits einschlägigen institutionalisierten Handlungsnormen (vgl. allg. *Eisenberg/Kölbel* Kriminologie § 32) unterlegen sein könnten (zu etwaiger Auswahlpraxis bzw. Disziplinierung → Rn. 11). Denn generell ist davon auszugehen, dass individuelle Überzeugungen und Werte mit organisationellen Faktoren (Organisationskultur, Routinen, Kooperationsmustern) und Kontextfaktoren (mediale Diskurse, politisches Klima) interagieren, wenn es um die handlungsbezogenen Einstellungen und die konkrete Wahrnehmung der weiten richterlichen Entscheidungsspielräume geht (n. dazu auf professionssoziologischer Grundlage *Dollinger/Schabdach* Jugendkriminalität 152 ff., 166 ff.).

13 **b) JStaatsanwälte.** Zu Hinweisen auf die Praxis der Auswahl von JStaatsanwälten vgl. → § 36 Rn. 2 sowie → Rn. 11. Nach einer bundesweiten Umfrage (betr. knapp 800 Staatsanwälte mit mindestens teilweiser Tätigkeit in JStrafsachen) wurden etwa 60 % der Befragten „zufällig" JStaatsanwälte, und nur etwa ein Drittel hat sich um eine Stelle als JStaatsanwalt bemüht (s. *Albrecht* DVJJ 1984, 155).

IV. Revision

1. Fragen der Geschäftsverteilung

14 Im Hinblick auf die Fassung der Vorschrift als Sollbestimmung hat die höchstrichterliche Rspr. es als zulässig erachtet, wenn die Geschäftsverteilung die Zuweisung von Jugend- wie allg. Strafsachen bei einer bestimmten Strafkammer vorsieht (BGHSt 21, 70; vgl. auch die Erl. zu §§ 33–33b). Dagegen liegt ein **Verstoß** gegen § 37 vor, wenn sämtliche Strafkammern zu JKammern erklärt werden (*Schaffstein/Beulke/Swoboda* JugendStrafR 584). Der Verstoß führt aber – in Konsequenz der Gesetzesformulierung – nur ausnahmsweise zur Urteilsaufhebung (vgl. schon BGH NJW 1958, 639).

2. Aufklärungsrüge

15 Ein Verstoß gegen § 37 kann in Einzelfällen die (Aufklärungs-)Rüge begründen, das Gericht habe mangels eigener Erfahrung zu Unrecht keinen Sachverständigen auf dem Gebiet der Jugenderziehung beauftragt (BGH NJW 1958, 639 = EJF C I Nr. 36 (obiter dictum) mAnm *Kohlhaas; Dölling* JR 1978, 175; *Dallinger/Lackner* Rn. 2).

3. Herabstufung als Ordnungsvorschrift

16 Dagegen soll eine Verletzung von § 37 allein die Revision trotz der wiederholt betonten weitreichenden Bedeutung der Auswahl (BGHSt 8, 354; 9, 402) nicht begründen können. Vielmehr hat der BGH (NJW 1958, 639) die Bestimmung als bloße Ordnungsvorschrift bezeichnet (krit. *Kreuzer* StV 1982, 438 (439); vgl. auch → § 36 Rn. 13).

Zusammenarbeit in gemeinsamen Gremien

37a (1) *Jugendrichter und Jugendstaatsanwälte können zum Zweck einer abgestimmten Aufgabenwahrnehmung fallübergreifend mit öffentlichen Einrichtungen und sonstigen Stellen, deren Tätigkeit sich auf die Lebenssituation junger Menschen auswirkt, zusammenarbeiten, insb. durch Teilnahme an gemeinsamen Konferenzen und Mitwirkung in vergleichbaren gemeinsamen Gremien.*

(2) An einzelfallbezogener derartiger Zusammenarbeit sollen Jugendstaatsanwälte teilnehmen, wenn damit aus ihrer Sicht die Erreichung des Ziels nach § 2 Absatz 1 gefördert wird.

I. Zweck der Vorschrift

Die Vorschrift ist Bestandteil eines Gesetzentwurfs zur Stärkung von Kindern und Jugendlichen (BT-Drs. 18/12330), der am 29.6.2017 vom Bundestag verabschiedet, aber vom Bundesrat zweimal von der Tagungsordnung genommen wurde, sodass es an dessen erforderlicher Zustimmung bislang fehlt. Nach der Gesetzesbegründung soll die Regelung entsprechend § 52 Abs. 1 SGB VIII der formellen Anerkennung der Teilnahme an den bezeichneten gemeinsamen Konferenzen auch im JGG dienen und zugleich für eine damit verbundene Aufwertung sorgen (sowie einer pensenmäßigen Berücksichtigung).

II. Abs. 1

Die Vorschrift verdeutliche, dass die Teilnahme und Mitwirkung an „institutionen-" oder „fallübergreifenden" (also nicht auf konkrete Einzelfälle bezogenen) Konferenzen und Gremien zu den Aufgaben von JRichtern und JStaatsanwälten gehören kann. Die Mitwirkung werde besonders dann als „gerechtfertigt" erachtet, wenn sie im Hinblick auf die Vielzahl sonstiger beteiligter Institutionen (wie JAmt und speziell JGH, FamG, ggf. auch Polizei) zwecks einer „abgestimmten Aufgabenwahrnehmung" geschehe. Jedoch bestimmt die Vorschrift weder eine konkrete Form noch ein spezielles Verfahren der Zusammenarbeit, und zwar im Interesse der Weiterentwicklung bislang in der Praxis gehandhabter Vorgehensweisen.
Die Teilnahme von JRichtern und JStaatsanwälten liege in deren Ermessen bzw. dem ihrer Behörde.

III. Abs. 2

Gemäß dieser Soll-Vorschrift versteht der Gesetzgeber die Teilnahme der JStaatsanwälte an einzelfallbezogener, andere Institutionen einbeziehender Zusammenarbeit als „Regel", wenn dadurch das Ziel des § 2 Abs. 1 „gefördert wird" (Gesetzesbegründuung). Nur ausnahmsweise dürfe der JStaatsanwalt oder die JStaatsanwältin von der Teilnahme an einberufenen Gremien oder Konferenzen absehen.

Jugendgerichtshilfe

38 (1) Die Jugendgerichtshilfe wird von den Jugendämtern im Zusammenwirken mit den Vereinigungen für Jugendhilfe ausgeübt.

(2) [1]Die Vertreter der Jugendgerichtshilfe bringen die erzieherischen, sozialen und sonstigen im Hinblick auf die Ziele und Aufgaben der Jugendhilfe bedeutsamen Gesichtspunkte im Verfahren vor den Jugendgerichten zur Geltung. [2]Sie unterstützen zu diesem Zweck die beteiligten Behörden durch Erforschung der Persönlichkeit, der Entwicklung und des familiären, sozialen und wirtschaftlichen Hintergrundes des Jugendlichen und äußern sich zu einer möglichen besonderen Schutzbedürftigkeit sowie zu den Maßnahmen, die zu ergreifen sind.

(3) [1]Sobald es im Verfahren von Bedeutung ist, soll über das Ergebnis der Nachforschungen nach Absatz 2 möglichst zeitnah Auskunft gegeben werden. [2]In Haftsachen berichten die Vertreter der Jugendgerichtshilfe beschleunigt über das Ergebnis ihrer Nachforschungen. Bei einer wesentlichen Änderung der nach Absatz 2 bedeutsamen Umstände führen sie nötigenfalls ergänzende Nachforschungen durch und berichten der Jugendstaatsanwaltschaft und nach Erhebung der Anklage auch dem Jugendgericht darüber.

(4) [1]Ein Vertreter der Jugendgerichtshilfe nimmt an der Hauptverhandlung teil, soweit darauf nicht nach Absatz 7 verzichtet wird. [2]Entsandt werden soll die Person, die die Nachforschungen angestellt hat. [3]Erscheint trotz rechtzeitiger Mitteilung nach § 50 Absatz 3 Satz 1 kein Vertreter der Jugendgerichtshilfe in der Hauptverhandlung und ist kein Verzicht nach Absatz 7 erklärt worden, so kann dem Träger der öffentlichen Jugendhilfe auferlegt werden, die dadurch verursachten Kosten zu ersetzen; § 51 Absatz 2 der Strafprozessordnung gilt entsprechend.

(5) [1]Soweit nicht ein Bewährungshelfer dazu berufen ist, wacht die Jugendgerichtshilfe darüber, dass der Jugendliche Weisungen und Auflagen nachkommt. [2]Erhebliche Zuwiderhandlungen teilt sie dem Jugendgericht mit. [3]Im Fall der Unterstellung nach § 10 Absatz 1 Satz 3 Nummer 5 übt sie die Betreuung und Aufsicht aus, wenn das Jugendgericht nicht eine andere Person damit betraut. [4]Während der Bewährungszeit arbeitet sie eng mit dem Bewährungshelfer zusammen. [5]Während des Vollzugs bleibt sie mit dem Jugendlichen in Verbindung und nimmt sich seiner Wiedereingliederung in die Gemeinschaft an.

(6) [1]Im gesamten Verfahren gegen einen Jugendlichen ist die Jugendgerichtshilfe heranzuziehen. [2]Dies soll so früh wie möglich geschehen. [3]Vor der Erteilung von Weisungen (§ 10) sind die Vertreter der Jugendgerichtshilfe stets zu hören; kommt eine Betreuungsweisung in Betracht, sollen sie sich auch dazu äußern, wer als Betreuungshelfer bestellt werden soll.

(7) [1]Das Jugendgericht und im Vorverfahren die Jugendstaatsanwaltschaft können auf die Erfüllung der Anforderungen des Absatzes 3 und auf Antrag der Jugendgerichtshilfe auf die Erfüllung der
Anforderungen des Absatzes 4 Satz 1 verzichten, soweit dies auf
Grund der Umstände des Falles gerechtfertigt und mit dem Wohl des
Jugendlichen vereinbar ist. [2]Der Verzicht ist der Jugendgerichtshilfe
und den weiteren am Verfahren Beteiligten möglichst frühzeitig mitzuteilen. [3]Im Vorverfahren kommt ein Verzicht insbesondere in
Betracht, wenn zu erwarten ist, dass das Verfahren ohne Erhebung
der öffentlichen Klage abgeschlossen wird. [4]Der Verzicht auf die
Anwesenheit eines Vertreters der Jugendgerichtshilfe in der Hauptverhandlung kann sich auf Teile der Hauptverhandlung beschränken.
[5]Er kann auch während der Hauptverhandlung erklärt werden und
bedarf in diesem Fall keines Antrags.

Schrifttum *Adam ua,* Jugendrichter und Jugendstaatsanwälte in der Bundesrepublik
Deutschland, 1986; *Albrecht/Pfeiffer,* Die Kriminalisierung junger Ausländer, 1979;
BAG-JGH in der DVJJ (Hrsg.), Standards für den Fachdienst Jugendgerichtshilfe, 1997;
BAG für ambulante Maßnahmen in der DVJJ (Hrsg.), Neue ambulante Maßnahmen,
2000; BAG Jugendhilfe im Strafverfahren in der DVJJ, Grundsätze für die Mitwirkung
der Jugendhilfe in Verfahren nach dem Jugendgerichtsgesetz, 2017; *Beyer,* Jugend-
gerichtshilfe für Ausländer, 1992; BJM (Hrsg.), Erziehungsmaßnahmen im deutschen
Jugendstrafrecht, 1986; *Bruckmeier ua,* Jugenddelinquenz in der Wahrnehmung von
Sozialarbeitern und Polizeibeamten, 1984; DJI (Hrsg.), Jugendgerichtshilfebarometer.
Empirische Befunde zur Jugendhilfe im Strafverfahren in Deutschland, 2011; *Flümann,*
Die Vorbewährung nach § 57 JGG, 1983; *Funke,* Zur Rolle von Jugendlichen im
Jugendhilfeprozeß, 1981; Goerdeler/Walkenhorst (Hrsg), Jugendstrafvollzug in
Deutschland, 2007; *Härriger,* Präventives Handeln und soziale Praxis, 1986; *Herbertz/
Salewski,* Gewalttätige Jugendliche und soziale Kontrolle, 1985; *Korth,* Jugendgerichts-
hilfe. Die Einzelbetreuung im Jugendstrafverfahren nach § 10 JGG, 1995; *Mörsberger,*
Verschwiegenheitspflicht und Datenschutz, 1985; *Lühring,* Die Berichtspflicht des
Jugendgerichtshelfers und ihre Grenzen, 1992; *Moritz/Meier,* Jugendhilfe auf dem Prüf-
stand, 1982; Müller/Otto (Hrsg.), Damit Erziehung nicht zur Strafe wird, 1986; *Peters/
Cremer-Schäfer,* Die sanften Kontrolleure. Wie Sozialarbeiter mit Devianten umgehen,
1975; *Scheunemann,* Die Bedeutung freier Träger für ambulante Maßnahmen, 1999;
Seidel, Die JGH in ihrer Ermittlungsfunktion und ihr Einfluß auf richterliche Ent-
scheidungen im Jugendstrafverfahren gegen weibliche Jugendliche, 1988; *Trenczek,*
Strafe, Erziehung oder Hilfe, 1996; *Trenczek,* Die Mitwirkung der Jugendhilfe im
Strafverfahren, 2003; *Webers,* Datenschutz in der öffentlichen Jugendgerichtshilfe, 2005;
Werner, Die Persönlichkeitserforschung im Jugendstrafverfahren, 1967; Weschke
(Hrsg.), Jugenddelinquenz. Empirische Untersuchungen in Berlin (West), FHSVR,
1989; Wiesner/Zarbock (Hrsg.), Das neue KJHG − seine Umsetzung in die Praxis der
Jugendhilfe, 1991; *Wild,* Jugendgerichtshilfe in der Praxis, 1989; *Wilhelm,* Die Stellung
der JGH im Verfahren, 1992.

Übersicht

	Rn.
I. Anwendungsbereich	1
II. Organisation; Reformtendenzen	2
1. Träger	2
a) Pflichtaufgabe der JÄmter	2
b) Keine aufgabenbezogene Beschränkung der Über-
tragung	4

543

I. Anwendungsbereich

Die Vorschrift gilt für **Jugendliche** auch in Verfahren vor den für allg. 1
Strafsachen zuständigen Gerichten (§ 104 Abs. 1 Nr. 2; vgl. aber betr. Revision → § 50 Rn. 6), wobei jedoch die Einschränkung des § 104 Abs. 3 (vgl.
→ § 104 Rn. 7) zu beachten ist. Die Vorschrift findet gleichermaßen in
Verfahren gegen **Heranwachsende** – vor JGerichten wie vor den für allg.
Strafsachen zuständigen Gerichten – Anwendung (§§ 107, 109 Abs. 1 S. 2,
§ 112 S. 1, § 104 Abs. 1 Nr. 2). Dabei ist maßgebend das Alter zur Tatzeit
(§ 1 Abs. 2; vgl. BGHSt 6, 354; auch BGH bei *Martin* DAR 1965, 59). –
Für **Soldatinnen und Soldaten** gelten insoweit keine Besonderheiten (vgl.
vormals OLG Schleswig EJF C I Nr. 47 = SchlHA 1958, 341).

II. Organisation; Reformtendenzen

1. Träger

a) Pflichtaufgabe der JÄmter. Von Gesetzes wegen (vgl. §§ 2 Abs. 3 2
Nr. 8, 3 Abs. 3 S. 1, 52 Abs. 1 SGB VIII) handelt es sich bei der JGH um
eine Pflichtaufgabe, die die JÄmter gem. Abs. 1, § 3 Abs. 3 S. 2 SGB VIII
zusammen mit den anerkannten Trägern der **freien JHilfe** (§ 76
SGB VIII) erfüllen (zur Soll-Vorschrift des partnerschaftlichen Zusammenarbeitens § 4 Abs. 1 S. 1 SGB VIII). Es handelt sich hierbei um ein besonderes Arbeitsfeld der Jugendhilfe. Diese hat hier spezielle Aufträge umzusetzen, ohne dass damit eine Herauslösung aus den allgemeinen Grundorientierungen und Zweckbestimmungen der Jugendhilfe verbunden wäre (dies
betonend *Trenczek* in Dollinger/Schmidt-Semisch Jugendkriminalität-HdB
412 ff.). Nach außen hin unterstrichen wird der sozialpädagogische Auftrag
(und ein Selbstverständnis, das sich nicht auf den richterlichen Ermittlungsgehilfen reduzieren lassen will) namentlich dort, wo der betr. Fachdienst in

JuHiS (Jugendhilfe im Strafverfahren) umbenannt wird (*BAG Jugendhilfe im Strafverfahren,* Grundsätze für die Mitwirkung der Jugendhilfe in Verfahren nach dem Jugendgerichtsgesetz, 2017, 8 f.).

3   Abs. 1 überträgt den JÄmtern die Verantwortung für die JGH (diese ist daher keine privilegierte Behörde iSv § 4 Abs. 2 BtMG (ebenso *Kotz* in MüKoStGB BtMG § 4 Rn. 30; *Weber* BtMG § 4 Rn. 73)). Gleichzeitig haben sie nach § 76 Abs. 2 SGB VIII die „letztliche" (*Laubenthal/Baier/ Nestler* JugendStrafR Rn. 178) Verantwortlichkeit der öffentlichen JHilfe ggü. den freien Trägern (zur Ausgestaltung *Goerdeler* ZJJ 2005, 425 ff.). Eine widerrufliche **Übertragung** der **Geschäfte** der JGH auf die freien Verbände ist also allein unter Fortdauer der Verantwortung des JAmtes zulässig (§ 76 Abs. 1 SGB VIII; BVerfGE 22, 180 (199 ff., 211) = NJW 1967, 1795 (1796 ff.)). Allerdings folgt aus § 4 Abs. 2 SGB VIII hierbei die Subsidiarität der öffentlichen Träger im Verhältnis zu den Trägern der freien JHilfe. Wegen der (im Grundsatz auch vom Gesetzgeber anerkannten) Notwendigkeit einer einschlägigen fachlichen Qualifikation der Mitarbeiter der JHilfe (s. § 72 SGB VIII) muss jedoch bei der Übertragung iRd Auswahlermessens die (eingehend zu prüfende) spezifische Befähigung berücksichtigt werden (va bei den in § 75 Abs. 3 SGB VIII genannten freien Trägern).

4   **b) Keine aufgabenbezogene Beschränkung der Übertragung.** Bei erfolgter Übertragung wird gemäß § 52 Abs. 3 SGB VIII auch die Vertretung in der HV als hoheitliche Aufgabe von den Mitarbeitern der freien Träger ausgeübt (s. auch Begr. BT-Drs. II/5948, 90; krit. *Wild,* Jugendgerichtshilfe in der Praxis, 1989, 181 ff.). Eine Verpflichtung zur Übertragung einzelner Aufgaben besteht zwar nicht, gleichwohl sollte die Einbeziehung der freien Verbände – soweit wie (rechtlich zulässig und tatsächlich) möglich – schon deshalb gefördert werden, um der beständigen „Gefahr bürokratischer Erstarrung der JGH" (*Schaffstein/Beulke/Swoboda* JugendStrafR 682; ebenso bereits *Hellwig* JGG § 42 Anm. 4; vgl. auch *Trenczek* DVJJ-Journal 2000, 226: „bürokratische Routinen"; s. auch *Trenczek* MschKrim 2000, 259 ff.) entgegenzuwirken (vgl. aber auch schon *Ullrich* Zbl 1980, 216; zu „freier" JHilfe durch einen gemeinnützigen Verein s. zB *Schaar* Zbl 1985, 441) bzw. der Einwirkung institutionalisierter Handlungsnormen (vgl. dazu *Eisenberg/Kölbel* Kriminologie § 32) oder gar einer Verengung iRv „Professionalisierung" (*Dollinger* MschKrim 2012, 1 ff.) zu wehren. Die Empfehlung gilt *auch* für die *Ermittlung*tätigkeit (und nicht nur betr. die Hilfe für den Betroffenen). Demgegenüber treten Erwägungen einer Funktionsaufteilung im Interesse der Vermeidung einer Erfüllung divergierender Aufgaben durch denselben Vertreter der JGH (vgl. → Rn. 55) zurück (vgl. ähnlich wegen gesteigerten „Negativimages" der JÄmter *Sommerfeld* in NK-JGG Rn. 4; vgl. ergänzend *Wapler* in Wiesner SGB VIII § 52 Rn. 25, 40; zu empirischer Erhebung betr. ambulante Maßnahmen s. *Scheunemann,* Die Bedeutung freier Träger für ambulante Maßnahmen, 1999, 55 ff., 95 ff.).

2. Reformtendenzen

5   **a) Überwindung einer Trennung von Innen- und Außendienst.** Die Bemühungen in der Praxis, das Gerichtsgehersystem (näher → Rn. 55) gänzlich zu beseitigen und die Trennung zwischen Innen- und Außendienst aufzuheben, sind deutlich. Dies betrifft ebenfalls die Handhabung, die Er-

mittlungen nebst der Berichterstellung von Personal der freien Verbände oder der allg. Familienfürsorge vornehmen zu lassen, die mündliche Äußerung vor Gericht aber Mitarbeitern der JGH zu übertragen (vgl. schon *Becker* KrimJ 1980, 110 (115) Anm. 2, aber auch S. 113 f.). Dergleichen ist mit § 52 Abs. 3 SGB VIII unvereinbar. Dort wurde zwar auf den Begriff „Jugendgerichtshelfer" (s. dazu vormals *Ullrich* Zbl 1984, 71) als auch auf die Definition einer „Fachkraft" verzichtet (zur vormaligen Reformdiskussion näher 3. Aufl.). § 52 Abs. 3 SGB VIII stellt aber klar, dass der jeweilige Mitarbeiter den Beschuldigten während des gesamten Verfahrens betreuen soll (strenger noch RegE v. 1.12.1989 (BT-Drs. 11/5948): „hat ... zu betreuen"). Eine sinngleiche Vorgabe folgt aus Abs. 2 S. 4 aF bzw. Abs. 4 S. 2 nF.

b) Bestrebungen zur Neuorientierung. Mitunter findet sich das Modell einer Eingliederung der JGH in einen **„sozialen Dienst"** der Justiz, welcher ansonsten BewHilfe, Führungsaufsichtsstellen und Sozialarbeiter im Vollzugsdienst umfasst. Dem kommt ein Verständnis von JHilfe schlechthin und insb. der JGH nahe, das von der Kontrollperspektive geleitet ist und die Stellung der Eltern tendenziell eher (kritisch würdigt bzw.) herabstuft (vgl. dazu etwa *Josuttis* ZJJ 2014, 330 ff.). – Indes divergieren die Systeme der JHilfeleistung bzw. der Maßnahmen bzw. Eingriffe des JStR durchaus. So sind Anspruchsinhaber jhilferechtlicher Leistungen bei Minderjährigen die Personensorgeberechtigten, dh ohne deren Zustimmung darf, vorbehaltlich einer geeigneten familien- oder jugendgerichtlichen Entscheidung, JHilfe grundsätzlich nicht gewährt werden (vgl. auch *Trenczek/Stöss* ZJJ 2014, 325 f.). Dieser Divergenz stehen nahe Erwägungen einer strikten **Trennung** der Praxis des **JStR von** derjenigen der **JHilfe** dergestalt, dass der JHilfe zB hinsichtlich Art und Inhalt der Erziehung das Primat zukomme (vgl. etwa *Schlink* in BMJ (Hrsg.), Jugendgerichtshilfe – Quo vadis?, 1991, 51 f.; DVJJ 1993, AK V/2, 2.; *Beisel* ZfJ 1994, 502; vgl. auch *Wiesner* DVJJ-Journal 1991, 359; *Trenczek,* Die Mitwirkung der Jugendhilfe im Strafverfahren, 2003). Bedenken hiergegen bestehen (unbeschadet der Steuerungsverantwortung gem. § 36a SGB VIII im Allgemeinen) zum einen wegen der unterschiedlichen Prüfungsmethoden hinsichtlich der Leistungsvoraussetzungen nach dem SGB VIII bzw. der Rechtsfolgenvoraussetzungen nach dem JGG, zum anderen wegen zu besorgender Auswirkungen zu Lasten Jugendlicher (vgl. etwa *Scholz* DVJJ 2006, 270 f.; betr. „Auslagerung" auf privatrechtliche Unternehmen *Brandt* NStZ 2007, 194 f.). Entscheidend für erzieherische Verantwortung ist, wer sich mit den in besonderem Maße zur strafrechtlichen Ausgrenzung anstehenden Betroffenen befasst. Dabei aber ist mitunter ein Rückzug der JGH zu verzeichnen (vgl. exemplarisch etwa BGH NStZ 2007, 522 mAnm *Eisenberg/Schmitz* NStZ 2008, 94), ua mit der Begründung, JHilfe verspreche keinen Erfolg (zu sog. „Intensivtätern" (vgl. → § 5 Rn. 85a, 85b) → § 36 Rn. 10), und Techniken der Leistungsverweigerung sind nicht selten (vgl. zum Ganzen AG Rudolstadt ZJJ 2016, 307 (Träger der öffentlichen JHilfe nicht berechtigt, offenkundig erforderliche Hilfen zu verweigern) mit dazu zust., aber ua hinsichtlich der angeordneten U-Haft kritAnm. *Bausch/Feuerhelm;* vgl. auch *Trenczek* ZJJ 2007, 38 f.).

6

III. Aufgaben

1. Ermittlung

7   **a) Jugendkriminologische Tatsachen.** Nach Art. 7 RL (EU) 2016/
800 („Recht auf individuelle Begutachtung") ist im JStV zu gewährleisten,
dass jugendtypische Besonderheiten berücksichtigt werden, und zwar die
für die Altersgruppe generell charakteristischen Bedürfnisse (Abs. 1) ebenso
wie individuelle Schutzbedürftigkeiten (Abs. 2) und die konkreten Umstände, die für die Eignung der festzulegenden Rechtsfolgen maßgeblich
sind (Abs. 4). Im Hinblick auf diese Aspekte sind die Beschuldigten im
JStV daher einer **„individuellen Begutachtung"** zu unterziehen, wie sie
auch durch § 43 festgelegt ist. Die Erfüllung dieser Verpflichtung, die
durch qualifiziertes Personal zu erfolgen hat (Abs. 7), wird im deutschen
JStV für den Regelfall der JGH übertragen und vorwiegend durch § 38
ausgestaltet (vgl. etwa *Höynck* StraFo 2017, 267 (271); *Sommerfeld* ZJJ 2018,
296 (307)).

8   Die JGH, die das Gericht und die (sonstigen) Ermittlungsbehörden unterstützen soll (Abs. 2 S. 1 und 2 aF bzw. Abs. 2 und 3 nF), hat zwar mehrere
Aufgaben (s. auch → Rn. 19 ff., Rn. → 24 ff.). Von zentraler Bedeutung ist
hierunter aber die **Erforschung** von Tatsachen zur **Persönlichkeit und
Entwicklung** sowie zu **verschiedenen lebensweltlichen Hintergründen**
des Beschuldigten (Abs. 2 S. 2; zu den Informationsquellen → Rn. 63 ff.;
zum sachlichen Umfang der Ermittlungen s. § 43 (einschr. zur Geltung auch
für die JGH etwa *Mörsberger* in BMJ (Hrsg.), Jugendgerichtshilfe – Quo vadis,
1991, 157)). Auf Grundlage dieser „unterschiedlichen Perspektiven" erstellt
die JGH eine „psychosoziale Gesamtdiagnose" (*Höynck* StraFo 2017, 267
(271); vgl. auch Art. 7 Abs. 7 RL (EU) 2016/800: multidisziplinäres Vorgehen). **Ermittlungsschwierigkeiten** im Hinblick auf tatsächliche Umstände im (sozial-)psychologischen, kriminologischen oder psychopathologischen Bereich können dabei aber ggf. zu der Anregung veranlassen, eine
Begutachtung durch einen Sachverständigen vornehmen zu lassen (§ 43
Abs. 2).

9   Die Ermittlungen der JGH können über Abs. 2 S. 1 iÜ hinausgehen und
sich auf Umstände erstrecken, die zwar nicht für das aktuelle Strafverfahren
und die dort erfolgende Reaktion bedeutsam sind, wohl aber für **jugendhilferechtliche** Maßnahmen (auch) aus Anlass des Tatereignisses (§ 52
Abs. 2 S. 1 SGB VIII; vgl. auch Art. 7 Abs. 4 Buchst. b) RL (EU) 2016/
800; dazu *Nixdorf* NK 2018, 355 (362)). Kein zulässiger Gegenstand der
Nachforschungen des JGH sind demgegenüber Tatsachen, die zur **Aufklärung** der aktuell verfolgten Verfehlung (iSv § 2 Abs. 2 iVm § 264 StPO)
beitragen. Diese dürfen vielmehr nur iRd allg. Verpflichtung jedes Bürgers
(§ 138 StGB) an die JStA oder das JGericht weitergegeben werden (vgl. aber
zur Zeugenpflicht → Rn. 43 ff.), denn der Vertreter der JGH ist gegenüber
der Strafjustiz nicht weisungsabhängig und auch kein Organ der Strafverfolgung (*Dallinger/Lackner* Rn. 22; *Brunner/Dölling* Rn. 11; *Sonnen* in Die-
mer/Schatz/Sonnen Rn. 25; *Sommerfeld* in NK-JGG Rn. 16; *Laubenthal/
Baier/Nestler* JugendStrafR Rn. 206; vgl. auch schon VG Schleswig ZfJ
1987, 540; *Füllkrug* Bewährungshilfe 1988, 323; abw. *Gertler* in BeckOK
JGG Rn. 98, gar unter Hinweis auf §§ 258a, 13 StGB). Dies ergibt sich

bereits aus dem Gesetzeswortlaut („unterstützen zu diesem Zweck") in Abs. 2 S. 2 (zum Verhältnis zwischen JGH und Polizei vgl. § 43 Rn. 16 ff.).

b) (Rechts-)Folgen. aa) Notwendigkeit von Sondermaßnahmen. 10 Die Ermittlungsaufgabe der JGH schließt eine Äußerung dazu ein, welche Konsequenzen aus den Ermittlungsergebnissen folgen (Abs. 2 S. 2). Dies betrifft einmal die ggf. festgestellte **besondere Schutzbedürftigkeit** des Beschuldigten – also (physisch, psychisch, sozialisatorisch usw. bedingte) Umstände, die eine gesteigerte (dh über das alterstypische Maß hinausgehende) Vulnerabilität des jeweiligen Jugendlichen begründen und die bei der weiteren Verfahrensdurchführung zu berücksichtigen sind (vgl. auch RL (EU) 2016/800 Erwägungsgrund 35: Feststellung, „ob und inwieweit sie während des Strafverfahrens besondere Maßnahmen benötigen"). Das kann etwa bei familiären Verlusten oder Konfliktlagen, bei bestimmten früheren Viktimisierungen oder bei manchen Persönlichkeitsakzentuierungen der Fall sein (weitere Bspe. bei RegE BT-Drs. 19/13837, 47).

   bb) Voraussetzungen und Art von Rechtsfolgen. Die Feststellungen 11 der JGH sollen Informationen bieten, die bei der Rechtsfolgenentscheidung von JStA und JGericht „von Nutzen sein können" (Art. 7 Abs. 4 Buchst. c) RL (EU) 2016/800). Es geht hier also um Erkenntnisse mit Relevanz für die „erzieherische Indikation". Darin sind Hinweise eingeschlossen, die sich auch und gerade auf die **konkreten Voraussetzungen** des Rechtsfolgenausspruchs beziehen (vgl. speziell betr. JStrafe gem. § 17 Abs. 2 Alt. 2 zur Frage einer Erziehungsbedürftigkeit → § 17 Rn. 55; betr. § 98 OWiG → § 82 Rn. 29) und sich auf die konkreten Gegebenheiten von dessen **Umsetzung** erstrecken. Die Aussagen des Vertreters der JGH dürfen allerdings die Verteidigung des Jugendlichen oder Heranwachsenden nicht beeinträchtigen. Äußerungen zu Maßnahmen, die eine „justizmäßige Schuldfeststellung" voraussetzen, sind daher nur unter Vorbehalt und Beachtung der Unschuldsvermutung (Art. 6 Abs. 2 EMRK) zulässig.

   Darüber hinausgehend soll sich der Vertreter der JGH zu den in Betracht 12 kommenden Rechtsfolgen auch selbst „äußern" (Abs. 2 S. 2) und ggf. einen eigenen dahingehenden Vorschlag machen. Dieser Aufgabenteil ist **umstritten.** Teilw. wird er als eine obligatorische beratende Tätigkeit verstanden (vgl. *Wilhelm,* Die Stellung der JGH im Verfahren, 1992, 111; vgl. aber etwa *Seidel,* Die JGH in ihrer Ermittlungsfunktion und ihr Einfluß auf richterliche Entscheidungen im Jugendstrafverfahren gegen weibliche Jugendliche, 1988, 152: in 62 % der schriftlichen Berichte kein Rechtsfolgenvorschlag). Nicht selten wird er aber auch zurückgewiesen (vgl. *Weyel* DVJJ 1990, 146 f.; DVJJ-BAG 2017, 7: aus Gründen der Verhältnismäßigkeit nicht immer „sinnvoll"; weitergehend *Dollinger/Schabdach* Jugendkriminalität 177 f.: der sozialpädagogischen Logik fremd und von der JGH daher zu unterlassen). Jedenfalls darf die Vertrauensbeziehung zum Beschuldigen unter diesem Aufgabenteil nicht leiden. Daran ist umso mehr zu erinnern, als seitens der JGH im Vergleich zu gerichtlichen Entscheidungen bisweilen eingriffsintensivere Rechtsfolgen vorgeschlagen werden (vgl. vormals etwa *Hügel* BJM 1986, 50; einschr. dazu *Weyel* Bewährungshilfe 1988, 313; zu Punitivität innerhalb der JGH vgl. *Baier/Höynck/Wallaschek/Klatt* RPsych 2017, 146 (154) nebst Tabelle 2). Dies geschieht dann etwa im Rahmen einer „vergangenheitsbezogenen Defizitanalyse" (*Trenczek* DVJJ-Journal 2003, 38; zur

Benachteiligung männlicher ggü. weiblichen Angeklagten s. *Geißler/Marissen* KZfSS 1988, 518).

13 **cc) Erledigungsentscheidungen der JStA.** Dass der JGH-Bericht grds. vor Abschluss des Ermittlungsverfahrens zu erstatten ist (→ Rn. 16), macht deutlich, dass zu den „Maßnahmen", zu denen er sich äußern soll, auch die Abschlussentscheidung und andere (ggf. noch davor zu treffende) Entscheidungen im Vorverfahren zählen (allg. dazu, dass der Begriff der „Maßnahme" nicht iSd förmlichen Rechtsfolgensystems des JGG zu verstehen ist, vgl. → § 9 Rn. 4–7). Die JGH kann daher (und wird häufig) bspw. eine **Verfahrenserledigung** nach §§ 45, 47 anregen (vgl. etwa schon Erlass LSA DVJJ-Journal 1997, 432 (C. III.): die JGH „berät Polizei, StA und Gericht", wobei das Gespräch mit der JGH als erzieherische Maßnahme „häufig ausreichen wird" (vgl. schon RL BW Die Justiz 1998, 23)). Im Zusammenhang mit einer Verfahrenseinstellung besteht auch die Pflicht zur Unterrichtung des JStaatsanwalts oder JRichters über in Betracht kommende (s. § 52 Abs. 1 SGB VIII) bzw. bereits eingeleitete oder gewährte Leistungen der JHilfe (§ 52 Abs. 2 S. 2 SGB VIII).

14 Ob bzw. inwieweit es in Fällen, in denen die JGH ggü. dem Gericht diverse Leistungen der JHilfe empfiehlt, zu einer jugendhilferechtlichen Bindung kommt – und zwar auch bei einer im Nachhinein abw. Rechtsauffassung zu den Voraussetzungen nach dem SGB VIII –, ist umstritten (eher krit. *Lobinger* Kostentragung 287 ff.; bejahend aber etwa *Trenczek* ZJJ 2007, 38). – Hinsichtlich der Voraussetzungen der **Kostentragung** (gem. § 36a SGB VIII; zur Übersicht FK SGB VIII § 52 Rn. 54 ff., § 36a Rn. 22 ff.; nach *Jung-Pätzold* ZJJ 2009, 242 „rein deklaratorischer Natur") divergieren die Auffassungen im Schrifttum teilweise nicht unerheblich (diff. *Kunkel* ZJJ 2006, 312 f. bzw. *Brandt* NStZ 2007, 190 ff.; *Möller/Schütz* ZKJ 2007, 179 (181)), und zwar auch betr. die Frage eines gesetzgeberischen Handlungsbedarfs (vgl. DIJuF ZJJ 2007, 323 ff. bzw. JuMiKo ZJJ 2007, 444 ff.; *Wiesner* in BMJ 2009, 330; *Wiesner* FS Heinz, 2012, 541: betr. alle Reaktionsformen des JGerichts im JGG; aA *Beulke* FS Kreuzer, 2008, 70 ff.). In der Praxis scheint es weithin zu Absprachen zu kommen (s. auch schon *Trenczek* ZJJ 2004, 60 f.; ergänzend → § 10 Rn. 81, → § 15 Rn. 13b).

15 **dd) Sonstige Entscheidungen im Ermittlungsverfahren.** Zu den Maßnahmen, zu denen sich die JGH (auch gleichsam proaktiv) äußern kann, zählen prinzipiell ebenfalls prozessuale Schritte im Vorverfahren. Das entspr. Spektrum ist weit und erstreckt sich bspw. auf die Frage vorläufiger Anordnungen über die Erziehung (§ 71) und des Bestehens von U-Haftgründen (→ § 72a Rn. 7 f.), auf die Frage des Vorliegens der Voraussetzungen einer notwendigen Verteidigung (§ 68) oder einer audiovisuellen Vernehmungsaufzeichnung (§ 70c Abs. 2 nF) sowie auf die Notwendigkeit, ein Gutachten eines Sachverständigen einzuholen (va bei Zweifeln über das Vorliegen der Voraussetzungen nach § 3 bzw. §§ 20, 21 StGB, § 105 Abs. 1 Nr. 1 oder über die Bedeutsamkeit von Umwelteinflüssen (§ 43 Abs. 2 S. 1)). Faktisch vorausgesetzt ist hierbei jeweils im Einzelfall allerdings, dass die Feststellungen der JGH dafür auch ergiebig und der Entscheidungsbedarf vorhersehbar sind.

16 **c) Zügigkeit der Ermittlung.** Im Hinblick auf das **Beschleunigungsprinzip** (→ Einl. Rn. 42 f.) soll die JGH über ihre Ermittlungsergebnisse

„möglichst zeitnah Auskunft" geben (**Abs. 3 S. 1** nF; vgl. auch RL Nr. 6 zu § 43). Die StA muss die Voraussetzungen dafür (ebenso wie die Polizei) durch eine frühe Information der JGH schaffen (n. dazu → Rn. 36). Diese hat ihren Ermittlungsbericht (→ Rn. 62 ff.) nach Art. 7 Abs. 5 RL (EU) 2016/800 (mit Erwägungsgrund 39) daraufhin so zeitig vorzulegen, dass dessen Inhalt grds. bereits im Vorverfahren berücksichtigt werden kann. Dabei darf die **Abschlussentscheidung,** die die Informationen der JGH aufgreifen und deren Vorlage daher prinzipiell abwarten soll, durch die Ermittlungs- und Berichtstätigkeit der JGH **nicht** wesentlich **verzögert** werden. Aus diesem Grund ist die JGH zur Zügigkeit gehalten – wobei ihr die Einhaltung dieser Verpflichtung dadurch erleichtert wird, dass sie den Grad ihrer Ermittlungen anlassorientiert variieren kann (n. → Rn. 37) und der StA bis zu der Abschlussentscheidung erst einmal nur solche Erkenntnisse vorlegen muss, die für die hier erfolgenden „Weichenstellungen von Bedeutung sein können" (BT-Drs. 19/15162, 7). Außerdem ist für die „Auskunft" der JGH in diesem Stadium noch eine formlose Mitteilung ausreichend (→ Rn. 72). Zu berücksichtigen ist ferner, dass sich das Dringlichkeitsgebot am ehesten in jenen Fällen auswirkt, in denen aus Sicht der StA verschiedene Erledigungsformen in Betracht kommen und der Bericht daher auswahlrelevant sein kann. Zeichnet sich dagegen eine Anklageerhebung ohnehin deutlich ab, ist durch die StA bei einer sich verzögernden Berichterstattung der JGH zu prüfen, ob ein Vorgehen nach **§ 46a nF** in Betracht kommt. Auch bei einer beabsichtigten Einstellung nach § 45 Abs. 1 oder § 2 Abs. 2 iVm § 153 oder § 170 Abs. 2 StPO muss die JStA den JGH-Bericht nicht notwendigerweise abwarten. Vielmehr kann und soll sie hier auf diesen **verzichten** (einschr. bei § 45 Abs. 2 und 3 aber → Rn. 79).

In Ansehung des Belastungs- und Ausnahmecharakters der **U-Haft** (§ 72 **17** Abs. 1) darf die Persönlichkeitserforschung keinesfalls Verlängerungen der U-Haftdauer bewirken (zust. *Laubenthal* Jugendgerichtshilfe 159). Deshalb ist in Haftsachen besonders beschleunigt zu berichten (Abs. 2 S. 3 aF bzw. Abs. 3 S. 2 nF) und die Ermittlungstätigkeit dafür mit den Strafverfolgungsbehörden abzustimmen (vgl. auch → § 43 Rn. 17a sowie RL Nr. 6 S. 2 zu § 43; zur Information der JGH s. § 72a). Eine sich (ggf. auch pflichtwidrig) verzögernde Berichterstattung der JGH muss gerade in Haftsachen ein Anlass für die in § 46a nF geregelte, vorgezogene Anklageerhebung sein (s. aber → § 46a Rn. 5 f.). – Allerdings scheint die JGH (bei regionalen Unterschieden) während der U-Haftvollzugszeit oft nur zurückhaltend (oder gar überhaupt nicht) in Kontakt mit dem Jugendlichen zu treten. Hier steht dann eine Verletzung der Hilfefunktion (vgl. → Rn. 24) bzw. der aus § 72a abzuleitenden Pflichten ggü. dem Jugendlichen und Heranwachsenden im Raum. Gleichermaßen Skepsis verdient die Empfehlung, der Persönlichkeitserforschung während der U-Haft umgekehrt gerade eine besondere Bedeutung zuzumessen, weil die psychische Situation des Jugendlichen und ggf. auch des Heranwachsenden dessen Selbstöffnung fördere (dazu *Brunner/ Dölling* Rn. 11; dagegen *Albrecht* JugendStrafR 318). Der Grad des Mitteilungsbedürfnisses besagt jedoch nichts über den Grad der Gültigkeit der gemachten Angaben, wobei eine entsprechende Drucksituation auch Tendenzen zur (sachlich unzutreffenden) Selbstbelastung zu fördern vermag (vgl. auch → § 89c Rn. 34, 35).

18   **d) Aktualisierung.** Wegen der oft ausgeprägten Veränderlichkeit jugendlicher Lebenswelten ergeben sich nach Abschluss der JGH-Erhebungen nicht selten beurteilungs- und prognoserelevante Entwicklungen in der Person oder im Umfeld des Beschuldigten (Aufnahme oder Abbruch von Ausbildungsverhältnissen, familiäre Veränderungen, Abschluss oder Abbruch von Maßnahmen der JHilfe usw.). Diese sind durch **ergänzende Nachforschungen** der JGH zu ermitteln und der JStA (nach Anklageerhebung daneben auch dem JGericht) in einem Nachbericht zur Kenntnis zu geben (Abs. 3 S. 3 nF; vgl. auch Art. 7 Abs. 8 RL (EU) 2016/800). Praktische Relevanz dürfte diese Aktualisierungspflicht gerade deshalb haben, weil der (primäre) Ermittlungsbericht grds. sehr frühzeitig vorzulegen ist (→ Rn. 16). Dies gilt besonders, wenn die JGH in Erwartung einer Diversionsentscheidung dosiert ermittelt hatte (→ Rn. 37) oder wenn wegen der fehlenden Mitwirkung des Jugendlichen zunächst nur ein sog. unsubstantiierter Bericht (vgl. RegE BT-Drs. 19/13837, 48: „wegen Fernbleibens keine Aussage möglich") möglich war. Insb. nach einer (doch) erfolgten Anklage entsteht in solchen Konstellationen regelhaft ein Bedarf an umfassenderen Feststellungen, dem die JGH durch einen ergänzenden Nachbericht entsprechen muss (zur ua deshalb bestehenden Anwesenheitspflicht (→ Rn. 30).

2. Überwachung

19   Ein zweiter Aufgabenbereich bezieht sich auf die Überwachung des Beschuldigten (Abs. 2 S. 5 und 6 aF bzw. Abs. 5 Abs. 1 und 2 nF). Diese subsidiäre („soweit") Aufgabe beschränkt sich grundsätzlich auf die Kontrolle, ob der Betroffene Weisungen (§ 10) und Auflagen (§ 15) befolgt (gegen eine sonstige Verantwortung auch *Scheunemann, Die Bedeutung freier Träger für ambulante Maßnahmen*, 1999, 28). – Unabhängig davon ist der Vertreter der JGH hinsichtlich der Betreuungsweisung (§ 10 Abs. 1 S. 3 Nr. 5) umfassend für Betreuung und Aufsicht zuständig, sofern das JGericht nicht eine andere Person bestellt (Abs. 2 S. 7 aF bzw. Abs. 5 S. 3 nF; zu Bedenken vgl. → § 10 Rn. 24 f.).

20   **a) Weisungen.** Vor der Erteilung ist der Vertreter der JGH zu **hören** (Abs. 3 S. 3 Hs. 1 aF bzw. Abs. 6 S. 3 Hs. 1 nF), weil er oft am ehesten ermessen kann, ob die Überwachung der Weisung nach den örtlichen Verhältnissen durchführbar ist (*Dallinger/Lackner* § 10 Rn. 41). Unterbleibt die Anhörung und kommt es (deshalb) zu Schwierigkeiten bei der Kontrolle, besteht aber kein Recht, die Überwachung zu verweigern. Allerdings sollte eine entspr. Anregung des Vertreters der JGH zur nachträglichen Änderung oder Befreiung von der Weisung führen (vgl. § 11 Abs. 2). – Vor Erteilung einer Betreuungsweisung (§ 10 Abs. 1 S. 3 Nr. 5) soll sich der Vertreter der JGH auch zur Frage nach der zu bestellenden Person äußern (Abs. 3 S. 3 Hs. 2 aF bzw. Abs. 6 S. 3 Hs. 2 nF).

21   Hinsichtlich der Überwachung angeordneter Auflagen hat der Gesetzgeber die Anhörung des Vertreters der JGH nicht zwingend vorgeschrieben (*Potrykus* Anm. 8). Die Aufgabe des Vertreters der JGH liegt insoweit in der Vermittlung der Auflagenerfüllung (vgl. schon *Pentz* RdJB 1956, 163).

22   **b) Mitteilungspflicht. Nur erhebliche** Verstöße hat der Vertreter der JGH dem JGericht mitzuteilen (Abs. 2 S. 6 aF bzw. Abs. 5 S. 2 nF). Dies ist einschränkend auszulegen, denn im Hinblick auf die Hilfefunktion (vgl.

→ Rn. 24 ff.) muss die Bewältigung anstehender Probleme weitgehend zwischen dem Vertreter der JGH und dem Betroffenen stattfinden (zust. *Riekenbrauk* in LPK-SGB VIII SGB VIII § 52 Rn. 47 f.; ähnlich zum BewHelfer → § 25 Rn. 14; s. auch *Dallinger/Lackner* § 25 Rn. 8). Ist die Mitteilung einer Zuwiderhandlung nicht zu umgehen, so bedarf es wegen der möglichen Rechtsfolgen (§§ 11 Abs. 3, 15 Abs. 3 S. 2) auch der Angabe von Tatsachen zur Rechtswidrigkeit und zur Schuld (vgl. → § 11 Rn. 16 f.). Fehlt es im Falle einer erheblichen Zuwiderhandlung an solchen Tatsachen, wird ggf. eine Anregung iSv § 11 Abs. 2 bzw. § 15 Abs. 3 S. 1 angezeigt sein (vgl. aber einschr. → § 11 Rn. 4–9, → § 15 Rn. 22).

c) Aufgabenverteilung zwischen JGH und BewHilfe. Das Gesetz 23 enthält (auch hinsichtlich der Überwachungstätigkeit) keine scharfe Trennung. Die regelmäßig von verschiedenen Personen wahrzunehmenden Tätigkeiten sind grundsätzlich danach gegeneinander abzugrenzen, ob in derselben Sache eine BewZeit in Lauf gesetzt ist oder nicht. Mit dem Beginn einer BewZeit (regelmäßig mit Rechtskraft einer diesbezüglichen Entscheidung, vgl. § 22 Abs. 2 S. 1, § 88 Abs. 6 S. 1) sind Überwachung ebenso wie Hilfe und Betreuung eine Aufgabe der BewHilfe. Der Vertreter der JGH, der (kraft eigener gesetzlicher Befugnis (aA *Kunkel* Zbl 1984, 108 ff. (114)) eng mit dem BewHelfer zusammenarbeitet (Abs. 2 S. 8 aF bzw. Abs. 5 S. 4 nF), unterstützt dies im Rahmen seiner Betreuungsaufgabe (→ Rn. 24 ff.). Dabei sind „Reibungsverlust, Konkurrenz und Konflikt" (*Kreuzer* Bewährungshilfe 1994, 199) durch Doppelbetreuung zu vermeiden (zust. FK SGB VIII § 52 Rn. 60; näher aber *Stelly/Thomas* Bewährungshilfe 2003, 63). Eine Überwachungstätigkeit durch die JGH hat hier – soweit praktisch realisierbar – indes zu unterbleiben, denn sie ist nur betr. Weisungen und Auflagen iSv §§ 10, 15 gesetzlich vorgesehen, hinsichtlich BewWeisungen und -Auflagen (§§ 23 ff., 29, 88 Abs. 6 S. 2) durch den dahingehenden Vorrang des BewHelfers aber ausdrücklich ausgeschlossen (vgl. Abs. 2 S. 5 aF bzw. Abs. 5 S. 1). Dagegen kommt eine vorrangige (auch) überwachende Tätigkeit des BewHelfers außerhalb der BewZeit nur im Fall der „Betreuungsweisung" (n. → § 10 Rn. 24 f.) in Betracht.

3. Hilfe für den Beschuldigten bzw. Verurteilten

Diese Aufgabe besteht in einer Betreuung des Jugendlichen (§ 52 Abs. 3 24 SGB VIII) und umfasst so erzieherische, soziale und andere jugendhilferechtlich relevante Komponenten (Abs. 2 S. 1). Sie zielt zum einen darauf, gesetzlich nicht intendierten negativen Auswirkungen des Verfahrens, die zu einer Beeinträchtigung der weiteren Entwicklung des Beschuldigten führen könnten, (bereits präventiv) entgegenzuwirken. Ferner kann die Betreuung dazu beitragen, bestimmte äußere Umstände, die für die Straftatbegehung bedeutsam waren, zu beseitigen oder zumindest hinsichtlich ihres Einflusses auf den Betroffenen abzuschwächen (*Trenczek* in Dollinger/Schmidt-Semisch Jugendkriminalität-HdB 416: „der wesentliche Teil und Zweck der Mitwirkung der Jugendhilfe im Verfahren"). Darüber hinaus sieht Abs. 2 S. 9 aF bzw. Abs. 5 S. 5 nF im Falle freiheitsentziehender Rechtsfolgen eine Hilfeleistung während des Vollzugs und die Vorbereitung und Unterstützung der (Re-)Integration vor. Die Tätigkeit, die unmittelbar mit Kenntnisnahme des gegen einen Beschuldigten erhobenen Tatvorwurfs einsetzt (vgl. Abs. 3

S. 1 und 2 aF bzw. Abs. 6 S. 1 und 2 nF; s. auch § 43 Abs. 1 S. 4), kann – mit Einverständnis des Betroffenen – selbst nach Beendigung der Vollstr noch fortdauern.

25   a) **Gespräch.** Zumindest zu Beginn der **Hilfeleistung** erscheint es un- umgänglich, dass der Vertreter der JGH vor jeder (und insb. einer gem. § 52 Abs. 2 S. 1 SGB VIII iVm §§ 27 ff. SGB VIII) in Betracht zu ziehenden Maßnahme zunächst in ein Gespräch mit dem Betroffenen eintritt (ebenso *Riekenbrauk* in LPK-SGB VIII SGB VIII § 52 Rn. 54; vgl. generell zur Einzelbetreuung bei Weisungen *Korth,* Jugendgerichtshilfe. Die Einzel- betreuung im Jugendstrafverfahren nach § 10 JGG, 1995; zu praktischen Wirkungsmöglichkeiten s. *Bucher* Zbl 1987, 331 (333 f.); speziell betr. „poli- tische Delikte" s. etwa *Beha* Bewährungshilfe 1988, 328). Hiervon aus- gehend sind die dringlichsten und umgehend realisierbaren Hilfeleistungen zu erbringen (zB Geldmittel, Erhaltung bzw. Vermittlung von Ausbildungs- oder Arbeitsplatz, Bereitstellung eines Therapieplatzes oder (bei Nichtdeut- schen) ggf. Erlangung einer Aufenthaltsgenehmigung). Zugleich oder daran anschließend kann der Vertreter der JGH uU bei den Erziehungsberechtig- ten (vgl. auch § 43 Abs. 1 S. 2) erzieherische Maßnahmen anregen, die ggf. ein Absehen von der Verfolgung (vgl. § 45 Abs. 2 S. 1) ermöglichen könn- ten. Eine weitere zentrale Aufgabe betrifft die **Vorbereitung** des **Ange- klagten** auf den Ablauf der **HV** (vgl. bereits *Berg* RdJB 1964, 103), wobei die Inhalte danach differieren, ob der Angeklagte gerichtsunerfahren ist oder nicht. Hinzutritt die Hilfeleistung im Hinblick auf eine etwa voraussehbare Rechtsfolge (vgl. schon *Peters* Jugendwohl 1951, 275; ebenso *Dallinger/ Lackner* Rn. 47), und zwar auch und gerade dann, wenn ein Rechtsmittel eingelegt wurde, dessen Erfolg ungewiss ist.

26   **b) Betreuung in der HV und Vernehmung.** Unter Umständen er- bringt die JGH auch konkrete Unterstützungsleistungen in der HV. Bei einer erwachsenen Person, die den Schutz der Interessen des Jugendlichen anstelle der von der Teilnahme ausgeschlossenen Erziehungsberechtigten oder ge- setzlichen Vertreter übernimmt, kann es sich nach § 51 Abs. 6 Satz 4 nF nämlich ggf. auch um einen Vertreter der JGH handeln (s. ähnlich auch § 67 Abs. 3 S. 3 nF für Vernehmungen und andere Untersuchungshandlungen, bei denen der Jugendliche anwesend sein darf).

27   **c) Freiheitsentzug.** Vor einem gemeinsamen U-Haftvollzug von Jugend- lichen bzw. Heranwachsenden und Jungerwachsenen ist die JGH anzuhören (§ 89c Abs. 3 Satz 2 nF). Ansonst zielt die Hilfefunktion während der Inhaftierung der Aufrechterhaltung des bestehenden Kontakts zwischen der JGH und dem U-Gefangenen bzw. Verurteilten zwecks **Erleichterung der Vollzugssituation,** der Erhaltung oder Wiederherstellung der **Verbindung** zu (relevanten) Bezugspersonen sowie weitergehender Unterstützung im Hinblick auf die **Vorbereitung** der Lebensführung nach der Entlassung (zB Hilfe zur Erlangung einer Unterkunft, eines Ausbildungs-, Arbeits- oder Therapieplatzes, Schuldenregelung usw (vgl. → § 92 Rn. 61a)). – Nach der Entlassung kann es der **Wiedereingliederung** dienlich sein, wenn der Ver- treter der JGH darauf bedacht ist, die Beseitigung des Strafmakels (§§ 97 ff. 111) anzuregen bzw. diese unter den Voraussetzungen von § 97 Abs. 1, Abs. 2 S. 2 Alt. 2 zu beantragen.

IV. Rechtsstellung

1. Prozessorgan eigener Art

In der (jugend-)strafverfahrensrechtlichen Systematik fungiert die JGH als 28 ein der Umsetzung des Erziehungsauftrags (§ 2 Abs. 1) dienendes Prozessorgan mit gesetzlich bestimmten Rechten und Pflichten (ähnlich BGHSt 27, 250 ff.; *Dallinger/Lackner* Rn. 7; *Potrykus* Anm. 6 aE; *Schaffstein/Beulke/Swoboda* JugendStrafR 683; *Brunner/Dölling* Rn. 1b; s. auch → Rn. 9). Dies wurde vormals von einigen Autoren mit dem Begriff „Prozesshilfsorgan" erfasst (vgl. schon *Peters* RJGG § 35 Anm. 1: „Prozesshilfsorgan eigener Art"; ebenso *Peters* Strafprozess 597; *Schiefer* unsere jugend 1954, 165; zu Missverständnissen in der Praxis *Trenczek/Goldberg* Jugendkriminalität 340). Allerdings ist die JGH weder Gehilfe der StA, noch Verteidiger oder Vertreter des Jugendlichen bzw. von dessen Erziehungsberechtigten. Sie wird vielmehr in **eigener Verantwortung** tätig. – Der **Vertreter** der JGH hat nicht die Funktion eines Beweismittels (Zeuge, Sachverständiger), aber er kann nach hM im Interesse der Wahrheitspflicht ggf. als Zeuge vernommen werden (vgl. → § 50 Rn. 39; *Schaffstein/Beulke/Swoboda* JugendStrafR 698; aA wohl *Peters* Strafprozess 597; zu Einwänden → Rn. 43). Die Einstufung des Vertreters der JGH als „grundsätzlich notwendiger Verfahrensbeteiligter" (*Dallinger/Lackner* Rn. 7) trifft jedenfalls seit dem Gesetz zur Stärkung der Verfahrensrechte von Beschuldigten im Jugendstrafverfahren zu, da ihm seither eine gesetzlich festgelegte Mitwirkungspflicht im Verfahren obliegt (→ Rn. 34) und daran anknüpfend auch seine Teilnahme in der HV (für den Regelfall) vorgeschrieben ist (→ Rn. 29).

2. Anwesenheit in der HV

a) Teilnahmerecht und -pflicht. Unter Verweis auf § 50 Abs. 3 aF ging 29 die hM vom Bestehen eines Teilnahmerechts, nicht aber einer Teilnahmepflicht aus (vgl. 20. Aufl. Rn. 23 und § 59 Rn. 25 f. sowie BGHSt 27, 250 = BeckRS 1977, 30403055; OLG Karlsruhe NStZ 1992, 251 mAnm *Schaffstein;* LG Frankfurt/M. Zbl 1984, 435 mAnm *Rosenthal* = LG Frankfurt/M. NStZ 1985, 42 mAnm *Eisenberg* = StV 1985, 158 mAnm *Albrecht;* abw. LG Trier JBl. RhPf. 2000, 117 mablAnm *Sonnen* DVJJ-Journal 2000, 186 f., *Krahmer* DVJJ-Journal 2000, 314 f.; *Eisenberg* ZfJ 2000, 399; aA unter Hinweis auf § 52 SGB VIII iVm Abs. 2 *Rössner* in HK-JGG Rn. 26; *Gertler* in BeckOK JGG Rn. 111). Wenn der JRichter die Anwesenheit der JGH in der HV für unumgänglich hielt, musste er seine Terminmitteilung mit dem Hinweis verbinden, die HV könne ohne Anwesenheit des tätig gewesen Vertreters der JGH oder eines informierten Vertreters nicht stattfinden (für eine hierdurch erfolgte Verdichtung zur **Teilnahmepflicht** etwa OLG Karlsruhe NStZ 1992, 251 mit insoweit zustAnm *Schaffstein;* OLG Brandenburg DVJJ-Journal 2002, 351 f. mit insoweit kritAnm *Trenczek;* JuMiKo ZJJ 2007, 449; *Königschulte* Kompetenz 224; aA *Schatz* in Diemer/Schatz/Sonnen Rn. 27; vgl. auch DVJJ 2008, AK 4: „keine Anordnung"). Ob es dann aber bei Abwesenheit des Vertreters der JGH und deshalb notwendig gewordener Unterbrechung oder Aussetzung der HV zulässig war, der Dienstbehörde (des Vertreters der JGH) entsprechend dem in §§ 51, 77, 145

Abs. 4, 467 Abs. 2 StPO, § 56 GVG zum Ausdruck kommenden Rechts-gedanken die hierdurch entstehenden **Kosten** aufzuerlegen, blieb umstritten (abl. OLG Karlsruhe NStZ 1992, 251 mablAnm *Schaffstein; Brunner/Dölling* Rn. 12; *Bex* DVJJ-Journal 2000, 409 ff.; anders aber *Schaffstein/Beulke/Swoboda* JugendStrafR 691; *Northoff* DRiZ 1984, 403 (405); s. auch OLG Köln NStZ 1986, 569 (570)).

30   Diese Debatte ist durch **Abs. 4 S.** 1 nF und die dort geregelte Anwesen-heitspflicht der JGH („nimmt teil") gegenstandslos geworden. Durch den RegE (BT-Drs. 19/13837, 48) wird diese Festlegung mit der Anforderung begründet, dass die „individuelle Begutachtung in jedem Fall zu Beginn der Hauptverhandlungen zur Verfügung" stehen muss (Art. 7 Abs. 6 RL (EU) 2016/800). Um dies sicherzustellen, bedürfe es in einer ganzen Reihe von Konstellationen der in der HV anwesenden und einen mündlichen (→ Rn. 62) Bericht erstattenden JGH: wenn kurzfristig eine Aktualisierung erforderlich geworden ist (→ Rn. 18); wenn sich im Fall von § 46a S. 1 nF die Prognose der StA hinsichtlich des rechtzeitigen Vorliegens eines schriftli-chen Berichts als falsch erweist; wenn die JGH bislang aus Zeitgründen keinen schriftlichen Bericht geschafft oder der Jugendliche sich bis zur HV einer Mitwirkung verweigert hat. Richtigerweise liegt die zentrale Recht-fertigung der Anwesenheitspflicht indes nicht in diesen Sonderkonstellatio-nen, sondern in der **stets** gegebenen Möglichkeit, dass sich in der HV ein besonderer **Unterstützungsbedarf** des Jugendlichen oder auch eine **neue Erkenntnislage** ergibt, zu deren Einordnung es der Expertise eines anwe-senden Vertreters der JGH bedarf.

31   **b) Verzicht.** Angesichts dieser Funktionen der Anwesenheitspflicht ist die in Abs. 7 nF eröffnete Möglichkeit des dahingehenden Verzichts problema-tisch, zumal sie ausschließlich auf Ressourcengründe gestützt (RegE BT-Drs. 19/13837, 50 f.) und an unterbestimmte Bedingungen geknüpft wird (recht-fertigende fallkonkrete Umstände und Vereinbarkeit mit „Wohl des Jugend-lichen"). Als zentrales **Kriterium** soll, wie Abs. 7 S. 3 nF deutlich macht, die Erheblichkeit des Vorwurfs und der erwartbaren Rechtsfolge dienen (s. zu den Entscheidungsaspekten auch → Rn. 78). Zudem kann, sofern die JGH nach einem Verzicht der HV fernbleibt, ihr Ermittlungsbericht gem. § 50 Abs. 3 S. 3 nF durch Verlesung in die HV eingeführt werden (→ Rn. 74 und → § 50 Rn. 28). Daher soll das Vorliegen eines ergiebigen Berichts immer dann, wenn (hierdurch) das Auftreten der JGH in der HV als entbehrlich erscheint, für einen Verzicht sprechen (RegE BT-Drs. 19/13837, 53; zur Frage der dann notwendigen Verteidigung → § 68 Rn. 26a). Eine solche Entbehrlichkeit ist aber allenfalls selten gegeben, da die Verlesung verschriftlichter Ermittlungsresultate hinter der vertief- und ergänzbaren mündlichen Präsentation idR informatorisch zurückbleiben wird. Eigene Ausführungen der JGH sind der Verlesung auch deshalb überlegen, weil sie der etwaigen Prozessöffentlichkeit (→ § 109 Rn. 52 ff.) und der Anwesen-heit des Betroffenen bei sensiblen Berichtsinhalten deutlich besser Rechnung tragen können. Überhaupt ist mit Blick auf eine in der HV ggf. unerwartet auftretende Beistands- und/oder Erörterungsnotwendigkeit **generell** eine **restriktive** Handhabung des Anwesenheitsverzichts angezeigt. Anders liegt dies bei HV mit mehreren Sitzungstagen, bei denen es sich idR gut abschät-zen lässt, bei welchen Verhandlungsphasen es einer Anwesenheit der JGH nicht bedarf (vgl. Abs. 7 S. 4 nF). – Bei einem sich abzeichnenden Unter-

stützungsfall iSv § 51 Absatz 6 Satz 4 nF (s. erg. auch → Rn. 26) kommt ein Verzicht iÜ nicht in Betracht (so tendenziell auch RegE BT-Drs. 19/13837, 50).

Entschieden und erklärt wird der Anwesenheitsverzicht nach Anklageer- 32 hebung durch das **JGericht** (wobei der Verzicht bei gebenem Anlass durchaus auch widerrufen werden kann (RegE BT-Drs. 19/13837, 51)). Nach dem Wortlaut von Abs. 7 S. 1 und S. 3 nF scheint zwar auch ein schon im Vorverfahren erfolgender Verzicht der StA möglich zu sein, doch handelt es sich bei der Anwesenheitspflicht der JGH um eine Materie des Hauptverfahrens – also um einen Gegenstand aus einem Verfahrensstadium, in dem die StA keine Verfahrensherrschaft und daher auch keine (vorgreifende) Dispositionsbefugnis innehat. Keine Verzichtsmöglichkeit besteht für den Verteidiger (bzw. die Erziehungsberechtigten oder gesetzliche Vertreter (so bereits früher BGH StV 1982, 27; OLG Karlsruhe MDR 1975, 422)). – Im Übrigen kann der Verzicht nur auf Antrag der JGH erklärt werden (anders noch der vorangegangene RefE vom 11.10.2018). Da nämlich (unabhängig von einer strafprozessualen „Entbehrlichkeit") ein jugendhilferechtlicher Handlungsbedarf bestehen und dies eine Anwesenheit in der HV erforderlich machen kann (va zur Betreuung während des Verfahrens (§ 52 Abs. 3 SGB VIII)), soll der Verzicht nur im Einvernehmen mit der JGH erfolgen (RegE BT-Drs. 19/13837, 50). An der Teilnahme hindern kann das JGericht die JGH allerdings ohnehin nicht, denn das aus Abs. 6 S. 1 nF sowie § 50 Abs. 3 S. 1 folgende und auch in der Anwesenheitspflicht enthaltene **Anwesenheitsrecht** wird durch den Verzicht nicht berührt. Die JGH ist durch den Verzicht also nicht an einer Teilnahme gehindert.

c) Durchsetzung. Will die JGH nicht in der HV erscheinen, kann sie 33 nicht einfach fernbleiben, sondern allein einen Verzicht beantragen. Unterbleibt dies oder wird der Verzicht nicht erklärt, bleibt es bei der Anwesenheitspflicht. Für deren Durchsetzung sieht das Gesetz allerdings nur für die Justizseite explizit eine Handhabe vor: Erscheint trotz Fehlens eines Verzichts und einer regulären Mitteilung (zu den Anforderungen → § 50 Rn. 24) kein Vertreter der JGH, darf das JGericht dies nicht durch andere Beweiserhebungen zu kompensieren versuchen (zur Revision → Rn. 88). Vielmehr muss es (mit entspr. Mitteilung) einen neuen Termin anberaumen, wobei jedoch die hierdurch entstehenden **Kosten** dem Träger der JGH **auferlegt** werden können. Ausgeschlossen ist dies bei genügender und rechtzeitiger Entschuldigung des Ausbleibens (Abs. 4 S. 3 Hs. 2 nF). Auch andere Hinderungsgründe können durch das JGericht, das hierüber nach pflichtgemäßem Ermessen entscheidet (abw. RefE vom 11.10.2018: gebundene Entscheidung), berücksichtigt und durch Verzicht auf die Kostenübertragung anerkannt werden. Eine wirkliche Nutzung der Kostenübertragungsmöglichkeit ist legislatorisch iÜ gar nicht gewollt (RegE BT-Drs. 19/13837, 49: symbolische bzw. nur theoretische Option). Und in der Tat spricht viel für einen sehr zurückhaltenden Gebrauch, namentlich die hiervon ausgehende Gefahr für die interinstitutionelle Arbeitsbeziehung und die Ressourcenallokation in der JGH (Konzentration auf „sanktionsbewehrte" Anwesenheitspflicht zu Lasten anderer Aufgabenbereiche). – Keine spezielle Durchsetzungsmöglichkeit ist für den Beschuldigten vorgesehen (s. aber zur Revision (→ Rn. 88).

3. Mitwirkung

34   **a) Beteiligungsrecht.** Nach Abs. 3 S. 1 aF bzw. Abs. 6 S. 1 nF „ist die JGH" **im gesamten Verfahren** „heranzuziehen" (zum Begriff des „Heranziehens" vgl. BGHSt 27, 250 = BeckRS 1977, 30403055; BayObLG JMBl. 1995, 30; betr. die zuständige JGH BGHR JGG § 38 Abs. 3, Heranziehung 1). Dies verpflichtet nicht nur JStA und JGericht, die Feststellungen der JGH zur Kenntnis zu nehmen und zu berücksichtigen (→ Rn. 87), sondern umgekehrt auch die JGH, sich heranziehen zu lassen und mitzuwirken (zumal sie anders ihrer Pflicht zur Berichterstattung (→ Rn. 62) auch nicht nachkommen könnte). Allerdings hat die JGH, um den Auftrag in § 52 Abs. 2 S. 1 SGB VIII entsprechen zu können, zugleich auch einen **Anspruch auf Verfahrenseinbindung.** Darin liegt eine Rechtsposition des Vertreters der JGH von besonderer Bedeutung. Ein Verzicht iSv Abs. 7 nF kann daher – abgesehen davon, dass er sich ohnehin nur auf die Berichterstattung und die Anwesenheit in der HV und nicht auch auf die Nachforschungen bezieht – die JGH nicht an jugendhilferechtlich bedingten Ermittlungen hindern.

35   **b) Mitwirkungsformen.** Die Mitwirkung geschieht zunächst durch Wahrnehmung der in → Rn. 7 ff. erörterten **Ermittlungs**aufgabe, die durch den in → Rn 36 dargestellten Informationsanspruch flankiert wird und in einen Ermittlungs**bericht** mündet (→ Rn 62). Um die Ermittlung auch bei einem Beschuldigten realisieren zu können, der sich in U-Haft befindet, hat der Vertreter der JGH ein umfassendes **Verkehrsrecht** mit ihm (§ 72b S. 1; zu landesgesetzlichen Vorschriften → § 89c Rn. 54). Mit Blick auf die Ergebnisse seiner Nachforschungen sieht das Gesetz für den Vertreter der JGH ein **Äußerungsrecht** vor. Dieses besteht nicht nur gem. § 50 Abs. 3 S. 2 in der HV (zum damit verbundenen Teilnahme- bzw. Anwesenheitsrecht → Rn. 30), sondern in jedem Verfahrensstadium (s. Abs. 2 S. 2 Alt. 2 sowie Abs. 3 S. 3 Hs. 1 aF bzw. Abs. 6 S. 3 Hs. 1 nF, auch iRv §§ 45, 47 (vgl. → § 45 Rn. 25). Im Übrigen hat der Vertreter der JGH auch ein Recht auf nachgehende Betreuung und Überwachung (Abs. 2 S. 5, 6, 8 und 9 aF. bzw. Abs. 5 nF; vgl. auch § 97 Abs. 1 S. 2).

36   **c) Frühzeitiger Beginn.** Um jeweils eine effektive und sich schon im Vorverfahren (→ Rn. 16) bemerkbar machende Verwirklichung zu ermöglichen, soll es bereits zum **frühestmöglichen Zeitpunkt** zu der Einbindung kommen (Abs. 3 S. 2 aF bzw. Abs. 6 S. 2 nF. Deshalb ist das JAmt bereits durch die Polizei „unverzüglich zu unterrichten, wenn schon während der polizeilichen Ermittlungen erkennbar wird, dass Leistungen der JHilfe infrage kommen" (PDV 382, 3.2.7). Unabhängig davon muss auch durch die StA bzw. JStA eine **Mitteilung** an die JGH erfolgen (§ 70 Abs. 1; Nr. 32 MiStra), und zwar spätestens im Zusammenhang mit der ersten Vernehmung des Beschuldigten (→ § 70 Rn. 18) oder bei vorläufiger Festnahme bzw. Erlass eines Haftbefehls (§ 72a). Es ist jedenfalls **unzulässig,** der JGH erst nach Abschluss der Ermittlungen lediglich eine Abschrift der Anklageschrift zu übersenden (ebenso schon früher AG Emden Zbl 1979, 117 f.: ggf. Ablehnung der Eröffnung des Hauptverfahrens; zu einer ehemals rechtswidrigen Praxis des LG Berlin vgl. KG ZJJ 2015, 204 mAnm *Eisenberg*). Auch ändert ein (beabsichtigter) Verzicht an der Mitteilungspflicht nichts (→ § 70 Rn. 18a).

Allerdings könnte durch den Nachforschungsbeginn zu einem sehr frühen 37 Zeitpunkt, zu dem noch gar kein hinreichend konkretisierter Tatverdacht besteht, in die persönlichkeitsrechtlich geschützte **Privatsphäre** des Jugendlichen (auch durch die Anhörung von Schule und Ausbildendem) erheblich stärker **eingegriffen** werden, als dies nach § 160 Abs. 3 StPO iVm § 2 Abs. 2 (s. auch RiStBV Nr. 5) zulässig ist (*Kölbel* in MüKoStPO § 160 Rn. 83; vgl. auch → § 43 Rn. 16b). Daraus erwächst ein Zielkonflikt mit dem Gebot zügiger Ermittlungen (→ Rn. 16). Die JGH kann diesen Widerspruch zumindest teilweise lösen, indem sie die Ermittlungen erst im weiteren Verlauf (bei sich abzeichnender HV) auf den vollen Umfang ausdehnt, diese hingegen anfangs stärker dosiert und auf das Maß beschränkt, das für eine Stellungnahme zu einer Diversionsentscheidung ausreichend ist (RegE BT-Drs. 19/13837, 48). Gerade in den frühen Phasen ist zudem eine besonders zurückhaltende und sensible Vorgehensweise angezeigt – auch, weil andernfalls die Tätigkeit des Vertreters der JGH als unberechtigter behördlicher Eingriff erlebt und der aus der Hilfefunktion der JGH sich ergebende Schutzzweck so in sein Gegenteil verkehrt werden kann (vgl. ähnlich *Dallinger/Lackner* Rn. 61; *Mrozynski,* SGB VIII, Kinder- und Jugendhilfe, 5. Aufl. 2009, § 52 Rn. 6, 7). Außerdem ist (im Einzelfall) nicht auszuschließen, dass der Jugendliche aufgrund erzieherischer Betreuung durch den Vertreter der JGH **vor** einer **polizeilichen Vernehmung** zum Tatvorwurf mehr zugibt, als er es andernfalls getan hätte (nachdrücklich zu dieser Gefahr *Wilhelm,* Die Stellung der JGH im Verfahren, 1992, 73 nebst Fn. 216).

Die vorgenannte Problematik erlaubt es der JGH allerdings nicht, einen 38 **Erstkontakt** (trotz rechtzeitiger Information) **erst nach Anklageerhebung** herzustellen (zu einer entspr. Praxis vgl. vormals *Trenczek* DVJJ-Journal 2000, 219 f. sowie *Trenczek* DVJJ-Journal 2003, 112 (140); *Kurzberg* Jugendstrafe 144; vgl. auch → Rn. 54). Durch ein derart spätes Tätigwerden bleibt die JGH hinter den Geboten der frühestmöglichen Mitwirkung (→ Rn. 36) und der Zügigkeit der Ermittlungen (→ Rn. 16) eindeutig zurück (s. auch § 52 Abs. 2 S. 1 SGB VIII). Mit Erlass des Gesetzes zur Stärkung der Verfahrensrechte von Beschuldigten im Jugendstrafverfahren wurde dies besonders deutlich (ebenso RegE BT-Drs. 19/13837, 30; *Sommerfeld* ZJJ 2018, 296 (307)), weil die Berichterstattung der JGH seither idR vor Anklageerhebung erfolgen muss und jene nur in Sonderfällen und allein dann vorgezogen werden darf, wenn ein Abwarten für das Wohl des Jugendlichen ausnahmsweise ungünstiger als ein schneller Verfahrensfortgang wäre (→ § 46a Rn. 5 f.).

4. Grenzen

Die Rechtsstellung des Vertreters der JGH findet ihre Begrenzung dort, 39 wo Verfahrenszwecke, die der Funktion der JGH vorrangig sind, tangiert werden. Hierzu fehlt es an gesetzlichen Regelungen, sodass Rspr. und Literatur sich um die Entwicklung entsprechender Grundsätze bemüht haben (zur Revisibilität vgl. → Rn. 86 ff.). Diese sind von der Tendenz gekennzeichnet, dem Vertreter der JGH im Sinne seiner „Doppelfunktion" (näher → Rn. 55) nur eingeschränkt Rechte dazu einzuräumen, die Interessen des Jugendlichen vertreten zu können.

40   **a) Kein Recht auf Akteneinsicht.** Nach hM steht dem Vertreter der
JGH ein Anspruch auf Akteneinsicht nicht zu (*Dallinger/Lackner* Rn. 64;
Peters Jugendwohl 1951, 279; aA *Potrykus* Anm. 6; für zukünftige gesetzliche
Einräumung aber schon *Momberg* MschKrim 1982, 65 (86); Fachausschuss
BAG der LJÄmter DVJJ-Journal 1991, 453; UK II DVJJ-Journal 1992, 21;
anders DVJJ 1993 AK IV/3). Der hM ist nach geltendem Recht zuzustimmen, da das Gesetz dem Vertreter der JGH eine dem Verteidiger entsprechende Rechtsstellung (§ 147 StPO) punktuell durchaus eingeräumt hat
(nämlich beim Verkehrsrecht gem. § 72b S. 1; zu Landesgesetzen → § 89c
Rn. 54), nicht aber beim Akteneinsichtsrecht (im Gegensatz zu anderen
Verfahrensbeteiligten (vgl. § 69 Abs. 3 S. 1)). In einem gewissen Widerspruch hierzu steht eine in der Literatur teilweise (unter Bezugnahme auf
§ 478 Abs. 2, Abs. 3 StPO) befürwortete Praxis, Akteneinsicht gleichwohl
zu gewähren (*Brunner/Dölling* Rn. 7; zu den mit zusätzlicher Einsichtnahme
in JAmtsakten verbundenen Fragen vgl. → Rn. 66 ff.).

41   **b) Kein Frage- oder Beweisantragsrecht.** Mangels einer gesetzlichen
Regelung, wie sie in §§ 67, 69 für andere Beteiligte vorgesehen ist, hat der
Vertreter der JGH in der HV kein Fragerecht ggü. Angeklagtem, Zeugen
oder Sachverständigem (§ 240 StPO). Dementsprechend kommt ihm auch
kein formelles Beweisantragsrecht zu (allg. Auffassung), jedoch kann er −
wie sich schon aus § 50 Abs. 3 S. 2 ergibt − **Anregungen** äußern (für die
gesetzliche Einräumung eines Frage- und Beweisantragsrechts schon *Fried-
richs* DVJJ 1981, 153 (162); *Momberg* MschKrim 1982, 65 (82); abl. Fachausschuss BAG der LJÄmter DVJJ-Journal 1991, 453; vgl. ergänzend schon
AK II des 18. DJGT DVJJ 1981, 176; für ein allg. Fragerecht UK II DVJJ-
Journal 1992, 21; für ein Frage- und Beweisanregungsrecht DVJJ 1993, AK
IV/3).

42   **c) Einschränkungen des Rechts auf Anwesenheit in der Hauptverhandlung.** Im Hinblick auf § 243 Abs. 2 S. 1 StPO, § 58 Abs. 1 StPO wird
bzw. wurde das Anwesenheitsrecht für einen Abschnitt der Beweisaufnahme
dann eingeschränkt (abl. *Peters* Strafprozess 597: JGH sei ein Prozesssubjekt),
wenn eine nach hM zulässige (näher → § 50 Rn. 39) Vernehmung des
Vertreters der JGH als **Zeuge** in Betracht kommt (*Dallinger/Lackner* 66; mit
Blick auf Abs. 4 S. 1 nF zw.; aA bereits *Wilhelm,* Die Stellung der JGH im
Verfahren, 1992, 117 f., 437).

43   **d) Kein Zeugnisverweigerungsrecht.** Vertreter der JGH können ein
berufliches, sozialpädagogisch begründetes Interesse haben, die ihnen vorliegenden Informationen zurückzuhalten (etwa bei Aussageverweigerung des
Angeklagten). Ein Recht, das Zeugnis zu verweigern, haben sie von Gesetzes
wegen jedoch grundsätzlich nicht (BVerfGE 33, 367 = NJW 1972, 2214;
Schaffstein/Beulke/Swoboda JugendStrafR 700; *Wilhelm,* Die Stellung der
JGH im Verfahren, 1992, 116 f.; für gesetzliche Einräumung *Trenczek* DVJJ-
Journal 1991, 254). Sie müssen die von ihnen verlangten Auskünfte also
geben, jedenfalls soweit ihre **Befugnis zur Informationsweitergabe**
reicht. Diese ergibt sich (ebenso wie bei Informationen, die bei der Leistungserbringung nach SGB VIII angefallen sind) aus § 64 Abs. 1, Abs. 2
SGB VIII (vgl. auch § 73 SGB X), und besteht jedenfalls, sofern die Daten
für das Strafverfahren erhoben wurden und die Weitergabe den Erfolg zukünftiger Leistungserbringung der Behörde nicht gefährdet (zutr. *Ernst/*

Höynck ZJJ 2018, 228 (230); unter Verkennung des sich aus § 67 Abs. 2 SGB X iVm § 2 Abs. 3 SGB VIII ergebenden Sozialdatencharakters abw. *Gertler/Schwarz* in BeckOK JGG Rn. 200). In sehr seltenen Ausnahmefällen kann sich eine Entbindung von der Aussagepflicht entsprechend einem Verwertungsverbot (vgl. statt vieler *Eisenberg* Beweisrecht StPO Rn. 386) iÜ auch aus Art. 2 Abs. 1 iVm Art. 1 Abs. 1 GG ergeben (*Höffler* in MüKoStPO Rn. 18).

Nicht ausgeschlossen ist eine Begrenzung der Aussagepflicht durch § 35 **44** Abs. 1, 3 SGB I (vgl. etwa auch *Kunkel* in LPK-SGB VIII SGB VIII § 61 Rn. 222 f.; *Sonnen* in Diemer/Schatz/Sonnen Rn. 13), soweit der in der grundsätzlichen Verneinung zum Ausdruck kommende Vorrang der Wahrheitsermittlung ggü. dem Schutz des Jugendlichen oder Heranwachsenden zu erheblichen Belastungen eines anzustrebenden Vertrauensverhältnisses zwischen dem Jugendlichen und dem Vertreter der JGH und damit zu Beeinträchtigungen einer erzieherisch wirksamen Hilfeleistung führen kann (vgl. auch → Rn. 55; abw. *Gertler/Schwarz* in BeckOK JGG Rn. 200). Streng genommen handelt es sich hierbei allerdings nicht um den Fall eines Zeugnisverweigerungsrechts, sondern um das **Fehlen** der eben erwähnten datenschutzrechtlichen **Übermittlungsbefugnis** (zutr. *Ernst/Höynck* ZJJ 2018, 228 (231)).

Im Einzelfall wird mitunter eine **Versagung der Aussagegenehmigung 45** (§ 54 StPO iVm dem jeweiligen BeamtenG bzw. Anstellungsvertrag) angezeigt sein (*Höffler* in MüKoStPO Rn. 18; für „eng begrenzte Ausnahmesituationen" zust. *Brunner/Dölling* Rn. 14; wohl auch *Füllkrug* Bewährungshilfe 1988, 325; Zweifel bei *Zieger* StV 1982, 305 (307)). Dies gilt etwa, wenn sich die Aussage auf eine vertraulich gemachte Angabe eines von der JGH betreuten Jugendlichen bezieht und sich in einem gegen diesen anhängigen Strafverfahren iSd Tatvorwurfs zu dessen Lasten auswirken könnte, weil andernfalls „die gesamte Arbeit der JGH erheblich erschwert würde" (VG Schleswig Zbl 1987, 540; aA *Kreutz* unsere jugend 2001, 18 f.). Das Entscheidungskriterium ist hier jeweils, ob die fallbezogene Funktionsfähigkeit der Jugendhilfe bei einer Aussage erheblich beeinträchtigt würde (n. *Ernst/Höynck* ZJJ 2018, 228 (232) mwN). – Zur Problemlösung (und Misstrauensvermeidung) idR ungeeignet ist es demgegenüber, während der Zeugenvernehmung des Vertreters der JGH den Jugendlichen oder dessen Erziehungsberechtigten bzw. gesetzlichen Vertreter auszuschließen (vgl. auch *Kunkel* ZJJ 2004, 427).

e) Kein Recht zur Rechtsmitteleinlegung. Nach allg. Auffassung hat **46** die JGH nicht die Befugnis zur Einlegung von Rechtsmitteln (OLG Frankfurt/M. NStZ-RR 1996, 251). Dies wird aus einem Umkehrschluss zu §§ 296, 298 StPO iVm § 67 Abs. 3 aF bzw. § 67 Abs. 2 nF abgeleitet (für die Einführung dieses Rechts Arbeitsgruppe JGH in der DVJJ Zbl 1991, 554 ff.; abl. Fachausschuss BAG der LJÄmter DVJJ-Journal 1991, 453).

5. Besondere Verfahrensarten

Im **vereinfachten JVerfahren** ist die JGH von der Einleitung des Ver- **47** fahrens und dessen Ausgang gem. § 78 Abs. 3 S. 2 iVm § 70 Abs. 1 S. 1 stets zu unterrichten. Solange hierauf nicht nach Abs. 7 nF ausdrücklich **verzichtet** wird (→ Rn. 79), muss die JGH aber im normalen Umfang ihre

Feststellungen treffen und hierüber **Bericht** erstatten, auch in der mündlichen Verhandlung (Abs. 3 S. 1 und Abs. 6 S. 1 nF). Daraus folgt in diesen Konstellationen – ungeachtet der Unanwendbarkeit von Abs. 4 S. 1 nF und § 50 Abs. 3 (dort ist jeweils nur die Hauptverhandlung erfasst) – eine **Anwesenheitspflicht** der JGH, weshalb ihr konsequenterweise auch der Termin der mündlichen Verhandlung mitgeteilt werden muss (s. auch → § 78 Rn. 26). Nach Abs. 4 S. 3 nF erzwungen werden kann die Teilnahme aber nicht – ebenso wenig wie die JGH umgekehrt im Verzichtsfall an einer Mitwirkung an der mündlichen Verhandlung gehindert werden kann (→ Rn. 32).

48 Im **Bußgeldverfahren** nach dem OWiG kann von der Anwendung der Bestimmung abgesehen werden, wenn die Mitwirkung der JGH für die sachgemäße Durchführung des Verfahrens als entbehrlich erachtet wird (§ 46 Abs. 6 OWiG). Sofern bestimmte Gegenstände zur Debatte stehen (Zweifel an der Verantwortlichkeit gem. § 12 Abs. 1 S. 2 OWiG; VollstrAnordnungen nach § 98 OWiG; erhebliche Geldbußen), fehlt es an dieser Entbehrlichkeit (vgl. → § 43 Rn. 4, → § 70 Rn. 5, → § 82 Rn. 29; s. auch schon *Schenker* Zbl 1983, 524 ff. (528 ff.); ferner *Lampe* in KK-OWiG § 46 Rn. 48; aA *Matenaer* Zbl 1984, 81 (131)). Rechtstatsächlich ist die Mitwirkung entgegen der Gesetzeslage äußerst selten (vgl. dazu krit. auch *Nehring* in Beck-OK JGG Rn. 9).

V. Tatsächliche Grenzen der Aufgabenerfüllung

1. Organisation

49 Verschiedentlich wurde bzw. wird eine gleichsam bürokratische Struktur der JGH beanstandet. Die gilt schon insoweit, als die **Zuteilung** des jeweiligen strafverfolgten Jugendlichen oder Heranwachsenden auf den einzelnen Vertreter der JGH nach allg. organisatorischen Vorgaben und nicht danach geschieht, wer von der Persönlichkeit und den Fähigkeiten her jeweils am ehesten geeignet erscheint („matching"). Dem entspricht es, wenn mitunter beklagt wurde oder wird, die formale Richtigkeit der Arbeit habe deutlichen Vorrang vor der qualitativen Orientierung, wobei dies zu einer Dominanz des leicht kontrollierbaren Innendienstes zu Lasten der nicht kontrollierbaren und damit auch nicht positiv zu Buche schlagenden Leistungen außerhalb des JAmtes führen würde (vgl. vormals *Mattig* Zbl 1972, 325 (327)). Zu berücksichtigen ist schließlich die Tendenz zur Anpassung an Direktiven institutionalisierter Handlungsnormen (vgl. dazu *Eisenberg/Kölbel* Kriminologie § 32; *Eisenberg/Singelnstein* ZJJ 2003, 354 (358 ff.)).

50 Im Einzelnen diente oder dient die Praxis des sog. **„Gerichtsgehers"** weniger den gesetzlich benannten Funktionen als vielmehr – aus Gründen der Zeitersparnis – einer routinemäßigen Erledigung des einzelnen Falles (vgl. rechtstatsächlich dazu *Trenczek* DVJJ-Journal 1999, 160 f.; nach der Umfrage von *Höynck/Leuschner* Jugendgerichtsbarometer 88 noch zu einem Anteil von 6 %). Dabei vertritt der vor Gericht auftretende Vertreter der JGH den Verfasser des Berichts, ohne dass er zuvor unmittelbaren Kontakt mit dem Angeklagten oder dessen Umgebungspersonen gehabt haben muss. Stattdessen bezieht er Informationen im Wesentlichen (vgl. aber auch → § 50 Rn. 35–37) aus dem schriftlichen Bericht. Die Untragbarkeit dieses

Vorgehens ist häufig dargelegt worden (vgl. zu Nachw. 7. Aufl.). Der Zustand **widerspricht** der Soll-Vorschrift des **Abs. 2 S. 4 aF bzw. Abs. 4 S. 2 nF.** sowie des § 52 Abs. 3 SGB VIII, sodass eine möglichst weitgehende Eindämmung zu erwarten sein sollte (auch wenn im Einzelfall der „Gerichtsgeher" eine Kontrolle des Berichtsverfassers zugunsten des Betroffenen ausüben mag).

2. Einschränkungen der Beteiligung am Jugendstrafverfahren

Das Gesetz zur Stärkung der Verfahrensrechte von Beschuldigten im 51 Jugendstrafverfahren hat die Ermittlungen, den Bericht und die HV-Anwesenheit der JGH als deren Verpflichtungen ausgestaltet, von denen allein durch einen ausdrücklichen Verzicht befreit werden kann. Daran gemessen ist die Praxis, legt man (teilweise deutlich) davor erhobene Befunde zugrunde, nicht unproblematisch. So ist die gesetzlich geforderte Aufgabenerfüllung nach rechtstatsächlichen Anhaltspunkten schon durch die hohe Fallbelastung erschwert (vgl. zB bereits *Köth* KrimJ 1983, 197 (200); *Robitzsch* DVJJ-Journal 1997, 258 mwN). Dies trägt mit dazu bei, dass ein gewisser Anteil von JStrafverfahren ohne Mitwirkung eines Vertreters der JGH stattfindet (vgl. schon *Möller* Zbl 1974, 394 f.; *Seidel,* Die JGH in ihrer Ermittlungsfunktion und ihr Einfluß auf richterliche Entscheidungen im Jugendstrafverfahren gegen weibliche Jugendliche, 1988, 164; s. auch die Befragung von *Trenczek* DVJJ-Journal 2000, 220 f. sowie *ders.,* Die Mitwirkung der Jugendhilfe im Strafverfahren, 2003, 146 f.; zur Beschränkung der Mitwirkung auf Verfahren vor dem JSchG und der JKammer vgl. schon *Hauser* Jugendrichter 197 ff., 207 ff.; *Pfeiffer* Zbl 1977, 383 ff.). Zwar ist eine Nichtbeteiligung in bestimmten Fallgruppen (ohne „Erziehungsbedürfnis") nicht nur vertretbar, sondern aufgrund des Verhältnismäßigkeitsgrundsatzes regelrecht geboten (vgl. zur Schwerpunktsetzung *Thiem-Schräder/Bruckmeier* in Weschke, Jugenddelinquenz. Empirische Untersuchungen in Berlin (West), 1989, 69 ff.; *Meißner-Gebhart* DVJJ-Journal 1991, 95), doch gehen die Defizite weit darüber hinaus (zur häufigen Nichtanwesenheit in der HV bspw. auch *Höffler* in MüKoStPO JGG § 50 Rn. 20). Ein Fortbestehen dieser Praxis widerspräche dem gesteigerten Verbindlichkeitsgrad, mit dem Art. 7 RL (EU) 2016/800 das Recht auf individuelle Begutachtung versieht (n. → Rn. 7).

Nach einer früheren bundesweiten Untersuchung, die 276 Strafakten 52 gegen Jugendliche umfasste, wurde in 18,4 % der Verfahren weder ein Bericht verfasst, noch nahm ein Vertreter der JGH an der HV teil (*Momberg* MschKrim 1982, 65 (71)); in der Untersuchung von *Flümann* (Die Vorbewährung nach § 57 JGG, 1983, 127) fehlte bei 40 % der Akten ein schriftlicher Bericht der JGH, für Bremen bzw. drei AGe in Niedersachsen hat *Bischoff* (in Gerken/Schumann, Rechtsstaat S. 58) betr. Verfahren gegen Heranwachsende ein Fehlen des Berichts in 70 % bzw. 41 % mitgeteilt, für den LG-Bezirk Wiesbaden wurde betr. weibliche Beschuldigte ein entsprechender Anteil von 21 % berechnet (*Seidel,* Die JGH in ihrer Ermittlungsfunktion und ihr Einfluß auf richterliche Entscheidungen im Jugendstrafverfahren gegen weibliche Jugendliche, 1988, 116) und betr. Daten für Berlin-Reinickendorf fehlte bei etwa 50 % der Betreuungsperioden ein schriftlicher Bericht (*Thiem-Schräder/Bruckmeier* in Weschke (Jugenddelinquenz. Empirische Untersuchungen in Berlin (West), FHSVR, 1989, 73)).

Nach den von *Adam ua* (Jugendrichter und Jugendstaatsanwälte in der Bundesrepublik, 1986, 134) mitgeteilten Schätzungen der befragten JRichter sei die JGH durch schriftlichen Bericht und mündlichen Vortrag in HVen zu etwa 72%, in vereinfachten JVerfahren zu etwa 44% und in Ermahnungsverfahren zu etwa 2% vertreten (s. ferner *Hügel* BJM 1986, 48 f.). Nach einer bundesweiten Email-Befragung von 391 JÄmtern (Rücklauf = 67%; *Hoops/ Holthusen* DVJJ 2012; DJI 2011, 16, 55, 86) war die JGH zu 50% in jeder und zu 85% in mehr als 2/3 der HV-Termine anwesend, wobei die als Teil des Allg. Sozialdienstes organisierte JGH weniger häufig anwesend war als die eigenständig organisierte JGH (*Hoops/Holthusen* DVJJ 2012 (unter 3.3.2)).

53 Soweit Vertreter der JGH tätig sind, **beschränkt** sich ein **persönlicher Kontakt** zu dem strafverfolgten Jugendlichen oder Heranwachsenden oft auf ein einmaliges Gespräch, zu welchem der auf freiem Fuß befindliche Beschuldigte und ggf. auch die Erziehungsberechtigten üblicherweise in das JAmt geladen werden, während es zu Hausbesuchen nur ausnahmsweise kommt (vgl. schon *Winter-v. Gregory* Neue Praxis 1979, 437 ff.; s. auch *Becker* KrimJ 1980, 11; zu Auswirkungen auf den Bericht vgl. → Rn. 63 ff.). Umfragen zur **zeitlichen Beanspruchung** lassen es nicht als gesichert erscheinen, dass Gespräche mit dem Jugendlichen bzw. mit Angehörigen im Vergleich zur Wahrnehmung von Gerichtsterminen dominieren (vgl. dazu etwa *Trenczek* DVJJ-Journal 1997, 244 f. sowie *Trenczek* DVJJ-Journal 2000, 219: weniger als 1/4 der Arbeitszeit entfalle auf unmittelbaren Kontakt mit dem Jugendlichen (HV nicht mitgerechnet)). – Ferner deuten empirische Anhaltspunkte darauf hin, dass die Betreuungsaufgabe sich vielfach in kurzen Kontakten erschöpft und insb. die nachgehende Betreuung eher vernachlässigt wird (s. dazu etwa *Hosser ua* in Goerdeler/Walkenhorst (Hrsg), Jugendstrafvollzug in Deutschland, 2007: fast nie; vgl. auch schon *Mattig* Zbl 1972, 325 (332)). Insoweit dominiert rechtstatsächlich die Rolle der JGH als eines Kontrollorgans oder gar als eines Funktionsträgers zur Durchführung eines JStrafverfahrens.

54 Die Verwirklichung der gesetzlichen Funktion der JGH ist ferner dadurch eingeschränkt, dass der **tatsächliche** Umfang der **Mitwirkung** im JStrafverfahren auch aus anderen Gründen hinter dem angezeigten Umfang zurückbleibt. Die frühzeitige Benachrichtigung der JGH durch die Polizei scheint (bislang) nämlich ebenso die Ausnahme zu sein wie die Beachtung von § 70 S. 1, Nr. 32 MiStra seitens der (J)Staatsanwaltschaft (vgl. *Schenker* Zbl 1977, 247 (250 f.)); zu Konflikten zwischen Polizei und JGH *Haustein/ Schendel* DVJJ-Journal 1998, 345 ff.). Mitunter wird die Übersendung einer Abschrift der Anklageschrift an die JGH nach Abschluss der Ermittlungen als hinreichend erachtet (vgl. aber zur Unzulässigkeit → Rn. 36; nach der vormaligen Befragung von *Adam ua*, Jugendrichter und Jugendstaatsanwälte in der Bundesrepublik, 1986, 127 komme der JGH vor der Entscheidung der (J)Staatsanwaltschaft faktisch nur in Ausnahmefällen eine Funktion zu; ebenso *Hügel* BJM 1986, 48). Auch wird der (durchschnittlich mehrere Monate betragende) Zeitraum zwischen Anzeigeerstattung und HV zB zur Vorbereitung der Einstellungsvoraussetzungen nach § 45 Abs. 2 S. 1 nicht immer zureichend genutzt (n. schon *Pfeiffer* Zbl 1980, 384 (389)).

3. Doppelfunktion und fachliche Kompetenz

a) Gegensätzlichkeiten zwischen Strafverfolgung und Hilfe. Die 55
Aufgabe der JGH, einerseits Ermittlungshilfe für das JGericht zu leisten und
andererseits dem Jugendlichen zu helfen, führt in der Praxis zu Spannungen
und Konflikten. Sie beruhen darauf, dass Strafverfolgung idR einen **(reaktiven) Angriff** auf den Jugendlichen darstellt, im Gegensatz zu der **Hilfe** als
Ausdruck von Schutz und Förderung für ihn – allerdings ohnehin nur eingeschränkt um seiner selbst willen, da es zumindest auch um die (Wieder-)
Eingliederung im gesellschaftlichen Interesse geht (vgl. näher *Scherr* ZJJ
2011, 175 ff.). Der Konflikt findet in dem Vertreter der JGH gewissermaßen
seine Personifizierung und trägt mitunter zu einer Rollenverunsicherung bei
(zust. *Bex* DVJJ-Journal 2000, 409; *Riekenbrauk* in LPK-SGB VIII SGB VIII
§ 52 Rn. 13; zu Vorschlägen einer Lösung des Rollenkonflikts vgl. *Wapler* in
Wiesner SGB VIII § 52 Rn. 24 ff.). Die Folgen der Doppelfunktion gehen
am ehesten zu Lasten der Betreuungstätigkeit, denn diese setzt voraus, dass
sich der Jugendliche helfen lassen will, wozu eine gewisse Vertrauensbasis
unerlässlich ist. Gerade hieran aber fehlt es, wenn dem Jugendlichen zum
einen behördeninterne Belange ersichtlich sind und zum anderen eine Praxis
erkennbar ist, derzufolge im Konflikt die dem Gericht zu leistende Hilfe den
Vorzug vor einem Vertrauensverhältnis zu dem Strafverfolgten und seinen
Angehörigen verdient (so *Dallinger/Lackner* Rn. 5). Infolge seiner Zeugnispflicht ggü. dem Gericht (vgl. → Rn. 43 ff.) und der Ermittlungstätigkeit
(vgl. → Rn. 7 ff.) kann der Vertreter der JGH ein **Vertrauen** des Jugendlichen nicht immer erwarten. Darüberhinaus aber ist fraglich, inwieweit aus
diesem Grunde der Beschuldigte und Personen seines sozialen Umfeldes
(vgl. auch § 43 Abs. 1 S. 2, 3) dem Vertreter der JGH gültige Informationen
vermitteln (vgl. näher *Eisenberg/Kölbel* Kriminologie § 30 Rn. 8). *Dollinger/
Schabdach* (Jugendkriminalität 179 ff.) gehen nach einer systematischen Analyse des vorhandenen empirischen Materials davon aus, dass die JGH ihren
Rollenkonflikt durch Einnahme einer (straf-)juristischen Perspektive weitgehend aufhebt und Handlungsmaßstäbe entwickelt, die denen der JRichter
stark entsprechen – was zu Lasten der Probanden gehen kann und zumindest
auf den Ausfall eines auf deren Seiten wirkenden sozialpädagogischen Kor-
rektivs hinausläuft (mit Blick auf regionale Differenzen relativierend *Trenczek*
in Dollinger/Schmidt-Semisch Jugendkriminalität-HdB 417 ff.).

Besondere Schwierigkeiten im Bemühen um Vertrauen als Grundlage 56
effizienter Aufgabenerfüllung ergeben sich bei **nichtdeutschen** Jugendlichen bzw. solchen mit **Migrationshintergrund** vor allem im Falle (erst)
kurzzeitigen Aufenthaltes in Deutschland, sodass die Berichte der JGH (insb.
hinsichtlich des familiären Hintergrundes) oftmals spärlich bleiben (vgl.
näher *Beyer,* Jugendgerichtshilfe für Ausländer, 1992 (unter Hinweis auch auf
Hindernisse einer Kooperation mit der Ausländerbehörde); *Möricke* und
Zikoll, referiert in DVJJ-Journal 1992, 355; *Albrecht/Pfeiffer,* Die Kriminalisierung junger Ausländer, 1979, 71 f.; zu weiteren früheren Studien vgl.
15. Aufl.). Der Anteil von Bediensteten der JGH, die selbst einen Migrationshintergrund aufweisen, scheint anhaltend begrenzt zu sein (nach *Hoops/
Holthusen* DVJJ 2012: 15 % der befragten JÄmter).

b) Zur fachlichen Kompetenz. Als Folge des Umstandes, dass der 57
Gesetzgeber bislang keine besonderen Anforderungen an die erzieherische

Befähigung und Erfahrung des Vertreters der JGH stellt (vgl. aber Art. 7 Abs. 7 RL (EU) 2016/800: „von qualifiziertem Personal"), ist eine spezielle Zusat**zausbildung** der in der JGH tätigen Personen (mit einem Studienabschluss vorzugsweise in Sozialarbeit oder ggf. Sozialpädagogik) weithin unterblieben. Allerdings bestehen, verstärkt seit Inkrafttreten des SGB VIII und regional unterschiedlich, qualifizierende Angebote (zB als ein Schwerpunkt im Lehrprogramm von Fachhochschulen, berufsbegleitende Zusatzqualifikationsmöglichkeiten etc). Die wiederholten Forderungen nach einer Spezialisierung schon der Ausbildung (vgl. zu Nachw. schon 9. Aufl.) haben zu verbreiteter Organisation einer **spezialisierten** JGH geführt, teilweise auch in Gestalt der sog. Ein-Personen-JGH (vgl. näher *Gadow ua* ZJJ 2012, 303 ff.: Zusammenarbeit mit dem JGericht als „eingespieltes Team"). – Nach der bundesweiten schriftlichen Befragung von *Hoops/Holthusen* (DVJJ 2012) handelte es sich zu 69 % um eigenständige spezialisierte Einheiten (hohe Arbeitszufriedenheit bei 72 %), zu 27 % um Teile des Allg. Sozialdienstes (hohe Arbeitszufriedenheit bei 51 %) und zu 5 % um Delegation auf freie Träger. Bereits vormals wurde ein wohnumfeldbezogener Kontakt zur Lebenswelt des Jugendlichen und die Überwindung des „anonymisierenden" Buchstabenprinzips empfohlen (etwa *Deußer* DVJJ-Journal 1991, 379 ff.; zu (Veranstaltungs-)Umfragen 1991 bzw. 1997 s. *Trenczek* DVJJ-Journal 1997, 243). Ob die Soll-Vorschrift des § 72 Abs. 1 SGB VIII (s. hierzu *Wiesner* in Wiesner SGB VIII § 72 Rn. 3 ff.) geeignet ist, dieses inzwischen erreichte Niveau zu garantieren, erscheint zw., zumal das ohnehin nur für die hauptberuflich Tätigen (s. zu Voraussetzungen auch § 75 Abs. 1 Nr. 3 SGB VIII, aber auch § 75 Abs. 3 SGB VIII) vorgesehene Erfordernis spezieller Ausbildung durch Berufserfahrung ersetzt werden können soll (§ 72 Abs. 1 S. 1 Alt. 2 SGB VIII) und die zwingende Vorschrift des § 72 Abs. 1 S. 2 SGB VIII eine hinreichende Bestimmung ihrer Anwendungsvoraussetzungen vermissen lässt.

4. Fremd- und Selbsteinschätzung

58　　**a) Tätigkeit der JGH nach Einschätzung von Verfahrensbeteiligten.** Berichtet wurde, dass sich der Jugendliche in der HV – entgegen dem vom Gesetz gewollten „Gegengewicht" (*Zach* unsere jugend 1998, 538) zu seinen Gunsten – „nicht selten von der JGH im Stich gelassen fühlt" (*Böhm/Feuerhelm* JugendStrafR 129) bzw. dass er sie „im Gerichtssaal als herbe Enttäuschung oder zumindest als undurchsichtig erlebt" (*Busch* Zbl 1985, 401; vgl. auch *Herbertz/Salewski,* Gewalttätige Jugendliche und Soziale Kontrolle, 1985, 306 ff.).

59　　Traditionell ist die JGH weniger auf Kontakte zur JStA als zum JGericht hin orientiert (vgl. etwa schon *Köpcke* DVJJ 1987, 202), sodass die – nach Befragungen meist positive (vgl. *Adam ua*, Jugendrichter und Jugendstaatsanwälte in der Bundesrepublik, 1986, 130) – Bewertung jener sich eher auf Anhaltspunkte aus HVen beziehen könnte. Indes wäre eine entsprechende Verengung weder mit der Ausdehnung der speziellen Einstellungsvorschriften (§§ 45, 47) noch mit der Haftentscheidungshilfe (§§ 72a, 72b) vereinbar (zu weiterhin positiver Beurteilung s. etwa *Kreichelt* DVJJ-Journal 1999, 65). – Die Bewertung der JGH durch die JGerichte ist im Einzelnen bisher nur selten untersucht worden, scheint jedoch eher iSv Anerkennung auszufallen (vgl. aber *Simon,* Der Jugendrichter im Zentrum der Jugendgerichtsbarkeit,

2003, 158 f., wonach 21,4 % der Amtierenden mit der Ermittlungstätigkeit der JGH sehr zufrieden und 74,3 % zufrieden bzw. mit der Überwachungs- und Betreuungstätigkeit 90 % zufrieden bis sehr zufrieden waren; zu Angaben aufgrund einer früheren Befragung s. *Pommerening* MschKrim 1982, 193 (197)). Auch neueren Praxisberichten zufolge wird die JGH innerhalb der JStrafjustiz positiv bewertet (vgl. etwa *Höynck/Leuschner* Jugendgerichtsbarometer 90 f., 93 f.). Zugleich liegen Anhaltspunkte für einen eher geringen Einfluss vor (vgl. etwa *Hügel* BJM 1986, 48 ff.; *Eisenberg/Singelnstein* ZJJ 2003, 356 ff.; s. aber auch *John* Zbl 1982, 10 (21 f.) aus kommunikations-theoretischer Sicht). Mitunter wird gar ausgeführt, der JRichter lasse den Bericht der JGH „fallen", wenn er zu sehr von seinen Absichten abweiche (vgl. *Weyel* DVJJ 1990, 150).

b) Einschätzung der Tätigkeit der JGH durch ihre Vertreter. Seitens 60 der Vertreter der **JGH** selbst fallen nach einzelnen Berichten die Bewertungen der Zusammenarbeit mit der JStA eher nur eingeschränkt positiv aus (vgl. etwa *Kreichelt* DVJJ-Journal 1999, 65 f.). – Bezüglich der **JGerichte** soll bei Vertretern der JGH demgegenüber der Eindruck überwiegen, diese sähen in ihnen nicht nur eine Ermittlungshilfe für sich, sondern sie schienen ihnen eine eigene erzieherische Funktion zuzuerkennen (vgl. vormals *Hauser* Jugendrichter 192 ff., 194; vgl. auch die Befragung von *Hoops/Holthusen* DVJJ 2012, wonach die Zusammenarbeit mit den JGerichten zu 63 % als „gut" befunden wurde).

Im Einzelnen bestehen Anhaltspunkte dafür, dass die Vertreter der JGH 61 ihren Stellenwert im Verfahren nach dem Grad der Übereinstimmung ihres Rechtsfolgevorschlags mit dem späteren Urteil des JGerichts bemessen (*Hauser* Jugendrichter 194; vgl. auch *Becker* KrimJ 1980, 108 (114); *Kalugin/ Theilacker* DVJJ-Journal 1991, 423), wobei nicht von vornherein auszuschließen sein wird, dass es sich um den Ausdruck einer „antizipierten" bzw. „strukturellen Subordination" (*Müller/Otto* in Müller/Otto, Damit Erziehung nicht zur Strafe wird, 1986, 8) handelt. Indes erlauben die Zahlen zur Übereinstimmung zwischen Rechtsfolgenvorschlag und Urteil schon wegen methodisch unterschiedlicher Gestaltung keine verlässliche Aussage (vgl. näher *Momberg* MschKrim 1982, 65 (78 ff.); *Seidel,* Die JGH in ihrer Ermittlungsfunktion und ihr Einfluß auf richterliche Entscheidungen im Jugendstrafverfahren gegen weibliche Jugendliche, 1988, 211 ff. und *Wild,* Jugendgerichtshilfe in der Praxis, 1989, 200: bei „spezialisierten" JGH-Vertretern zu 95 %; betr. geschlechtsunterschiedlicher Sanktionierung *Geißler/Marissen* KZfSS 1988, 518; s. auch die Befragungsergebnisse bei *Köpcke* DVJJ 1987, 202). Immerhin war zB nach einer Aktenauswertung die Übereinstimmung am größten, wenn die JGH die Anordnung von JA empfohlen hat (*Riechert-Rother,* Jugendarrest und ambulante Maßnahmen. Anspruch und Wirklichkeit des 1. JGGÄndG, 2008). Demgemäß wurde verschiedentlich eine stärkere Verantwortung der JGH im Bereich erzieherischer Maßnahmen empfohlen (vgl. *Bucher* Zbl 1987, 104 f.; ähnlich *Homfeldt/Kahl* Zbl 1987, 572; vgl. auch zum Konfliktfeld „Vorschläge" *Hoops/Holthusen* DVJJ 2012, DJI 52; näher zu „Unstimmigkeiten" mit der JGH, und zwar speziell auch bzgl. des Rechtsfolgenvorschlags, s. die Umfrage bei JRichtern und JStA von *Höynck/Leuschner* Jugendgerichtsbarometer 77 f.).

VI. Ermittlungsbericht

62   Der Ermittlungsbericht ist eine „Anforderung" (Abs. 7 S. 1 nF) und damit eine Verpflichtung, von der die JGH nur im Falle eines Verzichts befreit ist. Dieser Bericht wird in der Praxis als das bedeutsamste Ergebnis der JGH-Tätigkeit bewertet, wobei mitunter Teile des Berichts gar wörtlich in das Urteil übernommen werden (vgl. etwa *Seidel,* Die JGH in ihrer Ermittlungs-funktion und ihr Einfluß auf richterliche Entscheidungen im Jugendstraf-verfahren gegen weibliche Jugendliche, 1988, 221: in 64,7 % der Fälle; s. auch *Wild,* Jugendgerichtshilfe in der Praxis, 1989, 169 bzw. *Weyel* DVJJ 1990, 153: „Diktatvorlage" für den JRichter). Allerdings bestehen auch empirische Anhaltspunkte dafür, dass der Einfluss insgesamt begrenzt ist, und Urteilsgründe umfangmäßig wie inhaltlich von den Ermittlungen der JGH entfernt sind (vgl. *Momberg* MschKrim 1982, 65 (74 f.) (Tabelle 3)), zumal Urteilsgründe ohnehin die persönlichkeitsspezifischen Informationen nur erheblich verkürzt wiedergeben. – Nach vormaligen Befragungsergebnissen werde zur Erstellung des Berichts durchschnittlich eine Zeit von eher mehr als drei Stunden benötigt (*Köpcke* DVJJ 1987, 199). Eine frühere Aktenunter-suchung ergab, dass der schriftliche Bericht zum Teil erst unmittelbar vor der HV abgeschlossen wird (*Seidel,* Die JGH in ihrer Ermittlungsfunktion und ihr Einfluß auf richterliche Entscheidungen im Jugendstrafverfahren gegen weibliche Jugendliche, 1988, 122, unter Hinweis auf die begrenzte – oder gar fehlende – Einarbeitungszeit für den JRichter).

1. Informationsquellen und -verarbeitung

63   **a) Beschuldigter; sonstige Personen.** Entscheidende Grundlage für den Bericht hat der **persönliche Kontakt** des Vertreters der JGH mit dem Beschuldigten zu sein (§ 62 Abs. 2 SGB VIII). Auch nach Art. 7 Abs. 7 RL (EU) 2016/800 geschieht die Begutachtung „unter enger Einbeziehung des Kindes". Diese Maßgabe ist an den Voraussetzungen einer möglichst genau-en Einschätzung orientiert, ohne die mit der Subjektstellung des Beschuldig-ten verbundenen, rechtsstaatlichen Positionen zu berühren (vgl. auch 20. Aufl. Einl. Rn. 12g). Deshalb **setzt** die Befragung, die strafprozessual eine Vernehmung darstellt (vgl. *Sander/Cirener* in Löwe/Rosenberg StPO § 252 Rn. 11, 39), entsprechend § 2 Abs. 2 iVm §§ 163a Abs. 4 S. 2, 136 Abs. 1 S. 2 StPO eine vorherige **Belehrung** voraus (zur Geeignetheit § 70a Abs. 1 aF bzw. § 70b Abs. 1 nF). Diese muss sich auf das Schweigerecht und die Befugnis zur Konsultation eines Verteidigers sowie darüber hinaus darauf beziehen, dass eine Pflicht zur Mitwirkung nicht besteht (s. schon *Kiehl* in Wiesner/Zarbock, Das neue KJHG – seine Umsetzung in die Praxis der Jugendhilfe, 1991, 125; *Dölling* DVJJ-Journal 1991, 244; *Trenczek* DVJJ-Journal 1991, 251) – und zwar unter ausdrücklichem Hinweis darauf, dass der Vertreter der JGH ggf. aussageverpflichtet sein kann. Unterlässt der Ver-treter der JGH die Belehrung, kommt ein **Verwertungsverbot** in Betracht (vgl. BGH NStZ 2005, 219; *Bottke* ZStW 1983, 91; *Lühring,* Die Berichts-pflicht des Jugendgerichtshelfers und ihre Grenzen, 1992, 16).

64   Art. 7 Abs. 7 S. 2 RL (EU) 2016/800 sieht zwar, „soweit angemessen", eine Einbeziehung der Eltern vor. Dennoch sollte das Gespräch möglichst ohne die **Anwesenheit Dritter** stattfinden, zumal entspr. Rechte (§ 67

Abs. 1) zugunsten vorrangiger Schutzbelange (vgl. § 67 Abs. 4) von der Zustimmung des Beschuldigten abhängig sind (dazu schon *Eisenberg* StV 1998, 308). Auf ausdrücklichen Wunsch des Jugendlichen sind die Gespräche jedoch so einzurichten, dass Erziehungsberechtigte oder gesetzliche Vertreter zugegen sind (vgl. Art. 7 Abs. 7 iVm Art. 15 Abs. 1 RL (EU) 2016/800). In gleicher Weise hat der JGH-Vertreter es zu akzeptieren, wenn der Jugendliche das Gespräch nur im Beisein eines Verteidigers führen will (§ 2 Abs. 2 iVm § 137 Abs. 1 S. 1 StPO; ebenso *Laubenthal* Jugendgerichtshilfe 68). – In der Praxis haben organisatorische Umstände (ua Arbeitsbelastung, behördeninterne relative Unterbewertung des Außendienstes) durchaus Einfluss darauf, dass Vertreter der JGH vielfach nur **eingeschränkt** direkte Informationen von dem Jugendlichen (Anhaltspunkte vormals etwa bei *Seidel,* Die JGH in ihrer Ermittlungsfunktion und ihr Einfluß auf richterliche Entscheidungen im Jugendstrafverfahren gegen weibliche Jugendliche, 1988, 125 ff.) und den Personen seines sozialen Umfeldes einholen. Kam es zu keinem Kontakt mit dem Beschuldigten, wird bzw. wurde dies seitens der JGH verbreitet als Grund angegeben, der HV fern zu bleiben (vgl. JuMiKo ZJJ 2007, 442).

Als **nachrangige** (sog. sekundäre) **Ermittlungsquelle** gelten Bezugs- **65** oder auch nur Kontaktpersonen des Jugendlichen, zu deren Nutzung es jedoch, falls dieser nicht zustimmt, datenschutzrechtlich einer Eingriffsgrundlage bedarf (ebenso *Hoffmann* ZJJ 2005, 62 f.). Hierzu sind die §§ 38, 43 nicht geeignet, da sie keine Eingriffsnormen, sondern lediglich Aufgabenzuweisungen an die JGH darstellen (so auch *Mörsberger* in Wiesner SGB VIII § 62 Rn. 19 ff.; *Maas* ZfJ 1994, 70; *Kiehl* ZfJ 1993, 231; *Kunkel* ZfJ 1995, 356; *Busch* DVJJ-Journal 1996, 158; aA *Laubenthal/Baier/Nestler* Jugend-StrafR Rn. 195; *Dölling* Bewährungshilfe 1993, 132). Abs. 2 S. 2 entspricht nicht den Anforderungen, die das BVerfG (BVerfGE 65, 1 = NJW 1984, 419) hinsichtlich Einschränkungen des Grundrechts auf informationelle Selbstbestimmung verlangt (nämlich die Klarheit und Erkennbarkeit des Umfanges und der Voraussetzungen der Beschränkungen), wie ein Vergleich mit anerkannten Eingriffsnormen (hier: §§ 67a–78 SGB X) verdeutlicht. § 43 ist ohnehin keine Befugnisnorm, da sich diese nicht an das JAmt, sondern an die JStaatsanwaltschaft bzw. das JGericht wendet (ebenso *Sonnen* in Diemer/Schatz/Sonnen Rn. 12). Gemäß § 62 Abs. 3 Nr. 2c SGB VIII iVm § 52 SGB VIII sind für die Erhebung stattdessen die Vorschriften des **SGB VIII** anzuwenden, allerdings nur iRd Erforderlichkeit (zust., aber weniger zurückhaltend *Feldmann* ZJJ 2008, 23). Zudem ist nach allg. Auslegungsregeln und insb. wegen der Schutzbelange Betroffener zu prüfen, ob bzw. inwieweit nicht auch hier der Vorbehalt des § 62 Abs. 3 Nr. 3 SGB VIII gilt, dh ein Verbot dann besteht, wenn die Angaben dazu beitragen können, zB die Schuld als erhöht zu beurteilen oder eine negative Prognose zu stellen. Ohnehin wird die JGH und ebenso die JStrafjustiz bei Ermittlungen ohne Zustimmung des Jugendlichen zu besonderer Prüfung des Wahrheitsgehalts der Angaben veranlasst sein (vgl. aber auch *Dölling* Bewährungshilfe 1993, 132 f.). – Im Übrigen sind andere Personen über etwaige Zeugnis- *und Auskunftsverweigerungsrechte zu belehren* (entspr. § 2 Abs. 2 iVm §§ 52 ff., 55 StPO; BGH NStZ 2005, 219).

b) Akten und Daten anderer Dienststellen und Behörden. aa) Zwi- 66 schenbehördlicher Informationsübergang. In Ergänzung zu Gesprächen mit dem Jugendlichen und anderen Personen (bei Nichterscheinen oder Nichtmitwirkung des Bescheschuldigten und seines Umfeldes aber auch als alleinige Informationsgrundlage) werden von der JGH vielfach Akten und andere behördliche Dokumentationen herangezogen. Bedenken **datenschutzrechtlicher Art** (s. allg. § 61 Abs. 1 S. 2, § 2 Abs. 3 Nr. 8 bzw. § 61 Abs. 3 SGB VIII) bestehen innerhalb ein- und desselben JAmtes auch im Verhältnis zB zwischen dem Allgemeinen Sozialen Dienst bzw. der Familienfürsorge und der JGH, sofern diese von ihrer Aufgabe her als spezialisierte Abteilung organisiert ist („funktionaler" Behördenbegriff bzw. Stellenbegriff (entspr. § 67 Abs. 9 SGB X, §§ 3 Abs. 7, 27 BDSG)). Zwar sind die Regelungen in den SGB (SGB VIII und SGB I sowie SGB X) nicht direkt anwendbar, eine Lösung über die DatenschutzGe wird die Rechtsgedanken der SGB jedoch zu berücksichtigen haben und zu vergleichbaren Wertungen kommen (vgl. § 63 Abs. 2, §§ 64 Abs. 2, 65 Abs. 1 SGB VIII). Dabei ist die Ermächtigung der Datenzusammenführung zum einen an das Erfordernis eines **unmittelbaren Sachzusammenhangs** (vgl. § 63 Abs. 2 S. 1 SGB VIII; hierzu *Mörsberger* in Wiesner SGB VIII § 63 Rn. 13) bzw., betr. die Abgrenzung zwischen § 2 Abs. 2 und 3 SGB VIII, der Erfüllung der **jeweiligen Aufgabe** (vgl. § 63 Abs. 2 S. 2 SGB VIII) geknüpft. Wenngleich sich die Informationen mitunter auch zugunsten des Jugendlichen auswirken können, wäre es zu unbestimmt, das genannte Erfordernis stets bereits bei Belangen der Erziehung (etwa betr. §§ 3, 105 Abs. 1 Nr. 1 sowie einschlägige Rechtsfolgen) zu bejahen. Auch könnte es einer Umgehung des Rechsgedankens von § 63 Abs. 2 SGB VIII gleichkommen, wenn etwa der Vertreter der JGH bei dem Jugendlichen bzw. dessen Sorgeberechtigten auf Einverständnis betr. die Erörterung einschlägiger Daten hinwirkt (krit. allg. *Mörsberger*, Verschwiegenheitspflicht und Datenschutz, 1985). Zum anderen sind die Schranken der §§ 64 Abs. 2, 65 Abs. 1 SGB VIII zu beachten (vgl. auch *Kiehl* in Wiesner/Zarbock, Das neue KJHG – seine Umsetzung in die Praxis der Jugendhilfe, 1991, 128 zur Tragweite beider Vorschriften), denen zufolge das Informationsinteresse dem Leistungserfolg nachrangig ist und iRd Hilfefunktion anvertraute Sozialdaten iÜ besonderen Vertrauensschutz genießen.

67 Der Rückgriff auf vorhandene Akten des JAmtes oder frühere JGH-Berichte ist zudem insoweit nicht unbedenklich (vgl. aber AV-JGH Berlin, ABl. 1999, 2477), als er einen Verstoß gegen die einschlägigen Vorschriften über die Löschung von Sozialdaten (§ 84 SGB X; vgl. hierzu *Dölling* DVJJ-Journal 1991, 246 f.; *Trenczek* DVJJ-Journal 1991, 253; zur Löschungspflicht auch HessVGH ZKJ 2014, 493 (betr. von der StA an das JAmt übermittelte Kopie eines Strafbefehls)) geradezu voraussetzt. – In Fällen der Beschlagnahme von Akten des JAmts (vgl. krit. → Rn. 84) ist zusätzlich zu berücksichtigen, dass § 65 SGB VIII auch etwaige mündliche Stellungnahmen der mit der erzieherischen Hilfe betrauten Personen an besondere Voraussetzungen bindet (vgl. hierzu *Kunkel* in LPK-SGB VIII SGB VIII § 65 Rn. 12 ff.; *Kunkel* StV 2017, 833; vgl. auch → § 43 Rn. 21).

68 **bb) Sachliche Probleme.** Gegenüber dem Rückgriff auf etwa **vorhandene** Akten des JAmtes oder anderer Behörden (vgl. RL Nr. 2 zu § 43; *Wild,* Jugendgerichtshilfe in der Praxis, 1989, 95 ff.) bzw. auf frühere JGH-Berichte (s. aber AV-JHG Berlin, ABl. 1999, 2476; einschr. *Thiem-Schräder/ Bruckmeier* in Weschke, Jugenddelinquenz. Empirische Untersuchungen in Berlin (West), 1989, 77 f.; *Viet* DVJJ-Journal 1991, 424) bestehen auch

inhaltliche Bedenken. Zum einen vermag die Verwendung von Angaben bezüglich solcher Geschehnisse, die einer (mutmaßlichen) Straftat zeitlich vorausgingen, die Verlässlichkeit der Ermittlungen (als soziale Wahrnehmung) nicht unerheblich zu beeinträchtigen (zust. *Riekenbrauk* in LPK-SGB VIII SGB VIII § 52 Rn. 37). So wird durch die Reduktion individueller Merkmale zugunsten häufig wiederkehrender Teilaspekte eine Tendenz zur Vereinheitlichung, Generalisierung und Kategorisierung (einschließlich der Bildung von Stereotypen) begünstigt (ebenso *Hoffmann* ZJJ 2005, 61). – Nach einer Aktenanalyse für den allg. JHilfe-Bereich tauchten in 95 % der untersuchten Gesamtstichprobe wörtlich übernommene Äußerungen bei anderen Verwaltungsträgern wieder auf. Dabei bestand eine Tendenz, die Übernahme der Fremdäußerung nicht kenntlich zu machen und insoweit keine sonstigen Ermittlungen anzustrengen (vgl. *Moritz/Meier,* Jugendhilfe auf dem Prüfstand, 1982, 195; vgl. auch *Funke,* Zur Rolle von Jugendlichen im Jugendhilfeprozeß, 1981, 104). Eine solche „Weiterreichung" wurde in nicht unerheblichem Ausmaß auch zwischen Jugendverwaltung und JStrafjustiz ermittelt (vgl. zB betr. Hmb. *Hermann* ZfSoziologie 1987, 44 (50)). Hinzu kommt eine Tendenz, (vormals) wahrgenommene Eindrücke vom Jugendlichen als dessen fortdauernde Eigenschaften zu verstehen.

Mit Blick auf die jeweils verschiedenen Funktionen (der Dienststellen **69** oder Behörden) ist es zudem erwartungsgemäß, dass Angaben in Akten unterschiedlich interpretiert werden. So mag der Vertreter der JGH etwa einen schriftlichen Schulbericht anders auslegen, als dessen Verfasser es getan hätte, was bei der Aufnahme dieses Informationsteilstückes in den Ermittlungsbericht zu einer zunehmenden Entfernung von der sozialen Wirklichkeit führt. Hinzu kommt der Umstand, dass zwischen der Erstellung des Schulberichts und seiner Aufnahme in den Ermittlungsbericht der JGH ein mitunter erheblicher Zeitraum liegt (vormals nach *Brusten* (Neue Praxis 1982, 11 (25) Tabelle 13) bei den untersuchten 76 Fällen in 51 % bis zu sechs Monate und in 18 % von sechs bis unter 18 Monate, jedoch in 30 % mehr als 18 Monate und dabei in 9 % mehr als 4,5 Jahre).

c) **Informationsauswahl und Gewichtung (Selektion).** Bei der Aus- **70** wahl, Gewichtung und **Verarbeitung** der erhaltenen Informationen bestehen regelmäßig Gefahren einer methodisch **unzulässigen Selektion** mit iErg lückenhafter und ggf. falscher Aussage. Diese Gefahren werden im Sinne einer Vorgeprägtheit (vgl. schon *Becker* KrimJ 1980, 112) durch eine **schematische** Struktur der in der Praxis (oft) empfohlenen (krit. schon *Klier* DVJJ 1987, 190 (195–197); s. aber auch *Wild,* Jugendgerichtshilfe in der Praxis, 1989, 120 f., 125 f.) und verwendeten Formblätter („JFragebogen") bzw. „Vordrucke" (*Trenczek* ZJJ 2010, 256) gefördert. Zudem ist schon die Zugangsmöglichkeit zu Informationen unterschiedlich (s. etwa betr. Nichtdeutsche bereits *Albrecht/Pfeiffer,* Die Kriminalisierung junger Ausländer, 1979, 70 ff.; *Bruckmeier/Thiem-Schräder* Bewährungshilfe 1982, 262 (264)). – Generell ist bei einer Mehrzahl von zur Verfügung stehenden Akten bzw. Informationsbeiträgen nicht auszuschließen, dass die Gewichtung der Information eher nach der behördlichen Macht des Informanten geschieht (und entspr. Aufnahme in den Bericht findet oder aber nicht) als nach dem Inhalt der Information (vgl. zum Ganzen näher *Eisenberg/Kölbel* Kriminologie § 30 Rn. 11 f.). Hinzukommt eine gelegentliche Tendenz innerhalb der JGH, solche Umstände, die hinsichtlich ihrer Beweisbarkeit gewisse Schwierigkeiten erwarten lassen und die außerhalb der Regel liegen, möglichst nicht in den Bericht aufzunehmen. Zudem liegen (zumindest vormalige) Befunde dazu vor, dass – etwa im Interesse der Stützung des beabsichtigten Rechtsfolgenvorschlags – „unpassende" Faktoren keine Aufnahme in den Bericht finden (vgl. vormals die Inhaltsanalyse von *Ebert* Neue Praxis 1975, 300 (308); auch *Winter-v. Gregory* Neue Praxis 1979, 437 ff.; Bsp. bei *Peters/ Cremer-Schäfer,* Die sanften Kontrolleure. Wie Sozialarbeiter mit Devianten umgehen, 1975, 30 ff.).

71   Die Verpflichtung dazu, in den Ermittlungsbericht in erster Linie **(objektive)Tatsachen** einzubeziehen (ebenso *Webers,* Datenschutz in der öffentlichen Jugendgerichtshilfe, 2005, 136) bzw. solche von Wertungen zu trennen, wird in der Praxis mitunter missachtet (vgl. etwa schon *Seidel,* Die JGH in ihrer Ermittlungsfunktion und ihr Einfluß auf richterliche Entscheidungen im Jugendstrafverfahren gegen weibliche Jugendliche, 1988, 140 f.; vgl. auch → Rn. 81). Häufig dominieren Eindrücke und (subjektive) Bewertungen, wobei sich nicht selten kompetenzüberschreitende Äußerungen bzgl. fachpsychologischer oder -psychiatrischer Kategorien finden (nicht bestätigt aber bei *Wild,* Jugendgerichtshilfe in der Praxis, 1989, 140). – Hinsichtlich der **Gültigkeit** und **Zuverlässigkeit** des erstellten Berichts wird davon auszugehen sein, dass er ebenso viel über seinen Verfasser wie über den Jugendlichen als Zielperson des Berichts auszusagen vermag. Dabei lassen sich neben Merkmalsausprägungen wie etwa Sympathie oder Toleranz auch institutionenspezifisch unterschiedliche Wahrnehmungskataloge bzw. Darlegungsstrategien einerseits sowie individuell unterschiedliche Wahrnehmungs- und Darlegungsvorgänge andererseits ausmachen. Die jeweilige Relativität des Berichtsinhalts erhöht die Bedeutung einflussnehmender Faktoren innerhalb der jeweiligen JGH bzw. bei den einzelnen Verfasser, die dem konkreten Betroffenen ggf. nicht gerecht werden. Solche Faktoren sind etwa das gesellschaftspolitische und soziale **Vorverständnis,** das berufliche **Selbstverständnis** oder vorherrschende **jugendkriminologische Theorien** (zu einseitiger Ausbildung s. *Kiehl* in Wiesner/Zarbock, Das neue KJHG – seine Umsetzung in die Praxis der Jugendhilfe, 1991, 176; krit. auch → § 5 Rn. 31 und → § 5 Rn. 84). Gewisse Anhaltspunkte liegen dafür vor, dass mitunter auch Vertreter der JGH (Kriminalität bzw. einzelne) Straftaten als Erwartungsverletzung verstehen und in individualisierender Zuschreibung mit einer „Defekt-Persönlichkeit" oder „Defekt-Familie" zu erklären bereit sind (n. → § 5 Rn. 59 ff., zur systematischen Einordnung *Eisenberg/Kölbel* Kriminologie § 5 Rn. 3 ff.; s. im Übrigen vormals *Ebert* Neue Praxis 1975, 306; *Peters, H.* KrimJ 1973, 197 ff.; *Köth* KrimJ 1983, 197 (200); vgl. aber auch *Bruckmeier ua* 1984, 106 ff., wonach dieses Verständnis bei Sozialarbeitern kaum vorhanden sei).

2. Mündlicher Vortrag und andere Verwertungswege

72   **a) Form des Berichts und Vortrag.** Bis zur HV kann die JGH in beliebiger Form über ihre Feststellungen berichten, „grundsätzlich auch mündlich oder telefonisch" (RegE BT-Drs. 19/13837, 48), was va bei einer frühen und eiligen Berichterstattung im Vorverfahren bedeutsam ist. IdR wird der Bericht aber schriftlich vorgelegt. (→ Rn. 37). In der (für das Urteil allein maßgeblichen) HV unterliegt die **Vermittlung** des Berichtsinhalts dann jedoch dem **Mündlichkeit**s- und Unmittelbarkeitsprinzip (§ 2 Abs. 2

iVm § 250 StPO), dh es dürfen im Urteil nur solche Inhalte verwertet werden, die mündlich vorgetragen wurden. Für Tatsachen ist das Strengbeweisverfahren einzuhalten (vgl. auch → § 50 Rn. 35–43). – Was die Frage der Rechtsfolgenentscheidung angeht, so zeigen sich die Nachteile des Gerichtsgehersystems (vgl. → Rn. 50) deutlich, da der Vertreter der JGH in diesen Fällen hinsichtlich seines Kenntnisstandes meist ausschließlich auf den schriftlichen Bericht angewiesen ist. Daher verwundert es nicht, wenn gelegentlich (unmittelbar) vor dem Termin zur HV bezüglich der Frage der Rechtsfolgenentscheidung eine Abstimmung mit dem Gericht angestrebt wird (vgl. vormals *Roestel* Zbl 1965, 5) und Untersuchungen darauf hindeuten, dass Rechtsfolgenvorschläge seitens desjenigen Vertreters der JGH, der den Bericht erstellt hat, häufiger von den Entscheidungen des JGerichts abweichen als die Vorschläge des „Gerichtsgehers" (vgl. schon *Becker* KrimJ 1980, 113 f. (wozu indes auch die Variable relevant sein mag, inwieweit der „Gerichtsgeher" den JRichter „kennt")). Zu den vielfältigen weiteren Einflüssen, die einer (vermuteten) gerichtsgemäßen Gestaltung des Berichts förderlich sind, vgl. → Rn. 58 ff. sowie → Rn. 70 ff.

b) Rechtliches Gehör. Eine unmittelbare gerichtliche Verwertung des 73 schriftlichen Berichts **verletzt** das Grundrecht **des rechtlichen Gehörs** (Art. 103 Abs. 1 GG) insoweit, als der Inhalt **nicht** zum **Gegenstand der HV** gemacht wurde (ebenso *Laubenthal* Jugendgerichtshilfe 105). Während der Bericht dem JGericht idR schriftlich und vollständig vorliegt, wird er dem Jugendlichen oder Heranwachsenden nicht übermittelt. Nur im Falle der Tätigkeit eines Verteidigers kann dieser in den Bericht ggf. nach unmittelbarer Übersendung einer Kopie durch die JGH oder als einen Bestandteil der Akten (§ 2 Abs. 2 iVm § 147 StPO) Einsicht nehmen und den Betroffenen informieren (vgl. aber auch § 2 Abs. 2 iVm § 147 Abs. 4 StPO, n. → § 68 Rn. 14 f.). Wenn kein Vortrag des Berichts möglich ist, ist jener also auch aus diesem Grund nicht verwertbar.

c) Verlesung. Anders verhält es sich nur in besonderen Konstellationen, 74 in denen die hM auch eine **Verlesung des Berichts** in der HV ausnahmsweise für möglich hält (n. → § 50 Rn. 36). Mit dem Gesetz zur Stärkung der Verfahrensrechte von Beschuldigten im Jugendstrafverfahren wurde in § 50 Abs. 3 S. 3 nF eine (weitere) Verlesungsmöglichkeit für die (in → Rn. 31 ff. behandelten) Fälle eines Verzichts auf die Anwesenheit der JGH implementiert. Allerdings muss der Verzicht hier formal und materiell rechtmäßig gewesen sein (s. auch → § 50 Rn. 29). De facto erforderlich ist ferner seine inhaltliche Ergiebigkeit. Deshalb obliegt es der JGH gerade bei Absehbarkeit des Anwesenheitsverzichts, den schriftlichen Bericht so abzufassen, dass er aktuell ist und alle relevanten Informationen enthält, so dass er die mündliche Darstellung ersetzen kann.

d) Zeugenvernehmung. Wenn eine Verlesung in der HV unzulässig ist, 75 müssen die Tatsachen des Berichts durch Zeugenvernehmung zum Gegenstand der HV gemacht werden (vgl. § 261 StPO; einschr. AV-JGH Berlin, ABl. 1999, 2477: bei erforderlicher Beweiserhebung). Diese Pflicht lässt sich deshalb nicht auf die Voraussetzung des Bestreitens der (bisherigen) Zeugenangaben seitens des Beschuldigten reduzieren, weil gerade insoweit bei einem lediglich verlesenen Text zu gewärtigen ist, dass Informations- und Verständnisschwierigkeiten auftreten (vgl. → § 50 Rn. 35, 37, 41, 42). – Die

Einführung der in Rede stehenden Angaben erfolgt, abgesehen von der Vernehmung des Angeklagten, durch Vernehmung der vom Vertreter der JGH befragten **Personen** als Zeugen oder, sofern der Sozialdatenschutz bzw. ein daraus sich ergebendes Zeugnisverweigerungsrecht nicht entgegensteht (n. *Kunkel* StV 2017, 830 ff.), durch Vernehmung des **Vertreters** der **JGH selbst** als Zeuge nur vom Hörensagen (*Dallinger/Lackner* Rn. 36 ff.; n. → § 50 Rn. 32a–32d). Insbesondere dürfen Angaben ggü. der JGH seitens Personen, die in der HV von ihrem Zeugnisverweigerungsrecht Gebrauch machen, nicht durch den Bericht der JGH in die HV eingeführt werden, dh die Befragung durch die JGH steht einer Vernehmung iSv § 252 StPO gleich (BGH StV 2005, 63; *Eisenberg* Beweisrecht StPO Rn. 1276).

3. Auskunftsrecht des Betroffenen; Akteneinsicht anderer

76   Der **Betroffene** hat ein **Auskunftsrecht** bzgl. der JGH-Akte, nicht aber ein Akteneinsichtsrecht (s. § 83 SGB X; vgl. auch RL 2). Im Interesse einer sachgerechten Erfüllung der Hilfefunktion kann es im Einzelfall aber erzieherisch sinnvoll sein, dass der Vertreter der JGH von sich aus dem Beschuldigten den Bericht zugänglich macht, um die für ein Betreuungsverhältnis notwendige Klarheit zu ermöglichen (vgl. *Dölling* DVJJ-Journal 1991, 250).

77   Auch nachdem der Bericht der JGH Bestandteil der Strafakten geworden ist, gilt für den Schutz der enthaltenen personenbezogenen Daten § 78 SGB X, dh diese Daten dürfen grundsätzlich **nur** zum Zweck des JStrafverfahrens verwendet werden (vgl. auch *Trenczek/Goldberg* Jugendkriminalität 282). Ohnehin treten die Datenschutzvorschriften der §§ 474 ff. StPO hinter den Sozialdatenschutznormen der SGB I, VIII und X zurück (vgl. näher zum Ganzen *Kunkel* StV 2017, 830 ff.; auch *Kunkel* in LPK-SGB VIII SGB VIII § 61 Rn. 241). Speziell betr. die Fahrerlaubnisbehörde wird zwar § 78 Abs. 1 S. 5 SGB X (Alt. „Gefahrenabwehr") bejaht, jedoch steht dem § 65 Abs. 1 SGB VIII entgegen (vgl. mwN *Riekenbrauk* ZJJ 2014, 361 ff.). – Wird **anderen Personen** oder **Stellen,** dh solchen, die nicht Teil der Strafrechtspflege sind, **Akteneinsicht** gewährt, ist zur Wahrung des Sozialgeheimnisses der JGH-**Bericht** vor der Einsichtnahme aus den Strafakten **herauszunehmen** (zust. *Trenczek* DVJJ-Journal 2003, 39; vgl. auch *Dölling* DVJJ-Journal 1991, 249 f.).

4. Verzicht

78   Nach Abs. 7 nF kann auf den JGH-Bericht verzichtet werden. **Kriterien** für die dahingehende Ermessensentscheidung (s. auch → Rn. 31) sollen nach der legislatorischen Vorstellung (RegE BT-Drs. 19/13837, 50) der Aufwand der JGH, die Bedeutung und der mögliche Erkenntnisgewinn für das konkrete JStV sein, „außerdem Aspekte der Verfahrensdauer, die Schwere des Vorwurfs und die Art und Schwere der konkret in Betracht kommenden Rechtsfolgen". Unter Berücksichtigung dieser Gesichtspunkte muss der Verzicht auf die Einbindung der JGH mit spezialpräventiven Interessen verträglich sein (s. dazu auch → § 46a Rn. 5 f.). Soweit der JGH-Bericht für eine prozessuale oder materiell-rechtliche Entscheidung absehbar relevant wäre, fehlt es an dieser Vereinbarkeit (ähnlich *Höynck* StraFo 2017, 267 (272)).

79   Der **Anwendungsbereich** des Berichtsverzichts konzentriert sich auf das Ermittlungsverfahren und dort auf die Fälle, in denen die StA keine Anklage

erhebt (vereinfachtes JVerfahren; Diversion (s. auch Abs. 7 S. 3 nF). Da hier (sofern es nicht um eine folgenlose Einstellung geht) der Bericht für die Rechtsfolgen (auch die informell festgelegten) oft aber durchaus erforderlich ist, darf die Häufigkeit der Verzichtsfälle rechtspraktisch allerdings lediglich eine begrenzte sein. Sachgerecht ist der Verzicht meist nur in den Fällen des § 45 Abs. 1 und des § 153 StPO. – Die (beabsichtigte) **Anklageerhebung** schließt den Verzicht dagegen meist aus (s. auch RegE BT-Drs. 19/13837, 51: vollständiger Verzicht auf eine individuelle Begutachtung auf der Grundlage von Art. 7 Abs. 9 der Richtlinie (EU) 2016/800: idR nicht in Betracht kommend). Für die StA ergibt sich dieser (ausnahmslose) Ausschluss aus § 46a S. 1 nF, da bei Anklageerhebung hiernach zumindest die Erwartung eines JGH-Berichts bestehen muss (dazu eingehend → § 46a Rn. 3 f., 7). Und für das JGericht folgt der Ausschluss daraus, dass es die Irrelevanz des Berichts nach einer Anklage nur selten vorhersehen kann. Bei einem erklärten Verzicht nach Anklageerhebung droht vielfach eine Verletzung der Aufklärungspflicht (weil der JRichter dann nämlich – in einem nicht-bagatellarischen Fall und ohne dann dass ihm etwas über den Jugendlichen bekannt wäre – eine an der erzieherischen Indikation orientierte Entscheidung treffen müsste, die allein durch den in der HV gewonnenen Eindruck bestimmt wäre).

Der Berichtsverzicht schließt den Verzicht auf die Anwesenheit ein und **80** beendet die Mitwirkungspflicht (ohne allerdings die JGH daran zu hindern, der JStA und dem JGericht einen Bericht zu übermitteln). Er ist nicht nur der JGH (für deren Ressourcenplanung), sondern auch den anderen Beteiligten frühzeitig mitzuteilen (Abs. 7 S. 2 nF), damit diese hierzu Stellung nehmen und auf die Notwendigkeit der JGH-Mitwirkung hinwirken können. Wird der Verzicht widerrufen, lebt die Berichtspflicht der JGH wieder auf. Bei einem Verzicht durch die JStA kann auch das JGericht widerrufen, wozu es allerdings nur in den Konstellationen des § 45 Abs. 3 oder des vereinfachten JVerfahrens kommen kann. – Obwohl die Begutachtung von Art. 7 RL (EU) 2016/800 als Anspruch des Beschuldigten ausgestaltet wird und ihm nach Art. 19 RL (EU) 2016/800 diesbzgl. ein „wirksamer Rechtsbehelf" zustehen muss, sieht das Gesetz für den Jugendlichen keine spezifische Möglichkeit vor, Feststellungen und eine darauf gründende Berichterstattung der JGH **durchzusetzen** (krit. daher *Höynck* StraFo 2017, 269 (272)). Allerdings ist ein Urteil, das nach pflichtwidrig unterlassener Berichterstattung oder rechtswidrigem Verzicht ergangen ist, idR mit der Revision angreifbar (s. → Rn. 86 ff.).

5. Effektivität

Inwieweit (die Tätigkeit der JGH insgesamt und insb.) der Ermittlungs- **81** bericht iSe erzieherisch positiven Elements ertragreich ist oder aber iErg gar zu einer als negativ beurteilten Entwicklung beiträgt, ist **unklar** (s. auch schon *Wild*, Jugendgerichtshilfe in der Praxis, 1989, 167 ff.). Allerdings sind zumindest nach herkömmlicher Praxis der ggf. selektive Charakter der Berichterstattung und die Tendenz zur Bildung von Stereotypen kaum zu bestreiten (vgl. → Rn. 68 f.). Dies betrifft ggf. auch Fragen der Einbeziehung registrierter Taten aus der Kindheit in Verfahren gegen Jugendliche oder Heranwachsende (näher → § 1 Rn. 19 ff. sowie → § 43 Rn. 24, 24a). Zudem ergab sich in früheren Analysen von JGH-Berichten eine Dominanz negativer Eigenschaftsbegriffe (*Neulandt* RdJB 1964, 97 (101); vgl. etwa auch

Herbertz/Salewski, Gewalttätige Jugendliche und Soziale Kontrolle, 1985, 299 ff.; *Seidel*, Die JGH in ihrer Ermittlungsfunktion und ihr Einfluß auf richterliche Entscheidungen im Jugendstrafverfahren gegen weibliche Jugendliche, 1988, 150 f.: „Tendenz zum Negativen"), wobei die Einbeziehung wertender Kategorien auch bei der Darlegung von Tatsachen (s. vormals *Werner*, Persönlichkeitserforschung im Jugendstrafverfahren, 1967, 61 ff.; krit. hierzu *Walter* Zbl 1973, 490) bezeichnend war (vgl. auch schon *Mesle* Bewährungshilfe 1978, 58).

82   Vormalige kriminalsoziologische Untersuchungen über die JGH (bzw. das JAmt als dessen Träger) dazu, ob ihr bei der Herausbildung einer individuell zunehmenden jugendstrafrechtlichen Belastung (sog. „kriminelle Karriere") eine signifikante Bedeutung zukommt, haben unterschiedliche Ergebnisse erbracht: Während eine Aktenanalyse den Befund ergab, das JAmt leiste einen wesentlichen Beitrag bei der Zuweisung der einschlägigen Rolle (*Brusten/Müller* Neue Praxis 1972, 181), ließ sich dieses Ergebnis in einer anderen Untersuchung nicht bestätigen (*Peters/Cremer-Schäfer*, Die sanften Kontrolleure. Wie Sozialarbeiter mit Devianten umgehen, 1975, 44; vgl. auch *Winter-v. Gregory* Neue Praxis 1979, 451). Nach *Spieß* (Bewährungshilfe 1984, 255 f.) seien Einflussmöglichkeiten umso eher vorhanden, je mehr die Betroffenen eine ungünstige Prognose (entspr. bereits vorliegenden jugendstrafrechtlichen Vorbelastungen sowie Defiziten im Schul- und Berufsausbildungsbereich) aufwiesen.

VII. (Sonstiges) Verfahrensrechtliches

1. Örtliche Zuständigkeit

83   Nach §§ 87b iVm 52 SGB VIII bestimmt sich die Zuständigkeit des zur Ausübung der JGH berufenen JAmtes im Grundsatz nach dem **gewöhnlichen Aufenthalt** des Betroffenen bzw. seiner Eltern (sog. „Heimat"-JAmt, näher §§ 86 Abs. 1–4, 86a Abs. 1–3 SGB VIII). Fehlen Anknüpfungsquellen bzgl. des gewöhnlichen Aufenthalts, wird der tatsächliche Aufenthaltsort maßgebend sein (zur Zentralisierung der JGH in Berlin, wenn der Geburtsort im Ausland liegt, § 88 Abs. 1 S. 2 SGB VIII; vgl. im Übrigen VV ABl. Berlin 2000, 85; betr. Heimunterbringung *Kiehl* DVJJ-Journal 1997, 42). Ansonsten kann im Wege der Amtshilfe eine den Belangen des Betroffenen dienende Mitarbeit eines örtlich nicht zuständigen JAmts veranlasst werden, zumal dem Argument des breiteren Informationshintergrundes (so *Sommerfeld* in NK-JGG Rn. 5) bzw. der kontinuierlichen Betreuung am gewöhnlichen Aufenthaltsort dasjenige der ständigen (oder gar vertrauensvollen) Zusammenarbeit am Gerichtsort entgegenstehen kann (erg. betr. das Ausland *Sommerfeld* ZJJ 2010, 403 f.). – Ob die Heranziehung bzw. die Mitwirkung einer örtlich nicht zuständigen JGH als Verstoß gegen Abs. 3 S. 1 aF bzw. Abs. 6 S. 1 nF und/oder als Verletzung der Aufklärungspflicht (n. → Rn. 87) zu beurteilen ist (bejahend *Kiehl* DVJJ-Journal 1997, 41 f.), hängt vom Einzelfall ab.

2. Unzulässigkeit der Beschlagnahme zur Erlangung von Daten der JGH

Gemäß § 35 Abs. 2 und 3 SGB I ist eine Offenbarung von Sozialdaten 84 nur unter den Voraussetzungen der §§ 67 ff. SGB X zulässig (LG Saarbrücken JAmt 2007, 321 Rn. 2: Zwangsmaßnahme rechtswidrig; LG Oldenburg JAmt 2011, 101; ZKJ 2017, 437). Die Weitergabe der von der JGH im Rahmen ihrer Tätigkeit gesammelten Daten über den Betroffenen an das JGericht beurteilt sich nach § 69 Abs. 1 Nr. 1 SGB X (zust. *Bex* DVJJ-Journal 2000, 411). Danach ist eine Übermittlung von Sozialdaten zulässig, soweit es zur Erfüllung der Aufgaben der JGH erforderlich ist (vgl. dazu etwa *Kunkel* in LPK-SGB VIII SGB VIII § 61 Rn. 289: nicht an die Polizei; betr. Inhaftierte krit. → § 89c Rn. 34, → § 92 Rn. 46). Damit ist bezüglich der zu übermittelnden Daten eine Auswahlfreiheit der JGH gegeben (zust. *Webers*, Datenschutz in der öffentlichen Jugendgerichtshilfe, 2005, 136, 139), sodass sich eine gerichtlich angeordnete **Beschlagnahme verbietet** (vgl. betr. JAmtsakten in JSchutzverfahren LG Siegen DVJJ-Journal 1996, 84 bzw. in Verfahren wegen falscher Anzeige LG Aurich ZKJ 2011, 437), da sie eine **Umgehung** der im Sozialrecht gesetzlich normierten Datenschutzvorschriften bedeutete (zust. *Bex* DVJJ-Journal 2000, 412; näher zum Ganzen *Kunkel* StV 2017, 830 ff.; aA LG Trier JBl. RhPf. 2000, 117 (mablAnm *Sonnen* DVJJ-Journal 2000, 186 f., *Krahmer* DVJJ-Journal 2000, 314 f., *Eisenberg* ZfJ 2000, 399 ff.); *Brunner/Dölling* Rn. 19c). Insofern bestehen Parallelen zur Frage des Zeugnisverweigerungsrechts (→ Rn 43 ff.).

Wenngleich wegen der Funktion der JGH als Ermittlungshilfe ihre Mit- 85 wirkung im JStrafverfahren grundsätzlich nicht zur Disposition des Beschuldigten steht (vgl. → Rn. 32), ist bei der Beurteilung der Zulässigkeit der **freiwilligen** Weitergabe von Sozialdaten seitens der **JGH** an das JGericht das öffentliche Interesse an der Wahrung eines anzustrebenden Vertrauensverhältnisses zwischen JGH und Beschuldigten, das als für die Erfüllung der gesetzlichen Betreuungsaufgaben (vgl. → Rn. 24 ff.) unerlässlich anzusehen ist, sorgfältig abzuwägen gegen Belange der Wahrheitsermittlung (§ 2 Abs. 2 iVm § 244 Abs. 2 StPO; s. auch *Trenczek* DVJJ-Journal 1991, 364; *Sonnen* DVJJ-Journal 2000, 189). Dabei hat die JGH einen Beurteilungsspielraum (zust. *Feldmann* ZJJ 2008, 25; nachdrücklich *Trenczek/Goldberg* Jugendkriminalität 196). – Sofern es um die freiwillige von sich in den Händen der JGH befindlichen **Krankenunterlagen** geht, steht eine solche Entscheidung unter der zusätzlichen Schranke des § 76 SGB X. Danach darf die JGH die medizinischen Daten nur unter den Voraussetzungen übermitteln, unter denen der Arzt selbst, der die Daten an die JGH übermittelt hat, zur Offenbarung befugt wäre. Hiernach müsste eine Einwilligung des Betroffenen (vgl. auch LG Oldenburg ZKJ 2017, 437 f.), eine gesetzliche Mitteilungspflicht oder ein rechtfertigender Notstand vorliegen (LG Hamburg NStZ 1993, 401 mzustAnm *Dölling*).

3. Revision

a) Unterbliebene Mitwirkung. Wird die JGH nicht herangezogen, so 86 liegt im **Verstoß** gegen **Abs. 3 S. 1** aF bzw. Abs. 6 S. 1 nF regelmäßig eine Gesetzesverletzung iSv § 337 StPO, der auf eine entsprechende Verfahrensrüge idR zur Urteilsaufhebung führen wird (BGHSt 6, 354 = NJW 1954,

1855 (Angeklagter war zur Zeit des Verfahrens bereits Erwachsener); BGH *Dallinger* MDR 1956, 146; BGHSt 27, 250 = BeckRS 1977, 30403055; BGH *Holtz* MDR 1980, 456; BGH StV 1982, 27; anders BGH NStZ-RR 2017, 14 betr. zur Zeit der HV 29-Jährigen (Bspr. *Eisenberg* JA 2016, 623)). Dies gilt auch trotz sehr begrenzter Ermittlungsmöglichkeiten (BGH NStZ 1982, 257 (betr. Nichtdeutschen) mzustAnm *Gatzweiler* StV 1982, 337; anders aber BGH BeckRS 1999, 30062493: Beruhensausschluss, zw.) und unabhängig davon, ob der Angeklagte zu einem früheren HV-Termin nicht erschienen war (BGH BeckRS 1993, 30985641). Ob die Mitwirkung unterblieben ist, weil die JGH ihre Berichterstattungspflicht (Abs. 3 nF) verletzt hat (dazu sogleich auch → Rn. 88) oder weil ein irregulärer Verzicht erklärt wurde oder weil das Gericht die JGH gar nicht eingebunden hat (bspw. bei fehlender Mitteilung), ist hierbei ohne Belang. Jedoch ist nach BGHSt 27, 250 = BeckRS 1977, 30403055; BGH StV 1985, 153; BayObLG JMBl. 1995, 30 die JGH bereits dann „herangezogen", wenn eine Unterrichtung nach § 50 Abs. 3 S. 1 (bei Heranwachsenden iVm § 109 Abs. 1 S. 1) erfolgt ist. Nach BGH StV 1982, 336 ist hierfür zugleich erforderlich, dass der JGH Zeit zur Vornahme von Ermittlungen (Abs. 2) gegeben wurde (zust. *Trenczek,* Die Mitwirkung der Jugendhilfe im Strafverfahren, 2003, 36; n. → § 50 Rn. 24). Die Heranziehung der Gerichtshilfe (des allg. StVR) heilt den Verstoß iÜ nicht (BGH NStZ-RR 2001, 27; OLG Saarbrücken NStZ-RR 1999, 284; *Dallinger/Lackner* Rn. 54; *Potrykus* Anm. 13).

87   Bei Nicht-Heranziehung der JGH ist idR gleichzeitig die **Aufklärungspflicht** (§ 43 sowie § 2 Abs. 2 iVm § 244 Abs. 2 StPO) verletzt (BGH EJF C I Nr. 7; OLG Karlsruhe MDR 1975, 422; OLG Brandenburg DVJJ-Journal 2002, 351 mit insoweit zust. Anm. *Trenczek; Dallinger/Lackner* Rn. 54). Im Hinblick auf § 2 Abs. 2 iVm § 244 Abs. 2 StPO hat es keine Bedeutung, ob der Vertreter der JGH in der HV von seinem Recht nach § 50 Abs. 3 S. 2 Gebrauch gemacht hat bzw. hätte (BGH RdJB 1961, 313). Jedenfalls kann eine Verletzung der Aufklärungspflicht dann vorliegen, wenn die Mitwirkung der JGH – etwa im Hinblick auf Ermittlungen betr. Umstände mit Relevanz für die Rechtsfolgenauswahl und/oder -bemessung oder betr. die Voraussetzungen des § 105 Abs. 1 – geboten war (BGH NStZ 2012, 574; vgl. auch → § 50 Rn. 33, 34). Ist eine Mitwirkung der JGH in einem solchen Fall nicht zu erreichen (was indes nur eine theoretische Möglichkeit darstellen sollte (→ Rn. 33), so wird gleichwohl eine Einstellung des Verfahrens nach § 2 Abs. 2 iVm § 260 Abs. 3 StPO ausscheiden, das Gericht sich vielmehr notwendige Erkenntnisse auf andere Weise beschaffen oder nach dem Grundsatz in dubio pro reo verfahren müssen (OLG Köln NStZ 1986, 569 unter Hinweis darauf, dass sonst in Fällen, in denen die Nichtmitwirkung der JGH auf der Ablehnung des Jugendlichen, sich Hilfe leisten zu lassen, beruht, dieser die Einstellung der genannten Art gleichsam veranlassen könnte).

88   **b) Nichterscheinen und unterbliebene Berücksichtigung.** Die **Abwesenheit** eines Vertreters der JGH in der **HV** führte nach früher hM idR nicht zur Revisibilität des Urteils. Wurde die JGH durch das Gericht herangezogen, dann aber nicht tätig, hatte dies – ebenso wie bei erfolgten Nachforschungen und einer anderweitigen zulässigen Berücksichtigung der Ergebnisse – also keine Konsequenzen. Nachdem die Anwesenheit indes im Grundsatz obligatorisch geworden ist (→ Rn. 29 f.), stellen allerdings der

rechtswidrige Anwesenheitsverzicht ebenso wie das unberechtigte Ausbleiben der JGH einen Fall von § 338 Nr. 5 StPO dar (so bereits bei der
früheren Gesetzeslage *Peters* Strafprozess 597).

Revisionsrechtliche Bedeutung kann es ferner haben, wenn der JGH- **89**
Bericht nicht in geeigneter Weise **gewürdigt** wird (vgl. BGH ZJJ 2011, 201
mAnm. *Eisenberg:* weder die Argumente der JGH erörtert, noch eine Auseinandersetzung mit diesen erkennbar; BGH NStZ 2012, 574; vgl. auch
Wiesener Qualitätsanforderungen 146; nicht beanstandet indes von BGH
BeckRS 2015, 12159 mit Bspr. *Eisenberg* StV 2016, 709). Vgl. zur Einführung der Angaben der JGH in die HV → Rn. 72 und → § 50 Rn. 35–43.

Zweiter Abschnitt. Zuständigkeit

Sachliche Zuständigkeit des Jugendrichters

39 (1) [1]Der Jugendrichter ist zuständig für Verfehlungen Jugendlicher, wenn nur Erziehungsmaßregeln, Zuchtmittel, nach diesem Gesetz zulässige Nebenstrafen und Nebenfolgen oder die Entziehung der Fahrerlaubnis zu erwarten sind und der Staatsanwalt Anklage beim Strafrichter erhebt. [2]Der Jugendrichter ist nicht zuständig in Sachen, die nach § 103 gegen Jugendliche und Erwachsene verbunden sind, wenn für die Erwachsenen nach allgemeinen Vorschriften der Richter beim Amtsgericht nicht zuständig wäre. [3]§ 209 Abs. 2 der Strafprozeßordnung gilt entsprechend.

(2) Der Jugendrichter darf auf Jugendstrafe von mehr als einem Jahr nicht erkennen; die Unterbringung in einem psychiatrischen Krankenhaus darf er nicht anordnen.

Übersicht

	Rn.
I. Anwendungsbereich	1
1. Jugendliche, Heranwachsende	1
2. Ordnungswidrigkeiten	3
3. Jugendschutzsachen	4
II. Umfang der Zuständigkeit	5
1. Voraussetzungen der sachlichen Zuständigkeit des Jugendgerichts	7
a) Art der Rechtsfolgen	7
b) Anklage „beim Strafrichter"	8
c) Prüfung der Zuständigkeit	11
2. Rechtsfolgenkompetenz	12
III. Verfahren bei (angenommener) Unzuständigkeit	14
1. Vor Eröffnung des Hauptverfahrens	15
a) Abgabe an einen anderen JRichter	16
b) Vorlage an ein anderes Gericht	17
c) Verhältnis des JGerichts zum allgemeinen Strafgericht	19
2. Nach Eröffnung des Hauptverfahrens	20
a) (Angenommene) Zuständigkeit eines anderen Spruchkörpers	20
b) Nach Beginn einer HV	23
c) Antrag auf Beweiserhebungen (§ 2 Abs. 2, § 270 Abs. 4 StPO)	23a
IV. Revision	24

580

I. Anwendungsbereich

1. Jugendliche, Heranwachsende

Zur Zuständigkeit im Falle der Verbindung nach § 103 vgl. → Rn. 22. **1**
Die Vorschrift gilt auch in Verfahren gegen Heranwachsende (§ 108 **2**
Abs. 1), und zwar selbst dann, wenn mit der Anwendung allg. StR zu
rechnen ist und nach § 25 GVG der Strafrichter zu entscheiden hätte (§ 108
Abs. 2).

2. Ordnungswidrigkeiten

Die Vorschrift gilt **nicht** in Verfahren gegen Jugendliche und/oder Heran- **3**
wachsende nach dem OWiG. Insoweit bestimmt § 68 Abs. 2 OWiG die
sachliche Zuständigkeit des JRichters in Bußgeldsachen abschließend (*Seitz/
Bauer* in Göhler OWiG Vor § 67 Rn. 24; *Ellbogen* in KK-OWiG OWiG
§ 68 Rn. 28).

3. Jugendschutzsachen

Diesbzgl. richtet sich die Zuständigkeit des JGerichts nicht nach § 39, **4**
sondern sie bestimmt sich entsprechend §§ 24, 25 GVG (§ 26 Abs. 1 S. 2
GVG).

II. Umfang der Zuständigkeit

§ 39 regelt die **sachliche Zuständigkeit** des JRichters im Verhältnis zu **5**
den anderen JGerichten, nicht zu den für allg. Strafsachen zuständigen
(hierzu § 33; zur Bestimmung der örtlichen Zuständigkeit s. § 2 Abs. 2,
§§ 7 ff. StPO, ergänzt durch § 42 JGG). Der Umfang der Rechtsfolgenkompetenz des JRichters ist geringer als derjenige des JSchG (abw. von der
Regelung des allg. StVR (§ 24 Abs. 2 GVG)).
Nicht besonders geregelt ist im JGG die funktionelle Zuständigkeit (zum **6**
Begriff vgl. *Meyer-Goßner/Schmitt* StPO Vor § 1 Rn. 8). Gemäß § 2 Abs. 2
gelten daher die Bestimmungen des allg. StVR.

1. Voraussetzungen der sachlichen Zuständigkeit des Jugendgerichts

a) Art der Rechtsfolgen. Erste Voraussetzung für die sachliche Zustän- **7**
digkeit des JRichters bei Verfehlungen (vgl. dazu → § 1 Rn. 33) Jugendlicher ist die bei **Anklageerhebung** bestehende Erwartung, dass im Einzelfall nur Erziehungsmaßregeln (§§ 9 ff.), Zuchtmittel (§§ 13 ff.; zum Begriff
aber → § 13 Rn. 6), nach dem JGG zulässige Nebenstrafen und -folgen (vgl.
§ 6 bzw. § 2 Abs. 2, §§ 44, 73 ff. StGB) oder die Entziehung der Fahrerlaubnis (§ 7, §§ 61 Nr. 5, 69 ff. StGB) zur Anwendung kommen werden
(für Ergänzung um JStrafe bis zu zwei Jahren *Strewe* ZRP 2003, 287 f.; abl.
Kuba ZRP 2004, 28 unter Hinweis auf Eigenbelange der StA gem. § 2
Abs. 2, § 200 Abs. 2 S. 2; abl. auch *Kropp* ZRP 2004, 57).

8 **b) Anklage „beim Strafrichter"**. Weitere Voraussetzung ist, dass die JStaatsanwaltschaft Anklage beim Strafrichter erhebt **(Abs. 1 S. 1 aE)**. Diese Regelung eröffnet der JStaatsanwaltschaft kein Wahlrecht (wie noch § 26 RJGG 1943; vgl. OLG Düsseldorf NStZ 1990, 292 f. zu §§ 24, 25 GVG), insb. steht ihr im Hinblick auf Art. 101 Abs. 1 S. 2 GG **kein Ermessens-spielraum** zu, allerdings ein Beurteilungsspielraum (vgl. BVerfGE 22, 254 (261); KK-StPO *Bathe* GVG § 24 Rn. 11; ebenso *Eschelbach* in FAHdB StrafR § 30 Rn. 55; aA *Brunner/Dölling* Rn. 7). Sofern die in Abs. 1 S. 1 umschriebene Rechtsfolgenerwartung und keine besonderen Umstände, wie etwa eine besondere Schwierigkeit oder Bedeutung der Sache (etwa die Schutzwürdigkeit von potentiellen Zeugen oder der Verfahrensumfang, vgl. dazu *Hilger* GA 2004, 478 (481)) vorliegen, **muss** die JStaatsanwaltschaft Anklage **beim JRichter** erheben (*Dallinger/Lackner* Rn. 6). Die (Prognose-) Entscheidung des JStaatsanwalts ist in vollem Umfang richterlich nachprüfbar (allgA, vgl. nur OLG Karlsruhe StraFo 2011, 154; LG Ravensburg NStZ-RR 2014, 90; LG Bielefeld ZJJ 2019, 291 (292) = BeckRS 2019, 12890; einschr. OLG Schleswig NStZ 1985, 74). Umstritten ist, ob es einen Verstoß gegen Art. 101 Abs. 1 S. 2 GG darstellt, wenn betr. § 24 Abs. 1 S. 1 Nr. 3 auf die *Wertung* abgestellt wird, *mehrfache* Vernehmungen „sollten vermieden werden" (§ 24 Abs. 1 S. 2 Hs. 2 GVG, eingef. durch Gesetz v. 29.6.2013 (BGBl. I 1805); vgl. zuvor etwa OLG Karlsruhe StraFo 2011, 154; aA Stellungnahme *von Galen* DAV Nr. 10/11, 6 ff.; krit. auch *Eisenberg* HRRS 2011, 64 ff.; rechtssystematisch abl. *Degener* in SK-StPO GVG § 24 Rn. 36). Daneben könnte insofern eine Unvereinbarkeit mit der *Unschuldsvermutung* (Art. 6 Abs. 2 EMRK) stehen (*von Galen* DAV Nr. 10/11, 6 ff.), als die genannte Wertung auf der *Erwartung* beruhen muss, die Vernehmung werde für den *mutmaßlich* Verletzten mit einer (begrifflich unbestimmten) besonderen Belastung verbunden sein (zum Ganzen auch → § 41 Rn. 7a–7c).

8a **aa) (1)** Die Entscheidung ist iSd konkreten Betrachtungsweise am jeweiligen **Einzelfall** zu orientieren. − Wegen der Gefahr, dass unberechtigterweise eine zu starke Missbilligung bzw. Stigmatisierung in Gang gesetzt und ein zu großer Verfahrensaufwand (nebst höherer Pensenzählung auch für den JStaatsanwalt selbst) veranlasst wird, **reichen** gem. dem besonderen jugendstrafrechtlichen Schutzprinzip (wenn nicht schon dem Verhältnismäßigkeitsgrundsatz) Zweifel an der Zuständigkeit des JRichters schlechthin **nicht aus.** Weil Nachermittlungen zwecks Prüfung des Gewichts der Zweifel wegen des besonderen jugendstrafrechtlichen Beschleunigungsprinzips weithin ausscheiden werden, darf sich dies nicht iSd vorbezeichneten Gefahr auswirken. Grundsätzlich gilt das Gleiche bei erhöhten („ernsthaften") Zweifeln, dh der Schutz des Jugendlichen hat (auch hier) ggü. Belangen der Verfahrensökonomie Vorrang (vgl. *Herz* in Nix Rn. 7; vgl. auch *Schaffstein/Beulke/Swoboda* JugendStrafR Rn. 609; *Schady* in NK-JGG Rn. 4; aA vormals *Dallinger/Lackner* Rn. 4; *Potrykus* NJW 1966, 334).

9 **(2)** Für die Frage, bei welchem Gericht die JStaatsanwaltschaft Anklage erhebt, ist die Rechtsfolgenkompetenz des JRichters (Abs. 2) ohne Bedeutung. Maßgeblich ist in diesem Verfahrensstadium allein die Rechtsfolgenerwartung iSv Abs. 1 S. 1 bzw. S. 2 iVm § 25 GVG (vgl. auch LG Waldshut-Tiengen 21.11.2013 – 5 Qs 19/13 Jug, 5 Qs 20/13 Jug, 5 Qs 21/13 Jug Rn. 15, BeckRS 2014, 6726).

10 **bb)** Gemäß **Abs. 1 S. 2** besteht eine Einschränkung der sachlichen Zuständigkeit des JRichters dann, wenn Sachen gegen Jugendliche (bzw. He-

ranwachsende (§ 112 S. 1)) und Erwachsene nach § 103 verbunden sind und für die Erwachsenen nach allg. Vorschriften (vgl. § 25 GVG) nicht der Einzelrichter beim AG, sondern das Schöffengericht zuständig wäre (zur Abwägung vgl. → Rn. 8 entspr.; eher anders OLG Köln NStZ-RR 2000, 314). Diese restriktive Auslegung entspricht dem gesetzgeberischen Ziel, „Erwachsenen, für die an sich das Schöffengericht zuständig wäre, auf jeden Fall diese Zuständigkeit zu erhalten" (BT-Drs. 8/976, 68). – Abs. 1 S. 2 kommt nicht zum Zuge, wenn im Falle einer Verbindung nach § 103 ausnahmsweise ein Erwachsenengericht zuständig ist (§ 103 Abs. 2 S. 2).

c) Prüfung der Zuständigkeit. Der angegangene JRichter hat seine **11** sachliche Zuständigkeit selbst zu prüfen (§ 2 Abs. 2, § 6 StPO) und die sich daraus ergebenden Entscheidungen zu treffen (vgl. → Rn. 14).

2. Rechtsfolgenkompetenz

Gemäß Abs. 2 ist diese Kompetenz des JRichters nach Eröffnung des **12** **Hauptverfahrens** im Umfang größer als vor Anklageerhebung (Abs. 1 S. 1, vgl. → Rn. 7). So darf der Jugendrichter auf JStrafe in einer Höhe von bis zu einem Jahr bzw. auf Aussetzung der Verhängung (§ 27) erkennen und als sonstige Maßregel nach § 7 Abs. 1 – ausgenommen die Unterbringung in einem psychiatrischen Krankenhaus (Abs. 2 Hs. 2) – die Unterbringung in einer Entziehungsanstalt oder Führungsaufsicht anordnen (allg. Auffassung). Die Begründung für diese Kompetenzerweiterung ist prozessökonomischer Art. So kann sich nach Eröffnung des Hauptverfahrens ergeben, dass die in Abs. 1 S. 1 angeführten Rechtfolgen nicht genügen, wobei Abs. 2 dann die Übertragung an ein anderes Gericht entbehrlich macht. Soweit die HV bereits lief, ist allerdings deren Neubeginn vor dem JRichter obligatorisch (s. § 51a, 68 Nr. 5 nF). – Eine Entscheidung des JRichters nach § 27 ist allerdings nur dann zu erwägen, wenn ausnahmsweise sicher vorauszusehen ist, dass im Falle eines Nachverfahrens eine JStrafe von nicht mehr als einem Jahr verhängt werden wird (vgl. auch *Schatz* in Diemer/Schatz/Sonnen Rn. 24; näher → § 27 Rn. 4; aA *Schady* in NK-JGG Rn. 9).

Seine Rechtsfolgenkompetenz darf der JRichter auch dann nicht über- **13** schreiten, wenn er unter Einbeziehung eines früheren rechtskräftigen Urteils nach § 31 Abs. 2 auf eine einheitliche Rechtsfolge erkennt (vgl. schon OLG Celle GA 1960, 86; OLG Schleswig SchlHA 1996, 119; zust. *Wellershoff* in BeckOK JGG Rn. 11).

III. Verfahren bei (angenommener) Unzuständigkeit

Die JStaatsanwaltschaft erhebt zwar die Anklage bei dem „zuständigen" **14** Gericht (§ 170 Abs. 1 StPO). Eine Bindung des Gerichts an den Antrag tritt gleichwohl nicht ein (§ 2 Abs. 2, § 206 StPO); vielmehr bleibt es zu einer eigenständigen Prüfung der sachlichen Zuständigkeit verpflichtet (vgl. → Rn. 11).

1. Vor Eröffnung des Hauptverfahrens

Hält sich der angegangene JRichter in diesem Verfahrensstadium für **15** sachlich nicht zuständig, kann eine entsprechende Mitteilung an die JStaatsanwaltschaft noch (vgl. § 2 Abs. 2, § 156 StPO) zur Rücknahme der Anklageschrift und Erhebung der Anklage bei dem zuständigen Gericht führen (vgl. auch *Schatz* in Diemer/Schatz/Sonnen Rn. 19).

16   **a) Abgabe an einen anderen JRichter.** Ändert die JStaatsanwaltshaft nicht, so gibt der JRichter, wenn er einen anderen JRichter desselben Gerichts nach der Geschäftsverteilung für zuständig hält, an diesen − ohne bindende Wirkung (vgl. OLG Hamm NJW 1972, 1909) − formlos ab (vgl. BGHSt 18, 173; 25, 242; 26, 200). Erst die Übernahmeerklärung des JRichters, an den die Sache abgegeben worden ist, macht dieselbe anhängig (vgl. KG NJW 1964, 237).

17   **b) Vorlage an ein anderes Gericht. aa)** Hält der JRichter (in demselben Verfahrensstadium) das JSchG, die JKammer oder das OLG (innerhalb seines Gerichtsbezirks; ansonsten vgl. § 16 StPO) für sachlich zuständig, so legt er die Akten durch **Vermittlung der JStaatsanwaltschaft** (vgl. → Rn. 18) dem als zuständig erachteten Gericht zur Entscheidung vor (**Abs. 1 S. 3 iVm § 209 Abs. 2 StPO** bzw. − bei erachteter OLG-Zuständigkeit − § 2 Abs. 2, § 209 Abs. 2 StPO). Der JRichter hat die JStaatsanwaltschaft nach allg. Auffassung auch dann einzuschalten, wenn er vor dem JSchG, dessen Vorsitzender er selbst ist, eröffnen will (§ 33 Abs. 2 StPO; vom Einfluss höherer Pensenzählung berichtet schon *Breymann* DVJJ 1987, 83).

17a   Das Gericht der höheren Ordnung, dem vorgelegt wurde, prüft seine Zuständigkeit selbst, dh es wird durch die Vorlage nicht gebunden. Liegt kein weiterer Fall nach § 209 Abs. 2 StPO vor, eröffnet es das Hauptverfahren vor sich bzw. nach § 209 Abs. 1 StPO bei dem zuständigen Gericht der niedrigeren Ordnung oder es verfährt nach § 204 StPO (*Meyer-Goßner/ Schmitt* StPO § 209 Rn. 3).

18   **bb)** Durch Vermittlung der JStaatsanwaltschaft erfolgt die Vorlage nach § 209 Abs. 2 StPO auch dann, wenn der JRichter an das JSchG vorlegt (vgl. schon LG Lübeck SchlHA 1966, 47), da der JStaatsanwaltschaft wegen ihrer Mitwirkungspflicht im Verfahren die Gelegenheit zur Äußerung (§ 2 Abs. 2, § 33 Abs. 2 StPO) wie zur Ergänzung des wesentlichen Ergebnisses der Ermittlungen (§§ 2 Abs. 2, 46, § 200 Abs. 2 StPO) gegeben werden muss. Dagegen handelt es sich bei der Entscheidung nach § 209 Abs. 2 StPO selbst um eine gerichtsinterne Vorlage bei einem anderen Gericht, für die (§ 2 Abs. 2) § 33 Abs. 2 StPO nicht gilt (*Meyer-Goßner/Schmitt* StPO § 209 Rn. 8).

19   **c) Verhältnis des JGerichts zum allgemeinen Strafgericht.** Zum Verfahren bei Unzuständigkeit (vor Eröffnung des Hauptverfahrens) im Verhältnis des JGerichts zum Erwachsenengericht (und umgekehrt) vgl. Erl. zu → §§ 33–33b Rn. 30 ff.

2. Nach Eröffnung des Hauptverfahrens

20   **a) (Angenommene) Zuständigkeit eines anderen Spruchkörpers. aa)** Erachtet der JRichter (erst) in einem solchen Verfahrensabschnitt die sachliche Zuständigkeit eines **JGerichts höherer Ordnung** bzw. des OLG für begründet, so verfährt er außerhalb einer HV nach § 2 Abs. 2, § 225a Abs. 1 S. 1 StPO. Das Gericht, dem die Sache vorgelegt worden ist, trifft die

Übernahmeentscheidung (§ 225a Abs. 1 S. 2 StPO). Wird die Übernahme abgelehnt, darf das entscheidende Gericht die Sache nicht an ein anderes Gericht weiterleiten, vielmehr werden die Akten an das vorlegende Gericht zurückgesandt. – An der Rechtshängigkeit ändert sich durch die Ablehnung der Übernahme nichts (*Meyer-Goßner/Schmitt* StPO § 225a Rn. 19).

bb) Hält der JRichter einen **anderen** JRichter als **gleichrangigen** 21 Spruchkörper für zuständig, so soll er die Sache – soweit eine ausdrückliche Regelung nur für den Ausnahmefall des § 209a Nr. 2a StPO besteht (vgl. § 225a Abs. 1 S. 1 Hs. 2 StPO, § 270 Abs. 1 S. 1 Hs. 2 StPO) – auch nach Eröffnung des Hauptverfahrens (entspr. der bisher hM, BGHSt 18, 175; 27, 100) noch formlos an ihn abgeben können (vgl. *Meyer-Goßner/Schmitt* StPO § 269 Rn. 6).

cc) Zum Verfahren bei Unzuständigkeit (nach Eröffnung des Hauptver- 22 fahrens) im **Verhältnis** des JGerichts zum **Erwachsenengericht** (und um- gekehrt) vgl. Erl. zu → §§ 33–33b Rn. 34 ff., zu → § 47a Rn. 8 sowie zu → § 103 Rn. 14–16, 21f).

b) Nach Beginn einer HV. Der JRichter verweist die Sache durch 23 Beschluss an das JGericht *höherer* Ordnung oder das OLG, dessen sachliche Zuständigkeit er für begründet erachtet (§ 2 Abs. 2, § 270 Abs. 1 S. 1 StPO; vgl. näher *Greger* in KK-StPO StPO § 270 Rn. 10f.; vgl. zu den Erforder- nissen ergänzend → § 108 Rn. 9, 9a). Der (wirksame) Verweisungsbeschluss macht die Sache bei dem Gericht, an das die Sache verwiesen wird, un- mittelbar rechtshängig (*Meyer-Goßner/Schmitt* StPO § 270 Rn. 18). Das Ge- richt der höheren Ordnung ist auch dann an die Verweisung gebunden, wenn sachlich zu Unrecht verwiesen wurde (BGHSt 27, 101; vgl. auch OLG Bamberg NStZ-RR 2005, 377); § 269 StPO gilt auch in diesem Fall (vgl. RGSt 62, 270; *Meyer-Goßner/Schmitt* StPO § 269 Rn. 3, § 270 Rn. 19). Dagegen bindet die Verweisung nicht, wenn sie außerhalb der HV nur irrtümlich nach § 270 StPO erfolgte (BGHSt 6, 113; vgl. auch OLG Karlsruhe Justiz 1980, 287). Schon gem. der Garantie des *gesetzlichen Richters* (Art. 101 Abs. 1 S. 2 GG) entfällt die Bindungswirkung nach allg. Auffas- sung ausnahmsweise auch dann, wenn die Verweisung mit dem Grundprin- zip der rechtsstaatlichen Ordnung in Widerspruch steht, der Mangel für einen verständigen Betrachter offenkundig ist und die Entscheidung nicht mehr vertretbar erscheint (BGHSt 29, 219; vgl. auch → § 108 Rn. 9a).

c) Antrag auf Beweiserhebungen (§ 2 Abs. 2, § 270 Abs. 4 StPO). 23a Bei **Verweisung** seitens eines **AG** ist der Angeklagte (das Gleiche gilt für die Berechtigten gem. § 67 Abs. 2 aF bzw. § 67a Abs. 1 nF) im Interesse der Vorbereitung der HV gem. der Pflicht zur Wahrheitsermittlung wie auch zu seinem Schutz (in Fällen der Verweisung seitens des LG hat er einen Ver- teidiger, § 68 Nr. 1 iVm § 140 Abs. 1 StPO; vgl. demgegenüber im JStV vor dem AG → § 68 Rn. 8) iZm der Bekanntmachung des Verweisungs- beschlusses unter Setzung einer angemessenen (auch von Amts wegen ver- längerungsfähigen) Frist darauf aufmerksam zu machen (zur Form § 70a aF bzw. § 70b nF entspr.), dass er (ohne Einhaltung einer besonderen Form, aber unter Bezeichnung der Beweistatsachen und –mittel) einzelne Beweis- erhebungen beantragen kann. Die Entscheidung über den Antrag, die der Vorsitzende des Gerichts zu treffen hat, an das verwiesen wurde, hängt davon ab, ob bereits zu erkennen ist, dass eine (weitere, und zwar) vorweggenom- mene Sachaufklärung erforderlich ist (zB bei drohendem Verlust des Beweismittels bzw. von dessen Qualität). Die Ablehnung des Antrags, die nicht an die Voraussetzungen des § 2 Abs. 2, § 244 Abs. 3–5 StPO gebunden ist, bedarf der Begründung (§ 2 Abs. 2, § 34 StPO). Der Zeitpunkt der (nicht anfechtbaren) Entscheidung muss so beschaffen sein, dass dem Angeklagten die Rechte gem. § 2 Abs. 2, § 219 StPO bzw. § 220 StPO nicht beschnitten werden.

IV. Revision

24 Die sachliche Zuständigkeit ist eine Verfahrensvoraussetzung mit der Folge, dass einer Entscheidung des sachlich unzuständigen Gerichts niedrigerer Ordnung (vgl. § 2 Abs. 2, § 269 StPO) ein **Verfahrenshindernis** entgegenstand. Zu dessen Geltendmachung bedarf es einer Revisionsrüge (§ 2 Abs. 2, § 338 Nr. 4 StPO) nicht. Vielmehr ist die sachliche Zuständigkeit in jeder Lage des Verfahrens, also auch noch in der Revisionsinstanz (BGHSt 10, 74), **von Amts wegen** zu prüfen (§ 2 Abs. 2, § 6 StPO). – Hat der JRichter seine Rechtsfolgenkompetenz (Abs. 2) überschritten, fehlt die sachliche Zuständigkeit, was vom Revisionsgericht von Amts wegen berücksichtigt wird und zur Urteilsaufhebung führt (vgl. zum entspr. Fall des § 24 Abs. 2 GVG schon BGH *Herlan* GA 1971, 34; OLG Schleswig SchlHA 1996, 119; *Meyer-Goßner/Schmitt* GVG § 24 Rn. 11).

25 Hat das erkennende Gericht zu Unrecht nicht nach § 270 StPO verwiesen, holt das Revisionsgericht die Verweisung gem. § 355 StPO nach. Bei Veränderung der Sachlage, insb. der Verminderung strafrechtlich bedeutsamer Gesichtspunkte, kann es eine vom JSchG oder von der JKammer gekommene Sache nach § 2 Abs. 2, § 354 Abs. 3 StPO auch an den JRichter zurückverweisen (vgl. etwa BGH BeckRS 2012, 15222 Rn. 11 = NStZ 2013, 104; *Dallinger/Lackner* Rn. 16 mN; vgl. auch *Meyer-Goßner/Schmitt* StPO § 354 Rn. 42).

Sachliche Zuständigkeit des Jugendschöffengerichts

40 (1) **¹Das Jugendschöffengericht ist zuständig für alle Verfehlungen, die nicht zur Zuständigkeit eines anderen Jugendgerichts gehören. ²§ 209 der Strafprozeßordnung gilt entsprechend.**

(2) **Das Jugendschöffengericht kann bis zur Eröffnung des Hauptverfahrens von Amts wegen die Entscheidung der Jugendkammer darüber herbeiführen, ob sie eine Sache wegen ihres besonderen Umfangs übernehmen will.**

(3) **Vor Erlaß des Übernahmebeschlusses fordert der Vorsitzende der Jugendkammer den Angeschuldigten auf, sich innerhalb einer zu bestimmenden Frist zu erklären, ob er die Vornahme einzelner Beweiserhebungen vor der Hauptverhandlung beantragen will.**

(4) **¹Der Beschluß, durch den die Jugendkammer die Sache übernimmt oder die Übernahme ablehnt, ist nicht anfechtbar. ²Der Übernahmebeschluß ist mit dem Eröffnungsbeschluß zu verbinden.**

Übersicht

I. Anwendungsbereich

1. Jugendliche, Heranwachsende

Die Vorschrift gilt in Verfahren gegen **Jugendliche** und **Heranwachsen-** 1
de (§ 108 Abs. 1) vor den JGerichten (zum Begriff Verfehlung vgl. → § 1
Rn. 33). Dabei ist in Verfahren gegen Heranwachsende die Rechtsfolgenkompetenz des JSchG dann eingeschränkt, wenn es kein materielles JStR
anwendet (§ 108 Abs. 3 S. 1 iVm § 24 Abs. 2 GVG).

Die Vorschrift gilt **nicht** in Verfahren vor den für **allg. Strafsachen** 2
zuständigen **Gerichten.** Die vormalige Auffassung, dass Abs. 1, § 108 vor
den für allg. Strafsachen zuständigen Schöffengerichten insofern Geltung
zukomme, als deren Zuständigkeitsgrenzen nicht überschritten werden dürften (vgl. etwa *Dallinger/Lackner* § 104 Rn. 9), ist durch die Neufassung von
§ 103 Abs. 2 gegenstandslos geworden, weil ein Schöffengericht der allg.
Strafgerichtsbarkeit nunmehr stets in Verfahren gegen Jugendliche und/oder
Heranwachsende unzuständig ist (s. § 103 Abs. 2 S. 1, 2, § 112 S. 1).

2. Ordnungswidrigkeitenverfahren

In diesem Verfahren gilt die spezielle Vorschrift des § 68 Abs. 2 OWiG 3
(vgl. → § 39 Rn. 3).

3. Jugendschutzverfahren

Richtet sich ein Verfahren in einer Jugendschutzsache vor dem JSchG 4
gegen einen Erwachsenen (§ 26 GVG), so bestimmt sich die sachliche
Zuständigkeit nach § 24 GVG (vgl. § 26 Abs. 1 S. 2 GVG). Was dabei § 24
Abs. 1 S. 1 Nr. 3 Alt. 3 („besondere Bedeutung des Falles"; vgl. zur Vagheit
anschaulich BGHSt 57, 165 Rn. 16 (betr. Körperverletzung im Amt) mit zu
§ 210 StPO iErg zust. Anm. *Stuckenberg* JR 2012, 470) angeht (krit. *Eisenberg*

NStZ 1990, 551), so kommt es bei der Überprüfung in der Revision (§ 338 Abs. 4 StPO) auf die objektive Sachlage zur Zeit der Eröffnungsentscheidung an (BGH StV 2001, 441). Mit Einführung der verfassungsrechtlich nicht unbedenklichen (vgl. näher *Heghmanns* DRiZ 2005, 291 f.; *Eschelbach* in FAHdB StrafR § 30 Rn. 37; für Abschaffung ua *Godendorff* StV 2017, 626 ff.) Alternative der besonderen Schutzbedürftigkeit potentieller Zeugen durch das OpferRRG (BGBl. 2004 I 1354) ist die Prüfung, ob die Gefahr psychischer Folgen der mutmaßlichen Tat und/oder der Zeugenvernehmung in zwei Tatsacheninstanzen (näher → §§ 33–33b Rn. 47 ff.) besteht, noch sorgfältiger vorzunehmen als zuvor (vgl. aber *Hilger* GA 2004, 481: „klarstellend", weitergehend OLG Zweibrücken MDR 1995, 627; abwägend OLG Koblenz JBl. RhPf. 1995, 26; überdehnend indes LG Oldenburg ZJJ 2010, 428 f. („Vernehmung des Kindes nicht völlig ausgeschlossen") mit insoweit abl. Anm. *Sommerfeld*).

II. Umfang der Zuständigkeit

5   Dem JSchG kommt im Verhältnis zu den anderen JGerichten die allg. sachliche Zuständigkeit in Jugendstrafsachen zu, die immer dann maßgebend ist, wenn die besonderen Zuständigkeitsvoraussetzungen nach §§ 39 Abs. 1, 41 bzw. §§ 102, 103 Abs. 2 S. 2 nicht vorliegen. Betreffend jugendstrafrechtliche Rechtsfolgen einschließlich der nach § 7 zulässigen Maßregeln (näher → Rn. 9) hat das JSchG eine **unbeschränkte Rechtsfolgenkompetenz.** So kann es − bei Vorliegen der materiell-rechtlichen Voraussetzungen − JStrafe bis zum Höchstmaß von 10 Jahren (§ 18 Abs. 1 S. 2, § 105 Abs. 3 S. 1) verhängen (hM; aA vormals *Potrykus* § 33 Anm. 6, § 40 Anm. 1; *Potrykus* Zbl 1953, 140).

1. Einbeziehung gem. § 31

6   Auf der Grundlage von § 31 Abs. 2 kann das JSchG auch frühere rechtskräftige Urteile von Gerichten höherer Ordnung (§§ 41, 102) in seine Rechtsfolgenentscheidung einbeziehen. Gemäß dem Gesetzeswortlaut wie auch dem systematischen Gewicht der Vorschrift des § 31 steht die sachliche Zuständigkeit des Gerichts höherer Ordnung auch dann zurück, wenn − betr. den Schuldspruch nach § 27 − in der einzubeziehenden früheren rechtskräftigen Entscheidung eine Aburteilung hinsichtlich der weiteren Rechtsfolgenfrage noch nicht geschehen ist (Ostendorf in NK-JGG § 31 Rn. 9; *Höffler* in MüKoStPO Rn. 6; aA *Brunner/Dölling* Rn. 41; *Dallinger/ Lackner* Rn. 2; vgl. aber auch → § 27 Rn. 4).

2. Maßregelunterbringung

7   Hinsichtlich der Anordnung der Unterbringung in einem **psychiatrischen Krankenhaus** (§ 7, § 63 StGB) unterscheidet sich die abschließende Regelung über die sachliche Zuständigkeit des JSchG (**Abs. 1 S. 1,** Umkehrschluss aus §§ 39 Abs. 2, 108 Abs. 3 S. 1 (vgl. auch → § 108 Rn. 10 ff.), aber vorbehaltlich § 41 Abs. 1 Nr. 5 (vgl. auch → § 41 Rn. 8)) von dem allg. StVR (vgl. BVerfG (Vorprüfungsausschuss) NJW 1986, 771 mit krit. Bspr. *Eisenberg* NJW 1986, 2408; LG Bonn NJW 1976, 2312), das für diese

Maßregel eine Zuständigkeit des Schöffengerichts versagt (sog. beschränkte Rechtsfolgenkompetenz des AG, § 24 Abs. 1 Nr. 2, Abs. 2 GVG). Dies gilt nach hM entsprechend dann, soweit das JSchG gem. seiner allg. Zuständigkeit (vgl. aber OLG Saarbrücken NStZ 1985, 93) auch zur Durchführung des **Sicherungsverfahrens** (vgl. dazu aber auch → § 7 Rn. 7) berufen ist (OLG Karlsruhe JZ 1957, 31; OLG Oldenburg NJW 1958, 1200; OLG Stuttgart Die Justiz 1988, 33; LG Waldshut NJW 1956, 1488; LG Bonn NJW 1976, 2312; *Dallinger/Lackner* Rn. 4; aA vormals OLG Hamm JMBl. NW 1955, 161). – Hinsichtlich der Unterbringung in *Sicherungsverwahrung* ist ebenfalls nicht ausgeschlossen, dass sowohl die in § 7 Abs. 2 als auch die in § 7 Abs. 3 geregelte Entscheidung (auch im Wege von §§ 413 ff. StPO) von einem JSchG getroffen wird (vgl. auch → § 81a Rn. 8; *Höffler* in Mü-KoStPO Rn. 8 f.; näher *Frister* in SK-StPO GVG § 74f Rn. 6).

Indes wäre eine diesbezügliche Angleichung an das allg. StVR aus Grün- 7a den der Gleichbehandlung (Art. 3 Abs. 1 GG), des Gebots der Rechtssicherheit sowie wegen des Erfordernisses der Gewährleistung des gesetzlichen Richters (Art. 101 Abs. 1 S. 2 GG) angezeigt (*Neßeler* ZJJ 2019, 146 (152 f.): einheitlich Jugendkammer). Zweifelhaft ist auch die inhaltliche Legitimation der besonderen Zuweisung der Maßregelanordnung (vgl. demgegenüber §§ 24 Abs. 1 Nr. 2, 25 Nr. 2, 28, 74 Abs. 1 S. 2 GVG) in die allg. sachliche Zuständigkeit des JSchG, soweit die Anwendung inhaltlich differenzierender, der Konzeption des JGG entsprechender Beurteilungskriterien nicht hinreichend gewährleistet erscheint (n. *Neßeler* ZJJ 2019, 146 (147 ff.) sowie schon *Eisenberg* NJW 1986, 2409; vgl. auch → § 3 Rn. 34, 36 ff.).

3. Besonderheiten bei Heranwachsenden

Unbeschadet der Identität von Art und Schwere der Maßregel nach § 63 8 StGB im allg. StR wie im materiellen JStR (vgl. → § 7 Rn. 10 ff.) darf das für die Zuständigkeitsbeurteilung notwendige Korrektiv der Rechtsfolgenerwartung betr. die insoweit maßgebliche Persönlichkeitsbeurteilung (§§ 108 Abs. 1 und 3, 105 Abs. 1, 40) nicht entfallen. Dieses Korrektiv allein vermag aber – unbeschadet der methodischen Einwände gegen ein Kriterium iSd Geeignetheit einer Rechtsfolge bei der Reifebeurteilung nach § 105 Abs. 1 (vgl. → § 105 Rn. 18) – Manipulationsmöglichkeiten bei der Bestimmung des gesetzlichen Richters in einer den verfassungsrechtlichen Erfordernissen genügenden Weise zu minimieren (vgl. näher *Eisenberg* NJW 1986, 2411).

Gemäß erzieherischen Prinzipien der Transparenz und Konsequenz war 8a bedenklich, dass ein Heranwachsender bei Anwendung materiellen JStR durch ein JSchG mit einer (auch) nach materiellem allg. StR mögliche Rechtsfolge zu rechnen hatte, während er bei Anwendung allg. StR durch dasselbe Gericht wegen deren Kompetenzbeschränkung (§ 24 Abs. 2 GVG) eine entsprechende Rechtsfolge nicht zu gewärtigen braucht. Diesen Schwierigkeiten wurde durch **Neufassung** des **§ 108 Abs. 3** abgeholfen, der in S. 1 auf § 24 Abs. 2 GVG verweist und in S. 2 für die Zuständigkeitsbeurteilung das Korrektiv der Rechtsfolgenerwartung einbezieht.

III. Verfahren bei (angenommener) Unzuständigkeit

1. Verhältnis zwischen Jugendgerichten

9   **a)** Gelangt der Vorsitzende des JSchG **vor** oder **nach Eröffnung** des **Hauptverfahrens** bzw. das JSchG in der HV zu der Überzeugung, die Zuständigkeit eines JGerichts höherer Ordnung (oder eine Zuständigkeit nach § 102) sei begründet, so wird (je nach Verfahrensstand) gem. Abs. 1 S. 2, §§ 209 Abs. 2, 225a Abs. 1 S. 1 StPO, § 270 Abs. 1 StPO vorgegangen (im Einzelnen gelten die Ausführungen betr. den JRichter entspr., vgl. § 39). – Hat die JStaatsanwaltschaft die Unterbringung eines Heranwachsenden gem. § 63 StGB nach allg. StR beantragt, und zwar unter Verneinung der Möglichkeit einer sog. „Nachreifung" (→ § 105 Rn. 39 ff.), so rechtfertigt dies (entgegen OLG Köln ZJJ 2011, 204 mAnm *Eisenberg*) noch keine Verweisung gem. § 270 Abs. 1 StPO (vgl. näher → § 108 Rn. 9; vgl. aber auch → § 39 Rn. 23).

10   **b)** Hält der Vorsitzende des JSchG **vor Eröffnung** des Hauptverfahrens den JRichter in seinem Bezirk für sachlich zuständig, so eröffnet er das Hauptverfahren vor diesem JRichter (Abs. 1 S. 2, § 209 Abs. 1 StPO), wobei die StA hiergegen Beschwerde einlegen kann (vgl. etwa LG Bielefeld ZJJ 2019, 291 (292) = BeckRS 2019, 12890). Ist das Hauptverfahren eröffnet, darf sich das JSchG nicht mehr mit der Begründung für unzuständig erklären, die Sache gehöre vor den JRichter (vgl. § 2 Abs. 2, § 269 StPO).

2. Verhältnis zum Erwachsenengericht

11   Zum Verfahren bei sachlicher Unzuständigkeit des JSchG im Verhältnis zu Erwachsenengerichten **vor Eröffnung** des Hauptverfahrens vgl. allg. → §§ 33–33b Rn. 30 ff.

11a   Hält der Vorsitzende des JSchG vor **Beginn** einer **HV** ein Erwachsenengericht *höherer Ordnung* in seinem Gerichtsbezirk für sachlich zuständig, so legt er die Akten durch Vermittlung der JStaatsanwaltschaft diesem zur Entscheidung über die Übernahme vor (§ 2 Abs. 2, § 225a Abs. 1 S. 1 StPO). **Nach** Beginn einer HV verweist er die Sache durch Beschluss an das zuständige Erwachsenengericht höherer Ordnung (§ 2 Abs. 2, § 270 Abs. 1 S. 1 StPO). – Dagegen darf sich das JSchG **nach Eröffnung** des Hauptverfahrens nicht deshalb für unzuständig erklären, weil es ein Erwachsenengericht gleicher oder niedrigerer Ordnung für zuständig erachtet (§ 47a S. 1; vgl. aber § 47a S. 2 iVm § 103 Abs. 2 S. 2, 3).

IV. Entscheidung der (Nicht-)Übernahme wegen „besonderen Umfangs" (Abs. 2)

12   Der Antrag des Vorsitzenden des JSchG (§ 33a Abs. 2; s. auch § 2 Abs. 2, § 30 Abs. 2 GVG; vgl. auch RL S. 1) an die JKammer, die Sache wegen ihres besonderen (**Umfangs (§§ 40 Abs. 2, 41 Abs. 1 Nr. 2)** zu übernehmen, liegt ausschließlich in dessen Ermessen (allg. Auffassung; vgl. auch OLG Karlsruhe MDR 1980, 427). Die Möglichkeit der Übertragung nach Abs. 2 ersetzt nach hM die vor dem Schöffengericht im allg. Strafverfahren

gegebene Möglichkeit, wegen des Umfangs der Sache einen zweiten Berufsrichter beizuziehen (§ 29 Abs. 2 GVG; vgl. schon *Simon* DRiZ 1980, 445;
vgl. die Nachw. bei → §§ 33–33b Rn. 15), wobei – im Gegensatz zum allg.
Strafverfahren (§ 29 Abs. 2 S. 1, (aber auch) 2 GVG) – auf einen Antrag der
JStaatsanwaltschaft grundsätzlich verzichtet wird (nach BGH NJW 1960,
2203 = JZ 1960, 757 = MDR 1961, 78 soll auch das RevGericht nach
Aufhebung des Urteils der allg. Strafkammer wegen sachlicher Unzuständigkeit eine besonders umfangreiche Sache an die JKammer (zurück-)verweisen
dürfen). Maßgeblicher Grund für die Übernahme ist allein der besondere
tatsächliche Umfang – zB Anzahl der Angeklagten und/oder Zeugen bzw.
zu verhandelnder Straftaten oder erheblicher Umfang der Akten (vgl. auch
RL zu §§ 39–41 S. 2), **nicht** aber sind es die **besondere Bedeutung** des
Falles (vgl. schon OLG Karlsruhe GA 1975, 27), die Anteilnahme der
Öffentlichkeit (*Brunner/Dölling* Rn. 34) oder rechtliche Schwierigkeiten
(vgl. schon *Dallinger/Lackner* Rn. 12). Als nicht unbedenklich erscheint es,
wenn das Verfahren gegen einen Beschuldigten mit vergleichsweise geringfügigem Tatvorwurf wegen Sachzusammenhangs mit einem schwerwiegenderen Delikt einer Vielzahl von Beschuldigten verbunden und auf dieser
Grundlage ein „besonderer Umfang" bejaht wird (so BGH 19.8.1982 – 4
StR 387/82 Rn. 13, NStZ 1982, 508). Der **zeitliche** Rahmen für eine
Vorlage zur Übernahme reicht vom Eingang der Anklageschrift bei dem
JSchG bis zu dem vor der Eröffnung des Hauptverfahrens liegenden Zeitpunkt (vgl. aber vormals etwa BGH NJW 1960, 2203; näher *Dallinger/
Lackner* Rn. 13).

1. Zusammenhänge der Entscheidung der JKammer

a) Die innerhalb der JKammer als eines **Kollegialgerichts** zu treffenden 13
Entscheidungen (§ 2 Abs. 2, § 263 StPO, §§ 194–197 GVG) finden in
sozialen Interaktionen zwischen den Mitgliedern statt, dh sie werden insoweit in ihrem Verhältnis zum Erziehungsauftrag (§ 2 Abs. 1) erkennbar
(wogegen die Prozesse der Entscheidungsbildung durch den JRichter im
Verborgenen bleiben), jedoch sind wegen des *Beratungsgeheimnisses* (§ 2
Abs. 2, § 45 Abs. 1 S. 2, 43 DRiG) Erhebungen zum Inhalt der sozialen
Interaktionen unzulässig. Bei Entscheidungen eines Kollegialgerichts (und
also auch einer JKammer) wird mitunter ein im Vergleich zum Einzelrichter
(und also auch eines JRichters) geringeres Ausmaß an persönlicher *Verant-
wortlichkeit* vermutet, da die Entscheidungen von dem Organ Kollegialgericht getragen werden und insoweit mit einer gewissen *Anonymität* behaftet
sind. Jedoch lassen sich zumal im Bereich der JKammern nicht selten
Gegenbeispiele finden. – Zum anderen wird verschiedentlich angenommen,
Einzelauffassungen dieses oder jenes Mitgliedes des Kollegialgerichts würden
ggf. angepasst oder gar beschnitten, dh die Entscheidungen trügen eine
Tendenz zum *Kompromiss* (und zur Einhaltung institutionalisierter Handlungsnormen, dazu *Eisenberg/Kölbel* Kriminologie § 32) in sich. Unabhängig
davon, inwieweit solches (auch) auf JKammern zutreffen könnte, bleibt es
eine dem Erziehungsauftrag (§ 2 Abs. 1) geschuldete Aufgabe der JKammern, sich dann, wenn **Nicht-Jugendgerichte** (dh Senate des OLG bzw.
des BGH, vgl. näher → §§ 33–33b Rn. 12) diesen Auftrag verkennen oder
ihm weniger Rechnung tragen sollten, diesen ggü. zu behaupten (vgl. auch
Erl. zu § 37).

14   **b)** Die Stellung des Vorsitzenden ist gem. gesetzlicher Vorgaben von funktioneller **Kommunikationsherrschaft** gekennzeichnet, wie verschiedene Rechte ausweisen (s. nur § 2 Abs. 2, § 141, § 238 Abs. 1, § 240 StPO bzw. §§ 176–178 sowie § 194 GVG). Zudem kommt ihm iRd dienstlichen Beurteilung der beisitzenden Richter eine faktische Machtposition zu. Zwar ist ihm durch Neufassung des § 21g GVG (gem. Gesetz v. 22.12.1999 (BGBl. I 2598)) die Geschäftsverteilung entzogen, jedoch bleibt seine herausgehobene Stellung auch bei Umsetzung dieser Vorschrift durch Aufstellung eines „spruchkörperinternen Geschäftsverteilungsplans" (vgl. zur Urteilsaufhebung wegen Fehlens grds. BGH NStZ 2017, 429 mit iErg abl. Anm. *Tully* (zum allg. StVR)) präsent, und nach überwiegender Auffassung ist auch das Recht zur Bestimmung des Berichterstatters durch diese Neufassung nicht berührt worden (vgl. *Diemer* in KK-StPO GVG § 21g Rn. 1; vgl. aber eher im Sinne eines „gesetzlichen Berichterstatters" *Velten* in SK-StPO GVG § 21g Rn. 3; ergänzend schon *Sangmeister* NJW 1998, 726).

Nach hM kommt dem Vorsitzenden ein *„richtunggebenden Einfluss"* zu. Ob oder inwieweit er indes die Rolle gar quasi als „Vorgesetzter" ggü. den beisitzenden Richtern als „Untergebenen" einnimmt (vgl. mN etwa *Sowada* Richter 418 f.) oder aber ob er sich ggü. beisitzenden Richtern zurücknimmt, wird regelmäßig von individuellen Persönlichkeitszügen abhängen. Jedoch verlangt der Erziehungsauftrag (§ 2 Abs. 1), dass der Einfluss des Vorsitzenden zumindest im Einzelfall dann zurücktritt, wenn ein beisitzender Richter eine ausgewiesenere *Befähigung iSv § 37* aufweist.

2. Aufforderung zur Beantragung von Beweiserhebungen (Abs. 3)

15   Der Vorgang ist als **Teil** des **Zwischenverfahrens** anzusehen (OLG Schleswig SchlHA 1958, 290; *Dallinger/Lackner* Rn. 14). Die Verfahrensweise zur Gewährung des **rechtlichen Gehörs** im Zwischenverfahren (§ 2 Abs. 2, § 201 StPO; zur Frage der Beschwerdefähigkeit einer Entscheidung gem. § 2 Abs. 2, § 33a StPO KG NStZ-RR 2016, 52 (betr. allg. StR) bzw. OLG Hamburg NJW 2017, 2360) kann mit dem Erfordernis nach Abs. 3 verbunden werden. Die Aufforderung (zur Art und Weise s. § 70a aF bzw. § 70b nF entspr.) des Vorsitzenden der JKammer an den Angeschuldigten (bei Jugendlichen auch an die Berechtigten gem. § 67 Abs. 2 aF bzw. § 67a nF) zur Erklärung nach Abs. 3 erlaubt es durch die Eröffnung der Möglichkeit, die Vornahme einzelner Beweiserhebungen *vor* der Entscheidung zur Frage der Übernahme (und ohnehin vor der HV) zu beantragen, die mit einer Übernahme einhergehende **Beeinträchtigung** der **Rechte** des **Angeschuldigten** (zB stärkere Missbilligung und Stigmatisierung, größerer Verfahrensaufwand (nebst höherer Pensenzählung), Verlust einer zweiten Tatsacheninstanz) ggf. zu vermeiden (vgl. schon *Dallinger/Lackner* Rn. 14; vgl. auch *Gmel* in KK-StPO StPO § 225a Rn. 20). Ob allerdings der Schutz des Abs. 3 die dem Angeschuldigten ohnehin im Zwischenverfahren zuerkannten Rechte (§ 2 Abs. 2, § 201 StPO) so sehr verstärkt, dass darin ein (gem. § 209 Abs. 2 StPO nicht vorgesehener) Ausgleich für diesen Verlust gesehen werden kann (so etwa *Brunner/Dölling* Rn. 34 aE), bleibt zw. Oftmals wird bereits die Wahrnehmung des Antragsrechts die Bestellung eines *Pflichtverteidigers* (§ 68 Nr. 1 iVm § 140 Abs. 2 StPO) erforderlich machen (bejahend schon *Molketin* Zbl 1981, 378 f.; sodann *Tsambikakis* in Alsberg Beweisantrag Rn. 632).

Es bedarf keines formellen Beweisantrags, jedoch sind die aufzuklärenden 15a Tatsachen und die Beweismittel zu bezeichnen. Die (auch) von Amts wegen verlängerungsfähige Frist muss so bemessen sein, dass der Angeschuldigte genug Zeit hat, sich Anträge zu überlegen und selbst (§ 2 Abs. 2, § 247 Abs. 4 StPO) oder durch einen Verteidiger die Akten einzusehen und sodann ggf. die Anträge zu stellen.

3. Verfahrensrechtliches

Die **Ermessensentscheidung** der JKammer (in der Besetzung nach 16 §§ 33b Abs. 3, 33a Abs. 2; s. auch § 2 Abs. 2, § 76 Abs. 1 S. 2 GVG) ist **unanfechtbar (Abs. 4 S. 1).** Lehnt die JKammer die Übernahme ab, so ist die Entscheidung zu begründen (vgl. auch *Tsambikakis* in Alsberg Beweisantrag Rn. 631; zu § 201 *Paeffgen* in SK-StPO Rn. 13, 17). Bei Ablehnung erübrigt sich eine Entscheidung über den Antrag auf Beweiserhebungen (zu diesem vgl. → Rn. 15).

Übernimmt die JKammer die Sache, so ist der Übernahmebeschluss mit 16a dem Eröffnungsbeschluss zu **verbinden (Abs. 4 S. 2).** Insbesondere kann der Übernahmebeschluss als Verfahrensvoraussetzung nicht durch den Übernahmebeschluss ersetzt werden (vgl. BGH StraFo 2003, 54). – Nach teilw. Vertretener, aber abzulehnender Auffassung soll die JKammer trotz Übernahme das Hauptverfahren ausnahmsweise vor dem JSchG eröffnen dürfen, wenn der im Eröffnungsbeschluss zuzulassende Anklageumfang derart reduziert sei, dass es für die HV einer JKammer nicht bedürfe (vgl. vormals LG Frankfurt/M. NStZ-RR 1996, 252; *Höffler* in MüKoStPO Rn. 16; aA *Schatz* in Diemer/Schatz/Sonnen Rn. 16).

V. Revision

Betreffend die Revision gelten die Erl. über die Konsequenzen einer 17 Entscheidung durch einen sachlich unzuständigen JRichter entsprechend (vgl. → § 39 Rn. 24, 25; zur Verweisung gem. § 354 Abs. 3 StPO nach Verurteilung eines Heranwachsenden durch ein Erwachsenengericht Karlsruhe Die Justiz 1999, 142). Die Verbindung des übernommenen Verfahrens mit einem anderen durch die JKammer wegen Sachzusammenhanges soll allenfalls auf § 2 Abs. 2, § 338 Nr. 4 StPO gestützt werden dürfen (BGH *Hilger* NStZ 1983, 340).

Sachliche Zuständigkeit der Jugendkammer

41 (1) **Die Jugendkammer ist als erkennendes Gericht des ersten Rechtszuges zuständig in Sachen,**

1. die nach den allgemeinen Vorschriften einschließlich der Regelung des § 74e des Gerichtsverfassungsgesetzes zur Zuständigkeit des Schwurgerichts gehören,

2. die sie nach Vorlage durch das Jugendschöffengericht wegen ihres besonderen Umfangs übernimmt (§ 40 Abs. 2),

3. die nach § 103 gegen Jugendliche und Erwachsene verbunden sind, wenn für die Erwachsenen nach allgemeinen Vorschriften eine große Strafkammer zuständig wäre,
4. bei denen die Staatsanwaltschaft wegen der besonderen Schutzbedürftigkeit von Verletzten der Straftat, die als Zeugen in Betracht kommen, Anklage bei der Jugendkammer erhebt und
5. bei denen dem Beschuldigten eine Tat der in § 7 Abs. 2 bezeichneten Art vorgeworfen wird und eine höhere Strafe als fünf Jahre Jugendstrafe oder die Unterbringung in einem psychiatrischen Krankenhaus zu erwarten ist.

(2) [1]Die Jugendkammer ist außerdem zuständig für die Verhandlung und Entscheidung über das Rechtsmittel der Berufung gegen die Urteile des Jugendrichters und des Jugendschöffengerichts. [2]Sie trifft auch die in § 73 Abs. 1 des Gerichtsverfassungsgesetzes bezeichneten Entscheidungen.

Schrifttum *Arnold,* Die Wahlbefugnis der StA bei Anklageerhebung. Insbesondere in Jugendschutzsachen, 2007; *Rohde,* Die Rechte und Befugnisse des Verletzten im Strafverfahren gegen Jugendliche, 2009.

Übersicht

	Rn.
I. Anwendungsbereich	1
1. Jugendliche, Heranwachsende	1
2. Jugendschutzsachen	3
II. Umfang der Zuständigkeit	4
1. Fallgruppen erstinstanzlicher Zuständigkeit	4
a) Abs. 1 Nr. 1	5
b) Abs. 1 Nr. 2	6
c) Abs. 1 Nr. 3	7
d) Abs. 1 Nr. 4	7a
e) Abs. 1 Nr. 5	8
2. Rechtsmittelgericht	9
a) Berufung	9
b) Beschwerde	12
c) Ordnungswidrigkeitenverfahren	14
III. Verfahren bei Unzuständigkeit	15
1. Verhältnis zu anderen Jugendgerichten bzw. zu Erwachsenengerichten	15
2. Jugendschutzkammer	16
IV. Revision	17

I. Anwendungsbereich

1. Jugendliche, Heranwachsende

1　　Die Vorschrift findet in Verfahren gegen Jugendliche wie gegen Heranwachsende (§ 108 Abs. 1, erweitert um § 108 Abs. 3 S. 2) vor den JGerichten Anwendung. Dies gilt grundsätzlich auch im Falle der Verbindung mit einer Strafsache gegen Erwachsene (§ 103 Abs. 1, 2 S. 1, § 112 S. 1).

Dagegen findet die Vorschrift naturgemäß in Verfahren vor den für **allg.** 2
Strafsachen zuständigen Gerichten **keine** Anwendung (§§ 102, 103 Abs. 2
S. 2 und 3, § 112 S. 1).

2. Jugendschutzsachen

In Verfahren gegen einen Erwachsenen wegen einer JSchutzsache (§ 74b 3
GVG) richtet sich die sachliche Zuständigkeit nach allg. StVR (§ 74b S. 2
GVG iVm §§ 73, 74 GVG).

II. Umfang der Zuständigkeit

1. Fallgruppen erstinstanzlicher Zuständigkeit

Im **ersten Rechtszug** ist die sachliche Zuständigkeit der JKammer im 4
Vergleich zur allg. Strafkammer eingeschränkt, weil dem JSchG eine über die
allg. Vorschrift nach § 24 GVG (vgl. dazu → § 40 Rn. 4) hinausgehende
sachliche Zuständigkeit zukommt (vgl. → § 40 Rn. 5–8). Erstinstanzlich ist
die JKammer als erkennendes Gericht in fünf Fällen zuständig (wegen der
Nichtbindung der JKammer durch die Anklage vor ihr s. § 2 Abs. 2, § 209
Abs. 1 StPO).

a) Abs. 1 Nr. 1. Wenn die Sache nach allg. Vorschriften (§§ 74 Abs. 2, 5
74e GVG) vor das Schwurgericht gehört (zur Unterbringung gem. § 7, § 63
StGB vgl. OLG Saarbrücken NStZ 1985, 93; zum Sicherungsverfahren
(§ 414 Abs. 1 StPO) OLG Düsseldorf JMBl. 1992, 69). Zum Zeitpunkt der
Anklageerhebung muss hinsichtlich der erforderlichen **Katalogtat** iSv § 74
Abs. 2 GVG zumindest ein hinreichender Verdacht bestehen (*Schatz* in
Diemer/Schatz/Sonnen Rn. 6; *Schady* in NK-JGG Rn. 3; *Herz* in Nix
Rn. 5), jedoch wird das besondere jugendstrafrechtliche Schutzprinzip
(wenn nicht schon der Verhältnismäßigkeitsgrundsatz) einen **gesteigerten
Verdachtsgrad** verlangen (etwa einen ernsthaften Verdacht). – Die Anfüh-
rung von § 74e GVG in Abs. 1 Nr. 1 stellt klar, dass die Zuständigkeit der
JKammer derjenigen der Strafkammer als Schwurgericht auch dann entspricht, wenn dieses nach § 74e GVG infolge einer Zuständigkeitsüber-
schneidung zuständig wäre (BT-Drs. 8/976, 69).

aa) Bei der Prüfung des Verdachts wird zum einen zu berücksichtigen 5a
sein, dass nach **rechtstatsächlicher** Erkenntnis im weiteren Verfahrensverlauf durch das Gericht weithin eine „Herabstufung" bzw. „Umdefinition"
des von Polizei und auch Staatsanwaltschaft erhobenen Tatvorwurfs stattfindet (vgl. zu Nachw. *Eisenberg/Kölbel* Kriminologie § 27 Rn. 41, § 45
Rn. 19f). Zum anderen könnte bei weniger konkreter Würdigung die **Gefahr** ansteigen, dass unberechtigterweise eine zu starke Missbilligung und
Stigmatisierung in Gang gesetzt und ein zu großer Verfahrensaufwand (nebst
höherer Pensenzählung für den JStaatsanwalt selbst) veranlasst wird (vgl.
ebenso → § 40 Rn. 15).

bb) Ohne auf eine Katalogtat abzustellen (vgl. schon OLG Hamm JMBl. 5b
NW 1954, 181; OLG Karlsruhe GA 1975, 27) enthält **§ 108 Abs. 3 S. 2**
eine speziellere Zuständigkeitsbestimmung, wenn im Einzelfall gegen einen
Heranwachsenden voraussichtlich die Anwendung allg. StR und eine vier

Jahre übersteigende Freiheitsstrafe, Unterbringung in einem psychiatrischen Krankenhaus oder in Sicherungsverwahrung zu erwarten ist.

6 **b) Abs. 1 Nr. 2.** Hiernach ist die JKammer erstinstanzlich als erkennendes Gericht zuständig, wenn sie (durch unanfechtbaren Übernahmebeschluss) **nach Vorlage** durch das **JSchG** die Sache wegen ihres „besonderen Umfangs" (näher → § 40 Rn. 12) übernimmt (vgl. etwa LG Offenburg StV 2002, 359 (betr. Graffiti, ausf. zur Nichteröffnung gem. § 2 Abs. 2, § 204 Abs. 1 StPO); konkret vern. LG Koblenz ZJJ 2012, 208). Zu Zusammenhängen der Entscheidungsbildung in der JKammer als einem Kollegialgericht vgl. → § 40 Rn. 13 f.

7 **c) Abs. 1 Nr. 3.** Weiterhin ist die JKammer erstinstanzlich als erkennendes Gericht zuständig, wenn eine Sache gegen Jugendliche und/oder Heranwachsende mit einer Strafsache gegen Erwachsene unter den Voraussetzungen von **§§ 103 Abs. 1, 112 S. 1** (zum besonderen Ausnahmecharakter vgl. → § 103 Rn. 7, 10) gem. den Vorschriften des allg. StVR (§§ 2 ff., 13, 237 StPO) **verbunden** ist und für die Erwachsenen nach allg. Vorschriften (§§ 74 Abs. 1, 76 Abs. 1 S. 1 Hs. 1 GVG) eine große Strafkammer zuständig wäre (zur Prüfungskompetenz betr. § 24 Abs. 1 S. 1 Nr. 3 GVG vgl. → § 39 Rn. 8). Diese Regelung (eingeführt durch StVÄG 79) bezweckt, für Erwachsene auch dann, wenn wegen der Verbindung gem. § 103 Abs. 2 S. 1 ein JGericht zuständig ist, einen landgerichtlichen Spruchkörper zu erhalten, während an sich nach JGG die erweiterte Zuständigkeit des JSchG gegeben wäre (BT-Drs. 8/976, 69; vgl. auch § 39 Abs. 1 S. 2). Daher wird wegen der erhöhten Gefahren einer Beeinträchtigung der Rechte des Jugendlichen und des Heranwachsenden (zB gesteigerte Stigmatisierung, ggf. Verlust einer Tatsacheninstanz) bereits vor der Anklage eine Verfahrenstrennung zu prüfen sein (vgl. näher → § 103 Rn. 10b, 12, 18 ff.). – Ist dagegen nach § 103 Abs. 2 S. 2 und 3, § 112 S. 1 die Wirtschafts- oder Staatsschutzstrafkammer zuständig, tritt die Zuständigkeit der JKammer nach Abs. 1 Nr. 3 zurück. Sie lebt jedoch nach Abs. 1 Nr. 1 wieder auf, wenn die Zuständigkeit der Wirtschafts- oder Staatsschutzstrafkammer durch diejenige des Schwurgerichts verdrängt wird (§ 74e GVG; vgl. BT-Drs. 8/976, 69 (70)).

7a **d) Abs. 1 Nr. 4.** Nach dieser Vorschrift kann die erstinstanzliche Zuständigkeit durch Entscheidung der Staatsanwaltschaft vorgesehen werden (zur Nichtbindung des angegangenen Gerichts s. § 2 Abs. 2, § 209 Abs. 1 StPO). Diese sog. *bewegliche Zuständigkeit* wurde eingeführt (2. JuMoG, BGBl. 2006 I 3432 (im BReg-Entwurf noch nicht enthalten gewesen, BR-Drs. 550/06, 32 ff.)) in Anlehnung an 24 Abs. 1 S. 1 Nr. 3 GVG (krit. hierzu → § 39 Rn. 8, → § 40 Rn. 4), ohne dass bisher überhaupt eine Evaluierung stattgefunden hatte (zu überwiegend fehlendem Problembewusstsein laut schriftlicher Befragung bei der StA SchlH *Arnold,* Die Wahlbefugnis der StA bei Anklageerhebung. Insbesondere in Jugendschutzsachen, 2007, 185). Die Vorschrift **beeinträchtigt** das Recht auf den **gesetzlichen Richter** (Art. 101 Abs. 1 S. 2 GG; vgl. krit. *Sowada* Richter 589; *Rohde,* Die Rechte und Befugnisse des Verletzten im Strafverfahren gegen Jugendliche, 2009, 189–198; *Degener* in SK-StPO GVG § 24 Rn. 21 ff.), da sich das zuständige Gericht nicht einzelfallunabhängig nach abstrakt generellen Normen bestimmen lässt (*Heghmanns* DRiZ 2005, 291; vgl. auch Art. 7 EMRK und dazu

EGMR, 4. Kammer, 22.1.2013 (zum allg. StR); anders *Czerner/Habetha* in HK-JGG Rn. 10). Im Übrigen stellt die Neuregelung eine weitere *Rechtsmittelbeschränkung* des JGG dar (vgl. auch → § 55 Rn. 35 ff.). Die Begründung mit Schutzbelangen des (mutmaßlich) Verletzten (vgl. BR-Drs. 550/1/06, 10; OLG Zweibrücken NStZ 1995, 357; abl. betr. § 24 Abs. 1 Nr. 3 GVG aF BGHSt 47, 16 (19)) trägt zudem deshalb weniger als im allg. StVR, weil der Gesetzgeber den JGerichten allg. eine erhöhte Kompetenz in der Vernehmung junger Zeugen zuerkennt (s. nur § 26 GVG).

aa) Der unbestimmte Rechtsbegriff **besondere Schutzbedürftigkeit** 7b verlangt (schon) nach allg. StR, dass eine weitere Vernehmung als Zeugen (gravierende) psychische Auswirkungen, die über ein oftmals ohnehin bestehendes Maß der Belastungen von (mutmaßlichen) Opfern als Zeugen hinausgehen (*Eschelbach* in BeckOK StPO GVG § 24 Rn. 12), befürchten lässt (vgl. *Meyer-Goßner/Schmitt* GVG § 24 Rn. 6). Demgegenüber ist zu berücksichtigen, dass eine solche Befürchtung auch dadurch begründet sein kann, dass die Vernehmung vor der JKammer schon allein aufgrund des erforderlichen größeren personellen Aufwandes mehr Belastungen mit sich bringt (vgl. *Heghmanns* DRiZ 2005, 291). Stets ist zu besorgen, dass bereits mit Anklageerhebung vor der JKammer ein Präjudiz geschaffen wird (vgl. auch *Sowada* Richter 589) bzw. dass verfahrensökonomische Erwägungen und ggf. auch Eigenbelange (zB Profilierungsbestreben, Pensenzählung etc) von Einfluss sein könnten.

Bei der vorzunehmenden individuellen *Einzelfallprüfung* hat die Staats- 7c anwaltschaft zunächst eine **Prognose** dahingehend zu erstellen, dass eine zweite Tatsacheninstanz − die ggf. erheblich zeitversetzt sein kann − aufgrund der zu befürchtenden Belastungen nicht verantwortet werden könne (LG Koblenz ZJJ 2012, 208; *Heghmanns* DRiZ 2005, 291). Bei ihrer anschließenden **Entscheidung** steht der Staatsanwaltschaft ein (Auswahl-)**Ermessen nicht** zu (vgl. BVerfGE 9, 223 (229); OLG Düsseldorf NStZ 1990, 292 (293) mAnm *Eisenberg* NStZ 1990, 551; vormals aA BGHSt 13, 297 (298 f.); 14, 11 (17); 21, 334 (354); OLG Schleswig NStZ 1985, 75), jedoch ist die Entscheidung idR **zu begründen** (vgl. *Siolek* in Löwe/Rosenberg GVG § 24 Rn. 21; OLG Düsseldorf StV 1997, 13; vgl. auch RiStBV Nr. 113 Abs. 2 S. 1; teilweise **aA** OLG Hamburg NStZ 2005, 654 zumindest dann, wenn die Umstände offensichtlich seien; OLG Karlsruhe BeckRS 2014, 4012 = Die Justiz 2017, 30; *Meyer-Goßner/Schmitt* GVG § 24 Rn. 6), wobei auch darzulegen ist, warum keine der zahlreichen anderen Schutznormen (vgl. etwa *Laubenthal/Nevermann-Jaskolla* JA 2005, 294 ff.) hinreichende Möglichkeiten zur Abwehr böten. Die Übernahme therapeutischer Stellungnahmen betr. eine zu besorgende „Retraumatisierung" genügt den Begründungsanforderungen nicht, soweit weder der Tatvorwurf gerichtlich aufgeklärt ist − und daher auch die Unschuldsvermutung (Art. 6 Abs. 2 EMRK) entgegensteht (vgl. auch → § 39 Rn. 8) − noch hiervon unabhängig eine Diagnose gestellt ist (verfehlt OLG Karlsruhe BeckRS 2014, 4012 = Die Justiz 2017, 30; vgl. auch → §§ 33–33b Rn. 51b, 56, 62c).

bb) Die Entscheidung der Staatsanwaltschaft unterliegt der **gericht-** 7d **lichen Prüfung** in vollem Umfang (vgl. Kalsruhe OLGSt GVG § 24 Nr. 4 = StraFo 2011, 154 = NStZ 2011, 479; *Meyer-Goßner/Schmitt* GVG § 24 Rn. 9; aA OLG Schleswig NStZ 1985, 75), wobei davon auszugehen ist, dass − entsprechend verwaltungsrechtlichen Grundsätzen − nur eine

Entscheidung richtig sein kann (vgl. schon *Eisenberg* NStZ 1990, 552). Indes liegen empirische Anhaltspunkte dafür vor, dass die Staatsanwaltschaft mitunter das Gericht gezielt danach aussuche, wie sie dessen Akzeptanz ihres „Anliegens" einschätze (*Arnold,* Die Wahlbefugnis der StA bei Anklageerhebung. Insbesondere in Jugendschutzsachen, 2007, 189, 203 f.). Zumindest soweit das Gericht mit dem Zeugen vor Beginn der HV keinen Kontakt hat, ist eine Überprüfung durch das Gericht ohne gutachterliche Untersuchung (ua unter Inaugenscheinnahme im Zwischenverfahren) grundsätzlich schwerlich möglich (vgl. auch *Heghmanns* DRiZ 2005, 291).

7e   Gelangt die JKammer zu dem Schluss, dass besondere Schutzbedürftigkeit nicht gegeben ist, eröffnet sie das Hauptverfahren gem. § 209 Abs. 1 StPO vor dem (im Einklang mit Art. 101 Abs. 1 S. 2 GG) zuständigen Gericht (BT-Drs. 550/1/06, 11; vgl. *Meyer-Goßner/Schmitt* GVG § 24 Rn. 9). Hiergegen kann die Staatsanwaltschaft sofortige Beschwerde einlegen (§ 210 Abs. 2 StPO).

8   **e) Abs. 1 Nr. 5.** Schließlich besteht auch unter den Voraussetzungen dieser Vorschrift die erstinstanzliche Zuständigkeit der JKammer (eingeführt durch Gesetz v. 8.7.2008 (BGBl. I 1212); zu Fagen der Zulässigkeit von Sicherungsverwahrung vgl. → § 7 Rn. 29 ff.). Ist schon die Unvereinbarkeit der Sicherungsverwahrung mit dem Erziehungsziel unverkennbar (näher → § 7 Rn. 3f, 33 ff.), so wird durch Abs. 1 Nr. 5 zwar nicht die materiellrechtliche **Prognose,** wohl aber die Prüfung wesentlicher formeller Voraussetzungen der späteren Entscheidung in das Ermittlungsverfahren **vorverlagert** (ebenso *Schady* in NK-JGG Rn. 7). Zum einen muss es sich um ein Verbrechen iSv § 7 Abs. 2 handeln, durch das ein (mutmaßliches) Opfer in dem dort bezeichneten Sinne geschädigt oder gefährdet wurde. Zum anderen muss, ausdehnend, eine JStrafe von mehr als fünf Jahren (nicht also von sieben, § 7 Abs. 2) zu erwarten sein. Mit dieser Zuständigkeitsverlagerung unabhängig von Anhaltspunkten für eine Prognose iSv § 7 Abs. 2 wurde die gesetzgeberische *Tendenz* zur *Verfahrenshöherstufung* fortgesetzt (zuletzt 2. JuMoG durch Einführung des Abs. 1 Nr. 4; vgl. → Rn. 7a–7c) − eine dem erzieherischen Leitbild der dem JGericht bzw. dem JSchG vorsitzenden Person abträgliche (hingegen zB dem Berufsstand der Rechtsanwaltschaft zuträgliche) Entwicklung. Zum anderen ist zu besorgen, dass es iZm dieser Zuständigkeitsverschiebung eher häufiger zur Anwendung der Vorschriften über die Sicherungsverwahrung kommen könnte, als im Gesetzgebungsverfahren verschiedentlich geäußert wurde (vgl. näher → § 7 Rn. 29 ff.; zur Kostenersparnis Begr. RegE, 3, 17).

2. Rechtsmittelgericht

9   **a) Berufung. Abs.** 2 regelt − nicht abschließend − die sachliche Zuständigkeit der JKammer als Rechtsmittelgericht. Die JKammer hat im Bereich der JGerichtsbarkeit alle Aufgaben wahrzunehmen, die in der allg. Strafgerichtsbarkeit der Strafkammer zugewiesen sind (*Dallinger/Lackner* Rn. 17; *Schaffstein/Beulke/Swoboda* JugendStrafR 613).

9a   Die JKammer verhandelt und entscheidet über Rechtsmittel der Berufung gegen Urteile des JRichters und des JSchG **(Abs. 2 S. 1).** Für die Zuständigkeit ohne Bedeutung ist es, ob erstinstanzlich (durch JRichter oder

JSchG) allg. StR gegen einen Heranwachsenden angewendet wurde (vgl. KG VRS 23, 301; *Schatz* in Diemer/Schatz/Sonnen Rn. 24) oder die Berufung nur von einem durch das Urteil beschwerten erwachsenen Mitangeklagten eingelegt wurde (BGHSt 22, 48; *Brunner/Dölling* Rn. 36 mwN). – Entgegen der allg. Vorschrift (§ 76 Abs. 1 S. 1 Hs. 2 GVG) kann die große JKammer auch im Verfahren über Berufungen gegen Urteile des JSchG eine Besetzung mit drei Berufsrichtern einschließlich des Vorsitzenden und zwei JSchöffen beschließen (§ 33b Abs. 2 S. 3, Abs. 4 S. 2; vgl. → § 33b Rn. 16a, 16c). Lediglich im Verfahren über Berufungen gegen Urteile des JRichters ist sie als „kleine" JKammer mit dem Vorsitzenden und zwei JSchöffen besetzt (§ 33b Abs. 1 Hs. 2; vgl. schon DVJJ 1993 AK IV/3).

aa) Erachtet die JKammer die **von Amts wegen** zu prüfende sachliche **10** Zuständigkeit des JGerichts des ersten Rechtszuges für nicht gegeben, so hebt sie das Urteil auf und verweist die Sache durch Urteil (BGHSt 26, 106; *Meyer-Goßner/Schmitt* StPO § 328 Rn. 5, 8; *Gössel* GA 1978, 367) an das zuständige Gericht (§ 2 Abs. 2, § 328 Abs. 2 StPO).

bb) Die JKammer ist als Berufungsgericht an die **Rechtsfolgenkom- 11 petenz** des JGerichts der ersten Instanz gebunden (allg. Auffassung; vgl. auch BGH NJW 1970, 155). Ergibt sich, dass die Rechtsfolgenkompetenz vom JGericht des ersten Rechtszuges überschritten worden ist, soll die JKammer im Falle eigener erstinstanzlicher Zuständigkeit (vgl. → Rn. 3–7, → §§ 33–33b Rn. 16a) nach Aufhebung des Urteils des JGerichts die Sache an sich verweisen und anschließend als Gericht des ersten Rechtszuges verhandeln dürfen (sog. „Überleitung", vgl. sehr weitgehend BGHSt 21, 229 (zum allg. StR); ebenso *Schatz* in Diemer/Schatz/Sonnen Rn. 25; dazu, dass solchenfalls die JKammer in den Genzen des Verschlechterungsverbots eine höhere Strafe verhängen dürfe, als sie das JGericht nach seiner Rechtsfolgenkompetenz hätte aussprechen dürfen, vgl. vomals *Pentz* GA 1958, 299). Eine solche Konstruktion ist im allg. StR gem. § 76 Abs. 1 S. 1 GVG (seit RPflEntlG 1993, BGBl. I 50) ausgeschlossen (weil Berufungsgericht immer die kleine Strafkammer ist, die niemals erstinstanzlich tätig werden darf), sodass sie schon deshalb auch im jugendgerichtlichen Verfahren aufgegeben werden sollte (ebenso *Frisch* in SK-StPO StPO § 328 Rn. 30; *Meyer-Goßner/ Schmitt* StPO § 328 Rn. 11; *Degener* in SK-StPO GVG § 24 Rn. 45; iErg auch OLG Jena NStZ-RR 2003, 139; ferner unter Hinweis auf § 33b Abs. 2 S. 2 StPO auch *Höffler* in MüKoStPO Rn. 13). Die Bedenken gelten umso mehr ggü. einer sog. „Umdeutung", dh wenn die JKammer als Berufungsgericht verhandelt und ein Urteil gesprochen hat (vgl. aber BGHR § 328 StPO Abs. 1 Überleitung 2 = NStZ-RR 1997, 22; BeckRS 2005, 07044; NStZ 2010, 94 (jeweils betr. Verstoß gegen § 24 Abs. 2 GVG); *Höffler* in MüKoStPO Rn. 16). – Zur Verbindung von Verfahren des ersten und des Berufungs-Rechtszuges vgl. schon BGHSt 23, 283; 25, 51; BGH NJW 1976, 720.

b) Beschwerde. aa) Die JKammer ist gem. **Abs. 2 S. 2** iVm § 73 **12** Abs. 1 GVG ferner *Beschwerdegericht* im Hinblick auf die sonstigen Verfügungen und Entscheidungen des JRichters und die Entscheidungen des JSchG. Diese Regelung knüpft rein formal daran an, welches Ausgangsgericht konkret tätig wurde (OLG Brandenburg BeckRS 2019, 11045: unabhängig davon, ob die getroffene Entscheidung materiell dem Jugend- oder Jugendschutzrecht zuzuordnen ist). Nach OLG Zweibrücken NStZ 1994, 48 ist gem. § 73 GVG (und unbeschadet § 209a StPO) jedoch die allg. Strafkammer zur Entscheidung über die sofortige Beschwerde der StA gegen die Ablehnung der Eröffnung des Hauptverfahrens durch den *Strafrichter* beim AG auch dann zuständig, wenn sie die Zuständigkeit des JRichters oder JSchG für gegeben ansieht. – Bei Anträgen auf gerichtliche Entscheidung nach § 161a Abs. 3 StPO, wenn sich das Ermittlungsverfahren gegen einen Jugendlichen oder Heranwachsenden richtet, bestimmt sich die Zuständigkeit nach § 162 StPO (vgl. zu Änderungen 2. OpferRRG v. 29.7.2009 (BGBl. I 2280)).

13   **bb)** Im **Vollstreckungsverfahren** entscheidet die JKammer über die vom Vollstreckungsleiter getroffenen Anordnungen nach § 83 Abs. 2 (vgl. näher → § 83 Rn. 5).

14   **c) Ordnungswidrigkeitenverfahren.** In diesen Verfahren trifft die JKammer die Rechtsmittelentscheidung nach §§ 70 Abs. 2, 100 Abs. 2 S. 2, §§ 104 Abs. 3 Nr. 1, 108 Abs. 1 S. 2 Hs. 2, ferner § 110 Abs. 2 S. 2 OWiG.

III. Verfahren bei Unzuständigkeit

1. Verhältnis zu anderen Jugendgerichten bzw. zu Erwachsenengerichten

15   Zum Verfahren bei sachlicher **Unzuständigkeit** der angegangenen JKammer im Verhältnis zu anderen JGerichten vgl. Erl. bei → § 40 Rn. 13 entsprechend.

Zum Verfahren bei sachlicher Unzuständigkeit der JKammer im Verhältnis zu den Erwachsenengerichten vgl. Erl. bei → §§ 33–33b Rn. 29 ff. sowie bei → § 47a Rn. 7f; zu Ausnahmen vgl. § 102 und die Erl. dort sowie § 103 Abs. 2 S. 2 und 3 (näher → § 103 Rn. 13 ff.).

2. Jugendschutzkammer

16   Nach Eröffnung des Hauptverfahrens darf die JKammer als JSchutzkammer (vgl. → Rn. 3) ihre Zuständigkeit nicht mehr mit der Begründung verneinen (und das Verfahren einstellen), das Schwurgericht sei zuständig, da nach Zulassung der Anklage die JKammer als JSchutzgericht im Verhältnis zur Schwurgerichtskammer als ranggleich gilt (§ 225a Abs. 1 StPO bzw. § 270 Abs. 1 S. 1 Hs. 2 StPO, § 209a Nr. 2a StPO – nicht auch Nr. 2b –; BGH NStZ 1996, 346 mAnm *Katholnigg* = JR 1996, 390 mAnm *Brunner* bzw. OLG Düsseldorf NStZ-RR 2003, 377).

IV. Revision

17   Zur Entscheidung des Revisionsgerichts bei sachlicher *Unzuständigkeit* der JKammer in der *Vorinstanz* vgl. Erl. zu → § 39 Rn. 24f entsprechend.

17a   Im Falle der *Aufhebung* eines *Berufungsurteils* kommt es in verbundenen Verfahren (gegen Erwachsene und Jugendliche bzw. Heranwachsende) hinsichtlich der Verweisung nur darauf an, welches Gericht in 1. Rechtszug entschieden hat (§ 74 Abs. 3 GVG, Abs. 2 S. 1; vgl. nur *Gericke* in KK-StPO

StPO § 355 Rn. 6, *Frisch* in SK–StPO § 355 Rn. 15; krit. *Franke* in Löwe/ Rosenberg StPO § 355 Rn. 6; vgl. auch → § 103 Rn. 17).

Örtliche Zuständigkeit

42 (1) **Neben dem Richter, der nach dem allgemeinen Verfahrensrecht oder nach besonderen Vorschriften zuständig ist, sind zuständig**

1. **der Richter, dem die familiengerichtlichen Erziehungsaufgaben für den Beschuldigten obliegen,**
2. **der Richter, in dessen Bezirk sich der auf freiem Fuß befindliche Beschuldigte zur Zeit der Erhebung der Anklage aufhält,**
3. **solange der Beschuldigte eine Jugendstrafe noch nicht vollständig verbüßt hat, der Richter, dem die Aufgaben des Vollstreckungsleiters obliegen.**

(2) **Der Staatsanwalt soll die Anklage nach Möglichkeit vor dem Richter erheben, dem die familiengerichtlichen Erziehungsaufgaben obliegen, solange aber der Beschuldigte eine Jugendstrafe noch nicht vollständig verbüßt hat, vor dem Richter, dem die Aufgaben des Vollstreckungsleiters obliegen.**

(3) **[1] Wechselt der Angeklagte seinen Aufenthalt, so kann der Richter das Verfahren mit Zustimmung des Staatsanwalts an den Richter abgeben, in dessen Bezirk sich der Angeklagte aufhält. [2] Hat der Richter, an den das Verfahren abgegeben worden ist, gegen die Übernahme Bedenken, so entscheidet das gemeinschaftliche obere Gericht.**

Übersicht

	Rn.
I. Anwendungsbereich	1
1. Jugendliche, Heranwachsende	1
2. Ordnungswidrigkeitenverfahren	4
II. Verhältnis zu den Gerichtsständen des allgemeinen Strafverfahrensrechts	5
1. Abschließende Regelung	5a
2. Vorrangregelung	6
3. Ermittlungsverfahren	7
III. Die besonderen Gerichtsstände des Jugendstrafverfahrens	8
1. Abs. 1 Nr. 1	8
2. Abs. 1 Nr. 2	9
3. Abs. 1 Nr. 3	12
a) Gerichtsstand des Vollstreckungsleiters im Allgemeinen	12
b) Einzelne Verfahrensgestaltungen	14
IV. Auswahl unter verschiedenen Gerichtsständen	15
1. Abs. 2	15
2. Prüfung durch das Jugendgericht	16
3. Einwand der örtlichen Unzuständigkeit	17
V. Möglichkeiten der Abgabe des Verfahrens	18
1. Aufenthaltswechsel (Abs. 3)	19
a) Entscheidungsnähe	19

I. Anwendungsbereich

1. Jugendliche, Heranwachsende

1 Die Vorschrift gilt in Verfahren gegen *Jugendliche* vor den JGerichten.

2 In Verfahren gegen *Heranwachsende* gilt § 42 insoweit nicht (vgl. näher → § 108 Rn. 17 ff.), als der Gerichtsstand der *familiengerichtlichen* Zuständigkeit (Abs. 1 Nr. 1) *entfällt* und demgemäß dem JStaatsanwalt bei der Auswahl unter mehreren Gerichtsständen (Abs. 2) nicht zur Verfügung steht. Familiengerichtliche Maßnahmen kommen bei Volljährigen (abgesehen von §§ 1896 ff. BGB) nicht in Betracht. Dass die uneingeschränkte Fassung des § 108 Abs. 1 iRd Gesetzes zur Neuregelung des Volljährigkeitsalters (v. 31.7.1974 (BGBl. I 1713)) beibehalten wurde, steht nicht entgegen.

3 In Verfahren gegen Jugendliche bzw. Heranwachsende vor den **Erwachsenengerichten** gilt § 42 **nicht** (so BGHSt 18, 176 betr. Abs. 3; vgl. auch → § 104 Rn. 31).

2. Ordnungswidrigkeitenverfahren

4 Über § 46 Abs. 1 OWiG gilt § 42 auch in Verfahren wegen OWi gegen Jugendliche bzw. Heranwachsende (vgl. zum Umfang → Rn. 2) neben der Zuständigkeitsregelung in § 68 OWiG (vgl. näher BGHSt 23, 79; BGH NJW 1974, 708; LG Cottbus NStZ-RR 1998, 285; ausführlich *Ellbogen* in KK-OWiG OWiG § 68 Rn. 30; vgl. aber auch OLG Hamm JMBl. NW 1974, 119).

II. Verhältnis zu den Gerichtsständen des allgemeinen Strafverfahrensrechts

5 Die Regelungen des allg. StVR zur örtlichen Zuständigkeit (§§ 7–9 StPO) gelten nach verbreiteter staatsrechtlicher Auffassung insofern als mit Art. 101 Abs. 1 S. 2 GG nicht vereinbar, als im Falle der Zuständigkeit mehrerer Gerichte die Staatsanwaltschaft (auswählt und also sie) das zuständige Gericht bestimmt (vgl. nur *Kunig* in von Münch/Kunig GG Art. 101 Rn. 28; *Heghmanns* StV 2000, 277; ebenso *Weßlau* in SK-StPO StPO Vor § 7 Rn. 8f; vgl. auch Art. 7 EMRK und dazu EGMR, 4. Kammer, 22.1.2013 (zum allg. StR); aA vormals ohne grundsätzliche Erörterung BGH BeckRS 1975, 00160; *Meyer-Goßner/Schmitt* StPO Vor § 7 Rn. 10; *Erb* in Löwe/Rosenberg StPO Vor § 7 Rn. 20).

1. Abschließende Regelung

Wie bereits der Wortlaut des Abs. 1 („Neben ...") zeigt, ergänzen die drei 5a
Gerichtsstände des JStV diejenigen des allg. StVerf (§§ 7 ff. StPO). Die
Einfügung der Wendung „oder nach besonderen Vorschriften" in Abs. 1
verdeutlicht den abschließenden Charakter der Regelung für den Bereich
des JStV, indem die örtlichen Zuständigkeiten auch dann zum Zuge kommen, wenn ein Gerichtsstand nach besonderen Bestimmungen über eine
Verfahrenskonzentration begründet ist.

Trotz des Wortlauts („Richter") gelten die Gerichtsstände des § 42 für 5b
jedes (sachlich zuständige) **Gericht** des ersten Rechtszuges (also auch JSchG
und JKammer; vgl. *Dallinger/Lackner* Rn. 3; *Grethlein* unsere jugend 1955,
303; für die erstinstanzliche JKammer im Fall des Abs. 1 Nr. 3 BGHSt 18, 1;
aA vormals *Potrykus* Anm. 5; *Potrykus* NJW 1954, 821).

2. Vorrangregelung

Da Abs. 2 nicht nur im Verhältnis der Gerichtsstände des Abs. 1 Nr. 1–3, 6
sondern auch ggü. den Gerichtsständen des allg. StVR gilt (so auch *Dallin-
ger/Lackner* Rn. 19), begründet die Vorschrift in den in ihr aufgeführten
Fällen einen Vorrang der besonderen Gerichtsstände des Abs. 1 Nr. 1–3 vor
denjenigen des allg. StVR (ebenso *Laubenthal/Baier/Nestler* JugendStrafR
Rn. 141; aA BGH NStZ 2008, 695: nur „Richtlinie für das Auswahlermessen"). Die Regelung des Vorranges bedingt eine **Ermessensbindung**
der JStaatsanwaltschaft (vgl. OLG Jena OLGSt StPO § 8 Nr. 1; OLG Hamm
BeckRS 2015, 08301; *Dallinger/Lackner* Rn. 19; aA BGH NStZ 2008, 695
= ZJJ 2008, 296; Abs. 2 sei nur eine „Richtlinie" für das Ermessen der StA,
sie begründe „keinen Zuständigkeitsvorrang"; zu Abweichungen → Rn. 15).
Für den Fall, dass familiengerichtliche Maßnahmen nicht erforderlich sind,
wird die Vorschrift durch RL 1 dahin ergänzt, dass Verfehlungen geringeren
Ausmaßes im Gerichtsstand des Abs. 1 Nr. 2 bzw. (nachrangig) im Gerichtsstand des Ergreifungsortes (§ 9 StPO) angeklagt werden sollen. – Zur Geltung des § 42 für die örtliche Zuständigkeit der JStaatsanwaltschaft selbst vgl.
§ 2 Abs. 2, § 143 GVG und näher → § 36 Rn. 9.

3. Ermittlungsverfahren

Auch in diesem Verfahrensstadium kommt § 42 mit seinen – „aus Sicht 7
aller am Jugendverfahren Beteiligten sinnvollen" (LG Köln ZJJ 2008, 391) –
erzieherisch begründeten Funktionen der Ortsnähe und der einheitlichen
Vorgehensweise (unbeschadet des einschr. Wortlauts in Abs. 1 Nr. 2) zur
Anwendung (AG Kiel ZJJ 2008, 392; iErg unter Hinweis ua auf die Abkürzung des „Aktentransports" aA LG Köln ZJJ 2008, 391; anders auch *Schatz*
in Diemer/Schatz/Sonnen Rn. 3; *Wellershoff* in BeckOK JGG Rn. 3; de
lege lata offenlassend *Höffler* in MüKoStPO Rn. 2). Dies ergibt einerseits der
systematische Zusammenhang mit Abs. 1 Nr. 1 bzw. Nr. 3, sowie andererseits und insb. der jugendstrafrechtliche Aspekt des Schutzes bei gerichtlichen Untersuchungshandlungen iRd teleologischen Auslegung der Vorschrift (vgl. betr. Ortsnähe etwa zu § 45 Abs. 3 → § 45 Rn. 29). Zudem ist
im Gesetzgebungsverfahren zur Änderung des § 162 StPO (Gesetz v.
21.12.2007 (BGBl. I 3198)) nicht vom JGG die Rede gewesen, dh für eine
Anwendung dieser Norm (§ 2 Abs. 2, § 162 Abs. 1 S. 1 StPO) fehlt es an

einem Willen des Gesetzgebers (zu ergänzender Auslegung (bzw. empfohlener Neufassung von RL Nr. 1 und Nr. 2) vgl. *Bezjak/Sommerfeld* ZJJ 2008, 257).

III. Die besonderen Gerichtsstände des Jugendstrafverfahrens

1. Abs. 1 Nr. 1

8   Der Gerichtsstand der **familiengerichtlichen Zuständigkeit** bestimmt sich in Verfahren gegen Jugendliche (in Verfahren gegen Heranwachsende hat er keinen Anwendungsbereich, vgl. → Rn. 2) nicht – wie der Wortlaut des Abs. 1 Nr. 1 nahelegen könnte – in Abhängigkeit von der sachlichen Zuständigkeit, sondern danach, in welchem Gerichtsbezirk die familiengerichtlichen Erziehungsaufgaben (zum Begriff → § 34 Rn. 14) wahrzunehmen sind (zur örtlichen Zuständigkeit für Leistungen allg. s. § 86 KJHG; vgl. speziell betr. die Vollstr eines Bußgeldbescheids BGH NStZ 2012, 575; ergänzend schon *Dallinger/Lackner* Rn. 3, 4 und insb. 6; ebenso eindeutig noch § 25 Abs. 1 Fall 1 JGG 1923). – Die Zuständigkeit nach Abs. 1 besteht unabhängig davon, ob das FamG bereits in einer Familiensache mit dem betr. Jugendlichen befasst war oder ist (vgl. schon *Dallinger/Lackner* Rn. 5; *Potrykus* Anm. 2b; ebenso *Schady* in NK-JGG Rn. 5), oder ob von den Möglichkeiten nach § 34 Abs. 2 Gebrauch gemacht worden ist bzw. – umgekehrt – dem Gericht nur die familiengerichtlichen Erziehungsaufgaben übertragen sind.

2. Abs. 1 Nr. 2

9   Der Gerichtsstand des **freiwilligen Aufenthalts** (Hauptgerichtsstand, im Gegensatz zu § 8 Abs. 2 StPO) ist dort begründet, wo sich der auf freiem Fuß befindliche Beschuldigte zum Zeitpunkt der Anklageerhebung (danach gilt – unbeschadet des § 156 StPO – Abs. 3 (vgl. → Rn. 19 ff.)) wenigstens vorübergehend aufhält. Es ist weder ein fester Wohnsitz noch eine Meldeanschrift vorausgesetzt. Dieser Gerichtsstand kommt bei geringeren Verfehlungen (vgl. schon *Peters* RJGG § 27 Anm. 1; *Schaffstein/Beulke/Swoboda* JugendStrafR § 29 III 2; RL Nr. 1 zu § 42) in Betracht.

10   **a)** Das Erfordernis der **Freiwilligkeit** soll verhindern, dass etwa durch Verlegung des Beschuldigten Zuständigkeitsveränderungen bewirkt werden, die im Hinblick auf Art. 101 Abs. 1 S. 2 GG bedenklich wären (vgl. näher *Dallinger/Lackner* Rn. 8 mN).

11   **b) Nicht** auf freiem Fuß iSd Abs. 1 Nr. 2 befindet sich der Beschuldigte, wenn er „durch eine behördliche Anordnung in seiner Freiheit und in der Wahl seines Aufenthaltsortes beschränkt ist" (BGHSt 13, 209 (212)). Maßgeblich ist eine Freiheitsentziehung (iSv Art. 104 GG) durch staatlichen Hoheitsakt. Demgemäß befinden sich die aufgrund von Vorschriften des JGG einem **Freiheitsentzug** unterliegenden Personen (vorläufig Festgenommene (§ 127 StPO), einstweilig Untergebrachte (§§ 71 Abs. 2, 72 Abs. 4 S. 1, § 126a StPO), U-Haftgefangene (§ 72, §§ 112 ff. StPO), in Sicherungshaft Genommene (§ 2 Abs. 2, § 453c StPO), zur Beobachtung Untergebrachte (§ 73 iVm §§ 104 Abs. 1 Nr. 12, 109 Abs. 1 S. 1, 112 S. 1,

§ 81 StPO), Jugendarrestinsassen (§§ 13 Abs. 2 Nr. 3, 16), JStrafgefangene sowie im Maßregelvollzug Untergebrachte) nicht auf freiem Fuß. Das Gleiche gilt für die nach den Unterbringungsgesetzen der Länder in Unfreiheit befindlichen Personen sowie für die aufgrund Anordnung des JRichters iRv **Hilfe zur Erziehung** nach §§ 9 Nr. 2, 12, § 34 KJHG (bzw. in vergleichbarer Weise; s. vormals etwa §§ 66, 67 JWG) *auch nur vorläufig* untergebrachten Jugendlichen (hM; BGHSt 13, 209; BGH NJW 1954, 1775 (obiter dictum); OLG Celle NJW 1958, 1835; OLG Schleswig SchlHA 1960, 179; *Bender* JGG Rn. 15; *Dallinger/Lackner* Rn. 10; *Potrykus* Anm. 3; *Schnitzerling* RdJB 1960, 222; vgl. auch *Meyer-Goßner/Schmitt* StPO § 35 Rn. 13; *Graalmann-Scheerer* in Löwe/Rosenberg StPO § 35 Rn. 24; **aA** vormals OLG Hamm NJW 1959, 1095; *Becker* NJW 1954, 336; *Dünnhaupt* NJW 1958, 1835; *Grethlein* DRiZ 1955, 111; *Grethlein* EJF C I Nr. 51; *Hinrichsen* RdJB 1955, 100). Ob es an einer vergleichbaren Beschränkung bei im Rahmen sonstiger Hilfen nach KJHG ggf. Untergebrachten (vgl. vormals §§ 62 ff. JWG; vgl. *Prahl* NJW 1964, 530) ebenso wie bei aufgrund einer Weisung (§ 10 Abs. 1) einem Aufenthaltsgebot oder -verbot unterliegenden Personen fehlt, lässt sich – im Unterschied zu der Begriffsdefinition im allg. StVR – schwerlich abstrakt beantworten, vielmehr wird es davon abhängen, welche nach Abs. 1 Nr. 2 ggf. relevante Vorgaben bzw. Ausgestaltungen damit einhergeht (eher bejahend *Schady* in NK-JGG Rn. 7).

3. Abs. 1 Nr. 3

a) Gerichtsstand des Vollstreckungsleiters im Allgemeinen. Die 12 Vorschrift – sie geht zurück auf § 27 Abs. 1 Nr. 3 RJGG 1943 – bestimmt sich – entsprechend der Gesetzesauslegung bei Abs. 1 Nr. 1 – nach dem Gericht, in dessen Bezirk die Aufgaben des Vollstreckungsleiters durchzuführen sind (so auch *Dallinger/Lackner* Rn. 12; für die JKammer als Gericht des ersten Rechtszuges BGHSt 18, 1 (3); vgl. aber auch → § 108 Rn. 20), sofern eine JStrafe bei Anklageerhebung noch nicht vollständig vollstreckt ist. Welches Gericht für die Aufgaben des Vollstreckungsleiters in Betracht kommt, regeln §§ 82 Abs. 1, 85 Abs. 3–5.

Neben praktischen Erwägungen (vgl. *Schaffstein/Beulke/Swoboda* Jugend- 13 StrafR 622) trägt der Gerichtsstand nach Abs. 1 Nr. 3 dem Umstand Rechnung, dass bei Vollstr von JStrafe die mit der Verhängung erstrebten Ziele hinsichtlich ihrer Verwirklichung in der **Verantwortung** des **Vollstreckungsleiters** liegen. Demgemäß soll dem Gerichtsstand des Vollstreckungsleiters bei Erhebung der Anklage ggü. den übrigen Gerichtsständen der Vorrang zukommen (Abs. 2). – Stehen dem Hinderungsgründe entgegen, sollte der Vollstreckungsleiter wenigstens von der Erhebung der Anklage und dem Ausgang des Verfahrens informiert werden (vgl. RL Nr. 2 zu § 42: Muss-Vorschrift).

b) Einzelne Verfahrensgestaltungen. Die Vorschrift des Abs. 1 Nr. 3 14 ist **nicht** zuständigkeitsbegründend, wenn **JA** vollzogen wird oder wenn eine **BewZeit** im Falle einer Aussetzung der Vollstr zBew nach §§ 21, 22 (OLG Jena OLGSt StPO § 8 Nr. 1) läuft (Gesetzeswortlaut). Dagegen **endet** die örtliche Zuständigkeit nach Abs. 1 Nr. 3 nicht schon mit einer Entscheidung gem. § 88 Abs. 1, sondern erst mit dem Erlass der JStrafe (§ 88 Abs. 6 iVm §§ 26a, 59 Abs. 4) oder der vollständigen Vollstr der JStrafe nach Widerruf der Aussetzung des Strafrestes zBew (§ 88 Abs. 6 iVm § 26 Abs. 1). – Ist nach § 85 Abs. 5 die Vollstr widerruflich abgegeben worden, so soll nicht nur bei dem JRichter, an den abgegeben worden ist, sondern auch bei dem abgebenden Vollstreckungsleiter (so noch ausdrücklich RL 3 zu § 27 RJGG 1943 für den entspr. Fall) die örtliche Zuständigkeit begründet sein (hM; *Dallinger/Lackner* Rn. 14; *Schatz* in Diemer/Schatz/Sonnen Rn. 18; zw.; Bedenken bei *Brunner/Dölling* Rn. 6; aA *Potrykus* Anm. 4; *Schady* in NK-JGG Rn. 9).

IV. Auswahl unter verschiedenen Gerichtsständen

1. Abs. 2

15   Die Vorschrift bindet die pflichtgemäße Ermessensentscheidung des **JStaatsanwalts** bei der Ausübung seines Wahlrechts (vgl. *Meyer-Goßner/ Schmitt* StPO Vor § 7 Rn. 10) unter mehreren Gerichtsständen (vgl. → Rn. 6; *Dallinger/Lackner* Rn. 19) an eine **regelmäßige Rangfolge.** Diese lautet – innerhalb des Abs. 1 – Nr. 3, sodann Nr. 1, und schließlich Nr. 2. Die genannten Gerichtsstände sind sämtlich im Grundsatz denjenigen des allg. StVR vorrangig. Sachliche Gesichtspunkte (Interessen des Beschuldig-ten, Verfahrensbeschleunigung, Vermeidung aufwändiger Reisen von Ver-fahrensbeteiligten und Zeugen) können dem JStaatsanwalt Veranlassung ge-ben, von der Rangfolge des Abs. 2 abzuweichen (allg. Auffassung; vgl. auch RL 1; betr. Gruppendelikte abwägend *Lange* NStZ 1995, 110). Wenngleich die Entscheidung der Staatsanwaltschaft, bei welchem Gericht sie Anklage erhebt, nach hM im allg. StVR nicht selbstständig angreifbar ist (vgl. etwa auch *Meyer-Goßner/Schmitt* StPO Vor § 7 Rn. 10; aA *Strubel/Sprenger* NJW 1972, 1738) und daher eine Begründungspflicht überwiegend verneint wird (OLG Jena OLG StPO § 8 Nr. 1 (Rn. 30, juris); ebenso (allerdings mit systematisch einwandbehaftetem Hinweis auch auf „Opferschutz") OLG Hamm BeckRS 2015, 8301; LG Verden StV 2008, 118; vgl. ähnlich schon *Dallinger/Lackner* Rn. 22 mwN), wird sich im JStV schon aus Gründen der dem Auftrag des § 2 Abs. 1 geschuldeten **Transparenz** (vgl. nur → § 3 Rn. 16, → § 40 Rn. 8, → § 61a Rn. 4, → § 72 Rn. 24) wie auch zwecks geeigneter Prüfung unter Würdigung der Grundsätze des JGG durch das JGericht (vgl. → Rn. 16) eine Begründung (in der Anklageschrift) zumindest empfehlen.

15a   Nicht unbedenklich erscheint allerdings eine Praxis (vgl. in diesem Zu-sammenhang auch BGH NStZ 2008, 695), in *Verkehrsstrafsachen* regelmäßig den Gerichtsstand des Tatorts (§ 7 StPO) vorzuziehen (vgl. RL zu § 108; abl. auch *Wellershoff* in BeckOK JGG Rn. 5).

2. Prüfung durch das Jugendgericht

16   Die getroffene Auswahlentscheidung der JStaatsanwaltschaft darf das JGe-richt nur auf Sachlichkeit der Gründe und Fehlerfreiheit bei der Ermessens-ausübung prüfen (abl. *Wellershoff* in BeckOK JGG Rn. 15.1), wozu zentral auch gehört, ob die JStaatsanwaltschaft die gesetzlichen Wertungen – auch solche des JGG – wesentlich berücksichtigt hat (vgl. ähnlich OLG Hamm BeckRS 2015, 8301). Ergibt die Prüfung, dass bei dem ausgewählten Ge-

richt ein Gerichtsstand nicht begründet ist, so erklärt das Gericht seine Unzuständigkeit (LG Verden StV 2008, 118); ggf. lehnt es die Eröffnung des Hauptverfahrens ab. Eine Abgabe an ein anderes Gericht kommt mangels gesetzlicher Grundlage (keine solche ist § 209 StPO) nicht in Betracht (*Brunner/Dölling* Rn. 8 mwN; zur weiteren Begründung *Meyer-Goßner/ Schmitt* StPO § 16 Rn. 5), gilt jedoch als unschädlich, soweit die JStaats-anwaltschaft zustimmt und ein ausdrücklicher Eröffnungsbeschluss des an-gegangenen Gerichts vorliegt (OLG Braunschweig JZ 1992, 420; OLG Karlsruhe GA 1977, 58). – Nach Eröffnung des Hauptverfahrens bis zur Vernehmung des Angeklagten zur Sache ist eine Unzuständigkeitserklärung durch das Gericht (verbunden mit einer Entscheidung nach §§ 206a, 260 Abs. 3 StPO) nur noch auf Einwand des Angeklagten (vgl. → Rn. 17) zulässig (§ 2 Abs. 2, § 16 S. 2, 3 StPO; zum Verfahren bei Aufenthalts-wechsel vgl. → Rn. 19 ff.).

3. Einwand der örtlichen Unzuständigkeit

Der Beschuldigte hat auf die Auswahl des Gerichtsstandes durch die **17** JStaatsanwaltschaft keinen Einfluss. Er kann aber (wie der Erziehungsberech-tigte und der gesetzliche Vertreter, § 67 Abs. 1; vgl. auch *Meyer-Goßner/ Schmitt* StPO § 16 Rn. 3, § 6a Rn. 5) schon im Eröffnungsverfahren (§ 2 Abs. 2, § 201 Abs. 1 StPO; *Meyer-Goßner/Schmitt* StPO § 201 Rn. 6) und bis zum Beginn seiner Vernehmung zur Sache in der HV (§ 2 Abs. 2, § 16 S. 3 StPO) den Einwand der örtlichen Unzuständigkeit erheben.

V. Möglichkeiten der Abgabe des Verfahrens

Abs. 3 gilt nur im Verhältnis der JGerichte zueinander. Für das Verhältnis **18** der JGerichte zu den Erwachsenengerichten vgl. Erl. zu §§ 33–33b. – Fand der Aufenthaltswechsel bereits vor Erhebung der Anklage statt, kommt Abs. 3 nicht zur Anwendung (Gesetzeswortlaut „wechselt der Angeklagte"; stRspr, vgl. nur BGH BeckRS 2014, 7288 = NStZ-RR 2014, 229 (Ls.); *Dallinger/Lackner* Rn. 25), dh die StA kann formlos an diejenige des neuen Aufenthaltsorts abgeben.

1. Aufenthaltswechsel (Abs. 3)

a) Entscheidungsnähe. Der Gesichtspunkt der Entscheidungsnähe im **19** JStV findet in Abs. 3 S. 1 Berücksichtigung. Danach kann das JGericht, bei dem das *Hauptverfahren eröffnet* ist (vgl. Gesetzeswortlaut („der Angeklagte …") sowie § 157 StPO; BGHSt 13, 209 (217); BGHR JGG § 42 Abs. 3, Abgabe 1: erforderlich auch bei „Verbindung" mit einem bereits eröffneten Verfahren; ebenso BGH NStZ-RR 1997, 380; BGH BeckRS 2014, 1645; s. ansonsten § 156 StPO), das Verfahren bei einem *Aufenthaltswechsel* des Ju-gendlichen oder Heranwachsenden *nach* Erhebung der *Anklage* (vgl. BGHSt 13, 209; BGHR JGG § 42 Abs. 3, Abgabe 2; BGH BeckRS 2003, 06213; 2011, 15362; 2010, 28815; 2011, 13556; 2013, 1509; 2013, 13046; 2016, 11728; 2017, 132092; vgl. auch LG Wiesbaden StraFo 2006, 204) mit Zustimmung des JStaatsanwalts an das JGericht abgeben, in dessen Bezirk sich der Jugendliche oder Heranwachsende nunmehr aufhält. Maßgeblich ist der *tatsächliche* – dh unabhängig von Wohnsitz (§ 8 StPO; ebenso bei Fehlen eines festen Wohnsitzes (vgl. nur BGH NStZ-RR 2015, 353)) oder einer Meldeanschrift (BGH ZJJ 2007, 82) – gegebene Aufenthalt, der aber nicht nur zum Schein am neuen Ort bestehen darf (BGH BeckRS 2018, 27570). Vielmehr muss der Wechsel des Aufenthaltsortes nach Einschätzung des Gerichts feststehen (BGH NStZ-RR 2019, 60 = BeckRS 2019, 4237).

19a Hierbei soll es unerheblich sein, ob der Angeklagte seinen Aufenthalt im Zeitpunkt der Anklageerhebung noch im Bezirk des abgebenden Gerichts hatte oder sich zu diesem Zeitpunkt (vorübergehend) in einem dritten Bezirk aufhielt (BGHSt 10, 323 sowie BGH 10.9.1991 – 2 ARs 374/91; BeckRS 2014, 14289). An das Gericht, in dessen Bezirkt der Aufenthaltsort bereits vor Anklageerhebung verlegt worden war, ist aber jedenfalls keine Abgabe nach Abs. 3 möglich, BGH BeckRS 2014, 07288; 2018, 3566). – Ein Aufenthaltswechsel *zwischen* Anklageerhebung und Eröffnung des Hauptverfahrens steht der Abgabe nicht entgegen (BGH NJW 1959, 1834; BeckRS 2010, 14143; OLG Stuttgart Die Justiz 1991, 94; OLG Hamm BeckRS 2013, 11364 = NStZ-RR 2013, 357 (Ls.)).

19b **aa)** Die Abgabe wird *sich empfehlen,* wenn eine *längerfristige* Verweildauer am *neuen* Aufenthaltsort zu erwarten ist. Hierbei kann der Funktion der *JGH* am Aufenthaltsort vorrangige Bedeutung zukommen (BGH StraFo 2007, 162; BeckRS 2010, 28816; 2012, 17663; 2014, 14289; eher weniger rigide bei inzwischen Erwachsenen BGH BeckRS 2014, 7287 Rn. 3; OLG Hamm 19.11.2012 – 3 (s) Sdb. I – 10/12 Rn. 8, BeckRS 2013, 11364 (→ Rn. 19); dies gilt ggf. auch für die BewHilfe (vgl. BGH NStZ-RR 2018, 227 betr. Führungsaufsicht, trotz Ruhens). Wesentliche Gesichtspunkte sollen auch darin gesehen werden dürfen, dass eine Beweisaufnahme nicht erforderlich sei (BGH 1.7.1998 – 2 ARs 208/98 bei *Böhm* NStZ-RR 1999, 290 f. (wegen Geständnisses, zw.)) oder dass ein weiteres JStrafverfahren am neuen Aufenthaltsort anhängig ist. – Zwar ist die Abgabe auch bei kurzfristigem Aufenthaltswechsel zulässig, jedoch im Allg. nicht zweckmäßig. Anders kann es sich, abhängig vom Einzelfall, bei längerer Verfahrensdauer verhalten. Hier ist dann bisweilen auch eine mehrfache Abgabe nach Abs. 3 angezeigt – einschließlich einer ggf. sachgerechten Rückübertragung an das ursprünglich zuständige Gericht – und zulässig (BGH BeckRS 2019, 2219).

19c **bb)** Eher von *abzusehen* ist von der Abgabe, wenn damit eine erhebliche Verzögerung oder Aufwandserhöhung des Verfahrens verbunden wäre. Dabei kann zB einer gewissen Vertrautheit des abgebenden Gerichts (vgl. BGH BeckRS 2010, 6677; 2010, 13915; 2013, 15923; StraFo 2015, 163: „kein fester Wohnsitz"; BeckRS 2017, 132092; OLG Hamm 19.11.2012 – 3 (s) Sdb. I – 10/12 Rn. 8, BeckRS 2013, 11364 (→ Rn. 19)) bzw. der JGH (vgl. BGH BeckRS 2013, 7376) mit der JStrafsache ebenso Bedeutung zukommen (vgl. BGH BeckRS 2010, 6677 sowie BeckRS 2010, 13915; einschr. aber bei „überschaubaren Tatvorwürfen" BeckRS 2014, 14289) wie dem Wohnsitz der Zeugen (vgl. BGH BeckRS 2013, 7376: sämtliche 24 Zeugen; BeckRS 2013, 15923; 11.2.2014 – 2 ARs 242/13; BeckRS 2017, 102892; 2017, 116408; (betr. auch Wahl eines Verteidigers aus dem vormaligen Aufenthaltsort) BeckRS 2014, 7287; 2016, 5139; OLG Zweibrücken BeckRS 2015, 6197) bzw. der Mitangeklagten (BGH BeckRS 2003, 06213; 2013, 1509) am Ort oder im näheren Umkreis des Gerichts (BGH StraFo 2004, 280; 2006, 415). Liegen das abgebende JGericht und das JGericht des neuen Aufenthaltsortes räumlich nahe beieinander, so wird tendenziell weniger ein

Anlass für eine Abgabe anerkannt (vgl. etwa OLG Düsseldorf MDR 1993, 265; NStZ-RR 1996, 348). Gegen eine Abgabe kann auch der Umstand herangezogen werden, dass am bisherigen Aufenthaltsort ein anderes JStrafverfahren gegen den Angeklagten anhängig ist (BGH BeckRS 2014, 1753; betr. an das dortige Gericht „adressierte" Anklageschrift BGH BeckRS 2015, 14731). – Ob Entsprechendes in Verfahren wegen sog. „Bagatellsachen" gelten darf (vgl. BGHSt 13, 186 (190)), wird sich nur nach Abwägung mit jugendstrafrechtlichen Schutzbelangen beantworten lassen. Ähnliches wird zu berücksichtigen sein, wenn der Wohnortwechsel erst in der HV bekannt wird (BGH NStE Nr. 1 zu § 42: auf nur einen Verhandlungstag angesetzt, keine eindeutig entgegenstehenden sonstigen Gründe).

b) Einzelne Verfahrensarten; Ende der Abgabemöglichkeit. 20 aa) aa) Im **vereinfachten Jugendverfahren** ist eine Abgabe nach Abs. 3 unzulässig (BGHSt 12, 180 (182); BGH NStZ 2019, 679; *Brunner/Dölling* Rn. 11; *Dallinger/Lackner* Rn. 38; aA *Schnitzerling* DRiZ 1958, 315; *Schady* in NK-JGG Rn. 12; Nix-*Herz* Rn. 15; vgl. auch § 77). Dasselbe gilt für das (gegen Heranwachsende an sich zulässige, §§ 79 Abs. 2, 109; vgl. näher bei § 109) **beschleunigte Verfahren** (§§ 417 ff. StPO; BGH NJW 1961, 789; vgl. auch BGHSt 15, 314; vgl. zudem *Erb* in Löwe/Rosenberg StPO § 12 Rn. 6, 24). Im **Strafbefehls**verfahren gegen Heranwachsende, das die Anwendung des allg. StR voraussetzt (vgl. §§ 79 Abs. 1, 109 Abs. 2 S. 1), soll die Abgabe gem. Abs. 3 erst nach Beginn der auf rechtzeitigen Einspruch hin anberaumten HV (§ 411 Abs. 1 S. 2 StPO) zulässig sein (BGHSt 13, 186 (188); BGH StraFo 2011, 218; BeckRS 2014, 17820; *Dallinger/Lackner* Rn. 31 mwN), dies wird sich aber im Hinblick auf eine etwaige Verfahrensverzögerung nur selten empfehlen.

bb) Die Abgabemöglichkeit endet mit Erlass des **Urteils** des ersten 21 Rechtszuges. Danach geht der Instanzenzug vor (vgl. schon BGHSt 10, 177; 18, 261; 19, 177 (179); OLG Frankfurt/M. NJW 1956, 521) mit der Folge, dass auch nach Zurückweisung durch das Rechtsmittelgericht eine Änderung der örtlichen Zuständigkeit durch Abgabe nach Abs. 3 nicht mehr zugelassen wird (BGHSt 10, 177; 18, 261 mAnm *Busch* LM § 42 Nr. 13). Dasselbe gilt nach einer Entscheidung gem. § 27 für das Verfahren nach **§ 30** (BGHSt 8, 346; NStZ 2011, 524; s. § 62).

c) Zur Frage der Freiwilligkeit des Aufenthaltswechsels. aa) Da die 22 Zuständigkeit nach Abs. 3 durch eine richterliche Entscheidung bestimmt wird (im Gegensatz zur Begründung des Gerichtsstandes nach Abs. 1 Nr. 2), soll es auf die **Freiwilligkeit** des Aufenthaltswechsels für die Abgabe nicht ankommen (iErg hM; vgl. BGH BeckRS 2019, 4238; s. schon BGH NJW 1954, 1775; BGHSt 13, 209 (214); BGH *Herlan* GA 1963, 106; *Bender* JGG Rn. 30; *Dallinger/Lackner* Rn. 30; *Becker* NJW 1954, 335 f.; *Schnitzerling* DRiZ 1958, 315; aA *Dünhaupt* NJW 1954, 1775; *Pentz* NJW 1954, 1351; *Potrykus* Anm. 6). Gegen diese Auslegung bestehen Bedenken schon nach dem Wortlaut des Gesetzes („Wechselt der Angeklagte seinen …"). Gegebenenfalls ist auch ein Missbrauch im Sinne einer „Verschiebung" nicht auszuschließen.

bb) Bei *mehrfachem* Aufenthaltswechsel kann wiederholt abgegeben wer- 23 den (allg. Auffassung, vgl. auch BGHSt 13, 284 (286)).

24   **d) Einzelne Fallgestaltungen. Lehnt** das **JGericht** des neuen Aufenthaltsortes die Übernahme **ab,** so liegt eine wirksame Abgabe nicht vor, sodass die Sache bei dem um Übernahme ersuchenden Gericht anhängig bleibt. In diesem Fall entscheidet das gemeinschaftliche obere Gericht (Abs. 3 S. 2; vgl. BGHSt 11, 80; 16, 78 (84); 24, 332; BayObLGSt 57, 165). − Nach wirksamer Übernahme ist eine **nachträgliche Aufhebung** durch das übernehmende Gericht **ausgeschlossen,** dh das abgebende Gericht ist nicht mehr zuständig (OLG Schleswig SchlHA 1991, 167). Geschieht die Übernahme jedoch, **ohne** dass die **Voraussetzungen** des Abs. 3 S. 1 tatsächlich vorlagen, so entfaltet sie **keine bindende** Wirkung für das übernehmende Gericht (BGH BeckRS 2018, 27570; s. auch BGHR § 42 Abs. 3, Abgabe 1, wonach die unzulässige Abgabe und unwirksame Eröffnung des Hauptverfahrens durch das übernehmende Gericht zur Aufhebung der Übernahme führt; BGH BeckRS 2012, 15955; vgl. aber auch BGHR JGG § 42 Abs. 3 Abgabe 2: Übertragung gem. § 12 Abs. 2 StPO trotz zuvor fehlerhafter Abgabe).

24a   War das abgebende Gericht **sachlich nicht zuständig** (zB betr. bereits Erwachsenen), so ist die Abgabe wie die Übernahme unzulässig. Wird dies nicht mit Unwirksamkeit gleichgesetzt, so ist zumindest aufzuheben (AG Berlin-Tiergarten 9.2.2001 − (420) 3 Op Js 148/01 (3/01)).

2. Sonstige Übertragungsgründe

25   Vom Umstand des Aufenthaltswechsels abgesehen, ist eine Abgabe im Übrigen grundsätzlich nicht zulässig, da die einmal begründete örtliche Zuständigkeit durch den **nachträglichen Wegfall** der sie begründenden **Umstände** nach dem Grundsatz der perpetuatio fori nicht berührt wird. Ausnahmsweise gestattet § 12 Abs. 2 StPO auf Antrag oder von Amts wegen die Übertragung der Sache nach Anklageerhebung durch das gemeinschaftliche obere Gericht an ein anderes Gericht, das schon für die Eröffnung des Hauptverfahrens zuständig gewesen wäre (BGHSt 13, 209 (217)). Weitere gesetzlich geregelte Übertragungsmöglichkeiten beinhalten § 58 Abs. 3 S. 2, § 88 Abs. 6 S. 3 sowie § 72 Abs. 6; § 65 Abs. 1 S. 4 sieht eine Abgabemöglichkeit vor.

VI. Revision

26   Der absolute Revisionsgrund nach § 338 Nr. 4 StPO ist gegen ein Urteil des örtlich unzuständigen Gerichts (auch infolge fehlerhafter Abgabe nach Abs. 3; vgl. im Übrigen die Erl. bei einzelnen Vorschriften) gegeben, wenn der zulässig erhobene Einwand nach § 16 S. 2, 3 StPO erfolglos geltend gemacht wurde − allerdings ist die Frage nach der (uneingeschränkten) Anwendbarkeit der Rügepräklusion auch im JStrafverfahren (§ 2 Abs. 2) nicht abschließend geklärt.

Dritter Abschnitt. Jugendstrafverfahren

Erster Unterabschnitt. Das Vorverfahren

Umfang der Ermittlungen

43 (1) [1]Nach Einleitung des Verfahrens sollen so bald wie möglich die Lebens- und Familienverhältnisse, der Werdegang, das bisherige Verhalten des Beschuldigten und alle übrigen Umstände ermittelt werden, die zur Beurteilung seiner seelischen, geistigen und charakterlichen Eigenart dienen können. [2]Der Erziehungsberechtigte und der gesetzliche Vertreter, die Schule und der Ausbildende sollen, soweit möglich, gehört werden. [3]Die Anhörung der Schule oder des Ausbildenden unterbleibt, wenn der Jugendliche davon unerwünschte Nachteile, namentlich den Verlust seines Ausbildungs- oder Arbeitsplatzes, zu besorgen hätte. [4]§ 38 Absatz 6 und § 70 Absatz 2 sind zu beachten.

(2) [1]Soweit erforderlich, ist eine Untersuchung des Beschuldigten, namentlich zur Feststellung seines Entwicklungsstandes oder anderer für das Verfahren wesentlicher Eigenschaften, herbeizuführen. [2]Nach Möglichkeit soll ein zur Untersuchung von Jugendlichen befähigter Sachverständiger mit der Durchführung der Anordnung beauftragt werden.

Schrifttum *Barbey,* Das forensisch-psychiatrische Interview. SozEp-Berichte 1/1980, Bundesgesundheitsamt; *Beckmann,* Die Bestimmung der strafrechtlichen Verantwortlichkeit nach § 3 JGG, 1969; *du Bois* (Hrsg.), Praxis und Umfeld der Kinder- und Jugendpsychiatrie, 1990; *Coskun,* Kommunikation und Kooperation durch fachliche Konfrontation zwischen Jugend(gerichts)hilfe und Justiz im Verfahren nach dem JGG, 2013; *Eickmeyer,* Die strafrechtliche Behandlung der Heranwachsenden nach § 105 JGG, 1963; *Erikson,* Identität und Lebenszyklus, 1973; *Feuerhelm/Kügler,* Das „Haus des Jugendrechts" in Stuttgart Bad Cannstadt, 2003; Kaiser/Kerner FS Göppinger, 1990; *Graumann* (Hrsg.), Sozialpsychologie. Handbuch der Psychologie Bd 7, 1968; *Häßler/Kinze/Nedopil* (Hrsg.), Praxishandbuch Forensische Psychiatrie, 2. Aufl. 2015; *Kern,* Jugendliche und heranwachsende Tötungsdelinquente (1950–1979), 2010; *Kersten/v. Wolffersdorff-Ehlert,* Jugendstrafe – Innenansichten aus dem Knast, 1980; *Kühling,* Zur Kriminologie und strafrechtlichen Behandlung Heranwachsender, 1958; *Lohmar,* Die strafrechtliche Behandlung der Heranwachsenden nach § 105 JGG, 1966; *Müller* (Hrsg.), Neurobiologie forensisch-relevanter Störungen, 2010; *Möller* (Hrsg.), Dasselbe in grün?, 2010; *Nygaard,* Die prädiktive Validität des HCR 20/2, der PCL-R und des ILRV für die Vorhersage gewalttätiger krimineller Rückfälle, 2006; *Peters,* Fehlerquellen im Strafprozeß, 1970 (Bd. 2, 1972); *Pfäfflin,* Vorurteilsstruktur und Ideologie psychiatrischer Gutachten über Sexualstraftäter, 1978; *Plewig,* Funktion und Rolle des Sachverständigen aus der Sicht des Strafrichters, 1983; *Pongratz ua,* Kinderdelinquenz, 2. Aufl. 1977; *Rasch,* Forensische Psychiatrie, 4. Aufl. 1999 (3. Aufl. 2004, 4. Aufl. 2013, jeweils fortgeführt von Konrad); *Remschmidt ua.,* Tötungs- und Gewaltdelikte junger Menschen Ursachen, Begutachtung, Prognose, 2012; *Schepker,* Zur Indikationsstellung jugendpsychiatrischer Gerichtsgutachten, 1998; *Simitis ua,* Das Kindeswohl in der vormundschaftlichen Praxis, 1977; *Stober* (Hrsg.), Der Beitrag des Sicherheitsgewerbes zur Kriminalprävention, 2003; *Warnke ua* (Hrsg.), Forensische Kinder- und Jugendpsychiatrie, 1997; *Zwiehoff,* Das Recht auf den Sachverständigen, 2000.

Übersicht

I. Anwendungsbereich

1. Persönlicher Anwendungsbereich

1 **a) Jugendliche.** Die Vorschrift gilt auch in Verfahren gegen Jugendliche vor den für allg. Strafsachen zuständigen Gerichten (§ 104 Abs. 1 Nr. 3), jedoch mit der Einschränkung, dass in Ausnahmefällen unter den engen Voraussetzungen von § 104 Abs. 3 (näher → § 104 Rn. 7) nach dem pflicht-gemäßen Ermessen des Richters die Heranziehung der JGH und/oder die Beteiligung des Erziehungsberechtigten und des gesetzlichen Vertreters un-terbleiben kann (vgl. auch RL 9).

b) Heranwachsende. Die Vorschrift ist in Verfahren gegen Heranwach- 2
sende (auch noch nach Vollendung des 21. Lbj.; s. § 1 Abs. 2) vor den
JGerichten entsprechend anzuwenden (§ 109 Abs. 1 S. 1; näher → § 109
Rn. 4). Dies gilt auch vor den für allg. Strafsachen zuständigen Gerichten,
soweit nicht betr. die Heranziehung der JGH unter den Voraussetzungen
von § 104 Abs. 3 ausnahmsweise eine einschränkende Anwendung geboten
ist (§§ 104 Abs. 1 Nr. 3, Abs. 3, 112 S. 1; vgl. RL 12).

c) Soldatinnen und Soldaten. Wegen Besonderheiten in der Anwen- 3
dung der Vorschrift – insb. der Anhörung des Disziplinarvorgesetzten zusätzlich zu den in Abs. 1 S. 2 aufgeführten Personen – vgl. → § 112d Rn. 6,
7 (s. ferner § 112e).

2. Vereinfachtes Jugendverfahren

Wegen der Anwendbarkeit in diesem Verfahren vgl. → §§ 76–78 **3a**
Rn. 22 ff.

3. Ordnungswidrigkeitenverfahren

Im Bußgeldverfahren nach dem OWiG gilt die Vorschrift sinngemäß (vgl. 4
auch → § 78 Rn. 36), jedoch kann von der Heranziehung der JGH nach
pflichtgemäßem Ermessen abgesehen werden (vgl. betr. Mitteilung → § 78
Rn. 36), wenn ihre Mitwirkung für die sachgemäße Durchführung des Verfahrens entbehrlich ist (§ 46 Abs. 1 (und Abs. 2), Abs. 6 OWiG; vgl. aber
→ § 38 Rn. 48; vgl. auch *Seitz/Bauer* in Göhler OWiG OWiG § 46 Rn. 34:
„die Regel" (weniger eng OWiG Vor § 59 Rn. 164); diff. *Lampe* in KK-
OWiG OWiG § 46 Rn. 48). Eher nicht abgesehen werden darf daher zB
bei Vorliegen tatsächlicher Anhaltspunkte für das Fehlen strafrechtlicher Verantwortlichkeit (§ 12 Abs. 1 S. 2 OWiG, § 3 S. 1), für nicht unerhebliche
Schulversäumnisse (vgl. aber näher → § 11 Rn. 15), für nicht nur phasisch
oder gar situativ bedingte Tendenzen der Missachtung von Straftatbeständen
(vgl. näher → § 5 Rn. 37 ff., 87) sowie bei – dem Konflikt zwischen Grundsätzen des JGG bzw. des OWiG geschuldeten – Geldbußen, die der Betroffene nicht aufbringen kann (vgl. → § 82 Rn. 33), und ohnehin bei Anstehen
von Vollstreckungsmaßnahmen nach § 98 OWiG (vgl. → § 82 Rn. 29).
Andererseits wird hinsichtlich der Handhabung der Vorschrift der Grundsatz
der Verhältnismäßigkeit besonders zu beachten sein (zust. *Laubenthal* Jugendgerichtshilfe 146; eine Unterbringung zur Beobachtung (§ 73) – iRv Abs. 2
– ist ohnehin unzulässig, § 46 Abs. 2 S. 1 OWiG (vgl. → § 38 Rn. 48,
→ § 73 Rn. 8)).

II. Tragweite der Vorschrift

1. Entstehungsgeschichte

a) JGG 1923 (und RJGG 1943). aa) Abs. 1 S. 1 knüpft an die Rege- 5
lung ua in § 31 Abs. 1 S. 1 JGG 1923 (besonders Ermittlung der Lebensverhältnisse) an. Jedoch hatte diese Regelung (ebenso wie diejenige in § 28
Abs. 1 S. 1 RJGG 1943) auf eine Betonung des – uU als negativ abw.
beurteilten – Vorverhaltens verzichtet. Zudem waren zwar in § 31 Abs. 1

S. 1 JGG 1923 die körperliche und geistige, in § 28 Abs. 1 S. 1 RJGG 1943 darüber hinaus die seelische, jedoch in keinem Fall die – in besonderem Maße zur Disposition der Ermittelnden stehende – charakterliche Eigenart genannt. – Das 1. JGG-ÄndG hat im Übrigen in Abs. 1 S. 3 die Anhörung der Schule dem Grundsatz der Verhältnismäßigkeit unterstellt.

6 **bb) Abs.** 2 ging die Regelung in § 31 Abs. 1 S. 2 JGG 1923 voraus, wonach in (nicht näher umschriebenen) „geeigneten Fällen" eine ärztliche Untersuchung des Beschuldigten herbeigeführt werden sollte. Demgegenüber sah § 28 Abs. 3 RJGG 1943 im Wege einer Kann-Bestimmung die Untersuchung durch einen „kriminalbiologisch vorgebildeten Jugendarzt" (und ggf. die Unterbringung zur Beobachtung gem. § 47 RJGG 1943 (zum geltenden Recht s. § 73)) unter Hervorhebung des Falles vor, in dem die Frage zu klären war, ob der Beschuldigte ein „jugendlicher Schwerverbrecher" (iSd VO v. 4.10.1939 (RGBl. I 2000)) sei.

7/8 **b) 1. JGGÄndG.** Dieses Gesetz führte ein, dass der Sachverständige zur **Untersuchung** von **Jugendlichen** befähigt sein muss (**Abs. 2 S. 2;** vgl. auch → Rn. 28, 50, 62; zur vormaligen Verwendung des verengenden Begriffs „kriminalbiologisch" näher 3. Aufl., Rn. 7, 8). Jedoch ist diese Fassung in einer die Grenze zur Unverbindlichkeit berührenden Weise allg. gehalten. Zudem ist Abs. 2 S. 2 mit dem Vorbehalt „nach Möglichkeit" versehen.

2. Bedeutung der Vorschrift

9 Der Erziehungsauftrag (§ 2 Abs. 1) verlangt – in Erweiterung bzw. Ersetzung von Regelungen des allg. StVR (s. §§ 160 Abs. 3, 161 Abs. 1 StPO (vgl. auch Nr. 1 RiStBV)) – zwingend Ermittlungen zur Persönlichkeit des Jugendlichen in ihrer Entwicklung und ihren psychosozialen Beziehungen (insoweit krit. zur bloßen Soll-Vorschrift bereits NDV 1952, 230; ferner → Einl. Rn. 38). Denn idR sind erst auf dieser Grundlage die Beurteilung gem. § 3 S. 1 sowie, bejahendenfalls, die Bestimmung einer als erzieherisch ggf. geeignet erachteten Rechtsfolge und deren Umsetzung vertretbar. Adressaten der Vorschrift sind (vorrangig) die JStaatsanwaltschaft und das JGericht (vgl. auch → Rn. 16).

10 **a) Ermittlungen.** Im Hinblick auf die Verfehlung erstrecken sich die Ermittlungen nach § 43 (ggf. ergänzt nach § 44) auf den Stellenwert der mutmaßlichen Tat im Lebenszusammenhang des Jugendlichen. Demgegenüber geschieht die Aufklärung des vorgeworfenen Tatgeschehens nach Maßgabe von § 2 Abs. 2, §§ 155, 244 Abs. 2 StPO im Vorverfahren in dem gesetzlich vorgeschriebenen Umfang (§§ 152 Abs. 2, 160, 163 StPO) unter Achtung der Persönlichkeitsrechte und des Persönlichkeitsschutzes (s. insb. Art. 1, 2, 10, 13, 103 Abs. 1, 104 GG, Grundsatz der Verhältnismäßigkeit, Art. 5, 6 EMRK, §§ 81a, 98 ff., 102 ff., 112 ff., 135–136a StPO (iVm § 163a Abs. 3 S. 2 StPO), § 137 StPO; ferner Nr. 4, 4a RiStBV).

11 **b) Grundsatz der Verhältnismäßigkeit. aa)** Die Erfordernisse der Vorschrift stehen in einem gewissen Spannungsverhältnis zu dem erzieherisch legitimierten Beschleunigungsprinzip (vgl. RL 6; näher → § 55 Rn. 37) und finden ihre Grenze in dem Grundsatz der Verhältnismäßigkeit (vgl. auch Abs. 1 S. 3, Abs. 2 S. 1: „soweit erforderlich"). Der Umfang der Ermittlungen zur Persönlichkeit wird danach zu bestimmen sein, dass zum einen

einer **persönlichkeitsadäquaten Intervention** durch eine geeignete Rechtsfolge verschiedentlich Vorrang vor einer (ihrerseits als erzieherisch verstandenen) **Beschleunigung** gebührt (vgl. zu „besonderer Sorgfalt" Art. 13 Abs. 1 RL EU 2016/800; ferner → Einl. Rn. 42 f.). Dies ist allerdings nicht der Fall bei höherrangigen Gründen der Beschleunigung (zB Freiheitsentzug bei U-Haft (s. § 72 Abs. 5, Art. 5 Abs. 3 S. 2 EMRK, Nr. 5 Abs. 4 S. 1 RiStBV)). Zum anderen dürfen Ausmaß und Intensität der Ermittlungen nicht über das hinausgehen, was bezogen auf den Anlass der jugendstrafrechtlichen Intervention **angemessen** ist (Übermaßverbot sowie Zweck-Mittel-Relation) – der Anlass bestimmt sich nach objektiv-individuellem Schweremaßstab (vgl. näher → § 55 Rn. 73–74b).

bb) So ist zB eine Anklageerhebung bzw. Eröffnung der HV vor Ab- **11a** schluss der Ermittlungen zur Person wegen Schutzbelangen Jugendlicher wie ggf. auch aus verfahrensökonomischen Gründen im Allg. nicht unbedenklich (eher anders *Brunner/Dölling* Rn. 17) und gem. § 46 nF an Bedingungen geknüpft, sodass Aspekte der Beschleunigung insoweit zurückzutreten haben. Hieraus folgt auch, dass die Ermittlungen nur so lange zu führen sind, wie überhaupt mit einer Maßnahme zu rechnen ist (vgl. § 45 Abs. 1), oder aber bis nach dem Ermittlungsstand davon ausgegangen werden kann, dass eine erzieherisch angezeigte Rechtsfolge auch dem Grundsatz des geringstmöglichen Eingriffs genügt (vgl. § 45 Abs. 2, 3; vgl. im Übrigen → § 45 Rn. 19 ff., 25, 30, → § 47 Rn. 14 ff.). Zu bedenken ist hierbei, dass dem Prinzip der Verhältnismäßigkeit auch eine unmittelbare erzieherische Funktion zukommt, soweit – nach erziehungspsychologisch begründeter Auffassung – gerade verstärkt sozial beeinträchtigte Jugendliche häufig eine erhöhte Sensibilisierung für die Frage nach der Proportionalität einer Reaktion auf ein bestimmtes Verhalten aufweisen (vgl. bereits *Blau* MDR 1958, 731 (732) mit Fallbeispielen).

III. Umfang der Ermittlungen

1. Inhaltliche Umgrenzung (Abs. 1 S. 1)

a) Gegenstand. aa) Es entspricht allg. Auffassung, dass sämtliche im **12** Hinblick auf eine sog. Gesamtbeurteilung der erfassbaren Merkmale und ihre besonderen Ausprägungen den Gegenstand der Ermittlungen bilden können (s. etwa *Dallinger/Lackner* Rn. 18), wobei die vom Gesetzgeber gewählte Differenzierung von Persönlichkeitsdimensionen nur Anhaltspunkte bietet. So sind unbeschadet der im JGG 1953 vorgenommenen Ersetzung des Begriffs der „körperlichen" durch den der „charakterlichen" Eigenart (vgl. → Rn. 5) ggf. auch physische Besonderheiten (vgl. etwa → § 5 Rn. 82, 82a) entsprechend dem ihnen im Einzelfall zukommenden Stellenwert zu berücksichtigen, zumal die Fassung des RJGG 1943 in § 54 Abs. 1 S. 2 wörtlich beibehalten wurde (vgl. → § 54 Rn. 4f). Zu den zu erhebenden Merkmalsausprägungen zählen wesentlich auch Normen- und Wertvorstellungen des Jugendlichen und der für ihn relevanten Kontakt- und Bezugspersonen bzw. -gruppen (unter besonderer Berücksichtigung von Gleichaltrigengruppen) sowie situative Umstände der (mutmaßlichen) Tat, Merkmale des Verhältnisses zwischen dem Jugendlichen und dem (mutmaßlichen) Opfer, dem Jugendlichen tatsächlich zur Verfügung stehende Geldmittel, etc. In der

Praxis findet sich demgegenüber vielfach eine inhaltliche Beschränkung auf den Leistungsbereich (Schule, Berufsausbildung und -tätigkeit) sowie auf die Herkunftsfamilie und im Einzelnen eine unzureichende Berücksichtigung zB auch von Fragen des Alkohol- und/oder Drogeneinflusses (vgl. → § 5 Rn. 43, 80, 81).

13   **bb)** Im Hinblick auf die Erforschung der Persönlichkeit in ihrer **psychosozialen Entwicklung** werden die statischen Begriffe in Abs. 1 S. 1 einem dynamischen Konzept nicht gerecht, demzufolge Eigenschaften einer Person nur relativ und weithin nur in Bezug auf situative Bedingungen existieren. Demgemäß können sich aus einer insoweit isolierten Erhebung struktureller Persönlichkeitsmerkmale verlässliche Anzeichen für das reale Verhalten in bestimmten Situationen nicht ergeben (vgl. schon *Remschmidt* MschKrim 1978, 79 (91)), dh die Vorgaben der Gesetzesformulierung bieten keine hinreichenden Anhaltspunkte für eine prognostische Aussage (vgl. → § 5 Rn. 29–36).

14   **b) Jugendkriminologische Befunde.** Soweit diesbezügliche Forschungsergebnisse über Zusammenhänge zwischen delinquentem Verhalten und „Umständen" vorliegen, die von bedeutsamem Einfluss auf die Persönlichkeitsbeurteilung sind (näher → § 5 Rn. 37–82a), so ist grundsätzlich zu beachten, dass sie sich überwiegend in *retrospektiver* Orientierung auf bereits *verurteilte* Jugendliche beziehen. Demgegenüber geschieht die Interpretation von Persönlichkeitsmerkmalen im JStrafverfahren vor der Verurteilung und damit in einem Stadium, in dem eine Zuordnung des delinquenten Verhaltens noch nicht verbindlich erfolgt ist. Demgemäß – wie auch wegen der probabilistisch-stochastischen Natur derartiger Zusammenhänge – dürfen Merkmale der Persönlichkeit eines Jugendlichen, die (nur) statistisch signifikant häufig iZm registrierter Delinquenz erfasst wurden, bei der verfahrensrechtlich geregelten Schuldfeststellung nicht berücksichtigt werden (n. zu Fragen der Interpretation von Befunden *Eisenberg/Kölbel* Kriminologie § 54). Für den konkreten Einzelfall besteht die *Pflicht,* der Tendenz *entgegenzutreten,* diejenigen neuen Informationen systematisch zu *überschätzen,* die sich zu einer etwaigen früheren Entscheidung oder einem bereits entstandenen „inneren Bild" von der Persönlichkeit des Angeklagten konsonant verhalten, insoweit dissonante Informationen hingegen systematisch abzuwerten.

2. Durchführung (insb. Abs. 1 S. 2–4)

15   Für die Ermittlungen iSd Vorschrift ist eine von den Ermittlungen zur Sache (zu jugendgemäßen Erfordernissen vgl. → Einl. Rn. 48 ff.) abw. Ausgestaltung angezeigt und in gewissem Umfang gesetzlich erfordert. Leitlinie der Erforschung muss die **Überprüfung** (gem. der sog. Null-Hypothese) und ggf. korrigierende Ersetzung bisher zusammen getragener (zB aktenkundiger) Angaben sein, weil ansonsten regelmäßig die Gefahr besteht, dass einzelne Informationen als gegeben akzeptiert und in methodisch naiver Weise verallgemeinert werden. Nicht minder gewichtig ist die **Aktualisierung** der Angaben.

16   **a) Ermittlungsorgan.** Die anstehenden Aufgaben obliegen – dies ist dem ausdrücklichen Verweis in Abs. 1 S. 3 zu entnehmen – in erster Linie der **JGH** (allg. Auffassung; s. *Peters* Strafprozess 599; iE ebenso *Sommerfeld* in

NK-JGG Rn. 6; näher zur Ermittlungsfunktion der JGH → § 38 Rn. 7 ff.; vgl. aber betr. Sachverständige → Rn. 25 ff.).

aa) Allerdings steht im Vorverfahren auch die Persönlichkeitserforschung 16a formell-jugendstrafprozessual unter der **Verfahrensherrschaft** der **JStaats-anwaltschaft** (zust. *Laubenthal* Jugendgerichtshilfe 64; *Beulke* FS Kreuzer, 2008, 66; aA *Brunner/Dölling* Rn. 3: Überwachung). Dies könnte zur Folge haben, dass seitens der JStaatsanwaltschaft der *inhaltlich* selbstständigen Tätig-keit der JGH mitunter eine ggü. den sich auf den Tatvorwurf beziehenden Sachermittlungen geringere Bedeutung beigemessen wird und diese Aufgabe der JGH gar eher als nur ergänzend verstanden wird (s. auch § 38 Abs. 2 S. 2). Hinzu kommt, dass sich die JStaatsanwaltschaft (ähnlich wie die allg. StA) in der Praxis weniger als Ermittlungsbehörde und mehr als Ankla-gebehörde versteht. – Eine eigenständige Persönlichkeitserforschung auch durch den JStaatsanwalt stünde im Einklang mit § 37 und wäre besonders zwecks Erkenntnissen zur Frage der erzieherischen Geeignetheit dieser oder jener Rechtsfolge (s. auch RL Nr. 1 S. 1) erstrebenswert, findet in der Praxis indes wohl nur in den selteneren Fällen statt (vgl. aber *Schaffstein/Beulke/Swoboda* JugendStrafR 715).

bb) Soweit die (deliktsbezogenen) Sachermittlungen – in Abweichung 16b von §§ 160 Abs. 1, 161 Abs. 1, 163 Abs. 2 StPO – zunächst weitgehend selbstständig von den **Polizeibehörden** vorgenommen werden (vgl. → Einl. Rn. 45), ist – auch wenn spezielle jugendpolizeiliche Ermittlungsstellen bestehen – die Zusammenarbeit mit der JGH im Allg. von noch größerer Bedeutung (zur Übersicht verschiedener Kooperationsprojekte vgl. *Holthu-sen* KJuG 2000, 77; krit. *Prätorius* in Stober, Der Beitrag des Sicherheits-gewerbes zur Kriminalprävention, 2003, 132 f.). Grenzen ergeben sich von vornherein daraus, dass die Polizei dem **Legalitätsprinzip**, die JHilfe hin-gegen dem Prinzip des **Angebots** verpflichtet ist. Daher wird die Verteilung der Aufgaben grundsätzlich folgendermaßen gehandhabt (vgl. bereits *Dallin-ger/Lackner* § 38 Rn. 20; *Sonnen* in Diemer/Schatz/Sonnen Rn. 4; *Zieger/Nöding* Verteidigung Rn. 187 ff.).

(1) Die Persönlichkeitserforschung wird **frühzeitig** und soweit als mög- 16c lich allein von dem Vertreter der **JGH** vorgenommen (zur Unterrichtspflicht PDV 382, 3.2.7), der nicht unbedingt dem JAmt angehören muss (vgl. § 38 Abs. 1 sowie → § 38 Rn. 2 ff.; s. aber RL Nr. 6 S. 2, Nr. 7). Idealiter geschieht dies zeitgleich mit den sog. Sachermittlungen (s. Abs. 1 S. 1 und Abs. 1 S. 4 iVm § 38 Abs. 6 S. 2 nF: „so bald wie möglich"; ähnlich RL Nr. 6 S. 2). Deshalb ist eine alsbaldige polizeiliche **Mitteilung an die JGH** obligatorisch, spätestens anlässlich der ersten Beschuldigtenvernehmung (Abs. 1 S. 4 iVm § 70 Abs. 1 und 2). Gleichwohl sollte für die JGH zunächst die Betreuungsfunktion (vgl. → § 38 Rn. 24 ff.) ggü. der Ermittlungsfunk-tion im Vordergrund stehen (ebenso *Riekenbrauk* GS Walter, 2014, 387, unter Hinweis auf den Schutzauftrag gem. § 8a KJHG), soweit andernfalls deshalb die Gefahr unnötiger Bloßstellung (Nr. 4a RiStBV entspr.) nicht auszuschließen ist, weil bis auf weiteres lediglich ein ggf. eher vager Tat-verdacht besteht, aus dem ein Bedarf zur Persönlichkeitserforschung kaum hergeleitet werden kann.

(2) Die **Polizei** beschränkt sich hingegen auf eine jugendgemäße Vor- 16d nahme der Ermittlungen zum Tatvorwurf (s. aber einschr. PDV 382, 1.2), abgesehen von einzelnen landesrechtlich ausdehnenden VV (vgl. → § 45 Rn. 20e, 20f) bzw. zB einem „persönlichen Eindrucks"-Vermerk (PDV 382

Nr. 3.6.14). Vernehmungen in Schulen bzw. Ausbildungs- oder Arbeitsstellen, aber auch in Einrichtungen der Kinder- und Jugendarbeit (vgl. betr. Nürnberg *Gref* ZJJ 2005, 193 ff. (198)), sollten gem. dem Schutzprinzip von Abs. 1 S. 3 nur als äußerste Ausnahme und auch dann nur in Zivilkleidung durchgeführt werden (vgl. PDV 382 Nr. 3.6.19).

17 **cc)** Die RL Nr. 6 und 7 beziehen sich betr. die **Kommunikation** zwischen **JStaatsanwaltschaft, Polizei** und **JAmt** sowie **JGericht** fast ausschließlich auf organisatorische Fragen iZm dem JGH-Bericht (vgl. näher zu diesem → § 38 Rn. 62 ff.; ferner → § 50 Rn. 32 ff.). Obwohl der verfahrensbeschleunigende Zweck dieser Regelungen mit dem Erziehungsgedanken begründet wird (s. RL Nr. 6 S. 1), deuten einige der Bestimmungen auf verfahrensökonomische Intentionen hin (vgl. zB RL Nr. 7 S. 5; vgl. auch → § 55 Rn. 35–37).

17a In diesem Zielkonflikt, der ggf. zusätzlich durch Kompetenz-, Personal- und Statusbelange der Bedienstetengruppen untereinander erweitert wird, befindet sich auch die Organisation des sog. *„Haus des Jugendrechts"* (wohl in Anlehnung an „Midtown community Courts" des (rechtssystematisch den deutschen Gegebenheiten nicht vergleichbaren) anglo-amerikanischen community-policing), wie sie in mehreren Bundesländern und innerhalb dieser an verschiedenen Orten (vgl. zu Bad Cannstatt schon *Feuerhelm/Kügler,* Das „Haus des Jugendrechts" in Stuttgart Bad Cannstadt, 2003, 21 ff., 37 ff.; betr. Frankfurt/M. *Gerhard* ZJJ 2008, 184 ff.) anzutreffen ist (vgl. ergänzend zur Organisation sog. „Diversionstage" → § 45 Rn. 21).

17b (1) In „Häusern des Jugendrechts" arbeiten Polizei, JStaatsanwaltschaft und JGH „unter einem Dach" zusammen (auch iSv regelmäßigen oder ad hoc einberufenen gemeinsamen Konferenzen), allerdings idR in Dominanz der JStaatsanwaltschaft bzw. der Polizei und insofern allenfalls partiell mit der Chance einer Überwindung der sog. strafrechtlichen Modells (vgl. → § 2 Rn. 15), wie schon der verbreitete Rekurs auf die Konstruktion „Intensivtäter" (vgl. näher → § 5 Rn. 85a, 85b, → § 36 Rn. 10a) erweist (vgl. *H. E. Müller* StV-Tag 2010, 82 ff.; *Riekenbrauk* GS Walter, 2014, 381). Im Übrigen sind *Einschränkungen* der *Zusammenarbeit* schon gem. der jeweiligen behördlichen Aufgabenzuweisung und speziell zB betr. den *Datenschutz* hinsichtlich vertraulicher Informationen, über die die JGH verfügt (§ 64 KJHG und besonders § 65 KJHG; im Übrigen § 17 Nr. 3 bzw. Nr. 5 EGGVG), nicht zu verkennen (vgl. ergänzend *Seedorf* ZJJ 2010, 405 ff.; *Riekenbrauk* ZJJ 2011, 74 ff. sowie *Riekenbrauk* GS Walter, 2014, 387 ff.; *Coskun,* Kommunikation und Kooperation durch fachliche Konfrontation zwischen Jugend(gerichts)hilfe und Justiz im Verfahren nach dem JGG, 2013, 287; *Schatz* in Diemer/Schatz/Sonnen § 70 Rn. 16 ff.). Soweit auf die Einwilligung des Betroffenen abgestellt wird (vgl. auch § 13 Abs. 1 Nr. 2 EGGVG), bestehen Schwierigkeiten der Überprüfung, ob die allg. rechtlichen Voraussetzungen eingehalten werden. – Eine tragfähige und umfassende Evaluation der Abläufe in „Häusern des Jugendrechts" steht seither aus (zu methodischen Grundvoraussetzungen vgl. statt vieler *Eisenberg/Kölbel* Kriminologie § 20 Rn. 16 ff., § 42 Rn. 1 ff., 5 ff.).

17c (2) Was die *„schnelle Konfrontation"* des Tatverdächtigen „mit seiner Straftat" bzw. dem „Opfer" anbetrifft, so bestehen auch hier (vgl. ergänzend betr. „Fallkonferenzen" → § 79 Rn. 3b sowie betr. Hamburg *Sturzenhecker* ua ZJJ 2011, 305 ff.) allg. Bedenken hinsichtlich eines fairen Verfahrens (Art. 6 Abs. 1 S. 1 EMRK (vgl. dazu auch *Esser* in Löwe/Rosenberg Rn. 986)) und der *Wahrheitsermittlung* (§ 2 Abs. 2, § 244 Abs. 2; speziell zur Bandbreite falscher Geständnisse vgl. → § 70c Rn. 9 ff.) bzw. der Unschuldsvermutung (Art. 6 Abs. 2 EMRK), und zwar umso mehr, je höher der (in bisherigen Praxisberichten meist als imponierend hervorgehobene) Anteil nichtdeutscher Betroffener bzw. von Personen mit defizitärem Bildungsniveau ist. Dies gilt (wenngleich weniger ausgeprägt) ggf. auch, soweit ein erheblicher Anteil anschließender Gerichtsverfahren zeitnah (zB innerhalb eines Monats) zu dem vorgeworfenen Tatgeschehen verhandelt wird, zumal *punitive Elemente,* die gem. dem Erziehungsauftrag (§ 2 Abs. 1; zu alsbaldiger JHilfe DVJJ 2015 AK 2) nur nachrangig bzw. flankierend berücksichtigt werden dürfen, nach allg. Kenntnisstand tendenziell umso mehr Gewicht haben, je kürzer der Zeitraum seit dem vorgeworfenen Tatgeschehen ist (vgl. näher *Frenzel* ZJJ 2011, 70 ff.). – Hinsichtlich der Befassung auch mit (als rechtswidrige Taten beurteiltem) Verhalten von Kindern bestehen Gefahren einer faktischen Hintanstellung der Strafmündigkeitsgrenze, wenngleich einzelne Anstrengungen (zB ein sog. „Gefährdungsmeldungssofortdienst") unter anderem Aspekt ggf. präventiv hilfreich sein können.

dd) (1) Befindet sich der Jugendliche in **U-Haft,** haben sich der Anstalts- **17d** leiter und die von ihm beauftragten Bediensteten iRd Ermittlung eines Förder- und Erziehungsbedarfs auch mit der Persönlichkeit des Betroffenen zu befassen (vgl. etwa § 69 UVollzG Bln ua (§ 75 HmbUVollzG); enger § 46 HUVollzG: nur Förderbedarf; anders § 72 Abs. 1 S. 1, 2 BWJVollzGB II: „Erforschung der Persönlichkeit" als Soll-Vorschrift). Dabei ist neben einem etwa geeigneten Ausbildungshintergrund erforderlich, dass die beauftragten Personen von ihrer zeitlichen und organisatorischen Beanspruchung her in der Lage sind, diese Aufgabe angemessen zu erfüllen. Von daher wird es sich empfehlen, den Vertreter der JGH an dieser Aufgabe nicht nur zu beteiligen (vgl. §§ 68 Abs. 1, 69 Abs. 3 UVollzG Bln ua; deutlicher § 72 Abs. 1 S. 3 BWJVollzGB II: „in Zusammenarbeit" (Soll-Vorschrift)), sondern ihm die Aufgabe – auch im Hinblick auf seine Betreuungsfunktion – möglichst frühzeitig (§§ 72a, 72b) und ggf. zur weithin eigenständigen Durchführung zu übertragen (s. § 38 Abs. 2 S. 3).

(2) Den Jugendlichen „zu beobachten und sein Verhalten laufend schrift- **17e** lich festzuhalten" (so noch Nr. 79 Abs. 2 S. 3 der vormaligen UVollzO), wird – wegen der Intensität des Eingriffs in das Allg. Persönlichkeitsrecht gem. Art. 2 Abs. 1 iVm Art. 1 GG – idR nicht verhältnismäßig sein, zumal daraus idR kaum mehr als eine Verhaltensbeschreibung des Jugendlichen unter den Extrembedingungen der U-Haft erlangt werden kann, die nur **in geringem Ausmaß Rückschlüsse** auf Verhaltensdispositionen und Persönlichkeitseigenschaften erlaubt, regelmäßig aber die Gefahr von Interpretationsfehlern bietet. – Soweit ein Bericht über diese Form der Persönlichkeitserforschung angefordert wird (vgl. RL 3), ist insb. dafür Sorge zu tragen, dass keine Informationen über die in Frage stehende strafbare Handlung selbst mitgeteilt werden. Die Ermittlungsarbeit dient ausschließlich der Beurteilung der Persönlichkeit und uU der Bestimmung einer erzieherisch angezeigten Rechtsfolge (s. bereits *Krebs* NDV 1951, 343; *Dallinger/Lackner* Rn. 38; missverständlich insoweit noch Nr. 79 Abs. 1 der vormaligen UVollzO aE).

ee) Wegen der **jugendrichterlichen Vernehmung** im Vorverfahren vgl. **18** → § 44 Rn. 1 ff.

19   **b) Erkenntnisquellen. aa)** (1) Unmittelbare Erkenntnisquelle, die für die Ermittlungen geeiget ist, sind sämtliche **Äußerungsformen** des **Jugendlichen** selbst. Dies betrifft neben mündlichen Mitteilungen etwa schriftliche Darstellungen (zB Lebenslauf; zu einer Auswertung vormals *Steinemann* Zbl 1961, 136) sowie kreative Äußerungen. Dem Jugendlichen ist stets Gelegenheit zu geben, ohne Gegenwart der Erziehungsberechtigten oder gesetzlichen Vertreter sich zu äußern (vgl. aber bereits *Winter-von Gregory* (Neue Praxis 1979, 439), wonach in etwa 50 % der zustandegekommenen Gespräche mindestens ein Elternteil zugegen gewesen sei). Andernfalls ist vielfach von vornherein mit nicht zutreffenden oder selektiven Angaben zu rechnen, sei es aus Angst oder Gehemmtheit etc.

19a   Dagegen sind die von der Ermittlungsperson gewonnenen Eindrücke bzw. Beobachtungen (zB betr. Gestik, Änderung der Stimmlage etc), sei es im Gespräch oder bei anderer Gelegnheit, nur unter dem **Vorbehalt** verfehlter Interpretation als Erkenntnisquelle geeignet. Bei strikter Unterscheidung kommt Äußerungen dieser Art, die bei Heranziehung einer anderen Ermittlunsperson möglicherweise duchaus anders ausgefallen wären, sogar nur die Qualität einer **mittelbaren** Erkenntnisquelle zu. Ohnehin nur mittelbar relevant sind Informationen **seitens Dritter** (vgl. → Rn. 20 ff.; eher anders noch *Dallinger/Lackner* Rn. 28, 37–39).

19b   (2) Nach einer anderen Unterteilung kommt es auf die Methode an, auf deren Anwendung die jeweiligen Informationen beruhen. Dabei wird (in psychologischer Terminologie) unterschieden zwischen **Testdaten,** sofern ihnen objektive Tests (vgl. auch → Rn. 54a, 54c) zugrunde liegen, **Befragungsdaten,** die sich auf Informationen durch Anwendung von Fragebögen und entsprechender Testverfahren beziehen, und **Beobachtungsdaten.** Die Bestimmung der Herkunft einer Information zu einem dieser Bereiche ist erforderlich, um (zunächst im Allg.) Aussagen sowohl über Voraussetzungen und Erhebungsbedingungen wie auch über Objektivität und Validität treffen zu können (vgl. zur Quellen- und Untersuchervariabilität *Eisenberg/Kölbel* Kriminologie § 13 Rn. 12f).

20   **bb)** Die Soll-Vorschrift des **Abs. 1 S. 2** (wegen Abweichungen von dessen Gebot s. etwa § 104 Abs. 3) ist auf die Heranziehung nur **mittelbarer Quellen** für die Persönlichkeitserforschung gerichtet (für Wegfall *H.-J. Albrecht* NJW 2002, 26 ff.; dagegen *Laubenthal* JZ 2002, 815).

20a   (1) Die Anhörung des **Erziehungsberechtigten** und des **gesetzlichen Vertreters** ist ua von Bedeutung, um Informationen über die Familienverhältnisse und Fragen nach der familiären Sozialisation des Jugendlichen zu erlangen (zur Frage der Verlässlichkeit von Angaben s. *Rennen-Allhoff* Praxis KiJPsychiatr 1991, 333). Zudem kann eine solche Anhörung als Grundlage dienen für eine Einbeziehung der Eltern oder der Familie insgesamt bei der Vorbereitung und Durchführung einer erzieherischen Maßnahme im formlosen Verfahren (vgl. § 45 Abs. 2 S. 1, § 47 Abs. 1 Nr. 2; näher → § 45 Rn. 20) bzw. einer förmlichen Rechtsfolge. Deshalb wird eine Anhörung nur in besonderen Ausnahmefällen unterbleiben dürfen, etwa bei zu erwartenden unerwünschten Nachteilen für den Jugendlichen (Abs. 1 S. 3 gestattet keinen Umkehrschluss) – zB bei als grob erziehungswidrig beurteiltem Verhalten (s. ferner § 67 Abs. 4 bzw. § 51 Abs. 2; vgl. *Dallinger/Lackner* Rn. 30; aA *Sommerfeld* in NK-JGG Rn. 18 (nur bei „faktischen Hindernissen"); *Schwer* Stellung 64, 84; vgl. im Übrigen → § 50 Rn. 20, 30, → § 67 Rn. 17, 19, → § 51 Rn. 13 ff.). Zu besorgen kann allerdings sein, dass Eltern schon wegen des Anlasses der Anhörung etwa ihre Erziehungskompetenz in Frage gestellt sehen, sodass ggf. zB durch geeignet gestaltete Beobachtungen der unmittelbare Umgang zwischen Eltern und ihren Kindern eher Einblick in tatsächliche interaktive Prozesse zu geben vermag.

(2) Auskünfte der **Schule** können ua über Fähigkeiten des Jugendlichen **20b** im Leistungsbereich und über sein Sozialverhalten Aufschlüsse geben. Jedoch wäre es im Hinblick auf die von Gesetzes wegen verlangte Erforschung der Gesamtpersönlichkeit verfehlt, sich auf (insoweit ggf. mühelos zu ermittelnde) Faktoren im Leistungsbereich zu konzentrieren und eher nur eingeschränkt Faktoren aus dem Persönlichkeits- oder dem Sozialbereich im engeren Sinne zu erforschen. Zwar sind Faktoren aus den beiden zuletzt genannten Bereichen idR weniger einfach zugänglich, jedoch bietet gerade die Schule hierfür eine Vielzahl von Informationsquellen. Denn (Kinder und) Jugendliche verbringen in der Schule einen nicht unerheblichen Anteil ihrer Zeit und treffen darüber hinaus auf Gleichaltrige. Daher können Mitschüler und das Lehrpersonal, vorbehaltlich ggf. verzerrender Mechanismen sozialer Wahrnehmung, nicht selten Näheres zu Empfindungen und zum Sozialverhalten des Jugendlichen berichten als zB die Eltern, von denen sich Minderjährige mehr und mehr zu lösen versuchen. Wenngleich auch Schulzeugnisse (s. RL Nr. 2 S. 2) und förmliche Beurteilungen des Schülers heranzuziehen sind (s. krit. zum Zusammenwirken von Schule und JAmt schon *Brusten* Neue Praxis 1982, 11), mag die Anhörung einer mit der Person des Jugendlichen vertrauten Lehrperson mitunter wichtige pädagogische Hinweise zu vermitteln – allerdings vorbehaltlich des Einflusses bestimmter Beurteilungstendenzen und Einstellungen, die wiederum auf Annahmen über Zusammenhänge von Persönlichkeits- und Verhaltensmerkmalen beruhen können (vgl. etwa bereits *Lösel* KrimJ 1974, 47; *Brusten/ Holtappels* Soziale Welt 1985, 313 (320 ff.)).

Abs. 1 S. 3 stellt die Anhörung der Schule ausdrücklich in das **Ermes- 20c sen.** Unabhängig von dieser Vorschrift wird gem. dem **Verhältnismäßigkeitsgrundsatz** bereits bei zu erwartenden schulischen Nachteilen für den Jugendlichen die Anhörung der Schule zu vermeiden sein (ebenso *Dallinger/ Lackner* Rn. 31; vgl. im Übrigen zur Einschränkung auch → § 70 Rn. 15). Insofern sollte zB auch ausgeschlossen werden, **Abs. 1 S. 2** zur Grundlage eines (bloßen) Austausches von Informationen zwischen JGH und Schule zu machen (krit. AK II, 19. DJGT, in: DVJJ 1984, 118; für ersatzloses Streichen DVJJ v. 1.2.1988, S. 38 (unveröfftlichtes Manuskript)). – Mit Nachteilen bei Einbeziehung der Schule wird schon deshalb vergleichsweise oft zu rechnen sein, weil das Wissen um eine dem Jugendlichen zur Last gelegte Straftat fast zwangsläufig die Einstellung und Erwartungshaltung diesem ggü. beeinflusst (zu Folgen → § 5 Rn. 63–64b), wobei allerdings je nach Lehrperson erhebliche Unterschiede zu gewärtigen sind. Zugleich hängt die Beantwortung der Frage betr. Nachteile davon ab, ob das schulische Umfeld (zB nach der sozio-ökonomischen Herkunftsstruktur der Mitschüler, nach einem (etwa als erhöht wahrgenommenen) schulischen Gewaltklima, etc) die jeweilige Straftat als gravierenden Makel beurteilt oder nicht.

(3) Was Auskünfte aus dem (beruflichen) **Ausbildungsbereich** angeht, so **20d** gelten – betr. mündliche Angaben des Leiters der Berufsausbildung wie schriftlicher Auskünfte (etwa aus der Personalakte) – die Ausführungen zu → Rn. 20a, 20b entsprechend. – Gegenüber dem Jugendlichen wird die

JGH ggf. die erzieherische Bedeutung einer kontinuierlichen beruflichen Weiterentwicklung in geeigneter Weise verdeutlichen.

20e **Abs. 1 S. 3** setzt eine ausdrückliche Ermessensgrenze für die Prüfung der Angemessenheit einer Anhörung des Ausbildenden. Die Grenze gilt im Hinblick auf die der Regelung zugrunde liegenden Erwägungen über Beeinträchtigungen Jugendlicher durch Arbeitslosigkeit (vgl. dazu auch → § 5 Rn. 66) nicht nur, wenn der Verlust des Ausbildungs- oder Arbeitsplatzes, sondern auch, wenn die Nichterlangung eines Ausbildungsplatzes bzw. Nichtanstellung nach Abschluss der Berufsausbildung zu besorgen ist (ebenso *Laubenthal* Jugendgerichtshilfe 72).

21 **cc)** Je nach Fallgestaltung stehen **weitere mündliche Informationsquellen** zur Verfügung:

21a (1) Es kann die Anhörung des **Erziehungsbeistandes** (vgl. § 12, § 30 KJHG), des Betreuungshelfers (§ 10 Abs. 1 S. 3 Nr. 5, § 30 KJHG) oder des BewHelfers (vgl. §§ 24f, 29, 88 Abs. 6) in Betracht kommen (s. RL 5).

21b (2) Mitunter kann es iSd Fortführung eines konsequenten (und zumindest nicht eindeutig ungenügenden) Erziehungsstils nahe liegen, den **Familienrichter** zu befragen, sofern familiengerichtliche Vorgänge vorhanden sind (vgl. bereits *Kümmerlein* RJGG § 28 Anm. 4; zu möglichen Einwänden aber → § 34 Rn. 8 aE).

21c (3) Wenngleich Abs. 2 aF ab 1.1.1991 entfiel (iZm dem KJHG), wird verschiedentlich auch dem Leiter des **Heimes** oder einer vergleichbaren **Einrichtung,** in welcher der Jugendliche sich aufhält, Gelegenheit zur Stellungnahme zu geben sein (vgl. auch RL 4). Wird dies versäumt, so kann hierin ggf. ein revisibler Verstoß gegen die Aufklärungspflicht (§ 244 Abs. 2 StPO) liegen (vgl. vormals BGH MDR 1952, 564 mzustAnm *Potrykus*). − Datenschutzrechtlich besteht eine Prüfungspflicht dazu, ob und ggf. unter welchen Voraussetzungen eine Offenbarung von Sozialdaten zulässig ist (s. §§ 64 Abs. 2, 65 Abs. 1 KJHG), die betr. *Nichtdeutsche* − soweit sie der Mitteilungspflicht nach § 87 Abs. 2 AufenthG unterliegen (vgl. aber § 87 Abs. 2 S. 2 Hs. 3 AufenthG; generell krit. vormals AK I/3 B, DVJJ 1993; s. auch AK I 6 DVJJ 1996) − bei Offenbarung ggü. den Justizbehörden entsprechend zu gelten haben wird.

21d (4) Zu der Anhörung eines **Sachverständigen,** der den Jugendlichen iRv Abs. 2 untersucht oder aber therapeutisch mit ihm befasst war, vgl. → Rn. 25 ff.

21e (5) Wegen der Anhörung des Disziplinarvorgesetzten in Verfahren gegen eine **Soldatin** oder einen **Soldaten** vgl. → § 112d Rn. 5.

22 **cc)** Was die Heranziehung (weiterer) **schriftlicher Auskünfte** angeht, so ist im Umfang der §§ 41, 61 BZRG das Ersuchen um unbeschränkte Auskunft aus dem BZR und dem Erziehungsregister zulässig. Entsprechende Mitteilungen dürfen jedoch nur an das Gericht bzw. die StA erfolgen. − Werden diesbezügliche Erkenntnisse zum Gegenstand von Erörterungen iRd Persönlichkeitserforschung gemacht, so ist insb. darauf zu achten, dass dem Jugendlichen oder seiner Familie hieraus keine vermeidbaren oder unverhältnismäßigen Nachteile entstehen (s. näher Nr. 16 Abs. 2 RiStBV entspr.).

23 **dd)** Die Anforderung und Auswertung von **Akten** ist, entgegen weitverbreiteter Praxis, aus datenschutzrechtlichen Gründen nur **eingeschränkt** zulässig (s. auch §§ 67 ff. SGB X), und zwar nur insoweit, als nicht die Zweckbindung (zB betr. Unterlagen der Familienfürsorge speziell §§ 69

Abs. 1, 78 SGB X), das Prinzip des Vorrangs des Leistungserfolges oder der besondere Vertrauensschutz (s. schon *Mörsberger* ZfJ 1990, 369 f.) entgegenstehen.

Zudem sind Akten aus **inhaltlichen Gründen** nur **begrenzt** für den 23a gesetzlichen Auftrag zur Persönlichkeitserforschung **geeignet** (ähnlich *Czerner/Habetha* in HK-JGG Rn. 34). Dies ergibt sich bereits aus Mängeln an Wahrheitsgehalt von aktenmäßigen behördlichen Tatsachenfeststellungen wie auch aus der Einengung der sozialen Wahrnehmung infolge der Aktenkenntnis (näher *Eisenberg/Kölbel* Kriminologie § 32 Rn. 21f).

(1) Im Einzelnen wird empfohlen, (ggf. anhand der Registerauszüge) 23b Akten über vorausgegangene Verurteilungen, etwaige familiengerichtliche Akten bzw. Personalakten von Heimen (§ 34 KJHG) und/oder von JStVollzugsanstalten (RL Nr. 2) heranzuziehen, ggf. aber auch sonstige behördliche und justitielle Akten zu Verfahren der Eltern, soweit sie einen Bezug zu dem Jugendlichen haben (vgl. schon *Dallinger/Lackner* Rn. 36; zur Frage des Wahrheitsgehalts gerichtlicher Feststellungen speziell in Scheidungsakten vormals *Simitis ua,* Das Kindeswohl in der vormundschaftlichen Praxis, 1977, 77; *Beres* Zbl 1982, 449 ff.; *Wolski* Zbl 1987, 530 ff.). Es sollte hierbei jedoch stets **zurückhaltend** verfahren und ausdrücklichen Ersuchen um mündliche Auskünfte – die in der HV erneuter Prüfung unterliegen – der Vorzug gegeben werden (ähnlich *Dallinger/Lackner* Rn. 36). Dies gilt auch betr. anstaltspsychologische bzw. -psychiatrische Gutachten, die zB im Vorfeld einer Urlaubsentscheidung erstellt wurden (vgl. bereits *Neufeld* ZfStrVo 1982, 224). Speziell betr. Informationen aus dem Bereich der JHilfe ist stets das Informationsinteresse gegen den gebotenen und grundsätzlich vorrangigen (vgl. *Sonnen* in Diemer/Schatz/Sonnen Rn. 18) **Vertrauensschutz** abzuwägen (§§ 64 Abs. 2, 65 Abs. 1 KJHG).

(2) Erhebliche Bedenken bestehen dagegen, Polizeiakten heranzuziehen, 24 die Informationen über **Verfehlungen** des Jugendlichen **als Kind** beinhalten (vern. auch *Laubenthal* Jugendgerichtshilfe 77). Rechtlich zw. ist die Einbeziehung schon deshalb, weil nur eingeschränkt gesetzliche Regelungen (vgl. etwa Art. 38 BayPAG (Bay. GVBl. 1990, 397)) betr. die Auswahlkriterien für eine Registrierung (vgl. speziell Nr. 2.2.5 der ED-Richtlinien) bzw. für deren Aufrechterhaltung (vgl. auch → § 1 Rn. 19 ff.) vorliegen. Insofern können über die besonderen Voraussetzungen des BZRG faktisch umgangen werden, und zudem ist – zeitlich versetzt – eine jugendstrafrechtliche Würdigung des von Polizeidienststellen als „Tat" definierten vormaligen Verhaltens der inzwischen Strafmündigen als Straftat zu besorgen ist (vgl. auch BGH StraFo 2009, 427: vormalige Ermittlungen sind „kein Tatnachweis"; *Bottke* NJW 1987, 1068 sowie *Bottke* FS Geerds, 1995, 291: Unschuldsvermutung; speziell betr. (vor)-pubertär „sexuell übergriffiges" Verhalten extensiv *Elsner ua* FPPK 2008, 229). Ohnehin ist zumindest zweifelhaft, ob kindliche Verfehlungen sich als tatbestandsmäßige und rechtswidrige Handlungen (schon iSd strafrechtlichen Handlungsbegriffs) beurteilen lassen. – Nach früheren empirischen Untersuchungen wurden etwa 16 % der wegen Delinquenz im Kindesalter erfassten Personen bereits vor Vollendung des 9. Lbj. erstmals einschlägig registriert (*Pongratz ua,* Kinderdelinquenz, 1975, 130) bzw. es betrafen etwa 9 % der als Taten von Kindern registrierten Ereignisse Tatverdächtige im Alter von unter neun Jahren (*Traulsen,* Delinquente Kinder und ihre Legalbewährung, 1976, 54, 63 mN), und mitunter lag der Beginn der Registrierung gar schon bei etwa 6-Jährigen.

24a Nach **jugendkriminologischen** Erkenntnissen unterliegen die unter prognostischen Aspekten zur Beurteilung der Frage späteren Legalverhaltens verschiedentlich (und vorzugsweise von Laien) pauschal als bedeutsam erachteten Erkenntnisse über delinquente Verhaltensweisen im Kindesalter in ihrer Gewichtigkeit Einschränkungen (näher → § 5 Rn. 53). Diese entsprechen der entwicklungspsychologischen Auffassung, vor etwa dem 10. oder 11. Lbj. ergebe sich keine Verinnerlichung moralischer Haltungen iSd Einsicht in das Befolgen bestimmter gesellschaftlicher Normen (vgl. dazu → § 3 Rn. 12a–12c, 16); so kreist das Denken von Kindern bis zu diesem Alter im Allg. um konkret-anschauliche Gegebenheiten, ohne von den tatsächlichen Umständen eines (konkreten) Geschehens oder Problems abstrahieren zu können (vgl. *Sodian* und *Nunner-Winkler/Paulus* in Schneider/Lindenberger, Entwicklungspsychologie, 8. Aufl. 2018, 395 ff., 537 ff.). Nach einer vormaligen Untersuchung zur Kinderdelinquenz (vgl. *Pongratz ua,* Kinderdelinquenz, 1975, 47) konnten die einbezogenen Kinder nur bei 20 % der polizeilich erfassten Verfehlungen die Normverletzung erkennen, während dies bei 35 % nicht und bei 40 % nur bedingt der Fall war.

24b Mitunter wird zur Begründung der Berücksichtigung nach Erreichen strafrechtlicher Veranwortlichkeit (§ 1 Abs. 2 iVm § 3 S. 1) ausgeführt, Kinder begingen einschlägige Verfehlungen ua deshalb, weil ihnen bekannt sei, dass sie strafrechtlich nicht belangt werden dürfen. Soweit dies zutrifft, kann dem jeweils alsbald durch das Instrumentarium familiengerichtlicher Maßnahmen begegnet werden. Auch ist zu berücksichtigen, dass Äußerungen von Kindern, die auf entsprechendes Wissen schließen lassen, zB (auch) eine Trotz- oder Angstreaktion darstellen könnten. Darüber hinaus kann sich die genannte Begründung dem Einwand eines im JGG unzulässigen Rückgriffs auf generalpräventive Elemente schwerlich entziehen. Im Übrigen wäre ein entsprechendes Vorgehen geeignet, die Glaubwürdigkeit der JStrafjustiz zumindest in der Sicht der Betroffenen insofern in Frage zu stellen (insgesamt zust. *Frehsee* ZStW 100 (1988), 318).

3. Untersuchung durch einen Sachverständigen (Abs. 2)

25 Betreffend die Funktion von Gutachten und die Stellung von Sachverständigen gelten die Grundsätze des allg. StVR entsprechend (§ 2 Abs. 2), weshalb insoweit auf die Erläuterungswerke zur StPO verwiesen wird. Vgl. zur **Kostentragung** → Rn. 29, → § 74 Rn. 8, 14, → § 81a Rn. 8.

26 **a) Anlass zur Beauftragung.** Der Gutachtenauftrag ist grundsätzlich ggü. den Ermittlungen gem. Abs. 1 **subsidiär.** Im Rahmen pflichtgemäßen Ermessens (s. Abs. 2 S. 1: „soweit erforderlich") des anordnungsberechtigten Amtierenden (vgl. → Rn. 30 ff.) ist die Notwendigkeit der Begutachtung nach Maßgabe der Erfordernisse der Aufklärungspflicht unter Berücksichtigung des Verhältnismäßigkeitsgrundsatzes (vgl. → Rn. 11) zu prüfen.

27 **aa)** Von Einfluss ist dabei zunächst, inwieweit die für die verfahrensabschließende Entscheidung zuständige Person ausreichende Kenntnisse und Erfahrungen (s. auch § 37) zu der **Beurteilung** der Frage aufweist, ob und ggf. in welchem Umfang Merkmale der Persönlichkeit als **„für das Verfahren wesentliche Eigenschaften"** (Abs. 2 S. 1) angesehen werden können. Bei dem in Rede stehenden Beurteilungsvorgang erlangen (zwangsläufig) auch subjektive Beurteilungsstrategien und -mechanismen Bedeutung. Diese umfassen *Einstellungen* (oder gar Vorurteile), die *Zuweisung* von Eigenschaften und nicht zuletzt Formen selektiver sozialer *Wahrnehmung*. Wegen der Schwierigkeit der in Rede stehenden Beurteilung ist vormals gar erwogen worden, eine obligatorische Persönlichkeitsbeurteilung des Jugendlichen durch einen Sachverständigen gesetzlich einzuführen (zu Nachw. 15. Aufl.; *Dallinger/Lackner*, 1. Aufl., Rn. 42). Nach speziellerer Auffassung sollte dies im Hinblick auf das Verhältnismäßigkeitsprinzip zumindest für diejenigen Fälle gelten, in denen die Rechtsfolgen der JStrafe oder der (vormaligen) FE zu erwarten sind (NDV 1952, 230; abl. *Leferenz* Kriminologische Gegenwartsfragen 5 (1962), 1 (9) sowie iErg 11. DJGT (Verhandlungen, S. 95 f.)).

(1) Allerdings würde die obligatorische Heranziehung eines Sachverstän- **28** digen – ohnehin nicht auszuschließende – Tendenzen zu einer **Delegation** von **Entscheidungsverantwortung** zusätzlich verstärken, ohne dass eine hinreichende rechtliche Nachprüfungsmöglichkeit diesen Zuwachs an Einfluss des Sachverständigen ausgleichen könnte (vgl. grds. *Krauss* ZStW 1985 (1973), 320 (334 ff.)); betr. Verzerrungen *Neal/Brodsky* PsychLincL 22 (16), 58). Die gem. § 7, § 2 Abs. 2 einschlägige Regelung des § 246a Abs. 1 StPO (bzw. für das Vorverfahren die Sollbestimmung des § 80a StPO) sowie die spezielle Vorschrift des § 81a sehen demgegenüber im Sinne einer Kompromisslösung eine obligatorische Heranziehung nur bei besonderen Umständen in der Person des Angeklagten (zB psychische Krankheit, Abhängigkeit von BtM, angenommene „Gefährlichkeit") vor. – Hinsichtlich **Abs. 2 S. 2** ist das vormalige Gegenargument, es stünde nur eine begrenzte Zahl für die Beurteilung Jugendlicher befähigter Sachverständiger zur Verfügung, weshalb sich für eine Durchführung der Verfahren ohne rechtsstaatlich tragbare Verzögerungen erhebliche Schwierigkeiten ergeben könnten, ist (zumindest seit Anfang des 21. Jahrhunderts) weithin überholt. Von der genannten besonderen Befähigung wird nicht abgesehen werden dürfen (vgl. zur Revision → Rn. 62), auch wenn der Gesetzgeber auf eine dem § 37 vergleichbare Anforderung an Sachverständige verzichtet hat (Qualifikationserfordernisse in anderer Hinsicht sind allein in Abs. 2 S. 2, § 75 Abs. 1 StPO genannt).

(2) Nicht zuletzt gebietet der **Verhältnismäßigkeitsgrundsatz** eine Ein- **29** zelfallabwägung zwischen Anlass und zu erwartender Rechtsfolge (näher → Rn. 32 ff.), der die in einer obligatorischen Untersuchung liegende Belastung als rechtlich zw. erscheinen lässt (so zB betr. Weisungen bei Führungsaufsicht die Soll-Vorschrift des § 2 Abs. 2, § 246a Abs. 2 StPO, eingeführt erst auf Initiative des Rechtsausschusses (BT-Drs. 17/6261) durch Gesetz v. 29.6.2013 (BGBl. I 1805)). Im Rahmen dieser Abwägung (weitergehend noch *Hellwig* JGG § 31 Anm. 6) ist auch die Frage der Kosten von Bedeutung, zumal eine Entlastung des Jugendlichen nicht unbedingt geschieht (s. § 74; vgl. auch → Rn. 25 sowie krit. → § 74 Rn. 14).

bb) (1) Überwiegend sollte der für die Eröffnung des Hauptverfahrens **30** **zuständige JRichter** zu entscheiden haben, ob eine Untersuchung des Jugendlichen zum Zwecke der Persönlichkeitserforschung durchzuführen ist, zumal die Erfordernisse im Hinblick auf die Aufklärungspflicht aus der Sicht einer zu erwartenden HV zu prüfen sind, in der allein der JRichter die verfahrensabschließende Entscheidung trifft. Beauftragt der **JStaatsanwalt** einen Sachverständigen (s. § 2 Abs. 2, § 161a Abs. 1 S. 1, 2 StPO iVm § 73 StPO), wie es der Beschleunigung dienen kann und zumindest im allg.

Strafverfahren rechtstatsächlich häufig geschieht (s. *Barton* StV 1983, 73 (74); vgl. ähnlich *Hörner ua* MschKrim 1988, 396 ff.; *Schepker,* Zur Indikationsstellung jugendpsychiatrischer Gerichtsgutachten, 1998, 145), wird eine Abstimmung mit dem JRichter und dem Verteidiger (ebenso für das allg. StVR *Peters* (Fehlerquellen im Strafprozeß, Bd. 2, 1972, 176 f.; *Eisenberg* Beweisrecht StPO Rn. 1526) idR erforderlich sein, um über die für notwendig erachteten Fragestellungen und die Eingrenzung des Auftrages Übereinkunft zu erzielen (vgl. Nr. 70 Abs. 1, Nr. 72 Abs. 2 RiStBV entspr.).

30a   Insoweit sollte der JStA – auch dann, wenn zur Vorbereitung des Gutachtens keine Unterbringung des Jugendlichen nach § 73 erforderlich ist (s. § 68 Nr. 4) – wegen der nach Maßgabe von § 68 Nr. 1 iVm § 140 Abs. 2 StPO notwendigen Verteidigung beantragen, dass ein **Verteidiger** bereits im **Vorverfahren** bestellt wird (ebenso *Beulke* BMJ 1987, 176). Nur so wird im Übrigen der Gefahr eines Dissenses über die Geeignetheit des Sachverständigen und sich daran anknüpfender Folgen (§ 2 Abs. 2, § 74 StPO) vorgebeugt werden können (zust. *Hartman-Hilter* Verteidigung 161; *Schneider* in BeckOK JGG Rn. 23). Zudem ist zu bedenken, dass eine zu strikte Handhabung der Rechte nach § 2 Abs. 2, §§ 73 iVm 161a Abs. 1 S. 2 StPO dem Jugendlichen (und dem Erziehungsberechtigten oder gesetzlichen Vertreter) weithin jede Einflussnahme betr. die Auswahl des Sachverständigen nimmt. Demgegenüber wird die Selbstladung eines Sachverständigen (§ 2 Abs. 2, §§ 220, 38 StPO; s. auch § 245 Abs. 2 StPO), von rechtstatsächlich-beweisrechtlichen Einschränkungen abgesehen, wegen der damit verbundenen Kosten für den Jugendlichen idR ausscheidet (vgl. bereits *Kohlhaas* NJW 1962, 1329 (1332); s. auch *Eisenberg* Beweisrecht StPO 1528, 1528a).

31   (2) Während der Vertreter der JGH die Anordnung nach Abs. 2 lediglich anregen kann, fällt der (Jugend-)**Polizei** – wegen der Beschränkung auf die Sachermittlungen (→ Rn. 16a) – insoweit nicht die nach allg. StVR (vgl. § 163, speziell Abs. 3 S. 4 StPO) bestehende grundsätzliche Befugnis der Hinzuziehung eines Sachverständigen (vgl. ebenso *Czerner/Habetha* in HK-JGG Rn. 42).

32   **cc)** (1) Im Einzelnen wird – ungeachtet der Abwägungskriterien (vgl. → Rn. 27–29) – die Beauftragung eines Sachverständigen idR **nicht** in Betracht kommen, wenn es sich bei dem Anlass der Ermittlungen um eine sog. „Bagatell"-Verfehlung handelt, oder wenn die zu erwartende Rechtsfolge – wie insb. in den Fällen der §§ 14, 45 und 47 (Ermahnung) und § 10 Abs. 1 Nr. 9 (s. ferner auch *Focken/Pfeiffer* DRiZ 1980, 20) – zu den mit einer Gutachtenerstellung zusammenhängenden Folgen **außer Verhältnis** stünde (zu weit RL Nr. 1 zu § 3). Anders kann es sich bei OWi verhalten, wenn es auf die Frage des Alkoholeinflusses ankommt (vgl. betr. § 24c StVG KG NStZ-RR 2016, 224: Freispruch eines Fahranfängers bei BAK unter 0,2 ‰; ähnlich schon AG Herne Blutalkohol 2009, 432: BAK unter 0,26 ‰; abw. OLG Stuttgart NStZ 2013, 734: bei 0,15 ‰ Verstoß bejahend = DAR 2013, 396 mkritAnm *Janker;* betr. Entnahme einer Blutprobe ohne richterliche Anordnung s. § 46 Abs. 4 S. 2 OWiG, eingefügt durch Gesetz v. 17.8.2017 (BGBl. I 3202)).

33   (2) Dagegen wird es sich bei Unklarheiten in der Feststellung **subjektiver Tb-Merkmale** (vgl. etwa betr. bedingten Vorsatz → § 2 Rn. 28 ff.; *Lüderssen* FS Schreiber, 2003, 307 ff.; vgl. auch → Rn. 48) bzw. des Entwicklungsstandes iRv **§§ 3, 105 Abs. 1 Nr. 1** – in den Grenzen des Verhältnismäßigkeitsgrundsatzes – **empfehlen,** einen **Sachverständigen** hinzuzuziehen (zu

§ 105 Abs. 1 s. BGH NStZ 1984, 467 mAnm *Brunner* sowie *Eisenberg* NStZ 1985, 84: nur bei Anlass zu Zweifeln an einer „normalen" Reifeentwicklung), dessen psychosoziale Diagnose häufig – nach Maßgabe eines entsprechenden Auftrages – um prognostische Äußerungen zur Rechtsfolgenentscheidung ergänzt werden kann.

Es kann aber auch die Anhörung eines Sachverständigen **allein** im Hinblick auf die **Rechtsfolge** selbst geboten sein, zB wenn die Angemessenheit und Zweckmäßigkeit der Maßnahme besondere therapeutische Fachkenntnisse erfordert, wie etwa bei § 10 Abs. 2 (vgl. RL 9 zu § 10; zu den Voraussetzungen einschlägiger Therapie vgl. → § 10 Rn. 37 ff., 44 ff., 60 ff.). Entsprechendes gilt, wenn der Stellenwert der Tat im Lebenszusammenhang des Jugendlichen im Hinblick auf zu treffende **prognostische** Entscheidungen (etwa nach § 21) noch **ungeklärt** ist (vgl. betr. § 31 Abs. 3 S. 1 BGH NStZ 2000, 263 mAnm *Eisenberg* NStZ 2000, 484; weitergehend *Hauber* Funktionsverteilung 177: zusätzlich auch bei Entscheidungen nach §§ 7, 12 iVm (vormals) §§ 55, 64 JWG (s. dazu §§ 30, 34 KJHG), §§ 17 Abs. 2, 27). In der Praxis unterbleibt die Heranziehung eines Sachverständigen dagegen in diesen Konstellationen oft, so etwa bei § 17 Abs. 2 Alt. 1 (hier die an sich bestehende Notwendigkeit zutr. bejahend *Kemme* StV 2014, 760 (764 f.); zur hiervon abw. rechtstatsächlichen Handhabung → § 17 Rn. 38). **33a**

Ist ein Beschuldigter zu Beginn einer Altersstufe (§ 1 Abs. 2) bereits von einem Sachverständigen untersucht worden, so kann eine **erneute** Begutachtung in einem anderen Verfahren selbst bei gleichartigen Verfehlungen auch dann notwendig sein, wenn sich der Beschuldigte bei der neuerlichen Tatbegehung am Ende derselben Altersstufe befunden hat (OLG Köln NJW 1982, 2132 (Ls.)). **33b**

(3) Wenngleich die **Schwere** der Verfehlung (vor allem betr. Tötungs- **34** delikte, vgl. BGH NStZ 2008, 644 = StV 2008, 621 (besonders bei fehlender Planung und ohne nachvollziehbare Motivation); *Basdorf* HRRS 2008, 275 ff.; einschr. BGH NJW 2008, 1319 = StV 2008, 619 mAnm *Erb*) zumindest erhebliche Bedeutung hat, darf es darauf **allein nicht** ankommen (*Focken/Pfeiffer* Zbl 1979, 380; s. auch *Hauber* Zbl 1981, 92 (96); vgl. aber *Eickmeyer,* Die strafrechtliche Behandlung der Heranwachsenden (...), 1963, 47). Hinsichtlich veranlassender Umstände werden – unabhängig von § 7, §§ 80a, 246a Abs. 1 StPO (vgl. → Rn. 28) – zB Anzeichen für eine psychopathologische Auffälligkeit (insb. im Hinblick auf § 2 Abs. 2, §§ 20, 21 StGB), erhebliche Abweichungen von sog. „durchschnittlichen" Sozialverhalten in der entsprechenden Altersstufe oder ggf. auch Einflüsse körperlicher Stigmata die Hinzuziehung eines Sachverständigen nahelegen (s. auch die Hinweise in RL 8; zu Anzeichen aus jugendpsychiatrisch-jugendpsychologischer Sicht vgl. *Focken/Pfeiffer* Zbl 1979, 378 (380); krit. zur justitiellen Praxis *Schepker,* Zur Indikationsstellung jugendpsychiatrischer Gerichtsgutachten, 1998, 142 ff.). – Entsprechendes gilt für nach *§ 105 Abs. 1 Nr. 1* (näher → Rn. 33) bestehende Ermittlungsaufgaben (BGHR JGG § 105 Abs. 1 Nr. 1, Entwicklungsstand 3 bei legasthenischen Verständnislücken und Hospitalisierungsschäden (sowie „unvermittelt sofortigem Einsatz massiver Bedrohung" als Hinweis auf Herabsetzung des Hemmungsvermögens)), ohne dass das Fehlen einschlägiger Angaben in einem Bericht zB der JStVollzugsanstalt oder anderer entwicklungspsychologisch bzw. psychiatrisch nicht speziell examinierter Personen (zB JGH, BewHilfe) davon befreit (nicht ganz unbedenklich aber BGH BeckRS 1990, 06655 bei *Böhm* NStZ 1991, 524).

35   **dd)** Bezüglich der **Häufigkeit** der Hinzuziehung von Sachverständigen im JStrafverfahren liegen vornehmlich Angaben aus (früheren) Einzeluntersuchungen betr. § 3 S. 1 und § 105 Abs. 1 vor (vgl. aber auch → Rn. 60f sowie → § 105 Rn. 19). So betrugen die Anteile bei Entscheidungen nach § *105 Abs. 1* (bezogen auf die abgeurteilten Fälle der Untersuchungsgesamtheiten) ca. 4% (*Blau* ZStW 1966, 153 (180)), 4,1% (*Eickmeyer,* Die strafrechtliche Behandlung der Heranwachsenden (…), 1963, 28), 4,5% (*Kühling,* Zur Kriminologie und strafrechtlichen Behandlung Heranwachsender, 1958, 163), 5,4% (*Bresser* NJW 1960, 375) und gar ca. 10,0% (*Lohmar,* Die strafrechtliche Behandlung der Heranwachsenden nach § 105 JGG, 1966, 34, 98).

36   **b) Verhältnismäßigkeit der Untersuchungsbedingungen.** Auch betr. die anzuordnende **Form** der für die Begutachtung erforderlich werdenden **Untersuchung** ist, soweit es nicht die allein die vom Sachverständigen zu bestimmenden Methoden im engeren Sinne betrifft, nach dem Grundsatz der Verhältnismäßigkeit stets dasjenige Vorgehen zu wählen, das den Jugendlichen am wenigsten belastet, insb. ihn nicht aus seinem gewohnten Lebensumkreis herausreißt (so zutr. *Dallinger/Lackner* Rn. 47; vgl. schon NDV 1952, 230 (231)). Daher wird sich der JRichter bzw. der JStaatsanwalt bereits iRd Auftragserteilung über den erforderlich werdenden Untersuchungsumfang – unabhängig von § 73 Abs. 1 S. 2 StPO – in Kenntnis setzen lassen und ggf. seiner Leitungspflicht nachkommen müssen (vgl. § 2 Abs. 2, § 78 StPO (iVm § 161a Abs. 1 S. 2 StPO)). – Erhebliche Bedenken bestehen ggü. der andauernden *Beobachtung* und *Abhörung* des Jugendlichen durch den Sachverständigen während der *HV* (§ 2 Abs. 2, § 80 Abs. 2 StPO; *Loos* GS H. Kaufmann, 1986, 961 (972 ff.); *Eisenberg* JZ 2011, 681 (zum allg. StR); s. auch *Barbey,* Das forensisch-psychiatrische Interview. SozEp-Berichte 1/1980, Bundesgesundheitsamt, 34 f., 59 f.), zumal dies für den Jugendlichen eine schwere psychische Belastung bedeuten und er ggf. in der Wahrnehmung seiner Verfahrensrechte und vor allem seiner *Verteidigung* unzulässig *eingeschränkt* werden kann (§ 2 Abs. 2, 338 Nr. 8 StPO). Zudem kann solchenfalls die *Wahrheitsermittlung* auch insofern *beeinträchtigt* sein, als durch das szenario verzerrte Entäußerungen des Jugendlichen oder Heranwachsenden bedingt werden können (sog. Kontaminierung der Situation). Werden die genannten Rechtsnormen bzw. -grundsätze nicht gewahrt, *zwingt* die *gesetzessystematische* Auslegung des § 80 Abs. 2 StPO zu einer Begrenzung.

36a   Unabhängig davon wird das Gericht von dem Sachverständigen auch eine Würdigung seiner Rolle in dem Verfahren im Verhältnis zu derjenigen des dauerhaft beobachteten Jugendlichen erwarten, etwa dergestalt, dass Beobachtungen und Interpretationen des Sachverständigen daraufhin geprüft werden, ob oder inwieweit Verhalten und Äußerungen eine Reaktion des Jugendlichen auf (Dauer-)Anwesenheit, Mimik, Fragen und sonstiges Verhalten des Sachverständigen gewesen sein könnten (exemplarisch *Eisenberg* FS Kerner, 2013, 581 ff. (585 f.); verfehlt LG Ulm 30.3.2010 – 6 KLs 41 Js 6865/09/09, BeckRS 2010, 142226, nicht beanstandet von BGH BeckRS 2010, 27745 mit Bspr. *Eisenberg* HRRS 2012, 466 ff.).

37   **aa)** Die **ambulante** Form der Untersuchung ist **vorrangig.** – Die gem. § 67 Abs. 1 Berechtigten haben, sofern der Betroffene einverstanden ist, ein *Anwesenheitsrecht.* Grundsätzlich gilt dies auch für den Verteidiger (zum ZivilR bejahend OLG Hamm NJW 2015, 146; vgl. auch *Czerner/Habetha* in

HK-JGG Rn. 58; *Schlothauer* StV 2016, 609 f. (zum allg. StR); *Dreßing/ Foerster* in VFDH Psych. Begutachtung-HdB 2.2.3.: Frage des „persönlichen Stils des Sachverständigen"). Ob anderes zu gelten hat, wenn der Sachverständige mit der Anwesenheit des Verteidigers nicht einverstanden ist (so zum allg. StR BGH StV 2003, 537 (betr. § 80 StPO)), wird sich nur im Einzelfall unter Wahrung der Schutzbelange Jugendlicher (§ 2 Abs. 2) beurteilen lassen. Abzulehnen ist die Anwesenheit, wenn der Verteidiger in das Explorationsgespräch „eingreifen" will (*Dreßing/Foerster* in VFDH Psych. Begutachtung-HdB 2.2.3.).

Kommt der Jugendliche schriftlichen Ladungen durch den JRichter (bzw. **37a** den JStaatsanwalt) zum Erscheinen beim Sachverständigen nicht nach, wäre eine *Vorführung* (§ 2 Abs. 2, §§ 133 Abs. 2, 163a Abs. 3 StPO entspr., nach Androhung) aufgrund der Schutzbelange Jugendlicher, die ein Element des Erziehungsauftrags (§ 2 Abs. 1) darstellen, wohl *unzulässig* (*Czerner/Habetha* in HK-JGG Rn. 55). Demgegenüber sind individuelle Formen der Kontaktaufnahme vorrangig (vgl. zum allg. StVR *Eisenberg* Beweisrecht StPO Rn. 1797).

bb) Erfordert die notwendige Untersuchung unerlässlich eine **längere** **38** **Beobachtung,** so kann unter den Voraussetzungen nach § 73 Abs. 1 – etwa auf Anregung des Sachverständigen – durch jugendrichterliche Anordnung die Unterbringung in einer geeigneten Anstalt erfolgen (n. → § 73 Rn. 1 ff.).

Die Anordnung ist nicht erforderlich, wenn die Untersuchung gelegentlich **38a** einer einstweiligen Unterbringung in einem Erziehungsheim (§§ 71 Abs. 2, 72 Abs. 4) bzw. einer angeordneten U-Haft (§ 72 Abs. 1; vgl. → Rn. 17a) durchgeführt werden kann (vgl. auch → § 71 Rn. 3 sowie § 72b). Dabei sind U-Haftfälle entgegen der gesetzlichen Vorgabe offenbar nicht nur Ausnahmen (nach *Wenn* S. 15 waren von den begutachteten Jugendlichen zur Zeit der Begutachtung 34,8 % und zuvor 11,3 % in U-Haft).

cc) Körperliche Untersuchungen sind nach Abs. 2 (ebenso wie nach **39** § 73) nicht gestattet (allg. Auffassung; vgl. auch → § 73 Rn. 5). Die Zulässigkeit entsprechender Maßnahmen richtet sich nach § 2 Abs. 2, §§ 81a, 81b StPO (zum Verhältnis der Anordnungen nach § 73 und § 81 StPO vgl. → § 73 Rn. 6). – Methodisch kommt im Bereich neurobiologischer Krankheiten oder Auffälligkeiten (vgl. → § 5 Rn. 82a; vgl. aber diff. zur Zulässigkeit etwa *Merkel* MschKrim 1997 (14), 365 ff.) zunehmend *bildgebenden Verfahren* eine gewisse Bedeutung zu (vgl. speziell betr. nach Hirnschädigung auftretender Psychopathie *Walter/Herbold* in Müller, Neurobiologie forensisch-relevanter Störungen, 2010, 304 ff., 311). Allerdings erfassen diese Verfahren die funktionelle Hirnaktivität (nur) während des jeweiligen Messzeitraums, woraus nicht ohne weiteres Hinreichendes zu der Frage hergeleitet werden kann, wie der zerebrale Zustand im Zeitpunkt der mutmaßlichen Deliktsbegehung war, zumal die jeweiligen Zeitpunkte durchaus unterschiedliche Einflüsse umgebungsbezogener, aber auch kognitiver und emotionaler Art aufweisen können (vgl. auch → § 5 Rn. 31a). Anders wäre es, wenn der (seitherige) Erkenntnisstand diesbezüglich (als methodologische Ausnahme) eine monolineare Erklärung (dh eine ursächliche Herleitung des Verhaltens aus bestimmten, ggf. gestörten oder dysfunktionalen Hirnstrukturen) erlaubte, jedoch ist dies bislang nicht der Fall (vgl. dazu auch *Bogerts* ForensPsychiatrPsychotherapie 2004, 1 ff.; *Kalus* FPPK Okt. 11 sowie 12 Heft 1).

c) Geeignetheit. Die Entstehungsgeschichte der Vorschrift (vgl. **40** → Rn. 6) lässt erkennen, dass mit der Ersetzung des Begriffs „Jugendarzt"

(§ 28 Abs. 3 RJGG 1943) der Kreis der in Betracht kommenden Gutachter über den Bereich medizinischer Sachverständiger hinaus erweitert worden ist (ebenso *Hauber* Funktionsverteilung 156, 160). Ferner deutet der Gesetzgebungsverlauf (→ Rn. 7, 8) durch Streichung des Begriffs „kriminalbiologisch" (durch das 1. JGG-ÄndG) darauf hin, dass der Gesetzgeber die Befähigung (vgl. auch → Rn. 50, 62) nicht nur iSd Kriminologie (oder gar von deren Teildisziplin einer „Kriminalbiologie") verstanden wissen will.

41   **aa) (1) Die Rspr.** überlässt die Entscheidung darüber, ob die Begutachtung *nichtkrankhafter* Zustände von einem Fachvertreter der Psychiatrie oder aber der Psychologie oder der Kriminologie vorzunehmen ist, dem pflichtgemäßen Ermessen des Tatrichters (BGHSt 34, 357). Jedoch bestimmt sich die Auswahl (näher → Rn. 49) ua nach jeweiligen Besonderheiten des konkret vorgeworfenen deliktischen Verhaltens (n. zum Ganzen *Eisenberg* Beweisrecht StPO Rn. 1526 ff.). – Im Bereich der Delikte gegen die *sexuelle Selbstbestimmung* kann uU (wie auch im allg. StVR) weder eine psychologische noch eine psychiatrische Begutachtung genügen (krit. aufgrund diesbzgl. Auswertung von Gutachten *Pfäfflin,* Vorurteilsstruktur und Ideologie psychiatrischer Gutachten über Sexualstraftäter, 1978), vielmehr kann ein Sachverständiger mit besonderen Kenntnissen auf dem Gebiet der Psycho(patho)logie der Sexualität heranzuziehen sein. Im JStrafverfahren **soll** aber „nach Möglichkeit" nicht minder eine spezielle Befähigung zur Untersuchung Jugendlicher bzw. Heranwachsender (§ 109 Abs. 1 S. 1) nachgewiesen sein, worauf es zB zur Beantwortung schon der Frage ankommt, ob ein sexuell auffälliges Verhalten iZm dem Entwicklungsstand des Heranwachsenden steht (BGHSt 23, 176 (191)).

42   (2) Im **Schrifttum** wird für den Bereich des JStrafverfahrens eine – im Einzelnen umstrittene – Unterscheidung dahin getroffen, dass (im medizinischen Sinne) *krankhafte* Verhaltens- und Erlebnisweisen sowie körperliche Befunde psychiatrischer, *allg. psychische* dagegen psychologischer Beurteilung unterliegen (s. etwa schon *Peters* in Undeutsch Psych-HdB 768, 780; *Hauber* Zbl 1982, 157), wobei gem. Abs. 2 S. 2 verlangt wird, dass der in Betracht kommende Sachverständige in erster Linie für die Altersgruppe Jugendlicher bzw. Heranwachsender kompetent ist. – In Grenzfällen kann sich – vorbehaltlich von Besonderheiten hinsichtlich Beauftragung und Leitung sowie Untersuchung und Gutachtenerstattung – eine multidizipinäre Team-Arbeit empfehlen.

42a   (3) Anerkannt ist, dass bei noch im *Reifungsprozess* stehenden Jugendlichen und Heranwachsenden die Zuschreibung einer *Persönlichkeitsstörung* methodisch *unzulässig* ist, da zum Konzept der Persönlichkeitsstörung eine zeitliche Konstanz der Symptome gehört, sodass die jeweilige Ausprägung grds. erst bei Erwachsenen, zumindest aber nicht vor der Adoleszenz bejaht werden kann. Dies ist auch den vielfältigen und mitunter dramatischen, aber fluktuierenden und in ihrer Symptomatik instabilen Pubertäts-, Reifungs- oder Identitätskrisen geschuldet (wozu zB auch eine gleichsam fluchtartige Übernahme einer sog. „negativen" Identität (*Erikson,* Identität und Lebenszyklus, 1973), dh einer im Gegensatz sowohl zu den eigenen, als unerreichbar empfundenen Erwartungen wie auch den Erwartungen des sozialen Umfelds stehenden Gestaltung) gehören kann.

42b   So wird empfohlen, zB die Klassifikationsschemata ICD-10 und DSM-5 tendenziell erst bei Erwachsenen anzuwenden (und allenfalls in Ausnahmefällen schon bei 16- oder 17-Jährigen) und stattdessen andere Umschreibungen einzusetzen (zB „Störung des Sozialverhaltens", oder dergl). Indes ist die Handhabung weithin von der Person des Sachverständigen abhängig (vgl. näher *Kern,* Jugendliche und heranwachsende Tötungsdelinquente (1950–1979), 2010, 103 f., unter Hinweis auf Anteile zB von 61,5 % der Zuschreibung von Persönlichkeitsstörungen in einer früheren Auswertung bei *Remschmidt,* Adoleszenz. Entwicklung und Entwicklungskrisen im Jugendalter, 1992; vgl. auch *Remschmidt ua,* Tötungs- und Gewaltdelikte junger Menschen Ursachen, Begutachtung, Prognose, 2012, 204, wobei hohe Anteile – unzulässig – von der Schwere der Tat beeinflusst zu sein scheinen. Es ergibt sich, dass diese Zuschreibungen bei Jugendlichen und Heranwachsenden nur äußerst zurückhaltend vertretbar sind (vgl. auch *Tölle/Windgassen* Psychiatrie 109: bei Jugendlichen zu vermeiden).

Soweit speziell Anhaltspunkte für eine „*dissoziale*" oder „antisoziale" Tendenz vorliegen, handelt es sich nur unter bestimmten, aber eher seltenen persönlichkeitsbezogenen Voraussetzungen um den Kompetenzbereich der Kinder- und Jugendpsychiatrie, ansonsten und idR jedoch eher um den Kompetenzbereich der Kriminologie oder der Sozialpsychologie (vgl. → § 5 Rn. 77, → § 10 Rn. 50), Daher ist ein gewisser Missbrauch insofern zu besorgen, als eine psychiatrische Funktion der Zuschreibung aufgrund von Belangen der JStrafrechtspflege erstellt wird (verfehlt betr. kaum 18-Jährigen LG Verden, zitiert nach *Marquardt* Der Kriminalistik 2016, 4 ff.; vgl. allg. *Hoff/Saß* in Kröber 11, 119 f.), zumal „eine wertungsfreie Beschreibung" der Kategorien „kaum gelingt" (*Tölle/Windgassen* Psychiatrie 126). **42c**

bb) (1) Eine notwendige **Reifebeurteilung** iRv § 3 S. 1 wird idR ein (Entwicklungs-)Psychologe vorzunehmen haben (s. schon *Hauber* Funktionsverteilung 167; *Blau* Jura 1982, 393 (399); *Zieger/Nöding* Verteidigung Rn. 42). Ergeben sich Anhaltspunkte für psychopathologische Auffälligkeiten, so wird ein Jugendpsychiater, bei entwicklungsuntypisch auffälligem Sozialverhalten iÜ ein Sozialpädagoge bzw. Psychotherapeut mit forensischer Qualifikation heranzuziehen sein. Die Begutachtung ist regelmäßig *getrennt* von einer Untersuchung bezüglich Fragestellungen iZm der *Schuldfähigkeit* iSv §§ 20, 21 StGB durchzuführen (vgl. bereits *Lempp* NJW 1959, 798 (801); *Heinen* RdJB 1972, 333 (334); zu bildgebenden Verfahren vgl. → Rn. 39; näher → § 3 Rn. 33 ff.). – Demgegenüber ergab eine (frühere) Untersuchung (*Beckmann,* Die Bestimmung der strafrechtlichen Verantwortlichkeit nach § 3 JGG, 1969, 24 f.), dass bei 135 begutachteten Fällen iRv § 3 S. 1 die hinzugezogenen Sachverständigen zu 67 % Psychiater und nur zu 33 % Psychologen waren, wobei in keinem Fall Fachvertreter beider Disziplinen beauftragt wurden (vgl. exemplarisch LG Berlin nach BGH NStZ 2007, 522 mAnm *Eisenberg/Schmitz* NStZ 2008, 94). **43**

Eine vorrangige Kompetenz wird dem qualifizierten (Entwicklungs-)Psychologen idR auch bei Beurteilung Heranwachsender nach **§ 105 Abs. 1 Nr. 1** zukommen (ebenso bereits *Potrykus* RdJB 1958, 344; *Potrykus* RdJB 1960, 346; *Waldeck* RdJB 1954, 123; zur jugendpsychiatrischen Sicht *Schmidt* in Warnke ua, Forensische Kinder- und Jugendpsychiatrie, 1997, 227; verfehlt LG Ulm 30.3.2010 – 6 KLs 41 Js 6865/09/09, BeckRS 2010, 142226 – nicht beanstandet von BGH BeckRS 2010, 27745 mit Bspr. *Eisenberg* HRRS 2012, 466 ff. –, das dezidiert nur einen Nicht-Jugendpsychiater heranzog). Kein „weiterer" Sachverständiger iSv § 2 Abs. 2, § 244 Abs. 4 S. 2 Hs. 1 StPO (vgl. auch → Rn. 63), sondern ein *anderer* ist ein Jugendpsychiater im Verhältnis zu einem „allg" Psychiater (aA BGHR § 244 Abs. 4 S. 2, Zweit- **44** gutachter 4; Rn. 5 unter Bezugnahme auf BGHSt 34, 355). Anders als in BGHSt 34, 355 Rn. 4 vorausgesetzt, dass „das Gericht bei der Auswahl frei" ist, fehlt es daran gem. Abs. 2 S. 2 als der ggü. § 73 StPO spezielleren Vorschrift (vgl. schon *Lempp* DVJJ-Journal 1997, 50 f.), zumal § 43 Abs. 2 S. 2 eine *Kompetenzvoraussetzung* markiert (vgl. auch *Lederer* StV 2017, 748 (749 f.)).

45   (2) Zu berücksichtigen ist ferner, dass eine (idR ambulant durchzuführende) Untersuchung auch im Hinblick auf **spezielle Motivationslagen** (etwa betr. die Prüfung subjektiver Merkmale des Straftatbestandes, vgl. auch → Rn. 33) oder eine **besondere Tatsituation** in Betracht kommen kann (ebenso bereits *Hauber* Zbl 1981, 95; AK XI des 18. DJGT, Thesen (DVJJ 81); ferner instruktiv schon *Lempp* Zbl 1975, 41 (47 f.); vgl. ergänzend *Günter* in VDFH Psych. Begutachtung-HdB 351). In diesem Bereich (wie auch hinsichtlich einer besonderen Rechtsfolgenentscheidung) wird – je nach den Umständen des Einzelfalles – etwa ein (Schul-)Pädagoge (s. *Peters* in Undeutsch Psych-HdB 260, 286; zust. *Hauber,* Funktionsverteilung S. 159) oder auch ein Berufsberater (ebenso *Riedel* Anm. 12; zust. *Hauber* Funktionsverteilung 161 f.; aA *Dallinger/Lackner* Rn. 47) als Sachverständiger gehört werden können. – Ein Kriminalsoziologe (bzw. Sozialpsychologe) mit praktischer Erfahrung in der Jugendarbeit und besonderen Kenntnissen über Sozialisationsverläufe in jugendlichen Subkulturen sollte insb. dann mit herangezogen werden, wenn die Verfehlung möglicherweise nur aus einer **Gruppen**situation heraus und iZm vergleichbaren delinquenten Verhaltensmustern innerhalb einer Gruppe Jugendlicher verstehbar ist (nicht erörtert von BGH ZJJ 2010, 326 mAnm *Eisenberg*). Dabei kommt es in der Praxis allerdings in besonderer Weise auf die Auswahlkriterien fachlicher Unabhängigkeit an.

46   cc) (1) Sind **prognostische** Beurteilungen im Hinblick auf die Wirksamkeit **erzieherischer Maßnahmen** erforderlich, so sollte regelmäßig nicht der Jugendpsychiater zu beauftragen sein, da es sich nicht um die Beurteilung pathologischer Zusammenhänge handelt (ebenso schon *Schmitz* RdJB 1974, 163 (166)). Vielmehr ist ein qualifizierter Psychologe oder Kriminologe gefragt, der neben Fachwissen zu Reifungs- und Entwicklungsabläufen bei Jugendlichen zusätzlich über besondere erziehungspsychologische oder auf Verläufe von Delinquenz bezogene Erkenntnisse iZm dieser oder jener Rechtsfolge verfügt (AG Winsen NStE Nr. 1 zu § 43 nennt auch die Kriminalsoziologie). Fehlt es daran, zB weil der Sachverständige die konkrete Ausgestaltung einer vom JGericht in Erwägung gezogenen ambulanten Intervention, stationären Therapie oder dergleichen nicht kennt, so wird ggf. zusätzlich ein Erziehungspsychologe, Psychotherapeut, Sozialpädagoge oder Sozialarbeiter heranzuziehen sein, der mit der jeweiligen Ausgestaltung vertraut ist. – Insbesondere dann, wenn eine heilerzieherische Behandlung (§ 10 Abs. 2) in Betracht kommt, wird ohne Anhörung auch eines diesbezüglich tätigen Therapeuten die Zweckmäßigkeit der Weisung kaum beurteilt werden können.

47   (2) Geht es speziell insb. um die **Prognose** etwaigen zukünftigen (körperlich) **gewalttätigen** Verhaltens, so kommt dem *Entwicklungsverlauf* des Jugendlichen bzw. Heranwachsenden (nebst phasenweise bestimmenden Einflüssen wie zB Drogen- oder Alkoholmissbrauch) vorrangige Bedeutung zu, wogegen eine dominant *retrospektive* Würdigung idR *ausscheidet* oder zumindest zurückzutreten hat. Schon deshalb *verbietet* sich (ebenso wie bei der Untersuchung betr. etwaige „Gefährlichkeit" (vgl. → Rn. 46–47a)) eine Orientierung an von statischen Faktoren dominierten „Merkmals"-Auflistungen (wie zB PCL-R (zu dem daran angelehnten „Kieler Psychopathie-Inventar" Flindt ua RPsych 2015, 73 ff.) bzw. PCL/YV, HCR-20/2 (BGH StV 2015, 216; BeckRS 2015, 17296: schon zum allg. StR allenfalls „geringe Aussagekraft"), VRAG (dt. Übersetzung Rettenberger ua KrimZ 2017, FO-TRES (zur Nicht-Validierung Endrass/Rossegger FS 2012, 93), etc). Im Einzelnen ist auch insoweit das Verwertungsverbot gem. § 2 Abs. 2, § 51 Abs. 1 BZRG zu wahren (zum Unterschied zwischen Aufklärung des Geisteszustandes und Gefährlichkeitsprognose BGHSt 57, 300 sowie BGH BeckRS 2013, 14773 Rn. 12 (jeweils betr. allg. StR); zu einem abw. Gesetzesvorschlag des BRates aber BT-Drs. 18/3837).

Diese Auflistungen sind zudem – nach den Maßstäben fachwissenschaft- **47a** lich anerkannter Methoden – nicht prospektiv validiert (vgl. zur Übersicht Anm. Eisenberg StV 2005, 345 ff.; H. E. Müller NStZ 2011, 565 ff.), auch wenn verschiedentlich anderes angegeben wird (vgl. etwa Nygaard, Die prädiktive Validität des HCR 20/2, der PCL-R und der ILRV für die Vorhersage gewalttätiger krimineller Rückfälle, 2006, 42 ff., zusf. 8: „prädiktive Validität", trotz retrospektiver Auszählung, indes aufschlussreich speziell betreffend HCR 20/2: hinsichtlich der „klinischen Items" geringe prognostische Relevanz (Nygaard, Die prädiktive Validität des HCR 20/2, der PCL-R und der ILRV für die Vorhersage gewalttätiger krimineller Rückfälle, 2006, 53)), und die Zuordnungen differieren mitunter je nach anwendendem Sachverständigen (vgl. zu Anhaltspunkten Boccaccini ua Law & Human Behavior 2014, 337 ff.). Die in Rede stehenden Auflistungen befremden neben der geschlossenen Anzahl von Items dadurch, dass sie nicht oder nicht hinreichend zwischen unterschiedlichen Straftatbeständen bzw. zwischen Straftatbeständen und sonstigem als „auffällig" beurteiltem Verhalten unterscheiden, teilweise tautologisch sind und einer Differenzierung schon nach der konkreten Situation Betroffener (zB in Freiheit oder in Unfreiheit, und im zweitgenannten Fall in U-Haft, (Jugend-)Strafhaft oder Maßregelunterbringung) entbehren. Ohnehin fehlt es ihnen an einer Berücksichtigung der Entstehungszusammenhänge der als negativ beurteilten Umstände (etwa hinsichtlich Bedingungen, die seitens privater oder staatlicher Personen bzw. Institutionen zu verantworten sind). Funktional bedeutet die Orientierung an solchen Auflistungen eine „Aussonderung" durch „immer stärker reduzierte" Einschätzungen (vgl. Pfäfflin in VFDH Psych. Begutachtung-HdB 300), und zugleich bergen sie ein erhebliches Missbrauchspotential. – Soweit deren Ergebnisse gar pauschal iZm einer (weithin auf Schätzungen anhand von Reihenuntersuchungen beruhenden, sich auf Delikttypen beziehenden) Basisrate betr. „Rückfälligkeit" präsentiert werden, kann dies in erhöhter Weise irreführend sein, wenn ein berechnetes Ergebnis als das für den Verurteilten bestehende „Rückfall"-Risiko verstanden wird, obwohl oftmals keine solche Entsprechung vorliegt.

dd) Eine prognostische Beurteilung von **„Gefährlichkeit"** iZm der Fra- **48** ge der Anordnung einer **Maßregel** der Besserung und Sicherung (§ 7) ist im Falle einer nicht ungünstigen Prognose in besonderem Maße mit einem persönlichen Risiko für den Sachverständigen verbunden, da dessen fachliche **Reputation** in Gefahr ist. Dessen wird sich das Gericht bei Würdigung des Gutachtens bewusst sein. Im Übrigen gelten die Einwände ggü. der Verwendung von „Merkmals"-Auflistungen (vgl. → Rn. 47, 47a) auch hier.

48a   (1) Zur Vorbereitung einer Entscheidung nach § 7, § 63 StGB ist idR ein Jugendpsychiater berufen (betr. methodische Grenzen und Mängel s. etwa schon *Gohde/Wolff* KrimJ 1992, 169 (171 ff.)), der den Jugendlichen untersucht hat (§§ 7, 2, §§ 80a, 246a Abs. 3 StPO; uU § 81 StPO) und ohnehin in der HV über den Zustand des Jugendlichen und – in Kenntnis des in Betracht kommenden psychiatrischen Krankenhauses – die Behandlungsaussichten zu vernehmen ist (s. § 246a Abs. 1 S. 1, 2 StPO; krit. zu etwaigen Eigeninteressen *Eisenberg* Beweisrecht StPO Rn. 1553). Meist wird er sich gleichzeitig auch gutachterlich zu Fragen iZm den § 2 Abs. 2, §§ 20, 21 StGB äußern.

49   (2) Entsprechend wird bezüglich der Prognose nach § 7, § 64 S. 1 StGB zu verfahren sein. Jedoch besteht die Besonderheit, dass hinsichtlich der Behandlungs- und Erfolgsaussichten (§ 246a Abs. 1 S. 1, 2 StPO, § 64 S. 2 StGB) die Vernehmung eines jugendpsychiatrischen Sachverständigen nicht genügen wird, wenn er nur für die Beurteilung von Fragen der Schuldfähigkeit iZm der besonderen Form des Alkohol- bzw. Rauschmittelmissbrauchs qualifiziert ist (vgl. Nachw. 17. Aufl.). Vielmehr bedarf es der Kompetenz auch zur Beurteilung von Einflüssen des Missbrauchs auf den Entwicklungsstand (vgl. betr. die Beurteilung iRv §§ 3 S. 1, 105 Abs. 1 schon *Brunner* Zbl 1971, 243 (250 f.); näher → § 105 Rn. 28) sowie betr. Fragen der Effizienz einschlägiger (gar stationärer) Therapie (vgl. dazu → § 7 Rn. 15 ff., 21 ff., → § 92 Rn. 106, → § 93a Rn. 6 ff.). Dies gilt umso mehr, als allg. objektivierbare Kriterien (zB direkte/indirekte Beschaffungsdelikte, Beutehöhe und -umfang, Intervall zwischen den Taten sowie Planungselemente) wegen mangelnder empirischer Bestätigung einer einschlägigen Relevanz zu Fehlinterpretationen führen könnten.

49a   (3) Zur Beratung hinsichtlich der Voraussetzungen des Vorbehalts der Anordnung von Sicherungsverwahrung bzw. von deren Anordnung gem. § 7 bzw. § 106 (vgl. näher → § 7 Rn. 29 ff., → § 106 Rn. 11) – ebenso wie auch betr. die vollzugsbegleitenden Entscheidungen (vgl. → § 82 Rn. 49, → § 92 Rn. 179) – kommen als Sachverständige (vgl. → § 81a Rn. 10, 14) Psychologen, Kriminologen, empirisch tätige Straf- bzw. Maßregelvollzugswissenschaftler oder, obgleich das Gesetz nicht von psychopathologischen oder körperlich bedingten Auffälligkeiten ausgeht (anders BVerfG NJW 2011, 1931 Rn. 99: ärztliche), auch Psychiater (methodenkrit *Bock* FS Heinz, 2012, 615 ff.; *Eschelbach/Wasserburg* FS Wolter, 2013: „fachlich unzuständig") in Betracht (vgl. auch *Feltes* StV 2000, 281 ff.; *Kinzig* NStZ 2004, 659). Um die Verlaufsentwicklung untersuchen zu können, muss stets zugleich eine Qualifikation für die Altersgruppe Jugendlicher bzw. Heranwachsender bestehen (vgl. exemplarisch *Eisenberg* FS Kerner, 2013, 577 ff.; verfehlt BVerfG, 2. Kammer des 2. Senats, 4.12.2008 – 2 BvR 2333/08 mit Bspr. *Eisenberg* DRiZ 2009, 221, das sich an Gutachten orientierte, die die strafrechtliche Unauffälligkeit vor und nach der (einmaligen) Tat nicht oder nicht hinreichend würdigten; vgl. auch LG Ulm 30.3.2010 – 6 KLs 41 Js 6865/09/09, BeckRS 2010, 142226 betr. zur Tatzeit $18^{1}/_{2}$-Jährigen (nicht beanstandet von BGH BeckRS 2010, 27745 mit Bspr. *Eisenberg* HRRS 2012, 466 ff.). – Hinsichtlich des Nutzens (bzw. der Irreführung) durch statisch dominierte Auflistungen (gar iVm einer für den jeweiligen Verurteilten ggf. nicht aussagegeeigneten Basisrate) wird auf die Erl. in → Rn. 47, 47a verwiesen (vgl. auch BGH BeckRS 2013, 9610: fundierte Einzelfallanalyse nicht zu ersetzen vermögen).

d) Auswahl. Neben sonstigen Kriterien der **Geeignetheit** (vgl. 50
→ Rn. 40 ff.) ist maßgebend die **Befähigung** iSd **Abs. 2 S. 2** (vgl.
→ Rn. 7f, 28, 40, zur Revision → Rn. 62; vgl. schon *Aschaffenburg* DVJJ
1928, 111) nachdrücklich anhand von Einzelfällen *Lederer* StV 2016, 745
(750 ff.); vgl. auch *Lederer* StV 2017, 748), weshalb solche bei der Jugendstrafjustiz vorliegenden Listen schwerlich mit dem Gesetz vereinbar sind, in
denen dieses Kriterium nicht vorrangig ist oder gar fehlt. Zentral ist die
Untersuchung etwaiger *entwicklungsspezifischer* wie damit verbundener situativer Tatumstände einschließlich der Erörterung und Gewichtung eines
etwaigen *tatfördernden* Verhaltens des späteren *Geschädigten*, ggf. mit wesentlichen Konsequenzen für den individuellen Schuldvorwurf und die Rechtsfolgenentscheidung ebenso wie für die Belange des Geschädigten und Angehöriger sowie der Öffentlichkeit zum Verständnis des Tatgeschehens. Soweit das Beschleunigungsgebot insb. in **U-Haftsachen** (vgl. näher → § 72
Rn. 5, 17a) zu einer Berücksichtigung von Terminschwierigkeiten veranlasst, ist bei nicht übermäßiger Verzögerung wenn irgend möglich der
Geeignetheit Vorrang einzuräumen, und im Falle der Zustimmung des
Beschuldigten zu dem vorgesehenen Sachverständigen wird er dazu anzuhören sein, ob ihm dessen Beauftragung wichtiger ist als die Beschleunigung
(nicht erörtert von OLG Bremen StV 2016, 508). – Der Auswahl kommt
weithin eine wesentliche, mitunter gar substantiell „vorentscheidende" Bedeutung zu (vgl. betr. Angreifbarkeit → Rn. 57, 62). Dies beruht vor allem
auf unterschiedlichen Perspektiven von Sachverständigen bei der Interpretation von Befunden (vgl. → Rn. 54c, 54d), nicht minder aber schon bei der –
ggf. das Ergebnis beeinflussenden oder gar bestimmenden – Auswahl aus der
Vielzahl von (nicht von vornherein ungeeigneten) Erhebungsmethoden.
Betreffend Explorationen ist Voraussetzung, dass die Person des Sachverständigen der Ermöglichung von Vertrauen nicht entgegensteht (dazu *Wasserburg*
FS Paeffgen, 2015, 691; vgl. aber etwa → Rn. 52b); insofern relevant ist die
Empfehlung einer ausdrücklichen Pflicht, dem Beschuldigten vor der Auswahl Gelegenheit zur Stellungnahme zu geben (so Bericht der Expertenkommission zur effektiveren praxistauglicheren Ausgestaltung des allgemeinen Strafverfahrens und des jugendgerichtlichen Verfahrens, 2015, 37 f.;
nicht berücksichtigt im Gesetz, vgl. bereits RefE-BMJV v. 27.5.2016).

Mit der Funktion des Sachverständigen als der Ermittlung des materiellen 50a
Wahrheit verpflichtetes – und vom Auftraggeber unabhängiges Beweismittel
wie jedes andere auch – nicht vereinbar und daher *unzulässig* sind *Signale*
hinsichtlich eines bestimmten erwarteten Ergebnisses des Gutachtens (vgl.
zur Besorgnis der Befangenheit des Auftraggebers *Wasserburg* FS Paeffgen,
2015, 690 f.; vgl. aber → Rn. 55), sodass sich zwecks Kontrolle eine authen-
tische Dokumentation des Kontakts des Auftraggebers mit dem Sachverständigen empfiehlt (vgl. zum Ganzen *Eisenberg* R&P 2014, 80 ff.). Nicht zuletzt
ist die Auswahl *verfahrensökonomisch* relevant, weil die Begründungsvoraussetzungen für das JGericht niedriger sind, wenn es sich der Auffassung des
Sachverständigen anschließt, als im umgekehrten Fall.

aa) Zufälligkeiten (wie örtliche Gegebenheiten uä; krit. *Beckmann,* Die 50b
Bestimmung der strafrechtlichen Verantwortlichkeit nach § 3 JGG, 1969,
25 f.) sollten möglichst vermieden werden (s. auch die Umfrage von *Schepker*
in Warnke ua, Forensische Kinder- und Jugendpsychiatrie, 1997, 292 ff.). –
Andererseits sollte, falls häufig ein und **derselbe Sachverständige** beauftragt wird (vgl. exemplarisch LG Ulm 30.3.2010 – 6 KLs 41 Js 6865/09/09,

BeckRS 2010, 142226, nicht beanstandet von BGH BeckRS 2010, 27745 mit Bspr. *Eisenberg* HRRS 2012, 466 ff.), die Einstellung zu diesem und zu der von ihm bevorzugten Methodik sowie seiner Schulrichtung und seinem Verständnis von der Rolle als forensischer Gutachter im Hinblick auf personelle Alternativen überdacht werden, da im Allgemeinen die „Wirksamkeit" (auch → Rn. 56) einer Begutachtung von dieser Einstellung nicht unbeeinflusst bleibt (krit. zur Beauftragung eines anderen als den vom Beschuldigten benannten Sachverständigen *Zwiehoff,* Das Recht auf den Sachverständigen, 2000, 222 ff., 232 ff.). So ist die Einschätzung eines zugebilligten Expertenstatus, abgesehen von der beruflichen Position, ua von Übereinstimmungen mit dem Auftraggeber hinsichtlich Interessen, Werthaltungen usw abhängig (rechtstatsächl. betr. Ergebniserwartung des Auftraggebers und finanzielle Belange des -nehmers vgl. *Jordan/Gresser* DÄBl 2014, 111 (6), A–120). Erhebliche Bedenken bestehen ggü. der Tendenz, eher solche Sachverständige zu beauftragen, die inhaltlich nicht weitergehender Interpretation zugängliche, „zweifelsfreie" (bzw. sog. „wasserdichte") Gutachten (mit in der Argumentation idealtypischer Zurichtung) vorlegen (vgl. *Göppinger* in Göppinger/Witter ForensPsych-HdB, Bd. 2, 1531, 1539), obwohl gerade dieser Umstand für eine nur eingeschränkte Verwertbarkeit des Gutachtens spricht (vgl. etwa zu LG Verden 24.10.2014 – 3 KLs 1/14 mit krit. Bspr. *Eisenberg* NK 2016, 390 ff.; grds. *Eisenberg* Beweisrecht StPO Rn. 1539).

50c **bb)** Weist der zu begutachtende Jugendliche einen (etwa noch ausgeprägt vorhandenen) *Migration*shintergrund auf (vgl. auch → § 5 Rn. 39b, 64b, 86, → § 50 Rn. 13, → § 105 Rn. 33 ff.), so gebieten es die methodischen Gütekriterien der Zuverlässigkeit und Gültigkeit, dass der Sachverständige die Sprache und die soziokulturellen Umstände der Entwicklung versteht (vgl. zu asyl- und ausländerrechtlichen Verfahren Kap. 36 in VFDH Psych. Begutachtung-HdB; zum SozialR aus der Praxis *Brückner* medSachv 2010, 117 (119)). Dies gilt hinsichtlich der Schuldfähigkeit wegen begleitender soziokultureller Kriterien besonders zB bei der Beurteilung von schweren Persönlichkeitsstörungen, ggf. auch von tiefgreifenden Bewusstseinsstörungen, weil abzuklären ist, welche Verhaltensweisen eher kulturell beeinflusst sind. – Soweit ein *Dolmetscher* vonnöten ist, darf der Sachverständige sich nicht an diesen wenden, sondern (Explorations-)Gesprächspartner bleibt für ihn ausschließlich der Jugendliche (vgl. *Dreßing/Foerster* in VFDH Psych. Begutachtung-HdB 2.5.). Auch hat der Dolmetscher sich grundsätzlich streng auf eine wörtliche Übersetzung zu beschränken (vgl. näher *Eisenberg* Beweisrecht StPO Rn. 1517).

51 **e) Anfertigung des Gutachtens.** Hierzu ergeben sich einige besondere Schwierigkeiten im Hinblick auf den konkreten Verfahrensbezug.

51a **aa)** (1) Der Sachverständige befindet sich in seiner forensischen Funktion als zu Neutralität und Objektivität verpflichtetes Wahrnehmungsorgan des Gerichts (s. BGHSt 9, 292 f.) ggf. in einem **Rollenkonflikt** im Hinblick auf seine sonstigen (zB helfenden oder therapeutischen) Funktionen zugunsten eines Patienten/Probanden (s. etwa *Schorsch* in Pfäfflin, Vorurteilsstruktur und Ideologie psychiatrischer Gutachten über Sexualstraftäter, 1978, Vorwort)). Hierbei wird mitunter der Eindruck erweckt, der Konflikt ließe sich vermeiden, wenn sich der Gutachter über seine Rolle nur klar werde (s. etwa *Focken/Pfeiffer* Zbl 1979, 378 (381); ähnlich *Kinze* in Häßler/Kinze/

Nedopil (Hrsg.), Praxishandbuch Forensische Psychiatrie, 2. Aufl. 2015, 43: Konflikt durch § 2 Abs. 1 entschärft). Demgegenüber mag eine (häufig durch eine bestimmte Erwartungshaltung des Gerichts verstärkte) Gefahr gerade in einer Über-Identifikation mit dieser Rolle liegen, die mitunter statt neutraler Aussagen „Verdammungsurteile" oder normativ vorgeprägte Typisierungen unter Reduktion des Persönlichkeitsgefüges der zu beurteilenden Person hervorbringe (s. schon *Maisch* MschKrim 1973, 189 (191)). – Gelegentlich nicht zu übersehen ist dabei auch ein Motiv, weiterhin als Gutachter beschäftigt und honoriert zu werden, das dazu (ver-)führen kann, sich (bewusst oder unbewusst) den Ergebniserwartungen und Gepflogenheiten des Gerichts anzupassen und auch ansonsten dazu tendiert, der vermuteten Haltung des Gerichts dem Angeklagten ggü. Rechnung zu tragen.

(2) Ein spezieller Pflichtenkonflikt besteht dann, wenn der Sachverständi- **51b** ge (sachkundig) begründete *Zweifel* an der *Täterschaft* hat, was insb. auch in Fällen der Beauftragung zu einer dem tatgerichtlichen Urteil nachfolgenden Beweisfrage (zB vorzeitige Entlassung, Entscheidungen betr. eine Maßregel iSv § 7, etc) vorkommt. Grundsätzlich wird der Sachverständige als verpflichtet anzusehen sein, dies – obgleich es von dem Gutachtenauftrag nicht erfasst ist – dem Auftraggeber mitzuteilen, und ggf. wird der Bitte um Entbindung nachzukommen sein (vgl. zum Ganzen schon *Peters* FS Göppinger, 1990, 443 (448 ff.)). Verlässliche rechtstatsächliche Erkenntnisse zur Handhabung in der Praxis liegen nicht vor. – In einem Einzelfall (Verfahren betr. § 7 Abs. 2, LG München – 10 NSV 122 VRs 10353/97) war aus keinem der drei erstatteten Gutachten (v. 29.8.2011, v. 6.9.2011, v. 16.8.2011) zu erkennen, dass eine entsprechende Mitteilung an das Gericht geschehen wäre (obgleich die Ausgangsverurteilung wegen Mordes der Darlegung eines (reaktiven) Motivs ebenso entbehrte wie eines Sachbeweis, und zudem die einzigen belastenden Aussagen von zwei Zeugen vom Hörensagen herrührten, die ihrerseits Anlass gaben, die Richtigkeit in Frage zu stellen).

bb) (1) Im Rahmen der Untersuchung und insb. des **Untersuchungs-** **52** **gesprächs** (ggf. der Exploration) wird der Sachverständige darum bemüht sein, als Kommunikationsgrundlage dem Jugendlichen bzw. Heranwachsenden verständlich zu machen, dass es nicht um Tataufklärung im engeren Sinne, sondern um Umstände seiner Persönlichkeit und seiner Umgebung geht (*Kinze* in Häßler/Kinze/Nedopil (Hrsg.), Praxishandbuch Forensische Psychiatrie, 2. Aufl. 2015, 42). Wegen des Zusammenhangs mit dem Tatvorwurf wird (auch) der Sachverständige idR gleichwohl verpflichtet sein, den Betroffenen alsbald in geeigneter Weise (§ 70a Abs. 1 aF bzw. § 70b Abs. 1 nF entspr.) davon in Kenntnis zu setzen (zu **„belehren"**), dass er sich auch ggü. dem Gutachter keinesfalls äußern oder gar selbst belasten muss (n. *Eisenberg* Beweisrecht StPO Rn. 1580, auch 1672; zur bloßen Beobachtung → Rn. 36; vgl. ergänzend *Wasserburg* FS Paeffgen, 2015, 694 f.). Diese Pflicht besteht umso mehr deshalb, weil (freiwillige) Angaben des Betroffenen wegen der verfahrensbezogenen Funktion im Sinne einer Informationspflicht des Sachverständigen ggü. den Justizorganen dem Betroffenen uU nachteilig werden könnten (s. BGHSt 13, 1).

Eine andere Begründung für die Aufklärung (über das **Aussageverweige-** **52a** **rungsrecht**) liegt darin, ein gewisses"Doppelspiel" (krit. etwa vgl. etwa *Günter* in VFDH Psych. Begutachtung-HdB 330) von vornherein – soweit wie nur möglich – zu vermeiden, zumal andernfalls die Wirkungsmöglichkeiten einer vom Sachverständigen angeregten erzieherischen Maßnahme bzw. Therapie erheblich beeinträchtigt sein könnten (vgl. auch schon *Focken/Pfeiffer* Zbl 1979, 381). Aus Interviews mit JStrafgefangenen wurde berichtet (*Kersten* in Kersten/v. Wolfersdorff-Ehlert, Jugendstrafe – Innenansichten aus dem Knast, 1980, 146), das Explorationsgespräch werde von den Jugendlichen vielfach ohnehin als „Vernehmung" erlebt (vgl. allg. auch *Schreiber* in Venzlaff VFDH Psych. Begutachtung-HdB S. 151 ff., 160; zu Methodenproblemen s. *Barbey,* Das forensisch-psychiatrische Interview. SozEp-Berichte 1/1980, Bundesgesundheitsamt, 70 ff.). – Demgegenüber werden Bedenken dazu zurücktreten müssen, inwieweit eine Belehrung innerhalb des Untersuchungsgesprächs (ggf. der Exploration) überhaupt geeignet sein kann, da die Aufgaben des Sachverständigen es erforderten, Hemmungen des Jugendlichen abzubauen.

52b (2) Umstritten ist die Frage, in welcher Weise das Untersuchungsgespräch und der sonstige Ablauf (zB hinsichtlich der Durchführung von Testverfahren etc) **dokumentiert** wird, um der beratenden Funktion ggü. dem JGericht genügen zu können. Der jugendrichterlichen Kontrolle am ehesten dienlich ist idR eine *Audio-* und ggf. *Videoaufnahme,* und zwar auch der Exploration (vgl. *Dreßing/Foerster* in VFDH Psych. Begutachtung-HdB 2.2.3: einen auf Tonbandaufnahme gehenden Wunsch des Jugendlichen generell weder befolgen noch versagen; abl. aber etwa *Kröber* in Kröber ua 10, 167), ua zwecks Vermeidung von Erinnerungslücken (oder gar -verzerrungen) seitens des Sachverständigen. Dazu sind die Datenträger spätestens für den Zeitpunkt der jeweiligen jugendgerichtlichen Entscheidung (zB in der HV) vorzulegen. – Zugleich schützt diese Art der Dokumentation iErg am ehesten die Belange des Jugendlichen, und zwar auch iSd erzieherischen Prinzips der **Transparenz,** zumal (auch) das Verhalten des Sachverständigen kontrolliert wird (vgl. aber zu gleichsam zirkelschlüssiger Begründung der Nicht-Überprüfbarkeit mit der Behauptung andernfalls drohender „Denaturierung" *Kröber* FPPK 2015, Juli (online), und zur Ausklammerung der Realität falscher Tatvorwürfe *Kröber* FPPK 2015, 98 ff. wie falscher Gutachten (hierzu exemplarisch etwa Bspr. *Kröber* JA 2013, 860 ff.; *Kröber* Kriminalistik 2014, 737 ff.)).

52c Beweisrechtlich weniger kontrollierbare Möglichkeiten bestehen in der Fixierung durch den Sachverständigen alsbald *nach Abschluss* der Untersuchungsgesprächs, wozu ggf. bereits während der Untersuchung Notizen gemacht werden (vgl. auch *Kröber* in Kröber ua 10, 167: „fast nie Wortprotokoll").

53 **cc)** Die Vorbereitung des Gutachtens wird sich grundsätzlich an einer schon aus Gründen des **Persönlichkeitsschutzes** eingegrenzten Fragestellung durch den Auftraggeber zu orientieren haben, notfalls sollte im Sinne einer Präzisierung Rücksprache genommen werden (s. § 2 Abs. 2, § 78 StPO). – Von der gesetzlich nur als Möglichkeit vorgesehenen **Akteneinsicht** durch den Sachverständigen (§ 2 Abs. 2, § 80 StPO) sollte wegen der vielfältigen Gefahren einer Beeinflussung durch unbewusste Vorurteilsbildung und Einschränkungen in der sozialen Wahrnehmung (vgl. → Rn. 23) – entgegen weitverbreiteter Praxis (nach einer Einzeluntersuchung zum allg. StVerfahren soll in 93 % der Fälle zusammen mit dem Gutachtenauftrag und ohne weitere Begründung die Aktenübersendung erfolgt sein (*Barton* StV 1983, 73 (74))) – nur in unerlässlichem Umfang Gebrauch gemacht werden. – In der Praxis auch des JStrafverfahrens werden die Akten indes in weitreichendem Umfang zur Verfügung gestellt (nach einer vormaligen Einzeluntersuchung zum allg. StVerfahren sei dies in 93 % der Fälle ohne weitere Begründung geschehen (*Barton* StV 1983, 73 (74)). – Wegen *Registereintragungen* gelten auch für den Sachverständigen die allg. Vorschriften (vgl. → § 5 Rn. 92 ff., speziell → § 3 Rn. 39; abw. Erwägungen bei *Lederer ua* MschKrim 2010, 442 ff.).

dd) Für die Gestaltung des Gutachtens werden – bei Vermeidung einer **54** Schematisierung – bestimmte **Aufbauprinzipien** empfohlen, die den Prozess einer Beurteilung erkennbar machen sollten (s. näher zum forensisch-psycholog Gutachten *Thomae* in Undeutsch Psych-HdB 743; zum forensisch-psychiatrischen Gutachten *Rasch,* Forensische Psychiatrie, 2. Aufl. 1999, 307 ff. (speziell zu Fehlern S. 311 f.); *Göppinger* in Göppinger/Witter ForensPsych-HdB, Bd. 2, 1485; *Kinze* in Häßler/Kinze/Nedopil (Hrsg.), Praxishandbuch Forensische Psychologie, 2. Aufl. 2015, 45 ff.; *Eisenberg* Beweisrecht StPO Rn. 1801 ff., 1811 ff.).

(1) Dabei befasst sich ein **Eingangsteil** mit der biographischen Entwick- **54a** lung und der allg. Lebenssituation des Betroffenen, wobei die jeweiligen Quellen anzugeben und widersprüchlich Darstellungen unkommentiert nebeneinander zu stellen sind (vgl. *Thomae* in Undeutsch Psych-HdB 745 f.). Die Informationen sollten danach gegliedert werden, ob es sich um „eigene Erhebungen" des Sachverständigen, „Fremdbeurteilungen" oder aber bisherige „Selbstangaben" des Jugendlichen bzw. Heranwachsenden handelt.

(2) Ein sich anschließender **Untersuchungsbericht** gibt den Verlauf und **54b** die Ergebnisse der Befassung mit dem Betroffenen und ggf. mit Bezugs- oder Auskunftspersonen (§ 80 StPO) wieder, wobei die jeweiligen Angaben in indirekter oder aber wörtlicher Rede aufzuführen sind. Weiterhin sind die einzelnen Beurteilungsbefunde bzw. -daten (zB neben Exploration solche klinischer, testpsychologischer und ggf. apparativer Art) jeweils nach Art der Erhebungsmethode anzugeben. Dabei wird auf den Stellenwert der Erhebungsmethode (etwa Exploration oder Verhaltensbeobachtung im Vergleich zum Test) ebenso hinzuweisen sein wie bezüglich Testverfahren darauf, inwieweit sie allg. anerkannte Gütekriterien (ua Zuverlässigkeit und Gültigkeit) erfüllen (zB im Verhältnis psychologischer Leistungs- und speziell Intelligenztests (zur Unterscheidung zwischen Test-IQ und tatsächlichem Leistungsverhalten BGH BeckRS 2016, 8073 Rn. 14) oder psychometrischer Persönlichkeitstests zu projektiven Tests; vgl. auch *Schilling* NStZ 1997, 263). – Nach einer sekundäranalytischen Auswertung (vgl. *Heim* forensia 1985, 177–182) fehlten weithin Darlegungen zu Gütekriterien der verwandten Testverfahren, zudem wurden Testergebnisse meist als Befunde präsentiert, obwohl sie zB situationsbeeinflusst (etwa haftbedingte Depressivität oder Aggressivität) sein können.

Die **Befunddarstellung** wird sich weithin auf eine Beschreibung zu **54c** beschränken und unumgängliche Wertungen unmittelbar als solche erkennbar zu machen haben.

In dem Bericht wird auch anzugeben sein, welche möglichen Erhebungs- **54d** methoden, die von (anderen) Fachvertretern verwendet werden, **nicht angewandt** wurden und warum dies nicht geschehen ist (ebenso *Peters* in Undeutsch Psych-HdB 768, 777; vgl. schon → Rn. 50). Im Einzelnen sollte der Sachverständige erkennbar machen, unter **welchem** wissenschaftsperspektivischen oder -theoretischen **Zugangsweg** und mit welchem Funktionsverständnis er das Gutachten erstattet. Ferner sollte er jeweilige Bevorzugungen bestimmter Lehrmeinungen dadurch verdeutlichen, dass er alternativ auch diejenigen Folgerungen vorträgt, die sich für das Ergebnis aus jeweils anderen (und nicht von vornherein irrelevanten) Auffassungen ergäben oder ergeben könnten (so bereits *Peters* in Undeutsch Psych-HdB 768, 777; ergänzend *Eisenberg* Beweisrecht StPO Rn. 1618, 1811). Falls dies (zB infolge einer Überschneidung zu einer anderen Fachdisziplin) nur erschwert möglich wäre, sollte der Sachverständige dies ggü. dem Gericht begründen.

54e (3) Erst im Schlussteil, der die **Beurteilung** und die Beantwortung der Fragestellung enthält, sollte die Darstellung der Befunde interpretativen Charakter erhalten (nach der Sekundäranalse von *Heim* (forensia 1985, 179) hingegen seien in der Praxis nur in 31 % der Verfahren Testergebnisse und deren Interpretationen hinreichend voneinander getrennt worden). In einer um Nachvollziehbarkeit bemühten Form sollte das Verständnis von der Persönlichkeit des Jugendlichen unter Einbeziehung seiner Umgebung vermittelt und anschließend die Diagnose in den Grenzen der Ausgangsfrage gestellt werden. Im Rahmen des Auftrags werden ggf. prognostische Beurteilungen und − soweit die Kenntnis der zulässigen Rechtsfolgenausgestaltung dies gestattet − (hypothetische) Anregungen zur Rechtsfolge im Hinblick auf pädagogische oder therapeutische Möglichkeiten das Gutachten abschließen (vgl. dazu schon *Hauber* Funktionsverteilung 178; *Remschmidt* MschKrim 1978, 79 (90); *Lenckner* in Göppinger/Witter ForensPsych-HdB, Bd. 1, 241 f.; s. ergänzend *Wenn* 38).

54f Beweisrechtlich ist zu bedenken, dass der Sachverständige bei einer **normativen Aussage** (zB über die Verantwortlichkeit des Beschuldigten) nicht mehr Tatsachen, Erfahrungsregeln oder Schlussfolgerungen mitteilte, sondern eine rechtliche Würdigung vornähme, die **allein** der Zuständigkeit des **JGerichts** unterliegt. Zudem ist umstritten, inwieweit es sich nicht auch schon bei bestimmten, zur Ermöglichung einer entsprechenden rechtlichen Würdigung getroffenen gutachterlichen Aussagen um dogmatisch-zweckgerichtete Konventionen zwischen Sachverständigem und Gericht handelt. − Hinsichtlich Mitteilungen des Sachverständigen über allg. **Erfahrungssätze** wie auch bezüglich **Schlussfolgerungen** des Sachverständigen (aus den von ihm vorgenommenen Tatsachenfeststellungen) besteht, vom Bereich exakter Naturwissenschaften abgesehen, eine primäre **Abhängigkeit** von unterschiedlichen Verständnisebenen, leitenden Vorstellungen und theoretischen Bezugsrahmen des Sachverständigen bzw. der von ihm bevorzugten Strömung innerhalb seiner Wissenschaft (vgl. dazu *Eisenberg* § 3 Rn. 11 ff.; krit. auch *Heim* forensia 1985, 177, nach dessen Forschungsergebnissen Interpretationsprobleme je nach Bezugsrahmen der jeweiligen Tests nicht deutlich gemacht wurden). Dies hat das **JGericht** auf der Grundlage selbstständiger **Beweiswürdigung** zu berücksichtigen (vgl. LG Neubrandenburg nach BGH NStZ 2004, 294).

55 **f) Vermittlung des Gutachtens. aa)** Eine **schriftliche Fassung** des Gutachtens ist, auch wenn es im Rahmen einer HV nur ein vorläufiges ist (vgl. → Rn. 55a), grundsätzlich erforderlich, schon um dem Jugendlichen bzw. Heranwachsenden und insb. seinem Verteidiger Gelegenheit zu einer Vorbesprechung zu geben (ganz hM; abw. BGHSt 54, 177 (zum allg. StR, gar betr. § 246a Abs. 1)). Denn die psychische Anspannung des Betroffenen anlässlich einer mündlichen Verhandlung und insb. einer HV beeinträchtigt nahezu zwangsläufig die Möglichkeit, ein zutreffendes und zureichendes

Verständnis von dem Gutachten zu erlangen und Unrichtigkeiten zu erkennen (vgl. auch → Einl. Rn. 51 f.).

Die Bedeutung sorgfältiger **Erörterung** des Gutachtens und seiner 55a Grundlagen **vor** einer jugendgerichtlichen Verhandlung und insb. der HV (*Schepker ua* in du Bois, Praxis und Umfeld der Kinder- und Jugendpsychiatrie, 1990) ergibt sich auch daraus, dass nach Befragungen ein erheblicher Anteil der Probanden sich durch das Gutachten verunsichert fühlt, welcher Umstand von Sachverständigen nicht ganz selten unterschätzt zu werden scheint (*Schepker ua* in du Bois, Praxis und Umfeld der Kinder- und Jugendpsychiatrie, 1990). Ein Erörterungsbedarf vorab besteht im Übrigen vor allem auch deshalb, weil (auch) zum JStrafverfahren empirische Anhaltspunkte für eine häufig nahezu vollständige **Übereinstimmung** der gerichtlichen Entscheidung mit der gutachterlichen Stellungnahme vorliegen (s. näher betr. Gutachten nach Maßgabe von § 3 S. 1 bzw. § 105 Abs. 1 schon *Suttinger* in Undeutsch Psych-HdB 296, 322; *Beckmann,* Die Bestimmung der strafrechtlichen Verantwortlichkeit nach § 3 JGG, 1969, 26 ff., 29; *Keller/Kuhn/Lempp* MschKrim 1975, 154; auch *Schulte-Markwort ua* Zbl 1992, 79 f.; *Schepker,* Zur Indikationsstellung jugendpsychiatrischer Gerichtsgutachten, 1998, Kap. 6), die Tendenzen einer Verantwortungsdelegation auf den Sachverständigen (vgl. auch → Rn. 28, aber auch → Rn. 63a) bzw. einer Orientierung des Sachverständigen an den Erwartungen des Auftraggebers (vgl. dazu LG Ulm 30.3.2010 − 6 KLs 41 Js 6865/09/09, BeckRS 2010, 142226, nicht beanstandet von BGH BeckRS 2010, 27745 mit Bspr. *Eisenberg* HRRS 2012, 466 ff.), erkennen lassen (zur Unzulässigkeit → Rn. 50). − Ob die Kann-Vorschrift des § 2 Abs. 2, § 247a Abs. 2 S. 1 StPO (betr. audiovisuelle Zuschaltung) im JStV anwendbar ist (§ 2 Abs. 2), wurde im Gesetzgebungsverfahren nicht erörtert (vgl. BT-Drs. 17/1224). Bejahendenfalls wird wegen der Schutzbelange (§ 2 Abs. 1) und mangels Erfahrungswerten sowie der Nicht-Revisibilität (§ 247a Abs. 2 S. 3) nur restriktiv Gebrauch gemacht werden dürfen (in Verfahren nach § 2 Abs. 2, § 246a StPO scheidet die Anwendung ohnehin aus, § 247a Abs. 2 S. 3 StPO).

bb) Beim freien **mündlichen Vortrag** des Gutachtens (insb. in der HV) 55b ist eine sprachliche Fassung geboten, die allen Verfahrensbeteiligten den Zugang vermittelt und erforderlich werdende Erörterungen im Anschluss an den Vortrag erleichtert. Inhaltlich sind die Ergebnisse der Beweisaufnahme zu berücksichtigen, und zwar besonders auch soweit sich Abweichungen von dem Kenntnisstand des Sachverständigen zum Zeitpunkt der Untersuchung und Abfassung des vorläufigen schriftlichen Gutachtens ergeben haben. Daher sind solche Teile der vorläufigen schriftlichen Ausführungen, deren Präsentation im Hinblick auf die veränderte Verfahrenslage als überholt oder zumindest unangemessen (belastend) erschienen, nicht vorzutragen, hingegen ggf. mündliche Ergänzungen (etwa im Hinblick auf eine zu erwartende Rechtsfolge) vorzunehmen (vgl. allg. etwa BGHSt 49, 357).

cc) In der schriftlichen wie in der mündlichen Präsentation ist eine den 56 Betroffenen herabsetzende bzw. ihn belastende **Wortwahl** − vor allem durch solche Begriffe, die sich in ihrem Bedeutungsumfang nicht eindeutig eingrenzen lassen − zu vermeiden. Diese Unterlassungspflicht entspricht schon dem Erziehungsauftrag (§ 2 Abs. 1). Sie ist zudem der Gefahr von Fehlinterpretationen durch die Verfahrensbeteiligten geschuldet. Weiterhin dient die in Rede stehende sprachliche Disziplinierung dem Zweck, eine etwa erforderliche Nachbesprechung (vgl. schon *Focken/Pfeiffer* Zbl 1979, 383;

ebenso AK XI des 18. DJGT (DVJJ 81)) zwischen dem Betroffenen und dem Sachverständigen unter pädagogischen oder therapeutischen Aspekten nicht von vornherein zu belasten (n. *Müller-Luckmann* DVJJ 1981, 497). Dies wäre besonders abträglich, wenn eine Nachbesprechung den Ausgangspunkt einer ambulant durchzuführenden Rechtsfolge hätte bilden können.

IV. Verfahrensrechtliches

1. Rechtsfragen betreffend Sachverständigen

57 **a) Zur Frage der Beschwerde gegen die Auswahl.** Im allg. StVR ist nach hM betr. die Auswahl seitens StA bzw. Polizei eine Überprüfung durch *Beschwerde* nicht zulässig (aA Anm. *Wagner* StV 2000, 543), und betr. die Auswahl durch das Gericht gilt nach überwiegender Auffassung das Gleiche (bejahend aber *Beukelmann* in Radtke/Hohmann StPO § 73 Rn. 18 sowie noch *Kleinknecht* in Meyer, 37. Aufl., § 73 Rn. 18; *Dahs* in Löwe/Rosenberg, 24. Aufl., StPO § 73 Rn. 27). Dem ist zumindest im JStV wegen sich mitunter als dysfunktional herausstellender (Fehl-)Auswahl entgegen zu treten, soweit das Gesetz es nicht untersagt oder Beweismittelverlust droht (vgl. mN zu sonstigen Judikaten *Eisenberg* Beweisrecht StPO Rn. 1548). Bei Verstoß gegen Abs. 2 S. 2 wird, unbeschadet des Beschleunigungsgrundsatzes schon gem. dem jugendstrafrechtlichen Schutzprinzip als einem Element des Erziehungsauftrags (vgl. § 2 Abs. 1) die Beschwerde zulässig sein müssen (zu verfehlter Auswahl vgl. betr. die StA exemplarisch LG Berlin nach BGH NStZ 2007, 522 mAnm *Eisenberg/Schmitz* NStZ 2008, 94; LG Ulm 30.3.2010 – 6 KLs 41 Js 6865/09/09, BeckRS 2010, 142226, nicht beanstandet von BGH BeckRS 2010, 27745 mit Bespr. *Eisenberg* HRRS 2012, 466 ff.; wohl auch im Verfahren LG Dortmund 31.1.2018 – Tatort Herne).

58 **b) Sonstiges.** Wegen der Anfechtbarkeit einer **ambulanten Untersuchung** vgl. die Rechtslage zu § 81a StPO entsprechend, wozu auf die Erläuterungswerke zur StPO verwiesen wird (vgl. aber BVerfGE 49, 329).

59 Zur Angreifbarkeit einer **unangemessenen Begutachtung** bzw. zu Voraussetzungen der Ablehnung des Sachverständigen vgl. *Eisenberg* Beweisrecht StPO Rn. 1549 ff.

2. Revision

60 **a) Verstoß gegen § 43 im Allgemeinen. aa)** Werden die Erfordernisse der Vorschrift nicht befolgt, so ist dieser Verstoß selbst nach hM **nicht revisibel** (vgl. vormals BGHSt 6, 326 = LM § 43 Nr. 1 mAnm *Werner*). Zur Begründung wird zum einen angeführt, die Bestimmung beziehe sich unmittelbar nur auf die Ermittlungspflicht der JStaatsanwaltschaft im Vorverfahren, wogegen das Urteil aber auf der HV beruht (§ 2 Abs. 2, § 261 StPO; s. auch § 336 StPO). Dieses Argument geht indes insoweit fehl, als das JGericht ggf. nicht über die zuvor geleisteten Ermittlungen hinausgelangt.

60a Zum anderen wird darauf abgehoben, dass die Vorschrift (nur) als Sollbestimmung ausgestaltet ist. Demgegenüber wäre danach zu differenzieren, ob der Verstoß bewusst und entgegen sachlichem Bedarf geschieht.

61 **bb)** In Fällen des Verstoßes gegen § 43 ist häufig die spezielle **jugendgerichtliche Aufklärungspflicht (§ 2 Abs. 2, § 244 Abs. 2 StPO)** ver-

letzt, weil jedes nicht herangezogene Beweismittel, das iRv § 43 hätte in Betracht kommen können, die Ermittlungsmöglichkeiten beeinträchtigt, worauf das Urteil (insoweit) beruhen kann (§ 337 StPO; vgl. BGHSt 6, 326; BGH RdJB 1961, 313; weitergehend schon *Tröndle* Zbl 1953, 190 (193), *Kohlhaas* unsere jugend 1964, 496 (501); vgl. betr. § 105 Abs. 1 BGH MDR 1954, 694). Regelmäßig führt die Aufklärungsrüge dann zur Aufhebung des Urteils, wenn überhaupt keine der in § 43 angeordneten Ermittlungen vorgenommen worden sind (BGHSt 6, 326 (329)). – Die Aufklärungspflicht ist auch dann verletzt, wenn der Gutachten*auftrag* nicht *ergebnisoffen* gehalten ist (vgl. OLG Naumburg R&P 2013, 46 = NStZ 2013, 183 (zum allg. StR)).

b) Untersuchung durch einen Sachverständigen. aa) Tragweite des 62 **Abs. 2 S. 2.** Wird die **Auswahl** des Sachverständigen **entgegen** Abs. 2 S. 2 vorgenommen (vgl. dazu → Rn. 50), so wird die Revision dann als begründet erachtet werden müssen, wenn die Verletzung der Soll-Vorschrift ohne sachlichen Grund geschehen ist (nicht beanstandet aber von BGH 3.11.2010 – 1 StR 432/10, BeckRS 2010, 27745 mit Bspr. *Eisenberg* HRRS 2012, 466 ff.; BGH BeckRS 2015, 12159 mit Bspr. *Eisenberg* StV 2016, 709 sowie näher *Eisenberg* GS Weßlau, 2016, 67 ff.). Zwar müsste auch ein diese Voraussetzungen nicht erfüllender Gutachter die Bedeutung von Ereignissen und Persönlichkeitsentwicklungen während Kindheit, Jugend und Heranwachsendenalter berücksichtigen, jedoch hat die vom Gesetz verlangte Befähigung nur derjenige, der qua spezieller Ausbildung und beruflicher Tätigkeit im zeitlichen Lebensquerschnitt, dh im Zeitraum des jeweiligen **aktuellen Lebensalters** des Beschuldigten, mit Jugendlichen und Heranwachsenden befasst ist und zudem über praktische Erfahrung in der Beurteilung diesbezüglicher Entwicklungsfragen verfügt (die gelegentliche Heranziehung als Sachverständiger ist per se kein geeignetes Kriterium).

bb) Einzelne Rechtsfehler. (1) Soweit insb. bei Vernehmung eines 62a Sachverständigen über die Ergebnisse einer nach Abs. 2 durchgeführten Untersuchung die gerichtlich Befragung als **unvollständig** erachtet wird, kann grundsätzlich nicht gerügt werden, das Tatgericht habe ein Beweismittel nicht ausgeschöpft (BGHSt 17, 351 für das allg. StVR). Falls jedoch durch Gerichtsbeschluss das **Fragerecht** des Beschwerdeführers (§ 2 Abs. 2, § 240 Abs. 2 S. 1 StPO) eingeschränkt oder eine bestimmte Frage an den Sachverständigen abgelehnt worden ist, kann dies uU die Revision iRd Aufklärungsrüge begründen (bei Beschränkung der Verteidigung s. im Übrigen § 338 Nr. 8 StPO).

(2) Hinsichtlich der Anforderungen an die Hinzuziehung eines **weiteren** 63 Sachverständigen (vgl. § 2 Abs. 2, § 244 Abs. 4 S. 2 StPO) ist – betr. eine Begutachtung iRv § 105 Abs. 1 – zutreffend entschieden worden (BGH NStZ 1984, 467 mAnm *Brunner* sowie Anm. *Eisenberg* NStZ 1985, 84), ein Gericht könne – aufgrund der durch das (erste) Gutachten erlangten Sachkunde – die Anhörung eines weiteren Sachverständigen auch dann ablehnen, wenn es dem (ersten) Gutachter nicht folge (inzwischen allg. Auffassung; s. im Übrigen BGHSt 8, 113 für das allg. StVR entspr.). – Mitunter wird, belangvoll besonders für das eine erzieherische Orientierung verlangende JStR, vertreten, dass ein von der JStaatsanwaltschaft ausgewählter Sachverständiger mit Ladung durch das Gericht kein „gerichtlicher Sachverständiger" werde, sodass ein Beweisantrag auf Heranziehung eines solchen Sach-

verständigen nicht nach § 244 Abs. 4 S. 2 abgelehnt werden dürfe (*Zwiehoff,* Das Recht auf den Sachverständigen, 2000, 271, 275 ff.).

64 (3) Eine Verletzung der Regeln über die Beweiswürdigung kann nach allg. Auffassung vorliegen, wenn das Gericht die Ausführungen des Sachverständigen umbewertet (vgl. näher BVerfG, 2. K. des 2. S., 28.3.2013 – 2 BvR 553/12 Rn. 25, BeckRS 2013, 49764: „Die Behauptung des OLG nicht nachvollziehbar" (zum allg. StR)), von dessen Einschätzung ohne hinreichende Erörterung und Begründung abweicht (vgl. betr. Glaubhaftigkeit BGH NStZ-RR 2016, 380; näher *Eisenberg* Beweisrecht StPO Rn. 1609) oder in Übernahme der Wertungen des Sachverständigen eine *erschöpfende* Würdigung einschließlich *alternativer* Interpretationsmöglichkeiten versäumt hat (vgl. *Eisenberg* Beweisrecht StPO Rn. 97 ff.; s. aber einschr. BGH NJW 1998, 3645). Unzureichend ist daher etwa das Bemerken, der Sachverständige sei dem Gericht aus einer Vielzahl von Verfahren *als geeignet* (zB kompetent, umsichtig, erfahren etc) *bekannt* und es schließe sich ihm „nach *eigener Überzeugungsbildung*" an, zumal entgegenstehende Anhaltspunkte nicht ersichtlich seien (vgl. etwa LG Aachen 21.10.2008 – 91 KLs 401 Js 170/08 Rn. 71 (juris), BeckRS 2009, 89101). Vielmehr würde ein solches Bemerken voraussetzen, dass das Tatgericht sich in dem konkreten oder zumindest in früheren Verfahren von der Vorgehensweise und dem Verhalten des Sachverständigen – ggf. zudem durch eine nachfolgende (Verlaufs-)Überprüfung bezüglich des Jugendlichen bzw. Heranwachsenden – tatsachenbezogen und verlässlich (zB durch unangekündigte Akte der Leitung, § 2 Abs. 2, § 78 StPO) Kenntnis verschafft hat (§ 2 Abs. 2, § 261 StPO), und dass es dies im Urteil in angemessener Weise darlegt. Andernfalls besagt ein Bemerken der vorgenannten Art nur, dass das Gericht den Sachverständigen in mehreren HVen gehört und seinen Angaben jeweils vertraut hat, was indes „richtig oder auch unrichtig gewesen sein kann" (vgl. (entspr. zum Polizeizeugen auch OLG Stuttgart VRS 10, 235 f.); näher betr. die normativen Grundlagen des Gutachtenauftrags BGH BeckRS 2013, 8219, hier betr. § 64 StGB). Dabei könnte zudem zu besorgen sein, dass die Gutachten idR weniger abwägende, sondern „sichere" Aussagen enthalten haben und daher besonders fehleranfällig sind (befunden wurde für Österreich, dass die Gutachten der als erfahren geltenden, besonders häufig beauftragten Sachverständigen tendenziell mehr Qualitätsmängel aufwiesen als die Gutachten der eher selten beauftragten (*Kunzl/Pfäfflin* R&P 2011, 152 ff. (157))).

65 **cc) § 246a Abs. 1 S. 1, 2 StPO.** Soll die gutachterliche Äußerung eines Sachverständigen über den Zustand des Jugendlichen und die Behandlungsaussichten im Hinblick darauf erfolgen, dass mit dessen **Maßregelunterbringung** in einem psychiatrischen Krankenhaus oder einer Entziehungsanstalt zu rechnen ist, und wird der Sachverständige in der HV **nicht** persönlich vernommen, sondern sein schriftliches Gutachten verlesen, so stellt dieser Verstoß gegen die ggü. Abs. 2 speziellere Vorschrift (§ 2 Abs. 2) des § 246a Abs. 1 S. 1, 2 StPO nach hM einen Revisionsgrund iSv **§ 337 StPO** dar (§ 338 Nr. 5 StPO bejahend BGH bei *Dallinger* MDR 1953, 723; ferner OLG Hamm MDR 1978, 864, jeweils für das allg. StVR; ergänzend *Eisenberg* Beweisrecht StPO Rn. 1830 mN). Hingegen ist die unterbliebene Heranziehung im Vorverfahren nach § 80a StPO selbst nach allg. Auffassung nicht revisibel (vgl. im Übrigen → Rn. 60 entspr.). § 337 StPO ist zB auch dann betroffen, wenn der Sachverständige über die für seine gutachterliche

Stellungnahme bedeutsamen tatsächlichen Gesichtspunkte nicht ausreichend unterrichtet war (vgl. BGHSt 27, 166 für das allg. StVR) oder von ihm benötigte Unterlagen ihm vorenthalten werden (vgl. BGH NJW 2013, 3318 (zum allg. StVR)). Unterbleibt entgegen § 2 Abs. 2, § 246a Abs. 1 S. 2 StPO die Untersuchung des Jugendlichen durch den Sachverständigen, der in der HV vernommen werden soll, so kann auf diesen – idR auch gegen § 43 Abs. 2 verstoßenden (vgl. *Dallinger/Lackner* Rn. 52) – Mangel die Revision gem. § 337 StPO gestützt werden (BGH NStZ-RR 1997, 167); zugleich begründet dieser Mangel die allgemeine Aufklärungsrüge (vgl. entspr. BGH MDR 1954, 310 für das allg. StVR).

Vernehmung des Beschuldigten bei zu erwartender Jugendstrafe

44 Ist Jugendstrafe zu erwarten, so soll der Staatsanwalt oder der Vorsitzende des Jugendgerichts den Beschuldigten vernehmen, ehe die Anklage erhoben wird.

Übersicht

	Rn.
I. Anwendungsbereich	1
II. Dys-/Funktionalität der Vorschrift	2
1. Normzweck	2
2. Verhältnis zum Aufklärungs- und Überführungszweck	4
3. Anwendungsbreite	6
III. Einzelne Anforderungen	8
1. Vernehmende Person	8
2. Allgemeine Vernehmungsregelungen	10
a) Schutzbelange	10
b) Anwesenheitsberechtigte	11
IV. Revision	12

I. Anwendungsbereich

Die Vorschrift gilt in Verfahren gegen **Jugendliche** vor den JGerichten. **1** In Verfahren vor den für allg. Strafsachen zuständigen Gerichten ist eine Vernehmung nach § 44 zwar nicht vorgeschrieben, aber gem. § 104 Abs. 2 zulässig (vgl. auch RL Nr. 1 S. 2 Hs. 1). In Verfahren gegen **Heranwachsende** ist die Vorschrift unanwendbar, auch bei Anwendung des materiellen JStR (vgl. § 109 Abs. 2). Ist mit der Bejahung der Voraussetzungen von § 105 Abs. 1 zu rechnen (oder ist diese Frage ersichtlich klärungsbedürftig), soll sich gleichwohl eine entspr. Vernehmung auf der Grundlage der allg. Vorschriften empfehlen (vgl. RL Nr. 1 S. 2 Hs. 2; s. aber auch → Rn. 6 f.).

II. Dys-/Funktionalität der Vorschrift

1. Normzweck

Die Vorschrift wurde durch § 29 RGG 1943 eingeführt. Ungeachtet des **2** durch die NS-Ideologie geprägten Normzwecks (*Schneider* in BeckOK JGG

Rn. 6.1 mwN: Identifizierung und Selektion jugendstrafrechtlich nicht erreichbarer Jugendlicher) wurde die Norm durch das JGG 1953 ohne inhaltliche Änderungen beibehalten. Ihr wird heute primär der Zweck zugewiesen, dem (verfahrenszuständigen) JRichter oder JStA bereits im Vorverfahren einen persönlichen „Eindruck" von dem Beschuldigten zu vermitteln. Dies sei im Rahmen einer einfachen Vernehmungsinteraktion besser möglich als in der HV, deren Förmlichkeit ein unbefangenes Auftreten des Jugendlichen erfahrungsgemäß hindern könne (vgl. auch RL Nr. 1 S. 1). Die unmittelbare richterliche oder staatsanwaltliche Vernehmung fungiert damit als ein Instrument der **an § 43 orientierten Ermittlung.** Da sie in einer vergleichsweise entspannten Atmosphäre stattfinden könne, erlaube sie Wahrnehmungen, die für die Prüfung der strafrechtlichen Verantwortlichkeit des Jugendlichen (§ 3 S. 1) oder der Voraussetzungen von § 105 sowie für mögliche Entschließungen nach § 43 Abs. 2 oder § 73 Abs. 1 dienlich sein könnten.

3 Zudem werde es dem Jugendlichen erleichtert, die eigene Sicht auf den Vorwurf und die subjektive Ereigniswahrnehmung darzustellen. Zwar sieht auch § 163a Abs. 1 S. 1 StPO iVm § 2 Abs. 2 zur Gewährleistung rechtlichen Gehörs eine Vernehmungspflicht vor, ohne dies aber mit einem Anspruch auf eine Verhörsperson zu verbinden (*Kölbel* in MüKoStPO § 163a Rn. 13 und 16). Meist bleibt es daher bei einer vorwurfs- und aufklärungsorientiert gestalteten Polizeivernehmung, in der die Perspektive und Selbsteinschätzung des Beschuldigten oft nur gebrochen wahrnehmbar wird. Eine Akzentsetzung, die auch diese Aspekte zur Geltung bringt, werde in der (durch § 44 vorgesehenen) richterlichen oder staatsanwaltlichen Vernehmung eher möglich gemacht. Ihr komme damit ein **erweiterter Schutzzweck** zu, insofern sie ggf. einen gewissen Kontrapunkt zur vorherrschenden Überführungstendenz in den sonstigen (polizeilichen) Befragungen setze (20. Aufl. Rn. 3; ähnlich *Laubenthal/Baier/Nestler* JugendStrafR Rn. 278; vgl. auch schon *Lempp* in Eschweiler, Psychoanalyse und Strafrechtspraxis, 1979, 82 f.).

2. Verhältnis zum Aufklärungs- und Überführungszweck

4 Nach allgA kann die von § 44 geregelte Vernehmung (zugleich) der Wataufklärung dienen (vgl. bspw. *Brunner/Dölling* Rn. 2). Dies bedeutet aber nicht, dass sich eine richterliche oder staatsanwaltliche Vernehmung (oder Vernehmungsphase), in der diese Zweckrichtung nicht explizit verfolgt wird, hiervon kategorial unterschiede (so statt vieler aber zB *Sommerfeld* in NK-JGG Rn. 5 f.). Dass sich die Interaktionsinhalte (und die Befragungsabsichten) ausschließlich auf persönlichkeitsbezogene Fragen beziehen, ist nämlich nie garantiert. Es kann niemals ausgeschlossen werden, dass tatbezogene Inhalte (oder doch Aussagen mit sich erst nachträglich zeigender diesbzgl. Bedeutung) zur Sprache kommen. Auch wenn es „eigentlich" allein um Merkmale des Jugendlichen gehen soll, weist die Interaktion eine tatsächliche oder potenzielle **Vorwurfsrelevanz** auf, weshalb es sich hierbei nicht etwa um eine besondere Vernehmungsspielart handelt, sondern **immer** um eine ganz **normale Vernehmung** (die den üblichen Rechtmäßigkeitsanforderungen unterliegt).

5 § 44 erlaubt also keineswegs eine besondere Interaktion, die inhaltlich auf persönliche Aspekte beschränkt wird und dann mit herabgesetzter Förmlich-

keit erfolgt (sog. Vernehmungsgespräch). Vielmehr knüpft die Vorschrift ausnahmslos an den allg. Vernehmungsbegriff (→ § 70c Rn. 4) an. Ihr **Regelungsgehalt** besteht hierbei darin, dass es in gewichtigen Ermittlungsverfahren nicht bei einer polizeilichen Vernehmung bleiben soll. Für den Regelfall verlangt § 44 – gleichgültig, ob der Vorwurfssachverhalt bereits als aufgeklärt gilt oder nicht (vgl. schon *Dallinger/Lackner* Rn. 1) – eine **förmliche** Vernehmung, die anstelle der polizeilichen Vernehmung oder zusätzlich zu dieser durchgeführt wird, und zwar durch einen (an der absehbaren HV beteiligten) Justizakteur. In dieser Vernehmung muss (allein oder neben der Tataufklärung) der physische, psychische und intellektuelle Entwicklungsstand des Jugendlichen und seine Einstellung zu dem Geschehnis im Vordergrund stehen, damit der in → Rn. 2 f. genannte Zweck realisiert werden kann. Im Ergebnis liegt die Regelungswirkung von § 44 darin, bzgl. der Ermittlungsführung der StA auf eine spezifische Nutzung der sich aus § 163a Abs. 3 StPO ergebenden Möglichkeit hinzuwirken und diese Vernehmungsoption auch auf den JRichter auszudehnen.

3. Anwendungsbreite

Dass eine Vernehmung iSv § 44 nicht nur bei zu erwartender un-/bedingter JStrafe, sondern auch **in anderen bedeutsamen** Fällen „dringend erwünscht" sei (*Schaffstein/Beulke/Swoboda* JugendStrafR 715; ähnlich *Sonnen* in Diemer/Schatz/Sonnen Rn. 3; *Sommerfeld* in NK-JGG Rn. 2), gilt schon wegen einer drohenden Verfahrensverzögerung nur bedingt. Angesichts der (mindestens verdeckten) **Überführungstendenz**, die gerade einer informell und vertrauenserweckend gestalteten Vernehmung innewohnt, sollte gegenüber einer verstärkten Anwendung eher Zurückhaltung angezeigt sein. Ohnehin ist der Mehrwert, den man sich von der Vernehmung gegenüber dem Bericht der JGH (vgl. § 38) verspricht, keineswegs selbstverständlich – zumal die Subjektivität jedes vernehmungsbasierten „Eindrucks" nicht verkannt werden darf. Seit dem Gesetz zur Stärkung der Verfahrensrechte von Beschuldigten im Jugendstrafverfahren spricht iÜ auch die Überschrift des Paragrafen für einen engen Einsatzbereich. **6**

Nach älteren **Praxisberichten** wird von der Vernehmung nach § 44 außerordentlich selten Gebrauch gemacht (krit. bereits *Bertram* MschKrim 1968, 285 (287); *H. W. Schünemann* Kriminologische Gegenwartsfragen 1976, 191; *Breymann* MschKrim 1983, 300). Rechtstatsächlich ist diese (wohl bis heute anhaltende) eingeschränkte Nutzung va dadurch bedingt, dass die Vorschrift als Soll-Bestimmung ausgestaltet wurde (für eine gesetzliche Änderung *Rieke* Vernehmung 194). Hinzu kommt, dass der „zuständige" JRichter (anders als der JStA) mitunter **vor** Anklageerhebung schwer festzustellen sein wird (vgl. auch *Blessing/Weik* in HK-JGG Rn. 3). Eine Änderung der Praxis ist aus den vorgenannten Gründen (→ Rn. 6) aber nicht angezeigt (ähnlich *Schneider* in BeckOK JGG Rn. 17). **7**

III. Einzelne Anforderungen

1. Vernehmende Person

8   Ob der JStA oder der Vorsitzende des JGerichts die Vernehmung durchführt, bestimmt sich nach dem **Einzelfall.** Bei Auslegung der Norm ergeben sich weder Anhaltspunkte für einen richterlichen Vorrang (so aber RL Nr. 2 S. 1 zu § 29 RJGG 1943) noch für die Annahme, wonach die umgekehrte Reihenfolge der Nennung in § 44 beim Wort zu nehmen sei. Berücksichtigt man indes, dass bei den hier regelmäßig gegebenen schwereren Vorwürfen (→ Rn. 6) typischerweise eine Anklage im Raum steht, ist die Vernehmung durch den JStA oftmals vorzugswürdig, weil dann die Abschlussentscheidung durch die Vernehmungsergebnisse ggf. noch (stärker) beeinflusst werden kann. Im Übrigen sollte die größere jugenderzieherische Befähigung und Erfahrung den Ausschlag geben (zu Fehlern bei Vernehmung und Aussagebeurteilung s. *Eisenberg* Beweisrecht StPO Rn. 726 ff., 739 ff.). Dagegen sind diverse verfahrenstaktische Aspekte bei normzweckorientierter Anwendung der Vorschrift für die hier erörterte Frage irrelevant (so etwa die verjährungsunterbrechende Wirkung jeder richterlichen Vernehmung auch noch nach der ersten Vernehmung (§ 78c Abs. 1 Nr. 2 StGB) oder die erleichterte Verwertbarkeit eines etwaigen, im (förmlichen) richterlichen Vernehmungsprotokoll enthaltenen Geständnisses (§ 254 Abs. 1)).

9   § 162 StPO bleibt von der Vorschrift unberührt. Da § 44 zwar keine Vernehmung eigener oder besonderer Art (→ Rn. 4 f.), aber (bzgl. Vernehmungszweck und -person) ganz **andere** Vernehmungskonstellationen als § 162 StPO regelt (ähnlich *Blessing/Weik* in HK-JGG Rn. 6), weisen die beiden Normen keine Überschneidung und kein Konkurrenz- oder Spezialitätsverhältnis auf (je nach Vernehmungszweck differenzierend dagegen 20. Aufl. Rn. 9; *Höffler* in MüKoStPO Rn. 2). Sie sind vielmehr nebeneinander anwendbar. Somit kann die JStA auf Grundlage von § 162 StPO zwar eine ermittlungsrichterliche Vernehmung, aber keine Vernehmung des zuständigen JRichters erreichen (abw. *Brunner/Dölling* Rn. 5; *Schneider* in BeckOK JGG Rn. 10). Umgekehrt wird der in § 44 formulierte Auftrag durch eine ermittlungsrichterliche Vernehmung nicht erfüllt. Das gilt iÜ gleichermaßen für haftrichterliche Vernehmungen (§ 115 StPO).

2. Allgemeine Vernehmungsregelungen

10   **a) Schutzbelange.** Da die Erfordernisse eines **rechtsstaatlichen Verfahrens** auch bei Vernehmungen, in denen primär der Reifestand und/oder die erzieherische Indikation festgestellt werden soll, uneingeschränkt zu berücksichtigen sind, ist eine Entformalisierung nur in begrenzter Weise möglich (→ Rn. 4 f.). Die allg. Vorschriften (insb. §§ 136 Abs. 1, 136a, 168c Abs. 1 und 5 S. 1 bzw. § 163a Abs. 2 und 3 S. 2 und 3 StPO jeweils iVm § 2 Abs. 2) erfahren hier keine Ausnahme (ebenso *Sonnen* in Diemer/ Schatz/Sonnen Rn. 5). Daher muss der Jugendliche **stets** über den Tatvorwurf und sein Recht, Beweiserhebungen zu seiner Entlastung zu beantragen, ebenso in verständlicher und altersangemessener Weise (§ 70b nF) in Kenntnis gesetzt (**"belehrt"**) werden wie über seine Rechte, sich zum Tatvorwurf zu äußern oder nicht zur Sache auszusagen sowie sich schon vor dem Ver-

nehmungsgespräch von einem **Verteidiger** beraten zu lassen (der nötigenfalls für ihn bestellt werden muss). Außerdem ist er auf uU erforderliche Übersetzungsleistungen und ggf. auf die Möglichkeit eines Täter-Opfer-Ausgleichs hinzuweisen (zum Ganzen → $\S$ 70c Rn. 14). Ferner sind auch die Regelungen zur **Protokollierung** ($\S\S$ 168 ff. StPO) und zur Bild-Ton-Aufnahme (→ $\S$ 70c Rn. 22) zu beachten (abw. *Sommerfeld* in NK-JGG Rn. 5). Das (ambivalente) Anliegen, eine zwanglose und formfreie Aussprache durchführen und diese gerade dadurch auch auf höchst persönliche Fragen erstrecken zu können, lässt sich nicht durch eine Suspendierung von Schutzvorschriften, sondern allein durch ein entspr. Auftreten der vernehmenden Personen realisieren. Eine jugendorientierte Vernehmungsform wird indes durch $\S$ 70c Abs. 1 nF ohnehin zur Regel gemacht (→ $\S$ 70c Rn. 16).

b) Anwesenheitsberechtigte. Soll das Gespräch, wie es insb. bei als 11 aufgeklärt geltenden Tatvorwürfen in Betracht kommt, allein den in → Rn. 2 f. genannten Zwecken dienen, wird ein Anwesenheitsrecht anderer Personen teilw. verneint (vgl. 20. Aufl. Rn. 9; s. auch *Höffler* in MüKoStPO Rn. 3 f.). Das Zugegensein Dritter könne die Begegnung mit dem Beschuldigten nämlich möglicherweise beeinflussen und die an $\S$ 2 Abs. 1 orientierte Erkenntnisfindung erschweren. Aus den in → Rn. 4 genannten Gründe gelten die allg. Anwesenheitsrechte ($\S\S$ 168c Abs. 1, 163a Abs. 3 und 4 StPO iVm $\S$ 2 Abs. 2) dagegen nach hier vertretener Auffassung im Rahmen von $\S$ 44 uneingeschränkt (ebenso *Brunner/Dölling* Rn. 5; *Dallinger/Lackner* Rn. 5; *Schneider* in BeckOK JGG Rn. 10). Dies betrifft gleichermaßen die Rechte auf elterliche Anwesenheit $\S$ 67 Abs. 3 nF und Konsultation sowie die diesbzgl. Hinweis- und Benachrichtigungspflichten (→ $\S$ 67 Rn. 11 ff.) und die sich aus $\S$ 67 Abs. 1 iVm $\S$ 166 StPO ergebenden Rechte. Besteht Anlass, diese Rechtspositionen einzuschränken, kann dies (nur) nach $\S\S$ 67 Abs. 3 und 4, 67a Abs. 3 und 4 nF erfolgen.

IV. Revision

Da $\S$ 44 eine Vernehmung durch den JStaatsanwalt oder Vorsitzenden des 12 JGerichts nicht zwingend vorschreibt, kann eine Revisionsrüge nicht allein darauf gestützt werden, dass eine entsprechende Vernehmung unterlassen worden ist (allgA). Bestehen allerdings zusätzliche Anhaltspunkte für Mängel hinsichtlich der Persönlichkeitserforschung ($\S$ 43) und/oder der Sachaufklärung ($\S$ 2 Abs. 2, $\S$ 244 Abs. 2 StPO) in der HV, kann uU die **Aufklärungsrüge** begründet sein (s. schon *Dallinger/Lackner* Rn. 3; *Peters* Strafprozess 602). Vorstellbar ist dies indes nur unter ganz außergewöhnlichen Umständen (→ Rn. 6).

Absehen von der Verfolgung

45 (1) **Der Staatsanwalt kann ohne Zustimmung des Richters von der Verfolgung absehen, wenn die Voraussetzungen des $\S$ 153 der Strafprozeßordnung vorliegen.**

(2) ¹**Der Staatsanwalt sieht von der Verfolgung ab, wenn eine erzieherische Maßnahme bereits durchgeführt oder eingeleitet ist**

und er weder eine Beteiligung des Richters nach Absatz 3 noch die Erhebung der Anklage für erforderlich hält. [2] **Einer erzieherischen Maßnahme steht das Bemühen des Jugendlichen gleich, einen Ausgleich mit dem Verletzten zu erreichen.**

(3) [1] **Der Staatsanwalt regt die Erteilung einer Ermahnung, von Weisungen nach § 10 Abs. 1 Satz 3 Nr. 4, 7 und 9 oder von Auflagen durch den Jugendrichter an, wenn der Beschuldigte geständig ist und der Staatsanwalt die Anordnung einer solchen richterlichen Maßnahme für erforderlich, die Erhebung der Anklage aber nicht für geboten hält.** [2] **Entspricht der Jugendrichter der Anregung, so sieht der Staatsanwalt von der Verfolgung ab, bei Erteilung von Weisungen oder Auflagen jedoch nur, nachdem der Jugendliche ihnen nachgekommen ist.** [3] **§ 11 Abs. 3 und § 15 Abs. 3 Satz 2 sind nicht anzuwenden.** [4] **§ 47 Abs. 3 findet entsprechende Anwendung.**

Schrifttum Albrecht (Hrsg.), Informalisierung des Rechts, 1990; *Aulinger,* Rechtsgleichheit und Rechtswirklichkeit bei Drogenkonsumenten, 1997; *Bareinske,* Sanktion und Legalbewährung im Jugendstrafverfahren in Baden-Württemberg, 2004; *Beneke,* Das falsche Geständnis als Fehlerquelle im Strafverfahren …, 1990; BJM (Hrsg.), Erziehungsmaßnahmen im deutschen Jugendstrafrecht, 1986; *Bohnert,* Ordnungswidrigkeiten und Jugendrecht, 1989; *Bottke,* Generalprävention und Jugendstrafrecht, 1984; *Busam,* Das Geständnis im Strafverfahren, 1983; *Busse,* Rückfalluntersuchung zum Täter-Opfer-Ausgleich, 2001; *Dirnaichner,* Der nordamerikanische Diversionsansatz und rechtliche Grenzen seiner Rezeption …, 1990; Dölling (Hrsg.), Täter-Opfer-Ausgleich in Deutschland, 1998; *Drews,* Die Königin unter den Beweismitteln?, 2013; *Englmann,* Kriminalpädagogische Schülerprojekte in Bayern, 2009; *Gleumes,* Die Praxis der „Erziehung in Freiheit", 1961; *Gräf,* Die Diversion im Jugendstrafrecht im Lichte der Angewandten Kriminologie, 2015; *Gréus,* Das Absehen von der Verfolgung …, 1978; *Grote,* Diversion im Jugendstrafrecht, 2006; *Grundies,* Verfahrenseinstellungen nach §§ 45, 47 JGG, 2004; *Gudjonsson,* The Psychology of interrogations, Confessions and Testimony, 1992; *Gudjonsson,* The Psychology of interrogations and confessions, 2003; *Hartmann,* Schlichten oder Richten, 1995; *Hartmann,* Staatsanwaltschaft und Täter-Opfer-Ausgleich, 1998; *Herbort,* Wer kommt vor Gericht? Die Entscheidung der StA über Anklage und Einstellung im Jugendstrafverfahren, 1992; *Hering / Sessar,* Praktizierte Diversion, 1990; *Hoefer,* Bewährungsfrist vor dem Urteil, 1931; *Itzel,* Die Abgrenzung der Weisungen von den Auflagen nach dem JGG, 1987; *Kalpers-Schwaderlapp,* Diversion to nothing. Eine Rückfalluntersuchung …, 1989; *Keudel,* Die Effizienz des Täter-Opfer-Ausgleichs, 2000; *Kleinbrahm,* Divergente Diversion im Jugendstrafverfahren, 2015; *Kolberg,* Das Jüngste Gericht: Ein Sturm im Wasserglas? Rezeption der US-amerikanischen Teen-Courts im deutschen Jugendstrafrecht, 2011; *Kondziela,* Opferrechte im Jugendstrafverfahren, 1991; *Kuhlen,* Diversion im Jugendstrafverfahren, 1988; Kuhn ua (Hrsg.), „Tatsachen" als Konflikt. Täter-Opfer-Ausgleich … Modellprojekt „Handschlag", 1989; *Kunz,* Vorbeugen statt verfolgen, 1987; Kury (Hrsg.), Kriminologische Forschung in der Diskussion, 1985; Lassiter (Hrsg.), Interrogations, confessions, and entrapment, 2004; Lassiter / Meissner (Hrsg.), Police Interrogations and False Confessions, 2010; *Lehmann,* Das formlose Erziehungsverfahren und seine rechtlichen Grenzen, 1991; *Linke,* Diversionstage in Nordrhein-Westfalen, 2011; *Ludwig,* Diversion: Strafe im neuen Gewand, 1989; *Mann,* Beschleunigungspotential im Jugendstrafverfahren, 2004; *Marks ua,* Wiedergutmachung und Strafrechtspraxis, 1993; *Matheis,* Intervenierende Diversion. Eine empirische Untersuchung …, 1991; *Mau,* Pilotstudie zum Täter-Opfer-Ausgleich, 1996; *Messmer,* Unrechtsaufarbeitung im Täter-Opfer-Ausgleich, 1996; Momsen ua (Hrsg.), Fragmentarisches Strafrecht, 2003; *Pantke,* Falsche Selbstanschuldigungen und falsche Geständnisse, 1963; *Paul,* Drogenkonsumenten im Jugendstrafverfahren, 2005; *Peters,* Fehlerquellen im Strafprozeß, 1. Bd. 1970, 2. Bd. 1972; *Rosenkötter,* Die Sperrwirkung des jugendrichterlichen Beschlusses nach § 45 Abs. 1 S. 1 JGG, 1969 (1970); *Sabaß,* Schülergremien in der Jugendstrafrechtspflege – Ein neuer Diversionsansatz, 2004; *Schäfer/Paoli,* Drogenkonsum und Strafverfolgungspraxis: eine Untersuchung zur Rechtswirklichkeit des § 31a BtMG und anderer Opportunitätsvorschriften auf Drogenkonsumentendelikte, 2006; *Schimmel,* Täter-Opfer-Ausgleich als Alternative?, 2000; *Schreckling,* Täter-Opfer-Ausgleich nach Jugendstraftaten in Köln, in BMJ (Hrsg.), 2. Aufl. 91; *Sickor,* Das Geständnis, 2014; *Spiess,* Diversion und Tee-Courts, 2. JG-Tag NRW, 2011 (online abrufbar); *Stern,* Der Geständniswiderruf in der StVert-Praxis, 1986; *Untersteller,* Der Begriff „öffentliches Interesse" in den § 153 StPO und 45 JGG, 2015; Walter/Koop (Hrsg.), Die Einstellung des Strafverfahrens im Jugendrecht, 1984; *Wölffel,* Diversion im Hamburger Jugendstrafverfahren: Jugendbewährungshilfe als neuer Diversionsagent, 1993; *van den Woldenberg,* Diversion im Spannungsfeld zwischen „Betreuungsjustiz" und Rechtsstaatlichkeit, 1993.

Übersicht

I. Anwendungsbereich

1. Jugendliche, Heranwachsende

1   Die Vorschrift findet auf **Jugendliche** auch in Verfahren vor den für allg. Strafsachen zuständigen Gerichten Anwendung (§ 104 Abs. 1 Nr. 4; vgl. auch RL Nr. 5).

2   Die Vorschrift gilt für **Heranwachsende,** wenn materielles JStR zur Anwendung kommt, sowohl vor JGerichten (§§ 105 Abs. 1, 109 Abs. 2 S. 1, vgl. auch RL Nr. 5) als auch vor den für allg. Strafsachen zuständigen Gerichten (§§ 105 Abs. 1, 112 S. 1 und 2, § 104 Abs. 1 Nr. 4).

2. Ordnungswidrigkeitenverfahren

3   Im Verfahren wegen OWi kann die Verwaltungsbehörde das Verfahren einstellen, wenn und solange sie für die Verfolgung zuständig ist (§§ 35 Abs. 1, 2, 47 Abs. 1 S. 2 OWiG; vgl. auch BVerfGE 8, 197; 27, 18). Hinsichtlich der Einstellungsvoraussetzungen ist gem. § 46 Abs. 1 OWiG („anderes bestimmt") die Vorschrift des § 47 OWiG lex specialis ggü. §§ 45, 47, und zwar im behördlichen wie im gerichtlichen Verfahren (*Mitsch* in KK-OWiG OWiG § 47 Rn. 76; Anm. *Eisenberg* NStZ 1991, 450). – Nach hM (vgl. nur *Seitz/Bauer* in Göhler OWiG § 47 Rn. 21; vgl. auch → § 2 Rn. 64 ff.) darf die Geldbuße auch entgegen der einschränkenden Voraussetzung in § 15 Abs. 2 Nr. 1 festgesetzt werden, weil unabhängig davon, ob der Jugendliche oder Heranwachsende die zur Zahlung erforderlichen Mittel zur Verfügung hat, im Falle der unterbliebenen Leistung bei der Vollstr seitens des JRichters die in § 98 Abs. 1 OWiG vorgesehenen Weisungen und Auflagen angeordnet werden können (zust. schon *Kunz* BW VerwPraxis 1979, 53; vgl. aber auch noch OLG Frankfurt/M. GA 1968, 219). Bedenken hiergegen ergeben sich ua insofern, als das Problem der Leistungsabwälzbarkeit dadurch nicht beseitigt wird (vgl. auch → § 2 Rn. 64 ff., → § 15 Rn. 16; *Eisenberg/Kölbel* Kriminologie § 34 Rn. 8, § 33 Rn. 24).

3. Verhältnis zum vereinfachten Jugendverfahren

Das Verfahren nach § 45 geht dem vereinfachten JVerfahren vor (vgl. zutr. **4** RL Nr. 1 zu § 76).

II. Änderungen der Vorschrift; Reformerwägungen

1. JGG 1953

In dieser Fassung des JGG war in *Abs. 1* – in Abweichung von § 32 **5** Abs. 1, 2 S. 1 JGG 1923 und § 30 Abs. 1 RJGG 1943 – zusätzlich die Voraussetzung eines Geständnisses eingeführt worden, obgleich nicht regelmäßig davon ausgegangen werden darf, dass im Falle eines Geständnisses die Begehung der strafbaren Handlung seitens des Beschuldigten feststehe (vgl. näher und krit. hierzu → Rn. 24–24e). Die Voraussetzung der Entbehrlichkeit einer „Ahndung" (durch Urteil) wurde ebenso wie das weiterhin als „ahndend" verstandene Zuchtmittel (§§ 5 Abs. 2, 13 Abs. 1) der Auferlegung besonderer Pflichten als „erzieherische Maßnahme" beibehalten, obschon sich der Gesetzgeber eingehend mit einer schärferen Abgrenzung der Auflagen von den Weisungen befasst hatte (vgl. Amtl. Begr. 40 (sowie 53, 62 f.); Schriftl. Ber. 3 f., 8). – Während *Abs. 2* JGG 1953 der geltenden Fassung entsprach, erfolgte durch Art. 24 Nr. 20 des EGStGB 74 eine Angleichung des Abs. 1 JGG 1953 an Änderungen der § 11 (Weisungen) und § 15 (Auflagen).

2. Erstes JGG-ÄndG

Diese Änderungen (von 1990) passten die Reihenfolge der Einstellungs- **6** voraussetzungen dem tatsächlichen Stufenverhältnis an, wobei die beiden der JStaatsanwaltschaft vorbehaltenen Einstellungsformen (zusätzlich) unterschiedlich gestaltet und auf zwei Absätze verteilt wurden. Insbesondere besteht seit dem 1. JGG-ÄndG ein Ermessen der JStaatsanwaltschaft lediglich noch für die Erledigung gem. Abs. 1 (vgl. aber zur Handhabung *Unterstellter,* Der Begriff „öffentliches Interesse" in den § 153 StPO und 45 JGG, 2015, 277 ff.), während die Einstellung unter den Voraussetzungen einer erzieherischen Maßnahme sowie des fehlenden Erfordernisses jugendrichterlicher Intervention zwingend ist (Abs. 2). Zugleich wurde der gesetzessystematisch für Zuchtmittel geltende Begriff der jugendrichterlichen „Ahndung" (vgl. → Rn. 5, auch → Rn. 28 aE) durch denjenigen der jugendrichterlichen Beteiligung ersetzt, und es wurden einzelne sprachliche Anpassungen an die Praxis vorgenommen (zum Ganzen statt vieler *Eisenberg* Bestrebungen 31 f.; betr. das in Abs. 2 S. 2 eingefügte Bsp. näher → § 10 Rn. 27–27b).

3. Reformerwägungen

Hierbei geht es ua um die gesetzlich nicht ausgestaltete (vgl. → Rn. 30) **7** sog. „Aussetzung der Entscheidung zBew" (s. dazu noch ArbE v. 30.8.1982, Art. 1 Nr. 20; s. auch *Schweckendieck* ZRP 1988, 277 f.) wie auch um eine kritische Überprüfung der Voraussetzung eines Geständnisses iSd Abs. 3 (vgl. → Rn. 24–24e; der ArbE v. 30.8.1982, Art. 1 Nr. 20, hatte stattdessen ua eine Einverständniserklärung bezüglich der von der JStA angeregten Maß–

nahme vorgeschlagen, der RE-1. JGGÄndG 83 und 87 hat dies jedoch nicht weiter verfolgt). Es wird zudem betr. Abs. 1 empfohlen (s. DVJJ 1993, AK III/2), von einer Bezugnahme auf die StPO abzusehen und stattdessen auf die Nichterforderlichkeit einer weiteren Reaktion abzustellen sowie Entscheidungen (gem. Abs. 1) nicht im Erziehungsregister einzutragen (vgl. zu Nachw. → Rn. 10a; *Ostendorf* FS Böhm, 1999, 635 ff.). Zudem wird erwogen, die Weisung gem. § 10 Abs. 2 S. 1 Alt. 2 in § 45 Abs. 3 S. 1 einzufügen.

7a Ausdrücklich verlangen die **Mindestgrundsätze** der **VN** für die JGerichtsbarkeit Nr. 11.3 (abgedruckt ZStW 1999 (87), 266) eine Zustimmung sowie die Möglichkeit der Anfechtung (krit. daher zur Praxis *van den Woldenberg,* Diversion im Spannungsfeld zwischen „Betreuungsjustiz" und Rechtsstaatlichkeit, 1993, 159 ff.; *Gräfin von Galen/Beth* FS Eisenberg II, 2019, 202 ff.), da der Jugendliche die Zustimmung ggf. „aus reiner Verzweiflung" oder anlässlich von „Zwang und Einschüchterung" gegeben haben könnte (Erl. ZStW 1999 (87), 267 f.; s. auch *Schüler-Springorum* ZStW 1999 (87), 839 f.; vgl. → Rn. 46).

III. Verhältnis zu Verfahrenseinstellungen nach allgemeinem Strafverfahrensrecht

1. § 170 Abs. 2 StPO

8 Ein Absehen von der Verfolgung nach § 45 erfordert neben dem Vorliegen der allg. Prozessvoraussetzungen die strafrechtliche **Verantwortlichkeit** für das Verhalten und den Nachweis **hinreichenden Tatverdachts** (krit. – auch wegen der registerrechtlichen Folgen – schon *Adam* DVJJ-Journal 1990, 33). Zudem ist eine geeignete (§ 70a Abs. 1 aF bzw. § 70b Abs. 1 nF) **Belehrung** des Beschuldigten über die **Eintragung** in das Erziehungsregister erforderlich (*H. E. Müller* DRiZ 1996, 444; s. aber RdErl. Sachsen-Anhalt DVJJ-Journal 1997, 431 (C II. 1. b)): Mitteilung bei Einstellung). Fehlt es an strafrechtlicher Verantwortlichkeit oder hinreichendem Tatverdacht, so kommt eine Einstellung nach Vorschriften des JGG nicht in Betracht, vielmehr ist schon nach § 2 Abs. 2, § 170 Abs. 2 StPO einzustellen (s. aber *Rautenberg* Zbl 1984, 508)). Dabei wird eine Bescheidung des Beschuldigten nach § 170 Abs. 2 S. 2 StPO unter Berücksichtigung erzieherischer Auswirkungen einer Strafverfolgung gegen einen ggf. Unschuldigen zu erfolgen haben. – Geschieht die Einstellung allein wegen fehlender Verantwortungsreife (§ 3 S. 1), so ist das FamG zu benachrichtigen. In erzieherisch gebotenen Ausnahmefällen können familiengerichtliche Erziehungsmaßnahmen bei dem JRichter beantragt werden (§ 3 S. 2, vgl. → § 3 Rn. 42 ff.; *Dallinger/Lackner* Rn. 2).

2. §§ 153 ff., 376 StPO

9 Nach hM (*Dallinger/Lackner* Rn. 6; *Schaffstein/Beulke/Swoboda* Jugend-StrafR 723; *Gloss* FS Eisenberg II, 2019, 220 ff.; aA *Potrykus* Anm. 2) ist im JStrafverfahren das **Legalitätsprinzip** (§ 152 Abs. 2 StPO) nicht aufgehoben, sondern lediglich nach dem Grundsatz des Vorrangs einer erzieherisch ausgerichteten Verfahrensgestaltung eingeschränkt. Gemäß dem **Subsidia-**

ritätsprinzip, wie es (auch) in §§ 45, 47 zum Ausdruck kommt, ist eine formelle Ereignisbearbeitung danach nur angezeigt, wenn eine informelle Vorgehensweise als spezialpräventiv nicht ausreichend gilt. Die Einschränkungen des Legalitätsprinzips die das allg. Verfahrensrecht in §§ 153–154e StPO vorsieht, beruhen dagegen auf dem **Opportunitätsprinzip** und beziehen sich auf die Geringfügigkeit des Tatvorwurfs und das Fehlen eines öffentlichen Verfolgungsinteresses (vgl. etwa *Sonnen* in Dollinger/Schmidt-Semisch Jugendkriminalität-HdB 503). Diese Bestimmungen treten gem. § 2 Abs. 2 insoweit hinter §§ 45, 47 zurück, als das Absehen von der Verfolgung nach §§ 45, 47 auf abschließenden Regelungen beruht, die iSv leges speciales die allg. Vorschriften verdrängen (vgl. aber vormals *Bottke,* Generalprävention und Jugendstrafrecht, 1984, 84, 21).

Übergeordnet ist die etwaige Möglichkeit der Einstellung wegen erzieherisch abträglicher, unverhältnismäßig langer **Verfahrensverzögerung** (s. auch Art. 6 Abs. 1 EMRK), wobei das spezielle jugendstrafrechtliche Beschleunigungsprinzip strengere Maßstäbe verlangt, als es im allg. StVR der Fall ist (vgl. etwa KreisG Saalfeld StV 1993, 535). **9a**

a) Zur Systematik. aa) An einer **abschließenden Regelung** in §§ 45, 47 **fehlt es** zum einen dann, wenn die allg. Vorschriften in erweitertem Umfang eine Verfahrenseinstellung ermöglichen, die nach dem Grundsatz des Vorranges erzieherischer Verfahrensgestaltung geboten ist (ähnlich *Bohnert* NJW 1980, 1927 (1928)). Zum anderen erfassen die §§ 45, 47 die gesetzlichen Möglichkeiten des Absehens von der Verfolgung dann nicht abschließend, wenn die Einstellung nach den **allg. Vorschriften** die für den Beschuldigten **günstigere Regelung** beinhaltet (vgl. auch *Bohnert* NJW 1980, 1927 (1931); aA *Brunner/Dölling* Rn. 3, 3a); denn regelmäßig (und unbeschadet einzelner expliziter gesetzlicher Ausnahmen) verbietet bereits § 2 Abs. 1 als Ausdruck der Grundsätze von Schutz, Förderung und Integration, den Jugendlichen oder Heranwachsenden **schlechter** zu stellen, **als** er in demselben Verfahrensstadium ein **Erwachsener** stünde (vgl. dazu eingehend → § 2 Rn. 23 ff.). **9b**

bb) Im Übrigen ist es angezeigt, auch im Bereich der **Einstellungs-voraussetzungen** (zB betr. „geringe Schuld" oder „öffentliches Interesse") verfahrensrechtliche Normen teleologisch iSv Grundsätzen des JGG **auszulegen** (vgl. allg. dazu → § 2 Rn. 39 ff.; näher, wenngleich teilweise einschränkend, zu „öffentlichem Interesse" *Untersteller,* Der Begriff „öffentliches Interesse" in den § 153 StPO und 45 JGG, 2015, 291 ff., 385 ff.). **9c**

b) § 153 StPO; § 31a BtMG. aa) Eine Einstellung nach § 153 Abs. 1 StPO wird durch § 45 Abs. 1 grundsätzlich ausgeschlossen, da Abs. 1 dem JStaatsanwalt bereits ohne Zustimmung des JRichters das Absehen von der Verfolgung ermöglicht (vgl. auch → Rn. 18 ff.). Hierdurch nämlich ist die Einschränkung des Legalitätsprinzips ggü. der Regelung des allg. StVR erweitert; denn dort ist die Zustimmung des Gerichts nur im Fall der besonderen Voraussetzungen nach § 153 Abs. 1 S. 2 StPO entbehrlich. **10**

(1) Zu bedenken ist jedoch, dass eine Entscheidung des JStaatsanwalts nach § 45 Abs. 1 **in** das **Erziehungsregister** eingetragen wird (§ 60 Abs. 1 Nr. 7 BZRG). Zwar mag im Einzelfall nicht auszuschließen sein, dass sich dies für den Beschuldigten eher günstig auswirken könnte, wenn er in einem etwaigen späteren Verfahren aufgrund dieser Information möglicherweise mit einer hilfreichen Maßnahme bedacht würde. Demgegenüber liegen für **10a**

den Regelfall – wenngleich eingeschränkt (vgl. etwa *Streng* JugendStrafR Rn. 602, nicht aber „hinfällig" (so *Verrel/Linke* in HK-JGG § 109 Rn. 10)) seit Einführung der §§ 492–495 StPO – Benachteiligungen im Vergleich zu einem Erwachsenen in entsprechender Verfahrenssituation (vgl. → Rn. 9a) auf der Hand (bis vor Vollendung des 24. Lbj. (§§ 51 Abs. 1, 63 Abs. 1, 2 BZRG; BGH StV 1991, 425 (Ls.); s. dazu *Goeckenjan* Diversion; *Goeckenjan,* Neuere Tendenzen in der Diversion – Exemplarisch dargestellt anhand des Berliner Diversionsmodells, 2005, 41 ff.). Solches gilt (in einem späteren Verfahren) insb. bei der erneuten Prüfung nach Abs. 1 bzw. Abs. 2 oder bei der Überzeugungsbildung von der Tatschuld (vgl. dazu *Eisenberg/Kölbel* Kriminologie § 27 Rn. 76, § 31 Rn. 36f) bzw. bei Rechtsfolgenauswahl und -bemessung (vgl. → § 18 Rn. 8 f., → § 31 Rn. 42; ergänzend zB auch § 46 Abs. 2 StGB).

10b (2) Daher ist im Einklang mit der Pflicht gem. § 2 Abs. 1 immer dann, **wenn** die **Zustimmung** des **JGerichts** vorliegt, nach **§ 153 Abs. 1 StPO** einzustellen, sofern die übrigen Voraussetzungen der Bestimmung erfüllt sind (LG Itzehoe SchlHA 1993, 92; RL SchlH v. 24.6.1998 (SchlHA 1998, 205), Nds. v. 4.6.2012 (VORIS 33310) unter 1.2.4); *Bohnert* NJW 1980, 1930; *Sommerfeld* in NK-JGG Rn. 5; *Schäfer/Sander/van Gemmeren* Strafzumessung 68; *Hanft* Jura 2008, 370; DVJJ-BAG 2017, 15; **aA** *Brunner/Dölling* Rn. 3, 3a; *Diemer* in Diemer/Schatz/Sonnen Rn. 9; *Blessing/Weik* in HK-JGG Rn. 10; *Schneider* in BeckOK JGG Rn. 17 ff.; *Schaffstein/Beulke/Swoboda* JugendStrafR 725; *Burscheidt* Verbot 66 ff.; *Deiters* in SK-StPO StPO § 153 Rn. 11; iErg auch *Untersteller,* Der Begriff „öffentliches Interesse" in den § 153 StPO und 45 JGG, 2015, 286 ff.). – Zugleich erscheinen Empfehlungen des Inhalts als verständlich, Abs. 1 aus § 60 Abs. 1 Nr. 7 BZRG herauszunehmen (vgl. DVJJ 1993, AK III/2 sowie weitergehend AK IV/3; Gesetzesantrag Hamburg, BR-Drs. 461/86, abl. BR-Beschluss v. 20.2.1987). Als erforderlich gilt das Verbot der Eintragung dann, wenn es an einer Zustimmung (oder einem Geständnis, vgl. aber → Rn. 24–24e) des Beschuldigten fehlt (vgl. ähnlich DVJJ 1984, AK XI). Ob die Praxis wegen der Eintragungspflicht eher zurückhaltend von Abs. 1 Gebrauch macht oder aber ob eine Zurückhaltung bei Wegfall dieser Pflicht zunehmen würde, ist ungewiss. Als verfehlt erscheint indes die Auffassung, die Notwendigkeit umfassender Persönlichkeitserforschung in einem etwaigen späteren Verfahren könne die Registrierung ex ante rechtfertigen, zumal eine hinreichende Aufklärung anlässlich eines neuen Verfahrens – auch unabhängig davon, ob die Akten beigezogen werden – aus tatsächlichen Gründen oftmals nicht möglich ist (oder gar nicht versucht wird).

10c **bb) § 31a BtMG** (s. näher BVerfG NJW 1994, 1577 ff.; RL Nds. v. 4.6.2012 (VORIS 33310) unter 1.2.4; AV Berlin v. 19.5.2005 (ABl. 793 f.: „mehrfache" vorausgegangene Verfahren stehen „grds." nicht entgegen)) **geht,** sofern dessen Voraussetzungen vorliegen, in systematischem Einklang mit § 2 Abs. 2, §§ 38 Abs. 2, 37 BtMG (vgl. → Rn. 29a) – als lex specialis Abs. 1 wie auch § 153 StPO **vor** (vgl. SenJust Berlin v. 28.2.1995 (ABl. 1299), für SchlH v. 24.6.1998 (SchlHA 1998, 205); auch → Rn. 29a; ebenso *Brunner/Dölling* Rn. 3b, 43; *Sommerfeld* in NK-JGG Rn. 8; *Schimmel* in Kotz/Rahlf BtMStrafR Kap. 9 Rn. 45; einschr. für Baden-Württemberg v. 13.12.2011 (Die Justiz 2012, 7 ff.) unter 1. (sowie 3.2): „soll … vorrangige Anwendung … geprüft werden"). Jedoch finden sich teilweise abw. Ansichten (vgl. *Schäfer/Paoli,* Drogenkonsum und Strafverfolgungspraxis: eine Untersuchung zur Rechtswirklichkeit des § 31a BtMG und anderer Opportunitätsvorschriften auf Drogenkonsumentendelikte, 2006, 49 ff.; *Aulinger,* Rechtsgleichheit und Rechtswirklichkeit bei Drogenkonsumenten, 1997, 58 ff.; *Paul,* Drogenkonsumenten im Jugendstrafverfahren, 2005, 165; ohne Differenzierung nach Abs. 1 und auch in der Begründung eher allg. *Weber* BtMG Rn. 19 (betr. § 31a Abs. 1 S. 1), aber auch *Weber* BtMG Rn. 112 (betr. § 31a Abs. 1 S. 2) zu § 31a BtMG), und es wird auch vertreten, die Auswahl stehe frei (*Blessing/Weik* in HK-JGG Rn. 14; aA *Patzak* in Körner/Patzak/Volkmer BtMG § 31a Rn. 15). Wäre dem zu folgen, hätte dies erhebliche praktische Auswirkungen, weil ein Urteil bei Konsumentendelikten grundsätzlich entbehrlich ist und diese Verfahren dann regelhaft nach § 45 abzuschließen wären (*Paul,* Drogenkonsumenten im Jugendstrafverfahren, 2005, 171). Eine Eintragung nach BZRG findet im Einklang mit der hier vertretenen Auffassung nicht statt, dh die Ausführungen zu → Rn. 10 gelten entsprechend (s. aber auch BT-Drs. 12/934, 8; aA *Aulinger,* Rechtsgleichheit und Rechtswirklichkeit bei Drogenkonsumenten, 1997, 60 f., aber auch 322 f.; *Patzak* in Körner/Patzak/Volkmer BtMG § 31a Rn. 15). – Rechtstatsächlich bestehen – teilweise iZm der unterschiedlichen Anwendung des § 36 (vgl. → § 36 Rn. 10) – erhebliche Diskrepanzen in der Handhabung, und zwar nicht nur zwischen den Ländern, sondern teilweise auch innerhalb derselben (vgl. zu behördlichen Quellen *Schäfer/Paoli,* Drogenkonsum und Strafverfolgungspraxis: eine Untersuchung zur Rechtswirklichkeit des § 31a BtMG und anderer Opportunitätsvorschriften auf Drogenkonsumentendelikte, 2006, 264 ff.).

c) § 153a Abs. 1 StPO. aa) Eine vorläufige Einstellung nach dieser **11** Norm kommt nur in Betracht, wenn die Voraussetzungen für eine sofortige Einstellung nach § 153 Abs. 1 StPO bzw. § 45 Abs. 1 iVm § 153 Abs. 1 StPO wegen (zunächst) bestehenden öffentlichen Interesse an der Strafverfolgung nicht vorliegen (*Meyer-Goßner/Schmitt* StPO § 153a Rn. 3). Ist eine erzieherische Maßnahme bereits angeordnet, die dem JStaatsanwalt Veranlassung gibt, unter den Voraussetzungen von Abs. 2 von der Verfolgung abzusehen, so bleibt für die allg. Vorschrift des § 153a Abs. 1 StPO aus Gründen der Spezialität ebenfalls kein Raum. Ein öffentliches Interesse an der Strafverfolgung, das durch die Erfüllung von Auflagen beseitigt werden müsste, kann nämlich nicht bestehen, wenn eine erzieherische Maßnahme angeordnet ist, die die „Ahndung" durch einen JRichter entbehrlich macht.

bb) Umstritten ist, ob das Absehen von der Verfolgung nach Abs. 3 – **12** gem. dem **Spezialitätsgrundsatz** (§ 2 Abs. 2) – ggü. § 153a Abs. 1 StPO grundsätzlich abschließend ist (bejahend *Brunner/Dölling* Rn. 3, 3a; ebenso *Diemer* in KK-StPO StPO § 153a Rn. 7; *Goeckenjan* Diversion; *Goeckenjan,* Neuere Tendenzen in der Diversion – Exemplarisch dargestellt anhand des Berliner Diversionsmodells, 2005, 48 ff.). Betreffend das Verbot der Schlechterstellung des Jugendlichen (oder Heranwachsenden) ggü. einem Erwachsenen (in vergleichbarer Verfahrensituation, vgl. allg. → § 2 Rn. 23 ff.) ist Folgendes zu berücksichtigen: Der mit einer Entscheidung nach Abs. 3 verknüpften Eintragung in das Erziehungsregister (§ 60 Abs. 1 Nr. 7, Abs. 2 BZRG; zur eingeschränkten Bedeutung vgl. → Rn. 10) und dem Erfordernis eines Geständnisses steht bei einer Entscheidung nach § 153a Abs. 1 StPO der Umstand ggü., dass sie nur bei einem Vergehen in Betracht kommen kann und ferner, dass die Auflagen durch die JStaatsanwaltschaft selbst (und nicht durch das JGericht) angeordnet werden (zu Unterschieden in der Bindungswirkung der Entscheidung vgl. näher → Rn. 33). Gemäß § 2 Abs. 2 ist daher von der ausnahmsweisen Anwendbarkeit des § 153a **Abs. 1 StPO** auszugehen, wenn sowohl die **Voraussetzungen** von **Abs. 2** als auch diejenigen des **Abs. 3** (wegen des Fehlens eines Geständnisses) **nicht** vorliegen (zust. *Laubenthal/Baier/Nestler* JugendStrafR Rn. 311; ähnlich *Meyer-Goßner/Schmitt* StPO § 153a Rn. 4; *Bottke* ZStW 1983 (1971), 69 ff. (93 f.); RL Nds. v. 4.6.2012 (VORIS 33310) unter 1.2.4; aus der Praxis auch *Hanft* Jura 2008, 370; DVJJ-BAG 2017, 15; **aA** *Beulke* in Löwe/Rosenberg StPO § 153a Rn. 19; *Böhm/Feuerhelm* JugendStrafR 104 f.; *Dölling* BMJ 1989, 255 f.; *Burscheidt* Verbot 76 ff.; *Untersteller,* Der Begriff „öffentliches Interesse" in den § 153 StPO und 45 JGG, 2015, 281 ff.). Diese Durchbrechung rechtfertigt sich daraus, dass in diesem Fall die allg. Vorschrift eine erweiterte Verfahrenseinstellung ermöglicht und nur bei Anwendung dieser allg. Vorschrift eine anderenfalls eintretende Schlechterstellung des Jugendlichen verhindert werden kann, sodass der Einwand der Umgehung des Abs. 3 (*Blessing/Weik* in HK-JGG Rn. 11) zurücktritt (auch für das JStV ist entspr. zu berücksichtigen, dass zB nach GenStA KG schon v. 4.4.1986 (4141 GStA) grds. vermieden werden soll, erst in der HV oder gar Berufungsverhandlung der Einstellung nach § 153a StPO zuzustimmen).

13 **d) § 153b Abs. 1 StPO.** Eine Einstellung nach dieser Vorschrift kommt sowohl dann in Betracht, wenn sich neben dem Absehen von der Verfolgung eine Maßnahme empfiehlt, die – wie in Abs. 3 – der Entscheidung durch den JRichter bedarf, als auch in Fällen der Selbstentscheidung durch den JStaatsanwalt. Nach allg. Grundsätzen gelten als „Strafe" auch Erziehungsmaßregeln und Zuchtmittel (vgl. → § 5 Rn. 11; aA *Brunner/Dölling* StPO § 153b Rn. 3, 3a; *Meyer-Goßner/Schmitt* StPO § 153b Rn. 5; *Deiters* in SK-StPO StPO § 153b Rn. 8). Obgleich die Voraussetzungen des Absehens von Strafe durch das Gericht auf die entspr. Vorschriften des StGB zugeschnitten sind, die dem Bereich der Strafzumessung zuzuordnen sind (vgl. für den Fall von § 60 StGB *Kinzig* in Schönke/Schröder StGB § 60 Rn. 1), wäre ein Jugendliche ggf. benachteiligender, formalistischer Ausschluss der Anwendung des § 153b Abs. 1 StPO im JStrafverfahren verfehlt (vgl. auch BayObLG NJW 1961, 2029; BayObLGSt 91, 88 = NJW 1992, 1520 = JR 1992, 387 mAnm *Brunner* = NStZ 1992, 584 mAnm *Scheffler* NStZ 1992, 491 = StV 1992, 433 = DVJJ-Journal 1991, 434 = Zbl 1991, 557; s. ferner *Diemer* in KK-StPO StPO § 153b Rn. 13; speziell *Altermann* Vorverurteilung 268 ff.).

14 **e) Sonderregelungen. aa)** Die Einstellungsmöglichkeiten nach §§ 153c **Abs. 1, 2, 4, 153d Abs. 1, 153e Abs. 1, 154b Abs. 1–3, 154c, 154f StPO** werden als Sonderregelungen nicht von der grundsätzlichen Spezialität der JGG-Vorschriften (§ 2 Abs. 2) erfasst. Sie bleiben demgemäß anwendbar (vgl. schon *Bottke* ZStW 1983 (1971), 69 ff. (95); aA hinsichtlich §§ 154c Abs. 1, 2, 154c StPO *Bohnert* NJW 1980, 1930).

15 **bb)** Anwendbar sind auch die (Sonder-)Regelungen der §§ 154 **Abs. 1, 154a Abs. 1 StPO** (*Plöd* in KMR StPO § 154 Rn. 1; *Geiger* NStZ 1997, 375; GemRiLi Die Justiz 2005, 72 ff., Nr. 2; aM *Bohnert* NJW 1980, 1930). Sie dienen der Verfahrensbeschleunigung und entsprechen damit – im Rahmen jugendspezifischer Funktionen von Beschleunigung – einem erzieherisch legitimierten Gebot (vgl. dazu näher → § 55 Rn. 35–37) des JStraf-

verfahrens. Der Begriff Strafe umfasst Erziehungsmaßregeln und Zuchtmittel (vgl. → § 2 Rn. 19), zumal zB die (Geld-)Strafe im JStR unzulässig ist. Aus Sicht der Verteidigung ist von einem einschlägigen Antrag abzusehen, wenn dadurch die Chance vergeben wird, dass alle vorgeworfenen Taten gem. § 32 dem JStR zugeordnet werden (vgl. *Zieger/Nöding* Verteidigung Rn. 155).

f) § 376 StPO. Diesbezüglich gilt bei Jugendlichen § 80 Abs. 1 S. 2 (krit. **16** hierzu → § 80 Rn. 5).

IV. Absehen von der Verfolgung

1. Tragweite der Regelungen

a) Beschleunigung; Uneinheitlichkeit der Anwendungskriterien. **17** Die Vorschriften der §§ 45, 47 eröffnen die Möglichkeit, ein **förmliches Verfahren** (auch ohne gesetzliche Grundlagen im allg. StVR) zu **vermeiden** („Diversion"), wenn dies erzieherisch angezeigt ist (vgl. schon *Messmer* Zbl 1991, 523). Der **Deliktscharakter** ist insoweit nicht maßgeblich, dh es kann (abgesehen von Abs. 1, § 47 Abs. 1 S. 1 Nr. 1) auch bei Verbrechen von der Erhebung einer Anklage abgesehen werden, wenn die Maßnahmen für genügend erachtet werden (Rundschreiben JuM Rheinland-Pfalz (JBl. 1987, 189); VV Berlin v. 24.8.2009 (ABl. 2250 f. nebst Anlage 1); einschr. (betr. Abs. 2 und „mittlerer Kriminalität", Baden-Württemberg v. 13.12.2011, Die Justiz 2012, 7 ff. krit. zur Fassung Die Justiz 1990, 451 f. ua wegen geringer Berücksichtigung von Verkehrsdelikten *Adam* DVJJ-Journal 1990, 34), OLG Brandenburg DVJJ-Journal 2000, 184, Niedersachsen v. 4.6.2012 (VORIS 33310) unter 1.3.1, Nordrhein-Westfalen v. 13.7.2004 (JMBl. 190) unter 1. 4, Saarland v. 3.1.1992 (ABl. 62), geänd. 18.6.1996 (GMBl. 220) unter 2. 2. 1, sowie Sachsen-Anhalt v. 13.12.2002 (JMBl. 345 ff., beibehalten v. 21.4.2008, JMBl. 93) B. II. 2., 4; krit. auch die rechtstatsächliche Analyse von *Grundies,* Verfahrenseinstellungen nach §§ 45, 47 JGG, 2004, 51 ff., 55 ff.). Daraus ergibt sich zugleich, dass die Tatschwere kein maßgebliches Kriterium für Ausschluss oder Anwendung einer entsprechenden Verfahrensweise bietet (s. *Blau/Franke* ZStW 1996 (1984), 491; betr. Drogendelikte s. *Weidermann* Zbl 1987, 14; *Paul,* Drogenkonsumenten im Jugendstrafverfahren, 2005, 171 ff.; ergänzend Europarat Empfehlung 20 (v. 24.9.2003) Nr. 8), wogegen in der Praxis Belange iSe Ausgleichs der *Schwere* der (mutmaßlichen) Tat – oder gar unzulässigerweise (vgl. nur → § 5 Rn. 10, → § 17 Rn. 6 f., → § 18 Rn. 43) generalpräventiver Vorstellungen (vgl. krit. *Kaspar* FS Schöch, 2010, 209 ff.) – von Einfluss sind (vgl. nur (ohne gesetzliche Grundlage) RL 1; näher → Rn. 18a, 18b, 20d).

aa) Die Regelungen erlauben nicht nur eine erhebliche Abkürzung der **17a** Verfahrensdauer (s. dazu *Messmer* Zbl 1990, 439), womit sie allg. jugend-strafrechtlichen **Beschleunigung**sbelangen entsprechen, sondern sie dienen insb. auch der **Herausleitung** aus dem drohenden Verlauf zukünftiger Sanktionseskalation. Daher sollten sie – entgegen RL 2 (ohne gesetzliche Grundlage) – ggf. *auch bei mehrfach* oder wiederholt jugendstrafrechtlich *erfassten* Personen Anwendung finden (vgl. → § 5 Rn. 9; aus Sicht der JStA *Breymann* Zbl 1988, 448 ff.; für Berlin v. 24.8.2009 (ABl. 2249 ff.), allerdings betr. Abs. 1 nur „Zweittäter" (unter I. 1.), wohl eher offener für Nieder-sachsen v. 4.6.2012 (VORIS 33310) unter 1.3.2, für Nordrhein-Westfalen v.

13.7.2004 (JMBl. 190) unter 1. 5, für Saarland v. 3.1.1992 (ABl. 63), geänd.
18.6.1995 (GMBl. 220) unter 2. 2. 2; anders Baden-Württemberg v.
13.12.2011 (Die Justiz 2012, 7 ff.) betr. Abs. 1 unter II. 1. („im Wiederholungsfall…nur ausnahmsweise"); eingeschr. Sachsen-Anhalt v. 13.12.2002
(JMBl. 345 ff., beibehalten v. 21.4.2008, JMBl. 93) B. II. 1.: betr. Abs. 1 „bei
erstmals" bzw. 6.: betr. Abs. 2 und 3 „regelmäßig nicht"; vgl. auch VV
Sachsen DVJJ-Journal 1999, 433: betr. Abs. 1 bei „Wiederholungstätern"
ausgeschlossen). Widerstände dagegen tragen der Dynamik in der Reifeentwicklung ggf. nicht hinreichend Rechnung (vgl. auch → § 43 Rn. 14).

17b   **bb)** Einheitliche **Anwendungskriterien** sind schon gem. den erzieherischen Prinzipien der Flexibilität und der Zukunftsorientierung nach Möglichkeit zu vermeiden und am ehesten als Schutz vor einer ausdehnenden
Praxis geeignet (betr. die Frage der Benachteiligung männlicher Jugendlicher
s. *Ludwig-Mayerhofer/Rzepka* KZfSS 1991, 549 f. (555)). Denn es besteht die
Gefahr, dass allein durch die rechtlich gegebene Möglichkeit der „Diversion"
zB schon die **Eingriffsschwelle** (zB bei Aufnahme einer Anzeige) gesenkt
wird, zumal soweit die Polizei der JStaatsanwaltschaft in standardisierter
Form einstellungsrelevante Informationen und einen Einstellungsvorschlag
zu Abs. 2 unterbreitet (vgl. auch → Einl. Rn. 38; für Hamburg *Deichsel*
MschKrim 1991, 229 (231)). Auch ist zu besorgen, dass die sog. „anstatt"-
Kontrolle, die gesellschaftliche Anpassungserwartungen schlechthin betrifft
(n. *Eisenberg/Kölbel* Kriminologie § 11 Rn. 12–15), hinsichtlich der inhaltlichen und zeitlichen Ausdehnung außer Verhältnis zur Tat bleibt, obgleich
sie formelle Verfahrensrechte einschränkt (krit. zu Justizinteressen *Breymann*
Zbl 1985, 14 sowie 19). Andererseits sind die in den meisten Ländern
geltenden VVen durchaus unterschiedlich gestaltet (vgl. näher → Rn. 17,
17a, 18, 18a, 19a, 20, 20b, 20e, 20g, 21) und dadurch geeignet, eine *ungleiche*
Gesetzesanwendung (vgl. nur → Rn. 17d) gewissermaßen zu fördern. – Ob
bzw. inwieweit die vermehrte Anwendung der §§ 45, 47 zur „Umgehung"
von Einstellungen nach § 170 Abs. 2 StPO (vern. *Sessar/Hering* in Kury,
Entwicklungstendenzen kriminologischer Forschung, 1986, 85, 387 f.; tendenziell anders *Deichsel* MschKrim 1991, 232; bejahend für Berlin *Schimmel,*
Täter-Opfer-Ausgleich als Alternative?, 2000, 84 (betr. geringen Anteil der
Verfahren)) oder ggf. auch von Freisprüchen geführt hat (vern. *Heinz* in
BMJ, Diversion im Jugendstrafverfahren der Bundesrepublik Deutschland,
1992, 93), lässt sich generell schwerlich beantworten.

17c   **b) Subsidiarität der Anklage.** Der Erhebung einer Anklage hat in
jedem Fall die Prüfung vorauszugehen, ob ein förmliches Hauptverfahren,
wenn nicht nach § 45, so möglicherweise nach §§ 76 ff. (vgl. zur Häufigkeit
→ §§ 76–78 Rn. 3) vermieden werden kann (wobei rechtstatsächlich im
Sinne behördeninterner Handlungsnormen indes der jeweiligen Veranschla-
gung im Pensenschlüssel Bedeutung zukommt (vgl. Empfehlungen DVJJ
2003, AK III/2; zur Einschätzung von Zeit- und Arbeitsbedingungen *Herbort,* Wer kommt vor Gericht? Die Entscheidung der StA über Anklage und
Einstellung im Jugendstrafverfahren, 1992, 221 ff.)). In Zweifelsfällen einer
Entscheidung nach Abs. 1 oder 2 gibt der JStaatsanwalt dem JRichter Gelegenheit zur Äußerung. Was die Art der Maßnahmen nach **Abs. 3** angeht, so
erweist der verfahrenssystematische Zusammenhang (vgl. auch → Rn. 24,
28) gem. dem mit Verfassunsrang geltenden Grundsatz „nulla poena sine
culpa", dass sie – unbeschadet des Wortlauts des Abs. 3 S. 1 – nur in aus-

schließlich erzieherischer Funktion (nicht also auch vergeltend (vgl. § 13 Abs. 1)) angeordnet werden dürfen (zust. *Walter* ZStW 1983 (1971), 60 und Fn. 100; krit. besonders zur „Arbeitsauflage" *Ludwig,* Diversion: Strafe im neuen Gewand, 1989, 97 ff., 107 ff.).

c) **Regionale Unterschiede in der Handhabung.** Nach den Zahlen 17d der StA-Statistik (Tabelle 2.2.1.1., 2.2.1.2., Sp. 24, 34) ergeben sich – unter Vorbehalt hinsichtlich der Aussagekraft dieser Quelle – an Einstellungen gem. den Voraussetzungen des § 45 anhaltend erhebliche Unterschiede zwischen den **Ländern,** und zwar auch hinsichtlich des Verhältnisses besonders der Abs. 1 und 2 untereinander (vgl. dazu näher *Spiess,* Diversion und Tee-Courts, 2. JG-Tag NRW, 2011, 3 f. sowie *Spiess* Bewährungshilfe 2012, 30 ff.; betr. Umfrageergebnisse *Feigen* ZJJ 2008, 353 ff.; vgl. ansonsten mit früheren Nachw. 12. Aufl.). Im Übrigen wurden Unterschiede auch zwischen einzelnen **JGerichts-Bezirken** (vgl. etwa *Gleumes,* Die Praxis der „Erziehung in Freiheit", 1961; *Verrel* FS Schöch, 2010, 233) bzw. **JStaatsanwaltschaften** festgestellt (*Albrecht* Kriminalistik 1988, 429; *Libuda-Köster* in Albrecht, Informalisierung des Rechts, 1990, 309; *Ludwig-Mayerhofer* ZRechtssoziologie 1992, 221; *Herbort,* Wer kommt vor Gericht? Die Entscheidung der StA über Anklage und Einstellung im Jugendstrafverfahren, 1992, 186 ff. (auch betr. ein und dieselbe Abteilung einer JStA; vgl. ergänzend *Breymann* in BMJ 1989, 104; *Löhr* Bewährungshilfe 1992, 51)), teilweise auch nach Beschuldigtengruppen (krit. zu einschr. Anwendung ggü. Nichtdeutschen schon DVJJ 1084, AK X, teilweise auch *Ludwig-Mayerhofer/Rzepka* ZRechtssoziologie 1993, 130 f.). Solche Unterschiede lassen sich nur in engen Grenzen nach dem Verhältnis von Jugendlichen und Heranwachsenden oder iZm der jeweiligen Deliktsstruktur erklären (vgl. näher etwa *Spieß* DVJJ 2012). Sie resultieren vielmehr aus regionalen Handhabungen, die teilw. beeinflusst werden durch die jeweiligen VVen (→ Rn. 17a, 17b), dh durch die Unterschiede in deren Maßgaben und Detaildichte (zu den Zusammenhängen näher *Kleinbrahm,* Divergente Diversion im Jugendstrafverfahren, 2015, 143 ff.; überblicksartig *Verrel* ZIS 2015, 614 (616 f.); zu deren meist geringen Vorgabengehalt etwa *Gräf,* Die Diversion im Jugendstrafrecht im Lichte der Angewandten Kriminologie, 2015, 132 ff.). Zu berücksichtigen sind daneben zB auch unterschiedliche interne Dienstanweisungen (etwa betr. die Mindestschadenshöhe oder die Erledigungskontrolle bei der StA) bzw. untereinander abw. Regelungen der pensenmäßigen Berücksichtigung betr. JGericht oder JStaatsanwaltschaft. So wurde vormals zB dargelegt, dass die Einstellung gem. Abs. 3 im Pensenschlüssel weniger zählt als das vereinfachte JVerfahren (*Raben* DVJJ 1981, 194 f.; *Adam* DVJJ 1984, 487 f.; DVJJ 1993, AK III/2; DVJJ 1999, AK II–7; betr. Pensenschlüssel der StA DVJJ 1999, AK II–7).

d) **Zur Häufigkeit.** Ungeachtet der regionalen Unterschiede ist der 17e **Anteil** derjenigen von einem JStrafverfahren Betroffenen, denen ggü. das JStrafverfahren nach §§ 45, 47 erledigt wurde, nach den Daten der StA-Statistik sowie der StrafSt bundesweit seit Jahrzehnten auf ein inzwischen relativ stabiles Niveau von klar über zwei Dritteln **gestiegen** (StA-Statistik Tabelle 2.4.1; StrafSt Tabelle 2.2; vgl. auch *Linke* NStZ 2010, 609; näher auch 12. Aufl.). Dies ist umso bemerkenswerter, als in manchen LG-Bezirken hierzu auch noch ein beträchtlicher Anteil an Opportunitätseinstellungen nach StPO-Maßgaben hinzukommt (für Nordrhein-Westfalen und

Sachsen *Kleinbrahm,* Divergente Diversion im Jugendstrafverfahren, 2015,
342 ff.). Daher wird im JStR in der Summe inzwischen zu einem deutlich
höheren Grad von den verschiedenen Einstellungsmöglichkeit Gebrauch
gemacht, als es im allg. StR nach den Vorschriften der §§ 153, 153a, 153b
StPO geschieht (vgl. aber anders für das Jahr 2010 betr. NRW *Spiess,* Diversion und Tee-Courts, 2. JG-Tag NRW, 2011, 2; ergänzend 12. Aufl.). Den
amtlichen Daten zufolge entfallen dabei innerhalb der verschiedenen Einstellungsformen die größten Anteile auf die Varianten von § 45 Abs. 1 und 2
(vgl. *Heinz* ZJJ 2012, 129 (134); ferner *Eisenberg/Kölbel* Kriminologie § 27
Rn. 70 f., § 31 Rn. 45; für den LG-Bezirk Flensburg vertiefend *Çağlar,*
Neue ambulante Maßnahmen in der Reform, 2005, 51 ff.). – Allerdings
scheint mit der Ausdehnung der Einstellungspraxis eine zunehmende **Mehrbelastung** der **Verurteilten** einherzugehen, und zwar insb. bei vergleichsweise schweren Rechtsfolgen (vgl. dazu etwa → § 18 Rn. 10; *Deichsel*
MschKrim 1991, 227 f. (232)).

17f   **e) Grenzen der Aussage zur „Rückfälligkeit".** Nach der auf BZR-
Eintragungen beasierenden, bundesweiten „Rückfall"-Statistik sind die Le-
galbewährungsquoten nach Einstellungen gem. §§ 45, 47 JGG im Vergleich
mit anderen Sanktionen außerordentlich günstig. Nach drei Jahren waren
62 % der im Jahr 2004 entspr. Sanktionierten, nach sechs Jahren 54 % und
nach neun Jahren immer noch 51 % ohne Folgeeintragung in BZR. Selbst
wenn eine Folgesanktion vorlag, war diese meist ambulanter Art. Freiheits-
oder JStrafen (mit/ohne Bewährung) waren nach neun Jahren nur bei 11 %
registriert (*JAHT* Legalbewährung 183; vgl. für Baden-Württemberg *Bareinske,* Sanktion und Legalbewährung im Jugendstrafverfahren in Baden-
Württemberg, 2004, 115 ff.; *Spiess,* Diversion und Tee-Courts, 2. JG-Tag
NRW, 2011, 4 ff.). Der Vergleich dieser Daten mit den Legalbewährungs-
verläufen nach jugendgerichtlicher Verurteilung lässt freilich nicht ohne
weiteres den Schluss auf eine bestimmte (hier: besonders hohe) spezialpräventive Wirkung zu, sondern begegnet allg. Problemen der Effektivitätsmessung (vgl. *Eisenberg/Kölbel* Kriminologie § 20 Rn. 16 ff., § 42 Rn. 3 ff.,
56 ff.: keine Vergleichbarkeit der unterschiedlich sanktionierten Personengruppen). Ohnehin eingeschränkt ist die Übertragbarkeit auf den Einzelfall,
zumal mitunter schon die jeweiligen Auswertungen zB bei näherer Differenzierung möglicherweise unterschiedliche Zusammenhänge erkennen lassen
(s. allg. *Bock* GA 1997, 11 f. (15 f.)). Deshalb ist die Tragweite insb. statistischer Analysen begrenzt, doch gilt dies grundsätzlich auch für Reihenuntersuchungen.

17g   **aa)** Im Einzelnen ergab ein Vergleich mit Verurteilungen zu Rechtsfolgen
nach §§ 10, 14 oder 15 und erneuter Eintragung (im Sinne eines „Rückfalls") im Erziehungs- oder Strafregister binnen eines mehrjährigen Zeitraums, dass die Quote erneuter Eintragungen nach Verurteilungen höher
war als nach Einstellungen, und zwar nicht nur bei „Ersttätern", sondern
auch bei (jugend-)strafrechtlich vorbelastet gewesenen Personen (*Hügel* in
BMJ 1986, 61 (64 ff.)). Vorbehaltlich von Unvollständigkeiten im einschlägigen Register wiesen von denjenigen Personen, bei denen das Verfahren nach
§ 45 bzw. § 47 eingestellt worden war, 35 % bzw. 40 % eine erneute Eintragung auf, während diese Quote bei den Verurteilten 50 % ausmachte. –
Ähnliches gilt für eine Untersuchung von Verläufen nach Einstellung des
Verfahrens gem. §§ 45, 47 von *Storz* (in BMJ (Hrsg.), Diversion im Jugend-

strafverfahren der Bundesrepublik Deutschland, 1992), die sämtliche ausfallfrei erfassbaren Eintragungen im BZR wegen Entscheidungen nach diesen Vorschriften oder Verurteilungen für den Geburtsjahrgang 1961 auswertete, soweit bis 1980 mindestens eine Eintragung vorlag, und aufgrund eines im Jahr 1984 aus dem BZR gezogenen Datensatzes, der ausfallfrei alle zum BZR gemeldeten Verfahrenserledigungen für die Angehörigen dieses Jahrgangs bis zur Vollendung des 21. Lbj. enthielt, Vergleiche vornahm. Hiernach wurden innerhalb von vier Jahren nach Verfahrenserledigungen gem. §§ 45, 47 bzw. nach Verurteilungen 34,4% bzw. 45,3% erneut registriert (*Storz* in BMJ (Hrsg.), Diversion im Jugendstrafverfahren der Bundesrepublik Deutschland, 1992, 164). Im Einzelnen war bei einem Vergleich von zwei Untergruppen, die hinsichtlich Alter, Vorbelastung und Deliktskategorie übereinstimmten (erstmals wegen „einfachen Diebstahls" bzw. „Fahrens ohne Fahrerlaubnis" strafverfolgt), die „Rückfall"-Quote nach formeller Sanktion insgesamt statistisch signifikant höher, und zudem kam es sowohl (insgesamt) häufiger zu erneuter Verurteilung als auch zu einer Verurteilung zu JStrafe (*Storz* in BMJ (Hrsg.), Diversion im Jugendstrafverfahren der Bundesrepublik Deutschland, 1992, 166). Dies entspräche der allg. Erkenntnis, dass zukünftiges Entscheidungsverhalten der Strafjustiz durch die vorherige Erledigungs- bzw. Sanktionsart beeinflusst wird (vgl. *Eisenberg/Kölbel* Kriminologie § 27 Rn. 59 ff., 75 ff., § 31 Rn. 59f).

Hingegen erbrachte die Studie von *Matheis* (BMJ (Hrsg.), Diversion im **17h** Jugendstrafverfahren der Bundesrepublik Deutschland, 1992, 119 ff.), die ansonsten mit Ergebnissen anderer Forschungen weithin übereinstimmte, hinsichtlich Einstellungen nach § 45 Abs. 2 Nr. 2 aF eine schlechtere Legalbewährung als nach Ermahnungen. Indes war die Vergleichbarkeit der Untersuchungsgruppen nur begrenzt (*Matheis* in BMJ (Hrsg.), Diversion im Jugendstrafverfahren der Bundesrepublik Deutschland, 1992, 47 ff.).

bb) Eine Auswertung von Daten des BZR bzw. Erziehungsregisters nach **17i** *„Sozialem Training"* in Bayern ergab Erfolgsquoten von 44,4% bzw., bei differenzierterer Analyse, von 63% (*Kraus/Rolinski* MschKrim 1992, 36 (38)), wobei allerdings die vergleichsweise hohen Anteile an strafrechtlichen Vorbelastungen (57,5% „Mehrfachtäter") sowie gleichzeitiger Anordnung von JA (35,2%) zu berücksichtigen sind (*Kraus/Rolinski* MschKrim 1992, 35 (43)).

Betreffend den Verlauf nach *Täter-Opfer-Ausgleich* in Schleswig-Holstein **17j** wurden für Jugendliche bzw. Heranwachsende bei einem Referenzzeitraum von drei Jahren Anteile von 58% bzw. 73% berechnet (*Kaudel* S. 121). Bezogen auf das Projekt „Handschlag" (Lüneburg) wurde nach BZR-Daten bei einem Kontrollzeitraum von drei Jahren berechnet, dass in 91 Verfahren wegen Körperverletzung, die gem. Abs. 2 nach einem TOA eingestellt worden waren, 56% einstweilen nicht erneut strafrechtlich verurteilt wurden – ggü. 81% derjenigen, die förmlich verurteilt worden waren (*Busse*, Rückfalluntersuchung zum Täter-Opfer-Ausgleich, 2001, 82, 85, 89). – Nach einer (Modellprojekte in München und Landshut in den Jahren 1987–1989 betreffenden) Untersuchung zwischen erfolgreichen bzw. gescheiterten TOA-Fällen und solchen einer Kontrollgruppe, bei der der Einfluss von in den Gruppen unterschiedlich verteilten Merkmalen (besonders strafrechtliche Vorbelastung, *Dölling ua* MschKrim 2002, 188 (190)) mittels einer Partialkorrelation auszugrenzen versucht wurde, ergaben sich gem. BZR-Daten bei einem Kontrollzeitraum von mindestens fünf Jahren im Durchschnitt 1,4 Neueintragungen für die erfolgreiche TOA-Gruppe ggü. 2,1 für die Kontrollgruppe (*Dölling ua* MschKrim 2002, 185 (189)). Jedoch war der Verlauf nach gescheiterten TOA-Fällen kaum ungünstiger als nach erfolgreichen, sodass auch das vorgenannte Ergebnis möglicherweise (eher) mit sonstigen latenten Variablen in Zusammenhang steht.

17k Für München wurde in Verfahren wegen *graffiti*-Tatvorwürfen nach Einstellung iZm Wiedergutmachung bzw. TOA eine vergleichsweise niedrige Quote einschlägiger „Rückfälligkeit" berechnet (*Höffler* ZJJ 2010, 33 (42)).

2. Ohne Einschaltung des Jugendgerichts (Abs. 1 und 2)

18 a) **Fallgestaltungen.** Ohne Zustimmung des JRichters kann bzw. muss der JStaatsanwalt in den Fällen des Abs. 1 bzw. Abs. 2 von der Verfolgung absehen, womit (auch) im Falle des Abs. 2 ein Schuldspruch nicht verbunden ist (BGH NStZ 2019, 400; vgl. auch OLG Hamm ZJJ 2017, 282 f. unter Beanstandung der Wendung in einem anderen nachfolgenden Verfahren „bereits strafrechtlich in Erscheinung getreten"). Der sich abzeichnende Sachverhalt wird nämlich nur daraufhin überprüft, ob er die Strafbarkeitsvoraussetzungen im Falle der Bestätigung in einer Hauptverhandlung erfüllen würde und ob die Vorwerfbarkeit in diesem **hypothetischen** Fall gering wäre (BVerfG NStZ 2017, 1539 (1540): Schuld wird nur unterstellt). Ein Geständnis des Beschuldigten ist hierfür nicht vorausgesetzt (zust. *Weigend* in Marks ua, Wiedergutmachung und Strafrechtspraxis, 1993, 52; ebenso betr. *Abs. 1* für Berlin v. 24.8.2009 (ABl. 2249 ff.) unter B. I. 1. c); für Hamburg GenStA v. 2.1.2002, unter D. 2; einschr. für Baden-Württemberg v. 13.12.2011 (Die Justiz 2012, 7 ff.) unter 2.: „nicht ernstlich bestreitet", Sachsen-Anhalt v. 13.12.2002 (JMBl. 345 ff., beibehalten v. 21.4.2008, JMBl. 93): „einräumt oder nicht ernstlich bestreitet"; zu *Abs. 2* vgl. näher → Rn. 19a). Die Einstellung nach Abs. 2 kommt nur in Betracht, wenn eine Anwendung von Abs. 1 ausscheidet, ohne dass die Ausübung des Schweigerechts dessen Anwendung entgegenstehen darf (vgl. aber zum Ausland empirische Anhaltspunkte bei *Fine ua* Psychol. Pub. Pol'y & L. 1923 (17), 105 ff.). – Zur Frage nach der Notwendigkeit eines Rechtsbeistands, deren Beantwortung auch hinsichtlich unterschiedlicher Verfahrensschritte zu differenzieren hätte, verhält sich Art. 6 Abs. 6 der Richtlinie (EU) 2016/800 (zum Ganzen näher → Einl. Rn. 32) eher einschränkend (vgl. auch DVJJ Resolution v. 27.1.2014 (Online)).

18a Von der StA wird iRd Diversionsentscheidung eine **prognostische** Abschätzung der erforderlichen Intervention erwartet, wobei die Wahl zwischen den Varianten des § 45 strikt nach Subsidiaritätsgesichtspunkten zu erfolgen hat (ebenso bspw. *Swoboda* FS Beulke, 2015, 1239 f.). Angesichts eingeschränkte Prognosemöglichkeiten, durch die eine Identifizierung der individuell passenden Vorgehensweise deutlich erschwert ist, sollte daher ein Zweifel die weniger eingriffsintensive Option des § 45 gewählt werden (infolge Überschätzung von Prognosemöglichkeiten teilw. abw. *Gräf,* Die Diversion im Jugendstrafrecht im Lichte der Angewandten Kriminologie, 2015, 157 ff.). Hinsichtlich **Abs. 1** (zu Voraussetzungen s. § 153 StPO) ist es gem. allg. Grundsätzen des JStR folglich angezeigt, bei Gesetzesauslegung (vgl. auch → Rn. 9b) wie -anwendung auch erzieherische Belange zu berücksichtigen. Diese werden **weithin** eine Einstellung nach Abs. 1 (unter Verneinung eines Interesses an (zusätzlichen) erzieherischen Maßnahmen iSd

Abs. 2) **erfordern,** zumal die Konfrontation des Beschuldigten mit einem Ermittlungsverfahren bereits eine erzieherische Wirkung haben kann, zumindest aber eine negativ sanktionierende Reaktion mit Auswirkungen auf das soziale Umfeld (zB Eltern, Ausbildende, Bezugspersonen) darstellt (vgl. auch *Grote,* Diversion im Jugendstrafrecht, 2006, 46: „Ermittlungsverfahren hinterlässt Spuren"). Dem stehen (jugend-)kriminalpolitische Belange (krit. *Neubacher* ZJJ 2011, 436 f.) und teilweise wohl auch berufsfunktionale Eigeninteressen (zB betr. die Stellenplanung) entgegen, die Einschränkungen des Anwendungsbereichs des Abs. 1 zugunsten desjenigen des Abs. 2 zur Folge haben (vgl. dazu etwa → Rn. 21a, → § 43 Rn. 17a, 17b; ergänzend zu Schüler-Gerichten (vgl. → Rn. 20a) *Englmann,* Kriminalpädagogische Schülerprojekte in Bayern, 2009, 104). – Im Übrigen begegnet eine pauschale Unterstellung des Inhalts, ein Verzicht auf jugendstrafrechtliche Rechtsfolgen sei erzieherisch wirkungslos, aus empirischer Sicht erheblichen Bedenken (s. aber *Dallinger/Lackner* Rn. 19; *Potrykus* Anm. 8).

aa) Hiernach kommt eine Einstellung nach Abs. 1 bei einer Vielzahl von **18b** **Delikten** in Betracht (s. dazu näher Begr. BT-Drs. 11/5829, 23; nach UK II DVJJ-Journal 1992, 19 bei allen Vergehen (§ 12 Abs. 2 StGB); zu Straßenverkehrsdelikten zusf. *Reiff,* Straßenverkehrsdelinquenz in Deutschland, 2015, 205 f., 457), und sie kann auch bei **mehrfacher** Deliktsbegehung (vgl. etwa UK II DVJJ-Journal 1992, 19: „auch bei der dritten") zumindest dann geeignet sein, wenn zwischen den Taten ein erhebliches zeitliches Intervall liegt oder die Taten hinsichtlich des verletzten Rechtsguts und der Begehungsart unterschiedlich sind (Begr. BT-Drs. 11/5829, 23 f.; zum empirischen Hintergrund s. *Eisenberg/Kölbel* Kriminologie § 55 Rn. 1–8). – Nach RL Berlin v. 24.8.2009 (ABl. 2249 ff.; vormals im Einzelnen krit. schon *Goeckenjan* Diversion 82 ff.) unter B. I. 2. b) kann bei „Ersttätern" (und im Einzelfall bei „Zweittätern") gem. Abs. 1 idR bei „jugendtypischem" Fehlverhalten geringeren Gewichts (zB bei bestimmten Vermögensdelikten mit einem Schaden von bis zu 50 EUR, fahrlässiger Körperverletzung) verfahren werden (ähnlich, aber weniger einschr., JuM und InnenM Schleswig-Holstein v. 10.4.1990, SchlHA 1998, 205 bzw. Gem. RdErl. OLG Brandenburg DVJJ-Journal 2001, 184; betr. Abs. 2 Sachsen-Anhalt v. 13.12.2002 (JMBl. 345 ff., beibehalten 21.4.2008, JMBl. 93), B. II. 4. a): „Schaden bis 150 €"; rechtstatsächlich zum Sinken der Einstellungsquote mit Zunahme von Vorregistrierungen *Grundies,* Verfahrenseinstellungen nach §§ 45, 47 JGG, 2004, 37 ff.).

bb) Ist hiernach eine Verfahrenseinstellung nach Abs. 1 zu erwarten, so ist **18c** der Ermittlungsaufwand – auch aus verfahrensökonomischen Erwägungen – nur in dem durch das Erfordernis der **Normenverdeutlichung** bzw. durch die Abschlussentscheidung gerechtfertigten Maße angebracht (vgl. UK II DVJJ-Journal 1992, 19 (22)). Das rechtsstaatliche Fairnessgebot verlangt zudem einen Hinweis auf die registerrechtlichen Folgen, falls die JStaatsanwaltschaft etwa ohne Durchführung einer amtlichen Vernehmung ein Einstellungsschreiben versendet (*H. E. Müller* DRiZ 1996, 444). Jedoch lässt sich eine entsprechende Reduzierung nur innerhalb solcher Deliktsbereiche vertreten, für die die JStaatsanwaltschaft bestimmte Vorgaben gemacht hat, da andernfalls die faktische Entscheidungszuständigkeit über die Einstellung oder Nichteinstellung nach Abs. 1 unzulässigerweise auf die Polizei überginge. – In der Begründung der Mitteilung über ein Absehen (Abs. 1) darf kein gegen die Unschuldsvermutung verstoßendes Bemerken verwandt werden (vgl. BVerfG, 2. K. des 2. S., NJW 2017, 1539 = StV 2017, Heft 10: habe „sich durch sein Verhalten einer Straftat schuldig gemacht").

19   **b) „Erzieherische Maßnahme". aa)** Der Begriff der **erzieherischen Maßnahme** (näher → Rn. 20–21) in **Abs. 2** geht über den der „Erziehungsmaßregel" hinaus (vgl. → § 9 Rn. 4, 6; vgl. schon *Peters* RJGG § 30 Anm. 1; *Dallinger/Lackner* Rn. 15; zudem RL 3 S. 3), umfasst aber nicht die Auflage in der ihr als Zuchtmittel beigemessenen Funktion (§ 13 Abs. 1; vgl. LG Osnabrück StraFo 2015, 301 (nebst nicht unbedenklichem obiter dictum); vgl. auch → Rn. 17c; aA *Itzel,* Die Abgrenzung der Weisungen von den Auflagen nach dem JGG, 1987, 41 f.). Es sind alle Maßnahmen erfasst, die zur Erziehung des Beschuldigten von privater oder öffentlicher Seite im Rahmen bestehender Erziehungsaufgaben durchgeführt oder eingeleitet sind (ähnlich *Dallinger/Lackner* Rn. 15; krit. betr. „private Anbieter" ambulanter Maßnahmen *Dirnaichner* RdJB 1993, 304 (307 ff.); vgl. auch *Weigend* in Marks ua, Wiedergutmachung und Strafrechtspraxis, 1993, 61). So können auch eine *vorläufige Anordnung* zur *Erziehung* (§ 71) wie bereits in dieser Sache erlittene *U-Haft* (*Eisenberg/Reuther* ZKJ 2006, 492; zu Bedenken aber → § 72 Rn. 9), *(Bew-)Maßnahmen* im Rahmen einer Aussetzung der Vollstr zBew in anderer Sache (vgl. *Blumenstein* KrimGgfr 16 (84), 161) als auch *sonstige* jugendrichterliche *Maßnahmen* (vgl. § 47 Abs. 1 Nr. 2) – sofern sie keine Umgehung des numerus clausus der Maßnahmen des Abs. 3 darstellen (s. etwa zum Aufsatzschreiben *Eisenberg* FS Blau, 1985; vgl. auch → § 10 Rn. 36) – weitere Maßnahmen entbehrlich machen. – Hinweise auf andere „erzieherische Maßnahmen" können sich etwa schon im polizeilichen Vernehmungsprotokoll finden (vgl. aber krit. → Rn. 17b), sind im Übrigen aber von der JGH gem. § 52 KJHG alsbald zu geben (zu verborgenen Selektionskriterien der JHilfe *Schwenkel-Omar* DVJJ-Journal 1995, 174). Erforderlichenfalls ist die bevorstehende Einleitung abzuwarten (so bereits *Hellwig* JGG § 32 Anm. 3; vgl. ferner → Rn. 30).

19a   Als Bsp. für eine erzieherische Maßnahme nennt das Gesetz das Bemühen um TOA (**Abs. 2 S. 2;** LG Osnabrück StraFo 2015, 301 („die andere Seite" war nicht bereit); ergänzend → Rn. 20c, 20d), wogegen im Hinblick auf die Mitgestaltung des Verfahrens durch das (mutmaßliche) Opfer Bedenken betr. das Verhältnis von „gerechter" Strafe und „moralischer Willkür" (*Noltenius* GA 2007, 526 ff. (übermäßig einschr. für das JStR allerdings *Noltenius* GA 2007, 521)) bestehen können.

19b   Der zulässige *deliktische* Anwendungsbereich des Abs. 2 erstreckt sich auch auf Verbrechen. *Nicht* vorausgesetzt ist ein *Geständnis* (vgl. aber VV RiLiNr 3 S. 4: „nicht ernstlich bestritten"; für Berlin v. 24.8.2009 (ABl. 2249 ff.) unter B. II. 1. c); aA für Saarland v. 3.1.1992 (ABl. 62), geänd. 18.6.1996 (GMBl. 220) unter 2.2.2; ebenso *Brunner/Dölling* Rn. 24; ggf. einschr. Niedersachsen v. 4.6.2012 (VORIS 33310) unter 1.3.2: „idR eine glaubhaft geständige"; s. auch Schleswig-Holstein v. 24.6.1998 (SchlHA 1998, 204) unter 3.1.1), vielmehr ist das Verfahren nach Abs. 2 von Gesetzes wegen selbst ggü. einem den Tatvorwurf bestreitenden Beschuldigten zulässig (s. dazu *Bohnert* NJW 1980, 1931) und in bestimmten Konstellationen empfehlenswert (n. *Zieger/ Nöding* Verteidigung Rn. 158 ff.). Jedoch werden solchenfalls einzelne Einstellungsmodalitäten nicht zur Geltung kommen, zumal soweit der Grundsatz eines fairen Verfahrens (Art. 6 Abs. 1 S. 1 EMRK (vgl. dazu auch *Esser* in Löwe/Rosenberg Rn. 996)) berührt ist (vgl. für Berlin v. 24.8.2009 (ABl.

2249 ff.) unter C. I. 2. b) aa): „glaubhaftes Geständnis" oder „nicht ernsthaft bestreitet"; für Niedersachsen v. 4.6.2012 (VORIS 33310) unter 1.2.5: nicht bei „ernsthaftem Bestreiten"). Speziell betr. TOA in Berlin (ABl. 2008, 1575, III Nr. 4 S. 1) soll es zureichen, „wenn ein Bestreiten nicht zu erwarten ist" (betr. Erwachsene demggü., dass „im Wesentlichen eingeräumt wird"), und betr. die Behauptung „häuslicher Gewalt" soll gar „im Zweifelsfall" solches „anzunehmen" (ABl. 2008, 1575, III Nr. 5 S. 1) sein – eine beweisrechtlich grundsätzlich verfehlte Fassung.

Die **Entscheidung** darüber, ob die erzieherische Maßnahme ausreicht, **19c** um ein Absehen von der (weiteren) Verfolgung (einschließlich eines Antrages nach § 76 S. 2) zu rechtfertigen, obliegt **allein** dem **JStaatsanwalt** (Abs. 2 S. 1 aE; bedenklich daher zB Berlin v. 24.8.2009 (ABl. 2249 ff.) unter C. I. 2. d) bb) (3), vgl. schon *Goeckenjan* Diversion; *Goeckenjan, Neuere Tenden-zen in der Diversion* – Exemplarisch dargestellt anhand des Berliner Diver-sionsmodells, 2005, 124 ff.).

(1) Erzieherische Maßnahmen im **privaten Lebenskreis** des Jugend- **20** lichen **gehen** auch mit Wirkung für Abs. 2 dem Eingriff justitieller Organe **vor** (Vorrang des elterlichen Erziehungsrechts gem. Art. 6 Abs. 2 GG; im Übrigen Mindestgrundsätze der VN für die JGerichtsbarkeit v. 29.11.1985, 1.3 (abgedruckt ZStW 1999 (87), 257); *Dallinger/Lackner* Rn. 15). Vor Durchführung oder Einleitung einer **staatlichen** erzieherischen Maßnahme muss die **Zustimmung** des Beschuldigten und der sorgeberechtigten Person bzw. des gesetzl Vertreters eingeholt werden (einschränkend VV RL Nr. 3 S. 4: der Beschuldigte das Anerbieten „annimmt", die anderen Genannten „nicht widersprechen" (vgl. aber zur Frage der Freiwilligkeit → Rn. 21a); näher *Schwer* Stellung 100; *Trenczek/Stöss* ZJJ 2014, 325; für Berlin v. 24.8.2009 (ABl. 2009, 2250: „kein Widerspruch" bzw. ABl. 2009, 2252: „keine Einwände erheben") bzw. Anlage 2: „Einverständnis"; *Laubenthal/ Baier/Nestler* JugendStrafR Rn. 297; *Brunner/Dölling* Rn. 25: der Beschul-digte nicht widerspricht und die anderen Genannten zustimmen; vgl. aber auch *Walter/Wilms* NStZ 2004, 605 f.; abl. *Schneider* in BeckOK JGG Rn. 68).

(2) Erzieherische Maßnahmen sind von den Verfahrensbeteiligten anzure- **20a** gen (vgl. RL 3 S. 2). Im Einzelnen kommen Gespräche oder einvernehmli-che Abreden (vgl. § 1631 BGB) mit den **Eltern** selbst (bzw. notfalls Weisun-gen der Eltern, AG Emden Zbl 1979, 117 f.; s. auch *Schaffstein/Beulke/ Swoboda* JugendStrafR 749) bzw. sonstigen Erziehungsberechtigten oder ge-setzlichen Vertretern, mit Lehrpersonen (bezüglich verhaltensauffälliger Schüler s. etwa *Quenstedt* Jugendwohl 1987, 34) bzw. Ausbildenden, dem **Erziehungsbeistand,** einem Betreuer (zB iRd Beschäftigung mit einem Jugendbuch (vgl. dazu *Mollik* ZJJ 2007, 301 f.)) auch mit dem **Ver-teidiger** (vgl. dazu *Breymann* BMJ 1987, 111; zu einschlägiger erzieherischer Beziehung im pädagogischen Sinne *Viehmann/Walter* BMJ 1987, 197 f.) in Betracht. – Bedenken bestehen ggü. sog. **„Schüler-Gerichten"** (vgl. zur Herleitung näher *Kolberg, Das Jüngste Gericht: Ein Sturm im Wasserglas?* Rezeption der US-amerikanischen Teen-Courts im deutschen Jugendstraf-recht, 2011; zu Projekten etwa *Sabass* S. 19 ff., 88 ff. (krit. *Sydow* in Momsen ua, Fragmentarisches Strafrecht, 2003, 300 ff.), *Löffelmann* ZJJ 2004, 171 f. (betr. jugendstrafrechtlich Vorbelastete); *Traulsen* FS Schöch, 2010, 267 ff. (betr. Kehl)) wegen etwa vorausgehender Selektion durch JStaatsanwaltschaft bzw. Polizei ebenso wie wegen Verstoßes gegen den Grundsatz der Nicht-

öffentlichkeit (§ 48 Abs. 1) bei zusätzlichen Unwägbarkeiten der Kontroll-
ausdehnung bzw. von Degradierungsabläufen (zu pädagogischen Einwänden
Plewig ZJJ 2008, 243; *Spiess,* Diversion und Tee-Courts, 2. JG-Tag NRW,
2011, 7: „auf Beschämung durch Gleichaltrige abzielend"; soweit Fragebo-
gen an Betroffene „direkt im Anschluss an das Gremiumsgespräch" (*Traulsen*
RdJB 2015, 351) ausgegeben wurden, liegt ein Mangel an Validität der
Antworten nahe), zudem wegen Belangen des Datenschutzes (abwägend
dazu *Englmann,* Kriminalpädagogische Schülerprojekte in Bayern, 2009,
115 ff., 124 ff.) sowie ggf. drohender Anklage bei Verweigerung (also faktischer Nicht-Freiwilligkeit, *Spiess,* Diversion und Tee-Courts, 2. JG-Tag
NRW, 2011, 7 f.) und im Übrigen aufgrund methodischer Mängel seitheri-
ger Evaluationsversuche (vgl. betr. Legalbewährung bei zwei-, drei- sowie
vierjährigem Referenzzeitraum *Englmann,* Kriminalpädagogische Schülerprojekte in Bayern, 2009, im Vergleich zu einer Kontrollgruppe, die gem.
„hypothetischer Verfahrenserledigung" (auf der Grundlage von Schätzungen
seitens der JStA selbst) bei der Experimentalgruppe gebildet wurde; zu
deutlich höheren Anteilen weiblicher ebenso wie (betr. mutmaßlichen Diebstahl) 14- und 15-jähriger Betroffener ggü. einer Vergleichsgruppe *Schöch/*
Traulsen GA 2009, 28 f.; krit. zum Ganzen etwa *Breymann* ZJJ 2007, 7;
Block/Kolberg ZJJ 2007, 12–16; *Franzen* ZJJ 2007, 88 f.; *Plewig* ZJJ 2009, 377:
„außerordentlich fragwürdig"; *Esser* JuS 2010, 148 f.; *Laubenthal/Baier/Nest-*
ler JugendStrafR Rn. 314; *Blessing/Weik* in HK-JGG Rn. 36; ausführlich zu
Rechtswidrigkeit und methodischen Mängeln *Spiess* DVJJ 2012; betr. Datenschutz (für Sachsen-Anhalt, Landesbeauftragter) ZJJ 2007, 329 f.; *Heinz*
FS Rössner, 2015, 152 ff.: rechtlich unzulässig; abl. auch *Schneider* in Beck-
OK JGG Rn. 98; verfehlt Antwort der Bundesregierung BT-Drs. 16/13142,
86: „sinnvolle Alternative").

20b   (3) Hinsichtlich (zusätzlicher) **öffentlicher Hilfe** iSv § 52 Abs. 2 KJHG
(vgl. aber auch → Rn. 20g) ist gem. dem Grundsatz der Einwilligung (§ 65
Abs. 1 S. 1 Nr. 1 KJHG als die ggü. § 67a Abs. 2 Nr. 1 SGB X speziellere
Norm) eine Ermächtigung des Beschuldigten an etwa befasste Personen iSv
§ 203 StGB erforderlich. Zu berücksichtigen ist hierbei, dass diese Angaben
ggf. auch zum Nachteil des Beschuldigten verwandt werden könnten (zB
seitens der JStA im Falle eines späteren erneuten Strafverfahrens). – Dies gilt
betr. *Nichtdeutsche* verstärkt, soweit bei Gewährung öffentlicher Hilfe nach
§ 34 KJHG das JAmt (entspr. dem allg. Verhältnismäßigkeitsgrundsatz) eine
Mitteilung iSv § 87 Abs. 2 AufenthG) iVm § 71 Abs. 2 Nr. 2 SGB X nicht
als „erforderlich" angesehen hat (vgl. → § 43 Rn. 21a). Auf die möglichen
Folgen einer Verweigerung der Ermächtigung, namentlich das mit jeder
Verurteilung sich erhöhende Risiko einer Ausweisung nach § 54 Abs. 2
Nr. 1a, Nr. 2 AufenthG, wird der Beschuldigte hinzuweisen sein.

20c   **bb)** Seitens der am JStrafverfahren beteiligten **Amtierenden** oder Bediensteten sind **Gespräche** oder sonstige **Maßnahmen** (zu rechtlichen
Grenzen vgl. → Rn. 21) ggf. geeignet, die in Rede stehende Voraussetzung
des Abs. 2 zu erfüllen.

20d   (1) Dies gilt zum einen für den **JStaatsanwalt** (allg. Auffassung, vgl. auch
RL 3 S. 3). Indes werden hiergegen Bedenken vorgebracht (*Bohnert* NJW
1980, 1927 Fn. 1), die einen Verstoß gegen Art. 92 GG (*Dirnaichner,* Der
nordamerikanische Diversionsansatz und rechtliche Grenzen seiner Rezeption …, 1990, 371, 376; sowie *van den Woldenberg,* Diversion im Spannungsfeld zwischen „Betreuungsjustiz" und Rechtsstaatlichkeit, 1993, 147 ff.) bzw.

gegen die Unschuldsvermutung annehmen (vgl. *Kondziela* MschKrim 1989, 177; zur Relevanz von Art. 3 Abs. 1 GG s. *Burscheidt* Verbot 31 f.). Regional haben sich verschiedene Abläufe entwickelt.

Hierzu wurden oder werden unterschiedliche Strategien etabliert und in **20e** Praxis- bzw. Forschungsberichten wiedergegeben. Als Bsp. sei das sog. „*Lübecker Modell*" (s. vormals *Pohl-Laukamp* Kriminalistik 1983, 131; *Pohl-Laukamp/Hering* in Walter/Koop, Die Einstellung des Strafverfahrens im Jugendrecht, 1984, 90 ff.; *Hering/Sessar,* Praktizierte Diversion, 1990, 85 ff., 106 ff.) genannt. Gemäß Handhabungen in Nordrhein-Westfalen (vgl. etwa *Libuda-Köster* in Albrecht, Informalisierung des Rechts, 1990, 254: Dominanz schriftlicher Ermahnungen), in Rheinland-Pfalz (JBl. 1987, 189; befürwortend *Matheis,* Intervenierende Diversion. Eine empirische Untersuchung ..., 1991), in Baden-Württemberg (Die Justiz 2005, 72 ff.), Niedersachsen (MBl. 2007, 115 ff., unter II. 1. 2), in Sachsen-Anhalt (Runderlass DVJJ-Journal 1997, 431: C. II. 2. c) und in Berlin (ABl. 2009, 2249 ff.) findet der Sache nach ein den (mutmaßlich) verletzten Straftatbestand verdeutlichendes *Ermahnungsverfahren* statt (zu Bedenken → Rn. 21). – Besonders häufig erörtert wurde die Mitwirkung des JStaatsanwalts bei einem TOA.

(a) Bei Bemühungen um einen *TOA* ist beweisrechtlich stets zu berück- **20f** sichtigen, dass es sich um einen nur *mutmaßlichen* Täter und um ein nur *mutmaßliches* Opfer handelt. Auch ist zu besorgen, dass es zu einer Ausweitung auf Fälle kommt, die sonst ohnehin eingestellt worden wären (DVJJ 04, Forum 1, AK 1.4. Nr. 2). Gemäß § 67 ist die Rechtsstellung der Erziehungsberechtigten bzw. gesetzlichen Vertreter zu berücksichtigen (s. näher *Müller/Kraus* JA 2003, 897 f.; vgl. ergänzend → § 67 Rn. 11 ff.). Geeignet ist das Vorgehen am ehesten dann, wenn es nicht gleichsam als Ritual, sondern den Umständen der Beteiligten gem. gestaltet wird (vgl. näher zu sprachlich bedingten Benachteiligungen *Klocke* Entschuldigung 330 ff.).– Die *JStaatsanwaltschaften* knüpfen die Anregung zu einem TOA an verschiedene *Voraussetzungen* (vgl. für Berlin zu Kriterien empirische Daten bei *Schimmel,* Täter-Opfer-Ausgleich als Alternative?, 2000, 70–77 bzw. 153–252 f., sodann VV VI Nr. 2. a) (ABl. Berlin 2008, 1575)). In Schleswig-Holstein (s. GStA SchlHA 1996, 315) ist die Handhabung „nicht von vornherein" ausgeschlossen bei Vorstrafen oder einem in früheren Verfahren praktizierten TOA, und sie gilt ggf. auch bei Verbrechen; auch in Rheinland-Pfalz (vgl. JBl. 1992, 242, Nr. 2.1) sind Fälle der „schweren Kriminalität" nicht grundsätzlich ausgeschlossen, und für Berlin (ABl. 2008, 1545, IV) gilt es für Verbrechen „in leichten Fällen".

Der *Anteil* einschlägigen Vorgehens an allen als, anklagefähig dargestellten **20g** Verfahren ist (bis auf weiteres) jedoch durchaus begrenzt (nach *Hartmann* 211 betrug er in München 2 % und in Landshut ca. 4,5 %, nach *Wandrey* in Marks, Wiedergutmachung und Strafrechtspraxis, 1993, ua 182 indes 10 %), wogegen Untersuchungen hinsichtlich des Potentials ausgleichsgeeigneter Fälle zwischen 18 % (*Hartmann* 193) und mehr als 25 % (*Kuhn* 93, 137) differieren (zu „TOA-Standards" *Hüncken* ZJJ 2010, 320 ff.).

(b) Die Bemühungen um TOA sind jeweils der *Gefahr ausgesetzt,* dass es **20h** zu bloßer Schadensregulierung nach „Zwangsreue" des Beschuldigten kommt (*Wandrey* DVJJ-Journal 1999, 275 ff. (besonders bei bereits bestehendem Betreuungs- oder Kontrollverhältnis); krit. auch *Tränkle* MschKrim 2003, 308; *Bleckmann/Tränkle* Zeitschrift für Rechtssoziologie 2004, 99 ff.), weil ggf. eine soziale Zwangssituation besteht, die Ablehnung fördert und

Einsicht verhindert (*Taubner* MschKrim 2008, 287 ff. (betr. 17–21-Jährige, von denen 2/3 einen Migrationshintergrund hatten); vgl. aber zur Mediation auch *Wölfl* ZfJ 2003, 266 (269 f.)). Auch kann der Beschuldigte im Einzelgespräch mit dem Vermittler ggf. überfordert sein, zumal wegen mangelnder Transparenz betr. die Konsequenzen des Verfahrens (vgl. *Kunz* MschKrim 2007, 474 f. und 478 (standardisierte postalische Befragung in Sachsen)). Im Übrigen wurde ua der Frage nach Anteilen strafrechtlicher „Vorahndungen", der (Nicht-)Akzeptanz des Tatvorwurfs sowie von Ausgleichsgesprächen nachgegangen (*Hartmann/Stroegel* FS Schöch, 2010, 170 – sowie 180 ff. (jeweils methodisch einschr. 149 ff.)). – Zum anderen finden sich Hinweise zur Bereitschaftsquote mutmaßlich Geschädigter (*Voß* MschKrim 1989, 34 (39)), wozu zB betr. das Kölner Projekt „Die Waage" (s. *Herz* MschKrim 1991, 84 ff.) eine eher geringe Bereitschaft bei sozialer Ungleichheit erwähnt wurde (*Herz* MschKrim 1991, 84 ff.). Nach *Kondziela* (Opferrechte im Jugendstrafverfahren, 1991, 222 f. bzw. 225 ff.) hänge die Akzeptanz der befragten (mutmaßlichen) Opfer ua davon ab, wie sehr die Mitarbeiter des Projekts als auf der Seite des (mutmaßlichen) Täters stehend eingeschätzt werden (vgl. zur „Opferorientierung" aber *Mau* in Friedrich Ebert Stiftung (Hrsg.), Der „Täter-Opfer-Ausgleich", 1998, 127 ff.). Im Übrigen liegen Daten über gescheiterte TOA-Bemühungen vor (vgl. zum Projekt „Handschlag" *Kuhn* in Kuhn ua, „Tatsachen" als Konflikt. Täter-Opfer-Ausgleich … Modellprojekt „Handschlag", 1989, 217 ff.; *Wandrey* in Marks ua, Wiedergutmachung und Strafrechtspraxis, 1993, 176 ff. (auch zur „deliktsspezifischen Verteilung", 190 ff.)). Zu einem Bsp. des Scheiterns wegen überhöhter Geldforderung *Grote,* Diversion im Jugendstrafrecht, 2006, 274.

20i (2) (a) Ferner sollen die Voraussetzungen durch Bedienstete der **Polizei** vorbereitet bzw. faktisch geschaffen werden dürfen (krit. zur Aushandlungsdominanz *Schröer* DVJJ 1991, 310 (314 f.); *Messmer,* Unrechtsaufarbeitung im Täter-Opfer-Ausgleich, 1996, 91, 90 ff.). Für Schleswig-Holstein eröffnen die RL v. 24.6.1998 (SchlHA 1998, 205 (s. auch Bericht DVJJ-Journal 2000, 78 ff.); ähnlich Gem. RdErl. OLG Brandenburg DVJJ-Journal 2001, 185) der Polizei – im Falle eines Geständnisses (vgl. dazu aber → Rn. 24 ff.) bzw. des „nicht ernstlichen Bestreitens" (3.1.1) – zwecks anschließender Einstellung des Verfahrens die Möglichkeit faktisch unmittelbarer Sanktionierung, sei es durch ein sog. „erzieherisches Gespräch" (3.1.1), sei es durch Einleitung „sofortiger Entschuldigung" bzw. „sofortiger Wiedergutmachung" (3.1.1.1); zudem kann die Polizei nach diesen RL der JStaatsanwaltschaft einschneidendere Maßnahmen (zB Arbeitsleistungen) vorschlagen und bei (nur) telefonischer Zustimmung der JStaatsanwaltschaft durchführen (3.1.1.2; zur begrenzten Akzeptanz seitens der StA *Grote,* Diversion im Jugendstrafrecht, 2006, 233 ff.), wobei die Voraussetzung, dass die Betroffenen die Anregung „annehmen", schon wegen des Über-Unterordnungsverhältnisses ungeeignet ist (vgl. näher *Beulke* DVJJ 2003, 320; nur teilweise entspr. RL Nds. (v. 4.6.2012 (VORIS 33310) unter 2.1) bzw. Sachsen (DVJJ-Journal 1999, 434)). Weitreichenderes gilt für Berlin v. 24.8.2009 (ABl. 2249 ff.) betr. Abs. 1 durch Protokollierung einer Unterweisung, betr. Abs. 2 durch „normverdeutlichendes Gespräch" (sofern „glaubhaftes Geständnis" oder „nicht ernsthaftes Bestreiten") bzw., falls Maßnahmen veranlasst werden sollen, durch Einschaltung eines „Diversionsmittlers" (krit. *Goeckenjan* Diversion 96 ff.; *Mann,* Beschleunigungspotential im Jugendstrafverfahren,

2004, 83; abl. DVJJ Berlin DVJJ-Journal 1999, 149 ff.). Andere Länder sehen vor, dass Polizeibeamte ggf. Anregungen zugunsten einer Einstellung geben (zB NRW v. 13.7.2004 (JMBl. 190) unter 2.4; vgl. näher *Meffert/Hegemanns* DVJJ-Journal 2002, 41 ff.) und Sachsen-Anhalt (Runderlass (DVJJ-Journal 1997, 430) C. I.; für einen ländervergleichenden Überblick s. *Pruin* RdJB 2010, 353 (355 ff.); *Feltes/Ruch* FS Ostendorf, 2015, 309 ff.).

(b) Grundsätzliche Einwände ggü. einer eigenverantwortlichen Diver- **20j** sionstätigkeit der Polizei ergeben sich aus der **Unschuldsvermutung** und dem **Gewaltenteilungsprinzip** (Art. 92 GG, konkret zB bei einer „Verwarnung" iSv § 14) bzw. – soweit die Durchführung durch Dritte geschieht – dem **Bestimmtheitsprinzip** (s. näher *Dirnaichner,* Der nordamerikanische Diversionsansatz und rechtliche Grenzen seiner Rezeption ..., 1990, 229 ff. bzw. 253 ff.; *van den Woldenberg,* Diversion im Spannungsfeld zwischen „Betreuungsjustiz" und Rechtsstaatlichkeit, 1993, 111 ff., 137, 139 ff.; DVJJ 1999, AK II-4; DVJJ-Kommission (15.8.2002), DVJJ-Journal 2002, 244; *Beulke* DVJJ 2003, 321; *Goeckenjan* DVJJ 2003, 301; *Feltes/Ruch* FS Ostendorf, 2015, 311 ff.; *Zieger/Nöding* Verteidigung Rn. 161: „rechtsstaatswidrig"; noch RL NRW 2.1 v. 1.2.1992 (JMBl. 52 f. = DVJJ 1992, 157) bestimmte, dass die Polizei „in keinem Fall" zusätzliche Erhebungen anstellen oder als erzieherisch bezeichnete Maßnahmen selbst treffen oder vermitteln dürfe). Zwar ist nicht zu verkennen, dass ein iSv § 2 Abs. 1 ggf. qualitativ geeignetes Gespräch (bei Tatvorwürfen von eher geringem Gewicht) als in der Praxis einzige persönliche Reaktion eines Vertreters der Strafverfolgungsorgane der Wirkung eines staatsanwaltschaftlichen Einstellungsbescheids (per Formblatt oder Textbaustein) überlegen ist (vgl. konzeptionell *Dietsch/Gloss,* Handbuch der polizeilichen Jugendarbeit, 2005, Rn. 133 ff.). Andererseits verträgt es sich nicht mit der Kompetenzstruktur des deutschen Strafverfahrensrechts, wenn die StA nur noch formal die Abschlussentscheidung übernimmt, während die Polizei sanktionsähnlich agiert und/oder die weitere Vorgehensweise mit ihren Vorschlägen faktisch präjudiziert. Dieses Spannungsverhältnis ist bislang ungelöst (zur weitergehenden Polizeidiversion, die in einigen europäischen Ländern zulässig ist, näher *Pruin* RdJB 2010, 353 (359 ff.)).

(3) Als „erzieherische Maßnahme" wird häufig schon ein Gespräch mit **20k** der **JGH** ausreichen (für Baden-Württemberg v. 13.12.2011 (Die Justiz 2012, 7 ff.) unter 3.13: „Mitarbeiter des JAmts"; speziell betr. Verfahren wegen mutmaßlichen Ladendiebstahls s. GenStA Sachsen-Anhalt DVJJ-Journal 2000, 299 f. sowie *Breymann/Fischer* DVJJ-Journal 2000, 291 ff. bzw. betr. andere Regionen Beiträge in DVJJ-Journal 2000, 300–302). Ansonsten soll es zulässig sein, dass die JGH Erziehungsmaßnahmen einleitet (zw.; vgl. zu Projekten vormals *Köhnke* DVJJ 1984, 167 ff.; vgl. ferner *Brobeil* Jugendwohl 1986, 25; zu sog. „Drogenseminaren" s. *Schaar* Zbl 1990, 440; vgl. im Übrigen Nachw. zu → § 10 Rn. 26). Das Gleiche soll für Mitarbeiter des JAmtes oder **BewHelfer** (vgl. speziell betr. Hamburg *Wölffel,* Diversion im Hamburger Jugendstrafverfahren: Jugendbewährungshilfe als neuer Diversionsagent, 1993, 65 ff., 10 f.) gelten. Indes bestehen auch insoweit grundsätzliche **Einwände** (generell abl. *Dirnaichner,* Der nordamerikanische Diversionsansatz und rechtliche Grenzen seiner Rezeption ..., 1990, 287 f. wegen Fehlens einer Rechtsgrundlage; s. näher auch *van den Woldenberg,* Diversion im Spannungsfeld zwischen „Betreuungsjustiz" und Rechtsstaatlichkeit, 1993, 111 ff., 143 ff.).

20l   Einschneidendere **familiengerichtliche Maßnahmen** kommen eher nur nachrangig in Betracht.

21   cc) Falls am JStrafverfahren beteiligte **Amtierende** oder Bedienstete sich im Sinne „erzieherischer Maßnahmen" nicht allein auf Gespräche beschränken, sondern sonstige Schritte „vorschlagen" – eine regelrechte Anordnungskompetenz ist in Abs. 2 nach ganz herrschender Lesart nicht vorgesehen (abw. *Schneider* in BeckOK JGG Rn. 61 f.) –, werden (unbeschadet der ad hoc eingefügten Ausnahme des TOA (Abs. 2 S. 2 bzw. Abs. 3 iVm § 10 Abs. 1 S. 3 Nr. 7)) dafür nur solche Maßnahmen in Betracht kommen, die **unterhalb** der **Eingriffsintensität** der in **Abs. 3** angeführten liegen (vgl. krit. *Schimmel,* Täter-Opfer-Ausgleich als Alternative?, 2000, 27; restriktiv *Tilmann-Reinking* DVJJ 1987, 88; vgl. auch *Eisenberg* NStZ 1987, 561 f.; aA *Brunner/Dölling* Rn. 26; *Höffler* in MüKoStGB Rn. 20; für Angleichung DJT 02 (Abt. StR) „Abstimmung" VIII.1.; vgl. aber auch → Rn. 30) und **nicht** einer „**Sanktionierung**" gleichkommen (*Böttcher* DVJJ 1987, 78). *Unzulässig* wäre daher zB die Auferlegung einer „freiwilligen" *Geldzahlung* durch den JStaatsanwalt, weil es sich dabei um eine Umgehung von Abs. 3 handelte (zust. *Mann,* Beschleunigungspotential im Jugendstrafverfahren, 2004, 123; anders für Berlin v. 24.8.2009 (ABl. 2009, 2249 ff.) unter C. III. 2. b) iVm B. II. 2. b) cc); wohl auch *Brunner/Dölling* Rn. 26; UK-II DVJJ-Journal 1992, 19); das Gleiche gilt für „freiwillig" vereinbarte *Arbeitsleistungen* (vgl. aber auch *H. E. Müller* DVJJ 1993 sowie DVJJ 1993, AK III/2; anders aber zB Berlin v. 24.8.2009 (ABl. 2009, 2249 ff.) unter C. III. 2. b) iVm B. II. 2. b) cc); (nur) Schadenswiedergutmachung Saarland v. 3.1.1992 (ABl. 63), geänd. 18.6.1996 (GMBl. 220) unter 2. 5. 1). Soweit (im Sinne praktischer Kriminalpolitik) besorgt wird, die JStaatsanwaltschaft würde infolge der genannten Grenzziehung tendenziell eher von der Anwendung des Abs. 2 absehen und stattdessen einen eingriffsintensiveren Antrag gem. Abs. 3 stellen (etwa *Schneider* in BeckOK JGG Rn. 65), übersieht dies schon die Differenziertheit der verbleibenden Einwirkungsmöglichkeiten.

21a   (1) Im Übrigen bestehen hinsichtlich des erforderlichen Einverständnisses des Betroffenen sowie (bei Jugendlichen) der Personensorgeberechtigten prinzipielle **Bedenken** ggü. sog. „freiwilliger" Annahme eines Vorschlages, weil der Jugendliche meist das Empfinden haben wird, es werde ihm – etwa durch den Hinweis, bei „Uneinsichtigkeit" werde wohl alsbald Anklage erhoben – eine Sanktion „**abgenötigt**" (zust. *Heiland* Wiederaufnahme 150; krit. auch *Beulke* DVJJ 2003, 321; *Diemer* in Diemer/Schatz/Sonnen Rn. 16; zur Unzulässigkeit negativer Würdigung der Weigerung bei Rechtsfolgenauswahl und -bemessung OLG Hamm ZJJ 2006, 76 mAnm *Goerdeler;* vgl. zudem → Rn. 7).

21b   (2) Dies gilt nicht zuletzt anlässlich polizeilich organisisierter sog. „*Diversionstage*" bzw. polizeirechtlicher (dh ohne Beteiligung der JStA stattfindender) Eingriffe (vgl. betr. „*Kurve kriegen*" LT- Drs. NRW 15/4116), die regelmäßig mit Gefahren für den Datenschutz (vgl. → § 43 Rn. 17) einhergehen und eine Expansion der Polizei auf das Gebiet der JHilfe bedeuten (*Strauff* ZJJ 2012, 81). Es finden sich regional erhebliche Unterschiede der Ausgestaltung (betr. Nordrhein-Westfalen abl. schon DVJJ 2008, AK 15; sodann *Spiess* DVJJ 2012; eher abwägend aus der pädagogischen Praxis *Grohmann* ZJJ 2012, 436 (betr. Hagen)), wobei zudem für Nordrhein-Westfalen differenziert nachgewiesen wurde, dass partielle Erfolge hinsichtlich zukünftiger Legalbewährung dem betriebenen Aufwand nicht entsprechen (vgl. *Linke,*

Diversionstage in Nordrhein-Westfalen, 2011, 179 ff., 189 ff.; krit. schon *H. E. Müller* StV-Tag 2010, 182 ff.; *Verrel* FS Schöch, 2010, 227 ff.; vgl. auch *Swoboda* FS Beulke, 2015, 1238 ff.: „Aktionismus"; zu etwaigen Nachteilen von Verfahrensbeschleunigung vgl. → § 43 Rn. 17a, → § 79 Rn. 3a).

dd) Die Möglichkeit des Absehens von der Verfolgung nach Abs. 2 **22** (Abs. 2 Nr. 1 aF) wurde (in zurückliegender Zeit) in der Praxis teilweise zurückhaltend genutzt, zumal damit eine nicht unerhebliche zeitliche **Inanspruchnahme** der **JStaatsanwälte** einhergeht (vgl. auch *Albrecht* Kriminalistik 1988, 432). Für das zahlenmäßige Verhältnis von Abs. 1 (Abs. 2 Nr. 2 aF) zu Abs. 2 (Abs. 2 Nr. 1 aF) gab *Hügel* (in BMJ 1986, 27) immerhin Anteile von 55,6 % zu 44,4 % an (zum tendenziellen Anstieg der Einstellungen nach Abs. 1 und 2 im Vergleich zu Abs. 3 s. StA-Statistik 1991–1994 Tabelle 2.21 (allerdings bei Veränderung der Berechnungsgrundlage zwischen 1992 und 1993)). In den Jahren 2014–2016 verteilten sich die Einstellungen gem. § 45 zu 52,01 %, 58,43 % und 57,01 % auf Abs. 1, zu 45,13 %, 39,15 % und 40,36 % auf Abs. 2 und zu 2,84 %, 2,40 % und 2,62 % auf Abs. 3 (StA-Statistik Tabelle 2.2.2.1).

3. Jugendrichterliches Erziehungsverfahren

a) Subsidiarität innerhalb der Abs. 1–3. Das als „formlos" bezeichnete **23** Verfahren nach **Abs. 3** kommt nur zur Anwendung, wenn der JStA zwar nicht die Erhebung der Anklage (bzw. einen Antrag nach § 76 S. 2), gleichwohl aber die Einschaltung des JRichters für erzieherisch geboten hält (zu Bedenken gem. dem rechtsstaatlichen Grundsatz der Voraussehbarkeit sowie dem Gleichheitsgrundsatz *Lehmann*, Das formlose Erziehungsverfahren und seine rechtlichen Grenzen, 1991, 258 ff., 287). Zweifel an der zweitgenannten Voraussetzung sollten zu einer Rücksprache mit dem JRichter führen, ehe ggf. nach Abs. 1 oder 2 verfahren wird (vgl. aber auch zu weiteren Möglichkeiten → Rn. 30).

Die Anwendung von Abs. 3 bedeutet eine Erhöhung der Anforderungen **23a** für ein Absehen von der Verfolgung (aber zum Pensenschlüssel → Rn. 17c). Vielfach besteht bei dem JStaatsanwalt eine Tendenz, sich durch den JRichter abzusichern; auch ist die Meinung verbreitet, irgendetwas müsse im Sinne einer Einwirkung auf den Jugendlichen geschehen, obwohl idR schon viel geschehen ist (gegen eine Begründung der Erforderlichkeit mit „erzieherischen" Belangen UK I DVJJ-Journal 1992, 14; abwegig zB noch Amtsanwaltschaft Berlin, Hausmitteilung v. 4.11.1986, wonach es grds. dem erzieherischen Interesse widerspreche, Verfahren gegen jugendliche und heranwachsende Ladendiebe nach Ermahnung bzw. gem. § 153 StPO einzustellen).

b) Geständnis. Ferner erfordert das Vorgehen nach Abs. 3 ein Geständnis **24** des Beschuldigten (vgl. auch → Rn. 12; krit. *Goeckenjan* Diversion, 48 ff.; *Kuhlen* 30 ff., 40 f., 56: verfassungswidrig, Verstoß gegen die Unschuldsvermutung). Dieses Kriterium, das zwar ggf. unter bestimmten Umständen aus erziehungspsychologischer Sicht sinnvoll sein wird, stößt auf erhebliche verfahrensrechtliche Einwände (vgl. dazu auch *Grote,* Diversion im Jugendstrafrecht, 2006, 74 f.). So ist die Voraussetzung einer Selbstbezichtigung nicht nur aus rechtsstaatlichen Gründen fragwürdig, sondern iZm einer (verfrühten) Tendenz oder gar Festlegung der Vernehmenden (vgl. etwa *Narchet-*

na Law & Human Behavior 2011, 452 ff.) auch zur Wahrheitsermittlung nicht selten untauglich (zur Problematik von Geständnissen n. → § 70c Rn. 9 f.; zust. *Mann,* Beschleunigungspotential im Jugendstrafverfahren, 2004, 60). Zudem bedeutet diese Voraussetzung eine Schlechterstellung im Vergleich zu Erwachsenen (dazu n. → § 2 Rn. 23 ff.) insofern, als diese anlässlich ihrer Zustimmung gem. § 153a StPO sich dazu nicht zu verhalten haben. Hinzuweisen ist in diesem Zusammenhang auch darauf, dass das eingeforderte Geständnis durchaus negative Folgen bei einer eventuellen Fortsetzung des Verfahrens haben und **zivilrechtliche** Konsequenzen präjudizieren kann (s. dazu *H. E. Müller* DRiZ 1996, 444; vgl. auch *Schmitz-Justen* DVJJ 1987, 342; *Albrecht* JugendStrafR 183).

25   **c) Rechtsfolgen.** Die dem JRichter auf Anregung des JStaatsanwalts gegen den hinreichend tatverdächtigen und geständigen Jugendlichen (bzw. Heranwachsenden (unter der Voraussetzungen von § 105 Abs. 1)) zur Verfügung stehenden Rechtsfolgen unterscheiden sich iSd Grundsatzes der Reaktionsbeweglichkeit erheblich nach der Intensität ihres Eingriffes. Schon deswegen wäre zu erwarten, dass die im Einzelfall erzieherisch angezeigte Reaktion erst nach angemessener Persönlichkeitserforschung (vgl. zum sog. „Konferenzmodell" UK II DVJJ-Journal 1992, 20; näher *Scholz* DVJJ-Journal 1992, 308 ff.) geschehe, wobei der gesetzlich bestimmten Beteiligung der JGH besonderes Gewicht zukäme (vgl. § 38 Abs. 3 S. 1 und 2 aF bzw. § 38 Abs. 6 S. 1 und 2 nF). Bei Anordnung der in § 45 vorgesehenen Weisungen ist die **JGH** ohnehin stets zu hören (§ 38 Abs. 3 S. 3 aF bzw. § 38 Abs. 6 S. 3 nF), jedoch fehlt es trotz Erweiterung des Auflagenkataloges um die „Arbeitsauflage" (seit 1. JGG-ÄndG; vgl. auch → Rn. 28) an einer entsprechenden Vorschrift im Übrigen. – Aus einer vormaligen (nicht repräsentativen) Untersuchung wurde indes berichtet (*Greus* 78, 177, 183, 269), dass – bei regionalen Unterschieden – nicht einmal in jedem zehnten Fall eine Stellungnahme der JGH vorgelegen habe, wobei selbst in den verbleibenden Fällen lediglich etwa ein Drittel der Berichte den nach § 38 Abs. 2 S. 2 erwarteten Rechtsfolgenvorschlag enthalten habe (s. näher *Hügel* in BMJ 1986, 48 ff.).

25a   Eine **Zustimmung** des **Beschuldigten** ist schon zur Vermeidung einer etwaigen Schlechterstellung im Vergleich zu Erwachsenen (vgl. → Rn. 9a sowie § 153a Abs. 1 S. 1 StPO) wie insb. gem. dem Erziehungsgedanken anzustreben (vgl. auch → § 5 Rn. 17, → § 10 Rn. 5); im Einzelnen ist zB ein TOA ohne Freiwilligkeit des Beschuldigten kaum sinnvoll vorstellbar (vgl. auch *Eisenberg/Zötsch* GA 2003, 230). Ob ausnahmsweise eine Zustimmung der **Eltern** entgegen § 67 entbehrlich ist (Art. 6 Abs. 1, 2 S. 1 GG), hängt von (deren im Verfahren festzustellenden (*Lipp* RdJB 2003, 363) erzieherischen Verhalten und) dem Gewicht des Eingriffs in deren vorrangiges Erziehungsrecht ab (vgl. auch → § 10 Rn. 12).

26   **aa)** Die **Ermahnung** ist eine – im Unterschied zur Verwarnung (§ 14) – formlos ausgesprochene Zurechtweisung (so bereits RL Abs. 1 Nr. 8 nach § 82 RJGG 1943), die nach Möglichkeit **mündlich** erteilt werden sollte (RL 2; *Dallinger/Lackner* Rn. 26). Bei größerer Entfernung des Wohnortes des Jugendlichen vom Gerichtssitz sollte der zulässigen schriftlichen Erteilung die mündliche Ermahnung im Wege der Rechtshilfe, die als mit Art. 101 Abs. 1 S. 2 GG, § 16 S. 2 GVG vereinbar erachtet wird (OLG Hamm GA 1969, 251), vorgezogen werden (vgl. ähnlich → § 15 Rn. 11).

Was die mitunter vertretene Auffassung angeht, die Ermahnung werde von dem Beschuldigten als „nur" neutrale Reaktion oder gar ähnlich einem Freispruch empfunden, und insoweit sei (auch ohne Regelung entspr. § 8 Abs. 1 S. 1) eine Verbindung mit einer der übrigen Rechtsfolgen des Abs. 3 mitunter erzieherisch angezeigt, so stehen dem unterschiedliche Ziele der jeweiligen Maßnahmen ebenso wie das erzieherische Gebot der Klarheit entgegen. Zudem ist auf Ergebnisse zur Legalbewährung zu verweisen (*Hügel* in BMJ 1986, 71 ff.). – Ist eine – im Vergleich auch zu Gleichaltrigen – besondere „Rückfall"-Gefährdung nicht feststellbar, und steht auch die Schuld des Angeklagten nicht entgegen, so reduziert sich das Einstellungs-**ermessen** auf Null, ohne dass die Anordnung einer zusätzlichen Maßnahme nach Abs. 3 S. 1 legitimierbar wäre (n. *Eisenberg* JR 1987, 487).

Von der Ermahnung wurde oder wird in der Praxis relativ häufig Ge- **26a** brauch gemacht. Nach *Hügel* (in BMJ 1986, 31) wurden 38,0 % der Verfahren gem. Abs. 1 mit einer Ermahnung als einziger Rechtsfolge beendet.

bb) Zulässig ist ferner die Erteilung der in § 10 Abs. 1 S. 3 Nr. 4, 7 **27** und 9 geregelten **Weisungen** (vgl. näher Erl. zu § 10). Eine gem. dem Rechtsgedanken des § 11 Abs. 2 mögliche Änderung sollte sich aus erzieherisch gebotenen Gründen idR auf Abstufungen innerhalb der drei in § 45 Abs. 3 vorgesehenen Weisungen beschränken. Hinsichtlich der Ausgestaltung sind (auch hier) Stigmatisierungen zu vermeiden. Eine Mehrbelastung ist unzulässig (speziell betr. die Dauer *Feuerhelm* Gemeinnützige Arbeit 244 f.).

cc) Ebenso kann der JRichter von sämtlichen **Auflagen** des § 15 unter **28** den dort genannten Voraussetzungen, hier jedoch nur zu **ausschließlich erzieherischer** Zweckverfolgung (vgl. → Rn. 17c), Gebrauch machen (vgl. näher § 15; bedenklich Amtsanwaltschaft Berlin, Hausmitteilung v. 4.11.1986, wonach bei Straftaten gegen die staatliche Rechtspflege das öffentliche Verfolgungsinteresse grundsätzlich nicht durch eine Bußzahlung beseitigt werden könne, vielmehr regelmäßig Verurteilung geboten sei). Eine ahndende Ausgestaltung scheidet gem. der Formlosigkeit und der Zielsetzung des Verfahrens aus (ohne dass der auf Selbstverständlichkeit beruhende Wegfall des ausdrücklichen einschlägigen Verbots durch das 1. JGGÄndG insoweit einen Wandel bedeutete; aA *Feuerhelm* Gemeinnützige Arbeit 45 f.), zumal ein Tatnachweis nicht erforderlich ist (vgl. → Rn. 24). Eine Änderung ist gem. allg. Grundsätzen erzieherischer Flexibilität zulässig, jedoch nur in den Grenzen gleicher Belastung des Jugendlichen. – Im Falle der Nichterfüllung von Weisungen oder Auflagen kann ein Nichtbefolgungsarrest (§§ 11 Abs. 3, 15 Abs. 3 S. 2) nicht verhängt werden (§ 45 Abs. 3 S. 3). Nicht hinreichend geklärt ist die Frage, wie zu verfahren ist, falls bekannt wird, dass bei einer vermögensbezogenen Auflage die Zahlung nicht mit eigenen Mitteln des Beschuldigten geleistet wurde (auch → § 15 Rn. 24).

d) Keine Gebundenheit des Jugendrichters. Der JRichter braucht der **29** Anregung der JStaatsanwaltschaft nicht zu folgen. Vielmehr kann er ein Verfahren nach Abs. 3 **ablehnen** oder aber sich um Einvernehmen mit der JStaatsanwaltschaft zwcks Anordnung einer **anderen** zulässigen **Maßnahme** bemühen (vgl. auch *Sommerfeld* in NK-JGG Rn. 18; *Diemer* in Diemer/ Schatz/Sonnen Rn. 24; *Rzepka* in Nix Rn. 47). Ein Einvernehmen sollte schon im Hinblick auf die Bindungswirkungen der Entscheidung angestrebt werden (vgl. bereits *Dallinger/Lackner* Rn. 28; vgl. auch → Rn. 32f).

29a   Was die Erfüllung der nach Abs. 3 S. 1 erteilten Weisungen oder Auflagen angeht, so wird (unter Hinweis auf die Ortsnähe) empfohlen, dass der JRichter sie **überwachen** soll. Nur aus besonderen Gründen solle diese Aufgabe dem JStaatsanwalt zukommen (Begr. BT-Drs. 11/5829, 25).

4. Sonderregelung bei Drogenabhängigen

29b   Nach **§§ 38 Abs. 2, 37 Abs. 1 S. 1, 2 BtMG** als einer § 45 vorgehenden Spezialregelung (*Paul,* Drogenkonsumenten im Jugendstrafverfahren, 2005, 166, 273 mwN; vgl. zur Praxis aber *Weber* BtMG § 38 Rn. 10; *Volkmer* in Körner/Patzak/Volkmer BtMG § 38 Rn. 7 („diffizile Verfahren des § 37 BtMG"), jeweils zu § 38 BtMG; krit. *Brunner/Dölling* Rn. 48) kann der JStaatsanwalt unter besonderen Voraussetzungen und mit richterlicher Zustimmung vorläufig von der Verfolgung absehen (vgl. ergänzend zu § 31a BtMG → Rn. 10b), wenn der Beschuldigte nachweist, dass er sich wegen der Drogenabhängigkeit einer Behandlung unterzieht (s. näher § 37 Abs. 1 BtMG; zur erforderlichen Einwilligung des Personensorgeberechtigten und gesetzlichen Vertreters s. § 38 Abs. 1 S. 2 BtMG). Hierbei empfiehlt es sich, dass der JStaatsanwalt vor der Entscheidung den Betroffenen anhört (*Brunner/Dölling* Rn. 44; vgl. auch → § 82 Rn. 14). Die Regelung entbehrt eines differenzierten, jugendspezifischen Angebots an therapeutischen Maßnahmen. Dies ist umso bedenklicher, als Jugendliche und Heranwachsende mit Drogendelinquenz relativ stark belastet sind, und als Besonderheiten der altersmäßigen Entwicklung gerade auch im Bereich der Drogentherapie relevant sind (vgl. zum Abstandnehmen → § 10 Rn. 63 mN).

5. Aufschub der Entscheidung über das weitere Verfahren

30   **a) Ohne Absprache mit dem Jugendrichter.** Im Sinne einer erzieherisch angezeigten **Reaktionsbeweglichkeit** erscheint es iRv § 45 zulässig, dass der JStaatsanwalt gegen den der Tat hinreichend verdächtigen Jugendlichen die zeitlich bestimmte bedingte Unterlassung der Anklage verfügt und damit seine Entscheidung über Anklageerhebung oder Absehen von der Verfolgung (nach Abs. 2) aussetzt, um die Einleitung erzieherischer Maßnahmen, zusätzlicher Erkenntnisse der Persönlichkeitserforschung oder das weitere Verhalten des Jugendlichen abzuwarten (abw. *Schneider* in BeckOK JGG Rn. 30: Einstellung und ggf. Wiederaufnahme). Eine Bindungswirkung entsteht dadurch nicht.

30a   **b) In Absprache mit dem Jugendrichter.** Ansonsten wird es (wohl überwiegend) für zulässig erachtet (*Dallinger/Lackner* Rn. 39; zust. *Schweckendieck* ZRP 1988, 276; *Dölling* in BMJ 1989, 254; *Sommerfeld* in NK-JGG Rn. 19; einschr. *Brunner/Dölling* Rn. 35; aA *Potrykus* Anm. 10; *Blessing/Weik* in HK-JGG Rn. 44; *Albrecht* JugendStrafR 129), dass der JStaatsanwalt in Absprache mit dem JRichter und unter den Voraussetzungen des Abs. 3 S. 2 Hs. 1 gegen den geständigen und hinreichend tatverdächtigen Jugendlichen (bzw. Heranwachsenden (bei Vorliegen der Voraussetzung des § 105 Abs. 1)) die Entscheidung über das Absehen von der Verfolgung unter Bedingungen zeitlich **zurückstellt** (zw., → Rn. 21f sowie § 47 S. 2, wonach die vorläufige Einstellung unter Fristsetzung dem JRichter vorbehalten ist (argumentum e contrario)), ggf. als „**Aussetzung** der **Entscheidung zBew**" (vgl. zur Praxis unter dem JGG 1923 schon *Hoefer,* Bewährungsfrist vor dem Urteil, 1931,

13 ff., 16 mN). Dabei wird dem Beschuldigten als Bedingung auferlegt, binnen eines Zeitraumes von möglichst kurzer Dauer die Erfüllung einer der in Abs. 3 vorgesehenen Maßnahmen zu leisten. Geschieht dies, so wird von der Verfolgung abgesehen, andernfalls wird nunmehr über ein Absehen von der Verfolgung nach Maßgabe von Abs. 3 endgültig entschieden. – Zwar muss auch der mit einer bedingten Aussetzungsentscheidung verbundene mittelbare Zwang zur Erfüllung der vorläufig angeordneten Maßnahme § 45 nicht entgegenstehen, denn Abs. 3 S. 3 verbietet lediglich die Erzwingung einer endgültig angeordneten Maßnahme mittels JA (s. ferner § 47). Jedoch lässt der genannte Bezug zu Zwang deutlich werden, dass es sich nur begrenzt um einen informellen, motivationserleichternden Erledigungsmodus handelt (krit. zur Tendenz, die Durchführung des rechtsstaatlichen Verfahrens wie eine Sanktion zu behandeln, *H. E. Müller* DRiZ 1996, 445).

V. Folgen der Entscheidung nach § 45

1. Bindungswirkung

a) Abs. 1 und 2: Kein Verbrauch der Strafklage, keine Rechtskraft- 31 **wirkung.** Ebenso wie bei der (vorrangigen) Einstellung nach § 170 Abs. 2 S. 1 StPO tritt durch das Absehen von der Verfolgung seitens der StA nach § 45 Abs. 1, 2 ein Verbrauch der Strafklage **nicht** ein. Der Verfügung kommt auch keine beschränkte Rechtskraftwirkung zu, sodass die Verfolgung insoweit jederzeit wieder aufgenommen werden könnte (*Dallinger/Lackner* Rn. 21; ebenso bereits *Francke,* Kommentar zum JGG v. 16.2.1923, 2. Aufl. 1926, Anm. zu § 32 JGG 1923; *Hellwig* JGG § 32 Anm. 8; ergänzend *Heiland* Wiederaufnahme 155 ff.). Allerdings werden dem der jstrerzieherische Grundsatz der Verlässlichkeit und Konsequenz (vgl. ergänzend Erl. zu § 2 Abs. 1) wie auch der allg. Vertrauensgrundsatz eher entgegenstehen, sofern nicht erhebliche (die Einstellungsfähigkeit aufhebende) neue Tatsachen oder Beweismittel vorliegen (vgl. ähnlich Erl. *Diemer* in Diemer/Schatz/Sonnen 29; *Apfel/Piel* in FAHdB StrafR 6/32 Rn. 117; vgl. auch *Rechenbach* JA 2019, 64 (65): „faktisch beschränkter Strafklageverbrauch").

b) Absatz 3. aa) Entspricht der JRichter im Fall des Abs. 3 der An- 32 regung des JStaatsanwalts nicht oder kommt der Beschuldigte den einvernehmlich mit dem JStaatsanwalt durch den JRichter erteilten Weisungen oder Auflagen nicht nach, so kann der JStaatsanwalt die **Strafverfolgung** ebenfalls **wieder** aufnehmen (allg. Auffassung; vgl. näher auch *Heiland* Wiederaufnahme 134 ff.; für eine Bindung des JStA an eine von seiner Anregung abw. Entscheidung des JRichters *Pentz* NJW 1954, 1352). – Sofern eine Rückerstattung bereits **erbrachter Leistungen** nicht in Betracht kommt (vgl. zum allg. StVR § 153a Abs. 1 S. 5 StPO), ist die Teilleistung in der späteren Entscheidung zu berücksichtigen (ganz hM).

bb) Dagegen liegt gem. **Abs. 3 S. 4** (seit 1. JGG-AndG) ein **Verfahrens-** 33 **hindernis** vor, wenn der JRichter der Anregung des JStaatsanwalts entspricht oder über eine Abweichung Einverständnis erzielt worden ist und der Beschuldigte die Anordnung erfüllt (vgl. vormals *Rosenkötter,* Die Sperrwirkung des jugendrichterlichen Beschlusses nach § 45 Abs. 1 S. 1 JGG, 1969 (1970), 21 f., 81). Entsprechend § 47 Abs. 3 bedarf es infolge beschränkter Rechtskraftwirkung für eine Anklageerhebung der Prozessvoraussetzung er-

heblicher (BGHSt 7, 64 zu § 211 StPO) neuer Tatsachen oder Beweismittel
(s. zum Streitstand vor der Gesetzesänderung 3. Aufl.), die zudem gem. dem
rechtsstaatlichen Grundsatz des Vertrauensschutzes (Art. 20 Abs.
3 GG) auf
der Grundlage des vor der Einstellung zur Verfügung gestandenen „Aufklärungspotentials" (BGH StraFo 2004, 16 (betr. das allg. StR; zum Verbot der
Schlechterstellung → § 45 Rn. 9a)) nicht erlangbar gewesen sein dürfen.
Hiermit stimmt überein der beschränkte Strafklageverbrauch nach Erfüllung
von Auflagen oder Weisungen bei Einstellungen nach § 153a StPO (*Meyer-
Goßner/Schmitt* StPO § 153a Rn. 45; aA vormals wohl *Rüth* DAR 1975, 7),
wie er im Übrigen auch bei der Einstellung nach § 153 Abs. 2 StPO
anzuerkennen ist (BGH StraFo 2004, 16). Sonstige Einschränkungen ergeben sich aus besonderen Regelungen des JGG (vgl. dazu → § 47 Rn. 24;
Heiland Wiederaufnahme 130 ff.).

2. Einzelne verfahrensrechtliche Folgen

34   Eine wesentliche Bedeutung für die weitere Verlaufsentwicklung des Beschuldigten kann uU Reaktionen seitens derjenigen **Behörden** bzw. **Einzelpersonen** zukommen, die vom Ausgang des Verfahrens bzw. besonderen
Maßnahmen zu **unterrichten** sind.

35   **a) Einzelne Regelungen. aa)** Wie bei der Einstellung nach § 170 Abs. 2
StPO ist im Falle eines Absehens von der Verfolgung dem *Beschuldigten* gem.
§ 170 Abs. 2 S. 2 StPO ein *Bescheid* zu erteilen (vgl. Nr. 88, 91 Abs. 1
RiStBV).

36   **bb)** Der *Personensorgeberechtigte* und *gesetzliche Vertreter* ist entsprechend zu
unterrichten (§ 67 Abs. 2 aF bzw. § 67a nF).

37   **cc)** Für die Benachrichtigung des *Antragstellers* gilt § 171 StPO. Ist der
Antragsteller zugleich der Verletzte, so wird eine förmliche Benachrichtigung nur erfolgen, wenn ein Klageerzwingungsverfahren in Betracht kommen kann (§ 171 S. 2 StPO, Nr. 89, 91 Abs. 2 RiStBV; vgl. auch
→ Rn. 41f).

38   **dd)** Mitteilungen an das *FamG,* die *JGH* und die *Schule* erfolgen nach
Maßgabe von §§ 70 S. 1, 109 Abs. 1 S. 2 (vgl. auch MiStra (s. Anh. 3), vgl.
Erl. zu § 70). Eine Mitteilung an die Schule wird wohl nur dann in Betracht
kommen, wenn besondere Umstände eine Gefährdung von anderen Personen im Bereich der Schule nahelegen (vgl. auch → § 70 Rn. 15; Nr. 33
Abs. 1 S. 2 MiStra; für OWi *Seitz/Bauer* in Göhler OWiG Vor § 59 Rn. 36).
Von weiteren Mitteilungen an Behörden und Anhörungen von Behörden –
wie in Nr. 90 RiStBV vorgesehen – ist iRd Verfahrens nach § 45 regelmäßig
abzusehen (vgl. zur Begründung schon → § 70 Rn. 15; betr. Nichtdeutsche
vgl. → § 70 Rn. 21).

39   **b) Erziehungsregister.** Die Mitteilung einer Entscheidung nach § 45
zur Eintragung in das Erziehungsregister ist nach §§ 20, 59, 60 Abs. 1 Nr. 7,
Abs. 2 BZRG gesetzlich vorgeschrieben. Soweit in der Praxis der Verpflichtung nicht nachgekommen wird, bleibt offen, inwieweit Versäumnisse in der
Geschäftsstelle oder aber ein kriminalpolitisches Bekenntnis ursächlich sind
(nach *Libuda/Köster* in Albrecht, Informalisierung des Rechts, 1990, 248
gaben 1/4 der befragten JStaatsanwälte an, bei Bagatellverfehlungen auf die
Mitteilung an das BZR zu verzichten). Im Vergleich zu den Einstellungsformen des allg. StVR liegt in der Eintragungspflicht indes ohnehin eine

Benachteiligung des Beschuldigten (vgl. dazu → Rn. 9 ff.). Als sachlich berechtigt erscheint daher die Empfehlung, wenigstens § 45 Abs. 1 sei wegen des Verweises auf § 153 StPO (wie die Einstellung nach dieser Vorschrift) nicht in das Erziehungsregister einzutragen (DVJJ 93 AK III/2, zugleich für Löschung der Eintragung gem. Abs. 2 binnen eines Jahres; vgl. zu weiteren Nachw. → Rn. 10).

Bei einer registerrechtlich erfassten Entscheidung nach § 45 handelt es **39a** sich im Übrigen nicht um eine jugendgerichtliche Vorahndung (s. oben → Rn. 18: Schuld nur unter- und nicht festgestellt). Sie darf daher in späteren Verfahren **keineswegs als „Vorstrafe" berücksichtigt** werden (BGH NStZ 2019, 400). Diese Einschränkung wird indes durch die höchst zweifelhafte Rspr. unterlaufen, der zufolge ein nach § 45 eingestelltes Verfahren grundsätzlich eine Warnwirkungen entwickeln könne, so dass deren „Missachtung" in einem späteren Verfahren ggf. berücksichtigt werden dürfe (BGHSt 25, 64, 65 = NJW 1973, 289 (290); BGH NJW 1987, 2243 (2244); NStZ 2019, 400; skeptisch aber BGH NStZ 2006, 620). In **außerstrafrechtlichen Entscheidungen** von Behörden finden die Eintragungen ohnehin Berücksichtigung (vgl. zB VG Aachen ZJJ 2019, 296 = BeckRS 2019, 13108 mzustAnm *Jasch* ZJJ 2019, 298: verweigerte Einstellung in den Polizeidienst, da registrierte Einstellung eines Betrugsverfahrens gegen damals 14-Jährigen bei Prüfung der charakterlichen Eignung relevant (zw.)).

3. Selbstständige Einziehung

Gemäß § 76a StGB und § 435 StPO iVm § 2 Abs. 2 ist ungeachtet einer **39b** Verfahrenseinstellung eine Vermögensabschöpfung im Wege der selbstständigen Einziehung zulässig (s. auch → § 47 Rn. 25a). Vorausgesetzt ist das Vorliegen der jeweiligen Einziehungsvoraussetzungen (zu den hier vertretenen Einschränkungen bei der Wertersatzeinziehung → § 6 Rn. 11 ff.). In der Regel wird hiervon jedoch wegen Unverhältnismäßigkeit des Einziehungsaufwandes abzusehen sein (§ 435 Abs. 1 S. 2 StPO; vgl. auch *Reitemeier* ZJJ 2017, 354 (359, 363 f.)). Die selbstständige Einziehungs-Option dürfte rechtspraktisch also eher selten genutzt werden, weil bei nennenswerten Einziehungsobjekten (-werten) das Verfahren idR gar nicht einstellungsfähig ist. Im Übrigen sieht das Gesetz einmal mit der Auflage gem. § 15 Abs. 1 S. 1 Nr. 1 eine Reaktionsmöglichkeit vor, bei der die Abschöpfung regelmäßig gegenstandslos gemacht werden kann (§ 73e StGB). Zum anderen regelt es mit der Auflage gem. § 15 Abs. 1 S. 1 Nr. 4 eine speziellere Vorgehensweise, die nach hier vertretener Auffassung der Einziehung von tatbedingten und noch vorhandenen Geldgewinnen vorgeht (→ § 6 Rn. 14 f.).

4. Keine Einbeziehung nach § 31

Eine formlose Maßnahme nach Abs. 3 kann **nicht** gem. § 31 in eine **40** andere Entscheidung einbezogen werden. Jedoch können insoweit Bedenken bestehen (vgl. → § 31 Rn. 7).

VI. Rechtsbehelfe

1. Einstellung nach allgemeinem Strafverfahrensrecht

41   **a) § 170 Abs. 2 StPO.** Wird das Verfahren nach § 2 Abs. 2, § 170 Abs. 2 S. 1 StPO eingestellt, ist nach hM (gem. § 2 Abs. 2) das Klageerzwingungsverfahren des Verletzten zulässig (OLG Braunschweig NJW 1960, 1214; OLG Hamm NJW 1960, 1968; *Dallinger/Lackner* Rn. 4; *Giesler* RdJB 1961, 85; *Pentz* NJW 1958, 819; *Schorn* NJW 1965, 1517; *Rzepka* in Nix Rn. 8; *Hüls* ZJJ 2005, 23; aA OLG Frankfurt/M. MDR 1959, 415; *Potrykus* Anm. 2; vgl. auch schon *Dahm* Zuristische Wochenschrift 1932, 2744; *Kiesow* JGG § 32 Anm. 3g). Für die vorherrschende Auffassung spricht, dass im JStVerfahren das Legalitätsprinzip nicht aufgehoben ist.

42   Auch nach einem für den Verletzten erfolgreichen Klageerzwingungsverfahren gegen eine Einstellung nach § 170 Abs. 2 S. 1 StPO kann der JStaatsanwalt nach § 45 Abs. 2, 3 verfahren (*Dallinger/Lackner* Rn. 45 mN).

43   **b) §§ 153 ff. StPO.** Erfolgt eine Einstellung aufgrund des Opportunitätsprinzips nach § 2 Abs. 2, §§ 153 ff. StPO, so ist ein Klageerzwingungsverfahren gem. § 172 Abs. 2 S. 3 StPO ausgeschlossen.

2. Einstellung nach Abs. 1, 2; OWi-Verfahren

44   **a) Kein Klageerzwingungsverfahren.** Die Entscheidung des JStaatsanwalts nach **Abs. 1, 2** kann mit der Dienstaufsichtsbeschwerde bei dem vorgesetzten Beamten der StA angegriffen werden. – Ein Klageerzwingungsverfahren ist dagegen in den Fällen des Abs. 1, 2 unzulässig (allg. Auffassung). Diese Sperre wird jedoch nicht gelten müssen, falls der JStaatsanwalt seine durch § 45 gesetzten Grenzen überschritten hat (vgl. *Brunner/Dölling* Rn. 40; *Pentz* NJW 1958, 819; s. auch OLG Nürnberg MDR 1965, 845).

45   **b) OWi-Verfahren.** Im Verfahren wegen Ordnungswidrigkeiten scheidet ein Klageerzwingungsverfahren gem. § 46 Abs. 3 S. 3 OWiG aus.

3. Zur Frage einer Anfechtbarkeit der Zustimmung des Betroffenen

46   Vgl. hierzu Mindestgrundsätze der VN für die JGerichtsbarkeit v. 29.11.1985, 11. 3. (abgedruckt ZStW 1999 (87), 266 (vgl. auch → Rn. 6)). Kriminalpolitisch wurde oder wird teilweise die Einführung einer Beschwerdemöglichkeit für den Fall empfohlen, dass der Betroffene die Tatbegehung bestreitet (UK III DVJJ-Journal 1992, 24; DVJJ 1993, AK IV/3). Auch wird die Einräumung einer Widerspruchsmöglichkeit bei Einstellung gem. Abs. 2 befürwortet (s. DVJJ 1993, AK III/2; *Goeckenjan* Diversion; *Goeckenjan,* Neuere Tendenzen in der Diversion – Exemplarisch dargestellt anhand des Berliner Diversionsmodells, 2005, 152 ff.).

4. Beschwer

47   Wegen der Eintragung von Verfahrenseinstellungen im allg. StR wie im JStR seit Einführung des StA-Registers (§§ 492 ff. StPO) ist eine Beschwer

kaum zu bestreiten. Für das JStR liegt aufgrund der Eintragung der Einstellung (auch) im Erziehungsregister (§ 60 Abs. 1 Nr. 7 BZRG; vgl. dazu auch *Hanft* Jura 2008, 370) und der damit gegebenen Schlechterstellung ggü. Erwachsenen bei Einstellungen nach §§ 153 ff. StPO (vgl. näher → Rn. 9 ff.) ohnehin eine einschlägige Beschwer vor (AG Freiburg 21.1.2003 − 18 Ds 24 Js 284/95: im Hinblick auf „ein etwa folgendes Strafverfahren"; ebenso *Schimmel* in Kotz/Rahlf BtMStrafR Kap. 9 Rn. 44; *Gräfin von Galen/Beth* FS Eisenberg II, 2019, 201 f. (211)). Ob dies allerdings im Sinne einer Analogie zu den §§ 359 ff. StPO relevant sein könnte, ist eher zweifelhaft (abl. betr. § 47 LG Baden-Baden NStZ 2004, 513; *Schneider* in BeckOK JGG Rn. 108; *Heiland* Wiederaufnahme 81 ff.; zurückhaltend *Gössel* in Löwe/Rosenberg StPO Vor § 359 Rn. 58).

Wesentliches Ergebnis der Ermittlungen

46 Der Staatsanwalt soll das wesentliche Ergebnis der Ermittlungen in der Anklageschrift (§ 200 Abs. 2 der Strafprozeßordnung) so darstellen, daß die Kenntnisnahme durch den Beschuldigten möglichst keine Nachteile für seine Erziehung verursacht.

Übersicht

	Rn.
I. Anwendungsbereich	1
1. Jugendliche, Heranwachsende	1
2. § 46 als allgemeiner Verfahrensgrundsatz	2
a) Nachtragsanklage	2
b) Schlussvortrag	3
c) Vereinfachtes Jugendverfahren	4
II. Inhalt und Verständlichkeit der Anklageschrift	5
1. Inhalt	5
2. Verständlichkeit	7
III. Wesentliches Ergebnis der Ermittlungen	8
1. Verhältnis von § 200 Abs. 2 S. 2 StPO zu Grundsätzen des JGG	8
2. Übergang des Verfahrens auf das JSchöffenG	9
IV. Mitteilungen	10
1. Inhaltliche Anforderungen	10
2. Sonstige Mitteilungspflichten	11

I. Anwendungsbereich

1. Jugendliche, Heranwachsende

Die Bestimmung gilt in Verfahren gegen Jugendliche vor den JGerichten. **1** In Verfahren gegen Jugendliche vor den für *allg. Strafsachen* zuständigen Gerichten und in Verfahren gegen Heranwachsende schlechthin kommt sie zwar *nicht unmittelbar* zur Anwendung (§§ 104, 109, 112), jedoch ist auch dort Wert auf eine Darstellung zu legen, die nach dem Entwicklungsstand zu befürchtende negative Wirkungen vermeidet (RL 2).

2. § 46 als allgemeiner Verfahrensgrundsatz

2   a) **Nachtragsanklage.** Der Grundgedanke der Vorschrift gilt ebenfalls bei der mündlichen Erhebung der nach § 2 Abs. 2 im JStV zulässigen (ebenso *Brunner/Dölling* Rn. 9; abl. *Roestel* NJW 1966, 334) Nachtragsanklage (§ 266 StPO). Indes dient sie nicht selten der (pensenbezogen attraktiven) Höherstufung zu JSchöffenG-Sachen, ohne dass der Jugendliche die Tragweite erkennt. Daher ist wegen des besonderen jugendstrafrechtlichen Schutzprinzips ggü. diesem Vorgehen insoweit Vorsicht geboten, als Jugendliche ohne Verteidiger möglicherweise weniger als Erwachsene in der Lage sind, sich auf den weiteren Tatvorwurf einzustellen (s. auch *Rzepka* in Nix Rn. 7) bzw. zu verstehen, worum es rechtlich geht, sodass das Zustimmungserfordernis nur unzureichend schützt. Daher sollte eine Nachtragsanklage nur Anwendung finden, wenn der Jugendliche einen Verteidiger hat.

3   b) **Schlussvortrag.** Bei der Fassung des jstaatsanwaltlichen Schlussvortrags (§ 2 Abs. 2, § 258 Abs. 1 StPO) findet § 46 entsprechende Anwendung (vgl. → § 36 Rn. 6).

4   c) **Vereinfachtes Jugendverfahren.** Auch bei dem einer Anklage gleichstehenden (§ 76 S. 2) **Antrag** auf Entscheidung im vereinfachten JVerfahren ist die Vorschrift des § 46 zu beachten.

II. Inhalt und Verständlichkeit der Anklageschrift

1. Inhalt

5   Dieser bestimmt sich nach § 2 Abs. 2, § 200 Abs. 1 StPO (s. näher Nr. 110 ff. RiStBV; ein zur Verfahrenseinstellung führendes Verfahrenshindernis liegt vor, wenn es (für eine abgeurteilte Tat) an einer Anklage mangelt und auch keine Tatidentität besteht, BGH VRS 108 (05), 433). Es sind der Angeschuldigte, die ihm zur Last gelegte Tat unter Angabe von Zeit und Ort und der konkreten Tatumstände, ihre gesetzlichen Merkmale und die anzuwendenden Strafvorschriften zu bezeichnen sowie die Beweismittel, das Gericht, vor dem die HV stattfinden soll, und der Verteidiger anzugeben (nach Arbeitsgruppe DVJJ NJW 1989, 1025 ff. sei anderenfalls der Verzicht auf einen notwendigen Verteidiger zu begründen). Als anzuwendende Strafvorschriften gehören in den Anklagesatz bei Jugendlichen auch § 3 S. 1 (als Schuldvoraussetzung) und bei Heranwachsenden − sofern mit der Anwendung sachlichen JStR zu rechnen ist − § 105 Abs. 1, wobei auch die für diese Vorschriften jeweils maßgeblichen Umstände im Wesentlichen Ergebnis der Ermittlungen (vgl. → Rn. 8 ff.) aufzuführen sind (allg. Auffassung; teilweise abw. *Potrykus* Anm. 1).

6   Gemäß RL 1 sollen Ausführungen über angenommene elterliche Erziehungsfehler nicht aufgenommen werden. Einzelheiten bezüglich „sog. krimineller Methoden" oder dergleichen dürfen nur aufgenommen werden, soweit dies unerlässlich ist. Das Gleiche gilt speziell betr. Delikte gegen die sexuelle Selbstbestimmung für Einzelheiten schlechthin.

2. Verständlichkeit

Besonderes Gewicht ist auf die dem Alter und dem Entwicklungsstand des 7
Angeschuldigten angemessene Verständlichkeit der Anklageschrift zu legen
(RL Nr. 1 S. 1). Ein klarer und übersichtlicher Aufbau trägt hierzu ebenso
bei wie die Verwendung kurzer Hauptsätze (so bereits RL 1 vor § 31 RJGG
1943). Die Vermeidung von Bezeichnungen des Angeschuldigten, die von
ihm als herabsetzend empfunden werden könnten, sollte selbstverständlich
sein (vgl. bereits RL 1 vor § 31 RJGG 1943). – Zur Behandlung von
Mängeln der Anklageschrift näher *Meyer-Goßner/Schmitt* StPO § 200 Rn. 25
–27; *Eisenberg* Beweisrecht StPO Rn. 745 ff.).

III. Wesentliches Ergebnis der Ermittlungen

1. Verhältnis von § 200 Abs. 2 S. 2 StPO zu Grundsätzen des JGG

Die im Falle der Anklage vor dem JSchG oder einem höherrangigen 8
Gericht zwingend vorgeschriebene Darstellung in der Anklageschrift (§ 2
Abs. 2, § 200 Abs. 2 S. 1 StPO), wovon ein Geständnis grundsätzlich nicht
ohne weiteres enthebt (vgl. nur *Stuckenberg* in Löwe/Rosenberg StPO
§ 200 Rn. 54; zur Überprüfung eines Geständnisses *Eisenberg* Beweisrecht
StPO Rn. 726 ff., 861 ff.), gilt im allgemeinen StVR infolge der eigenen
Aktenkenntnis des Einzelrichters als verzichtbar, wenn Anklage bei diesem
(Strafrichter) erhoben wird (§ 200 Abs. 2 S. 2 StPO; vgl. aber auch Nr. 112
RiStBV). Zwar hat dieser Gesichtspunkt auch bei der Anklageerhebung
vor dem JRichter Gültigkeit (vgl. auch §§ 33 Abs. 2, 39 Abs. 1 S. 1), und
dem scheint in der (seitherigen) Praxis weithin Rechnung getragen zu
werden. Jedoch bestehen nicht nur Bedenken gegenüber der Anwendbarkeit des § 200 Abs. 2 S. 2 StPO im JStV (vgl. etwa auch LG Cottbus StV
2014, 332 („nicht unproblematisch") mAnm *Eisenberg* StV 2014, 724 ff.;
Schäfer/Sander/van Gemmeren Strafzumessung 631; *Schneider* in KK-StPO
StPO § 200 Rn. 25), sondern wegen mehrerer Besonderheiten des materiellen JStR und des JStVR liegt eine Unvereinbarkeit vor, sodass § 2
Abs. 2 im Regelfall die Anwendung verbietet (anders AG Eilenburg ZJJ
2015, 330 (zudem in unzulässiger Interpretation dessen, dass der Beschuldigte auf die Vorladung der Polizei nicht eingegangen ist)). Materiellrecht-
lich geht es um die Reifebeurteilung (vgl. näher → § 3 Rn. 4 ff., 10 ff.,
→ § 105 Rn. 12 ff. (vgl. auch *Sommerfeld* in NK-JGG Rn. 4)) und (für den
Fall der Verurteilung) die Würdigung betr. Auswahl und Bemessung der
Rechtsfolgen, die im JGG eigenständige, differenziert auf die Lebensent-
wicklung des Jugendlichen bzw. Heranwachsenden bezogene Vorausset-
gen aufweisen (vgl. auch RiStBV Nr. 110 Abs. 2 Buchst. g). Verfahrensrechtlich handelt es sich um die weitreichenden Ermittlungen der JGH,
deren Ergebnisse in die Darstellung gem. § 2 Abs. 2, § 200 Abs. 2 S. 2
StPO einzubeziehen sind (§ 38 Abs. 3 S. 1 und 2 aF bzw. § 38 Abs. 6 S. 1
und 2 nF).

Daher sind zur Ermöglichung geeigneter, dh konkreter und ggf. auch 8a
detaillierter Verteidigung und also schon aus rechtsstaatlichen Gründen
grundsätzlich auch bei Anklageerhebung vor dem JRichter die maßgeb-

lichen Tatsachen und Beweisgrundlagen (einschließlich vorliegender wesentlicher Ermittlungsergebnisse der JGH) in die Anklageschrift aufzunehmen. Schon im Zwischenverfahren ist ohne Kenntnis des Angeschuldigten von dem Ermittlungsergebnis (durch Zustellung der Anklageschrift) das rechtliche Gehör (§ 2 Abs. 2, § 33 Abs. 3 StPO) weniger gewährleistet, und Entsprechendes gilt für die Vorbereitung und Umsetzung seiner Verteidigung in der HV (vgl. § 219 Abs. 1 StPO). Diese Funktion der Sicherung des Rechtsschutzes geht, falls ein Einklang nicht zu erreichen ist, den mit § 46 verfolgten erzieherischen Belangen vor (allg. Auffassung).

2. Übergang des Verfahrens auf das JSchöffenG

9　　Führt die zum JRichter als Einzelrichter erhobene Anklage zur Eröffnung des Hauptverfahrens vor dem JSchG (§ 39 Abs. 1 S. 3, § 209 Abs. 2 StPO), so muss der JStaatsanwalt die Anklage um Ausführungen zum Wesentlichen Ergebnis der Ermittlungen ergänzen (§ 2 Abs. 2, § 200 Abs. 2 S. 1 StPO). Das Gleiche gilt, wenn nach Eröffnung durch den JRichter das JSchG das Verfahren übernimmt (§ 2 Abs. 2, §§ 270 Abs. 1, 209a Nr. 2 Buchst. a StPO; vgl. LG Cottbus StV 2014, 332 mit Bspr. *Eisenberg* StV 2014, 724 ff.; vgl. auch *Sommerfeld* in NK-JGG Rn. 4; vgl. aber vormals *Roestel* NJW 1966, 335: „ohne gesetzliche Verpflichtung", ebenso *Brunner/Dölling* Rn. 5). Ob und ggf. in welcher Weise und bis zu welchem Zeitpunkt das JSchG den Mangel beheben darf, ist umstritten (vgl. näher mN *Schneider* in KK-StPO StPO § 200 Rn. 33 iErg abl.).

IV. Mitteilungen

1. Inhaltliche Anforderungen

10　　Die von § 46 gestellten erhöhten Anforderungen müssen **bereits** bei Erstellung der **Anklage** umfassend berücksichtigt werden, da die nach § 2 Abs. 2, § 201 Abs. 1 StPO vorzunehmende Mitteilung der Anklageschrift durch den Vorsitzenden an den **Angeschuldigten** in vollständiger Form erfolgen muss. Auch die Begründung, erzieherische Nachteile vermeiden zu wollen, kann einen Verzicht auf die Mitteilung einzelner Teile nicht rechtfertigen (s. auch *Dallinger/Lackner* Rn. 6; *Potrykus* Anm. 2; anders etwa § 47 Abs. 2 S. 4 oder § 54 Abs. 2).

2. Sonstige Mitteilungspflichten

11　　Der **Verteidiger** erhält formlos eine Abschrift der Anklageschrift (§ 2 Abs. 2, § 145a Abs. 3 S. 2 StPO).

12　　In demselben Umfang soll die Anklageschrift nach § 67 Abs. 2 aF bzw. § 67a Abs. 1 nF auch dem **Personensorgeberechtigten** und dem **gesetzlichen Vertreter** zugestellt werden.

13　　Zu weiteren Mitteilungspflichten vgl. → § 70 Rn. 1 ff.

Anklage vor Berichterstattung der Jugendgerichtshilfe

46a [1]**Abgesehen von Fällen des § 38 Absatz 7 darf die Anklage auch dann vor einer Berichterstattung der Jugendgerichtshilfe nach § 38 Absatz 3 erhoben werden, wenn dies dem Wohl des Jugendlichen dient und zu erwarten ist, dass das Ergebnis der Nachforschungen spätestens zu Beginn der Hauptverhandlung zur Verfügung stehen wird.** [2]**Nach Erhebung der Anklage ist der Jugendstaatsanwaltschaft und dem Jugendgericht zu berichten.**

Übersicht

	Rn.
I. Allgemeines	1
1. Persönlicher Anwendungsbereich	1
2. Einordnung in die Vorgehensmöglichkeiten der JStA	2
II. Voraussetzungen der vorgezogenen Anklageerhebung	5
1. Wohl des Jugendlichen	5
2. Erwartung eines Berichts	7
3. Ermessen	8
III. Berichterstattung gem. S. 2	9
IV. Fehleinschätzungsfolgen	10

I. Allgemeines

1. Persönlicher Anwendungsbereich

Die Bestimmung gilt in Verfahren gegen Jugendliche wie auch gegen **1** Heranwachsende – und dies sowohl vor den JGerichten wie auch vor den für allg. Strafsachen zuständigen Gerichten (§§ 104 Abs. 1 Nr. 2, 109 Abs. 1, 112).

2. Einordnung in die Vorgehensmöglichkeiten der JStA

Im **Regelfall** befindet die StA über eine Anklageerhebung oder eine **2** andere Erledigungsform unter Berücksichtigung einer ihr zuvor zugeleiteten Stellungnahme der JGH. Deshalb wird die JGH bereits im Vorverfahren eingebunden (**§ 38 Abs. 3 S. 1** nF) und frühzeitig über den Verdachtsfall informiert (→ § 38 Rn. 36). Damit ihr Bericht (→ § 38 Rn. 62 ff.) bereits im Ermittlungsstadium und bei der Abschlussentscheidung der JStA berücksichtigt werden kann (zu diesem Ziel s. Art. 7 Abs. 5 RL (EU) 2016/800 mit Erwägungsgrund 39), muss er möglichst schnell erstattet werden. Aus Gründen der Beschleunigung ist es allerdings zulässig, der JStA keinen umfassenden, sondern erst einmal nur einen vorläufigen und formlosen Bericht vorzulegen (n. dazu → § 38 Rn. 16). § **46a** ermöglicht es der JStA (in Umsetzung von Art 7 Abs. 6 RL (EU) 2016/800) darüber hinaus, den JGH-Bericht **ausnahmsweise** gar nicht abzuwarten. Vorausgesetzt dafür ist, dass die Abschlussentscheidung auf eine Anklage lautet und die weiteren, in S. 1 genannten Bedingungen erfüllt sind (zum Regel-Ausnahme-Verhältnis auch RegE BT-Drs. 19/13837, 51; *Sommerfeld* ZJJ 296 (308)).

3 Eine **weitere** Option, vom Regelfall abzuweichen, wird durch **§ 38 Abs. 7 nF** eröffnet, wonach die JStA auf den Bericht der JGH auch ganz verzichten darf. Fraglich ist indes, ob sich die Anwendungsbereiche der beiden prozessualen Ausnahmeverfahren in dem Sinne überschneiden können, dass die JStA grds. auch bei einer beabsichtigten Anklage nach § 38 Abs. 7 nF verfahren darf. Teilw. wird dies für seltene Fälle bejaht (so RegE BT-Drs. 19/13837, 51: „ausnahmsweise"). Der Normtext von S. 1 erlaubt aber gleichermaßen auch eine abw. Lesart, wonach die StA „abgesehen von" der Erledigungsvariante einer Diversionsentscheidung, bei der sie auf den Bericht verzichtet, allein mit einer vorgezogenen Anklageerhebung vom Regelverfahren abweichen darf. Hiernach schlössen sich die beiden Ausnahme-Möglichkeiten in S. 1 und § 38 Abs. 7 nF gegenseitig aus, weshalb die JGH von der JStA **nur bei bzw. vor Einstellungen** nach § 45 von der Berichtspflicht **befreit** werden kann (→ § 38 Rn. 79). Normsystematisch kann allein diese Auslegung zutreffend sein. Nach der erstgenannten Auffassung wäre nämlich die gravierendere Abweichung vom Regelfall (Anklage ganz ohne Bericht der JGH) bereits unter Voraussetzungen zulässig (§ 38 Abs. 7 nF: mit Wohl des Jugendlichen „vereinbar"), die geringer sind, als es in S. 1 für das weniger stark differierende Vorgehen (Anklage in Erwartung eines späteren JGH-Berichts) vorgesehen ist (Wohl des Jugendlichen „dient" (→ Rn. 5)).

4 Im Ergebnis besteht ein Exklusivitätsverhältnis zwischen § 46a und § 38 Abs. 7 nF: Anklagen dürfen nur nach einem Bericht der JGH (Regelfall) oder in der von S. 1 geregelten Weise (Ausnahmefall) erhoben werden. Dagegen werden **Einstellungen der JStA** und Anträge auf Entscheidung im **vereinfachten JVerfahren** von **S. 1** wegen des dortigen Anklageerfordernisses **nicht erfasst.** In Konstellationen, in denen diese Erledigungsformen ohnehin (dh unabhängig vom noch ausstehenden Bericht der JGH) offensichtlich vorzugswürdig sind, muss gleichwohl die Stellungnahme der JGH abgewartet werden (rechtspraktisch wohl die Ausnahme, aber normsystematisch der Regelfall gem. § 38 Abs. 3 S. 1) − es sei denn mit oder vor der Einstellung wird der Berichtsverzicht gem. § 38 Abs. 7 nF erklärt (rechtspraktisch wohl der Regelfall, aber normsystematisch die Ausnahme).

II. Voraussetzungen der vorgezogenen Anklageerhebung

1. Wohl des Jugendlichen

5 Da die Vorschrift der Umsetzung der RL (EU) 2016/800 dient und diese RL die Gewährleistung von Schutzbelangen und von Entwicklungs- bzw. Reintegrationserfordernissen bezweckt (→ Einl. Rn. 32), sind mit dem „Wohl" des Jugendlichen entspr. spezialpräventive Notwendigkeiten gemeint. Hierfür muss das von S. 1 geregelte Vorgehen **förderlich** (bzw. ein Abwarten muss damit verglichen hierfür ungünstiger) sein. Die Anforderungen sind, wie der Normtext („dient") deutlich macht, also strenger als beim Verzicht iSv § 38 Abs. 7 S. 1 („vereinbar"), der bereits bei Verträglichkeit mit dem Wohl des Jugendlichen zulässig ist (→ Rn. 3 und → § 38 Rn. 78).

6 Für die Frage, ob die etwaige vorgezogene Anklageerhebung den spezialpräventiven Belangen dient, kommt es einerseits auf die Auswirkungen der mit ihr verbundenen Verfahrensbeschleunigung an, andererseits aber auch

auf den Umstand, dass die JStA bei ihrer Anklageentscheidung die Feststellungen der JGH nicht berücksichtigen kann. Ausgeprägte **Belastungseffekte** des Verfahrens – insbesondere eine laufende U-Haft (vgl. RL (EU) 2016/800 mit Erwägungsgrund 39), aber bspw. auch etwaige Beeinträchtigungen in Sozial- oder Ausbildungsbeziehungen –, die durch ein Abwarten der JStA gleichsam verlängert würden, sprechen stark für die fragliche Förderlichkeit. Dagegen scheidet diese dort von vornherein aus, wo es für die Wahl zwischen einer Anklage oder einer anderen Erledigungsart (va einer Diversionsform) auf die noch ausstehenden Ausführungen der JGH **ankommen kann.** Der Beschleunigungsnutzen hat hier für das Wohl des Jugendlichen ein geringeres Gewicht als die Chance der Anklagevermeidung. Aber auch in jenen Verfahren, in denen alles für eine Anklage spricht, wird das Vorgehen nach § 46a oft daran scheitern, dass es der StA (außerhalb der erwähnten offensichtlichen Sonderbelastungen) de facto an fallkonkreten Informationen fehlt, die einen spezialpräventiven Eilbedarf anzeigen können. – Ohne Bedeutung für die Beurteilung der Beschleunigungsvorteile sind bspw. die erwarteten Sanktionen (abw. RegE BT-Drs. 19/13837, 52) und besondere Nachforschungsprobleme der JGH (etwa eine Verweigerung des Beschuldigten).

2. Erwartung eines Berichts

Für die Erwartung, dass der Bericht der JGH spätestens zu Beginn der HV 7 vorliegen wird, muss sich die JStA auf eine Prognose stützen, die durch Tatsachen und **Anhaltspunkte** getragen wird (entspr. Auskünfte der JGH; bisherige Abläufe und Bearbeitungsdauern bei der JGH usw.).

3. Ermessen

Eine schematische Annahme der beiden Anforderungen von S. 1 wird 8 deren Funktion, eine Abweichung vom regelmäßig einzuhaltenden Verfahren an bestimmte Bedingungen zu knüpfen (→ Rn. 2), nicht gerecht. Allerdings räumt S. 1 der JStA mit einem unbestimmten Rechtsbegriff (→ Rn. 5) und einem Prognoseerfordernis (→ Rn. 7) gewisse **Einschätzungsspielräume** ein. Außerdem handelt es sich um eine Ermessensnorm. Die StA muss eine beabsichtigte Anklage bei Bejahung der genannten Voraussetzungen also nicht zwingend schon vor Eintreffen des JGH-Berichts erheben. Nach Bejahung der spezialpräventiven Dienlichkeit kann ein (damit als dysfunktional beurteiltes) Zuwarten aber ermessens**fehlerhaft** sein.

III. Berichterstattung gem. S. 2

Adressat des nachgeholten Berichts der JGH ist nach Anklageerhebung 9 und Übergang der Verfahrensherrschaft an sich das JGericht (das dann eine Weitergabe an die JStA zu veranlassen hätte). Nach S. 2 muss die JGH jedoch den Bericht **beiden** Institutionen zuleiten. Dass auch gegenüber der JStA zu berichten ist, sorgt für deren ohne Zeitverzug eintretende Informiertheit. Dies soll sicherstellen, dass diese noch „nach Anhängigkeit bei Gericht die für sie nützlichen bzw. notwendigen Informationen der JGH erhalten" und

bei ihrer weiteren „Sachbehandlung, (...) insbesondere angemessenen An-
tragstellungen" berücksichtigen kann (RegE BT-Drs. 19/13837, 52).

IV. Fehleinschätzungsfolgen

10 War die Prognose der JStA (→ Rn. 7) falsch und trifft bis zu Beginn der
HV kein (schriftlicher) Bericht ein, hat dies keine Konsequenz. Da die JGH
gem. § 38 Abs. 4 S. 1 nF in der HV zu erscheinen hat (ein Verzicht wäre
hier rechtswidrig), können und müssen ihre Ausführungen dort dennoch
erfolgen. Das Erfordernis von Art. 7 Abs. 6 RL (EU) 2016/800, wonach die
nachträgliche Begutachtung in der HV zur Verfügung stehen muss, ist so
jedenfalls erfüllt (RegE BT-Drs. 19/13837, 52). Im Hinblick auf diesen
Modus kann das JGericht, wenn es bei Eingang der Anklage die **Prognose**
der JStA hinsichtlich des Berichterstattungszeitpunktes nicht teilt, auch keine
besonderen Maßnahmen ergreifen (abgesehen von einer gewissen Berücksichtigung bei der Terminierung).

11 Schätzt das JGericht die Frage des **Beschuldigtenwohls** anders als die
JStA ein, rechtfertigt dies keine Nichteröffnung gem. § 204 StPO iVm § 2
Abs. 2. Das Gericht kann aber mit dem Eröffnungsbeschluss oder der HV
bis zum Eintreffen des nachgeholten Berichts (→ Rn. 9) warten und dessen
Inhalte ggf. zum Anlass für eine Einstellung nach § 47 nehmen. − Gegen die
Entscheidung der JStA, die Möglichkeit des S. 1 aus ggf. unzutreffenden
Gründen nicht zu ergreifen und das Ermittlungsverfahren **andauern** zu
lassen, sieht die hM keinen Rechtsbehelf vor (n. und kritisch dazu *Kölbel* in
MüKo/StPO § 160 Rn. 54 ff. und § 170 Rn. 34).

Zweiter Unterabschnitt. Das Hauptverfahren

Einstellung des Verfahrens durch den Richter

47 (1) ¹Ist die Anklage eingereicht, so kann der Richter das Verfahren einstellen, wenn

1. die Voraussetzungen des § 153 der Strafprozeßordnung vorliegen,
2. eine erzieherische Maßnahme im Sinne des § 45 Abs. 2, die eine
Entscheidung durch Urteil entbehrlich macht, bereits durchgeführt oder eingeleitet ist,
3. der Richter eine Entscheidung durch Urteil für entbehrlich hält
und gegen den geständigen Jugendlichen eine in § 45 Abs. 3
Satz 1 bezeichnete Maßnahme anordnet oder
4. der Angeklagte mangels Reife strafrechtlich nicht verantwortlich
ist.

²In den Fällen von Satz 1 Nr. 2 und 3 kann der Richter mit Zustimmung des Staatsanwalts das Verfahren vorläufig einstellen und dem
Jugendlichen eine Frist von höchstens sechs Monaten setzen, binnen
der er den Auflagen, Weisungen oder erzieherischen Maßnahmen
nachzukommen hat. ³Die Entscheidung ergeht durch Beschluß.
⁴Der Beschluß ist nicht anfechtbar. ⁵Kommt der Jugendliche den
Auflagen, Weisungen oder erzieherischen Maßnahmen nach, so stellt

der Richter das Verfahren ein. [6]§ 11 Abs. 3 und § 15 Abs. 3 Satz 2 sind nicht anzuwenden.

(2) [1]Die Einstellung bedarf der Zustimmung des Staatsanwalts, soweit er nicht bereits der vorläufigen Einstellung zugestimmt hat. [2]Der Einstellungsbeschluß kann auch in der Hauptverhandlung ergehen. [3]Er wird mit Gründen versehen und ist nicht anfechtbar. [4]Die Gründe werden dem Angeklagten nicht mitgeteilt, soweit davon Nachteile für die Erziehung zu befürchten sind.

(3) Wegen derselben Tat kann nur auf Grund neuer Tatsachen oder Beweismittel von neuem Anklage erhoben werden.

Schrifttum *Frehsee,* Schadenswiedergutmachung als Instrument strafrechtlicher Sozialkontrolle, 1987; *Hock-Leydecker,* Die Praxis der Verfahrenseinstellung im Jugendstrafverfahren, 1994; *Hoefer,* Bewährungsfrist vor dem Urteil, 1931; *Itzel,* Die Abgrenzung der Weisungen von den Auflagen nach dem JGG, 1987; *Löhr-Müller,* Diversion durch den Jugendrichter. Der Rüsselsheimer Versuch, 2001.

Übersicht

	Rn.
I. Anwendungsbereich	1
1. Persönlicher Anwendungsbereich	1
2. Verfahrensmäßiger Anwendungsbereich	3
a) Vereinfachtes Jugendverfahren	3
b) Einzelne Verfahrensgestaltungen	4
c) Ordnungswidrigkeitenverfahren	8
II. Verhältnis zu Verfahrenseinstellungen nach allgemeinem Strafverfahrensrecht	9
III. Entwicklungsgeschichte; Anwendungshäufigkeit	10
1. Entwicklung der Vorschrift	10
2. Anwendungshäufigkeit	11
IV. Anwendungsfälle und sonstige Voraussetzungen	12
1. Gesetzliche Fallgruppen	12
a) Abs. 1 S. 1 Nr. 4	12
b) Abs. 1 S. 1 Nr. 1	13
c) Abs. 1 S. 1 Nr. 2 iVm § 45 Abs. 2	14
d) Abs. 1 S. 1 Nr. 3 iVm § 45 Abs. 3 S. 1	15
e) § 6 Abs. 2 StrEG	16
f) Zur „Rückfälligkeit"	16a
2. Vorläufige Einstellung	17
3. Zustimmungserfordernis	18
a) Einzelfragen	19
b) Besonderheit in Fällen des Abs. 1 S. 1 Nr. 3	20
V. Sonstiges Verfahrensrechtliches	21
1. Form und Folgen der Entscheidung	21
a) Beschluss	21
b) Beschränkte Rechtskraft	24
c) Sonstige Folgen	25
2. Selbstständige Einziehung	25a
3. Beschwerde	26
a) Anfechtbarkeit bei Normverstößen	26a
b) Kostenentscheidung	27
4. Wiederaufnahmeverfahren	28

I. Anwendungsbereich

1. Persönlicher Anwendungsbereich

1   **a)** Die Vorschrift findet auf **Jugendliche** auch in Verfahren vor den für allg. Strafsachen zuständigen Gerichten Anwendung (§ 104 Abs. 1 Nr. 4).

2   **b)** Die Vorschrift gilt für **Heranwachsende** – vor den JGerichten wie vor den für allg. Strafsachen zuständigen Gerichten – dann, wenn materielles JStR zur Anwendung kommt (§§ 105 Abs. 1, 109 Abs. 2 S. 1, § 112 S. 1, 2, § 104 Abs. 1 Nr. 4; vgl. auch RL 3 S. 2); jedoch ist Abs. 1 S. 1 Nr. 4 – gem. § 109 Abs. 2 S. 1 – ausgenommen. Ebenso wenig kann Abs. 2 S. 4 zur Anwendung kommen. Zwar ist in § 109 Abs. 2 S. 1 (infolge eines Redaktionsversehens) nicht diese Bestimmung, wohl aber die entsprechende Regelung des § 54 Abs. 2 ausgenommen, woraus sich ergibt, dass es zu befürchtende Nachteile für die Erziehung eines (volljährigen) Heranwachsenden nicht rechtfertigen können, von der Mitteilung der Entscheidungsgründe an den Heranwachsenden abzusehen.

2. Verfahrensmäßiger Anwendungsbereich

3   **a) Vereinfachtes Jugendverfahren.** § 47 kommt zur Anwendung, denn ein Antrag der JStaatsanwaltschaft auf Entscheidung in diesem Verfahren steht der Einreichung der Anklage gleich (§ 76 Abs. 1 S. 2). Die Einstellung kann ohne Zustimmung des JStaatsanwalts (vgl. Abs. 2 S. 1) erfolgen, wenn er an der mündlichen Verhandlung nicht teilnimmt (§ 78 Abs. 2 S. 2; vgl. auch RL 2).

4   **b) Einzelne Verfahrensgestaltungen. aa)** Im allg. JStrafverfahren setzt § 47 voraus, dass die Anklage eingereicht und **nicht** bis zur Eröffnung des Hauptverfahrens **zurückgenommen** (§ 156 StPO) ist. Eine Zurücknahme verbunden mit dem Verfahren nach § 45 Abs. 2 S. 1 kann insb. dann angezeigt – wenn auch nicht im engeren Sinne vorrangig (*Schneider* in BeckOK JGG Rn. 17) – sein (vgl. *Schady* in NK-JGG Rn. 5; *Diemer* in Diemer/ Schatz/Sonnen Rn. 3; *Laubenthal/Baier/Nestler* JugendStrafR Rn. 300), wenn nach Anklageerhebung eine erzieherische Maßnahme im außerjustitiellen Bereich angeboten worden ist (vgl. → § 45 Rn. 20, 20a) und eine jugendrichterliche Anordnung dadurch entbehrlich geworden ist (ähnlich *Dallinger/Lackner* Rn. 5).

5   **bb)** Im **Zwischenverfahren** kann nur dann eingestellt werden, wenn die Voraussetzungen für die Eröffnung des Hauptverfahrens (§ 203 StPO: hinreichender Tatverdacht) vorliegen, weil der betroffene Jugendliche durch diese Einstellung im Hinblick auf die Eintragung in das Erziehungsregister (§ 60 Abs. 1 Nr. 7, Nr. 6 BZRG) schlechter gestellt ist (vgl. → § 45 Rn. 9a) als durch einen Nichteröffnungsbeschluss (ebenso *Schneider* in BeckOK JGG Rn. 5). – Der Einstellungsbeschluss nach § 47 kann auch dann nicht an die Stelle des Nichteröffnungsbeschlusses (§ 204 StPO) treten, wenn mangels Reife fehlende strafrechtliche Verantwortlichkeit angenommen werden muss (vgl. auch die Bezeichnung „Angeklagter" in Abs. 1 Nr. 4; ebenso *Rössner* in HK-JGG § 3 Rn. 49; aA *Dallinger/Lackner* Rn. 7, 16 (im Gegensatz zur 1. Aufl.); *Burscheidt* Verbot 82 f., mit formal verengender Begr.). Diese im

Übrigen vom Wortlaut getragene (s. auch § 157 StPO) Auslegung des **Abs. 1 S. 1 Nr.** 4 entspricht auch dem Zweck der Einstellungsmöglichkeit nach Abs. 1 S. 1 Nr. 4, die, anders als in § 45, gerade für ein späteres Verfahrensstadium deshalb ausdrücklich gesetzlich fixiert wurde, um aus erzieherischen Erwägungen (vgl. krit. → Rn. 12) zu verhindern, dass ein Freispruch mangels Reife in der HV ergeht (vgl. Abs. 2 S. 2). Deshalb kann die Einstellung nach Abs. 1 S. 1 Nr. 4 nur erfolgen, wenn zunächst das Hauptverfahren eröffnet war (aA *Beulke* in Löwe/Rosenberg StPO § 153 Rn. 14) und sich *danach* ergibt, dass der Angeklagte mangels Reife strafrechtlich nicht verantwortlich ist (vgl. aber RL Nr. 2 Hs. 2 zu § 3).

cc) Nach Eröffnung des **Hauptverfahrens** kann der Einstellungsbeschluss 6 gem. § 47 vor und in der HV erster Instanz, nach Einlegung einer zulässigen Berufung bis zur Verkündung des Urteils im Berufungsverfahren und selbst noch durch das Revisionsgericht erfolgen (BGH BeckRS 2006, 03045). Der Einstellung nach § 47 steht bei zulässiger Anfechtung eines Urteils nicht entgegen, dass die Abänderung der vorinstanzlichen Entscheidung nicht durch den Grund der Anfechtung veranlasst ist (hM; aA *Pentz* RdJB 1956, 44 (46 f.); *Schnitzerling* NJW 1956, 32 f.; vgl. auch bei → § 55 Rn. 24).

dd) § 47 ist auch dann anwendbar, wenn aufgrund neuer Tatsachen oder 7 Beweismittel (Abs. 3) **von Neuem Anklage** erhoben und das Hauptverfahren eröffnet worden ist (vgl. auch *Dallinger/Lackner* Rn. 26 aE).

c) **Ordnungswidrigkeitenverfahren.** Im Verfahren wegen Ordnungs- 8 widrigkeiten kann der JRichter gem. § 47 Abs. 2 OWiG (zur Spezialität des § 47 OWiG ggü. § 46 Abs. 1 OWiG iVm §§ 45, 47 vgl. → § 45 Rn. 3; *Mitsch* in KK–OWiG OWiG § 47 Rn. 76; Anm. *Eisenberg* NStZ 1991, 450; *Schady* in NK-JGG Rn. 4) das Verfahren in jeder Lage, also auch noch im Rechtsbeschwerdeverfahren (vgl. *Seitz/Bauer* in Göhler OWiG § 47 Rn. 41), einstellen.

II. Verhältnis zu Verfahrenseinstellungen nach allgemeinem Strafverfahrensrecht

Hinsichtlich der Einstellungsmöglichkeiten aufgrund des Opportunitäts- 9 prinzips nach allg. StVR (§§ 153 Abs. 2, 153a Abs. 2, 153b Abs. 2, 153c Abs. 3, 153d Abs. 2, 153e Abs. 2, 154 Abs. 2, 154a Abs. 2, 154b Abs. 4 S. 1 StPO, § 154e Abs. 2 StPO) gelten die Ausführungen zu § 45 (vgl. → § 45 Rn. 9–16) entsprechend. Hiernach können, abgesehen von der Regelung des § 153b Abs. 2 StPO (vgl. auch BayObLG NJW 1961, 2029) und neben den Sonderregelungen (vgl. bei → § 45 Rn. 13 ff.), nach Maßgabe der unter § 45 erläuterten Verhältnisbestimmung (→ § 45 Rn. 9 ff.) ausnahmsweise auch Einstellungen nach §§ 153 Abs. 2, 153a Abs. 2 StPO in Betracht kommen (zust. *Frehsee,* Schadenswiedergutmachung als Instrument strafrechtlicher Sozialkontrolle, 1987, 208; *Laubenthal/Baier/Nestler* JugendStrafR Rn. 311; enger *Schady* in NK-JGG Rn. 7; aA *Brunner/Dölling* Rn. 4; *Diemer* in Diemer/Schatz/Sonnen Rn. 6; *Schneider* in BeckOK JGG Rn. 7; LG Frankfurt a.M. SjE F 3, 243 f. für § 153 Abs. 3 StPO aF; *Dallinger/Lackner* Rn. 1 (für § 153 Abs. 3 StPO aF, jedoch nicht für § 153a Abs. 2 aF, der § 153b Abs. 2 StPO entspricht)). Auch dann tritt ein beschränkter Strafklageverbrauch ein (vgl. BGH StraFo 2004, 16 (zum allg. StR); vgl. näher → § 45 Rn. 33).

III. Entwicklungsgeschichte; Anwendungshäufigkeit

1. Entwicklung der Vorschrift

10   Die Regelungen in **Abs. 1** stellen eine Fortführung von § 32 Abs. 2 S. 2 JGG 1923 und § 31 Abs. 1 RJGG 1943 dar. § 31 Abs. 1 RJGG 1943 sah noch nicht die dem Opportunitätsprinzip gemäße Einstellung wegen Geringfügigkeit ohne Anordnung einer Maßnahme (vgl. Abs. 1 S. 1 Nr. 1 iVm § 45 Abs. 1) vor (vgl. *Kümmerlein* RJGG § 31 Anm. 5). Die Unanfechtbarkeit des jrichterlichen Einstellungsbeschlusses (Abs. 2 S. 3) wurde mit § 31 Abs. 2 S. 3 RJGG 1943 eingeführt; § 32 Abs. 3 S. 2 JGG 1923 eröffnete dem Beschuldigten und dem verletzten Antragsteller die sofortige Beschwerde. Die Regelung einer beschränkten Rechtskraft in **Abs. 3** entspricht § 31 Abs. 3 RJGG 1943; demgegenüber sah § 32 Abs. 4 JGG 1923 bei Bekanntwerden neuer Tatsachen oder Beweismittel kein neues, sondern die Fortführung des alten Verfahrens vor.

10a   Abs. 1 ist sodann durch das 1. JGG-ÄndG in Einklang mit § 45 geändert worden (betr. Drogenabhängige vgl. → § 45 Rn. 29a), wobei allerdings das bereits fortgeschrittene Verfahrensstadium berücksichtigt wurde. Der neu eingefügte zweite Halbsatz in Abs. 2 S. 1 trägt dem Bedürfnis nach einer Bindung des JStaatsanwalts an die Zustimmung zu einer jrichterlichen Anordnung teilweise Rechnung (vgl. → Rn. 19; *Eisenberg* NStZ 1987, 561; ebenso DVJJ v. 1.2.1988, S. 29 (unveröftlichtes Manuskript)).

2. Anwendungshäufigkeit

11   Die tatsächliche Bedeutung der Einstellung nach § 47 in der Praxis ist groß (dazu und zu Hinweisen auf die spezialpräventive Wirksamkeit näher auch → § 45 Rn. 17d ff.). Nach den amtlichen statistischen Angaben erfolgten in den Jahren 1995, 2000 und 2005 (jeweils in den „alten" Bundesländern) sowie in den Jahren 2010, 2015 und 2017 (im gesamten Bundesgebiet) von den insgesamt jeweils 44.262, 47.449 und 45.910 sowie 50.609, 35.994 und 34.603 Einstellungen im JStR die allermeisten − konkret 86,27 %, 87,26 % und 85,32 % sowie 89,10 %, 90,56 % und 91,24 % − nach § 47. Diese Einstellungen nach § 47 machen zugleich einen erheblichen Anteil an der Gesamtheit der jugendlicherlichen Entscheidungen aus. 2017 waren dies bspw. 32,79 % aller Aburteilungen im JStR (StrafSt Tabelle 2.2; zu Entscheidungskriterien vgl. *Hock-Leydecker,* Die Praxis der Verfahrenseinstellung im Jugendstrafverfahren, 1994, 94–98: Einschlägigkeit (nicht Schwere) der Vorbelastungen; vgl. auch *Löhr-Müller,* Diversion durch den Jugendrichter. Der Rüsselsheimer Versuch, 2001, 25 ff., 32 ff., 45 f.; *Hügel* in BMJ 1986, 44 ff., 74 ff.; *Ludwig-Mayerhofer/Rzepka* MschKrim 1998, 17 (23 ff.)).

IV. Anwendungsfälle und sonstige Voraussetzungen

1. Gesetzliche Fallgruppen

a) Abs. 1 S. 1 Nr. 4. Die Einstellung des Verfahrens nach dieser Vor- **12** schrift kommt in Betracht, wenn sich **nach Eröffnung** des Hauptverfahrens (vgl. → Rn. 5) herausstellt, dass der Angeklagte mangels Reife strafrechtlich nicht verantwortlich war. Neben verfahrensökonomischen Gründen und der Intention, den Beschuldigten vor dem weiteren Verfahren zu verschonen, ist Zweck dieser Einstellungsmöglichkeit auch, als erzieherisch ungünstig beurteilte (vormals im Hinblick auf § 31 Abs. 1 S. 2 RJGG 1943 wohl aA *Peters* RJGG § 31 Anm. aE) Freisprüche in der HV (unerwähnt in RL 2 Hs. 2 zu § 3) zu vermeiden. Indes fehlt es an Belegen für diese Beurteilung (vgl. zudem → § 3 Rn. 55; krit. auch *Ostendorf* in NK-JGG § 3 Rn. 16; zur Eintragung in das Erziehungsregister § 60 Abs. 1 Nr. 6 BZRG).

aa) Die Einstellung kann mit der Anordnung familiengerichtlicher *Maß-* **12a** *nahmen* verbunden werden (§ 3 S. 2). Dabei bemisst sich die Anordnung nach der *Erforderlichkeit* solcher Maßnahmen und nicht danach, ob sich die fehlende Reife erst in der HV ergeben hat. – Eine entsprechende Anwendung des Abs. 1 S. 1 Nr. 4 im Falle der Schuldunfähigkeit nach § 20 StGB scheidet aus (allg. Auffassung, auch → § 3 Rn. 17).

bb) Wegen der Besonderheiten der Einstellung gem. Abs. 1 S. 1 Nr. 4 im **12b** Vergleich zum allg. StVR wird eine *erneute Anklage*erhebung (Abs. 3) gem. dem Verbot der Schlechterstellung (vgl. → § 2 Rn. 23 ff.) nur in engeren Grenzen als bei Einstellungen gem. Abs. 1 S. 1 Nr. 1–3 (vgl. → Rn. 24) zulässig sein (vgl. auch *Heiland* Wiederaufnahme 99 ff., 104 ff.: Voraussetzungen entspr. § 362 Nr. 1–3 StPO).

b) Abs. 1 S. 1 Nr. 1. aa) Die Einstellung unter den Voraussetzungen des **13** **§ 153 StPO** kommt nur in Fällen geringen Gewichts in Betracht, die grundsätzlich bereits zu einem Absehen von der Verfolgung hätten führen sollen (vgl. auch BGH BeckRS 2006, 03045 betr. „geringfügige Tatbeiträge" iSd Unterstützens einer terroristischen Vereinigung gem. § 129a Abs. 5 StGB); eines Geständnisses des Jugendlichen bedarf es nicht (vgl. → § 45 Rn. 18). Ein entsprechender Einstellungsbeschluss kann zwar auch noch in der HV ergehen (Abs. 2 S. 2; vgl. ergänzend → Rn. 6), sollte aus erzieherischen Gründen (vgl. → Rn. 12) aber möglichst schon im Zwischenverfahren (vgl. → Rn. 5) geschehen, zumal eine Rechtsfolgenverhängung im Hinblick auch auf den Sanktionsverzicht unter den entsprechenden Voraussetzungen des allg. StVR (§ 153 Abs. 2 StPO) wegen des Verbots der Benachteiligung ggü. einem Erwachsenen in vergleichbarer Verfahrenssituation (vgl. → § 45 Rn. 9a, 10) ausscheidet.

Nach Kreisgericht Saalfeld (StV 1993, 535) ist nach dieser Vorschrift auch **13a** eine Einstellung wegen langer Verfahrensdauer (hier: 21/2 Jahre) aufgrund von (seitens der Justizbehörden zu vertretender) Verfahrensverzögerungen zulässig.

bb) Betreffend **§ 31a BtMG** gelten die Erl. zu → Rn. 13 entsprechend **13b** (vgl. auch → § 45 Rn. 10a, 10b).

c) Abs. 1 S. 1 Nr. 2 iVm § 45 Abs. 2. Hinsichtlich der Einstellung **14** wegen erfolgter Anordnung einer **„erzieherischen Maßnahme"** wird auf die Ausführungen zu → § 45 Rn. 19–22 verwiesen. Erheblich ist, dass die „erzieherische Maßnahme", die eine Rechtsfolgenanordnung (zum Begriff der „Ahndung" vgl. → § 13 Rn. 8) durch den JRichter entbehrlich macht, sowohl vor als auch nach der Anklageerhebung eingeleitet oder durchgeführt worden sein kann (vgl. auch RL 1). So kann zB die Ladung zur HV und deren teilweise Durchführung ggf. als erzieherische Maßnahme iSv § 45 Abs. 2 S. 1 gelten (Anordnung Ltd. OStA Berlin v. 14.8.1989; SenJust Berlin v. 21.7.1989, DVJJ-Rundbrief 1990, 26; *Apfel/Piel* in FAHdB StrafR 6/23 Rn. 148). Eine erzieherische Maßnahme kann der JRichter auch selbst anregen (Begr. BT-Drs. 11/5829, 26; AG Heidelberg nach BVerfG DVJJ-Journal 2003, 68 mAnm *Ostendorf* sowie *Eisenberg*), ggf. allerdings nur mit Zustimmung des Erziehungsberechtigten (vgl. → § 45 Rn. 25; näher Bspr. *Eisenberg/Zötsch* GA 2003, 226). Als erzieherische Maßnahme iSv Abs. 1 S. 1 Nr. 2 kommen auch Maßnahmen nach § 71 Abs. 1 Hs. 1 in Betracht (zur Problematik n. *Smok,* Vorläufige Anordnungen über die Erziehung nach § 71 JGG, 2008, 106 ff.).

15 **d) Abs. 1 S. 1 Nr. 3 iVm § 45 Abs. 3 S. 1.** Die Einstellung kommt auch in Betracht, wenn der JRichter nach Eröffnung des Hauptverfahrens (vgl. → Rn. 5) eine Entscheidung durch Urteil für entbehrlich hält und eine oder mehrere (vgl. aber → § 45 Rn. 26) der im (sog. „formlosen") **jugendrichterlichen Erziehungsverfahren** bestimmten Maßnahmen gegen den geständigen (vgl. aber → § 70c Rn. 9 ff.) Angeklagten anordnet, wobei *ahndende Elemente* (§§ 5 Abs. 2, 13 Abs. 1) der nach § 45 Abs. 3 S. 1 zulässigen Auflagen *auszuscheiden* haben werden, die Auflagen vielmehr nur mit ausschließlich **erzieherischer Funktion** zur Anwendung kommen dürfen (zB Schadenswiedergutmachung; vgl. auch → § 13 Rn. 5, → § 45 Rn. 28; aA *Itzel,* Die Abgrenzung der Weisungen von den Auflagen nach dem JGG, 1987, 41 f.; *Feuerhelm* Gemeinnützige Arbeit 45 f.). Die Anordnung muss – anders als im Fall von Abs. 1 Nr. 2 iVm § 45 Abs. 2 S. 1 – durch das Gericht selbst erfolgen (aA AG Osterode NdsRpfl 1967, 22 f.). § 45 Abs. 3 S. 3 (Unzulässigkeit des (Nichtbefolgungs-)JA bei Nichterfüllung angeordneter erzieherischer Maßnahmen) gilt entsprechend (ebenso *Dallinger/Lackner* Rn. 14; aA *Winterfeld* MDR 1982, 273 (275)). Wegen der anzustrebenden bzw. ggf. erforderlichen **Zustimmung** des Beschuldigten bzw. der Erziehungsberechtigten vgl. → § 45 Rn. 25 entsprechend.

15a Die nach Abs. 1 S. 1 Nr. 3 iVm § 45 Abs. 3 S. 1 angeordneten erzieherischen Maßnahmen dürfen **nicht** gem. § 31 in eine andere Entscheidung einbezogen werden (vgl. bei → § 31 Rn. 7).

16 **e) § 6 Abs. 2 StrEG.** Zur Problematik bzgl. dieser Vorschrift (s. auch BVerfG BeckRS 2012, 56127 mit Bspr. *Eisenberg/Reuther* ZfJ 2006, 490 ff.): „dürfen keine erzieherischen Erwägungen konstruiert werden" (allerdings ohne inhaltliche Prüfung); KG NStZ 2010, 284; vgl. → § 2 Rn. 61 f.

16a **f) Zur „Rückfälligkeit".** Wegen Ergebnissen zur Frage der erneuten Eintragung im Erziehungs- oder Strafregister (im Sinne eines „Rückfalls") vgl. speziell die Daten bei *Löhr-Müller,* Diversion durch den Jugendrichter. Der Rüsselsheimer Versuch, 2001, 45 f., 110 ff. (nach mindestens zwei Jahren seit einem erzieherischen Gespräch (S. 25)). Vgl. im Übrigen die Ausführungen zu → § 45 Rn. 17f–17h.

2. Vorläufige Einstellung

Gemäß **Abs. 1 S. 2–4** ist es unter den genannten Voraussetzungen in den 17
Fällen von Abs. 1 S. 1 Nr. 2 und 3 zulässig, das Verfahren vorläufig einzustellen (s. betr. aF zur Aussetzung der Entscheidung *Dallinger/Lackner*
Rn. 18, 19). Dieses Vorgehen ist iZm der in Abs. 3 enthaltenen Regelung zu
sehen (vgl. dazu → Rn. 24). Noch in der HV wird auch die Möglichkeit
einer Aussetzungsentscheidung nach § 228 StPO in Betracht kommen können, etwa um eine Einstellung nach Abs. 1 S. 1 Nr. 2 bei angeordneten oder
freiwillig durchgeführten erzieherischen Maßnahmen vorzubereiten (aA LG
Berlin NStZ 1987, 560 mablAnm *Eisenberg*). – Die Entscheidung über die
vorläufige Einstellung ergeht durch **nicht anfechtbaren Beschluss** (Abs. 1
S. 3, 4); ein Nichtbefolgungs-Arrest darf nicht verhängt werden (Abs. 1 S. 5).

Unbeschadet der Bestimmungen von Abs. 1 S. 1 Nr. 2 und 3 wird eine 17a
Aussetzung weiterhin (bereits im Zwischenverfahren) dann in Betracht kommen, wenn – bei Vorliegen der Voraussetzungen zum Erlass eines Eröffnungsbeschlusses (vgl. → Rn. 5) – zB die Reifebeurteilung (nach § 3 S. 1)
noch nicht endgültig vorgenommen werden konnte.

3. Zustimmungserfordernis

Sämtliche Formen der Einstellung nach § 47 bedürfen der Zustimmung 18
des **JStaatsanwalts** (Abs. 2 S. 1; betr. §§ 29, 31a BtMG LG Oldenburg
mzustAnm *Aulinger* JR 2002, 302 (wobei auch § 29 Abs. 5 BtMG im JStR
anwendbar ist)) – zur Ausnahme im vereinfachten JVerfahren vgl. → Rn. 3
und RL 2 –, aber nicht der des Jugendlichen (zur Verfassungsmäßigkeit der
Unterscheidung s. BVerfG 27.1.1983 – 2 BvR 92/83). – Das genannte
Erfordernis rechtfertigt sich aus der Unanfechtbarkeit (Abs. 2 S. 3) wie auch
aus der Rechtskraftwirkung der Einstellungsentscheidung (Abs. 3).

a) Einzelfragen. Als Prozesshandlung ist die Zustimmung zwar **unwider-** 19
ruflich und **bedingungsfeindlich.** Jedoch ist es hiermit vereinbar, wenn
der JStaatsanwalt seine Zustimmung zur vorläufigen Einstellung (Abs. 1 S. 2;
vgl. auch → Rn. 17) erteilt. Bei nachfolgender (endgültiger) jrichterlicher
Einstellung nach Erfüllung der erzieherischen Maßnahme, Weisung oder
Auflage bedarf es keiner neuerlichen Zustimmung (Abs. 2 S. 1 Hs. 2; vgl.
auch → Rn. 20). Insbesondere ist die JStaatsanwaltschaft an die im pflichtgemäßen Ermessen des JRichters liegende Beurteilung, ob der Jugendliche
der erzieherischen Maßnahme, Weisung oder Auflage „nachgekommen" ist
(Abs. 1 S. 5), gebunden (Begr. BT-Drs. 11/5829, 26). Indes ist es zulässig,
dass die Zustimmung nur auf der Grundlage angekündigter konkreter erzieherischer Maßnahmen erteilt wird, mit der Folge, dass abw. Anordnungen
des JGerichts von der Zustimmung nicht umfasst zu sein brauchen (vgl. OLG
Hamm MDR 1977, 949 f. (zum allg. StR); einschr. zur Zustimmungsbedürftigkeit betr. nachträgliche jrichterliche Änderungen ohne besondere Schwere
des Eingriffs *Feuerhelm* Gemeinnützige Arbeit 246 f.; vgl. auch → Rn. 26).

b) Besonderheit in Fällen des Abs. 1 S. 1 Nr. 3. Gemäß dem Rechts- 20
gedanken des § 45 Abs. 3 S. 2 darf der JStaatsanwalt die erforderliche Zustimmung (Abs. 2 S. 1) zur Einstellung nicht verweigern, wenn der Angeklagte den angeordneten Maßnahmen nachkommt (LG Berlin 11.12.1987 –
509 Qs 72/87).

V. Sonstiges Verfahrensrechtliches

1. Form und Folgen der Entscheidung

21   **a) Beschluss.** Die Einstellungsentscheidung ergeht auch in der HV (Abs. 2 S. 2) durch Beschluss, der zu begründen ist (Abs. 2 S. 3).

22   **aa)** Der Beschluss muss eine Entscheidung über die **Verfahrenskosten** (§ 2 Abs. 2, § 464 StPO) enthalten (zur (Nicht-)Anfechtbarkeit → Rn. 27), selbst wenn Gerichtsgebühren nicht anfallen (allg. Auffassung). Die Kosten sind hierbei (unabhängig von § 74) regelmäßig der Staatskasse aufzuerlegen (§ 2 Abs. 2, § 467 Abs. 1 StPO; *Dallinger/Lackner* Rn. 2; *Potrykus* NJW 1957, 1135 (1136)). Wird gem. § 2 Abs. 2, § 206a StPO wegen eines Verfahrenshindernisses eingestellt, so verlangt die Entscheidung nach § 2 Abs. 2, § 467 Abs. 3 S. 2 Nr. 2 StPO, dass Ermessen ausgeübt wird (BVerfG NJW 2017, 2459: Verstoß gegen das Willkürverbot, Art. 3 Abs. 1 GG (zum allg. StR)). Soweit betr. die notwendigen Auslagen des Angeklagten (gem. § 2 Abs. 2 auch) § 467 Abs. 4 StPO anwendbar ist (nicht im Fall der Einstellung nach Abs. 1 Nr. 3; ebenso *Brunner/Dölling* Rn. 14a), ist der grundsätzliche Vorrang von § 74 zu berücksichtigen. Ein Absehen gem. § 467 Abs. 4 StPO darf wegen der Unschuldsvermutung nicht deshalb geschehen, weil nach den bisherigen Feststellungen eine schuldhafte Begehung einer Straftat vorliege (BVerfG NStZ 1990, 598 mkritAnm *Paulus* (zum allg. StVR)).

22a   Erklärt der *Verteidiger* für den Angeklagten die Zustimmung zur Einstellung gem. Abs. 1 S. 1 Nr. 1, entsteht eine *Gebühr* nach § 2 Abs. 2. S. 1 RVG iVm Nr. 4126 RVG-VVerz (vgl. vormals LG Hagen StraFo 2003, 436).

23   **bb)** Geben konkrete Anhaltspunkte zu der Befürchtung Anlass, dass Teile („… soweit …") der Beschlussbegründung erzieherisch **nachteilige Wirkungen** hervorrufen könnten, unterbleibt in diesem Umfang die Mitteilung der Gründe an den jugendlichen Angeklagten (Abs. 2 S. 4) (nicht aber an den heranwachsenden; vgl. → Rn. 2).

24   **b) Beschränkte Rechtskraft.** Die Einstellung nach § 47 ist als eine verfahrensbeendigende jugendgerichtliche Entscheidung der beschränkten Rechtskraft **(Abs. 3)** fähig. Insoweit entspricht die Entscheidung dem Beschluss über die Nichteröffnung des Hauptverfahrens, sodass die Grundsätze zu dessen Wirkung (§ 211 StPO) entsprechende Geltung haben. Bei Einstellungen gem. Abs. 1 S. 1 Nr. 1–3 (zu Nr. 4 vgl. → Rn. 12) ist eine **erneute Anklage**erhebung (die Fortsetzung des eingestellten Verfahren ist ausgeschlossen; vgl. auch → Rn. 10) wegen derselben Tat (iSv § 264 StPO) selbst bei einer als falsch erkannten Auffassung, die der früheren Einstellung zugrunde gelegen hatte (BGHSt 18, 225 zu § 211 StPO), nur unter engen Voraussetzungen zulässig.

24a   **aa)** Es müssen erhebliche, zumindest für das JGericht **neue** (BGHSt 7, 64 (66) zu § 211 StPO) **Tatsachen** oder **Beweismittel** vorliegen, die zu einer Änderung der rechtlichen Beurteilung der Tat – und (wegen der besonderen Regelungen des JGG) nicht nur zu einem strafschärfenden Regelbsp. oder zu einem höher zu bewertenden Schuldgehalt – führen müssen (BayObLGSt 64, 173 zu § 153 Abs. 3 StPO aF; *Heiland* Wiederaufnahme 84f., 80ff. (90); betr. „Beurteilung des Schuldvorwurfs" *Diemer* in Diemer/Schatz/Sonnen Rn. 21; vgl. ergänzend *Beulke* in Löwe/Rosenberg StPO § 153 Rn. 90,

Meyer-Goßner/Schmitt StPO § 153 Rn. 38). Zudem dürfen diese Tatsachen und Beweismittel (gem. dem rechtsstaatlichen Grundsatz des Vertrauens- schutzes) auf der Grundlage des vor der Einstellung zur Verfügung gestande- nen „Aufklärungspotentials" (BGH StraFo 2004, 16 (betr. das allg. StR; zum Verbot der Schlechterstellung vgl. → § 45 Rn. 9a)) nicht erlangbar gewesen sein. Denn die Nova können sich, sofern sie die Rechtslage unverändert lassen, nur auf die Voraussetzungen der geringen Schuld oder des Fehlens des Verfolgungsinteresses beziehen, für die aber gerade die beschränkte Rechts- kraft gilt (so für das allg. StVR schon RGSt 65, 294).

bb) Als eine **neue Tatsache** iSv Abs. 3 kann es nicht angesehen werden, **24b** dass der Jugendliche nach ergangenem Einstellungsbeschluss den jgerichtlich angeordneten erzieherischen Maßnahmen nicht nachkommt (jeweils *Dallin- ger/Lackner* Rn. 25; bereits *Grethlein* Anm. 5d). Ebenso wenig ist die nach- trägliche „schlechte Führung" eine die neue Anklageerhebung rechtfertigende Tatsache (hM; aA *Potrykus* Anm. 5; *Francke,* Kommentar zum JGG v. 16.2.1923, 2. Aufl. 1926, Anm. zu § 32 JGG 1923), weil dadurch kein neuer rechtlicher Gesichtspunkt hinzutritt, der die Tatbeurteilung verändern könnte.

c) Sonstige Folgen. Für Fragen der **selbstständigen Einziehung** sowie **25** für **Mitteilungspflichten** und zu deren Bedeutung gelten die Ausführungen zu § 45 (→ Rn. 34–39a) entsprechend.

2. Selbstständige Einziehung

Die gem. § 76a StGB und § 435 StPO iVm § 2 Abs. 2 ungeachtet der **25a** richterlichen Verfahrenseinstellung zulässige selbstständigen Einziehung wird bei Anordnung von Maßnahmen gem. § 15 Abs. 1 Nr. 1 obsolet. Geldför- mig vorhandene Tatvorteile sind über § 15 Abs. 1 Nr. 4 abzuschöpfen (dazu jeweils → § 45 Rn. 39b). Bei den verbleibenden Fällen dürfte die selbst- ständige Einziehung idR unverhältnismäßig und daher verzichtbar sein (§ 435 Abs. 1 S. 2 StPO iVm § 2 Abs. 2). Bezüglich vorläufig gesicherter Vermögenswerte (§§ 111b ff. StPO) kann ein (aufwändiges) selbstständiges Einziehungsverfahren vermieden werden, wenn der Jugendliche eine Ver- zichtserklärung abgibt (teilw. abw. *Reitemeier* ZJJ 2017, 354 (363 f.)).

3. Beschwerde

Der jugendgerichtliche Einstellungsbeschluss ist hinsichtlich der Ermes- **26** sensentscheidung über die Einstellung zwar grundsätzlich **unanfechtbar** (Abs. 2 S. 3). Diese Regelung beruht nicht auf besonderen jugendstrafrecht- lichen Gründen, sondern auf allg. verfahrensrechtlichen Erwägungen (vgl. § 153 Abs. 2 S. 4 StPO, § 153 Abs. 2 S. 4 StPO; vgl. auch BGHSt 47, 270 = NJW 2002, 2401; anders noch *Peters* RJGG § 31 Anm. 5; für Einführung einer Beschwerde, falls der Betroffene die Tatbegehung bestreitet, UK III DVJJ-Journal 1992, 24; DVJJ 1993, AK IV/3).

a) Anfechtbarkeit bei Normverstößen. Die Beschwerde (§ 304 StPO) **26a** ist jedoch für die nach *§ 67 Abs. 3* aF bzw. § 67 Abs. 2 nF iVm §§ 297, 298 Abs. 1 StPO *Anfechtungsberechtigten* dann zulässig, wenn die Einstellung nach Abs. 1 S. 1 Nr. 3 mit einer in § 45 Abs. 3 S. 1 nicht zugelassenen erzieheri- schen Maßnahme verbunden war (LG Krefeld NJW 1976, 815 (obiter dictum); LG Osnabrück StraFo 2015, 301), insb. bei Fehlen eines Geständ-

nisses (§ 45 Abs. 3 S. 1; LG Potsdam 22.12.2016 – 22 Qs 18/16). Die
Beschwer ergibt sich bereits aus § 60 Abs. 1 Nr. 7 bzw. Abs. 2 BZRG. –
Dem *JStaatsanwalt* steht darüber hinaus ein Beschwerderecht zu, wenn eine
Einstellung ohne seine nach Abs. 2 S. 1 erforderliche Zustimmung erfolgte
bzw. dieselbe nicht wirksam erteilt war (OLG Hamm MDR 1977, 949 f. zu
§ 153a Abs. 2 StPO) oder eine prozessuale Voraussetzung für die Einstellung
fehlte (LG Krefeld NJW 1976, 815 mN; *Meyer-Goßner/Schmitt* StPO § 153
Rn. 34 für das allg. StVR). Ob dies auch dann gilt, wenn trotz Nichtvor-
liegens der Voraussetzungen von Abs. 1 S. 5 (zB irrtümlich) eingestellt wurde, ohne dass dabei die (unzutreffende) Feststellung getroffen worden wäre
(vgl. § 153a Abs. 2 S. 5 StPO), die Weisungen oder Auflagen seien erfüllt
worden (im Falle einer solchen – in § 47 im Unterschied § 153a Abs. 2 S. 5
StPO nicht vorgesehenen – Feststellung könnte bei der Gesetzesauslegung
auch das Verbot der Schlechterstellung (vgl. → § 2 Rn. 23 ff.) zu berücksichtigen sein), bestimmt sich nach den Grundsätzen des Vertrauensschutzes
(AG Eggenfelden NStZ-RR 2011, 357). Dabei kommt auch dem Zeitraum,
der bei Jugendlichen anders als bei Erwachsenen zu würdigen ist (vgl. *Scholz*
DVJJ-Journal 1999, 239: jugendspezifische Zeitdimensionen), Bedeutung zu.

27   **b) Kostenentscheidung.** Gemäß Abs. 2 S. 3 iVm § 2 Abs. 2, § 464
Abs. 3 S. 1 StPO ist die Kostenentscheidung des Einstellungsbeschlusses
nach Abs. 1 grundsätzlich nicht anfechtbar (LG Hamburg NStZ-RR 1996,
217). Jedoch können sich ggf. Abweichungen ergeben, wenn der Betroffene
seine Zustimmung nur für den Fall der Erstattung seiner notwendigen
Auslagen erteilt hat (vgl. betr. § 153 Abs. 2 bzw. § 467 Abs. 4 StPO LG
Limburg wistra 2012, 363 (zum allg. StR)). – Die Streitfrage, ob im JStrafverfahren eine gleichsam „isolierte" Kostenbeschwerde trotz Unanfechtbarkeit der Hauptentscheidung statthaft ist, hat Relevanz iRd instanziellen
Rechtsmittelbeschränkung (vgl. näher → § 55 Rn. 72).

4. Wiederaufnahmeverfahren

28   Vgl. hierzu (§ 2 Abs. 2, §§ 359 ff. StPO) → § 45 Rn. 47.

Vorrang der Jugendgerichte

47a ¹**Ein Jugendgericht darf sich nach Eröffnung des Hauptverfahrens nicht für unzuständig erklären, weil die Sache vor
ein für allgemeine Strafsachen zuständiges Gericht gleicher oder
niedrigerer Ordnung gehöre. ²§ 103 Abs. 2 Satz 2, 3 bleibt unberührt.**

1   **I. 1.** Die Vorschrift gilt in Verfahren gegen **Jugendliche** wie gegen **Heranwachsende** (§ 109 Abs. 1 S. 1).

2   **2.** In **verbundenen Verfahren** gegen Jugendliche und/oder Heranwachsende einerseits und Erwachsene andererseits (§ 103 Abs. 1, 2 S. 1, § 112
S. 1) gilt die Regelung des S. 1 nur dann nicht, wenn den Strafsachen gegen
Erwachsene Tatvorwürfe zugrunde liegen, die nach § 103 Abs. 2 S. 2, 3 die
Zuständigkeit der Wirtschafts- oder der Staatsschutzstrafkammer begründen
(§§ 74c, 74a GVG), ohne dass die vorrangige Zuständigkeit des Schwurgerichts gegeben ist (§ 74e GVG).

II. 1. Die Vorschrift ist durch Art. 3 Nr. 4 des StVÄG 79 eingefügt 3 worden (vgl. BT-Drs. 8/976, 12). Sie folgt im Verhältnis des JGerichts zum Erwachsenengericht niedrigerer Ordnung der bisher entsprechend geltenden allg. Bestimmung des § 269 StPO (vgl. → Rn. 4 ff.). Im Verhältnis des JGe-richts zum Erwachsenengericht gleicher Ordnung hat sie eine neue Rechts-lage geschaffen (vgl. zur zuvor hM BGHSt 18, 173; *Dallinger/Lackner* § 33 Rn. 26 mN), die auf der Fiktion des § 209a Nr. 2 StPO aufbaut.

2. a) Im Vergleich zu § 269 StPO schafft S. 1 für den Verfahrensabschnitt 4 nach Eröffnung des Hauptverfahrens eine Sonderregelung im Verhältnis des JGerichts zu einem Erwachsenengericht niedrigerer Ordnung.

b) Ferner übernimmt die Vorschrift den **Rechtsgedanken** des § 269 5 **StPO** und überträgt ihn auf das Verhältnis des JGerichts zum gleichrangigen Gericht der allg. Strafgerichtsbarkeit. Ausgangspunkt für diese Regelung ist die Überlegung, dass die JGerichte für die Verhandlung von Strafsachen gegen Erwachsene ebenso gut wie Erwachsenengerichte in der Lage sind. Demgemäß sollen sie im Interesse einer zügigen Erledigung anhängiger Ver-fahren zuständig bleiben, wenn sich erst nach Eröffnung des Hauptverfahrens ergibt, dass die Strafsache vor ein Erwachsenengericht gleicher Ordnung gehörte (vgl. OLG Brandenburg NStZ-RR 2009, 57 (Ls.); OLG Hamm NStZ 2011, 527 (betr. bei Tatbegehung bereits erwachsenem Angeklagten); BT-Drs. 8/976, 69; vgl. auch *Rieß* NJW 1978, 2265 (2267)).

c) S. 2 stellt klar (BT-Drs. 8/976, 69 aE), dass diese Verhältnisbestimmung 6 ggü. den Sonderregelungen in § 103 Abs. 2 S. 2, 3 zurücktritt (vgl. im Einzelnen → § 103 Rn. 13–17).

III. 1. Zum **Verfahren** des **Erwachsenengerichts** im Verhältnis zu ei- 7 nem JGericht gleicher oder niedriger Ordnung nach Eröffnung des Haupt-verfahrens vgl. Erl. zu → §§ 33–33b Rn. 29 ff.

2. Eine **Verbindung** zusammenhängender oder eine **Trennung** verbun- 8 dener Strafsachen nach Eröffnung des Hauptverfahrens erfolgt grundsätzlich nach Maßgabe von § 2 Abs. 2, § 4 StPO. Handelt es sich dabei um Strafsa-chen gegen Jugendliche (bzw. Heranwachsende) und Erwachsene, gehen die Regelungen in § 103 Abs. 1, 3 (iVm § 112 S. 1) vor. Die Entscheidung trifft das JGericht regelmäßig auch dann, wenn die beteiligten Gerichte der gleichen Ordnung angehören (vgl. § 4 Abs. 2 S. 1 StPO, § 209a Nr. 2a StPO). Trennt das JGericht die nach Eröffnung des Hauptverfahrens ver-bundenen Strafsachen gegen Jugendliche (bzw. Heranwachsende) und Er-wachsene, so bleibt es für das Verfahren gegen die erwachsenen Angeklagten zuständig, da wegen § 47a eine Abgabe an das für allg. Strafsachen zuständige Gericht nicht in Betracht kommt (BGHSt 30, 260; BayObLG MDR 1980, 958). Insoweit stellt § 47a ggü. § 103 Abs. 3 eine speziellere Vorschrift dar (vgl. auch S. 2 sowie bei → § 103 Rn. 19–22).

IV. 1. Verweist ein JGericht nach Eröffnung des Hauptverfahrens, abge- 9 sehen vom Fall des S. 2, unter Verstoß gegen S. 1 an ein **Erwachsenenge-richt niedrigerer Ordnung,** so bedarf es gegen dessen Urteil nicht der Unzuständigkeitsrüge nach § 338 Nr. 4 StPO. Es liegt vielmehr ein **Ver-fahrenshindernis** vor, das gem. § 6 StPO von Amts wegen in jeder Lage des Verfahrens zu berücksichtigen ist (vgl. *Meyer-Goßner/Schmitt* StPO § 338 Rn. 32, aber auch Rn. 34).

2. Gegen ein Urteil des **Erwachsenengerichts gleicher Ordnung,** an 10 das ein JGericht nach Eröffnung des Hauptverfahrens unter Verstoß gegen § 47a (§ 103 Abs. 1, 2 S. 1, Art. 101 Abs. 1 GG) verwiesen hatte, ist demgegenüber – nach hM zur Zuständigkeitsbewertung im Verhältnis zwischen JGerichten und Erwachsenengerichten (BGHSt 18, 79 (83); vgl. → §§ 33–33b Rn. 9f jeweils mwN) – die Erhebung einer zulässigen Revisionsrüge nach § 338 Nr. 4 StPO erforderlich. Der Gesetzeswortlaut stellt klar, dass die Fiktion des Vorrangs nach § 209a Nr. 2 StPO insoweit nicht gilt.

Nichtöffentlichkeit

48 (1) **Die Verhandlung vor dem erkennenden Gericht einschließlich der Verkündung der Entscheidungen ist nicht öffentlich.**

(2) **¹Neben den am Verfahren Beteiligten ist dem Verletzten, seinem Erziehungsberechtigten und seinem gesetzlichen Vertreter und, falls der Angeklagte der Aufsicht und Leitung eines Bewährungshelfers oder der Betreuung und Aufsicht eines Betreuungshelfers untersteht oder für ihn ein Erziehungsbeistand bestellt ist, dem Helfer und dem Erziehungsbeistand die Anwesenheit gestattet. ²Das gleiche gilt in den Fällen, in denen dem Jugendlichen Hilfe zur Erziehung in einem Heim oder einer vergleichbaren Einrichtung gewährt wird, für den Leiter der Einrichtung. ³Andere Personen kann der Vorsitzende aus besonderen Gründen, namentlich zu Ausbildungszwecken, zulassen.**

(3) **¹Sind in dem Verfahren auch Heranwachsende oder Erwachsene angeklagt, so ist die Verhandlung öffentlich. ²Die Öffentlichkeit kann ausgeschlossen werden, wenn dies im Interesse der Erziehung jugendlicher Angeklagter geboten ist.**

Übersicht

	Rn.
I. Anwendungsbereich	1
1. Jugendliche und Heranwachsende	1
a) Verhältnis von Abs. 1 zu Abs. 3	4
b) Nichtgeltung in Verfahren (nur noch) gegen Erwachsene	5
2. Geltung für alle Rechtszüge	6
3. Ordnungswidrigkeitenverfahren	7
II. Inhaltliche und rechtssystematische Bedeutung der Vorschrift	8
1. Begründung der Vorschrift	8
a) Belange der Reifeentwicklung; Wahrheitsermittlungspflicht	8
b) Reichweite	11
2. Verhältnis zu den allgemeinen Vorschriften des GVG	12
a) Vorrangige Regelung	12
b) Abs. 3 S. 1	14
III. Anwesenheitsberechtigte und Zulassung anderer Personen (Abs. 2)	15
1. Abs. 2 S. 1, 2	15
a) Anwesenheitsberechtigte	16
b) Beschwerde gegen Nichtzulassung	17
2. Abs. 2 S. 3	18
a) Besonderer sachlicher Grund	18
b) Medien	19
c) Beschwerde gegen Nichtzulassung	20

I. Anwendungsbereich

1. Jugendliche und Heranwachsende

Die Vorschrift gilt in Verfahren gegen Jugendliche (§ 1 Abs. 2) vor den **1** JGerichten. Nach dem Ermessen des Richters ist sie auch vor den Erwachsenengerichten anwendbar (§ 104 Abs. 2; allg. Auffassung; aA *Potrykus* Anm. 3, § 104 Anm. 3). Speziell für den Ausschluss der Öffentlichkeit gem. Abs. 3 S. 2 ergibt sich die Anwendbarkeit aus § 104 Abs. 1 Nr. 5 nF.

In Verfahren gegen Heranwachsende (§ 1 Abs. 2) vor den JGerichten gilt **2** § 48 nicht. Ein Ausschluss der Öffentlichkeit kommt aber nach § 109 Abs. 1 S. 4 in Betracht (vgl. näher → § 109 Rn. 52–56; s. auch RL Nr. 1 zu § 109). Vor dem Erwachsenengericht kann der Richter in Verfahren gegen einen Heranwachsenden die Öffentlichkeit nach § 112 S. 1, § 104 Abs. 2, § 48 Abs. 1 ausschließen, wenn dies im Interesse des Heranwachsenden geboten ist (§ 109 Abs. 1 S. 4); Abs. 2 ist dann entsprechend anwendbar (§ 112 S. 1, § 104 Abs. 2; *Dallinger/Lackner* § 109 Rn. 4 aE).

Es kommt (gem. § 1 Abs. 2) auf das **Alter** zur **Zeit** der **Tat** an (anders **3** Art. 6 Abs. 1 EMRK). Sind die angeklagten Straftaten teils in der Altersstufe des Jugendlichen, teils in der des Heranwachsenden begangen worden, gilt § 48 und nicht § 109 Abs. 1 S. 4 (BGHSt 22, 21; 44, 43 = JR 1999, 171 mablAnm *Wölfl;* eher aA *Streng* JugendStrafR Rn. 212f., *Streng* FS Wolter, 2013, 1241; *Höffler* in MüKoStPO Rn. 9; vgl. im Übrigen → § 109 Rn. 56). Eine entsprechende Anwendung von § 32 scheidet aus (BGHSt 22, 25). Wird die prozessuale Verbindung der verschiedenen Taten indes ohne bestehenden sachlichen Zusammenhang vorgenommen, nur um einheitlich nach Abs. 1 verfahren zu können, soll dies rechtsmissbräuchlich sein (so jedenfalls (ohne Benennung der Konsequenzen) die Ansicht von *Pielow,* Öffentliches Strafverfahren – Öffentliches Strafen, 2018, 63 (zw.)).

a) Verhältnis von Abs. 1 zu Abs. 3. Nicht Abs. 1, sondern Abs. 3 ist **4** anzuwenden, wenn vor dem JGericht oder nach Maßgabe von § 104 Abs. 2 vor dem Erwachsenengericht gegen Jugendliche und Heranwachsende, Jugendliche und Erwachsene oder Jugendliche, Heranwachsende und Erwachsene (trotz der Formulierung „oder" in Abs. 3 S. 1) verhandelt wird. Wird die Öffentlichkeit nach Abs. 3 S. 2 ausgeschlossen, gilt Abs. 2 (so überzeugend *Dallinger/Lackner* Rn. 34).

b) Nichtgeltung in Verfahren (nur noch) gegen Erwachsene. In der **5** HV eines Verfahrens ausschließlich gegen **Erwachsene** vor dem JGericht (§§ 26, 74b GVG) gilt § 48 nicht (BGH MDR 1955, 246). Die Vorschrift findet auch dann keine Anwendung, wenn in zunächst verbunden gewesenen Verfahren **nur noch** gegen **Erwachsene** verhandelt wird (zB nach Abtrennung des Verfahrens gegen Jugendliche, Einstellungen nach § 47, rechtskräftigem Urteil gegen alle Jugendlichen). Öffentlich zu verhandeln ist auch dann, wenn der Beschuldigte (versehentlich) als Jugendlicher angeklagt ist, bei Tatbegehung aber bereits Erwachsener war (BGH NStZ 2011, 527 Rn. 20).

2. Geltung für alle Rechtszüge

6 Die Vorschrift gilt nach hM für die **HV** aller Rechtszüge (vgl. RG 59, 374; ebenso schon *Kümmerlein* RJGG § 32 Anm. 1 und *Peters* RJGG § 32 Anm. 2; s. auch *Dallinger/Lackner* Rn. 4; vgl. ergänzend auch bereits *Francke,* Kommentar zum JGG v. 16.2.1923, 2. Aufl. 1926, Anm. I zu § 23 JGG 1923), dh erkennendes Gericht ist – obgleich kein JGericht (§ 33 Abs. 2) – auch das Revisionsgericht (BGH BeckRS 2004, 2479; *Wickern* in Löwe/ Rosenberg GVG § 169 Rn. 1; aA *Meyer-Goßner/Schmitt* GVG § 169 Rn. 2), und zwar einschließlich der Urteilsverkündung (§ 260 Abs. 1 StPO; anders bei Ausschluss der Öffentlichkeit nach allg. StVR (vgl. § 173 Abs. 1 GVG, aber auch → Rn. 21 aE)) und unabhängig davon, ob der Angeklagte inzwischen das 18. oder auch das 21. Lbj. überschritten hat (vgl. § 1 Abs. 2: „zur Zeit der Tat …"; *Dallinger/Lackner* Rn. 4, *Brunner/Dölling* Rn. 11; aA *Schatz* in Diemer/Schatz/Sonnen Rn. 3: nur iRd § 104 Abs. 2; vgl. auch BGHSt 23, 176 (179)).

3. Ordnungswidrigkeitenverfahren

7 In Verfahren wegen Ordnungswidrigkeiten gegen Jugendliche bzw. Heranwachsende gelten § 48 bzw. § 109 Abs. 1 S. 4 gem. § 46 Abs. 1 OWiG sinngemäß (vgl. auch *Seitz/Bauer* in Göhler OWiG § 71 Rn. 61).

II. Inhaltliche und rechtssystematische Bedeutung der Vorschrift

1. Begründung der Vorschrift

8 **a) Belange der Reifeentwicklung; Wahrheitsermittlungspflicht. aa)** Der grundsätzliche Ausschluss der Öffentlichkeit in der HV (einschließlich der Urteilsverkündung) gegen Jugendliche wird auf **entwicklungspsychologische** und **jugendpädagogische** Erwägungen gestützt (nach *Scholz* ZJJ 2012, 194 überholt). Einerseits soll der Ausschluss Schüchternheit (vgl. → Rn. 9) und zusätzlich Hemmungen bei dem Jugendlichen abbauen, um die Atmosphäre für eine freie Aussprache zu schaffen (*Peters* RJGG § 32 Anm. 1; *Dallinger/Lackner* Rn. 2 mwN). Andererseits geht es um den Schutz der Privatsphäre zur Förderung der Integration (so Art. 14 RL 800/2016 mit Erwägungsgrund 56). Es sollen also Bloßstellungen und damit verbundene stigmatisierende Folgen sowie Verletzungen des Schamgefühls (*Dallinger/ Lackner* Rn. 2) bzw. diejenige Wirkung im Sinne einer negativen Verstärkung vermieden werden, im Mittelpunkt des allg. Interesses einer öffentl. HV zu stehen (vgl. bereits *Francke,* Kommentar zum JGG v. 16.2.1923, 2. Aufl. 1926, Anm. I zu § 23 JGG 1923; *Peters* RJGG § 32 Anm. 1; RL Nr. 1 S. 1 zu § 32 RJGG 1943 sowie für die geltende Fassung Schriftl. Bericht 8; *Dallinger/Lackner* Rn. 2).

9 Hinzu treten Gesichtspunkte der **Wahrheitsermittlung** im Hinblick auf eine möglichst weitgehende Aufklärung des angeklagten Tatgeschehens als auch bezüglich einer möglichst wenig beeinflussten Persönlichkeitserforschung (vgl. dazu bereits den „Entwurf eines Gesetzes über das Verfahren gegen Jugendliche" (Deutscher Reichstag, 13. Legislaturperiode, I. Session 1912, Drs. Nr. 576, 21, hier zitiert nach *Hellwig* JGG § 23 Anm. 1): „Einen befangenen Angeklagten schüchtert sie derart ein, dass das Gericht nicht in die Lage kommt, sich über seine sittliche und geistige Reife ein zutreffendes Bild zu machen."; krit. *Pelster* MschKrim 2007, 426 ff. (430 ff.)). Hiernach soll der Ausschluss etwa verzerrenden Einflüssen von Seiten Anwesender während der Vernehmung zuvorkommen.

bb) Im Konflikt der beiden Kategorien von Zweckverfolgungen besteht 10 die Gefahr, dass die Belange **jugendgemäßer Verfahrensgestaltung** in den Hintergrund treten. Dies wäre aus rechtsstaatlichen Gründen deshalb besonders bedenklich, weil nur die ausschließlich jugendbezogenen Gesichtspunkte Einschränkungen in der Öffentlichkeit der HV (in Abweichung vom allg. StVR) legitimieren.

b) Reichweite. Der **erzieherische Zweck** des Grundsatzes der Nicht- 11 öffentlichkeit des JStrafverfahrens erfordert auch **außerhalb** der **HV** eine entsprechend jugendgemäße **Verfahrensweise.** So ist eine öffentliche Ladung zur HV unzulässig (vgl. näher → § 2 Rn. 46). Dem Grundsatz würde es ebenso widersprechen, wenn vor dem Sitzungssaal ein Terminzettel mit dem Namen des Jugendlichen und der vorgeworfenen Tat angebracht wäre (vgl. bereits *Müller* RdJB 1958, 357 (358)). Desgleichen ist eine Anwendbarkeit der §§ 288, 291 StPO ausgeschlossen. Aus denselben Gründen sollte bei Zeugenladungen (vgl. auch Nr. 64 Abs. 1 S. 2 RiStBV; aA *Schady* in NK-JGG Rn. 6) wie im Schriftverkehr des Gerichts mit Behörden nach Möglichkeit auf die namentliche Bezeichnung des Beschuldigten bzw. zumindest auf die Angabe der ihm vorgeworfenen Tat verzichtet werden (s. für das Ermittlungsverfahren insb. Nr. 4a RiStBV entspr.; vgl. auch *Dallinger/Lackner* Rn. 3).

2. Verhältnis zu den allgemeinen Vorschriften des GVG

a) Vorrangige Regelung. aa) Der gesetzliche Ausschluss der Öffentlich- 12 keit (Abs. 1) beinhaltet eine im Verhältnis zu den allg. Vorschriften (§§ 169 ff. GVG) spezielle Regelung mit der Folge, dass diese Vorschriften gem. **§ 2 Abs. 2** nicht anwendbar sind, soweit sie zu Abs. 1 in Widerspruch stehen oder sachlich gegenstandslos sind (so bereits *Peters* RJGG § 32 Anm. 4; vgl. auch BVerfG, 1. K. des 1. S., 14.10.2009 – 1 BvR 2436/09 Rn. 6, AfP 2009, 581 = BeckRS 2009, 27650).

bb) Hiernach ist ggü. den – von Gesetzes wegen oder aufgrund Ermes- 13 sensentscheidung des Vorsitzenden – **Anwesenheitsberechtigten (Abs. 2)** § 175 GVG zwar anwendbar, jedoch mit Ausnahme sowohl des § 175 Abs. 2 S. 1 GVG, der durch Abs. 2 S. 3 verdrängt ist, als auch des § 175 Abs. 2 S. 2 GVG, da die zwingende Anwesenheitsberechtigung des Verletzten gem. Abs. 2 S. 1 vorrangig ist. Gestattet der Vorsitzende Personen die Anwesenheit nach Abs. 2 S. 3, werden bei seiner Entscheidung über die Zulassung die den Ausschließungsgründen des § 171a GVG, des (erst auf Initiative des Rechtsausschusses (BT-Drs. 17/6261) durch Gesetz v. 29.6.2013 (BGBl. I 1805) gänzlich neu gefassten und erweiterten) § 171b GVG und des § 172 GVG zugrunde liegenden Gesichtspunkte zu berücksichtigen sein. Darüber hinaus wird eine entsprechende Anwendung dieser Vorschriften es ermöglichen, den gem. Abs. 2 S. 1 Anwesenheitsberechtigten (mit Ausnahme der Prozessbeteiligten) das Recht auf Anwesenheit zu entziehen (*Dallinger/Lackner* Rn. 13; *Grethlein* Anm. 4a; näher *Schaal/Eisenberg* NStZ 1988, 51 f.; aA noch *Kümmerlein* RJGG § 32 Anm. 1).

14   **b) Abs. 3 S. 1.** Gemäß dieser Regelung sind die allg. Vorschriften der §§ 169 ff. GVG ohne Einschränkung anwendbar. Ergänzt werden diese Ausschlussgründe des allg. StVR durch die nach allg. Auffassung hinzukommende Möglichkeit, die Öffentlichkeit **im Interesse** jugendlicher oder heranwachsender **Angeklagter** auszuschließen (Abs. 3 S. 2, § 104 Abs. 2, § 109 Abs. 1 S. 4, § 112 S. 1). Der Ausschluss geschieht entsprechend § 174 Abs. 1 GVG und ist demgemäß nach § 174 Abs. 1 S. 3 GVG zu begründen (Bedenken hinsichtlich der Anwendbarkeit dieser Vorschrift bei *Dallinger/Lackner* Rn. 32; vgl. zu den Anforderungen an die Begründung BGHSt 27, 117 (119); 27, 187 entspr.).

III. Anwesenheitsberechtigte und Zulassung anderer Personen (Abs. 2)

1. Abs. 2 S. 1, 2

15   Nur eine Klarstellung beinhaltet der Hinweis auf das Anwesenheitsrecht der am Verfahren **Beteiligten** (Abs. 2 S. 1), das sich regelmäßig aus besonderen gesetzlichen Vorschriften ergibt (vgl. schon § 2 Abs. 2, § 226 Abs. 1 StPO). – Von der (selbstverständlichen) Anwesenheit des **Angeklagten** in der HV (vgl. näher → § 50 Rn. 17) kann regelmäßig weder ganz (§ 50 Abs. 1 iVm §§ 231a, 232, 233 StPO (vgl. → § 50 Rn. 18), ausnahmsweise aber gem. § 329 StPO (vgl. → § 55 Rn. 21), § 350 StPO) noch teilweise (§ 51 Abs. 1 S. 1, §§ 231 Abs. 2, 231b StPO iVm § 177 GVG (vgl. → § 50 Rn. 18), anders gem. § 231c StPO bzw. § 247 S. 1–3 StPO; vgl. auch Erl. bei → § 51 Rn. 5 ff.) abgesehen werden.

15a   Hingegen steht **Zeugen,** deren Anwesenheitspflicht nach Maßgabe von §§ 48 Abs. 1, 51, 58, 243 Abs. 2 StPO geregelt ist, **kein** Anwesenheitsrecht zu. Nach Beendigung ihrer Verfahrensbeteiligung durch ihre Entlassung kann die Anwesenheit allenfalls nach Abs. 2 S. 2 gestattet werden (allg. Auffassung). – Auch der grundsätzlich *Anwesenheitsberechtigte* kann sein Anwesenheitsrecht nicht ausüben, solange er noch *als Zeuge* in Betracht kommt (vgl. §§ 58 Abs. 1, 243 Abs. 2 S. 1 StPO). Allerdings wird sein Anwesenheitsrecht verletzt sein, wenn er ohne sachlich zwingenden Grund zum Schluss der Beweisaufnahme als letzter Zeuge vernommen wird (BGHSt 4, 205 (206 f.)).

16   **a) Anwesenheitsberechtigte. aa)** Zu diesen gehören namentlich die Erziehungsberechtigten (§ 67 Abs. 1, 5 S. 1, 2), der gesetzliche Vertreter (§ 67 Abs. 1; vgl. auch §§ 50 Abs. 2, 51 Abs. 2), der Pfleger im Fall des § 67 Abs. 4 S. 3 (vgl. § 67 Abs. 4 S. 4), der Verteidiger (§ 68; vgl. auch § 218 StPO), der Beistand (§ 69 (vgl. insb. Abs. 3 S. 2)) und der Vertreter der JGH (§§ 50 Abs. 3, 38 Abs. 3).

16a   **bb)** Von Gesetzes wegen anwesenheitsberechtigt sind nach Abs. 2 S. 1 ferner der (mutmaßliche) **Verletzte** (vgl. auch § 15 Abs. 1 Nr. 2), sowie (seit 2. JuMoG v. 30.11.2006, BGBl. I 3416) dessen Erziehungsberechtigter und gesetzlicher Vertreter (Abs. 2 S. 1; vgl. noch zur aF KG StV 2007, 4). Diese Erweiterung, die (entgegen der Gesetzesbegründung, BT-Drs. 16/ 3038, 59) nicht auf (mutmaßlich) verletzte Kinder beschränkt ist, kann die Wahrheitsfindung deshalb gefährden, weil (mutmaßlich) Verletzte und iSd Täter-Opfer-Verhältnisses in diesem oder jenem Ausmaß beteiligt gewesene Personen (zur Häufigkeit vgl. Nachw. bei *Eisenberg/Kölbel* Kriminologie § 60 Rn. 5 ff., 11 f.) in Gegenwart der nunmehr Anwesenheitsberechtigten eher zu partiell oder gänzlich falschen Aussagen veranlasst sein könnten (vgl. etwa *Ell* ZfJ 1992, 192 f.). Zudem wird der Vorsitzende Gefahren der atmosphärischen Beeinträchtigung (oder gar der situativen Isolation) des Jugendlichen zu wehren haben.

cc) Weiterhin sind gem. Abs. 2 S. 1 anwesenheitsberechtigt der **BewHel-** **16b** **fer,** wenn der Angeklagte dessen Aufsicht und Leitung unterstellt ist (vgl. §§ 24, 25, 29, 88 Abs. 6), der **Betreuungshelfer,** wenn der Angeklagte dessen Betreuung und Aufsicht untersteht (vgl. § 10 Abs. 1 S. 3 Nr. 5) sowie der bereits bestellte **Erziehungsbeistand** (§ 12, § 30 KJHG).

Das Gleiche gilt, wenn der Jugendliche sich in einem **Heim der JHilfe** **16c** oder einer vergleichbaren Einrichtung befindet, für den **Leiter** der Einrichtung **(Abs. 2 S. 2);** dieser wird sich entsprechend dem Zweck der Vorschrift (s. BR in Begr. BT-Drs. 11/5829, 43) idR von derjenigen Person vertreten lassen, von der der Jugendliche in der Einrichtung betreut wird.

dd) Ein etwaiges Anwesenheitsrecht eines Rechtsanwalts als **Beistand** des **16d** (mutmaßlich) Verletzten analog § 406f Abs. 1 StPO (§ 2 Abs. 2) besteht nach zutr. hM nicht (*Höffler* in MüKoStPO Rn. 15). Eine Ausnahme lässt sich (unter dem Aspekt der Gewährleistung erweiterten Zeugenschutzes) im Hinblick auf dessen Rechte iZm der Vernehmung des Zeugen (vgl. dazu nur *Meyer-Goßner/Schmitt* StPO § 406f Rn. 3; *Eisenberg* Beweisrecht StPO Rn. 1298 ff.) allenfalls dann vertreten, wenn insoweit zugleich für den Jugendlichen gem. § 68 Nr. 1 iVm § 140 Abs. 2 S. 1 StPO (vgl. auch § 140 Abs. 1 Nr. 9 StPO) ein Verteidiger bestellt ist (hierzu sowie zur Unanwendbarkeit der Regelung im Vorverfahren schon *Schaal/Eisenberg* NStZ 1988, 52; abl. auch *Stöckel* in KMR StPO § 406f Rn. 2; aA *Brunner/Dölling* § 48 Rn. 15). Unter der zuletzt genannten Voraussetzung können Belange des Zeugenschutzes im Übrigen (§ 406f Abs. 2 StPO) einen besonderen sachlichen Grund iSd Abs. 2 S. 3 darstellen (vgl. → Rn. 18).

b) Beschwerde gegen Nichtzulassung. In den Fällen der Geltendma- **17** chung eines gesetzlichen Anwesenheitsrechts ist bei Nichtzulassung die Beschwerde nach § 304 StPO zulässig (KG StraFo 2006, 460; *Dallinger/Lackner* Rn. 14; *Schatz* in Diemer/Schatz/Sonnen Rn. 39).

2. Abs. 2 S. 3

a) Besonderer sachlicher Grund. Daneben kann der Vorsitzende (abw. **18** von § 175 Abs. 2 S. 1 GVG) ohne Anhörung der Verfahrensbeteiligten (§ 175 Abs. 2 S. 2 GVG entspr.) nach pflichtgemäßem Ermessen (§ 238 Abs. 2 StPO kommt nicht zur Anwendung) anderen Personen bei Vorliegen eines besonderen sachlichen Grundes die Anwesenheit gestatten (Abs. 2 S. 3), allerdings widerruflich (allg. Auffassung). Als gesetzliches Bsp. ist der Ausbildungszweck benannt, der namentlich (aber nicht nur (zu eng RL

S. 1)) bei Personen im juristischen Studium, Referendaren sowie Personen in der Ausbildung bei der Polizei oder für soziale Dienste in Betracht kommen kann (vgl. RL). Besondere Gründe können aber auch die Zulassung von (weiteren erwachsenen) Angehörigen (§ 11 Abs. 1 Nr. 1 StGB), einer Person des Vertrauens des Verletzten (§ 406f Abs. 2 StPO (seit 2. OpferRRG, zuvor gem. OpferRRG als § 406f Abs. 3); insoweit bereits zuvor RiStBV Nr. 19a Abs. 1 S. 2 (vgl. zu Gefahren *Schaal/Eisenberg* NStZ 1988, 52 f.), Nr. 19 Abs. 2 S. 3) sowie von Vertretern von Jugendverbänden oder Forschungsinstituten, kaum aber von Schulklassen (RL S. 2; s. aber näher *Greupner* DRiZ 1985, 389) rechtfertigen.

Eine sorgfältige Prüfung ist insb. dann erforderlich, wenn im Hinblick auf erwartbare entwicklungspsychologische Auswirkungen die Anwesenheit einer möglichst geringen Zahl von Personen in der HV pädagogisch angezeigt erscheint (vgl. auch RL; ferner *Dallinger/Lackner* näher 20). Grundsätzlich wird der Vorsitzende bei seiner Entscheidung (vorrangig, s. § 2 Abs. 1 S. 2) zu berücksichtigen haben, ob der *Angeklagte* mit der Zulassung einverstanden ist oder nicht, zumal aus dessen Sicht regelmäßig nachvollziehbare Gründe bestehen.

19 **b) Medien.** Diese Erwägungen gelten grundsätzlich auch für die **Bericht-erstattung** der öffentlichen Medien (vgl. BVerfG, 1. K. des 2. S., NJW 2010, 1739; vgl. auch *Dallinger/Lackner* Rn. 18, 19 sowie Nr. 129 RiStBV entspr.; zum Einfluss im Allg. auf StA bzw. Gericht *Gerhardt* ZRP 2009, 247 ff. (250)). So ist unstreitig, dass mediale Berichte einen auch erzieherisch abträglichen Einfluss haben können, sei es im Sinne kriminogener Wirkung (vgl. etwa zu LG Passau NStZ 1996, 601 *Weiler* AnwBl 1998, 6; betr. Nach-ahmung *Eisenberg/Kölbel* Kriminologie § 51 Rn. 14 ff.), sei es im Sinne gar medienöffentlicher „Vorverurteilung" (zur Berücksichtigung bei der Rechts-folgenentscheidung näher *Altermann* Vorverurteilung 246 ff. bzw. 197 ff.). Dabei ist zw., ob es dem Gesetzeswillen hinreichend Rechnung trägt, dass der Vorsitzende, falls er Reporter zulässt, darauf hinwirken „sollte", dass in den Berichten Angaben zur Identifikation des jugendlichen Angeklagten unterbleiben, **Abbildungen nicht** veröffentlicht und auch andere Hinweise, die auf die Person des Jugendlichen hindeuten, vermieden werden (vgl. zu einem Verstoß BVerfG, 2. K. des 2. S., StraFo 2015, 375 − zugleich zur Tragweite des Grundrechts auf informationelle Selbstbestimmung im Ver-hältnis zum Antrag des Presseorgans auf Akteneinsicht, § 2 Abs. 2, §§ 475 Abs. 1, 478 Abs. 3 StPO; vgl. auch RL S. 3, 4), vielmehr kommt sitzungs-polizeilich (§ 2 Abs. 2, § 176 StPO) eine **Anonymisierung**sanordnung in Betracht (OLG Düsseldorf StraFo 2013, 30 (betr. Heranwachsenden); vgl. auch BVerfG, 3. K. des 1. S., NJW 2017, 798; BGH NStZ-RR 2016, 25 (jeweils zum allg. StR)). Zumindest wird, sofern in Medienberichten ein-schlägige Schutzbelange verletzt werden, der Ausschluss des verantwortlichen Reporters von der weiteren Verhandlung (durch Widerruf der Zulassung) idR zulässig sein (anders bei (nur) abfälliger Berichterstattung über die Ver-handlungsführung des Gerichts (vgl. BVerfG NJW 1979, 1400)). Einzelnen Lockerungen des Verbots gem. § 169 S. 2 GVG aF gem. § 169 Abs. 1–3 GVG (eingef. durch Gesetz v. 8.10.2017 (BGBl. I 3546)) stehen für das JStV die genannten Grundsätze nicht minder entgegen (nicht erwähnt aber in Begr. RefE-BMJV v. 2.6.2016, 4 f. (abl. zu erweiterter Medienöffentlichkeit DRiB 12/16; *Alwart,* Stellungnahme Rechtsausschuss BT-Drs. 18/10144).

c) Beschwerde gegen Nichtzulassung. Zwar ist die Beschwerde gegen 20
eine ablehnende Ermessensentscheidung des Vorsitzenden (vgl. → Rn. 18)
vom Gesetz nicht ausdrücklich versagt (vgl. auch BVerfG, 1. K. des 1. S.,
14.10.2009 – 1 BvR 2436/09 Rn. 5, AfP 2009, 581 = BeckRS 2009,
27650), jedoch ist die Beschwerde mangels eines subjektiven Rechts idR
nicht zulässig (allg. Auffassung, vgl. etwa KG StV 2016, 712 (Ls.) = StRR
2014, 478 (bei *Fricke*); betr. Entziehung der Akkreditierung vor dem OLG
im ersten Rechtszug BGH NJW 2015, 3671; vgl. aber auch BVerfG, 3. K.
des 1. S., BeckRS 2016, 51424, jeweils zum allg. StVR). Auch gegen die
zulassende Ermessensentscheidung fehlt es idR an einer Beschwerdebefugnis
(allg. Auffassung, vgl. etwa schon BGH 5.8.1975 – 1 StR 283/75 Rn. 4,
BeckRS 1975, 00122).

Anders kann es sich verhalten, wenn die Ermessensausübung rechtsmiss- 20a
bräuchlich war (vgl. auch hierzu BGH 5.8.1975 – 1 StR 283/75 Rn. 4,
BeckRS 1975, 00122) oder wenn die Beschwerdebefugnis sich aus spezielleren
Normen oder Grundsätzen ergibt (vgl. näher betr. Medien BVerfG
14.10.2009 – 1 BvR 2436/09 Rn. 6f, AfP 2009, 581 = BeckRS 2009, 27650),
wozu insb. solche des JGG in Betracht kommen (vgl. zB → § 67 Rn. 7).

IV. Ausschließung der Öffentlichkeit aus erzieherischen Gründen (Abs. 3 S. 2)

Die Gründe, die einer öffentl. HV entgegenstehen können, gelten für den 21
Ausschluss der Öffentlichkeit im Falle einer grundsätzlich öffentlichen HV
gegen Jugendliche und Heranwachsende und/oder Erwachsene (**Abs. 3 S. 1;**
für Streichung DVJJ-Kommision (15.8.2002) DVJJ-Journal 2002, 243) **sinngemäß.** Bei HV mit mindestens einem jugendlichen und einem älteren
Angeklagten ist daher stets von Amts wegen zu prüfen, ob die in → Rn. 8 ff.
sowie → Rn. 19 f. genannten Gesichtspunkte einen Ausschluss der Öffentlichkeit angezeigt sein lassen. Den bisweilen erhobenen Forderungen nach
einer restriktiven Handhabung dieser Option (etwa *Kröber* FPPK 2008, 207
(208)) liegt die Neigung zugrunde, der Verfahrensöffentlichkeit eine überhöhte gesellschaftliche Bedeutung beizumessen (näher *Kölbel* JZ 2018, 877
(878)). Eine entspr. Priorisierung ist mit Blick auf § 2 Abs. 1 jedenfalls im
JStR nicht haltbar (für HV vor Erwachsenengerichten → § 104 Rn. 9a). –
Der Ausschluss der Öffentlichkeit nach **Abs. 3 S. 2** kann entsprechend § 172
GVG (vgl. zum Verhältnis des Abs. 3 zu den allg. Vorschriften → Rn. 14)
durch öffentlich zu verkündenden Beschluss (allgA, vgl. OLG Hamm StraFo
2000, 195) auch nur für einen **Teil der HV** erfolgen. – Ist der ausschließende
Beschluss verkündet, so wurde entschieden, dass unbeschadet von Gegenvorstellungen der Verteidigung und Stellungnahmen der JGH und der StA hierzu
die Verhandlung nichtöffentlich fortgesetzt werden darf, denn durch das nachfolgende Prozessgeschehen sei das Verfahren „nicht in den Stand vor diesem
Beschluss zurückversetzt" worden (BGH NStZ 2015, 230, wonach das Gericht die Gegenvorstellungen erst am nächsten HV-Termin zurückwies).

Der Ausschluss der Öffentlichkeit auch von der Verkündung des Urteils 22
setzt jedoch, wie sich aus der – zu Abs. 1 kontrastierenden – Regelung des
Abs. 3 S. 1 ergibt, die § 173 Abs. 1 und 2 GVG nicht berührt, einen
besonderen **Beschluss** voraus. Nichts anderes ergibt sich bei teleologischer

Auslegung, da nur durch den gem. § 173 Abs. 2 GVG erforderlichen Beschluss die Belange des Heranwachsenden gewahrt werden (*Potrykus* Anm. 8, § 109 Anm. 2; *Heinen* unsere jugend 1957, 210; *Hinrichsen* unsere jugend 1960, 49 (51); vgl. ergänzend → § 109 Rn. 53; **aA** die **hM,** BGH NStZ 1998, 53 mablAnm *Eisenberg; Bender* JGG Rn. 22, 26; *Brunner/Dölling* Rn. 23; *Dallinger/Lackner* Rn. 29; *Grethlein* Anm. 3b; *Schatz* in Diemer/ Schatz/Sonnen Rn. 11; ebenso OLG Düsseldorf NJW 1961, 1547; OLG Oldenburg NJW 1959, 1506 für den Fall des § 109 Abs. 1 S. 2 aF).

V. Revision

1. Revisionsgrund

23   Die Verletzung der Öffentlichkeit der HV einschließlich der Urteilsverkündung (vgl. § 169 Abs. 1 S. 1 GVG, § 173 GVG) ist als **absoluter** Revisionsgrund ausgestaltet (§ 338 Nr. 6 StPO; OLG Hamm NStZ 2011, 527 Rn. 17 ff.). Soweit angenommen wird, seine Geltung erstrecke sich nur auf ungesetzliche Beschränkungen (und nicht Erweiterungen) der Öffentlichkeit (vgl. etwa BGH GA 1953, 83; krit. *Zipf* JuS 1973, 350 (353); *Roxin* FS Peters, 1974, 402 f.), wird die Anwesenheit von Personen unter Verstoß gegen Abs. 1 von der Rspr. als eine nur unter den Voraussetzungen des § 337 StPO einschlägig beachtliche Gesetzesverletzung behandelt (BGHSt 23, 176; s. auch BGH NStZ 2001, 252; aA *Eb Schmidt* NJW 1968, 805; *Roxin* JZ 1968, 806; *Zipf,* 54. DJT, Gutachten G, 62–64). Eine solche liegt etwa dann vor, wenn das Urteil auf Angaben des jugendlichen Angeklagten beruht, die durch Einflüsse von nicht zur Anwesenheit berechtigten Personen verfälscht worden sind (vgl. auch *Frisch* in SK-StPO StPO § 338 Rn. 129: Beruhen der Aussage des jugendlichen Angeklagten oder Zeugen „naheliegend"). Wegen damit verbundener Ungewissheiten, die mit der Aufgabe gem. § 2 Abs. 1 nicht vereinbar sind, wie schon gem. allg. Auslegungsgrundsätze gilt § 338 Nr. 6 StPO. – Die Rüge der Entfernung eines nach **Abs. 2 S. 1** Anwesenheitsberechtigten (vgl. → Rn. 15 ff.) ist gem. der dem Vorsitzenden obliegenden Schutz- und Fürsorgepflicht und der sich daraus ergebenden Informationspflicht unabhängig davon zulässig, ob die Anordnung gem. § 2, § 238 Abs. 2 StPO beanstandet wurde (aA BGH NStZ 2013, 608 (betr. die Mutter des Angeklagten, ohne Erörterung von Art. 6 Abs. 2 GG) mzustAnm *Meyberg*). Die Revision kann – sofern dies den Anforderungen des § 344 Abs. 2 S. 2 StPO entsprechend dargelegt wird – uU auch darauf gestützt werden, dass die Entfernung oder der beantragte und zu Unrecht verweigerte Zutritt eines gesetzlich zur Anwesenheit Berechtigten (Abs. 2 S. 1) die Wahrheitserforschung nach § 244 Abs. 2 StPO derartig eingeschränkt hat, dass das Urteil darauf beruhen kann.

2. Abs. 3 S. 2

24   Die Verletzung des Grundsatzes der Öffentlichkeit bzw. speziell der Ausschluss der Öffentlichkeit nach dieser Vorschrift ohne vorhergehende Prüfung und Verhandlung der Erforderlichkeit des Ausschlusses im Interesse der Erziehung des jugendlichen Angeklagten **beschwert** den Jugendlichen nicht, weil gegen ihn gem. Abs. 1 ohnehin grundsätzlich nicht öffentlich

verhandelt wird (BGH JR 2006, 389 mzustAnm *Humberg* bzw. BGHSt 10, 119 f. mzustAnm *Jagusch* LM § 48 JGG Nr. 2; 23.1.2003 – 4 StR 412/02 Rn. 20 (juris) = NJW 2003, 2036 = StV 2003, 460). Der Ausschluss der Öffentlichkeit kann nur die Revision des mitangeklagten Erwachsenen (nach § 338 Nr. 6 StPO) begründen.

Mit **Verkündung** des Beschlusses über den Ausschluss der Öffentlichkeit 25 (vgl. auch → Rn. 22) ist die Verhandlung nichtöffentlich (vgl. BGH NStZ 2015, 230 betr. Verhandlung und Entscheidung über anschließend erhobene Gegenvorstellungen in nichtöffentlicher Verhandlung).

49 *(aufgehoben)*

Anwesenheit in der Hauptverhandlung

50 (1) **Die Hauptverhandlung kann nur dann ohne den Angeklagten stattfinden, wenn dies im allgemeinen Verfahren zulässig wäre, besondere Gründe dafür vorliegen und die Jugendstaatsanwaltschaft zustimmt.**

(2) [1] **Der Vorsitzende soll auch die Ladung der Erziehungsberechtigten und der gesetzlichen Vertreter anordnen.** [2] **Die Vorschriften über die Ladung, die Folgen des Ausbleibens und die Entschädigung von Zeugen gelten entsprechend.**

(3) [1] **Der Jugendgerichtshilfe sind Ort und Zeit der Hauptverhandlung in angemessener Frist vor dem vorgesehenen Termin mitzuteilen.** [2] **Der Vertreter der Jugendgerichtshilfe erhält in der Hauptverhandlung auf Verlangen das Wort.** [3] **Ist kein Vertreter der Jugendgerichtshilfe anwesend, kann unter den Voraussetzungen des § 38 Absatz 7 Satz 1 ein schriftlicher Bericht der Jugendgerichtshilfe in der Hauptverhandlung verlesen werden.**

(4) [1] **Nimmt ein bestellter Bewährungshelfer an der Hauptverhandlung teil, so soll er zu der Entwicklung des Jugendlichen in der Bewährungszeit gehört werden.** [2] **Satz 1 gilt für einen bestellten Betreuungshelfer und den Leiter eines sozialen Trainingskurses, an dem der Jugendliche teilnimmt, entsprechend.**

Schrifttum *Bielefeld ua,* Junge Ausländer im Konflikt, 1982; *Delbrück,* Erziehungsfunktion in der Jugendgerichtsverhandlung, 1988 (unveröffentl. Diplomarbeit Sozialpädagogik); FHSVR Berlin, Autorengruppe Ausländerforschung (Hrsg.), Untersuchungen von Straftaten …, Teil 3, 1980; *Fuchs,* Der Verteidiger im Jugendstrafverfahren, 1992; *Gensing,* Jugendgerichtsbarkeit und Jugendstrafverfahren im europäischen Vergleich, 2014; *Gramm,* Jugendrichter und Staatsanwälte im mehrsprachigen Gerichtssaal, 2019; *Hamburger ua,* Zur Delinquenz ausländischer Jugendlicher, 1981; *Herz,* Recht persönlich, 2006; *Kranjcic,* „…dass er treu und gewissenhaft übertragen werde": zum Dolmetscher im Strafverfahren, 2009; *Kremer,* Der Einfluß des Elternrechts auf die Rechtmäßigkeit der Maßnahmen des JGG, 1984; *Leodolter,* Das Sprachverhalten von Angeklagten vor Gericht, 1975; *Ludwig-Mayerhofer,* Das Strafrecht und seine administrative Rationalisierung, 1998; *Pfeiffer,* Kriminalprävention im Jugendgerichtsverfahren, 1983; Reichertz (Hrsg.), Sozialwissenschaftliche Analyse jugendgerichtlicher Interaktion, 1984; Rössner (Hrsg.), Toleranz, Erziehung, Strafe, 1988.

Übersicht

I. Anwendungsbereich

1. Persönlicher Anwendungsbereich

a) Jugendliche, Heranwachsende. aa) Abs. 1 gilt in Verfahren gegen **1**
Jugendliche vor den JGerichten und sollte in Verfahren vor den Erwachsenengerichten gem. § 104 Abs. 2 entsprechend zur Anwendung kommen (allg. Auffassung; aA vormals *Potrykus* § 104 Anm. 3).

bb) Hingegen ist Abs. 1 in Verfahren gegen **Heranwachsende** nicht **2**
anwendbar (s. § 109 Abs. 1 S. 1). Unstreitig ist gleichwohl der Grundgedanke der Bestimmung, eine HV ohne Anwesenheit des Angeklagten möglichst zu vermeiden, bei Anwendung des allg. StVR zu berücksichtigen. Ohnehin ist eine HV in Abwesenheit des heranwachsenden Angeklagten nur statthaft, falls ausnahmsweise auch ohne seine Anwesenheit die Frage hinreichend geprüft werden kann, ob materielles JStR oder aber allg. StR anzuwenden ist (allg. Auffassung, vgl. etwa OLG Hamburg NJW 1963, 67 f. sowie bereits *Just-Dahlmann* MDR 1954, 24 f.).

b) Abs. 2. aa) Diese Vorschrift gilt in Verfahren gegen Jugendliche vor **3**
den JGerichten und vor den Erwachsenengerichten (§ 104 Abs. 1 Nr. 9; vgl. aber auch § 104 Abs. 3 (dazu → § 104 Rn. 14)) bis zum Eintritt der Volljährigkeit (s. auch → § 67 Rn. 2).

bb) Hingegen ist Abs. 2 in Verfahren gegen (zur Tatzeit) Heranwachsende **4**
nicht anwendbar (§ 109 Abs. 1 S. 1, § 112; vgl. RL 5).

c) Abs. 3. Diese Regelung ist in Verfahren gegen Jugendliche vor den **5**
JGerichten und den Erwachsenengerichten (§ 104 Abs. 1 Nr. 2; s. aber § 104 Abs. 3 (vgl. auch → § 104 Rn. 7)) anzuwenden; Entsprechendes gilt in Verfahren gegen Heranwachsende (§ 109 Abs. 1 S. 1, § 112 S. 1), selbst noch nach Vollendung des 21. Lbj. (§ 1 Abs. 2; ebenso *Dallinger/Lackner* Rn. 33; vgl. BGHSt 6, 354; BGH StV 1982, 27; 1982, 336 mAnm *Gatzweiler*).

Nach allg. Auffassung (vgl. nur *Brunner/Dölling* Rn. 12; *Frisch* in SK-StPO **6**
§ 350 Rn. 7; *Höffler* in MüKoStPO Rn. 6; vgl. aber auch *Schady* in NK-JGG Rn. 6; aA *Potrykus* Anm. 4) gilt Abs. 3 nicht für die HV vor dem Revisionsgericht, da dieses die Entscheidung der Tatsacheninstanz nur in rechtlicher Hinsicht nachzuprüfen hat (§ 2 Abs. 2, §§ 337, 338 StPO).

d) Abs. 4. Diese Bestimmung gilt in Verfahren gegen Jugendliche vor **6a**
den JGerichten und sollte in Verfahren vor den Erwachsenengerichten gem. § 104 Abs. 2 analog angewandt werden.

Entsprechendes gilt in Verfahren gegen Heranwachsende (§ 109 Abs. 1 **6b**
S. 1, § 112 S. 1; zu Vorbehalten vgl. allerdings → Rn. 28a).

2. Vereinfachtes Jugendverfahren

In diesem Verfahren gilt Abs. 1 mit der Erweiterung, dass es der Zustim- **7**
mung des JStaatsanwalts nicht bedarf, wenn er an der mündlichen Verhandlung nicht teilnimmt (§ 78 Abs. 2 S. 2, Abs. 3 S. 2; vgl. RL 2, aber auch RL 1).

8   Abs. 2 findet im vereinfachten JVerfahren Anwendung (vgl. § 78 Abs. 3
     S. 2). Dies gilt auch für Abs. 3 nF (dazu n. → § 38 Rn. 47 und → § 78
     Rn. 26). Ferner ist Abs. 4 unter den darin genannten Voraussetzungen
     anwendbar.

3. Ordnungswidrigkeitenverfahren

9   **a) Persönliches Erscheinen bzw. Mitwirkung. aa)** Auch im Bußgeld-
     verfahren nach dem **OWiG** ist der **Betroffene** zum Erscheinen in der HV
     verpflichtet (§ 73 Abs. 1 OWiG). Gemäß dem in Abs. 1 verankerten
     Grundgedanken des persönlichen Erscheinens des Jugendlichen wird von
     der Möglichkeit der Entbindung nach § 73 Abs. 2 OWiG (auch) betr. dessen
     letzten Hs. aus erzieherischen Gründen ggf. nur restriktiv Gebrauch zu
     machen sein (ebenso *Krumm* NZV 2010, 69; vgl. auch *Seitz/Bauer* in Göhler
     OWiG § 71 Rn. 62); anders verhält es sich im Allg. bei zur Tatzeit Heran-
     wachsenden (vgl. nur OLG Frankfurt/M. NZV 2012, 307; *Höffler* in Mü-
     KoStPO Rn. 7; vgl. aber auch → § 2 Rn. 64 ff.).

10   **bb)** Auch im OWi-Verfahren ist gem. der Soll-Vorschrift des Abs. 2, auf
     den § 46 Abs. 1 OWiG verweist, grds. zu laden (vgl. auch *Schady* in NK-
     JGG Rn. 8). Dies gilt unabhängig davon, ob der Hinweis erteilt wird, dem
     Erziehungsberechtigten und dem gesetzlichen Vertreter stehe es frei, zu der
     HV zu erscheinen. Die **Anordnung** des persönlichen Erscheinens ist jedoch
     zumindest **dann** angezeigt, wenn der Jugendliche nicht davon entbunden
     wurde. Als wesentliche Entscheidungskriterien werden im Allg. die Bedeu-
     tung der Sache und ein Einfluss auf die Entwicklung des Jugendlichen
     genannt (*Senge* in KK-OWiG OWiG § 71 Rn. 50).

10a **cc)** Von der **Benachrichtigung** der JGH gem. **Abs. 3** kann unter den
     Voraussetzungen des § 46 Abs. 6 OWiG abgesehen werden.

10b **b) Verfahrensübergang.** In Fällen des Übergangs gem. § 81 OWiG
     gelten ohnehin die Vorschriften des JGG (vgl. auch *Seitz/Bauer* in Göhler
     OWiG § 81 Rn. 4).

II. Gründe und Tragweite der Vorschrift

1. Kommunikation

11   **a) Zielvorstellung.** Schon die **Ladung** ist an den jugendlichen Ange-
     klagten persönlich zu richten (ebenso *Schatz* in Diemer/Schatz/Sonnen
     Rn. 19; das Gleiche gilt für jugendliche Zeugen und auch für kindliche
     Zeugen (n. *Eisenberg* Beweisrecht StPO Rn. 1059)). Dessen Anwesenheit in
     der HV (Abs. 1) entspricht nicht allein den Vorgaben europäischen Rechts
     (Art. 16 RL (EU) 2016/800) und soll auch nicht nur der Ermittlung,
     Aufklärung und Gewährleistung eines persönlichen Eindrucks dienen, son-
     dern obendrein eine **erzieherisch** sinnvolle **Begegnung** ermöglichen (iErg
     ebenso *Schady* in NK-JGG Vor §§ 48–51 Rn. 3). Allerdings sind die hierfür
     erforderlichen Voraussetzungen einer Kommunikation neben der Kürze der
     Zeit im Hinblick auf alters- und sozialstrukturell unterschiedliche Gegeben-
     heiten zwischen JRichter und Angeklagtem in der überwiegenden Zahl der
     Fälle nur eingeschränkt zu erwarten (s. dazu auch → Einl. Rn. 51 f.; zur
     Vernehmungskommunikation außerhalb der HV → § 70c Rn. 8; zur Ver-

pflichtung, auf die *Sprache* des Jugendlichen einzugehen, vgl. §§ 70b, 70c Abs. 1 nF; ergänzend *Eisenberg* Beweisrecht StPO Rn. 844 ff). So wird von Ritualen und Verunsicherung des Angeklagten berichtet (*Herz,* Recht persönlich, 2006, 13 (17 f.)), und dessen äußerliches wie verbales Ausdrucksverhalten ist gelegentlich Anlass zu einseitigen oder gar verfehlten Interpretationen (vgl. betr. sog. „Kiezdeutsch" *Pohle/Schumann* ZJJ 2014, 216 ff.; exemplarisch zur Herleitung mordqualifizierender Merkmale aus der Wendung „geil" BGH BeckRS 2011, 26153 (mit abl. Bspr. *Eisenberg* HRRS 2012, 23 ff. sowie JA 2013, 34 ff.) und nachfolgend LG Heilbronn 17.10.2012 – 2 (3) KLs 46 Js 3954/10 jug., S. 72 (dazu Revisionsverwerfungsbeschluss BGH 8.8.2013 – 1 StR 318/13)). Auch kann „völlig cooles und überheblich-arrogantes Verhalten" Ausdruck fehlender Reife und gruppendynamischen Drucks sein (BGH 13.1.2005 – 4 StR 469/04 Rn. 18 (juris), BeckRS 2005, 01760 = StV 2006, 228), und Feixen oder „mehrfaches Lachen und Grinsen" (LG Berlin 27.9.2007 – 47 Js 1256/06 KLs Rn. 137 (juris), BeckRS 2007, 17912) muss nicht Missachtung oder Laxheit bedeuten (*Scholz* DVJJ-Journal 1999, 239). Zudem ist mitunter ein weithin verändertes Sprachverhalten von Angeklagten in der HV zu gewärtigen (s. etwa schon *Leodolter,* Das Sprachverhalten von Angeklagten vor Gericht, 1975). Ohnehin ist funktionsgebundene institutionelle Kommunikation, wie sie (auch) für die HV kennzeichnend ist, immer eine im Vergleich zum Privatbereich gestörte und im Übrigen eine nicht gleichberechtigte (DVJJ 1993, AK IV/2; vgl. auch *Schultz* ZJJ 2014, 206 (210 f.)). So führt das Machtgefälle zwischen JRichter und Angeklagtem dazu, dass jedwede jugendstrafrechtliche Rechtsfolge tendenziell als Sanktionierung empfunden wird (s. auch *Beulke* in Rössner, Toleranz, Erziehung, Strafe, 1988, 82), und schon eine Verschleierung dieses Gefälles verstößt gegen den Fairness-Grundsatz (vgl. auch *Schady* RohR 2017, 97). – Unzulässig ist es, und zwar erhöht im JStV, wenn der Angeklagte Grund zu der Besorgnis hat, das Gericht lasse es an „Zuwendung und Aufmerksamkeit" vermissen (BGH NJW 2015, 2986 (betr. Bedienen eines Mobiltelefons zu privaten Zwecken in der HV) mit Bspr. *Jäger* JA 2015, 949; Bspr. *Kudlich* NStZ 2016, 170; sowie (aus tatricherlicher Sicht) Bspr. *Höltkemeier/Hanft* JURA 2016, 529).

b) Einzelne Forschungsergebnisse. Nach einer vormaligen Unter- **11a** suchung von *Eilsberger* (MschKrim 1969, 304 (307)) bei JStrafgefangenen – als einer hoch selektiven Betroffenengruppe – gaben 60 % der befragten 34 Probanden aus einer hessischen JStrafvollzugsanstalt an, sie hätten sich vom Gerichtsvorsitzenden unverstanden gefühlt, während nur 17 % von „großen" und 15 % von „teilweise Verstehensschwierigkeiten" in der HV sprachen (MschKrim 1969, 304 (309)); 4 Probanden (12 %) erwähnten die HV als das unangenehmste Erlebnis nach der Tat (MschKrim 1969, 304 (312)). Gleichfalls aus einer hessischen JStrafvollzugsanstalt liegen für 120 Gefangene Befragungsergebnisse (*Haller ua* in Bierbrauer/Gottwald/Birnbreier-Stahlberger Verfahrensgerechtigkeit 122) aus dem Jahre 1986 vor, wonach 43 % den Richter eher positiv, 56 % hingegen eher negativ beurteilten (im Einzelnen bewerteten 13 % den Richter als sehr unhöflich und 32 % als unhöflich bis sehr unhöflich); zugleich meinten indes 53 %, der Richter sei eher ehrlich gewesen, und 50 % gaben an, der Richter sei eher pflichtbewusst gewesen (vgl. ergänzend → § 54 Rn. 31).

11b *Kühling* (MschKrim 1970, 270) berichtete von einer früheren Untersuchung aus einer norddeutschen JStrafvollzugsanstalt, bei der 60% der die Frage beantwortenden 214 JStrafgefangenen den Gerichtsvorsitzenden mit negativen Attributen versahen. Auch diese Angabe steht unter der Einschränkung der besonderen Auswahlkriterien Betroffener. – Ebenfalls deutlich negativ war die Fremdeinschätzung der JRichter durch die vormals von *Hauser* (Jugendrichter 41 ff.) befragten 28 jugendlichen Angeklagten.

11c Aufgrund „offener" Interviews vor und nach der HV sowie teilnehmender Beobachtung während der HV schlossen *Dollinger ua* (MschKrim 99 (2016), 325 ff.) hinsichtlich der Angeklagten auf eine Dominanz von „Narrationen" und den Versuch, „authentisch" zu wirken. Ein Erziehungsanspruch sei zurückgewiesen worden (für weitere Untersuchungsergebnisse s. bspw. *Ludwig-Mayerhofer,* Das Strafrecht und seine administrative Rationalisierung, 1998, 159 ff.).

2. Rahmenbedingungen einer Kommunikation

12 **a) Vermeidung von Störfaktoren.** Bezüglich der Durchführung der HV bestehen mehrere Voraussetzungen. Dabei gilt generell, dass solche Verhaltensweisen zu unterlassen sind, die vermeidbare zusätzliche Störungen der Kommunikation oder gar einen Kommunikationsabbruch zur Folge hätten (zu Bsp. s. DVJJ 1993, AK IV/2). – Die Extremmaßnahme Fesselung ist stets abträglich (vgl. allg. *Gmel* in KK–StPO StPO § 231 Rn. 2 aE; krit. wegen Fehlens einer „eingriffsspezifischen" gesetzlichen Grundlage *Esser* GS Weßlau, 2016, 97 ff. (zum allg. StVR); anders betr. die jugendstrafrechtliche Praxis zB in den Verfahren LG Ulm 31.3.2010 – mit Bspr. *Eisenberg* HRRS 2012, 466 bzw. LG Verden 24.10.2014 – mit Bspr. *Eisenberg* NK 2016, 390 ff.).

12a **aa)** Zum einen müsste die Unterrichtung des Angeklagten über den Ablauf der HV dem Jugendlichen das Gefühl eines mündigen Handlungssubjektes verschaffen, dh sie darf nicht den Charakter einer Formalie des JStrafverfahrensrechts haben (vgl. *Böhm/Feuerhelm* JugendStrafR 71 f.; allg. DVJJ 2012, AK III). Einer entsprechenden Unterrichtung durch den Vertreter der JGH vor Beginn der HV (vgl. *Ullrich* Zbl 1970, 159) kann nur eine ergänzende, wenngleich informative – ggf. allerdings auch Ängste abbauende – Bedeutung zukommen (zur Funktion des Verteidigers, Transparenz für das Verfahren zu verschaffen, *Fuchs,* Der Verteidiger im Jugendstrafverfahren, 1992, 63). – Zum anderen ist bei der Erörterung des bisherigen Lebensverlaufs schon aus allg. prozessualen Gründen eine Zuschreibung negativer Werturteile zu vermeiden. Es darf auch nicht die Beurteilung des Angeklagten zB als einer permanent „rückfälligen" Person (vgl. etwa § 21 Abs. 2) im Sinne einer Entwürdigung zum Ausdruck kommen (vgl. bereits *Schönfelder* ZfKi–JPsychiat 1974, 128 ff.).

12b **bb)** Zudem sollte versucht werden, bei dem Jugendlichen erforderlichenfalls Verständnis sowohl für Sinn und Zweck des Straftatbestandes, den er verletzt hat, als auch für das Strafverfahren zu erreichen (vgl. dazu *Delbrück,* Erziehungsfunktion in der Jugendgerichtsverhandlung, 1988, 88; vgl. aber auch → § 3 Rn. 16). – Im Übrigen hat der JRichter mit Blick auf § 2 Abs. 1 die Pflicht, sich um Verständlichkeit zu bemühen (*Riekenbrauk* ZJJ 2014, 200) und sich durch kommunikativ konstruktiv gehaltene Rückfragen zu vergewissern, ob der Angeklagte dem Verlauf der Verhandlung folgt und ob ihm sich die ausgesprochene Rechtsfolge und die Urteilsbegründung erschlossen haben (→ § 70a Rn. 3 ff.). Weiterhin wird der JRichter darauf bedacht sein, dass (zB durch die JGH) eine Nachbesprechung stattfindet (n. *Ohder* FS Eisenberg, 2009, 435 f.).

Nach einer gerichtlichen Würdigung (Hessischer Dienstgerichtshof für **12c** Richter beim OLG Frankfurt/M. NJW 1987, 1208) kann in begründeten Ausnahmefällen die Pflicht zum – auf Angeklagten oder Zeugen etwa einschüchternd und kommunikationshemmend sich auswirkenden und daher den Kern der entscheidungsfindenden Tätigkeit des JRichters berührenden – Tragen der *Robe* des JRichters entfallen (und zwar nicht nur in Verfahren gem. §§ 76–78); vgl. zum Ganzen *Kirch-Heim* NStZ 2014, 431 ff.).

b) Einzelfragen. aa) Soweit iSd Zielvorstellung eines **Konsenses** in der **13** HV (vgl. etwa *Schröer* KrimJ 1987, 100) eine informelle Gesprächsatmosphäre gestaltet wird, die den Angeklagten veranlasst, für ihn belastende Erklärungen abzugeben, so ist nicht auszuschließen, dass für ihn hierdurch insgesamt eine unzulässige (vgl. → § 2 Rn. 23 ff.) Schlechterstellung im Vergleich zum allg. StVerf eintritt. Dies gilt ohnehin, falls es gerade im Anschluss daran zu vergleichsweise repressiver Rechtsfolgenverhängung kommt. – Andererseits wurde vormals berichtet, es seien nach Verfahren mit einem mehr kommunikativen Verhandlungsstil weniger „Rückfälle" registriert worden als nach solchen mit weniger kommunikativem Verhandlungsstil (*Pfeiffer*, Kriminalprävention im Jugendgerichtsverfahren, 1983).

bb) Was im Einzelnen Verfahren gegen **Nichtdeutsche** bzw. Personen **13a** mit Migrationshintergrund angeht, so haben vormalige Befragungen Betroffener deren Eindruck einer Fehlbewertung (auch) aufgrund von sozio-kulturellen Vorbehalten wiedergegeben (vgl. *Hamburger ua*, Zur Delinquenz ausländischer Jugendlicher, 1981, 149; *Bielefeld ua*, Junge Ausländer im Konflikt, 1982, 173 ff.). – Frühere Beobachtungen von HVen zeigten keine „Ungleichbehandlung" ggü. jugendlichen Deutschen, wohl aber deutlich mehr Suggestivfragen (FHSVR 66 ff.). Dabei wäre bezüglich der Einschätzung der Ergebnisse allerdings zu berücksichtigen, inwieweit es sich um verdeckte oder offene Beobachtungen handelte.

3. Vernehmung

a) Darstellung im Zusammenhang. Es soll dem jugendlichen **Ange- 14 klagten** Gelegenheit gegeben werden, sich zusammenhängend zu äußern (vgl. auch DVJJ 1993, AK IV/2; zu Erwägungen einer Videodokumentation (zumindest) in Verfahren mit notwendiger Verteidigung vgl. etwa BRAK-Mitt. 2010, 60 ff. (64)). Dies gilt grundsätzlich auch für die HV in der Berufungsinstanz (s. § 324 Abs. 2 StPO). Regelmäßig ist die *Gefahr* zu berücksichtigen, dass *falsche* Tatsachenangaben bzw. nicht nachvollziehbare Bewertungen *aus Ermittlungsakten* in den Entscheidungsprozess der HV unkorrigiert oder unpräzisiert Eingang finden.

b) Mündlich und schriftlich. Wenngleich **Sachäußerungen** des Ange- **14a** klagten grds. mündlich geschehen müssen (wozu jedoch Notizen oder ein Ms verwendet werden dürfen, BGH StV 2015, 277 (zum allg. StVR)), werden schriftliche Äußerungen auch im JStrafverfahren nicht nur zur Kenntnis zu nehmen sein (BGHSt 52, 178 (zum allg. StVR)), sondern gem. der Aufklärungspflicht (§ 2 Abs. 2, § 244 Abs. 2 StPO) im Falle sonstigen

Schweigens bzw. des Abweichens von mündlichen Äußerungen unter den Voraussetzungen des § 245 Abs. 2 S. 2 StPO vom Gericht zu verlesen sein (wegen der Selbstbelastungsfreiheit steht § 250 S. 2 StPO nicht entgegen; näher *Eisenberg* Beweisrecht StPO Rn. 908, 2012 sowie *Eisenberg/Pincus* JZ 2003, 399 ff. (401); vern. BGH NStZ 2000, 439 mit Bspr. *Wesemann* StraFo 2001, 295; konkret vern. auch BGH BeckRS 2012, 22147 Rn. 12: „Angeklagten, die sich später selbst noch in der HV eingelassen haben" (zum allg. StVR); OLG Zweibrücken StV 2001, 549 (jeweils zum allg. StR)).

14b   **c) Dolmetscher.** Hinsichtlich Angeklagter, die die deutsche Sprache nicht beherrschen, kommt der Befähigung des Dolmetschers zur sprachlichen (und ggf. auch kulturellen, vgl. näher DVJJ 2015, AK 10) Vermittlung zentrale Bedeutung zu – und dies schon bei der Belehrung (zu deren Geeignetheit § 70a Abs. 1 aF bzw. § 70b nF), dann aber auch bei der Aussage und bei Fragen des Gerichts bzw. anderer Verfahrensbeteiligter (zum Anspruch auf Hinzuziehung und zu Hinweispflichten § 187 Abs. 1 StPO iVm § 2 Abs. 2; betr. Verschwiegenheit s. die Ordnungsvorschrift (BT-Drs. 17/12578) des § 189 Abs. 4 StPO, dazu auch § 168a Abs. 5 StPO). Eine wörtliche Übersetzung wird nur dann verzichtbar sein, wenn andernfalls der Inhalt nicht wiedergegeben werden könnte (vgl. zu einem „sprachlichen Äquivalent" *Kranjcic* Dolmetscher 89 ff., 115 ff., 138 f.). Andererseits ist zu berücksichtigen, dass eine durchgehend wörtliche Übertragung kaum möglich und die Übersetzungstätigkeit geradezu notwendigerweise interpretative Elemente aufweist, aber auch Inhalts- und Kontrollverluste mit sich bringt (*Gramm* Jugendrichter und Staatsanwälte im mehrsprachigen Gerichtssaal, 2019, 139 ff.). Jeweils ist Gefahren einer Orientierung des Dolmetschers an Erwartungen (sei es des Auftraggebers, sei es des Angeklagten oder Dritter) ebenso zu begegnen (zur Frage der Befangenheit eher verkürzt BGH BeckRS 2015, 5900; vgl. näher *Eisenberg* Beweisrecht StPO Rn. 528 ff., 1517 ff.), wie speziell einer Beeinträchtigung des rechtlichen Gehörs (Art. 103 Abs. 1 GG; zu Belangen der Verteidigung allg. *Kabbani* StV 1987, 410) begegnet werden muss. – Ob die (schon im allg. StVerf nur zurückhaltend in Betracht kommende, vgl. etwa *Meyer-Goßner/Schmitt* GVG § 185 Rn. 8a) Kann-Vorschrift des § 185 Abs. 1a GVG (betr. audiovisuelle Zuschaltung) im JStV, das besonderen Schutzbelangen der Entwicklung des Jugendlichen verpflichtet ist (§ 2 Abs. 1), überhaupt anwendbar ist (§ 2 Abs. 2), wurde im Gesetzgebungsverfahren nicht erörtert (vgl. BT-Drs. 17/1224). Allenfalls wird nur eine erhöht restriktive Handhabung vertretbar sein (vgl. näher zum Ganzen *Eisenberg* JR 2013, 442 ff. (450 f.)).

III. Hauptverhandlung ohne Anwesenheit des jugendlichen Angeklagten

1. Grundsatz der Anwesenheit

15   Der im allg. StVR geltende Grundsatz, dass die HV der Tatsacheninstanzen **nicht ohne** den **Angeklagten** stattfinden darf (§§ 230 Abs. 1, 285 Abs. 1 S. 1 StPO, §§ 332, 338 Nr. 5 StPO), gilt prinzipiell auch im JStV (vgl. etwa auch Art. 16 RL (EU) 2016/800). Allerdings ist er einerseits hinsichtlich der nach allg. StVR zulässigen Ausnahmen eingeschränkt, um immer dann, wenn sich eine HV nicht vermeiden lässt, dem Gericht den zur Persönlichkeitserforschung (§ 43) und Rechtsfolgenauswahl und -bemessung bedeutsam erachteten persönlichen „Eindruck" von dem jugendlichen Angeklagten zu verschaffen (vgl. RL Nr. 1 S. 1; vgl. aber auch → Rn. 11). Andererseits sind die nach allg. StVR bestehenden Möglichkeiten der (vorübergehenden) Ausschließung des Angeklagten (§ 247 StPO, § 177 GVG (vgl. aber → Rn. 18)) um den Fall erweitert, dass aus einzelnen Erörterungen Nachteile für die Erziehung des jugendlichen Angeklagten entstehen können (§ 51 Abs. 1 (vgl. → § 51 Rn. 5–12)).

2. Voraussetzungen der Durchführung ohne Anwesenheit (Abs. 1)

a) Allgemeines. Zum einen müsste die Durchführung der HV ohne den **16** Angeklagten nach allg. StVR zulässig sein. Dies beurteilt sich nach den Voraussetzungen der §§ 231, 231a, 231b, 231c, 232, 233 StPO sowie betr. das beweissichernde Verfahren gegen Abwesende (§ 285 Abs. 1 S. 2 StPO) gem. den §§ 276ff., 286ff. StPO (deren Anwendbarkeit vern. *Schady* in NK-JGG Rn. 9; *Trüg* in HK-JGG Rn. 10). Die Anforderungen werden dadurch verschärft (und die Anwesenheitspflicht verschärft), dass allg. **Grundsätze** des JStV (vgl. → § 2 Rn. 20 ff., → § 2 Rn. 39 ff.) **nicht entgegenstehen** dürfen. Unter diesen Voraussetzungen sind die Anforderungen, die Art. 8 Abs. 2 RL (EU) 2016/343 an die Verhandlung gegen Abwesende stellt (rechtzeitige Ladung oder anwaltliche Vertretung des Abwesenden), in allen prozessualen Konstellationen gewahrt. Das gilt jedenfalls nach den punktuellen Anpassungen in §§ 231 Abs. 2, 329 Abs. 7, § 350 Abs. 2, 356a StPO, die durch das Gesetz zur Stärkung des Rechts des Angeklagten auf Anwesenheit in der Verhandlung (BGBl. 47) erfolgten (dazu *Sommerfeld* ZJJ 2018, 296 (302)). Fehlt es dagegen an den Voraussetzungen iSv Abs. 1, wird das Recht auf eine **neue Verhandlung** (vgl. Art. 16 Abs. 2 RL (EU) 2016/800 iVm Art. 9 RL (EU) 2016/343) durch die Möglichkeit der Revision (→ Rn. 31) eingelöst (RegE BT-Drs. 19/13837, 39).

b) Zulässigkeit im Allgemeinen Strafverfahren. Hiernach wird *§ 231* **17** *Abs. 2 StPO* iVm § 2 Abs. 2 allenfalls in besonderen Ausnahmefällen anwendbar sein, zumal die Entwicklung bei Jugendlicher wesentlich rascher und dynamischer geschieht als bei Erwachsenen, dh die Voraussetzungen des § 231 Abs. 2 StPO sind *noch restriktiver* zu prüfen, als es im allg. StVR anerkannt ist. Allerdings kommt es in vielerlei Hinsicht auf die aktuellen Gegebenheiten an (weniger einschr. *Schatz* in Diemer/Schatz/Sonnen Rn. 15: „wenn schon ein ausreichender Eindruck"; sinngleich *Streng* Jugend-StrafR Rn. 218; s. auch *Trüg* in HK-JGG Rn. 13). – Hinsichtlich §§ 232, 233 StPO, deren Anwendung unter den einschränkenden Voraussetzungen von Abs. 1 regelmäßig ausscheidet (ebenso *Trüg* in HK-JGG Rn. 12; *Ostendorf* in NK-JGG Rn. 10), soll im Falle ausnahmsweise in Betracht zu ziehender Anwendung nach allg. Auffassung an die Stelle der Erwartung von Geld- bzw. Freiheitsstrafe die Erwartung von Erziehungsmaßregeln (außer einer Verpflichtung nach § 12 Nr. 2) bzw. Zuchtmitteln treten. Zumindest betr. JA wäre dies jedoch unzulässig (ebenso *Becker* in Löwe/Rosenberg StPO § 232 Rn. 4; aA *Schatz* in Diemer/Schatz/Sonnen Rn. 14). – Eine Verpflichtung nach § 12 Nr. 2 bzw. Verhängung von JStrafe sowie Aussetzung der Verhängung von JStrafe ist hierbei nach § 232 Abs. 1 StPO rechtlich unzulässig und im Falle des § 233 Abs. 1 StPO sachlich nicht vertretbar (weitergehend *Dallinger/Lackner* Rn. 5). Nicht überzeugend ist hingegen die Auffassung, der Ausspruch einer Verpflichtung nach § 12 Nr. 2 bzw. von JStrafe sei in entsprechenden Fällen auch rechtlich unzulässig, da dies sogar schon bei Anwesenheit des jugendlichen Angeklagten in der mündlichen Verhandlung des vereinfachten JVerfahrens der Fall sei (§ 78 Abs. 1 S. 2; vgl. *Brunner/Dölling* Rn. 2); vielmehr beruht die zuletzt genannte Regelung (auch) auf anderen Erwägungen (s. § 78).

18   **c) „Besondere Gründe".** Zum anderen müssen vom Gesetz (Abs. 1) als „besondere" bezeichnete Gründe vorliegen. Dabei sind, über RL Nr. 1 S. 2 hinausgehend, auch (ggf. irreparable) erhebliche zusätzliche Belastungen etwa für Ausbildung, enge persönliche (zB familiäre) Beziehungen etc zu berücksichtigen (ebenso *Johann to Settel* in BeckOK JGG Rn. 23). In den Fällen der §§ 231 Abs. 2, 231a, 231b, 232, 233 StPO sind solche Gründe regelmäßig nicht gegeben (vgl. auch → Rn. 11–13, 32c; abw. *Höffler* in MüKoStPO Rn. 11 mwN). – Die Geringfügigkeit der Sache wird grundsätzlich Veranlassung zur Prüfung der Verfahrensmöglichkeiten nach §§ 45 Abs. 3, 47 Abs. 1 Nr. 3 bzw. §§ 76 ff. geben (vgl. auch *Dallinger/Lackner* Rn. 6).

19   **d) Zustimmung der JStaatsanwaltschaft.** Zudem bedarf die Durchführung ohne Anwesenheit, außer im vereinfachten JVerfahren (§ 78 Abs. 2 S. 2; vgl. RL 2), der Zustimmung der JStA.

IV. Erziehungsberechtigte, gesetzliche Vertreter (Abs. 2)

1. Anwesenheitsrecht

20   Die genannten Personen haben – wie sich als Konsequenz von Art. 6 Abs. 2 GG sowie den Regelungen in Abs. 2 und § 48 Abs. 2 ergibt (s. ebenso → § 51 Rn. 13) – als Prozessbeteiligte (vgl. § 67) ein Anwesenheitsrecht in der HV, das der JRichter nur ausnahmsweise (vgl. §§ 51 Abs. 2, 67 Abs. 4) entziehen darf. Dies deckt sich mit den Vorgaben von Art. 15 Abs. 1 und 2 RL (EU) 2016/800 (RegE BT-Drs. 19/13837, 37 f.). Funktional gesehen ist der Anwesenheit dieser Personen ein besonderes Gewicht zuzumessen, soweit ihre Zustimmung zur Erteilung von Weisungen erforderlich ist (vgl. → § 10 Rn. 5) und ihr Einfluss ggf. maßgebliche Bedeutung dafür hat, ob mit dem jugendlichen Angeklagten getroffenen Vereinbarungen über seine künftige Lebensführung erzieherische Wirkung zukommen kann (vgl. bereits *Peters* RJGG § 33 Anm. 2). Ihre Anwesenheit eröffnet ferner zusätzliche Möglichkeiten der Persönlichkeitserforschung (§ 43; *Dallinger/Lackner* Rn. 13; vgl. ergänzend die Einzeluntersuchung von *Seidel* in Reichertz, Sozialwissenschaftliche Analyse jugendgerichtlicher Interaktion, 1984, 4 ff. (17)). Hinzu tritt der Gesichtspunkt, dass ihre Teilnahme an der HV möglicherweise zu einem frühzeitigen rechtskräftigen Abschluss des Verfahrens führen kann, weil sie ihr selbstständiges Anfechtungsrecht (vgl. § 55; § 67) nicht geltend machen (RL Nr. 3 S. 3).

2. Ladung

Nach **Abs. 2 S. 1 soll** der Vorsitzende die Ladung der Erziehungsberech- 21
tigten und der gesetzlichen Vertreter anordnen (s. auch → § 67a Rn. 3a).
Trotz des Wortlauts ist von einer Pflicht zur Ladung (vgl. betr. polizeiliche
Vernehmungen → § 67 Rn. 11 ff.) aufgrund jugendgemäßer (vgl. auch
→ § 2 Rn. 20 ff.) Auslegung der Hinweispflicht nach § 243 Abs. 5 S. 1
StPO auszugehen (zust. *Höffler* in MüKoStPO Rn. 13: Ermessensredzierung
auf Null; nach *Kremer,* Der Einfluß des Elternrechts auf die Rechtmäßigkeit
der Maßnahmen des JGG, 1984, 172 sei Abs. 2 S. 1 gem. Art. 6 Abs. 2 S. 1
GG als Muss-Vorschrift auszulegen). Die Ladung erfolgt (Abs. 2 S. 2) unter
Hinweis auf die gesetzlichen Folgen des Ausbleibens (vgl. §§ 48 Abs. 2, 51
StPO). Sind mehrere Personen erziehungsberechtigt, genügt zwar die La-
dung an einen Erziehungsberechtigten (§ 67 Abs. 5 S. 3; s. auch RL Nr. 3
S. 4), jedoch empfiehlt sich meist die Ladung aller (vgl. → § 67 Rn. 21).

Tatsächlich erscheint in einem beachtlichen Anteil der Verfahren kein 21a
Elternteil. Selbst (oder aber gerade) für Verfahren, in denen die Verhängung
von JStrafe in Betracht kommt, wird aus der Praxis hierfür mitunter ein
Anteil von etwa 50 % genannt (persönl Mitteilungen aus den 1990er Jahren
ebenso wie von Anfang des 21. Jahrhunderts; vgl. auch *Schwer* Stellung 191;
Pruin ZJJ 2014, 316 (318) mwN). Gleichwohl werden die bei Nichterscheinen möglichen Zwangsmittel (Abs. 2 S. 2 iVm § 51 StPO) rechtstatsächlich
offenbar nur höchst selten eingesetzt. Der dies rechtfertigenden Erwägung,
wonach die erzwungene Anwesenheit generell keinen Nutzen verspreche,
und zwar weder für die Informationserhebung noch für die Unterstützung
der Rechtsfolgenumsetzung (*Pruin* ZJJ 2014, 316 (316, 321)), wird man in
dieser Unbedingtheit nicht zustimmen können. In ausländischen JStR-Sys-
temen sind elterliche Teilnahmepflichten denn auch teilw. vorgesehen (*Gensing,* Jugendgerichtsbarkeit und Jugendstrafverfahren im europäischen Vergleich, 2014, 445 ff.).

3. Entschädigung

Gemäß Abs. 2 S. 2 finden wegen der Entschädigung der Erziehungs- 22
berechtigten und der gesetzlichen Vertreter die Vorschriften über die Zeu-
genentschädigung entsprechende Anwendung (§ 71 StPO iVm dem JVEG).

V. Jugendgerichtshilfe

1. Anwesenheit und Terminsmitteilung

Das Anwesenheitsrecht der JGH ergibt sich bislang aus § 38 Abs. 3 S. 1 23
aF. Seit dem Gesetz zur Stärkung der Verfahrensrechte von Beschuldigten im
Jugendstrafverfahren folgt aus § 38 Abs. 4 S. 1 und Abs. 6 S. 1 nF neben
dem Teilnahmerecht auch eine Teilnahmepflicht, wobei diese nur bei einem
Verzicht nach § 38 Abs. 7 nF entfällt (n. → § 38 Rn. 29 ff.). Will die JGH
nicht erscheinen, muss sie also die entspr. Befreiung beantragen. Die lange
geübte Praxis, wonach sie über ihre (sehr selektive) Teilnahme an der HV
(eingehend dazu → § 38 Rn. 51 ff.) in Wahrnehmung ihres Teilnahme-
ermessens selbst befand, ist damit ausgeschlossen worden.

24   **Abs. 3 S. 1** sichert das Anwesenheitsrecht für den Verfahrensabschnitt der
HV, indem dem Vertreter der JGH Ort und Zeit der HV **mitzuteilen** sind.
Dies muss, wie die neue Normtextfassung klarstellt, **rechtzeitig** geschehen
– also mindestens mehrere Tage vorher und so frühzeitig, dass die JGH im
Rahmen eines normalen Geschäftsgangs im Stande ist, eine Teilnahme
organisatorisch zu gewährleisten und inhaltlich vorzubereiten (vgl. bereits
BGH StV 1982, 336). Erfolgte die Mitteilung derart kurzfristig, dass die
JGH nur durch außergewöhnliche Dispositionen zur HV-Teilnahme in der
Lage ist, entspräche dies nicht einer „angemessenen Frist" (wodurch die
Auferlegung des Kostenersatzes nach § 38 Abs. 4 S. 3 nF entfiele).

25   Der Mitteilung bedarf es auch in jenen Verfahren, in denen ein Berichts-
oder Anwesenheits**verzicht** iSv § 38 Abs 7 nF erklärt wurde. Das folgt aus
Abs. 3 S. 1, wo für diese Konstellation keine Ausnahme vorgesehen ist. In
der Mitteilung liegt hier iÜ auch kein überflüssiger Formalismus, da sich für
die JGH aus jugendhilferechtlichen Gründen ein Bedarf ergeben kann, an
der HV teilzunehmen (→ § 38 Rn. 32), und sie daher der entspr. terminli-
chen Informationen bedarf.

26   Die bisher schon kritikwürdige hM, wonach die Mitteilung hinsichtlich
des ersten (nicht ausgesetzten) Verhandlungstages einer über mehrere Tage
fortgesetzten HV genügen soll, auch wenn die JGH von den weiteren
vorgesehen Terminen nicht benachrichtigt wird (BGH bei *Martin* DAR
1964, 100; aA *Schady* in NK-JGG Rn. 12), lässt sich mit der zwischenzeitlich
klar gestärkten Rolle der JGH (vgl. va § 38 Abs. 4 nF) nicht vereinbaren.
Eine Mitteilung der Fortsetzungstermine ist nur entbehrlich, wenn diese in
der HV in Gegenwart des Vertreters der JGH bestimmt werden (*Schatz* in
Diemer/Schatz/Sonnen Rn. 26). – Im Übrigen ist die Vorschrift verletzt,
falls trotz Erkrankung des Vertreters der JGH nach dem ersten, von diesem
wahrgenommenen Termin die Verhandlung ohne einen anderen Vertreter
fortgesetzt wird (BGHR § 50 Abs. 3 JGG, Heranziehung 2; vgl. ergänzend
BGH StV 1993, 536).

2. Rechtliches Gehör

27   Dieses Recht des Vertreters der JGH in der HV sichert **Abs. 3 S. 2** (zur
verfahrensrechtlichen Stellung vgl. → § 38 Rn. 23). Zeitpunkt und Häufigkeit einer Erteilung des Wortes bestimmt der Vorsitzende als Verhandlungs-
leiter (§ 2 Abs. 2, § 238 Abs. 1 StPO) nach seinem pflichtgemäßen Ermessen. Wird seine Anordnung (oder deren Unterlassung) als unzulässig beanstandet, entscheidet das Gericht (§ 2 Abs. 2, § 238 Abs. 2 StPO), da Fragen
der Erteilung des Wortes die Sachleitung betreffen (vgl. *Dallinger/Lackner*
Rn. 27; *Potrykus* Anm. 4). – Der Vertreter der JGH ist zwar nicht von Amts
wegen anzuhören, wenn er von seinem Äußerungsrecht keinen Gebrauch
macht und kein Verlangen signalisiert. Jedoch ist auch dann eine Anhörung
im Hinblick auf die Aufklärungspflicht des Gerichts (§ 43, § 2 Abs. 2, § 244
Abs. 2 StPO) regelmäßig geboten (vgl. aber auch OLG Koblenz MDR
1973, 873). Ein Recht, an die Prozessbeteiligten Fragen zu stellen (§ 240
StPO), hat der Vertreter der JGH nicht (argumentum e contrario §§ 67
Abs. 1, 69 Abs. 3 S. 2, § 240 Abs. 2 S. 1 StPO; ebenso noch ausdrücklich
§ 31 Abs. 3 S. 3 Hs. 2 JGG 1923). Es steht ihm auch kein formelles Antragsrecht zu. Dies hindert ihn jedoch nicht, Anregungen zu geben (allg. Auf-

fassung; vgl. → § 38 Rn. 28). – Zur Problematik des § 38 Abs. 2 S. 2 aE im Verhältnis zur Unschuldsvermutung vgl. → § 38 Rn. 14a.

3. Kompensatorische Verlesung

Nach Abs. 3 S. 3 nF kann bei Nichtanwesenheit des Vertreters der JGH 28 ersatzweise der Ermittlungsbericht verlesen werden. Damit wird der Inhalt des Berichts in zulässiger Weise zum (berücksichtigungsfähigen) Gegenstand der HV gemacht. Dies setzt jedoch voraus, dass er in schriftlicher Form vorliegt und auch inhaltlich so aussagekräftig ist, dass das JGericht mit der Verlesung nicht seine Aufklärungspflicht verletzt. Außerdem muss die Abwesenheit des Vertreters der JGH durch einen Verzicht iSv **§ 38 Abs. 7 nF** gedeckt sein (anders und problematisch noch der RefE 11.10.2018). Dies ist allein dann gegeben, wenn eine Verzichtserklärung vorliegt, die formal rechtmäßig ist (vorheriger Antrag der JGH) und materiell den Anforderungen von § 38 Abs. 7 S. 1 nF entspricht. Jedenfalls dürfen die Verzichtsgründe nicht in willkürlicher oder unvertretbarer Weise angenommen worden sein (dazu und zur Kritik der Verlesungsoption → § 38 Rn. 31). **Unzulässig** ist die Verlesung in den Fällen eines rechtswidrigen Verzichts, des eigenmächtigen Ausbleibens der JGH oder ihres Nichterscheinens wegen fehlender Terminsmitteilung. Auch eine **ergänzende Verlesung** neben dem Bericht des Vertreters der JGH kommt nicht in Betracht.

VI. Anhörung sonstiger Personen (Abs. 4)

1. Zweck der Vorschrift

Die Vorschrift dient der Vermittlung zusätzlicher und namentlich *neuester* 29 („zu der Entwicklung"), für die richterliche Entscheidungsfindung ggf. bedeutsamer (wahrer) *Tatsachen,* wobei eine Gefahr der Relativierung positiv beurteilter Umstände durch eine Thematisierung früherer jugendstrafrechtlicher Sanktionierung bestehen könnte. – Insofern fällt auf, dass der Leiter einer Einrichtung nach § 34 SGB VIII nicht genannt ist (s. aber zur Anwesenheit § 48 Abs. 2 S. 2).

Nach zumindest überwiegender Auffassung empfiehlt es sich aus Gründen 29a der Auflärungspflicht (§ 43 Abs. 1, Abs. 2 S. 1 bzw. § 2 Abs. 2, § 244 Abs. 2 StPO) und der Dynamik der HV regelmäßig, die genannten Funktionsträger zu laden und auch anzuhören (vgl. nur *Brunner/Dölling* Rn. 14; *Trüg* in HK-JGG Rn. 38; *Schady* in NK-JGG Rn. 15).

2. Datenschutz

Die Anhörung des Betreuungshelfers und des Leiters eines sozialen Trai- 30 ningskursus steht datenschutzrechtlichen unter dem Vorbehalt des *Vorrangs* des *Leistungserfolges* (§ 64 Abs. 2 SGB VIII). Dies ergibt sich daraus, dass die Genannten mit Maßnahmen befasst sind, die in Ausführung jugendhilferechtlicher Aufgaben (§ 2 Abs. 2 Nr. 4 iVm §§ 29, 30 SGB VIII) von den JÄmtern oder freien Träger durchgeführt werden (s. auch Begr. BT-Drs. 11/5948, 70). Bei fehlender *Zustimmung* des Jugendlichen ist zudem § 65 Abs. 1 S. 1 Nr. 5 SGB VIII zu beachten (vgl. auch → § 43 Rn. 21, 23f).

30a Unabhängig von der organisationsrechtlichen Zuordnung der BewHilfe (vgl. → § 113 Rn. 2) wird der Vorrang erzieherischer Belange bei Anhörung des BewHelfers eine entsprechende Anwendung der bezeichneten datenschutzrechtlichen Vorschriften gebieten, zumal einschlägige Erkenntnisse der genannten Funktionsträger auf einem in Grenzen faktisch ggf. erzwingbaren Betreuungs- bzw. Kooperationsverhältnis beruhen (§§ 26 Abs. 1 Nr. 2, 23 Abs. 1 S. 4, § 11 Abs. 3).

VII. Revision

1. Nichtanwesenheit des jugendlichen Angeklagten

31 Ergeht ein Urteil ohne Beachtung der Voraussetzungen des **Abs.** 1 in Abwesenheit des jugendlichen Angeklagten, liegt der absolute Revisionsgrund nach § 338 Nr. 5 StPO vor (allg. Auffassung; vgl. BGHSt 3, 187 (189)). – Eine revisionsrechtlich relevante Verletzung der (auch) aus Fürsorge um Belange der Verteidigung des Jugendlichen oder Heranwachsenden bestehenden Pflicht, die **HV auszusetzen** (§ 265 Abs. 4 StPO) kann – unbeschadet von § 228 Abs. 2 StPO – zu bejahen sein, wenn der rechtzeitig gewählte und geladene Verteidiger eines jugendlichen Angeklagten plötzlich ausbleibt (dazu OLG Köln Zbl 1981, 34 f.). Darüber hinaus gebietet es das jugendstrafrechtliche Schutzprinzip, in Fällen des § 265 Abs. 2 oder 3 StPO grundsätzlich nach § 265 Abs. 4 StPO zu verfahren, wenn der Jugendliche keinen Verteidiger hat; § 265 Abs. 3 gewährt dem Jugendlichen nur einen unzureichenden Rechtsschutz (vgl. *Eisenberg* NStZ 1999, 284).

2. Unterlassung der Ladung nach Abs. 2 S. 1

32 Eine jugendgemäße Anwendung der zu den revisionsrechtlichen Folgen einer Verletzung der Hinweispflicht nach § 243 Abs. 5 S. 1 StPO (zur Auslegung vgl. → § 2 Rn. 20 ff.) entwickelten Grundsätze (s. BGHSt 25, 325) könnte ergeben, dass ein Unterlassen der Ladung nach Abs. 2 S. 1 – in Anknüpfung an die für das allg. StVR geltende Folge des Unterlassens der Belehrung – bei Abwesenheit der Erziehungsberechtigten in der HV im Allg. als ursächlich für die Nichtausübung des Schweigerechts zu beurteilen ist, sodass dies die Revision begründet.

32a Im Übrigen wird dieser Verfahrensverstoß jedenfalls dann zur Aufhebung des Urteils führen, wenn dadurch zugleich die **Aufklärungspflicht** (§§ 43, 2 Abs. 2, § 244 Abs. 2 StPO) verletzt ist. – Zum Verstoß gegen Abs. 2 S. 1 als Wiedereinsetzungsgrund bei Versäumung der Rechtsmittelfrist vgl. → § 67 Rn. 23.

3. Jugendgerichtshilfe nicht herangezogen

33/34 Die JGH ist bereits dann nicht herangezogen, wenn ihrem Vertreter entgegen **Abs. 3 S. 1** Ort und Zeit des ersten Verhandlungstages einer HV nicht mitgeteilt wird und er deshalb nicht erscheint. Das Gleiche gilt, wenn die vertretene JGH unzuständig ist (BGHR JGG § 50 Abs. 3, Heranziehung 1) oder die zwischenzeitlich zuständig gewordene JGH nicht berücksichtigt wurde (BGH StV 1993, 536). **Allein** in der **Nichtheranziehung** liegt ein Verfahrensverstoß, auf dem das Urteil beruhen kann, selbst wenn bereits ein schriftlicher Bericht der JGH vorliegt (BGH VRS 53 (1977), 126) oder zB ein für einen Mitangeklagten zuständiger Vertreter der JGH sich aufgrund nur des Ergebnisses der HV auch zu demjenigen Angeklagten geäußert hat, bzgl. dessen eine Mitteilung nach Abs. 3 S. 1 versäumt wurde (BGH bei *Holtz* MDR 1988, 280). Regelmäßig wird daneben zugleich eine die Revision begründende Verletzung der **Aufklärungspflicht** (§ 43, § 2 Abs. 2, § 244 Abs. 2 StPO) vorliegen (vgl. → § 38 Rn. 87). Ausschließlich die Aufklärungsrüge kommt in Betracht (nach BayObLG JMBl. 1995, 30: wenn die JGH Erkenntnisse von Bedeutung hatte oder gewinnen konnte), wenn sich kein Vertreter der JGH an der HV beteiligt, obwohl der JGH Ort und Zeit ordnungsgemäß mitgeteilt worden sind (BGHSt 27, 250; BayObLG *Rüth* DAR 1982, 251). Seit Einführung der Anwesenheitspflicht (§ 38 Abs. 4 S. 1 nF) begründet die Abwesenheit der JGH in der HV allerdings auch einen Fall von § 338 Nr. 5 StPO (s. zum Ganzen auch → § 38 Rn. 86 ff.).

4. Einführung der Angaben der Jugendgerichtshilfe in die Hauptverhandlung

a) Verwertungsverbot. aa) (1) Im Revisionsverfahren ist das Urteil auf- **35** zuheben, wenn der **schriftliche Bericht** der JGH im Urteil verwertet wurde, ohne dass sein Inhalt Gegenstand der HV war (§ 261 StPO iVm § 2 Abs. 2; Art. 103 Abs. 1 GG; OLG Hamm ZJJ 2004, 298) oder der Inhalt unter Verstoß gegen die (beweisrechtlichen) Vorschriften der StPO in die HV eingeführt wurde, und das Urteil darauf beruht. Eine *Verlesung* des Berichts ist – jenseits der in Abs. 3 S. 3 nF geregelten Fälle – regelmäßig unzulässig (§ 250 StPO). Insbesondere ist die Vorschrift des § 256 Abs. 1 StPO iVm § 2 Abs. 2 nicht anwendbar (ebenso *Diemer* in KK-StPO § 256 Rn. 5, *Meyer-Goßner/Schmitt* StPO § 256 Rn. 9, 15; aA noch BGH NStZ 1984, 467 (zudem betr. „Gerichtsgeher") mablAnm *Brunner* sowie *Eisenberg* NStZ 1985, 84). Zwar handelt es sich bei der JGH um eine öffentliche Behörde iSv § 256 Abs. 1 Nr. 1a StPO (vgl. § 1 Abs. 4 VwVfG; ebenso *Laubenthal* Jugendgerichtshilfe 117), jedoch berührt der Inhalt des Berichts zwangsläufig Bereiche, die unter den Begriff eines – nach § 256 Abs. 1 Nr. 1c StPO von der Verlesung ausgeschlossenen – Leumundszeugnisses fallen (zB charakterliche und sittliche Eigenschaften einer Persönlichkeit). Auf solches wird im Hinblick auf Fragestellungen gem. § 3 S. 1 bzw. § 105 Abs. 1 wie auch hinsichtlich etwaiger Vorschläge zu der Rechtsfolge (§ 38 Abs. 2 S. 2 aE) kaum verzichtet werden können. – Eine Anwendung des *§ 256 Abs. 2 verbietet sich* schon deshalb, weil das Verlässlichkeitsniveau der Angaben von vornherein größeren Einschränkungen unterliegt, als dies zB im medizinischen Bereich der Fall ist (s. aber BGH NStZ 1984, 467 mkritAnm *Brunner* sowie *Eisenberg* NStZ 1985, 84), und sich demgemäß anlässlich der HV nicht selten Änderungen ergeben.

(2) Hingegen wird überwiegend angenommen, eine Verlesung sei in den **36** Fällen des § 251 Abs. 3 StPO iVm § 2 Abs. 2 zulässig. Nach hM gelte dies auch in den Fällen des § 251 Abs. 1 Nr. 2 StPO (vgl. (betr. aF) *Dallinger/ Lackner* § 38 Rn. 34; zurückhaltend *Brunner/Dölling* § 38 Rn. 13). Nach teilweise vertretener Auffassung komme die Verlesung zudem – im Falle einer (kurzfristigen) Verhinderung der JGH – analog § 251 Abs. 1 Nr. 1 StPO in Betracht (vgl. *Laubenthal* Jugendgerichtshilfe 118 f.; *Trenczek* DVJJ-

Journal 2003, 39; extensiv aber BGH StraFo 2007, 67 = NStZ 2007, 234 (trotz Verurteilung wegen Mordes und späten Hinweises gem. § 265 StPO)), dies kann indes allenfalls dann bejaht werden, wenn der Angeklagte den Inhalt des Berichts bereits kennt und keinen Erörterungsbedarf sieht (vgl. auch → Rn. 35 aE). – Eine über diese Ausnahmen noch hinausgehende Verlesbarkeit ist wegen Aushöhlung des Prinzips der Nichtverlesbarkeit und dessen Belangen abzulehnen. Durch die (weitgehende) Verlesungsmöglichkeit, die durch **Abs. 3 S. 3 nF** eröffnet wurde (→ Rn. 28a), hat die Problematik aber an Bedeutung verloren.

37   **bb)** Soweit eine Verlesung unzulässig ist und also ein Beweisverbot besteht, ist auch der gesetzlich nicht geregelte, aber im Allg. als zulässig erachtete *Vernehmungsbehelf* des (sog. freien oder formlosen) *Vorhalts unzulässig* (RGSt 59, 375; OLG Hamm ZJJ 2004, 298; *Meyer-Goßner/Schmitt* StPO § 256 Rn. 10). Da jedoch offenbare Lücken oder Widersprüche im Bericht der JGH im Vergleich zu anderen (zB in den Akten befindlichen) Angaben auf andere Weise nur erschwert aufgeklärt werden können, wird nach überwiegender Auffassung ein solcher Vorhalt als zulässig erachtet, wenn oder soweit die in Rede stehende Äußerung nur einzelne Leumunds*tatsachen* enthält (vgl. *Meyer-Goßner/Schmitt* StPO § 256 Rn. 9; *Paulus* in KMR StPO § 256 Rn. 14 (auf „strenge Trennung zu achten"); *Dallinger* JZ 1953, 434; ergänzend zur Gerichtshilfe *Wohlers* in SK-StPO StPO § 160 Rn. 70).

38   **b) Beweiserhebung. aa)** Die Beweiserhebung kann ganz unmittelbar dadurch geschehen, dass die **Informanten** des Vertreters der JGH, die dieser als Beweismittel anführen muss, **vernommen** werden (vgl. → § 38 Rn. 75). In der Praxis wird vergleichsweise selten in dieser Weise vorgegangen; die einschlägigen (wahren oder falschen) Tatsachenangaben dürften im Falle der Ladung und Zeugnisverweigerung nicht verwertet werden (s. auch *Meyer-Goßner/Schmitt* StPO § 160 Rn. 26).

39   **bb)** Zum anderen ist die Beweiserhebung durch Vernehmung des **Vertreters** der **JGH** als **Zeuge** zulässig (ebenso *Schaffstein/Beulke/Swoboda* JugendStrafR 684), obgleich es seiner Stellung als Prozessorgan (oder „Prozesshilfsorgan") eigener Art (ähnlich BGHSt 27, 250 ff.) eher widerspricht und zu Beeinträchtigungen einer erzieherisch wirksamen Hilfeleistung führen kann (BGHSt 1, 4; aA wohl *Peters* Strafprozess 597, aber auch 346). Nur in dieser verfahrensmäßigen Rolle darf er daneben seinen Bericht *notfalls auszugsweise* verlesen (s. aber auch *Paulus* in KMR StPO § 250 Rn. 10).

39a   (1) Soweit im Wege des Vorhalts Berichtsinhalte verlesen werden, sollen die daraufhin (zeugenschaftlich) abgegebenen Erklärungen des Vertreters der JGH im Urteil verwertet werden können (vgl. allg. BGHSt 1, 4; s. sodann BGHSt 3, 199; 14, 310 (312)), ohne dass Tatsache und Grund des Vorhalts einer Aufnahme in die Sitzungsniederschrift bedürften (BGHSt 11, 159; zw.). Unstreitig sind auch hierbei die Kriterien der Vernehmungs- und Aussageforschung (n. dazu *Eisenberg* Beweisrecht StPO Rn. 841 ff., auch 580 ff.) zu berücksichtigen.

40   (2) Eine Verwertung mündlicher Erklärungen des Vertreters der JGH außerhalb einer zeugenschaftlichen Vernehmung (vgl. *Dallinger/Lackner* § 38 Rn. 32) führt dagegen in der Revision regelmäßig zur Aufhebung des Urteils, wenn es auf diesem Fehler beruhen kann (OLG Oldenburg MDR 1977, 775).

c) Dialog mit dem Angeklagten. aa) Schwierigkeiten können sich 41
jeweils ergeben, wenn der **Angeklagte** die vorgetragenen *Angaben* (etwa zu
seiner Biographie) als *unzutreffend* bezeichnet. Diesbezüglich liegen Anhaltspunkte dafür vor, dass entsprechenden Einwänden iRd Fragerechts nicht
immer hinreichend Rechnung getragen wird, etwa mit der Begründung, es
komme im Einzelnen auf die bestrittenen Tatsachen nicht an, während im
Nachhinein die auch auf bestrittene Tatsachen gestützten Wertungen des
Berichts gleichwohl in die Entscheidung Eingang finden (vgl. *Böhm/Feuer-
helm* JugendStrafR 120). Darüber hinaus mag es sein, dass ein Angeklagter
(gar ohne Verteidiger) im Hinblick auf die Kürze der Verhandlung, den
„Dramatik der Situation" (*Schüler-Springorum* MschKrim 1969, 1 (13))
sowie aufgrund autoritär ausgerichteter Kommunikationsformen (vgl. auch
→ Rn. 11, 12a) mit entsprechenden Wirkungsweisen es kaum wagen wird,
etwaige nach seiner Kenntnis bestehende Unrichtigkeiten zu rügen, Zeugen
zu befragen oder Beweisanträge zu stellen (vgl. empirische Nachw. schon
bei *Schröer* KrimJ 1987, 101). Im Übrigen wird er zum Erkennen und
Artikulieren von Fehlern umso weniger in der Lage sein, je rascher der (gar
nur verlesene, vgl. → Rn. 36, 39) Berichtsinhalt – ggf. zudem nur durch
einen „Gerichtsgeher" (als Zeuge vom Hörensagen) – mündlich eingeführt
wird.

Stets wird zu berücksichtigen sein, dass (auch) bei einem Angeklagten mit 42
einem Verteidiger (s. ansonsten § 147 Abs. 4 StPO und → § 68 Rn. 14a) im
Allg. **nicht** davon ausgegangen werden darf, er sei von seinem Verteidiger
(vgl. § 147 StPO) im Einzelnen über die verschiedenen Angaben innerhalb
des Berichts der JGH **informiert** worden. Bei diesen Erwägungen sind im
Hinblick auf die Mehrzahl der Angeklagten auch ein vergleichsweise geringes **Schul-** und Berufsausbildungs**niveau** und etwa tendenziell geringe Ausprägungen zB der auf (Behörden-)Sprache bezogenen Verständnis- und
Merkfähigkeit zu berücksichtigen (vgl. zum Ganzen *Eisenberg* Beweisrecht
StPO Rn. 1027 ff.).

bb) Eine Einführung der Angaben im Bericht der JGH in die HV im 43
Wege des **Vorhaltes** durch den Vorsitzenden ggü. dem **Angeklagten** ist
idR unzulässig (vgl. → Rn. 32). Zumindest wird entsprechend der besonderen Fürsorgepflicht im JStV, und erhöht bei einem Jugendlichen ohne Beistand eines Verteidigers, in Zweifel zu ziehen sein, ob der Bericht der JGH
in zulässiger Weise in die HV eingeführt worden ist, wenn weder das Protokoll noch die Urteilsgründe darüber Aufschluss geben, in welcher Form
dies geschehen sein soll (vgl. dazu BGHSt 11, 159; s. aber OLG Koblenz
OLGSt zu § 338, S. 19 f.).

Im Übrigen kommt es auf die Art des Vorhalts an, damit der Angeklagte 43a
nicht das Empfinden hat, gedrängt, überfordert oder gleichsam vor voll-
endete Ergebnisse gestellt zu werden.

Zeitweilige Ausschließung von Beteiligten

51 (1) ¹**Der Vorsitzende soll den Angeklagten für die Dauer solcher Erörterungen von der Verhandlung ausschließen, aus denen Nachteile für die Erziehung entstehen können. ²Er hat ihn von
dem, was in seiner Abwesenheit verhandelt worden ist, zu unterrichten, soweit es für seine Verteidigung erforderlich ist.**

(2) Der Vorsitzende kann auch Erziehungsberechtigte und gesetzliche Vertreter des Angeklagten von der Verhandlung ausschließen, soweit

1. erhebliche erzieherische Nachteile drohen, weil zu befürchten ist, dass durch die Erörterung der persönlichen Verhältnisse des Angeklagten in ihrer Gegenwart eine erforderliche künftige Zusammenarbeit zwischen den genannten Personen und der Jugendgerichtshilfe bei der Umsetzung zu erwartender jugendgerichtlicher Sanktionen in erheblichem Maße erschwert wird,

2. sie verdächtig sind, an der Verfehlung des Angeklagten beteiligt zu sein, oder soweit sie wegen einer Beteiligung verurteilt sind,

3. eine Gefährdung des Lebens, des Leibes oder der Freiheit des Angeklagten, eines Zeugen oder einer anderen Person oder eine sonstige erhebliche Beeinträchtigung des Wohls des Angeklagten zu besorgen ist,

4. zu befürchten ist, dass durch ihre Anwesenheit die Ermittlung der Wahrheit beeinträchtigt wird, oder

5. Umstände aus dem persönlichen Lebensbereich eines Verfahrensbeteiligten, Zeugen oder durch eine rechtswidrige Tat Verletzten zur Sprache kommen, deren Erörterung in ihrer Anwesenheit schutzwürdige Interessen verletzen würde, es sei denn, das Interesse der Erziehungsberechtigten und gesetzlichen Vertreter an der Erörterung dieser Umstände in ihrer Gegenwart überwiegt.

[2]Der Vorsitzende kann in den Fällen des Satzes 1 Nr. 3 bis 5 auch Erziehungsberechtigte und gesetzliche Vertreter des Verletzten von der Verhandlung ausschließen, im Fall der Nummer 3 auch dann, wenn eine sonstige erhebliche Beeinträchtigung des Wohls des Verletzten zu besorgen ist. [3]Erziehungsberechtigte und gesetzliche Vertreter sind auszuschließen, wenn die Voraussetzungen des Satzes 1 Nr. 5 vorliegen und der Ausschluss von der Person, deren Lebensbereich betroffen ist, beantragt wird. [4]Satz 1 Nr. 5 gilt nicht, soweit die Personen, deren Lebensbereiche betroffen sind, in der Hauptverhandlung dem Ausschluss widersprechen.

(3) § 177 des Gerichtsverfassungsgesetzes gilt entsprechend.

(4) [1]In den Fällen des Absatzes 2 ist vor einem Ausschluss auf ein einvernehmliches Verlassen des Sitzungssaales hinzuwirken. [2]Der Vorsitzende hat die Erziehungsberechtigten und gesetzlichen Vertreter des Angeklagten, sobald diese wieder anwesend sind, in geeigneter Weise von dem wesentlichen Inhalt dessen zu unterrichten, was während ihrer Abwesenheit ausgesagt oder sonst verhandelt worden ist.

(5) Der Ausschluss von Erziehungsberechtigten und gesetzlichen Vertretern nach den Absätzen 2 und 3 ist auch zulässig, wenn sie zum Beistand (§ 69) bestellt sind.

(6) [1]Werden die Erziehungsberechtigten und die gesetzlichen Vertreter für einen nicht unerheblichen Teil der Hauptverhandlung ausgeschlossen, so ist für die Dauer ihres Ausschlusses von dem Vorsitzenden einer anderen für den Schutz der Interessen des Jugendlichen geeigneten volljährigen Person die Anwesenheit zu gestatten.

[2] Dem Jugendlichen soll Gelegenheit gegeben werden, eine volljährige Person seines Vertrauens zu bezeichnen. [3] Die anwesende andere geeignete Person erhält in der Hauptverhandlung auf Verlangen das Wort. [4] Wird keiner sonstigen anderen Person nach Satz 1 die Anwesenheit gestattet, muss ein für die Betreuung des Jugendlichen in dem Jugendstrafverfahren zuständiger Vertreter der Jugendhilfe anwesend sein.

(7) Sind in der Hauptverhandlung keine Erziehungsberechtigten und keine gesetzlichen Vertreter anwesend, weil sie binnen angemessener Frist nicht erreicht werden konnten, so gilt Absatz 6 entsprechend.

Übersicht

I. Anwendungsbereich

1. Jugendliche, Heranwachsende

1 Die Vorschrift gilt in nichtöffentlichen wie öffentlichen Sitzungen (*Dallinger/Lackner* Rn. 26) in Verfahren gegen Jugendliche vor den JGerichten. Vor den für allg. Strafsachen zuständigen Gerichten gilt dies zumindest für die Abs. 2 bis 7 nF (§ 104 Abs. 1 Nr. 9). Abs. 1 kann nach dem Ermessen des Richters angewendet werden kann (§ 104 Abs. 2; vgl. auch RL S. 1 zu § 51 und RL zu § 104).

2 In Verfahren gegen Heranwachsende gilt die Vorschrift nicht (§ 109; *Dallinger/Lackner* § 109 Rn. 25). Ein (zeitweiliger) Ausschluss des heranwachsenden Angeklagten kommt nur nach den Vorschriften des allg. StVR in Betracht (RL S. 2).

2. Entsprechende Anwendung

3 § 51 gilt nach hM als generalisierbare Vorschrift. Sie wird daher für entsprechend anwendbar gehalten, soweit außerhalb der HV ein Anwesenheitsrecht bei Untersuchungshandlungen und Vernehmungen besteht (ebenso *Brunner/Dölling* Rn. 19). Das Erfordernis einer analogen Anwendung ist allerdings durch das Gesetz zur Stärkung der Verfahrensrechte von Beschuldigten im Jugendstrafverfahren entfallen: Mit Blick auf das Anwesenheitsrecht von Erziehungsberechtigten bzw. gesetzlichen Vertretern und dessen Einschränkbarkeit (Abs. 2 bis 5 aF bzw. Abs. 2 bis 7 nF) enthält § 67 Abs. 3 nF nämlich nunmehr eine spezielle Regelung. Und mit Blick auf Abs. 1 kam eine entsprechende Anwendbarkeit ohnehin nicht in Betracht, weil damit ein Verlust spezieller Verfahrensrechte einherginge. Dies galt und gilt jedenfalls dort, wo es bei einer Verhandlung iRd Wahrnehmung des Anspruchs auf rechtliches Gehör bzw. einer Vernehmung gerade auf die Anwesenheit des Jugendlichen ankommt (zB § 2 Abs. 2 iVm § 115 bzw. § 118 StPO; vgl. *Schady* in NK-JGG Rn. 2).

3. Ordnungswidrigkeitenverfahren

4 In Bußgeldverfahren nach dem OWiG kann eine sinngemäße Anwendung von § 51 (über § 46 Abs. 1 OWiG) dann in Betracht kommen (vgl. auch → § 50 Rn. 9 f.), wenn Verfahrensbeteiligte an der HV teilnehmen wollen (*Seitz/Bauer* in Göhler OWiG § 71 Rn. 65).

II. Zeitweilige Ausschließung (Abs. 1)

5 Das Anwesenheitsrecht des jugendlichen Angeklagten während der gesamten HV ist ein wesentlicher Verfahrensgrundsatz (vgl. § 2 Abs. 2, §§ 230 Abs. 1, 338 Nr. 5 StPO; Art. 103 Abs. 1 GG; zu Ausnahmen vgl. → § 50 Rn. 16 ff.), dem die Pflicht des jugendlichen Angeklagten gegenübersteht, sich aus der Verhandlung nicht zu entfernen (§ 2 Abs. 2, § 231 Abs. 1 S. 1 StPO; zur etwaigen Verletzung des § 136a StPO bei missbräuchlicher Anwendung des § 231 Abs. 1 S. 2 StPO BGH BeckRS 2012, 22147 Rn. 12).

Das allg. StVR gestattet unter engen Voraussetzungen ausnahmsweise eine zeitweilige Ausschließung des Angeklagten im Interesse der Wahrheitsfindung (§ 247 S. 1 StPO), zum Schutz minderjähriger Zeugen (also unter achtzehn Jahren) bzw. erwachsener Zeugen (§ 247 S. 2 StPO) sowie zum Schutz der Gesundheit des Angeklagten (§ 247 S. 3 StPO). – Hiervon zu unterscheiden ist der Ausschluss, wenn der Angeklagte den zur Aufrechterhaltung der Ordnung während der Verhandlung getroffenen Anordnungen nicht Folge leistet (§ 177 GVG; vgl. aber einschr. hierzu → § 2 Rn. 45).

1. Abs. 1 S. 1

Gemäß dieser Vorschrift tritt im Verfahren gegen Jugendliche **neben** die 6
Ausschlussmöglichkeiten nach allg. StVR (bereits *Peters* RJGG § 24 Anm. 1) – und unter Einschränkung ggü. § 247 S. 4 StPO (s. Abs. 1 S. 2) – der weitere Fall eines zeitweiligen Ausschlusses, dass Nachteile für die Erziehung des jugendlichen Angeklagten entstehen können. Die Bestimmung ist wegen der grundlegenden Bedeutung der Anwesenheit des Angeklagten und der ggü. einem Erwachsenen in vergleichbarer Verfahrenssituation zu befürchtenden Benachteiligung (dazu auch → § 45 Rn. 9a) in der Verteidigung – die Unterrichtung nach Abs. 1 S. 2 ersetzt nicht die eigene Wahrnehmung (vgl. auch → Rn. 12) – als Ausnahmevorschrift eng auszulegen (nachdrücklich *Albrecht* JugendStrafR 370). – Hingegen fehlt eine gesetzliche Ausschlussmöglichkeit bezüglich anderer Angeklagter zB bei der Erörterung seiner persönlichen Verhältnisse (ebenso *Bex* DVJJ-Journal 1997, 421; aA *Ostendorf* FS Rieß, 2002, 853).

a) Erörterungen. Unter diesem Begriff fallen nicht nur die Beweisver- 7
handlung, sondern auch die Ausführungen sämtlicher übrigen Prozessbeteiligten einschließlich der Schlussvorträge. Hingegen stellen die Vereidigung (n. Anm. *Eisenberg* NStZ 2002, 331 zu BGH NStZ 2002, 216), die Verkündung des Urteils und seine Begründung keine Erörterung iSd Abs. 1 S. 1 dar (allg. Auffassung; abw. *Potrykus* Anm. 2). Dies ergibt sich hinsichtlich der Vereidigung zB iZm § 2 Abs. 2, § 60 Nr. 2 StPO (vgl. BGHSt 22, 289 (297); s. auch BGH NStZ 1981, 449; jeweils betr. allg. StVR), bezüglich der Urteilsverkündung aus den Grenzen der Wortbedeutung des Begriffs der „Erörterung" und betr. die Urteilsbegründung (auch) aus dem Umkehrschluss zu § 54 Abs. 2, da diese Vorschrift sonst überflüssig wäre (krit. zu „Geheimnistuerei" *Böhm/Feuerhelm* JugendStrafR 72 f.).

b) Erzieherische Nachteile. Umstände, die derartige Wirkungen be- 8
fürchten lassen, bedürfen sorgfältiger Prüfung dahingehend, ob ohne Änderung des Inhalts eine geeignete sprachliche Form der Erörterung den zeitweiligen Ausschluss nicht vermeidbar macht (abl. *Albrecht* JugendStrafR 370, unter Hinweis auf das Mündlichkeitsprinzip). Dies erscheint schon deshalb geboten, weil mit dem zeitweiligen Ausschluss eine Rechtsbeeinträchtigung verbunden ist und er zudem erzieherisch abträgliches Misstrauen ggü. Maßnahmen des Gerichts begründen kann (ebenso *Cierniak/Niehaus* in MüKoStPO StPO § 247 Rn. 4; *Molketin*, Die Schutzfunktion des § 140 Abs. 2 StPO zu Gunsten des Beschuldigten im Strafverfahren, 1986, 147 f.; *Bex* DVJJ-Journal 1997, 422). Eine Tendenz zur Ausschließung etwa bei der Vernehmung eines Sachverständigen oder der JGH betr. sog. „Anlagemängel" oder Defizite an Erziehungsfähigkeit der Eltern (vgl. vormals RL 1, seit 1.8.1994

entfallen) verbietet sich, da die allein maßgeblichen Umstände des konkreten Einzelfalles erhebliche Unterschiede in den einzelnen Entscheidungen nahelegen können. So kann die Erörterung **entlastender** Gesichtspunkte wie etwa ungünstige Familienverhältnisse insb. dann, wenn diese dem jugendlichen Angeklagten bewusst sind, ihn zur erzieherisch erwünschten Akzeptierung einer angeordneten Rechtsfolge führen, sofern er durch die Erörterung die Überzeugung zu gewinnen vermag, „gerecht" behandelt worden zu sein (vgl. *Dallinger/Lackner* Rn. 6; *Tröndle* Zbl 1953, 190 (196)).

9   Bezüglich der Ausführungen des **Sachverständigen** wird teilweise zwischen eindeutigem und nur relativem Angezeigtsein des Ausschlusses unterschieden. Nach *Klosinski* (ZfKiJPsychiatrie 1983, 349) sei der Ausschluss eindeutig geboten, wenn eine „aufdeckende" Therapie vorgesehen ist oder bereits stattfindet, während bei (nur) „stützender" Therapie (etwa iSv § 10 Abs. 2) auf die konkreten Umstände abzustellen sei. Relativ geboten sei der Ausschluss immer dann, wenn der Betroffene keiner Therapie bedürfe, aber einer Stigmatisierungsgefahr ausgesetzt ist. Entgegen dieser Auffassung (vgl. auch *Hauber/Mayer-Rosa* Zbl 1983, 484 ff. (492, aber auch 494)), die den seelischen Schutz des Jugendlichen hervorhebt, ist zu besorgen, dass die verfahrensmäßigen Rechte des Angeklagten zu sehr beeinträchtigt werden könnten. Insbesondere erlaubt es der rechtstatsächliche Kenntnisstand zu Fehlern in Gutachten (schon bei der Anamnese wie vor allem bei der Befunderhebung und noch mehr bei der Interpretation) nicht, die Kontrolle ggü. vorgetragenen (wahren oder falschen) Tatsachenangaben als überflüssig zu erachten (vgl. → § 43 Rn. 40–56).

9a   Nach dem eindeutigen Wortlaut des Abs. 1 S. 1 lässt es sich nicht rechtfertigen, bei **Ausführungen** des Vertreters **der JGH** die Ausschließung des jugendlichen Angeklagten deshalb anzuordnen, weil die Arbeit des Vertreters der JGH sonst erschwert werde (*Dallinger/Lackner* Rn. 7; vgl. aber *Potrykus* Anm. 1). Auch die Befürchtung *mittelbarer* erzieherischer *Nachteile* infolge der Gefahr einer Beeinträchtigung für die Betreuungsaufgaben des JGH-Vertreters vermögen den Ausschluss *idR nicht* zu rechtfertigen. Denn die mit einer Ausschließung regelmäßig verbundenen Nachteile für eine vertrauensvolle Zusammenarbeit zwischen dem Jugendlichen und dem Vertreter der JGH werden ggü. dem erstgenannten Gesichtspunkt überwiegen (vgl. schon *Eisenberg* Bestrebungen 42 f.; aA *Schatz* in Diemer/Schatz/Sonnen Rn. 13; diff. *Schaffstein/Beulke/Swoboda* JugendStrafR 784–786).

10   **c) Verfahrensrechtliches.** Der Anstoß zur vorübergehenden Ausschließung des jugendlichen Angeklagten kann vom Vorsitzenden selbst ausgehen, aber auch durch die Anregung eines Prozessbeteiligten veranlasst sein. Allerdings bestehen Bedenken gegen eine etwaige Praxis seitens des Vorsitzenden, dem Vertreter der JGH, dem Sachverständigen, dem Verteidiger und dem Beistand vor entsprechenden Ausführungen die Anregung eines Ausschlusses des Angeklagten nahezulegen (vgl. vormals RL 3, entfallen seit 1.8.1994). Hierdurch nämlich könnte Misstrauen des Angeklagten – wenn nicht gegen den anregenden Prozessbeteiligten, so doch gegen den Vorsitzenden selbst – ausgelöst werden.

11   Abw. von § 247 StPO erfolgt die Ausschließung nicht durch Gerichtsbeschluss, sondern auf **Anordnung** des **Vorsitzenden,** gegen deren Zulässigkeit nach § 238 Abs. 2 StPO die Entscheidung des Gerichts angerufen werden kann. Bereits die Anordnung muss nach Anhörung der Prozessbetei-

ligten verkündet, begründet und in der Sitzungsniederschrift vermerkt werden (vgl. die insoweit zu übertragenden Grundsätze der Rspr. zu § 247 StPO in BGHSt 15, 194 (195 f.); 22, 20).

2. Unterrichtung

a) Bedeutung. Die Unterrichtung des Angeklagten durch den Vorsitzen-　12 den nach **Abs. 1 S.** 2 soll den verfassungsrechtlich garantierten Anspruch des Angeklagten auf rechtliches Gehör (Art. 103 Abs. 1 GG) gewährleisten, jedoch kann sie nur in den *Grenzen* der fallbezogenen Kenntnisse des Vorsitzenden (zB betr. vermeintlich unerhebliche Details) *geeignet* sein. Daher ist die Unterrichtung wesensmäßig eine „selektive" (BGH 17.6.2009 – 2 ARs 138/09 Rn. 7 (juris) = HRRS 2009 Nr. 759 (zum allg. StVR)), sodass schon deshalb „auch die umfangreichste Unterrichtung durch den Vorsitzenden" (OLG Frankfurt/M. NStZ-RR 2009, 208 (zum allg. StVR)) die Anwesenheit nicht ersetzen kann (vgl. auch Anm. *Eisenberg/Schlüter* JR 2001, 342 (betr. § 247 S. 4 StPO); Anm. *Eisenberg* StV 2009, 344). Ohnehin bedarf der einschränkende Wortlaut von Abs. 1 S. 2 letzter Hs. einer restriktiven Auslegung, die das pflichtgemäße Ermessen des Vorsitzenden im Hinblick auf den Umfang der Unterrichtung konkretisiert. Von der Erörterung *belastender* Umstände in seiner Abwesenheit ist der Angeklagte demgemäß stets in Kenntnis zu setzen (vgl. auch *Tröndle* Zbl 1953, 194; s. aber BGH NStZ 2002, 216 mkritAnm *Eisenberg* NStZ 2002, 331). Entsprechendes gilt unter der Voraussetzung von Abs. 1 S. 2 für *entlastende* Umstände, wenngleich insoweit idR schon ein Ausschluss zu Bedenken Anlass gibt (vgl. → Rn. 8; s. aber *Schady* in NK-JGG Rn. 7).

b) Einzelfragen. Die Unterrichtung muss *vor jeder* weiteren Verfahrens-　12a handlung alsbald nach dem Wiedereintritt des Angeklagten erfolgen (BGHSt 3, 384 zu § 247 StPO) und in der Sitzungsniederschrift vermerkt werden (vgl. BGHSt 1, 346 (350) zu § 247 StPO).

In der *Form* sollten den Jugendlichen stigmatisierende Äußerungen, soweit　12b irgend möglich, unterbleiben (vgl. aus jugendpsychiatrischer Sicht *Klosinski* ZfKiJPsychiatrie 1983.

III. Maßnahmen nach Abs. 2

1. Vorfragen

Die in dieser Vorschrift genannten Personen haben vor dem Hintergrund　13 ihres elterlichen Erziehungsrechts (Art. 6 Abs. 2 GG) ein Anwesenheitsrecht (→ § 50 Rn. 20), das nach Abs. 2 eingeschränkt werden kann. Die diesbzgl. vormalige Gesetzesfassung war wegen Mängeln an Bestimmtheit der Voraussetzungen für den Eingriff allerdings verfassungswidrig, und sie wurde für nichtig erklärt (BVerfG DVJJ-Journal 2003, 68 mAnm *Ostendorf* und Bspr. *Eisenberg/Zötsch* GA 2003, 226 ff. sowie Bspr. *Grunewald* NJW 2003, 1995). Durch das 2. JuMoG v. 22.12.2006 (BGBl. I 3416) wurden Abs. 2 deshalb neu gefasst sowie die Abs. 3–5 eingefügt. In Umsetzung von Art. 15 Abs. 1 RL (EU) 2016/800 (vgl. RegE 42 f.) kam es durch das Gesetz zur Stärkung der Verfahrensrechte von Beschuldigten im Jugendstrafverfahren sodann zur Anfügung von Abs. 6 und 7 und damit zur Einführung der

Pflicht, die Abwesenheit von Erziehungsberechtigten bzw. gesetzlichen Vertretern durch andere Beistandspersonen zu kompensieren.

13a **a) aa)** Ob bei mehreren Angeklagten die in Abs. 2 genannten Personen des/der *anderen* Angeklagten darunter fallen können, wurde von der Judikatur bejaht (JSchG Siegen 27.2./6.3.1995 – 37 Js 566/94 betr. Bericht der JGH; vgl. auch Stellungnahme ZfJ 1998, 258 f.). – Die in Abs. 2 bezeichneten Personen können unabhängig von dieser Vorschrift (vgl. auch *Becker* in Löwe/Rosenberg StPO § 243 Rn. 23 Fn. 73: kein formaler Gegenschluss zu Abs. 2–5) auch dann ausgeschlossen werden, wenn sie als **Zeugen** in Betracht kommen (§§ 58 Abs. 1, 243 Abs. 2 S. 1 StPO; BGH LM § 67 JGG Nr. 1 betr. die Eltern). Allerdings darf das Anwesenheitsrecht nicht weiter eingeschränkt werden, als dies unbedingt erforderlich ist, wobei eine Interessenabwägung häufig dazu führen wird, dass die betr. (anwesenheitsberechtigte oder als Beistand in Betracht kommende) Person bereits zu Beginn der Beweisaufnahme zeugenschaftlich zu vernehmen ist (vgl. BGHSt 4, 205 (206 f.)).

14 **bb)** Abs. 2 ist als *Ausnahmevorschrift,* die die Möglichkeit einer Ausschließung ggü. dem allg. StVR erweitert, eng auszulegen. Das Gericht *kann* in fünf Konstellationen, die jeweils eine Einzelfallprüfung und eine hinreichende Begründung voraussetzen, die in Abs. 2 genannten Personen ausschließen. Auch wenn die *Initiative* zum Ausschluss von dem *Angeklagten* selbst ausgeht, hat das Gericht die jeweiligen Voraussetzungen der Nr. 1–5 zu prüfen, insb. kann Abs. 2 S. 1 Nr. 4 einschlägig sein (BRegE, BT-Drs. 550/ 06, 135). – Ein idR ohnehin nur zeitweilig zulässiger Ausschluss (BRegE, BT-Drs. 550/06, 131) gem. Abs. 2 kommt grundsätzlich nicht zwecks Einschränkung oder gar Unterbindung von *Verteidigungsbelangen* (vgl. → § 67 Rn. 10; näher *Eisenberg/Zötsch* GA 2003, 226 ff.; *H. E. Müller/Kraus* JA 2003, 896) in Betracht. Bedenken gegen die Anwesenheit der in der Vorschrift bezeichneten Personen müssen sich auf bestimmte Tatsachen stützen (s. schon *Tröndle* Zbl 1953, 195).

14a **cc)** Das *Elternrecht* ist mit den jeweilig entgegengesetzten Interessen abzuwägen (BRegE BT-Drs. 550/06, 131). Insbesondere besteht keineswegs ein Automatismus dahingehend, dass die Rechte der Eltern stets hinter den staatlichen Strafverfolgungsinteressen zurückzustehen hätten. Gegenüber elterliche Verantwortung tragenden Personen darf ein Ausschluss wegen des Grundrechts aus Art. 6 Abs. 2 S. 1 GG nur auf gesetzlich speziell zu bestimmende Gründe gestützt werden (vgl. BVerfG DVJJ-Journal 2003, 68 mAnm *Ostendorf* und Bspr. *Eisenberg/Zötsch* GA 2003, 226 ff.), die den Nachweis einer schädigenden Einflussnahme auf das konkrete Verfahren verlangen.

2. Nr. 1–5

15 **a) Abs. 2 Nr. 1.** Nach Nr. 1 kann der Vorsitzende Erziehungsberechtigte und gesetzliche Vertreter von der Verhandlung ausschließen, wenn die Befürchtung besteht, dass durch die Erörterung der persönlichen Verhältnisse in Gegenwart der ausschließbaren Personen erhebliche erzieherische Nachteile bei der Umsetzung der Sanktion drohen, und zwar aufgrund eines belasteten Verhältnisses zur JGH. Jedoch wird auch ein Ausschluss dem Vertrauensverhältnis von JGH und Eltern und gesetzlichen Vertretern nicht zuträglich sein, insb. dann, wenn ein Ausschluss erfolgt, weil anderenfalls die Erörterung der persönlichen Umstände die Eltern „in hohem Maße" (BRegE, BR-Drs. 550/06, 132) verletzen würde. Der Vorsitzende wird mit seiner (zu begründenden) Einzelfallentscheidung ggf. allein durch Anwendung der *Norm* etwaiges *Misstrauen* schaffen. Auch bei der Auslegung des Abs. 2 Nr. 1 ist zu berücksichtigen, dass das Erziehungsprimat gem. Art. 6 Abs. 2 S. 1 bei den Eltern liegt, und insb. darf Abs. 2 Nr. 1 nicht dafür herhalten, (jeglichen) zu besorgenden Schwierigkeiten mit den Eltern bei der künftigen Umsetzung jugendstrafrechtlicher Sanktionen auszuweichen (vgl. auch → § 10 Rn. 12). Der Staat ist auch im Jugendstrafrecht gem. Wahrung der Elternrechte nicht ohne weiteres befugt, für eine aus seiner Sicht bestmögliche Förderung der Jugendlichen zu sorgen (vgl. BVerfGE 34, 165 (184); 107, 104 (118); NJW 2006, 1723). Mithin müssen *erhebliche* erzieherische Nachteile drohen, bloß zu befürchtende Erschwerungen genügen nicht.

b) Abs. 2 Nr. 2. Sind die Erziehungsberechtigten und gesetzlichen Vertreter an der Verfehlung des Angeklagten beteiligt oder bereits verurteilt, können sie gem. Abs. 2 Nr. 2 ausgeschlossen werden. Die Regelung entspricht derjenigen des § 67 Abs. 4 S. 1 (vgl. dazu → § 67 Rn. 17). Der Ausschluss nach dieser Vorschrift ist nur rechtmäßig, wenn eine *nicht unerhebliche* Gefährdung des Wohls des Jugendlichen bzw. der effektiven Strafverfolgung vorliegt (vgl. BRegE, BT-Drs. 550/06, 134). Bestehender Tatverdacht oder eine Verurteilung müssen folglich nicht zwingend zu einem Ausschluss führen. **16**

c) Abs. 2 Nr. 3. Nr. 3 hat zwei Alternativen. Nach **Alt. 1** ist ein Ausschluss zulässig, wenn ansonsten Freiheit, Leib oder Leben des Angeklagten, eines *Zeugen,* oder *anderer Personen* gefährdet ist. Nicht erforderlich ist, dass sich die Gefährdung im zeitlich-räumlichen Zusammenhang mit der HV realisiert; jedoch reicht allein eine abstrakte Gefahr nicht aus (zur auch bei Nr. 3 angezeigten restriktiven Auslegung s. → Rn. 19b). Ist (allein) die Wahrheitsermittlung erschwert, genügt dies für einen Ausschluss nach Abs. 2 Nr. 3 nicht (vgl. *Meyer-Goßner/Schmitt* GVG § 172 Rn. 7). – **17**

Nach **Alt. 2** ist eine Entfernung bei Besorgnis einer sonstigen erheblichen Beeinträchtigung des Wohls des *Angeklagten* zulässig (in Anlehnung an § 172 Nr. 1a GVG). Hier kann ein Ausschluss zum einen gerechtfertigt sein, wenn die Eltern bzw. Erziehungsberechtigten ihr Sorgerecht missbräuchlich ausüben. Zum anderen soll die Besorgnis der sonstigen nachhaltigen Beeinträchtigung des Eltern-Jugendlichen-Verhältnisses einen Ausschluss rechtfertigen können (BRegE, BT-Drs. 550/06, 134), wobei im Zweifel für den Jugendlichen zu entscheiden ist (vgl. *Eisenberg/Zötsch* GA 2003, 231). **17a**

d) Abs. 2 Nr. 4. Besteht die Befürchtung, dass die Anwesenheit der in S. 1 genannten Personen die **Wahrheitsermittlung** beeinträchtigen wird, können diese gem. Abs. 2 Nr. 4 ausgeschossen werden. Prozessordnungsgemäßes Verhalten kann einen Ausschluss nie rechtfertigen. Auch fällt die Möglichkeit der Verfahrensbeschleunigung oder der vereinfachten Geständniserlangung nicht unter Abs. 2 Nr. 4. Die bloße **Erschwerung** der Wahrheitsermittlung **genügt nicht,** vielmehr muss die *konkrete* Befürchtung der Beeinträchtigung der Wahrheitsermittlung bestehen. Eine solche soll bspw. dann vorliegen können, wenn sich der Jugendliche aufgrund vorheriger Einlassungen ggü. seinen Eltern veranlasst sieht, Dritte fälschlich zu belasten, **18**

oder wenn er aus Angst vor elterlicher Sanktionierung falsche Angaben macht (BRegE, BT-Drs. 550/05, 135).

18a Der Grundsatz der **Aussagefreiheit** ist auch hier zu schützen, dh Abs. 2 Nr. 4 darf nicht als Druckmittel zur Geständniserlangung verwandt werden (BRegE, BT-Drs. 550/05, 135). Hiermit wäre **nicht vereinbar,** wenn der Ausschluss mit der strafrichterlichen Intention vorgenommen würde, aus erzieherischen Gründen dem Angeklagten die Möglichkeit zu eröffnen, zu seinen Taten zu stehen und Verantwortung zu übernehmen (so aber BRegE, BT-Drs. 550/05, 135). Das Hinwirken der Eltern bzw. Erziehungsberechtigten darauf, dass der jugendliche Angeklagte sich auf sein Aussagerecht beruft, ist ein grundsätzlich zulässiges Verhalten (zur missbräuchlichen Ausübung des Erziehungsrechts vgl. → Rn. 17).

19 **e) Abs. 2 Nr. 5.** Werden bei der Erörterung persönlicher Lebensumstände eines Verfahrensbeteiligten, Zeugen oder durch die rechtswidrige Tat (mutmaßlich) Verletzten dessen **schutzwürdige Interessen** dadurch verletzt, dass diese in Gegenwart der Erziehungsberechtigten und gesetzlichen Vertreter zur Sprache kommen, *können* diese Personen gem. **Abs. 2 Nr. 5** ausgeschlossen werden, sofern nicht deren Interesse auf Anwesenheit überwiegt. Gemäß **Abs. 2 S. 3** *sind* die genannten Personen auszuschließen, wenn die Voraussetzungen des Abs. 2 Nr. 5 vorliegen und die vom Schutzbereich erfasste Person den Ausschluss beantragt. Widerspricht eine grundsätzlich zu einem solchen Antrag berechtigte Person, so ist der Ausschluss *unzulässig* **(Abs. 2 S. 4).** – Der Angeklagte selbst als Verfahrensbeteiligter ist von dieser Vorschrift als Schutzbedürftiger nicht umfasst, wenn es um den Ausschluss seiner Eltern und gesetzlichen Vertreter geht. Zugunsten *anderer* Angeklagter (vgl. auch → Rn. 13) ist diese Norm anwendbar (BRegE, BR-Drs. 550/06, 137; zum Ausschluss der Öffentlichkeit grds. vgl. § 48).

19a Die Beurteilung der *besonderen Schutzbedürftigkeit* ist an **objektiven Maßstäben** zu orientieren (vgl. *Meyer-Goßner/Schmitt* GVG § 171b Rn. 4), ohne dass hiervon in Würdigung bzgl. Kindern und Jugendlichen (§ 171b Abs. 1 S. 3 GVG, eingef. erst auf Initiative des Rechtsausschusses (BT-Drs. 17/6261) durch Gesetz v. 29.6.2013 (BGBl. I 1805)) abgesehen werden dürfte (wegen der gleichfalls durch dieses Gesetz eingeführten Vorschrift des § 171b Abs. 1 S. 4 GVG bestehen rechtssystematische Bedenken, vgl. näher → §§ 33–33b Rn. 58). Die auf Deliktsgruppen bezogene Soll-Vorschrift des § 171b Abs. 2 (ebenfalls erst vom Rechtsausschuss initiiert und eingeführt durch das vorgenannte Gesetz) wird eher restriktiv anzuwenden sein, da sie geeignet ist, entgegen der Aufklärungspflicht die HV in eine bestimmte Richtung (und zwar iSd regelmäßigen deliktischen Hochstufung durch die Ermittlungsbehörden) zu beeinflussen.

19b Eine Verletzung schutzbedürftiger Interessen kann insb. bei der Erörterung von Tatsachen aus der Intimsphäre drohen (zum Begriff des persönlichen Lebensbereichs zusf. *Meyer-Goßner/Schmitt* GVG § 171b Rn. 3). Bei der vorzunehmenden Abwägung ist zu berücksichtigen, dass die Eltern und gesetzlichen Vertreter Verfahrensbeteiligte und somit nicht der Öffentlichkeit zuzurechnen sind (BT-Drs. 550/06, 134). Die Situation ist also ggü. der des Ausschlusses der Öffentlichkeit verschieden, weshalb andere Kriterien zu gelten haben. Zur effektiven Unterstützung des Beschuldigten kann es daher erforderlich sein, dass diese Personen bei der Erörterung auch intimster Details zugegen sind. Dies hat insb. dann zu gelten, wenn sich die Sachverhaltsermittlung durch das Gericht als schwierig erweist. – Im Übrigen sind die Voraussetzungen von Nr. 5 auch deshalb außerordentlich **restriktiv** auszulegen, weil die dort geregelte Einschränkung eindeutig über die Begrenzungsmöglichkeiten hinausgeht, die von Art. 15 Abs. 2 RL (EU) 2016/ 800 für das Begleitungsrecht erlaubt wird – ohne dass dies durch Art. 23 Abs. 3 RL (EU) 2012/29 (sog. Opferrechtsrichtlinie) eingefordert würde (zurückhaltender *Bock* StV 2019, 508 (512); teilw. abw. RegE BT-Drs. 19/ 13837, 38).

3. Rechtskreis des (mutmaßlich) Verletzten (Abs. 2 S. 2)

Nach Abs. 2 S. 2 können auch die Erziehungsberechtigten und gesetzli- **20** chen Vertreter des (mutmaßlich) Verletzten entsprechend den Nr. 3–5 von der Verhandlung ausgeschlossen werden. Ihre Rechte können nicht weiter reichen, als die der Erziehungsberechtigten und gesetzlichen Vertreter des Angeklagten (BRegE, BT-Drs. 550/06, 138). Sofern eine erhebliche Gefährdung des Wohls des (mutmaßlich) *Verletzten* zu besorgen ist, können *dessen* Erziehungsberechtigte und gesetzliche Vertreter ebenfalls ausgeschlossen werden (Abs. 2 S. 2 letzter Hs.).

4. Entsprechende Anwendung

Sind am Verfahren auch **BewHelfer, Betreuungshelfer, Erziehungs-** **21** **beistand** oder Leiter einer **Erziehungseinrichtung** beteiligt und anwesend (vgl. § 48 Abs. 2 S. 1, 2), können diese entsprechend Abs. 2 ausgeschlossen werden. Auch ihr Anwesenheitsrecht kann nicht umfassender sein als dasjenige des Erziehungsberechtigten und des gesetzlichen Vertreters des Angeklagten (s. auch *Dallinger/Lackner* Rn. 18). – Andere Personen, denen die Anwesenheit nach **§ 48 Abs. 2 S. 3** gestattet wurde, können durch Widerruf der Zulassung ausgeschlossen werden (vgl. auch → § 48 Rn. 20 aE).

Zeugen sind, sofern ihnen nicht die Anwesenheit gestattet wird (§ 48 **21a** Abs. 2 S. 3), nach ihrer Vernehmung zu entlassen. Mit ihrer Entlassung endet ihre Stellung als Verfahrensbeteiligte und damit jede Anwesenheitsberechtigung (vgl. etwa schon *Kühling* unsere jugend 1960, 320). Etwas anderes gilt für die Erziehungsberechtigten und gesetzlichen Vertreter des (mutmaßlich) Verletzten (vgl. → § 48 Rn. 16).

Dagegen können der **JStA,** der **Verteidiger** und der Vertreter der **JGH** **22** **nicht** ausgeschlossen werden (etwaige sitzungspolizeiliche Maßnahmen nach § 176 GVG ermöglichen keinesfalls den Ausschluss, vgl. nur *Meyer-Goßner/ Schmitt* GVG § 176 Rn. 10). Im Übrigen ergeben sich Folgen in Fällen zeugenschaftlicher Vernehmung dieser Personen (vgl. betr. den Staatsanwalt bzw. den Verteidiger *Eisenberg* Beweisrecht StPO Rn. 1017 ff. bzw. 1014 ff.; *Meyer-Goßner/Schmitt* StPO Vor § 48 Rn. 17 f.). Betreffend den Vertreter der JGH gelten die Erl. zu → Rn. 13 entsprechend (ebenso *Laubenthal* Jugendgerichtshilfe 107).

5. Ergänzende Maßgaben für den Ausschluss

a) Abs. 3. Gemäß **Abs. 3** findet die Vorschrift des § 177 GVG für den **23** sitzungspolizeilichen Ausschluss entsprechend Anwendung. Unter diese Regelung fallen auch die Erziehungsberechtigten und gesetzlichen Vertreter des

Angeklagten (BRegE, BT-Drs. 550/06, 139). Die Vorschrift des allg. StVR ist jugendgemäß restriktiv auszulegen (ebenso *Johann to Settel* in BeckOK JGG Rn. 21; vgl. aber zur Sperrung des § 231b StPO näher → § 50 Rn. 18). Demgegenüber ist § 175 Abs. 1 GVG gegen den Erziehungsberechtigten und den gesetzlichen Vertreter als Prozessbeteiligte (vgl. auch → § 67 Rn. 11 ff.) nicht anwendbar (vgl. *Dallinger/Lackner* § 48 Rn. 13; vgl. ergänzend → § 48 Rn. 15). – Schon nach dem Gesetzeswortlaut ist § 178 GVG auf den gesetzlichen Vertreter nicht anwendbar (abw. *Höffler* in Mü-KoStPO Rn. 20; offen gelassen von OLG Dresden NStZ 2010, 427: zumindest bedürfte es einer Entscheidung des Gerichts, § 67 Abs. 2, § 178 Abs. 2 Alt. 2 GVG).

24 **b) Abs. 4.** Bevor der Vorsitzende den Verhandlungsausschluss anordnet, hat er gem. Abs. 4 S. **1** die Betroffenen nicht nur anzuhören (§ 67 Abs. 1, 2 iVm § 33 StPO, dazu → § 67 Rn. 9), sondern auf ein einvernehmliches Verlassen des Sitzungssaales hinzuwirken (BRegE, BT-Drs. 550/06, 139).

24a Sind die vormals ausgeschlossenen Personen im Sitzungssaal wieder anwesend, sind diese nach Abs. 4 S. **2** vom wesentlichen Inhalt des in ihrer Abwesenheit Verhandelten und Vorgetragenen zu unterrichten. Der *wesentliche Inhalt* umfasst zumindest diejenigen Tatsachen, die zur effektiven Wahrnehmung von Verteidigungsrechten erforderlich sind (BRegE, BT-Drs. 550/06, 139; krit. dazu 20. Aufl. § 68 Rn. 29a). Sofern sich in der Praxis eine Grenze der Unterrichtungspflicht daraus ergeben soll, dass die Erziehungsberechtigten und gesetzlichen Vertreter nicht zur Anwesenheit verpflichtet sind und daher möglicherweise künftig in der Verhandlung nicht mehr erscheinen (so BRegE, BT-Drs. 550/06, 139), ist zu bedenken, dass dies zum Unterrichtungszeitpunkt nicht hinreichend sicher beurteilt werden kann.– Damit die Unterrichtung den Zweck der Anordnung des Ausschlusses nicht unterläuft, hat sie in *geeigneter Weise* zu erfolgen (BRegE, BT-Drs. 550/06, 140).

25 **c) Abs. 5.** Ist der Erziehungsberechtigte und gesetzliche Vertreter (vgl. aber → Rn. 13f) **als Beistand** bestellt (§ 69), hindert dies das Gericht gem. Abs. 5 nicht, einen Ausschluss nach Abs. 2, 3 (→ Rn. 13 ff.) anzuordnen. Bedarf der Angeklagte jedoch weiterhin (individuell fürsorglicher) Unterstützung (vgl. *Eisenberg/Zötsch* GA 2003, 228; → § 69 Rn. 3), die nicht im Rahmen von Abs. 6 zu gewährleisten ist, *hat* das Gericht einen anderen Beistand zu bestellen (vgl. BRegE, BT-Drs. 550/06, 141 (nach pflichtgemäßem Ermessen)). – Ggf. kann der Schutzbedürftigkeit des Angeklagten auch durch Bestellung eines Verteidigers entsprochen werden (vgl. auch → § 68 Rn. 29).

6. Ersatzweise Anwesenheit von Beistandspersonen

25a **a) Abs. 6 nF.** Bei einem Ausschluss nach Abs. 2 oder 3 hat der Vorsitzende für die Dauer des Ausschlusses die Anwesenheit einer anderen Beistandsperson zu gestatten. Diese Person muss indes nicht nur volljährig sein, sondern sich auch dafür **eignen,** für die Interessen des Jugendlichen einzutreten. Dies setzt idR ein Nähe- und Vertrauensverhältnis voraus (ebenso *Bock* StV 2019, 508 (512)). Zumindest muss der Erwachsene in der HV in dem Sinne elternähnlich auftreten können, dass er den Jugendlichen kennt und unterstützungskompetent sowie frei von Interessenkonflikten ist (s. auch

→ § 67a Rn. 13). Hinsichtlich dieser Person soll der Jugendliche einen Vorschlag machen können (S. 2), von dem das Gericht – sonst hätte das Vorschlagsrecht kaum einen Sinn – allein bei Vorliegen von konkreten Gründen (etwa solchen gem. Abs. 2) abweichen darf (vgl. auch *Bock* StV 2019, 508 (512)). Nach dem Regelungssinn der Vorschrift ist das Gericht, obwohl Abs. 6 nF keine Ladungen oder Mitteilungen vorsieht, dazu gehalten, die fragliche Person dann auch hinzuziehen. Von den Rechten der ausgeschlossenen Erziehungsberechtigten bzw. gesetzlichen Vertreter überträgt S. 3 diesen Beistandspersonen das Recht auf Gehör (s. erg. → § 67 Rn. 9), nicht aber die darüber hinausgehenden Rechte (RegE BT-Dr. 19/13837, 53 f.). Ihre **Rechtsstellung** entspricht daher auch nicht der eines Verteidigers oder förmlich bestellten Beistands iSv § 69. Gleichwohl kann die Anwesenheit und Äußerungsmöglichkeit eines solchen anderen geeigneten Erwachsenen ein Aspekt sein, der trotz eines Ausschlusses iSv Abs. 2 ggf. gegen die (in § 68 Nr. 3 geregelte) Notwendigkeit der Verteidigermitwirkung spricht (s. auch → § 68 Rn. 29a).

Rechtspraktisch wird eine gerichtliche Gestattung iSv S. 1 häufig unter- **25b** bleiben. Das kann darauf beruhen, dass bspw. ein benannter Erwachsener nicht erscheint oder nicht als geeignet akzeptiert wird oder dass keine geeignete Person in Betracht kommt oder nur unter wesentlicher Verfahrensverzögerung hinzugezogen werden kann (vgl. aber zur frühzeitigen Festlegung → § 67a Rn. 15). Dann übernimmt ein **Vertreter der JGH** die kompensatorische Beistandsaufgabe. Dem Normtext zufolge muss es sich dabei um den fallzuständigen Mitarbeiter (§ 38 Abs. 4 S. 2 nF sowie § 52 Abs. 3 SGB VIII) handeln, der – soweit hierauf nicht verzichtet wurde (s. aber → § 38 Rn. 31) – in der HV ohnehin anwesend ist (S. 4). Neben seiner allg. Aufgabe (Berichterstattung, Rechtsfolgenvorschlag usw. (dazu → § 38 Rn. 72)) übt er dann eine dezidiert interessenschützende Funktion aus, die die Abwesenheit der hierfür normalerweise einstehenden Personen kompensieren und daher eine schützende Parteilichkeit aufweisen soll (zum Äußerungsrecht der JGH s. § Abs. 3 S. 2). In dieser Doppelaufgabe liegt das Potenzial von fallkonkret schwer auflösbaren Konflikten zwischen zwei nicht priorisierbaren Rollen (abw. RegE BT-Dr. 19/13837, 54: S. 4 geht nicht über ohnehin bestehende Beistandsaufgabe hinaus).

Werden die Erziehungsberechtigten bzw. gesetzlichen Vertreter nur für **25c** einen **unerheblichen Teil** der HV ausgeschlossen, entstehen die vorgenannten Pflichten hinsichtlich einer Beistandsperson nicht. Von „Unerheblichkeit" ist aber selten auszugehen – nämlich nur bei einem kurzzeitigen (weniger als einstündigen) Verhandlungszeitraum, in dessen Verlauf allein solche Materien behandelt werden, die für die prozess- und materiell-rechtlichen Entscheidungen des JStV bedeutungsarm sind. Bei einem Ausschluss der Erziehungsberechtigten bzw. gesetzlichen Vertreter des **Verletzten** (Abs. 2 S. 2) kommt Abs. 6 nF iÜ ebenfalls nicht zum Tragen. Ungeachtet des insofern offenen Wortlauts ergibt sich dies unter teleologischen Vorzeichen, da die Vorschrift allein der Umsetzung von EU-rechtlich vorgesehenen Beschuldigtenrechten dient (→ Rn. 13).

b) Abs. 7 nF. Nach Abs. 7 nF gelten die Maßgaben des Abs. 6 nF **25d** (→ Rn. 25a f.) nicht nur bei einem Ausschluss iSv Abs. 2 und 3, sondern auch bei gänzlicher Abwesenheit der Erziehungsberechtigten bzw. gesetzlichen Vertreter in der HV. Dem Wortlaut nach muss deren Fehlen auf ihrer

Unerreichbarkeit beruhen – also entweder auf ihrer unbekannten Identität oder darauf, dass ausreichend intensive und sachangemessen anhaltende Ladungsversuche iSv § 50 Abs. 2 misslungen sind. Berücksichtigt man indes den Regelungszweck der Norm, wonach Jugendliche nur unter elterlicher oder elternähnlicher Begleitung mit einer HV konfrontiert werden sollen, erstreckt sich der Anwendungsbereich von Abs. 7 auch auf die vergleichbar liegenden Fälle des Ausbleibens nach gelungener Ladung (abw. RegE BT-Drs. 19/13837, 54).

7. Verfahren

26   Es vollzieht sich entsprechend demjenigen bei Ausschließung des jugendlichen Angeklagten nach Abs. 1 (vgl. → Rn. 11). Zuständig ist, anders als in Verfahren nach § 67 Abs. 4, der Vorsitzende (vgl. auch → § 67 Rn. 24). Einschränkungen bestehen insofern, als die Ausschließung derjenigen Angehörigen, denen kein Anwesenheitsrecht als Prozessbeteiligten zukommt (vgl. → Rn. 13), rechtlich gewissermaßen nur die Bedeutung eines Widerrufs der Zulassung nach § 48 Abs. 2 S. 3 zukommt.

IV. Revision

1. Verletzung von Abs. 1 S. 1

27   Sind die sachlichen Voraussetzungen dieser Vorschrift bei der Ausschließung des Angeklagten nicht beachtet worden, liegt der absolute Revisionsgrund des **§ 338 Nr. 5 StPO** vor. Dies wird unabhängig davon zu gelten haben, ob der Angeklagte bereits in der HV zu erkennen gegeben hat, dass er sich durch die Anordnung des Vorsitzenden beschwert fühlt mit der Folge, dass eine Entscheidung des Gerichts nach § 238 Abs. 2 StPO ergangen ist (ebenso *Brunner/Dölling* Rn. 4; *Höffler* in MüKoStPO Rn. 30 mwN; aA *Schatz* in Diemer/Schatz/Sonnen Rn. 47). § 338 Nr. 5 StPO ist bereits dann einschlägig, wenn eine förmliche Begründung für die Ausschließung fehlt und infolgedessen zweifelhaft bleibt, ob von zutreffenden Erwägungen ausgegangen wurde (BGHSt 15, 194 (196) für § 247 StPO; s. aber einschränkend BGH NStZ 2001, 48; vgl. näher *Eisenberg* Beweisrecht StPO Rn. 787f).

2. Verletzung von Abs. 1 S. 2

28   Ist die nachträgliche Unterrichtung des Angeklagten unterlassen worden, ohne dass hierfür eine aus **Abs. 1 S. 2** begründete Erwägung maßgeblich war, kann dies mit der Revision (uU nach § 338 Nr. 8 StPO) gerügt werden, auch wenn ein Gerichtsbeschluss (§ 238 Abs. 2 StPO) nicht beantragt worden ist (*Brunner/Dölling* Rn. 5; *Höffler* in MüKoStPO Rn. 31; *Dallinger/Lackner* Rn. 15; *Potrykus* Anm. 5; aA BGH BeckRS 2000, 3246 (zum allg. StVR)). Dies gilt bereits dann, wenn die Sitzungsniederschrift über die Förmlichkeit nichts enthält, weil dann gem. § 274 S. 1 StPO angenommen werden muss, dass eine Unterrichtung nach Maßgabe von Abs. 1 S. 2 unterblieben ist (vgl. BGHSt 1, 346 (350) zu § 274 StPO). Die Revisibilität der (entgegen Abs. 1 S. 2) unterbliebenen Unterrichtung soll ausnahmsweise dann entfallen, wenn der Angeklagte die Unterrichtung durch wiederholtes ungebührliches Verhalten unmöglich macht, soweit wenigstens sein mitwirkender Verteidiger ihn in entsprechendem Umfang unterrichtet hat (BGH NJW 1957, 1326 f. für § 247 StPO).

3. Verletzung von Abs. 2

Ist der Erziehungsberechtigte (vgl. aber → Rn. 13 f.) oder der gesetzliche 29 Vertreter nach Abs. 2 von der Verhandlung ausgeschlossen worden, ohne dass Gründe, die Bedenken gegen eine Anwesenheit rechtfertigen, ersichtlich gemacht worden sind, wird die Revision erfolgreich sein, wenn das Urteil darauf beruhen kann (§ 337 StPO). Ebenso verhält es sich, wenn es an der Anwesenheit einer der in Abs. 6 und 7 nF vorgesehenen Beistandspersonen vollständig fehlt.

Neubeginn der Hauptverhandlung

51a **Ergibt sich erst während der Hauptverhandlung, dass die Mitwirkung eines Verteidigers nach § 68 Nummer 5 notwendig ist, so ist mit der Hauptverhandlung von neuem zu beginnen, wenn der Jugendliche nicht von Beginn der Hauptverhandlung an verteidigt war.**

I. Anwendungsbereich

Die Vorschrift gilt in Verfahren gegen Jugendliche und auch Heranwach- 1 sende (§ 109 Abs. 1) vor den JGerichten. In Verfahren vor den für allg. Strafsachen zuständigen Gerichten ist die Norm nicht anwendbar (vgl. RegE BT-Drs. 19/13837, 28: Normsituation kann wegen der aus anderen Gründen notwendigen und sichergestellten Verteidigung gar nicht eintreten).

II. Regelungswirkung

1. Nachträgliche Verteidigungsnotwendigkeit

Die Vorschrift setzt eine **laufende,** dh begonnene und noch nicht abge- 2 schlossene HV voraus, an der nicht von Anbeginn ein Verteidiger mitgewirkt hat.

Zudem muss sich im Verlauf dieser HV die Notwendigkeit der Verteidi- 3 gung ergeben. Relevant ist nach dem eindeutigen Normwortlaut allerdings allein § 68 Nr. 5 (und nicht auch einer der Beiordnungsgründe iSv § 68 Nr. 2 – 4). Deshalb ist es erforderlich, dass gerade die ursprünglich nicht gegebene **Erwartung einer stationären Sanktion** (erst) im Verhandlungsverlauf wegen dort neu hinzukommender Informationen und Beweise **entsteht.** Dass dann § 68 Nr. 1 iVm § 140 Abs. 2 StPO ggf. neben § 68 Nr. 5 anwendbar ist (→ § 68 Rn. 32), schließt die Anwendbarkeit von § 51a keineswegs aus (s. auch → Rn. 5).

2. Rechtsfolge

Bei Vorliegen der genannten Voraussetzungen verlangt die Vorschrift den 4 Abbruch der laufenden und den Beginn einer **völlig neuen HV.** Anders als im allg. StVerf (vgl. dort § 145 Abs. 2 und 3 StPO) ist das Verfahren zwingend in das Stadium zurückzuversetzen, in dem es sich nach Anklagezulassung und Eröffnung des Hauptverfahrens befand. Dies ist eine Konsequenz von Art. 6 Abs. 6 S. 3 RL (EU) 2016/800. Beginnend mit der Terminsbestimmung (§ 213 StPO iVm § 2 Abs. 2) ist die HV − nunmehr unter Mitwirkung eines beigeordneten (oder ggf. eines gewählten) Verteidigers − hiernach in all ihren Bestandteilen zu wiederholen. Das betrifft auch die komplette Beweiserhebung. Speziell die Angaben des Angeklagten sind selbst bei einer Wiederholung allerdings nur verwertbar, wenn dem in der neuen HV eine qualifizierte Belehrung (→ § 70c Rn. 15) vorangegangen ist.

3. Fehlerformen und Fehlerfolgen

5 Wird die Sanktionserwartung iSv § 68 Nr. 5 nF wegen einer tatsächlichen oder rechtlichen Fehleinschätzung **erst in der HV erkannt,** obwohl sie aufgrund der vorhandenen Verdachtslage schon eher erkennbar und die Verteidigung daher bereits in früheren Verfahrensphasen notwendig war, ist hinsichtlich der bereits begonnenen HV ebenso wie im Regelfall (→ Rn. 3) nach § 51a zu verfahren (zur Un-/Verwertbarkeit des Beweismaterials aus dem Ermittlungsverfahren s. → § 68a Rn. 26 f.). Ohne Bedeutung ist, dass die Notwendigkeit der Verteidigung in diesen Fällen auch auf § 68 Nr. 1 iVm § 140 Abs. 1 Nr. 1 StPO nF und Nr. 1 iVm § 140 Abs. 2 StPO gestützt werden konnte (→ § 68 Rn. 32). Es reicht vielmehr aus, dass der Beiordnungsgrund iSv. § 68 Nr. 5 grds. anwendbar war und damit auch § 51a einschlägig ist (→ Rn. 3). Bei allen anderen Beiordnungsgründen (dh. solchen, die nicht auf der absehbaren stationären Sanktion beruhen), führt das erst in der HV erfolgende verspätete Erkennen nur zu den allg. Fehlerfolgen (→ § 68a Rn. 26 ff.) und nicht zum Vorgehen nach § 51a.

6 Der absolute Revisionsgrund iSv **§ 338 Nr. 5** (Nichtanwesenheit des notwendigen Verteidigers in der HV) liegt dagegen vor, wenn das Gericht die Notwendigkeit der Verteidigung nie erkennt und so irrig verneint (OLG Hamm StV 2008, 120 = BeckRS 2007, 65223) oder wenn es die bestehende Sanktionserwartung iSv § 68 Nr. 5 gewissermaßen erst bei Urteilserlass erkannt bzw. in einer entspr. Sanktionsverhängung realisiert hat (so für das allg. StVerf OLG Karlsruhe NJW 1999, 3061). Ebenso verhält es sich, wenn die Notwendigkeit der Verteidigung in den Konstellationen von → Rn. 3 und → Rn. 5 zwar in der HV (noch) reflektiert wird, dies aber folgenlos bleibt und keine Beiordnungsentscheidung und/oder keinen vollständigen Neubeginn der HV nach sich zieht (*Willnow* in KK-StPO § 140 Rn. 27; *Bock/Puschke* ZJJ 2019, 224 (232)). Auch die **Wiederholung wesentlicher Teile** der HV ist (anders als das nach hM früher der Fall war (vgl. etwa BGHSt 9, 243 = NJW 1956, 1366; *Knauer/Kudlich* in MüKoStPO § 338 Rn. 105)) kein genügender und den Revisionsgrund ausschließender Ersatz für die Wiederholung der ganzen HV. Anderenfalls wäre die weitergehend gefasste Anforderung des § 51a (RegE BT-Drs. 19/13837, 27 f., 54 f.) obsolet. Dieses ursprünglich als ausreichend geltende Vorgehen kann die anfängliche Abwesenheit eines Verteidigers allenfalls noch dort heilen, wo sich die Notwendigkeit seiner HV-Anwesenheit aus den Gründen von § 68 Nr. 2 − 4 ergibt.

Berücksichtigung von Untersuchungshaft bei Jugendarrest

52 Wird auf Jugendarrest erkannt und ist dessen Zweck durch Untersuchungshaft oder eine andere wegen der Tat erlittene Freiheitsentziehung ganz oder teilweise erreicht, so kann der Richter im Urteil aussprechen, dass oder wieweit der Jugendarrest nicht vollstreckt wird.

Übersicht

	Rn.
I. Anwendungsbereich	1
1. Jugendliche, Heranwachsende	1
2. Verfahrensrechtliches	3
a) Entsprechende Anwendung	4
b) Nach Eintritt der (relativen) Rechtskraft	5
II. Allgemeines	6
III. Voraussetzungen	8
1. Freiheitsentziehung und Freiheitsgrundrecht	8
a) Freiheitsentziehung	8
b) Freiheitsgrundrecht	9
2. Grundsätzliche Berücksichtigung; Umfang	10
3. Urteilsformel und Begründung	12
IV. Rechtsmittel	13

I. Anwendungsbereich

1. Jugendliche, Heranwachsende

Die Vorschrift gilt in Verfahren gegen Jugendliche auch vor den für allg. **1** Strafsachen zuständigen Gerichten (§ 104 Abs. 1 Nr. 5).

Die Vorschrift gilt in Verfahren gegen Heranwachsende – vor JGerichten **2** wie vor den für allg. Strafsachen zuständigen Gerichten – dann, wenn materielles JStR angewandt wird (§ 109 Abs. 2 S. 1, §§ 105 Abs. 1, 112 S. 1, 2; vgl. auch RL Nr. 2).

2. Verfahrensrechtliches

§ 52 gilt für das Gericht des ersten Rechtszuges und das Berufungsgericht. **3** – Die *nach* Verkündung des *Urteils* erlittene Freiheitsentziehung ist auch dann entsprechend § 52 zu berücksichtigen, wenn die bis zur Urteilsverkündung erlittene Freiheitsentziehung nicht berücksichtigt worden ist (ebenso *Brunner/Dölling* Rn. 6 mwN; für eine Anrechnung analog § 52 iVm § 458 StPO *Schady* in NK-JGG Rn. 3; aA wohl *Dallinger/Lackner* Rn. 9).

a) Entsprechende Anwendung. Die Vorschrift ist entsprechend an- **4** wendbar für die bis zum Zeitpunkt eines Rechtsmittelverzichts oder einer Rechtsmittelrücknahme durch den Angeklagten oder des Ablaufs der Rechtsmittelfrist (relative Rechtskraft) erlittene Freiheitsentziehung (OLG Frankfurt a.M. NJW 1970, 1140; OLG München NJW 1970, 1141 (Ls.) für das allg. StVR; OLG München NJW 1971, 2275 für die Anrechenbarkeit auf JStrafe; s. zum Ganzen auch *Höffler* in MüKoStPO Rn. 5).

5 **b) Nach Eintritt der (relativen) Rechtskraft.** Ist das Urteil für den Angeklagten rechtskräftig geworden, tritt an die Stelle einer Berücksichtigung der U-Haft nach § 52 deren Anrechnung nach § 450 Abs. 1 StPO (vgl. auch § 87 Abs. 2). Dies hat auch zu gelten, wenn nur der gesetzliche Vertreter oder Erziehungsberechtigte das Urteil angefochten hatte (allg. Auffassung). Übernimmt der Angeklagte, der noch als Minderjähriger auf Rechtsmittel verzichtet hatte, das von seinem gesetzlichen Vertreter oder Erziehungsberechtigten eingelegte Rechtsmittel, so ist ihm die U-Haft nach § 450 Abs. 1 StPO vom Zeitpunkt seines Rechtsmittelverzichts und nur bis zum Tag vor der mit Eintritt der Volljährigkeit wirksamen Übernahme von Gesetzes wegen anzurechnen (allg. Auffassung, vgl. etwa LG Bamberg NJW 1967, 68 iE mzustAnm *Eb. Kaiser;* abw. *Pohlmann* Rpfleger 1963, 3 (68)).

II. Allgemeines

6 Die Vorschrift entspricht der Fassung des § 52 Abs. 1 JGG 53 und ist im Wortlaut identisch mit § 36 RJGG 1943. Das JGG 1923 sah naturgemäß keine einschlägige Regelung vor, da der JA erst durch die VO zur Ergänzung des JStR v. 4.10.1940 (RGBl. I 1336) eingeführt wurde.
7 Die Regelung ist Ausdruck der Annahme, jeder Freiheitsentziehung sei eine Schockwirkung immanent. Zugleich aber erscheint es inkonsistent, dass der Gesetzgeber trotz der vielfach betonten (nicht nur rechtlichen, sondern auch) tatsächlichen Wesensunterschiede des JA ggü. anderen Formen der Freiheitsentziehung davon ausgeht, der **Zweck** des **JA** sei durch solche anderweitigen Maßnahmen erreichbar (zur Problematik des § 6 Abs. 2 StrEG vgl. → § 2 Rn. 61 f., ergänzend *Eisenberg/Reuther* ZKJ 2006, 492). Würde die Häufigkeit der Berücksichtigung erlittener Freiheitsentziehung iSv § 52 wegen entsprechender Zunahme der Anordnung von U-Haft ansteigen, so müsste dies im Hinblick auf die – erzieherischen Intentionen widerstrebende – Ausgestaltung der U-Haft (vgl. näher → § 72 Rn. 3 sowie → § 89c Rn. 54 ff., 70 ff., 81 ff.) erzieherisch verstandenen Wirkungen des JA zuwiderlaufen.

III. Voraussetzungen

1. Freiheitsentziehung und Freiheitsgrundrecht

8 **a) Freiheitsentziehung.** Im Sinne von § 52 können neben erlittener U-Haft (§ 72, §§ 112 ff. StPO) auch **andere** Formen von Freiheitsentziehung (vgl. § 39 Abs. 1, 3 StrVollstrO, zu JA gem. § 16a vgl. § 39 Abs. 3 Nr. 5 StrVollstrO) berücksichtigt werden, wobei es ggf. nicht darauf ankommt, ob die Freiheitsentziehung konkret mit Zwangsmitteln durchgesetzt wurde oder in Erfüllung einer Weisung oder Auflage stattfand, sofern der Beschuldigte zur Erfüllung durch ein drohendes Zwangsmittel veranlasst wurde (BVerfG NStZ 1999, 570 (betr. Aussetzung der Vollstr des Befehls gem. § 126a StPO; BGH NStZ-RR 2014, 59); BGH BeckRS 2013, 20761). RL 1 erwähnt insoweit zutreffend – und unabhängig von der Art der Ausgestaltung (offen gelassen von OLG Brandenburg NStZ-RR 2003, 344) – die Unterbringung in einem Erziehungsheim nach §§ 71 Abs. 2 und 72 Abs. 4 sowie die

Unterbringung zur Beobachtung nach § 73. Ferner sind zu berücksichtigen Unterbringung zur Beobachtung (die nach § 81 StPO angeordnet wurde (vgl. BGHSt 4, 325 (326) für die Anrechnung nach § 51 StGB)), einstweilige Unterbringung nach § 126a StPO, vorläufige Festnahme (§ 127 StPO), Vorführungshaft (§ 230 Abs. 2 StPO), Auslieferungs- und Zulieferungshaft. War der Jugendliche aus Anlass der Tat iRd U-Haftverschonung in einer stationären Maßnahme der Jugendhilfe untergebracht, muss dies nach Sinn und Zweck von §§ 52, 52a (Vermeidung der Belastungskumulation mehrfacher Freiheitsentziehungen infolge einer Tat) anrechnungsfähig sein – unabhängig davon, ob es sich dabei um eine Einrichtung iSv § 72 Abs. 4 handelt (offenlassend KG BeckRS 2018, 16605).

Entsprechendes gilt für Festnahmen durch Behörden des Entsendestaates **8a** nach Art. VII Abs. 5 des NATO-Truppenstatuts v. 19.6.1951 (BGBl. 1961 II 1183 (1190, 1196), in Kraft getreten am 1.7.1963 gem. Bekanntmachung v. 16.6.1963 (BGBl. II 745) – nebst Zusatzabkommen (s. Sartorius II); vgl. zur Frage der U-Haftprüfung vern. OLG Frankfurt/M. NJW 1973, 2218; bejahend OLG Koblenz NJW 1974, 2193 – grds. bejahend auch OLG Zweibrücken MDR 1976, 68 sowie NJW 1975, 509, nicht jedoch, wenn der sich anschließende Gewahrsam nur in Form einer dem Soldaten auferlegten Ausgangssperre („restriction") ausgeübt wird).

b) Freiheitsgrundrecht. aa) Die Freiheitsentziehung muss wegen jener **9** **Tat** erlitten sein, die den Gegenstand der **Urteilsfindung** bildet. Jedoch ist im allg. StR betr. § 51 Abs. 1 S. 1 StGB („aus Anlass einer Tat") gem. der Bedeutung des Freiheitsgrundrechts **(Art. 2 Abs. 2 GG)** eine hiernach verfahrensfremde U-Haft gleichwohl dann anzurechnen, wenn eine *„potentielle Gesamtstrafenfähigkeit"* der Strafe besteht, auf die anzurechnen ist (vgl. nur BVerfG NStZ 2001, 501), dh wenn bezüglich verschiedener Verfahren einheitlich hätte entschieden werden können. Nach dem Grundsatz der *„funktionalen Verfahrenseinheit"* ist anzurechnen, wenn zwischen dem Verfahren betr. die Tat, die Anlass für die U-Haft war, und der Tat, aufgrund deren verurteilt wird, ein *Zusammenhang* bestanden hat oder auch nur „ein irgendwie gearteter sachlicher Bezug" vorliegt bzw. vorlag (BVerfG, 2. Kammer des 2. Senats, NStZ 1999, 477 (betr. allg. StR)). Dabei wird die Berücksichtigung einer U-Haft nicht dadurch verhindert, dass dieselbe bereits beendet war, als der Angeklagte die zur Verurteilung führende Tat begangen hat (vgl. LG Offenburg NStZ-RR 2003, 352; s. schon BGHSt 28, 29 (mAnm *Sonnen* JA 1979, 52 und *Tröndle* JR 1979, 73); OLG Schleswig NJW 1978, 115, jeweils zu § 51 StGB; zw. *Schatz* in Diemer/Schatz/Sonnen Rn. 12). Schon um eine Schlechterstellung im JStR zu verhindern (vgl. → § 45 Rn. 9a), gilt demgemäß in gleicher Weise, dass die Freiheitsentziehung nicht wegen desjenigen Delikts erlitten sein muss, das zur Verhängung des JA geführt hat (BGH 26.7.1983 – 5 StR 462/83 bei *Böhm* NStZ 1984, 447).

bb) In der Konsequenz dieser Rspr. liegt es, dass auch dann anzurechnen **9a** ist, wenn der Jugendliche in einem **anderen Verfahren** wegen einer anderen **Tat,** die im Falle der Verurteilung zur Anwendung des jugendstrafrechtlichen Prinzips *einheitlicher Rechtsfolgenentscheidung* (hier § 31 Abs. 2) geführt hätte, freigesprochen wurde. Dies entspricht dem Umstand, dass der Erziehungsauftrag (§ 2 Abs. 1) von vornherein eine besondere Verknüpfung der Verfahren veranlasst (BVerfG NStZ 2000, 277). Indes wird hierzu eine gewisse zeitliche Nähe der Verfahren vonnöten sein).

2. Grundsätzliche Berücksichtigung; Umfang

10   Eine erlittene Freiheitsentziehung ist immer dann zu berücksichtigen, wenn die dem JA zugeschriebene erzieherische Wirkung durch sie bereits eingetreten ist (BGH BeckRS 2018, 16741). Nach hM ist die Zweckerreichung einer Schockwirkung regelmäßig anzunehmen, weshalb eine Anrechnung grundsätzlich stattzufinden hat (vgl. auch → Rn. 7). Im Übrigen wird auf die Fassung des § 52a S. 1 verwiesen. Die maßgeblichen Prüfungsgesichtspunkte des Einzelfalles sind insb. die Persönlichkeit und das Verhalten einerseits sowie Dauer und Art der Freiheitsentziehung andererseits (vgl. auch schon RGSt 75, 279 (284)).

11   Entsprechend den allg. Grundsätzen zu § 51 StGB darf JA in dem Umfang nicht vollstreckt werden (einschr. *Schatz* in Diemer/Schatz/Sonnen Rn. 16: idR nicht), in dem eine Freiheitsentziehung tatsächlich erlitten wurde (Schutzfunktion der Anrechnung), während im Übrigen − anders als bei § 52a − eine Anrechnung nicht stattfindet. Folglich darf auch dann von der Berücksichtigung abgesehen werden, wenn die erlittene Freiheitsentziehung die Dauer des erkannten JA nicht erreicht hat (OLG Hamburg JR 1983, 170 mAnm *Eisenberg;* s. auch Anm. *Walter* NStZ 1983, 367; *Flöhr,* Die Anrechnung der U-Haft auf Jugendarrest und Jugendstrafe, 1995, 103). Übersteigt andererseits die Dauer der Freiheitsentziehung den zeitlichen Umfang des erkannten JA, so kann sie nur in dessen Umfang Berücksichtigung finden (vgl. BGH *Dallinger* MDR 1974, 544 zu § 51 StGB).

3. Urteilsformel und Begründung

12   Wenn die Voraussetzungen einer Berücksichtigung iSv § 52 bejaht werden, sind diese positiv festzustellen (vgl. BGHSt 3, 327 (330) (zum allg. StR)). Dies gilt idR auch bei deren Verneinung, denn sofern es zu einer Freiheitsentziehung gekommen ist und deren Anrechnung nicht ganz ausnahmsweise fernliegt (wie etwa bei sehr kurzzeitigen Eingriffen), muss sich das Gericht in den schriftlichen Urteilsgründen mit der von § 52 geregelten Frage zwingend auseinandersetzen (BGH BeckRS 2018, 16741). Zur Urteilsformel s. → § 54 Rn. 21.

IV. Rechtsmittel

13   Nach hM (OLG Hamburg JR 1983, 170 mit insoweit abl. Anm. *Eisenberg;* LG Tübingen MDR 1961, 170; zust. *Brunner/Dölling* Rn. 11; *Dallinger/Lackner* § 55 Rn. 20; *Schady* in NK-JGG Rn. 12; *to Settel* in BeckOK JGG Rn. 16) ist die Frage der Berücksichtigung von Freiheitsentziehung nach § 52 insoweit unanfechtbar, als sie von der Rechtsmittelbeschränkung des § 55 Abs. 1 S. 1 umfasst sein soll. Hiernach soll sich der in § 55 Abs. 1 S. 1 verwendete Begriff des „Umfangs" nicht nur auf die Prüfung der Notwendigkeit eines Zuchtmittels überhaupt oder seiner gewählten Art, sondern auch auf dessen vollständige oder teilweise Vollstr beziehen. Diese Auffassung erscheint nicht nur aus Gründen des Gesetzeswortlauts, sondern auch deshalb verfehlt, weil die Entscheidung hinsichtlich Zulässigkeit, Art und Dauer des JA − unabhängig von der Frage nach einer bereits erlittenen Freiheitsentziehung − endgültig zu treffen ist, wobei diese Entscheidung durch eine

danach erfolgende Entscheidung nach § 52 nicht berührt wird (ebenso *Flöhr,* Die Anrechnung der U-Haft auf Jugendarrest und Jugendstrafe, 1995, 107 ff.). Im Übrigen darf die sachlich-rechtliche Rechtsmittelbeschränkung zumindest dann nicht zum Zuge kommen, wenn Art und Dauer der konkreten Kumulierung freiheitsentziehender Eingriffe das Gewicht der von § 55 Abs. 1 erfassten Eingriffe tatsächlich übertreffen (vgl. auch → § 55 Rn. 45, näher → § 55 Rn. 43).

Anrechnung von Untersuchungshaft bei Jugendstrafe

52a (1) [1]Hat der Angeklagte aus Anlaß einer Tat, die Gegenstand des Verfahrens ist oder gewesen ist, Untersuchungshaft oder eine andere Freiheitsentziehung erlitten, so wird sie auf die Jugendstrafe angerechnet. [2]Der Richter kann jedoch anordnen, daß die Anrechnung ganz oder zum Teil unterbleibt, wenn sie im Hinblick auf das Verhalten des Angeklagten nach der Tat oder aus erzieherischen Gründen nicht gerechtfertigt ist. [3]Erzieherische Gründe liegen namentlich vor, wenn bei Anrechnung der Freiheitsentziehung die noch erforderliche erzieherische Einwirkung auf den Angeklagten nicht gewährleistet ist.

(2) **(aufgehoben)**

Schrifttum *Zirbeck,* Die U-Haft bei Jugendlichen und Heranwachsenden, 1973.

Übersicht

	Rn.
I. Anwendungsbereich	1
1. Jugendliche, Heranwachsende	1
2. Verfahrensbezogene Einzelfragen	3
II. Entwicklung und Bedeutung der Vorschrift	4
III. Voraussetzungen der Anrechnung	5
1. Vorfragen	5
2. Anrechnung als Regelfall	6
a) Nachtatverhalten	7
b) S. 3	8
3. Anrechnung von Gesetzes wegen	9
a) Fehlen einer Aussage im Urteil	9
b) Freiheitsentziehung im Ausland; Anrechnungsmaßstab	9a
IV. Rechtsmittel	10

I. Anwendungsbereich

1. Jugendliche, Heranwachsende

Die Vorschrift gilt in Verfahren gegen Jugendliche auch vor den für allg. **1** Strafsachen zuständigen Gerichten (§ 104 Abs. 1 Nr. 5).

In Verfahren gegen Heranwachsende gilt die Vorschrift – vor JGerichten **2** wie vor den für allg. Strafsachen zuständigen Gerichten – dann, wenn materielles JStR angewandt wird (§ 109 Abs. 2 S. 1, §§ 105 Abs. 1, 112

S. 1, 2; vgl. auch RL 2 zu § 52). – Ist gegen einen Heranwachsenden nach dem Grundsatz „in dubio pro reo" JStR angewendet worden, können erzieherische Gründe die Nichtanrechnung erlittener Freiheitsentziehung nicht rechtfertigen, weil der Heranwachsende sonst schlechter gestellt wäre (n. dazu → § 45 Rn. 9a) als bei der Anwendung allg. StR, das diesen Nichtanrechnungsgrund nicht kennt (§ 51 StGB; LG Münster NJW 1979, 938 f.; zust. *Kausch* JA 1979, 392; vgl. auch → § 109 Rn. 26).

2. Verfahrensbezogene Einzelfragen

3   Hinsichtlich des zeitlichen Umfanges der Anwendbarkeit der Vorschrift im Haupt- und *Rechtsmittelverfahren* vgl. die Erl. → § 52 Rn. 3–5 entsprechend (zur Anrechnung nach dem Zeitpunkt der tatgerichtlichen Urteilsverkündung erlittener U-Haft gem. § 2 Abs. 2, § 51 Abs. 1 StGB dann, wenn § 2 Abs. 2, § 450 StPO nicht eingreift, vgl. vormals BGH NJW 1972, 730; *Graalmann-Scheerer* in Löwe/Rosenberg StPO § 450 Rn. 24).

II. Entwicklung und Bedeutung der Vorschrift

4   Durch Art. 24 Nr. 21b, 22 EGStGB 1974 wurden § 52 Abs. 2, 3 JGG 1953 aufgehoben und durch die geltenden Bestimmungen in § 52a ersetzt. Dabei ist die inhaltliche Ausgestaltung dahin verändert worden, dass die Anrechnung zum Regelfall bestimmt und bei geänderten Anforderungen neben der U-Haft auch auf andere Formen erlittener Freiheitsentziehung zu erstrecken ist.

4a   Der Grundsatz regelmäßiger Anrechnung (seit 1974) bedeutet eine stärkere Angleichung an das allg. StR (vgl. § 51 StGB; s. *Schaffstein/Beulke/ Swoboda* JugendStrafR 850; für Streichung von S. 2 und 3 UK III bzw. IV DVJJ-Journal 1992, 25 bzw. 39 sowie DVJJ 1993, AK IV/3 und AK IV/4; DJT 02 (Abt. StR) „Abstimmung" VII.2.), die (auch) dem Umstand Rechnung trägt, dass die noch in § 52 Abs. 2 JGG 53 für eine Anrechnung vorausgesetzte erzieherisch günstige Auswirkung der erlittenen U-Haft regelmäßig nicht gegeben ist (vgl. *Zirbeck,* Die U-Haft bei Jugendlichen und Heranwachsenden, 1973, 44 ff.; näher → § 72 Rn. 3, → § 89c Rn. 54 ff., 70 ff.; zur Problematik der Entschädigung nach StrEG vgl. → § 2 Rn. 59 ff.).

III. Voraussetzungen der Anrechnung

1. Vorfragen

5   Zur Voraussetzung erlittener **Freiheitsentziehung** aus Anlass einer **Tat,** die Gegenstand des Verfahrens ist oder gewesen ist, vgl. → § **52** Rn. **8, 9** entsprechend.

5a   Was speziell die Anrechnung von Freiheitsentziehung aus „fremden" Verfahren (vgl. BVerfG NStZ 2000, 277) anbetrifft, so sind für die Berücksichtigung zeitliche Grenzen betr. den Zeitraum seit dessen strafjustitieller Erledigung vonnöten (vgl. aber etwa interne Stellungnahme Präs. AG Berlin-Tiergarten v. 24.6.2003: nur zwei Jahre). Bejaht der Vollstreckungsleiter die Anrechnung für eine solche, im Urteil nicht berücksichtigte Freiheitsentziehung, so ist stets die Entscheidung des erkennenden Gerichts herbeizuführen

(§ 2 Abs. 2, § 458 Abs. 1 StPO), und zwar schon wegen der Bedeutung des § 52a S. 2 (etwa betr. eine frühere Freiheitsentziehung, die gem. § 47 Abs. 1 Nr. 2 als eine Einstellung erlaubend beurteilt wurde) ebenso wie des § 18.

2. Anrechnung als Regelfall

Ist auf JStrafe erkannt, so wird erlittene Freiheitsentziehung regelmäßig **6** angerechnet (vgl. → Rn. 4). Die jugendgerichtliche Prüfung beschränkt sich darauf, ob es besondere Umstände im Verhalten des Angeklagten nach der Tat oder erzieherische Gründe ausnahmsweise rechtfertigen, nach pflicht-gemäßem Ermessen von der Anrechnung ganz oder teilweise abzusehen (S. 2), wobei beide Alternativen des S. 2 zu trennen sind (zur Begründung bei etwaiger Nichtanrechnung vgl. → § 54 Rn. 40).

a) Nachtatverhalten. Nicht umfasst sind hiervon auch Tatumstände oder **7** gar tatschuldbezogene, sondern nur **verfahrensbezogene** Gesichtspunkte (vgl. BT-Drs. V/4094, 25 zu § 51 Abs. 1 S. 2 StGB entspr.). Daher ist insoweit eine neuerliche Tatbegehung nicht maßgeblich (OLG Stuttgart StV 1987, 308), und es hat auch das Verhalten während des U-Haftvollzugs unbe-rücksichtigt zu bleiben (BGHSt 37, 75; s. auch BGH NStZ 1996, 223; LG Freiburg StV 1982, 338 f. (angebliche Misshandlung eines Mitgefangenen)).

Zulässiges **Verteidigungs**verhalten (zB Bestreiten der Tatbegehung) kann **7a** eine Nichtanrechnung regelmäßig **nicht** rechtfertigen (vgl. schon BGH NJW 1956, 1845; OLG Bremen NJW 1951, 286; OLG Hamm StraFo 2006, 425). Auch darf nicht angelastet werden, dass der Angeklagte keine das Ver-fahren fördernden Handlungen vorgenommen hat, denn hierzu ist er nicht verpflichtet (OLG Hamm StraFo 2006, 425; vgl. bereits *Dallinger* MDR 1953, 272).

b) S. 3. aa) Soweit **erzieherische Gründe** (nach BGHSt 37, 78 und **8** BGH StraFo 2005, 434 sowie BayObLG DAR 1993, 372: „grds. nur") dann eine Nichtanrechnung rechtfertigen sollen (zur Unvereinbarkeit mit Nr. 13 ERJOSSM *Dünkel* ZJJ 2011, 144), wenn die Anrechnung erlittener Frei-heitsentziehung die noch erforderliche erzieherische Einwirkung nicht ge-währleisten würde (vgl. § 18 Abs. 2), ist zu bedenken, dass generell eine als positiv zu beurteilende Einwirkung des JStVollzugs kaum angenommen werden kann (vgl. Erl. bei → § 17 Rn. 16 sowie bei → § 92 Rn. 33 ff.; ähnlich Anm. *Walter/Pieplow* NStZ 1991, 332). Ist eine erzieherische Wir-kung durch die U-Haft oder andere Freiheitsentziehung nicht eingetreten, so erlaubt dies ohnehin nicht die Nichtanrechnung (BGH StraFo 2005, 434).

bb) Auch wird die (mitunter beklagte, vgl. etwa *Schaffstein/Beulke/Swobo-* **8a** *da* JugendStrafR 854; ähnlich *Flöhr,* Die Anrechnung der U-Haft auf Ju-gendarrest und Jugendstrafe, 1995, 144 ff.) etwaige *Verkürzung* der *Mindest-dauer* der JStrafe von sechs Monaten (§ 18 Abs. 1) im Falle einer Anrechnung *kein* tragfähiges *Argument* für die Erforderlichkeit weiterer erzieherischer Ein-wirkung sein können (so auch BGH StV 1994, 603 betr. eine verbleibende Dauer von acht Monaten; ähnlich BGH NStZ-RR 1998, 152: „gespaltene" Strafe unzulässig; vgl. ergänzend OLG Hamm StraFo 2006, 425). Insbeson-dere ließe sich eine entsprechende Erwägung nicht auf Berechnungen über eine relativ schlechtere Legalbewährung bei Kurzstrafenvollzug stützen, da ein bedingender Zusammenhang zwischen vergleichsweise kürzerer Voll-zugsdauer mit vergleichsweise höherer „Rückfälligkeit" empirisch nicht nachgewiesen ist (vgl. auch → § 18 Rn. 13). An die Beurteilung der weiteren Erforderlichkeit erzieherischer Einwirkung sind daher eher hohe Anforderungen geknüpft (vgl. etwa KG StV 2013, 762 (Ls.); für eine zurückhaltende Handhabung auch *Kreuzer* RdJB 1978, 337 (346)); eine Begründung mit dem „gewünschten Erziehungsziel" (aA OLG Brandenburg NStZ-RR 2003, 344) bzw. der Dauer einer Therapie im Maßregelvollzug ist ungeeignet (BGH NStZ 1998, 96).

3. Anrechnung von Gesetzes wegen

9   **a) Fehlen einer Aussage im Urteil.** Enthält das auf eine JStrafe erkennende Urteil keinen Hinweis zur Frage der Anrechnung erlittener Freiheitsentziehung (vgl. → § 54 Rn. 22, 40), so bedarf es keiner jugendrichterlichen Entscheidung (auch nicht seitens des Revisionsgerichts hinsichtlich der nach Urteilsverkündung erlittenen weiteren U-Haft; vgl. BGH NJW 1972, 730 für die Rechtslage nach § 60 StGB aF). Denn entsprechend dem allg. StR (vgl. *Fischer* StGB § 51 Rn. 22) erfolgt die Anrechnung nach S. 1 von Gesetzes wegen (BGHR Anrechnung 3, Freiheitsentziehung im Ausland; vgl. aber auch → Rn. 5).

9a   **b) Freiheitsentziehung im Ausland; Anrechnungsmaßstab. aa)** Auch die Anrechnung einer im Ausland vollzogenen U-Haft oder anderen Freiheitsentziehung geschieht gem. § 2 Abs. 2, § 51 Abs. 3 S. 2, Abs. 1 StGB von Gesetzes wegen (ebenso bspw. *Höffler* in MüKoStPO Rn. 9; vgl. betr. vollständige Erledigung auch → § 7 Rn. 33).

9b   **bb)** Gemäß § 2 Abs. 2, § 51 Abs. 4 S. 2 StGB muss das erkennende Gericht allerdings den Anrechnungsmaßstab (in der Urteilsformel, vgl. jeweils zum allg. StR BGH NStZ-RR 2003, 364; BeckRS 2014, 11010; vgl. auch → § 54 Rn. 22) bestimmen. Unter Berücksichtigung der im fraglichen Staat jeweils gegebenen Haftbedingungen (zu deren Prüfung *Morgenstern* StV 2016, 395) soll ein stärkerer Belastungsgrad eine entspr. stärkere Berücksichtigung finden und in größerem Umfang als der beim inländischen Vollzug angerechnet werden (vgl. etwa BGHR Anrechnung 3; näher *Bock* ZIS 2010, 482). Dieses Prinzip hat (überwiegend im allg. StR) zu einer ausdifferenzierten Kasuistik mit länderspezifischen Anrechnungsfaktoren geführt (zu einer tabellarischen Übersicht vgl. *Lagodny* NK 2014, 211 ff. (219 ff.); vgl. bspw. BGH NStZ-RR 2010, 27 (betr. Frankreich 1:1); BGH StraFo 2004, 391; BGH NStZ 2013, 671 (1:3 bzw. 1:2 betr. U-Haft in Ecuador); LG Zweibrücken MDR 1997, 279 (Auslieferungshaft in Kenia 1:3 auf JStrafe); LG Berlin StV 1998, 347 (Haft in Bulgarien 1:3 auf JStrafe); LG Verden StV 2007, 362 (betr. Mazedonien 1:3), LG Ulm StV 2010, 527 (Weißrussland 1:2); BGH BeckRS 2016, 1616 (Auslieferungshaft in Slowenien 1:1); BGH BeckRS 2017, 117808 bzw. BeckRS 2017, 127793 bzw. BeckRS 2017, 132195 (Auslieferungshaft in Polen bzw. in Ungarn bzw. in Kroatien jeweils 1:1). Wurde die Festlegung des Anrechnungsmaßstabs unterlassen, kann die Entscheidung nachgeholt werden (§ 458 StPO; *Heger* in Lackner/Kühl StGB § 51 Rn. 16). Bestimmt das Revisionsgericht den Maßstab (nach BGH BeckRS 2015, 13840 gem. § 354 Abs. 1 StPO entspr., weil nur ein bestimmter Anrechnungsmaßstab in Betracht komme), erstreckt sich die Entscheidung auch auf nichtrevidierende Mitangeklagte (§ 2 Abs. 2, § 357 StPO; BGH NStZ-RR 2010, 27).

IV. Rechtsmittel

Zur grundsätzlich gegebenen Zulässigkeit eines auf die Frage der Anrech- 10
nung von U-Haft beschränkten Rechtsmittels vgl. mN → § 55 Rn. 17, 42,
44.

Zuständig zur Entscheidung über eine Auslegung des Urteils oder über 11
Einwendungen hinsichtlich der Anrechnung ist, sofern die Vollstr bereits
begonnen hat, der Jugendrichter als Vollstreckungsleiter (vgl. §§ 458 Abs. 1,
462 Abs. 1 S. 1 StPO, § 462a Abs. 1 S. 1 StPO iVm § 2 Abs. 2 sowie § 82
Abs. 1), nicht also das Gericht des 1. Rechtszuges (KG BeckRS 2018, 16605;
abw. OLG Oldenburg NJW 1982, 2741 sowie 20. Aufl.). Dieses ist indes bis
zum Beginn der Vollstr zuständig (§ 462a Abs. 2 S. 1 StPO iVm § 2 Abs. 2).

Überweisung an das Familiengericht

53 ¹**Der Richter kann dem Familiengericht im Urteil die Auswahl und Anordnung von Erziehungsmaßregeln überlassen, wenn er nicht auf Jugendstrafe erkennt. ²Das Familiengericht muß dann eine Erziehungsmaßregel anordnen, soweit sich nicht die Umstände, die für das Urteil maßgebend waren, verändert haben.**

Übersicht

I. Anwendungsbereich

1. Persönlicher Anwendungsbereich

1   a) Jugendliche. Die Vorschrift gilt in Verfahren gegen Jugendliche vor den JGerichten. In Verfahren gegen Jugendliche vor den für allg. Strafsachen zuständigen Gerichten hingegen kommt die weitergehende Vorschrift des § 104 Abs. 4 zur Anwendung, die die Überlassung der Auswahl und Anordnung von Erziehungsmaßregeln an das FamG zwingend vorschreibt, selbst wenn das für allg. Strafsachen zuständige Gericht zugleich auf JStrafe erkennt (vgl. auch RL; *Dallinger/Lackner* § 104 Rn. 14; zu den Gründen für die weitergehende Regelung vor dem für allg. Strafsachen zuständigen Gericht vgl. bereits *Peters* RJGG § 37 Anm. 2).

2   b) Heranwachsende. In Verfahren gegen Volljährige gilt § 53 nicht mehr (seit Änderung des § 109 Abs. 2 durch das Gesetz zur Neuregelung des Volljährigkeitsalters v. 31.7.1974 (BGBl. I 1713)). Wendet das für allg. Strafsachen zuständige Gericht jedoch sachliches JStR (§ 105 Abs. 1) an und erachtet es die Erteilung von Weisungen für erforderlich, so ist es gehalten, deren Auswahl und Anordnung dem JRichter des Aufenthaltsortes des Heranwachsenden zu überlassen (§ 112 S. 3).

3   c) Soldatinnen, Soldaten. Vgl. insoweit → §§ 112a, 112c Rn. 10.

2. Verfahrensbezogener Anwendungsbereich

4   Zur Anwendbarkeit im vereinfachten JVerfahren vgl. → §§ 76–78 Rn. 9.

5   Überweist das Berufungsgericht nach zuvor angeordneter, dem Bestimmtheitsgebot entsprechender Weisung, so kann über die Frage einer Verletzung des Verbots der reformatio in peius nicht befunden werden, da die sich anschließende Entscheidung über die Maßnahme noch nicht vorliegt (vgl. ergänzend bereits *Grethlein* Verschlechterungsverbot 103; vgl. auch → § 55 Rn. 75, 78).

II. Allgemeines

1. Eingeschränkte praktische Bedeutung

6   Die Überweisung erweitert die Anordnungsbefugnisse des FamG um die nur im JGG vorgesehenen Erziehungsmaßregeln (§ 9), die es auch neben oder zusätzlich zu familiengerichtlichen Maßnahmen – falls deren besondere Voraussetzungen vorliegen – anordnen kann. Jedoch ist die Bedeutung von § 53 als Kann-Vorschrift für die Praxis vergleichsweise gering (*Hügel* FS Brudermüller, 2014, 354 f.; zur vormals vorgesehenen Personalunion von JRichter und Vormundschaftsrichter auf der Ebene der Amtsgerichte vgl. 7. Aufl. (erg. → § 34 Rn. 8)), auch weil angestrebt wird, eine zeitliche Verfahrensausdehnung zu vermeiden. – Im Hinblick auf Reformbestrebungen wird de lege ferenda zum Zwecke der Einschränkung jugendstrafrechtlicher Rechtsfolgenanordnung teilweise erwogen, bereits die Anklageerhebung

gegen Jugendliche von einem Beschluss des FamG zur Überweisung an den JRichter (gewissermaßen in Umkehrung von § 53) abhängig zu machen (so auch schon *Peters* Strafprozess 594; vgl. aber auch → Rn. 8 aE; für eine Vorabentscheidung zur Frage, ob familiengerichtlich oder aber nach JGG verfahren werden soll, *Bohnert* JZ 1983, 517 (523 und Fn. 85)).

2. Vermeidung widersprechender Maßnahmen

Ordnet das FamG iZm (mutmaßlicher) Delinquenz (etwa nach Mitteilung **6a** über die Einleitung eines JStrafverfahrens, s. § 70) familiengerichtliche Erziehungsmaßnahmen an (vgl. aber auch → § 3 Rn. 42 ff., → § 12 Rn. 24; vormals zu Bedenken *Hauser* Jugendrichter 220), so ist es dringend angezeigt, sich einander widersprechende Maßnahmen zwischen JGericht und FamG zu vermeiden. Soweit eine familiengerichtliche Maßnahme getroffen ist, sollte im JStrafverfahren verstärkt von den Möglichkeiten nach → § 45 Abs. 2 S. 1, § 47 Abs. 1 S. 1 Nr. 2 Gebrauch gemacht werden (vgl. → § 45 Rn. 20a; → § 47 Rn. 14).

III. Voraussetzungen der Überweisung

Das JGericht kann, wenn Erziehungsmaßregeln (§ 9) notwendig erschei- **7** nen, diese nach seinem pflichtgemäßen Ermessen selbst auswählen und anordnen. Dies wird regelmäßig angezeigt sein, wenn bis zum Schluss der HV keine weiteren Ermittlungen zur Bestimmung der am ehesten geeigneten Erziehungsmaßregeln erforderlich werden (so auch *Dallinger/Lackner* Rn. 2; ähnlich *Schady* in NK-JGG Rn. 5).

1. Verfahren nach S. 1

Das Vorgehen setzt eine vorherige Entscheidung (Schuldfrage und zu **8** erteilende Erziehungsmaßregel) voraus. Das JGericht muss schon die Auswahl der Erziehungsmaßregeln – und nicht etwa nur die Anordnung – dem FamG überlassen. Ein solches Verfahren wird zum einen angezeigt sein, wenn die Mitglieder des JSchG oder der JKammer keine Einigung über die am ehesten geeignete Erziehungsmaßregel erzielen können (*Brunner/Dölling* Rn. 1; *Schatz* in Diemer/Schatz/Sonnen Rn. 10; aA *Schady* in NK-JGG Rn. 5). Entsprechendes soll gelten, wenn Hilfen zur Erziehung nach § 12 in Betracht kommen (*Brunner/Dölling* Rn. 1; *Dallinger/Lackner* Rn. 3, § 12 Rn. 26 ff.). Ohnehin bestehen Einwände gegen eine Überweisung aus dem Bestreben heraus, eine familiengerichtliche Anordnung von Hilfe zur Erziehung nach § 12 Nr. 2 zu erreichen (vgl. auch → § 12 Rn. 35f). Jeweils ist zu bedenken, dass durch die Überweisung rechtsstaatliche Prinzipien des JStrafverfahrens durch das formlose – und oftmals auch nicht beschleunigtere – Verfahren der freiwilligen Gerichtsbarkeit ersetzt werden.

2. Unzulässigkeit

Im Hinblick auf die in § 53 geregelte **Beschränkung** der **Rechtsfolgen** **9** ist die Überlassung nicht zulässig bzgl. Zuchtmitteln (§ 13). – Das Gleiche gilt, wenn das JGericht auf JStrafe (mit oder ohne Aussetzung der Vollstr zBew) erkennt. In diesem Fall hat das JGericht auch die neben der JStrafe für notwendig erachteten Erziehungsmaßregeln (vgl. § 8 Abs. 2 S. 1) selbst anzuordnen (ebenso *Dallinger/Lackner* Rn. 7).

IV. Entscheidung des FamG

1. Gründe des Absehens

10 **a) Änderung von Umständen.** Das FamG muss nach Überweisung grundsätzlich eine Erziehungsmaßregel anordnen (S. 2), wobei deren Auswahl in seinem eigenen pflichtgemäßen Ermessen liegt. Hingegen kann das FamG von der Anordnung absehen, falls sich die für das Urteil maßgeblichen Umstände **nach** dessen **Verkündung** (allg. Auffassung; abw. *Potrykus* Anm. 8: nach Rechtskrafteintritt) – im Hinblick etwa auf die häuslichen bzw. beruflichen Bedingungen – wesentlich **geändert** haben (vgl. bereits *Peters* RJGG § 37 Anm. 3). Das Gleiche gilt, falls ausnahmsweise (wohl weitergehend noch RL 4 zu § 37 RJGG 1943 aE) Umstände eingetreten sind, die erkennbar machen, dass Anordnungen im jugendgerichtlichen Urteil bereits die erforderliche erzieherische Wirkung erbracht haben (*Dallinger/Lackner* Rn. 17). Zuvor wird jeweils eine Rücksprache mit dem erkennenden JGericht nach Anhörung der JGH angezeigt sein.

10a Hingegen vermag eine **andere Beurteilung** der Sachlage, wie sie sich im Entscheidungszeitpunkt des erkennenden JGerichts darstellte, durch das FamG ein Absehen von Gesetzes wegen **nicht** zu rechtfertigen (Bindungswirkung gem. S. 2). Dies gilt auch hinsichtlich der Schuldfrage (vgl. bereits KG JFG 3 (1926), 80 (83)), es sei denn, dass erhebliche Tatsachen erkennbar geworden sind, die dem JGericht bei Urteilserlass unbekannt waren.

10b **b) Subsidiaritätsgrundsatz.** Ein Absehen von der Anordnung einer Erziehungsmaßregel wird im Einklang mit dem (ua in § 45 Abs. 2 S. 1 zum Ausdruck gebrachten) Grundsatz einer Subsidiarität formeller jugendgerichtlicher Intervention (vgl. näher dazu → § 45 Rn. 20a) sowie aus Gründen erzieherischer Zweckmäßigkeit indes ggf. **auch** dann in Betracht kommen, wenn das FamG von den ihm zur Verfügung stehenden **Maßnahmen** Gebrauch gemacht hat, ohne dass der Begriff der Erziehungsmaßregel dem entgegenstünde, sofern die angeordnete Maßnahme inhaltlich einer Erziehungsmaßregel verwandt ist (aA noch *Dallinger/Lackner* Rn. 14).

2. Verfahren

11 Nach Überlassung bestimmt sich das Verfahren vor dem FamG nach dem **FamFG** (vgl. etwa betr. den Amtsermittlungsgrundsatz § 26 FamFG, betr. die Anfechtung von Entscheidungen §§ 58 ff., 70 ff. FamFG, betr. die Zuständigkeit § 34 Abs. 2, 3 JGG nebst RL sowie → § 34 Rn. 8 ff.; zur funktionellen Zuständigkeit vgl. ferner § 14 Abs. 1 Nr. 14 RPflG).

12 **a) Einzelfragen.** Zwar führt der Versuch des FamG, mit den *Personensorgeberechtigten* zu einer *vereinbarten* Maßnahme zu gelangen, zu einer zeitlichen Verlängerung des Verfahrens. Dies ist aber angesichts des verfassungsrechtlich geschützten Vorrangs elterlicher Erziehung (Art. 6 Abs. 2 GG) in Kauf zu nehmen und entspricht zudem dem daran anknüpfenden Prinzip der Subsidiarität jugendstrafrechtlicher Rechtsfolgen (vgl. etwa § 45 Abs. 2 S. 1 sowie → § 45 Rn. 20a). – Im Einzelnen wird das FamG den Grundsatz der *Subsidiarität* gerichtlich angeordneter EB (oder Hilfe zur Erziehung nach § 12 Nr. 2) ggü. freiwillig angenommenen Hilfen zu beachten haben (hM; noch betr. JWG *Dallinger/Lackner* Rn. 13; ebenso RegE-JWG 1961, Amtl. Begr. (BT-Drs. III/2226, 35); zust. *Potrykus* RdJB 1962, 218).

b) Zuständigkeit. Für die Ausführung einer Erziehungsmaßregel bleibt 13 das FamG auch zuständig, wenn etwa im Falle der nach §§ 53, 10 erteilten Weisung deren nachträgliche Änderung, Verlängerung oder eine Befreiung von ihr nach § 11 Abs. 2 in Betracht kommt. § 65 Abs. 1 findet als allg. Regelung im Sonderfall der Überweisung keine Anwendung (*Dallinger/ Lackner* Rn. 22; zust. *Bender* JGG Rn. 18).

Hingegen bleibt der überlassende JRichter des ersten Rechtszuges nach 14 § 65 Abs. 1 zuständig für die Verhängung von JA nach § 11 Abs. 3 bei schuldhafter Zuwiderhandlung des Jugendlichen gegen angeordnete Weisungen, da das FamG zur Verhängung von JA auch sonst nicht befugt ist.

V. (Sonstiges) Verfahrensrechtliches

1. Urteil

Vgl. zur Urteilsfassung → § 54 Rn. 14. 15

2. Rechtsmittel

a) Keine Anfechtbarkeit des Urteils des JGerichts. Das Urteil, das die 16 Überweisung an das FamG ausspricht, ist nach Maßgabe von § 55 Abs. 1 S. 1 regelmäßig unanfechtbar. Mit Eintritt seiner Rechtskraft ist das JStrafverfahren – vorbehaltlich eventueller nachträglicher Entscheidungen (vgl. → Rn. 14; vgl. zu deren Anfechtbarkeit § 65 Abs. 2 S. 2) – beendet (*Dallinger/Lackner* Rn. 19). Einem neuen JStrafverfahren wegen derselben Tat steht der Grundsatz „ne bis in idem" (Art. 103 Abs. 3 GG) entgegen (allg. Auffassung).

b) Beschwerde gegen Nichtanordnung durch das FamG. Ordnet das 17 FamG entgegen S. 2 keine Erziehungsmaßregel an und hat es auch keine einer solchen inhaltlich verwandte Maßnahme angeordnet (vgl. → Rn. 10b), sind das JAmt und das JGericht nach dem FamFG beschwerdeberechtigt (allg. Auffassung).

c) Beschwerde gegen Anordnung bzw. Nichtabänderung durch 17a **das Familiengericht. aa)** Sind „Auswahl und Anordnung" erfolgt, ist nicht das JGericht, wohl aber stets der *Jugendliche* nach dem FamFG beschwerdeberechtigt, wenn das FamG *trotz veränderter Umstände* iSv S. 2 (vgl. → Rn. 10) eine Erziehungsmaßregel angeordnet hat (betr. das JAmt vgl. im Übrigen vormals § 65 Abs. 4 JWG). Die Beschwerde gem. § 58 FamFG ist dabei – da es hier an einer Einschränkung iSv § 55 Abs. 1 S. 1 fehlt – auch mit dem Ziel zulässig, eine andere Erziehungsmaßregel zu verhängen (*Hügel* FS Brudermüller, 2014, 354).

bb) Lehnt das FamG unter Verkennung des *Beurteilungsspielraums* in *§ 11* 18 *Abs. 2* die Abänderung einer Weisung ab, so ist diese Entscheidung nicht gem.

§ 65 Abs. 2 S. 1 unanfechtbar. Vielmehr richtet sich die auch insoweit nach dem FamFG, weil das Verfahren nach Beendigung des JStrafverfahrens durch die rechtskräftige Überweisung an das FamG (vgl. → Rn. 16) zur freiwilligen Gerichtsbarkeit gehört. Deshalb kommt auch die Rechtsmittelbeschränkung nach § 55 Abs. 1 nicht zur Geltung (vgl. schon *Dallinger/Lackner* Rn. 19).

Urteilsgründe

54 (1) ¹**Wird der Angeklagte schuldig gesprochen, so wird in den Urteilsgründen auch ausgeführt, welche Umstände für seine Bestrafung, für die angeordneten Maßnahmen, für die Überlassung ihrer Auswahl und Anordnung an das Familiengericht oder für das Absehen von Zuchtmitteln und Strafe bestimmend waren. ²Dabei soll namentlich die seelische, geistige und körperliche Eigenart des Angeklagten berücksichtigt werden.**

(2) **Die Urteilsgründe werden dem Angeklagten nicht mitgeteilt, soweit davon Nachteile für die Erziehung zu befürchten sind.**

Schrifttum *Grieswelle*, Sozialarbeit, Pädagogik und Jugendstrafrecht, 1972; *Meyer-Goßner/Appl*, Die Urteile in Strafsachen, 29. Aufl. 2014; *Middendorff*, Jugendkriminologie, 1956; *Momberg*, Die Ermittlungstätigkeit der JGH und ihr Einfluß auf Entscheidungen des Jugendrichters, 1982; *Neus*, Der Erziehungsgedanke im Jugendstrafrecht, 1997; *Noster*, Das abgekürzte Urteil im Strafprozess, 2010; *Wasserburg*, Die Jugendstrafe in der Rechtsprechung der LG-Bezirke Frankenthal und Mainz, 1980; Wolff/Marek (Hrsg.), Erziehung und Strafe, 1990.

Übersicht

<table>
<tr><td></td><td align="right">Rn.</td></tr>
<tr><td>I. Anwendungsbereich ....</td><td align="right">1</td></tr>
<tr><td>   1. Persönlicher Anwendungsbereich ....</td><td align="right">1</td></tr>
<tr><td>   2. Verfahren wegen Ordnungswidrigkeiten ....</td><td align="right">3</td></tr>
<tr><td>II. Allgemeines ....</td><td align="right">4</td></tr>
<tr><td>   1. Abfassung der Urteilsgründe ....</td><td align="right">5</td></tr>
<tr><td>   2. Urteilsverkündung ....</td><td align="right">6</td></tr>
<tr><td>   3. (Un-)Zulässigkeit der Bekanntgabe ....</td><td align="right">7</td></tr>
<tr><td>III. Urteilsformel...</td><td align="right">8</td></tr>
<tr><td>   1. Fassung des Urteilstenors ....</td><td align="right">8</td></tr>
<tr><td>   a) Maßgebende Vorschriften; Einzelfragen ....</td><td align="right">8</td></tr>
<tr><td>   b) Sprachliches ....</td><td align="right">9</td></tr>
<tr><td>   2. Besonderheiten bei einzelnen Rechtsfolgen einschließ-
     lich diesbezüglicher Nebenentscheidungen ....</td><td align="right">13</td></tr>
<tr><td>   a) Erziehungsmaßregeln ....</td><td align="right">13</td></tr>
<tr><td>   b) Zuchtmittel ....</td><td align="right">15</td></tr>
<tr><td>   c) JStrafe..</td><td align="right">16</td></tr>
<tr><td>   d) § 31 Abs. 2 ....</td><td align="right">20</td></tr>
<tr><td>   e) § 52 bzw. § 52a ....</td><td align="right">21</td></tr>
<tr><td>   3. Kostenentscheidung ....</td><td align="right">23</td></tr>
<tr><td>IV. (Schriftliche) Urteilsbegründung ....</td><td align="right">24</td></tr>
<tr><td>   1. Erweiterte Begründungspflicht ....</td><td align="right">24</td></tr>
<tr><td>   a) Allgemeines ....</td><td align="right">24</td></tr>
<tr><td>   b) Abgekürztes Urteil..................................</td><td align="right">26</td></tr>
<tr><td>   c) Vereinfachtes JVerfahren ....</td><td align="right">27</td></tr>
</table>

I. Anwendungsbereich

1. Persönlicher Anwendungsbereich

Die Vorschrift gilt in Verfahren gegen **Jugendliche** auch vor den für allg. 1
Strafsachen zuständigen Gerichten (§ 104 Abs. 1 Nr. 6; vgl. auch RL Nr. 4;
vgl. aber zu Abs. 2 → § 104 Rn. 11).

Abs. 1 gilt für **Heranwachsende,** wenn auf sie materielles JStR ange- 2
wandt wird (vgl. auch RL Nr. 4), und zwar sowohl vor den JGerichten
(§§ 109 Abs. 2 S. 1, 105 Abs. 1) als auch vor den für allg. Strafsachen
zuständigen Gerichten (§ 112 S. 1, 2, § 104 Abs. 1 Nr. 6, § 109 Abs. 2 S. 1,
§ 105 Abs. 2). Abs. 2 kommt bei Heranwachsenden nicht zur Anwendung,
dh ihnen sind die Urteilsgründe in vollem Umfang mitzuteilen.

2. Verfahren wegen Ordnungswidrigkeiten

Im Bußgeldverfahren nach dem **OWiG** gilt Abs. 2 betr. die Entscheidung 3
im gerichtlichen Verfahren nach Einspruch sinngemäß (§ 46 Abs. 1 OWiG;
vgl. *Seitz/Bauer* in Göhler OWiG § 71 Rn. 66). Allerdings wird die Voraussetzung zu befürchtender erzieherischer Nachteile kaum einmal in einer
Weise dargetan werden können, die den Verzicht auf die Mitteilung der
Entscheidungsgründe rechtfertigen könnte (ähnlich *Seitz/Bauer* in Göhler
OWiG § 71 Rn. 66). – Der in Abs. 1 S. 2 enthaltene Rechtsgedanke einer
persönlichkeitsbezogenen Begründung wird auch im Rahmen einer Beschlussbegründung nach § 72 Abs. 4 S. 5 OWiG und insb. im Fall einer
VollstrAnordnung nach § 98 Abs. 1 OWiG (s. § 78 Abs. 4 OWiG) zu
berücksichtigen sein.

Vgl. aber zur weitgehenden Bedeutungslosigkeit des § 46 Abs. 1 OWiG 3a
in der Praxis *Schady* in NK-JGG § 52 Rn. 3; *Buhr* in HK-JGG Rn. 4.

II. Allgemeines

4 Die Vorschrift „behandelt den Mindestinhalt der Urteilsgründe in JStrafsachen" (Schriftl. Bericht 9). Sie ist identisch mit § 39 RJGG 1943 (s. näher zur Entstehungsgeschichte *Wolff* in Wolff/Marek, Erziehung und Strafe, 1990, 95). Das JGG 1923 kannte noch keine vergleichbare Sonderbestimmung.

1. Abfassung der Urteilsgründe

5 Während für den Inhalt der **Urteilsformel** die allg. Vorschriften (§ 2 Abs. 2, § 260 Abs. 4, 5 S. 1 StPO) entsprechend gelten, enthält Abs. 1 eine Sonderregelung, die die anzuwendende allg. Vorschrift über die Abfassung der Urteilsgründe (§ 267 StPO) für den Fall der Verurteilung (nicht bei Einstellung oder Freispruch) ergänzt. Die Vorschrift bezweckt eine persönlichkeitsbezogene Darstellung in den Gründen, und zwar im Hinblick auf eine erzieherisch ausgerichtete Durchführung der angeordneten Rechtsfolgen (vgl. RL Nr. 1; *Schaffstein/Beulke/Swoboda* JugendStrafR § 37 III 1). Demgemäß beschränkt sich die Berücksichtigung der in Abs. 1 S. 2 aufgeführten Gesichtspunkte nicht auf den in S. 1 umschriebenen Mindestinhalt, sondern sie bezieht sich in weiter Auslegung des Wortes „Dabei" auf den Inhalt der Urteilsgründe allgemein (vgl. auch *Dallinger/Lackner* Rn. 3).

2. Urteilsverkündung

6 Diese richtet sich grundsätzlich nach § 2 Abs. 2, § 268 StPO, wobei Abs. 2 eine Einschränkung ggü. § 268 Abs. 2 S. 2 StPO bzgl. der (mündlichen) Urteilsverkündung vorsieht. – Im Übrigen wird ggf. die Soll-Vorschrift des § 2 Abs. 2, § 268 Abs. 2 S. 3 (eingef. durch Gesetz v. 29.6.2013 (BGBl. I 1805)) zu berücksichtigen sein (vgl. ergänzend aber → § 51 Rn. 19a).

6a Zur Abschrift des Urteils (§ 35 Abs. 1 S. 2 StPO) bzw. Zustellung der schriftlichen Urteilsausfertigung (§ 35 Abs. 2 S. 1, §§ 232 Abs. 4, 316 Abs. 2, 343 Abs. 2 StPO) s. RL Nr. 3 (vgl. bereits *Peters* RJGG § 39 Anm. 3).

3. (Un-)Zulässigkeit der Bekanntgabe

7 Zur Frage der Anordnung der Bekanntgabe der Verurteilung vgl. § 6 Abs. 1 S. 2.

III. Urteilsformel

1. Fassung des Urteilstenors

8 **a) Maßgebende Vorschriften; Einzelfragen. aa)** Der Urteils**tenor** ist nach Maßgabe der § 2 Abs. 2, § 260 Abs. 4 S. 1, 2 und 5, Abs. 5 S. 1 zu fassen. Demgemäß ist in der Urteilsformel zunächst die rechtliche Bezeichnung der Tat – ggf. mit Nennung der (gesetzlichen) Überschriften – anzugeben, und daran hat sich die Nennung der angewendeten Vorschriften in

Form einer Paragraphenliste anzuschließen (zu Einzelfragen s. *Ott* in KK-StPO StPO § 260 Rn. 18 ff.). Hierbei sind auch die Konkurrenzvorschriften des allg. StR anzugeben (vgl. auch → § 31 Rn. 3f; aA *Foth* JR 2014, 390 f.), da andernfalls die Gefahr einer Schlechterstellung Jugendlicher (vgl. → § 2 Rn. 23 ff.) besteht, wenn bei einer späteren Heranziehung des BZR- bzw. Erziehungsregisterauszuges zur Beurteilung der strafrechtlichen Vorbelastungen nicht deutlich wird, in welchem Verhältnis diese Taten zueinander stehen.

bb) Im JStrafverfahren darf der Tenor die Tat *nicht* als einen *besonders* **8a** *schweren Fall* ausweisen, da diese Kennzeichnung Gesichtspunkte der allg. Strafzumessung enthält (BGH MDR 1976, 769; BGH bei *Holtz* MDR 1982, 625; BGH 3.4.1991 – 2 StR 28/91 bei *Böhm* NStZ 1991, 523; OLG Köln Zbl 1978, 45 f.), die iSv § 18 Abs. 1 S. 3 „nicht gelten"). Umgekehrt ist zur Vermeidung einer Schlechterstellung Jugendlicher (vgl. etwa → § 18 Rn. 8 f.; ergänzend → § 2 Rn. 23 ff.) ein minder schwerer Fall im Tenor zu bezeichnen (aA die hM, vgl. nur *Schatz* in Diemer/Schatz/Sonnen Rn. 10; *Buhr* in HK-JGG Rn. 7), und hinsichtlich der Gründe gilt § 2 Abs. 2, § 267 Abs. 3 S. 2 StPO (vgl. jeweils näher → § 18 Rn. 24).

Hingegen ist im Falle einer Strafmilderung ggü. einem Heranwachsenden, **8b** auf den allg. StR angewendet wird (§ 106 Abs. 1), im Rechtsfolgenausspruch nur auf die gemilderte Strafe zu erkennen, während die Tatsache der Milderung in den Gründen aufzuführen ist (ebenso *Brunner/Dölling* § 106 Rn. 6).

b) Sprachliches. Der Gebrauch des Wortes **„verurteilt"** ist, soweit er **9** nicht ohnehin verfehlt wäre (vgl. → Rn. 10, 11), zu **vermeiden** (einschr. *Buhr* in HK-JGG Rn. 9: „man kann" stattdessen für „schuldig" erkären und sodann die Rechsfolge aussprechen; entgegen dem sprachlichen Unterschied zwischen Urteil und „wird verurteilt" abw. aber *Höffler* in MüKoStPO Rn. 4; *Reisenhofer,* Jugendstrafrecht in der anwaltlichen Praxis, 2. Aufl. 2012, § 4 Rn. 237; ferner *Schady* in NK-JGG Rn. 4: ehrliche Sprache; *Brunner/ Dölling* Rn. 2: ehrlicher). Es geht hier allerdings nicht darum, die Schärfe des Eingriffs zu neutralisieren (oder gar zu beschönigen), sondern um die Einhaltung des erzieherischen Verbots, Formen (zusätzlich) verbaler Degradierung und entbehrlicher Machtdemonstration einzusetzen. Der wesentliche Unterschied zum allg. StR ergibt sich aus der gesetzlichen Präventions- und Schutzfunktion (§ 2 Abs. 1 S. 1 und S. 2) iVm dem im Vergleich zu Erwachsenen im Allg. (entsprechend der Reifeentwicklung) geringeren Resistenzpotential.

aa) Bei Erziehungsmaßregeln folgt dies daraus, dass sie „aus Anlass" der **10** Straftat „angeordnet" werden (§ 5 Abs. 1). – Aus erziehungspsychologischer Sicht würde es sich vielfach empfehlen, dass Erziehungsmaßregeln „angeboten" werden.

bb) Bei Zuchtmitteln, denen nicht die Rechtswirkungen einer Strafe **11** zukommen (§ 13 Abs. 3), sollte idR nicht der – repressiv orientierte – allg. gesetzliche Begriff der „Ahndung" (§ 13 Abs. 1), sondern der iZm dem jeweiligen Zuchtmittel gebrauchte **gesetzliche Begriff** („auferlegen", § 15 Abs. 1; „anordnen", § 15 Abs. 2) verwandt werden. Schwierigkeiten bestehen bzgl. des JA, da der Ausdruck „verhängen" (§ 16 Abs. 3 S. 1) mit demjenigen bei der JStrafe (§ 17 Abs. 2) identisch ist. – **Verfehlt** ist eine dem Gesetz fremde, **vulgärpolitische** Rechtsfolgenbezeichnung aus dem

Bereich der Schusswaffengewalt (so aber zB AG Cloppenburg ZJJ 2014, 394; AG Bonn ZJJ 2016, 77 mAnm *Eisenberg*), wie sich aus § 2 Abs. 2, § 260 Abs. 4 StPO ergibt (konkret zutr. daher *Buhr* in HK-JGG Rn. 7, 17).

12 **cc)** Die JStrafe wird „verhängt" (§ 17 Abs. 2), wobei nicht ausgeschlossen ist, auf sie – unter Vermeidung des Wortes „verurteilt" – zu „erkennen" (vgl. § 30 Abs. 1 S. 1; ebenso *Meyer-Goßner/Appl,* Die Urteile in Strafsachen, 29. Aufl. 2014, 49).

2. Besonderheiten bei einzelnen Rechtsfolgen einschließlich diesbezüglicher Nebenentscheidungen

13 **a) Erziehungsmaßregeln. aa)** Im Falle der Anordnung einer (oder mehrerer (§ 8 Abs. 1)) Erziehungsmaßregel(n) ist in die Urteilsformel nicht aufzunehmen, dass von Zuchtmitteln und JStrafe abgesehen wurde, denn diese beiden Rechtsfolgenkategorien kommen ohnehin nur dann zur Anwendung, wenn Erziehungsmaßregeln nicht ausreichen (§ 5 Abs. 2; vgl. → § 5 Rn. 18, *Meyer-Goßner/Appl,* Die Urteile in Strafsachen, 29. Aufl. 2014, 49). – Besonders bei den (gesetzlich nur iSv Bsp. angeführten, vgl. § 10 Abs. 1 S. 3) Weisungen ist eine genaue Bezeichnung im Tenor unverzichtbar. Die Laufzeit jeder Weisung (§ 11 Abs. 1) ist anzugeben (BGH 9.8.2000 – 3 StR 176/00 Rn. 14 (juris), NStZ-RR 2001, 215; vgl. zur Formulierung etwa *Meyer-Goßner/Appl,* Die Urteile in Strafsachen, 29. Aufl. 2014, 49).

14 **bb)** Will das JGericht für erforderlich erachtete Erziehungsmaßregeln nach Auswahl und Anordnung dem FamG überlassen (§ 53), empfiehlt sich folgende Urteilsformel: „Der Angeklagte ist einer(s) … schuldig. Erziehungsmaßregeln sind erforderlich. Ihre Auswahl und Anordnung wird dem Familiengericht überlassen."

15 **b) Zuchtmittel.** Lautet der Urteilsausspruch auf ein (oder mehrere (§ 8 Abs. 1)) Zuchtmittel, so ist der Umstand, dass JStrafe nicht geboten ist, nicht in die Urteilsformel aufzunehmen (s. § 13 Abs. 1; vgl. → § 5 Rn. 18–20). Bei der Verwarnung (vgl. hierzu näher → § 14 Rn. 8) darf der Tenor nicht lauten, der Angeklagte werde verwarnt, oder es werde ihm eine Verwarnung erteilt, vielmehr empfiehlt sich die Formulierung: „Dem Angeklagten ist eine Verwarnung zu erteilen" (*Meyer-Goßner/Appl,* Die Urteile in Strafsachen, 29. Aufl. 2014, 50). Auflagen und JA sind wegen des Gebots der Eindeutigkeit (möglichst) unter Verwendung der gesetzlichen Begriffe und Wendungen (vgl. §§ 15 Abs. 1 S. 1, 16 Abs. 1) zu bezeichnen. Bei der Schadenswiedergutmachung (§ 15 Abs. 1 Nr. 1) und der Geldbuße (§ 15 Abs. 1 Nr. 4) sind sowohl die Höhe des zu zahlenden Betrages als auch der Zahlungsempfänger und eventuelle Ratenzahlungen anzugeben.

16 **c) JStrafe. aa)** Wird die **Verhängung** der JStrafe zBew **ausgesetzt** (§ 27), empfiehlt sich die folgende Fassung des Ausspruchs: „Der Angeklagte ist der(s) … schuldig. Die Entscheidung über die Verhängung einer Jugendstrafe wird zur Bewährung ausgesetzt." Die weiteren Entscheidungen, insb. über Dauer und Modalitäten der BewZeit (§§ 28 f.), erfolgen durch Beschluss (§§ 62 Abs. 4, 58 Abs. 1). – Wird nachträglich unter den Voraussetzungen von § 30 Abs. 1 S. 1 eine JStrafe als erforderlich erachtet (anderenfalls kommt (während der BewZeit) § 62 Abs. 3 zur Anwendung), so bedarf es in der Urteilsformel nicht des Widerrufes der Aussetzung (ebenso

Meyer-Goßner/Appl, Die Urteile in Strafsachen, 29. Aufl. 2014, 51), vielmehr empfiehlt sich folgender Tenor: „Aufgrund des Urteils vom … wird gegen den Angeklagten auf eine Jugendstrafe von … erkannt" (abw. *Schady* in NK-JGG Rn. 8: „In Ergänzung des Urteils …"). Betreffend die Anrechnung einer wegen der Tat erlittenen Freiheitsentziehung vgl. → Rn. 21 f. – Eine Entscheidung nach § 30 Abs. 2 kann lauten: „Der im Urteil vom … gegen den Angeklagten getroffene Schuldspruch ist zu tilgen" (s. auch *Brunner/Dölling* Rn. 6).

bb) (1) Wird eine JStrafe **verhängt,** so ist im Tenor weder aufzuführen, **17** dass Erziehungsmaßregeln und/oder Zuchtmittel zur Erziehung nicht ausgereicht haben, noch bedarf es im Tenor der Kennzeichnung, ob die JStrafe wegen „schädlicher Neigungen" oder „Schwere der Schuld" erforderlich ist (§ 17 Abs. 2).

Die **Dauer** der JStrafe (§ 18 Abs. 1) ist stets in der Urteilsformel aus- **18** zusprechen. Die Bejahung besonderer Schuldschwere (§ 105 Abs. 3 S. 2) geschieht hingegen nur in den Urteilsgründen (vgl. BGH NStZ 2017, 218).

(2) Bei der **Aussetzung** der **Vollstr** der JStrafe zBew (§ 21) ist in die **19** Urteilsformel zusätzl nur aufzunehmen, dass die Vollstr der JStrafe zBew ausgesetzt wird (§ 57 Abs. 4 iVm § 260 Abs. 4 S. 4 StPO; vgl. das Bsp. bei *Meyer-Goßner/Appl*, Die Urteile in Strafsachen, 29. Aufl. 2014, 50 f.). Dagegen sind die weiteren Entscheidungen über Dauer und Gestaltung der BewZeit (§§ 22, 23), einen evtl. Widerruf der Aussetzung (§ 26) oder den Erlass der JStrafe nach Ablauf der BewZeit (§ 26a) einem (späteren) Beschluss vorbehalten (§ 58 Abs. 1). – Auch die Aussetzung der Vollstr der JStrafe zBew nach Erlass des auf JStrafe erkennenden Urteils, aber vor Beginn des Vollzuges der JStrafe, erfolgt durch Beschluss (§ 57).

d) § 31 Abs. 2. Wird eine **rechtskräftige Entscheidung** nach dieser **20** Vorschrift **einbezogen,** kommt – vorbehaltlich einer Aufteilung in mehrere Sätze – folgende Fassung im Urteilsspruch in Betracht: „Gegen den Angeklagten wird wegen … und unter Einbeziehung des Urteils vom … wegen der dort bezeichneten Tat einheitlich auf eine Jugendstrafe von … (bzw eine andere Maßnahme) erkannt". Waren bereits in die einbezogene Entscheidung weitere frühere Entscheidungen einbezogen, so sind auch diese entsprechend zu kennzeichnen (BGH 18.12.1996 – 2 StR 499/96 bei *Böhm* NStZ 1997, 482; BeckRS 1998, 31357558; 2011, 18239; 2013, 13618; zum Ganzen auch BGH StV 2009, 353; OLG Köln VRS 100, 66). Ist lediglich die Notwendigkeit der Kennzeichnung aller einbezogenen Verurteilungen im Urteilstenor übersehen, sind also alle diesen Verurteilungen zugrunde liegenden Taten in den Urteilsgründen zusf. gewürdigt worden, so kann das Revisionsgericht den Urteilstenor entsprechend ergänzen (BGH NJW 1998, 465; BeckRS 2011, 3956; NStZ-RR 2014, 356 (Ls.)).

aa) Verfehlt wäre es, die dem einbezogenen Urteil zugrundeliegenden **20a** Taten im Tenor zusätzlich anzugeben, weil sie dann zweimal erwähnt würden (BGH 25.8.1987 – 4 StR 224/87, BeckRS 1987, 31099891 bei *Böhm* NStZ 1988, 492). Soll dagegen eine Rechtsfolge, die im einzubeziehenden Urteil enthalten war, im einbeziehenden Urteil aufrechterhalten werden, so ist sie im Urteilstenor erneut auszusprechen. – Sieht das Gericht von der Einbeziehung ab und *erklärt* es die Rechtsfolge *für erledigt (§ 31 Abs. 3),* so ist dies zu tenorieren (vgl. nur BGH BeckRS 2016, 15575).

20b Wird eine *schon erledigte Rechtsfolge* des einzubeziehenden Urteils bei der Bemessung der neuen Rechtsfolge berücksichtigt (vgl. → § 31 Rn. 17), so ist dies zwecks Klarstellung im *Urteilstenor* auszusprechen (vgl. auch BGHSt 42, 299: „soll"; vgl. auch BGH NStZ 1997, 387) und in den Urteilsgründen darzulegen. Dies gilt insb. bezüglich vorausgegangener Bewährungsleistungen mit (auch) ahndenden Elementen (offen gelassen in BGHSt 49, 90 = JR 2004, 392 mablAnm *H. E. Müller* = JZ 2004, 687 mablAnm *Eisenberg*).

20c **bb)** Die von Gesetzes wegen zwingende Anrechnung einer bereits aus dem früheren Urteil vollstreckten JStrafe (§ 2 Abs. 2, § 51 Abs. 2 StGB) muss nicht in der Urteilsformel ausgesprochen werden (BGHSt 41, 315 = NStZ 1996, 279 mzustAnm *Brunner*). Allerdings ist ein solcher Ausspruch im JStrafverfahren nicht von vornherein überflüssig, vielmehr kann er ggf. erzieherischer Klarheit dienlich sein (wogegen eine nur mündliche Erwähnung schon wegen der angespannten Situation oftmals nicht dauerhaft aufgenommen werden kann).

21 **e) § 52 bzw. § 52a. aa) Die Berücksichtigung von U-Haft** oder einer anderen wegen der Tat erlittenen Freiheitsentziehung **bei JA** (nach § 52) erfordert regelmäßig die Angabe, ob bzw. in welchem Umfang der JA nicht vollstreckt wird. Der entsprechende Teil des Urteilsausspruchs wird lauten können: „Der Jugendarrest wird unter Berücksichtigung der vom Angeklagten erlittenen Untersuchungshaft nicht (bzw: nur noch in Höhe von ...) vollstreckt" (ebenso *Brunner/Dölling* Rn. 9; zu einer anderen, sachlich gleichbedeutenden Fassung s. *Dallinger/Lackner* § 52 Rn. 5).

22 **bb)** Die **Anrechnung** von **U-Haft** oder einer anderen wegen der Tat erlittenen Freiheitsentziehung – auch sofern sie in einem einbezogenen oder im Zusammenhang stehenden Verfahren erlitten wurde – auf die **JStrafe** wird in die Urteilsformel aufgenommen (vgl. auch → § 52a Rn. 9a). Dies kann unterbleiben, sofern die Anrechnung kraft Gesetzes (vgl. § 52a S. 1) geschieht (BGH StV 1998, 324; BGHR Anrechnung 3, Freiheitsentziehung im Ausland; ebenso *Schatz* in Diemer/Schatz/Sonnen Rn. 7; *Kunkel* in BeckOK JGG Rn. 34; vgl. näher → § 52a Rn. 6, 9; etwas anders *Höffler* in MüKoStPO Rn. 13: unterbleibt stets; aA *Schady* in NK-JGG Rn. 12: Anrechnung soll auch in diesen Fällen – deklaratorisch – aufgenommen werden; *Buhr* in HK-JGG Rn. 34).

22a Der Umfang einer etwaigen *Nichtanrechnung* (§ 52a S. 2) ist im Urteilstenor auszusprechen. Die maßgeblichen Umstände bleiben den Gründen vorbehalten. Es wird sich folgende Formulierung empfehlen: „Eine Anrechnung der vom Angeklagten zwischen dem ... und dem ... erlittenen Untersuchungshaft unterbleibt."

3. Kostenentscheidung

23 Wie im allg. StVR enthält die Urteilsformel einen Kostenausspruch (vgl. § 2 Abs. 2, §§ 464 ff. StPO). Sieht das JGericht gem. § 74 davon ab, dem Jugendlichen bzw. – unter den Voraussetzungen des § 109 Abs. 2 S. 1 – dem Heranwachsenden die Kosten und Auslagen aufzuerlegen, so soll es nach vormals teilweise vertretener Auffassung genügen, diesen Ausspruch nur in die Gründe des Urteils aufzunehmen (OLG Schleswig RdJB 1957, 94 = EJF C I Nr. 2 mzustAnm *Mantler; Dallinger/Lackner* § 74 Rn. 15; *Potrykus* § 74 Anm. 1). Sofern für diese Auffassung bestimmte Aspekte erzieherischer

Belange angeführt werden, stehen diesen gewichtigere andere erzieherische Argumente entgegen (vgl. allg. → § 2 Rn. 14, → § 74 Rn. 8 ff.). Daher ist die Entscheidung auch in diesen Fällen entsprechend (§ 2 Abs. 2) § 464 Abs. 1 und 2 StPO in die Urteilsformel aufzunehmen (vgl. ergänzend → § 74 Rn. 20; *Meyer-Goßner/Appl,* Die Urteile in Strafsachen, 29. Aufl. 2014, 52).

IV. (Schriftliche) Urteilsbegründung

1. Erweiterte Begründungspflicht

a) Allgemeines. aa) Im Unterschied zu § 267 Abs. 3 S. 1 StPO erfordert **24** Abs. 1 S. 1 – unbeschadet der bloßen Soll-Vorschrift des Abs. 1 S. 2 – eine sorgfältige Auseinandersetzung mit der Biographie des Angeklagten, eine Bewertung der Tat iZm den Lebensverhältnissen des Angeklagten sowie die Begründung der hiernach unter Berücksichtigung ihrer Eingriffsintensität als erforderlich beurteilten Rechtsfolgen (vgl. auch OLG Celle NStZ 2012, 576; KG NStZ 2013, 291) – fehlt es daran, so ist das Urteil ggf. lückenhaft (vgl. zur Aufhebung OLG Celle StV 2017, 722 = BeckRS 2016, 20007). Auch sollten – unabhängig von Abs. 2 – etwaige erzieherisch positive wie negative Auswirkungen der Begründung bedacht werden (vgl. auch *Dallinger/Lackner* Rn. 1 aE). So ist zB zu besorgen, dass eine – der Praxis im allg. StVR entsprechend – restriktive Auslegung der Worte „bestimmende" Umstände (vgl. Abs. 1 S. 1) dem Angeklagten als eine Verzerrung des Sachverhalts erscheinen und insofern eine etwa vorhandene erzieherisch bedeutsame Bereitschaft zur Beteiligung bei der Durchführung der angeordneten Rechtsfolgen einzuschränken vermag. – Mit diesen Aufgaben kaum vereinbar ist eine *dominante* Orientierung daran, die Entscheidungsgründe möglichst *aufhebungsresistent* zu gestalten, wie sie sich gem. institutionalisierten Effizienzkriterien (auch) jrichterlicher Tätigkeit nicht ganz selten findet (vgl. zu schematischen Urteilsbegründungen empirische Befunde bei *Momberg,* Die Ermittlungstätigkeit der JGH und ihr Einfluß auf Entscheidungen des Jugendrichters, 1982, 247; *Knoll,* Empirische Untersuchungen zur richterlichen Sanktionsauswahl, 1978, 153 f.; *Wasserburg,* Die Jugendstrafe in der Rechtsprechung der LG-Bezirke Frankenthal und Mainz, 1980, 184; s. näher *Wolff* in Wolff/Marek, Erziehung und Strafe, 1990, 99 f., 103 f.; *Neus,* Der Erziehungsgedanke im Jugendstrafrecht, 1997, 34 ff., 72 ff.).

bb) Nicht zuletzt sollte darauf geachtet werden, dass die Formulierung **25** der Urteilsgründe sprachlich dergestalt geschieht, dass die Ausführungen auch dem *Jugendlichen* (bzw. Heranwachsenden) *verständlich* sind (anschaulich dazu Anm. *Bausch/Feuerhelm* ZJJ 2016, 309 (310); vgl. RL 2 S. 2 für die mündliche Urteilsverkündung). Die Entscheidungsgründe stellen eine wesentliche *Bedingung* für eine erzieherisch ausgerichtete *Durchführung* der angeordneten *Rechtsfolgen* dar (vgl. RL Nr. 1 S. 2). Dabei werden die Anforderungen an die Begründung tendenziell mit der Eingriffsintensität der angeordneten Rechtsfolge ansteigen (vgl. KG NStZ 2007, 224; s. auch RL Nr. 1 S. 3 und 4).

b) Abgekürztes Urteil. Ein solches Urteil ist unter den Voraussetzungen **26** von § 2 Abs. 2, § 267 Abs. 4 (nicht erfüllt bei Rechtskrafteintritt gem. § 55, BVerfG StV 2005, 65), Abs. 5 S. 2, 3 StPO nur eingeschränkt zulässig (aA noch *Kümmerlein* RJGG § 39 Anm. 1; krit. zu der Auffassung, der Verzicht auf Rechtsmittel sei gleichbedeutend mit Verzicht auf Begründung, *Kunkel* in BeckOK JGG Rn. 60). Zumindest gilt das **Verbot schematischer Urteilsbegründungen** auch hier (vgl. → Rn. 24). Es muss ersichtlich sein, wie das Verhältnis des Jugendlichen zur Tat beurteilt wird (vgl. *Noster,* Das abgekürzte Urteil im Strafprozess, 2010, 272 f.) und wo Ansatzpunkte für die Erziehungsaufgabe (§ 2 Abs. 1) liegen sollen (nicht erörtert von AG Nürnberg und AG Plön ZJJ 2013, 325 ff. (mAnm *Eisenberg*) speziell zu § 16a). Demgegenüber haben die arbeitsökonomischen Zweckverfolgungen der allg. Vorschriften zurückzutreten. Andererseits ist nach inzwischen ganz überwiegender Meinung (vgl. nur *Schady* in NK-JGG Rn. 13) *nicht* mehr *generell* davon auszugehen, dass eine abgekürzte Urteilsbegründung nur bei einem freisprechenden Urteil (§ 2 Abs. 2, § 267 Abs. 5 S. 2, 3 StPO) in Betracht komme (so *Peters* RJGG § 39 Anm. 1; *Buhr* in HK-JGG § 54 Rn. 40f; ähnlich *Neus,* Der Erziehungsgedanke im Jugendstrafrecht, 1997, 29), wohl aber trifft dies in der Tendenz zu (vgl. auch *Meyer-Goßner/Appl,* Die Urteile in Strafsachen, 29. Aufl. 2014, Rn. 746; *Noster,* Das abgekürzte Urteil im Strafprozess, 2010, 270 ff.).

27 **c) Vereinfachtes JVerfahren.** Zur Urteilsbegründung in diesem Verfahren vgl. → §§ 76–78 Rn. 31 (s. auch schon *Müller* RdJB 1958, 338).

2. Urteilsabschnitte, Einzelfragen

28 **a) Entwicklung des Angeklagten.** Beim **Aufbau** der Urteilsgründe wird mit der Formulierung der unstreitigen Gegebenheiten der Entwicklung des Angeklagten einschließlich der Anknüpfungstatsachen mit Relevanz für die Beurteilung der Frage der Strafmündigkeit (*Buhr* in HK-JGG Rn. 43) und seiner familiären und sozialen Situation zu beginnen sein. Hiermit ist eine angemessene und nach dem Ergebnis der Persönlichkeitserforschung methodisch verantwortbare Interpretation der für die Tat und die erzieherische Einflussnahme bedeutsamen psychischen, intellektuellen und physischen Eigenschaften des Angeklagten zu verbinden (allg. Auffassung; anders *Schady* in NK-JGG Rn. 14). Herablassende oder gar verdammende Wendungen sind schon gem. **erzieherischen Minima** zu vermeiden (vgl. *Frehsee* MschKrim 1997, 357: „fatale Bedeutung gerichtsamtlicher Degradierung").

29 **b) Tathergang, Überzeugung des Gerichts.** Es schließt sich die (Re-) Konstruktion des vorgeworfenen Geschehensablaufs auf der Grundlage der gerichtlichen Würdigung des Ergebnisses der HV an (vgl. § 2 Abs. 2, § 267 Abs. 1 StPO; näher zu den Voraussetzungen OLG Hamm NStZ 2013, 347 = StV 2013, 569), wobei (betr. die innere Tatseite) zunächst von Merkmalen der Strafmündigkeit abgesehen werden sollte (*Dallinger/Lackner* Rn. 15; aA *Schatz* in Diemer/Schatz/Sonnen Rn. 31). Erst danach wird das **Vorbringen** des **Angeklagten** zusammenhängend zu referieren sein. An die Anführung der **Beweismittel** knüpft sich die Darstellung der für die Überzeugungsbildung des Gerichts maßgebenden Gesichtspunkte an (betr. „Geständnis" s. BGH StV 2000, 187), wobei der Auseinandersetzung mit dem Vorbringen des Angeklagten im Hinblick auf mögliche erzieherisch bedeutsame Auswirkungen besonderes Gewicht beizumessen sein wird. – Gelangt das Gericht zu einem *Freispruch,* so gebieten es die erzieherische Gestaltung

des JStrafverfahrens (§ 2 Abs. 1) und das Ziel (auch) zukünftiger Einhaltung der Legalordnung, ggf. etwa vorausgegangene Ermittlungs- oder Verfahrensfehler (vgl. zum Ganzen *Kinzig* FS Kerner, 2013, 727 ff.) offen zu legen, zumindest aber verbietet es sich, solche zu verdecken (verfehlt LG Berlin BeckRS 2010, 2511 mit Bspr. *Eisenberg* Kriminalistik 2010, 444 ff.), weil andernfalls ein Vertrauen in die JStrafjustiz als eine Voraussetzung zur Verinnerlichung von Strafrechtsnormen erschwert oder gar verhindert wird. Noch mehr gilt dies, wenn das JGericht aus Sorge, das Urteil könnte in der nächsten Instanz aufgehoben werden (vgl. zu Tendenzen der Judikatur statt vieler *Eisenberg* Beweisrecht StPO Rn. 88), einem Freispruch ausweicht – eine von dem tatsächlichen Beweisergebnis (zB Inhalt einer Zeugenaussage) abweichende Darstellung lässt das JGericht für den Jugendlichen als unfähig oder „unredlich" (*Bockemühl* FS von Heintschel-Heinegg, 2015, 51 ff.) erscheinen, sodass der Anspruch gem. § 2 Abs. 1 faktisch verwirkt sein kann.

c) Reifeentwicklung, Schuldfähigkeit. Dem folgt die rechtliche Würdigung. Im Speziellen geschieht die Erörterung der Frage der Strafmündigkeit (**§ 3 S. 1;** vgl. zur Reihenfolge vgl. → § 3 Rn. 35 ff.; aber auch *Dallinger/Lackner* § 3 Rn. 28) – über § 267 Abs. 2 StPO hinausgehend – unabhängig von entsprechenden Ausführungen von Prozessbeteiligten, weil die Voraussetzungen des § 3 S. 1 stets der **positiven Feststellung** bedürfen (vgl. näher → § 3 Rn. 4; vgl. ebenso *Dallinger/Lackner* Rn. 5). Dabei genügt es nicht, unter Hinweis auf die „altersmäßige Entwicklung" des Angeklagten von strafrechtlicher Verantwortlichkeit auszugehen (BGH EJF C I Nr. 3 mzustAnm *Kohlhaas*). Entgegen verbreiteter Praxis (vgl. → § 3 Rn. 10) wird nur *ausnahmsweise*, dh wenn ernstliche Zweifel an der Verantwortlichkeit von vornherein ausgeschlossen sind, die Wiedergabe des gesetzlichen Wortlauts ausreichen. – Fragen iZm der Schuldfähigkeit nach **allg. StR (§§ 20, 21 StGB;** vgl. aber zum Verhältnis zu § 3 S. 1 → § 3 Rn. 33 ff.) sind dann näher zu erörtern, wenn erkennbare Anhaltspunkte oder begründete Bedenken hierzu Anlass geben, was insb. betr. verminderte Schuldfähigkeit etwa iZm Alkoholeinfluss nicht selten ist (vgl. etwa BGH NStZ-RR 2010, 257 (zusätzlich zu „Schwachsinn" und Impulskontrollschwäche, unter Beanstandung der Bejahung uneingeschränkter Schuldfähigkeit wegen sog. „Straßenkompetenz"); nicht erörtert betr. Impulskontrolle in BGH BeckRS 2017, 139903).

Bei **Heranwachsenden** sind entsprechend positive Feststellungen zur Anwendbarkeit materiellen JStR (**§ 105 Abs. 1)** zu treffen (ebenso *Neus,* Der Erziehungsgedanke im Jugendstrafrecht, 1997, 27; vgl. zum Umfang der Begründung → Rn. 48; vgl. zudem schon BGH NJW 1954, 1617; zust. *Dallinger* MDR 1956, 12; OLG Hamm MDR 1969, 601; vgl. auch *Schaffstein* NJW 1955, 1577 (1587)).

d) Rechtsfolgen. Im anschließenden Teil des Urteils werden die Folgerungen aus dem Schuldspruch im Hinblick auf die konkret bestimmten Rechtsfolgen erörtert, wobei die für Auswahl und Bemessung bzw. Ausgestaltung maßgeblichen Umstände anzuführen sind (zur Abwägung im Einzelnen vgl. → § 5 Rn. 10 ff.; → § 7 Rn. 6; → § 9 Rn. 8 ff.; → § 13 Rn. 11 ff.; → § 17 Rn. 20 ff.; → § 18 Rn. 14 ff.; vgl. auch → Rn. 49). – Nach einer im Jahre 1986 in der JStVollzugsanstalt Rockenberg (Hessen) durchgeführten Befragung von 120 Gefangenen im Alter von 18–21 Jahren (*Haller ua* in Bierbrauer/Gottwald/Birnbreier-Stahlberger Verfahrensgerech-

30

30a

31

tigkeit 121) erhielten nur 7 % die von ihnen selbst erwartete Strafhöhe, für 43 % war die Bemessung niedriger und für 50 % war sie höher als von ihnen erwartet. 17 % empfanden das Urteil als sehr ungerecht und nur 3 % als sehr gerecht, während 35 % das Urteil für eher gerecht und 51 % für eher ungerecht hielten. Es zeigte sich kein signifikanter Zusammenhang zwischen der absoluten Höhe der JStrafe einerseits und den Variablen zur Beurteilung der prozessualen Fairness andererseits (*Haller ua* in Bierbrauer/ Gottwald/Birnbreier-Stahlberger Verfahrensgerechtigkeit 123 ff.; vgl. ergänzend → § 50 Rn. 11a).

32   **aa)** Betreffend **Erziehungsmaßregeln** bedarf es ggf. der Begründung derjenigen Umstände, die für die Überlassung der Auswahl und Anordnung an das FamG (§ 53; vgl. *Dallinger/Lackner* § 53 Rn. 9) bestimmend waren. Der Feststellung, dass Zuchtmittel und JStrafe nicht notwendig seien, bedarf es nicht (so auch *Meyer-Goßner/Appl,* Die Urteile in Strafsachen, 29. Aufl. 2014, 245), weil diese Rechtsfolgen ohnehin nur angeordnet werden dürfen, wenn Erziehungsmaßregeln nicht ausreichen (§ 5 Abs. 2). – Ob das Vorliegen der Zustimmung (Art. 6 Abs. 2 GG; vgl. → § 10 Rn. 12 bzw. § 10 Abs. 2) regelmäßig in den Urteilsgründen mitzuteilen ist, erscheint trotz dafür sprechender Argumente nicht abschließend geklärt (bejahend betr. § 10 Abs. 2 – einschließlich des Einverständnisses des Jugendlichen – BGH 9.8.2000 – 3 StR 176/00 Rn. 14 (juris), BeckRS 2000, 30125932).

33   **bb)** Die Anordnung von **Zuchtmitteln** setzt eine Begründung dazu voraus, dass Erziehungsmaßregeln nicht ausreichen; Entsprechendes gilt im Fall des § 5 Abs. 3 dafür, dass Zuchtmittel nicht entbehrlich sind. Unbeschadet § 13 Abs. 1 bedarf es keines Hinweises, dass JStrafe nicht geboten ist (*Buhr* in HK-JGG Rn. 59; *Meyer-Goßner/Appl,* Die Urteile in Strafsachen, 29. Aufl. 2014, 246 f.). Bei der Verhängung von JA werden im Hinblick auf dessen einzelne Elemente (vgl. → § 13 Rn. 16 ff.) gem. § 2 Abs. 2, § 267 Abs. 3 S. 1 StPO Ausführungen zur gewählten Form des JA und seiner Bemessung zu machen sein (*Dallinger/Lackner* Rn. 8 aE). – Hinsichtlich des Kopplungsarrests (§ 16a) sind die Voraussetzungen konkret zu erörtern (vgl. *Sonnen* in Diemer/Schatz/Sonnen Rn. 40; *Buhr* in HK-JGG Rn. 59; vgl. aber zu anfänglicher Praxis etwa Originalurteile in ZJJ 2014, 394 ff. mAnm *Eisenberg*).

34   **cc)** (1) Bei **Aussetzung** der **Verhängung** einer JStrafe zBew (§ 27) ist auszuführen, warum nicht Erziehungsmaßregeln und/oder Zuchtmittel ausgereicht hätten (vgl. §§ 17 Abs. 2, 8 Abs. 1 S. 1) und worauf die zur Aussetzung führende Ungewissheit über die Erforderlichkeit einer JStrafe zurückzuführen ist (OLG Schleswig SchlHA 2003, 208). „In gesteigertem Maße" gilt dies, wenn keine strafrechtliche Vorbelastung gegeben ist (OLG Celle StV 2017, 722 = BeckRS 2016, 20007). – Nach § 62 Abs. 1 S. 2 ist in sinngemäßer Anwendung von § 267 Abs. 3 S. 4 StPO auch zu begründen, weshalb entgegen einem in der HV gestellten Antrag die Aussetzung der Verhängung zBew nicht erfolgen konnte.

35   (2) Wird auf **JStrafe** erkannt, ist im Einklang mit den Voraussetzungen des § 17 Abs. 2 zu begründen, dass weder Erziehungsmaßregeln noch Zuchtmittel noch beide zusammen (vgl. § 8 Abs. 1 S. 1) ausreichen. Denn aus dem Umstand allein, dass auf JStrafe erkannt ist, kann nicht geschlossen werden, dass das Gericht die Frage, ob Erziehungsmaßregeln und/oder Zuchtmittel ausreichen, geprüft hat (vgl. RGSt 59, 374 (375) aE). In Fällen des § 5 Abs. 3 bedarf es außerdem der – selten gerechtfertigten (vgl. → § 5

Rn. 28) – Begründung, warum die Maßregel eine JStrafe nicht entbehrlich macht (BGH NStZ 2004, 296; näher → § 5 Rn. 90). Zu den Anforderungen an die Begründung bei Annahme „schädlicher Neigungen" (§ 17 Abs. 2 Alt. 1, speziell KG StV 2003, 456) oder bei Verhängung wegen „Schwere der Schuld" (§ 17 Abs. 2 Alt. 2) bzw. betr. die Zumessung der JStrafe vgl. näher → § 17 Rn. 20 ff. und → § 17 Rn. 45 ff. bzw. → § 18 Rn. 14 ff., wobei die Dauer und die konkreten Umstände von U-Haftvollstr besonders zu berücksichtigen sind (vgl. nur → § 72 Rn. 5, 5a; eher verkürzt etwa BGH NStZ 2007, 522 mAnm *Eisenberg/Schmitz* (achtmonatige Dauer nebst Fesselung und Medikation); BGH StraFo 2011, 56 = NStZ 2011, 524 (betr. sechsmonatige Dauer)). – Zu den Voraussetzungen bei einer EinheitsJStrafe gem. § 31 Abs. 2 vgl. → Rn. 20 sowie → § 31 Rn. 37 ff.

(a) Bei **Aussetzung** der **Vollstr** der JStrafe zBew ist die nach § 21 Abs. 1, **36** 2 erforderliche positive prognostische Beurteilung zu begründen. Wird in den Fällen des § 21 Abs. 1, 2 ausnahmsweise nicht zur Bewährung ausgesetzt, bedarf es der Darlegung, weshalb die Entwicklung des Jugendlichen die Vollstr gebiete (OLG Hamm StraFo 2000, 127).

(b) Wird in der HV ein **Antrag** auf Aussetzung der JStrafe zBew gestellt, **37** aber **abgelehnt**, ist diese Entscheidung nach § 57 Abs. 4, § 267 Abs. 3 S. 4 StPO in den Gründen auszuführen (vgl. auch BGHSt 10, 233 (235)). – Zu den Folgen einer unterbliebenen Erörterung der Frage der Aussetzung vgl. → § 57 Rn. 11.

dd) Zu den Anforderungen an die Begründung, wenn die Anordnung **38** einer **Maßregel** der Besserung und Sicherung in Betracht kommt, vgl. Erl. zu § 7. Gemäß § 2 Abs. 2, § 267 Abs. 6 S. 1 StPO besteht auch dann eine Begründungspflicht, wenn entgegen einem in der HV gestellten Antrag von der Anordnung einer Maßregel abgesehen worden ist. Kam nach Art der Straftat eine Entziehung der Fahrerlaubnis in Betracht, ist auch ohne Antrag zu begründen, weshalb die Anordnung der Maßregel unterblieben ist (§ 2 Abs. 2, § 267 Abs. 6 S. 2 StPO).

ee) Zur Begründung von **Nebenstrafen** und **Nebenfolgen** vgl. Erl. zu **39** § 6.

ff) Betreffend die **Berücksichtigung** von **U-Haft** oder einer anderen **40** erlittenen Freiheitsentziehung bei JA (§ 52) bedarf es einer Begründung (vgl. auch → Rn. 21).

Bezüglich der Frage der **Anrechnung** solcher Freiheitsentziehung auf **40a** JStrafe ist eine Begründung nur bei völliger oder teilweiser Nichtanrechnung (§ 52a S. 2, 3) erforderlich. Diese Begründung hat (insb. bei erstmaligem U-Haftvollzug) eingehend zu sein (BGH 4.2.1997 – 5 StR 12/97 bei *Böhm* NStZ 1997, 484).

e) Kostenentscheidung. Regelmäßig muss eine Prüfung von § 74 er- **41** kennbar sein. Der bloße Hinweis auf §§ 465, 467 StPO genügt wegen der jugendstrafrechtlichen Sonderregelung des § 74 nicht (BGHSt 16, 261 (263 f.); *Schnitzerling* MDR 1962, 541; *Sommerfeld* in NK-JGG § 74 Rn. 14; *Dallinger/Lackner* § 74 Rn. 16). Mitunter finden sich hiervon abw. Entscheidungen (vgl. betr. einen Sonderfall BGH bei *Herlan* GA 1959, 48 (nur „bei der gegebenen Sachlage"); BGH NStZ 2004, 626 ohne nähere Begründung; OLG Düsseldorf MDR 1993, 1113).

Lässt die Begründung eine Prüfung des § 74 nicht erkennen und weist sie **41a** auch ansonsten keine nähere Erörterung auf, so kann der Angeklagte einer

Inanspruchnahme dadurch vorbeugen, dass er sich bei Anfechtung (der Kostenentscheidung) darauf beruft, das erstinstanzl Gericht habe § 74 übersehen (vgl. auch BGHSt 16, 261 (263 f.); OLG Hamm NJW 1963, 1168 f.; *Dallinger/Lackner* § 74 Rn. 16; ergänzend → § 74 Rn. 26). Nach BGHSt 16, 261 (263 f.) ist das Urteil jedenfalls dann aufzuheben, wenn sich der Hinweis auf §§ 465, 467 StPO auf mehrere jugendl Angeklagte bezieht, ohne dass Anhaltspunkte für übereinstimmende Einkommens- und Vermögensverhältnisse vorliegen (→ § 74 Rn. 27).

V. Mitteilung des Urteils

1. Mündliche Urteilsverkündung

42   **a) Schutz des Jugendlichen.** Bei dieser Mitteilung (§ 2 Abs. 2, § 268 StPO) sollen Umstände nicht mitgeteilt werden, die für die Erziehung des Jugendlichen nachteilig sein könnten (Abs. 2; RL Nr. 2 S. 4). Ein zeitweiliger Ausschluss (vgl. → § 51 Rn. 7) ist insoweit nicht vorgesehen. Abgesehen davon, dass eine entsprechende Kürzung der Urteilsverkündung auch zu einer Verzerrung in der Darstellung des tatsächlichen Geschehnisses führen kann (vgl. → Rn. 24), bereitet die verlässliche Feststellung, es seien Nachteile für die Erziehung zu befürchten, idR erhebliche Schwierigkeiten. Generell sollte Zurückhaltung bezüglich einer eingeschränkten Darstellung geübt werden, zumal das Interesse an einer reibungsloseren Durchführung des Verfahrens und damit verbundene zeitökonomische Gesichtspunkte eine Kürzung allein nicht rechtfertigen können. Dies gilt umso mehr, als eine teilweise befürchtete Überforderung des Jugendlichen durch die mündliche Urteilsverkündung (vgl. schon *Hauber/Mayer-Rosa* Zbl 1983, 484 ff. (487); vgl. auch den Bericht bei *Grieswelle*, Sozialarbeit, Pädagogik und Jugendstrafrecht, 1972, 122) durch eine verkürzte Darstellung kaum zu reduzieren sein dürfte.

43   **b) „Ansprache".** Soweit in der Praxis verschiedentlich die schriftlich niedergelegte Urteilsformel (im Unterschied zu § 268 Abs. 2 S. 1 StPO) unter direkter Ansprache an den jugendlichen Angeklagten persönlich gefasst wird (bejahend *Heinen* unsere jugend 1951, 418; zust. *Dallinger/Lackner* Rn. 25; *Schaffstein/Beulke/Swoboda* JugendStrafR § 37 III 2; *Hauber/Mayer-Rosa* Zbl 1983, 484 (493); krit. *Buhr* in HK-JGG Rn. 67; *Schady* in NK-JGG Rn. 20), geschieht dies unter Berufung auf den Vorrang des Erziehungsauftrags (§ 2 Abs. 1). Jedoch hat auch die Form des allg. StVR erzieherische Argumente für sich (vgl. *Schady* in NK-JGG Rn. 20 (Erhöhung der „Akzeptanz des Urteils" durch „Entpersönlichung")), zumal (auch) auf dieser Grundlage die sprachlich-stimmliche Gestaltung dem Reifezustand des Jugendlichen Rechnung tragen kann. − Höchst zweifelhaft ist, ob − in Umkehrung von § 268 Abs. 2 S. 3 StPO − die Mitteilung der Gründe der Formel voranzustellen ist (abl. *Kunkel* in BeckOK JGG Rn. 63). Verallgemeinerungsfähige erziehungspsychologische Erkenntnisse, die dies geböten, liegen nicht vor (s. aber *Heinen* unsere jugend 1958, 513 (514)).

44   **c) Rechtsmittelbelehrung.** Der Mitteilung der Urteilsgründe schließt sich die Belehrung (zur Geeignetheit § 70a Abs. 1 aF bzw. § 70b Abs. 1 nF) über Rechtsmittel an (§ 2 Abs. 2, § 35a StPO; s. hierzu auch *Schnitzerling*

Zbl 1957, 1; zum Vermerk der Rechtsmittelbelehrung in der Niederschrift über die HV s. Nr. 142 Abs. 1 S. 4 RiStBV entspr.).). Das JGG bietet keine Grundlage und das JStR keinen (etwa erzieherischen) Anlass, von dieser Verstärkung des Rechtsschutzes abzusehen (vgl. auch *Dallinger/Lackner* Vor § 55 Rn. 28). Die praktischen Schwierigkeiten, die Entscheidungsgründe in überzeugender, für den jugendlichen Angeklagten verständlicher Weise (§ 70a Abs. 1 aF bzw. § 70b Abs. 1 nF) mit der Rechtsmittelbelehrung zu verbinden, haben allerdings teilweise zu der Forderung geführt, de lege ferenda im JStrafverfahren auf die Rechtsmittelbelehrung zu verzichten (vgl. *Middendorff,* Jugendkriminologie, 1956, 190; zust. *Hauber/Mayer-Rosa* Zbl 1983, 484 ff. (493)). Indes würde eine solche, den *Rechtsschutz* von vornherein verkürzende Regelung kaum zur Lösung der kommunikativen Schwierigkeit beitragen können. Vielmehr wäre zu besorgen, dass hierdurch ein Mangel an Überzeugungskraft der mitgeteilten Gründe und an erzieherischer Begegnung zwischen JRichter und Verurteiltem verdeckt werden könnte. Dies gilt umsomehr, als ua gerade die Art der Aufnahme der Rechtsmittelbelehrung durch den jugendlichen Angeklagten als Gradmesser für eine erzieherische Geeignetheit des Urteils und seiner Begründung zu betrachten sein wird. Demzufolge käme es darauf an, mit den Gründen einschließlich der Vermittlung des Anfechtungsrechts die Fähigkeit des jugendlichen Angeklagten zur selbstständigen Würdigung und *Entscheidung* zu *fördern,* ob er das Urteil und die angeordneten Rechtsfolgen annehmen bzw. befolgen will oder nicht. Ein solches procedere setzte allerdings voraus, dass dem Angeklagten durch den bisherigen Verfahrensverlauf der Eindruck vermittelt wurde, als Gesprächspartner mit (begrenzter) Entscheidungsmacht, die Verantwortungsbewusstsein erfordert, akzeptiert worden zu sein (vgl. aber → Einl. Rn. 51 f. sowie → § 50 Rn. 11f).

2. Mitteilung der schriftlichen Urteilsgründe

a) Entscheidung über die Nichtmitteilung. aa) Die Regelung in **45** Abs. 2 gilt auch für die Mitteilung der **schriftlichen Urteilsgründe** an den jugendlichen Angeklagten (vgl. auch die vormaligen entspr. Bestimmungen in §§ 57 Abs. 4 S. 2, 65 Abs. 3 S. 3 JWG aF; vgl. aber auch zum Inhalt der Anklageschrift → § 46 Rn. 10). Der Vorsitzende des erkennenden Gerichts (allg. Auffassung) trifft die Verfügung, in welchem Umfang in einer Ausfertigung oder Abschrift des Urteils – entgegen § 35 Abs. 1 S. 2 StPO ist sie wegen des jugendstrafrechtlichen Schutzprinzips (wie auch zwecks erzieherischer Auseinandersetzung) regelmäßig ohne Aufforderung zu erteilen – für den Jugendlichen (vgl. § 2 Abs. 2, §§ 35 Abs. 1 S. 2, Abs. 2 S. 1, §§ 232 Abs. 4, 316 Abs. 2, 343 Abs. 2 StPO) die Gründe nicht mitgeteilt werden (vgl. auch RL Nr. 3 S. 1). In jedem Fall sollte es auf der für den Jugendlichen bestimmten Ausfertigung oder Abschrift vermerkt werden, wenn er nur einen Auszug der Gründe erhält (RL Nr. 3 S. 2).

bb) Im Allg. wird von *Teilausfertigungen* abzuraten sein, weil sie zum einen **45a** die Gefahr eines – erzieherisch abträglichen – Misstrauens des Jugendlichen in sich bergen (*Peters* RJGG § 39 Anm. 3; insoweit zust. *Dallinger/Lackner* Rn. 26) und zum anderen angesichts der Schwierigkeiten zur Stellung der in Abs. 2 geforderten Prognose (vgl. → Rn. 42; vgl. auch allg. → § 5 Rn. 29 ff.) *kaum beurteilt werden* kann, ob erzieherisch unerwünschte Wirkungen bei der Mitteilung überwiegen (die Auffassung etwa, die Verurteilten könnten mit den schriftlichen Urteilsgründen „unter Gleichaltrigen renommieren" (*Temming* in Graf RiStBV VV Rn. 2 zu Nr. 140, zudem unter verfehlter Darstellung der Kann-Vorschrift des Nr. 140 Abs. 1 S. 2 als Soll-Vorschrift), ist allenfalls eine Pauschalisierung). Ohnehin enthält Nr. 140 Abs. 1 S. 2 RiStBV als VV keine eine Versagung erlaubende gesetzliche Grundlage. – Es sollte stets einer Fassung der Urteilsgründe der Vorzug zu geben sein, deren Kenntnisnahme dem jugendlichen Angeklagten zugemutet werden kann (zu datenschutzrechtlichen Fragen bei Mitangeklagten s. etwa schon *Grotenbeck* unsere jugend 1989, 370).

45b   Ein völliges Absehen von der Übermittlung der Urteilsgründe wird idR nicht gerechtfertigt sein.

46   **b) Erziehungsberechtigte, gesetzliche Vertreter.** Das Recht dieser Personen auf Mitteilung der mit Gründen versehenen Entscheidung (§ 67 Abs. 2 aF bzw. § 67a Abs. 1 nF; vgl. auch §§ 316 Abs. 2, 343 Abs. 2 StPO) ist von einer beschränkten Mitteilung der schriftlichen Urteilsbegründung an den Jugendlichen nach Abs. 2 nicht betroffen. Indes wurde schon früh empfohlen, dann nur einen Auszug der Urteilsgründe zu erteilen, wenn ein erzieherisch bedenklicher Missbrauch mit dem Urteil ggü. dem Jugendlichen zu befürchten ist (vgl. *Peters* RJGG § 39 Anm. 3; *Potrykus* Anm. 4). Sollte eine solche Gefahr bestehen, wird der JRichter kraft seiner Autorität zum Schutz des Jugendlichen bemüht sein, die gesetzlichen Vertreter oder Erziehungsberechtigten durch Gespräche oder zB durch Bestellung eines Erziehungsbeistandes über die zu besorgende Beeinträchtigung des Jugendlichen zu unterrichten.

VI. Revision

1. Allgemeines

47   Die schriftlichen Urteilsgründe sollen dem Revisionsgericht ua die sachlich-rechtliche Nachprüfung der Entscheidung auf ihre Richtigkeit ermöglichen, wobei Abs. 1 im Vergleich zum allg. StR (§ 267 Abs. 3 S. 1 StPO) erhöhte Anforderungen stellt (OLG Braunschweig NStZ 2012, 577; betr. Feststellungen zur Person nach Aufhebung des gesamten Strafausspruchs eines vorausgegangenen Urteils BGH BeckRS 2017, 126959). Genügen die Urteilsgründe den Anforderungen nicht (KG NStZ 2007, 224), ist das sachliche Recht verletzt und die **allg. Sachrüge** eröffnet (OLG Hamm VRS 107, 42), soweit nicht ausgeschlossen werden kann, dass das Urteil auf dem Begründungsmangel beruht (*Kuckein/Bartel* in KK-StPO StPO § 267 Rn. 47; zur Verkennung von § 18 Abs. 1 S. 2 vgl. BGH StV 2017, 715; speziell zur erforderlichen Prüfung der Glaubhaftigkeit eines Geständnisses BGH StV 2000, 187 sowie näher *Eisenberg* Beweisrecht StPO Rn. 727–729). Daneben kommt auch die **Aufklärungsrüge** in Betracht, sofern die Sachlage zu einer weiteren Aufklärung drängte. Zu Einzelfragen betr. die Revisibilität von Mängeln der schriftlichen Urteilsgründe wird iSv § 2 Abs. 2 auf die Erläuterungswerke zu § 267 StPO verwiesen. – Die Pflicht zur Angabe der **Straftatbestände** (§ 267 Abs. 1 S. 1 StPO) besteht im JStrafverfahren uneingeschränkt (§ 2 Abs. 2; nicht ganz unbedenklich BGH BeckRS 2007, 01327: Fehlen „ausnahmsweise hinnehmbar").

2. Einzelne Rügen; § 354 StPO

a) **Reifeentwicklung. aa)** Fehlen in den schriftlichen Urteilsgründen die 48 Feststellungen zur Strafmündigkeit eines *Jugendlichen* iSv **§ 3 S. 1** (vgl. zu den Anforderungen im einzelnen → Rn. 30), so wird die Revision idR erfolgreich sein, da die Voraussetzungen des § 3 S. 1 in Verfahren gegen Jugendliche positiv festgestellt werden müssen (vgl. hierzu → § 3 Rn. 4 ff.). Die Ausführlichkeit der diesbezüglichen Feststellungen richtet sich jedoch nach der Lage des Einzelfalles. Insbesondere wenn Zweifel an der Einsichts- und Steuerungsfähigkeit des Jugendlichen bestehen, ist eine eingehendere Begründung erforderlich.

bb) Bei der Frage, ob im Verfahren gegen einen **Heranwachsenden** 48a JStR anzuwenden ist (**§ 105 Abs. 1**), bedarf es einer detaillierten Darlegung der Entscheidungsgründe, wobei sowohl die äußeren Tatumstände als auch die Persönlichkeit des Täters umfassend zu würdigen sind und erkennbar sein muss, dass alle Möglichkeiten berücksichtigt wurden, die zur Anwendung von JStR führen können (BGH StV 1983, 377; 1987, 308; NStZ 1987, 366; NStZ-RR 2003, 188 (betr. § 105 Abs. 1 Nr. 2); OLG Zweibrücken bei *Böhm* NStZ 1990, 531). Dies setzt regelmäßig die Bezeichnung der verschiedenen, zumindest aber der wichtigsten Informationsquellen (s. aber BGH NStZ-RR 1999, 26 = StV 1999, 361, wonach die Nichterwähnung der Auffassung der JGH nicht belege, dass diese nicht in die Überzeugungsbildung eingeflossen sei (zw.)) sowie der wesentlichen Umstände (vgl. → § 105 Rn. 12 ff., 42 ff.) voraus. Die bloße Wiederholung des Gesetzeswortlauts genügt – auch bei Verkehrsstraftaten – nicht (BGH NJW 1965, 1445; OLG Hamburg NJW 1963, 67). – Da indes die für eine Entscheidung iRd § 105 Abs. 1 Nr. 1 und auch Nr. 2 erforderliche Gesamtwürdigung der Persönlichkeit ohne einen persönlichen Eindruck schwerlich möglich ist, kommt der Tatsacheninstanz ein erheblicher Beurteilungsspielraum zu (BGH NStZ 1986, 550; StV 1987, 308; NStZ 1989, 574; StV 1991, 424; NStZ-RR 1999, 26 = StV 1999, 361).

b) **Rechtsfolgen.** Die Auswahl und Bemessung der Rechtsfolge ist im 49 Hinblick auf ihre Erforderlichkeit im Einzelnen zu begründen, wobei die vorzunehmende Gesamtwürdigung der Persönlichkeit des Angeklagten (BGHSt 15, 224; BGH NStZ-RR 2010, 291; BeckRS 2017, 109846) die zu dessen Gunsten in Betracht kommenden Gesichtspunkte berücksichtigen muss. Die Anforderungen an die Begründungspflicht nehmen mit der Eingriffsintensität der Rechtsfolge zu. Stets muss zu erkennen sein, dass das JGericht in seine Prüfung das Vorhandensein aller iSv § 267 Abs. 3 StPO bestimmenden strafmildernden Umstände (vgl. näher → § 18 Rn. 20 ff.) einbezogen hat (BGH StV 1993, 531; OLG Frankfurt/M. StV 2003, 459). Es genügt *nicht,* sich *pauschal* auf ein Erziehungsstrafrecht zu berufen (vgl. zur Bemessung der JStrafe nur BGH StV 1982, 474; 1986, 304; 2003, 458 = ZJJ 2003, 79) oder gar allein allg. Strafzumessungserwägungen iSd Erwachsenenstrafrechts anzustellen (vgl. zur Verhängung von JStrafe BGH StV 1986, 305; NStZ-RR 1998, 86; OLG Köln StV 2001, 178; OLG Hamm NStZ 2005, 646). – Betreffend Eintragungen im Erziehungsregister, die dem **Verwertungsverbot** des § 61 Abs. 1 BZRG unterliegen, kann – unabhängig von der ihnen beigemessenen Bedeutung – nicht ausgeschlossen werden, dass sich ihre Berücksichtigung zum Nachteil des

Angeklagten ausgewirkt hat (BGH 6.7.1995 – 3 StR 312/95 bei *Böhm* NStZ 1995, 538).

50 **aa)** Im Einzelnen kann zB „allein aus der maßvollen Höhe der verhängten Strafe … nicht geschlossen werden, das Gericht habe … die Möglichkeit einer Milderung des Strafrahmens … erkannt und von ihr Gebrauch gemacht" (BGH BeckRS 1986, 05616; nicht unbedenklich BGH BeckRS 1998, 30028148 betr. unzulässige Anwendung von § 18 Abs. 1 S. 2). Auch ist es **fehlerhaft,** sich auf Umstände zu **beschränken,** die sich unmittelbar auf die Tatausführung beziehen, zur Täterpersönlichkeit gehörende Feststellungen aber unberücksichtigt zu lassen (BGH 2.5.1986 – 2 StR 41/86, BeckRS 1986, 112184 bei *Böhm* NStZ 1986, 447). Wird zu § 18 Abs. 2 auf eine Therapie ohne JStrafvollzug abgestellt, so wurde gar mit der Begründung aufgehoben, es fehle an einer Mitteilung der Anknüpfungstatsachen für die Notwendigkeit der Therapie (BGH BeckRS 2012, 25147 Rn. 10, zw.). Eine sich dem **höchstzulässigen** Maß annähernde Rechtsfolgenbemessung bedarf in aller Regel (auch in Fällen nach § 31 Abs. 2) einer eingehenden Begründung (BGH StV 1989, 545; OLG Hamm StV 2002, 405; vgl. auch BGH NStZ-RR 1998, 86 (betr. Entziehung der Fahrerlaubnis)).

51 **bb)** Bei **offensichtlichen** (und versehentlichen) **Diskrepanzen** zwischen Tenor und Gründen soll das Revisionsgericht entsprechend § 354 Abs. 1 StPO die dem Angeklagten günstigere Rechtsfolge festsetzen dürfen (BGH BeckRS 2000, 30135733; 2010, 6483; 2012, 22969; 2014, 20741). Entsprechendes gilt bei einer sonstigen, nicht als offenkundiges Fassungsversehen zu interpretierenden Diskrepanz (vgl. BGH NStZ-RR 2012, 179; BeckRS 2012, 13118: Einbeziehung nach §§ 105 Abs. 2, 31 Abs. 2 S. 1 ohne Erhöhung der Dauer der JStrafe)).

52 **c) § 354 Abs. 1a, Abs. 1b StPO. aa)** § 354 **Abs. 1a S. 1 StPO** ist bei einer Korrektur (auch) des Schuldspruchs nicht anwendbar (Art. 101 Abs. 1 S. 2 GG; BVerfG JR 2008, 73 mAnm *Peglau*). Zudem verlangt die Vorschrift wegen der verfassungsrechtlichen Grundsätze eines rechtsstaatlichen und transparenten Strafverfahrens regelmäßig, dass das Revisionsgericht zum einen sich Gewissheit über das Vorliegen einer vollständigen und verlässlichen Entscheidungsgrundlage verschafft – zB dadurch, dass es dem Angeklagten unter Hinweis auf die Frage der Geeignetheit der Strafzumessung lediglich nach Aktenlage Gelegenheit zur Stellungnahme einräumt –, zum anderen, dass es im Falle des Gebrauchmachens von der Strafzumessungskompetenz die Entscheidung begründet, soweit die für diese relevanten Umstände und deren konkret beigemessenes Gewicht dem Angeklagten sonst nicht nachvollziehbar wären (BVerfG JR 2008, 73 mAnm *Peglau;* nicht unbedenklich daher entgegen 1. Instanz aufrecht erhaltene Ablehnung der Aussetzung der Vollstr zBew OLG Köln NStZ-RR 2016, 181 (zum allg. StR); zu grundlegenden Einwänden ggü. der Vorschrift statt vieler *Meyer-Goßner/Schmitt* StPO § 354 Rn. 28 ff.; ergänzend und kritisch. *Gaede* GA 2008, 403 ff.). Insofern können Bedenken gegenüber derjenigen revisionsgerichtlichen Auffassung bestehen, bei Vortrag einer neuen strafzumessungsrelevanten Tatsache genüge es, solches bei Prüfung dessen, ob die in dem angefochtenen Urteil verhängte Strafe angemessen ist, zu berücksichtigen (vgl. BGH StV 2011, 136 mkritAnm *Gaede* = StraFo 2010, 30 mablAnm *Dehne-Niemann* = JR 2011, 179 f. mAnm *Peglau;* StV 2016, 542 (Ls.) mit Bspr. *Dehne-Niemann* StV 2016, 601 ff.).

(1) Im Speziellen könnte § 354 Abs. 1a **S. 1** StPO schon deshalb gegen 53 *Grundsätze* des JGG verstoßen, weil die Feststellung eines Fehlers, die keine Auswirkungen nach sich zieht, als inkonsequent und damit erzieherisch abträglich zu beurteilen ist. Indes würde eine solche (zu) formale Betrachtungsweise bedeuten, dass trotz etwaiger Angemessenheit der Rechtsfolge zurückverwiesen werden müsste, in der (neuerlichen) Verhandlung vor dem Tatgericht dann der Fehler letztendlich aber auch keine Berücksichtigung finden könnte, da eine angemessene Rechtsfolge verhängt wurde. Gegen die Anwendbarkeit im JStrafverfahren (§ 2 Abs. 2) spricht grundsätzlich jedoch zumindest § 37 wie auch die *täter*schaftliche Konzeption des JGG, die von einer *persönlichen* Begegnung des Angeklagten mit dem JGericht ausgeht (zust. *Dehne-Niemann* ZIS 2008, 254: „unanwendbar"). Hiernach könnte ein Absehen von der Urteilsaufhebung nach S. 1 nur ganz selten in Betracht kommen (ebenso BGH BeckRS 2005, 04927: „nicht angezeigt"; ähnlich BGH NStZ-RR 2010, 57: „gewisse Zurückhaltung geboten" (hier gegen GBA); bejahend aber NStZ-RR 2014, 92), zB in besonderen Ausnahmefällen innerhalb der Gruppe Heranwachsender an der Grenze zum Erwachsenenalter (vgl. etwa BGH NStZ 2006, 587).

(2) § 354 Abs. 1a **S. 2** StPO ist aus vorgenannten Gründen im JStrafver- 54 fahren indes **keinesfalls** anwendbar (ebenso *Lohse* in AnwK StPO StPO § 354 Rn. 13, zumindest einschr. *Wohlers* in SK-StPO StPO § 354 Rn. 62 (sowie Rn. 56); zu Bedenken auch *Schatz* in Diemer/Schatz/Sonnen Rn. 58). In derartigen Fällen – die verhängte Rechtsfolge ist unangemessen hoch – bedarf es vielmehr einer Aufhebung des Urteils unter Zurückverweisung an das Tatgericht. Dieses ist sodann dazu berufen, die in der *Zwischenzeit* etwa eingetretene Weiterentwicklung des Angeklagten entsprechend zu berücksichtigen. Entscheidungen des Revisionsgerichts auf dem Stand ex ante, und ohne dass dieses einen persönlichen Eindruck von dem jugendlichen Angeklagten bekäme, sind somit unzulässig (vgl. zum Ganzen *Eisenberg/Haeseler* StraFo 2005, 224 f.; krit. auch *Frisch* in SK-StPO StPO § 354 Rn. 5).

bb) Auch hinsichtlich der Möglichkeit einer Entscheidung des neuen 55 Tatgerichts im Beschlusswege in Fällen des § 354 **Abs. 1b** StPO stellt sich die Frage nach der Anwendbarkeit im JStrafverfahren, namentlich iRd § 31 (Bedenken bei *Schatz* in Diemer/Schatz/Sonnen Rn. 58). Eine dem allg. StVR entsprechende – und damit möglicherweise entgegenstehende (§ 2 Abs. 2) – Vorschrift existiert nicht, sodass grundsätzlich das allg. StVR zur Anwendung kommen könnte. Jedoch ist die vorstehend in Rede stehende Norm schwerlich zu einer Einbeziehung des § 31 geeignet, da vom Wortlaut her Gesamtstrafe – also gerade nicht die wesensmäßig andere (vgl. → § 31 Rn. 3) Einheitsrechtsfolge – genannt ist (dazu *Eisenberg/Haeseler* StraFo 2005, 225). Dies kann auch nicht unter Hinweis darauf ausgeräumt werden, dass die allg. Verfahrensvorschriften ohnehin gem. Grundsätzen des JGG auszulegen und anzuwenden sind. Eine entsprechende Anwendung des § 66 bei hier in Rede stehenden Fehlern iRd Bildung einer Einheitsrechtsfolge (§ 31) wird deshalb nicht in Betracht kommen können, weil diese Vorschrift einen *tatgerichtlichen* Kenntnisstand voraussetzt, wie ua die RL Nr. 2 zu § 66 erkennen lässt.

d) Kostenentscheidung. Zur Anfechtung der die Kostenentscheidung 56 betr. Gründe vgl. → Rn. 41.

Dritter Unterabschnitt. Rechtsmittelverfahren

Anfechtung von Entscheidungen

55 (1) ¹Eine Entscheidung, in der lediglich Erziehungsmaßregeln oder Zuchtmittel angeordnet oder die Auswahl und Anordnung von Erziehungsmaßregeln dem Familiengericht überlassen sind, kann nicht wegen des Umfangs der Maßnahmen und nicht deshalb angefochten werden, weil andere oder weitere Erziehungsmaßregeln oder Zuchtmittel hätten angeordnet werden sollen oder weil die Auswahl und Anordnung der Erziehungsmaßregeln dem Familiengericht überlassen worden sind. ²Diese Vorschrift gilt nicht, wenn der Richter angeordnet hat, Hilfe zur Erziehung nach § 12 Nr. 2 in Anspruch zu nehmen.

(2) ¹Wer eine zulässige Berufung eingelegt hat, kann gegen das Berufungsurteil nicht mehr Revision einlegen. ²Hat der Angeklagte, der Erziehungsberechtigte oder der gesetzliche Vertreter eine zulässige Berufung eingelegt, so steht gegen das Berufungsurteil keinem von ihnen das Rechtsmittel der Revision zu.

(3) Der Erziehungsberechtigte oder der gesetzliche Vertreter kann das von ihm eingelegte Rechtsmittel nur mit Zustimmung des Angeklagten zurücknehmen.

(4) Soweit ein Beteiligter nach Absatz 1 Satz 1 an der Anfechtung einer Entscheidung gehindert ist oder nach Absatz 2 kein Rechtsmittel gegen die Berufungsentscheidung einlegen kann, gilt § 356a der Strafprozessordnung entsprechend.

Schrifttum *Asbrock,* Grundzüge und Besonderheiten eines Strafverfahrens und einer Gerichtsverfassung für Jungerwachsene ..., 1975; *Baumann,* Das strafprozessuale Verbot der reformatio in peius und seine Besonderheiten im Jugendstrafrecht, 1999; *Berenbrink,* Der übereilte Rechtsmittelverzicht des Angeklagten, 2005; *Block,* Fehlerquellen im Jugendstrafprozess, 2005; *Bode,* Das Wahlrechtsmittel im Strafverfahren, 2000; *Ganske,* Der Begriff des Nachteils bei den strafprozessualen Verschärfungsverboten, 1960; *Hellmer,* Erziehung und Strafe, 1957; *Kleinbauer,* Rechtsmittelverzicht und Rechtsmittelzurücknahme des Beschuldigten im Strafprozeß, 2006; *Kretschmann,* Das Verbot der reformatio in peius im Jugendstrafverfahren, 1968; *Peters,* Werdendes Jugendstrafrecht, 1947; *Schaumann,* Die Rechtsmittelbeschränkung des § 55 JGG, 2001; Walter (Hrsg.), Strafverteidigung für junge Beschuldigte, 1997; *Wittschier,* Das Verbot der reformatio in peius im strafprozessualen Beschlußverfahren, 1984.

Übersicht

I. Anwendungsbereich

1. Persönlicher Anwendungsbereich

1   Die Vorschrift findet auf **Jugendliche** auch in Verfahren vor den für allg. Strafsachen zuständigen Gerichten Anwendung (§ 104 Abs. 1 Nr. 7; vgl. auch RL 3).

1a   Die Vorschrift gilt für **Heranwachsende** – vor JGerichten wie vor den für allg. Strafsachen zuständigen Gerichten – dann, wenn materielles JStR zur Anwendung kommt (§§ 105 Abs. 1, 109 Abs. 2 S. 1, § 112 S. 1 und 2; vgl. auch RL 3 sowie näher → § 109 Rn. 37 ff.). Sie gilt nicht unter den Voraussetzungen des § 109 Abs. 2 S. 3 (vgl. → § 109 Rn. 45).

2   Die Vorschrift findet auf **Erwachsene,** in deren Verfahren ausnahmsweise (§ 103 Abs. 1, Abs. 2 S. 1; §§ 26, 74b GVG) ein JGericht zuständig ist, **keine** Anwendung (allg. Auffassung).

2. Entsprechende Anwendung

3   Zur Frage einer sinngemäßen Geltung von Abs. 2 betr. Rechtsmittel nach § 59 Abs. 1 und 3 vgl. näher → Rn. 71 sowie → § 59 Rn. 8.

II. (Allgemeines) Rechtsmittelrecht des Jugendstrafverfahrens

Neben § 55 enthält das **JGG** verschiedene Sondervorschriften betr. **4** Rechtsmittel (§ 47 Abs. 2 S. 3, § 56 Abs. 2, §§ 59, 63 (vgl. auch RL Nr. 2 S. 1), § 65 Abs. 2 (vgl. auch RL Nr. 2 S. 2), § 66 Abs. 2 S. 3 iVm § 462 Abs. 3 StPO, § 71 Abs. 2 S. 2 iVm § 117 Abs. 2 StPO, §§ 73 Abs. 2, 77 Abs. 1 S. 3, § 83 Abs. 3 S. 1 (vgl. auch RL Nr. 2 S. 3), § 88 Abs. 6 S. 3, 4 iVm § 59 Abs. 2–5, § 99 Abs. 3). Daneben gelten grundsätzlich die Rechtsmittelvorschriften des allg. StVR, soweit die Sonderregelungen des JGG keine hiervon abw. Bestimmungen enthalten (§ 2 Abs. 2; vgl. näher → Rn. 5 –32 sowie (betr. § 357 StPO) → Rn. 70).

1. Anfechtungsberechtigte

a) Jugendliche (bzw. Heranwachsende). Dessen Anfechtungsberechti- **5** gung (§ 2 Abs. 2, § 296 StPO) besteht unabhängig von Alter und zivilrechtlicher Geschäftsfähigkeit. Sie setzt jedoch voraus, dass er nach allg. StVR verhandlungsfähig ist (vgl. BGH NStZ 1995, 391; *Eisenberg* Beweisrecht StPO Rn. 759; nach Arbeitsgruppe DVJJ NJW 1989, 1025 f. ist notwendige Verteidigung zu bejahen). Ohne Einfluss auf sein Rechtsmittel sind Maßnahmen betr. die Anfechtung seitens des Erziehungsberechtigten oder des gesetzlichen Vertreters. So ist zB eine Berufung in vollem Umfang durch den Jugendlichen auch dann eingelegt, wenn seine entsprechende Rechtsmittelerklärung erst nach einer auf den Rechtsfolgenausspruch beschränkten Berufung des Erziehungsberechtigten bei Gericht eingegangen ist (ebenso *Dallinger/Lackner* Vor § 55 Rn. 4; vgl. näher → Rn. 66 f.). – Andererseits hat der Jugendliche für eine nach Eintritt seiner Volljährigkeit erforderlich werdende Revisionsbegründung auch dann Sorge zu tragen, wenn Revision durch den Erziehungsberechtigten oder gesetzlichen Vertreter eingelegt worden ist, da deren Befugnisse mit der Volljährigkeit des Jugendlichen erloschen sind (vgl. RGSt 42, 342; BGHSt 10, 174; zust. *Sommerfeld* in NK-JGG Rn. 4, § 67 Rn. 13).

b) Verteidiger. Er ist für den **Beschuldigten** anfechtungsberechtigt, **6** jedoch **nicht gegen** dessen ausdrücklichen **Willen** (§ 2 Abs. 2, § 297 StPO), und zwar auch dann nicht, wenn er vom Erziehungsberechtigten oder gesetzlichen Vertreter ausdrücklich dazu beauftragt ist (ebenso *Kunkel* in BeckOK JGG Rn. 11; vgl. näher → § 68 Rn. 18 f.; aA *Brunner/Dölling* Rn. 2a). – Da seine Rechtsmittelwahl unmittelbar für den Beschuldigten wirkt, entscheidet bei Einlegung verschiedener Rechtsmittel durch den Beschuldigten und seinen Verteidiger die zuerst bei Gericht eingegangene Rechtsmittelerklärung (soweit die Tätigkeit des Verteidigers nicht entgegen dem ausdrücklichen Willen des Beschuldigten erfolgt).

Der Verteidiger sollte von seiner Anfechtungsberechtigung insb. auch **6a** dann Gebrauch machen, wenn das Urteil erkennbar auf Tatsachen beruht, die nicht dem Sachverhalt entsprechen, wie der Jugendliche ihn kennt. Denn selbst dann, wenn die ausgesprochene Rechtsfolge voraussichtlich bestehen bliebe, wäre ihre Durchführung ohne zutreffende Tatsachengrundlage erziehungspsychologisch kaum vertretbar (ähnlich bereits *Cohnitz* RdJB 1956, 196 (198)).

7 **c) Erziehungsberechtigte, gesetzliche Vertreter.** Betreffend Entscheidungen gegen Jugendliche sind zugunsten des Jugendlichen und uU auch gegen seinen Willen der gesetzliche Vertreter (§ 2, § 298 StPO) und der Erziehungsberechtigte (§ 67 Abs. 3 aF bzw. § 67 Abs. 2 nF, § 298 StPO) bis zum Eintritt der Volljährigkeit des Jugendlichen innerhalb der für diesen laufenden Rechtsmittelfristen (vgl. → § 67 Rn. 23) selbstständig anfechtungsberechtigt (zu Einschränkungen vgl. → Rn. 66 f.). Nach Eintritt seiner Volljährigkeit kann der Angeklagte ein zuvor eingelegtes Rechtsmittel des vormals Erziehungsberechtigten oder gesetzlichen Vertreters selbst weiter betreiben, und zwar gem. dem Schutzzweck der Vorschrift auch dann, wenn er zuvor auf ein eigenes Rechtsmittel verzichtet hatte (BGHSt 10, 174).

8 **d) Jugendstaatsanwalt.** Dessen Anfechtungsberechtigung folgt aus § 2 Abs. 2, § 296 StPO. Er kann sie zugunsten (etwa bei verfehlter Rechtsfolgenbemessung (vgl. BGH BeckRS 2015, 14381 Rn. 7, 13; NStZ 2016, 105) oder bei Verletzung des Verbots der reformatio in peius (vgl. → Rn. 73 ff.) gem. Nr. 147 Abs. 3 S. 1 RiStBV entspr. (Soll-Vorschrift)) wie zuungunsten des Angeklagten ausüben. Einem „Mitgehen", gar um das Verbot einer **reformatio in peius** (§ 331 Abs. 1 StPO) auszuschalten (sog. „Sperrberufung", vgl. *Krumdiek* StRR 2010, 84 ff. zum allg. StVR), stehen RL Nr. 1 S. 2 bzw. Nr. 147 Abs. 1 S. 3 und 4 RiStBV tendenziell entgegen – so lebt das Verbot bei Verwerfung des Berufung der JStaatsanwaltschaft als unbegründet wieder auf (vgl. (jeweils zum allg. StR) OLG Bamberg NStZ-RR 2015, 149; 2017, 369 (Ls.) = BeckRS 2017, 127410; *Gössel* in Löwe/Rosenberg StPO § 331 Rn. 26).

9 **e) Nicht Anfechtungsberechtigte.** Hierunter fällt der (jugendgerichtliche) **Beistand** (§ 69), da ihm Verteidigerrechte nur in der HV zustehen (§ 69 Abs. 3 S. 2; *Dallinger/Lackner* Vor § 55 Rn. 3; *Laubenthal* Jugendgerichtshilfe 115 Fn. 602; teilweise unterschiedlich *Potrykus* § 55 Anm. 2, § 69 Anm. 4; vgl. → § 69 Rn. 8 aE). Dies gilt auch dann, falls der Ehegatte des Angeklagten als Beistand bestellt ist (§ 2 Abs. 2, § 149 StPO; vgl. BGH *Holtz* MDR 1978, 625 für das allg. StVR).

9a Gleichfalls **ohne** Anfechtungsrecht sind der Vertreter der **JGH**, der **Erziehungsbeistand** nach § 12, § 30 KJHG (OLG Hamburg NJW 1964, 605), der **Betreuungshelfer** (§ 10 Abs. 1 S. 3 Nr. 5, § 30 KJHG) sowie die für die Hilfe zur Erziehung nach **§ 12 Nr. 2 zuständige** Behörde (s. *Potrykus* RdJB 1956, 279; ebenso *Dallinger/Lackner* Vor § 55 Rn. 3).

2. Rechtsmittelverzicht und -rücknahme (einschließlich Abs. 3)

10 Grundsätzlich kommt, wenngleich ggf. modifiziert gem. Grundsätzen des JGG (vgl. → § 2 Rn. 39 ff.), allg. StVR zur Anwendung (§ 2 Abs. 2).

11 **a) Rechtsmittelrücknahme. aa)** Die alleinige Rücknahme des (verhandlungsfähigen) Jugendlichen ohne Wissen bzw. Einverständnis der Eltern und/oder des Verteidigers, der zuvor auf Wunsch des Jugendlichen und der Eltern das Rechtsmittel eingelegt hatte, **kann** gem. der **jugendgerichtlichen Fürsorgepflicht** in Fällen der Beeinträchtigung jugendrechtlicher Schutzbelange (wie sie zB in § 72 Abs. 1 S. 2 und 3, Abs. 2 und 5 zum

Ausdruck kommen) abw. vom allg. StVR (vgl. aber dazu *Kleinbauer,* Rechtsmittelverzicht und Rechtsmittelzurücknahme des Beschuldigten im Strafprozeß, 2006, 193 ff., 231 ff.) **unwirksam** sein (nicht erörtert in BGH StraFo 2005, 161 betr. eigenhändige Rücknahme; vgl. ergänzend zu Heranwachsenden BGH NStZ-RR 1998, 60 sowie BGH BeckRS 2005, 05666). Insofern bearf es einer einzelfallbezogenen Würdigung und Beurteilung des prozessualen Geschehens (vgl. etwa OLG Koblenz NStZ 2007, 55; zum Ganzen *Eisenberg/Müller* Jura 2006, 54 ff.; vgl. auch → § 109 Rn. 4).

bb) Besonderheiten ergeben sich daraus, dass dem Erziehungsberechtigten **11a** und dem gesetzlichen Vertreter ein selbstständiges Recht zu Rechtsmittelerklärungen zukommt. **Abs. 3** bestimmt (zu Zweck und Entstehung vgl. näher → Rn. 34a), dass der Erziehungsberechtigte und der gesetzliche Vertreter – wie der JStaatsanwalt bei einem zugunsten des Angeklagten eingelegten Rechtsmittel (§ 2 Abs. 2, § 302 Abs. 1 S. 3 StPO) – zur Teil- (ebenso *Meyer-Goßner/Schmitt* StPO § 302 Rn. 2) Rücknahme (und in entspr. Anwendung der Vorschrift zum (Teil-)Verzicht) bzw. einer Beschränkung (OLG Nürnberg StraFo 2016, 113; vgl. auch → Rn. 12) des selbstständig eingelegten Rechtsmittels der (ausdrücklichen) Zustimmung des Angeklagten bedürfen. Dies gilt selbst dann, wenn der Angeklagte seinerseits auf Rechtsmittel verzichtet hatte, weil der Verzicht möglicherweise gerade im Vertrauen auf das vom Erziehungsberechtigten oder gesetzlichen Vertreter eingelegte Rechtsmittel erfolgt war (s. Wortlaut; vgl. OLG Celle NJW 1964, 417 für das allg. StVR sowie BGHSt 10, 174; ebenso *Dallinger/Lackner* § 67 Rn. 18 mN bereits vor Einführung des Abs. 3). – Ein vom Angeklagten selbst oder vom Verteidiger für diesen eingelegtes Rechtsmittel kann vom Erziehungsberechtigten oder gesetzlichen Vertreter nur dann zurückgenommen werden, wenn eine Einwilligung des Angeklagten vorliegt (*Dallinger/Lackner* Vor § 55 Rn. 4 mN der Rspr.). Bei der Rücknahme durch den Verteidiger folgt dies aus § 302 Abs. 2 StPO (vgl. etwa BGH BeckRS 2019, 4115).

b) Teilrücknahme. Beschränkt der **Verteidiger nachträglich** ein **12** Rechtsmittel (§ 2 Abs. 2, § 318 S. 1 StPO, § 344 Abs. 1 StPO), so ist darin eine Teilrücknahme zu sehen (vgl. etwa *Meyer-Goßner/Schmitt* StPO § 302 Rn. 29, § 318 Rn. 1). Die (Teil-)Rücknahme bedarf der **ausdrücklichen Ermächtigung** des Jugendlichen selbst (§ 2 Abs. 2, § 302 Abs. 2 StPO; ebenso der (Teil-)Verzicht; hM für das allg. StVR, s. bereits RGSt 64, 164; zu Besonderheiten bei Schizophrenie vgl. (betr. allg. StVR) BGH NStZ 2017, 487 mablAnm *Eisenberg*), andernfalls ist sie unwirksam (OLG Hamm Zbl 1973, 159 = GA 1973, 380; OLG Düsseldorf JMBl. NRW 1989, 83; für das allg. StVR hM). Die Ermächtigung des Verteidigers zur Rechtsmittelrücknahme erlischt bei (auch mündlichem) Widerruf durch den Angeklagten ggü. dem Verteidiger. Das Rechtsmittel ist allerdings nur dann nicht zurückgenommen, wenn feststeht, dass die Ermächtigung vor Eingang der schriftlichen Rücknahmeerklärung des Verteidigers bei Gericht widerrufen war (BGHSt 10, 245).

c) Rechtsmittelverzicht. aa) Hat ein Heranwachsender in Anwesenheit **13** des Verteidigers uneingeschränkt Rechtsmittelverzicht erklärt, ist diese Erklärung grundsätzlich unwiderruflich und unanfechtbar (vgl. nur BGH BeckRS 2016, 112924). Hat der Jugendliche auf Rechtsmittel verzichtet, und legt der Verteidiger (zwar tatsächlich im Auftrag der Erziehungsberechtigten, aber) förmlich namens des Jugendlichen Rechtsmittel ein, so gebietet es die Fürsorgepflicht des Gerichts, die Einlegung als namens der Erziehungsberechtigten zu deuten (OLG Düsseldorf JMBl. NW 1987, 71, unter Hinweis auf die Rspr. zu § 300 StPO).

13a Ein Rechtsmittelverzicht des (verhandlungsfähigen, vgl. OLG Hamm NJW 1973, 1894 für das allg. StVR) jugendlichen oder heranwachsenden Beschuldigten ist **unwirksam,** wenn ihm – obwohl eine Bestellung von Amts wegen geboten war – kein Verteidiger zur Seite stand und nicht ausgeschlossen werden kann, dass die Verzichtserklärung bei Beratung durch einen Verteidiger unterblieben wäre (OLG Stuttgart Justiz 1985, 175; OLG Frankfurt/M. StV 1993, 537; OLG Hamm StV 2010, 67; näher *Kleinbauer,* Rechtsmittelverzicht und Rechtsmittelzurücknahme des Beschuldigten im Strafprozeß, 2006, 278 ff.). Dies gilt etwa, wenn Nachtragsanklage (§ 2 Abs. 2, § 266 StPO; vgl. krit. auch → § 46 Rn. 2) erhoben ist und nunmehr wegen der Schwere der Tat die Mitwirkung eines Verteidigers geboten erschien (§ 109 Abs. 1 S. 1 JGG, § 68 Nr. 1 JGG, § 140 Abs. 2 StPO; OLG Hamm MDR 1977, 599). Der Rechtsmittelverzicht ist auch dann unwirksam, wenn der Verteidiger eines der deutschen Sprache unkundigen Ausländers versehentlich nicht geladen worden ist (OLG Hamm NJW 1983, 530).

13b **bb)** Im Übrigen kann der Rechtsmittelverzicht (einschr. zum arbeitsökonomischen Eigeninteresse des Gerichts (vgl. auch Nr. 142 Abs. 2 S. 1 RiStBV) → § 54 Rn. 26) eines Jugendlichen ausnahmsweise dann unwirksam sein, wenn ihm im Hinblick auf seine geistige Entwicklung oder auch wegen der fachsprachlichen Formulierung des JRichters die genügende Einsichtsfähigkeit für die Prozesshandlung und deren Tragweite fehlt (OLG Düsseldorf JZ 1985, 960). Das Gleiche gilt ggf. dann, wenn er sich in einer psychischen Ausnahmesituation befindet (für Verbot eines Rechtsmittelverzichts „sofort im Anschluss an die Urteilsverkündung" UK III DVJJ-Journal 1992, 24 sowie DVJJ 1993, AK IV/3, sofern der Angeklagte ohne Verteidiger ist), weil jeweils der Verzichtswille fehlen kann (vgl. schon zum allg. StVR etwa *Berenbrink,* Der übereilte Rechtsmittelverzicht des Angeklagten, 2005, 161 ff., 210 ff., 229). Ähnliches wird dann gelten, falls der JRichter den Angeklagten (entgegen § 18 Abs. 1 S. 3) gleichsam schockiert hat durch Mitteilung der Strafrahmen des allg. StR, sodass dieser die sodann ausgesprochene Rechtsfolge als besonders mild beurteilt (vgl. dazu *Zieger/Nöding* Verteidigung Rn. 183) und irrig annimmt, eine weniger eingriffsintensive Rechtsfolge sei schwerlich zu erlangen. Insgesamt bedarf es in dieser Frage einer konkreten Einzelfallbeurteilung, zumal sich auch erst aus der Kumulation von Umständen ein Autonomiemangel beim Verzicht ergeben kann (*d'Alquen/Daxhammer/Kudlich* StV 2006, 220 (221)).

3. Teilanfechtung

14 Die Zulässigkeit der Teilanfechtung einer Entscheidung ergibt sich im JStrafverfahren – eingeschränkt durch Abs. 1 – aus § 2 Abs. 2, § 318 S. 1 StPO, § 344 Abs. 1 StPO nach Maßgabe der zu diesen Vorschriften entwickelten Grundsätzen.

14a Hiernach ist eine teilweise Anfechtung möglich, soweit das Rechtsmittelgericht zu einer selbstständigen rechtlichen Prüfung und Beurteilung des angefochtenen Teils, losgelöst vom verbleibenden Urteilsinhalt, in der Lage ist (BGHSt 27, 70 (72)), und wenn der angefochtene Teil die Beurteilung eines anderen Teils nicht als diesem logisch vorgeordnet oder sonst mit ihm in Wechselwirkung stehend mitbeeinflusst (OLG Schleswig MDR 1979, 1044; vgl. im Einzelnen die Erläuterungswerke zur StPO). Im JStrafverfahren ergeben sich insoweit keine Abweichungen, zumal etwa der prozessuale Begriff der Tat (iSv § 264 StPO) als Anknüpfungspunkt für eine Beschränkung des Rechtsmittels (wie auch die begriffliche Unterscheidung der Konkurrenzformen in Tateinheit und Tatmehrheit; vgl. näher → § 31 Rn. 3f, 9) beibehalten ist (§ 2 Abs. 2; s. hierzu ausf. *Dallinger/Lackner* Vor § 55 Rn. 13, 14).

a) Mehrere Taten (§ 31). Besonderheiten bestehen ua im Hinblick auf **15** den Grundsatz des **einheitlichen Rechtsfolgenausspruchs** bei mehreren Taten (zum Risiko gem. § 56 vgl. → § 56 Rn. 4 ff., 7 ff.).

aa) Die Bildung eines einheitlichen Rechtsfolgenausspruchs lässt die Teil- **15a** anfechtung des **Schuldspruchs** wegen einer von mehreren Taten (dagegen niemals bei Tateinheit) zu (allg. Auffassung; teilweise abw. *Potrykus* Anm. 1; vgl. auch BGH GA 1953, 81). Ist die Teilanfechtung erfolgreich und wegen der einen Tat freizusprechen, so muss das Berufungsgericht auf die einheitliche Rechtsfolge wegen der anderen Taten neu erkennen (vgl. *Dallinger/ Lackner* Vor § 55 Rn. 19). Hebt das Revisionsgericht den angegriffenen Schuldspruch hinsichtlich einer Tat auf, so bleibt der Schuldspruch bezüglich der anderen Taten (einschließlich der tatsächlichen Feststellungen, auf denen er beruht) bestehen (zur erforderlichen Darlegung der Tatsachengrundlage im vorinstanzlichen Urteil vgl. → § 31 Rn. 62f). Insoweit tritt eine Bindung des Gerichts (im Falle der Zurückverweisung) ein, die jedoch die Einführung der Schuldfeststellungen in die neue Verhandlung nicht entbehrlich macht (hM; BGH LM Nr. 38 zu § 267 Abs. 3 StPO; *Dallinger/Lackner* Vor § 55 Rn. 15).

bb) Hierbei – wie bei Teilanfechtung im Übrigen – wird idR stets der **16** gesamte **Rechtsfolgenausspruch** von der Anfechtung erfasst (BGH NStZ 2000, 483). Eine diesbezügliche Beschränkung des Rechtsmittels ist unwirksam (ebenso *Dallinger/Lackner* Vor § 55 Rn. 16), und zwar selbst dann, wenn nur die fehlende Einbeziehung einer noch nicht vollzogenen JStrafe angegriffen wird, weil die Entscheidung nach § 31 Abs. 2 (bzw. § 31 Abs. 3) in untrennbarem Zusammenhang mit den übrigen Zumessungserwägungen steht (vgl. BGH *Herlan* GA 1963, 105). Ist die Berufung durch Teilrücknahme wirksam beschränkt worden, so kann diese nach Ablauf der Berufungseinlegungsfrist nicht mehr zurückgenommen werden, sodass das (nunmehr wieder unbeschränkt verfolgte) Rechtsmittel unzulässig ist (OLG Hamm NStZ 2016, 106 mAnm *Laue*).

(1) Wegen der Möglichkeit selbstständiger, vom übrigen Rechtsfolgenaus- **17** spruch unabhängiger Prüfung und Beurteilung sind **Ausnahmen** zugelassen worden bei Beschränkungen der Rechtsmittel auf eine Maßregel der Besserung und Sicherung (vgl. BGH *Dallinger* MDR 1954, 16; BGHSt 6, 183 f.; 10, 379; OLG Schleswig MDR 1977, 1039; s. aber auch BayObLG *Rüth* DAR 1982, 255 (jeweils für das allg. StVR); abl. *Sommerfeld* in NK-JGG Rn. 9; *Kunkel* in BeckOK JGG Rn. 21), **nicht** allerdings bezüglich der in **§ 5 Abs. 3** bezeichneten Maßregeln (BayObLG JZ 1989, 652 = JR 1990, 209 mAnm *Brunner;* nicht erörtert von BVerfG (1. Kammer des 2. Senats) NStZ-RR 2007, 188; vgl. ergänzend → § 7 Rn. 14, 26).

17a   Umgekehrt kann auch die **unterbliebene Anordnung** einer Maßregel nach § 63 bzw. § 64 StGB ggf. wirksam vom **Rechtsmittelangriff ausgenommen** werden (BVerfG NStZ-RR 2007, 187; BGH NStZ-RR 2019, 32; vgl. auch OLG Oldenburg StraFo 2007, 66 (zum allg. StR)), und zwar nach § 63 StGB unter eher engen Voraussetzungen (vgl. → § 7 Rn. 14; betr. § 64 StGB vgl. → § 7 Rn. 26). Dies gilt ebenso für die unterbliebene Entscheidung zu Fragen des Verfalls (BGH BeckRS 2018, 33413) − Wegen der Beschränkung der Anfechtung auf die Aussetzung der Vollstr einer JStrafe zBew vgl. → § 59 Rn. 5.

17b   Ausnahmen sind ebenso zugelassen worden bei Beschränkung auf den **Verfall** (nach § 73 StGB aF; BGH StV 2010, 578 mAnm *Eisenberg*) sowie die **Einziehung** (nach § 74 Abs. 2 Nr. 1 StGB aF, § 74 Abs. 3 S. 1 nF; OLG Düsseldorf GA 1977, 21 (betr. das allg. StVR); s. auch zur Nichtanwendbarkeit betr. § 433 Abs. 1 S. 1 StPO OLG Oldenburg VRS 90 (1996), 285). Im Übrigen wurde eine Beschränkung auf die Frage der **Anrechnung** von **U-Haft** als zulässig erachtet (BGHSt 7, 214 mN; aA OLG Oldenburg JZ 1952, 753 jeweils für das allg. StVR).

17c   Hat das JGericht bei Heranwachsenden eine Entschädigungsentscheidung nach § 406 Abs. 1 getroffen (krit. zur Zulässigkeit des Adhäsionsverfahrens → § 109 Rn. 51), kann der zivilrechtliche Entscheidungsteil mit den strafprozessualen Rechtsmitteln selbstständig angegriffen werden (§ 406a Abs. 2 StPO iVm § 2 Abs. 2). Umgekehrt kann die Adhäsionsentscheidung aus dem Rechtsmittel aber auch ausgenommen werden (wobei sie bei Aufhebung und Nichtverurteilung im strafrechtlichen Entscheidungsteils dann (trotz Rechtskraft) nach § 406a Abs. 3 StPO iVm § 2 Abs. 2 aufgehoben wird − dazu etwa BGH StV 2019, 437 = BeckRS 2018, 40288).

18   (2) Ist die Beschränkung des Rechtsmittels auf einen Teil des Rechtsfolgenausspruchs insoweit nicht zulässig und hiernach der gesamte Rechtsfolgenausspruch erfasst, so hat das Berufungsgericht − auch bei Beschränkung des Rechtsmittels im Übrigen auf eine von mehreren Taten − auf eine **Rechtsfolge** insgesamt **neu** zu erkennen. Hebt das Revisionsgericht das angefochtene Urteil im Rechtsfolgenausspruch auf, so können auch die tatsächlichen Feststellungen zur Rechtsfolge, soweit sie die nicht beanstandeten selbstständigen Taten betreffen, nicht aufrechterhalten werden. Der Tatrichter muss vielmehr für alle Taten neue **Feststellungen** zur Rechtsfolgenbemessung treffen (ebenso schon *Dallinger/Lackner* Vor § 55 Rn. 20).

19   **b) Mehrere Taten (§ 32 S. 2).** Ist nach dieser Bestimmung bei mehreren Taten in **verschiedenen Altersstufen** allg. StR angewendet worden, so kann die Anfechtung ebenso auf eine Tat wie auf den Rechtsfolgenausspruch beschränkt werden. Ist wegen der Beschränkung eines Rechtsmittels die Verurteilung wegen einer Tat in Teilrechtskraft erwachsen und werden die anderen Taten erst in der Rechtsmittel- oder Zurückverweisungsinstanz abgeurteilt, so wird − obwohl eine gleichzeitige Aburteilung an sich nicht vorliegt − § 32 sinngemäß angewendet werden müssen (BGH LM Nr. 4 zu § 32; NStZ 2005, 644 = StraFo 2005, 468; aA BGHSt 10, 100; vgl. auch → § 32 Rn. 6). Wurde entgegen § 32 sowohl nach JStR als auch nach allg. StR abgeurteilt, so ist der gesamte Strafausspruch als angefochten zu behandeln (BGH NStZ 2000, 483).

20   **c) § 105 Abs. 1.** Die Entscheidung über das Vorliegen der Voraussetzungen dieser Vorschrift ist kein selbstständiger Beschwerdepunkt iSv § 2

Abs. 2, § 318 S. 1 StPO, § 344 Abs. 1 StPO, weil die (fehlerhafte) Anwendung der maßgeblichen Strafrechtsordnung stets einen der Rechtsfolge vorgeordneten Gesichtspunkt betrifft, wobei die Änderung dieser Entscheidung auch zu einem Wechsel des zur Verfügung stehenden Rechtsmittelsystems führt (allg. Auffassung, vgl. nur BayObLGSt 56, 7; BGH bei *Herlan* GA 1964, 135; NStZ 2000, 483; OLG Celle NStZ-RR 2014, 229). Dagegen kann bei einem Heranwachsenden ein Rechtsmittel auf die Nichtanwendung einer Strafmilderungsvorschrift nach allg. StR (etwa § 158 StGB; BayObLGSt 56, 7) wie auf die Versagung der Aussetzung der Strafvollstr zBew nach allg. StR (OLG Frankfurt a. M. NJW 1956, 233 mzustAnm *Schnitzerling*) beschränkt werden, ohne dass die Entscheidung nach § 105 Abs. 1 einer Nachprüfung unterzogen wäre (offen geblieben in BGH 29.2.1984 – 2 StR 604/83 bei *Böhm* NStZ 1984, 447).

4. Einzelfragen zu Berufung und Revision

a) Berufungsverfahren. Die Vorschriften betr. das Verfahren bei **Ausbleiben** des Angeklagten und/oder seines gesetzlichen Vertreters in der HV über deren Berufung (§§ 329 f.) gelten grundsätzlich auch im JStrafverfahren (§ 2 Abs. 2; zur Frage der Berufungsbegründung vgl. → Rn. 52).   **21**

aa) Hat die **JStaatsanwaltschaft** Berufung eingelegt, so darf wegen § 50   **21a** Abs. 1 nicht ohne den Jugendlichen verhandelt werden, dh § 329 Abs. 2 S. 1 Hs. 2 StPO ist ausgeschlossen. Gegebenenfalls ist, sofern der Jugendliche bereits einmal unentschuldigt ferngeblieben ist, nach § 329 Abs. 3 StPO zu verfahren.

bb) Wie im allg. StVR verwirft das Berufungsgericht das Rechtsmittel   **21b** ohne Sachverhandlung dann, wenn der **gesetzliche Vertreter** (oder der Erziehungsberechtigte, § 67 Abs. 3 aF bzw. § 67 Abs. 2 nF), nicht aber der Jugendliche Berufung eingelegt hat und weder der Jugendliche noch ein Verteidiger mit schriftlicher Vertretungsvollmacht noch der Berufungsführer erscheint und auch keine genügende Entschuldigung des Ausbleibens vorliegt (§ 330 Abs. 2 S. 2 Hs. 1 StPO, § 329 Abs. 1 S. 1 StPO; zur Zulässigkeit eines Rechtsmittels gegen das Verwerfungsurteil vgl. → Rn. 57 ff., 66 bzw. → § 109 Rn. 44). Erscheint der Jugendliche, nicht aber der Berufungsführer, so verhandelt das Berufungsgericht – ebenfalls wie im allg. StVR – ohne diesen (§ 2 Abs. 2, § 330 Abs. 2 S. 1 StPO). – Erscheint jedoch im vorbezeichneten Fall nur der Berufungsführer oder sein bevollmächtigter Verteidiger, nicht aber der Jugendliche, so darf das Berufungsgericht nicht gem. § 329 Abs. 1 S. 1 die Berufung verwerfen, weil es sich um ein selbstständiges Rechtsmittel des gesetzlichen Vertreters (bzw. Erziehungsberechtigten) handelt (Abs. 3; vgl. OLG Bremen NJW 1960, 1170). Deshalb darf auch kein Haftbefehl (§ 2 Abs. 2, § 230 Abs. 2 StPO) gegen den ausgebliebenen Jugendlichen ergehen (vgl. auch *Meyer-Goßner/Schmitt* StPO § 330 Rn. 2; *Brunner* in KMR StPO § 330 Rn. 5). Dagegen wird auch bei Anwesenheit des gesetzlichen Vertreters (bzw. Erziehungsberechtigten) zu Beginn der HV – abw. vom allg. StVR (s. §§ 330 Abs. 2 S. 2 Hs. 2, 329 Abs. 2 und 3 StPO) – grundsätzlich nicht ohne den Jugendlichen verhandelt werden dürfen (Rechtsgedanke des § 50 Abs. 1; *Schäfer* NStZ 1998, 334; einschr. *Sommerfeld* in NK-JGG Rn. 10; teilweise abw. *Brunner/Dölling* Rn. 4). Liegen besondere Gründe für eine Verhandlung in Abwesenheit nicht vor, so ist nach § 330

Abs. 1 StPO iVm §§ 133 Abs. 2, 134 StPO ggf. die Vorführung des Angeklagten zu veranlassen (vgl. auch § 329 Abs. 4 StPO).

22 **b) Revision. aa)** Mangels besonderer Regelung im JGG (§ 2 Abs. 2)
prüft auch im JStrafverfahren das Revisionsgericht Verfahrensverstöße **nur
auf** eine entsprechende **Verfahrensrüge** hin (§ 2 Abs. 2, §§ 352 Abs. 1,
344 StPO), die (auch) zwecks Nachprüfbarkeit der Zulässigkeit eindeutig
sein muss (vgl. schon BGH GA 1953, 83; sodann OLG Celle NStZ 2001,
121; s. auch *Dallinger/Lackner* Vor § 55 Rn. 21; aA *Potrykus* Anm. 1 und
weitergehend noch RL Nr. 5 S. 2 und 3 zu § 40 RJGG 1943). − Verweist
das Revisionsgericht nach § 2 Abs. 2, § 354 Abs. 2 StPO an eine *andere*
Strafkammer, so sei damit „zweifelsfrei" die Verweisung an die nach Gesetz
und maßgeblichen Geschäftsverteilungsplan zuständige Kammer, ggf. also
die „JKammer", gemeint (BGH 28.1.1980 − 3 StR 206/79 bei *Pfeiffer* NStZ
1982, 191).

23   **bb)** Bei der **Sachrüge** wird sich zur Wahrung der Zulässigkeit die Angabe
des *Rechtsschutzziels* vorsorglich empfehlen (vgl. näher → Rn. 46), um Vorbehalten im Sinne einer Umgehung zu begegnen (vgl. restriktiv etwa OLG
Hamm ZJJ 2017, 283: notwendig ist „die eindeutige Angabe eines zulässigen
Angriffsziels"). Ob jedoch ein Erfordernis dazu besteht (abl. BGH BeckRS
2018, 17355), ist fraglich, weil eine solche Abweichung vom allg. StVR
rechtstatsächlich mit der Gefahr einer Schlechterstellung einher ginge (vgl.
indes zu einem Extremfall BVerfG, 2. K. des 2. S., ZJJ 2007, 309; zum
Ganzen näher → Rn. 46). Zumindest ist anerkannt, dass zur Darstellung des
Angriffsziels auch außerhalb der Rechtmittelerklärung selbst liegende Umstände − zB das bisherige Prozessverhalten des Angeklagten − berücksichtigt
werden dürfen (vgl. auch hierzu → Rn. 46; speziell bejahend BGH BeckRS
2018, 17355; OLG Hamm ZJJ 2017, 283 f.: bisheriges Bestreiten der Tat).

23a   **c) Anhörungsrüge (Abs. 4).** Den Einschränkungen des Abs. 1 S. 1
ebenso wie der Versagung eines Rechtsmittels gegen die Berufungsentscheidung nach Abs. 2 geht gem. **Abs. 4** iVm § 356a StPO (dazu *Schatz* in
Diemer/Schatz/Sonnen Rn. 101) unter den darin genannten Vorausetzungen der entscheidungserheblichen Verletzung des Anspruchs eines Beteiligten auf **rechtliches Gehör,** allerdings unbeschadet des § 47 StPO (§ 356a
S. 4 StPO), die **Zurückversetzung** des Verfahrens (§ 356a S. 1 StPO) vor
(krit. *Eschelbach* in KMR StPO Einl. 149 sowie *Eschelbach ua* StV 2010, 329).

5. Verschlechterungsverbot (näher → Rn. 73 ff.)

24   Dieses Verbot betr. Art und Höhe der **Rechtsfolgen** der Tat bei Einlegung eines Rechtsmittels zu Gunsten des Angeklagten *(Verbot der reformatio
in peius)* **gilt** auch im JStrafverfahren (§ 2 Abs. 2, §§ 331, 358 Abs. 2 S. 1
StPO; dazu schon *Grethlein* Verschlechterungsverbot 33 ff.; *Kretschmann,* Das
Verbot der reformatio in peius im Jugendstrafverfahren, 1968, 3 ff.; s. auch
BGHSt 10, 198 (202); BGH LM Nr. 16 zu § 358 Abs. 2 StPO; zu Bedenken noch *Potrykus* RdJB 1962, 68 (69), aber auch *Potrykus* RdJB 1964,
293 f.; näher → Rn. 73 ff.), und zwar einschließlich des *Wiederaufnahme*verfahrens (§ 2 Abs. 2, § 373 Abs. 2 StPO) und des *vereinfachten JVerfahrens,*
nicht aber (wegen der Unanfechtbarkeit der angeordneten erzieherischen
Maßnahmen) im Verfahren nach §§ 45, 47. Es gilt ferner in den die Rechtsfolgen betr. (urteilsgleichen) *Beschlussverfahren* (s. auch OLG München MDR

1980, 517; zu Ausnahmen vgl. → Rn. 82), nicht aber betr. vorläufige An-ordnungen nach § 71 (*Grethlein* Verschlechterungsverbot 135) und auch nicht in Kostenfestsetzungsverfahren (s. etwa KG MDR 1982, 251 mAnm *Schmidt;* LG Lübeck SchlHA 1982, 62 mN für das allg. StVR). − Zur Frage der Geltung der reformatio in peius im Verfahren nach dem *OWiG* s. *Seitz/ Bauer* in Göhler OWiG § 62 Rn. 28, Vor § 67 Rn. 5, § 71 Rn. 4, § 79 Rn. 37; *Kurz* in KK-OWiG OWiG § 62 Rn. 27, § 65 Rn. 26; *Senge* in KK-OWiG OWiG § 72 Rn. 59; *Hadamitzky* in KK-OWiG OWiG § 79 Rn. 164; *Lutz* in KK-OWiG OWiG § 81 Rn. 21.

6. Rechtsmittelbelehrung

Die Vorschrift des allg. StVR über die obligatorische Rechtsmittelbeleh- **25** rung (§ 35a StPO) gilt auch im JStrafverfahren (§ 2 Abs. 2; nicht aber § 35a S. 2 Alt. 1 StPO). Wegen der erzieherischen Bedeutung und − iRv Nr. 142 RiStBV − Gestaltung der Rechtsmittelbelehrung s. § 70a Abs. 1 aF bzw. § 70b Abs. 1 nF; vgl. auch → § 54 Rn. 44, ferner bereits *Dallinger/Lackner* Vor § 55 Rn. 28; *Potrykus* § 54 Anm. 4). Betreffend die Rechtsmittelbeleh-rung des Erziehungsberechtigten und gesetzlichen Vertreters vgl. § 70a Abs. 1 aF bzw. § 70b Abs. 1 nF, → § 67 Rn. 22a. − Zur Wiedereinsetzung in den vorigen Stand in Fällen unzutreffender Rechtsmittelbelehrung vgl. → Rn. 61c.

7. Wiederaufnahme des Verfahrens

a) Allgemeines. Mangels besonderer Regelungen des JGG gelten auch **26** im JStrafverfahren die Vorschriften des allg. StVR über den Rechtsbehelf des Antrages auf Wiederaufnahme eines durch rechtskräftiges Urteil abgeschlos-senen Verfahrens (§ 2 Abs. 2, §§ 359 ff. StPO; zum Verbot der reformatio in peius im Wiederaufnahmeverfahren (§ 2 Abs. 2, § 373 Abs. 2 StPO) vgl. → Rn. 24). Nach allg. Auffassung fällt die Anwendung von JStR oder allg. StR nicht unter den Unzulässigkeitsgrund des § 363 Abs. 1 StPO (vgl. OLG Hamburg NJW 1952, 1150; LG Landau NStZ-RR 2003, 28), jedoch sei dies bei Ersetzung der JStrafe durch Rechtfolgen gem. §§ 9 ff., 13 ff. der Fall (vgl. *Gössel* in Löwe/Rosenberg StPO § 363 Rn. 6; *Schmidt* in KK-StPO StPO § 363 Rn. 4) − indes bedeutet „dasselbe Strafgesetz" jede Vorschrift, bei deren Vorliegen die Strafbarkeit erhöht oder vermindert wird (allg. Auffassung), sodass §§ 9 ff., 13 ff. statt § 17 Abs. 2 Alt. 2 in Betracht kom-men könnten.

Unabhängig vom Lebensalter bleiben die JGerichte zuständig (ebenso **26a** *Kaspar* in MüKoStPO Rn. 50; *Gössel* in Löwe/Rosenberg StPO § 367 Rn. 17; *Schmidt* in KK-StPO GVG § 140a Rn. 9; *Cirener* in Miebach/Hoh-mann, Wiederaufnahme in Strafsachen, 2016, 26 zu H; *Hohmann* in Miebach/ Hohmann, Wiederaufnahme in Strafsachen, 2016, 2 zu K), dh es darf auch nicht dem Beschluss gem. § 370 Abs. 2 an ein allg. Strafgericht verwiesen werden (dazu aA *Meyer-Goßner/Schmitt* GVG § 140a Rn. 11; *Alexander* in Miebach/Hohmann, Wiederaufnahme in Strafsachen, 2016, 96 zu F).

b) Einzelfragen. aa) Antragsberechtigt sind neben dem Jugendlichen **27** der Verteidiger (§ 2 Abs. 2, §§ 365, 297 StPO), der gesetzliche Vertreter und der Erziehungsberechtigte (§ 2 Abs. 2, §§ 365, 298 Abs. 1 StPO (iVm § 67 Abs. 3 aF bzw. § 67 Abs. 2 nF)) sowie − im Falle des Todes des

Verurteilten – die in § 361 Abs. 2 StPO bezeichneten Angehörigen (§ 2 Abs. 2; s. aber auch § 366 Abs. 2 StPO), und im Übrigen die JStaatsanwaltschaft (§ 2 Abs. 2, §§ 365, 296 StPO).

28   **bb)** Im Hinblick darauf, dass über § 365 StPO im Wiederaufnahmeverfahren nach allg. StVR auch die allg. Vorschriften über **Rechtsmittelbeschränkungen** (§ 318 S. 1 StPO, § 344 Abs. 1 StPO) gelten, folgert die hM (s. schon *Dallinger/Lackner* Vor § 55 Rn. 29), dass im JStrafverfahren die (sich ohnehin aus §§ 359 Nr. 5, 363 StPO ergebenden) Beschränkungen um die besondere Rechtsmittelbeschränkung des § 55 Abs. 1 ergänzt werden.

29   **cc) Verurteilter** iSd Wiederaufnahmebestimmungen **ist auch** derjenige, gegen den auf Erziehungsmaßregeln und/oder Zuchtmittel erkannt wurde sowie derjenige, gegen den nach § 27 die Aussetzung der Verhängung der JStrafe zBew ausgesprochen wurde.

30   **dd)** (1) Die Zulässigkeit einer Wiederaufnahme **gegen Beschlüsse** wird von der hM für das allg. StVR zwar grundsätzlich abgelehnt, jedoch ausnahmsweise dann für gegeben erachtet, wenn der Beschluss verfahrensbeendigend an die Stelle eines Urteils tritt (vgl. statt vieler *Schmidt* in KK-StPO StPO Vor § 359 Rn. 14; ergänzend *Eisenberg* Beweisrecht StPO Rn. 431).

30a   (2) Unter Berücksichtigung der Grundsätze des allg. StVR wird zumindest für **urteilsgleiche Beschlüsse** nach § 57 Abs. 1 und 2, § 58 Abs. 1, § 62 Abs. 2 und § 66 Abs. 2 S. 2 eine Wiederaufnahme als zulässig erachtet werden müssen (ebenso *Brunner/Dölling* Rn. 49a). – Auch gegen Beschlüsse, durch die nach §§ 11 Abs. 3, 15 Abs. 3 S. 2 JA verhängt worden ist, wird ein Wiederaufnahmeverfahren zulässig sein (näher → § 65 Rn. 18 ff.; *Eisenberg* JR 2007, 360; aA vormals LG Stuttgart NJW 1957, 1686; *Dallinger/ Lackner* Vor § 55 Rn. 29, § 65 Rn. 13; zur entspr. Frage betr. die Geltung der reformatio in peius in Beschlussverfahren vgl. → Rn. 24 mN).

31   **ee)** (1) Das Wiederaufnahmegericht muss bei **mehreren Taten** im Hinblick auf den Grundsatz des § 31 den gesamten Rechtsfolgenausspruch prüfen (und im Falle einer erneuten HV ggf. eine neue einheitliche Rechtsfolge auch dann festsetzen), wenn die Wiederaufnahme nur hinsichtlich einzelner von mehreren Taten begehrt wird (ebenso schon *Dallinger/Lackner* Vor § 55 Rn. 30; vgl. im Übrigen die Ausführungen bei → Rn. 15 ff. sinngemäß).

32   (2) Der Antrag auf Wiederaufnahme des Verfahrens hat keinen obligatorischen Suspensiveffekt (§ 2 Abs. 2, § 360 Abs. 1 StPO); das Gericht kann aber einen VollstrAufschub sowie eine VollstrUnterbrechung anordnen (§ 2 Abs. 2, § 360 Abs. 2 StPO). Für den Fall, dass der Wiederaufnahmeantrag nur für einzelne von mehreren Taten gestellt ist, wurde die Auffassung vertreten, dass entsprechende Erwägungen, wie sie für die **Teilvollstr** einer EinheitsJStrafe (§ 56) anzustellen sind, – im gleichsam umgekehrten Sinne – zu berücksichtigen seien (*Dallinger/Lackner* Vor § 55 Rn. 31). – Darüber hinausgehend soll eine entsprechende (*Brunner/Dölling* Rn. 48; *Schatz* in Diemer/Schatz/Sonnen Rn. 52; *Kunkel* in BeckOK JGG § 56 Rn. 3) bzw. sinngemäße (*Dallinger/Lackner* Vor § 55 Rn. 31). Anwendung von § 56 in Betracht kommen, wenn – unter Beseitigung der Vollstreckbarkeit des Urteils – das Gericht die Wiederaufnahme des Verfahrens und die neuerliche HV (§ 2 Abs. 2, § 370 Abs. 2 StPO) nur wegen einzelner von mehreren Taten angeordnet hat. Ungeachtet eines praktischen Bedürfnisses wird dieser Berücksichtigung von § 56 nicht zuzustimmen sein, weil die Vorschrift eine Ausnahmeregelung darstellt und keinen allg. Rechtsgedanken enthält (vgl. → § 56 Rn. 4 ff.).

III. Zur Entwicklung und Bedeutung der Rechtsmittelbeschränkungen im Jugendstrafverfahren

1. Kriminalpolitische Entwicklung

a) Abs. 1. Die sachliche Rechtsmittelbeschränkung gem. Abs. 1 ent- **33** spricht zwar inhaltlich weitgehend der Regelung in § 35 Abs. 1 JGG 1923, zu welcher der Gesetzgeber 1953 aus rechtsstaatlichen Erwägungen zurückkehrte (vgl. Amtl. Begr. 46 und Schriftl. Ber. 9; weiter gefasst waren § 40 RJGG 1943 sowie RL 2). Jedoch war in § 35 Abs. 1 JGG 1923 ein Ausschluss der Anfechtung wegen des Umfangs der angeordneten Maßnahmen nicht enthalten, und zudem bezog sich die Vorschrift nach ihrem Wortlaut nur auf Urteile. Weiterhin entstand eine Ausdehnung dadurch, dass die Rechtsmittelbeschränkung des JGG 1923 nur die ausschließlich durch erzieherische Zwecke legitimierten Erziehungsmaßregeln betraf, dagegen nicht den (erstmals 1940 eingeführten, vgl. → § 13 Rn. 3) JA mit seiner (auch) „ahndenden" Zweckverfolgung (s. aber Schriftl. Ber. 9; zur Entstehung der sonstigen Zuchtmittel vgl. → § 13 Rn. 5). – Für die *zukünftige* Entwicklung wird trotz Bedenken (vgl. etwa → Rn. 36) solchen Bestrebungen zuzustimmen sein (vgl. auch Art. 40 Abs. 2 Buchst. b vi der Kinderrechtskonvention der VN; Art. 7.1 Mindestgrundsätze für die Jugendgerichtsbarkeit der VN (von 1985, „Beijing-Grundsätze") und Art. 14 Abs. 5 IPBPR: jeweils Rechtsanspruch Jugendlicher, die Entscheidung durch eine höhere Instanz überprüfen zu lassen), die gesetzliche Rechtsmittelversagung des Abs. 1 zumindest einzuschränken (ebenso BMJV-Expertenkommission, Bericht Oktober 2015, 144; *Bartsch* ZJJ 2016, 112 (115 ff.); *Ostendorf* ZJJ 2016, 120 (123 f.); für Ausdehnung der Versagung *Ohlenschlager* Stellungnahme Rechtsausschuss 22.3.2017, 9: zwecks Beschneidung von Rechtmitteln die Einordnung des Fahrverbots als Zuchtmittel), um extreme Praktiken im Bereich der erstinstanzlichen Entscheidung (zB betr. die Höhe der Geldauflage (→ § 15 Rn. 17) oder der abzuleistenden Arbeitsstunden (vgl. → § 10 Rn. 20a) bzw. der Anordnung von Dauerarrest statt zB der Weisung zur Teilnahme an einem sozialen Trainingskurs (vgl. → § 10 Rn. 26)) zu begegnen. Die hierfür bisweilen vorgeschlagene sofortige Beschwerde (so ein RefE des BMJ aus dem Jahre 2011 und auch wieder ein RefE des BMJV vom 11.10.2018) hätte den Vorzug der einfachen und zügigen Klärung, wäre aber wegen der allein aktengetragenen Entscheidungsform problematisch.

b) Abs. 2. Die in dieser Bestimmung geregelte instanzielle Rechtsmittel- **34** beschränkung, die zusätzlich die Anfechtungsmöglichkeiten insb. bei Verhängung einer JStrafe einschränkt, ist vom Gesetzgeber 1953 eingeführt worden (vgl. § 40 Abs. 2 RegE-JGG 53). Sie hat ein Vorbild nicht in den früheren jugendstrafrechtlichen Kodifikationen, sondern in den – für den Bereich des allg. StVR durch das VereinheitlichungsG v. 12.9.1950 (BGBl. 455) beseitigten – Rechtsmittelbeschränkungen einer VO des Reichspräsidenten v. 14.6.1932 (RGBl. I 285: VO über Maßnahmen auf dem Gebiet der Rechtspflege und Verwaltung), wonach Revision nicht einlegen konnte, wer bereits eine zulässige Berufung eingelegt hatte (vgl. Amtl. Begr. 46). – Für die *zukünftige* Entwicklung ergeben sich auch hier Gründe für gesetzliche Änderung (vgl. Nachw. in → Rn. 35f; ähnlich *Bartsch* ZJJ 2016, 12 (15 f.)).

34a **c) Abs. 3.** Diese Vorschrift wurde durch Art. 24 Nr. 23 EGStGB mit dem Ziel angefügt, entsprechend der für die JStaatsanwaltschaft geltenden Regelung des § 302 Abs. 1 S. 3 StPO auch die Zurücknahme eines vom Erziehungsberechtigten oder gesetzlichen Vertreter eingelegten Rechtsmittels ohne die Zustimmung des Angeklagten zu verhindern, damit eine Verschlechterung seiner Verfahrensposition, auf die er möglicherweise vertraut, ohne seinen Willen nicht erfolgen kann (s. BT-Drs. 7/550, 330).

2. Sinn und Zweck (unter Berücksichtigung des jugendstrafrechtlichen Beschleunigungsprinzips)

35 **a) Erzieherische Erwägungen. aa)** Die ggü. dem allg. StVR im JStrafverfahren weitergehende Beschränkung der Rechtsmittel beruht auf der Vorstellung (auch) des Gesetzgebers (ebenso *Dallinger/Lackner* Rn. 2; *Schaffstein/Beulke/Swoboda* JugendStrafR 805; abl. *Bode,* Das Wahlrechtsmittel im Strafverfahren, 2000 119 ff.: betr. JStrafe Abs. 2 verfassungswidrig (n. → Rn. 56); für ein „Einheitsrechtsmittel" *Momsen* ZJJ 2004, 49 ff.), JStrafverfahren bestehe ein besonderes **Bedürfnis,** schnell zu einer rechtskräftigen Entscheidung zu gelangen, weil der angeordneten Maßnahme nur dann die notwendige erzieherische Wirkung zukomme, wenn sie der Tat **so bald wie möglich** folge (Amtl. Begr. 46; s. auch Schriftl. Ber. 9; s. auch RL Nr. 1 S. 1 zu § 55, RL Nr. 6 S. 1 zu § 43). Diese Auffassung ist schon im Hinblick auf den ohnehin bestehenden Zeitraum zwischen Tatbegehung und rechtskräftiger Verurteilung wenig überzeugend (zust. *Bottke* ZStW 1983 (1971), 69 ff. (102); *Meyer-Goßner* FS Eisenberg, 2009, 409: „abwegig"; vgl. aber zur Praxis betr. U-Haft → § 72 Rn. 4a; betr. eine Abschreckungswirkung der Verfahrensdauer bis zur Verurteilung s. etwa *Clark* RevCrimPol 1985, 286–296), und zudem ist die genannte Auffassung pauschal nicht brauchbar (vgl. zu tendenziell in Frage stellenden empirischen Anhaltspunkten etwa *Bliesener/Thomas* ZJJ 2012, 382 ff.; *Verrel* FS Heinz, 2012, 524 ff.).

36 **bb)** Ferner wird angeführt, voneinander abw. (Rechtsmittel-)Entscheidungen (bzw. Verfahrensverzögerungen schlechthin) könnten zu einer erzieherisch abträglichen Minderung der gerichtlichen *Autorität* beitragen (vgl. *Schaffstein/Beulke/Swoboda* JugendStrafR 805; bereits *Peters,* Werdendes Jugendstrafrecht, 1947, 50; OLG München MDR 1948, 429; auch *Dallinger/ Lackner* Rn. 6). Jedoch kann diesem Gesichtspunkt nur auf der Grundlage eines autoritär verstandenen Erziehungskonzepts (vgl. hierzu aber → § 2 Rn. 14, → § 36 Rn. 5a) erhöhtes Gewicht zukommen.

36a **cc)** Unstreitig entspricht das Beschleunigungsprinzip dem erzieherischen Interesse, den Beschuldigten möglichst bald von der **Belastung** durch das **Verfahren** sowie von Ungewissheit und Angst hinsichtlich dessen Ausgangs zu befreien. Ob dieser Gesichtspunkt mit zunehmender Häufigkeit des strafrechtlichen Verfolgtwerdens an Gewicht verliert, ist ohne Differenzierung nach Persönlichkeit und jeweiligen Lebensverhältnissen sowie insb. wegen des sog. Eskalationsprinzips (vgl. → § 5 Rn. 9, aber auch → § 31 Rn. 42) nicht ohne weiteres anzunehmen.

36b **dd)** Zugleich ist die Beschränkung der Rechtsmittel geeignet, Gefahren etwaiger, erzieherischer Flexibilität zuwiderlaufender **Vorgaben** durch höhere Gerichte zu reduzieren. Dies betrifft besonders auch die Rechtsfolgen-bemessung. Demgegenüber verlangt Art. 40 Abs. 2 Buchst. b vi Kinder-rechtskonvention der VN einen Anspruch des wegen einer Straftat verurteil-ten Minderjährigen, die Entscheidung nebst sämtlichen Folgemaßnahmen durch eine zuständige übergeordnete Instanz überprüfen zu lassen (zu sons-tigen Gegenargumenten *Penkuhn* ZJJ 2014, 373; vgl. auch → Rn. 33).

ee) Weder näher begründet noch erzieherisch legitimiert ist der Umstand, **36c** dass bei Rechtsfolgen von **hoher Eingriffsintensität** (Verpflichtung nach § 12 Nr. 2 (Abs. 1 S. 2), JStrafe (Abs. 1 S. 1)) zwar einerseits die erzieheri-sche Funktion einer Beschleunigung hinter dem rechtsstaatlichen Erfordernis einer (umfassenden) Überprüfbarkeit der Rechtsfolgenentscheidung zurück-tritt, andererseits aber gleichwohl nach Abs. 2 der Instanzenzug – abw. vom allg. StVR – idR beschränkt ist.

b) Einfluss verfahrensökonomischer Erwägungen. Ungeachtet vor- **37** bezeichneter Einschränkungen ist ein **Spannungsverhältnis** des (ggü. der rechtsstaatlich begründeten Konzentrationsmaxime des allg. StVR weiterge-henden) erzieherisch legitimierten *Beschleunigungsgrundsatzes* sowie seiner möglicherweise eher auf die beschleunigte Durchsetzung des staatlichen Reaktionsanspruches abzielenden verfahrensökonomischen Funktion (vgl. auch → Rn. 34) zur strafprozessualen *Rechtsstaatlichkeit* nicht zu verkennen (vgl. auch *Rose* NStZ 2013, 317 ff.).

aa) Hierbei wird zu berücksichtigen sein, dass bereits hinsichtlich der **37a** einzelnen Verfahrensvorschriften des JGG, die eine erzieherisch begründete Verfahrensbeschleunigung bezwecken wollen (vgl. neben § 55 die §§ 56, 72 Abs. 5, 78 Abs. 3 S. 1; s. auch § 38 Abs. 3 S. 2 aF bzw. § 38 Abs. 6 nF, § 43 Abs. 1 S. 1; ferner § 87 Abs. 4; vgl. im Übrigen RL 6 zu § 43, RL 1 zu § 55, RL II. Nr. 1, V. Nr. 4, VI. Nr. 1 je zu §§ 82–85 und RL zu § 4 JAVollzO), mitunter extensive Auslegungen befürwortet werden (vgl. etwa *Schaffstein* MschrKrim 1978, 313 (316) zu § 78 Abs. 3). Solches aber wäre auch mit dem Erziehungsgedanken unvereinbar, da erzieherische Zweck-verfolgung nur iRd jedem Beschuldigten zuerkannten rechtsstaatlich ge-schützten Sphäre zulässig sein kann (s. aber *Schaffstein/Beulke/Swoboda* Ju-gendStrafR § 38 I).

bb) Die (auch) für jugendstrafjustitielle Organe maßgebliche Handlungs- **37b** norm, effektiv zu arbeiten, bedingt ohnehin eine auf **Erledigung** abzielende Arbeits**organisation,** wobei diese Handlungsnorm bei der Anwendung von Verfahrensvorschriften umso dominanter zu werden vermag, je reduzierter die Ausgestaltung der Anfechtungsmöglichkeiten bei einem Verstoß gegen die entsprechenden Vorschriften beschaffen ist. Hiernach ist eine verstärkt verfahrensökonomische Funktion des erweiterten jugendstrafrechtlichen Be-schleunigungsgrundsatzes umso weniger auszuschließen, als – mangels hin-reichend festgelegter gesetzlicher Kriterien (zum Vorschlag einer speziellen gesetzlichen Regelung vormals *Asbrock,* Grundzüge und Besonderheiten eines Strafverfahrens und einer Gerichtsverfassung für Jungerwachsene ...,, 1975, 165 ff.) – eine zu sehr beschleunigte Verfahrensweise für sich allein (vgl. aber etwa Art. 4 EMRK) mit Aussicht auf Erfolg kaum anfechtbar erscheint (zu verzögerter Verfahrensweise im allg. StVR als Verfahrenshin-dernis nur in außergewöhnlichen Fällen vgl. BGHSt 46, 159 = StV 2001, 134 mAnm *Kempf* (ansonsten jedoch vern. BGHSt 24, 239; 35, 137 (140))).

3. Häufigkeit von Berufungs- bzw. Revisionsverfahren

38 Im JStV werden idR Berufungen und nur selten Revisionen eingelegt; verglichen mit dem allg. StR sind Rechtsmittel im JStV aber insgesamt deutlich seltener (vgl. die Analysen von *Becker/Kinzig,* Rechtsmittel im Strafrecht, 2000, 165 ff.: nicht durch Verfahrensverläufe, sondern durch eine insgesamt andere Verhandlungsstruktur erklärbar). – In den Jahren 1995, 2000 (2005) (gem. StBA jeweils in den „alten" Bundesländern) sowie 2010 und 2015 (im gesamten Bundesgebiet) richteten sich bei einem Gesamtumfang von 157.999, 181.292, 191.166 sowie 201.466 und 132.241 abgeurteilten (einschließlich gerichtliche Einstellungen) Jugendlichen und Heranwachsenden ggü. 781.745, 780.364, 773.588 sowie 816.540 und 778.440 erwachsenen Abgeurteilten (StrafSt Tabelle 2.1) bei insgesamt 44.694, 56.261, 56.708 sowie 52.004 und 44.099 erledigten **Berufungs**verfahren in Strafsachen vor den LGen 4,8 %, 5,7 %, 6,1 % sowie 5,5 % und 4,3 % gegen Urteile des JRichters und 6,8 %, 8,5 %, 8,8 % sowie 8,6 % und 7,2 % gegen Urteile des JSchöffenG, wobei in insgesamt 15, 39, 159 (2006=200) sowie 33 und 38 Fällen eine Berufung durch den Erziehungsberechtigten oder den gesetzlichen Vertreter eingelegt wurde (bis 1995 in den „alten" Bundesländern, ab 2000 im gesamten Bundesgebiet; StBA (Hrsg.), Strafgerichte Tabelle 5.1). – Bezogen auf NRW in den Jahren 1994 und 1995 wurde berechnet, dass der Anteil der Berufungen gegen Urteile des Einzelrichters in JStrafsachen deutlich hinter demjenigen nach allg. StR zurückblieb (1,4 % bzw. 1,3 % ggü. 6,9 % bzw. 6,6 %), während bei Berufungen gegen Urteile des JSchG bzw. des SchöffenG das Verhältnis umgekehrt war (8,7 % bzw. 8,5 % ggü. 1,7 % bzw. 2,1 % (*Walter* in Walter, Strafverteidigung für junge Beschuldigte, 1997, 28)).

38a Bei in den Jahren 2005, 2010 und 2015 insgesamt 5.641, 6.070 und 5.869 erledigten **Revisions**verfahren in Strafsachen vor den OLGerichten richteten sich 0,8 %, 0,6 % und 0,7 % gegen Urteile des JRichters, 1,1 %, 0,8 % und 0,9 % gegen Urteile des JSchG sowie 1,9 %, 1,2 % und 1,5 % gegen Urteile einer JKammer, wobei in den genannten Jahren jeweils in keinem Fall (2014 in einem Fall) das Rechtsmittel durch den Erziehungsberechtigten oder den gesetzlichen Vertreter eingelegt wurde (StBA (Hrsg.), Strafgerichte Tabelle 8.1). – Mit Blick auf die typischen Gegenstände von Revisionsverfahren dürften nur geringe Unterschiede zum allg. StR bestehten; dafür spricht jedenfalls die Verteilung der Fehler, die von Revisionsgerichten korrigiert werden (*Block,* Fehlerquellen im Jugendstrafprozess, 2005, 162 ff.: am ehesten Sachrüge erfolgreich; bei Verfahrensrügen eher solche bzgl. StPO-Vorgaben).

IV. Sachliche Rechtsmittelbeschränkung (Abs. 1)

39 Neben den Gesichtspunkten, die eine besondere Rechtsmittelbeschränkung im JStrafverfahren insgesamt legitimieren sollen (vgl. → Rn. 35 ff.), wird speziell die Regelung in Abs. 1 zusätzlich auf die Annahme zurückgeführt, dass der erstinstanzlich tätige JRichter den Erziehungsbedürfnissen am besten Rechnung tragen könne (so bereits *Peters* RJGG § 40 Anm. 1; vgl. ferner BGH NJW 1952, 436; *Dallinger/Lackner* Rn. 6; vgl. aber → § 37 Rn. 11 f; für ersatzlose Streichung von Abs. 1 UK II DVJJ-Journal 1992, 24; DVJJ 1993, AK IV/3).

Nach allg. Auffassung wird im Hinblick auf den Wortlaut der Regelung 40
(„Entscheidung ... angefochten") einer **weiten Auslegung** der darin enthaltenen Rechtsmittelbeschränkung der Vorzug gegeben, dh es gelten (abw.
von Abs. 2 (vgl. → Rn. 71 ff.)) neben Urteilen nicht nur sämtliche übrigen
in Betracht kommenden Entscheidungen jeder Instanz über Erziehungsmaßregeln oder Zuchtmittel (vgl. → § 65 Rn. 15 ff., → § 66 Rn. 32, → § 71
Rn. 15, § 86 iVm § 83) als erfasst, sondern ebenso neben Rechtsmitteln
gegen entsprechende Entscheidungen auch sämtliche Rechtsbehelfe (für das
Wiederaufnahmeverfahren vgl. → Rn. 28).

1. Voraussetzungen

Hinsichtlich der ausgesprochenen Rechtsfolge müssen entweder (eine 41
oder mehrere) Erziehungsmaßregeln (§§ 9 ff., 112a Nr. 2) – mit Ausnahme
der Verpflichtung nach § 12 Nr. 2 (Abs. 1 S. 2) – oder/und (s. § 8 Abs. 1
S. 1) (ein oder mehrere) Zuchtmittel (§§ 13 ff.) angeordnet sein oder es muss
die Auswahl und Anordnung von Erziehungsmaßregeln (einschließlich Hilfe
zur Erziehung nach § 12 Nr. 2 (Wortlaut von Abs. 1 S. 2; aA vormals
Potrykus § 53 Anm. 5)) dem FamG überlassen worden sein.

a) Nichtanwendbarkeit. aa) Abs. 1 S. 1 kommt nicht zur Anwendung, 42
wenn – uU auch neben den in S. 1 bezeichneten Rechtsfolgen (vgl. § 8
Abs. 2 S. 1) – eine der nachstehend genannten Rechtsfolgen ausgesprochen
worden ist: JStrafe (§§ 17 ff. einschließlich deren Aussetzung der Vollstr
zBew) oder die Aussetzung der Verhängung von JStrafe (§ 27), (auch neben
anderen Rechtsfolgen) eine Verpflichtung nach § 12 Nr. 2 (s. Abs. 1 S. 2),
eine (nur gem. § 7 zulässige) Maßregel der Besserung und Sicherung (BGH
26.7.1983 – 5 StR 462/83 bei *Böhm* NStZ 1984, 447; OLG Zweibrücken
JBl. RhPf. 1983, 109 (betr. die sog. isolierte Sperre nach § 7, § 69a Abs. 1
S. 3 StGB); *Potrykus* NJW 1954, 1350; *Potrykus* NJW 1955, 246). Ferner gilt
die Beschränkung nicht für familiengerichtliche Maßnahmen nach § 3 S. 2
(ebenso *Dallinger/Lackner* Rn. 7 aE) und auch nicht für die Überprüfung der
Nichtanwendung von Vorschriften über das Absehen von einer Rechtsfolge
(zum Ganzen *Eisenberg* FS Weber, 2004, 505 ff.; zust. *Kaspar* in MüKoStPO
Rn. 56; **aA** – betr. § 2 Abs. 2 iVm § 29 Abs. 5 BtMG – die hM, OLG
Stuttgart Die Justiz 2002, 515; LG Mainz NStZ 1984, 121 mablAnm *Eisenberg; Brunner/Dölling* Rn. 10; *Schaumann,* Die Rechtsmittelbeschränkung des
§ 55 JGG, 2001, 129), zumal diese nicht jugendstrafrechtlicher, sondern
allgemein-strafrechtlicher Art sind (erg. *Eisenberg* NStZ 2003, 128 f.).

Auch bei gleichzeitiger Anordnung einer (nur gem. § 6 zulässigen) Ne- 42a
benstrafe oder Nebenfolge – neben in S. 1 bezeichneten Rechtsfolgen – gilt
die Beschränkung des Abs. 1 nicht (Wortlaut des Abs. 1 S. 1: „lediglich";
vgl. aber *Potrykus* Anm. 5 A aE).

bb) Die sachlich-rechtliche Rechtsmittelbeschränkung kommt nach hier 43
vertretener Auffassung (vgl. schon Anm. *Eisenberg* JR 1983, 172; näher Anm.
Eisenberg StraFo 2013, 431) auch dann *nicht* zum Zuge, wenn Art und Dauer
der *konkreten Kumulierung* freiheitsentziehender Eingriffe – U-Haftvollstr
und Rechtsfolge iSd Abs. 1 – das Gewicht der von dieser Vorschrift erfassten
Eingriffe deutlich übertraf. Dieser auf dem Boden des Freiheitsgrundrechts
(Art. 2 Abs. 2 GG) stehenden Gesamtbetrachtung lässt sich schwerlich entgegen halten, dass die Anordnung und Vollstr von U-Haft kein Erkenntnis

über eine Rechtsfolge darstellt und im Übrigen bereits vollzogen und/oder nicht mehr durch Rechtsmittel angreifbar ist (vgl. ergänzend zum allg. StR betr. § 51 Abs. 1 S. 1 StGB zu „potentieller Gesamtstrafenfähigkeit" BVerfG NStZ 2001, 501 sowie zum Grundsatz „funktionaler Verfahrenseinheit" BVerfG, 2. Kammer des 2. Senats, NStZ 1999, 477). Die von Abs. 1 S. 1 nicht erfassten Rechtsfolgen (vgl. → Rn. 41 ff.) weisen einheitlich ein zumindest höheres Gewicht des Eingriffs auf als die von Abs. 1 S. 1 erfassten Rechtsfolgen. Wenngleich zwischen den erfassten bzw. nicht erfassten Rechtsfolgen das Kriterium Freiheitsentziehung nicht allein ausschlaggebend ist, ergibt sich aus dem Gesetz, dass in Fällen einer nach Art und Dauer vergleichsweise gravierenden Freiheitsentziehung die Rechtsmittelbeschränkung nicht Platz greift. Speziell die Vollstr von U-Haft stellt sich, auch unabhängig von der Dauer, als einer der gravierendsten Eingriffe des JStR schlechthin dar, und dies gilt umso mehr bei erheblicher Dauer. In *systematischer Gesetzesauslegung* ist daher davon auszugehen, dass die Beschränkung auch in anderen Verfahrenskonstellationen, in denen Art und Dauer der kumulierenden Freiheitsentziehungen das Gewicht der von Abs. 1 S. 1 erfassten Eingriffe erheblich übertrifft, nicht gilt.

44   **b) Anfechtungsziel.** Die Beschränkung nach **Abs. 1** greift **nur** Platz (vgl. aber auch Art. 40 Abs. 2 Buchst. b vi Kinderrechtskonvention der VN; ergänzend → Rn. 33), **wenn** mit der Anfechtung die Änderung der angeordneten Rechtsfolgen iSv S. 1 selbst, der Wegfall einer von mehreren, deren Ersetzung durch andere oder deren Ergänzung um weitere erstrebt ist bzw. die Anfechtung sich gegen die Überlassung der Rechtsfolgenauswahl und -anordnung an das FamG wendet (vgl. schon *Dallinger/Lackner* Rn. 19–21).

44a   **aa)** Sofern nicht eine Verpflichtung nach § 12 Nr. 2 angeordnet ist, **scheidet** daher die Anfechtung mit dem Ziel **aus,** eine Erziehungsmaßregel oder ein Zuchtmittel (vgl. aber → Rn. 41) durch eine Rechtsfolge der gleichen oder der jeweils anderen Kategorie zu ersetzen bzw. Änderungen in der Ausgestaltung der jeweiligen Rechtsfolgen zu erreichen (etwa Freizeit- anstatt Dauerarrest).

45   **bb)** Ohne dass sich dies dem Wortlaut des Abs. 1 S. 1 unmittelbar ent- nehmen ließe, kommt nach hM die Rechtsmittelbeschränkung **auch** dann zum Zuge, **wenn** sich die Anfechtung dagegen richtet, dass die Auswahl und Anordnung von Erziehungsmaßregeln vom erkennenden Gericht vor- genommen und die Entscheidung *nicht* dem *FamG überlassen* wurde (*Dallin-ger/Lackner* Rn. 22; dagegen aber *Nothacker* GA 1982, 451 (459)). – Die Frage, ob Entsprechendes auch dann gilt, wenn die Anfechtung (lediglich) die *Berücksichtigung* erlittener *Freiheitsentziehung* bei erkanntem JA (§ 52) betrifft (bejahend OLG Hamburg JR 1983, 170 mAnm *Eisenberg; Schatz* in Diemer/Schatz/Sonnen Rn. 58 („nicht unbedenklich"); betr. von der Bun- deswehr verhängte Disziplinarmaßnahme OLG Oldenburg NZWehrr 1982, 157 f.), wird zu verneinen sein. Denn der Begriff des „Umfanges" einer Maßnahme in Abs. 1 S. 1 (vgl. auch → Rn. 43) darf sich nur auf das Erkenntnis zur Rechtsfolge selbst, nicht aber auf ihre Vollstr beziehen (näher → § 52 Rn. 13; vgl. aber auch → Rn. 48).

2. Zulässige Anfechtungsgründe

a) Schuld- bzw. Freispruch. aa) Der Schuldspruch der Entscheidung **46** ebenso wie die Rechtswidrigkeit der Rechtsfolge (vgl. → Rn. 48) kann stets angefochten werden (allg. Auffassung). Wegen der gesetzlichen Beschränkung des Rechtsmittels (Abs. 1 S. 1) einerseits und des Grundrechts auf effektiven Rechtsschutz (Art. 20 Abs. 3 iVm Art. 19 Abs. 4 GG) andererseits kann die Revision im JStVR äußerstenfalls dann als unzulässig beurteilt werden (§ 2 Abs. 1, § 344 Abs. 1 StPO), wenn ein von Abs. 1 S. 1 erlaubtes *Angriffsziel* nicht *eindeutig* bestimmt ist (verfehlt dazu, trotz mit den gesetzlichen Vorgaben nicht zu vereinbarender wie unverhältnismäßiger Rechtsfolge, BGH StraFo 2013, 328 mablAnm *Eisenberg*) *und* sich der Revisionsbegründung oder Vorgeschichte des Verfahrens – seinerseits eindeutig – entnehmen lässt, dass die Revision allein auf ein unzulässiges Angriffsziel gerichtet ist. Zur Wahrung der Rechtsschutzgarantie, die aufgrund der Schutzpflichten als ein Element des Erziehungsauftrags (§ 2 Abs. 1) bei Jugendlichen und Heranwachsenden erhöht gem. § 2 Abs. 2 für die Anwendung des § 344 Abs. 1 StPO vorauszusetzen sein, dass Ausführungen vorliegen (vgl. zB BVerfG, 1. K des 2. S., NStZ-RR 2007, 385 f.; BGH NStZ-RR 2014, 11; OLG Celle NStZ-RR 2001, 121; OLG Dresden BeckRS 2003, 30304374), die ihrerseits *eindeutig* ein *unzulässiges* Angriffsziel belegen. Nur vorsorglich wird es sich empfehlen, das (zulässige) Angriffsziel zu bezeichnen (aA BGH BeckRS 2017, 127773: „bei dieser Sachlage … zwingend einer Klarstellung bedurft"; enger OLG Hamm ZJJ 2017, 283 f.). – Hingegen wäre eine (in den vorgenannten Entscheidungen nachrangig, in BGH BeckRS 2013, 13616 Rn. 12–14 = NStZ 2013, 659 hingegen) ausschließlich bemühte Bezugnahme auf eine „geständige Einlassung" aus mehreren iZm der Würdigung eines Geständnisses liegenden Gründen nicht geeignet (vgl. Anm. *Eisenberg* StraFo 2013, 430 sowie Bspr. *Eisenberg* ZKJ 2013, 491 und GA 2014, 107 ff.).

Eine formalisierte Gleichschaltung mit den Anforderungen an die Neben- **46a** klage (§ 400 StPO; schon dazu krit. *Frisch* in SK-StPO StPO § 344 Rn. 7) ist wegen verfahrensstruktureller Unterschiede nicht vertretbar (insofern verfehlt BGH BeckRS 2013, 13616 Rn. 12 = StraFo 2013, 328 mablAnm *Eisenberg*): die Nebenklage revidiert in malam partem, der Angeklagte aber zielt auf die Befreiung bzw. Reduzierung von Schuld- und Rechtsfolgenausspruch. Zudem unterscheiden sich die verfahrensökonomischen und rechtstatsächlichen Belange darin, dass die Befugnis zum Anschluss als Nebenkläger in der jüngeren Vergangenheit mehrfach und erheblich ausgedehnt wurde (krit. schon zum 2. OpferRRG statt vieler *Bung* StV 2009, 430 ff.), wogegen Rechtsmittel im JStV anhaltend vergleichsweise selten sind (vgl. → § 55 Rn. 38), zumal auch der Anteil von Verfahren ohne Verteidiger vergleichsweise hoch ist (dazu → § 68 Rn. 8).

bb) Die JStaatsanwaltschaft (idR aber nicht der Angeklagte (BGHSt 16, **47** 374 für das allg. StVR)) kann einen *Freispruch* anfechten. – Dies gilt auch dann, wenn die Freisprechung wegen fehlender jugendstrafrechtlicher Verantwortlichkeit (§ 3 S. 1) erfolgte. Sind hierbei gleichzeitig Maßnahmen nach § 3 S. 2 angeordnet worden, so ist (ausnahmsweise) auch der Jugendliche durch die Entscheidung nach § 3 S. 1 beschwert (*Dallinger/Lackner* Rn. 15; s. auch *Roestel* unsere jugend 1964, 19 (24)). Er kann geltend machen, er habe die ihm vorgeworfene Tat nicht begangen, aber auch, die

angeordnete Maßnahme sei selbst bei Verneinung der jugendstrafrechtlichen
Verantwortlichkeit nicht erforderlich (für Maßnahmen nach § 3 S. 2 ist § 55
nicht einschlägig, vgl. → Rn. 42).

48   **b) Rechtsfolgenausspruch. aa)** Stets ist – iRd Beschwer – die Anfechtung mit der Begründung **zulässig**, eine von S. 1 erfasste angeordnete Maßnahme sei **gesetzwidrig** (vgl. allg. § 2 Abs. 2, § 337 StPO, s. auch § 59
Abs. 2 S. 2, § 63 Abs. 2; OLG Hamburg JR 1983, 170 mAnm *Eisenberg;*
OLG Celle NStZ-RR 2001, 121; *Schatz* in Diemer/Schatz/Sonnen Rn. 62)
– auch hier wird es sich (nur vorsorglich) empfehlen, das Angriffsziel zu
bezeichnen (weitergehend BGH NStZ-RR 2014, 11: muss). Dies ist (neben
den in → Rn. 45 genannten Anfechtungen; ergänzend *Eisenberg* FS Weber,
2004, 505 ff.) etwa der Fall bei zu Unrecht unterlassener Bildung einer
einheitlichen Rechtsfolge (vgl. OLG Schleswig SchlHA 1958, 180 = EJF C
I Nr. 46), bei alternierendem Ausspruch von Rechtsfolgen (vgl. zu LG
Mainz abl. Anm. *Eisenberg* NStZ 1984, 123; aA *Brunner/Dölling* Rn. 10), bei
Anordnung einer gegen Grundrechte verstoßenden Weisung (vgl. *Schaff-
stein/Beulke/Swoboda* JugendStrafR 816; näher → § 10 Rn. 12, 19), bei einer
Wiedergutmachungsauflage ohne zivilrechtliche Grundlage (vgl. → § 15
Rn. 6), bei Anordnung der Maßnahme unter Überschreitung der Rechts-
folgenkompetenz (zB Anordnung einer Erziehungsmaßregel durch das für
allg. Strafsachen zuständige Gericht unter Verstoß gegen § 104 Abs. 4), bei
Aussetzung der Vollstr eines JA zBew (entgegen § 87 Abs. 1; OLG Düsseldorf NJW 1961, 891; OLG Frankfurt/M. NJW 1963, 969) oder – unter
bestimmten Voraussetzungen – bei Verstoß des Berufungsurteils gegen das
Verschlechterungsverbot (vgl. OLG Oldenburg Zbl 1963, 343 = OLGSt
§ 331 StPO S. 1; vgl. näher → Rn. 56, 73 ff.).

49   **bb)** Im Übrigen kann der JStaatsanwalt die Anfechtung einer Entschei-
dung auch mit dem Ziel betreiben, (ggf. zusätzlich) die **Anordnung** der von
S. 1 nicht erfassten Rechtsfolgen (s. §§ 6, 7, 17 ff.) zu erreichen (vgl. betr.
JStrafe OLG Zweibrücken JR 1999, 173 mkritAnm *Eisenberg/Forstreuter*).
Jedoch kann mit dem Rechtsmittel nicht die Anordnung einer Verpflichtung
nach § 12 Nr. 2 erstrebt werden (allg. Auffassung), und zwar wegen der
Schutzfunktion der Vorschrift zugunsten des Jugendlichen (vgl. schon *Dallin-
ger/Lackner* Rn. 18).

50   **cc)** Ansonsten ist (gem. dem Wortlaut von Abs. 1 S. 1) die Anfechtung
einer Entscheidung, die **nicht lediglich Erziehungsmaßregeln oder
Zuchtmittel** (vgl. aber → Rn. 41) bzw. die Überweisung nach § 53 angeordnet hat, stets ohne die Beschränkung durch Abs. 1 in vollem Umfang
zulässig. Insoweit können die im Rechtsfolgenausspruch enthaltenen Erziehungsmaßregeln und Zuchtmittel, stets ohnehin JA gem. § 16a (vgl. aber
→ § 16a Rn. 11), auch wegen ihres Umfanges oder deswegen angefochten
werden, weil andere oder weitere Rechtsfolgen dieser Kategorien hätten
angeordnet werden sollen oder weil Auswahl und Anordnung von Erziehungsmaßregeln dem FamG überlassen worden sind (s. mit weiterer Begründung *Dallinger/Lackner* Rn. 11; sowie KG DAR 1954, 189; aA *Potrykus*
Anm. 5).

3. Entscheidung des Rechtsmittelgerichts

a) Verwerfung. aa) Ist bei einer Anfechtung **Abs.** 1 nicht beachtet, so 51
kann das mit der Sache befasste Berufungsgericht die **Berufung** durch
Beschluss als unzulässig verwerfen (§ 2 Abs. 2, § 322 Abs. 1 S. 1 Hs. 1
StPO). – Gegen diese Entscheidung steht dem Jugendlichen die **sofortige**
Beschwerde (§ 2 Abs. 2, § 322 Abs. 2 StPO) auch dann zu, wenn die
Berufung seines Erziehungsberechtigten oder gesetzlichen Vertreters als unzulässig verworfen worden ist und der Jugendliche selbst auf ein Rechtsmittel
gegen das Urteil verzichtet hatte (allg. Auffassung, vgl. nur OLG Celle NJW
1964, 417).

bb) Solange aber die **Anfechtung nicht begründet** wird (gem. § 2 52
Abs. 2, § 317 StPO besteht keine Pflicht dazu) oder sich nicht nur auf die
ausgeschlossenen Rechtsfolgen-Rügen beschränkt (BGH 6.10.1998 – 4 StR
312/98 Rn. 3, BeckRS 1998, 30026837 (betr. Revision); OLG Köln Zbl
1981, 34; OLG Schleswig bei *Ernesti/Lorenzen* SchlHA 1985, 143), **scheidet**
eine **Verwerfung** insoweit **aus,** weil der gesamte Inhalt des Urteils als
angefochten gilt (§ 2 Abs. 2, § 318 S. 2 StPO; vgl. auch BayObLGSt 73,
220) und demgemäß die nur im Fall bloßer Rechtsfolgenanfechtung bedeutsame Rechtsmittelbeschränkung nach Abs. 2 nicht zum Zuge kommen
kann. Es wird sich empfehlen, den Beschwerdeführer zu befragen (nach
Schäfer NStZ 1998, 331 regelmäßig in anzuberaumender Berufungs-HV),
was er mit seiner Anfechtung bezweckt (s. auch BGHSt 10, 198 (201));
beschränkt er hiernach sein Rechtsmittel wirksam (s. auch § 2 Abs. 2, § 302
Abs. 2 StPO) auf den Rechtsfolgenausspruch, wird die Verwerfung als unzulässig (Abs. 1) idR nur dann in Betracht kommen dürfen, wenn er sich der
Tragweite seiner Entscheidung bewusst sein konnte (insb. nach entspr. Be-
lehrung in geeigneter Art, § 70a Abs. 1 aF bzw. § 70b Abs. 1 nF; vgl. OLG
Celle NJW 1964, 417; s. auch *Dallinger/Lackner* Rn. 29). – Wurde die
Berufung auf den Rechtsfolgenausspruch beschränkt, muss ein Widerruf
dieser Beschränkung innerhalb der Einlegungsfrist erklärt werden (OLG
Hamburg NStZ 2009, 451).

b) Abänderung. aa) Ist die Anfechtung (nach Maßgabe von Abs. 1) 53
zulässig, so kann das Rechtsmittelgericht, wenn es dies nach seiner Beurteilung der Sache aufgrund der Ergebnisse der HV für erforderlich hält, die
angegriffene Entscheidung selbst bei Aufrechterhaltung des Schuldspruches
– unter Wahrung, dh in den Grenzen des Verschlechterungsverbots – auch
bezüglich einer Maßnahme abändern, die (wegen Abs. 1) allein nicht zulässig hätte angefochten werden können. Denn eine **Bindung** des **Rechts-**
mittelgerichts lässt sich aus Abs. 1 **nicht** entnehmen (ganz hM, vgl. nur
BGHSt 10, 198 mit weiterer Begründung und zust. Bspr. *Dallinger* MDR
1957, 397 f.; BayObLGSt 91, 88 = NJW 1992, 1520 = JR 1992, 387 mAnm
Brunner = NStZ 1992, 584 mAnm *Scheffler* NStZ 1992, 491 = StV 1992,
433 = DVJJ-Journal 1991, 434 = Zbl 1991, 557; *Schuster* Jura 2010, 554).

bb) Indes wird es sich empfehlen, von der Möglichkeit zur Abänderung 53a
der erstinstanzlichen Entscheidung eher **zurückhaltend** Gebrauch zu machen, wenn das Rechtsmittelgericht den geltend gemachten Anfechtungs-
grund nicht für durchgreifend erachtet und keine erheblichen Unterschiede
zur Erstentscheidung in der tatsächlichen und rechtlichen Beurteilung des
Falles auftreten. Ansonsten könnte mitunter – neben vielfach erhobenen

erzieherischen Bedenken – die Umgehung der Rechtsmittelbeschränkung durch lediglich vorgeschobene Beschwerdegründe (etwa bei der keiner Begründungspflicht unterliegenden Berufung, s. § 2 Abs. 2, § 317 StPO) zu besorgen sein (allg. Auffassung; anders *Albrecht* JugendStrafR 389).

V. Instanzielle Rechtsmittelbeschränkung (Abs. 2)

1. Vorbemerkungen

54　　**a) Gesetzesbegründung.** Die instanzielle Rechtsmittelbeschränkung nach Abs. 2 wird neben erzieherischen Argumenten (vgl. etwa schon BT-Drs. 1/4437; dazu krit. → Rn. 35f) ausdrücklich auch mit Gesichtspunkten der **Verfahrensökonomie** begründet. So beuge die Regelung einer ggü. dem Verfahren gegen Erwachsene verstärkt verzögerten Behandlung von JStrafsachen vor, die andernfalls insoweit zu gewärtigen wäre, als wegen der – bezogen auf den amtsgerichtlichen Zuständigkeitsbereich nach allg. Gerichtsverfassungsrecht – erweiterten Zuständigkeit des JSchG (n. Erl. zu § 40) häufig drei Instanzen gegeben wären, wenn nach allg. StVR nur zwei Instanzen zur Verfügung stünden (*Dallinger/Lackner* Rn. 30; krit. *Nothacker* GA 1982, 451 (467 f.)). Dies betrifft diejenigen von der erweiterten Zuständigkeit des JSchG erfassten Verfahren, für die nach allg. Gerichtsverfassungsrecht die (große) Strafkammer erstinstanzlich zuständig wäre, gegen deren Urteil nur die Revision zulässig ist (§§ 312, 333 StPO).

55　　**b) Schlechterstellung gegenüber Erwachsenen.** Das BVerfG (NStZ 1988, 34) hat Abs. 2 als mit **Art. 3 Abs. 1 GG vereinbar** erklärt, wobei die unterschiedliche Behandlung von Erwachsenen und Jugendlichen mit dem Erziehungsbedürfnis im JStrafverfahren (s. auch Art. 6 Abs. 2 S. 2 GG) begründet wurde, dem durch Beschleunigung Rechnung getragen werden könne. Zu berücksichtigen ist, dass aufgrund der Entscheidung ausschließlich Differenzierungen nach erzieherischen, nicht aber verfahrensökonomischen Gesichtspunkten mit dem Gleichheitsgrundsatz vereinbar sind (zust. *Penkuhn* ZJJ 2014, 376).

56　　**c) Verletzung des Verschlechterungsverbots.** Mit gewichtigen Argumenten wird verschiedentlich eine **Streichung** des Abs. 2 empfohlen (vgl. etwa *Bode,* Das Wahlrechtsmittel im Strafverfahren, 2000, 142, 157; *Meyer-Goßner* FS Eisenberg, 2009, 410: „schleunigst", FS Eisenberg, 2009, 408: „Verstoß gegen den Gleichheitsgrundsatz"; *Penkuhn* ZJJ 2014, 371 ff.), und zwar besonders auch im Hinblick auf regelmäßig getrennt durchzuführende Verfahren gegen Erwachsene bzw. Jugendliche und Heranwachsende bei Vorwürfen gemeinsamer Tatbegehung (vgl. → § 103 Rn. 9). – Im Einzelnen wurde ein Ausschluss der Rechtsmittelbeschränkung in Abs. 2 für den Fall gefordert, dass die Verletzung des Verschlechterungsverbots durch das Berufungsurteil mit der Revision gerügt werde. Nach geltendem Recht kann ein solcher Verstoß, sofern nicht, was idR der Fall sein wird (vgl. etwa *Schaumann,* Die Rechtsmittelbeschränkung des § 55 JGG, 2001, 170 ff.; *Laubenthal/Baier/Nestler* JugendStrafR Rn. 411), sog. „greifbare Gesetzwidrigkeit" vorliegt, wegen Abs. 2 nur seitens der JStaatsanwaltschaft – soweit sie noch kein Rechtsmittel zugunsten des Angeklagten eingelegt hat – gerügt werden (BayObLG NStZ 1989, 194 mablAnm *Ostendorf; Grethlein* Verschlechterungsverbot 169 f.; krit. auch *Wittschier*, Das Verbot der reformatio in peius im strafprozessualen Beschlußverfahren, 1984, 85).

2. Grundsatz und Ausnahmen; besondere Verfahrensgestaltungen

a) Beschränkung auf nur ein Rechtsmittel. Abs. 2 S. 1 reduziert die 57 Anfechtungsmöglichkeiten jedes Verfahrensbeteiligten mit Anfechtungsrecht gegen die Urteile des JRichters und des JSchG **idR** auf nur ein Rechtsmittel (zur Versagung der Revision auch dann, wenn dadurch ein mit einem absoluten Revisionsgrund (Urteil ohne Gründe) behaftetes Urteil rechtskräftig wird, OLG Düsseldorf JMBl. NRW 1991, 183). Dies führt zu einer Verkürzung des Rechtszuges auf zwei − anstatt wie nach allg. StVR drei − Instanzen. Mit der Wahl eines der beiden Rechtsmittel wird das jeweils andere unzulässig (vgl. aber → Rn. 59), wodurch etwa die Revision gegen ein erstinstanzliches Urteil den Charakter einer Sprungrevision (§ 335 StPO) verliert und zur Wahlrevision wird. Die Beschränkung gilt jedoch (auch gem. Art. 19 Abs. 4 GG) nicht für Rechtsmittel gegen das neue Urteil, das nach Aufhebung und Zurückverweisung ergangen ist (OLG Celle MDR 1992, 286).

aa) Was die **Ausübung des Wahlrechts** anbelangt, so sind die Grund- 57a sätze über die Wahl zwischen Berufung und Sprungrevision nach allg. StVR entsprechend heranzuziehen (auf die Erläuterungswerke zur StPO, besonders zu §§ 335 und 345 StPO, wird Bezug genommen).

(1) Es ist insb. zu berücksichtigen, dass eine zunächst unbestimmte An- 58 fechtung des Urteils zulässig ist, die Wahl zwischen Berufung und Revision jedoch spätestens innerhalb der Frist für die Revisionsbegründung (§ 345 Abs. 1 StPO) nachzuholen ist (BGHSt 2, 63; 17, 44; 25, 321). − Soll das Rechtsmittel aber (zugleich) als sofortige Beschwerde gegen die Kostenentscheidung behandelt werden, ist der selbstständige Anfechtungswille insoweit innerhalb der Beschwerdefrist zum Ausdruck zu bringen (hM; BGH NJW 1973, 336 (337); BayObLG (GS) NJW 1973, 146).

(2) Nur bis zum Ablauf der Frist des § 345 Abs. 1 StPO kann die ur- 59 sprünglich gewählte **Bezeichnung des Rechtsmittels** noch **verändert** werden (s. § 300 StPO; uU auch durch Zurücknahme, vgl. BGHSt 25, 321; BayObLGSt 71, 72; OLG München NStZ-RR 2007, 56 (jeweils für das JStV)), wenn nicht die Wahl ausnahmsweise endgültig getroffen war, was vor Zustellung der schriftlichen Urteilsgründe regelmäßig nicht der Fall sein wird (vgl. BGHSt 5, 338 (343); 13, 388 (392)).

bb) Sofern innerhalb der Revisionsbegründungsfrist die **Revisionsanträ-** 60 **ge** und deren **Begründung** von dem Anfechtenden nicht oder nicht in der nach (§ 344 StPO und) § 345 Abs. 2 StPO vorgeschriebenen **Form** angebracht werden − oder unabhängig von der Einhaltung dieser Erfordernisse eine eindeutige Rechtsmittelwahl nicht vorliegt (vgl. BGHSt 33, 183 (189); OLG Köln MDR 1980, 690 für das allg. StVR) −, ist die Anfechtung als Berufung zu behandeln (BGHSt 2, 63 (70) für das allg. StVR; s. bereits *Dallinger/Lackner* Rn. 35, 36 mN), wobei eine Revision des Anfechtenden gegen das Berufungsurteil wegen Abs. 2 S. 1 − abw. von § 335 Abs. 3 S. 3 StPO − nicht mehr in Betracht kommt (ebenso schon *Dallinger/Lackner* Rn. 35 aE). − Anders wurde entschieden bei durch staatliches Handeln bewirktem *Kontakt*abbruch zwischen Angeklagtem und *Verteidiger* (OLG Brandenburg NStZ-RR 2005, 49 betr. Abschiebung).

61 **cc)** (1) Ist die unbestimmte **Anfechtung** eines Urteils **nicht rechtzeitig** bei Gericht eingegangen, so entscheidet über den Antrag auf **Wiedereinsetzung** in den vorigen Stand (§§ 44 ff. StPO) das Berufungsgericht (BayObLGSt 62, 156 für das allg. StVR).

61a Eine Wiedereinsetzung wegen Verhinderung *ohne Verschulden,* die Rechtsmittelfrist einzuhalten (§ 2 Abs. 2, § 44 S. 1 StPO), kann zumal im JStrafverfahren auch in persönlichen Umständen begründet liegen (vgl. BGH NStZ-RR 2017, 381: Bejahung von „Schwachsinn" iSv § 20 StGB; OLG Schleswig StV 2010, 62 (betr. 16-jährigen mit Schuldefiziten und ohne Anwesenheit eines Verteidigers)). Das Gleiche gilt, wenn der mit der Revisionsbegründung befasste *Verteidiger* kurze Zeit vor Fristablauf erkrankt (BGH NStZ 1985, 204; BeckRS 2014, 7978) oder aufgrund eines Versehens in seiner Kanzlei die Frist verkannt wurde (BGH BeckRS 2014, 7978 Rn. 6).

61b (2) Soweit die Frist zur Ausübung des **Wahlrechts** bei unbestimmter Anfechtung **versäumt** wurde, soll nach allg. StVR insoweit keine Wiedereinsetzung in Betracht kommen, weil das eingelegte Rechtsmittel nach Fristablauf als Berufung gelte und damit die Wahlmöglichkeit untergegangen sei (OLG Hamm NJW 1956, 1168; OLG Düsseldorf MDR 1991, 78; BayObLG wistra 2001, 279). Im JStrafverfahren wird dagegen − abw. hiervon − die Wiedereinsetzung gegen die Versäumung der Frist zur Ausübung des Wahlrechts zuzulassen sein, weil andernfalls ohne ersichtlichen Grund die Revision unter Beeinträchtigung des Wahlrechts ausgeschlossen würde, während im allg. StVR die spätere Revision gegen das Berufungsurteil offen bleibt (vgl. schon *Dallinger/Lackner* Rn. 38; vgl. auch *Sommerfeld* in NK-JGG Rn. 35; *Laue* in HK-JGG Rn. 33).

61c (3) Ist gegen die Versäumung der **Revisionsbegründung**sfrist (nach Wahl der Revision) Wiedereinsetzung gewährt (zur Zurückstellung der Entscheidung zwecks Bestellung eines neuen Pflichtverteidigers BGH NStZ-RR 2018, 84), so soll der Anfechtende noch zur Berufung übergehen können (OLG Zweibrücken MDR 1979, 957; OLG Köln NStZ 1994, 199 zum allg. StVR). − Verwirft das erstinstanzlich zuständige LG den Wiedereinsetzungsantrag als unbegründet, so hat sich der BGH zur Entscheidung über die sofortige Beschwerde als nicht **zuständig** erklärt (BeckRS 2014, 16210 betr. Revision des Nebenklägers), unbeschadet dessen, dass er im Falle der Aufhebung des Verwerfungsbeschlusses und erneuter Vorlage zu entscheiden hat (§ 2 Abs. 2, § 46 Abs. 1 StPO).

61d (4) Wird der Angeklagte **nur** über das Rechtsmittel der **Revision belehrt,** obwohl auch die Berufung zulässig ist, so wird − wie auch im umgekehrten Fall (aA KG JR 1977, 81) − der Übergang zur Berufung durch Gewährung der Wiedereinsetzung in den vorigen Stand ermöglicht werden müssen (LG München I NJW 1956, 1368 für das allg. StVR; zust. *Dallinger/Lackner* Rn. 39). Bei **nicht ordnungsgemäßer Ladung** zur Berufungs-HV sei Wiedereinsetzung in den vorigen Stand gegen deren Versäumung zu gewähren, zumal Revision gegen das Berufungsurteil auch für diesen Fall nicht zulässig sei (OLG Düsseldorf NStZ 1987, 523).

62 **b) Ausnahmen. aa)** Die **Revision** ist nach Abs. 2 S. 1 **nicht ausgeschlossen,** wenn das Berufungsgericht eine unzulässige Berufung als unzulässig verworfen hat. Gleiches gilt dann, wenn eine zulässige **Berufung**

fehlerhaft, dh **zu Unrecht als unzulässig verworfen** wurde, weil der Jugendliche bei dieser Konstellation nicht ungünstiger gestellt sein darf als bei derjenigen nach Abs. 2 S. 1, sodass das Beschleunigungsgebot insoweit zurückstehen muss (vgl. Anm. *Brunner* zu BayObLG JR 1974, 523); dies entspricht anderen Ausnahmen von der Rechtsmittelbeschränkung (vgl. → Rn. 70 sowie ggf. → Rn. 48). Unzulässig soll die Revision nach zw. hM aber – trotz Fehlens einer Sachprüfung – im Fall des **§ 329 Abs. 1** sein (vgl. noch betr. aF BGHSt 30, 98; OLG Zweibrücken bei *Böhm* NStZ 1992, 529; OLG Düsseldorf MDR 1994, 1141; OLG Hamm StV 1999, 657 (Ls.); OLG Dresden NStZ-RR 2010, 186 (Ls.); OLG Hamm BeckRS 2019, 17376; aA OLG Celle JR 1980, 38 mablAnm *Brunner; Schmidt* NJW 1968, 1841).

bb) Die Revision ist auch zulässig, wenn über die zulässige Berufung des **62a** Revisionsführers ausweisl der Urteilsformel im Berufungsrechtszug **nicht mitentschieden** worden ist (allg. Auffassung). Allerdings soll die Berufung gegenstandslos werden, wenn der Berufungsführer nicht Revision eingelegt hat (BayObLGSt 51, 593 (zum allg. StVR)) oder er mit der eingelegten Revision die übersehene Berufung nicht weiter verfolgt (BayObLGSt 59, 168 (zum allg. StVR)).

cc) Ebenso wenig steht die Zulässigkeit einer Revision des Angeklagten **62b** deswegen in Frage, weil er in seiner Eigenschaft als Nebenkläger gegen die erstinstanzliche Freisprechung eines Mitangeklagten (gleichzeitig) Berufung eingelegt hat (s. OLG Hamm JMBl. NW 1955, 59 (zum allg. StVR); zust. *Dallinger/Lackner* Rn. 53).

dd) Die spätere Revision des Berufungsführers soll auch dann zulässig **62c** sein, wenn die JKammer auf die Berufung eine Rechtsfolge ausspricht, die die Rechtsfolgenkompetenz des erstinstanzl Gerichts, dessen Urteil angefochten wurde, überschreitet. Denn insoweit wird angenommen, die JKammer habe erstinstanzl entschieden, mit der Folge, dass die Berufung unbeachtlich ist (s. *Pentz* GA 1958, 302; *Brunner/Dölling* Rn. 17b; vgl. auch → § 41 Rn. 11).

ee) Zulässig ist eine Revision des Angeklagten, wenn eine rechtskräftig **62d** (ausgesetzte) JStrafe erst auf die Berufung des Angeklagten **in** eine **neue JStrafe einbezogen** wurde (§ 31 Abs. 2), allerdings nur betr. die Prüfung der Rechtmäßigkeit und des Umfangs der einheitlichen Rechtsfolgenentscheidung, die insoweit als erstinstanzliche Entscheidung iSd Abs. 2 beurteilt wird (*Schweckendieck* NStZ 2005, 142, unter Hinweis auf *Neuhaus* NStZ 1990, 141). Hierzu besteht umso mehr Anlass, als die Judikatur des BGH immer wieder verfehltes Vorgehen iZm § 31 Abs. 2 beanstandet (vgl. näher → § 31 Rn. 1 ff.) – Zu der hier vertretenen Auffassung findet sich anhaltend eine entgegengesetzte Meinung (vgl. schon *Schäfer* NStZ 1998, 335; s. auch vormals OLG Stuttgart MDR 1976, 1043 (Ls.); sodann OLG Bamberg NStZ 2012, 166; *Kunkel* in BeckOK JGG Rn. 113).

Die hier vertretene Auffassung gilt gem. allg. Grundsätzen (vgl. → Rn. 63) **62e** jedoch nicht bei gleichzeitiger Berufung der JStaatsanwaltschaft zuungunsten des Angekl, auch wenn betr. die einbezogene JStrafe die seitherige Aussetzung der Vollstr zBew entfällt (OLG Oldenburg StraFo 2009, 160).

ff) Zu **Besonderheiten** im Hinblick auf Abs. 2 S. 1 für die **Zulässigkeit** **62f** des **Rechtsmittels** eines **Heranwachsenden** insoweit, als die Anwendung von materiellem JStR (§ 105 Abs. 1) oder allg. StR in Frage steht, vgl. → § 109 Rn. 39 ff.

63   **c) Beschränkung der Berufung.** Die Revision ist nach Abs. 2 S. 1 auch dann ausgeschlossen, wenn die Berufung nur beschränkt eingelegt worden ist (zur Zulässigkeit der Teilanfechtung vgl. → Rn. 14 ff.) oder nach zunächst unbeschränkter Einlegung später beschränkt worden ist (OLG Karlsruhe Die Justiz 1986, 28; zur Unwirksamkeit der Beschränkung durch den nicht ermächtigten Verteidiger OLG Düsseldorf JMBl. NW 1989, 83; vgl. näher → Rn. 12).

63a   **aa)** Erwägt der Angeklagte, eine auf den Rechtsfolgenausspruch oder nur auf eine von mehreren ausgesprochenen Rechtsfolgen beschränkte Berufung einzulegen, so wird – zusätzlich zu den Voraussetzungen nach Abs. 1 S. 1 – zu prüfen sein, ob angesichts einer vom JStaatsanwalt eingelegten Berufung, deren Durchführung zu erwarten ist, nicht eher zugunsten einer späteren Revision von einer eigenen beschränkten Berufung abgesehen werden sollte (ebenso *Dallinger/Lackner* Rn. 47). Dabei ist zu berücksichtigen, dass bereits die auf einzelne Nebenpunkte beschränkte Berufung (etwa betr. die Einziehung, BayObLG NJW 1964, 1084) die Revision ausschließen soll.

63b   **bb)** Richtet sich die Berufung bei Verurteilungen wegen mehrerer selbstständiger Taten nicht gegen das Urteil insgesamt, so ist die Revision gegen das Berufungsurteil auch hinsichtlich der nicht angefochtenen Verurteilungen betr. **einzelne selbstständige Taten** idR verwehrt; denn im Hinblick auf das Prinzip des § 31 erstreckt sich die Anfechtung eines selbstständigen Teils des Schuldspruchs (oder des Rechtsfolgenausspruchs) auf den gesamten Rechtsfolgenausspruch (*Dallinger/Lackner* Rn. 48). Dagegen ist die Revision gegen das Berufungsurteil zulässig, wenn zwei **verschiedene erstinstanzliche Urteile** zu gemeinsamer Verhandlung verbunden worden sind und einheitlich auf eine Rechtsfolge erkannt worden ist, nachdem der Angeklagte gegen das eine und der JStaatsanwalt gegen das andere Urteil Berufung eingelegt hatten (OLG Hamm NStZ 1990, 140 (Ls.) mzustAnm *Neuhaus;* OLG Brandenburg NStZ-RR 2005, 49; zur Voraussetzung einer Beschränkung auf das Strafmaß noch OLG Hamm Zbl 1964, 306; *Dallinger/Lackner* Rn. 48).

64   **d) Gleichzeitige Berufung des JStaatsanwalts. aa)** Hat neben dem Verurteilten gleichzeitig der JStaatsanwalt (zuungunsten des Angeklagten) Berufung eingelegt, ist auch eine Revision des Angeklagten (wegen Abs. 2 S. 1) bei einer ggü. dem erstinstanzlichen Urteil für ihn **nachteiligeren Berufungsentscheidung** idR unzulässig (hM; BayObLG BeckRS 2005, 2693; OLG Hamm NJW 1955, 1609 mzustAnm *Potrykus* RdJB 1956, 79; s. auch OLG Düsseldorf VRS 78 (1990), 292; OLG Oldenburg StraFo 2009, 160). Dies gilt auch dann, wenn der Angeklagte seine Berufung in der HV zurückgenommen hat (OLG Schleswig *Ernesti/Lorenzen* SchlHA 1984, 89; KG StV 2007, 6 (betr. Ausweitung des Schuldspruchs und Versagung der Aussetzung der Vollstr zBew jeweils durch das Berufungsgericht)).

65   **bb)** Erfolgt aber nach **erstinstanzlichem Freispruch** des Angeklagten wegen **einer Tat** von mehreren Taten auf die gleichzeitige Berufung des JStaatsanwalts (oder des Nebenklägers) hin eine Verurteilung durch das Berufungsgericht, so ist die Revision insoweit zulässig; denn die Berufung des Angeklagten konnte sich mangels erstinstanzlicher Beschwer nicht auf die in Frage stehende Tat beziehen (BayObLGSt 72, 274; OLG Karlsruhe Justiz 1974, 137; KG StV 2007, 5). Wird der in 1. Instanz freigesprochene **Heranwachsende** auf Berufung der JStaatsanwaltschaft **erneut freigespro-**

chen, so steht dieser ein zweites Rechtsmittel zu, weil die Frage, ob materielles JStR (§ 105 Abs. 1) anzuwenden ist, noch nicht zu prüfen war (OLG Frankfurt/M. NStZ-RR 2003, 327).

cc) Wird die Berufung des Angeklagten bei gleichzeitiger Berufung der 65a JStaatsanwaltschaft, welche zu einer Sachentscheidung führt, als unzulässig verworfen, so ist die Revision des Angeklagten gegen das Berufungsurteil nicht deswegen unzulässig, weil das Revisionsgericht der Auffassung ist, dass die Berufung des Angeklagten zulässig war (ebenso *Dallinger/Lackner* Rn. 51; *Bode,* Das Wahlrechtsmittel im Strafverfahren, 2000, 127).

3. Zweck und Reichweite von Abs. 2 S. 2

a) Die Vorschrift sichert die instanzielle Rechtsmittelbeschränkung in 66 Abs. 2 S. 1 vor einer Umgehung in der Weise, dass die Revisionsberechtigung des Angeklagten, des Erziehungsberechtigten und des gesetzlichen Vertreters gegen das Berufungsurteil bereits dann entfällt, wenn ein jeweils anderer dieser Verfahrensbeteiligten (also nicht der JStaatsanwalt, wohl aber der Verteidiger für den Angeklagten) eine zulässige Berufung eingelegt hat. Ungeachtet des bezeichneten andersgearteten Zwecks der Vorschrift steht sie dadurch in einem gewissen Widerspruch zu dem nur subsidiären Erziehungsrecht des Staates (Art. 6 Abs. 2 S. 2 GG; anders *Sommerfeld* in NK-JGG grdl. zu Vor §§ 55, 56 Rn. 6, vgl. aber auch → Rn. 4), dass dem JStaatsanwalt hinsichtlich der Revision (insb. betr. die Sachrüge) zugunsten des Angeklagten eine weitergehende Berechtigung als dem Erziehungsberechtigten zukommt.

b) Hat von den in Abs. 2 S. 2 bezeichneten Verfahrensbeteiligten **einer** 67 **Berufung** und ein **anderer Revision** eingelegt, so ist entsprechend § 2 Abs. 2, § 335 Abs. 3 S. 1 StPO die Revision als Berufung zu behandeln, solange die Berufung des anderen Verfahrensbeteiligten nicht zurückgenommen oder als unzulässig verworfen ist. Wird über diese Berufung sachlichrechtlich entschieden, so scheidet zwar nach Abs. 2 S. 2 die Revision gegen das Berufungsurteil (Wortlaut) aus. Jedoch kann derjenige Verfahrensbeteiligte, der gegen das erstinstanzliche Urteil Revision eingelegt hatte, die nur wegen der Berufung eines anderen Beteiligten zu einer Entscheidung der Berufungsinstanz führte, sein Revisionsrecht gleichwohl noch ausüben (s. auch BayObLG NStZ-RR 2001, 49). Denn andernfalls wäre die Rechtsmittelwahl, an die Abs. 2 anknüpft, unvertretbar beeinträchtigt, und im Übrigen verlangt die (ggü. S. 2 vorrangige) Regelung in S. 1 (Wortlaut), dass der Beschwerdeführer Berufung (und nicht Revision) eingelegt hat (vgl. OLG Stuttgart Justiz 1969, 228; OLG Celle MDR 1964, 527 jeweils für das allg. StVR; *Schatz* in Diemer/Schatz/Sonnen Rn. 75).

4. Entscheidungen des Revisionsgerichts

a) Einzelfragen. aa) Ist die eingelegte **Revision** nach Abs. 2 **unstatt-** 68 **haft,** so entscheidet hierüber das Revisionsgericht nach § 2 Abs. 2, § 349 Abs. 1 StPO (vgl. nur OLG Saarbrücken BeckRS 2016, 4548; zur Frage des (Nicht-)Eintritts der Rechtskraft OLG Stuttgart GA 1980, 191 (192) mN; abl. *Franke* in Löwe/Rosenberg StPO § 343 Rn. 1; *Frisch* in SK-StPO StPO § 343 Rn. 4). Die Entscheidung darf nicht vom Berufungsgericht entsprechend § 2 Abs. 2, § 346 Abs. 1 StPO getroffen werden (BGH LM Nr. 4 zu

§ 349 StPO = MDR 1959, 507; BayObLGSt 62, 207; *Franke* in Löwe/ Rosenberg StPO § 346 Rn. 14). Hat das Berufungsgericht dennoch entschieden, ist seine Entscheidung wirksam, unterliegt aber dem Rechtsbehelf des Antrags auf die Entscheidung des Revisionsgerichts (§ 2 Abs. 2, § 346 Abs. 2 StPO entspr.; BayObLGSt 62, 207 (208)).

69   **bb)** Ist zw., ob ein Rechtsmittel als Berufung oder Revision anzusehen ist, so entscheidet hierüber das zuständige Revisionsgericht. Es kann mit bindender Wirkung für das Berufungsgericht beschließen, dass es sich bei einem ihm vorgelegten Rechtsmittel nicht um eine Revision, sondern um eine Berufung handelt (§ 2 Abs. 2, § 348 StPO entspr.; BayObLGSt 62, 166 zum allg. StVR).

70   **b) Erstreckung auf den Mitangeklagten (§ 2 Abs. 2, § 357 StPO).** Erfolgt die Aufhebung des Urteils durch das Revisionsgericht zugunsten eines Angeklagten, so ist das Erkenntnis nach Maßgabe von § 357 StPO auch auf den insoweit betroffenen mitangeklagten Jugendlichen oder Heranwachsenden zu erstrecken, selbst wenn ihm im Hinblick auf § 55 Abs. 2 die Revision versagt war (§ 2 Abs. 2, § 357 StPO entspr.; OLG Karlsruhe ZJJ 2006, 74 ff.; *Dallinger* MDR 1963, 539 mit eingehender Begr.; zust. *Bender* JGG Anm. 57; *Brunner/Dölling* Rn. 16a; **aA** die überwiegende Meinung, vgl. BGHSt 51, 34 = NJW 2006, 2275 (gegen GBA) mit krit. Bspr. *Mohr* JR 2006, 500 ff. und abl. Bspr. *Swoboda* HRRS 2006, 376 ff. (380) („an der zentralen Frage vorbei"); *Prittwitz* StV 2007, 52; *Altenhain* NStZ 2007, 283; OLG Oldenburg NJW 1957, 1450; OLG Koblenz StV 2009, 90; OLG Hamm BeckRS 2009, 89367; OLG Hamm ZJJ 2017, 282 f.; *Grethlein* Anm. 3b und Fn. 16; *Schatz* in Diemer/Schatz/Sonnen Rn. 90; *Franke* in Löwe/ Rosenberg StPO § 357 Rn. 12). Das systematische Verhältnis von Abs. 2 (eingeführt im Jahre 1953) zu der (schon ursprünglich in der StPO enthaltenen) Vorschrift des § 357 StPO ist im *Gesetzgebungs*verfahren nicht erörtert worden (vgl. etwa BT-Drs. 1/4437), sodass ein *Wille* des Gesetzgebers *nicht dokumentiert* ist (zu entgegengesetzter Schlussfolgerung *Meyer-Goßner* FS Eisenberg, 2009, 405, aber − zu BGHSt 51, 34 − S. 401: Begr. „fast wie ein Hohn", S. 404: Ergebnis „ungerecht"). So wird teilweise empfohlen, die Erstreckung von dem darauf gerichteten Wunsch des Nichtrevidenten abhängig zu machen (vgl. *Prittwitz* StV 2007, 52 (54); *Frisch* in SK-StPO StPO § 357 Rn. 25). − Dagegen scheidet eine entsprechende Anwendung von § 2 Abs. 2, § 357 StPO aus, wenn das Urteil nach § 354a StPO aufgrund eines Gesetzes erfolgt, das zu der Zeit, als die angefochtene Entscheidung getroffen wurde, nicht galt (BGHSt 20, 77 (78) mN).

5. Streitfragen sinngemäßer Anwendung

71   **a) Aussetzung der JStrafe.** Mit der Begründung, die Rechtsmittel im Verfahren bei Aussetzung der Vollstr der JStrafe zBew ersetzten die sonst zulässige Berufung oder Revision, wird teilweise Abs. 2 auch iRv **§ 59 Abs. 1** (vgl. nur OLG Düsseldorf NStZ 1994, 198; OLG Bamberg NStZ 2012, 166; *Böhm/Feuerhelm* JugendStrafR 96; *Schatz* in Diemer/Schatz/ Sonnen Rn. 92; vgl. auch → § 59 Rn. 8) und **§ 59 Abs. 3** für anwendbar gehalten, mit der Folge, dass die sofortige Beschwerde den in Abs. 2 S. 2 bezeichneten Verfahrensbeteiligten (bzw. dem JStaatsanwalt) idR bereits dann verwehrt sein soll, wenn die angefochtene Entscheidung über die

Aussetzung bzw. deren Widerruf auf (uU auch entspr. beschränkte) **Beru-fung** eines dieser Verfahrensbeteiligten (bzw. des JStaatsanwalts) durch das Berufungsgericht erging. Indessen unterliegt diese Auffassung Bedenken insofern, als nicht nur der Wortlaut von Abs. 2 („Revision", nicht „sofortige Beschwerde") sowie das systematische Verhältnis von § 55 und § 59 gegen die in Rede stehende Auslegung sprechen, sondern als die extensive Anwendung der Ausnahmeregelung des Abs. 2 auch mit einer erzieherisch verstandenen Verfahrensbeschleunigung hier kaum zu rechtfertigen sein wird (iErg ebenso *Sommerfeld* in NK-JGG § 59 Rn. 2 unter Hinweis auf die Fristbegrenzung gem. § 311 Abs. 2 S. 1 StPO; iErg zust. auch *Brunner/ Dölling* § 59 Rn. 5).

b) Kostenentscheidung. Die (zumindest seit Einführung des § 464 **72** Abs. 3 S. 1 Hs. 2 StPO durch das StVÄG 1987 (BGBl. I 475)) hM in der Judikatur bejaht eine analoge Anwendung des Abs. 2 auch für Fälle, in denen erst im *Berufungs*verfahrens die Verfahrenskosten auferlegt wurden bzw. eine erforderliche Korrektur unterlassen wurde (vgl. OLG Dresden NStZ-RR 2000, 224; OLG Oldenburg NStZ-RR 2006, 191; KG NStZ-RR 2008, 263; OLG Hamm NStZ-RR 2014, 96 mit krit. Bspr. *Eisenberg* NStZ 2014, 410 sowie *Eisenberg* ZJJ 2014, 391; OLG Hamm NStZ 2014, 412; *Laue* in HK-JGG Rn. 42; *Kaspar* in MüKoStPO Rn. 87; ergänzend betr. Kosten der Nebenklage OLG Rostock BeckRS 2010, 27384; sowie (zusätzlich) OLG Köln NStZ 2014, 412; trotz Rücknahme der Berufung; *Schatz* in Diemer/ Schatz/Sonnen Rn. 95; *Schaumann,* Die Rechtsmittelbeschränkung des § 55 JGG, 2001, 189 f.; aA aber *Schady* in NK-JGG Rn. 33). Hingegen bleibt dabei das *gesetzessystematische* Verhältnis des § 464 Abs. 3 S. 1 Hs. 2 StPO zu § 2 Abs. 2 *unerörtert*, und der Hinweis auf das bloße Bemerken „vgl. zB § 55 Abs. 2 JGG" in der Gesetzesbegründung zu § 464 Abs. 3 S. 1 Hs. 2 StPO (BT-Drs. 10/1313, 40, li. Sp.) geht deshalb fehl, weil schon der Gesetzgeber es an dieser Erörterung vermissen ließ. Demgegenüber kommt es gerade darauf an, ob dieser Hs. mit dem Wortlaut von Vorschriften oder mit Grundsätzen des JGG vereinbar ist – nur bejahendenfalls wäre der Halbsatz im Jugendstraf(verfahrens)recht überhaupt anwendbar. Einer Vereinbarkeit aber stehen die seit Einführung des § 2 Abs. 1 (zwingenden) Schutzbelange Jugendlicher oder Heranwachsender zumindest im Einzelfall dann entgegen, wenn schädliche Nebenfolgen zu besorgen sind (vgl. näher → § 74 Rn. 8a). Generell ist eine Vereinbarkeit deshalb zu verneinen, weil im Vergleich zu Erwachsenen zusätzlich eine Benachteiligung geschieht, und zwar über die gem. Abs. 2 unmittelbare Schlechterstellung hinaus. – Der besondere jugendstrafverfahrensrechtliche Beschleunigungsgrundsatz steht einer Überprüfung der Kostenentscheidung deshalb nicht entgegen, weil Vollstr bzw. Erfüllung der Rechtsfolgen davon nicht berührt werden, denn dieser Grundsatz zielt darauf ab, dass die erzieherische Rechtsfolge möglichst zeitnah zu dem Tatgeschehen vollzogen wird, dh er betrifft allenfalls mittelbar Fragen der Prozessökonomie (vgl. mN schon Anm. *Eisenberg/von Wedel* NStZ 1985, 522). Ähnlich verhält es sich hinsichtlich etwaiger Einbußen an gerichtlicher Autorität, denn die Kostenentscheidung gem. § 74 ist selbst in den seltenen Fällen, in denen die Würdigung der Tat relevant sein könnte (vgl. nur OLG Jena NStZ-RR 1998, 153: „kein geeignetes Beurteilungskriterium"), nicht (streng) akzessorisch zur Sachentscheidung, dh die genannte Autorität wird, wenn überhaupt, dann nur am Rande tangiert.

72a **c) Befangenheitsantrag.** Ebenso ist es als erzieherisch nicht begründbare Wirkung von Abs. 2 anzusehen, wenn einem Angeklagten wegen der Rechtsmittelbeschränkung keine Revision mehr zusteht und er deshalb (im Hinblick auf § 28 Abs. 2 S. 2 StPO) den Beschluss, durch den sein Antrag auf Ablehnung des Vorsitzenden wegen Befangenheit als unbegründet zurückgewiesen worden ist, nicht mit sofortiger Beschwerde anfechten kann (so aber OLG Köln Zbl 1976, 308; *Schatz* in Diemer/Schatz/Sonnen Rn. 93; zw.; aA *Sommerfeld* in NK-JGG Rn. 33).

72b **d) Verteidigerbestellung.** Eine zu besorgende zusätzliche Schlechterstellung des jugendlichen oder heranwachsenden Angeklagten – im Verhältnis zu einem erwachsenen Angeklagten – durch Irrevisibilität einer vor Beginn der Berufungs-HV getroffenen Entscheidung des Vorsitzenden der Berufungskammer iZm der Bestellung oder Abberufung eines **Verteidigers** gem. Abs. 2 ist dadurch zu vermeiden, dass entgegen § 305 StPO die Beschwerde statthaft ist (OLG Hamm MDR 1986, 517). Entsprechendes gilt betr. die Ablehnung eines Antrags auf Terminsverlegung (OLG Koblenz NJW-Spezial 2011, 602 Rn. 6, 7 (jedoch Begründetheit vern., zw.)). – Ist (vor oder) in der HV die Beiordnung eines **notwendigen Verteidigers** abgelehnt worden, so ist eine Beschwerde auch nach rechtskräftigem Abschluss des Verfahren zulässig, weil die angefochtene Entscheidung nicht auf den Abschluss der Sache gerichtet ist und andere Verfahrenswirkungen äußert (da die Belange nicht nur der Urteilsvorbereitung dienen, steht auch § 305 StPO nicht entgegen). Eine Beschwer ist weiterhin gegeben, da die (zumindest vorübergehende) Überbürdung der Verteidigerkosten auf die Staatskasse auch nach Abschluss der Hauptsache noch erreicht werden kann (OLG Schleswig bei *Lorenzen* SchlHA 1987, 109).

VI. Einzelfragen zum Verschlechterungsverbot bezüglich Rechtsfolgen

1. Grundsatz

73 Hinsichtlich der Anwendung des Verbots der **reformatio in peius** (zur Geltung im JStVR vgl. → Rn. 24) ist der Grundgedanke des Rechtsinstituts zu berücksichtigen, den Anfechtungsberechtigten nicht durch die Besorgnis, der Angeklagte müsse bei Erfolglosigkeit des Rechtsmittels eine ihn erhöht beeinträchtigende Rechtsfolge befürchten, von der Einlegung eines Rechtsmittels abzuhalten (vgl. etwa BGHSt 7, 86 (87); *Dallinger/Lackner* Vor § 55 Rn. 22; s. zum Überblick der rechtshistorischen Entwicklung etwa *Ganske,* Der Begriff des Nachteils bei den strafprozessualen Verschärfungsverboten, 1960, 4 ff.). Hierbei ist maßgebend die Gestaltung im **Einzelfall,** wozu das im Allgemeinen geltende Verhältnis der Rechtsfolgen untereinander (vgl. → Rn. 75 ff., 86 ff.) einer Orientierung dient.

74 **a) Generelle und konkrete Beurteilung.** Beim Vergleich des früheren und des neuen Rechtsfolgenausspruchs ist der Umstand einer Verschlechterung im Sinne einer ganzheitlichen Betrachtungsweise zu prüfen. Nach der von der Rspr. praktizierten „Gesamtschau" (BGHSt 24, 11 (14) mN) werden die Rechtsfolgen sowohl nach einem **generell-objektiven Maßstab** (iSd gesetzlichen Wertungen) beurteilt als auch in ihrer **konkreten Aus-**

gestaltung verglichen, wobei ausschlaggebend für die Entscheidung ist, welcher Rechtsfolgenausspruch in seinen rechtlichen und tatsächlichen Wirkungen (s. bereits *Ganske,* Der Begriff des Nachteils bei den strafprozessualen Verschärfungsverboten, 1960, 42 ff.) den Angeklagten im konkreten Fall stärker belastet (vgl. BayObLGSt 70, 159 (161); OLG Hamm NJW 1971, 1666).

Hiernach ist es nicht schon als ein Nachteil iSd Verschlechterungsverbotes **74a** anzusehen, wenn eine Rechtsfolge nach allg. StR anstatt nach JStR ausgesprochen wird (s. OLG Hamburg NJW 1963, 67; OLG Köln NJW 1964, 1684; *Dallinger/Lackner* § 105 Rn. 51 ff.; *Potrykus* § 105 Anm. 6; aA *Petersen* NJW 1961, 350). Vielmehr kommt es auf den Vergleich der Rechtsfolgen im Einzelnen an (vgl. → Rn. 86–91; ferner *Dallinger/Lackner* § 5 Rn. 3).

b) Abwägung im Einzelfall. Hierbei ist bezüglich eines Nachteils die **74b** objektive Würdigung des Interesses des Angeklagten durch seine erkennbare *subjektive Beurteilung* oder gar seinen *Verzicht* auf die Einhaltung des Verbots begrenzt. Dies gilt zumindest im JStrafverfahren bereits deshalb, weil die Anwendung des Verschlechterungsverbotes nach Maßgabe von § 2 Abs. 2 dem Erziehungszweck jugendstrafrechtlicher Rechtsfolgen einschließlich des kommunikativen Prinzips im Entscheidungsprozess (bezüglich der Rechtsfolgen) zu entsprechen hat. Dabei gebietet es das jugendrechtliche **Schutzprinzip,** den Angeklagten vor von ihm nicht nachvollziehbaren (jugendstraf-) rechtlichen Benachteiligungen ebenso zu bewahren wie vor sonstigen rechtlichen oder sozialen Beeinträchtigungen. Insoweit ist im Einzelfall eine Abwägung vorzunehmen (wohl zu knapp OLG Schleswig bei *Ernesti/Lorenzen* SchlHA 1985, 142). – Unter dieser Einschränkung stehen die in Rspr. und Schrifttum (nach gesetzlichen Wertungen und konkreten Ausgestaltungen) entwickelten Verhältnisbestimmungen einzelner Rechtsfolgen zueinander.

2. Verhältnis der besonderen Rechtsfolgen des JGG zueinander

a) Erziehungsmaßregeln. aa) Die gesetzlich nicht abschließend ge- **75** regelten **Weisungen** (§ 10; einschließlich der BewWeisungen (§ 23 Abs. 1 S. 1, § 29)) werden untereinander insofern als gleichwertig eingestuft, als sie in Ausgestaltung bzw. Laufzeit unangreifbar abänderbar sind (§§ 11 Abs. 2, 23 Abs. 1 S. 3 iVm § 22 Abs. 2 S. 2 und § 59 Abs. 2 S. 2; abw. *Sommerfeld* in NK-JGG Rn. 16). Jedoch besagt eine solche Einstufung nichts zu der maßgeblichen Frage nach der jeweiligen Belastung (vgl. → Rn. 74, 74b).

(1) Sie entsprechen in ihrer Eingriffsintensität dem Rechtsfolgenausspruch **75a** nach § 53, da auch das FamG Weisungen erteilen kann.

(2) Sie sind zwar insoweit **schwerer als** sämtliche Formen der **Auflage,** **75b** als sie infolge ihrer Abänderbarkeit die erhebliche freiheitsbeschränkende (und auch durch das KJHG substantiell nur begrenzt modifizierte) Ausgestaltung nach § 10 Abs. 1 S. 3 Nr. 2 erreichen können (*Grethlein* Verschlechterungsverbot 111; aA *Potrykus* § 66 Anm. 4), jedoch ist magebend die Gestaltung im Einzelfall (vgl. statt vieler auch *Brunner/Dölling* Rn. 23). Ebenso sind sie nachteiliger im Verhältnis zur Erziehunsbeistandschaft (s. näher *Grethlein* Verschlechterungsverbot 100, 112) und zur Verwarnung (allg. Auffassung). – Gegenüber allen übrigen Rechtsfolgen des JGG sind sie idR von geringerer Eingriffsintensität.

76   **bb) Erziehungsbeistandschaft** (§ 12, § 30 KJHG) stellt sich als Verschlechterung nur ggü. der bloßen förmlichen Zurechtweisung einer Verwarnung dar (zur Entstehung der Verwarnung als Zuchtmittel vgl. → § 13 Rn. 4f; vgl. aber, auch im Hinblick auf § 5 Abs. 2, *Kretschmann,* Das Verbot der reformatio in peius im Jugendstrafverfahren, 1968, 83, 129).

77   **cc) Eine Verpflichtung** nach § 12 Nr. 2 ist im Allg. eine Verschlechterung ggü. sämtlichen übrigen Rechtsfolgen des JGG mit Ausnahme der JStrafe (vgl. § 55 Abs. 1 S. 2, § 78 Abs. 1 S. 2; betr. vormalige FE zust. *Wittschier,* Das Verbot der reformatio in peius im strafprozessualen Beschlußverfahren, 1984, 84; s. auch *Petersen* NJW 1961, 348).

77a   (1) Im *Vergleich* zum *Jugendarrest* wird dies wegen der regelmäßig erheblich höheren Dauer der Hilfe zur Erziehung nach § 12 Nr. 2 (s. betr. FE vormals § 75 Abs. 1, 2 JWG ggü. § 16 Abs. 4 S. 1) gelten (ebenso betr. vormalige FE *Grethlein,* Verschlechterungsverbot 63, 110 f.; *Dallinger/Lackner* Vor § 55 Rn. 26; wohl auch *Kretschmann,* Das Verbot der reformatio in peius im Jugendstrafverfahren, 1968, 131).

77b   (2) Gegenüber (vollstreckbarer) *JStrafe* ist Hilfe zur Erziehung nach § 12 Nr. 2 – unabhängig von deren Dauer – idR schon wegen der unterschiedlichen Vollzugsform (vgl. §§ 89b, 92 und vormals betr. FE §§ 69 Abs. 3, 71 Abs. 2, 3 JWG; s. im Übrigen näher *Grethlein* Verschlechterungsverbot 115; *Kretschmann,* Das Verbot der reformatio in peius im Jugendstrafverfahren, 1968, 130) von geringerer Intensität. Aber auch die Aussetzung der Vollstr der JStrafe zBew (§ 21) und wohl auch die Aussetzung der Verhängung der JStrafe zBew (§ 27) werden wegen der Möglichkeit späterer Vollstr (§ 26 Abs. 1) bzw. Verhängung und Vollstr (§ 30 Abs. 1 S. 1) nicht an die Stelle von Hilfe zur Erziehung nach § 12 Nr. 2 treten dürfen (ebenso *Schatz* in Diemer/Schatz/Sonnen Rn. 37). Anders verhält es sich allenfalls, soweit mit der Durchführung der Hilfe zur Erziehung nach § 12 Nr. 2 in einem geschlossenen Heim konkret zu rechnen ist (s. näher *Grethlein* Verschlechterungsverbot 118, 122, zu Folgerungen für die Entscheidungsformel 147 f.).

78   **b) Zuchtmittel. aa)** Die **Verwarnung** (§ 14) ist diejenige förmliche Rechtsfolge des JGG mit der geringsten Eingriffsintensität (allg. Auffassung, vgl. auch → Rn. 76).

78a   **bb)** (1) Für das Verhältnis der **Auflagen** (zu den BewAuflagen vgl. → Rn. 82) zueinander ist eine (ansteigende) Schwereskala in der Reihenfolge Entschuldigung (§ 15 Abs. 1 S. 1 Nr. 2), Wiedergutmachung (§ 15 Abs. 1 S. 1 Nr. 1), Geldauflage (§ 15 Abs. 1 S. 1 Nr. 4) vorgeschlagen worden (*Grethlein* Verschlechterungsverbot 106 f., 109, 112; aA *Potrykus* § 66 Anm. 4: sämtliche Auflagen gleichwertig; ebenso *Brunner/Dölling* Rn. 23). Hierbei mag insb. eine – im Einzelfall etwa zu erwartende – erziehungspsychologische Wirkung der persönlichen Entschuldigung ggü. der anonymen (und abwälzbaren) Erbringung einer Geldleistung unterschätzt werden (vgl. auch bereits *Hellmer* 238 f.; aA *Kretschmann,* Das Verbot der reformatio in peius im Jugendstrafverfahren, 1968, 117). Stattdessen sollte die Abwägung – auch hinsichtlich der „Arbeitsauflage" (§ 15 Abs. 1 S. 1 Nr. 3) – wie auch sonst (vgl. → Rn. 74, 74b) nach der subjektiven Belastung geschehen (ebenso *Bender* JGG Anm. 20; *Dallinger/Lackner* Vor § 55 Rn. 26; *Schaffstein/Beulke/Swoboda* JugendStrafR 821; *Baumann,* Das strafprozessuale Verbot der reformatio in peius und seine Besonderheiten im Jugendstrafrecht, 1999, 127; vgl. auch → Rn. 74b).

(2) In der Regel sind die Auflagen von höherer Eingriffsintensität als **78b** die Verwarnung und die Erziehungsbeistandschaft (vgl. → Rn. 75, 76) und weniger nachteilig als alle übrigen Rechtsfolgen des JGG (allg. Auffassung).

cc) (1) Im Verhältnis der Ausgestaltungen des **Jugendarrests** (§ 16) un- **79** tereinander wird die Gesamtdauer der Freiheitsentziehung die Entscheidungsgrundlage abgeben müssen. Kurzarrest ist danach keine Verschlechterung im Vergleich zu Dauerarrest (s. § 16 Abs. 2, 3 und § 16 Abs. 4 S. 1), während zwei Tage Kurzarrest dem Jugendarrest für eine Freizeit entsprechen (§ 16 Abs. 3 S. 2).

(2) Die *Berücksichtigung* von *U-Haft* bei Jugendarrest (§ 52) ist bei Wegfall **79a** in der Rechtsmittelinstanz nur dann kein Nachteil, wenn der Jugendarrest um die Zeit der erstinstanzlich berücksichtigten Freiheitsentziehung verringert wird, die wegen der Tat erlitten wurde (vgl. *Grethlein* Verschlechterungsverbot 106).

(3) In der Regel ist Jugendarrest *nachteiliger* als sämtliche übrigen Rechts- **79b** folgen des JGG *mit Ausnahme* der Hilfe zur Erziehung nach § 12 Nr. 2 (vgl. → Rn. 77a) und der JStrafe. Wenngleich die Vollstr des Jugendarrests nicht zBew ausgesetzt werden kann (§ 87 Abs. 1), ist er gleichwohl ggf. (nach *Böhm* StV 1985, 158 selbst bei einer Dauer von vier Wochen (zw.); nach OLG Schleswig bei *Ernesti/Lorenzen* SchlHA 1985, 142 sogar bei zwei Dauerarresten von je vier Wochen (nicht unbedenklich)) weniger nachteilig als eine (betr. die Vollstr) zBew ausgesetzte JStrafe (§ 21) und wohl auch als die Aussetzung der Verhängung einer JStrafe zBew (§ 27; OLG Oldenburg Zbl 1967, 343 = OLGSt § 331 StPO S. 1; OLG Hamm NJW 1971, 1666; *Dallinger/Lackner* Vor § 55 Rn. 23; *Baumann*, Das strafprozessuale Verbot der reformatio in peius und seine Besonderheiten im Jugendstrafrecht, 1999, 148 ff., 151–153; *Schaffstein/Beulke/Swoboda* JugendStrafR 821; *Kretschmann*, Das Verbot der reformatio in peius im Jugendstrafverfahren, 1968, 127, 129; betr. § 21 zusätzlich LG Nürnberg-Fürth NJW 1968, 120; *Brunner* JR 1972, 74; *Potrykus* NJW 1967, 185; krit. *Eschelbach* in BeckOK StPO StPO § 331 Rn. 23).

c) JStrafe. aa) (1) Die **Aussetzung** der **Verhängung** der **JStrafe zBew** **80** (§ 27) ist ggü. sämtlichen Erziehungsmaßregeln und Zuchtmitteln idR von Nachteil (auch soweit diese freiheitsentziehend sind (vgl. → Rn. 77b, 79b)), weil die Freiheitsentziehung als Möglichkeit nach § 30 Abs. 1 S. 1 in schwerwiegenderer Form besteht (zur Änderung von BewAuflagen vgl. → Rn. 82). Dagegen ist diese Aussetzung nicht nur weniger nachteilig als die vollstreckbare Verhängung von JStrafe (§§ 17 ff.), sondern idR auch als die (betr. die Vollstr) zBew ausgesetzte JStrafe (§ 21; s. näher *Grethlein* Verschlechterungsverbot 92 ff.).

(2) Die **Aussetzung** der **Vollstr** der **JStrafe zBew** (§ 21) ist (wegen der **81** Widerrufsmöglichkeit (§ 26)) auch ggü. den freiheitsentziehenden Erziehungsmaßregeln und Zuchtmitteln (vgl. → Rn. 77b, 79b) nachteiliger. Das Gleiche wird – entgegen einer vereinzelt gebliebenen gegenteiligen Auffassung in der Rspr. (BGHSt 9, 104 (106)) – auch ggü. der Aussetzung der Verhängung der JStrafe zBew (§ 27) angenommen werden müssen (zust. *Schatz* in Diemer/Schatz/Sonnen Rn. 40; s. näher *Grethlein* Verschlechterungsverbot 92 ff. mit weiterer Begründung; aber auch *Kretschmann*, Das Verbot der reformatio in peius im Jugendstrafverfahren, 1968, 128 f.).

81a (a) Ein Nachteil ist es stets, wenn die Aussetzung in der Rechtsmittel-instanz entfällt und die JStrafe **vollstreckt** wird (hM; BGH 2.12.1954 – 3 StR 120/54; BayObLG NJW 1959, 1838; s. auch BGHSt 7, 180 (182); *Dallinger/Lackner* § 59 Rn. 4; *Grethlein* Verschlechterungsverbot 49 mN; *Schaffstein/Beulke/Swoboda* JugendStrafR 821). Dies gilt nicht nur, wenn die Aussetzung nunmehr abgelehnt wird, sondern auch dann, wenn sie vor-behalten bleibt, da dies eine Ungewissheit bedeutet (allg. Auffassung). Es gilt ferner dann, wenn unter Aufhebung der Aussetzungsentscheidung auf eine niedrigere JStrafe oder zusätzlich U-Haftanrechnung erkannt wird (vgl. BGH NJW 1954, 39; 1961, 1220; BayObLG NJW 1959, 1838; OLG Frankfurt/M. NJW 1964, 368; *Dallinger/Lackner* § 59 Rn. 4; *Meyer-Goßner/ Schmitt* StPO § 331 Rn. 17).

81b (b) Dagegen soll das Rechtsmittelgericht die Aussetzung versagen dürfen, wenn sich das erstinstanzliche Gericht die Aussetzungsentscheidung vor-behalten und sich zur Frage der Aussetzung der Vollstr zBew **nicht ge-äußert** hat (vgl. statt vieler nur *Brunner/Dölling* Rn. 31). Dies begegnet Bedenken, weil dem Angeklagten dadurch eine Instanz verlorengeht (vgl. auch → § 57 Rn. 8, → § 59 Rn. 8; aA auch *Sommerfeld* in NK-JGG Rn. 17: Beseitigung eines Vollstreckungshindernisses; *Kunkel* in BeckOK JGG Rn. 49).

82 (3) Hinsichtlich **BewAuflagen** und **-Weisungen** (§§ 23, 29) als Rechts-folgen iSd (sich auf Urteile beziehenden) §§ 331 Abs. 1, 358 Abs. 2 StPO geht die überwiegende Auffassung davon aus, die **umfangreichere Anord-nung** durch das die Aussetzung bestätigende Berufungsgericht sei kein Nachteil iSd *Verschlechterungsverbots,* ohne dass es darauf ankommen soll, ob das – außerhalb des Rechtsmittelverfahrens – zu einer Änderung zuständige Gericht eine umfangreichere Anordnung in Betracht gezogen hatte (BGH NJW 1964, 2213; BayObLGSt 56, 253; *Brunner/Dölling* Rn. 32; *Kaspar* in MüKoStPO Rn. 32a; *Grethlein* Verschlechterungsverbot 54; für das allg. StVR BGH MDR 1982, 419; OLG Düsseldorf NStZ 1994, 198 f.; OLG Oldenburg NStZ-RR 1997, 9; KG StraFo 2010, 426; LG Berlin NJW 2000, 3796; aA OLG Koblenz NJW 1977, 1074; OLG Frankfurt/M. NJW 1978, 959). Diese Auffassung wird daraus hergeleitet, dass die in Rede stehenden Maßnahmen iRd sachlich-rechtlichen gesetzlichen Voraussetzungen un-anfechtbar abänderbar (§ 23 Abs. 1 S. 3, § 59 Abs. 2 S. 2) sind – eine des-halb verfehlte Argumentation, weil es **nicht** um die Frage eines **Bestands-schutzes** geht, **sondern** um den **Vertrauensschutz** hinsichtlich des Rechtsmittelverfahrens (zur Häufigkeit → Rn. 38). Daher ist insoweit un-erheblich, dass das zuständige Gericht zu einer solchen Abänderung befugt wäre, es sei denn, es lägen neue Tatsachen vor.

82a (a) Demgegenüber wird insb. betr. **BewAuflagen,** auch ohne dass die §§ 304 ff. StPO eine spezielle Regelung enthielten, eine analoge Anwen-dung des Verschlechterungsverbotes insoweit zu bejahen sein (vgl. zum allg. StR *Groß* in MüKoStGB StGB § 56b Rn. 38; *Frisch* in SK-StPO StPO § 331 Rn. 16), als sie – entgegen der hier vertretenen Auffassung (vgl. → § 23 Rn. 5) – auch als Übelszufügung ausgestaltet werden. Insoweit besteht in gleicher Weise ein Bedarf, die Funktion des Verbots wirken zu lassen.

82b Der in Rede stehende **Vertrauensgrundsatz** betrifft einen rechtstatsäch-lichen Zusammenhang zwischen Rechtsmittelverfahren und **Mehrbelas-tung** (vgl. schon → Rn. 73). Er besteht unabhängig von einer im Einzelfall etwa (auch) punitiven Motivation ausgedehnterer Anordnung von BewAuflagen und −Weisungen (zu veröffentlichten Judikaten → Rn. 82, ergänzend betr. die Kostenentscheidung → Rn. 72; zu gar apokryph bleibender Motivation iZm U-Haft vgl. → § 72 Rn. 9) − eine solche, möglicherweise unbewusste Motivation ist zwar im Sinne empirisch verlässlicher Methoden (schon aufgrund des Schutzes gem. § 43 DRiG) nur begrenzt nachweisbar, aber zumindest nicht ausschließbar. Nicht berührt wird der Vertrauensgrundsatz auch von der Möglichkeit, dass in 1. Instanz erzieherisch Wesentliches übersehen worden sein könnte (einem Korrekturbedarf der erstinstanzlichen Entscheidung wird sich anderweit abhelfen lassen).

(b) Eine **Verlängerung** der **BewZeit** (§ 22 Abs. 2 S. 2) durch das Berufungsgericht − wegen ihrer Anfechtbarkeit (§ 59 Abs. 2 S. 2) als potentiell belastend ausgewiesen − ist ein Nachteil iSd Verschlechterungsverbots (ebenso *Grethlein* Verschlechterungsverbot 56 f.; aA OLG Hamburg NJW 1981, 470 (zum allg. StVR)). **82c**

bb) Die (vollstreckbare) **JStrafe** (§§ 17 ff.) ist nachteiliger als jede andere Rechtsfolge des JGG (allg. Auffassung). Für einen Vergleich von JStrafen untereinander kommt es zunächst auf deren Höhe an. **83**

(1) Unterbleibt in der Berufungsinstanz die erstinstanzlich erfolgte **Anrechnung** von **U-Haft** (§ 52a), ohne dass die Dauer der JStrafe entsprechend *verringert* wird, so liegt ein Nachteil vor (allg. Auffassung, vgl. nur BGH GA 1956, 345). Aber auch bei Verringerung der JStrafe im Umfang der erstinstanzlichen Anrechnung wird (abw. von der wohl hM für das allg. StVR (s. etwa BGHSt 7, 214 (217); BGH JZ 1956, 101)) ein Nachteil zumindest darin gesehen werden müssen, dass wegen der Voraussetzungen in § 88 Abs. 2 die Aussetzung der Vollstr des Restes einer JStrafe *erst später* erfolgen kann, weil ohne Anrechnung das erforderliche Drittel der Strafe erst zu einem späteren Zeitpunkt vollzogen ist (Ausnahme: Verhängung des Mindestmaßes nach § 18 Abs. 1 S. 1; s. näher *Grethlein* Verschlechterungsverbot 63, 47 f.; ferner *Ganske,* Der Begriff des Nachteils bei den strafprozessualen Verschärfungsverboten, 1960, 96 f. für das allg. StVR). − Andererseits soll die JStrafe erhöht werden dürfen, wenn die Erhöhung durch erstmalige Anrechnung der bis zum erstinstanzlichen Urteil erlittenen U-Haft *ausgeglichen* wird, weil im Hinblick auf § 88 ein früherer Drittelvollzug vorliegt (*Grethlein* Verschlechterungsverbot 47 f.; zust. *Brunner/Dölling* Rn. 30). **83a**

(2) Ein Nachteil besteht − wegen der Widerrufsmöglichkeit − dann, wenn in der neuen Entscheidung zwar die Vollstr der JStrafe zBew ausgesetzt, die Dauer der JStrafe aber erhöht wird (ganz hM; s. etwa BGH JZ 1956, 101; OLG Düsseldorf NJW 1964, 216; *Dallinger/Lackner* § 59 Rn. 5). **83b**

(3) Ist auf die vom Angeklagten eingelegte Revision eine nach § 31 Abs. 2 festgesetzte **EinheitsJStrafe** aufgehoben worden und kann bei der neuen Verhandlung wegen Vollstr der einbezogenen JStrafe keine EinheitsJStrafe mehr gebildet werden, so darf die zu verhängende JStrafe nicht höher bemessen werden als die aufgehobene EinheitsJStrafe abzüglich der vollstreckten JStrafe, da insoweit die gleichen Erwägungen iSv § 358 Abs. 2 S. 1 StPO gelten wie im allg. StR (BGHSt 12, 94; BGH NStZ 1986, 423). Entsprechendes gilt bei zweitinstanzlichem Absehen von der Einbeziehung einer schon getroffenen Rechtsfolgenentscheidung gem. § 31 Abs. 3 S. 1 (OLG Celle NStZ-RR 2001, 90; OLG Brandenburg NStZ-RR 2008, 388). − Wegen der Bildung einer EinheitsJStrafe in der Rechtsmittelinstanz vgl. im Übrigen → § 31 Rn. 67 ff. **84**

85　　d) **Verbindung von Rechtsfolgen (§ 8).** Soweit **mehrere Rechtsfolgen nebeneinander** ausgesprochen werden können (§ 8 nebst → § 8 Rn. 1 ff.), wird sich kaum generell annehmen lassen, ob bzw. inwieweit die Verringerung oder der Wegfall einer Rechtsfolge von geringerer Eingriffsintensität die Erhöhung des Umfangs einer aufrechterhaltenen belastenderen Rechtsfolge zulassen könnte (s. aber näher *Grethlein* Verschlechterungsverbot 12 f.).

3. Verhältnis der besonderen Rechtsfolgen des JGG zu Freiheits- und Geldstrafe

86　　a) **Freiheitsstrafe. aa)** Im Vergleich zur (vollstreckbaren) Freiheitsstrafe (§§ 38 f. StGB) sind idR sämtliche besonderen Rechtsfolgen des JGG weniger nachteilig. Betreffend die freiheitsentziehenden Rechtsfolgen gilt dies ohne weiteres aber nur, soweit ihre Dauer diejenige der Freiheitsstrafe nicht übersteigt.

86a　　(1) Eine kürzere Freiheitsstrafe sei nach der Rspr. kein Nachteil ggü. einer längeren JStrafe (BGHSt 10, 100), soweit (im Einzelfall rechnerisch, vgl. → Rn. 87) nach demselben Vollzugszeitraum die Aussetzung des Strafrestes zBew möglich ist (s. BGHSt 29, 269).

87　　(2) Eine gleich hohe Freiheitsstrafe ist ggü. der erstinstanzlich ausgesprochenen JStrafe ein Nachteil. Dies ergibt schon ein Vergleich der Vorschriften über die Aussetzung der Vollstr des Strafrestes (§ 88 Abs. 1, 2 ggü. § 57 StGB), ohne dass die Erweiterung des § 57 Abs. 2 StGB durch das 23. StÄndG v. 13.4.1986 (BGBl. I 393) die Unterschiede wesentlich nivelliert hätte, vielmehr wurden solche Unterschiede durch Gesetz v. 26.1.1998 (BGBl. I 160) verstärkt („Entwicklung des Jugendlichen" bzw. – das allg. StR – § 454 Abs. 2 S. 1 Nr. 2; näher → § 88 Rn. 21, 26). Der Nachteil zeigt sich auch in der Möglichkeit der Beseitigung des Strafmakels (§§ 97 ff.) und in den im Allg. günstigeren Registerfolgen (vgl. §§ 32, 34, 46 BZRG) bei JStrafe, wobei hinsichtlich der Berücksichtigung dieser Wirkungen unerheblich ist, dass sie kraft Gesetzes als Folge des Urteils eintreten und nicht vom erkennenden Gericht unmittelbar ausgesprochen sind. Andernfalls könnten sie auch geeignet sein, von der Einlegung eines Rechtsmittels zugunsten des Angeklagten abzuhalten (BGH JZ 1980, 659 (660); ebenso *Dallinger/Lackner* § 1 Rn. 14; *Schaffstein/Beulke/Swoboda* JugendStrafR 167; weitergehend *Grethlein* Verschlechterungsverbot 150 f.; *Brunner/Dölling* Rn. 39).

88　　Gleichwohl hält die hM (BGHSt 5, 366 (369); 10, 100 (103); OLG Düsseldorf NJW 1964, 216; *Brunner/Dölling* Rn. 39; *Grethlein* Verschlechterungsverbot 150; *Kretschmann,* Das Verbot der reformatio in peius im Jugendstrafverfahren, 1968, 133; *Baumann,* Das strafprozessuale Verbot der reformatio in peius und seine Besonderheiten im Jugendstrafrecht, 1999, 163; **aA** *Lackner* GA 1955, 35; *Petersen* NJW 1961, 348; *Schaffstein/Beulke/ Swoboda* JugendStrafR § 6 V) – unter Hinweis ua auf die lediglich den Vollstr- bzw. Vollzugsabschnitt betr. Vorschriften der § 89b Abs. 1 S. 2, § 114 – weiterhin an der Gleichwertigkeit beider Rechtsfolgen (im Hinblick auf ihre Strafart) fest.

89　　(3) JStrafe kann in der Rechtsmittelinstanz stets eine gleich lange Freiheitsstrafe ersetzen. Bei Verhängung einer Freiheitsstrafe in der Vorinstanz unter dem Mindestmaß der JStrafe (§ 18 Abs. 1 S. 1) kann dieses vom Rechtsmittelgericht wirksam unterschritten werden – das Schlechterstellungsverbot bricht die sachlich-rechtliche Vorschrift –, falls nicht – wie dies *idR* der Fall sein wird – eine *andere* jugendstrafrechtliche Rechtsfolge in Betracht kommt (OLG Oldenburg NJW 1956, 1730 f.; OLG Düsseldorf NJW 1964, 216; *Dallinger/Lackner* § 105 Rn. 53; *Schatz* in Diemer/Schatz/ Sonnen Rn. 45; *Grethlein* Verschlechterungsverbot 151; *Schnitzerling* NJW 1956, 1383 (1385); *Müller* FS Eisenberg, 2009, 417; **aA** *Potrykus* Anm. 10; *Peters* Strafprozess II.2.; *Sommerfeld* in NK-JGG Rn. 20; *Kunkel* in BeckOK JGG Rn. 64; ebenso für das allg. StVR BGHSt 27, 176).

bb) Die **Aussetzung** der Vollstr der **Freiheitsstrafe zBew** (§§ 56 StGB) **90** darf (wegen der Widerrufsmöglichkeit (§§ 56 f. StGB)) nicht an die Stelle einer JStrafe treten (vgl. aber *Laubenthal/Baier/Nestler* JugendStrafR Rn. 422). Im Verhältnis zu den übrigen Rechtsfolgen des JGG (einschließlich der Aussetzung der Vollstr zBew nach § 21) stellt sie einen Nachteil iSd Verschlechterungsverbotes dar (vgl. im Übrigen Erl. in → Rn. 81 entspr.). So muss auch Jugendarrest, obwohl dessen Vollstr nicht zBew ausgesetzt werden darf (§ 87 Abs. 1), nicht von vornherein (erg. → Rn. 74–74b) nachteiliger sein (vgl. betr. das Verhältnis zur JStrafe → Rn. 79b).

b) Geldstrafe. Diese Rechtsfolge (§§ 40 ff. StGB) ist grundsätzlich von **91** geringerer Eingriffsintensität als die freiheitsentziehenden Rechtsfolgen des JGG (vgl. BGH *Dallinger* MDR 1975, 541; BayObLGSt 71, 7; 76, 4 für Freiheitsentzug nach allg. StR; *Brunner/Dölling* Rn. 43 für Hilfe zur Erziehung nach § 12 Nr. 2; aA LG Kassel 7.2.1992 – 424 Js 17538.3/91 bei *Böhm* NStZ 1992, 528 (529) betr. JA), nicht allerdings bei zu besorgender Uneinbringlichkeit (vgl. *Böhm/Feuerhelm* JugendStrafR 64). – Nicht ganz unbedenklich könnte die generelle Bejahung eines Nachteils für den konkreten Fall mit der Begründung sein, dass die Anzahl der Tagessätze (im Hinblick auf § 43 S. 2 StGB) in der neuen Entscheidung den nach Tagen berechneten Umfang der erstinstanzlich angeordneten jugendstrafrechtlichen freiheitsentziehenden Rechtsfolge erreicht oder übersteigt (s. aber BayObLGSt 70, 159; OLG Köln NJW 1964, 1684 (erg. zum allg. StR OLG Hamm NStZ-RR 2008, 118: Verstoß, wenn Zahl der Tagessätze die Dauer der Freiheitsstrafe überschreitet); *Grethlein* Verschlechterungsverbot 158 f.; *Kretschmann, Das Verbot der reformatio in peius im Jugendstrafverfahren*, 1968, 135 f. (Rechtslage vor Einführung des Tagessatzsystems)); regelmäßig ist die Belastung im Einzelfall maßgeblich (zust. *Baumann, Das strafprozessuale Verbot der reformatio in peius und seine Besonderheiten im Jugendstrafrecht*, 1999, 175 f.). Dasselbe gilt, soweit Rechtsfolgen des JGG mit freiheitsbeschränkender Wirkung sowie insb. Geldauflagen in Betracht kommen (die bei *Grethlein* Verschlechterungsverbot 159 f. zugrunde gelegten gesetzlichen Wertungen für einen Vergleich bilden allenfalls Ansatzpunkte einer Beurteilung; ähnlich *Dallinger/Lackner* § 105 Rn. 26). – Entsprechendes gilt im Hinblick auf die Möglichkeit, wegen der vorbehaltenen Geldstrafe zu verurteilen, auch für den Vergleich mit der Verwarnung unter Strafvorbehalt (§ 59 StGB).

4. Nebenstrafen und Nebenfolgen

Soweit im JStR auf die im allg. StR zulässigen Nebenstrafen (§ 2 Abs. 2, **92** § 44 StGB; s. auch § 76 Abs. 1 S. 1) und Nebenfolgen (ohne ausschließliche Sicherungsfunktion) erkannt werden darf (nicht § 45 Abs. 2, Abs. 5 StGB und § 200 StGB; vgl. näher → § 6 Rn. 4 ff.), mithin ihre Wirkung nicht kraft Gesetzes eintritt, liegt ein Nachteil iSd Verschlechterungsverbots vor, wenn durch das Rechtsmittelgericht die erstmalige Anordnung (s. aber zum allg. StR (OLG Schleswig NStZ 1984, 90) betr. ein Fahrverbot bei Herabsetzung der Tagessatzzahl einer Geldstrafe) oder eine Erhöhung erfolgt (wohl ebenso *Brunner/Dölling* Rn. 36). Eine Einziehungsentscheidung (s. aber einschränkend zu deren allg. Zulässigkeit im JStR → § 6 Rn. 9 ff.)) darf also nicht erstmalig durch ein Rechtsmittelgericht (bei Rechtsmittel des Angeklagten) angeordnet werden – und dies unabhängig davon, ob das Tatgericht die Anordnung versehentlich unterlassen hatte und ein selbstständiges Anordnungsverfahren (§ 76a StGB) zulässig wäre (BGH NJW 2019, 1008; OLG Zweibrücken BeckRS 2017, 144006).

92a   Bei Aufhebung eines erstinstanzlich angeordneten Fahrverbots soll die Erhöhung der (Haupt-)Rechtsfolge gestattet sein, wenn deren Eingriffsintensität geringer ist (BGHSt 24, 11 mablAnm *Peters* JR 1971, 40; OLG Hamm VRS 50, 50; OLG Düsseldorf NStZ-RR 2007, 318 (zum allg. StR), zw.; aA OLG Oldenburg NJW 1969, 2213 (für das allg. StR); ferner BayObLGSt 72, 242 betr. das Verschlechterungsverbot nach § 72 Abs. 3 S. 2 OWiG) oder auch schon wenn bei einer Gesamtbetrachtung (vgl. → Rn. 74) wirtschaftlich keine Schlechterstellung eintritt (LG Köln NStZ-RR 1997, 370 (für das allg. StR)).

5. Maßregeln der Besserung und Sicherung

93   **a) Grundsätzliches.** Hinsichtlich der im JStR zulässigen Maßregeln der Besserung und Sicherung (s. § 7) steht das Verschlechterungsverbot einer Unterbringung in einem psychiatrischen Krankenhaus oder einer Entziehungsanstalt nicht entgegen (§ 2 Abs. 2, §§ 331 Abs. 2, 358 Abs. 2 S. 3 StPO, § 373 Abs. 2 S. 2 StPO; betr. Entziehungsanstalt BGH StV 2003, 14; betr. psychiatrisches Krankenhaus BGH NStZ-RR 1998, 189). Hingegen darf an die Stelle einer der genannten Unterbringungen nicht (J-)Strafe treten (vgl. BGHSt 11, 319 (für das allg. StR); *Grethlein* Verschlechterungsverbot 63, 140 (zur Vollzugssituation aber etwa AG Ludwigsburg NStZ 1986, 237; vgl. auch → § 92 Rn. 146 ff., 151 ff.); aA *Sommerfeld* in NK-JGG Rn. 22 betr. Entziehungsanstalt bei Einhaltung von deren Höchstdauer; zur Geltung des Verschlechterungsverbots für Maßregeln s. bereits BGHSt 4, 157). – Ob für die Unterbringung in einem psychiatrischen Krankenhaus nach materiellem JStR anderes gilt, wenn die anlässlich der ersten Entscheidung getroffene Bejahung von Schuldunfähigkeit nicht aufrecht erhalten wird (vgl. gem. § 358 Abs. 2 S. 2 StPO zum allg. StR BGH wistra 2008, 102 Rn. 10 (zunächst Sicherungsverfahren); StraFo 2011, 55 Rn. 11 (zunächst Freispruch)), ist gem. § 2 Abs. 2 nicht zweifelsfrei (bejahend aber BGH StV 2013, 440; *Schatz* in Diemer/Schatz/Sonnen Rn. 50). Wurde bei Bejahung verminderter Schuldfähigkeit von der Verhängung der JStrafe gem. § 5 Abs. 3 abgesehen, dh eine *Ahndung* als *entbehrlich* beurteilt, und wird nachfolgend uneingeschränkte Schuldfähigkeit bejaht, so haben die Belange des Verschlechterungsverbots iVm dem jugendstrafrechtlichen Schutzprinzip (§ 2 Abs. 1) und im Einklang mit der restriktiven Judikatur zu § 63 StGB (vgl. → § 7 Rn. 8, 9) stärkeres Gewicht, sodass es vertretbar sein kann, die Verhängung von JStrafe (und wohl auch von JA, § 13 Abs. 1) als unzulässig zu erachten (aA BGH StraFo 2013, 165 mAnm *Eisenberg;* 15.9.2015 – 5 StR 311/15 Rn. 8, BeckRS 2015, 17661).

Nach hM (*Brunner/Dölling* Rn. 35; *Dallinger/Lackner* Vor § 55 Rn. 34) **93a** soll ein Austausch bei Erziehungsmaßregeln (einschließlich Hilfe zur Erziehung nach § 12 Nr. 2) und Zuchtmitteln ebenso zulässig sein wie bei der Maßregel der Entziehung der Fahrerlaubnis oder derjenigen der Führungsaufsicht (als idR weniger nachteilige Rechtsfolge (so *Dallinger/Lackner* Vor § 55 Rn. 34 für die Entziehung der Fahrerlaubnis); für weitergehende Auswechslung einer Maßregel BGHSt 5, 312 (s. aber BGHSt 25, 38); *Bruns* JZ 1954, 370; *Grethlein* Verschlechterungsverbot 138 f.; *Seibert* MDR 1954, 331; s. auch *Ganske,* Der Begriff des Nachteils bei den strafprozessualen Verschärfungsverboten, 1960, 70).

b) Einzelfragen zur Entziehung der Fahrerlaubnis. Betreffend die **94** erstinstanzliche Entziehung der Fahrerlaubnis (§ 7, §§ 61 Nr. 6, 69 ff. StGB) ist es nicht als ein Nachteil anzusehen, wenn in der Rechtsmittelentscheidung die Maßregel durch ein zeitlich verkürztes Fahrverbot ersetzt wird (OLG Frankfurt/M. VRS 34, 35; s. ferner BGHSt 5, 168 (178 f.); zur Sonderregelung des § 69a Abs. 4 StGB OLG Hamm MDR 1978, 332 (Ls.) für das allg. StVR). – Die Entziehung der Fahrerlaubnis durch das Rechtsmittelgericht ist hingegen nachteilig, wenn in der Vorinstanz auf eine Weisung, den Führerschein zu hinterlegen, erkannt worden ist (allg. Auffassung).

6. Kostenentscheidung

Nach oft vertretener Auffassung erstrecke sich das Verschlechterungsver- **95** bot nicht auf die (das angefochtene Urteil betr.) Kostenentscheidung (*Brunner/Dölling* Rn. 37; *Kaspar* in MüKoStPO § 74 Rn. 8; *Dallinger/Lackner* § 74 Rn. 17; vgl. zum allg. StVR BGHSt 5, 52 = NJW 1954, 122; *Meyer-Goßner/Schmitt* StPO § 331 Rn. 6; aA *Ganske,* Der Begriff des Nachteils bei den strafprozessualen Verschärfungsverboten, 1960, 21, 112). Indes besteht der Erziehungsauftrag (§ 2 Abs. 1) mit dem Ziel der Abwendung von (erzieherisch nicht angezeigten) Nachteilen einheitlich im materiellen wie im formellen JStR, sodass die einschränkende Auslegung des Begriffs Rechtsfolgen (§§ 331 Abs. 1, 358 Abs. 2 StPO) als im JStrafverfahren nicht angemessen erscheint (anders, aber ohne Erörterung, OLG Hamm NStZ-RR 2014, 96 mAnm *Eisenberg* NStZ 2014, 410 sowie *Eisenberg* ZJJ 2014, 391). Hinzu kommt, dass im JGG der Schutz vor etwa erzieherisch abträglichen finanziellen Belastungen verankert ist (zB Verbot der Geldstrafe, Voraussetzungen des § 15 Abs. 2 sowie Absehen von Kostenauferlegung gem. § 74). Aus diesen Gründen ist eine sinngemäße Anwendung des Verschlechterungsverbots angezeigt (vgl. schon *Grethlein* Verschlechterungsverbot 135 f.; ebenso *Schatz* in Diemer/Schatz/Sonnen Rn. 50; *Sommmerfeld* in NK-JGG Rn. 23; *Laue* in HK-JGG Rn. 64; abw. *Kunkel* in BeckOK JGG Rn. 66).

Teilvollstreckung einer Einheitsstrafe

56 (1) ¹**Ist ein Angeklagter wegen mehrerer Straftaten zu einer Einheitsstrafe verurteilt worden, so kann das Rechtsmittelgericht vor der Hauptverhandlung das Urteil für einen Teil der Strafe als vollstreckbar erklären, wenn die Schuldfeststellungen bei einer Straftat oder bei mehreren Straftaten nicht beanstandet worden sind.**

²Die Anordnung ist nur zulässig, wenn sie dem wohlverstandenen Interesse des Angeklagten entspricht. ³Der Teil der Strafe darf nicht über die Strafe hinausgehen, die einer Verurteilung wegen der Straftaten entspricht, bei denen die Schuldfeststellungen nicht beanstandet worden sind.

(2) Gegen den Beschluß ist sofortige Beschwerde zulässig.

Übersicht

I. Anwendungsbereich

1 Vgl. im Allg. die Ausführungen zu → § 55 Rn. 1 (vgl. auch RL 2).

2 Wegen einer **sinngemäßen Anwendung** der Vorschrift im Wiederaufnahmeverfahren vgl. → § 55 Rn. 32.

II. Allgemeines

1. Entwicklung der Vorschrift

3 Während das JGG 1923 keine entsprechende Regelung vorsah, war in RL Nr. 7 S. 1 zu § 40 **RJGG 1943** – unter Beseitigung des Grundsatzes der Nichtvollstreckbarkeit nicht rechtskräftiger Urteile in Strafsachen – die Vollstreckbarkeitserklärung eines Teils der im angefochtenen Urteil ausgesprochenen Jugend-(Gefängnis-)Strafe durch Beschluss seitens des Rechtsmittelgerichts vor der HV **zugelassen,** soweit das Rechtsmittel offensichtlich keinen Erfolg versprach. § 40a RegE-JGG 1953 knüpfte ausdrücklich (Amtl. Begr. 46) an die vorbezeichnete Regelung an, allerdings unter Beschränkung der Zulässigkeit einer Teilvollstreckung auf die EinheitsJStrafe unter den in Abs. 1 S. 1 und 3 der geltenden Fassung bestehenden Voraussetzungen. Die Regelung des RegE wurde nach Aufnahme einer dem geltenden Abs. 1 S. 2 entsprechenden Bestimmung durch den Ausschuss für Rechtswesen und Verfassungsrecht (Schriftl. Ber. 9 f.) Gesetz und blieb seither unverändert, obwohl noch der BR in seinen Änderungsvorschlägen zum RegE wegen

rechtsstaatlicher Bedenken die Streichung der gesamten Bestimmung empfahl (Amtl. Begr. 57 und Stellungnahme der BReg hierzu S. 65).

2. Abweichung vom allgemeinen Strafverfahrensrecht

Von dem **Grundsatz** des **allg. StVR,** dass die Vollstreckbarkeit eines 4 Urteils stets Rechtskraft voraussetzt (§ 449 StPO), gestattet die Vorschrift für das JStrafverfahren unter einschränkender Voraussetzung eine **Ausnahme dann,** wenn bei einer Verurteilung zu EinheitsJStrafe wegen mehrerer selbstständiger Taten wenigstens hinsichtlich einer Tat die Schuldfeststellungen nicht angegriffen worden sind. Die Vorschrift steht dem Grundgedanken der EinheitsJStrafe als einer täterorientierten Rechtsfolge insofern entgegen, als sich für einen Teil der strafbaren Handlungen im Falle des Erfolgs eines Rechtsmittels die bisherige Rechtsfolge hinsichtlich ihrer Art und ihres Ausmaßes völlig verändern kann (vgl. im Übrigen die Erl. zu § 31, speziell etwa → Rn. 42). Zudem kann sich bei Wegfall einzelner Schuldfeststellungen eine andere Würdigung der Persönlichkeit des Jugendlichen ergeben und hierdurch die Verhängung von JStrafe überhaupt entbehrlich werden (RL 1). Abs. 1 S. 2 vermag insoweit keinen hinreichenden Schutz zu vermitteln.

a) Begründung der Vorschrift. Die Ausnahmeregelung wird einerseits 5 mit den als erzieherisch verstandenen Zwecken legitimiert, wonach iSd Beschleunigungsprinzips (vgl. näher → § 55 Rn. 35–37) der Vollzug einer jugendstrafrechtlichen Rechtsfolge in möglichst engem (zeitlichen) Zusammenhang zur Tat und Verurteilung stehen und insb. der als ggü. dem JStrafvollzug erzieherisch weniger geeignete Vollzug von U-Haft (so etwa *Schaffstein/Beulke/Swoboda* JugendStrafR § 38 III; vgl. näher nur → § 89c Rn. 54 ff., 81 ff.) möglichst vermieden werden müsse (vgl. bereits RL Nr. 7 S. 2 zu § 40 RJGG 1943). Andererseits aber wird die Regelung als ein bloßes „notwendiges Korrelat zur Einheitsstrafe" verstanden, das die – bei der Gesamtstrafenbildung nach allg. StR nicht in der Weise bestehende – „missliche Lage" vermeide, dass im Rahmen einer EinheitsJStrafe ein Urteil auch dann in seinem ganzen Umfang angefochten werden müsse, wenn die Entscheidung nur hinsichtlich einzelner selbstständiger Taten angegriffen werde (Stellungnahme der BReg zu den Änderungsvorschlägen des BR, Amtl. Begr. 65; ähnlich *Dallinger/Lackner* Rn. 3). Ferner wird betont, dass die Vorschrift eine endgültige Teilvollstreckung bezwecke, nicht aber die Merkmale einer vorläufigen Vollstreckbarkeit beinhalte (*Dallinger/Lackner* Rn. 1).

b) Spannungsverhältnis zu rascher Erledigung. Angesichts der Ent- 6 stehung der Vorschrift und des durchaus unterschiedlichen Verständnisses ihrer Zwecke wird nicht von vornherein auszuschließen sein, dass die mit der Eigenständigkeit des JStR legitimierte verfahrensrechtliche Vereinfachung unter weiterer Einschränkung rechtsstaatlicher strafprozessualer Grundsätze durch ein praktisches Bedürfnis nach reibungsloserer und rascherer Erledigung überlagert wird (vgl. auch → § 55 Rn. 37). Insbesondere erscheint der **Begriff** des „wohlverstandenen Interesses" (Abs. 1 S. 2) als zu **unbestimmt,** um eine Durchbrechung des in § 449 StPO verankerten Grundsatzes in jedem Fall in den gebotenen rechtsstaatlich tragbaren Grenzen zu halten. Es wird daher zu empfehlen sein, von der Möglichkeit einer Teilvollstreckung der EinheitsJStrafe nur zurückhaltend Gebrauch zu machen.

III. Voraussetzungen

7   Die Zulässigkeit einer Teilvollstreckung der EinheitsJStrafe ist von den im Folgenden angeführten Voraussetzungen abhängig:

1. Verurteilung zu einer EinheitsJStrafe

8   Es muss wegen **mehrerer selbstständiger Taten** eine Verurteilung zu einer solchen JStrafe (ohne Aussetzung der Vollstr zBew) nach § 31 (*Dallinger/Lackner* Rn. 5; s. aber *Brunner/Dölling* Rn. 2) erfolgt sein (Abs. 1 S. 1; s. auch § 66). Soweit eine frühere rechtskräftige Verurteilung zu JStrafe in ein neues Urteil einbezogen ist (§ 31 Abs. 2), so wird eine Teilvollstreckbarkeitserklärung betr. diese frühere Verurteilung regelmäßig ausscheiden, weil deren einstweilen fortbestehende (BVerfG NStZ 2001, 447) Vollstreckbarkeit erst mit der Rechtskraft des neuen Urteils und damit der Vollstreckbarkeit der (neuen) EinheitsJStrafe entfällt (vgl. auch OLG Karlsruhe MDR 1981, 519; abw. *Schady* in NK-JGG Rn. 1). Jeweils ist auch zu berücksichtigen, dass das einbeziehende Gericht (wie das Rechtsmittelgericht) nicht an Art und Höhe des einbezogenen Rechtsfolgenausspruchs gebunden ist (vgl. näher → § 31 Rn. 42; *Bohlander* NStZ 1998, 237). – Wegen Besonderheiten, wenn bei der Einbeziehung nach § 31 Abs. 2 die Vollstr der ursprünglichen JStrafe zBew ausgesetzt war, s. OLG Karlsruhe MDR 1981, 519; vgl. aber auch *Schady* in NK-JGG Rn. 9.

2. Rechtskräftige Schuldfeststellungen

9   Die Schuldfeststellungen müssen, weil sie nicht beanstandet worden sind (Abs. 1 S. 1), rechtskräftig geworden sein, und zwar bei einer oder bei mehreren, aber nicht bei allen Taten (*Bender* JGG Rn. 4; *Brunner/Dölling* Rn. 3; *Laue* in HK-JGG Rn. 7; *Laubenthal/Baier/Nestler* JugendStrafR Rn. 424; bereits *Grethlein* JGG Anm. 1b; **aA** *Dallinger/Lackner* Rn. 5; *Potrykus* Anm. 3; *Schady* in NK-JGG Rn. 4; *Schatz* in Diemer/Schatz/Sonnen Rn. 11; krit. *Paeffgen* in SK-StPO StPO § 449 Rn. 10: Gefahren unzulässiger antizipierter Strafe). Denn im Hinblick auf die Besonderheit der Einheitsstrafe sucht die Vorschrift wegen der zugrunde liegenden mehreren selbstständigen Taten eine Lösung anknüpfend an die allg. Vollstreckungswirkung bei vertikaler, dagegen nicht bei horizontaler Teilrechtskraft (vgl. zu dem Verhältnis untereinander vgl. nur *Meyer-Goßner/Schmitt* StPO § 449 Rn. 9–12).

3. Wohlverstandenes Interesse des Angeklagten

10   Es bedarf der Feststellung, dass die Anordnung einer Teilvollstreckung dem so bezeichneten Interesse des Jugendlichen entspricht (Abs. 1 S. 2; vgl. krit. → Rn. 6). Der Bewertungsmaßstab ergibt sich aus der objektiven Würdigung sämtlicher ausschließlich erzieherischer Gesichtspunkte und voraussehbaren Folgen der Teilvollstreckung, aus welchen dem Jugendlichen (auf der Grundlage hypothetischer Bewertung) **keine Rechtsnachteile** erwachsen dürfen (OLG Karlsruhe MDR 1981, 519; näher *Brunner/Dölling* Rn. 4; *Laubenthal/Baier/Nestler* JugendStrafR Rn. 413).

Der objektive Beurteilungsrahmen wird im Hinblick auf eine anzustre- 11
bende Beteiligung des Jugendlichen beim Vollzug der JStrafe die Würdigung
von **dessen** subjektiven **Vorstellungen** mit einzubeziehen haben (die Voraussetzung mag zB vorliegen, wenn sich der Jugendliche bereits in Freiheitsentziehung befindet und die für eine Verlegung in Betracht kommende
JStrafvollzugsanstalt mit den im konkreten Fall erzieherisch geeigneten Einrichtungen versehen ist, vgl. *Dallinger/Lackner* Rn. 12). Insbesondere wird
eine prognostische Beurteilung zusätzlich ergeben müssen, dass eine Möglichkeit des Wegfalls der JStrafe realistisch nicht besteht (hM; s. aber *Schaff-
stein/Beulke/Swoboda* JugendStrafR § 38 III).

4. Tatbezogene Anknüpfung

Die Anordnung der Teilvollstreckung darf **nur** an **diejenigen Taten** 12
anknüpfen, hinsichtlich derer die Schuldfeststellungen **rechtskräftig** sind
(ebenso *Dallinger/Lackner* Rn. 8). Im Übrigen gilt **Abs. 1 S. 3** (vgl. ergänzend → Rn. 6).

IV. Sonstiges Verfahrensrechtliches

1. Beschluss des Rechtsmittelgerichts

Die Entscheidung trifft das Rechtsmittelgericht (JKammer als Berufungs- 13
gericht (§ 41 Abs. 2 S. 1), OLG oder BGH als Revisionsgericht (§ 102 S. 1
iVm § 121 Abs. 1 Nr. 1 GVG oder § 135 Abs. 1 GVG)) im Verfahren bis
zur HV vor dem Rechtsmittelgericht (s. aber § 2 Abs. 2, § 349 Abs. 2 StPO;
Dallinger/Lackner Rn. 13) durch zu begründenden Beschluss (ggf. mit
Rechtsmittelbelehrung, § 2 Abs. 2, § 35a StPO; zur Art der Belehrung
§ 70a Abs. 1 aF bzw. § 70b Abs. 1 nF) nach seinem − durch Abs. 1 S. 2
gebundenen (ebenso *Dallinger/Lackner* Rn. 12) − **pflichtgemäßen Ermessen** in dem nach Abs. 1 S. 3 zulässigen Umfang (vgl. auch RL 1).

2. Sofortige Beschwerde

Diese ist gegen die Anordnung der Teilvollstreckung durch das LG als 14
Berufungsgericht zulässig (Abs. 2, § 311 StPO). Im Übrigen gelten die dem
Abs. 2 vorgehenden allg. Rechtsmittelbeschränkungen ggü. Entscheidungen
höherer Gerichte (§§ 304 Abs. 4, 310 Abs. 2 StPO; hM; *Bender* JGG Rn. 10;
Dallinger/Lackner Rn. 14; aA *Potrykus* Anm. 7 betr. die weitere Beschwerde).
Der Beschluss wird − abw. von § 307 Abs. 1 StPO − erst nach Rechtskraft 14a
als **vollstreckbar** angesehen werden können (ebenso *Laubenthal/Baier/Nest-
ler* JugendStrafR Rn. 427), weil seine Vollstreckbarkeit an sich vom Ergebnis
der sofortigen Beschwerde abhängt (vgl. zu dieser Ausnahme von § 307
Abs. 1 StPO allg. *Matt* in Löwe/Rosenberg StPO § 307 Rn. 2; *Meyer-
Goßner/Schmitt* StPO § 307 Rn. 1). Unabhängig hiervon wird es sich empfehlen, von § 307 Abs. 2 StPO Gebrauch zu machen (allg. Auffassung).

3. Zur Durchführung der Teilvollstreckung

Wegen der für die Teilvollstreckung maßgeblichen urkundlichen Grund- 15
lage (vgl. → § 82 Rn. 40, 41) s. RL II. Nr. 3 zu §§ 82–85. − Jede Freiheits-

entziehung in dem Verfahren rechnet ab Rechtskraft des Beschlusses (§ 2 Abs. 2, § 34a StPO) als Zeit der Jugendstrafhaft (vgl. im Übrigen § 52a und zur Strafzeitberechnung §§ 37 ff. StrVollstrO entspr.).

Vierter Unterabschnitt. Verfahren bei Aussetzung der Jugendstrafe zur Bewährung

Entscheidung über die Aussetzung

57 (1) ¹Die Aussetzung der Jugendstrafe zur Bewährung wird im Urteil oder, solange der Strafvollzug noch nicht begonnen hat, nachträglich durch Beschluß angeordnet. ²Ist die Entscheidung über die Aussetzung nicht im Urteil vorbehalten worden, so ist für den nachträglichen Beschluß das Gericht zuständig, das in der Sache im ersten Rechtszug erkannt hat; die Staatsanwaltschaft und der Jugendliche sind zu hören.

(2) Hat das Gericht die Entscheidung über die Aussetzung nicht einem nachträglichen Beschluss vorbehalten oder die Aussetzung im Urteil oder in einem nachträglichen Beschluss abgelehnt, so ist ihre nachträgliche Anordnung nur zulässig, wenn seit Erlaß des Urteils oder des Beschlusses Umstände hervorgetreten sind, die allein oder in Verbindung mit den bereits bekannten Umständen eine Aussetzung der Jugendstrafe zur Bewährung rechtfertigen.

(3) ¹Kommen Weisungen oder Auflagen (§ 23) in Betracht, so ist der Jugendliche in geeigneten Fällen zu befragen, ob er Zusagen für seine künftige Lebensführung macht oder sich zu Leistungen erbietet, die der Genugtuung für das begangene Unrecht dienen. ²Kommt die Weisung in Betracht, sich einer heilerzieherischen Behandlung oder einer Entziehungskur zu unterziehen, so ist der Jugendliche, der das sechzehnte Lebensjahr vollendet hat, zu befragen, ob er hierzu seine Einwilligung gibt.

(4) § 260 Abs. 4 Satz 4 und § 267 Abs. 3 Satz 4 der Strafprozeßordnung gelten entsprechend.

Übersicht

	Rn.
I. Anwendungsbereich	1
1. Jugendliche	1
2. Heranwachsende	2
II. Allgemeines	3
1. Zeitpunkt der Entscheidung über die Frage der Aussetzung	4
2. (Unzulässiges) Hinausschieben der Entscheidung	4a
a) Eher günstige Prognose	4a
b) Eher ungünstige Prognose	5
3. Nachträgliche Entscheidung tendenziell als Ausnahme	6
III. Entscheidungen im Urteil	7
1. Anordnung der Aussetzung der Vollstr zBew	7

I. Anwendungsbereich

1. Jugendliche

Die Vorschrift findet in Verfahren gegen Jugendliche auch vor den für allg. **1** Strafsachen zuständigen Gerichten Anwendung (§ 104 Abs. 1 Nr. 8).

2. Heranwachsende

In Verfahren gegen Heranwachsende kommt die Vorschrift – vor JGe- **2** richten wie vor den für allg. Strafsachen zuständigen Gerichten – nur zur Anwendung, wenn materielles JStR angewandt wird (§ 109 Abs. 2 S. 1, §§ 105 Abs. 1, 112 S. 1, 2).

II. Allgemeines

Im Gegensatz zum RJGG 1943, das eine bedingte Strafaussetzung nicht **3** vorsah (lediglich eine bedingte Aussetzung des Strafrestes kannte es, vgl. §§ 58, 59 RJGG 1943), knüpfte der Gesetzgeber 1953 an die im JGG 1923 (§§ 10 ff.) geregelte Strafaussetzung zur Probe an. – Der geltende Abs. 3 wurde durch Art. 11 Nr. 15 des 1. StRG eingefügt.

1. Zeitpunkt der Entscheidung über die Frage der Aussetzung

Hierüber befindet das Gericht unabhängig davon, ob Aussetzung der **4** Vollstr zBew beantragt ist, nach seinem pflichtgemäßen Ermessen (BGHSt 14, 74). Maßgebendes Kriterium zur Bestimmung des Zeitpunktes ist die nach dem Ergebnis der HV zu beurteilende *Spruchreife* der Aussetzungsent- scheidung (entspr. betr. sog. „Vorbewährung" OLG Hamburg NStZ 2009, 451)). Sind die tatsächlichen Voraussetzungen für die nach § 21 zu erstellen- de Prognose noch nicht erschöpfend ermittelt, so kann das Gericht entweder die HV aussetzen oder die Entscheidung über die Aussetzung vorbehalten (zu den Voraussetzungen ausdrücklichen Vorbehalts § 61 Abs. 1 und 2). Falls diesbezüglich keine weiteren Ermittlungen erforderlich sind, ist über die Aussetzung bereits im Urteil zu entscheiden (§ 21 Abs. 1, 2; näher Anm. *Eisenberg/Wolski* NStZ 1986, 220 zu OLG Stuttgart NStZ 1986, 219). – Soweit die Zulässigkeit einer Vorbehaltserklärung verneint und kriminalpolitisch für unpraktikabel gehalten wurde (*Walter/Pieplow* NStZ 1988, 166 f. (168)), blieb unberücksichtigt, dass für eine Vorabentscheidung über den Schuldausspruch gerade auch das Anliegen der prozessualen Wahrheitsermittlung streitet und andererseits die Anwendung des (auch) diesem Bestreben korrespondierenden Grundsatzes der Verfahrensbeschleunigung zu einer Versagung der Aussetzung (ohne zureichende Ermittlung der eine Aussetzung eventuell rechtfertigenden Tatsachen) führen müsste.

2. (Unzulässiges) Hinausschieben der Entscheidung

4a **a) Eher günstige Prognose.** Ermessensfehlerhaft und daher unzulässig wäre es, die Frage der Aussetzung bei hinreichend ermittelter Tatsachengrundlage, die die **Erwartung** der **Legalbewährung** als **begründet** ausweist, aus als „erzieherisch" bezeichneten Gründen in der Schwebe zu belassen (vgl. auch → §§ 61, 61a Rn. 4; zust. *Werner-Eschenbach,* Jugendstrafrecht, 2005, 32; aA *Dallinger/Lackner* Rn. 3). Die Unzulässigkeit ergibt sich zum einen gem. verfahrensrechtlichen Grundsätzen insofern, als bei nachträglicher Beschlussentscheidung gerade in Fällen, in denen im Hinblick auf die Rechtsfolgenerwartung die Zuständigkeit eines Kollegialgerichts begründet worden ist, die Laienbeteiligung eingeschränkt wird. Zum anderen verbieten es erziehungspsychologische Gründe, die Aussetzung nur deshalb noch nicht im Urteil auszusprechen, um dem Jugendlichen eine zusätzliche Warnung zu vermitteln oder ihn wegen einer zu befürchtenden Missdeutung der Aussetzung (zB gleichsam als Freispruch) hinsichtlich der Frage der Aussetzung zunächst im Unklaren zu lassen (vgl. auch *Schaffstein/Beulke/Swoboda* JugendStrafR 876: fehlt eine gesetzliche Grundlage; teilweise aA *Brunner/Dölling* Rn. 3; vormals *Dallinger/Lackner* Rn. 3; *Potrykus* Anm. 1). Ansonsten jedoch könnte eine zu erwartende Missdeutung der angeordneten Rechtsfolge durch den Jugendlichen Anzeichen sein für eine Störung der Kommunikation, insb. der erzieherisch angezeigten Vermittlung der die Entscheidung tragenden Gesichtspunkte (vgl. → Einl. Rn. 51 f., → § 50 Rn. 11–13 sowie → § 54 Rn. 37). Ein entsprechender Mangel sollte – sofern er nicht noch behoben werden kann – Anlass zu der Prüfung geben, ob die erzieherisch angemessene Rechtsfolge in Betracht gezogen wurde.

5 **b) Eher ungünstige Prognose.** Lässt die Tatsachengrundlage die **Erwartung** der **Legalbewährung** zwar als **nicht begründet** erscheinen, so kann es bei Konstellationen mit **besonderen** Schwierigkeiten einer **Prognose**stellung (zB bei BtM-Delikten, vgl. → § 10 Rn. 62) ggf. dennoch vertretbar sein, (auch in Ansehung einer gerade in solchen Fällen der Legalbewährung idR nicht förderlichen Einweisung) weitere Ermittlungen für erforderlich zu halten.

3. Nachträgliche Entscheidung tendenziell als Ausnahme

6 Nach allg. Auffassung darf die nachträgliche Beschlussentscheidung eher nur den Ausnahmefall darstellen (vgl. auch → §§ 61, 61a Rn. 4), zumal schon der Schuld- und Rechtsfolgenausspruch umfangreiche Ermittlungen voraussetzt. Andererseits ist sie nicht etwa in Fällen des § 21 Abs. 2 ausgeschlossen oder auch nur seltener angezeigt, zumal gerade die dort vorausgesetzten besonderen Umstände zusätzliche Ermittlungen erfordern können (zB bei vergleichsweise jungen Angeklagten).

III. Entscheidungen im Urteil

1. Anordnung der Aussetzung der Vollstr zBew

Wird diese Entscheidung getroffen, so ist dies in der Urteilsformel zum 7 Ausdruck zu bringen (**Abs. 4** iVm § 260 Abs. 4 S. 4 StPO; vgl. → § 54 Rn. 19; wegen der Einwilligung des Angeklagten s. Abs. 3; vgl. auch → Rn. 16). In den Gründen ist eine rechtliche Würdigung des Tatsachenstoffes vorzunehmen, die dem Rechtsmittelgericht die Prüfung gestattet, ob das JGericht unter Wahrung der Ermessensgrenzen von zutreffenden Erwägungen ausgegangen ist (vgl. näher → § 54 Rn. 37).

2. Andere Entscheidungen

a) Vorbehalt der Aussetzung. Hält das JGericht es für angezeigt, über 8 die Frage der Aussetzung nachträglich im Beschlussverfahren zu entscheiden (vgl. → Rn. 20 ff.), und macht es von einer der Kann-Vorschriften des § 61 Abs. 1 bzw. Abs. 2 Gebrauch (vgl. → § 61 Rn. 5, 6), so ist in der Urteilsformel zum Ausdruck zu bringen, dass die Entscheidung über die Aussetzung vorbehalten bleibt (§ 61 Abs. 3 S. 2), und in den Gründen ist dies zu erörtern (§ 61 Abs. 3 S. 3 (vormals BGHSt 14, 74)). Ein Antrag nach Abs. 4 iVm § 267 Abs. 3 S. 4 StPO erfordert zwar keine weitergehende Begründung für den Ausspruch des Vorbehalts (BGHSt 14, 74); sie ist aber im Hinblick auf die **Anfechtbarkeit** des Vorbehalts (vgl. → § 59 Rn. 6) zu empfehlen (ebenso *Dallinger/Lackner* Rn. 9).

b) Ablehnung der Aussetzung. aa) Wird die Aussetzung der Vollstr 9 zBew abgelehnt, so ist dies nicht in die Urteilsformel, sondern nur in die **Gründe** aufzunehmen (vgl. → § 54 Rn. 19, 37). Soweit kein Antrag auf Aussetzung gestellt ist, besteht zwar in diesem Fall keine gesetzliche Pflicht zur Darlegung der für die abl. Entscheidung maßgeblichen Gesichtspunkte. Jedoch ist zu berücksichtigen, dass die Nicht-Begründung dann einen sachlich-rechtlichen Fehler darstellt, wenn die Gewährung von Aussetzung nahelag oder Anhaltspunkte dafür gegeben sind, dass die Möglichkeit einer Aussetzung übersehen worden ist (vgl. BGHSt 6, 68 (zum allg. StR)).
bb) Wurde die Aussetzung der Vollstr zBew **beantragt** (Abs. 4 iVm 10 § 267 Abs. 3 S. 4 StPO), bedarf es auch dann, wenn nach dem übrigen Urteilsinhalt eine Aussetzung als unzulässig oder fernliegend erkennbar gemacht ist, einer ausdrücklichen Begründung der Ablehnung. Hierfür genügt die nur formelhafte Wiedergabe des Gesetzeswortlauts nicht (KG GA 1955, 219 (zum allg. StR)). Vielmehr ist insb. **darzulegen,** ob wegen Fehlens der gesetzlichen Voraussetzungen nach § 21 Abs. 1 bzw. Abs. 2 oder in Beurteilung des ausnahmsweisen (vgl. → § 21 Rn. 13–13b) Gebotenseins nach § 21 Abs. 2 eine abl. Entscheidung erfolgte.

3. Fehlen einer Entscheidung über die Aussetzung

11　　Anders als im allg. StVR, das stets eine Entscheidung im Urteil verlangt (§ 260 Abs. 4 S. 4 StPO, vgl. auch § 268a Abs. 1 Hs. 2 StPO), kann das Fehlen einer Entscheidung über die Aussetzung der Vollstr zBew nicht als eine stillschweigende Ablehnung der Aussetzung (OLG Braunschweig NJW 1954, 284) behandelt werden. Wegen der Möglichkeit eines eigenständigen nachträglichen Beschlussverfahrens über die Aussetzung wird das Schweigen in den Urteilsgründen dann nicht als Ablehnung, sondern als Vorbehalt der Entscheidung über die Aussetzung ausgelegt werden müssen, wenn kein Antrag auf Aussetzung gestellt war (vgl. BGHSt 14, 74; ebenso *Dallinger/Lackner* Rn. 10; *Kaspar* in MüKoStPO §§ 61 ff. Rn. 16; *Kilian* in BeckOK JGG Rn. 12; aA *Meier* in HK-JGG Rn. 2; *Brunner/Dölling* Rn. 1; *Schatz* in Diemer/Schatz/Sonnen § 61 Rn. 12). Der aus Abs. 2 hergeleiteten aA steht die übergordnete Norm des § 2 Abs. 1 entgegen (vgl. auch → §§ 61, 61a Rn. 4a; zur Legalbewährung → § 17 Rn. 16; *Eisenberg/Kölbel* Kriminologie § 42 Rn. 35 ff.), der gem. ein Vorbehalt auf das jugendrichterliche Judiz unabhängig davon gestützt sein darf, ob es gegenwärtig begründet werden kann.

IV. Nachträgliches Beschlussverfahren

12　　Eine Anordnung der Aussetzung der Vollstr zBew nach § 21 Abs. 1 oder § 21 Abs. 2 durch Beschluss kommt besonders dann vor, wenn nach dem Ergebnis der HV nur noch Ermittlungen im Hinblick auf die Frage der Aussetzung bzw. der angezeigten Ausgestaltung der BewZeit erforderlich waren und eine Aussetzung der HV sich wegen Entscheidungsreife der Sache im Übrigen schon aus prozessökonomischen Gründen nicht anbot (vgl. auch → Rn. 4f).

12a　Eine nachträgliche Aussetzung kann ferner unter den Voraussetzungen des **Abs. 2** (vgl. näher → Rn. 23–27) erfolgen. Schließlich muss eine Entscheidung über die Aussetzung dann nachträglich getroffen werden, wenn sie im Urteil fehlte (vgl. → Rn. 11).

13　　Die nachträgliche Aussetzung durch Beschluss ist **verwehrt,** wenn eine bereits angeordnete Aussetzung gem. § 26 widerrufen worden ist (LG Hamburg 1.11.1988 – (34) 41/83 Kls, das auch eine analoge Anwendung von Abs. 2 mit dem Argument ablehnte, andernfalls „würde faktisch eine Erweiterung des Rechtsmittelweges" praktiziert). Die nachträgliche Ablehnung der Aussetzung ist ausgeschlossen, wenn der Zeitraum des ausdrücklich erklärten Vorbehalts der nachträglichen Entscheidung (vgl. § 61a Abs. 1) überschritten wurde, weil es sich dann um „eine der Sache nach bereits" gewährte Aussetzung handelt und also nur ein Widerruf in Betracht kommt (OLG Dresden NStZ-RR 1998, 318).

13a　Über das Verhältnis zur Aussetzung im **Gnadenwege** vgl. → § 21 Rn. 29.

1. Verfahrensfragen

14　　**a) Zuständigkeit.** Gemäß **Abs. 1 S. 2 Hs. 1** ist für die nachträgliche Entscheidung durch Beschluss das erkennende Gericht des ersten Rechtszuges **zuständig** (zur Besetzung vgl. → §§ 33–33b Rn. 17). Ist jedoch die

Entscheidung über die Aussetzung im Urteil vorbehalten worden, so ist gem. **Abs. 1 S. 2 Hs.** 2 (geändert iZm Einführung der §§ 61–61b) für die Entscheidung über eine nachträgliche Aussetzung der Vollstr der JStrafe zBew durch Beschluss das **Gericht** der **letzten Tatsacheninstanz** – also ggf. das BerufungsG – zuständig (aA vormals OLG Frankfurt/M. NStZ-RR 1996, 252; OLG Rostock OLGSt § 57 Nr. 3, wenngleich mit sachlichen Bedenken Rn. 6; diff. OLG Hamburg NStZ 2009, 451 Rn. 20 ff., unter Hinweis auf Sachnähe und Beschleunigungsgrundsatz).

Hat sich das Urteil zur Frage der Aussetzung nicht verhalten (§ 2 Abs. 2 **14a** iVm § 267 Abs. 3 S. 4 StPO) oder hat es eine Aussetzung der Vollstr der JStrafe zBew abgelehnt, bleibt die bisherige Zuständigkeit unberührt (Abs. 1 S. 2 Hs. 1). Denn in diesen Fällen kann (nach dem Urteil der letzten Tatsacheninstanz) eine nachträgliche Aussetzung gem. Abs. 2 nur auf **neue Erkenntnisse** gestützt werden, und da solche am ehesten im Dienstbereich des erstinstanzlichen Gerichts bzw. des Vollstreckungsleiters zu gewärtigen sind (und zwar auch in Fällen einer Rechtsmittelentscheidung), ist die Beibehaltung der bisherigen Zuständigkeitsregelung **zweckmäßig.**

b) Zur Frage einer mündlichen Verhandlung. Der Beschluss darf **15** **ohne** mündliche Verhandlung erlassen werden (OLG Hamburg VRS 124, 335 (betr. schriftliche Anhörung)). Jedoch wird es sich wegen der ohnehin **zwingend** erforderlichen (wenngleich nicht zwingend mündlichen) **Anhörung** des Jugendlichen und des JStaatsanwalts (Abs. 1 S. 2 Hs. 2) sowie des Erziehungsberechtigten und gesetzlichen Vertreters (§ 67 Abs. 1) und ggf. des Verteidigers (§ 68; betr. Termingebühr (nicht VollstrGebühr) LG Mannheim StRR 2008, 120) **empfehlen,** mündliche Verhandlung anzuberaumen (n. dazu OLG Hamm BeckRS 2015, 21047), insb. wenn eine weitere Klärung des Sachstandes notwendig scheint, der Jugendliche – zB betr. den schriftlichen Bericht der JGH oder des BewHelfers – noch zu ihm nachteiligen Tatsachen oder Beweisergebnissen zu hören ist (§ 2 Abs. 2, § 33 Abs. 3 StPO) oder die Erstellung des BewPlans (§ 60) erfolgen soll.

Zudem sollte in mündlicher Erörterung die Beteiligung des Jugendlichen **16** betr. die Vorbereitung der Entscheidung zur Ausgestaltung der BewZeit auch insoweit angestrebt werden, als etwa durch die Berücksichtigung eigener Vorschläge des Jugendlichen, sofern er hierdurch nicht erkennbar überfordert ist, dessen Verantwortungsgefühl für den positiven Verlauf der BewZeit unterstützt werden könnte. Diese Erwägung gilt in erhöhtem Maße, soweit eine Erteilung von Weisungen oder Auflagen in Betracht gezogen wird **(Abs. 3: ist „zu befragen"),** wenngleich die zwingend vorausgesetzte (einschr. *Meier* in HK-JGG Rn. 10) Einwilligung nur in bestimmten Fällen erforderlich ist (Abs. 3 S. 2 iVm § 10 Abs. 2 S. 2). Regelmäßig sieht der JRichter von Weisungen oder Auflagen vorläufig ab, wenn der Jugendliche Zusagen für seine künftige Lebensführung macht oder sich zu Leistungen erbietet, die der Genugtuung für die wegen der Verfehlung entstandene Beeinträchtigung dienen und die Erfüllung dieser Leistungen zu erwarten ist (§ 23 Abs. 2; enger *Brunner/Dölling* Rn. 6).

c) Vorläufige Maßnahmen. aa) Das Gericht kann vorläufige Maßnah- **17** men treffen und notfalls (vgl. auch → § 58 Rn. 23) einen *Haftbefehl* (§ 453c StPO) erlassen, um sich der Person des Jugendlichen zu versichern (bis zum Zeitpunkt des Rechtskrafteintritts der die Aussetzung abl. Entscheidung), wenn die Aussetzung im Urteil vorbehalten war und nunmehr hinreichende

Gründe für die Annahme sprechen, dass die Aussetzung abgelehnt werden wird (§ 61b Abs. 2, → §§ 61, 61a Rn. 16, 17; vgl. vormals zu entspr. Anwendung OLG Karlsruhe NStZ 1983, 92 f. = JR 1983, 517 mAnm *Brunner; Brunner/Dölling* § 62 Rn. 3; LG Freiburg NStZ 1989, 387 mkritAnm *Fuchs;* aA *Burmann* Sicherungshaft 74; *Meier* in HK-JGG § 62 Rn. 8). Die Anwendbarkeit des § 453c StPO ist systematisch stimmig, weil eine Rechtsfolge rechtskräftig verhängt ist, was den maßgeblichen Anknüpfungspunkt der Vorschrift ausmacht. Zwar stünde ein Urteil im Falle der Aussetzung der HV (vgl. dazu → Rn. 4) noch aus, für die Anwendung der Vorschrift spricht aber, dass sie im Unterschied zur Ablehnung der Aussetzung außerhalb des Bereichs der Sachentscheidungen bleibt. – Gegen die Zulässigkeit eines Haftbefehls nach § 72, §§ 112 ff. StPO (so *Grethlein* Anm. 2d) spricht, dass er nur bis zur Rechtskraft des Urteils in Betracht kommt, ein rechtskräftiges Urteil aber Voraussetzung für die nachträgliche Beschlussentscheidung ist (vgl. → Rn. 22).

17a **bb)** Eine erlittene **Haft** (die Vollstr leitet der JRichter, § 58 Abs. 2 entspr.) wird gem. § 2 Abs. 2, § 453c Abs. 2 S. 1 StPO, § 450 StPO in entsprechender Anwendung **anzurechnen** sein (so auch *Brunner/Dölling* Rn. 10 aE).

18 **d) Einzelfragen.** Der Beschluss ist zu verkünden (§ 2 Abs. 2, § 35 Abs. 1 S. 1 StPO), anderenfalls zuzustellen (§ 2 Abs. 2, § 35 Abs. 2 StPO). Er bedarf einer **Begründung** (§ 2 Abs. 2, § 34 StPO) und einer geeigneten (§ 70a Abs. 1 aF bzw. § 70b Abs. 1 nF) **Belehrung** über das Recht, gem. § 59 Abs. 1 sofortige Beschwerde zu erheben (§ 2 Abs. 2, § 35a StPO; zur Rechtsmittelbelehrung vgl. auch → § 54 Rn. 44 entspr.).

19 **e) Anfechtbarkeit.** Betreffend den Beschluss s. § 59.

2. (Negativ-)Voraussetzungen nachträglicher Aussetzung

20 **a) Abs. 1 S. 1.** Eine nachträgliche Aussetzung der Vollstr zBew durch Beschluss ist nur zulässig, „solange der Strafvollzug noch nicht begonnen hat" (Abs. 1 S. 1). Da die Vorbehaltserklärung dafür steht, dass die Sachprüfung bezüglich der Voraussetzungen der Aussetzung der Vollstr zBew als eine neben der Rechtskraft des Schuld- und Strafausspruchs unverzichtbare Bedingung der Vollstreckbarkeit noch nicht abgeschlossen ist, hemmt sie unbeschadet der Rechtskraft des Urteils dessen Vollstreckbarkeit (§ 89 S. 1; so auch schon KG NStZ 1988, 182; OLG Frankfurt/M. NStZ-RR 1997, 250; vormals aA OLG Stuttgart NStZ 1986, 219 mablAnm *Eisenberg/Wolski*). Als **Beginn** des **Vollzugs** bestimmt sich der Zeitpunkt, in welchem der Jugendliche nach Ablehnung der Aussetzung in die zuständige JStrafvollzugsanstalt (nicht U-Haftanstalt) aufgenommen und dem Vollzug der JStrafe (nicht dem Vollzug von U-Haft) unterworfen wird (*Dallinger/Lackner* Rn. 11; *Potrykus* Anm. 1; vgl. auch LG Würzburg RdJB 1958, 111 mzustAnm *Müller*).

21 Ausnahmsweise muss die nachträgliche Entscheidung über die Aussetzung auch *nach Beginn* des *Vollzugs* noch erfolgen, wenn nämlich über die Aussetzung im Urteil nicht entschieden und entgegen die (die Vollstreckbarkeit hemmenden) Vorbehalts unzulässigerweise die Vollstr eingeleitet worden ist. Andernfalls könnte der JRichter unter Verkürzung der materiellen Rechtsposition des Angeklagten eine erstmalige Prüfung der Frage der Aussetzung vereiteln, indem er den Beginn der Vollstr (§§ 82 ff.) veranlasst (so zutr. *Dallinger/Lackner* Rn. 12). Es ist deshalb zur Vermeidung einer solchen rechtsbeeinträchtigenden und erzieherisch abträglichen Verfahrenslage stets dafür Sorge zu tragen, dass eine Vollstr nicht vor der notwendig gewordenen nachträglichen Beschlussentscheidung erfolgt (KG NStZ 1988, 182; OLG Frankfurt/M. NStZ-RR 1997, 250; aA OLG Stuttgart NStZ 1986, 219 mablAnm *Eisenberg/Wolski,* wonach die JStA – notfalls im Wege der Dienstaufsichtsbeschwerde – auf die Einleitung der Vollstr einer unter Vorbehalt der Aussetzungsentscheidung stehenden rechtskräftigen Verurteilung hinwirken könne, da die Rechtskraft des Urteils unmittelbar seine Vollstreckbarkeit bedeute).

b) Rechtskraft des Urteils. Der nachträgliche Beschluss darf erst er- 22 gehen, wenn das Urteil über die Verhängung der JStrafe rechtskräftig geworden ist (ebenso *Brunner/Dölling* Rn. 9; *Kilian* in BeckOK JGG Rn. 13; aA *Meier* in HK-JGG Rn. 5; *Ostendorf* in NK-JGG Rn. 6; *Sonnen* in Diemer/Schatz/Sonnen Rn. 16; *Kaspar* in MüKoStPO Rn. 9). Denn die nachträgliche Entscheidung über die Aussetzung ist vom Bestand der im Urteil ausgesprochenen JStrafe abhängig und nur auf dieser Grundlage dem Verurteilten sinnvoll vermittelbar.

3. Abs. 2

Wurde die Aussetzung der Vollstr zBew im Urteil oder in einem Be- 23 schluss bereits abgelehnt, richtet sich ihre nachträgliche Anordnung neben den allg. Voraussetzungen (vgl. → Rn. 20–22) nicht nur nach den maßgeblichen materiell-rechtlichen Bestimmungen (§§ 21 ff.). Vielmehr müssen seit Erlass des Urteils **Umstände hervorgetreten** sein, die allein oder in Verbindung mit den bereits bekannten Umständen eine Aussetzung rechtfertigen (Abs. 2).

Die insoweit einbezogene Ablehnung in einem Beschluss (vgl. Begr. 24 RegE, BT-Drs. 17/9389) ist stimmig zu der methodischen Erkenntnis, dass die prognostische Bedeutung der Ablehnung in einem Beschluss nicht zwangsläufig gewichtiger ist als diejenige einer solchen schon im Urteil. Bereits vor der ausdrücklichen gesetzlichen Einbeziehung war aus systematischen Gründen und zur Vermeidung tendenziell abträglicher Folgen eines – entbehrlich gewordenen – Freiheitsentzugs teilweise im Schrifttum eine entsprechende Anwendung von Abs. 2 aF auch bei Beschlüssen befürwortet worden (*Dallinger/Lackner* Rn. 22; *Brunner/Dölling* Rn. 5).

a) Umstände. Hierunter fallen Tatsachen und Beweismittel, die für die 25 Aussetzung bestimmend sein könnten (zB Verhalten des Jugendlichen nach der Tat, das eine günstigere Prognose begründen kann; für die Bewertung der Tat bedeutsame Begleitumstände, etc).

b) Nach Erlass des Urteils. Die Umstände müssen zeitlich nach Erlass 26 des abl. Urteils zur **Kenntnis des JGerichts** (vgl. BGH 7, 64 f. zu § 211 StPO) gelangt sein, dh es kommt nicht darauf an, ob sie schon bestanden haben (vgl. LG Berlin 11.4.2013 – 518 Qs 19/13 bei *Fricke* StRR 2014, 478 (betr. Altersangabe in der HV, die sich später als falsch herausstellte)). Sie müssen dem JGericht, das letztmalig diese Umstände rechtlich und tatsächlich berücksichtigen durfte (bis zur Verkündung in letzter Tatsacheninstanz oder ausnahmsweise Entscheidungen durch das Revisionsgericht nach § 354 Abs. 1 StPO), unbekannt gewesen oder geblieben sein (allg. Auffassung).

27 **c) Modifizierte Beurteilungsgrundlage.** Die hervorgetretenen Umstände müssen dem bekannten Sachverhalt ein so **bedeutsames Teilstück** hinzufügen, dass die Entscheidung über die Aussetzung nicht als Korrektur bei gleich bleibendem Sachverhalt erscheint, sondern einer modifizierten Beurteilungsgrundlage Rechnung trägt (vgl. schon *Dallinger/Lackner* Rn. 21; auch *Brunner/Dölling* Rn. 5; nicht unbedenklich KG 26.6.2013 − 4 Ws 32/13 − 141 AR 76/13 bei *Fricke* StRR 2014, 478).

Weitere Entscheidungen

58 (1) ¹**Entscheidungen, die infolge der Aussetzung erforderlich werden (§§ 22, 23, 24, 26, 26a), trifft der Richter durch Beschluß. ²Der Staatsanwalt, der Jugendliche und der Bewährungshelfer sind zu hören. ³Wenn eine Entscheidung nach § 26 oder die Verhängung von Jugendarrest in Betracht kommt, ist dem Jugendlichen Gelegenheit zur mündlichen Äußerung vor dem Richter zu geben. ⁴Der Beschluß ist zu begründen.**

(2) **Der Richter leitet auch die Vollstreckung der vorläufigen Maßnahmen nach § 453c der Strafprozeßordnung.**

(3) ¹**Zuständig ist der Richter, der die Aussetzung angeordnet hat. ²Er kann die Entscheidungen ganz oder teilweise dem Jugendrichter übertragen, in dessen Bezirk sich der Jugendliche aufhält. ³§ 42 Abs. 3 Satz 2 gilt entsprechend.**

Übersicht

I. Anwendungsbereich

1. Jugendliche

Die Vorschrift findet in Verfahren gegen Jugendliche auch vor den für allg. **1** Strafsachen zuständigen Gerichten Anwendung (§ 104 Abs. 1 Nr. 8), wobei nach § 104 Abs. 5 Nr. 1 die nach einer Aussetzung der Vollstr der JStrafe zBew erforderlich werdenden Entscheidungen dem JRichter des Aufenthaltortes zu übertragen sind.

2. Heranwachsende

Die Vorschrift gilt in Verfahren gegen Heranwachsende – vor den JGe- **2** richten wie vor den für allg. Strafsachen zuständigen Gerichten – nur (BGH StraFo 2007, 87) dann, wenn materielles JStR angewendet worden ist (§ 109 Abs. 2 S. 1, §§ 105, 112 S. 1 und 2, § 104 Abs. 1 Nr. 8, Abs. 5 S. 1).

3. Soldatinnen, Soldaten

Hier wird die Anwendung von Abs. 3 S. 2 betr. eine Übertragung an den **3** JRichter des Stationierungsortes regelmäßig dann ausscheiden, wenn die Taten in der Zivilzeit begangen wurden (vgl. vormals BGH NJW 1959, 1503 mAnm *Grethlein;* OLG Köln EJF C I Nr. 66; weitergehend *Ostendorf* in NK-JGG Rn. 6).

II. Abs. 1

1. Entscheidungen iSv Abs. 1 S. 1

a) Allgemeines. Es handelt sich um die Festsetzung (einschließlich der **4** Bemessung) sowie die nachträgliche zeitliche Änderung der BewZeit (§ 22), die (auch nachträgliche) Anordnung, Änderung und Aufhebung von Bew-

Weisungen bzw. -Auflagen (§ 23; zur Frage der Geltung des Verschlechterungsverbots vgl. → § 55 Rn. 82), die Aufhebung bzw. Änderung der Unterstellung unter BewHilfe oder die erneute Unterstellung (§ 24), den Widerruf der Aussetzung der Vollstr zBew (§ 26) und den Erlass der JStrafe nach Ablauf der BewZeit (§ 26a). – Abs. 1 S. 1 – ebenso wie Abs. 1 S. 2 und 4 sowie Abs. 3 S. 1 – gelten gem. § 61b Abs. 1 S. 6 auch betr. entsprechende Entscheidungen der „Vorbewährung" (§ 61b).

5 **b) Entsprechende Anwendung.** Zwar scheidet eine unmittelbare Geltung des § 58 für die übrigen infolge der Aussetzung der Vollstr zBew zu treffenden jugendgerichtlichen Maßnahmen (zB Erstellung des BewPlanes) angesichts des eindeutigen Wortlauts der Vorschrift aus. Es wird jedoch im Hinblick auf die geforderte Einheitlichkeit der erzieherischen Entscheidung in weitem Maße eine *entsprechende Anwendung* in Betracht gezogen werden können (ebenso *Kilian* in BeckOK JGG Rn. 14). Zur Wahrung einer sachnahen Entscheidung ist § 58 entsprechend auf die Zuständigkeit zur Aufstellung eines Bewährungsplans (§ 60) anzuwenden (vgl. schon BGHSt 19, 170 (179)). Eine entsprechende Anwendung kommt jedoch nicht in Betracht, wenn Spezialregelungen bestehen (vgl. betr. § 36 Abs. 5 S. 1 BtMG BGHR JGG § 58 Abs. 3 S. 2, Übertragung 2 (Gründe)).

2. Entscheidungszeitpunkt

6 Dieser bestimmt sich grundsätzlich nach dem Eintritt der sachlichen Voraussetzung. – Als Besonderheit ist zu berücksichtigen, dass bei einer im Urteil ausgesprochenen Aussetzung der Vollstr zBew ein Widerruf erst zulässig ist, wenn die Anordnung rechtskräftig geworden ist. Denn zuvor liegt eine wirksame und demzufolge widerrufsfähige Aussetzungsentscheidung noch nicht vor (vgl. auch schon *Dallinger/Lackner* Rn. 2 mN).

3. Rechtliches Gehör

7 **a) Allgemeines.** Vor den Entscheidungen sind gem. Abs. 1 S. 2 der Jugendliche, der JStaatsanwalt und der BewHelfer (anders als die Unterrichtung nach § 453 Abs. 1 S. 5 StPO; vgl. auch OLG Hamm NStZ 2017, 543) und gem. § 67 Abs. 1 der Erziehungsberechtigte und der gesetzliche Vertreter zu hören sowie die JGH heranzuziehen (§ 38 Abs. 3 S. 1 aF bzw. § 38 Abs. 6 nF). Das rechtliche Gehör sollte insb. im Rahmen einer anberaumten mündlichen Verhandlung auch zur Verwirklichung erzieherischer Zwecke beitragen, indem in gemeinsamer Erörterung der Voraussetzungen der Entscheidung auf eine Beteiligung des Jugendlichen (vgl. → § 57 Rn. 16) und der zur Anhörung Berechtigten hingewirkt werden kann. Dabei könnten zugleich etwaige unterschiedliche Auffassungen über Zweck und Durchführung der Maßnahmen geklärt werden, wodurch möglicherweise zu erwartende Resistenzen ggü. der erzieherischen Verwirklichung gemildert oder behoben werden mögen. Kommt ein Widerruf der Aussetzung oder die Verhängung von JA in Betracht, ist dem Jugendlichen ohnehin **zwingend** eine Gelegenheit zur **mündlichen** Äußerung vor dem JRichter zu geben (so seit 1. JGG-ÄndG Abs. 1 S. 3). Zu diesem Termin ist er zu laden (*Kilian* in BeckOK JGG Rn. 19). Der schriftliche Hinweis, es werde Gelegenheit zur Stellungnahme gegeben, erfüllt den Anspruch auf mündliche Anhörung nicht (vgl. zum Ganzen auch OLG Hamm NStZ 2017, 543;

LG Zweibrücken ZJJ 2012, 209; LG Landshut 19.1.2012 – JQs 397/11; LG Bonn BeckRS 2018, 44696). Unerheblich ist es deshalb auch, wenn das Gericht anlässlich einer vorausgegangenen Verhandlung angekündigt hat, im Falle der Nichterfüllung von Auflagen werde unmittelbar widerrufen (vgl. zum allg. StR LG Saarbrücken StV 2011, 169). Gemäß Abs. 1 S. 3 iVm § 67 Abs. 1 sind zudem der Erziehungsberechtigte und der gesetzliche Vertreter mündlich anzuhören. Im Falle der Nichterreichbarkeit muss ein von dem FamG zu bestellender, die Personensorge umfassender *Ergänzungspfleger* (§ 1909 BGB; → § 67 Rn. 5) zur mündlichen Anhörung des Jugendlichen geladen werden (OLG Koblenz BeckRS 2016, 9647 = StV 2017, 723 (Ls.); *Schatz* in Diemer/Schatz/Sonnen Rn. 22).

Schon nach allg. Grundsätzen ist bei Verletzung dieser Vorschrift zumin- **7a** dest in Fällen sofortiger Beschwerde zurückzuverweisen, da der Betroffene andernfalls eine Instanz verlöre (vgl. OLG Hamm NStZ 2017, 543; OLG Koblenz BeckRS 2016, 9647 = StV 2017, 723 (Ls.); LG Heidelberg ZJJ 2007, 312 (betr. inzwischen 26-Jährigen, §§ 104 Abs. 1 Nr. 8, 112); LG Arnsberg ZJJ 2006, 84 sowie BeckRS 2010, 371; LG Zweibrücken ZJJ 2012, 209; vgl. auch LG Saarbrücken NStZ-RR 2000, 245 (zum allg. StR); LG Landshut 19.1.2012 – JQs 397/11; *Meyer-Goßner/Schmitt* § 453 Rn. 15; **aA** OLG Hamm ZJJ 2008, 389 f., das – ohne Hinweis auf die gesetzliche (Soll-)Voraussetzung erzieherischer Befähigung iSv § 37 – die Anhörung selbst nachgeholt hat; LG Offenburg NStZ-RR 2004, 58).

b) Einzelfragen. aa) Das umfassende Äußerungsrecht erfordert, dass **8** **dem Jugendlichen** wie auch dem **gesetzlichen Vertreter** und **Erzie-hungsberechtigten** (vgl. → Rn. 7) die bisher nicht bekannten Tatsachen und Beweisergebnisse **mitzuteilen** sind, die zu seinem Nachteil verwertet werden können (§ 2 Abs. 2, § 33 Abs. 3 StPO). Dies wird schon betr. eine etwaige nachträgliche Änderung von BewWeisungen und -Auflagen und besonders betr. einen etwaigen Widerruf der Aussetzung (nach UK III DVJJ-Journal 1992, 25 handle es sich idR um einen Fall notwendiger Ver-teidigung (§ 68)) auch im Hinblick auf die Verwertung von Inhalten der Berichte des BewHelfers (vgl. krit. etwa → § 113 Rn. 5–5b) zu berück-sichtigen sein (vgl. auch schon *Dallinger/Lackner* Rn. 5).

bb) Äußerste **Zurückhaltung** sollte wegen des Grundsatzes des Abs. 1 **9** S. 3 (vgl. → Rn. 7) wie auch wegen der erzieherischen Bedeutung einer Anhörung des Jugendlichen hinsichtlich derjenigen im allg. StVR (§ 453 Abs. 1 S. 2 StPO) von der Rspr. (OLG Köln NJW 1963, 875) gebilligten Verfahrensweise geboten sein, wonach die Anhörung zunächst **unterblei-ben** kann (und nach Zurückversetzung gem. § 33a StPO nachzuholen ist; BGHSt 26, 127), wenn der Aufenthalt des Angeklagten nicht festgestellt werden kann, weil dieser trotz entsprechender Auflage einen Wechsel seiner Anschrift nicht mitgeteilt hat (weitergehend *Potrykus* NJW 1967, 1790; für das allg. StVR ist str., ob den Maßnahmen nach § 453c StPO ggü. einer Entscheidung ohne Anhörung bei Unerreichbarkeit des Ver-urteilten zwingender Vorrang zukommt, vgl. zu Nachw. *Meyer-Goßner/Schmitt* StPO § 453c Rn. 11).

4. Verfahren im Übrigen

10   **a) Beschluss. aa)** Aus der Regelung in Abs. 1 S. 1, wonach die weiteren Entscheidungen durch Beschluss ergehen, wird ersichtlich, dass sie auch bei gleichzeitiger Verkündung **nicht im Urteil** selbst erscheinen dürfen (allg. Auffassung; vgl. betr. allg. StR BGH NJW 1954, 522; anders *Potrykus* Anm. 1). Besteht Entscheidungsreife, so kann der Beschluss aber in unmittelbarem Anschluss an das Urteil – und in der Besetzung des JGerichts wie in der HV – ergehen (*Dallinger/Lackner* Rn. 3). Soweit die weiteren Entscheidungen nicht nach dem Urteil in der HV getroffen werden, ist eine Entscheidung nach mündlicher Verhandlung zwar nicht gesetzlich gefordert, jedoch mitunter schon aus erzieherischen Gründen angezeigt (vgl. → § 57 Rn. 16).

11   **bb)** Nach Abs. 1 S. 4 ist der Beschluss **zu begründen.** Hierdurch wird (über § 2 Abs. 2, § 34 StPO hinaus) auch die Begründung unanfechtbarer Beschlüsse (etwa über den Straferlass, vgl. § 59 Abs. 4) zwingend erforderlich.

12   **b) Sonstiges.** Die **Bekanntmachung** einer einschlägigen Entscheidung durch Verkündung ist auch im Falle mündlicher Anhörung schon wegen des Verbots der Schlechterstellung im Vergleich zu Erwachsenen (vgl. näher → § 45 Rn. 9a) ebenso wie nach überwiegender Meinung im allg. StVR (*Meyer-Goßner/Schmitt* StPO § 454 Rn. 40; aA OLG Hamm OLGSt § 453 StPO) unzulässig (§ 2 Abs. 2, §§ 453, 454 StPO; KG ZJJ 2003, 303). – Zur **Rechtsmittelbelehrung** s. § 2 Abs. 2, § 35a StPO sowie die Erl. bei → § 54 Rn. 44 entsprechend (vgl. konkret KG ZJJ 2003, 304, auch betr. Wiedereinsetzung).

12a   **c) Anfechtbarkeit.** Wegen der Anfechtbarkeit der weiteren Entscheidungen vgl. → § 59 Rn. 1 ff.

III. Abs. 2

13   Die Regelung ist durch Art. 3 Nr. 5a des StVÄG 1979 eingefügt worden (der vorherige Abs. 2 wurde zu Abs. 3), begründet mit dem Grundsatz der Einheitlichkeit der Erziehung im JStrafverfahren (vgl. BT-Drs. 8/976, 69). Dem war (durch Art. 3 Nr. 6 des 1. StVRG v. 9.12.1974 (BGBl. I 3393)) die Aufhebung des früheren § 61 und die Einführung des (diesem nachgebildeten, sodann durch das StVÄG 79 erweiterten) § 453c StPO vorausgegangen, der gem. § 2 Abs. 2 (§ 2 aF) im JStrafverfahren anwendbar ist.

1. Geltungsbereich

14   **a) Unmittelbare Anwendung.** Diese ist dann gegeben, wenn eine Entscheidung nach § 26 bevorsteht. Die vorläufigen Maßnahmen dürfen nur getroffen werden, um sich der Person des verurteilten Jugendlichen oder Heranwachsenden zu versichern.

15   **b) Entsprechende Anwendung. aa)** (1) Gemäß § 61b Abs. 2 gilt § 453c StPO entsprechend, wenn – neben den sonstigen Voraussetzungen – eine Aussetzung der Vollstr zBew im Urteil vorbehalten wurde und vor Ablauf der maßgeblichen Frist (§ 61a Abs. 1) nunmehr hinreichende Gründe für die Annahme bestehen, dass die Aussetzung abgelehnt werden wird

(vgl. vormals auch OLG Karlsruhe NStZ 1983, 92 f. = JR 1983, 517 mAnm *Brunner;* LG Freiburg NStZ 1989, 387 mzustAnm *Fischer* NStZ 1990, 52 f.; aA *Burmann* Sicherungshaft 74).

(2) Nach § 2 Abs. 2, § 463 Abs. 1 StPO gilt § 453c StPO sinngemäß **16** (auch) dann, wenn der *Widerruf* der Aussetzung der Vollstr zBew einer nach § 7 zulässig angeordneten Maßregel der Besserung und Sicherung (§ 2 Abs. 2, §§ 67b, 67g StGB) bevorsteht.

bb) Hingegen wird eine entsprechende Anwendung von § 453c StPO **17** **ausscheiden,** wenn nach der Aussetzung der Verhängung einer JStrafe zBew (§ 27) nunmehr hinreichende Gründe für die Annahme bestehen, dass unter den Voraussetzungen von § 30 Abs. 1 S. 1 eine JStrafe verhängt werden wird. Soweit sich die Bejahung der Voraussetzungen des § 30 Abs. 1 S. 1 iSe Indizes (vgl. → § 30 Rn. 6) aus dem Verdacht neuerlicher Straftatbegehung ergibt, darf unter den Voraussetzungen von § 72, §§ 112 ff. StPO ein Haftbefehl erlassen werden. – Kriminalpolitisch wird teilweise eine Erweiterung des § 453c StPO iRv § 27 zum Zwecke der „Krisenintervention" empfohlen (vgl. aber auch Art. 3 Nr. 6 StVÄG 79 und Begründung zur Änderung des § 62 (BT-Drs. 8/976, 70), die eine entspr. Anwendung von § 58 Abs. 2 für die Entscheidung über die Aussetzung der Verhängung der JStrafe zBew ausdrücklich ablehnte).

2. Zulässigkeitsvoraussetzungen

a) Zuständigkeit. Gemäß **Abs. 3 S. 1** ist für den Erlass der vorläufigen **18** Sicherungsmaßnahmen und notfalls eines Sicherungshaftbefehls der JRichter zuständig, der die Aussetzung angeordnet hat und sie regelmäßig auch widerruft, sofern keine Zuständigkeitsübertragung nach Abs. 3 **S. 2** (bzw. § 104 Abs. 5 Nr. 1) stattgefunden hat. Zwar lässt sich aus der Wendung „auch" in Abs. 2 im Hinblick auf dessen Entstehungsgeschichte (vgl. BT-Drs. 8/976, 69) nur bedingt herleiten, der nach Abs. 3 zuständige JRichter sei nicht nur für die Vollstr, sondern erst recht für die Anordnung der vorläufigen Sicherungsmaßnahme zuständig; zudem spricht die systematische Stellung der Zuständigkeitsregelung im Verhältnis von Abs. 3 zu Abs. 2 nicht für eine solche Auslegung. Hingegen handelt es sich bei der Zuständigkeit zur Anordnung der vorläufigen Sicherungsmaßnahmen um eine Annex*zuständigkeit* in *Abhängigkeit* von der in Abs. 3 geregelten Zuständigkeit zur Entscheidung über den Widerruf (vgl. § 58 Abs. 1); es verhält sich insoweit ebenso wie bei der Zuständigkeit zu den Entscheidungen nach § 24 oder § 60 (vgl. BGHSt 19, 170; vgl. → Rn. 5). – Der JRichter als Vollstreckungsleiter (§ 82 Abs. 1) tritt lediglich an die Stelle der StrafvollstrKammer (§§ 462a, 463 StPO), wogegen sich ansonsten aus § 82 Abs. 1 die Zuständigkeit zum Erlass der vorläufigen Sicherungsmaßnahmen nicht herleiten lässt (zust. *Brunner/Dölling* § 61 Rn. 15; *Appl* in KK-StPO StPO § 453c Rn. 8, *Meyer-Goßner/Schmitt* StPO§ 453c Rn. 12).

b) Konkrete Tatsachen. Der Gebrauch von vorläufigen Maßnahmen **19** nach § 453c StPO kann erst ab dem Zeitpunkt in Betracht kommen, in dem hinreichende Gründe dafür **festgestellt worden** sind, dass die Aussetzung widerrufen wird (vgl. auch → Rn. 20), wozu auch die Prüfung der Voraussetzungen des zwingenden **Absehens** von dem Widerruf gehört (§ 26 Abs. 2, vgl. → § 26 Rn. 10 ff.). Solche Gründe sind objektive Tatsachen, die bei vorläufiger Bewertung mit **hoher Wahrscheinlichkeit** den Widerruf erwarten lassen (*Graalmann-Scheerer* in Löwe/Rosenberg StPO § 453c Rn. 5; *Meyer-Goßner/Schmitt* StPO § 453c Rn. 3). Unzureichend wäre eine Orientierung an Informationen der Ermittlungsbehörden, da zB Ermittlungsbeamte im Allg. von anderen Erfolgskriterien geleitet sind als das Gericht (vgl. näher etwa *Eisenberg/Kölbel* Kriminologie § 27 Rn. 42; zur Höherstufungstendenz etwa → § 72 Rn. 9b).

19a Die Zulässigkeit der Anordnung vorläufiger Maßnahmen endet mit der „Rechtskraft des Widerrufsbeschlusses" (§ 453c Abs. 1 StPO) bzw. demjenigen Zeitpunkt, in dem geklärt ist, dass die gegebenen Tatsachen für einen Widerruf nicht ausreichen.

20 **c) Vorläufige Maßnahmen.** Was die vorläufigen Maßnahmen (betr. den Sicherungshaftbefehl vgl. → Rn. 23) angeht, so ist ein begründeter **Anlass,** schon vor Erlass des Widerrufsbeschlusses sicherzustellen, dass der Jugendliche oder Heranwachsende der späteren Vollstr erreichbar ist, **nur** dann gegeben, wenn **konkrete Tatsachen** den Schluss begründen (vgl. auch → Rn. 19), der Jugendliche oder Heranwachsende werde sich der Vollstr entziehen (so auch schon *Dallinger/Lackner* § 61 Rn. 3).

21 **aa) Art der Maßnahmen.** (1) Systematisch gilt Sicherungshaft als ultima ratio, zu deren Vermeidung die verschiedensten Möglichkeiten zu prüfen sind. So kann in Betracht kommen, im Rahmen einer Unterredung des JRichters mit dem Verurteilten dessen **Zusage** zu erreichen, er werde sich weder dem Kontakt mit dem BewHelfer oder dem Vertreter der JGH noch der Anordnung seines Erscheinens entziehen, sofern eine Vollstr erfolgen sollte (vgl. aber auch § 453c Abs. 2 S. 2 StPO iVm § 33 Abs. 4 S. 1 StPO). Auch kann im Benehmen mit der JGH (§ 38 Abs. 3 S. 1 aF bzw. § 38 Abs. 6 nF) zu prüfen sein, ob Maßnahmen der **JHilfe** wie zB Formen der Unterbringung geeignet sind. Des weiteren sind die Zusicherung des Erziehungsberechtigten oder des gesetzlichen Vertreters zu nennen, dafür Sorge zu tragen, dass der Jugendliche im Falle einer Vollstr erreichbar ist.

21a Andere mögliche vorläufige Maßnahmen sind die **Anordnung** ggü. dem Jugendlichen, sich zu regelmäßigen Zeitpunkten zu melden und/oder seinen Wohnort (uU sogar die Wohnung) nicht zu verlassen und/oder bei einer Familie oder in einem Heim zu wohnen. Das Gleiche gilt für die **Anweisung** an den BewHelfer (vgl. § 25 S. 2), die Einhaltung einer Zusage des Jugendlichen bzw. die Erfüllung anderer vorläufiger Maßnahmen und/oder den Aufenthalt des Jugendlichen (erforderlichenfalls unter Einschaltung der JGH, vgl. § 38 Abs. 2 S. 8 aF bzw. § 38 Abs. 5 S. 4 nF) zu überwachen.

22 (2) Die Auswahl ist **abhängig** von der **Erforderlichkeit** der Maßnahme im Hinblick auf die vorhandenen konkreten Tatsachen, die die Gefahr begründen, dass sich der Verurteilte der Vollstr entziehen werde. Die Maßnahmen haben reinen Sicherungscharakter (auch insoweit unterscheiden sie sich von den vorläufigen Anordnungen über die Erziehung, vgl. näher Erl. zu § 71), dh die Vorschrift erlaubt keinen sonstigen Zweck (vgl. auch → Rn. 17). Sie sollen ausschließlich für den kurzen Zeitraum bis zur Entscheidung gem. § 26 gewährleisten, dass im Falle eines Widerrufs der Vollzug durchgeführt werden kann (vgl. *Dallinger/Lackner* § 61 Rn. 4).

23 **bb) Haftbefehl.** Ein solcher darf nur erlassen werden, wenn durch vorläufige Maßnahmen der Sicherungszweck nicht (mehr) erreicht werden kann. Diese **Subsidiarität** des Haftbefehls ergibt sich nicht nur aus dem Gesetzeswortlaut des § 453c Abs. 1 StPO („notfalls"), sondern schon aus dem jugendstrafrechtlichen Grundsatz der Vermeidung erzieherisch nicht angezeigter Maßnahmen (vgl. § 72 Abs. 1 und 2; zur Unterrichtungs- bzw. Mitteilungspflicht der JGH s. § 72a S. 2, S. 1 Hs. 2). Erscheint der Haftbefehl im Hinblick auf den Sicherungszweck des gem. § 2 Abs. 2 unter Wahrung der im **JStVR** bestehenden **Auslegungsgrundsätze** (vgl. → § 2 Rn. 20 ff.) anwendbaren **§ 453c Abs. 1 StPO** unumgänglich, ist sein Erlass alternativ zum einen nur zulässig, wenn (aufgrund bestimmter Tatsachen) die Voraussetzungen des § 112 Abs. 2 Nr. 1 oder 2 erfüllt sind, wozu Einschränkungen der Bejahung gem. Besonderheiten der Altersgruppen Jugendlicher und auch Heranwachsenden bestehen (vgl. näher → § 72 Rn. 6b–6f). Altenativ zum anderen müssen bestimmte Tatsachen die Gefahr begründen, dass der Verurteilte erhebliche Straftaten begehen werde (§ 453c Abs. 1 StPO), wobei es zwar (im Unterschied zu § 112a Abs. 1 StPO) nicht auf die Art der Straftaten ankommt, jedoch sind bei der Subsumtion unter die Voraussetzung der Erheblichkeit Unterschiede im Handlungsunrecht Jugendlicher im Vergleich zu Erwachsenen zu berücksichtigen (vgl. näher → § 72 Rn. 7a–7d).

3. Entscheidungsform

Die vorläufigen Maßnahmen (wie der Haftbefehl) werden regelmäßig **24** ohne mündliche Verhandlung durch begründeten (§ 2 Abs. 2, § 34 StPO) **Beschluss** angeordnet, wenn sie von dem Jugendlichen ein bestimmtes Verhalten verlangen oder ihm ggü. zu vollziehen sind. Dagegen können vorläufige Maßnahmen iZm dritten Personen (Anweisung an den BewHelfer, Vereinbarung mit dem Erziehungsberechtigten; vgl. → Rn. 21) **formlos** ergehen, da sie keine richterlichen Entscheidungen im strafverfahrensrechtlichen Sinne darstellen (so auch *Dallinger/Lackner* § 61 Rn. 6).

4. Anfechtbarkeit

Der Beschluss, durch den vorläufige Maßnahmen (wie ein Haftbefehl) **25** angeordnet wurden, ist mit der **einfachen Beschwerde** (§ 2 Abs. 2, § 304 StPO) ohne aufschiebende Wirkung (§ 2 Abs. 2, § 307 Abs. 1 StPO, vgl. aber auch Abs. 2) anfechtbar. Gegen den Erlass eines Sicherungshaftbefehls ist auch **weitere Beschwerde** (§ 2 Abs. 2, § 310 Abs. 1 StPO) zulässig (ebenso *Ostendorf* in NK-JGG Rn. 24; **aA** die hM; OLG Hamburg NJW 1964, 605; OLG Stuttgart MDR 1975, 951; OLG Bamberg NJW 1975, 1526; OLG Düsseldorf NStZ 1990, 251; OLG Frankfurt/M. NStZ-RR 2002, 15; *Appl* in KK-StPO StPO § 453c Rn. 10; vgl. *Meier* in HK-JGG Rn. 16; *Dallinger/Lackner* § 61 Rn. 7), da in Gleichstellung zu den Regeln der U-Haft zu verfahren ist (vgl. näher OLG Braunschweig NStZ 1993, 604; *Burmann* Sicherungshaft 117 ff.; *Amelung* JZ 1987, 736 (739); *Fischer* NStZ 1990, 54; *Paeffgen* NStZ 1990, 536) und der Schutz vor falschen Verdachtsmomenten sich – zumal iZm § 26 Abs. 1 Nr. 1 (vgl. näher → §§ 26, 26a Rn. 5, 5a) – auch auf solche bezieht, die mit der erkannten JStrafe nichts zu tun haben.

Gegen die Entscheidung, einen Sicherungshaftbefehl nicht zu erlassen, **25a** steht der JStaatsanwaltschaft keine Beschwerde zu (vgl. auch → § 59 Rn. 27).

5. Vollstreckung (§ 453c Abs. 2 StPO)

26   **a) Zuständigkeit. aa)** Für die **Vollstr** der vorläufigen **Maßnahme** ist in funktioneller Hinsicht der JRichter zuständig (Abs. 2). Im Einzelnen bestimmt sich die Zuständigkeit nach Abs. 3.

27   **bb)** Auch die Vollstr eines **Sicherungshaftbefehls** liegt in der Zuständigkeit des JGerichts. Zwar wird sich auf die Formulierung „auch" in Abs. 2 eine entsprechende Anwendung wohl nicht stützen lassen, da sich diese Bestimmung auf Abs. 1 bezieht (vgl. ergänzend auch → Rn. 18). Gleichwohl wird ein arg. a maiore ad minus – zu Gunsten einer entsprechenden Geltung des Abs. 2 für den Sicherungshaftbefehl – insofern gerechtfertigt sein, als die Nichterwähnung des Sicherungshaftbefehls innerhalb des Abs. 2 darauf zurückzuführen sein wird, dass der Gesetzgeber für das JStR in besonderem Maße den nur subsidiären Charakter des Sicherungshaftbefehls ggü. vorläufigen Maßnahmen (vgl. → Rn. 23) zum Ausdruck bringen wollte (zur – nicht ganz eindeutigen – Begründung vgl. BT-Drs. 8/976, 69). – Die VollstrZuständigkeit betr. den Sicherungshaftbefehl ergibt sich hingegen nicht aus der allg. sachlichen Zuständigkeitsbestimmung des JRichters als VollstrBehörde zur Vollstr von Rechtsfolgen (§ 82 Abs. 1). Für die dieser Vorschrift entsprechende Bestimmung der VollstrBehörde nach allg. StVR (§ 451 StPO) ist ohnehin anerkannt, dass es sich bei der Vollstr des Sicherungshaftbefehls nicht um eine Vollstr im eigentlichen Sinne der Vorschrift, nämlich um die eines rechtskräftigen Urteils handelt, weshalb insoweit die Vollstr des Sicherungshaftbefehls auf § 36 Abs. 2 StPO gestützt wird (vgl. *Meyer-Goßner/Schmitt* StPO § 453c Rn. 13).

28   **b) Verfahren nach Erlass des Sicherungshaftbefehls.** Hierzu und zum Vollzug (betr. die JGH s. § 72a S. 1 Hs. 1) ergeben sich Besonderheiten aus **§ 453c Abs. 2 StPO.**

29   **aa)** § 453c Abs. 2 S. 2 StPO erklärt die (für den U-Haftbefehl geltenden) Vorschriften der §§ 114–115a, 119 und 119a StPO sowie § 33 Abs. 4 S. 1 StPO für entsprechend anwendbar (vgl. ergänzend → § 72 Rn. 15). Hiernach bedarf es zur Anordnung der Sicherungshaft eines schriftlichen richterlichen Haftbefehls (§ 114 Abs. 1 StPO), der inhaltlich einem U-Haftbefehl zu entsprechen hat (§ 114 Abs. 2, 3 StPO) und unabhängig von vorheriger Anhörung des Verurteilten (vgl. § 33 Abs. 4 S. 1 StPO) ihm bei der Verhaftung unter Aushändigung einer Abschrift, ggf. zudem der Übersetzung in einer ihm verständlichen Sprache, bekanntzugeben ist (§ 114a S. 1 StPO; vgl. aber auch § 114a S. 2, 3 StPO; vgl. auch Nr. 48 Abs. 1 RiStVB: bereit zu halten). Außerdem ist der Verurteilte in geeigneter Weise (§ 70a Abs. 1 aF bzw. § 70b Abs. 1 nF) über seine Rechte zu belehren (§ 114b StPO), und es ist ihm grds. Gelegenheit zu einer Benachrichtigung eines Angehörigen oder einer Vertrauensperson zu geben (vgl. § 114c Abs. 1 StPO, anders bei *erheblicher* (eingef. durch Gesetz v. 27.8.2017 (BGBl. I 3295) Gefährdung); ferner hat bei Haftvollzug nach der Vorführung vor das Gericht durch dessen Anordnung eine Benachrichtigung eines seiner Angehörigen oder einer Vertrauensperson zu erfolgen (§ 114c Abs. 2 StPO; vgl. auch § 67 Abs. 2 aF bzw. § 67a Abs. 1 nF). Entsprechend gelten auch die Bestimmungen über die Vorführung vor das Gericht (§§ 115 Abs. 1, 115a Abs. 2, Abs. 3 S. 1 StPO) und die Rechtsmittelbelehrung (§§ 115 Abs. 4, 115a Abs. 3 S. 2 StPO).

Hingegen widerspräche der Erlass einer **Ausschreibung** zur **Festnahme** 29a aufgrund des Sicherungshaftbefehls entsprechend § 131 StPO **nicht** nur erzieherischen Belangen und damit Grundsätzen des JGG (vgl. → § 2 Rn. 14), sondern er wäre auch im Übrigen unzulässig (allg. Auffassung; abw. noch *Potrykus* § 61 Anm. 1), weil § 453c Abs. 2 StPO eine entsprechende Anwendung des § 131 StPO gerade nicht vorsieht (ebenso *Schatz* in Diemer/Schatz/Sonnen Rn. 32; *Paeffgen* in SK-StPO StPO § 453c Rn. 10; ähnlich *Dallinger/Lackner* § 61 Rn. 7 zum früheren Recht).

(1) Da § 453c Abs. 2 S. 2 StPO auf 115 Abs. 4 StPO verweist und dieser 30 die Belehrung (s. § 70a Abs. 1 aF bzw. § 70b Abs. 1 nF) über den Rechtsbehelf des Antrags auf gerichtliche **Haftprüfung** mit umfasst, findet zumindest im JStrafverfahren (vgl. den Rechtsgedanken der Regelungen des § 72 sowie zu Auslegungsgrundsäzen → § 2 Rn. 20 ff.) nach Maßgabe von § 2 Abs. 2, §§ 117 Abs. 1, 118 Abs. 1 StPO ein Haftprüfungsverfahren statt (ebenso *Brunner/Dölling* § 61 Rn. 10; einschränkend betr. praktische Relevanz *Kilian* in BeckOK JGG Rn. 41; **aA** *Dallinger/Lackner* § 61 Rn. 10; *Hilger* in Löwe/Rosenberg StPO § 117 Rn. 5; LG Freiburg NStZ 1989, 387 mablAnm *Fuchs,* aber mzustAnm *Fischer* NStZ 1990, 53 f. sowie die überwiegende Auffassung zum allg. StVerfahren, vgl. nur *Appl* in KK-StPO StPO § 453c Rn. 10). Zudem ist im JStrafverfahren eine Haftprüfung **von Amts wegen** nach **sechsmonatiger Haft** (§ 2 Abs. 2, §§ 121 f. StPO) unbeschadet der Nichterwähnung der Vorschriften in § 453c Abs. 2 S. 2 StPO vorzunehmen (zust. *Schatz* in Diemer/Schatz/Sonnen Rn. 31; **aA** *Brunner/Dölling* § 61 Rn. 12 sowie die hM zum allg. StVerfahren, vgl. nur *Meyer-Goßner/Schmitt* StPO § 453c Rn. 16), zumal eine entsprechende Verweisung auch deshalb unterblieben sein mag, weil bei der als kurzfristig und vorläufig charakterisierten Sicherungshaft eine §§ 121 f. StPO gemäße Haftdauer nicht in Erwägung gezogen wurde (aA *Burmann* Sicherungshaft 125 f.).

(2) Eine **Aussetzung** des **Vollzugs** des Sicherungshaftbefehls entspre- 31 chend §§ 116, 116a StPO ist nicht zulässig. Es bedarf ihrer auch nicht, weil bei entsprechender Sachlage die Aufhebung des Sicherungshaftbefehls verbunden mit der Anordnung vorläufiger Maßnahmen in Betracht zu ziehen ist (allg. Auffassung).

(3) Beim **Vollzug** der Sicherungshaft ist neben den entsprechend gelten- 32 den §§ 119, 119a StPO die Regelung in § 89c zu berücksichtigen. Soweit der Vollzug Wirkungen erkennen lässt, die die Vermeidung des Widerrufs und die Fortsetzung der BewZeit doch noch ermöglichen, wird eine günstige Beurteilung (vgl. vormals *Abel* Bewährungshilfe 1964, 129) vertretbar sein (vgl. aber auch → § 72 Rn. 9a).

bb) Mit Eintritt der **Rechtskraft** (hM, vgl. nur *Appl* in KK-StPO StPO 33 § 453c Rn. 6 (nicht dem Erlass; so noch *Dallinger/Lackner* § 61 Rn. 11 zum früheren Recht)) des Widerrufsbeschlusses geht die Sicherungshaft in den Vollzug der Strafe über. Gemäß § 2 Abs. 2, § 453c Abs. 2 S. 1 StPO ist jede Freiheitsentziehung ab der Ergreifung aufgrund des Haftbefehls bis zur Entlassung oder der Rechtskraft des Widerrufsbeschlusses in der Weise **anzurechnen,** dass der Beginn der Strafzeit um den Zeitraum, den der Verurteilte aufgrund des Haftbefehls unter Entzug seiner Freiheit verbracht hat, vorverlegt wird.

cc) Wird der Widerruf der Aussetzung der Vollstr zBew (uU erst in der 34 Rechtsmittelinstanz) abgelehnt, weil das Gericht dessen Voraussetzungen als von vornherein nicht erfüllt ansieht, so entsteht im Hinblick auf die vollzogene Sicherungshaft zumindest im JStrafverfahen (vgl. näher → § 2 Rn. 59 ff.) ein **Entschädigungs**anspruch, da konsequenterweise auch hier (vgl. → Rn. 25) eine Gleichstellung zu den Regeln der U-Haft angezeigt ist (§ 2 StrEG entspr.; näher *Eisenberg* GA 2004, 386; *Meier* in HK-JGG Rn. 17; zw. *Schatz* in Diemer/Schatz/Sonnen Rn. 34; **aA**, weil ein anderes Verfahren betr., *Brunner/Dölling* StPO § 453c Rn. 16; sodann *Ostendorf* in NK-JGG Rn. 26 − ebenso die hM zum allg. StVerfahren, vgl. nur OLG Karlsruhe MDR 1977, 600; OLG Schleswig SchlHA 2004, 272; *Kunz* StrEG § 2 Rn. 13a).

IV. Abs. 3

1. Eingeschränkte Zuständigkeit des JRichters (S. 1)

35 Es besteht keine grundsätzliche **Zuständigkeit** des JRichters (BGH 19, 170), wie der Wortlaut des Abs. 3 S. 1 und der Umstand zeigt, dass das für allg. Strafsachen zuständige Gericht erst durch (allerdings zwingende) Übertragung (§ 104 Abs. 5 Nr. 1) die Zuständigkeit des JRichters begründet. Während nach allg. StVR mit Eintritt der Rechtskraft des die Aussetzung anordnenden Urteils (bis zu etwaiger Strafvollstr, vgl. § 462a Abs. 1 S. 1 StPO) das Gericht des **ersten Rechtszuges** zuständig ist (§ 462a Abs. 2 S. 1 StPO; vgl. auch § 462a Abs. 3 S. 1 StPO), gilt im JStrafverfahren − nicht im JSchutzverfahren gegen zur Tatzeit Erwachsenen (OLG Hamm JMBl. 2001, 230) − das **BerufungsG** als zuständig, **wenn** es erstmals die Aussetzung der Vollstr zBew angeordnet, also nicht nur die Aussetzungsentscheidung des erstinstanzlichen Gerichts bestätigt hat (allg. Auffassung, vgl. nur BGH NStZ 1987, 87; OLG Hamm ZJJ 2008, 388; LG Passau BeckRS 2018, 18538; anders zum früheren Recht noch *Potrykus* Anm. 2: stets das erstinstanzliche Gericht). Hierfür spricht, dass zumindest das JGericht, das sich aufgrund eigener Prüfung zur Aussetzung der JStrafe zur Bewährung entschlossen hat, nach dem Grundsatz der Einheitlichkeit (vgl. → § 31 Rn. 3, → § 34 Rn. 8) erzieherischer Entscheidungen auch für die damit verbundenen weiteren Entscheidungen zuständig sein sollte (§ 104 Abs. 5 Nr. 1 normiert für das Erwachsenengericht nur insofern eine Ausnahme, als der größeren Erfahrung des JRichters mit den weiteren Entscheidungen Rechnung getragen wird, vgl. BGHSt 25, 85 (88); zum Zweck der Ausnahme in Abs. 3 S. 2 vgl. → Rn. 39 ff.). Das Berufungsgericht kann die Zuständigkeit indes nach Abs. 3 S. 2 übertragen (LG Passau BeckRS 2018, 18538).

36 **a) § 31 Abs. 3 S. 1.** Soweit nach dieser Vorschrift (s. auch § 66 Abs. 1 S. 2) eine **Ausnahme** von dem Grundsatz der Einheitlichkeit als erzieherisch zweckmäßig beurteilt worden ist (zu den Voraussetzungen vgl. → § 31 Rn. 29 ff.) und nunmehr mehrere Verurteilungen zu JStrafe unter Aussetzung der Vollstr zBew nebeneinander bestehen, kommt Abs. 3 S. 1 der **Vorrang** vor der allg. Zuständigkeitskonzentration iSv § 462a Abs. 4 S. 1, 2 iVm Abs. 3 S. 2 StPO zu (iE ebenso wie bei konkurrierender VollstrZuständigkeit nach Jugend- und Erwachsenenrecht (vgl. BGHSt 28, 351 (354))). Dies steht im Einklang damit, dass die den Verurteilten in seiner Lebensführung unmittelbar betreffenden Entscheidungen nach § 58 überwiegend eine möglichst nahe Kenntnis der Persönlichkeit des Verurteilten (sowie der zugrundeliegenden Tat und ihrer Umstände) voraussetzen.

b) Maßregel. § 31 Abs. 3 S. 1 gilt *entsprechend* auch für die Aussetzung 37 zBew der Vollstr einer Maßregel der Besserung und Sicherung (§ 7; OLG Jena NStZ 2010, 283).

2. Übertragung (S. 2)

Das JGericht, welches die Aussetzung der Vollstr zBew iSv Abs. 1 (nicht 38 also die Aussetzung zBew gem. § 27 (BGH StV 1998, 348; vgl. aber auch → Rn. 17) und auch nicht diejenige im Gnadenweg (BGHSt 32, 330) bzw. gem. § 36 Abs. 1 BtMG) angeordnet hat, **kann** (Abs. 3 **S. 2**), das entsprechende Erwachsenengericht **muss** (§ **104 Abs. 5 Nr. 1**) die infolge der Aussetzung notwendig werdenden Entscheidungen dem JRichter des (nicht notwendig freiwilligen; OLG Schleswig EJF C I Nr. 26 = SchlHA 1957, 106; vgl. auch bei → § 42 Rn. 11) Aufenthaltsortes übertragen (und zwar nach der Aussetzungsentscheidung in jeder Lage des Verfahrens (vgl. näher *Dallinger/Lackner* Rn. 14)).

a) Entscheidungsnähe. Der Regelung des Abs. 3 S. 2 liegt der Gesichts- 39 punkt der Entscheidungsnähe zugrunde. Das JGericht entscheidet über die Abgabe nach pflichtgemäßen Ermessen. Angesichts des in Abs. 3 S. 1 zum Ausdruck kommenden Grundsatzes der Einheitlichkeit erzieherischer Entscheidungen bedarf es jedoch **besonderer Gründe,** die eine Übertragung angezeigt erscheinen lassen (vgl. OLG Nürnberg NStE Nr. 3 zu § 58 JGG; vgl. zur Abwägung OLG Köln NJW 1955, 603; OLG Frankfurt/M. NStZ-RR 2005, 60; OLG Dresden NStZ-RR 2005, 219 (vern., ua weil die JKammer „ihn zuletzt gesehen" hat); anders OLG Frankfurt/M. NStZ 1989, 199 mkritAnm *Eisenberg/Krauth;* vern. bei Nichtgewissheit des Aufenthaltsorts BGH NStZ 1996, 327 bei *Kusch* bzw. bei eher kürzerem Zeitraum BGH NStZ-RR 2005, 280 = ZJJ 2005, 445 (jeweils Ls.)).

Insbesondere bei dauerndem Aufenthalt des Jugendlichen in erheblicher 40 Entfernung (nicht zB zwischen den AG Bottrop und Oberhausen, BGH 5.5.1993 – 2 ARs 131/93 bei *Kusch* NStZ 1994, 27; vgl. auch BGH NStZ 1994, 204 f.) vom Bezirk des erkennenden Gerichts wird eine Übertragung in Betracht kommen (BGH 5.3.1997 – 2 ARs 81/97 bei *Böhm* NStZ 1997, 483: Kontakt des Verurteilten zum dortigen BewHelfer; vgl. auch BGH BeckRS 2000, 10167: Rückkehr an den Heimatort nach Haftentlassung (in anderer Sache), ähnlich BGH BeckRS 2013, 10321; vgl. auch *Dallinger/ Lackner* Rn. 12; zur Besonderheit einer Übertragung bei Wehrpflichtigen vgl. → Rn. 3). Abw. von §§ 42 Abs. 3 S. 1, 65 Abs. 1 S. 4 ist allerdings nicht erforderlich, dass dieser Zustand erst aufgrund eines nachträglichen Aufenthaltswechsels eingetreten ist (vgl. OLG Köln NJW 1955, 603).

aa) Hat die **JKammer** die Aussetzung angeordnet, kann sie diese nach 41 hM (OLG Stuttgart NStZ 1990, 358 mAnm *Brunner;* aA *Ostendorf* in NK-JGG Rn. 5) ggf. auch dann dem JRichter (nach dem eindeutigen Wortlaut des Abs. 3 S. 2 jedoch nicht dem JSchöffenG, auch wenn es erstinstanzlich entschieden hat (vgl. BGHSt 19, 170)) übertragen, wenn der Jugendliche sich (gleichzeitig) im Bezirk der JKammer aufhält (iE ebenso, aber mit weiterer Begründung schon *Dallinger/Lackner* Rn. 11). Allerdings sind die Zuständigkeit der anordnenden JKammer und die Abgabe gleichrangige Alternativen (OLG Düsseldorf NStE Nr. 4 zu § 58 JGG), und die Zweckmäßigkeit einer Abgabe nach Abs. 3 S. 2 ist anhand der jeweiligen Besonderheiten des Einzelfalles zu beurteilen (OLG Zweibrücken NStZ 2002, 499). Eine solche Übertragung bedarf daher – schon zwecks Überprüfbarkeit im Falle der Vorlage an das gemeinschaftliche obere Gericht – näherer (wenngleich nicht förmlicher, Abs. 1 S. 4 argumentum e contrario) Begründung (OLG Stuttgart NStZ 1990, 358 mAnm *Brunner*).

42 **bb)** Das JGericht, dem eine **teilweise Übertragung** gestattet ist (Abs. 3 S. 2), kann sich einzelne Entscheidungen vorbehalten (vgl. BGHSt 7, 318). Äußert sich der Abgabebeschluss jedoch nicht zum Umfang der Übertragung, so sind alle noch zu treffenden Entscheidungen übertragen (allg. Auffassung). – Nach OLG Nürnberg (StraFo 2011, 334) ist Abs. 3 S. 2 entsprechend bei *Maßregeln* nach § 7, §§ 63, 64 StGB anzuwenden, deren Vollstr zBew ausgesetzt ist.

43 **b) Folgen der Übertragung. aa)** Soweit das erkennende JGericht die weiteren Entscheidungen übertragen hat, kann es ohne grundlegende Veränderung der hierfür maßgeblichen Umstände die Übertragung nicht widerrufen (abw. von der Abgabe im Vollstreckungsverfahren, vgl. § 85 Abs. 5). Er bleibt jedoch (ohne Beschränkung durch die Übertragung) für die Einleitung und Durchführung der Vollstr selbst zuständig, sofern keine Abgabe der Vollstr nach § 85 Abs. 5 erfolgt ist (vgl. BGHSt 27, 25; BGH MDR 1986, 952). Tritt aber eine grundlegende **Änderung** in den für die Übertragung bestimmend gewesenen **Verhältnissen** ein (zB wegen Aufenthaltswechsels), so soll das abgebende Gericht zur Überprüfung und Abänderung (einschließlich der Rückgängigmachung oder Übertragung an einen anderen JRichter) seiner Entscheidung befugt sein (vgl. BGHSt 24, 332 (335); Bedenken bei *Ostendorf* in NK-JGG Rn. 9).

44 **bb) (1)** Da zwar nicht das abgebende (BGHSt 26, 204 für das allg. StVR), wohl aber das **übernehmende Gericht** an die wirksame Übertragung **gebunden** ist (vgl. weitergehend § 462a Abs. 2 S. 2 letzter Hs. StPO), kann dieses Gericht nach hM **nur** eine **Abänderung** der Entscheidung **anregen,** jedoch keine weitere Übertragung vornehmen (BGH MDR 1986, 952; NStZ 2018, 664; *Dallinger/Lackner* Rn. 16; vgl. auch *Meyer-Goßner/Schmitt* StPO § 462a Rn. 23). Dies ist mit Blick auf den Grundsatz der Einheitlichkeit erzieherischer Entscheidungen angezeigt (BGH NStZ 2018, 664). Dem erkennenden JGericht wird hierdurch nämlich die Verantwortung darüber belassen, wann die Vorteile der Ortsnähe eine Übertragung geboten sein lassen, wohingegen durch eine etwaige Weiterübertragungsmöglichkeit des übernehmenden JRichters eine entsprechende Einflussnahme des erkennenden JGerichts weitgehend vereitelt werden könnte.

45 **(2)** Eine **Ausnahme** ist nur gerechtfertigt für den Fall einer Übertragung durch das für allg. Strafsachen zuständige Gericht nach § 104 Abs. 5 Nr. 1. Hier ist der übernehmende JRichter auch für die Weiterübertragung zuständig, weil das Gesetz davon ausgeht, dass JRichter die größere Erfahrung bei der Durchführung jugendstrafrechtlicher Rechtsfolgen aufbringen (BGH MDR 1978, 329; BGHSt 28, 353; *Schatz* in Diemer/Schatz/Sonnen Rn. 20; aA *Ostendorf* in NK-JGG Rn. 10). Insofern ist auch der Auffassung zuzustimmen, wonach mit der Übernahme durch den JRichter (ohne Ablehnungsbefugnis, da die Verweisung in § 58 Abs. 3 S. 3 nicht entspr. gilt) das für allg. Strafsachen zuständige Gericht nicht mehr mit dem Verfahren befasst ist, sodass eine Rücknahmebefugnis ausscheidet (vgl. BGHSt 25, 85 (89)).

cc) Mit der wirksamen Übertragung ist auch ein Wechsel in der Zustän- 46
digkeit der **JStaatsanwaltschaft** verbunden (vgl. → § 36 Rn. 9). – Zu den
Folgen einer Übertragung der Zuständigkeit betr. Entscheidungen nach § 60
vgl. → Rn. 5. Betreffend die nachträgliche Festsetzung einer EinheitsJStrafe
vgl. → § 66 Rn. 11.

3. Zuständigkeitskonflikt (S. 3)

a) Allgemeines. Lehnt der JRichter des Aufenthaltsortes die Übernahme 47
von dem abgebenden JGericht (nicht Erwachsenengericht, vgl. → Rn. 38)
ab, bleibt die Sache bei dem erkennenden Gericht anhängig, da eine wirksame Übertragung nicht vorliegt. Über den damit gegebenen Zuständig-
keitskonflikt – er ist verfahrensrechtlich nur zu entscheiden, wenn das Gericht, das abgegeben hat, zur Übertragungsentscheidung zuständig ist (BGH
NStZ 1987, 87; 2018, 664 (665) – entscheidet das gemeinschaftliche obere
Gericht (**Abs. 3 S. 3, § 42 Abs. 3 S. 2 entspr.**). Erst mit dem Zugang des
die Übernahme anordnenden Beschlusses dieses Gerichts wird das Verfahren
beim JRichter des Aufenthaltsortes anhängig.

b) Rückübertragung. Ist eine Übernahme erfolgt, kann der JRichter 48
des Aufenthaltsortes bei einem Aufenthaltswechsel des Jugendlichen eine
Änderung des Abgabebeschlusses zum Zweck der Rückübertragung beim
erkennenden JGericht anregen (vgl. → Rn. 38). Grundsätzlich ist bei Wegfall der Gründe für die vorherige Übertragung diese rückgängig zu machen
(OLG Nürnberg NStE Nr. 3 zu § 58 JGG). Führt die Geltendmachung der
Bedenken nicht zu einer Rückübertragung, entscheidet auch dann das
gemeinschaftliche obere Gericht (BGH 22.5.1991 – 2 ARs 125/91 bei *Kusch*
NStZ 1992, 30). – Im Einzelnen wurde entschieden, dass der Vermerk „mit
unbekanntem Aufenthalt verzogen" noch keine Rückübertragung verlangt,
weil es sein könne, dass der Verurteilte innerhalb des letzten Aufenthaltsorts
mit unbekanntem Aufenthalt wohne (BGH 22.5.1991 – 2 ARs 125/91 bei
Kusch NStZ 1992, 30).

Anfechtung

59 (1) ¹Gegen eine Entscheidung, durch welche die Aussetzung
der Jugendstrafe angeordnet oder abgelehnt wird, ist, wenn sie
für sich allein oder nur gemeinsam mit der Entscheidung über die
Anordnung eines Jugendarrests nach § 16a angefochten wird, sofortige Beschwerde zulässig. ²Das gleiche gilt, wenn ein Urteil nur deshalb angefochten wird, weil die Strafe nicht ausgesetzt worden ist.

(2) ¹Gegen eine Entscheidung über die Dauer der Bewährungszeit
(§ 22), die Dauer der Unterstellungszeit (§ 24), die erneute Anordnung der Unterstellung in der Bewährungszeit (§ 24 Abs. 2) und
über Weisungen oder Auflagen (§ 23) ist Beschwerde zulässig. ²Sie
kann nur darauf gestützt werden, daß die Bewährungs- oder die
Unterstellungszeit nachträglich verlängert, die Unterstellung erneut
angeordnet worden oder daß eine getroffene Anordnung gesetzwidrig ist.

(3) Gegen den Widerruf der Aussetzung der Jugendstrafe (§ 26
Abs. 1) ist sofortige Beschwerde zulässig.

(4) **Der Beschluß über den Straferlaß (§ 26a) ist nicht anfechtbar.**

(5) **Wird gegen ein Urteil eine zulässige Revision und gegen eine Entscheidung, die sich auf eine in dem Urteil angeordnete Aussetzung der Jugendstrafe zur Bewährung bezieht, Beschwerde eingelegt, so ist das Revisionsgericht auch zur Entscheidung über die Beschwerde zuständig.**

Übersicht

I. Anwendungsbereich

1　　Die Vorschrift gilt in Verfahren gegen **Jugendliche** auch vor den für allg. Strafsachen zuständigen Gerichten (§ 104 Abs. 1 Nr. 8).

2　　In Verfahren gegen **Heranwachsende** gilt die Vorschrift – vor JGerichten wie vor den für allg. Strafsachen zuständigen Gerichten – dann, wenn materielles JStR angewendet worden ist (§ 109 Abs. 2 S. 1, §§ 105 Abs. 1, 112 S. 1 und 2).

II. Allgemeines

Ausgangspunkt des Gesetzgebers für eine Sonderregelung betr. die 3
Rechtsmittel gegen eine Aussetzung der Vollstr zBew und die damit zusammenhängenden Entscheidungen ist die Annahme, es bestehe „ein besonders dringendes Bedürfnis, schnell zu einer rechtskräftigen Entscheidung zu gelangen", weil die JStrafe „nur dann die notwendige erzieherische Wirkung (habe), wenn sie der Tat sobald wie möglich folge" (Amtl. Begr. 46, vgl. hierzu näher → § 55 Rn. 35). Dabei regelt § 59 **Abweichungen** von § 55 und von dem **allg. Rechtsmittelsystem** lediglich bezüglich der alleinigen Anfechtung von Entscheidungen, die die Aussetzung der Vollstr einer JStrafe zBew betreffen. Die Vorschrift enthält demgemäß keine ausschließliche Regelung über die Zulässigkeit von Rechtsmitteln in dem bezeichneten Bereich (hM; vgl. *Dallinger/Lackner* Rn. 1; aA noch LG München II NJW 1960, 1216 mablAnm *Potrykus*). Das Gesetz stellt die **Anfechtung** nur der Entscheidung über die **Aussetzung** denjenigen Fällen gleich (geänd. iZm der Einführung der §§ 61–61b), in denen die Anfechtung sich „gemeinsam" auch gegen die Verhängung eines *Kopplungs-JA* (§ 16a) iVm der Aussetzung der Vollstr der JStrafe zBew richtet. Denn in solchen Fällen wäre eine Beschränkung der Anfechtung einer Entscheidung ausschließlich auf die darin enthaltene Anordnung der Aussetzung der Vollstr der JStrafe zBew wegen der inhaltlichen Verbindung dieser Anordnung mit dem Kopplungs-JA (§ 16a) verkürzt, und zwar erhöht in solchen Konstellationen, in denen es ohne Kopplungs-JA nicht zur Aussetzung gekommen wäre. – Für die Anfechtung eines nach § 61 Abs. 3 S. 1 iVm § 16a verhängten JA sah ein RefE des BMJV vom 11.10.2018 die sofortige Beschwerde vor.

Regelmäßig wird ein Urteil, das eine Entscheidung über die Aussetzung 4
der Vollstr zBew (bzw. den ausdrücklichen oder konkludenten Vorbehalt einer Entscheidung) enthält, entweder in vollem Umfang oder unter Beschränkung auf den Rechtsfolgenausspruch insgesamt angefochten. Die für die Anfechtung insoweit allein in Betracht kommenden Rechtsmittel der Berufung oder der Revision (vgl. § 55) erfassen dann die Entscheidung über eine Aussetzung als einen **Teil** des **Rechtsfolgenausspruchs.** Falls das Rechtsmittelgericht prozessual dazu befugt ist (vgl. für das Revisionsgericht § 354 Abs. 1 StPO), kann es deshalb über die Aussetzung selbst entscheiden oder eine Entscheidung gem. § 57 vorbehalten, ohne dass es darauf ankäme, ob sich die Vorinstanz zur Frage der Aussetzung der Vollstr zBew geäußert hat (zur Berücksichtigung des Verbots der reformatio in peius in diesem Zusammenhang vgl. *Dallinger/Lackner* Rn. 3–6; vgl. → § 55 Rn. 81).

III. Anfechtung von Urteilen unter Beschränkung auf die Entscheidung über eine Aussetzung zur Bewährung (Abs. 1)

1. Zulässiges Rechtsmittel

a) Verfahrenskonstellationen. aa) Richtet sich die **Anfechtung** allein 5
(bzw. „gemeinsam", vgl. → Rn. 3) gegen die Entscheidung über die Ausset-

zung der Vollstr zBew oder dagegen, dass hierzu im Urteil nicht entschieden wurde, so ist nach Abs. 1 ausnahmsweise die **sofortige Beschwerde** das zulässige Rechtsmittel, und zwar auch dann, wenn die Entscheidung nach allg. Grundsätzen (vgl. BGH *Dallinger* MDR 1955, 394; BGHSt 24, 164; OLG Hamm MDR 1979, 253 mwN) von den verbleibenden Teilen des Rechtsfolgenausspruches nicht zu trennen wäre, weil anderenfalls dem Beschwerdeführer eine nicht zumutbare rechtliche Würdigung abverlangt würde (OLG Schleswig bei *Ernesti/Jürgensen* SchlHA 1973, 180 (193); OLG Hamm MDR 1979, 253; OLG Düsseldorf NStE Nr. 2 zu § 59 JGG). Die Bezeichnung eines entsprechend beschränkten Rechtsmittels als „Berufung" oder „Revision" ist gem. § 300 StPO unschädlich (vgl. auch OLG Koblenz OLGSt § 59 Nr. 1).

6　　**bb)** Die logische Gesetzesauslegung ergibt, dass Abs. 1 **auch** die Anfechtung des **Vorbehalts** einer Aussetzungsentscheidung erfasst. Andernfalls wäre Abs. 1 S. 2 überflüssig, da Abs. 1 S. 1 die alleinige Anfechtung der Anordnung wie Ablehnung der Aussetzung bereits einschließt (ähnlich *Dallinger/Lackner* Rn. 10; zur abw. Rechtslage im Geltungsbereich des § 35 Abs. 2 JGG 1923 vgl. *Kiesow* JGG § 35 Anm. III. 2a). Jedoch wird diesbezüglich (OLG Schleswig 20.6.1977 − OLGSt zu § 59) dem **JStaatsanwalt** eine **Beschwerdebefugnis** zur Erwirkung einer abl. Entscheidung **nicht** zustehen (ebenso OLG Stuttgart NStZ 1986, 219, allerdings mit zw. Begründung hinsichtlich mangelnder Beschwer der JStA (vgl. dazu → § 57 Rn. 21 sowie Anm. *Eisenberg/Wolski* NStZ 1986, 220); aA OLG München NStZ-RR 2005, 153; *Dallinger/Lackner* Rn. 10; *Walter/Pieplow* NStZ 1988, 169 entgegen dem Wortlaut des Abs. 1 S. 2). Dies ergibt sich, da Gesetzeswortlaut und -systematik nichts anderes besagen (s. OLG Schleswig OLGSt zu § 59, Rn. 2f), aus Sinn und Zweck des Vorbehalts (vgl. → Rn. 4), demzufolge während des Laufs der Frist die Entwicklung des Verurteilten unbeeinträchtigt von Maßnahmen der Strafvollstreckung zu bleiben hat. Wegen der nach tatrichterlicher Überzeugung noch fehlenden Spruchreife der Aussetzungsentscheidung vermag ein Unterbleiben der Ablehnung der Aussetzung eine Beschwer der JStaatsanwaltschaft nicht zu begründen (und zwar auch nicht im Hinblick auf die Grundsätze der Rechtsstaatlichkeit und Rechtssicherheit, LG Berlin 23.4.1986 − 523 Qs 30/86; aA *Walter/Pieplow* NStZ 1988, 169 Fn. 35 (ohne Differenzierung zwischen Rechtskraft und Vollstreckbarkeit); vgl. auch → § 57 Rn. 4). Anderes könnte nur dann gelten, wenn wegen der erkennbar umfassenden Ausschöpfung aller Ermittlungsmöglichkeiten die Vorbehaltserklärung auf einem offensichtlichen Ermessensfehler beruht. Eine Beschränkung der Abänderbarkeit folgt aus der entsprechenden Anwendbarkeit des Verbots der reformatio in peius.

7　　**cc)** Eine entsprechende Anwendung der Vorschrift und damit eine Eröffnung des Beschwerderechtszuges in Fällen, in denen das erstinstanzliche Gericht unter Verstoß gegen § 87 Abs. 1 die Vollstr von Jugendarrest zBew ausgesetzt hat, verbietet sich infolge des Ausnahmecharakters des § 59 (OLG Frankfurt a. M. NJW 1963, 969).

8　　**b) § 55 Abs. 2 S. 1.** Die sofortige Beschwerde ersetzt nach ihrem gesetzgeberischen Zweck einer Verfahrensbeschleunigung (vgl. → Rn. 3) eine an sich zulässige Berufung oder Revision. Demgemäß soll sie **nicht** zu einer **Erweiterung** des **Rechtsmittelzuges** führen. Hieraus folgert die hM, dass eine Entscheidung des Revisionsgerichts (nach § 354 Abs. 1 StPO) über die

Aussetzung der Vollstr zBew oder deren Vorbehalt der Anfechtung entsprechend § 304 Abs. 4 S. 1 und 2 Hs. 1 StPO entzogen ist (*Dallinger/Lackner* Rn. 12 und bereits *Kiesow* JGG § 35 Anm. III. 2b). Hiernach soll – insoweit in sich zwar folgerichtig, aber verfahrensrechtlich bedenklich (vgl. näher → § 55 Rn. 71) und mitunter auch sachlich unbefriedigend – die Möglichkeit einer sofortigen Beschwerde gem. Abs. 1 gegen ein Berufungsurteil für denjenigen Verfahrensbeteiligten entfallen, der von dem ihm zustehenden Rechtsmittel durch Wahl der Berufung bereits Gebrauch gemacht hat, sodass ihm nach § 55 Abs. 2 S. 1 das an sich in Betracht kommende weitere Rechtsmittel der Revision nicht eröffnet ist (OLG Hamm JMBl. NW 1955, 10; OLG Stuttgart Justiz 1964, 172; OLG Düsseldorf NStE Nr. 2 zu § 59 JGG; OLG Celle MDR 1993, 266 = NStZ 1993, 400 mAnm *Nix;* OLG Düsseldorf NStZ 1994, 198 f.; OLG Frankfurt/M. NStZ-RR 2003, 27; OLG Saarbrücken StraFo 2003, 431; OLG Hamm ZJJ 2007, 416; OLG Bamberg NStZ 2012, 166; *Brunner/Dölling* Rn. 3; aA *Schatz* in Diemer/Schatz/Sonnen § 55 Rn. 95; *Ostendorf* in NK-JGG Rn. 2; *Albrecht* Jugend-StrafR 390 f.).

2. Verfahren

a) **Zuständigkeit.** Funktionell zuständig für die Entscheidung über die 9 sofortige Beschwerde ist das dem erkennenden Gericht unmittelbar übergeordnete Gericht (§ 41 Abs. 2 S. 2 iVm §§ 73 Abs. 1, 121 Abs. 1 Nr. 2 GVG), und zwar selbst dann, wenn ein als „Revision" bezeichnetes Rechtsmittel sich erst nach Anhängigkeit beim Revisionsgericht als ausschließlich gegen die im Urteil enthaltene oder vorbehaltene Entscheidung über die Aussetzung der Vollstr zBew gerichtet erweist und demgemäß nach § 300 StPO als sofortige Beschwerde zu behandeln ist (vgl. → Rn. 5), bzw. wenn der Verfahrensbeteiligte, der das Urteil in vollem Umfang oder beschränkt auf den gesamten Rechtsfolgenausspruch mit der Revision angefochten hat, innerhalb der Begründungsfrist unter Beschränkung seines Rechtsmittels auf die Frage der Aussetzung zur sofortigen Beschwerde übergeht (vgl. BGHSt 6, 206 ff.; OLG Koblenz 2.6.1981 – 1 Ws 284/81 bei *Böhm* NStZ 1982, 415). Das Revisionsgericht, dem in diesen Fällen regelmäßig die funktionelle Zuständigkeit fehlt (Abs. 5 ist hierfür nicht einschlägig, vgl. → Rn. 31 ff.; s. auch *Dallinger/Lackner* Rn. 13), hat die Sache dem zuständigen Beschwerdegericht zuzuleiten. – Soweit ein OLG erstinstanzlich entschieden hat (§ 102 S. 1, § 120 Abs. 1, 2 GVG), ist für eine Entscheidung über die sofortige Beschwerde im Fall des Abs. 1 der BGH zuständig (§ 102 S. 2; vgl. → § 102 Rn. 6).

b) **Beschluss. aa)** Über die sofortige Beschwerde wird, obwohl sie sich 10 gegen ein Urteil richtet, **ohne mündliche Verhandlung** oder gar HV durch Beschluss entschieden.

Hierbei soll das Beschwerdegericht nicht nur eigene Feststellungen treffen 10a können, sondern es soll ihm – abw. vom Revisionsverfahren – auch die Ausübung eigenen Ermessens gestattet sein (s. bereits BGH LM Nr. 1 zu § 59 mAnm *Sarstedt;* OLG Schleswig *Ernesti/Jürgensen* SchlHA 1973, 180 (193); OLG Hamm OLGSt zu § 59, 5, 7; OLG Düsseldorf Zbl 1981, 449 = NStZ 1982, 119 f.).

11   **bb)** Eine **weitere Beschwerde** ist **nicht zulässig** (§ 2 Abs. 2, § 310
StPO). Die Beschränkung der Anfechtbarkeit betrifft auch Entscheidungen
über die sofortige Beschwerde (zur Unbeachtlichkeit einer unzutreffenden
Bezeichnung vgl. → Rn. 5) durch „Urteil", da sich das zulässige Rechtsmittel nicht nach der Bezeichnung der angefochtenen Entscheidung, sondern nach ihrem sachlichen Inhalt bestimmt (OLG Koblenz OLGSt Nr. 1
zu § 59; OLG Hamm MDR 1979, 253). – Hat der Angeklagte im Vertrauen
auf eine Aussetzung der Vollstr zBew das Urteil nicht angefochten, wird aber
auf sofortige Beschwerde der JStaatsanwaltschaft die zunächst im Urteil
angeordnete Aussetzung versagt, so soll ihm keine Wiedereinsetzung in den
vorigen Stand im Hinblick auf die versäumte Revisionsfrist zukommen (so
BayObLG JZ 1978, 204; zw., vgl. → § 55 Rn. 81; s. aber auch § 311a iVm
§ 308 StPO).

12   **cc)** Ob im Falle des *Beistandes* durch einen Rechtsanwalt in Verfahren
nach Abs. 1 eine besondere *Gebühr* entsteht, war umstritten (vern. OLG
Koblenz MDR 1973, 957 (betr. § 87 vormalige BRAGO); zust. *Brunner/
Dölling* Rn. 3 aE; aA noch LG Lübeck NJW 1963, 2336). Auf der Grundlage des RVG wird die Bejahung schwerlich begründbar sein.

13   **dd)** Zur Frage des Verbots der reformatio in peius vgl. → § 55 Rn. 81.

3. Einlegung verschiedener Rechtsmittel durch die
Verfahrensbeteiligten

14   Besonderheiten ergeben sich, wenn gegen das Urteil von einem Verfahrensbeteiligten Berufung oder Revision und von einem anderen unter Beschränkung auf die Entscheidung über eine Aussetzung der Vollstr zBew
sofortige Beschwerde eingelegt wird.

15   **a) Sofortige Beschwerde neben Berufung.** Bei dieser Verfahrensgestaltung ist regelmäßig die JKammer nach § 41 Abs. 2 für beide Rechtsmittel
zuständig. Es wird über beide Rechtsmittel einheitlich aufgrund derselben
HV durch Urteil zu entscheiden sein (allg. Auffassung). Dadurch ist eine
volle Nachprüfung des erstinstanzlichen Urteils einschließlich der Aussetzungsentscheidung unter Vermeidung der Gefahr widersprüchlicher Entscheidungen gewährleistet, wobei die einheitliche Entscheidung zudem dem
gesetzgeberischen Zweck einer mit der sofortigen Beschwerde erstrebten
Verfahrensbeschleunigung (vgl. → Rn. 3) entspricht.

16   **b) Revision neben sofortiger Beschwerde. aa)** Eine vergleichbare
Verfahrenslage besteht in dem seltenen Fall, dass **gegen** ein **Berufungsurteil**
Revision und durch einen anderen Verfahrensbeteiligten sofortige Be-
schwerde eingelegt worden ist. Denn auch dann ist regelmäßig dasselbe
Gericht (OLG; § 102 S. 1, § 121 Abs. 1 Nr. 1b) und Nr. 2 GVG) zuständig.
Eine einheitliche Entscheidung ggü. allen Verfahrensbeteiligten gilt als zu-
lässig und wird sich empfehlen, wenn das Revisionsgericht zunächst die im
Umfang der sofortigen Beschwerde notwendige tatsächliche Prüfung und
erst anschließend die rechtliche Prüfung des Berufungsurteils vornimmt
(*Dallinger/Lackner* Rn. 16).

17   **bb)** Verschiedene Gerichte sind dagegen regelmäßig zuständig, wenn
gegen das **erstinstanzliche Urteil** (Wahl-)Revision und durch einen anderen Verfahrensbeteiligten sofortige Beschwerde eingelegt ist (iE ebenso *Ostendorf* in NK-JGG Rn. 7).

(1) Nach teilweise vertretener Auffassung (*Grethlein* JGG Anm. 1c; *Brun-* **18** *ner/Dölling* Rn. 3; *Ostendorf* in NK-JGG Rn. 7) soll das Revisionsgericht – unter sinngemäßer Berücksichtigung des in § 335 Abs. 3 StPO enthaltenen Grundgedankens, dh des Vorrangs der weitergehenden tatsächlichen Überprüfung des Urteils – die Entscheidung des Beschwerdegerichts abwarten müssen. Dabei stehe die Regelung des § 310 StPO der sich anschließenden rechtlichen Nachprüfung der Beschwerdeentscheidung über die Aussetzung nicht entgegen, da die sofortige Beschwerde nur aus Gründen der Verfahrensbeschleunigung (vgl. → Rn. 3) an die Stelle der Berufung getreten sei, das Revisionsurteil aber grundsätzlich einer Überprüfung unterliege.

(2) Demgegenüber hielt die vormals hM (*Bender* JGG Rn. 8; *Dallinger/* **19** *Lackner* Rn. 15; *Potrykus* JZ 1954, 538; bereits *Kiesow* JGG § 35 Anm. III. 2.) die eingelegte sofortige Beschwerde vom Zeitpunkt der Einlegung der Revision an für unwirksam. Denn es bestehe andernfalls die Gefahr widersprechender Entscheidungen, weil beiden Gerichten an sich die volle Entscheidungsbefugnis hinsichtlich der Frage der Aussetzung zukomme, das Revisionsgericht zur Abänderung der Entscheidung des Beschwerdegerichts aber gesetzlich nicht zuständig sei. Eine Verwerfung der Beschwerde als unzulässig scheide dagegen wegen der grundsätzlichen Kostenfolgen (§ 473 Abs. 1 StPO; Ausnahme allerdings § 74) aus, denn der Beschwerdeführer dürfe nicht durch die von ihm unabhängige und nicht voraussehbare spätere Rechtsmitteleinlegung eines Dritten kostenmäßig belastet werden (vgl. *Dallinger/Lackner* Rn. 15). – Die sofortige Beschwerde lebe nur wieder auf, wenn die Revision zulässig zurückgenommen werde, dagegen nicht, wenn das Revisionsgericht unter Verwerfung des weitergehenden Rechtsmittels das angefochtene Urteil bestätigt habe (*Dallinger/Lackner* Rn. 17 im Anschluss an *Kiesow* JGG § 35 Anm. III.).

IV. Anfechtung anderer Entscheidungen zur Frage einer Aussetzung zur Bewährung (Abs. 1 S. 1)

Nach Abs. 1 S. 1 ist neben einer Entscheidung über die Aussetzung der **20** Vollstr zBew im Urteil auch die Beschlussentscheidung im nachträglichen Verfahren (vgl. § 57), durch welche eine Aussetzung angeordnet oder abgelehnt wird, mit sofortiger Beschwerde anfechtbar. Im Übrigen gelten die Ausführungen zu → Rn. 5–19 entsprechend.

V. Abs. 2–4

1. Anfechtung der Entscheidungen nach Abs. 2

Gemäß Abs. 2 S. 1 ist gegen Entscheidungen über die Dauer der Bewäh- **21** rungs- (§ 22) oder der Unterstellungszeit (§ 24) bzw. die erneute Unterstellung in der Bewährungszeit (§ 24 Abs. 2) und über BewWeisungen oder -Auflagen (§ 23) die (einfache) Beschwerde (§ 2 Abs. 2, § 304 StPO) zulässig. Die Anfechtungsmöglichkeiten sind jedoch durch Abs. 2 S. 2 weitgehend eingeschränkt. Dies wird sowohl mit der Notwendigkeit richterlichen Ermessensumfangs des tatsachennäheren erstinstanzlichen Gerichts als auch mit erzieherischen Belangen einer schnellen und endgültigen Entscheidung gerechtfertigt (vgl. etwa *Dallinger/Lackner* Rn. 21; zur Kritik → § 55 Rn. 35–37).

22   **a) Entscheidungen nach § 23 sowie nach § 24 Abs. 1 und 2.** Die zulässige **nachträgliche Verlängerung** der **Bewährungs-** (§ 22 Abs. 2 S. 2) oder der Unterstellungs**zeit** sowie die zulässige **erneute** Anordnung der **Unterstellung** (§ 24 Abs. 2 S. 1) kann stets (auch noch nach Rechtskraft des die Aussetzung anordnenden Urteils; OLG Braunschweig GA 1969, 530) angefochten werden (Abs. 2 S. 2 Fall 1). War die Verlängerung bzw. die erneute Unterstellung unzulässig (zB Verlängerung nach Ablauf der Bewährungszeit, Überschreitung des zeitlichen Höchstmaßes der Verlängerung), ist die Anfechtung auf den Beschwerdegrund der Gesetzwidrigkeit der Anordnung (Abs. 2 S. 2 Fall 2) zu stützen (so zutr. *Dallinger/Lackner* Rn. 23; aA *Potrykus* Anm. 3).

23   **b) Gesetzwidrigkeit einer getroffenen Anordnung (Abs. 2 S. 2 letzte Alt.).** Hierunter fallen Anordnungen, die vom sachlichen Recht (§§ 22–24, 10, 15) nicht zugelassen, unverhältnismäßig oder unzumutbar sind oder sonst die Grenzen des eingeräumten Ermessens überschreiten (zur Frage der Geltung des Verschlechterungsverbots vgl. → § 55 Rn. 82).

24   **c) „Vorbewährung“.** Weisungen oder Auflagen, die neben dem Vorbehalt einer nachträglichen Entscheidung über die Aussetzung der Vollstr einer verhängten JStrafe zBew zum Zwecke einer „Vorbewährung“ (§ 61b) erteilt werden, unterfallen gem. dem Verweis in § 61b Abs. 1 S. 5 (vgl. Begr. BT-Drs. 17/9389) **gleichfalls Abs. 2 S. 1.** – Schon vor Schaffung der genannten Verweisungsnorm war wegen der Vergleichbarkeit von Ausgestaltung und Interessenlage derartiger Maßnahmen mit BewAuflagen oder -Weisungen nach § 23 – auch unter Würdigung der Rechtsweggarantie gem. Art. 19 Abs. 4 GG – eine *analoge* Anwendung des Abs. 2 S. 1 zu bejahen (vgl. bis → 15. Aufl.).

25   **d) Entsprechende Anwendung.** Im Hinblick auf den einschränkenden Charakter von Abs. 2 *scheidet* – abw. etwa von der Zuständigkeitsbestimmung in § 58 Abs. 3 (vgl. § 58) – eine entsprechende Anwendung der Rechtsmittelregelung auf die weiteren iZm der Bewährungszeit getroffenen Anordnungen (insb. *Bestellung des BewHelfers) aus.* Da diese Rechtsmittelregelung nicht als abschließend angesehen werden kann, kommt eine Anfechtung der bezeichneten Maßnahmen nach § 2 Abs. 2, §§ 304 ff. StPO in Betracht. – Bestehen etwa Bedenken gegen die Person eines BewHelfers, so unterliegt dessen Bestellung als eine jgerichtliche Maßnahme (§ 25 S. 1) der Beschwerde (ebenso *Brunner/Dölling* Rn. 7; *Schatz* in Diemer/Schatz/Sonnen Rn. 20), und zwar unabhängig davon, ob es sich um einen hauptamtlichen (§ 24 Abs. 1 S. 1) oder ehrenamtlichen (§ 24 Abs. 1 S. 2) BewHelfer handelt. Die Gegenansicht (*Dallinger/Lackner* Rn. 28), die die Unterstellung unter einen hauptamtlichen BewHelfer nicht als jgerichtliche Entscheidung erachtete, stützte sich auf die vor der Änderung durch das 1. StRG v. 25.6.1969 (BGBl. I 645) geltende Fassung des § 25 und wird angesichts des eindeutigen Wortlauts des nunmehr geltenden § 25 S. 1 nicht mehr aufrecht zu erhalten sein.

26   **e) Kein Begründungszwang.** Die in Abs. 2 S. 2 geregelten Einschränkungen führen nicht zu einem gesetzlichen Begründungszwang des Beschwerdeführers (allg. Auffassung). Die ausdrückliche Geltendmachung der in Abs. 2 S. 2 genannten Gründe ist keine Zulässigkeitsvoraussetzung für die Beschwerde (aA OLG Nürnberg NJW 1959, 1451), sondern beschränkt nur den Umfang der Nachprüfung durch das Beschwerdegericht (*Dallinger/Lackner* Rn. 22).

Die Beschwerde ist ohne weitere sachliche Nachprüfung als unbegründet **26a** zu verwerfen (aA *Schatz* in Diemer/Schatz/Sonnen Rn. 23: als unzulässig), wenn keiner der beiden Beschwerdegründe vorliegt. Ist dagegen nach Ansicht des Beschwerdegerichts ein Beschwerdegrund gegeben, findet eine umfassende Prüfung der Sach- und Rechtslage statt (vgl. auch → Rn. 10), die etwa auch die Verhältnismäßigkeit und Zumutbarkeit der erstinstanzlich angeordneten BewAuflagen einzubeziehen hat (so OLG Hamm MDR 1975, 1041 zu § 56b StGB). Eine Abänderung der erstinstanzlich angeordneten Maßnahmen ohne Zurückverweisung (§ 309 Abs. 2 StPO entspr.) wird nur insoweit in Betracht zu ziehen sein (§ 2 Abs. 2), als – im Hinblick auf die jederzeitige Abänderungsbefugnis des die BewMaßnahmen anordnenden Richters (§ 23 Abs. 1 S. 3) – gewährleistet ist, dass erzieherisch abträgliche Widersprüche hinsichtlich der BewMaßnahmen vermieden werden.

2. Widerruf der Aussetzung der JStrafe (Abs. 3)

a) Unterschiedliche Anfechtungsziele. aa) Abs. 3 erklärt den **Wider-** **27** **ruf** der **Aussetzung** der Vollstr einer JStrafe zBew (§ 26 Abs. 1) als mit der **sofortigen Beschwerde** anfechtbar. Rechtsmittelberechtigt ist auch die JStaatsanwaltschaft zugunsten des Jugendlichen.

bb) (1) Dagegen besteht nach hM **kein Anfechtungsrecht,** wenn ein **27a** **Antrag der JStaatsanwaltschaft** auf **Widerruf** der Aussetzung *abgelehnt* wird. Die Zulässigkeit einer (hier gesetzlich nicht ausdrücklich ausgeschlossenen) Beschwerde nach § 304 StPO **widerspräche** besonderen Zwecken und Bewertungen des jugendstrafrechtlichen Rechtsmittelrechts, wie sie sich bezüglich der Unanfechtbarkeit – entgegen § 453 Abs. 2 S. 3 StPO – aus Abs. 4 (betr. den Straferlass) und aus § 63 Abs. 1 (betr. den Beschluss über die Fortdauer der Aussetzung der Verhängung einer JStrafe) ergeben (hM; OLG Celle NJW 1971, 1665; KG JR 1998, 389; LG Krefeld NJW 1974, 1476; LG München II NJW 1960, 1216 mAnm *Potrykus;* LG Potsdam NStZ-RR 1996, 285; LG Magdeburg StraFo 2013, 84 = StV 2013, 777; *Kaspar* in MüKoStPO Rn. 39; *Paeffgen* in SK-StPO StPO § 453 Rn. 2, 3a; aA, bei differenzierter Begründung, LG Osnabrück NStZ 1991, 533 mAnm *Brunner,* der erwägt, die JStA würde andernfalls Aussetzungsentscheidungen möglicherweise weniger mittragen; LG Hamburg StV 1995, 480; LG Bückeburg NStZ-RR 2003, 155; offen gelassen von OLG Nürnberg NStZ-RR 1998, 242). Im Übrigen ist im Falle eines Widerrufs wegen einer neuen Straftat als **Besonderheit** des JStR ggü. dem allg. StR **§ 31** zu berücksichtigen. Ebenso hat Gewicht, dass der Jugendliche mit Gewährung der Aussetzung der Vollstr zBew eine Vertrauensposition gewinnt, die durch die jgerichtliche Ablehnung des Widerrufs bestätigt wird, sodass ein nachträglicher Eingriff in diese Position – zumal aufgrund einer nicht rechtskräftig festgestellten Tat – auch erzieherisch abträglich wäre (s. näher *Conen* JuS 1997, 529 (Eisenberg); zust. KG JR 1998, 389). Der Versagung einer Anfechtung steht nicht entgegen, dass die zeitlich vorhergehenden Entscheidungen iZm der Bewährung anfechtbar sind (Abs. 1, 2), denn § 59 setzt die

Anfechtungsmöglichkeiten der jggerichtlichen Entscheidungen dem jeweiligen Kenntnisstand des JGerichts entsprechend fest (Anm. *Sieveking/Eisenberg* NStZ 1996, 251 f.). – § 65 Abs. 2 S. 1 berührt diesen Aufbau nicht, sondern trägt lediglich Besonderheiten im Bereich jugendstrafrechtlicher Weisungen Rechnung.

27b (2) Entsprechendes gilt bei Ablehnung des Widerrufsantrags der JStaatsanwaltschaft bezüglich einer zBew ausgesetzten Anordnung der Unterbringung gem. § 63 StGB (aA OLG Nürnberg NStZ-RR 1998, 242) bzw. § 64 StGB (zur erzieherischen Zwecksetzung der Maßregeln im JStR vgl. → § 7 Rn. 3 ff.).

28 cc) Die **sofortige Beschwerde** gegen die Widerrufsentscheidung (§ 59 Abs. 3) hat zwar nach dem Wortlaut des § 307 StPO keine aufschiebende Wirkung. Da der Widerrufsbeschluss jedoch als urteilsvertretender Beschluss gilt (*Meyer-Goßner/Schmitt* StPO § 307 Rn. 1; *Matt* in Löwe/Rosenberg StPO § 307 Rn. 3), darf bei sofortiger Beschwerde die Vollstr nicht eingeleitet werden. Allerdings lässt § 453c StPO bis zur Rechtskraft des Widerrufsbeschlusses einen Sicherungshaftbefehl zu (vgl. ebenso *Brunner/Dölling* §§ 26, 26a Rn. 13; vgl. auch → §§ 26, 26a Rn. 33, → § 58 Rn. 26 ff.; aA *Dallinger/Lackner* Vor § 82 Rn. 18).

29 b) **Aufhebung des Widerrufsbeschlusses.** Nach Eintritt der formellen Rechtskraft kann der Widerrufsbeschluss dann aufgehoben werden, wenn hinsichtlich der **Umstände**, auf die der Widerruf gestützt wurde, die Voraussetzungen für eine **Wiederaufnahme** des Verfahrens vorlägen (OLG Oldenburg NJW 1962, 1169; *Schmidt* SchlHA 1963, 109; vgl. *Dallinger/Lackner* Rn. 26).

3. Abs. 4

30 Die in dieser Vorschrift ausdrücklich geregelte **Unanfechtbarkeit** des Beschlusses über den **Straferlass** (§ 26a) soll gewährleisten, dass der mit dem Verfahren gegen den Jugendlichen und dem Verlauf der Bewährungszeit befasst gewesene JRichter unmittelbar nach Ablauf der Bewährungszeit aufgrund einmaliger abschließender Prüfung den Straferlass aussprechen kann, um der – auch erziehungspsychologisch – bedenklichen Situation vorzubeugen, dass der Jugendliche, der sich bewährt hat, während eines längeren Zeitraums über seine Zukunftsaussichten im Unklaren gelassen und überflüssigen Befürchtungen ausgesetzt wird.

VI. Zuständigkeit des Revisionsgerichts gem. Abs. 5

1. Sonderzuständigkeit

31 Abs. 5 begründet ausnahmsweise eine Sonderzuständigkeit des Revisionsgerichts für die Entscheidung über die Beschwerde gegen Entscheidungen iSv § 58 Abs. 1 (vgl. zudem § 61b Abs. 1 S. 5) für den Fall, dass gegen das Urteil selbst zugleich zulässig (vgl. BGHSt 10, 19 (zum allg. StVR)) Revision eingelegt ist (vgl. § 305a Abs. 2 StPO). Die Vorschrift gibt dem Gesichtspunkt der **Verfahrensbeschleunigung** den Vorrang vor der größeren Sachnähe des Beschwerdegerichts. Sie wird aber insoweit wohl weniger zu einer verbesserten Einheitlichkeit der Entscheidungen unter erzieherischen

Gesichtspunkten beitragen, als immer dann, wenn die rechtliche Nachprüfung (etwa iSd Abs. 2 S. 2) einen Beschwerdegrund ergibt, der – in Widerstreit zu den eigentlichen Aufgaben eines Revisionsgerichts – zu einer Änderung der angeordneten Maßnahme aufgrund neuerlicher Sachprüfung Anlass geben könnte, die Zurückverweisung an das erstinstanzliche Gericht schon im Hinblick auf § 23 Abs. 1 S. 3 (vgl. → Rn. 26 aE) eher sachgerecht erscheint.

2. Restriktive Auslegung

Als Ausnahmebestimmung ist Abs. 5 eng auszulegen. Bereits aus dem 32 Wortlaut ist zu folgern, dass eine sofortige Beschwerde nach Abs. 1 gegen die Entscheidung über die Anordnung oder Ablehnung der Aussetzung der Vollstr zBew selbst oder gegen den Vorbehalt einer diesbezüglichen Entscheidung dem Anwendungsbereich des Abs. 5 nicht unterfällt. Auch würde die dem Revisionsgericht anderenfalls eingeräumte – dem Beschwerdeverfahren gemäße – umfassende Sachprüfungskompetenz mit dessen Aufgabe einer rechtlichen Nachprüfung weniger verträglich sein (vgl. näher BGHSt 6, 206).

Eine **entsprechende Anwendung** von Abs. 5 für den Fall einer mit der 33 Beschwerde gegen eine Entscheidung nach § 58 zusammentreffenden Berufung gegen das Urteil **verbietet** nicht nur der Ausnahmecharakter der Regelung, sondern auch die wegen der gleichzeitigen Zuständigkeit der JKammer als Berufungs- und Beschwerdegericht unterschiedliche Sachlage (vgl. *Dallinger/Lackner* Rn. 30 mwN).

Bewährungsplan

60 (1) ¹Der Vorsitzende stellt die erteilten Weisungen und Auflagen in einem Bewährungsplan zusammen. ²Er händigt ihn dem Jugendlichen aus und belehrt ihn zugleich über die Bedeutung der Aussetzung, die Bewährungs- und Unterstellungszeit, die Weisungen und Auflagen sowie über die Möglichkeit des Widerrufs der Aussetzung. ³Zugleich ist ihm aufzugeben, jeden Wechsel seines Aufenthalts, Ausbildungs- oder Arbeitsplatzes während der Bewährungszeit anzuzeigen. ⁴Auch bei nachträglichen Änderungen des Bewährungsplans ist der Jugendliche über den wesentlichen Inhalt zu belehren.

(2) Der Name des Bewährungshelfers wird in den Bewährungsplan eingetragen.

(3) ¹Der Jugendliche soll durch seine Unterschrift bestätigen, daß er den Bewährungsplan gelesen hat, und versprechen, daß er den Weisungen und Auflagen nachkommen will. ²Auch der Erziehungsberechtigte und der gesetzliche Vertreter sollen den Bewährungsplan unterzeichnen.

Übersicht

I. Anwendungsbereich

1. Jugendliche

1 Die Vorschrift gilt in Verfahren gegen Jugendliche auch vor den für allg. Strafsachen zuständigen Gerichten (§ 104 Abs. 1 Nr. 8), jedoch mit der Maßgabe, dass der JRichter zuständig ist, in dessen Bezirk sich der Jugendliche aufhält (§ 104 Abs. 5 Nr. 1 (entspr., da der BewPlan keine gerichtliche „Entscheidung" darstellt, vgl. → Rn. 4)).

2. Heranwachsende

2 Die Vorschrift gilt in Verfahren gegen Heranwachsende – vor JGerichten wie vor den für allg. Strafsachen zuständigen Gerichten – nur dann, wenn materielles JStR angewendet worden ist (§ 109 Abs. 2 S. 1, §§ 105 Abs. 1, 112 S. 1 und 2), jedoch betr. Verfahren vor den für allg. Strafsachen zuständigen Gerichten nur mit der Maßgabe wie bei Jugendlichen (§ 112 S. 1, § 104 Abs. 5 Nr. 1 entspr., vgl. → Rn. 1).

II. Allgemeines

3 Die Bestimmung hatte keine Entsprechung im JGG 1923 (und ohnehin nicht im RJGG 1943). Sie geht auf § 13e RegE-JGG 1953 zurück, der an Ausgestaltungen im angelsächsischen Recht anknüpfte (vgl. Amtl. Begr. 42).

1. Rechtsnatur des BewPlans

4 Diese Unterlage stellt **keine jugendgerichtliche Entscheidung** dar und ist auch keine Ausfertigung der in dem Plan bezeichneten Entscheidung (zu Folgerungen für seine Anfechtbarkeit vgl. → Rn. 20). Vielmehr ist er als Urkunde zu verstehen, in der bereits getroffene Anordnungen zu dem

Zweck zusammengestellt werden, in erster Linie dem verurteilten Jugendlichen die Bedeutung der BewZeit sowie der erteilten Weisungen, Auflagen und weiterer Pflichten und ferner die Folgen von Verstößen gegen die Anordnung in einem Gesamtüberblick ersichtlich zu machen. Dieser Zielsetzung gem. wird die Erstellung eines BewPlans mitunter auch dann angezeigt sein, wenn der JRichter nach Maßgabe von § 23 keine Weisungen und Auflagen angeordnet hat (weitergehend *Ostendorf* in NK-JGG Rn. 3).

Allerdings begegnet die Institution eines BewPlans im Hinblick auf den 5 **statischen** Charakter wie auch auf das Gebot erzieherischer Klarheit prinzipiellen Bedenken (vgl. auch → Rn. 6f). – Soweit ersichtlich, wurde bzw. wird die Bestimmung in der Praxis teilweise (regional) durchaus **unterschiedlich** gehandhabt. Dies gilt insb. hinsichtlich der Empfehlung (s. RL) eines gesondert anberaumten Termins (vgl. vormals Denkschrift 1964, 1 (21 f.); These 3. 9. des AK VII des 18. DJGT (DVJJ 1981); näher → Rn. 14).

2. Inhalt des BewPlans

Im Einzelnen sind in die Zusammenstellung von **Gesetzes** wegen die 6 erteilten Weisungen und Auflagen (Abs. 1 S. 1) sowie der Name des BewHelfers (Abs. 2) einzutragen, wobei jedoch die mit einem Rechtsmittel angefochtenen Weisungen und Auflagen ebenso wenig aufzunehmen sein werden, wie nur vorläufige Anordnungen (*Kaspar* in MüKoStPO Rn. 4; weitergehend *Potrykus* Anm. 1, der trotz § 23 Abs. 1 S. 3 zwischen endgültigen und vorläufigen Anordnungen differenzieren will und nur die endgültigen für eintragungsfähig hält). Andererseits wird es für die Frage der Eintragung auf den Eintritt einer formellen Rechtskraft der angeordneten Weisungen und Auflagen nicht ankommen können, da sie mit unbefristeter Beschwerde anfechtbar (vgl. § 59 Abs. 2) und ohnehin durch den JRichter änder- und aufhebbar sind (§ 23 Abs. 1 S. 3; vgl. zu S. 1 aF *Dallinger/Lackner* Rn. 3).

Ferner wird es sich im Hinblick auf den Zweck des BewPlanes empfehlen, 7 die **Dauer** der Bewährungs- und der Unterstellungszeit, die Grundzüge der nach Abs. 1 S. 2 erteilten Belehrung (s. § 70a Abs. 1 aF bzw. § 70b Abs. 1 nF entspr.) und die Pflicht nach Abs. 1 S. 3 (soweit sie nicht ohnehin als Weisung ausgestaltet ist) in den BewPlan aufzunehmen. Auch wird die Angabe zweckmäßig sein, dass der Wechsel des Aufenthalts, Ausbildungs- oder Arbeitsplatzes während der BewZeit dem BewHelfer mitzuteilen ist (*Schnitzerling* RdJB 1958, 28). Ebenso sollte die Erreichbarkeit des BewHelfers zB durch die Angabe von dessen Anschrift, eines Telefonanschlusses oder anderweit (zB E-Mail-Adresse) erleichtert oder gewährleistet werden (allg. Auffassung; weitergehend *Potrykus* Anm. 5). – Zudem sollte der BewPlan Hinweise auf solche Stellen enthalten, die für etwa notwendig erscheinende Rückfragen zuständig sind.

III. Verfahren

1. Zuständigkeit

Die **Erstellung** des BewPlans geschieht durch den **Vorsitzenden** des 8 **JGerichts.** Die nach § 60 vorgesehenen Handlungen sind rein prozessuale

Maßnahmen, die unmittelbar an die Entscheidung nach § 58 Abs. 1 S. 1 anknüpfen, weshalb eine einheitliche Zuständigkeit unabdingbar ist (vgl. *Dallinger/Lackner* Rn. 16). Demgemäß wird mit einer Übertragung nach § 58 Abs. 3 S. 2 zugleich ein **Übergang** der Zuständigkeit für die nach § 60 vorzunehmenden Handlungen bewirkt (BGHSt 19, 170 (173)). – Rechtlich zulässig wird es sein, einen JRichter im Wege der *Rechtshilfe* (§§ 156 f. GVG) um die Aushändigung des BewPlanes und die Belehrung (zur Geeignetheit § 70a Abs. 1 aF bzw. § 70b Abs. 1 nF) zu ersuchen, wenn sich der Jugendliche nicht im Bezirk des zuständigen JRichters aufhält. Dies wird jedoch angesichts der Übertragungsmöglichkeit nach § 58 Abs. 3 S. 2 nur eine seltene *Ausnahme* sein (vgl. *Dallinger/Lackner* Rn. 17).

9 Stets **unzulässig** ist die Übertragung der Handlungen nach § 60 auf den **Rechtspfleger** (allg. Auffassung).

2. Zeitpunkt und Erörterungstermin

10 **a) Zeitpunkt der Erstellung.** Das Gesetz verhält sich zu dieser Frage nicht. Der Zeitpunkt bestimmt sich danach, wann eine Klärung hinsichtlich der gebotenen Maßnahmen und ihrer Ausgestaltung erreicht ist, was idR mit Eintritt der Rechtskraft des Urteils angenommen wird (s. auch § 22 Abs. 2 S. 1; vgl. *Ostendorf* in NK-JGG Rn. 2; *Sonnen* in Diemer/Schatz/ Sonnen Rn. 3). In unmittelbarem zeitlichen Zusammenhang mit der Entscheidung über die Aussetzung der Vollstr der JStrafe zBew wird dies nur selten möglich und aus (erziehungs-)psychologischen Gründen auch kaum empfehlenswert sein, weil solchenfalls die Bedeutung der im BewPlan getroffenen Bestimmungen eher vermindert erscheinen könnte und die Aufnahmefähigkeit des Jugendlichen insb. nach einer Urteilsverkündung ohnehin eingeschränkt sein wird (so bereits Denkschrift 1964, 1 (22)).

11 Kommt es zu einer **nachträglichen Änderung** hinsichtlich der dem BewPlan zu Grunde liegenden Entscheidung (§ 23 Abs. 1 S. 3), so ist auch der BewPlan grundsätzlich neu zu fassen, es sei denn, die Veränderung ist so geringfügig, dass eine Wiederholung des Verfahrens nach § 60 als unvertretbarer Formalismus erschiene (vgl. auch → Rn. 19).

12 **b) Besonderer Termin.** Ein solcher (mitunter mißverständlich als „Belehrungstermin" bezeichnet) sollte regelmäßig anberaumt werden (*Schaffstein/Beulke/Swoboda* JugendStrafR § 41 Rn. 3 sowie *Ostendorf* in NK-JGG Rn. 4 halten dies wohl bereits de lege lata für zwingend; *Kilian* in BeckOK JGG Rn. 6), in welchem mit allen Verfahrensbeteiligten (vgl. RL) die Weisungen, Auflagen und weiteren Pflichten erörtert (und uU erst dann endgültig angeordnet, vgl. § 58 Abs. 1) werden sowie anschließend sämtliche nach § 60 vorzunehmenden Handlungen erfolgen.

13 *Kriminalpolitisch* wird verschiedentlich eine Gesetzesergänzung iSe zwingenden Anberaumung und Ausgestaltung eines besonderen Termins empfohlen (bereits Denkschrift 1964, 21: Einführung einer entspr. Soll-Bestimmung), und zwar zur Vereinheitlichung der Praxis (vgl. etwa These 3. 9. des AK VII des 8. DJGT (DVJJ 1981)) ebenso wie im Interesse einer erzieherischen Zusammenarbeit der Beteiligten ohne den psychologischen Druck iZm der HV (ähnlich bereits *Rahn* RdJB 1963, 322 (323 f.)).

3. Übermittlung des BewPlans

a) Persönliche Aushändigung. Der JRichter bzw. der Vorsitzende hän- 14
digt den BewPlan idR in Gegenwart des BewHelfers und (bei Jugendlichen)
in Gegenwart des Erziehungsberechtigten und des gesetzlichen
Vertreters (s. RL) dem Verurteilten persönlich aus, dh eine schriftliche Mitteilung oder Zustellung scheidet insoweit aus. Das Erscheinen des Verurteilten zum Zwecke der Aushändigung des BewPlans kann aber **nicht erzwungen** werden (auch nicht zum Zwecke der Belehrung, OLG Celle MDR
1963, 523 zu § 453a StPO), da es – abgesehen von erzieherischen Bedenken
– für eine Vorführung an der für eine Grundrechtseinschränkung erforderlichen ausdrücklichen gesetzlichen Ermächtigung fehlt (ebenso *Dallinger/
Lackner* Rn. 8). – Eine Verpflichtung der Erziehungsberechtigten zum Erscheinen besteht nicht.

b) Belehrung. Diese geschieht „zugleich" (Wortlaut in Abs. 1 S. 2, 3; 15
zur Geeignetheit § 70a Abs. 1 aF bzw. § 70b Abs. 1 nF) mit der Aushändigung des BewPlanes und der Erläuterung der Anzeigepflicht betr. einen
Wechsel des Aufenthalts, des Ausbildungs- oder Arbeitsplatzes während der
BewZeit ebenfalls idR in Anwesenheit der Verfahrensbeteiligten (vgl. RL).
Aus der gesetzlich bestimmten Verbindung der bezeichneten Handlungen ist
zu folgern, dass die Belehrung nach Abs. 1 S. 2 und die Erläuterung der
Anzeigepflicht nach Abs. 1 S. 3 ebenso unmittelbar zu geschehen haben wie
die Aushändigung (vgl. → Rn. 14). Die Handlungen sind demgemäß stets
(aA *Potrykus* Anm. 2) **mündlich** vorzunehmen (vgl. nur OLG Hamm ZJJ
2017, 76 f. = StV 2017, 619). Mit der Belehrung wird insb. auch anzustreben
sein, die Bereitschaft des Jugendlichen zur aktiven Mitarbeit zu fördern (vgl.
auch → Rn. 16f sowie → § 57 Rn. 16 und → § 54 Rn. 43f; *Dallinger/Lack-
ner* Rn. 10), und der Mangel einer ordnungsgemäßen Belehrung kann dem
Widerruf der Aussetzung zBew entgegen stehen (vgl. OLG Hamm ZJJ 2017,
76 f. = StV 2017, 619). Zugleich wird es – auch im Hinblick auf *datenschutzrechtliche* Belange bezüglich § 24 Abs. 3 S. 2, § 25 S. 4 (vgl. → §§ 24, 25
Rn. 9, 14) – aus besonderen Gründen rechtlich zulässig sein und sich mitunter ggf. empfehlen, den Jugendlichen auf die Pflicht hinzuweisen, dem
BewHelfer (gar unter Vorlage eines Leistungsnachweises, vgl. zum allg. StR
Groß in MüKoStGB StGB § 56d Rn. 16) von der *Erfüllung* von Weisungen
und Auflagen *Mitteilung* zu machen. Bei konkret begründetem Verdacht
einer Manipulation des Nachweises und bei nicht auf Leistungserbringung
gerichteten Weisungen bzw. Auflagen (zB Mitteilung von vorgenommener
AAK-Kontrolle oder von der Anmeldung beim Einwohnermeldeamt) können andere Nachweisformen in Betracht kommen. Eine unmittelbare Nach-
frage durch den BewHelfer kommt jedoch (aus datenschutzrechtlichen
Gründen) nur äußerstenfalls und nur mit (darauf zu begrenzendem, bereits
in der Verhandlung anzuregendem) freiwilligem Einverständnis des Probanden in Betracht.

c) Bestätigung durch Unterschrift (Abs. 3). aa) Nach Abs. 3 S. 1 soll 16
der Jugendliche mit seiner Unterschrift bestätigen, dass er den BewPlan
gelesen hat. Hierdurch soll zusätzlich zur mündlichen Vermittlung eine
schriftliche Kenntnisnahme sichergestellt sowie die Bedeutung der Anordnung nochmals unterstrichen werden. Die Unterschrift sollte aus Gründen
der Klarheit auf einer bei dem JGericht verbleibenden Durchschrift des

BewPlans und nicht in der Verhandlungsniederschrift erfolgen (vgl. aber *Dallinger/Lackner* Rn. 13). – Ferner soll der Jugendliche nach Abs. 3 S. 1 das **Versprechen** abgeben, dass er die Weisungen und Auflagen erfüllen wolle. Die Regelung erstrebt die selbstverantwortliche Mitarbeit des Jugendlichen für den Verlauf der BewZeit.

17   Weder die Unterschrift noch das Versprechen des Jugendlichen können rechtlich erzwungen werden (*Dallinger/Lackner* Rn. 13, 15), von Gesetzes wegen (§ 2 Abs. 1) wäre solches, weil erziehungspsychologisch untragbar, ohnehin unzulässig. – Wie die spätere Nichtbefolgung der Pflicht nach Abs. 1 S. 3 bildet auch das Absehen von der Unterschriftsleistung *keinen Widerrufsgrund* (*Dallinger/Lackner* Rn. 10, 13; *Schnitzerling* RdJB 1958, 28 (29)). Dasselbe gilt (seit Aufhebung des § 26 Abs. 2 Nr. 2 aF) auch für die Ablehnung des Versprechens.

18   **bb)** Gemäß Abs. 3 **S.** 2 sollen auch der Erziehungsberechtigte und der gesetzliche Vertreter den BewPlan unterzeichnen, damit ihre Unterrichtung sichergestellt ist. Wird die Unterschrift nicht oder nicht auf dem BewPlan geleistet, so ist dies rechtlich folgenlos (vgl. *Dallinger/Lackner* Rn. 14).

19   **d) Nachträgliche Änderung.** Tritt nachträglich eine eher nur geringfügige Änderung hinsichtlich der dem BewPlan zu Grunde liegenden Entscheidung ein (vgl. § 23 Abs. 1 S. 3; vgl. ansonsten → Rn. 11), die eine Abänderung bzw. Ergänzung des BewPlanes ohne Verlust an dessen Klarheit erlaubt, so soll nach hM (vgl. schon *Schnitzerling* RdJB 1958, 28 (29)) insoweit die Übersendung des geänderten BewPlans ausreichen und auch die nach Abs. 1 S. 4 gesetzlich zwingende Belehrung über den wesentlichen Inhalt der nachträglichen Änderungen schriftlich erfolgen dürfen. Insofern können Bedenken bestehen im Hinblick auf etwaige Verständnisschwierigkeiten (statt „Klarheit") bei dem Betroffenen (s. auch § 70a Abs. 1 aF bzw. § 70b Abs. 1 nF), zumal soweit ungewiss ist, ob dieser die Beurteilung der Änderung als „geringfügige" teilt.

IV. (Keine) Anfechtbarkeit

20   Da es sich bei dem BewPlan selbst nicht um eine gerichtliche Entscheidung handelt (vgl. → Rn. 4), ist er unanfechtbar (allg. Auffassung). Einer Anfechtung unterliegen dagegen nach Maßgabe von § 59 die dem BewPlan zu Grunde liegenden Entscheidungen.

Vorbehalt der nachträglichen Entscheidung über die Aussetzung

61 (1) **Das Gericht kann im Urteil die Entscheidung über die Aussetzung der Jugendstrafe zur Bewährung ausdrücklich einem nachträglichen Beschluss vorbehalten, wenn**

1. nach Erschöpfung der Ermittlungsmöglichkeiten die getroffenen Feststellungen noch nicht die in § 21 Absatz 1 Satz 1 vorausgesetzte Erwartung begründen können und
2. auf Grund von Ansätzen in der Lebensführung des Jugendlichen oder sonstiger bestimmter Umstände die Aussicht besteht, dass eine solche Erwartung in absehbarer Zeit (§ 61a Absatz 1) begründet sein wird.

(2) **Ein entsprechender Vorbehalt kann auch ausgesprochen werden, wenn**

1. **in der Hauptverhandlung Umstände der in Absatz 1 Nummer 2 genannten Art hervorgetreten sind, die allein oder in Verbindung mit weiteren Umständen die in § 21 Absatz 1 Satz 1 vorausgesetzte Erwartung begründen könnten,**
2. **die Feststellungen, die sich auf die nach Nummer 1 bedeutsamen Umstände beziehen, aber weitere Ermittlungen verlangen und**
3. **die Unterbrechung oder Aussetzung der Hauptverhandlung zu erzieherisch nachteiligen oder unverhältnismäßigen Verzögerungen führen würde.**

(3) [1] **Wird im Urteil der Vorbehalt ausgesprochen, gilt § 16a entsprechend.** [2] **Der Vorbehalt ist in die Urteilsformel aufzunehmen.** [3] **Die Urteilsgründe müssen die dafür bestimmenden Umstände anführen.** [4] **Bei der Verkündung des Urteils ist der Jugendliche über die Bedeutung des Vorbehalts und seines Verhaltens in der Zeit bis zu der nachträglichen Entscheidung zu belehren.**

Frist und Zuständigkeit für die vorbehaltene Entscheidung

61a (1) [1] **Die vorbehaltene Entscheidung ergeht spätestens sechs Monate nach Eintritt der Rechtskraft des Urteils.** [2] **Das Gericht kann mit dem Vorbehalt eine kürzere Höchstfrist festsetzen.** [3] **Aus besonderen Gründen und mit dem Einverständnis des Verurteilten kann die Frist nach Satz 1 oder 2 durch Beschluss auf höchstens neun Monate seit Eintritt der Rechtskraft des Urteils verlängert werden.**

(2) **Zuständig für die vorbehaltene Entscheidung ist das Gericht, in dessen Urteil die zugrunde liegenden tatsächlichen Feststellungen letztmalig geprüft werden konnten.**

Schrifttum *Baier,* Die Bedeutung der Aussetzung der Verhängung der Jugendstrafe nach § 27 JGG und der Vorbewährung in der jugendgerichtlichen Praxis in Bayern, 2015; *Flümann,* Die Vorbewährung nach § 57 JGG, 1983; *Sommerfeld,* Vorbewährung nach § 57 JGG in Dogmatik und Praxis, 2007.

Übersicht

I. Anwendungsbereich

1   §§ 61, 61a finden bei **Jugendlichen** auch vor den für allg. Strafsachen zuständigen Gerichten Anwendung (§ 104 Abs. 1 Nr. 8).

2   Bei **Heranwachsenden** gelten die Vorschriften nur, wenn materielles JStR angewendet wird (§ 109 Abs. 2).

II. Allgemeines

1. Unterschied zum allgemeinen Strafrecht

3   Anders als im allg. StR besteht im JStR im Einklang mit dem Erziehungsauftrag (§ 2 Abs. 1) die Möglichkeit, über die Aussetzung einer verhängten JStrafe zBew erst nachträglich durch Beschluss zu entscheiden, vor allem in der *Erwartung,* dass zu dem späteren Zeitpunkt eine *Aussetzung zBew* eher als vertretbar erscheint. Denn die Vollstr der JStrafe ist prognostisch im Sinne zukünftiger Legalbewährung tendenziell ungünstiger als eine Aussetzung der Vollstr zBew, schon wegen auch abträglicher Nebenwirkungen der Freiheitsentziehung (zB Desintegration, Konfrontation mit der Insassen-Subkultur, als negativ beuteilte Einflüsse von Mitinsassen, weiterhin Stigmatisierung als entlassener JStrafgefangener). Maßgebend ist die *Sach- und Rechtslage* zum Zeitpunkt dieser Entscheidung (OLG Hamburg VRS 124, 355; näher → Rn. 12a).

2. Entscheidung im Urteil oder nachträglich durch Beschluss

4   Nach allg. Auffassung liege es im pflichtgemäßen Ermessen des JGerichts, ob es über die Aussetzung schon im Urteil oder nachträglich durch Beschluss entscheidet (§ 57 Abs. 1 S. 1), jedoch setzt ein Hinausschieben sachliche Gründe voraus, dh im Falle von Spruchreife ist die Entscheidung grundsätzlich im Urteil zu treffen (BGHSt 14, 74; → § 57 Rn. 6f). *Rechtswidrig –* weil ohne gesetzliche Grundlage faktisch sanktionierend – wäre ein Hinausschieben mit der (verborgen bleibenden) Begründung (zu ggf. apokryphen Verstößen *Baier* Aussetzung 201 ff.), durch die aufrecht erhaltene Ungewiss-

heit, ob die JStrafe vollstreckt wird oder nicht, einen (zusätzlichen) Anpassungsdruck zu erzielen (*Beulke* GS 2014, 263; *Swoboda* FS Beulke, 2015, 1233; vgl. auch → § 57 Rn. 4a).

Ob hingegen die im Bewusstsein der vorgegebenen Grenzen jeder *Prog-* 4a *nose* angestellte Erwägung, dem Verurteilten trotz entgegenstehender tatsächlicher Feststellungen noch eine „letzte Chance" zu geben, von vornherein unzulässig ist, hängt von der Würdigung der emipirischen Erkenntnis ab (zur Berücksichtigungspflicht gem. § 2 Abs. 1 vgl. → § 2 Rn. 2), dass mitunter eine *nicht erwartete* Wende iSv *Legalverhalten* sich einstellt (vgl. zu Nachw. → § 5 Rn. 51, 52, → § 21 Rn. 24 ff.; eher restriktivere Begr. RegE (BT-Drs. 17/9389), 15 f.; ebenso *Meier* in HK-JGG § 61 Rn. 4, wohl auch *Ostendorf in* NK-JGG § 61 Rn. 5) – welcher Befund indes auch die Möglichkeit verdeutlicht, dass die im konkreten Verfahren getroffenen tatsächlichen Feststellungen und Interpretationen (teilweise) fehlerhaft sind. Daher dient die Orientierung auch des § 61 Abs. 1 und Abs. 2, wonach grundsätzlich bereits im Urteil zu entscheiden ist, zwar den erzieherischen Grundsätzen der Transparenz und der Konsequenz, beschneidet jedoch in den gemeinten Fallgruppen die Chancen auf (unerwartete) Legalbewährung. Dem vermag die Neufassung des § 57 Abs. 2, wonach eine Änderung der Entscheidung nur noch bei Hervortreten neuer Umstände nach dem Urteil möglich ist, nicht hinreichend abzuhelfen.

III. § 61

1. § 61 Abs. 1, Abs. 2

a) Abs. 1 der Vorschrift betrifft diejenigen Fälle der Möglichkeit (Kann- 5 Vorschrift) eines im Urteil ausdrücklich erklärten Vorbehalts einer nachträglichen Entscheidung, in denen im Zeitpunkt des Urteils zwar umfassende Ermittlungen zu verzeichnen sind, diese jedoch iErg (noch) keine zureichenden Gründe für eine *günstige Prognose* iSv § 21 erbracht haben **(Nr. 1).** In Fällen, in denen die Voraussetzungen des § 21 Abs. 1 S. 1 eindeutig bejaht werden können, darf dagegen nicht nach Abs. 1 vorgegangen werden – insb. nicht, um auf den Jugendlichen zusätzlichen Anpassungsdruck auszuüben (dazu → Rn. 4).

Nr. 2 des § 61 Abs. 1 trägt solchen Anhaltspunkten Rechnung, die die 5a *Aussicht begründen,* dass „in absehbarer Zeit" (§ 61a Abs. 1) eine günstige Prognose gestellt werden kann. Die konkreten Umstände für solche Anhaltspunkte, die sich zB im Bereich der Lebensführung oder der Freizeitgestaltung ergeben können, müssen iZm den für den Vorbehalt maßgeblichen Erwägungen in den Urteilsgründen angeführt werden (§ 61 Abs. 3 S. 3). Diese Niederlegung ist Grundlage einer Entscheidung über die Anfechtung des Urteils mit dem Ziel einer sofortigen Anordnung der Aussetzung (§ 59 Abs. 1 S. 2, vgl. auch → § 59 Rn. 6) ebenso wie insb. der späteren Überprüfung (vgl. → Rn. 12a), ob sich die „mit dem Vorbehalt verbundenen Erwartungen verwirklicht haben" (BT-Drs. 17/9389, 16).

b) **§ 61 Abs.** 2 regelt (gleichfalls als Kann-Vorschrift) Fälle des im Urteil 6 ausdrücklich erklärten Vorbehalts, in denen sich im Zeitpunkt des Urteils – etwa iZm Ergebnissen der HV – ergibt, dass weitere Ermittlungen durchzuführen sind **(Nr. 2),** deren Ergebnisse nicht ausschließbar eine günstige

Prognose *bereits aktuell,* dh nicht erst durch eine weitere Entwicklung, begründen könnten **(Nr. 1).** Soweit die allg. strafverfahrensrechtlichen Strategien iSe Unterbrechung oder Aussetzung der HV dem Erziehungsauftrag (§ 2 Abs. 1) insofern zuwiderliefen, als sie den Verurteilten (zB durch unverhältnismäßige Verzögerungen oder in anderer Weise) benachteiligten **(Nr. 3),** kann das JGericht die Entscheidung über die Aussetzung einem nachträglichen Beschluss vorbehalten.

2. § 61 Abs. 3

7 **a) § 61 Abs. 3 S. 1.** Hiernach darf neben dem Vorbehalt einer späteren Entscheidung über die Aussetzung der verhängten JStrafe zBew entsprechend § 16a **JA** verhängt werden. Die nur entsprechende Anwendung des § 16a folgt daraus, dass iRd § 61 Abs. 3 noch keine Aussetzungsentscheidung vorliegt. Neben den grundsätzlichen Einwänden gegen diese Arrestform (vgl. näher → § 8 Rn. 14, ergänzend → § 16a Rn. 7 ff.; nicht erörtert von AG Bonn ZJJ 2016, 77 mAnm *Eisenberg*) muss hier darauf verweisen werden, dass sie sich gerade mit der sog. „Vorbewährung" ganz und gar nicht verträgt. Den Anforderungen an eine Erprobung, die mit dem Vorgehen nach §§ 61, 61a verbunden ist, kann der Betroffene im Arrest schwerlich entsprechen (vgl. auch *Swoboda* FS Beulke, 2015, 1234: Arrestanordnung als demotivierendes Misstrauenssignal). Angesichts dieser offenkundigen Dysfunktionalität sollte davon Abstand genommen werden, auf die Option des Abs. 3 S. 1 zurückzugreifen.

7a Ohnehin darf dieser JA **nur in** dem **Urteil** verhängt werden, nicht aber in einem nachträglichen Beschluss (allg. Auffassung). Eine Anordnung des JA entsprechend § 16a in dem nachträglichen Aussetzungsbeschluss ist deshalb nicht vorgesehen, weil schwerlich davon ausgegangen werden kann, dass die Voraussetzungen des § 16a im Zeitpunkt des nachträglichen Beschlusses erfüllt wären bzw. dass nach einem als erfolgreich beurteilten Abschluss des Zeitraums des Vorbehalts die Vollstr eines JA vor der nachfolgenden Bewährungszeit angezeigt sein könnte, um deren erfolgreiches Bewältigen zu fördern, vielmehr eine eher nachteilige Auswirkung auf eine als positiv beurteilte Entwicklung zu besorgen sein könnte.

8 **b) Zur Frage einer mündlichen Anhörung.** Ob es einer vorherigen **mündlichen** Anhörung bedarf oder § 57 Abs. 1 S. 2 Hs. 2 entsprechend gilt (so OLG Hamburg VRS 124, 355) bzw. ob eine mündliche Anhörung und ggf. die Anwesenheit des Verteidigers zu empfehlen ist (so OLG Hamm BeckRS 2015, 21047), dazu wird auf die Erl. → § 57 Rn. 15f verwiesen (nach OLG Hamm ZJJ 2016, 302 ist die Anwesenheit eines Verteidigers bei der Anhörung „nicht zwingend").

9 **c) § 61 Abs. 3 S. 2 und S. 3.** Die Vorschrift bestimmt, dass der Vorbehalt einer nachträglichen Entscheidung aus Gründen der Klarstellung (zu den Folgen des Vorbehalts § 57 Abs. 2, § 61b Abs. 1, speziell zum Verbot der Vollstr der JStrafe § 89) in die **Urteilsformel** aufzunehmen ist.

9a Nach Abs. 3 S. 3 der Vorschrift müssen die **Urteilsgründe** die für den Vorbehalt maßgeblichen Erwägungen erkennen lassen. Dies entspricht zum einen einer **Dokumentation**sfunktion im Hinblick auf die Transparenz der nachfolgenden Überprüfung dessen, ob die mit dem Vorbehalt verbundenen Erwartungen eingetreten sind. Zudem ist es der Überprüfungsmöglichkeit im Falle der Anfechtung des Urteils mit dem Ziel einer sofortigen Anordnung der Aussetzung (§ 59 Abs. 1 S. 2) geschuldet (wogegen eine Anfechtung nur des Vorbehalts allein mit dem Ziel einer sofortigen Vollstr nicht zulässig ist).

d) § 61 Abs. 3 S. 4. Der Verurteilte muss anlässlich der Urteilsverkün- 10 dung in geeigneter Weise (§ 70a Abs. 1 aF bzw. § 70b Abs. 1 nF), also nicht gleichsam nur formelhaft, über die Bedeutung seines nachfolgenden Verhaltens vor dem Hintergrund des Vorbehalts **belehrt** werden. Dies gilt unabhängig von sonstigen Belehrungspflichten in diesem Bereich (betr. Aushändigung des Bewährungsplans für die „Vorbewährungszeit" § 61b Abs. 1 S. 7 iVm § 60 Abs. 1 S. 2 bzw. anlässlich nachfolgender Entscheidung zur Aussetzung der JStrafe), weil der inhaltliche und zeitliche Zusammenhang mit der HV eine speziellere Wirkung ermöglichen könnte.

e) Registerrechtliches. Einzutragen ist neben der JStrafe (vgl. *Gierschik* 11 Stellungnahme Rechtsausschuss 23.5.2012 (BT-Drs. 17/9389); vgl. aber auch → Rn. 9) gem. § 7 Abs. 1 S. 1, 2 BZRG (eingef. durch Gesetz v. 18.7.2017 (BGBl. I 2732)) auch der Vorbehalt eines nachträglichen Beschlusses hinsichtlich der Entscheidung über die Aussetzung zBew nach § 61 Abs. 1 oder Abs. 2 sowie das Ende einer gerichtlich bestimmten Frist (§ 61a Abs. 1 S. 2, 3). Prognostisch ist grds. relevant, dass − notwendigerweise aufgrund konkreter Anhaltspunkte − eine Aussetzung als möglich erachtet wurde, wobei dieser Umstand für die Auskunft erhaltende Stelle nicht nur zwecks etwaiger eigener Entscheidung, sondern auch zwecks etwaiger Mitteilung an das für die vorbehaltene Entscheidung zuständige Gericht (§ 61a Abs. 2) zur Geltung kommen kann (vgl. BT-Drs. 18/11933, 21). − Eine nachträgliche Entscheidung der Aussetzung wird gleichfalls eingetragen (§ 13 Abs. 1 Nr. 1 BZRG).

IV. § 61a

1. § 61a Abs. 1

a) Zur Systematik der Vorschrift. aa) Die Vorschrift befristet die 12 **Dauer** des Vorbehalts im Allg. auf höchstens 6 Monate, und zwar im Einklang mit einer bislang verbreiteten Handhabung in der Praxis und einer gemäßigten Auffassung im Schrifttum (vgl. nur *Böhm/Feuerhelm* JugendStrafR 240; *Laubenthal/Baier/Nestler* JugendStrafR Rn. 363 f.). Diese einheitliche Befristung begrenzt die Belastungen aufgrund der Ungewissheit über die Frage, ob die JStrafe vollstreckt wird, und sie dient, sofern vorbehaltsbegleitende Weisungen und Auflagen (§ 61b Abs. 1) etwa erforderlich und geeignet sein sollten (vgl. näher → § 61b Rn. 3, 4), als Vorgabe für diese. Allerdings verlangen auch hier der **Verhältnismäßigkeits-** und der **Beschleunigungsgrundsatz,** dass die vorbehaltene Entscheidung − wenn nach den Umständen des Einzelfalls vertretbar − früher ergeht, und deshalb sieht § 61a Abs. 1 **S. 2** die Möglichkeit vor, eine **kürzere** Höchstfrist zu bestimmen (wohl ebenso *Swoboda* FS Beulke, 2015, 1233). Für Fälle indes, in denen der im Allg. bestimmte zeitliche Rahmen (sechs Monate) als zu kurz erachtet wird (etwa iZm ergebnisoffenen therapeutischen Interventionen), ermöglicht es § 61a Abs. 1 **S. 3** dem JGericht, einen **Verlängerungs-**

beschluss (bis zu höchstens neun Monaten) zu fassen (krit. wegen der Gefahr zusätzlicher Sanktionierung *Beulke* GS Walter, 2014, 268 f.). – Die gesetzliche Frist entspricht etwa der bisherigen Praxis, die allerdings teilweise einen Zeitraum von drei bis vier Monaten zugrunde legte (nach OLG Dresden NStZ-RR 1998, 319; sechs Monate noch hinnehmbar (ebenso DVJJ-Kommission v. 15.8.2002, DVJJ-Journal 2002, 258); OLG Hamm NStZ-RR 2002, 251: ausnahmsweise acht Monate); die tatsächliche Dauer der von *Flümann* einbezogenen Fälle betrug demgegenüber durchschnittlich sechs, sieben Monate (Die Vorbewährung nach § 57 JGG, 1983, 148; ähnlich, wenngleich teilweise mit deutlichen Überhöhungen, waren die Ergebnisse von *Sommerfeld* 147, 166 f. (179 f.)).

12a   **bb)** In Fällen des Aufschubs gem. § 61 sind Ausgangspunkt der **Prüfung** vor Entscheidung gem. § 61a Abs. 1 S. 1 die im Urteil angeführten Gründe, und maßgebender Zeitpunkt für die Beurteilung ist derjenige der Entscheidung (vgl. auch → § 21 Rn. 15). Hingegen darf sich die Prüfung gem. dem zentralen, im Einklang mit dem Gesetzesauftrag der Zukunftsorientierung (§ 2 Abs. 1) stehenden systematischen Unterschied der §§ 61–61b zum allg. StR nicht formalisiert allein auf die in der Aufschubentscheidung niedergelegten Gründe beschränken. Dies entspricht auch den insb. bezüglich jugendlicher und heranwachsender Verurteilter bestehenden Grenzen der Möglichkeiten eines JGerichts, zu prognostisch geeigneten Festlegungen zu gelangen (vgl. auch → Rn. 4).

12b   Zwar wird es speziell hinsichtlich der konkreten Umstände nach **§ 61 Abs. 1 Nr. 2** (vgl. auch → Rn. 5) idR dann nicht erforderlich oder gar verfehlt sein, erneut in eine Gesamtwürdigung einzutreten, wenn die vormalige Aussicht nicht mehr besteht. Jedoch widerspräche es der vorgenannten gesetzlichen Konzeption, wenn in der Zwischenzeit (dh seit der Aufschubentscheidung bis zur Entscheidung gem. § 61a Abs. 1 S. 1) hervorgetretene (vgl. → § 57 Rn. 26), für eine günstige Prognose relevante Umstände in verengender Gesetzesauslegung nicht gewürdigt würden (so auch OLG Hamburg, 2. Strafsenat, 25.2.2013 – 2 Ws 19/13 Rn. 21f, VRS 124, 355 (358) = BeckRS 2013, 6271: „erst recht mit Rücksicht auf den Erziehungsgedanken"; aA OLG Hamburg, 1. Strafsenat, BeckRS 2014, 18081 Rn. 15: nur einer Entscheidung nach § 57 Abs. 2 zugänglich, StraFo 2014, 434 (436) = ZJJ 2015, 71 (abl. mit ausf. Begr. *Schatz* in Diemer/ Schatz/Sonnen Rn. 13: „konterkariert" das gesetzgeberische Anliegen); ebenso KG ZJJ 2016, 175), zumal das Gesetz solches sogar in der Nachfolge zu einer vorausgegangenen Ablehnung der Aussetzung anerkennt (§ 57 Abs. 2), wobei ein etwaiger Umkehrschluss hinter der teleologischen Auslegung zurücktreten müsste (vgl. aber auch BT-Drs. 17/9389, 16: „andernfalls"). Hiernach sind nach Abschluss der sog. Vorbewährungszeit die Voraussetzungen aktuell umfassend zu prüfen, ohne dass – anders als bei der vorausgegangenen Vorbehaltsentscheidung – eine rechtliche Beschränkung im Sinne gesetzlicher Vorgaben bestünde (vgl. auch *Schatz* in Diemer/Schatz/ Sonnen § 61a Rn. 13).

12c   Ist die dem Verurteilten nach § 61b Abs. 1 S. 1 erteilte **Weisung rechtswidrig,** vermag ein Verstoß hiergegen die Ablehnung der VollstrAussetzung nicht zu rechtfertigen (OLG Hamm BeckRS 2015, 21047). Es verstößt gegen den Grundsatz des **Vertrauensschutzes,** wenn nach vorbehaltener Entscheidung die Ablehnung der Aussetzung ausschließlich auf Umstände gestützt wird, die dem JGericht bei Erstellung des BewPlanes für die Vorbewährungszeit (§ 60 Abs. 1 S. 1, § 61b Abs. 1 S. 7) bekannt waren, sich seitdem keine weiteren Gründe ereignet haben und der verurteilte Jugendliche zu dem Wegfall des Vorbehaltes nicht angehört worden ist (OLG Hamm BeckRS 2015, 21047).

b) Keine Entscheidung innerhalb der Frist. Trifft das Gericht (aus 13 welchen Gründen auch immer) bis zu dem Ablauf der von ihm für den nachträglichen Beschluss gesetzten Frist keine Entscheidung, so bietet das Gesetz zwar keinen Anhalt dafür, dies als Ablehnung bzw. als Anordnung der Aussetzung interpretieren zu dürfen. In der Praxis wird die Jugendstrafjustiz in Vorbehalts-Fällen iRd Wiedervorlage der Akten auf einen solchen Mangel aufmerksam werden – ist es die JStaatsanwaltschaft, wird sie gerichtliche Entscheidung beantragen (vgl. auch BT-Drs. 17/9389, 17; OLG Hamburg VRS 124, 355; *Schaffstein/Beulke/Swoboda* JugendStrafR 523). – Zwar bestünde nach Fristablauf die Gefahr einer Vollstr der JStrafe (§ 89), jedoch würde dies in der Praxis voraussetzen, dass das Verfahren an den Vollstreckungsleiter abgegeben worden wäre. Ungeachtet dessen dürfte eine Nicht-Entscheidung auf den Betroffenen als erzieherisch abträgliche, justizielle Unzuverlässigkeit wirken (*Beulke* GS Walter, 2014, 268 f.).

2. § 61a Abs. 2

a) Zuständigkeit. Nach Abs. 2 ist für die vorbehaltene nachträgliche 14 Entscheidung über die Aussetzung einheitlich das Gericht der **letzten Tatsacheninstanz** vorgesehen, denn (anders als in den Fällen ohne Vorbehalt, § 57 Abs. 1 S. 2) ist die Entscheidung über die Aussetzung von dem erkennenden Gericht noch offen gelassen worden. – Wurde der Vorbehalt erst vom **BerufungsG** erklärt, ist es konsequent, dass auch dieses die nachfolgende Entscheidung über die Aussetzung trifft. Im Falle der Bestätigung eines erstinstanzlich erklärten Vorbehalts durch Verwerfung einer Berufung spricht für die Zuständigkeit des BerufungsG (vgl. auch → § 61b Rn. 10), dass dieses zeitlich später und insofern aktueller als das erstinstanzliche Gericht die einschlägig relevanten Umstände geprüft hat bzw. prüfen konnte.

b) Sonstige Entscheidungen. Für iRd Vorbehalts etwa notwendige 15 sonstige Entscheidungen (insb. betr. Weisungen und/oder Auflagen) erklärt das Gesetz dasjenige Gericht als zuständig, das im Urteil die Entscheidung über die Aussetzung einem nachträglichen Beschluss **vorbehalten** hat (§ 61b Abs. 1 S. 6 bzw. Abs. 2 iVm § 58 Abs. 3 S. 1).

V. Sicherung der Vollstreckung

1. § 61b Abs. 2

Die Vorschrift sieht Maßnahmen zur Sicherung der Vollstr der JStrafe in 16 Fällen vor, in denen die mit dem Vorbehalt verbundenen Erwartungen (gar durch eine als negativ beurteilte Entwicklung) verletzt werden, und zwar durch Bestimmung der Anwendbarkeit des **§ 453c StPO**. Voraussetzung ist, dass sich während des Zeitraums des Vorbehalts **Tatsachen** ergeben haben, aufgrund deren eine **Aussetzung abgelehnt** werden muss.

2. Zuständigkeit

17   Auch diese Maßnahmen trifft dasjenige Gericht, das die Entscheidung über die Aussetzung der Vollstr der JStrafe zBew einem nachträglichen Beschluss **vorbehalten** hat (Verweis auf § 58 Abs. 2, Abs. 3 S. 1).

VI. Anrechnungen

1. § 61b Abs. 3

18   Gemäß dieser Vorschrift ist in Fällen der Aussetzung der Vollstr der JStrafe zBew der Zeitraum ab Rechtskraft des Urteils, in dem die Aussetzung einer nachträglichen Entscheidung ausdrücklich vorbehalten wurde, bis zum Rechtskrafteintritt der aussetzenden Entscheidung auf die Bewährungszeit (§ 22) anzurechnen (vgl. demgegenüber vormals *Flümann, Die Vorbewährung nach* § 57 JGG, 1983, 272 (278): lediglich in vier von 98 Fällen). Wenngleich das JGericht dies bei der Bestimmung desjenigen Bewährungszeitraums, der als noch erforderlich erachtet wird, berücksichtigen wird (vgl. Begr. RegE, BT-Drs. 17/9389, 30), bestehen gegen eine deshalb erhöhte Bemessung der BewZeit Einwände. **Ausgeschlossen** ist, dass die Höchstdauer der Bewährungszeit (§ 22) durch eine Kumulation der Zeiträume des Vorbehalts (Vorbewährungszeit) und der Bewährungszeit **überschritten** wird (zust. *Meier* in HK-JGG § 61b Rn. 7).

2. § 61b Abs. 4 S. 1 und S. 2

19   Nach S. **1 können,** wenn die Aussetzung der Vollstr zBew abgelehnt wird, erbrachte **Leistungen** auf die Dauer der JStrafe angerechnet werden (vgl. auch § 26 Abs. 3 S. 2). Eine Versagung wird nur in Ausnahmefällen ermessensfehlerfrei sein (vgl. auch *Ostendorf* in NK-JGG § 61b Rn. 6: Ermessen verdichte sich idR hin zur Verpflichtung). Ähnlich wie es § 52a S. 2 vorsieht (vgl. → § 52a Rn. 6 ff.), wären Feststellungen dazu erforderlich, dass die Verkürzung aufgrund einer Anrechnung eine positive erzieherische Wirkung verhindern würde.

19a   Hingegen **muss angerechnet** werden, wenn andernfalls das Maß der Schuld überschritten würde (**S. 2**). Der klarstellenden Vorschrift kommt deshalb besondere Bedeutung zu, weil – im Vergleich zu der Ermessensentscheidung iZm dem Widerruf einer Aussetzung aufgrund eines vorwerfbaren Fehlverhaltens in der Bewährungszeit (§ 26 Abs. 3 S. 2) – in Fällen des Entscheidungsaufschubs über die Frage der Aussetzung der Vollstr zBew die Gefahr einer Überschreitung der noch schuldangemessenen Sanktionierung rechtstatsächlich deutlich näher liegt.

19b   Die Entscheidung zur Anrechnung, die im Verhältnis zur Aussetzungentscheidung unselbstständig ist, unterliegt in entsprechender Anwendung des § 59 Abs. 1 S. 1 der **sofortigen Beschwerde.** Eine Beschwer ist auch dann gegeben, wenn das Gericht die Frage der Anrechnug nicht erörtert hat (vgl. auch *Schatz* in Diemer/Schatz/Sonnen § 61b Rn. 19).

3. Jugendarrest gem. § 16a

Ein nach dieser Vorschrift angeordneter JA ist **stets anzurechnen,** einer- 20
lei ob gem. § 61b Abs. 4 S. 3 oder in anderen Anwendungsfällen.

Weitere Entscheidungen bei Vorbehalt der Entscheidung über die Aussetzung

61b (1) [1]Das Gericht kann dem Jugendlichen für die Zeit zwischen Eintritt der Rechtskraft des Urteils und dem Ablauf der nach § 61a Absatz 1 maßgeblichen Frist Weisungen und Auflagen erteilen; die §§ 10, 15 Absatz 1 und 2, § 23 Absatz 1 Satz 1 bis 3, Absatz 2 gelten entsprechend. [2]Das Gericht soll den Jugendlichen für diese Zeit der Aufsicht und Betreuung eines Bewährungshelfers unterstellen; darauf soll nur verzichtet werden, wenn ausreichende Betreuung und Überwachung durch die Jugendgerichtshilfe gewährleistet sind. [3]Im Übrigen sind die §§ 24 und 25 entsprechend anzuwenden. [4]Bewährungshilfe und Jugendgerichtshilfe arbeiten eng zusammen. [5]Dabei dürfen sie wechselseitig auch personenbezogene Daten über den Verurteilten übermitteln, soweit dies für eine sachgemäße Erfüllung der Betreuungs- und Überwachungsaufgaben der jeweils anderen Stelle erforderlich ist. [6]Für die Entscheidungen nach diesem Absatz gelten § 58 Absatz 1 Satz 1, 2 und 4, Absatz 3 Satz 1 und § 59 Absatz 2 und 5 entsprechend. [7]Die Vorschriften des § 60 sind sinngemäß anzuwenden.

(2) Ergeben sich vor Ablauf der nach § 61a Absatz 1 maßgeblichen Frist hinreichende Gründe für die Annahme, dass eine Aussetzung der Jugendstrafe zur Bewährung abgelehnt wird, so gelten § 453c der Strafprozessordnung und § 58 Absatz 2 und 3 Satz 1 entsprechend.

(3) Wird die Jugendstrafe zur Bewährung ausgesetzt, so wird die Zeit vom Eintritt der Rechtskraft des Urteils, in dem die Aussetzung einer nachträglichen Entscheidung vorbehalten wurde, bis zum Eintritt der Rechtskraft der Entscheidung über die Aussetzung auf die nach § 22 bestimmte Bewährungszeit angerechnet.

(4) [1]Wird die Aussetzung abgelehnt, so kann das Gericht Leistungen, die der Jugendliche zur Erfüllung von Weisungen, Auflagen, Zusagen oder Anerbieten erbracht hat, auf die Jugendstrafe anrechnen. [2]Das Gericht hat die Leistungen anzurechnen, wenn die Rechtsfolgen der Tat andernfalls das Maß der Schuld übersteigen würden. [3]Im Hinblick auf Jugendarrest, der nach § 16a verhängt wurde (§ 61 Absatz 3 Satz 1), gilt § 26 Absatz 3 Satz 3 entsprechend.

Schrifttum *Baier,* Die Bedeutung der Aussetzung der Verhängung der Jugendstrafe nach § 27 JGG und der Vorbewährung in der jugendgerichtlichen Praxis in Bayern, 2015; *Flümann,* Die Vorbewährung nach § 57 JGG, 1983; *Sommerfeld,* Vorbewährung nach § 57 JGG in Dogmatik und Praxis, 2007; *Westphal,* Die Aussetzung der Jugendstrafe zur Bewährung gem. § 21 JGG, 1995.

Übersicht

I. Anwendungsbereich

1   Die Vorschrift findet bei **Jugendlichen** auch vor den für allg. Strafsachen zuständigen Gerichten Anwendung (§ 104 Abs. 1 Nr. 8).

2   Bei **Heranwachsenden** gilt die Vorschrift nur, wenn materielles JStR angewendet wird (§ 109 Abs. 2).

II. Allgemeines

1. Bedeutung der Vorschrift

3   Der im Urteil ausdrücklich erklärte Vorbehalt einer nachträglichen Entscheidung über die Aussetzung der Vollstr der JStrafe zBew (§ 61) kann **ohne begleitende Maßnahmen** geschehen (vgl. auch § 23 Abs. 1 S. 1: soll). Insbesondere betrifft die Soll-Vorschrift des Abs. 1 S. 2 nur das Verhältnis zwischen BewHilfe und JGH, bedeutet aber nicht etwa, dass eine begleitende Maßnahme erteilt werden soll.

4   Jedoch sind, wie die Vorschrift ergibt, unter den allg. **erzieherischen Voraussetzungen** (vgl. → § 5 Rn. 13 ff.) und in den Grenzen des **Verhältnismäßigkeitsgrundsatzes** begleitende Maßnahmen **zulässig** (sog. „Vorbewährung"). **Abs. 1 S. 1** (näher → Rn. 7) schafft die Eingriffsgrundlage für solche Erteilungen bzw. Anordnungen des JGerichts und begrenzt deren Laufzeit auf die (mit der Rechtskraft des Urteils beginnende) nach § 61a Abs. 1 maßgebliche Frist. – Die Frage einer *materiell-rechtlichen* Begründung und systematischen Einordnung der sog. „Vorbewährung" (gar iSe selbstständigen Rechtsfolge) ist indes (auch in der Begr. des RegE, BT-Drs. 17/9389) *nicht abschließend* geklärt.

2. Rechtstatsächliches

5   **a) Vorausgegangene Entwicklung.** Bereits seit geraumer Zeit vor Einführung der (§§ 61–61b und speziell) des § 61b galt es nach überwiegender Meinung als zulässig, in Fällen, in denen die zur Entscheidung notwendigen Informationen noch nicht vorliegen, neben der verhängten JStrafe zum

Zwecke einer Art „Vorbewährung" Weisungen bzw. Auflagen zu erteilen bzw. anzuordnen, um die Entscheidung vorzubereiten (OLG Hamm NStZ-RR 2002, 251; *Kübel/Wollentin* Bewährungshilfe 1970, 215; *Dölling* BJM 1989, 264; *Kreuzer* NJW 2002, 2351; *Werner-Eschenbach* Jugendstrafrecht, 2005, 36; aA *Wollny* Bewährungshilfe 1970, 17). Als Rechtsgrundlage wurden §§ 8 Abs. 2 S. 1, 10, 15 in entsprechender Anwendung angeführt, nicht dagegen § 23 oder § 24, weil es an einer Aussetzungsentscheidung gerade fehlt (eine analoge Anwendung des § 26 Abs. 1 S. 1 Nr. 1 schied aus, OLG Stuttgart Die Justiz 1995, 416). So wurde eine Weisung an den Jugendlichen, mit einem *BewHelfer* Kontakt aufzunehmen, nur bei Unterstellung aus einem anderen Verfahren als zulässig beurteilt (OLG Hamm NStZ-RR 2002, 251; vgl. auch OLG Hamburg NStZ 2009, 451; *Meier* in HK-JGG Rn. 2f; aA OLG Dresden NStZ-RR 1998, 318 Rn. 20; vgl. ferner DVJJ-Kommission (15.8.2002), DVJJ-Journal 2002, 258; *Kruse* ZRP 1993, 221: analoge Anwendung des § 24 mangels Regelungslücke unzulässig) – andernfalls wäre ein *Erziehungsbeistand* (§ 12 Nr. 1 (und als solcher ggf. ein BewHelfer, vgl. aber krit. → § 12 Rn. 16)) bzw. die JGH (§ 38 Abs. 2 S. 5 aF bzw. § 38 Abs. 5 S. 1 nF) zu benennen gewesen. – Indes hatte die Gegenauffassung gewichtige Argumente für sich (vgl. *Flümann,* Die Vorbewährung nach § 57 JGG, 1983, insb. 23 ff., der de lege lata einen Verstoß gegen Art. 2 Abs. 1 GG annahm; vern. auch *Westphal,* Die Aussetzung der Jugendstrafe zur Bewährung gem. § 21 JGG, 1995, 270 ff.; *Weidinger* Strafaussetzung 137 ff.: contra legem).

b) Regionale Unterschiede. Rechtstatsächlich wurde ein „Vorbewäh- 6 rungs"-Verfahren vor Einführung (der §§ 61–61b und speziell) des § 61b keineswegs selten gewählt (vgl. BT-Drs. 16/13142, 77: bei bis zu 10 % der verhängten Jugendstrafen). Allerdings wurde dieser Weg (und insb. auch eine Unterstellung unter BewH) regional unterschiedlich oft angewandt (vgl. betr. Bayern *Baier* Aussetzung 182 ff.). – Im Einzelnen ging die jugendgerichtliche Praxis in *Schleswig-Holstein* von einer Anwendbarkeit auf sämtliche **Deliktsarten** aus (vgl. *Sommerfeld,* Vorbewährung nach § 57 JGG in Dogmatik und Praxis, 2007, 91). Sie wendete das Verfahren überwiegend dann an, wenn bei einem drogenabhängigen Jugendlichen eine beabsichtigte Aussetzung der Vollstr zBew mit der Weisung verbunden werden sollte, sich einer Entziehungskur zu unterziehen, der erforderliche Therapieplatz aber noch nicht zur Verfügung stand (vgl. *Sommerfeld,* Vorbewährung nach § 57 JGG in Dogmatik und Praxis, 2007, 98).

Für die LG-Bezirke in *Schleswig-Holstein* wurde ermittelt, dass in Fällen 6a der Anwendung des Verfahrens ganz überwiegend auch unterstellt wurde (vgl. *Sommerfeld,* Vorbewährung nach § 57 JGG in Dogmatik und Praxis, 2007, 148, 168, 180). – Gemäß einer Untersuchung betr. eine Stichprobe aus *Baden-Württemberg* von U-Haftgefangenen mit nachfolgender Aussetzungsentscheidung ergaben sich Quoten einer Zuteilung von BewHelfern im Wege der „Vorbewährung" in den LG-Bezirken Karlsruhe (n=65), Freiburg (n=74) und Mannheim (n=22) – in dieser Reihenfolge – von 65 %, 26 % und 9 % der jeweiligen BewFälle (*Flümann,* Die Vorbewährung nach § 57 JGG, 1983, 105), wobei die unterschiedliche Anwendungshäufigkeit weniger auf unterschiedlicher Kenntnis, eher vielmehr auf unterschiedlicher Bewertung der „Vorbewährung" beruhte (*Flümann,* Die Vorbewährung nach § 57 JGG, 1983, 156 ff., 270).

III. Regelungen des Abs. 1

1. Abs. 1 S. 1

7 Aus dem Bereich der Erziehungsmaßregeln ist eine Verpflichtung gem. § 12 unzulässig (Umkehrschluss aus Abs. 1 S. 1 **Hs. 1,** vgl. OLG Hamm BeckRS 2015, 21047).

7a Nach Abs. 1 S. 1 Hs. 2 ist ein Nichtbefolgungsarrest (§ 11 Abs. 3) ausgeschlossen (Umkehrschluss aus Abs. 1 S. 1 **Hs. 2;** krit. *Scherrer* Stellungnahme Rechtsausschuss 23.5.2012 (BT-Drs. 17/9389)), zumal unter entsprechenden Voraussetzungen zu gewärtigen ist, dass die Vollstr der JStrafe nicht zBew ausgesetzt wird.

2. Abs. 1 S. 2

8 Diese Soll-Vorschrift betrifft die nur *subsidiäre* Unterstützung des Verurteilten durch die *BewHilfe* (krit. *Beulke* GS Walter, 2014, 270) für den Fall, dass die JGH keine ausreichende Betreuung und Überwachung leistet. Vorrangig sind die JGH bzw. die JHilfe zur Betreuung auch iZm einem ausdrücklich im Urteil erklärten Vorbehalt (§§ 61, 61a) verpflichtet (§ 52 Abs. 3 KJHG, § 38 Abs. 2 S. 8, 9; vgl. auch BT-Drs. 17/9389, 18), und das Gleiche gilt für die JGH betr. die Überwachung der Erfüllung von Weisungen und Auflagen (§ 38 Abs. 2 S. 5 und 6 aF bzw. § 38 Abs. 5 S. 4 und 5 nF). Diesen gesetzlichen Pflichten darf die JGH nicht dadurch enthoben werden, dass sie sich in manchen Gebieten aus JStV faktisch „zurückzieht" oder gar eine spezielle Qualifikation nicht mehr aufweist. − Der etwa erhöhte Personalbedarf der BewHilfe wurde im Gesetzgebungsverfahren anerkannt (BT-Drs. 17/9389, 3), jedoch scheint dies mitunter nicht oder nicht im Sinne hinreichender Qulifikation umgesetzt worden zu sein (zur Beschwerde gegen die Auswahl der Person des BewHelfers vgl. → § 59 Rn. 25). Solchenfalls wird das *Gericht* − was bei Ermittlungsaufgaben iZm der Person des Verurteilten idR ohnehin der Amtspplicht entspricht − ggf. im *Freibeweis* um Tatsachenermittlung bemühen sein (vgl. auch *Schatz* in Diemer/Schatz/Sonnen Rn. 3). Eine Heranziehung der Polizei − statt JGH bzw. BewHilfe − sieht das Gesetz nicht vor, auch bestünden sachlich-funktionale Bedenken (praktiziert aber von KG ZJJ 2016, 175).

8a Die Unterstellung unter BewHilfe ist in das *Zentralregister* einzutragen (§ 7 Abs. 2 BZRG (gem. ÄndG v. 18.7.2017, BGBl. I 2732)).

3. Abs. 1 S. 3 und 4

9 Wird trotz der einschränkenden Voraussetzungen (vgl. → Rn. 3) die **BewHilfe** beauftragt (zur Beschwerde → § 59 Rn. 25), so finden nach **Abs. 1 S. 3** die §§ 24, 25 entsprechende Anwendung. Ausgenommen (Gesetzeswortlaut „im Übrigen") ist die Regelung zur Höchstfrist in (§ 24 Abs. 1 S. 1 und) § 24 Abs. 1 S. 3, Abs. 2 S. 2, da für die „Vorbewährungszeit" eine eigene Fristenregelung gilt.

9a Abs. 1 S. 4 verlangt in Entsprechung zu § 38 Abs. 2 S. 8 aF bzw. § 38 Abs. 5 S. 4 nF eine enge Zusammenarbeit von JGH und BewHilfe auch in diesem Bereich des JStVerfahrens. Insoweit ergeben sich indes Abgrenzungsschwierigkeiten gem. des von Gesetzes wegen (Soll-Vorschrift) geltenden Vorrangs der JGH und im Speziellen betr. den **Datenschutz** (Abs. 1 S. **5**).

4. Abs. 1 S. 6

Die Bestimmung besagt, dass die Vorschriften über das Verfahren und die 10 Anfechtung bei der Aussetzung der Vollstr der JStrafe zBewährung auch auf die iRd Verfahrens der sog. „Vorbewährung" anfallenden Folgeentscheidungen Anwendung finden.

Im Einzelnen bestimmt der Verweis auf § 58 Abs. 3 S. 1 die **Zuständig-** 10a **keit** des Gerichts, das die Entscheidung über die Aussetzung der Vollstr der JStrafe zBew einem nachträglichen Beschluss vorbehalten hat. Gemäß gesetzessystematischer Auslegung wird dies für das Berufungsgericht auch dann gelten, wenn es den erstinstanzlich erklärten Vorbehalt („zumindest inzident", *Meier* in HK-JGG Rn. 5) nur bestätigt hat (Verwerfung der Berufung), denn wegen der die nachträgliche Entscheidung betr. Zuständigkeitsregelung des § 61a Abs. 2 wären andernfalls widersprüchliche Beurteilungen nicht auszuschließen (vgl. auch → Rn. 14 zu §§ 61, 61a).

5. Abs. 1 S. 7

Hiernach sind auch die Vorschriften über den Bewährungsplan (§ 60) 10b entsprechend anzuwenden. Zuständig ist der Vorsitzende (Verweis auf § 60 Abs. 1 S. 1; zu „durchgreifenden Bedenken" ggü. einer (nicht vertretungsbedingten) Übertragung auf den Berichterstatter als beauftragten Richter OLG Hamm BeckRS 2015, 21047).

IV. Ergänzendes

Wegen Abs. 3 und Abs. 4 vgl. → §§ 61, 61a Rn. 16–18. 11

Fünfter Unterabschnitt. Verfahren bei Aussetzung der Verhängung der Jugendstrafe

Entscheidungen

62 (1) ¹**Entscheidungen nach den §§ 27 und 30 ergehen auf Grund einer Hauptverhandlung durch Urteil. ²Für die Entscheidung über die Aussetzung der Verhängung der Jugendstrafe gilt § 267 Abs. 3 Satz 4 der Strafprozeßordnung sinngemäß.**

(2) **Mit Zustimmung des Staatsanwalts kann die Tilgung des Schuldspruchs nach Ablauf der Bewährungszeit auch ohne Hauptverhandlung durch Beschluß angeordnet werden.**

(3) **Ergibt eine während der Bewährungszeit durchgeführte Hauptverhandlung nicht, daß eine Jugendstrafe erforderlich ist (§ 30 Abs. 1), so ergeht der Beschluß, daß die Entscheidung über die Verhängung der Strafe ausgesetzt bleibt.**

(4) **Für die übrigen Entscheidungen, die infolge einer Aussetzung der Verhängung der Jugendstrafe erforderlich werden, gilt § 58 Abs. 1 Satz 1, 2 und 4 und Abs. 3 Satz 1 sinngemäß.**

Übersicht

I. Anwendungsbereich

1. Jugendliche

1   Die Vorschrift gilt in Verfahren gegen Jugendliche auch vor den für allg. Strafsachen zuständigen Gerichten (§ 104 Abs. 1 Nr. 8), jedoch mit der Maßgabe, dass diese Gerichte nur für die Entscheidungen nach § 30 zuständig sind, während die Entscheidungen nach Abs. 4 dem JRichter des Aufenthaltsortes des Jugendlichen zu übertragen sind (§ 104 Abs. 5 Nr. 2).

2. Heranwachsende

2   In Verfahren gegen Heranwachsende – vor JGerichten wie vor den für allg. Strafsachen zuständigen Gerichten – gilt die Vorschrift dann, wenn

sachliches JStR (§ 109 Abs. 2 S. 1, §§ 105 Abs. 1, 112 S. 1 und 2) ange-
wandt wird, jedoch betr. Verfahren vor den für allg. Strafsachen zuständigen
Gerichten nur mit der Maßgabe wie bei Jugendlichen (§ 112 S. 1, § 104
Abs. 5 Nr. 2; vgl. → Rn. 1).

II. Entscheidung gem. § 27 (Abs. 1)

1. Abs. 1 S. 1

a) Zwischenurteil. Nach dieser Regeluung wird eine Entscheidung, 3
durch die der JRichter die Schuld feststellt und die Entscheidung über die
Verhängung der JStrafe aussetzt (§ 27), ausschließlich aufgrund einer HV
durch Urteil getroffen. Abw. von der Rechtslage bei der Aussetzung der
Vollstr der JStrafe zBew ist ein nachträgliches Beschlussverfahren nicht vorgesehen. Die Entscheidung hat den Charakter eines Zwischenurteils (*Dallin-
ger/Lackner* Rn. 2) ohne verfahrensbeendigende Wirkung. Die Rechtshängigkeit der Jugendsache endet erst mit Rechtskraft einer der in § 30 vorgesehenen Entscheidungen.

b) Abstimmungsmehrheit. Die Feststellung der Schuld durch das JGe- 4
richt bedarf einer Zweidrittelmehrheit (§ 263 Abs. 1 StPO). Dies wird auch
zu gelten haben, wenn die Aussetzung der Verhängung der JStrafe zBew
versagt wird (s. aber auch *Ostendorf* in NK-JGG Rn. 1; aA *Brunner/Dölling*
Rn. 1). Denn sachliche Gesichtspunkte, die eine Differenzierung rechtfertigen könnten, sind nicht ersichtlich (vgl. BT-Drs. 7/550, 302 f.).

2. Einbeziehung (§ 31 Abs. 2)

Wegen Fragen der Einbeziehung einer rechtskräftigen Entscheidung nach 5
§ 27 in eine neue Entscheidung vgl. → § 31 Rn. 12.

3. Abs. 1 S. 2

Hiernach ist in sinngemäßer Anwendung von § 267 Abs. 3 S. 4 StPO zu 6
begründen, weshalb entgegen einem in der HV gestellten Antrag die Verhängung der JStrafe nicht zBew ausgesetzt wurde (vgl. im Übrigen zu den
Erfordernissen einer Urteilsbegründung → § 54 Rn. 34).

4. Anfechtbarkeit

Vgl. hierzu → § 63 Rn. 3 und ferner die Ausführungen zu § 55, → § 55 7
Rn. 1 ff.

III. Erforderliche Anschlussentscheidungen nach Aussetzung der Verhängung der Jugendstrafe (Abs. 4)

1. Entscheidung durch Beschluss

Alle übrigen Entscheidungen, die infolge einer Aussetzung der Verhän- 8
gung der JStrafe zBew erforderlich werden, trifft das JGericht nach Anhörung des Jugendlichen, der JStaatsanwaltschaft und des BewHelfers durch

Beschluss (Abs. 4 iVm § 58 Abs. 1 S. 1, 2 und 4; vgl. im Übrigen → § 58 Rn. 1 ff. Auch sämtliche Entscheidungen iZm der BewZeit sind dem Beschlussverfahren zugewiesen (vgl. → § 58 Rn. 4; näher schon *Dallinger/Lackner* Rn. 7).

2. Einzelfragen

9   **a) Zuständigkeit.** Sie liegt bei demjenigen JGericht, das die Entscheidung nach § 27 getroffen hat (Abs. 4 iVm § 58 Abs. 3 S. 1; BGH NStZ 2011, 524). Anders als im Verfahren bei Aussetzung der Vollstr zBew (§ 58 Abs. 3 S. 2) kommt eine *Übertragung* an das JGericht des *Aufenthaltsortes* des Jugendlichen *nicht* in Betracht (vgl. aber → § 104 Rn. 13). Die vom Verfahren bei Aussetzung der Vollstr zBew abw. Regelung beruht auf dem Umstand, dass im Verfahren nach § 27 die Erforderlichkeit einer Verhängung von JStrafe in der Beurteilung des erkennenden JGerichts ungewiss ist (vgl. → § 27 Rn. 11f) und sich dasselbe JGericht nähere Erkenntnisse über das Verhalten und die Entwicklung des Jugendlichen während der BewZeit verschaffen soll, um sich über die Fragen der Erforderlichkeit einer Verhängung von JStrafe schlüssig zu werden. Diesem Zweck würde es widersprechen, wenn das Verfahren nach § 42 Abs. 3 S. 1 abgegeben werden könnte (BGHSt 8, 346; NStZ 2011, 524; OLG Zweibrücken JBl. RhPf. 1990, 42; *Dallinger/Lackner* Rn. 8; *Potrykus* Anm. 4; *Schnitzerling* DRiZ 1958, 317; aA *Lackner* GA 1956, 379 (381) sowie UK III DVJJ-Journal 1992, 24).

10   Hingegen wird das JGericht gem. § 2 Abs. 2, § 270 Abs. 1 S. 1 StPO verweisen müssen, wenn sich in der HV hinreichend sicher ergibt, dass seine Rechtsfolgenkompetenz nicht ausreicht (vgl. schon *Potrykus* NJW 1956, 655; *Brunner/Dölling* Rn. 6; *Schatz* in Diemer/Schatz/Sonnen Rn. 8; aA *Pentz* NJW 1954, 1353; *Neubacher/Bachmann* NStZ 2013, 386 (388)). Da die Frage, ob die Rechtsfolgenkompetenz für den Fall einer JStrafenverhängung bereits vor der Entscheidung gem. § 27 zu prüfen ist, dürfte diese Konstellation gar nicht auftreten.

11   **b) Keine Maßnahmen nach § 453c StPO.** Die Nichterwähnung von § 58 Abs. 2 (in Abs. 4) trägt dem Umstand Rechnung, dass bei der Aussetzung der Verhängung der JStrafe zBew vorläufige Maßnahmen nach § 453c StPO **nicht** in Betracht kommen (vgl. BT-Drs. 8/976, 70; vgl. näher → § 58 Rn. 17). Es bestanden jedoch Erwägungen, § 58 Abs. 2 und § 453c StPO in einem Abs. 5 für entsprechend anwendbar zu erklären (Art. 1 Nr. 22b RE-1. JGGÄndG 83 sowie Art. 1 Nr. 21b RE-1. JGGÄndG 87; krit. hierzu *Eisenberg* MschKrim 1988, 131).

3. Anfechtbarkeit der Entscheidung

12   Vgl. dazu → § 63 Rn. 7 f.

IV. Beschluss, durch den die Entscheidung über die Aussetzung der Verhängung der Jugendstrafe ausgesetzt bleibt (Abs. 3)

1. Inhalt

Soweit in der BewZeit eine HV anberaumt wurde (§ 30 Abs. 1 S. 1), sich **13** in der HV jedoch nicht die für die Verhängung erforderlichen Voraussetzungen ergeben, so ergeht ein (unanfechtbarer, vgl. → § 63 Rn. 5) Beschluss des Inhalts, dass die Entscheidung über die Verhängung der JStrafe zBew ausgesetzt bleibt. – Eine Tilgung des Schuldspruches soll nach wohl hM (*Brunner/Dölling* § 30 Rn. 5; *Dallinger/Lackner* Rn. 19, § 30 Rn. 17; *Nehring* in BeckOK JGG § 30 Rn. 1; s. auch LG Hamburg 25.7.1988 – 34 Qs 50/ 88 bei *Böhm* NStZ 1989, 521 (523); aA OLG Schleswig NJW 1958, 34; *Potrykus* § 30 Anm. 1c) nicht an die Stelle dieser Entscheidung treten dürfen, wenn nicht ausnahmsweise im Entscheidungszeitpunkt inzwischen die BewZeit abgelaufen oder ihr Ablauf durch Verkürzung herbeigeführt ist. Hiergegen bestehen Bedenken zumindest insofern, als der Jugendliche mit erzieherischer Unklarheit konfrontiert und durch die erneute HV belastet worden ist, ohne dass versucht würde, diese zusätzliche Beeinträchtigung erzieherisch wirksam auszugleichen (zust. *Kaspar* in MüKoStPO Rn. 8; vgl. auch → § 30 Rn. 23).

2. Nichtanfechtbarkeit

S. § 63 Abs. 1. (→ § 61 Rn. 1 ff.)   **14**

V. Entscheidung gem. § 30 Abs. 1 (Abs. 1 S. 1)

1. Urteil

Auf die Verhängung der JStrafe nach § 30 Abs. 1 S. 1 kann nur aufgrund **15** einer HV durch Urteil erkannt werden (speziell zur Nicht-Öffentlichkeit betr. zur Tatzeit Erwachsenen OLG Hamm NStZ 2011, 527 Rn. 20). Zuständig hierfür ist das JGericht, das die Entscheidung nach § 27 getroffen hat (wobei nach *Neubacher/Bachmann* NStZ 2013, 386 (387 f.) nur eine Personenidentität von Schuld- und Strafrichter sinnvoll und vom Gesetz gemeint sein kann; vgl. zudem → Rn. 9 f.).

Die Einleitung des Verfahrens unter den Voraussetzungen nach § 30 **16** Abs. 1 S. 1 ist erst zulässig, wenn das Urteil, in dem die Schuld festgestellt worden ist, **Rechtskraft** erlangt hat. Da das Verfahren nach § 30 Abs. 1 S. 1 von dem Bestand des Schuldspruches abhängig ist und das rechtskräftige Urteil nach § 27 die Grundlage des Verfahrens bildet, ist es grundsätzlich in der HV zu **verlesen** (§ 2 Abs. 2, § 324 Abs. 1 S. 2 StPO entspr.; vgl. im Übrigen → § 50 Rn. 12a).

2. Einleitung des Verfahrens

17–19　Hierüber entscheidet das JGericht nach pflichtgemäßem Ermessen von Amts wegen oder auf Antrag der JStaatsanwaltschaft durch **Beschluss.** Bestehen hinreichende Gründe für die Annahme, dass die Voraussetzungen des § 30 Abs. 1 S. 1 vorliegen, wird während der BewZeit Termin zur HV anberaumt (§ 2 Abs. 2, § 203 StPO entspr.). Anderenfalls wird entsprechend § 2 Abs. 2, § 204 StPO die Anberaumung eines Termins zur HV abgelehnt (zur Anfechtbarkeit bei Ablehnung eines diesbezüglichen Antrages der JStaatsanwaltschaft vgl. → § 63 Rn. 6).

20　Die für die Einleitung des Verfahrens nach § 30 Abs. 1 S. 1 maßgeblichen **Tatsachen** und **Beweismittel** sind in dem Beschluss anzugeben und dem Angeklagten **mitzuteilen.**

21　Zur Problematik der Einführung und Verwertung der Berichte des **BewHelfers** gelten ggf. die Ausführungen zu den Berichten des Vertreters der JGH entsprechend (→ § 38 Rn. 62 ff., s. aber auch → § 50 Rn. 24 ff.).

3. Zeitpunkt

22　Nach Ablauf der BewZeit ist die Entscheidung gem. § 30 Abs. 1 S. 1 (oder Abs. 2) stets unverzüglich **von Amts wegen** herbeizuführen.

4. Anfechtbarkeit des Urteils

23　Diese richtet sich nach den allg. Vorschriften über die Rechtsmittel gegen jugendgerichtliche Urteile (vgl. die Erl. zu § 55).

VI. Tilgung des Schuldspruchs (Abs. 1 S. 1, Abs. 2; § 30 Abs. 2)

1. Art der Entscheidung

24　Nach Rechtskraft der Schuldfeststellung und Ablauf der BewZeit (dagegen nicht während der BewZeit; hM; LG Hamburg 25.7.1988 – 34 Qs 50/88 bei *Böhm* NStZ 1989, 521 (523), wonach gegen einen Tilgungsbeschluss vor Ablauf der BewZeit sofortige Beschwerde zulässig ist; *Dallinger/Lackner* Rn. 10; vgl. → Rn. 13, 22) muss nach § 30 Abs. 2 die Tilgung des Schuldspruchs entweder aufgrund einer HV durch Urteil (Abs. 1 S. 1) oder bei Zustimmung des JStaatsanwalts ohne HV durch Beschluss (Abs. 2) erfolgen. Die Einleitung des Verfahrens findet **von Amts wegen** unverzüglich nach Ablauf der BewZeit statt.

2. Zustimmungsverweigerung der JStaatsanwaltschaft

25　Solchenfalls ist aufgrund einer HV durch **Urteil** darüber zu entscheiden, ob der Schuldspruch getilgt werden kann (oder aber eine Verhängung der JStrafe erforderlich ist).

26　Jedoch ist zur Entscheidung der Frage, ob die Voraussetzungen für die Tilgung des Schuldspruches nur aufgrund einer HV geklärt werden können, eine jgerichtliche **Ermessens**prüfung erforderlich. Stehen dem JGericht umfangreiche Tatsachenangaben über das Verhalten des Jugendlichen und seine Entwicklung während der BewZeit zur Verfügung, die eindeutige Schlüsse auf seine Bewährung zulassen, so wird die Tilgung des Schuldspruchs ohne HV **durch Beschluss** angeordnet werden können (vgl. *Dallinger/Lackner* Rn. 11). Der unanfechtbare (vgl. § 63 Abs. 1) Beschluss bedarf von Gesetzes wegen keiner Begründung (§ 2 Abs. 2, § 34 StPO); erziehungspsychologische Erwägungen können es im Einzelfall jedoch nahelegen, dem Jugendlichen die Gründe seiner Bewährung darzulegen und sein erwartungsgemäßes Verhalten zu würdigen.

3. Anfechtbarkeit des Urteils

Vgl. hierzu → § 63 Rn. 3 und ferner die Erl. zu § 55. Zur ausnahms- 27 weisen (vgl. § 63 Abs. 1) Anfechtbarkeit des Beschlusses vgl. → § 63 Rn. 4.

Anfechtung

63 (1) **Ein Beschluß, durch den der Schuldspruch nach Ablauf der Bewährungszeit getilgt wird (§ 62 Abs. 2) oder die Entscheidung über die Verhängung der Jugendstrafe ausgesetzt bleibt (§ 62 Abs. 3), ist nicht anfechtbar.**

(2) **Im übrigen gilt § 59 Abs. 2 und 5 sinngemäß.**

I. Anwendungsbereich

Die Vorschrift gilt in Verfahren gegen **Jugendliche** auch vor den für allg. 1 Strafsachen zuständigen Gerichten (§ 104 Abs. 1 Nr. 8).

In Verfahren gegen **Heranwachsende** – vor JGerichten wie vor den für 2 allg. Strafsachen zuständigen Gerichten – gilt die Vorschrift dann, wenn sachliches JStR angewandt wurde (§ 109 Abs. 2 S. 1, §§ 105 Abs. 1, 112 S. 1, 2).

II. Allgemeines

Die Anfechtbarkeit von Entscheidungen iZm der Aussetzung der Ver- 3 hängung der JStrafe zBew ist durch die Vorschrift nicht abschließend bestimmt, sondern lediglich teilweise abw. von § 55 und dem allg. Rechtsmittelrecht geregelt. Die Vorschrift befasst sich nur mit der Anfechtbarkeit der **Beschluss**entscheidung. Urteile, die die Schuldfeststellung (§ 27), die nachträgliche Verhängung der JStrafe (§ 30 Abs. 1 S. 1) oder die Tilgung des Schuldspruches nach Ablauf der BewZeit (§ 30 Abs. 2 S. 1) aussprechen, sind nach den allg. Vorschriften über die Rechtsmittel gegen jugendgerichtliche Urteile anfechtbar (vgl. näher die Erl. zu § 55). – Ein RefE des BMJV vom 11.10.2018 sah in einem neuen Abs. 1 S. 1 die Möglichkeit vor, mit der sofortigen Beschwerde die Verhängung eines JA anzugreifen, der nach §§ 8 Abs. 2 S. 2, 16a bei einer Entscheidung nach § 27 verhängt wird.

III. Abs. 1

1. Nichtanfechtbarkeit der Tilgung des Schuldspruchs

4 Die Vorschrift bestimmt, dass die genannte Tilgung nach Ablauf der BewZeit im Beschlussverfahren (§ 62 Abs. 2) nicht anfechtbar ist. Dies hat seinen Grund darin, dass einerseits der Jugendliche durch die Tilgung des Schuldspruchs nicht beschwert sein kann und andererseits der Beschluss nur mit Zustimmung der JStaatsanwaltschaft erlassen werden darf (vgl. *Dallinger/ Lackner* Rn. 3).

4a *Umgekehrt* unterliegt der Beschluss über die Tilgung des Schuldspruchs dann der Anfechtung, wenn er ohne die erforderliche Zustimmung der JStaatsanwaltschaft ergangen ist und der Mangel im Verfahren nach § 33a StPO (bei gleichzeitig – entgegen § 33 Abs. 2 StPO – unterbliebener Anhörung der JStA) nicht nachträglich behoben werden kann. Zulässiges Rechtsmittel wird in diesem Fall die sofortige Beschwerde sein müssen, weil die Tilgung des Schuldspruchs als eine der materiellen Rechtskraft fähige Entscheidung gem. der Systematik des allg. Rechtsmittelrechts nicht durch unbefristete Anfechtbarkeit auf unabsehbare Zeit in der Schwebe gehalten werden darf (so zutr. schon *Dallinger/Lackner* Rn. 4; vgl. auch *Meier* in HK-JGG Rn. 1).

2. Nichtanfechtbarkeit der Aufrechterhaltung der Aussetzung

5 Die Vorschrift regelt zudem, dass auch der **Beschluss** nach § 62 Abs. 3, durch den die Entscheidung über die Verhängung der JStrafe zBew ausgesetzt bleibt, unanfechtbar ist. Diese Unanfechtbarkeit beruht darauf, dass keiner der Verfahrensbeteiligten durch den Beschluss beschwert wird. So kann der Jugendliche vor Ablauf der Bewährungszeit ohnehin keine günstigere Entscheidung verlangen (hM; vgl. näher → § 62 Rn. 13), während sich für die JStaatsanwaltschaft die Verfahrenslage so darstellt, dass die Entscheidung über die Verhängung der JStrafe zBew lediglich auf den Zeitpunkt verschoben wird, der bei der Entscheidung nach § 27 ohnehin von vornherein vorgesehen war (*Dallinger/Lackner* Rn. 5; s. zudem ebenso für den Fall, dass erst die 2. Instanz den Beschluss nach § 62 Abs. 3 getroffen hat, OLG Schleswig bei *Lorenzen/Görl* SchlHA 1989, 121).

3. Keine entsprechende Anwendung

6 Wird ein Antrag der **JStaatsanwaltschaft** auf Durchführung des Verfahrens nach § 30 Abs. 1 S. 1 während der BewZeit abgelehnt, kommt eine entsprechende Anwendung von Abs. 1 nicht in Betracht, weil die Verfahrenslagen unterschiedlich sind. Der Beschluss über den Fortbestand der Aussetzung der Verhängung nach § 62 Abs. 3 stellt bereits das Ergebnis einer Prüfung der Sach- und Rechtslage nach § 30 Abs. 1 S. 1 dar, hingegen erstrebt der jstaatsanwaltschaftliche Antrag erst die Prüfung. Es ist daher insoweit die einfache **Beschwerde** gegeben (allg. Auffassung, vgl. bereits *Grethlein* JGG Anm. 2b); § 305 S. 1 StPO steht nicht entgegen, weil die Ablehnung als eine dem Urteil vorausgehende Entscheidung nicht dazu bestimmt ist, die Urteilsfällung vorzubereiten (vgl. allg. *Meyer-Goßner/Schmitt* StPO § 305 Rn. 1).

IV. Abs. 2

Nach dieser Vorschrift ist gegen die Entscheidungen über die Dauer der 7
BewZeit (§ 28) und über Weisungen oder Auflagen (§ 29 S. 2 iVm § 23) in
sinngemäßer Anwendung von § 59 Abs. 2 die (unbefristete) **Beschwerde**
(§§ 304 f. StPO) zulässig, soweit sie darauf gestützt wird, dass die BewZeit
nachträglich verlängert worden oder eine getroffene Anordnung gesetzwidrig sei (vgl. näher → § 59 Rn. 21f entspr.).

Wird ausnahmsweise gegen das die Schuld feststellende Urteil Revision 8
und gegen eine Anschlussentscheidung (etwa betr. die Dauer der BewZeit
oder Weisungen und Auflagen) Beschwerde eingelegt, so ist in sinngemäßer
Anwendung von § 59 Abs. 5 das **Revisionsgericht** auch zur Entscheidung
über die Beschwerde zuständig (Abs. 2; vgl. näher → § 59 Rn. 31 ff.).

Bewährungsplan

64 [1] **§ 60 gilt sinngemäß.** [2] **Der Jugendliche ist über die Bedeutung
der Aussetzung, die Bewährungs- und Unterstellungszeit, die
Weisungen und Auflagen sowie darüber zu belehren, daß er die Festsetzung einer Jugendstrafe zu erwarten habe, wenn er sich während
der Bewährungs- und Unterstellungszeit schlecht führe.**

I. Anwendungsbereich

1. Jugendliche

Die Vorschrift gilt in Verfahren gegen Jugendliche auch vor den für allg. 1
Strafsachen zuständigen Gerichten (§ 104 Abs. 1 Nr. 8), jedoch mit der
Maßgabe, dass der JRichter zuständig ist, in dessen Bezirk sich der Jugend-
liche aufhält (§ 104 Abs. 5 Nr. 2 entspr. (vgl. → § 60 Rn. 1)).

2. Heranwachsende

Die Vorschrift gilt in Verfahren gegen Heranwachsende – vor JGerichten 2
wie vor den für allg. Strafsachen zuständigen Gerichten – dann, wenn
materielles JStR angewandt wird (§ 109 Abs. 2 S. 1, §§ 105 Abs. 1, 112 S. 1
und 2), jedoch betr. Verfahren vor den für allg. Strafsachen zuständigen
Gerichten nur mit der Maßgabe wie bei Jugendlichen (§ 112 S. 1, § 104
Abs. 5 Nr. 2 entspr.; vgl. → Rn. 1).

II. Allgemeines

Nach **S. 1** sind die Regelungen in § 60 über den BewPlan, der nach einer 3
Aussetzung der Vollstr zBew zu erstellen ist, sinngemäß anwendbar. Über die
Einzelheiten betr. Inhalt, Zweck und Verfahren wird daher auf die Erl. zu
§ 60 verwiesen (→ § 60 Rn. 4–19), mit Ausnahme der Besonderheiten im
Hinblick auf die Belehrung (vgl. → Rn. 4f).

III. Besonderheiten gegenüber dem Bewährungsplan nach § 60

1. Belehrung über die Voraussetzungen der Verhängung der JStrafe

4   Im Rahmen der Belehrung wird der Jugendliche darüber aufzuklären sein (zur Geeignetheit § 70a Abs. 1 aF bzw. § 70b Abs. 1 nF), welches Verhalten während der Bewährungs- und Unterstellungszeit die Verhängung der JStrafe erforderlich machen kann. Dabei wird der – im Hinblick auf seine Unbestimmtheit bedenkliche – Begriff der „schlechten Führung" dem Jugendlichen inhaltlich zu veranschaulichen und hinsichtlich seiner rechtlichen Grenzen zu konkretisieren sein (vgl. auch → § 5 Rn. 4).

2. Belehrung über die Rechtsstellung

5   Es empfiehlt sich nicht minder, darzulegen, dass bewährungsgemäßes Verhalten des Jugendlichen zur Tilgung des Schuldspruchs nach Ablauf der BewZeit (§ 31 Abs. 2) und damit zur Beseitigung aller gesetzlich bezweckten Rechtsfolgen der Tat führen werde. – Um iRd Belehrung die Bereitschaft des Jugendlichen zur aktiven Mitarbeit (auch) durch erzieherische Offenheit anzuregen oder zu fördern (vgl. → § 60 Rn. 15 aE), könnte es ggf. auch angebracht sein, den Jugendlichen davon in Kenntnis zu setzen, dass seine eventuelle Ablehnung des Versprechens, den erteilten Weisungen und Auflagen nachzukommen (S. 1 iVm § 60 Abs. 3 S. 1), die Verhängung der JStrafe unter den Voraussetzungen von § 30 Abs. 1 S. 1 nicht rechtfertigen kann.

Sechster Unterabschnitt. Ergänzende Entscheidungen

Nachträgliche Entscheidungen über Weisungen und Auflagen

65 (1) ^{1}Nachträgliche Entscheidungen, die sich auf Weisungen (§ 11 Abs. 2, 3) oder Auflagen (§ 15 Abs. 3) beziehen, trifft der Richter des ersten Rechtszuges nach Anhören des Staatsanwalts und des Jugendlichen durch Beschluß. ^{2}Soweit erforderlich, sind der Vertreter der Jugendgerichtshilfe, der nach § 10 Abs. 1 Satz 3 Nr. 5 bestellte Betreuungshelfer und der nach § 10 Abs. 1 Satz 3 Nr. 6 tätige Leiter eines sozialen Trainingskurses zu hören. ^{3}Wenn die Verhängung von Jugendarrest in Betracht kommt, ist dem Jugendlichen Gelegenheit zur mündlichen Äußerung vor dem Richter zu geben. ^{4}Der Richter kann das Verfahren an den Jugendrichter abgeben, in dessen Bezirk sich der Jugendliche aufhält, wenn dieser seinen Aufenthalt gewechselt hat. ^{5}§ 42 Abs. 3 Satz 2 gilt entsprechend.

(2) ^{1}Hat der Richter die Änderung von Weisungen abgelehnt, so ist der Beschluß nicht anfechtbar. ^{2}Hat er Jugendarrest verhängt, so ist gegen den Beschluß sofortige Beschwerde zulässig. ^{3}Diese hat aufschiebende Wirkung.

Schrifttum *Wasserburg,* Die Wiederaufnahme des Strafverfahrens, 1983.

Übersicht

I. Anwendungsbereich

1. Vor den Jugendgerichten

Die Vorschrift gilt in Verfahren vor den JGerichten (gegen Jugendliche **1** ohnehin und) gegen Heranwachsende dann, wenn sachliches JStR angewandt wurde (§ 109 Abs. 2 S. 1, § 105 Abs. 1).

2. Vor den für allg. Strafsachen zuständigen Gerichten

In Verfahren vor diesen Gerichten gegen Jugendliche wie gegen Heran- **2** wachsende gelten Abs. 1, Abs. 2 S. 2, 3 entsprechend, da insoweit eine Regelungslücke besteht (§§ 104, 112; in der Begründung anders *Ostendorf* in NK-JGG Rn. 1), während Abs. 2 S. 1 im Hinblick auf § 104 Abs. 4 S. 1 nicht zur Anwendung kommen kann (ähnlich *Dallinger/Lackner* § 104 Rn. 18, allerdings mit der Einschränkung, auch Abs. 1 S. 5 könne nicht entspr. herangezogen werden).

a) Sonstige Erwägungen. Nach vormals vertretener aA (*Potrykus* § 104 **3** Anm. 3) sei die Vorschrift über § 104 Abs. 2 anzuwenden. Demgegenüber darf die Entscheidung über die Anwendung der Vorschrift – soweit sie eine Zuständigkeitsregelung beinhaltet – nicht dem jrichterlichen Ermessen überlassen bleiben (so zutr. *Brunner/Dölling* Rn. 4). – Ferner wird vorgeschlagen, über die verbleibenden (wegen § 104 Abs. 4) nachträglichen Entscheidungen den nach § 42 örtlich zuständigen JRichter befinden zu lassen (*Brunner/ Dölling* Rn. 4). Hiergegen spricht, dass § 42 als neben den allg. Vorschriften geltende Sonderregelung (systematisch stimmig) ebenfalls nicht in § 104 Abs. 1 aufgeführt ist. Auch bestehen gegen die Anwendung von § 42 Bedenken insofern, als die Vorschrift keine Lösung für die hier zunächst in Rede stehende Frage einer sachlichen Zuständigkeit des Erwachsenengerichts oder JGerichts (vgl. dazu → §§ 33–33b Rn. 9–11, 37 ff.) bietet. Zudem würde die Neubegründung eines Gerichtsstandes für die (verbleibenden) nachträglichen Entscheidungen der ausdrücklichen Abgaberegelung in § 42 Abs. 3 S. 1 (wie § 65 Abs. 1 S. 4) widerstreben.

4   **b) Praktische Bedeutung.** Die Streitfrage betr. **Abs. 1** kann relevant werden, wenn eine nachträgliche Befreiung von der Erfüllung von Auflagen in Betracht kommt (§ 15 Abs. 3 S. 1). **Abs. 1 und Abs. 2** können dann anzuwenden sein, wenn der Betroffene eine Auflage des Erwachsenengerichts (§ 104 Abs. 1 Nr. 1 iVm § 15) nicht erfüllt oder einer vom FamG erteilten Weisung (§§ 104 Abs. 4, 53 S. 2 iVm § 10) nicht nachkommt und deshalb nach §§ 11 Abs. 3, 15 Abs. 3 S. 2 über die Verhängung von JA entschieden werden soll (darüber, dass die „Auswahl und Anordnung" von Erziehungsmaßregeln aufgrund § 104 Abs. 4 zwar auch die Entscheidungen nach § 11 Abs. 2, nicht dagegen diejenigen nach § 11 Abs. 3 umfasst, vgl. → § 53 Rn. 14).

II. Zuständigkeit

1. Abs. 1 S. 1

5   Nach dieser Regelung ist für die nachträgliche Entscheidung der erkennende **JRichter** des **ersten Rechtszuges zuständig** (s. auch § 33a Abs. 2). Da es sich um keine VollstrTätigkeit handelt, beschränkt sich die Zuständigkeit des JRichters als Vollstreckungsleiter neben den ihm zur Ausführung des Urteils obliegenden Maßnahmen (§§ 82 ff.; einschließlich etwa der Unterrichtung der JGH, vgl. RL III. Nr. 1, IV. Nr. 2 zu §§ 82–85) auf die Aufgabe der Überwachung der Durchführung der Weisungen und Auflagen und der Prüfung, ob eine Änderung der Weisung, Verlängerung ihrer Laufzeit oder eine Befreiung von ihr oder (gänzlich bzw. zum Teil) von der Auflage geboten ist oder ob wegen (schuldhafter) Zuwiderhandlungen gegen Weisungen oder wegen (schuldhafter) Nichterfüllung von Auflagen JA erforderlich ist.

6   Soweit der Vollstreckungsleiter nicht zugleich erkennender JRichter in der Sache ist, muss er unter Anregung der Einleitung des Verfahrens nach § 65 die Sache dem JRichter des ersten Rechtszuges vorlegen (vgl. BGHSt 48, 1 = JR 2003, 215 mAnm *Eisenberg*). Bei Zuwiderhandlungen gegen Weisungen oder Nichterfüllung von Auflagen gilt dies jedoch erst dann, wenn eine eindringliche Ermahnung des Jugendlichen nicht genügt (vgl. auch RL Nr. 2 S. 1 zu § 11; ebenso *Dallinger/Lackner* Rn. 2).

2. Verhältnis zwischen FamG und JGericht

7   Hat das FamG, dem die Auswahl und Anordnung von Erziehungsmaßregeln überlassen worden ist (§ 53), eine Anordnung getroffen, so ist es –

abw. von Abs. 1 S. 1 – auch für die Ausführung zuständig (vgl. näher → § 53 Rn. 13). Es hat aber dem erkennenden JRichter die Sache vorzulegen, wenn nach § 11 Abs. 3 die Verhängung von JA geboten erscheint (vgl. → § 53 Rn. 14).

3. Abs. 1 S. 4

Nach dieser Vorschrift kann bei einem **Aufenthaltswechsel** des Jugend- **8** lichen eine **Abgabe** des Verfahrens an den JRichter des Aufenthaltsortes erfolgen. Die Voraussetzungen entsprechen denjenigen bei § 42 Abs. 3 S. 1 (vgl. dort → § 42 Rn. 18 ff.) – insb. kommt Abs. 1 S. 4 nicht zur Anwendung, wenn der Wechsel bereits vor der Verurteilung geschah (vgl. BGH BeckRS 2006, 11442) –, allerdings mit dem Unterschied, dass es einer Zustimmung des JStaatsanwalts nicht bedarf. – Im Einzelnen wurde eine Abgabe mit der Begründung bejaht, sie sei schon zur Überwachung der Auflagenerfüllung zweckmäßig (BGHR JGG § 65 Zuständigkeit 1 (Gründe); BeckRS 2015, 17201; ebenso betr. mögliche Anhörungspflichten im Vollstreckungsverfahren BGH BeckRS 2015, 14729) bzw. auch wegen in räumlicher Entfernung liegender (ggf. unzumutbarer) Erschwerung der Wahrnehmung des rechtlichen Gehörs gem. Abs. 1 S. 3 angezeigt (BGH StraFo 2009, 436); jedoch wurde die Zweckmäßigkeit verneint bei einer Verfahrenseinstellung gem. § 47 Abs. 1 Nr. 3 (unter der Auflage, Sozialstunden nach näherer Weisung des JAmts abzuleisten), vgl. BGH BeckRS 2017, 115305 unter Hinweis auf § 47 Abs. 1 S. 6.

Bei Bedenken des übernehmenden JRichters entscheidet entsprechend **8a** § 42 Abs. 3 S. 2 das gemeinschaftliche obere Gericht über die Übernahme (Abs. 1 S. 5). Vgl. zu Einzelheiten → § 42 Rn. 19 ff. sinngemäß.

III. (Sonstiges) Verfahrensrechtliches

Die Einleitung des Verfahrens zur nachträglichen Entscheidung kann von **9** Amts wegen, auf Anregung des Vollstreckungsleiters bzw. des FamG sowie der JGH bzw. uU des BewHelfers (s. RL III. Nr. 1 zu §§ 82–85 sinngemäß), aber auch auf Antrag des Jugendlichen, des JStaatsanwalts sowie des gesetzlichen Vertreters und des Erziehungsberechtigten (§ 67 Abs. 1) erfolgen.

1. Anhörung der Antragsberechtigten

a) Abs. 1 S. 1. Nach dieser Vorschrift (uU iVm § 67 Abs. 1) sind die **10** Antragsberechtigten vor der Entscheidung anzuhören. Hierbei sind dem Jugendlichen die möglicherweise zu seinem Nachteil bei der Entscheidung verwertbaren **Tatsachen** und **Beweisergebnisse** mitzuteilen (§ 2 Abs. 2, § 33 Abs. 3 StPO).

b) Abs. 1 S. 3. aa) Hiernach muss dem *Jugendlichen* im Hinblick auf die **10a** Bedeutung der Entscheidung stets Gelegenheit (für notfalls polizeiliche Vorführung DVJJ 1987, 418 (Thesen AK Xc) sowie DVJJ 1990 (Thesen AK VI: „als letzte Möglichkeit"); zw.) zur *mündlichen* Äußerung gegeben werden, wenn die Anordnung von *JA* in Betracht kommt (LG Arnsberg ZJJ 2006, 84; vgl. schon *Dallinger/Lackner* Rn. 6 mit weiterer Begründung). Wird dem Jugendlichen in einer Anhörung die Gelegenheit gegeben, die ihm auferlegten Verpflichtungen doch noch zu erfüllen, bedarf es, bevor aufgrund neuerlicher Nichterfüllung ein JA angeordnet werden kann, einer nochmaligen Anhörung, um die Gründe der Erfüllungsverweigerung untersuchen zu können (LG Koblenz ZJJ 2018, 166).

10b Wird die Muss-Vorschrift in Abs. 1 S. 3 verletzt (vgl. auch → § 58 Rn. 7), so kommt nach allg. Grundsätzen (entgegen OLG Hamm ZJJ 2008, 387 ff.) eine Nachholung im Beschwerdeverfahren nicht in Betracht (vgl. auch *Meier* in HK-JGG § 58 Rn. 7; *Kilian* in BeckOK JGG Rn. 23). Ein *Schweigen* des Betroffenen auf die schriftliche Anfrage, ob er eine Anhörung wünsche, darf (auch wenn es sich um einen Wiederholungsfall handelt) *nicht* als *Verzicht* ausgelegt werden (LG Arnsberg BeckRS 2010, 371). Um eine mündliche Anhörung zu erreichen, hat der JRichter daher (iRd Zulässigkeit) alle *geeigneten Kontaktmöglichkeiten* zu versuchen (zB neben Zustellungsurkunde auch formlose Ladung; ebenso *Kilian* in BeckOK JGG Rn. 14). – Hinsichtlich justizinterner Kontrolle werde laut einer Befragung (s. *Hinrichs* DVJJ-Journal 1995, 97) nur bei etwa 60% der JA-Anstalten die Einhaltung dieser Vorschrift überprüft.

10c **bb)** Was die zeitliche *Abfolge innerhalb* der *JStrafjustiz* angeht, so wurde entschieden, die JStaatsanwaltschaft könne durch Untätigkeitsbeschwerde erreichen, dass der JRichter den Verurteilten gem. Abs. 1 S. 3 zuerst anhört, bevor sie eine Stellungnahme nach Abs. 1 S. 1 abgibt, da bei der Anhörung Tatsachen zutage treten können, die für die Beurteilung der JStaatsanwaltschaft von Bedeutung sind (LG Freiburg 16.3.1993 – VI Qs 8/93). – Nach dem Rechtsgedanken, der § 38 Abs. 3 S. 3 aF bzw. § 38 Abs. 6 S. 3 nF zugrunde liegt, wird auch der Vertreter der *JGH* idR vor dieser Stellungnahme zu hören sein (weitergehend *Ostendorf* in NK-JGG Rn. 5).

2. Sonstige Anhörungen

10d Gemäß **Abs. 1 S. 2** sind **vor** der **Entscheidung,** soweit erforderlich, der Vertreter der JGH (vgl. auch → § 11 Rn. 10), der Betreuungshelfer (vgl. → § 10 Rn. 22 ff.) bzw. der Leiter eines sozialen Trainingskurses (§ 10 Abs. 1 S. 3 Nr. 6) zu hören.

3. Entscheidung

11 **a) Beschluss (Abs. 1 S. 1).** Eine mündliche Verhandlung ist zwar nicht vorgeschrieben, wird sich jedoch häufig empfehlen (vgl. näher → § 57 Rn. 15f).

12 Wegen der Begründung und Bekanntmachung des Beschlusses s. § 2 Abs. 2, § 35 StPO (betr. Zustellung vgl. KG ZJJ 2003, 303), § 67 Abs. 2 aF bzw. § 67a nF. Zur geeigneten (§ 70a Abs. 1 aF bzw. § 70b Abs. 1 nF) Rechtsmittelbelehrung s. § 2 Abs. 2, § 35a StPO (vgl. ergänzend → § 54 Rn. 44).

13 **b) Unterrichtung und Mitteilung.** Ist die nachträgliche Entscheidung ergangen, wird – neben den Verfahrensbeteiligten – insb. bei Änderung einer Weisung, Verlängerung ihrer Laufzeit oder der Befreiung von ihr der JRichter als Vollstreckungsleiter die JGH *unterrichten* (vgl. RL III. Nr. 1 und RL IV. Nr. 2 S. 1 je zu §§ 82–85 sinngemäß).

14 Eine *Mitteilung* von der nachträglichen Entscheidung an das Erziehungsregister muss nach allg. Auffassung stets erfolgen (§§ 60 Abs. 1 Nr. 2, 59, 20

BZRG; zur Handhabung im Register vgl. etwa *Ostendorf* in NK-JGG
Rn. 5). Aufgrund Wegfalls des Verweises (nur) auf Nr. 2 des § 13 Abs. 2 S. 2
in § 60 Abs. 1 Nr. 3 BZRG (gem. 7. BZRGÄndG v. 18.7.2017 (BGBl. I
2732); krit. dazu → § 30 Rn. 19) gilt dies auch bei einem Nichtbefolgungsarrest (§ 11 Abs. 3; vgl. näher und krit. → § 11 Rn. 12a, 26).

IV. (Nicht-)Anfechtbarkeit; Wiederaufnahme des Verfahrens

1. (Nicht-)Anfechtbarkeit

a) Ablehnung des Antrags auf Änderung von Weisungen. Wird ein 15
solcher Antrag durch den JRichter abgelehnt, so ist der Beschluss **unanfechtbar (Abs. 2 S. 1).** Der Ausschluss eines Rechtsmittels knüpft an die Erwägungen an, die § 55 Abs. 1 zugrunde liegen (vgl. *Dallinger/Lackner* Rn. 10).
Zu einer Abänderung der Entscheidung kann es nur unter den Voraussetzungen von § 2 Abs. 2, § 33a StPO dann kommen, wenn der betroffene
Beteiligte vor der Entscheidung nicht gehört worden ist (vgl. im Übrigen
aber zur Nichtanwendbarkeit des § 33a OLG Hamburg NJW 2017, 2360).

b) Modifizierung von Weisungen und Auflagen. Hat der JRichter 16
Weisungen geändert, ihre Laufzeit verlängert, von ihnen befreit, von Auflagen ganz oder teilweise befreit, die Befreiung von Weisungen oder (ganz
bzw. teilweise) von Auflagen abgelehnt oder einem Antrag auf Verhängung
von JA nicht stattgegeben, so kann der Beschluss nach Maßgabe der Einschränkung in § 55 Abs. 1 mit der **einfachen Beschwerde** (§ 304 StPO)
angefochten werden (hM, vgl. nur LG Freiburg JR 1988, 523 mAnm *Eisenberg*). Denn die bezeichneten Entscheidungen sind in der besonderen Regelung in Abs. 2 nicht erfasst, sodass die allg. Bestimmungen zur Anwendung
kommen (§ 2 Abs. 2). Die vormalige Gegenmeinung (*Grethlein* JGG Anm.
4c), die Abs. 2 S. 1 auch auf die Ablehnung der Befreiung von Weisungen
und Auflagen anwenden will, trägt dem eindeutigen Wortlaut in Abs. 2 S. 1
(s. dazu die in §§ 11 Abs. 2, 15 Abs. 3 S. 1 getroffenen Unterscheidungen)
nicht hinreichend Rechnung.

c) Verhängung von Jugendarrest durch Beschluss. Nach **Abs. 2 S. 2** 17
ist gegen eine solche Entscheidung des JRichters (iRd § 55 Abs. 1 (hM;
Brunner/Dölling Rn. 9; *Dallinger/Lackner* Rn. 12; zw.); vgl. die Erl. bei
→ § 55 Rn. 40 entspr.) die **sofortige Beschwerde** (§ 311 StPO) zulässig.
Im Hinblick auf die Intensität des Eingriffs hat das Rechtsmittel abw. von
§ 307 Abs. 1 StPO von Gesetzes wegen **aufschiebende** Wirkung **(Abs. 2
S. 3).**

2. Zur Frage einer Wiederaufnahme des Verfahrens

Umstritten ist, ob eine solche bei Beschlüssen zulässig ist, durch die nach 18
§ 11 Abs. 3 S. 2 JA verhängt wurde.

a) Allgemeines Strafverfahrensrecht. Insoweit lehnt die hM die Wie- 19
deraufnahme bei Beschlüssen grundsätzlich ab (vgl. → § 55 Rn. 30). – Allerdings werden Ausnahmen für *urteilsgleiche* Beschlüsse dann zugelassen,
wenn die Änderung eines rechtskräftigen Beschlusses auf Gründen beruht,

die bei einem Urteil die Wiederaufnahme rechtfertigen würden (BayObLG NJW 1955, 1644; *Matt* in Löwe/Rosenberg StPO Vor § 304 Rn. 58; *Eisenberg* JR 2007, 360), zumal sich aus den Vorschriften der §§ 359, 373a StPO, § 85 OWiG nicht etwa im Wege eines Umkehrarguments folgern lässt, ihr Ausnahmecharakter bedinge einen abschließend geregelten Bereich, der auch aus rechtsstaatlichen Gründen keine entsprechende Anwendung gestatte.

20 **b) Intensität des Eingriffs.** Im JStV wird zumindest diejenige Meinung abzulehnen sein, nach der eine Wiederaufnahme unter Hinweis auf einen (bloßen sog.) „Beugecharakter" des JA nach §§ 11 Abs. 3, 15 Abs. 3 S. 2 (vgl. aber → § 11 Rn. 11 ff.) für unzulässig gehalten wird (so aber vormals LG Stuttgart NJW 1957, 1686; aA bereits *Grethlein* § 55 Anm. 5d; *Brunner/ Dölling* Rn. 9, § 55 Rn. 49 und Fn. 12). Vielmehr wird die Wiederaufnahme schon deshalb in Betracht zu ziehen sein, weil andernfalls der Jugendliche unter Zurückstellung der Einzelfallgerechtigkeit einem möglicherweise zu Unrecht ergangenen Eingriff von solcher Intensität ausgesetzt wäre, wie sie einem Erwachsenen in derselben Verfahrenssituation nicht zugemutet wird (vgl. grds. → § 45 Rn. 9a). Zudem besteht im JStR für eine ausnahmsweise Anwendung deshalb Anlass, weil es erzieherisch auch darum gehen könnte, (etwa vorhandenes) Vertrauen des Jugendlichen in die Rechtsordnung nicht zu erschüttern, sondern ggf. zu fördern (vgl. dazu etwa *Wasserburg,* Die Wiederaufnahme des Strafverfahrens, 1983, 227 f.).

Ergänzung rechtskräftiger Entscheidungen bei mehrfacher Verurteilung

66 (1) [1]Ist die einheitliche Festsetzung von Maßnahmen oder Jugendstrafe (§ 31) unterblieben und sind die durch die rechtskräftigen Entscheidungen erkannten Erziehungsmaßregeln, Zuchtmittel und Strafen noch nicht vollständig ausgeführt, verbüßt oder sonst erledigt, so trifft der Richter eine solche Entscheidung nachträglich. [2]Dies gilt nicht, soweit der Richter nach § 31 Abs. 3 von der Einbeziehung rechtskräftig abgeurteilter Straftaten abgesehen hatte.

(2) [1]Die Entscheidung ergeht auf Grund einer Hauptverhandlung durch Urteil, wenn der Staatsanwalt es beantragt oder der Vorsitzende es für angemessen hält. [2]Wird keine Hauptverhandlung durchgeführt, so entscheidet der Richter durch Beschluß. [3]Für die Zuständigkeit und das Beschlußverfahren gilt dasselbe wie für die nachträgliche Bildung einer Gesamtstrafe nach den allgemeinen Vorschriften. [4]Ist eine Jugendstrafe teilweise verbüßt, so ist der Richter zuständig, dem die Aufgaben des Vollstreckungsleiters obliegen.

Übersicht

	Rn.
I. Anwendungsbereich	1
1. Jugendliche	1
2. Heranwachsende	2
II. Allgemeines	4
1. Abs. 1 S. 1	4

I. Anwendungsbereich

1. Jugendliche

Die Vorschrift gilt in Verfahren gegen Jugendliche vor den JGerichten und **1** wird nach pflichtgemäßem richterlichen Ermessen auch vor den für allg. Strafsachen zuständigen Gerichten zur Anwendung kommen (§ 104 Abs. 2; ebenso *Brunner/Dölling* Rn. 13; wohl aA noch *Dallinger/Lackner* § 104 Rn. 26; *Potrykus* § 104 Anm. 3; vgl. → § 104 Rn. 25).

2. Heranwachsende

In Verfahren gegen Heranwachsende gilt die Bestimmung – vor JGe- **2** richten wie ggf. vor den für allg. Strafsachen zuständigen Gerichten – dann, wenn sachliches JStR angewandt wurde (§ 109 Abs. 2 S. 1, §§ 105 Abs. 1, 112 S. 1 und 2).

Dies gilt auch, wenn die einheitliche Festsetzung von Maßnahmen oder **3** JStrafe unter Einbeziehung einer rechtskräftigen Verurteilung nach allg. StR wegen eines Teils der noch nicht erledigten Rechtsfolgen unterblieben ist (§ 109 Abs. 2 S. 2). Allerdings ergeht keine nachträgliche Entscheidung, wenn das Gericht von der Einbeziehung der nach allg. StR rechtskräftig abgeurteilten Straftaten abgesehen hatte (§ 66 Abs. 1 S. 2 iVm §§ 105 Abs. 2, 31 Abs. 3 (näher → Rn. 18)).

II. Allgemeines

1. Abs. 1 S. 1

4   Die Vorschrift sichert den in § 31 enthaltenen Grundsatz einer **einheitlichen** erzieherischen **Entscheidung** (teilweise anders noch *Peters* RJGG § 55 Anm. 1: Zusammenfassung mehrerer rechtskräftiger Entscheidungen als Ausdruck der Reaktionsbeweglichkeit) durch das Erfordernis einer auch noch nachträglichen Entscheidung für den Fall, dass eine einheitliche Festsetzung von Rechtsfolgen zunächst unterblieben ist und diese auch noch nicht erledigt sind. Auch dann wird die in der früheren Entscheidung ausgesprochene Rechtsfolge durch die neue Entscheidung rückwirkend beseitigt (vgl. aber §§ 31 Abs. 3, 66 Abs. 1 S. 2). Der damit verbundene Ausschluss der allg. Vorschriften über die nachträgliche Gesamtstrafenbildung (§ 55 StGB, § 460 StPO) bewirkt zwar, dass das erzieherische Prinzip der Einheitlichkeit von Entscheidungen auch dann gewahrt wird, wenn Aburteilungen vorliegen, die durch verschiedene Gerichte vorgenommen wurden (vgl. § 31 Abs. 2, auch § 105 Abs. 2); jedoch wird dieses Prinzip iRd Zuständigkeitsregelungen nach Abs. 2 S. 3 und 4 mitunter nicht durchgehalten.

2. Entscheidung

5   Sind die Voraussetzungen des Abs. 1 gegeben (vgl. → Rn. 14 ff.), so muss eine Entscheidung getroffen werden (vgl. RL 1 S. 1).

6   **a) Grundsätze des § 31.** Bei Festsetzung der einheitlichen Rechtsfolge tritt, entsprechend den Grundsätzen des § 31, die festzusetzende Rechtsfolge **an die Stelle** der bisherigen Rechtsfolgenaussprüche, als ob sämtliche Verfehlungen in einer Verhandlung abgeurteilt würden (vgl. näher → § 31 Rn. 44 ff.). Ebenso entfallen grds. die Feststellungen, die zum Rechtsfolgenausspruch getroffen wurden (vgl. → § 31 Rn. 38, 38a).

7   Nach wohl überwiegender Auffassung (vgl. bereits *Dallinger/Lackner* Rn. 9; *Brunner/Dölling* Rn. 5; sodann *Schatz* in Diemer/Schatz/Sonnen Rn. 15; abl. *Ostendorf* in NK-JGG Rn. 11: Analogie zu § 54 Abs. 2 S. 1 StGB) soll das **Verschlechterungsverbot** insoweit nicht gelten, sodass das JGericht die Summe der in den bisherigen Entscheidungen getroffenen Maßnahmen (ausnahmsweise gar) zum Nachteil des Betroffenen überschreiten dürfte (zw.). Zumindest grds. ist das JGericht an die tatsächlichen Feststellungen gebunden, auf denen die Schuldsprüche der rechtskräftigen Entscheidungen beruhen (vgl. → § 31 Rn. 38). – Betreffend vorausgegangene *Fehlentscheidungen* zulasten des Betroffenen kann ausnahmsweise ein Unterschreiten in Betracht kommen (vgl. etwa AG Tiergarten 20.8.2015 – (418 VRJs) 265 Js 289/14 (27/15); dazu Anm. *Eisenberg* zu KG ZJJ 2015, 421 f.; vgl. auch → § 31 Rn. 42f).

8   **b) Ergänzungsentscheidung.** Unter den Voraussetzungen von § 31 Abs. 3 *kann* das JGericht auch davon absehen, die Rechtsfolgen aus den bereits rechtskräftigen Entscheidungen im Wege einer einheitlichen Maßnahme zusammenzufassen (vgl. auch RL Nr. 1 S. 2). Die Sperrwirkung gem. **Abs. 1 S. 2** besteht nicht, wenn das vorausgegangene Urteil zwar von

einer Einbeziehung abgesehen hat, jedoch dafür keinen Grund angegeben hat (OLG Celle NStZ-RR 2010, 27 (Ls.) = BeckRS 2009, 27559; vgl. auch → Rn. 18). Die Entscheidung ist ausdrücklich auszusprechen (allg. Auffassung, vgl. nur BGH NJW 2007, 447; OLG Celle NStZ-RR 2010, 27 (Ls.) = BeckRS 2009, 27559: „stillschweigende" Ablehnung der Einbeziehung unzulässig).

III. Zuständigkeit

1. Abs. 2 S. 4

Ist in einer der rechtskräftigen Entscheidungen eine JStrafe verhängt 9 worden und diese teilweise vollstreckt, so richtet sich die Zuständigkeit nach Abs. 2 S. 4. Für die ergänzende Entscheidung ist der JRichter, dem die Aufgaben des Vollstreckungsleiters (§§ 82, 84, 85) obliegen, ausschließlich zuständig.

„**Teilweise**" Vollstr der JStrafe (iSd Abs. 2 S. 4) liegt vor, wenn mit der 10 Vollstr zwar begonnen, sie aber noch nicht beendet ist. Dabei kann *angerechnete U-Haft* – abw. vom Fall der Strafzeitberechnung (vgl. § 88) – *nicht* als „teilweise" Vollstr gelten, denn die durch Abs. 2 S. 4 begründete besondere Zuständigkeit des Vollstreckungsleiters beruht darauf, dass sich der Vollstreckungsleiter iRd Vollstreckungsverfahrens bereits mit dem Jugendlichen befasst hat und ihm daher am ehesten die Beurteilungsgrundlagen für einen einheitlichen Rechtsfolgenausspruch zur Verfügung stehen. – Ist die JStrafe erlassen, liegt die Voraussetzung einer nur „teilweisen" Vollstr (iSd Abs. 2 S. 4) nicht mehr vor.

a) Sachliche Zuständigkeit. Aus der Ausschließlichkeit der Regelung in 11 Abs. 2 S. 4 folgt bezüglich der sachlichen Zuständigkeit, dass der JRichter als Vollstreckungsleiter bei Festsetzung der einheitlichen Maßnahme **nicht** an die Beschränkungen der Rechtsfolgenkompetenz nach § 39 Abs. 2 **gebunden** ist (allg. Auffassung; vgl. auch KG ZJJ 2015, 420, zugleich zum Verstoß der JKammer gegen Art. 101 GG).

b) Örtliche Zuständigkeit. Diese ist in vollem Umfang von der Voll- 11a strZuständigkeit abhängig. Wechselt die örtliche Zuständigkeit infolge Abgabe der Vollstr durch den zunächst zuständigen Vollstreckungsleiter (§ 85 Abs. 1, 5) – aufgrund gesetzlichen Übergangs auf einen anderen Vollstreckungsleiter (§ 85 Abs. 2, 3) oder durch Übertragung der weiteren Entscheidungen nach Entlassung unter Aussetzung der Vollstr des Strafrestes zBew auf den JRichter des Aufenthaltsortes des Jugendlichen (§ 88 Abs. 6 S. 2, § 58 Abs. 3 S. 2) –, so tritt ein Wechsel der örtlichen Zuständigkeit auch hinsichtlich der nach § 66 zu treffenden Entscheidungen ein (vgl. auch BGH BeckRS 2011, 20244).

aa) Im Falle nur *teilweiser Übertragung* (vgl. § 58 Abs. 3 S. 2) wird es sich 11b infolge der Widerrufsmöglichkeit durch den abgebenden Vollstreckungsleiter (§ 85 Abs. 5) empfehlen, dass die Entscheidungen diesem überlassen bleiben (nicht also dem JRichter, dem die weitere Vollstr nur teilweise übertragen ist), wohl hM.

bb) Soweit *mehrere Vollstreckungsleiter* mit der Vollstr verschiedener teil- 11c weise vollstreckter JStrafen befasst sein sollten, so ist grundsätzlich jeder von ihnen zuständig. Der Vorrang wird demjenigen Vollstreckungsleiter zukommen, der das Verfahren zur Ergänzung der rechtskräftigen Entscheidungen zuerst einleitet (allg. Auffassung).

12 **c) Keine entsprechende Anwendung.** Als Ausnahmevorschrift ist Abs. 2 S. 4 zur Begründung der Zuständigkeit im Falle teilweise vollzogenen JA nicht entsprechend anwendbar (hM; Nachw. 17. Aufl.).

2. Abs. 2 S. 3

13 Liegen die Voraussetzungen nach Abs. 2 S. 4 nicht vor, bestimmt sich die Zuständigkeit gem. Abs. 2 S. 3 nach den Regelungen, die im Verfahren der **nachträglichen Gesamtstrafenbildung** nach allg. StVR gelten. Nach § 462a Abs. 3 S. 1 StPO entsprechend entscheidet das erkennende erstinstanzlich zuständige Gericht. Soweit die verschiedenen Urteile von verschiedenen Gerichten erlassen wurden, bedarf es bei der sinngemäßen Anwendung von § 462a Abs. 3 S. 2 StPO einer **Abstufung** von Art und Maß **der Rechtsfolgen** gem. den Grundsätzen, die für die gesetzliche Bewertung verschiedener Rechtsfolgen iRd Beurteilung unter dem Gesichtspunkt des Verschlechterungsverbotes gelten (vgl. dazu → § 55 Rn. 73–74b). Denn – abw. vom allg. StR – sieht das **JGG keine einheitliche** Abstufung der einzelnen Rechtsfolgen nach ihrer Schwere vor (vgl. näher → § 5 Rn. 10 ff., 18f; zust. *Graalmann-Scheerer* in Löwe/Rosenberg StPO § 460 Rn. 61).

IV. Voraussetzungen

14 Die nachträgliche Festsetzung einer einheitlichen Rechtsfolge geschieht unter folgenden Voraussetzungen:

1. Fehlen einheitlicher Festsetzung (Abs. 1 S. 1, Voraussetzung 1)

15 Wegen mehrerer Straftaten müssen eine oder mehrere selbstständige gerichtliche Entscheidungen ergangen sein, bei welchen die einheitliche Festsetzung von Maßnahmen oder JStrafe unterblieben ist, obwohl sie nach § 31 möglich (geworden) war.

16 Da es auf eine für alle Entscheidungen insgesamt einheitliche Festsetzung ankommt, ist es unerheblich, ob in den einzelnen Entscheidungen lediglich die Verurteilung wegen einer Straftat oder bereits die einheitliche Festsetzung wegen mehrerer Straftaten (§ 31 Abs. 1, 2) enthalten ist (*Dallinger/Lackner* Rn. 2).

17 **a) Gründe des Fehlens.** Weshalb die einheitliche Festsetzung einer Rechtsfolge nicht geschehen ist, ist grundsätzlich – abgesehen von der in Abs. 1 S. 2 geregelten Gestaltung (vgl. näher → Rn. 8, 18) – **ohne Bedeutung.** – Dies wird auch für den Fall zu gelten haben, dass das zuvor befasste Gericht aus *rechtlich unzutreffenden* Erwägungen heraus die Einbeziehung und einheitliche Festsetzung einer Rechtsfolge *abgelehnt* hat. Zwar hat in einem vergleichbaren Fall des allg. StVR (§ 460 StPO) die Korrektur nach hM nicht im nachträglichen Beschlussverfahren, sondern im Revisionsverfahren zu geschehen (BGHSt (GS) 12, 1; aA noch BGHSt 2, 388), jedoch wird sich

diese Rechtsauffassung aus zwei Gründen nicht (schematisch) auf das Verfahren nach § 66 übertragen lassen. Zum einen kann nach Abs. 2 in allen problematischen Fällen eine HV durchgeführt werden, sodass derjenige für die Einschränkung der Zulässigkeit des nachträglichen Verfahrens im allg. StVR maßgebliche Gesichtspunkt entfällt, dass nämlich durch das ausschließlich zulässige Beschlussverfahren die Rechtsposition des Betroffenen verschlechtert ist. Zum anderen gebietet der zukunftsorientierte **Auftrag** (§ 2 Abs. 1 S. 1) iSd Vorrangs eine *Abweichung* von den für das *allg. StVR* maßgeblichen Erwägungen, weil eine einheitliche Reaktion auf mehrere Verfehlungen ua nach erziehungspsychologischen Grundsätzen (§ 2 Abs. 1 S. 2) erforderlich erscheint (vgl. auch Amtl. Begr. 64).

b) Abs. 1 S. 2. Diese Vorschrift **schließt** die nachträgliche Bildung einer 18 einheitlichen Maßnahme oder JStrafe **aus,** wenn der zuvor zuständige JRichter nach § 31 Abs. 3 von der Einbeziehung bereits rechtskräftig abgeurteilter Straftaten abgesehen hatte. Für diese Ausnahmeregelung gilt als Begründung, dass eine – von der Ermessensentscheidung des erkennenden JRichters nach § 31 Abs. 3 abweichende – Ermessensausübung des für das nachträgliche Verfahren zuständigen JRichters erzieherisch nicht zu rechtfertigen sei (zw.), wozu ua auf den Grundsatz der Konsequenz Bezug genommen wird. Dieser Begründung entsprechend tritt die *Sperrwirkung* des Abs. 1 S. 2 aber *nur* dann ein, *wenn* der JRichter in der früheren Entscheidung aus erzieherischen Gründen auf die Einbeziehung der rechtskräftig abgeurteilten Straftaten verzichtet hat, nicht dagegen, wenn nach den Urteilsgründen nicht auszuschließen ist, dass die Möglichkeit der einheitlichen Festsetzung einer Rechtsfolge nur übersehen worden ist (vgl. näher → Rn. 8; vgl. auch schon *Dallinger/Lackner* Rn. 4 mit weiterer Begründung).

2. Rechtskraft

Die dem nachträglichen Verfahren zu Grunde liegenden früheren Entschei- 19 dungen **bedürfen** sämtlich der Rechtskraft. Ebenso müssen Zweifel über die Berechnung der Dauer der verhängten Maßnahme oder JStrafe wie über die Auslegung des Urteils insgesamt bereits behoben sein (BayObLG NJW 1955, 601). – Jedoch kann, auch wenn die Rechtskraft einer Entscheidung **noch nicht** eingetreten ist, das nachträgliche Verfahren wegen der übrigen bereits rechtskräftigen Entscheidungen **dennoch** durchgeführt werden, sofern dies iSd Einheitlichkeit notwendig erscheint, was regelmäßig der Fall sein wird. Es ist jedoch auch zulässig, die Rechtskraft sämtlicher Entscheidungen abzuwarten, sofern der Jugendliche bei der Vollstr hierdurch *nicht benachteiligt* wird (so auch *Dallinger/Lackner* Rn. 6; vgl. ergänzend → Rn. 23).

3. Abs. 1 S. 1, Voraussetzung 2

Die rechtskräftigen Entscheidungen müssen Maßnahmen oder JStrafen 20 enthalten, die noch **nicht vollständig ausgeführt, vollstreckt** oder sonst **erledigt sind** (Abs. 1 S. 1; vgl. näher → § 31 Rn. 17 ff.).

a) Verhältnis zu § 460 StPO. Anders als nach der im Übrigen vergleich- 21 baren allg. Vorschrift des § 460 StPO kommt es nicht darauf an, ob im Zeitpunkt des Erlasses der letzten rechtskräftigen Entscheidung die Voraussetzungen einer Einbeziehung noch vorgelegen haben (vgl. auch schon

Dallinger/Lackner Rn. 7; *Grethlein* Anm. 1a; aA *Potrykus* Anm. 1). Vielmehr ist maßgebend allein der Zeitpunkt der nachträglichen Entscheidung, dh eine solche ist unzulässig, wenn der gesamte Rechtsfolgenausspruch erledigt ist (Abs. 1 S. 1).

22 **b) Schuldfeststellung im Rahmen von § 27.** Umstritten ist, ob diese Feststellung als eine iSv Abs. 1 noch nicht vollständig erledigte Entscheidung anzusehen ist.

22a **aa)** Die Frage wird zu verneinen sein (BGH NJW 2007, 448 mablAnm *Dölling* NStZ 2008, 694; *Dallinger/Lackner* Rn. 8; *Meier* in HK-JGG Rn. 4; *Kilian* in BeckOK JGG Rn. 6; *Potrykus* RdJB 1956, 209 (210); *Laubenthal/ Baier/Nestler* JugendStrafR Rn. 520; *Streng* JugendStrafR Rn. 282; aA *Brunner/Dölling* Rn. 2; bereits *Grethlein* JGG Anm. 1a; *Ostendorf* in NK-JGG Rn. 7), weil Abs. 1 nur die einheitliche Festsetzung von Maßnahmen oder JStrafe – allerdings unter Hinweis auf § 31 – erwähnt, während im Gegensatz hierzu in der Fassung des § 31 Abs. 2 auch die Schuldfeststellung in § 27 aufgeführt ist. Hierfür könnte auch sprechen, dass in § 14 Abs. 2 RegE-JGG 53, der als § 31 Abs. 2 Gesetz wurde, bei Übereinstimmung mit der Fassung des RJGG 1943 im Übrigen die neu eingeführte selbstständige Schuldfeststellung ausdrücklich aufgenommen wurde (vgl. Amtl. Begr. 43), während eine solche Einfügung bei § 66 – der mit § 55 RJGG 1943 übereinstimmt – unterblieb.

22b **bb)** Hinzu kommt, dass Abs. 2 nur fakultativ eine HV vorsieht, sodass der Betroffene bei Zusammenfassung einer Schuldfeststellung mit einer anderen rechtskräftigen Entscheidung insofern schlechter gestellt wäre, weil ihm für den Fall der Verhängung einer JStrafe nach § 30 eine obligatorische HV zusteht (§ 62 Abs. 1 S. 1). Ist das Zusammentreffen einer Schuldfeststellung und einer anderen rechtskräftigen Entscheidung ersichtlich, so wird der im Verfahren nach § 30 zuständige JRichter deshalb zu prüfen haben, ob die Voraussetzungen für den Ausspruch einer JStrafe vorliegen. Bejahendenfalls wird er HV anberaumen und die andere rechtskräftige Entscheidung nach § 31 Abs. 2 einbeziehen können (ebenso BGH NJW 2007, 448 mablAnm *Dölling* NStZ 2008, 695 unter Hinweis auf *Streng,* der indes (nunmehr Rn. 282) die gegenteilige Auffassung vertritt).

V. Einleitung des Verfahrens und Entscheidung

1. Einleitung

23 Das nachträgliche Verfahren hat **von Amts wegen** (oder auf Anregung eines Verfahrensbeteiligten) dann zu erfolgen (OLG Celle NStZ-RR 2010, 27 (Ls.) = BeckRS 2009, 27559), wenn das Vorliegen der **Voraussetzung** für eine einheitliche Rechtsfolgenfestsetzung **ersichtlich** wird. Zwar wird – sofern damit keine Beeinträchtigung des Verurteilten verbunden ist – nach sorgsamer Prüfung ggf. die Rechtskraft einer weiteren Entscheidung abzuwarten sein, um zu vermeiden, dass – entgegen dem Grundsatz der einheitlichen Maßnahme – innerhalb eines kurzen Zeitraums untereinander widerstrebende nachträgliche Entscheidungen ergehen (vgl. → Rn. 19). Ferner wird dann, wenn ersichtlich im Zeitpunkt der späteren Entscheidungsreife eine Ergänzung nicht mehr zulässig sein wird, von der Einleitung des Verfahrens abgesehen werden können (vgl. auch *Schatz* in Diemer/Schatz/

Sonnen Rn. 12). Im Übrigen aber ist der JRichter **nicht befugt,** den Fortgang der Vollstr abzuwarten, um das Verfahren dadurch entbehrlich zu machen, dass die Möglichkeit der Einbeziehung entfällt (n. schon *Dallinger/ Lackner* Rn. 12; *Potrykus* Anm. 1).

2. Entscheidung

a) Urteil. Die Entscheidung ergeht dann aufgrund einer **HV** durch Ur- 24 teil, wenn entweder der Vorsitzende diese Verfahrensweise für angemessen hält oder der JStaatsanwalt es beantragt **(Abs. 2 S. 1).**

aa) Die Durchführung einer HV wird sich oftmals schon im Interesse 25 einer besseren Rechtsposition des Betroffenen sowie insb. in denjenigen Fällen empfehlen, in denen eine verstärkte Beteiligung des Jugendlichen an der ergänzenden Rechtsfolgenentscheidung aus Gründen des gesetzlichen Auftrags (§ 2 Abs. 1) angezeigt erscheint (speziell nach Aufhebung erst-instanzlicher, den Betroffenen benachteiligender Entscheidungen etwa AG Tiergarten 20.8.2015 – (418 VRJs) 265 Js 289/14 (27/15); vgl. Anm. *Eisen-berg* zu KG ZJJ 2015, 421 f.). Häufig wird schon die jugendkriminologische Würdigung der den einzelnen Entscheidungen zu Grunde liegenden Ver-fehlungen solche Hinweise auf die Persönlichkeit des Jugendlichen bzw. ggf. Heranwachsenden (§ 109 Abs. 2 S. 1, 2) ergeben, die bisher unberücksich-tigt geblieben waren, wegen ihres Gewichts jedoch nunmehr eine umfang-reiche Beweisaufnahme erforderlich machen (vgl. *Dallinger/Lackner* Rn. 14). Gerade auch in solchen Fallgestaltungen können erhebliche *Abweichungen* der ergänzenden Entscheidung von den früheren Entscheidungen zu erwarten sein, sodass ggf. bereits ein Antrag auf Durchführung der HV seitens des JStaatsanwalts angezeigt ist (vgl. RL 2). – Obwohl dem Jugendlichen, seinem Erziehungsberechtigten und dem gesetzlichen Vertreter ein Antragsrecht zur Herbeiführung der HV nicht zukommt (wohl hM, krit. *Schatz* in Diemer/ Schatz/Sonnen Rn. 22) und die *Ermessensentscheidung* des Vorsitzenden selbstständig nicht angreifbar ist (LG Zweibrücken MDR 1993, 679; vgl. auch *Dallinger/Lackner* Rn. 15), wird der Vorsitzende – auch ohne einen entsprechenden Antrag des JStaatsanwalts – nach der von Amts wegen vor-zunehmenden Prüfung dann zu der Entschließung kommen, dass sich die Durchführung einer HV empfiehlt, wenn begründete Anregungen der ge-nannten Verfahrensbeteiligten oder des Vertreters der JGH vorgetragen sind.

Mit der Entschließung, die HV durchzuführen, tritt nach hM (vgl. schon 26 *Bender* JGG Rn. 15; *Dallinger/Lackner* Rn. 16; aA *Brunner/Dölling* Rn. 7; bereits *Grethlein* Anm. 3a) eine **Bindung** des Vorsitzenden und des Gerichts **nicht** ein.

bb) Für die Vorbereitung und Durchführung der HV gelten die Vor- 27 schriften des allg. StVR (§ 2 Abs. 2, §§ 213 ff., 226 ff. StPO), jedoch mit der Einschränkung, dass Bezugnahmen auf einen Eröffnungsbeschluss (zB in § 215 S. 1 StPO) gegenstandslos sind, weil das Verfahren zur Ergänzung rechtskräftiger Entscheidungen nach seinem Zweck und Inhalt einen Eröff-nungsbeschluss nicht voraussetzt (allg. Auffassung).

b) Beschluss. aa) Ist ein Antrag der JStaatsanwaltschaft nicht gestellt und 28 führt auch die Prüfung des Vorsitzenden nicht zu der Entschließung, eine HV durchzuführen, ergeht die Entscheidung **ohne mündliche Verhand-lung** durch **Beschluss** (Abs. 2 S. 2 und S. 3 iVm § 462 Abs. 1 S. 1 StPO).

Vor der **Entscheidung** sind der Jugendliche und die JStaatsanwaltschaft (S. 3 iVm § 462 Abs. 2 S. 1 StPO) sowie der Erziehungsberechtigte und der gesetzliche Vertreter (§ 67 Abs. 1) **zu hören** (vgl. § 2 Abs. 2, § 33 Abs. 3 StPO); auch der JGH ist Gelegenheit zur Äußerung zu geben (s. § 38 Abs. 3 S. 1 aF bzw. § 38 Abs. 6 nF; zust. *Graalmann-Scheerer* in Löwe/Rosenberg StPO § 460 Rn. 61).

29   **bb)** Der Beschluss ist stets zu **begründen** (§ 2 Abs. 2, § 34 StPO; vgl. schon BGH NJW 1953, 1360 mwN; OLG Bremen HESt 2, 232). Soweit für den nachträglichen Gesamtstrafenbeschluss nach allg. StVR Einschränkungen in der Begründung als zulässig erachtet werden (OLG Hamm JMBl. NW 1968, 100), wird dies im Umfang der sich aus § 54 Abs. 1 S. 1, § 267 Abs. 3 S. 1 StPO ergebenden Begründungspflicht den Anforderungen für einen Beschluss iRv § 66 (vgl. auch *Schatz* in Diemer/Schatz/Sonnen Rn. 24: urteilsgleicher Charakter) nicht gerecht. − Zur Bekanntmachung des Beschlusses und der (geeigneten, § 70a Abs. 1 aF bzw. § 70b Abs. 1 nF) Rechtsmittelbelehrung vgl. § 2 Abs. 2, §§ 35, 35a StPO, § 67 Abs. 2 aF bzw. § 67a Abs. 1 nF, sowie grundsätzlich → § 54 Rn. 44.

30   **c) Kosten.** Vgl. → § 74 Rn. 10 sowie RL Nr. 2, 3 S. 2 zu § 74.

VI. Anfechtbarkeit

1. Urteil

31   Es ist unter den Voraussetzungen des § 55 (vgl. näher → § 55 Rn. 1 ff.) mit Berufung bzw. Revision anfechtbar. Die Nachprüfung beschränkt sich auf den einheitlichen Rechtsfolgenausspruch, da hinsichtlich der den früheren Entscheidungen zu Grunde liegenden Schuldsprüche deren Teilrechtskraft bindet (allg. Auffassung).

2. Beschluss

32   Es ist sofortige Beschwerde zulässig (Abs. 2 S. 3 iVm § 462 Abs. 3 StPO; Ausnahme: § 2 Abs. 2, § 304 Abs. 4 StPO), jedoch sind die nach § 55 Abs. 1 gegebenen Rechtsmittelbeschränkungen zu berücksichtigen (hM; vgl. → § 55 Rn. 40). Zur entsprechenden Geltung des Verbots der reformatio in peius vgl. → § 55 Rn. 24.

Siebenter Unterabschnitt. Gemeinsame Verfahrensvorschriften

Stellung der Erziehungsberechtigten und der gesetzlichen Vertreter

67   **(1) Soweit der Beschuldigte ein Recht darauf hat, gehört zu werden oder Fragen und Anträge zu stellen, steht dieses Recht auch den Erziehungsberechtigten und den gesetzlichen Vertretern zu.**

    (2) Die Rechte der gesetzlichen Vertreter zur Wahl eines Verteidigers und zur Einlegung von Rechtsbehelfen stehen auch den Erziehungsberechtigten zu.

(3) [1]Bei Untersuchungshandlungen, bei denen der Jugendliche ein Recht darauf hat, anwesend zu sein, namentlich bei seiner Vernehmung, ist den Erziehungsberechtigten und den gesetzlichen Vertretern die Anwesenheit gestattet, soweit

1. dies dem Wohl des Jugendlichen dient und
2. ihre Anwesenheit das Strafverfahren nicht beeinträchtigt.

[2]Die Voraussetzungen des Satzes 1 Nummer 1 und 2 sind in der Regel erfüllt, wenn keiner der in § 51 Absatz 2 genannten Ausschlussgründe und keine entsprechend § 177 des Gerichtsverfassungsgesetzes zu behandelnde Missachtung einer zur Aufrechterhaltung der Ordnung getroffenen Anordnung vorliegt. [3]Ist kein Erziehungsberechtigter und kein gesetzlicher Vertreter anwesend, weil diesen die Anwesenheit versagt wird oder weil binnen angemessener Frist kein Erziehungsberechtigter und kein gesetzlicher Vertreter erreicht werden konnte, so ist einer anderen für den Schutz der Interessen des Jugendlichen geeigneten volljährigen Person die Anwesenheit zu gestatten, wenn die Voraussetzungen des Satzes 1 Nummer 1 und 2 im Hinblick auf diese Person erfüllt sind.

(4) [1]Das Jugendgericht kann die Rechte nach den Absätzen 1 bis 3 Erziehungsberechtigten und gesetzlichen Vertretern entziehen, soweit sie verdächtig sind, an der Verfehlung des Beschuldigten beteiligt zu sein, oder soweit sie wegen einer Beteiligung verurteilt sind. [2]Liegen die Voraussetzungen des Satzes 1 bei einem Erziehungsberechtigten oder einem gesetzlichen Vertreter vor, so kann der Richter die Entziehung gegen beide aussprechen, wenn ein Mißbrauch der Rechte zu befürchten ist. [3]Stehen den Erziehungsberechtigten und den gesetzlichen Vertretern ihre Rechte nicht mehr zu, so bestellt das Familiengericht einen Pfleger zur Wahrnehmung der Interessen des Beschuldigten im anhängigen Strafverfahren. [4]Die Hauptverhandlung wird bis zur Bestellung des Pflegers ausgesetzt.

(5) [1]Sind mehrere erziehungsberechtigt, so kann jeder von ihnen die in diesem Gesetz bestimmten Rechte der Erziehungsberechtigten ausüben. [2]In der Hauptverhandlung oder in einer sonstigen gerichtlichen Verhandlung werden abwesende Erziehungsberechtigte als durch anwesende vertreten angesehen. [3]Sind Mitteilungen oder Ladungen vorgeschrieben, so genügt es, wenn sie an eine erziehungsberechtigte Person gerichtet werden.

Schrifttum *Kremer,* Der Einfluss des Elternrechts auf die Rechtmäßigkeit der Maßnahmen des JGG, 1984; *Richmann,* Die Beteiligung des Erziehungsberechtigten und des gesetzlichen Vertreters am Jugendstrafverfahren, 2002.

Übersicht

I. Anwendungsbereich

1   Die Vorschrift gilt für **Jugendliche,** und zwar auch in Verfahren vor den für allg. Strafsachen zuständigen Gerichten (§ 104 Abs. 1 Nr. 9; s. aber die Möglichkeit des Ruhens gem. § 104 Abs. 3). Sie findet bei Jugendlichen auch im vereinfachten JVerfahren (§ 78 Abs. 3 S. 2) sowie im Vollstreckungsverfahren (§ 83 Abs. 3 S. 2) Anwendung. − Betreffend OWi-Verfahren vgl. → Rn. 24–31.

2   Im Verfahren gegen **Heranwachsende** ist die Vorschrift ohne Bedeutung (§ 109 Abs. 1). War der Heranwachsende zur Tatzeit über 18 Jahren, ergibt sich dies bereits aus § 109 Abs. 1. War er zur Tatzeit dagegen noch Jugendlicher, beruht dies darauf, dass er **in der Prozessphase,** in der die Anwendung der Norm zur Debatte steht, durch seine zwischenzeitlich erreichte Volljährigkeit weder Erziehungsberechtigte noch gesetzliche Vertreter hat (vgl. auch *Grommes* in BeckOK JGG Rn. 5; s. betr. „letztes Wort" BGH BeckRS 2009, 20289; OLG Hamm ZJJ 2006, 202; wegen vor Eintritt der Volljährigkeit getroffener Prozesshandlungen vgl. → Rn. 33, betr. eingelegte Rechtsmittel → § 55 Rn. 5). − Anders als bei familienrechtlichen Fragen

(etwa Beendigung der Vormundschaft), für die bei (zugewanderten) Personen **ausländischer** Herkunft teilw. auf das Recht ihres Herkunftsstaates und das dort ggf. höhere Volljährigkeitsalter abgestellt wird (so bei Geltung des Art 12 Genfer Flüchtlingskonvention etwa OLG Karlsruhe NJW-RR 2015, 1284; vgl. auch OLG Bremen FamRZ 2017, 1277 = BeckRS 2017, 101891), ist im JGG für die Einbeziehung der Eltern iÜ allein die abschließende (und keine Ausnahmen kennende) Spezialregelung in § 1 Abs. 2 bestimmend.

II. Allgemeines

1. Bedeutung der Vorschrift

Durch die Bestimmung werden zum einen die dem **gesetzlichen Vertreter** zustehenden **Rechte erweitert,** und zum anderen wird für den **Erziehungsberechtigten** eine entsprechende Rechtsstellung **begründet,** die die Pflicht zur *Belehrung,* und zwar in geeigneter Weise, umfasst (§ 70a Abs. 1 S. 2 aF bzw. § 70b Abs. 1 S. 2 nF). Die Rechtsstellung des Jugendlichen wird dadurch nicht geschmälert, vielmehr hat er im Verfahren die gleiche Stellung wie ein Volljähriger (vgl. OLG Schleswig MDR 1981, 72). So hat er zB das Recht der selbstständigen Verteidigerwahl (→ § 68 Rn. 18a), der Entbindung des Arztes von der Schweigepflicht – hierfür ist nicht Geschäftsfähigkeit, sondern nur natürliche Beurteilungsfähigkeit erforderlich (vgl. näher *Eisenberg* Beweisrecht StPO Rn. 1256) – sowie der selbstständigen Einlegung und Zurücknahme eines Rechtsmittels (→ § 55 Rn. 5, 10f). **3**

Rechtstatsächlich indes treten Eltern bzw. Erziehungsberechtigte in der Praxis des JStV keineswegs regelmäßig in Erscheinung, und sie nehmen ihre Rechte (auch) in der HV eher selten wahr (vgl. auch → § 50 Rn. 21). Ob zB der Verteidiger sich um ihre Beteiligung bemühen sollte oder gerade nicht, wird davon abhängen, ob deren Erscheinen und etwaige Entäußerungen dem Jugendlichen (etwa hinsichtlich der Rechtsfolgenentscheidung) voraussichtlich eher schaden oder nützen würden (vgl. *Zieger/Nöding* Verteidigung Rn. 123; vgl. auch → Rn. 7). Jedoch sind Erziehungsberechtigte und gesetzliche Vertreter in bestimmte, die Rechtsfolgen betr. Belehrungen des Jugendlichen hilfsweise durch *schriftliche Erteilung* einzubeziehen (§ 70a Abs. 1 S. 3 aF bzw. § 70b Abs. 1 S. 3 nF). **3a**

a) Verhältnis zu Rechten des Beschuldigten. Aus § 67 ergeben sich eigene prozessuale Rechte für Erziehungsberechtigte und gesetzliche Vertreter, so dass diese als **selbstständige Prozessbeteiligte** agieren können (vgl. etwa *Ludwig* NStZ 2019, 123 (123). Damit ist jedoch nicht gesagt, in welchem Verhältnis diese Rechtsposition zu den Rechten des Beschuldigten steht. Zutreffend ist, dass die angestrebte Wirkung einer jugendstrafrechtlichen Maßnahme wie auch das Erziehungsrecht aus Art. 6 Abs. 2 GG es gebieten, die erziehungsberechtigten Personen in das JStV einzubeziehen (vgl. BGHSt 18, 25). Hingegen folgt daraus nicht notwendig auch, den Erziehungsberechtigten uneingeschränkt eine von den Interessen des Jugendlichen unabhängige Rechtsposition im Verfahren einzuräumen (zust. aus der Praxis der StA *Jakobs* StRR 2007, 171; aA wohl *Brunner/Dölling* Rn. 5). Vielmehr erklärt sich die Norm auch aus dem Bedarf an (elterlicher) **4**

891

Unterstützung, den der Jugendliche in der Konfrontation mit den Strafverfolgungsbehörden hat. Insofern sind die Rechtspositionen in § 67 von denen des Beschuldigten **abgeleitet** (*Ostendorf* FS Heinz, 2012, 475; s. auch → Rn. 11, → § 67a Rn. 3). Dies unterstreicht den **Vorrang,** den die **Schutzbelange** des Jugendlichen notfalls haben (zust. *Kemme* in BMJV 2017, 105; vgl. aber auch *Trüg* in HK-JGG Rn. 1: Gleichwertigkeit der Interessenlagen).

4a **b) Erziehungsberechtigte als Zeugen.** Soweit Erziehungsberechtigte an der Aufklärung von (Tat und) Tatumständen beteiligt werden, sind sie Zeugen. Demgemäß gelten die allg. Vorschriften des Zeugenrechts, insb. das Recht auf Zeugnisverweigerung und die diesbezügliche Belehrungspflicht (§ 52 Abs. 1 Nr. 3, Abs. 3 StPO; s. näher *Richmann,* Die Beteiligung des Erziehungsberechtigten (…), 2002, 143 ff.; vgl. auch *Bohnert* ZfJ 1989, 234; aA *Schaffstein/Beulke/Swoboda* JugendStrafR 656 unter Hinweis auf die indes insoweit unergiebige Vorschrift des § 50 Abs. 2 S. 2) ebenso wie die Regeln des Strengbeweises (einschr. aber *Laubenthal/Baier/Nestler* JugendStrafR Rn. 240) entsprechend. Demgegenüber birgt ein freibeweisliches „Gespräch" des JGerichts mit den Eltern „vor der HV" die – ggf. von dem JGericht nicht erkennnbare – Gefahr eines Unterlaufens des in → Rn. 4 genannten Vorrangs.

4b **c) Erziehungsberechtigte und gesetzliche Vertreter als Beistand.** Zu deren Stellung s. § 69 Abs. 2 (vgl. → § 69 Rn. 3, 6) und im Übrigen § 149 Abs. 2 StPO.

2. Gesetzliche Definition der Erziehungsberechtigten und der gesetzlichen Vertreter

5 **a) BGB.** Die Definition ergibt sich aus dem BGB (betr. leibliche Eltern §§ 1626 ff. (speziell § 1626a), zur Alleinübertragung bzw. -vertretung § 1671 bzw. 1680; betr. Adoptiveltern § 1754 und Ergänzungspfleger § 1909). Hinzu kommt der Vormund (§§ 1773 ff. (vgl. zu § 1793 Abs. 1 BGB BGH NStZ 2017, 539 mAnm Eisenberg), dessen Bestellung und prozessuale Einbindung etwa bei unbegleitet eingereisten Kindern und Jugendlichen ausländischer Herkunft praktisch bedeutsam ist. Den Charakter einer abschließenden Bestimmung haben die zivilrechtlichen Regelungen für das JStV allerdings nicht. Ggf. hat das Gericht so zB auch einen zur gesetzlichen Vertretung **nicht berechtigten Elternteil** zu hören, sofern dies zur Ermittlung entscheidungsrelevanter Umstände angezeigt erscheint (§ 2 Abs. 2 iVm § 244 Abs. 2 StPO; zur Frage des ggf. eher vorhandenen Vertrauens zum nicht sorgeberechtigten Elternteil vgl. etwa *Wolski* ZfJ 1987, 500). Die Erziehungsberechtigten sind regelmäßig zugleich die gesetzlichen Vertreter, da die elterliche Sorge die Vertretungsmacht mitumfasst (§ 1629 Abs. 1 BGB). Von Bedeutung ist die zusätzliche Nennung des gesetzlichen Vertreters (zumindest) in den Fällen der §§ 1633, 1673 Abs. 2 S. 2 BGB, §§ 1678 Abs. 1, 1680 BGB. – Zum Fall, dass **mehrere** Personen erziehungsberechtigt sind **(Abs. 5),** vgl. → Rn. 16, 23.

6 **b) Keine Erziehungsberechtigten iSv § 67.** Unter die gesetzliche Definition fallen nicht Pflegeeltern (s. aber § 1630 Abs. 3 S. 1 BGB), Ausbildende und andere Personen, die kraft Vertrages zur Erziehung verpflichtet sind (OLG Stuttgart OLGSt zu § 67, 3). Auch Erziehungsbeistand und Betreuungshelfer (§ 30 SGB VIII) oder die mit der Durchführung der Hilfe nach §§ 33, 34 SGB VIII befassten Personen oder Institutionen haben die Rechte gem. § 67 nicht (OLG Hamburg NJW 1964, 605; *Richmann,* Die Beteiligung des Erziehungsberechtigten (…), 2002, 65 f.; aA *Ostendorf* in NK-JGG § 12 Rn. 14, *Sommerfeld* in NK-JGG § 67 Rn. 3, 4; *Herz* in Nix Rn. 3). Insbesondere ermächtigt § 1688 Abs. 1, 2 BGB (als Regelung zur Vertretung des Personensorgeberechtigten) nicht zur Vertretung des Minderjährigen (vgl. auch § 48 Abs. 2 S. 2 argumentum e contrario; *Schmid-Oberkirchner* in Wiesner SGB VIII § 38 Rn. 18; s. ergänzend RL 4 zu § 43). Soweit die Rolle von Pflegeeltern und Erziehungsbeiständen für die erzieherischen Belange des Jugendlichen derjenigen von Personen iSd Abs. 1 im konkreten Fall gleichkommt oder gar überlegen ist, so wird de lege lata anzustreben sein, deren Stellung in anderer Weise im Interesse des Jugendlichen zur Geltung zu bringen.

c) Keine Vertretung. Das Gesetz sieht eine Vertretung der Erziehungs- **7** berechtigten und gesetzlichen Vertreter in ihren Rechten durch Dritte **nicht** vor (allgA, vgl. schon BGH RdJB 1961, 313 = GA 1961, 358 (bei *Herlan*) für gesetzlichen Vertreter), soweit es sich nicht um die im gesetzlichen Rahmen zulässige Tätigkeit eines beauftragten Verteidigers handelt (zB bei Einlegung und Begründung von Rechtsmitteln). Denn das Gesetz räumt den Erziehungsberechtigten und gesetzlichen Vertretern die Rechte in der Annahme ein, es bestehe eine enge Verbindung zu dem Jugendlichen, die einer persönlichen Betreuung dienlich sei. – Jedoch kann es sich ggf. empfehlen, (nach Möglichkeit mit Einverständnis des Jugendlichen) einer von dem gem. § 67 Berechtigten beauftragten Person die Anwesenheit zu gestatten (vgl. auch → § 48 Rn. 18) und sie anzuhören, ohne dass dieser Person allerdings die Rechte gem. § 67 zustehen (unerheblich ist hierfür, ob die Verhandlung ohne die gem. § 67 Berechtigten stattfindet). Fehlt es zB dauerhaft oder zumindest aktuell an der vorgenannten Voraussetzung einer engen Verbindung und/oder persönlichen Betreuung und/oder beruht speziell das Fernbleiben auf einem sachlich begründeten Wunsch des Jugendlichen (vgl. dazu auch → Rn. 11g sowie → § 89c Rn. 12, 103, → § 90 Rn. 46b, → § 92 Rn. 61a, 88, 91a), so können gem. § 2 Abs. 1 die Schutzbelange für einen gewissen *Ausgleich* streiten. Der Kreis in Betracht kommender anderer Personen ist nicht etwa auf nahe Verwandte oder Erziehungsberechtigte iSv § 7 Abs. 1 Nr. 6 SGB VIII beschränkt, sondern es kann sich auch um sonstige Vertrauenspersonen des Jugendlichen wie etwa einen Rechtsanwalt handeln (nicht aber zB einen Rechtsbeistand der gem. § 67 Berechtigten, zumal wenn diese selbst in der HV nicht erscheinen). Der Antrag ist iSd Belange der gem. § 67 Berechtigten und der im Vordergrund stehenden Schutzbelange des Jugendlichen auszulegen (abl. aber bei verbleibender Unklarheit KG StV 2016, 712 (Ls.) = StRR 2014, 478 (bei *Fricke*) (juris): Rn. 2 „als Vertreter", Rn. 4 „eines anwaltlichen Beistands", Rn. 5 „Rat und Beistand" sowie „die begehrte Anwesenheit").

Nach Erlass des Gesetzes zur Stärkung der Verfahrensrechte von Beschul- **7a** digten im Jugendstrafverfahren ist die vorgenannte Problematik zumindest teilw. in der in Abs. 3 S. 3 nF vorgesehenen Weise zu bewältigen (→ Rn. 11 ff.). Außerdem können, wenn die gem. § 67 berechtigten Personen aus tatsächlichen Gründen verhindert sind, mitunter die Voraussetzungen notwendiger Verteidigung (§ 68) zu prüfen sein (vgl. etwa *Schatz* in Diemer/Schatz/Sonnen Rn. 18; *Trüg* in HK-JGG Rn. 7).

III. Rechte der Erziehungsberechtigten und gesetzlichen Vertreter

1. Beschuldigtengleiche Rechte gem. Abs. 1

8 Jeder Erziehungsberechtigte und gesetzliche Vertreter hat in gleichem Umfang wie der Beschuldigte die in Abs. 1 genannten Rechte (zum Verhältnis der Rechte des Erziehungsberechtigten zu denen des Jugendlichen vgl. → Rn. 4).

9 **a) Äußerungsrecht.** Hinsichtlich des **Rechts auf Gehör** (vgl. Art. 103 Abs. 1 GG sowie insb. §§ 57 Abs. 1, 58 Abs. 1, 65 Abs. 1, 88 Abs. 4 JGG, und §§ 33 Abs. 3, 4, 33a, 118a Abs. 3, 258, 265, 308, 311a, 326, 351 StPO) ist Erziehungsberechtigten und gesetzlichen Vertretern immer dann eine Gelegenheit zur Äußerung zu geben, wenn der Beschuldigte ein Recht darauf hat (nicht aber, wenn der Beschuldigte im Zeitpunkt der HV bereits volljährig ist (BGH NStZ-RR 2009, 354)). Dies gilt auch für die Befragung nach jeder einzelnen Beweiserhebung (§ 257 StPO; *Stuckenberg* in Löwe/ Rosenberg StPO § 257 Rn. 7; *Kaspar* in MüKoStPO Rn. 13; *Cierniak/ Niehaus* in MüKoStPO StPO § 257 Rn. 4; *Sommerfeld* in NK-JGG Rn. 11; *Schatz* in Diemer/Schatz/Sonnen Rn. 23; vgl. auch *Eisenberg* Beweisrecht StPO Rn. 803; anders BGH bei *Spiegel* DAR 1977, 176; *Brunner/Dölling* Rn. 6; *Meyer-Goßner/Schmitt* StPO § 257 Rn. 3).

9a **b) Letztes Wort.** Insbesondere ist auch dem Erziehungsberechtigten oder gesetzlichen Vertreter stets **von Amts wegen** das letzte Wort (§ 258 Abs. 2, 3 StPO) zu erteilen (es handelt sich um eine wesentliche Förmlichkeit, § 2 Abs. 2 iVm § 273 StPO; betr. nachträgliche „Berichtigung" s. aber BGH BeckRS 2008, 6936 (in Anlehnung an BGH (GS) NStZ 2007, 661; krit. *Eisenberg* Beweisrecht StPO Rn. 111)). Die Pflicht zur Erteilung des letzten Worts besteht **auch** dann, wenn die betr. Person in einem früheren Verfahrensabschnitt als **Zeuge** gehört worden ist (BGHSt 21, 288 (290) = NJW 1967, 2070 (2071); BGH StV 2019, 471 (Ls.) = BeckRS 2018, 5340) oder wenn sie während der Verhandlung von ihrem Zeugnisverweigerungsrecht Gebrauch gemacht hat (BGH NStZ-RR 2008, 291). Das Gleiche gilt, wenn das Gericht nach dem letzten Wort des Jugendlichen erneut in die Beweisaufnahme eintritt (BGH NStZ 2013, 289).

9b Die Erziehungsberechtigten bzw. gesetzlichen Vertrter müssen unmittelbar vor dem Angeklagten das letzte Wort erhalten (*Schwer* Stellung 151; *Laubenthal/Baier/Nestler* JugendStrafR Rn. 236; *Grommes* in BeckOK JGG Rn. 16; *Ott* in KK-StPO StPO § 258 Rn. 20; vertiefend *Schlothauer* FS Eisenberg II, 2019, 278 ff.; abw. BGH NStZ 2003, 382; ZJJ 2017, 385: Reihenfolge im Ermessen des Vorsitzenden). Nur diese **Reihenfolge** entspricht der Funktion des letzten Wortes sowie den Schutzbelangen des Jugendlichen (§ 2 Abs. 1 S. 2) und dem Verhältnis zwischen der allgemeineren Vorschrift des Abs. 1 und der Spezialnorm des § 258 Abs. 2 Hs. 2 StPO. Im Übrigen wird es zur Vermeidung abträglicher Folgen für den Angeklagten unerlässlich sein, dass dieser bei seinem letzten Wort die Form und den Inhalt des letzten

Wortes der gem. Abs. 1 Berechtigten kennt (dies gilt auch für Mitangeklagte (eher verkürzt BGH NStZ 2003, 382 – obiter dictum)). – Wird dagegen gem. der abw. Auffassung in umgekehrter Reihenfolge verfahren, so ist ein Ermessensfehlgebrauch schwerlich zu verneinen (anders BGH ZJJ 2017, 385 mablAnm *Eisenberg*), wenn während des letzten Wortes des Angeklagten keiner der gem. Abs. 1 das letzte Wort Ausübenden anwesend war. Entsprechendes gilt, wenn die gem. Abs. 1 Berechtigten nur teilweise an der HV teilgenommen haben, weil das letzte Wort mit der Erläuterung zu erteilen ist, sich umfassend zum gesamten Verfahren persönlich äußern zu können (allgA).

Bei Missachtung der vorgenannten Maßgaben ist die **Revision** begründet **9c** (§ 337 StPO), falls und soweit das Urteil in der Schuld- (BGH NStZ 2000, 553; 17, 539 mAnm *Eisenberg* (betr. Vormund); BayObLG StV 2001, 173; OLG Köln StV 2008, 119; OLG Braunschweig StraFo 2009, 208; vern. BGH StV 2006, 228; BGH BeckRS 2009, 14905) oder Rechtsfolgenfrage auf diesem Fehler **beruhen** kann (BGHSt 21, 288 (290); BGH StV 1985, 155; StraFo 2002, 290; ZJJ 2003, 200; OLG Hamm NJW 1958, 34). In Fällen, in denen ein Geständnis des Angeklagten vorliegt und die genannten Personen keine tatbezogenen Angaben machen können, führt der Fehler deshalb allein zur Aufhebung des Straf- und nicht auch des Schuldausspruchs (BGH NStZ 1999, 426 (427); NStZ-RR 2002, 346; StV 2019, 471 (Ls.) = BeckRS 2018, 2018, 534). Dagegen ist auch im Falle einer vorherigen Anhörung im Verlauf der HV (zB betr. eine Stellungnahme zu dem Schlussvortrag der JStA, BGH BeckRS 2000, 30112418 bei *Böhm* NStZ-RR 2001, 321 (325)) sehr selten auszuschließen, dass das Erteilen des letzten Wortes sich zumindest **hinsichtlich des Rechtsfolgenausspruchs** ausgewirkt haben könnte (BGH NJW 1969, 473; NStZ 1999, 426; 2000, 435; OLG Schleswig SchlHA 2001, 154; OLG Frankfurt/M. bei *Böhm* NStZ 1996, 583 ff.; OLG Hamm NStZ-RR 2007, 123; OLG Köln StV 2008, 119; OLG Braunschweig StraFo 2009, 208; vern. aber BGH JR 1997, 79 mAnm *Eisenberg/Düffer*). – Die Revisionsrüge muss sich **nicht dazu** äußern, was im letzten Wort, wäre es erteilt worden, **ausgeführt worden wäre** (OLG Schleswig SchlHA 2001, 153; OLG Zweibrücken StV 2003, 455; OLG Hamm NStZ-RR 2007, 123).

c) Frage- und Antragsrecht. Das Fragerecht betrifft insb. § 240 StPO. **10** Das Recht, Anträge zu stellen, umfasst zB solche auf Haftprüfung, auf mündliche Verhandlung bei der Haftprüfung, auf Bestellung eines Verteidigers und nicht zuletzt Beweisanträge (s. etwa §§ 117, 118, 118b, 140 Abs. 2, 219, 244, 350 Abs. 3 StPO). – Im *Selbstleseverfahren* (§ 249 Abs. 2 StPO) steht den Erziehungsberechtigten und gesetzlichen Vertretern ein *Widerspruchsrecht* zu (ebenso *Schwer* Stellung 125; aA *Diemer* in KK-StPO StPO § 249 Rn. 35; *Mosbacher* in Löwe/Rosenberg StPO § 249 Rn. 73), denn ihnen ist durch Abs. 3 das Recht auf Veranlassung einer Beweiserhebung ausdrücklich gegeben, so dass es inkonsequent wäre, ihnen den Einfluss auf die Art der Erhebung zu versagen. Für eine *Urkundenverlesung* gem. § 251 Abs. 2 Nr. 3 StPO wird ihre Zustimmung dann erforderlich sein, wenn eine durch die Ladung nach § 50 Abs. 2 begründete Pflicht zum Erscheinen besteht.

2. Anwesenheitsrecht

11 **a) Grundsatz.** Erziehungsberechtigte und gesetzliche Vertreter haben nicht nur in der HV (→ § 50 Rn. 20), sondern nach der ausdrücklichen Regelung in Abs. 3 nF auch bei **Untersuchungshandlungen** grds. in gleichem Umfang wie der Beschuldigte ein eigenes – vom Begleitungsanspruch des Kindes (Art 15 RL (EU) 2016/800) abgeleitetes – Recht auf Anwesenheit (so bereits bei Abs. 1 aF die hM (dazu mwN auch *Kemme* in BMJV 2017, 111)). Dieses Recht, das nicht zur Disposition einer (ohnehin kaum kontrollfähigen) Einzelfallbeurteilung steht (in dieser bei Abs. 1 aF noch str. Frage wie hier *Richmann*, Die Beteiligung des Erziehungsberechtigten (…), 2002, 69; aA *Brunner/Dölling* Rn. 20), ist gerade im Vorverfahren von Bedeutung (VfG Bbg JR 2003, 192). Es besteht dort in den Konstellationen der §§ 224 f., 168c Abs. 2, 168d Abs. 1 StPO sowie zB auch bei Maßnahmen nach § 81b StPO (vgl. AG Bielefeld StraFo 2014, 208 mAnm *Eisenberg*). (Zeitweilige) Einschränkungen des Anwesenheitsrechts sind nach § 51 Abs. 2 bzw. Abs. 3 S. 2 nF unter den dort genannten Voraussetzungen zulässig (→ Rn. 11f). Im Übrigen ist die Abwesenheit der berechtigten Personen für die Wirksamkeit der jeweiligen Prozesshandlungen nicht maßgeblich.

11a Das Anwesenheitsrecht der Erziehungsberechtigten und gesetzlichen Vertreter besteht insb. auch in jeder **Beschuldigtenvernehmung** während des Ermittlungsverfahrens (zur Abgrenzung von „informatorischer Befragung" n. *Eisenberg* Beweisrecht StPO Rn. 527; *Schatz* in Diemer/Schatz/Sonnen Rn. 26). Damit ist eine Vernehmungsbegleitung garantiert, die der Maßgabe von Art. 15 Abs. 4 RL (EU) 2016/800 einschl. Erwägungsgrund 59 entspricht und den Erkenntnissen zur reduzierten Überführungsresistenz oder aber Geständnisfreudigkeit jugendlicher Beschuldigter Rechnung trägt (vgl. → § 70c Rn. 9 ff.). Es besteht nämlich Anlass zur Annahme, dass Jugendliche selbst ein etwaiges Wissen um die Aussagefreiheit keinesfalls regelhaft umsetzen und das Schweigerecht ggü. der vernehmenden Person ausüben können (→ § 70c Rn. 26; s. auch LG Saarbrücken NStZ 2012, 167 und LG Köln NJW-RR 2016, 544 (545) jeweils: „kriminologisch gesicherte Erkenntnis"). Aus diesem Grund ist eine Stärkung ihrer Rechtsposition durch Anwesenheit ihrer Erziehungsberechtigten bzw. gesetzlichen Vertreter unerlässlich (daher auch bzgl. des weniger eindeutigen Abs. 1 aF bereits für ein Konsultations- und Anwesenheitsrecht bei Vernehmungen etwa 20. Aufl. Rn. 11; *Richmann*, Die Beteiligung des Erziehungsberechtigten (…), 2002, 98 f.; offenlassend noch BGH NStZ 2019, 680; BeckRS 2019, 15626).

11b **b) Funktional verknüpfte Rechte.** Bei bestehendem Anwesenheitsrecht folgt hieraus – soweit sich das nicht ohnehin aus Abs. 2 aF bzw. § 67a Abs. 1 nF (→ § 67a Rn. 3a) ergibt – die Pflicht, die **Erziehungsberechtigten** bzw. gesetzlichen Vertreter über die beabsichtigte Vernehmung bzw. Untersuchungshandlung zu informieren. Anderenfalls liefe das Anwesenheitsrecht oftmals leer (vgl. etwa auch *Ostendorf* FS Heinz, 2012, 476; zur demgemäß für die HV bestehenden Ladungspflicht s. § 50 Abs. 2). Adressaten dieser implizit auch aus Abs. 3 S. 3 nF hervorgehenden **Benachrichtigungspflicht** sind (abhängig von der jeweiligen Ermittlungsverantwortung) die Polizei, der JRichter (§ 168c Abs. 5 StPO; abw. BGH StV 2006, 228 mablAnm *Wohlers*) oder der JStA (§ 163a iVm § 168c Abs. 5 StPO; ebenso bspw. *Richmann,* Die Beteiligung des Erziehungsberechtigten (...), 2002, 101; *Schatz* in Diemer/Schatz/Sonnen Rn. 26; *Wohlers* in SK-StPO § 168c Rn. 15; *Rieke* Vernehmung 265; *Ludwig* NStZ 2019, 123 (123)). Anforderungen an die Form der Benachrichtigung stellt das Gesetz nicht; maßgeblich ist daher die fallkonkrete Eignung für eine rechtzeitige Information (zur Revision bei unterbliebener Mitteilung an die Erziehungsberechtigten bzw. gesetzlichen Vertreter → § 67a Rn. 3c).

Mit dem Anwesenheitsrecht der Erziehungsberechtigten korrespondiert **11c** ferner ein **Konsultationsrecht des Jugendlichen** (*Schuhr* in MüKoStPO § 136 Rn. 42; *Eschelbach* in Satzger/Schluckebier/Widmaier, StPO, 3. Aufl. 2017, § 136 Rn. 135). Der Beschuldigte hat einen Anspruch darauf, sich jederzeit − dh auch schon vor seiner (polizeilichen) Vernehmung und vor seiner Entscheidung darüber, ob er sich zur Sache äußern will − durch Erziehungsberechtigte beraten zu lassen. Dass diese Möglichkeit zur Beratung des Beschuldigten gewährleistet sein soll, ergibt sich daraus, dass die Anwesenheitsgarantie anderenfalls weitgehend funktionslos wäre (*Ostendorf* FS Heinz, 2012, 475). Da sich die Rechte der Erziehungsberechtigten und gesetzlichen Vertreter aus den geschützten Interessen des Jugendlichen ableiten (→ Rn. 4), handelt es sich bei dessen Konsultationsrecht um eine eigene Rechtsposition, also nicht nur um einen Reflex des elterlichen Anwesenheitsrechts. Im Übrigen muss die Vernehmungsperson die elterliche Beratung auch dadurch ermöglichen, dass mit der Vernehmung entspr. abgewartet wird. Dies ist ein dem Konsultationsrecht immanentes Element, auch wenn es an einer entspr. Positivierung der **Wartepflicht** (s. für den Verteidiger § 70c Abs. 4) fehlt (s. aber → Rn. 11i).

Schließlich ist der **Jugendliche** auf das Elternkonsultationsrecht − mit **11d** Blick auf den systematischen Zusammenhang und die altersbezogenen besonderen Schutzbelange − eigens **hinzuweisen** (ebenso zB *Schatz* in Diemer/Schatz/Sonnen Rn. 27; *Sommerfeld* in NK-JGG Rn. 10; *Möller* NStZ 2012, 113 (166); *Ostendorf* FS Heinz, 2012, 474; *Kemme* in BMJV 2017, 111 f.; *Ludwig* NStZ 2019, 123 (125); begründungslos einschr. aber *Paul* NStZ 2013, 492 (497)). Auch wenn die allg. Verfahrensinformationen, die dem Jugendlichen zu geben sind, allein eine Unterrichtung über das Anwesenheitsrecht enthalten müssen (§ 70a Abs. 1 S. 3 Nr. 5 nF), bedarf es im Vernehmungskontext einer darüber hinausgehenden Belehrung hinsichtlich der Begleitungs- und Beratungsmöglichkeit (→ s. auch § 70a Rn. 7). Diese Pflicht ergibt sich (vergleichbar dem Hinweis auf das Verteidigerkonsultationsrecht gem. 136 Abs. 1 S. 2−4 StPO) daraus, dass nur so die tatsächliche (Wissens-)Grundlage für die Inanspruchnahme des Elternkonsultationsrechts vollständig sichergestellt werden kann. Im Einzelnen darf dem Jugendlichen zB nach überraschender Festnahme keinesfalls nahegelegt werden, ohne elterlichen Beistand sofort Angaben zur Sache zu machen, auch nicht etwa durch den Hinweis auf eine Diversionsaussicht, weil daraus ggf. ein Geständnisdruck resultieren könnte. Dem Jugendlichen ist spätestens bei entspr. Anlass zu verdeutlichen, dass es eine sog. „verspätete" Einlassung nicht gibt und er bei anfänglichem Schweigen keine nachteiligen Folgen zu besorgen hat. Für den **Verzicht** auf das Elternkonsultationsrecht gilt insofern das Gleiche wie beim Verzicht auf das Verteidigerkonsultationsrecht (n. → § 70c Rn. 28; s. erg. noch zur Art der Belehrung vgl. § 70a Abs. 1 aF bzw. § 70b Abs. 1 nF; dazu, dass die Belehrung bei Anwesenheit der Eltern auch an diese zu richten ist, s. § 70a Abs. 1 S. 2 aF bzw. § 70b Abs. 1 S. 2 nF).

11e Wird die Konsultationsmöglichkeit nicht eingeräumt und/oder die Hinweispflicht gegenüber dem Jugendlichen verletzt, unterliegt seine Aussage idR einem **Verwertungsverbot** (vgl. OLG Celle StraFo 2010, 114 (bzgl. Nichtbelehrung durch die Polizei); vgl. auch LG Köln (ZivilK) NJW-RR 2016, 544; *Schuhr* in MüKoStPO § 136 Rn. Rn. 65; *Schlothauer/Wieder/Wollschläger*, Verteidigung im Revisionsverfahren, 3. Aufl. 2018, 2097 ff.; *Zieger/Nöding* Verteidigung Rn. 117; *Ostendorf* FS Heinz, 2012, 476; *Bock/Puschke* ZJJ 2019, 224 (233); *Jahn/Zink* StraFo 2019, 318 (328); auf Basis der Abwägungslösung einschr. BGH NStZ 2019, 680 (681) mkritAnm *Mitsch* NStZ 2019, 681; *Ludwig* NStZ 2019, 123 (126 f.); s. ergänzend *Jakobs* StRR 2007, 172). Entscheidend dafür ist, dass die Nichtgewährleistung einer (gewünschten) elterlichen Unterstützung angesichts der herausgehobenen verfassungsrechtlichen und verfahrenstatsächlichen Bedeutung, die dieser Begleitung im JStV zukommt (dazu auch *Güler* StraFo 2019, 191 (193 f.)), nicht folgenlos sein kann. Die gleiche Konsequenz hat iÜ auch eine unverständliche Belehrung (→ § 70b Rn. 3a). Soweit nach hM im allg. StVR eine Folgevernehmung unter Einhaltung der Benachrichtigungspflicht eine Verwertung dann ermöglicht, wenn der Beschuldigte dabei **qualifiziert belehrt** worden ist (LG Saarbrücken NStZ 2012, 167), gelten die dortigen, allg. Einwände bei Jugendlichen und auch bei Heranwachsenden (§ 109 Abs. 1 S. 1) ganz besonders (→ § 70c Rn. 15). – Die Unverwertbarkeit kann ferner aus § 2 Abs. 2 iVm **§ 136a StPO** folgen, da nach allgA eine Täuschung im Sinne dieser Vorschrift auch dann vorliegt, wenn die Vernehmungsperson einen ihr erkennbaren Irrtum des Beschuldigten über sein Schweigerecht fortbestehen lässt (*Gleß* in Löwe/Rosenberg StPO § 136a Rn. 46; *Eisenberg* Beweisrecht StPO Rn. 671). Dies ist auf das Konsultationsrecht übertragbar. Auch liegt es bei einer jugendorientierten Auslegung der §§ 136, 136a StPO nahe, die Vernehmung ohne diesbzgl. Belehrung mit einer bewussten Ausnutzung einer Fehlvorstellung des Beschuldigten über sein Schweigerecht gleichzusetzen (s. auch *Ostendorf* FS Heinz, 2012, 478 mwN: Verwertungsverbot aus § 136 StPO).

11f **c) Beschränkungen.** Bis zur Neuregelung von § 67 verwies die hM auf die entspr. Anwendbarkeit von § 51 Abs. 2 (vgl. etwa BGH BeckRS 2019, 15626; 20. Aufl. Rn. 11b). Dagegen sieht Abs. 3 S. 1 nF hierfür eine spezielle Regelung vor, der zufolge das Bestehen des Anwesenheitsrechts und der flankierenden Rechtspositionen in zweifacher Weise bedingt ist: Das Erscheinen der Erziehungsberechtigten bzw. gesetzlichen Vertreter bei der Untersuchungshandlung bzw. in der Beschuldigtenvernehmung muss für das Wohl des Jugendlichen förderlich sein und es darf das Strafverfahren (dh Ermittlungsinteressen) nicht beeinträchtigen. Allerdings wird das Vorliegen dieser Voraussetzungen nach Abs. 3 S. 2 nF **vermutet** (s. RegE BT-Drs. 19/13837, 56: „davon (…) im Lichte von Art. 6 Abs. 2 GG im Regelfall auszugehen"). An ihnen fehlt es nämlich (korrespondierend zur Rechtslage für die HV) lediglich in Konstellationen, die entweder von **§ 51 Abs. 2 S. 2 Nr. 1 – 5** erfasst werden (zu diesen s. → § 51 Rn. 15 ff.) oder die dem Fall des § 177 GVG (Missachtung einer sitzungspolizeilichen Anordnung) entsprechen.

11g Praktisch relevante Sachlagen – etwa dass der Beschuldigte (zB aus Angst vor einem gesetzlichen Vertreter) ausdrücklich keine Anwesenheit wünscht (dazu auch *Richmann*, Die Beteiligung des Erziehungsberechtigten (…),

2002, 102) oder dass der gesetzliche Vertreter vermutlich va eigene Belange und Interessen geltend machen wird (dazu etwa *Schwer* Stellung 57) – sind durch § 51 Abs. 2 S. 2 abgedeckt. Hier kann die Anwesenheit versagt werden und deshalb schon die Benachrichtigung unterbleiben. Aus **anderen Gründen** (dh solchen, die nicht in § 51 Abs. 2 oder entspr. § 177 GVG erfasst sind) ist dies nur selten zulässig, weil es an den beiden Bedingungen iSv Abs. 3 S. 1 nF hier nur ganz ausnahmsweise fehlt („in der Regel"). Eine gewisse Aussagegehemmtheit des Jugendlichen bei Anwesenheit des Erziehungsberechtigten bzw. des gesetzlichen Vertreters genügt dafür jedenfalls nicht, weil dieser Umstand keinesfalls atypisch ist (und weil sich das Anwesenheitsrecht sonst auch durch bloße dahingehende Behauptungen allzu leicht ausschließen ließe). Die Rechte auf Benachrichtigung und Zugegensein entfallen hier allenfalls, wenn der Jugendliche dies zudem auch ausdrücklich will (vgl. zum Ganzen schon *Eisenberg* NJW 1988, 1250; ebenso *Richmann,* Die Beteiligung des Erziehungsberechtigten (…), 2002, 102; vgl. aber auch *Eckel/Körner* NStZ 2019, 433 (435)).

d) Kompensation. Abs. 3 S. 3 macht deutlich, dass ein beschuldigter **11h** Jugendlicher „während anderer Phasen des Verfahrens als den Gerichtsverhandlungen" (Art. 15 Abs. 4 RL (EU) 2016/800) – also auch bei seinen Vernehmungen und den in seiner Anwesenheit vorgenommenen Untersuchungshandlungen im Ermittlungsverfahren – prinzipiell nicht allein und ohne erwachsene Begleitung sein soll. Dies äußert sich darin, dass ersatzweise einer volljährigen **Beistandsperson** die Anwesenheit zu gestatten ist. Die Rechte iSv Abs. 1 und 2 nF hat diese Person allerdings nicht. Auch besteht ihr Anwesenheitsanspruch nur, wenn sie sich (wie bei § 51 Abs. 6 S. 1) für den Schutz der Beschuldigteninteressen eignet (n. zu diesen Anforderungen, den Ausschlussgründen und zum Vorschlagsrecht des Jugendlichen → § 51 Rn. 25a f.; → § 67a Rn. 13). Nach S. 3 ist hierfür darüber hinaus das Vorliegen der in Rn. 11e erörterten Bedingungen erforderlich (was – anders als bei den Erziehungsberechtigten – bei der Beistandsperson nicht vermutet wird). Es muss also positiv feststellbar sein, dass die erwachsene Begleitung des Jugendlichen für diesen förderlich ist, ohne Strafverfolgungsbelange zu beeinträchtigen. – Bei dieser Begleitperson kann es sich, wenngleich dies abw. von § 51 Abs. 6 S. 4 nF und § 67a Abs. 4 S. 3 nF nicht eigens erwähnt ist, durchaus auch um einen Vertreter der **JGH** handeln. Der **Verteidiger** des Beschuldigten kommt für diese Rolle dagegen nicht in Betracht, da das Recht auf erwachsene Begleitung (Art 15 RL (EU) 2016/800) unabhängig vom und neben dem Recht auf einen Rechtsbeistand (Art 6 RL (EU) 2016/800) besteht – beides demnach nicht zusammenfallen darf. Bei Anwesenheit eines Verteidigers kann es im Einzelfall aber zw. sein, ob die Gegenwart eines weiteren, nicht-elterlichen Erwachsenen tatsächlich die Bedingungen von S. 1 (Wohl des Jugendlichen fördern) noch erfüllt (RegE BT-Drs. 19/13837, 56).

Anlass für die zwingende Gestattung der Anwesenheit eines anderen **11i** geeigneten Erwachsenen sieht das Gesetz (nur), wenn die Erziehungsberechtigten bzw. gesetzlichen Vertreter aus den in → Rn. 11f genannten Gründen ausgeschlossen wurden oder mangels Erreichbarkeit nicht iSv → Rn. 11b benachrichtigt werden konnten oder wenn mit der Vernehmung bzw. Untersuchungshandlung begründeterweise nicht bis zur Benachrichtigung (oder dem Erscheinen) abgewartet werden konnte (vgl. erg. auch die in → § 51

Rn. 25d genannten Konstellationen). Die abzuwartende „**angemessene Frist**" bestimmt sich danach, mit welcher Dringlichkeit aus ermittlerischen Gründen die Vernehmung vorzunehmen ist, insbesondere aber auch danach, wie lange ein Aufschieben und ein damit ggf. verbundenes Wartenmüssen oder Festhalten des Jugendlichen mit Blick auf den konkreten Vorwurf noch verhältnismäßig ist (vgl. auch RegE BT-Drs. 19/13837, 56).

11j Prinzipiell folgt aus dem Schutzzweck der Norm, dass sich das jeweilige Untersuchungsorgan um die Hinzuziehung eines geeigneten Erwachsenen **bemühen** muss und von dessen Anwesenheit nicht schon deshalb absehen darf, weil dieser aktuell nicht vor Ort ist oder vom Jugendlichen nicht mitgebracht wurde (zur frühzeitigen Festlegung und rechtzeitigen Information der Beistandsperson s. auch → § 67a Rn. 15). Entbehrlich sind entspr. Versuche allein bei einem Verzicht des Beschuldigten (→ Rn. 11d) oder der berechtigten Personen und bei **unaufschiebbaren** Untersuchungshandlungen bzw. Vernehmungen, wo die Anwesenheit nur bei kurzfristigem Kommen gestattet werden muss. Da Abs. 4 S. 3 bei Dringlichkeit vorsieht, dass mit der Maßnahme nicht bis zum Erscheinen der Eltern abgewartet werden muss, verlangt das Gesetz hier auch bzgl. der Beibringung einer anderen Beistandsperson kein längeres Warten. Gleichwohl schränken die Begleitungsregeln die Zulässigkeit sog. Sofortvernehmungen deutlich ein (→ § 70c Rn. 29). – Nicht ausreichend ist die Anwesenheit einer Beistandsperson iÜ, wenn nicht nur die Anwesenheit iSv. S. 2 versagt, sondern nach Abs. 4 ua das Anwesenheitsrecht in Situationen der Vorwurfsverstrickung dauerhaft entzogen wird (→ Rn. 17 ff.). Dann bedarf es der kompensatorischen Bestellung eines Pflegers.

3. Wahl eines Verteidigers und Anfechtungsrecht

12 Gemäß Abs. 3 aF bzw. Abs. 2 nF hat (neben dem gesetzlichen Vertreter, §§ 137 Abs. 2, 298 Abs. 1 StPO) auch der Erziehungsberechtigte das Recht zur **selbstständigen** Wahl eines Verteidigers (betr. notwendige Auslagen vgl. → § 74 Rn. 15a).

13 Ferner hat der Erziehungsberechtigte das Recht, innerhalb der für den Jugendlichen laufenden Fristen (BayObLGSt 54, 51) und unter den Beschränkungen des § 55 zu seinen Gunsten selbstständig **alle Rechtsbehelfe** (nicht nur Rechtsmittel) einzulegen. Das Anfechtungsrecht darf **nur im Interesse** des Jugendlichen ausgeübt werden (OLG Celle NJW 1964, 417; s. aber auch *Sommerfeld* in NK-JGG Rn. 13). Dabei kann es mitunter va aus erzieherischen bzw. entwicklungspsychologischen Gründen (ggf. auch aufgrund finanzieller Umstände) für den Jugendlichen insgesamt eher schonend sein, von einer Anfechtung abzusehen. Wengleich im Einzelfall zw. sein mag, ob das Gericht besser als die in Rede stehenden Personen zur Beurteilung des Interesses des Jugendlichen in der Lage ist, wird ein solches Bedenken bei deutlich werdenden Interesseverletzungen nicht bestehen. Daher wird eine Überprüfung des genannten Interesses durch das Rechtsmittelgericht aus Gründen des Schutzes des Jugendlichen nicht grundsätzlich versagt sein dürfen (vgl. dazu *Grommes* in BeckOK JGG Rn. 27).

14 Der Erziehungsberechtigte bzw. der gesetzliche Vertreter kann das von ihm eingelegte Rechtsmittel nur mit Zustimmung des Angeklagten **zurücknehmen** (§ 55 Abs. 3; für den Fall des Verzichts vgl. → § 55 Rn. 13). – Haben der Jugendliche und eine der genannten Personen jeweils selbststän-

dig ein Rechtsmittel eingelegt, so **bleibt** das Rechtsmittel dieser Personen auch dann **bestehen,** falls der Jugendliche sein Rechtsmittel zurücknimmt (allgA).

Für die **Kosten** eines vom Erziehungsberechtigten oder gesetzlichen Vertreter eingelegten Rechtsmittels (vgl. auch → § 74 Rn. 19) haften die genannten Personen nur mit dem Vermögen des Jugendlichen, soweit es ihrer Verwaltung untersteht (vgl. schon BGH NJW 1956, 520; *Dallinger/Lackner* Rn. 20). **15**

4. Mehrheit von Erziehungsberechtigten

Soweit mehrere Personen erziehungsberechtigt sind (zB während der Ehe beide Elternteile, §§ 1626 f. BGB; BVerfGE 10, 59; BGHSt 22, 103), werden sie gem. **Abs. 5** gleichbehandelt (vgl. auch → Rn. 23). Die Frage, ob die formlose Ermächtigung oder Zustimmung des einen Elternteils zu dem Handeln des anderen genügt, ist im Hinblick auf die Ungewissheit hinsichtlich familieninterner Kommunikations- und Machtverhältnisse und etwaiger Interessenkonflikte zu verneinen (zust. *Schwer* Stellung 142). Ähnliche Einwände lassen sich mit Blick auf Abs. 5 S. 2 erheben, wonach der abwesende Berechtigte an die abgegebenen Erklärungen des anwesenden Berechtigten gebunden ist, zumal dies zB auch bzgl. eines nach der Urteilsverkündung abgegebenen Rechtsmittelverzichts gelten soll (vgl. *Brunner/Dölling* Rn. 3; *Kaspar* in MüKoStPO Rn. 29). Ohnehin handelt es sich hier um eine Regelung, die die in der RL (EU) 2016/80 (Erwägungsgrund 37) formulierte Erwartung, dass Kinder ein Recht auf Prozessbegleitung durch sämtliche Erziehungsberechtigten haben sollten, eher unterläuft als fördert (krit. auch *Kemme* in BMJV 2017, 108). Auch deshalb ist das JGericht berechtigt, unter Ausschluss der Vertretung entweder beide Elternteile oder einen bestimmten Elternteil zu laden und das Erscheinen ggf. zu erzwingen (*Dallinger/Lackner* Rn. 24; s. auch → Rn. 23). **16**

Im **OWi**-Recht kann jeder Erziehungsberechtigte jeweils selbstständig und aus eigenem Recht den **Einspruch** nach § 67 OWiG einlegen, dh ein Verzicht auf Einspruch oder ein (etwa als Verzicht zu wertendes) Widersprechen ggü. dem Einspruch des anderen Erziehungsberechtigten berührt stets nur das eigene Einspruchsrecht (*Ellbogen* in KK-OWiG OWiG § 67 Rn. 32). **16a**

IV. Entziehung der Rechte

1. Abs. 4

Liegen die Voraussetzungen dieser Vorschrift vor, so **können** die in → Rn. 8 ff. erörterten Rechte dem Erziehungsberechtigten und dem gesetzlichen Vertreter entzogen werden. **17**

a) „Beteiligt sein", „Beteiligung" (Abs. 4 S. 1). Solche Verbindungen zu der Verfehlung (= „Tat" iSd § 264 StPO), die Gegenstand des Verfahrens ist, umfassen **jedes strafrechtlich relevante Verhalten,** also neben jeder Form der Täterschaft und neben Anstiftung und Beihilfe auch Begünstigung, Strafvereitelung oder Hehlerei (vgl. § 60 Nr. 2 StPO; zust. *Grommes* in BeckOK JGG Rn. 35; enger *Sommerfeld* in NK-JGG Rn. 15; **17a**

Trüg in HK-JGG Rn. 18). Der **Verdacht** (iSd Abs. 4 S. 1), über dessen Vorliegen das Gericht nach pflichtgemäßem Ermessen entscheidet, braucht nicht das Ausmaß eines hinreichenden oder eines dringenden Verdachts zu haben. In diesen Grenzen aber ist eine **sorgfältige Prüfung** unerlässlich, ua weil es davon abhängt, ob in Fällen, in denen der zur Zeit der Entziehung angenommene Verdacht sich später als unbegründet erweist, die Entziehung als **nicht prozessordnungswidrig** beurteilt werden darf.

18 **b) Befürchtung des Missbrauchs der Rechte (Abs. 4 S. 2).** Die in Rede stehende Befürchtung hinsichtlich einer der berechtigten Personen erlaubt die Entziehung ihrer Rechte nur, wenn bei einer **anderen** berechtigten **Person** die Voraussetzungen des Abs. 4 S. 1 vorliegen. Die Befürchtung muss sich auf eine nahe liegende und ernsthafte, durch **tatsächliche Anhaltspunkte** begründete Gefahr beziehen (vgl. dazu LG Essen StV 2013, 39 (Ls.); *Laubenthal/Baier/Nestler* JugendStrafR Rn. 242). – Außerhalb der Voraussetzungen des Abs. 4 S. 2 reicht die Gefahr des Missbrauchs der Rechte etwa durch Beeinträchtigung der Ermittlungen (zB durch Verdunkelung des Sachverhalts (zust. *Richmann*, Die Beteiligung des Erziehungsberechtigten (...), 2002, 45)) zur Entziehung nicht aus (*Dallinger/Lackner* Rn. 28).

19 **c) Ermessensentscheidung.** Die Entscheidung über die Entziehung unterliegt pflichtgemäßem Ermessen. Tendenziell sollte nur **zurückhaltend** von dem Entziehungsrecht Gebrauch gemacht werden (vgl. bereits *Peters* RJGG 1943 Anm. 4; für Aufhebung von Abs. 4 S. 1 und 2 *Rieke* Vernehmung 277 ff.). – Die Rechte können sowohl vollständig als auch nur teilweise entzogen werden (allgA). Die Wirkung der Entziehung ist auf das konkrete, gegen den Jugendlichen anhängige Verfahren beschränkt.

20 **Zuständig** zur Entscheidung nach Abs. 4 ist stets – anders als gem. § 51 Abs. 2 – das Gericht (allgA; aA noch *Potrykus* Anm. 7: der Vorsitzende).

2. Ausschluss sämtlicher Berechtigter

21 Kommt es zu einem (zumindest teilweisen) Ausschluss aller Berechtigter, so muss das FamG einen **Prozesspfleger** (§§ 1693, 1909, 1915, 1918 f BGB) bestellen **(Abs. 4 S. 3, 4).** Diesem stehen dann – beschränkt auf das konkrete Verfahren – die Rechte des Erziehungsberechtigten bzw. des gesetzlichen Vertreters zu (einschließlich des Beweisantragsrechts, *Güntge* in Alsberg Beweisantrag Rn. 708), wobei es sich im Falle der vollständigen Entziehung auch um das Anfechtungsrecht gem. Abs. 3, § 298 Abs. 1 StPO handelt. – Zudem muss der Vorsitzende einen **Verteidiger** bestellen **(§ 68 Nr. 2).**

3. Beschluss, Anfechtbarkeit

22 Die Entscheidung über die Entziehung ergeht durch **Beschluss.** Dieser ist zu begründen (§ 2 Abs. 2, § 34 StPO) und mit einfacher Beschwerde ohne aufschiebende Wirkung anfechtbar (§ 2 Abs. 2, §§ 304, 305 S. 2 StPO, § 307 StPO).

V. Sonstige verfahrensrechtliche Fragen

1. Abs. 5 S. 3

Sind mehrere Personen erziehungsberechtigt (vgl. auch → Rn. 16), so 23 genügt es nach dieser Vorschrift, wenn die vorgeschriebenen **Mitteilungen** oder **Ladungen** nur an eine dieser Personen gerichtet werden. Da aber idR die Begleitung durch alle Erziehungsberechtigten vorzugswürdig ist (so RL (EU) 2016/80 in Erwägungsgrund 37), ist das JGericht regelmäßig gehalten, die Mitteilung und Ladung (wenn möglich) *an alle* ergehen zu lassen (in der Tendenz ebenso *Grommes* in BeckOK JGG Rn. 44; generell dafür *Albrecht* JugendStrafR 354; weitergehend *Sommerfeld* in NK-JGG Rn. 9; aA *Brunner/Dölling* Rn. 3). Wenn eine Entscheidung in Anwesenheit des einen Erziehungsberechtigten verkündet worden ist (§ 2 Abs. 2 iVm § 35 Abs. 1 StPO), ist das Gericht zwar nicht zur Mitteilung an den anderen Erziehungsberechtigten verpflichtet. Jedoch wird auch in solchen Fällen oftmals eine Mitteilung ratsam sein.

2. Mitteilungspflicht im OWi-Verfahren

Unterlässt die Verwaltungsbehörde die nach § 51 Abs. 2 OWiG erforder- 24–31 liche Mitteilung des Bescheides an den gesetzlichen Vertreter des Jugendlichen, so berührt dies nicht die Wirksamkeit des dem Jugendlichen ordnungsgemäß zugestellten Bescheides, verhindert allerdings den Beginn des Laufs der Rechtsmittelfrist (vgl. *Seitz/Bauer* in Göhler OWiG § 51 Rn. 51; OLG Karlsruhe MDR 1974, 955; OLG Düsseldorf Zbl 1982, 758 f. = NJW 1982, 2833). Ein entsprechender Verfahrensmangel führt im Falle rechtzeitigen Einspruchs auch nicht zum Fehlen einer Verfahrensvoraussetzung für das gerichtliche Verfahren, da Verfahrensmängel der Verwaltungsbehörde, sofern sie nicht eine Unwirksamkeit oder Nichtigkeit des Bescheides begründen, im gerichtlichen Verfahren unbeachtlich sind (OLG Düsseldorf Zbl 1982, 758 f. = NJW 1982, 2833).

3. Wiedereinsetzung wegen Versäumung von Rechtsmittelfristen

Eine Wiedereinsetzung kommt nach den allg. Regelungen (§ 2 Abs. 2 32 iVm §§ 44 ff. StPO) nur dann in Betracht, wenn der gesetzliche Vertreter oder Erziehungsberechtigte von der Entscheidung weder rechtzeitig Kenntnis hatte, noch haben konnte (s. OLG Düsseldorf HRR 1941, Nr. 749). Da der Lauf der Rechtsmittelfristen nicht von der Mitteilung an den Erziehungsberechtigten oder gesetzlichen Vertreter abhängt (vgl. schon LG Würzburg RdJB 1962, 42), kann eine Nichtbefolgung der Soll-Vorschrift des § 50 Abs. 2 S. 1 die Wiedereinsetzung bei Versäumung der Rechtsmittelfristen begründen. Hingegen wird Wiedereinsetzung unbeschadet dessen gegeben sein, dass zur HV ordnungsgemäß geladen wurde (vgl. → § 50 Rn. 21; nach OLG Hamm NStZ 2009, 45 sei ein „einfacher Brief" zureichend), weil in diesem Fall zwar mit dem Erlass eines Urteils zu rechnen sein mag, sich daraus jedoch schon gem. der Soll-Vorschrift nebst Hinweispflicht betr. die Frist keine Erkundigungspflicht der gesetzlichen Vertreter oder Erziehungsberechtigten über den Ausgang der HV herleiten lässt, deren Versäumen den Vorwurf eines Verschuldens tragen könnte (OLG Stuttgart NJW 1960, 2353; BayObLGSt 54, 51; *Sommerfeld* in NK-JGG Rn. 20; *Grommes* in BeckOK JGG Rn. 19; aA BGHSt 18, 21; OLG Hamm NStZ 2009, 45; *Schatz* in Diemer/Schatz/Sonnen § 50 Rn. 43; s. zum Ganzen aber auch *Dallinger/Lackner* Rn. 19; *Potrykus* Anm. 5).

4. Eintritt der Volljährigkeit während des Verfahrens

33   In einem solchen Fall bleiben (zuvor vorgenommene) Prozesshandlungen des Erziehungsberechtigten oder gesetzlichen Vertreters wirksam (zust. *Richmann*, Die Beteiligung des Erziehungsberechtigten (…), 2002, 207). Dabei kann der Beschuldigte ein Rechtsmittelverfahren auch dann fortführen, wenn er selbst zuvor auf Rechtsmittel verzichtet hatte (BGHSt 10, 174; vgl. → § 55 Rn. 5). Hingegen können die zuvor berechtigten Personen eine bereits eingelegte Revision nicht mehr rechtswirksam begründen (vgl. RGSt 42, 342; krit. *Sommerfeld* in NK-JGG Rn. 13), es sei denn, der Beschuldigte beauftragt sie zivilrechtlich dazu (vgl. *Schady* in NK-JGG § 55 Rn. 4).

Unterrichtung der Erziehungsberechtigten und der gesetzlichen Vertreter

67a (1) **Ist eine Mitteilung an den Beschuldigten vorgeschrieben, so soll die entsprechende Mitteilung an die Erziehungsberechtigten und die gesetzlichen Vertreter gerichtet werden.**

(2) **¹Die Informationen, die der Jugendliche nach § 70a zu erhalten hat, sind jeweils so bald wie möglich auch den Erziehungsberechtigten und den gesetzlichen Vertretern zu erteilen. ²Wird dem Jugendlichen einstweilig die Freiheit entzogen, sind die Erziehungsberechtigten und die gesetzlichen Vertreter so bald wie möglich über den Freiheitsentzug und die Gründe hierfür zu unterrichten.**

(3) **Mitteilungen und Informationen nach den Absätzen 1 und 2 an Erziehungsberechtigte und gesetzliche Vertreter unterbleiben, soweit**

1. **auf Grund der Unterrichtung eine erhebliche Beeinträchtigung des Wohls des Jugendlichen zu besorgen wäre, insbesondere bei einer Gefährdung des Lebens, des Leibes oder der Freiheit des Jugendlichen oder bei Vorliegen der Voraussetzungen des § 67 Absatz 4 Satz 1 oder 2,**
2. **auf Grund der Unterrichtung der Zweck der Untersuchung erheblich gefährdet würde oder**
3. **Erziehungsberechtigte oder gesetzliche Vertreter binnen angemessener Frist nicht erreicht werden können**

(4) **¹Werden nach Absatz 3 weder Erziehungsberechtigte noch gesetzliche Vertreter unterrichtet, so ist eine andere für den Schutz der Interessen des Jugendlichen geeignete volljährige Person zu unterrichten. ²Dem Jugendlichen soll zuvor Gelegenheit gegeben werden, eine volljährige Person seines Vertrauens zu bezeichnen. ³Eine andere geeignete volljährige Person kann auch der für die Betreuung des Jugendlichen in dem Jugendstrafverfahren zuständige Vertreter der Jugendgerichtshilfe sein.**

(5) [1]**Liegen Gründe, aus denen Mitteilungen und Informationen nach Absatz 3 unterbleiben können, nicht mehr vor, so sind im weiteren Verfahren vorgeschriebene Mitteilungen und Informationen auch wieder an die betroffenen Erziehungsberechtigten und gesetzlichen Vertreter zu richten. [2]Außerdem erhalten sie in diesem Fall nachträglich auch solche Mitteilungen und Informationen, die der Jugendliche nach § 70a bereits erhalten hat, soweit diese im Laufe des Verfahrens von Bedeutung bleiben oder sobald sie Bedeutung erlangen.**

(6) **Für den dauerhaften Entzug der Rechte nach den Absätzen 1 und 2 findet das Verfahren nach § 67 Absatz 4 entsprechende Anwendung.**

Übersicht

	Rn.
I. Allgemeines	1
1. Anwendungsbereich	1
2. Entstehung, Struktur und Zweck der Norm	2
II. Unterrichtungspflichten	3a
1. Akzessorische Mitteilungspflichten	3a
2. Aufklärungspflichten	3d
a) Allgemeine Informationen	3d
b) Informationen bei Freiheitsentziehungen	4
3. Mehrheit von Erziehungsberechtigten	7a
4. Adressaten der Verpflichtungen	7b
III. Unterbleiben einer Unterrichtung (Abs. 3 nF)	7c
1. Unterrichtungshindernde Gründe	7c
a) Allgemeines	7c
b) Beeinträchtigung des Wohls des Jugendlichen	8
c) Erhebliche Gefährdung des Zwecks der Untersuchung	12
d) Unerreichbarkeit	12a
2. Wegfall der unterrichtungshindernden Gründe	12b
3. Haftsachen	12c
IV. Kompensatorische Unterrichtung	13

I. Allgemeines

1. Anwendungsbereich

Die Vorschrift gilt – auch in Verfahren vor den für allg. Strafsachen **1** zuständigen Gerichten (§ 104 Abs. 1 Nr. 9) – für Jugendliche, nicht aber für Heranwachsende (zur Maßgeblichkeit des Alters im jeweiligen prozessualen Stadium und nicht der Tat s. → § 67 Rn. 2). – Die Vorschrift findet ebenfalls im vereinfachten JVerfahren (§ 78 Abs. 3 S. 2 nF) und gem. § 83 Abs. 3 S. 2 im Vollstreckungsverfahren Anwendung.

2. Entstehung, Struktur und Zweck der Norm

Die Vorschrift geht durchgängig auf EU-Recht zurück. Eingeführt durch **2** das 2. Gesetz zur Stärkung der Verfahrensrechte von Beschuldigten im Strafverfahren und zur Änderung des Schöffenrechts v. 27.8.2017 (BGBl. I 3295) diente sie zunächst der Umsetzung von Art. 5 Abs. 2 – 4 RL 2013/48/EU. Schon kurz darauf kam es mit dem Gesetz zur Stärkung der Verfahrensrechte von Beschuldigten im Jugendstrafverfahren zu einer ganz erheblichen Umgestaltung der Norm. Hatte § 67a zunächst nur für den Fall, dass gegen den Jugendlichen ein Freiheitsentzug im JStV angeordnet wird, diverse Vorgaben für die Information seiner Erziehungsberechtigten und gesetzlichen Vertreter gemacht, stellt die Vorschrift nunmehr durch Einfügung (des § 67 Abs. 2 aF als) Abs. 1 nF und durch eine Erweiterung der übrigen Absätze eine **umfassende** Ausgestaltung der **elterlichen Unterrichtung** dar. Anlass hierfür war der dahingehende Umsetzungsbedarf, den die Anerkennung eines Rechts des Jugendlichen auf Information des Trägers der elterlichen Verantwortung in Art. 5 RL (EU) 2016/800 mit sich gebracht hatte, und zwar auch hinsichtlich der insofern zu berücksichtigenden Einschränkungen (RegE BT-Drs. 19/13837, 22).

3   Dem Normtext nach legt § 67a nF allein amtliche (Unterrichtungs-) Pflichten und deren Durchbrechungen fest. Die jeweilige Verpflichtung impliziert allerdings unausgesprochen auch einen (Unterrichtungs-)Anspruch. Dessen Inhaber sind die Eltern, was sich etwa in Abs. 6 nF iVm § 67 Abs. 4 zeigt, wonach man die Unterrichtungsrechte den „Erziehungsberechtigten und gesetzlichen Vertretern entziehen" kann. Bei dieser **formalen** elterlichen **Berechtigung** handelt es sich aber lediglich um eine rechtstechnische Lösung, die das erwähnte und eigentlich zentrale **Beschuldigten**recht auf elterliche Information einlösen soll und insofern von den Rechten des Jugendlichen **abgeleitet** ist (allg. dazu → § 67 Rn. 4). Dass die zu gewährleistende Informiertheit (entweder der Erziehungsberechtigten bzw. gesetzlichen Vertreter oder einer sonstigen Beistandsperson (Abs. 4 nF)) die Wahrnehmung der in § 67 vorgesehenen Prozessrechte (jedenfalls durch die Eltern) erleichtert, ist demzufolge auch nur ein Reflex und nicht die **Funktion** der Norm. Diese besteht vielmehr darin, „eine wirksame Ausübung der Rechte des Kindes" durch entspr. Hilfestellungen der ins Bild gesetzten Erwachsenen zu ermöglichen (RL (EU) 2016/800 Erwägungsgrund 22).

II. Unterrichtungspflichten

1. Akzessorische Mitteilungspflichten

3a   **Jede** Mitteilung, die der Jugendliche im JStV erhalten muss, hat gem. Abs. 1 nF zugleich auch an seinen Erziehungsberechtigten und gesetzlichen Vertreter zu gehen. Dies betrifft vorwiegend Entscheidungen, die das Verfahren oder einzelne Verfahrensphasen abschließen (etwa §§ 35, 170 Abs. 2 S. 2, 201 Abs. 1 S. 1, 204, 215, 232 Abs. 4 StPO), aber etwa auch diverse Benachrichtigungen (§§ 118a Abs. 1, 222 Abs. 1, 224 Abs. 1 StPO). Vor-/ Ladungen zählen ebenfalls zu den Mitteilungen (s. → Rn. 15 sowie → § 67 Rn. 11b; vgl. aber § 50 Abs. 2 als speziellere Vorschrift bei der HV). Zur **Mitteilungsform** macht Abs. 1 nF keine Vorgaben. Ungeachtet der normtextlichen Ausgestaltung als Sollvorschrift ist dies als ein Muss zu lesen, denn im Geltungsbereich des Art. 6 Abs. 2 S. 1 GG, der vor einer Verletzung der Rechtsposition des Jugendlichen wie auch der Eltern schützt, ist eine **Unterrichtung** idR **zwingend** geboten (LG Saarbrücken NStZ 2012, 167

906

mzustAnm *Möller* NStZ 2012, 114 ff.; ebenso *Trüg* in HK-JGG Rn. 15; *Kremer,* Der Einfluß des Elternrechts auf die Rechtmäßigkeit der Maßnahmen des JGG, 1984, 172; vgl. → § 50 Rn. 21; weitergehend *Sommerfeld* in NK-JGG Rn. 19). Dies gilt auch mit Blick auf Art. 5 Abs. 1 RL (EU) 2016/800, der hinsichtlich der Mitteilung keine Entscheidungsspielräume einräumt.

Keiner eigenen Mitteilung bedarf es bei Entscheidungen, bei deren **Verkündung** der Erziehungsberechtigte bzw. gesetzliche Vertreter zugegen ist (*Schatz* in Diemer/Schatz/Sonnen § 67 Rn. 32; vgl. aber § 2 Abs. 2 iVm § 35 Abs. 1 S. 2 StPO). Erfolgt die Verkündung zwar in Anwesenheit des Angeklagten (s. § 35 Abs. 1 StPO), aber in Abwesenheit des gesetzlichen Vertreters und des Erziehungsberechtigten, muss diesen folglich jene Mitteilung gemacht werden, die dem Jugendlichen im Falle seiner (hypothetischen) Abwesenheit zu machen wäre. Soweit dies eine Rechtsmittelbelehrung betrifft (§ 35a StPO), gilt Abs. 1 nF gleichfalls (ergänzt allerdings um § 70a Abs. 1 S. 2 und 3 aF bzw. § 70b Abs. 1 S. 2 und 3 nF). Dabei muss der Hinweis enthalten sein, dass das Anfechtungsrecht (§ 67 Abs. 3 aF bzw. § 67 Abs. 2 nF nur innerhalb der für den Angeklagten laufenden Frist ausgeübt werden kann (BayObLGSt 54, 51; *Dallinger/Lackner* Rn. 13; aA OLG Hamm NStZ 2009, 45). Allerdings ist nach oft vertretener Ansicht die Vorschrift des § 35a StPO nicht durchgreifend (*Potrykus* NJW 1954, 1836; *Trüg* in HK-JGG Rn. 16; aA *Sommerfeld* in NK-JGG Rn. 8; *Schatz* in Diemer/Schatz/Sonnen Rn. 33), dh das Gericht soll auch in Fällen zulässiger Rechtsmitteleinlegung zu einer **Zustellung** des mit Gründen versehenen Urteils oder zu einer Mitteilung des Urteilsausspruchs nebst Rechtsmittelbelehrung (BGHSt 18, 21 (24 ff.); OLG Hamm NStZ 2009, 45; aA OLG Stuttgart NJW 1960, 2353) nicht verpflichtet sein.

Bei Unterbleiben einer Mitteilung iSv Abs. 1 nF kann ggf. eine Verletzung der Aufklärungspflicht vorliegen. Davon abgesehen sei, so eine vormals vertretene Ansicht, kein **Revisionsgrund** gegeben (BGH MDR 1952, 564; JR 1997, 79 mkritAnm *Eisenberg/Düffer:* bloße Ordnungsvorschrift, deren Missachtung den Fortgang des Verfahrens nicht in Frage stellen solle, wenn eine Mitteilung ausnahmsweise aus tatsächlichen Gründen nicht möglich ist). Dies wird der hier vertretenen Einordnung als Mitteilungspflicht (→ Rn. 3a) aber nicht gerecht. Das gilt auch für die Verletzung der Benachrichtigungspflicht bei richterlichen und staatsanwaltschaftlichen bzw. polizeilichen Vernehmungen im **Vorverfahren,** deren Folgen sich nach allg. Grundsätzen richten (vgl. etwa *Griesbaum* in KK-StPO StPO § 168c Rn. 22 ff.; *Rieke* Vernehmung 266; BGHSt 26, 332). – Dabei haben die Einwände ggü. dem von der Judikatur entwickelten sog. **Widerspruchsverlangen** (vgl. zu Nachw. nur Eisenberg Beweisrecht StPO Rn. 426 ff.) wegen der Schutzbelange Jugendlicher und auch Heranwachsender (§ 2 Abs. 1) erhöhtes Gewicht (vgl. dagegen aber BGH BeckRS 2009, 29967 sowie auch BGH BeckRS 2016, 18316, wo betr. Rügepräklusion pauschal auf das allg. StVR verwiesen wird).

2. Aufklärungspflichten

a) Allgemeine Informationen. Nach **Abs. 2 S. 1 nF** erstreckt sich die allg. Informationspflicht, die § 70a nF hinsichtlich des Jugendlichen statuiert, auch auf die Erziehungsberechtigten bzw. gesetzlichen Vertreter. Diese sollen

3b

3c

3d

ebenfalls einen allg. Überblick über das JStV (insb. über bestehende Rechte des Jugendlichen sowie prozessuale Abläufe und Standards) erhalten. Praktisch umgesetzt werden kann dies in der gleichen Art und Form wie beim Beschuldigten (→ § 70a Rn. 5). Und zeitlich muss es „so bald wie möglich" erfolgen, dh sobald (durch sofort einsetzende Bemühungen) der Kreis der Berechtigten identifiziert und deren Erreichbarkeit festgestellt worden ist. Die Unterrichtungen gem. § 70a Abs. 2 – 4 erfolgen wie beim Beschuldigten unmittelbar nach Eintritt des Anlasses.

4   **b) Informationen bei Freiheitsentziehungen.** Bei einer freiheitsentziehenden Maßnahme im Verlauf des JStV sind den Erziehungsberechtigten bzw. gesetzlichen Vertretern gem. Abs. 2 iVm § 70a Abs. 2 – 4 nF spezielle, darauf bezogene Rechtsinformationen zu geben (→ § 70a Rn. 12 f.). Darüber hinaus verlangt **Abs. 1 aF bzw. Abs. 2 S. 2 nF,** den Anforderungen von Art. 5 Abs. 2 RL 2013/48/EU folgend, für diesen Fall zwingend eine eigene elterliche Benachrichtigung unter Anführung der **Maßnahmegründe.** Auf einen entspr. Wunsch oder auch nur ein Einverständnis des Jugendlichen kommt es hierfür nicht an. Zwar bestand nach weithin vertretener Auffassung im Falle einer Verhaftung schon vor Einführung von § 67a infolge von § 67 Abs. 2 aF eine Mitteilungspflicht (vgl. *Sommerfeld* in NK-JGG § 67 Rn. 8), doch blieb dieser Rechtszustand hinter einer ausdrücklichen Verpflichtung iSd RL zurück. Die daher eingeführte Regelung führt hier zu einer Festlegung, die zu § 114c Abs. 2 StPO iVm § 2 Abs. 2 hinzutritt (s. aber → Rn. 12 c f.). In diesem Nebeneinander der beiden Benachrichtigungspflichten schlägt sich die Differenzierung von Art. 5 Abs. 1 und 2 RL (EU) 2013/48 nieder – wobei eine Information an die Erziehungsberechtigten idR beide Vorgaben zugleich erfüllt (s. auch *Gertler* in BeckOK JGG Rn. 5).

5/6   Die Vorschrift verlangt, dass die Benachrichtigung **„so bald wie möglich"** geschehen muss. Diese Fassung bleibt hinter dem Text der Richtlinie (Art. 5 Abs. 1 und 2: „unverzüglich" bzw. „möglichst rasch") nur deshalb zurück, um die Vorschrift auch für solche Fallkonstellationen handhabbar zu machen, in denen es zunächst der erforderlichen Feststellungen bedarf (zB dazu, wer die Rechtsstellung innehat, wo die Person wohnt etc). Falls diese Informationen bereits vorliegen, muss deshalb unverzüglich benachrichtigt werden (zust. *Kaspar* in MüKoStPO Rn. 6). Da das Gesetz keine **Form** der Mitteilung vorschreibt, kann und muss diese auf einem zügig realisierbaren Weg erfolgen (idR telefonisch). – Bei **unbegleitet zugewanderten** Minderjährigen und anderen Jugendlichen, bei denen die Erziehungsberechtigten im Ausland leben und (ohne aufwändige Ermittlungen) keine Informationen über den Aufenthalt verfügbar sind, ist die Kurzfristigkeit der Mitteilung kaum sicherzustellen. In solchen Fällen muss, sofern nicht ohnehin schon ein Vormund bestellt worden war, dies kurzfristig erfolgen (vgl. auch *Gertler* in BeckOK JGG Rn. 6).

7   Unter den Begriff der **einstweiligen Freiheitsentziehung** fallen Verhaftung (§ 2 Abs. 2 iVm § 114c Abs. 1 StPO), vorläufige Festnahme (§ 2 Abs. 2 iVm § 126a Abs. 2 S. 1 StPO, §§ 127 Abs. 4, 127b Abs. 1 S. 2 StPO) sowie das Festhalten (§ 163c Abs. 1 S. 3 StPO). Ob auch sonstige Abläufe, die mit vergleichsweise kurzem Freiheitsentzug einhergehen, trotz des idR knappen Zeitraums von der Vorschrift erfasst sind, wird sich nicht generell beantworten lassen (für Untersuchung gem. § 2 Abs. 2 iVm § 81a StPO vern. *Sommerfeld* ZJJ 2016, 37; *Kaspar* in MüKoStPO Rn. 8). Hier sind mit Blick auf den Regelungszweck der Vorschrift die konkreten Bedingungen der Maßnahme und die Schutz- bzw. Beistandsbedürftigkeit des Jugendlichen (abhängig von Alter bzw. Reifeentwicklung) maßgeblich.

3. Mehrheit von Erziehungsberechtigten

Eine (unmittelbare oder entsprechende) Anwendung von § 67 **Abs. 5** **7a** **S. 3 nF** (so bzgl. Abs. 1 aF 20. Aufl. Rn. 6) ist ausgeschlossen (abw. *Sommerfeld* ZJJ 2018, 296 (299)). Ohnehin wäre eine Übertragung der Vorschrift wegen ihrer Problematik (→ § 67 Rn. 16) nicht angezeigt. Abs. 1 sowie Abs. 2 S. 1 und 2 nF stellen durch die jeweils im Plural formulierte Bezeichnung der Informationsadressaten nunmehr allerdings klar, dass **alle** Berechtigten zu unterrichten sind.

4. Adressaten der Verpflichtungen

Abs. 6 nF überträgt iVm § 67 Abs. 4 den Entzug der Informationsrechte **7b** dem JGericht. Abgesehen von dieser besonderen Maßnahme findet sich eine weitere vergleichbare Zuweisung in § 67a aber nicht. Daher sprechen normsystematische und -textliche Aspekte dafür, dass die Vorschrift generell (abgesehen von Abs. 6) jene Strafverfolgungsinstitution verpflichtet, die jeweils das Verfahren **aktuell gerade führt** (RegE BT-Dr. 19/13837, 56; s. auch → § 67 Rn. 11b) und deshalb ohnehin auch den Jugendlichen unterrichten muss. Diese Auslegung entspricht auch am besten der Vorgabe in Art 5 Abs. 1 RL (EU) 2016/800, wonach die Informationen „möglichst rasch" gegeben werden sollen (*Sommerfeld* ZJJ 2018, 296 (300)). Verfahrenspraktisch führt dies dazu, dass auch schon die **Polizei** informatorisch gegenüber den Eltern tätig werden muss (v. a. mit Blick auf Abs. 2 nF). Dass in diesem Zusammenhang dann auch die mit Abs. 3 und 4 nF verbundenen Fragen zu klären sind (→ Rn. 8 ff., → Rn. 13 ff.), begründet eine nicht unerhebliche rechtliche Entscheidungsnotwendigkeit bei der Polizei, damit zugleich aber auch polizeiliche Entscheidungsmacht (s. etwa hier → Rn. 15 zur frühen Festlegung der Beistandsperson).

III. Unterbleiben einer Unterrichtung (Abs. 3 nF)

1. Unterrichtungshindernde Gründe

a) Allgemeines. Ein rechtswirksamer **Verzicht** auf die Unterrichtung ist **7c** **nicht** möglich. Da die Informationspflichten und -rechte letztlich auf einen Anspruch des Jugendlichen zurückgehen (→ Rn. 4), käme eine solche Option ohnehin nur für diesen (nicht für die Mitteilungsempfänger) in Betracht. Doch eine entspr. Disponibilität ist in Art. 5 RL (EU) 2016/800 nicht vorgesehen. Die Vorgabe kennt lediglich die **ersatzweise** Informierung einer anderen Person. Dabei kann es sich nach Abs. 4 nF bzw. Abs. 6 nF iVm § 67 Abs. 4 um den anderen geeigneten Erwachsenen oder den bestellten Pfleger handeln. Deren Einbeziehung ist wiederum gekoppelt an zwei verschiedene Tatbestände, denen zufolge eine Unterrichtung der Erziehungsberechtigten bzw. gesetzlichen Vertreter unterbleibt: Unter den Voraussetzungen von § 67 Abs. 4 (dazu die Erl. in → § 67 Rn. 17 ff.) **kann** den

Erziehungsberechtigten und gesetzlichen Vertretern nicht nur der Bestand ihrer prozessualen Aktivrechte (§ 67 Abs. 1 – 3) dauerhaft entzogen werden, sondern gem. **Abs. 6 nF** auch das gesamte Spektrum der sich aus Abs. 1 und 2 ergebenden Unterrichtungsrechte. Außerdem **muss** eine Mitteilung und Aufklärung der Erziehungsberechtigten bzw. gesetzlichen Vertreter in den durch **Abs. 3 nF** geregelten Konstellationen unterbleiben. Der Unterrichtungsanspruch wird hier aber nicht endgültig aufgehoben, sondern gleichsam suspendiert. Faktisch mag diese Suspendierung zwar nicht selten über das ganze Verfahren hinweg anhalten, aber rechtlich ist die in Abs. 3 nF angeordnete Folge als **vorübergehende** Einschränkung konzipiert (Abs. 5 nF). Denkbar ist zudem, dass sie sich nur auf einen **Teil** der Unterrichtungen bezieht („soweit"), falls Nr. 1 oder Nr. 2 allein bei manchen Informationen gegeben sind (RegE BT-Dr. 19/13837, 57).

8   **b) Beeinträchtigung des Wohls des Jugendlichen.** Zu den von Abs. 3 nF erfassten Gründen zählen gem. Nr. 1 jene Fälle, in denen begründeter Anlass für die Annahme besteht, dass das Wohl des Beschuldigten infolge der Unterrichtung beeinträchtigt würde (ähnlich bereits die Umsetzung von Art. 5 Abs. 2 S. 1 RL (EU) 2013/48 durch die Ermessensnorm in Abs. 2 S. 1 aF). Dabei geht es nach der Klarstellung in Abs. 3 Nr. 1 nF einmal um Sachverhalte iSv § 51 Abs. 2 S. 1 Nr. 3, in denen die Berechtigten nach ihrem Informiertwerden **gefährdende Reaktionen** gegenüber dem Jugendlichen zeigen könnten (n. dazu → § 51 Rn. 17 sowie auch *Sommerfeld* ZJJ 2016, 37 f.). Eine derartige Lage wird einer „erheblichen Kindeswohlgefährdung" in ihrer familienrechtlichen Auslegung (etwa BGH NJW 2005, 672 (673)) regelmäßig entsprechen oder jedenfalls sehr nahe kommen. Dass das Merkmal der „erheblichen Beeinträchtigung des Wohls" daran gemessen jedoch weiter und offener zu interpretieren sein soll (RegE BT-Dr. 19/13837, 57 f.), zeigt sich bereits im Verweis auf § 67 Abs. 4 S. 1 und S. 2. Hiernach darf nämlich auch bei elterlicher **Tatverstrickung** (dazu → § 67 Rn. 17a) und/oder einer drohenden **missbräuchlichen** Prozessrechtswahrnehmung zu Lasten des Beschuldigten (dazu → § 67 Rn. 18) keine Mitteilung erfolgen. Dabei handelt es sich um Fälle, in denen der Entzug des Unterrichtungsrechts möglich wäre (Abs. 6 nF), aber in Wahrnehmung des zurückhaltend (→ § 67 Rn. 19) auszuübenden Ermessens unterbleibt.

9–11   Im Übrigen können ausweislich des Normtextes („insbesondere") grds. auch sonstige, dem Wohl des Jugendlichen erheblich abträgliche Aktivitäten der Berechtigten unter Nr. 1 nF fallen (abw. *Kaspar* in MüKoStPO Rn. 10 bzgl. Abs. 2 S. 1 aF, wobei aber die dort vertretene enge Auslegung der RL-Vorgabe nicht hinreichend Rechnung trug). Normsystematisch genügt dafür jedoch nur eine hinreichend substantiierte Besorgnis hinsichtlich einer gewichtigen Interessenverletzung, weil die **unbenannte** Beeinträchtigung iSv Nr. 1 ähnlich schwer wiegen muss wie die beiden benannten Fälle.

12   **c) Erhebliche Gefährdung des Zwecks der Untersuchung.** Abs. 3 Nr. 2 nF (s. auch die Umsetzung von Art. 5 Abs. 3 Buchst. b RL (EU) 2013/48 durch die Ermessensnorm Abs. 3 S. 1 aF) regelt die Konstellation der erheblichen Gefährdung des Untersuchungszwecks (vgl. hier – für das allg. StVR – zum allerersten verfassungsrechtlichen Gebot effektiver Strafverfolgung BVerfG NJW 2012, 833 ff.). Ausmaß, Konkretisierung und Dringlichkeit der Gefährdung müssen einen Grad haben, durch den eine ähnliche Relevanz wie bei den Fällen von Nr. 1 erreicht wird, so dass die mit der

Mitteilung an sich zu realisierenden Belange dahinter in ihrem **Gewicht zurückstehen** (ähnlich *Gertler* in BeckOK JGG Rn. 20). Mit Blick auf die Möglichkeiten der Zeugenbeeinflussung, der Beweismittelmanipulation oder des verzögerungsbedingten Beweismittelverlustes (RegE BT-Dr. 19/13837, 58) genügen vage Befürchtungen oder geringfügige Ausprägungen deshalb nicht. Dies gilt erst recht für die Annahme, infolge der Unterrichtungen könnten die Erziehungsberechtigten bzw. gesetzlichen Vertreter ihre prozessualen Möglichkeiten nutzen oder den Jugendlichen zur Wahrnehmung seiner Rechte bewegen. Selbst wenn dies die Aktivitäten der Strafverfolgungsinstitutionen erschweren sollte, handelt es sich dabei von vornherein jedoch nicht um eine „Gefährdung" iS der Norm.

d) Unerreichbarkeit. Abs. 3 Nr. 3 nF betrifft Konstellationen, in denen **12a** die Identität oder der Aufenthalt der Berechtigten unbekannt ist oder die Unterrichtung aus anderen Gründen unmöglich wäre (s. auch → § 51 Rn. 25d). Gewisse Erschwerungen oder ein absehbar erhöhter Aufwand genügen für die Unerreichbarkeit nicht oder jedenfalls nur, wenn sich auf diese Weise allein eine **unverhältnismäßig späte** Unterrichtung erreichen ließe. Wie lang eine in diesem Sinne „angemessene Frist" ist, hängt von der Bedeutung der Information, den Konsequenzen der Nicht-/Unterrichtung und dem etwaigen prozessualen Eilbedarf ab (dazu n. → § 67 Rn. 11i).

2. Wegfall der unterrichtungshindernden Gründe

Das Unterrichtungsverbot besteht nur, solange die Gründe iSv Abs. 3 nF **12b** bestehen (so bereits 20. Aufl. Rn. Rn. 12 f. zu Abs. 3 S. 1 aF). Nach deren Wegfall leben die Unterrichtungspflichten (→ Rn. 3a ff.) wieder ohne Einschränkungen auf (Abs. 4 S. 1 nF). Die allg. Informationen (→ Rn. 3d) sind zudem nachzuholen, sofern der Instruktionszweck nicht wegen des zwischenzeitlichen prozessualen Fortgangs obsolet geworden ist (Abs. 4 S. 2 nF).

3. Haftsachen

Die neben Abs. 2 S. 2 bestehenden Pflichten gem. § 114c StPO sehen in **12c** Haftsachen deutlich geringere Einschränkungen der Benachrichtigungsrechte und -pflichten als Abs. 3 nF vor. Nach § 114c Abs. 1 StPO darf dem Verhafteten die Möglichkeit, eine verwandte oder Vertrauensperson selbst zu benachrichtigen, allein aus den in (→ Rn. 12) erörterten Gründen verweigert werden, nicht aber in den von Abs. 3 Nr. 1 und 3 nF erfassten Konstellationen (→ Rn. 8–11, → Rn. 12a). Daher wird teilw. vertreten, dass diese Einschränkungen im JStV leer laufen könnten, falls der Jugendliche sich auf § 114c Abs. 1 StPO beruft (*Gertler* in BeckOK JGG Rn. 21.2). Auch angesichts dieser unplausiblen Konsequenz wird man in Abs. 3 jedoch richtigerweise eine **Sonderregelung** (§ 2 Abs. 2) sehen müssen, die die Benachrichtigungsfragen speziell für Jugendliche und deren Bezugspersonen umfassend austariert. Deshalb ist die Benachrichtigung gem. § 114c Abs. 1 StPO im JStV nur vorbehaltlich der dortigen Einschränkungen zulässig (vgl. dazu auch *Sommerfeld* ZJJ 2016, 38). Dass es sich bei Haftsachen um eine eigene Materie handelt, die sich vom allgemeinen Regelungsbereich des § 67a abhebt, widerspricht dem nicht. Es ist kaum anzunehmen, dass der Gesetzgeber bei Erlass von Abs. 3 nF und in Kenntnis des bereits existierenden § 114c StPO davon ausging, dass bspw. das dem Kindeswohl dienende Verbot in Abs. 3 Nr. 1 nF bei U-Haft de facto bedeutungslos sein könne.

12d Das besagte Vorrangverhältnis besteht auch bzgl. **§ 114c Abs. 2 StPO.** Diese Vorschrift verpflichtet das Gericht, nach der Vorführung des verhafteten Beschuldigten eine angehörige oder Vertrauensperson zu benachrichtigen – und zwar ohne dass hier Einschränkungen vorgesehen wären. Die Unterrichtung kann hiernach also nicht länger als bis zur Vorführung, die nach der Festnahme unverzüglich zu veranlassen ist (§§ 115, 128 StPO), und der dort erfolgenden Haftanordnung unterbleiben. Faktisch wäre das in Abs. 3 geregelte Verbot ab diesem Zeitpunkt also gänzlich folgenlos (so bei Abs. 3 aF 20. Aufl. Rn. 13). Auch an diesem Punkt ist indes davon auszugehen, dass in Form von Abs. 5 nF eine jugendstrafrechtliche Sonderbestimmung besteht. Von deren Maßgaben (→ Rn. 12b) wird die Frage, ab wann eine unzulässige Benachrichtigung wieder erfolgen muss, abschließend normiert.

IV. Kompensatorische Unterrichtung

13 Unterbleibt eine Benachrichtigung der Erziehungsberechtigten und des gesetzlichen Vertreters gem. Abs. 3 nF, hat die Unterrichtung gem. Abs. 4 nF stattdessen bei einem anderen geeigneten Erwachsenen zu erfolgen (ebenso in Umsetzung von Art. 5 Abs. 2 S. 1 RL (EU) 2013/48 bereits Abs. 2 S. 2 aF). Ob eine volljährige Person in diesem Sinne **geeignet** ist, bestimmt sich – wie bei den insofern gleichgelagerten Regelungen in §§ 51 Abs. 6, 67 Abs. 3 nF – nach ihrer Bereitschaft und Fähigkeit, die Interessen des Jugendlichen sachgerecht zu schützen und so an der Gewährleistung seiner Belange sowie an seiner Förderung und Integration mitzuwirken (n. auch → § 51 Rn. 25a).

14 Bei der Beistandsperson kann, aber muss es sich nicht unbedingt um einen Angehörigen handeln (Erwägungsgrund 55 der RL (EU) 2013/48 nennt Verwandte nur als Beispiel). In Betracht kommt gem. Abs. 4 S. 3 nF auch der für das konkrete Verfahren zuständige **Vertreter der JGH** (→ § 51 Rn. 25b), wodurch die gegenüber der JGH ohnehin bestehenden Mitteilungspflichten (→ § 70 Rn. 17 ff.) erweitert würden. In Übereinstimmung mit den Schutzbelangen des Jugendlichen sieht Abs. 2 S. 3 aF bzw. Abs. 4 S. 2 nF iÜ vor, dem Jugendlichen Gelegenheit zu geben, eine volljährige Person seines Vertrauens zu bezeichnen. Die Ausgestaltung als Soll-Vorschrift wird nach allg. Grundsätzen dahingehend zu interpretieren sein, dass von der Einholung des **Vorschlags** gar nicht und von dessen Realisierung nur bei Nachweis von Tatsachen, die eine Nichteignung belegen, abgesehen werden darf (erg. → § 51 Rn. 25a; zust. *Kaspar* in MüKoStPO Rn. 12).

15 Eine **praktische** Konsequenz besteht darin, dass die Beistandsperson in Fällen, in denen die Notwendigkeit ihrer Einbeziehung (bzw. das Vorliegen von Abs. 3) frühzeitig klar wird, **alsbald** (in Abstimmung mit dem Jugendlichen) **festzulegen** ist. Unter dieser Voraussetzung kann (und sollte) sie den Beschuldigten nämlich unterstützend bei Vernehmungen und Untersuchungshandlungen (§ 67 Abs. 3 nF) sowie in der HV (dort mit Äußerungsrecht) begleiten (§ 50 Abs. 6 und 7 nF). Die dafür vorausgesetzten (Termins-)**Benachrichtigungen** können (und müssen) dann gem. Abs. 4 S. 1 auch ihr gegenüber erfolgen (weil bspw. eine Vor-/Ladung zu den Mitteilungen iSv Abs. 1 zählt).

Notwendige Verteidigung

68 Ein Fall der notwendigen Verteidigung liegt vor, wenn

1. im Verfahren gegen einen Erwachsenen ein Fall der notwendigen Verteidigung vorliegen würde,
2. den Erziehungsberechtigten und den gesetzlichen Vertretern ihre Rechte nach diesem Gesetz entzogen sind,
3. die Erziehungsberechtigten und die gesetzlichen Vertreter nach § 51 Abs. 2 von der Verhandlung ausgeschlossen worden sind und die Beeinträchtigung in der Wahrnehmung ihrer Rechte durch eine nachträgliche Unterrichtung (§ 51 Abs. 4 Satz 2) oder die Anwesenheit einer anderen geeigneten volljährigen Person nicht hinreichend ausgeglichen werden kann,
4. zur Vorbereitung eines Gutachtens über den Entwicklungsstand des Beschuldigten (§ 73) seine Unterbringung in einer Anstalt in Frage kommt oder
5. die Verhängung einer Jugendstrafe, die Aussetzung der Verhängung einer Jugendstrafe oder die Anordnung der Unterbringung in einem psychiatrischen Krankenhaus oder in einer Entziehungsanstalt zu erwarten ist.

Schrifttum *Augustin,* Das Recht des Beschuldigten auf effektive Verteidigung, 2013; *Baumhöfener,* Jugendstrafverteidiger – eine Untersuchung im Hinblick auf § 74 JGG, 2007; *Bessler,* Zur Verteidigung und Beistandschaft von straffällig gewordenen Jugendlichen, 2000; *Cohnitz,* Der Verteidiger in Jugendsachen, 1957; *Fuchs,* Der Verteidiger im Jugendstrafverfahren, 1992; *Gersch,* Jugendstrafverteidigung, 1988; *Hahn,* Die notwendige Verteidigung, 1975; *Hartmann,* Die Anordnung von U-Haft, 1988; *Kunz,* Die Erscheinungsformen der Konfliktverteidigung und die Reaktionsmöglichkeiten der Justiz, 2013; *Peters,* Fehlerquellen im Strafprozess, Bd. 2, 1972; *Pies* (Hrsg.), Strafvollzug an Jugendlichen, 1982; *Schmidt-Hieber,* Verständigung im Strafverfahren, 1986; *Walter* (Hrsg.), Strafverteidigung für junge Beschuldigte, 1997; *Walter ua,* Täter-Opfer-Ausgleich aus der Sicht von Rechtsanwälten, 1999.

Übersicht

I. Anwendungsbereich

1. Persönlicher Anwendungsbereich

1 Die Vorschrift gilt für **Jugendliche** auch in Verfahren vor den für allg. Strafsachen zuständigen Gerichten (§ 104 Abs. 1 Nr. 10).

2 Auf **Heranwachsende** finden − vor JGerichten wie vor den für allg. Strafsachen zuständigen Gerichten − (nur) Nr. 1 und 4 der Vorschrift in ihrer aF bzw. Nr. 1, 4 und 5 in ihrer nF Anwendung (§§ 109 Abs. 1, 112 S. 1, 2; RL).

2. Verfahrensbezogener Anwendungsbereich

3 **a) Vereinfachtes JVerfahren.** Auch in diesem Verfahren (näher → §§ 76 −78 Rn. 24) ist von einer grundsätzlichen Geltung der Regeln über die notwendige Verteidigung auszugehen (vgl. schon *Potrykus* NJW 1965, 1950; *Bottke* ZStW 1983, 69 ff. (98 f.) sowie *Bottke* BMJ 1987, 80; *Sommerfeld* in NK-JGG Rn. 2; einschr. *Grethlein* NJW 1956, 1365 und NJW 1966, 143). Die Gegenstände dieser Regeln betreffen allerdings nahezu ausschließlich Fallgestaltungen, die eine Verhandlung und Entscheidung im vereinfachten JVerfahren als ungeeignet (§ 77 Abs. 1 S. 1) oder für die Wahrheitsfindung als abträglich erscheinen lassen (insb. bei eingeschränkter Verteidigungsfähigkeit oder -möglichkeit (vgl. zB § 68 Nr. 1 iVm § 140 Abs. 2 StPO)). Wird hier dennoch ein vereinfachtes JVerfahren betrieben, ist dem Angeklagten beim Vorliegen einer der in § 68 genannten Voraussetzungen ein Verteidiger **beizuordnen** (OLG Düsseldorf OLGSt JGG § 76 Nr. 1 = NStZ 1999, 211) und ggf. gleichzeitig ein Beschluss nach § 77 Abs. 1 zu erlassen (vgl. auch

Sommerfeld in NK-JGG Rn. 2). Der Verteidiger wird dann bevorzugt um eine Einstellung gem. §§ 45, 47 bemüht sein (vgl. RL 1 zu § 76 sowie zu § 77). – Ein Wahlverteidiger darf im vereinfachten JVerfahren nicht zurückgewiesen werden.

b) Vollstreckungsverfahren. Die Vorschrift des § 68 gilt für dieses Verfahren entsprechend (§ 83 Abs. 3 S. 2). **4**

c) OWi-Verfahren. Im Verfahren vor der Verwaltungsbehörde verfährt diese nach Nr. 1 iVm § 140 Abs. 2 S. 1 StPO (vgl. § 60 S. 1 OWiG; vgl. *Seitz/Bauer* in Göhler OWiG § 60 Rn. 36) – Nr. 2 entfällt schon deshalb, weil allein das Gericht die dort genannten Rechte entziehen kann (§ 67 Abs. 4). Nr. 3 gilt ohnehin nur für die HV (→ § 51 Rn. 4), Nr. 4 scheidet wegen § 46 Abs. 3 S. 1 OWiG aus. Die Rechtsfolgenerwartung iSv Nr. 5 nF kommt bei Ordnungswidrigkeiten nicht in Betracht. Auch im gerichtlichen Verfahren kann im Wesentlichen nur § 68 Nr. 1 und Nr. 2 iVm § 46 Abs. 1 OWiG einschlägig sein. **5**

II. Allgemeines zur Verteidigung

1. Aufgaben

a) Beistand. Der Verteidiger steht in einem Beistandsverhältnis zu dem jugendlichen bzw. heranwachsenden Beschuldigten (zur diesbzgl. Kontroverse im allg. StVerf etwa *Wohlers* in SK-StPO Vor § 137 Rn. 4 ff.). Daher ist es ihm weder erlaubt, Verteidigungshandlungen ohne oder gar gegen den Willen des Beschuldigten vorzunehmen (zu seltenen Ausnahmen aufgrund der psychischen Verfassung des Beschuldigten (dazu *Eisenberg* NJW 1991, 1258)), noch sich etwaigen Vorgaben des Beschuldigten zu unterstellen. Er muss sich hinsichtlich seines Vorgehens vielmehr stets um einen Konsens mit dem Jugendlichen bemühen (wegen eines im Einzelfall (möglicherweise zu respektierenden) etwa geäußerten Willens des Beschuldigten zu dessen Nachteil s. BGH BeckRS 2015, 12159 mAnm *Eisenberg* StV 2016, 709). Eine **vordringliche Aufgabe** besteht darin, den (zumal unerfahrenen, vgl. auch *Semrau ua* MschKrim 1995, 40; s. zudem *Köpcke-Duttler* ZfJ 2001, 244 (247)) Beschuldigten von (zusätzlichen) Beeinträchtigungen durch das JStV einschließlich von Rechtsfolgen zu verschonen (zur Frage, ob dabei der Erziehungsauftrag (§ 2 Abs. 1) einschränkende Wirkungen entfaltet, näher → Rn. 9 ff.). **6**

b) Verfahrensabschnitte. Schon im **Ermittlungsverfahren** als dem oft ergebnisprägenden Verfahrensstadium kommt dieser Funktion des Verteidigers – nicht nur, aber besonders bei U-Haft (vgl. VerfG Bbg JR 2003, 192; zum Kostenvorschuss *Schmitz* NJW 2009, 41) – eine wesentliche Bedeutung zu (zur notwendigen Verteidigung in dieser Phase → § 68a Rn. 8 ff.). Nahezu jeder Beschuldigte ist hier, besonders bei überraschender Konfrontation mit dem Vorwurf, situativ überfordert – weil kaum eine hinreichende Kenntnis über die eigenen Handlungsmöglichkeiten besteht, weil die affektive Verwicklung ein rationales Entscheiden erschwert, weil der Wissensstand der Behörden und die Tragweite des eigenen Vorgehens kaum zu beurteilen sind. Die darauf beruhende Unterstützungsbedürftigkeit (dazu und zur situativen Vulnerabilität der Betroffenen allg. EGMR NJW 2009, 3707 (3708)) **6a**

zeigt sich bei Jugendlichen besonders, und das gerade im Zusammenhang mit der Vernehmung (vgl. zum Anspruch auf Anwesenheit § 163a Abs. 4 S. 3 StPO iVm § 2 Abs. 2; zur Dokumentation § 168b Abs. 2 S. 2 und Abs. 3 S. 2 iVm § 2 Abs. 2; zum Fragerecht §§ 163a Abs. 4 S. 3, 168c Abs. 1 S. 2 StPO iVm § 2 Abs. 2). Dort geht es ua um die Beratung des Jugendlichen, ob dieser von seinem Schweigerecht Gebrauch machen sollte. Noch mehr als im allg. StVerf wird ein möglichst frühzeitiges erstes Gespräch (auch ohne Aktenkenntnis) anzustreben sein (vgl. auch *Reisenhofer,* Jugendstrafrecht in der anwaltlichen Praxis, 2. Aufl. 2012, § 4 Rn. 88; gegen überhöhte Beschleunigung aber *Mertens/Murges-Kemper* ZJJ 2008, 256 (259)). Es sollte, unter Erläuterung der Schweigepflicht des Verteidigers ggü. jedem Dritten, mit dem Jugendlichen allein geführt werden. Dies gilt stets (auch dann, wenn von diesem oder den Erziehungsberechtigten ein gutes internes Einvernehmen dargetan wird), weil eine wie auch immer geartete Beeinflussung durch die Anwesenheit der Erwachsenen kaum einmal auszuschließen sein wird (n. *Zieger/Nöding* Verteidigung Rn. 185: „unter vier Augen"). – Im Einzelnen hat der Verteidiger seinen Mandanten zB darüber zu informieren, dass dieser weder ggü. der JGH noch ggü. einem etwa befassten Sachverständigen (n. → § 43 Rn. 52, 52a) verpflichtet ist, sich selbst zu belasten, und dass ihm vielmehr ein **Schweigerecht** zusteht (§ 136 Abs. 1 S. 2 StPO iVm § 2 Abs. 2). Das Gleiche gilt bzgl. der (polizeilichen) Vernehmung zum Tatvorwurf. Der Jugendliche ist darüber ins Bild zu setzen, dass es eine sog. „verspätete" Einlassung nicht gibt und er insb. im Falle eines vorläufigen Absehens von einer Aussage keine nachteiligen Folgen zu besorgen hat (vgl. schon *Eisenberg* NJW 1988, 1250 f. mN).

6b Im **Zwischenverfahren** hat der Verteidiger, insb. falls das Hauptverfahren vor der JKammer oder dem Erwachsenengericht stattfinden soll, die Zuständigkeit zu prüfen und etwa veranlasste Rügen unverzüglich (wegen §§ 40 Abs. 4, 47a) geltend zu machen (vgl. näher *Zieger/Nöding* Verteidigung Rn. 200 f.). Ansonsten wird er ggf. prüfen, ob ein Antrag auf Abtrennung (zwecks Eröffnung des Verfahrens bei dem JRichter oder JSchG) begründet erscheint (vgl. auch → § 47a Rn. 8, → § 103 Rn. 12 ff., 18). Das kann zB auch bei Bindungen an oder Druck durch eine Gruppe mehrerer Angeklagter angezeigt sein (n. auch → § 103 Rn. 10), zumal bei Anwendung des § 247 StPO ohnehin alsbald eine Unterrichtung über den „wesentlichen" Inhalt der Vernehmung zu geschehen hat (wenngleich dies nur in den Grenzen der fallbezogenen Kenntnisse des Vorsitzenden (auch betr. seither nicht in die Verhandlung eingebrachter Details) geeignet sein kann (vgl. *Eisenberg/Schlüter* JR 2001, 342)). – In Vorbereitung auf die **HV** wird der Verteidiger dem Jugendlichen zuzusichern haben, dass dieser stets das Recht hat, sich mit ihm bei für ihn unverständlichen oder gar ihn verwirrenden Fragen zu beraten. Weist der Beschuldigte altersuntypisch ausgeprägte Defizite in der Beteiligungsfähigkeit aus (vgl. etwa *Johnston ua* JForensPsychiatPsych 27 (2016), 802 ff.; → § 5 Rn. 70 ff.), hat der Verteidiger dem nachzugehen. Hinsichtlich der Verteidigungsstrategie speziell in der HV gelten im JStV grds. keine Besonderheiten. Absprachen (eingeführt in das allg. StVR durch Gesetz v. 29.7.2009 (BGBl. I 2353)) haben, abgesehen von gesetzlich vorgegebenen Einschränkungen (vgl. zusf. *Eisenberg* Beweisrecht StPO Rn. 42 ff.), in der Praxis auch des JStV iÜ rechtstatsächlich eine gewisse Bedeutung, wogegen grundsätzliche Einwände bestehen (→ § 2 Rn. 47 ff.).

c) Beschleunigung. Im Allg. hat der Verteidiger auf möglichst beschleu- 7
nigte Erledigung des Verfahrens (*Breymann* BMJ 1987, 111) bzw. Möglichkeiten „vorbereitender Schlichtung" (*Schüler-Springorum* BMJ 1987, 192)
Bedacht zu nehmen und insofern ggf. eine Einstellung etwa gem. §§ 45, 47
anzustreben (unabhängig von den persönlichen vergütungsrechtlichen Konsequenzen). Im Einzelnen wird er in geeigneten Fällen zB aus erzieherischen
Gründen ebenso wie im Hinblick auf die Voraussetzungen ua der §§ 45, 47
ggf. bei dem Jugendlichen die Erbringung von Wiedergutmachungsleistungen anregen (*Viehmann* BMJ 1987, 104 ff.; teilweise einschr. *Sessar* BMJ
1987, 113 ff.; *Schreckling* BMJ 1987, 141 f. sowie deutlicher aus Verteidiger-
sicht schon *Zieger* StV 1982, 305 (308), zw.). Dies gilt ggf. auch für die
Bereitschaft zu einem TOA (zu dessen Bewertung durch Verteidiger s.
Kreutz/Walter in Walter ua, Täter-Opfer-Ausgleich aus der Sicht von
Rechtsanwälten, 1999, 32 ff.) und für besondere erzieherische Maßnahmen
durch Erziehungsberechtigte bzw. andere Personen oder Institutionen.

Zudem wird der Verteidiger – unter der Voraussetzung des Einverständ- 7a
nisses des Jugendlichen – idR und ohnehin in Fällen einstweiliger Unterbringung bzw. von U-Haft (vgl. dazu → § 72a Rn. 5) mit der JGH das
Gespräch suchen (nach *Gersch,* Jugendstrafverteidigung, 1988, 122 f. selten),
zumal diese oftmals Informationen über die Verhandlungs- und Entscheidungspraxis des zuständigen JRichters hat und ggf. bereit ist, nach Fertig-
stellung ihres Berichts eine Kopie direkt dem Verteidiger zuzusenden (vgl.
zum Ganzen *Zieger* StV 1982, 305). Auch bedarf der Verteidiger der Kenntnis der zu einer etwaigen **Rechtsfolgen**durchführung (regional) als geeignet
geltenden Einrichtungen (zum Vollstreckungsverfahren → § 83 Rn. 9, zu
Vollzugsangelegenheiten → § 92 Rn. 159).

d) Rechtsmittel. Zu den erzieherischen Gründen, die zur Einlegung 7b
eines Rechtsmittels Anlass geben könnten, vgl. etwa → § 55 Rn. 6.

e) Häufigkeit. Tatsächlich ist der Anteil von JStV unter Mitwirkung eines 8
Verteidigers – unbeschadet einer eingeschränkten Vergleichbarkeit – deutlich
niedriger als der entsprechende Anteil im allg. StVerf (s. zu früheren Jahren
die Tabelle sowie betr. LG-Bezirk Bielefeld *Bandilla,* DVJJ Rundbrief 131,
Juni 1990, 25: 8%; für NRW *Walter* in Walter, Täter-Opfer-Ausgleich aus
der Sicht von Rechtsanwälten, 1999, 24 ff.). Allerdings hängt der Grad der
damit verbundenen faktischen Schlechterstellung davon ab, ob die Verteidigereinbindung überhaupt (zwangsläufig) zu Vorteilen bzw. günstigeren Pro-
zessergebnissen für die Beschuldigten führt. Die wenigen Befunde zur Effektivität der Verteidigertätigkeit sind indes widersprüchlich und eher unergiebig (n. und mwN dazu *Eisenberg/Kölbel* Kriminologie § 30 Rn. 36 ff. sowie
§ 29 Rn. 21, § 31 Rn. 62 f. speziell zu Effekten bei der U-Haft und Strafzumessung). Für BtM-Delikte ergaben sich bei *Bandilla* DVJJ Rundbrief
131, Juni 1990, 26 Hinweise auf eine erhöhte Wahrscheinlichkeit einer
Einstellung unter Auflagen (bei strafrechtlich vorbelasteten Angeklagten).
Allerdings liegen hierzu auch abw. Daten vor (vgl. *Ludwig-Mayerhofer/Rzepka*
Zeitschrift für Rechtssoziologie 1993, 115 (129); *Hock-Leydecker,* Die Praxis
der Verfahrenseinstellung im Jugendstrafverfahren, 1994, 98 ff.).

Prozentualer Anteil der HV mit Verteidigern an der Gesamtzahl der Verfahren 8a
mit HV (nach Berechnungen des BMJ (Rieß), FS Sarstedt, 1981, 261 (303) bzw.
StV 1985, 211, sowie ab 1984 BT-Drs. 10/6739, 11 (neuere Zahlen nicht
verfügbar))

Jahr	JRi	Strafri	JSchöffenG	SchöffenG
1971	18,3	54,6	46,1	54,4
1972	19,2	54,1	45,3	52,4
1973	20,2	54,9	46,5	53,9
1974	20,0	54,8	44,8	52,7
1975	21,7	56,8	44,9	54,4
1976	22,0	57,8	45,7	56,1
1977	22,3	58,6	47,2	56,8
1978	24,0	57,4	47,7	59,6
1979	23,1	60,8	47,5	58,1
1980	23,1	61,2	48,7	59,9
1981	23,0	60,9	48,6	59,5
1982	21,6	58,4	47,9	59,2
1983	20,9	57,7	47,2	60,8
1984	22,0	–	48,2	–
1985	23,8	–	47,8	–
1986	25,7	59,1	–	–

Nach einer Zusammenstellung der Bundesregierung für das Jahr 2006 (BT-Drs. 16/13142, Anlage 35 Tabelle 39) betrugen die Anteile der Mitwirkung von Verteidigern in erstinstanzlichen Strafverfahren bei AG und LG mit HV bei dem JRichter 19,1%, bei dem JSchG 79,8%, bei der JKammer 99,2% und in JStrafverfahren zusammen 30,3% ggü. 55,4% in Verfahren nach allg. StVR (wegen der Unterschiede zwischen den Ländern vgl. die vorgenannte Tabelle).

2. Verhältnis zum Erziehungsauftrag (§ 2 Abs. 1)

9 Ob von einer Bindung bzw. **Einschränkung** der Verteidigertätigkeit durch den das JGG beherrschenden Erziehungsauftrag (§ 2 Abs. 1) ausgegangen werden muss, ist teilw. **umstritten.** Die Frage hat vorrangig bei Kriterien zur Auswahl eines notwendigen Verteidigers (vgl. n. → § 68a Rn. 25) praktische Relevanz.

9a **a) Allg. Befähigung.** Das Prozessverhalten von Verteidigern jugendlicher Beschuldigter unterscheidet sich insg. wohl wenig von dem im allg. StVerf (Befragungsdaten bei *Semrau ua* MschKrim 1995, 34 ff.). Rechtstatsächlich ist ferner davon auszugehen, dass mitunter Verteidiger in JStV weder einschlägige Spezialkenntnisse aufweisen noch sich hinreichend auf das konkrete Verfahren vorbereiten. Insofern verlangen die besonderen Schutzbelange des Beschuldigten (§ 2 Abs. 1) eine Kompensation seitens der Strafjustiz (nicht erörtert zB in BGH BeckRS 2017, 136083 betr. Nichteinhaltung der RevBegründungsfrist; näher *Augustin,* Das Recht des Beschuldigten auf effektive Verteidigung, 2013, 149 ff. (zum allg. StR)). Auch sind mitunter Honorarabsprachen zu beanstanden.

b) Erzieherische Kriterien. Die Auffassung, der Verteidiger unterliege **9b** einer Bindung an das Erziehungsprinzip (vgl. vormals § 42 Abs. 2 RJGG), gründet im Wesentlichen auf der Annahme, das JStV werde ausschließlich oder doch ganz überwiegend im Interesse des Angeklagten durchgeführt. Hiervon ausgehend wurde für den Verteidiger vereinzelt eine gesetzliche Pflicht postuliert, auf die Verhängung der erzieherisch am ehesten geeigneten Maßnahme auch dann hinzuwirken, wenn im Einzelfall mildere, aber weniger geeignete Rechtsfolgen erreichbar erscheinen (*Potrykus* RdJB 1956, 202; *Cohnitz,* Der Verteidiger in Jugendsachen, 1957, 65). Mitunter wird in Abwandlung dieser Grundauffassung der Versuch einer Trennung zwischen eher strafenden und vorwiegend erzieherisch geprägten Rechtsfolgen des JGG unternommen: nur bei den zweitgenannten, zu denen insb. die sog. „nicht-stationären" Maßnahmen gehörten, könne eine – allerdings nicht überprüfbare – Bindung der Verteidigertätigkeit an das Erziehungsprinzip bejaht werden. Der Verteidiger solle hier nicht das pädagogisch Sinnlose, aber weniger Belastende anstreben (*Beulke* StV 1987, 458; *Schaffstein/Beulke/ Swoboda* JugendStrafR 663; *Schlüchter* BMJ 1987, 29).

Demgegenüber sind derartige Bindungen des Verteidigers abzulehnen **10** (ebenso bspw. *Kaspar* in MüKoStPO Rn. 6; *Laubenthal/Baier/Nestler* Jugend-StrafR Rn. 256; *Pieplow* in BMJV 2017, 95 ff.; *Mager* Bonner Rechtsjournal 2009, 14 (18); offen geblieben bei OLG Hamburg NJW 1998, 621 f.). Denn ebenso wie im allg. StVerf umfasst auch bei Anwendung von JStR der **Anspruch** des Beschuldigten **auf effektive Verteidigung** (Art. 6 Abs. 3c EMRK) den Rechtsfolgenausspruch (*Bottke* BMJ 1987, 53; *Bessler,* Zur Verteidigung und Beistandschaft von straffällig gewordenen Jugendlichen, 2000, 24; ähnlich *Zieger/Nöding* Verteidigung Rn. 149). Dies ergibt sich daraus, dass wegen des Zusammenhangs mit Tatvorwurf und Strafverfolgung grundsätzlich keine jugendstrafrechtliche Rechtsfolge von vornherein als von strafenden Elementen gänzlich frei gelten kann (vgl. allg. zum Verhältnis von Strafe und Erziehung *Albrecht* JugendStrafR 67 ff.; vgl. auch → Einl. Rn. 40). – Zudem scheitern Abgrenzungsbemühungen nach überwiegenden Charakter der Rechtsfolge bereits am Fehlen allgemeingültiger Bemessungskriterien für die Schwere der jeweils drohenden Sanktionen. So kann für den Jugendlichen (sowohl subjektiv als auch objektiv) selbst die Erteilung einer Weisung tatsächlich mit der Zufügung eines nicht unerheblichen Übels verbunden sein. Aus dem gleichen Grund ist auch die Annahme einer Verpflichtung, sich bei mehreren alternativ in Frage kommenden Rechtsfolgen mit jeweils gleicher Eingriffsintensität für die erzieherisch sinnvollste einzusetzen (*Hartman-Hilter* Verteidigung 24 f.), kaum weiterführend. Eine einheitliche Beurteilung hinsichtlich der erzieherischen Wirksamkeit von Maßnahmen wird sich zudem ohnehin selbst im konkreten Einzelfall nicht erreichen lassen (*Fuchs,* Der Verteidiger im Jugendstrafverfahren, 1992, 52; *Schaffstein/Beulke/Swoboda* JugendStrafR 663).

Im Übrigen würde die mit einer erzieherischen Bindung der Verteidiger- **11** tätigkeit uU einhergehende Verletzung der Erwartung des jugendlichen Beschuldigten, gegen jeden – wodurch auch immer motivierten – staatlichen Eingriff verteidigt zu werden, einen erzieherisch eher abträglichen Vertrauensbruch darstellen (zust. *Bessler,* Zur Verteidigung und Beistandschaft von straffällig gewordenen Jugendlichen, 2000, 58; vgl. auch *Zieger/Nöding* Verteidigung Rn. 152). Insofern ist die Akzeptanz ggü. dem JStV (*Fuchs,* Der Verteidiger im Jugendstrafverfahren, 1992, 41 ff.) eine wünschenswerte Folge der Tätigkeit als einseitiger, mögliche staatliche Eingriffe abwehrender Interessenvertreter, soweit die prozessualen Vorgänge für den Jugendlichen transparent werden und für ihn der Eindruck eines fairen Verfahrens entsteht, an dem er uU mitzuwirken bereit ist (dazu auch → Rn. 13). – Im Einzelnen ist demnach zB der Verteidiger, der die Tatschuld des Jugendlichen kennt, nicht etwa aus erzieherischen Gründen verpflichtet, dessen Überführung zu fördern (vgl. BGHSt 2, 375 (377); *Cohnitz,* Der Verteidiger in Jugendsachen, 1957, 59, 65 f.) oder von einem Antrag auf Freispruch mangels Beweises abzusehen.

12 Innerhalb dieses vorgegebenen funktionalen Rahmens ist eine erzieherische Ausgestaltung der Verteidigertätigkeit durchaus angebracht. Soweit der Verteidiger zB bzgl. bestimmter Ausführungen der Meinung ist, der Jugendliche sollte zur Vermeidung erzieherischer Nachteile keine Kenntnis davon erlangen, kann er im Ausnahmefall eine vorübergehende Ausschließung des Jugendlichen von der HV anregen. Auch dabei ist jedoch äußerste Zurückhaltung angezeigt, weil eine etwa vorhandene Vertrauensgrundlage zwischen Verteidiger und Jugendlichen beeinträchtigt werden könnte (s. aus der Sicht des Verteidigers krit. *Zieger* StV 1982, 305 (310); vgl. betr. erzieherisch eher abträgliche Wirkungen → § 51 Rn. 5 ff.).

13 Seitens der beteiligten Behörden- und **Justizakteure** wird dem Verteidiger bisweilen eine gewisse **Skepsis** entgegengebracht, etwa mit Blick auf dessen Eigeninteressen oder seine Wirkung auf erzieherische Belange (vgl. schon *Cohnitz,* Der Verteidiger in Jugendsachen, 1957, 57; s. auch *Luther* NJ 1986, 334). Er scheint gelegentlich als „Störgröße" wahrgenommen zu werden, die nicht nur die „Überführung" des Beschuldigten erschwere, sondern auch die erzieherische Einflussnahme durch die Ausschöpfung von Rechten konterkariere (vgl. die entspr. Anhaltpunkte bei *Rieke* 2003, 99). Nahe gelegt wird dies auch durch empirische Hinweise auf die Gefahr, bei und wegen Hinzuziehung eines Verteidigers im JStV mit einer im Vergleich härteren Sanktion rechnen zu müssen (*Ludwig-Mayerhofer/Rzepka* in Walter, Strafverteidigung für junge Beschuldigte, 1997, 112 ff.; für die USA *Armstrong/Kim* Crime & Delinquency 2011, 827). Derartige Haltungen mögen auf der Verkennung des Umstandes beruhen, dass aufgrund eines ggf. entstandenen Vertrauensverhältnisses zum Jugendlichen die Rolle des Verteidigers für die Wahrheitsfindung und somit auch für die Rechtsfolgenbestimmung eine außerordentlich bedeutsame sein kann. Dies dient dann nicht nur der **Aufklärungspflicht** (§ 2 Abs. 2, § 244 Abs. 2 StPO), sondern ggf. auch der Vermeidung des **erzieherisch** höchst abträglichen oder gar zerstörerischen Unrechtsempfindens, das sich bei Jugendlichen einstellt, wenn die gerichtliche Überzeugungsbildung nach deren Wissen die wahren Geschehensabläufen verfehlt. Auch wird der (für die Urteilsakzeptanz wichtige) Eindruck, den die Jugendlichen von der **prozeduralen Gerechtigkeit** gewinnen, durch eine als engagiert erlebte Verteidigung offenbar merklich gestärkt (*Casper/Typer/Fisher* Law & Society Review 1988, 483 (497 f.); zum Forschungsstand *Kölbel* FS Schild, 2018, 60 ff.).

3. Wichtige prozessuale Rechte

a) **Akteneinsichtsrecht.** Auch der **Verteidiger** im JStV hat das Recht 14
auf umfassende (also zB die JGH-Berichte oder das VollstrHeft (LG Ulm
StraFo 2012, 378 betr. allg. StR) einschließende) Akteneinsicht § 147 StPO
iVm § 2 Abs. 2; speziell betr. U-Haft § 147 Abs. 2 S. 2 Hs. 2 StPO iVm § 2
Abs. 2 („idR"; krit. *Michalke* NJW 2010, 18)). Zweifelhaft ist die Bejahung
von § 147 Abs. 2 S. 1 StPO iVm § 2 Abs. 2, wenn sich die Gefährdung auf
ein anderes StVerf bezieht (zu zumindest konkreter Gefahr *Groh* DRiZ 1985,
52; *Eisenberg* NJW 1991, 1260). Schwerlich vertretbar zumal im JStV wäre
die Verneinung der Alt. 3 des § 147 Abs. 5 S. 2 StPO bei Haft in anderer
Sache (vgl. LG München StV 2006, 11; *Lüderssen/Jahn* in Löwe/Rosenberg
StPO § 147 Rn. 160b; aA BGH StV 2012, 321 mablAnm *Tsambikakis;
Meyer-Goßner/Schmitt* StPO § 147 Rn. 39). – Inwieweit der Verteidiger dem
Jugendlichen – bzw. dem Erziehungsberechtigten oder gesetzlichen Vertreter
– Kenntnis vom Akteninhalt geben darf oder muss, richtet sich wie im allg.
StR in erster Linie nach den Erfordernissen der Verteidigung. Erzieherische
Belange sind hierbei soweit als möglich zu beachten (vgl. die Intention der
§§ 46, 51, 54 Abs. 2; s. auch schon *Tröndle* Zbl 1953, 190 (195)), doch treten
sie im Konfliktfall zurück (*Lüttger* NJW 1951, 744; *Radbruch* StV 1993, 554;
vgl. → Rn. 12). Belange der JGH dürfen das Verhältnis des Verteidigers zum
Jugendlichen nicht berühren (tendenziell anders *Brunner/Dölling* Rn. 6).

Unter den Voraussetzungen des § 147 Abs. 4 StPO (zur Tragweite im allg. 14a
StVR *Kempf* StV 2001, 206 f.; *Dedy* StraFo 2001, 153) steht der Anspruch
auf ermessensfehlerfreie Prüfung der Erteilung des Akteneinsichtsrechts
auch dem **Jugendlichen** ebenso wie dessen Erziehungsberechtigtem und
gesetzlichem Vertreter (§ 67) zu (vgl. aber BT-Drs. 18/12203, 74: „kein
uneingeschränktes Akteneinsichtsrecht" (zum allg. StVR)), und zwar einschließlich des (zu einem Teil der Strafverfahrensakten gewordenen) JGH-
Berichts (ebenso *Wohlers* in SK-StPO § 147 Rn. 53). Bei der Prüfung ist in
engen Grenzen (vgl. → § 54 Rn. 43, 45) der Schutzgedanke des § 54 Abs. 2
zu berücksichtigen.

b) **Verkehrsrecht.** Der Verteidiger hat das Recht, **mit** dem jugendlichen 15
Beschuldigten, auch wenn dieser sich in U-Haft oder im JStVollzug
befindet (vgl. auch betr. „Anbahnungsgespräche" → § 72 Rn. 16, → § 92
Rn. 92a), mündlich und schriftlich zu verkehren (§ 148 StPO; näher
→ § 89c Rn. 54, 57, → § 92 Rn. 89, 174). – Ist der Beschuldigte der
deutschen Sprache nicht mächtig, steht ihm ein kostenfreier Dolmetscher zu
(vgl. § 187 Abs. 1 StPO iVm § 2 Abs. 2; s. auch § 163a Abs. 5 StPO; Art. 6
Abs. 3 Buchst. e EMRK; betr. Korrespondenz im Einzelfall bejahend OLG
Celle StraFo 2011, 186; LG Freiburg NStZ-RR 2012, 292 (betr. allg.
StVR)). Dies gilt auch für ein Erstgespräch mit einem Wahlverteidiger (vgl.
zum allg. StVerf LG Bielefeld StraFo 2011, 217: auch dann, wenn ihm bereits
ein sateine Herkunftssprache beherrschender Pflichtverteidiger zugewiesen
ist). Zur Geeignetheit gehört ggf. auch, dass eine gewisse Sachkunde bzgl.
Rechtsverständnis und -wirklichkeit im Herkunftsland des Beschuldigten
besteht (n. *Eisenberg* Beweisrecht StPO Rn. 1517; *Eisenberg* JR 2013, 447 f.;
zur funktionellen Bedeutung für das Verhältnis zum Verteidiger *Schlothauer/
Wieder/Nobis* U-Haft Rn. 24 ff.).

c) **Gebühren und Auslagen.** Vgl. hierzu → § 74 Rn. 17 f. 16

III. Wahlverteidigung

1. Allgemeines

17 Nach europarechtlichen Vorgaben (Art 6 Abs. 1 RL (EU) 2016/800 iVm Art. 3 Abs. 1 und 2 RL (EU) 2013/48) muss dem Beschuldigten im JStV „rechtzeitig" bzw. „unverzüglich" ein Zugang zu einem Rechtsanwalt ermöglicht werden (dazu auch 20. Aufl. Einl. Rn. 12i). In Übereinstimmung hiermit ist ebenso wie im allg. StVerf auch in jeder Lage des JStV (zum Vollstreckungsverfahren → § 83 Rn. 9, zu Vollzugsangelegenheiten → § 92 Rn. 174) die Wahl eines Verteidigers (s. hierzu §§ 137 f. StPO) zulässig (§ 2 Abs. 2; zur Belehrung § 70a Abs. 1 aF bzw. § 70b Abs. 1 nF). Eine erzieherische Qualifikation des (Wahl-)Verteidigers ist nicht vorausgesetzt (aber auch → Rn. 9b ff.). Für eine Versagung der Genehmigung gem. § 138 Abs. 2 StPO iVm § 2 Abs. 2 sind die Anforderungen wegen altersbezogen engerer Möglichkeiten zur Vertrauensbildung ggf. eher höher als im allg. StVR, zumal die Belange der Strafrechtspflege im JStV hinter dem Erziehungsauftrag zurückstehen (§ 2 Abs. 1) und täterorientiert zu würdigen sind. – Ob der gelegentlich geäußerte Vorschlag (vgl. schon *Potrykus* Anm. 3; zust. *Kreuzer* StV 1982, 438 (440)), zur Qualitätssicherung bei den Rechtsanwaltskammern diverse Listen von im JStR erfahrenen Verteidigern zu führen und ggf. zugänglich zu machen, den erzieherischen Belangen auch mit Blick auf die erforderliche Innovation und altersspezifische Variabilität zugutekommt, ist offen (iE ebenso *Beulke* BMJ 1987, 187).

2. Beauftragung

18 **a) Durch den Jugendlichen.** Die Entscheidung, einen Verteidiger zu wählen, ebenso wie die Wahl desselben, kann der Jugendliche **selbstständig** treffen (vgl. → § 67 Rn. 3). Allerdings wird dieses Recht durch die allg. Hürden, die bei der Verteidigermobilisierung generell wirksam werden (*Eisenberg/Kölbel* Kriminologie § 30 Rn. 31: fehlende Mittel und kulturelle Distanz bei bestimmten gesellschaftlichen Gruppen) und die bei jungen Menschen besonders ausgeprägt sein dürften, faktisch beschränkt. So besteht zwar hinsichtlich der zivilrechtlichen Verpflichtung ein unterhaltsrechtlicher Anspruch des Jugendlichen auf elterliche Übernahme der Verteidigerkosten (vgl. auch *Zieger/Nöding* Verteidigung Rn. 172: Honorar nach RVG ist sog. Sonderbedarf). Doch zugleich können sich praktische Schwierigkeiten insofern ergeben, als die nach §§ 107 ff. BGB mangelnde Berechtigung zum Abschluss einer (Honorar-)Vereinbarung (allgA; vgl. nur OLG Schleswig NJW 1981, 1681) die Befugnis zur Verteidigerwahl faktisch unterläuft (vgl. *Zieger* StV 1982, 306 Fn. 11).

18a **b) Durch gesetzliche Vertreter und Erziehungsberechtigte.** Die Beauftragung eines Verteidigers können für den Jugendlichen auch die gesetzlichen Vertreter (§ 137 Abs. 2 StPO) und Erziehungsberechtigten (§ 67 Abs. 3 aF bzw. § 67 Abs. 2 nF) aus **eigenem Recht** vornehmen (zu Divergenzen bzgl. Einlegung und Rücknahme von Rechtsmitteln durch den Verteidiger vgl. → § 55 Rn. 5 ff.; zu den Kosten vgl. → § 74 Rn. 17 ff.). Auch dann wird der Verteidiger von Anfang an klarzustellen haben, dass deren

Eigeninteressen (zB Verbergen familiärer tatrelevanter Missstände) nur dann berücksichtigt werden, wenn sie mit den Interessen des Jugendlichen übereinstimmen (zur Frage der Respektierung eines (etwa geäußerten) Willens der Jugendlichen zu dessen Nachteil → Rn. 6).

c) Durch mehrere Beteiligte. Soweit ausnahmsweise der Jugendliche 19 und die gesetzlichen Vertreter bzw. Erziehungsberechtigten **verschiedene** Verteidiger mit unterschiedlicher Zielsetzung beauftragt haben (n. → § 67 Rn. 12 ff.), gebührt bei kollidierenden Interessen denjenigen des Jugendlichen der Vorrang, dh der von den Erwachsenen beauftragte Verteidiger hat insoweit im Allg. von einer Einflussnahme auf die Verteidigung abzusehen (*Zieger* StV 1982, 305). – Wird dagegen von verschiedenen Verfahrensbeteiligten ein und derselbe Verteidiger mit **unterschiedlichen Aufträgen** bevollmächtigt, soll dies nach *Dallinger/Lackner* Rn. 4 „nicht ohne weiteres" eine Interessenkollision darstellen (zw.; aA unter Hinweis auf § 356 StGB *Sommerfeld* in NK-JGG Rn. 6); bei Abgabe der (den Aufträgen entspr.) unterschiedlichen Erklärungen müsse der Verteidiger aber deutlich machen, in wessen Auftrag er sie abgebe. In jedem Fall **unzulässig** ist die Erfüllung eines Auftrages der gesetzlichen Vertreter und der Erziehungsberechtigten **gegen** den unmissverständlichen Willen des **Angeklagten,** sofern der Verteidiger dessen Vertretung übernommen hatte. Andernfalls würden die Wahrung der Belange des Angeklagten sowie die Voraussetzungen eines Vertrauensverhältnisses zwischen Angeklagtem und Verteidiger beeinträchtigt (zust. *Böttcher/Schütrumpf* in MAH Strafverteidigung § 53 Rn. 119; von einer entspr. Gefahr ausgehend *Zieger* StV 1982, 305 (306); sodann *Ostendorf* StV 1986, 309). Hat der Verteidiger die Vollmachten des Jugendlichen und des gesetzlichen Vertreters oder Erziehungsberechtigten eingereicht und legt er Rechtsmittel nicht ausdrücklich nur für eine der bevollmächtigenden Personen ein, so soll dies nach BGH BeckRS 2016, 15971 dahingehend ausgelegt werden können, dass das Rechtsmittel für beide eingelegt worden sei.

IV. Notwendige Verteidigung

1. Allgemeines

Das Recht auf Hinzuziehung eines Verteidigers wird rechtstatsächlich 20 oftmals nicht in Anspruch genommen. Die daraus resultierenden Unterstützungsdefizite sind indes va auf den (großen) Bereich der minder- und teilw. auch mittelschweren Vorwürfe konzentriert (→ Rn. 8 f.). In Konstellationen der notwendigen Verteidigung **(Nr. 1–5)** ist die Mitwirkung eines Verteidigers dagegen obligatorisch. Das bedeutet, dass dem Beschuldigten in diesen Fällen ab dem in § 68a bezeichneten Zeitpunkt ein Verteidiger zur Seite stehen muss. Damit wird gewährleistet, dass die Beistandsfunktion (→ Rn. 6) ausgeübt werden kann und der Jugendliche nicht auf sich selbst gestellt bleibt. In bestimmten Verfahrenslagen ist die Prozessführung hier sogar nur bei Anwesenheit des Verteidigers erlaubt, insb. in der HV (vgl. § 145 Abs. 1 StPO iVm § 2 Abs. 2; § 51a nF; s. dagegen zu Vernehmungen im Ermittlungsverfahren → § 70c Rn. 26 ff.). Deswegen wird für den Beschuldigten rechtzeitig ein sog. **Pflichtverteidiger** bestellt. Hierauf kann der Jugendliche nicht wirksam verzichten (vgl. bspw. *Meyer-Mews* ZRP 2019, 5 (6)).

Für eine Beiordnung besteht in den Konstellationen der notwendigen Verteidigung nur dann kein Anlass, wenn **bereits** ein Verteidiger (bspw. durch die Eltern) **beauftragt** worden ist (OLG Hamm NJW 1958, 641; vgl. auch § 141 Abs. 1 S. 1 StPO iVm § 2 Abs. 2). Nach § 144 StPO nF iVm § 2 Abs. 2 kann hier aber (ganz) ausnahmsweise ein zusätzlicher Pflichtverteidiger bestellt werden.

20a Das Recht der notwendigen Verteidigung transformiert das **allg. europarechtliche** Konzept, wonach der Anspruch auf Zugang zu einem Verteidiger (→ Rn. 17) durch einen flankierenden Anspruch auf Prozesskostenhilfe (Art. 4 RL (EU) 2016/1919) finanziell realisierbar zu machen ist, in das deutsche StVR. Gemessen an den EU-Vorgaben verkörpert die unmittelbare Bereitstellung einer anwaltlichen Unterstützung grds. ein funktionales Äquivalent (*Schlothauer ua* HRRS 2018, 55 (56)) und eine mindestens gleichwertige Normkonstruktion (zutr. RegE BT-Drs. 19/13829, 20; skeptisch aber *Schoeller* StV 2019, 190 (192); gänzlich abw. *Spitzer* ZRP 2019, 183: Verteidigerbeiordnung bleibt hinter Mittelgewährung zur Bezahlung eines Wahlverteidigers zurück). Jedenfalls ist sie im JStV EU-rechtskonform, weil sie den hier geltenden, speziell kinderbezogenen Vorgaben entspricht, wonach die „Unterstützung" durch einen Rechtsbeistand staatlich – also ohne Tätigwerden des Beschuldigten (s. § 68a) – „sicherzustellen" ist (Art. 6 Abs. 2 RL 2016/800; dazu n. etwa → 20. Aufl. Einl. Rn. 12i). Die Begrenzung der notwendigen Verteidigung auf die in → Rn. 21 ff. erörterten Konstellationen wird iSv Art. 6 Abs. 6 RL 2016/800 dadurch gerechtfertigt, dass es in den nicht eingeschlossenen Fällen mit Blick auf die geringe Komplexität und/oder Schwere des Vorwurfs bzw. der drohenden Rechtsfolge unverhältnismäßig wäre, eine anwaltliche Unterstützung als zwingend vorzusehen (RegE BT-Drs. 19/13837, 24; vgl. auch *Sommerfeld* ZJJ 2018, 296 (304 f.)). Dass das deutsche Recht diese Sachlagen dabei (anders als im Vorschlag von *Schlothauer ua* HRRS 2018, 55 (59)) als Regel- und nicht iSv Art. 6 RL 2016/800 als Ausnahmefall konstruiert, ist jedoch nicht unbedenklich (krit. auch *Bock* StV 2019, 508 (513)).

20b **Rechtsatsächlich** zeigen sich ohnehin **Defizite** der Pflichtverteidigung (vgl. hierzu bzgl. der Auswahl der Verteidiger → § 68a Rn. 20, 24). So weisen manche Studien (wenn auch nicht iS abschließend gesicherter Befunde) auf ein tendenziell bestehendes Gefälle zwischen Wahl- bzw. Pflichtverteidigern hin, wonach die Kontakthäufigkeit, -dauer und -dichte bei der zweitgenannten Gruppe geringer ist (vgl. etwa aufgrund von Angaben JStrafgefangener *Gersch,* Jugendstrafverteidigung, 1988, 110 f. bzw. 169 ff.; *Fuchs* Der Verteidiger im Jugendstrafverfahren, 1992, 78, 138 f.; vgl. auch *Baumhöfener* Jugendstrafverteidiger – eine Untersuchung im Hinblick auf § 74 JGG, 2007, 170 ff.; erg. *Jahn/Zink* StraFo 2019, 318 (320 f.) sowie *Eisenberg/Kölbel* Kriminologie § 30 Rn. 39 mwN). Auch liegen Anhaltspunkte dafür vor, dass die Sanktionen bei Hinzuziehung eines Wahlverteidigers etwas milder als bei einem Pflichtverteidiger ausfallen (*Rattner/Turjeman/Fishman,* Journal of Criminal Justice 2008, 43; vage Hinweise zB auch bei *Barton* MschrKrim 1988 93 (101 ff.) jeweils allg. StR).

2. Konstellationen nach angepasstem allg. StVR

21 Nach **§ 68 Nr. 1** ist im JStV dann ein Fall der notwendigen Verteidigung gegeben, wenn entweder eine der in § 140 Abs. 1 StPO aufgeführten

Einzelkonstellationen oder eine der in § 140 Abs. 2 generalklauselartig geregelten Situationen vorliegt. Hinsichtlich der diesbzgl. Einzelheiten (auch mit Blick auf § 140 Abs. 1 und 2 StPO nF (s. dazu RegE BT-Drs. 19/13829)) wird hier auf die Erläuterungen zur StPO verwiesen und iÜ allein auf einige **Besonderheiten** hingewiesen. Verglichen mit dem allg. StVerf erweitert das JStR den Katalog der Beiordnungskonstellationen nämlich nicht nur um einige Sonderfälle (Nr. 2 bis 5), sondern verlangt auch hinsichtlich der allg. Beiordnungsbedingungen (s. insb. → Rn. 23 ff.) eine extensive **jugendgemäße Interpretation** (→ § 2 Rn. 39).

a) **Nr. 1 iVm § 140 Abs. 1 StPO.** § 140 Abs. 1 **Nr. 1** StPO aF erfasste 21a
die Voraussetzungen erstinstanzl HV, die nicht vor dem AG stattfinden. Dazu
zählen insb. die Fälle des Verfahrens vor der JKammer nach § 41 Abs. 1 oder
§ 108 Abs. 3 (BGH GA 1959, 178) sowie infolge Zusammenhangs (§§ 2 ff.
StPO). Im JStV lief diese Regelung allerdings „weitgehend leer" (*Rieß* BMJ
1987, 41), weil das JSchG einen Teil des Zuständigkeitsbereiches einnimmt,
der im allg. StVerf bei der Strafkammer liegt (vgl. → § 40 Rn. 5). Daher
wurde verschiedentlich angenommen, vor dem JSchG sei gem. Nr. 1 iVm
§ 140 Abs. 2 StPO die Verteidigung entweder stets eine notwendige (vgl.
etwa *Oellerich* StV 1981, 439; *Lüderssen* NJW 1986, 27 (46); *Radbruch* StV
1993, 556 sowie *Viehmann/Walter* BMJ 1987, 196; s. auch Arbeitsgruppe
DVJJ NJW 1989, 1025 ff.; UK III DVJJ-Journal 1992, 25; de lege ferenda
Höynck StraFo 2017, 267 (273)) oder jedenfalls dann, wenn das Verfahren im
allg. StR vor der Strafkammer stattfinden würde (*Rieß* BMJ 1987, 41;
weitergehend *Hartman-Hilter* Verteidigung 76 ff.). Durch § 140 Abs. 1
Nr. StPO nF wird nunmehr iErg die erstgenannte Ansicht positiviert. Die
hierfür gegebene Begründung (BT-Drs. 19/13829, 31: bei Zuständigkeit des
Schöffengerichts wurde wegen Straferwartung gem. §§ 24, 25 Nr. 2 GVG
bislang ohnehin § 140 Abs. 2 StPO bejaht), trifft zwar nur die Gegebenheiten des allg. StVerf und nicht die des JStV (→ Rn. 24b). Doch unabhängig
davon ist eine Verteidigung vor dem JSchG angesichts des klaren Wortlauts
von Nr. 1 nF nunmehr stets erforderlich. Dies betrifft die meisten Fälle mit
absehbarer stationärer Rechtsfolgenanordnung. Während des Ermittlungsverfahrens kommt es für die frühe Bestellung gem. § 68a darauf an, dass
(bzw. ob und ab wann) hier die entspr. Zuständigkeit aufgrund des Ermittlungsstandes zu erwarten ist. Es muss also in diesem Zeitpunkt wegen eines
Vorwurfs ermittelt werden, der bei Anklageerhebung zu dieser Gerichtszuständigkeit führen würde.

Bei den Konstellationen iSv § 140 Abs. 1 Nr. 2, 4 und 5 StPO wird 22
daneben oftmals (aber nicht immer) schon § 140 Abs. 1 Nr. 1 StPO einschlägig sein. § 140 Abs. 1 **Nr. 2** StPO nF kommt allerdings auch zum
Tragen, wenn sich der Vorwurf nur formal auf ein Verbrechen bezieht, ohne
dass es dabei notwendigerweise auch um gewichtige Ereignisse geht (dazu
anhand des sog. Abziehens unter Gleichaltrigen etwa BR-Stellungnahme
BT-Drs. 19/13837, 86; zur Bedeutung dieser Variante mit Blick auf die
Registerfolgen n. aber *Eisenberg* DRiZ 2006, 123 f.; abw. *Geisler* NStZ 2002,
450 f.). Deshalb ist hier gem. § 68a Abs. 1 S. 2 nF (→ § 68a Rn. 11) bei
absehbarer Verfahrenseinstellung eine Verteidigerbeiordnung im Ermittlungsverfahren nicht erforderlich (ähnlich schon § 68a Abs. 1 Nr. 2 des
RefE vom 11.10.2018; abw. aber § 68a Abs. 1 des RegE vom 12.6.2019; n.
zur Problematik auch → § 70c Rn. 29).

22a　Vergleichsweise häufig kommt die Vorschrift des § 140 Abs. 1 **Nr. 4**
StPO zur Anwendung, und zwar rechtstatsächlich oft auch mit Bezug zu
Verfahrensabsprachen (→ § 2 Rn. 47 ff.; zur Zuständigkeit s. → § 68a
Rn. 16; zum Zeitpunkt der Bestellung auf der Grundlage von §§ 140, 141
aF s. 20. Aufl. Rn. 22b). Durch Nennung der Vorführung gem. §§ 115,
115b StPO verweist die Vorschrift dabei konkret auf die Konstellationen der
Haft- oder Unterbringungsbefehle gem. §§ 114, 126 Abs. 1, 127b, 275a
StPO iVm § 2 Abs. 2 oder gem. §§ 230 Abs. 2, 329 Abs. 3 StPO iVm § 2
Abs. 2 (speziell zu dieser sog. Sistierhaft s. *Sommerfeld* ZJJ 2019, 296 (305);
früher schon für das allg. StVerf *Morgenstern* JR 2016, 237). Hier ist bei der
darauffolgenden Vorführung des ergriffenen Beschuldigten stets eine Verteidigung notwendig (s. zur aus § 68a Abs. 2 folgenden Nichterforderlichkeit eines Antrags → § 68a Rn. 9). Im Zusammenhang mit der Vorführung
gem. §§ 128, 129 StPO verweist die Vorschrift allerdings zudem auch auf
die vorläufige Festnahme gem. §§ 127 Abs. 1 und 2, 127b Abs. 1 StPO
iVm § 2 Abs. 2. Hier liegt der Bestellungsgrund iSv Nr. 4 dagegen erst vor,
wenn ein Haftbefehl gegen den Beschuldigten beantragt und dieser deshalb
tatsächlich vorgeführt wird. Bei der vorherigen Abklärung der diesbzgl.
Notwendigkeit (etwa einer Vernehmung des Festgenommenen) ist die Verteidigung nur bei Vorliegen eines anderen Grundes (etwa einer entspr. Straferwartung iSv § 68 Nr. 5) notwendig (BT-Drs. 19/13829, 32) – wobei
dann allerdings schon vor der Vorführung auch § 70c Abs. 4 zu beachten ist.
Im Übrigen soll die Beiordnung immer dann, wenn sie allein auf Nr. 4
beruht, auf die Vorführung begrenzt sein, falls es anschließend nicht zum
Haft- bzw. Unterbringungsvollzug kommt (§ 143 Abs. 2 S. 4 StPO nF iVm
§ 2 Abs. 2.).

22b　Alle Freiheitseinschränkungen, die nicht von Nr. 4 erfasst werden, unterfallen § 140 Abs. 1 **Nr. 5** nF StPO. Damit soll ausgeglichen werden, dass in
diesen Situationen die eigenen Verteidigungsmöglichkeiten des Beschuldigten stark eingeschränkt sind (*Thomas/Kämpfer* in MüKoStPO StPO § 140
Rn. 20). Der Beiordnungsgrund ist daher bei jeder richterlich angeordneten
oder genehmigten stationären Unterbringung im Ermittlungsverfahren einschlägig, auch im Falle der §§ 38, 35 BtMG (AG Kleve StV 1984, 507 (zum
allg. StVR)) oder bei Aufenthalten in Haftvermeidungseinrichtungen bzw.
Erziehungsheimen (LG Braunschweig StV 1986, 472). Häufig liegt er auch
beim Vollzug von JStrafe, Unterbringung oder U-Haft vor – und zwar
typischerweise bei einem vom aktuellen Verfahren unabhängigen Rechts-
grund („Vollzug in anderer Sache"). Kaum noch relevant ist dabei die früher
diskutierte Frage, ob für ein anhängiges Parallelverfahren, in dem U-Haft
(bspw. wegen eines bagatellarischen Vorwurfs) nicht vollstreckt wird, zudem
auch § 140 Abs. 1 Nr. 4 StPO gilt (so zutr. OLG Frankfurt a. M. NStZ-RR
2011, 19; LG Itzehoe StV 2010, 562 mzustAnm *Tachau;* aA LG Oldenburg
ZJJ 2011, 461 mAnm *Sommerfeld* sowie (zum allg. StVR) LG Saarbrücken
StRR 2010, 308; AG Wuppertal NStZ 2011, 720; *Busch* NStZ 2011, 663).
Nach Streichung der Dreimonatsfrist in § 140 Abs. 1 Nr. 5 StPO nF StPO
bleibt der Bereich von Nr. 5 hinter dem von Nr. 4 nämlich kaum noch
zurück (RegE BT-Drs. 19/13837, 26; *Schlothauer* StV 2018, 169 (171);
Schoeller StV 2019, 190 (194)). Der Unterschied beschränkt sich lediglich
darauf, dass § 141 Abs. 2 S. 1 Nr. 2 und S. 3 StPO nF iVm § 2 Abs. 2 bei
Nr. 5 die amtsseitige Bestellung – in Abweichung von § 68a Abs. 1 S. 1 –
davon abhängig macht, dass keine Einstellung (§ 154 f. StPO, § 45) be-

absichtigt und dem Beschuldigten der Tatvorwurf eröffnet wird (n. dazu RegE BT-Drs. 19/13837, 26 f. sowie → § 68a Rn. 11).

Die Regelung des § 140 Abs. 1 **Nr.** 9 StPO liegt nicht allein vor, wenn **22c** der Verletzte durch einen beigeordneten Rechtsanwalt (§§ 397a und 406h Abs. 3 und 4 StPO) vertreten wird. Vielmehr ist die Vorschrift weit zu interpretieren und auch auf ähnliche, die Waffengleichheit ebenfalls beeinträchtigende Konstellationen anzuwenden (oder es ist hier, wenn man dem nicht folgen will, von einem Fall der Verteidigungsunfähigkeit iSv Nr. 1 iVm § 140 Abs. 2 StPO (→ Rn. 27 ff.) auszugehen). Das betrifft namentlich die Fälle, in denen der mutmaßlich Verletzte in der HV mit einem Zeugenbeistand (OLG Celle BeckRS 2000, 1767) oder mit einem Beistand gem. § 406f Abs. 1, 2 StPO erscheint (OLG Hamm ZJJ 2004, 301; ebenso zum allg. StR OLG Zweibrücken StraFo 2005, 28; vgl. auch *Meyer-Goßner/ Schmitt* StPO § 140 Rn. 31). Ebenso verhält es sich, wenn der Nebenkläger einen selbst beauftragten Rechtsanwalt (§§ 397a und 406h Abs. 3 und 4 StPO) zur Seite hat (OLG Hamm ZJJ 2004, 197; LG Essen StV 1987, 310; im allg. StVR dazu etwa LG Köln StraFo 2011, 49; *Thomas/Kämpfer* in MüKoStPO StPO § 140 Rn. 25a; *Schlothauer* KriPoZ 2019, 3 (16); einschr. aber etwa KG StV 2012, 714 mablAnm *Meyer-Goßner;* KG NStZ-RR 2016, 53; OLG Hamburg StV 2017, 149 mablAnm *Beulke/Sander*).

§ 140 Abs. 1 **Nr. 10** StPO nF entspricht weitgehend § 141 Abs. 3 S. 4 **22d** StPO aF und bezieht sich auf alle richterlichen Vernehmungen von Zeugen, Sachverständigen und Beschuldigten in und außerhalb des Ermittlungsverfahrens. Allerdings werden Konstellationen, in denen solche Maßnahmen bedeutsam sind, oft auch von anderen und spezielleren Bestimmungen in § 140 Abs. 1 StPO abgedeckt und dann in spezieller sowie vorrangiger Weise normiert (so etwa bei den haftrichterlichen Vorführungen → Rn. 22b). Der eigenständige Anwendungsbereich der in Nr. 10 geregelten Variante liegt va bei richterlichen Vernehmungen von Belastungszeugen, bei denen der Beschuldigte gem. § 168c Abs. 3 StPO iVm § 2 Abs. 2 ausgeschlossen wird und die Aussage in der HV (ggf. ohne dortige Vernehmung) gem. § 251 Abs. 2 StPO iVm § 2 Abs. 2 eingeführt werden soll (zur etwaigen Vorrangigkeit von Nr. 9 s. aber → Rn. 22c). Hier kann durch den zu bestellenden Verteidiger während der Vernehmung das Konfrontationsrecht gewahrt werden (BT-Drs. 18/11277, 28 f.; vgl. früher bereits BGHSt 46, 93 = NJW 2000, 3505). Die Bestellung ist dabei regelmäßig geboten, da Zeugenvernehmungen idR nur bei einer gesteigerten Wichtigkeit durch Ermittlungsrichter erfolgen (sei es wegen ihres Inhalts oder weil der Zeuge in der Hauptverhandlung möglicherweise nicht zur Verfügung stehen wird (BT-Drs. 18/11277, 29)).

Nach § 140 Abs. 1 **Nr. 11** StPO nF muss (wie im Wesentlichen schon **22e** nach § 140 Abs. 2 S. 3 StPO aF) ein seh-, hör- oder sprachbehinderter Beschuldigter, wenn er es beantragt, einen Pflichtverteidiger erhalten. Ohne Antrag ist von Amts wegen zu prüfen, ob die Verteidigungsfähigkeit infolge des Handicaps iSv Abs. 2 eingeschränkt ist (s. auch OLG Düsseldorf StraFo 1997, 335).

b) Nr. 1 iVm § 140 Abs. 2 StPO. aa) Grundsatz. Grds. ist im JStV **23** eine „extensive und großzügige Auslegung" (OLG Hamm StraFo 2002, 293 f.) der Generalklausel in § 140 Abs. 2 S. 1 StPO geboten (ebenso zB OLG Brandenburg NStZ-RR 2002, 184; OLG Saarbrücken StV 2007, 10;

OLG Schleswig StV 2009, 86 = BeckRS 2009, 9756; LG Bremen NJW 2003, 3646; *Bottke* BMJ 1987, 79; *Rieß* BMJ 1987, 41; *Viehmann/Walter* BMJ 1987, 199 f.). Dies gilt va auch deshalb, weil junge Beschuldigte zur eigenen Verteidigung nur begrenzt in der Lage sind (zus. *Feld* in Bishop/Feld (Hrsg.) The Oxford Handbook of Juvenile Crime and Juvenile Justice, 2012, 664 ff. mwN). Auch enthält das JGG ua im Bereich der strafrechtlichen Verantwortlichkeit (§ 3 S. 1), der Rechtsfolgenspanne sowie speziell der Rechtsmittelbeschränkung (§ 55) durchaus komplizierte Sonderregelungen. Prinzipiell ist ein Verteidiger daher umso eher notwendig, je jünger der Beschuldigte ist (insoweit für eine unwiderlegliche Vermutung *Schüler-Springorum* BMJ 1987, 193; vgl. auch OLG Celle StV 1991, 151; s. aber zu unterschiedlichen Fallkonstellationen Arbeitsgruppe DVJJ NJW 1989, 1025 ff.). In gleicher Weise ist die Anforderungsschwelle auch bei elterlichem Desinteresse und ausbleibender prozessualer Unterstützung zu senken (s. auch → Rn. 29 f.).

24 **bb) Schwere-Varianten.** Ob die **„Schwere der Tat"** die Bestellung eines Verteidigers notwendig macht, wird seit jeher danach bemessen, wie **einschneidend** die konkret absehbare **Sanktion** ist (s. auch OLG Celle MDR 1986, 164; OLG Zweibrücken StV 1986, 306 = NStZ 1987, 89 mzustAnm *Molketin; Thomas/Kämpfer* in MüKoStPO § 140 Rn. 55 mwN). Dass die „Schwere der zu erwartenden Rechtsfolge" in § 140 Abs. 2 nF als eigenständiges Kriterium (neben der Tatschwere) genannt wird, zeigt allerdings an, dass das Gewicht des vorgeworfenen Delikts durchaus die notwendige Verteidigung für sich genommen auch dort begründen kann, wo bspw. wegen Schuld- und Sanktionsmilderungsgründen oder den Prinzipien der jugendstrafrechtlichen Sanktionsbemessung eine moderate Reaktion vorhersehbar ist. Unabhängig hiervon liegt die „Schwere-Variante" in Nr. 1 iVm § 140 Abs. 2 StPO zwar nicht bei sämtlichen Arten eines zu erwartenden Zuchtmittels (AG Wiesbaden bei *Molketin* AnwBl 1994, 18), wohl aber bei Dauerarrest vor (bei JA schlechthin bejahend *Trüg* in HK-JGG Rn. 8; ebenso wohl *Höynck* StraFo 2017, 267 (273) mit Blick auf Art. 6 Abs. 6 S. 3 RL 2016/800).

24a Hinreichend schwer ist die drohende Sanktion besonders in allen Fällen der **JStrafe,** und zwar unabhängig von deren Höhe (OLG Hamm StV 2008, 120; StV 2009, 85; StV 2010, 67 (JStrafe von sieben Monaten); ähnlich OLG Schleswig StV 2009, 86 mAnm *Gubitz;* OLG Bremen StV 2017, 724 (JStrafe von acht Monaten und Zweifel an der VertFähigkeit (betr. Berufungsverfahren eines Heranwachsenden); bejahend LG Gera DVJJ-Journal 1998, 189 sowie 279; *Schaffstein/Beulke/Swoboda* JugendStrafR 666; *Sommerfeld* in NK-JGG Rn. 8; *Oellerich* StV 1981, 417; *Hartman-Hilter* Verteidigung 47 ff.; DVJJ 1993, AK IV/1; aA OLG Hamm NJW 2004, 1338; KG StRR 2013, 98 mit krit. Bspr. *Deutscher* sowie KG StraFo 2013, 357 = StRR 2014, 141 mit abl. Bspr. *Deutscher*). Keine Rolle spielt es dabei, ob die Vollstr der erwarteten JStrafe uU zBew ausgesetzt oder eine Aussetzung der Verhängung zBew gem. § 27 erfolgen wird (OLG Hamm NStZ 1982, 298; OLG Stuttgart NStZ 1982, 49; *Schaffstein/Beulke/Swoboda* JugendStrafR 666; einschr. OLG Hamm StraFo 2002, 297). Auch ist die Notwendigkeit der Verteidigung im Berufungsverfahren stets zu bejahen, wenn die Staatsanwaltschaft die Aussetzung der Vollstr zBew angreift (vgl. KG StrFo 2013, 425 (zu allg. StR)).

Die vorstehende Position wurde inzwischen insofern positiviert, als die 24b
absehbare JStrafe zur Zuständigkeit des JSchG und damit auch zur Einschlägigkeit von Nr. 1 iVm § 140 Abs. 1 Nr. 1 StPO nF führt (→ Rn. 21a).
Außerdem liegt dann stets § 68 Nr. 5 nF vor (→ Rn. 31 f.). Damit wurden
jene Teile der bisherigen Rspr. **obsolet,** die die Nr. 1 iVm § 140 Abs. 2 (im
nunmehrigen Widerspruch zu Art. 6 Abs. 6 S. 3 RL 2016/800) von der
Höhe der prognostizierten JStrafe abhängig machen wollten (bejahend erst
bei in Betracht kommender JStrafe von einem Jahr KG StV 1998, 325; OLG
Brandenburg NStZ-RR 2002, 184; vormals abw. OLG Stuttgart StV 1987,
8; vgl. erg. LG Essen ZJJ 2018, 242 (243) = BeckRS 2018, 3955: „Straferwartung von etwa neun Monaten" JStrafe; ferner BayObLG ZfJ 1995, 280
betr. Freiheitsstrafe von insgesamt zehn Monaten und Geldstrafe ggü. Heranwachsendem; s. auch OLG Zweibrücken NStZ 1987, 89; OLG Hamm ZJJ
2004, 299 f. mAnm *Spahn; Hartman-Hilter* Verteidigung 47 ff. mwN).

Im Übrigen entscheidet der Gesamtumfang der insg. an den Verfahrens- 25
gegenstand geknüpften jugendstrafrechtlichen Rechtsfolgen – auch wenn er
durch die Einbeziehung anderer verhängter Rechtsfolgen (vgl. § 31 Abs. 2)
bedingt ist (s. dazu KG StV 1998, 325; OLG Rostock StV 1998, 325 (Ls.);
OLG Düsseldorf StV 2002, 236; OLG Hamm StraFo 2002, 297; LG Frank-
furt/M. StV 1998, 326 (Teileinstellung gem. § 154 Abs. 2 StPO insoweit
unerheblich); OLG Hamm ZJJ 2004, 302 f.; LG Saarbrücken ZJJ 2010, 427).
Bei der diesbzgl. Bewertung der **Rechtsfolgengesamterwartung** bedarf es
einer individualisierenden Betrachtung. Hiernach ist der Widerruf einer
Aussetzung der Vollstr zBew, der wegen des aktuellen Verfahrens in einer
anderen Strafsache droht (dazu OLG Hamm OLGSt § 109 Nr. 1; LG
Dessau-Roßlau StraFo 2015, 515; LG Kleve NStZ-RR 2015, 51 (betr. allg.
StR, iErg vern.)), als ein die erforderliche Schwere idR begründender
Umstand zu berücksichtigen. In die Bewertung einzubeziehen ist gleichermaßen, wenn Hilfeleistungen nach § 34 SGB VIII (*Hartman-Hilter* Verteidigung 51 ff.) zu erwarten sind. Ebenso verhält es sich bei einer individuell
folgenschweren Fahrerlaubnisentziehung (BT-Drs. 19/13829, 34) oder bei
einer zu erwartenden Einziehung in erheblichem Umfang (und ohne absehbare Anwendung von § 421 StPO iVm § 2 Abs. 2). An sich muss eine sich
abzeichnende freiheitsentziehende Maßregeln iSv § 7 ebenfalls mitberück-
sichtigt und idR als ausreichend schwere Rechtsfolge betrachtet werden
(*Sommerfeld* in NK-JGG Rn. 8). Dies wirkt sich allerdings nicht aus, weil
hier ohnehin Nr. 5 (→ Rn. 32) und – da die Anordnung stationärer Maßregeln nicht in der Zuständigkeit des JRichters liegt (vgl. nur *Schatz* in
Diemer/Schatz/Sonnen § 38 Rn. 8 – auch Nr. 1 iVm § 140 Abs. 1 Nr. 1
StPO nF (→ Rn. 21) einschlägig sind.

Für das Gewicht der Rechtsfolgengesamterwartung sind iÜ auch etwaige, 25a
im Einzelfall absehbare **außerstrafrechtliche Tatfolgen** von Belang. Das
betrifft etwa zivilrechtliche Schadenersatzforderungen (OLG Celle MDR
1988, 1075; AG Saalfeld DVJJ-Journal 1994, 360; *Spahn* StraFo 2004, 84)
oder berufliche Nachteile (*Albrecht* JugendStrafR 348; *Oellerich* StV 1981,
439; s. auch Arbeitsgruppe DVJJ NJW 1989, 1025 ff.). Ähnliches gilt bei
Nichtdeutschen hinsichtlich der Gefahr drohender Ausweisung bzw. Nicht-
verlängerung der Aufenthaltserlaubnis (vgl. etwa BayVGH openjur 2015,
3238; speziell zu § 95 Abs. 5 AufenthG sowie Art. 31 Abs. 1 Genfer Flüchtlingskonvention LG Lüneburg StV 2016, 105 (zum allg. StR)) oder etwaiger
asylrechtlicher Folgen (vgl. dazu OLG Stuttgart StV 1987, 8; OLG Frank-

furt/M. StV 1993, 537; AG Hamburg StV 1998, 326 (einschr. LG Hamburg StV 1998, 327) mAnm *Sättele;* zum allg. StR LG Osnabrück StV 1984, 56 (auch bei „einfachem" Sachverhalt); OLG Zweibrücken StV 1989, 379; LG Heilbronn StV 1984, 506; LG Oldenburg StraFo 2013, 22; *Höfer* RdJB 1979, 368).

26   **cc) Schwierigkeits-Variante.** Wegen der „Schwierigkeit der Sach- oder Rechtslage" wird sich hinsichtlich **tatsächlicher** Umstände die Notwendigkeit der Mitwirkung eines Verteidigers zB bei absehbar erheblicher Dauer des Verfahrens mit einer Vielzahl von Zeugenvernehmungen (OLG Stuttgart StV 1987, 8; LG Tübingen DVJJ-Journal 1996, 197; LG Düsseldorf StraFo 1997, 307 mzustAnm *Schmitz-Justen;* ebenso speziell, wenn sämtliche Zeugen Polizeibeamte sind, LG Bielefeld StraFo 2016, 512 (zum allg. StR)) oder daraus ergeben, dass die Beurteilung der Frage der Tatschuld wesentlich von der Führung eines Indizienbeweises abhängt (allgA, vgl. nur *Hartman-Hilter* Verteidigung 70 f.). Das Gleiche gilt, wenn eine Verständigung angestrebt wird (→ § 2 Rn. 49) oder eine effektive Verteidigung nur nach vorheriger Akteneinsicht (§ 147 Abs. 1 StPO) als gewährleistet gelten kann (OLG Hamm StrFo 2002, 293; LG Essen StV 1987, 310; LG Düsseldorf StraFo 1997, 308 mzustAnm *Schmitz-Justen;* LG Saarbrücken StraFo 2016, 513 (zum allg. StVR)), speziell zB bei „Aussage gegen Aussage"-Konstellationen ohne sonstige Beweismittel (OLG Celle NStZ 2009, 175; OLG Frankfurt/M. NStZ-RR 2009, 207 (jeweils zum allg. StR)). Nicht anders liegt es (unabhängig von Nr. 4 bzw. § 140 Abs. 1 Nr. 5 StPO) in Konstellationen, in denen zum Zwecke der Persönlichkeitserforschung (zB aus Gründen der Beurteilung der Schuldfähigkeit oder der Reife) oder vor Anordnung freiheitsentziehender Maßregeln (§ 7, § 246a Abs. 1 StPO) ein Sachverständiger hinzugezogen wird (OLG Düsseldorf AnwBl 1978, 355; OLG Schleswig SchlHA 1997, 153; → § 43 Rn. 30a) bzw. wenn ein herangezogener Sachverständiger das einzige Beweismittel für den Tatvorwurf ist (vgl. LG Braunschweig BeckRS 2017, 109130: müsste „die Qualifikation des Sachverständigen oder die diesem zur Verfügung stehenden Untersuchungsmethoden" beurteilen können). Ebenso kann es sich verhalten, wenn eine – bei Jugendlichen und Heranwachsenden idR methodisch nur erschwert mögliche – Prognose nach § 81g StPO ansteht (s. auch BVerfG StV 2001, 145; *Eisenberg* Beweisrecht StPO Rn. 1690).

26a   Eine tatsächliche Schwierigkeit liegt (auch für Heranwachsende) ggf. dann vor, wenn die JGH zum Termin nicht erscheint und der Angeklagte dadurch in der geeigneten Geltendmachung seiner Belange überfordert ist (LG Hamburg NJW 2003, 3646; *Molketin* AnwBl 1998, 179; anders BayObLG ZfJ 1995, 280). Im Hinblick auf die Anwesenheitspflicht der JGH (§ 38 Abs. 4 S. 1 nF) können solche Fälle aber kaum auftreten. Bei einem pflichtwidrigen Ausbleiben der JGH ist die HV nämlich zu wiederholen (§ 38 Abs. 4 S. 3 nF) und ein restriktiv zu erklärender Anwesenheitsverzicht (§ 38 Abs. 7 nF scheidet bei drohender Überforderung des Beschuldigten aus (s. auch → § 38 Rn. 31).

26b   Anlässe für die Bestellung eines notwendigen Verteidigers ergeben sich durch **rechtliche** Schwierigkeiten zB dann, wenn es auf die Entscheidung von bislang nicht abschließend geklärten Rechtsfragen ankommt. Fallbezogen ist die Notwendigkeit regelmäßig zu bejahen, wenn das Vorliegen von Rechtfertigungs- bzw. Schuldausschließungsgründen oder einer nur eingeschränkten Schuldfähigkeit (§ 21 StGB, LG Düsseldorf StraFo 2015, 163) ernsthaft in Betracht kommt (LG Essen NStZ 1987, 184 mzustAnm *Molketin* NStZ 1987, 476; LG Aachen BeckRS 2019, 5125; *Hartman-Hilter* Verteidigung 84 f. mwN; *Beulke* BMJ 1987, 175–177; betr. Straßenverkehrsdelikte s. *Molketin* NZV 1989, 97). Das Gleiche gilt bei Fragen nach der Geeignetheit von Beweismitteln (betr. Videoaufnahme vern. aber zum allg. StVR KG StRR 2013, 99 mit krit. Bspr. *Deutscher*) sowie iZm etwa bestehenden Verwertungs- oder Verwendungsverboten (vgl. OLG Brandenburg NJW 2009, 1287; OLG Bremen BeckRS 2009, 21683; LG Köln StraFo 2016, 341 (jeweils zum allg. StR)). Ferner bedarf es bei sich mitunter ergebenden Meinungsverschiedenheiten über die strafjustitielle Amtsführung eines notwendigen Verteidigers (vgl. betr. die etwaige Notwendigkeit, einen Befangenheitsantrag stellen zu müssen, LG Bremen StV 2005, 81 (betr. allg. StR)). Ist der Jugendliche zur Anfechtung des Urteils entschlossen, so kann er eines notwendigen Verteidigers wegen der Notwendigkeit bedürfen, sich gem. § 55 zwischen den Rechtsmitteln der Berufung und der Revision zu entscheiden (n. LG Gera DVJJ-Journal 1999, 24; *Hartman-Hilter* Verteidigung 90 ff. für den Fall, dass der Verlust einer zweiten Tatsacheninstanz drohe).

dd) Variante der Verteidigungsunfähigkeit. Konstellationen, in denen 27 sich der Jugendliche iSv Nr. 1 iVm § 140 Abs. 2 StPO „nicht selbst verteidigen" kann, können aus verschiedenen Gründen auftreten (vgl. etwa BGH MDR 1952, 564; OLG Karlsruhe ZJJ 2006, 323; allg. schon *Hauber* RdJB 1979, 355; *Molketin* Zbl 1981, 199). Im Allg. gelten etwaige Anhaltspunkte als relevant, die auf eine **Unterlegenheit** im **psychischen Bereich** hinweisen, etwa eine ggf. (verdeckte) Schüchternheit oder das ausgeprägte Empfinden des Ausgeliefertseins bzw. der psychischen Schwäche (vgl. etwa OLG Hamm StV 2009, 85). Noch deutlicher ist dies bei etwaigen **Defiziten** im **Leistungsbereich** wie zB im Elementarbildungsniveau (OLG Köln StV 1991, 151; LG Gera DVJJ-Journal 1998, 189), bei Lernbehinderung (LG Dessau bei *Molketin* AnwBl 2001, 93), bei verminderter Intelligenz (KG StV 1998, 325; OLG Schleswig SchlHA 1997, 153; OLG Köln StraFo 2003, 420) oder bei Schreib-/Leseschwäche (und damit zB der Unfähigkeit, sich in der HV zur Gedächtnisunterstützung Notizen zu machen (LG Hildesheim NJW 2008, 454; LG Schweinfurt StraFo 2009, 106, jeweils zum allg. StR)). Auch können etwaige Beeinträchtigungen im (sonstigen) **Sozialverhalten** relevant sein (vgl. OLG Celle StV 1991, 151; OLG Karlsruhe StraFo 2006, 496), und zwar (ggf. in Kombination mit gesundheitlich belastenden Umständen) gerade bei Vorwürfen im Zusammenhang mit Alkohol- oder Btm-Einfluss (vgl. betr. Zurückstellung nach §§ 35, 36 BtMG OLG Jena StraFo 2009, 83; zu Btm-Abhängigkeit schon OLG Düsseldorf StV 2002, 237 (auch zum Zeitpunkt der HV)).

In solchen Fällen ist die Notwendigkeit der Verteidigung **unabhängig** 27a davon zu beurteilen, ob der Beschuldigte **„gerichtserfahren"** ist (vgl. OLG Hamm StV 1986, 305: schon „einige Male vor Gericht gestanden"; dazu auch *Albrecht* JugendStrafR 347). Eine eingeschränkte Verteidigungsmöglichkeit wird – ggf. über den Anwendungsbereich von Nr. 1 iVm § 140 Abs. 1 Nr. 4 und 5 hinausgehend – auch dann zu bejahen sein, wenn **vor** der **HV** ein **Freiheitsentzug** von nicht unerheblicher Dauer stattgefunden hat (OLG Hamm ZJJ 2004, 300 mAnm *Spahn;* AG Kleve StV 1984, 507; *Hartman-Hilter* Verteidigung 31 ff.). Zudem kann die Notwendigkeit zB bei

Interesselosigkeit der Sorgeberechtigten am Ausgang des Verfahrens bestehen (vgl. *Molketin,* Die Schutzfunktion des § 140 Abs. 2 StPO zu Gunsten des Beschuldigten im Strafverfahren, 1986, 148 f.; zur Übersicht s. *Beulke* BMJ 1987, 178–180).

27b Bei **Mitangeklagten** bzw. mutmaßlichen **Gruppentätern** kann einer der Angeklagten (ua wegen des Verbots unmittelbarer Befragung (§ 240 Abs. 2 S. 2 StPO iVm § 2 Abs. 2)) benachteiligt sein, wenn andere einen Verteidiger haben (OLG Brandenburg NStZ-RR 2002, 185; OLG Hamm ZJJ 2008, 296; LG Düsseldorf StraFo 2015, 163 (wechselseitig die Verantwortung „zuschieben"); einschränkend OLG Stuttgart StraFo 2013, 72 (zum allg. StVR)). Auch mag ihm solchenfalls seine selbstständige Verteidigung subjektiv erheblich erschwert sein (BGH 17.12.1954 – 5 StR 413/54; vgl. auch LG Frankfurt/M. StV 1983, 69 f.; LG Düsseldorf StraFo 1997, 307 mzustAnm *Schmitz-Justen; Höfer* RdJB 1979, 368). Besteht im Verfahren ein Interessengegensatz zu einem – gar erwachsenen (s. dazu AG Saalfeld StV 1994, 604 mkritAnm *Bärens* NStZ 1996, 52; weitergehend AG Saalfeld NStZ-RR 2002, 119) – Mitangeklagten, der einen Verteidiger hat, so wird sich die Notwendigkeit einer Verteidigerbestellung ggf. daraus ergeben, dass er sich uU wechselseitiger Angriffe des/der anderen Angeklagten erwehren muss (vgl. betr. Tatbeteiligung etwa LG Itzehoe StV 2013, 206 zum allg. StR; s. auch *Molketin* Zbl 1981, 201). Nicht überzeugend ist es, dass durch eine Abtrennung des Verfahrens gegen den Mitangeklagten die ursprünglich bestehende Notwendigkeit der Pflichtverteidigerbestellung wegfallen soll (so aber LG Essen ZJJ 2018, 242 = BeckRS 2018, 3955 mkritAnm Pieplow ZJJ 2018, 244: dass die bisherige Einlassung nunmehr als Zeugenaussage wiederholt werden kann, genüge nicht).

28 Bei **Nichtdeutschen** leidet die Verteidigungsfähigkeit unter ggf. mangelnden Sprachkenntnissen (vgl. ua OLG Stuttgart StV 1987, 8; OLG Frankfurt/M. StV 1993, 537; OLG Düsseldorf StV 1992, 363 mkritAnm *Wolf;* LG Bremen NJW 2003, 3646; AG Hamburg StV 1998, 326; anders LG Hamburg StV 1998, 327 mAnm *Sättele;* LG Stade StV 2019, 186; *Beulke* FS Böhm, 1999, 657 f.). Jedoch handelt es sich insoweit – auch im Hinblick auf die (unentgeltliche) Heranziehung eines Dolmetschers (§ 187 Abs. 1 GVG (vgl. auch § 2 Abs. 2, § 163a Abs. 5 StPO), Art. 6 Abs. 3e EMRK) – nicht von vornherein um einen Fall notwendiger Verteidigung (vgl. schon BGH NStZ 2001, 107; vgl. auch OLG Nürnberg NStZ-RR 2014, 183 f. (betr. allg. StR)). Umgekehrt können allerdings gewisse kulturell bedingte Kommunikationshindernisse (etwa iSv „Ungeschicklichkeit" bzw. Nichtkonventionalität) bei Personen mit **Migrationshintergrund** ggf. auch unabhängig von Sprachkenntnissen die Erörterung der Sachlage im Sinne hinreichender Verteidigungsfähigkeit in Frage stellen.

3. Konstellationen nach JStR

29 **a) Nr. 2.** Hierfür ist Voraussetzung, dass sämtlichen gesetzlichen Vertretern und Erziehungsberechtigten ihre Rechte im JStV nach **§ 67 Abs. 4** – vollständig oder in nicht unerheblichen Teilen (*Dallinger/Lackner* Rn. 12 mN) – entzogen wurden (vgl. → § 67 Rn. 20). Entsprechendes gilt, wenn die Beteiligungsrechte dieser Personen aus Gründen der Staatssicherheit gem. § 104 Abs. 3 ausgeschlossen sind (aF) bzw. ruhen (nF; vgl. dazu bereits *Dallinger/Lackner* § 104 Rn. 20; *Potrykus* § 104 Anm. 4). Sind die Erziehungsberechtigten aus tatsächlichen Gründen an der Wahrnehmung ihrer Rechte gem. § 67 gehindert (zB wegen Wohnortes im Ausland, unbekannten Aufenthaltes, etc) oder wird ihnen die notwendige Anwesenheit nicht gestattet, hat man darin teilw. − und zwar unabhängig von der Schwere der Tatvorwürfe − einen Fall der notwendigen Verteidigung in entsprechender Anwendung von Nr. 2 gesehen (dafür bei § 67 aF etwa LG Braunschweig StV 1998, 325 (Ls.); LG Lüneburg StV 1998, 326; einschr. LG Rottweil NStZ-RR 2005, 220 betr. nicht schwerwiegende Vorwürfe). Nach § 67 Abs. 3 S. 3 nF soll diese Problemlage nun allerdings primär durch die ersatzweise Hinzuziehung einer anderen erwachsenen Beistandsperson bewältigt werden (→ § 67 Rn. 11h). Wenn dies die elterliche Abwesenheit nicht ausreichend kompensiert, sei es weil die Ersatzperson bspw. nicht über die Rechte iSv § 67 Abs. 1 und 2 nF oder nicht über eine elternähnliche Beziehung zum Jugendlichen verfügt, begründet dies keine Einschlägigkeit von Nr. 2 (Gegenschluss zu Nr. 3). Es liegt dann aber regelmäßig ein Fall von Nr. 1 iVm § 140 Abs. 2 (Verteidigungsunfähigkeit) vor.

b) Nr. 3. Auch der Ausschluss der Erziehungsberechtigten und gesetzlichen Vertreter von der HV soll in erster Linie in **anderweitiger Weise ausgeglichen** werden (→ § 51 Rn. 24a; → § 51 Rn. 25a). Diese Maßnahmen sind dazu aber nicht immer geeignet. Hinsichtlich der ersatzweise hinzuziehenden Beistandsperson beruht die eingeschränkte Eignung oftmals darauf, dass sie in ihrer Rechtsstellung auf ein Anwesenheits- und Äußerungsrecht beschränkt wird (§ 51 Abs. 6 S. 3 nF) und ihre individuelle Eignung nur zu prüfen, aber kaum zu garantieren ist. Hinsichtlich der kompensatorischen Eignung der elterlichen „Unterrichtung" von dem „wesentlichen Inhalt" (§ 51 Abs. 4 S. 2) kann es mit Blick auf die Auffassungsgabe, die Merkfähigkeit und die psychische Situation (sowohl des Jugendlichen als auch) der ausgeschlossenen Personen zu Einschränkungen kommen. Zum anderen kann das Gericht wegen seines stets nur ausschnitthaften Informationsstandes immer nur eingeschränkt würdigen, was „wesentlicher Inhalt" ist. Wird der elterliche Ausschluss von der HV in Ansehung dieser Schwächen nicht vollständig kompensiert, ist nach Nr. 3 ein Verteidiger zu bestellen. − Nicht anwendbar ist Nr. 3 in den Fällen des einvernehmlichen Verlassens (§ 51 Abs. 4 S. 1) und der Entfernung gem. § 51 Abs. 3 (vgl. BT-Drs. 16/3038, 65: die Verteidigerbestellung wäre sonst für die Eltern durch enstpr. Verhalten disponierbar). Hier wird aber häufig eine Bestellung nach allg. Voraussetzungen der Nr. 1 iVm § 140 Abs. 2 StPO vorzunehmen sein (etwa wegen eines in der HV vorausgegangenen konflikthaften und daher belastenden Geschehens). 29a

c) Nr. 4. Die Bestimmung gilt zumindest dann (vgl. §§ 81, 140 Abs. 1 Nr. 6 StPO; für eine gesetzliche Erweiterung *Viehmann* BMJ 1987, 108), wenn ein ernstlicher Antrag auf Unterbringung gestellt worden ist (BGH NJW 1952, 797). Die Verteidigerbestellung ist nicht nur für das Beschlussverfahren gem. § 73 eine notwendige, sondern wirkt für das gesamte Verfahren (BGH NJW 1952, 797), und zwar unabhängig davon, ob die Unterbringung angeordnet wird oder nicht. 30

d) Nr. 5. Nr. 5 aF erfasste die Fälle der an Jugendlichen vollstreckten U-Haft oder Unterbringung gem. § 126a StPO iVm § 2 Abs. 2, wobei man unter der Vollstreckung in diesem Zusammenhang teilw. schon die Fest- 31 nahme verstand (vgl. zum allg. StVR nur *Graf* in KK-StPO § 115 Rn. 11a; *Deckers* StraFo 2009, 443; *Schlothauer/Wieder/Nobis* U-Haft Rn. 334; abw. BGH StV 2015, 144 mkritAnm *Eisenberg* StV 2015, 180). Der Verteidiger war daher „unverzüglich", dh grds. noch am gleichen Tage und, wenn irgend möglich, vor der Entscheidung des Haftrichters (vgl. auch *Trüg* in HK-JGG Rn. 14; *Villmow/Savinsky* ZJJ 2013, 388 (392 f.)) zu bestellen (Begr. BT-Drs. 11/5829, 28). Für die einstweilige Unterbringung gem. §§ 71 Abs. 2, 72 Abs. 3 wurde die entsprechende Anwendung von Nr. 5 aF befürwortet (dazu und zum Ganzen mwN 20. Aufl. Rn. 31 ff.). Da all diese Konstellationen aber durch Nr. 1 iVm § 140 Abs. 1 Nr. 4 StPO nF erfasst werden, ersetzte das Gesetz zur Stärkung der Verfahrensrechte von Beschuldigten im Jugendstrafverfahren die überflüssig gewordene Vorschrift (RegE BT-Drs. 19/13837, 24) durch Nr. 5 nF. Notwendig wird die Verteidigung hiernach bei **Erwartung** einer **stationären** Rechtsfolge, wobei hier eine objektivierte Betrachtung maßgeblich sein muss und eine Sanktionsprognose mit dem Grad der überwiegenden Wahrscheinlichkeit notwendig sein soll (RegE BT-Drs. 19/13837, 60).

32 Einschlägig ist Nr. 5 nF zunächst einmal bei Absehbarkeit von JStrafe, wobei die anzuordnende oder vorzubehaltene Aussetzung zBew (§§ 21 ff., 61 ff.) hier unerheblich ist (vgl. RegE BT-Drs. 19/13837, 59: JStrafe dann ebenfalls verhängt). Gleichgestellt werden dem ausdrücklich die sich abzeichnende Entscheidung nach § 27 und die Anordnung einer Unterbringung gem. §§ 63, 64 StGB iVm § 7 Abs. 1 (zu JA s. → Rn. 24). Einen **eigenständigen Anwendungsbereich** hat Nr. 5 allerdings auch in der nF an sich kaum – am ehesten nämlich dort, wo kein anderer Beiordnungsgrund vorliegt und die Erwartung einer JStrafe oder einer Anordnung gem. § 64 erst nach Eröffnung des Hauptverfahrens vor dem JRichter entsteht (zu diesen Sachlagen → § 39 Rn. 12). Selbst dann liegt aber oftmals auch Nr. 1 iVm § 140 Abs. 2 StPO (→ Rn. 24a f.) vor. Ist die stationäre Sanktion schon früher erwartbar, kommt eine durchgehende Überschneidung von Nr. 5 mit Nr. 1 iVm § 140 Abs. 1 Nr. 1 StPO nF (→ Rn. 21a) hinzu (vgl. dazu auch RegE BT-Drs. 19/13837, 28, 45). Für die Anwendbarkeit von § 51a ist dies aber ohne Belang (n. → § 51a Rn. 3, 5).

Zeitpunkt der Bestellung eines Pflichtverteidigers

68a (1) ¹In den Fällen, der notwendigen Verteidigung wird dem Jugendlichen, der noch keinen Verteidiger hat, ein Pflichtverteidiger spätestens bestellt, bevor eine Vernehmung des Jugendlichen oder eine Gegenüberstellung mit ihm durchgeführt wird. ²Dies gilt nicht, wenn ein Fall der notwendigen Verteidigung allein deshalb vorliegt, weil dem Jugendlichen ein Verbrechen zur Last gelegt wird, ein Absehen von der Strafverfolgung nach § 45 Absatz 2 oder 3 zu erwarten ist und die Bestellung eines Pflichtverteidigers zu dem in Satz 1 genannten Zeitpunkt auch unter Berücksichtigung des Wohls des Jugendlichen und der Umstände des Einzelfalls unverhältnismäßig wäre.

(2) § 141 Absatz 2 Satz 2 der Strafprozessordung ist nicht anzuwenden.

Übersicht

I. Anwendungsbereich

Die Ausführungen in → § 68 Rn. 1–5 gelten entsprechend. 1

II. Wirkung der Bestellung

1. Notwendigkeit und Dauer

Die Situation einer notwendigen Verteidigung hat keine selbstexekutive 2 Wirkung. Ihr Vorliegen verpflichtet aber, sofern kein Verteidiger gewählt worden ist, zur Bestimmung und förmlichen Bestellung eines Pflichtverteidigers (zur Frage der konkludenten Bestellung s. *Thomas/Kämpfer* MüKoStPO StPO § 141 Rn. 8). Ist der Akt der Bestellung erfolgt, bindet dies die fragliche Person (§ 49 BRAO). Diese rückt **sofort** in die Rechtsstellung des Verteidigers ein.

Die Wirkung der Bestellung endet gem. § 143 Abs. 1 StPO nF iVm § 2 3 Abs. 2 mit Verfahrenseinstellung oder **Rechtskraft** des Urteils. Sie umfasst also sowohl das Berufungsverfahren wie auch die Revision (zum für diese möglichen Verteidigerwechsel s. § 143a Abs. 3 StPO nF iVm § 2 Abs. 2). Angesichts der bereits mit Wirkung vom 21.12.2018 durch Gesetz v. 17.12.2018 (BGBl. I S. 2571) erfolgten Aufhebung von § 350 Abs. 3 StPO aF schließt dies die Revisions-HV ein (zur dazu früher geführten Debatte etwa *Thomas/Kämpfer* in MüKoStPO StPO § 141 Rn. 16). Auch für das Wiederaufnahmeverfahren und andere dem Urteil nachfolgende Entscheidungen, die den Inhalt des rechtskräftigen Urteils zu ändern oder zu ergänzen vermögen, bleibt die Bestellung wirksam (vgl. für das abgetrennte Einziehungsverfahren gem. § 423 StPO klarstellend § 143 Abs. 1 2. Hs. StPO nF). Das betrifft im JStV va die Entscheidung gem. § 61a bzw. den Beschluss gem. § 57 (OLG Karlsruhe StV 1998, 348 = BeckRS 1998, 2588). Selbst

935

nach Rechtskraft kann eine Verteidigerbeiordnung notwendig und noch wirksam sein (vgl. für das Vollstreckungsverfahren → § 83 Rn. 9; für den Widerruf der Straf- und Strafrestaussetzung → §§ 26, 26a Rn. 32).

2. Vorzeitige Beendigung

4 Eine vorherige Beendigung der Bestellung kann nach Maßgabe von § 143 Abs. 2 StPO nF iVm § 2 Abs. 2 bei **Wegfall der Voraussetzungen** einer notwendigen Verteidigung durch Aufhebung erreicht werden. Mit Rücksicht auf die Schutzbedürfnisse junger Beschuldigter ist diese Option jedoch (zumindest für die Fälle des § 68 Nr. 1 iVm § 140 Abs. 1 Nr. 4 StPO nF) sehr zurückhaltend wahrzunehmen. Vielfach wird sich der Jugendliche nämlich auf die anwaltliche Unterstützung eingestellt haben und deren Entziehung nicht ohne weiteres kompensieren können.

5 In einer Reihe von Konstellationen ist die Rspr. seit jeher bereit, den Pflichtverteidiger abzuberufen und durch einen anderen, neu zu bestellenden Verteidiger zu **ersetzen.** Dies gilt einmal für die **einvernehmliche** Auswechslung, die von den Gerichten aber nur anerkannt wird, wenn damit wegen der Zustimmung der Beteiligten keine Verfahrensverzögerungen und keine Mehrbelastung für die Staatskasse verbunden sind (vgl. OLG Stuttgart Die Justiz 2018, 555 = BeckRS 2017, 130397; KG NStZ 2017, 305 (306): am ehesten bei Instanzenübergang). Zum anderen betrifft dies Umstände, in denen das **Vertrauensverhältnis zerstört** ist (zur diesbzgl. Judikatur *Fromm* ZJJ 2009, 26; im allg. StVerf n. bspw. *Lam/Meyer-Mews* NJW 2012, 177). Das Vertrauen des Jugendlichen kann etwa durch Untätigkeit des Verteidigers (vgl. BGH NStZ-RR 2018, 84) oder durch das verspätete Aufsuchen im U-Haftvollzug (so LG Paderborn StV 2016, 157 = LSK 2016, 100646 bei Erstbesuch fünf Wochen nach Inhaftierung) oder durch Nichterscheinen beim Haftprüfungstermin (AG Ottweiler ZJJ 2007, 312 mAnm *Möller* ZJJ 2007, 313) geschwunden sein oder im Einzelfall durchaus auch von Anfang an fehlen (vgl. *Fromm* ZJJ 2009, 26 (28); *Zieger/Nöding* Verteidigung Rn. 150: „Verurteilungsbegleiter"). Diese Judikatur erhielt mit § 143a Abs. 2 Nr. 3 StPO nF iVm § 2 Abs. 2 eine spezielle, positiv-rechtliche Grundlage. Außerdem sehen § 143a Abs. 2 Nr. 1 und 2 sowie Abs. 3 StPO nF iVm § 2 Abs. 2 die Auswechslung des Pflichtverteidigers in anderen „schwierigen" Verteidigungsbeziehungen vor (Unzumutbarkeit für Verteidiger; aufgezwungener Verteidiger (→ Rn. 25); Erforderlichkeit revisionsrechtlicher Kompetenzen). Ein etwaiger Konflikt zwischen Gericht und Verteidiger ist dagegen kein Aufhebungsgrund (s. zum „Konfliktverteidiger" ieS etwa *Kunz,* Die Erscheinungsformen der Konfliktverteidigung und die Reaktionsmöglichkeiten der Justiz, 2013, 48 ff.). In solchen Fällen kommt es darauf an, ob der Angeklagte – ggf. nach Beratung auch durch das Gericht – an dem Verteidiger festhält (zum allg. StR eher verfehlt daher KG NStZ-RR 2009, 209 mkritAnm *Weigend* StV 2009, 573). Da es sich um eine (zentrale) Rechtsfrage des JStV handelt, bleiben fiskalische Erwägungen außer Betracht.

6 Die **Wahl eines anderen Verteidigers** führt idR zur Aufhebung der Bestellung (§ 143 StPO aF bzw. § 143a Abs. 1 StPO nF iVm § 2 Abs. 2). Dafür kommt es nicht auf das Einverständnis des Pflichtverteidigers an (LG Koblenz ZJJ 2012, 321 (322) = BeckRS 2012, 14160). Eine Aufhebung ist indes abzulehnen, wenn der bisherige notwendige Verteidiger erwiesener-

maßen in unzulässiger Weise verdrängt werden soll und der (neue) Wahlverteidiger nur bezweckt, alsbald selbst als notwendiger Verteidiger bestellt zu werden (vgl. dazu im allg. StR etwa OLG Frankfurt a. M. StV 2001, 610 = BeckRS 2000, 14210; OLG Oldenburg NStZ-RR 2009, 115 (Ls.)). Ebenso verhält es sich gem. § 143a Abs. 1 S. 2 StPO nF iVm § 2 Abs. 2, wenn die zügige Verfahrensdurchführung beeinträchtigt wäre.

III. Vornahme der Bestellung

1. Problematik des Zeitpunktes

Bis zur Neugestaltung des Rechts der notwendigen Verteidigung durch 7 die Gesetze zur Stärkung der Verfahrensrechte von Beschuldigten im Jugendstrafverfahren und zur Neuregelung des Rechts der notwendigen Verteidigung war – außerhalb der insofern eindeutigen Konstellation von § 68 Nr. 5 aF – umstritten, ob eine Mitwirkung des Verteidigers unmittelbar nach bzw. **zu Beginn** der **strafverfolgungsbehördlichen** Tätigkeit zwingend vorgeschrieben ist (bej. unter Hinweis auf § 141 Abs. 3 S. 2 StPO aF etwa schon *Ostendorf* StV 1986, 308 (309); *Viehmann* BMJ 1987, 97 (99 ff.); *Bottke* BMJ 1987, 79 f.; *Beulke* BMJ 1987, 183; DVJJ 1993, AK IV/1; *Radbruch* StV 1993, 553 (554 f.); *Rieke* Vernehmung 67 ff.). Unter Berücksichtigung der zentralen Bedeutung, die eine frühe Verteidigung für die Verfahrensergebnisse erlangen kann, und unter Beachtung der Bedeutung, die Art. 6 Abs. 3c EMRK für situativ vulnerable Beschuldigte hat (→ § 68 Rn. 6a), sprachen damals die besseren Gründe dafür, die **Notwendigkeit** der Beiordnung eines Verteidigers iSv § 68 bereits während des Ermittlungsverfahrens, und zwar ggf. wiederholt, zu **prüfen** und die Bestellung bejahendenfalls durch die StA zu beantragen (n. → 20. Aufl. § 68 Rn. 37). Mit der Neuregelung wurde diese Diskussion weitgehend obsolet.

2. Bestellung von Amts wegen

a) Entstehung der Bestellungspflicht. Der Zeitpunkt, zu dem der 8 Pflichtverteidiger in den Konstellationen der notwendigen Verteidigung zu bestellen ist, ergibt sich nunmehr – in Umsetzung von Art. 6 Abs. 3 RL 2016/800 – an sich aus § 141 StPO nF, dessen prinzipielle Anwendbarkeit sich aus § 2 Abs. 2 sowie im Rückschluss auch aus Abs. 2 ergibt. Im JStV hat die speziellere Regelung in Abs. 1 allerdings zur Folge, dass die Bestellung **spätestens** vor Beginn einer Gegenüberstellung (§ 58 Abs. 2 StPO iVm § 2 Abs. 2) oder vor Durchführung der ersten Vernehmung des Beschuldigten (§§ 44, 70c, ggf. auch nach Festnahme bzw. Verhaftung) erfolgt sein muss. Wird der Jugendliche erst im Verlauf einer (Zeugen-)Vernehmung zum Beschuldigten, muss er im fraglichen Zeitpunkt nicht nur belehrt und über den Tatvorwurf ins Bild gesetzt werden (§ 136 Abs. 1 S. 1 StPO iVm § 2 Abs. 2). Vielmehr ist ihm auch unverzüglich ein Verteidiger zu bestellen (zur notwendigen Unterbrechung einer solchen Vernehmung s. § 70c Rn. 24 ff. sowie RL 2016/800 Erwägungsgrund 29). Dies hat in sämtlichen Fallvarianten wegen der Schutzbedürftigkeit junger Beschuldigter von Amts wegen zu geschehen (RegE BT-Drs. 19/13837, 24). Abs. 1 bestimmt nämlich für das JStV, dass anders als im allg. StVerf das Vorliegen eines **Antrags**

nicht erforderlich ist. Der Jugendliche kann auf die Beiordnung deshalb nicht verzichten (→ § 68 Rn. 17), auch nicht durch Nichtausübung seines Antragsrechts (zu den sonst, dh bei Verzichtszulässigkeit drohenden rechts-tatsächlichen Problemen *Jahn/Zink* StraFo 2019, 318 (326 f.) sowie n. → § 70c Rn. 27). Die Beiordnung durch die zuständige Institution (→ Rn. 16) muss durch die jeweils verfahrensführende Stelle (→ Rn. 17) deshalb rechtzeitig ausgelöst werden, und das idR auch bei ggf. absehbarer Verfahrenseinstellung (zu Ausnahmen → Rn. 11 f.).

9   Vorausgesetzt hierfür ist allerdings, dass bei pflichtgemäßer Situationsbeur-teilung **bereits** vor bzw. während der besagten Vernehmung bzw. Gegen-überstellung ein Fall der notwendigen Verteidigung **vorliegt** (zur diesbzgl. amtsseitigen Prüfpflicht → Rn. 17). Nicht selten tritt eine Konstellation iSv § 68 jedoch erst **nach** der ersten Vernehmung bzw. Gegenüberstellung ein – sei es, weil hinterher bspw. der Vorwurf und/oder die Straferwartung ge-wichtiger wird (dazu RegE BT-Drs. 19/13837, 60) oder weil später noch diverse für § 140 StPO nF und § 68 nF einschlägige Maßnahmen angeord-net werden. In solchen Verfahren erfolgt die Beiordnung zu dem Zeitpunkt, zu dem die Bestellungspflicht nach Notwendigwerden der Verteidigung durch eines der in Abs. 1 bzw. § 141 Abs. 2 S. 1 Nr. 1 und 2 StPO nF iVm § 2 Abs. 2 geregelten Ereignisse ausgelöst wird (zur Un-/Verwertbarkeit des zwischenzeitlich erlangten Beweismaterials s. → Rn. 26 f.). Die diesbzgl. in § 141 Abs. 2 S. 2 vorgesehenen Einschränkungen gelten gem. **Abs. 2** im JStV nicht (s. dazu BT-Drs. 19/15162, 7 sowie → § 68 Rn. 22a). Zu den besagten Auslösern zählt namentlich die Durchführung einer **erneuten Ver-nehmung,** ggf. anlässlich einer **Vorführung** (bspw. gem. §§ 115, 115a, 128 Abs. 1 und 129 StPO). Auch bei Bekanntwerden eines Anstaltsaufenthalts „in anderer Sache" muss sofort eine Beiordnung erfolgen, weil dem Beschul-digten in der vorangegangenen ersten Vernehmung der Tatvorwurf bereits eröffnet worden war.

10   Die Konstellation von § 141 Abs. 2 S. 1 Nr. 3 StPO nF hat im JStV wegen der Vorrangigkeit von Abs. 1 nF (→ Rn. 8) gar keine Bedeutung (ebenso BT-Drs. 19/15162, 7) und die Relevanz des in § 141 Abs. 2 S. 1 Nr. 4 StPO nF geregelten Falls ist gering. **In aller Regel** wird die Bestellung des Pflichtverteidigers bereits **im Ermittlungsverfahren** erfolgen müssen, schon weil die von Abs. 1 gesetzte „Deadline" idR in dieser Phase längst zum Tragen kommt. Die hierfür maßgebliche Beschuldigtenvernehmung ist nämlich, sofern das Verfahren nicht eingestellt wird, zwingend noch im Ermittlungsverfahren durchzuführen (§ 163a Abs. 1 S. 1 StPO iVm § 2 Abs. 2) und dort idR auch zu wiederholen, falls das Vorwurfsgewicht erst nach der Erstvernehmung den für § 68 Nr. 1 iVm § 140 Abs. 1 Nr. 1 und 2 StPO oder § 68 Nr. 5 nF relevanten Grad erlangt (*Kölbel* in MüKoStPO § 163a Rn. 15). Nur vergleichsweise selten wird sich die Notwendigkeit der Verteidigung deshalb unabhängig von und nach der (letzten) Vernehmung bis zur Anklage (dann § 141 Abs. 2 S. 1 Nr. 4 Var. 1 StPO nF) oder gar erst im Zwischen- oder Hauptverfahren ergeben (§ 141 Abs. 2 S. 1 Nr. 4 Var. 2 StPO nF). Denkbar ist dies bei einer dann erfolgenden U-Haft bzw. Maß-nahme iSv § 68 Nr. 2 bis 4 oder auch bei einer späten Aufwertung des Vorwurfs und/oder der Straferwartung. Dann kann ggf. ein Neubeginn der HV erforderlich sein (§ 51a nF).

b) Ausnahmen bei absehbarer Verfahrenseinstellung. Unterbleiben 11
kann die amtsseitige Bestellung lediglich in zwei Konstellationen. So löst das
Bekanntwerden eines **Anstaltsaufenthalts** „in anderer Sache" (§ 68 Nr. 1
iVm § 140 Abs. 1 Nr. 5 StPO) keine Pflicht zur sofortigen amtsseitigen
Verteidigerbeiordnung aus, sofern eine Einstellung des aktuellen Verfahrens
(§ 154 f. StPO, § 45) absehbar ist und keine Ermittlungsmaßnahmen mit
Außenwirkung erfolgen sollen (s. auch → § 68 Rn. 22b). Dies ergibt sich
aus der Regelung in **§ 141 Abs. 2 S. 3 StPO** nF, die (wie der Vergleich mit
der auf § 141 Abs. 2 S. 2 StPO beschränkten Festlegung in Abs. 2 zeigt)
nach § 2 Abs. 2 im JStV anwendbar sein soll. Beruht die Notwendigkeit der
Verteidigung wiederum auf dem Vorwurf eines **Verbrechens** (§ 68 Nr. 1
iVm § 140 Abs. 1 Nr. 2 StPO), muss vor der Vernehmung oder Gegenüberstellung gem. **Abs. 1 S. 2** ebenfalls kein Verteidiger von Amts wegen bestellt
werden, wenn zu diesem Zeitpunkt von einer bevorstehenden Einstellung
(§ 45 Abs. 2 und 3) auszugehen ist und die amtsförmige Verteidigerbestellung angesichts von fallkonkret nur geringen Schutz- und Verteidigungs-
notwendigkeiten unverhältnismäßig wäre (s. auch → § 68 Rn. 22). Dies soll
bei sog. „Abziehdelikten", die trotz formaler Einordnung als Raub oder
räuberische Erpressung von geringem Unrechtsgehalt sind (BT-Drs. 19/
13837, 86), eine Überformalisierung und Verfahrensverzögerung vermeiden
(BT-Drs. 19/15162, 7).

Der Anwendungsbereich beider Ausnahmevorschriften ist jedoch auf 12
Konstellationen begrenzt, in denen die Notwendigkeit **ausschließlich** auf
den beiden genannten Gründen (Bekanntwerden des Anstaltsaufenthaltes;
Verbrechensvorwurf) beruht und nicht zugleich auch weitere Beiordnungsgründe vorliegen. Außerdem ergibt sich aus der systematischen Stellung
von Abs. 1 S. 2 und § 141 Abs. 2 S. 3 StPO, dass hier allein die Amtspflicht zur Bestellung, **nicht** aber auch der **Bestellungsanspruch** eingeschränkt wird. In den (rechtspraktisch eher theoretischen) Fällen, in denen
ein Beiordnungsantrag vorliegt, muss die Bestellung daher trotz absehbarer
Verfahrenseinstellung grds. erfolgen (vgl. auch → Rn. 13). Insb. aber hat
dies Folgen für die Notwendigkeit der audiovisuellen Aufzeichnung gem.
§ 70c Abs. 2 S. 2 (→ § 70c Rn. 20). Im Übrigen ist, falls die Einstellungs-
erwartung in den beiden Fällen später wegfallen sollte, die Beiordnung
nach der Korrektur der dahingehenden Prognose von Amts wegen **nachzuholen** (s. dazu → Rn. 9), so dass sich der Verlauf „nur" als eine Verschiebung der an sich zum früheren Zeitpunkt erforderlichen Bestellung
erweist (BT-Drs. 19/13837, 27; BT-Drs. 19/15162, 7). Für die Verwertbarkeit des zwischenzeitlich erlangten Beweismaterials kommt es dann nach
den allg. Regelungen darauf an, ob die anfängliche Einstellungsprognose
vertretbar war oder fehlerhaft bzw. sogar missbräuchlich getroffen wurde
(dazu eingehend → Rn. 26 ff.).

3. Beiordnungsantrag

Dass die Beiordnung im JStV von Amts wegen zu erfolgen hat, weil 13
Abs. 1 im Unterschied zu § 141 StPO nF keinen entspr. Antrag verlangt
(→ Rn. 8), bedeutet keineswegs, dass entspr. Anträge nicht gestellt werden
dürften. Vielmehr wird die **Zulässigkeit** des Beiordnungsantrags bereits
durch die dahingehende **Belehrungspflicht** angezeigt. Der Beschuldigte ist
nämlich unabhängig davon, ob ein Fall der notwendigen Verteidigung tat-

sächlich vorliegt oder nicht (*Schuhr* in MüKoStPO StPO § 136 Rn. 37), gem. §§ 114b Abs. 1 Nr. 4a, 136 Abs. 1 S. 3, 163a Abs. 3 S. 1 und Abs. 4 S. 2 StPO iVm § 2 Abs. 2g über seinen Anspruch auf Bestellung eines Verteidigers ins Bild zu setzen. Dabei ist erg. darauf hinzuweisen, dass es nicht um eine Honorarvereinbarung geht und der Verteidiger auch bei einer Verurteilung zumindest nicht kurzfristig und oft auch überhaupt nicht „aus eigener Tasche bezahlt" werden muss (zur möglichen Kostenbefreiung n. → § 74 Rn. 15f, 17 ff.; zum Vollstreckungsschutz bei Mittellosigkeit *Meyer-Goßner/Schmitt* EMRK Art. 6 Rn. 21). Hinzu kommen noch die explizit vorgesehenen Pflichten zur einschlägigen Unterrichtung gem. § 70a Abs. 1 Nr. 2 nF und zur Belehrung/Unterrichtung der Erziehungsberechtigten bzw. gesetzlichen Vertreter (§ 67 Abs. 2 aF bzw. § 67a Abs. 1 und 2 nF) bzgl. des auch ihnen zustehenden Antragsrechts (§ 67 Abs. 1).

14 Zeitpunkt, Adressaten und die verfahrensförmige Behandlung des mündlich oder schriftlich möglichen Bestellungsantrags ergeben sich aus §§ 141 Abs. 1, 142 Abs. 1 StPO nF iVm § 2 Abs. 2. Auch wenn der Jugendliche idR nicht beurteilen kann, ob die Bestellungsvoraussetzungen vorliegen, liegt der praktische Sinn eines solchen Begehrens grds. einmal darin, bei (noch) ausbleibender Beiordnung auf deren Vornahme zu drängen. So kann der Beschuldigte die Voraussetzungen des § 68 gerichtlich überprüfen lassen und, auch wenn Polizei und/oder StA in dieser Hinsicht nicht aktiv werden (dazu → Rn. 17), ggf. eine Bestellung bewirken (dazu etwa auch BT-Drs. 19/13829, 30; *Schoeller* StV 2019, 190 (193) für das allg. StVerf). Zum anderen bedarf es bei gegebener Wahlverteidigung, die der amtsseitig betriebenen Pflichtverteidigerbestellung idR entgegensteht (→ § 68 Rn. 20), eines entspr. Antrags (mit zumindest konkludenter Ankündigung der Mandatsniederlegung), um dank des Benennungsrechts (→ Rn. 19 ff.) eine Bestellung des (ehemals gewählten) Verteidigers zu erreichen (dazu im allg. StVerf etwa *Lüderssen/Jahn* in Löwe/Rosenberg StPO § 142 Rn. 17). Das ist im JStR sogar von besonderer Relevanz, weil hier hinsichtlich der Kosten der notwendigen Verteidigung (nach hM nicht aber jener der Wahlverteidigung (→ § 74 Rn. 15 ff.)) gem. § 74 selbst im Falle eines Schuldspruchs eine Befreiung möglich ist (zur abw. Lage im allg. StVerf *Meyer-Goßner/Schmitt* EMRK Art. 6 Rn. 21). Angesichts dieser Vorteilhaftigkeit der Pflichtverteidigung ist der Beschuldigte iÜ **auch durch** den (kontaktierten oder bereits gewählten) **Verteidiger** auf seinen Beiordnungsanspruch **hinzuweisen** (vgl. auch *Zieger/Nöding* Verteidigung Rn. 178a: Regress bei Unterlassen möglich).

15 Bestellungen infolge eines Beiordnungsantrags sind nicht nur während des Verfahrens möglich, sondern (ebenso wie unter der Geltung des § 141 StPO aF) gelegentlich auch **rückwirkend** nach dessen Ende. Dies betrifft Sachverhalte, in denen über die Beiordnung (oder über die gegen deren Versagung gerichtete Beschwerde) nicht vor Verfahrensabschluss entschieden wird, und zwar trotz rechtzeitiger Antragstellung (zum Streitsand im allg. StVerf vgl. etwa *Thomas/Kämpfer* in MüKoStPO § 141 Rn. 9). Das praktische Interesse der Beschuldigten besteht hier vielfach darin, dass mit der nachträglichen Bestellung (dh mit dem rückwirkenden Übergang von der Wahl- zur Pflichtverteidigung) die eben erwähnte Befreiung von den Verteidigerkosten einhergehen kann. Dabei handelt es sich nicht um ein missbräuchliches oder verfahrensfremdes Ziel. Vielmehr folgt die Kostenbefreiung dem Grundgedanken des § 2 Abs. 1 und dem Anliegen, erhebliche finanzielle Belastungen wegen ihrer spezialpräventiv abträglichen Implikationen zu vermeiden. Dies spricht dafür, zumindest im JStV über eine Bestellung auch noch nach Abschluss des Verfahrens zu entscheiden (so LG Neubrandenburg StV 2018, 157 = BeckRS 2016, 20411). Gleichermaßen gilt das für eine diesbzgl. Beschwerde und zwar besonders, wenn die nicht rechtzeitige Bestellung „durch gerichtsinterne Vorgänge" unterblieben ist oder unzutr. begründet wurde (iErg ebenso – gegen die überwiegende OLG-Rspr. – etwa LG Magdeburg StraFo 2003, 420 = LSK 2005, 120496; LG Bonn StraFo 2009, 106 = BeckRS 2010, 6327; *Wohlers* StV 2007, 376 (379); *Möller* ZJJ 2008, 10 (11 ff.); s. ferner 20. Aufl. § 68 Rn. 41a).

4. Zuständigkeit und Initiierung

a) Normalfälle. Die §§ 68 ff. nF enthalten keine Zuständigkeitsregelung **16** (abw. noch § 68 aF: „der Vorsitzende"), so dass es gem. § 2 Abs. 2 allein auf die diesbzgl. Vorschriften in **§ 142 Abs. 3 und 4 StPO** nF ankommt. Zuständig ist hiernach im Zwischen- und Hauptverfahren immer der Vorsitzende des Gerichts, an dem das Verfahren anhängig ist (§ 142 Abs. 3 Nr. 3 StPO nF). Im Ermittlungsverfahren liegt die Zuständigkeit in den Fällen der freiheitsentziehenden Maßnahmen iSv § 140 Abs. 1 Nr. 4 StPO nF (→ § 68 Rn. 22) beim Gericht, dem der Beschuldigte vorzuführen ist (§ 142 Abs. 3 Nr. 2 StPO nF), und ansonsten bei dem AG des Gerichtsbezirks, in dem die ermittelnde StA ihren Sitz hat oder in dem eine (für die notwendige Verteidigung relevante) Vernehmung durchzuführen ist (§ 142 Abs. 3 Nr. 1 StPO). Dabei entscheidet in diesen Fällen jeweils der JRichter (§§ 33a Abs. 2, 34 Abs. 1). Für die **Aufhebung** einer Bestellung (→ Rn. 4 ff.) ist stets das Gericht zuständig, das zum Zeitpunkt der Aufhebung für die Prüfung der notwendigen Verteidigung zuständig wäre.

Die im Regelfall während des Ermittlungsverfahrens erfolgende gericht- **17** liche Bestellung wird durch einen **Antrag der StA ausgelöst** (§ 142 Abs. 2 StPO nF iVm § 2 Abs. 2). Die Anklagebehörde muss deshalb permanent prüfen, ob ein Beiordnungsanlass entsteht und von ihr entspr. umzusetzen ist. In der Prozesswirklichkeit bedeutet dies, dass idR die Polizei die Notwendigkeit der Verteidigung (etwa anhand von Sanktionsprognosen) von Amts wegen erkennen und sodann die StA einschalten muss (dazu bspw. auch *Schlothauer* KriPoZ 2019, 3 (9)). Nach Anklageerhebung obliegt es dem JGericht, eine gebotene Verteidigerbestellung auch ohne äußeren Anstoß vorzunehmen. Werden die Ermittlungsbehörden oder das Gericht nicht von sich aus in dieser Weise aktiv, kann dies durch einen Antrag des Beschuldigten initiiert werden (→ Rn. 14).

b) Eilfälle. Für Fälle, in denen die Beiordnung sehr kurzfristig erfolgen **18** muss, sieht § 142 Abs. 4 StPO nF eine **Notzuständigkeit** der StA vor. Raum dafür ist nur, wenn die Sofortentscheidung der StA durch den Zeitbedarf einer richterlichen Einbindung erforderlich gemacht wird. Solche Situationen werden angesichts richterlicher Bereitschaftsdienste und verfügbarer Kommunikationstechnologien selten sein (vgl. auch *Schlothauer* KriPoZ 2019, 3 (9): kein diesbzgl. Bedarf). Tritt ein derartiger Fall auf, schließt sich dem ein gerichtliches Überprüfungsverfahren an. Diese gerichtliche Nachprüfung bezieht sich allerdings allein auf das staatsanwaltlich entschiedene Ob einer Nicht-/Bestellung. Für einen etwaigen Verteidigeraustausch gilt § 143a Abs. 2 Nr. 1

StPO nF entsprechend. Obwohl das Benennungsrecht des Beschuldigten und die allg. Auswahlkriterien (→ Rn. 19 ff.) auch im Eilverfahren zu berücksichtigen sind, dürften die bei der Verteidigerauswahl generell bestehenden Probleme (→ Rn. 24) bei einer Eilbeiordnung durch die StA besonders bedeutsam sein. Daher machen sich hier auch die Schwächen des Verteidigerwechselverfahrens (zur Fristproblematik → Rn. 29) gesteigert bemerkbar.

IV. Auswahl

1. Vertrauensprinzip und Benennungsrecht

19 Als Pflichtverteidiger bestellbar sind insb. Rechtsanwälte (zu Rechtslehrern und den nach § 142 Abs. 2 StPO aF theoretisch noch denkbaren Rechtsreferendaren s. *Thomas/Kämpfer* in MüKoStPO § 142 Rn. 20). Dabei darf die Auswahl unter ihnen nicht beliebig sein. Sie muss vielmehr nach bestimmten **Kriterien** erfolgen. Mangels spezieller Vorgaben im JGG gelten hierfür die entspr. Regelungen des allg. StVR, bei denen indes eine jugendgemäße Auslegung (→ § 2 Rn. 39) angezeigt ist. Danach hat die Bestimmung des Pflichtverteidigers vorrangig nach dem Vertrauensprinzip (s. allg. BVerfGE 9, 36 (38) = NJW 1959, 571 (572); BVerfGe 39, 238 (243) = NJW 1975, 1015 (1016)) zu erfolgen: Der Beschuldigte muss danach **gefragt** werden, ob er einen Verteidiger benennen will. Ihm müssen Informationen zu Kontaktwegen und dem anwaltlichen Notdienst gegeben werden. Und wenn er einen Verteidiger benennt, ist dieser idR auch zu bestellen (§ 142 Abs. 1 StPO aF bzw. § 142 Abs. 5 nF iVm § 2 Abs. 2).

20 Nach den vorliegenden Hinweisen werden Pflichtverteidiger in der Praxis nur selten von den Jugendlichen bestimmt. Die Frage, ob die Beschuldigten ihr Benennungsrecht nicht wahrnehmen oder ob sie nicht gehört werden oder ob über ihre Köpfe hinweggentschieden wird, ist empirisch zwar noch nicht widerspruchsfrei geklärt (s. zu Aktenuntersuchungen *Schoeller* StV 2017, 194 (199)); zu Praktikerbefragungen *Jahn* Zur Rechtswirklichkeit der Pflichtverteidigerbestellung, 2014, 49 ff.). Doch unabhängig davon dürfte nicht zw. sein, dass junge Beschuldigte bei der Frage der Vertrauenswürdigkeit eines Verteidigers „häufig schlicht überfordert" sind (vgl. *Böttcher/Schütrumpf* in MAH Strafverteidigung § 53 Rn. 117). Dies gilt insb., wenn ihnen für die Benennung zu wenig Zeit gegeben wird. In einer jugendgemäßen Lesart von § 142 Abs. 1 S. 1 StPO aF bzw. § 142 Abs. 5 S. 1 nF iVm § 2 Abs. 2) ist dies daher zu vermeiden. Eine sehr enge Frist oder gar eine „kurze Bedenkzeit" (BT-Drs. 19/13829, 41) darf nur gesetzt werden, wo ausnahmsweise eine umgehende Bestellung unumgänglich ist – sei es, weil dies der fraglichen Konstellation innewohnt (wie bei § 140 Abs. 1 Nr. 4 StPO mit Blick auf die Vorführfrist) oder weil für eine konkrete Vernehmung bzw. Ermittlungshandlung nachweislich besonderer Eilbedarf besteht (OLG Dresden OLG-NL 2005, 188; zur dann möglichen Auswechslung → Rn. 29). Im Regelfall muss die **Benennungsfrist** daher mindestens eine Woche betragen bzw. **so lang** bemessen sein, dass der Jugendliche sich beraten und Erkundigungen einholen (lassen) sowie ggf. auch mehrere Rechtsanwälte kontaktieren kann. Werden ohne rechtfertigenden Grund lediglich drei Tage gewährt, wird das Benennungsrecht jedenfalls „gesetzwidrig beschnitten" (LG Berlin StV 2009, 405 = BeckRS 2009, 7590). Soweit möglich, ist iÜ auch eine verfristete Benennung noch zu berücksichtigen (denn es geht hier nicht um eine Ausschlussfrist (vgl. OLG Köln StV 2015, 20 = BeckRS 2015, 968; OLG Stuttgart NJOZ 2016, 32)).

Nimmt der Beschuldigte das Benennungsrecht wahr, kann nur dann ein **21** anderer Verteidiger beigeordnet werden, wenn **wichtige Gründe** gegen die Bestellung der benannten Person sprechen (§ 142 Abs. 1 S. 2 StPO aF bzw. § 142 Abs. 5 S. 3 nF iVm § 2 Abs. 2). Zu diesen Gründen zählt die vom Gesetz genannte Verhinderung (n. *Wohlers* in SK–StPO StPO § 142 Rn. 20), wobei die Frage, ob bzw. wann der gewünschte Verteidiger nicht rechtzeitig verfügbar ist, von der objektiven Dringlichkeit der von ihm zu begleitenden Maßnahme (Vernehmung, Vorführung usw.) abhängen kann (BT–Drs. 19/ 13829, 42). Geht es um eine Beiordnung mit Blick auf eine bevorstehende Vernehmung oder Gegenüberstellung, ist die Frage, ob der Verteidiger noch **rechtzeitig verfügbar** ist, anhand der iSv § 70c Abs. 4 S. 1 nF „angemessenen" Wartezeit zu entscheiden (dazu → § 70c 25). Daneben ist iU auch ein drohender Verstoß gegen § 146 StPO iVm § 2 Abs. 2 ein wichtiger Grund. Für den Umstand, dass mehrere Mitglieder einer Anwaltskanzlei verschiedene Mitbeschuldigte derselben Tat verteidigen, gilt dies dagegen nur, wenn ein konkreter Anlass zu der Besorgnis besteht, der Verteidiger würde seiner Aufgabe nicht mit vollem Einsatz nachkommen (BVerfGE 43, 89 = NJW 1977, 99 (zum allg. StR); vgl. bspw. auch OLG Stuttgart StV 2011, 661 = BeckRS 2011, 13902; LG Essen StV 2013, 39 = BeckRS 2013, 143). Überhaupt greift die Rspr. bei sich abzeichnenden Interessenkonflikten eher zurückhaltend ein und überlässt die Situationsbewältigung den Beteiligten (vgl. zum allg StR etwa BGH NStZ 2017, 59 mkritAnm *Barton* StV 2016, 475; strenger dagegen OLG Bremen StV 2019, 175 = BeckRS 2018, 2523; n. *Pfordte/Horvat* StV 2019, 200)

Dort, wo der Verteidiger früher ein Verhalten gezeigt hatte, das seine **22** Abberufung als Pflichtverteidiger aus wichtigem Grund rechtfertigen würde, und wo konkreter Anlass besteht, mit einer Wiederholung dieses Verhaltens zu rechnen, kann ein wichtiger Grund vorliegen (OLG Köln StV 2007, 288 (289) = BeckRS 2006, 6154; *Eisenberg* NJW 1991, 1257 (1262)). Insgesamt bedarf es hier indes einer äußerst zurückhaltenden Handhabung (n. dazu und zu den ggf. erforderlichen Anhörungen *Thomas/Kämpfer* in MüKoStPO § 142 Rn. 11 ff.). Anderenfalls bestünde die Gefahr, dass sich die Gerichte der ihnen unbequemen Verteidiger allzu leicht entledigen könnten (für ein Bsp. „vorgeschobener Gründe" s. BGH NJW 2016, 884 (zum allg. StR)). **Kein** wichtiger Grund liegt – sofern die Bestellung nicht besonders eilbedürftig ist (*Schlothauer* StV 2018, 169 (174) – jedenfalls bei fehlender Ortsnähe vor (OLG Hamm StraFo 2002, 293 (294) = BeckRS 2002, 3624; OLG Jena NStZ 2009, 175; aA OLG Naumburg NStZ–RR 2009, 114). Ebenso verhält es sich, wenn das Gericht in der Vergangenheit mit dem fraglichen Verteidiger in Konflikt geraten war (OLG Köln StraFo 2006, 328 f. = BeckRS 2006, 6154) oder diesen als wenig überzeugend oder inkompetent empfunden hat. Erst wenn ein Verteidiger **nicht hinreichend gesetzeskundig** aufgetreten ist, darf er nicht herangezogen werden (vgl. für ein Bsp. die Schilderung bei VG Stuttgart BeckRS 2010, 48200). Dies ist im JStV wegen der besonderen richterlichen Verantwortung (§ 2 Abs. 1) noch eindeutiger als im allg. StVR (enger *Schoeller* StV 2019, 190 (197 f.); darüber hinausgehend *Schlothauer* StV 2018, 169 (173 f.): Fehlen der Fachanwaltsqualifikation als wichtiger Grund).

2. Auswahlkriterien

23   Wird bis Fristablauf kein Verteidiger benannt (oder auf das Benennungs-
recht verzichtet), bestimmt das Gericht die Person nach **pflichtgemäßem
Ermessen.** Diese soll nach § 142 Abs. 6 S. 2 StPO nF iVm § 2 Abs. 2 zur
Gruppe der Fachanwälte für Strafrecht oder jener Anwälte gehören, die zur
Übernahme von Pflichtverteidigungen bereit sind (krit. zur zweiten Variante
Schoeller StV 2019, 190 (198)). Innerhalb dieses Kreises ist die (dem Gericht
bekannte) **Sachkenntnis** des Verteidigers ein höchst relevanter Auswahl-
aspekt. Nach Möglichkeit sind Verteidiger vorzuziehen, die jugendstrafrechtliche Erfahrungen bzw. eine dahingehende Spezialisierung vorweisen können. Bei nichtdeutschen Beschuldigten kann ggf. auch das Beherrschen von
deren Muttersprache bedeutsam sein. Im Übrigen sprechen frühere Man-
datsverhältnisse für eine Beiordnung, soweit die damalige Vertrauensbeziehung zwischenzeitlich nicht gestört worden ist (n. zum Ganzen mwN
Thomas/Kämpfer in MüKoStPO StPO § 142 Rn. 17 ff.). Verteidiger, denen
der Beschuldigte misstraut oder zu denen er in einem gespannten Verhältnis
steht, dürfen nicht gewählt werden.

24   Dass die Auswahl des Pflichtverteidigers dem JRichter überantwortet
wird, begründet einen **instutionalisierten Interessenkonflikt.** De facto
beeinflussen denn auch gerichtliche Eigeninteressen und Belange der Beiordnung. So liegen Hinweise darauf vor, dass oftmals Faktoren der beruflichen und privaten Bekanntschaft oder auch der advokatorischen Anpas-
sungsbereitschaft ausschlaggebend sind (vgl. für das allg. StR die Praktikerbe-
fragung bei *Jahn,* Zur Rechtswirklichkeit der Pflichtverteidigerbestellung,
2014, 117, 125; s. ferner die Aktenanalysen bei *Schoeller* StV 2017, 194
(302)). Bestimmend sind ferner Praktikabilitätskriterien wie die Ortsnähe,
die bei der Beurteilung, durch welchen Anwalt eine **wirksame Verteidigung** gewährleistet wird, an sich aber nur einen Gesichtspunkt unter mehreren darstellen darf (OLG Köln NStZ-RR 2011, 49 (zum allg. StR); vgl.
auch *Lehmann* NStZ 2012, 188). Dass § 142 Abs. 6 S. 1 StPO nF iVm § 2
Abs. 2 auf das deutschlandweite Gesamtverzeichnis iSv § 31 BRAO verweist, zeigt vielmehr an, dass der Ortsbezug eher nachrangig ist.

25   Kein Auswahlkriterium ist die **erzieherische Kompetenz.** Die Tätigkeit
des Verteidigers im JStV besteht in der Verteidigung, wohingegen sie an
erzieherischen Belangen oder einer spezialpräventiven Funktionalität gar
nicht bzw. nur in nachrangiger Weise auszurichten ist (→ § 68 Rn. 9b ff.).
Deshalb müssen diese Gesichtspunkte für die Beiordnungsentscheidung bedeutungslos sein. Erzieherisch vermeintlich ungeeignete Personen dürfen bei
der Pflichtverteidigerbestellung folglich nicht unberücksichtigt gelassen werden (vgl. bereits *Schlickum* StV 1981, 359; *Diehl* ZRP 1984, 296 sowie
Arbeitsgruppe DVJJ NJW 1989, 1024 (1025 ff.)). Dafür spricht auch, dass es
an hinreichend bestimmten Kriterien für die Feststellung einer erzieherischen (Nicht-)Eignung fehlt (zust. *Mager* Bonner Rechtsjournal 2009, 14
(19)) und iÜ die hier erforderliche qualifizierte Einschätzungsfähigkeit
des die Auswahl treffenden Gerichts keineswegs vorausgesetzt werden kann
(vgl. allg. → § 37 Rn. 7 ff.). Auch ist bereits im Hinblick auf Art. 3 Abs. 1
GG kein sachlicher Grund erkennbar, der es rechtfertigen könnte, dem
Pflichtverteidiger eine weitergehende Qualifikation als dem Wahlverteidiger
abzuverlangen.

V. Fehlerfolgen und Anfechtbarkeit

1. Verwertungsverbot

Unterbleibt im Ermittlungsverfahren die Verteidigerbeiordnung, obwohl **26** diese nach § 68 notwendig (→ § 68 Rn. 21 ff.) und nach § 68a vorzunehmen war (→ Rn. 8 ff.), besteht die Bestellungspflicht (soweit sie nicht gem. § 143 Abs. 2 nF iVm § 2 Abs. 2 weggefallen ist) weiterhin fort. Die Beiordnung ist daher nach Bekanntwerden dieses Fehlers **unverzüglich nachzuholen** (zum Vorgehen in der HV → § 51a Rn. 4). Anders als beim nachträglichen Entstehen eines Beiordnungsgrundes (→ Rn. 9 f.) bedarf es hierfür keines auslösenden Anlasses (abw. offenbar AG Freiburg BeckRS 2019, 19711: Beiordnung nicht mehr veranlasst, wenn eine erste Beschuldigtenvernehmung bereits erfolgt und keine neue Vernehmung zu erwarten). Außerdem muss die (ohne Verteidiger durchgeführte) Vernehmung oder Gegenüberstellung (bei Vornahme einer qualifizierten Belehrung (→ § 70c Rn. 15)) **wiederholt** werden. Eine Nutzung des bereits rechtswidrig erlangten Beweismaterials kann angesichts der Unbedingtheit, mit der insb. Art. 6 Abs. 6 S. 2 und 3 RL (EU) 2016/800 das Bestehen einer anwaltlichen Unterstützung bei den zentralen Beweiserhebungsschritten verlangt (vgl. auch Erwägungsgrund 27 zur Vernehmung), nicht zulässig sein − und dies auch nicht unter besonders strengen Beweis- und Begründungsanforderungen (so aber zur vormaligen Rechtslage noch BGHSt 46, 93 (103 ff.) = NJW 2000, 3505 (3509)). Vielmehr besteht hier ein Verwertungsverbot für alle Aussagen, die nach dem in → Rn. 8 bezeichneten Zeitpunkt gemacht wurden (vgl. allg. auch *Wohlers* in SK-StPO StPO § 141 Rn. 36; *Thomas/Kämpfer* in MüKoStPO StPO § 140 Rn. 10; *Bock/Puschke* ZJJ 2019, 224 (232)). Angesichts der Aufwertung, die die frühe Strafverteidigung durch § 68a erfahren hat, muss selbst die sog. Abwägungslehre (dazu im vorliegenden Zusammenhang BGH NStZ 2006, 236 (237)) zu diesem Ergebnis gelangen.

Anders ist die Verwertbarkeit in jenen Sachlagen zu beurteilen, in denen **27** der Beiordnungsgrund bei **pflichtgemäßer** Ermittlungsführung noch nicht zu erkennen und die Bestellung deshalb erst nach dessen Bekanntwerden vorzunehmen war (→ Rn. 9). Das kann insb. dort gegeben sein, wo sich die für § 68 Nr. 1 und Nr. 5 relevante Sanktionserwartung erst durch eine veränderte Verdachtslage oder durch Erhalt weiterer Informationen (bzgl. früherer Verurteilungen oder laufender Parallelverfahren) ergab. Ungeachtet der Schwierigkeiten, den maßgeblichen Umschlagszeitpunkt ex post zu bestimmen, unterliegt das **bis zur Bestellungspflicht** (und damit: rechtmäßig) erlangte Beweismaterial den in → Rn. 26 genannten Verwertungseinschränkungen **nicht.** Allerdings bedarf es mit Blick auf das Verteidigungsdefizit einer besonders kritischen (Aussage-)Prüfung.

Diese Regeln gelten iÜ auch, wenn sich eine Einstellungsprognose, bei der **28** von einer an sich gebotenen Verteidigerbeiordnung abgesehen werden darf (→ Rn. 11 f.), nachträglich als falsch erweist und das Verfahren weitergeführt wird (ggf. bis zur Anklage und HV). Damit diese Anfangseinschätzung als pflichtgemäß gelten kann, muss der fragliche Amtsträger (idR der vernehmende Polizeibeamte) **verlässliche Anhaltspunkte** für die vorgesehene Einstellung haben. Dies setzt erstens die Kenntnis der (lokalen) justizeigenen

Einstellungskriterien voraus (was zumindest bei einer auf § 45 Abs. 3 gerichteten Erwartung selten anzunehmen ist). Zudem muss sich der konkrete Verdacht zum Prognosezeitpunkt auf einen Tatvorwurf richten, dessen Gewicht diesen Maßstäben entspricht und das der üblicherweise eingestellten Vergleichsfälle nicht übersteigt. Und schließlich muss der Amtsträger begründeterweise davon ausgehen können, dass der fragliche Jugendliche frei von solchen strafrechtlichen Vorbelastungen oder Parallelverfahren ist, bei denen eine Diversion in der Justizpraxis entfällt. Wird die Einstellungsprognose ohne (oder gar gegen) eine solche Wissensbasis getroffen, erfolgt sie pflichtwidrig, so dass für das danach erlangte Beweismaterial im Fall der späteren Nichteinstellung die in → Rn. 26 erörterten Maßgaben gelten.

2. Rechtsbehelfe

29 Speziell für die Konstellationen, in denen das Gericht nicht die vom Beschuldigten benannte, sondern eine andere Person bestellt (→ Rn. 21 f.), ist in §§ 142 Abs. 7 S. 2, 143a Abs. 2 S. 1 Nr. 1 StPO nF iVm § 2 Abs. 2 allein ein (einfacheres) **Verfahren des Verteidigeraustauschs** vorgesehen. Dies kommt ebenfalls zum Zuge, wenn der Jugendliche keinen Verteidiger benannt hat, weil ihm hierfür un-/berechtigterweise eine Frist gesetzt wurde, die kürzer als die unter normalen Umständen angemessene Frist (→ Rn. 20) war. Wurde ihm vor der Bestellung gar keine Gelegenheit zur Äußerung gegeben, gilt dies (über den Normwortlaut hinaus) gleichermaßen (abw. vormals OLG Stuttgart StV 2014, 11 = BeckRS 2014, 451; LG München I StV 2015, 26 = LSK 2015, 040795: Aufhebung der Bestellung auf Beschwerde hin und dann Bestellung des gewünschten Verteidigers). Die Dreiwochenfrist, innerhalb derer der Verteidigerwechsel beantragt werden muss, kann im Einzelfall allerdings allzu kurz sein (etwa, wenn sich die Vertrauensproblematik erst später herausstellte). Dass das Gesetz auch dann keine Beschwerde erlaubt, ist hoch problematisch.

30 Ansonsten ist die **sofortige Beschwerde** idR zulässig. Dies gilt einmal für die Anfechtung gerichtlicher Entscheidungen, die beim Verteidigerwechsel sowie bei der Nicht-/Aufhebung der Bestellung (→ Rn. 4 ff.) ergehen (§§ 143 Abs. 3, 143a Abs. 4 StPO nF iVm § 2 Abs. 2; ebenso schon KG NStZ-RR 2009, 209). Abgesehen von der eben in → Rn. 29 erörterten Konstellation gilt dies aber gem. § 142 Abs. 7 S. 1 StPO nF iVm § 2 Abs. 2 auch für die im Zusammenhang mit der Beiordnung zu treffenden Entscheidungen. Wenn das Gericht bspw. einen Verteidiger bestellt, nachdem der Beschuldigte nach Benennungsverzicht oder Ablauf einer angemessenen Frist niemanden bezeichnet hatte (→ Rn. 23), kann im Beschwerdeweg überprüft werden, ob das Auswahlermessen pflichtgemäß ausgeübt wurde. Die sofortige Beschwerde ist (neben den Fällen des § 142 Abs. 4 S. 2 und 3 StPO nF iVm § 2 Abs. 2) ferner möglich, falls das Gericht eine (von StA oder Beschuldigtem) beantragte Bestellung verweigert (ebenso vormals schon OLG Zweibrücken StV 1984, 193; LG Saarbrücken ZJJ 2007, 417 mAnm *Möller* ZJJ 2008, 11; OLG Naumburg NStZ-RR 2013, 49; LG Neubrandenburg StV 2018, 157 = BeckRS 2016, 20411; *Brunner/Dölling* § 68 Rn. 7; s. näher bereits *Oellerich* StV 1981, 434 (440 f.); speziell zur Zuständigkeit bei erstinstanzlich nicht erledigter Beschwerde und Nichtabhilfe durch das Berufungsgericht OLG Stuttgart NStZ-RR 2008, 21; zum

Beschwerdeverfahren in der Revisionsinstanz OLG Karlsruhe StraFo 2006, 497 = BeckRS 2006, 19857).

Vernehmung und Gegenüberstellung vor der Bestellung eines Pflichtverteidigers

68b [1]Abweichend von § 68a Absatz 1 dürfen im Vorverfahren Vernehmungen des Jugendlichen oder Gegenüberstellungen mit ihm vor der Bestellung eines Pflichtverteidigers durchgeführt werden, soweit dies auch unter Berücksichtigung des Wohls des Jugendlichen

1. zur Abwehr schwerwiegender nachteiliger Auswirkungen auf Leib oder Leben oder die Freiheit einer Person dringend erforderlich ist oder

2. ein sofortiges Handeln der Strafverfolgungsbehörden zwingend geboten ist, um eine erhebliche Gefährdung eines sich auf eine schwere Straftat beziehenden Strafverfahrens abzuwenden.

[2]Das Recht des Jugendlichen, jederzeit, auch schon vor der Vernehmung, einen von ihm zu wählenden Verteidiger zu befragen, bleibt unberührt.

I. Allgemeines

1. Anwendungsbereich

Die Ausführungen in → § 68 Rn. 1 bis Rn. 5 gelten mit einer Einschrän- **1** kung entsprechend: In Verfahren, in denen die für allg. Strafsachen bestehende Gerichtszuständigkeit besteht, ist anstelle der nicht anwendbaren Vorschrift (vgl. § 104 Abs. 1 Nr. 10) nur § 141a StPO nF heranzuziehen.

2. Strikte Nachrangigkeit der Norm

Die Norm bezieht sich allein auf das Ermittlungsverfahren in Fällen, in **2** denen eine Verteidigung iSv § 68 notwendig und eine Bestellung iSv § 68a an sich vorzunehmen ist. Für diese Sachlagen stellt sie eine von Art. 6 Abs. 8 RL 2016/800 fakultativ ermöglichte Einschränkung dar (krit. *Bock* StV 2019, 508 (513)). Ihre Regelungswirkung besteht darin, die notwendige Verteidigung in den Eilfällen von Nr. 1 und Nr. 2 vorübergehend zu suspendieren. In den besagten Konstellationen (→ Rn. 4 f.) darf (nicht: muss) die Beiordnung **vorerst unterbleiben** und eine Vernehmung oder Gegenüberstellung des Beschuldigten (§ 58 Abs. 2 StPO iVm § 2 Abs. 2) **ausnahmsweise ohne** Pflichtverteidiger und ohne Einhaltung der Warte-/Unterbrechungspflicht gem. § 70c Abs. 4 nF durchgeführt werden.

Diese Option wird allerdings mehrfach begrenzt. So sind ihre Vorausset- **3** zungen **streng** auszulegen, weil es sich hier um ein Vorgehen handelt, das lediglich „unter außergewöhnlichen Umständen" (RegE BT-Drs. 19/13837, 60) eingesetzt werden darf. Es ist ferner nur zulässig, wenn sich selbst durch eine **staatsanwaltliche Verteidigerbeiordnung** (zur Eilzuständigkeit → § 68a Rn. 18) keine ausreichende Beschleunigung der Vernehmung bzw. Gegenüberstellung erreichen lässt (vgl. BT-Drs. 19/13829, 38: § 142 Abs. 4

StPO nF ist vorrangig). Schließlich muss, sofern nicht nach der bzw. durch die Vernehmung die vorher bestehende Notwendigkeit der Verteidigung weggefallen ist (etwa wegen einer veränderten Verdachtslage), die Bestellung unverzüglich **nachgeholt** werden (vgl. S. 1 „soweit"; vgl. auch RL (EU) 2016/800 Erwägungsgrund 32: „zeitlich streng begrenzt"). Sobald sich während der Vernehmung zeigt, dass die besondere Eilbedürftigkeit iSv Nr. 1 oder Nr. 2 nicht (mehr) besteht, muss diese abgebrochen und/oder nach § 70c Abs. 4 verfahren werden.

II. Voraussetzungen einer Vernehmung vor Bestellung

1. Eilfall-Varianten

4   **a) Nr. 1.** Die von Nr. 1 geregelte Konstellation setzt voraus, dass schwerwiegende Beeinträchtigungen der Gesundheit oder Bewegungsfreiheit (des Beschuldigten oder eines Dritten) **nur** mittels bestimmter Informationen zu verhindern sind. Ferner müssen diese Informationen durch eine Vernehmung oder Gegenüberstellung des Beschuldigten **wahrscheinlich erlangt** werden können. Damit sind etwa laufende Entführungs- oder drohende Unglücksfälle usw. gemeint, zu denen der Beschuldigte über polizeilich nutzbares Sonderwissen verfügt.

5   **b) Nr. 2.** Nr. 2 fordert die Konstellation, in der ein Strafverfahren im Hinblick auf die Nachweisführung und andere Aspekte seiner erfolgreichen Durchführung massiv beeinträchtigt zu werden droht. Dies setzt typischerweise voraus, dass etwa die Flucht anderer Beschuldigter oder der Verlust zentraler Beweise (Zeugenbeeinflussung, Beweismittelvernichtung usw.) unmittelbar bevorsteht (s. auch BT-Drs. 19/13829, 38). Jene **konkrete Gefahr** muss sich darüberhinaus mit solchen Informationen abwenden lassen, die von der Vernehmung bzw. Gegenüberstellung mit hoher Wahrscheinlichkeit zu erwarten sind. Außerdem verlangt Nr. 2, dass das fragliche Strafverfahren auf dem Verdacht einer **schweren Straftat** beruht. Ein solches Delikt liegt nur bei Katalogtaten iSv § 100a Abs. 2 StPO vor (RegE BT-Drs. 19/13837, 61), wobei es sich aber im fraglichen Einzelfall um eine **besonders gewichtige Verwirklichungsform** handeln muss. Anderenfalls wäre der von RL (EU) 2016/800 (Erwägungsgrund 32) geforderte „restriktive" Zuschnitt des Ausnahmetatbestandes nicht gewahrt.

2. Wohl des Jugendlichen

6   Im allg. StVerf sieht § 141a S. 1 StPO nF vor, dass der Beschuldigte sich in den vorgenannten Eilfallkonstellationen mit einer Vernehmung vor einer (von ihm bereits beantragten) Bestellung eines Verteidigers ausdrücklich einverstanden erklären muss. Im JStV gilt dies nicht. Hier soll stattdessen das Wohl des Jugendlichen berücksichtigt werden (RegE BT-Drs. 19/13837, 61). Damit wurde indes eine höchst schwache Ersatzkonstruktion gewählt. Das Wohl des Jugendlichen kann nämlich kein eigenständiges Tatbestandsmerkmal des § 68b sein, weil die Vorenthaltung eines Anspruchs die Schutz- und Zukunftsbelange des Beschuldigten schwerlich zu fördern vermag (ausgenommen bei Abwehr einer ihm selbst drohenden Gefahr). Die Formel darf aber angesichts ihrer kompensatorischen Funktion für die Vorschrift

auch nicht bedeutungslos sein. Wenn S. 1 die Mitberücksichtigung von (Verteidigungs-)Interessen verlangt, meint dies daher, dass das Beschuldigtenwohl auch bei einer vorgezogenen Maßnahmedurchführung immer noch in einem ausreichenden Maße eingelöst werden muss. Letzten Endes ist dies als Hinweis auf die Notwendigkeit zu verstehen, die Eilfall-Konstellationen **restriktiv** zu interpretieren (→ Rn. 4 f.) und an die Dringlichkeit der Maßnahme (→ Rn. 7 ff.) **strenge** Maßstäbe anzulegen.

3. Unentbehrlichkeit des Beiordnungsverzichts

Nach S. 1 muss es zur Vermeidung der in Nr. 1 oder Nr. 2 gekennzeichneten Schäden erforderlich sein, die Vernehmung oder Gegenüberstellung vor der Pflichtverteidigerbestellung durchzuführen. Damit kann es nicht um das Erfordernis einer „ungestörten" Maßnahme gehen. Bei einer solchen Deutung würde der Umstand, dass der beigeordnete Anwalt dem Jugendlichen zu einem bestimmten Prozess- bzw. Vernehmungsverhalten raten könnte, gleichsam als „Gefahr" eingestuft, was für die legitime Inanspruchnahme von Verfahrensrechten schwerlich angemessen ist. Die situative Notwendigkeit des Beiordnungsverzichts kann daher ausschließlich auf dem **Zeitbedarf** beruhen, der mit der Bestellung und Hinzuziehung des Verteidigers ansonsten verbunden wäre (ähnlich *Schoeller* StV 2019, 190 (194)). Der in Nr. 1 und Nr. 2 jeweils bestehende spezifische Informationsgewinnungsbedarf muss also so dringend sein, dass es einer sofortigen Vernehmung bzw. Gegenüberstellung bedarf und nicht einmal eine kurzfristig erfolgende Verteidigerbeiordnung durch StA (→ Rn. 3) abgewartet werden kann.

Dieses Erfordernis steht in einem Spannungsverhältnis zu den **sonstigen** 8 (dh den **nicht-suspendierten**) Anforderungen an die fragliche Maßnahme. So sind bei einer Vernehmung ohne vorherige Beiordnung die Vorgaben zur audiovisuellen Aufzeichnung (§ 70c Abs. 2 S. 2 nF) zu beachten. § 68b befreit nicht von der Pflicht, über das Recht auf einen Pflichtverteidiger zu informieren (§ 70a Abs. 1 Satz 3 Nr. 2 JGG), und erlaubt es iÜ keineswegs, Abstriche bei der Belehrung oder den jugendgemäßen Vernehmungsmodi oder der Protokollierung (→ § 70c Rn. 12 ff., 23) zu machen. Auch das Elternkonsultationsrecht ist keineswegs zwangsläufig eingeschränkt (dazu n. → § 67 Rn. 11a ff., → § 67a Rn. 12a, 13 ff.). Der Anspruch des Beschuldigten, einen (gem. §§ 163a Abs. 3 S. 2 und Abs. 4 S. 3, 168c Abs. 1 StPO iVm. § 2 Abs. 2 anwesenheitsberechtigten) Wahlverteidiger zu konsultieren, bleibt ihm ebenfalls unbenommen (S. 2) und ist ihm daher wie in jeder anderen Vernehmung tatsächlich zu ermöglichen (n. zu den Anforderungen an die Unterstützung bei der Kontaktherstellung s. etwa mwN *Kölbel* in MüKoStPO StPO § 163a Rn. 40a f.).

Müssen diese Beschuldigtenrechte in den Konstellationen von Nr. 1 oder 9 Nr. 2 einschränkungslos berücksichtigt werden, geht damit automatisch eine Vernehmungsdauer einher, in der eine kurzfristige Pflichtverteidigerbestellung ohne weiteres möglich und deshalb das in → Rn. 7 benannte Erfordernis gerade nicht gegeben ist. Anders verhält es sich nur – und allein hier liegt der **außerordentlich schmale Anwendungsbereich** von § 68b – in jenen Situationen von Nr. 1 und Nr. 2, in denen erstens der gesteigerte Eilbedarf besteht und zweitens der Beschuldigte nicht nur aussagebereit ist, sondern erklärtermaßen auch keinen Wert auf die Anwesenheit von Eltern und/oder

Wahlverteidigern legt. Damit von der amtsseitig obligatorischen Verteidiger-beiordnung abgesehen werden darf, muss der Beschuldigte also vorab auf etliche seiner anderen prozessualen Rechte **verzichten** (n. zu Wirksamkeits-voraussetzungen eines solchen Verzichts → § 70c Rn. 27 f.).

III. Fehlerfolgen

10   De facto führt § 68b S. 1 zu einer Vernehmung ohne die an sich gebotene und amtsseitig sicherzustellende anwaltliche Begleitung. Deshalb entspricht die fehlerhafte Annahme oder gar die bewusst-missbräuchliche Behauptung einer dies rechtfertigenden Problemlage (→ Rn. 4 f., → Rn. 7) letztlich der Vorenthaltung einer Pflichtverteidigung in der Situation ihrer Notwendig-keit. Das gilt insb. auch für Fälle eines unzulänglichen Verzichts (→ Rn. 9). Deshalb unterliegt das Ergebnis, das in einer Vernehmung oder Gegenüber-stellung unter solchen Bedingungen zustandekommt, einem **Verwertungs-verbot** (→ § 68a Rn. 26; → § 70c Rn. 25; abw. offenbar RegE BT-Drs. 19/13837, 61).

Beistand

69 (1) **Der Vorsitzende kann dem Beschuldigten in jeder Lage des Verfahrens einen Beistand bestellen, wenn kein Fall der notwendigen Verteidigung vorliegt.**

(2) **Der Erziehungsberechtigte und der gesetzliche Vertreter dürfen nicht zum Beistand bestellt werden, wenn hierdurch ein Nachteil für die Erziehung zu erwarten wäre.**

(3) [1]**Dem Beistand kann Akteneinsicht gewährt werden.** [2]**Im übrigen hat er in der Hauptverhandlung die Rechte eines Verteidigers.** [3]**Zu einer Vertretung des Angeklagten ist er nicht befugt.**

Übersicht

	Rn.
I. Anwendungsbereich	1
II. Aufgaben, Voraussetzungen der Bestellung und Rechte des Beistands	3
1. Aufgaben	3
a) Unterschied zur Beistandschaft (§ 149 StPO)	3
b) Verhältnis zu behördlicher Aufgabenerfüllung	4
2. Voraussetzungen der Bestellung	5
a) Negativvoraussetzungen	5
b) In Betracht kommende Personen	6
3. Rechte des Beistands	7
a) Akteneinsicht	7
b) Rechte des Verteidigers	8
c) Einschränkungen	8b
III. Verfahrensrechtliches	9
1. Auswahl	9
2. Bestellung in jeder Lage des Verfahrens	11

I. Anwendungsbereich

Die Vorschrift gilt für **Jugendliche** in Verfahren vor den für allg. Strafsa- 1
chen zuständigen Gerichten nicht notwendig, kann jedoch als Ermessensentscheidung zur Anwendung kommen (§ 104 Abs. 1, 2; vgl. RL zu § 104).

Die Vorschrift gilt nicht für **Heranwachsende** (§ 109 Abs. 1 S. 1), weil 2
ihre Funktion bei Volljährigen nicht angebracht erscheint (vgl. näher
→ § 109 Rn. 17). Mit dem Eintritt der Volljährigkeit endet eine zuvor
bestellte (vgl. auch → Rn. 12) Beistandschaft.

II. Aufgaben, Voraussetzungen der Bestellung und Rechte des Beistands

1. Aufgaben

a) Unterschied zur Beistandschaft (§ 149 StPO). Der Beistand iSv 3
§ 69 dient der **Betreuung** des Jugendlichen **im Verfahren** (zur historischen
Entwicklung *Hauber* Zbl 1982, 215 (216 f.)), er kann **prozessuale Rechte**
des Jugendlichen wahrnehmen **(Abs. 3 S. 2).** Davon zu unterscheiden ist
der Beistand nach § 149 StPO (BGH bei *Holtz* MDR 1978, 626; BGHSt
47, 66 Rn. 14 = NJW 2001, 3351 = NStZ 2001, 553; zust. *Diemer* in
Diemer/Schatz/Sonnen Rn. 3; aA *Sommerfeld* in NK-JGG Rn. 2). Beide
Formen sind voneinander unabhängig, wobei die Rechte des Beistands des
JGG über diejenigen des Beistands der StPO hinausgehen. Während der
Verteidiger juristischer Berater ist, hat der Beistand des JGG primär (vgl. aber
→ Rn. 6) eine **individuell fürsorgerische Aufgabe** und soll dem Jugend-
lichen mit Rat, Zuspruch und zukunftsorientierten Angeboten sowie ver-
fahrensbezogenen Anregungen zur Seite stehen (zust. *Hauber* Jugendwohl
1989, 406; teilweise aA *Diemer* in Diemer/Schatz/Sonnen Rn. 2). Er ist ein
Verfahrensbeteiligter mit prozessualer Stellung eigener Art. Über diejenigen
Tatsachen, die ihm in seiner Eigenschaft als Beistand anvertraut werden oder
bekannt geworden sind, darf er das **Zeugnis verweigern** (§ 2 Abs. 2, § 53
Abs. 1 Nr. 2 StPO entspr.; *Dallinger/Lackner* Rn. 21), in Fällen eines Konflikts mit Fürsorgepflichten wird er dies wohl sogar müssen.

b) Verhältnis zu behördlicher Aufgabenerfüllung. In der **Praxis** wird 4
dieser Beistandschaft vielfach nur (noch) **geringe** oder gar keinerlei **Bedeutung** beigemessen, da deren Aufgaben weitgehend von der JGH oder ggf.
von dem BewHelfer erfüllt würden, und im Übrigen schon neben gesetzlichem Vertreter und Erziehungsberechtigten kaum ein Bedürfnis zur Bestellung eines Beistandes gegeben sei (befürwortend aber *Hauber* Jugendwohl
1989, 399 (402)). Diese Argumentation ist zumindest hinsichtlich des Vertreters der JGH und auch des BewHelfers **bedenklich,** da diese Personen
nicht ganz selten schon mangels hinreichenden Vertrauens des Beschuldigten
wie auch aufgrund behördeninterner Handlungsnormen nur eingeschränkt
in der Lage sind, die unmittelbar persönlichen Umstände des Angeklagten
dem Gericht vorzutragen (näher → § 38 Rn. 11 ff., 19 ff., 37 ff. sowie
→ § 113 Rn. 5f). So ist ggf. zu besorgen, dass die verschiedenen behördli-
cherseits bzw. von Berufs wegen am Verfahren beteiligten Personen sich in

ihrem rollengemäßen Verhalten, das unausweichlich zumindest auch den jeweiligen **Statusinteressen** dient, durch einen allein an den Belangen des Jugendlichen orientierten Beistand gestört empfinden könnten. – Im Einzelnen mag die Bestellung eines Beistandes zB bei Nichtdeutschen des öfteren angezeigt sein (ebenso AK VII des 18. DJGT, These 3. 10. (DVJJ 1981); *Hauber* Jugendwohl 1989, 410).

2. Voraussetzungen der Bestellung

5   **a) Negativvoraussetzungen. aa) Abs. 1 Hs. 2.** Hiernach kommt die Bestellung eines Beistandes nicht in Betracht, wenn ein Fall der notwendigen Verteidigung (iSv § 68) gegeben ist. Dies gilt auch hinsichtlich eines Wahlverteidigers dann, wenn es nur wegen dessen Beauftragung nicht der Bestellung eines notwendigen Verteidigers bedarf. – Die pauschale Umfassung der unterschiedlichen Fälle des § 68 ist betr. § 68 Nr. 1 zur Vermeidung von Divergenzen in der Wahrnehmung der Interessen des Jugendlichen vertretbar. Ist ein Beistand bestellt, so steht dies wegen der idR zumindest ausgeprägteren (jugend-)strafrechtlichen Befähigung des Verteidigers der Bejahung der Voraussetzungen notwendiger Verteidigung (§ 68 Nr. 1 iVm § 140 Abs. 2 StPO) nicht entgegen (vgl. auch *Sommerfeld* in NK-JGG Rn. 5; eher anders *Brunner/Dölling* Rn. 5).

5a   **bb) Nicht** bestellt werden darf, wessen Bestellung verfahrensmäßige oder erzieherische Nachteile für den Jugendlichen erwarten ließe **(Abs. 2).** Entgegen steht auch, wenn eine Pflichtenkollision (etwa bei Angehörigen des öffentlichen Dienstes) oder gar ein Missbrauch der Stellung zu befürchten ist (zust. *Hauber* Jugendwohl 1989, 407 f.).

6   **b) In Betracht kommende Personen.** Rechtlich kann jede Person bestellt werden, die das notwendige **Vertrauen des Jugendlichen** besitzt oder voraussichtlich erwerben kann (zumindest nicht von dem Jugendlichen ausdrücklich und ernsthaft abgelehnt wird (vgl. *Hauber* Zbl 1982, 215 (220))). Der Vorsitzende wird nach Möglichkeit eine Vertrauensperson des Jugendlichen aus dessen Verwandtschaft, Freundes- oder Bekanntenkreis oder Ausbildungs- bzw. Arbeitsbereich auswählen. Erziehungsberechtigte oder gesetzliche Vertreter kommen in Betracht, sofern die negative Voraussetzung des Abs. 2 (vgl. krit. auch → § 51 Rn. 7 ff.), die restriktiv auszulegen ist, oder die Voraussetzungen von § 67 Abs. 4 nicht erfüllt sind. Gegenüber elterliche Verantwortung tragenden Personen ist zudem eine Abwägung mit Art. 6 Abs. 2 GG vonnöten (BVerfG DVJJ-Journal 2003, 68). – Im Übrigen mag ein Rechtsbeistand (§ 68) oder auch ein Vertreter eines freien Trägers der JHilfe, des JAmtes oder der JGH geeignet sein (vgl. aber → Rn. 3); jedoch kann eine zum Beistand bestellte Person nicht zugleich die JGH vertreten (ebenso betr. eine vormals als BewHelfer tätige Person OLG Düsseldorf NStZ 1987, 340 (allerdings zum allg. StR)).

3. Rechte des Beistands

7   **a) Akteneinsicht.** Ob diese gewährt wird, unterliegt der Entscheidung nach pflichtgemäßem **Ermessen (Abs. 3 S. 1;** *Wohlers* in SK-StPO StPO § 147 Rn. 16). Kriterien hierbei sind, inwieweit durch Akteneinsicht einerseits die Aufgabe des Beistandes gefördert wird und andererseits die Gefahr missbräuchlicher Ausnutzung besteht. **Zuständig** hierfür ist im Vorverfah-

ren die JStaatsanwaltschaft, im Übrigen der Vorsitzende des befassten Gerichts (§ 2 Abs. 2, § 147 Abs. 5 StPO entspr.; vgl. auch *Kaspar* in MüKoStPO Rn. 6). Gegen die Ablehnung der Akteneinsicht durch den JRichter ist Beschwerde zulässig (§ 304 StPO). – Unabhängig von der Frage der Akteneinsicht ist der JStaatsanwalt bzw. der JRichter befugt, den Beistand mündlich über (wesentliche) Teile des Akteninhalts zu unterrichten.

b) Rechte des Verteidigers. Diese Rechte hat der Beistand nur in der **8** HV (**Abs. 3 S. 2,** sämtliche Rechtszüge) und – gem. weiter Auslegung – in deren vorweggenommenen Teilen (§§ 223, 225, 233 StPO). Der Beistand muss zur HV geladen werden (Abs. 3 S. 2, § 218 Abs. 1 StPO). – Dem Beistand **ist** auf sein Verlangen **das Wort zu erteilen.** Er hat die **Rechte** gem. §§ 240 Abs. 2, 258 StPO sowie das Widerspruchsrecht nach § 249 Abs. 2 S. 2 StPO (allg. Auffassung), und es kommt auf sein Einverständnis gem. § 251 Abs. 1 Nr. 1 und Abs. 2 Nr. 3 StPO an. Auch kann er **Beweisanträge** stellen, die verfahrensrechtlich wie solche des Verteidigers zu behandeln und zu bescheiden sind (*Dallinger/Lackner* Rn. 19; *Güntge* in Alsberg Beweisantrag Rn. 709; *Eisenberg* Beweisrecht StPO Rn. 168).

Ob dem Beistand die Anwesenheit bei Untersuchungshandlungen im **8a** Übrigen oder bei der mündlichen Verhandlung iRd Haftprüfung (§ 2 Abs. 2, §§ 118 f. StPO) gestattet wird, unterliegt pflichtgemäßem **Ermessen** (s. empfehlend *Cornel* MschKrim 1987, 78). Unterschiedlich gehandhabt wird das Recht, wie im Verteidiger (§ 148 StPO) mit dem Beschuldigten zu verkehren, wenn dieser sich in **U-Haft** (vgl. → § 89c Rn. 54) oder im **JStVollzug** (vgl. → § 92 Rn. 95) befindet.

c) Einschränkungen. Trotz seines **Anwesenheitsrechts** (vgl. auch § 2 **8b** Abs. 2, § 272 Nr. 4 StPO) darf der Beistand äußerstenfalls (und in Abgrenzung zu Abs. 2), sofern es sich um eine Person iSv § 51 Abs. 2 handelt, unter den dort genannten engen Voraussetzungen zeitweilig **ausgeschlossen** werden (aA *Sommerfeld* in NK-JGG Rn. 7; *Diemer* in Diemer/Schatz/Sonnen Rn. 11; *Laubenthal/Baier/Nestler* JugendStrafR Rn. 261). – Soll der Beistand als **Zeuge** vernommen werden, ist seine Entfernung bis zu seiner Vernehmung als Zeuge zulässig (§§ 58 Abs. 1, 243 Abs. 2 StPO). Allerdings wird eine pflichtgemäße Interessenabwägung es häufig gebieten, die betr. Person bereits zu Beginn der Beweisaufnahme als Zeuge zu vernehmen (vgl. → § 51 Rn. 13).

Der Beistand kann **Rechtsmittel nicht** einlegen (vgl. → § 55 Rn. 8). Zu **8c** einer Vertretung des Angeklagten ist er nicht befugt **(Abs. 3 S. 3),** dh er kann (etwa im Falle des § 50 Abs. 1) nicht bevollmächtigt werden, den Angeklagten in der HV bzw. der Berufungs-HV (§ 2 Abs. 2, § 329 Abs. 2 StPO) zu vertreten (vgl. BT-Drs. 18/3562, 93).

III. Verfahrensrechtliches

1. Auswahl

Ein Beistand kann nur durch den **Vorsitzenden** (für die gerichtliche **9** Zuständigkeit gilt § 2 Abs. 2, § 141 Abs. 4 StPO entspr.) **ausgewählt** (vgl. → Rn. 6) und bestellt werden, der zuvor jedoch den Jugendlichen zu Rate ziehen wird. Ein Anspruch auf Bestellung eines Beistandes oder eines bestimmten Beistandes steht keinem der Verfahrensbeteiligten zu, wohl aber können sie Anregungen geben. Die Entscheidung wird nach pflichtgemäßem Ermessen getroffen.

10   Auswahl und auch Nichtbestellung sind gem. dem Schutz der Subjektstellung des Beschuldigten **anfechtbar** (§ 304 StPO; *Sommerfeld* in NK-JGG Rn. 10; betr. Nichtbestellung *Trüg* in HK-JGG Rn. 8; aA *Diemer* in Diemer/Schatz/Sonnen Rn. 13; *Brunner/Dölling* Rn. 7).

2. Bestellung in jeder Lage des Verfahrens

11   Möglich ist die Bestellung in jeder Lage des Verfahrens, also zB auch im Rechtsmittelverfahren sowie im Vollstreckungsverfahren (§ 83 Abs. 3 S. 3).

12   Die Bestellung kann ggf. **zurückgenommen** werden. Dies muss geschehen, wenn im Laufe des Verfahrens eine Zulässigkeitsvoraussetzung entfällt (zB wenn sich herausstellt, dass ein Fall notwendiger Verteidigung vorliegt). – Im Übrigen kann ein Beistand, der sich als ungeeignet erweist, durch einen anderen ersetzt werden (*Dallinger/Lackner* Rn. 24). Allerdings ist dabei zu besorgen, dass die Belange des Jugendlichen durch einen Wechsel beeinträchtigt werden könnten, zumal es an eindeutigen Kritierien der (Un-) Geeignetheit fehlt (vgl. im Übrigen → Rn. 6).

Mitteilungen an amtliche Stellen

70 (1) ¹Die Jugendgerichtshilfe, in geeigneten Fällen auch das Familiengericht und die Schule werden von der Einleitung und dem Ausgang des Verfahrens unterrichtet. ²Sie benachrichtigen die Jugendstaatsanwaltschaft, wenn ihnen bekannt wird, daß gegen den Beschuldigten noch ein anderes Strafverfahren anhängig ist. ³Das Familiengericht teilt der Jugendstaatsanwaltschaft ferner familiengerichtliche Maßnahmen sowie ihre Änderung und Aufhebung mit, soweit nicht für das Familiengericht erkennbar ist, daß schutzwürdige Interessen des Beschuldigten oder einer sonst von der Mitteilung betroffenen Person oder Stelle an dem Ausschluß der Übermittlung überwiegen.

(2) ¹Von der Einleitung des Verfahrens ist die Jugendgerichtshilfe spätestens zum Zeitpunkt der Ladung des Jugendlichen zu seiner ersten Vernehmung als Beschuldigter zu unterrichten. ²Im Fall einer ersten Beschuldigtenvernehmung ohne vorherige Ladung muss die Unterrichtung spätestens unverzüglich nach der Vernehmung erfolgen.

(3) ¹Im Fall des einstweiligen Entzugs der Freiheit des Jugendlichen teilen die den Freiheitsentzug durchführenden Stellen der Jugendstaatsanwaltschaft und dem Jugendgericht von Amts wegen Erkenntnisse mit, die sie auf Grund einer medizinischen Untersuchung erlangt haben, soweit diese Anlass zu Zweifeln geben, ob der Jugendliche verhandlungsfähig oder bestimmten Untersuchungshandlungen oder Maßnahmen gewachsen ist. ²Im Übrigen bleibt § 114e der Strafprozessordnung unberührt.

Übersicht

I. Anwendungsbereich

1. Persönlicher Anwendungsbereich

a) Jugendliche. Für sie gilt die Vorschrift, derzufolge eine Mitteilungs- **1** pflicht für Gerichte und Staatsanwaltschaft besteht, auch in Verfahren vor den für allg. Strafsachen zuständigen Gerichten (§ 104 Abs. 1 Nr. 11; vgl. aber zu Einschränkungen aus Gründen der Staatssicherheit § 104 Abs. 3).

b) Heranwachsende. Für sie gelten die Abs. 2 und 3 nF, nicht aber **2/3** Abs. 1. Anstelle der dortigen Regelungen greifen die § 109 Abs. 1 S. 3 und 4, § 112 S. 1 und 2 (bei entspr. Anwendbarkeit der Einschränkung gem. § 104 Abs. 3). Zur Benachrichtigung des FamGerichts siehe § 22a FamFG.

2. Verfahrensbezogener Anwendungsbereich

a) Vereinfachtes JVerfahren. Die Vorschrift gilt auch in diesem Ver- **4** fahren (§ 78 Abs. 3 S. 2).

b) OWi-Verfahren. Hier kann die Verwaltungsbehörde in JStrafsachen **5** auf Mitteilung an die JGH verzichten (näher → § 43 Rn. 4), wenn anzunehmen ist, dass sie für deren Aufgaben ohne Bedeutung ist (§ 70 Abs. 1 iVm § 46 Abs. 1, 6 OWiG; *Seitz/Bauer* in Göhler OWiG Vor § 67 Rn. 28, einschr. OWiG § 46 Rn. 34; vgl. aber betr. Schulversäumnisse *Lampe* in

KK-OWiG OWiG § 46 Rn. 48; *Lemke/Mosbacher,* Ordnungswidrigkeiten-
gesetz, 2. Aufl. 2005, § 46 Rn. 45; vgl. aber auch → § 11 Rn. 15).

II. Mitteilung durch Strafverfolgungsinstitutionen

1. Einzelne Mitteilungspflichten

6 **a) Gesetzliche Vorschriften.** Solche (auch) des JGerichts finden sich
neben § 70 Abs. 1 in § 50 Abs. 3 S. 1, § 67a nF und – für Heranwachsende
– in § 109 Abs. 1 S. 3 (sowie zB in § 27 Abs. 3 und 4 BtMG bzw. § 8
Abs. 1, Abs. 1a AsylG; vgl. im Übrigen die sich iZm den nach BZRG
vorgeschriebenen Eintragungen ergebenden Mitteilungspflichten). Für den
Bereich der freiwilligen Gerichtsbarkeit gilt § 22a FamFG (vgl. → Rn. 10).

6a Die Informationspflichten auf Antrag des Verletzten gem. § 406d Abs. 1
sowie Abs. 2 Nr. 1 StPO werden, vorbehaltlich entgegenstehender Fallkonstellationen, gem. § 2 Abs. 2 auch in Verfahren gegen Jugendliche oder
Heranwachsende anzuwenden sein, wenngleich die Gesetzgebung die Frage
nicht oder nicht näher erörtert hat. Hingegen wird, im Unterschied zum
allg. StR, Anträgen gem. § 406d Abs. 2 Nr. 2–4 StPO idR ein überwiegen-
des schutzwürdiges Interesse entgegenstehen, und hinsichtlich eines Antrages
gem. Nr. 4 wird in Verfahren gegen Jugendliche stets ein berechtiges Interesse darzulegen und ein Absehen davon („ersichtlich ist") also nicht zulässig
sein (ebenso *Schatz* in Diemer/Schatz/Sonnen Rn. 15).

7 Mit Inkrafttreten des **JuMiG** (1.6.1998) bzw. des StVÄG (1.11.2000)
wurde dem Erfordernis einer gesetzlichen Grundlage für die Übermittlung
persönlichkeitsbezogener Daten außerhalb der vorgenannten Vorschriften
formell Rechnung getragen. Die vorherige Praxis, die nach den bundeseinheitlichen VV über Mitteilungen in Strafsachen (MiStra) verfuhr, war
verfassungsrechtlichen Bedenken ausgesetzt, da sie Eingriffe in das durch
Art. 2 Abs. 1, 1 Abs. 1 GG gewährleistete Recht auf informationelle Selbstbestimmung vorsah, ohne sich hierfür auf eine gesetzliche Ermächtigung
stützen zu können (vgl. BVerfGE 65, 1; *von Wedel/Eisenberg* NStZ 1989,
505). – Zusätzliche, zum Teil weitergehende Mitteilungspflichten enthalten
die Polizeigesetze der Länder. Sie sind mitunter Einwänden im Hinblick auf
den Bestimmtheitsgrundsatz (s. dazu aber schon *Adam* DVJJ 1984, 481)
sowie auf die allg. jugendrechtlichen Ziele von Schutz, Förderung und
Integration ausgesetzt (vgl. etwa bereits DVJJ 1984, AK XI).

8 **b) Verwaltungsvorschriften.** Sonstige Mitteilungspflichten sind auf der
Ebene von **VV** geregelt. Hiergegen lassen sich insoweit **Bedenken** erheben,
als es an einer gesetzlichen Rechtsgrundlage fehlt (s. vormals etwa *Zuck* StV
1987, 32 sowie → Rn. 7). Insbesondere besteht aus erzieherischen Gründen
(vgl. § 2 Abs. 1) ein zumindest teilweise höheres Bedürfnis an Datenschutz
als im allg. StVerf, wenngleich eine Zusammenarbeit der einschlägig befassten Personen und Behörden im Interesse des Jugendlichen einen gewissen
Informationsaustausch voraussetzt.

9 Im Einzelnen sind derartige Mitteilungspflichten in RL 2 zu § 1, RL 2 zu
§ 42, RL 7 zu § 43 sowie in RL III. Nr. 1, IV. Nr. 2, V. Nr. 6, VI. Nr. 4 zu
§§ 82–85 enthalten. Für den Bereich des Vollzugs von jugendstrafrechtlichen
Rechtsfolgen zählen hierzu – abgesehen zB von §§ 35, 47 StrVollstrO –

Nr. 24–27 VGO und § 27 JAVollzO (nebst RL JAVollzO, vgl. aber zu JAVollzGen der Länder Erl. zu § 90).

Die MiStra (s. Anh. 3) konkretisieren die Regelungen bezüglich Mittei- **10** lungspflichten nach dem 2. Abschnitt des EGGVG, stehen jedoch ihrerseits unter dem **Gesetzesvorbehalt** (vgl. näher bereits *v. Wedel/Eisenberg* NStZ 1989, 505 ff.; wegen Rechtsmitteln zur Überprüfung der Rechtmäßigkeit s. § 22 Abs. 1 S. 1, §§ 23 ff. EGGVG). Soweit sie modifizierte oder besondere Mitteilungspflichten für das JStV enthalten, sind Rechtmäßigkeit und Gültig- keit zumindest im Einzelfall zw. (vgl. auch schon *Ostendorf* DRiZ 1986, 256 sowie *Ostendorf* ZJJ 2007, 300 betr. „tagesaktuelle Intensivtäterliste" (hierzu ergänzend → § 5 Rn. 85a, 85b)). Dies gilt im Hinblick auf die Vorschriften des § 70, in der Mitteilungen aus **erzieherischen Gründen** betr. die Mit- teilungsempfänger abschließend geregelt sind, für die Ausgestaltung des § 22a FamFG, das Mitteilungen von Gerichten (Muss-Vorschrift des Abs. 1) bzw. von Gerichten und Behörden (Befugnisnorm des Abs. 2 S. 1 mit der ausdrücklichen Pflicht zur Verhältnismäßigkeitsprüfung, im Übrigen unter dem Vorbehalt von S. 2) – also auch der JStA – ggü. dem Familien- oder Betreuungsgericht regelt, und die Vorschriften des BZRG (insb. § 61 BZRG). – Im JStV ist bei einer Eintragung nur im Erziehungsregister eine Abwägung mit öffentlichen Interessen iSv § 43 BZRG in jedem Fall aus- geschlossen (zum Ganzen schon *v. Wedel/Eisenberg* NStZ 1989, 508).

c) Zuständigkeit. Für JGericht und JStA ergibt sie sich zur Erfüllung **11** von Mitteilungspflichten in den verschiedenen Verfahrensabschnitten im Übrigen aus RL II. Nr. 4 zu §§ 82–85 sowie § 12 Abs. 1 EGGVG.

d) Inhalt und Zeitpunkt. Eine allg. Regelung über Inhalt und Zeit- **12** punkt der Mitteilungen enthält Nr. 6 MiStra (bzgl. Mitteilungen an Stellen, die kein Auskunftsrecht gem. § 61 BZRG haben, s. krit. schon DVJJ 1984, AK XI; betr. Nr. 42 MiStra s. krit. *Maeck* MDR 1981, 183; speziell zur JGH → Rn. 17 f.). Zulässig ist gem. § 479 Abs. 2 Nr. 1 StPO die Übermittlung personenbezogener Daten, die den Gegenstand des Verfahrens betreffen, wenn dies aus Sicht des übermittelnden JGerichts oder der JStA zur Vollstr bzw. Durchführung von Erziehungsmaßregeln oder Zuchtmitteln erforder- lich ist (vgl. im Übrigen zu § 479 Abs. 2 Nr. 3 StPO Nr. 13 MiStra).

2. Mitteilungsadressaten

Im Einzelnen bestehen unterschiedlich abgestufte Grundlagen der Mit- **13** teilungspflicht.

a) Erziehungsberechtigte, gesetzliche Vertreter. Für diese sind § 67a, **14** Nr. 34 MiStra maßgeblich.

b) Schule. Betreffend die Schule besteht eine Mitteilungspflicht nach **15** Abs. 1 S. 1, Nr. 33 MiStra (für eine Abschaffung schon DVJJ 1984, AK II); ob eine Differenzierung zwischen öffentlicher Schule und Privatschule (vgl. hierzu *Coen* in Graf RiStBV VV Rn. 35 zu Nr. 1: nicht sachgerecht) zB aufgrund besonderer Verpflichtungen der Privatschule zulässig sein könnte, scheint nicht abschließend geklärt. Im Einzelnen ist bzgl. der Voraussetzun- gen „in geeigneten Fällen", insb. wenn der Sachverhalt (noch) nicht ab- schließend aufgeklärt bzw. das Verfahren noch nicht abgeschlossen ist, eine Abwägung zwischen zu erwartenden, den Beschuldigten zusätzlich stigmatisierenden informellen oder formellen Reaktionen der Schule (hierzu vormals VGH BW JZ 1964, 627; dazu *Baumann* JZ 1964, 612 (616); allg. auch → § 5 Rn. 79 ff., → § 10 Rn. 60 ff.) und einem – gem. ihrem Aufgabenbereich möglicherweise berechtigten – Interesse der Schule an Kenntniserlangung vorzunehmen, zumal die Beurteilung der „Geeignetheit" vorrangig am „Wohl" des Beschuldigten auszurichten ist (s. Begr. BT-Drs. 11/5829, 29 sowie, verdeutlichend, BR aaO S. 43). Dabei kann es zu Konflikten im Hinblick auf die Schule als Informationsquelle iSv § 43 Abs. 1 S. 1, 2 (vgl. auch RL Nr. 2 S. 2 zu § 43) kommen (vgl. näher → § 43 Rn. 20a, 20b).

16   **c) FamG.** Die Mitteilungspflichten ggü. dem FamG in geeigneten Fällen bestimmen Abs. 1 S. 1, Nr. 31 MiStra. Sie sind ua darin begründet, dass das zur Entgegennahme allein berechtigte FamG (gem. § 14 Nr. 14 RPflG nicht der Rechtspfleger) Anlass sehen könnte, erzieherische Maßnahmen einzuleiten (während das JAmt bei ggf. notwendig erscheinenden familiengerichtlichen Maßnahmen ohnehin unterrichtet; krit. schon IfHE Zbl JR 1984, 472 mit der Begründung zusätzlicher Stigmatisierung; s. auch *Wolski* Zbl 1987, 500; insoweit eher unkritisch (für „sichere Informiertheit") *Schatz* in Diemer/Schatz/Sonnen Rn. 38).

17   **d) JGH.** Die **Pflicht** zur Mitteilung an die JGH beruht auf Abs. 1 S. 1. Das Spektrum der dort genannten mitteilungsbedürftigen **Umstände** wird in Nr. 32 MiStra deutlich erweitert. Bzgl. der Nr. 32 Nr. 5 MiStra (Ort und Zeit der HV) besteht jedoch eine Sonderregelung in § 50 Abs. 3. Unter **Nr. 32 Nr. 9** MiStra fallen die Verhaftung (§ 2 Abs. 2, § 114c Abs. 1 StPO), die vorläufige Festnahme (§ 2 Abs. 2, § 126a Abs. 2 S. 1 StPO, §§ 127 Abs. 4, 127b Abs. 1 S. 2 StPO) sowie das Festhalten (§ 163c Abs. 1 S. 3 StPO). Ob auch sonstige Abläufe, die mit vergleichsweise kurzem Freiheitsentzug einhergehen, trotz des idR kurzen Zeitraums von der Vorschrift erfasst sind, wird sich nicht generell beantworten lassen (zutr. aber betr. Untersuchung gem. § 2 Abs. 2, § 81a StPO *Sommerfeld* ZJJ 2016, 37). Vielmehr wird ua nach dem Alter bzw. der Reifeenwicklung des Jugendlichen zu differenzieren sein. In Nr. 32 Nr. 9 MiStra ist bzgl. der Führungsaufsicht Nr. 13 Abs. 2 MiStra einschlägig. Ergänzend zum Wortlaut der **Nr. 32 Nr. 9** wird es sich im Hinblick auf § 38 Abs. 2 S. 9, Abs. 3 S. 1 aF = § 38 Abs. 5 S. 5, Abs. 6 S. 1 nF empfehlen, auch Entscheidungen nach §§ 89a, 89b mitzuteilen. – Agiert der Vertreter der JGH als Beistandsperson (§ 51 Abs. 6 und 7, § 67 Abs. 3, § 67a Abs. 4 nF), können damit erweiterte Unterrichtungspflichten (§ 67a Abs. 1 aF und 2 nF) einhergehen (→ § 67a Rn. 14).

18   Aus § 38 Abs. 3 S. 2 aF bzw. Abs 6 S. 2 nF ergibt sich die Notwendigkeit einer frühen Mitteilung, um eine rechtzeitige Stellungnahme der JGH zu ermöglichen (n. dazu → § 38 Rn. 16). Abs. 2 nF stellt die dahingehenden Anforderungen hinsichtlich des **spätestmöglichen** Mitteilungs**zeitpunktes** klar. Dies ist die Ladung des Jugendlichen zur ersten Vernehmung als Beschuldigter (dazu, dass bei Nichtmitteilung und Unterbindung der vom Jugendlichen gewünschten Unterstützung durch die JGH ein Beweisverwertungsverbot bzgl. der Vernehmung angezeigt sein kann, s. bereits *Nix* MschKrim 1993, 188). Erfolgte die Vernehmung, ohne dass dem eine Ladung vorangehen konnte (Bsp.: spontaner Beginn nach Antreffen; direkter Übergang aus Zeugenvernehmung), muss die Mitteilung auf die schnellste organisierbare Weise nachgeholt werden (Abs. 2 S. 2 nF). Im Einzelfall kann die Mitteilungspflicht iÜ auch schon früher einsetzen (→ § 38 Rn. 36), falls nämlich für die Polizei bereits davor „erkennbar wird, dass Leistungen der JHilfe infrage kommen" (PDV 382, 3.2.7) oder falls es zu einer vorläufigen Festnahme bzw. einem Erlass eines Haftbefehls kommt (§ 72a).

Praktisch erfolgt die Mitteilung meist durch die Polizei; sie ist aber auch **18a** durch die JStA möglich. Inhaltlich werden die Angaben in der sehr frühen Phase oft nur sehr sparsam und formularmäßig erfolgen können. Danach eintretende Verfahrensereignisse iSv Nr. 32 MiStra bedürfen indes einer weiteren Mitteilung. – Ob die Voraussetzungen eines Beteiligungs**verzichts** gem. § 38 Abs. 7 nF vorliegen, wird sich vor einer Mitteilung iSv Abs. 2 nur selten schon beurteilen lassen. Wurde er dennoch erklärt oder wird er bereits näher erwogen (und später erklärt), bedarf es gleichwohl einer Information der JGH über die Verfahrenseinleitung (vgl. auch RegE BT-Dr. 19/13837, 62). S. 2 sieht für diese Konstellationen nämlich keine Ausnahmen vor. Diese wären auch nicht gerechtfertigt, weil die JGH der fraglichen Mitteilung zur Wahrnehmung ihres Mitwirkungsrechtes (→ § 38 Rn. 34) bedarf.

e) Polizei. Eine allg. Mitteilungspflicht ggü. der Polizei (gem. §§ 402, **19** 404 AO einschließlich Finanzbehörden, Zollfahndungsämter, etc) ergibt sich aus § 482 StPO (Nr. 11 MiStra). Obgleich VollstrBehörde der JRichter ist, bleibt (als Sonderregelung ggü. der grundsätzlichen funktionalen Zuständigkeit der VollstrBehörde nach Rechtskraft der Entscheidung) die JStA zuständig (vgl. auch *Orschitt* in Graf RiStBV VV Rn. 6 zu Nr. 11). Für das JStV kann Nr. 11 aber nur begrenzt Anwendung finden, da die Polizei gem. § 61 BZRG hinsichtlich des Erziehungsregisters nicht zu den auskunftsberechtigten Stellen zählt und eine Mitteilung an sie auch nicht nach § 479 Abs. 2 Nr. 1 StPO zur Vollstr bzw. Durchführung von Erziehungsmaßregeln oder Zuchtmitteln erforderlich sein wird. Eine Anwendung des § 17 Nr. 1 EGGVG betr. Informationen mit Relevanz für Aussetzungsentscheidungen gem. § 27 bzw. § 21 scheidet aus, da es sich nicht (mehr bzw. nur untergeordnet) um Strafverfolgung handelt (*Weßlau* in SK-StPO StPO § 479 Rn. 10; aA *Schatz* in Diemer/Schatz/Sonnen Rn. 12).

f) Militärische Dienststellen. Betr. Soldatinnen und Soldaten bestehen **20** neben den allg. Vorschriften zusätzliche Regelungen über Mitteilungen an die darin genannten Stellen (§ 89 SoldG iVm § 125c BRRG, Nr. 19 MiStra). Unter Nr. 19 Abs. 1 fallen auch der Sitzungshaftbefehl (§ 230 StPO) und der Vollstreckungshaftbefehl (§ 457 StPO). Da Nr. 19 Abs. 2 S. 2 Nr. 2 MiStra offen gefasst ist, wird vertreten, bei (nicht unter Abs. 2 S. 2 Nr. 1 fallenden) Fahrlässigkeitstaten könne die Informationserlangung auch dann erforderlich sein, wenn der Empfänger erst dadurch in die Lage versetzt werde, die Anordnung von Maßnahmen schlechthin – also nicht beschränkt auf solche disziplinarrechticher Art – zu prüfen (vgl. *Orschitt* in Graf RiStBV VV Rn. 13 zu Nr. 19).

3. AufenthG

Bezüglich Nichtdeutscher, die keine EU-Bürger sind, sind Sonderrege- **21** lungen im AufenthG enthalten (vgl. näher zu der datenschutzrechtlich nicht unumstrittenen Vorschrift der Nr. 42 Abs. 1 MiStra *Wußler* in Graf RiStBV VV Rn. 5 f.; vgl. vormals auch *Maeck* MDR 1981, 187 bzw. Thesen AK IV,

DVJJ 1990; AK I/3 A, DVJJ 1993) – abw. Regelungen gelten nach dem FreizügG/EU (vgl. auch Nr. 42 Abs. 2 S. 2, 3 MiStra). Gemäß § 87 Abs. 4 AufenthG haben die für die Einleitung und Durchführung eines *Straf-* oder *Bußgeldverfahrens* zuständigen Stellen dies der Ausländerbehörde, ggf. auch der Einbürgerungsbehörde, mitzuteilen (§ 32 Abs. 1 S. 4 StAG). Eine vergleichbare Mitteilungspflicht besteht für alle anderen öffentlichen Stellen – außer Schulen sowie Bildungs- und Erziehungseinrichtungen (§ 87 Abs. 2 AufenthG –, wenn ihnen der illegale Aufenthalt eines Ausländers, ein Verstoß gegen eine räumliche Beschränkung oder ein sonstiger Ausweisungsgrund bekannt wird (§ 87 Abs. 2 AufenthG).

III. Mitteilung an Strafverfolgungsinstitutionen

1. Benachrichtigungspflichten gem. Abs. 1 nF

22　　a) S. 2. Diese sich auf Strafverfahren, nicht hingegen auf Straftaten beziehende Regelung soll die Verbindung mehrerer Strafverfahren (vgl. § 32) ermöglichen. Eine zusätzliche (vgl. etwa § 138 StGB) Pflicht zur Anzeige von Straftaten wird hierdurch nicht begründet (vgl. aber betr. Dienstvorschriften der Länder → § 5 Rn. 39b aE). – Die Benachrichtigung ist stets an die JStA zu leiten, auch wenn die Mitteilung gem. Abs. 1 S. 1 vom JGericht kam.

23　　b) S. 3. Gemäß dieser durch das JuMiG eingeführten Bestimmung teilt das FamG die von ihm ggü. dem Beschuldigten in einem JStV getroffenen Maßnahmen dem JStA mit, soweit keine ihm erkennbaren schutzwürdigen Interessen des von der Übermittlung Betroffenen entgegenstehen. Hiermit soll im Interesse des Erziehungsauftrags (§ 2 Abs. 1) die Koordinierung jugendgerichtlicher und familiengerichtlicher Maßnahmen unterstützt werden. Das FamG hat, soweit ihm schutzwürdige Belange des Betroffenen erkennbar sind, von der Mitteilung abzusehen. Bei seiner Entscheidung über die Schutzwürdigkeit hat es neben der Verhältnismäßigkeit einer Mitteilung insb. den erzieherischen Belangen des Jugendlichen Rechnung zu tragen.

2. Benachrichtigungspflichten gem. Abs. 3 nF

24　　Der Anwendungsbereich der Vorschrift erstreckt sich auf alle Varianten der „einstweiligen" Freiheitsentziehung – dh auf solche Formen, die im JStV vor dessen rechtskräftigem Abschluss veranlasst werden können (s. RegE BT-Dr. 19/13837, 31 f.: Polizeigewahrsam; U-Haft; Vollstreckung eines Europäischen Haftbefehls sowie Unterbringungen gem. § 126a StPO iVm § 2 Abs. 2 oder gem. § 73 oder gem. §§ 71 Abs. 2, 72 Abs. 4 oder gem. § 81 StPO iVm § 2 Abs. 2). Kommt es hier (ggf. infolge der entspr. landesrechtlichen Vollzugsvorschriften) zu einer **medizinischen** Untersuchung des Jugendlichen, sind die hierbei ggf. anfallenden Informationen zur psychischen und physischen Verfassung des Jugendlichen von den Leitungen der jeweiligen Vollzugseinrichtungen unaufgefordert weiterzugeben. Adressat sind der JStA und, da das JGericht in die Freiheitsenziehung eingebunden ist, auch dieses. Mit Blick auf Art. 8 Abs. 2 RL (EU) 2016/800, dessen Umsetzung mit Abs. 3 ausdrücklich bezweckt wurde (RegE BT-Dr. 19/13837, 62), besteht diese Pflicht allerdings nur bei Feststellungen, die entweder für die (beständig und von Amts wegen vorzunehmende) Beurteilung der Vernehmungs- und Verhandlungsfähigkeit von Belang sein oder die gewisse, prozessuale Schutzvorkehrungen bei konkret absehbaren Ermittlungsmaßnahmen erfordern könnten. Diese Relevanz muss jedenfalls bei **objektiver** Betrachtung möglich sein („Anlass zu Zweifeln geben"). Ob die verpflichteten Stellen die jeweiligen Befunde für „durchschlagend" halten oder nicht, ist bedeutungslos. Sind Untersuchungsergebnisse ggf. für andere jugendstrafrechtliche Fragen aufschlussreich (Reifeentwicklung usw.) und/oder haben sie keinen medizinischen Charakter, kann sich die Befugnis (und womöglich auch Pflicht) zur Weitergabe allein aus anderweitigen Rechtsnormen ergeben (s. aber → Rn. 25).

Von all dem unberührt bleibt die auf § 114e StPO iVm § 2 Abs. 2 **25** beruhende und ähnlich strukturierte Mitteilungspflicht hinsichtlich der im U-Haftvollzug anfallenden Erkenntnisse (§ 70 Abs. 3 S. 2 nF). Die dort normierte Verpflichtung geht über die in Abs. 3 S. 1 nF geregelten Pflichten hinaus, da sie auch untersuchungsunabhängig entstehende und/oder **außermedizinische** Erkenntnisse einbezieht (s. auch → § 89c Rn. 4f.). Außerdem setzt sie lediglich voraus, dass diese Befunde „für die Aufgaben der Empfänger von Bedeutung sind" (ebenso auch bzgl. Abs. 3 S. 1 iÜ noch der RefE vom 11.10.2018) und der JStA oder dem JGericht nicht ohnehin schon bekannt sind. Dies ist typischerweise auch bei Informationen der Fall, die für die Einschätzung des Reifestandes oder der erzieherischen Indikation aussagekräftig sein können. Allerdings kommt es insofern auf die subjektive Einschätzung der Vollzugsanstalt an. – Aus Ländergesetzen können sich iÜ weitergehende Informationspflichten ergeben (§ 114e S. 2 StPO iVm § 2 Abs. 2).

Unterrichtung des Jugendlichen

70a (1) ¹Wenn der Jugendliche davon in Kenntnis gesetzt wird, dass er Beschuldigter ist, so ist er unverzüglich über die Grundzüge eines Jugendstrafverfahrens zu informieren. ²Über die nächsten anstehenden Schritte in dem gegen ihn gerichteten Verfahren wird er ebenfalls unverzüglich informiert, sofern der Zweck der Untersuchung dadurch nicht gefährdet wird. ³Außerdem ist der Jugendliche unverzüglich darüber zu unterrichten, dass

1. nach Maßgabe des § 67a die Erziehungsberechtigten und die gesetzlichen Vertreter oder eine andere geeignete volljährige Person zu informieren sind,

2. er in den Fällen notwendiger Verteidigung (§ 68) nach Maßgabe des § 141 der Strafprozessordnung und des § 68a die Mitwirkung eines Verteidigers und nach Maßgabe des § 70c Absatz 4 die Verschiebung oder Unterbrechung seiner Vernehmung für eine angemessene Zeit verlangen kann,

3. nach Maßgabe des § 48 die Verhandlung vor dem erkennenden Gericht grundsätzlich nicht öffentlich ist und dass er bei einer ausnahmsweise öffentlichen Hauptverhandlung unter bestimmten Voraussetzungen den Ausschluss der Öffentlichkeit oder einzelner Personen beantragen kann,

4. er nach § 70c Absatz 2 Satz 4 dieses Gesetzes in Verbindung mit § 58a Absatz 2 Satz 6 und Absatz 3 Satz 1 der Strafprozessordnung der Überlassung einer Kopie der Aufzeichnung seiner Vernehmung in Bild und Ton an die zur Akteneinsicht Berechtigten widersprechen kann und dass die Überlassung der Aufzeichnung oder die Herausgabe von Kopien an andere Stellen seiner Einwilligung bedarf,

5. er nach Maßgabe des § 67 Absatz 3 bei Untersuchungshandlungen von seinen Erziehungsberechtigten und seinen gesetzlichen Vertretern oder einer anderen geeigneten volljährigen Person begleitet werden kann,

6. er wegen einer mutmaßlichen Verletzung seiner Rechte durch eine der beteiligten Behörden oder durch das Gericht eine Überprüfung der betroffenen Maßnahmen und Entscheidungen verlangen kann.

(2) Soweit dies im Verfahren von Bedeutung ist oder sobald dies im Verfahren Bedeutung erlangt, ist der Jugendliche außerdem so früh wie möglich über Folgendes zu informieren:

1. die Berücksichtigung seiner persönlichen Verhältnisse und Bedürfnisse im Verfahren nach Maßgabe der §§ 38, 43 und 46a,

2. das Recht auf medizinische Untersuchung, das ihm nach Maßgabe des Landesrechts oder des Rechts der Polizeien des Bundes im Fall des einstweiligen Entzugs der Freiheit zusteht, sowie über das Recht auf medizinische Unterstützung, sofern sich ergibt, dass eine solche während dieses Freiheitsentzugs erforderlich ist,

3. die Geltung des Verhältnismäßigkeitsgrundsatzes im Fall des einstweiligen Entzugs der Freiheit, namentlich
   a) des Vorrangs anderer Maßnahmen, durch die der Zweck des Freiheitsentzugs erreicht werden kann,
   b) der Begrenzung des Freiheitsentzugs auf den kürzesten angemessenen Zeitraum und
   c) der Berücksichtigung der besonderen Belastungen durch den Freiheitsentzug im Hinblick auf sein Alter und seinen Entwicklungsstand sowie der Berücksichtigung einer anderen besonderen Schutzwürdigkeit,

4. die zur Haftvermeidung in geeigneten Fällen generell in Betracht kommenden anderen Maßnahmen,

5. die vorgeschriebenen Überprüfungen von Amts wegen in Haftsachen,

6. das Recht auf Anwesenheit der Erziehungsberechtigten und der gesetzlichen Vertreter oder einer anderen geeigneten volljährigen Person in der Hauptverhandlung,

7. sein Recht auf und seine Pflicht zur Anwesenheit in der Hauptverhandlung nach Maßgabe des § 50 Absatz 1 und des § 51 Absatz 1.

(3) Wird Untersuchungshaft gegen den Jugendlichen vollstreckt, so ist er außerdem darüber zu informieren, dass

1. nach Maßgabe des § 89c seine Unterbringung getrennt von Erwachsenen zu erfolgen hat,

2. nach Maßgabe der Vollzugsgesetze der Länder
   a) Fürsorge für seine gesundheitliche, körperliche und geistige Entwicklung zu leisten ist,
   b) sein Recht auf Erziehung und Ausbildung zu gewährleisten ist,
   c) sein Recht auf Familienleben und dabei die Möglichkeit, seine Erziehungsberechtigten und seine gesetzlichen Vertreter zu treffen, zu gewährleisten ist,
   d) ihm der Zugang zu Programmen und Maßnahmen zu gewährleisten ist, die seine Entwicklung und Wiedereingliederung fördern, und
   e) ihm die Religions- und Weltanschauungsfreiheit zu gewährleisten ist.

(4) Im Fall eines anderen einstweiligen Entzugs der Freiheit als der Untersuchungshaft ist der Jugendliche über seine dafür geltenden Rechte entsprechend Absatz 3 Nummer 2 zu informieren, im Fall einer polizeilichen Ingewahrsamnahme auch über sein Recht auf die von Erwachsenen getrennte Unterbringung nach den dafür maßgeblichen Vorschriften.

(5) § 70b dieses Gesetzes und § 168b Absatz 3 der Strafprozessordnung gelten entsprechend.

(6) Sofern einem verhafteten Jugendlichen eine schriftliche Belehrung nach § 114b der Strafprozessordnung ausgehändigt wird, muss diese auch die zusätzlichen Informationen nach diesem Paragrafen enthalten.

(7) Sonstige Informations- und Belehrungspflichten bleiben von den Bestimmungen dieses Paragrafen unberührt.

Übersicht

	Rn.
I. Anwendungsbereich	1
II. Funktion und Struktur der Unterrichtungspflichten	2
1. Entstehung und Normzweck	2
2. Altersangepasste Rechtsinformation	3
3. Verhältnis von Unterrichtung und Belehrung	6
III. Allgemeine obligatorische Unterrichtung (Abs. 1)	8
1. Überblicksinformationen	8
2. Rechte-Informationen	9
IV. Anlassabhängige Unterrichtung (Abs. 2–4)	10
1. Allg. Überblicks- und Rechte-Informationen	10
2. Informationen bei Freiheitsentziehungen	12
V. Fehlerfolgen	14

I. Anwendungsbereich

Die Bestimmung gilt in Verfahren gegen Jugendliche sowie auch gegen Heranwachsende (§ 109 Abs. 1), dort allerdings allein mit Blick auf die für **Heranwachsende** relevanten Informationen (§ 109 Abs. 1 S. 2). – Im vereinfachten Verfahren (§ 78 Abs. 3 nF) und vor den für allg. Strafsachen 1 zuständigen Gerichten ist die Vorschrift gleichermaßen anwendbar (§ 104 Abs. 1 Nr. 11a).

II. Funktion und Struktur der Unterrichtungspflichten

1. Entstehung und Normzweck

2   Es muss davon ausgegangenen werden, dass das Wissens- und Erfahrungsdefizit juristischer Laien (gemeinsam mit dem Bewusstsein der Vorwurfsbetroffenheit) für erhebliche Verunsicherungen im strafprozessualen Kontext sorgen kann und den Beschuldigten die Wahrnehmung der ihren Interessen dienenden Rechte erschwert (differenzierend *Eisenberg/Kölbel* Kriminologie, § 31 Rn. 26 ff. mwN). Bei Jugendlichen dürfte dieses Problem oftmals in gesteigertem Maße bestehen (RegE BT-Dr. 19/13837, 62). Die Sicherstellung hinreichender Informiertheit gilt (neben Fürsorgepflichten, anwaltlicher Unterstützung usw.) traditionell als ein Mittel, um dem zu begegnen. **Art. 4 RL (EU) 2016/800** sieht deshalb ein ausdifferenziertes sog. „Auskunftsrecht" der Jugendlichen vor, das eine deutlich breitere Unterrichtung als die in Art 3 RL (EU) 2012/13 (vgl. dazu bspw. § 136 StPO) vorgesehenen Belehrungen umfasst. Zur Umsetzung dieser Vorgaben bedurfte es folglich einer weitergehenden Normierung, die durch das Gesetz zur Stärkung der Verfahrensrechte von Beschuldigten im Jugendstrafverfahren in Form von § 70a nF implementiert wurde. Eine zentrale oder gar **abschließende** Regelung der prozessualen Aufklärung ist damit aber **nicht** intendiert. Abs. 7 weist vielmehr ausdrücklich auf die Möglichkeit unberührt bleibender zusätzlicher Informationspflichten hin.

2. Altersangepasste Rechtsinformation

3   § 70a nF unterscheidet zwischen anlassabhängig zu gewährleistender Information (Abs. 2 − 4) und einer stets erfolgenden Unterrichtung, die sich allerdings auf einen sehr umfangreichen Informationskatalog bezieht (Abs. 1). Erfolgen muss diese in dem (meist) sehr **frühen Verfahrenszeitpunkt,** in dem der Beschuldigtenstatus zu eröffnen ist − also typischerweise vor einer Vernehmung oder bei einer belehrungspflichtigen Ermittlungsmaßnahme. Dafür verantwortlich und **zuständig** ist die das Verfahren zum fraglichen Zeitpunkt jeweils führende Strafverfolgungsinstitution. Dabei handelt es sich vielfach um die Polizei, teilw. (va bei vorläufigen Festnahmen) sogar um den Streifendienst vor Ort. Ausnahmen sind nicht vorgesehen, auch nicht für geringfügige Verdachtsgegenstände und/oder in Verfahren mit zu erwartender alsbaldiger Einstellung. Im Übrigen müssen den **Erziehungsberechtigten** bzw. gesetzlichen Vertretern die gleichen Informationen wie dem Jugendlichen gegeben werden (→ § 67a Rn. 3d f.).

4   Die Norm verpflichtet somit zu einer durchgehenden und relativ ausgreifenden Rechtsaufklärung (bzw. sie muss hierzu wegen Art. 4 Abs. 1 RL (EU) 2016/800 verpflichten). Dass sich dies tatsächlich dazu eignet, Entfremdung, Verunsicherung und Desorientierung im JStV entgegenzuwirken, ist berechtigterweise von Anbeginn bezweifelt worden. Bereits wegen ihres Umfangs können die Informationen vielmehr geeignet sein, die **Distanz** zwischen formalisiertem Strafverfahren und jugendlicher Lebenswelt eher zu

erweitern denn zu schließen (ebenso *Sommerfeld* ZJJ 2018, 296 (298 Fn. 21): kontraproduktiv wirkende Überfrachtung; *Bock* StV 2019, 508 (511): Gefahr der Überforderung). Dies gilt besonders bei einer Form des Informierens, die sich primär an institutionellen Praktikabilitäts- und Effektivitätsbelangen orientiert (für die Neigung zur routinisierten, formalisierten und standardisierten Belehrungspraxis s. *Capus/Stoll/Studer* MschKrim 2016, 42 (47 ff.); erg. *Eisenberg/Kölbel* Kriminologie, § 28 Rn. 27 mwN). Schriftliche Instruktionen zu Beschuldigtenrechten sind sprachlich vielfach zu komplex, um von den meisten Jugendlichen vollständig verstanden zu werden (empirisch etwa *Eastwood/Snook/Luther* Crime & Delinquency 2015, 798). Deshalb ist es umso wichtiger, dass die von § 70a nF geforderte Unterrichtung an die **Kommunikationsgewohnheiten** Jugendlicher angepasst wird und sich an den alterstypischen Verständnisfähigkeiten orientiert (Abs. 5 iVm § 70b nF; vgl. auch Art. 4 Abs. 2 RL (EU) 2016/800). Sind Interpretationsschwierigkeiten beim Beschuldigten erkennbar, müssen diese durch **weitergehende** individualisierte **Erläuterungen** behoben werden (vgl. ähnlich auch § 114b Abs. 1 S. 2 StPO). Mit Blick auf den Zweck der Unterrichtung und die Prinzipien des JStV (§ 2 Abs. 1) steht eine kaum oder gar unverständliche Aufklärung in ihrer Rechtswidrigkeit einer unterbliebenen Aufklärung nämlich gleich.

Unabhängig von der geforderten Verständnissicherung schreibt die Vor- 5 schrift allerdings weder eine schriftliche noch eine mündliche Darstellungsweise vor. Ausnahmen bestehen nur in **Festnahmefällen** (→ Rn. 13). Hier sind die nach § 70a nF obligatorischen Informationen mit den schriftlichen Belehrungen iSv § 114b Abs. 1 S. 1 und Abs. 2 zu verbinden und dem Jugendlichen in einem sog. „Letter of Rights" auszuhändigen. Angesichts des Informationsumfangs bietet sich allerdings generell (zumindest für große Teile) ein **schriftliches** Vorgehen nach diesem Vorbild an (vgl. auch RegE BT-Dr. 19/13837, 45: Merkblätter und Informationsmaterial). Dies muss bei Bedarf auch in fremdsprachiger Weise geschehen. – Dass der Informationspflicht entsprochen wurde, ist iÜ in den Akten zu **dokumentieren** (Abs. 5 iVm § 168b Abs. 3 StPO).

3. Verhältnis von Unterrichtung und Belehrung

Belehrungen sind informatorische Akte mit **gesteigertem Relevanz-** 6 bzw. Dringlichkeitsgrad, weil sie unter Bezug auf **konkrete** Ermittlungsakte oder zumindest prozessuale Lagen erfolgen und jene Rechtskenntnis sicherstellen sollen, die für die **Nutzung** der hier bestehende Rechte erforderlich ist. Die davon zu unterscheidenden „anderweitigen Informationen" klären dagegen über prozessuale Situationen oder Verläufe auf und sorgen so für ein allgemeineres Orientierungsvermögen oder sie machen mit Rechtspositionen bekannt, die von den Inhabern nicht durch eigenes Verhalten aktiviert werden müssen. In den Katalogen von § 70a nF scheinen Belehrungen wie auch „bloße" Informationen vertreten zu sein (die erste Kategorie etwa bei Abs. 1 S. 3 Nr. 1 und 4 und die zweite bspw. bei Abs. 1 S. 3 Nr. 3). Insg. lassen § 70a nF und die zugehörige Begründung des RegE allerdings kaum erkennen, ob mit dem, was nach den genannten Kriterien wie eine Belehrung wirkt, tatsächlich eine solche im engeren (technischen) Sinne geregelt bzw. vorgeschrieben werden soll (dies bspw. bei Abs. 1 Nr. 6 ausdrücklich vern. RegE BT-Dr. 19/13837, 63). Der Funktion von § 70a nF

(Sicherstellung von Entscheidungskompetenz) am besten gerecht wird dabei eine Norminterpretation, der zufolge es bei Abs. 1 bis 4 **nicht um Belehrungspflichten** geht, sondern um ausnahmslos hier hinzutretende allgemeinere Informationspflichten. Nur so erklärt sich auch Abs. 5, der die Vorschriften für „vorgeschriebene Belehrungen" (§ 70b nF) für „entsprechend" anwendbar erklärt. Wo und soweit ein institutioneller Belehrungszwang besteht, beruht dies deswegen stets auf einer von § 70a nF unabhängigen un-/geschriebenen Rechtsgrundlage (gleichgültig, ob der jeweilige Informationsgegenstand zusätzlich in Abs. 1–4 erwähnt ist oder nicht).

7 In der Konsequenz müssen die Strafverfolgungsinstitutionen zu den von Abs. 1–4 bezeichneten Zeitpunkten also gleichsam **abstrakt** über die jeweils benannten Rechtslagen und subjektiven Rechte aufklären, was zu großen Teilen in einer (verständlichen) schriftlichen Übersicht oder Zusammenstellung geschehen kann (→ Rn. 4f., → Rn. 8ff.). Auch wenn dies pflichtgemäß erfolgt, bedarf es aber ggf. **obendrein** noch einer konkret anlassbezogenen (meist mündlichen) Belehrung. Dies ist dann der Fall, wenn erstens eine Belehrungspflicht besteht, zweitens die betr. Rechte einschlägig werden und drittens der jeweils vorgegebene Belehrungszeitpunkt eintritt (so wohl auch *Sommerfeld* ZJJ 2018, 296 (298)). So ist der Jugendliche bspw. über die Widerspruchsmöglichkeit iSv § 58a Abs. 3 S. 1 zunächst allg. zu informieren (Abs. 1 S. 3 Nr. 4), später aber noch einmal eigens zu belehren, sofern und sobald es tatsächlich zu einer Bild-Ton-Aufzeichnung kommt (§ 70c Abs. 2 S. 4 nF iVm § 58a Abs. 3 S. 4 StPO). Allerdings kann der Belehrungszeitpunkt durchaus früher liegen und bei manchen Rechten mit den Informationszeitpunkten iSv Abs. 1–4 sogar **zusammenfallen** (so zB oftmals bei Abs. 1 S. 3 Nr. 2 im Falle einer Erstvernehmung). Dann muss in der fraglichen Situation sowohl die umfassende (teilw. schriftliche) Grundinformierung gem. § 70a nF als auch die konkret rechtsbezogene Belehrung vorgenommen werden. – Belehrungskonstellationen, die im Rahmen der von Abs. 1–4 geforderten Aufklärung gar nicht zu thematisieren sind (vgl. etwa § 136 Abs. 1 StPO iVm § 2 Abs. 2; s. ferner → § 67 Rn. 11d zum Elternkonsultationsrecht), bleiben von § 70a nF gänzlich unberührt (Abs. 7), dh hier gilt ohnehin nur die jeweilige Belehrungsregelung.

III. Allgemeine obligatorische Unterrichtung (Abs. 1)

1. Überblicksinformationen

8 In Umsetzung von Art. 4 Abs. 1 S. 1 RL (EU) 2016/800 muss der Jugendliche nach Abs. 1 S. 1 und 2 zum in → Rn. 3 bezeichneten Zeitpunkt sofort mit dem strafprozessualen Kontext vertraut gemacht werden. Dies betrifft einmal die **Grundzüge des JStV,** dh die wichtigsten Beteiligten, die einzelnen Verfahrensstadien und die verschiedenen Entscheidungsmöglichkeiten. Hierfür bietet sich eine schriftliche Darstellung in einem Informationsblatt an, wohingegen die ihn betreffenden **nächsten Schritte** wegen ihrer Einzelfallabhängigkeit nur mündlich erläutert werden können (*Sommerfeld* ZJJ 2018, 296 (298)). Mit diesen „Schritten" sind iÜ den prozessualen Fortgang bewirkenden Entscheidungen und nicht etwa bevorstehende Ermittlungsmaßnahmen gemeint. Der hier in Abs. 1 S. 2 vorgesehene Vorbehalt (keine Mitteilung, wenn Beeinträchtigung der Ermittlungen zu be-

fürchten) dürfte bei diesen Hinweisen verfahrenspraktisch kaum bedeutsam werden (abw. offenbar RegE BT-Dr. 19/13837, 62 unter Hinweis auf § 33 Abs. 4 StPO).

2. Rechte-Informationen

Soweit Art. 4 Abs. 1 S. 1 RL (EU) 2016/800 nicht nur hinsichtlich der 9 genannten allg. Aspekte der Verfahrensdurchführung, sondern auch bzgl. der Beschuldigtenrechte eine Unterrichtung verlangt, ist dies nicht Gegenstand von Abs. 1, sondern von Vorschriften der StPO (insb. § 136 Abs. 1 StPO iVm § 2 Abs. 2). Nach Abs. 1 S. 3 Nr. 1–6 muss der Jugendliche im Zuge der allg. Erstunterrichtung jedoch stets und sofort über die besonderen und zusätzlichen Rechte ins Bild gesetzt werden, die ihm nach Art. 5 ff. RL (EU) 2016/800 zustehen. Insofern handelt es sich bei den konkret genannten Informationsgegenständen in Abs. 1 S. 3 Nr. 1–b um **Direktumsetzungen** von Art. 4 Abs. 1 Buchst. a) i)–iv) und Buchst. b) vi) RL (EU) 2016/800. Der in Art. 4 Abs. 1 Buchst. a) v) RL (EU) 2016/800 vorgesehene Hinweis auf die Prozesskostenhilfe wird durch Abs. 1 S. 3 Nr. 2 abgedeckt (zum Ganzen auch RegE BT-Dr. 19/13837, 63 f.). Verfahrenspraktisch kann die Unterrichtung schriftlich erfolgen und in ein allg. Informationsblatt (→ Rn. 8) integriert werden. Es ist aber zu berücksichtigen, dass ggf. zusätzliche Erläuterungen und konkrete Belehrungen erforderlich sind (n. → Rn. 5 ff.).

IV. Anlassabhängige Unterrichtung (Abs. 2–4)

1. Allg. Überblicks- und Rechte-Informationen

Art. 4 Abs. 1 RL (EU) 2016/800 verlangt relativ umfangreiche All- 10 gemeininformationen (→ Rn. 8 f.), was der sinnvollen und naheliegenden Maßgabe, dass der Unterrichtungsumfang (va in Bagatellsachen) „von den Umständen des Falles abhängen" soll (RL (EU) 2016/800 Erwägungsgrund 19 S. 3), letztlich nur eingeschränkt folgt (krit. → Rn. 4). Umgesetzt wird dieser Gedanke aber durch die Abschichtung einer Kategorie von Hinweisen, derer es (erst) in „der frühestmöglichen geeigneten Phase des Verfahrens" bedarf. In § 70a nF ist dies in Form einer differenzierten Bedingtheit umgesetzt worden: Informationen, derer der Jugendliche bei einer Freiheitsentziehung bedarf, sind ihm (erst) bei Vornahme einer solchen zu geben (→ Rn. 12 f.). Über einige andere Rechtspositionen – namentlich die in Abs. 2 Nr. 1, 6 und 7 genannten – ist er dagegen (erst) bei deren „Bedeutsamwerden" aufzuklären. Mit Blick auf den Normzweck heißt dies, dass diese Verpflichtung entsteht, **sobald** die (sich beim Beschuldigten ergebende) **potenzielle Handlungsrelevanz** des fraglichen Wissens für die jeweilige Strafverfolgungsinstitution erkennbar werden muss.

Bei den Rechtspositionen, die sich aus § 50 Abs. 1 und 2, § 51 ergeben 11 (Abs. 2 **Nr. 5** und **Nr. 6**), ist dies der Zeitpunkt, zu dem gegenüber dem Jugendlichen das Bevorstehen einer HV bekanntgemacht wird (spätestens also seine Ladung, in die die Information eingebunden werden kann). Der Hinweis iSv Abs. 2 **Nr. 1** muss dagegen erfolgen, sobald tatsächlich eine Ermittlung persönlicher Umstände gem. § 43 erfolgen soll – sobald also die

JGH über das Verfahren informiert wird, ohne dass die StA wegen einer absehbaren Einstellung zugleich einen Berichtsverzicht (→ § 38 Rn. 79, → § 46a Rn. 3 f.) erklärt. Im Hinblick darauf, dass die Einbindung der JGH sehr früh erfolgen muss (→ § 38 Rn. 36, → § 70 Rn. 18) und eigentlich immer eine Berücksichtigung der persönlichen Verhältnisse zu erfolgen hat, ist es allerdings angängig (oder gar vorzugswürdig), die dahingehende Information in die allg. Rechte-Information (→ Rn. 9) aufzunehmen.

2. Informationen bei Freiheitsentziehungen

12 Mit Anordnung des Vollzugs von U-Haft, die auch vollstreckt werden soll (RegE BT-Dr. 19/13837, 64), ist der Jugendliche gem. **Abs.** 3 vom Trennungsgrundsatz und einigen zentralen vollzugsrelevanten Rechtspositionen in Kenntnis zu setzen (dies jeweils an die einschlägigen Regelungen der VollzG der Länder angepasst). Zu ergänzen ist dies um die in **Abs. 2 Nr.** 2 – 5 genannten Informationen, die sich auf weitere Rechte beim Vollzug vorläufiger Freiheitsentziehungen sowie auf anordnungs- bzw. überprüfungsrelevante Prinzipien und Vorgaben beziehen. Das Bedeutsamwerden als dafür vorgesehener Informationszeitpunkt liegt nach dem in → Rn. 10 genannten Kriterium bei Anordnung des Vollzugs nämlich ebenfalls vor. Im Falle der Anordnung einer zu vollziehenden anderen Form der vorläufigen Freiheitsentziehung (RegE BT-Dr. 19/13837, 31 f.: Polizeigewahrsam; Vollstreckung eines Europäischen Haftbefehls; Unterbringung gem. § 126a StPO iVm § 2 Abs. 2 oder gem. § 73 oder gem. §§ 71 Abs. 2, 72 Abs. 4 oder gem. § 81 StPO iVm § 2 Abs. 2) gelten nach **Abs. 4** die gleichen Unterrichtungspflichten (abgesehen vom Trennungsgrundsatz (Hinweis nur bei Polizeigewahrsam obligatorisch) und von Abs. 2 Nr. 4 und 5 (nur bei Europäischem Haftbefehl)).

13 Erneut kann die Unterrichtung schriftlich in einem **Informationsblatt** erfolgen. Soweit ohnehin eine schriftliche Belehrung zu erfolgen hat (gem. § 114b Abs. 2 StPO iVm § 2 Abs. 2 bei U-Haft, vorläufiger Festnahme und Festhalten zur Identitätsfeststellung), ist die Unterrichtung hierin zwingend aufzunehmen (s. auch → Rn. 5). Sie muss dann aber ausnahmslos alle Informationen nach Abs. 2–4 enthalten (**Abs. 6:** „Informationen nach diesem Paragrafen").

V. Fehlerfolgen

14 Die Unterscheidung von allgemeinen Informationen und Belehrungen im engeren Sinne (n. dazu → Rn. 6) hat Konsequenzen bei auftretenden Fehlern: Unterbleibt eine erforderliche Belehrung, wird dies durch die allgemeinen (und sich ggf. deckenden) Informationen iSv § 70a nF **nicht kompensiert.** Ob dies weitergehende Folgen hat (va ein Beweisverwertungsverbot), bestimmt sich daher nach den jeweiligen Regeln des fraglichen Belehrungsmangels. Ebenso verhält es sich, wenn neben der Belehrung auch die Unterrichtung nach § 70a nF versäumt wurde. Dagegen wird eine Verletzung von Abs. 1 – 4 in ausreichender Weise korrigiert, falls es anschließend zu einer Belehrung hinsichtlich der fraglichen Rechtsposition kommt und deren Inanspruchnahme so doch noch informatorisch gewährleistet wird (zur Heilung bei ähnlich gelagerten Verstößen gegen § 114b Abs. 2 StPO s.

Böhm/Werner in MüKoStPO StPO § 114b Rn. 23 und 25). Eigenständige Bedeutung hat ein Verstoß gegen Abs. 1–4 nur bei Hinweisen, die nicht auch Gegenstand einer zusätzlich (später) erforderlichen Belehrung sind. Dabei geht es aber um Informationen allgemeiner Art, die sich nur selten in der Nicht-/Wahrnehmung konkreter Rechte niederschlagen. Ein Verwertungsverbot ist hier allein in Ausnahmefällen denkbar, in denen eine Desorientierung aufrechterhalten wird, die sich (einem **Belehrungsmangel gleichend**) in irrtumsgetragenem Prozessverhalten äußert.

Belehrungen

70b (1) ¹ **Vorgeschriebene Belehrungen des Jugendlichen müssen in einer Weise erfolgen, die seinem Alter und seinem Entwicklungs- und Bildungsstand entspricht. ²Sie sind auch an seine anwesenden Erziehungsberechtigten und gesetzlichen Vertreter zu richten und müssen dabei in einer Weise erfolgen, die es diesen ermöglicht, ihrer Verantwortung im Hinblick auf den Gegenstand der Belehrung gerecht zu werden. ³Sind Erziehungsberechtigte und gesetzliche Vertreter bei der Belehrung des Jugendlichen über die Bedeutung vom Gericht angeordneter Rechtsfolgen nicht anwesend, muss ihnen die Belehrung darüber schriftlich erteilt werden.**

(2) Sind bei einer Belehrung über die Bedeutung der Aussetzung einer Jugendstrafe zur Bewährung oder über die Bedeutung des Vorbehalts einer diesbezüglichen nachträglichen Entscheidung auch jugendliche oder heranwachsende Mitangeklagte anwesend, die nur zu Erziehungsmaßregeln oder Zuchtmitteln verurteilt werden, soll die Belehrung auch ihnen ein Verständnis von der Bedeutung der Entscheidung vermitteln.

I. Anwendungsbereich

Die Vorschrift gilt für Jugendliche auch in Verfahren vor den für allg. **1** Strafsachen zuständigen Gerichten (§ 104 Abs. 1 Nr. 11b nF. Auf **Heranwachsende** findet sie zumindest eingeschränkt Anwendung, gemäß § 109 Abs. 1 nämlich Abs. 1 S. 1 und Abs. 2 (vgl. speziell betr. Disziplinarverfahren nach der WDO BVerwG StraFo 2012, 413 (zum allg. StR)).

II. Tragweite der Vorschrift

Ausweislich der gesetzessystematischen Einstellung der Bestimmung in **2** den Unterabschnitt „Gemeinsame Verfahrensvorschriften" handelt es sich (besonders in Abs. 1) um eine **allg. jugendstrafverfahrensrechtliche Regelung.**

1. Abs. 1 S. 1

Diese Regelung hebt – im Einklang mit Erkenntnissen der Verfahrens- **3** und speziell der Aussage- und Vernehmungspsychologie – die Voraussetzung einer Belehrung hervor, dass jeder, der belehrt wird, deren Inhalt, Bedeutung und Tragweite **versteht** (s. RL 2016/800 Erwägungsgrund 13a S. 2). Das Gebot, die Aufklärung entspr. zu gestalten, ist im Grunde so selbstverständlich, dass es auch bei Erwachsenen gilt (*Kölbel* in MüKoStPO StPO § 163a Rn. 37). Einer Reihe von Studien zufolge sind aber gerade die Belehrungen in Vernehmungen oft so formalisiert, dass dies die Verständlichkeit erschwert und eine kommunikative Rahmung erzeugt, die dem Adressaten die Nicht-Kooperation schwerlich als hilfreiche Handlungsoption erscheinen lässt (n. *Eisenberg/Kölbel* Kriminologie § 28 Rn. 27 mwN; s. auch → § 70a Rn. 4). In der internationalen Forschung ist zudem gut belegt, dass sich jungen Beschuldigten der Inhalt und die Relevanz strafprozessualer Rechtsbelehrungen oft nur ausschnittsweise erschließt (*Feld* in Bishop/Feld (Hrsg.) The Oxford Handbook of Juvenile Crime and Juvenile Justice, 2012, 669 f.; *Panzavolta ua* in Vanderhallen ua (Hrsg.) Interrogating Young Suspects, 2016, 323 f.). Vor diesem Hintergrund erklärt sich die Bedeutung von Abs. 1 S. 1. Die Norm verlangt ausdrücklich, dass sich die Art und Weise der Belehrung an den für die Altersgruppe typischen Kommunikationsformen und Verständnispotenzialen ausrichtet („Alter") sowie an dem Entwicklungs- und Bildungsstand des individuellen Jugendlichen orientiert – dass die Belehrung mit anderen Worten für ihn konkret begreifbar sein muss (vgl. näher dazu auch *Riekenbrauk* ZJJ 2014, 200 (201 ff.); zur redaktionellen Anpassung von Abs. 1 S. 1 an Art. 13 Abs. 2 RL (EU) 2016/800 und Erwägungsgrund 44 s. RegE BT-Dr. 19/13837, 66). Die Schriftform ist, da hier keine Verständnisvergewisserung erfolgen kann, dafür idR ungeeignet (für Beschuldigte, die der deutschen Sprache nicht mächtig sind, s. § 163a Abs. 5 StPO iVm § 2 Abs. 2).

3a   Eine Belehrung, die entweder allg. missverständlich formuliert ist (dazu tendenziell einschr. BGHR StPO § 136 Belehrung 17 = BGH BeckRS 2010, 14686 mAnm *Petzolt/Englert* StRR 2015, 404 ff.) oder den vorgenannten, altersbezogenen Anforderungen nicht genügt, steht einer gar nicht erfolgten Belehrung gleich. Sie ist daher **unwirksam** – wobei die weiteren Folgen vom jeweiligen Zusammenhang abhängen. Hat bspw. der Beschuldigte die bei einer Vernehmung erforderliche Belehrung nicht verstanden (etwa wegen des vorwurfsbedingten Stresses (zu dessen Effekt *Scherr/Madon* Law & Human Behavior 2012, 275)), kommt ein Verwertungsverbot in Betracht. Verwertbar ist die betr. Beschuldigtenaussage nach entspr. mangelhafter Belehrung nur dann, wenn der Jugendliche gleichwohl den Belehrungsinhalt zweifelsfrei kannte (dazu und zur Notwendigkeit einer qualifizierten Folgebelehrung *Kölbel* in MüKoStPO StPO § 163a Rn. 52 f.; *Eisenberg* StV 2013, 44 (44); s. aber auch → § 70c Rn. 15). Erfolgt dagegen die nach § 60 Abs. 1 S. 2 erforderliche Belehrung in unzulänglicher Weise, kann dies gegen die Beharrlichkeit eines Weisungs- oder Auflagenverstoßes sprechen und so einen Bewährungswiderruf ausschließen (→ § 60 Rn. 15; auch → §§ 26, 26a Rn. 8).

2. Abs. 1 S. 2 und 3

4   Diese Bestimmungen ergänzen im Hinblick auf obligatorische Belehrungen die allg. Vorschrift des § 67 Abs. 2 aF bzw. § 67a Abs. 1 nF betr. Mitteilungen an Erziehungsberechtigte und gesetzliche Vertreter, und zwar auch im Hinblick auf Voraussetzungen der Unterstützung bei der Umsetzung verhängter Rechtsfolgen einschließlich des Verhältnisses zu JGH und

BewHilfe und in dem Bemühen, nach Möglichkeit zu verhindern, dass die genannten Personen schon Maßnahmen oder Leistungen der JHilfe ambivalent gegenüberstehen oder den Jugendlichen gar von deren Annahme bzw. Befolgung abbringen. Im Einklang mit dem Schutz elterlicher Verantwortung (Art. 6 Abs. 2 GG) verlangt S. 2, dass Belehrungen auch an Erziehungsberechtigte und gesetzliche Vertreter – soweit anwesend (§ 67 Abs. 5 S. 2) – zu richten sind, und zwar in einer für sie verständlichen Art und Weise. Handelt es sich um Belehrungen über gerichtlich angeordnete Rechtsfolgen und sind Erziehungsberechtigte und gesetzliche Vertreter nicht anwesend, muss ihnen eine entsprechende Belehrung schriftlich erteilt werden (Abs. 1 S. 3; s. aber auch § 67 Abs. 5 S. 3).

III. Abs. 2

Die Vorschrift ergänzt die allg. Regelungen des Abs. 1, indem im Speziellen näher bestimmt wird, wie die Belehrung über die Bedeutung der Aussetzung einer JStrafe zBew oder des Vorbehalts einer diesbzgl. nachträglichen Entscheidung – diese „soll" auch anwesenden Mitangeklagten vermittelt werden – zu geschehen hat. Hiermit zielt das Gesetz auf Fallkonstellationen, in denen der eine Mitbeschuldigte zwar zu JStrafe verurteilt wird, deren Vollstr jedoch zBew ausgesetzt wird, ein anderer indes zu (nicht aussetzungsfähigem) JA verurteilt wird. Einer geeigneten Belehrung käme dabei die Aufgabe zu, dass das Empfinden einer „Ungerechtigkeit" reduziert oder gar überwunden werden kann, auch durch Aufzeigen der erheblichen Belastungen, die Weisungen und Auflagen für den zu JStrafe Verurteilten darstellen (s. die Erl. zu → §§ 22 ff. Rn. 1 ff.). 5

Vernehmung des Beschuldigten

70c (1) Die Vernehmung des Beschuldigten ist in einer Art und Weise durchzuführen, die seinem Alter und seinem Entwicklungs- und Bildungsstand Rechnung trägt.

(2) [1]Außerhalb der Hauptverhandlung kann die Vernehmung in Bild und Ton aufgezeichnet werden. [2]Andere als richterliche Vernehmungen sind in Bild und Ton aufzuzeichnen, wenn zum Zeitpunkt der Vernehmung die Mitwirkung eines Verteidigers notwendig ist, ein Verteidiger aber nicht anwesend ist. [3]Im Übrigen bleibt § 136 Absatz 4 Satz 2 der Strafprozessordnung, auch in Verbindung mit § 163a Absatz 3 Satz 2 oder Absatz 4 Satz 2 der Strafprozessordnung, unberührt. [4]Wird die Vernehmung in Bild und Ton aufgezeichnet, gilt § 58a Absatz 2 und 3 der Strafprozessordnung entsprechend.

(3) [1]Eine Aufzeichnung in Bild und Ton nach Absatz 2 lässt die Vorschriften der Strafprozessordnung über die Protokollierung von Untersuchungshandlungen unberührt. [2]Wird eine Vernehmung des Beschuldigten außerhalb der Hauptverhandlung nicht in Bild und Ton aufgezeichnet, ist über sie stets ein Protokoll aufzunehmen.

(4) [1]Ist oder wird die Mitwirkung eines Verteidigers zum Zeitpunkt einer Vernehmung des Beschuldigten oder einer Gegenüber-

stellung (§ 58 Absatz 2 der Strafprozessordnung) notwendig, ist diese für eine angemessene Zeit zu verschieben oder zu unterbrechen, wenn ein Verteidiger nicht anwesend ist und kein Fall des § 68b vorliegt. [2] Satz 1 gilt nicht, wenn der Verteidiger ausdrücklich auf seine Anwesenheit verzichtet hat.

Schrifttum *Bley* Vernehmer und Beschuldigte in Interaktion, 2012; Lassiter/Meissner (Hrsg.), Police Interrogations and False Confessions, 2010; *Rommerskirchen* Prekäre Kommunikation, 2011; *Schröer* Verfehlte Verständigung, 2002; Vanderhallen/van Oosterhout/Panzavolta/de Vocht (Hrsg.) Interrogating Young Suspects. Procedural Safeguards from an Empirical Perspective, 2016.

Übersicht

	Rn.
I. Allgemeines	1
1. Anwendungsbereich	1
2. Entstehung und Reichweite der Norm	2
II. Vernehmung Jugendlicher	4
1. Vernehmungsbegriff	4
2. Altersbedingte Besonderheiten	6
a) Vernehmungsinteraktion	6
b) Die Problematik von Geständnissen	9
3. Anforderungen an die Vernehmungsdurchführung	12
a) Grundbedingungen	12
b) Belehrungen	14
c) Spezielle Anforderungen gem. Abs. 1	16
III. Dokumentation der Vernehmung	18
1. Audiovisuelle Aufzeichnung	18
a) Regelfall	18
b) Ausnahmefall	19
c) Schutz der Privatheit	22
2. Protokollierung	23
IV. Sicherstellung der Verteidigeranwesenheit	24
1. Verschiebung oder Unterbrechung	24
2. Einschränkungen	26
V. Konsequenzen für Sofortvernehmungen	29

I. Allgemeines

1. Anwendungsbereich

1 In **persönlicher** Hinsicht ist die Bestimmung in Verfahren gegen Jugendliche wie gegen Heranwachsende (§ 109 Abs. 1 S. 1) anwendbar, und dies auch vor den für allg. Strafsachen zuständigen Gerichten (§§ 104 Abs. 1 Nr. 11c, 112 S. 1 und 2).

2. Entstehung und Reichweite der Norm

2 Die Einführung der Vorschrift durch das Gesetz zur Stärkung der Verfahrensrechte von Beschuldigten im Jugendstrafverfahren verdankt sich dem Umstand, dass aus verschiedenen Normen (Art. 6, 9 und 13) der RL (EU) 2016/800 diverse umsetzungsbedürftige Vorgaben resultierten, die ganz un-

terschiedliche Aspekte der Beschuldigtenvernehmung betreffen. Diese wurden daher – da das JGG davor (abgesehen von dem spezifischen Ermittlungsauftrag in § 44) keine Vernehmungsvorschrift enthielt – in einer neuen Regelung zusammengeführt. Das erklärt, weshalb sich § 70c auf recht heterogene Materien bezieht, nämlich auf das Vernehmungsverhalten (Abs. 1), die audiovisuelle und sonstige Vernehmungsdokumentation (Abs. 2 und 3) sowie die Gewährleistung einer ggf. notwendigen Verteidigeranwesenheit.

§ 70c zählt als Teil des Siebenten Unterabschnitts zu den „gemeinsamen 3 Verfahrensvorschriften" und bezieht daher (anders als § 44) in **sachlicher** Hinsicht grds. das gesamte JStV in seinen Regelungsbereich ein (RegE BT-Dr. 19/13837, 66). Allerdings kommen die Bestimmungen in Abs. 2 – 4 wegen ihres Sachzusammenhangs und auch ausweislich der Normtextformulierungen lediglich im Ermittlungsverfahren zum Tragen. Eine tatsächlich übergreifende Anwendungsrelevanz hat daher vorwiegend nur Abs. 1. Diese erstreckt sich mit Blick auf § 78 Abs. 3 S. 1 auch auf die mündliche Verhandlung im **vereinfachten** JVerfahren.

II. Vernehmung Jugendlicher

1. Vernehmungsbegriff

Ungeachtet der allg. Anwendbarkeit (→ Rn. 3) hat Abs. 1 eine besondere 4 Bedeutung für Vernehmungen im Ermittlungsverfahren. Eine Vernehmung liegt hier bei jeder in amtlicher Funktion erfolgenden, als solche nach außen erkennbaren Befragung durch eine Auskunftsperson vor (vgl. etwa BGHSt 42, 139 (145 f.) = NJW 1996, 2940 (2941); BGHSt 52, 11 (15) = NJW 2007, 3138 (3139); BGH NJW 2018, 1986 (1987); *Rogall* in SK-StPO § 136 Rn. 14). Dass die StPO und damit gem. § 2 Abs. 2 auch das JGG von diesem **formellen** Vernehmungsbegriff ausgehen, ergibt sich aus § 163a Abs. 3 und 4 StPO (zu den Konsequenzen für verdeckt durchgeführte Befragungen s. etwa *Kölbel* in MüKoStPO § 163a Rn. 7 f. mwN).

Bei Erkundigungen, mit denen die Ermittlungsperson herauszufinden versucht, ob überhaupt eine Anfangsverdachtslage besteht und/oder wer als Auskunftsperson in Betracht kommen könnte (sog. **informatorische Befragung**), handelt es sich aus der Warte der Praxis dagegen um erlaubte, formlose Informationserhebungen (BGHSt 38, 214 (227) = NJW 1992, 1463 (1466)). Da aber eine solche Befragung alle Merkmale des Vernehmungsbegriffs aufweist, findet mit ihr eine polizeiliche Zeugenvernehmung statt (aA etwa *Rogall* in SK-StPO Vor § 133 ff. Rn 43 f.). Die entspr. Belehrungspflicht (§ 52 StPO) setzt hier jedoch erst ein, wenn eingeschätzt werden kann, ob der Befragte tatsächlich als Zeuge befragt werden soll (vgl. etwa *Erb* in Löwe/Rosenberg § 163a Rn. 19 f.). Ergeben sich indes erste Verdachtshinweise gegen die informatorisch befragte Person, muss die Befragung beendet werden oder in eine Beschuldigtenvernehmung unter den dazu gehörigen Formanforderungen (einschließlich der Abs. 1 – 4) übergehen (s. auch zur **Sofortvernehmung** unten → Rn. 29). Doch selbst wenn die Befragung ohne diesen förmlichen Schritt fortgesetzt wird, kommt in ihr idR eine Überführungsabsicht zum Ausdruck, durch die das Geschehen prozessual als eine (dann: regelwidrig durchgeführte) Beschuldigtenvernehmung gilt (weshalb die dort belehrungslos entstandenen Aussagen unver-

wertbar sind (n. etwa *Kölbel* in MüKoStPO StPO § 163a Rn. 10 f.)). Zum
Schutz Jugendlicher ist die diesbzgl. Grenzlinie dabei vorverlagert, dh bei
informatorisch befragten Jugendlichen ist die Beschuldigtenbelehrung vor-
sichtshalber **früher** als bei Erwachsenen vorzunehmen (vgl. *Rieke* Vernehmung 32 f.; nicht erörtert bei BGH NStZ 2004, 389).

2. Altersbedingte Besonderheiten

6   **a) Vernehmungsinteraktion.** In der (va polizeilichen) Vernehmungs-
wirklichkeit (zur Kommunikation in der HV → Einl. Rn. 51 f., → § 50
Rn. 12 f.) dominieren **Befragungsverfahren,** die in jeweils unterschiedlicher Weise darauf abzielen, das Zurückhalten von Wissen kommunikativ zu
überwinden und dessen Preisgabe sicherzustellen. Das kommunikative Vorgehen ist idR weniger auf eine frei entwickelte Ereignisversion der Befragten
ausgelegt, sondern – in unterschiedlichem Grad – auf das „Hervorholen" der
vom Vernehmer jeweils erwarteten bzw. gesuchten Angaben. Dabei verbreitet eingesetzte Gesprächstechniken (umfassende Systematisierung bei
Kelly/Miller/Redlich/Kleinman Psychology, Public Policy, and Law 2013, 165)
kommen zwar weitgehend ohne massive Bedrohungen oder Zwangsformen
aus (s. international aber *King/Snook* Criminal Justive & Behavior 2009, 674
(688 f.)), enthalten jedoch durchaus auf Täuschung, Verführung und Druck
setzende Elemente (dazu international *Leo* JCLC 1996, 266 (277 ff.); bei
Jugendlichen *Feld* JCLC 2006, 219 (261 ff.); *Feld* Law & Society Review
2013, 1 (13 ff.); *Panzavolta ua* in Vanderhallen ua (Hrsg.) Interrogating Young
Suspects, 2016, 359 ff.: Konfrontation mit angeblicher Beweislage, Lügevor-
würfe, offensives Herausarbeiten und Betonen von Inkonsistenzen, Betonung
negativer Bestreitensfolgen, exzessive Ausdehnung der Vernehmung usw.).

7   Neuere deutsche Vernehmungsstudien setzen einen etwas anderen Akzent
und zeigen, wie Vernehmungspersonen durch Vorteilsangebote und den Hinweis auf strafrechtsspezifische Kosten-Nutzen-Kalküle auf die Kooperations-
bereitschaft hinwirken (*Stock/Kreuzer* Drogen und Polizei, 1996, 369 ff.;
Klein/Berresheim/Weber Polizei & Wissenschaft 2005, 2; *Niehaus/Schöer* Sozialer Sinn 2004, 71 (74 ff.); zu Zwangselementen *Bley* Vernehmer und Beschuldigte in Interaktion, 2012, 237 ff.). Entscheidend scheint zudem zu sein, dass
bzw. ob sie soziokulturell verankerte und sozialisatorisch erworbene alltags-
kulturelle „Geständnismuster" aktivieren (*Reichertz* Aufklärungsarbeit, 1991,
248 ff.; *Schröer* Verfehlte Verständigung, 2002, 19 ff., 245; *Niehaus/Schöer*
Sozialer Sinn 2004, 71 (88 ff.); *Rommerskirchen* Prekäre Kommunikation,
2011, 91 ff., 223 ff.; *Bley* Vernehmer und Beschuldigte in Interaktion, 2012,
230 ff.; speziell zur Handhabung von Belehrungspflichten → § 70a Rn. 4).

8   Ob dieses Vernehmungsverhalten zum institutionell erwünschten Erfolg
führt, hängt nicht zuletzt von der Verteidigungsmacht der befragten Person
ab, wobei hierfür wiederum deren kommunikative Widerständigkeit (neben
einer ggf. anwesenden anwaltlichen Vertretung) maßgeblich ist. Bei Jugendlichen sind indes die (kommunikativen) **Verteidigungskomptenzen** oft
noch gering entwickelt (vgl. etwa *Feld* JCLC 2006, 219 (228 ff., 244 ff.;
Lamb/Sim Youth Justice 2013, 131 (134 ff.)); Autoritäten kann häufig wenig
entgegengesetzt und die kurz- wie langfristige Konsequenz des Aussageverhaltens kaum überblickt werden. Daher fällt es Jugendlichen auch bei formal
korrekter Belehrung schwer, ihr **Schweigerecht** gegenüber der Vernehmungsperson „durchzuhalten" (*Zieger/Nöding* Verteidigung Rn. 117). Sie

zeigen sich insgesamt **geständnisbereiter** als erwachsene Beschuldigte (vgl. bereits *Steffen* Analyse polizeilicher Ermittlungstätigkeit (...), 1976, 219 ff.; s. ferner *Wernitznig* Strafverfolgung und Sanktionierung (...), 2002, 117 f.; näher dazu und zu entwicklungspsychologischen Hintergründen *Cleary* Law & Human Behavior 2014, 271). In den meisten Verfahren wird der Vorwurf von ihnen eingeräumt (aus der älteren Forschung s. *Hauser* Jugendrichter 221; *Momberg* MschKrim 1982, 65 (79 Fn. 51); zu neueren Studien *Panzavolta ua* in Vanderhallen ua (Hrsg.) Interrogating Young Suspects, 2016, 357 f.; *Eisenberg/Kölbel* Kriminologie, § 28 Rn. 46).

b) Die Problematik von Geständnissen. Geständnisse können teilw. 9 oder gänzlich **falsch** sein. Dies ist nicht nur mit theoretisch, sondern auch verfahrenspraktisch relevanter Häufigkeit der Fall (zum diesbzgl. Forschungsstand *Kassin ua* Law & Human Behavior 2010, 3 (5); *Gudjonson* in: Lassiter/Meissner (Hrsg.), Police Interrogations and False Confessions, 2010, 31 (35, 38)). Die Problematik hat auch deshalb Gewicht, weil die betr. Aussagen von den vernehmenden Personen nicht zuverlässig zu identifizieren sind (vgl. bspw. *Kassin ua* Law & Human Behavior 2005, 211 ff.; *Vrij ua* in Lassiter/Meissner (Hrsg.), Police Interrogations and False Confessions, 2010, 97). Immerhin wird in der einschlägigen Forschung ein breites Spektrum an Risikofaktoren, Motivationslagen und typischen Entstehungsverläufen differenziert (dazu zusf. und mwN 20. Aufl. § 70c Rn. 9 ff.; *Eisenberg* Beweisrecht Rn. 730 ff.: bspw. Gefühl der Aussichtslosigkeit, Schutz Dritter, taktische Erwägungen, übermäßiger Geständnisdruck, täuschungsgetragene Vernehmung, innerliche Übernahme durch manipulative Befragung).

In diesem Zusammenhang sind auch bestimmte Merkmale der Beschuldig- 10 ten von Belang, bei denen die Anfälligkeit für den Vernehmungsdruck angehoben sein kann (Überblick bei *Kassin ua* Law & Human Behavior 2010, 3 (19 ff.); *Volbert* FPPK 2013, 230 (231 f.)). Dass hierzu anerkanntermaßen auch das **jugendliche Alter** der vernommenen Person zählt (*Gudjonsson* The Psychology of Interrogations and Confessions, 2003, 141 ff., 381; *Redlich/Goodman* Law & Human Behavior 2003, 141; *Drizen/Colgan* in Lassiter (Hrsg.), Interrogations, Confessions, and Entrapment, 2004, 127 ff.; *Volbert/Böhm* in Volbert/Steller (Hrsg.), Handbuch der Rechtspsychologie, 2008, 260 f.; *Redlich/Shteynberg* Law & Human Behavior 2016, 611), verschafft der Problematik im JStV eine erhöhte Bedeutung. Besonders gravierend scheint die Falschgeständnisrate bei Jugendlichen zu sein, die unter hohem Vernehmungsdruck (Drohungen, lange pausenfreie Vernehmungsdauer) stehen (*Malloy/Shulman/Cauffman* Law & Human Behavior 2014, 181).

All dies weist zugleich auf die Notwendigkeiten einer insofern präventiven 11 Vernehmungsführung (→ Rn. 16) und einer kritischen Geständniswürdigung hin. Unstreitig kann ein Geständnis den **Tatnachweis** hiernach **nicht ersetzen.** Auch wenn eine Verurteilung ggf. allein darauf gestützt werden darf, ist dies nach allgA nur nach sorgfältiger und umfassender Würdigung des Beweiswertes zulässig (vgl. auch BT-Drs. 16/13142, 88: genaue Prüfung durch JStA und JGericht erforderlich). Selbst Geständnisse mehrerer als tatbeteiligt beschuldigter Personen stellen – schon, weil nach dem ersten (ggf. falschen) Geständnis der Vernehmungsdruck auf die Mitbeschuldigten steigt – für sich genommen keinen ausreichenden Beleg für die Richtigkeit dar (empirisch dazu *Volbert* FS Eisenberg, 2009, 96). Die – sofern objektive Beweise fehlen – stets erforderliche **Überprüfung** eines (vor der Polizei abgelegten) Geständnisses setzt die Analyse der originären Vernehmungssituation voraus, wozu deren möglichst vollständige, dh alle Vor- und Nebengespräche usw. enthaltende Dokumentation (vgl. näher *Eisenberg* Beweisrecht StPO Rn. 616 ff., 732a) vorhanden sein muss. Grundsätzlich ist eine audiovisuelle Aufzeichnung (→ Rn. 18 ff.) – bei für Beschuldigten und Vernehmenden gleichgewichteter Kameraperspektive (vgl. *Lassiter/Geers/Handley* JApplPsychol. 2002, 867; *Lassiter ua* in Lassiter/Meissner (Hrsg.), Police Interrogations and False Confessions, 2010, 144 ff.; *Park/Pyo* Law & Human Behavior 2012, 184) – dafür am ehesten geeignet. Eine bloße Tonaufnahme kann zwar ggf. vor Irreführungen durch äußerlich wahrnehmbare Begleiterscheinungen der Aussage schützen. Andererseits lässt sie aber weniger gut erkennen, ob anlässlich der polizeilichen Vernehmung zB „nicht passende Angaben" ignoriert oder fehlinterpretiert wurden und ob diverse Einzelheiten durch Befragungsvorgaben „in die Aussage gelangt sein können" (vgl. zu einem Einzelfall *Eschelbach* FS Rissing-van Saan, 2011, 136 ff.; n. *Volbert* FS Eisenberg, 2009, 211 f.; *Leo/Drizin* in Lassiter/Meissner (Hrsg.), Police Interrogations and False Confessions, 2010, 27).

3. Anforderungen an die Vernehmungsdurchführung

12 **a) Grundbedingungen.** Vernehmungen Jugendlicher sind unmittelbar und **mündlich** durchzuführen. Eine Ersetzung durch Versenden eines Anhörungsbogens (§ 163a Abs. 1 S. 3 StPO) ist in sehr einfach gelagerten Fällen (schon wegen des Verbots der Schlechterstellung gegenüber Erwachsenen) zwar nicht ganz ausgeschlossen, wegen der Schwierigkeiten einer erschöpfenden schriftlichen Darstellung aber nur in äußersten Ausnahmen angängig. Die Ausdrucksfähigkeiten, dank derer die Schriftform eine vernehmungsäquivalente Äußerungschance bietet (dazu *Kölbel* in MüKoStPO StPO § 163a Rn. 21), kann bei Heranwachsenden teilw. eher angenommen werden (zum Ganzen auch *Czerner/Habetha* in HK-JGG § 43 Rn. 11 f.). Ob im JStV eine polizeiliche Vernehmung des Beschuldigten durch **Videokonferenz** zulässig ist, wurde bei Einführung von § 163a Abs. 1 S. 2 iVm § 58b StPO nicht erörtert (vgl. BT-Drs. 17/1224). So lange es zu den Auswirkungen, die der Modus einer Distanzvernehmung auf das Aussagegeschehen (gerade bei Jugendlichen) haben kann, an Erfahrungswerten und wissenschaftlichen Befunden fehlt, kann von dieser Möglichkeit lediglich restriktiv Gebrauch gemacht werden (dh nur, wenn dem Beschuldigten damit übermäßiger Aufwand erspart wird).

13 Die Durchführbarkeit einer Vernehmung setzt das Vorliegen der für eine entspr. Interaktion notwendigen Bedingungen voraus. So muss die **Vernehmungsfähigkeit** (vgl. *Schneider/Frister/Olzen,* Begutachtung psychischer Störungen, 3. Aufl. 2015, 185 ff.) bzw. die Verhandlungsfähigkeit des Jugendlichen stets gewährleistet sein (zu Begutachtungsdaten für Hmb. *Schulz ua* Rechtsmedizin 2012, 441). Auch muss bei Beschuldigten, die der deutschen Sprache nicht ausreichend mächtig sind, eine **Übersetzungsleistung** in gleicher Weise wie in der HV (n. → § 50 Rn. 14b) zur Verfügung stehen (zu den hier gleichwohl auftretenden Interaktionsproblemen aber *Donk* in Reichertz/Schröer (Hrsg.), Hermeneutische Polizeiforschung, 2003, 101 ff.; s. bspw. auch *Schröer* Verfehlte Verständigung, 2002, 150 ff., 206 ff.; *Rommerskirchen* Prekäre Kommunikation, 2011, 247 ff.).

b) Belehrungen. Die allg. Belehrungspflichten (§§ 163a Abs. 3 und 4, **14**
136 Abs. 1 StPO iVm § 2 Abs. 2) werden bei Beschuldigten im JStV in
zweifacher Hinsicht **gesteigert** (eher einschr. früher aber BGHSt 47, 233 =
NJW 2002, 1279): Zum einen sind die Belehrungsinhalte um das Elternkonsultationsrecht (→ § 67 Rn. 11d) bzw. das Recht auf Beratung mit einem
anderen geeigneten Erwachsenen (→ § 67 Rn. 11h ff.) erweitert. Zum anderen ist hier auf die Verständlichkeit der Rechtsinformationen besonders zu
achten (§ 70a aF bzw. § 70b nF) und die Vernehmung notfalls, falls die
Belehrungsgegenstände ersichtlich nicht begreifbar gemacht werden können,
abzubrechen (ebenso *Ostendorf* FS Heinz, 2012, 474). Bei lückenhafter, miss-
oder unverständlicher Belehrung kommt – ebenso wie bei Verletzung der allg.
Belehrungspflichten in §§ 163a Abs. 3 und 4, 136 Abs. 1 StPO iVm § 2
Abs. 2 (dort etwa BGHSt 58, 301 = NStZ 2013, 604; *Schuhr* in MüKoStPO
StPO § 136 Rn. 55 ff.) – ein Verwertungsverbot in Betracht (s. → § 67
Rn. 11e; → § 70b Rn. 3a). Zur Vermeidung hier ggf. aufkommender beweisrechtlicher Streitfragen, aber auch zum Schutz des Beschuldigten sollte die
von § 168b Abs. 3 iVm § 2 Abs. 2 geforderte **Dokumentation** der Belehrung in eine ggf. erfolgende audiovisuelle Aufzeichnung (dazu → Rn. 18 ff.)
eingeschlossen werden, da die schriftliche Protokollierung die Art der Belehrung und die dabei stattfindende Interaktion zwischen Belehrendem und
Beschuldigten nicht erkennen lässt (zu empirischen Befunden → Rn. 18).

Liegt einer der genannten Belehrungsmängel vor, ist eine neuerliche **15**
Aussage, mit der die gemachten Angaben freiwillig wiederholt und bestätigt
werden, als Folgewirkung des Fehlers ebenfalls unverwertbar. Anders verhält
es sich nur bei einer vorangegangenen **„qualifizierten"** Belehrung, die
zusätzlich zu den normalen Inhalten auch über die Untersagung der Erst-
aussagennutzung informiert (vgl. etwa *Schuhr* in MüKoStPO StPO § 136
Rn. 39 und 68 f.). Eine einfache, ohne diesen Zusatz bleibende Belehrung
restituiert die Verwertbarkeit selbst dann nicht, wenn der Beschuldigte zutreffend davon ausging, dass er von der zuvor getätigten Aussage noch
„abrücken" könne (abw. BGHSt 53, 112 = NJW 2009, 1427; BGH NStZ
2016, 721: Abwägung mit Strafverfolgungsinteresse). Die Annahme, der
Beschuldigte sei sich der nicht bestehenden Bindung an die Erstaussage
wirklich bewusst, ist nämlich sogar bei erfolgter „qualifizierter Belehrung"
zw. (vgl. nur *Roxin* HRRS 2009, 188: „Mutmaßungen"; s. auch *Grasnick*
NStZ 2010, 158), zumal die damaligen Angaben die zwischenzeitlichen
polizeilichen Ermittlungen oftmals geprägt haben dürften. Gerade bei Jugendlichen und Heranwachsenden bedarf es hierfür also nicht nur des formalen „qualifizierten" Hinweises, sondern einer eingehenden, altersangepasst
vorgetragenen Erläuterung (vgl. auch § 70b nF).

c) Spezielle Anforderungen gem. Abs. 1. Über die vorgenannten An- **16**
forderungen hinaus müssen nach Abs. 1 die Organisation der Vernehmung,
das allg. Auftreten der Vernehmungspersonen sowie deren Sprachgebrauch auf
die Besonderheiten jugendlicher und heranwachsender Beschuldigter
(→ Rn. 8) ausgerichtet werden (vgl. auch RL (EU) 2016/800 Erwägungsgrund 44). Das betrifft einmal die für die **Altersgruppe typischen** Kommunikationsformen und Verständnispotenziale, aber auch die geringere Abwehr-
fähigkeit gegenüber älteren und professionell erfahrenen Personen („Alter").
Darüber hinaus fordert Abs. 1 eine Anpassung an die ganz **individuellen**
Gegebenheiten („Entwicklungs- und Bildungsstand") des jeweiligen Beschul-

digten, so dass das Geschehen für ihn begreifbar und mitgestaltbar wird (näher dazu auch *Riekenbrauk* ZJJ 2014, 200 (201 ff.)).

17 Gegen eine Art der Vernehmungsführung, die diesen Anforderungen nicht gerecht wird, sind allerdings kaum Handhaben möglich. Da das Prozessrecht vernehmungsbedingte Belastungs-, Störungs- und Eingriffswirkungen weitgehend toleriert (kennzeichnend BGH BeckRS 1979, 31113328; *Schuhr* in MüKoStPO § 136a Rn. 20 ff.), begründet erst die Verletzung eines der in **§ 136a StPO** geregelten Methodenverbote ein Verwertungsverbot. Dabei sind jedoch die Unzulässigkeitsschwellen teilw. (zB für Übermüdung) bei hier vulnerableren Jugendlichen eher als bei Erwachsenen erreicht (für eine einschlägige Ergänzung der PDV *Rieke* Vernehmung 158). Ungeachtet ihrer schwachen Absicherung ist indes zu berücksichtigen, dass die von Abs. 1 eingeforderte Vernehmungsart nicht nur der Verfahrensfairness und dem Schutz des Beschuldigten dient. Sie liegt vielmehr auch im Strafverfolgungsinteresse. So hat die meta-analytische Auswertung der international vorhandenen Feld- und Experimentalstudien gezeigt, dass offene und adressatenorientierte „Information-Gathering-Methods" insgesamt zu **zuverlässigeren** Aussageergebnissen gelangen als geständnisorientierte Vernehmungsmethoden mit manipulativen und Druck entwickelnden Anteilen (vgl. *Meissner ua* Journal of Experimental Criminology 2014, 459).

III. Dokumentation der Vernehmung

1. Audiovisuelle Aufzeichnung

18 **a) Regelfall.** Schriftliche Protokolle sind zur Überprüfung und zum Nachvollzug des Vernehmungsgeschehens wenig geeignet (zu den Differenzen zwischen Interaktions- und Protokollwirklichkeit vgl. empirisch etwa *Lamb u. a.* Law & Human Behavior 2000, 699; *Hee* Polizeivernehmungen von Migranten, 2012, 142 ff.; *Bley* Vernehmer und Beschuldigte in Interaktion, 2012, 275 ff.; *Capus/Stoll/Vieth* Zeitschrift für Rechtssoziologie 2014, 231 ff.; *Capus/Stoll/Studer* MschKrim 2016, 42). Eine Bild-Ton-Aufzeichnung der Vernehmung ist hier deutlich überlegen. Sie kann für die Beschuldigten (daher) erhebliche **Schutzwirkungen** entfalten (Kontrolle des Vernehmerverhaltens; Verhinderung einer verzeichnenden Protokollierung von Aussagen usw. (vgl. hierzu n. etwa *Eisenberg/Kölbel* Kriminologie, § 28 Rn. 25; *Neubacher/Bachmann* ZRP 2017, 140 (141) jeweils mwN). Vor diesem Hintergrund erlaubt Abs. 2 S. 1 daher die audiovisuelle Aufzeichnung der nicht-/richterlichen Beschuldigtenvernehmung im jugendstrafrechtlichen Ermittlungsverfahren (nicht in der HV). Die regelungsgleiche Rechtsgrundlage in §§ 163a Abs. 1 S. 2, 58a Abs. 1 S. 1 StPO iVm § 2 Abs. 2 wird davon verdrängt. Über die Vornahme einer Aufzeichnung entscheidet wie bei § 58a Abs. 1 StPO (s. dort *Maier* in MüKoStPO § 58a Rn. 62) die vernehmungsführende Person, und zwar nach **pflichtgemäßem Ermessen.** Umstände, die das Erfordernis einer späteren Aussagerekonstruktion wahrscheinlich machen (RegE BT-Dr. 19/13837, 34: sehr geringes Alter, Entwicklungsverzögerungen, Einschüchterung, sonstige Benachteiligungen), sprechen für die Aufzeichnung, die Geringfügigkeit des Vorwurfs und/oder eine absehbare Diversionsentscheidung dagegen.

b) Ausnahmefall. Unter Umständen erstarkt die Aufzeichnungsbefugnis 19
zu einer dahingehenden **Pflicht.** Im allg. StVerf ist dies auf die von **§ 136
Abs. 4 S. 2 Nr. 1** und **2 StPO** erfassten Fälle beschränkt. Es handelt sich
hier um Konstellationen, in denen den Vorteilen, die audiovisuelle Aufzeichnungen für die Tatrekonstruktion und den Beschuldigtenschutz haben, eine
besondere Relevanz zugesprochen wird – einmal (bei Nr. 1) wegen des
Vorwurfsgewichts und zum anderen (bei Nr. 2) wegen des besonderen
Überprüfungsbedarfs, der bei Aussagen psychisch beeinträchtigter Personen
(infolge von Wahrnehmungsdefiziten, Motivirrtümern, Einschätzungsfeh-
lern, Grenzen der Ausdrucksfähigkeit usw.) leicht entstehen kann (BT-Drs.
18/11277, 27). Liegen die Bedingungen von § 136 Abs. 4 S. 2 StPO bei
nicht-/richterlichen Vernehmungen im Ermittlungsverfahren eines JStV vor,
muss gem. **Abs. 2 S. 3** auch hier eine Aufzeichnung erfolgen.

Darüber hinaus ist die audiovisuelle Aufzeichnung gem. **Abs. 2 S. 2** im 20
JStV noch in einigen weiteren Sachlagen obligatorisch. Dies gilt für nichtrichterliche Vernehmungen im Ermittlungsverfahren, bei denen ein Fall der
notwendigen Verteidigung (§ 68) gegeben und ein Verteidiger – aus
welchen Gründen auch immer – **nicht anwesend** ist. Es betrifft also namentlich die unten in → Rn. 26 ff. erörterten Konstellationen. Hierin sind
auch die von §§ 68a Abs. 1 S. 2, 68b geregelten Sachlagen erfasst, weil die
dortige Durchbrechung bzw. Verschiebung der amtsseitigen Beiordnungs-
pflicht nichts daran ändert, dass die Voraussetzungen von § 68 vorliegen und
deshalb iSv Abs. 2 S. 2 „die Mitwirkung eines Verteidigers notwendig" ist
(→ § 68a Rn. 12; → § 68b Rn. 2 f.). Im Übrigen ist es für die sich aus Abs. 2
S. 2 ergebende Pflicht (anders als für die aus § 136 Abs. 4 Nr. 1 StPO
folgende) irrelevant, ob „die äußeren Umstände" oder „die besondere Dringlichkeit der Vernehmung" die Vornahme einer Aufzeichnung unter Umständen erschweren. Die Beurteilung, ob die pflichtbegründenden Umstände iSv
Abs. 2 und/oder S. 3 vorliegen, obliegt wie bei Abs. 2 S. 1 (→ Rn. 18) der
jeweiligen Vernehmungsperson, häufig der Polizei. Kommt es dabei zu einem
Fehler und in der Folge zu einem rechtswidrigen Aufzeichnungsverzicht,
lässt dies die Verwertbarkeit der (ansonsten regulär zustande gekommenen)
Aussage zunächst einmal unberührt (abw. *Eckel/Körner* NStZ 2019, 433
(435)). Angesichts der Schutzfunktion, die die audiovisuelle Aufzeichnung
hier hätte ausfüllen sollen, muss das Versäumnis allerdings dann, wenn über
das Vernehmungsgeschehen (dh bspw. über etwaige Belehrungsmängel oder
über konkrete Aussageinhalte) gestritten wird, in der entspr. Beweiswürdigung zugunsten der Beschuldigtenversion berücksichtigt werden.

Die in Abs. 2 S. 2 getroffene Festlegung gibt Anlass zur **Kritik.** Sie stellt 21
zwar gemessen am allg. StVerf eine Pflichtenerweiterung dar, doch bei haft-
und ermittlungsrichterlichen Vernehmungen sowie den Vernehmungen
durch den zuständigen Richter (§ 44) bleibt sie ebenso fakultativ wie bei
nichtrichterlichen Vernehmungen mit anwesendem Verteidiger (dazu auch
RL (EU) 2016/800 Erwägungsgrund 42 S. 2 und 3). Diesen eher restriktiven Pflichtenzuschnitt erklärt man mit dem organisatorisch-technischen
Aufwand und befürchteten Negativauswirkungen der Aufzeichnung auf den
Beschuldigten (kennzeichnend *Sommerfeld* ZJJ 2018, 296 (309 f.)). Zugleich
aber wird die Schutz- und Kontrollfunktion, die nach hier vertr. Ansicht im
Vordergrund steht, mit der gewählten Regelung in problematischer Weise
an die hierfür nicht unbedingt gerüsteten Richter und Verteidiger **delegiert**
(krit. bereits → 20. Aufl. Einl. Rn. 12j; abw. RegE BT-Dr. 19/13837, 33 f.). –

Aus dieser Warte ist auch darauf hinzuweisen, dass § 136 Abs. 4 S. 2 Nr. 2a StPO in der durch Gesetz v. 17.8.2017 (BGBl. I S. 3202) für die Zeit ab 1.1.2020 an sich vorgeschriebenen Form durch Abs. 2 obsolet wird. Hiernach sollte eine Aufzeichnung erfolgen, wenn damit die schutzwürdigen Interessen des vernommenen Jugendlichen (nicht Heranwachsenden) besser gewahrt werden können (krit. zu dieser vorgesehenen Regelung etwa *Höynck* StraFo 2017, 267 (274)). Anders als § 70c Abs. 2 S. 2 in der Fassung des RefE vom 11.10.2018, der sich damit noch deckte, beschränkt Abs. 2 S. 2 demgegenüber die Aufzeichnungspflicht auf einen engeren Kreis an Konstellationen, die gewissermaßen als Fälle der Interessenwahrung vermutet werden. Dies entspricht zwar Art. 9 Abs. 1 RL (EU) 2016/800 und der dort erlaubten Begrenzung der Aufzeichnungspflicht auf Fälle mit gewichtigem Vorwurf und fehlender anwaltlicher Begleitung (RegE BT-Dr. 19/13837, 67; *Sommerfeld* ZJJ 2018, 296 (309)). Unabhängig davon bleibt die Regelung aber (trotz der nunmehrigen Einbeziehung Heranwachsender gem. § 109 Abs. 1 nF) hinter der umfassenderen, bereits erlassenen Verpflichtung in § 136 Abs. 4 S. 2 StPO zurück – was einem Verstoß gegen das **Regressionsverbot** (Art. 23 RL (EU) 2016/800) nahekommt.

22 **c) Schutz der Privatheit.** Immer, wenn eine audiovisuelle Aufzeichnung angefertigt wird, sind die allg. Verwendungs-, Einsichts- und Schutzregelungen in § 58a Abs. 2 und 3 zu beachten. Der Beschuldigte im JStV genießt in dieser Hinsicht die **gleichen Rechte** wie der nach § 58a StPO vernommene Zeuge (s. dazu im Einzelnen etwa *Maier* in MüKoStPO StPO § 58a Rn. 69 ff.). Daher kann er der Überlassung einer Aufzeichnungskopie an Akteneinsichtsberechtigte widersprechen (mit der Folge, dass lediglich eine Transkription zu überlassen ist). Der Herausgabe an andere dritte Stellen muss er zustimmen. Auf diese Widerspruchs- und Vorbehaltsrechte ist er zwar im Rahmen der allg. Informationen, die er bei Eröffnung der gegen ihn gerichteten Beschuldigung erhalten muss, eigens **hinzuweisen** (§ 70a Abs. 1 Nr. 4 nF), doch muss dies dann im Zusammenhang mit einer tatsächlich stattfindenden Vernehmungsaufzeichnung noch einmal konkretisiert und aktualisiert werden (→ § 70a Rn. 7).

2. Protokollierung

23 Unabhängig davon, ob eine audiovisuelle Aufzeichnung angefertigt wird oder nicht, bleiben die §§ 168 – 168b StPO sowie spezielle Protokollierungsregeln (§§ 118a Abs. 3 S. 3, 138d Abs. 4 S. 3) gem. **Abs. 3 S. 1** anwendbar. Dies betrifft zunächst die Vorgaben über die Art der Protokollierung, die notwendigen Inhalte, eine etwaige Hinzuziehung von Protokollierungspersonen, die Autorisierung und Unterzeichnung. Ferner folgt aus diesem Verweis, dass bei richterlichen Vernehmungen ein richterliches Protokoll stets und zwingend anzufertigen ist (§ 168 S. 1 StPO). Bei polizeilichen und staatsanwaltlichen Vernehmungen lässt die Soll-Vorschrift in § 168b Abs. 2 insofern zwar enge Ausnahmen zu (vgl. *Kölbel* in MüKoStPO StPO § 163a Rn. 42 und § 168b Rn. 5: insb. bei verweigerten oder ganz nebensächlichen Aussagen). Dies gilt im JStV aber allein bei einer zugleich erfolgten audiovisuellen Aufzeichnung, wohingegen die Protokollierung anderenfalls zwingend ist (so **Abs. 3 S. 2** in Umsetzung von Art. 9 Abs. 2 RL (EU) 2016/800). Dies führt dazu, dass Beschuldigtenvernehmungen im JStV

980

ausnahmslos (entweder schriftlich oder audiovisuell) dokumentiert werden. Es hält aber auch den in der Praxis als misslich empfundenen Doppelaufwand aufrecht, wonach trotz einer erfolgten und transkribierten audiovisuellen Aufzeichnung idR zusätzlich noch ein Protokoll anzufertigen ist, wenngleich reduzierbar auf ein sog. Inhaltsprotokoll (n. dazu *Neubacher/Bachmann* ZRP 2017, 140 (141))

IV. Sicherstellung der Verteidigeranwesenheit

1. Verschiebung oder Unterbrechung

Abs. 4 S. 1 sichert (in Umsetzung von Art. 6 Abs. 7 RL (EU) 2016/800) **24** das **Verteidigerkonsultationsrecht** in den Konstellationen der notwendigen Verteidigung ab. Liegt ein Fall iSv § 68 vor (oder stellt sich dies im Laufe einer Vernehmung heraus), muss mit dem Beginn (bzw. der Fortsetzung) der Vernehmung gewartet werden, bis der Verteidiger nach entspr. Information erschienen ist und der Beschuldigte sich mit ihm beraten konnte (so bereits früher 20. Aufl. § 68 Rn. 40; dafür auch im allg. StVerf etwa *Schuhr* in MüKoStPO StPO § 136 Rn. 33; *Kölbel* in MüKoStPO StPO § 163a Rn. 41). Darüber ist der Beschuldigte im Zuge der allg. Verfahrensinformationen ins Bild zu setzen (§ 70a Abs. 1 Nr. 2 nF). Im Übrigen hat der Verteidiger, wie Abs. 4 S. 2 unterstreicht, in der Vernehmung und bei der Gegenüberstellung ein **Anwesenheitsrecht** (§§ 58 Abs. 2 S. 2, 163a Abs. 3 S. 2 und Abs. 4 S. 3, 168c Abs. 1 StPO iVm. § 2 Abs. 2).

Von der Verschiebung bzw. Unterbrechung darf ausnahmsweise abgesehen **25** werden (zu den betr. Konstellationen s. → Rn. 26 ff.). Jenseits dieser Sonderfälle ist jedoch stets eine „angemessene Zeit" zu warten, wobei sich die insofern geforderte Dauer nach der **Zeitspanne** bemisst, derer es für die Information des Verteidigers und dessen Erscheinen (sowie ggf. auch für dessen Bestellung und Akteneinsicht) unter normalen Umständen und ohne außergewöhnliche Beeilung bedarf. Nur innerhalb der hier regelmäßig bestehenden Einschätzungsspielräume können die etwaige Dringlichkeit der Vernehmung oder gesetzliche Zeitvorgaben (§§ 115, 115a) dazu führen, dass die „angemessene Dauer" etwas enger oder weiter bemessen wird (vgl. erg. RegE BT-Dr. 19/13837, 68). Wird gar nicht oder zu kurz gewartet und die Verteidigeranwesenheit deshalb nicht gewährleistet, ist das, was der Beschuldigte nach Entstehung der Bestellungsvoraussetzungen iSv § 68 (bspw. ab dem Zeitpunkt eines vorliegenden entspr. Verdachts) aussagt, **unverwertbar** (vgl. → § 68a Rn. 26 sowie allg. auch *Wohlers* in SK-StPO StPO § 141 Rn. 36; *Thomas/Kämpfer* in MüKoStPO StPO § 140 Rn. 10; *Bock/Puschke* ZJJ 2019, 224 (232); zur vormaligen Rechtslage abw. BGHSt 46, 93 (103 ff.) = NJW 2000, 3505 (3509): nur geminderter Beweiswert der Aussage). – Die Maßgaben zu den Warte- und Aufklärungspflichten bestehen iÜ in gleicher Weise auch bei **Gegenüberstellungen** iSv § 58 Abs. 2, nicht aber bei sonstigen Untersuchungshandlungen (etwa Augenscheinseinnahmen).

2. Einschränkungen

Ohne eine (an sich erforderliche) Verteidigerbeiordnung ist eine Verneh- **26** mung erlaubt, wenn im Sonderfall des **§ 68a Abs. 1 S. 2** eine Einstellung absehbar ist (n. → 68a Rn. 11 f., 28). Auch in den **Eilfällen** des § 68b nF (→ § 68b Rn. 4 ff.) bedarf es keiner Verschiebung oder Unterbrechung (Abs. 4 S. 1 aE), da die Vernehmung hier schon vor der Bestellung durchgeführt werden darf. Im Übrigen sieht Art. 9 RL (EU) 2013/48 die Möglichkeit des Verzichts auf einen Rechtsbeistand vor. In einem solchen Fall sollen die Vorgaben, die die RL (EU) 2016/1919 für die notwendige Verteidigung macht, nicht anwendbar sein (Erwägungsgrund 9). Dies gilt zwar „unbeschadet des Art. 6 der Richtlinie (EU) 2016/800", doch folgt dort aus Art. 6 Abs. 4 Buchst. b S. 1 und Abs. 7 RL (EU) 2016/800 lediglich, dass in Fällen der notwendigen Verteidigung die Anwesenheit des Anwalts bei Beschuldigtenvernehmungen im Ermittlungsverfahren beansprucht werden kann. Ein Teilnahmezwang ist dagegen nicht vorgesehen. Deshalb darf die Vernehmung auch in den Fällen von Abs. 4 S. 1 in Abwesenheit des **innerhalb der Wartefrist nicht erschienenen** Verteidigers durchgeführt werden (RegE BT-Dr. 19/13837, 68 f.; s. aber → Rn. 27 f.). Aus dem gleichen Grund besteht schon gar keine Wartepflicht, wenn der Verteidiger einen **Anwesenheitsverzicht** ausdrücklich (mündlich oder schriftlich) erklärt hat (Abs. 4 S. 2). Ein solcher Verzicht kann jedoch nicht pauschal abgegeben werden, sondern erst nachdem der Verteidiger von der Vernehmung oder Gegenüberstellung konkret informiert worden ist.

27 Es liegt in der Konsequenz dieser Disponibilität, dass die Vernehmung oder Gegenüberstellung auch dann ohne das von Abs. 4 S. 1 geforderte Zuwarten durch- oder fortgeführt werden darf, wenn der **Beschuldigte** hierzu bereit ist und ohne anwaltliche Konsultation und Begleitung mitwirken will (für das allg. StVerf *Tully/Wenske* NStZ 2019, 183 (186); dazu schon früher tendierend BGHSt 47, 172 (178 f.) = NJW 2002, 975 (977); zur diesbzgl. EGMR-Judikatur s. *Rap/Zlotnik* EJCCLCJ 2018, 110 (121 f.)). Ein Verzicht auf das Konsultationsrecht (nicht aber auf die Pflichtverteidigerbestellung (→ § 68 Rn. 20)) ist also grds. möglich. Allerdings kann es gerade bei Jugendlichen **nicht ausreichend** sein, wenn sie bei dessen Ausübung bei geistiger Gesundheit und ordnungsgemäß belehrt worden sind (so aber im allg. StVerf BGHSt 42, 170 (171 f.) = NJW 1996, 2242 (2243); *Tully/Wenske* NStZ 2019, 183 (186)). Dass derartige Minimalaufforderungen letztlich auf eine vollständige **Entwertung** der in Abs. 4 S. 1 getroffenen Vorkehrung hinausliefen, wird durch eine umfangreiche internationale Forschung belegt. Hiernach ist nämlich empirisch gesichert, dass bereits der einschüchternde Kontext einer Vernehmungssituation und die vergleichsweise geringe Verteidigungskompetenz junger Menschen (→ Rn. 8) nicht nur deren Aussagebereitschaft prägen, sondern auch zu einer angehobenen Bereitwilligkeit führen, auf (Konsultations-)Ansprüche zu verzichten (vgl. etwa *Peterson-Badali ua* Behavioral Sciences and the Law 1999, 455; *Viljoen/Klaver/Roesch* Law & Human Behavior 2005, 253; *Panzavolta ua* in Vanderhallen ua (Hrsg.) Interrogating Young Suspects, 2016, 335 ff.; zusf. zum Forschungsstand *Feld* in Bishop/Feld (Hrsg.) The Oxford Handbook of Juvenile Crime and Juvenile Justice, 2012, 675 mwN; s. auch zum allg. StVerf *Jahn/Zink* StraFo 2019, 318 (327)).

28 Die Vernehmung oder Gegenüberstellung darf deswegen nur fortgesetzt werden, wenn sichergestellt ist, dass der Beschuldigte dies tatsächlich will und die **Tragweite** der Entscheidung korrekt eingeschätzt hat. Es bedarf der freiwilligen und **unmissverständlichen** Abgabe einer Verzichtserklärung, nachdem vorher eine eindeutige ausreichende und verständlich for-

mulierte Information nicht nur zum Konsultationsrecht, sondern auch „zu den möglichen Folgen eines Verzichts" gegeben worden ist (so ausdrücklich RL (EU) 2016/1919 Erwägungsgrund 9). Schlüssiges Verhalten des Beschuldigten (etwa einfaches Äußern) reicht demnach nicht – weshalb ohne klar formulierten Verzicht auch keine Spontanäußerungen entgegengenommen werden dürfen und darauf bezogene Nachfragen erst recht unzulässig sind (BGHSt 58, 301 (304) = NStZ 2013, 604 (605 f.)). Der Jugendliche oder Heranwachsende darf in keiner Weise nur ansatzweise zur Fortsetzung der Vernehmung gedrängt werden (BGH NJW 2006, 1008 (1009 f.)). Scheitert ein Versuch, Kontakt zu seinem Verteidiger aufzunehmen, ist er darüber aufzuklären, dass er weitere Versuche unternehmen kann (s. auch BGH BeckRS 2019, 14505). An einem freiwilligen Verzicht fehlt es, wenn er sich mit seiner Vernehmung nur deshalb abfindet, weil ihm der Zugang zu seinem Verteidiger als zu schwierig erscheint (s. auch BGHSt 42, 15 (19) = NJW 1996, 1547 (1548)). Verfehlt der Verzicht die vorgenannten Kriterien, ist die Aussage **unverwertbar** (s. auch BGH BeckRS 2019, 14505).

V. Konsequenzen für Sofortvernehmungen

Die Vorgaben der Abs. 1–4 sind auf Vernehmungen zugeschnitten, die in 29 einem behördlichen Kontext (ggf. nach Vorladung) erfolgen. Sie gelten aber auch für Sofortvernehmungen. Zu solchen Vernehmungsformen kommt es bspw., wenn va die Polizei den Beschuldigten im Zuge einer anderen Maßnahme (etwa einer Hausdurchsuchung) oder unmittelbar nach dem Antreffen und ggf. noch am Tatort befragt. In Ermangelung einer anwaltlichen Beratung und dank der Überraschungs- und „Überrumpelungs"-Effekte sind dabei oftmals anknüpfungsfähige Aussagen mit erheblicher Bedeutung für die Nachweisführung zu erzielen (empirische Hinweise bei Kapitaldelikten im allg. StR hierfür bei *Marquardt/Bettels* Kriminalistik 2019, 376 (377 ff.)). Im JStV finden Sofortvernehmungen in manchen Bagatellfällen offenbar aber auch in einer erzieherischen bzw. normverdeutlichenden und eine absehbare Einstellung (§ 45 Abs. 2) vorbereitenden Weise statt (dazu → § 45 Rn. 20i; Stellungnahme BR BT-Dr. 19/13837, 86 f.). Durch das JGG werden sämtliche Varianten der Sofortvernehmung allerdings weitgehend beschränkt. Dies folgt weniger aus den Maßgaben zu ihrer Durchführung (→ Rn. 12 ff.) als aus ihrer limitierten Durchführbarkeit. In Fällen der **notwendigen Verteidigung** sind sie sogar teilw. **ausgeschlossen** (vgl. auch *Schoeller* StV 2019, 190 (195 f.)). Das beruht darauf, dass hier die Beiordnung eines Verteidigers erst zeitaufwändig vorzunehmen und/oder dessen Mitwirkung abzuwarten und zu gewährleisten ist (Abs. 4). Soweit insofern Ausnahmen bestehen (→ Rn. 26 ff.), muss dort ausnahmslos eine „ersatzweise" realisierte audiovisuelle Aufzeichnung gewährleistet sein (n. → Rn. 20). In sämtlichen Konstellationen (auch solchen ohne Notwendigkeit der Verteidigung) ist zudem grds. zu gewährleisten, dass der Beschuldigte seine **Erziehungsberechtigten** oder gesetzlichen Vertreter (bzw. anstelle dessen einen anderen geeigneten Erwachsenen) konsultieren kann (dazu n. → § 67 Rn. 11a ff., → § 67a Rn. 12a, 13 ff.). Anders verhält es sich idR nur, wenn der Beschuldigte auf die Beistandsperson verzichtet oder wenn deren Hinzuziehung und Kommen länger als eine „angemessene Frist" dauern würde. Durch die Kombination dieser Anforderungen wird die Zulässigkeit der Sofortvernehmung jedenfalls an voraussetzungsreiche Bedingungen geknüpft.

Vorläufige Anordnungen über die Erziehung

71 (1) **Bis zur Rechtskraft des Urteils kann der Richter vorläufige Anordnungen über die Erziehung des Jugendlichen treffen oder die Gewährung von Leistungen nach dem Achten Buch Sozialgesetzbuch anregen.**

(2) **¹Der Richter kann die einstweilige Unterbringung in einem geeigneten Heim der Jugendhilfe anordnen, wenn dies auch im Hinblick auf die zu erwartenden Maßnahmen geboten ist, um den Jugendlichen vor einer weiteren Gefährdung seiner Entwicklung, insbesondere vor der Begehung neuer Straftaten, zu bewahren. ²Für die einstweilige Unterbringung gelten die §§ 114 bis 115a, 117 bis 118b, 120, 125 und 126 der Strafprozeßordnung sinngemäß. ³Die Ausführung der einstweiligen Unterbringung richtet sich nach den für das Heim der Jugendhilfe geltenden Regelungen.**

Schrifttum *Blumenberg ua,* Jugendhilfe für junge Straffällige, 1987; *Bohnert,* Unterbringungsrecht, 2000; *Czerner,* Vorläufige Freiheitsentziehung bei delinquenten Jugendlichen zwischen Repression und Prävention, 2008; *Ernst,* Die Rechtswirklichkeit der einstweiligen Unterbringung nach § 126a StPO, 2011; *Hartmann,* Die Anordnung der U-Haft ..., 1988; *Haustein/Thiem-Schräder,* Die Unterbringung Jugendlicher nach §§ 71, 72 JGG, 1992 (FHSVR); Landeswohlfahrtsverband Baden (Hrsg.), Erziehungshilfe statt U-Haft, 1991; *Smok,* Vorläufige Anordnungen über die Erziehung nach § 71 JGG – Eine vernachlässigte Vorschrift, 2009; *Steinhilper,* U-Haft bei 14- und 15-Jährigen in Niedersachsen, 1985; *Weinknecht,* Die Situation der U-Haft und der Unterbringung von Jugendlichen und Heranwachsenden, 1988; *von Wolffersdorff/Sprau-Kuhlen,* Geschlossene Unterbringung in Heimen, 1990.

Übersicht

I. Anwendungsbereich

Die Vorschrift gilt für **Jugendliche** in Verfahren vor den für allg. Strafsa- 1
chen zuständigen Gerichten nicht notwendig, kann jedoch als Ermessensentscheidung zur Anwendung kommen (§ 104 Abs. 2; vgl. RL zu § 104,
RL 5 S. 1).

Die Vorschrift findet auf **Heranwachsende** keine Anwendung (§ 109 2
Abs. 1 S. 1 (vgl. RL 5 S. 2); zu kriminalpolitischen Erwägungen → § 109
Rn. 10.

II. Voraussetzungen und Ausgestaltungen

1. Die– in der Praxis selten genutzte (*Smok,* Vorläufige Anordnungen über 3
die Erziehung nach § 71 JGG – Eine vernachlässigte Vorschrift, 2009, 92 f.)
– Vorschrift wird mit **erzieherischen Belangen** begründet, schon während
des Verfahrens und vor Rechtskraft eines Urteils und ohne die Voraussetzungen und sozialen Auswirkungen von U-Haft (s. § 72 Abs. 1) intervenieren zu können. Daneben wird als Zweck angegeben, aus Gründen der
Durchführung des Verfahrens den Jugendlichen abzusondern (vgl. *Dallinger/*
Lackner Rn. 1, 5; s. auch *Becker* Zbl 1981, 355). **Keinesfalls** darf es sich um
eine **ahndende Reaktion** handeln (ebenso *Böttcher/Schütrumpf* in MAH
Strafverteidigung § 53 Rn. 99; zust. *Königschulte* Kompetenz 32, 46: „kein
Sanktionscharakter"). So ist auch eine Unterbringung in einer JStrafvollzAn-
stalt **weder** nach **Abs. 1 noch** nach **Abs. 2** zulässig (s. hingegen noch RL
Nr. 1 S. 1 zu § 45 RJGG 1943 idF v. 18.12.1944 (Deutsche Justiz 1945, 15);
aA *Potrykus* Anm. 1). Auch ist als Anordnung nach Abs. 1 oder Abs. 2 dieser
Vorschrift nicht etwa eine Unterbringung zur Untersuchung und Beobach-
tung hinsichtlich des Geistes- und Entwicklungszustandes zulässig, da andernfalls die besonderen Voraussetzungen von § 73, § 81 StPO umgangen
würden. Jedoch darf im Rahmen einer zulässigen Anordnung zugleich eine
Persönlichkeitsuntersuchung iSv § 43 vorgenommen werden (s. auch *Philipp*
Zbl 1979, 429 sowie → § 43 Rn. 38).

2. a) aa) (1) Voraussetzung für eine **jrichterliche Anordnung** nach 4
Abs. 1 Alt. 1 ist zum einen die Erwartung eines Urteils, und im Einzelnen
der (iSv § 203 StPO) hinreichende (*Trenczek* DVJJ-Journal 2000, 131; *Som-*
merfeld in NK-JGG Rn. 2; *Blessing/Weik* in HK-JGG Rn. 2; aA *Diemer* in
Diemer/Schatz/Sonnen Rn. 3 mit der formellen Begr., dass die Vorschrift
gerade auch vor Anklageerhebung angewandt wird; *Pawlischta* in BeckOK
JGG Rn. 4; *Czerner,* Vorläufige Freiheitsentziehung bei delinquenten Jugendlichen zwischen Repression und Prävention, 2008, 88) **Verdacht** einer
Verfehlung (§ 1 Abs. 1), wozu es nach dem eindeutigen Wortlaut des Gesetzes allerdings nicht etwa erforderlich ist, dass bereits Anklage erhoben
worden ist. Umgekehrt steht ein Urteilsspruch der Anordnung so lange nicht
entgegen, als er – etwa auch aufgrund eines Berufungs- oder Revisions-
verfahrens – noch nicht rechtskräftig ist. Es bedarf vielmehr in dem Sinne
einer Urteilserwartung, als Anordnungen nach Abs. 1 S. 1 nicht nur bei
unzulänglichen Verdachtsgraden ausscheiden, sondern auch solange die
Möglichkeit einer (vorrangigen) Einstellung nach §§ 45, 47 noch nicht ausgeschlossen ist (*Czerner,* Vorläufige Freiheitsentziehung bei delinquenten

Jugendlichen zwischen Repression und Prävention, 2008, 88; n. *Smok,* Vorläufige Anordnungen über die Erziehung nach § 71 JGG – Eine vernachlässigte Vorschrift, 2009, 55, 66 ff.).

4a   Im Übrigen rechtfertigen **erzieherische Belange** die Anordnung nur dann, wenn andauernde Beeinträchtigungen auszuschalten sind. Diese Voraussetzung ist nicht gegeben, wenn lediglich ein punktuelles – strafrechtlich relevantes – Fehlverhalten des Jugendlichen vorliegt.

4b   (2) Nicht zuletzt bedarf die Anordnung gem. dem jugend(straf)rechtlichen Schutzprinzip bzw. iRd verfassungsrechtlichen Vorrangs des Elternrechts (Art. 6 Abs. 2 und 3 GG) einerseits und der Mängel an Bestimmtheit der Eingriffsvoraussetzungen andererseits neben dem Bemühen um Einverständnis des minderjährigen Betroffenen grundsätzlich der – nur unter engen Voraussetzungen verzichtbaren – **Zustimmung** der **elterlichen** Erziehungsberechtigten (iErg ähnlich *Brunner/Dölling* Rn. 9a; *Smok,* Vorläufige Anordnungen über die Erziehung nach § 71 JGG – Eine vernachlässigte Vorschrift, 2009, 310 ff.; aA *Diemer* in Diemer/Schatz/Sonnen Rn. 4; *Blessing/Weik* in HK-JGG Rn. 6; *Kaspar* in MüKoStPO StPO Rn. 9: nur Frage der Zweckmäßigkeit).

5   **bb)** Vorläufige Anordnungen gem. Abs. 1 Alt. 1 entsprechen tendenziell den Weisungen, sind jedoch **nicht erzwingbar** (auch nicht durch JA iSv § 11 Abs. 3). Demgemäß muss es sich um vorläufig überbrückende Maßnahmen (uU auch iSv § 3 S. 2) mit Einfluss auf die Lebensführung handeln, sodass zB ein TOA oder Arbeitsleistungen ausscheiden werden. Es darf damit nicht zwangsweiser Freiheitsentzug – wie bei U-Haft (§ 72) oder bei Anordnungen gem. Abs. 2 – verbunden sein.

5a   Im Einzelnen kommen in Betracht eine Betreuungsweisung (vgl. → § 10 Rn. 22 ff.) sowie – die Einwilligung des Jugendlichen vorausgesetzt – die Aufnahme in eine Wohngemeinschaft, eine Familie oder ein Heim (vgl. auch → § 3 Rn. 42 ff., 47 ff., → § 5 Rn. 48 ff., 58; eher anders *Sommerfeld* in NK-JGG Rn. 6), die Annahme oder der Wechsel eines Arbeitsplatzes oder einer Ausbildungsstelle, die Herausnahme aus als negativ beeinflussend beurteilten Gruppen, das Verbot der Benutzung eines Kfz, usw.

6   **b)** Soweit der JRichter nach **Abs. 1 Alt. 2** nur **„anregen"** kann, bedeutet dies keinen Autoritätsverlust (s. aber BT-Drs. 11/5948, 148). Es trägt vielmehr dem Umstand Rechnung, dass das JAmt ohnehin die Voraussetzungen von Hilfen nach dem KJHG prüfen muss.

7   **3. a) aa)** Gemäß **Abs. 2** muss aus Gründen der Verhältnismäßigkeit im Hinblick auf die Eingriffsschwere der Anordnung – **zusätzlich** zu den allg. **Voraussetzungen** einer Anordnung nach Abs. 1 – der Verdacht noch gesteigert sein und eine erzieherische Notwendigkeit bestehen, den Jugendlichen vor „weiterer Gefährdung seiner Entwicklung" zu bewahren. Eine solche Notwendigkeit kann sich insb. aus einer durch hinreichende Anhaltspunkte belegten (Wiederholungs-)Gefahr der Begehung neuer Straftaten ergeben. Zudem muss die Anordnung auch im Hinblick auf Art und Dauer der zu erwartenden Maßnahmen **geboten sein,** dh sie wird idR ausscheiden, wenn JStrafe nicht zu erwarten ist (ohnehin ebenso betr. U-Haft → § 72 Rn. 5; *Trenczek* DVJJ-Journal 1994, 293 sowie *Trenczek* Zbl 2000, 131; vgl. auch → § 55 Rn. 77, 77a; ähnlich *Sommerfeld* in NK-JGG Rn. 4; aA *Diemer* in Diemer/Schatz/Sonnen Rn. 15: „auch Jugendarrest"; *Blessing/Weik* in HK-JGG Rn. 16 („mindestens Dauerarrest")) oder die zu erwartende Dauer bereits überschritten ist (Abs. 2 S. 2, § 120 Abs. 1 S. 1 StPO; aA

OLG Brandenburg NStZ-RR 2003, 344). Für die Anordnung nach Abs. 2 ist das Vorhandensein eines **geeigneten** Heims der JHilfe vorausgesetzt.

(1) (a) Im Einzelnen fällt betr. die Beurteilung „weiterer Gefährdung **7a** seiner Entwicklung" eine Diskrepanz zu der Fassung der §§ 30, 34 KJHG auf. Hinsichtlich der genannten (Wiederholungs-)Gefahr ist bedenklich, dass – im Unterschied zu §§ 112, 112a StPO – *weder bestimmte Tatsachen* vorliegen *noch* es sich um *bestimmte* – zB gleichartige – *Straftaten* handeln muss, ganz abgesehen davon, dass die Wendung „neue Straftaten" ggf. die Unschulds- vermutung (Art. 6 Abs. 2 EMRK) berührt. Bei dieser Voraussetzung des Abs. 2 stehen *Interessen* der *Allgemeinheit* im Vordergrund (krit. auch *Hart- mann* 107 ff.), während das Ziel einer „Krisenintervention" die Bedenken hinsichtlich der Rechtssicherheit (vgl. krit. → § 72 Rn. 9a) zumindest so- lange nicht abzuschwächen vermag, als es an geeigneten Heimen fehlt (s. aber etwa *Busch* Zbl 1985, 399).

(b) Die rechtsstaatlich gebotene (und nach BT-Drs. 11/5829, 29 beabsich- **7b** tigte) restriktive Konkretisierung der Vorschrift verlangt zumindest die Prog- nose, dass die etwa mit gewisser Wahrscheinlichkeit zu erwartenden (neuen) Straftaten **nicht** nur **situativ-jugendtypischer Art** sind, sondern eine wei- tergehende „Gefährdung der Entwicklung" zu erweisen geeignet sind. Dabei erfordert das vorausgesetzte Verhältnis zwischen solchen Straftaten und sol- cher „Gefährdung" auch die Prognose einer gewissen Deliktsschwere (eben- so *Trenczek* Zbl 2000, 131; zu einem Einzelfall aber *Thomsen* ZJJ 2009, 52 f.). – Jedenfalls darf gem. dem **Subsidiaritätsprinzip** („wenn dies geboten ist") die Unterbringung **nur** als **äußerstes, zeitlich begrenztes** Mittel angeord- net werden (zu Hilfen zur Erziehung nach §§ 27 ff. KJHG s. *Riekenbrauk* DVJJ-Journal 1993, 175); andererseits darf U-Haft nicht angeordnet werden, wenn die Unterbringung in einem Heim der JHilfe genügt (§ 72 Abs. 1).

(2) Wegen der Eingriffsschwere gelten die Ausführungen zum Bemühen **7c** um **Einverständnis** des Betroffenen sowie bezüglich der **Zustimmung** der elterlichen Erziehungsberechtigten entsprechend verstärkt (anders *Diemer* in Diemer/Schatz/Sonnen Rn. 4; vgl. aber auch *Lobinger* Kostentragung 137).

bb) Ein anderer – von dem (Nicht-)Vorliegen der Voraussetzungen des **8** **Abs. 2** unabhängiger – selbstständiger Grund zur vorläufigen Anordnung der Unterbringung besteht dann, wenn die Voraussetzungen zum Erlass eines Haftbefehls vorliegen (§ 72 Abs. 4; näher → § 72 Rn. 3b). Allerdings wird (zumindest) hiernach eine entsprechende Anordnung kaum angebracht sein, wenn zB nur JA zu erwarten ist (vgl. auch → Rn. 7; s. schon *Dallinger/ Lackner* Rn. 13).

cc) Die Unterbringung „in einem geeigneten Heim der JHilfe" (Abs. 2 **9** S. 1; aA OLG Hamm NJW 1999, 230 = DVJJ-Journal 1999, 94 mkritAnm *Eickelkamp* bzw. abl. Bspr. *Scholz* DVJJ-Journal 2000, 237) steht der U-Haft hinsichtlich **Entschädigung** für unschuldig erlittene Freiheitsentziehung gleich (§ 2 Abs. 2 Nr. 1 StrEG; KG NStZ 2010, 284; s. auch *Eisenberg* GA 2004, 386).

b) Die Anwendung des Abs. 2 wird teilweise durch **organisatorische 10** Belange des **Heimbereichs** erschwert (s. dazu vormals OLG Koblenz GA 1981, 230; zur Ersetzung eines Unterbringungsbefehls durch einen Haftbe- fehl s. RL 4; vgl. aber → § 72 Rn. 3–4a). Während „*Langzeit*"-Heime in ihrer pädagogischen Arbeit auf die vergleichsweise kurzzeitigen Aufenthalte von nach Abs. 2 Eingewiesenen ggf. nicht eingerichtet sind, fehlt bei Kurz- zeitheimen wohl meist ua die Möglichkeit, „notfalls" auch die Funktion eines geschlossenen Heimes übernehmen zu können (zu Bsp. für abl. Stellungnahmen s. vormals *Steinhilper,* U-Haft bei 14- und 15-Jährigen in Niedersachsen, 1985, 52 ff.). Hinzu kommt die zusätzliche Inanspruchnahme der Erzieher, ggf. wiederholt „Erfolgsberichte" abliefern zu müssen. Andererseits wurde seitens der Heime mitunter angegeben, gem. Abs. 2, § 72 Abs. 4 untergebrachte Personen seien insgesamt (seither) eher weniger umfassend belastet gewesen als im Rahmen bestimmter anderer Vorschriften untergebrachte Personen (s. auch *v. Wolffersdorff/Sprau-Kuhlen,* Geschlossene Unterbringung in Heimen, 1990, 81, 85; vgl. aber zur – im Vergleich zu U-Haft – eher längeren Dauer der Unterbringung *Weinknecht,* Die Situation der U-Haft und der Unterbringung von Jugendlichen und Heranwachsenden, 1988, 263). Soweit die demographische Entwicklung verschiedentlich dazu führt, dass Heime Plätze anbieten (zumal sie iSv Kriterien der Wirtschaftlichkeit möglichst belegt sein müssen), kann hieraus zugleich die Gefahr einer Ausdehnung stationärer Kontrolle erwachsen, sofern U-Haft nicht jeweils entsprechend weniger angewandt wird (s. zum Ganzen vormals *Eisenberg* Zbl 1987, 326, nebst Übersicht zu den Ländern; speziell zum St. Severin-Haus (Glonn) s. etwa *Kronen/Pretzer* DVJJ-Journal 1992, 336 ff.; zum Heinrich-Wetzler-Haus s. *Blumenberg ua,* Jugendhilfe für junge Straffällige, 1987, 7 ff.; *Blumenberg/Wetzstein* in Landeswohlfahrtsverband Baden (Hrsg.), Erziehungshilfe statt U-Haft, 1991; sodann *Weiß* ZJJ 2011, 263 ff.; für Bremen zu einem Betreuten Wohnprojekt *Maul-Backer* NK 1994, 44; zu einem Projekt in Lüneburg *Peterich* DVJJ-Journal 1997, 145 f.; betr. Suchtgefährdete *Vater* ZJJ 2008, 282 ff. (Leimbach)). – Hinreichend verallgemeinerungsfähige Befunde zu der Frage, welche Rechtsfolgen sich zum Abschluss des Verfahrens bei vorausgegangener Unterbringung nach Abs. 2, § 72 Abs. 4 ergeben, liegen seither nicht vor (zu „apokryphen" Gründen freiheitsentziehender Intervention vgl. → § 72 Rn. 9).

10a   **aa)** (1) Seit Neufassung des Abs. 2 ist **nicht generell erforderlich,** dass das Heim **fluchtsicher** ist (ebenso *Brunner/Dölling* Rn. 5), und zwar auch nicht für die Anordnung nach § 72 Abs. 4 (vgl. schon interministerielle Übereinkunft RhPf. JBl. 1988, 96 (Nr. 2.2); für Hessen MdJ Nr. 2 Erl. v. 13.4.1993, MBl. 1993, 418 für Berlin Vereinbarung DVJJ-Journal 1999, 293; *Dünkel* Freiheitsentzug 387 Fn. 77; grds. IGfH unsere jugend 1987, 468 (474 f.); s. auch *Wapler* in Wiesner SGB VIII § 52 Rn. 41f), und auch nicht in Fällen zu erwartender JStrafe. Entschließt sich der JRichter zu einer Maßnahme nach §§ 71, 72, so erwartet er die Sicherung des Verfahrens als Ergebnis pädagogischer Betreuung, und zwar unter Einkalkulierung eines gewissen Risikos (ebenso *Kaspar* in MüKoStPO Rn. 6a; vgl. auch *Pawlischta* in BeckOK JGG Rn. 13: Risiko zur Flucht „erfahrungsgemäß viel zu hoch angesetzt wird und regelmäßig vernachlässigbar ist"; zur Unterbringung in offenen Einrichtungen s. näher *Lüthke* Zbl 1982, 125). Allerdings würde eine vollständige Abschaffung geschlossener Heimunterbringung (vgl. auch → § 12 Rn. 42a–42c) ggf. zu einem vorübergehenden Anstieg der Anordnung von U-Haft – bzw. gar von freiheitsentziehenden psychiatrischen Maßnahmen (gem. BGB oder Unterbringungsgesetzen; vgl. auch → Rn. 14 aE) – führen können (vgl. zu den Erfahrungen in Hamburg Anfang der 80er Jahre des 20. Jahrhunderts betr. U-Haft ggü. 14- und 15-Jährigen *Bittscheidt-Peters/Koch* Zbl 1983, 81 (84) sowie in den Jahren 1985–1987 ggü. 14- und 15-Jährigen und 16- und 17-Jährigen *Deichsel ua* Bewährungshilfe 1990, 149 (sodann aber Senatsverwaltung DVJJ-Journal 2002, 335) bzw. betr. psychiatrische Unterbringung *Kowerk* ZKiJPsychiatr 1990, 198 ff.; zur Streitfrage in Berlin schon *Weber* RdJB 1999, 315 ff.; *Bindel-Kögel/Heßler* DVJJ-Journal 1999, 293 (299 f.)).

(2) Zur **Umwandlung** eines Haftbefehls in einen Unterbringungsbefehl **10b** s. RL 3. Unterlässt es das Beschwerdegericht, beim Umwandlungsbeschluss das Heim zu bezeichnen, so ist der Beschluss fehlerhaft (nach OLG Koblenz OLGSt Nr. 3 zu § 71 mit der Konsequenz, dass die U-Haft fortbesteht, zw.).

bb) (1) Die **Ausführung** der einstweiligen Unterbringung einschließlich **10c** des Erziehungskonzepts bestimmt sich nach den für das jeweilige **Heim** bestehenden **Regelungen (Abs. 2 S. 3,** eingeführt durch 1. JGG-ÄndG; s. schon zu NRW JMBl. 1995, 134, zu NdsRpfl 1996, 302), dh Sicherungs-belange gehen pädagogischen Bedürfnissen nicht vor (*Trenczek* RdJB 1993, 322 (327); vgl. für Berlin etwa Vereinbarung DVJJ-Journal 1999, 298 f. (Anlage)). Solche Regelungen sind insb. § 34 KJHG, im Übrigen VV der jeweiligen Aufsichtsbehörde für das Heim sowie ggf. Hausordnungen (vgl. aber *Haustein/Thiem-Schräder,* Die Unterbringung Jugendlicher an §§ 71, 72 JGG, 1992, 117, wonach alle befragten Erzieher für Beibehaltung einer geschlossenen Anfangsphase waren). – Zu Sanktionsinteraktionen und Bin-nenhierarchien vgl. (aufgrund teilnehmender Beobachtung) *Schäfer* KrimJ 2013, 103 ff.

(2) Hiernach kommt es darauf an, nach Möglichkeit mit Einverständnis des **10d** Jugendlichen sowie in **Abstimmung** mit dem Träger und der Heimleitung das für den jeweiligen Jugendlichen am ehesten hilfe- bzw. erziehungsfähige Heim zu bestimmen (vgl. zu möglichen Absprachen zwischen JRichter und Heimleitung bereits interministerielle Übereinkunft Rheinland-Pfalz, JBl. 1988, 97 (Nr. 3.8); sodann zu Niedersachsen Gemeinsames Grundkonzept (3.) NdsRpfl 1996, 302). Aus der eigenverantwortlichen Gestaltungsbefugnis des JHilfeträgers bzw. des Heims folgt zugleich, dass die Aufnahme eines aufgrund jugendrichterlicher Entscheidung unterzubringenden Jugendlichen abgelehnt werden darf (zB wenn der Jugendliche die pädagogische Konzepti-on des Heimes beeinträchtigen würde; vgl. etwa schon Erl. Nr. 4 Hess. MdJ (MBl. 1993, 418); zust. *Heßler ua* ZfJ 1997, 45).

III. Verfahrensrechtliches

1. Abs. 1

a) Zuständigkeit. Vorläufige Anordnungen iSd **Abs. 1** darf **nur** der **11** **JRichter** treffen. Wegen der Zuständigkeit gelten die §§ 125, 126 StPO entsprechend (§ 2 Abs. 2). – Auch die Vollstr der vorläufigen Anordnungen untersteht – teilweise entsprechend §§ 82 ff. – grundsätzlich dem erkennen-den JRichter (anders § 36 StPO).

b) Entscheidung und deren Vorbereitung. aa) Es empfiehlt sich, vor **12** der Anordnung nach Möglichkeit den Beschuldigten sowie – über § 67 Abs. 1 hinausgehend – den **Erziehungsberechtigten** und den **gesetzli-chen Vertreter** zu **hören** (vgl. § 33 StPO; enger – und ohne Differenzie-rung nach Eltern (Art. 6 Abs. 2, 3 GG), vgl. dazu → Rn. 4 – RL 1 S. 1–3). Die **JGH** ist **heranzuziehen** (RL 2 S. 4).

13 **bb)** (1) Die Anordnung ergeht durch **Beschluss,** der zu begründen ist (§ 2 Abs. 2, § 34 StPO; vgl. RL 1 S. 4).

13a (2) Wegen der – formlos zureichenden – **Mitteilung** bzw. **Bekanntmachung** s. § 67 Abs. 2 aF bzw. § 67a Abs. 1 nF, § 35 Abs. 1, Abs. 2 S. 2 StPO, § 41 StPO und Nr. 34 Abs. 2 MiStra sowie – betr. die JGH – RL Nr. 2 S. 4, RL zu § 72a und im Übrigen § 70 S. 1, Nr. 32 MiStra (vgl. auch Erl. zu → § 70 Rn. 1 ff.)

2. Abs. 2

14 **a) Geltung von Vorschriften der StPO. aa)** Bei Anordnung der **Unterbringung** sind gem. Abs. 2 S. 2 die meisten Vorschriften der StPO über das Verfahren nach Verhängung von U-Haft anwendbar, nicht jedoch § 116, dh eine Außervollzugsetzung ist unzulässig (OLG Zweibrücken NStZ-RR 2004, 348). **Vollzugs**fragen sind teilw. auch Gegenstand des Landesrechts (hierzu anhand des Anspruchs auf medizinische Untersuchung BT-Drs. 19/13837,32). Der Unterbringungsbefehl, in dem ein bestimmtes Heim benannt sein muss, wird schon hinsichtlich der Verbringung des Betroffenen im Einklang mit der Regelung über die Ausführung (vgl. → Rn. 10c) *durch* die *JHilfe umgesetzt* (zur Vorgabe an diese, „möglichst unverzüglich eine andere Wohneinrichtung zu finden", AG Ludwigsburg ZJJ 2013, 78). Im Übrigen *entspricht* der Unterbringungsbefehl dem *Haftbefehl* bezüglich der Vorführung (etwa bei geschlossener Heimunterbringung) vor den JRichter, der Benachrichtigung der Angehörigen, der mündlichen Verhandlung auf Antrag, des Haftprüfungsverfahrens und der Aufhebung.

14a Für die Frage der *notwendigen Verteidigung* (§ 68) steht die Unterbringung nach Abs. 2 im Rahmen von § 68 Nr. 1 iVm § 140 Abs. 1 Nr. 5 der U-Haft (vgl. → § 68 Rn. 22b); außerdem werden die Voraussetzungen gem. § 68 Nr. 1 iVm § 140 Abs. 2 StPO grds. zu bejahen sein (vgl. → § 68 Rn. 23 ff.). Entsprechendes gilt für die Unterrichtungspflicht ggü. der *JGH* (§ 72a entspr.) sowie für die Berichtspflicht seitens der JGH (§ 38 Abs. 2 S. 3 aF bzw. § 38 Abs. 3 S. 2 nF).

14b **bb)** Die einstweilige Unterbringung nach **§ 126a StPO** (vgl. näher zur Rechtswirklichkeit *Ernst* 107 ff., 159 ff.) wird durch Abs. 2 (bzw. § 73 Abs. 1) nicht ausgeschlossen (§ 2 Abs. 2; OLG Düsseldorf MDR 1984, 603; OLG Jena NStZ-RR 2007, 218; aA *Paeffgen* in SK-StPO StPO § 126a Rn. 2), wenngleich die **Zielsetzung des Abs. 2 S. 1** derjenigen des § 126a StPO (vgl. betr. Fesselung LG Kiel ZfStrVo 2004, 375 mAnm *Pollähne* (zum allg. StR)) eher nur mittelbar entspricht (krit. auch *Bohnert,* Unterbringungsrecht, 2000, 297). Indes kommt auch dann nur ein Heim der JHilfe in Betracht (anders OLG Jena NStZ-RR 2007, 218).

14c **b) Anhörung.** Vgl. die Erl. zu → Rn. 12.

14d **c) §§ 52, 52a.** Die Unterbringung nach Abs. 2 steht hinsichtlich Berücksichtigung bzw. Anrechnung iSd genannten Vorschriften der **U-Haft gleich** (vgl. BGH NStZ-RR 2014, 59; RL 1 zu §§ 52, 52a; vgl. auch → § 72 Rn. 13). Wegen der Frage einer entspr. Anwendung des § 450 StPO vgl. → § 52 Rn. 8, 5.

3. Rechtsmittel

a) Gegen die Anordnung nach Abs. 1. Es ist die einfache Beschwerde 15 ohne aufschiebende Wirkung (§ 2 Abs. 2, §§ 304, 305 S. 2 StPO, § 307 StPO entspr.) gegeben (vgl. Amtl. Begr. 47). Die Rechtsmittelbeschränkungen des § 55 Abs. 1 gelten schon vom Gesetzeswortlaut her nicht (ebenso *Kaspar* in MüKoStPO Rn. 10; *Böttcher/Schütrumpf* in MAH Strafverteidigung § 53 Rn. 99; vgl. auch → § 55 Rn. 40 aE; aA *Brunner/Dölling* Rn. 11; *Dallinger/Lackner* Rn. 21).

b) Gegen die Anordnung nach Abs. 2. aa) Es ist gleichfalls einfache 16 Beschwerde zulässig, jedoch ohne die Rechtsmittelbeschränkung des § 55 Abs. 1. Zudem ist weitere Beschwerde zulässig (§ 2 Abs. 2, § 310 Abs. 1 StPO entspr.; OLG Hamburg NJW 1963, 1167).

bb) Ob die für das U-Haftverfahren geltenden Vorschriften über die 16a Nachprüfung durch das OLG (**§§ 121 ff. StPO**) anwendbar sind, ist **umstritten** (vgl. auch → § 72 Rn. 13).

(1) Eine enge Gesetzesauslegung steht dagegen (Abs. 2 S. 2, argumentum e 16b contrario; OLG Celle NJW 1965, 2069), dh soweit ein Haftbefehl in eine Anordnung nach Abs. 2 oder eine solche in einen Haftbefehl umgewandelt wird, würde hiernach für die Nachprüfung durch das OLG allein die VollstrDauer aufgrund des Haftbefehls maßgebend sein. Indes würde dadurch zum einen eine Schlechterstellung ggü. dem U-Haftvollzug eintreten, welche Konsequenz sich mit dem Zweck von Abs. 2 schwerlich vereinbaren ließe. Zum anderen ist das Argument, dass sich die Unterbringung gem. Abs. 2 nach anderen Voraussetzungen (vgl. → Rn. 7) richtet und andere Zwecke (vgl. → Rn. 3) verfolgt als die U-Haft (allg. Auffassung, vgl. etwa KG JR 1990, 216; OLG Bamberg StraFo 2015, 329; betr. zuvor vollzogene einstweilige Unterbringung gem. § 126a StPO (nach allg. StVR) OLG Schleswig MDR 1983, 70 gegen KG JR 1976, 163), *nur begrenzt tragfähig.* Denn es greift nur dann, wenn tatsächlich auch Voraussetzungen und Zweckverfolgung im Sinne einer Anordnung von U-Haft gegeben sind, dh wenn die Unterbringung (auch) aus den Gründen iSd Voraussetzungen von U-Haft geschieht.

(2) Einer derart funktionsbezogenen, weiten Gesetzesauslegung steht es 16c (unter Berücksichtigung auch der Kriterien gem. §§ 52, 52a) weder entgegen, wenn *Außenkontakte* ermöglicht werden, noch wenn der U-Haftvollzug *förmlich ausgesetzt* wurde (§ 116 StPO; vgl. zum allg. StVR etwa KG NStZ 1997, 148 (unterbrochen); nicht viemint auch von OLG Dresden NStZ-RR 2002, 60 („öffentliches psychiatrisches Krankenhaus"); aA OLG Köln ZJJ 2011, 204 mablAnm *Eisenberg; Meyer-Goßner/Schmitt* StPO § 121 Rn. 5, *Wankel* in KMR StPO § 121 Rn. 3). Entscheidend ist hiernach, ob die Freiheitsentziehung vom JGericht − und also in Abhängigkeit von dem konkreten JStrafverfahren stehend − (auch) an Stelle und *in der Funktion* sowie aus den Gründen wie eine *U-Haft* (dh nicht iSd Abs. 1) angeordnet und vollzogen wird (vgl. ergänzend *Paeffgen* in SK-StPO StPO § 121 Rn. 5; *Hilger* in Löwe/Rosenberg StPO § 121 Rn. 12). Dies gilt zumindest dann, wenn eine U-Haftvollstr im engeren Sinne sich anschließt.

c) Nichtgeltung des Verschlechterungsverbots. Auch bei Anfechtung 17 zu Gunsten des Beschuldigten wird das Verschlechterungsverbot nicht zum Tragen kommen können (*Grethlein* Verschlechterungsverbot 135; s. § 72 Abs. 4 S. 2; vgl. auch RL 4).

4. Aufhebung

18   Der JRichter hebt die vorläufige Anordnung auf, soweit diese wegen ihrer Dauer, die dem das gesamte JStV kennzeichnende besondere *Beschleunigungsprinzip* zuwiderläuft, unverhältnismäßig geworden ist (vgl. KG StV 2016, 712). Das Gleiche gilt, wenn die Anordnung entbehrlich oder unzweckmäßig geworden ist oder wenn eine andere Maßnahme angeordnet wird (vgl. RL 4).

IV. Kosten

1. Maßnahmen auch zur Sicherung des Verfahrens

19   Die Kosten der Maßnahmen (zur Erl. OLG Dresden DVJJ-Journal 1998, 278) sind Auslagen des Verfahrens (→ § 74 Rn. 13 sowie RL 4 zu § 74), dh sie werden von der **Justiz** getragen (vgl. schon Erl. Nr. 8 Hess. MdJ v. 13.4.1993 (MBl. 1993, 418); RdErl. NRW v. 29.6.1995, Nr. 9 (MBl. 1995, 814); Gemeinsames Grundkonzept Niedersachsen (8), NdsRpfl 1996, 302; Vereinbarung Berlin DVJJ-Journal 1999, 292) – zumindest dann, wenn die Maßnahmen jedenfalls auch der Sicherung des Verfahrens gedient haben (Abs. 2, § 72 Abs. 4; s. auch JuM SchlH v. 1.7.1990, DVJJ Rundbrief Juni 1990, 73; vgl. auch *Böttcher/Schütrumpf* in MAH Strafverteidigung § 53 Rn. 100; *Höynck/Goerdeler* JAmt 2006, 172; FK KJHG § 36a Rn. 26). Sie werden also **nicht** dem **Jugendlichen** aufzuerlegen sein (ebenso speziell zu ambulanten Maßnahmen *Mayer* DVJJ-Journal 1993, 404). Dies gilt auch, wenn der Jugendliche gem. jugendgerichtlicher Entscheidung in einer Einrichtung eines freien Trägers untergebracht wird (OLG Dresden 25.4.1997 – 1 VAs 3/97).

2. Hilfe zur Erziehung

20   Anders verhält es sich bei der (im Rahmen eines JStrafverfahrens getroffenen) Anweisung durch das JGericht, Hilfe zur Erziehung in einem Heim gem. *§ 12 Nr. 2* in Anspruch zu nehmen, da diese Weisung (mangels Vollstreckbarkeit) einem Unterbringungsbefehl nicht gleichsteht (OLG Frankfurt/M. NStZ-RR 1996, 183 sowie OLG Jena NStZ-RR 1997, 320 und OLG Koblenz NStZ-RR 2009, 160 (Ls.) – jeweils betr. gleichzeitige Außervollzugsetzung eines Haftbefehls; auch → § 74 Rn. 12 sowie → § 10 Rn. 81). – Hier – wie auch bei sonstigen *Hilfemaßnahmen* – ist jedoch zwischen der Leistungs- und Finanzierungsverantwortung des Trägers der öffentlichen JHilfe einerseits und den Kostenbeiträgen durch den Jugendlichen andererseits zu unterscheiden. Während der Träger der öffentlichen JHilfe die Kosten grundsätzlich nur übernimmt, wenn er selbst über das Ob und Wie der Maßnahme entschieden hat (§ 36a Abs. 1 S. 1 KJHG), kann der **Jugendliche nur** iRd § 36a Abs. 1 S. 2 iVm §§ 91 ff., insb. §§ 91 Abs. 1 Nr. 5b, 92 Abs. 1 Nr. 1, 94 Abs. 3, 4 KJHG, zu den Kosten herangezogen werden (FK KJHG § 36a Rn. 32).

Untersuchungshaft

72 (1) [1] Untersuchungshaft darf nur verhängt und vollstreckt werden, wenn ihr Zweck nicht durch eine vorläufige Anordnung über die Erziehung oder durch andere Maßnahmen erreicht werden kann. [2] Bei der Prüfung der Verhältnismäßigkeit (§ 112 Abs. 1 Satz 2 der Strafprozeßordnung) sind auch die besonderen Belastungen des Vollzuges für Jugendliche zu berücksichtigen. [3] Wird Untersuchungshaft verhängt, so sind im Haftbefehl die Gründe anzuführen, aus denen sich ergibt, daß andere Maßnahmen, insbesondere die einstweilige Unterbringung in einem Heim der Jugendhilfe, nicht ausreichen und die Untersuchungshaft nicht unverhältnismäßig ist.

(2) Solange der Jugendliche das sechzehnte Lebensjahr noch nicht vollendet hat, ist die Verhängung von Untersuchungshaft wegen Fluchtgefahr nur zulässig, wenn er

1. sich dem Verfahren bereits entzogen hatte oder Anstalten zur Flucht getroffen hat oder
2. im Geltungsbereich dieses Gesetzes keinen festen Wohnsitz oder Aufenthalt hat.

(3) Über die Vollstreckung eines Haftbefehls und über die Maßnahmen zur Abwendung seiner Vollstreckung entscheidet der Richter, der den Haftbefehl erlassen hat, in dringenden Fällen der Jugendrichter, in dessen Bezirk die Untersuchungshaft vollzogen werden müßte.

(4) [1] Unter denselben Voraussetzungen, unter denen ein Haftbefehl erlassen werden kann, kann auch die einstweilige Unterbringung in einem Heim der Jugendhilfe (§ 71 Abs. 2) angeordnet werden. [2] In diesem Falle kann der Richter den Unterbringungsbefehl nachträglich durch einen Haftbefehl ersetzen, wenn sich dies als notwendig erweist.

(5) Befindet sich ein Jugendlicher in Untersuchungshaft, so ist das Verfahren mit besonderer Beschleunigung durchzuführen.

(6) Die richterlichen Entscheidungen, welche die Untersuchungshaft betreffen, kann der zuständige Richter aus wichtigen Gründen sämtlich oder zum Teil einem anderen Jugendrichter übertragen.

Schrifttum Bayerisches Landesjugendamt (Hrsg.), Empfehlungen für die JGH, 1993; *Dorenburg,* Untersuchungshaft und Untersuchungshaftvermeidung bei Jugendlichen und Heranwachsenden in Deutschland und Europa, 2017; DVJJ Baden-Württemberg, Integrieren statt Ausgrenzen, 1999; *Gebauer,* Die Rechtswirklichkeit der U-Haft in der Bundesrepublik Deutschland, 1987; *Hartmann,* Die Anordnung von U-Haft …, 1988; *Hermanns,* Sozialisationsbiographie und jugendrichterliche Entscheidungspraxis, 1983; *Hess,* Erscheinungsformen und Strafverfolgung von Tötungsdelikten in Mecklenburg-Vorpommern, 2010; *Heßler,* Vermeidung von U-Haft bei Jugendlichen, 2001; *Hotter,* U-Haftvermeidung für Jugendliche und Heranwachsende in Baden-Württemberg, 2004; *Jabel,* Die Rechtswirklichkeit der U-Haft in Niedersachsen, 1989; *Jehle,* U-Haft zwischen Unschuldsvermutung und Wiedereingliederung, 1985; *Jehle,* Entwicklung der U-Haft bei Jugendlichen und Heranwachsenden vor und nach der Wiedervereinigung, 1995 (Hrsg. BMJ); *Kowalzyck,* U-Haft, U-Haftvermeidung und geschlossene Unterbringung … in Mecklenburg-Vorpommern, 2008; *Krause,* Anordnung und Vollzug der U-Haft bei Jugendlichen, 1971; Kury

(Hrsg.), Prävention abweichenden Verhaltens − Maßnahmen der Vorbeugung und Nachbetreuung, 1982; *Nordhues,* Untersuchungshaft im Spannungsverhältnis von Recht und Praxis, 2013; *Pfeiffer,* Die Anordnung von U-Haft gegenüber 14/15-Jährigen bzw. 14–21-Jährigen ..., 1988 (KFN); *Seebode,* Der Vollzug der U-Haft, 1985; *Seiser,* Untersuchungshaft als Erziehungshaft im Jugendstrafrecht, 1987; *Staudinger,* U-Haft bei jungen Ausländern, 2001; *Steinhilper,* U-Haft bei 14- und 15-Jährigen in Niedersachsen, 1985; *Swientek,* Autoaggressivität bei Gefangenen ..., 1982; *Tinkhauser,* Untersuchungshaftvermeidung, 2016; *Wagler,* Probleme der Verteidigung im JStV, 1988; *Weinknecht,* Die Situation der U-Haft und der Unterbringung an Jugendlichen und Heranwachsenden, 1988; *Zender,* U-Haft an weiblichen und männlichen Jugendlichen und Heranwachsenden, 1998; *Zirbeck,* Die U-Haft bei Jugendlichen und Heranwachsenden, 1973.

Übersicht

<table>
<tr><td></td><td>Rn.</td></tr>
<tr><td>I. Anwendungsbereich</td><td>1</td></tr>
<tr><td> 1. Persönlicher Anwendungsbereich</td><td>1</td></tr>
<tr><td>   a) Jugendliche</td><td>1</td></tr>
<tr><td>   b) Heranwachsende</td><td>2</td></tr>
<tr><td> 2. Verfahrensbezogener Anwendungsbereich</td><td>2a</td></tr>
<tr><td>   a) Vorläufige Festnahme (§ 2 Abs. 2, § 127 Abs. 2 StPO)</td><td>2a</td></tr>
<tr><td>   b) Haft zur Erzwingung der Anwesenheit in der HV (§ 2 Abs. 2, §§ 230 Abs. 2, 236, 329 Abs. 3 StPO, § 412 S. 1 StPO)</td><td>2c</td></tr>
<tr><td>   c) Abgrenzung zu Einstweiliger Unterbringung (§ 2 Abs. 2, § 126a StPO)</td><td>2d</td></tr>
<tr><td> 3. Europäischer Haftbefehl</td><td>2e</td></tr>
<tr><td>II. Voraussetzungen der Anordnung</td><td>3</td></tr>
<tr><td> 1. Subsidiaritäts- und Verhältnismäßigkeitsprinzip (Abs. 1)</td><td>3</td></tr>
<tr><td>   a) Subsidiaritätsprinzip (Abs. 1 S. 1, Abs. 4)</td><td>3</td></tr>
<tr><td>   b) Verhältnismäßigkeit</td><td>5</td></tr>
<tr><td> 2. Besonderheiten betr. Haftgründe sowie der Prüfung gem. § 116 StPO</td><td>6</td></tr>
<tr><td>   a) Haftgründe</td><td>6</td></tr>
<tr><td>   b) Prüfung gem. § 116 StPO</td><td>8</td></tr>
<tr><td>   c) „Geheime Haftgründe"</td><td>9</td></tr>
<tr><td> 3. § 112 Abs. 3 StPO</td><td>9b</td></tr>
<tr><td>III. Verfahrensrechtliches</td><td>10</td></tr>
<tr><td> 1. Besonderheiten in der Anwendung von Vorschriften des allg. StVR</td><td>10</td></tr>
<tr><td>   a) Gerichtliche Zuständigkeit, Übertragung (Abs. 6)</td><td>11</td></tr>
<tr><td>   b) Begründung der U-Haftanordnung; Beschwerde ...</td><td>11b</td></tr>
<tr><td>   c) Rechte des gesetzlichen Vertreters und des Erziehungsberechtigten sowie der JGH</td><td>12</td></tr>
<tr><td>   d) Haftprüfung durch das OLG bzw. den BGH</td><td>13</td></tr>
<tr><td> 2. Rechte des Jugendlichen</td><td>14</td></tr>
<tr><td>   a) Verhaftung</td><td>14a</td></tr>
<tr><td>   b) Antrag auf Haftprüfung</td><td>15</td></tr>
<tr><td>   c) Recht auf Verkehr mit dem Verteidiger</td><td>16</td></tr>
<tr><td> 3. Abs. 5</td><td>17</td></tr>
<tr><td> 4. Missachtung der Beschleunigungsgebots, Aufhebung des Haftbefehls</td><td>17b</td></tr>
<tr><td> 5. Berücksichtigung bzw. Anrechnung (§§ 52, 52a)</td><td>18</td></tr>
</table>

I. Anwendungsbereich

1. Persönlicher Anwendungsbereich

a) Jugendliche. Die Vorschrift gilt für Jugendliche auch in Verfahren vor **1** den für allg. Strafsachen zuständigen Gerichten (§ 104 Abs. 1 Nr. 5; vgl. RL 5). Teilweise wird jedoch angenommen (RL zu § 104), hinsichtlich Abs. 4 könne die Vorschrift nur als Ermessensentscheidung (§ 104 Abs. 2) zur Anwendung kommen (vgl. auch → § 104 Rn. 10).

b) Heranwachsende. Auf diese findet die Vorschrift keine Anwendung **2** (§ 109 Abs. 1 S. 1; zu kriminalpolitischen Erwägungen vgl. → § 109 Rn. 10).

2. Verfahrensbezogener Anwendungsbereich

a) Vorläufige Festnahme (§ 2 Abs. 2, § 127 Abs. 2 StPO). aa) Hier- **2a** für gilt die Vorschrift bei formeller Betrachtungsweise **nicht** (und auch nicht entspr.), weil sich Abs. 1 erst auf den richterlichen Zuständigkeitsbereich bezieht (aA *Keiser* JuS 2002, 983). Allerdings wäre de lege ferenda eine erweiterte Regelung (etwa im 1. oder im 9. Unterabschnitt) zu empfehlen.

bb) Entsprechendes gilt für **Polizeigewahrsam.** Eine Umgehung liegt **2b** vor, wenn der Zweck ist, Haftbefehlsgründe zu erlangen (vgl. zu § 55 Abs. 1 SOG M-V LG Rostock NJ 2017, 420 (zum allg. StR)).

b) Haft zur Erzwingung der Anwesenheit in der HV (§ 2 Abs. 2, **2c** **§§ 230 Abs. 2, 236, 329 Abs. 3 StPO, § 412 S. 1 StPO).** Insoweit ist die Vorschrift entsprechend **anzuwenden,** weil es sich bei dieser um eine der Sicherung und Weiterführung des Verfahrens dienende und insofern der U-

Haft vergleichbare Zwangsmaßnahme handelt (und nicht etwa um eine Sanktionierung eigener Art; ebenso *Villmow/Savinksy* ZJJ 2013, 388 (392); Anm. *Bausch/Feuerhelm* ZJJ 2016, 309 (310); aA *Diemer* in Diemer/Schatz/ Sonnen Rn. 1; *Pawlischta* in BeckOK JGG Rn. 3). Bei der Prüfung der Frage genügender Entschuldigung ist der *Entwicklungsstand* des *Jugendlichen* zu berücksichtigen, sodass ggf. ein anderes Ergebnis gefunden wird als bei einem Erwachsenen.

2d **c) Abgrenzung zu Einstweiliger Unterbringung (§ 2 Abs. 2, § 126a StPO).** § 126a StPO dient nicht der Verfahrenssicherung, sondern es handelt sich um eine vorbeugende Maßnahme zum Schutz „öffentlichen Sicherheit" (zu den Voraussetzungen gem. §§ 63, 64 StGB vgl. → § 7 Rn. 7 ff., 17 ff.; im Übrigen wird auf die Spezialliteratur verwiesen). Jedoch hat die (Jugend-)Strafjustiz gem. der von Verfassungs wegen bestehenden Schutzpflicht gegenüber U-Haftgefangenen dafür Sorge zu tragen, dass etwa neu hinzutretende Anhaltspunkte oder Befunde seitens Sachverständiger mit Relevanz für die Prüfung von „Gefährlichkeit" iSd Voraussetzungen des § 126a StPO unverzüglich auch der Leitung der U-Vollzugsanstalt zur Kenntnis gegeben werden (vgl. näher BVerfG StV 2016, 175 = NJW 2016, 1081 mit Bspr. *Eisenberg* FS Schlothauer, 2018, 213 ff. = ZJJ 2016, 408 mAnm *Goerdeler;* vgl. auch → § 89c Rn. 22).

3. Europäischer Haftbefehl

2e Vgl. hierzu → § 1 Rn. 38 ff.

II. Voraussetzungen der Anordnung

1. Subsidiaritäts- und Verhältnismäßigkeitsprinzip (Abs. 1)

3 **a) Subsidiaritätsprinzip (Abs. 1 S. 1, Abs. 4). aa)** Es handelt sich um eine spezielle Ausgestaltung des allg. Grundsatzes der Verhältnismäßigkeit (vgl. auch → Rn. 5). Sie beruht auf erzieherischen Bedenken im Hinblick auf empirische Befunde über psychische **Beeinträchtigungen** und **negative Auswirkungen** (vgl. BR-Drs. 464/89: stehen „außer Streit") im Sozialsowie im Ausbildungs- bzw. Arbeitsbereich aufgrund der U-Haft (n. etwa *Villmow* FS Schwind, 2006, 473 ff.; zu kriminalpolitisch weitergehenden Einschränkungsvorschlägen vgl. Nachw. 7. Aufl.). So konnten, wie eine (frühere) empirische Untersuchung ergab, etwa 50 % derjenigen Betroffenen, die zur Tatzeit noch in einem Arbeits- oder Ausbildungsverhältnis standen, nach U-Haft nicht mehr an diese Stelle zurückkehren (*Spieß* in Kury, Prävention abweichenden Verhaltens – Maßnahmen der Vorbeugung und Nachbetreuung, 1982, 591; vgl. auch *Will* DVJJ-Journal 1999, 49 (61); vgl. vormals *Kreuzer* RdJB 1978, 337 mN; *Schütze* MschKrim 1980, 148; *Busch* unsere jugend 1987, 385). Zudem ist die Selbsttötungshäufigkeit gerade bei Jugendlichen und Heranwachsenden und besonders zu Beginn der Haftzeit zu beachten (vgl. etwa *Schneider/Gloza* Kriminalistik 1984, 184 f.; *Swientek,* Autoaggressivität bei Gefangenen ..., 1982; zu methodischen Schwierigkeiten der Vergleichbarkeit (mit der Außengesellschaft) *Schmitt* Bewährungshilfe 2011, 117 ff.; ferner mwN *Eisenberg/Kölbel* Kriminologie § 29 Rn. 39 f.), zumal konkrete Vorbeugungsmaßnahmen nur eingeschränkt geeignet, Selbsttötungsversuche offenbar seltener als in Strafhaft und Kenntnisse über etwaige frühere Selbsttötungsversuche nur begrenzt vorhanden bzw. gefahrenindizierend sind. Jeweils ist speziell die **besondere Belastung** des **Vollzuges für Jugendliche** zu berücksichtigen **(Abs. 1 S. 2)** und zu prüfen, ob der im Einzelfall bestehenden Gefahr, die nach allg. StVR ggf. einen Haftgrund darstellt, auf andere Weise begegnet werden kann (s. auch *Schenker* Zbl 1989, 389). Die Anführung der **Gründe,** warum es dennoch der U-Haftanordnung bedarf **(Abs. 1 S. 3),** verlangt die Darlegung von **Tatsachen** (OLG Karlsruhe StraFo 2010, 206; vgl. auch → Rn. 11b).

(1) Auch nach Art. 10 Abs. 2, Art 11 RL (EU) 800/2016 sind nach **3a** Möglichkeit alternative Maßnahmen zu ergreifen, wohingegen U-Haft als „letztes Mittel" zu gelten hat (s. auch Erwägungsgründe 54 f.). Vor diesem Hintergrund finden sich im europäischen Vergleich zahlreiche verschiedene Instrumente zur Umsetzung dieser Subsidiarität, keineswegs immer oder nur alternative Unterbringungsformen (vgl. n. *Dorenburg,* Untersuchungshaft und Untersuchungshaftvermeidung (…), 2017, 166 ff., 288 ff.). Auch in Deutschland kommen diverse Varianten in Betracht. Neben vorläufigen Anordnungen über die Erziehung gem. § 71 Abs. 1 und 2 (vgl. → § 71 Rn. 4 ff., 7 ff.; s. auch *Lüthke* Zbl 1982, 125) kommen als **andere Maßnahmen** in Betracht zB eine geeignete mündliche Zusage des Jugendlichen ggü. dem Richter, bestimmte Meldepflichten, regelmäßiges Zusammentreffen mit einer Vertrauensperson sowohl des Jugendlichen als auch des Gerichts wie ggf. auch mit Vertretern des JAmtes oder der JGH (zu den Hilfen zur Erziehung nach §§ 27 ff. KJHG s. *Riekenbrauk* DVJJ-Journal 1993, 175; Bayerisches Landesjugendamt, Empfehlungen für die JGH, 1993, 17). Weil diese Maßnahmen ähnlich denjenigen des § 116 StPO dem „Zweck" der U-Haft übernehmen, sind sie geeignet, eine Entschädigungspflicht nach Abs. 2 S. 2 Nr. 3 StrEG zu begründen (KG NStZ 2010, 284; ebenso *Meyer* StrEG § 2 Rn. 50; s. auch *Eisenberg* GA 2004, 386; aA *Meyer-Goßner/Schmitt* StrEG § 2 Rn. 6; *Pawlischta* in BeckOK JGG Rn. 17).

(2) (a) Bei Vorliegen der Voraussetzungen für einen Haftbefehl **geht** als **3b** mildere Maßnahme ein **Unterbringungsbefehl** (zunächst) **vor** (vgl. **Abs. 4 S. 1,** § 71 Abs. 2; OLG Hamm StV 2002, 432; RL 2 S. 1, 2 zu § 71; RL 3 zu § 72; zust. *Heßler ua* ZfJ 1997, 42). Prinzipiell ist bei entspr. Unterbringung von deutlich besseren pädagogischen Potenzialen als in der U-Haft und von grundsätzlich erfüllten strafprozessualen Aspekten auszugehend (vgl. dazu die vergleichende Untersuchung bei Tinkhauser, Untersuchungshaftvermeidung, 2016, 163 ff.). Für die Entscheidung zugunsten der Unterbringung hat im Allg. nur *untergeordnete* Bedeutung, *welcher Straftat* der Jugendliche verdächtigt wird (vgl. aber BGH BeckRS 2017, 100841 Rn. 22; OLG Köln OLGSt StGB § 226 Nr. 1), und speziell bei jüngeren Beschuldigten stehen „besondere Schwere" oder „öffentliches Aufsehen" nicht etwa von vornherein entgegen (vgl. schon Interministerielle Übereinkunft Rheinland-Pfalz (JBl. 1988, 97, Nr. 2.2.4); krit. zur Handhabung in Thüringen *Will* DVJJ-Journal 1999, 51; für Hamburg *Villmow/Savinsky* FS Heinz, 2012, 362 ff.; *Villmow/Savinsky* ZJJ 2013, 388 f.; *Villmow/Savinsky* FS Kerner, 2013, 766 f. (770 ff.)). Auch läuft es dem Vorrang des Unterbringungsbefehls zuwider, wenn eine *sachfremd* überhöht günstige Prognose *verlangt* und diese zudem entgegen § 2 Abs. 1 S. 2 weder mit zukunftsbezogenen Tatsachen begründet noch kontrollierbar ist (so aber KG ZJJ 2010, 74 mAnm *Eisenberg/Huck*): „Gewissheit des Senats" erforderlich, „sich auf den Beschwerde-

führer verlassen zu können" (bei Verurteilung zu einem Jahr JStrafe ua wegen „Beleidigung in zwei Fällen")). – Das Verfahren nach Abs. 4 iVm § 71 Abs. 2 begründet einen erhöhten *Gebührenanspruch* des *Pflichtverteidigers* (§ 2 Abs. 2 S. 1 RVG iVm Vorb. 4 Abs. 4 RVG-VVerz; vgl. OLG Jena NStZ-RR 2003, 160; LG Düsseldorf 19.12.2013 – 7 Ks 25/12).

3c   (b) Im Interesse der Beschleunigung und der unmittelbaren Unterbringung ist es angezeigt, dass die in Betracht kommenden Heime (vgl. auch → § 71 Rn. 10) eine gewisse Anzahl von Plätzen bereit halten (s. für Berlin *Bindel-Kögel/Heßler* DVJJ-Journal 1997, 302 (allerdings mit Selektionswirkung zum Nachteil kurzfristig eingereister Nichtdeutscher, DVJJ-Journal 1997, 305) sowie Vereinbarung DVJJ-Journal 1999, 293 f.; vgl. näher *Heßler,* Vermeidung von U-Haft bei Jugendlichen, 2001, 159 ff. sowie den bundesweiten Überblick bei *Tinkhauser,* Untersuchungshaftvermeidung, 2016, 199 ff.). Indes wird im Allg. davon ausgegangen, dass nicht genug Plätze zur Verfügung stehen (vgl. etwa zu einer Umfrage bei JRichtern und JStaatsanwälten *Höynck/Leuschner* Jugendgerichtsbarometer 122). Seitens der Strafjustiz wird dabei auch eine geschlossene Unterbringung (näher → § 12 Rn. 42a–42c) als zulässig erachtet (OLG Köln StRR 2008, 35; aber auch OLG Köln StRR 2009, 155 (mit Bspr. *Artkämper*): „steht ein Platz derzeit nicht zur Verfügung"), weil Abs. 4 – im Gegensatz zu Abs. 2 – eine „den Jugendlichen begünstigende Norm" sei (*Weber* RdJB 1999, 317; krit. dazu *Trenczek* Zbl 2000, 131; *Heßler,* Vermeidung von U-Haft bei Jugendlichen, 2001, 129 ff.; vgl. auch → § 71 Rn. 10a). Indes kann zB die mediale Vermarktung, mitunter gefördert durch unzulässige Vorab-Stigmatisierung seitens (J)Staatsanwaltschaft und/oder Polizei (vgl. betr. „Fall Kassandra" etwa Focus Online v. 5.10.2009), zu ablehnender Tendenz seitens der Heime führen.

3d   (3) Die Umwandlung gem. **Abs. 4 S. 2** (vgl. auch RL 4 zu § 71) ist nach überwiegender Meinung auch dann zulässig, wenn sich die *tatsächlichen Verhältnisse* nicht geändert haben, jedoch inzwischen anders beurteilt werden (*Dallinger/Lackner* Rn. 12; *Sommerfeld* in NK-JGG Rn. 6; aA *Potrykus* Anm. 4). Hiergegen können aus erzieherischen Gründen Bedenken bestehen (vgl. auch → § 10 Rn. 7; *Brunner/Dölling* Rn. 6).

3e   Ist ein Haftbefehl bereits erlassen und stellt sich nachträglich heraus, dass die Unterbringung möglich ist, so kann der Haftbefehl durch einen Unterbringungsbefehl ersetzt werden (RL 3 zu § 71).

4   **bb)** Von Entwicklungen der absoluten Zahlen der Anordnung von U-Haft zu unterscheiden sind Besonderheiten der **Handhabung** im **JStrafverfahren** im Einzelnen. Deren Bedeutung wird nicht grundsätzlich geschmälert zB durch das Sinken der Anordnung von U-Haft im allg. Strafverfahren (seit Mitte der 90er Jahre des 20. Jahrhunderts) und im JStrafverfahren (seit Anfang des 21. Jahrhunderts), welche Entwicklung ua iZm dem sog. „Asylkompromiss" (Gesetz v. 30.6.1993, BGBl. I 1062) und Folgegesetzen, der Häufigkeit von Absprachen (vgl. aber → § 2 Rn. 47 ff.), der demographischen Entwicklung, etc steht.

4a   (1) Während der Gesetzeswortlaut die Subsidiarität dergestalt betont, dass eine Anwendung als nur ausnahmsweise zulässig erscheint, ist in der Praxis in den Jahren 1970–1979 (für die Folgezeit unten stehende Tab), bezogen auf den **Bestand** an Jugendlichen unter allen U-Haftgefangenen jeweils am 31.12. (ab 2003 am 30.11), ein **Anteil** von zwischen 4,1 % und 6,3 % zu verzeichnen gewesen (StVollzSt Tabelle 2 (allerdings wohl unter teilweiser

Einbeziehung von Fällen zB gem. § 230 Abs. 2 StPO, vgl. *Eisenberg/Kölbel* Kriminologie § 29 Rn. 17, 25)). Seit dem Jahr 1985 bis zum Jahr 1993 lag der Anteil unter 4%, ist sodann jedoch wieder angestiegen (vgl. auch Angaben betr. die JVA Wuppertal bei *Funk* ZfStrVo 2005, 277), ab dem Jahr 2009 indes gesunken (2016: 2,9%, 2017 (31.8.): 2,8%). Die U-Haftrate (errechnet pro 100.000 der Bevölkerung) ist zuletzt ebenfalls deutlich gesunken (n. *Dünkel ua* RdJB 2016, 437 (440 f.). – Auch bezüglich Heranwachsender zeigte sich im Jahr 1984 ein deutlicher Rückgang (=11,4%) und im Jahr 1989 ein Tiefstand von 8,6%, für die Folgejahre indes ein erheblicher Anstieg (vgl. zum Ganzen schon *Eisenberg/Tóth* GA 1993, 295 ff.; *Gebauer* KrimPäd 1993, 21; ausführlich *Jehle* 18 ff., 38 ff.), wogegen sich die Anteile für die Jahre 2014–2017 auf 8,1%, 8,2%, 7,8% und (31.8.) 9,0% beliefen.

(2) Der stichtagsmäßige **Anteil** jugendlicher U-Gefangener an sämtlichen **4b inhaftierten Jugendlichen** (U-Haft plus JStrafe) ist sehr hoch. Allerdings wurde er, nachdem er noch Ende des 20. Jahrhunderts teilweise deutlich und, wenn auch abgeschwächt, mehrfach auch noch in den ersten Jahren des 21. Jahrhunderts überwogen hatte (vgl. dazu frühere Aufl.), sodann (zunächst) niedriger. Am 31.3. der Jahre 2005–2018 betrugen die Anteile 46,1%, 48,0%, 43,2%, 45,7%, 40,5%, 42,2%, 40,8%, 38,1%, 40,2%, 40,3%, 43,5%, 50,5%, 50,0% und 49,4% (StVollzSt Tabelle 3.1, StBest-St; zum Überwiegen dieses Anteils im Verhältnis zu demjenigen heranwachsender und erwachsener U-Gefangener an sämtlichen inhaftierten Heranwachsenden und Erwachsenen (U-Haft plus JStrafe bzw. Freiheitsstrafe) vgl. näher bis zur 13. Aufl., wobei es sich – mehr als bei Jugendlichen – um eine rechnerische Folge der insgesamt vergleichsweise längeren Dauer der JStrafe und insb. der Freiheitsstrafe handelt). Im europäischen Vergleich liegt die deutsche U-Haftpraxis im JStV tendenziell im oberen Teil des Spektrums (*Dorenburg,* Untersuchungshaft und Untersuchungshaftvermeidung (…), 2017, 246 ff.; zur absoluten Zahl der Jugendlichen, an denen U-Haft vollstreckt wird, vgl. Tab.). Einzelanalysen haben indes gezeigt, dass die U-Hafthäufigkeit bei Personen, die mehrfach vorerfasst sind, teilw. sehr hoch liegt. Namentlich bei Heranwachsenden scheint sie über der Häufigkeit bei älteren Personen bzw. bei Anwendung des allg. StR zu liegen (vgl. die Berechnungen bei *Pfeiffer* StV 1991, 363 (365); *Kemme/Stoll* MschKrim 2012, 32 (42)).

Jugendliche U-Haftgefangene im Bundesgebiet (bis 1991 in den „alten" Bundesländern; ab 1992 im gesamten Bundesgebiet (1991 ohne Hmb.; 1992 ohne Hmb. und Bbg.); StVollzSt Tabelle 2 (bis 1983), Tabelle 1.4 (bis 2002); StBest-St, Untersuchungshaft- und sonstiger Vollzug (ab 2003))

Jahr jeweils	Absolute Anzahl			Prozentanteil
		davon		an allen U-Haft-gefangenen
am 31.12., ab 2003 am 30.11.	insgesamt	männl	weibl	
1981	622	583	39	4,16
1982	752	713	39	4,80
1983	861	821	40	5,20

Jahr jeweils	Absolute Anzahl			Prozentanteil
		davon		an allen U–Haft– gefangenen
am 31.12., ab 2003 am 30.11.	insge– samt	männl	weibl	
1984	617	584	33	4,22
1985	477	452	25	3,59
1986	462	443	19	3,77
1987	367	353	14	3,23
1988	417	397	20	3,62
1989	379	355	24	3,24
1990	324	298	26	2,65
1991	346	324	22	2,60
1992	523	510	13	3,32
1993	750	725	25	3,83
1994	912	875	7	4,19
1995	834	810	24	4,13
1996	892	871	21	4,60
1997	934	900	34	4,57
1998	933	905	28	4,68
1999	854	815	39	4,48
2000	903	861	42	5,15
2001	923	876	47	5,30
2002	814	770	44	4,83
2003	742	694	48	4,42
2004	685	655	30	4,43
2005	652	624	28	4,28
2006	597	563	34	4,47
2007	544	513	31	4,40
2008	496	461	35	4,28
2009	415	382	33	3,72
2010	374	351	23	3,46
2011	349	330	19	3,23
2012	347	318	29	3,16

Jahr jeweils	Absolute Anzahl			Prozentanteil
		davon		an allen U-Haft-gefangenen
am 31.12., ab 2003 am 30.11.	insge-samt	männl	weibl	
2013	321	291	30	2,84
2014	339	294	45	2,94
2015	339	302	37	2,78
2016	381	380	41	2,93
2017	414	388	26	2,96

(3) **Regional** sind erhebliche **Unterschiede** zu verzeichnen (*Pfeiffer/* **4c**
Strobl DVJJ-Journal 1992, 250 ff.; *Villmow/Savinsky* FS Heinz, 2012, 346 ff.;
zugleich krit. zur einschlägigen Zuverlässigkeit von Zahlen der StrafSt; *Jehle*
46 ff.; speziell zu Mecklenburg-Vorpommern *Kowalzyck* DVJJ-Journal 2002,
302; näher *Kowalzyck*, U-Haft, U-Haftvermeidung und geschlossene Unterbringung ... in Mecklenburg-Vorpommern, 2008; zu Thüringen *Will* DVJJ-
Journal 1999, 52). Diese Unterschiede scheinen ua mit Divergenzen hinsichtlich Strafmentalität und (Nicht-)Zuständigkeit von JRichtern als Haftrichter in Zusammenhang zu stehen (s. zu 14- und 15-Jährigen *Steinhilper*,
U-Haft bei 14- und 15-Jährigen in Niedersachsen, 1985, 11; zur U-Haft
insgesamt *Gebauer*, Die Rechtswirklichkeit der U-Haft in der Bundesrepublik Deutschland, 1987, 166 f., 303 ff.). – Auch für das Verhältnis von U-
Haft und anschließendem Freispruch ist ausweislich von Zahlen der StrafSt
von (erheblichen) regionalen Unterschieden auszugehen (vgl. nur *Kinzig/*
Vester StV 2015, 263).
Im Übrigen werden auch **zeitlich** mitunter deutliche Schwankungen ver- **4d**
zeichnet (vgl. zu einem erheblichen Sinken in Hmb. zwischen 2003 und
2008 *Villmow ua* NK 2010, 18 f.).

   b) **Verhältnismäßigkeit.** Schon gem. dem in Art. 2 Abs. 2 S. 2 GG **5**
verankerten **Beschleunigungsgebot** (BVerfG, 2. K. des 2. S., StV 2008,
421 (betr. allg. StVR)), insb. aber gem. dem Grundsatz der Verhältnismäßigkeit (§ 2 Abs. 2, § 112 Abs. 1 S. 2 StPO) darf – auch wegen erzieherischer
Bedenken (vgl. → Rn. 3) – U-Haft **nur** angeordnet und vollstreckt werden,
wenn sie im Hinblick auf die **Bedeutung der Sache** (s. aber zur Häufigkeit
der Anordnung von U-Haft insgesamt bei eher weniger schweren Delikten
Gebauer, Die Rechtswirklichkeit der U-Haft in der Bundesrepublik Deutschland, 1987, 175 f.; vgl. auch *Jehle* 64 ff.) *und* der zu **erwartenden Rechtsfolgen** angemessen erscheint (LG Zweibrücken StV 1996, 158; extensiv
betr. sog. „Kleindealer" OLG Hamburg NStZ 2016, 433 (bezeichnend
häufig affirmativ „hochwahrscheinlich"), zum allg. StR; zur Nichterörterung in der Begründung von Haftbefehlen s. *Weinknecht*, Die Situation der
U-Haft und der Unterbringung von Jugendlichen und Heranwachsenden,
1988, 145; *Villmow/Savinsky* FS Kerner, 2013, 767). Wurde das Verfahren
rechtsstaatswidrig verzögert, kann es an der Verhältnismäßigkeit fehlen (vgl.

zum allg. StR etwa BGH BeckRS 2016, 14380 Rn. 15; OLG Hamm NStZ-RR 2015, 78 (Nichtförderung des Verfahrens während Strafhaft in anderer Sache)). **Generalpräventive** Erwägungen sind **unzulässig** (s. LG Hamburg MDR 1994, 822; LG Zweibrücken StV 1999, 161; teilweise aA OLG Hamburg StV 1994, 590 mit insoweit abl. Anm. *Rzepka*). Dabei ist eine – bezogen auf die zu erwartende Dauer eines etwaigen JStrafvollzugs, dh unter Berücksichtigung einer etwa in Betracht kommenden Entscheidung gem. § 88 – gar überwiegende Dauer des U-Haftvollzugs nicht gerechtfertigt (BVerfG, 2. K. des 2. S., StV 2008, 421 (betr. allg. StR)). – Ohnehin bedeutet Abs. 1 (vgl. → Rn. 3, 4), dass entgegen § 113 StPO und im Hinblick auch darauf, dass das Gesetz einen Fall notwendiger Verteidigung anerkennt (§ 68 Nr. 1 iVm § 140 Abs. 1 Nr. 4 und 5 nF), U-Haft idR **allenfalls** dann vertretbar sein wird, wenn **JStrafe** zu erwarten ist (ähnlich OLG Zweibrücken StV 2002, 434 (konkret gegen Empfehlung des JAmts); näher *Eisenberg/Tóth* GA 1993, 296; ferner AK I/3 B, DVJJ 1993); abw. LG Landshut StV 2016, 813 mablAnm *Kulhanek* bei unbekanntem Aufenthalt).

5a   **aa)** Demgegenüber begründet (schon) das Ausmaß des Anteils von JStrafe als anschließend verhängter Rechtsfolge, bei der die *Vollstr zBew ausgesetzt* wird, die Annahme, dass der U-Haft rechtstatsächlich eine – (auch) mit dem Erziehungsauftrag (§ 2 Abs. 1) kaum zu vereinbarende – *Komplementärfunktion* (vgl. auch → Rn. 9) zukommt.

5b   (1) Nach früheren Angaben zB für Niedersachsen (für die Jahre 1982 bis 1985 (JuM Nds Zbl 1987, 351 f.)) betr. Jugendliche bzw. Heranwachsende betrugen die Anteile an den gem. § 21 aussetzungsfähigen JStrafen 53,7 % bzw. 52,3 %, 57,9 % bzw. 54,1 %, 61,5 % bzw. 57,8 % und 67,2 % bzw. 52,7 %). Für das Jahr 1990 in Berlin wurde als anschließende Rechtsfolgenentscheidung zu 77,5 % eine solche nichtstationärer Art ermittelt (*Sonnen* DVJJ 1997, 492); für Mecklenburg-Vorpommern wurde berechnet, dass in der HV 40 % der Jugendlichen und Heranwachsenden zu einer (Freiheits- oder) JStrafe ohne Aussetzung der Vollstr zur Bewährung verurteilt wurden, bei Jugendlichen (ohne Heranwachsende) waren es 2/3 (*Kowalzyck* DVJJ-Journal 2002, 304, näher *Kowalzyck,* U-Haft, U-Haftvermeidung und geschlossene Unterbringung … in Mecklenburg-Vorpommern, 2008). – Gemäß einer anderen früheren Untersuchung über U-Haft bei *14- und 15-Jährigen* (*Pfeiffer*, Die Anordnung von U-Haft gegenüber 14/15-Jährigen bzw. 14–21-Jährigen …, 1988) wurde nur ggü. etwa einem Drittel der Betroffenen im Nachhinein eine JStrafe vollstreckt; ähnlich war für Niedersachsen zuvor ein Anteil von 30 % errechnet worden, wobei zum Erlass des U-Haftbefehls in 65 % der Fälle Diebstahlsdelikte geführt und nach Ansicht der Verfasserin etwa jeder Vierte der Betroffenen für eine einstweilige Unterbringung in einem Erziehungsheim geeignet gewesen wäre (*Steinhilper,* U-Haft bei 14- und 15-Jährigen in Niedersachsen, 1985, 22 f., 37 ff., 70).

5c   (2) Der Anteil von Verurteilten, die nach U-Haft wegen einer Bewährungsentscheidung nach § 21 der BewHilfe unterstellt wurden, betrug in den Jahren 1992–2006 (gem. StBA jew. in den „alten" Bundesländern) sowie in den Jahren 2007–2017 (im gesamten Bundesgebiet) 23,4 %, 22,1 %, 20,8 %, (erneut) 20,8 %, 17,9 %, 17,7 %, 16,6 %, 15,9 %, 15,2 %, 14,3 %, 14,1 %, 13,2 %, 12,8 %, 10,53 %, 8,64 %, 8,07 %, 9,51 %, 9,60 %, 10,34 %, 10,21 %, 11,10 %, 11,67 %, 12,65 %, 13,41 %, 15,79 % und 15,3 % (berechnet nach StrafSt Tabelle 4.1, 6.2; s. ergänzend betr. Mecklenburg-Vorpommern *Dünkel* ZfStrVo 2002, 68 (72); betr. Freiburg/Breisgau *Hotter*, U-Haftvermeidung für Jugendliche und Heranwachsende in Baden-Württemberg, 2004, 62 f.).

bb) Insgesamt kommt es also bei einem beträchtlichen Anteil der U- **5d** Haftfälle nicht zu einer anschließenden JStrafenvollziehung, weil gar keine Sanktion verhängt wird oder diese ambulanter Art ist oder sich durch Anrechung der U-Haftzeiten erledigt hat (*Eisenberg/Kölbel* Kriminologie § 29 Rn. 14, 18, 29 f.). Dies verweist nicht nur auf Strafzumessungserwägungen, die die erlittene U–Haft als „bereits verbüßten Strafteil" einberechnen, sondern auch auf eine U-Haftpraxis von teilw. *zweifelhafter Verhältnismäßigkeit.*

Gegenüber dem Kriterium einer **konkreten Straferwartung** als „Haft- **5e** schwelle" bestehen iÜ **Bedenken.** Zum einen sind Unsicherheiten hinsichtlich einer Straferwartungsprognose nicht zu verkennen (vgl. dazu zB das Verfahren BVerfG, 3. K. des 2. S., StraFo 2013, 160: entgegen den fachgerichtlichen Begründungen lautete die Verurteilung auf Dauerarrest (LG Stuttgart 25.6.2012 – 4 KLs 211 Js 28184/12 Hw.)), zumal sich nicht selten im Urteilstenor ein anderes Delikt findet als im Haft- oder Unterbringungsbefehl (vgl. etwa *Jabel,* Die Rechtswirklichkeit der U-Haft in Niedersachsen, 1989, 108: in 15,6 % der Fälle). Zum anderen ist eine Präjudizwirkung (zB im Sinne einer sich selbst erfüllenden Voraussage) nicht auszuschließen (zust. *Albrecht* DJT 2002, 131).

2. Besonderheiten betr. Haftgründe sowie der Prüfung gem. § 116 StPO

a) Haftgründe. aa) (1) Ungeachtet der prinzipiellen Relevanz allg. Haft- **6** gründe auch im JStV bestehen etliche Besonderheiten (rechtsvergleichend in dieser *Dorenburg,* Untersuchungshaft und Untersuchungshaftvermeidung (…), 2017, 114 ff.). Was die Voraussetzungen der (grds. gem. § 2 Abs. 2 anwendbaren) §§ 112 Abs. 1 und Abs. 2, 112a, 113 StPO anbelangt, so ergeben sich jeweils unterschiedliche Einwände. Betreffend § 112 Abs. 2 Nr. 3 StPO bestehen sowohl aufgrund der Unschuldsvermutung als auch des Verhältnismäßigkeitsgrundsatzes Zweifel an der Verfassungsmäßigkeit (zur Begründung wird auf die Speziallliteratur verwiesen). **§ 112a StPO** – die Vorschrift geht ebenso wie § 112 Abs. 3 StPO (dazu näher → Rn. 9b) auf die NS-Rechtspolitik zurück (Gesetz v. 28.6.1935, RGBl. I 844 (847)) – ist unstreitig *systemwidrig* (vgl. nur *Seebode,* Der Vollzug der U-Haft, 1985, 75 ff.; zu § 112a StPO *Hilger* in Löwe/Rosenberg StPO § 112a Rn. 11, Vor § 112 Rn. 36: „präventiv-polizeilicher Charakter"; *Eisenberg/Kölbel* Kriminologie § 34 Rn. 12f, § 38 Rn. 64 f.), dennoch steht eine grundsätzliche Überprüfung der Vereinbarkeit gem. **§ 2 Abs. 2** noch aus. – Hinsichtlich der Voraussetzung, „dringend verdächtig" zu sein, ist gerade auch im JStVR der Grundsatz relevant, dass „voraussichtlich" *nicht verwertbare* (OLG Dresden StraFo 2012, 185 (zum allg. StVR)) Beweismittel zur Begründung ausscheiden.

(2) Unabhängig davon sind im JStrafverfahren generell **altersbezogene** **6a** Besonderheiten zu würdigen. Dies gilt zB schon insoweit, als sich der *dringende Tatverdacht* auch auf die jugendstrafrechtliche Verantwortlichkeit (§ 3 S. 1) beziehen und die Haftbefehlsbegründung sich hierzu verhalten muss (vgl. betr. besonders schweren Tatvorwurf nur, wenngleich bei knapper Erörterung, BGH ZJJ 2016, 410 Rn. 21 (juris) mAnm *Eisenberg/Wolf*);

BGH BeckRS 2017, 100841 Rn. 16; 2017, 108091 Rn. 2 und BeckRS 2017, 109884 Rn. 21, 22, 24; *Eisenberg* NStZ 2018, 667 (668 f.); ebenso *Laubenthal/Baier/Nestler* JugendStrafR Rn. 328; vgl. aber *Kurzberg* Jugend-strafe 144: in keinem Fall geschehen (betr. BW); vgl. auch → § 3 Rn. 55 ff.). Im Übrigen setzt die Bejahung dringenden Tatverdachts (mehr noch als im allg. StVR) voraus, dass vernünftigerweise in Betracht zu ziehende *alternative Abläufe widerlegt* sind (verfehlt LG Berlin StraFo 2010, 420 mAnm *Eisenberg*). Zudem ist bei Prüfung der Voraussetzungen der einzelnen *Haftgründe* stets etwaigen *jugendgemäßen Umständen* Rechnung zu tragen, die dem Vorliegen dieses oder jenes Faktors eine andere Bedeutung verleihen, als es bei Er-wachsenen üblicherweise der Fall ist (vgl. auch → § 2 Rn. 20 ff.; zust. *Wagler,* Probleme der Verteidigung im JStV, 1988, 111 f.; gänzlich unerörtert in OLG Hamburg BeckRS 2017, 110062).

6b **bb)** Hinsichtlich der tatsächlichen Voraussetzungen der Feststellung, „dass der Beschuldigte **flüchtig** ist oder **sich verborgen** hält" (**§ 112 Abs. 2 Nr. 1 StPO),** lässt sich nicht ausschließen, dass bestimmte Formen der Ablehnung oder Scheu des Jugendlichen ggü. den zuständigen Verwaltungs- und Justizbehörden zu der **Unterstellung** führen, der Beschuldigte sei wegen des JStrafverfahrens bemüht, nicht erreichbar zu sein.

6c **cc)** (1) Zur Feststellung der – innerhalb der verschiedenen Haftgründe rechtspraktisch dominierenden – **„Fluchtgefahr"** (**§ 112 Abs. 2 Nr. 2 StPO)** bedarf es stets der Darlegung von **Tatsachen.** Demgegenüber sind Vermutungen nicht geeignet (OLG Karlsruhe StraFo 2010, 206; LG Frank-furt (Oder) StV 2015, 302 (vern. betr. im Ausland lebenden, auf Ladung zur HV nicht erscheinenden Angeklagten); abw. KG ZJJ 2010, 74 mAnm *Eisen-berg/Huck*), und das Gericht hat zu prüfen, inwieweit der Vorführungsbefehl den Sachverhalt unzulänglich oder unzutreffend (vgl. OLG München StraFo 2016, 291: „an den Haaren herbei gezogen" (betr. allg. StVR); KG StraFo 2015, 109 = ZJJ 2015, 204: „verfälscht" (mAnm *Eisenberg*)) darstellt (zu verfehlter vorinstanzlicher Interpretation iSv „Fluchtgefahr" OLG Frank-furt/M. StV 2016, 163 (zum allg. StR); zu empirischen Befunden näher *Wolf,* Die Fluchtprognose im Untersuchungshaftrecht, 2017). Rechtstatsäch-lich sind die Voraussetzungen „nur selten erfüllt" (OLG Hamm JMBl. 1996, 66), und zwar schon deshalb, weil Beschuldigte infolge geringer Handlungs-kompetenz regelmäßig und rasch wieder ergriffen werden könnten (OLG Hamm JMBl. 1996, 66 (allerdings betr. 14- und 15-Jährige); krit. zur Begründung in 2/3 der Fälle mit zu erwartender JStrafe *Weinknecht,* Die Situation der U-Haft und der Unterbringung von Jugendlichen und Heran-wachsenden, 1988, 214 f.). Deshalb kommt es ua auf die Prüfung an, ob konkrete Chancen für eine unbemerkte Änderung des Aufenthaltsortes bestehen (vern. (bei festem Wohnsitz in Polen) OLG Dresden StV 2005, 225; verfehlt LG Berlin StraFo 2010, 420 mAnm *Eisenberg*). – Bezüglich der Voraussetzungen der **Verhältnismäßigkeit** ist kritisch zu würdigen, dass dieser Haftgrund, insgesamt betrachtet, gerade für Fälle mit weniger schwe-ren Anlassdelikten und ggü. Personen mit besonders niedrigem sozio-öko-nomischen Status bzw. ggü. Arbeitslosen eingesetzt wurde oder wird (s. vormals *Gebauer,* Die Rechtswirklichkeit der U-Haft in der Bundesrepublik Deutschland, 1987, 234 f., 188 ff.; betr. geschlechtsbezogen ungleiche Be-gründungspraxis *Zender,* U-Haft an weiblichen und männlichen Jugend-lichen und Heranwachsenden, 1998, 114 ff., 121 ff. (zur Probanden-Auswahl S. 63 f.)). Als aufschlussreich stellt sich insofern zB eine solche auf räumlich besonders beengte Lebensumstände bezogene polizeiliche Wertung dar, wonach „das Wohnverhältnis daher als leicht lösbar anzusehen ist" ((aus dem Verfahren KG ZJJ 2015, 204 mAnm *Eisenberg*) Polizeipräsident in Berlin, Dir 6 VB III 2, Vorführungsbericht v. 27.2.2014, 5 f.). Zwar sei nach der Judikatur der Haftgrund auch zur *VollstrSicherung* anwendbar (aA etwa *Paeffgen* in SK-StPO StPO Vor § 112 Rn. 5 ff., 11), jedoch nur unter strengeren Anforderungen (vgl. KG StraFo 2016, 510).

Im Einzelnen scheinen neben *Mangel*erscheinungen an *Geborgenheit* (vgl. **6d** empirische Daten bei *Echtler* ZfStrV 1982, 150) solche Arbeits- und Wohnverhältnisse zu selektivem Vorgehen zu führen, die als der Stabilität ermangelnd beurteilt werden (zu empirischen Anhaltspunkten *Hermanns*, Sozialisationsbiographie und jugendrichterliche Entscheidungspraxis, 1983, 118; *Weinknecht*, Die Situation der U-Haft und der Unterbringung von Jugendlichen und Heranwachsenden, 1988, 64 ff., 214 f., unter Hinweis auch auf falsche Tatsachenangaben; vgl. ferner *Kallien* KrimJ 1980, 116 mN). Entsprechendes gilt, wenn soziale Bindungen als weniger „fest" eingeschätzt oder unterstellt werden (zu empirischen Anhaltspunkten *Bruckmeier/Thiem-Schräder* Bewährungshilfe 1982, 262 (265)). Hiernach ist es erwartungsgemäß, dass ggü. *Nichtdeutschen* – und nach früheren Befunden auch ggü. Aussiedlern (vgl. *J. Walter/Grübl* DVJJ BW 57) – überproportional häufig U-Haft angeordnet wird. – Ausweislich einer früheren bundesweiten Untersuchung lag der Anteil der 14/15-jährigen *Nichtdeutschen* mit 43,3 % etwa dreimal so hoch wie der Nichtdeutschen-Anteil an den gleichaltrigen Angeklagten, und bei den 16/17-Jährigen und den Heranwachsenden überstieg der Anteil die Quote der insgesamt abgeurteilten Nichtdeutschen um das Zwei- bis Dreifache (*Pfeiffer*, Die Anordnung von U-Haft gegenüber 14/15-Jährigen bzw. 14–21-Jährigen …, 1988; s. ergänzend *Gebauer* KrimPäd 1993, 22 f.; *Walter, J.* DVJJ-Journal 1993, 247; *Schütze* DVJJ-Journal 1993, 382 f.; näher *Jehle* 50 ff.; für Berlin *Sonnen* DVJJ 1997, 492 sowie *Emig* DVJJ 1997, 501). Nach einer jüngeren überregionalen Befragung waren ca. ein Drittel der von U-Haft betroffenen keine Deutschen (*Villmow ua* DVJJ 2012).

Bei reisenden Nichtdeutschen wird danach zu unterscheiden sein, ob sie **6e** alsbald wieder ausreisen (und zB bald darauf (gar nur für einen Tag) erneut ein- und ausreisen) oder sich längerfristig in Deutschland aufhalten wollen (vgl. näher die empirische Aktenanalyse von *Staudinger*, U-Haft bei jungen Ausländern, 2001, 35 ff., 65 ff.). Bei Asylbewerbenden kommt es besonders auf Umstände im Einzelfall an (vgl. OLG Stuttgart StV 2016, 815 (zum allg. StVR)). Sofern sich aus der Straferwartung ein gewisser Fluchtanreiz begründet, ergibt sich für die Rspr. aus dem Fehlen von inländischen familiären Bindungen und/oder dem Leben in Asylbewerbereinrichtungen oft gleichsam zwangsläufig Fluchtgefahr (bspw. BGH BeckRS 2018, 608; BeckRS 2018, 10257; weitere Hinweise bei *Eisenberg/Kölbel* Kriminologie § 29 Rn. 23). Entspr. Automatismen bei der Haftgrundprüfung sind indes abzulehnen.

(2) Entgegen einer vielfach dokumentierten Begründungspraxis (*Eisen-* **6f** *berg/Kölbel* Kriminologie § 29 Rn. 15 f. mwN) lässt sich Fluchtgefahr iÜ auch **nicht pauschal** und **vorab** nach der Schwere der zu erwartenden jugendstrafrechtlichen **Rechtsfolge** (betr. Heranwachsende s. OLG Köln StraFo 1997, 279 mAnm *Hiebl*) unterstellen oder gar bestimmen. Dem steht schon entgegen, dass die Strafrahmen des **allg. StR nicht** gelten (§ 18 Abs. 1 S. 3) und weniger die Tatschwere als nicht zuletzt in der HV ermittel-

te **erzieherische Belange** bestimmend für Auswahl und Bemessung der Rechtsfolgen sind. Aus verfassungsrechtlichen Gründen bedarf es jedoch (auch bei voraussichtlich langer Dauer der JStrafe) einer konkreten prognostischen Erörterung, und zwar unter Berücksichtigung auch einer etwaigen Aussetzung der Restvollstreckung (§ 88 JGG; vgl. zur Judikatur *Mayer/Hunsmann* NStZ 2015, 325 (327)). Handelt es sich um einen Heranwachsenden, so ist schon zur Prüfung der auf Tatsachen zu stützenden (vgl. → Rn. 6c) Voraussetzungen von U-Haft wegen der unterschiedlichen Rechtsfolgensysteme – und speziell zB der jeweiligen Verhängungs- und Bemessungsvoraussetzungen von JStrafe bzw. Freiheitstrafe – eine (vorläufige) Würdigung dahingehend vorzunehmen, ob voraussichtlich JStR oder aber allg. StR zur Anwendung kommen wird (KG StraFo 2015, 108 = ZJJ 2015, 204 mAnm *Eisenberg*). Demgemäß kann Fluchtgefahr auch bei (zunächst) besonders gewichtigem Tatvorwurf verneint werden (s. nur LG Koblenz StV 2011, 290: vern. bei Anklage wegen versuchten Mordes). – Zu Besonderheiten voraussichtlicher Sanktionshöhe iZm einem Absprachevorschlag (krit. → § 2 Rn. 47 ff.) vgl. KG StraFo 2015, 201 (zum allg. StR).

6g (3) Das Gesetz knüpft in **Abs. 2** die Verhängung wegen Fluchtgefahr ggü. **14- und 15-Jährigen** (zur Empfehlung, die Vorschrift auf 16- und 17-Jährige auszudehnen, DVJJ 2012, AK 15/I 3a) an **einschränkende Voraussetzungen.** Zur Bestimmung des Alters kommt es auf den **Zeitpunkt** der **Entscheidung** zur Frage des Erlasses des U-Haftbefehls und nicht auf denjenigen der mutmaßlichen Tatbegehung an. Soweit Nr. 2 allg. Umstände von Instabilität anführt, wird der Gesetzestext – trotz Fehlens einer ausdrücklichen Einschränkung – restriktiv auszulegen sein (s. dazu etwa Begr. BT-Drs. 11/5829, 33: „herumreisende … Banden- und Serientäter"). Auch genügt zB der Umstand nicht, dass ein Jugendlicher sich mehrere Tage nächtlich „herumgetrieben" hat (OLG Hamm JMBl. NW 1996, 66).

7/7a **dd) Verdunkelungsgefahr** (§ 2 Abs. 2, § 112 Abs. 2 Nr. 3 StPO) wird bei Jugendlichen vergleichsweise selten anzunehmen sein, soweit sie nicht als Mitglieder von fest strukturierten delinquenten Gruppen oder gar Banden (vgl. *Eisenberg/Kölbel* Kriminologie § 58 Rn. 21 ff.) handeln. Voraussetzung sind Tatsachen, die zumindest das Bevorstehen eines aktiven Einwirkens auf sachliche oder persönliche Beweismittel belegen, dh Vermutungen etwa wegen des persönlichen Bekanntseins mit Zeugenpersonen reichen nicht aus (OLG Hamm StraFo 2004, 134). – Im Einzelnen ist „unlauter" iSv § 2 Abs. 2, § 112 Abs. 2 Nr. 3b) nicht bereits gegeben, wenn einem Zeugen bzw. einem Mitbeschuldigten nahegelegt wird, von seinem Zeugnisverweigerungsrecht bzw. von seinem Schweigerecht Gebrauch zu machen (OLG Frankfurt a. M. StV 2010, 583).

7b **ee)** (1) Die Haftgründe einer Wiederholungsgefahr nach § 112a StPO (krit. → Rn. 6) kommen auch bei Anwendung *materiellen JStR* zur Anwendung. Bei § 112a Abs. 1 S. 1 Nr. 1 StPO ist dies unstrittig, anders als bei Nr. 2 (bejahend OLG Braunschweig StraFo 2008, 330; OLG Celle NdsRpfl 2014, 127 („zumindest sinngemäß"); OLG Frankfurt a. M. BeckRS 2018, 37065; *Hilger* in Löwe/Rosenberg StPO § 112a Rn. 46, *Graf* in KK-StPO StPO § 112a Rn. 21, *Meyer-Goßner/Schmitt* StPO § 112a Rn. 10; gegen die Anwendbarkeit aber die 20. Aufl.). Obwohl *Nr. 2* die Erwartung einer Freiheitsstrafe zur Voraussetzung hat und sich JStrafe hiervon unterscheidet (n. → § 17 Rn. 3), bedarf es mit Blick auf den Normzweck einer Gleichstellung (n. → § 17 Rn. 60).

Die Voraussetzungen einer Wiederholungsgefahr gem. § 112a StPO ver- **7c**
langen indes eine „**hohe Wahrscheinlichkeit**" (OLG Karlsruhe StraFo
2010, 199 (zum allg. StR)), dh sie sind enger als für den mit Wiederholungsgefahr begründeten Unterbringungsbefehl gem. § 71 Abs. 2 (*Dallinger/Lack-
ner* Rn. 7; *Hilger* in Löwe/Rosenberg StPO § 112a Rn. 35 ff.; daher konkret
vern. LG Magdeburg DVJJ-Journal 1993, 413 mzustAnm *Breymann/Staufen-
biel*), und die Prognose erfordert eine *verlässliche Tatsachengrundlage* (vgl. betr.
§ 112a Abs. 1 S. 1 Nr. 1 OLG Koblenz StraFo 2014, 295 (zum allg. StR);
betr. Körperverletzung ua wegen Zeitablaufs vern. OLG Jena Strafo 2009,
22 (zum allg. StR); spekulativ bzw. unzulässig KG StV 2009, 83 (Nicht-
denunzierung mutmaßlicher „Mittäter" bzw. „nur teilgeständig")). Sie haben tendenziell selektive Bedeutung im Sinne erhöhter Verfolgungsintensität
ggü. Angehörigen sozio-ökonomisch unterer und altersmäßig jüngerer
Gruppen. Hinsichtlich der vorausgesetzten **Erheblichkeit** der prognostizierten Straftaten ist unstreitig, dass sich – unbeschadet desselben Tatvorwurfs –
das Handlungsunrecht bei einem Jugendlichen von dem eines Erwachsenen
deutlich **unterscheiden** kann (zust. *Humberg* Jura 2005, 382; vgl. aber betr.
Wohnungseinbruchsdiebstahls ohne Differenzierung OLG Celle NdsRpfl
2014, 127).

(2) (a) Speziell bei § 112a Abs. **1** S. **1 Nr.** 2 StPO muss bei tatmehrheitli- **7d**
cher Begehung die jeweilige Einzeltat als „schwerwiegend" zu beurteilen
sein (vgl. (konkret vern.) OLG Braunschweig StV 2012, 352, LG Regensburg StV 2015, 103 (jeweils zum allg. StR)). Im Übrigen ist die besonders
ausgestaltete **Subsidiarität** und **Verhältnismäßigkeit** des Abs. 1 zu berücksichtigen (OLG Hamm ZJJ 2004, 435: räuberische Erpressung in Tateinheit mit gefährlicher Körperverletzung keine einschlägig „schwerwiegende" Straftat; ebenso OLG Oldenburg StV 2010, 139 f. (schwere räuberische
Erpressung in Tateinheit mit gefährlicher Körperverletzung, aber Ahndung
mit Dauerarrest), vgl. auch LG Berlin StV 2009, 653: Einbruchsdiebstahl bei
geringem Schaden bzw. LG Bremen StV 2010, 141: Vorwurf räuberischen
Diebstahls in zwei Fällen; verfehlt KG StV 2009, 93 (trotz bereits mehr als
neunmonatiger U-Dauer)). War die Vortat nicht schwerer als mit einem
Zuchtmittel sanktioniert worden, so wird „schwerwiegend" nicht oder doch
nur ausnahmsweise bejaht werden können (OLG Oldenburg StV 2012, 352;
vern. bei Schaden bis zu 1.000 EUR OLG Karlsruhe StV 2017, 456
(allg. StR); iErg aber bejahend OLG Bremen StV 2013, 773 (nach bisherigen
Ermittlungen betr. 89-jährigen massiv körperlich Verletzten) mit abl. Bspr.
Rentzel-Rothe StV 2013, 786). Von der hier vertetenen Ansicht abw. soll es
nach OLG Frankfurt/M. BeckRS 2018, 37065 möglich sein, die Vortaten
anders als die Vorgerichte zu bewerten und auch bei verhängten Zuchtmitteln als „schwerwiegend" iSv Nr. 2 einzustufen. – Die prinzipiellen
Bedenken ggü. dem Haftgrund nach § 112a Abs. 1 S. 1 Nr. 2 StPO (dessen
Voraussetzungen ab 1.12.1994 durch Wegfall von § 112a Abs. 1 S. 2 StPO
aF zusätzlich gesenkt wurden; zutr. restriktiv deshalb OLG Frankfurt/M.
StV 2010, 584; vgl. auch schon OLG Dresden StV 2006, 534 (betr. allg.
StR)), sind gem. jugendstrafrechtlichen Grundsätzen (vgl. → Rn. 3, § 2
Abs. 1) und jugendkriminologischen Erkenntnissen (vgl. nur → § 5 Rn. 48–
54) noch erhöht (vgl. aber zur Praxis für Hamburg *Villmow/Savinksy* ZJJ
2013, 388 (391)).

(b) Ob § **112a Abs. 1 S. 2 StPO** (eingef. durch 2. OpferRRG) im **7e**
JStrafverfahren angewandt werden darf (§ 2 Abs. 2), ist zw., da schon die

Gesetzesbegründung sich nur zum allg. StVR verhielt und auch ansonsten nicht ersichtlich ist, dass der Gesetzgeber die Norm – trotz der vom allg. StVR abw. Bestimmungen in § 72 – auf das JStrafverfahren erstrecken wollte (vgl. inhaltlich vern. schon vor Einführung OLG Frankfurt a. M. StraFo 2008, 240; zust. *Paeffgen* NStZ 2009, 136). – Unabhängig davon wurde schon frühzeitig auf mit dieser Vorschrift ggf. verbundene Gefahren eines Verstoßes gegen die Unschuldsvermutung (Art. 6 Abs. 2 EMRK) aufmerksam gemacht (vgl. *Arenhövel* Stellungnahme Rechtsausschuss v. 13.5.2009, 4; abl. auch *Jahn* 19).

7f § 112a Abs. 1 S. 2 StPO setzt indes voraus, dass die andere mutmaßliche Tat ihrerseits den erforderlichen Schweregrad aufweist und die Rechtsordnung schwerwiegend beeinträchtigt (vgl. OLG Frankfurt a. M. StV 2010, 31 (betr. allg. StVR); zur Berücksichtigung von Einstellungen gem. § 154 StPO vgl. BT-Drs. 16/12098, 30 (vgl. auch → § 45 Rn. 15)). Hinsichtlich der erwarteten Sanktion muss jede einzelne Tat mindestens in der oberen Hälfte „mittelschwerer Taten" liegen (vgl. OLG Frankfurt a. M. StV 2000, 209; s. auch OLG Braunschweig StraFo 2008, 331; OLG Jena NStZ-RR 2009, 143; OLG Hamm StV 2011, 291; LG Kiel StV 2002, 433).

7g In Fällen einer einheitlichen Rechtsfolgenentscheidung *(§ 31 Abs. 2)* muss auch ohne Einbeziehung eine JStrafe der genannten Höhe zu erwarten sein (vgl. LG Kiel StV 2002, 433; LG Itzehoe StV 2007, 587; vgl. auch LG Zweibrücken StV 1996, 158; *Scholz* DVJJ-Journal 2000, 236; *Böhm* in Mü-KoStPO StPO § 112a Rn. 41; *Lind* in Löwe/Rosenberg StPO § 112a Rn. 10; *Graf* in KK-StPO StPO § 112a Rn. 21; *Wankel* in KMR StPO § 112a Rn. 14; *Meyer-Goßner/Schmitt* StPO § 112a Rn. 10; contra legem und in unzulässigem Eingriff in die tatgerichtliche Würdigung, iSv § 37 geeignete Würdigung aber OLG Hamburg BeckRS 2017, 110062). Im Übrigen darf das Prinzip des § 18 Abs. 2 (vgl. → § 18 Rn. 14) nicht zu einer Verletzung des Verbots der Schlechterstellung im Vergleich zu Erwachsenen führen (vgl. → § 45 Rn. 9a; näher *Hartmann,* Die Anordnung von U-Haft ..., 1988; Hermanns, Sozialisationsbiographie und jugendrichterliche Entscheidungspraxis, 1983, 113 ff.; s. aber die nicht ganz unerheblichen Zahlen bei *Steinhilper,* U-Haft bei 14- und 15-Jährigen in Niedersachsen, 1985, 19 sowie Nds. LT-Drs. 11/519 und JuM Nds. Zbl 1987, 350; für Berlin *Sonnen* DVJJ 1997, 490; für Thüringen deutlich höher *Will* DVJJ-Journal 1999, 55, besonders hoch auch in Mecklenburg-Vorpommern (*Kowalzyck* DVJJ-Journal 2002, 303 sowie, betr. regionale Unterschiede, DVJJ-Journal 2002, 304; näher *Kowalzyck,* U-Haft, U-Haftvermeidung und geschlossene Unterbringung ... in Mecklenburg-Vorpommern, 2008); *Villmow ua* DVJJ 2012).

8 **b) Prüfung gem. § 116 StPO. aa)** (1) Da nach Abs. 1 **auch** die **Vollstr** des Haftbefehls dem **Subsidiaritätsprinzip** (vgl. → Rn. 3) unterliegt, ist **stets** zugleich zu prüfen, ob der Haftbefehl nicht *aufzuheben* ist (§ 120 Abs. 1 StPO; bejahend OLG Hamm NStZ-RR 2004, 152) bzw. der Vollzug des Haftbefehls nicht *auszusetzen* ist bzw. ausgesetzt werden kann (§ 116 StPO, sog. *Haftverschonung;* zum RB EuÜA vgl. → § 1 Rn. 39). So wurde eine Aussetzung bejaht zB unbeschadet gleichzeitiger BewZeit in anderer Sache (OLG Karlsruhe ZJJ 2005, 322 mAnm *Allgeier*) bzw. (betr. § 112 Abs. 3 StPO) trotz Mordverdachts (OLG Oldenburg StV 2008, 84 (zum allg. StR); sachfremd überhöhte Erwartungen bei KG ZJJ 2010, 74 mAnm *Eisenberg/ Huck* (vgl. auch → Rn. 3b)). Nicht nur polizeiliche Meldeauflagen – zumal bei Integriertsein in Herkunftsfamilie und Schule (abw. LG Berlin StraFo 2010, 420 mAnm *Eisenberg*) −, sondern vorrangig zB auch die Weisung, sich regelmäßig bei der JGH oder einer bestimmten Einrichtung der JHilfe zu melden, können die **Aussetzungs**entscheidung ggf. **erleichtern** (unzulässig ist eine Weisung, den Ladungen eines Sachverständigen Folge zu leisten (OLG Celle R&P 1988, 32)); ggf. kann auch der Einsatz einer elektronischen Fußfessel in Betracht kommen (vgl. zur Praxis in Hessen betr. allg. StR *Fünfsinn* FS Beulke, 2015, 1133 ff. (erg. zur elektronischen Aufenthaltsüberwachung FS Beulke, 2015, 1135 ff.; *Fünfsinn/Kolz* StV 2016, 191 ff.)). − Desgleichen steht die Prüfung der Aussetzung gem. dem Grundsatz der Verhältnismäßigkeit dann an, wenn sich **zwischenzeitlich** (wie insb. bei laufender HV) ergibt, dass U-Haft im Hinblick auf die Bedeutung der Sache und die zu erwartenden Rechtsfolgen nicht (mehr) angemessen erscheint, wogegen die **Haftfortdauer** eine vertiefte aktuelle Begründung verlangt (vgl. BVerfG, 3. K. des 2. S., StraFo 2013, 160, auch zur „Verhandlungsdichte"; BGH NStZ 2013, 16 = JR 2013, 419 mAnm *Breidling* (zum allg. StVR)).

Im Übrigen wird zB die nach allg. StVR mögliche Sicherheitsleistung zur **8a** Abwendung des Vollzugs der U-Haft im JStrafverfahren nur vergleichsweise selten praktische Bedeutung haben (zur Unzulässigkeit der Änderung von Auflagen (hier betr. § 116 Abs. 4 Nr. 3 StPO) bei Haftverschonung BVerfG, 3. K. des 2. S., NJW 2013, 40 = StV 2013, 94 (zum allg. StVR)). Die *Kosten* der Unterbringung als Auflage der Aussetzungsentscheidung trägt die Justiz (LG Osnabrück NdsRpfl 2001, 23; vgl. auch → § 74 Rn. 13, → § 71 Rn. 19).

(2) Ein **Widerruf** der Haftverschonung (§ 2 Abs. 2, § 116 Abs. 4 StPO) **8b** ist gem. Art. 2 Abs. 2 iVm Art. 104 Abs. 1 S. 1 GG nur in engen Grenzen zulässig und setzt nachträglich bekannt gewordene schwerwiegende Tatsachen voraus. Im Einzelnen ist eine Verurteilung und Rechtsfolgenentscheidung, die im Rahmen dessen liegt, was zu erwarten war, kein Umstand iSv § 116 Abs. 4 Nr. 3 StPO (BVerfG, 3. K. des 2. S., NStZ-RR 2007, 381; OLG Nürnberg StraFo 2011, 224 (jeweils zum allg. StR)). Wurde die Haftverschonung ua mit einem vorausgegangenen Geständnis des Angeklagten und einer darauf gestützten, als eher milde beurteilten Erwartung der Rechtsfolgenauswahl und -bemessung (einen solchen Zusammenhang in Frage stellend *Wolf*, Die Fluchtprognose im Untersuchungshaftrecht, 2017) begründet, so ist die Abkehr des Angeklagten von dem Geständnis per se nicht geeignet, die auf den Haftgrund zu beziehenden Erwägungen (vgl. nur *Hilger* in Löwe/Rosenberg StPO § 116 Rn. 50) der Haftverschonung zu erschüttern bzw. eine vom Ausmaß her nicht zu erwartende **Erhöhung** des Strafmaßes zu begründen (vgl. schon BVerfG, 3. K. des 2. S., EuGRZ 2006, 98 = StV 2006, 139 (unter Aufhebung von BGH NStZ 2006, 297); OLG Stuttgart StraFo 2009, 104 mAnm *Schlothauer*); das Gleiche gilt bei Schweigen (bzw. Ausbleiben eines Geständnisses) in der HV (LG Hamburg StV 2015, 649 (zum allg. StR)). − Eine etwaige Androhung des Widerrufs verstößt ggf. gegen § 2 Abs. 2, § 136a Abs. 1 S. 3 Alt. 1 StPO (vgl., jeweils zum allg. StR, BGH StraFo 2004, 417, JR 2013, 232 (hier Nicht-Bewiesensein bejahend) mkritAnm *Eisenberg*). Beweisrechtlich wird bei dienstlichen Äußerungen des Gerichts zu würdigen sein, dass es sich idR um eine Gruppenaussage (vgl. dazu *Eisenberg* Beweisrecht StPO Rn. 1381, 1456, 1886) handelt, zudem abseits von Voraussetzungen iSv § 58 Abs. 1.

8c **bb)** Nach einer früheren Auswertung für die Jahre 1979–1984 bezogen auf die Bundesrepublik einschließlich Berlin (West), aber ohne Schleswig-Holstein und Hamburg, lässt sich erkennen, dass die Anteile der abgeurteilten Jugendlichen mit einer **Dauer** der U-Haft von bis zu sechs Monaten bzw. bis zu einem Jahr nicht unerheblich waren bzw. wohl auch sind (vgl. zur Empfehlung einer grundsätzlichen Begrenzung auf höchstens drei Monate DVJJ 2008, AK 14) und dass selbst die Fälle der von einer Dauer von mehr als einem Jahr Betroffenen nicht als bloße extreme Ausnahmen bezeichnet werden können (BT-Drs. 10/6739, Anlage 8; zur durchschnittlichen Dauer von U-Haft ggü. 14- bis 21-Jährigen bzw. 14/15-Jährigen sowie regionalen Unterschieden s. *Gebauer,* Die Rechtswirklichkeit der U-Haft in der Bundesrepublik Deutschland, 1987, 158 ff., 166 f.; *Eisenberg/Kölbel* Kriminologie § 29 Rn. 33–35).

8d Gemäß vorliegenden Einzeluntersuchungen vorzugsweise zum JStrafverfahren betrug bzw. beträgt die Dauer der U-Haft im Allg. zwischen zwei und vier Monaten (vgl. etwa *Zirbeck,* Die U-Haft bei Jugendlichen und Heranwachsenden, 1973, 27 f.; *Franke,* Tagungsbericht der JStrafvollzugskommission (Hrsg.: BJM), IX, 79, S. 27, 32; *Kallien* KrimJ 1980, 116 f.; *Kury* DVJJ 1981, 421 ff. (435); *Jehle* 130 f. sowie näher *Jehle* 95, 71 ff.; *Weinknecht,* Die Situation der U-Haft und der Unterbringung von Jugendlichen und Heranwachsenden, 1988, 263 ff. unter Hinweis auf das zeitaufwändige Bestreben der Polizei, Unbekanntsachen zuzuordnen, sowie speziell zum Rechtsmittelverfahren S. 265 f.; für Berlin (bei deutlich kürzerer Dauer) *Sonnen* DVJJ 1997, 492; s. auch Nds. LT-Drs. 11/519, Tabelle 10, sowie JuM Nds. Zbl 1987, 351 f.; zu einer überregionalen Befragung *Villmow/Savinsky* FS Heinz, 2012, 361 f.; *Villmow ua* DVJJ 2012: 46 % länger als drei Monate; zu 14- und 15-Jährigen *Steinhilper,* U-Haft bei 14- und 15-Jährigen in Niedersachsen, 1985, 29).

9 **c) „Geheime Haftgründe".** Ungeachtet gelegentlichen Bestreitens (*Pawlischta* in BeckOK JGG Rn. 15) findet sich in der Praxis nicht selten – unter bewusster Umgehung der gesetzlichen Voraussetzungen (vgl. *Nobis* StraFo 2012, 47 f.; zum allg. StR *Schlothauer* StraFo 2009, 104) – eine **unzulässige Strategie,** zunächst U-Haft anzuordnen und diese für einige Wochen zu vollstrecken, und sodann in der HV zu JStrafe zu verurteilen (abl. OLG Köln StraFo 2003, 62) und deren Vollstr zBew auszusetzen (vgl. auch → Rn. 5a, 5b; s. ergänzend *Sommerfeld* in NK-JGG Rn. 4; vgl. auch Europarat Empfehlung 20 (v. 24.9.2003) Nr. 17). Dabei wird U-Haft außerdem iSd Funktion eines – zudem massiv verschärften – Dauerarrestes eingesetzt, sodass das Vorgehen sich ua auch im Hinblick auf § 8 Abs. 2 S. 1 als **gesetzwidrig** darstellt (krit. zur Effizienz *Schumann* ZRP 1984, 332 f.; zum Schockelement als „Bindeglied" s. *Seiser,* Untersuchungshaft als Erziehungshaft im Jugendstrafrecht, 1987, 162, auch 258 f.). Unzulässig als „geheimer Haftgrund" sind Sanktionsbelange (s. aber KG ZJJ 2010, 74 (in ungeeigneter Begr. mit § 112 Abs. 2 Nr. 2 StPO) mAnm *Eisenberg/Huck*).

9a Unvereinbar mit der Unschuldsvermutung, der Bedeutung der HV (→ § 50 Rn. 11 ff.) und Befunden betr. Abträglichkeit von U-Haftvollzug (vgl. → Rn. 3) sind auch die anderen nicht-explizierten (sog. apokryphen) Haftgründe, die für die Praxis von Bedeutung sind (Zusammenstellung bei *Nordhues,* Untersuchungshaft im Spannungsverhältnis von Recht und Praxis, 2013, 50 ff.; vgl. auch mwN *Eisenberg/Kölbel* Kriminologie § 29 Rn. 27).

Dies betrifft etwa den Einsatz als sog. **Krisenintervention** zB zur Unterbrechung einer etwa „ungünstigen Entwicklung" durch einen alsbald bewirkten „Schock" (vgl. *Dünkel* Freiheitsentzug 373 ff.; *Zimmer* DVJJ-Journal 1997, 322; *Sonnen* DVJJ 1997, 495; *Kunkat* in Egg 184, 186), wozu ua Angaben gem. Richterbefragungen vorliegen (vgl. *Will* DVJJ-Journal 1999, 61 bzw. *Hotter,* U-Haftvermeidung für Jugendliche und Heranwachsende in Baden-Württemberg, 2004, 262 ff.) und verteidigungstaktisch im Nachhinein gelegentlich Befürwortung signalisiert wird (krit. *Schlothauer/Wieder/ Nobis* U-Haft Rn. 700). Die Unzulässigkeit wird auch nicht dadurch überwunden, dass – bei BtM-Abhängigen – eine Zwangsentziehung oder Überbrückung der Wartezeit für einen Therapieplatz beabsichtigt wird (s. näher *Weinknecht,* Die Situation der U-Haft und der Unterbringung von Jugendlichen und Heranwachsenden, 1988, 215 f., 264; *Seiser,* Untersuchungshaft als Erziehungshaft im Jugendstrafrecht, 1987, 162, auch 258 f.). – Bezüglich *Nichtdeutscher* wird von Anhaltspunkten dafür berichtet, U-Haft werde ggf. statt einer aus Rechtsgründen nicht – bzw. aus zeitlichen Gründen noch nicht – zulässigen bzw. möglichen Abschiebeanordnung der Ausländerbehörde angeordnet (vgl. schon *Gebauer* KrimPäd 1993, 21 (23); vgl. auch *Villmow/Savinsky* ZJJ 2013, 388 (391); zu Anteilen Abgeschobener in Freiburg/Breisgau *Hotter,* U-Haftvermeidung für Jugendliche und Heranwachsende in Baden-Württemberg, 2004, 65 f., ergänzend 263).

3. § 112 Abs. 3 StPO

Die Vorschrift ist Ausdruck von **Tatstraf(verfahrens)recht,** nicht also **9b** von Täterstraf(verfahrens)recht. Nur dieses aber entspricht dem Wesen des von Gesetzes wegen zukunftsorientierten, am Erziehungsgedanken ausgerichteten Jugendstrafrechts (§ 2 Abs. 1 JGG). Zudem ist die Vorschrift, eklatanter noch als § 112a StPO (vgl. → Rn. 6), **systemwidrig.** Aus beiden Gründen ist § 112 Abs. 3 StPO nach § 2 Abs. 2, entgegen Teilen der Rspr., nach hier vertretener Auffassung im JStR **nicht anwendbar.** Da **verfassungsrechtlich** zur Anwendung der Vorschrift (auch im allg. StR) **zusätzlich** Flucht oder Fluchtgefahr oder Verdunkelungsgefahr vorausgesetzt ist (vgl. BVerfGE 19, 342 (350): wenngleich in nur *geringerer Intensität* als ansonsten), scheidet die Anordnung für Beschuldigte im Alter von *14 oder 15 Jahren* insoweit nach Abs. 2 *ohnehin* aus (ebenso *Voigt* FS Eisenberg II, 2019, 283 ff.; aA, ohne JGG-bezogene Begr., *Weik/Blessing* in HK-JGG Rn. 17). Dem steht nicht entgegen, dass bislang einfachgesetzlich von einer ausdrücklichen Einbeziehung Beschuldigter dieses Alters bei Tatvorwürfen gem. § 112 Abs. 3 abgesehen wurde, zumal schon damals eindeutige empirische Befunde für eine Einbeziehung sprachen, für die Nichteinbeziehung hingegen keine Argumente vorgebracht wurden (BT-Drs. 11/5829, 33) und es sich daher in beweisrechtlicher Terminologie um eine widersprüchliche bzw. lückenhafte Gesetzesbegründung handelt (nicht erörtert in OLG Celle 1.8.2017 – 1 Ws 398/17, wonach es gar „nahe liege", § 112 Abs. 3 ebenso wie die anderen beiden – nicht tatbezogenen – Haftgründe von der Einbeziehung auszunehmen).

Auch ist speziell bei der hier erörterten Vorschrift zum einen zu besorgen, **9c** dass geringere Anforderungen an die Verhältnismäßigkeit gestellt werden (vgl. BVerfGE 19, 342 ff.; OLG Jena StV 2011, 735 mablAnm *Tsambikakis* (zum allg. StVR)), und im Übrigen ist die – ua in den ermittlungserleichternden und daher angestrebten U-Haftbedingungen begründete – polizeiliche *Höherstufungspraxis* (zB bei Todesverursachung vorsätzliches Tötungsdelikt gar unter mordqualifizierenden Merkmalen) mit nicht seltener Herabstufung im gerichtlichen Urteil zu berücksichtigen (nicht erörtert von OLG Köln StRR 2009, 155 mit Bspr. *Artkämper*). So liegen empirische Nachweise zB dafür vor, dass es mitunter zu gezielter Umdefinition zB von gefährlicher Körperverletzung zu (versuchtem) Tötungsdelikt und anschließender Herunterstufung kommt (vgl. *Hess,* Erscheinungsformen und Strafverfolgung von Tötungsdelikten in Mecklenburg-Vorpommern, 2010, 113: zu 95 % (betr. MV, wobei ca. ein Drittel der Betroffenen dem JGG unterfielen, *Hess,* Erscheinungsformen und Strafverfolgung von Tötungsdelikten in Mecklenburg-Vorpommern, 2010, 64)).

III. Verfahrensrechtliches

1. Besonderheiten in der Anwendung von Vorschriften des allg. StVR

10   Aufgrund spezieller Bestimmungen ergeben sich in Anwendung von § 2 Abs. 2, §§ 112 ff. StPO (vgl. einschr. → Rn. 6 ff.) mehrere Besonderheiten (zur rechtzeitigen Zuziehung eines Verteidigers VfG Bbg JR 2003, 192 sowie Erl. zu → § 68a Rn. 1 ff.). Die Anforderungen an die Verweigerung des *Akteneinsichts*rechts (vgl., jeweils zum allg. StR, nur EGMR StV 2001, 204 bzw. 206; 2008, 475; zur Aufhebung des Haftbefehls etwa AG Halle StV 2013, 166) sind wegen des Auftrags gem. § 2 Abs. 1 und der im Vergleich zum allg. StVR eher größeren Gefahr von Kommunikationsschwierigkeiten (s. nur § 70a Abs. 1 aF bzw. § 70b Abs. 1 nF) eher erhöht.

11   **a) Gerichtliche Zuständigkeit, Übertragung (Abs. 6). aa)** Dies gilt teilweise schon hinsichtlich der genannten Zuständigkeit (s. § 34 Abs. 1, §§ 125, 126, 207 Abs. 4, 268b StPO; aber zu Abweichungen → § 34 Rn. 5; speziell betr. Beschlagnahme eines Briefes zur Zuständigkeit der JSchutzkammer (§ 98 Abs. 1 S. 1 StPO) OLG Jena NStZ-RR 2011, 28), und zwar **auch** iSd besonderen **örtlichen** Zuständigkeit (§ 42; vgl. auch RL 2 S. 1; wegen BezirksJRichtern → §§ 33–33b Rn. 23), wobei § 126 StPO durch Abs. 3 und 6, § 34 Abs. 1 **modifiziert** wird. Nach Stellung des Antrages auf Entscheidung im vereinfachten **JVerfahren** ist der mit der Sache befasste JRichter zuständig, jedoch wird es dazu idR nicht kommen, sofern der JStaatsanwalt, zumindest sofern er an dem vereinfachten JVerfahren nicht teilnimmt (§ 78 Abs. 2), vorab bei dem Ermittlungsrichter auf Aufhebung des Haftbefehls anträgt.

11a   **bb)** Die Zulässigkeit eines Beschlusses zur **Übertragung** der die U-Haft betr. Entscheidungen **(Abs. 6)** – etwa an den **JRichter** des **Haftortes** (vgl. auch RL 2 S. 2) – soll der Verfahrensbeschleunigung und -ökonomie dienen. Die Übertragung setzt keinen Antrag der JStaatsanwaltschaft voraus; auch kommt es nicht darauf an, ob der JRichter, dem übertragen wird, zum Erlass des Haftbefehls nach § 125 StPO zuständig gewesen wäre. Der Beschluss hat keine bindende Wirkung für den anderen JRichter, vielmehr entscheidet bei entgegenstehender Auffassung das gemeinsame obere Gericht entsprechend § 42 Abs. 3 S. 2 (vgl. → § 42 Rn. 24; OLG Hamm JMBl. NW 1961, 224;

aA *Diemer* in Diemer/Schatz/Sonnen Rn. 18; *Pawlischta* in BeckOK JGG Rn. 20). Die Vorschrift des § 126 Abs. 1 S. 3 StPO, bezüglich deren überwiegend eine bindende Wirkung angenommen wird, ist im Hinblick auf die engeren und spezielleren Voraussetzungen des Abs. 6 im JStrafverfahren nicht anwendbar (§ 2 Abs. 2; vgl. *Brunner/Dölling* Rn. 11; *Dallinger/Lackner* Rn. 20; aA *Sommerfeld* in NK-JGG Rn. 12). Allerdings ist stets zu beachten, dass ein das Verfahren verzögernder Zuständigkeitsstreit gerade (auch) erzieherischen Belangen der Beschleunigung des Verfahrens zuwiderlaufen würde, und dass Abs. 5 eine erhöhte Beschleunigung verlangt.

b) Begründung der U-Haftanordnung; Beschwerde. aa) Wesentliche Besonderheiten im JStrafverfahren gelten auch bezüglich der in Rede stehenden Begründung, zumal im allg. StVR ausweislich vielfältiger Anhaltspunkte zur U-Haft insgesamt (vgl. etwa schon *Parigger* NStZ 1986, 211; *Gebauer,* Die Rechtswirklichkeit der U-Haft in der Bundesrepublik Deutschland, 1987, 233 ff.; *Jabel,* Die Rechtswirklichkeit der U-Haft in Niedersachsen, 1989, 134 ff.) die Begründung häufig formelhaft und, bei Vorliegen eines schriftlichen Antrags der StA, ganz überwiegend in (wörtlicher oder) weitgehender Übereinstimmung mit diesem geschieht. So wurde betr. die **erweiterte** Begründungspflicht gem. **Abs. 1 S. 3** (eingeführt durch das 1. JGG-ÄndG) die Absicht bekundet, dass „subjektive Vermutungen und Befürchtungen ebenso wenig ausreichen wie formelhafte Wendungen", dh eine „Auswertung eines bereits mit Haftgründen versehenen Vordrucks bzw Faksimiles ... erscheint grundsätzlich ungeeignet" (Begr. BT-Drs. 11/5829, 31), da sie eine einzelfallbezogene Beurteilung nicht hinreichend erkennen lässt. Inwieweit die Praxis dem Rechnung trägt, ist rechtstatsächlich wenig untersucht (vgl. aber *Kurzberg* Jugendstrafe 144: ganz überwiegend ohne Begr. (betr. Baden-Württemberg); ähnlich (für Hamburg) *Villmow/Savinsky* ZJJ 2013, 388 (391 f.). Bei Nichtbeachtung von Abs. 1 S. 3 ist der Haftbefehl aufzuheben − jedenfalls dann, wenn das OLG die Verhältnismäßigkeit und das Fehlen von Alternativen zur U-Haft nicht ohne weiteres erkennen anhand der Akten erkennen und beurteilen kann (OLG Frankfurt/M. BeckRS 2019, 15451; s. auch OLG Koblenz JBl. RhPf. 2003, 47; OLG Hamm NStZ 2010, 282; OLG Karlsruhe StraFo 2010, 206; zur Versagung nachträglicher Feststellung der Rechtswidrigkeit OLG Brandenburg NStZ-RR 2003, 378 (zw.)).

bb) Gegen den Haftbefehl können der Jugendliche und sein gesetzlicher Vertreter oder Erziehungsberechtigter (§ 67 Abs. 1) Haft**beschwerde** einlegen (§ 2 Abs. 2, §§ 304, 305 StPO).

Zudem ist grds. auch die **weitere** Haftbeschwerde zulässig (§ 2 Abs. 2, §§ 304 Abs. 1, 310 Abs. 1 Nr. 1 StPO). Dies kann wegen der Eingriffstiefe (Art. 2 Abs. 2 S. 2 iVm Art. 104 Abs. 1 S. 1 GG) auch der Fall sein, wenn zwischenzeitlich der Haftbefehl aufgehoben wurde und der Betroffene freigelassen wurde, dh insoweit darf eine Rechtmäßigkeitprüfung im fachgerichtlichen Instanzenzug nicht verwehrt werden (BVerfG, 1. des 2. S., StraFo 2017, 415 = NJW 2017, 3586, Red-Anm. (zum allg. StVR); vgl. auch BVerfG StraFo 2006, 20 (betr. Belange der Rehabilitierung); KG StraFo 2017, 29).

c) Rechte des gesetzlichen Vertreters und des Erziehungsberechtigten sowie der JGH. aa) Ferner sind die besonderen Rechte dieser Personen zu beachten (**§ 67 Abs. 1 und 3** aF bzw. Abs. 1 und 2 nF). Wegen

11b

11c

11d

12

der Benachrichtigung dieser Personen und eines etwaigen Prozesspflegers im Falle der Verhaftung eines Jugendlichen s. Nr. 34 MiStra (vgl. auch § 114a StPO).

12a **bb)** Zudem ist die **JGH** einzubeziehen (**§ 38 Abs. 3 S. 1 aF bzw. § 38 Abs. 6 S. 1 nF** zur Benachrichtigung s. § 72a; vgl. auch § 70 S. 1, Nr. 32 Nr. 3 MiStra; anders indes OLG Zweibrücken JBl. RhPf. 2000, 157).

13 **d) Haftprüfung durch das OLG bzw. den BGH.** Bei Jugendlichen wäre wegen der besonderen spezialpräventiven Dysfunktionalität der U-Haft an sich eine regelmäßig (im Monatsrhythmus) von Amts wegen erfolgende Überprüfung der Haftvoraussetzungen angezeigt (*Eberitzsch/Eichenauer/ Kundt* ZJJ 2015, 310 (311). De lege lata ist dies nicht vorgesehen. Vielmehr gilt auch im JStrafverfahren die Regelung einer besonderen Haftprüfung bei U-Haft von sechs Monaten Dauer an (§ 2 Abs. 2, §§ 121, 122, 126 Abs. 4 StPO; dieser Prüfung unterliegt **auch** die Anwendung der Vorschriften des **§ 72,** vgl. BVerfG, 3. K. 2. S., StraFo 2013, 160; OLG Hamm ZJJ 2004, 435 (betr. Subsidiarität); vgl. auch → Rn. 18; näher betr. Verfahren gem. § 102 S. 1 BGH ZJJ 2016, 410 mAnm *Eisenberg/Wolf;* BeckRS 2017, 100841; 2017, 108091; 2017, 114339; 2017, 131925; 2018, 608; vgl. auch → § 109 Rn. 19). – Für die Frage der **Anrechnung** der **einstweiligen Unterbringung** gem. § 2 Abs. 2, § 121 Abs. 1 StPO kommt es zentral nicht auf die Ermöglichung von Außenkontakten oder eine förmliche Aussetzung des U-Haftvollzugs an (vgl. näher → § 71 Rn. 16, → § 109 Rn. 26), sondern vorrangig darauf, ob die Freiheitsentziehung (jugend-)strafgerichtlich – und also in Abhängigkeit von dem konkreten (J-)Strafverfahren stehend – (auch) an Stelle und in der Funktion sowie aus den Gründen der U-Haft vollzogen wird (so wohl auch AG Aachen, hier zitiert nach OLG Köln ZJJ 2011, 204 (aA) mAnm *Eisenberg*). Ohnehin ist die einstweilige Unterbringung eines Jugendlichen in einem Heim der JHilfe bei der Fristberechnung dann zu berücksichtigen, wenn sie inhaltlich (vgl. OLG Karlsruhe NStZ 1997, 452: „in Wirklichkeit", dh trotz Zitierens von § 71 Abs. 2) gem. **Abs. 4 S. 1** erfolgt ist, also die Voraussetzungen eines Haftbefehls vorlagen (OLG Dresden JR 1994, 377 mablAnm *Brunner;* OLG Dresden NStZ 1997, 452; *Diemer* in Diemer/Schatz/Sonnen Rn. 20, 15; *Sommerfeld* in NK-JGG Rn. 14; *Schultheis* in KK-StPO StPO § 121 Rn. 7; *Paeffgen* NStZ 1996, 72 (74); s. auch schon *Starke* StV 1988, 223 (225); **aA** OLG Naumburg JMBl. LSA 2001, 277; OLG Bamberg StraFo 2015, 329; OLG Hamm BeckRS 2017, 122502; OLG Stuttgart BeckRS 2018, 35353 – nach diesem sei die Nichtberücksichtigung entgegen der ganz hM (vgl. nur OLG Karlsruhe NStZ 1997, 452; OLG Dresden JR 1994, 377; *Diemer* in Diemer/Schatz/Sonnen Rn. 15; *Brunner/Dölling* Rn. 9b; *Hilger* in Löwe/Rosenberg StPO § 121 Rn. 12; *Böhm* in MüKoStPO StPO § 121 Rn. 24; *Paeffgen* in SK-StPO StPO § 121 Rn. 4a; *Meyer-Goßner/Schmitt* StPO § 121 Rn. 6a) gar auch dann zulässig, wenn ein Unterbringungsbefehl nachträglich gem. **Abs. 4 S. 2** durch einen Haftbefehl ersetzt und dieser in unmittelbarem Anschluss an die in einer nicht geschlossenen Einrichtung erfolgten Unterbringung vollzogen wird); denn es kommt auf den Eingriffsgrund (vgl. auch *Schlothauer/Wieder/Nobis* U-Haft Rn. 935: Sonderopfer für Verfahrenszwecke) bzw. das Gewicht der Unschuldsvermutung an, wogegen die Art der Ausgestaltung der Unterbringung bzw. die insassenbezogen unterschiedliche justitielle Kontrolle zurücktreten. – Hinsichtlich der Frage nach der Anrechnung einer

(einstweiligen) Unterbringung nach § 71 Abs. 2 bzw. § 73 vgl. Erl. zu
→ § 71 Rn. 16 bzw. → § 73 Rn. 27.

2. Rechte des Jugendlichen

Dieser hat zumindest nicht geringere Rechte als Beschuldigte gem. allg. **14**
StVR. Jedoch **setzt** die Möglichkeit zur Wahrnehmung **voraus,** dass die
jeweiligen Rechte dem Jugendlichen **alters-** bzw. **reifegerecht verständlich** gemacht werden (§ 70a Abs. 1 aF bzw. § 70b Abs. 1 nF).

a) Verhaftung. Der Jugendliche ist „bei der Verhaftung" (§ 2 Abs. 2, **14a**
§ 114a S. 1 StPO (vgl. betr. Fremdsprache Hs. 2 sowie Nr. 48 Abs. 1
RiStBV: bereit zu halten)) durch Aushändigung der Abschrift des Haftbefehls über den Grund zu informieren – nur unter engen Voraussetzungen
sind Abweichungen (etwa im Sinne anders gestalteter Mitteilung, nachzuholender Aushändigung) zulässig. Zudem ist der Jugendliche „unverzüglich" in
geeigneter Weise (§ 70a Abs. 1 aF bzw. § 70b Abs. 1 nF) über seine Rechte
zu belehren (§ 2 Abs. 2, § 114b StPO; s. aber § 114b Abs. 2 Nr. 4 mit von
§ 136 Abs. 1 S. 2 StPO abw. Platzierung der Verteidigerkonsultation; speziell betr. Fälle nach § 68 Nr. 1 iVm § 140 Abs. 1 und 2 StPO zum Anspruch auf Bestellung eines Verteidigers § 114b Abs. 1 Nr. 4a). Weiterhin
hat der Jugendliche das Recht, nahestehende Personen „unverzüglich" zu
benachrichtigen (§ 2 Abs. 2, § 114c Abs. 1 StPO; vgl. für Verwendung
moderner Kommunikationstechnologie *Michalke* NJW 2010, 19).

Bei der **richterlichen Vernehmung** ist dem Jugendlichen die Ausübung **14b**
des (gem. § 2 Abs. 2, § 115 Abs. 3 StPO ausdrücklich geregelten) rechtlichen Gehörs in einer seinem Entwicklungsstatus iVm den Umständen des
Verfahrens angemessenen Weise zu ermöglichen. Wie im allg. StVR auch
(vgl. nur OLG Celle StraFo 2017, 67), gilt dies nicht minder (erneut) bei
wesentlicher Änderung oder Ersetzung eines Haftbefehls.

b) Antrag auf Haftprüfung. Der Jugendliche hat – ebenso wie der **15**
Erziehungsberechtigte und der gesetzliche Vertreter (§ 67 Abs. 1, §§ 118b,
298 StPO) – das **Recht, selbstständig** Haftprüfung (nebst mündlicher Verhandlung) zu beantragen (§ 2 Abs. 2, §§ 117, 118 StPO) oder Haftbeschwerde einzulegen. Da jedoch neben dem Antrag auf Haftprüfung eine
Haftbeschwerde unzulässig ist (§ 117 Abs. 2 S. 1 StPO), wird bei Meinungsverschiedenheiten zwischen den genannten Personen die Selbstständigkeit
von deren Rechten idS eingeschränkt, dass der von einer berechtigten
Person gestellte Antrag auf Haftprüfung zur Unzulässigkeit einer Haftbeschwerde einer oder mehrerer anderer berechtigter Personen führt (*Dallinger/Lackner* Rn. 22). Hierauf, sowie auf die Antragsberechtigung gem. § 2
Abs. 2, § 119 Abs. 1 StPO bzw. § 119a Abs. 1 StPO ist der Beschuldigte
hinzuweisen (§ 2 Abs. 2, § 114b Abs. 2 Nr. 7, 8 StPO). – Gemäß § 2
Abs. 2, § 114b Abs. 2 S. 2 ist der Beschuldigte auf das Akteneinsichtsrecht
des Verteidigers (§ 147 StPO) hinzuweisen, und nach § 2 Abs. 2, § 114b
Abs. 2 S. 3 StPO ist ein der deutschen Sprache nicht hinreichend mächtiger
oder hör- oder sprachbehinderter Beschuldigter in einer ihm verständl
Sprache darauf hinzuweisen, dass er nach Maßgabe von § 2 Abs. 2, § 187
Abs. 1–3 GVG für das gesamte Strafverfahren die unentgeltliche Hinzuziehung eines **Dolmetschers** oder Übersetzers beanspruchen kann (zu Unzuträglichkeiten *Eisenberg* JR 2013, 442 ff.).

15a   Der Erziehungsberechtigte und der gesetzliche Vertreter sollen von Ort und Zeit der mündlichen Verhandlung *benachrichtigt* werden (§ 67 Abs. 2 aF bzw. § 67a Abs. 1 nF, §§ 118a, 122 Abs. 2 StPO).

15b   Ob die Verhandlung durch *Videozuschaltung* (§ 118a Abs. 2 S. 2 StPO) im JStV zulässig ist (§ 2 Abs. 2), wurde im Gesetzgebungsverfahren nicht erörtert (vgl. BT-Drs. 17/1224). Mangels Erfahrungswerten schon im allg. StVR (vgl. etwa *Buckow* ZIS 2012, 555 f.; *Schlothauer* StV 2014, 55 ff.) wird von der Kann-Vorschrift allenfalls restriktiv Gebrauch gemacht werden.

16   **c) Recht auf Verkehr mit dem Verteidiger. aa)** Hinsichtlich dieses Rechts (§ 2 Abs. 2, § 148 Abs. 1 StPO; vgl. näher betr. Nichtdeutsche *Staudinger,* U-Haft bei jungen Ausländern, 2001, 165 ff.) ist schon zur Vermeidung von Benachteiligungen solcher U-Gefangener, die nicht ohnehin in Verbindung zu einem Rechtsanwalt stehen, bei verfassungskonformer Auslegung davon auszugehen, dass eine Einschränkung dieses Rechts durch Überwachung auch bei einem vom Beschuldigten erbetenen „**Anbahnungsgespräch**" unzulässig ist (vgl. schon OLG Düsseldorf StV 1984, 106; KG StV 1991, 307 und StV 1991, 524; *Hanack* JR 1986, 36; *Willnow* in KK-StPO StPO § 148 Rn. 5; *Schmitz* NJW 2009, 41; aA KG StV 1985, 405 mablAnm *Hassemer;* OLG Stuttgart StV 1993, 255 mablAnm *Fezer*). Denn dem Wesen eines solchen Gesprächs gem. findet es noch ohne bzw. vor Erteilung einer Vollmacht statt, und zwar zwecks Prüfung der Frage, ob die Verteidigung übernommen bzw. eine Vollmacht erteilt wird. Das Bedürfnis für die Gesetzesauslegung im genannten Sinne besteht erhöht seit Einführung von § 140 Abs. 1 Nr. 4 StPO sowie – betr. das Akteneinsichtsrecht – von § 147 Abs. 2 S. 2 StPO (UHaftÄndG v. 29.7.2009 (BGBl. I 2274); vgl. auch → § 68 Rn. 14 f.).

16a   **bb)** Im Allg. wird Entsprechendes zu gelten haben, wenn eine *Vertrauensperson* (zB Angehörige) das Gespräch *anregt* (vgl. zum allg. StVR Anm. *Bung* StV 2010, 587 ff. (unter Hinweis auf Art. 104 Abs. 4 GG sowie § 114c StPO); anders OLG Hamm StV 2010, 586: Beauftragung durch die Eltern (zw., zumal der Betroffene bis zur Inhaftierung im Alter von 18 Jahren und 2½ Monaten bei ihnen gelebt hatte); vgl. ergänzend → § 109 Rn. 18f)).

3. Abs. 5

17   Die in dieser Bestimmung geregelte **Pflicht zur Beschleunigung** (rechtstatsächlich zur Nichteinhaltung *Kurzberg* Jugendstrafe 144, 136 f. (betr. Baden-Württemberg)) geht wegen der erzieherisch besonders abträglichen U-Haft (vgl. → Rn. 3) über das in Jugendstrafverfahren ohnehin erhöht geltende allg. Beschleunigungsprinzip (vgl. nur Einl. 22) hinaus, und gem. Abs. 5 gehen Jugendstrafsachen grundsätzlich Erwachsenenstrafsachen vor (OLG Karlsruhe NStZ-RR 2017, 59).

17a   Schon im allg. StVR aber ist ein „anderer wichtiger Grund" (§ 2 Abs. 2, § 121 Abs. 1 StPO) dann nicht anzuerkennen, wenn eine Verzögerung auf Rechtsfehler seitens des Staates zurückgeht (vgl. etwa BVerfG, 2. K. des 2. S., StV 2009, 479; betr. Zeitspanne zwischen Eröffnungsreife und -entscheidung OLG Nürnberg StV 2011, 40 (zum allg. StVR)). Allerdings ist im Hinblick auch auf allg. Bedenken ggü. diesem Prinzip im JStrafverfahren (vgl. → § 55 Rn. 37, 37a) zu besorgen, dass in Fällen mit U-Haft die Ermittlungen zur Schuld- wie zur Rechtsfolgenfrage verkürzt werden könnten (vgl. auch → § 43 Rn. 11). – Falls die gesetzlichen Voraussetzungen vorliegen, kann gerade auch im JStrafverfahren ggf. die Einstellung streitiger Anklagekomplexe gem. § 2 Abs. 2, §§ 154, 154a StPO (vgl. auch → § 45 Rn. 15) empfehlenswert sein.

4. Missachtung der Beschleunigungsgebots, Aufhebung des Haftbefehls

Prinzipiell zeigen rechtstatsächliche Erhebungen, dass Haftsachen idR **17b** zügiger durchgeführt werden als Nichthaftsachen (so jedenfalls für das Zwischen- und Hauptverfahren vor JKammern die Daten bei *Ferber,* Strafkammerbericht, 2017, 48 ff.: halb so lang). Dies besagt aber noch nichts für den konkreten Einzelfall. Werden im JStrafverfahren die zur Beschleunigung notwendigen (vgl. → Rn. 5 sowie erhöht → Rn. 17) **organisatorischen** Möglichkeiten (zB Abtrennung von Verfahren gegen inhaftierte Beschuldigte, Anlegen von Kopie-Bänden zur Erleichterung der Akteneinsicht von Verteidigern mehrerer Beschuldigter, Maßnahmen zu Nachermittlungen) **nicht genutzt,** kann dies iRd Prüfung nach § 2 Abs. 2, §§ 121, 122 StPO **ggf.** zur Aufhebung des Haftbefehls führen (OLG Hamburg StV 1983, 289; OLG Zweibrücken StV 2002, 434; OLG Koblenz JBl. RhPf. 2003, 47 f.; vgl. auch OLG Celle StV 1984, 340 (betr. Verbindung mehrerer gleichzeitig laufender Verfahren); KG StraFo 2013, 502 (Aufhebung bei Tatvorwurf bandenmäßiger Heroinhandel); s. aber OLG Zweibrücken JBl. RhPf. 2000, 157 f.; verfehlt KG NStZ 2006, 524: Anlasstat war „rasch ermittelt" (zur Wertung „Intensivtäter" → § 5 Rn. 85a, 85b, → § 36 Rn. 10a, → § 79 Rn. 3a sowie *Schendel* DVJJ 2008, 396: Hilfeversagung aufgrund Vorab-Definition der StA)). Das Gleiche kann bei terminierungsbedingter Dauer der U-Haft gelten (OLG Hamm ZJJ 2004, 435). Beruht eine nicht übermäßige Verzögerung auf (gar nur angeblichen) **Terminschwierigkeiten** des Wahlverteidigers, so wird der Angeklagte dazu zu hören sein, ob ihm der Erhalt dieses Verteidigers wichtiger ist als die Beschleunigung (vgl. Anm. *Schlothauer* zu OLG Bremen StV 2016, 508); Entsprechendes wird hinsichtlich eines – mit Zustimmung des Angeklagten bzw. seines Verteidigers ausgewählten – Psycho-Sachverständigen gelten (vgl. näher → § 43 Rn. 30a, 50–50b; eher apodiktisch aber OLG Bremen StV 2016, 508: hätte gar nicht erst beauftragt werden dürfen).

5. Berücksichtigung bzw. Anrechnung (§§ 52, 52a)

Hierzu wird auf die Erl. zu §§ 52, 52a verwiesen (wegen etwaiger entspr. **18** Anwendung des § 450 StPO bei Unterbringung nach Abs. 3 vgl. → § 52 Rn. 8, 5).

IV. Vollstreckung (U-Haft im Verhältnis zu anderen Entscheidungen)

1. Nach Art des Eingriffs unterschiedliche Regelung

Die Frage des Verhältnisses der **Vollstr** der **U-Haft** (einschließlich HV- **19** Haft gem. § 2 Abs. 2, § 127b StPO, Haft aufgrund Haftbefehlen gem. § 2

Abs. 2, §§ 230 Abs. 2, 236, 329 Abs. 3 StPO, § 412 S. 1 StPO) und insb. von deren *Unterbrechung* zur Vollstr anderer Entscheidungen ist gem. § 2 Abs. 2, § 116b StPO nach der Art des Eingriffs unterschiedlich geregelt. So **geht** die Vollstr der U-Haft sowohl der Auslieferungshaft bzw. der vorläufigen Auslieferungshaft (§§ 15, 16 IRG), der Abschiebungshaft (§ 62 AufenthG, auch iVm § 57 Abs. 3 AufenthG) und der Zurückweisungshaft (§ 15 Abs. 5 AufenthG) **vor** (§ 2 Abs. 2, § 116b S. 1 StPO (nach BGH NStZ 2017, 418 wird die Rechtmäßigkeit der U-Haft durch Förderung der Abschiebung seitens der StA nicht berührt, zum allg. StVR)). Hingegen **tritt** die Vollstr der U-Haft **ggü.** anderen freiheitsentziehenden Eingriffen – insb. **JA** und **JStrafe** (im Übrigen Freiheits- und Ersatzfreiheitsstrafe nach §§ 38, 43 StGB, Ordnungs- oder Sicherungshaft nach der StPO bzw. dem GVG oder der ZPO, Unterbringung nach §§ 63 ff. StGB oder nach §§ 81, 126a oder 275a StPO, Haft gem. § 4 ÜAG) – **zurück,** sofern der Zweck der U-Haft nicht „unabdingbar" (Begr. BT-Drs. 16/11644, 22) ist, dh ganz ausnahmsweise eine – der gerichtlichen Entscheidung (§ 126 StPO) vorbehaltene (§ 116b StPO ist lex specialis ggü. § 455a StPO) – Abweichung erfordert (§ 2 Abs. 2, § 116b S. 2 StPO; vgl. zuvor die partiell einschlägige Regelung des § 122 Abs. 1 StVollzG bzw. der Nr. 92 Abs. 1 und 5 der vormaligen UVollzO). Diese Vorrangigkeit beruht darauf, dass der andere Eingriff ohnehin zu vollstrecken ist, wogegen offen ist, ob es in dem der U-Haftanordnung zugrundeliegenden Verfahren zu einer Verurteilung oder gar zu einer solchen zu JStrafe ohne Aussetzung der Vollstr zBew kommt.

2. Unterschiedliche Beschränkungen

20   Hiernach wird eine im Zeitpunkt der Anordnung der U-Haft laufende Vollstr eines **anderen** freiheitsentziehenden **Eingriffs** in aller Regel **fortgesetzt,** und umgekehrt wird die während laufender Vollstr der U-Haft anstehende Vollstr eines anderen freiheitsentziehenden Eingriffs **aufgenommen.** Jeweils geschieht dies erforderlichenfalls unter Auferlegung zusätzlicher, aus dem Zweck der U-Haft sich ergebender *Beschränkungen*. Soweit die Vollstr im Bereich des *JA-Vollzugs* (vgl. auch → § 90 Rn. 13) bzw. des *JStrafvollzugs abgelehnt* wird, da dort eine Kontrolle iSd Beschränkungen der U-Haft nicht stattfinden könne, ist als mildere Verfahrensweise stets zu prüfen, *ob* die Möglichkeit der Vollstr des anderen Eingriffs *in* einer *U-VollzAnstalt* besteht (vgl. auch Begr. RefE, BR-Drs. 829/08, 30). Allerdings wird solchenfalls dem Betroffenen der Anspruch auf die jeweilige Vollzugsgestaltung iSv § 90 Abs. 1 bzw. der JStVollzGe der Länder (vgl. näher → § 92 Rn. 1 ff.) versagt (krit. für Berlin schon *Cronenberg/Frenzel,* Die Vollstreckung von Jugendstrafen im Bezirk des Amtsgerichts Tiergarten, 1998, 58).

V. Beschränkungen im Vollzug aufgrund Haftzwecks

1. Allgemeines; Einwände gem. der Verfassung bzw. dem Erziehungsauftrag (§ 2 Abs. 1)

21   **a) Überschneidungen.** Für den **Vollzug** der U-Haft besteht die (konkurrierende) Gesetzgebungskompetenz des Bundes (Art. 74 Abs. 1 Nr. 1 GG) seit der sog. „Föderalismusreform" (Gesetz v. 28.8.2006 (BGBl. I

2863)) nur noch für das gerichtliche Verfahren, aber nicht mehr für das U-Vollzugsrecht selbst, dh erhebliche Teile des vormals den **Vollzug** der U-Haft regelnden § 119 StPO aF (und ohnehin die vormaligen VV UVollzO) sind Gegenstand der UVollzGe der Länder geworden (vgl. → § 89c Rn. 1 ff.; zu Widersprüchen *Kirschke* in AnwK U-Haft UVollzG Bln ua § 66 Rn. 12, 13; zu Übergangsregelungen § 13 EGStPO § 121 Abs. 2). Weiterhin unterliegt die Regelung betr. die Anordnung solcher über die Freiheitsentziehung hinausgehender **Beschränkungen,** die zur Erreichung des **Zwecks** der **U-Haft** erforderlich sind (§ 119 Abs. 3 Alt. 1 StPO aF), der Gesetzgebung des Bundes, da es sich um einen Bestandteil des **gerichtlichen Verfahrens** handelt (vgl. BGH NJW 2012, 1158 (zum allg. StVR); OLG Oldenburg StraFo 2013, 337; *Paeffgen* StV 2009, 48; aA OLG Celle NStZ-RR 2010, 159; näher OLG Celle StV 2010, 194; 2012, 417 (jeweils betr. allg. StVR), abl. dazu *Kazele* StV 2010, 259; *Nestler* HRRS 2010, 546 ff. (nur eingeschränkte Zuweisung der Gesetzgebungskompetenz)). Dem entspricht die Bundeskompetenz auch betr. den Informationsaustausch zwischen JGericht, JStaatsanwaltschaft und VollzAnstalt (vgl. § 2 Abs. 2, §§ 114d, 114e StPO; vormals Nr. 7, 8, 15 UVollzO). – Allerdings ist zu besorgen, dass die VollzAnstalten wegen der Ungenauigkeit der Aufgabenumschreibung (vgl. etwa „von Bedeutung sind", „nicht bereits anderweitig bekannt" (§ 114e)) gleichsam ausforschend tätig werden, schon um eine Pflichtverletzung durch Unterlassen zu vermeiden (vgl. näher → Rn. 44–46 sowie → § 89c Rn. 14, 94).

aa) Bei den Sachfragen (insb. bzgl. der Beschränkung von Außenkontakten) im Einzelnen sind jedoch Überschneidungen zwischen Belangen des gerichtlichen Verfahrens und solchen des U-Vollzugs zu verzeichnen. – Ordnet das Gericht zB aufgrund § 2 Abs. 2, § 119 Abs. 1 S. 1 StPO gar die Fesselung (iZm „Fluchtgefahr"; vgl. näher → § 89c Rn. 97) an, so hat die VollzAnstalt diese zu beachten, jedoch kann sie äußerstenfalls ihrerseits eine Fesselung auch dann, wenn das Gericht eine solche Anordnung nicht trifft, aufgrund der Voraussetzungen des jeweiligen (Landes-)UVollzG anordnen. Etwa dergestalt in den Gerichtssaal vorgeführte Beschuldigte kann das Gericht gem. seiner sitzungspolizeilichen Befugnisse von den Fesseln befreien lassen (§ 2 Abs. 2, § 176 GVG; näher zum Rechtsschutz sowie die Art der Fesselung BVerfG, 3. K. des 2. S., BeckRS 2011, 54015 Rn. 23; sowie krit. zum Mangel einer eingriffsspezifischen gesetzlichen Regelung *Esser* GS Weßlau, 2016, 97 ff. (jeweils betr. allg. StVR)). **21a**

bb) Gemäß § 2 Abs. 2, **§ 119 Abs. 6** gelten § 119 Abs. 1–5 StPO nicht nur für die U-Haft aufgrund eines nach den §§ 112, 112a StPO erlassenen Haftbefehls, sondern **auch für** die HV-Haft nach § 127 StPO sowie für die Haft aufgrund von Haftbefehlen nach § 230 Abs. 2, §§ 236, 329 Abs. 3 und 412 S. 1 StPO. Für die vorläufige Unterbringung ergibt sich die Anwendbarkeit aus § 126a Abs. 2 S. 1 StPO (vgl. aber auch → Rn. 2c), für die Sicherungshaft aus § 453c Abs. 2 S. 2 StPO und für die Haft bei erwarteter Unterbringung in Sicherungsverwahrung aus § 275a Abs. 6 S. 4 StPO. **22**

cc) § 2 Abs. 2, § 119 StPO ist auch dann anzuwenden, wenn *mehrere Haftbefehle* erlassen worden sind und aus diesem Grund solche Beschränkungen geboten sind, die über das Erforderliche hinsichtlich des tatsächlich vollzogenen Haftbefehls hinausgehen. **22a**

23   **b) Einwände gem. Verfassungsrecht bzw. Erziehungsauftrag (§ 2 Abs. 1). aa)** § 2 Abs. 2, § 119 Abs. 1 StPO bestimmen, dass den in U-Haft befindlichen Beschuldigten solche über die Freiheitsentziehung selbst hinausgehende Beschränkungen auferlegt werden dürfen, die der **Zweck** der **U-Haft erfordert.** Das Gesetz führt zwar (anders als § 119 Abs. 3 Alt. 1 StPO aF) die zulässigen Zwecke ausdrücklich an, **bestimmt** jedoch **nicht,** dass die Anordnung von Beschränkungen **nur** auf den im Haftbefehl ausdrücklich **genannten Haftgrund** oder die darin ausdrücklich genannten Haftgründe gestützt werden darf (vgl., jeweils zum allg. StVR, OLG Karlsruhe StV 2010, 198; OLG Celle NStZ-RR 2010, 159 (vgl. aber → Rn. 21); zur Aufhebung, soweit die Voraussetzungen nicht (mehr) vorliegen, OLG Rostock StV 2010, 197). Indes begegnet § 119 Abs. 1 S. 1 StPO als allg. Grundlage für Beschränkungen („zur Abwehr einer Flucht-, Verdunkelungs- oder Wiederholungsgefahr, §§ 112, 112 a") **verfassungsrechtlichen Einwänden** gem. der Unschuldsvermutung (Art. 6 Abs. 2 EMRK) und den sich daraus ergebenden schutzwürdigen Belangen des Beschuldigten (Art. 2 Abs. 1 iVm Art. 1 Abs. 1 GG) wie auch gem. dem Bestimmtheits- und dem Verhältnismäßigkeitsgrundsatz (vgl. aber (wenig vertieft) Begr. BT-Drs. 16/11644, 24: weder erforderlich noch praktikabel, den Haftbefehl bei jeder Veränderung neu zu fassen).

23a   So darf im Einzelnen zB betr. Wiederholungsgefahr der Haftbefehl nur dann auf § 2 Abs. 2, § 112a Abs. 1 StPO gestützt werden, wenn ein Haftgrund nach § 112 StPO nicht vorliegt (§ 112a Abs. 2), wozu es nicht stimmig ist, Beschränkungen auch auf die Aspekte der Flucht- oder Verdunkelungsgefahr zu stützen, wenn sich solche Gesichtspunkte „später herausstellen" (Begr. BT-Drs. 16/11644, 24). Entsprechende Einwände bestehen ggü. der Argumentation, im Haftbefehl sei deshalb (nur) einer der in § 112 Abs. 2 StPO enthaltenen Haftgründe genannt, weil Zweifel bestanden, ob auch die Voraussetzungen eines anderen Haftgrundes gegeben waren, diese Voraussetzungen sich jedoch im Laufe des Verfahrens ergeben hätten.

24   **bb)** Selbst wenn nicht auf den im Haftbefehl bezeichneten Haftgrund bezogene Beschränkungen im allg. StVR verfassungsrechtlich Bestand haben sollten, verlangen die gem. **§ 2 Abs. 1** zu berücksichtigenden **erzieherischen Grundsätze** der Klarheit und Transparenz sowie der Konsequenz bei jugendlichen und auch heranwachsenden U-Gefangenen jeweils eine *Neufassung* des *Haftbefehls* (§ 2 Abs. 2). Allenfalls äußerst *restriktiv* darf von solchen ausdehnenden Anwendungen der Kann-Vorschrift im JStrafverfahren *Gebrauch* gemacht werden, zumal eher selten auszuschließen ist, dass Anhaltspunkte für zusätzliche Haftgründe *haftbedingt* und also nicht ohne staatliche Verursachung entstanden sind.

2. Anordnung von Beschränkungen; Mitteilungspflicht

25   **a) Konkrete Erforderlichkeit.** Aufgrund der Unschuldsvermutung bedarf jede über die Freiheitsentziehung hinausgehende **Beschränkung** einer besonderen, im **Einzelfall** darzulegenden **Begründung,** die tendenziell umso detaillierter vorzunehmen ist, je tiefer die etwa anzuordnenden Eingriffe in die Grundrechte des Beschuldigten sind. Dies ist iZm Überwachungsmaßnahmen zudem insofern veranlasst, als die Neuregelung des § 119 Abs. 2 S. 2 Hs. 2 StPO dazu führen könnte (vgl. näher → Rn. 45), dass U-Gefangene – trotz der für die U-Haftsituation besonderen Bedeutung (vgl. auch → § 89c Rn. 54) – von Kommunikationsmöglichkeiten nach außerhalb der VollzAnstalt Abstand nehmen.

§ 2 Abs. 2, § 119 Abs. 1 S. 1 StPO legt fest, dass jede Beschränkung 25a ausdrücklich angeordnet werden muss und deshalb in jedem Einzelfall die konkrete Erforderlichkeit zu prüfen und zu begründen ist (§ 34 StPO), wozu die zur Anordnung von U-Haft eingestellten Gründe schon deshalb nicht zureichen, weil mit der Inhaftierung die Möglichkeiten einer Verwirklichung iSd Haftgründe zumindest verändert (und idR erschwert) sind (VerfGH Bln NStZ-RR 2011, 94 f.: „konkrete Anhaltspunkte für eine reale Gefährdung" erforderlich; ebenso OLG Köln StraFo 2013, 71 (iVm § 116b StPO, zum allg. StVR); betr. Telekommunikation mit der Familie LG Bonn StV 2011, 745). Dies gilt insb. für die Überwachung der *Kommunikation* (Telekommunikation, Schriftwechsel, Besuche (akustische Kontrolle vern. – keine Verdunkelungsgefahr wegen Nichtpreisgabe des Verstecks der Beute – OLG Düsseldorf StraFo 2014, 248 (zum allg. StVR)) der U-Gefangenen *nach außen* (dazu OLG Hamm StV 2014, 28; KG StV 2015, 306: „konkrete Gefahr" nicht belegt (zum allg. StVR); vgl. näher betr. Stellungnahmen der Länder Begr. BT-Drs. 16/11644, 25), zumal diese Kommunikation wegen der idR psychischen Belastung gerade durch U-Haft wesentlich ist. Demgegenüber wäre eine (nach der vormaligen UVollzO nicht selten praktizierte) standardmäßige Anordnung unzulässig.

b) Zulässige Beschränkungen. Der **Katalog** zulässiger Beschränkungen 26 (§ 2 Abs. 2, § 119 Abs. 1 S. 2 StPO) ist *nicht abschließend* („insb."). Diese Gestaltung dient einerseits dem Zweck, auf die „Vielschichtigkeit denkbarer Gefahren flexibel reagieren" (Begr. BT-Drs. 16/11644, 25) zu können. Andererseits jedoch verlangt der *Verhältnismäßigkeits*grundsatz, unter Wahrung der Erforderlichkeit wenn irgend möglich nur solche Beschränkungen anzuordnen, die *weniger einschneidend* sind als die gesetzlich genannten Bsp. Dies gilt gem. dem *jugendstrafrechtlichen Schutzprinzip* als einem zentralen Element des Erziehungsauftrags (§ 2 Abs. 1) umso mehr bei Jugendlichen und Heranwachsenden (vgl. auch → § 89c Rn. 55).

aa) Nach § 2 Abs. 2, § 119 Abs. 1 S. 2 **Nr. 1** StPO kann angeordnet 26a werden, dass der **Empfang** von Besuchen und die Telekommunikation der U-Gefangenen einer **Erlaubnis** bedürfen (sog. Erlaubnisvorbehalt). Zur Begründung wurde angeführt, gem. begrenzter Überwachungskapazitäten der VollzAnstalt könne es notwendig sein, solche Kontakte von vorneherein auf ein bestimmtes Ausmaß zu beschränken (Begr. BT-Drs. 16/11644, 25). Diese an der *Rechtsstellung* des Betroffenen vorbei gehende Konzeption ist schon im allg. StVR gewichtigen Einwänden ausgesetzt. Bzgl. **Jugendlichen** und auch **Heranwachsenden** ist diese Konzeption auch deshalb schwerlich vertretbar, weil sie wegen der – in dem Umstand der Reifeentwicklung begründet liegenden – (idR) erhöhten Prägbarkeit wie Vulnerabilität dazu beitragen kann, eine negative Einstellung zur Legalordnung zu verursachen oder zu fördern (vgl. ergänzend → § 89c Rn. 56 ff., 66 ff.).

Zumindest ist in Wahrung des Verhältnismäßigkeitsgrundsatzes zu berück- 26b sichtigen, dass *Erlaubnisse* mit *Weisungen* kombiniert werden können.

bb) (1) Gemäß § 119 Abs. 1 S. 2 **Nr. 2** StPO kann angeordnet werden, 27 dass die *Telekommunikation* (nicht indes deren Aufzeichnung, vgl. spezieller insb. §§ 100a, 100b StPO), der *Schrift- und Paketverkehr* sowie die *Besuche* des

U-Gefangenen **überwacht** werden (betr. akustische Besuchsüberwachung nur bei konkreten Anhaltspunkten OLG Hamm NStZ-RR 2009, 124; StV 2010, 368; zur Erstattung der Kosten eines zwecks Überwachung erforderlichen Dolmetschers nach § 1 JVEG entspr. auch dann, wenn der U-Gefangene diesen hinzugezogen hat, LG Düsseldorf StV 2012, 357 (auch dann, wenn der U-Gefangene diesen hinzugezogen hat) sowie OLG Celle StaFo 2016, 23 (jeweils zum allg. StVollzR)). Nach der Gesetzesbegründung werde die Überwachung dieser Außenkontakte gem. dem Haftzweck (auch im Sinne einer Ausdehnung, vgl. → Rn. 23) „häufiger geboten sein" (RegE BR-Drs. 829/08, 33; vgl. auch die Muss-Vorschriften Nr. 27 Abs. 1, Nr. 32, 33, 38 Abs. 1, 39 Abs. 1 der vormaligen UVollzO). Dem stehen bzgl. **jugendlicher** und auch **heranwachsender** Betroffener wiederum (vgl. → Rn. 26) die Pflicht zur Einhaltung erzieherischer Belange gegenüber, woraus das Gebot einer möglichst restriktiven Handhabung folgt (vgl. auch → § 89c Rn. 61). – Nach § 2 Abs. 2, § 119 Abs. 1 S. **7 StPO** umfasst die Überwachung von Besuchen, Telekommunikation und Schriftwechsel unter den genannten Voraussetzungen auch die Befugnis dazu, Besuche und Telekommunikation abzubrechen (vgl. zur Verhältnismäßigkeit betr. Besuch aber → § 89c Rn. 58) sowie Schreiben und Pakete anzuhalten. Angehaltene Schreiben und Pakete sind an den Absender zurückzuleiten, soweit dies nicht den Zweck der U-Haft gefährdet.

28 (2) Gemäß § 2 Abs. 2, § 119 **Abs. 3 StPO** ist die beabsichtigte Überwachung einer Telekommunikation nach § 119 Abs. 1 S. 2 Nr. 2 StPO dem **Gesprächspartner** des jugendlichen oder heranwachsenden U-Gefangenen zu Beginn des Telefonats **mitzuteilen** (vgl. entspr. § 32 S. 3 und 4 StVollzG). Die Bestimmung dient dem Schutz des Rechts des Gesprächspartners auf informationelle Selbstbestimmung (Art. 2 Abs. 1 iVm Art. 1 Abs. 1 GG), das sich als solches nicht danach unterscheidet, ob mit einem Straf- oder mit einem U-Gefangenen kommuniziert wird (vgl. auch Begr. BT-Drs. 16/11644, 27). Indes steht dem ggf. die Unschuldsvermutung dergestalt gegenüber, dass die Inhaftierung dem bzw. einem bestimmten Gesprächspartner nicht bekannt gemacht werden darf. Insbesondere bzgl. jugendlichen und heranwachsenden U-Gefangenen kann zumindest im Einzelfall **zw.** sein, **ob** ein solches **Informationsinteresse** des Gesprächspartners ohne weiteres den im staatlichen Erziehungsauftrag verankerten Schutzbelangen (§ 2 Abs. 1) **vorgehen** darf. – Eine Beschränkung der Telefonerlaubnis wird durch die bloße Möglichkeit eines Missbrauchs nicht gerechtfertigt (OLG Frankfurt/M. StV 2016, 443: betr. deutsche Sprache sowie Überwachung (zum allg. StR)).

29 **cc)** Nach § 2 Abs. 2, § 119 Abs. 1 S. 2 **Nr. 3** StPO kann angeordnet werden, dass die Übergabe von **Gegenständen** bei Besuchen der Erlaubnis bedarf (sog. Erlaubnisvorbehalt, inhaltlich Nr. 27 Abs. 2 der vormaligen UVollzO entspr.; vgl. auch → § 89c Rn. 60). Auch diese Erlaubnisse können, für *jugendliche* und *heranwachsende* U-Gefangene iRd Verhältnismäßigkeitsgrundsatzes erhöht bedeutsam, mit *Weisungen* kombiniert werden.

30 **dd)** (1) Aufgrund von § 2 Abs. 2, § 119 Abs. **1** S. 2 StPO kann ferner ein begrenztes **Kontaktverbot** angeordnet werden, und zwar gem. **Nr. 4** die Trennung von einzelnen oder allen anderen Inhaftierten bzw. gem. **Nr. 5** die Einschränkung oder der Ausschluss der gemeinsamen Unterbringung oder des Aufenthalts zusammen mit anderen Inhaftierten. Jedoch ist ein (aus Nr. 22 Abs. 2 der vormaligen UVollzO abgeleitetes) Regel-Ausnahme-Ver-

hältnis im Sinne einer *Trennung* des U-Gefangenen von allen anderen U-Gefangenen, die *als Beschuldigte oder Zeugen* mit demselben Verfahren in Verbindung stehen, schon im allg. StVR nicht vertretbar. Vielmehr bedarf es einer *Einzelfallprüfung* darauf hin, ob Anhaltspunkte einer Gefährdung der Wahrheitsermittlung bestehen, zumal Haftbefehle nur vergleichsweise selten auf den Haftgrund der Verdunkelungsgefahr gestützt werden (vgl. auch → Rn. 7). Speziell betr. jugendliche und heranwachsende U-Gefangene widerstreiten Kontaktverbot bzw. Trennung von anderen Inhaftierten vollzuglichen Grundsätzen für diese Altersgruppen (vgl. auch → § 92 Rn. 82, → § 89c Rn. 48), dh solches darf nur in seltenen Fällen in Betracht gezogen werden. – Eher anders mag es sich verhalten, wenn es um die Anordnung von Beschränkungen nach § 2 Abs. 2, § 119 Abs. 1 S. 2 Nr. 4 oder 5 StPO (ausnahmsweise) zur Abwehr von Fluchtgefahr geht (zB betr. den Versuch, gemeinsam ein Entweichen vorzubereiten).

(2) Im Einzelnen ist zw., ob es ggf. schon aufgrund der *„Einschätzung"*, **30a** einer bestimmten Delikts- oder Beschuldigtengruppe zuzugehören (zB „terroristische" oder „organisierte" Tätergemeinschaft), angezeigt sein kann, *mehrere Beschränkungen* der genannten Art anzuordnen und solche ggf. auch auf den Kontakt zu bestimmten Personengruppen zu erstrecken. Vielmehr muss eine gewisse Verlässlichkeit diesbezüglicher Erkenntnisse gegeben sein, dh kumulierende Beschränkungen aufgrund einer „Einschätzung", die ihrerseits auf (idR nicht validierten) „allg. Erfahrungen und Erkenntnissen" betr. Tat- oder Tätergruppen beruht (so aber Begr. BT-Drs. 16/11644, 26), sind nicht verhältnismäßig.

c) Mitteilungspflicht. Gemäß § 2 Abs. 2, § 119 Abs. **1** S. **6 StPO** sind **31** nach § 119 Abs. 1 S. 1 und 2 StPO getroffene Anordnungen den U-Gefangenen mitzuteilen. Dadurch hebt das Gesetz hervor, dass § 119 Abs. 1 StPO nicht etwa eine Befugnisnorm für die Anordnung einer einschlägigen verdeckten Überwachung ist.

3. Freier Verkehr

a) Verteidiger. § 2 Abs. 2, § 119 Abs. **4** S. **1 StPO** verbieten Beschrän- **32** kungen nach § 119 Abs. 1 StPO, soweit sie den durch **§ 148 Abs. 1 StPO** garantierten freien Verkehr des U-Gefangenen mit seinem Verteidiger (vgl. bzgl. Telefonat zum „Vertrauensvorschuss" BVerfG, 3. K. des 2. S., StraFo 2012, 129 Rn. 35 (betr. allg. StVR)) beeinträchtigen (zu Ausnahmen vgl. § 148 Abs. 2 iVm § 148a StPO; krit. dazu *Birkhoff/Hawickhorst* StV 2013, 540 ff. (zum allg. StR)). So ist ggf. auch ein *gemeinsames* Gespräch *mehrerer* Verteidiger mit mehreren einsitzenden Beschuldigten zu ermöglichen (LG Gießen StV 2012, 363 (zum allg. StR)).

b) Sonstige Personen bzw. Einrichtungen. § 2 Abs. 2, § 119 Abs. 4 **33** S. 2 StPO stellt den Verkehr des Gefangenen mit bestimmten Personen und Einrichtungen der (besonders geschützten) Kommunikation mit dem Verteidiger gleich. – Die Überwachung bei Verdacht von Straftaten nach § 129a StGB (ggf. iVm § 129b Abs. 1 StGB) „soll" gem. § 148 Abs. 2 S. 1 StPO im Einzelfall angeordnet werden, wobei betr. die im Gesetz genannten Einrichtungen auch bei solchem Verdacht oftmals von vornherein kein Anlass für eine Überwachung bestehen wird (vgl. auch Begr. BT-Drs. 16/11644, 28).

34 **aa)** Unüberwacht bleibt nach § 2 Abs. 2, **§ 119 Abs. 4 S. 2 Nr. 1–3 StPO** grundsätzlich der Kontakt des U-Gefangenen mit den für ihn zuständigen Bediensteten der **BewHilfe** und der FA-Stelle. Diese Auflistung umfasst zwar die Gerichtshilfe (vgl. schon Nr. 37a der vormaligen UVollzO), nicht aber die **JGH** und die anderen in **§ 72b** genannten **Funktionsträger.** Jedoch wird diesen gem. den gegenüber der StPO spezielleren Normen des JGG (vgl. § 2 Abs. 2) zur Erfüllung ihrer Aufgaben (vgl. betr. die JGH § 38 Abs. 2 S. 3 aF bzw. § 38 Abs. 3 S. 2 nF) grds. uneingeschränkter, dh auch unüberwachter Zugang zu gestatten sein, weil die zur Erfüllung der Aufgaben essentielle Offenheit des Betroffenen kaum zu erwarten wäre, wenn der Kontakt (zB betr. Schreiben des Betroffenen) überwacht würde. Da die JGH ebenso wie die vorerwähnten anderen Funktionsträger staatlicherseits eingesetzt tätig werden, sind Missbrauchsgefahren eher als gering einzustufen.

35 **bb)** § 2 Abs. 2, § 119 Abs. 4 S. 2 **Nr. 4 StPO** (vgl. auch BGH StV 2015, 341) betrifft die Kommunikation mit den *Volksvertretungen* in Bund und Ländern und entspricht dem Petitionsrecht (vgl. Art. 17 GG) sowie der Beschlagnahmefreiheit von Abgeordnetenpost (Art. 47 S. 2 GG; vgl. auch schon Nr. 30 Abs. 2 der vormaligen UVollzO).

35a **cc)** Gemäß § 2 Abs. 2, § 119 Abs. 4 S. 2 **Nr. 5 StPO** ist ein unüberwachter Verkehr von U-Gefangenen mit dem *BVerfG* und dem jeweiligen Landes-VerfG garantiert (Ausnahme § 148 Abs. 2 StPO), zumal sie selbst Verfassungsbeschwerde erheben können. Empfehlenswert bleibt es weiterhin, den Verkehr auch mit *anderen* inländischen *öffentlichen Stellen* von der Überwachung auszunehmen (vgl. aber zu Widerständen aus der Praxis wegen etwaigen kollusiven Zusammenwirkens von Behördenmitarbeitern und Betroffenen Begr. BT-Drs. 16/11644, 28).

35b **dd)** Nach § 2 Abs. 2, § 119 Abs. 4 S. 2 **Nr. 6 StPO** gilt das Verbot auch für den Verkehr mit einem in dem Land etwa bestellten *Bürgerbeauftragten,* wozu abermals Art. 17 GG Bedeutung hat.

36 **ee)** Gemäß § 2 Abs. 2, § 119 Abs. 4 S. 2 **Nr. 7 StPO** besteht ungehinderter Verkehr auch mit den *Datenschutzbeauftragten* in Bund und Ländern (vgl. ebenso § 29 Abs. 2 S. 2 aE StVollzG), und zwar im Einklang mit der (deren Zeugnisverweigerungsrecht entspr.) Beschlagnahmefreiheit von Schriftstücken (vgl. § 23 Abs. 4, § 12 Abs. 3 BDSG).

37 **ff)** § 2 Abs. 2, § 119 Abs. 4 S. 2 **Nr. 8–14 StPO** schließen in den ungehinderten Verkehr Institutionen auf *europäischer* Ebene ein (was sich teilweise aus dem Grundsatz der Gleichbehandlung von nationalen und europäischen Institutionen ergibt; vgl. auch § 29 Abs. 2 S. 2 StVollzG).

38 **gg)** Gleichfalls verboten ist die Überwachung des Verkehrs mit verschiedenen Institutionen der *Vereinten Nationen* (vgl. § 2 Abs. 2, § 119 Abs. 4 S. 2 **Nr. 14–17 StPO**).

39 **hh)** Nach § 2 Abs. 2, § 119 Abs. 4 S. 2 **Nr. 18 StPO** bleibt auch der Verkehr der U-Gefangenen mit **Geistlichen** und **Abgeordneten** (als Berufsgeheimnisträgern gem. § 53 Abs. 1 S. 1 Nr. 1 und 4 StPO) grundsätzlich unüberwacht. Die Nichteinbeziehung der übrigen Berufsgeheimnisträger, deren Funktion iRd Kann-Vorschrift des § 2 Abs. 2, § 119 Abs. 1 StPO gebührend zu berücksichtigen ist, entspricht § 160a StPO.

40 **c) Eingeschränkte Nichtüberwachung.** § 2 Abs. 2, § 119 Abs. 4 S. 2 **Nr. 19a)** und **19b) StPO** regeln eine nur eingeschränkte Nichtüber-

wachung des Verkehrs von **Anstaltsbeiräten** (vgl. auch § 164 Abs. 2 S. 2 StVollzG) mit U-Gefangenen ebenso wie – betr. nichtdeutsche U-Gefangene – von **konsularischen Vertretungen** (vgl. auch Art. 36 Abs. 1a und Abs. 1c WÜK (Recht des Konsularbeamten, mit einem in U-Haft befindlichen Angehörigen des Entsendestaates Kontakt zu unterhalten)). Die Einschränkung besteht darin, dass das Gericht eine Überwachung anordnen darf (hierbei kommt es nicht etwa auf die Voraussetzungen des § 148 Abs. 2 StPO an).

4. Zuständigkeit

a) Anordnung. aa) (1) Nach § 2 Abs. 2, **§ 119 Abs. 1 S. 3 StPO** sind 41 die nach § 119 Abs. 1 S. 1 und S. 2 StPO zulässigen Anordnungen von dem gem. §§ 34 Abs. 1, 72 Abs. 3 und 6 (vgl. → Rn. 11) bzw. gem. § 126 StPO zuständigen **Gericht** zu treffen, ggf. von dem Vorsitzenden (§ 126 Abs. 1, Abs. 2 S. 3 StPO; vgl. entspr. § 119 Abs. 6 S. 2 StPO). Indes ist der Richtervorbehalt gem. § 2 Abs. 2, § 119 Abs. 1 S. 4 StPO zugunsten einer **Eilkompetenz** der *JStaatsanwaltschaft* und der *VollzAnstalt* eingeschränkt, dh unter der Voraussetzung, dass eine gerichtliche Entscheidung nicht rechtzeitig herbeigeführt werden kann, ohne dass eine Gefährdung des Zwecks der U-Haft einträte (vgl. schon § 119 Abs. 6 S. 2 aF StPO). Solchenfalls ist die vorläufige Anordnung binnen drei Werktagen dem zuständigen **Gericht** zur Entscheidung über die Aufrechterhaltung oder Aufhebung **vorzulegen** (§ 119 Abs. 1 S. 5 StPO (enger als § 119 Abs. 6 S. 3 StPO aF)), es sei denn, die Eilanordnung hat sich (wegen nur kurzfristigen Wirkens (zB betr. Überwachung nur einer bestimmten Telekommunikation)) bereits erledigt. – Auch im Falle der Erledigung, und zwar auch dann, wenn sie erst nach erfolgter Vorlage bei dem Gericht eintritt, ist eine gerichtliche Entscheidung zu treffen, wenn der U-Gefangene dies **nachträglich beantragt** und ein berechtigtes Interesse an der gerichtlichen Feststellung besteht (vgl. zu § 119 Abs. 6 StPO aF nur *Schultheis* in KK-StPO StPO § 119 Rn. 82).

(2) Eine **ausschließliche** Zuständigkeit des **Gerichts** besteht für die aus- 42 nahmsweise Überwachung des Verkehrs des U-Gefangenen mit dem Verteidiger (§ 2 Abs. 2, § 119 Abs. 4 S. 1 StPO; krit. *Birkhoff/Hawickhorst* StV 2013, 540 ff. (zum allg. StR)) bzw. mit den in § 2 Abs. 2, § 119 Abs. 4 S. 2 Nr. 1–19 StPO genannten Einrichtungen (betr. Nr. 19 unter Vorbehalt).

bb) Die **Prüfung** der **Voraussetzungen** für einen unüberwachten Ver- 43 kehr nach § 2 Abs. 2, § 119 Abs. 4 S. 1 und 2 StPO (zB tatsächliche Herkunft eines Schreibens oder (betr. § 119 Abs. 4 S. 2 Nr. 18 StPO) etwaige Relevanz des Inhalts) nimmt die gem. § 2 Abs. 2, § 119 Abs. 2 StPO **zuständige Stelle** vor (§ 2 Abs. 2, § 119 Abs. 4 S. 3 StPO), dh ggf. die JStaatsanwaltschaft bzw. – ihr helfend – ihre Ermittlungspersonen (krit. dazu → Rn. 45) oder die VollzAnstalt.

b) Ausführung der Anordnung. aa) Gemäß § 2 Abs. 2, **§ 119 Abs. 2** 44 **S. 1 StPO** obliegt die Ausführung der Anordnung nach § 119 Abs. 1 StPO der Stelle, die die Anordnung getroffen hat, dh grundsätzlich dem **Gericht.** Dies müsste – entgegen verbreiteter Praxis – im **JStrafverfahren** ohne Einschränkungen zu gelten haben, und zwar im Allg. gem. Grundsätzen des JGG ebenso wie im Besonderen aufgrund der vom JGG dem JGericht im Vergleich zum allg. StVR zugewiesenen herausgehobeneren Funktion zwecks *unmittelbaren Zusammenwirkens* mit dem Jugendlichen bzw. Heranwachsenden. Hiernach wäre § 119 Abs. 2 S. 2 StPO, wonach das JGericht die Ausführung – widerruflich – auf die JStaatsanwaltschaft übertragen kann (jederzeit sowie ganz oder teilweise, vgl. auch Begr. BT-Drs. 16/11644, 27), im JStrafverfahren nicht oder allenfalls mit Bedenken anwendbar (grds. krit. auch für das allg. StVR *Paeffgen* in SK-StPO StPO § 119 Rn. 61 ff.; Bedenken auch bei *Schlothauer/Wieder/Nobis* U-Haft Rn. 1048–1050).

45   (1) Falls der gegenteiligen Auffassung gefolgt wird, so ergibt sich eine zusätzliche Schwierigkeit speziell für das JStrafverfahren (vgl. auch § 36) daraus, dass der Gesetzgeber – begründet ua mit Kapazitätsgründen auch iZm der räumlichen Nähe – gem. § 119 Abs. 2 S. 2 **Hs. 2 StPO** der JStaatsanwaltschaft gestattet, sich der Hilfe nicht nur der VollzAnstalt (vgl. ebenso vormals bzgl. Überwachung des Besuchs Nr. 27 Abs. 1 S. 2 UVollzO bzw. der Telekommunikation Nr. 38 Abs. 1 S. 2, 3 UVollzO), sondern auch ihrer **Ermittlungspersonen** zu bedienen (krit. wegen Gewaltenteilung *Tsambikakis* in Radtke/Hohmann StPO § 119 Rn. 14). Dabei kann es rechtstatsächlich relevant sein, dass die Verantwortung für die ihr vom Gericht übertragene Ausführung bei der JStaatsanwaltschaft verbleibt und diese deshalb, bevor sie die Hilfe in Anspruch nimmt, eine Prüfung dazu vorzunehmen hat, ob die beauftragte Stelle oder Person ihrer Aufgabe nach strafprozessualer wie praktischer Befähigung in der erforderlichen Weise nachzukommen in der Lage ist.

45a   (a) Triftig ist zwar die Begründung, dass idR nur oder doch am ehesten die Ermittlungspersonen den Inhalt der Ermittlungsakte kennen (Begr. BT-Drs. 16/11644, 27, unter Hinweis auch auf etwaige „milieuspezifische Zusammenhänge" sowie „szenetypische Äußerungen") bzw. selbst zu verantworten haben, nicht oder doch seltener hingegen die Anstaltsbediensteten. Jedoch ist eine *Vermischung* mit dem Ermittlungsauftrag und ein *Unterlaufen* des allein legitimierenden Zwecks (§ 119 Abs. 1 S. 1 StPO) kaum zu verhindern, und nicht auszuschließen ist, dass mittelbar (speziell etwa in Anwendung von § 119 Abs. 1 S. 7 StPO) bereits bei der Anordnung apokryphe Gründe relevant werden (pointiert DRiB–NRW RiStA 2009, 17: Herrschaft der Polizei über die Haftbedingungen; instruktiv zum allg. StR LG Augsburg R&P 2014, 80 ff. mit Bspr. *Eisenberg*). Bereits deshalb ist § 119 Abs. 2 S. 2 Hs. 2 StPO im **JStrafverfahren nicht** anwendbar (§ 2 Abs. 1 steht entgegen (im Gesetzgebungsverfahren nicht erörtert, ebenso wenig bei *Pawlischta* in BeckOK JGG Rn. 42), weil die Kommunikation mit der Außenwelt nur funktional ist, wenn der Jugendliche oder Heranwachsende sich „frei von der Seele" mitteilen kann, dh ohne die Befürchtung, sich ggf. durch unbedachte Artikulierung (scheinbar) selbst zu belasten. So ist zumindest im JStrafverfahren ein durch die Ermittlungspersonen ggf. vermitteltes Empfinden einer *permanenten Vernehmungsphase* zu gewärtigen, das womöglich dazu führen könnte, dass – für die Haftsituation höchst abträglich – von vornherein auf eine für die Überwachung in Betracht kommende Kommunikation verzichtet wird. Dem Vernehmen nach werden diese Umstände von Ermittlungsbeamten mitunter auch durch aktives Einwirken auf die Kommunikation gezielt genutzt, um Aussagen zu erlangen.

45b   (b) Im Übrigen ist im Hinblick auf die *Selbstbelastungsfreiheit* (vgl. auch § 2 Abs. 2, § 119 Abs. 1 S. 6 StPO (dazu → Rn. 31); vgl. auch → § 89c Rn. 2, 14) bei selten auszuschließender etwaiger inhaltlicher Doppelrelevanz erlangter Informationen (vgl. näher → § 89c Rn. 15) zu besorgen, dass die Ermittlungspersonen – unter den mit der Außengesellschaft nicht vergleichbaren Bedingungen des U-Vollzugs – alsbald nach Ausführung einer Überwachung den U-Gefangenen mit Inhalten der Kommunikation konfrontieren. Zumindest müsste neben *neuerlicher Belehrung* gem. § 2 Abs. 2, § 136 Abs. 1 S. 2–4 StPO, und zwar in geeigneter Weise (§ 70a Abs. 1 aF bzw. § 70b Abs. 1 nF), mit einer solchen Konfrontation zuge-wartet werden, bis ein *Verteidiger anwesend* ist. Dabei ist auch zu berück-sichtigen, dass die polizeilichen Effizienzkriterien mit denen der Strafjustiz nicht vergleichbar sind (vgl. etwa *Singelnstein* MschKrim 2003, 10 ff. (16, 19 ff.)) und dass – im Falle bisherigen maßgeblichen Befasstsein mit den Ermittlungen – Mängel an Objektivität (vgl. etwa *Rasch/Hinz* Kriminalis-tik 1980, 371 ff.; *Eisenberg* Beweisrecht StPO Rn. 598) zugunsten selektiver Tendenzen erwartungsgemäß sind. Die Bedenken sind erhöht deshalb, weil das Gesetz (im Unterschied zu Vorschriften der vormaligen UVollzO) *nicht* nach der Art der zu überwachenden Kommunikation *unterscheidet,* dh es bleibt der JStaatsanwaltschaft unbenommen, zB auch die Brieflektüre zu delegieren.

(2) Weniger systematisch bedingt sind Einwände betr. die Delegierung der **46** Überwachung auf die *VollzAnstalt,* wenngleich auch deren Tätigkeit von behördeninternen Handlungsnormen getragen ist. Dies betrifft schon, wie es am ehesten hinsichtlich des Haftgrundes Fluchtgefahr als angezeigt gilt, deren Überwachung der Telekommunikation oder von Besuchen (eine Delegierung der Briefkontrolle wegen Nichtkenntnis der Ermittlungsakten abl. *Tsambikakis* in Radtke/Hohmann StPO § 119 Rn. 14). – Ob die Über-wachung in den vergleichsweise weniger häufigen Fällen des Haftgrundes Verdunkelungsgefahr namentlich bei eher komplexen Verfahren (stets) ohne weiteres auf die VollzAnstalt übertragen werden sollte, ist umstritten (vgl. ergänzend BT-Drs. 16/11644, 27 re. Sp.).

bb) (1) Eine Begründung für die **Nichtanfechtbarkeit** der **Übertra- 47 gung** der Ausführung von Anordnungen (§ 2 Abs. 2, **§ 119 Abs. 2 S. 3 StPO**) hat der Gesetzgeber nicht gegeben (vgl. BT-Drs. 16/11644, 27). Ob diese Lücke des Rechtsschutzes – auch im Hinblick auf die evtl. anschließen-de Delegation durch die JStaatsanwaltschaft – mit rechtsstaatlichen Grund-sätzen und speziell mit der Unschuldsvermutung vereinbar ist (und vor einer verfassungsrechtlichen Prüfung Bestand hätte), bleibt einstweilen ungeklärt.

(2) Die **Übertragung** der **Ausführung** von Anordnungen nach **§ 119 47a Abs. 2 S. 2 StPO** ist, sofern sie entgegen der hier vertretenen Auffassung im JStrafverfahren vorgenommen wird (→ Rn. 44, 46), **nicht anfechtbar** (§ 119 Abs. 2 S. 3 StPO). Dieser Ausschluss ist nach hier vertretener Auf-fassung im Bereich des Jugend(straf)verfahrensrechts aus den dargelegten Gründen mit § 2 Abs. 2 nicht vereinbar, zumindest soweit er auch die Delegierung gem. § 119 Abs. 2 S. 2 Hs. 2 StPO betrifft.

Ansonsten kann gem. § 2 Abs. 2, § 119 Abs. 5 StPO gegen nach § 119 **47b** StPO ergangene Entscheidungen oder sonstige Maßnahmen **Antrag** auf **gerichtliche Entscheidung** gestellt werden, und zwar „vor allem gegen" von der Staatsanwaltschaft nach § 119 Abs. 2 S. 2 StPO „angeordnete Maß-nahmen" (*Meyer-Goßner/Schmitt* StPO § 119 Rn. 37).

5. Rechtsschutz

48   **a) Antrag auf gerichtliche Entscheidung. aa)** Auf der Grundlage von Art. 19 Abs. 4 S. 1 GG können U-Gefangene gem. § 2 Abs. 2, § 119 **Abs. 5 StPO** (zur Belehrungspflicht vgl. § 115 Abs. 4 StPO, zur Geeignetheit § 70a Abs. 1 aF bzw. § 70b Abs. 1 nF) bei allen sie beschwerenden Entscheidungen oder (faktischen) sonstigen Maßnahmen der JStaatsanwaltschaft, ihrer Ermittlungspersonen und der VollzAnstalt einen Antrag auf gerichtliche Entscheidung stellen (betr. die Zuständigkeit gelten §§ 34 Abs. 1, 72 Abs. 3 und 6 bzw. § 126 StPO (vgl. → Rn. 11)). Der Antrag ist gleichfalls zulässig, wenn ein OLG oder der Ermittlungsrichter beim BGH eine Entscheidung nach § 119 Abs. 1 und 2 StPO getroffen hat, gegen die das Rechtsmittel der Beschwerde (§§ 304 ff. StPO) nach der Judikatur nicht zulässig ist (Begriff der „Verhaftung" in § 304 Abs. 4 S. 2 Nr. 1, Abs. 5 StPO betreffe nur die Haftanordnung, also nicht Haftbeschränkungen (vgl. nur BGHSt 26, 270; krit. *Paeffgen* in SK-StPO StPO § 116 Rn. 22)). Dies gilt gem. § 2 Abs. 2, § 119 Abs. 5 S. 1 StPO analog auch für Entscheidungen nach § 148 Abs. 2 (BGH NStZ 2018, 154). – Hingegen ist der Antrag gem. § 119 Abs. 5 S. 1 StPO gegen Entscheidungen der AGe und LGe **ausgeschlossen, soweit** gegen deren Entscheidungen zu § 119 Abs. 1 und 2 StPO die **Beschwerde** (§§ 304 ff. StPO) **zulässig** ist (bejahend die hM, vgl. nur OLG Karlsruhe StV 1997, 312; ebenso *Matt* in Löwe/Rosenberg StPO § 305 Rn. 31: Begriff der „Verhaftung" sei in § 305 S. 2 StPO nicht einschr. auszulegen, und zwar auch dann, wenn es sich um solche des erkennenden Gerichts (iSv § 305 StPO) handelt.

49   **bb)** Mit beiden in Rede stehenden Rechtsbehelfen kann nicht nur geltend gemacht werden, dass für eine bestimmte Beschränkung oder ihre konkrete Ausführung von Anfang an die gesetzlichen *Voraussetzungen* (§ 119 Abs. 1 und 2 StPO) *nicht vorgelegen* haben, sondern jeweils kann auch eingewandt werden, dass eine bestimmte Beschränkung *nicht* mehr *erforderlich* sei (etwa Wegfall von Verdunkelungsgefahr nach kaum einem Geständnis). – Das *Rechtsschutzinteresse* entfällt nicht schon aufgrund einer (für den Beschwerdeführer mit Nachteilen verbundenen) Ersatzbeschaffung. Betreffend eine Verfassungsbeschwerde besteht es bei gewichtigen Grundrechtsverstößen fort, wenn die unmittelbare Belastung durch den angegriffenen Hoheitsakt sich typischerweise auf eine Zeitspanne beschränkt, in welcher der Betroffene nach dem regelmäßigen Geschäftsgang eine Entscheidung des BVerfG kaum erlangen kann (stRspr des BVerfG).

50   **cc)** Die Wahrung *rechtlichen Gehörs* (Art. 103 Abs. 1 GG) verlangt, dass dem U-Gefangenen vor der gerichtlichen Entscheidung die Stellungnahmen der JVA bzw. der JStaatsanwaltschaft zur Kenntnis gegeben und die Möglichkeit zu einer Entgegnung eingeräumt wird (BVerfG, 3. K. des 2. S., BeckRS 2010, 56335 (zum allg. StVR)).

51   **b) Keine aufschiebende Wirkung.** Gemäß § 2 Abs. 2, § 119 **Abs. 5 S. 2 StPO** hat der Antrag auf gerichtliche Entscheidung keine aufschiebende Wirkung (vgl. entspr. § 29 Abs. 2 EGGVG iVm § 307 Abs. 1 StPO bzw. § 114 Abs. 1 StVollzG). Das Gleiche gilt für die Beschwerde (§ 307 Abs. 1 StPO). – Indes kann das Gericht **vorläufige Anordnungen** treffen (vgl. § 2 Abs. 2, § 119 Abs. 5 S. 3 StPO).

Heranziehung der Jugendgerichtshilfe in Haftsachen

72a [1]**Die Jugendgerichtshilfe ist unverzüglich von der Vollstreckung eines Haftbefehls zu unterrichten; ihr soll bereits der Erlaß eines Haftbefehls mitgeteilt werden.** [2]**Von der vorläufigen Festnahme eines Jugendlichen ist die Jugendgerichtshilfe zu unterrichten, wenn nach dem Stand der Ermittlungen zu erwarten ist, daß der Jugendliche gemäß § 128 der Strafprozeßordnung dem Richter vorgeführt wird.**

Schrifttum *Heßler*, Vermeidung von U-Haft bei Jugendlichen, 2001; *Villmow/ Robertz*, U-Haftvermeidung bei Jugendlichen, 2004.

Übersicht

	Rn.
I. Anwendungsbereich	1
1. Jugendliche und Heranwachsende	1
2. Haft zur Erzwingung der Anwesenheit in der Hauptverhandlung	3
II. Bedeutung	4
1. Zur Umsetzung in der Praxis	5
2. Ermittlungsaufgabe	7
3. Einfluss auf Haftentscheidungen	8
III. Folgen der Nichtheranziehung	9

I. Anwendungsbereich

1. Jugendliche und Heranwachsende

a) Die Vorschrift wird auf Jugendliche auch im Verfahren vor den für allg. 1 Strafsachen zuständigen Gerichten anzuwenden sein (§ 104 Abs. 2).

b) Auf Heranwachsende findet die Vorschrift (seit Gesetz v. 29.7.2009 2 (BGBl. I 2274)) entsprechend Anwendung (§ 109 Abs. 1 S. 1; vgl. schon RdErl. NRW v. 3.5.1995 = DVJJ-Journal 1995, 356 f.). Vor der Gesetzesänderung ließ sich die Vorschrift ggf. als Spezialregelung der Unterrichtungspflicht nach § 109 Abs. 1 S. 2 ansehen, zumal andernfalls die Voraussetzungen von Ermittlungspflicht (§ 43) und Berichtsbefugnis (§ 50 Abs. 3) bei U-Haft nicht gegeben gewesen wären.

2. Haft zur Erzwingung der Anwesenheit in der Hauptverhandlung

Die Vorschrift betrifft auch diese Haft (§§ 230 Abs. 2, 236, 329 Abs. 3 3 StPO, § 412 S. 1 StPO; vgl. → § 72 Rn. 2b).

II. Bedeutung

Nach § 38 Abs. 2 S. 3 aF bzw. § 38 Abs. 3 S. 2 nF hat die JGH zwecks 4 **Haftentscheidungshilfe** beschleunigt zu berichten (vgl. auch DVJJ-BAG

2017, 16: oberste Priorität), wobei die Nachforschungen über die nach § 43 Abs. 1 vorzunehmenden Ermittlungen hinaus Möglichkeiten alternativer Unterbringung umfassen (OLG Köln StRR 2008, 35) und dem Richter ggf. solche (wahren) Tatsachenangaben zu vermitteln sind, die U-Haft vermeidbar werden lassen. Die nach Soll- bzw. Muss-Vorschrift und nach vorheriger Festnahme sowie Haftbefehlserlass bzw. -vollstreckung abgestufte Regelung des § 72a gewährleistet **lediglich** die Möglichkeit einer **Verkürzung,** nicht aber einer Vermeidung von U-Haft in hinreichender Weise (vgl. näher *Villmow* ZJJ 2009, 226 ff. (234 ff.); s. auch die strikte Einhaltung in RdErl. NRW v. 3.5.1995 = DVJJ-Journal 1995, 356 f.).

1. Zur Umsetzung in der Praxis

5   Rechtstatsächlich liegen Anhaltspunkte dafür vor, dass die Vorschrift nicht einheitlich befolgt wird (vgl. etwa *Villmow/Savinsky* FS Kerner, 2013, 763 f.), und zwar zunächst schon seitens der Strafverfolgungsbehörden (vgl. anschaulich etwa KG StraFo 2015, 108 = ZJJ 2015, 204 mAnm *Eisenberg* (betr. Heranwachsenden, zur Gesetzesänderung → Rn. 2): seitens der StA lediglich Zuleitung der Anklageschrift, auch nach mehreren Monaten U-Haftvollstr kein JGH-Bericht). Immerhin (war oder) ist auf der Ebene von **VV** verschiedentlich bestimmt, dass die Haftentscheidungshilfe anzuhören ist, **bevor** die Staatsanwaltschaft den **Erlass** eines Haftbefehls beantragt (vgl. JuM SchlH v. 1.7.1990 (SchlHA 1990, 82 = DVJJ Rundbrief 131, Juni 1990, 72); sinngleich RdErl. NRW v. 3.5.1995, Nr. 2.3 = DVJJ-Journal 1995, 357 sowie Gemeinsames Rundschreiben RhPf. (JBl. 1997, 313 f.)). Auch die wesentliche Voraussetzung der **ständigen Bereitschaft** eines Vertreters der JGH (vgl. für Berlin s. *Bindel-Kögel/Heßler* DVJJ-Journal 1997, 305 bzw. zum Standard(-Vorschlag) einer Rund-um-die-Uhr-Betreuung DVJJ-Journal 1999, 296; *Heßler,* Vermeidung von U-Haft bei Jugendlichen, 2001, 83 ff., 88 ff.; vgl. auch *Eberitzsch/Eichenauer/Kundt* ZJJ 2015, 310 (311): entspr. Bereitschaftsdienst iSv § 8a KJHG (Jugendwohlgefährdung); s. zu Erfahrungsberichten schon *Matenaer* DVJJ 1990, 121; *Reinecke* Bewährungshilfe 1987, 41; *Weyel* Zbl 1992, 29; *Hubert* ZfJ 1995, 443) ist regional unterschiedlich beschaffen (vgl. *Trenczek* DVJJ-Journal 2000, 224; zu Kooperationsprojekten *Holthusen* KJuG 2000, 77), weithin aber nicht erfüllt (zu Zahlen für Hamburg *Villmow/Savinksy* ZJJ 2013, 388 (390); vgl. auch → Rn. 6).

6   Im Einzelnen bestanden bzw. bestehen vielfältige Projekte (auch sonstiger Trägerschaft) mit dem Ziel der Haftvermeidung bzw. -verkürzung (s. vormals etwa *Cornel* ZfStrVo 1986, 345 sowie *Cornel* MschKrim 1987, 75 f. betr. Projekte in Frankfurt/M. und Stuttgart; *Bühler* DVJJ-Journal 1995, 235 sowie ZfStrVo 1995, 278 betr. JA Mühlheim; *Stapke* Bewährungshilfe 1995, 192 betr. ein Wohnprojekt für Kurden in Bremen; zu „intensiv betreuten Wohngruppen" in Hamburg s. detailliert *Villmow/Robertz* (U-Haftvermeidung bei Jugendlichen, 2004, 143 ff. speziell betr. die Probanden); zu Sachsen-Anhalt krit. *Bußmann/England* ZJJ 2004, 287 f.; betr. Köln *Banike* ZJJ 2004, 291 f.; zur Unterbringung in JA-Anstalten → § 90 Rn. 13). Da die Polizei die Pflicht zur unverzüglichen Vorführung vor den Haftrichter hat, sind Hilfen allerdings schon insoweit Grenzen gesetzt (s. aber zur „Polizeihaft" betr. Hamburg *Deichsel ua* Bewährungshilfe 1990, 151 ff.; krit. betr. Brandenburg *Kreichelt* DVJJ-Journal 1999, 65; für Baden-Württemberg *Kurzberg* Jugendstrafe 144). Nach interministeriellem Rundschreiben RhPf.

(JBl. 1997, 313 f.) hat die Polizei bei zu erwartender Vorführung vor dem Haftrichter unverzüglich das JAmt zu informieren (vgl. aber zu Defiziten betr. Hmb. *Villmow/Savinsky* ZJJ 2013, 388 (390)), „das eine ständige Erreichbarkeit sicherstellt"; die Informierung „ist in den Akten zu vermerken, wobei Datum, Uhrzeit sowie Name und Telefonnummer des Gesprächspartners festzuhalten sind" (vgl. auch zu Niedersachsen Leitlinien für die polizeiliche Bearbeitung von Jugendsachen v. 28.7.2005, IV, Nr. 2, wonach bei Haftsachen bereits die Polizei die JGH frühestmöglich zu informieren hat).

2. Ermittlungsaufgabe

Ergänzende Bedeutung haben die Ermittlungen der JGH zur **Vorberei-** **tung** geeigneter, gem. dem Subsidiaritätsprinzip (vgl. → § 72 Rn. 3–3b) ohnehin vorrangiger **Voraussetzungen,** um eine frühzeitige Haftüberprüfung aussichtsreich werden zu lassen (nach JuM SchlH v. 1.7.1990, SchlHA 1990, 82 = DVJJ Rundbrief 131, Juni 1990, 73 hat die StA der Haftentscheidungshilfe Ort und Zeit von Haftprüfungsterminen mitzuteilen). **7**

Der JGH kommt bei der Erfüllung ihrer Aufgaben iSd Vorschrift zwangsläufig eine **Selektion**sfunktion zu, soweit sie − und sei es nur implizit − die Frage nach der (Nicht-)Geeignetheit eines Probanden für diese oder jene Vermeidemaßnahme beantwortet. Aus diesem Grunde bedarf es einer Offenlegung und Kontrolle der Zuordnungskriterien (vgl. auch *Riekenbrauk* DVJJ-Journal 1993, 176; s. zu Gefahren der (vorverlegten) Ausdehnung sozialer Kontrolle schon *Hochgesand/Grabenhorst* DVJJ-Rundbrief 132, 428). **7a**

3. Einfluss auf Haftentscheidungen

Ein Kriterium für den der Haftentscheidungshilfe rechtstatsächlich zukommenden Stellenwert ergibt sich daraus, dass sie bei den Haftentscheidungsterminen überwiegend nicht anwesend zu sein scheint (vgl. aber → Rn. 5, 6; vgl. zum Bereitschaftsdienst betr. Nordrhein-Westfalen *Eberitzsch* ZJJ 2012, 299 f.: ganz überwiegend kein Vorhalten; ähnlich für Hamburg *Villmow/Savinsky* ZJJ 2013, 388 (393 ff.)). Die Anwesenheit aber wäre auch deshalb relevant, damit konkrete Fragen nach der Leistungsfähigkeit von Angeboten zur Haftvermeidung beantwortet werden könnten (vgl. zu Anhaltspunkten einer Befragung gerichtlich Amtierender *Eberitzsch* ZJJ 2013, 296 ff.). **8**

III. Folgen der Nichtheranziehung

Wird die JGH entgegen den Muss-Vorschriften des § 72a S. 2 S. 1 Hs. 1, bei Heranwachsenden iVm § 109 Abs. 1 S. 1, nicht von der vorläufigen Festnahme (bei zu erwartender Vorführung gem. § 2 Abs. 2, § 128 Abs. 1 S. 1 StPO) und der Vollstr des Haftbefehls informiert und ist ihr entgegen der Soll-Vorschrift des § 72a S. 1 Hs. 2 auch nicht der Erlass eines Haftbefehls mitgeteilt worden, so ist sie entgegen § 38 Abs. 3 S. 1 und 2 aF bzw. § 38 Abs. 6 S. 1 und 2 nF, bei Heranwachsenden iVm § 107, nicht herangezogen worden. Die Nichtheranziehung der JGH in der HV führt auf die **9**

Verfahrensrüge hin in der Regel zur Urteilsaufhebung (vgl. näher → § 38 Rn. 86 ff.).

9a Da aber der Eingriff in die Freiheitsrechte bei U-Haft in vielfältiger Hinsicht einschneidender sein kann als bei verhängter JStrafe, stellt sich die Frage, wie eine dergestalt mangelbehaftete (Anordnung, zumindest aber) Aufrechterhaltung der U-Haft rechtlich zu beurteilen ist. So ist zu erwägen, daraus „Folgen für die Fortdauer" der U-Haft herzuleiten (vgl., wenngleich nicht näher konkretisiert und iErg offenlassend, OLG Hamm NStZ 2010, 281; KG ZJJ 2015, 204 mAnm *Eisenberg*). So könnte die (Anordnung, zumindest aber) Aufrechterhaltung von U-Haft dann als nicht rechtmäßig zu beurteilen sein (zu Rechtswirkungen ua gem. Art. 1 Abs. 1 S. 2 Buchst. c, Abs. 5 EMRK vgl. näher → § 2 Rn. 59 ff.) und ohne Einschränkung unverzüglich **aufzuheben** sein (nach *Diemer* in Diemer/Schatz/Sonnen Rn. 8 ohne Begründung nur bei Verletzung von S. 1 Hs. 1 (obwohl S. 2 am ehesten eine U-Haftvermeidung ermöglichen könnte); zu evtl. Ausnahmen (wohl etwa betr. S. 1 Hs. 2) *Brunner/Dölling* Rn. 3), wenn die Verantwortung für die Nichtmitwirkung der JGH (wegen Nichtheranziehung) bei der Strafjustiz liegt. Eine solche Erwägung ist iZm mit dem Haftgrund „Fluchtgefahr" stimmig dazu, dass durch die „Nichtheranziehung" die Erfüllung der gesetzlichen Verpflichtung der JGH (§ 38 Abs. 2 S. 3 aF bzw. § 38 Abs. 3 S. 2 nF (s. speziell auch § 72 Abs. 1 S. 3), bei Heranwachsenden iVm § 107) *verhindert* wird, ua Umstände (zu erforschen und) zu vermitteln, die den Haftgrund zu verneinen geeignet sein könnten. Dagegen will hier der BGH die Anordnung der Fortdauer einer U-Haft nur dann ausschließen, wenn sich die Nichteinbindung der JGH in der Fortdauerentscheidung auswirken kann (BGH NStZ 2018, 665 (666) mkritAnm *Eisenberg* NStZ 2018, 667).

Verkehr mit Vertretern der Jugendgerichtshilfe, dem Betreuungshelfer und dem Erziehungsbeistand

72b [1]Befindet sich ein Jugendlicher in Untersuchungshaft, so ist auch den Vertretern der Jugendgerichtshilfe der Verkehr mit dem Beschuldigten in demselben Umfang wie einem Verteidiger gestattet. [2]Entsprechendes gilt, wenn der Beschuldigte der Betreuung und Aufsicht eines Betreuungshelfers untersteht oder für ihn ein Erziehungsbeistand bestellt ist, für den Helfer oder den Erziehungsbeistand.

I. Allgemeines

1. Anwendungsbereich

1 Die Vorschrift dient Unterstützungs- und Schutzbelangen des **jugendlichen** U-Gefangenen. Sie gilt entspr. für **Heranwachsende** (§ 109 Abs. 1 S. 1).

2. Entstehung

Durch das U-HaftRÄndG v. 29.7.2009 (BGBl. I 2274) wurde der vor- 2
malige § 93 Abs. 3 (aus systematischen Gründen) als neuer § 72b zu den das
U-Haftrecht betr. Verfahrensvorschriften verschoben (eine inhaltliche Änderung ist nur insofern vorgenommen worden, als der BewHelfer nicht mehr
angeführt ist, da dieser gem. § 2 Abs. 2, § 119 Abs. 4 S. 2 Nr. 1 StPO
berücksichtigt wird).

II. Verkehr

1. JGH, Betreuungshelfer

Die in der Vorschrift genannten Personen dürfen **ohne besondere Er-** 3
laubnis oder **Beschränkungen** und Überwachung **mündlich** und **schrift-**
lich mit dem U-Gefangenen verkehren (vgl. auch → § 72 Rn. 34; → § 89c
Rn. 1, 54). Die Vorschrift erleichtert insb. die Erfüllung der Pflichten der
JGH gem. § 38 Abs. 2 S. 3, Abs. 3 S. 2 (vgl. aber krit. → § 89c Rn. 35). Im
Hinblick auf diesen Normzweck sind die Beschränkungen des § 148 Abs. 2
hier nicht anwendbar (*Sommerfeld* in NK-JGG Rn. 3; abw. *Kaspar* in Mü-
KoStPO Rn. 2 mwN).

Die ausdrückliche Bezeichnung des Betreuungshelfers (§ 10 Abs. 1 S. 3 3a
Nr. 5; näher → § 10 Rn. 22 ff.) hat eigenständige Bedeutung nur insoweit,
als es sich nicht um einen Vertreter der JGH handelt (§ 38 Abs. 2 S. 7).

2. Erziehungsbeistand

Dieser als die einzige nicht mit förmlichen Sanktionskompetenzen aus- 4
gestattete und daher insoweit am ehesten zum Entgegenbringen von Vertrauen geeignete Person (vgl. → § 12 Rn. 8) hat gerade während der U-
Haftvollstr besondere Bedeutung.

Unterbringung zur Beobachtung

73 (1) ¹**Zur Vorbereitung eines Gutachtens über den Entwick-**
lungsstand des Beschuldigten kann der Richter nach Anhören
eines Sachverständigen und des Verteidigers anordnen, daß der Be-
schuldigte in eine zur Untersuchung Jugendlicher geeignete Anstalt
gebracht und dort beobachtet wird. ²**Im vorbereitenden Verfahren**
entscheidet der Richter, der für die Eröffnung des Hauptverfahrens
zuständig wäre.

(2) ¹**Gegen den Beschluß ist sofortige Beschwerde zulässig.** ²**Sie**
hat aufschiebende Wirkung.

(3) **Die Verwahrung in der Anstalt darf die Dauer von sechs Wo-**
chen nicht überschreiten.

Übersicht

I. Anwendungsbereich

1　Die Vorschrift gilt für **Jugendliche** auch in Verfahren vor den für allg. Strafsachen zuständigen Gerichten (§ 104 Abs. 1 Nr. 12).

2　Die Vorschrift findet auch in Verfahren gegen **Heranwachsende** – vor JGerichten wie vor den für allg. Strafsachen zuständigen Gerichten – Anwendung (§ 109 Abs. 1 S. 1, § 112 S. 1).

II. Allgemeines

1. Untersuchungsgegenstand und -geeignetheit

3　**a) Entwicklungsstand.** Von diesem hängt bei Jugendlichen die besondere jugendstrafrechtliche Verantwortlichkeit (§ 3 S. 1, zur Abgrenzung zu §§ 20 f. StGB vgl. → § 3 Rn. 33 ff.), und bei Heranwachsenden die Anwendung des JStR oder aber des allg. StR (§ 105 Abs. 1) ab; im Übrigen hat der Entwicklungsstand Bedeutung für die zu wählende Verfahrensart, für die Beurteilung des Schuldmaßes und für Auswahl und Umfang der Rechtsfolgen. Die Ermittlungen zum Entwicklungsstand sind ein Teil der Persönlichkeitsuntersuchung (§ 43).

b) Geeignetheit. Wegen der Eignung eines **Sachverständigen** zur Un- 4
tersuchung gelten die Erl. zu → § 43 Rn. 7, 33–33b, 43, 44 entsprechend.
Herkömmlicherweise werden als **geeignete Anstalten** psychiatrische Krankenhäuser mit abgetrennter Unterbringung der Jugendlichen genannt. Geeignete entwicklungspsychologisch ausgerichtete Einrichtungen stehen bisher weniger zur Verfügung. Der **Vollzug** ist duch Landesrecht zu regeln
(dazu bzgl. des Anspruchs auf medizinische Untersuchung Bt-Drs. 19/
13837, 32).

2. Umfang der Untersuchung

a) Verbote. Die Anordnung der Unterbringung berechtigt **nicht** zu **kör-** 5
perlichen Untersuchungen und **Eingriffen** (s. hierzu die Voraussetzungen
der §§ 81a, 81b StPO), auch wenn diese der Feststellung des Entwicklungsstandes dienen können (BGHSt 8, 144; vgl. → § 43 Rn. 39).

b) Geisteszustand. Sofern neben dem Entwicklungsstand auch der Geis- 6
teszustand (§ 2 Abs. 2, § 81 StPO) untersucht werden soll, so wird dies idR
aufgrund derselben Unterbringung von insgesamt sechs Wochen Dauer
geschehen müssen. Umstritten ist, ob in entsprechenden Fällen auch zwei
Unterbringungen *nacheinander jeweils* bis zur Höchstdauer von sechs Wochen
vorgenommen werden dürfen (bejahend *Brunner/Dölling* Rn. 4; *Krause* in
Löwe/Rosenberg StPO § 81 Rn. 12; vgl. aber abl. *Sommerfeld* in NK-JGG
Rn. 4; offener *Kaspar* in MüKoStPO Rn. 3: möglichst zu vermeiden). Die
Frage ist zu *verneinen,* weil anderenfalls eine erzieherisch kaum begründbare
zusätzliche Beeinträchtigung im Verhältnis zu einem Erwachsenen in vergleichbarer Verfahrenssituation möglich wäre (vgl. dazu allg. → § 45 Rn. 9a;
formell enger *Burscheidt* Verbot 57 f.).

c) § 2 Abs. 2, § 126a StPO. Da Abs. 1 nicht abschließend regelt, unter 6a
welchen Voraussetzungen eine einstweilige Unterbringung Jugendlicher zulässig ist, würde insofern auch eine solche nach § 126a StPO zulässig sein
(OLG Düsseldorf MDR 1984, 603; OLG Jena NStZ-RR 2007, 218; vgl.
aber zur Problematik → § 3 Rn. 33 ff.).

3. Verwertbarkeit

Wenngleich die Unterbringung gem. § 73 nur die Untersuchung des 7
Entwicklungsstandes, nicht hingegen die Aufklärung des **Tat**herganges erlaubt, so dürfen **nur** im strengen Sinne und **nachweisbar freiwillige**
Angaben des Beschuldigten entsprechend allg. Verfahrensgrundsätzen, dh
insb. unter der Voraussetzung geeigneter **Belehrung** (§ 70a Abs. 1 aF bzw.
§ 70b Abs. 1 nF), verwertet werden (s. hierzu aber → § 43 Rn. 52). Der
Sachverständige hat diesbezüglich **kein Zeugnisverweigerungsrecht**
nach § 2 Abs. 2, § 53 Abs. 1 Nr. 3 StPO, da er infolge gerichtlicher Beauftragung und nicht auf der Grundlage eines Vertrauensverhältnisses zum
Beschuldigten tätig wird (vgl. dazu auch → § 43 Rn. 30).

III. Voraussetzungen und Dauer der Unterbringung

1. Voraussetzungen

8   **a) Art des Tatverdachts; Verhältnismäßigkeit. aa)** Die Anordnung ist nur zulässig, wenn zumindest **ausreichende Anhaltspunkte** dafür vorliegen, dass der Beschuldigte der **Tatbegehung** überführt werden kann (so OLG Düsseldorf JMBl. NW 1958, 213), und wenn **konkrete** Anhaltspunkte dafür gegeben sind, dass − für die (jugend-)strafrechtliche Beurteilung wie für die Verfahrensart relevante (vgl. → Rn. 3) − **Abweichungen** vom **Entwicklungsstand** bestehen. Demgegenüber wird entsprechend dem in § 81 Abs. 2 S. 1 StPO enthaltenen Rechtsgedanken (vgl. auch § 112 Abs. 1 StPO) ein „**dringender Tatverdacht**" für **erforderlich** gehalten werden müssen (§ 2 Abs. 2), der sich allerdings nicht auf die strafrechtliche Verantwortlichkeit (§ 3 S. 1) zu erstrecken braucht, weil deren Klärung uU gerade den Zweck der Anordnung bildet.

8a   **bb)** Es ist weiterhin Voraussetzung, dass eine **ambulante Untersuchung** (§ 43 Abs. 2) zur Erstellung des Gutachtens über den Entwicklungsstand **nicht ausreicht** (OLG Düsseldorf JMBl. NW 1961, 45; vgl. näher → § 43 Rn. 26, 37). Dies hängt vom Einzelfall ab, wobei zu berücksichtigen ist, dass ggf. auch eine Beobachtung und ggf. Befragung während der HV möglich ist und die einschätzungsnotwendigen Beobachtungen erlaubt (vgl. *Eisenberg* Beweisrecht StPO Rn. 1695, 1797, auch 1661, 1846: eher selten zureichender Ersatz). Die Erforderlichkeit einer stationären Beobachtung kann jedenfalls nicht darauf gestützt werden, dass der Beschuldigte seine Mitwirkung an der ambulanten Untersuchung verweigert hat und deshalb im stationären Kontext beobachtet werden soll (Verletzung der Mitwirkungsfreiheit; mit anderer Begründung iE ebenso BVerfG NStZ 2002, 98; abw. bei § 81 StPO iVm § 2 Abs. 2 aber AG Tiergarten v. 6.9.2019 − 287 Js 1945/19). Die konkrete Beobachtungsbedürftigkeit muss hiervon unabhängig bestehen und in den Bedingungen der Person begründet sein.

8b   **cc)** Schließlich gebietet es der Verhältnismäßigkeitsgrundsatz, diese eingreifende Maßnahme nur dann zuzulassen, wenn es sich um eine vergleichsweise **gewichtige** Tat handelt (vgl. RL 1; s. auch § 46 Abs. 3 S. 1 OWiG; vgl. → § 43 Rn. 4, 29, 36) und wenn JStrafe (bzw. eine vergleichsweise längere Freiheitsstrafe), ggf. auch eine Verpflichtung nach § 12 Nr. 2 (eher vern. *Blessing/Weik* in HK-JGG Rn. 6) oder, im Falle eher kurzzeitig bemessener Unterbringung, ein JA zu erwarten ist.

9   **b) Ermessensentscheidung.** Die Entscheidung geschieht nach pflichtgemäßem Ermessen, wobei auch die allg. Grundsätze zu § 244 Abs. 2, 4 StPO gelten. Sind durch die Unterbringung zur Beobachtung *besondere Beeinträchtigungen* des Beschuldigten zu besorgen, so ist entsprechende Zurückhaltung angezeigt, wobei Belange der Ermittlungen ggf. zurückstehen müssen und Zweifel zu Gunsten des Beschuldigten wirken.

2. Dauer

10   **a) Höchstmaß sechs Wochen.** Die Unterbringung darf die Dauer von bis zu sechs Wochen (länger nur bei U-Haft, RG 34, 306 (308 ff.); vgl. auch

→ § 43 Rn. 38) **nicht überschreiten** (Abs. 3). Das Gericht hat stets zu **prüfen, ob** nicht ein **geringeres Höchstmaß** genügt (OLG Oldenburg NJW 1961, 981; s. auch RiStBV Nr. 62 Abs. 1).

Die Untersuchung ist in jedem Fall zu **beschleunigen.** Nach Abschluss 10a der notwendigen Untersuchung ist der Untergebrachte sofort zu entlassen.

b) Neuerliche Anordnung nach Unterschreiten des Höchstmaßes. 11 Innerhalb dieses zeitlichen Gesamtrahmens gilt, sofern das Gericht zunächst eine kürzere Frist bestimmt hat, deren **Verlängerung** oder eine spätere **ergänzende Unterbringung** (vgl. aber → Rn. 6) als **zulässig** (vgl. schon *Potrykus* Anm. 5; hM auch zu § 81 StPO). Zweifelhaft könnte sein, ob dies auch dann zu bejahen ist, wenn der Jugendliche vor Ablauf des Zeitraums von sechs Wochen aus der Anstalt entlassen wurde (bejahend *Dallinger/ Lackner* Rn. 8; krit. *Sommerfeld* in NK-JGG Rn. 4).

IV. Verfahrensrechtliches

Die Anordnung kann auf Antrag der JStaatsanwaltschaft (vgl. RL 1), auf 12 Anregung (zB der JGH, des JAmtes oder eines gem. § 43 befassten Sachverständigen) oder von Amts wegen ergehen. – In der **HV** kann ein auf Untersuchung im Rahmen entsprechender Unterbringung gerichteter Beweisantrag gestellt werden. Betreffend die verfahrensmäßige Behandlung (§ 244 Abs. 3, 4 StPO) kommt es bei der Abgrenzung zu einem Beweisermittlungsantrag insb. darauf an, ob dem Antrag eine konkrete Tatsachenbehauptung zu Grunde liegt (wegen der Einzelheiten wird auf die Spezialliteratur verwiesen).

1. Zuständigkeit

Sie liegt bei dem Gericht, das nach dem bisherigen Stand der Ermitt- 13 lungen für die Eröffnung des Hauptverfahrens zuständig wäre (Abs. 1 S. 2) bzw. bei dem das Verfahren anhängig ist.

2. Anhörungen; Entscheidung

a) Anhörungen vor der Entscheidung. aa) Bei Entscheidungen, sei es 14 im vorbereitenden Verfahren bzw. in oder außerhalb der HV, sind der **Jugendliche** sowie die **Erziehungsberechtigten** und die **gesetzlichen Vertreter** (§ 67 Abs. 1) zu hören (Art. 103 Abs. 1 GG; vgl. auch *Sommerfeld* in NK-JGG Rn. 8). Bei Entscheidungen iRd HV gilt dies ohnehin (§ 67 Abs. 1, § 33 StPO).

bb) Auch der **Verteidiger** (s. § 68 Nr. 4; RL 2) ist zu hören **(Abs. 1** 15 **S. 1),** und zwar nach Gewährung von Akteneinsicht (§ 147 StPO) und zweckmäßigerweise (jedenfalls auch) nachdem ihm die Ausführungen des Sachverständigen (näher → Rn. 16) zugänglich gemacht wurden.

cc) Desgleichen ist ein **Sachverständiger** zu hören **(Abs. 1 S. 1;** wegen 16 der Auswahl vgl. → § 43 Rn. 40 ff., 49). Hierbei ist ausnahmslos Voraussetzung, dass dieser den Beschuldigten **persönlich untersucht** hat, und zwar grundsätzlich unbeschadet zeitlicher und inhaltlicher Verknüpfung mit einem anderen Verfahren (s. jeweils zu § 81 StPO, OLG Karlsruhe NJW 1973, 573; OLG Düsseldorf StV 1993, 571; s. aber auch KG JR 1965, 69 (zu

§ 81 StPO), wonach eine frühere Untersuchung in einem anderen Verfahren genügen sollte; *Brunner/Dölling* Rn. 8). Auch bei sog. evidenten Fällen reicht es nicht aus, wenn der Sachverständige nur schriftliche Unterlagen und Akten eingesehen hat (*Potrykus* Anm. 2; vgl. (zu § 81 StPO) OLG Oldenburg NJW 1961, 981 sowie *Eisenberg* Beweisrecht StPO Rn. 1695; aA *Dallinger/Lackner* Rn. 11; (zu § 81 StPO) OLG Hamburg MDR 1964, 434; OLG Karlsruhe MDR 1984, 72: nur in besonderen Ausnahmefällen), zumal der Wahrheitsgehalt aktenmäßiger Unterlagen (auch) im Bereich des JStR Einschränkungen unterliegt (vgl. etwa → § 43 Rn. 23).

17   **dd)** Im Übrigen sind die **JStaatsanwaltschaft** (§ 2 Abs. 2, § 33 Abs. 2 StPO) und grundsätzlich auch die **JGH** (§ 38 Abs. 3; vgl. zudem schon Fachausschuss der BAG der LJÄer DVJJ-Journal 1991, 453) zu hören.

18   **b) Entscheidung. aa)** Sie ergeht **durch Beschluss,** der zu begründen ist (§ 2 Abs. 2, § 34 StPO).

18a   **bb)** Es obliegt dem Gericht, festzulegen, auf welche Weise der Eingriff in die Freiheitsrechte des Betroffenen zwecks Aufklärung erfolgen soll (vgl. *Dallinger/Lackner* Rn. 14). Diese Ausgestaltung darf weder dem Sachverständigen (aA OLG Hamm NJW 1953, 1237; *Potrykus* Anm. 2) noch der JStaatsanwaltschaft überlassen werden (vgl. auch → § 43 Rn. 30, 36). Daher sind **in** dem **Beschluss** die **Dauer** und die **Anstalt** (OLG Schleswig SchlHA 1959, 81) sowie der **Sachverständige** zu **bestimmen,** der die Beobachtung und Untersuchung durchführt.

19   **cc)** Der **Anordnung**sbeschluss bedarf der **Rechtsmittelbelehrung** (s. § 2 Abs. 2, § 35a StPO; zur Geeignetheit § 70a Abs. 1 aF bzw. § 70b Abs. 1 nF). Er ist zuzustellen (§ 67 Abs. 2 aF bzw. § 67a Abs. 1 nF; § 35 Abs. 1, 2 S. 1 StPO), falls die Entscheidung in Abwesenheit der betroffenen Person ergeht. – Der **Ablehnung**sbeschluss wird formlos mitgeteilt (§ 67 Abs. 2 aF bzw. § 67a nF; **§ 35 Abs. 1, 2 S. 1 StPO).**

19a   **Wegen** Mitteilungen an die JGH und andere Prozessbeteiligte s. allg. § 70 S. 1 sowie Nr. 32 Nr. 3 (vgl. → § 70 Rn. 17), Nr. 34 MiStra.

3. Beschwerde

20   **a) Anordnungsbeschluss. aa)** Dieser kann mit der sofortigen **Beschwerde angefochten** werden, die (abw. von §§ 311, 307 Abs. 1 StPO) aufschiebende Wirkung hat **(Abs. 2).** Dies gilt auch dann, wenn das erkennende Gericht ihn erlassen hat, und zwar schon deshalb, weil Abs. 2 S. 1 als Sonderbestimmung (§ 2 Abs. 2) die Regelung des § 305 S. 1 StPO ausschließt (allg. Auffassung); im Übrigen entspricht es der hM auch für § 81 Abs. 4 StPO (vgl. etwa OLG Düsseldorf StV 2001, 157; vgl. aber näher *Eisenberg* Beweisrecht StPO Rn. 1705).

21   (1) Hinsichtlich der **Anfechtungsberechtigten** vgl. Erl. zu → § 55 Rn. 4 ff.

22   (2) Im Gegensatz zu § 81 StPO darf der **Verteidiger** (für ihn gilt allg. § 297 StPO) nicht gegen den Willen des Beschuldigten (vgl. → § 55 Rn. 6) Beschwerde einlegen, da hier nicht der Geisteszustand in Rede steht.

23   **bb)** Das **Beschwerdegericht** überprüft nicht nur die Zulässigkeit des Unterbringungsbeschlusses, sondern (gem. dem (nicht einschränkenden) Wortlaut des Abs. 2 S. 1) die gesamte Entscheidung einschließlich der Zweckmäßigkeit und der Ausübung des Ermessens (OLG Schleswig MDR

1959, 415; *Dallinger/Lackner* Rn. 19; ebenso hM zu § 81 StPO; aA *Potrykus* Anm. 3, 4).

Weitere Beschwerde gilt als **ausgeschlossen** (§ 310 Abs. 2 StPO), zumal 24 „einstweilige Unterbringung" in § 310 Abs. 1 sich auf § 126a StPO bezieht (*Dallinger/Lackner* Rn. 20; entspr. hM auch für § 81 StPO). Diese Auffassung ist indes wegen des Gewichts des Eingriffs nicht bedenkenfrei. So wird zB die Zeit der Unterbringung entsprechend U-Haft angerechnet (vgl. → Rn. 27).

b) Ablehnungsbeschluss. Dieser ist **unanfechtbar** (hM, auch zu § 81 25 StPO).

Jedoch kann das Unterlassen der Unterbringung ggf. eine Verletzung der 25a Aufklärungspflicht (§ 43, § 244 Abs. 2 StPO) darstellen und somit einen Angriff gegen das Urteil begründet sein lassen (vgl. schon BGH RdJB 1961, 313).

4. Durchführung der Anordnung

Dies obliegt der **JStaatsanwaltschaft** (s. aber § 36 StPO). Die Durch- 26 führung darf erst nach Rechtskraft beginnen (Abs. 2 S. 2; s. im Übrigen RiStBV Nr. 61 entspr.).

5. Anrechnung

Der Zeitraum der (zwischenzeitlichen) Unterbringung **wird** – ebenso wie 27 einer solchen gem. § 81 StPO – bei Berechnung der (sechsmonatigen) **Frist** zur Überprüfung von **U-Haft** (§ 2 Abs. 2, § 121 StPO) **grundsätzlich** angerechnet (vgl. entspr. → § 71 Rn. 16, → § 72 Rn. 13, → § 109 Rn. 26), und zwar unabhängig davon, ob während dieser Zeit die U-Haftvollstr ausgesetzt war oder nicht (aA *Starke* StV 1988, 223 (225)).

Wegen der **Berücksichtigung** bzw. **Anrechnung** bei JA und JStrafe vgl. 28 → § 52 Rn. 8, → § 52a Rn. 5 (s. schon BGHSt 4, 325 (betr. die Anrechnung der Unterbringung nach § 81 StPO auf Rechtsfolgen nach allg. StR)).

6. Kosten

Die in Durchführung der Anordnung nach § 73 entstehenden Kosten sind 29 Auslagen des Verfahrens. Sie werden dem Jugendlichen nur ausnahmsweise aufzuerlegen sein (vgl. → § 74 Rn. 13, 8, 8a; s. RL 4 zu § 74).

Kosten und Auslagen

74 Im Verfahren gegen einen Jugendlichen kann davon abgesehen werden, dem Angeklagten Kosten und Auslagen aufzuerlegen.

Schrifttum *Baumhöfener,* Jugendstrafverteidiger – eine Untersuchung im Hinblick auf § 74 JGG, 2007; *Beste,* Die Kostenlast im Strafverfahren, 1988; *Fuchs,* Der Verteidiger im Jugendstrafverfahren, 1992; *Geraedts,* Zur Tötungsdelinquenz bei jugendlichen und heranwachsenden Straftätern, 1998; *Körner,* Die Kostentragung im Jugendstrafverfahren, 2004; *Matzke,* Der Leistungsbereich bei Jugendstrafgefangenen, 1982.

Übersicht

I. Anwendungsbereich

1. Persönlicher Anwendungsbereich

Die Vorschrift gilt für **Jugendliche** auch in Verfahren vor den für allg. 1
Strafsachen zuständigen Gerichten (§ 104 Abs. 1 Nr. 13).

Die Vorschrift gilt für **Heranwachsende** – in Verfahren vor JGerichten 2
wie vor den für allg. Strafsachen zuständigen Gerichten – nur dann, wenn
auf sie materielles JStR angewandt wird (§ 109 Abs. 2 S. 1, § 112 S. 1, 2,
§ 104 Abs. 1 Nr. 13).

Die Vorschrift ist von der Geltung für im Zeitpunkt der HV **Erwachsene,** 2a
die nach materiellem JStR verurteilt werden, nicht ausgenommen (aA AG
Memmingen ZJJ 2014, 397 mAnm *Eisenberg*).

2. Verfahrensbezogener Anwendungsbereich

a) Entsprechende Anwendung. Die Regelung des § 74 kann auch bei 3
sonstigen Kostenentscheidungen Bedeutung haben.

Bei der im Falle einer **Widerklage gegen** einen **Jugendlichen** (§ 80 3a
Abs. 2) etwa zu treffenden Kostenentscheidung (§ 2 Abs. 2, § 471 Abs. 3
Nr. 3 StPO) kann § 74 entsprechend angewandt werden; zumindest können
dessen Intentionen bei Ausübung des richterlichen Ermessens bezüglich der
Kostenverteilung berücksichtigt werden. Im Hinblick auf die besondere Ver-
fahrensstellung mag es hier ggf. allerdings erzieherisch bedenklich sein, dem
unterlegenen Jugendlichen die Kosten nicht aufzuerlegen. – Gemäß dem
Wortlaut des § 74 („gegen") lässt sich die Vorschrift nicht für den jugendlichen Privatkläger heranziehen, gegen den keine Widerklage erhoben ist
(dh ggf. kommt es zu der Belastung gem. § 2 Abs. 2, § 471 Abs. 2 StPO).

Ferner kann eine entsprechende Anwendung des § 74 (betr. Heranwach- 3b
sende zudem in entspr. Anwendung des § 109 Abs. 2 S. 1) im Einzelfall in
Betracht kommen (aA *Schatz* in Diemer/Schatz/Sonnen Rn. 5), sofern
einem Jugendlichen **nach allg. StVR** die Kosten **aufzuerlegen** wären (zB
§ 470, eingeschränkt auch § 469 StPO (vern. zu letztgenannter Vorschrift
OLG Stuttgart MDR 1982, 518 (Ls.), das allerdings bereits wegen mangelnder Prozessfähigkeit des minderjährigen Anzeigeerstatters eine Kostenhaf-
tung abgelehnt hatte); nach UK III DVJJ-Journal 1992, 26 sollte § 470 S. 2
Alt. 2 StPO im JStrafverfahren „zum Regelfall werden").

b) OWi-Verfahren. In diesem Verfahren kann die Verwaltungsbehörde 4
bzw. auf Einspruch das Gericht ganz oder teilweise (s. auch RL 1 S. 2 zu
§ 74) davon absehen, dem Jugendlichen und Heranwachsenden die Kosten
des Bußgeldverfahrens sowie Auslagen, die einem anderen Verfahrensbeteiligten (vgl. § 472b Abs. 1 S. 2 StPO) entstanden sind, aufzuerlegen (§§ 74,
109 Abs. 2 iVm § 105 Abs. 1 OWiG; AG München ZfSch 2009, 596
(betr. Kosten eines Gutachtens); *Hadamitzky* in KK-OWiG OWiG § 105
Rn. 142).

II. Allgemeines

1. Zur Gesetzessystematik

5   **a) Vorschriften des allgemeinen Strafverfahrensrechts.** Nach hM gelten die Vorschriften des allg. StVR über Kosten und Auslagen (§§ 464 ff. StPO; zu Bedenken s. etwa *Hassemer* ZStW 1985 (1973), 671; *Beste,* Die Kostenlast im Strafverfahren, 1988) – ggf. modifiziert – auch im JStrafverfahren (§ 2 Abs. 2). Dabei wird eine Verurteilung iSv § 465 Abs. 1 S. 1 StPO (und nicht ein Fall des Absehens von Strafe iSv § 465 Abs. 1 S. 2 StPO) unabhängig davon angenommen, ob **Erziehungsmaßregeln** (§§ 9 ff.) angeordnet wurden, auf **Zuchtmittel** (§§ 13 ff.) erkannt oder die Entscheidung über die **Verhängung** der **JStrafe** zBew **ausgesetzt** (§ 27) wurde (hM; aA *Potrykus* RdJB 1956, 281). Entsprechend soll der Begriff „Strafe" in § 466 StPO iSv Verurteilung auszulegen sein (KG JR 1962, 271; *Dallinger/Lackner* Rn. 3). Wegen der Kostenentscheidung im Falle der **Einstellung** nach § 47 vgl. → § 47 Rn. 22.

5a   Auch bei **Verurteilung** wegen nur eines **Teiles** des Anklagevorwurfs gelten nach hM die allg. Vorschriften (zu § 465 Abs. 2 S. 2 und 3 StPO, § 464d StPO vgl. BGH StV 1996, 276; vern. betr. „fiktiven Freispruch" OLG Oldenburg NStZ-RR 2008, 649).

6   **b) Freispruch.** Im Falle dieser Entscheidung sind – ebenso wie im allg. StVR (§ 2 Abs. 2, **§ 467 StPO**) – die Verfahrenskosten und die notwendigen Auslagen des Jugendlichen, vorbehaltlich der obligatorischen (§ 467 Abs. 2 S. 1, Abs. 5 StPO) und fakultativen (§ 467 Abs. 3 S. 2 Nr. 1 und 2, Abs. 4) **Ausnahmen,** der Staatskasse aufzuerlegen. Dies gilt auch dann, wenn der Freispruch auf erwiesener oder wahrscheinlicher Altersunreife (§ 3 S. 1) beruht (iErg ebenso *Sommerfeld* in NK-JGG Rn. 4; wegen eines speziellen Versagungsgrundes s. BGHSt 7, 276).

6a   **aa)** Hinsichtlich der fakultativen Ausnahmen wäre es mit § 2 Abs. 2 und speziell dem Grundsatz des Verbots der Schlechterstellung im Vergleich zu Erwachsenen (vgl. → § 2 Rn. 23 ff.) unvereinbar, bei der Ermessensentscheidung zum Nachteil des Jugendlichen (bzw. Heranwachsenden) erzieherische Erwägungen gar vorrangig heranzuziehen. Betreffend § 2 Abs. 2, § 467 Abs. 3 S. 2 Nr. 1 StPO sind die Besonderheiten altersbegründeter Umstände (einschließlich Gefahren von Missverständnissen wie auch von Fehlinterpretationen) und Belastungen des (Jugend-)Stafverfahrens zu berücksichtigen (vgl. zur Vernehmung → § 50 Rn. 14 ff.).

6b   **bb)** Im Einzelnen kann betr. § 2 Abs. 2, § 467 Abs. 3 S. 2 Nr. 2 StPO bei einem durch einen Verfahrensfehler der Strafjustiz eingetretenen *Verfahrenshindernis* das Absehen der Billigkeit entsprechen (vgl. bejahend BVerfG, 3. K. des 2. S., NJW 2017, 2459 (zum allg. StVR)), im JStV wird dies auch gem. den erzieherischen Prinzipien der Klarheit und Konsequenz und der Akzeptanzvoraussetzung der Fairness tendenziell ohnehin zu bejahen sein. Betreffend § 2 Abs. 2, § 467 Abs. 4 ist *umstritten* (vgl. näher krit. zu Entscheidungen von EGMR und BVerfG NJW 1988, 3233), ob trotz Art. 6 Abs. 2 EMRK auf den Grad des *Tatverdachts* abgestellt werden darf (bejahend (jeweils zum allg. StR) etwa BVerfG NStZ 1990, 598 mablAnm *Paulus;* BGH NStZ 2000, 330 mkritAnm *Hilger*).

c) **Kosten für einen Wahlverteidiger.** Diese sind auch dann **notwendi-** 7
ge Auslagen des Jugendlichen, wenn der Verteidiger allein vom gesetzlichen
Vertreter oder Erziehungsberechtigten ausgewählt und bevollmächtigt wurde
(LG Bückeburg NJW 1960, 1026). Anders verhält es sich, wenn gesetzliche
Vertreter oder Erziehungsberechtigte mit dem Verteidiger (ausdrücklich)
vereinbarten, dass sie − nur mit eigenem Vermögen − haften (Vertrag
zugunsten Dritter; zust. *Schatz* in Diemer/Schatz/Sonnen Rn. 30; *Schwer*
Stellung 189 f.; aA *Sommerfeld* in NK-JGG Rn. 5).

2. Sachliche Gründe der Vorschrift des § 74

a) **Normative Benachteiligung Jugendlicher und Heranwachsen-** 8
der. aa) Eine Mehrbelastung ergibt sich im Allg. daraus, dass bestimmte
Straftatbestände von der legislatorischen Definition her eine **Tatsituati-**
on zur Voraussetzung haben, die bevorzugt bei bestimmten Adressatengruppen vorkommt, und zwar aufgrund außerpersonaler Umstände, und
dass dies **überhöht** auf Jugendliche und Heranwachsende zutrifft (vgl. auch
→ § 2 Rn. 26). Ähnliches gilt tendenziell bzgl. der Zugangsmöglichkeiten
zu **Objekten,** die typischerweise bei der Verwirklichung bestimmter Straftatbestände eine Rolle spielen. Entsprechende Diskrepanzen liegen auch
bei **quantitativ gewichtigen Delikten** wie zB Diebstahl vor. − Auf
diesem Hintergrund gewinnt zudem der Umstand an Bedeutung, dass im
Bereich Jugendlicher und Heranwachsender noch mehr als bei Erwachsenen Delikte in der überwiegenden Zahl **ohne** vorherige **Planung** geschehen und sich gleichsam als „gedankenlose" Handlungen darstellen (selbst
bei Tötungsdelikten, s. etwa *Littmann ua* MschKrim 1993, 22 ff.; *Geraedts,*
Zur Tötungsdelinquenz bei jugendlichen und heranwachsenden Straftätern,
1998, 26 f.; speziell betr. „fremdenfeindliche" Brandanschläge *Neubacher*
MschKrim 1999, 7).

bb) Dem entspricht es, dass § 74 dem JGericht die Möglichkeit gibt, den 8a
Jugendlichen aus erzieherischen Gründen **von Kosten** und **Auslagen** zu
entlasten, und zwar *ganz* (vgl. betr. die *Revision* etwa BGHSt 48, 34 = NJW
2003, 150 Nr. 6; BeckRS 2012, 5301 Rn. 10; 2012, 4847 Rn. 6) oder
teilweise (zB Auferlegen nur einer bestimmten Auslage oder Summe, eines
prozentualen Anteils oä; vgl. OLG Hamm NJW 1963, 1168; RL 1 S. 2; vgl.
auch → Rn. 11; s. aber UK III DVJJ-Journal 1992, 25 für Änderung dergestalt, dass „alle Kosten und Auslagen der Staat trägt"; sinngleich DVJJ
1993, AK IV/1; dazu bei der Nebenklage → Rn. 16a). **Zweck** der Regelung ist, den Jugendlichen **vor** einer **zusätzlichen** und oftmals besonders
schädlichen **Beeinträchtigung** zu **schützen** (vgl. nur OLG Hamm NJW
1963, 1163; vgl. auch *Grotenbeck* Zbl 1980, 439).

Soweit es hiernach zur Freistellung kommt, hat die Staatskasse die Kosten 8b
zu tragen (s. auch OLG Koblenz JBl. RhPf. 1999, 25). Dies gilt auch für −
etwa gem. § 2 Abs. 2, § 246a Abs. 1 StPO entstandene − Gutachterkosten
im Hauptverfahren (vgl. im Übrigen aber auch → § 81a Rn. 8; vgl. aber
auch betr. das Vollstreckungsverfahren → Rn. 14).

b) **Erzieherische Belange. aa)** (1) Regelmäßig wird zu besorgen sein, 8c
dass die Auferlegung von Kosten und Auslagen ihrerseits **Folgewirkungen**
einer negativen Sanktionierung im Sinne einer − im JStR unzulässigen −
Geldstrafe hat (s. auch BGH 25.7.1956 − 2 StR 283/56; BGH NStZ-RR

2006, 224: als „Unterstützung von Strafzwecken" unzulässig; LG Saarbrücken ZJJ 2010, 428 sowie ZJJ 2013, 418 mAnm *Möller;* s. zudem *Beste,* Die Kostenlast im Strafverfahren, 1988, 61 ff. sowie *Mellinghoff* NStZ 1982, 408 und *Hartman-Hilter* Verteidigung 182: „Zusatzstrafe"; abw. betr. zur Tatzeit 17-Jährigen KG BeckRS 2008, 10468 (betr. ua „nicht unbeträchtliche Vergütungen von zwei Pflichtverteidigerinnen")), und deshalb wird bei der nach **pflichtgemäßem Ermessen** zu treffenden Entscheidung die Möglichkeit gem. § 74 tendenziell ausgedehnt zu nutzen sein (vgl. näher → Rn. 9). Erzieherischen Belangen (vgl. RL 1 S. 1) kommt auch bei der Würdigung der wirtschaftlichen Verhältnisse (vgl. BGH BeckRS 2017, 118927), der Chance zukünftiger Berufsausübung (BGH NStZ-RR 2006, 224: „Neuanfang"; OLG Jena NStZ-RR 1998, 153) und der Gefahr der Abwälzung der Leistungserbringung (OLG Düsseldorf NStZ-RR 2011, 293 f., auch zur Berücksichtigung freiwilliger Wiedergutmachungszahlung) wesentliche Bedeutung zu.

8d (2) **Weniger Gewicht** hat demgegenüber die Art der **Tat** (s. BGH BeckRS 2016, 15975 betr. Totschlag; BGH StV 1994, 598; NStZ 2013, 280 jeweils betr. Mord; OLG Jena NStZ-RR 1998, 153 betr. Mord: „kein geeignetes Beurteilungskriterium"; aA *Brunner/Dölling* Rn. 4), auch wenn hinzu kommende Umstände berücksichtigt werden können (vgl. betr. Tötung aus Habgier und „Verkauf" des Geständnisses an eine Zeitung BGHR § 74 JGG, Kosten 2; OLG Hamm ZJJ 2008, 193 betr. notwendige Auslagen der Nebenkläger (näher → § 109 Rn. 31f)). Das **Verhalten** im **Verfahren** (zB Verzögerung) darf eher **nicht** (vgl. *Degener* in SK-StPO StPO § 465 Rn. 7) oder allenfalls nachrangig berücksichtigt werden, zumal es regelmäßig auch von **Verteidigung**sbelangen getragen sein wird (vgl. betr. anhaltenden Kampf gegen einen U-Haftbefehl OLG Saarbrücken ZJJ 2009, 263 mAnm *Möller* ZJJ 2009, 262, re. Sp.), insb. bei sog. „hartnäckigen Leugnen" oder Veranlassen einer umfangreichen Beweisaufnahme (n. dazu (und zumindest konkret vern.) OLG Köln OLGSt § 74 Nr. 3; s. auch *Dallinger/Lackner* Rn. 13) bzw. Ausschöpfung des Instanzenzugs (verfehlt OLG Hamm NStZ-RR 2014, 96 mAnm *Eisenberg* NStZ 2014, 410; vgl. näher auch → Rn. 24) oder auch nur der Beschwerdeeinlegung (vgl. aber, zudem in Kontrast zu dem beanstandeten Leistungsverhalten, KG 26.6.2013 – 4 Ws 32/13 – 141 AR 76/13 bei *Fricke* StRR 2014, 478). – Eine Auferlegung scheidet – zumindest teilweise – auch aus, wenn die Höhe der Kosten „die eigentliche" Rechtsfolge in den Hintergrund treten ließe (LG Freiburg NStZ-RR 2000, 183).

8e **bb)** Ausschlaggebend ist die **zukunftsorientierte Betrachtungsweise** (OLG Düsseldorf NStZ-RR 1996, 24; OLG Saarbrücken ZJJ 2009, 262 mAnm *Möller;* OLG Köln OLGSt § 74 Nr. 3; OLG Düsseldorf NStZ-RR 2011, 294: Motivation zur Berufsausbildung; LG Köln DVJJ-Journal 1997, 89; iErg vern. bei inzwischen im 5. Lebensjahrzehnt befindlichen Verurteilten KG NStZ-RR 1999, 121). Dies gilt auch iSd Vermeidung zusätzlicher Belastung nach Entlassung aus dem JStVollzug (BGHR JGG § 74, Ablehnung 1; LG Saarbrücken ZJJ 2009, 263 mAnm *Möller;* s. partiell anders aber auch BGH (Kostenbeschluss) NStZ-RR 2001, 326 bei *Böhm:* trotz „derzeitiger Mittellosigkeit"; KG NStZ-RR 2007, 64 („bislang ... ausschweifender Lebensstil"); s. aber zu Angaben über eine zurückhaltende Anwendung vormals *Matzke,* Leistungsbereich bei Jugendstrafgefangenen, 1982, 77 f.).

c) **Erziehungsauftrag (§ 2 Abs. 1).** Die Wahrung von **Schutz, För-** 9
derung und **Integration** als vorrangigen Elementen des Erziehungsauftrags
wird auch dann ein Absehen von der Kostenauferlegung gebieten, wenn der
Jugendliche oder der Heranwachsende die Kosten aus eigenen Mitteln
begleichen kann (RL 1), es sei denn, es läge fern, dass die Auferlegung die
Chancen der (Eingliederung bzw.) **Legalbewährung** beeinträchtigen
könnte (BGH StV 2001, 172). Ähnliches gilt auch dann, wenn es dem
Jugendlichen zwar möglich und zumutbar ist, die Kosten durch Arbeit
aufzubringen (vgl. → § 10 Rn. 20–22), jedoch gerade durch eine solche
Belastung die Motivation zur Arbeitsaufnahme beeinträchtigt werden kann
(LG Gera StV 1999, 667). Desgleichen ist der (berufliche) Werdegang im
Allg. kein geeignetes Zumutbarkeitskriterium (aA OLG Düsseldorf MDR
1993, 1113).

Insgesamt betrachtet wird es **nur ausnahmsweise** erzieherisch geboten 9a
sein, dem Verurteilten die Kosten **aufzuerlegen** (ebenso *Hilger* in Löwe/
Rosenberg StPO § 465 Rn. 9; *Degener* in SK-StPO StPO § 465 Rn. 7).
Die Feststellung allein, er verdiene, reicht hierzu ohnehin nicht aus (BGH
Herlan GA 1964, 135; vern. bei Sozialhilfe LG Osnabrück JurBüro 1990,
1031 (betr. Asylbeantragenden); verfehlt KG ZJJ 2010, 74 mAnm *Eisenberg/
Huck*).

III. Gerichtskosten

1. Allgemeines

Bezüglich **Gerichtsgebühren** sind **Erziehungsmaßregeln** und **Zucht-** 10
mittel in Vorb. 3.1. (1) zu Kostenverzeichnis 3110 ff. nicht als Grundlage für
eine Gebührenbemessung genannt; wie auch die **Aussetzung** der **Verhän-**
gung der JStrafe zBew (§ 27) unterfallen sie nicht dem Begriff der „Strafe",
sodass bei Entscheidungen dieser Art keine Gerichtsgebühren entstehen (vgl.
auch RL 3 S. 1; OLG Koblenz JurBüro 1990, 382). Jedoch wird **JStrafe**
insoweit als „Strafe" beurteilt, wobei sich die Gebührensätze nach der Dauer
der erkannten JStrafe richten. In Fällen nachträglicher Bildung einer einheitlichen Rechtsfolge (§ 31 Abs. 2 oder § 66 (s. RL Nr. 2 S. 1) ist bei der
Berechnung Vorb. 3.1 (5) zu Kostenverzeichnis 3110 ff. zu beachten (vgl.
RL Nr. 2, 3 S. 2). – Gerichtsgebühren bei Anordnung einer **Maßregel** der
Besserung und **Sicherung** (§ 7) bestimmen sich nach Vorb. 3.1 (4) zu
Kostenverzeichnis 3110 ff.

Unter besonderen Umständen können auch in Fällen gerichtsgebühren- 10a
freier Entscheidungen etwa entstandene gerichtliche Auslagen auferlegt werden (vgl. OLG Oldenburg NJW 1964, 2439 (zum allg. StR): Freispruch
wegen Unzurechnungsfähigkeit, aber Entzug der Fahrerlaubnis).

2. Rechtsfolgen

a) **Weisung, Auflage.** Ungeachtet spezialpräventiv abträglicher Folgewir- 11
kungen (empirische Hinweise darauf bei *Neßeler* ZJJ 2019, 359 (361 f.)
gehören die dem Jugendlichen durch Befolgung einer Weisung (§ 10; OLG
Frankfurt/M. NStZ-RR 1996, 184) oder Auflage (§ 15) **entstehenden**
Kosten nach hM nicht zu den Kosten und Auslagen iSv § 74 (vgl. auch RL

Nr. 5 S. 1; Nds. Landesregierung DVJJ-Journal 1992, 156; *Bizer* ZfJ 1992, 618; *Ostendorf* ZRP 1988, 432 ff.; betr. § 10 Abs. 1 S. 3 Nr. 2, 5 und 7 aA *Körner,* Die Kostentragung im Jugendstrafverfahren, 2004; *Matzke,* Der Leistungsbereich bei Jugendstrafgefangenen, 1982, 158, 170 ff.; vgl. aber auch → § 10 Rn. 81). Hingegen gilt dies nicht für im Anschluss an eine Nichtbefolgung entstandene Kosten (vgl. LG Flensburg StraFo 2007, 482 (betr. Beschwerde gegen Sicherungshaftbefehl)). **Haftkosten** in **JA-Anstalten** werden nicht erhoben.

12 **b) U-Haft, Unterbringung.** Zu den **Auslagen** zählen hingegen (s. Nr. 9011 Kostenverzeichnis zu § 3 Abs. 2 GKG iVm § 14 S. 2 KostVfg (Neufassung v. 6.3.2014)) die Kosten für die U-Haft (§ 72 Abs. 1; s. aber näher *Körner,* Die Kostentragung im Jugendstrafverfahren, 2004; *Matzke,* Der Leistungsbereich bei Jugendstrafgefangenen, 1982, 209 ff.), für die einstweilige Unterbringung (§§ 71 Abs. 2, 72 Abs. 4 (zust. OLG Dresden DVJJ-Journal 1998, 278 f.); s. RL Nr. 4; vgl. aber → § 71 Rn. 19) und für die Unterbringung zur Beobachtung (§ 73). Desgleichen zählen zu den Auslagen die Kosten des Pflichtverteidigers (vgl. Nachw. bei *Meyer-Goßner/ Schmitt* StPO § 464a Rn. 1).

13 **c) JStrafe.** Auslagen für die **Vollstr** bzw. den **Vollzug** der JStrafe entstehen JStrafgefangenen nicht, soweit sie Einkünfte nach dem jeweiligen Landes-JStVollzG erhalten, unverschuldet arbeitsunfähig oder zur Arbeit nicht verpflichtet sind. Hingegen wird bei Bestehen eines freien Beschäftigungsverhältnisses (und teilweise auch bei Selbstbeschäftigung) ein Haftkostenbeitrag erhoben (vgl. → § 92 Rn. 112b), auf dessen Grundlage die Geltendmachung von Auslagen für den Vollzug der JStrafe in Betracht kommt.

14 **d) Sachverständigengutachten im Rahmen der Vollstreckung.** Soweit eine **JStrafe** bzw. eine freiheitsentziehende **Maßregel** der Besserung und Sicherung vollstreckt wird (§ 7 iVm §§ 63, 64 StGB, ggf. SV), ist schon im allg. StVR fraglich, ob es sich bei den im Falle der Beauftragung eines Sachverständigen zur Vorbereitung der Entscheidung zur Frage vorzeitiger Entlassung (vgl. → § 88 Rn. 32) bzw. bei dessen Heranziehung nach § 463 Abs. 3 S. 3 StPO iVm §§ 67d Abs. 2 StGB anfallenden Kosten gem. der überwiegenden Auffassung der Judikatur zum allg. StVR um Auslagen der Vollstr handelt (zu § 57 StGB OLG Frankfurt/M. NStZ-RR 2010, 359). Denn bei dieser Auffassung handelt es sich um einen Wertungswiderspruch zwischen der ursprünglichen Konzeption der § 465 Abs. 1 S. 1 StPO, § 463 Abs. 1 StPO einerseits und Maßregeln als „Sonderopfer für die Gemeinschaft" andererseits (vgl. auch → Rn. 8, → § 106 Rn. 11; dazu *Eisenberg* JR 2006, 57 (59)). Daher wäre eine selbstständige Kostenentscheidung gem. §§ 464, 465, 467 StPO vorzugswürdig (vgl. *Hilger* in Löwe/Rosenberg StPO § 464a Rn. 18a).

14a **e) Vollzug von Maßregeln der Besserung und Sicherung.** Im **JStrafverfahren** gelten schon die Voraussetzungen zur Anordnung der in Rede stehenden Maßregeln wegen des **Erziehungsauftrags** (§ 2 Abs. 1) nur modifiziert (dazu Erl. zu § 7), und die allg. Kostenvorschriften sind nur insoweit anwendbar, als sie diesem Auftrag sowie den sonstigen Grundsätzen des JGG nicht widersprechen (§ 2 Abs. 2; vgl. Erl. zu → § 2 Rn. 20 ff.). Auf dieser Grundlage bestünden die aus dem Wesen dieser Maßregeln als eines Sonderopfers sich ergebenden Einwände gegenüber einer Kostentragung nach allg. Vollzugsrecht (§ 465 Abs. 1 S. 1 StPO, § 464a Abs. 1 S. 2 StPO iVm spezialgesetzlicher Grundlage (vgl. dazu etwa OLG Dresden StV 2016, 310)), sofern die Frage im Bereich des JGG relevant sein sollte, in erhöhtem Maße.

IV. Auslagen

1. Notwendige Auslagen

a) Meinungsstreit zur Frage der Freistellung. aa) Die Bezeichnung 15 „notwendige" Auslagen hat nichts gemein mit dem Begriff notwendige Verteidigung (§ 68 bzw. §§ 140, 350 Abs. 3 StPO), denn für die Anerkennung als notwendige Auslagen kommt es nur darauf an, dass sie aufgrund *zulässiger Verteidigungs*maßnahmen entstanden sind (vgl. zusf. nur *Meyer-Goß-ner/Schmitt* StPO § 464a Rn. 9, 10). Ob die notwendigen Auslagen des Jugendlichen solche iSv § 74 sind, dh ob sie – unabhängig von den Voraussetzungen von § 2 Abs. 2, §§ 467, 467a StPO (zur Antragsberechtigung vgl. auch § 467a Abs. 1 S. 1 StPO iVm § 67 Abs. 1) – ggf. von einer allg. Freistellung mitumfasst (und also von der Staatskasse zu tragen) sind, ist umstritten. Dabei fällt auf, dass seit einer die Frage verneinenden BGH-Entscheidung (BGHSt 36, 27 = NStZ 1989, 239 mablAnm *Brunner* = StV 1989, 309 mablAnm *Ostendorf* = JR 1990, 40 mablAnm *Eisenberg;* ebenso BGH NStZ 2006, 503 = StV 2007, 12 (obiter dictum), BGH BeckRS 2017, 118927), dh eines Nicht-JGerichts (vgl. → §§ 33–33b Rn. 12), in den veröffentlichten jugendgerichtlichen Entscheidungen (soweit ersichtlich) eher häufiger idS entschieden wird (vgl. nur OLG Frankfurt/M. GA 1994, 286; ergänzend schon *Böhm* NStZ 1991, 524: „haben sich …angeschlossen"; vgl. zu weiteren Nachw. 17. Aufl.). Indes begegnet die Begründung der Verneinung Bedenken (vgl. näher dazu → Rn. 15a), und so erachtet auch weiterhin ein Teil der Rspr. die Freistellung nicht als unzulässig (vgl. nur OLG Hamm ZJJ 2014, 391 mAnm *Eisenberg,* das sich davor hütet, in die Entscheidung des JGerichts einzugreifen, ganz im Unterschied zu OLG Brandenburg OLGSt JGG § 74 Nr. 4 = NStZ-RR 2012, 19; LG Frankfurt (Oder) 3.6.2011 – 21 KLs 7/10); im Schrifttum wird die Zulässigkeit ohnehin überwiegend bejaht (*Brunner/Dölling* Rn. 7, 7a; *Sommerfeld* in NK-JGG Rn. 10; *Kaspar* in MüKoStPO Rn. 3 und 5a; grds. ebenso *Blessing/Weik* in HK-JGG Rn. 15 f. (allerdings unter Akzeptanz der Gegenauffassung); *Schaffstein/Beulke/Swoboda* JugendStrafR 798, *Laubenthal/Baier/Nestler* JugendStrafR Rn. 379; aA aber *Schatz* in Diemer/Schatz/Sonnen Rn. 29; *Pawlischta* in BeckOK JGG Rn. 15).

In BGHSt 36, 27 ist ausgeführt, „eine Kostenvorschrift, nach der es 15a gestattet wäre, den Angeklagten auch im Fall seiner Verurteilung von der Tragung seiner notwendigen Auslagen zu befreien, kennt die StPO nicht" (Ausnahme § 465 Abs. 2), und § 74 scheide aus, weil darin nicht bestimmt ist, dass die Staatskasse die Kosten zu tragen habe, sodass „die Grenzen zulässiger Gesetzesauslegung" überschritten würden (aA aus der Praxis *Stöckel* in KMR StPO Vor § 464 Rn. 3). Diese Argumentation geht daran vorbei, dass die notwendigen Auslagen ebenso repressiv sind **wie** eine **Geldstrafe** (vgl. nur *Schaffstein/Beulke/Swoboda* JugendStrafR 797), das **Gesetz** aber die Geldstrafe im JStR **nicht zulässt** (und zudem die Anordnung einer

Geldauflage an enge Voraussetzungen knüpft, § 15 Abs. 2), weil andernfalls die Zielsetzung jugendstrafrechtlicher Rechtsfolgen konterkariert und ggf. von vornherein zunichte gemacht würde. Hiernach verlangt die *gesetzessystematische Auslegung* eine Erstreckung des § 74 auch auf die notwendigen Auslagen der Verurteilten. Im Verhältnis zu dieser Rechtsfrage steht das Bemerken des BGH hinsichtlich der Kostentragung durch die Staatskasse hintan, zumal es mittelbar den Akzent auf fiskalische Belange legt (gar unmittelbar OLG München NStZ 1984, 138), wogegen sich die jugendgerichtliche Praxis weithin dezidiert verwahrt (vgl. nur *Blessing/Weik* in HK-JGG Rn. 15; *Sommerfeld* in NK-JGG Rn. 10), weil solches dem Gebot möglichst qualifizierter Verteidigung widerspricht (herabsetzend aber etwa OLG München NStZ 1984, 138) und ohnehin den Erziehungsauftrag (§ 2 Abs. 1) „in die entgegengesetzte Richtung kehrt" (*Degener* in SK-StPO StPO § 465 Rn. 10).

15b **bb)** Die verneinende Auslegung darf, auch wenn wegen der im Vergleich zu den gerichtlichen Verfahrenskosten nicht selten erheblich höheren Wahlverteidigergebühren eine dahingehende Motivation sich ggf. einschleichen könnte, **nicht** (auch nicht verborgen) **fiskalpolitisch** motiviert sein (dezidiert *Blessing/Weik* in HK-JGG Rn. 15; *Sommerfeld* in NK-JGG Rn. 10; s. aber etwa OLG München JurBüro 1983, 1852 mzustAnm *Mümmler* = NStZ 1984, 138 mAnm *Waldschmidt*). Sie **widerspricht** ggf. dem **jugendrechtlichen Gebot** möglichst qualifizierter, dh intensiv vorbereiteter (Wahl-)Verteidigung (vgl. zu einer überregionalen schriftlichen Befragung von Verteidigern in JStrafsachen (Rücklaufquote 50,3 %) *Baumhöfener*, Jugendstrafverteidiger – eine Untersuchung im Hinblick auf § 74 JGG, 2007, 96 ff.; zur Effizienz von Wahl- bzw. Pflichtverteidigung *Eisenberg/Kölbel* Kriminologie § 30 Rn. 40 ff.) und „kehrt" den auch in § 74 zum Ausdruck kommenden Erziehungsauftrag (§ 2 Abs. 1) „in die entgegengesetzte Richtung" (*Degener* in SK-StPO StPO § 465 Rn. 10).

15c Wird die Frage verneint und hat ein **Rechtsmittel** teilweise Erfolg, so wäre eine faktische Sanktionierung bei der Entscheidung gem. § 2, § 473 Abs. 4 StPO unzulässig (OLG Düsseldorf NStZ-RR 2011, 294).

15d **b) Bedürfnisse Jugendlicher und Heranwachsender.** Bei erzieherischer Orientierung an den Bedürfnissen und Interessen Jugendlicher wird zumindest im Falle vorhandener und hinsichtlich der **Legalbewährung** beachtlicher relativer Armut oder gar finanzieller Notlage (vgl. zu Nachw. *Eisenberg/Kölbel* Kriminologie § 54 Rn. 13, § 52 Rn. 2, 14 ff.), im Übrigen aber auch aus sonstigen tatsächlichen Gründen **idR** eine **bejahende Auslegung** angezeigt sein (zust. *Schaffstein/Beulke/Swoboda* JugendStrafR 798; ebenso *Degener* in SK-StPO StPO § 465 Rn. 9).

15e Das Argument, im Unterschied zur Geldstrafe liege ein „freiwilliges" Eingehen der Honorarverpflichtung und damit der oftmals langfristigen **Belastung** vor (vgl. aber → Rn. 17b), übersieht die Notwendigkeit **zukunftsorientierter** Betrachtungsweise (vgl. näher → Rn. 8, 8d), die auch nicht davon abhängig gemacht werden darf, ob bzw. in welcher Höhe ein – etwa seitens Dritter nur vorgestreckter (vgl. auch § 15 Abs. 2) – Vorschuss geleistet wurde.

15f **c) „Beteiligter".** Dieser Begriff in § 464a Abs. 2 StPO meint auch den Angeklagten (vgl. *Hilger* in Löwe/Rosenberg StPO § 464a Rn. 22; *Stöckel* in KMR StPO Vor § 464 Rn. 3). Dabei sind grundsätzlich auch diejenigen notwendigen Auslagen einbezogen, die darauf beruhen, dass der **gesetzliche Vertreter** (vgl. → § 67 Rn. 12) einen Verteidiger beauftragt hat (LG Bückeburg NJW 1960, 1026; *Hilger* in Löwe/Rosenberg StPO § 464a Rn. 23). – Besonderheiten ergeben sich bei gleichzeitiger Beauftragung auch durch den jugendlichen Angeklagten hinsichtlich der Frage, ob sich der Gebührenrahmen erhöht (vgl. vormals bejahend *Meyer* JurBüro 1989, 6 f.; aA LG Passau JurBüro 1988, 1380, wonach unter entspr. Anwendung von § 91 Abs. 2 S. 3 ZPO idR so zu verfahren sei, als wäre der Verteidiger nur für einen Auftraggeber tätig gewesen.

2. Auslagen der Nebenklage

Nach hM können die Auslagen der Nebenklage gem. §§ 472, 473 Abs. 1 **16** S. 2, 3 StPO iVm § 2 Abs. 2 (zu Gebührenfragen OLG Nürnberg BeckRS 2014, 60046) dem Jugendlichen auferlegt werden (so ausdrücklich bspw. BGH BeckRS 2013, 2880; KG JR 1996, 216 = LSK 1996, 340192; OLG Hamm ZJJ 2008, 193 = BeckRS 2008, 02250; OLG Köln BeckRS 2010, 00435; vgl. auch BGH BeckRS 2000, 30152492; 2004, 00039; 2010, 15452; 2010, 15489; 2012, 04847; 2016, 5080; 2019, 15071; OLG Düsseldorf NStZ-RR 2011, 293; LG Koblenz StRR 2010, 269 = BeckRS 2010, 4668; *Sommerfeld* in NK-JGG Rn. 12; *Brunner/Dölling* Rn. 9). Dies gelte auch dort, wo das Gericht gem. § 74 von der Auferlegung der sonstigen Verfahrenskosten absieht. Dass darin eine pädagogische Maßnahme liege, die dem Verurteilten die Konsequenzen seiner Tat vor Augen führe (stellvertretend BGH StraFo 2019, 75 = BeckRS 2018, 29443), stellt jedoch eine höchst zweifelhafte Wirkungsannahme dar (n. *Kölbel/Eisenberg* StraFo 2019, 75 ff.). Es ist stattdessen zu berücksichtigen, dass das Gesetz finanzielle Belastungen des Jugendlichen wegen ihrer spezialpräventiven Dysfunktionalität (→ Rn. 8 ff., → Rn. 15a) im Wesentlichen auf die Abschöpfung vorhandener Tatvorteile begrenzt (§ 15 Abs. 2; s. auch → § 6 Rn. 9 ff.). Dies spricht gesetzessystematisch für eine jugendstrafrechtlich-teleologische Begrenzung von § 472 Abs. 1 StPO iVm § 2 Abs. 2 JGG auf jene Sondersituationen (vgl. bereits *Schaal/Eisenberg* NStZ 1988, 49 (53)), in denen eine erzieherische Eignung der Kostenzuweisung ausnahmsweise tatsächlich konkret und verlässlich gegeben ist. Bei *Einstellung* des Verfahrens oder *Freispruch* hinsichtlich des nebenklagerelevanten Tatvorwurfs (vgl. LG Nürnberg-Fürth BeckRS 2014, 60046) darf der Angeklagte mit Auslagen des Nebenklägers idR erst recht nicht belastet werden (teilw. abw. *Brunner/Dölling* Rn. 8; *Blessing/Weik* in HK-JGG Rn. 17; anders noch LG Frankfurt a. M. NStZ 1981, 451).

Das OpferschutzG kann diese Maßstäbe des § 74 schon deshalb nicht **16a** eingeschränkt haben, weil bei Schaffung dieses Gesetzes das JGG überhaupt nicht berücksichtigt wurde (dazu näher schon *Schaal/Eisenberg* NStZ 1988, 53; vgl. auch *Eisenberg/Schimmel* JR 1996, 216). Die der Zukunftsorientierung des Verurteilten geschuldete Grundtendenz des § 74 und dessen Auslegung (→ Rn. 8b ff.) dürfen gegenüber den Belangen von Nebenklägern also nicht in den Hintergrund treten. Daher lässt sich die Auferlegung der Nebenklagekosten weder mit der Unterstellung begründen, andernfalls könnte bei dem Verurteilten der Eindruck einer partiellen Rechtfertigung entstehen, noch mit der Bewertung des deliktischen Verhaltens als „verwerflich" (OLG Hamm NJW 1963, 1168 (1169); BeckRS 2017, 140643; *Schatz*

in Diemer/Schatz/Sonnen § 74 Rn. 26). Anlässe für eine Ausnahem von
der Kostenbefreiung können sich nur in der erwähnten Weise mit Blick auf
den erzieherischen Auftrag (§ 2 Abs. 1) ergeben. Ob das Gericht die Nebenklage für begreiflich (OLG Hamm BeckRS 2008, 02250) hält, ist demgegenüber weitgehend unerheblich (zur Handhabung bei Heranwachsenden
→ § 109 Rn. 32 ff.). Dieser Aspekt hat allein in den Ausnahmefällen, in
denen dem Verurteilten die Nebenklagekosten auferlegt werden dürfen, für
die Frage nach dem Umfang bzw. die Begrenzung auf einen Teil der Auslagen eine gewisse Bedeutung.

16b Wird der Jugendliche von der Ersetzung der Aufwendungen der Neben-
klage freigestellt, so können diese Kosten durch Beschluss (zur Notwendig-
keit vgl. *Fromm* ZJJ 2010, 387 (388)) der Staatskasse auferlegt werden (LG
Darmstadt NJW 1964, 1736; NStZ 1983, 235; offenlassend OLG Saarbrü-
cken NJW 1973, 1943 ff.; vgl. auch *Schaal/Eisenberg* NStZ 1988, 49 (53)).
Die abw. Ansicht (abw. OLG Celle MDR 1975, 338; OLG Saarbrücken
NJW 1973, 1943; LG Koblenz BeckRS 2010, 04668; *Pawlischta* in BeckOK
JGG Rn. 16) lässt die Tragweite von § 2 Abs. 1 unberücksichtigt. Denn die
Anerkennung der Kostentragung durch den Staat stellt die notwendige
Voraussetzung der gem. § 2 Abs. 1 unumgänglichen teleologischen Ein-
schränkung von § 472 Abs. 1 StPO dar (*Kölbel/Eisenberg* StraFo 2019, 75
(77)).

V. Verteidigerkosten

1. Rechtliche Ausgestaltung

17 Hinsichtlich **Gebühren** und **Auslagen** des Verteidigers im JStrafverfahren
gelten keine Besonderheiten (§ 2 Abs. 2 S. 1 RVG iVm Nr. 4100 ff. RVG-
VVerz; betr. Verfahren vor der JKammer s. Nr. 4114 iVm 4112 sowie 4120
iVm 4118; zur zivilrechtlichen Verpflichtung des Jugendlichen vgl. → § 68
Rn. 18). Dies widerspricht den einschlägigen speziellen und aufwändigen
Aufgaben des Verteidigers im JStrafverfahren (vgl. näher → § 68 Rn. 6 ff.;
krit. daher *Fuchs,* Der Verteidiger im Jugendstrafverfahren, 1992, 71 ff.).
Unzulässig wäre es, die Bedeutung der Angelegenheit wegen im Vergleich
zum allg. StR niedrigerer oder weniger hoher Strafandrohung als unterdurchschnittlich zu bewerten, zumal die Belange des **Erziehungsauftrags**
(§ 2 Abs. 1) wesentlich zu berücksichtigen sind (LG Essen StV 2008, 375
(betr. § 14 Abs. 1 S. 1 RVG)).

17a **a) Einzelfragen zum notwendigen Verteidiger. aa)** Auch der (gerichtlich bestellte) notwendige Verteidiger soll Ansprüche gegen den leis-
tungsfähigen Beschuldigten (§ 52 RVG) geltend machen können (vgl. vormals OLG Hamm NJW 1961, 1640 (allerdings unter Abweichung von der
in → Rn. 15–15b vertretenen Auffassung betr. notwendige Auslagen); zust.
Ostendorf StV 1986, 311; vgl. auch → Rn. 17c). Dies ist zw., sofern dessen
Bestellung eher im Interesse des Beschuldigten aus Gründen des Schutzes
(vgl. dazu etwa → § 68 Rn. 20a) – und im Unterschied zur hM für den
Pflichtverteidiger nach allg. StVR – und nur zusätzlich im staatlichen Interesse eines geordneten Verfahrensablaufs durch Wahrung der Verteidigungsbelange geschieht.

bb) Bedenken bestehen ggü. der gelegentlich berichteten Praxis seitens 17b
einzelner Verteidiger, dem Jugendlichen oder den Erziehungsberechtigten
mit dem Ziel, sich „freiwillig" als **Vorschuss** ein Honorar zahlen zu lassen,
vor Augen zu führen, die Gebühren als notwendiger Verteidiger deckten
wegen der allg. Bürokosten kaum eine intensive Verteidigungsaktivität. Folgt
man der hier vertretenen Auffassung zur Frage der Einbeziehung notwendiger Auslagen des Jugendlichen (vgl. → Rn. 15–15b), und zwar ohne dass bei
vermögenden Beschuldigten die Erstattung der Höhe nach durch die
Pflichtverteidigergebühren begrenzt wird, so wären Beschuldigte im Falle
einer notwendigen Verteidigung dann ungerechtfertigt benachteiligt, falls sie
(bei gerichtlicher Bestellung) wegen des Differenzbetrages von Pflicht- und
Wahlverteidigerkosten in Anspruch genommen werden können (aA *Sommerfeld* in NK-JGG § 68 Rn. 19; vgl. näher zu Wahl- bzw. Pflichtverteidigergebühren *Baumhöfener*, Jugendstrafverteidiger – eine Untersuchung im Hinblick auf § 74 JGG, 2007, 61 ff., 115 f. bzw. 77 ff., 116 ff.). Hält man § 74
hingegen nicht auf den Gebührenanspruch des Verteidigers für anwendbar,
so kann sich ein Interessenkonflikt des Verteidigers verstärkt daraus ergeben,
dass bei einer den Interessen des Jugendlichen dienenden erfolgreich beantragten Abtrennung die Verteidigung uU nicht mehr notwendig iSv § 68
wäre, die Kosten für eine Wahlverteidigung aber nicht aufgebracht werden
können.

b) Einzelfragen zur Leistungsfähigkeit des Angeklagten. Im Falle 17c
des Freispruchs iSv § 52 Abs. 2 RVG seien nach wohl hM Erstattungsansprüche gegen die Staatskasse gem. § 2 Abs. 2, § 467 Abs. 1 StPO zu
berücksichtigen. Dies gilt jedoch nicht für Erstattungsansprüche gem. der
Ausnahmeregelung des § 74, deren Sinn und Zweck darauf gerichtet ist, das
Fortkommen des Jugendlichen bzw. Heranwachsenden nicht durch finanzielle Belastungen zu beeinträchtigen (vgl. vormals LG Heidelberg MDR
1985, 697 = ZfJ 1985, 469). – Der Unterhaltsanspruch des minderjährigen
Angeklagten gegen seine Eltern umfasst nicht die Übernahme der in einem
bereits abgeschlossenen Strafverfahren entstandenen Kosten und bleibt daher
bei Beurteilung des Leistungsfähigkeit außer Betracht (OLG Düsseldorf
MDR 1982, 342 = JurBüro 1982, 248).

c) Einzelfragen zur Vergütung. Zur Gebühr bei Zustimmung zur **Ein-** 18
stellung gem. § 47 Abs. 1 Nr. 1 vgl. → § 47 Rn. 22. – Betreffend **Bei-
standsleistung** (vgl. aber auch → § 69 Rn. 3–6) s. VV 4301 Nr. 4 (zur
Anwendbarkeit auf den Zeugenbeistand gem. § 68b StPO betr. einzelnen
Vernehmungstermin *Burhoff* in Gerold/Schmidt VV 4301 Rn. 14 ff. (betr.
§ 57), Einl. Teil 4 Rn. 36 (betr. §§ 27, 30)). – Wegen der Erhöhung von
Betragsrahmen bzw. Festgebühren, wenn der Jugendliche bzw. Heranwachsende sich **nicht auf freiem Fuß** befindet (s. VV 4101 ff., 4201 ff. RVG),
vgl. → § 72 Rn. 3b. Darunter fallen ebenso die Unterbringung in einer
geschlossenen Anstalt (vgl. betr. Betreuung AG Lippstadt JurBüro 2000, 640;
betr. freiwillige geschlossene Unterbringung zwecks Therapie LG Duisburg
StraFo 1999, 286; iRv § 35 BtMG AG Bochum StV 2001, 125 („letztlich
zwangsweise durchgeführte Therapie")) und hierbei auch bei vom JRichter
bestimmtem Aufenthaltsort (§ 71 Abs. 1).

Durch Einlegung der sofortigen Beschwerde nach **§ 59 Abs. 1 S. 2** ent- 18a
steht für den Verteidiger kein Anspruch auf besondere Vergütung (OLG
Koblenz MDR 1973, 957 vgl. → § 59 Rn. 12). Die Tätigkeit iRd Anhö-

rung vor der Entscheidung gem. § 57 (Aussetzung zBew) begründet eine Terminsgebühr nach Nr. 4102 RVG-VV, jedoch keine Gebühren nach Nr. 4200 ff., weil es sich nicht um eine StrafvollstrSache handelt (vgl. LG Mannheim 2.10.2007 – 7 Qs 37/07). Wegen Versagung einer Erstattung der notwendigen Auslagen bei erfolgreicher **Beschwerde** gegen eine abl. Entscheidung gem. § 88 (Aussetzung der Restvollstr) vgl. zu § 26 Abs. 1 StGB aF (allg. StR) OLG Hamburg NJW 1974, 325.

18b Eine **Pauschgebühr** für den Pflichtverteidiger anstelle der Grund- sowie der Verfahrensgebühr (Nr. 4100 RVG-VV sowie Nr. 4106 RVG-VV) wurde für den ersten Rechtszug bezüglich des Aufwands außerhalb der HV-Termine in Höhe der jeweiligen Wahlanwaltshöchstgebühr anerkannt (vgl. OLG Saarbrücken BeckRS 2011, 17427). – Betreffend **verbundene** Verfahren zu den Voraussetzungen des § 48 Abs. 6 S. 3 RVG vgl. LG Bielefeld 27.3.2008 – Qs 652/06 III).

2. Haftung

19 Für die Kosten haftet an sich **nur** das **Vermögen** des **Jugendlichen** oder **Heranwachsenden,** da der gesetzliche Vertreter wie der Erziehungsberechtigte nur das Recht des Jugendlichen wahrt. In Betracht kommt aber die Abrede, dass gesetzliche Vertreter bzw. Erziehungsberechtigte mit deren Vermögen haften (vgl. auch → Rn. 7).

19a Wird die Berufung des gesetzlichen Vertreters deshalb verworfen, weil es ihm an der Vertretungsvollmacht fehlt, so steht er einem vollmachtslosen Vertreter gleich und haftet mit seinem eigenen Vermögen (LG Lüneburg NdsRpfl 1966, 274).

VI. Verfahrensrechtliches

1. Form der Entscheidung

20 Soweit dem Jugendlichen Verfahrenskosten auferlegt werden, ist dies in der **Urteilsformel** auszusprechen (vgl. → § 54 Rn. 23) und zu **begründen** (vgl. → § 54 Rn. 41). Sieht das Gericht von einer Auferlegung von Kosten oder Auslagen ab, so wurde teilweise vertreten, es genüge, dies in den Gründen des Urteils auszuführen (vgl. zu Nachw. → § 54 Rn. 23). Zutreffend ist es hingegen (§ 2 Abs. 2, § 464 Abs. 1 und 2 StPO), auch dann einen diesbezüglichen Ausspruch im Urteilstenor vorzunehmen (vgl. *Schatz* in Diemer/Schatz/Sonnen Rn. 44; *Blessing/Weik* in HK-JGG Rn. 19; *Sommerfeld* in NK-JGG Rn. 13).

21 **a) Freistellung von notwendigen Auslagen.** Soll der Jugendliche von seinen notwendigen Auslagen freigestellt werden, so wird dies in der Entscheidung ausdrücklich zu **bestimmen** sein (exemplarisch KG – 4 Ws 49/15 – 141 AR 239/15; zum allg. StVR § 464 Abs. 2 StPO), weil die Erstattung notwendiger Auslagen eines Verfahrensbeteiligten ohne förmlichen Ausspruch des Gerichts idR nicht durchsetzbar ist. Entbehrt die Entscheidung diesbezüglicher Ausführungen, so wird gem. allgemeinen Grundsätzen angenommen, der Jugendliche habe die genannten Auslagen selbst zu tragen (OLG Zweibrücken Rpfleger 1979, 110; *Schatz* in Diemer/Schatz/Sonnen Rn. 33; nach BGHSt 36, 27 hingegen (krit. → Rn. 15–15b) soll eine – ausdrückliche – Kostenentscheidung bzgl. der notwendigen Auslagen „nicht nur überflüssig, sondern sogar unrichtig" sein; zur nachträglichen Ergänzung einer insoweit unvollständigen Entscheidung s. OLG Düsseldorf MDR 1986, 76). – Zwar genügt für die **Begründung** einer Freistellung die Wiedergabe des *Wortlauts von § 74,* ohne dass ausdrücklich klargestellt sein müsste, dass die notwendigen Auslagen des Jugendlichen der Staatskasse auferlegt werden (OLG Hamm ZJJ 2014, 391 mAnm *Eisenberg;* LG Darmstadt MDR 1982, 603 f. (entgegen OLG Frankfurt a. M. JurBüro 1981, 1857); LG Regensburg JurBüro 1978, 86 f. mablAnm *Mümmler* JurBüro 1978, 87 f.; LG Münster 14.4.1982 – (zitiert nach *Mellinghoff* NStZ 1982, 406 Fn. 16); *Bottke* BMJ 1987, 85; aA LG Bonn JurBüro 1984, 1053 mit – insoweit zust. – Anm. *Mümmler;* noch einschränkender LG Hof JurBüro 1985, 907 mzustAnm *Mümmler* (zw.); *Degener* in SK-StPO StPO § 465 Rn. 11). Jedoch empfiehlt sich eine solche Klarstellung aus pragmatischen Gründen (vgl. auch *Mellinghoff* NStZ 1982, 406; *Sommerfeld* in NK-JGG Rn. 13).

b) Einheitliche Rechtsfolgenverhängung. Wegen der **Kostenent-** **scheidung** bei Einbeziehung einer früheren Verurteilung in eine einheitliche Rechtsfolgenverhängung s. RL 2 S. 2 (vgl. auch → Rn. 10). 22

2. Einzelfragen

a) Verschlechterungsverbot. Nach hier vertretener Auffassung gilt das Verbot (vgl. näher → § 55 Rn. 24, 73 ff., 95) auch für die Kostenentscheidung. 23

b) Rechtsmittelkosten. Eine verschiedentlich geübte Praxis, den Jugendlichen von den Kosten für das Verfahren nach von ihm eingelegter **Berufung** mit der Begründung von „Uneinsichtigkeit" nicht zu entlasten (vgl. auch → § 55 Rn. 35), verstößt gegen das Verbot faktischer Sanktionierung von Verteidigerverhalten und ist mit der Garantie des Rechtmittelzuges unvereinbar (verfehlt LG Augsburg BeckRS 2015, 15024: „in ständiger Rspr …erzieherisch notwendig"). Für die **Revision** (vgl. auch → Rn. 8a) besteht verschiedentlich eine Tendenz, sich im Allg. an der Kostenentscheidung des Tatgerichts zu orientieren, indes bleiben mitunter gewichtige Fragen offen (vgl. etwa BGH NStZ-RR 2017, 349 = StraFo 2017, 456 = ZJJ 2017, 385: Auferlegung der Rechtsmittelkosten und der dem Nebenkläger im Revisionsverfahren entstandenen notwendigen Auslagen ggü. „im Zeitraum der HV 15 Jahre alten" Angeklagten; vgl. auch betr. Heranwachsende näher → § 109 Rn. 30–30c). 24

Da der **gesetzliche Vertreter** wie der **Erziehungsberechtigte** für die Kosten eines von ihm eingelegten Rechtsmittels nur mit dem Vermögen des von ihm Vertretenen haftet, soweit es seiner Verwaltung unterliegt (zu Nachw. bei → § 67 Rn. 15), dürfen ihm die Rechtsmittelkosten **nicht** auferlegt werden, sofern andernfalls **erzieherisch abträgliche** Auswirkungen für den Jugendlichen (vgl. → Rn. 8–9) zu besorgen wären (OLG Düsseldorf MDR 1985, 77; OLG Hamburg MDR 1969, 73; OLG Schleswig SchlHA 1998, 196; aA *Brunner/Dölling* Rn. 12). 24a

3. Sonstiges

25   **a) Beschwerde- bzw. Revisionsverfahren. aa) Beanstandet** die Revision zugleich (und unabhängig von Erfolg oder Unterliegen hinsichtlich der Hauptentscheidung) die tatgerichtliche **Kostenentscheidung,** so ist das Rechtsmittel insoweit gleichwohl als sofortige (Kosten-)**Beschwerde** nach § 464 Abs. 3 StPO zu behandeln (BGH BeckRS 2011, 4179 (konkret unzulässig wegen Überschreitens der Frist des § 311 Abs. 2 StPO); BeckRS 2014, 7396 Rn. 30). Wird hingegen nur die Kostenentscheidung angegriffen, das Vorgehen aber unzutreffend als Revision bezeichnet, so ist das Revisionsgericht nicht „befasst" iSv § 464 Abs. 3 S. 3 StPO (OLG Düsseldorf NStZ-RR 1999, 252). – Zu speziellen Fragen der Statthaftigkeit (§ 464 Abs. 3 S. 1 StPO) vgl. → § 55 Rn. 72.

26   **bb)** Die (Ermessens-)Entscheidung nach § 74 ist gem. allg. Grundsätzen nur **eingeschränkt überprüfbar** (vgl. BGH *Herlan* GA 1964, 135; BGHR § 74 JGG, Kosten 2; OLG Schleswig RdJB 1957, 94; OLG Hamm NJW 1963, 1168; ZJJ 2008, 193; KG NStZ-RR 2008, 291 (Ls.); aA OLG Köln OLGSt § 74 Nr. 3), dh im Wesentlichen nur darauf, ob das Tatgericht das Ermessen rechtlich fehlerhaft ausgeübt hat (vgl. BGH BeckRS 2016, 05080; OLG Jena NStZ-RR 1998, 153). Indes ist die Begründung dafür, das Tatgericht habe in der HV einen unmittelbaren „Eindruck" ua von der Persönlichkeit, den wirtschaftlichen Verhältnissen (zur Bindung im allg. StVR s. § 464 Abs. 3 S. 2) und den Auswirkungen der Kostenauferlegung auf die weitere Entwicklung des Jugendlichen bzw. (§ 109 Abs. 2) des Heranwachsenden gewinnen können, ggf. eher nur hypothetischer Natur und hinsichtlich der Verlässlichkeit eines etwaigen „Eindrucks" ohnehin nicht bedenkenfrei (vgl. aber auch *Meyer-Goßner/Schmitt* StPO § 309 Rn. 4; *Zabeck* in KK-StPO StPO § 309 Rn. 6). Als fehlerhafte Ermessensausübung gilt iSd gesetzlichen Autrags gem. § 2 Abs. 1 eine unzureichende Berücksichtigung zukunftsorientierter erzieherischer Umstände, die einer Auferlegung der Kosten eher entgegenstehen (vgl. BGH BeckRS 2016, 05080 (betr. Heranwachsenden); speziell zur Gefährdung der „wirtschaftlichen Existenz" KG BeckRS 2008, 10468).

27   **b) Tatgerichtliches Übergehen.** Ergibt sich aus Urteilsformel oder -gründen nicht, dass die Möglichkeit des § 74 zumindest bedacht wurde, so kann eine Urteilsaufhebung erforderlich sein (vgl. BGH StV 2017, 717; betr. mehrere Angeklagten schon BGHSt 16, 261 (263 f.); vgl. näher *Dallinger/ Lackner* Rn. 16; vgl. auch → § 54 Rn. 41). Erlauben die tatgerichtlichen Feststellungen eine nachgereichte Entscheidung, so soll das RevGericht diese nachholen dürfen (vgl. BGH StV 2017, 717).

Achter Unterabschnitt. Vereinfachtes Jugendverfahren

75 (weggefallen)

Voraussetzungen des vereinfachten Jugendverfahrens

76 ¹ **Der Staatsanwalt kann bei dem Jugendrichter schriftlich oder mündlich beantragen, im vereinfachten Jugendverfahren zu entscheiden, wenn zu erwarten ist, daß der Jugendrichter ausschließ-**

lich Weisungen erteilen, Hilfe zur Erziehung im Sinne des § 12 Nr. 1 anordnen, Zuchtmittel verhängen, auf ein Fahrverbot erkennen, die Fahrerlaubnis entziehen und eine Sperre von nicht mehr als zwei Jahren festsetzen oder die Einziehung aussprechen wird. [2]Der Antrag des Staatsanwalts steht der Anklage gleich.

Ablehnung des Antrags

77 (1) [1]Der Jugendrichter lehnt die Entscheidung im vereinfachten Verfahren ab, wenn sich die Sache hierzu nicht eignet, namentlich wenn die Anordnung von Hilfe zur Erziehung im Sinne des § 12 Nr. 2 oder die Verhängung von Jugendstrafe wahrscheinlich oder eine umfangreiche Beweisaufnahme erforderlich ist. [2]Der Beschluß kann bis zur Verkündung des Urteils ergehen. [3]Er ist nicht anfechtbar.

(2) Lehnt der Jugendrichter die Entscheidung im vereinfachten Verfahren ab, so reicht der Staatsanwalt eine Anklageschrift ein.

Verfahren und Entscheidung

78 (1) [1]Der Jugendrichter entscheidet im vereinfachten Jugendverfahren auf Grund einer mündlichen Verhandlung durch Urteil. [2]Er darf auf Hilfe zur Erziehung im Sinne des § 12 Nr. 2, Jugendstrafe oder Unterbringung in einer Entziehungsanstalt nicht erkennen.

(2) [1]Der Staatsanwalt ist nicht verpflichtet, an der Verhandlung teilzunehmen. [2]Nimmt er nicht teil, so bedarf es seiner Zustimmung zu einer Einstellung des Verfahrens in der Verhandlung oder zur Durchführung der Verhandlung in Abwesenheit des Angeklagten nicht.

(3) [1]Zur Vereinfachung, Beschleunigung und jugendgemäßen Gestaltung des Verfahrens darf von Verfahrensvorschriften abgewichen werden, soweit dadurch die Erforschung der Wahrheit nicht beeinträchtigt wird. [2]Die Vorschriften über die Anwesenheit des Angeklagten (§ 50), die Stellung des Erziehungsberechtigten und der gesetzlichen Vertreter und deren Unterrichtung (§§ 67, 67a), die Mitteilungen an amtliche Stellen (§ 70) und die Unterrichtung des Jugendlichen (§ 70a) müssen beachtet werden. [3]Bleibt der Beschuldigte der mündlichen Verhandlung fern und ist sein Fernbleiben nicht genügend entschuldigt, so kann die Vorführung angeordnet werden, wenn dies mit der Ladung angedroht worden ist.

Schrifttum *Ben Miled,* Das vereinfachte Jugendverfahren und das Neuköllner Modell, 2017; *Bohnert,* Ordnungswidrigkeiten und Jugendstrafrecht, 1989; *Tamm,* Diversion und vereinfachtes Verfahren im Jugendstrafrecht: eine vergleichende Betrachtung, 2007; *Tausendteufel/Ohder,* Das besonders beschleunigte vereinfachte Jugendverfahren in Berlin. Eine Evaluationsstudie des Neuköllner Modells, 2014 (online abrufbar).

Übersicht

I. Anwendungsbereich

1 Die §§ 76–78 finden auf **Jugendliche** in Verfahren vor den für allg. Strafsachen zuständigen Gerichten keine Anwendung (§ 104 Abs. 1 Nr. 14 JGG).

2 Die §§ 76–78 gelten nicht in Verfahren gegen **Heranwachsende** (§ 109).

II. Allgemeines

1. Verhältnis zu anderen Verfahrensarten

Das (nur vor dem JRichter als Einzelrichter zulässige (§ 76 Abs. 1)) **ver-** 3 **einfachte JVerfahren unterscheidet** sich von dem **formlosen** jugend-richterlichen **Erziehungsverfahren** (§§ 45, 47) dadurch, dass **nur nach** mündlicher Verhandlung **durch Urteil** entschieden werden darf und dass die Auswahl zulässiger **Rechtsfolgen** größer ist (vgl. näher → Rn. 30). Unzulässig wäre es, über die **Einschränkungen** im allg. förmlichen JStraf-verfahren (vgl. → Einl. Rn. 50) hinausgehend im vereinfachten JVerfahren von einzelnen **rechtsstaatlichen Prinzipien** abzusehen, sofern die Bedeu-tung der Sache nicht entgegensteht. Dies ließe sich auch kaum mit erziehe-rischen Belangen der Beschleunigung und der jugendgemäßen Verfahrens-gestaltung begründen (krit. schon *Roestel* NJW 1966, 1952; zu „gebotener Sorgfalt" s. Art. 13 Abs. 1 RL (EU) 2016/800). Im Übrigen dient die ver-einfachte Vorgehensweise auch verfahrensökonomischen Interessen der Ver-waltungs- und Justizbehörden (ebenso *Rose* NStZ 2013, 317; diese Erwar-tung für unrealistisch haltend *Gertler* in BeckOK JGG § 76 Rn. 18 ff.; grds. zur Ambivalenz des Beschleunigungsgebots → Einl. Rn. 42 f.).

Nach den Angaben der StA-Statistik (Tabelle 2.2.1.1) ergaben sich für die 3a Jahre 1995, 2000, 2005, 2010, 2015 und 2017 Absolutzahlen von 17.831, 20.517, 18.650, 13.433, 9.346 und 8.799 Anträgen auf Durchführung des vereinfachten JVerfahrens. Die Anteile sind schon seit geraumer Zeit ua zu Gunsten der Einstellungen nach § 45 Abs. 2 aF bzw. § 45 Abs. 1 und Abs. 2 (vgl. → § 45 Rn. 1 ff.) außerordentlich gesunken.

Lokale Modelle, bei denen in interinstitutionellen Arrangements **systema-** 3b **tisch** angestrebt wird, möglichst viele geeignete Verfahren im Wege von §§ 76 ff. zu bearbeiten (Beispiele bei *Gertler* in BeckOK JGG § 76 Rn. 6 ff.), führen zu einem Kompetenzgewinn der Polizei (die die geeigneten Fälle auswählt bzw. für das vereinfachte JVerfahren empfiehlt (vgl. *Frenzel* ZJJ 2011, 71 f.) und einem beschleunigungsbedingten Abbau des Tätigkeitsbereichs der JHilfe (so zB für das „Modell Bamberg" *Schmidt* ZJJ 2014, 35: die Fälle ohne Gespräch mit der JGH betrafen sämtlich „besonders problembelastete" Be-schuldigte). Sie müssen daher skeptisch betrachtet werden (→ Einl. Rn. 42 f. sowie *Eisenberg/Kölbel* Kriminologie § 29 Rn. 55; vgl. aber für die primär effizienzorientierte Perspektive *Ben Miled,* Das Vereinfachte Jugendverfahren und das Neuköllner Modell, 2017, 88 ff.). Dies gilt auch für das sog. „Neu-köllner Modell" (vgl. betr. die wenig tragfähige Funktion der JGH *Tausend-teufel/Ohder,* Das besonders beschleunigte vereinfachte Jugendverfahren in Berlin. Eine Evaluationsstudie des Neuköllner Modells, 2014, 51, betr. sog. „Konkurrenz" zu Diversion 101, betr. Ablehnung polizeilicher Vorschläge durch die StA 74 f.; vgl. auch *Tausendteufel/Ohder* ZJJ 2015, 38 ff.).

2. In Betracht kommende Fälle

a) Eher nicht geeignete Fälle. aa) Für vorgeworfene sog. „Bagatell- 4 delikte" ist das vereinfachte JVerfahren idR nicht geeignet, da insoweit eine **mündliche Verhandlung** ein unverhältnismäßig aufwändiges, erzieherisch **möglicherweise beeinträchtigendes Vorgehen** darstellte (vgl. → Einl.

Rn. 51 f., → § 50 Rn. 11 f; diff. *Buhr* in HK-JGG § 76 Rn. 3; gegen ein institutionelles Fehlverständnis (hier betr. einseitig-überhöhende Interpretation der gesetzlichen Funktion der Anklage) etwa *Sommerfeld* in NK-JGG § 80 Rn. 8); in solchen Fällen sollte der JStaatsanwalt das formlose Erziehungsverfahren gem. § 45 anstreben (RL 1 zu § 76; vgl. aber zur Nichtbefolgung im „Bamberger Modell" *Schmidt* ZJJ 2014, 36 f.; vgl. ergänzend → Rn. 6), sofern die danach zulässigen Maßnahmen ausreichen. Jedoch mag auch bei als „leichter" beurteilten Verfehlungen eine mündliche Verhandlung ausnahmsweise ggf. dann zu empfehlen oder gar notwendig sein, wenn Bezugspersonen oder -gruppen des Jugendlichen die vorgeworfene Tat billigen oder dergleichen (*Brunner/Dölling* Rn. 6), nicht allerdings, wenn dies nur situativ der Fall ist bzw. wenn es sich nicht um eine dauerhafte Bindung an solche Personen oder Gruppen handelt.

5   **bb)** Andererseits ist das vereinfachte JVerfahren **nicht geeignet,** wenn der Tatvorwurf ein **beweis-rechtlich „kompliziertes"** Geschehen betrifft (§ 77 Abs. 1 S. 1). Dies gilt etwa dann, wenn eine umfangreiche Beweisaufnahme hinsichtlich Zeugenaussagen zu erwarten ist (§ 77 Abs. 1; speziell zu Gruppenaussagen *Eisenberg* Beweisrecht StPO Rn. 1381, 1456 (1486) sowie *Eisenberg* DRiZ 2006, 122 f.) oder wenn die Persönlichkeitsuntersuchung besondere Schwierigkeiten bereitet.

5a   **cc)** Hingegen steht das **Bestreiten** des Tatvorwurfs seitens des Beschuldigten dem vereinfachten JVerfahren schon wegen des nemo tenetur-Grundsatzes **nicht entgegen** (*Dallinger/Lackner* § 76 Rn. 7).

5b   Eine Unterstellung des Inhalts, die Beeindruckung durch eine förmliche HV verspreche erzieherische Vorteile, vermag ein Absehen von der Durchführung des vereinfachten JVerfahrens nicht zu begründen (vgl. auch → Einl. Rn. 51 f., → § 50 Rn. 11 f; ebenso *Rzepka* in Nix Rn. 7; krit. zu seltenerer Anwendung ggü. Nichtdeutschen DVJJ 1984, AK X; aA *Brunner/Dölling* Rn. 5).

6   **b) Eher geeignete Fälle.** Hiernach gilt das vereinfachte JVerfahren als **angebracht bei** nicht ganz unbedeutenden Fällen „leichterer Jugendkriminalität" und bei „mittlerer Jugendkriminalität" (nicht aber von vornherein in Fällen des „Abziehens" von Sachen geringen Wertes (wegen § 140 Abs. 1 Nr. 2 StPO sowie der Registerfolgen), vgl. näher *Eisenberg* DRiZ 2006, 122). Anstelle des formlosen jugendrichterlichen Erziehungsverfahrens wird es namentlich dann durchzuführen sein, wenn aufgrund vorläufiger Würdigung die andernfalls nicht zulässige Anordnung einer bestimmten Weisung oder Auflage bzw. von JA erwogen wird. Im Übrigen ersetzt das vereinfachte JVerfahren funktionell nicht selten das beschleunigte Verfahren und das Strafbefehlsverfahren des allg. StVR (§§ 417 ff., 407 ff. StPO), die das JStR nicht kennt (§ 79).

6a   **c) Regional unterschiedliche Anwendungshäufigkeit.** Die Häufigkeit von Verfahren nach §§ 76–78 (vgl. auch → Rn. 3) ist regional unterschiedlich (vgl. auch schon *Schaffstein* MschKrim 1978, 313, insb. 320). Nach einer empirischen Untersuchung in Bremen (*von Minden* in Gerken/Schumann Rechtsstaat 88) ergab sich indes eine häufige Anwendung ua bei vorgeworfenen „Bagatelldelikten" (vgl. aber → Rn. 4), und insgesamt kam es in 98 % der einschlägigen Verfahren zur Einstellung (*von Minden* in Gerken/Schumann Rechtsstaat 43); zugleich wurde eine überproportional häufige Anwendung dieses Verfahrens ggü. weiblichen Betroffenen (*von*

Minden in Gerken/Schumann Rechtsstaat 44 f.) sowie ggü. Personen von vergleichsweise höherem (Aus-)Bildungsniveau bzw. sozio-ökonomischem Herkunftsstatus festgestellt (*von Minden* in Gerken/Schumann Rechtsstaat 47 ff.). − Laut einer Auswertung für das Jahr 2001 in Schleswig-Holstein wurden die eingeleiteten Verfahren zu einem Anteil von knapp 50 % gem. § 47 Abs. 1 Nr. 1 und Nr. 3 eingestellt (vgl. *Tamm,* Diversion und verein-fachtes Verfahren im Jugendstrafrecht: eine vergleichende Betrachtung, 2007, 135, 150).

III. Antrag der JStaatsanwaltschaft

1. Bedeutung

Das vereinfachte JVerfahren ist an einen **Antrag** des **JStaatsanwalts** (§ 76 7 Abs. 1 S. 1) gebunden, der seinerseits voraussetzt, dass die Sache **anklagereif** ist (§ 76 S. 2; zur Erforderlichkeit eines hinreichenden Tatverdachts s. *Lüttger* GA 1957, 193 ff. (208); *Schatz* in Diemer/Schatz/Sonnen § 77 Rn. 6; *Kaspar* in MüKoStPO § 77 Rn. 5; vgl. aber auch *Brunner/Dölling* Rn. 11, 13; zum Aktenvermerk über den Abschluss der Ermittlungen § 169a StPO; vgl. auch → § 46 Rn. 4). Der JRichter kann die Stellung des Antrags allenfalls anregen.

Ob der JStaatsanwalt den Antrag stellt (oder diesen wieder zurücknimmt, 8 vgl. → Rn. 13), steht in seinem **Ermessen,** das iErg vielfältiger jugend-richterlicher Kontrolle unterliegt (vgl. → Rn. 15). Soweit die sachlichen Voraussetzungen gegeben sind, wird der Antrag **grundsätzlich** zu **stellen** sein (RL 1 zu § 76).

2. Unzulässigkeit

Der Antrag auf Entscheidung im vereinfachten JVerfahren ist unzulässig, 9 wenn als Rechtsfolge Hilfe zur Erziehung nach § 12 Nr. 2, JStrafe oder Schuldspruch gem. § 27 (BayObLGSt 70, 213), Unterbringung in einer Entziehungsanstalt (§ 78 Abs. 1 S. 2) oder Unterbringung in einem psychi-atrischen Krankenhaus (§ 7; § 63 StGB; § 39 Abs. 2), andere Nebenstrafen und Nebenfolgen als Fahrverbot, Einziehung (vgl. zur Neufassung bzw. zur Streichung der Kategorie Verfall → § 6 Rn. 9 ff.) zu erwarten sind **(§ 76 Abs. 1 S. 1, § 77 Abs. 1 S. 1).** − Kommt (gem. § 53) die Überlassung der Auswahl und Anordnung von Erziehungsmaßregeln an das **FamG** in Be-tracht, wird die JStaatsanwaltschaft iSd Beschleunigungsprinzips die Anord-nung entsprechender Maßnahmen unmittelbar beim FamG anregen und sodann gem. § 45 verfahren (vgl. → § 45 Rn. 18 ff.).

Der Antrag ist ferner dann unzulässig, wenn der Fall sich für das verein- 10 fachte JVerfahren **nicht eignet** (vgl. → Rn. 4f), da andernfalls eine Ableh-nung nach § 77 Abs. 1 die Folge ist.

3. Form

Der Antrag bedarf **keiner besonderen** Form (**§ 76 S. 1;** zur Auslegung 11 einer Erklärung der Nichtteilnahme iSv § 78 Abs. 2 S. 1 als Antrag nach § 76 S. 1 s. LG Tübingen Deutsche Rechtzeitschrift 1948, 217 f.) und kann ausnahmsweise auch fernmündlich gestellt werden (s. aber RL 2 zu § 76).

Aus Gründen der verfahrensrechtlichen Transparenz und der Begrenzung des Gegenstandes des Verfahrens (s. auch § 264 StPO) ist im Allg. allerdings die **Schriftform geboten,** besonders „wenn der JStaatsanwalt an der mündlichen Verhandlung nicht teilnehmen will" (RL 2 S. 2 zu § 76).

12 In dem Antrag müssen als gesetzliche **Mindestanforderungen** gem. § 2 Abs. 2, § 200 Abs. 1 StPO ua der Angeschuldigte, die vorgeworfene Tat iSv § 264 StPO sowie das anzuwendende Strafgesetz bezeichnet (s. auch RL 2 S. 3 zu § 76 (für die JStA bindend)) und die Beweismittel angegeben werden (einschr. *Schatz* in Diemer/Schatz/Sonnen § 76 Rn. 13). Im Hinblick auf § 76 S. 1 kann die Anregung einer bestimmten Rechtsfolge zweckmäßig sein. – Der Antrag kann zB in Form einer Anklage gehalten werden mit dem Zusatz, dass im vereinfachten JVerfahren entschieden werden soll. Dieser Zusatzantrag kann auch noch nach Einreichung einer förmlichen Anklage gestellt werden, **so lange** noch **kein Eröffnungsbeschluss** (§ 156 StPO) ergangen ist (*Dallinger/Lackner* § 76 Rn. 12; aA *Potrykus* § 76 Anm. 3 (bis zum ersten Termin der HV)).

4. Rücknahme

13 Der Antrag kann bis zum Beginn der Vernehmung des Angeklagten zur Sache zurückgenommen werden (OLG Oldenburg NJW 1961, 1127; *Dallinger/Lackner* § 76 Rn. 11; aA *Beulke* in Löwe/Rosenberg StPO § 156 Rn. 3: bis zum Beginn der Urteilsverkündung; wieder anders *Potrykus* § 76 Anm. 3: Bekanntgabe des Antrags durch den JRichter in der Verhandlung); s. aber auch *Sommerfeld* in NK-JGG Rn. 3: Rücknahme nur bis zur Terminsanberaumung (zw.)).

13a Mit der Rücknahme ist (ebenso wie mit der Ablehnung gem. § 77 Abs. 1) das gerichtliche Verfahren beendet.

IV. Ablehnung des Antrags; Einzelfragen

1. Verfahrensvoraussetzungen

14 **a) Allgemeines.** Ist ein Antrag auf Entscheidung im vereinfachten JVerfahren gestellt, so prüft der JRichter neben den **besonderen Voraussetzungen** für dieses Verfahren das Vorliegen der **allg. Verfahrensvoraussetzungen.** Fehlt die Zuständigkeit oder bestehen allg. Verfahrenshindernisse, so lehnt der JRichter die Eröffnung des Verfahrens ab (§ 77 Abs. 1; *Schatz* in Diemer/Schatz/Sonnen § 77 Rn. 5), oder er stellt das Verfahren ggf. nach § 2 Abs. 2, § 206a StPO entsprechend ein. Eine Ablehnung der Eröffnung entsprechend § 204 StPO wird auszuscheiden haben (vgl. *Buhr* in HK-JGG § 77 Rn. 2; zu Erwägungen vgl. bis 14. Aufl.; s. auch *Sommerfeld* in NK-JGG Rn. 9).

15 **b) Besondere Verfahrensvoraussetzungen. aa)** Hält der **JRichter** die besonderen Voraussetzungen für eine Entscheidung im vereinfachten JVerfahren (vgl. → Rn. 4f, 9f) nicht für gegeben, so **lehnt** er eine Entscheidung in diesem Verfahren **ab** (§ 77 Abs. 1 S. 1). Der Beschluss kann bis zur Verkündung des (erstinstanzlichen) Urteils (§ 77 Abs. 1 S. 2) ergehen, weil Fälle vorkommen, deren Ungeeignetheit für das vereinfachte JVerfahren sich erst während der Verhandlung erkennen lässt. Allerdings ist eine Ablehnung zu diesem Zeitpunkt verfahrensökonomisch wie insb. im Hinblick auf das

Beschleunigungsprinzip nach Möglichkeit zu vermeiden. Aus diesem Grunde hat das Gesetz betr. die Rechtsfolgen dem JRichter – im Unterschied zum Antrag der JStaatsanwaltschaft (vgl. → Rn. 9) – eine erweiterte Befugnis verliehen (vgl. → Rn. 30).

Der **Beschluss** ist **unanfechtbar** (§ 77 Abs. 1 S. 3). Eine Begründung ist **16** nicht vorgeschrieben, jedoch wird sich eine Unterrichtung des JStaatsanwalts empfehlen.

c) **Ablehnender Beschluss.** Mit dem ablehnenden Beschluss wird das **17** Verfahren in den Stand des Ermittlungsverfahrens zurückversetzt (vgl. auch BGHSt 12, 184). Ein erneuter Antrag gem. § 76 ist ausgeschlossen.

aa) Will der **JStaatsanwalt,** wie es idR der Fall sein wird, eine gericht- **17a** liche Entscheidung inhaltlicher Art herbeiführen, so muss er **Anklage** erheben (§ 77 Abs. 2). Sofern schon der Antrag nach § 76 mit einem entsprechenden Zusatz eingereicht wurde (vgl. → Rn. 12 aE), genügt eine Bezugnahme darauf.

bb) Andererseits ist der JStaatsanwalt durch § 77 Abs. 2 nicht verpflichtet, **17b** in jedem Fall anzuklagen, sondern er kann das Verfahren **einstellen** oder auch **abgeben** (BGHSt 12, 184).

(1) Entgegen dem strengen Wortlaut des § 77 Abs. 2 darf der JStaatsanwalt **17c** **auch dann einstellen,** wenn das Gericht den Antrag erst zu einem solchen Verfahrenszeitpunkt abgelehnt hat, zu dem der JStaatsanwalt ihn nicht mehr hätte zurücknehmen können (*Dallinger/Lackner* § 77 Rn. 9; hM zu § 212b StPO; aA *Potrykus* § 77 Anm. 2).

(2) Eine Einstellung ist schon aus Gründen des allg. StVR zulässig, etwa **17d** wenn **kein hinreichender Tatverdacht** mehr besteht (§ 2 Abs. 2, § 170 StPO) oder ein **Verfahrenshindernis** vorliegt (zB Rücknahme des Strafantrages).

Auch kann der JStaatsanwalt nach **§ 45** verfahren. – Dies kommt etwa **17e** dann in Betracht, wenn der Antrag gem. § 76 deshalb abgelehnt wurde, weil dem Gericht eine im vereinfachten JVerfahren unzulässige Rechtsfolge geboten erschien, und das FamG zwischenzeitlich – ggf. auf Anregung des JStaatsanwalts hin (vgl. → Rn. 9 aE) – eine dergestaltige Maßnahme eingeleitet hat.

2. Einstellung nach § 47

Wäre nach Auffassung des JRichters ein Vorgehen des JStaatsanwalts nach **18** § 45 zwar eher angezeigt gewesen, ohne dass jedoch die besonderen Voraussetzungen für eine Entscheidung im vereinfachten JVerfahren zu verneinen wären, so ist eine Ablehnung des Antrags gem. § 77 Abs. 1 nicht zulässig. Der **JRichter** kann in entsprechenden Fällen aber nach Einreichung der Anklageschrift **selbst** gem. § 47 verfahren. Dem kann die JStaatsanwaltschaft allerdings dadurch entgegentreten, dass sie die Zustimmung verweigert (§ 47 Abs. 2 S. 1), und zwar auch dann, wenn sie schon ausdrücklich auf die Teilnahme an der Sitzung verzichtet hatte (*Dallinger/Lackner* Rn. 18). – Nimmt der **JStaatsanwalt** an der **Sitzung nicht** teil, so kann der JRichter ohne dessen Zustimmung bis zum Schluss der mündlichen Verhandlung nach § 47 (bzw. § 153 StPO (aA LG Aachen NStZ 1991, 450 mablAnm *Eisenberg*)) verfahren (§ 78 Abs. 2 S. 2; RL zu § 77); dies gilt auch dann, wenn JStaatsanwalt zuvor widersprochen hat (*Dallinger/Lackner* Rn. 18;

Potrykus NJW 1956, 657), und auch dann ist diese Entscheidung nicht anfechtbar (§ 47 Abs. 2 S. 3; vgl. im Übrigen → § 47 Rn. 26).

3. Abgabe des Verfahrens

19 Eine Abgabe des vereinfachten JVerfahrens durch den JRichter wegen **Fehlens örtlicher** Zuständigkeit (§ 42 Abs. 3) ist **nicht zulässig** (BGHSt 12, 180; vgl. → § 42 Rn. 20). In entsprechenden Fällen besteht nur die Möglichkeit der Ablehnung der Entscheidung im vereinfachten JVerfahren.

V. Mündliche Verhandlung

1. Vorfragen

20 **a) Eröffnungsentscheidung entbehrlich; Verfahrensverbindung. aa)** Liegen die Voraussetzungen für die Entscheidung im vereinfachten JVerfahren vor und ist eine Einstellung des Verfahrens nach § 47 nicht angezeigt oder nicht möglich, so *bestimmt* der JRichter *Termin* zur mündlichen Verhandlung. Einer Entscheidung über die Eröffnung des Hauptverfahrens bedarf es nicht (BGHSt 12, 182; RL zu § 77). – Der Sinn dieser Verfahrensart gebietet eine kurzfristige Terminbestimmung.

20a **bb)** Die Verbindung mit einem *anderen Verfahren* ist zulässig, ein einschlägiger Antrag der JStaatsanwaltschaft kann iSv § 266 StPO behandelt werden (*Buhr* in HK-JGG § 76 Rn. 14).

21 **b) Fernbleiben des Jugendlichen.** Bleibt der Jugendliche dem **Termin** zur mündlichen Verhandlung ohne genügende Entschuldigung fern, so *kann* (seit 2. JuMoG v. 30.12.2006, BGBl. I 3416), wenn mit der Ladung angedroht, das (freiheitsbeschränkende) Zwangsmittel des **§ 78 Abs. 3 S. 3** angewendet werden; die mündliche Verhandlung stellt keine HV iSv §§ 226, 230 Abs. 2 StPO dar). – Für die Rechtmäßigkeit der Vorführung kommt es nicht etwa darauf an, ob der Jugendliche sich entschuldigt hat, sondern nur darauf, ob er genügend *entschuldigt ist,* dh ob ihm wegen des Fernbleibens ein Vorwurf gemacht werden darf. Insofern ist nach allg. Grundsätzen des JGG (vgl. → § 2 Rn. 14) eine dem *Entwicklungsstand* entsprechende Würdigung unerlässlich. Im Falle der Anordnung, die zudem stets dem *Verhältnismäßigkeitsgrundsatz* standhalten muss, werden die mit dem Vollzug befassten Bediensteten betr. Art und Weise der Durchführung zur Wahrung dieser Grundsätze zu verpflichten sein.

21a Wegen der prozessualen Voraussetzungen im Einzelnen wird auf die Erläuterungswerke zur StPO verwiesen.

2. Durchführung

22 Von dem Zeitpunkt an, in dem die Sache sich im vereinfachten JVerfahren befindet, insb. bei Durchführung der mündlichen Verhandlung, sind ggf. **Abweichungen** von dem **allg. JStrafverfahrensrecht** zulässig. Sie finden ihre **Grenzen** aber in der **Wahrheitsermittlung**spflicht (§ 78 Abs. 3 S. 1). Dabei liegt es in erheblichem Maße im pflichtgemäßen Ermessen des JRichters, zu entscheiden, ob ein Absehen von einer förmlichen Verfahrensvorschrift zu Lasten der Wahrheitsermittlung gehen könnte.

a) Wahrheitsermittlung. aa) Der Pflicht hierzu (§ 43, § 2 Abs. 2, § 244   23
Abs. 2 StPO) dienen insb. die notwendige Erörterung des **gesamten Pro-
zessstoffes** als Gegenstand der mündlichen Verhandlung (§ 261 StPO) und
die Unmittelbarkeit der Beweisaufnahme (§§ 250 ff. StPO); dies gilt auch
für die Berichte der JGH (vgl. → § 38 Rn. 62 ff.; § 43 Abs. 1; s. aber auch
Tröndle Zbl 1953, 190 (196)). Das JGericht hat von Amts wegen alle Beweise
zu erheben, deren Ausschöpfung der Sachverhalt mindestens nahelegt (BGH
LM Nr. 1 zu § 244 Abs. 2 StPO), wobei wesentlich *auch* die Aufklärung *zu
Gunsten* des mutmaßlichen Täters nicht unterbleiben darf. § 78 Abs. 1
befreit regelmäßig nicht von der Anwendung der **§§ 244 Abs. 3–5, 245
StPO,** da die Bedingung des „Absehen-Dürfens" praktisch kaum einmal
feststellbar ist, zumal ua die besonderen Beeinträchtigungen des Jugendlichen
im Falle eines (auch nur partiellen) Fehlurteils gem. dem Auftrag des § 2
Abs. 1 zu würdigen sind. Daher ist der JRichter bei der Behandlung von
Beweisanträgen (unbeschadet der systematisch in Betracht kommenden Freistellung, § 78 Abs. 3 S. 1) praktisch weithin ebenso gebunden ist wie im
allg. StVR (vgl. wohl auch *Buhr* in HK-JGG Rn. 10), und ohnehin darf er
nicht etwa über die in § 244 Abs. 3 StPO genannten Fälle hinaus einen
Beweisantrag ablehnen (ebenso *Sommerfeld* in NK-JGG Rn. 15; *Buhr* in HK-
JGG Rn. 10; *Gertler* in BeckOK JGG Rn. 20; *Tamm,* Diversion und vereinfachtes Verfahren im Jugendstrafrecht: eine vergleichende Betrachtung,
2007, 73; zum Ganzen *Eisenberg* Beweisrecht StPO Rn. 142, 192, 197 ff.;
aA *Brunner/Dölling* Rn. 20; *Schatz* in Diemer/Schatz/Sonnen Rn. 11; offenlassend Kaspar in MüKoStPO Rn. 6). Wie im allg. StVR auch darf die
Ablehnung eines Beweisantrages nicht die Aufklärungspflicht verletzen. –
Die **Ablehnung** eines Beweisantrages ist zu **begründen** (§§ 244 Abs. 6, 34
StPO; ebenso *Güntge* in Alsberg Beweisantrag Rn. 1568).

bb) Da die gesetzlichen Ablehnungsgründe (§§ 244 Abs. 3–5, 245 StPO)   23a
abschließend normiert sind und eine **Beweisantizipation unzulässig** ist,
können Ausführungen allg. Inhalts (zB die behauptete Tatsache sei unwahrscheinlich bzw. erdichtet oder der Zeuge werde in bestimmter Weise aussagen) ebenso wenig zureichen wie die Begründung, die Erhebung des
Beweises sei zur Erforschung der Wahrheit nicht erforderlich (vgl. aber
Dallinger/Lackner Rn. 15; *Schatz* in Diemer/Schatz/Sonnen Rn. 11). Ausnahmen sind auch im vereinfachten JVerfahren schon wegen der Begrenztheit jeder – also auch jugendrichterlicher – Wahrnehmung kaum einmal
vertretbar (s. aber *Dallinger/Lackner* Rn. 16: „nur ganz ausnahmsweise";
anders *Brunner/Dölling* Rn. 20: „unzulässig"; s. auch § 79 Abs. 2).

Da auch § 245 StPO gilt (aA *Güntge* in Alsberg Beweisantrag Rn. 1568;   23b
Becker in Löwe/Rosenberg StPO § 245 Rn. 9), muss Beweis erhoben werden, wenn eine Beweiserhebung beantragt und ein Zeuge geladen und
erschienen ist.

b) Rechtsstellung des Jugendlichen und des gesetzlichen Vertreters   24
sowie des Verteidigers. Gem. Abs. 3 S. 2 aF und nF sind die Vorschriften
zur **Anwesenheit** des Jugendlichen (§ 50 Abs. 1) und zur (Rechts-)Stellung
der Erziehungsberechtigten bzw. gesetzlichen Vertreter (§ 67), zu der (notwendigerweise) auch deren Anwesenheitsrecht (→ § 50 Rn. 20) gehört, zu
beachten. Dies gilt gleichermaßen für die jeweilige **Unterrichtungspflichten** (§§ 67a, 70a nF). Die Gewährleistungen der Art. 4 f., 15 f. RL (EU)

2016/800 gelten auch für Verhandlungen mit herabgesetzter Förmlichkeit und ließen daher keine Ausnahmen im vereinfachten JVerfahren zu.

24a Der **Jugendliche** darf folglich in seiner Verteidigung – auch hinsichtlich ausreichender Zeit und Gelegenheit zu seiner diesbzgl. **Vorbereitung** – einschließlich des uneingeschränkten Rechts auf Gehör (Art. 103 Abs. 1 GG) nicht beeinträchtigt werden. Im Einzelnen soll ihm Gelegenheit gegeben werden, sich **im Zusammenhang** zu dem gesamten Verfahrensgegenstand zu **äußern** (vgl. auch → § 50 Rn. 14). Im Falle der zeitweiligen Ausschließung von der Verhandlung muss er gem. § 51 Abs. 1 S. 2 (krit. zu bedenklichen Einschränkungen ggü. § 247 S. 4 StPO → § 51 Rn. 12) nachträglich **unterrichtet werden** etc, und endlich ist ihm das **letzte Wort** (§ 258 StPO) zu gewähren.

24b Zudem hat ein **Verteidiger** das **unbeschränkte Mitwirkungsrecht** (zum Wahlverteidiger § 2 Abs. 2, § 137 StPO (*Tröndle* Zbl 1953, 197; *Tamm,* Diversion und vereinfachtes Verfahren im Jugendstrafrecht: eine vergleichende Betrachtung, 2007, 186); s. auch Art. 6 Abs. 3c EMRK; hierzu *Bottke* ZStW 1995 (1983), 69 ff. (98 und Fn. 248); zum notwendigen Verteidiger vgl. → § 68 Rn. 3) einschließlich des Rechts auf **Akteneinsicht** (§ 147 StPO, unbeschränkt spätestens vom (Zeitpunkt des Aktenvermerks über den) Abschluss der Ermittlungen an, § 169a StPO) und auf **Verkehr** mit dem Beschuldigten (§ 148 StPO).

25 **c) Einbeziehung von JStaatsanwaltschaft und JGH. aa)** Der Termin zur mündlichen Verhandlung ist dem **JStaatsanwalt mitzuteilen.** Was die Frage der **Teilnahme** des JStaatsanwalts an der Verhandlung angeht, so wird § 78 Abs. 2 S. 1 üblicherweise dahingehend verstanden, es entspreche dem Wesen des vereinfachten JVerfahrens, dass der JStaatsanwalt (bzw. ein Referendar) idR nicht an der Sitzung teilnimmt (zur Häufigkeit s. aber zB in Bremen *von Minden* in Gerken/Schumann Rechtsstaat 43; für Schleswig-Holstein *Tamm,* Diversion und vereinfachtes Verfahren im Jugendstrafrecht: eine vergleichende Betrachtung, 2007, 112: in 27 % ohne (jedoch nahezu nur *einen* LG-Bezirk betr.)). Ungeachtet dessen ist er jedenfalls vom Verhandlungstermin zu unterrichten (*Kaspar* in MüKoStPO Rn. 2). Erklärt der JStaatsanwalt, auf die Teilnahme an der mündlichen Verhandlung zu verzichten und nimmt er auch nicht an dieser teil, so verliert er einzelne Rechte (§ 78 Abs. 2 S. 2), nicht jedoch das Recht, das in seiner Abwesenheit ergangene Urteil anzufechten; ein Verzicht kann erst erklärt werden, nachdem die Entscheidung ergangen ist (vgl. auch → Rn. 33).

26 **bb)** Die **JGH** ist gem. § 78 Abs. 3 S. 2 in jedem Fall von der Einleitung und dem Ausgang des Verfahrens zu **benachrichtigen,** und zwar spätestens im Zusammenhang mit dessen erster Vernehmung (§ 70 Abs. 1 und 2 nF). Bis zum Erlass des Gesetzes zur Stärkung der Verfahrensrechte von Beschuldigten im Jugendstrafverfahren bestand für die JGH aber keine Teilnahmepflicht. Sie sollte jedoch grundsätzlich (zumindest fernmündlich) vom Termin unterrichtet und auch gehört werden, ua wegen des (im Einzelfall dem JGericht möglicherweise nicht erkennbaren) Vorliegens von Besonderheiten (zur Frage der Häufigkeit der Nichtteilnahme der JGH vgl. JuMiKo ZJJ 2007, 442; „typischerweise" nicht; anders aber für Schleswig-Holstein *Tamm,* Diversion und vereinfachtes Verfahren im Jugendstrafrecht: eine vergleichende Betrachtung, 2007, 182). An dieser Rechtslage wurde zwar durch

§ 38 Abs. 4 und § 50 Abs. 3 nF nichts geändert, da sich diese Regelungen allein auf die Hauptverhandlung und nicht auch auf die mündliche Verhandlung iSv Abs. 1 S. 1 beziehen beziehen. Da aber § 38 Abs. 3 diese Einschränkung nicht kennt und die Berichtspflicht der JGH daher auch im vereinfachten JVerfahren besteht, ergeben sich hieraus implizit eine Anwesenheitspflicht und die Notwendigkeit einer Benachrichtigung – sofern nicht durch JStA oder JGericht auf den Bericht nach § 38 Abs. 7 verzichtet worden ist (s. dazu auch → § 38 Rn. 47 und → § 38 Rn. 79).

d) Form. Die Gestaltung der mündlichen Verhandlung liegt weitgehend 27 im Ermessen des Gerichts, wobei von allen denjenigen Vorschriften abgewichen werden kann, die das (J)Strafverfahren nicht substantiell entwerten.

aa) Unstreitig müssen diejenigen **Vorschriften eingehalten** werden, die 27a gerade der Vereinfachung oder der jugendgemäßen Gestaltung (zB Ausschluss der Öffentlichkeit, § 48) oder der Beschleunigung dienen. Auch ist der Jugendliche in geeigneter Weise (§ 70a Abs. 1 aF bzw. § 70b Abs. 1 nF) darüber zu **belehren,** dass es ihm frei steht, sich zu der Anklage zu äußern oder nicht (§ 243 Abs. 5 StPO). Die besondere **Fragepflicht** nach § 257 StPO wird gleichfalls zu beachten sein, zumal § 258 Abs. 1 StPO keinen Ausgleich ermöglicht.

bb) Verschiedentlich wird angenommen, es brauchten Fristen (zB für die 27b Ladung, § 217 StPO) nicht beachtet zu werden (zw.; aA *Sommerfeld* in NK-JGG Rn. 14 (Ladungsfrist entspr. § 418 Abs. 2 StPO); *Bohnert,* Ordnungswidrigkeiten und Jugendstrafrecht, 1989, 84), die mündliche Verhandlung könne ohne Protokollführer (aber durch Selbstprotokoll des JRichters), ohne Amtskleidung (vgl. darüber hinausgehend Hess. Dienstgerichtshof 7.11.1985 – 5/84), außerhalb des Sitzungssaals, in Form einer Aussprache und ohne strenge Abfolge des § 243 StPO durchgeführt werden (s. *Brunner/Dölling* Rn. 18; vgl. aber etwa *von Minden* in Gerken/Schumann Rechtsstaat 52, auch zur Kürze des gesamten Verfahrens; zu regelmäßiger Nichtabweichung vom allg. JStrafverfahren für Schleswig-Holstein *Tamm,* Diversion und vereinfachtes Verfahren im Jugendstrafrecht: eine vergleichende Betrachtung, 2007, 104, 107, 110).

e) OWi-Verfahren. In diesem Verfahren gilt nach zulässigem Einspruch 28 gegen den Bußgeldbescheid der Verwaltungsbehörde (§ 71 Abs. 1 OWiG) für das Verfahren vor dem JRichter gegen Jugendliche stets die Vorschrift des **§ 78 Abs. 3,** ohne dass es auf die Voraussetzungen des § 76 für das vereinfachte JVerfahren ankommt (vgl. §§ 46 Abs. 1, 78 Abs. 3, 4 OWiG; vgl. auch *Seitz/Bauer* in Göhler OWiG § 78 Rn. 3 ff.; *Senge* in KK-OWiG OWiG § 78 Rn. 15).

3. Einstellung nach § 47

Wegen der Möglichkeit der Einstellung des Verfahrens gem. § 47 während 29 der mündlichen Verhandlung vgl. → Rn. 18.

VI. Urteil, Rechtsmittel, OWi-Verfahren

1. Urteil

30   **a) Rechtsfolgen. aa)** Im Unterschied zu den Voraussetzungen des Antrags auf Entscheidung im vereinfachten JVerfahren kann im Urteil dieses Verfahrens – mit **Ausnahme** der in § 78 Abs. 1 S. 2 genannten Rechtsfolgen, wozu betr. JStrafe auch der Schuldspruch nach § 27 gehört (str., dazu *Gertler* in BeckOK JGG Rn. 27 mwN; vgl. auch → Rn. 9) – auf sämtliche im Allg. zulässigen Rechtsfolgen erkannt werden, alle Nebenstrafen und Nebenfolgen sowie Entzug der Fahrerlaubnis (s. §§ 7, 39 Abs. 2, 78 Abs. 1 S. 2). Das Gleiche gilt für die Überlassung an das **FamG** (gem. § 53), sofern dies im Einzelfall nicht gegen die besondere Beschleunigungspflicht des vereinfachten JVerfahrens verstößt (vgl. → Rn. 9).

30a   **bb)** Die Anordnung einer **unzulässigen Rechtsfolge** begründet (auch hier) idR nur die Anfechtung, ohne zur Nichtigkeit zu führen (*Potrykus* Anm. 1; vgl. näher → § 1 Rn. 35 ff.).

31   **b) Gründe.** Die Ausführungen dürfen zwar im Vergleich zum sonstigen Verfahren kürzer sein, sie müssen aber regelmäßig eine Tatschilderung sowie eine Persönlichkeitsbeurteilung enthalten (s. auch schon *Müller* RdJB 1958, 338).

32   **c) Mitteilungspflichten.** Soweit anzuwendende Mitteilungspflichten sich auf die Erhebung der öffentlichen Klage beziehen, steht dieser der Antrag auf Entscheidung im vereinfachten JVerfahren insoweit gleich (s. MiStra Nr. 6 Abs. 4, besonders auch S. 2).

2. Rechtsmittel

33   **a) Frist.** Sie beginnt für einen bei der Urteilsverkündung nicht anwesenden Verfahrensbeteiligten – in diesem Verfahren häufig der JStaatsanwalt – erst mit **Zustellung** des begründeten Urteils (§ 2 Abs. 2, § 35 Abs. 2 S. 1 StPO, § 41 StPO; OLG Neustadt NJW 1963, 1074; *Frisch* in SK-StPO StPO § 314 Rn. 32). Rechtskraft tritt wie im allg. Strafverfahren nach allseitigem Rechtsmittelverzicht (s. betr. die JStA im Falle des § 78 Abs. 2 S. 1 → Rn. 25) oder nach Ablauf der Rechtsmittelfrist ein.

34   **b) Verfahren.** Hierbei ist im Hinblick auf die Sonderstellung des nur dem JRichter vorbehaltenen vereinfachten JVerfahrens stets zu berücksichtigen, dass die Rechte des Angeklagten nicht verkürzt werden dürfen.

34a   **aa)** Das Rechtsmittelgericht hat Verfahren und Entscheidungen gem. den Vorschriften über das vereinfachte JVerfahren zu überprüfen. Es darf nicht in das förmliche Verfahren übergehen. Auch darf es nur auf die im vereinfachten JVerfahren zulässigen Rechtsfolgen erkennen. Im Übrigen gelten die allg. Verfahrensvorschriften (vgl. → § 55 Rn. 1 ff.).

35   **bb)** Falls das Rechtsmittelgricht der Auffassung ist, die Sache eigne sich nicht für das vereinfachte JVerfahren, so muss es das Verfahren einstellen (BayObLGSt 70, 213 (218)), weil eine Prozessvoraussetzung fehlt. Diese Einstellung (§ 260 Abs. 3 StPO) versetzt das Verfahren, ebenso wie die – nur dem JRichter zustehende – Ablehnung gem. § 77 Abs. 1 (vgl. → Rn. 15 ff.), in den Stand des Ermittlungsverfahrens zurück (dazu → Rn. 17–17b). – Die JKammer kann auch einen Beschluss nach § 47 erlassen (→ § 47 Rn. 3, 6).

3. OWi-Verfahren

Entscheidet der JRichter in diesem Verfahren nach Einspruch durch 36 Urteil, so gilt das Verschlechterungsverbot nicht (§ 71 Abs. 1 OWiG iVm § 411 Abs. 4 StPO; *Seitz/Bauer* in Göhler OWiG Vor § 67 Rn. 5). Entscheidet er jedoch – gem. § 72 Abs. 1 OWiG – durch Beschluss, so darf er von der im Bußgeldbescheid getroffenen Entscheidung nicht zum Nachteil des Betroffenen abweichen (§ 72 Abs. 3 S. 2 OWiG; vgl. auch → § 55 Rn. 24). Im Rechtsbeschwerdeverfahren (§§ 79 ff. OWiG; OLG Schleswig bei *Lorenzen/Görl* SchlHA 1989, 121) gilt das Verschlechterungsverbot (§ 79 Abs. 3 OWiG iVm § 358 Abs. 2 StPO; vgl. *Seitz/Bauer* in Göhler OWiG § 79 Rn. 37; näher aber *Hadamitzky* in KK-OWiG OWiG § 79 Rn. 164).

Neunter Unterabschnitt. Ausschluß von Vorschriften des allgemeinen Verfahrensrechts

Strafbefehl und beschleunigtes Verfahren

79 (1) **Gegen einen Jugendlichen darf kein Strafbefehl erlassen werden.**

(2) **Das beschleunigte Verfahren des allgemeinen Verfahrensrechts ist unzulässig.**

Übersicht

	Rn.
I. Anwendungsbereich	1
II. Bedeutung der Vorschriften	2
1. Strafbefehlsverfahren	2
2. Beschleunigtes Verfahren	3
a) Allgemeines	3
b) Sog. „Vorgezogenes Jugendverfahren"	3b
III. Verfahrensrechtliches	4
1. Heranwachsendenalter als Prozessvoraussetzung	4
2. Unzulässiger Strafbefehl	6
a) Abhilfe	6
b) Heilung	7

I. Anwendungsbereich

Die Vorschrift gilt für **Jugendliche** auch in Verfahren vor den für allg. 1 Strafsachen zuständigen Gerichten (§ 104 Abs. 1 Nr. 14).

Für **Heranwachsende** gilt Abs. 2 der Vorschrift nicht (zur Möglichkeit 1a des beschleunigten Verfahrens vgl. → § 109 Rn. 45); Abs. 1 der Vorschrift gilt für Heranwachsende – vor JGerichten wie vor den für allg. Strafsachen zuständigen Gerichten – dann, wenn auf sie materielles JStR angewandt wird (§ 109 Abs. 2 S. 1, § 112 S. 1 und 2, § 104 Abs. 1 Nr. 14).

II. Bedeutung der Vorschriften

1. Strafbefehlsverfahren

2 Die Durchführung dieses Verfahrens gegen Jugendliche ist schon aus vielfältigen erzieherischen Gründen ausgeschlossen **(Abs. 1)**. Zu berücksichtigen ist auch, dass bei einer summarischen aktengetragenen Erledigung ein erhöhtes Fehlerrisiko besteht (zu gehäuften Fehlurteilen bei Strafbefehlen vgl. *Gilliéron* in Barton/Dubelaar/Kölbel/Lindemann (Hrsg.), ‚Vom hochgemuthen, voreiligen Griff nach der Wahrheit', 2018, 65 ff.; erg. *Kemme/ Dunkel* StV 2020, 52). Dies ist bei Jugendlichen besonders untragbar, zumal diese seltener als Erwachsene einen Einspruch einlegen und eine Überprüfung ungerechtfertigter Strafbefehle bewirken dürften (zust. *Noak* in Beck-OK JGG Rn. 2.1; *Albrecht* DJT 2002, 133; vgl. auch BayObLG NJW 1957, 838). – Umso bedenklicher ist es vor diesem Hintergrund, dass ggü. Jugendlichen nicht nur ein Verwarnungsgeld erhoben (§ 56 OWiG) und ein Bußgeldbescheid erlassen (vgl. → § 2 Rn. 64 ff.) werden darf und auch erlassen wird (wesentliche Anwendungsbereiche sind Normverletzungen im Straßenverkehr sowie ggü. der Schulpflicht; vgl. auch → § 11 Rn. 15 sowie bereits *Schenker* Zbl 1983, 524 ff.), sondern dass iÜ Verwaltungsbehörden gegen Verfehlungen von Jugendlichen diese Sanktionen auferlegen dürfen, wenn und soweit dies in bestimmten Vorschriften für zulässig erklärt ist (RL 3 zu § 79, wonach Strafbescheide von Verwaltungsbehörden ggü. Jugendlichen ausgeschlossen waren, ist seit 1.5.1970 entfallen).

2. Beschleunigtes Verfahren

3 **a) Allgemeines.** Auch die Durchführung dieses Verfahrens (§§ 417 ff. StPO) ist ggü. Jugendlichen unzulässig **(Abs. 2)**. Dies gilt auch für die sog. Hauptverhandlungshaft (§ 127b StPO).

3a Soweit *kriminalpolitisch* eine Streichung von Abs. 2 angeregt und ua mit Belangen einheitlicher Reaktion betr. Tatvorwürfe begründet wird, die sich auf mutmaßliche, von Jugendlichen und Heranwachsenden (für diese gilt Abs. 2 nicht, vgl. § 109 Abs. 1 und 2) gemeinsam begangene (gar rechtsradikal motivierte) Gewaltdelikte beziehen (vgl. Gesetzentwurf BR v. 10.11.2000 (BT-Drs. 14/5014)), wäre dies unvereinbar mit dem System des JStrafverfahrens, das lediglich im Bereich der §§ 76–78 eine Einschränkung der Ermittlungspflicht gestattet und eine Haft gem. § 72 nur unter erschwerten Voraussetzungen erlaubt (abl. auch AGJ ZfJ 2001, 263 ff.; *Scheffler* NJ 2001, 464). Dass eine Verfahrensbeschleunigung spezialpräventive Vorteile bringt, ist ohnehin zweifelhaft (→ Einl. Rn. 42 f.).

3b **b) Sog. „Vorgezogenes Jugendverfahren".** aa) **Bedenken** bestehen ggü. Formen eines sog. „vorgezogenen" bzw. „vorrangigen" Jugendverfahrens außerhalb bzw. in Umgehung der gesetzlichen Vorschriften aufgrund von ad hoc – **Absprachen** der Verfahrensbeteiligten (vgl. etwa betr. einzelne Amtsgerichte in Hessen NJW 2000, Heft 39, XVIII; betr. Schleswig-Holstein schon „Flensburger Modell" v. März 1999 sowie *Bezjak/Sommerfeld* ZJJ 2008, 256 f.; betr. Brandenburg Rundverfügung GenStA v. 27.2.2001, XI), und zwar schon unter dem Aspekt des Gesetzesvorbehaltes als auch des

Vorrangs des JGG (n. zur Verfahrensbeschleunigung → Einl. Rn. 42 f.). Dies gilt zum einen, soweit die Voraussetzungen tatbezogen sind und die Anwendbarkeit erheblich begrenzt ist (vgl. etwa DVJJ-Journal 2000, 414), zum anderen bei solchen täterbezogenen Voraussetzungen, die sich in – empirisch unergiebigen – Floskeln wie „kriminelle Energie" (vgl. dazu *Schäfer/Sander/ van Gemmeren* Strafzumessung 619: „Leerformel"; abl. auch *Walter* GA 1985, 197 ff.) oder „Intensivtäter" (vgl. dazu etwa AV Berlin v. 31.3.2005 (ABl. 1378); krit. → § 5 Rn. 85a, 85b) erschöpfen (so aber etwa Rundverfügung GenStA Brandenburg v. 27.2.2001, XI).

bb) Die Bedenken sind im Übrigen hinsichtlich des **Gewaltenteilungs-** 3c **prinzips** darauf gegründet, dass die Vorbereitung oder gar Steuerung der Abläufe weithin auf die Polizei übertragen ist (vgl. zu *„Fallkonferenzen" Müller-Rackow* ZJJ 2008, 277 f. („Einstufung" durch die Polizei bzw. „ausgesuchte Einzelfälle"); krit. aus deren Praxis *Gloss* ZJJ 2007, 280 f. bzw. gem. empirischer Analyse (betr. Hamburg) näher *Sturzenhecker ua* ZJJ 2011, 305 ff.). Jeweils geht es zumindest auch um die Durchsetzung von Belangen polizeilicher Gefahrenabwehr oder gar – ohnehin unzulässigerweise (vgl. → § 17 Rn. 6 f., → § 18 Rn. 43) – solcher der Generalprävention (vgl. etwa JuM Hessen, Modellvorhaben (2.9.1998): „Signalwirkung ggü. ... Umfeld") bei Tatvorwürfen, bezüglich deren die Sanktionen des vereinfachten JVerfahrens (§§ 76–78) als unzureichend eingeschätzt werden. Neben der Einschränkung der speziellen Ermittlungspflichten gem. § 43 sowie der Fundiertheit der Rechtsfolgenentscheidung (vgl. zu Nachteilen überhöhter Beschleunigung *Mertens/Murges-Kemper* ZJJ 2008, 356 ff.) ist die Beeinträchtigung von Rechten des Beschuldigten zu besorgen (etwa durch Hinwirken auf den Verzicht von „Einlassungs-„ und Ladungsfristen), wogegen zumindest die gesetzlichen Rahmenbedingungen einzuhalten sind (vgl. auch DVJJ 2015, AK 2).

III. Verfahrensrechtliches

1. Heranwachsendenalter als Prozessvoraussetzung

Für den Erlass eines Strafbefehls (gem. §§ 407 ff. StPO) ebenso wie für das 4 beschleunigte Verfahren ist ein Alter von mindestens 18 Jahren **zur Zeit** der (mutmaßlichen) **Tat** (§ 1 Abs. 2) Prozessvoraussetzung.

Einzelne Funktionen dieser Verfahrensarten werden in Verfahren gegen 5 Jugendliche – und (bzgl. des Strafbefehls) ggf. auch gegen Heranwachsende (§ 109 Abs. 2) – durch das formlose Erziehungsverfahren nach §§ 45, 47 (das auch vor den für allg. Strafsachen zuständigen Gerichten gilt (§§ 104 Abs. 1 Nr. 4, 112, 109 Abs. 2)), und in Verfahren gegen Jugendliche ferner durch das vereinfachte JVerfahren nach §§ 76–78 (das nicht vor den für allg. Strafsachen zuständigen Gerichten gilt (§§ 104, 109)) ersetzt.

2. Unzulässiger Strafbefehl

a) Abhilfe. Ein Strafbefehl gegen einen Jugendlichen bzw. gegen einen 6 Heranwachsenden, auf den materielles JStR anzuwenden ist, ist **nur** unter besonderen **Ausnahmeumständen nichtig** (BayObLG NJW 1957, 59; vgl. allg. → § 1 Rn. 35 ff. sowie → §§ 33–33b Rn. 37 ff., speziell → § 80

Rn. 4; krit. und generell für Nichtigkeit *Sommerfeld* in NK-JGG Rn. 3; *Kaspar* in MüKoStPO Rn. 4; zwischen Rechts- und Tatsachenfehler diff. *Noak* in BeckOK JGG Rn. 4 ff.), und zwar wenn die konkrete Sanktion im JStR nicht zulässig ist. Im Übrigen erlangt auch ein solcher Strafbefehl, der (anders als bei Verletzung von § 407 Abs. 2 StPO) nicht zum Absehen von der Vollstreckbarkeit (§ 458 Abs. 1 StPO) berechtigt, idR formelle und materielle Rechtskraft (s. § 410 Abs. 3 StPO), sofern nicht rechtzeitig Einspruch eingelegt wird. In Betracht kommt ggf. Abhilfe im *Gnadenwege* (*Maur* in KK-StPO StPO § 407 Rn. 27) oder eine *Wiederaufnahme* des *Verfahrens* (KreisG Saalfeld DVJJ-Journal 1993, 305), wobei eine neue Tatsache iSv § 2 Abs. 2, § 359 Nr. 5 StPO ggf. tatzeitbezogen die zutreffende Altersfeststellung bzw. altersstufenrelevant die zutreffende Tatzeitfeststellung sein kann (LG Landau NStZ-RR 2003, 28 (konkret bejahend wegen akteninhaltswidriger Feststellung des Tatzeitraums) mit Bspr. *Noak* JA 2005, 539 ff.) und die Anwendung des JGG als milderes Gesetz iSv § 359 Nr. 5 StPO gilt.

7　　**b) Heilung.** Sofern rechtzeitig **Einspruch** eingelegt ist, so wird angenommen (BayObLG NJW 1957, 838; zurückhaltend *Dallinger/Lackner* Rn. 5; aA *Ostendorf* in NK-JGG Rn. 5), der Mangel werde dadurch geheilt, dass eine HV anberaumt wird (*Meyer-Großner/Schmitt* StPO § 407 Rn. 3), wobei der Strafbefehlsantrag die Anklage und der Strafbefehl den Eröffnungsbeschluss ersetze (vgl. *Maur* in KK-StPO StPO § 407 Rn. 26; *Weßlau* in SK-StPO StPO Vor §§ 407 ff. Rn. 9).

Privatklage und Nebenklage

80 (1) ¹**Gegen einen Jugendlichen kann Privatklage nicht erhoben werden. ²Eine Verfehlung, die nach den allgemeinen Vorschriften durch Privatklage verfolgt werden kann, verfolgt der Staatsanwalt auch dann, wenn Gründe der Erziehung oder ein berechtigtes Interesse des Verletzten, das dem Erziehungszweck nicht entgegensteht, es erfordern.**

(2) ¹Gegen einen jugendlichen Privatkläger ist Widerklage zulässig. ²Auf Jugendstrafe darf nicht erkannt werden.

(3) ¹Der erhobenen öffentlichen Klage kann sich als Nebenkläger nur anschließen, wer verletzt worden ist

1. **durch ein Verbrechen gegen das Leben, die körperliche Unversehrtheit oder die sexuelle Selbstbestimmung oder nach § 239 Absatz 3, § 239a oder § 239b des Strafgesetzbuches, durch welches das Opfer seelisch oder körperlich schwer geschädigt oder einer solchen Gefahr ausgesetzt worden ist,**
2. **durch einen besonders schweren Fall eines Vergehens nach § 177 Absatz 6 des Strafgesetzbuches, durch welches das Opfer seelisch oder körperlich schwer geschädigt oder einer solchen Gefahr ausgesetzt worden ist, oder**
3. **durch ein Verbrechen nach § 251 des Strafgesetzbuches, auch in Verbindung mit § 252 oder § 255 des Strafgesetzbuches.**

²Im Übrigen gelten § 395 Absatz 2 Nummer 1, Absatz 4 und 5 und §§ 396 bis 402 der Strafprozessordnung entsprechend.

Schrifttum BMJ (Hrsg.), Neue ambulante Maßnahmen nach dem JGG, 1986; *Hering/Sessar,* Praktizierte Diversion, 1990; *Niedling,* Strafprozessualer Opferschutz am Beispiel der Nebenklage, 2005; *Rohde,* Die Rechte und Befugnisse des Verletzten im Strafverfahren gegen Jugendliche, 2009; Weißer Ring (Hrsg.), Täterrechte – Opferrechte, 1996; *Zapf,* Opferschutz und Erziehungsgedanke im Jugendstrafverfahren, 2012.

Übersicht

	Rn.
I. Anwendungsbereich	1
1. Jugendliche	1
2. Heranwachsende	2
3. Kriminalpolitische Erwägungen	2a
II. Privatklage	3
1. Heranwachsendenalter als Prozessvoraussetzung	3
2. Verfolgung durch die JStaatsanwaltschaft	5
a) Voraussetzungen	6
b) Ablehnung der Verfolgung	8
c) Einzelfragen	9
III. Widerklage	10
1. Allgemeines	10
a) Gesetzesbegründung	10a
b) Zuständigkeit	10b
c) Wegfall der Privatklage	11
2. Rechtsfolgen	12
3. Kosten	12a
IV. Nebenklage	13
1. Grundsätzliche Unzulässigkeit (einschließlich Streitfragen zu Verletztenbefugnissen)	13
a) Gesetzessystematischer Zusammenhang	13
b) Streitfragen zu sonstigen Verletztenbefugnissen	14
2. Ausnahmen gem. Abs. 3	16
a) Entstehungsgeschichte	16
b) Voraussetzungen	17
c) Abs. 3 S. 2	19
d) Beweiswürdigung	21
e) Kosten	22
3. Jugendliche als Nebenkläger	23

I. Anwendungsbereich

1. Jugendliche

Die Vorschrift gilt für Jugendliche auch in Verfahren vor den für allg. **1** Strafsachen zuständigen Gerichten (§ 104 Abs. 1 Nr. 14).

2. Heranwachsende

Die Vorschrift findet auf Heranwachsende keine Anwendung (§§ 109, **2** 112 S. 2; für Aufhebung von Abs. 3 *Albrecht* DJT 2002, Thesen II. 4. c) sowie einschr. *Hinz* ZRP 2002, 475 ff., für Beibehaltung DVJJ-Kommission (15.8.2002), DVJJ-Journal 2002, 245), dh gegen Heranwachsende ist Privat- und – ohne die Einschränkung gem. Abs. 3 S. 1 – Nebenklage zulässig, wobei es unbeachtlich ist, ob die Anwendung von JStR oder von allg. StR zu erwarten ist.

3. Kriminalpolitische Erwägungen

2a   Nicht ohne Einwand ist der Vorschlag, Abs. 1 S. 1 in sein Gegenteil zu verkehren (so aber DVJJ Rundbrief 131, Juni 1990, 22). Vielmehr wird teilweise angeregt, Abs. 1 S. 2 zu streichen (UK I DVJJ-Journal 1992, 11; AK II/1, DVJJ 1993).

II. Privatklage

1. Heranwachsendenalter als Prozessvoraussetzung

3   War der Beschuldigte **zur Zeit** der vorgeworfenen **Tat** (§ 1 Abs. 2) nicht mindestens 18 Jahre alt, so fehlt es einer Privatklage **ihm ggü.** an einer Prozessvoraussetzung **(Abs. 1 S. 1).** Auch ist solchenfalls schon ein Sühneversuch gem. § 380 StPO unzulässig (hM; vgl. etwa *Kaspar* in MüKoStPO Rn. 6). – Ausgleichsbemühungen im privaten Bereich bleiben hiervon unberührt.

4   Ist gegen einen Jugendlichen Privatklage erhoben worden, so ist sie zurückzuweisen (§ 383 Abs. 1 S. 1 StPO); ein etwa bereits eröffnetes Hauptverfahren ist einzustellen (§§ 206a, 260 Abs. 3, 389 StPO; wegen der Kostenfolge s. § 471 Abs. 2 StPO). Ergeht auf die Privatklage hin ein Urteil gegen einen Jugendlichen, so ist dieses idR nur anfechtbar, nicht aber nichtig (hM, vgl. → § 1 Rn. 35 ff.; → §§ 33–33b Rn. 37 ff.; abw. etwa *Kaspar* in MüKoStPO Rn. 5).

2. Verfolgung durch die JStaatsanwaltschaft

5   Sie verfolgt **Privatklagedelikte** (§ 374 Abs. 1 StPO; zum Begriff Verfehlung vgl. → § 1 Rn. 33) **Jugendlicher** im Offizialverfahren (zB §§ 45 ff., 76 ff.) dann, wenn neben den allg. Voraussetzungen – zB bei Antragsdelikten der Strafantrag – das öffentliche Interesse an der Strafverfolgung (§ 376 StPO; vgl. RiStBV Nr. 86 Abs. 2) und/oder eine der zusätzlichen Voraussetzungen des Abs. 1 S. 2 vorliegen. Diese Regelung stellt im Vergleich zum allg. StVR eine Erweiterung staatlicher Eingriffmöglichkeiten im JStrafverfahren dar, sodass in besonderem Maße die jugendrechtlichen Ziele von Schutz, Förderung und Integration zu berücksichtigen sind (zur Häufigkeit vgl. vormals *Schüler-Springorum* in BMJ, Neue ambulante Maßnahmen nach dem JGG, 1986, 213; *Hering/Sessar,* Praktizierte Diversion, 1990, 84, 89). – Der JStaatsanwalt entscheidet nach pflichtgemäßem Ermessen.

6   **a) Voraussetzungen. aa)** Was die Voraussetzung **„Gründe der Erziehung"** angeht, so sind weniger die Schwere und Häufigkeit der vorgeworfenen Straftaten als vielmehr deren Entstehungszusammenhänge (vgl. → § 5 Rn. 37–82) einschließlich des Alters und der Erziehungsverhältnisse (ggf. Zustimmung der Eltern zu der Straftat) zu berücksichtigen. Zumindest hinsichtlich des zuletzt genannten Bereichs kann es insoweit bedenklicherweise zu einem selektiven Vorgehen kommen, nämlich je nach elternbezogenen Gegebenheiten.

bb) Als „**berechtigtes Interesse des Verletzten**" gilt ein vernünftiger 7
Anlass für den Wunsch nach Verfolgung und Ahndung der Tat (nicht also zB
Vergeltung, zivilrechtliche Interessen, etc). Der Begriff mutmaßlicher „Verletzter" ist – ähnlich wie in § 48 (vgl. → § 48 Rn. 16) bzw. in § 172 StPO –
weit auszulegen. Das gesetzlich bezeichnete Interesse ist jedoch nur dann
beachtlich, wenn der Erziehungszweck nicht entgegensteht (§ 2 Abs. 1).
Dabei findet die Auffassung, „geringfügige" erzieherische Bedenken könnten ggü. einem deutlich überwiegenden Interesse des Verletzten zurückstehen müssen (vgl. *Brunner/Dölling* Rn. 2; *Schatz* in Diemer/Schatz/Sonnen
Rn. 8), im Gesetz keine Stütze (vgl. auch *Sommerfeld* in NK-JGG Rn. 10;
Kaspar in MüKoStPO Rn. 10).

b) Ablehnung der Verfolgung. Solchenfalls ist hinsichtlich der Frage 8
nach der Zulässigkeit des **Klageerzwingungsverfahrens** zu **differenzieren.** Im Falle der Einstellung nach § 170 Abs. 2 StPO ist das Klageerzwingungsverfahren **zulässig** (hM, vgl. nur OLG Hamburg MDR 1971, 596;
OLG Stuttgart NStZ 1989, 136 mablAnm *Brunner; Graalmann-Scheerer* in
Löwe/Rosenberg StPO § 172 Rn. 31; *Kaspar* in MüKoStPO Rn. 14; aA
noch OLG Frankfurt a. M. MDR 1959, 415). Bedenken begegnet dies deshalb nicht, weil Abs. 1 S. 1 das Legalitätsprinzip betr. die Katalogtaten des
§ 374 StPO nicht generell durchbricht (zum Regelungszweck vgl. *Potrykus*
Anm. 1). Beruht die Einstellung hingegen (auf § 45 bzw.) auf Mängeln der
Voraussetzungen (des § 376 StPO (OLG Hamburg MDR 1971, 596) oder)
des Abs. 1 S. 2, so ist (zwar Dienstaufsichtsbeschwerde möglich, jedoch)
nach überwiegender Auffassung das Klageerzwingungsverfahren **unzulässig**
(OLG Hamburg MDR 1971, 596; OLG Stuttgart NStZ 1989, 136 mablAnm *Brunner; Brunner/Dölling* Rn. 3; *Potrykus* Anm. 1–3; *Graalmann-Scheerer* in Löwe/Rosenberg StPO § 172 Rn. 31; aA teilweise *Dallinger/Lackner*
Rn. 13 betr. das Interesse des (mutmaßlichen) Verletzten gem. Abs. 1 S. 2),
da Abs. 1 das Legalitätsprinzip insoweit durchbricht (vgl. *Meyer-Goßner/
Schmitt* StPO § 172 Rn. 2, 3).

c) Einzelfragen. aa) Bejaht der JStaatsanwalt das Vorliegen der **Vo-** 9
raussetzungen des öffentlichen Interesses und/oder der Voraussetzungen
des Abs. 1 S. 2, so unterliegt dies nicht der jugendrichterlichen Nachprüfbarkeit. Der JRichter kann jedoch gem. § 47 vorgehen (s. aber § 47 Abs. 2
S. 1).

bb) Im förmlichen Verfahren kann der JRichter auch JStrafe verhängen 9a
(Abs. 2 S. 2 betrifft nur den Widerbeklagten), wenngleich dies in der Praxis
kaum vorkommen wird, weil bei Privatklagedelikten idR die Voraussetzungen des § 17 Abs. 2 nicht erfüllt sind.

III. Widerklage

1. Allgemeines

Nach allg. StVR können **Jugendliche** – wie alle Minderjährigen – **Pri-** 10
vatkläger sein, wobei die Privatklage von dem gesetzlichen Vertreter erhoben werden muss (§ 374 Abs. 3 StPO). Ob dies vor einem JGericht oder
einem für allg. Strafsachen zuständigen Gericht zu geschehen hat, bestimmt
sich nach dem Alter des Privatbeklagten zur Zeit der vorgeworfenen Tat.

10a   **a) Gesetzesbegründung.** Erhebt ein Jugendlicher Privatklage, so enthält **Abs. 2 S. 1** mit der Möglichkeit der Widerklage (es gelten zunächst die allg. Voraussetzungen des § 388 StPO) aus Zweckmäßigkeitsgesichtspunkten eine Ausnahme von Abs. 1. – Soweit dies mit dem Argument zu rechtfertigen versucht wird, es könnte erzieherisch abträglich sein, wenn der jugendliche Privatkläger zwar die Strafverfolgung betreiben könne, seinerseits aber vor Verfolgung geschützt sei, so vermag dies jedenfalls im Verhältnis zu einem Erwachsenen nicht ohne weiteres zu überzeugen (vgl. aber *Dallinger/Lackner* Rn. 18).

10b   **b) Zuständigkeit.** Für die Widerklage bleibt das mit der Privatklage befasste Gericht zuständig (vgl. RL 2 S. 1; vgl. auch § 388 Abs. 3 StPO). Handelt es sich hierbei um ein für allg. Strafsachen zuständiges Gericht, so gilt für den jugendlichen Widerbeklagten § 104, dh gegen ihn ist insoweit JStR anzuwenden.

11   **c) Wegfall der Privatklage.** Bei dieser Gegebenheit ist das Verfahren wegen eines Verfahrenshindernisses einzustellen (§ 206a StPO bzw. § 260 Abs. 3 StPO). Dies folgt daraus, dass die Widerklage nur gegen einen jugendlichen Privatkläger zulässig ist (Abs. 2 S. 1), diese Voraussetzung aber nach Wegfall der Privatklage nicht mehr gegeben ist (anders § 388 Abs. 4 StPO). Dabei macht es keinen Unterschied, ob das Verfahren gerichtshängig geworden ist (vgl. *Sommerfeld* in NK-JGG Rn. 16; *Schatz* in Diemer/Schatz/Sonnen Rn. 13; aA *Brunner/Dölling* Rn. 6).

2. Rechtsfolgen

12   Es darf – im Unterschied zum Verfahren nach Abs. 1 S. 2 – **JStrafe nicht** verhängt werden (Abs. 2 S. 2; zur praktisch geringen Bedeutung vgl. → Rn. 9 aE).

Ein für allg. Strafsachen zuständiges Gericht muss, sofern es Erziehungsmaßregeln für erforderlich hält, deren Auswahl und Anordnung dem **FamG** überlassen (§ 104 Abs. 4 S. 1; s. RL 2 S. 2).

3. Kosten

12a   Vgl. hierzu → § 74 Rn. 3. – Übernimmt die Staatsanwaltschaft gem. § 2 Abs. 2, § 377 Abs. 2 StPO die Verfolgung, so kann § 2 Abs. 2, § 472 Abs. 3 S. 2 StPO zur Anwendung kommen.

IV. Nebenklage

1. Grundsätzliche Unzulässigkeit (einschließlich Streitfragen zu Verletztenbefugnissen)

13   **a) Gesetzessystematischer   Zusammenhang.   aa) Nebenklage** (§§ 395 ff. StPO), die als Institution eine „strukturelle Benachteiligung des Beschuldigten" (*Bung/Jahn* StV 2012, 757 f. vermöge „umfassender Handlungsmacht" (*Stolp,* Die geschichtliche Entwicklung des Jugendstrafrechts von 1923 bis heute, 2015, 198) und zumindest eine „konfrontative Stimmung" (*Velten* in SK-StPO StPO Vor §§ 395 ff. Rn. 26, 27); zu empirischen Hinweisen *Niedling,* Strafprozessualer Opferschutz am Beispiel der Neben-

klage, 2005, 210 ff., 243 ff.; *Kölbel* ZJJ 2015, 62; *Kölbel* BMJV 2017, 16) in sich trägt (abl. betr. „bestimmenden Einfluss" *Weigend* in Barton/Kölbel 49; *Zöller* FS Paeffgen, 2015, 732 (jeweils zum allg. StR); zu verfassungsrechtlichen Bedenken vgl. etwa *Eisenberg/Schimmel* JR 1996, 218 f.; zur Empfehlung, im Falle berechtigter Inanspruchnahme eines außerstrafrechtlichen Entschädigungsverfahrens die Nebenklagebefugnis abzuschaffen *von Galen* StV 2013, 176 (178)), ist in Verfahren gegen einen Beschuldigten, der zur Zeit der Tat Jugendlicher war (§ 1 Abs. 2), grundsätzlich **nicht zulässig** (zu Ausnahmen zem. Abs. 3 vgl. → Rn. 16–18; krit. *Höynck/Ernst* KJ 2014, 249 ff.; rechtsvergleichend *Kölbel* BMJV 2017, 22 ff.).

(1) Richtet sich das Verfahren gegen *mehrere Beschuldigte,* von denen einer **13a** Jugendlicher ist, so ist Nebenklage auch gegen die anderen nicht zulässig, seien sie zur Tatzeit Heranwachsende oder Erwachsene gewesen (OLG Köln NStZ 1994, 298 mzustAnm *Eisenberg;* LG Aachen MDR 1993, 679; LG Köln StraFo 1996, 23 (mit ausführlicher Begründung); LG Zweibrücken StRR 2009, 2 (Ls., zumindest bei Vergehen); AG Berlin-Tiergarten 13.9.1988 – (413) 3 Ju Js 371/88 (76/88); und 18.4.1994 – (409) 18 Ju Js 547/93 Ls (69/94); AG Zweibrücken 5.10.2008 – 4393 Js 11962/07; *Schaffstein/Beulke/Swoboda* JugendStrafR 859; *Kurth/Weißer* in LJKKRT § 395 Rn. 27; eingehend *Franze* StV 1996, 289; **aA** BGHSt 41, 288 (mablAnm *Graul* NStZ 1996, 402) in einseitiger Bevorzugung von Belangen der Nebenklage; BGH StV 2003, 23; OLG Düsseldorf StV 1994, 605 mAnm *Ostendorf;* OLG Saarbrücken ZJJ 2006, 324; OLG Frankfurt/M. BeckRS 2016, 110994; LG Duisburg MDR 1994, 1033; LG Berlin 26.5.1994 – 518 Qs 26/74; LG Saarbrücken StraFo 2003, 172 mablAnm *Möller; Brunner/Dölling* § 109 Rn. 6; *Kaspar* in MüKoStPO Rn. 25; *Walther* in KK-StPO StPO § 395 Rn. 9; *Siegismund* FS Rieß, 2002, 866 f. (ohne Berücksichtigung der Dynamik im Täter-Opfer-Verhältnis)).

Dies ergibt formell ein Umkehrschluss aus § 48 Abs. 3 S. 1, zumal diese **13b** Gegenstände ebenso wie die Nebenklage den Tatvorwurf betreffen (vgl. auch § 397 StPO; aA *Dölling* in Weißer Ring, Täterrechte – Opferrechte, 1996, 73 f. mit der Annahme, die Nebenklage weise einen spezifischen Bezug zur Person des Mitangeklagten auf) und die Nebenklage sich faktisch – als Nebenfolge oder gar, da Wahrheitsfindung nicht teilbar ist, in gleicher Weise (OLG Düsseldorf NJW 1995, 543 (dazu eher abl. *Kurth* NStZ 1996, 6)) – auch ggü. dem Jugendlichen auswirkt, dh das gesamte Verfahren beeinflusst (vgl. AG Ebersberg ZJJ 2014, 297: „nicht aufspaltbar"; aA *Mitsch* GA 1998, 165 f.: „Spaltung").

(2) Inhaltlich ist es unausweichlich, die – dem Erziehungsauftrag (§ 2 **13c** Abs. 1) immanente – Pflicht zum **Schutz** Jugendlicher, die wegen der besonderen Schutzbedürftigkeit zB gerade auch im Sicherungsverfahren verlangt ist (vgl. dazu Abs. 3 S. 1 argumentum e contrario zu § 395 Abs. 1 Hs. 1 StPO sowie etwa → § 7 Rn. 13; anders BGH NJW 2001, 3489 (zum allg. StR); KG JR 1995, 259 mit abl. Anm. *Eisenberg/Schönberger* JR 1995, 391; *Kurth/Weißer* in LJKKRT StPO § 395 Rn. 28; *Walther* in KK-StPO StPO § 395 Rn. 8 f.), nicht mittelbar durchbrechen zu lassen (zB durch Ausübung von Rechten gem. § 397 Abs. 1 StPO (vgl. aber OLG Düsseldorf NJW 1995, 343; dazu krit. *Kurth* NStZ 1997, 6 sowie *Lempp* MschKrim 1998, 127, wonach die Nebenklage das gesamte Verhandlung nachhaltig prägte und „kein Verhandlungsklima" zuließ, „wie es dem Sinn des JGG entsprochen hätte"); ähnlich (zu LG Saarbrücken StraFo 2003, 172) Anm.

Möller: „Verhandlungsklima vergiftete"; aA *Rössner* in HK-JGG Rn. 19). Die Möglichkeit hingegen, wegen der „im Zweifel vorrangigen" Berücksichtigung der Position des Jugendlichen „die Ausübung des Frage- oder des Beweisantragsrechts zu versagen" (BGH StV 2003, 23), schränkt nur einen Teil der Unzuträglichkeiten ein und eröffnet im Übrigen zusätzliche *Rechtsunsicherheit* (so auch AG Ebersberg ZJJ 2014, 297) hinsichtlich einschlägiger Belange.

13d Demgegenüber sind etwaige Belastungen im Falle einer *Abtrennung* der Verfahren nachrangig, und verfahrensökonomische oder fiskalische Belange haben insoweit ohnehin auszuscheiden. – Jedoch hat der (mutmaßlich) Verletzte ein Anwesenheitsrecht in der HV (§ 48 Abs. 2).

13e (3) Wird indes der gegenteiligen Ansicht gefolgt, so verlangen die gesetzlich verpflichtenden Schutzbelange Jugendlicher (vgl. nur § 2 Abs. 1 S. 2, Abs. 2 sowie die Spezialvorschrift des § 36) danach, die Voraussetzungen des § 395 StPO **weniger ausgedehnt** zu bejahen (nicht erörtert in OLG Frankfurt/M. BeckRS 2016, 110994) als es in sonstigen Verfahren geschieht (vgl. zur bloßen rechtlichen Möglichkeit einer Verurteilung etwa BGH NStZ-RR 2002, 340; 2008, 352; krit. etwa *Altenhain* JZ 2001, 794), dh eine über die Anklage hinausgehende *Prüfung* der Zulassung wird hier auszuscheiden haben (vgl. ergänzend → Rn. 17).

13f (bb) Sofern gegen *ein* und *denselben Beschuldigten* in einem Verfahren wegen mehrerer vorgeworfener Taten verhandelt wird, von denen einzelne im Alter *als Jugendlicher,* andere als *Heranwachsender* begangen wurden, so ist die *Nebenklage* hinsichtlich der zweitgenannten Taten grundsätzlich *unzulässig,* da sich eine Aufspaltung in der Praxis nicht durchhalten lässt (OLG Schleswig SchlHA 2002, 175; OLG Düsseldorf StV 2003, 455; OLG Koblenz StV 2003, 455 (Ls.); OLG Hamm ZJJ 2005, 446; OLG Oldenburg NStZ 2006, 521; OLG Hamburg StraFo 2006, 117; KG NStZ 2007, 44; LG Hamburg 8.6.1988 – (34) 70/87 KLs bei *Böhm* NStZ 1989, 523; aus der „opferpolitisch" motivierten, für eine weite Anwendbarkeit der Nebenklage eintretenden aA s. etwa *Brocke* NStZ 2007, 9; *Kaspar* in MüKoStPO Rn. 23). Allenfalls dann, wenn sich eine Einwirkung auch auf die Verhandlung hinsichtlich der erstgenannten Taten ausschließen ließe, könnte anderes gelten (aA *Mitsch* GA 1998, 169 ff.: stets „Spaltung").

14 **b) Streitfragen zu sonstigen Verletztenbefugnissen. aa)** Entsprechend dem Vorrang jugendrechtlicher Ziele, deren Wahrung das Gesetz gerade nicht einer – rechtstatsächlich ohnehin weithin unterschiedlichen – Kontrollausübung des Vorsitzenden überlässt (anders OLG Koblenz NJW 2000, 2437), stehen dem Verletzten nach hier vertretener Auffassung auch die Befugnisse nach **§ 406e Abs. 1 S. 2 StPO, § 406h StPO** in Verfahren gegen einen Jugendlichen **nicht** zu (BVerfG ZfJ 2001, 112; BGH StraFo 2003, 58; OLG Stuttgart Die Justiz 2001, 173; OLG Stuttgart NStZ-RR 2003, 29 (Ls.); OLG Zweibrücken NStZ 2002, 496 mkritAnm *Sack* (indes ohne Berücksichtigung des Umstandes, dass das Alter des Beschuldigten feststeht, die Frage nach der Opfereigenschaft jedoch erst Ergebnis der HV sein darf); OLG Düsseldorf StV 2003, 455; KG StraFo 2006, 460; NStZ 2007, 44; AG Eggenfelden NStZ 2005, 120 (Ls.); *Schaal/Eisenberg* NStZ 1988, 50–52 sowie ergänzend *Eisenberg* NStZ 2003, 132; *Laubenthal/Baier/ Nestler* JugendStrafR Rn. 394; s. auch *Rieß/Hilger* NStZ 1987, 153 Fn. 193). Für die Gegenansicht ist die Anwendbarkeit der allgemeinen Verletztenrechte nur dort beschränkt, wo die fragliche Rechtsposition technisch an die Nebenklagebfeugnis gekoppelt und jene fallkonkret nicht gegeben ist (so in der Sache OLG Koblenz NJW 2000, 2437 (entgegen dem systematischen Verhältnis von § 406g aF zu §§ 406d ff. StPO); OLG München NJW 2003, 1543; AG Saalfeld StV 2005, 261 (aber konkret vern. gem. § 406e Abs. 2 S. 2 StPO); *Stock* MschKrim 1987, 358 f.; *Wölfl* ZfJ 2002, 96 f.; *Koudmani* ZfJ 2003, 12; DJT 02 (Abt. StR) „Abstimmung" IX. 5. a; *Hüls* ZJJ 2005, 28; *Ostendorf* in NK-JGG Rn. 1; *Rössner* in HK-JGG Rn. 18; *Schatz* in Diemer/ Schatz/Sonnen Rn. 29; *Laubenthal/Baier/Nestler* Rn. 375 ff.; *Schöch* ZJJ 2012, 246 (253); s. auch *Hilger* in Löwe/Rosenberg StPO Vor § 406d Rn. 6: „soweit in engem Zusammenhang mit der Nebenklage", im Übrigen aber § 406e Abs. 2 hervorhebend). Hierfür spricht zudem der Wortlaut des § 406h Abs. 1 StPO, der wegen der in Rede stehenden Befugnisse auf die Zulässigkeit der Nebenklage abstellt; ferner knüpfen § 472 Abs. 3 StPO bzw. §§ 406h Abs. 3, 397a StPO an die Kostenregelung für den Nebenkläger an (s. aber auch RefE-BMJ 2. JGG-ÄndG April 04).

bb) Wenngleich die Verletztenbefugnisse vor allem in Gestalt der erwei- **15** terten Informationsrechte bereits im Vorverfahren (s. insb. §§ 406e Abs. 1, 406h Abs. 2 S. 3 StPO) auch die Wahrnehmung von Kontrollbelangen des Verletzten gewährleisten, ist entscheidend, dass sie zugleich geeignet sind, eine offensive, der prozessualen **Wahrheitsermittlung** schon deshalb ggf. **abträgliche** Prozessstrategie vorzubereiten (was – zB schon wegen finanzieller Interessen – die Verfahrensdauer nicht beeinflussen muss (s. jedoch *Siegismund* FS Rieß, 2002, 868)), weil mit ihnen ein Ausbau der Beschuldigtenrechte nicht korrespondiert (vgl. aus der Praxis (jeweils schon zum allg. StR) etwa *Fischer* NStZ 2007, 435: „Opfer"-Orientierung als gravierende Verschiebung zu Lasten von Beschuldigten, bzw. *Schroth* NJW 2009, 2918 f.: „Ruinierung" der Zeugenrolle für die Wahrheitsfindung; *Kölbel* StV 2014, 701 f.; vgl. zum Ganzen auch *Zöller* FS Paeffgen, 2015, 719 ff. (732); aA *Zapf,* Opferschutz und Erziehungsgedanke im Jugendstrafverfahren, 2012, 146 ff., 185 ff., teilweise entgegen Tendenzen einer Praxis-Befragung, Opferschutz und Erziehungsgedanke im Jugendstrafverfahren, 2012, 344 f., 347). Dies gilt nicht zuletzt für das Recht auf Anwesenheit eines Rechtsanwalts als Beistand schon bei der polizeilichen Vernehmung (§ 406f Abs. 1 S. 2 StPO (eingef. durch 2. OpferRRG, abl. Stellungnahme DRiB v. März 2009), in Erweiterung ggü. § 406f Abs. 2 S. 1 aF: nur bei Gericht (vgl. betr. die HV → § 48 Rn. 6) oder der StA) im Unterschied zu der lange unzulänglichen Regelung einer Verteidigerbestellung im Vorverfahren (vgl. 20. Aufl. § 68 Rn. 34, 34a; vgl. auch OLG Oldenburg StV 2009, 403: „Änderung des Kräfteverhältnisses"; s. jetzt aber § 68a). Praktische Schwierigkeiten, die sich ergeben können, falls sich erst nach Beiordnung des Verletztenbeistandes herausstellt, dass der Beschuldigte Jugendlicher war, treten demgegenüber zurück.

2. Ausnahmen gem. Abs. 3

a) Entstehungsgeschichte. aa) (1) Unter den Voraussetzungen des **16** **Abs. 3 S. 1** hat das 2. JuMoG (v. 30.12.2006, BGBl. I 3416) entgegen nachdrücklicher Ablehnung aus der jugendstrafrechtlichen Praxis (vgl. etwa *Sieveking ua* ZRP 2005, 188 f.; *Stuppi* ZJJ 2007, 19) und Forschung (vgl. etwa *Höynck* ZJJ 2005, 38–40 bzw. 2007, 76) und auch **entgegen** den noch im September bzw. Oktober 2006 vorgelegten Stellungnahmen und Gesetzentwürfen nebst Begründungen des **BR** (v. 22.9.2006, BR-Drs. 550/06) bzw. der **BReg** (v. 19.10.2006, BT-Drs. 16/3038) – sowie dem **empirischen Kenntnisstand** zu Auswirkungen der Nebenklage (zB erheblich längere Verfahrensdauer, höhere Sanktionsbemessung sowie Kostenerhöhung (betr. „Nebenklageanwälte")) im allg. StVR (vgl. *Barton* JA 2009, 758) – den Schutz und die erzieherischen Pflichten ggü. dem jugendlichen Beschuldigten zugunsten von Belangen mutmaßlicher Verletzter (vgl. aber zur Einschränkung betr. Minderjährige → §§ 33–33b Rn. 45) preisgegeben (zum „Befremden" aus staatsanwaltlicher Sicht *Sommerfeld* ZJJ 2011, 93) und die *Nebenklage* ggü. Jugendlichen zugelassen (vgl. zur Gefahr erheblicher Beeinträchtigung erzieherischer Zielsetzung noch BR-Drs. 550/06, 143; ausdrücklich anders aber ein Teil des Schrifttums (etwa *Kaspar* in MüKoStPO Rn. 19 f. mwN sowie Rechtsausschuss des BT v. 29.11.2006, BT-Drs. 16/3640, 78: „unabhängig von erzieherischen Erwägungen"; zu Eigenbelangen verschiedener Berufsgruppen und „Opferschutzverbänden" vgl. etwa *Barton* in Barton/Kölbel 121–124, 130; eingehend zur der ebenso empirieferner wie rechtspolitisch einseitigen „Opferschutzgesetzgebung" im JStV *Kölbel* BMJV 2017, 18 ff.; *Kölbel* in Strafverteidigertag 2018, 327 ff.).

16a   (2) Im Einzelnen sah zB die **Stellungnahme** des **BR** v. 22.9.2006 (BR-Drs. 550/06, 12) noch vor, dass „Gründe der Erziehung nicht entgegenstehen dürfen" und dass „der Richter nach Anhörung des Angeschuldigten und dessen Erziehungsberechtigten und gesetzlichen Vertreters sowie der JGH" den Anschluss zu entscheiden habe, und dass ein solcher deshalb „nicht häufig" Anwendung finden werde – just diese Intention wurde von dem **Rechtsausschuss** sodann als ein Grund für die **Kehrtwendung** angegeben (Beschlussempfehlung v. 29.11.2006, BT-Drs. 16/3640, 77), allerdings unter gleichzeitiger deliktsbezogener Einschränkung.

16b   Insbesondere hat der (dem Rechtsausschuss folgende) Gesetzgeber hierbei in die Rechte des jugendlichen Beschuldigten eingegriffen, indem ohne vorausgegangenes jugendrichterliches Gehör oder gar jugendrichterliche Schuldfeststellung eine **Opferrolle unterstellt** wird (insoweit verfehlt auch schon BR-Drs. 550/06, 145; zum legislatorischen Stereotyp eines idealen Opfers näher *Kölbel* in Barton/Kölbel 226). Zudem kann die Anwesenheit von Nebenklägern gem. sozialpsychologischen Erkenntnissen die Aussagefreiheit des Angeklagten ggf. faktisch blockieren (vgl. zu Verfahren wegen Mordes im Rahmen innerfamiliären Dauerkonflikts LG Berlin 2.10.2014 – 539 KLs 234 Js 368/13 (2/14); Bspr. *Eisenberg* StV 2016, 709 (zur Revisionsverwerfung BGH BeckRS 2015, 12159 bzw. BGH NStZ 2017, 539 mAnm *Eisenberg*). – Zusätzlich gefördert werden diese Eingriffe aufgrund der (durch das 2. OpferRRG eingeführten) *Hinweispflicht* (§ 406i Abs. 1 Nr. 2 StPO (s. auch §§ 406i Abs. 1 Nr. 3, 406j Nr. 1 StPO); Nr. 174a RiStBV).

16c   **bb)** Ob ein Anschluss mit dem *Ziel* des *Freispruchs* (oder einer Verurteilung nur als Tatbeteiligter) des Angeklagten unzulässig ist, ist umstritten. Verneint wurde die Zulässigkeit unter Hinweis auf rechtssystematisch enge Belange der Nebenklage (vgl. OLG Rostock NStZ 2013, 126 = JR 2013, 426 mablAnm *Bock;* zust. aber *Ufer* in Gerst I 393), wogegen im Schrifttum teilweise eine Bindung an die Intentionen des Nebenklägers abgelehnt wird (*Noak* ZIS 2014, 189). Die Frage ist von Praxisrelevanz, da im Einzelfall nicht auszuschließen ist, dass der Anschluss die Möglichkeit eröffnen könnte, einem Aufklärungsstau abzuhelfen bzw. eine etwaige Fehlverurteilung zu verhindern (vgl. dazu etwa LG Berlin 2.10.2014 – (539 KLs) 234 Js 368/13 (2/14) mit Bspr. *Eisenberg* StV 2016, 609 sowie näher GS Weßlau, 2016, 67 ff.).

cc) Unzulässig ist nach hier vertretener Auffassung (Abs. 3 S. 1 Hs. 1, **16d** argumentum e contrario zu § 395 Abs. 1 Hs. 1 StPO) ein Antrag im *Sicherungsverfahren* (*Kaspar* in MüKoStPO Rn. 32), ohne dass hiergegen argumentiert werden könnte, Abs. 3 verweise deswegen nicht auf § 395 Abs. 1 StPO, weil diese Vorschrift durch Abs. 3 S. 1 einschränkend modifiziert werde, denn dieser S. 1 ist zeitlich später eingefügt worden (vgl. oben). Teleologisch folgt die Unzulässigkeit aus dem Erziehungsauftrag (§ 2 Abs. 1; vgl. auch → Rn. 20). Wenngleich ein Genugtuungsbedürfnis in Verfahren gegen Schuld- oder Verhandlungsunfähige trotz deren besonderer Schutzbedürftigkeit von Gesetzes wegen nicht mehr verneint werden darf (vgl. die Neufassung des § 395 Abs. 1 Hs. 1 StPO durch OpferRRG v. 24.6.2004 (BGBl. I 1354)), ist es auch weiterhin nur weniger ausgeprägt anzuerkennen (aA *Schatz* in Diemer/Schatz/Sonnen Rn. 21; *Rössner* in HK-JGG Rn. 14).

b) Voraussetzungen. Da die Vorschrift dem Willen und den Begrün- **17** dungen von BReg und BR entgegensteht und ihrerseits ohne Begründung geblieben ist (vgl. → Rn. 16), kommt gem. systematischer, historischer und teleologischer Auslegung (vgl. zusf. etwa Anm. *Eisenberg* StraFo 2017, 283) nur eine stark eingeschränkte Anwendung in Betracht (vgl. auch LG Köln ZJJ 2014, 175: „äußerst restriktiv"), wobei die *rechtstatsächliche* Erkenntnis einer regelmäßigen *Höherstufung* des Tatvorwurfs im Ermittlungsverfahren (vgl. etwa → § 72 Rn. 9b) zusätzlich einschränkend zu berücksichtigen ist (vgl. aber BGH NJW 2008, 3446 mAnm *Eisenberg* ZIS 2008, 469 sowie *Fezer* HRRS 2008, 457). Das bedeutet schon hinsichtlich der *Zulassung* (zum Widerruf → Rn. 20b), dass die im allg. StVR außerordentlich ausgedehnte Handhabung (vgl. etwa BGH NStZ-RR 2002, 340; 2008, 352; OLG Celle StraFo 2017, 183 = ZJJ 2017, 278 mablAnm *Kölbel;* einschr. BGH BeckRS 2011, 16369) im JStVR ausscheidet (vgl. auch → Rn. 13). Dass hinsichtlich der vom Gesetz genannten Katalogdelikte bereits eine geringe Verurteilungsaussicht für die Zulassung ausreiche, ohne dass die fraglichen Delikte auch angeklagt sein müssten (OLG Celle StraFo 2017, 183 = ZJJ 2017, 278), trifft daher nicht zu. Vielmehr müssen diese Voraussetzungen „mit einer gewissen Sicherheit vorliegen" und der Tatverdacht bzgl. einer Katalogtat muss „zumindest institutionell bejaht und deklariert" worden sein (*Kölbel* ZJJ 2017, 279 (281); ähnlich auch zum allg. StR *Velten* in SK-StPO StPO § 395 Rn. 13).

Der nach Abs. 3 S. 1 vorauszusetzende **Tatvorwurf** muss sich bei Nr. 1 **17a** nF und Nr. 3 nF auf ein Verbrechen beziehen (zur hier schon deshalb notwendigen Verteidigung § 68 Nr. 1 iVm § 140 Abs. 1 Nr. 2 StPO, vgl. → § 68 Rn. 22), dh ein Anschluss ist zB bei fahrlässiger Tötung unzulässig (AG Brake ZJJ 2012, 90). Nur ausnahmsweise genügt nach Nr. 2 nF mit § 177 Abs. 6 StGB der besonders schwere Fall eines Vergehens (§ 12 Abs. 3 StGB). Bei den von Nr. 1 nF und Nr. 2 nF genannten Vorwurfsvarianten – und zwar bei allen (so auch die hM, vgl. nur OLG Oldenburg ZJJ 2011, 92; OLG Celle StraFo 2017, 183 = ZJJ 2017, 278 f. mit insoweit zust. Anm. *Kölbel; Sommerfeld* in NK-JGG Rn. 2; *Kaspar* in MüKoStPO Rn. 27; abw. *Noak* in BeckOK JGG Rn. 23 ff.: nur §§ 239 Abs. 3, 239a, 239b StGB) – ist ausdrücklich Bedingung, dass der mutmaßlich Verletzte durch die Tat der

Gefahr einer schweren Schädigung seelischer oder körperlicher Art ausgesetzt wurde oder dass diese Gefahr sich in einer solchen Schädigung realisiert hat. Hinsichtlich eines der in Nr. 3 nF abschließend genannten Tatvorwürfe muss die konkrete Schwere nach gesetzessystematischer Auslegung derjenigen der sonstigen vorgeworfenen Taten gem. Abs. 3 S. 1 entsprechen. Soweit in Fällen von § 251 StGB bzw. § 251 StGB iVm § 252 oder § 255 StGB (ausnahmsweise) keine Verletzung auf Seiten des etwaigen Nebenklägers eingetreten ist, wird diese Gewichtsäquivalenz fraglich (vgl. auch LG Köln ZJJ 2014, 175: Zulassung der Nebenklage vern.).

18   **aa)** (1) Bezüglich der **Schwere** ist davon auszugehen, dass (körperliche und) psychische Beeinträchtigungen regelmäßig mit den in Rede stehenden Taten einhergehen und daher für sich genommen das geforderte besondere Gewicht noch nicht begründen. Im Sinne einer engen Auslegung (vgl. etwa zum allg. StR *Fischer* StGB § 176a Rn. 11; vgl. auch *Renzikowski* in MüKoStGB StGB § 176a Rn. 26 f. und allg. Empfehlungen der Ausschüsse bzw. BR-Stellungnahme BR-Drs. 550/1/06, 13 bzw. 550/06, 12; verfehlt *Hinz* JR 2007, 144) muss die Schädigung erheblicher sein. Allg. verlangt der Begriff der Schwere mehr als eine „nicht nur unerhebliche" Beeinträchtigung, vielmehr muss diese schon von *besonderem Gewicht* sein (vgl. LG Saarbrücken NStZ 2015, 231). Eingegrenzt sind deshalb auch die relevanten Schädigungsarten, wobei Entwicklungsschäden nicht ausreichen, wie schon der Vergleich der Gesetzesfassung mit dem Wortlaut etwa der §§ 176a Abs. 1 Nr. 3, 177 StGB deutlich macht.

18a   (2) **Gefahr** bedeutet die konkrete Möglichkeit des Eintritts einer Schädigung durch die Tat (vgl. auch *Noak* ZRP 2009, 16). Bloße Vermutungen oder auch Anhaltspunkte genügen insoweit nicht, es muss vielmehr eine erhebliche Wahrscheinlichkeit betr. einer Realisierung der Gefahr bestehen (LG Oldenburg ZJJ 2011, 92 mAnm *Sommerfeld;* vgl. ähnlich LG Köln ZJJ 2014, 176). Sie muss sich aus den Umständen der einzelnen vorgeworfenen Tat bzw. den entsprechenden Tatelementen ergeben, dh es müssen Umstände gegeben sein, die zur Verwirklichung des Staftatbestandes erforderlich sind. Ein sonstiger Zusammenhang reicht nicht aus (vgl. LG Saarbrücken NStZ 2015, 231; schon zum allg. StR etwa *Eisele* in Schönke/Schröder StGB § 176a Rn. 10; aA *Fischer* StGB § 176a Rn. 12).

18b   **bb)** Wird in der **Revision** die Anschlussbefugnis zutreffend gerügt, so ist schon wegen der der Nebenklage eingeräumten Befugnisse (vgl. → Rn. 20) zumal betr. einen im Vergleich zu Erwachsenen idR weniger abwehrfähigen Jugendlichen oder auch Heranwachsenden ein Beruhen schwerlich auszuschließen (vgl., jeweils schon zum allg. StR, vormals etwa OLG Frankfurt a. M. NJW 1966, 1669; sodann *Walther* in KK-StPO StPO § 396 Rn. 14; *Velten* in SK-StPO StPO § 396 Rn. 18; tendenziell anders BGH 21.7.1993 – 3 StR 102/93 Rn. 3, BeckRS 1993, 08275; *Meyer-Goßner/Schmitt* StPO § 396 Rn. 21).

19   **c) Abs. 3 S. 2. aa)** Nach dieser Vorschrift erstreckt sich die Befugnis zur Nebenklage bei Tötungsdelikten auf die in § 395 Abs. 2 Nr. 1 StPO genannten Personen (und also wohl gar trotz Fehlens der besonderen Voraussetzungen (vgl. → Rn. 17, 18) bei diesen). Durch das 2. OpferRRG (in Kraft seit 1.10.2009) ist der Anschluss auch im JStrafverfahren in jeder Lage des Verfahrens zulässig geworden (Abs. 3 S. 2, § 395 Abs. 4 StPO). Ist der Anschluss vor Erhebung der öffentlichen Klage erklärt, wird er erst mit deren

Erhebung wirksam (§ 396 Abs. 1 S. 2, 3 StPO). Der Anschluss kann im allg. StVR noch nach ergangenem Urteil erklärt werden (betr. Einlegung von Rechtsmitteln), wozu Bedenken hinsichtlich einer Bejahung auch im JStraf- verfahren aus den Gründen bestehen, die für die restriktive Regelung des § 55 angeführt werden. Auch bei bereits anhängigem Rechtsmittelverfahren soll der Anschluss im allg. StVR zulässig sein, und zwar unabhängig davon, ob noch eine Rechtsmittelbefugnis des Nebenklägers besteht (BGH NStZ- RR 2002, 261 bei *Becker;* BGH StraFo 2003, 198). Diese Auffassung wird mit den für das JStrafverfahren gem. dem Erziehungsauftrag (§ 2 Abs. 1) wesentlichen Belangen des Schutzes Jugendlicher und Heranwachsender schwerlich zu vereinbaren sein. – Die Einbeziehung des § 395 Abs. 5 StPO (vormals § 397 Abs. 2 aF StPO) in Abs. 3 S. 2 – gleichfalls durch das 2. OpferRRG – ist demgegenüber nur redaktioneller Natur.

bb) (1) Abs. 3 S. 2 hat eine verfestigende Bedeutung, indem die sonstigen **20** Nebenklagevorschriften für anwendbar erklärt werden. Jedoch wird es gem. § 2 Abs. 2 iVm § 2 Abs. 1 und Art. 103 Abs. 1 GG zumindest vertretbar sein, vor der Entscheidung über die Berechtigung zum Anschluss im JStV (entgegen der wohl hM im allg. StVR (vgl. nur *Meyer-Goßner/Schmitt* StPO § 396 Rn. 11; zw. aber *Hilger* in Löwe/Rosenberg StPO § 396 Rn. 9; aA *Velten* in SK-StPO StPO § 396 Rn. 6)) stets – und nicht nur gem. § 396 Abs. 2 S. 1 – die **vorherige Anhörung** des Beschuldigten zu verlangen. Ansonsten räumt das Gesetz der Nebenklage ggü. einem jugendlichen Be- schuldigten auch die sog. **Offensivbefugnisse** ein, dh insb. das Frage-, das Äußerungs- und das Beweisantragsrecht (zu weniger restriktiver Anwendung der Ablehnungsgründe schon im allg. StVR BGH NStZ 2010, 714 (mit abl. Bspr. *Bock* HRRS 2011, 119 f.), da die Relevanz weniger ausgeprägt ist; aA BGH NStZ 2011, 713) sowie die Rechtsmittelbefugnis. Nach § 400 StPO steht der *Nebenklage* eine Anfechtung des Urteils nicht zu, wenn das Ziel in der Feststellung der besonderen Schwere der Schuld besteht (§ 400 Abs. 1 StPO; vgl. schon BGH BeckRS 2013, 9514) oder bei Heranwachsenden die Anwendung von allg. StR erreicht werden soll (stRspr, vgl. nur BGH StraFo 2007, 245; BGH BeckRS 2007, 18505; 2013, 9514).

(2) Zugleich **enthebt** die Wahrnehmung dieser Rechte, wenngleich be- **20a** reits deren Einräumung erzieherisch abträglich sein kann (vgl. näher → Rn. 16), **nicht** von der Wahrung des das JGG beherrschenden **Erzie- hungsauftrags** (§ 2 Abs. 1). – Im Einzelfall kann die Bestellung eines Vor- munds für den jugendlichen Angeklagten notwendig sein, jedoch vermag dies die gesetzgeberische Fehlentscheidung (vgl. → Rn. 16, 16a) kaum zu kompensieren, vielmehr könnte es je nach den Umständen die abträglichen Auswirkungen ggf. sogar erhöhen (vgl. BGH NStZ 2017, 539 mAnm *Eisen- berg*).

Zum einen haben der JRichter (§ 37) und sämtliche anderen Verfahrens- **20b** beteiligte, und zwar auch der Nebenkläger und dessen anwaltlicher Vertreter, während der gesamten Verfahrensdurchführung nach Form und Diktion solche Abläufe zu unterlassen, die den jugend(straf)rechtlichen Zielen von **Schutz, Förderung** und **Integration** des Jugendlichen zuwiderlaufen, andernfalls sind sie vom Vorsitzenden zu unterbinden. Zum anderen ist gem. allg. Grundsätzen (vgl. → § 2 Rn. 20 ff.) der Erziehungsauftrag bei der **Aus- legung** der einschlägigen **Nebenklagevorschriften** zu berücksichtigen, wie sich zB hinsichtlich der Rechtsmitteleinlegung wegen des besonderen jugendstrafrechtlichen Beschleunigungsprinzips oder bezüglich des Akteneinsichtsrechts (jenseits von § 406e Abs. 2 StPO, vgl. dazu betr. Nebenkläger bzw. Nebenklagebefugten auch nach Abschluss der Ermittlungen schon im allg. StVR Rechtsausschuss BT-Drs. 16/13671, 11; grds. auch BVerfG, 3. K. des 1. S., NJW 2017, 1164 (betr. erwachsenen Angeklagten)) wegen einschlägiger Schutzbelange auch gem. dem Rechtsgedanken des § 54 Abs. 2 (etwa durch Entheftung von Teilen der Akte; vgl. auch → § 2 Rn. 54) als unverzichtbar ergibt (vgl. auch *Stöckel* in KMR StPO Vor § 406d Rn. 7; nachdrücklich auch *Velten* in SK-StPO StPO Vor §§ 406d–406h aF Rn. 7; vgl. auch *Schaffstein/Beulke/Swoboda* JugendStrafR 867; eher unkritisch *Rohde,* Die Rechte und Befugnisse des Verletzten im Strafverfahren gegen Jugendliche, 2009, 172 ff.).

20c   (3) Im Einklang mit den Auslegungsregeln (→ Rn. 17) muss im JStVerfahren die Zulassung der Nebenklage **widerrufen** werden, sobald die Beweislage nach dem erreichten Stand der Hauptverhandlung keinen Tatvorwurf gem. Abs. 3 S. 1 mehr begründen kann (ebenso LG Verden 30.11.2016 – 3 KLs 7/16, hier zitiert nach OLG Celle StraFo 2017, 195 – zu dessen (in Übertragung der Handhabung des allg. StVR) aA näher abl. Anm. *Kölbel* ZJJ 2017, 279 (281); *Eisenberg* StraFo 2017, 283).

21   **d) Beweiswürdigung.** Bei der sachlich-rechtlichen Beweiswürdigung haben die **allg. Grundsätze,** wie sie im Strafverfahren gegen Erwachsene wegen der Informationsrechte und Offensivbefugnisse des mutmaßlich Verletzten in erhöhtem Maße anerkannt sind, im JStrafverfahren gem. dem Erziehungsauftrag **(§ 2 Abs. 1)** einen noch **ausgeprägteren Stellenwert.** Denn der psychisch und ggf. auch hinsichtlich der Einhaltung der Legalordnung zerstörerische Wirkung einer partiellen oder gar vollständigen Falschbeurteilung oder sogar Falschverurteilung erreicht ggü. Jugendlichen noch stärkere Wirkungen, als es im allg. ggü. Erwachsenen der Fall ist – wie auch minderjährige Nebenkläger, sofern es sich tatsächlich um Opfer handelt, besonderen Schutzes vor Bloßstellung bedürfen (vgl. speziell → §§ 33–33b Rn. 45 ff., 53 ff.). Stets ist von der sog. Nullhypothese (BGHSt 45, 164 f. mAnm *Müller* JZ 2000, 262) auszugehen und bei jedem Schritt der Beweisaufnahme wie -würdigung in Erwägung zu ziehen, ob die Jugendstrafjustiz von der Nebenklage (bzw. Aktivitäten in deren Hintergrund) manipuliert und/oder instrumentalisiert wird (vgl. aus der Praxis etwa auch *Schroth* NJW 2009, 2918 f. (schon betr. allg. StR)). Solches ist grundsätzlich bei keinem Tatvorwurf auszuschließen, zumal den Amtierenden etwaige Motivationen idR allenfalls ausschnittweise erkennbar sind.

22   **e) Kosten.** Es wird auf → Rn. 8 sowie die Erl. zu → § 74 Rn. 16, → § 109 Rn. 32 ff. verwiesen, deren Einschränkungen bei Jugendlichen noch deutlicher zu gelten haben.

3. Jugendliche als Nebenkläger

23   Wie alle Minderjährigen können auch Jugendliche – in Verfahren gegen Heranwachsende oder gegen Erwachsene – Nebenkläger sein (s. aber auch §§ 395, 374 Abs. 3 StPO entspr.; vgl. ergänzend etwa → §§ 33–33b Rn. 45). Abs. 3 bezieht sich nur auf Nebenklagen gegen Jugendliche, nicht aber auf solche von Jugendlichen (zur Bestellung eines Dolmetschers § 187 Abs. 4 GVG).

Entschädigung des Verletzten

81 Die Vorschriften der Strafprozeßordnung über die Entschädigung des Verletzten (§§ 403 bis 406c der Strafprozeßordnung) werden im Verfahren gegen einen Jugendlichen nicht angewendet.

I. Anwendungsbereich

Die Vorschrift findet für **Jugendliche** auch in Verfahren vor den für allg. 1
Strafsachen zuständigen Gerichten Anwendung (§ 104 Abs. 1 Nr. 14; vgl.
auch RL 2 S. 1).

Hingegen gilt die Vorschrift für **Heranwachsende** – vor den JGerichten 2
wie vor den für allg. Strafsachen zuständigen Gerichten – auch dann **nicht,**
wenn auf sie materielles JStR angewandt wird (§ 109 Abs. 2 S. 1, § 112
S. 2; vgl. aber auch → § 109 Rn. 51).

II. Voraussetzung und Bedeutung der Vorschrift

1. Alter

Der Beschuldigte muss zur Zeit der vorgeworfenen Tat (§ 1 Abs. 2) 3
Jugendlicher gewesen sein (BGH BeckRS 2012, 15073).

2. Bedeutung

Die Regelung gewährleistet insb., dass die Interessen des Verletzten hinter 4
dem **Erziehungsauftrag** des JGG (§ 2 Abs. 1) zurücktreten. Kritik daran
wird idR einer reinen „Opferrechts"-Orientierung formuliert (dazu und zur
Erwägung einer einschränkungslosen Anwendung des Adhäsionsverfahrens
im JGG etwa *Kaspar* in MüKoStPO Rn. 3 f.; *Hinz* ZRP 2002, 475 (477 ff.)).
Die gesetzliche Festlegung verliert indes durch das Recht der Vermögensabschöpfung an Gewicht, weil hiernach die Strafverfolgungsbehörden für die
Durchsetzung und Befriedigung von Rückgabe- und teilweise auch von
Entschädigungsansprüchen sorgen sollen (→ § 6 Rn. 9). Der Ausschluss des
Adhäsionsverfahrens im JGG wirkt sich deshalb für die Geschädigten nur
noch ausschnittsweise als Einschränkung aus – etwa bei Geringfügigkeits-
und Entreicherungsfällen (→ § 6 Rn. 11 ff.) oder bei Verletztenansprüchen,
die nicht auf die „Kehrseite des Erlangten" gerichtet sind (bspw. bei Schadensersatz wegen einbruchsbedingten Beschädigungen).

Soweit es erzieherisch geboten erscheint, kommen in einem Verfahren 5
gegen Jugendliche ggf. Möglichkeiten des TOA oder der Wiedergutmachung des Schadens in Betracht (vgl. RL Nr. 1). Dies gilt zB auch für
Maßnahmen iRd Aussetzungsentscheidungen, § 23 Abs. 1 bzw. § 29 S. 2.
Dagegen ist ein Adhäsionsantrag (ggf. auch im Revisionsverfahren, BGH
StraFo 2016, 435 = BeckRS 2016, 134198) als unzulässig (unter Auferlegung
der Kosten, § 472a Abs. 2 S. 1 StPO iVm § 2 Abs. 2) zurückzuweisen.

Zehnter Unterabschnitt. Anordnung der Sicherungsverwahrung

Verfahren und Entscheidung

81a Für das Verfahren und die Entscheidung über die Anordnung der Unterbringung in der Sicherungsverwahrung gelten § 275a der Strafprozessordnung und die §§ 74f und 120a des Gerichtsverfassungsgesetzes sinngemäß.

Bisherige Fassung

(2) ¹*Ist über die nachträgliche Anordnung der Sicherungsverwahrung nach § 7 Absatz 2 zu entscheiden, übersendet die Vollstreckungsbehörde die Akten rechtzeitig an die Staatsanwaltschaft des zuständigen Gerichts. ²Prüft die Staatsanwaltschaft, ob eine nachträgliche Anordnung der Sicherungsverwahrung in Betracht kommt, teilt sie dies dem Betroffenen mit. ³Die Staatsanwaltschaft soll den Antrag auf nachträgliche Anordnung der Sicherungsverwahrung spätestens sechs Monate vor dem Zeitpunkt stellen, zu dem der Vollzug der Jugendstrafe oder der freiheitsentziehenden Maßregel der Besserung und Sicherung gegen den Betroffenen endet. ⁴Sie übergibt die Akten mit ihrem Antrag unverzüglich dem Vorsitzenden des Gerichts.*

Schrifttum *Ortmann*, Sozialtherapie im Strafvollzug, 2002.

Übersicht

	Rn.
I. Anwendungsbereich	1
II. Allgemeines	3
III. Verfahrensrechtliches	5
1. Bescheidung des Antrags auf Eröffnung des Verfahrens	6
2. Unterbringungsbefehl	7
3. Zuständigkeit	8
4. Nebenklage	9
IV. Sachverständige	10
1. Einzuholende Gutachten	10
a) § 275a Abs. 4 S. 2 und 3	10
b) Aufgaben	11
c) Akteneinsicht des Verteidigers	12
2. Keine Mitwirkungspflicht	13
a) Ermittlungen ohne Beteiligung	14
b) Zur Frage prognostischer Relevanz der aktuellen Befindlichkeit	15
V. Kosten	16

I. Anwendungsbereich

1   Die Vorschrift findet auf **Jugendliche** auch in Verfahren vor den für allg. Strafsachen zuständigen Gerichten Anwendung (§ 104 Abs. 1 Nr. 15).

2   Die Regelung gilt für **Heranwachsende** vor den JGerichten wie vor den für allg. Strafsachen zuständigen Gerichten (§§ 109 Abs. 1, 112 S. 1).

II. Allgemeines

Die Vorschrift wurde durch Gesetz v. 20.12.2010 (BGBl. I 2300) einge- 3
fügt, und zwar statt des in § 7 Abs. 4 S. 1 aF enthaltenen Verweises auf
§ 275a StPO sowie auf §§ 74f, 120a GVG. Indes ging damit eine nicht
unerhebliche Abweichung vom allg. StVR einher, da infolge der Aufhebung
von Vorschriften zur nachträglichen Anordnung der Sicherungsverwahrung
im allg. StR (§ 66b Abs. 1 und 2 StGB aF) für sog. „Neufälle", dh Verfahren
wegen einer Tatbegehung nach Inkrafttreten des vorgenannten Gesetzes, die
darauf bezogene bisherige Verfahrensregelung in § 275a Abs. 1 StPO aF
entfallen ist, wogegen im JStR die Zulässigkeit nachträglicher Anordnung
von Sicherungsverwahrung „insgesamt, auch für diese Neufälle, bestehen"
(Begr. BT-Drs. 17/3403, 77 f.) blieb. Zuvor wurde die für das allg. StVR
überwundene Regelung „für die Fälle des § 7 Abs. 2 (und des § 106 Abs. 5)
inhaltlich in § 81a Abs. 2 überführt" (Begr. BT-Drs. 17/3403, 77 f.).

Gemäß BVerfGE 128, 326 ff. kam die Vorschrift noch insoweit zur An- 4
wendung, als § 7 Abs. 2 und 3, § 106 Abs. 3, 5 und 6 jeweils aF nur bis zu
einer Neuregelung, längstens bis **31.5.2013,** fortgalten, zudem betr. § 7
Abs. 2 aF nur unter **äußerst eingeschränkten** Voraussetzungen (vgl. näher
dazu → § 7 Rn. 29 ff.; zum Vorschlag der Aufhebung der Vorschrift vgl. BT-
Drs. 17/4593). Auch nach der gesetzlichen Neuregelung durch das AbstandsgebotsG (v. 5.12.2012 (BGBl. I 2425)) **bleibt** es für sog. **„Altfälle"**
bei dem bisherigen Recht (Art. 316e, 316f EGStGB; vgl. BGH BeckRS
2016, 21436; → § 7 Rn. 43, näher 16. Aufl.). Indes hat sich im Zuge der
Abschaffung der bisherigen ausdrücklichen Regelungen nachträglicher Sicherungsverwahrung für **„Neufälle"** auch die bisherige Verfahrensregelung
in § 81a Abs. 2 erübrigt.

III. Verfahrensrechtliches

Die Vorschrift trägt zur Nivellierung altersbezogener Besonderheiten 5
durch Anpassung an das allg. StR bei (vgl. auch → § 2 Rn. 15). Sie ist
Ausdruck der formalisierten Unterstellung des JStR bzw. speziell des JStrafverfahrens unter das Erwachsenenrecht und daher geeignet, die altersgruppenbezogenen inhaltlichen Einwände zu verdecken (zust. *Ullenbruch* in
Radtke/Hohmann StPO § 275a Rn. 202; übergangen von BVerfGE 128,
326). Wegen der **inhaltlichen Voraussetzungen** der Entscheidung wird
auf die Erl. zu → § 7 Rn. 1 ff. sowie → § 106 Rn. 1 ff. verwiesen (zu
Bindungswirkungen diff. *Lange,* Die Kriminalprognose im Recht der Sicherungsverwahrung, 2012, 215 ff., 243 ff. (267 ff.)).

1. Bescheidung des Antrags auf Eröffnung des Verfahrens

Das JGericht kann bei Nichtvorliegen der Voraussetzungen die Eröffnung 6
des Verfahrens ablehnen (LG Zweibrücken ZJJ 2011, 453 (Verneinung
negativer Prognose) mAnm *Möller*) oder den Antrag durch Prozessurteil als
unzulässig verwerfen (BGH ZJJ 2011, 448). An geeigneten Gründen fehlt es
zB dann, wenn der Verurteilte wegen während des JStrafvollzugs begangenen
Verbrechens nach allg. StR verurteilt wurde, ohne dass die Anordnung von

Sicherungsverwahrung (nach § 66 Abs. 3 S. 1 StGB) erörtert wurde (KG StraFo 2009, 393; LG Berlin NStZ 2010, 97).

2. Unterbringungsbefehl

7 Es müssen dringende Gründe (Abs. 1, § 275a Abs. 6 S. 1 StPO) im Sinne eines hohen Grades von Wahrscheinlichkeit auf im **Zeitpunkt** des Erlasses vorliegenden Tatsachen beruhen (verfehlt LG Regensburg 6.5.2011 – 121 Js 17270/1998 jug, S. 6 f., das konkrete Umstände aufgrund eines vormaligen Gutachtens bejahte, das von neueren Gutachten insoweit nicht bestätigt wurde (vgl. auch BGH JR 2010, 306 ff. mAnm *Eisenberg* sowie schon *Eisenberg* DRiZ 2009, 219 ff.)). Nicht etwa darf die Unterbringung zu dem Zweck geschehen, solche Tatsachen ermitteln zu können (vgl. nur OLG Schleswig NStZ-RR 2009, 76 (zum allg. StR); LG München 10.12.2010 – 10 NSV 122 Js 10353/97; *Voll* in KMR StPO § 275a Rn. 27 ff.; aA, systematisch verfehlt der HV vorgreifend, OLG München StV 2011, 596 mablAnm *Eisenberg:* Anknüpfungstatsachen seien gem. § 244 Abs. 2 StPO aufzuklären).

3. Zuständigkeit

8 Gemäß Abs. 1 iVm § 74f GVG ist die **JKammer** als erstinstanzliches Gericht zuständig (und zwar auch dann, wenn ggf. das JSchG entschieden hatte, § 74f Abs. 2, 3 GVG (betr. Straferwartung vgl. § 41 Abs. 1 Nr. 5, dazu aber auch → § 41 Rn. 8); vgl. → § 40 Rn. 9). Andererseits bleibt die etwaige erstinstanzliche Zuständigkeit eines OLG (§ 102; vgl. aber → § 102 Rn. 2, 4) unberührt (Abs. 1, § 120a GVG).

4. Nebenklage

9 Sie ist **unzulässig** (vgl. auch BGH BeckRS 2006, 04955 Rn. 18; OLG Brandenburg NStZ 2006, 183).

IV. Sachverständige

1. Einzuholende Gutachten

10 **a) § 275a Abs. 4 S. 2 und 3.** Hiernach ist verlangt (ggf. iVm § 109 Abs. 1 S. 1) die Einholung der Gutachten von **zwei Sachverständigen** unterschiedlicher Fachrichtungen (vgl. BGH NJW 2005, 2024 f.; ergänzend → § 43 Rn. 47a), die iRd JStraf- oder des Maßregelvollzugs nicht mit der Behandlung des Verurteilten befasst gewesen sein dürfen. Die Verwertbarkeit der Gutachten setzt voraus, dass der Verurteilte (auch) von jedem Sachverständigen in geeigneter Weise (§ 70a Abs. 1 aF bzw. § 70b Abs. 1 nF entspr.) **belehrt worden** ist (§ 136 Abs. 1 S. 2 StPO entspr.; vgl. allg. → § 43 Rn. 52; BGH NJW 2007, 1149 = JZ 2007, 1004 (mit iErg krit. Anm. *Kinzig* sowie abl. Anm. *Eisenberg* JR 2008, 146) hat sich hierzu (mangels Verfahrensrüge) nicht verhalten), weil die Untersuchung funktional den Ermittlungen zum Tatvorwurf entspricht (vgl. auch *Eisenberg* DRiZ 2009, 219 ff.; JR 2010, 315 ff.; tendenziell wohl eher zust. *Ullenbruch* in Radtke/ Hohmann StPO § 275a Rn. 62). – Vollzugsbedienstete iSv § 182 Abs. 2

S. 1 StVollzG unterliegen hinsichtlich personenbezogener Daten der *Schweigepflicht* (n. dazu die verschiedenen (J)StVollzGe der Länder (vgl. auch → § 92 Rn. 142); für eine Übermittlungspflicht in den Grenzen von § 182 Abs. 2 S. 2 Alt. 2 StVollzG *Harrendorf* JR 2007, 18 ff.).

b) Aufgaben. Vgl. hierzu → § 43 Rn. 47–49, speziell zu einem etwaigen 11 Pflichtenkonflikt → § 43 Rn. 50. – **Getilgte** oder zu tilgende Registereintragungen über eine Verurteilung dürfen **nicht** berücksichtigt werden (§ 51 Abs. 1 BZRG, OLG Celle StraFo 2011, 373 (zum allg. StR)).

c) Akteneinsicht des Verteidigers. Soweit dem Sachverständigen (Per- 12 sonal-)Akten zur Kenntnis gegeben werden, ist auch dem Verteidiger Einsicht zu ermöglichen. Andernfalls wäre der Grundsatz des fairen Verfahrens verletzt (OLG Nürnberg StV 2012, 168). Dies wird auch für informell geführte Akteninhalte zu gelten haben.

2. Keine Mitwirkungspflicht

Der Betroffene kann selbst entscheiden, ob er sich an der Untersuchung 13 beteiligen will oder nicht.

a) Ermittlungen ohne Beteiligung. Sieht der Verurteilte von einer 14 Beteiligung an der Untersuchung durch einen Sachverständigen ab (vgl. zur „fachlichen Unzuständigkeit" der Psychiatrie *Eschelbach/Wasserburg* FS Wolter, 2013, 878; zu methodischen Gründen etwa → § 7 Rn. 30 ff., → § 106 Rn. 16 ff., 27f, aber auch → § 43 Rn. 49a; sachfremd *Kröber* FPPK 2013, Oktober: „verweigern"), so verbleiben die **beweisrechtlich** begrenzten und nicht selten irreführenden Möglichkeiten eines Vorgehens gem. § 2 Abs. 2, § 80 Abs. 2 StPO (insb. Gutachten nach Aktenlage bzw. punktuelle Eindrücke während der Extremsituation einer strafjustiellen Verhandlung bei anhaltender Langzeitinhaftierung). Soweit das Gericht anstrebt, anhand von Aussagen von Bediensteten der JStVollzAnstalt als Zeugen ermitteln zu können, wie es um den *psychischen Zustand* des Verurteilten steht (vgl. dazu LG München I – 10 NSV 122 Js 10353/97 auf Veranlassung von OLG München StV 2011, 596 mAnm *Eisenberg*), ist aussagepsychologisch einschränkend zu besorgen, dass es zu institutionell-hierachisch relevanten Lagerbildungen bzw. „Gruppenaussagen" kommen kann.

b) Zur Frage prognostischer Relevanz der aktuellen Befindlich- 15 keit. Empirisch anerkannt ist, dass die prognostische Relevanz von Angaben zum aktuellen psychischen Zustand – im Unterschied etwa zur Würdigung des *biographischen* Längsschnittverlaufs und phasenbedingter Einwirkungen – eher gering ist, zumal Zusammenhänge zwischen persönlichkeitsbezogenen Veränderungen und „Rückfälligkeit" nach Entlassung nicht festgestellt werden konnten (vgl., jeweils betr. Erwachsene, etwa *Rasch/Kühl* Bewährungshilfe 1978, 44 (55); *Ortmann,* Sozialtherapie im Strafvollzug, 2002, 263 ff., 276) und therapeutische Maßnahmen ggf. gar negative Auswirkungen für die zukünftige Legalbewährung haben können (vgl. zum Ausland vormals etwa *Whitehead/Lab* JRCD 1926 (89), 289 (betr. „juvenile correctional treatment"); *Seto/Barbaree* Journal of Interpersonal Violence 1999, 1235 (1243 f.) (betr. „psychopathy" bei Sexualdelikten)).

V. Kosten

16   Die für gem. § 463 Abs. 3 S. 3 StPO iVm § 67d Abs. 2 StGB sowie gem. §§ 67d Abs. 3, 67c Abs. 1, 72 Abs. 3 S. 2 StGB und §§ 68, 68f Abs. 2 StGB einzuholende **Gutachten** entstehenden Kosten trägt nach hier vertretener Auffassung die Staatskasse. Dies gilt – entgegen der hM (zum allg. StR), vgl. nur OLG Koblenz JR 2006, 83 mit abl. Bspr. *Eisenberg* JR 2006, 57 (59 f.); vgl. ergänzend BVerfG (3. Kammer des 2. Senats) JR 2006, 480 mablAnm *Eisenberg*) – auch für Heranwachsende, auf die allg. StR angewandt wird (vgl. jeweils zum allg. StR OLG Hamm NStZ 2001, 168; n. *Hilger* in Löwe/ Rosenberg StPO § 464a Rn. 18a; zu Jugendlichen und Heranwachsenden, auf die JGG angewandt wird, s. → § 74 Rn. 14). Einer Herleitung aus §§ 465 Abs. 1 S. 1, 454 iVm 463 Abs. 1 StPO steht die ursprüngliche Konzeption der Kostenvorschrift insoweit entgegen, als Maßregeln „Sonderopfer für die Gemeinschaft" sind. Im Übrigen entstehen die Gutachterkosten in Fällen des § 463 Abs. 3 S. 3, 4 StPO im Rahmen einer selbstständigen inhaltlichen Prüfung eines anderen als des erkennenden Gerichts (§§ 463 Abs. 3, 454, 462a Abs. 1 StPO). Endlich verhielte sich die Kostenaufbürdung, erhöht ggü. Jugendlichen und Heranwachsenden, geradezu konträr zur staatlichen Pflicht, eine (Wieder-)Eingliederung zumindest nicht zu erschweren (§ 2 Abs. 1).

Drittes Hauptstück. Vollstreckung und Vollzug

Erster Abschnitt. Vollstreckung

Erster Unterabschnitt. Verfassung der Vollstreckung und Zuständigkeit

Vollstreckungsleiter

82 (1) [1]Vollstreckungsleiter ist der Jugendrichter. [2]Er nimmt auch die Aufgaben wahr, welche die Strafprozeßordnung der Strafvollstreckungskammer zuweist.

(2) Soweit der Richter Hilfe zur Erziehung im Sinne des § 12 angeordnet hat, richtet sich die weitere Zuständigkeit nach den Vorschriften des Achten Buches Sozialgesetzbuch.

(3) In den Fällen des § 7 Abs. 2 und 4 richten sich die Vollstreckung der Unterbringung und die Zuständigkeit hierfür nach den Vorschriften der Strafprozessordnung, wenn der Betroffene das einundzwanzigste Lebensjahr vollendet hat.

Schrifttum *Baumgart,* Illegale Drogen-Strafjustiz-Therapie, 1994; *Cronenberg/Frenzel,* Die Vollstreckung von Jugendstrafen im Bezirk des Amtsgerichts Tiergarten, 1998; Egg (Hrsg.), Die Therapieregelungen des BtM-Rechts, 1992; *Joachimski/Haumer,* BtM-Gesetz, 7. Aufl. 2002; *Kurze,* Strafrechtspraxis und Drogentherapie, 1993; *Lundt/Schiwy,* BtMG, Loseblattsammlung; *Possin,* Heimerziehung gem. §§ 27, 34 SGB VIII als jugendstrafrechtliche Intervention, 1995.

Übersicht

I. Anwendungsbereich

1. Persönlicher Anwendungsbereich

1   Die Vorschrift findet auf **Jugendliche** auch dann Anwendung, wenn die Entscheidung durch ein für allg. Strafsachen zuständiges Gericht ergangen ist (näher → § 104 Rn. 29).

2   Abs. 1 gilt für **Heranwachsende** dann, wenn das JGericht oder das für allg. Strafsachen zuständige Gericht, das die Entscheidung getroffen hat, materielles JStR angewendet hat (§§ 110 Abs. 1, 105 Abs. 1; vgl. ferner RL I. Nr. 3 zu §§ 82–85).

2. Zuständigkeit des JRichters als Vollstreckungsleiter

3   Die Regelung des **Abs. 1 S. 1** steht im Gegensatz zum allg. StVR, nach dem für die Vollstr grundsätzlich die Staatsanwaltschaft zuständig ist (§ 451 StPO).

3a   Zur *örtlichen* Zuständigkeit des JRichters als Vollstreckungsleiter s. §§ 84 und 85, zum sog. *besonderen Gerichtsstand* des Vollstreckungsleiters vgl. § 42 Abs. 1 Nr. 3.

4   **a) Aufgaben. Abs. 1 S. 1.** Nach dieser Vorschrift betrifft die Zuständigkeit des JRichters als Vollstreckungsleiter zunächst Entscheidungen, die durch ihn selbst oder unter seinem Vorsitz durch das *JSchöffenG ergangen* sind (§ 84 Abs. 1, 3); zudem hat er die Entscheidung eines anderen JRichters oder eines anderen JSchöffenG zu vollstrecken. Darüber hinaus vollstreckt er solche Entscheidungen, die von der *JKammer* im ersten Rechtszug oder von einem für *allg. Strafsachen* zuständigen Gericht getroffen worden sind; dies gilt auch, wenn gem. § 102 ein OLG in erster Instanz entschieden hat (krit. → § 102 Rn. 2, 4), weil § 462a Abs. 5 S. 1 StPO wegen § 83 Abs. 1 nicht zur Anwendung kommt (OLG Düsseldorf OLGSt § 82 Nr. 2; vgl. auch → § 102 Rn. 3). – Im Einzelnen wird zB auch betr. die Nachtragsentschei-

dung gem. *§ 69a Abs.* 7 *StGB* bei Entziehung der Fahrerlaubnis (entgegen OLG Düsseldorf NZV 1990, 237) im Interesse eingehender Persönlichkeitserforschung im Sinne einer Gesamtbetrachtung von der Zuständigkeit des JRichters als Vollstreckungsleiter – und nicht der JKammer als Gericht des 1. Rechtszugs – gem. Abs. 1 S. 2, § 83 Abs. 1, §§ 463 Abs. 1, 6, 462 Abs. 1, 462a Abs. 1 S. 2 StPO auszugehen sein (OLG Frankfurt a. M. NStZ-RR 1996, 286; vgl. auch → § 83 Rn. 7 sowie → § 7 Rn. 38), zumal gerade die Zuständigkeitskonzentration – also die Vermeidung paralleler Zuständigkeit funktionell differierender Spruchkörper – Sinn und Zweck der gesetzlichen Bestimmungen ist.

Der JRichter ist auch dann noch zuständig, wenn für einen *Mitverurteilten* 5 eine *andere* VollstrBehörde zuständig ist. Ein Auseinanderfallen der Zuständigkeit zur Vollstr bei ein und derselben Entscheidung wird in diesen Fällen in Kauf genommen.

Abs. 1 S. 2. Der JRichter ist als Vollstreckungsleiter ebenfalls für die 6 Entscheidungen zuständig, die die StPO der **StrVollstrKammer** zuweist (s. §§ 462a, 463 StPO, §§ 78a, 78b GVG; s. auch OLG Stuttgart MDR 1976, 78; im Falle einer vorausgegangenen Aussetzung der Entscheidung durch eine (unzuständige) StVollstrKammer wird deren Zuständigkeit nicht etwa durch § 462a Abs. 1 S. 2 StPO begründet, OLG Zweibrücken OLGSt zu § 462a StPO; zur Zuständigkeit der JKammer als erstinstanzliches Gericht für nachträgliche Entscheidungen, nachdem die StrVollstrKammmer eine neue Gesamtstrafe gebildet hatte, OLG Schleswig NStZ 1983, 480).

b) Hilfe zur Erziehung (§ 12 Nr. 1, Nr. 2). Die Vorbereitung der 7 Durchführung dieser Maßnahmen wird ebenfalls vom JRichter veranlasst. Die Aufgaben betreffen hier im Wesentlichen die Mitteilungen sowie die Übersendung der erforderlichen Unterlagen (vgl. RL III. Nr. 2 zu §§ 82– 85). – Die **Durchführung** und Aufhebung von Hilfe zur Erziehung nach § 12 Nr. 1 und Nr. 2 richtet sich nach dem **KJHG** (Abs. 2), wogegen eine gar zwangsweise Durchsetzung ohne **familiengerichtliche** Anordnung nicht zulässig ist (s. dazu etwa § 53 sowie ua § 1631b Abs. 2 S. 1 BGB; vgl. auch AG Hamburg ZJJ 2005, 451 sowie zu empirischen Daten schon *Hoops/ Permien* ZJJ 2005, 46 f.). Speziell betr. § 12 Nr. 2 ordnet der Richter die Durchführung an (zur historischen Gesetzesauslegung *Lobinger* Kostentragung 241 ff.; aA *Possin,* Heimerziehung gem. §§ 27, 34 SGB VIII als Jugendstrafrechtliche Intervention, 1995, 63 ff., 72 ff. sowie S. 127 zur „Anordnung" durch das FamG (vormals Vormundschaftsgericht) gem. § 53). Der JRichter hat ggü. dem Jugendlichen keine rechtliche Handhabe zur Durchsetzung von dessen Mitwirkung in dem (anschließenden) Sozialverwaltungsverfahren, und im Falle der abl. Entscheidung des JAmts ist er auf formlose Rechtsbehelfe beschränkt (nach *Possin,* Heimerziehung gem. §§ 27, 34 SGB VIII als Jugendstrafrechtliche Intervention, 1995, 95 ff., 106 ff. sei der Beurteilungsspielraum des JAmts jedoch derart eingeschränkt, dass die Ablehnung nur wegen nach dem Zeitpunkt der Verurteilung eingetretener Umstände begründet sein könne).

Die Ersetzung der richterlichen Zuständigkeit durch diejenige des JAmtes 8 (§ 85 KJHG) überbürdet diesem die Beurteilung ua der **Verhältnismäßigkeit** der Fortdauer der Verpflichtung und damit einer spezifisch juristischen Fragestellung. Dabei ist nicht auszuschließen, dass das JAmt schon infolge seiner tatsächlichen Beteiligung den **Eingriffscharakter** weniger gewichtet (vgl. speziell zu § 12 Nr. 2 aber → § 55 Rn. 77–77b) als die – ihre Tätigkeit legitimierende – erzieherische Zielsetzung, oder aber dass (gleichsam umgekehrt) Kostenerwägungen betr. den einzelnen Jugendlichen die Wahrnehmung erzieherischer Aufgaben tatsächlich einschränken.

9 **c) Gnadenbehörde.** Der JRichter als Vollstreckungsleiter sollte auch zuständige Gnadenbehörde für Jugendliche und (nach JStR abgeurteilte) Heranwachsende sein (so zB GnO BW Die Justiz 2001, 506 (§ 5 Abs. 2, § 7); BayGnO, GVBl. 2006, 321 (§ 8 Abs. 2)). Soweit nach den Gnadenordnungen der Länder die Staatsanwaltschaft Gnadenbehörde in JStrafsachen ist (vgl. etwa betr. Rheinland-Pfalz JBl. 1995, 255 bzw. 2004, 261, s. auch VO RhPf v. 11.5.1998, § 1 (GVBl. 162); betr. Niedersachsen §§ 1 Abs. 1, 4 (NdsRpfl 1999, 53); krit. dazu *Böhm/Feuerhelm* JugendStrafR 86), sollte der JRichter als Vollstreckungsleiter zumindest gehört werden (vgl. § 11 Abs. 4 GnO Berlin (ABl. 2004, 2625; 2009, 1778), § 16 Abs. 1 GnO Nds (NdsRpfl 1999, 53), § 15 Abs. 1 Nr. 8 GnO LSA (vgl. schon AV MBl. 1994, 1476); *Birkhoff/Lemke* GnadenR 183; s. aber auch BGHSt 32, 330). – Im Rahmen grundsätzlicher Erwägungen bei Gnadenentscheidungen wird im JStR auch dem Erziehungsauftrag **(§ 2 Abs. 1)** und also den allg. jugendrechtlichen Zielen von Schutz, Förderung und Integration Rechnung zu tragen sein (s. ausf. *Dallinger/Lackner* Vor § 82 Rn. 23 ff., 27f).

3. Entscheidungen nach §§ 35, 36, 38 BtMG

10 **a) Zurückstellung der Vollstreckung.** Der JRichter ist als Vollstreckungsleiter ferner zuständig (s. §§ 82, 84, aber auch 85 (vgl. dazu → § 85 Rn. 14)) für Entscheidungen zur Frage der Zurückstellung der Vollstr gem. **§§ 38, 35 BtMG** (vgl. auch BGH bei *Katholnigg* NJW 1990, 2296), die er nach pflichtgemäßem Ermessen (auch → § 83 Rn. 2) unter den sonstigen gesetzlichen Voraussetzungen trifft (zur Registrierung s. § 17 Abs. 1, aber auch § 32 Abs. 2 Nr. 3 BZRG). Die JStaatsanwaltschaft ist gem. gesetzlicher Systematik weder am Zurückstellungs- noch an einem Widerrufsverfahren förmlich beteiligt (LG Offenburg NStZ-RR 2002, 347). Nach Aufnahme in den Strafvollzug bestimmt sich die Zuständigkeit des JRichters als Vollstreckungsleiter nach § 85 Abs. 2, 3 (zur Ausgangsentscheidung sowie zur Antragsbearbeitung s. *Kurze,* Strafrechtspraxis und Drogentherapie, 1993, 109 ff., 130 ff. bzw. 176 f.). – Der *Zeitraum* zwischen Beantragung der Zurückstellung und der Entscheidung über den Antrag ist möglichst kurz zu halten, dh eine Erstreckung über Monate ist (s. *Kurze,* Strafrechtspraxis und Drogentherapie, 1993, 167 ff.) ist aus **therapeutischer** Sicht *abträglich.*

11 Die Zurückstellung setzt eine unmittelbare Kausalität zwischen Sucht und Straftat idS voraus, dass der Drogenkonsum der „eigentliche Grund bzw. der Auslöser" (OLG Rostock 23.4.2013 – VAs 2/13 Rn. 9, BeckRS 2013, 9506 = NStZ-RR 2013, 250 (Ls.) (zum allg. StR); *Patzak* in Körner/Patzak/ Volkmer BtMG § 35 Rn. 96; *Weber* BtMG § 35 Rn. 33 ff.) für die Tat war. Die physische oder psychische **Betäubungsmittelabhängigkeit** muss noch im **Zeitpunkt** der **Bewilligung** bestehen (OLG Frankfurt a. M. NStZ-RR 2009, 215 (betr. allg. StR)), ohne dass Urteilsgründe, die keine Ursächlichkeit zwischen Betäubungsmittelabhängigkeit und Tat festgestellt haben, für die VollstrBehörde bindend wären (OLG Karlsruhe StraFo 2009, 470 mzustAnm *Malek*) – schon gar nicht, wenn die Nichtfeststellung auf Angaben des

Verurteilten beruht. Sie kann nicht nur zu Gunsten einer stationären, sondern *auch* einer *ambulanten* Behandlung erfolgen (KG NStZ-RR 2009, 322; LG Berlin NStZ 2009, 396 (jeweils betr. allg. StR); s. aber zur Anrechnung § 36 Abs. 1 BtMG; vgl. rechtstatsächlich allg. *Kurze,* Strafrechtspraxis und Drogentherapie, 1993, 180 betr. besondere Auflagen); das Gleiche gilt ggf. für *Substitutions*therapie (Polamidon; OLG Oldenburg NdsRpfl 1994, 124 betr. allg. StR). – De lege ferenda wird verschiedentlich eine Einbeziehung Alkoholabhängiger empfohlen (vgl. zu Expertenbefragungen *Heimerdinger,* Alkoholabhängige Täter, Justizielle Praxis und Strafvollzug, 2006, 189 f.).

b) Einzelfragen. Ob die Unterbrechung der Vollstr gem. § 454b Abs. 2 **12** StPO (vgl. näher → Rn. 19) nach Vollstr einer einschlägig relevanten Dauer der Zurückstellung der Vollstr einer **anderen JStrafe** entgegensteht, ist umstritten, jedoch iSd Ziels einer einheitlichen Entscheidung über die Aussetzung der Vollstr der Reststrafe zBew zu verneinen (vgl. näher OLG Stuttgart NStZ-RR 2009, 28; aA gem. § 36 Abs. 6 Nr. 2 BtMG BGHSt 55, 243 ff.; KG NStZ-RR 2009, 255 (Ls.) (jeweils zum allg. StR)). Um iErg ähnlich eine Zurückstellung suchtbedingter Freiheitsstrafen unter den Voraussetzungen des § 35 BtMG zu ermöglichen, bestimmt § 2 Abs. 2, § 454b Abs. 3 StPO (eingef. durch Gesetz v. 17.8.2017 (BGBl. I 3202)), dass nicht suchtbedingte Freiheitsstrafen vor Zurückstellung der Vollstr und vor Antritt der Therapie vollständig vollstreckt werden können; im Verfahren nach dieser Vorschrift ist dem Verurteilten (entspr. § 68 Nr. 5 nF sowie § 68 Nr. 1 iVm § 140 Abs. 2 StPO) ein Verteidiger beizuordnen (LG Mannheim BeckRS 2017, 131693 zum allg. StR; vgl. auch BT-Drs. 18/11272, 35). Die Zurückstellung der Vollstr gem. § 35 Abs. 3 Nr. 1 BtMG ist nicht deshalb ausgeschlossen, weil aus einer oder mehreren JStrafe(n) sowie einer Gesamtfreiheitsstrafe insgesamt *mehr* als *zwei* Jahre *nicht vollstreckt* sind (BGHSt 33, 94). – Bei *§ 35 Abs. 3 Nr. 2 BtMG* ist unter Beachtung einer etwaigen Anrechnung nach § 52a nur auf die noch zur Vollstr anstehende *Reststrafe* abzustellen. Bzgl. der einheitlichen JStrafe nach § 31 Abs. 2 folgt aus dem Verbot der Schlechterstellung Jugendlicher im Vergleich zu Erwachsenen (dazu → § 2 Rn. 23 ff.), dass eine Entscheidung des *Überwiegens* nach § 35 Abs. 3 Nr. 2 BtMG nur zu treffen ist, wenn Gesamtstrafenfähigkeit (gem. §§ 53, 54 StGB) gegeben wäre (ZfB-Bescheid GenStA Frankfurt a. M. 31.3.1995 – Zs 619/95 bei *Körner* NStZ 1998, 227 (230); vgl. auch *Patzak* in Körner/Patzak/Volkmer BtMG § 35 Rn. 120f).

Eine **Anrechnung** der Therapiezeit aufgrund einer **BewWeisung** ist **13** (unbeschadet § 26 Abs. 3 S. 2) im – dem Erziehungsauftrag verpflichteten (§ 2 Abs. 1) und also zukunftsorientierten – JStR gem. § 2 Abs. 2, §§ 38, 36 Abs. 3 BtMG zulässig. Für die Anrechnung spricht, dass Verurteilte mit zunächst günstiger Prognose nicht schlechter gestellt werden dürfen als solche mit zunächst ungünstiger Prognose. Da die Anrechnung nur möglich ist, besteht auch ein „Anreiz" für den Verurteilten (LG Offenburg NStZ-RR 2004, 58; aA *Weber* BtMG § 36 Rn. 100; zur Frage einer Motivation gem. An- und Verrechnung des Strafausspruchs näher *Kurze,* Strafrechtspraxis und Drogentherapie, 1993, 202 ff.). – Für die Aussetzungsentscheidung gem. § 36 BtMG kommt es nicht auf einen Mindestvollstreckungszeitraum an (vgl. auch → § 88 Rn. 6), sodass die Reststrafe ggf. bereits *vor* *Vollstr* der *Hälfte* der JStrafe zBew ausgesetzt werden kann (allg. Auffassung, vgl. nur OLG Stuttgart StV 1998, 671 Rn. 14; zum allg. StR OLG Stuttgart

NStZ 1986, 187; OLG Celle StV 1986, 113; LG Bückeburg StraFo 2004, 145; *Patzak* in Körner/Patzak/Volkmer BtMG § 36 Rn. 67).

14   **c) Ermessensentscheidung gem. § 35 Abs. 1 S. 1 BtMG.** Die Entscheidung hat sich allein an dem **Zweck** zu orientieren, zu einer notwendigen **Therapie** zu **motivieren,** dh ein Anknüpfen an Tatschuld oder Deliktsschwere ist unzulässig (vgl. OLG Karlsruhe Justiz 1983, 123 sowie NStZ 2008, 576); das Gleiche gilt für eine ungünstige (Kriminal-)Prognose (vgl. OLG Naumburg StraFo 2012, 424 (zum allg. StR)). Eine von den Urteilsfeststellungen zum Verhältnis von Sucht und (Straf-)Tat (vgl. → Rn. 11) abw. Begründung der Ablehnung ist unzulässig, dh es besteht darin grds. eine Bindung (vgl. OLG München StV 2017, 306 (zum allg. StR)). Die in § 35 Abs. 1 S. 1 BtMG aufgestellten Voraussetzungen sind unter Berücksichtigung des Umstandes zu prüfen, dass eine von vornherein feststehende Therapiebereitschaft nur bei einem Teil der Betroffenen (gar „Elitebeschuldigten") angenommen werden kann. So traten nach früheren Beobachtungen in Berlin (20. Aufl. Rn. 14) 46 % die Therapie nicht an und weitere 36 % brachen sie ab (N=74). Nach (zeitlich späteren und regional) anderen Untersuchungen wurde zwar eine deutlich niedrigere Nichtantrittsquote (10 %), jedoch eine höhere Abbruchsquote (ca. 45 %) ermittelt (vgl. *Kurze* MschKrim 1995, 139: 45 %; s. auch *Baumgart,* Illegale Drogen-Strafjustiz-Therapie, 1994, 349). Insofern dürfen Anforderungen an Therapiewilligkeit und -fähigkeit nur begrenzt gestellt werden (vgl. OLG Hamm MDR 1982, 1044; OLG Karlsruhe Justiz 1983, 123; OLG Frankfurt a. M. StraFo 2013, 351 (Zweifel an der Motivation rechtfertigen die Ablehnung nicht; zum allg. StR); OLG Dresden StV 2006, 586: bei Drogen- *und* Alkoholabhängigkeit unzulässig, nur auf diese abzustellen; einen Therapiewillen betr. Methadonprogramm vern. ZfB-Bescheid GenStA Frankfurt a. M. 4.4.1995 – Zs 348/ 95 und Zs 562/95 bei *Körner* NStZ 1998, 232, weil ua Urinkontrolle und Begleitprogramm verweigert wurden). Eine Ablehnung etwa mit der Begründung iSe angeblich „generell vorhandenen kriminellen Anlage" ist ungeeignet (vgl. OLG Karlsruhe NStZ 2008, 576).

15   Lehnen Erziehungsberechtigte und gesetzliche Vertreter die **Einwilligung** ab (§ 38 Abs. 1 S. 2 BtMG), und steht dies den Interessen des Beschuldigten entgegen, so kann sie notfalls durch das FamG ersetzt werden (§ 1666 BGB; ebenso *Rose* in NK-JGG Rn. 11; *Kornprobst* in MüKoStGB BtMG § 38 Rn. 9; *Volkmer* in Körner/Patzak/Volkmer BtMG § 38 Rn. 4). Allerdings lässt sich die Frage, danach, ob die Ablehnung den Belangen des Beschuldigten entgegensteht, mitunter nur erschwert verlässlich beantworten.

16   **d) Therapieeinrichtung.** Es wird zB zwischen eher medizinisch bzw. psychotherapeutisch ausgerichteten Institutionen einerseits und therapeutischen Wohngemeinschaften bzw. Selbsthilfe- (oder Nachsorge-)einrichtungen andererseits unterschieden. An den Prinzipien einer „therapeutischen Gemeinschaft" sind die beiden erstgenannten Institutionen nur teilweise orientiert, die beiden anderen Formen hingegen idR. Da Therapieerfolge von den verschiedensten, prognostisch nur teilweise erfassbaren Umständen abhängen (vgl. auch → § 7 Rn. 23, → § 10 Rn. 62), verbieten sich pauschale Abqualifizierungen (OLG Karlsruhe NStZ 2008, 576). – Für Einrichtungen nach § 35 Abs. 1 S. 2 BtMG haben die Länder Anerkennungsverfahren entwickelt und Listen der anerkannten Einrichtungen veröffentlicht (s. dazu *Lundt/Schiwy,* BtMG, Anm. D zu § 35), ohne dass die Nichtanerkennung

per se die Geeignetheit in Frage stellen darf (OLG Karlsruhe NStZ 2008, 576). Die Anerkennung kann ggf. zurückgenommen werden (krit. zum Grundrechtsschutz innerhalb privater Therapieeinrichtungen etwa schon *Scheerer* Kriminalsoz Bibl 1985, Heft 49, 4 (7)).

Vor der Entscheidung ist eine Zusage und die Klärung der **Kostenfrage** 17 zu prüfen. Das Verlangen einer Kostenzusage ist jedoch kein tragendes Kriterium für die Geeignetheit (OLG Karlsruhe NStZ-RR 2011, 260 (zum allg. StR)).

Schwierigkeiten bereitet die **Rückmeldeverpflichtung** gem. § 35 18 Abs. 4 BtMG, weil sie die Akzeptanz der Therapie durch die Betroffenen (be-)hindert oder zumindest beeinträchtigen kann. Auch lässt schon die etwaige Pflicht, regelmäßig Therapiebescheinigungen zu erbringen, Therapeuten aus der Sicht Betroffener gleichsam in die Nähe von Bediensteten etwa einer JStVollzAnstalt geraten.

e) Zurückstellungsverfahren. Liegen bezogen auf dieses Verfahren die 19 Voraussetzungen des § 68 – insb. Nr. 1 – vor (vgl. → § 68 Rn. 21 ff.), so kann analog zu dieser Vorschrift ein notwendiger **Verteidiger** zu bestellen sein (vgl. zum allg. StR OLG Jena NStZ 2010, 525; LG Hamburg StV 1999, 421; AG Erfurt StraFo 2016, 305; *Patzak* in Körner/Patzak/Volkmer BtMG § 35 Rn. 313).

Die **Ablehnung** der Zurückstellung, die gem. § 35 Abs. 2 S. 2 BtMG 19a den Rechtsweg nach §§ 23 ff. EGGVG eröffnet (nach OLG Köln NStZ-RR 2010, 157 gilt dies auch für eine zwecks Möglichkeit der Zurückstellung beantragte Änderung der VollstrReihenfolge (zum allg. StR)), muss hinreichend mit **Tatsachen begründet** werden (OLG Frankfurt a. M. NStZ-RR 2009, 215: Bezug auf „lapidare Auskunft" des Anstaltsarztes unzureichend (betr. allg. StR); OLG Naumburg StraFo 2012, 424 (zum allg. StR)), schon um die nach § 28 Abs. 3 EGGVG ggf. vorzunehmende Prüfung zu ermöglichen. DieAblehnung wegen Fehlens von Therapiewilligkeit hat Ausnahmecharakter, wenn die Motivation Ziel der Bemühungen ist (vgl. OLG Saarbrücken StraFo 2016, 263). – Eine Stellungnahme des *Gerichts* des *1. Rechtszuges* ist auch dann einzuholen, wenn eine Ablehnung beabsichtigt ist, und zwar zwecks möglichst umfassender Tatsachengrundlage (vgl. auch § 43) sowie aus prozessökonomischen Gründen (OLG Karlsruhe NStZ 1986, 288; 2013, 552; aA OLG Hamm NStZ-RR 1998, 315, ohne Erörterung der jugendstrafrechtlichen Besonderheiten).

Gemäß § 24 Abs. 2 EGGVG, § 21 StrVollstrO ist ein **Vorschaltverfah-** 20 **ren** durchzuführen, dh über die Einwendungen entscheidet zunächst der GenStA bei dem OLG (hM, vgl. OLG München JR 1994, 296 mzustAnm *Katholnigg;* OLG Stuttgart MDR 1994, 297; *Patzak* in Körner/Patzak/Volkmer BtMG § 35 Rn. 345 ff. sowie näher zur Vorschaltbeschwerde schon *Körner/Sagebiel* NStZ 1992, 216 f. und *Körner* NStZ 1995, 63; ZfB-Bescheid GenStA Frankfurt a. M. 6.3.1996 –Zs 419/96 bei *Körner* NStZ 1998, 227 (228); aA noch OLG Hamm NStZ 1982, 485). Dabei kommt im Vergleich zum allg. StR spezielleren jugendstrafrechtlichen Einwänden Bedeutung zu (vgl. etwa schon *Tilmann-Reinking* Suchtgefahren 1983, 71 (73)).

Treffen Vollstreckungsleiter und Gericht des 1. Rechtszuges in einer 21 Person zusammen, so bedarf es keiner Zustimmung eines anderen Gerichts (OLG Stuttgart StV 1998, 671 Rn. 13) oder gar der JStaatsanwaltschaft (ebenso *Patzak* in Körner/Patzak/Volkmer BtMG § 35 Rn. 345, 384). Nach einer vormaligen rechtstatsächlichen Untersuchung scheint indes in fast allen Entscheidungen nach JGG die JStaatsanwaltschaft gleichwohl um Zustimmung gebeten und deren Äußerung abgewartet worden zu sein (vgl. *Kurze* in Egg, Die Therapieregelungen des BtM-Rechts, 1992, 63 f.)). Jedoch lässt das Zusammentreffen das Zustimmungserfordernis (§§ 38, 35 Abs. 1 BtMG) des Gerichts des 1. Rechtszuges unberührt (OLG Stuttgart NStZ 1986, 141; OLG Hamm StV 1988, 112).

22 Die **Verweigerung** der **Zustimmung** durch das **Gericht** ist gem. § 35 Abs. 2 S. 1 BtMG von der VollstrBehörde nach §§ 304 ff. StPO anfechtbar. Beim Zusammentreffen von Vollstreckungsleiter und Gericht des 1. Rechtszuges ist das Beschwerderecht vom GenStA wahrzunehmen (*Patzak* in Körner/Patzak/Volkmer BtMG § 35 Rn. 349; weitergehend OLG München NStZ 1993, 456). Der Verurteilte kann die „gerichtliche Verweigerung der Zustimmung nur zusammen" mit der Entscheidung der VollstrBehörde anfechten (§ 35 Abs. 2 S. 2 BtMG; vgl. im Übrigen → Rn. 17, 18).

23 Auch betr. **Weisungen** oder **Auflagen** (§ 35 Abs. 4 BtMG) kann gem. §§ 23 ff. EGGVG eine Prüfung der Gesetzmäßigkeit beantragt werden. Insbesondere liegt schon im Hinblick auf § 35 Abs. 5 BtMG eine Beschwer vor (zur Frage der Zulässigkeit einer Auflage, Ärzte und Therapeuten von der Schweigepflicht zu entbinden, s. – kaum vertretbar – OLG Hamm NStZ 1986, 333 mablAnm *Kreuzer*).

24 **f) Widerruf.** Zu den Voraussetzungen s. § 35 Abs. 5 und 6 BtMG (darüber hinausgehend ggf. analog § 37 Abs. 1 S. 3 Nr. 3 BtMG, vgl. LG Hildesheim StV 2010, 150: rechtskräftig verurteilt oder zumindest glaubhaftes Geständnis erforderlich). Aus empirischer Sicht ist davon auszugehen, dass der „Rückfall" im Sinne erneuten Drogenkonsums (mit einer höheren Frequenz als bei anderen Delikten) ebenso zur Sucht gehört wie ein Therapieabbruch Teil des therapeutischen Prozesses sein kann (und daher insoweit ggf. ein zurückhaltendes Meldeverfahren als vertretbar erscheinen lässt), sodass auch *mehrere* Therapieabbrüche einer erneuten Zurückstellung nicht (unbedingt) entgegen stehen (vgl. auch *Sonnen* in Diemer/Schatz/Sonnen Rn. 16; *Sengbusch* in BeckOK JGG (nicht zwingend entgegen); näher schon *Körner/Sagebiel* NStZ 1992, 219). Ohnehin sind nach einem Abbruch nicht ganz selten drogenfreie Intervalle festzustellen. Im Übrigen ist stets zu prüfen, inwieweit Umstände der konkreten Therapieeinrichtung oder -methode – und nicht die Therapiebereitschaft des Betroffenen – ausschlaggebend für den Abbruch waren, sodass sich ggf. ein Wechsel hinsichtlich der Therapiebedingungen anbietet.

25 Im Einzelnen steht ein mehrmonatiger Zeitraum ohne Therapie nicht entgegen, wenn der Betroffene sich alsbald nach Abbruch um Fortsetzung bemüht hat (vgl. OLG Karlsruhe NStZ-RR 2003, 311). Ein Nicht-Fortführen der Behandlung iSv § 35 Abs. 5 S. 1 BtMG liegt unbeschadet eines Abbruchs dann nicht vor, wenn der Verurteilte drogenfrei lebt (vgl. LG Köln StV 1987, 210). Auch kann trotz einer auf Drogenabhängigkeit beruhenden neuen Straftat von einem Widerruf abgesehen werden, falls durch die Strafvollstr eine Langzeittherapie unterbrochen würde (vgl. AG Krefeld StV 1983, 250; zu Phasen ohne therapeutische Beeinflussbarkeit *Römer* DVJJ-Journal 1993, 123). – Nach einer Berechnung betr. im Jahre 1984 zu JStrafe Verurteilte (vgl. *Kurze* MschKrim 1995, 137) zeigte sich, dass innerhalb des Zeitraums von fünf Jahren nach Beginn einer Therapie gem. § 35 BtMG

78 % erneut strafgerichtlich verurteilt wurden und es in diesem Rahmen bei 47 % zur Vollstr einer JStrafe bzw. Freiheitsstrafe kam. Von denjenigen indes, bei denen die Therapie regulär beendet wurde, wurden nur etwa 25 % (erneut) zu einer vollstreckbaren JStrafe bzw. Freiheitsstrafe verurteilt (*Kurze* MschKrim 1995, 142 ff.).

Nach § 38 Abs. 1 S. 1 BtMG gilt § 35 Abs. 3 BtMG für die **EinheitsJ-** **26** **Strafe** entsprechend. Im Falle der Bildung einer EinheitsJStrafe nach einer neuerlichen Deliktsbegehung aufgrund Drogenabhängigkeit und Zurückstellung der Vollstr (§ 35 Abs. 1, 3 BtMG) muss eine vorausgegangene Zurückstellung auch dann **nicht** nach § 35 Abs. 6 Nr. 1 BtMG **widerrufen** werden, wenn die EinheitsJStrafe der Voraussetzungen einer Gesamtstrafe des allg. StR entbehrt (ebenso *Rose* in NK-JGG Rn. 11; *Brunner/Dölling* § 17 Rn. 31; *Schatz* in Diemer/Schatz/Sonnen § 31 Rn. 33; vgl. auch *Patzak* in Körner/Patzak/Volkmer BtMG § 35 Rn. 120f). Ferner kann § 35 Abs. 6 Nr. 2 BtMG den Widerruf der neuen EinheitsJStrafe nicht begründen (OLG Karlsruhe JR 1983, 432; vgl. auch KG StV 1983, 291), da diese schon vom Gesetzeswortlaut her einer **„weiteren (J)Strafe"** gerade **nicht gleichsteht,** vielmehr die früher ausgesprochene Rechtsfolge durch die neue Entscheidung rückwirkend beseitigt wird. Dem entspricht die teleologische Auslegung, denn andernfalls würde die Funktion der EinheitsJStrafe in einem Bereich eingeschränkt, der in besonderem Maße den Schutz Jugendlicher erfordert; auch wird der Zweck des § 35 Abs. 6 Nr. 2 BtMG, zu verhindern, dass eine Therapie „in eine noch ausstehende Strafvollstr einmündet" (KG StV 1983, 291 mN), nicht beeinträchtigt.

Gegen den **Widerruf** kann der Verurteilte gem. § 35 Abs. 7 S. 2 BtMG **27** vorgehen. Dabei ist zur Entscheidung die JKammer dann zuständig, wenn der Vollstreckungsleiter erkennender Richter war (vgl. → § 83 Rn. 4). – Lehnt das Gericht einen Widerruf ab, so steht der JStaatsanwaltschaft mangels Beteiligung am Verfahren (vgl. → Rn. 8) weder die Beschwerde zu, noch ist sie für einen Antrag auf gerichtliche Entscheidung legitimiert (LG Offenburg NStZ-RR 2002, 347 f.). – Geschieht kein Widerruf, so wird die Verurteilung nicht in das Führungszeugnis eingetragen (§ 32 Abs. 2 Nr. 3 BZRG). Entsprechendes gilt bei Aussetzung der Vollstr zBew (ggf. nach Anrechnung) gem. § 36 Abs. 1, 2 BtMG.

g) Anrechnung und Aussetzung der Vollstreckung der JStrafe **28** **zBew.** Nach §§ 38 Abs. 1 S. 1, 36 BtMG ist (unter den dort genannten Voraussetzungen und in bestimmtem zeitlichen Ausmaß) die Anrechnung der in einer Entziehungsanstalt (vgl. zur Anerkennung → Rn. 14) verbrachten Zeit auf die JStrafe zulässig. – Bzgl. der **Aussetzung** der Vollstr **zBew** (§ 36 BtMG; vgl. speziell auch KG StV 2013, 778) gelten gem. § 38 Abs. 1 S. 5 und 6 BtMG (teilweise ergänzend) die Spezialvorschriften des JGG.

Vor der Entscheidung sind der Verurteilte – nach Möglichkeit mündlich, **28a** wenngleich nicht zwingend – **zu hören** (§§ 38, 36 Abs. 5 S. 2; zum Anspruch auf rechtliches Gehör Art. 103 Abs. 1 GG), und ebenso der (zuletzt) für die Behandlung Verantwortliche. Fehlt es daran, kommt eine Zurückverweisung in Betracht (§ 308 Abs. 2 Alt. 1 StPO; KG NStZ-RR 2013, 377; vgl. auch OLG Dresden NStZ 2006, 458 (zum allg. StR)).

4. Entscheidungen nach OWiG

29 **a) Allgemeines.** Der JRichter (und zwar im Sinne eines Organs der Justizverwaltung, vgl. näher → § 83 Rn. 2) ist ebenfalls Vollstreckungsleiter von Entscheidungen gegen Jugendliche und Heranwachsende nach dem OWiG (vgl. auch BGH BeckRS 2014, 4347). Vor der für die Vollstr notwendigen jugendrichterlichen Entscheidung ist den Beteiligten **Gelegenheit** zur **Äußerung** zu geben (§ 104 Abs. 2 S. 2 OWiG); geschieht dies nicht, so verlangen § 46 Abs. 1 OWiG, § 33a StPO die Nachholung. Vor Anordnung einer Auflage gem. § 98 Abs. 1 bzw. einer Verhängung von Nichtbefolgungsarrest gem. § 98 Abs. 2 (und ohnehin vor Anordnung von Erzwingungshaft, vgl. aber → Rn. 32) ist die **JGH** zu hören (vgl. auch § 38 Abs. 2 S. 2).

30 **b) Einzelfragen.** Bußgeldentscheidungen der *Verwaltungsbehörde* gegen Jugendliche und Heranwachsende werden zwar – wie bei Erwachsenen auch – durch die Verwaltungsbehörden vollstreckt. Die hierbei etwa notwendig werdenden jugendrichterlichen Entscheidungen (§ 104 Abs. 1 Hs. 1 OWiG) werden jedoch von dem JRichter getroffen (der im Falle einer gerichtlichen Bußgeldentscheidung zu deren Vollstr zuständig ist, § 104 Abs. 1 Nr. 3 OWiG). Dazu gehört auch die Vollstr einer – von der Verwaltungsbehörde zu beantragenden und von ihm anzuordnenden – Erzwingungshaft (§§ 96, 104, 97 Abs. 1 OWiG; BGH NStZ-RR 2002, 347; LG Arnsberg NZV 2006, 446; vgl. aber → Rn. 32).

31 Die Vollstr einer *gerichtlichen* Bußgeldentscheidung wie auch einer von Amts wegen angeordneten Erzwingungshaft gegen Jugendliche und Heranwachsende obliegt ausschließlich dem JRichter als Vollstreckungsleiter (§§ 92, 91 OWiG bzw. §§ 96, 97 OWiG).

32 Die Anordnung von *Erzwingungshaft* wird ggü. *Jugendlichen* aus erzieherischen Gründen eher *auszuscheiden* haben. Das Gleiche gilt idR bezüglich Heranwachsenden (vgl. auch *Mitsch* in KK-OWiG OWiG § 96 Rn. 38: nur selten; zur Frage der Doppelbestrafung durch – fortbestehende – Geldbuße plus Erzwingungshaft vern. BVerfG RPfl. 1977, 53). Diese Grundsätze gelten (auch aus speziellen Gründen) ohnehin dann, wenn der Betroffene sich in Freiheitsentzug befindet (betr. allg. StR nicht berücksichtigt von LG Arnsberg NZV 2006, 446 mablAnm *Eisenberg* NZV 2007, 102).

33 **c) Besondere Vollstreckungsmöglichkeiten gem. § 98 OWiG.** Diese sollen erzieherisch beeinträchtigende allg. Vollstreckungsformen (zB Beitreibung, Erzwingungshaft) ersetzen, dh eine etwa anzuordnende Maßnahme tritt an die Stelle der Geldbuße (vgl. aber → Rn. 12 aE). Weist der Betroffene seine Zahlungsunfähigkeit nach, muss eine Vollstr unterbleiben und die Verjährung abgewartet werden (insb. kommt weder die Anordnung der Erzwingungshaft noch die Beitreibung oder die Bewilligung von Zahlungserleichterungen in Betracht, während ansonsten § 95 Abs. 2 auch für jugendliche und heranwachsende Betroffene gilt). Maßgebend für das **Alter** ist der **Zeitpunkt** der Festsetzung der Geldbuße, nicht also der Zeitpunkt der Begehung der OWi (*Seitz/Bauer* in Göhler OWiG § 98 Rn. 2; *Mitsch* in KK-OWiG OWiG § 98 Rn. 5; s. auch OLG Köln Zbl 1984, 378). – Unabhängig davon gelten § 98 Abs. 1–3 OWiG auch für (im Zeitpunkt der Festsetzung der Geldbuße, vgl. AG Düsseldorf StraFo 2017, 377) **Heranwachsende** (§ 98 Abs. 4), ohne dass es einer Prüfung iSv § 105 Abs. 1 bedarf. Jedoch wird das

Gericht (schon) bei der Frage einer Zahlungsvergünstigung bzw. der Reaktion auf eine Nichtzahlung schlechthin die Entwicklung und den Reifegrad des Heranwachsenden zu berücksichtigen haben (vgl. BT-Drs. 5/1269, 122; vgl. auch *Mitsch* in KK-OWiG OWiG § 98 Rn. 41: kann). – Zuständig ist der JRichter als Vollstreckungsleiter auch dann, wenn die entsprechende Entscheidung bereits im Erkenntnisverfahren getroffen wurde (§ 78 Abs. 4 OWiG; zum Verfahren s. § 104 OWiG).

Wegen der **Weisungen** bzw. **Auflagen** gem. § 98 Abs. 1 Nr. 1 und 2 **34** OWiG gelten die Erl. zu § 10 Abs. 1 S. 3 Nr. 4 bzw. § 15 Abs. 1 S. 1 Nr. 1 entsprechend. Jedoch ist hier gem. dem Normzweck eine Wiedergutmachung durch Geldleistung idR ausgeschlossen (vgl. aber nur einschr. *Seitz/Bauer* in Göhler OWiG § 98 Rn. 11; *Mitsch* in KK-OWiG OWiG § 98 Rn. 14). Betreffend § 98 Abs. 1 Nr. 4 OWiG bieten sich andere Weisungen iSv § 10 Abs. 1 an, wobei speziell betr. vorausgegangenes mehrfach unentschuldigtes Fernbleiben vom *Schulbesuch* ein Erlassenwerden aus dem Bußgeldbescheid in Betracht kommen kann, wenn der Betroffene die Schule wieder besucht (vgl. näher *Buck* DRiZ 2013, 134 (136)).

Die Maßnahmen sind zeitlich zu **befristen.** Sie können ggf. nebeneinan- **35** der angeordnet und nachträglich geändert werden (§ 98 Abs. 1 S. 2 OWiG). Im Übrigen gelten die allg. Grundsätze jugendstrafrechtlicher Rechtsfolgenverhängung und -bemessung, insb. also das **Subsidiaritätsprinzip** und ohnehin das Verhältnismäßigkeitsprinzip (vgl. auch schon *Hinrichs* DVJJ-Journal 1991, 271).

Die **Überwachung** der Befolgung liegt (auch aus Zweckmäßigkeitsgrün- **35a** den wegen der Zuständigkeit zur Änderung bzw. zur Verhängung von Arrest (dazu → Rn. 36)) bei dem JRichter, der sie indes der JGH übertragen kann (§ 46 Abs. 6 OWiG iVm § 38 Abs. 2 S. 3 aF bzw. § 38 Abs. 3 S. 2 nF; vgl. auch → § 10 Rn. 70, → § 15 Rn. 30, → § 38 Rn. 19 ff.); zur Frage etwaigen Überlassens an die VollstrBehörde vgl. *Mitsch* in KK-OWiG OWiG § 98 Rn. 26). Allerdings kann der Betroffene die Anordnung gem. § 98 Abs. 1 OWiG jederzeit durch Bezahlung der Geldbuße erledigen (vgl. schon OLG Köln Zbl 1984, 378; *Mitsch* in KK-OWiG OWiG § 98 Rn. 22) – in diesem Zusammenhang wird erneut die erzieherische Problematik der Abwälzbarkeit der Leistungserbringung (vgl. näher → § 15 Rn. 16) deutlich.

Während die Erfüllung der Weisungen bzw. Auflagen nicht erzwungen **36** werden kann (vgl. auch *Mitsch* in KK-OWiG OWiG § 98 Rn. 26), ist nach § 98 Abs. 2–4 OWiG unter den dort genannten Voraussetzungen, insb. also der Gelegenheit zur mündlichen Äußerung vor dem Richter (§ 98 Abs. 2 S. 3 OWiG), die Verhängung von **(Nichtbefolgungs-)JA** zulässig (zur Dysfunktionalität bei Schulpflichtverletzung *Höynck/Klausmann* ZJJ 2012, 408 f.; vgl. im Übrigen zu Bedenken → § 11 Rn. 11, 16f). Vor allem müssen die objektiven Voraussetzungen der Bestimmtheit der Anordnung und der Erfüllbarkeit gegeben sein (vern. LG Kaiserslautern ZJJ 2010, 54: betr. Auflage ist die Anordnung unzureichend, der Betroffene habe sich selbst um eine Stelle zur Ableistung zu kümmern (wobei es nicht darauf ankommt, dass die JGH eine Vermittlung wegen angeblichen vorausgegangenen Fehlverhaltens ablehnt)). – Eine wiederholte Verhängung wegen „desselben Betrages" ist unzulässig (§ 98 Abs. 3 S. 1 OWiG; vgl. aber → § 11 Rn. 21a). – Die Vollstr und der Vollzug dieses JA bestimmen sich nach §§ 85 Abs. 1, 86, 87, 90. Wird die *Geldbuße* gem. § 98 Abs. 3 S. 3 OWiG (aus erzieherischen Gründen) ganz oder teilweise für *erledigt* erklärt, so entfällt damit auch die Maßnahme (zu deren Rechtsnatur → § 11 Rn. 12a; iErg ähnlich *Mitsch* in KK-OWiG OWiG § 98 Rn. 37; aA *Sengbusch* in BeckOK JGG Rn. 27.1).

37   **d) Beschwerde.** Gegen die Anordnung von Erzwingungshaft und (Nichtbefolgungs-) JA ist **sofortige** Beschwerde zulässig (§ 104 Abs. 3 S. 1 Nr. 1 OWiG), über die die JKammer zu entscheiden hat (§ 46 Abs. 1 OWiG iVm § 41 Abs. 2 S. 2, § 73 Abs. 1 GVG; LG Kaiserslautern ZJJ 2010, 431); weitere Beschwerde ist nicht zulässig (§ 46 Abs. 1 OWiG iVm § 310 Abs. 2 StPO). Wird eine Anordnung nach § 104 Abs. 3 S. 1 Nr. 1 oder Nr. 2 abgelehnt, so ist sofortige Beschwerde nicht gegeben, da das Gesetz insoweit eine solche nur „gegen" eine Anordnung gewährt.

37a   Bei Ablehnung der Anordnung allein aus formellen Erwägungen (zB Unzuständigkeit), dh wenn keine Sachentscheidung getroffen wird, kommt einfache Beschwerde in Betracht (vgl. *Mitsch* in KK-OWiG OWiG § 104 Rn. 13; ergänzend *Appl* in KK-StPO StPO § 462 Rn. 4).

II. Vollstreckung

1. Begriffliches

38   **a) Abgrenzung ggü. Vollzug.** Der umfassende strafprozessuale Begriff der **Vollstr** bezeichnet die Gesamtheit derjenigen teils richterlichen, teils verwaltungsmäßigen Tätigkeiten, die erforderlich sind, damit die in der Entscheidung angeordneten Rechtsfolgen durchgeführt werden können. Demgegenüber ist der **Vollzug** das verwaltungsmäßige Geschehen, das der Verwirklichung der Rechtsfolge selbst dient. Insofern ist der Vollzug ein Teil der Vollstr; allerdings wird der Begriff der Vollstr in der Praxis meist als vom Vollzug getrennt verstanden, dh als die mittelbar auf die Herbeiführung des Vollzuges gerichtete Tätigkeit. – Wegen des sog. *Strafausstandes* aufgrund Nichttauglichkeit für den Vollzug (§ 2 Abs. 2, § 455 StPO) wird auf die Spezialliteratur zur StPO Bezug verwiesen (vgl. speziell betr. vorherigen Suizidversuch vern. OLG Koblenz StRR 2015, 387 (zum allg. StR); zur ärztlichen Haftfähigkeitsprüfung (in Nordrhein-Westfalen) *Hupe/Huckenbeck* Bewährungshilfe 2011, 66 ff.; betr. Hamburg *Lach ua* AKrim 232 (13), 1 ff.), jedoch sind auch hier die Grundsätze des JGG zu wahren (dazu § 13 Abs. 3 HmbJStVollzG; vgl. auch → § 2 Rn. 20 ff.).

39   **b) Jugendstrafrechtliche Vorschriften.** Diese die Vollstr betr. Vorschriften gelten für alle Urteile und ihnen gleichstehenden Entscheidungen, die auf eine Strafe, Nebenstrafe, Nebenfolge oder Maßregel der Besserung und Sicherung lauten (vgl. auch § 1 StrVollstrO) und erfassen die Umsetzung all dieser Entscheidungsinhalte (BGH BeckRS 2018, 46722).

39a   Dies schließt die Einziehung gem. §§ 73 ff. StGB ein (zur Vollstr § 459g StPO; s. auch das Entschädigungsverfahren gem. §§ 459h ff. StPO sowie § 111i StPO). Eine Übertragung dieser Vollstreckungsaufgaben auf die StA (vgl. auch § 31 Abs. 1 und 2 RPflG) ist bei der Neuregelung der Abschöpfung nicht erfolgt. Dies hätte auch dem Regelungssinn von § 82 (Herausnahme der Vollstr im JStV aus dem administrativ strukturierten Verfahrensweise des allg. StR und Konzentration der Zuständigkeit beim im JStR erzieherisch als besonders geeignet geltenden JRichter) widersprochen (s.

auch → Rn. 45). Allerdings hat die Einziehung nach hier vertretener Ansicht im JStR nur einen begrenzten Anwendungsbereich (→ § 6 Rn. 9 ff.).

2. Voraussetzungen und Einzelregelungen

a) Rechtskraft. Die Vollstr setzt – abgesehen von § 56 (s. RL II. Nr. 3 zu **40** §§ 82–85) – grundsätzlich Rechtskraft der Entscheidung voraus (§ 2 Abs. 2, § 449 StPO).

Unverzichtbare urkundliche Grundlage der Vollstr ist die Urschrift oder **41** eine beglaubigte Abschrift der Entscheidung mit **Rechtskraftbescheinigung** (§ 13 Abs. 2 StrVollstrO). Dem speziellen jugendstrafrechtlichen Beschleunigungsgrundsatz (vgl. auch → Rn. 43) entspricht es, dass mit Eintritt der Rechtskraft umgehend (in Haftsachen binnen 3 Tagen (§ 13 Abs. 3 S. 2 StrVollstrO)) – und also auch vor Urteilsabsetzung (RL VI. Nr. 1 S. 3) – die Rechtskraftbescheinigung erteilt wird und die Akten unmittelbar (vgl. RL II. 2 zu §§ 82–85) dem zuständigen Vollstreckungsleiter übersandt werden, damit die Vollstr eingeleitet werden kann (vgl. zur JStrafe *Cronenberg/Frenzel,* Die Vollstreckung von Jugendstrafen im Bezirk des Amtsgerichts Tiergarten, 1998, 6, 18 f., 33 f., 59 (sowie krit. zu sog. „vorläufigen Aufnahmeersuchen", 27 f.)). Dies gilt auch dann, wenn die Gestaltung zB speziell des Vollzugs der JStrafe (entgegen RL VI. Nr. 1 S. 5) zunächst ohne Berücksichtigung der Urteilsgründe auskommen muss, zumal andernfalls eine Verzögerung des Aussetzungsverfahrens nach § 88 nicht auszuschließen wäre. Insbesondere gilt die in § 275 Abs. 1 S. 1 StPO geregelte Eilbedürftigkeit der Urteilsabsetzung, zumindest in Haftsachen, im JStrafverfahren verstärkt, dh grundsätzlich sollte der Rahmen des § 275 Abs. 1 S. 2 StPO hier unterschritten werden. – Ob sich die „Beobachtung" (*Cronenberg/Frenzel,* Die Vollstreckung von Jugendstrafen im Bezirk des Amtsgerichts Tiergarten, 1998, 17 Fn. 1), dass mehr auf Schuldausgleich abstellende JRichter „die beschleunigte VollstrEinleitung nicht mit dem Nachdruck betreiben" wie JRichter, „die den Erziehungsauftrag betonen", verallgemeinern lässt, bleibt einstweilen offen (vgl. aber instruktiv bei Einschaltung der allg. StA (dazu → § 36 Rn. 10–10b) *Frenzel* KJ 2013, 419 f.).

Für den Fall des **Widerrufs** der Aussetzung der Vollstr der JStrafe zBew **42** oder einer bedingten Entlassung gilt § 14 StrVollstrO entsprechend, dh es bedarf der Widerrufsentscheidung. Bezüglich der Entscheidung nach § 57 Abs. 1 ist eine mit Rechtskraftbescheinigung versehene Ausfertigung des Ablehnungsbeschlusses weitere VollstrGrundlage, in Fällen nach § 57 Abs. 2 eine VollstrAnordnung nebst der Feststellung, dass seit Urteilserlass keine Umstände im Sinne dieser Vorschrift hervorgetreten sind. In Fällen des Vorbehalts der nachträglichen Entscheidung ist – zusätzlich zu Rechtskraft und Rechtskraftbescheinigung – die eine Aussetzung ablehnende Entscheidung Vollstreckungsvoraussetzung (vgl. § 89 S. 2, → § 57 Rn. 20, → §§ 61–61b Rn. 11, 16).

b) Beschleunigungsprinzip. Wegen dessen besonderer Ausgestaltungen **43** (vgl. zur Problematik → § 55 Rn. 35 ff.) s. ergänzend RL II. Nr. 1, V. Nr. 4, VI. Nr. 1 zu §§ 82–85; vgl. krit. → Einl. Rn. 42 f.

c) Vollstreckung mehrerer JStrafen nacheinander. Gemäß dem Ver- **43a** bot der Schlechterstellung in vergleichbarer Verfahrenssituation (vgl. → § 45 Rn. 9a) gilt betr. die Aussetzung des Strafrestes § 2 Abs. 2, **§ 454b Abs. 2,**

4 StPO – hinsichtlich der Dauer der bereits vollstreckten Strafe modifiziert durch § 88 – **entsprechend.** Hiernach darf durch VV weder die zwingende Vorschrift des § 454b Abs. 2 StPO (vgl. auch → Rn. 5b) unterlaufen noch zB für den Fall „schlechter Führung" § 88 Abs. 1, 2 tangiert werden. – Werden **Jugend-** und **Freiheitsstrafe** nacheinander vollstreckt, so gilt § 89a.

43b   Handelt es sich bei der zunächst zu vollstreckenden JStrafe um einen Rest gem. Widerruf einer Aussetzung der Vollstr zBew nach vorheriger Teilvollstr, so verlangt § 454b Abs. 2 S. 2 StPO nicht etwa eine Endvollstr, sondern erlaubt eine Unterbrechung der Vollstr des Restes (zur Prognose sowie zu Benachteiligungen insofern, als die JStrafe unter erzieherischen Gesichtspunkten bemessen worden war, vgl. *Böhm* Info DVJJ Hessen 2/88, 15; s. zur Problematik auch DBH Bewährungshilfe 1988, 247).

44   **d) Nebengeschäfte der Vollstreckung.** Vgl. RL II. Nr. 4 zu §§ 82–85.

3. Rechtspfleger

45   Auf ihn sind bei der Vollstr im JStrafverfahren **nur** die Geschäfte übertragen, durch die eine richterliche VollstrAnordnung oder eine die Leitung der Vollstr nicht betr. allgemeine VV **ausgeführt** wird (§ 31 Abs. 5 S. 2 RPflG; *Lissner* StraFo 2013, 486). Durch Rechtsverordnung können dem Rechtspfleger nichtrichterliche Geschäfte übertragen werden, soweit nicht die Leitung der Vollstr durch den JRichter beeinträchtigt wird oder das VollstrGeschäft wegen seiner rechtlichen Schwierigkeit, wegen der Bedeutung für den Betroffenen (insb. aus erzieherischen Gründen) oder zur Sicherung einer einheitlichen Rechtsanwendung dem Vollstreckungsleiter vorbehalten bleiben muss (§ 31 Abs. 5 S. 3 RPflG); solange eine solche Rechtsverordnung aber noch nicht in Kraft ist, gilt gem. RL II. Nr. 6 S. 3 zu §§ 82 –85 die „Bekanntmachung der Landesjustizverwaltung über die Entlastung des JRichters bei den VollstrGeschäften" weiter (§ 33a RPflG). Bei Einziehungsentscheidungen (→ Rn. 39a) bedeutet dies faktisch, dass die Vollstr in den Händen des JRichters liegt (abw. offenbar *Rose* NStZ 2019, 648 (648 f.)).

46   Nimmt der Rechtspfleger selbstständig ein VollstrGeschäft wahr, das ihm nicht übertragen worden ist, ist dieses VollstrGeschäft unwirksam (*Pohlmann/ Jabel/Wolf,* Strafvollstreckungsordnung, 9. Aufl. 2016, StrVollstrO § 1 Rn. 16). Es kann auch nicht etwa durch richterliche Genehmigung nachträglich wirksam werden, weil der Mangel einer gesetzlichen Ermächtigung nicht durch richterliches Verhalten geheilt werden kann (allg. Auffassung). Andernfalls entstünden ggf. zudem Probleme der Rechtsunklarheit und gewisser Interdependenzen, und zwar im Hinblick auf die Folgen einer Nicht-Genehmigung.

47   In Verfahren nach dem **OWiG** erfolgt die Übertragung der VollstrGeschäfte, die dem JRichter obliegen, auf den Rechtspfleger nach § 31 Abs. 2 S. 2 RPflG. Zweifelhaft ist indes, ob dem Erziehungsauftrag (§ 2 Abs. 1) und der jugendrichterlichen Spezialisierung (vgl. § 37) dadurch hinreichend Rechnung getragen ist, dass Regeln über die Erteilung von Weisungen (§ 31 Abs. 6 S. 2 RPflG) ebenso wie die Zuständigkeit des JRichters bei Einwendungen gegen Maßnahmen des Rechtspflegers (§ 31 Abs. 6 S. 1 RPflG) bestehen und auch die Möglichkeit gegeben ist, schon im Erkenntnisver-

fahren jugendgemäße Anordnungen zu treffen (§ 78 Abs. 3 OWiG). Ohnehin setzt eine den vorgenannten Wertungen des JGG entsprechende Anwendung dieser Vorschriften eine ständige und enge Zusammenarbeit zwischen JRichter und Rechtspfleger voraus.

III. Sicherungsverwahrung (Abs. 3)

Die durch Gesetz v. 8.7.2008 (BGBl. I 1212) eingeführte Vorschrift wurde in ihrer Bedeutung dadurch eingeschränkt, dass Abs. 2 und 3 des § 7 bisherige Fassung als verfassungswidrig und nur bis längstens 31.5.2013 anwendbar erklärt wurden, zudem nur unter deutlich erhöhten Anforderungen (BVerfGE 128, 326; näher dazu → § 7 Rn. 29 ff.). Gemäß AbstandsgebotsG (v. 5.12.2012, BGBl. I 2425) ist die Weitergeltung für sog. „Altfälle" (nur) in diesen Grenzen zulässig (Art. 316f EGStGB). – Die durch das AbstandsgebotsG eingeführten Vorschriften zur Prüfung, ob die Vollstr zulässig ist (insb. **§§ 66c, 67d Abs. 2 StGB, § 119a StVollzG**), sind ausweislich mehrfacher Erwähnung in der Begründung (v. 6.6.2012 (BR-Drs. 17/9874)) nach dem Willen des Gesetzgebers grundsätzlich auch in Verfahren nach JStR anwendbar (vgl. auch **§ 2 Abs. 2**). Jedoch wird auch in diesem Zusammenhang der rechtssystematische und rechtstatsächliche **Unterschied** zwischen JStR und allg. StR **nivelliert**.

48

1. Prüfung der Erforderlichkeit

a) Beauftragung eines Sachverständigen. Das AbstandsgebotsG hat die gerichtliche Verpflichtung eingeführt (§ 2 Abs. 2, **§ 463 Abs. 3 S. 3 StPO** iVm § 454 Abs. 2 S. 1 und S. 2 StPO), vor der gem. § 67c Abs. 1 StGB zu treffenden Entscheidung zu der Frage, ob die bei ihrer Anordnung vom erkennenden Gericht prognostizierte „Gefährlichkeit" des Verurteilten nach Einwirkung des (Jugend-)StVollzugs (§ 66c Abs. 2 StGB) der Unterbringung in Sicherungsverwahrung noch erfordert und die Unterbringung verhältnismäßig wäre (vgl. auch → § 92 Rn. 179), **stets** das **Gutachten** eines Sachverständigen einzuholen (dh auch dann, wenn das Gericht eine Aussetzung zBew nach § 67c Abs. 1 S. 1 StGB nicht in Betracht zieht). Bei der Auswahl des Sachverständigen ist die Soll-Vorschrift des **§ 43 Abs. 2 S. 2** zu berücksichtigen (vgl. → § 43 Rn. 49a). Dies gilt wegen der anhaltend zentralen Bedeutung früherer Delikte unabhängig von dem zwischenzeitlich erreichten Lebensalter des Verurteilten, und zwar auch dann, wenn das Gericht nach pflichtgemäßem Ermessen zur Beurteilung des Betreuungsangebots und zur Vorbereitung der Gesamtwürdigung (unter Berücksichtigung der vollzugsbegleitend ergangenen bindenden Entscheidungen, § 119a Abs. 7 StVollzG) den Gutachtenauftrag erweitert oder zusätzlich einen anderen Sachverständigen heranzieht (vgl. Begr. RegE v. 6.6.2012, BR-Drs. 17/9874, 36).

49

b) Mitwirkung eines Verteidigers. Zugleich hat das AbstandsgebotsG **§ 463 Abs. 3 S. 5** und **Abs. 8** StPO dahingehend neu gefasst, dass die Mitwirkung eines Verteidigers in sämtlichen gerichtlichen Verfahren vorgeschrieben ist, in denen nach Rechtskraft des anordnenden Urteils über die Vollstr der Unterbringung in Sicherungsverwahrung entschieden wird (vgl. zum Rechtsschutz- und Unterstützungsgebot BVerfGE 128, 326 Rn. 17).

50

Eine solche Bestimmung hat, wie schon die Sonderregelung des § 68 erkennen lässt, im Verfahren nach JStR erhöhte Bedeutung. Daher ist das Wort „rechtzeitig" zumindest nicht weniger sorgfältig zu beachten wie im allg. StVollstrR, dh bei der Ermöglichung einer geeigneten Interessenwahrnehmung sind jugendstrafverfahrensrechtliche Umstände zu würdigen, und unerlässlich ist gerade auch hier die Bestellung *vor* der *Beauftragung* eines *Sachverständigen* (generell bejahend Begr. RegE v. 6.6.2012, BR-Drs. 17/9874, 37).

2. Zuständigkeit

51 Gemäß Abs. 3 sind hinsichtlich der Vollstr der Unterbringung nach den Abs. 2 und 4 (bisher Abs. 3) des § 7 und der VollstrZuständigkeit nicht die §§ 82 ff. (JRichter als Vollstreckungsleiter), sondern die Vorschriften des allg. StVR anzuwenden, es sei denn, der Betroffene ist noch nicht 21 Jahre alt. Diese Ausgrenzung und Überlassung der Vollstr an die allg. Staatsanwaltschaft bzw. die StrVollstrKammer, die – wie schon § 85 Abs. 6 ergibt – systemwidrig ist (ebenso *Rose* in NK-JGG Rn. 13), ist in den Gesetzesbegründungen nicht erörtert worden (vgl. nur Rechtsausschuss, BT-Drs. 16/9643).

3. 21. Lebensjahr

52 Betroffene gem. Abs. 2 und 4 (bisher Abs. 3) des § 7 haben von den gesetzlichen Voraussetzungen her – selbst wenn die Verurteilung schon im Alter von 14 Jahren stattfand, nach sieben Jahren vollstreckter JStrafe – das in Abs. 3 genannte Alter erreicht. Hingegen kann das Alter Betroffener gem. § 7 Abs. 4 (bisher Abs. 3) des § 7 darunter liegen, jedoch wird es sich von den erforderlichen sonstigen Voraussetzungen her um äußerst seltene Fälle handeln.

Entscheidungen im Vollstreckungsverfahren

83 **(1) Die Entscheidungen des Vollstreckungsleiters nach den §§ 86 bis 89a und 89b Abs. 2 sowie nach den §§ 462a und 463 der Strafprozeßordnung sind jugendrichterliche Entscheidungen.**

(2) Für die bei der Vollstreckung notwendig werdenden gerichtlichen Entscheidungen gegen eine vom Vollstreckungsleiter getroffene Anordnung ist die Jugendkammer in den Fällen zuständig, in denen

1. der Vollstreckungsleiter selbst oder unter seinem Vorsitz das Jugendschöffengericht im ersten Rechtszug erkannt hat,

2. der Vollstreckungsleiter in Wahrnehmung der Aufgaben der Strafvollstreckungskammer über seine eigene Anordnung zu entscheiden hätte.

(3) ¹Die Entscheidungen nach den Absätzen 1 und 2 können, soweit nichts anderes bestimmt ist, mit sofortiger Beschwerde angefochten werden. ²Die §§ 67 bis 69 gelten sinngemäß.

Übersicht

I. Anwendungsbereich

Betreffend den persönlichen Anwendungsbereich gelten die Erl. zu **1** → § 82 Rn. 1, 2 entsprechend. – Betreffend Soldatinnen und Soldaten s. § 112c Abs. 2 (vgl. → Rn. 7 aE).

II. Vollstreckungsentscheidungen als Justizverwaltungsakte

1. Funktion des Vollstreckungsleiters und Rechtsschutz

a) Funktion. Die Vollstr ist, auch soweit sie der JRichter wahrnimmt, **2** grundsätzlich eine Angelegenheit der *Justizverwaltung.* Der JRichter wird somit als Organ der Justizverwaltung tätig, seine Entscheidungen sind Justizverwaltungsakte (s. RL II. Nr. 5 zu §§ 82–85). Soweit der JRichter als Vollstreckungsleiter nicht iRv Abs. 1 in richterlicher Unabhängigkeit entscheidet, unterliegt er mithin der *Dienstaufsicht* des GenStA (OLG Hamm NStZ-RR 2002, 21; *Graalmann-Scheerer* in Löwe/Rosenberg StPO § 451 Rn. 6: § 147 Nr. 3 GVG; *Pohlmann/Jabel/Wolf,* Strafvollstreckungsordnung, 9. Aufl. 2016, StrVollStrO § 21 Rn. 6; *Kornprobst* in MüKoStGB BtMG § 38 Rn. 3; einschr. *Rose* in NK-JGG Rn. 2, 7). – Ist hinsichtlich (nur) der förmlichen Einleitung der Vollstr (als einer Aufgabe der Justizverwaltung) *streitig,* welches Gericht *zuständig* ist, so handelt es sich nicht um einen Fall des § 2 Abs. 2, § 14 StPO (vgl. BGH StraFo 2014, 523; BeckRS 2018, 1758; OLG Hamm NStZ-RR 2008, 79 (zum allg. StVR); vgl. aber OLG Jena BeckRS 2009, 86283, wonach mit der Einleitung der Vollstr der JStrafe die in RL VI. zu §§ 82–85 angeführten „weiteren Aufgaben verbunden" sind).

Hat der JRichter in seiner Funktion als Vollstreckungsleiter *Zweifel* (iSv **2a** § 2 Abs. 2, § 458 Abs. 1 Alt. 1 StPO), so entscheidet das erkennende Gericht, es sei denn, die Vollstr hat bereits begonnen (§ 2 Abs. 2, § 462a Abs. 1, 2 StPO; s. aber BVerfG NJW 1994, 2750). – Hingegen wird hinsichtlich *Einwendungen* (iSv § 2 Abs. 2, § 458 Abs. 1 Alt. 3 StPO; vgl. ergänzend

→ § 87 Rn. 6) unter Ableitung aus dem Prinzip der Gewaltenteilung davon ausgegangen, dass nicht die VollstrBehörde als Exekutive und also auch nicht der JRichter als Vollstreckungsleiter sie erheben kann (vgl. nur OLG Hamm NStZ-RR 2002, 21), sondern nur derjenige, gegen den vollstreckt wird, dh der Verurteilte bzw. sein Verteidiger oder Bevollmächtigter und sein gesetzlicher Vertreter (vgl. im Übrigen *Appl* in KK-StPO § 458 Rn. 9). Dabei ist nach allg. Auffassung gem. der Fürsorgepflicht dem Verurteilten ggf. ein Antrag zumindest nahe zu legen (weitergehend etwa *Wolf* in Pohlmann/ Jabel/Wolf, Strafvollstreckungsordnung, 9. Aufl. 2016, StrVollstrO § 42 Rn. 8: ihn „anzuhalten"), was im JStR (gem. dem Auftrag des § 2 Abs. 1) tendenziell noch ausgeprägter gilt als im allg. StR.

3   **b) Rechtsschutz.** Soweit der JRichter Entscheidungen als Organ der Justizverwaltung trifft, steht der Rechtsweg nach **§§ 23 ff. EGGVG** offen. Somit ist zunächst gem. § 24 Abs. 2 EGGVG, § 21 Abs. 1 Nr. 1 StrVollstrO Beschwerde bei dem GenStA beim OLG einzulegen (nicht bei der obersten Justizbehörde, vgl. BVerfG 11.12.2013 – 2 BvR 1373/12 Rn. 11 (juris), BeckRS 2014, 46309). Danach ist Antrag auf Entscheidung des zuständigen Senats des übergeordneten OLG zu beantragen (§ 25 Abs. 1 S. 2 EGGVG; s. auch *Brunner/Dölling* Rn. 3; *Rose* in NK-JGG Rn. 6; zur Elternbeteiligung *Reuther* Elternrecht 203 f.).

2. Abs. 2

4   In diesen Fällen ist die **JKammer** (zu § 458 Abs. 1 StPO s. OLG Koblenz MDR 1984, 691) zuständig. Dies gilt auch in den Fällen der §§ 455, 456, 458 Abs. 2 und 462 Abs. 1 StPO, soweit der JRichter als Vollstreckungsleiter und erkennender Richter (vgl. auch → § 82 Rn. 21) personenidentisch ist.

3. VollstrAufschub

5   Gemäß § 2 Abs. 1 kommt bei zukunftsorientierter Würdigung insb. der Möglichkeit des VollstrAufschubs (§ 2 Abs. 2, § 456 StPO) Bedeutung zu, um außerhalb des Zwecks der JStrafe liegende, ggf. irreparable Nachteile für den Verurteilten zu vermeiden. Dies betrifft zB den bevorstehenden Ausbildungsabschluss (vgl. LG Stralsund ZJJ 2010, 81, zudem zur Fortsetzung der Ausbildung im offenen Vollzug), ggf. auch Schwangerschaft (vgl. *Linnartz/Sütterlin-Müsse* ZJJ 2013, 407 ff.). – Auch kommt ggf. ein VollstrAufschub gem. § 2 Abs. 2, § 455a StPO in Betracht, wenn die Vollzugsorganisation keine Alt. anbietet, um eine Trennung der Verurteilten von ihren Kleinkindern zu vermeiden (LG Leipzig StV 2013, 39 (betr. beide am selben Tag geborene „Säuglinge"); vgl. auch → § 89b Rn. 13).

III. Vollstreckungsentscheidungen als jugendrichterliche Entscheidungen (Abs. 1)

6   Diese trifft der JRichter als Vollstreckungsleiter in **richterlicher Unabhängigkeit,** also ohne an die Weisungen der Justizverwaltung gebunden zu sein (und ohne dass die StA insoweit Dienstaufsichtsbehörde wäre, s. dazu *Döring* DRiZ 1987, 277).

1. Darunter fallende Entscheidungen

Als jugendrichterliche Entscheidungen sind ausgestaltet die Umwandlung 7
von Freizeitarrest in Kurzarrest (§ 86), das (vollständige oder teilweise)
Absehen von der Vollstr des JA (§ 87 Abs. 3), die Aussetzung des Restes
einer JStrafe zBew (§ 88), die Unterbrechung und Vollstr der JStrafe neben
Freiheitsstrafe (§ 89a) einschließlich der infolge der Entlassung notwendig
werdenden Entscheidungen über BewZeit und -weisungen bzw. -auflagen,
Widerruf der Entlassung und Straferlass, die Herausnahme aus dem JStVollzug (§ 89b Abs. 2) sowie diejenigen Entscheidungen, die der Vollstreckungsleiter in Wahrnehmung der Aufgaben der StVollstrKammer gem. §§ 462a
und 463 StPO trifft (wegen der Zuständigkeit der JKammer s. Abs. 2 Nr. 2
(speziell betr. Unterbrechung der Vollstr der JStrafe zwecks „freier" psychiatrischer Behandlung OLG Karlsruhe NStZ 1993, 104); zur umfassenden
Überprüfung der Aussetzung der Vollstr einer Maßregel gem. § 7, § 63
StGB, wenn sie an eine gesetzwidrige Weisung gekoppelt ist (und Deutung
des Rechtsmittels als sofortige Beschwerde) LG Stralsund NStZ-RR 2008,
59). Hinzu treten die Entscheidungen nach § 112c.

Nicht in diese Kategorie der jugendrichterlichen Entscheidungen fällt die 8
Anrechnung von **U-Haft auf JA** gem. § 87 Abs. 2, da es sich um eine
bloße Anweisung für die Strafzeitberechnung handelt (aA *Potrykus* Anm. 1).
Für den Fall von Zweifeln vgl. → Rn. 2 (vgl. dazu auch → § 52 Rn. 13). –
Ebenso wenig kommt eine Erweiterung um die gerichtliche Anordnung von
Maßnahmen in Betracht, die zwecks *Festnahme* des Verurteilten beantragt
werden (zur Anwendung des § 2 Abs. 2, § 457 Abs. 3 StPO OLG Celle
StraFo 2014, 172 (hier TKÜ nach Widerruf einer Zurückstellung der Vollstr
einer JStrafe, vgl. → § 82 Rn. 10 ff.)).

2. Beteiligungen

Für die gerichtlichen Verfahren zur Vorbereitung der jugendrichterlichen 9
Entscheidung bestehen weitreichende **Anhörungspflichten** (§ 87 Abs. 3
S. 4, § 88 Abs. 4; s. auch § 2 Abs. 2, § 33 Abs. 2 und 3 StPO). – Wegen der
Stellung des **Erziehungsberechtigten** und des **gesetzlichen Vertreters**
sowie die Bestellung eines **Beistandes** s. **Abs. 3 S. 2** (betr. das vollzugs-
rechtliche Verfahren (vgl. → § 92 Rn. 161 ff.)) unter Verweis auf §§ 67–69.

3. Verteidiger

Nicht nur die (fortdauernde) Wahlverteidigung, sondern auch die Pflicht- 9a
verteidigung ist vorgesehen (vgl. → § 68a Rn. 3, aber **Abs. 3 S. 2** betr.
Gebühren s. Anlage 1.4.2 RVG, VV 4200 ff.). Hinsichtlich dieser ist davon
auszugehen (*Beulke* BMJ 1987, 188; *Hartman-Hilter* StV 1988, 312 ff.), dass
gem. **§ 68 Nr. 1** die Fälle nach § 140 Abs. 2 StPO zu berücksichtigen sind
(vgl. auch → § 88 Rn. 29), während die Frage der Anwendbarkeit auf (die)
Fälle gem. § 140 Abs. 1 StPO noch weithin ungeklärt ist (vgl. etwa schon
Arbeitsgruppe DVJJ NJW 1989, 1025 ff., wonach der Widerruf einer zur
Bewährung ausgesetzten JStrafe nur vertretbar sei, wenn ein Verteidiger
mitgewirkt hat). Vgl. zu bestimmten Entscheidungen nur → § 82 Rn. 19,
→ §§ 26, 26a Rn. 32, → § 88 Rn. 28f, → § 43 Rn. 30a; zum Ganzen *Zie-
ger/Nöding* Verteidigung Rn. 245. – Für den **Sicherungshaftbefehl** (§ 453c
StPO) gilt das zur UHaft Ausgeführte (→ § 68 Rn. 22a f.).

4. Beschluss

10 Die Entscheidungen werden ohne HV oder mündliche Verhandlung durch Beschluss getroffen. Der Beschluss, der stets mit einem Rechtsmittel **anfechtbar** ist, ist in allen Fällen mit Gründen zu versehen (§ 2 Abs. 2, § 34 StPO), die erkennen lassen müssen, auf welchen tatsächlichen und rechtlichen Erwägungen die Entscheidung beruht. Der Beschluss ist gem. § 67 Abs. 2 aF bzw. § 67a Abs. 1 nF, § 35 StPO **bekanntzumachen** und, soweit die Entscheidung mit der **sofortigen Beschwerde** angefochten werden kann (Abs. 3 S. 1), mit einer Rechtsmittelbelehrung zu versehen (§ 2 Abs. 2, § 35a StPO).

5. Beschwerde

11 Die sofortige Beschwerde (Abs. 3 S. 1) ist auch zulässig, wenn die angegriffene gerichtliche Entscheidung mangels sachlicher Zuständigkeit des Gerichts *keine Beschwerdeentscheidung* ist (OLG Saarbrücken StV 2017, 724 (Ls.) = BeckRS 2017, 119038, betr. VollstrAufschub für JA als eines Verwaltungsakts). – Die Einlegung der einfachen oder sofortigen Beschwerde hat keine aufschiebende Wirkung (§ 2 Abs. 2, §§ 307, 311a Abs. 2 StPO), es sei denn, sie richtet sich gegen die Aussetzung der Vollstr des Strafrestes (§ 88 Abs. 6 S. 4).

Örtliche Zuständigkeit

84 (1) **Der Jugendrichter leitet die Vollstreckung in allen Verfahren ein, in denen er selbst oder unter seinem Vorsitz das Jugendschöffengericht im ersten Rechtszuge erkannt hat.**

(2) **¹Soweit, abgesehen von den Fällen des Absatzes 1, die Entscheidung eines anderen Richters zu vollstrecken ist, steht die Einleitung der Vollstreckung dem Jugendrichter des Amtsgerichts zu, dem die familiengerichtlichen Erziehungsaufgaben obliegen. ²Ist in diesen Fällen der Verurteilte volljährig, steht die Einleitung der Vollstreckung dem Jugendrichter des Amtsgerichts zu, dem die familiengerichtlichen Erziehungsaufgaben bei noch fehlender Volljährigkeit oblägen.**

(3) **In den Fällen der Absätze 1 und 2 führt der Jugendrichter die Vollstreckung durch, soweit § 85 nichts anderes bestimmt.**

I. Anwendungsbereich

1. Persönlicher Anwendungsbereich

1 Es gelten die Erl. zu → § 82 Rn. 1, 2 entsprechend, soweit nicht – falls nämlich die Entscheidung durch ein für allg. Strafsachen zuständiges Gericht ergangen ist – Abs. 1 entgegensteht.

2. OWi-Verfahren

Die Vorschrift gilt auch für die Vollstr von Bußgeldentscheidungen nach 2
dem OWiG (vgl. etwa *Brunner/Dölling* Rn. 5, § 82 Rn. 7f).

II. Zum Ablauf der Vollstreckung

1. Zuständigkeit für die Einleitung

Die Einleitung der Vollstr obliegt idR dem ursprünglich zuständigen Voll- 3
streckungsleiter (vgl. aber betr. JA → § 85 Rn. 5–7).

a) Ursprünglich zuständiger Vollstreckungsleiter. Es ist der JRichter 4
zunächst in allen Verfahren, in denen er selbst oder in denen unter seinem
Vorsitz das JSchöffenG die zu vollstreckenden Entscheidungen getroffen hat
(bei einheitlichen Rechtsfolgenentscheidungen (§§ 31 Abs. 2, 66) derjenige,
der sie getroffen hat (vgl. *Dallinger/Lackner* Rn. 4, § 66 Rn. 20ff.)). Ihm
obliegt ebenso die Vollstr der Entscheidungen eines übergeordneten Rechtsmittelgerichts, wenn er selbst oder unter seinem Vorsitz das JSchöffenG die
Sache im 1. Rechtszug entschieden hat (Abs. 1).

b) Entscheidung der JKammer oder eines Erwachsenengericht. 5
Hat einer dieser Spruchkörper im ersten Rechtszug entschieden, so ist für
die Vollstr der JRichter des AG zuständig, dem die familiengerichtlichen
Erziehungsaufgaben obliegen (**Abs. 2;** s. aber auch RL I. Nr. 1b) Hs. 2 zu
§§ 82–85). Dabei ist unerheblich, wenn das hiernach zuständige AG zu
einem *anderen Bundesland* gehört als das Gericht, das die zu vollstreckende
Entscheidung erlassen hat (Grundsatz der Einheit der deutschen Gerichts-
barkeit (*Dallinger/Lackner* Rn. 6); nach OLG Zweibrücken 27.6.1991 – 1
AR 62/91-1 bei *Böhm* NStZ 1991, 524 ist jedoch bei Verurteilten, die im
Inland weder Wohnsitz noch Aufenthalt hatten, derjenige JRichter zur
Einleitung zuständig, in dessen Bezirk sich die Verurteilten aufhalten).
Soweit *kein gewöhnlicher Aufenthalt* im Inland besteht, bestimmt sich die
Zuständigkeit des JRichters danach, in wessen Bezirk „das Bedürfnis der
Fürsorge bekannt wird" (Abs. 2 S. 1 iVm §§ 151 Nr. 8, 152 Abs. 3 FamFG
(vgl. im Einzelfall BGH StraFo 2014, 523: der JRichter, in dessen Bezirk die
HV vor der JKammer stattfand; vgl. auch *Rose* in NK-JGG Rn. 3).
Die durch das KindRG neu eingefügte Regelung des **Abs. 2 S. 2** weist – 6
in Anlehnung an die bisher hM (vgl. 7. Aufl.) – in Fällen, in denen der
Verurteilte volljährig ist (BGH 15.9.1999 – 2 ARs 372/99, BeckRS 1999,
30072927 bei *Böhm* NStZ-RR 2000, 324), die Zuständigkeit für die Vollstr
dem JRichter am AG zu, dem die familiengerichtlichen Erziehungsaufgaben
bei noch nicht erreichter Volljährigkeit oblägen.

2. Durchführung der Vollstreckung und Zuständigkeitskonflikt

Es bleibt bei der ursprünglichen VollstrZuständigkeit (Abs. 1, 2), soweit 7
diese nicht von der nachfolgenden VollstrZuständigkeit (§ 85) abgelöst wird
(Abs. 3; BGHR JGG § 84 Abs. 2, Zuständigkeit 2: nicht maßgebend, ob
der Aufenthaltsort frei gewählt ist). Wegen der Abgrenzung zwischen Einleitung und Durchführung der Vollstr s. betr. die JStrafe RL VI. Nr. 3 zu
§§ 82–85, betr. JA RL V. Nr. 1 zu §§ 82, 85.

8 Besteht **Streit** über die örtliche Zuständigkeit, so entscheidet entsprechend § 14 StPO das gemeinschaftliche obere Gericht (BGHSt 16, 78 (80); BeckRS 2011, 19229; BayObLG NJW 1955, 601; vgl. auch BGH NJW 1981, 1745). – Die Übertragung der Zuständigkeit für solche Entscheidungen, die die Aussetzung der Vollstr zBew betreffen (§ 58 Abs. 3 S. 2), berührt für sich genommen nicht die Zuständigkeit zur Einleitung der Vollstr (BGH BeckRS 2014, 13311; 15.5.2014 – ARs 73/14).

3. Nebengeschäfte der Vollstreckung

9 Vgl. hierzu RL II. Nr. 4 zu §§ 82–85.

Abgabe und Übergang der Vollstreckung

85 (1) **Ist Jugendarrest zu vollstrecken, so gibt der zunächst zuständige Jugendrichter die Vollstreckung an den Jugendrichter ab, der nach § 90 Abs. 2 Satz 2 als Vollzugsleiter zuständig ist.**

(2) ¹Ist Jugendstrafe zu vollstrecken, so geht nach der Aufnahme des Verurteilten in die Einrichtung für den Vollzug der Jugendstrafe die Vollstreckung auf den Jugendrichter des Amtsgerichts über, in dessen Bezirk die Einrichtung für den Vollzug der Jugendstrafe liegt. ²Die Landesregierungen werden ermächtigt, durch Rechtsverordnung zu bestimmen, daß die Vollstreckung auf den Jugendrichter eines anderen Amtsgerichts übergeht, wenn dies aus verkehrsmäßigen Gründen günstiger erscheint. ³Die Landesregierungen können die Ermächtigung durch Rechtsverordnung auf die Landesjustizverwaltungen übertragen.

(3) ¹Unterhält ein Land eine Einrichtung für den Vollzug der Jugendstrafe auf dem Gebiet eines anderen Landes, so können die beteiligten Länder vereinbaren, daß der Jugendrichter eines Amtsgerichts des Landes, das die Einrichtung für den Vollzug der Jugendstrafe unterhält, zuständig sein soll. ²Wird eine solche Vereinbarung getroffen, so geht die Vollstreckung auf den Jugendrichter des Amtsgerichts über, in dessen Bezirk die für die Einrichtung für den Vollzug der Jugendstrafe zuständige Aufsichtsbehörde ihren Sitz hat. ³Die Regierung des Landes, das die Einrichtung für den Vollzug der Jugendstrafe unterhält, wird ermächtigt, durch Rechtsverordnung zu bestimmen, daß der Jugendrichter eines anderen Amtsgerichts zuständig wird, wenn dies aus verkehrsmäßigen Gründen günstiger erscheint. ⁴Die Landesregierung kann die Ermächtigung durch Rechtsverordnung auf die Landesjustizverwaltung übertragen.

(4) Absatz 2 gilt entsprechend bei der Vollstreckung einer Maßregel der Besserung und Sicherung nach § 61 Nr. 1 oder 2 des Strafgesetzbuches.

(5) Aus wichtigen Gründen kann der Vollstreckungsleiter die Vollstreckung widerruflich an einen sonst nicht oder nicht mehr zuständigen Jugendrichter abgeben.

(6) ¹Hat der Verurteilte das vierundzwanzigste Lebensjahr vollendet, so kann der nach den Absätzen 2 bis 4 zuständige Vollstre-

ckungsleiter die Vollstreckung einer nach den Vorschriften des Strafvollzugs für Erwachsene vollzogenen Jugendstrafe oder einer Maßregel der Besserung und Sicherung an die nach den allgemeinen Vorschriften zuständige Vollstreckungsbehörde abgeben, wenn der Straf- oder Maßregelvollzug voraussichtlich noch länger dauern wird und die besonderen Grundgedanken des Jugendstrafrechts unter Berücksichtigung der Persönlichkeit des Verurteilten für die weiteren Entscheidungen nicht mehr maßgebend sind; die Abgabe ist bindend. [2] Mit der Abgabe sind die Vorschriften der Strafprozeßordnung und des Gerichtsverfassungsgesetzes über die Strafvollstreckung anzuwenden.

(7) Für die Zuständigkeit der Staatsanwaltschaft im Vollstreckungsverfahren gilt § 451 Abs. 3 der Strafprozeßordnung entsprechend.

Übersicht

I. Anwendungsbereich

1. Persönlicher Anwendungsbereich

1 Es gelten die Erl. zu → § 82 Rn. 1, 2 entsprechend. – Bei Soldatinnen und Soldaten gelten Besonderheiten hinsichtlich Abs. 1 (vgl. → Rn. 6, 7 sowie die Erl. zu → § 112c Rn. 1 ff.).

2. OWi-Verfahren

2 Abs. 3 gilt auch für die Vollstr von Bußgeldentscheidungen nach dem OWiG (vgl. § 91 OWiG); Abs. 1 gilt auch für die Vollstr des JA gem. § 98 Abs. 2–4 OWiG.

II. Allgemeines

3 Die Vorschrift regelt die **nachfolgende** (sekundäre) **VollstrZuständig-keit** des JRichters. Die Ablösung des ursprünglich zuständigen durch den nachfolgenden Vollstreckungsleiter erfolgt entweder durch einen Zuständig-keitsübergang kraft Gesetzes (Abs. 2 und 4) bzw. landesbezogene Verein-barung (Abs. 3) oder durch die Abgabe der Vollstr (Abs. 1, 5 und 6). Ohne Einfluss auf den Wechsel der VollstrZuständigkeit ist es, wenn das nach-folgend zuständige Gericht zu einem anderen Bundesland gehört als das ursprünglich zuständige Gericht.

4 Es gilt der Grundsatz der einheitlichen Entscheidungskompetenz. Mit der Ablösung **geht** hiernach die **gesamte** Verantwortlichkeit des VollstrOrgans (für sämtliche der Vollstreckung bedürfende Anordnungen des JGerichts) auf den nachfolgenden Vollstreckungsleiter **über** (ebenso BGH BeckRS 2018, 46722). Dies gilt auch für die Strafzeitberechnung (*Dallinger/Lackner* Rn. 1).

III. Abgabe gem. Abs. 1

1. Vollstreckung von JA

5 Ist JA zu vollstrecken, so muss der ursprünglich zuständige JRichter gem. Abs. 1 abgeben, es sei denn, ursprüngliche und nachfolgende Zuständigkeit fallen zusammen.

5a **a) Einzelfragen.** Der **Zeitpunkt** der **Abgabe** ist gesetzlich nicht aus-drücklich bestimmt, wird jedoch grundsätzlich unmittelbar nach Eintritt der Rechtskraft liegen (wegen der Frage, ob der ursprünglich zuständige Voll-streckungsleiter noch die Ladung zum Antritt des JA vornehmen darf, s. RL V. Nr. 1 S. 2, Nr. 4 zu §§ 82–85; wegen der Aufteilung der Aufgaben zwischen ursprünglichem und nachfolgendem Vollstreckungsleiter vgl. RL V. Nr. 2 zu §§ 82–85). – Wegen der **Durchführung** im Einzelnen s. RL V. Nr. 1–8 zu §§ 82–85 (speziell zur Ladung und der ggf. erforderlichen Zuführung vgl. *Willsch* FS Ostendorf, 2015, 933 ff.). Die Entscheidung über einen **Zuständigkeitsstreit** ist eine Angelegenheit der Justizverwaltung

(BGH 4.12.1981 – 2 ARs 328/81 und 8.5.1981 – 2 ARs 61/81 bei *Böhm* NStZ 1982, 415 f.)).

b) Jugendrichterliche Entscheidungen. Der neue Vollstreckungsleiter, 6 der gleichzeitig Vollzugsleiter ist, trifft auch die jugendrichterlichen Entscheidungen über die Umwandlung von Freizeitarrest in Kurzarrest (§ 86) und über das Absehen von der Vollstr des JA bzw. von dessen Restes (§ 87 Abs. 3).

2. Behörden der Bundeswehr

Eine **Abgabe** nach Abs. 1 findet **nicht** statt, wenn der JA von den 7 Behörden der Bundeswehr vollzogen wird (vgl. → § 112c Rn. 4; *Dallinger/ Lackner* Rn. 4).

IV. Abgabe gem. Abs. 2 bzw. Abs. 3

1. Abs. 2

a) Vollstreckung von JStrafe. Ist JStrafe zu vollstrecken, so leitet der 8 (ursprünglich zuständige) Vollstreckungsleiter – gem. § 31 Abs. 5 S. 2 RPflG ist es der zuständige Rechtspfleger – die Vollstr ein (vgl. RL V. Nr. 3 zu §§ 82–85). Der **Zuständigkeitsübergang** kraft Gesetzes (Abs. 2) findet mit Abschluss der *Aufnahme* („nach") des Verurteilten in die JStVollzAnstalt statt (nicht also betr. JVA des Erwachsenenstrafvollzuges, BGH 11.4.2017 – 2 ARs 436/16; OLG Frankfurt a. M. NStZ-RR 2002, 380 f.). Die Verpflichtung zur Übersendung der Akten (s. RL VI Nr. 6 zu §§ 82–85) ist Folge des Übergangs der Vollstr (vgl. auch BGH StV 2017, 618). Die nach Abs. 2 S. 1 begründete Zuständigkeit erstreckt sich auch auf die Vollstreckung anderer, neben der JStrafe verhängter Sanktionen, soweit dies mit Blick auf den Grundsatz der Vollzugsnähe angezeigt ist (bej. für die Einziehung des Wertersatzes OLG Hamm BeckRS 2019, 17336).

Als den Zuständigkeitsübergang auslösende „Aufnahme" zählt auch die 8a *Verlegung* in eine andere JStVollzAnstalt, sofern diese auf Dauer erfolgt (BGHSt 26, 278; OLG Düsseldorf MDR 1975, 863), sodass in solchen Fällen ein erneuter Zuständigkeitsübergang eintritt. – Unterhält die JStVollzAnstalt *Außenstellen,* so ist der Sitz der Hauptanstalt nur insoweit maßgeblich (generell aber BGH NStZ 1994, 204 f. (mit nicht unbedenklichem Hinweis ua auf das allg. StrafvollstrRecht); vgl. auch *Sonnen* in Diemer/Schatz/ Sonnen Rn. 12), als das Ziel der *Vollzugsnähe,* für das die organisatorische Einheit einer JStVollzAnstalt unerheblich ist, nicht beeinträchtigt wird. Steht jedoch bereits im Zeitpunkt der Verlegung fest, dass der Gefangene alsbald unter **Herausnahme** aus dem JStVollzug in eine andere JVA weitergeleitet wird (vgl. aber einschr. → § 89b Rn. 3–8), so ist **Abs. 2 nicht** erfüllt (BGH 22.4.1994 – 2 ARs 93/94 bei *Böhm* NStZ 1994, 528 (532): Verweildauer fünf Tage; vgl. ergänzend → Rn. 10). Im Übrigen kann auf der Grundlage einer Rechtsverordnung (Art. 80 Abs. 1 GG) aus „verkehrsmäßigen Gründen" eine andere Zuständigkeit bestimmt werden (Abs. 2 **S. 2, 3**).

b) Grundsatz der Vollzugsnähe. Der Regelung des Abs. 2 liegt der 9 Grundsatz der Vollzugsnähe (vgl. auch → § 42 Rn. 19, → § 58 Rn. 35) zugrunde, demzufolge der Vollstreckungsleiter – im Hinblick auf die enge Berührung der Aufgaben der Vollstr und derjenigen des Vollzuges – dem Vollzug möglichst nahe zu bringen ist (vgl. BGHSt 16, 78 (81 f.)). Durch Abs. 2 soll gewährleistet werden, dass Entscheidungen über bedingte und endgültige Entlassung aus dem JStVollzug für sämtliche Insassen der jeweiligen JStVollzAnstalt von **demselben JRichter** in unmittelbarer Verbindung mit der JStVollzAnstalt und in enger Zusammenarbeit mit dem Vollzugsleiter getroffen werden (*Dallinger/Lackner* Rn. 8; *Gottwald* DRiZ 1954, 118). Diese Zuständigkeit besteht betr. die iRd Bewährung erforderlichen jugendrichterlichen Aufgaben (nach BGH 4.9.1990 – 2 ARs 317/90 bei *Böhm* NStZ 1991, 524) auch dann, wenn die Aussetzungsentscheidung von einem anderen – „möglicherweise" nicht zuständigen – Gericht getroffen wurde. Die genannte **Zusammenarbeit** setzt einen engen persönlichen Kontakt sowie mündliche Erörterungen zwischen dem **Vollstr- und** dem **Vollzugsleiter** über die jeweiligen entscheidungsrelevanten Fragen voraus. – Zwar bezieht sich die Bezeichnung des JRichters in Abs. 2 allg. auf den Amtsträger, nicht auf eine Person (*Gottwald* DRiZ 1954, 118). Jedoch verlangt es die Funktion der gesetzlichen Regelung, dass die Besetzung des Amtes des Vollstreckungsleiters nicht ständig wechselt, wie es zB bei Richtern auf Probe meist der Fall sein würde (vgl. auch *Schaffstein/Beulke/Swoboda* JugendStrafR 909).

9a Wird wegen beabsichtigter *Auslieferung* oder *Ausweisung* von der weiteren Vollstr abgesehen (§ 2 Abs. 2, § 456a StPO; vgl. → § 1 Rn. 54) und seien Entscheidungen der vorbezeichneten Art nicht mehr zu erwarten, so widerspreche es dem Grundsatz der Vollzugsnähe nicht, dass der mit der bisherigen Vollstr befasste JRichter zuständig bleibt, sodass eine von diesem nach Abs. 2 vorgenommene Abgabe unwirksam ist (OLG Hamm MDR 1983, 602 (Ls.); zw.).

10 **c) Verhältnis von Regelungen des Erwachsenen- zu solchen des Jugendstrafrechts.** Ein Übergang der VollstrZuständigkeit nach Abs. 2 findet **nicht** statt, wenn der Verurteilte sogleich nach § 89b Abs. 1 in eine allg. StVollzAnstalt eingewiesen wird (einschr. aber → § 89b Rn. 3–8; RL VI. Nr. 2 S. 1). Es bleibt dann bei der ursprünglichen Zuständigkeit (§ 84 Abs. 1; vgl. BGH 27, 25; BGHR JGG § 85 Abs. 2, Übergang 1; BGH 11.4.2017 – 2 ARs 436/16; OLG Zweibrücken BeckRS 1988, 07508) des JRichters, und zwar auch für die nachträgliche Entscheidung. Der Konzentrationsgrundsatz des § 462a Abs. 4 StPO tritt ggü. der Regelung in §§ 82 ff. zurück (BGHSt 28, 351 (354) gegen BGHSt 26, 375; vgl. auch → Rn. 11, 13). Ist aber ein Teil der JStrafe in einer JStVollzAnstalt vollstreckt worden und wird der Verurteilte erst später nach § 89b Abs. 2 aus dem JStrafvollzug ausgenommen und in eine allg. StVollzAnstalt eingewiesen, so fällt die Zuständigkeit dadurch nicht von selbst wieder an den ursprünglichen Vollstreckungsleiter zurück, sondern der nachfolgende Vollstreckungsleiter bleibt zuständig (vgl. OLG Karlsruhe Justiz 1983, 162; OLG Hamm MDR 1984, 166 (Ls.); s. aber OLG Düsseldorf JMBl. NW 1989, 274).

10a Der Übergang gem. Abs. 2 begründet aber nicht etwa „automatisch" eine Zuständigkeit für die Entscheidung auch darüber, ob die Aussetzung der Vollstr zBew hinsichtlich einer anderen JStrafe widerrufen werden soll (§ 462a Abs. 4 StPO kommt nicht zur Anwendung; BGH 1.6.1984 – 2 ARs 152/84 bei *Böhm* NStZ 1985, 448, auch zu § 58 Abs. 3 S. 2).

Bestehen **nebeneinander JStrafe** und **Freiheitsstrafe** (vgl. auch → § 82 **11** Rn. 43), so ist für die Vollstr der JStrafe der JRichter als Vollstreckungsleiter (auch im Falle der Vollstr im allg. StVollzug, BGH NStZ 1985, 92; OLG Celle ZJJ 2019, 402 = BeckRS 2019, 22110) und für die Vollstr der Freiheitsstrafe die Staatsanwaltschaft (und die StVollstrKammer) zuständig (BGH NStZ-RR 2007, 190; vgl. auch schon BGHSt 28, 351 im Anschluss an BGHSt 27, 329 gegen BGHSt 26, 375). Denn einer Anwendung von § 462a Abs. 4 (iVm Abs. 3 S. 2, 3) StPO steht entgegen, dass eine JStrafe in ihrer Schwere, Bedeutung und Zielrichtung mit einer Freiheitsstrafe insoweit nicht zu vergleichen ist und daher eine Zuständigkeitsfestsetzung lediglich nach der Höhe der jeweiligen Strafen dem Erziehungsauftrag (§ 2 Abs. 1) widerspräche (so BGHSt 28, 351 (354); s. ferner OLG Karlsruhe MDR 1980, 1037; zur Möglichkeit der Abgabe nach Vollendung des 21. Lbj. vgl. § 89a Abs. 3 iVm § 85 Abs. 6).

2. Abs. 3

Die Bestimmung des Abs. 2 ist für diejenigen Verhältnisse nicht zureichend, in denen die JStVollzAnstalt eines Landes auf dem Gebiet eines **11a** anderen Landes liegt (zB die Anstalt Hahnöfersand). Daher sieht Abs. 3 die Möglichkeit einer Ländervereinbarung (vgl. § 121) über die Vollstreckungsleitungs-Zuständigkeit vor, wobei nach Abs. 3 **S. 2** der JRichter am Ort der Aufsichtsbehörde zuständig wird (§ 78a Abs. 3 GVG), sofern nicht auf der Grundlage einer Rechtsverordnung (Art. 80 Abs. 1 GG) aus „verkehrsmäßigen Gründen" eine andere Zuständigkeit bestimmt wird (Abs. 3 **S. 3, 4**).

V. Maßregelvollzug

Für die nachträglichen Entscheidungen, die infolge der Anordnung der **12** Unterbringung eines Jugendlichen in einem **psychiatrischen Krankenhaus** oder einer **Entziehungsanstalt** erforderlich werden (vgl. auch → Rn. 14), ist der JRichter als Vollstreckungsleiter zuständig (s. §§ 82 Abs. 1, 84, §§ 462a, 463 Abs. 1 StPO; BGHSt 26, 162). Ein Übergang der Zuständigkeit entsprechend Abs. 2 findet statt (**Abs. 4** (seit 1. JGG-ÄndG); vgl. aber auch Abs. 6), dh es gelten die diesbzgl. Erl. (→ Rn. 8 ff.) auch hier (nicht jedoch nach Aufhebung einer Anordnung gem. § 2 Abs. 2, § 67h StGB, OLG Jena NStZ 2010, 283; ergänzend BGH StraFo 2012, 514; vgl. näher → § 58 Rn. 35a). Handelt es sich um einen Heranwachsenden und ist allein auf Unterbringung erkannt worden, setzt gem. § 110 Abs. 1 die Verweisung auf Abs. 2 Anhaltspunkte im Urteil dafür voraus, dass sachliches JStR angewandt worden wäre, andernfalls richtet sich die Zuständigkeit nach Erwachsenenrecht (OLG Hamm BeckRS 2008, 7694). – Entsprechendes gilt, wenn bei einem nach JStR Verurteilten **Führungsaufsicht** kraft Gesetzes eintritt (vgl. aber zu Abs. 5 → Rn. 14), weil auch insoweit der JRichter als Vollstreckungsleiter gem. § 82 Abs. 1 S. 2 die nach der StPO der StVollstrKammer zugewiesene Aufgabe wahrnimmt (OLG Koblenz GA 1975, 285; zust. *Appl* in KK-StPO StPO § 463 Rn. 9).

VI. Abgabe gem. Abs. 5

1. Einzelfragen

13   **a) Befugnis nur des Vollstreckungsleiters.** Nach Abs. 5 kann jeder
Vollstreckungsleiter die Vollstr unter besonderen Voraussetzungen **widerruflich abgeben** (ohne dass hierzu die Zustimmung der StA erforderlich wäre,
BGH 26.2.1992 – 2 ARs 63/92 bei *Böhm* NStZ 1992, 528 (529)). Dieses
Recht steht nur dem Vollstreckungsleiter selbst zu, nicht aber einem gem.
Abs. 5 eingeschalteten Richter (BGHSt 24, 332; 27, 25; BGH NStZ 1983,
139; NStZ-RR 2003, 29; StraFo 2007, 258; OLG Karlsruhe Justiz 1983,
162 (163); aA noch *Dallinger/Lackner* Rn. 15; BGH Zbl 1963, 264), und
zwar auch dann, wenn dieser Richter als ursprünglich zuständiger allg. Voll-
streckungsleiter (§§ 82, 84) seine Zuständigkeit gem. § 85 Abs. 2 verloren
hat (OLG Hamm MDR 1984, 166). Denn der (nunmehrige) Vollstreckungsleiter selbst **bleibt** unbeschadet der (widerruflichen) VollstrAbgabe
Herr des Verfahrens (BGH NStZ 1983, 139; BGHR JGG § 85 Abs. 2,
Übergang 1; BGH ZJJ 2005, 207; NStZ-RR 2005, 246; StV 2017, 718 =
BeckRS 2017, 115315; OLG Düsseldorf JMBl. NW 1989, 274; OLG
Frankfurt a. M. NStZ-RR 1996, 88).

14   **b) Ermessensentscheidung.** Der Vollstreckungsleiter trifft seine Entscheidung nach pflichtgemäßem Ermessen, für dessen Ausübung im wesentlichen **Zweckmäßigkeit**sgesichtspunkte maßgebend sind, bei denen es stets
auf die **Umstände** des Einzelfalles ankommt. Besondere Rücksicht wird auf
den Grundsatz der **Vollzugsnähe** zu nehmen sein (BGH NStZ 2005, 167;
Dallinger/Lackner Rn. 15, 16), aber nur, sofern er sich konkret als stichhaltig
erweist (SchlHA 1993, 243; OLG Frankfurt a. M. NStZ-RR 2002, 380; s.
etwa BGH BeckRS 2019, 20309: nicht bei intensiver Vorbefassung des
abgebenden Gerichts im Erkenntnis- und Vollstreckungsverfahren).

15   Dies gilt namentlich im Falle der **Aussetzung** der Vollstr des Strafrestes
zBew, etwa wenn der Verurteilte im Bezirk eines anderen JRichters wohnt
oder wenn der Vollstreckungsleiter mit dem Verurteilten oder dem BewHelfer wegen weiter Entfernung nicht mehr Kontakt halten kann (RL VI. Nr. 8
zu §§ 82–85), aber auch zB dann, wenn nach der Entlassung weitere Entscheidungen über eine Führungsaufsicht notwendig werden (BGH
4.12.1981 – 2 ARs 238/81 bei *Böhm* NStZ 1982, 415; BGH 5.2.1997 – 2
ARs 41/97 bei *Böhm* NStZ 1997, 483; aber → Rn. 12). Auch eine Aussetzung der weiteren Vollstr einer Maßregel kann hinsichtlich der nachträglich
erforderlich werdenden Entscheidung aus den genannten Gesichtspunkten
die widerrufliche Abgabe nahelegen (BGHSt 30, 78 = JR 1981, 481 mzustAnm *Brunner;* einschr. OLG Düsseldorf MDR 1990, 1037). Für nachträgliche Entscheidungen betr. eine Arbeitsauflage (nebst Androhung von JA)
anstelle einer **Geldbuße** (§ 98 Abs. 1 S. 1 Nr. 1 OWiG) ist im Falle des
Wohnortwechsels der JRichter am nunmehrigen Wohnort zuständig (BGH
BeckRS 2011, 19229); ebenso wurde für die Vollstr einer (Betreuungs-)
Weisung (§ 10 Abs. 1 Nr. 5) entschieden (vgl. BGH StV 2017, 619). Zur
vorübergehenden Übertragung der Zuständigkeit für Fragen einer laufenden
Führungsaufsicht auf das Gericht, in dessen Bezirk eine weitere JStrafe des
Verurteilten vollstreckt wird, s. BGH NStZ-RR 2018, 227.

Die **Rückgabe** an das Gericht des 1. Rechtszuges ist idR (aber) geboten, **16** wenn die Vollstr gem. § 35 (iVm § 38 Abs. 1 S. 1) BtMG zurückgestellt ist und Entscheidungen nach § **36 Abs. 1** (iVm § 38 Abs. 1 S. 1) **BtMG** zu treffen sind (BGHSt 32, 58; BGH bei *Katholnigg* NJW 1990, 2296), da der Gesetzgeber bei der Strafvollstr an BtM-Abhängigen dem Gericht des 1. Rechtszuges ggü. der VollstrBehörde uneingeschränkten Vorrang hat einräumen wollen (vgl. § 35 Abs. 1, Abs. 7 S. 2 BtMG, §§ 36 Abs. 5, 38 BtMG; vgl. auch → § 82 Rn. 10 ff.).

Nach einem Teil der Judikatur (BGHSt 30, 9; BGH NStZ-RR 2004, 58 **17** (Ls.); ebenso OLG Zweibrücken BeckRS 1988, 07508; OLG Frankfurt a. M. NStZ-RR 2002, 380 (aber konkret vern.)) ist unter Hinweis auf die Vollzugsnähe auch die Abgabe an den **JRichter** zulässig, in dessen Bezirk die *allg.* *StVollzAnstalt* liegt, in der JStrafe nach § 89 Abs. 1, 2 vollzogen wird (vgl. aber zu Bedenken → § 89b Rn. 3–8). Entsprechendes soll gelten, wenn in einer solchen Anstalt Freiheitsstrafe vollstreckt wird und sodann eine *(Rest-)JStrafe,* deren Aussetzung zBew widerrufen wurde, in dieser Anstalt vollstreckt werden soll (OLG Frankfurt a. M. 18.4.1986 – 3 Ws 356/86 bei *Böhm* NStZ 1987, 443 f.). – In Fällen des **Absehens** von der weiteren Vollstr gem. § 2 Abs. 2, § 456a StPO kann eine Rückgabe an den Vollstreckungsleiter iSd Abs. 2 in Betracht kommen (BGH ZJJ 2005, 207).

2. Keine Pflicht zur Übernahme

Der angegangene Richter ist zur Übernahme nicht verpflichtet (vgl. auch **18** Abs. 6 S. 1 Hs. 2 argumentum e contrario; zust. *Sonnen* in Diemer/Schatz/ Sonnen Rn. 15; aA *Rose* in NK-JGG Rn. 14). Hat er gegen die Übernahme Bedenken, so entscheidet notfalls das **gemeinschaftliche obere** Gericht (§ 14 StPO bzw. § 42 Abs. 3 S. 2 entspr.; BGHSt 30, 79; BGH bei *Herlan* GA 1961, 358; BGH BeckRS ZJJ 2019, 397 = 2018, 46722; BeckRS 2019, 20309; OLG Schleswig SchlHA 1993, 243; OLG Frankfurt a. M. NStZ-RR 2002, 380; *Dallinger/Lackner* Rn. 18; vgl. auch → § 84 Rn. 8).

Eine Regelung des Zuständigkeitsstreits auf dem *Verwaltungswege* darf *nur* **18a** vorgenommen werden, falls jugendrichterliche Entscheidungen im engeren Sinne nicht mehr in Betracht kommen. Diese negative Voraussetzung ist indes in aller Regel nicht gegeben. – Ist jedoch betr. die Vollstr einer etwaigen *Erzwingungshaft* gem. Abs. 3 iVm § 97 Abs. 1 OWiG Gegenstand des Zuständigkeitsstreits nur die Frage des VollstrOrtes, so entscheidet die Landesjustizverwaltung. Erst wenn der für den so ermittelten VollstrOrt zuständige JRichter die Übernahme ablehnt, kommt eine gerichtliche Entscheidung in Betracht (s. BGH 16.7.1986 – 2 ARs 147/86, auszugsweise *Böhm* NStZ 1987, 444).

3. Widerrufliche Abgabe

Die Abgabe ist (mit Ausnahme derjenigen nach Abs. 6) auch dann **wider-** **19** **ruflich,** wenn ein entsprechender Vorbehalt nicht ausdrücklich gemacht worden ist (BGHSt 7, 318). Der abgebende Richter hat einen Anspruch auf angemessene Unterrichtung über den weiteren Verlauf, jedoch unter gebührender Beachtung der Selbstständigkeit des ersuchten JRichters (BGHSt 7, 318).

VII. Abgabe gem. Abs. 6

1. Abs. 6 S. 1

20   **a) Bedeutung der Vorschrift.** Das 1. JGG-ÄndG hat durch Einführung dieser Vorschrift betr. die Zuständigkeit des JRichters als Vollstreckungsleiter in denjenigen Fällen die Möglichkeit der Abgabe geregelt (zur Zuständigkeit auch des allg. Vollstreckungsleiters *Maaß* NStZ 2008, 130 f. (zu weitgehend für Muss-Vorschrift de lege ferenda)), in denen eine JStrafe gem. § 89b Abs. 1 nach allg. StVollzugsrecht ggü. einem inzwischen 24 Jahre alt (Abs. 6; anders in Fällen gem. § 89a Abs. 3) gewordenen Verurteilten **vollstreckt** wird; das Gleiche gilt für Maßregeln, insb. also wenn eine nach JStR in ein psychiatrisches Krankenhaus bzw. in eine Entziehungsanstalt eingewiesene Person inzwischen dieses Alter erreicht hat, und auch für Führungsaufsicht (§ 68 StGB, OLG Hamm 18.12.2013 – 3 Ws 389/13 Rn. 4, BeckRS 2014, 13010). Dabei sind die im Einzelnen bezeichneten Bedingungen **ausführlich zu prüfen,** zumal die Abgabe – sofern es nicht an den gesetzlichen Voraussetzungen fehlt (OLG Dresden NStZ-RR 1998, 60: Unwirksamkeit der nachfolgenden Entscheidungen bzw. OLG Jena NStZ-RR 2000, 221: Abgabe der Vollstr an die StA; OLG Koblenz StraFo 2004, 179: Alter ungewiss) – bindend ist (hierzu aA LG Koblenz NStZ-RR 1997, 53).

21   **b) Aussetzung der Vollstreckung zBew.** Wurde dergestalt ausgesetzt und befand oder befindet sich der Verurteilte deshalb weder im Vollzug der JStrafe noch der Maßregel, so **bleibt** es für die BewÜberwachung und die insoweit erforderlichen nachträglichen Entscheidungen bei der Zuständigkeit des **Gerichts,** das die **Aussetzungsentscheidung** getroffen hat (BGH NStZ 1997, 100 mzustAnm *Brunner*).

2. Abs. 6 S. 2

22   **a) Folgen der Abgabe. aa) Anwendbarkeit nur von § 88.** Mit der Abgabe der Vollstr (nicht aber schon durch eine Verfügung, mit der die Absicht der Abgabe angekündigt wird, BGH BeckRS 2008, 15245) durch den JRichter als Vollstreckungsleiter an die Staatsanwaltschaft geht gem. Abs. 6 S. 2 auch dessen Zuständigkeit für die Entscheidung über die Restaussetzung der Vollstr auf die StrafvollstrKammer über (OLG Düsseldorf MDR 1992, 896; 1992, 1078; 1993, 171), die nach den speziellen Regelungen des § 88 zu verfahren hat (eingehend OLG Hamm StV 1996, 277; OLG Frankfurt a.M. NStZ-RR 1999, 91; OLG Hamm NStZ-RR 2000, 92 f.; OLG Schleswig SchlHA 2000, 149; OLG Dresden NStZ-RR 2000, 381 (ausdrücklich anders NStZ 2016, 111)); OLG Düsseldorf JMBl. NRW 2003, 179 = OLGSt StGB § 57 Nr. 35 = ZJJ 2003, 306 f.; OLG Brandenburg OLG-NL 2006, 189; OLG Dresden 28.7.2006 – 2 Ws 364/06; OLG Hamburg OLGSt JGG § 88 Nr. 5 = StraFo 2013, 349; OLG Jena OLGSt JGG § 88 Nr. 4 = NStZ-RR 2012, 187; OLG Hamm openjur 2015, 7043; LG Karlsruhe NStZ-RR 2011, 155; OLG Karlsruhe NStZ-RR 2018, 30; *Kühn* NStZ 1992, 527; *Dehne-Niemann* StV 2019, 473 (474 f.); **aA,** dh für eine Prüfung nach § 57 StGB – und also entgegen dem Wesen der JStrafe – OLG Düsseldorf JMBl. NRW 1995, 258 = JR 1997, 212 mablAnm *Böhm* =

StV 1998, 348 mAnm *Rzepka;* zust. aber Bspr. *Heinrich* NStZ 2002, 187 f.; OLG Düsseldorf StraFo 2012, 470; KG OLGSt StGB § 57 Nr. 55 = StraFo 2011, 373; OLG München StraFo 2009, 125; OLG Nürnberg OLGSt § 57 StGB Nr. 51; *Graalmann/Scheerer* in Löwe/Rosenberg StPO § 454 Rn. 105). Die Gegenauffassung unterstellt, nach Abgabe der Vollstr gem. Abs. 6 hätten die im JStVollzug zu berücksichtigenden entwicklungsbedingten Aspekte Jugendlicher und Heranwachsender keine Bedeutung mehr und mit der Abgabe der Vollstr werde die erzieherische Einwirkungsmöglichkeit auf den Verurteilten verneint (vgl. nur OLG Nürnberg OLGSt StGB § 57 Nr. 51). Dies verkennt, dass aus Gründen der Vollzugsgestaltung die Entscheidung des erkennenden Gerichts nicht „unterlaufen werden" (*Rose* in NK-JGG § 88 Rn. 1) und der Status eines nach JStR Abgeurteilten nicht aufgehoben werden darf. Vielmehr bleibt die Sanktion „ihrer Art nach JStrafe" (*Laubenthal/Baier/Nestler* JugendStrafR Rn. 894), „an deren Natur" sich „nichts ändert" (*Streng* JugendStrafR Rn. 536). Aus kriminologischer Sicht tritt hinzu, dass bei den anstehenden Entscheidungen und darin enthaltenen prognostischen Beurteilungen die Entwicklung nicht nur des Abgeurteilten, sondern auch der Verfahren zu würdigen ist, wozu es der Wahrung materiell-jugendstrafrechtlicher Vorschriften und deren gesetzgeberischer Intentionen bedarf. Im Übrigen spricht auch Abs. 6 S. 2 (Anwendbarkeit von StPO und GVG, nicht aber des StGB) für die hier vertretene Ansicht (OLG Karlsruhe NStZ-RR 2018, 30).

bb) Unanwendbarkeit von § 454 Abs. 2 S. 1 Nr. 2 StPO. Nach hier vertretener Auffassung ist auch § 454 Abs. 2 S. 1 Nr. 2 StPO schon wegen des eindeutigen Wortlauts (Gutachten bei beabsichtigter Aussetzung einer „Freiheitsstrafe") nicht anwendbar (OLG Frankfurt a. M. NStZ-RR 1999, 91; vertiefend *Dehne-Niemann* StV 2019, 473 (475 ff.); **aA** OLG Celle StraFo 2008, 310 mablAnm *Rose* NStZ 2010, 95; OLG Dresden NStZ-RR 2010, 156 (Ls.); OLG Hamm openjur 2015, 7043 mablAnm *Laue* jurisPR-StrafR 10/15; OLG Karlsruhe NStZ-RR 2018, 30; LG Kleve ZJJ 2015, 76 mablAnm *Eisenberg*), zumal diese Vorschrift materiell-rechtlich an der **Freiheitsstrafe** orientiert ist (vgl. *Neubacher* GA 2006, 737 ff.). – Gemäß § 89a Abs. 1 S. 5 gilt der **Grundsatz der Einheitlichkeit** der Entscheidung auch im Verhältnis zur Freiheitsstrafe (OLG Zweibrücken JBl. RhPf. 1995, 227; vgl. auch OLG Karlsruhe Die Justiz 1998, 602). 22a

cc) Sonstiges. Speziell hinsichtlich der Festsetzung der **Dauer** von **Führungsaufsicht** gem. § 7 Abs. 1, §§ 68f, 68c StGB prüft das Beschwerdegericht nur die Frage der **Gesetzwidrigkeit** (Abs. 6 S. 2, §§ 463 Abs. 2, 453 Abs. 2 S. 2 StPO). Diese ist ua dann zu bejahen, wenn schon die Voraussetzungen des § 181b StGB nicht vorlagen (OLG Saarbrücken BeckRS 2016, 111323 = StV 2017, 719 (Ls.): Verurteilung auch wegen einer Fahrlässigkeitstat (gegen GenStA)). 22b

Zuständig zur Entscheidung über die *Unterbrechung* der *Vollstr* der JStrafe oder eines Strafrestes derselben ist die **Staatsanwaltschaft,** die nach den speziellen materiellen Regelungen des § 89a Abs. 1 zu entscheiden und dabei (vorläufig) auch iSd nach § 89a Abs. 1 S. 3 erforderlichen prognostischen Erwägungen Stellung zu nehmen hat (OLG Dresden NStZ-RR 2000, 381; OLG Karlsruhe ZJJ 2008, 194; OLG Schleswig ZJJ 2009, 59 f.; aA OLG Schleswig SchlHA 2004, 262). Bei Ablehnung der Unterbrechung 23 kann der Verurteilte, worauf er hinzuweisen ist, gem. § 458 Abs. 2 StPO die Entscheidung des Gerichts herbeiführen (s. näher *Kühn* NStZ 1992, 526 f.).

24   **b) Verbleibende Möglichkeit nach Abs. 5.** Solange der Vollstreckungsleiter von dieser Möglichkeit der Abgabe keinen Gebrauch macht, besteht die Möglichkeit der widerruflichen Abgabe nach **Abs.** 5 (zB bei bevorstehender Aussetzung der Vollstr, wenn die weiteren Entscheidungen zweckmäßigerweise durch einen JRichter am Wohnsitz des Verurteilten getroffen werden (vgl. auch → Rn. 14)).

VIII. Zuständigkeit der Staatsanwaltschaft

25   Um die Frage der Zuständigkeit der Staatsanwaltschaft im Falle des Wechsels des Vollstreckungsleiters zu regeln, hat das 1. JGG-ÄndG § **451 Abs. 3** **StPO** für **entsprechend** anwendbar erklärt (**Abs. 7;** s. Begr. BR in BT-Drs. 11/5829, 45). Diese Einfügung widerspricht für die Vollstr von JA wie von JStrafe dem besonderen Bedürfnis nach einer einheitlichen und gleichmäßigen, vollzugsnahen und zukunftsorientierten sowie zügigen Praxis iRd dem Erziehungsauftrag (§ 2 Abs. 1) verpflichteten Vollstr, das ggü. den der Regelung des § 451 Abs. 3 StPO zugrundeliegenden Erwägungen vorrangig ist (vgl. näher *Eisenberg* DVJJ-Journal 1991, 151 f.; für Streichung des Abs. 7 UK III DVJJ-Journal 1992, 26). Dies gilt erhöht bezüglich des JA, zumal dabei gem. § 87 Abs. 3 S. 4 (nach Möglichkeit) ohnehin der erkennende Richter zu hören ist (die Erstreckung des Abs. 7 auf JA bejahend AG Wiesloch DVJJ-Journal 1996, 86; vern. AG Müllheim DVJJ-Journal 1991, 434).

Zweiter Unterabschnitt. Jugendarrest

Umwandlung des Freizeitarrestes

86   Der Vollstreckungsleiter kann Freizeitarrest in Kurzarrest umwandeln, wenn die Voraussetzungen des § 16 Abs. 3 nachträglich eingetreten sind.

I. Anwendungsbereich

1   Es gelten die Erl. zu → § 82 Rn. 1, 2 entsprechend, sofern eine auf Freizeitarrest lautende Entscheidung ergangen ist.

II. Voraussetzungen der Umwandlung

1. Art der vorausgegangenen Entscheidung

2   Was die Zulässigkeit der Umwandlung angeht, so kann die zu Grunde liegende Entscheidung sowohl ein Urteil als auch ein Beschluss (nach §§ 65, 66) sein.

2. Eintritt der Umstände iSv § 16 Abs. 3 S. 1

Die genannten Voraussetzungen, dh Zweckmäßigkeit des zusammenhän- 3
genden Vollzuges aus Gründen der Erziehung sowie Nicht-Beeinträchtigung
der Ausbildung oder Arbeit, müssen **nachträglich** eingetreten sein (abw.
Rose in NK-JGG Rn. 5; *Pütz* in BeckOK JGG Rn. 15). Es ist danach zum
einen nicht zulässig, die Umwandlung (nur) aus vollzugstechnischen Gründen vorzunehmen, etwa weil die mehrfache Aufnahme des Jugendlichen
eine zusätzliche Belastung des Vollzugspersonals mit sich bringen würde
(*Potrykus* Anm. 1). Soweit jedoch vollzugstechnische Schwierigkeiten zugleich eine Gefährdung der Erziehung zur Folge hätten, soll die erstgenannte
Voraussetzung innerhalb des § 16 Abs. 3 S. 1 gegeben sein können (so
Dallinger/Lackner Rn. 3; zw.). Zum anderen dürfen die Voraussetzungen
noch nicht in dem Zeitpunkt **vorgelegen** haben, in dem ihre Berücksichtigung durch den erkennenden Richter tatsächlich oder rechtlich noch
möglich war; denn sonst könnte der Vollstreckungsleiter sein Ermessen an
die Stelle des Ermessens des erkennenden Richters treten lassen. Ob die
besonderen Verhältnisse damals bereits gegeben, aber dem Gericht unbekannt waren, soll ohne Bedeutung sein (so *Brunner/Dölling* Rn. 1, zw.; vgl.
aber § 16 Abs. 3 S. 1: „erscheint").

3. Kriminalpolitische Erwägungen

Teilweise wird angeregt, § 86 dahingehend zu ergänzen, dass umgekehrt 3a
auch Kurzarrest nachträglich in Freizeitarrest umgewandelt werden kann,
falls durch den Vollzug des Kurzarrestes Ausbildung oder Arbeit des Jugendlichen beeinträchtigt würden.

III. Umwandlungsmaßstab

Es ist *§ 16 Abs. 3 S. 2* zu beachten (vgl. → § 16 Rn. 29). Im Unterschied 4
zu der Handhabung bei unmittelbarer Anwendung des § 16 Abs. 3 darf der
Vollstreckungsleiter nach überwiegender Meinung jedoch nicht *auf 1 oder
3 Tage* Kurzarrest erkennen, da dies einen übermäßigen Eingriff in die Entscheidung des erkennenden Gerichts bedeutete (so *Dallinger/Lackner* Rn. 8;
Brunner/Dölling Rn. 1; aA *Potrykus* Anm. 2). – Auch eine *Teilumwandlung* ist
zulässig, allerdings nur zu empfehlen, wenn besondere Gründe dafür sprechen. *Unzweckmäßig* ist idR die Umwandlung eines Restes nach bereits
erfolgter Teilvollstr von Freizeitarrest.

IV. Verfahrensrechtliches

1. Zuständigkeit

Die Umwandlung gehört zu den Aufgaben des nach §§ 84, 85 Abs. 1 5
bestimmten Vollstreckungsleiters. Die Entscheidung nach § 86 ist eine **jugendrichterliche** Entscheidung (§ 83 Abs. 1), dh es sind die Verfahrensgrundsätze des § 83 zu beachten.

2. Keine Mitteilungspflicht

6   Einer Mitteilung des Umwandlungsbeschlusses an das *Erziehungsregister* bedarf es *nicht,* da § 60 Abs. 1 Nr. 2 BZRG nur vorsieht, dass die „Anordnung" von Zuchtmitteln eingetragen wird.

3. Sofortige Beschwerde

7   Im Hinblick auf § 55 Abs. 1 kann mit der sofortigen Beschwerde nur gerügt werden, dass die Voraussetzungen der Umwandlung nicht vorgelegen hätten. Da die sofortige Beschwerde keine aufschiebende Wirkung hat (§§ 311, 311a Abs. 2, 307 Abs. 1 StPO), kann die Vollstr sofort nach Erlass des Umwandlungsbeschlusses erfolgen. Nimmt jedoch der Vollstreckungs-leiter die Umwandlung gegen den Willen des Verurteilten vor und ist von beachtlichen Einwänden gegen diese Maßnahme auszugehen, so empfiehlt es sich aus Gründen der Rechtsstaatlichkeit ohnehin, mit der Vollstr solange zuzuwarten, bis die formelle Rechtskraft des Beschlusses eingetreten ist (ebenso *Pütz* in BeckOK JGG Rn. 25) oder wenigstens das Beschwerdege-richt den Erlass einer Anordnung nach § 307 Abs. 2 StPO abgelehnt hat (vgl. schon *Dallinger/Lackner* Rn. 13).

Vollstreckung des Jugendarrestes

87 (1) **Die Vollstreckung des Jugendarrestes wird nicht zur Be-währung ausgesetzt.**

(2) **Für die Anrechnung von Untersuchungshaft auf Jugendarrest gilt § 450 der Strafprozeßordnung sinngemäß.**

(3) **¹Der Vollstreckungsleiter sieht von der Vollstreckung des Ju-gendarrestes ganz oder, ist Jugendarrest teilweise verbüßt, von der Vollstreckung des Restes ab, wenn seit Erlaß des Urteils Umstände hervorgetreten sind, die allein oder in Verbindung mit den bereits bekannten Umständen ein Absehen von der Vollstreckung aus Grün-den der Erziehung rechtfertigen. ²Sind seit Eintritt der Rechtskraft sechs Monate verstrichen, sieht er von der Vollstreckung ganz ab, wenn dies aus Gründen der Erziehung geboten ist. ³Von der Vollstre-ckung des Jugendarrestes kann er ganz absehen, wenn zu erwarten ist, daß der Jugendarrest neben einer Strafe, die gegen den Verurteil-ten wegen einer anderen Tat verhängt worden ist oder die er wegen einer anderen Tat zu erwarten hat, seinen erzieherischen Zweck nicht mehr erfüllen wird. ⁴Vor der Entscheidung hört der Vollstre-ckungsleiter nach Möglichkeit das erkennende Gericht, die Staats-anwaltschaft und die Vertretung der Jugendgerichtshilfe.**

(4) **¹Die Vollstreckung des Jugendarrestes ist unzulässig, wenn seit Eintritt der Rechtskraft ein Jahr verstrichen ist. ²Im Falle des § 16a darf nach Ablauf von drei Monaten seit Eintritt der Rechtskraft der Vollzug nicht mehr begonnen werden. ³Jugendarrest, der nach § 16a verhängt wurde und noch nicht verbüßt ist, wird nicht mehr voll-streckt, wenn das Gericht**

1. die Aussetzung der Jugendstrafe widerruft (§ 26 Absatz 1),

2. auf eine Jugendstrafe erkennt, deren Verhängung zur Bewährung ausgesetzt worden war (§ 30 Absatz 1 Satz 1), oder
3. die Aussetzung der Jugendstrafe in einem nachträglichen Beschluss ablehnt (§ 61a Absatz 1).

Schrifttum DVJJ Baden-Württemberg (Hrsg: Dölling), Jugendkriminalität – Prävention und Reaktionen, 2015.

Übersicht

	Rn.
I. Anwendungsbereich	1
II. Keine Aussetzung der Vollstreckung zBew (Abs. 1); Aufschub bzw. Unterbrechung der Vollstreckung	2
1. Abs. 1	2
2. Aufschub bzw. Unterbrechung	3
a) Anlässe für Aufschub	3
b) Gnadenweg	4
III. Anrechnung von U-Haft (Abs. 2)	5
IV. Absehen von der Vollstreckung (Abs. 3)	6
1. Voraussetzungen	6
a) Abs. 3 S. 1	6
b) Abs. 3 S. 2	6d
c) Abs. 3 S. 3	7
2. Jugendrichterliche Entscheidungen	8
3. Häufigkeiten	9
V. Vollstreckungs- bzw. Vollzugsverbote (Abs. 4)	10
1. JA im Allgemeinen (Abs. 4 S. 1)	10a
a) Begründung der Vorschrift	10a
b) Einjahresfrist	11
2. Kopplungs-JA	11a
a) Abs. 4 S. 2	11a
b) Abs. 4 S. 3	11c
VI. Nichtantritt zur Vollstreckung	12

I. Anwendungsbereich

Es gelten die Erl. zu → § 82 Rn. 1, 2 entsprechend, sofern auf JA erkannt 1 worden ist. – Betreffend Soldatinnen und Soldaten s. § 112c Abs. 2 (vgl. Erl. zu → § 112c Rn. 4 ff.).

II. Keine Aussetzung der Vollstreckung zBew (Abs. 1); Aufschub bzw. Unterbrechung der Vollstreckung

1. Abs. 1

Die Vorschrift **verbietet** eine Aussetzung der Vollstr des JA zBew, welches 2 Verbot nach überwiegender Auffassung aus dem Wesen und der kriminalpolitischen Zielsetzung des JA folge (vgl. → § 13 Rn. 4, 5, → § 16 Rn. 5, → § 90 Rn. 5; aA etwa BR BT-Drs., 1. Wahlperiode Nr. 3264, 55, 64; s. auch *Rose* in NK-JGG Grdl. zu §§ 86, 87 Rn. 5; *Domzalski* ZJJ 2012, 51 ff.).

Demgegenüber ist die Aussetzung der Vollstr des *Strafarrestes* zBew *zulässig* (§ 14a WStG). – Das Verbot des Abs. 1 gilt auch dann, wenn auf Berufung des Angeklagten eine zBew ausgesetzte JStrafe in einen Dauerarrest umgewandelt wird, dh unbeeinflusst vom Verschlechterungsverbot (OLG Düsseldorf NJW 1961, 891; OLG Hamm JR 1972, 73; NJW 1971, 1666; *Grethlein* Verschlechterungsverbot 120; aA *Potrykus* NJW 1961, 863).

2a   Wird die Vollstr des JA gleichwohl – *gesetzeswidrig* – zBew ausgesetzt, so ist die Entscheidung zwar nicht unwirksam, kann aber mit den zulässigen Rechtsmitteln *ohne* die *Beschränkung* des *§ 55* angefochten werden (OLG Düsseldorf NJW 1961, 891; OLG Frankfurt a. M. NJW 1963, 969). § 59 Abs. 1 ist nicht anwendbar, dh Rechtsmittel sind die Berufung oder die Revision; dabei ist die Beschränkung auf die Aussetzung der Vollstr des JA zBew zulässig (OLG Düsseldorf NJW 1961, 891; OLG Frankfurt a. M. NJW 1963, 969).

2. Aufschub bzw. Unterbrechung

3   **a) Anlässe für Aufschub.** Jedoch kann die **Vollstr** des JA im **Verwaltungswege** aufgeschoben (vgl. auch OLG Saarbrücken BeckRS 2017, 119038; vgl. allg. → § 83 Rn. 5) oder unterbrochen werden (vgl. § 5 Abs. 3 JAVollzO, §§ 455, 456 StPO entspr.). Von dieser Möglichkeit sollte nicht nur verengt (zB aus gesundheitlichen Gründen des Betroffenen) Gebrauch gemacht werden, sondern – auch gem. der Tendenz der im Jahre 1976 eingeführten Änderungen der JAVollzO und entgegen der ursprünglichen Konzeption des JA – innerhalb vorgegebener zeitlicher Grenzen (zB Abs. 4) uа zur **Vermeidung** von **Beeinträchtigung**en im **Leistungsbereich** (etwa betr. Schulbesuch, Lehr- oder Arbeitsverhältnis; vgl. dazu § 4 Abs. 1 S. 2 JAVollzG NRW) und ggf. auch wegen besonderer Anlässe im **Sozialbereich** (zB Familienfeier). Bei Nichtbefolgungs-JA wird Aufschub bzw. Unterbrechung zwecks Erfüllung der zu Grunde liegenden Weisung oder Auflage in angemessenen Grenzen zulässig und ggf. erzieherisch angezeigt sein (vgl. dazu *Eisenberg* Zbl 1989, 19; vgl. auch → Rn. 7 sowie ergänzend → § 11 Rn. 19).

4   **b) Gnadenweg.** Darüber hinaus besteht die Möglichkeit, Vergünstigungen im Gnadenwege zu gewähren (eher einschr. *Birkhoff/Lemke* GnadenR 279). Hierbei kann ggf. zusätzlich berücksichtigt werden, wenn schon die Entscheidung fehlerhaft oder zumindest einwandbehaftet war (vgl. etwa auch → Rn. 10 aE; bejahend im Falle fehlerhaft rückwirkender Anwendung des § 16a *Holste* ZJJ 2013, 289 = StV 2013, 660, vern. *Gernbeck/Höffler/Verrel* NK 2013, 307 (314); allg. einschr. *Dallinger/Lackner* Rn. 2). – § 26 Abs. 1 S. 1 GnO LSA erlaubt unter besonderen, allerdings wohl – ebenso wie § 87 Abs. 3 S. 1 – auf die Lebensführung des Verurteilten bezogenen Umständen die Aussetzung der Vollstr von JA zBew, S. 3 der Vorschrift darüber hinaus, „wenn dadurch öffentliche Erziehungsmaßnahmen ermöglicht oder gefördert werden und keine dringenden Gründe die Vollstr gebieten".

III. Anrechnung von U-Haft (Abs. 2)

5   Die Vorschrift betrifft lediglich eine Frage der Berechnung, ohne dass die Regelung über die Berücksichtigung von U-Haft (§ 52) davon berührt würde. Die entsprechende Anwendung von § 450 StPO auch für JA bedeutet, dass diejenige U-Haftzeit auf den JA angerechnet wird, die nach Eintritt der relativen Rechtskraft der auf JA erkennenden Entscheidung vollstreckt wurde. Insoweit wird die U-Haft dem JAVollzug im Sinne einer Fiktion des Inhalts gleichgestellt, in dem in § 450 StPO bestimmten Zeitpunkt wäre die formelle Rechtskraft eingetreten.

IV. Absehen von der Vollstreckung (Abs. 3)

1. Voraussetzungen

a) Abs. 3 S. 1. Der Vollstreckungsleiter (wegen der Zuständigkeit s. § 85 **6** Abs. 1) **sieht** von der Vollstr eines JA **ganz** (zur Eintragung vgl. § 60 Abs. 3 BZRG) oder, im Falle bereits teilweise erledigter Vollstr, hinsichtlich des **Restes ab,** wenn dies aufgrund von Umständen, die seit Erlass des Urteils hervorgetreten sind – ggf. iVm bereits bekannt gewesenen Umständen (nach AG Wiesloch DVJJ-Journal 1991, 282 auch dann, wenn solche nachträglich „genügend deutlich" geworden sind; zw.) – gerechtfertigt ist (Abs. 3 S. 1). Die Praxis nutzt diese Option kaum (s. die Befragung von *Hinrichs* DVJJ-Journal 1999, 268; näher zur Anstalt Moltsfelde aber *Rose/Friese* ZJJ 2016, 10 (16); krit. zur seltenen Anwendung *Thalmann* FS 2011, 82 f.; für systematische Prüfung der Absehensmöglichkeit *Franzke* RdJB 2018, 428 443 f.). – Nicht hierunter fällt die (ggf. erst nachträglich erkannte, jedoch bereits im Zeitpunkt der Entscheidung bestehende) Gesetzwidrigkeit der Verhängung (vgl. dazu ergänzend → § 83 Rn. 2), und zwar auch nicht in analoger Anwendung (LG München I ZJJ 2014, 398 mit insoweit zust. Anm. *Eisenberg* (aber 402: Verfahrenshindernis); aA *Holste* ZJJ 2013, 291; *Wulf* in HK-JGG Rn. 2), indes kann es ein (Vollstr-)Verfahrenshindernis darstellen (so auch im Fall AG München ZJJ 2016, 83).

Ein Absehen aufgrund „Umständen" (Abs. 3 S. 1) ist regelmäßig gerecht- **6a** fertigt, wenn die Vollstr dem Betroffenen bei – dem Erziehungsauftrag (§ 2 Abs. 1) immanenter – zukunftsorientierter Betrachtungsweise **eher schadete** als ihm im Interesse zukünftiger Legalbewährung förderlich wäre (zust. LG Berlin BeckRS 2017, 133031), was zB bei Unterbrechung schulischer oder beruflicher Ausbildung bzw. Berufstätigkeit der Fall sein kann (zum Nachweis können entsprechende Unterlagen geeignet sein, ggf. kann gem. Abs. 3 S. 4, § 38 Abs. 2 S. 9 aF bzw. § 38 Abs. 5 S. 5 nF die JGH um Äußerung gebeten werden). Aber auch zu besorgende sonstige sich negativ auswirkende „Umstände" wie zB etwaige Stigmatisierungseffekte, deren Bejahung ggf. eine besonders sorgfältige Prüfung voraussetzt, können relevant sein (Fachkommission JA ZJJ 2009, 276; speziell gem. MuSchuG (hier Versorgung von zwei Kleinkindern) AG Wiesloch DVJJ-Journal 1991, 282 sowie LG Heidelberg DVJJ-Journal 1992, 147; *Rose* in NK-JGG Rn. 9). Dabei kann unbeschadet der zwingenden Regelung des S. 2 im Einzelfall auch ein Zeitraum unterhalb der Sechs-Monats-Grenze als „Umstand" iSd Abs. 3 S. 1 zu einem vollständigen Absehen von der Vollstr Anlass geben. – Die **Entlassung** kann am Tag des Ablaufs vorzeitig, bei Freizeitarrest auch schon am Abend zuvor geschehen, wenn dies zB aus schulischen oder berflichen Gründen (vgl. auch → Rn. 3) iSv § 2 Abs. 1 angezeigt ist (vgl. nur § 33 Abs. 1 RefE-JAVollzG Bbg.).

6b   Ein Absehen von der Restvollstr liegt regelmäßig nahe, wenn der Zweck des Arrestvollzuges **bereits** vor der im Urteil vorgesehenen Zeit **erreicht** ist (nach *Rose/Friese* ZJJ 2016, 10 (11)) könne das zB bejaht werden, wenn der Insasse Angebote der Anstalt annimmt). − Umstritten ist, ob dies gleichsam umgekehrt auch dann der Fall ist, wenn sich dieser Zweck als **unerreichbar** herausstellt (vgl. dazu *Höynck/Klausmann* ZJJ 2012, 405). Bleibt als Grund des Nicht-Absehens lediglich, anderen Insassen zu demonstrieren, dass „Stören" etc sich „nicht lohnt", so wird abzusehen sein (vgl. LG Hamburg 26.2.1988 − (34) Qs 8/88 bei *Böhm* NStZ 1989, 521 (524) (betr. Unterdrückung und Hervorrufen von Angst ggü. anderen Insassen); AG Wiesloch DVJJ-Journal 1996, 86 (betr. 22-Jährigen): Gefährdung des Erziehungsziels bei den übrigen Insassen; abw. *Pütz* in BeckOK JGG Rn. 15). Hingegen wird, sofern der als „unerreichbar" Beurteilte einer therapeutischen Intervention zugänglich ist (und insofern ein VollstrAufschub hinsichtlich des Restes nebst anschließender Prüfung nach Abs. 3 S. 2 letzter Hs. in Betracht kommen könnte, vgl. → Rn. 6b), eine Unterbrechung der Vollstr befürwortet (vgl. *Rose/Friese* ZJJ 2016, 10 (13)); indes könnten demgegenüber je nach deren Dauer und Gestaltung Bedenken hinsichtlich der anschließenden Fortsetzung der Vollstr bestehen (und zwar iSd Schutzes vor einer Ausdehnung des Zeitraums der Kontrolle), bzw. es könnte ein Absehen wegen erzieherischer Abträglichkeit angezeigt sein (vgl. → Rn. 6).

6c   Soweit ansonsten die Auffassung vertreten wird, die Arrestanstalt müsse einen „unerreichbaren" Insassen „aushalten" und einem negativen Einfluss auf die Mitinsassen zuvorkommen (vgl. *Pütz* in BeckOK JGG Rn. 15; vgl. etwa auch *Brunner/Dölling* Rn. 7), so geht eine solche Perspektive damit möglicherweise an der erzieherischen Pflicht auch diesem Insassen gegenüber vorbei. − Ein Absehen soll nicht allein damit begründet werden dürfen, es handle sich um einen als „arrestungeeignet" beurteilten Insassen (vgl. zur Problematik → § 16 Rn. 26, → § 90 Rn. 6).

6d   **b) Abs. 3 S. 2.** Darüber hinaus **sieht** der JRichter von der Vollstr dann ganz **ab,** wenn der Eintritt der **Rechtskraft** bereits **6 Monate** zurückliegt (Hs. 1) und wenn **erzieherische Gründe** es gebieten (letzter Hs.; vgl. zur Praxis in Hamburg bei Nichtbefolgungs-JA vormals *Hinrichs* DVJJ-Journal 1996, 60 f.). Diese Bestimmung folgt der pädagogisch gedachten Zielsetzung, eine Einwirkung alsbald eintreten zu lassen, da der zeitliche Abstand, sofern er nicht ohnehin erzieherisch abträglich wäre (vgl. → Rn. 6), einen Bezug zur Tat und damit eine realistische Chance erzieherischer Einwirkung schwinden lässt. Dabei ist auch zu berücksichtigen, dass ein Zeitraum von Monaten bei Jugendlichen im Allg. eine wesentlich dynamischere Bedeutung hat als bei Erwachsenen.

6e   War aus zukunftsorientierten Gründen zwecks Wahrnehmung einer bestimmten Maßnahme ein VollstrAufschub erteilt worden, so wird betr. Abs. 3 S. 2 letzter Hs. der Verlauf zu prüfen sein (zur etwaigen Beteiligung der JGH auch hier Abs. 3 S. 4, § 38 Abs. 2 S. 9 aF bzw. § 38 Abs. 5 S. 5 nF). Liegt der Grund des Zeitablaufs im „Untertauchen" des Verurteilten, so wird Abs. 3 S. 2 letzter Hs. nicht zu bejahen sein (vgl. auch *Rose/Friese* ZJJ 2016, 10 (15)). Gegebenenfalls gilt dies auch für Strategien der „Verschleppung" der Vollstr, grds. aber nicht bei Ausschöpfung zustehender (Vollstreckungs-)Verfahrensrechte (diff. zum Ganzen *Pütz* in BeckOK JGG Rn. 25 ff.).

c) Abs. 3 S. 3. Nach dieser Ermessens-Vorschrift (vgl. auch *Schatz* in 7
Diemer/Schatz/Sonnen Rn. 7) eines Absehens ist die Prognose vorausgesetzt, dass die Vollstr des JA neben einer **wegen** einer **anderen Tat** verhängten oder zu erwartenden „**Strafe**" ihren erzieherischen Zweck „nicht
mehr erfüllen wird" (vgl. rechtstatsächlich die vormalige Praxis-Befragung
von *Hinrichs* DVJJ-Journal 1999, 268). Unter den Begriff „Strafe" fallen auch
Zuchtmittel, dh der Anwendungsbereich des § 13 Abs. 3 ist nicht eröffnet
(vgl. etwa auch *Wohlfahrt* StraFo 2017, 438 (444)). Anzuwenden wird die
Vorschrift zudem idR sein, wenn der Verurteilte wegen einer anderen (mutmaßlichen) Tat sich im U-Haftvollzug befindet bzw. im Falle der Verurteilung eine vergleichsweise hohe JStrafe oder eine Freiheitsstrafe zu erwarten
hat, und ohnehin, wenn er bereits zu solcher verurteilt ist. Besonders sorgfältiger Abwägung bedürfen Fälle der *Aussetzung* einer JStrafe *zBew,* wobei
die Gründe für die Aussetzung ebenso zu berücksichtigen sind wie die Frage,
ob das erkennende Gericht sich in diesem Zusammenhang zu einem vor dem
Urteil verhängten (und noch nicht vollstreckten) JA verhalten hat. − Hingegen *scheidet* die Anwendbarkeit der Vorschrift bei einem Nichtbefolgungs-
Arrest *aus,* der wegen Verletzung von Bewährungsmaßnahmen betr. *dieselbe
Tat* angeordnet wird; wird aber vor VollstrBeginn wegen zusätzlicher Gründe die Aussetzungsentscheidung widerrufen, so entfällt mit dem Widerruf
der zu dessen Abwendung gedachte Zweck der Anordnung von Nichtbefolgungs-JA (vgl. aber krit. → §§ 26, 26a Rn. 13), zumal eine Vollstr des JA
auch dem Grundsatz der einheitlichen erzieherischen Beeinflussung zuwiderliefe (vgl. → Rn. 6).

Im Übrigen wird es sich im Allg. empfehlen, vor Vollstr eines *Nichtbe-* 7a
*folgungs-*JA dann, wenn seit Anordnung der zu Grunde liegenden Rechtsfolge ein längerer Zeitraum (zB zwei Jahre) verstrichen ist (vgl. dazu → § 11
Rn. 17), dem verhängenden JRichter den Vorgang zur Überprüfung vorzulegen; Entsprechendes gilt für Fälle, in denen die angeordnete Rechtsfolge
erfüllt wurde (vgl. → Rn. 3 und ergänzend → § 11 Rn. 19) sowie bei Vollendung zumindest des 24. Lbj. bis zum Arrestantritt (vgl. → § 11 Rn. 12
iVm → Rn. 15).

2. Jugendrichterliche Entscheidungen

Da es sich betr. das Absehen von der Vollstr um jugendrichterliche Ent- 8
scheidungen (§ 83 Abs. 1) handelt, sind die **Verfahrensgrundsätze** des
§ 83 zu beachten (gegen eine Anfechtbarkeit der Entscheidung nach Abs. 3
DVJJ 1987, 418 (Thesen AK X c)).

Gemäß **Abs. 3 S. 4** sind „**nach Möglichkeit**" der erkennende JRichter 8a
(dh nicht das Revisionsgericht, vgl. auch *Rose* in NK-JGG Rn. 12) und der
JStaatsanwalt (Einschränkung im Vergleich zu der zwingenden Vorschrift des
§ 33 Abs. 2 StPO), dessen Zuständigkeit sich nach § 85 Abs. 7, § 451
Abs. 3 StPO bestimmt (vgl. auch → § 36 Rn. 9; aA AG Müllheim DVJJ-
Journal 1991, 434, wonach § 143 Abs. 1 GVG vorgehe, da JA keine Sanktion iSv § 85 Abs. 7 sei; aber → § 85 Rn. 18), sowie der Vertreter der JGH
(namentlich zur Darlegung von Umständen gem. Abs. 3 S. 3) **zu hören.**
Ein Einvernehmen mit dem erkennenden JRichter ist anzustreben (besonders dann, wenn dieser weder gem. § 31 Abs. 3 S. 1 noch S. 2 verfahren ist),
wobei es idR nicht um eine „Korrektur" von dessen Entscheidung, sondern

um die Würdigung einer **Änderung** in den **Lebensumständen** geht (vgl. *Thalmann* FS 2011, 82 f.: „verhandeln").

8b Die Zulässigkeit der **sofortigen Beschwerde** (§ 83 Abs. 3) gegen die Entscheidung des Vollstreckungsleiters hängt von dem Vorliegen einer Beschwer ab. **Lehnt** der Vollstreckungsleiter ein Absehen von der Vollstr **ab**, so sind regelmäßig der Verurteilte ebenso wie der Erziehungsberechtigte und der gesetzliche Vertreter beschwert, im Falle der auf **Absehen** getroffenen **Entscheidung** regelmäßig nur die JStaatsanwaltschaft.

3. Häufigkeiten

9 Nach der (nicht veröffentlichten) behördeninternen Übersicht (→ § 16 Rn. 10) über die Abgänge aus den JA-Anstalten nach Absehen von der Vollstr des Restes (Abs. 3) beliefen sich die Zahlen in den Jahren 2009, 2012, 2015 und 2017 auf 6.469, 5.662, 4.160 und 4.458. Dies entspricht Anteilen von 20,56 %, 19,86 % und (für 2017) 22,61 % aller Abgänge. Jedoch ergeben sich nach der genannten Registrierungsquelle – und vorbehaltlich diesbezüglicher Verzerrungsfaktoren – erhebliche regionale Unterschiede (für die genannten Jahre zB Anteile von 52,14 %, 55,52 %, 57,96 % und 61,88 % für Rheinland-Pfalz, von 32,86 %, 35,27 %, 27,63 % und 31,83 % für Baden-Württemberg, hingegen solche von 0,11 %, 0,21 %, 0,47 % und 8,80 % für Niedersachsen.

V. Vollstreckungs- bzw. Vollzugsverbote (Abs. 4)

10 Die Vorschrift beinhaltet Vollstreckungsverbote (zur Eintragung der Nichtvollstr vgl. § 60 Abs. 3 BZRG) bzw. Vollzugsverbote, regelt also nicht die Vollstreckungsverjährung, dh die **§§ 79 ff. StGB** sind **nicht** anwendbar.

1. JA im Allgemeinen (Abs. 4 S. 1)

10a **a) Begründung der Vorschrift.** Das Verbot gem. Abs. 4 S. 1 beruht auf der Überlegung, der Arrestvollzug sei dann erzieherisch verfehlt, wenn seit der Verurteilung geraume Zeit vergangen ist und eine unmittelbare Auseinandersetzung des Jugendlichen mit seiner Verfehlung nicht mehr erwartet werden könne (vgl. auch *Dallinger/Lackner* Rn. 12; vgl. aber auch → § 13 Rn. 3, 9; → § 90 Rn. 5). Deshalb ist teilw. die **kurzfristige Vollstr** des JA in ministeriellen Allgemeinverfügungen eigens vorgeschrieben (vgl. etwa NdsRpfl 2018 Nr. 8, 225). Ferner sieht Abs. 4 S. 1 ein Vollstreckungsverbot nach Ablauf eines Jahres vor. Dieses greift auch bei Fristablauf während eines interjustitiellen Zuständigkeitsstreits (OLG Saarbrücken BeckRS 2017, 119038 = StV 2017, 724 (Ls.)) oder des – inzwischen laufenden – JAVollzugs. – Entsprechend ist Abs. 4 S. 1 auf den *Nichtbefolgungs*-Arrest anwendbar (vgl. auch → Rn. 7 sowie → § 4 Rn. 8; ebenso *Diemer* in Diemer/Schatz/ Sonnen Rn. 10).

10b Der Vollstreckungsleiter darf aber nicht mit Hilfe dieser Vorschrift durch Verstreichenlassen der Frist die Vollstr eines erzieherisch nicht mehr sinnvollen JA vermeiden. In einem solchen Fall kann durch Abs. 3 S. 2 oder im Gnadenwege Abhilfe geschaffen werden (allg. Auffassung). – Kriminalpolitisch zumindest vertretbar wäre aber auch eine generelle Herabsetzung der in Rede stehenden Frist auf neun oder gar sechs Monate (aA *Pütz* in BeckOK JGG Rn. 70 unter Hinweis auf etwaige praktische Hindernisse (oder auch Vermeidungsstrategien des Verurteilten)), zumal die geltende Frist aus erzieherischer Sicht ohnehin zu lang erscheint. Desgleichen lässt sich eine Pflicht zur Anhörung erforderlichenfalls des BewHelfers und des mit einer Betreuungsweisung Befassten empfehlen.

b) Einjahresfrist. Die **Frist** (zur Berechnung s. §§ 186 ff. BGB) **beginnt** 11 in dem Zeitpunkt, in dem die Entscheidung (Urteil oder Beschluss) formelle Rechtskraft erlangt hat (nach allg. Auffassung ist § 79 Abs. 6 StGB entspr. anzuwenden). Wird nach § 86 Freizeitarrest in Kurzarrest umgewandelt, so gilt für den Beginn der Frist der Zeitpunkt der ursprünglichen Entscheidung, die auf Freizeitarrest erkannt hat, nicht also der Zeitpunkt der Umwandlungsentscheidung, da diese keine selbstständige Entscheidung ist (vgl. *Dallinger/Lackner* Rn. 13). – Die Frist wird nach §§ 187 ff. BGB berechnet.

2. Kopplungs-JA

a) Abs. 4 S. 2. Die Regelung bestimmt für den Beginn des Vollzugs 11a (Rechtsausschusses v. 13.6.2012 (BT-Drs. 17/9990), RegE (BT-Drs. 17/9389): Beginn der Vollstr) des Kopplungs-JA ein **Verbot** nach Ablauf von 3 Monaten seit Rechtskraft (Abs. 4 S. 2). Dies entspricht der gem. dem Erziehungsauftrag (§ 2 Abs. 1) zu berücksichtigenden entwicklungspsychologischen Erkenntnis, dass ein und derselbe Zeitraum für Jugendliche und auch Heranwachsende eine andere Qualität hat als für Erwachsene und dieser Umstand bei der Kluft zwischen den Zeitpunkten der Tatbegehung und des Beginns des Rechtsfolgenvollzugs zu berücksichtigen ist, damit der Zweck der Rechtsfolge nicht von vornherein verfehlt oder gar in sein Gegenteil gekehrt wird, welches Ergebnis bei dem *Vollzug* des Kopplungs-JA (§ 16a) *erhöht abträglich* wäre. Denn dessen Zweck liegt darin, eine erfolgreiche Bewältigung der Bewährungszeit zu fördern, wogegen bei einem erheblich zeitversetzten Beginn die Gefahr besteht, dass eine nach dem Tatzeitpunkt sich abzeichnende, als legalbewährungsförderlich zu beurteilende Entwicklung (zB im Sozial- und/oder im Leistungsbereich) durch die Vollstr erheblich beeinträchtigt würde. Deshalb ist eine prioritäre Vollstr angezeigt (so denn auch NdsRpfl 2018 Nr. 8, 225). Abs. 4 S. 2 zielt auf eine Einheitlichkeit in der Wahrung der genannten Belange ab, zumal die Praxis der Vollstreckungsleiter, auf entsprechende Umstände gem. § 87 Abs. 3 S. 1 zu reagieren, zum Teil unterschiedlich ausfällt. Für Bay. wird (betr. 2015/16) eine durchschnittliche Wartezeit von 44 Tagen (Kopplungsarrest) bzw. 68 Tagen (sonstiger Arrest) berichtet (*Endres/Lauchs* Bewährungshilfe 2018, 284 (391 f.)).

Die allg. Handhabung bereits begonnener Vollstreckungen beim Vollstre- 11b ckungsverbot gem. Abs. 4 S. 1 (vgl. → Rn. 10; *Rose* in NK-JGG Rn. 14) wird durch die genannte Sonderregelung nicht berührt.

b) Abs. 4 S. 3. Die Vorschrift schließt die Vollstr eines Kopplungs-JA aus, 11c wenn er den besonderen Zweck der Förderung einer erfolgreichen Bewältigung der Bewährungszeit nicht mehr erreichen kann, weil sich zwischenzeitlich ergeben hat, dass JStrafe zu vollstrecken ist (nähere Voraussetzungen enthalten § 16a Nr. 1–3).

VI. Nichtantritt zur Vollstreckung

12   Die *Ladung* zum Arrestantritt (vgl. auch → § 85 Rn. 5) geschieht im Einklang mit dem Erziehungsauftrag (§ 2 Abs. 1; vgl. auch → § 90 Rn. 3) grundsätzlich unter Einhaltung einer angemessenen Frist (LG Oldenburg StV 2008, 121; zu Besonderheiten RL zu §§ 82–85, V. 4., 7.). Tritt der Verurteilte die Vollstr des JA nicht an, so wird bei einem erzwungenen Erscheinen der JA von vornherein nur als Zwangsmaßnahme erlebt und Übelszufügung erlebt werden, schwerlich aber eine positive Einwirkung entwickeln können (offenbar abw. Willssch FS Ostendorf, 2015, 944 ff.). Dennoch sehen RL V. Nr. 7 zu §§ 82–85 (zum Formular „Vorführungs-befehl" JAGO BW Die Justiz 2016, 307) eine *Zwangszuführung* vor (nach *Sonnen* in Diemer/Schatz/Sonnen § 16 Rn. 26 unzulässig; aA *Diemer* in Diemer/Schatz/Sonnen § 90 Rn. 8; *Pütz* in BeckOK JGG Rn. 54 ff. unter Hinweis auf mögliche erzieherisch abträgliche Auswirkungen eines Ver-zichts; ferner *Rinio* ZfJ 2000, 302; *Wohlfahrt* StraFo 2017, 438 (442)), ohne dass sie jedoch eine Rechtsgrundlage für den damit verbundenen Eingriff darstellten. Eine solche ist bspw. in § 10 S. 1 JAVollzG SchlH vorgesehen, wonach die Vollstreckungsleitung die Zuführung durch die Polizei anordnen kann (*Willsch* FS Ostendorf, 2015, 943 f. bejaht dabei die Zulässigkeit des Aufbrechens der Wohnung ebenso wie unmittelbaren Zwang). Außerhalb solcher Spezialnormen wäre allerdings auch eine Analogie zu § 457 StPO unzulässig (vgl. auch *Wohlfahrt* StraFo 2017, 438 (442); zur Problematik schon *Hinrichs* DVJJ-Journal 1991, 67 sowie DVJJ-Journal 1999, 268).

13   Unbedingt muss vor Zwangsmaßnahmen nach anderen Möglichkeiten gesucht werden, um den Arrestantritt zu erreichen. Zumindest muss *zuvor* die Anschrift des Betroffenen sowie *überprüft* werden, ob der Betroffene die Ladung überhaupt *erhalten hat* (vgl. auch *Thalmann* FS 2011, 80) bzw., soweit irgend möglich, ob er trotz formaler Wirksamkeit der Zustellung tatsächlich Kenntnis von ihr hatte (nach *Hinrichs* StV 1990, 381 sowie *Hinrichs* DVJJ-Journal 1991, 68: „in vielen Fällen" nicht). – Ohnehin tritt der Erlass eines Haftbefehls ggü. einem polizeilichen *Vorführungsersuchen* zurück (vgl. auch Mitarbeiter-Resolution DVJJ-Journal 2002, 445; anders nach *U. Müller* ZJJ 2010, 83 die Praxis zB in Nürnberg).

Dritter Unterabschnitt. Jugendstrafe

Aussetzung des Restes der Jugendstrafe

88 (1) **Der Vollstreckungsleiter kann die Vollstreckung des Restes der Jugendstrafe zur Bewährung aussetzen, wenn der Ver-urteilte einen Teil der Strafe verbüßt hat und dies im Hinblick auf die Entwicklung des Jugendlichen, auch unter Berücksichtigung des Sicherheitsinteresses der Allgemeinheit, verantwortet werden kann.**

(2) **¹Vor Verbüßung von sechs Monaten darf die Aussetzung der Vollstreckung des Restes nur aus besonders wichtigen Gründen an-geordnet werden. ²Sie ist bei einer Jugendstrafe von mehr als einem**

Jahr nur zulässig, wenn der Verurteilte mindestens ein Drittel der Strafe verbüßt hat.

(3) [1] **Der Vollstreckungsleiter soll in den Fällen der Absätze 1 und 2 seine Entscheidung so frühzeitig treffen, daß die erforderlichen Maßnahmen zur Vorbereitung des Verurteilten auf sein Leben nach der Entlassung durchgeführt werden können.** [2] **Er kann seine Entscheidung bis zur Entlassung des Verurteilten wieder aufheben, wenn die Aussetzung aufgrund neu eingetretener oder bekanntgewordener Tatsachen im Hinblick auf die Entwicklung des Jugendlichen, auch unter Berücksichtigung des Sicherheitsinteresses der Allgemeinheit, nicht mehr verantwortet werden kann.**

(4) [1] **Der Vollstreckungsleiter entscheidet nach Anhören des Staatsanwalts und des Vollzugsleiters.** [2] **Dem Verurteilten ist Gelegenheit zur mündlichen Äußerung zu geben.**

(5) **Der Vollstreckungsleiter kann Fristen von höchstens sechs Monaten festsetzen, vor deren Ablauf ein Antrag des Verurteilten, den Strafrest zur Bewährung auszusetzen, unzulässig ist.**

(6) [1] **Ordnet der Vollstreckungsleiter die Aussetzung der Vollstreckung des Restes der Jugendstrafe an, so gelten § 22 Abs. 1, 2 Satz 1 und 2 sowie die §§ 23 bis 26a sinngemäß.** [2] **An die Stelle des erkennenden Richters tritt der Vollstreckungsleiter.** [3] **Auf das Verfahren und die Anfechtung von Entscheidungen sind die §§ 58, 59 Abs. 2 bis 4 und § 60 entsprechend anzuwenden.** [4] **Die Beschwerde der Staatsanwaltschaft gegen den Beschluß, der die Aussetzung des Strafrestes anordnet, hat aufschiebende Wirkung.**

Schrifttum *Böhm/Erhard,* Strafaussetzung und Legalbewährung, 1988; *Brettel,* Tatverleugnung und Strafrestaussetzung, 2007; *Eichinger,* Videokonferenz in der Strafvollstreckung. Eine rechtliche und empirische Analyse, 2015; *Eisenberg/Ohder,* Aussetzung des Strafrests zur Bewährung, 1987; *von Moers,* Die vorzeitige Entlassung aus dem Jugendstrafvollzug, 1992; *Munkwitz,* Die Prognose der Frühkriminalität, 1967; *Röthel,* Vorzeitige Entlassung aus dem Jugendstrafvollzug, 2007; *Tauss,* Die Veränderung von Selbstkonzeptkomponenten im Inhaftierungsverlauf jugendlicher Strafgefangener, 1992; Trenczek (Hrsg.), Freiheitsentzug bei jungen Straffälligen, 1993; Walter/Rotthaus/Geiter (Hrsg.), Bruchstücke: Strafvollzugsprobleme aus der Sicht der Beteiligten, 1992.

Übersicht

I. Anwendungsbereich

1 Es gelten die Erl. zu → § 82 Rn. 1, 2 entsprechend.

II. Voraussetzungen

1. Absatz 2

2 Die Vollstr des **Restes** einer JStrafe darf nur dann zBew ausgesetzt werden, wenn **ein Teil** der Strafe **vollstreckt** ist (Abs. 2; zur Unterbrechung bei Vollstr mehrerer JStrafen → § 82 Rn. 43 sowie betr. JStrafe und Freiheitsstrafe → § 89a Rn. 4f).

3 **a) Vollstreckungszeit. Berechnung der VollstrZeit.** Es gelten die allg. Grundsätze. Dabei stellt angerechnete U-Haft, auch wenn diese Anrechnung gnadenweise erfolgte, eine vollstreckte Strafzeit dar (BGHSt 6, 215; OLG Köln NJW 1954, 205; OLG Hamburg MDR 1977, 771). Dies betrifft jedoch nicht gnadenweise angerechnete Strafunterbrechungszeiten (OLG Hamburg MDR 1977, 771).

Eine gem. § 26 Abs. 3 S. 2 angerechnete Leistung gilt als vollstreckte 4 Strafe iSd Abs. 1 (vgl. auch OLG Köln VRS 100, 66), zumal andernfalls eine Schlechterstellung ggü. Erwachsenen in vergleichbarer Verfahrenssituation (vgl. → § 45 Rn. 9a) zu besorgen wäre (zust. *Sonnen* in Diemer/Schatz/ Sonnen Rn. 6 mwN; s. §§ 57 Abs. 4, 56f Abs. 3 S. 2 StGB; s. auch BGHSt 33, 326, BGH BeckRS 2012, 15527, jeweils betr. nachträgliche Gesamtstrafenbildung). Auch aus Gründen erzieherischer Klarheit und Konsequenz war dies schon vor Neufassung des § 57 Abs. 4 StGB zu bejahen.

b) Abs. 2 S. 1. Hiernach soll der Verurteilte idR mindestens **sechs Mo- 5 nate** im Vollzug verbracht haben, da davon ausgegangen wird, dass eine erzieherische Einwirkung in kürzerer Zeit nicht möglich ist (vgl. aber krit. → § 18 Rn. 3 f.; mehrheitlich für Streichung UK IV DVJJ-Journal 1992, 37). Nur **besonders wichtige Gründe** – die aber nach der aktuellen Fassung von Abs. 2 S. 1 nicht mehr nur „ausnahmsweise" (so auch OLG Schleswig SchlHA 2004, 262) in Betracht kommen können – rechtfertigen die Aussetzung der Vollstr des Restes zBew **vor Ablauf** von sechs Monaten. Hierfür können in Betracht kommen zB unverkennbar negative Auswirkungen des Vollzugs auf die Persönlichkeitsentwicklung ebenso wie (gleichsam umgekehrt) hervorragende erzieherische Erfolge bzw. Leistungen während des Vollzugs, indes etwa auch, unabhängig von den vorgenannten Gründen, eine voraussichtlich nicht wiederkehrende günstige Gelegenheit, den Verurteilten in eine Umgebung zu entlassen, die erzieherisch besonders vorteilhaft ist (vgl. *Dallinger/Lackner* Rn. 10). Aber auch sonstige Gründe können die Befürwortung veranlassen, zB wenn Zweifel an der Richtigkeit des Urteils entstehen und diese eine weitere Vollstr als Verletzung des Gerechtigkeitsempfindens erscheinen lassen, oder wenn etwa besondere schicksalhafte Umstände einem erzieherisch geeigneten Vollzug entgegenstehen oder im Interesse Dritter die Entlassung gebieten.

c) Abs. 2 S. 2. Wenn JStrafe von **mehr** als **einem Jahr** verhängt wurde, 6 ist die Aussetzung der Vollstr des Restes erst nach Vollstr von **einem Drittel** der Strafe zulässig (Abs. 2 S. 2; mehrheitlich für Streichung UK IV DVJJ-Journal 1992, 37). Diese Grenze kann auch nicht aus besonders wichtigen Gründen unterschritten werden (ebenso *Beulke* FS Schurig, 2012, 22). Demgemäß muss bei JStrafe von mehr als einem Jahr bis zu 18 Monaten immer erst ein Drittel der Strafe vollstreckt sein, bevor der Verurteilte in der darauf folgenden Zeit, solange nicht sechs Monate vollstreckt sind, ggf. aus wichtigen Gründen entlassen werden kann (Abs. 2 S. 1); bei JStrafe von mehr als 18 Monaten ist die Sechsmonatsgrenze des Abs. 2 S. 1 iZm der Regelung des Abs. 2 S. 2 ohne Bedeutung. – Bei Anrechnung einer Drogentherapiezeit auf die JStrafe (§ 36 Abs. 1 S. 1 BtMG) geht **§ 36 Abs. 1 S. 3 BtMG** als Spezialvorschrift dem Abs. 2 vor. Die Aussetzung der Vollstr des Strafrestes zBew ist daher auch schon **vor** Vollstr **eines Drittels** der JStrafe zulässig, wenn eine weitere Therapie nicht erforderlich ist (vgl. auch → § 82 Rn. 13).

d) Entscheidung unabhängig vom Aufenthalt. Die Aussetzung der 7 Vollstr zBew gem. § 88 ist **nicht** davon abhängig, ob der Verurteilte sich **im Strafvollzug** befindet (BVerfG, 1. Kammer des 2. Senats, ZJJ 2013, 317).

Dies kann gem. dem Freiheitsgrundrecht (Art. 2 Abs. 2 S. 2 GG) bei Straf-unterbrechung oder aber auch ohne Strafantritt bei angerechneter U-Haft von entsprechender Dauer (vgl. BVerfG, 1. Kammer des 2. Senats, ZJJ 2013, 317: 18 Monate ggü. JStrafe von 2 ½ Jahren; BGHSt 6, 215; s. auch § 57) relevant sein, ohne dass der Erziehungsauftrag (§ 2 Abs. 1) dem entgegen-steht, dieser vielmehr die Aussetzung verlangen kann (BVerfG, 1. Kammer des 2. Senats, ZJJ 2013, 317). – Auch bei Aufenthalt im **Ausland** nach Ausweisung (§ 2 Abs. 2, § 456a StPO; vgl. auch → § 1 Rn. 54) ist eine Entscheidung zu treffen (KG StraFo 2009, 219), zumal dieser betr. die Befristung der Auslieferung oder Ausweisung (§ 11 Abs. 2 S. 3 AufenthG) bzw. die Betretenserlaubnis (§ 11 Abs. 8 AufenthG) Bedeutung zukommt.

2. Aussetzung muss „verantwortet werden" können (Abs. 1)

8   Diese weitere Voraussetzung für die Aussetzung des Strafrestes zBew ver-langt eine **Prognose,** wobei keine gesteigerte Wahrscheinlichkeit der künf-tigen Legalbewährung verlangt werden kann, die diesbzgl. Erwartbarkeit aber umso höher liegen muss, je gewichtiger die in Betracht zu ziehende Delinquenz ist (so für die hM stellvertretend BGH NStZ-RR 2018, 126 mwN). Für die Beurteilung dieser Richtlinie und die Einzelheiten der Prognosestellung gelten – trotz einer negativen Formulierung des Gesetzes-wortlauts im Unterschied zu § 21 Abs. 1 – die **Grundsätze** für die Ausset-zung der Vollstr der JStrafe zBew nach **§ 21** entsprechend (ebenso *Beulke* FS Schurig, 2012, 22; vgl. → § 21 Rn. 14 ff.; wegen der *Methoden* vgl. → § 5 Rn. 30 ff. und speziell zu sog. *„Risikoinstrumenten"* → Rn. 31, 77; näher zum Ganzen *Eisenberg/Kölbel* Kriminologie § 21 und § 32 Rn. 21 ff.). Demge-mäß steht zB der Widerruf einer vorausgegangenen Aussetzung des Strafres-tes einer erneuten Aussetzung nicht entgegen (vgl. auch *Böhm* Info DVJJ Hessen 2/88, 15).

9   **a) Vollzugssituation; Selbstbelastungsfreiheit.** Besonderheiten für die Prognosestellung ergeben sich insofern, als es sich hier um Verurteilte han-delt, die sich in der Vollzugssituation (vgl. → § 92 Rn. 22 ff., 61) befinden, sodass *aktuelle Ermittlungsergebnisse* im Hinblick auf den Zeitraum nach der Entlassung vielfach nur von *eingeschränkter* Aussagekraft sein werden. Dies gilt auch für solche zusätzlichen Prognosefaktoren wie Verhalten bzw. Entwick-lung des Verurteilten im Vollzug (zur Häufigkeit in der Praxis krit. aber schon *von Moers,* Die vorzeitige Entlassung aus dem Jugendstrafvollzug, 1992, 269). So kann zB *„gute Führung",* also anstaltsangepasstes Verhalten, prog-nostisch besonders positiv zu bewerten sein, es muss es aber nicht (vgl. vormals etwa *Munkwitz,* Die Prognose der Frühkriminalität, 1967, 104; s. auch *Meyer* MschKrim 1982, 287), und Entsprechendes kann für verschiede-ne Streitigkeiten gelten, zumal die Befähigung zur *Selbstbehauptung* leicht zu Konflikten im Vollzug führt, in Freiheit aber „zu erfolgreicher Lebensbewäh-rung" gehört (vgl. aus der Vollzugspraxis *Walter* ZfStrVo 1988, 197; ergän-zend krit. für Bremen *Claasen* in Gerken/Schumann Rechtsstaat 132 f.). Wesentlich kommt es nicht oder weniger auf (wertende) Bedenken hinsicht-lich „charakterlicher Mängel" als vielmehr auf die Fähigkeit des Verurteilten an, ein „nach außen angepasstes und straffreies Leben zu führen" (LG Berlin 17.12.1986 – 507 Qs 79/86; vgl. auch → § 92 Rn. 22–42; zu Tendenzen in

der Praxis *Dünkel* Freiheitsentzug 249 ff.). Jedoch kann es für die Prüfung dieser Fähigkeit während des Vollzuges nur *Anhaltspunkte* geben.

Das *Bestreiten* der Tatbegehung und demgemäß ein *Fehlen* von „*Reue*" **10** oder *Unrechtseinsicht scheiden* wegen des Grundsatzes der Selbstbelastungsfreiheit (und ggf. nicht auszuschließender Möglichkeit eines Fehlurteils) als Prognosekriterien *aus* (vgl. zum allg. StR etwa OLG Schleswig StraFo 2007, 430; OLG Karlsruhe VRS 114 (2008) 238; ferner auch betr. Bestreben eines Wiederaufnahmeverfahrens OLG Zweibrücken StraFo 2017, 475; n. hierzu *Eisenberg/Kölbel* Kriminologie § 35 Rn. 52). Für der Frage der Verantwortbarkeit kommt es allein auf die Entwicklungsprognose an, bei der das Nichtvorhandensein eines „schlechten Gewissens" nicht berücksichtigt werden darf (*Kölbel* FS Roxin, 2011, 1918 ff. (1924 f.); tendenziell anders aber BGH NStZ-RR 2018, 126 (127)). Ohnehin ist das Bestehen oder Fehlen von „Reue" und Unrechtseinsicht ein nur bedingt geeigneter Prädiktor für die Einschätzung der künftigen Legalbewährung (vgl. *Endres/Breuer* FPPK 2014, 263; *Eisenberg/Kölbel* Kriminologie § 35 Fn. 59 und 99 jeweils mwN). Dies kann darauf beruhen, dass die bei der Tat abgelaufenen Motivationsprozesse dem Verurteilten aufgrund seiner geistig-seelischen Möglichkeiten nicht verständlich sind. Auch können Konflikte im Vollzug (vgl. exemplarisch etwa OLG Frankfurt a. M. BeckRS 2015, 7901) die Motivation zu „Reue" oder Unrechtseinsicht untergraben haben (vgl. betr. das allg. StR dazu OLG Schleswig StraFo 2007, 430: „durch Formulierungen des Urteils verhindert wird, die den Verurteilten persönlich angreifen"). Ohnehin sind aus grundrechtlicher Sicht (vgl. etwa Art. 4 Abs. 1 GG) diverse entgegenstehende Schutzbelange des Ich zu respektieren (vgl. etwa auch *Brettel,* Tatverleugnung und Strafrestaussetzung, 2007, 201 ff.; *Eisenberg* NStZ 1989, 366 (jeweils zum allg. StR)).

Vor dem Hintergrund dieser Grundsätze stellt auch der Umstand, dass **10a** der Strafgefangene adäquate Wiedergutmachungsbemühungen im Vollzug vermissen lassen hat, für sich genommen kein erlaubtes Prognosekriterium dar. Schon gar nicht zulässig ist es, eine günstige Prognose davon abhängig zu machen, dass der Verurteilte „an einem abstrakten Schuldanerkenntnis oder einem Anwaltsvergleich und damit an den Voraussetzungen für die vereinfachte Schaffung eines zivilrechtlichen Titels mitwirkt" (so aber AG Berlin Tiergarten StV 2019, 482 (483) = BeckRS 2017, 145009 mablAnm *Kölbel/Eisenberg* StV 2019, 484 (485): Kompetenzüberschreitung des Vollstreckungsgerichts).

b) Verhaltensanpassung. Im Einzelnen ist die Vorstellung, ein Erzieher **11** und/oder ein Anstalts- sowie der Vollstreckungsleiter seien aufgrund ihrer Ausbildung und Erfahrung in der Lage, einen tatsächlichen *Integrationsprozess* des JStrafgefangenen von einer *Scheinanpassung* zu unterscheiden, nur eingeschränkt vertretbar. Das Erkenntnisproblem wird zusätzlich dadurch verschärft, dass ein Integrations- oder Desintegrationsprozess betr. formeller Anstalsnormen nicht mit einem solchen betr. allg. einschließlich strafrechtlicher Normen und Wertvorstellungen in der Außengesellschaft identisch zu sein braucht (ebenso *Bottenberg/Gareis* ZfStrVo 1987, 77). Aus methodischen Gründen muss es sich in Fällen des Irrtums nicht um eine mangelnde Qualifikation der genannten (Vollzugs-)Bediensteten handeln. – Soweit zB Zusammenhänge zwischen intensiverer „Rückfälligkeit" bei Entlassenen mit (vorausgegangener) intensiverer anstaltsinterner Negativ-Registrierung berechnet wurden, ist nicht auszuschließen, dass solche (zumindest teilweise) auf Auswirkungen dieser vorherigen Registrierung auf Entlassungsentscheidungen und -vorbereitungen und also auf eine zusätzliche Schlechterstellung zurückzuführen sind (vgl. dazu *Tauss,* Die Veränderung von Selbstkonzeptkomponenten im Inhaftierungsverlauf jugendlicher Strafgefangener, 1992).

12   **c) Mutmaßliche bzw. getilgte Straftaten.** Soweit der Verurteilte wegen des Vorwurfs **anderer** (etwa während eines Urlaubs/Langzeitausgangs begangener) **Straftaten verfolgt** wird, darf das Gericht dies nach hM (zumindest bei eigenen Ermittlungen) auch ohne rechtskräftige Aburteilung zum Nachteil des Verurteilten berücksichtigen (OLG Karlsruhe Justiz 1987, 192; OLG Hamm NStZ 1992, 350; weitergehend LG Hamburg NStZ 1992, 455 (Ls.): „hinreichender Verdacht" genüge; jeweils zum allg. StR; vgl. zudem → Rn. 25). Wegen der **Unschuldsvermutung** (Art. 6 Abs. 2 EMRK) wird es darauf ankommen, dass das Gericht eigene Ermittlungen in einer Weise vornimmt, die eine Überzeugungsbildung erlauben (vgl. zur ähnlichen Problematik näher → §§ 26, 26a Rn. 5 ff.; eine Analogie abl. *Rose* in NK-JGG Rn. 18).

13   **Getilgte** oder zu tilgende Eintragungen über eine Verurteilung dürfen **nicht** berücksichtigt werden (§ 51 Abs. 1 BZRG, OLG Celle StraFo 2011, 373 = StV 2012, 171 (zum allg. StR)).

3. Ermessensentscheidung

14   Die Entscheidung über die Aussetzung der Vollstr des Restes einer JStrafe zBew steht im pflichtgemäßen Ermessen des JRichters. Eine Versagung unterliegt wegen des Grundrechts der Freiheit der Person erhöhten Begründungsvoraussetzungen (vgl. schon zu § 57 StGB VerfGH Berlin StrFo 2017, 369; vgl. auch → Rn. 16).

15   **a) Gesetzliche Vorgaben.** Sind die **zeitlichen** gesetzlichen Voraussetzungen gegeben (vgl. auch → Rn. 6; betr. Anschlussvollstr vgl. zum frühestmöglichen Unterbrechungszeitpunkt OLG Dresden ZJJ 2006, 323), so gebietet schon der Erziehungsauftrag (§ 2 Abs. 1) eine rechtzeitige (dh den zeitlichen Grenzen vorausgehende) **Prüfungspflicht** (und entspr. Gestaltung der in der Praxis verwandten Formulare).

16   Die **Sachentscheidung** wird nicht nur bei *günstiger* Prognose, sondern im Allg. *auch bei Zweifeln* gerade aus erzieherischen Gründen („im Hinblick auf die Entwicklung") das Ergebnis einer Aussetzung zBew haben (vgl. ergänzend → § 21 Rn. 7 aE, → § 17 Rn. 12, → § 92 Rn. 22 ff.). *Anders* ist zu entscheiden, wenn − etwa verlässlich festgestellte (vgl. aber → Rn. 10, 11) − *konkrete Tatsachen* bzgl. zu befürchtender besonders schwerer Delikte („*Sicherheitsinteresse der Allgemeinheit*" (Abs. 1, eingeführt durch Gesetz v. 26.1.1998 (BGBl. I 160); krit. zum Begriff *Erdmann-Degenhardt* SchlHA 1999, 295) entgegenstehen (OLG Düsseldorf StV 2001, 183 (jedoch iErg vern.) mit Bspr. *Hoffmann* StV 2002, 449 ff.; OLG Karlsruhe StV 2007, 13 f. (ebenfalls iErg vern.)). Da jedoch die auf das Rechtsgut abstellende Wendung des § 57 Abs. 1 S. 2 StGB in § 88 nicht enthalten ist, darf − anders als im allg. StR (vgl. etwa BGH NStZ-RR 2003, 201; OLG Karlsruhe NStZ-RR 2005, 172) − bei der Prognose nicht ein je nach dem Gewicht potentieller zukünftiger Straftaten unterschiedlicher Maßstab zugrunde gelegt werden (betr.

Drogendelikte ohne Differenzierung ggü. dem allg. StR sowie (möglicherweise spekulativ) OLG Frankfurt a. M. BeckRS 2015, 7901), wenngleich das in Rede stehende Sicherheitsinteresse auch im JStR insoweit jeweils zu veranschlagen sein wird. Der gesetzlich vorgegebene Unterschied rechtfertigt sich aus empirischer Sicht daraus, dass Prognosen bei Jugendlichen und Heranwachsenden tendenziell mit noch höherer Unsicherheit behaftet sind als bei Erwachsenen, zumal ein „Abbruch" der Delinquenz häufiger und eine etwaige „Perseveranz im Delikt" seltener ist (vgl. näher → § 5 Rn. 48 ff. mN). Ohnehin stellt die auf Sicherheitsinteressen bezogene Einschränkung von Gesetzes wegen nicht dem Vorrang des Erziehungsauftrags („Entwicklung des Jugendlichen"; s. auch § 2 Abs. 1) in Frage.

Im Unterschied zu vergleichbaren Entscheidungen im allg. StR (§§ 57 **17** Abs. 1 Nr. 3, 57a Abs. 1 Nr. 3 StGB), setzt die Entlassung *keine Einwilligung* voraus (OLG Dresden ZJJ 2006, 322). Daher hat der Verurteilte kein Recht darauf, dass die JStrafe vollständig vollstreckt wird, woran ihm zB zwecks Fortsetzung einer begonnenen Ausbildung oder Vermeidung aussetzungsbegleitender Maßnahmen gelegen sein könnte (vgl. dazu *Röthel,* Vorzeitige Entlassung aus dem Jugendstrafvollzug, 2007, 137 ff.: betr. zwei Anstalten 9 % bzw. 22 %; s. aber auch *Ohle* in Walter ua (Hrsg.), Bruchstücke, 1992, 125: „in wenigen Fällen" nicht zur vorzeitigen Entlassung bereit; betr. allg. StR *Böhm/Erhard* MschKrim 1984, 365 ff.; *Böhm/Erhard,* Strafaussetzung und Legalbewährung, 1988; *Eisenberg/Ohder,* Aussetzung des Strafrests zur Bewährung, 1987). Indes werden nachvollziehbare Gründe iRd Ermessensentscheidung nicht unberücksichtigt bleiben dürfen (anders – und gegen GenStA – bei einem Widerruf des vom Jugendstrafgefangenen selbst gestellten Antrags OLG Jena BeckRS 2016, 17241).

b) Zur Streitfrage nach partieller Anwendbarkeit des § 57 StGB. **18** Teilweise wird erwogen, in Fällen von JStrafe wegen **„Schwere der Schuld"** (§ 17 Abs. 2 Alt. 2) – unter Hervorkehrung der Tat und Hintanstellung des Alters des Verurteilten zur Tatzeit (LG Berlin NStZ 1999, 102 mablAnm *Schönberger*) – das Ermessen **in Anlehnung an** die Grundsätze des § 57 StGB auszuüben. Danach würde eine Aussetzung des Strafrestes zBew vor Ablauf von zwei Dritteln der Strafzeit trotz günstiger Sozialprognose nur erfolgen, wenn – wie entsprechend § 57 Abs. 2 Nr. 2 StGB aF (modifiziert durch 23. StrÄndG v. 13.4.1986, BGBl. I 393) ausgeführt wurde – besondere Umstände in der Tat und in der Persönlichkeit des Verurteilten vorliegen oder wenn diese Anordnung ausnahmsweise aus besonders wichtigen Gründen geboten erscheint (LG Bonn NJW 1977, 2226; StV 1984, 255 mablAnm *Tondorf* sowie krit. Bspr. *Hoffmann* StV 2002, 450 f.).

Gegen diese Art der Ermessensausübung ist zunächst einzuwenden, dass **19** die entsprechenden besonderen Voraussetzungen des § 57 StGB nicht in Abs. 2 übernommen wurden. Vielmehr ist die Regelung in **§ 88** bewusst **offen ausgestaltet** worden, damit die Aufgabe des JRichters, bei günstiger Prognose ausnahmsweise hier etwa vertretbare Belange des Vergeltungsgedankens mit den stets vorrangig zu berücksichtigenden Erfordernissen der Erziehung zu einem Ausgleich zu bringen (vgl. hierzu OLG Schleswig SchHA 1998, 196 f.; näher *Neubacher* GA 2006, 740–746), nicht durch eine generelle Orientierung an der Regelung des § 57 StGB behindert wird (OLG Hamm openjur 2015, 7043; *Böhm* NJW 1977, 2198; *Schönberger* NStZ 1999, 103 f.; *Brunner/Dölling* Rn. 1, 2; *Weidinger* Strafaussetzung 150:

gem. § 2 Abs. 2 nicht anwendbar). Die Akzentuierung auf eine ggf. vorliegende „Schwere der Schuld" könnte – entgegen der ratio des § 88 im Vergleich zu § 57 StGB – ggf. gar die Folge einer unzulässigen Schlechterstellung im Vergleich zu nach allg. StR Verurteilten haben, weil „Schwere der Schuld" in § 57 StGB nicht vorkommt (OLG Hamm BeckRS 2015, 6744; *Sonnen* in Diemer/Schatz/Sonnen Rn. 12). Im Übrigen entspricht es, im Einklang mit der Unzulässigkeit generalpräventiver Erwägung im JStR (vgl. → § 17 Rn. 6 f., → § 18 Rn. 43), der Fassung des § 88, dass etwaige Belange des Schuldausgleichs durch die Berücksichtigung im Erkenntnisverfahren gewissermaßen verbraucht sind.

20 **c) Rechtstatsächliches.** Ausweislich der BZR-Daten sind die **Rückfallraten** bei vollständig und teilweise vollstreckten JStrafen – anders als im allg. StR, wo für die Strafrestaussetzung günstigere Werte dokumentiert werden – sehr ähnlich (*JAHT* Legalbewährung 202 ff., 213 ff.; vertiefend *Kerner ua,* Systematische Rückfalluntersuchung im Hessischen Jugendvollzug, 2011, 138 ff.; vgl. bspw. auch die Daten bei *Endres ua* MschKrim 2016, 342 (348)). Ob dies auf Problemen bei der Auswahl der vorzeitig zu Entlassenden, auf den Wirkungen des Weitervollzugs bei den Nichtentlassenen oder auf den jeweiligen Bedingungen des Übergangs in Freiheit beruht, ist unklar. Die Datenlage zeigt aber immerhin an, dass vorzeitige Entlassungen jedenfalls nicht risikoerhöhend wirken. Sie gibt also keinen Anlass zu einer restriktiven Handhabung von § 88 (s. auch → Rn. 46).

20a Die Praxis vorzeitiger Entlassung ist schwer abschätzbar, da die amtliche Vollzugsstatistik keine Quantifizierung der Anteile vorzeitiger Entlassungen erlaubt (*Eisenberg/Kölbel* Kriminologie § 36 Rn. 46). Die verfügbaren Länder- bzw. Regionalanalysen machen sehr unterschiedliche Angaben, die zwischen ca. 22 % und etwas über 60 % liegen (*Kerner ua,* Systematische Rückfalluntersuchung im Hessischen Jugendvollzug, 2011, 88 f.; *Lobitz/Giebel/Suhling* FS 2013, 340 (342); *Cornel* FS Ostendorf, 2015, 174). Dabei sprechen manche Anhaltspunkte dafür, dass sich – den restriktiveren Neufassungen des § 88 Abs. 1 und 3 (Gesetz v. 26.1.1998, BGBl. I 160) entspr. – sowohl der *Anteil vorzeitiger* Entlassungen als auch, soweit es dazu kam, der ausgesetzte *Strafrest verkleinert* haben (vgl. näher etwa *Röthel,* Vorzeitige Entlassung aus dem Jugendstrafvollzug, 2007, betr. die Anstalten Adelsheim (117 ff., 136 ff., 143 ff.), Hameln (123 ff., 139 ff., 148 ff.) und – eingeschränkt – Hahnöfersand (129 ff., 142 f., 153 ff.)). Im Zusammenhang mit variablen Zahlen von Neueinweisungen ist allerdings nicht auszuschließen, dass bei prognostisch relevanten Beurteilungen auch (verdeckt bleibende) Eigenbelange der befassten Institutionen (oder gar Amtierender selbst) einfließen (vgl. detailliert etwa *Villmov/Savinsky* ZJJ 2015, 179 ff.).

21 Mitunter wird indes auf die Tendenz eines **Hinausschiebens** und einer Orientierung an den anders gestalteten Voraussetzungen im allg. StR (2/3 Zeitpunkt bzw. hälftige Vollstr) hingewiesen (*Claasen* in Gerken/Schumann Rechtsstaat 129–131 betr. Bremen; *Ohle* in Walter ua (Hrsg.) Bruchstücke, 1992, 124 betr. Hahnöfersand; *von Moers,* Die vorzeitige Entlassung aus dem Jugendstrafvollzug, 1992, 163 f., 166 ff. betr. JVAen Siegburg und Heinsberg, wonach nur 20,3 % bzw. 9,9 % der in die Untersuchung einbezogenen Probanden vor Ablauf der Zweidrittelfrist entlassen wurden; vgl. ergänzend betr. Mecklenburg-Vorpommern *Dünkel* ZfStrVo 2002, 72). Im Übrigen liegen oder lagen Anhaltspunkte dafür vor, dass sich (meist mehrere) *Vorverurtei-*

lungen (auch) dann, wenn es sich (einschließlich der der Einweisung zu Grunde liegenden Delikte) um eher weniger schwere Straftaten handelt (zB Diebstahl), entlassungshinderlich auswirken (krit. zu dieser Form des Eskalationsprinzips (vgl. → § 5 Rn. 9, → § 31 Rn. 42) *von Moers,* Die vorzeitige Entlassung aus dem Jugendstrafvollzug, 1992, 179). Die Praxis soll dazu tendieren, bei *Erstverbüßern* eine Entlassung frühestens bei 7/12 der Jugendstrafe und ansonsten erst zum 2/3-Termin von Amts wegen zu prüfen (*Kilian* in BeckOK JGG Rn. 10; dazu ferner – affirmierend –*Kern* in HK-JGG Rn. 22). Tatsächlich betrug in den hessischen Entlassungsjahrgängen 2003 und 2006 der ausgesetzte Strafrest bei ca. 60 % der vorzeitig Entlassenen (dh bei jenen, die nicht nur weniger als eine Woche oder gar nicht vorfristig freikamen) weniger als ein Strafdrittel (*Kerner ua,* Systematische Rückfalluntersuchung im Hessischen Jugendvollzug, 2011, 86 f.). Darin deutet sich eine eine repressive Korrektur der offeneren Gesetzesvorgabe an (ähnlich *Beulke* FS Schurig, 2012, 22 f.; weitergehend *Weidinger* Strafaussetzung 149: unzulässig).

Ferner wird von (gar unzulässigen) Verhinderungen wegen nicht abge-   **21a**
schlossener *Ausweisung*sverfahren (vgl. § 456a StPO; vgl. näher→ § 1 Rn. 54) berichtet (s. etwa DVJJ 1987, 378; zum allg. StR OLG Nürnberg StraFo 2007, 431; OLG Karlsruhe StraFo 2008, 180 (mzustAnm *Trurnit*): „Strafhaft zur Abschiebehaft umzufunktionieren").

4. Gnadenweg

Die Aussetzung des Strafrestes zBew ist auch im Gnadenwege möglich (zu   **22**
rechtstatsächlichen Angaben vgl. etwa *Sonnen* ZJJJ 2016, 125 ff.). Allerdings darf dieses Verfahren nicht dazu dienen, der jugendrichterlichen Entscheidung vorzugreifen oder ihr zu widersprechen (vgl. auch *Birkhoff/Lemke* GnadenR 288). Die Möglichkeit der gnadenweisen Aussetzung wird ggf. etwa dann in Betracht kommen, wenn die zeitlichen Schranken des Abs. 2 ein gerichtliches Verfahren unmöglich machen (vgl. § 20 ThürGnO). – Wegen der Voraussetzungen des Widerrufs und insb. vorheriger Hinweispflicht vgl. BVerfG NJW 2013, 2414 (zum allg. StR).

III. Verfahren

1. Einzelne Regelungen

a) Jugendrichterliche Entscheidung. Zuständig für die Entscheidung   **23**
ist der – zur Zeit der Entscheidung – amtierende Vollstreckungsleiter (§ 85 Abs. 2, 3 oder § 84 Abs. 1, 2). Es handelt sich um eine jugendrichterliche Entscheidung (§ 83 Abs. 1), dh es gelten die zu § 83 dargelegten Verfahrensgrundsätze.

b) Abs. 3 S. 1. Nach dieser (durch das 1. JGG-ÄndG eingeführten) Vor-   **24**
schrift soll die Entscheidung in den Fällen der **Abs. 1** *und* **2** im Interesse der Entlassungsvorbereitung so **frühzeitig** getroffen werden, dass die erforderlichen (Eingliederungs-)Maßnahmen durchgeführt werden können. Die Vorschrift hat im Sinne zukünftiger Legalbewährung deshalb besondere Bedeutung, weil gerade in der ersten Zeit nach Entlassung erneute Deliktsbege-

hungen iZm mangelnder Integration vorkommen (zu Nachw. *Eisenberg/ Kölbel* Kriminologie § 37 Rn. 31–46).

25 **c) Abs. 3 S. 2.** Was die in dieser (gleichfalls durch das 1. JGG-ÄndG eingeführten) Bestimmung getroffene Wiederaufhebungsmöglichkeit (Abs. 3 S. 2) angeht, so hat der Gesetzgeber es versäumt, die in Rede stehenden (wahren) Tatsachenangaben einzugrenzen und zu konkretisieren (vgl. dazu *Eisenberg* MschKrim 1988, 136; vgl. auch DVJJ v. 1.2.1988, S. 36, unveröffentl. Manuskript). Es geht zum einen um vollzugssituativ bedingte Implikationen prognostischer Aussagen, zum anderen um die Gefahr einer Verfestigung erzieherisch abträglicher Elemente im Sinne eines Stufenstrafvollzuges (vgl. → § 92 Rn. 77), zumal die (in der Aufhebungsmöglichkeit angelegte) Rechtsunsicherheit ihrerseits erzieherisch hemmende Wirkung zeitigen könnte. Wegen des Verhältnisses der Begriffe „Entwicklung" bzw. „Sicherheitsinteresse der Allgemeinheit" zueinander vgl. → Rn. 17.

2. Besondere Anhörungspflichten (Abs. 4)

26 Diese Regelung der Pflichten in diesem Verfahren ist (nach sämtlichen Methoden der Gesetzesauslegung) abschließend, dh Vorschriften der StPO betr. die Reststrafenaussetzung im allg. StR sind nicht entsprechend anwendbar (OLG Frankfurt a. M. NStZ-RR 1999, 91; *Dessecker* StV 1999, 682; *Ostendorf* NJW 2000, 109; anders *Erdmann-Degenhardt* SchlHA 1999, 296). Das Verfahren steht schon im allg. StR (vgl. BVerfG, 3. Kammer des 2. Senats, BeckRS 2014, 59304), noch erhöht aber im JStR, unter einer besonderen *Beschleunigungspflicht* (OLG Frankfurt a. M. NStZ-RR 1999, 91).

27 **a) Verurteilter, Verteidiger.** Der Verurteilte ist grundsätzlich vom Vollstreckungsleiter selbst **mündlich** zu hören (Abs. 4 S. 2; nur ausnahmsweise durch einen anderen JRichter im Wege der Rechtshilfe). Diese Anhörung dient dazu (zu Auswirkungen bei Nichtanhörung OLG Schleswig SchlHA 1998, 197 f.), sich persönlich und unmittelbar die wesentlichen Gründe erläutern zu lassen, die nach Auffassung des Verurteilten für seine Entlassung sprechen (zum Nichterfordernis einer Einwilligung in die Entlassung vgl. → Rn. 14). Insbesondere ist dem Verurteilten Gelegenheit zu geben, zu den Ausführungen der gem. Abs. 4 S. 1 gehörten Personen Stellung zu nehmen (anschaulich zur „Konferenz" *Gottschalk/Röttiger* in Trenczek, Freiheitsentzug bei jungen Straffälligen, 1993, 186). Daher müssen ihm grundsätzlich sämtliche Tatsachen mitgeteilt werden, die vom Vollzugsleiter und/oder von der JStaatsanwaltschaft gegen eine Entlassung angeführt wurden. – Zugleich kann der JRichter seine bisherigen Anhaltspunkte für eine Entscheidung bzgl. des Verurteilten wie der Sachlage überprüfen und ggf. durch Fragen an den Verurteilten vertiefen (vgl. schon *Dallinger/Lackner* Rn. 35). – Eine *Video*konferenz ist – anders als ggf. partiell betr. Freiheitsstrafen – unzulässig, insb. wird die mündliche Anhörung wegen des Grundsatzes des § 2 Abs. 1 idR unverzichtbar sein (vgl. einschr. OLG Stuttgart StraFo 2012, 287 (zum allg. StR), e contr. abl. Gesetz v. 25.4.2013 (BGBl. I 935); näher zum Ganzen *Eichinger,* Videokonferenz in der Strafvollstreckung. Eine rechtliche und empirische Analyse, 2015, 105 ff., 113 ff.; zur Bedeutung des „persönlichen Eindrucks" in entspr. Verfahren nach allg. StR OLG Hamm NStZ-RR 2011, 325). – Die Mitwirkung eines *Dolmetschers* oder Übersetzers bei nicht deutschsprachigen Verurteilten ist unabhängig davon notwendig, ob der Vollstreckungsleiter die fremde Sprache „hinreichend spricht" (vgl. *Kern* in HK-JGG Rn. 13).

Der Verurteilte darf einen Rechtsbeistand seines Vertrauens hinzuziehen. **28** Dem **Verteidiger** ist es stets erlaubt, an der mündlichen Anhörung teilzunehmen (vgl. schon BVerfG MDR 1993, 678 (betr. das allg. StR), unter Bezugnahme auf die Grundsätze eines fairen Verfahrens). Wird hierzu keine Gelegenheit gegeben, so muss die Verhandlung ggf. wiederholt werden (OLG Naumburg StraFo 2008, 522 (zum allg. StR)).

Zumindest für Fälle nicht unerheblicher Reststrafe (nach *Beulke* BMJ 1987, **29** 188 f. bei Jugendlichen etwa sechs Monate; nach *Hartman-Hilter* StV 1988, 316 unabhängig von der Höhe; nach UK III DVJJ-Journal 1992, 25: ab JStrafe von einem Jahr) und solche, in denen der Verurteilte seine Verfahrensrechte (besonders gem. Abs. 4 S. 2) nicht wahrnehmen kann (vgl. betr. Einreise- und Aufenthaltsverbot LG Saarbrücken ZJJ 2015, 423 mAnm *Möller*) wird entsprechend § 83 Abs. 3 S. 2, § 68 Nr. 1 iVm § 140 Abs. 2 StPO eine **Pflichtverteidiger**-Bestellung (vgl. auch LG Saarbrücken ZJJ 2015, 426 mAnm *Möller* (speziell zu § 6 Abs. 1 FreizügG/EU S. 430)) zu prüfen sein (zur Analogie betr. die dem Vollstreckungsverfahren zugehörige Voschrift LG Saarbrücken ZJJ 2015, 423 mAnm Möller). Nach weitergehender Auffassung sei die Ablehnung eines Antrages nach Abs. 2 nur vertretbar, wenn ein Verteidiger mitgewirkt hat (Arbeitsgruppe DVJJ NJW 1989, 1025 ff.: regelmäßig Schwierigkeit der Sach- und Rechtslage; vgl. auch → § 83 Rn. 9). Ob der Verurteilte seine Belange selbst hinreichend vertreten kann, wird wegen der Bedeutung der Aktenkenntnis idR nicht von vornherein bejaht werden können (vgl. zum allg. StR etwa *Eisenberg/Ohder,* Aussetzung des Strafrests zur Bewährung, 1987). Ohnehin bedarf es eines notwendigen Verteidigers, wenn ein Sachverständiger zur Beurteilung der Prognose beauftragt wird (OLG Frankfurt a. M. StV 2015, 229 (Überforderung der Verständnismöglichkeiten; betr. allg. StR), LG Saarbrücken ZJJ 2010, 80 (gem. dem Grundsatz des fairen Verfahrens) mit Bspr. *Möller* ZJJ 2010, 20 ff.), und zwar unbeschadet günstiger Prognose, sofern im Gutachten zB eine aussetzungsbegleitende Weisung empfohlen wird (OLG Frankfurt a. M. StV 2015, 229). − Liegen die Voraussetzungen notwendiger Verteidigung vor, so ist die mündliche Anhörung (Abs. 4 S. 2) ohne Pflichtverteidiger **auch** dann **unzulässig,** wenn der Verurteilte auf dessen Anwesenheit **verzichtet** (OLG Hamm StV 2016, 513 (zum allg. StR, § 454 Abs. 1 S. 3 StPO)).

Gemäß § 83 Abs. 3 S. 2, § 67 Abs. 1 stehen den **Erziehungsberechtig-** **30** **ten** und dem **gesetzlichen Vertreter** die gleichen **Anhörungsrechte** zu wie dem Verurteilten, jedoch muss deren Anhörung nicht mündlich erfolgen.

b) Vollzugsleiter. Dessen Anhörung ist von besonderer Bedeutung. Er **31** sollte seine (schriftliche) Stellungnahme möglichst nach einer seinerseits vorzunehmenden Anhörung oder Aussprache mit denjenigen Bediensteten abgeben, die mit der Erziehung des Verurteilten befasst waren oder ansonsten mit ihm in Kontakt standen (einschr. betr. Prognosen der „Vollzugsbediensteten", die diese für treffsicherer hielten als diejenigen von Sozialarbeitern und von Psychologen, *Bottenberg/Gareis* ZfStrVo 1987, 77 f.). Der Vollzugsleiter ist aber für seine Entscheidung allein verantwortlich.

31a In der Praxis kommt es, zumal bei getrennt kategorisierten Gefangenengruppen (zB betr. den Drogenbereich oder betr. „islamistischen Terrorismus"), nicht selten zu einer Auflistung von Negativa (unkritisch etwa BGH NStZ-RR 2018, 126; OLG Frankfurt a. M. BeckRS 2015, 7901), soweit positive Umstände während des Vollzugsablaufs etwa nicht dokumentiert werden und die Fluktuation der Gruppenleiter dazu führt, dass der jeweils neu zuständig gewordene Gruppenleiter den Probanden nicht kennt.

32 **c) JStaatsanwalt.** Die Anhörung des – nach § 143 Abs. 1 GVG bzw. (im Falle eines Wechsels des Vollstreckungsleiters) nach § 85 Abs. 7 (vgl. aber krit. → § 85 Rn. 18) zuständigen – JStaatsanwalts soll entgegen verbreiteter Auffassung nicht dazu dienen, in Abwägung der für oder gegen eine Entlassung sprechenden Umstände diejenigen Gesichtspunkte besonders zu betonen, die im Hinblick auf die Allgemeininteressen bestehen (so *Dallinger/ Lackner* Rn. 33). Vielmehr wird der JStaatsanwalt sich nicht anders als das JGericht zumindest auch an dem Erziehungsauftrag (**§ 2 Abs. 1**) orientieren. Allerdings nimmt er üblicherweise nach Abschluss der Ermittlungen schriftlich Stellung, dh er stützt sich betr. tatsächliche Anhaltspunkte überwiegend auf das Aktenstudium. Dabei ist zu bedenken, dass hierdurch primär die Tat(en) in Erinnerung gebracht werden, ohne eine gegenwärtige Anhörung und einen (erneuten) „persönlichen Eindruck" von dem Verurteilten ersetzen oder vermitteln zu können.

32a **d) Sachverständiger.** Holt der Vollstreckungsleiter ein (Sachverständigen-)Gutachten ein, so ist bei der *Auswahl* kein Fachgebiet von vornherein vorzugswürdig (vgl. zu Vorteilen bei Psychologen *Kury/Adams* FS 2010, 83 (betr. allg. StR); vgl. ergänzend → § 43 Rn. 25–49). Im Falle des *Bestreitens* der Tatbegehung (vgl. → Rn. 10), die in der Anlassverurteilung bejaht wurde, hat der Sachverständige dies in Beziehung zu dem Urteil zu setzen, zB zur Tatsituation, zum Täter-Opfer-Verhältnis etc (vgl. OLG Zweibrücken StraFo 2017, 475). Es bedarf grundsätzlich auch der *mündlichen* Anhörung des Gutachters (einschr. LG Zweibrücken StV 2002, 434 (Ls.): bei Anlass zu Zw.). Davon unabhängig sind ggf. auch bestimmte *VollzBedienstete* mündlich anzuhören (zum allg. StR BVerfG, 3. K. des 2. S., BeckRS 2009, 41468).

3. JStrafe neben anderen freiheitsentziehenden Rechtsfolgen

33 Die StrafvollstrKammer kann über die Aussetzung der *Freiheitsstrafe* entscheiden, auch wenn noch eine JStrafe (als Anschlussstrafe) zu vollstrecken ist (OLG Karlsruhe MDR 1980, 1037; vgl. im Übrigen → § 82 Rn. 43).

33a Bei einem Nebeneinander von JStrafe und *Maßregel* nach § 7, § 64 StGB kann die Entscheidung über die Aussetzung nur *einheitlich* ausfallen (s. zum allg. StR gem. der hM schon OLG Frankfurt a. M. GA 1981, 40 ff.).

IV. Sperrfristen

1. Ausgestaltung

Der Vollstreckungsleiter kann – ggf. mehrfach – (Sperr-)Fristen von 34 höchstens sechs Monaten festsetzen, vor deren Ablauf ein Antrag des Verurteilten, die Vollstr des Strafrestes zBew auszusetzen, unzulässig ist (Abs. 5; vgl. auch § 57 Abs. 6 StGB). Hiervon wird vielfach im Anschluss an die Ablehnung eines Entlassungsantrags Gebrauch gemacht, ohne dass dies der einzige mögliche Anlass für eine Sperrfrist wäre (zust. OLG Hamm NStZ 1983, 265 (obiter dictum)). Gemäß den erzieherischen Prinzipien (zum Erziehungsauftrag § 2 Abs. 1) der Flexibilität und Zukunftsorientierung sollte die Festsetzung von Sperrfristen die **Ausnahme** sein. Bedenklich ist allerdings, wenn ganz überwiegend ein Gespräch außerhalb des förmlichen Verfahrens mit dem Ergebnis der Rücknahme des Antrages geführt wird (*Claasen* in Gerken/Schumann Rechtsstaat 143): im Einzelnen wäre andernfalls zB zu besorgen, dass günstige Voraussetzungen zur (Wieder-) Eingliederung (etwa Arbeitsplatz) ungenutzt verstreichen, ohne dass es zu einer erneuten Abwägung kommt. Die Dauer der Sperrfrist richtet sich nach der Höhe des zu vollstreckenden Strafrestes. – Zur Anfechtbarkeit vgl. → § 83 Rn. 1 ff.

2. Tragweite

Die Sperrfrist **gilt für** den Verurteilten, nicht für die JStaatsanwaltschaft 35 (allg. Auffassung). Ein während der Sperrfrist gestellter – und daher unzulässiger – Antrag kann als Anregung zur Einleitung eines Verfahrens von Amts wegen dienen.

V. Eingliederungsziel; Folgeentscheidungen (Abs. 6)

1. Eingliederungsziel

a) Verhältnis zur Entscheidung nach § 21; Beschwerde der Staats- 36 **anwaltschaft.** Für die nach Abs. 6 zu treffenden Entscheidungen gelten dieselben **Grundsätze** wie bei der **Aussetzung** der Vollstr zBew gem. § 21. Inhaltlich ergeben sich jedoch Unterschiede insofern, als BewWeisungen und -Auflagen hier vorrangig dazu dienen sollen, dem Entlassenen die erste Zeit in der **Freiheit** zu erleichtern, **existentielle** Probleme zu überwinden (vgl. → Rn. 38 ff.; vgl. auch *Dallinger/Lackner* Rn. 45) und sich in Freiheit im Sinne zukünftiger Legalbewährung fortzuentwickeln (eine Weisung etwa, das Internet nicht zu nutzen, könnte allenfalls in enger Beschränkung auf bestimmte Inhalte geeignet sein (vgl. aber zum allg. StR OLG Hamm NJW 2015, 582 mkritAnm *Cornelius*)). Indes wird mitunter betr. die BewHilfe von einem zeitlichen „Betreuungsloch" (*Stelly/Thomas* Bewährungshilfe 2003, 63) gerade für die erste Phase nach Entlassung berichtet.

Indem das Gesetz bestimmt, dass die **Beschwerde** der JStaatsanwaltschaft 37 **gegen** den die **Aussetzung** anordnenden Beschluss aufschiebende Wirkung hat (entspr. § 454 Abs. 3 S. 2 StPO), wird gleichfalls ein Bedürfnis nach frühzeitiger Entscheidung (s. weitreichender Abs. 3) deutlich. Um auszuschließen, dass der Jugendliche zunächst entlassen und sodann auf Beschwerde der JStaatsanwaltschaft hin erneut eingewiesen wird, muss die Entscheidung nach Möglichkeit (einschr. betr. eher kurze JStrafen *Kern* in HK-JGG Rn. 58) so rechtzeitig getroffen werden, dass über eine etwaige Beschwerde der JStaatsanwaltschaft noch vor dem beabsichtigten Entlassungstermin entschieden werden kann.

38 **b) Eingliederungsbemühungen.** Als zentrale Aufgabe der **Betreuung** gilt die Beschaffung von Wohnung und Arbeitsstelle einschließlich sonstiger konkreter Lebenshilfe für die erste Zeit nach der Entlassung (vgl. dazu etwa *Höynck* FS 2008, 230 f.; speziell zu einem Wohngemeinschafts-Konzept s. *Knöbl* ZfStrVo 1997, 352 ff.). Im Einzelnen zählen hierzu Mittel für Miet- oder Versicherungsverträge wie auch Arbeitskleidung oder -geräte; während als Voraussetzung für diese Leistungen regelmäßige Arbeit gilt, wird Bargeld nur für den dringendsten Bedarf ausgehändigt. – Speziell den **finanziellen** Bereich betr. geht es darum, die Entlassenen bei Verhandlungen über Tilgungspläne ggü. Gläubigern zu vertreten. Entsprechende Bemühungen sind deshalb von wesentlicher Bedeutung, weil in der ganz überwiegenden Zahl der Fälle finanzielle Belastungen im Vordergrund der Schwierigkeiten einer Legalbewährung von Entlassenen stehen. Vielfach wird ein Kompromiss zwischen Gläubiger und Entlassenem in Gestalt von Tilgungsplänen angestrebt, bei welchem ein Teil der **Schulden** aufgrund eines Vergleichs erlassen wird (vgl. auch → § 92 Rn. 61).

39 Im Bereich **immaterieller Unterstützung** handelt es sich um Aussprache, Beratung und Betreuung. Gerade hier soll die Tätigkeit *freiwilliger* Helfer wirksam sein. Ob dies allerdings bevorzugt dann gilt, wenn ein Kontakt mit dem Probanden bereits während des Vollzugszeitraums begonnen und nach der Entlassung weiterverfolgt wird, lässt sich generell nicht beantworten (vgl. → § 92 Rn. 62–65). – Wegen der Nachbetreuungsaufgabe der *JGH* s. § 38 Abs. 2 S. 8 und 9 aF bzw. § 38 Abs. 5 S. 4 und 5 nF (vgl. auch → § 38 Rn. 24 ff.; ergänzend *Mollik* FS 2010, 272 ff.).

40 Gemäß allg. Primärerfahrung lassen sich Schwierigkeiten für eine **Sozial-** und **Legalbewährung** des Entlassenen am meisten in solchen Bereichen vermuten, bzgl. derer negative Auffälligkeiten über ihn behauptet oder ihm nachgewiesen worden sind. Dabei wirkt sich **erschwerend** aus, dass ggü. Entlassenen eine erhöhte private wie auch behördliche Kontrolle (vgl. näher etwa *Boers/Herlth* MschKrim 1999 (16), 115 ff.; vgl. auch → § 92 Rn. 63) bei Unregelmäßigkeiten jedweder Art stattfindet. Die Chancen auf soziale Anerkennung (außerhalb negativ sanktionierter Randgruppen) werden nur mit Zeitablauf und bei geringerem Ausmaß allg. sozialer Kontrolle innerhalb zentraler Lebensbereiche des Entlassenen ansteigen, kaum jedoch zu einer Gewissheit der Überwindung der sozialen Missachtung führen. – Bei Verurteilungen wegen *massenmedial* besonders attraktiven Delikten besteht eine besondere *Gefahr* der Integration darin, dass sog. „sog. Krawallmedien" dem Entlassenen bzw. Angehörigen etc sozusagen „ständig auf den Fersen" (vegleichbar Abläufen betr. manche aus Sicherungsverwahrung Entlassene).

40a Methodisch schwer festzustellen ist, in welchem Umfang das Verhalten von Bezugspersonen zB aus dem Sozial- und Leistungsbereich auslösender Anlass einer etwa gescheiterten sozialen Anpassung und von erneuter Straftatbegehung nach der Entlassung ist (vgl. auch *Stelly/Thomas* Bewährungs-hilfe 2003, 58 ff.). Dabei kommt es insb. darauf an, zu überprüfen, inwieweit berichtete und als **negativ beurteilte Geschehnisse** im Arbeits-, Freizeit- und Sozialbereich untereinander im Verhältnis von unabhängigen zu abhän-gigen Variablen stehen.

c) **Sonstiges.** Wegen der besonderen Anordnung betr. Strafmakel im Falle 41 der Entlassung s. § 100 (vgl. → § 100 Rn. 5f).

Betreffend erforderliche Mitteilungen s. § 13 Abs. 1 Nr. 2 BZRG sowie 42 § 479 Abs. 2 StPO.

2. Widerruf

a) **Abs. 6 S. 1, § 26 Abs. 1 Nr. 1, Nr. 2.** Eine erneute Straftat in der 43 BewZeit, die zu einer *Verurteilung* unter *Aussetzung der Vollstr zBew* geführt hat, kann den Widerruf der Aussetzung des Strafrestes bei günstiger Sozial-prognose zumindest dann nicht rechtfertigen, wenn das Delikt als Ausdruck einer inzwischen überwundenen Krise erscheint (LG Hamburg StV 1984, 32).

Der Widerrufsgrund der „Besorgnis" iSd Abs. 6 S. 1, § 26 Abs. 1 Nr. 2 44 setzt tatsächliche Anhaltspunkte voraus, die sich gerade aus dem Verhalten nach der Entlassung ergeben (LG Hamburg MDR 1976, 946, speziell zu Drogenabhängigen vgl. → § 82 Rn. 10 ff. entspr.).

b) **§ 26 Abs. 1 S. 3.** Aufgrund des Verweises in Abs. 6 S. 1 betrifft die 45 Erfassung gem. § 26 Abs. 1 S. 3 auch die Frage des Widerrufs nach Rest-aussetzung.

c) **Notwendige Verteidigung.** Wegen der Frage notwendiger Verteidi- 45a gung analog § 83 Abs. 3 S. 2, § 68 Nr. 1 iVm § 140 Abs. 2 StPO vgl. → Rn. 29 sowie → §§ 26, 26a Rn. 32.

d) **Widerrufsquote.** Vgl. dazu (sowie zum anteilsmäßigen Verhältnis der 46 Widerrufsanlässe) → § 26 Rn. 15 f. sowie *Holleis* Bewährungshilfe 1981, 56 ff.

3. Abgabe bzw. Einschränkung der Zuständigkeit

a) **§ 85 Abs. 5, § 88 Abs. 6 S. 3.** Der JRichter kann die Vollstreckungs- 47 zuständigkeit nach der Entlassung des Jugendlichen an einen anderen JRich-ter abgeben. Zulässig ist dies zum einen gem. § 85 Abs. 5, da die Restausset-zung der Vollstr zBew regelmäßig einen wichtigen Grund iSd Vorschrift darstellt. Ebenso kann der JRichter gem. Abs. 6 S. 3 iVm § 58 Abs. 3 S. 2 die notwendig werdenden Entscheidungen an den JRichter übertragen, in dessen Bezirk sich der Jugendliche aufhält; dies gilt ggf. nicht bei Entlassung im Gnadenweg (BGHSt 32, 330; vgl. → Rn. 10, aber auch → § 82 Rn. 9). Beide Abgaben sind jederzeit widerruflich (BGHSt 7, 318), dh der abge-bende Vollstreckungsleiter kann die Entscheidung (zB über den Widerruf der Restaussetzung der Vollstr zBew oder den endgültigen Erlass der JStrafe) jederzeit wieder an sich ziehen. Hat der andere JRichter die Restaussetzung der Vollstr zBew widerrufen, ist seine (begrenzte) Zuständigkeit beendet, weil keine „infolge der Aussetzung" erforderlich werdenden Entscheidungen

(s. Abs. 3 S. 3 iVm § 58 Abs. 1 S. 1) mehr anstehen (OLG Karlsruhe Justiz 1983, 161 (163)).

48   **b) Entscheidung über den Widerruf.** Der Vollstreckungsleiter ist dafür auch dann zuständig, wenn sich der Verurteilte in anderer Sache in Strafhaft befindet und (ansonsten) die StrafvollstrKammer zuständig geworden ist (OLG Stuttgart MDR 1976, 75).

Jugendstrafe bei Vorbehalt der Entscheidung über die Aussetzung

89 [1]Hat das Gericht die Entscheidung über die Aussetzung der Jugendstrafe einem nachträglichen Beschluss vorbehalten, darf die Jugendstrafe vor Ablauf der nach § 61a Absatz 1 maßgeblichen Frist nicht vollstreckt werden. [2]Dies gilt nicht, wenn die Aussetzung zuvor in einem auf Grund des Vorbehalts ergangenen Beschluss abgelehnt wurde.

I. S. 1

1   Gemäß dieser Vorschrift stellt der **Vorbehalt** der Entscheidung über die Aussetzung der Vollstr der JStrafe zBew zumindest bis zum Ablauf der nach § 61a Abs. 1 maßgeblichen Frist ein **VollstrHindernis** dar. Dieses entfällt nicht, wenn ein dem Urteil nachfolgender Beschluss zwar eine sofortige Aussetzung ablehnt (etwa nach sofortiger Beschwerde gem. § 59 Abs. 1 S. 2), der Vorbehalt einer nachträglichen Entscheidung hiervon aber nicht berührt wird.

II. S. 2

2   Hat das Gericht allerdings vor diesem Zeitpunkt die **Ablehnung** der **Aussetzung** der Vollstr zBew beschlossen, weil sich ergeben hat, dass eine solche Aussetzung nicht mehr in Betracht kommen wird, so kann nach Rechtskraft dieses Beschlusses (zur Anfechtbarkeit § 59 Abs. 1 S. 1) die Vollstr beginnen (S. 2).

Unterbrechung und Vollstreckung der Jugendstrafe neben Freiheitsstrafe

89a (1) [1]Ist gegen den zu Jugendstrafe Verurteilten auch Freiheitsstrafe zu vollstrecken, so wird die Jugendstrafe in der Regel zuerst vollstreckt. [2]Der Vollstreckungsleiter unterbricht die Vollstreckung der Jugendstrafe, wenn die Hälfte, mindestens jedoch sechs Monate, der Jugendstrafe verbüßt sind. [3]Er kann die Vollstreckung zu einem früheren Zeitpunkt unterbrechen, wenn die Aussetzung des Strafrestes in Betracht kommt. [4]Ein Strafrest, der auf Grund des Widerrufs seiner Aussetzung vollstreckt wird, kann unterbrochen werden, wenn die Hälfte, mindestens jedoch sechs Monate, des Strafrestes verbüßt sind und eine erneute Aussetzung in Betracht kommt. [5] § 454b Absatz 4 der Strafprozeßordnung gilt entsprechend.

(2) [1] Ist gegen einen Verurteilten außer lebenslanger Freiheitsstrafe auch Jugendstrafe zu vollstrecken, so wird, wenn die letzte Verurteilung eine Straftat betrifft, die der Verurteilte vor der früheren Verurteilung begangen hat, nur die lebenslange Freiheitsstrafe vollstreckt; als Verurteilung gilt das Urteil in dem Verfahren, in dem die zugrundeliegenden tatsächlichen Feststellungen letztmals geprüft werden konnten. [2] Wird die Vollstreckung des Restes der lebenslangen Freiheitsstrafe durch das Gericht zur Bewährung ausgesetzt, so erklärt das Gericht die Vollstreckung der Jugendstrafe für erledigt.

(3) In den Fällen des Absatzes 1 gilt § 85 Abs. 6 entsprechend mit der Maßgabe, daß der Vollstreckungsleiter die Vollstreckung der Jugendstrafe abgeben kann, wenn der Verurteilte das einundzwanzigste Lebensjahr vollendet hat.

Übersicht

	Rn.
I. Anwendungsbereich	1
II. Reihenfolge der Vollstreckung	2
1. Abs. 1 S. 1	2
2. Abs. 2 S. 1	3
III. Unterbrechung der Vollstreckung	4
1. Abs. 1 S. 2	4
a) Unterbrechungszeitpunkt	5
b) Abs. 1 S. 3	6
2. Abs. 1 S. 4	7
a) Verhältnis zu § 88 Abs. 2	7
b) Nichtanwendbarkeit	8
IV. Vollstreckungszuständigkeit	9
1. Offene Regelung	9
2. Abs. 3	11

I. Anwendungsbereich

Betreffend Abs. 1 und 3 gelten die Erl. zu → § 82 Rn. 1, 2 entsprechend. 1 In den Fällen des Abs. 2 richtet sich die VollstrZuständigkeit nach allg. Recht.

II. Reihenfolge der Vollstreckung

1. Abs. 1 S. 1

Die Vorschrift bestimmt für den Fall des Zusammentreffens von **JStrafe** 2 mit **Freiheitsstrafe** (bei der Vollstr), dass idR **zuerst** die **JStrafe** zu vollstrecken ist. Ausnahmen kommen insb. dann in Betracht, wenn zugunsten eines kürzeren Strafrestes der JStrafe die Unterbrechung der Vollstr der Freiheitsstrafe erforderlich wird.

2. Abs. 2 S. 1

3 Unter den Voraussetzungen dieser Vorschrift wird beim Zusammentreffen von JStrafe mit *lebenslanger* Freiheitsstrafe allein die lebenslange Freiheitsstrafe (als dem Übergewicht der Strafe und entsprechend dem Grundgedanken des § 55 Abs. 1 StGB) vollstreckt. Dieser Regelung folgt die Klarstellung des Abs. 2 S. 2.

III. Unterbrechung der Vollstreckung

1. Abs. 1 S. 2

4 Die Vorschrift betrifft die Unterbrechung der Vollstr beim Zusammentreffen von **JStrafe** und **Freiheitsstrafe** (zu den Konsequenzen der Nichtbefolgung s. OLG Zweibrücken 20.1.1994 – 1 Ws 4–5/94 bei *Böhm* NStZ 1994, 532; LG München StV 1999, 664).

5 **a) Unterbrechungszeitpunkt.** Nach dem Willen des Gesetzgebers sollte der Unterbrechungszeitpunkt mit der Regelung des § 88 in Einklang stehen, wogegen § 57 Abs. 1, 2 StGB nicht maßgebend sein sollten (vgl. Begr. BT-Drs. 11/5829, 37). Dieses Bestreben steht – bezogen allein auf S. 2 – iZm der ggü. § 88 Abs. 2 ungünstigeren „Halbstrafen"-Regelung des § 57 Abs. 2 StGB zwar in einer gewissen Diskrepanz zum Gesetzeswortlaut. Das bekundete Anliegen des Gesetzgebers erfordert indes, den Regelzeitpunkt der Unterbrechung nach § 88 Abs. 2 im Sinne einer Ermessensbindung iRd Abs. 1 S. 3 nach der Drittelregelung zu berechnen (vgl. auch BT-Drs. 11/5829: Der Vollstreckungsleiter „hat" unter den gegebenen Voraussetzungen den VollstrZeitpunkt vorzuverlegen). Der Zeitraum kann sodann (unter den gegebenen Voraussetzungen) nach § 88 Abs. 2 S. 1 unterschritten und nur bis zur Höchstdauer gem. Abs. 1 S. 2 (bis zur Vollstr der Hälfte, mindestens sechs Monaten) überschritten werden. Entsprechendes gilt – unbeschadet des Verzichts auf eine ausdrückliche Regelung – bei Vollstr mehrerer JStrafen (vgl. hierzu → § 82 Rn. 43), da dem Verurteilten die Anwendung des § 31 Abs. 3 nicht zum Nachteil gereichen darf (s. auch Begr. BT-Drs. 11/5829, 37).

6 **b) Abs. 1 S. 3.** Nach dieser Vorschrift kann der Vollstreckungsleiter die Vollstr bereits zu enem früheren Zeitpunkt unterbrechen, wenn vorzeitige Entlassung zu einem früheren Zeitpunkt in Betracht kommt.

2. Abs. 1 S. 4

7 **a) Verhältnis zu § 88 Abs. 2.** Die Vorschrift übernimmt ohne Abstimmungsmöglichkeit mit den Besonderheiten der Regelung des § 88 Abs. 2 den Grundsatz der Unterbrechung nach mindestens **sechs Monaten** – ansonsten der Hälfte – auch für die Kann-Vorschrift der **Unterbrechung** bei Vollstr eines **Strafrestes** nach Widerruf einer vorausgegangenen Aussetzung. Ebenso wie der Widerruf einer vorausgegangenen Aussetzung der Vollstr des Strafrestes zBew einer erneuten Entscheidung nach § 88 nicht entgegensteht (vgl. → § 88 Rn. 8), wird eine sachgerechte Ermessensausübung ggf. zur Unterbrechung führen. Damit könnten im Einzelfall möglicherweise auch Benachteiligungen (s. *Böhm* Info DVJJ Hessen 2/88, 15) abgeschwächt wer-

den, die daraus folgen, dass – begründet mit dem Erziehungsgedanken – mitunter vergleichsweise überhöht lange Strafzeiten bemessen werden (vgl. auch schon DBH Bewährungshilfe 1988, 247)). – Allerdings scheidet die Übernahme der Mindestdauer für Fälle mit einem nur noch unter sechs Monate betragenden Strafrest aus (s. ferner OLG Celle NdsRpfl 1992, 95, wonach bei fehlender Aussetzbarkeit des Restes der JStrafe auch die Entscheidung über die Aussetzung des Restes einer unterbrochenen Freiheitsstrafe erst getroffen werden kann, wenn der Zeitpunkt möglicher Entlassung für die Beurteilung der Entlassungssituation nahe genug bevorsteht).

b) Nichtanwendbarkeit. Die Vorschrift (des Abs. 1 S. 4) gilt nicht für 8 Fälle, in denen ein Rest der **JStrafe** entgegen Abs. 1 S. 1 erst **nach** dem Rest einer Freiheitsstrafe vollstreckt wird (LG Karlsruhe NStZ-RR 2011, 155), weil andernfalls (der Zweck des Abs. 1 S. 4 verfehlt würde und) eine Schlechterstellung des nach JStR Verurteilten einträte (aA OLG Dresden NStZ 2016, 109 (111) unter geänderter Auslegung des § 85 Abs. 6 S. 2, vgl. → § 85 Rn. 22). Denn für das allg. StR hat eine Entscheidung gem. § 57 StGB im Falle des Vorliegens von dessen formalen Voraussetzungen in Bezug auf eine neuere Verurteilung dann zu ergehen, wenn ein Strafrest (entgegen § 43 Abs. 2 Nr. 1 StrVollstrO) nach der neuerlich verhängten Freiheitsstrafe vollstreckt wird, deren Ergebnis eine neuerliche Aussetzung der Vollstr zBew sein kann.

IV. Vollstreckungszuständigkeit

1. Offene Regelung

Das **Gesetz** enthält **keine besondere Regelung** über die Zuständigkeit 9 für die Aussetzung der Restvollstr der JStrafe zBew im Falle ihres Zusammentreffens mit Freiheitsstrafe, sodass (vorbehaltlich eines Vorgehens nach Abs. 3) für die Vollstr der JStrafe die Vorschriften des JGG und für die Vollstr der Freiheitsstrafe die allg. StR anzuwenden sind. Da bei Personen unter 21 Jahren vergleichsweise selten über die Aussetzung der Restvollstr von JStrafe und Freiheitsstrafe zBew zu entscheiden ist, hat der Gesetzgeber es der **Praxis überlassen,** die Entscheidungen entweder unabhängig voneinander oder aufgrund formlosen Einvernehmens zu treffen (Begr. BT-Drs. 11/5829, 37; s. näher OLG Frankfurt a. M. NStZ-RR 2000, 95 f.; OLG Jena NStZ 2005, 167). Dabei verlangt der Verweis des **Abs. 1 S. 5** auf **§ 454b Abs. 4 StPO** (vormals Abs. 3, geänd. durch Gesetz v. 17.8.2017 (BGBl. I 3202)) entsprechend nicht, dass zur gleichen Zeit (s. dazu OLG Zweibrücken JBl. RhPf. 1995, 227), sondern lediglich, dass in einem gewissen zeitlichen Zusammenhang entschieden wird (ebenso OLG Jena 24.8.2005 – 1 Ws 314/05 Rn. 20 (juris), BeckRS 2006, 1028; *Kilian* in BeckOK JGG Rn. 8; s. aber auch OLG Frankfurt a. M. NStZ-RR 2012, 189 f.).

Aus der Praxis wird mitunter berichtet, es komme zu Verzögerungen bei 10 den „koordinierten Aussetzungsentscheidungen" aufgrund verspäteter Überhaftnotierung einer Freiheitsstrafe infolge verspäteter VollstrEinleitung seitens der Staatsanwaltschaft, die idR wiederum auf verspäteter Übersendung der Rechtskraftbescheinigung und der Strafakten seitens der Gerichte beruhte oder beruhe.

2. Abs. 3

11   Die Vorschrift ermöglicht für den Fall des Zusammentreffens der Vollstr von **JStrafe** und **Freiheitsstrafe** (Abs. 1) die Abgabe der Vollstreckungsleitung an die allg. VollstrBehörden unter den Voraussetzungen des § 85 Abs. 6 bereits dann (vgl. näher → § 85 Rn. 20), wenn der Verurteilte 21 Jahre alt geworden ist.

12   Im Falle einer Zurückstellung der Vollstr gem. *§ 35 BtMG* und einer Anrechnung gem. § 36 Abs. 1 S. 1 BtMG bleibt für die Entscheidung über die Aussetzung des Restes einer JStrafe zBew jedoch das Gericht des ersten Rechtszuges zuständig (§§ 38, 36 Abs. 1 S. 3, Abs. 5 S. 1 BtMG; KG StV 2013, 778 betr. JKammer; *Patzak* in Körner/Patzak/Volkmer BtMG § 35 Rn. 48f; vgl. ergänzend → § 82 Rn. 6, 10, 28).

Ausnahme vom Jugendstrafvollzug

89b   (1) ¹**An einem Verurteilten, der das 18. Lebensjahr vollendet hat und sich nicht für den Jugendstrafvollzug eignet, kann die Jugendstrafe statt nach den Vorschriften für den Jugendstrafvollzug nach den Vorschriften des Strafvollzuges für Erwachsene vollzogen werden. ²Hat der Verurteilte das 24. Lebensjahr vollendet, so soll Jugendstrafe nach den Vorschriften des Strafvollzuges für Erwachsene vollzogen werden.**

(2) Über die Ausnahme vom Jugendstrafvollzug entscheidet der Vollstreckungsleiter.

Schrifttum *Barisch,* Die Privatisierung im deutschen Strafvollzug, 2010; *Borchert,* Schule und Sozialarbeit im sächsischen Strafvollzug, 2007; *Fröhmcke,* Muslime im Strafvollzug, 2005; *Jansen,* Mädchen in Haft. Devianzpädagogische Konzepte, 1999; *Koervers,* Jugendkriminalität und Religiosität, 1988; *Kreideweiß,* Die Reform des Jugendstrafvollzugs, 1993; *Nickolai ua,* Sozialpädagogik im Strafvollzug, 1985; *Reindl,* Offener Jugendstrafvollzug als Sozialisationsorganisation, 1990; *Rollny,* Pastoraler Dienst am straffälligen jungen Menschen, 1986; Trenczek (Hrsg.), Freiheitsentzug bei jungen Straffälligen, 1993; Wegener ua (Hrsg.), Criminal Behavior and the Justice System, 1988; Werner, Jugendstrafvollzug in Deutschland, 2012.

Übersicht

I. Anwendungsbereich

Die Vorschrift gilt für **Jugendliche** auch dann, wenn die JStrafe von 1 einem für allg. Strafsachen zuständigen Gericht verhängt wurde.

Die Vorschrift gilt für **Heranwachsende** nach Verhängung von JStrafe 2 durch ein JGericht wie durch ein für allg. Strafsachen zuständiges Gericht, dh wenn materielles JStR angewandt wurde (§§ 110 Abs. 1, 105 Abs. 1).

II. Voraussetzungen der Ausnahme; Verfahrensrechtliches

1. Abs. 1

a) Nichtgeeignetheit. Entgegen dem in Einklang mit dem Gesetzes- 3 wortlaut des § 17 Abs. 1 stehenden Grundsatz, dass jede JStrafe in einer JStVollzEinrichtung zu vollstrecken ist, können **Verurteilte,** die das **18., nicht** aber das **24. Lbj.** vollendet haben (wegen der Berechnung vgl. → § 1 Rn. 2), aus dem JStVollzug ausgenommen werden, wenn sie sich für diesen nicht eignen (Abs. 1 S. 1), wobei es sich um eine vollstreckungsrechtliche Entscheidung handelt. Ein Verurteilter eignet sich dann nicht, wenn die erzieherische Einwirkung in der JStVollzEinrichtung keinen Erfolg verspricht oder wenn von seiner Anwesenheit erhebliche Nachteile (ebenso *Franze* Jura 1997, 73 f.) für die Erziehung der anderen JStrafgefangenen zu befürchten sind (krit. zur Vagheit des Begriffs *Dünkel* Neue KPol 2008, 3: restriktiv, begrenzt auf bessere Chancen der (Wieder-)Eingliederung anzuwenden). Diese Kriterien sind **eng auszulegen** (LG Berlin StraFo 2003, 102, betr. „schwierigen" Verurteilten), da im Falle der Ausnahme vom JStVollzug die tatgerichtliche Entscheidung in ihren Grundlagen und Zielsetzungen verändert wird (zust. *Franze* Jura 1997, 73) und für den weiteren Haftverlauf der Verlust der **institutionellen Besonderheiten** der JStVollzEinrichtungen (vgl. → Rn. 6–16) die Folge wäre.

Unerlässlich ist die Zugrundelegung von feststehenden **Tatsachen,** dh 4 Mutmaßungen, Verdachtslage etc reichen nicht aus. Zudem wäre eine Vorab-*Prognose* hinsichtlich der Nichteignung besonders schwierig (vgl. auch → Rn. 5b) – sie ist im Übrigen prinzipiell von der Prognose zukünftiger Legalbewährung zu unterscheiden (s. *Walter* ZfStrVo 1988, 195 (197)). Auch ist durch das Verbleiben des Verurteilten im JStrafvollzug für diesen idR kein

Schaden zu befürchten. Wirtschaftliche oder andere mit der Eignung des Verurteilten nicht zusammenhängende vollzugstechnische Gründe für die Verlegung in den Erwachsenenvollzug (zur Vollzugsgestaltung ggü. Gefangenen im Übergangsalter s. *Walter* ZfStrVo 1991, 276; vgl. aber auch → Rn. 11, 12) oder etwa eigene Interessen der Vollzugsbehörde an dieser Verlegung (gar Sanktionierung eines sog. „Störers") dürfen nicht berücksichtigt werden. Insofern mag im Einzelfall zu prüfen sein, inwieweit zulässige Gründe mitunter vorgeschoben werden.

5 **b) Vollendung des 24. Lbj.** Liegt diese Voraussetzung bei dem Verurteilten vor, so soll JStrafe nach den Vorschriften des allg. Strafvollzugsrechts vollzogen werden (Abs. 1 S. 2). Man geht davon aus, dass ein über 24 Jahre alter Verurteilter mit den Methoden des JStVollzugs nicht mehr erreicht werden kann. Die Ausnahme vom JStrafvollzug ist daher idR anzuordnen. − Vor einer Entscheidung iSd Abs. 2 ist auch eine Ausnahme nach Abs. 1 S. 2 unzulässig (LG Rottweil StV 2001, 185 (Ls.)). Dies gilt umso mehr, als unter verschiedenen Voraussetzungen (vgl. auch § 85 Abs. 6) von einer Entscheidung iSd Soll-Vorschrift abzusehen sein wird. Dies kann zB der Fall sein bei nur noch geringem Strafrest oder uU dann, wenn sonst eine als erfolgreich beurteilte Ausbildung oder Therapie abgebrochen werden müsste. − Von den am 31.3.1999, 2003, 2007, 2011 und 2015 im JStrafvollzug (einschließlich Freiheitsstrafenvollzug nach § 114) einsitzenden 7.150, 7.276, 6.995, 6.099 und 4.397 Gefangenen waren 115, 114, 78, 60 und 53 im Alter von 25 Jahren oder darüber (StVollzSt Reihe Tabelle 3.1; vgl. im Übrigen → § 92 Rn. 14).

2. Verfahrensrechtliches

6 **a) Zuständigkeit (Abs. 2).** Dem **Vollstreckungsleiter** obliegt die Entscheidung über die Ausnahme vom JStVollzug, keinesfalls dem Vollzugsleiter (s. auch RL). Es handelt sich um eine **jugendrichterliche Ermessensentscheidung** (§ 83 Abs. 1). Hinsichtlich des Verfahrens gelten daher die zu § 83 dargelegten Grundsätze (zur sofortigen Beschwerde s. § 83 Abs. 3 S. 1).

7 **b) Verfahren.** Bei der erforderlichen **Anhörung** des Verurteilten darf er in keiner Weise zu einem Einverständnis mit der Herausnahme gedrängt werden. Ein von ihm etwa geäußerter Wunsch oder gestellter *Antrag* darf nur berücksichtigt werden, wenn eine geeignete (§ 70a Abs. 1 aF bzw. § 70b Abs. 1 nF) **Belehrung** vorausgegangen ist und die Äußerung freiwillig geschieht, und im Übrigen ist eine Abwägung mit anderen Umständen (zB akuter Konflikt) erforderlich (vgl. auch BGH ZJJ 2011, 201 mAnm *Eisenberg*). So ist stets eine sorgfältige Vorbereitung der Entscheidung geboten, wozu eine Beobachtung und ein Gutachten der JStVollzEinrichtung, die Anhörung der JGH sowie − im Falle des Wunsches bzw. Einverständnisses des Verurteilten − ggf. des vormaligen gesetzlichen Vertreters und Erziehungsberechtigen gehören.

8 **c) Gesetzlicher Richter.** Grundsätzlich sind auch 18- bis 24-jährige Verurteilte zur Vollstr der JStrafe **zunächst** in die **JStVollzEinrichtung** einzuweisen (RL S. 1 zu § 92 aF). Auch begegnet die in RL S. 3 zu § 92 aF vorgesehene Ausnahme, bei „offensichtlichen" Eignungsmängeln den über

18 Jahre alten Verurteilten „sogleich" in den allg. Strafvollzug einzuweisen, Bedenken in Hinsicht auf die Gewährleistung des gesetzlichen Richters (**Art. 101 Abs. 1 S. 2 GG**), deren Zweck es ist, Beeinflussungen seitens der Justizverwaltung nach Möglichkeit auszuschließen. Zudem ist sie geeignet, die klaren gesetzlichen Regelungen der Zuständigkeitsabgrenzung (s. Abs. 2) gem. § 82 Abs. 1 einerseits, § 85 Abs. 2, 3 andererseits mittels eines Rechtsbegriffs zu unterlaufen, dessen Gehalt vor Einweisung in den JStrafvollzug konkret methodisch kaum zu ermitteln ist (zust. *Kreideweiß*, Die Reform des Jugendstrafvollzugs, 1993, 92: „zu einem Zeitpunkt ... Erfahrungswissen über das Vollzugsverhalten des Gefangenen noch gar nicht" vorliegen kann; zur Prognose → Rn. 3a).

III. Verpflichtungen des Jugendstrafvollzugs gem. dem Erziehungsauftrag (§ 2 Abs. 1)

1. Organisatorisches

a) Vollstreckungsplan. Die Verteilung auf die JStVollzEinrichtungen des 9 jeweiligen Bundeslandes bestimmt sich nach dem von diesem erstellten Vollstreckungsplan. Dieser wiederum entspricht ua Vereinbarungen zwischen verschiedenen Bundesländern (zur Rechtswidrigkeit bei Nichtberücksichtigung familiärer Bindungen KG StRR 2009, 74 (betr. allg. StVollzR) mzustAnm *Dünkel* FS 2010, 61). − Beantragt ein JStrafgefangener abw. vom Vollstreckungsplan die *Verlegung* in eine VollzEinrichtung eines anderen Bundeslandes, so ist eine Entscheidung einerseits über die Verlegung und andererseits über die Übernahme zu treffen, wobei der zweitgenannten Entscheidung eine selbstständige Aufklärung des Sachverhalts vorauszugehen hat (OLG Jena NStZ-RR 2009, 156 (betr. allg. StR)).

b) Vollzugseinrichtungen. aa) Trennungsgebot. Bei dem Vollzug der 10 JStrafe handelt sich um eine dem Erziehungsauftrag (**§ 2 Abs. 1**) verpflichtete und daher **privilegierte Form** (zur Entwicklung vgl. → § 92 Rn. 2), der grundsätzlich jede JStrafe unterliegt (ausnahmslos gilt es für Verurteilte, die zur Zeit des Vollzugs das 18. Lbj. noch nicht vollendet haben; vgl. im Übrigen → Rn. 3; s. ferner § 114).

Es darf sich iSd verfassungsrechtlichen Vorgaben (BVerfGE 116, 69 ff.) − 10a und also noch weniger als schon nach § 92 Abs. 1 aF − **nicht** um eine Abteilung (getrenntes Gebäude oder gar nur Gebäudetrakt) auf dem **Gelände** einer JVA für **Erwachsene** handeln, sondern es muss eine selbstständige Einrichtung sein (vgl. Art. 166 Abs. 1 BayStVollzG, § 59 Abs. 1 S. 1 JStVollzG NRW und § 93 Abs. 2 HmbJStVollzG („in getrennten Anstalten")). Dies ist verschiedentlich nicht entsprechend klar gestellt (vgl. § 3 Abs. 4 JVollzGB BW I, § 68 Abs. 1 S. 1 HessJStVollzG, § 107 Abs. 1 S. 1 JVollzG Bbg (anders hingegen noch § 98 Abs. 1 JStVollzG Bbg aF), § 17 Abs. 1 S. 2, Abs. 3 JVollzGB LSA und − teilweise nicht vertretbar − §§ 71 Abs. 2, 72 Abs. 2 S. 2 JVollzG Nds) bzw. nur einschränkend umgesetzt (vgl. − mit teilweise unterschiedlichen Fassungen − § 98 Abs. 1 S. 2 JStVollzG Bln. ua (speziell § 101 Abs. 1 S. 1 JStVollzG Bremen); zw. § 16 Abs. 2 S. 3 und (als Ausnahme) Abs. 3 JVollzG Bbg). − Die Vollstr der JStrafe in einer **U-Haftanstalt** oder in einer **Aufnahmeanstalt** des allg. Strafvollzugs ist, auch bei Unterbrechung von U-Haft, **rechtswidrig** (vgl. schon KG NJW 1978, 284).

11 Die gesetzlich angeordnete **Trennung** der von den Vorschriften über den JStVollzug erfassten jungen Gefangenen von den dem **allg. Strafvollzugsrecht** unterliegenden Gefangenen ist der Einhaltung der rechtlichen Unterschiede zwischen JStrafe und Freiheitsstrafe geschuldet. Dies umfasst auch die Entwicklung eigenständiger Methoden (vgl. schon *Dallinger/Lackner* Rn. 1). Vor diesem Hintergrund sehen die Gesetze der Länder unterschiedliche Regelungen zur Trennung wie auch zur Differenzierung vor (dazu und zu einer Aufstellung der für den Vollzug von JStrafe zuständigen Anstalten in den Bundesländern vgl. *Werner*, Jugendstrafvollzug in Deutschland, 2012, 14 f., 29 f.). – Soweit eine jeweils getrennte Unterbringung nicht nur von Jugendlichen und Heranwachsenden, sondern auch von „jungen Erwachsenen" geregelt ist (s. etwa §§ 170–172 JVollzG Nds, Art. 166f BayStVollzG sowie § 4 Abs. 4 S. 1 JVollzGB BW I), scheint dies zumindest für Bayern und BW mit einer der Pflicht zu eng Auslegung der Voraussetzungen von Abs. 1 S. 1 (vgl. → Rn. 3) nicht ohne weiteres entsprechenden Praxis der Herausnahme (Abs. 1 S. 1) einherzugehen (vgl. dazu *Stelzel/Kerner* ZJJ 2014, 248 f. (für Baden-Württemberg war bereits iZm § 4 Abs. 1 des vormaligen JVollzG vorgesehen, Heranwachsende zusammen mit jungen Erwachsenen unterzubringen)).

Überwiegend erklären die Landesgesetze Ausnahmen hinsichtlich gemeinsam durchführbarer Maßnahmen als zulässig (s. § 98 Abs. 1 S. 4 bzw. S. 3 JStVollzG Bln ua; § 17 Abs. 5 JVollzGB LSA; näher zum Ganzen *Laubenthal* FS Eisenberg, 2009, 743 ff.).

12 **bb) Weibliche Personen.** Rechtswidrig war schon nach § 92 aF die Unterbringung von zu JStrafe verurteilten **weiblichen Personen** in Abteilungen innerhalb allg. StVollzAnstalten für Frauen (nach ArbE-JStVollzG v. 1.6.1984 (§ 111 Abs. 2) sollte dies dennoch weiterhin auch ohne Abtrennung zugelassen werden (vgl. auch die Begriffsdifferenzierung in § 140 Abs. 2 StVollzG); krit. DVJJ 1987, 395). Die Beurteilung als rechtswidrig gilt iSd verfassungsrechtlichen Vorgaben (BVerfGE 116, 69 ff.) umso mehr (s. aber eingeschränkt anders § 4 Abs. 4 S. 3 JVollzGB BW I; vgl. auch Hinweis in ZfStrVo 1988, 356 betr. Saarland, in ZfStrVo 1991, 371 betr. Hessen (speziell zu der JVA Vechta ausführlich aber *Jansen,* Mädchen in Haft. Devianzpädagogische Konzepte, 1999) sowie *Schott* DVJJ-Journal 2000, 362 betr. Mecklenburg-Vorpommern). Grundsätzlich sind eigene selbstständige JStVollzAnstalten oder zumindest solche eigene Vollzugseinheiten einzurichten (zu den vorhandenen Einrichtungen *Werner,* Jugendstrafvollzug in Deutschland, 2012., 203 ff.; vgl. aber zu unterschiedlich hohen Anteilen der Herausnahme (Abs. 1 S. 1) etwa in Bayern und Rheinland-Pfalz *Stelzel/Kerner* ZJJ 2014, 248 (251)), die uU einer (ggf. länderübergreifend gemeinsamen, vgl. (betr. Sachsen-Anhalt, Sachsen und Thüringen) FS 2009, 3: Chemnitz bzw. (betr. Hahnöfersand) GVBl. Hmb. 2009, 211)) JVA für Frauen lediglich angegliedert sein können (vgl. JStVollzKomm 50 ff.; BMJ E-JStVollzG v. 24.9.1991 (§ 128 Abs. 2); *Walter* in Ostendorf § 13 Rn. 5 unter Hinweis auf MV; *Funk* NK 2009, 50; s. aber einschr. KG StRR 2009, 74 (betr. allg. StVollzR)). In diesem Rahmen können partiell integrierte Abläufe aus sachlichen Erwägungen heraus dem Erziehungsauftrag mitunter ihrerseits Genüge leisten (vgl. dazu vormals *Bulczak* Zbl 1980, 403 ff.). – Eine sachlich nicht begründete

Besserstellung weiblicher Gefangener im Vergleich zu männlichen ist verfassungswidrig (vgl. BVerfG, 3. Kammer des 2. Senats, NJW 2009, 661 (betr. Telefonkontakte sowie Einkauf von Kosmetika) mit zust. Bspr. *Muckel* JA 2009, 398 (zum allg. StVollzR)).

Besondere organisatorische Vorkehrungen verlangt die gemeinsame Un- **13** terbringung mit unter drei Jahre alten **Kindern** bei den Müttern (s. bspw. § 27 JStVollzG Bln ua, Art. 168 BayStVollzG (zur JVA Aichach *Völkl-Fischer/Pfalzer* FS 2009, 335 ff.); zu „Mutter-Baby-Therapiegruppen" in einer englischen Anstalt vgl. *Windham Stewart* FPPK und Psychother 17 Heft 3), nach § 21 Abs. 1 HmbJStVollzG mit unter fünf Jahre alten, nach §§ 132, 73 JVollzG Nds bis zur Schulpflicht. Nach verschiedenen Landesgesetzen gilt dies auch bei den Vätern (§ 21 Abs. 1 RhPfLJVollzG, § 21 Abs. 1 BbgJVollzG, § 21 iVm § 1 ThürJVollzGB, § 27 Abs. 1 SächsJStVollzG (gem. S. 2 bis zu 3 ½ Jahren; zu „Vater-Kind-Gruppen" in Sachsen *Doltze* Bewährungshilfe 2008, 67 f.)) und bis zur Schulpflicht (§ 70 Abs. 1 HessJStVollzG, § 18 Abs. 1 S. 1 JStVollzG NRW).

    cc) Abschiebungshaft. Die entsprechende Anwendung der Vollzugs- **14** vorschriften (vgl. § 422 Abs. 4 FamFG (Art. 1 des FGG-ReformG v. 17.12.2008, BGBl. I 2586)) auf den Vollzug von Zurückweisungshaft (§ 15 Abs. 5 AufenthG) bzw. von Abschiebungshaft (auf der Grundlage von § 62 AufenthG) ist insofern für den JStVollzug relevant, als gem. § 80 Abs. 1–3 AufenthG unter bestimmten Voraussetzungen Minderjährige mit Erwachsenen gleichgestellt sind (wegen Zweifeln über das Alter vgl. → § 1 Rn. 28 ff.). Dies verlangt zum einen Vollzugseinrichtungen, die von denen des JStVollzugs räumlich getrennt sind (§ 62a Abs. 1 S. 1 AufenthG), und zudem die Trennung jugendlicher (vgl. auch Art. 1, 37 Buchst. d VN-Kinderrechtsübereinkommen (BGBl. 1992 II 122)) von erwachsenen Betroffenen innerhalb dieser Einrichtungen. Soweit solche von dem JStVollzug getrennte Vollzugseinrichtungen ausnahmsweise nicht vorhanden sind, ist zumindest eine besondere Ausgestaltung der Vollzugsbedingungen in Einrichtungen des JStVollzugs vonnöten; die von JStrafgefangenen getrennte Unterbringung ist auch dann unerlässlich (§ 62a Abs. 1 S. 2 Hs. 2 AufenthG; vgl. auch EuGH BeckRS 2014, 81208 betr. Erwachsene).

Indes ist schon nicht abschließend geklärt, ob § 80 Abs. 1–3 AufenthG **15** nicht hinter der Vorschrift des § 42 Abs. 1 S. 1 Nr. 3 SGB VIII zurückzutreten hat (bejahend *Jöhnk* FS 2009, 189 ff.; speziell zu einem besonderen Abschiebungsschutz s. § 58 Abs. 1a AufenthG), zumindest aber ist gem. dem **Verhältnismäßigkeits**grundsatz stets vorab zu klären, ob nicht weniger tiefgreifende Maßnahmen (zB Meldeauflage, räumliche Beschränkung oder jugendhilferechtliche Betreuung bzw. Unterbringung) zureichend sind bzw. die „kürzeste angemessene Zeit" (vgl. auch Art. 1, 37 Buchst. b VN-Kinderrechtsübereinkommen (BGBl. 1992 II 122)) eingehalten ist (zur zeitlichen Begrenzung ggü. einem 16-Jährigen s. OLG Frankfurt a. M. (20. ZS) JMBl. Hessen 1994, 51).

Verfahrensrechtlich ist die Verbindung zu einem für Belange des Rechts- **16** schutzes geeigneten **Beistand** herzustellen (vgl. auch Art. 1, 37 Buchst. d VN-Kinderrechtsübereinkommen (BGBl. 1992 II 122)). Nicht auszuschließen ist, dass durch die Ersetzung der vormaligen weiteren Beschwerde durch die Rechtsbeschwerde zum BGH (§§ 70 ff. FamFG) rechtstatsächlich eine Einschränkung im Rechtszug stattfinden könnte, weil die Betroffenen auf die wenigen bei dem BGH zugelassenen Rechtsanwälte angewiesen sind (vgl. aber § 70 Abs. 3 S. 2 FamFG (eingef. durch Gesetz v. 27.7.2015, BGBl. I 1386)).

2. Ausstattung und Ausgestaltung der Vollzugseinrichtungen

17 Diese Kriterien haben sich am Vollzugsziel und den besonderen Bedürfnissen junger Gefangener auszurichten (s. § 3 Abs. 2 JStVollzG Bln ua, § 114 Abs. 1 S. 4 JVollzG Nds, Art. 124 BayStVollzG). – Hinsichtlich der etwaigen Zulässigkeit einer *Privatisierung* bestehen enge Grenzen (vgl. dazu *Gusy* JZ 2006, 651 ff.; *Sterzel* Bewährungshilfe 2007, 183; tendenziell für größere Spielräume als im allg. StVollzug *Barisch,* Die Privatisierung im deutschen Strafvollzug: Unter Einbeziehung des Jugendstrafvollzuges...., 2010, 291 ff., ua bei spezifischer Betreuung (vgl. zB S. 262–264); vgl. ergänzend → § 89c Rn. 81).

18 **a) Eigenverantwortlichkeit.** Was die Binnenorganisation im Allg. angeht, so wird eine Dezentralisierung mit dem Ziel weitgehender Eigenverantwortlichkeit selbstständiger kleinerer Einheiten und (innerhalb derselben) von deren jeweiligen **Wohngruppen** (mit bis zu acht Haftplätzen) angestrebt (vgl. schon *Böhm* in Elster/Lingemann/Sieverts KrimHdWB 524 f.; JStVollzKomm 11; ferner etwa *Bulczak* Zbl 1980, 402 (auch zur Ausstattung des Individualraumes)); aus psychologischer Sicht etwa schon *Claßen* ZfStrVo 1983, 139 (143)). Realisiert wird der Wohngruppenbezug bei ca. zwei Dritteln der Gefangenen (*Werner,* Jugendstrafvollzug in Deutschland, 2012, 98 f.). Empirische Erhebungen lassen allerdings erkennen, dass (auch) der Wohngruppenvollzug seinerseits **Beeinträchtigungen** bestimmter Gefangenengruppen bedingen kann, zumindest bei mangelnder Differenziertheit (vgl. Nachw. bei *Heilemann* ZfStrVo 1986, 3 ff.; *Michelitsch-Traeger* ZfStrVo 1991, 285; aus Betroffenensicht *Dronski* in vorgänge 1986 (allerdings wohl zum allg. Strafvollzug)). – Zu berücksichtigen ist ua, dass besondere Schwierigkeiten teilweise im Verhältnis zwischen deutschen und nichtdeutschen Gefangenen bzw. zwischen Gefangenen mit *ethnisch-kulturellen Unterschieden* bestehen (vgl. dazu etwa *Heber* FS 2017, 104; vgl. auch → § 92 Rn. 50).

19 **b) Baulich-räumliche Voraussetzungen.** Die eingeschränkte Umsetzung der Vorgabe eines privilegierten Vollzugs (vgl. → Rn. 10) begegnet (bzw. begegnete) gewichtigen Bedenken hinsichtlich des Gebots menschenwürdiger Unterbringung bei Überbelegung (vgl. VerfGH Bln StraFo 2010, 65 zum allg. StVollzR (gegen KG StraFo 2007, 521); näher etwa OLG Schleswig NStZ 1985, 475 mAnm *Schüler-Springorum;* s. im Übrigen OLG Frankfurt a. M. NStZ 1985, 572 betr. Art. 3 EMRK; OLG Hamm StV 2009, 262 (betr. allg. StVollzR); zum zivilrechtlichen Entschädigungsanspruch OLG Zweibrücken OLGSt GG Art. 1 Abs. 1 (betr. allg. StVollzR); LG Braunschweig NStZ 1984, 286; betr. Mecklenburg-Vorpommern s. *Hoff/ Fleck* DVJJ-Journal 1998, 180 bzw. *Schott* DVJJ-Journal 2000, 354 ff. (362); ergänzend *Barisch* KJ 2008, 428 ff.). Demgemäß ist teilweise ein grundsätzliches **Verbot** der **Überbelegung** vorgesehen (vgl. § 99 JStVollzG Bln ua, §§ 7, 8 JVollzGB BW I, Art. 170 ff. BayStVollzG).

20 Einschränkungen bestehen weiterhin (auch) hinsichtlich der Verwirklichung **offener** und weitestmöglich freier Vollzugs**formen** (vgl. dazu → § 92 Rn. 53 ff.), der Unterbringung während der **Ruhezeit** sowie des

Wohngruppenvollzugs (s. § 98 Abs. 3 JStVollzG Bln ua, Art. 169 Abs. 2 BayStVollzG, § 68 Abs. 4 S. 2–4 JStVollzG Hessen, § 120 Abs. 1 JVollzG Nds; § 20 Abs. 2 S. 1 JVollzGB LSA; zu baulicher Umgestaltung schon *Laubenthal* ZfStrVo 1984, 71).

Inwieweit im Übrigen ein Mindeststandard für die Ausgestaltung der **21** Hafträume verlangt werden kann, ergibt sich aus den zur Erreichung des **Erziehungsziels** (vgl. → § 92 Rn. 22 ff.) erforderlichen Voraussetzungen (s. aber, wohl betr. Abs. 1 S. 2 (§ 92 Abs. 2 S. 2 aF), vormals OLG Hamm BlfStVK 93 Heft 1, 10 (betr. Hafträume ohne Steckdosen)).

Was das Erfordernis von Anstalten mit **geringer Außensicherung** und **22** **Übergangshäusern** angeht (vgl. zB § 19 Abs. 3 SächsJStVollzGen; vgl. auch schon JStVollzKomm 47 f.), so bestehen in einigen Bundesländern – abgesehen von Vorgaben für den Vollzug in freien Formen (vgl. → § 92 Rn. 52a) – offene oder halboffene Einrichtungen für Gefangene mit günstiger Sozialprognose (s. § 3 Abs. 4 JVollzGB BW I; vgl. vormals zB JMBl. NRW 1982, 230; für Hamburg s. Hinweis in ZfStrVo 1987, 237; vgl. betr. eine Abteilung der JVA Hameln sowie das Fliedner-Haus Groß-Gerau schon *Reindl* (Offener Jugendstrafvollzug als Sozialisationsorganisation, 1990, 176 ff., 225)).

Nach § 105 JStVollzG Bln ua (betr. Sachsen und Schleswig-Holstein Soll- **23** Vorschrift, vgl. aber auch § 104 Abs. 2 S. 2 JVollzGB LSA), § 107 Abs. 1 S. 2 JVollzG Bbg, §§ 132 Abs. 1, 103 JVollzG Nds und wohl auch § 24 iVm § 1 ThürJVollzGB ist eine **sozialtherapeutische Abteilung** einzurichten (ebenso § 104 Abs. 2 S. 2 JVollzGB LSA), gem. § 68 Abs. 5 HessJStVollzG „nach Bedarf" (vgl. im Übrigen näher → § 92 Rn. 57 ff.).

Zur Einrichtung von **Ausbildungs-** und **Arbeitsmöglichkeiten** s. etwa **24** § 100 JStVollzG Bln ua, § 11 JVollzGB BW I, § 104 Abs. 3 S. 1 JVollzGB LSA (vgl. zur verfassungsrechtlichen Verpflichtung → § 92 Rn. 111f).

c) Vollzug bei Drogenabhängigen. Die Unterbringung (vgl. auch **25** → § 5 Rn. 79 ff. sowie → § 17 Rn. 42 ff., → § 92 Rn. 105–107) im JStVollzug gilt als möglich in den Zentralkrankenhäusern der Haftanstalten, durch Integration in die übrige Anstaltspopulation (vormals vern. *Leschhorn* ZfStrVo 1981, 29 f.; *Leschhorn* Suchtgefahren 1983, 105; bejahend *Claßen* ZfStrVo 1982, 27; vgl. *Claßen* Suchtgefahren 1983, 97), durch Isolierung in einer besonderen Gruppe oder durch Unterbringung in besonderen Haftanstalten (vgl. etwa schon *Kreuzer* Zbl 1974, 219; *Apitzsch* ZfStrVo 1980, 95).

Für die Isolierung in einer besonderen Gruppe spricht, dass dadurch die **26** „Ansteckungsgefahr" für nicht abhängige Gefangene geringer wird und die Kontrollmaßnahmen betr. Drogen eingegrenzt werden können (vgl. zur „Drogenabteilung" in der JVA Hameln vormals *Bulczak* Zbl 1986, 330; betr. die JVA Crailsheim *Grübl* ZfStrVo 1992, 296 ff.). Allerdings wird eine solche Abschirmung, dh auch das Bemühen um Verhinderung möglichen Drogennachschubs, mangels baulicher und personeller Voraussetzungen nicht gänzlich gelingen (nach KG 16.7.1987 – 4 VAs 9/87 erfordert in diesem Bereich der Verdacht, dass ein Vollzugshelfer „selbst Haschisch konsumiere und auch in entsprechenden Kreisen verkehre", dessen Ablehnung; zw.). Andererseits bringt eine solche Isolierung die Gefahr der Überbeanspruchung des Anstaltspersonals und der Beeinträchtigung von Bestrebungen der Auflockerung des Vollzugs ebenso mit sich wie diejenige einer subkulturellen Verfestigung der Drogenabhängigen (vgl. *J. Walter* DVJJ-Journal 1992, 118 ff. (betr. JVA Adelsheim), unter Hinweis auch auf das Verhältnis zu Repression).

27 Bei der Abwägung ist regelmäßig auch zu berücksichtigen, inwieweit **sonstige Belange** (zB betr. Ausbildungs- oder Arbeitsangebote) gewahrt werden.

3. Personal

28 **a) Unterschiedliche Funktionen und Konflikte.** Das Personal einer JStVollzEinrichtung, dessen Qualifikation steter Fortbildung bedarf (vgl. auch → § 92 Rn. 29), setzt sich aus verschiedenen Gruppen zusammen (s. §§ 101 ff. JStVollzG Bln ua, § 62 JStVollzG NRW, § 12 JVollzGB BW I, §§ 175 ff. JVollzG Nds, Art. 175 ff. BayStVollzG, §§ 71–73 HessJStVollzG), sodass Konflikte schon aufgrund von deren unterschiedlichen Funktionen und Subkulturen (vgl. *Walkenhorst* KrimPäd 1943 (15), 67) erwartungsgemäß sind (vgl. besonders krit. bereits *Kersten/v. Wolffersdorff-Ehlert* KrimJ 1982, 95; s. aber auch *Gehlhaar/Hennings* ZfStrVo 1983, 29; betr. Widersprüche zwischen der Tätigkeit von Sozialarbeitern und Lehrern (gem. qualitativer Interviews in den JVAen Bautzen, Torgau und Waldheim) *Borchert,* Schule und Sozialarbeit im sächsischen Strafvollzug, 2007, 234 ff.).

29 Die **Leitung** der Einrichtung obliegt meist einer Person mit juristischer, mitunter mit psychologischer Ausbildung. Erzieherische Aufgaben werden vorzugsweise von Personen mit Ausbildung auf dem Gebiet der **Pädagogik** und/oder der **Sozialarbeit** wahrgenommen (zur geringeren Fallbelastung als im Freiheitsstrafenvollzug vgl. *Dünkel* ZfStrVo 2002, 70; zu zeitlichen Anteilen der sonstigen Aufgaben *Nickolai* Bewährungshilfe 1992, 291). **Psychologen** sind ua für die Persönlichkeitserforschung, die Erstellung des Vollzugsplans und ggf. für die Betreuung der JStrafgefangenen zuständig (vgl. im Allg. zu fachlichen Standards *Goderbauer ua* FS 2007, 277–279). – Nach einer Fragebogenuntersuchung (*Gehlhaar/Hennings* ZfStrVo 1983, 29 (32 ff.)) wird die Rolle des Psychologen im JStVollzug von den Aufsichtsbeamten – im Vergleich zum allg. Strafvollzug – als bedeutsamer eingestuft. Andererseits scheinen Psychologen mit sozialpsychologischen gruppen- und institutionsspezifischen Untersuchungen kaum befasst zu sein (s. hierzu vormals *Rieländer/E. Quensel* MschKrim 1983, 84; 1983, 94; zur Diskrepanz näher *Lösel/Bliesener* in Wegener ua, Criminal Behavior and the Justice System, 1988).

30 Handwerksmeister, ggf. auch Ingenieure oder Informatiker, leiten **Ausbildungsbetriebe,** Lehrer den **schulischen Unterricht** (vgl. auch → § 92 Rn. 113 ff.). Einem **Geistlichen** obliegt die seelsorgerische Betreuung (zu seltener „Annahme" vgl. *Hoff/Fleck* DVJJ-Journal 1998, 180 (betr. JVA Neustrelitz)) mit einer tatsächlich häufig erweiterten sozialen Funktion (s. dazu *Wasielewski* ZfStrVo 1984, 290; *Sperle* in Nickolai ua, Sozialpädagogik im Strafvollzug, 1985; *Rollny,* Pastoraler Dienst am straffälligen jungen Menschen, 1986, besonders 7. Teil; *Koervers,* Jugendkriminalität und Religiosität, 1988, 204 ff.; betr. Muslime vgl. *Fröhmcke,* Muslime im Strafvollzug, 2005, 211 ff., 233 ff.; mit teilweise krit. Bspr. *Jahn* Religion, Staat, Gesellschaft 2011, 425), wobei ggf. kein Zeugnisverweigerungsrecht (§ 53 Abs. 1 Nr. 3 StPO) anerkannt wird (BVerfG, 1. Kammer des 2. Senats, NJW 2007, 1865; BGH NJW 2007, 308 (zum allg. StR)). **Aufsichtsbeamte** bewachen und versorgen die Gefangenen; sie sind zugleich deren häufigste Gesprächspartner (betr. Qualifikation vgl. → § 92 Rn. 29; vgl. aber auch *Walkenhorst*

KrimPäd 1943 (15), 68: „typischer Zweitberuf" mit Motivation Arbeits-
platzsicherheit).

b) Kompetenzverteilung. Die personelle Organisationsstruktur der 31
JStVollzEinrichtung ist meist **hierarchisch** ausgerichtet. Entgegen der alleinigen Entscheidungsverantwortlichkeit der Leitung der Einrichtung wird
verschiedentlich ein wesentlicher Teil der Entscheidungen über die einzelnen
JStrafgefangenen und die Erziehungs- bzw. Wohngruppen einem **Kollegi-
um** übertragen, in dem ggf. neben Fachvertretern aus den Gebieten der
Sozialarbeit und der Psychologie auch Aufsichtsbeamte unmittelbar mitwirken. Fragen, die für die gesamte Anstalt einheitlich entschieden werden
müssen, sollten in Sitzungen erörtert werden, in denen jede Personalgruppe
und jedes erzieherisch tätige Team vertreten ist (vgl. schon Denkschrift 1977,
41 ff.; *Böhm* in Elster/Lingemann/Sieverts KrimHdWB 531).

Nach allg. Primärerfahrung betr. Zusammenhänge etwaiger Bewährungs- 32
erfolge ist davon auszugehen, dass mitunter aufgrund *zwischenmenschlicher
Begegnungen* bzw. individuellen Bemühens einzelner Bediensteter der Vollzugseinrichtungen eine einschlägige Wirkung erreichbar ist. Dies würde,
abgesehen von dem Feld der (ehrenamtlichen) Vollzugshelfenden, nicht nur
zu einer gewissen Durchlässigkeit des personalrechtlichen Systems von Einstellungsvoraussetzungen anregen müssen, sondern – im Rahmen methodischer Grundvoraussetzungen (vgl. etwa → § 92 Rn. 33) – auch eine
Nicht-Reglementierung hinsichtlich der anzuwendenden erzieherischen
Methoden als empfehlenswert erscheinen lassen.

IV. Zuständigkeit nach Entscheidungen iSd Ausnahme

1. Besonderer Vollstreckungsleiter, Abgabe der Vollstreckung

Die Ausnahme vom JStrafvollzug bewirkt in den Fällen, in denen der 33
besondere Vollstreckungsleiter nach § 85 Abs. 2, 3 zuständig ist, nicht, dass
die VollstrZuständigkeit ohne weiteres wieder an den allg. Vollstreckungsleiter nach § 84 zurückfällt (BGHSt 24, 232; 28, 351; NStZ 1997, 255).
Denn trotz Wegfalls der Vollzugsnähe bleiben immer noch beachtliche
Gründe für die **weitere Zuständigkeit** des besonderen Vollstreckungsleiters bestehen. Zunächst wird dieser sich zur Vorbereitung der Entscheidung eingehend mit der Persönlichkeit des Betroffenen befassen müssen,
sodass er damit schon wesentliche Voraussetzungen für die weiteren Entscheidungen im Vollstreckungsverfahren geschaffen hat. Auch liegt ein Bedürfnis für den unbedingten Übergang der VollstrZuständigkeit nicht vor,
denn es besteht weiterhin die Möglichkeit der Abgabe der Vollstr nach § 85
Abs. 5 (BGH NStZ 1995, 567; *Dallinger/Lackner* Rn. 26; s. zudem BGH
NStZ 1985, 92; vgl. auch → § 85 Rn. 13 ff.). Im Allg. bedarf es für den
Zuständigkeitsübergang vielmehr der Abgabe der Vollstr gem. **§ 85 Abs. 6**
(OLG Jena BeckRS 2006, 1028).

Die StVollstrKammer ist auch dann nicht ohne weiteres zuständig, wenn 34
gegen den Verurteilten *auch Freiheitsstrafe* zu vollstrecken ist (BGHSt 28, 351;
BGH NStZ 1985, 92).

2. Antrag auf gerichtliche Entscheidung

35   Ist iSd Ausnahme gem. Abs. 2 entschieden worden, so ist für einen Antrag auf gerichtliche Entscheidung gegen eine **Vollzugsmaßnahme** (dazu § 92 Abs. 6) die StVollstrKammer zuständig (BGHSt 29, 33; LG Kassel BeckRS 2019, 10948: ua um eine einheitliche Beurteilung gleichartiger Maßnahmen in der JVA zu gewährleisten). Dies ist nicht ohne Probleme (vgl. vormals krit. etwa *Scheschonka* NStZ 1985, 286) und kann deshalb abträglich sein, weil dadurch dem VollstrRichter eine Mitteilung etwa bzgl. Vollzugslockerungen versagt ist.

Vierter Unterabschnitt. Untersuchungshaft

Vollstreckung der Untersuchungshaft

89c **(1) ¹Solange zur Tatzeit Jugendliche das 21. Lebensjahr noch nicht vollendet haben, wird die Untersuchungshaft nach den Vorschriften für den Vollzug der Untersuchungshaft an jungen Gefangenen und nach Möglichkeit in den für junge Gefangene vorgesehenen Einrichtungen vollzogen. ²Ist die betroffene Person bei Vollstreckung des Haftbefehls 21, aber noch nicht 24 Jahre alt, kann die Untersuchungshaft nach diesen Vorschriften und in diesen Einrichtungen vollzogen werden.**

(2) ¹Hat der Jugendliche das 18. Lebensjahr noch nicht vollendet, darf er mit jungen Gefangenen, die das 18. Lebensjahr vollendet haben, nur untergebracht werden, wenn eine gemeinsame Unterbringung seinem Wohl nicht widerspricht. ²Mit Gefangenen, die das 24. Lebensjahr vollendet haben, darf er nur untergebracht werden, wenn dies seinem Wohl dient.

(3) ¹Die Entscheidung nach Absatz 1 Satz 2 trifft das Gericht. ²Die für die Aufnahme vorgesehene Einrichtung und die Jugendgerichtshilfe sind vor der Entscheidung zu hören.

Schrifttum *Beil/Janssen,* Soziales Training: Recht, 1987; Dölling (Hrsg.), Freiheitsentzug im Jugendstrafrecht, 2011 (DVJJ Baden-Württemberg); *Dorenburg,* Untersuchungshaft und Untersuchungshaftvermeidung bei Jugendlichen und Heranwachsenden in Deutschland und Europa, 2017; *Firchau,* Das fachgerichtliche Rechtsbehelfssystem der U-Haft sowie die Regelung des Vollzugs, 2013; *Hermanns,* Sozialisationsbiographie und jugendrichterliche Entscheidungspraxis, 1983; *Jehle,* U-Haft zwischen Unschuldsvermutung und Wiedereingliederung, 1985; Forschungsgruppe Kriminologie (Hrsg.), Empirische Kriminologie, 1980; *Krause,* Anordnung und Vollzug der U-Haft bei Jugendlichen, 1971; Kury (Hrsg.), Prognose und Behandlung bei jungen Rechtsbrechern, 1986; *Seebode,* Der Vollzug der U-Haft, 1985; Trenczek (Hrsg.), Freiheitsentzug bei jungen Straffälligen, 1993; *Weinknecht,* Die Situation der U-Haft und der Unterbringung an Jugendlichen und Heranwachsenden, 1988; *Zirbeck,* Die U-Haft bei Jugendlichen und Heranwachsenden, 1973.

Übersicht

I. Anwendungsbereich

Die Vorschrift gilt für **Jugendliche** wie für **Heranwachsende** (§ 110 **1**
Abs. 1 bzw. Abs. 2) auch dann, wenn die U-Haft von einem für allg. Strafsachen zuständigen Gericht angeordnet wurde (§ 104 Abs. 1 Nr. 5 nF).
Rechte der **JGH** können iRd §§ 104 Abs. 3, 112 S. 1 eingeschränkt werden.

II. Bundes- bzw. landesgesetzliche Regelungen

Der Vollzug der U-Haft (zu Verhängung und Vollstr vgl. § 72) **greift in** **2**
Grundrechte der nach JStVR verfolgten U-Gefangenen **ein** und steht daher
unter dem Vorbehalt des Gesetzes. Diese Voraussetzung war bis Ende 2009
nur eingeschränkt erfüllt, da nur einzelne Regelungen in diesem Gesetz (vormals § 93) bzw. – gem. § 2 Abs. 2 anwendbar – in der StPO sowie im
StVollzG bestanden. Stattdessen geschah die Ausgestaltung des Vollzuges idR
gem. der UVollzO (von den Ländern bundeseinheitlich erlassene VV). Von
Gesetzes wegen galt für Eingriffe, die neben den Entzug der Bewegungsfreiheit traten, die – auch nach der sog. Föderalismusreform (näher → Rn. 3)
gem. Art. 125a Abs. 1 S. 1 GG zunächst in Geltung gebliebene – Generalklausel des § 119 Abs. 3 StPO aF (zulässig nur, soweit es „der Zweck der U-
Haft oder die Ordnung in der VollzAnstalt erfordert"). Jedoch war das *Gericht*
nicht nur für verfahrensrechtliche, sondern weitgehend auch für vollzugsrechtliche Anordnungen zuständig (§ 2 Abs. 2, § 119 Abs. 6 StPO aF),
wogegen durch die im Jahre 2009 verabschiedeten Landesgesetze (näher
→ Rn. 6) selbst bei schwerwiegenderen Eingriffen (zB Ausnahmen vom sog.
Trennungsgrundsatz (n. → Rn. 44 ff.), Einzelhaft (n. → Rn. 96), besondere
Sicherungsmaßnahmen (n. → Rn. 94 ff.), Arrest (n. → Rn. 100), Beschränkungen aufgrund Generalklausel (n. → Rn. 5), akustische Besuchsüberwachung (n. → Rn. 58)) der sog. Richtervorbehalt aufgegeben und – aufgrund der Unschuldsvermutung verfassungsrechtlich zumindest zw. (n.
→ Rn. 10) – die Entscheidungskompetenz auf die *Exekutive* übertragen wur-

de (vgl. zum „deutlichen Gewinn" der Anstalten *Schneider* FS 2009, 25). Die Landesgesetze entbehren zudem eines Schutzes der *Selbstbelastungsfreiheit* durch Verankerung gerichtlicher Belehrung vor allen Maßnahmen, die die Gefahr des Verstoßes dagegen in sich tragen (zum Bundesrecht ergänzend → § 72 Rn. 45).

2a Im internationalen Vergleich erweisen sich die Regelungslage und -inhalte des U-Haftvollzugs bei Jugendlichen als sehr heterogen (Überblick bei *Dorenburg,* Untersuchungshaft und Untersuchungshaftvermeidung (…), 2017, 204 ff.).

1. U-Haftvollzug als Teil des Jugendstrafverfahrens

3 a) **Wahrung des Erziehungsauftrags.** Die – eine verfehlte Überschrift tragende („Vollstreckung", vgl. nur *Apfel/Piel* in FAHdB StrafR 6/23 Rn. 101) – Vorschrift (eingef. durch Gesetz v. 29.7.2009 (BGBl. I 2274)) betrifft Grundvoraussetzungen des U-Vollzuges (zu Übergangsregelungen § 13 EGStPO, § 121 Abs. 2) zwecks jugendgemäßer Ausgestaltung des JStrafverfahrens (§ 2 Abs. 1) und also das **U-Haftrecht,** sodass unbeschadet der sog. „Föderalismusreform" (Gesetz v. 28.8.2006 (BGBl. I 2863); krit. etwa *Paeffgen* StV 2009, 47) die Gesetzgebungskompetenz des Bundes fortbesteht (Art. 74 Abs. 1 Nr. 1 GG; aA *Firchau,* Das fachgerichtliche Rechtsbehelfssystem der U-Haft sowie die Regelung des Vollzugs, 2013, 87). Wegen Gefahren der Legalbewährung abträglicher Einflüsse während des U-Vollzugs darf nicht allein auf den Zweck der Verfahrenssicherung abgestellt werden, sondern es sind wesentlich die erzieherischen **(§ 2 Abs. 1),** dh zukunftsorientierten Belange zu wahren. Also bestehen qualitative Unterschiede zwischen den Anforderungen an U-Haft ggü. jungen Gefangenen (vgl. betr. JStVollzug BVerfGE 116, 69 ff. (85 ff.)) und U-Haft schlechthin, prinzipiell nicht anders als zwischen Freiheits- und JStrafe (zum erzieherischen Auftrag einheitlicher staatlicher Reaktion vgl. etwa BT-Drs. 16/ 11644, 36; näher bereits JStVollzKomm 21 ff., 59; aA BR-Drs. 829/08, 7).

4 Die Regelung des **S. 1** bzw. Abs. 1 S. 1 nF (vgl. auch vormals § 93 Abs. 1 und 2 sowie § 110 Abs. 2 aF) stellt klar, dass zur (mutmaßlichen) Tatzeit Jugendliche, die nunmehr 18, aber noch nicht 21 bzw. 24 Jahre alt sind, bei den Vorgaben für den U-Vollzug im Verhältnis zu solchen U-Gefangenen, die zur (mutmaßlichen) Tatzeit Heranwachsende waren (s. § 110 Abs. 2), zumindest nicht zurückstehen. Es handelt sich für 21- bis unter 24-jährige U-Gefangene um eine Kann-Vorschrift (**S. 2** bzw. Abs. 1 S. 2 (vgl. auch etwa § 34 Abs. 2 UVollzG NRW). Die betr. Entscheidung, die die Belange des Jungerwachsenen mit denen der anderen Jugendlichen und Heranwachsenden in Beziehung zu setzen hat (RegE BT-Drs. 13837, 69), wird durch das Gericht (nach Anhörung der fraglichen Einrichtung und der JGH) getroffen (Abs. 3 nF). Für **unter 21-jährige** U-Gefangene ist die Regelung dagegen grundsätzlich **zwingend.** Abs. 2 nF enthält insofern zusätzliche und klarstellende Unterbringungsvorgaben zum Schutz Minderjähriger (→ Rn. 45). Die auch für diese Altersgruppe vorgesehene Ausnahme („nach Möglichkeit"; vgl. schon § 119 Abs. 1 S. 2 StPO aF: „soweit möglich"), derzufolge es sich nicht zwingend und stets um eine für den Vollzug an jungen Gefangenen vorgesehene Einrichtung handeln muss, wird ua damit begründet, dass anderes vor allem kleineren Ländern faktisch nicht immer möglich sein werde bzw. dass die geringe Anzahl Betroffener (zB bei jungen

weiblichen U-Gefangenen), vollzugliche Belange (zB „Trennung" bestimmter Beschuldigter voneinander) oder Angebotsbelange (zB bestimmte Bildungsmaßnahmen nur in einer VollzEinrichtung für Erwachsene) eine gewisse Flexibilität verlangten.

b) Konkurrierende Gesetzgebung. Der konkurrierenden **Gesetz-** 5 **gebungs**kompetenz des **Bundes** (Art. 74 Abs. 1 Nr. 1 GG) unterfallen (auch weiterhin), neben den Regelungen zum **gerichtlichen Rechtsschutz** ggü. Maßnahmen in Durchführung des U-Vollzugs (vgl. → Rn. 112 ff.), **verfahrenssichernde Anordnungen,** die gem. den jeweiligen Normen der StPO vom Gericht, im Eilverfahren auch von der Staatsanwaltschaft, getroffen werden. Insofern ergibt sich besonders hinsichtlich Beschränkungen von Außenkontakten eine *doppelte* Zuständigkeit.

Die *Umsetzung* (vgl. etwa § 3 Abs. 2 UVollzG Bln. ua) gerichtlicher 5a Anordnungen erfordert ggf. vollzugliche Einzelentscheidungen der Anstalt, die ihrerseits einer Ermächtigungsgrundlage bedürfen (vgl. zB §§ 8 Abs. 1 Nr. 1, 11 Abs. 1 S. 2 Nr. 2 und 12 Abs. 3 Hs. 1 UVollzG Bln ua) und für die im Übrigen (vorsorglich) die Gesetzestechnik – erhöhten Anforderungen im Sinne einer qualifizierten Verhältnismäßigkeitsprüfung unterliegenden – Generalklausel für Anlässe bemüht wird, in denen das Gesetz eine besondere Regelung nicht vorsieht, Beschränkungen aber als unerlässlich beurteilt werden (vgl. zB § 4 Abs. 2 UVollzG Bln ua; § 2 Abs. 2 JVollzGB BW II, § 1 Abs. 3 UVollzG NRW). Bei der Umsetzung ist der VollzAnstalt meist ein *Gestaltungsspielraum* eröffnet, sofern nicht eine spezielle (zB Fesselung, näher dazu → Rn. 96a) oder eine entgegenstehende Anordnung (zB § 7 Abs. 4 UVollzG Bln ua betr. Verbot der Benachrichtigung einer bestimmten Person) vorliegt. Zentrales Kriterium für die Ermessensausübung ist die Verhältnismäßigkeit bezogen auf den Zweck der Anordnung.

2. Konzeption der Landesgesetze

a) Gesetzgebungsstrategie. **aa) Regelungsstrukturen.** Gesetzge- 6 bungsstrategisch sind die U-Vollzugsgesetze der Länder zum einen dadurch gekennzeichnet, dass sie in mehreren Ländern auf einen gemeinsamen Entwurf zurückgehen und zunächst nur mit gewissen Abweichungen hiervon untereinander verabschiedet wurden (im Folgenden Berlin ua: Berlin v. 3.12.2009 (GVBl. 686) nebst ÄndG (GVBl. 2011, 287), sodann aber Art. 3 des Gesetzes zur Weiterentwicklung des Berliner Justizvollzugs v. 4.4.2016 (GVBl. 2016, 152); Brandenburg v. 8.7.2009 (GVBl. I 271), sodann JVollzG (GVBl. 2013 I Nr. 14), ÄndG GVBl. 2014 I Nr. 34; Bremen v. 2.3.2010 (GBl. 191); Hessen v. 28.6.2010 (GVBl. 2010 I 185 (208)) nebst ÄndGe GVBl. 2013, 46 sowie 2015, 498 und 2017, 294 als auch 2018, 82; Hamburg v. 15.12.2009 (GVBl. 473), ÄndGeGVBl. 2013, 211, ber. 310 und 2018, 158 sowie 2018, 265; Sachsen-Anhalt v. 22.3.2010 (GVBl. 157) nebst Ergänzung (GVBl. 2010, 510) und ÄndG GVBl. 2015, 314 sodann aber JVollzGB v. 18.12.2015 (GVBl. 666); Mecklenburg-Vorpommern v. 17.12.2009 (GVOBl. 763), ÄndG GVBl. 2016, 302; Rheinland-Pfalz v. 15.9.2009 (GVBl. 317), sodann LJVollzG v. 8.5.2013 (GVBl. 79), geänd. GVBl. 2015, 487 und 2018, 276; Saarland v. 1.7.2009 (ABl. 1219) nebst ÄndG (ABl. 2013, 116 sowie ABl. 2015, 790); Sachsen v. 14.12.2010 (GVBl. 414) nebst ÄndG (GVBl. 2013, 250); Schleswig-Holstein v. 16.12.2011 (GVOBl. 322), geänd. GVOBl.2016, 618; Thüringen v. 8.7.2009 (GVBl. 553), sodann JVollzGB (GVBl. 2014, 13)), und zwar, ebenso wie das UVollzG Nordrhein-Westfalen v. 27.10.2009 (UVollzG (Art. 1 GVUVS), GV. 2009, 540 mit 2016, 310 sodann Art. 2 des Gesetzes v. 7.4.2017, GV. 511 und 2018, 555), als selbstständige Gesetze.

6a Innerhalb der (zusammen mit den Regelungen zum Vollzug von Jugend- bzw. Freiheitsstrafe und teilweise auch von Sicherungsverwahrung verabschiedeten) sog. Verbundgesetze bestehen konzeptionell gewichtige Unterschiede. So verzichtet das HessUVollzG weithin auf Verweisungen, wogegen rechtssystematisch wie auch iZm Verweisungen eher einwandbehaftet (krit. zu Niedersachsen *Höflich* NK 2009, 135 f.) die Fassungen der Länder Baden-Württemberg (JVollzGB II v. 10.11.2009 (GBl. 545 (563)) mit GBl. 2012, 65, sodann Gesetz v. 20.11.2012 (GBl. 581), ÄndG GBl. 2015, 1047) und Niedersachsen (schon GVBl. 2007, 720, Fünfter Teil, nebst ÄndG GVBl. 2009, 32 und 2017, 172, ber. 319) gestaltet sind; auch das BbgJVollzG, das RhPfLJVollzG, das ThürJVollzGB und das JVollzGB LSA regeln den U-Haftvollzug weithin einheitlich (mit dem Freiheits- und dem JStrafvollzug). – Das BayUVollzG (v. 20.12.2011 (GVBl. 678), nebst ÄndG (GVBl. 2013, 275 sowie 2016, 335 und 2018, 574) s. betr. Änd. auch Art. 37a Abs. 2 RegE-BayJAVollzG v. 30.1.2018) und das UVollzG NRW idF des ÄndG gem. Art. 3 des Gesetzes v. 12.10.2018 (GV. 555)) sind als selbständige Gesetze konzipiert, enthalten jedoch extrem häufig Verweisungen auf das BayStVollzG bzw. das StVollzG NRW. – Als Übergangsregelung galten bis 31.12.2011 § 13 EGStPO, § 121 Abs. 2 und also auch § 93 Abs. 2 aF.

7 Ausnahmslos haben die Landesgesetze die **Belange** der **jungen U-Gefangenen,** dh die Sicherung des (dem Erziehungsauftrag unterstellten und demgemäß im Vergleich zum allg. StVR von Besonderheiten gekennzeichneten) JStVR **herabgestuft,** indem sie jeweils nur ein *sämtliche Altersgruppen* erfassendes Gesetz verabschiedet haben (vgl. zu Einwänden betr. dieses bzgl. des JStrafvollzugs nur in wenigen Ländern zu verzeichnenden Vorgehens → § 92 Rn. 9). – Als junge U-Gefangene (vgl. auch → Rn. 4) erfasst sind die zur (mutmaßlichen) Tatzeit *Jugendlichen* und *Heranwachsenden* (auf die bei einer Verurteilung materielles JStR (§ 105 Abs. 1 JGG) zur Anwendung kommt oder kommen kann (s. nur § 34 Abs. 2 UVollzG NRW; abw. und schon hinsichtlich der Gesetzgebungskompetenz zumindest zw. (vgl. → Rn. 3, 4; ebenso *Ostendorf* ZJJ 2011, 254) § 69 Abs. 1 aF JVollzGB BW II: nur Jugendliche (vgl. schon *Brune/Müller* ZRP 2009, 146; näher *Jung-Pätzold ua* ZJJ 2010, 301 ff. sowie *Jung-Pätzold* in Dölling, Freiheitsentzug im Jugendstrafrecht, 2011, 7 ff.; sodann DVJJ 2012, AK 15/I 6), korrigiert durch Gesetz v. 20.11.2012 (GBl. 581), in Kraft getreten 1.6.2013). Gemäß S. 2 *kann* U-Haft bis zur Vollendung des 24. Lbj. nach den Bestimmungen für junge U-Gefangene vollzogen werden; allerdings wird hinsichtlich der Vollzugsgestaltung teilweise nach dem Alter zu Beginn bzw. während des Vollzugs differenziert (vgl. etwa § 43 Abs. 1, Abs. 2 S. 1 HessUVollzG; § 157 VollzG Nds.; § 2 Abs. 2 UVollzG NRW; s. im Übrigen § 66 Abs. 1 UVollzG Bln ua; Art. 29 BayUVollzG). Nach Erreichen des Lebensalters von 24 Jahren ist gem. der Soll-Vorschrift des § 89b Abs. 1 S. 2 ggf. zu erwarten, dass JStrafe nach den Vorschriften des Strafvollzugs für Erwachsene vollzogen würde, jedoch können die Bestimmungen für junge U-Gefangene ausnahmsweise über das 24. Lbj. hinaus angewendet werden, wenn dies im

Hinblick auf die voraussichtlich nur noch geringe Dauer des Haftvollzugs als zweckmäßig erscheint (vgl. § 66 Abs. 2 S. 2 UVollzG Bln ua; § 43 Abs. 2 S. 2 HessUVollzG; § 64 Abs. 2 S. 2 UVollzG Bln). Andererseits kann von der Anwendung der besonderen Bestimmungen für volljährige junge U-Gefangene abgesehen werden, wenn verlässliche Tatsachenfeststellungen es zulassen, die erzieherische Ausgestaltung des U-Vollzugs als nicht oder nicht mehr angezeigt zu beurteilen (vgl. § 66 Abs. 2 S. 1 UVollzG Bln ua; § 69 Abs. 2 JVollzGB BW II; § 43 Abs. 1 S. 2, aber auch Abs. 2 S. 1 HessU-VollzG; Rechtsgedanke des § 89b Abs. 1 S. 1). Nach § 43 HessUVollzG, § 157 VollzG Nds ist ggf. das Gericht zuständig.

Stattdessen enthalten die Landesgesetze nur einzelne spezielle Vorschriften 8 betr. junge U-Gefangene. Dies läuft auch der erforderlichen Abstimmung zwischen U-Vollzug und JStrafvollzug zuwider (vgl. → Rn. 3 mN). So besteht von vornherein die Gefahr, dass bei unzureichender, teils unverbindlicher Regelung der Haftbedingungen eine weitgehende **Angleichung** an die Bedingungen im U-Vollzug an **Erwachsenen** stattfindet. Auch liegen Anhaltspunkte dafür vor, dass mangels detaillierter und verbindlicher Regelung zur Wahrung des **Erziehungsauftrags** (§ 2 Abs. 1; vgl. näher → Rn. 11f, 30 ff.) dieser in der Praxis **reduziert** oder gar zu einer zusätzlichen Rechtsgrundlage für ein umfassendes System rechtlicher Beschränkungen, Versagungen und Entziehungen wird (vgl. vormals Kreuzer RdJB 1978, 343; s. auch Rotthaus NJW 1973, 2269 ff.). Dies betrifft zB auch die zur Legitimation eines solchen Systems verschiedentlich (in den Begründungen der Gesetzesentwürfe der Länder) pauschal bemühte Begrifflichkeit der „Subkultur", die es zu „verhindern" gelte, ohne dass die konkrete Geeignetheit belegt oder gar die Entstehungszusammenhänge einer Subkultur innerhalb der VollzAnstalten (vgl. zusf. etwa Laubenthal Strafvollzug Rn. 211 ff.; Eisenberg/Kölbel Kriminologie § 37 Rn. 18 ff.) berücksichtigt worden wären.

bb) Andere Haftarten. Die Landesgesetze gelten entsprechend für den 9 Vollzug anderer Haftarten, die ebenfalls der Durchführung eines geordneten Verfahrens dienen (so gem. § 127b Abs. 2 StPO, § 230 Abs. 2 StPO, §§ 236, 329 Abs. 4 S. 1 StPO, § 412 S. 1 StPO und § 453c StPO sowie der einstweiligen Unterbringung nach § 275a Abs. 6 StPO (vgl. § 1 Abs. 2 UVollzG Bln ua, § 1 UVollzG Bln; § 1 Abs. 2 JVollzG Bbg; § 82 JVollzGB BW II (vorbehaltlich entgegenstehender „Eigenart"); § 55 UVollzG NRW (gem. Abs. 1 Nr. 4 auch betr. Auslieferungs- und Durchlieferungshaft, gem. Abs. 2 findet der Vollzug der Unterbringung nach § 275a Abs. 5 StPO in einer Anstalt oder sonstigen Einrichtung des Justizvollzuges statt, die den Vorgaben der §§ 91 und 92 StVollzG NRW entspricht); weiter aber BayUVollzG § 1 Abs. 1 S. 2 Nr. 2 und Nr. 3: auch gem. § 127 StPO („soweit es mit der Eigenart dieser Haft vereinbar ist") bzw. § 126a StPO (nur unter einschr. Voraussetzungen und nur über einen Zeitraum von 24 Stunden); anders § 1 Abs. 3 RhPfLJVollzG: MaßregelvollzG, „soweit eine Anordnung nach § 119 Abs. 1 StPO nicht entgegensteht"), jedoch finden sie schon mangels Gesetzgebungskompetenz keine Anwendung auf die Abschiebungshaft (vgl. näher → § 89b Rn. 14 ff.).

b) Zuständigkeit der Exekutive. Alle Landesgesetze haben die **Zustän-** 10 **digkeit** für die Ausgestaltung des U-Vollzugs und betr. Angelegenheiten der Sicherheit und Ordnung umfassend auf die (Leitung der) **U-Vollzugs-anstalt** übertragen (vgl. etwa § 3 Abs. 1 S. 1 UVollzG Bln ua: eigene

Zuständigkeit; § 3 JVollzGB BW II; Art. 6 BayUVollzG; § 4 UVollzG NRW), dh das Gericht hat (anders als nach § 119 Abs. 6 StPO aF) keine Zuständigkeit mehr für vollzugliche Belange (zur Besonderheit betr. Nds. vgl. → Rn. 63). Dieser **Verlust** an **gerichtlicher** Kontrolle bei entsprechendem Kompetenzzuwachs der Exekutive wurde ua mit Belangen der Vereinfachung und Beschleunigung vollzuglicher Entscheidungen zu begründen versucht, etwa dergestalt, dass die Anstalt als „sachnähere Behörde" die Entscheidung unmittelbar treffen könne. Zwar bewirkt die Kompetenzverschiebung eine Entlastung der Gerichte, ohne dass Art. 104 Abs. 2 GG entgegenstünde, da sich der darin geregelte Vorbehalt gerichtlicher Entscheidung nach hM nicht auf die Ausgestaltung des Freiheitsentzugs erstreckt. Demgegenüber können die in Rede stehenden Entscheidungen ggf. durchaus auch für das (J-)Strafverfahren selbst von Bedeutung sein, denn deren Auswirkungen auf das (J-)Strafverfahren lassen sich oftmals nicht (oder zumindest nicht eindeutig) trennen.

10a   Zudem *untergräbt* die Regelung das Prinzip der *Unschuldsvermutung* insoweit, als es eine faktisch dem Vollzug nach rechtskräftiger Verurteilung vergleichbare Praxis einführt – Grundrechtseingriffe sind aber nicht weniger einschneidend, wenn sie nicht zur Sicherung eines Haftzwecks, sondern aus Gründen der Sicherheit und Ordnung der Anstalt angeordnet werden (krit. betr. Ordnung *Paeffgen* GA 2009, 467). Auch macht es die Weisungsgebundenheit der Anstalt bzw. des Anstaltsleiters weithin schwerlich möglich, solche tatsächliche Gegebenheiten zu schaffen, die verschiedene Beschränkungen überflüssig werden ließen (vgl. zum Ganzen auch BVerfG NStZ 2008, 521). – Soweit in der Praxis vor der in Rede stehenden landesgesetzlichen Zuständigkeitsverschiebung vielfach eher nur eine Transformation der vormaligen UVollzO in eine richterliche Anordnung stattzufinden schien, wobei abw. Entscheidungen insoweit selten blieben (*Zirbeck,* Die U-Haft bei Jugendlichen und Heranwachsenden, 1973, 28 ff.; *Eisenberg/Tóth* GA 1993, 309 f.; vgl. auch Nr. 2 Abs. 2 der (vormaligen) UVollzO), lässt sich hieraus ein rechtliches Argument gegen die aufgezeigten Einwände nicht herleiten.

11   **c) Vollzugsgestaltung.** Die Vorgaben der Landesgesetze für die *Vollzugsgestaltung* (vgl. näher → Rn. 30–43) sind an dem Erziehungsauftrag (§ 2 Abs. 1) orientiert, wenngleich unterschiedlich ausgeprägt (§ 67 Abs. 1 UVollzG Bln ua: Muss-Vorschrift, Art. 30 Abs. 1 BayUVollzG, § 35 Abs. 1 UVollzG NRW und § 158 Abs. 1 S. 1 JVollzG Nds: Soll-Vorschrift). Jedoch dürfen Bemühungen aufgrund der Unschuldsvermutung (und im Gegensatz zum JStVollzG) nicht die Auseinandersetzung mit den Tatvorwürfen umfassen (oder gar auf eine solche gerichtet sein), die der Inhaftierung zugrunde liegen. Hingegen kommt Angeboten zu Bildungs-, Beschäftigungs- und Freizeitmöglichkeiten auch und gerade im U-Vollzug wesentliche Bedeutung zu, und das Gleiche gilt für Angebote sonstiger entwicklungsfördernder Hilfestellungen, die auf einen (ggf. vorhandenen) Erziehungsbedarf Rücksicht nehmen (bedenklich daher die bloße Soll-Vorschrift des § 67 Abs. 2 S. 1 UVollzG Bln ua; § 72 Abs. 2 JVollzGB BW II; Art. 30 Abs. 2 S. 1 BayUVollzG; § 35 Abs. 2 S. 1 UVollzG NRW). Allerdings sind die Angebote dergestalt vorzusehen, dass sie auch innerhalb der idR vergleichsweise kurzen Zeit des U-Vollzugs durchgeführt werden können. Wegen der Unschuldsvermutung ist nicht unbedenklich, dass „die Bereitschaft zur Annahme der Angebote zu wecken ist" (§ 67 Abs. 2 S. 2 UVollzG Bln ua;

§ 72 Abs. 2 S. 3 JVollzGB BW II; Art. 30 Abs. 2 S. 2 BayUVollzG; § 35 Abs. 2 S. 2 UVollzG NRW; § 158 Abs. 1 S. 4 JVollzG Nds; vgl. auch Begr. RefE BbgUVollzG, 46: „darauf hinzuwirken hat", Begr. RegE Bln (Drs. 16/2491, 97); „sie lernen, ... Anderen Respekt entgegenzubringen"; vgl. auch § 73 Abs. 4 JVollzGB BW II: „eingeübt" (Soll-Vorschrift) bzw. § 75 Abs. 3 JVollzGB BW II: können verpflichtet werden; verfehlt § 158 Abs. 2 VollzG Nds: ohne Altersbeschränkung „aus erzieherischen Gründen"). Nur in den Grenzen noch bestehender Schulpflicht ist eine Teilnahmeverpflichtung Jugendlicher zulässig (vgl. etwa § 71 Abs. 2 UVollzG Bln ua; § 75 Abs. 1 JVollzGB BW II; Art. 33 Abs. 1 BayUVollzG; § 35 Abs. 3 UVollzG NRW).

Soweit unter Hinweis auf den Erziehungsauftrag (§ 2 Abs. 1) *rechtliche* **12** Einschränkungen bzw. *Zurücksetzungen* junger U-Gefangener vorgesehen sind, begegnet dies Einwänden gem. dem Verbot der Schlechterstellung (vgl. → § 2 Rn. 23 ff.) zumindest insoweit, als ernste Gefahren für den U-Gefangenen nicht nachweisbar sind. Vielmehr kann es zu Konflikten kommen, wenn mögliche und als „dringend geboten" beurteilte Beschränkungen minderjährigen U-Gefangenen im Hinblick auf eine „Gefährdung ihrer Entwicklung" auferlegt werden dürfen (vgl. etwa § 67 Abs. 3 UVollzG Bln ua; § 72 Abs. 3 JVollzGB BW II, Art. 30 Abs. 3 S. 2 BayUVollzG; § 35 Abs. 5 UVollzG NRW), dh wenn es – im Unterschied zu Heranwachsenden und Erwachsenen – um die Einschränkung von Rechten mit der Begründung geht, es seien Gefahren für eine positive Persönlichkeitsentwicklung abzuwehren. Zumindest wird hier die Verhältnismäßigkeitsprüfung besonders sorgfältig vorzunehmen sein (ähnlich, wenn auch weniger deutlich, Begr. RefE BbgUVollzG, 47). – Ebenso abträglich kann es für Jugendliche sein, wenn *Personensorgeberechtigten* ein uneingeschränktes Veto-Recht eingeräumt wird (so aber etwa § 75 Abs. 3 JVollzGB BW II). Die Ausübung des Rechts wird als unbeachtlich zu beurteilen sein (vgl. auch *Kirschke* in AnwK U-Haft UVollzG Bln § 71 Rn. 15 ua: missbräuchlich), wenn der Minderjährige deren Auffassung aus zukunftsorientiert vertretbaren Gründen nicht teilt (vgl. näher aus der Vollzugspraxis *Fiedler* DVJJ 2008, 112) und seitens der Widersprechenden keine vertretbaren Gründe angegeben werden (vgl. zum Datenschutz auch → Rn. 103).

III. U-Haftvollzugsanstalt

1. Anstaltsleitung

Die Kompetenzzuweisung an die U-Vollzugsanstalt gilt für jede JVA, in **13** der U-Haft vollzogen wird (vgl. § 3 Abs. 1 S. 1 UVollzG Bln ua). Eigenständige U-Vollzugsanstalten bestehen in gewissem Widerspruch zu der Unschuldsvermutung auch bei nach JStVR Strafverfolgten (weiterhin) nicht.

Die mit der Anstaltsleitung betraute Person vertritt die Anstalt nach außen **13a** (vgl. etwa § 79 Abs. 1 S. 1 UVollzG Bln. § 42 Abs. 2 UVollzG NRW). Sie ist für die Organisation und dabei insb. für Führung und Aufsicht der Bediensteten ebenso verantwortlich wie für die Vollzugsgestaltung. Indes kann sie Aufgaben, auch der Vertretung der Anstalt nach außen, auf andere Bedienstete übertragen, die dann im Auftrag der mit der Leitung befassten Person tätig werden. Weist das Gesetz bestimmte Aufgaben ausdrücklich der

mit der Leitung betrauten Person zu, so steht dies einer Übertragung nicht
entgegen, jedoch hat solchenfalls eine besonders sorgfältige Prüfung vorauszugehen.

2. Informationsaustausch und Selbstbelastungsfreiheit

14 **a) Kooperationsgebot.** Der Zweck der U-Haft ebenso wie Belange des
Vollzugsablaufs gebieten einen **Informationsaustausch,** falls das Gericht
oder die Staatsanwaltschaft Informationen erlangt, die für den U-Haftvollzug
relevant sind. Regelungen über eine Kooperation des Gerichts und der
Staatsanwaltschaft mit der VollzAnstalt können sich aus Gründen der Gesetzgebungskompetenz nur aus dem Bundesrecht ergeben (vgl. dazu §§ 114d,
114e StPO), dh die Landesgesetze dürfen eine Verpflichtung des Gerichts
und der Staatsanwaltschaft nicht regeln, da solches dem Bereich des Strafverfahrens unterfällt. Hingegen unterliegt die Regelung über eine Kooperation der **VollzAnstalt** mit Gericht und Staatsanwaltschaft der Kompetenz
des Landesgesetzgebers (vgl. aber auch → § 72 Rn. 21 sowie → § 70
Rn. 24 f. zu § 70 Abs. 3 nF). Komplementär zu dem Zuständigkeitszuwachs
(vgl. → Rn. 2) besteht für die VollzAnstalt insoweit ein weitgehendes Kooperationsgebot (vgl. nur § 3 Abs. 2 S. 2 RhPfLJVollzG, § 3 Abs. 1 S. 2
UVollzG Bln: „arbeitet eng mit Gericht und StA zusammen"; ähnlich Art. 7
Abs. 2 S. 2 BayUVollzG; vgl. aber auch schon Nr. 8 UVollzO), das jedoch
nicht die **Selbstbelastungsfreiheit** tangieren darf (vgl. näher → Rn. 15;
vgl. zum Bundesrecht auch → § 72 Rn. 45).

15 **b) Ausmaß und Grenzen des Kooperationsgebots.** Indes haben die
Landesgesetze die Ausgestaltung dieses Kooperationsgebots (zB auch betr.
ein sonstiges Strafverfahren) nur teilweise näher bestimmt. Während § 3
Abs. 1 S. 2 UVollzG Bln ua (außer Mecklenburg-Vorpommern) sich auf den
Zweck beschränkt, die „Aufgabe des U-Vollzuges zu erfüllen und die
Sicherheit und Ordnung der Anstalt zu gewährleisten", verlangt § 4 Abs. 2
S. 2 UVollzG NRW, „während des Vollzugs gewonnene Erkenntnisse", die
für das Strafverfahren „von Bedeutung sein können", unverzüglich dem
Gericht oder der StA zu übermitteln (vgl. speziell betr. angeordnete Über-
wachung des Schriftwechsels § 18 Abs. 2 S. 1 UVollzG NRW), und § 134b
Abs. 1 S. 2 JVollzG Nds nennt auch „Umstände, die das ... Strafverfahren
betreffen können" (vgl. auch Art. 7 Abs. 2 S. 1 BayUVollzG: „unterrichtet
... über Erkenntnisse oder Maßnahmen, die aus Sicht der Anstalt für das
Verfahren von Bedeutung sein können"; ähnlich § 3 Abs. 1 S. 3 Nr. 3
UVollzG M-V: „Erkenntnisse ... von Bedeutung für ein Strafverfahren
sind"). Insoweit wird eine Trennung der Erkenntnisse danach, ob sie (nur)
betr. das U-Vollzugsrecht oder (auch) **betr. das Strafverfahren** von Gewicht sind, faktisch nicht immer möglich sein, dh die VollzAnstalt erlangt
schon wegen der unvermeidbaren **Selektivität** bei Wahrnehmung und
Übermittlung von „Erkenntnissen" eine Machtposition, die ggf. zu einer
mit der Unschuldsvermutung nicht mehr verträglichen Abhängigkeit des U-
Gefangenen führen könnte. Je weitreichender die Übermittlungpflicht bzw.
-bereitschaft, umso höher ist zudem die Gefahr, dass auch Daten übermittelt
werden, die nicht unmittelbar relevant sind, und zudem, dass es zu einer
Totalüberwachung bzw. einer faktischen Umgehung der Selbstbelastungsfreiheit kommt. Zumindest müsste einschränkend die Erforderlichkeit der

Erkenntnisse und, für den Fall der Verneinung, die Pflicht zu unverzüglicher Löschung normiert sein.

Zusätzlich ist teilweise eine Verpflichtung der VollzAnstalt vorgesehen, U- **15a** Gefangene hinsichtlich ihres Verhaltens ggü. dem **mutmaßlichen Tatopfer** zu unterstützen (vgl. § 6 Abs. 4 S. 2 UVollzG Bln ua: „Tatopfer", „Wiedergutmachung" (Rheinland-Pfalz, Saarland: „Ausgleich"); ähnlich § 11 Abs. 3 S. 2 JVollzG Bbg, Art. 26 Abs. 3 S. 2 BayUVollzG („Ausgleich mit dem Tatopfer"), jeweils allerdings nur „auf Wunsch" des U-Gefangenen; gem. § 4 Abs. 3 S. 1 UVollzG NRW „fördert" die Anstalt „auf Antrag der die Tatvorwürfe einräumenden" Insassen die Durchführung eines TOA, wobei indes die Vielfalt möglicher Falschgeständnisse zu berücksichtigen ist); nicht Thür. JVollzGB, Umkehrschluss aus § 8 Abs. 1 S. 2 iVm § 1). Demgegenüber ist schon die Verwendung des Begriffs „Opfer" ein – zudem kompetenzüberschreitender – Verstoß gegen die Unschuldsvermutung, und das Gleiche gilt hinsichtlich der Generalisierung „*die* U-Gefangenen" bei „*ihrem Bestreben*"; soweit der Begriff „Opfer" durch den formell-strafverfahrensrechtlichen Begriff „Verletzter" ausgetauscht ist (vgl. etwa § 6 Abs. 4 S. 2 UVollzG Bln), ändert dies nichts an dem genannten Verstoß. Zum anderen vermag die verbale Einkleidung zB als „Hilfe" nicht darüber hinweg zu täuschen, dass die Selbstbelastungsfreiheit berührt ist (oder zumindest sein kann), wovor ein zu vermerkender „Wunsch" des U-Gefangenen insofern wenig schützt, als er besorgen mag, dass die Ablehnung ggf. mittelbar sanktioniert wird. Soweit von der Voraussetzung eines Geständnisses ausgegangen wird, ist aufschlussreich für die Herabwürdigung der Aussagefreiheit die (auffordernde) Wendung, „bei schweigenden Beschuldigten kann der Wunsch hingegen noch geweckt werden" (vormals Begr. RefE NRW, 131).

c) Beendigung des Vollzugs. Wenngleich der Vollzug auf Anordnung **16** des Gerichts oder der Staatsanwaltschaft unverzüglich zu beenden ist (vgl. etwa § 10 Abs. 1 UVollzG Bln ua; Art. 10 Abs. 1 BayUVollzG; zur elektronischen Anordnung bei Verwendung einer qualifizierten Signatur (gem. SignaturG) vgl. § 9 Abs. 1 S. 2 UVollzG NRW; vgl. auch schon Nr. 17 UVollzO), darf die Anstalt den Betroffenen nicht entlassen, wenn eine andere gerichtlich angeordnete Freiheitsentziehung zu vollziehen ist (zB U-Haft in anderer Sache oder Strafhaft).

3. Anlässe der Einholung von Stellungnahmen

a) Verlegung und Überstellung. Diese Vorgänge können während der **17** U-Haft vom Gericht oder (im Falle ihrer Zuständigkeit) der Staatsanwaltschaft ggf. bereits durch verfahrenssichernde Anordnungen verhindert werden. Ist dies nicht gegeben, so unterliegen sie gem. den meisten der Landesgesetze der Entscheidung der VollzAnstalt, jedoch ist *zuvor* (unbeschadet des Fehlens einer gesetzlichen Pflicht) dem U-Gefangenen, und im Übrigen von Gesetzes wegen dem Gericht und der Staatsanwaltschaft Gelegenheit zur Äußerung zu geben (vgl. etwa § 8 Abs. 1 S. 2 UVollzG Bln ua; Art. 9 Abs. 3 S. 1 BayUVollzG; § 7 Abs. 1 S. 2, 3 UVollzG NRW; betr. medizinische Gründe → Rn. 18, 80), nach § 8 Abs. 1 S. 3 UVollzG Bln (Soll-Vorschrift) unter einschränkenden Voraussetzungen auch dem Verteidiger (vgl. § 8 Abs. 3 S. 2 UVollzG Bln: soweit dies die Aufgabe des U-Vollzugs und die Sicherheit der Anstalt nicht gefährdet; anders Art. 9 Abs. 4 S. 1

BayUVollzG: „unverzüglich zu unterrichten"). Hiervon darf nur ausnahmsweise, dh bei – von der VollzAnstalt gebührend zu würdigender – Eilbedürftigkeit (§ 23 Abs. 3 S. 1 UVollzG Bln ua (Hamburg § 45 Abs. 3 HmbU-
VollzG): „nach Möglichkeit"; Art. 9 Abs. 3 S. 2 BayUVollzG) abgesehen
werden. Personensorgeberechtigte sind unverzüglich zu unterrichten (vgl.
nur Art. 30 Abs. 4 S. 1 BayUVollzG). Dem U-Gefangenen ist Gelegenheit
zu geben, eine angehörige Person oder Vertrauensperson zu benachrichtigen
(§ 7 Abs. 4 UVollzG Bln ua; Art. 9 Abs. 4 S. 2 BayUVollzG). – Wegen der
Zuständigkeit betr. Arbeitsentgelt und Ausbildungsbeihilfe vgl. ausdrücklich
§ 8 Abs. 2 S. 2 BremUVollzG (ohne Regelung bzgl. – in manchen Landesgesetzen nicht vorgesehenen – Taschengelds, vgl. → Rn. 87).

18 Die *Voraussetzungen* für Verlegung und Überstellung sind in den U-Voll-
zugsgesetzen deshalb gleich (vgl. § 8 UVollzG Bln ua; § 5 Abs. 1, 2 JVollzG
BW II; Art. 9 BayUVollzG; § 7 UVollzG NRW), weil die jeweiligen Aus-
wirkungen weniger voneinander abweichen, als es im Vollzug der (Freiheits-
strafe bzw. der) JStrafe der Fall ist (vgl. → § 92 Rn. 131), und insb. weil es –
anders als bei diesen – zumindest faktisch weniger zu Unterbrechungen von
(Behandlungs- bzw.) erzieherischen Maßnahmen kommt (vgl. auch Begr.
RefE BbgUVollzG, 13; betr. (vorgehende) Verlegung, Überstellung und
Ausführung zu medizinischer Behandlung vgl. etwa § 23 UVollzG Bln. ua
(Hmb. § 45); § 27 JVollzGB BW II; § 24 Abs. 2 UVollzG NRW).

19 **b) Verbringungen.** Dem entspricht auch die Rechtslage bei **kurzzeitigen** Verbringungen von U-Gefangenen aus der Anstalt. Zum einen ist die
Anstalt verpflichtet, jedem **Vorführung**ersuchen nachzukommen. Falls ein
solches sich auf ein anderes als das der U-Anordnung zugrunde liegende
Verfahren bezieht, sind Gericht und Staatsanwaltschaft, deren Zuständigkeit
gem. diesem Verfahren besteht, unverzüglich zu unterrichten (vgl. etwa § 9
Abs. 1 S. 2 UVollzG Bln ua).

20 **c) Ausführung.** Das Gericht oder (im Falle der Zuständigkeit) die Staatsanwaltschaft können eine Ausführung ggf. durch verfahrenssichernde Anordnungen verhindern oder zumindest erschweren. Besteht eine solche
nicht, so hat die VollzAnstalt grundsätzlich *vor* einer beabsichtigten Entscheidung über eine Ausführung dem Gericht und der Staatsanwaltschaft
Gelegenheit zur Stellungnahme zu geben (vgl. etwa § 9 Abs. 2 S. 3 UVollzG
Bln ua; Art. 24 Abs. 6 BayUVollzG; gem. § 6 Abs. 4 JVollzG BW II betr.
Ausführung: Unterrichtungspflicht). Hinsichtlich des Verteidigers besteht
nach § 9 Abs. 2 S. 4 UVollzG Bln (außer Sachsen: Mitteilung nach Anordnung der Ausantwortung, § 9 Abs. 3 S. 3 SächsUVollzG) nur eine Soll-
Vorschrift (anders § 9 Abs. 2 S. 3 UVollzG Bln), sofern dies die Aufgabe des
U-Vollzugs und die Sicherheit (§ 9 Abs. 2 S. 3 UVollzG Bln) der Anstalt
nicht gefährdet.

20a Falls die beantragte Ausführung ausschließlich im Interesse des U-Gefan-
genen liegt, können deren **Kosten** diesem auferlegt werden (vgl. etwa § 9
Abs. 2 S. 4 UVollzG Bln ua; § 8 Abs. 2 S. 3 HessUVollzG; enger § 6 Abs. 2
S. 1 JVollzGB BW II: auf eigene Kosten; Art. 24 Abs. 4 S. 1 BayUVollzG:
„idR"), wobei eine Nicht-Leistungsfähigkeit iRd Ermessensentscheidung zu
berücksichtigen sein wird (vgl. etwa Begr. RefE BbgUVollzG, 14; enger § 6
Abs. 2 S. 2 JVollzGB BW II). Diese Kostenauferlegung verstößt gegen die
Unschuldsvermutung. – Hingegen ist die Anstalt (vorbehaltlich einer ent-
gegenstehenden verfahrenssichernden Anordnung) dann zur Ausführung

verpflichtet, wenn das *persönliche Erscheinen* angeordnet ist (vgl. etwa § 9 Abs. 2 S. 2 UVollzG Bln ua; Art. 24 Abs. 2 S. 2 BayUVollzG). Diese Einschränkung begegnet im Hinblick auf Art. 103 GG Bedenken.

d) Ausantwortung. Auch vor der Entscheidung über eine Ausantwor- 21 tung ist Gericht und Staatsanwaltschaft Gelegenheit zur Stellungnahme zu geben (vgl. etwa § 9 Abs. 3 UVollzG Bln ua (Hamburg § 8 Abs. 3 HmbU-VollzG); Art. 24 Abs. 6 BayUVollzG).

IV. Grundsätze des U-Haftvollzugs im Jugendstrafverfahren

1. Bezug zu Haftgründen; Selbstbelastungsfreiheit

Maßgebend für die Art und Weise, in der gem. der **Aufgabe** des U- 22 Vollzuges (vgl. konsequent § 2 HmbUVollzG, Art. 2 BayUVollzG; § 3 Sächs-sUVollzG; anders die meisten anderen Ländergesetze, vgl. etwa § 2 UVollzG Bln ua (außer Sachsen); § 2 Abs. 1 JVollzGB BW I) die konkret bejahten Haftgründe umgesetzt werden, ist die **Unschuldsvermutung** (Art. 6 Abs. 2 EMRK). Dem entspricht eine besondere **Fürsorgepflicht** des Staates bzgl. der psychischen und körperlichen Befindlichkeit des U-Gefangenen, um die Auswirkungen dieser ggf. mit extremer Intensität in deren Lebensführung eingreifenden Haft möglichst begrenzt zu halten (vgl. auch *Apfel/Piel* in FAHdB StrafR 6/23 Rn. 102). Dies gilt wegen der besonderen, ua dem Erziehungsauftrag (§ 2 Abs. 1) geschuldeten jugendstrafrechtlichen **Schutz**pflicht jeweils in erhöhtem Maße für **Jugendliche** und **Heranwachsende** (zur Amtspflichtverletzung BVerfG, 3. K. des 2. S., StV 2016, 175 = NJW 2016, 1081 (unbeaufsichtigtes Zusammentreffen eines einen Hammer führenden, als Psychotiker beurteilten Insassen mit anderen) mit Bspr. *Eisenberg* FS Schlothauer, 2018, 213 ff. = ZJJ 2016, 406 mAnm *Goerdeler;* vgl. betr. Abgrenzung zu § 126a StPO auch → § 72 Rn. 2c).– Das **Personal** muss von der Persönlichkeit wie vom Fachwissen her qualifiziert sein (vgl. § 67 Abs. 4 HessUVollzG (vgl. auch § 67 Abs. 2 S. 2, erweitert um „Praxisberatung und Begleitung" durch Gesetz v. 30.11.2015) und SächsUVollzG).

a) Haftgründe. Hinsichtlich der rechtssystematisch **stimmigen** Haft- 23 gründe (vgl. → § 72 Rn. 6 ff.) hat die VollzAnstalt durch sichere Unterbringung der U-Gefangenen die Durchführung eines geordneten JStrafverfahrens zu gewährleisten. So sind die U-Gefangenen verpflichtet, die – notfalls (und unbeschadet der Rechte Peronensorgeberechtigter, § 74 Abs. 1 Sächs-sUVollzG) **zwangsweise** durchsetzbaren (vgl. § 21 SächsUVollzG, § 18 HessUVollzG (jeweils neu gefasst GVBl. 2013, 250 bzw. GVBl. 2013, 46); vgl. speziell näher → § 92 Rn. 135) – Anordnungen zum Gesundheitsschutz und zur Hygiene zu befolgen (vgl. etwa § 20 Abs. 1 S. 2 UVollzG Bln ua, diff. § 63 Abs. 1–4 HmbUVollzG (außer bei Gefar im Verzug, Abs. 5)), und über schwere Erkrankungen (oder den Tod) von U-Gefangenen hat die VollzAnstalt unverzüglich – neben Angehörigen (vgl. etwa § 20 Abs. 3 S. 1 UVollzG Bln ua; einschr. gem. § 20 Abs. 4 S. 1 SächsUVollzG: nahen Angehörigen; nach § 20 Abs. 3 S. 1 BremUVollzG nur, wenn die U-Gefangenen dem nicht widersprochen haben, nach § 20 Abs. 3 S. 2 UVollzG Bln nur bei Einwilligung)) – Gericht und Staatsanwaltschaft zu informieren (vgl. etwa § 25 UVollzG NRW (Verweis auf das StVollzG NRW); zum Ganzen auch Art. 25 Abs. 1, Art. 38 BayUVollzG (Verweis auf BaySt-VollzG)), gem. § 20 Abs. 4 S. 1 SächsUVollzG auch den Verteidiger. Besonderer Differenzierungen bedarf es betr. zwangsweiser Ernährung (vgl. etwa § 77 Abs. 2–6 RhPfLJVollzG, § 21 Abs. 2–5 UVollzG Bln, § 79 BbgJVollzG).

24 Bzgl. derjenigen Haftgründe, die **polizeirechtlichen** Zwecken dienen (vgl. → § 72 Rn. 7, 7a) geht es darum, der angenommenen Gefahr weiterer Straftaten zu begegnen. – Bei U-Gefangenen, die von – unzulässigen – „apokryphen" Haftgründen" (vgl. → § 72 Rn. 9) betroffen sind, steht die VollzAnstalt in der Pflicht, das Fehlverhalten der Strafjustiz durch möglichst schonende VollzGestaltung zu mildern.

25 Im Einzelnen darf bei **Einschränkungen** grundsätzlich nur der im Haftbefehl angeführte **Haftgrund** umgesetzt werden, dh eine – von den Landesgesetzen nicht ausdrücklich untersagte – Praxis, ohne vorherige Erweiterung des Haftbefehls (*Paeffgen* StV 2009, 50) iSe abstrakten Gefahrenabwehr auch die konkret nicht angeführten Haftgründe heranzuziehen, ist insoweit unzulässig (zB darf bei Anführung von Fluchtgefahr nicht dergestalt überwacht werden, als ob der Haftbefehl auch mit Verdunkelungsgefahr begründet wäre). Denn es gibt keinen „allg" Haftgrund oder -zweck. Anders kann es sich verhalten, wenn eine konkrete Gefahr iSe anderen Haftgrundes belegt ist, jedoch ist insoweit restriktiv zu verfahren (vgl. auch → § 72 Rn. 23, 24; allg. indes § 135 Abs. 2 JVollzG Nds; s. aber vormals Begr. RefE UVollzG NRW, 95: Zweck bestimmt sich nicht nur nach dem im Haftbefehl genannten Haftgrund, sondern es ist allg. „den Gefahren zu begegnen, die in den Haftgründen der §§ 112 ff. StPO" ihren Ausdruck gefunden haben).

26 **b) Selbstbelastungsfreiheit.** Aus der Unschuldsvermutung (Art. 6 Abs. 2 EMRK) iVm dem Grundsatz der Selbstbelastungsfreiheit ergibt sich für die VollzAnstalt umgekehrt die Pflicht, alles zu **unterlassen** bzw. zu unterbinden, was den Betroffenen zu einer Äußerung betr. den Tatvorwurf veranlassen oder motivieren könnte. Insbesondere hat die VollzAnstalt iRd staatlichen **Fürsorgepflicht** Gefährdungen des Betroffenen durch falsche Geständnisse (vgl. dazu Nachw. bei → § 70c Rn. 9 ff.) entgegenzuwirken.

2. Rechtsstellung des U-Haftgefangenen

27 Sie ist von der **Unschuldsvermutung** (Art. 6 Abs. 2 EMRK; § 1 Abs. 1 UVollzG NRW) gekennzeichnet (vgl. auch § 5 S. 2 BbgUVollzG: anderen „Anschein vermeiden"). Demgemäß ist der U-Vollzug einzelfallbezogen an den Grundrechten des als unschuldig zu behandelnden Gefangenen auszurichten (BVerfG StV 2009, 253) und, mehr noch als bei Verurteilten, auf Förderung (vgl. § 10 Abs. 1 BbgJVollzG). Zu Grundrechtseingriffen bedarf es konkreter Anhaltspunkte für die Annahme einer Gefährdung des Haftzwecks oder, diesem dienend und daher subsidiär, der Sicherheit und Ordnung der Anstalt – Verwaltungsbelange hingegen sind hierfür nicht geeignet (BVerfG NStZ 2008, 521). Vollzugliche Maßnahme sind, mehr noch als im JStVollzug auch, dem Betroffenen regelmäßig zu erläutern (vgl. § 4 Abs. 2 S. 2 BbgJVollzG). Ohne besondere gesetzliche Regelung dürfen dem U-Gefangenen nur solche Beschränkungen auferlegt werden, die zur Umsetzung einer verfahrenssichernden Anordnung bzw. zur Aufrechterhaltung der Sicherheit oder zur Abwehr einer schwerwiegenden Störung der Ordnung der VollzAnstalt unerlässlich sind (§ 4 Abs. 2 S. 1 UVollzG Bln ua (ggf. iVm § 66 Abs. 1, Hamburg § 72 Abs. 1 HmbUVollzG); § 2 Abs. 2 JVollzGB BW II; Art. 3 Abs. 3 BayUVollzG; § 1 Abs. 3 UVollzG NRW; § 4 Abs. 2 S. 2 HessUVollzG); mit der Unschuldsvermutung und dem Verhältnismäßigkeitsgrundsatz nicht vereinbar und zudem unbestimmt ist demgegenüber die Fassung des § 3 S. 2 JVollzG Nds („Ordnung der Anstalt"). – Im Einzelnen ist zB bei Aufnahme die Untersuchung von *Körperöffnungen* ohne konkrete Anhaltspunkte für die Gefahr des Hereinschmuggelns (etwa von Drogen) unzulässig, und das Gleiche gilt für diesbzgl. pauschale Anordnungen ohne Ausnahmen (BVerfG, 3. Kammer des 2. Senats, StV 2009, 253 (betr. allg. StR)). Hinsichtlich des Ausmaßes der *Einschlusszeiten* ist eine Wahrung der Grundrechte des U-Gefangenen unerlässlich (BVerfG, 3. Kammer des 2. Senats, StV 2013, 521 mit Bspr. *Morgenstern* StV 2013, 529 ff.).

a) **Schutzbelange.** Gemäß der Unschuldsvermutung sollen Betroffenen **28** zB externe Hilfsangebote (etwa betr. Vermittlung nicht nur vorübergehender Unterkunft) genannt werden, die zu einer möglichst baldigen **Aufhebung** der U-Anordnung oder doch der Aussetzung deren Vollzugs führen könnten (vgl. etwa § 6 Abs. 4 S. 1 UVollzG Bln ua (anders Schleswig-Holstein); Art. 26 Abs. 3 S. 1 BayUVollzG), in anderen Ländern ist dies sachgerecht als Muss-Vorschrift ausgestaltet (vgl. etwa § 5 Abs. 1 S. 3 UVollzG NRW: Bemühen um Vermeidung weiterer U-Haft; vgl. auch § 6 Abs. 2 S. 2, 3 SchlHUVollzG: „sind zu beraten", Stellen und Einrichtungen „sind zu benennen"). Zudem müssen U-Gefangene über die notwendigen Maßnahmen zur Aufrechterhaltung etwaiger sozialversicherungsrechtlicher Ansprüche beraten werden (vgl. etwa § 6 Abs. 3 UVollzG Bln ua; Art. 26 Abs. 2 S. 2 BayUVollzG (Verweis auf BayStVollzG)).

Die meisten der Landesgesetze sehen im Übrigen eine Verpflichtung der **28a** VollzAnstalt vor, zum einen den U-Gefangenen (umgehend, dh) von der Aufnahme an durch **Hilfsangebote** der VollzAnstalt zu unterstützen (vgl. etwa § 6 Abs. 1 S. 1 UVollzG Bln ua; §§ 1 Abs. 3 S. 2, 32 JVollzG BW II; § 5 Abs. 1 UVollzG NRW; Art. 26 Abs. 1 S. 1 BayUVollzG: „nach Möglichkeit"), zum anderen, mit Einrichtungen und Organisationen sowie ggf. Personen (zB ehrenamtlich Tätige) und Vereinen **außerhalb** zusammen zu arbeiten (§ 6 Abs. 2 UVollzG Bln ua; Art. 26 Abs. 4, 30 Abs. 6 BayUVollzG), um vollzugsexterne Hilfen – auch im Hinblick auf den Zeitpunkt der Entlassung – aufzuzeigen (als solche können in Betracht kommen zB Einrichtungen für berufliche Bildung bzw. Agenturen für Arbeit, Gesundheits- und Ausländerbehörden, Suchtberatungsstellen und Schuldnerberatungen, Träger der Sozialversicherung, Träger der Freien Wohlfahrtspflege, BewHilfe (vgl. § 11 Abs. 2 BbgJVollzG, auch schon Begr. RefE BbgUVollzG, 11)). Indes fehlt weithin zB eine Klarstellung, dass die JHilfe idR auch bei der Vollzugsplanung anzuhören ist. Immerhin ist die Verpflichtung gem. § 68 Abs. 1 UVollzG Bln ua (Hamburg § 74 Abs. 1 HmbUVollzG) dahingehend konkretisiert, dass namentlich auch mit solchen Einrichtungen (wie Schulen, beruflichen Bildungsträgern, freien Trägern der JHilfe, sowie JAmt) zusammen zu arbeiten ist, die für **junge U-Gefangene** besonders wichtig sind (nach Begr. RefE BbgUVollzG, 47, um Erfahrungswissen auszutauschen und Hilfen gemeinsam zu organisieren).

28b   Zudem verlangt Art. 6 Abs. 2 GG die Einbeziehung der *Personensorgebe-rechtigten* (§ 68 Abs. 2 UVollzG Bln ua) – ggf. bei Heranwachsenden auf ihren Antrag die Einbeziehung der Eltern (§ 10 Abs. 2 BbgJVollzG) – soweit „möglich" (zB Erreichbarkeit), wenn keine verfahrenssichernde Anordnung entgegen steht. Gemäß allg. erzieherischen Grundsätzen wohl auch nicht, wenn der U-Gefangene deren Einbeziehung begründet ablehnt (vgl. auch → § 92 Rn. 88).

29   **b) Fürsorge.** Ausdruck der Unschuldsvermutung waren und sind ferner zB sog. „Bequemlichkeiten und Beschäftigungen" (vgl. § 1 Abs. 2 UVollzG NRW, entspr. § 119 Abs. 4 StPO aF) bzw. *„Annehmlichkeiten"* (vgl. etwa § 19 UVollzG Bln ua; Art. 3 Abs. 2 BayUVollzG) zB iSd Benutzung grds. eigener Kleidung, Bettwäsche etc (vgl. näher → Rn. 53). – Bei Entlassung in Freiheit kann, zumal am Wochenende oder wenn eine andere Möglichkeit der Unterkunft und Verpflegung nicht gegeben ist, ggf. eine Überbrü-ckungs- (vgl. § 9 Abs. 3 UVollzG NRW) bzw. Entlassungsbeihilfe (vgl. § 10 Abs. 3 UVollzG Bln ua, §§ 53 Abs. 3, 50 Abs. 4 JVollzGB LSA) einschließ-lich sonstiger notwendiger Unterstützung – zB ausreichende (§ 9 Abs. 3 S. 1 UVollzG NRW) oder angemessene (§ 10 Abs. 3 UVollzG Bln ua) Kleidung – geleistet werden (vgl. auch § 53 Abs. 2 S. 1, Abs. 3 JVollzGB LSA). Im Übrigen kann der Betroffene auf seinen Wunsch kurzfristig in der VollzAn-stalt bleiben (vgl. näher § 9 Abs. 2 UVollzG NRW (wegen der Kostenauf-erlegung Verweis auf das StVollzG NRW); § 10 Abs. 2 S. 1 UVollzG Bln ua; Art. 10 Abs. 2 S. 1 BayUVollzG, § 7 Abs. 2 JVollzG BW II: jeweils „auf Kosten der VollzAnstalt").

3. Erzieherische Gestaltung

30   **a) Verfassungsrechtliche Bedenken.** Diesbezügliche Bedenken sind deshalb von erhöhter praktischer Bedeutung, weil der Begriff Erziehung zur Legitimation von (zusätzlichen) Reglementierungen und Beschränkungen des Haftvollzuges geeignet ist (vgl. näher → § 2 Rn. 12 ff.). Konkret wird betr. **Jugendliche** (betr. Heranwachsende s. § 110 Abs. 2; vgl. auch → § 110 Rn. 7) teilweise die Ansicht vertreten, Erziehung in der U-Haft stelle einen Verstoß gegen **Art. 6 GG** dar, da ein Eingriff in das **elterliche Erziehungsrecht** nur bei drohender „Verwahrlosung" bzw. bei Vorliegen von Bedürfnissen iSv § 34 KJHG zulässig sei, diese Voraussetzungen bei einem Straftatverdacht aber nicht zwangsläufig gegeben seien. Auch der staatliche Strafanspruch könne das elterliche Erziehungsrecht nicht verdrän-gen, da noch kein rechtskräftiges Urteil vorliegt (zu nur begrenzter Einbezie-hung der Sorgeberechtigten aber etwa § 158 Abs. 3 JVollzG Nds); vielmehr gestatte Art. 6 Abs. 2 S. 2 GG nur Eingriffe um der staatlichen Gemeinschaft willen, also allenfalls die Vollstr des Haftbefehls, nicht aber die Einwirkung auf die Person (*Mrozynski* RdJB 1973, 326).

30a   Allerdings ist davon auszugehen (vgl. auch *Dallinger/Lackner* Rn. 11), dass während der U-Haft zumindest eine erzieherische Verantwortung des Staates besteht (vgl. auch § 1 KJHG), zumal der Staat selbst haftbedingte erzieheri-sche Gefahren gesetzt hat (zu Folgerungen betr. Verfahrensbelange *Eisenberg/Müller* Jura 2006, 54 ff.); dem entspricht es, dass sonstige bisherige erzieheri-sche Bemühungen weitgehend unterbrochen sind. Da der Staat nur ein subsidiäres Erziehungsrecht hat (s. Art. 6 Abs. 2 S. 1 GG), wäre eine völlige

Ausschaltung des elterlichen Erziehungsrechts verfassungsrechtlich bedenklich. Soweit die Eltern keine missbräuchliche Erziehung verlangen oder nachgewiesenermaßen ihre Erziehungspflicht vernachlässigen, wird man eine Einschränkung ihres Erziehungsrechts **nur insoweit** annehmen können, wie es der Haftvollzug (dh der Zweck der U-Haft und die Sicherheit und Ordnung in der Anstalt) **unvermeidlich** sein lässt (zust. *Laubenthal/Baier/ Nestler* JugendStrafR Rn. 339). Daher sollte in den wesentlichen Fragen der Erziehung eine Abstimmung mit den Erziehungsberechtigten zulässig und rechtlich geboten sein (vgl. auch schon *Linck* ZRP 1971, 57 ff.; *Kreuzer* RdJB 1978, 351).

Indessen erscheint es selbst bei Anerkennung einer besonderen Grund- **31** rechtsmündigkeit unabhängig vom Vorhandensein einer elterlichen Einverständniserklärung oder dem Nachweis einer Vernachlässigung oder des Missbrauchs elterlicher Pflichten und Rechte **fraglich,** ob erzieherische **Zwangsmaßnahmen,** auch soweit es sich um staatliche Leistungen handelt, gemessen an den aus Art. 2 Abs. 1 iVm Art. 1 Abs. 1 GG (betr. das Selbstbestimmungsrecht des Jugendlichen) sich ergebenden Anforderungen als noch verhältnismäßig anzusehen sind. Denn im Unterschied zur Relevanz der Grundrechtsmündigkeit bei der Bestimmung des Umfangs der Rechte der Eltern ggü. dem Minderjährigen besteht hinsichtlich staatlicher Maßnahmen ggü. dem Bürger Einigkeit darin, dass Staffelungen (oder Graduierungen) betr. die Grundrechtsregelung nicht in Betracht kommen.

b) Pflichten der Vollzugseinrichtung. aa) Aufnahme. Als Ausdruck **32** erzieherischer Gestaltung kommt schon dem **Zugangsgespräch** wesentliche Bedeutung zu. Es ist gerade mit jungen U-Gefangenen wegen deren im Allg. kürzeren *Zeitempfindens* und höherer *Haftempfindlichkeit* schnellstmöglich zu führen, dh die für Erwachsene geltende Bestimmung „unverzüglich" (vgl. etwa § 7 Abs. 1 S. 1 UVollzG Bln ua (vgl. aber Begr. RefE BbgUVollzG, 12: gar nur „innerhalb der ersten 24 Std"); § 6 Abs. 1 S. 1 HessUVollzG; § 4 Abs. 1 S. 1 JVollzGB BW II: „bei der Aufnahme"; § 6 Abs. 3 UVollzG NRW: „alsbald" (ähnlich Art. 26 Abs. 2 S. 1 BayUVollzG)) ist hier grundsätzlich zu weit. Dies gilt auch deshalb, weil bei jungen U-Gefangenen iRd Fürsorgepflicht hinsichtlich des etwa erforderlichen Tätigwerdens betr. akute Konflikte, Pflichten oder sonstige Belange erhöhte Eilbedürftigkeit bestehen kann. Dies ist schon insoweit einsichtig, als es sogar bei erwachsenen U-Gefangenen hinsichtlich Maßnahmen für hilfsbedürftige Angehörige, zur Erhaltung des Arbeitsplatzes und der Wohnung sowie zur Sicherung der Habe außerhalb der Anstalt (vgl. etwa § 7 Abs. 5 UVollzG Bln ua, § 12 Abs. 4 iVm § 1 ThürJVollzGB: „werden dabei unterstützt" (nur Soll-Vorschrift in Bremen, Rheinland-Pfalz, Saarland, Schleswig-Holstein); Art. 26 Abs. 2 S. 2 BayUVollzG (Verweis auf StVollzG: „Bei der Aufnahme wird … geholfen")) ggf. auf sofortiges Handeln ankommt. Insbesondere ist dem jungen U-Gefangenen − unter dem Vorbehalt einer einschränkenden verfahrenssichernden Anordnung − möglichst bald Gelegenheit zu geben, bestimmte Personen außerhalb der Anstalt darüber zu informieren, in welcher Anstalt er sich befindet (vgl. etwa § 7 Abs. 4 UVollzG Bln).

Auch soweit das Zugangsgespräch der Vermittlung eines **Orientierung**s- **33** rahmens hinsichtlich der Haftsituation (bei gleichzeitiger Aushändigung der Hausordnung) sowie − auf Verlangen, worüber in geeigneter Weise (§ 70a Abs. 1 aF bzw. § 70b Abs. 1 nF) zu belehren ist − der Zugänglichmachung des UVollzG (nebst der darin in Bezug genommenen Gesetze und ferner einschlägiger Rechtsverordnungen und VVen (vgl. § 7 Abs. 1 S. 3 UVollzG Bln ua, nicht Hamburg; § 7 Abs. 1 S. 2, 3 SächsUVollzG; § 12 Abs. 1 S. 3 JVollzGB LSA); speziell betr. Auslesen von Datenspeichern § 47a Abs. 1 S. 2 SächsUVollzG, § 142 Abs. 4 JVollzGB LSA) dient, bedarf es einer dem Erziehungsauftrag gerecht werdenden Gestaltung. Dies gilt ebenso für die Informierung über die Rechtsschutzmöglichkeiten (entspr. § 114b StPO (betr. U-Recht)). – Aus Gründen des Datenschutzes dürfen, wie bei erwachsenen U-Gefangenen auch, während des Aufnahmeverfahrens andere Gefangene nicht anwesend sein (vgl. § 12 Abs. 2 BbgJVollzG; einschr. § 7 Abs. 2 UVollzG Bln ua: „idR" (ohne diese Einschränkung Berlin, Mecklenburg-Vorpommern)). Hiervon soll ausnahmsweise (zB bei unüberwindbaren sprachlichen Verständigungsschwierigkeiten (so § 7 Abs. 2 UVollzG M-V: „nur wenn anders eine sprachliche Verständigung nicht möglich ist") ggf. gar durch Hinzuziehung eines als „zuverlässig" beurteilten Gefangenen (so noch Begr. RefE BbgUVollzG, 12)) abgewichen werden dürfen, jedoch wird es hierfür der Zustimmung (vgl. aber → Rn. 46, 47) des Betroffenen (so auch § 6 Abs. 4 S. 2 UVollzG NRW: Einwilligung; § 4 S. 3 JVollzGB BW II; § 7 Abs. 3 HmbUVollzG) und einer mit erzieherischer Sorgfalt vorgenommenen Prüfung der Voraussetzungen einer solchen Ausnahme bedürfen. Sachgerecht ist demgegenüber eine Regelung, derzufolge ein Dolmetscher oder Übersetzer hinzuziehen ist, wenn der Gefangene der deutschen Sprache nicht mächtig ist (nicht § 12 JVollzGB LSA; § 12 Abs. 1 S. 2 BbgJVollzG (Sprachmittler, Gebärdendolmetscher); § 7 Abs. 1 S. 2 UVollzG Bln: Sprachmittler; RL EU v. 20.10.2010 (ABl. 2010 L 280, 1) Art. 3 Abs. 3, 4 nebst Art. 9 Abs. 1; vgl. näher *Sagel-Grande* FS 2010, 100 ff. (104)).

33a Zumindest wie bei erwachsenen U-Gefangenen auch (vgl. aber → Rn. 32) muss die zwingend vorzunehmende gründliche **ärztliche** Untersuchung „unverzüglich" (§ 7 Abs. 4 SächsUVollzG), „alsbald" (§ 7 Abs. 3 UVollzG Bln ua; § 12 Abs. 3 BbgJVollzG (erg. Begr. RefE BbgJVollzG, 12: „ggf. sofort"); § 4 S. 2 JVollzGB BW II; Art. 8 Abs. 3 S. 3 BayUVollzG; § 6 Abs. 3 UVollzG NRW (vgl. Begr., 103: „so bald wie möglich"); § 6 Abs. 2 HessUVollzG; § 12 Abs. 3 JVollzGB LSA; § 7 Abs. 1 S. 2 HmbUVollzG: „umgehend") geschehen.

34 **bb) Bedarfserhebung.** Nach der Aufnahme ist der „**Förder- und Erziehungsbedarf**" der jungen U-Gefangenen unter Berücksichtigung ihrer Persönlichkeit und ihrer Lebensverhältnisse zu ermitteln (vgl. etwa § 69 UVollzG Bln ua; § 16 Abs. 1 BbgJVollzG; enger § 46 HessUVollzG: nur Förderbedarf; anders § 72 Abs. 1 S. 1, 2 VollzGB BW II: „Erforschung der Persönlichkeit" (Soll-Vorschrift); zur Verwendung als Grundlage des Vollzugsplans krit. → § 92 Rn. 46 sowie schon *Eisenberg* ZRP 1987, 239 f.), wobei gem. der Unschuldsvermutung der Tatvorwurf außer Betracht bleiben muss. Neben bedeutsamen äußeren Umständen soll sich das Bemühen um Erkenntnisse insb. auf „Stärken und Schwächen" bzw. „Ressourcen und Defizite" der Betroffenen richten sowie darauf, wie sie selbst ihre Entwicklung und Perspektiven sehen. Auch Erkenntnisse zur schulischen und beruflichen Situation, zur Intelligenz, zum emotional-affektiven Zustand und zum „sozialen Umfeld" sind wesentlich.

34a Methodisch kommen in Betracht, und zwar *jeweils* bei gebotener Zurückhaltung ggü. dem *Wahrheitsgehalt,* eine Lebenslaufanalyse, Durchsicht aktenmäßiger Unterlagen, Kommunikation mit etwaigen Bezugs- oder Kontaktpersonen (zB Eltern), laufende aufmerksame Beobachtung (vgl. aber → § 43 Rn. 17a), Tests (*Zirbeck,* Die U-Haft bei Jugendlichen und Heranwachsenden, 1973, 42 f.; zu Bemühungen der Messung psychischer Belastung gem. Selbstbeurteilung *Köhler ua* R&P 2004, 138 ff.).

Von Gesetzes wegen dürfen personenbezogene Daten auch *ohne Mitwirkung* der Betroffenen bei Personen und Stellen erhoben werden, die entweder bereits Kenntnis von der Inhaftierung haben oder Aufgaben der JHilfe oder der JGH wahrnehmen (§ 69 Abs. 3 UVollzG Bln ua (Hamburg § 75 Abs. 3 HmbUVollzG)). Hierzu kann Anlass bestehen, wenn die Betroffenen nicht selbst über die erforderlichen Informationen verfügen oder begründete Zweifeln an der Richtigkeit und Vollständigkeit der Angaben bestehen, jedoch sind solche Zweifel weithin auch ggü. den Angaben der genannten Personen oder Stellen angebracht. Indes ist eine solche Datenerhebung ohne oder gar gegen den Willen des Betroffenen rechtlich wie rechtstatsächlich nicht un*bedenklich* (vgl. → § 38 Rn. 66 ff.), bei bereits Heranwachsenden, dh Volljährigen, wird sie ohnehin als unzulässig zu beurteilen sein. **34b**

Soweit die U-Haft als eine günstige Ausgangsposition zur „Persönlichkeitsuntersuchung" erachtet wird, da der „Leidensdruck" gerade in der ersten Zeit eine Bereitschaft des Jugendlichen zur Mitarbeit herbeiführe, bestehen allerdings erhebliche Bedenken (vgl. → § 38 Rn. 17, → § 5 Rn. 2 ff., 7; vgl. auch → § 43 Rn. 17a). Im Übrigen findet eine Betreuung durch die **JGH** (§§ 38, 72b) ohnehin wohl nur eingeschränkt statt (vgl. vormals etwa *Zirbeck,* Die U-Haft bei Jugendlichen und Heranwachsenden, 1973, 105 ff.; *Weinknecht,* Die Situation der U-Haft und der Unterbringung von Jugendlichen und Heranwachsenden, 1988, 250 ff., unter Hinweis ua auf das Interesse eher an leichteren Fällen; s. aber DVJJ 1987, 207). Auch wenn im Sinne eines Auswahlverfahrens zur etwaigen späteren Einweisung in eine geeignete JVA zB Gespräche, Persönlichkeits- und Leistungstests durchgeführt werden, handelt es sich um eine schon wegen der Unschuldsvermutung nicht unbedenkliche Praxis, zumal im Allg. kaum zu klären sein wird, ob die erforderliche Zustimmung (nach dem Empfinden des U-Gefangenen) gleichsam „abgenötigt" wurde (vgl. auch → Rn. 46, 47). **35**

cc) Beteiligte. An dem **Verfahren** zur Entscheidung über Erziehungs- und Förder**maßnahmen** müssen an der Erziehung maßgeblich beteiligte Bedienstete im Rahmen einer **Konferenz** teilnehmen. Die beabsichtigten Maßnahmen werden – nach Möglichkeit vor der Entscheidung – mit den jungen U-Gefangenen besprochen (vgl. § 69 Abs. 2 S. 1 und 2 UVollzG Bln ua (Hamburg § 75 Abs. 2 S. 1 und 2 HmbUVollzG)), um die Geeignetheit und Mitwirkungsbereitschaft in Erfahrung zu bringen. Es empfiehlt sich, dem Betroffenen einen bestimmten, im Falle von Kommunikations- oder Vertrauensmängeln ggf. auswechselbaren Bediensteten als Ansprechpartner anzubieten (ausdrücklich § 16 Abs. 3 BbgJVollzG („besondere Vertrauensperson", allerdings mit der Wendung „zuzuordnen") und § 37 Abs. 1 UVollzG NRW); nach § 73 Abs. 1 JVollzGB BW II ist vorgesehen, dass jeder U-Gefangene eine ständige Betreuungsperson hat. **36**

c) Allgemeine Gestaltungsgrundsätze. Zur Gestaltung des U-Vollzugs im Übrigen haben mehrere der Landesgesetze den sog. **Angleichungs**grundsatz aus dem Straf- bzw. JStrafvollzugsrecht übernommen (vgl. etwa § 5 Abs. 1 S. 1 UVollzG Bln ua; Art. 4 Abs. 1 BayUVollzG; § 2 Abs. 1 S. 1 **37**

UVollzG NRW), der besagt, dass das Leben im Vollzug den allg. Lebensverhältnissen außerhalb der Mauern so weit wie möglich anzugleichen ist. Dazu vorgenommene Einschränkungen sind zumal ggü. jungen U-Gefangenen nur zulässig, soweit es die Aufgabe des U-Vollzugs oder die Erfordernisse eines geordneten Zusammenlebens in der Anstalt verlangen. Aufgrund der Unschuldsvermutung müsste die Angleichung weitreichender sein als im allg. Vollzugsrecht.

38 Auch der sog. **Gegensteuerung**sgrundsatz des (J)Strafvollzugsrechts, demzufolge schädlichen Folgen des Freiheitsentzugs entgegenzuwirken ist ("nil nocere"), ist in den Landesgesetzen enthalten (vgl. auch § 5 Abs. 1 S. 2 UVollzG Bln ua; § 1 Abs. 2 JVollzGB BW II; Art. 4 Abs. 2 S. 1 BayU-VollzG; § 2 Abs. 1 S. 2 UVollzG NRW), teilweise ausdrücklich auch als Schutz „vor Übergriffen" (vgl. JVollzGB BW II; nicht § 7 JVollzGB LSA; vgl. auch → Rn. 22; zu einem Praxisprojekt (JVA Freiburg) des Schutzes vor Mobbing *Volk-Eisemann* ZJJ 2010, 202 ff.). Er ist im U-Vollzugsrecht deshalb besonders wichtig, weil der Freiheitsentzug hier − im Unterschied zum (J) Strafvollzug − nicht selten für den Betroffenen unerwartet einsetzt und schon insofern ein sog. „kritisches Lebensereignis" darstellt, das des Öfteren zB auch die Gefahr eines falschen Geständnisses (vgl. näher → § 70c Rn. 9 ff.) oder gar des Suizids (vgl. daher § 5 Abs. 1 S. 3 UVollzG Bln. und Hmb. (vgl. auch vormals § 119 Abs. 3 StPO aF), § 7 Abs. 3 BbgJVollzG) verursacht. Dies gilt bzgl. Suizids erhöht für die erste Haftwoche, wobei aufgrund extrem gesteigerter Vulnerabilität die Unterschiede hinsichtlich Bewältigungschancen im Vergleich zu kritischen Lebensereignissen in der Außengesellschaft besonders hervortreten (vgl. näher *Bennefeld-Kersten,* Ausgeschieden durch Suizid − Selbsttötung im Gefängnis, 2009, 118 ff.). − Hinzukommen bei jungen U-Gefangenen die speziellen Schutzbelange als Elemente des Erziehungsauftrags, die nicht zuletzt auf der − im Vergleich zu Erwachsenen − im Allg. größeren Prägbarkeit, Beeinflussbarkeit und Anfälligkeit für körperliche und seelische Schäden beruhen (vgl. zur Einschätzung der Suizidgefahr etwa KrimDienst Sachs Nr. 8/Sept 16).

39 **d) Berücksichtigung alters- und geschlechtsbezogener Lebensumstände. aa) Erzieherische Gestaltung.** Der Pflicht hierzu (gerade auch bei jungen U-Gefangenen) ist nachdrücklich nachzukommen (vgl. § 2 Abs. 3 UVollzG NRW; ergänzend betr. Behinderung § 7 Abs. 3 RhPfLJVollzG, § 5 Abs. 2 UVollzG Bln), zumal sofern eine Ausgestaltung iSd statistisch bei weitem überwiegenden männlichen U-Gefangenen ggf. benachteilige (vgl. auch BVerfG, 3. K. des 2. S., NJW 2009, 661 (betr. allg. StVollzR)).

39a Was die gebotene **inhaltliche erzieherische Gestaltung** im Allg. angeht, so gilt sie in den Bereichen Arbeit, Unterricht und Freizeit nach allg. Auffassung als **nur ansatzweise verwirklicht** (vgl. schon *Krause,* Anordnung und Vollzug der U-Haft bei Jugendlichen, 1971, 132 ff.; *Zirbeck,* Die U-Haft bei Jugendlichen und Heranwachsenden, 1973, 55−64; s. demgegenüber zu Defiziten der Betroffenen im Ausbildungsbereich etwa *Hermanns,* Sozialisationsbiographie und jugendrichterliche Entscheidungspraxis, 1983, 80 ff.). Im Übrigen erfordern die durch die Inhaftierung und die bisherige individuelle Entwicklung aufgetretenen Probleme in der Konflikt- und Lebensbewältigung solche Angebote, die auf die Bedingungen der U-Haft abgestellt und möglichst in sich geschlossen sind (zB sachkundige Beratung (vgl. dazu etwa schon den Bericht von *Beil/Janssen,,* Soziales Training:

Recht, 1987), allg.-bildende Angebote, soziale Trainingskurse (betr. die JVA Braunschweig vgl. schon *Rittner-Strenzke* Kriminalpäd Praxis 1988, 39), Entspannungs- sowie Konfliktbewältigungstraining, Rechtskundekurse, spezielle Sport- und Freizeitangebote (betr. Judo „als Mittel zur Persönlichkeitserforschung" vgl. *Kramer* ZfStrVo 1991, 223), Angebote für kreatives Tun (JStVollzKomm 63); s. näher auch *Möller* ZfStrVo 1989, 25 betr. die JVA Wuppertal (zur „Bildungsdimension" 28)).

Soweit entsprechende Angebote in der U-Haft idR nur in sehr abge- **40** schwächter und eingeschränkter Form verwirklicht werden (können), wird es schon als Erfolg gelten können, wenn zB Depressionen abgefangen und Anregungen zu sozial akzeptierten Initiativen (vor allem im Arbeits- und Freizeitbereich) sowie **praktische Hilfestellungen,** deren Bedarf sich aus der plötzlichen Haftsituation ergibt, vermittelt werden. Wichtig erscheint auch die psychologische **Vorbereitung** auf die **HV** (vgl. näher → § 38 Rn. 24 ff., → § 68 Rn. 6b), nicht zuletzt im Hinblick auf nicht selten bestehende Sprechangst bzw. Sprachlosigkeit der jugendlichen U-Gefangenen vor Gericht. Insofern kommt ggf. auch die sprachliche Hilfestellung bei der Abfassung einer schriftlichen Sachäußerung in Betracht (vgl. etwa *Eisenberg/Pincus* JZ 2003, 397 (401)).

bb) Spezielle Programme und Problemlagen. Möglichkeiten **erzie- 41 herischer Programme** in U-Haft zeigen Modellversuche, in denen überwiegend Gesprächspsychotherapie und verhaltenstherapeutisches Training durchgeführt werden. Dabei wird versucht, zu erreichen, dass Betroffene zunächst ermutigt werden, aus sozialer Isolation herauszutreten, Hilfsangebote anzunehmen, sich mit persönlichen Problemen und Konflikten auseinanderzusetzen, selbstsicherer zu werden sowie mehr (etwa begründbares) Vertrauen und Offenheit in soziale Beziehungen einzubringen (*Blumberg/ Müller* in Kury, Prognose und Behandlung bei jungen Rechtsbrechern, 1986, 203 ff. sowie 212 ff.; s. dazu aber auch die Analyse bei *Kury* in Kury, Prognose und Behandlung bei jungen Rechtsbrechern, 1986 (Evaluationsstudie); vgl. zur Anstalt Hameln *Bulczak* Zbl 1986, 327; zu Bemühungen sozialpädagogisch-psychologischer Ausgestaltung s. *Wetzstein* AFET Heft 8 (1980), 53 ff.). Ebenso seien Bemühungen erwähnt, bei denen gemeinsame Arbeit, Unterricht und Freizeitbeschäftigung im Vordergrund stehen (*Kallien* KrimJ 1980, 116). Desgleichen können zumindest in Einzelfällen Berufsfindungskurse relevant sein (dazu etwa schon ZfStrVo 1980, 239 f.).

Der U-Haft kommt in der gegenwärtigen Praxis eine besondere Bedeu- **42** tung hinsichtlich der Unterbringung jugendlicher und heranwachsender **Drogenabhängiger** zu. Dabei haben die U-Haftanstalten im Rahmen einer Zwangsentziehung (und Therapiemotivation) eine zusätzliche Funktion erlangt (betr. Erzwingung einer Urinprobe abl. OLG Saarbrücken NStZ 1992, 350; OLG Jena ZfStrVo 2006, 118; bejahend bei konkreten Anhaltspunkten BVerfG, 2. K. des 2. S., NStZ 2008, 293 (betr. Selbstbelastungsfreiheit die Frage einer Verwertbarkeit im Disziplinarverfahren offenlassend; vern. *Gericke* StV 2003, 307) = StRR 2008, 75 mAnm *Herrmann;* OLG Oldenburg StV 2007, 88 mkritAnm *Pollähne* (jeweils zum allg. StR); vgl. aber auch → § 92 Rn. 107); deren Wahrnehmung ist wesentlich für eine anschließende ambulante oder klinische Betreuung zB im Rahmen einer Aussetzung der Vollstr der JStrafe zBew. Auch liegen Anhaltspunkte dafür vor, dass mitunter die U-Haftdauer (contra legem) ausgedehnt wird, bis ein Therapieplatz für den Abhängigen zur Verfügung steht. – Die U-Haft dient insoweit nicht nur der Verfahrenssicherung, sondern sie ersetzt – in unzulässiger Weise – zugleich den angezeigten Aufenthalt in therapeutisch ausgerichteten Anstalten (vgl. ähnlich → § 72 Rn. 9). – Zur Betreuung **alkoholgefährdeter** Beschuldigter (vgl. → § 5 Rn. 43, 80) s. etwa *Fehrs* (Suchtgefahren 1985, 83 ff.).

43 Hinsichtlich (extremer) **politischer** Einflussnahme zwischen Insassen wird auf die Erl. zu → § 92 Rn. 51, 51a verwiesen (instruktiv *Frenzel* KJ 2013, 417 ff.). – Bezüglich **Nichtdeutscher** bzw. Zugewanderter (vgl. auch → § 92 Rn. 16, 51) bestehen ggf. Sperren der (sprachlichen oder sonstigen) Kommunikation (s. anschaulich *Fiedler* sowie *Schütze* in Trenczek, Freiheitsentzug bei jungen Straffälligen, 1993, 135 sowie 142). Im Übrigen wird auf die Erl. zu → § 72 Rn. 6b und → § 92 Rn. 16, 50 verwiesen.

V. Unterbringung, Haftraum, Einkauf, Kleidung

1. Unterbringung

44 **a) Trennung nach Haftart sowie Alter.** Der sich aus der Unschuldsvermutung zwingend ergebende Grundsatz, dass (gerade auch) **junge U-Gefangene** von **JStrafgefangenen getrennt** unterzubringen sind, ist in den Gesetzen der Länder nur mit gewichtigen Einschränkungen verwirklicht (vgl. etwa § 11 Abs. 2 S. 2 UVollzG Bln ua (noch stärker einschr. § 70 Abs. 1 SchlHUVollzG); vgl. erheblich einschr. § 16 Abs. 2 S. 3 und (ausnahmsweise) Abs. 3 BbgJVollzG; § 70 JVollzGB BW II; Art. 34 BayU-VollzG; § 36 Abs. 4 UVollzG NRW; § 17 Abs. 2 RhPflJVollzG). Soweit jedoch junge U-Gefangene in besonderen Abteilungen der Anstalten oder sonstiger Einrichtungen des JStVollz (vgl. nur § 36 Abs. 1 UVollzG NRW) von JStrafgefangenen getrennt (vgl. dazu schon JStVollzKomm 80; zu Bsp. differenzierter Vollzugsgestaltung vgl. *Eisenberg/Tóth* GA 1993, 311 f.), dh innerhalb größerer Vollzugseinrichtungen untergebracht sind (hierauf könne nach vormaliger Begr. RefE UVollzG NRW S. 154 „am ehesten" verzichtet werden), ist schon insoweit ein Mangel an erzieherischer Ausgestaltung zu verzeichnen, als zur Verfügung stehendes erzieherisches Personal für Bemühungen bei JStrafgefangenen eingesetzt wird. Im Übrigen ist besonders bei dieser Organisationsform eine Hintanstellung der Unschuldsvermutung mit etwaigen Auswirkungen auf die Verteidigungsbereitschaft des U-Gefangenen nicht auszuschließen. – Zulässig ist darüber hinaus unter engen Voraussetzungen die Unterbringung junger U-Gefangener in **getrennten Abteilungen** des Erwachsenen-StVollz, wenn dies „ihrem Wohl nicht widerspricht" (§ 36 Abs. 1 S. 2 UVollzG NRW, speziell betr. Minderjährige Abs. 3 UVollzG NRW; vgl. bereits vormals Begr. RefE UVollzG NRW, 155).

45 Zumindest nicht weniger gravierend sind die Einschränkungen betr. die Trennung **junger U-Gefangener** von U-Gefangenen **anderer Altersgruppen** (vgl. etwa § 11 Abs. 2 UVollzG Bln ua (s. aber § 70 SchlHU-VollzG); § 16 Abs. 2 S. 3 BbgJVollzG; Art. 34 BayUVollzG; § 36 Abs. 3 (betr. volljährige junge U-Gefangene) und Abs. 4 S. 3 (betr. minderjährige U-Gefangene) UVollzG NRW), zumal die Regelungen hinter dem vormaligen § 93 Abs. 1 zurückbleiben. Diese Vorschrift sah an erster Stelle eine eigenständige U-Haftanstalt vor (hiervon ist zB in § 76 Abs. 1 UVollzG Bln ua (§ 84 HmbUVollzG), § 36 UVollzG NRW nicht mehr die Rede), sodann, sofern der Vollzug in einer solchen Anstalt nicht möglich war, „wenigstens" eine besondere Abteilung (Teilanstalt) einer Haftanstalt für alle Altersgruppen, und als dritte Unterbringung eine JA-VollzAnstalt (nach *Hinrichs* DVJJ-Journal 1999, 270 nur noch in vier Anstalten; vgl. auch, nach Umfrage bei allen Ländern, *Sommerfeld* ZJJ 2011, 431 f.: kaum praxisrelevant). – § 89c **Abs.** 2 **nF** schreibt indes nunmehr vor, dass unter 18-Jährige nicht mit älteren Personen gemeinsam untergebracht werden dürfen (zum gemeinsamen Vollzug → Rn. 4). Eine abw. Handhabung ist bzgl. 18- bis 24-Jähriger begründungsbedürftig und setzt voraus, dass die gemeinsame Unterbringung mit dem Wohl des Minderjährigen verträglich ist. Es muss also im Einzelfall und mit Blick auf die in Betracht kommenden Personen sichergestellt sein, dass keine Bedenken hinsichtlich der Sicherheit wie auch der „haftsozialisatorischen" Beeinflussung bestehen. Bei gemeinsamer Unterbringung mit noch älteren Mitgefangenen setzt die Vorschrift voraus, dass von diesen ein positiver Effekt (bzgl. Sicherheit oder persönlicher Entwicklung) ausgeht. Dies folgt den Vorgaben von Art. 12 RL (EU) 2016/800 (zu einschlägigen EU-Grundsätzen auch *Morgenstern* NK 2009, 141).

Maßgebend für den Vollzug der U-Haft an (jungen und zumal an) jugend- **45a** lichen Betroffenen sind die jugendrechtlichen Ziele von Schutz, Förderung und Integration, und demzufolge die **Trennung** von **Erwachsenen** (vgl. auch Art. 10 Abs. 2 IPBPR), um einen wesentlichen Teil der im Allg. schädlichen Einflüsse der U-Haft insb. iZm als ungünstig beurteilten Beeinflussungen durch erwachsene U-Gefangene eher fernhalten zu können (vgl. aber zu einer gewissen Aufweichung betr. Fälle gem. § 2 Abs. 2, § 116 Abs. 1 StPO (unbeschadet der Aufhebung des vormaligen § 93 Abs. 1, der ausdrücklich den Vollzug in JA-Anstalten vorsah) Begr. zu § 3 E-JVollzGB BW I, 70; vgl. betr. JA-Anstalten auch § 23 Abs. 1 JVollzGB BW I e contr); vgl. vormals CSU „Leitsätze zum JStR und JStVollzug", Zbl 1982, 821 (827)). Zugleich handelt es sich bei der in Rede stehenden Trennung um eine der wichtigsten Voraussetzungen für positive erzieherische Tätigkeit, dass nämlich die Anstalten ihrer **Einrichtung** nach auf **erzieherische** Bemühungen eingestellt sind (s. schon *Dallinger/Lackner* Rn. 17f zu dem vormaligen § 93; vgl. auch Nr. 78 der (vormaligen) UVollzO).

Jedoch ist dies bei der Organisation in besonderen Abteilungen nicht **45b** hinreichend gewährleistet; gleichwohl scheint gerade diese Ausgestaltung in der Praxis zu dominieren (nach der überregionalen schriftlichen Befragung (außer Bayern, Berlin, Thüringen) von *Villmow ua* DVJJ 2012, waren 25 der Abteilungen solche von VollzAnstalten „zumindest auch" für Erwachsene). – Namentlich für weibliche junge U-Gefangene steht der Vollzug in einer Abteilung innerhalb einer Erwachsenenstrafanstalt im Vordergrund (vgl. auch *Steinhilper* in Trenczek, Freiheitsentzug bei jungen Straffälligen, 1993, 146, s. auch *Laubenthal* FS Eisenberg, 2009, 749 (751)).

Soweit **Ausnahmen** mit *Zustimmung* des U-Gefangenen zulässig sind (vgl. **46** § 69 Abs. 1 S. 1 JVollzGB BW II, § 4 Abs. 2 S. 2 JVollzGB BW I), bestehen Bedenken. Schon wegen der Ungewissheit betr. den Verfahrensausgang und wegen etwaiger Folgewirkungen (zB betr. die Strafzumessung) dieser oder jener – iRd Kooperationsgebots (vgl. → Rn. 14, 15) übermittelter – „Bekundungen" Bediensteter über Verhalten während des U-Vollzugs wird methodisch kaum überprüfbar sein, ob eine Zustimmung unbeeinflusst zustande gekommen ist.

46a Was Ausnahmen mit der Begründung angeht, eine strikte Trennung von U-Gefangenen und (J)Strafgefangenen sei in der *Praxis nicht* immer *möglich* (zB bei geringer Anzahl (vgl. etwa § 11 Abs. 1 S. 3 UVollzG Bln ua; nicht § 70 SchlHUVollzG) oder beschränkt auf die Wahrnehmung von Arbeits- oder (Aus-)Bildungsangeboten (vgl. etwa § 11 Abs. 4 UVollzG Bln ua; § 4 Abs. 7 JVollzGB BW I), oder aber ein Absehen sei zur Umsetzung einer *verfahrenssichernden Anordnung* oder aus Gründen der *Sicherheit* oder *Ordnung* der Anstalt erforderlich (vgl. dazu etwa § 36 Abs. 2 UVollzG NRW; § 11 Abs. 1 S. 1 Nr. 2, Nr. 3 UVollzG Bln ua (nicht § 70 SchlHUVollzG); § 4 Abs. 7 S. 2 Nr. 2 JVollzGB BW I), so birgt diese Palette an zulässigen Ausnahmen ihrerseits gewisse Gefahren: Zum einen betrifft das Argument, eine strenge Trennung könnte auch für junge U-Gefangene Nachteile mit sich bringen, etwa in (belegungsbezogen) kleinen Abteilungen ohne Angebot entwicklungsfördernder Maßnahmen, die Schaffung der dem Erziehungsauftrag entsprechenden Voraussetzungen, nicht aber ist es von der Rechtsstellung der Betroffenen her begründbar. Zum anderen wird durch die Breite zulässiger Ausnahmen ua die Möglichkeit vermittelt, mitunter ggf. auftretenden Schwierigkeiten hinsichtlich einer Vereinzelung von U-Gefangenen oder bzgl. der Bereitstellung ausreichender vollzuglicher Angebote zu begegnen, sofern nicht insoweit eine verfahrenssichernde Anordnung entgegensteht. Zwar stehen die Einschränkungen unter dem Vorbehalt, dass die jungen U-Gefangenen keinen schädlichen Einflüssen ausgesetzt werden dürfen (vgl. etwa § 4 Abs. 6 S. 2 JVollzGB BW I), jedoch lässt sich solches bei Durchbrechung des Trennungsgrundsatzes schwerlich unterbinden.

47 **b) Einzel- bzw. gemeinsame Unterbringung.** Außerhalb der Einschlusszeiten können sich die Insassen in Gemeinschaft aufhalten (vgl. nur § 13 Abs. 1 S. 1 UVollz Bln). Während der Einschlusszeiten halten sich die Insassen einzeln in ihrem Haftraum auf (vgl. § 12 Abs. 1 S. 1 UVollzG Bln). Jedoch erlauben mehrere Landesgesetze eine gemeinsame Unterbringung – (angestrebt bzw. nur zulässig ist, eine solche) mit höchstens zwei Personen –, wenn die U-Gefangenen **zustimmen** (vgl. etwa § 11 Abs. 1 S. 2 Nr. 1 UVollzG Bln ua (§ 70 Abs. 3 S. 2 SchlHUVollzG; gem. § 113 Abs. 2 HmbUVollzG nur bis Ende 2014); § 73 Abs. 5 JVollzGB BW II; vgl. auch § 159 iVm § 120 Abs. 2 JVollzG Nds; § 18 Abs. 2 RhPfLJVollzG), dh ohne (in § 119 Abs. 2 S. 1 StPO aF vorausgesetzten) **schriftlichen Antrag** (so aber, indes ohne das Wort „schriftlich", § 10 Abs. 2 Nr. 5 UVollzG NRW). Insofern bestehen Einwände ggü. der Tragfähigkeit (vgl. → Rn. 35, 46), und zwar auch dann, wenn die jederzeitige Widerrufsmöglichkeit garantiert ist (so noch § 10 Abs. 1 S. 3 RefE UVollzG NRW). Unabhängig davon verbietet sich eine solche – regelmäßig besonders gründlich vorzubereitende – Ermessensentscheidung, wenn von der gemeinsamen Unterbringung schädliche Auswirkungen auf den U-Haftgefangenen ausgehen bzw. zu befürchten sind (vgl. § 18 Abs. 1 Nr. 1 BbgJVollzG; § 70 Abs. 3 S. 2 Hs. 2 SchlHUVollzG; § 70 Abs. 2 SächsUVollzG). – Hinzu kommen verschiedentlich zusätzliche Regelungen für *Minderjährige* (vgl. etwa § 70 Abs. 3 JVollzGB BW II).

47a Von einer **Zustimmung abgesehen** wird zum einen bei Unterbringung in Krankenabteilungen und Vollzugskrankenhäusern (vgl. § 13 Abs. 1 S. 4 UVollzG Bln ua; Berlinn § 12 Abs. 2 S. 1 UVollzG Bln), zum anderen aus „zwingenden Gründen" und nur „vorübergehend" (zB bei plötzlich auftretenden Wasserschäden oder dergleichen, § 13 Abs. 2 UVollzG Bln ua, § 12 Abs. 3 SächsUVollzG (vgl. im Übrigen, angefügt GVBl. 2013, 250, § 91 Abs. 2). Bei als suizidgefährdet oder hilfsbedürftig beurteilten U-Gefangenen ist deren Zustimmung entbehrlich (vgl. § 13 Abs. 1 S. 3 UVollzG Bln ua, § 70 Abs. 3 S. 3 SchlHUVollzG); insoweit − bedenklich − auf Zustimmung auch des nicht dergestalt Beurteilten verzichtend jedoch §§ 73 Abs. 5, 8 Abs. 1 S. 3 JVollzGB BW II, § 172 Abs. 2 S. 2 Nr. 1 JVollzG Nds; krit. → Rn. 38, vgl. auch → § 92 Rn. 49), indes wird solchenfalls eine Befristung vonnöten sein. So ist unstreitig, dass auch gemeinschaftliche Unterbringung Suizid zwar zu reduzieren, aber nicht zu verhindern vermag (vgl. nur *Bennefeld-Kersten,* Ausgeschieden durch Suizid − Selbsttötung im Gefängnis, 2009, 161, 180). Eher vage gehalten ist die Umschreibung der Zulässigkeit mit „aus Gründen der Förderung oder Erziehung erforderlich" (§ 39 UVollzG NRW iVm § 17 Abs. 1 S. 2 Nr. 3 JStVollzG NRW). − Eine *Grundrechtsverletzung* (Art. 2 Abs. 2 S. 1 GG) liegt zB vor, wenn ohne hinreichende Begründung der Unterbringung zu mehreren kein Schutz vor Passivrauchen besteht (BVerfG, 3. Kammer des 2. Senats, NJW 2013, 1941 Rn. 16 ff.).

48   **c) Wohngruppen.** Von Gesetzes wegen ist (ganz überwiegend als Kann-Vorschrift) die Unterbringung der jungen U-Gefangenen in *Wohngruppen* vorgesehen (§ 70 Abs. 1 UVollzG Bln ua; nicht § 20 JVollzGB LSA; § 70 Abs. 3 S. 4 SchlHUVollzG: mit ihrer Zustimmung; nicht Sachsen; Art. 35 S. 1 BayUVollzG; vgl. auch § 159 iVm § 120 Abs. 1 S. 2 NJVollzG; § 73 Abs. 2 JVollzGB BW II („nach Möglichkeit"); zu laut schriftlicher Befragung (Dez 2009−April 2010) nur eingeschränktem Vorhandensein aber *Villmow ua* DVJJ 2012), wozu es geeigneter und zweckentsprechend ausgestatteter Räumlichkeiten bedarf (vgl. Begr. RefE BbgUVollzG, 48). Indes kann die gemeinschaftliche Unterbringung während Bildung, Arbeit und Freizeit **eingeschränkt** werden, wenn es im Einzelfall als zur Umsetzung einer verfahrenssichernden Anordnung (vgl. auch → § 72 Rn. 30) oder aus Gründen der Sicherheit oder Ordnung der Anstalt als „erforderlich" (§ 12 Abs. 3 UVollzG Bln ua; § 13 Abs. 2 UVollzG Bln und § 13 Abs. 2 SächsUVollzG; § 73 Abs. 3 S. 1 JVollzGB BW II; Art. 35 S. 2, 11 Abs. 3 BayUVollzG) beurteilt wird. Zusätzlich kann die in Rede stehende gemeinschaftliche Unterbringung auch aus erzieherischen Gründen eingeschränkt oder gar ausgeschlossen werden (vgl. nur § 68 Abs. 2 Bln), und das Gleiche gilt aus Gründen des Erfahrung-Erlangens binnen der ersten zwei Wochen der Unterbringung (vgl. etwa § 70 Abs. 2 letzter Hs. UVollzG Bln ua (vgl. Begr. Berlin, Drs. 16/2491, 70: der Anstalt ermöglichen, „sich ein Bild von der Persönlichkeit … zu machen", zw.; nicht Sachsen)).

48a   Aufgrund des Erziehungsauftrags (vgl. auch § 2 Abs. 1) darf von diesen Formen der **Ausgrenzung** (vgl. näher → § 92 Rn. 82) nur restriktiv Gebrauch gemacht werden, zumal nicht auszuschließen ist, dass die gesetzlichen Gründe auch hergenommen werden, um Platzmangel in den Wohngruppen zu kaschieren. − Für die **zahlenmäßige** Größe der Wohngruppe empfiehlt sich idR eine Anzahl von nicht mehr als 8 bzw. 12 Personen (vgl. auch HmbUVollzG § 76 Abs. 2: mehr als 15 unzulässig; § 47 Abs. 1 S. 2, 3 HessUVollzG: 8, ausnahmsweise 10; vgl. zu überwiegend durchaus höheren Belegungszahlen aber die schriftliche Befragung von *Villmow ua* (DVJJ 2012)).

49   **d) Gemeinsame Unterbringung mit Kindern.** Eine Unterbringung eines inhaftierten Elternteils mit Kindern bis zur Vollendung des **dritten** (Hamburg: bis zum fünften) **Lbj.** ist von den meisten Ländern nur für Mütter vorgesehen (vgl. etwa § 14 UVollzG Bln ua (nach § 14 Abs. 1 S. 1 UVollzG M-V nur, wenn „es dem Kindeswohl dienlich ist"); Art. 42 S. 1 BayUVollzG (Verweis auf Art. 86 BayStVollzG)), von anderen auch für Väter (vgl. § 21 JVollzG Bbg (nach Abs. 2 S. 2 ggf. Absehen von der Kostentragung), § 14 SächsUVollzG (gem. Abs. 1 S. 2 ggf. bis zum Alter von 3 ½ Jahren); § 65 Abs. 1 HessUVollzG (nicht schulpflichtige Kinder); vgl. im Übrigen → § 89b Rn. 13).

2. Haftraum

50   **a) Größe.** Die Haftraumgröße und, zumindest bei gemeinsamer Unterbringung, die Abtrennung und Entlüftung der Toilette, sind in den Landesgesetzen nicht einheitlich geregelt (vgl. aber European Prison Rules (Recommendation R (2006) 2) v. 11.1.2006, Nr. 18.3 („Specific minimum requirements in respect of the matters referred to in paragraphs 1 and 2 shall be set in national law"); zu Flächenangaben § 7 Abs. 2 und 3 JVollzGB BW I). Zumindest sind die von der Rspr. festgelegten Voraussetzungen einer menschenwürdigen Unterbringung einzuhalten (vgl. BVerfG NJW 2018, 686; OLG Hamm StV 2009, 262 (jeweils betr. allg. StrafvollzR); ergänzend → § 89b Rn. 19).

51   **b) Sachen.** Die Be- bzw. Überlassung von Sachen in den Haftraum ist von der **Zustimmung** der **Anstaltsleitung** abhängig (§ 11 Abs. 2 S. 2 UVollzG NRW (zu Negativvoraussetzungen S. 3)) und im Einzelnen gem. der Art der Sachen an unterschiedliche Voraussetzungen geknüpft (zB Nahrungsmittel, „Annehmlichkeiten", zwecks Informationserlangung oder zum religiösen Gebrauch). Bei der **Entscheidung** muss zunächst geprüft werden, ob eine verfahrenssichernde Anordnung als Ausschlusstatbestand vorliegt, und sodann ua, ob die Sachen den Haftraum unübersichtlich machen ua nach Beschaffenheit oder Größe bzw. – nur mit unverhältnismäßig hohem Aufwand kontrollierbarer – Anzahl der Sachen (vgl. etwa § 16 UVollzG Bln ua (§ 18 Abs. 4 UVollzG Bln: ggf. Gegenstände „mengenmäßig" beschränken),; vgl. auch § 40 JVollzGB BW II; Art. 42 S. 1 BayUVollzG (Verweis auf Art. 90 BayStVollzG); § 11 Abs. 2 S. 3 UVollzG NRW; zu Punktwerten nach dem REFA-System OLG Jena StV 2011, 38 (betr. Erwachsenenrecht)).

51a   Die Zustimmung kann unter bestimmten Voraussetzungen **widerrufen** werden (vgl. etwa § 15 Abs. 5 UVollzG Bln ua (anders Hamburg); § 40 Abs. 4 JVollzGB BW II; als Ausnahme enger § 29 Abs. 2 S. 2 UVollzG Bln ua, generell § 40 UVollzG NRW iVm § 83 StVollzG NRW).

3. Einkauf

52   Bei Vermittlung der Anstalt ist der *Einkauf* von Nahrungs- (vgl. zum ärztlichen Verbot krit. → Rn. 77), Genuss- und Körperpflegemitteln (vgl. betr. Kosmetika BVerfG, 3. K. des 2. S., NJW 2009, 661 (betr. allg. StR) mit zust. Bspr. *Muckel* JA 2009, 398) ebenso wie zB von Briefpapier, Lernmitteln oder technischen Geräten zu gestatten, es sei denn, deren Überlassung steht eine verfahrenssichernde Anordnung entgegen oder sie sind ihrer Art nach geeignet, die Sicherheit oder Ordnung der Anstalt zu gefährden (vgl. etwa

§ 18 Abs. 2, 4 UVollzG Bln ua; § 142 Abs. 3, 4 JVollzG Nds; vgl. auch Art. 14 Abs. 3–5 BayUVollzG) – hierbei handelt es sich um eine mit der Unschuldsvermutung kaum zu vereinbarende Gleichstellung oder doch Annäherung an die Regelungen zum JStVollzug (zur Argumentation mit „Subkultur" vgl. → Rn. 8). Bezüglich des Einkaufs im Wege des Versandhandels bleiben Zulassung und Verfahren der Regelung (ggf. zB Bestimmung der Anbieter und zugelassener Sachen) durch die Anstaltsleitung überlassen (vgl. etwa § 18 Abs. 3 UVollzG Bln ua; vgl. auch § 63 Abs. 2 S. 3 BbgJVollzG). Die landesrechtlichen Vorschriften zur erlaubten Höhe der verwendeten Gelder stellen sich als teilweise nicht einheitlich dar (vgl. einschr. etwa § 14 Abs. 2 S. 1 ÄndG Hessen v. 30.11.2015 (GVBl. 498)); zu seitherigen Unterschieden schriftliche Befragung von *Villmow ua* DVJJ 2012).

4. Kleidung

a) Grundsatz. Vorbehaltlich anderer Vorgaben dürfen U-Gefangene grds. **53** **eigene** Kleidung tragen sowie eigene **Bettwäsche, Hand- und Körperpflegetücher** benutzen, wenn sie für Reinigung, Instandhaltung und regelmäßigen Wechsel (auf ihre Kosten, § 17 Abs. 1 S. 1 UVollzG Bln, § 61 Abs. 3 S. 1 RhPfLJVollzG) sorgen (n. *Höflich* NK 2009, 134 f.), wobei die Anstaltsleitung (zur Reduzierung des Kontrollaufwandes) anordnen kann, dass Reinigung und Instandhaltung nur durch Vermittlung der Anstalt erfolgen dürfen (vgl. § 17 Abs. 1 UVollzG Bln ua; § 62 Abs. 2 BbgJVollzG; § 10 Abs. 1 S. 3 JVollzGB BW II; Art. 14 Abs. 1 BayUVollzG; §§ 46 Abs. 4, 13 Abs. 1 S. 2, Abs. 2 HessUVollzG). Jedoch dürfen verschiedentlich Kleidungsstücke und Bettwäsche in der VollzAnstalt „abgegeben und von dort abgeholt" oder von den U-Gefangenen versandt werden (§ 10 Abs. 1 S. 2 JVollzGB BW II; auf „im Einzelfall" beschränkt § 11 Abs. 1 S. 2 UVollzG NRW). Sind U-Gefangene nicht bereit oder in der Lage, für Instandhaltung, Reinigung und regelmäßigen Wechsel zu sorgen, werden sie mit Kleidung und/oder Wäsche der Anstalt ausgestattet.

b) Einschränkung oder Ausschluss. Das Recht zum Tragen eigener **53a** Kleidung kann eingeschränkt oder ausgeschlossen werden, soweit es zur Umsetzung einer verfahrenssichernden Anordnung oder zur Gewährleistung der Sicherheit oder Ordnung der Anstalt erforderlich ist (§ 17 Abs. 2 UVollzG Bln ua, § 60 Abs. 2 S. 2 JVollzGB LSA; nach Begr. RefE BbgUVollzG, 21 zB, wenn Kleidung mit provozierenden Aufschriften getragen wird); Art. 14 Abs. 5 BayUVollzG).

VI. Kontakte mit der Außenwelt

1. Allgemeines

Das Recht auf **Kontakte nach außerhalb** der Anstalt durch Besuche, **54** Schriftwechsel, Telefongespräche und Pakete hat besondere Bedeutung, weil diese Kontakte im Allg. geeignet sind, schädlichen Folgen der Freiheitsentziehung entgegenzuwirken (vgl. dazu → Rn. 38; krit. zu Grundrechtseinschränkungen *Meyer-Mews* NJ 2009, 96 (98 f.)). Der mündliche und schriftliche Verkehr zumindest mit der **Verteidigung** (vgl. ergänzend → Rn. 57) ist grundsätzlich ohne Beschränkung und Überwachung zulässig (vgl. nur § 22 S. 1 UVollzG NRW iVm § 26 StVollzG NRW). In einzelnen Landesgesetzen ist der Verteidigung gleichgestellt der Verkehr mit der BewHilfe, der FA und der Gerichtshilfe (Art. 22 Abs. 2 BayUVollzG, § 21 S. 2 UVollzG NRW; vgl. auch § 2 Abs. 2, § 119 Abs. 4 Nr. 1–3 StPO). Für junge U-Gefangene gilt dies auch für **Beistände** (§ 69 JGG; § 72 Abs. 6 UVollzG Bln ua, § 74 Abs. 3 JVollzGB BW II) sowie weithin zudem für die **JGH** sowie die Personen der **Betreuungshilfe** und der **EB** (vgl. Art. 32 Abs. 3 BayUVollzG; § 38 Abs. 2 UVollzG NRW; § 72 Abs. 6 SchlHU-VollzG (außer EB); nicht zB § 70 Abs. 5 UVollzG Bln; s. dazu auch *Goerdeler* StV 2005, 103 ff.; ergänzend → § 72 Rn. 34).

55   **a) Vorbehalt; Wahrung des Erziehungsauftrags (§ 2 Abs. 1).** Im Übrigen steht das Kontaktrecht zum einen durchweg unter dem **Vorbehalt,** dass keine dieses Recht unterbindende **verfahrenssichernde Anordnung** vorliegt (vgl. etwa § 32 UVollzG Bln ua), worüber die Vollzugsanstalt indes nicht ohne weiteres allein entscheiden darf, vielmehr ggf. verpflichtet ist, eine richterliche Zustimmung einzuholen (§ 32 Abs. 2 SchlHUVollzG)); zum anderen können die Kontakte aus bestimmten Gründen verboten oder überwacht bzw. Schreiben angehalten werden. – Soweit der Verkehr mit der Außenwelt nach den allg. Vorschriften überwacht werden darf, gilt dies für (junge und zumal für) jugendliche U-Gefangene nur in Modifizierung iSd Erziehungsauftrags und unter Würdigung des elterlichen Erziehungsrechts (Art. 6 GG) bzw. des **entwicklungsphasisch** elementaren Stellenwerts von **Gleichaltrigen**kontakten (vgl. etwa auch BVerfG (3. Kammer des 2. Senats) StV 2010, 142 Rn. 19: Clique). Dies entspricht gesetzessystematisch der Abwägung innerhalb des § 72 und gebietet, dass tendenziell in größerem Ausmaß als bei Erwachsenen soziale Beziehungen aufrechterhalten und gefördert werden (vgl. schon *Dallinger/Lackner* Rn. 33 zum vormaligen § 93); eine Förderung von Außenkontakten betr. Nichtangehörige nur bei „günstigem Einfluss" (vgl. § 69 Abs. 1 iVm § 12 Abs. 1 S. 2 JVollzGB BW II) kann die Gefahr einer – benachteiligenden – Bevormundung in sich tragen.

55a   **b) Ausnahmen.** Andererseits können in besonderen Ausnahmefällen (krit. zur Unbestimmtheit des Begriffspaars „schädlicher Einfluss" in § 72 Abs. 4, 5 UVollzG Bln ua; *Ostendorf/Rose* SchlHA 2009, 209) auch Versagungen aus erzieherischen Gründen in Betracht kommen (zB wenn Tatsachen dazu vorliegen, dass der Kontaktpartner den U-Gefangenen persönlich, wirtschaftlich oder körperlich missbraucht). Auch dann ist jedoch ein vorheriges gesprächsweises Bemühen geboten, um dem Betroffenen die Abträglichkeit des Kontakts zu bedeuten, sodass er ggf. auf den Verkehr verzichtet. – Umgekehrt ist teilweise eine Versagung mit der (ggf. vorgeschobenen) Begründung des Schutzes der besuchswilligen Person vor etwaigen – prognostisch unterstellten – „schädlichen Auswirkungen" vorgesehen (vgl. § 25 Abs. 2 Nr. 3 HessUVollzG (seit ÄndG GVBl. 2013, 46), entgegen der Unschuldsvermutung „Opfer der Straftat"); die Ausdehnung der Versagungsmöglichkeit auf Fälle, in denen „der Kontakt geeignet ist, auf eine extremistische Verhaltensweise hinzuwirken" (Abs. 2 Nr. 2 HessUVollzG (seit ÄndG GVBl. 2015, 498)) birgt ggf. Beweisschwierigkeiten und geht Gefahren gesteigerter Desintegration nicht konstruktiv an.

2. Besuch

a) **Dauer.** Die **Mindestbesuchszeit** für junge U-Gefangene beträgt gem. **56** § 72 Abs. 1 S. 1 UVollzG Bln ua (§ 74 Abs. 1 JVollzGB BW II; Art. 32 Abs. 1 BayUVollzG; § 49 Abs. 2 S. 1 HessUVollzG) vier Stunden im Monat (nach § 160 Abs. 1 UVollzG Nds allerdings sechs Stunden (seit Gesetz v. 15.6.2017)), eine – auch gem. der Unschuldsvermutung – schwerlich mit dem Grundsatz der Verhältnismäßigkeit zu vereinbarende Einschränkung (dies gilt umso mehr betr. § 17 Abs. 1 S. 2 UVollzG NRW, § 33 Abs. 1 S. 2 SchlHUVollzG: nur zwei Stunden, zugleich unzulässige Schlechterstellung ggü. JStrafgefangenen (§ 23 Abs. 1 S. 1 JStVollzG NRW, § 39 UVollzG NRW argumentum e contrario; § 47 Abs. 1 S. 2 SchlHJStVollzG)), die zumindest hinsichtlich Angehöriger (s. betr. Kinder von Insassen § 17 Abs. 2 S. 1 UVollzG NRW: zwei weitere Stunden (Soll-Vorschrift)) oder bestimmter Bezugspersonen weniger eng gestaltet werden und die im Übrigen die (für den Strafvollzug nicht selten vorgesehene) Möglichkeit zu Intimkontakten einbeziehen sollte (vgl. zu Langzeitbesuchen § 33 Abs. 4 SächsUVollzG). Hingegen sehen § 72 Abs. 3 und 4 UVollzG Bln ua Möglichkeiten der **Einschränkung** vor; dabei wird zumindest ein Untersagen wegen Einwänden Personensorgeberechtigter (vgl. § 70 Abs. 2 UVollzG Bln) eher restriktiv zu handhaben sein (vgl. auch → Rn. 12 sowie → § 92 Rn. 88; aus der Vollzugspraxis *Fiedler* DVJJ 2008, 112).

Andererseits sind Kontakte des U-Gefangenen zu *Angehörigen* besonders **56a** zu fördern (vgl. etwa § 33 Abs. 2 UVollzG Bln ua (§ 33 Abs. 1 S. 3 SchlHUVollzG, § 21 Abs. 2 HmbUVollzG). So sehen mehrere Länder bei Besuchen von Kindern die Nichtanrechnung auf die Regelbesuchszeit vor (vgl. § 72 Abs. 2 UVollzG Bln ua (§ 72 Abs. 1 SächsUVollzG; § 78 Abs. 2 HmbUVollzG), Art. 32 Abs. 1 S. 3 BayUVollzG (Verweisung); enger § 70 Abs. 1 S. 3 UVollzG Bln: erhöht sich die Gesamtdauer um zwei Stunden; nicht aber § 72 VollzGB BW II (vgl. indes zum JStVollzug *Zwönitzer ua* MschKrim 2013, 325 (328)); § 160 JVollzG Nds), und das Gleiche gilt ggf. auch für Besuche von Personensorgeberechtigten (Art. 32 Abs. 1 S. 2 BayU-VollzG); teilweise ist ein aktives Hinwirken auf die Aufrechterhaltung und Entwicklung der Kontakte genannt (vgl. vormals zu § 72 BbgUVollzG Begr. RefE BbgUVollzG, 29), wogegen ein Absehen angezeigt ist, wenn der U-Gefangene diesen Kontakt (nach erzieherischen Kriterien) begründet nicht will.

Unabhängig von der Mindestbesuchszeit sollen (§ 23 Abs. 3 UVollzG **56b** NRW; § 12 Abs. 3 JVollzGB BW II; § 21 Abs. 2 HmbUVollzG; § 33 Abs. 3 UVollzG Bln, § 33 Abs. 2 SchlHUVollzG) Besuche zur (nicht in anderer Weise erledigungsfähigen) Regelung von **persönlichen, rechtlichen** oder **geschäftlichen Angelegenheiten** gestattet werden, dh es besteht hierauf kein Rechtsanspruch, sodass zu besorgen ist, dass von den Ablehnungsgründen (zB Erledigung schriftlich oder durch Dritte) dergestalt Gebrauch gemacht wird, dass nur eingeschränkt gestattet wird.

b) **Ab- und Durchsuchen.** Nach allg. Auffassung ist die Anstalt ermäch- **57** tigt, Besucher abzusuchen und zu durchsuchen bzw. Besuche zu untersagen, wenn die Sicherheit oder Ordnung der Anstalt gefährdet würde (§ 33 Abs. 4 bzw. Abs. 5 UVollzG Bln ua (§ 33 Abs. 3 und 4 SchlHUVollzG, § 21 Abs. 4 bzw. 5 HmbUVollzG), § 12 Abs. 4 S. 1 JVollzGB BW II, Art. 16 Abs. 1

S. 1, Abs. 2 BayUVollzG); auch kann die Anstalt von vollzugsfremden Personen ggf. – zeitnah zu löschende – Identikationsmerkmale erfassen (vgl. § 24 JVollzDSG Bln), und zwar, wenngleich eingeschränkt (§ 24 Abs. 2 S. 2 JVollzDSG Bln), auch von Verteidigern, RAen und Notaren. Hinsichtlich der mit *Entkleidung* verbundenen körperlichen Durchsuchung der U-Gefangenen (zur geschlechtsbezogenen Bestimmung der durchsuchenden Person vgl. § 44 Abs. 2 S. 5 UVollzG Bln), bevor und/oder nachdem sie Besuch hatten, sind die Regelungen in den Landesgesetzen unterschiedlich (ausdehnend etwa § 31 Abs. 3 HessUVollzG (durch Gesetz v. 30.11.2015); zur Begründungspflicht vgl. § 44 Abs. 4 S. 1 SächsUVollzG), jedoch sind stets konkrete Anhaltspunkte einer Gefahr erforderlich (vgl. auch BVerfG StV 2009, 253). Demgegenüber wird die Anstaltsleitung teilweise gar zu einer – ausdrücklich oder doch tendenziell das Regel/Ausnahmeverhältnis umkehrenden – allg. Anordnung ermächtigt (vgl. § 46 Abs. 3 JVollzGB BW II; Art. 42 S. 1 iVm Art. 91 Abs. 3 BayUVollzG; § 44 Abs. 3 S. 1 SächsU-VollzG; § 44 Abs. 3 U-VollzG Bln ua (außer Sachsen; enger § 50 Abs. 3 HmbUVollzG: zulässig nur bei konkreten Anhaltspunkten; einschr. § 44 Abs. 3 S. 2 BremUVollzG); § 23 Abs. 5 UVollzG NRW (im RefE noch Soll-Vorschrift); § 84 Abs. 5 JVollzGB LSA).

57a **Verteidiger, Rechtsanwälte** und **Notare** haben zwar **ungehindert Zugang** zu U-Gefangenen zur Erledigung der ihren Aufgaben entsprechenden Angelegenheiten (§ 34 S. 1 UVollzG Bln ua (weitergehend Schleswig-Holstein: alle Berufsgeheimnisträger iSv § 53 Abs. 1 Nr. 1–5 StPO); § 25 Abs. 3 S. 3 HessUVollzG; § 15 Abs. 1 S. 1 JVollzGB BW II), dh die Anstalt hat deren Besuche iRd ihr organisatorisch Zumutbaren (vgl. Begr. RefE BbgUVollzG, 30) ohne Einschränkung in Bezug auf Zeit und Häufigkeit zu gestatten. Indes können deren Besuche aus **Gründen der Sicherheit** davon abhängig gemacht werden, dass sich die Besucher ab- oder durchsuchen lassen (§§ 34 S. 2, 33 Abs. 4 UVollzG Bln ua (§§ 23 Abs. 1, 21 Abs. 4 HmbUVollzG); weiter § 15 Abs. 1 S. 3 JVollzGB BW II, Art. 16 Abs. 1 S. 1 BayUVollzG: „oder Ordnung").

57b Eine **inhaltliche** Überprüfung oder Kenntnisnahme der vom **Verteidiger** mitgeführten Schriftstücke und sonstigen Unterlagen ist **ausgeschlossen** (§ 34 S. 3 UVollzG Bln ua; § 15 Abs. 1 S. 4 JVollzGB BW II; Art. 22 Abs. 1 S. 5 BayUVollzG), und das Gleiche gilt in mehreren Ländern für die beiden anderen Berufsgruppen (§ 34 S. 3 UVollzG Bln, § 34 S. 4 SchlHUVollzG, § 23 Abs. 3 HmbUVollzG, § 34 Abs. 6 S. 1 SächsUVollzG) – an einer durchgreifenden Begründung für die ansonsten bestehende Nichtgleichstellung fehlt es (vgl. auch → Rn. 59).

58 **c) Überwachung.** Eine Beaufsichtigung im Sinne **optischer** Überwachung ist für Besuche vorgesehen (vgl. §§ 166, 144 Abs. 1 S. 1 VollzG Nds: offen überwacht (nach *Barkemeyer* FS 2009, 29 „Regelfall" und Rückgang der Zahl der Einzelbesuche)), wobei die Anstalt sich unter bestimmten Voraussetzungen technischer Hilfsmittel bedienen kann (vgl. § 35 Abs. 1 UVollzG Bln ua (Hamburg § 22 Abs. 1 HmbUVollzG; nicht Saarland); § 14 Abs. 2 S. 1, 2 JVollzG BW II; Art. 17 Abs. 1 S. 1, 2 BayUVollzG; § 26 Abs. 5 S. 1–3 HessUVollzG), sofern sie die zu überwachenden Personen vorab darauf hinweist. Die erhobenen personenbezogenen Daten dürfen nur unter engen Voraussetzungen – gem. § 35 Abs. 3 S. 2 BremUVollzG, § 34 Abs. 2 S. 4 SächsUVollzG ist eine Aufzeichnung ausgeschlossen – verarbeitet

und genutzt werden (vgl. § 89 Abs. 9 UVollzG Bln ua (enger Berlin §§ 65, 23 Abs. 1 bzw. Abs. 3–5 JVollzDSG Bln; § 103 Abs. 9 HmbUVollzG)).

Im Einzelfall ist eine **akustische** Überwachung unter engen Vorausset- 58a zungen zulässig (vgl. § 35 Abs. 2 UVollzG Bln ua (§ 22 Abs. 2 HmbU-VollzG)), und zwar muss sie im Einzelfall aus Gründen der *Sicherheit* (so § 35 Abs. 2 UVollzG Bln) oder zur Abwendung einer *schwerwiegenden* Störung der Ordnung der Anstalt erforderlich sein (auf „schwerwiegend" verzichten § 17 Abs. 9 S. 1 UVollzG NRW iVm § 20 Abs. 2 S. 1 StVollzG NRW, § 14 Abs. 1 S. 2 JVollzGB BW II, Art. 17 Abs. 2 S. 1 BayUVollzG; § 144 Abs. 1 S. 2 JVollzG Nds, die erstgenannte Vorschrift verlangt aber „konkrete" Anhaltspunkte (vgl. auch OLG Hamm NStZ-RR 2009, 124, betr. allg. StVollzR), das JVollzG Nds versagt betr. die Entscheidung zur Abwehr einer Verdunkelungsgefahr die Zuständigkeit der VollzAnstalt (§ 144 Abs. 2 S. 1, abw. von § 134 Abs. 5 S. 1)). Eine Differenzierung schon nach dem Haftgrund findet sich in den Landesgesetzen nicht (vgl. auch → Rn. 23–26), obgleich einer etwaigen Gefahr des „Sich-Versorgens" Betroffener untereinander durch sog. „Pendeln" im Wege räumlicher Trennung begegnet werden könnte. Da hier keine Vorab-Unterrichtung des U-Gefangenen vorgesehen ist, wird nicht nur das Besuchsrecht entwertet, sondern es ist auch zu besorgen, dass personenbezogene Daten, die dem Kernbereich der persönlichen Lebensgestaltung zuzuordnen sind, erfasst werden.

Im Übrigen darf die Anstalt Besuche **abbrechen,** wenn Besucher oder 58b U-Gefangene gegen gesetzliche Bestimmungen oder gegen Anordnungen verstoßen, die aufgrund des Gesetzes getroffen wurden, und zwar einschließlich verfahrenssichernder Anordnungen (vgl. § 35 Abs. 3 UVollzG Bln ua (Bremen § 35 Abs. 3 BremUVollzG, § 22 Abs. 3 HmbUVollzG); § 14 Abs. 4 JVollzGB BW II; Art. 17 Abs. 4 BayUVollzG). Dem wird „eine Abmahnung in aller Regel" (vormals Begr. RefE UVollzG NRW, 119) vorauszugehen haben (§ 17 Abs. 9 S. 1 UVollzG NRW iVm § 20 Abs. 3 StVollzG NRW).

Besuche von **Verteidigern** dürfen **nicht überwacht** werden (allg. Auf- 59 fassung); in mehreren Ländern gilt dies auch für Besuche von Rechtsanwälten und Notaren in einer den U-Gefangenen betreffenden Rechtssache (§ 35 Abs. 4 UVollzG Bln und Sachsen, § 35 Abs. 5 BremUVollzG, § 23 Abs. 2 HmbUVollzG; § 15 Abs. 1 S. 2 JVollzGB BW II). Soweit hinsichtlich von Besuchen von Rechtsanwälten und Notaren hingegen die allg. Vorschriften gelten, bestehen schon wegen ggf. fließender Übergänge zwischen den Funktionen des Verteidigers bzw. des Rechtsanwalts und ohnehin wegen der Einschränkung ggü. der Vertraulichkeit erhebliche Bedenken. Insbesondere fehlt es an einer rechtlich tragfähigen Begründung (die Nichtüberwachung betr. Verteidiger beruht auf dem Recht auf effektive Verteidigung, nicht aber auf geringerer Vertrauenswürdigkeit von Rechtsanwälten und Notaren), dh eine Kontrolle ist nur vertretbar, wenn konkrete Anhaltspunkte für einen Missbrauch der Kommunikation bestehen.

  d) Übergabe von Gegenständen. § 35 Abs. 5 S. 1 UVollzG Bln ua 60 (§ 35 Abs. 6 S. 1 BremUVollzG, § 22 Abs. 4 HmbUVollzG) **verbietet** grundsätzlich die Übergabe von Gegenständen beim Besuch an Besuchte, um zu verhindern, dass verbotene Sachen (zB Betäubungsmittel) oder Nahrungs- und Genussmittel, die nicht zugesandt werden dürfen (vgl. § 41 Abs. 1 UVollzG Bln ua (Hamburg § 28 Abs. 1 S. 3 HmbUVollzG); diff.

§ 14 Abs. 3 S. 1–3 JVollzGB BW II; nach § 41 Abs. 1 S. 1 SächsUVollzG auch keine Körperpflegemittel), in die Anstalt gelangen. Eine im Einzelfall zulässige Trennscheibe bedarf der Erforderlichkeit (vgl. § 34 Abs. 7 SächsU-VollzG; vgl. aber zu bloßem Verdacht § 26 Abs. 5 S. 5 HessUVollzG; betr. einen „Trennscheibentisch" bei Besuch von Familienangehörigen (Art. 6 Abs. 1 GG) sind konkrete Anhaltspunkte für einen Missbrauch voraus-gesetzt, KG NStZ-RR 2011, 388 (betr. allg. StVollzR)). Das Verbot gilt auch für die Übergabe an Besuchende, wozu die vorgenannte Begründung nur teilweise zu tragen vermag.

60a   Von dem Verbot der Übergabe sind berufsbezogene Schriftstücke und Unterlagen der **Verteidiger** sowie Rechtsanwälte und Notare zur Erledi-gung einer den U-Gefangenen betreffenden Rechtssache **ausgenommen,** jedoch kann die Übergabe bei Rechtsanwälten oder Notaren aus Gründen der Sicherheit und Ordnung der Anstalt von einer Erlaubnis abhängig gemacht werden (vgl. § 35 Abs. 5 S. 2, 3 UVollzG Bln ua (§ 35 Abs. 6 BremUVollzG; nicht § 23 Abs. 3 HmbUVollzG); § 34 Abs. 6 S. 3 SächsU-VollzG; § 15 Abs. 2 S. 3 UVollzG BW II; Art. 22 Abs. 3 BayUVollzO (Ver-weisung); § 26 Abs. 4 S. 7 HessUVollzG e contr). Solchenfalls setzt eine Versagung indes konkrete Anhaltspunkte für Missbrauch voraus.

3. Schriftwechsel, Pakete

61   **a) Allgemeines.** Die Ausübung des Rechts auf **Schriftwechsel** geschieht durch Vermittlung der Anstalt (vgl. § 38 Abs. 1 UVollzG Bln ua (§ 24 Abs. 1 HmbUVollzG); § 18 Abs. 1 JVollzGB BW II; Art. 19 Abs. 4 BayU-VollzG (Verweisung); § 18 Abs. 1 UVollzG NRW iVm § 21 StVollzG NRW). Soweit sie unter bestimmten Voraussetzungen Schreiben anhalten (vgl. etwa § 18 Abs. 1 UVollzG NRW iVm § 23 StVollzG NRW,§ 39 Abs. 1 UVollzG Bln ua (§ 26 HmbUVollzG); § 40 SächsUVollzG; § 19 JVollzGB BW II; Art. 20 Abs. 1 BayUVollzG; näher → Rn. 65) oder den Schrift-wechsel mit bestimmten Personen untersagen (vgl. etwa § 36 Abs. 2 UVollzG Bln ua (§ 24 Abs. 2 HmbUVollzG); § 16 Abs. 2 JVollzG BW II) kann (vgl. auch → § 72 Rn. 27), wird dies – auch gem. der Unschuldsver-mutung – nur dann mit dem Verhältnismäßigkeitsgrundsatz zu vereinbaren sein, wenn konkrete Anhaltspunkte für eine Gefährdung von Sicherheit oder Ordnung der Anstalt vorliegen (einschr. § 36 Abs. 2 UVollzG M-V: „so-weit"; betr. Briefverkehr s. zum Vorrang von Art. 2 Abs. 1 iVm Art. 6 Abs. 1 GG ggü. den Belangen der Ordnung in der VollzAnstalt BVerfG NJW 1981, 1943 f. bzw. von Art. 2 Abs. 1 iVm Art. 1 Abs. 1 GG im Rahmen eines Vertrauensverhältnisses zu einer Freundin BVerfG (3. K. des 2. S.) StV 2010, 142). Entsprechendes gilt hinsichtlich des Kontrollaufwandes betr. Häufigkeit und Umfang von Briefen (vgl. OLG Celle StraFo 2009, 516: ein Brief von knapp 10 Seiten durchschnittlich jeden Tag nicht von vornherein unverhältnismäßig (betr. allg. StVollzR)).

61a   Die **Kosten** des Schriftverkehrs hat der U-Gefangene selbst zu tragen (§ 36 Abs. 1 UVollzG Bln ua (ohne Ausnahme); anders § 24 Abs. 3 HmbU-VollzG), bei „bedürftigen" U-Gefangenen (§ 16 Abs. 4 S. 2 UVollzG NRW; s. auch § 16 Abs. 3 S. 2 JVollzGB BW II; Art. 18 Abs. 2 S. 2 BayUVollzG; § 36 Abs. 1 S. 3 UVollzG Bln) bzw. nur „in besonderen Härtefällen" kann die VollzAnstalt gem. dem Sozialstaatsgebot die Kosten in angemessenem Umfang übernehmen (vgl. Begr. RefE BbgUVollzG, 32). Zu Kosten für

Schreibgeräte in vollzugsrechtlichen Belangen BVerfG BeckRS 2017, 130794 (betr. allg. StVollz).

Teilweise ist Kommunikation auf **elektronischem** Wege mit der Begründung nicht zugelassen bzw. zumindest ohne Rechtsanspruch (vgl. Art. 21 Abs. 3 BayUVollzG), Missbrauchsmöglichkeiten und Kontrollaufwand seien zu hoch. Ob dies ggü. der zunehmend gewachsenen und mitunter dominierenden Bedeutung dieser Art des Kontakts in der Außengesellschaft mit der Unschuldsvermutung und dem Angleichungsgrundsatz (vgl. → Rn. 37) vereinbar ist, ist nicht abschließend geklärt. − Einschlägigen Angeboten der VollzAnstalten, die unter Aufsicht iRd Vollzugsgestaltung durchgeführt werden, kommt weiterführende Bedeutung zu (vgl. etwa § 28 Abs. 1 S. 2 HessUVollzG), wogegen die Kann-Vorschrift, die Teilnahme von der Einwilligung in „stichprobenartige Überwachung" abhängig zu machen (§ 28 Abs. 3 HessUVollzG (eingef. durch Gesetz v. 30.11.2015)), faktisch eine Einschränkung darstellt. **61b**

Der *Empfang* von **Paketen** ist nur mit Erlaubnis der Anstalt gestattet, Pakete mit Nahrungs- und Genussmitteln (nach § 41 Abs. 1 S. 1 SächsUVollzG auch mit Körperpflegemitteln, nach § 41 Abs. 1 S. 1 UVollzG Bln auch mit Arzneimitteln) sind − mit Ausnahme von Brandenburg (§ 45 Abs. 1 S. 1 BbgJVollzG) und Hamburg (§ 78 Abs. 7 S. 1 iVm § 28 Abs. 1 S. 3 HmbUVollzG) − ausgeschlossen (vgl. § 41 Abs. 1 S. 1 UVollzG Bln ua; § 45 Abs. 1 iVm § 1 ThürJVollzGB; § 20 UVollzG NRW iVm § 28 Abs. 1 S. 2 StVollzG NRW; § 21 Abs. 1 S. 3 JVollzGB BW II; Art. 23 Abs. 1 S. 2 BayUVollzG (Verweisung); § 29 Abs. 1 S. 3 HessUVollzG; vgl. aber → § 92 Rn. 92), und zwar auch betr. Pakete von wohltätigen Organisationen − hierbei handelt es sich um eine mit der Unschuldsvermutung kaum zu vereinbarende, eine Gleichstellung mit dem JStVollzug schaffende Regelung (zur Argumentation mit „Subkultur" vgl. → Rn. 8). Neben der Befugnis der Anstaltsleitung, Pakete zu kontrollieren, kann der Empfang − allerdings nur vorübergehend − untersagt werden, wenn dies wegen Gefährdung der Sicherheit oder Ordnung der Anstalt unerlässlich ist (vgl. § 41 Abs. 3 UVollzG Bln ua). − Eine *Versendung* von Paketen kann dem U-Gefangenen gestattet werden (zur ggf. teilweisen Kostenübernahme § 41 Abs. 5 S. 2 UVollzG Bln, § 16 Abs. 4 S. 2 UVollzG NRW), jedoch kann die Anstalt aus Gründen der Sicherheit oder Ordnung den Inhalt überprüfen (vgl. § 41 Abs. 4 UVollzG Bln ua (§ 28 Abs. 3 HmbUVollzG); § 21 Abs. 3 S. 2 JVollzGB BW II). Unbestimmt und mit der Unschuldsvermutung schwerlich vereinbar ist § 41 Abs. 3 S. 3 SächsUVollzG, wonach der Versand untersagt werden kann, wenn schädlicher Einfluss „auf Opfer der Straftaten zu befürchten" ist. **62**

b) Einzelne Regelungen. Das grundrechtlich geschützte Briefgeheimnisses (Art. 10 Abs. 1 GG) einschränkend gilt − ähnlich wie betr. die optische Besuchsüberwachung − der Grundsatz der **Sichtkontrolle** ein- und ausgehender Schreiben, und zwar zwecks Überwachung betr. verbotene Gegenstände (vgl. etwa § 37 Abs. 1 S. 1 UVollzG Bln ua (§ 25 Abs. 1 S. 1 HmbUVollzG); § 146 Abs. 1 JVollzG Nds). Zudem erlauben die Landesgesetze der Anstaltsleitung, eine **inhaltliche** (Text-)Kontrolle anzuordnen (§ 37 Abs. 1 S. 2 UVollzG Bln ua (§ 25 Abs. 1 S. 2 HmbUVollzG); vgl. auch § 18 Abs. 1 UVollzG NRW iVm § 22 Abs. 2 StVollzG NRW; § 146 Abs. 2 S. 2, Abs. 3 JVollzG Nds: zuständig nur das Gericht), wenn dies aus **63**

Gründen der *Sicherheit* oder zur Abwendung einer *schwerwiegenden* Störung der Ordnung der VollzAnstalt erforderlich ist (einschr. § 37 Abs. 1 S. 2 UVollzG M-V: „soweit"; anders Art. 19 Abs. 2 BayUVollzG: „wird abgesehen, wenn eine Gefährdung der Sicherheit und Ordnung nicht zu befürchten ist"). – Eine Differenzierung nach den Haftgründen (vgl. → Rn. 23–26) sehen die Landesgesetze nicht vor (krit. betr. Besuch → Rn. 58).

63a Wegen des Grundrechtseingriffs stellt sich eine **Dokumentations-** und **Begründungspflicht** indes als unerlässlich dar, um eine effektive nachträgliche gerichtliche Kontrolle zu ermöglichen. – Tritt diese Briefkontrolle neben eine gerichtlich zur Sicherung des Haftzwecks angeordnete, so findet ein *doppelter* Grundrechtseingriff statt, der als unzumutbar erscheint, dh die Anordnung dieser Briefkontrolle ist *unzulässig,* wenn bereits eine gerichtliche vorliegt.

63b Werden zwecks Überwachung **Übersetzungen** erforderlich, so habe die VollzAnstalt solche nach § 144 Abs. 3 JVollzG Nds nur „in angemessenem Umfang" zu tragen (vgl. auch → § 92 Rn. 94) – eine mit Art. 6 Buchst. e EMRK kaum zu vereinbarende Restriktion (vgl. BVerfG NJW 2004, 1095). Eher wird äußerstenfalls eine Beschränkung des Schriftverkehrs zulässig sein.

63c Zudem müssen U-Gefangene eingehende Schreiben, sofern sie diese nicht verschlossen zu ihrer Habe geben, grundsätzlich **unverschlossen verwahren,** damit sie bei einer Durchsuchung aus Gründen der Sicherheit oder Ordnung der Anstalt überprüft werden können (vgl. § 38 Abs. 3 UVollzG Bln ua außer Hamburg); § 18 Abs. 3 JVollzGB BW II; Art. 19 Abs. 4 BayUVollzG (Verweisung)). Diese Regelung ist mit **datenschutzrechtlichen** Grundsätzen wie auch mit der **Unschuldsvermutung** nicht ohne weiteres vereinbar.

64 Der Schriftwechsel des U-Gefangenen mit **Verteidigern** (vgl. näher BGH StV 2015, 341 (zum allg. StR); speziell betr. Bußgeldbescheid (§ 115 Abs. 1 OWiG) trotz Befugnis zur Weitergabe OLG Karlsruhe NStZ-RR 2014, 224 (Freispruch, betr. allg. U-Haftvollz)) sowie mit Rechtsanwälten und Notaren in einer den Gefangenen betreffenden Rechtssache darf **nicht überwacht** werden (vgl. § 37 Abs. 2 UVollzG Berlin, Sachsen und Schleswig-Holstein, Hamburg § 25 Abs. 2 HmbUVollzG); soweit Rechtsanwälte und Notare ausgenommen sind (vgl. etwa § 37 Abs. 2 UVollzG Bln ua (außer den vorgenannten Ländern), § 22 S. 1 UVollzG NRW iVm § 26 Abs. 3 StVollzG NRW; § 17 Abs. 2 JVollzGB BW II (Einschränkungen)), wird auf → Rn. 59 verwiesen. Betreffend Regelungen, denen zufolge sich eine (gar auch heimliche) Haftraumkontrolle zwar auf die „Sichtkontrolle" von Schreiben der vorgenannten Personen erstrecken darf, ohne dass dabei aber vom Inhalt Kenntnis genommen werden darf (so § 44 Abs. 5 SächsUVollzG, § 44 Abs. 4 SchlHUVollzG; anders § 44 Abs. 1 S. 5 UVollzG Bln: „in Gegenwart"), lässt sich die zweitgenannte Voraussetzung schwerlich verlässlich einhalten (vgl. zu Nachw. → § 92 Rn. 59). – Auch der Schriftverkehr des U-Gefangenen mit bestimmten **öffentlichen Stellen** (zB Petitionsausschuss, Ausschuss für Menschenrechte bzw. Ausschuss gegen Folter und andere grausame, unmenschliche oder erniedrigende Behandlung oder Strafe (jeweils Vereinte Nationen), Europäische Kommission gegen Rassismus und Intoleranz) einschließlich deren Antworten, sofern die Identität des Absenders zweifelsfrei feststeht, wird nicht überwacht (vgl. § 37 Abs. 3 S. 1–4 UVollzG Bln ua (§ 25 Abs. 3 HmbUVollzG; zur subsidiären Sichtkontrolle

§ 37 Abs. 3 S. 3 UVollzG Bln); § 17 Abs. 3 JVollzGB BW II; Art. 19 Abs. 3 BayUVollzG (Verweisung); vgl. im Übrigen → § 72 Rn. 35 ff.).

c) Anhalten von Schreiben. Bzgl. der Befugnis, aus bestimmten, **ab-** 65 **schließend** genannten **Gründen,** Schreiben anzuhalten (vgl. → Rn. 61), sieht Niedersachsen eine ausschließliche Zuständigkeit des Gerichts vor (vgl. § 147 Abs. 1 S. 1 JVollzG Nds (Hs. 2 erst durch ÄndG v. 20.2.2009 einge- fügt, GVBl. 32)), allerdings reicht hiernach bereits, dass es „die Ordnung" der VollzAnstalt erfordert. Hinsichtlich des mit „Aufgaben des U-Vollzugs" umschriebenen Grundes (§ 39 Abs. 1 Nr. 1 UVollzG Bln ua (Hmb. § 26 Abs. 1 Nr. 1)) geht es um die Kooperation mit der Strafjustiz (vgl. dazu aber → Rn. 14, 15) und betrifft etwaige Erkenntnisse zu den Haftgründen, über die Gericht oder Staatsanwaltschaft noch nicht verfügen; dies könnte zB auch für die Soll-Vorschrift gelten, „wenn der Kontakt geeignet ist, auf eine extremistische Verhaltensweise hinzuwirken" (§ 27 Abs. 3 Nr. 1 UVollzG Hessen (eingef. durch Gesetz v. 30.11.2015)). Gemäß § 39 Abs. 1 Nr. 3 UVollzG Bln ua (§ 26 Abs. 1 Nr. 4 HmbUVollzG), § 19 Abs. 1 Nr. 4 JVollzGB BW II gilt – die Unschuldsvermutung tangierend – als Grund „grobe Beleidigungen", obwohl dies im sonstigen privaten Schriftverkehr (innerhalb enger Sphäre) rechtlich neutral ist und gerade während der U- Phase das psychische Bedürfnis nach einschlägigen Formulierungen oftmals anwächst, und zwar tendenziell erhöht bei jungen U-Gefangenen (vgl. ergänzend → § 92 Rn. 94). Zumindest Briefe an nahe Angehörige dürfen grundsätzlich nicht wegen als „unsachlich" oder „beleidigend" beurteilter Passagen angehalten werden (vgl. schon BVerfGE 42, 237; näher *Arloth* ZIS 2010, 263 ff.).

Immerhin ist die Möglichkeit eingeräumt, ein Begleitschreiben zur **Ge-** 65a **gendarstellung** (nach Begr. RefE BbgUVollzG, 34: „Richtigstellung") bei- zufügen (vgl. § 39 Abs. 2 UVollzG Bln, § 26 Abs. 2 HmbUVollzG, § 19 Abs. 2 JVollzGB BW II; Art. 20 Abs. 4 BayUVollzG (Verweisung)), wenn Schreiben des U-Gefangenen (nach der Version der Anstaltsleitung) falsche Darstellungen von den Anstaltsverhältnissen aufweisen.

Wird ein Schreiben angehalten, so ist der U-Gefangene davon zu **unter-** 65b **richten,** indes kann hiervon (vorübergehend) abgesehen werden, „wenn und solange" es die Aufgabe des U-Vollzugs erfordert (§ 39 Abs. 3 S. 2 UVollzG Bln, § 26 Abs. 3 HmbUVollzG, § 19 Abs. 3 S. 2 JVollzGB BW II; § 42 Abs. 3 S. 2 JVollzGB LSA; ohne Einschränkung, aber auch ohne Zeit- angabe, Art. 20 Abs. 2 BayUVollzG). – Um eine nachträgliche gerichtliche Überprüfung der Rechtmäßigkeit des Anhaltens zu ermöglichen, bedarf es einer **Dokumentation** und **Begründung.**

4. Telefonischer bzw. elektronischer Kontakt

a) Telefongespräche. Diesbezüglich räumen die gesetzlichen Regelun- 66 gen nur einen Anspruch auf fehlerfreie Ermessensausübung ggü. der Anstalt ein (vgl. § 19 S. 1 UVollzG NRW iVm § 24 Abs. 1 StVollzG NRW; § 40 S. 1, 2 UVollzG Bln ua (Mecklenburg-Vorpommern Abs. 1 S. 1, 2 UVollzG M-V; als Soll-Vorschrift aber Hamburg § 27 Abs. 1 S. 1 HmbUVollzG); § 69 Abs. 1 iVm § 20 Abs. 1 JVollzGB BW II; s. zu § 148 VollzG Nds *Barkemeyer* FS 2009, 29 (Zunahme der Erteilung allg. Telefonerlaubnisse, Mithören weniger häufig); modifiziert Art. 21 Abs. 1 BayUVollzG). Generell wird eine Versagung oder eine für den Außenkontakt wesentliche Beschränkung – auch im Lichte der Unschuldsvermutung – nur dann mit dem Grundsatz der Verhältnismäßigkeit zu vereinbaren sein, wenn konkrete Anhaltspunkte für eine Gefährdung von Sicherheit und Ordnung der Anstalt vorliegen. – Eher unbestimmt und mit der Unschuldsvermutung schwerlich vereinbar verhält sich die Kann-Vorschrift des § 36 Abs. 1 S. 3 SächsU-VollzG betr. ein Untersagen von Gesprächen mit Personen, die „Opfer der Straftaten" waren.

67 Ist die **Überwachung** angeordnet, so teilt die VollzAnstalt oder der U-Gefangene dies dem Gesprächspartner unmittelbar nach Herstellung der Verbindung mit, den U-Gefangenen informiert die VollzAnstalt „rechtzeitig vor Beginn" des Telefonats über Überwachung und bevorstehende Mitteilung an den Dritten (vgl. § 40 S. 3, 4 UVollzG Bln, § 40 Abs. 1 S. 3 UVollzG M-V, § 27 Abs. 1 S. 4 HmbUVollzG, § 36 Abs. 1 S. 4 SächsU-VollzG; § 20 Abs. 2 S. 2 JVollzGB BW II; Art. 21 Abs. 2 S. 2 BayUVollzG (Verweisung); § 19 S. 1 UVollzG NRW iVm § 24 Abs. 2 S. 2 StVollzG NRW). Indes ist die Mitteilungspflicht ggü. dem Gesprächspartner, die mit dessen Interessen begründet wird, im Hinblick auf Schutzinteressen des U-Gefangenen einwandbehaftet (grds. zu datenschutzgerechter Insassen-Telefonie *Körffer* FS 2015, 323 ff.; vgl. auch → § 72 Rn. 28). – Hingegen hat der U-Gefangene ein Recht auf **unüberwachte** Telefongespräche mit dem **Verteidiger** (zur Unzulässigkeit der Versagung wegen mutmaßlichen Missbrauchs BGH NStZ 2011, 592; zu etwa zulässiger Anwesenheit Bediensteter (nur) in extremer Fallkonstellation BGH StV 1999, 39 mablAnm *Lüderssen* StV 1999, 490).

68 Die Kosten hat der U-Gefangene selbst zu tragen (§ 40 S. 1 UVollzG Bln, § 40 Abs. 1 S. 1 UVollzG M-V, § 27 Abs. 1 S. 1 HmbUVollzG (jeweils ohne Ausnahme)). Wie betr. den Schriftverkehr (vgl. → Rn. 61, 63) kann die Anstalt nur in begründeten Ausnahmefällen die Kosten in angemessenem Umfang übernehmen (vgl. § 40 Abs. 2 UVollzG Bln, § 16 Abs. 4 S. 2 UVollzG NRW; § 20 Abs. 3 JVollzGB BW II; ähnlich Begr. RefE BbgU-VollzG, 35).

69 **b) Mobilfunkgeräte.** Diese werden seither nur eingeschränkt (vgl. § 22 Abs. 1 JVollzGB BW I; § 40 Abs. 2 UVollzG M-V (als Ausnahmen); vgl. aber zur Höhe BVerfG NJW 2018, 144, betr. allg. StVollz) bzw. gar nicht (§ 40 Abs. 2 BremUVollzG und § 40 SächsUVollzG, § 28 Abs. 4 S. 1 HessUVollzG, § 36 Abs. 4 SächsUVollzG) zugelassen, da eine Überwachung zumindest erschwert wäre. Tatsächlich lässt sich das Verbot nur begrenzt durchsetzen. Disziplinarrechtliche Reaktionen berühren den Angleichungsgrundsatz (vgl. → Rn. 37).

69a Zur Regelung der **Störung** von **Frequenzen** vgl. § 27 Abs. 2 S. 1 HmbUVollzG, § 40 Abs. 3 S. 1 Nr. 3 BremUVollzG, § 40 Abs. 3 S. 1 Nr. 3 UVollzG M-V; § 36 Abs. 5 SächsUVollzG; § 28 Abs. 4 S. 2 HessUVollzG; Art. 21 Abs. 4 BayUVollzG (Verweisung).

VII. Freizeit, Religionsausübung, Gesundheit

1. Freizeit

Im Bereich der Freizeitgestaltung haben Angebote für sportliche Betäti- **70** gung ebenso wie für die Beschäftigung in kulturellen Bereichen zentrale Bedeutung (vgl. auch → § 92 Rn. 96 ff.), damit die jungen U-Gefangenen (eigene, als positiv beurteilte) Neigungen und Begabungen entwickeln können. Wegen der Unschuldsvermutung dürfen die jungen U-Gefangenen aber nicht zur Teilnahme an den Freizeitangeboten verpflichtet werden (anders § 128 Abs. 2 S. 1 JVollzG Nds), hingegen verlangen § 73 Abs. 1 S. 2 UVollzG Bln ua, § 79 Abs. 1 S. 2 HmbUVollzG, § 76 S. 1 JVollzGB BW II, Art. 30 Abs. 2 S. 2 BayUVollzG, sie zur Teilnahme und Mitwirkung zu motivieren.

a) Angebote. Die VollzEinrichtungen sind verpflichtet, „geeignete An- **71** gebote" vorzuhalten (vgl. § 73 Abs. 1 S. 1 UVollzG Bln, § 79 Abs. 1 S. 1 HmbUVollzG, § 76 S. 2 JVollzGB BW II; vgl. aber § 14 Abs. 1 S. 2 UVollzG NRW: Soll-Vorschrift; eher unbestimmt Art. 31 BayUVollzG). Gemäß § 73 Abs. 3 S. 2 UVollzG Bln, § 79 Abs. 3 S. 2 HmbUVollzG, § 76 S. 2 JVollzGB BW II, § 51 S. 2 HessUVollzG muss Gelegenheit zu **sport-licher** Betätigung (wohl mit Sportgeräten ausgestattete Räume bzw. Außenspielfelder) in einem Mindestangebot von zwei (nach § 39 UVollzG NRW iVm § 38 S. 2 JStVollzG NRW: drei, gem. § 73 Abs. 3 SächsUVollzG vier) Stunden wöchentlich bereitgestellt werden. Nach § 67 Abs. 2 UVollzG Bln ua (spezieller § 77 Abs. 2 HmbUVollzG), § 35 Abs. 2 UVollzG NRW sollen altersgemäße Beschäftigungs-, Bildungs- und Freizeitmöglichkeiten angeboten werden. Im Einzelnen kommt eine Vielzahl von Beschäftigungen in Betracht (zB Lesen, Diskussions- und Arbeitsgruppen, musische Aktivitäten, Basteln, etc (vgl. etwa schon *Zirbeck,* Die U-Haft bei Jugendlichen und Heranwachsenden, 1973, 60 ff.)). Nach § 78 Abs. 1 S. 2 UVollzG Bln ua (nicht Bremen, Mecklenburg-Vorpommern, Saarland, Sachsen, Schleswig-Holstein; vgl. demgegenüber noch Nr. 45 Abs. 1 UVollzO), § 22 Abs. 2 S. 1 HessUVollzG muss eine Bibliothek vorgehalten werden, nach § 65 Abs. 1 S. 2 BbgJVollzG (ebenso § 63 Abs. 1 S. 2 JVollzGB LSA) eine Mediathek. – Verschiedentlich wird die Förderung der „sittlichen und geistigen Entwicklung" empfohlen (vgl. vormals etwa *Dallinger/Lackner* § 93 Rn. 30), wobei indes zumindest die Unschuldsvermutung zu wahren ist (zudem krit. → § 3 Rn. 15f).

b) Zeitungen, Zeitschriften. Die U-Gefangenen können – vorbehalt- **72** lich der Erforderlichkeit einer Vorenthaltung aufgrund verfahrenssichernder Anordnungen – in Ausübung des Grundrechts der Informationsfreiheit **(Art. 5 Abs. 1 GG)** frei darüber entscheiden, welche Zeitungen und Zeitschriften sie auf eigene Kosten beziehen wollen, soweit deren Verbreitung nicht mit Strafe oder Geldbuße bedroht ist (vgl. § 27 Abs. 1, Abs. 2 S. 1 UVollzG Bln ua; § 22 Abs. 2 S. 4 HessUVollzG). Teilweise ist ein Vorenthalten auch zulässig, wenn die Sicherheit oder Ordnung der Anstalt erheblich gefährdet würde (§ 37 Abs. 2 S. 2 HmbUVollzG; Art. 36 BayUVollzG (Verweisungen); nach §§ 42, 40 Abs. 2 JVollzGB BW II gar bei bloßer Gefährdung). – Streitig ist, ob gefährdende Postsendungen in weiterem

Umfang angehalten werden dürfen als bei Erwachsenen (bejahend OLG Stuttgart NJW 1974, 759 betr. pornographische Zusendungen an Heranwachsende mit abl. Bespr. *Schneider* NJW 1974, 1207; vgl. aber auch *Diemer* in Diemer/Schatz/Sonnen Rn. 22: Frage des Einzelfalls).

72a   Soweit ein oder mehrere Artikel als die Sicherheit oder Ordnung der Anstalt erheblich gefährdend beurteilt werden, gilt eine Vorenthaltung der gesamten Ausgabe – dh nicht nur dieser Artikel – (aus arbeitsökonomischen Gründen) als zulässig (vgl. etwa § 27 Abs. 2 S. 2 UVollzG Bln, § 37 Abs. 2 S. 2 HmbUVollzG; vgl. aber auch § 22 Abs. 2 S. 5 HessUVollzG).

73   **c) Geräte.** Die Erlaubnis, ein eigenes (es kann sich auch um gemietete oder geliehene Geräte handeln, vgl. nur Begr. RefE UVollzG NRW, 112) **Radio-** oder **Fernseh**gerät in dem Haftraum zu besitzen und zu nutzen, ist gem. dem Grundrecht auf Informationsfreiheit (**Art. 5 Abs. 1 S. 1 GG**) idR zu erteilen (vgl. nur § 14 Abs. 2 UVollzG NRW; betr. Fernsehgerät LG Offenburg NStZ 2007, 229; vern. aber zu Flachbildschirmgerät wegen Multimediafunktionen OLG Hamm NStZ 2009, 578 (betr. allg. StR); vgl. auch (vormals) Nr. 40 Abs. 2, 85 S. 2 UVollzO). Eine vorübergehende Aussetzung oder Untersagung des Empfang**s** ist zulässig, wenn dies zur Umsetzung einer verfahrenssichernden Anordnung oder aus Gründen der Sicherheit oder Ordnung der Anstalt unerlässlich ist (vgl. § 28 S. 2 UVollzG Bln ua (nach Begr. RefE BbgUVollzG, 27 „nur in seltenen Ausnahmesituationen"); §§ 41 Abs. 1, 40 Abs. 2 JVollzGB BW II).

74   Hinsichtlich **elektronischer Medien** (vgl. zur Erlaubnis nach Maßgabe der Anstalt etwa § 14 Abs. 3 S. 1 UVollzG NRW (vgl. betr. CD-Player und Lernprogramme in elektronischer Form schon Begr. RefE, 112); zur Voraussetzung, dass verfahrenssichernde Anordnungen oder Gründe der Sicherheit oder Ordnung der Anstalt nicht entgegenstehen vgl. abstufend § 59 Abs. 2 S. 1 bzw. 4, Abs. 4 S. 1 JVollzGB LSA) macht § 73 Abs. 2 UVollzG Bln die Zulassung auch davon abhängig, dass „erzieherische Gründe" nicht „entgegenstehen" (vgl. nur Berlin § 71 Abs. 2 UVollzG Bln; vgl. aber → § 92 Rn. 99), und nach Art. 36 BayUVollzG (Verweisung) sind nur solche elektronischen Unterhaltungsmedien zugelassen, die „pädagogischen Wert" haben. Zwar wohnt der Regelung teilweise eine sachliche Begründung inne, jedoch steht sie wegen der begrifflichen Unbestimmtheit dem Grundsatz erzieherischer Klarheit und Transparenz entgegen, zumal die Gefahr des Einsatzes als verdeckte Disziplinarmaßnahme (vgl. § 75 Abs. 5 iVm § 61 Abs. 1 Nr. 5 UVollzG Bln, § 83 Abs. 4 iVm § 65 Abs. 1 Nr. 5 HmbUVollzG) nicht zu verkennen ist.

74a   Die **Kann-Vorschrift** der **Beteiligung** an den Betriebs**kosten** (vgl. § 14 Abs. 5 UVollzG NRW; § 15 Abs. 6 UVollzG Bln (vgl. auch § 38 Abs. 1 S. 2 HmbUVollzG Umkehrschluss); wohl auch § 21a Abs. 2 HessVollzG) trägt teilweise eine sachliche Begründetheit in sich, ist jedoch wegen ihrer Unbestimmtheit nicht geeignet, ein Verhältnis der Verlässlichkeit entstehen zu lassen (krit. im Übrigen *Ostendorf/Rose* SchlHA 2009, 207).

2. Religionsausübung

75   Hinsichtlich **Seelsorge, Religiöser Veranstaltungen** und **Weltanschauungsgemeinschaften** entsprechen §§ 29–31 UVollzG Bln, §§ 22–24 JVollzGB BW, Art. 42 BayUVollzG, § 15 UVollzG NRW (jeweils Verweisung) den Regelungen der §§ 53–55 StVollzG bzw. der StVollzGe der Länder, wenngleich abw. hiervon der Ausschluss von der Teilnahme am Gottesdienst oder anderen religiösen Veranstaltungen auch zur Umsetzung einer verfahrenssichernden Anordnung zulässig ist.

3. Gesundheit

a) Aufenthalt im Freien. Zur Gesundheitsvorsorge ist den U-Gefange- 76 nen der Aufenthalt im Freien von **mindestens einer Stunde** täglich zu ermöglichen (vgl. § 20 Abs. 2 UVollzG Bln, § 16 Abs. 3 HessUVollzG, § 23 Abs. 2 UVollzG NRW), gem. § 77 JVollzGB BW II, Art. 38 BayUVollzG iVm Art. 151 Abs. 4 BayStVollzG an arbeitsfreien Tagen zwei Stunden. Zudem ist, zumindest soweit die Haftäume nicht über warmes Wasser verfügen, auch ohne gesetzliche Regelung die Möglichkeit zu mehrfach wöchentlichem Duschen angezeigt.

b) Ärztliche Kontrolle. Für die medizinische Versorgung (zu *Zwangs-* 77 *maßnahmen* → Rn. 23) gilt das aus dem Sozialstaatsgebot **(gem. Art. 20 Abs. 1 GG)** abgeleitete „Äquivalenzprinzip", wonach die **medizinischen Leistungen** im vollzuglichen Gesundheitswesen grundsätzlich *gleichwertig* mit den Leistungen an die gesetzlich Krankenversicherten sein müssen (vgl. § 22 Abs. 1 S. 2 UVollzG Bln, § 24 Abs. 1 UVollzG NRW iVm § 45 StVollzG NRW, § 26 Abs. 1 S. 3 JVollzGB BW II). Die landesgesetzlichen Vorschriften erstrecken diesen Anspruch der U-Gefangenen auf Vorsorgeuntersuchungen und die Versorgung mit Hilfsmitteln (vgl. etwa § 22 Abs. 2, Abs. 3 UVollzG Bln; einschr. Art. 38 BayUVollzG iVm Art. 151 Abs. 2, zugunsten Minderjähriger aber iVm § 151 Abs. 1 S. 2 BayStVollzG; anders § 26 Abs. 2 JVollzGB BW II). Auch die **Kostenbeteiligung** oder -übernahme soll sich grundsätzlich an den Regelungen für gesetzlich Versicherte außerhalb des Vollzugs orientieren (§ 22 Abs. 4, 5 UVollzG Bln ua (zu teilweiser Freistellung § 80 HmbUVollzG); vgl. auch § 24 Abs. 1 UVollzG NRW iVm § 45 StVollzG NRW (§ 39 UVollzG NRW e contr: abw. von § 36 Abs. 1 S. 2 JStVollzG NRW keine Ausnahme bei Minderjährigen); § 26 Abs. 3 S. 1 JVollzGB BW II), es sei denn, die besonderen Umstände der Inhaftierung (zB quartalsweise Erhebung einer „Praxisgebühr") verlangen nach einer abw. Erledigung. – Im Einzelnen kann von diesen Standards allerdings abgewichen werden (vgl. § 45 Abs. 2 S. 2 UVollzG NRW (wie § 65 Abs. 2 S. 2 JStVollzG NRW): Bedienstete des allg. Vollzdienstes als *Pfleger*).

Hinsichtlich *Verköstigung* (zur Selbstverpflegung noch Nr. 50 Abs. 2 77a UVollzO) ist die Einhaltung ärztlich angeordneter, medizinisch erforderlicher Besonderheiten (§ 18 Abs. 1 S. 2 UVollzG Bln ua, § 12 S. 2 UVollzG NRW) ebenso zu beachten wie die Ermöglichung dessen, religiöse Speisevorschriften derjenigen Religionsgemeinschaft zu befolgen, der der U-Gefangene angehört (vgl. § 18 Abs. 1 S. 3 UVollzG Bln, § 12 S. 3 UVollzG NRW; § 11 Abs. 1 JVollzGB BW II (Soll-Vorschrift)); nach § 18 Abs. 1 S. 4 UVollzG Bln. sind zudem „geschlechtsspezifische Unterschiede in der Ernährungsweise" zu berücksichtigen. Soweit in der Praxis ein **ärztliches Einkaufsverbot** von Nahrungs- und Genussmitteln (vgl. auch → Rn. 62) wegen der Befürchtung, der U-Gefangene könnte seine Gesundheit ernsthaft gefährden, verhängt wird, bereitet eine Rechtfertigung mitunter Schwierigkeiten (s. etwa *Seebode,* Der Vollzug der U-Haft, 1985, 159 f.).

78   In der Regel als Soll-Vorschrift ist vorgesehen, U-Gefangenen auf Antrag und – zur Vermeidung nicht auszuschließenden Missbrauchs – nach Anhörung des ärztlichen Dienstes der Anstalt Gelegenheit zu geben, sich von einer externen Ärztin oder einem externen **Arzt eigener Wahl** auf eigene Kosten beraten zu lassen (vgl. § 22 Abs. 6 UVollzG Bln, § 30 Abs. 1 JVollzGB BW, § 17 Abs. 5 S. 1 HessUVollzG; s. aber § 22 Abs. 5 S. 1 SächsUVollzG: Muss-Vorschrift, hingegen § 23 Abs. 3 UVollzG NRW, Art. 25 Abs. 2 S. 1 BayUVollzG: nur Kann-Vorschrift; vgl. auch § 154 Abs. 2 JVollzG Nds). Allerdings soll die Konsultation in der Anstalt stattfinden, da (allein) der Wunsch nach wahlärztlicher Beratung kein wichtiger Anlass für eine Ausführung sei (zw.).

78a   Zudem *kann* in den meisten Ländern die Erlaubnis versagt werden, wenn der U-Gefangene den anstaltsärztlichen Dienst und die Wahlärztin oder den Wahlarzt nicht wechselseitig von der *Schweigepflicht entbindet* (vgl. etwa § 22 Abs. 6 S. 2 UVollzG Bln ua (außer Hamburg und Sachsen); § 30 Abs. 2 JVollzGB BW II; Art. 25 Abs. 2 S. 3 BayUVollzG; als Muss-Vorschrift aber § 23 Abs. 3 S. 2 UVollzG NRW, ebenso § 17 Abs. 5 S. 2 HessUVollzG), womit „ein mögliches Ausspielen" (vormals Begr. RefE UVollzG NRW, 125) des ärztlichen Anstaltsdienstes gegen eine Ärztin oder einen Arzt eigener Wahl verhindert bzw. eine uneingeschränkte Abstimmung zwischen Wahl- und Anstaltsarzt ermöglicht werden soll. Demgegenüber steht die Entscheidungsbefugnis über *personenbezogene Daten* grundsätzlich dem Betroffenen zu, und demgemäß hat er ein Recht darauf, dass die dem Arzt bekannt gewordenen Daten geheim bleiben (vgl. zu Art. 8 EMRK auch EGMR 2.6.2009 – 36936/05 Rn. 48 ff.: Überwachung der Korrespondenz eines schwerkranken Gefangenen mit einem externen Arzt unzulässig). Daher darf die Wahl zB dann nicht versagt werden, wenn eine spezialärztliche Behandlung erforderlich ist oder wenn kein ungestörtes Vertrauensverhältnis zu dem ärztlichen Dienst vorliegt bzw. zu erwarten ist.

79   Grundsätzlich besteht – wenn auch ggf. unter Abwägung ggü. Belangen der ärztlichen Aufgaben – ein Recht auf **Einsicht** in die **Krankenakten** einschließlich ärztlicher Wertungen (vgl. auch zu Krankenblättern § 156 Abs. 7 JVollzG LSA; zur Rspr. OLG Brandenburg StraFo 2008, 154 f. (betr. allg. StR); vgl. im Übrigen zum allg. StVollz BVerfG, 2. K. des 2. S., NJW 2017, 1014 = FS 2017, 143 mAnm *Goerdeler;* zum Maßregelvollzug BVerfG NJW 2006, 1116).

80   **c) Versorgung anderenorts.** Ist eine fachgerechte Behandlung oder Versorgung des U-Gefangenen innerhalb der VollzAnstalt nicht möglich, so kann die Anstaltsleitung ersatzweise ein geeignetes anderes Vorgehen anordnen, allerdings – abgesehen von Fällen mit aus medizinischen Gründen bestehender Eilbedürftigkeit – erst, nachdem sie dem Gericht und der Staatsanwaltschaft nach Möglichkeit Gelegenheit zur Stellungnahme gegeben hat (vgl. § 23 Abs. 3 S. 1 UVollzG Bln ua; anders § 27 Abs. 3 JVollzGB BW II, § 24 Abs. 2 UVollzG NRW: zu unterrichten). Zum einen ist die Ausführung des U-Gefangenen oder seine Verbringung in ein **Krankenhaus außerhalb** des Vollzugs zulässig (vgl. etwa § 23 Abs. 2 UVollzG Bln, § 27 Abs. 2 JVollzGB BW II; Art. 9 Abs. 2 BayUVollzG (Verweisung); § 24 Abs. 1 UVollzG NRW iVm § 46 Abs. 2 StVollzG NRW). Zum anderen ist

eine vollzugsinterne **Verlegung** oder **Überstellung** in eine andere, etwa aus personellen oder baulichen Gründen eher geeignete Anstalt oder in ein Vollzugskrankenhaus zulässig (vgl. § 23 Abs. 1 UVollzG Bln, § 27 Abs. 1 JVollzGB BW II; § 24 Abs. 1 UVollzG NRW iVm § 46 Abs. 1 StVollzG NRW); solchenfalls ist bei längerem Aufenthalt dem U-Gefangenen Gelegenheit zu geben, Angehörige oder eine Vertrauensperson über die Maßnahme zu informieren, soweit keine verfahrenssichernde Anordnung entgegensteht (vgl. § 23 Abs. 3 S. 2, § 7 Abs. 4 UVollzG Bln).

VIII. Unterricht und Ausbildung, Arbeit, Gelder

1. Schul- und Berufsausbildung

Für U-Gefangene *sollen* Einrichtungen zur schulischen und beruflichen 81 Bildung sowie Arbeitsbetriebe vorgehalten werden (vgl. § 78 Abs. 1 UVollzG Bln, § 75 Abs. 2 JVollzGB BW II). – Die Bereitstellung der Angebote bezüglich Bildung, Arbeit und Freizeitbeschäftigung ist organisatorisch wegen der im Vergleich zum Vollzug der JStrafe unbestimmten und meist kürzeren Dauer des U-Vollzugs eher kompliziert. Die meisten Landesgesetze sehen vor, dass die Beschäftigung sowie die Bildungsangebote unter bestimmten Voraussetzungen auf *private* Einrichtungen und Betriebe (vgl. etwa § 78 Abs. 2 UVollzG Bln ua (insoweit nicht Hamburg); vgl. auch Art. 30 Abs. 6 BayUVollzG) bzw. auf vertraglich verpflichtete Personen (§ 43 Abs. 1 S. 2 UVollzG NRW) übertragen werden können, wobei die notwendige Aufsicht über U-Gefangenen bei der VollzAnstalt verbleibt.

a) Allgemeines. Sämtliche Landesgesetze gewährleisten für **schulpflich-** 82 **tige** U-Gefangene allg.- oder berufsbildenden Unterricht in Anlehnung an die für öffentliche Schulen geltenden Bestimmungen (vgl. § 71 Abs. 1 UVollzG Bln ua (einschr. § 77 Abs. 1 HmbUVollzG: „nach Möglichkeit"); § 35 Abs. 3 UVollzG NRW; § 75 Abs. 1 JVollzGB BW II; einschr. Art. 33 Abs. 1 BayUVollzG; vgl. aber zum Anteil Nichtbeschulter schriftliche Befragung von *Villmow ua* DVJJ 2012). Nach mehreren Landesgesetzen können *nicht mehr* schulpflichtige, aber noch minderjährige U-Gefangene – was nicht unbedenklich ist (vgl. etwa → Rn. 30, 85, 100) – zur Teilnahme an Bildungs- oder Fördermaßnahmen *verpflichtet werden* (vgl. § 71 Abs. 2 UVollzG Bln ua (außer Hamburg); § 75 Abs. 3 JVollzGB BW II; Art. 33 Abs. 2 BayUVollzG). Volljährigen jungen U-Gefangenen soll die Teilnahme an Bildungs- oder Fördermaßnahmen angeboten werden (§ 71 Abs. 3 UVollzG Bln ua (einschr. Bremen, Mecklenburg-Vorpommern, Rheinland-Pfalz, Saarland: „nach Möglichkeit"); § 75 Abs. 2 JVollzGB BW II), eine Regelung, die besonders für U-Gefangene mit erheblichen Bildungsdefiziten förderlich sein kann. Gleichfalls gebietet es die Fürsorgepflicht, U-Gefangenen die Teilnahme an erforderlichen *Deutschkursen* zu ermöglichen. – Jungen U-Gefangenen, die weder Bildungs- noch Förderangebote wahrnehmen, soll nach Möglichkeit Arbeit oder sonstige Beschäftigung angeboten werden (§§ 71 Abs. 4, 24 Abs. 2 UVollzG Bln ua), nicht jedoch dürfen sie (vgl. näher → Rn. 84) „aus erzieherischen Gründen" zur Arbeit verpflichtet werden (so aber § 161 Abs. 1 S. 1 JVollzG Nds, Art. 33 Abs. 3 BayUVollzG).

83   **b) Einschränkungen.** Insgesamt sind die Möglichkeiten wegen der Kürze der Zeit und der Fluktuation der Betroffenen im U-Vollzug begrenzt (vgl. ergänzend *Lang* ZStrVo 2001, 152; näher zur Handhabung auch *Güttler* FS 2016, 95). Längerdauernde Bildungsmaßnahmen können hier idR nicht durchgeführt werden (für den Unterrichtsinhalt „Werte" vormals *Dallinger/Lackner* § 93 Rn. 29). Es kann aber die Notwendigkeit für weitere Bildungsmaßnahmen festgestellt werden, der Jugendliche kann informiert, beraten und motiviert, und die Durchführung dieser Maßnahmen kann organisatorisch vorbereitet werden (s. dazu schon JStVollzKomm 63; vgl. auch *Bernhardt* ZfStrVo 1984, 82).

2. Arbeit

84   **a) Unzulässigkeit einer Verpflichtung.** Entgegen Nr. 80 Abs. 2 S. 1 der (vormaligen) UVollzO, die eine Arbeitspflicht aus erzieherischen Gründen vorsah, ist sie aus **verfassungsrechtlichen** Gründen im Hinblick auf die Unschuldsvermutung (Art. 6 Abs. 2 EMRK) und auf Art. 12 GG (vgl. etwa schon AG Zweibrücken NJW 1979, 1557; AG Hamburg NStZ 1985, 288; *Paeffgen* NStZ 1989, 422; *Laubenthal/Baier/Nestler* JugendStrafR Rn. 340; *Molketin/Jakobs* ZfStrVo 1982, 325; *Bottke* BMJ 1987, 75) unzulässig (ausdrücklich §§ 48 Abs. 4, 20 Abs. 1 HessUVollzG; anders aber Art. 33 Abs. 3 BayUVollzG,. § 161 Abs. 1 S. 1 NdsVollzG (jeweils bei erzieherischer Begr.)). Im Übrigen ist selbst eine erzieherische Begründung nicht realistisch, weil pädagogisch sinnvolle Arbeit im U-Vollzug in größerem Umfang nicht eingeführt ist (Ansätze zB betr. JVA Berlin bei *Fiedler* in Trenczek, Freiheitsentzug bei jungen Straffälligen, 1993, 133) bzw. werden kann (JStVollzKomm 64; *Eisenberg/Tóth* GA 1993, 315 f.; s. aber zu „Arbeitstherapie" *Seebode* ZfStrVo 1990, 208). Auch würde eine Arbeitspflicht nicht allein unter der Annahme gerechtfertigt werden können, dass eine anspruchslose Tätigkeit ohne erzieherischen Wert (für U-Haft im Allg. berichtete *Jehle,* U-Haft zwischen Unschuldsvermutung und Wiedereingliederung, 1985, 203 f. von einfachen oder einfachsten Tätigkeiten) immerhin besser als völlige Untätigkeit sei (so aber *Zirbeck,* Die U-Haft bei Jugendlichen und Heranwachsenden, 1973, 59).

85   **b) Arbeitsangebote.** Jedoch gebietet es die Fürsorgepflicht, arbeitswilligen U-Gefangenen nach Möglichkeit die Gelegenheit zur Arbeit oder Beschäftigung anzubieten, allerdings unter von der Anstalt festgelegten Bedingungen (vgl. etwa § 24 Abs. 2 S. 1–3 UVollzG Bln, § 34 Abs. 2 S. 1 JVollzGB BW II), ohne dass zweifelsfrei wäre, ob die VollzAnstalt die Betroffenen dazu motivieren darf (so aber § 35 Abs. 2 S. 2 UVollzG NRW: „ist zu wecken und zu fördern", nebst Begr. RefE, 152), die Angebote anzunehmen. Indes ist wohl davon auszugehen, dass (bezahlte bzw. nicht bezahlte) *Selbstbeschäftigung,* die von Nr. 44 UVollzO (vgl. auch § 119 Abs. 4 StPO aF: „Beschäftigungen sich verschaffen") grundsätzlich vorgesehen war, unbeschadet der Nichterwähnung in den meisten der Landesgesetze – anders § 161 Abs. 1 S. 2 JVollzG Nds, § 34 Abs. 5 JVollzGB BW II – zuzulassen ist, und zwar schon um eine erhebliche Schlechterstellung ggü. JStrafgefangenen zu vermeiden, soweit es mit dem Zweck der U-Haft vereinbar ist und insb. Sicherheit und Ordnung nicht beeinträchtigt.

3. Gelder

a) Arbeitsentgelt. Arbeitende U-Gefangene erhalten ein Arbeitsentgelt, **86** und sie sind über dessen Höhe schriftlich zu informieren (vgl. etwa § 25 Abs. 4 UVollzG Bln, § 35 Abs. 3 JVollzGB BW II). Das Arbeitsentgelt bestimmt sich (unter Anhebung des Betrags gem. § 177 S. 1 StVollzG aF) in den meisten Ländern in gleichem Maße wie bei JStrafgefangenen (vgl. → § 92 Rn. 123; vgl. auch Art. 12 Abs. 3 BayUVollzG; § 64 Abs. 3 JVollzGB LSA; vgl. für Baden-Württemberg ab 1.1.2018 (Die Justiz 2018, 107): 9 % der Eckvergütung, Tagessatz 13,15 EUR; anders §§ 13 Abs. 3 S. 1 UVollzG NRW, § 25 Abs. 2 SchlHUVollzG: 5 % der einschlägigen Bezugsgröße), und je nach Leistung des U-Gefangenen und der Art der Arbeit kann es gestuft werden (§ 25 Abs. 2 S. 1, Abs. 3 S. 1 UVollzG Bln ua; § 75 Abs. 4 S. 1 JVollzGB BW II, § 35 Abs. 2 JVollzGB BW II; § 25 Abs. 3 S. 2 SächsUVollzG bzw. § 25 Abs. 3 S. 2 SUVollzG: mindestens 60 % bzw. grds. 75 % der Eckvergütung); nach keinem Landesgesetz liegt das Arbeitsentgelt in einer Höhe, die Verhältnissen in der Außengesellschaft entspricht, obgleich solches eher mit der Unschuldsvermutung verträglich wäre. – Hinsichtlich der Einbehaltung von **Beitragsanteilen** gelten § 25 Abs. 5 UVollzG Bln ua (nicht Sachsen), § 38 JVollzGB BW II – entsprechend § 195 StVollzG.

U-Gefangene, die während der Arbeitszeit an einer **Bildungsmaßnahme** **86a** teilnehmen, haben gem. § 25 Abs. 6 UVollzG Bln ua, § 75 Abs. 5 S. 1 JVollzGB BW II einen Anspruch auf Ausbildungsbeihilfe, die sich nach den für das Arbeitsentgelt bestehenden Regelungen (§ 25 Abs. 2–5 UVollzG Bln ua (Hamburg § 32 Abs. 2 HmbUVollzG); Art. 33 Abs. 4 BayUVollzG (Verweisungen)) bestimmt (anders (und reduzierend) aber § 75 Abs. 5 S. 3 JVollzGB BW II, vgl. ab 1.1.2018 (Die Justiz 2018, 107): 5 % der Eckvergütung, Tagessatz 7, 31 EUR).

Soweit einzelne Landesgesetze ein erzwungenes Ansparen (Überbrü- **86b** ckungsgeld) vorsehen (vgl. § 48 Abs. 4 HessUVollzG, § 161 Abs. 2 VollzG Nds), ist dies mit der Unschuldsvermutung schwerlich vereinbar (vgl. auch *Kirschke* in AnwK U-Haft UVollzG Bln ua § 71 Rn. 13, 20).

b) Taschengeld. In mehreren Ländern besteht ein Taschengeld**anspruch** **87** in Höhe von 14 % der Eckvergütung für schuldlos mittellose U-Gefangene (vgl. § 25 Abs. 7 UVollzG Bln ua (nur Kann-Vorschrift Mecklenburg-Vorpommern); § 25 Abs. 6 S. 4 SächsUVollzG; § 68 Abs. 3 BbgJVollzG; § 65 Abs. 3, 4 JVollzGB LSA; nur Kann-Vorschrift § 13 Abs. 5 S. 2 UVollzG NRW: „in Ausnahmefällen"; nur darlehensweise SchlHUVollzG § 25 Abs. 7; verneint gem. § 161 Abs. 1 S. 4 JVollzG Nds, §§ 35 ff., 69 JVollzGB BW II, § 21 HessUVollzG, Art. 33 Abs. 4 BayUVollzG (jeweils Umkehrschluss)), dh wenn ihnen weder Arbeit noch die Teilnahme an einer Beschäftigungsmaßnahme angeboten werden kann und – vom U-Gefangenen darzulegende – „Bedürftigkeit" (§ 25 Abs. 7 S. 1, 2 UVollzG Bln ua) vorliegt. Zwar ist ein vergleichbarer Anspruch (auch) gegen den Träger der Sozialhilfe (vgl. dazu SG Düsseldorf StraFo 2008, 527; SG Köln StV 2016, 822; vgl. auch *Hammel* ZJJ 2015, 155) geregelt, der aber wegen der oftmals insoweit eher kurzen Dauer des U-Vollzuges (nach Begr. RefE BbgUVollzG, 26 auch dann, wenn er sich „über Monate"erstreckt) bei unzumutbar langwierigem Schriftwechsel weithin nicht erreichbar ist. – Wegen der Höhe des Taschengeldes (vgl. auch → § 92 Rn. 124) können sich Einwände gem. der Unschuldsvermutung ergeben.

IX. Sicherheit und Ordnung

88   Es gilt der **Verhältnismäßigkeitsgrundsatz** (vgl. § 42 UVollzG Bln ua, § 43 Abs. 2 JVollzGB BW II; Art. 42 S. 2 iVm Art. 3 Abs. 4 BayUVollzG – entspr. § 81 Abs. 2 StVollzG).

1. Kontrollbereiche

88a   a) **Einzelne Regelungen.** Die Landesgesetze sehen (unbeschadet spezieller Verhaltenspflichten) allg. Verhaltensregeln (nach vormaliger Begr. RefE NRW, 132: „allg. Gehorsamspflicht") vor, so insb. das Verbot, das geordnete Zusammenleben in der Anstalt zu stören (vgl. § 43 Abs. 1 S. 1 UVollzG Bln ua, Art. 42 S. 1 BayUVollzG iVm Art. 88 Abs. 1 S. 2 BayStVollzG). – Auch ist ausdrücklich bestimmt, dass U-Gefangene **Anordnungen** der **Bediensteten** auch dann zu befolgen haben, wenn sie sich durch diese „beschwert fühlen" (§ 43 Abs. 2 S. 1 UVollzG Bln ua, § 44 Abs. 2 S. 1 JVollzGB BW II; Art. 42 S. 1 BayUVollzG iVm Art. 88 Abs. 2 S. 1 BayStVollzG; vgl. auch § 26 Abs. 3 S. 1 UVollzG NRW); dies betreffe nur rechtmäßige Anordnungen (vormalige Begr. RefE UVollzG NRW, 132), aber unabhängig davon, ob die Betroffenen mit diesen einverstanden sind (vgl. Begr. RefE Bbg., 36). Diese Regelung könnte deshalb nicht konfliktfrei sein, weil U-Gefangene als unschuldig gelten (vgl. Art. 6 Abs. 2 EMRK) und ohne den Anschein zu behandeln sind, sie seien strafrechtlich Verurteilte (§ 4 Abs. 1 S. 2 UVollzG Bln ua, § 1 Abs. 1 UVollzG NRW).

88b   Ferner sind eine Sorgfalts- und Reinigungspflicht des U-Gefangenen hinsichtlich der Haft räume und der von der Anstalt überlassenen Sachen sowie eine Pflicht vorgegeben, bestimmte Umstände zu melden (vgl. § 43 Abs. 3, 4 UVollzG Bln ua, § 44 Abs. 3, 4 JVollzGB BW II; Art. 42 S. 1 BayUVollzG iVm Art. 88 Abs. 3, 4 BayStVollzG).

89   In mehreren Ländern ist die Beobachtung des Gebäudes und des Geländes der Anstalt durch **Videokameras** unter der Voraussetzung zulässig, dass dies für die Sicherheit und Ordnung der Anstalt erforderlich ist und die Beobachtung durch Videotechnik zuvor erkennbar gemacht worden ist (vgl. § 46 Abs. 1, 2 UVollzG Bln ua (Berlin §§ 65, 18 Abs. 3 JVollzDSG Bln; §§ 22, 23 JVollzDSG SH; § 102 Abs. 2 HmbUVollzG im Einzelfall auch durch „versteckt angebrachte" Einrichtungen; nicht Saarland); § 27 S. 1 UVollzG NRW iVm § 66 StVollzG NRW; § 54 Abs. 6 S. 1 HessUVollzG; vgl. aber auch § 23 JVollzGB BW I (hier ohne Erkennbarmachung)). Hiernach dürfen ggf. auch Gemeinschaftsräume und Flure videoüberwacht werden. Die Videoüberwachung wird nicht deshalb unzulässig, weil Dritte (zB Bedienstete, Verteidiger, Besucher, Passanten) „unvermeidbar" betroffen werden können (vgl. § 46 Abs. 2 S. 2 UVollzG Bln ua (§ 102 Abs. 4 HmbUVollzG; vgl. auch §§ 65, 19 JVollzDSG Bln); § 32 Abs. 3 S. 1 JVollzGB BW I), jedoch bleibt eine Aufzeichnung hinsichtlich Besuchen unzulässig (vgl. § 46 Abs. 2 S. 3 SächsUVollzG).

89a   Die Videoüberwachung von **Haft räumen** ist ausgeschlossen (§ 46 Abs. 1 S. 2 UVollzG Bln ua; Berlin §§ 65, 21 JVollzDSG Bln; einschr. § 32 Abs. 1

S. 1 JVollzG BW I; bei „Beobachtung" § 24 Abs. 2–5 JVollzDSG SH).
Besonders gesicherte Hafträume hingegen dürfen (nur) gem. speziellerer
Vorschriften videoüberwacht werden (vgl. § 49 Abs. 2 Nr. 2 UVollzG Bln
(Berlin aber §§ 65, 21 Abs. 2, 23 Abs. 2 JVollzDSG Bln; Hamburg § 54
Abs. 2 Nr. 2 HmbUVollzG; Schleswig-Holstein § 49 Abs. 2 Nr. 5 SchlHU-
VollzG); § 28 UVollzG NRW iVm § 69 Abs. 4 StVollzG NRW (nach S. 3
im Ausnahmefall zusätzlich akustische Überwachung, abw. von dem ver-
fassungsrechtlichen Verbot einer Totalüberwachung), § 32 Abs. 1 S. 2, 3
JVollzGB BW I – Videoüberwachung bzw. Haftraum nicht genannt in
Mecklenburg-Vorpommern, Rheinland-Pfalz, Saarland bzw. Mecklenburg-
Vorpommern, Sachsen, anders aber Art. 27 BayUVollzG iVm Art. 96 Abs. 2
Nr. 2 BayStVollzG, § 35 Abs. 2 Nr. 2 HessUVollzG). Jedoch bestehen hier-
gegen Bedenken wegen des besonderen Eingriffs in den Kernbereich des
Grundrechtsschutzes (vgl. auch → Rn. 94), sodass zumindest Voraussetzun-
gen entsprechend der § 100c StPO nebst Verfahrensvorschriften erfüllt sein
müssten (vgl. aber §§ 65, 23 Abs. 3–5 JVollzDSG Bln).

b) Durchsuchung; erkennungsdienstliche Maßnahmen. aa) Durch- 90
suchung. Die Anstaltsleitung ist zur Durchsuchung, dh zum Suchen nach
Sachen oder Spuren (in oder unter der Kleidung sowie auf der Körperober-
fläche und in Körperhöhlen und Körperöffnungen, die ohne Eingriff mit
medizinischen Hilfsmitteln wahrzunehmen sind) ermächtigt. Ferner ist sie
zum *Absuchen* mit technischen Mitteln (zB Detektorrahmen, Handdetektor-
sonde) befugt, wobei es sich um eine allg. Überwachungsmaßnahme ohne
Eingriff in den Intimbereich handelt, die daher auch von Bediensteten des
jeweils anderen Geschlechts vorgenommen werden darf (vgl. Umkehrschluss
aus § 44 Abs. 1 S. 2 UVollzG Bln ua; § 46 Abs. 1 S. 2 Hs. 2 JVollzGB BW
II).

Im Übrigen ist (nur) bei Gefahr im Verzug oder auf Anordnung der 90a
Anstaltsleitung im Einzelfall (einschr. Hmb. § 50 Abs. 2 S. 1: konkrete
Anhaltspunkte) eine mit einer *Entkleidung* verbundene körperliche Durchsuchung zulässig (vgl. etwa § 44 Abs. 2 UVollzG Bln ua; § 46 Abs. 2
JVollzGB BW II; Art. 42 S. 1 BayUVollzG iVm Art. 91 Abs. 2 BayStVollzG)
– zwar entsprechend § 84 Abs. 2 StVollzG (vgl. dazu BVerfG, 2. K. des 2. S.,
NJW 2015, 3158: bereits Entkleidung unter „expliziter visueller Kontrolle
des Körpers" stellt eine Durchsuchung iSd Vorschrift dar, ohnehin zumindest dann, wenn die Genitalien entblößt werden müssen (betr. allg. StVollz)),
jedoch im Hinblick auf die Unschuldsvermutung nicht unbedenklich. Zumindest wird hier eine Dokumentationspflicht zu Anlass, Art und Umfang
der Maßnahme bestehen, um eine gerichtliche Überprüfung zu ermöglichen. – Wesentlich gewichtiger sind die Bedenken ggü. der Kann-Vorschrift
zu allg. Anordnung betr. Aufnahme sowie Kontakte mit Besuchern
(→ Rn. 57w; vgl. auch BVerfG StV 2009, 253).

bb) Erkennungsdienstliche Maßnahmen. Als erkennungsdienstliche 91
Maßnahmen zwecks Sicherung des Vollzugs, insb. der Erleichterung der
Fahndung und des Wiederergreifens flüchtiger oder sich sonst ohne Erlaubnis außerhalb der Anstalt aufhaltender U-Gefangener, der Aufrechterhaltung
der Sicherheit und Ordnung der Anstalt oder der Identitätsfeststellung sind
unter bestimmten Voraussetzungen die Erhebung und Speicherung von
Daten gestattet, und zwar überwiegend auch mittels elektronischer Erfassung
biometrischer Merkmale (vgl. etwa § 45 Abs. 1 UVollzG Bln ua, speziell

Nr. 4 (Berlin §§ 65, 17 Abs. 1 Nr. 5 JVollzDSG Bln; § 51 Abs. 1 Nr. 2 HmbUVollzG, § 27 UVollzG NRW iVm § 68 StVollzG NRW; § 31 Abs. 1 S. 2 Nr. 5 JVollzGB BW I; Art. 42 S. 1 BayUVollzG iVm Art. 93 Abs. 1 BayStVollzG). Hiergegen könnten sich deshalb Bedenken ergeben, weil die erkennungsdienstliche Behandlung bundesgesetzlich (Art. 74 Abs. 1 GG) abschließend geregelt ist (§§ 81b, 81a, 163b StPO) und im Übrigen soweit schon aufgrund § 114d StPO ein Bedürfnis im Allg. nicht besteht.

91a Zudem ist die vorgesehene Übermittlung solcher Daten an die Polizei (vgl. § 45 Abs. 2 S. 2 UVollzG Bln ua (Berlin aber §§ 65, 17 Abs. 4 JVollzDSG Bln; § 51 Abs. 2 S. 2 HmbUVollzG, § 34 Abs. 2 S. 2 JVollzGB BW I; Art. 42 S. 1 BayUVollzG iVm Art. 93 Abs. 2 S. 2 BayStVollzG; § 27 UVollzG NRW iVm § 68 Abs. 3 S. 2, 3 StVollzG NRW) über die Befugnisse des § 114e StPO bzw. der §§ 485, 486 StPO hinaus und ohne hinreichende Regelung hinsichtlich Grund und Notwendigkeit unzulässig, und im Übrigen ist sie zumindest insoweit mit der Unschuldsvermutung nicht vereinbar. – Die praktische Relevanz dieser Regelung besteht vor allem in Anstalten mit vergleichsweise hohen Belegungs- und Fluktuationszahlen. Die Daten dürfen auch zur Verhinderung oder Verfolgung von Straftaten bzw. gar von Ordnungswidrigkeiten, durch welche die Sicherheit oder Ordnung der Anstalt gefährdet wird, genutzt und verarbeitet werden (vgl. §§ 45 Abs. 2 S. 3, 89 Abs. 2 Nr. 4 UVollzG Bln ua (enger Berlin §§ 65, 17 Abs. 4 JVollzDSG Bln; §§ 51 Abs. 2 S. 3, 103 Abs. 2 Nr. 4 HmbUVollzG, Art. 42 S. 1 BayUVollzG iVm Art. 197 Abs. 2 Nr. 4 BayStVollzG, teilweise anders § 27 UVollzG NRW iVm §§ 68 Abs. 3 S. 1, 109 Abs. 2 Nr. 4 StVollzG NRW).

92 Die besondere Sensibilität dieser Daten verlangt bei Entlassung eine unverzügliche **Löschung** (so grds. §§ 65, 17 Abs. 5 JVollzDSG Bln; § 45 Abs. 3 S. 1 SUVollzG; einschr. § 27 UVollzG NRW iVm § 68 Abs. 4 StVollzG), zumindest aber erscheint die in § 45 Abs. 3 S. 1 UVollzG Bln ua (außer Saarland und §§ 65, 17 Abs. 5 JVollzDSG Bln) vorgesehene Frist („spätestens nach drei Monaten"), die ohne Begründung der Erforderlichkeit geblieben ist, als unverhältnismäßig (vgl. auch Art. 41 Nr. 3 BayUVollzG: ein Monat).

92a Weiterhin sind die Voraussetzungen geregelt, unter denen Betroffene nach ihrer Entlassung die unverzügliche **Vernichtung** der sie betreffenden erkennungsdienstlichen Unterlagen verlangen können (vgl. § 45 Abs. 4 S. 1 UVollzG Bln ua (für Berlin anders §§ 65, 17 Abs. 5 JVollzDSG Bln; § 51 Abs. 4 S. 1 HmbUVollzG, § 27 UVollzG NRW iVm § 68 Abs. 4 S. 1 StVollzG NRW: mit Ausnahme der Lichtbilder und der Beschreibung körperlicher Merkmale). Über dieses Recht ist der U-Gefangene sowohl bei der erkennungsdienstlichen Behandlung als auch bei der Entlassung „aufzuklären" (§ 45 Abs. 4 S. 2 UVollzG Bln, § 27 UVollzG NRW iVm § 68 Abs. 4 S. 2 StVollzG NRW). – Soweit der Gesetzgeber die Vernichtung von Amts wegen (vgl. als Muss-Vorschrift § 45 Abs. 4 SächsUVollzG) mit der – schwerlich überzeugenden – Begründung versagt hat, die Anstalt habe vom Ausgang des Verfahrens regelmäßig keine Kenntnis (vgl. Begr. RefE BbgU-VollzG, 38), ließe sich dem durch die Festlegung einer Mitteilungspflicht begegnen.

93 **cc) Urinproben.** Die Anstaltsleitung ist im Speziellen befugt, zur Aufrechterhaltung der Sicherheit oder Ordnung der Anstalt geeignete Maßnahmen ohne körperlichen Eingriff zur **Feststellung** von **Suchtmittel-**

missbrauch (vor allem Urinproben) anzuordnen (vgl. § 47 Abs. 1 UVollzG Bln, § 27 UVollzG NRW iVm § 65 Abs. 1 StVollzG NRW, § 46 Abs. 4 S. 1, 2 JVollzGB BW II; Art. 27 BayUVollzG (Verweisung); §§ 46 Abs. 4, 32 Abs. 2 S. 1 HessUVollzG; vgl. aber → § 92 Rn. 130a), und zwar unabhängig von der Möglichkeit, Drogentests aus medizinischen Gründen anzuordnen (vgl. § 20 Abs. 1 S. 2 UVollzG Bln ua). Wird Suchtmittelmissbrauch festgestellt, wird davon ausgegangen, die Kosten der Maßnahmen dürften (im Sinne eines öffentlich-rechtlichen Erstattungsanspruchs) dem U-Gefangenen auferlegt werden (§ 47 Abs. 2 UVollzG Bln, § 47 Abs. 3 SächsUVollzG, § 27 UVollzG NRW iVm § 65 Abs. 2 StVollzG NRW, Art. 27 BayUVollzG (Verweisung); näher auch § 32 Abs. 4 HessUVollzG (eingef. durch Gesetz v. 30.11.2015); vgl. aber zum Ganzen auch → § 92 Rn. 130b).

c) Besondere Sicherungsmaßnahmen. Diese sind gem. § 49 UVollzG **94** Bln, § 47 JVollzGB BW II, Art. 27 BayUVollzG (Verweisung) geregelt, wobei hier betr. die sog. äußere Sicherheit der Anstalt aus Gründen der inhaltlichen Abgrenzung statt „Fluchtgefahr" (vgl. § 112 Abs. 2 Nr. 2 StPO) der Begriff „Gefahr der Entweichung" eingesetzt ist. Im Einzelnen bestehen Bedenken ggü. der Beobachtung des U-Gefangenen (in einem Haftraum) auch mittels Videoüberwachung (§ 54 Abs. 2 Nr. 2 HmbUVollzG; nicht § 47 Abs. 2 S. 1 Nr. 2 UVollzG Bln), abw. von § 88 Abs. 2 Nr. 2 StVollzG – außer Kraft gesetzt in Thüringen durch Art. 2 § 2 des (inzwischen gleichfalls außer Kraft gesetzten) Gesetzes v. 8.7.2009 (GVBl. 553 (573)), vgl. sodann § 89 Abs. 2 Nr. 2 iVm § 1 ThürJVollzGB) wegen der Gefahr der Dauerüberwachung iSe Totalausforschung (vgl. auch schon BGH NJW 1998, 3286; vgl. aber → Rn. 89). Ansonsten dürfen ggü. jungen U-Gefangenen der Entzug (nach § 49 Abs. 2 S. 3 SächsUVollzG (GVBl. 2013, 250) unzulässig) oder die Beschränkung des Aufenthalts im Freien, die als erhöht erzieherisch abträglich beurteilt werden (vgl. ergänzend → § 92 Rn. 133a), nicht (vgl. § 74 Abs. 2 SächsUVollzG) oder nur eingeschränkt angeordnet werden (§ 74 iVm § 49 Abs. 3 UVollzG Bln; vgl. aber § 69 Abs. 1 iVm § 47 Abs. 2 Nr. 4 JVollzGB BW II; Art. 27 BayUVollzG (Verweisung)).

Bei Anordnung besonderer Sicherungsmaßnahmen hat die Anstalt be- **95** stimmte **Verfahrensvorschriften** einzuhalten (vgl. § 52 UVollzG Bln, § 50 Abs. 1 JVollzGB BW II (entspr. § 91 StVollzG)). Die Entscheidung über die Anordnung ist indes, abgesehen von der Mitteilung an den Betroffenen (§ 52 Abs. 3 UVollzG Bln ua), auch zur Ermöglichung gerichtlicher Überprüfung, mit Gründen zu dokumentieren. Im Übrigen besteht betr. jeweils bestimmte Maßnahmen eine Mitteilungspflicht ggü. der Aufsichtsbehörde bzw. – wegen der etwaigen Bedeutung für das JStrafverfahren – auch ggü. Gericht und Staatsanwaltschaft (vgl. § 52 Abs. 5 UVollzG Bln ua), wenn sie länger als drei Tage anhalten (vgl. speziell → Rn. 96). Zudem werden aus Gründen des jugendstrafrechtlichen Schutzprinzips und ohnehin der Fürsorgepflicht besondere Sicherungsmaßnahmen unverzüglich der **Verteidigung mitzuteilen** sein (besonders betr. Maßnahmen gem. § 49 Abs. 2 Nr. 2, 5 und 6 UVollzG Bln ua), wenngleich dies im Gesetz nur teilweise (vgl. § 52 Abs. 5 SächsUVollzG (beschränkt auf § 49 Abs. 2 Nr. 5 und 6): Muss-Vorschrift) ausdrücklich festgelegt ist. – Die bei bestimmten Maßnahmen angezeigte **ärztliche Überwachung** ist näher geregelt (vgl. § 53 UVollzG Bln ua, § 50 Abs. 2 JVollzGB BW II (entspr. § 92 StVollzG); Art. 27 BayUVollzG (Verweisung), speziell Art. 39 BayUVollzG).

96   **Absonderung** (iSv Einzelhaft) als dauernde vollständige Isolierung von allen Mitgefangenen während des gesamten Tagesablaufs (Arbeits-, Freizeit- und Ruhezeit) über 24 Stunden hinaus steht unter der − wegen der Unschuldsvermutung besonders sorgfältig zu prüfenden − Voraussetzung ihrer Unerlässlichkeit. Überschreitet sie mehr als eine Woche (§ 78 JVollzGB BW II) oder gar einen Monat Gesamtdauer im (Kalender-)Jahr (vgl. § 52 Abs. 5 S. 2 SächsUVollzG: jeweils mehr als 20 Tage Gesamtdauer innerhalb von 12 Monaten; § 50 UVollzG Bln ua (§ 54 Abs. 3 HmbUVollzG; Saarland zwei Monate; Art. 27 BayUVollzG iVm Artr 97 Abs. 2 BayStVollzG: drei Monate); § 35 Abs. 8 S. 3 HessUVollzG: mehr als 30 Tage Dauer oder drei Monate innerhalb 12 Monaten), darf sie nur mit Zustimmung der Aufsichtsbehörde vollzogen werden. Der Anstalt obliegt ggü. Gericht und Staatsanwaltschaft eine Mitteilungspflicht, da die Maßnahme für das JStrafverfahren bedeutsam sein kann. Zum anderen veranlasst die Fürsorgepflicht eine Betreuung während des Vollzugs. Demgegenüber bedürfte es einer originären gerichtlichen Anordnungzuständigkeit (Art. 104 Abs. 2 GG), da § 119 Abs. 1 S. 4 (bzw. Abs. 4 S. 4) hierzu nicht genügt.

96a   Im Falle der Unterbringung in einem **besonders gesicherten** Haftraum ohne gefährdende Gegenstände (zum Vorenthalten von Kleidung wegen angeblicher Suizidgefahr EGMR NJW 2012, 2173: Verstoß gegen Art. 3 EMRK (ggf. Zurverfügungstellung „reißfester" Kleidung, → Rn. 56); BVerfG, 2. K. des 2. S., NJW 2015, 2100 (zum allg. StVollz, mit zust. Bspr. *Muckel* JA 2015, 794): Vorenthalten auch von „Papierbekleidung" nebst Videoüberwachung Verstoß gegen Art. 2 Abs. 1 iVm Art. 1 Abs. 1 GG; Fesselung auf Fixierliege § 35 Abs. 8 S. 2 HessUVollzG: „Sitzwache") hat die Mitteilung an das Gericht und die Staatsanwaltschaft unverzüglich zu geschehen, wenn die Maßnahme mehr als drei Tage anhält (§§ 49 Abs. 2 Nr. 5 und 6, 52 Abs. 5 UVollzG Bln ua, § 36 Abs. 6 S. 1, 2 HessUVollG), gem. § 50 Abs. 5 S. 2 UVollzG Bln im Falle der Fixierung nach Ablauf von 24 Stunden. Diese (bisherigen) Maßgaben sind nach BVerfG NJW 2018, 2619 verfassungswidrig. Bei Fesselungs- und Fixierungsmaßnahmen, die freiheitsentziehende Wirkungen haben, bedarf es einer richterlichen Anordnung oder (in Eilfällen) einer richterlichen Genehmigung (zur Zuständigkeit s. → § 93 Rn. 1 ff.).

96b   Im Einzelnen ist bei etwa als unumgänglich beurteilter *Fesselung* (zB anlässlich einer Ausführung; vgl. aber auch → § 92 Rn. 133; krit. betr. HV wegen Fehlens einer „eingriffsspezifischen" gesetzlichen Regelung *Esser* GS Weßlau, 2016, 97 ff.) eine möglichst wenig diskriminierende Art anzuwenden (vgl. etwa § 28 UVollzG NRW iVm § 69 Abs. 2 Nr. 6, Abs. 7 StVollzG NRW; § 51 UVollzG Bln ua; Berlin § 49 Abs. 3 S. 1 UVollzG Bln: Betroffene sind zu „schonen"; Art. 27 BayUVollzG (Verweisung)).

2. Unmittelbarer Zwang

97   Die Bestimmungen der UVollzGe der Länder zur Anwendung unmittelbaren Zwangs (vgl. §§ 54 ff. UVollzG Bln ua; §§ 54 ff. JVollzGB BW II; § 29 Abs. 1 UVollzG NRW (Verweis)) entsprechen in unterschiedlichem Ausmaß (vgl. näher etwa § 29 Abs. 2, 3 UVollzG NRW) den §§ 95–100 StVollzG (vgl. näher → § 92 Rn. 135).

a) Schusswaffen. Sie dürfen grundsätzlich innerhalb der Anstalt nicht **97a** gebraucht werden (§ 57 Abs. 1 S. 1 SächsUVollzG; § 74 Abs. 2 BremU-VollzG). Gemäß § 79 JVollzGB BW II ist der Schusswaffengebrauch zur Vermeidung von Flucht oder Entweichung aus Anstalten, in denen „überwiegend Jugendliche" untergebracht sind, unzulässig. Nach § 163 JVollzG Nds ist Schusswaffengebrauch ggü. jungen U-Gefangenen nur zur Abwehr einer von diesen durch Benutzung einer Waffe oder eines anderen gefährlichen Werkzeugs verursachten gegenwärtigen Gefahr für Leib oder Leben zulässig, zudem nur nach wiederholter erfolgloser Aufforderung, den in Rede stehenden Gegenstand abzulegen (ähnlich § 52 HessUVollzG; s. aber Art. 42 S. 1 BayUVollzG (Verweisung)). Gemäß § 59 Abs. 2, 3 UVollzG Bln ua jedoch dürfen Schusswaffen auch ggü. jungen U-Gefangenen eingesetzt werden, um angriffs- oder fluchtunfähig zu machen (§ 82 HmbU-VollzG: nur angriffsunfähig), allerdings ist der Gebrauch grundsätzlich vorher anzudrohen (zB durch Warnschuss), es sei denn, er ist zur Abwehr einer gegenwärtigen Gefahr für Leib oder Leben erforderlich. − Befinden sich junge U-Haftgefangene in JStVollzAnstalten, gelten die Vorschriften der U-Haftgesetze nicht (vgl. § 74 Abs. 3 SächsUVollzG).

b) Remonstrationspflicht. Bzgl. des Handelns auf Anordnung (vgl. **97b** § 57 UVollzG Bln ua, § 29 Abs. 2, 3 UVollzG NRW (vgl. Art. 17 Dienst-RÄndG v. 21.4.2009, GV 224) sehen die Landesgesetze eine (eher entspr. dem Polizeirecht) nur eingeschränkte Remonstrationspflicht vor bzw. sie haben nur in engen Grenzen festgelegt, wann eine Pflicht entfällt. Insbes. sind nicht Fälle einbezogen, in denen die Anordnung aus anderen Gründen rechtswidrig ist (dazu schon *Eisenberg* ZRP 1987, 241 mN).

3. (Erzieherische) Disziplinarmaßnahmen

a) Voraussetzungen. Es muss ein **rechtswidriges** und **schuldhaftes** **98** **Verhalten** vorliegen. Die Maßnahmen gelten als zur Aufrechterhaltung der Sicherheit und des geordneten Zusammenlebens in der Anstalt erforderlich − eine Voraussetzung, die bei der Sanktionierung eines Verstoßes gegen verfahrenssichernde Anordnungen nicht ohne weiteres erfüllt ist (dazu etwa *Firchau,* Das fachgerichtliche Rechtsbehelfssystem der U-Haft sowie die Regelung des Vollzugs, 2013, 238 ff., 275 ff.; vgl. aber § 60 Abs. 1 Nr. 2 UVollzG Bln ua, Art. 40 iVm Art. 28 Abs. 1 S. 1, 2 BayUVollzG). Im Allg. wird davon ausgegangen, dass die Unschuldsvermutung kein grundsätzliches Verbot begründet. Zum Wesen dieser Maßnahmen gehört es, dass sie möglichst zeitnah verwandt werden, und die Einleitung eines JStraf- oder Bußgeldverfahrens steht (ua deshalb) nicht entgegen (vgl. § 60 Abs. 3 UVollzG Bln ua, § 62 Abs. 3 JVollzGB BW II; Art. 40 BayUVollzG iVm Art. 156 Abs. 2 BayStVollzG; § 31 Abs. 1 S. 2 UVollzG NRW).

Die Anordnung und der Vollzug einer Disziplinarmaßnahme dürfen die **98a** Durchführung des Ermittlungs- bzw. Strafverfahrens nicht behindern und insb. keine Auswirkungen auf die **Dauer** der U-Haft haben, die U-Gefangenen nicht bei der Vorbereitung ihrer **Verteidigung** beeinträchtigen oder das Verfahren behindern (vgl. § 61 Abs. 4 S. 2 UVollzG Bln ua, § 62 Abs. 4 S. 1 JVollzGB BW II). Daher ist die Anordnung dem Gericht, der Staatsanwaltschaft und der Verteidigung unverzüglich **mitzuteilen** (§ 61 Abs. 7 UVollzG Bln).

98b   Als Vorstufe sind *erzieherische Maßnahmen* genannt (vgl. § 75 Abs. 1, 4 UVollzG Bln ua, § 75 Abs. 1–3 SächsUVollzG, § 80 Abs. 1 JVollzGB BW II, § 164 Abs. 1 iVm § 130 Abs. 1 JVollzG Nds; ähnlich § 31 Abs. 2, 3 UVollzG NRW), und zwar im Sinne möglichst zeitnaher Reaktion (zum Zusammenhang zwischen Verfehlung und Maßnahme § 75 Abs. 3 UVollzG Bln ua (Soll-Vorschrift)). Diese Regelungen gelten als ein Verstoß gegen das Verbot der Schlechterstellung im Vergleich zum U-Vollzug nach allg. StVR und zudem als einwandbehaftet darin, dass weder eine vorherige Erörterung noch eine Mitwirkung vorausgesetzt sind, dass inhaltlich eine Nähe zu Disziplinarmaßnahmen besteht (vgl. etwa § 75 Abs. 1 S. 3 SächsUVollzG) und dass es für (Handlungsan-)Weisungen an einer Rechtsgrundlage fehlt (wenig vertieft RegE Bln UVollzG (Drs. 16/2491), 110: der Vollzug darf „Entwicklungsschädigungen nicht zulassen").

99   **b) Verstöße als Anlass.** In § 60 UVollzG Bln ua werden die Verstöße **abschließend** genannt, die eine Disziplinarmaßnahme nach sich ziehen können, sofern sie *verhältnismäßig* ist und also eine Verwarnung als nicht genügend zu beurteilen ist (§ 60 Abs. 2 UVollzG Bln ua). Darunter soll § 60 Abs. 1 Nr. 4 UVollzG Bln ua auch Fälle umfassen, in denen U-Gefangene das Anstaltsgelände verschmutzen, indem sie Lebensmittel oder andere Gegenstände aus Haftraumfenstern werfen und damit die Ordnung der Anstalt stören (vgl. Begr. RefE BbgUVollzG, 42 sowie RegE UVollzG Bln (Drs. 16/2491), 94). Die Sanktionierung des Entweichens und des Versuchs des Entweichens (Nr. 7; § 59 Abs. 1 Nr. 6 SächsUVollzG) begegnet Bedenken (vgl. auch → § 92 Rn. 138), zumal eine strafrechtliche Ahndung von Gesetzes wegen nicht zulässig ist (für Streichung *Ostendorf/Rose* SchlHA 2009, 308).

100   **c) Art der Disziplinarmaßnahmen.** Der Arrest ist, sofern überhaupt noch zulässig (nicht zB gem. § 59 Abs. 2 SächsUVollzG), nur unter erhöhten Voraussetzungen erlaubt – gegen junge U-Gefangene nur bis zu einer Dauer von zwei Wochen (vgl. § 75 Abs. 5 S. 2 iVm § 61 UVollzG Bln ua, Art. 40 BayUVollzG iVm 156 Abs. 3 Nr. 7 BayStVollzG; § 39 UVollzG NRW iVm § 54 Abs. 3 JStVollzG NRW; § 40 Abs. 2 Nr. 8 HessUVollzG) und erzieherisch auszugestalten (§ 164 Abs. 3 S. 2 JVollzG Nds; § 80 Abs. 2 Nr. 7 JVollzGB BW II). Zwischen den sonstigen Maßnahmen besteht keine Rangfolge. Gegenüber der Anordnung (insb. von Arrest) ohne gerichtliche Entscheidung ergeben sich Bedenken im Hinblick auf die Unschuldsvermutung. – Gemäß allg. jstr Grundsätzen ist bei mehreren Anlässen zu Disziplinarmaßnahmen eine einheitliche Anordnung zu treffen (vgl. aber § 59 Abs. 5 SächsUVollzG: können verbunden werden).

100a   Im Unterschied zur Regelung in der UVollzO ist in mehreren Landesgesetzen (vgl. aber § 39 UVollzG NRW iVm § 54 Abs. 3 JStVollzG NRW) die Beschränkung oder der Entzug des Lesestoffs und der verlängerten Haftraumbeleuchtung ebenso entfallen wie die Beschränkung von Außenkontakten (vgl. § 61 UVollzG Bln ua) – vielmehr sind solche Kontakte, sofern sie nicht aus verfahrenssichernden Gründen eingeschränkt sind, gem. dem Zweck der Aufrechterhaltung sozialer Bindungen zu fördern (vgl. auch → Rn. 54). Jedoch tangiert die Möglichkeit des gleichzeitigen Entzugs von Rundfunk *und* Fernsehen das Grundrecht auf Informationsfreiheit (zumal soweit Tageszeitungen nicht zur Verfügung stehen oder zB eine Leseschwäche vorliegt), sodass allenfalls ein knapp befristeter Zeitraum vertretbar ist (vgl. indes zB Art. 40 BayUVollzG iVm Art. 156 Abs. 3 Nr. 2 BayStVollzG: bis zu drei Monaten). Betreffend „Annehmlichkeiten" (vgl. §§ 75 Abs. 5, 19 UVollzG Bln ua) ist als zusätzliche Sanktionsart die Beschränkung oder der Entzug bis zur Dauer von zwei Monaten vorgesehen.

Nach § 75 Abs. 5 UVollzG Bln ua darf gegen **junge U-Gefangene** als **100b** Disziplinarmaßnahme die zugewiesene Arbeit oder Beschäftigung nicht entzogen werden (anders etwa Art. 40 BayUVollzG iVm Art. 156 Abs. 3 Nr. 5 BayStVollzG: bis zu vier Wochen). – Bei der **Auswahl** der Disziplinarmaßnahmen sind Grund und Zweck sowie die psychischen Auswirkungen der U-Haft und des Strafverfahrens auf die U-Gefangenen zu berücksichtigen.

d) Disziplinarverfahren. Bevor es zu einer Anordnung von Sanktionen **101** kommt, sind – jenseits erzieherischer Maßnahmen (vgl. → Rn. 98b) – Möglichkeiten der Abwendung durch einvernehmliche Beilegung zu bemühen (vgl. § 63 Abs. 2 SächsUVollzG: sollen). Mehrere Verfehlungen werden in einem Verfahren und einer Entscheidung zusammengefasst (§ 63 Abs. 3 SächsUVollzG).

Die Regelungen zur Disziplinarbefugnis und zum Disziplinarverfahren **101a** (speziell zum Verteidiger vgl. → § 92 Rn. 142; zur Geltung der Unschuldsvermutung auch in diesem Verfahren LG Bremen Strafo 2013, 21 (zum allg. StR); zur Selbstbelastungsfreiheit (§ 136 Abs. 1 S. 2 StPO) im Disziplinarverfahren LG Detmold StRR 2017 Nr. 9, 16 f.: wegen Nichtbelehrung Verwertungverbot der VollzBeamtin als Zeugin im Strafverfahren) entsprechen denjenigen zum JStrafvollzug (vgl. §§ 63 und 64 UVollzG Bln ua (§§ 67, 83 Abs. 2 HmbUVollzG, Sachsen §§ 62, 63 SächsUVollzG); §§ 65, 66 JVollzGB BW II bzw. §§ 105–107 StVollzG). Hiergegen bestehen Bedenken wiederum wegen der Unschuldsvermutung, die – entgegen den Landesgesetzen – eine gerichtliche Anordnung, zumindest aber Zustimmung vor Vollstr verlangt (eher verfehlt Begr. RegE UVollzG Bln (Drs. 16/ 2491), 109: „auch im Strafvollzug"). – Der Betroffene hat das Recht, sich vor der Entscheidung mit einem Verteidiger zu beraten und sich dessen Beistand bei der Anhörung zu bedienen (vgl., jeweils zum allg. StR, OLG Nürnberg StraFo 2011, 367 (betr. Strafhaft) = StV 2012, 169; aA (betr. U-Haft) OLG Bamberg NStZ-RR 2015, 93). Die Entscheidung ist den Betroffenen mitzuteilen (vgl. zu gerichtlichen Entscheidungen § 2 Abs. 2, § 35 Abs. 2 StPO, idR durch Aushändigung eines Entscheidungsabdrucks, BVerfG, 2. K. des 2. S., NStZ 2008, 292 Rn. 33 (zum allg. StR)), und zwar unverzüglich auch dem Verteidiger (§ 63 Abs. 7 SächsUVollzG).

Disziplinarmaßnahmen werden idR sofort **vollstreckt,** jedoch kann die **102** Vollstr „zur Gewährung eines effektiven Rechtsschutzes" (Soll-Vorschrift, § 61 Abs. 1 S. 2 SächsUVollzG) ganz oder teilweise ausgesetzt bzw. bis zu sechs Monaten (Art. 40 BayUVollzG iVm Art. 156 Abs. 4 BayStVollzG: drei Monate) zur Bewährung ausgesetzt werden (§ 62 Abs. 1, 2 UVollzG Bln ua, § 64 Abs. 2 JVollzGB BW II). – Grund für die Unterbrechung oder das Unterbleiben des Vollzugs eines angeordneten **Arrests** kann auch die Gefährdung des Fortgangs des JStrafverfahrens sein (vgl. § 64 Abs. 5 S. 3 UVollzG Bln ua (§ 69 Abs. 2 HmbUVollzG)).

Vorbehaltlich besonderer Anordnung ruhen während des Arrestvollzuges **102a** verschiedene Befugnisse, wobei zwischen mehreren Landesgesetzen Unterschiede bestehen. Nach § 62 Abs. 3 S. 3 UVollzG Bln ua sind es die Befugnisse zur Ausstattung des Haftraums mit eigenen Sachen, zum Tragen eigener

Kleidung, zum Einkauf und Bezug durch Versandhandel, zur Verschaffung von „Annehmlichkeiten", zur Teilnahme an Arbeit und Bildung sowie an Freizeit- und Sportangeboten, zum Zeitungsbezug sowie zum Rundfunkempfang (ähnlich § 64 Abs. 5 S. 3 JVollzGB BW II; teilweise anders § 39 UVollzG NRW iVm § 54 Abs. 3 JStVollzG NRW bzw. Art. 40 BayUVollzG iVm Art. 156 Abs. 4 iVm Art. 111 Abs. 5 S. 3 BayStVollzG). Demgegenüber bestehen zumindest betr. das Informationsrecht sowie das Tragen eigener Kleidung Bedenken.

X. Datenschutz

1. Allgemeines

103 **a) Allgemeines.** Hinsichtlich der Regelung zum Datenschutz eröffnet § 3 S. 1 JVollzDSG iSe Generalklausel die Anwendung des DSG Bln (ähnlich Schleswig-Holstein, Gesetz v. 21.7.2016 (GVOBl. 618), während andere der auf einen gemeinsamen Entwurf zurückgehenden (→ Rn. 6) Landesgesetze nur betr. bestimmte Sachverhalte auf das jeweilige **LDSG** verweisen (vgl. etwa § 121 BbgJVollzG; § 97 BremUVollzG, § 97 UVollzG M-V, § 97 SUVollzG sowie §§ 119 ff. iVm § 1 ThürJVollzG). Im Übrigen lehnen sich die meisten der Landesgesetze an die Vorschriften zum (J)Strafvollzug an (vgl. etwa §§ 88–96 UVollzG Bln ua (JVollzDSG Bln, §§ 101–111 HmbU-VollzG; Art. 41 BayUVollzG; im Verbund §§ 27 ff. JVollzGB BW I; näher → § 92 Rn. 143). Speziell hinsichtlich der Frage einer Offenbarungspflicht (so § 92 Abs. 2 S. 2–4 UVollzG Bln ua (Berlin §§ 65, 52 JVollzDSG Bln); § 53 Abs. 1 UVollzG NRW iVm § 112 Abs. 2 S. 2 StVollzG NRW; § 57 Abs. 2 S. 2 HessVollzG) oder aber -befugnis von *Ärzten, Psychologen* und *Sozialarbeitern* bestehen auch hier (vgl. → § 92 Rn. 143) unterschiedliche Regelungen. – Gemäß den Grundsätzen des § 67 sind *Personensorgeberechtigte* jugendlichen U-Gefangenen gleichgestellt, jedoch unter Vorbehalten (§§ 65, 70 Abs. 3–5, 7 JVollzDSG Bln; vgl. aber auch § 42 Abs. 2 JVollzGB BW I).

103a Datenschutzrechtlich nicht unumstritten ist es, Anstalt und *Aufsichtsbehörde* in einheitlicher Weise die Erhebung bzw. die Verarbeitung und Nutzung personenbezogener Daten zu gestatten (so §§ 88 Abs. 1, 89 Abs. 1 UVollzG Bln ua (Berlin §§ 65, 52, 53 JVollzDSG Bln: „Anstaltsleitung"; nicht Hamburg); zutr. § 53 Abs. 1 UVollzG NRW iVm §§ 108 ff. StVollzG NRW: die Vollzugsbehörde; ebenso § 101 HmbUVollzG), da die Aufsichtsbehörde keine unmittelbaren Aufgaben des Vollzugs wahrnimmt und für sie deshalb insoweit keine oder zumindest nur weniger Daten erforderlich sind. Der Einwand gilt auch insoweit, als eine Speicherung, Verarbeitung und Nutzung von Daten grundsätzlich nur bei der erhebenden Stelle zulässig ist. – Was die Zulässigkeit der Datenerhebung ohne Zustimmung *bei Dritten* angeht (§ 88 Abs. 2 S. 2 Nr. 2 UVollzG Bln ua (Berlin §§ 65, 15 JVollzDSG Bln; anders § 101 Abs. 2 S. 2 HmbUVollzG: Verweis auf das LDSG); § 31 Abs. 3 S. 3 JVollzGB BW I), so wäre es – ein Interesse des Betroffenen an Vertraulichkeit und Geheimhaltung unterstellt – stimmig, wenn die Anstalt ihrerseits das Ausmaß ihres Interesses konkret darlegen müsste.

104 **b) Zentrale Vollzugsdatei.** Zumindest im Bereich der U-Haft bestehen **Bedenken** ggü. der Einrichtung einer solchen landesweiten Datei (§ 90 Abs. 1 UVollzG Bln ua (anders Berlin §§ 65, 48 JVollzDSG Bln, § 104

Abs. 1 HmbUVollzG; § 53 Abs. 1 UVollzG NRW iVm § 110 StVollzG NRW), da eine *Erforderlichkeit* nicht nachgewiesen ist, eine unzulässige *Total-überwachung* (vgl. nur BVerfG NJW 2002, 283) begünstigt wird und erhöhte Missbrauchsgefahren nahe liegend sind. Ohnehin als einwandbehaftet stellt sich ein *anlassunabhängiges* automatisiertes Übermittlungsverfahren (ausdrücklich genannt in § 90 Abs. 2 S. 2 UVollzG Bln ua (Mecklenburg-Vorpommern § 90 Abs. 1 S. 2 UVollzG M-V, Hamburg § 104 Abs. 2 S. 2 HmbUVollzG), nicht JVollzDSG Bln, Bremen § 90 Abs. 2 S. 2 BremU-VollzG) dar, da ein solcher Eingriff in das informationelle Selbstbestimmungsrecht näherer Rechtfertigung bedarf. Dies gilt erhöht deshalb, weil der Kreis der Empfänger vergleichsweise weit und zudem unbestimmt ist.

2. Besonderheiten

a) Schutzwürdige Interessen. Aufgrund der Unschuldsvermutung steht **105** zum einen die *Übermittlung* personenbezogener Daten an zuständige öffentliche Stellen unter dem Vorbehalt der „Erkennbarkeit" eines schutzwürdigen Interesses des Betroffenen an dem Ausschluss der Übermittlung (§ 89 Abs. 4 S. 3 UVollzG Bln ua (Berlin §§ 65, 67 Abs. 1 S. 1 JVollzDSG Bln), § 88 Nr. 1 SächsUVollzG). Zum anderen sind Auskünfte über die Vermögensverhältnisse des betroffenen U-Gefangenen zur Durchsetzung von Ansprüchen iZm dem Tatvorwurf untersagt (anders als im JStrafvollzug, vgl. nur § 89 Abs. 5 S. 1 UVollzG Bln ua (Berlin §§ 65, 67 Abs. 1 S. 2 UVollzG Bln und – speziell betr. mutmaßlich Verletzte – § 71 JVollzDSG Bln), näher § 88 Nr. 2 SächsUVollzG; abw. aber § 41 Abs. 2 JVollzGB BW I). – Eine Datenverwendung zum Zwecke wissenschaftlicher Forschung setzt die Einwilligung des U-Gefangenen voraus (vgl. jeweils elektronisch gespeicherte personenbezogene Daten einbeziehend § 96 UVollzG Bln ua (Berlin §§ 65, 34 JVollzDSG Bln; Hamburg § 110 HmbUVollzG). Zumindest ist sie bei entgegenstehendem schutzwürdigem Interesse der Betroffenen auszuschließen.

b) Einsicht bzw. Auskunftserteilung. Diesbezüglich können sich betr. **106** Gefangenenpersonalakten und sonstige Unterlagen der Vollzugsbehörde an den **Betroffenen,** sofern diese Datenträger ausnahmsweise Informationen enthalten, die den Zweck der U-Haft gefährden könnten, **Einschränkungen** aufgrund **verfahrenssichernder Zwecke** ergeben (vgl. § 95 Abs. 4 Nr. 5 UVollzG Bln ua (anders Bremen mit Verweis auf LDSG; Berlin §§ 65, 68 Abs. 1, 2 JVollzDSG Bln, jedoch ohne Darlegungspflicht eines berechtigten Interesses, §§ 30, 31); § 109 HmbUVollzG; Schleswig-Holstein § 40 Abs. 5 SchlHJVollzDSG; vgl. auch § 135 Abs. 2 iVm § 1 ThürJVollzGB). **Einwandbehaftet** ist die Regelung, derzufolge Auskunft grundsätzlich Vorrang ggü. dem Akteneinsichtsrecht eingeräumt wird (§ 95 Abs. 8 UVollzG Bln ua (§ 95 Abs. 7 UVollzG M-V; Berlin §§ 65, 28 Abs. 2 JVollzDSG Bln); § 49 Abs. 1 JVollzGB BW I; anders § 135 Abs. 1 iVm § 1 ThürJVollzGB).

Wegen der Regelung, dass der U-Gefangene zwecks Kenntniserlangung **106a** von Akteninhalten entstehende *Dolmetscherkosten* selbst zu tragen hat, sofern sie nicht Belange der Verteidigung im Strafverfahren betreffen (vgl. §§ 65, 28 Abs. 1 S. 2 Nr. 2 bzw. § 68 Abs. 3 JVollzDSG Bln), besteht (zur Vermeidung des darin begründeten Risikos, dass er nicht wissen kann, ob die zweitgenannte Voraussetzung gegeben ist) eine Pflicht zur „Unterstützung bei notwendigen Übersetzungen" (§ 28 Abs. 1 S. 3 JVollzDSG Bln; vgl.

„wesentlich" gem. RL EU v. 20.10.2010 (ABl. 2010 L 280, 1) Art. 3 Abs. 3, 4 nebst Art. 9 Abs. 1).

106b   Soweit gem. § 93 Abs. 2 S. 2 UVollzG Bln ua (Berlin §§ 65, 13 Abs. 2 JVollzDSG Bln), § 53 Abs. 1 UVollzG NRW iVm § 113 Abs. 2 S. 2 StVollzG NRW **Gesundheitsakten** und **Krankenblätter** getrennt von anderen Unterlagen zu führen sind, entspricht dies allg. Datenschutzstandards. Indes wird es das jugendstrafrechtliche Schutzprinzip gebieten, die Regelung auf **andere** besonders sensible **Daten** zu **erstrecken** (zB (entwicklungs-) psychologische Gutachten, angehaltene Briefe, Auflistung von Telefonverbindungsdaten wie auch von etwaigen Brief- und Telefonüberwachungen).

107   **c) Personenbezogene Daten betr. Besuch oder sonstige Kommunikation.** Daten, die bei der Überwachung der Besuche oder des **Schriftwechsels** bzw. des Inhalts von **Sendungen** sowie der **Telekommunikation** bekannt geworden sind, dürfen nur in eng bestimmten Grenzen verwendet werden (vgl. § 89 Abs. 9 Nr. 2–5 bzw. Nr. 1 UVollzG Bln ua (Berlin §§ 65, 69, 49 JVollzDSG Bln; Hamburg § 103 Abs. 9 HmbUVollzG); § 53 Abs. 1 UVollzG NRW iVm § 109 Abs. 10 StVollzG NRW; § 44 JVollzGB BW I). Nicht darunter fallen Zwecke der Behandlung (anders § 44 Abs. 1 letzte Alt. JVollzGB BW I (nach Anhörung)) bzw. – datenschutzrechtlich gewürdigt – erzieherischer Einwirkung (dazu → Rn. 30 ff.).

3. Benachrichtigung

108   **a) Restriktive Ausgestaltung.** Nur eingeschränkt sind *Gründe* geregelt, die es erlauben, (einstweilen) von der Pflicht zur Auskunfterteilung Betroffener über eine Datenerhebung abzusehen, weil ua *unbestimmt* ist, wann eine Gefährdung vorliegt. Zumindest ist von einer Dokumentationspflicht bzgl. der Unterlassung der Auskunfterteilung auszugehen, um eine geeignete gerichtliche Überprüfung der Rechtmäßigkeit zu ermöglichen. Auch wird der Betroffene über das Recht zu dieser Überprüfung in geeigneter Weise (§ 70a Abs. 1 bzw. § 70b Abs. 1 nF) zu belehren sein.

108a   Unzureichend ist die Pflicht zur Benachrichtigung über die Verarbeitung und Nutzung personenbezogener Daten durch *Videoüberwachung* ausgestaltet (vgl. § 46 Abs. 4 UVollzG Bln ua (Berlin §§ 65, 27 JVollzDSG Bln; Bremen; Schleswig-Holstein § 40 Abs. 4 und 5, § 41 (speziell Abs. 1 S. 3) SchlHJVollzDSG; §§ 102 Abs. 7, 101 Abs. 4 HmbUVollzG; nicht Saarland, vgl. → Rn. 89); § 32 Abs. 4 JVollzGB BW I). Soweit die Pflicht entfällt, wenn die Daten innerhalb der Anstalt verbleiben und binnen eines Monats gelöscht werden, ist offen, wie der Betroffene kontrollieren kann, ob gelöscht wurde. Hinsichtlich des Entfallens, wenn die Betroffenen anderweit Kenntnis erlangt haben oder die Unterrichtung einen unverhältnismäßigen Aufwand erfordern würde, fehlt es an einer Bestimmung des Unverhältnismäßigen. Zu vermeiden ist, dass die Betroffenen über das Ausmaß der Verarbeitung und Nutzung ihrer Daten im Unklaren gelassen werden.

109   **b) Antrag des Betroffenen.** Diejenigen **Stellen,** die von der Inhaftierung Kenntnis erhalten haben, sind im Falle einer nicht nur vorläufigen Einstellung des Verfahrens, einer unanfechtbaren Ablehnung der Eröffnung des Hauptverfahrens oder einem rechtskräftigen Freispruch zu benachrichtigen, sofern der Betroffene, der auf dieses Recht **hinzuweisen** ist, es beantragt (vgl. § 89 Abs. 6 UVollzG Bln ua (Berlin §§ 65, 67 Abs. 2

JVollzDSG Bln; Sachsen § 88 Nr. 3 S. 2, 3 SächsUVollzG); § 53 Abs. 3 UVollzG NRW).

4. Löschung

a) **Fristen.** Bzgl. der Löschung bzw. der Übermittlungs- und Nutzungs- **110** befugnis von Daten sind die Fristen (§ 94 Abs. 1 bzw. Abs. 2 UVollzG Bln ua (Hamburg § 108 Abs. 1, 3 HmbUVollzG; außer Berlin § 61 JVollzDSG Bln: spätestens nach fünf Jahren, jedoch zur Sperrung nach spätestens zwei Jahren §§ 65, 62 JVollzDSG Bln); § 48 Abs. 1, 3 JVollzGB BW I; § 61 Abs. 4, 5 S. 1 HessUVollzG; teilweise anders § 53 Abs. 1 UVollzG NRW iVm § 114 Abs. 2–4 StVollzG NRW) gem. der Funktion zur Verfahrenssicherung kaum als noch verhältnismäßig zu erachten), zumal die Daten tendenziell mit zunehmender Dauer unrichtiger werden (vgl. auch zu einer 2-Jahresfrist § 184 StVollzG Abs. 1 S. 1 StVollzG). Die Begründung mit „vermeidbarem Verwaltungsaufwand" bzw. Belangen kriminologischer Forschung (vgl. etwa Mecklenburg-Vorpommern (Drs 5/2764), 109) ist schwerlich tragfähig.

b) **Videoüberwachung.** Soweit in den Landesgesetzen eine Videoüber- **111** wachung zugelassen ist, sind dadurch erhobene und gespeicherte personenbezogene Daten unverzüglich, dh ohne schuldhaftes Zögern zu löschen, wenn schutzwürdige Belange des Betroffenen einer weiteren Speicherung entgegenstehen (vgl. § 94 Abs. 2 S. 2 UVollzG Bln ua (§ 46 Abs. 4 S. 2 SächsUVollzG; nicht, Saarland, vgl. → Rn. 89); § 48 Abs. 2 S. 2 JVollzGB BW I; vgl. auch § 17 Abs. 9 S. 1 UVollzG NRW iVm §§ 20 Abs. 1 S. 2, 66 Abs. 3 StVollzG NRW: Bildaufzeichnungen). Im Übrigen gebietet der Verhältnismäßigkeitsgrundsatz eine vergleichsweise kurz bemessene Löschungsfrist (in mehreren Landesgesetzen sind zwei Wochen bestimmt, vgl. vormals § 95 Abs. 2 S. 1 UVollzG Bln (demgegenüber vier Wochen nach § 48 Abs. 2 S. 1 JVollzGB BW I; ein Monat nach § § 94 Abs. 2 S. 1 Bln ua, außer Berlin; nicht Saarland, vgl. → Rn. 89)), die nur dann nicht eingehalten werden muss, wenn die weitere Speicherung unter engen Voraussetzungen der Erforderlichkeit zu den in § 89 Abs. 2 Nr. 1, 2 oder 4 UVollzG Bln ua (vormals Bln § 90 Abs. 2 Nr. 1, 2 oder 4 UVollzG Bln (anders § 102 Abs. 8 S. 2 HmbUVollzG); § 53 UVollzG NRW iVm § 114 StVollzG NRW) genannten Zwecken als zulässig erachtet wird.

Gemäß **JVollzDSG** Bln sind mittels optischer oder akustischer Vorrich- **111a** tungen erhobene Daten grundsätzlich nach 48 Stunden zu löschen (§§ 65, 23 Abs. 1), wogegen betr. den Kernbereich der privaten Lebensgestaltung restriktivere Regelung bestehen (§§ 65, 23 Abs. 3–5).

XI. Rechtsschutz

1. Allgemeines

Die *Aufhebung* von Maßnahmen bestimmt sich nach allg. Grundsätzen **112** (vgl. §§ 63, 64 SächsUVollzG). Rechtswidrige Maßnahmen können ganz oder teilweise mit Wirkung für die Vergangenheit oder die Zukunft zurückgenommen werden, für rechtmäßige Maßnahmen gilt dies nur unter bestimmten Voraussetzungen (§ 101 Abs. 2, 3 RhPfLJVollzG, § 62 Abs. 2, 3

UVollzG Bln). Hingegen dürfen begünstigende Maßnahmen nur bei Überwiegen der Vollzugsbelange ggü. dem „schutzwürdigen Vertrauen der Betroffenen" (§ 101 Abs. 4 RhPfLJVollzG, § 62 Abs. 3 UVollzG Bln) aufgehoben werden, wovon insb. auszugehen sei, wenn die Aufhebung als zur Gewährleistung der Sicherheit der Anstalt unerlässlich beurteilt wird. − Die Bestimmungen betr. das *Beschwerderecht* (§ 65 UVollzG Bln ua (§ 70 HmbUVollzG), § 41 UVollzG NRW, § 167 Abs. 1 S. 1 JVollzG Nds; § 68 JVollzGB BW II) entsprechen im Wesentlichen § 108 StVollzG.

2. Gerichtliches Verfahren

113   **a) § 2 Abs. 2, § 119a StPO.** Wenngleich die Länder die Befugnis zur Entscheidung über Beschränkungen, die dem U-Gefangenen aus Zwecken der Sicherheit und Ordnung in der VollzAnstalt auferlegt werden können, weithin auf die VollzAnstalt übertragen haben (vgl. → Rn. 10), verlangt Art. 19 Abs. 4 S. 1 GG, dass gegen deren Entscheidung das gerichtliche Verfahren offen steht. Es ist (gem. der Gesetzgebungsbefugnis des Bundes) dergestalt geregelt (§ 2 Abs. 2, § 119a StPO), dass vormalige Bestimmungen über einen Antrag auf gerichtliche Entscheidung (§§ 23, 24 Abs. 1 EGGVG iVm Nr. 75 Abs. 3 UVollzO) oder aber (nach Wegfall der UVollzO) der Zuständigkeit eines Strafsenats des OLG (in dessen Bezirk die Vollzugsbehörde ihren Sitz hat) zur Entscheidung über die Rechtmäßigkeit einer vollzuglichen Anordnung (§ 23 Abs. 1 S. 2 iVm § 25 Abs. 1 EGGVG) zurücktreten. Zur Begründung dieser gesetzgeberischen Änderung wurde ua angeführt, das Verfahren nach den §§ 23 ff. EGGVG sei aufwändig und die Zuständigkeit des OLG stehe oftmals in keinem angemessenen Verhältnis zu der Bedeutung der Sache; beides gelte umso mehr, als − nach landesgesetzlicher Verlagerung der originären Zuständigkeit auf die VollzAnstalten − zukünftig vermutlich erheblich häufiger von diesem Rechtsweg Gebrauch gemacht werde.

114   § 119a StPO **gilt** neben der U-Haft aufgrund eines nach den §§ 112, 112a StPO erlassenen Haftbefehls **auch** für die HV-Haft nach § 127b StPO sowie für die Haft aufgrund von Haftbefehlen nach § 230 Abs. 2 StPO, §§ 236, 329 Abs. 3 StPO und § 412 S. 1 StPO. Für die vorläufige Unterbringung folgt die Anwendbarkeit aus § 126 Abs. 2 S. 1 StPO, für die Sicherungshaft aus § 453c Abs. 2 S. 2 StPO und für die Haft bei erwarteter Unterbringung in der Sicherungsverwahrung aus § 275 Abs. 5 S. 4 StPO.

115   **b) Einzelne Bestimmungen.** Gemäß § 2 Abs. 2, **§ 119a Abs. 1 S. 1 StPO** kann derjenige, der durch behördliche Entscheidungen und sonstige Maßnahmen (Realakte) im U-Vollzug − idR handelt es sich um solche der VollzAnstalt (s. ausdrücklich auch betr. die StA § 167 Abs. 1 S. 1 JVollzG Nds) − **beschwert** ist, einen Antrag auf gerichtliche Entscheidung stellen (systematisch § 119 Abs. 5 StPO vergleichbar). Zulässigkeitsvoraussetzung ist demgemäß eine Beschwer.

115a   Im Übrigen ist ein Antrag nach allg. Grundsätzen nur zulässig, wenn ein **Rechtsschutzbedürfnis** vorliegt. Dieses Erfordernis kann zB dann nicht gegeben sein, wenn die zuständige Stelle über den Antrag schon einmal entschieden hat und weder über den Antrag noch die tatsächlichen Umstände (zu diesen kann auch ein gewisser Zeitablauf gehören) sich als verändert darstellen. Jedoch werden diese Grundsätze betr. **Jugendliche** und **Heran-**

wachsende gem. dem Erziehungsauftrag (§ 2 Abs. 1) nur **weniger restriktiv** gelten dürfen (vgl. auch § 2 Abs. 2). Zumindest ist der Beschwerdeführer
über die Gründe, warum in der Sache nicht entschieden wird, zu unterrichten (vgl. § 42 Abs. 1 S. 3 HessUVollzG). – Soweit sich die außergerichtliche Entscheidung oder Maßnahme entweder bereits vor dem Antrag auf
gerichtliche Entscheidung oder (nach Antragstellung, jedoch) vor der gerichtlichen Entscheidung **erledigt** hat, gelten die allg. Grundsätze des
Rechtsschutzes im Erledigungsfall (vgl. BVerfGE 96, 27). Betreffend Widerruf oder Rücknahme von Maßnahmen finden (subsidiär) die einschlägigen
Vorschriften des VwVfG Anwendung (vgl. § 64 SächsUVollzG).

Für die **gerichtliche Zuständigkeit** sind § 126 Abs. 1 S. 1 StPO, §§ 34 **116**
Abs. 1, 72 Abs. 3 und 6 maßgebend. Diese Regelung hat den Vorteil, dass
dem hiernach zuständigen Gericht der Sachverhalt aus der Ermittlungsakte
bekannt ist, im Unterschied zu einem Gericht am Ort der VollzAnstalt.
Soweit das hiernach zuständige Gericht (eher ausnahmsweise) in einem
anderen Land als dem der VollzAnstalt gelegen ist, muss das Gericht das
Vollzugsrecht eines – ggf. von dem des Landes des zuständigen Gerichts abw.
– anderen Landes anwenden. Für solche Fälle eine Zuständigkeit auch eines
Gerichts des anderen Landes vorzusehen, hat der RegE zwar erwogen (BR-
Drs. 829/08, 45), jedoch ua wegen der Gefahr positiver wie negativer
Kompetenzkonflikte (etwa bei Anlässen sowohl iSd U-Haftrechts als auch
des U-Haftvollzugsrechts) abgelehnt, zumal auch nach § 119 Abs. 3 iVm
Abs. 6 StPO aF die gem. § 126 StPO zuständigen Gerichte sowohl über
Anordnungen aus Zwecken der U-Haft als auch aus solchen der Ordnung in
der VollzAnstalt zu entscheiden hatten.

Gemäß § 72 Abs. 6 ist die **Übertragung** richterlicher Entscheidungen **117**
auf einen anderen Richter zulässig. Dies erscheint insofern als sinnvoll, als es
Beeinträchtigungen des Vollzugsablaufs gibt, die in Zusammenhang damit
stehen, dass für die in einer Anstalt untergebrachten U-Gefangenen häufig
eine größere Zahl von Haftrichtern zuständig ist (vgl. schon *Dallinger/
Lackner* § 93 Rn. 6).

Die vormalige Regelung des § 134 Abs. 1 Nr. 1 JVollzG **Nds** aF, der- **118**
zufolge das AG am Sitz der VollzBehörde auch nach Erhebung der Anklage
bei einem anderen Gericht zuständig blieb (zur Vorlage an das BVerfG im
Hinblick auf § 2 Abs. 2, § 119 StPO aF OLG Oldenburg StV 2008, 195 mit
Bspr. *Seebode* HRRS 2008, 236 ff. (nach BVerfGE 121, 233 = DRiZ 2008,
321 unzulässig, weil ggf. das AG hätte vorlegen müssen)), wurde – unbeschadet mancher praktischer Vorteile – wegen des arbeitsökonomischen
Nachteils, dass dieses Gericht mit dem Stand der Ermittlungen weniger
vertraut ist, mit ÄndG NJVollzG v. 20.2.2009 (Nds. GVBl. 32) aufgegeben
(§ 134a Abs. 1 S. 1 NJVollzG), und zugleich wurde die Möglichkeit der
Übertragung bis zur Anklageerhebung auf die mit den Ermittlungen befasste
Staatsanwaltschaft eingeführt (§ 134 Abs. 3 S. 1 JVollzG Nds). – In „dringenden Fällen" kann die Staatsanwaltschaft oder die VollzBehörde vorläufige
Entscheidungen oder sonstige Maßnahmen treffen (§ 134 Abs. 6 S. 1, 2
JVollzG Nds (idF gem. ÄndG v. 20.2.2009, GBl. 32)), die der „unverzüglichen Genehmigung" der zuständigen Stelle bedürfen. Diese Regelung ist,
unbeschadet eines in bestimmten Fällen bestehenden Bedürfnisses, bezogen
auf Belange der Rechtssicherheit wegen der wenig bestimmten und vergleichsweise offen gehaltenen Fassung nicht bedenkenfrei (vgl. aber → § 72
Rn. 41).

119   **c) Zum Verfahrensablauf.** Aufgrund der Unschuldsvermutung und dem ihr folgenden Grundsatz, dass nur zwingend notwendige Beschränkungen auferlegt werden dürfen, sind gem. § 2 Abs. 2, **§ 119a Abs. 1 S. 2 StPO** während des U-Vollzugs gestellte **Anträge,** über die von der für den Vollzug zuständigen Stelle zu entscheiden ist, innerhalb einer Frist von **drei Wochen** zu bearbeiten (zumal diese Entscheidung die Voraussetzung dafür ist, den Rechtsweg gem. § 2 Abs. 2, § 119a Abs. 1 S. 1 StPO beschreiten zu können), dh die Frist muss deutlich kürzer sein als die für den Strafvollzug vorgesehene von drei Monaten (vgl. § 92 Abs. 6 S. 2, § 113 Abs. 1 StVollzG). Andererseits gilt eine stärkere Verkürzung – etwa um Betroffenen der auf höchstens eine Woche begrenzten Hauptverhandlungshaft (§ 2 Abs. 2, § 127b Abs. 2 StPO) Rechnung zu tragen – als arbeitsökonomisch nicht ohne weiteres vertretbar, wenngleich die in Rede stehenden Entscheidungen meist keine umfangreichen Ermittlungen oder die Einbeziehung anderer Stellen voraussetzen.

120   Gemäß § 2 Abs. 2, § 119a Abs. 2 S. 1 StPO entfaltet der Antrag auf gerichtliche Entscheidung **keine aufschiebende Wirkung** (vgl. entspr. § 29 Abs. 2 EGGVG iVm § 307 Abs. 1 StPO bzw. § 114 Abs. 1 StVollzG). Demgegenüber mag ein nicht unerheblicher Zeitraum vergehen, bis die durch das Gericht zu veranlassende Aufklärung des Sachverhalts und die den Beteiligten zustehende Gewährung der Möglichkeit zur Stellungnahme erledigt sind, ein Zeitraum, während dessen der U-Gefangene ggf. daran gehindert ist, seine Rechte zu verwirklichen (zB wenn der Verhältnismäßigkeitsgrundsatz für ihn streitet, weil Sicherheitsbelange der VollzAnstalt auch durch mildere Maßnahmen gewahrt werden). Daher kann das Gericht eine **vorläufige Anordnung** treffen (§ 2 Abs. 2, § 119a Abs. 2 S. 2 StPO), und zwar sowohl bei einem gegen eine außergerichtliche Entscheidung oder Maßnahme gerichteten Antrag (§ 2 Abs. 2, § 119a Abs. 1 S. 1 StPO) als auch bei einem Vornahmeantrag (§ 2 Abs. 2, § 119a Abs. 1 S. 2 StPO).

121   **d) Beschwerde.** Gegen die gerichtliche Entscheidung ist die **Beschwerde** zulässig (§ 2 Abs. 2, **§ 119a Abs. 3 StPO;** vgl. auch § 116 StVollzG). Für das Beschwerdeverfahren gelten § 2 Abs. 2, §§ 304 ff. StPO.

122   Vor allem dann, wenn eine gerichtliche Entscheidung gem. § 2 Abs. 2, § 119a Abs. 1 StPO eine von der VollzAnstalt als notwendig erachtete Beschränkung für unzulässig erklärt, betrifft dies die Art der Aufgabenerfüllung der **VollzAnstalt** ggf. in erheblichem Ausmaß (vgl. auch *Sengbusch* in BeckOK JGG Rn. 20). Daher stellt das Gesetz klar, dass auch sie (nach § 168 Abs. 1 S. 2 NJVollzG ebenso die StA (eingef. durch ÄndG v. 20.2.2009, GBl. 32)) gem. § 2 Abs. 2, **§ 119a Abs. 3 StPO** – bei der für die vollzugliche Entscheidung oder Maßnahme zuständigen Stelle handelt es sich idR um die VollzAnstalt – gegen die gerichtliche Entscheidung Beschwerde einlegen kann.

Zweiter Abschnitt. Vollzug

Jugendarrest

90 (1) [1]Der Vollzug des Jugendarrestes soll das Ehrgefühl des Jugendlichen wecken und ihm eindringlich zum Bewußtsein bringen, daß er für das von ihm begangene Unrecht einzustehen hat. [2]Der Vollzug des Jugendarrestes soll erzieherisch gestaltet werden. [3]Er soll dem Jugendlichen helfen, die Schwierigkeiten zu bewältigen, die zur Begehung der Straftat beigetragen haben.

(2) [1]Der Jugendarrest wird in Jugendarrestanstalten oder Freizeitarresträumen der Landesjustizverwaltung vollzogen. [2]Vollzugsleiter ist der Jugendrichter am Ort des Vollzugs.

Schrifttum *Arndt,* Kriminologische Untersuchungen zum Jugendarrest, 1970; *Bihs,* Grundlegung, Bestandsaufnahme und pädagogische Weiterentwicklung des Jugendarrests …, 2013 (online abrufbar); *Eisenhardt,* Gutachten über den Jugendarrest, 1989; *Gernbeck,* Stationäres soziales Training im (Warnschuss-)Arrest. Implementation und Evaluation eines Modellprojekts in Baden-Württemberg, 2017; *Klatt/Bliesener,* Evaluierung des Jugendarrestes in Schleswig-Holstein, 2018; *Klatt/Ernst/Höynck ua,* Evaluation des neu eingeführten Jugendarrestes neben zur Bewährung ausgesetzter Jugendstrafe (§ 16a JGG), 2016; *Redmann/Hußmann (Hrsg.),* Soziale Arbeit im Jugendarrest, 2015; *Schneemann,* Beobachtungen zum Jugendarrestvollzug und der Bewährung entlassener Dauerarrestanten, 1970.

Übersicht

	Rn.
I. (Persönlicher) Anwendungsbereich; Ersetzung	1
1. (Persönlicher) Anwendungsbereich	1
2. Ersetzung	2a
II. Grundlagen des JA-Vollzugs	3
1. Entstehungsgeschichte	3
2. Verfassungsrechtliche Vorgaben	4
3. Rechtsgrundlagen	5
4. Organisation (Abs. 2)	6
a) Vollzugsanstalten bzw. -arresträume	6
b) Personal	8
aa) Vollzugsleiter	8
bb) Fachkräfte	9
c) Personen außerhalb der JA-Anstalten	10
5. Zusammensetzung der Insassen	11
a) „Alter, Geeignetheit"	11
b) Verhängung gem. § 16a	12
6. Fragen der „Rückfälligkeit"	13
III. Grundsätze des JA-Vollzugs	14
1. Vollzugsziel	14
a) Gefahr von Widersprüchen	14
b) Zielbestimmungen	15
2. Erzieherische Gestaltung	16
a) Einzelne Ausprägungen	16
b) Einbeziehung auch im Freizeit- oder Kurzarrest	19

I. (Persönlicher) Anwendungsbereich; Ersetzung

1. (Persönlicher) Anwendungsbereich

1   Die Vorschrift findet auch auf **Heranwachsende** Anwendung (§§ 110 Abs. 1, 105 Abs. 1), sofern eine auf JA erkennende Entscheidung vorliegt. Dies gilt auch für die JAVollzGe der Länder (vgl. nur § 52 HmbJAVollzG, § 35 JAVollzG NRW, Art. 1 Abs. 2 RegE BayJAVollzG, § 1 Abs. 2 RefE SächsJAVollzG).

2   Bei **Soldatinnen** und **Soldaten** wird JA auf Ersuchen des Vollstreckungsleiters durch Einrichtungen der Bundeswehr vollzogen (Art. 5 Abs. 2 EGWStG; vgl. auch → § 112c Rn. 4, 5).

2. Ersetzung

Mehrere Landesgesetze zum JAVollzug (vgl. → Rn. 5) erklären § 90 als 2a ersetzt (§ 55 HmbJAVollzG, § 43 Abs. 1 JAVollzG M-V, § 41 Nr. 1 RhPfLJAVollzG, § 55 Abs. 1 SJAVollzG, § 44 Abs. 1 ThürJAVollzG; mit Ausnahme von Abs. 2 S. 2 auch § 44 Abs. 2 HessJAVollzG).

II. Grundlagen des JA-Vollzugs

1. Entstehungsgeschichte

Entsprechend der Einführung des JA als jstr Rechtsfolge (→ § 13 Rn. 3–6, 3 → § 16 Rn. 3) wurde im Jahre 1943 die JAVollzO als eine Rechtsverordnung geschaffen und im Jahre 1966 beibehalten (BGBl. I 505), in der Folgezeit allerdings erheblich umgestaltet (s. Anh. 5; näher bis 19. Aufl.). Mehrere Landesgesetze zum JAVollzug (vgl. → Rn. 5) erklären die JAVollzO als ersetzt (§ 55 HmbJAVollzG, § 43 JAVollzG M-V, § 41 Nr. 2 RhPfLJAVollzG, § 53 Abs. 2 SJAVollzG, § 44 HessJAVollzG wie RegE Thüringen), jeweils mit Ausnahme von § 17 Abs. 4, § 25 Abs. 1, 3, 4 (Mecklenburg-Vorpommern, Hessen und RegE Thüringen zudem von § 5 Abs. 3).

2. Verfassungsrechtliche Vorgaben

Das BVerfG hat mit Entscheidungen aus den Jahren 1972 (BVerfGE 33, 4 1 ff.) und 2006 (BVerfGE 116, 69) deutlich gemacht, dass die JAVollzO den Vorgaben des GG nicht (mehr) entspricht. Zugleich hat es eine gesetzliche Legitimation der freiheitsentziehenden Grundrechtseingriffe auch gegenüber Jugendlichen – wie sie durch den JAVollzug geschehen – verlangt (*Gernbeck,* Stationäres soziales Training (…), 2017, 112).

3. Rechtsgrundlagen

Der Vollzug des JA hat bzw. hatte (vgl. → Rn. 3f) als Rechtsgrundlage 5 iRd § 90 die JAVollzO. Geltende Landesgesetze sind das JAVollzG NRW v. 13.5.2013 (GV 201, geänd. durch Art. 5 des Gesetzes v. 7.4.2017, GV 511), das BbgJAVollzG v. 10.7.2014 (GVBl. I 14/Nr. 34), das BWJArrG v. 25.11.2014 (GBl. 582), das SchlHJAVollzG v. 2.12.2014 (GVBl. 356; vgl. auch *Goerdeler* FS 2013, 231 ff.), das HmbJAVollzG v. 29.12.2014 (GVBl. 2014, 542), das HessJAVollzG v. 27.5.2015 (GVBl. 2015, 223), das NdsJA-VollzG v. 17.2.2016 (GVBl. 2016, 38, geändert durch Gesetz v. 15.6.2017 (GVBl. 172, ber. 319)), das RhPfLJAVollzG v. 6.10.2015 (GVBl. 354), das (saarländische) SJAVollzG v. 20.1.2016 (ABl. I 132), das JAVollzG M-V v. 27.5.2016 (GVOBl. 302), das BayJAVollzG v. 26.6.2018 (GVBl. 438), Thür-JAVollzG v. 19.3.2019 (GVBl. 9) und SächsJAVollzG v. 5.3.2019 (GVBl. 158). Für Sachsen-Anhalt liegt ein RegE vom 21.1.2019 vor. In Berlin wird JA in einer gemeinsam mit Brandenburg betriebenen Einrichtung auf Grundlage des BbgJAVollzG vollzogen (vgl. dazu *Pervelz* in DVJJ 2019, 245 ff.). Bremen hat kein JAVollzG, da es keine JAVollz-Einrichtung unterhält; für Verurteilte gilt (gem. enger Vollzugskooperation mit Niedersachsen) das NdsJAVollzG (für einen Überblick zu bundesweiten Regelungslage vgl. auch *Kaplan* NK 2018, 77 (83 f.); zu einem vormaligen Musterentwurf

(Stand Mai 2014) der Länder Berlin, Bremen, Hessen, Mecklenburg-Vorpommern, Rheinland-Pfalz, Saarland, Sachsen, Sachsen-Anhalt und Thüringen vgl. *Kunze/Decker* FS 2014, 262 ff.; zuvor zu Gesetzesentwürfen vgl. *Kolberg/Wetzels* Praxis der Rechtspsychologie 2012, 113 (130 ff.)).

4. Organisation (Abs. 2)

6 **a) Vollzugsanstalten bzw. -arresträume.** Die Einrichtung der JA-VollzAnstalten und der Freizeitarresträume – letztere dienen auch dem Vollzug von Kurzarrest bis zu zwei Tagen, ermöglichen jedoch nur eingeschränkt erzieherische Hilfen – obliegt den **Landesjustizverwaltungen** (Abs. 2 **S. 1**). Der JA-Vollzug darf nicht in Straf- oder U-Haftanstalten, auch nicht in Teilbereichen dieser Anstalten, stattfinden (§ 39 Abs. 1 BbgJAVollzG: „in einer selbstständigen Anstalt"; § 32 Abs. 1 BWJArrG: vom Strafvollzug und sonstigen Haftarten „getrennt", ebenso Art. 27 Abs. 1 S. 1 RegE BayJAVollzG; s. aber § 32 Abs. 1 RegE ThürJAVollzG: in Anstalten der Justizverwaltung; § 1 RefE SächsJAVollzG: den allg. VollzAnstalten „angegliederte Bereiche" (s. auch §§ 21 Abs. 3 S. 3, 54 Abs. 1, 56 Abs. 1), bereits zuvor krit. *Thalmann* FS 2011, 79: mehrere Länder mit einer „Station" für JA „in demselben Gebäude"; speziell betr. die Anstalt in Regis-Breitingen *Fichtner,* nach ZJJ 2009, 160 (vgl. auch schon betr. Leipzig *Kobes/Pohlmann* ZJJ 2003, 374) sowie betr. die Anstalt Hof *Pürner* nach ZJJ 2009, 160: „Knastatmosphäre" bewusst als „pädagogisches Mittel" eingesetzt). – Gemäß § 26 Abs. 1 JAVollzG NRW werden Dauerarrest und Kurzarrest von mehr als zwei Tagen nur in **JA-VollzAnstalten** (gem. § 26 Abs. 3 „soll" die Belegungskapazität nicht unter 10 Plätzen liegen), Freizeitarrest und Kurzarrest von bis zu zwei Tagen aber auch in **Freizeitarresträumen** vollzogen. Ansonsten besteht ein **Trennungsgebot** dahingehend, dass diese VollzEinrichtungen nicht in Anstalten eingerichtet werden dürfen, in denen Straf- oder U-Haft oder Maßregeln der Besserung und Sicherung vollzogen werden (§ 26 Abs. 2 S. 1 JAVollzG NRW). Mehrere Landesgesetze sehen VollzGemeinschaften vor. Jedoch waren rechtstatsächlich seither Ausnahmen zu verzeichnen, wonach JA-VollzAnstalten auch dem Vollzug von U-Haft an Jugendlichen oder Heranwachsenden (nicht aber Erwachsenen) dienen (vgl. vormals § 93 Abs. 1; betr. JA-Anstalten vgl. auch § 23 Abs. 1 JVollzGB BW I e contr; für eine Zusammenstellung der bundesweiten JA-Einrichtungen s. *Kaplan* FS 2018, 313 (313, 318 f.)).

7 Andererseits ist der Vollzug von JA in *Heimen* iSv § 12 Nr. 2, § 34 KJHG *unzulässig,* da die Vollzugsinhalte nicht miteinander vereinbar sind (vgl. aber → Rn. 19). Im Übrigen ist es allerdings gleichermaßen bedenklich, den Vollzug einer Hilfe zur Erziehung nach § 12 Nr. 2 für die Dauer des Vollzugs des JA zu unterbrechen. – Jedoch kann es sich im Einzelfall empfehlen, den zu JA Verurteilten, ohne den Vollzug des JA zu unterbrechen (§ 14 Abs. 4 BbgJAVollzG), in besonderen Erziehungseinrichtungen aufzunehmen (vgl. auch → Rn. 20).

8 **b) Personal. aa) Vollzugsleiter.** Es ist der **JRichter** am **Ort** des **Vollzugs** (Abs. 2 **S. 2**) oder, wenn dort kein JRichter tätig ist oder wenn dort mehrere JRichter tätig sind, derjenige JRichter, den die oberste Behörde der Landesjustizverwaltung dazu bestimmt (vgl. § 29 JAVollzG NRW; § 63 Abs. 2 SchlHJAVollzG, § 41 Abs. 1 BbgJAVollzG (indes gem. Abs. 4 aus-

nahmsweise jeweils mit der Möglichkeit zur Bestimmung eines Beamten, ebenso § 33 Abs. 3 RegE ThürJAVollzG, § 28 Abs. 2 S. 2, 3 RegE BayJA-VollzG; abl. DRiB SchlH, Stellungnahme Nr. 10/2012, 6)). Der JRichter nimmt als Vollzugsleiter Verwaltungsaufgaben wahr; er ist insoweit dem Leiter einer JStVollzAnstalt vergleichbar. Er ist für den gesamten Vollzug verantwortlich (vgl. aber zur Delegierung → Rn. 9; wegen Nachw. zu Fragen einer Privatisierung vgl. → § 89b Rn. 9). – Da dieser JRichter gleichzeitig Vollstreckungsleiter ist (§ 85 Abs. 1), bestimmt er das gesamte Verfahren, das der Durchführung des JA dient.

bb) Fachkräfte. Bereits § 3 Abs. 3 JAVollzO sieht bzw. sah zwar vor, dass 9 das Personal der JA-VollzAnstalten nicht (mehr) nur aus Mitarbeitern des allg. Vollzugsdienstes, sondern ggf. auch aus Psychologen, Sozialpädagogen, Sozialarbeitern, Lehrern und anderen Fachkräften besteht, jedoch scheint dies in der Praxs seither nur eingeschränkt umgesetzt worden zu sein (vgl. *Thalmann* FS 2011, 81; Befragung von *Hinrichs* DVJJ-Journal 1999, 268 f.), obgleich ein nicht unerheblicher Anteil der Insassen auch psychische Belastungen aufweist (zu personellen Defiziten vgl. näher *Köhler/Bauchowitz* ZJJ 2012, 273 ff.). Entsprechendes gilt daher auch für Regelungen, denenzufolge der VollzLeiter bestimmte Aufgaben auf diese Fachkräfte übertragen kann, um sie in eigenverantwortlicher Tätigkeit stärker in Entscheidungsprozesse der Anstalt einzubeziehen. Regelmäßige Besprechungen (vgl. schon § 2 Abs. 3 JA VollzO) sollen den Informationsfluss und die Koordinierung der erzieherischen Tätigkeit fördern. – Was den allg. VollzDienst angeht, so wird berichtet, mitunter fehle es solchen JA-Anstalten, die räumlich an eine JStVollz Einrichtung gekoppelt sind (vgl. → Rn. 6), an „eigenem Personal", und sie seien bei der Zuteilung „auf das Wohlwollen der Mutteranstalt" angewiesen (*Thalmann* FS 2011, 81).

Gemäß § 30 Abs. 1 JAVollzG NRW werden für die JA-VollzEinrichtun- 9a gen Bedienstete „mit der für die Arbeit im JA-Vollzug notwendigen Qualifikation" eingesetzt (vgl. krit. *Bihs,* Grundlegung, Bestandsaufnahme und pädagogische Weiterentwicklung des Jugendarrests ..., 2013, 354 ff.; s. auch § 42 Abs. 1 S. 1 BbgJAVollzG: „müssen für die pädagogische Gestaltung des Arrests geeignet und qualifiziert sein" (n. *Walkenhorst,* Stellungnahme für den Rechtsausschuss v. 1.5.2014, 26: „kurzzeitpädagogisch und jugendpädagogisch"), ebenso § 47 S. 1 HmbJAVollzG), deren Teilnahme an Fortbildungsveranstaltungen „sicherzustellen ist" (s. ergänzend *Kaplan* NK 2018, 77 (86 f.)). – Nach § 32 Abs. 3 S. 3 BWJArrG können „nicht hoheitliche" Aufgaben „privaten Dienstleistern" übertragen werden (zw.).

c) Personen außerhalb der JA-Anstalten. Dem Pflichtenkreis der *JGH* 10 und (im Falle einer Aussetzung der Vollstr der JStrafe zBew) der *BewHilfe* entspricht es, dass die jeweiligen Verantwortungsträger auch während des Arrestvollzugs Verbindung zu dem Insassen halten (vgl. nur BbgJAVollzG zur JGH § 7 Abs. 1 S. 3, zur BewHilfe § 13 Abs. 1). Nicht minder bedeutsam aber, im Einzelfall sogar eher zielführend, sind Formen der Mitwirkung ua *freier Träger* (vgl. etwa §§ 5 Abs. 2 S. 2, 6 S. 2 BbgJAVollzG; vgl. auch § 4 Abs. 3 BWJArrG: die Beteiligung Ehrenamtlicher ist besonders zu fördern).

5. Zusammensetzung der Insassen

11   a) „Alter, Geeignetheit". Wegen der altersmäßigen Zusammensetzung der Insassen und der Häufigkeit der unterschiedlichen Arrestarten wird auf die Erl. zu → § 16 Rn. 7, 11 verwiesen. Rechtstatsächlich ist, relevant ua im Hinblick auf Vollzugsbeeinträchtigungen gerade der Jugendlichen, eine gewisse faktische Dominanz Heranwachsender im Vollzugsalltag zu verzeichnen. – Um die Ziele des JA erreichen zu können, wurde (oder wird) vielfach darauf abgestellt, dass nur sog. „Arrestgeeignete" in die JA-VollzAnstalten gelangen sollten (vgl. vormals statt vieler *Dallinger/Lackner* Rn. 4). Allerdings fragt sich, inwieweit dieses Kriterium der Geeignetheit eher den VollzEinrichtungen und weniger den Erziehungsbedürfnissen der Jugendlichen bzw. Heranwachsenden dient (vgl. → § 16 Rn. 26; krit. schon *Plewig* MschKrim 1980, 20 ff.).

12   b) Verhängung gem. § 16a. Durch Einfügung von § 8 Abs. 2 S. 2 (Gesetz v. 4.9.2012) ist die Notwendigkeit zusätzlicher (vgl. → Rn. 3) Differenzierung entstanden (vgl. → § 11 Rn. 11 ff.), da ein Erziehungsbedürfnis bei Betroffenen eines *Kopplungs-JA* im Vergleich zu den gem. § 13 Abs. 1, 2 Nr. 3 zu JA Verurteilten im Allg. ausgeprägter, hingegen im Vergleich insb. zu denjenigen Insassen des JA-Vollzugs, bei denen eine Restaussetzung der Vollstr einer JStrafe zBew vorausgegangen ist, im Allg. weniger ausgeprägt ist (vgl. näher → § 16 Rn. 23 ff.). Daher wird der Vollzug eines Kopplungs-JA voraussetzen, dass für die davon Betroffenen anhand erzieherischer Konzepte (zu einzelnen Maßnahmen etwa *Endres/Breuer* ZJJ 2014, 127 ff.; zur Einbeziehung in Programme Sozialen Trainings einschr. *Höffler/Gernbeck* in Neubacher/Bögelein, Krise – Kriminalität – Kriminologie, 2016, 169 ff.) bauliche oder zumindest räumliche und ohnehin personelle Vorkehrungen getroffen werden (vgl. auch Begr. RegE v. 24.4.2012 (BT-Drs. 17/ 9389), 34). – Nach mehreren Landesverbänden sind bei Verhängung unter den Voraussetzungen des § 16a Abs. 1 Nr. 2 bzw. Nr. 3 Kontakte zu Personen des „sozialen Umfeldes nur zulässig, wenn schädliche Einflüsse nicht zu befürchten sind" (vgl. § 13 Abs. 2 bzw. Abs. 3 BbgJAVollzG, zu Nr. 2 ebenso § 40 Abs. 3 RhPflJAVollzG sowie § 52 Abs. 3 SJAVollzG, § 43 Abs. 3 RegE ThürJAVollzG, § 40 Abs. 2 und 3 RefE SächsJAVollzG; ähnlich § 42 Abs. 3 HessJAVollzG; § 40 Abs. 3 JAVollzG M-V) bzw. es hat eine auf „die individuelle Problematik besonders zugeschnittene pädagogische Einwirkung auf die Arrestierten" zu geschehen (weniger differenziert § 29 Abs. 1 BWJArrG BW, § 2 Abs. 2 HmbJAVollzG; § 12 NdsJAVollzG). Ein Schlussbericht soll erstellt werden (Art. 37 Abs. 2 S. 2 RegE BayJAVollzG).

6. Fragen der „Rückfälligkeit"

13   Wegen Untersuchungsergebnissen zur Frage der „Rückfälligkeit" nach Entlassung wird auf die Erl. zu → § 16 Rn. 17 f. verwiesen.

III. Grundsätze des JA-Vollzugs

1. Vollzugsziel

a) Gefahr von Widersprüchen. Das VollzZiel auch des JA untersteht 14
vorrangig demjenigen des § 2 Abs. **1,** und demgemäß ist jedwede Beeinträchtigung, wenn sie denn unvermeidbar ist, so gering wie möglich zu
halten (vgl. nur § 4 NdsJAVollzG). Das zB in § 1 Abs. **1** S. **2** JAVollzG NRW
nachrangig erklärte VollzZiel entspricht inhaltlich teilweise den Voraussetzungen für die gerichtliche Anordnung von Zuchtmitteln (§ 13; dazu krit.
→ § 13 Rn. 4, 5), dh es richtet sich zentral auf die Förderung von Selbstwertempfinden und sozialer Verantwortung (krit. zu überhöhten Verbalisie-
rungen *Goeckenjan* Rechtsausschuss NRW (Drs. 16/746) v. 21.2.2012, 5 =
ZJJ 2013, 67 ff.); krit. zum Begriff „Ehrgefühl" (Abs. 1 S. 1 Hs. 1) *Frehsee*
DVJJ 1990, 320). Bei solchen Postulaten wird allerdings das Ausmaß der
nicht geplanten Delikte (vgl. dazu *Eisenberg/Kölbel* Kriminologie § 59
Rn. 4) ebenso verkannt wie die entwicklungsbedingt weit größere Bedeutung des Zeitablaufs bei Jugendlichen und auch Heranwachsenden im Vergleich zum Altersstadium zB des JStaatsanwalts und des JRichters. Zudem
wird der Erziehungsauftrag (§ 2 Abs. 1) insofern missachtet, als (erhöht bei
Dauerarrest) **zusätzlich belastende** Wirkungen verursacht werden (vgl.
näher *Eisenhardt,* Gutachten über den Jugendarrest, 1989, 137 ff., 141).

b) Zielbestimmungen. Nach § 1 Abs. 1 S. 1 JAVollzG NRW dient der 15
JA-Vollzug dazu, Insassen „zu befähigen, künftig eigenverantwortlich und
ohne weitere Straftaten zu leben", wozu neben der Vermittlung der Pflicht
zur Verantwortung (S. 2) auch gehören „soll", dabei zu „helfen, die Schwierigkeiten zu bewältigen, die zu der Begehung der Straftat beigetragen haben"
(S. 3; vgl. neutraler § 2 SchlHJAVollzG). § 2 BbgJAVollzG (teilweise ähnlich
§ 3 Abs. 1 HessJAVollzG) zielt darauf ab, den Insassen das „begangene
Unrecht und ihre Verantwortung hierfür bewusst zu machen und ihnen
Hilfen für eine Lebensführung ohne Straftaten aufzuzeigen und zu vermitteln" (krit. *Walkenhorst,* Stellungnahme für den RAusschuss v. 1.5.2014, 8:
„rückwärtsgerichtet" (ausgeprägt § 2 Abs. 1 S. 1 RefE SächsJAVollzG); vgl.
aber § 2 RegE ThürJAVollzG: ihnen „die Potentiale" aufzeigen). Strikt
zukunftsorientiert verhält sich § 2 NdsJAVollzG, dh es wird hier auf einen
Bezug auf vorausgegangenes deliktisches Unrecht verzichtet (so aber dann in
§ 6 Abs. 1 S. 2 NdsJAVollzG).

2. Erzieherische Gestaltung

a) Einzelne Ausprägungen. Nach empirischem Kenntnisstand ist an- 16
zunehmen, dass − von Ausnahmen abgesehen − weniger eine mit dem
Erziehungsauftrag (§ 2 Abs. 1) im Allg. nicht zu vereinbarende Isolierung
und eher eine Interaktion zu anhaltender, als **positiv** beurteilter **erzieheri-**
scher Beeinflussung geeignet ist (vgl. etwa § 4 Abs. 1 SchlHJAVollzG: „Die
Selbstachtung der Jugendlichen … und Kompetenzen, die vor erneuter
Straffälligkeit schützen, sind zu fördern" (abw. Änderungsantrag CDU-Frak-
tion aaO unter Überfrachtung mit Belangen Geschädigter bzw. „mitbetrof-
fener Dritter", Abs. 3); zu Lernchancen *Bihs/Walkenhorst* ZJJ 2009, 17 f.;

betr. kurzzeitpädagogische Jugendbildungsarbeit *Bihs/Schneider/Tölle/Zimmermann* RPsych 2015, 303 (307 ff.); *Kaplan/Schneider* ZJJ 2016, 384 ff. (speziell zur Asymmetrie der Machtverteilung; zum Konzept von Unterstützung, Individualität und Klarheit der Angebote *McKendry/Otte* ZJJ 2014, 138 (betr. die Anstalt in Regis-Breitingen); speziell etwa zu „Aufsätze schreiben" *Pürner* nach ZJJ 2009, 160 (betr. die Anstalt in Hof), vgl. aber auch → § 10 Rn. 36; zu kurzzeitpädagogischen Projekten in der Anstalt Halle *Borchert* ZJJ 2016, 291 ff.). Es müsste sich insoweit also um einen tendenziell sozialpädagogisch orientierten JA-Vollzug handeln (für Erwägungen zu diesbzgl. **Mindeststandards** vgl. *Ostendorf* ZRP 2010, 20 (21 f.); *Kaplan* NK 2018, 77 (81 f.); vgl. zur Frage der Belastung durch polizeiliche Zuführung vgl. → § 87 Rn. 12). Mit Blick auf das Umsetzungsniveau ist von beträchtlichen Unterschieden auszugehen (positive Beurteilung für Anstalt Moltsfelde (Schleswig-Holstein) bei *Klatt/Bliesener*, Evaluierung des Jugendarrestes in Schleswig-Holstein, 2018, 41 ff.).

16a So ist bspw. nach § 2 Abs. 3 JAVollzG NRW (lediglich) als Soll-Vorschrift geregelt, die „belastende Wirkung des Freiheitsentzuges zu mildern". Jedenfalls ist „das Recht der Jugendlichen auf Privatsphäre zu wahren", und es sind „Fähigkeiten und Begabungen der Jugendlichen zu wecken und zu fördern" (§ 3 Abs. 2 S. 1 JAVollzG NRW) bzw. zunächst „zu ergründen" und sodann „zu fördern" (§ 4 Abs. 2 SchlHJAVollzG) bzw. „zu stärken" (§ 5 Abs. 2 S. 1 RhPfJAVollzG). Gemäß § 4 Abs. 2 BbgJAVollzG ist der Arrest „auf die Förderung der Arrestierten auszurichten" und sozialpädagogisch auszugestalten. Nach dem BWJArrG (vgl. auch § 3 Abs. 2 S. 1) ist tragendes Element Soziales Training (§ 5 Abs. 1; vgl. krit. etwa → Rn. 44, 45 sowie → § 16 Rn. 3).

17 Ähnlich wie § 18 Abs. 1 S. 3 JAVollzO kann die Teilnahme an gemeinschaftlichen Veranstaltungen bzw. sonstigen *Angeboten* angeordnet werden, jedoch besteht eine Pflicht zur Teilnahme nicht (mehr), wohl aber eine Verpflichtung der VollzEinrichtung, die Insassen anzuleiten, ihre *Freizeit* sinnvoll zu gestalten (§ 7 Abs. 1 S. 1 JAVollzG NRW, § 9 Abs. 1 S. 1 BWJArrG) – wobei der Begriff „sinnvoll" deshalb zu Bedenken Anlass gibt, weil die diesbezügliche Wertung nicht selten je nach Alters- bzw. Entwicklungsstatus unterschiedlich ausfällt. Es bieten sich handwerkliche, kreative und künstlerische Aktivitäten an, nicht zuletzt deswegen, weil sie durch ihre Verläufe den Insassen bislang verborgene, ggf. kurzfristig bzw. gar iSe zufälligen Kontakts erfahrbare eigene Talente und zudem gar bereits erzielbare Erfolgserlebnisse vermitteln könnten (zum Spektrum der Maßnahmen und ihrer Wahrnehmung im NRW-Vollzug s. *Lobitz/Wirth* FS 2018, 326 (328 f.)).

18 Als Muss-Vorschrift bestimmen zB § 4 Abs. 3 RhPfJAVollzG sowie SJAVollzG die Berücksichtigung ua von *Behinderungen* von Insassen und die § 2 Abs. 4 JAVollzG NRW, § 3 Abs. 3 SchlHJAVollzG (vgl. auch § 3 Abs. 4 BWJArrG), dass die *geschlechtsbezogen* unterschiedlichen *Lebenslagen* und *Bedürfnisse* im Vollzug insgesamt „und bei allen Einzelmaßnahmen zu berücksichtigen" sind. – Soweit eine Einbeziehung von Belangen des durch die *Anlasstat Verletzten* (iSv „Unterstützung Hilfsbedürftiger oder Geschädigter") empfohlen und von Insassen die Bereitschaft zur Annahme auch diesbezüglicher Einwirkungen „erwartet" wird (zurückhaltender § 2 Abs. 1 S. 4 HmbJAVollzG: „Perspektive des Opfers" ist „nahe zu bringen" (zu „fördernden Angeboten" § 3 Abs. 2 Nr. 2 und 3 iVm § 4 Abs. 1 S. 1 und 2, zu faktischer Sanktionierungsgefahr zB § 22 Abs. 2 S. 2, Abs. 3 S. 2) bzw. § 4

Abs. 1 S. 2 BbgJAVollzG: Bewusstsein für zugefügte Schäden „soll geweckt werden", ähnlich § 5 Abs. 1 S. 2 RhPflJAVollzG sowie SJAVollzG; § 5 Abs. 2 BWJArrG: „in geeigneten Fällen soll…gefördert werden"), steht solches einer erzieherischen Öffnung des Insassen eher entgegen (krit. auch *Goeckenjan* Rechtsausschuss NRW (Drs. 16/746) v. 21.2.2012, 16, 20 = ZJJ 2013, 67 ff.) sowie zu Art. 3 Abs. 2 S. 5 RegE BayJAVollzG krit. DVJJ-Südbay. v. 6.3.2018: „resozialisierungsfeindliche Elemente"), und Entsprechendes gilt für die Soll-Vorschrift (vgl. § 5 Abs. 5 S. 2 SJAVollzG, § 4 Abs. 5 S. 2 HessJAVollzG, § 5 Abs. 2 S. 2 RegE ThürJAVollzG), Insassen anzuhalten, materielle und immaterielle Wiedergutmachung zu leisten (vgl. näher → § 92 Rn. 23).

b) Einbeziehung auch im Freizeit- oder Kurzarrest. Eine bevorzugte 19 Orientierung der Vollzugsgestaltung zugunsten von Dauerarrest dient primär organisatorischen und fiskalischen Belangen, lässt sich indes wegen der von § 2 Abs. 1 verlangten Orientierung an den jeweiligen Umständen des *einzelnen* Betroffenen mit der Begründung, eine erzieherisch nachhaltige Einwirkung erfordere idR „Zeiträume von mindestens einer Woche" (so Begr. RegE NRW v. 29.8.2012 (Drs. 16/746); krit. *Goeckenjan* Rechtsausschuss NRW (Drs. 16/746) v. 21.2.2012, 5 = ZJJ 2013, 67 ff.), nicht rechtfertigen. Es bestehen keine empirisch verlässlichen Erkenntnisse dafür, ab welchem Zeitraum eine erzieherische Einwirkung möglich sein kann (vgl. auch *Bihs,* Grundlegung, Bestandsaufnahme und pädagogische Weiterentwicklung des Jugendarrests …, 2013, 396: „Kurz- und Freizeitarrestierte müssen zumindest Teile des Kerncurriculums belegen". Zwar ist es tatsächlich kaum vermeidbar, dass bestimmte Maßnahmen aus zeitlichen Gründen den Vollzug von Freizeit- und Kurzarrest nicht betreffen (vgl. etwa § 30 Abs. 1 BWJArrG; § 7 Abs. 3, § 8, § 11 Abs. 1 und 2 HmbJAVollzG (insgesamt eher ausdehnend); § 36 S. 1 JAVollzG NRW) – ob dies allerdings auch für die Muss-Vorschrift ärztlicher Untersuchung anlässlich der Aufnahme (n. dazu → Rn. 25) anzuerkennen ist (§ 36 S. 1 JAVollzG NRW, § 62 Abs. 2 S. 1 NdsJAVollzG; vgl. aber § 8 Abs. 4 S. 2 BbgJAVollzG: „soll" nur bei „ Anhaltspunkten für VollzUntauglichkeit" (vgl. auch § 40 Abs. 2 S. 1 Hess-JAVollzG, § 7 Abs. 4 S. 3 RegE ThürJAVollzG, § 48 Abs. 2 RefE Sächs-JAVollzG), ähnlich § 38 Abs. 2 Nr. 3 RhPflJAVollzG sowie § 50 Abs. 3 S. 3 SJAVollzG und tendenziell ähnlich § 30 Abs. 2 BWJArrG, § 38 Abs. 2 S. 3 JAVollzG M-V; ohne Einschränkung hingegen §§ 11 Abs. 4, 16 S. 1 iVm § 66 SchlHJAVollzG, § 7 Abs. 1 S. 2 iVm § 53 HmbJAVollzG), ist zumindest zweifelhaft. Jedoch liegt gleichsam eine Freistellung der JA-VollzEinrichtung darin, dass auch im Übrigen Vorschriften *nur insoweit* gelten, als die *Dauer* des JAVollzuges die Anwendung *zulässt* (vgl. nur § 53 S. 4 HmbJA-VollzG; § 36 S. 2 JAVollzG NRW). Insgesamt weniger restriktiv verhält sich demgegenüber § 16 S. 1–3 SchlHJAVollzG (wonach die Arrestplanung (§ 12) und der Schlussbericht (§ 15) „in vereinfachter Form" zulässig sind).

3. Zur Rechtsstellung der Insassen

a) Rechte und Pflichten. Die Regelungen ua betr. Aufnahme 20 (→ Rn. 23–26) und Rechtsschutz (→ Rn. 53, 54) einerseits sowie zu Kontroll- (→ Rn. 48–51) und Sanktionierungsbefugnissen (→ Rn. 21) der JA-VollzEinrichtung umgrenzen die Rechte und Pflichten des Insassen. Von der

JA-VollzEinrichtung vorrangig einzuhalten sind die *Schutzbelange* (vgl. ausdrücklich § 3 Abs. 3 S. 3 BWJArrG; § 7 Abs. 3 S. 2 NdsJAVollzG; § 3 Abs. 1 S. 1 RefE SächsJAVollzG; ergänzend → Rn. 16; auch → § 92 Rn. 3b). Diese Verpflichtung des Staates ist umso gewichtiger, als in den JA-VollzEinrichtungen Personen mit untereinander erheblich unterschiedlichen (auch strafrechtlichen) Vorbelastungen (vgl. → § 16 Rn. 23 ff.) zusammentreffen (vgl. → Rn. 3, 11, 12). – Ein Konflikt kann sich insoweit hinsichtlich bestimmter *Meldepflichten* (vgl. § 18 Abs. 4 JAVollzG NRW; wortgleich § 36 Abs. 4 SchlHJAVollzG; vgl. auch § 25 Abs. 4 BbgJAVollzG) ergeben, und zwar aufgrund von Binnennormen der Insassen (vgl. teilweise entspr. → § 92 Rn. 40 ff.).

20a Massive Beeinträchtigungen der Insassen können sich im *Grenzbereich* sog. sozialer (Nicht-)Verträglichkeit ergeben, wobei absondernde Maßnahmen jedoch nur äußerstenfalls vertretbar sind, weil sie ihrerseits stets auch eine „Brandmarkung" (Begr. BT-Drs. 11/5829, 38) darstellen. § 22 Abs. 2 Nr. 3 JAVollzG NRW sieht eine regelmäßig nur kurzzeitige *Absonderung* vor, um eine *Deeskalation* und „Beruhigung aufgeheizter Situationen" (Begr. BT-Drs. 11/5829, 42) zu erreichen. Nach § 27 Abs. 2 Nr. 2 BbgJAVollzG ist dies bis zu 24 Stunden vorgesehen (vgl. zu beschränkenden Maßnahmen § 38 Abs. 3 S. 2 SchlHJAVollzG: maximal zwei Tage; vgl. aber auch § 24 Abs. 3 S. 2 BWJArrG: nach einer Woche bedarf es der Zustimmung der Aufsichtsbehörde). Ist auch durch derartige Eingriffe eine Integration in den JAVollzug nicht möglich, wird die VollzLeitung die Frage der Nichtgeeignetheit der Verhängung von JA prüfen und andere Maßnahmen (etwa nach SGB VIII, zB intensive sozialpädagogische Einzelbetreuung oder Eingliederungshilfe für seelisch behinderte Jugendliche) anregen (vgl. Begr. RegE JAVollzG NRW, 42; § 14 Abs. 1 Nr. 2 BbgJAVollzG (nach Anhörung des Richters, der JA verhängt hat)).

21 **b) Sanktionierende Maßnahmen.** Für die Insassen bestehen sanktionsbewehrte Verhaltenspflichten (vgl. § 18 JAVollzG NRW, § 22 BWJArrG, Art. 22 Abs. 1 S. 2, 3 RegE BayJAVollzG; vgl. auch § 36 SchlHJAVollzG; zu Einwänden etwa → § 92 Rn. 127 entspr.). Zur sanktionierenden Maßnahme kommt es, falls eine „Aufarbeitung" in Gesprächen (vgl. § 31 Abs. 1 BbgJAVollzG, § 40 Abs. 2 HmbJAVollzG, § 20 Abs. 1, 2 JAVollzG NRW) bzw. eine einvernehmliche Streitbeilegung (zB § 32 BbgJAVollzG) nicht gelingt. Diese Maßnahmen umfassen, wenngleich unterschiedlich ausgeprägt, faktisch auch ahndende Auflagen (vgl. nur § 40 Abs. 3 Nr. 1 HmbJAVollzG, also zB Entschuldigung, Schadenswiedergutmachung) und im eher unmittelbar „erzieherischen" Sinne Weisungen, aber auch Beschränkungen (vgl. zum Entzug einzelner Gegenstände, den zeitweiligen *Ausschluss* von gemeinsamer Freizeit bzw. von einzelnen Freizeitveranstaltungen oder von der Gruppenarbeit (§ 22 Abs. 3 Nr. 3 BWJArrG, § 31 Abs. 2 S. 2 BbgJAVollzG, § 40 Abs. 3 Nr. 2, 3 HmbJAVollzG, § 38 Abs. 3 Nr. 2, 4, 7 SchlHJAVollzG, § 31 Abs. 2 S. 2 BbgJAVollzG, § 23 Abs. 2 bzw. Abs. 4 HessJAVollzG, Art. 23 Abs. 2 Nr. 4 RegE BayJAVollzG: Verbleib im Arrestraum). Der Untersuchung von *Klatt/Bliesener* (Evaluation des Jugendarrestes in Schleswig-Holstein, 2018, 81 ff.) ist ein nicht zu vernachlässigender Anteil der Insassen von solchen Konfliktlösungsmaßnahmen betroffen (ca. 10 %).

21a Nach allg. rechtlichen Grundsätzen nicht unbedenklich ist, dass die Maßnahmen (trotz Gestattung von Zwangsmaßnahmen zur Durchsetzung von

„Arrestmaßnahmen", § 44 Abs. 1 SchlHJAVollzG) *ohne förmliches Verfahren* angeordnet werden dürfen (§ 38 Abs. 1 SchlHJAVollzG bezieht sich auf „Ursachen und Auswirkungen", nicht aber auf die Feststellung eines Verstoßes; näher Art. 22 Abs. 3 S. 2, 3 RegE BayJAVollzG: Anhörungs- und Dokumentationspflicht). Immerhin dürfen solche Maßnahmen wegen ihres belastenden Charakters nur von Bediensteten angeordnet werden, die hierzu von der VollzLeitung bestimmt worden sind (§ 31 Abs. 3 BbgJAVollzG, § 40 Abs. 4 HmbJAVollzG, § 38 Abs. 4 SchlHJAVollzG). – Gemäß §§ 51 ff. NdsJAVollzG sind (auch förmlich) *Disziplinarmaßnahmen* vorgesehen (zum Verfahren § 55, zur Nichtvollstreckung § 53 Abs. 2, 3).

c) Verhältnis zur Stellung Personensorgeberechtigter. Wegen möglicher Konflikte zwischen Personenberechtigten und Insassen (vgl. etwa → Rn. 30, 31, 39, 40) wird auf die Erl. zu → § 92 Rn. 31, 46b, 61a, 143 verwiesen. Gemäß § 1 Abs. 2 JAVollzG NRW sind auch die Personensorgeberechtigten, „soweit möglich, in angemessener Weise" in die Bemühungen „einzubeziehen" (eher allg. §§ 2 Abs. 2, 11 Abs. 4 S. 1 BWJArrG). Nach § 8 Abs. 1 SchlHJAVollzG hingegen bestehen ihnen ggü. nur Informationspflichten (gem. Abs. 2 soll die Anstalt aber Kontakt zu ihnen aufnehmen und sie kann sie zu Gesprächen einladen, „wenn dies dem Arrestziel dient", gem. Abs. 3 können sie – ebenso wie „andere Personen" – an der Arrestgestaltung beteiligt werden (dazu, dass dies sehr selten erfolgt, vgl. *Klatt/Bliesener,* Evaluation des Jugendarrestes in Schleswig-Holstein, 2018, 91 ff.). Nach § 5 Abs. 5 BbgJAVollzG sind Personensorgeberechtigte – bei Volljährigen mit ihrem Einverständnis die Eltern – bei der Erörterung von Fördermaßnahmen und Programmen einzubeziehen, „soweit dies möglich" ist und dem Arrestziel „nicht zuwiderläuft" (ähnlich RhPflJAVollzG sowie SJAVollzG, vgl. auch § 5 Abs. 2 HmbJAVollzG: „die Erziehung hierdurch nicht beeinträchtigt wird"), ggf. ist ihnen der Förderplan zK zu geben (§ 10 Abs. 4 S. 4 BbgJAVollzG; zum Schlussbericht vgl. → Rn. 30a). – Zur Erstreckung auf Betreuer ua s. § 7 Abs. 3 RefE SächsJAVollzG. 22

IV. Planung des JA-Vollzugs

1. Aufnahme, Gespräche

a) Aufnahme. Ein Aufnahmeverbot besteht bei Personen, „die über den fünften Monat hinaus *schwanger* sind, vor weniger als drei Monaten entbunden haben oder ihr Kind selbst nähren" (§ 4 Abs. 4 JAVollzG NRW, vgl. schon § 5 Abs. 3 JAVollzO, ergänzend § 6 MutterschutzG; ähnlich § 7 Abs. 6 HmbJAVollzG, § 9 S. 2 SchlHJAVollzG, Art. 6 Abs. 3 S. 2 RegE BayJAVollzG: nach 20. Woche Gravidität). Dies wird ua damit begründet, dass drei Monate nach der Geburt bei einer Höchstdauer des JA Vollzugs von vier Wochen eine Betreuung des Kindes durch weitere Bezugspersonen idR „sichergestellt" werden könne und im Übrigen geeignete Besuchsregelungen getroffen werden könnten (Begr. RegE JAVollzG NRW, 28) – eine Auffassung, die mit den iZm Hafträumen für Elternteil und Kind im JStVollzug geläufigen Argumenten schwerlich vereinbar ist. 23

Das Aufnahme**verfahren** umfasst die Erhebung von Tatsachen betr. den Jugendlichen bzw. Heranwachsenden (§ 7 JAVollzO). Dies ermöglicht eine *Planung* (vgl. § 12 Abs. 2 S. 1 SchlHJAVollzG: „Förderplan") erzieherischer 24

Hilfen, und es soll insb. auch Voraussetzungen für eine notwendige *Nachbetreuung* schaffen. Anlässlich der Aufnahme in den Vollzug haben die „Vollz-Leitung oder von ihr bestimmte Bedienstete alsbald ein Zugangsgespräch" zu führen (§ 4 Abs. 2 S. 1 JAVollzG NRW, § 8 Abs. 1 S. 1 BbgJAVollzG, nach § 13 Abs. 1 S. 1 NdsJAVollzG, § 6 Abs. 1 S. 1 RhPfLJAVollzG, § 7 Abs. 1 S. 1 SJAVollzG: „unverzüglich"; § 7 Abs. 3 HmbJAVollzG: „Perspektivgespräch"; anschaulich aus der Praxis, auch zur Dokumentation, *McKendry/Otte* ZJJ 2014, 138 f.), in dem der Insasse in einer ihm verständlichen Sprache ua über seine Rechte einschließlich solcher des *Rechtsschutzes* und seine Pflichten zu informieren ist. In Ergänzung hierzu ist dem neu aufgenommenen Insassen ein Exemplar der Hausordnung (§ 19 JAVollzG NRW: Hausregeln; § 8 Abs. 1 S. 2 BbgJAVollzG (zur Anregung, diese zwecks Akzeptanz mündlich zu erläutern, *Walkenhorst,* Stellungnahme für den Rechtsausschuss v. 1.5.2014, 26)) auszuhändigen. – *Ausländische* Insassen haben das Recht auf konsularischen Beistand, worüber sie zu belehren sind (vgl. JAGO BW Die Justiz 2016, 307 Nr. 12). Bei Mangel an Deutschkenntnissen ist alsbald für Möglichkeiten der Kommunikation zu sorgen (s. § 5 Abs. 2 S. 1, 2 RefE SächsJAVollzG).

25   Die *eigene Beurteilung* des *Insassen* zum Förderplan wird zu würdigen und, soweit sie dem Arrestziel entspricht, auch zu berücksichtigen sein (Art. 7 S. 2 RegE BayJAVollzG; § 10 Abs. 2 S. 3 BBgJAVollzG: „Vorstellungen … sollen"). Demgegenüber könnte verschiedentlich eine Unterschätzung der *Gefahren verfehlter Erstbeurteilung* darin zum Ausdruck kommen, dass „das Gespräch Aufschluss über die gegenwärtige Situation und persönliche Verfassung der Jugendlichen geben soll" (§ 4 Abs. 2 S. 4 JAVollzG NRW; vgl. gar Begr. 27: „beleuchtet wird"; vgl. sachlich eher angemessen noch § 7 JAVollzO). Entsprechende Bedenken bestehen betr. einen „Überblick", der „im Anschluss an das Zugangsgespräch" zu gewinnen ist (§ 5 S. 1 JAVollzG NRW (nicht anzuwenden bei Freizeit- und Kurzarrest, § 36 S. 1), § 11 Abs. 1 S. 1 BWJArrG), zumal die JHilfe nur einbezogen werden „soll" (§ 5 S. 3 JAVollzG NRW; betr. S. 4 (JGH-Bericht); vgl. zu Gefahren der Fehlinterpretation schriftlicher Unterlagen → § 43 Rn. 19a) und die (sich erzieherisch ggf. gar negativ auswirkende) Rolle der Sorgeberechtigten eher offen ist (vgl. § 5 S. 5 JAVollzG NRW).

25a   Der Zeitpunkt, zu dem der neu aufgenommene Insasse **ärztlich untersucht** werden muss, ist in den Landesgesetzen unterschiedlich umschrieben. So heißt es zB „bei der Aufnahme oder alsbald danach" (§ 14 Abs. 3 S. 1 JAVollzG NRW (vgl. auch Begr. RegE JAVollzG NRW, 43: zumindest aber zeitnah); ähnlich § 10 Abs. 3 S. 1 BWJArrG) oder „unverzüglich" (§ 10 Abs. 3 RefE SächsJAVollzG; ergänzend um „wenn möglich am Tag der Aufnahme" (§ 7 Abs. 1 S. 2 HmbJAVollzG) bzw. nur „alsbald" (§ 13 Abs. 2 S. 2 NdsJAVollzG, § 7 Abs. 4 RhPfLJAVollzG sowie SJAVollzG, § 7 Abs. 4 RegE ThürJAVollzG, Art. 6 Abs. 1 S. 5 RegE BayJAVollzG).

26   **b) Gespräche.** Die Aussprache mit der VollzLeitung wird herkömmlicherweise bereits als Teil der „Erziehungsarbeit" (so schon § 10 Abs. 2 JAVollzO) – neben sozialer Einzelhilfe, Gruppenarbeit und Unterricht durch Fachkräfte – verstanden. Praxisuntersuchungen zeigen, dass bei den (Aufnahme-)Gesprächen die alltagsbezogenen Defizit- und Problemlagen der Jugendlichen nur teilw. zur Sprache kommen (*Klatt/Bliesener,* Evaluation des Jugendarrestes in Schleswig-Holstein, 2018, 45 ff.). Vom zeitlichen Ablauf

her könnte bei gedrängter Aufeinanderfolge eine Überforderung – zumal weniger redegewandter oder gesprächsgeübter Insassen – zu besorgen sein. Solchenfalls kann die Aussprache auch an dem auf die Aufnahme folgenden Tag stattfinden (Begr. RegE-JAVollzG NRW, 29).

2. Vollzug in freien Formen

a) Allgemeines. Der JA-Vollzug „kann auch in freien Formen" statt- 27 finden, aber nur in wenigen Bundesländern (vgl. § 26 Abs. 4 JAVollzG NRW, § 14 BbgJAVollzG, § 61 Abs. 4 SchlHJAVollzG; kritisch daher *Kaplan* NK 2018, 77 (87 f.)). Dem kommt iZm der Einbeziehung ua von JHilfe (einschließlich derjenigen freier Träger), Schule und/oder Berufsberatung bzw. anderen Förderinitiativen sowie ggf. Drogenberatung besondere Bedeutung zu (vgl. auch DVJJ 2015, AK 5). Bislang liegen hierzu keine Evaluationen, aber erste (positive) Erfahrungsberichte vor (vgl. zu einem Dresdener Projekt *Redmann* in Redmann/Hußmann (Hrsg.), Soziale Arbeit im Jugendarrest, 2015, 207 ff.).

b) Erfüllung von Weisungen oder Auflagen. Für den Vollzug wegen 28 **Nichtbefolgungs-Arrest** wird es zulässig und ggf. erzieherisch empfehlenswert sein (vgl. etwa schon *Thalmann* FS 2011, 82 f.; *Schmidt* FS 2011, 90; *Wulf* FS 2011, 106: konsequent), von der JA-Anstalt aus Gelegenheit zur Erfüllung der zugrundeliegenden Rechtsfolge (vgl. § 31 Abs. 2 S. 3 BWJArrG BW, § 34 JAVollzG NRW, § 6 Abs. 1 S. 1 HmbJAVollzG („nach Möglichkeit")) durch Ausgang oder ggf. auch durch Ausführung zu geben (vgl. § 14 Abs. 1 Nr. 1 BbgJAVollzG und § 39 Abs. 1 JAVollzG M-V, § 49 Abs. 1 S. 3, 4 RefE SächsJAVollzG (vgl. auch → § 11 Rn. 18f); AV Berlin v. 9.3.2005, ABl. 980). Dies gilt auch deshalb, weil solchenfalls die Vollstr vorzeitig beendet wird (§ 11 Abs. 3; zur Mitteilungspflicht der Anstalt § 6 Abs. 2 S. 2 HmbJAVollzG, § 39 Abs. 3 RhPflJAVollzG, § 51 Abs. 3 SJA-VollzG). – Nach § 12 Abs. 2 BbgJAVollzG sowie Art. 36 Abs. 1 S. 2 RegE BayJAVollzG „sollen" die Insassen zur Abwendung des weiteren Vollzuges „angehalten und motiviert" werden (vgl. enger § 34 S. 1 und 2 JAVollzG NRW) – gem. § 17 Abs. 1 S. 1, Abs. 2 SchlHJAVollzG „sind" sie „anzuhalten". Entsprechendes gilt für die Nichterfüllung von Anordnungen gem. § 98 Abs. 2 OWiG.

Neben Fällen des Vollzugs eines Nichtbefolgungs-Arrest empfiehlt es sich 28a auch bei **Verurteilung** zu JA und **zusätzlich** erteilten Weisungen oder angeordneten Auflagen, dem Insassen eine solche Gelegenheit zu geben. Ob dies grundsätzlich die Zustimmung des erkennenden Gerichts voraussetzt (vgl. § 6 Abs. 1 S. 2 HmbJAVollzG (Soll-Vorschrift)), ist nicht abschließend geklärt.

3. Speziellere Interventionsbemühungen

Besondere Aufgaben bestehen bei **speziellen Umständen** bzw. Belastun- 29 gen der Insassen. Dies gilt zB iZm **Drogenkonsum** (zur Häufigkeit solchen Konsums vor VollzBeginn vgl. die Befragungsdaten bei *Köhler ua* Praxis der Rechtspsychologie 2012, 96 ff.)). Auch für rechtsextremistisch orientierte und gewaltbereite Insassen bietet sich die Entwicklung spezieller Angebote an (für ein diesbzgl. Aggressionsschwellentraining vgl. *Speer/Menger/Jende* unsere jugend 2012, 242). – Die Berücksichtigung der jeweiligen speziellen

Umstände betrifft ggf. auch Fragen der räumlichen Unterbringung (vgl. ergänzend → Rn. 13).

4. Entlassungsvorbereitung

30 **a) Kontinuität der Fürsorge.** Der JA-Anstalt kommt Verantwortung auch für die Fortführung als erforderlich erachteter Maßnahmen nach Entlassung zu (vgl. nur § 6 S. 1 BbgJAVollzG, § 15 Abs. 3 RefE SächsJAVollzG (betr. JAmt); zu Fragen der Kostentragung des Wohnbedarfs während des Vollzugs LSG LSA ZFSH/SGB 2013, 285; vgl. auch *Hammel* ZJJ 2015, 157 sowie im Übrigen betr. nach dem Vollzug *Hammel* ZJJ 2015, 265 ff.). Dies umfasst ggf. auch den − ebenso aus anderen Gründen in Betracht kommenden − Verbleib bzw. die (freiwillige) Neuaufnahme des Insassen (vgl. § 28 BWJArrG, § 16 Abs. 1 RefE SächsJAVollzG; § 35 Abs. 1 S. 2 BbgJAVollzG: soll eine Woche nicht überschreiten).

30a **b) Schlussbericht.** Gemäß § 24 Abs. 1 JAVollzG NRW hat die Vollz-Leitung zum Ende des Vollzugs von Dauerarrest − nach § 16 S. 2 SchlHJA-VollzG auch von Freizeit- und Kurzarrest, jedoch „kann" dies „in vereinfachter Form" geschehen − einen Schlussbericht abzufassen, der sich an den „Fähigkeit und Entwicklungsmöglichkeiten" des Insassen auszurichten hat und dessen wesentlicher Inhalt mit dem Insassen zu besprechen ist (§ 24 Abs. 1 S. 2, 3 JAVollzG NRW). Bei gem. § 11 Abs. 3 verhängtem Arrest ist auch zur Frage der Befolgung bzw. Erfüllung Stellung zu nehmen (§ 34 Abs. 2 BbgJAVollzG, Art. 36 Abs. 2 RegE BayJAVollzG). − Dem (vormaligen) Insassen und den Personensorgeberechtigten ist eine Abschrift auszuhändigen (§ 24 Abs. 2 S. 2 JAVollzG NRW; nach 15 Abs. 2 S. 2, 3 SchlHJAVollzG (betr. den Insassen nur Soll-Vorschrift), nach § 34 Abs. 4 BbgJAVollzG, § 11 Abs. 3 S. 3 HmbJAVollzG betr. Insassen wie Personensorgeberechtigte „auf Wunsch", vgl. auch § 26 Abs. 2 S. 3 BWJArrG, Art. 25 Abs. 3 S. 3 RegE BayJAVollzG: „auf Verlangen", vorbehaltlich „drohender erzieherischer Nachteile").

V. Unterbringung. Kleidung

1. Unterbringung

31 **a) Einzel- und gemeinschaftliche Unterbringung.** Die Insassen müssen während der **Ruhezeiten/Einschlusszeiten** grundsätzlich **allein untergebracht** sein (§ 12 Abs. 1 JAVollzG NRW, §§ 15 Abs. 1, 40 Abs. 2 BbgJAVollzG, § 19 Abs. 1 S. 1 SchlHJAVollzG, gem. Abs. 2 „höchstens" zu zweit und nur dann, wenn es „zumindest für einen förderlich ist, dem Wohl des anderen nicht entgegensteht" *und* beide zustimmen; nur auf Letzteres abstellend § 12 Abs. 1 BWJArrG; vgl. aber auch § 12 Abs. 1 S. 2 HmbJA-VollzG bzw. § 18 S. 2 NdsJAVollzG, § 9 Abs. 2 S. 2 RegE ThürJAVollzG: „zum Zweck der Resozialisierung" (zw.)). Jedoch gestattet § 12 Abs. 2 JAVollzG NRW (ähnlich § 10 Abs. 1 SJAVollzG, § 9 Abs. 1 RhPfJAVollzG) die „gemeinsame" Unterbringung, wenn ihr „körperlicher oder seelischer Zustand dies erfordert" (vgl. schon § 6 Abs. 1 JAVollzO; vgl. aber → § 92 Rn. 49) *oder,* ohne dass erzieherische Gründe entgegenstehen, sie eine gemeinsame Unterbringung „ausdrücklich wünschen" (vgl. zu Bedenken

→ § 92 Rn. 83 entspr.). In der Praxis ist diese Vorgabe bislang indes „nur in wenigen Anstalten" (*Thalmann* FS 2011, 79) vorbildlich, in anderen nicht oder eher nur eingeschränkt verwirklicht (vgl. zu Mehrfachbelegungen speziell etwa für die JA-Anstalt Leipzig *Kobes/Pohlmann* ZJJ 2003, 374).

Außerhalb der Ruhezeiten/Einschlusszeiten halten sich die Insassen in **32** Gemeinschaft auf (zB bei Beschäftigung oder Veranstaltungen), nach Art. 10 Abs. 1 S. 1 RegE JAVollzG nicht gleich der Aufnahme („innere Reflektion"). − Hinsichtlich der Effizienz der VollzAusgestaltung als intervenierende Variable bestehen diesbezüglich Ungewissheiten. Es wurde zB von einer JA-VollzAnstalt mit Gemeinschaftshaft und vielfältigem Freizeitangebot berichtet, deren Entlassene zu 63,3 % „rückfällig" geworden seien (*Arndt*, Kriminologische Untersuchungen zum Jugendarrest, 1970, 114), während die entsprechende Quote bei zwei JA-VollzAnstalten mit Einzelhaft mit 62,3 % nahezu gleich gewesen sei (*Schneemann*, Beobachtungen zum Jugendarrestvollzug und der Bewährung entlassener Dauerarrestanten, 1970, 60).

In der Regel dürfte es auch vorzugswürdig sein, die sich in ihren Pro- **32a** blemlagen ggf. unterscheidenden Teilgruppen der Urteils−, Ungehorsams- und Kopplungsarrestanten zu **trennen** (→ Rn. 12). In der Vollzugswirklichkeit überwiegt dagegen der Mischvollzug (vgl. *Gernbeck/Höffler/Verrel* NK 2013, 307 (309); *Seidl/Holthusen/Hoops* ZJJ 2013, 292 (294); *Klatt ua,* Evaluation des neu eingeführten Jugendarrestes …, 2016, 160 f.).

Unterscheidung nach dem Geschlecht. Während der Einschlusszeiten **33** besteht eine strikte *Trennung* nach dem *Geschlecht* (§ 18 SchlHJAVollzG, § 12 BWJArrG). Ansonsten und insb. für gemeinsame Förderungsangebote ist die Trennung gelockert (vgl. § 12 Abs. 4 S. 2 JAVollzO NRW sowie schon § 1 Abs. 3 S. 2 JAVollzO; vgl. aber auch *Hinrichs* DVJJ-Journal 1995, 99 f. sowie 1999, 271; für koedukative Maßnahmen *Wulf* FS 2011, 105; speziell etwa *Coerdt* FS 2011, 90–92).

b) Haftraum. Gemäß § 20 SchlHJAVollzG (vgl. auch § 39 Abs. 4 BbgJA- **34** VollzG) ist der Haftraum „wohnlich" auszustatten und mit einer „eigenen abgegrenzten sanitären Einrichtung" zu versehen.

2. Freizeit

Nach § 7 Abs. 3 S. 2 JAVollzG NRW ist den Insassen der Zugang zu **35** tagesaktuellen Informationen zu ermöglichen (vgl. auch § 19 Abs. 3 BbgJA-VollzG: Hörfunk im Arrestraum gestattet, ebenso § 25 Abs. 1 S. 1 RefE SächsJAVollzG, nicht aber Art. 16 Abs. 2 S. 2 RegE BayJAVollzG). Gemäß § 7 Abs. 3 S. 1 JAVollzG NRW kann die Teilnahme am gemeinschaftlichen Hörfunk- und Fernsehprogramm gestattet werden, jedoch ist der Besitz eines eigenen Fernsehgerätes bzw. eigener Geräte der Informations- und Unterhaltungselektronik nicht zugelassen (zB § 15 Abs. 2 S. 2 RegE ThürJA-VollzG). Vgl. indes zB § 19 Abs. 1 S. 2 BbgJAVollzG, § 14 Abs. 1 S. 3, Abs. 3 JAVollzG M-V: stellt Mediathek zur Verfügung, Abs. 3; § 25 Abs. 3 S. 3 HmbJAVollzG: „gemeinschaftliche Nutzung anderer Geräte der Informations- und Unterhaltungselektronik"; s. demgegenüber etwa § 9 Abs. 1 S. 3 BWJArrG: Bücherei.

Bislang wurde insb. für das Wochenende von VollzDefiziten berichtet (vgl. **35a** betr. eine Anstalt in Düsseldorf *Hufschmidt* ZJJ 2009, 160: am Wochenende nur eine Freistunde, ansonsten durchgängig Aufenthalt in der Zelle). Demgegenüber ist die Aufrechterhaltung erzieherischer Angebote gerade auch am Wochenende für die Legitimation des freiheitsentziehenden Eingriffs wesentlich (folgerichtig zB § 5 Abs. 3 S. 2 SJAVollzG, Muss-Vorschrift).

3. Kleidung

36   Der Insasse trägt eigene *Kleidung* und *Wäsche* (vgl. schon § 12 Abs. 1 S. 1 JAVollzO; sodann § 21 Abs. 4 S. 1 SchlHJAVollzG, § 14 Abs. 1 S. 1 HmbJA-VollzG, anders § 12 Abs. 1 JAVollzG M-V), „bei Bedarf" (§ 21 Abs. 4 S. 2 SchlHJAVollzG, § 17 Abs. 2 S. 1 BbgJAVollzG, § 14 Abs. 1 S. 2 BWJArrG) oder auf seinen Wunsch (§ 11 Abs. 2 S. 2 JAVollzG NRW) bzw. auf Antrag (§ 19 S. 2 NdsJAVollzG) erhält er Kleidung der Anstalt, wobei darauf zu achten ist, dass ein Anklang von „Anstaltskleidung" vermieden wird, sondern es sich um jugendtypische Kleidung handelt. Bedarf besteht nicht wegen Missfallens Bediensteter (Begr. RegE JAVollzG NRW, 33). Jedoch dürfen solche Kleidungsstücke, die geeignet sind, die Sicherheit und Ordnung der Anstalt zu beeinträchtigen, untersagt werden (OLG Celle NStZ-RR 2013, 262 (zum allg. StR)). – Dabei wird Bedarf insb. iZm bestimmten Formen der Beschäftigung (vgl. aber noch § 12 Abs. 1 S. 1 JAVollzO: „Während der Arbeit tragen sie Anstaltssachen") und speziell zB bei sportlicher Betätigung bestehen (vgl. auch Begr. RegE-JAVollzG NRW, 33).

36a   Rechtstatsächlich wurde indes berichtet, das Regel/Ausnahmeverhältnis des § 12 S. 3 zu S. 1 JAVollzO sei „in mehreren Anstalten" (*Thalmann* FS 2011, 79; zu abw. Praxis speziell in der Anstalt Regis-Breitingen *Fichtner* (nach ZJJ 2009, 161) sowie in der Anstalt Augsburg *U. Müller* ZJJ 2010, 82) in das Gegenteil verkehrt. Mitunter werde von S. 3 gar auch als Binnensanktionierung Gebrauch gemacht (*Thalmann* FS 2011, 79).

VI. Kontakte mit der Außenwelt, Freizeit, Gesundheit

1. Kontakte zur Außenwelt

37   **a) Allgemeines.** Ein Kontakt zur Außenwelt kann zur Vermeidung von Isolation in mehreren Teilbereichen hergestellt werden, wenn der VollzLeiter dies aus erzieherischen Gründen als notwendig erachtet (vgl. befürwortend näher *Goeckenjan* Rechtsausschuss NRW (Drs. 16/746) v. 21.2.2012, 6 f. = ZJJ 2013, 67 ff.). So können zB Arbeit, Unterricht und andere ausbildende Veranstaltungen außerhalb des Anstaltsbereichs zugelassen werden (vgl. zB Art. 20 Abs. 1 RegE BayJAVollzG; vgl. betr. Nichtbefolgungsarrest → Rn. 28). Allerdings ist solchenfalls zw., ob es überhaupt der Verhängung von JA bedurft hätte bzw. des JA-Vollzugs bedarf (vgl. *Thalmann* FS 2011, 81 f.); sollte mit der jeweiligen Aktivität erst nach der Verhängung begonnen worden sein, liegt ein Absehen von der Vollstr nahe (§ 87 Abs. 3 S. 1). – Möglichkeiten zu Kontakten mit der Außenwelt bestehen auch für Freizeitveranstaltungen einschließlich sportlicher Betätigung, falls in der JA-Anstalt keine geeigneten Voraussetzungen vorhanden sind (vgl. schon §§ 18 Abs. 2, 16 Abs. 2 JAVollzO).

37a   Hinsichtlich des Kontakts iSe *persönlichen Verbindung* nach außerhalb der JA-VollzAnstalt bestehen rechtstatsächlich bislang, insgesamt betrachtet, durchaus Beschränkungen, ua aus Kostengründen. – Die VollzLeitung „kann" dem

Insassen unbegleiteten oder, wenn als erforderlich beurteilt, begleiteten *Ausgang* gewähren (§ 17 Abs. 4 JAVollzG NRW, § 14 Abs. 1 Nr. 1 BbgJAVollzG, § 14 Abs. 1, 2 SchlHJAVollzG).

b) Telefonate. Gemäß § 20 Abs. 1 S. 1 HmbJAVollzG, § 17 Abs. 1 JA- **38** VollzG NRW, § 29 Abs. 1 SchlHJAVollzG „kann" die VollzLeitung Telefonate erlauben. Gemäß § 13 Abs. 3 BWJArrG ist die Nutzung „eigener Mobilfunkendgeräte" grundsätzlich untersagt; anders § 32 SchlHJAVollzG, § 20 Abs. 2 S. 1 HmbJAVollzG, § 27 Abs. 5, 6 NdsJAVollzG. – Entsprechend überwiegender Auffassung dürfen zB nach § 29 Abs. 2 JAVollzG SchlH die Telefonate – nur unter bestimmten Voraussetzungen (S. 1, 2) und ohne Aufzeichnung (S. 3) – (akustisch) überwacht werden (nicht gem. § 32 Abs. 1 S. 3 RefE SächsJAVollzG), außer solchen mit Eltern, Personensorgeberechtigten oder Personen der Verteidigung, der Rechtsanwaltschaft bzw. des Notariats (jeweils in einer den Insassen betreffenden Rechtssache), von Beiständen nach § 69 oder der JGH und aus den sozialen Diensten der Justiz.

c) Besuch. Zum Beispiel nach § 27 Abs. 1 S. 1 SchlHJAVollzG, § 28 **39** Abs. 1 RefE SächsJAVollzG ist – vorbehaltlich des Vorliegens eines bestimmten *Untersagungsgrundes* (Abs. 3) – idR Besuch der Eltern oder Personensorgeberechtigten für eine Stunde pro Woche zu gestatten; Besuch anderer Personen hingegen kann unter der Voraussetzung der Beurteilung als „förderlich" gestattet werden. – Besuche von **Verteidiger,** Beistand (§ 69), des Vertreters der **JGH** und bestimmter anderer Personen (vgl. → Rn. 38) sind zu gestatten (§ 27 Abs. 2 S. 1, 2 SchlHJAVollzG, § 22 Abs. 2 BbgJAVollzG, § 19 Abs. 4 BWJArrG), und zwar auch bei Freizeit- oder Kurzarrest (vgl. nur § 30 Abs. 4 S. 2 BWJArrG).

Indes „kann" der Besuch von der Ab- und Durchsuchung der besuchen- **39a** den Person abhängig gemacht werden (§ 28 Abs. 1 SchlHJAVollzG, § 28 Abs. 2 RefE SächsJAVollzG), und die VollzLeitung „kann" die – nach außen offen wahrnehmbar zu gestaltende (Begr. RegE JAVollzG NRW, 38) – *optische* Überwachung der Besuche anordnen (§ 17 Abs. 2 S. 2 JAVollzG NRW; gem. § 28 Abs. 2 RefE SächsJAVollzG: Beaufsichtigung mit technischen Mitteln unzulässig). Gespräche können gem. § 28 Abs. 2 SchlHJA-VollzG bzw. § 29 RefE SächsJAVollzG überwacht werden (wobei im Falle des Einsatzes technischer Mittel eine Aufzeichnung unzulässig ist)), nicht allerdings betr. die in → Rn. 38 genannten Personen.

Der Besuch darf „abgebrochen werden", wenn durch den Besuchsverlauf **39b** die Sicherheit oder Ordnung der VollzEinrichtung gefährdet wird (§ 17 Abs. 3 JAVollzG NRW; einschränkend betr. Ordnung § 28 Abs. 4 S. 1 SchlHJAVollzG: in erheblicher Weise; vgl. zu Bedenken → § 92 Rn. 90d entspr.). Als ein Abbruchsgrund ist auch die Befürchtung einer „schädlichen Beeinflussung" des Insassen angeführt (§ 17 Abs. 3 JAVollzG NRW, § 28 Abs. 4 S. 2 RefE SächsJAVollzG). – Dem Abbruch wird „in aller Regel" (so schon Begr. RegE JAVollzG NRW, 38) eine Abmahnung vorausgehen müssen, sodass es sich empfehlen wird, vor Durchführung des Besuchs die Besuchenden sowie den Insassen zu unterrichten, wie sie sich beim Besuch zu verhalten haben.

d) Schriftverkehr. Gemäß § 16 Abs. 1 JAVollzG NRW, § 30 Abs. 1 **40** SchlHJAVollzG, § 18 Abs. 1 BWJArrG dürfen die Insassen (unbeschränkt)

Schreiben empfangen und absenden, wobei die VollzEinrichtung die Kosten für abgehende Schreiben „in angemessenem Umfang" übernehmen kann, wenn die Insassen „dazu nicht in der Lage sind". Nach § 30 Abs. 2 Nr. 1–3 SchlHJAVollzG, § 18 Abs. 2 BWJArrG, § 16 Abs. 2 ÄndG NRW (Art. 5 des Gesetzes v. 7.4.2017, GV 511)) darf der Schriftverkehr mit bestimmten Personen und unter bestimmten Voraussetzungen untersagt werden, wobei hinsichtlich des Vetos Personensorgeberechtigter Bedenken bestehen können, da die Relevanz des Kontakts sich (vorrangig) vom Insassen her zu bestimmen hat (vgl. zu Einwänden auch → § 92 Rn. 91a, 92 entspr.).

40a Im Übrigen kommt, sofern **Ausschlussgründe** nicht vorliegen (vgl. § 31 Abs. 1 SchlHJAVollzG, § 31 Abs. 2 RefE SächsJAVollzG) – diese betreffen ua **Verteidiger** sowie Beistände (§ 69) und die in § 35 Abs. 2 JStVollzG NRW bezeichneten Personen, Einrichtungen und Institutionen –, unter bestimmten Voraussetzungen (vgl. nur § 31 Abs. 2 S. 1 SchlHJAVollzG) eine **Überwachung** von Schreiben in Betracht (krit. dazu → § 92 Rn. 94). – Gemäß Art. 6 Abs. 1 GG sind Angehörige iSv § 11 Abs. 1 Nr. 1 StGB privilegiert, ihnen ist der Schriftverkehr uneingeschränkt zu gestatten. – Weiterhin sind spezielle Formen der **Kontrolle** geregelt (vgl. etwa § 31 Abs. 2, 3 SchlHJAVollzG).

41 **e) Pakete.** Wegen der Untersagung des Empfangs und des Versands von Paketen vgl. § 16 Abs. 3 JAVollzG NRW, § 17 Abs. 3 RegE ThürJAVollzG. Zur (bedingten) Empfangserlaubnis § 18 Abs. 4 S. 1 HmbJAVollzG sowie § 28 Abs. 1 und – betr. Versand – Abs. 4 NdsJAVollzG. Zu ausnahmsweiser Erlaubnis § 30 Abs. 3 S. 2 SchlHJAVollzG (nebst § 31 Abs. 2 S. 2: Inhaltskontrolle), § 22 Abs. 4 S. 1 BbgJAVollzG, § 18 Abs. 4 BWJArrG, § 16 Abs. 3 JAVollzG M-V.

2. Gesundheit

42 Die Insassen haben einen Anspruch auf medizinische Leistungen (vgl. § 25 SchlHJAVollzG). Statt einer Verlegung bzw. Überstellung wird ggf. eher eine Unterbrechung oder auch Beendigung des JA-Vollzugs angezeigt sein (vgl. auch DRiB SchlH, Stellungnahme Nr. 10/2012).

42a Auf ärztliche Anordnung wird *besondere Verpflegung* gewährt, auch ist den Insassen zu ermöglichen, Speisevorschriften ihrer *Religions*gemeinschaft zu befolgen oder vegetarisch ernährt zu werden (vgl. § 18 Abs. 1 S. 3 BbgJAVollzG, § 15 Abs. 1 S. 4 BWJArrG). – Darüberhinaus ist zB nach § 23 Abs. 2 SchlHJAVollzG die Möglichkeit des *Einkaufs* vorgesehen (vgl. auch § 15 Abs. 2 BWJArrG: kann gestattet werden, näher JAGO BW Die Justiz 2016, 307 Nr. 17.2).

43 Das Recht des Insassen auf einen zeitlich begrenzten Aufenthalt **im Freien** ist anerkannt (vgl. § 24 Abs. 3 SchlHJAVollzG: eine Stunde, ebenso § 20 Abs. 2 BbgJAVollzG, § 16 Abs. 1 S. 2 BWJArrG, § 28 HmbJAVollzG und § 33 NdsJAVollzG sowie § 16 Abs. 2 RegE ThürJAVollzG, Art. 14 Abs. 1 RegE BayJAVollzG (jeweils mindestens), hingegen (mindestens) zwei Stunden gem. § 14 Abs. 4 JAVollzG NRW). Die Insassen sind anzuhalten, von diesem Recht Gebrauch zu machen, jedoch sind sie dazu nicht verpflichtet. Während dieser Zeit „soll" den Insassen zusätzlich zu den sonstigen Sportangeboten (gem. § 35 Abs. 2 NdsJAVollzG vier Stunden wöchentlich) ermöglicht werden, sich sportlich zu betätigen (vgl. etwa zum Laufen *Schu-*

bert ZJJ 2014, 377). – Zu einem strikten *Rauchverbot* (Art. 14 Abs. 1 S. 2 RegE BayJAVollzG) krit. DVJJ-Südbayern v. 6.3.2018.

VII. Beschäftigung

1. Vorrang fördernder Angebote gegenüber Arbeit

Entsprechend der Zielsetzung (vgl. → Rn. 14) ist der JA-Vollzug vorran- 44 gig mit entwicklungsfördernden Angeboten auszugestalten. § 6 Abs. 1 S. 1 JAVollzG NRW definiert die Beschäftigung als erzieherisch geprägte und „sinnvolle" Tätigkeit (Begr. RegE JAVollzG NRW, 29 f.; zur Gelegenheit, Ideen zu entfalten, etwa *Thiel* ZJJ 2014, 380 ff.; zur Praxis in NRW *Lobitz/ Wirth* FS 2018, 326 (328 f.)), zB Unterricht oder andere Ausbildungsmaß- nahmen, „soziales Training" (vgl. § 5 Nr. 1 SchlHJAVollzG („spezifisches"), § 5 Abs. 1 S. 1 BWJArrG (erg. § 6 Abs. 1 S. 1, 8 Abs. 2), vgl. zudem → Rn. 45) oder etwa auch Malen von Bildern, die Erledigung mitgebrachter schulischer Aufgaben oder auch eine der Allgemeinheit innerhalb oder außerhalb der Einrichtung dienende Aktivität; gem. § 8 Abs. 2 und 3 BWJArrG hingegen kann Arbeit zugewiesen werden und die Verrichtung ggf. zu einer „Anerkennung" führen. – Wenn jedoch die Insassen außerhalb der VollzEinrichtung einer wirtschaftlich ergiebigen und von dem Arbeit- geber adäquat entlohnten Arbeit nachgehen, etwa im Rahmen eines beste- henden Lern- oder Arbeitsverhältnisses, wird die VollzLeitung deren Fort- führung während des JA-Vollzuges nach Möglichkeit gestatten.

Eine Mitwirkungspflicht (vgl. ua § 3 Abs. 3 S. 1 RhPfLJAVollzG sowie 45 SJAVollzG) ist abzulehnen (vgl. auch *Goeckenjan* Rechtsausschuss NRW (Drs. 16/746) v. 21.2.2012, 9 = ZJJ 2013, 67 ff.; gegen eine zu allg. Fassung DRiB SchlH, Stellungnahme Nr. 10/2012). Speziell betr. „soziales Trai- ning" sind Bedürfnisse des einzelnen Insassen auch idS zu berücksichtigen, dass eine Einwirkung nur „ohne Gruppendruck" (Begr. RegE JAVollzG NRW, 24 f.) eröffnet werden darf (vgl. aber zu Soll-Vorschriften § 5 Abs. 2 BWJArrG).

2. Keine Entlohnung

Soweit der Begriff „Beschäftigung" im erzieherischen Sinne definiert wird 46 und daher Arbeitsleistungen nur restriktiv abverlangt werden dürfen, ist die **Versagung** einer Entlohnung stimmig. Soweit indes weiterhin Arbeitsleis- tung in relevanten Ausmaß abverlangt werden sollte, käme die Versagung einer Entlohnung einer verkappten zusätzlichen Sanktion (etwa iSe Arbeits- auflage) gleich. Auch deshalb ist bei der Auswahl geeigneter Maßnahmen regelmäßig lernorientierten Angeboten der Vorrang einzuräumen (vgl. auch Begr. RegE JAVollzG NRW, 25).

Zum Beispiel nach § 22 Abs. 2 HmbJAVollzG ist bedürftigen Insassen ein 46a „angemessenes" **Taschengeld** zu gewähren, dessen Auszahlung allerdings „gestuft" nach dem Grad der Mitwirkungsbereitschaft (§ 4 HmbJAVollzG) vorgenommen werden kann.

3. Prüfung der Geeignetheit von Maßnahmen

47   Teilweise fehlt es an einer Bedarfsprüfung bezüglich dieser oder jener als fördernd beurteilten Maßnahme. So wird mitunter gewissermaßen pauschal davon ausgegangen, es bedürfe der Vermittlung zB der *Erkenntnis,* dass Pflichten innerhalb eines Gemeinwesens von allen zu tragen sind (§ 6 Abs. 1 S. 2 JAVollzG NRW), und Entsprechendes gilt betr. Sportmöglichkeiten (§ 8 S. 2 JAVollzG NRW) für das unterstellte Lern- bzw. Entwicklungsbedürfnis, wie es in dem Akzent auf Begriffen wie „Mannschaftssport", „Gemeinschaftssinn", Einhaltung von Regeln zum Ausdruck kommt (vgl. auch zum Verhalten im Vollzug schlechthin § 18 Abs. 1 S. 1 JAVollzG NRW, § 9 Abs. 2 BWJArrG). Demgegenüber ist eine solche Erkenntnis im Verhältnis zu Bezugsgruppen und deren als relevant erachteten Normen idR durchaus *vorhanden,* und ein (altersgruppengemäßer) Konflikt liegt eher im Bedarf einer Integration dieser Normen mit solchen gesamtgesellschaftlicher Art (vgl. allg. zu Defiziten in der Vollzugsausgestaltung *Seidl ua* ZJJ 2013, 292 (294 f.) betr. Nichtbefolgungsarrest).

VIII. Sicherheit und Ordnung

1. Durchsuchung

48   Nach allg. Auffassung ist, auch ohne Anlässe zu nennen, die Durchsuchung der Insassen, ihrer Sachen und der Arresträume zulässig (vgl. zu Spürhunden, deren Einsatz innerhalb der Anstalt in vielerlei Hinsicht abträglich ist, s. § 31 Abs. 1 S. 2 HmbJAVollzG). § 21 Abs. 2 JAVollzG NRW ermächtigt die VollzLeitung während der *Aufnahme* zu einer Regel-Anordnung der mit einer *Entkleidung* verbundenen körperlichen Durchsuchung (weitergehend, jedoch Grundrechte tangierend (vgl. nur BVerfG EuGRZ 2009, 159 = StV 2009, 253), § 39 Abs. 3 SchlHJAVollzG, § 31 Abs. 3 HmbJAVollzG, § 37 Abs. 3 RefE SächsJAVollzG: auch bei Kontakt mit Besuchenden sowie nach jeder Abwesenheit), wobei die Entkleidung *im Einzelfall* nur dann *unterbleibt,* wenn hierdurch die Sicherheit oder Ordnung der VollzEinrichtung nicht gefährdet wird (betr. Ordnung zur Voraussetzung „schwerwiegender Gefahren" zB § 39 Abs. 1 S. 1 SchlHJAVollzG). Im Übrigen ist, ohne dass inhaltliche Gründe genannt wären, eine mit einer Entkleidung verbundene Durchsuchung nur bei Gefahr im Verzug oder auf Anordnung der VollzLeitung im Einzelfall zulässig (§ 39 Abs. 2 S. 1 SchlHJAVollzG; ähnlich § 26 Abs. 2 S. 1 BbgJAVollzG, § 24 Abs. 2 RegE ThürJAVollzG; vgl. aber auch § 23 Abs. 2 BWJArrG; vgl. ergänzend BVerfG, 2. K. des 2. S., NJW 2015, 3158: bereits Entkleidung unter „expliziter visueller Kontrolle des Körpers" (NJW 2015, 3158 Rn. 34) stellt eine Durchsuchung iSd Vorschrift dar, ohnehin zumindest dann, wenn die Genitalien entblößt werden müssen (NJW 2015, 3158 Rn. 34), betr. allg. StVollz). – Zur *Kontrolle* des Missbrauchs von *Suchtmitteln* „können" zur Aufrechterhaltung der Sicherheit oder Ordnung der VollzEinrichtung allg. oder im Einzelfall Maßnahmen ohne körperlichen Eingriff angeordnet werden (vgl. nur § 32 Abs. 1 S. 1 HmbJAVollzG, § 21 Abs. 3 JAVollzG NRW, § 40 SchlHJAVollzG, § 34 Abs. 3 NdsJAVollzG); der vormals sinngleich lautende § 21 Abs. 3 S. 2 JAVollzG NRW wurde hingegen dahingehend umgestaltet, dass die Entnahme von Kapillarblut durch „Punktion der Fingerbeere" zulässig ist, wenn Betroffene „einwilligen" (ÄndG gem. Art. 5 des Gesetzes v. 7.4.2017 (GV 511); § 53 RefE SächsJAVollzG).

Erkennungsdienstliche Maßnahmen gelten als zulässig (vgl. etwa § 32 **48a** Abs. 7 ÄndG JAVollzG NRW (Art. 5 des Gesetzes v. 7.4.2017, GV 551); § 53 RefE SächsJAVollzG).

2. Besondere Sicherungsmaßnahmen

Die VollzLeitung „kann" – nur bei Gefahr im Verzug „können" auch **49** andere Bedienstete der VollzEinrichtung (s. zB § 22 Abs. 4 S. 2, 3 JAVollzG NRW) – Besondere Sicherungsmaßnahmen gegen Insassen anordnen, wenn eine *erhebliche Störung* der Sicherheit oder Ordnung der VollzEinrichtung nicht auf andere Weise vermieden oder behoben werden kann, und zwar „insb. zur Abwehr der Gefahr von Gewalttätigkeiten gegen Personen oder Sachen sowie zur Verhinderung von Selbstverletzungen" (§ 22 Abs. 1 S. 2 JAVollzG NRW), wobei jeweils die Gründe „zu dokumentieren sind" (§ 22 Abs. 4 S. 4 JAVollzG NRW). Die Maßnahmen sind Entzug von Gegenständen, die zu Gewalttätigkeiten missbraucht werden könnten; „Absonderung" von (§ 41 Abs. 2 Nr. 3 SchlHJAVollzG erlaubt eine „Trennung" bis zu 24 Stunden, ebenso § 26 Abs. 3 HessJAVollzG, § 26 Abs. 4 RegE Thür-JAVollzG; weiter § 24 Abs. 3 BWJArrG: Ausschluss von Veranstaltungen und Verbleiben im Arrestraum jeweils bis zu zwei Tagen) oder die Zusammenlegung mit anderen Insassen; Unterbringung in einem besonders gesicherten Arrestraum ohne gefährdende Gegenstände bis zu 24 Stunden (wobei die Insassen von dem ärztlichen Dienst „aufzusuchen" sind, § 22 Abs. 5 JAVollzG NRW, § 26 Abs. 2 HessJAVollzG sowie RegE ThürJAVollzG, vgl. auch § 41 Abs. 2 Nr. 4 SchlHJAVollzG; nach § 24 Abs. 4 S. 1 BWJArrG ist bei Überschreiten von 24 Stunden der Aufsichtsbehörde Mitteilung zu machen, vgl. auch § 45 Abs. 6 NdsJAVollzG). § 43 Abs. 3 SchlHJAVollzG sieht „insb." Fesseln vor (vgl. auch § 43 Abs. 2 Nr. 4 NdsJAVollzG), § 24 Abs. 4 BWJArrG erlaubt die Unterbringung in einem besonders gesicherten Arrestraum und die Fesselung nur bei konkreter Gefahr der Selbsttötung oder erheblicher Selbstverletzung. § 26 ThürJAVollzG kennt dagegen keine Fesselung.

3. Unmittelbaren Zwang

§ 22 Abs. 6 JAVollzG NRW erklärt die §§ 72–75 StVollzG NRW für **50** entsprechend anwendbar, indes mit der klarstellenden Abweichung, dass „Waffen nicht gebraucht werden dürfen", ebenso RegE ThürJAVollzG, einschr. auf Schusswaffen aber § 22 Abs. 2 Nr. 4 RegE BayJAVollzG; nach § 43 Abs. 4 SchlHJAVollzG dürfen (nur) Hiebwaffen eingesetzt werden. Grundsätzlich ist die Anwendung vorher anzudrohen (§ 47 Abs. 1 S. 1 SchlHJAVollzO).

4. Videotechnik

Aus Gründen der Sicherheit oder Ordnung der VollzEinrichtung darf zur **51** Beobachtung des Geländes der VollzEinrichtung und des Inneren ihrer Gebäude (zu diesem vern. § 46 Abs. 1 Nr. 2 BbgJAVollzG) Videotechnik eingesetzt werden (§ 52 SchlHJAVollzG; zur Hinweispflicht § 32 Abs. 2 JAVollzG NRW). Dabei sind *Bildaufzeichnungen* gestattet, die bei vorrangigen schutzwürdigen Interessen des Betroffenen „unverzüglich" zu *löschen* sind, ansonsten grundsätzlich – dh vorbehaltlich – spätestens binnen zwei Wochen (s. nur § 32 Abs. 3 S. 1 und S. 2 JAVollzG NRW, ähnlich etwa § 39 RefE SächsJAVollzG).

51a   *Unzulässig* ist der Einsatz der Videotechnik für die Arrest- und Sanitärräume (§ 32 Abs. 1 JAVollzG NRW). Umstritten ist, ob der Einsatz betr. besonders gesicherte Arresträume ohne gefährdende Gegenstände „im Einzelfall und auf Anordnung der VollzLeitung" zulässig ist (vgl. aber § 33 Abs. 2 Nr. 3 bzw. Nr. 2 HmbJAVollzG, § 52 Abs. 1 S. 2 SchlHJAVollzG, § 43a NdsJAVollzG: „mit technischen Hilfsmitteln nur in dafür vorgesehenen Arresträumen und in besonders gesicherten Arresträumen"), soweit es, was zu dokumentieren ist – und wozu Bildaufzeichnungen unzulässig sind (§ 32 Abs. 4 S. 2 JAVollzG NRW) –, „im Einzelfall zur Abwehr von gegenwärtigen Gefahren für das Leben oder gegenwärtigen erheblichen Gefahren für die Gesundheit" der Insassen oder Dritter „erforderlich" ist (so § 22 Abs. 3 JAVollzG NRW). § 38 BWJArrG verweist pauschal auf Vorschriften zum JStrafvollzug.

IX. Datenschutz

52   Im Zuge der Schaffung einer gesetzlichen Grundlage des JA-Vollzugs (vgl. → Rn. 3) ist eine gesetzliche Regelung des Datenschutzes durch Verweisung (§ 38 BWJArrG, § 121 Abs. 1 HmbJAVollzG, § 33 JAVollzG NRW) vorgenommen oder spezieller vorgesehen (vgl. §§ 50–58 SchlHJAVollzG, §§ 37 ff. SJAVollzG, § 42 JAVollzG M-V). – Für Berlin wurden schon zuvor die §§ 65, 70–72 JVollzDSG Bln eingeführt, wozu §§ 65, 72 JVollzDSG Bln bestimmen, dass statt der in §§ 65, 6 Abs. 1 Nr. 1 JVollzDSG Bln genannten Zwecke derjenige des Abs. 1 gilt bzw. galt.

X. Rechtsschutz

1. Beschwerde

53   Wird ein Insasse durch eine **Maßnahme** des **Vollzugs** in unzulässiger Weise beeinträchtigt, so kann er sich an den VollzLeiter wenden (vgl. § 41 Abs. 1, 4 HmbJAVollzG, § 23 Abs. 1 S. 1 JAVollzG NRW), gegen dessen Entscheidung er Dienstaufsichtsbeschwerde erheben kann (allg. Auffassung). Hierdurch wird der unpersönliche *Schriftweg vermieden* (vgl. auch § 49 Abs. 1 S. 2 SchlHJAVollzG). Die Anstaltsleitung ist verpflichtet, „alsbald" das Gespräch mit dem Betroffenen zu suchen (vgl. auch *Goeckenjan* Rechtsausschuss NRW (Drs. 16/746) v. 21.2.2012, 8 = ZJJ 2013, 67 ff.). Im Übrigen hat die Anstaltsleitung „regelmäßige Sprechstunden einzurichten" (so § 41 Abs. 1 S. 2 HmbJAVollzG, § 23 Abs. 1 S. 3 JAVollzG NRW (nicht betr. Freizeit- und Kurzarrest, § 36 S. 1), § 49 Abs. 1 S. 3 SchlHJAVollzG).

2. Antrag auf gerichtliche Entscheidung

Gegen eine **Maßnahme** der **VollzBehörde** stehen dem Betroffenen die 54 Rechtsschutzmöglichkeiten gem. § 92 offen (vgl. → § 92 Rn. 1, 161 ff.). Insofern ist indes schon aufgrund der Verweildauer von einer nur begrenzten Inanspruchnahme auszugehen, sodass insoweit der Beschwerde an den Vollz-Leiter eine erhöhte Bedeutung zukommen wird (vgl. auch Fachkommission JA ZJJ 2009, 278).

91 *(aufgehoben)*

Rechtsbehelfe im Vollzug

92 (1) ¹Gegen eine Maßnahme zur Regelung einzelner Angelegenheiten auf dem Gebiet des Jugendarrestes, der Jugendstrafe und der Maßregeln der Unterbringung in einem psychiatrischen Krankenhaus oder in einer Entziehungsanstalt (§ 61 Nr. 1 und 2 des Strafgesetzbuches) oder in der Sicherungsverwahrung kann gerichtliche Entscheidung beantragt werden. ²Für die Überprüfung von Vollzugsmaßnahmen gelten die §§ 109 und 111 bis 120 Abs. 1 des Strafvollzugsgesetzes sowie § 67 Absatz 1, 2 und 5 und § 67a Absatz 1 entsprechend; das Landesrecht kann vorsehen, dass der Antrag erst nach einem Verfahren zur gütlichen Streitbeilegung gestellt werden kann.

(2) ¹Über den Antrag entscheidet die Jugendkammer, in deren Bezirk die beteiligte Vollzugsbehörde ihren Sitz hat. ²Die Jugendkammer ist auch für Entscheidungen nach § 119a des Strafvollzugsgesetzes zuständig. ³Unterhält ein Land eine Einrichtung für den Vollzug der Jugendstrafe auf dem Gebiet eines anderen Landes, können die beteiligten Länder vereinbaren, dass die Jugendkammer bei dem Landgericht zuständig ist, in dessen Bezirk die für die Einrichtung zuständige Aufsichtsbehörde ihren Sitz hat.

(3) ¹Die Jugendkammer entscheidet durch Beschluss. ²Sie bestimmt nach Ermessen, ob eine mündliche Verhandlung durchgeführt wird. ³Auf Antrag des Jugendlichen ist dieser vor einer Entscheidung persönlich anzuhören. ⁴Hierüber ist der Jugendliche zu belehren. ⁵Wird eine mündliche Verhandlung nicht durchgeführt, findet die Anhörung in der Regel in der Vollzugseinrichtung statt.

(4) ¹Die Jugendkammer ist außer in den Fällen des Absatzes 2 Satz 2 mit einem Richter besetzt. ²Ein Richter auf Probe darf dies nur sein, wenn ihm bereits über einen Zeitraum von einem Jahr Rechtsprechungsaufgaben in Strafverfahren übertragen worden sind. ³Weist die Sache besondere Schwierigkeiten rechtlicher Art auf oder kommt ihr grundsätzliche Bedeutung zu, legt der Richter die Sache der Jugendkammer zur Entscheidung über eine Übernahme vor. ⁴Liegt eine der Voraussetzungen für eine Übernahme vor, übernimmt die Jugendkammer den Antrag. ⁵Sie entscheidet hierüber durch Beschluss. ⁶Eine Rückübertragung ist ausgeschlossen.

(5) **Für die Kosten des Verfahrens gilt § 121 des Strafvollzugsgesetzes mit der Maßgabe, dass entsprechend § 74 davon abgesehen werden kann, dem Jugendlichen Kosten und Auslagen aufzuerlegen.**

(6) [1]**Wird eine Jugendstrafe gemäß § 89b Abs. 1 nach den Vorschriften des Strafvollzugs für Erwachsene vollzogen oder hat der Jugendliche im Vollzug einer freiheitsentziehenden Maßregel das vierundzwanzigste Lebensjahr vollendet, sind die Absätze 1 bis 5 nicht anzuwenden.** [2]**Für die Überprüfung von Vollzugsmaßnahmen gelten die Vorschriften der §§ 109 bis 121 des Strafvollzugsgesetzes.**

Schrifttum Albrecht/Schüler-Springorum (Hrsg.), Jugendstrafe an 14- und 15jährigen, 1983; *Alt,* Das Berliner JStVollzG im Lichte verfassungsrechtlicher Vorgaben sowie europäischer und internationaler Regelungen mit Menschenrechtsbezug, 2014 (online abrufbar); *Andris,* Rechtliche und tatsächliche Rahmenbedingungen des Täter-Opfer-Ausgleichs in Haft, 2015; *Autorengruppe Ausländerforschung* (Berlin), Zwischen Getto und Knast, 1981; *Baumeister,* Gewalt im Jugendstrafvollzug, 2017; Bereswill/ Greve (Hrsg.), Forschungsthema Strafvollzug, 2001; Bereswill/Höynck (Hrsg.), Jugendstrafvollzug in Deutschland, 2002; *Biendl,* Jugendstrafvollzug in freier Form, 2005; *Brandenstein,* Auswirkungen von Hafterfahrungen auf Selbstbild und Identität rechtsextremer jugendlicher Gewalttäter, 2012; Busch ua (Hrsg.), HIV/AIDS und Straffälligkeit, 1991; *Chaidou,* Junge Ausländer …, 1984; *Cornel,* Geschichte des Jugendstrafvollzuges, 1984; *Dax,* Die Neuregelung des Vollzugs der Sicherungsverwahrung, 2017; Dessecker/Egg (Hrsg.), Die strafrechtliche Unterbringung in einer Entziehungsanstalt, 1995; Dessecker/Egg (Hrsg.), Justizvollzug in Bewegung, 2013; Dölling/Jehle (Hrsg.), Täter, Taten, Opfer, 2013; *Dörner,* Erziehung durch Strafe. Die Geschichte des Jugendstrafvollzugs von 1871–1945, 1991; *Dreßing,* Das Anti-Aggressivitätstraining als Maßnahme der Jugendhilfe und Jugendstrafrechtspflege, 2016; Dünkel ua (Hrsg.), Die Wiedereingliederung von Hochrisikostraftätern, 2016; *DVJJ Baden-Württemberg,* Integrieren statt Ausgrenzen, 1999; Egg (Hrsg.), Brennpunkte der Rechtspsychologie, 1991; *Eitzmann,* Die Bedeutung der Freiheitsstrafe für die Erziehung junger Rechtsbrecher, 1988; *Faber,* Länderspezifische Unterschiede bezüglich Disziplinarmaßnahmen und der Aufrechterhaltung von Sicherheit und Ordnung im Jugendstrafvollzug, 2014; *Fleck,* Neue Verwaltungssteuerung und gesetzliche Regelung des Jugendstrafvollzuges, 2004; *Focken/Gley,* Junge Ausländer im Strafvollzug, 1987; *Franck,* Strafverfahren gegen HIV-Infizierte, 2000; *Frankenberg,* Offener Jugendstrafvollzug, 1999; *Fröhmcke,* Muslime im Strafvollzug, 2005; Gaßmann (Hrsg.), Suchtprobleme hinter Mauern, 2002; *Geißler,* Ausbildung und Arbeit im Jugendstrafvollzug, 1991; *Glaser,* The Effectiveness of the Prison and Parole System, 1969; Goerdeler/Walkenhorst (Hrsg.), Jugendstrafvollzug in Deutschland, 2007; *Götte,* Jugendstrafvollzug im „Dritten Reich" …, 2003; *Grosch,* Lockerungen im Jugendstrafvollzug, 1995; *Heilemann,* Realisierungsbedingungen der Erziehungs- und Behandlungsplanung im Jugendvollzug, 1985; *Hein,* Rechtliche Grenzen von Anti-Aggressivitätstrainings, 2007; *Hürlimann,* Führer und Einflussfaktoren in der Subkultur des Strafvollzuges, 1993; JuM Schleswig-Holstein (Hrsg.), Reform des JStrafvollzugs, 1989; Justizvollzugsbeauftragter NRW, Tätigkeitsbericht 2012; *Kamann,* Vollstreckung und Vollzug der Jugendstrafe. Verteidigung und Rechtsschutz, 2009; *Kemter,* Schulden und Schuldenregulierung der Gefangenen in sächsischen Justizvollzugsanstalten, 2000; *Kersten/v. Wolffersdorff-Ehlert,* Jugendstrafe – Innenansichten aus dem Knast, 1980; *Klose,* Deskriptive Darstellung der subjektiv empfundenen Haftsituation männlicher türkischer Inhaftierter im geschlossenen Jugendstrafvollzug in NRW, 2002; *Knapp,* AIDS im Strafvollzug, 1996; *Koervers,* Jugendkriminalität und Religiosität, 1988; *Köhler,* Psychische Störungen bei jungen Straftätern, 2004; *Kreideweiß,* Die Reform des Jugendstrafvollzuges, 1993; *Kühl,* Die gesetzliche Reform des Jugendstrafvollzug in Deutschland im Licht der European Rules for Juvenile Offenders Subject to Sanctions or Measures, 2012; *Kury,* Sozialstatistik der Zugänge im Jugendvollzug Baden-Württemberg, 1979; Kury (Hrsg.), Prognose und Behandlung bei jungen Rechtsbrechern, 1986; *Lambropoulou,* Erlebnisbiographie und

Aufenthalt im Jugendstrafvollzug, 1987; Lehmkuhl (Hrsg.), Aggressives Verhalten bei Kindern und Jugendlichen, 2003; Maelicke/Plewig (Hrsg.), Erfolgreich, aber gescheitert, 2016 (DBH); *Mannheim,* The dilemma of penal reform, 1939; *Matzke,* Der Leistungsbereich bei JStrafgefangenen, 1982; *Merzhäuser,* Delinquentes Verhalten von inhaftierten Jugendlichen, 1985; *Neubacher,* Gewalt hinter Gittern, 2008; *Nickolai ua,* Sozialpädagogik im Jugendstrafvollzug, 1985; *Niemz/Lauwitz,* Sozialtherapie im Strafvollzug, 2. Aufl. 2012; *Nolting,* Freigänger im Jugendstrafvollzug, 1985; *Özsöz,* Rechtsextremistische Gewalttäter im Jugendstrafvollzug: der Einfluss von Jugendhaft auf rechtsextremistische Orientierungsmuster jugendlicher Gewalttäter, 2009; *Pfeiffer ua,* Ausgrenzung, Gewalt und Kriminalität im Leben junger Menschen, 1998; *Prätor,* Gewalt im Jugendstrafvollzug, 2017; Prittwitz (Hrsg.), AIDS, Recht und Gesundheitspolitik, 1990; Queloz ua (Hrsg.), Droit pénal et diversités culturelles, 2012; *Rau,* Lebenslinien und Netzwerke junger Migranten nach Jugendstrafe, 2017; *Reindl,* Offener Jugendstrafvollzug als Sozialisationsorganisation, 1991; *Reinheckel,* Bildung im Jugendstrafvollzug, 2013; *Rink,* Rigidität und Veränderungsmotivation, 1984; *Rollny,* Pastoraler Dienst am straffälligen jungen Menschen, 1986; Salman (Hrsg.), Soziale Arbeit mit Straffälligen, 1986; *Schmalz,* Kommunikation und Interaktion weiblicher Inhaftierter in einer Justizvollzugsanstalt, 2016; *Schmidt-Esse,* Lange Jugendstrafen bei jugendlichen und heranwachsenden Gewalt- und Sexualstraftätern, 2018; *Schneider,* Strafvollzug und Jugendstrafvollzug im Bayerischen Strafvollzugsgesetz, 2010; *Schwirzer,* Jugendstrafvollzug für das 21. Jahrhundert, 2008; *Sessar-Karpp,* Lernvoraussetzungen junger Inhaftierter, 1982; *Seitz/Rautenberg,* PFI – Persönlichkeitsfragebogen für Inhaftierte, 2010; Steller ua (Hrsg.), Straftäterbehandlung, 2. Aufl. 2003; *Stenger,* Berufliche Sozialisation … straffälliger Jugendlicher, 1984; *Stentzel,* Berufserziehung straffälliger Jugendlicher und Heranwachsender, 1990; *Suhling,* Lebensziele junger Männer im Strafvollzug, 2005; *Supe,* Strafgefangene und Schule, 1980; *Tauss,* Die Veränderung von Selbstkonzeptkomponenten im Inhaftierungsverlauf jugendlicher Strafgefangener, 1992; *Tierel,* Vergleichende Studie zur Normierung des Jugendstrafvollzugs, 2008; Trenczek (Hrsg.), Freiheitsentzug bei jungen Straffälligen, 1993; *Vietor,* Sozialtherapie für junge Gefangene im bayerischen Strafvollzug, 2012; *Walter,* Formelle Disziplinierung im Jugendstrafvollzug, 1998; Walter ua (Hrsg.), Bruchstücke, Strafvollzugsprobleme …, 1992; *Wattenberg,* Arbeitstherapie im Jugendstrafvollzug, 1985; *Werner,* Jugendstrafvollzug in Deutschland, 2012; *Wirth,* Gewalt unter Gefangenen. Kernbefunde einer empirischen Studie im Strafvollzug des Landes Nordrhein-Westfalen, 2006; *Zimmermann,* Die Verschuldung der Strafgefangenen, 1981.

Übersicht

I. Anwendungsbereich

1   Die Vorschrift findet auch auf **Heranwachsende** Anwendung, sofern gegen sie auf JA oder JStrafe erkannt worden ist (§§ 110 Abs. 1, 105 Abs. 1; s. aber § 89b Abs. 1 S. 2, Abs. 2; vgl. auch § 1 JStVollzG Bln ua (n. SächsJStVollzG), § 1 Nr. 3 JVollzGB BW I, § 1 NJVollzG, Art. 1 BaySt-VollzG). Anderes gilt gem. Abs. 6, falls der Vollzug der JStrafe auf Grund einer entspr. Entscheidung gem. § 89b Abs. 2 nach den Vorschriften des StVollzG bzw. der StVollzGe der Länder erfolgt (für Disziplinarmaßnahmen LG Kassel BeckRS 2019, 10948). Allerdings ist die gelegentliche Annahme, solchenfalls stünden keine schutzwürdigen Belange dem Wegfall der in Abs. 1–5 geregelten Besonderheiten entgegen, eher undifferenziert (vgl. auch → § 89b Rn. 3, 4). Auch für Untergebrachte des Maßregelvollzuges in einem psychiatrischen Krankenhaus oder in einer Entziehungsanstalt – und

(gem. RegE v. 6.6.2012 (BT-Drs. 17/9874)) vorgesehen auch für Betroffene (unter Vorbehalt stehender oder) angeordneter Sicherungsverwahrung – gilt die Vorschrift, es sei denn, sie haben das 24. Lbj. vollendet (Abs. 6). – Die einheitliche Regelung des Rechtsschutzes auch gegen Maßnahmen im JA ist systematisch nicht ganz unbedenklich, zumal JA keine Strafe ist (vgl. nur § 13 Abs. 3). Die auf Vermeidung der Inanspruchnahme „weiterer gerichtlicher Ressourcen" gestützte Begründung des Gesetzgebers auch im Hinblick auf die Erwartung „sehr geringer Fallzahlen" (BT-Drs. 17/9874, 10) ist rechtlich ungeeignet.

Grundlage der Entscheidungen sind die gesetzlichen Vorgaben und die **1a** tatsächlichen Verhältnisse des **Vollzuges** der jeweiligen Rechtsfolge, wozu bzgl. des JA auf die Erl. zu § 90 und bzgl. der Maßregeln auf diejenigen zu § 7 verwiesen wird; bzgl. des Vollzuges der JStrafe, der für Rechtsbehelfe besonders relevant ist, finden sich die Erl. in den nachstehenden Abschnitten II.–X.

II. Grundlagen des Jugendstrafvollzugs

1. Zur Entstehungsgeschichte

Das RStGB kannte eine Sollvorschrift zur **Trennung** von **jugendlichen 2** und **erwachsenen Gefangenen,** die aber nicht konsequent durchgeführt wurde. Unter Einfluss der JGerichtsbewegung wurde das erste deutsche Jugendgefängnis 1912 in Wittlich/Mosel gegründet. Bald danach entstanden andere Jugendgefängnisse, sodass schon vor Inkrafttreten des JGG 1923, das die Herauslösung Jugendlicher aus dem allg. Strafvollzug vornahm und den Erziehungszweck als Aufgabe des JStVollzugs benannte, die Trennung von jugendlichen und erwachsenen Gefangenen weitgehend erreicht war (s. zur Entwicklung krit. *Cornel,* Geschichte des Jugendstrafvollzuges, 1984). Während der NS-Herrschaft, und zwar iZm der Einführung einer partiellen Anwendbarkeit von allg. StR auch ggü. Jugendlichen (vgl. → Einl. Rn. 15 ff.) sowie der „Umsetzung des Vernichtungsprogramms gegen „rassisch Minderwertige", wurde das „Ausleseprinzip" (auch) im JStVollzug verwirklicht (vgl. näher *Dörner,* Erziehung durch Strafe. Die Geschichte des Jugendstrafvollzugs von 1871–1945, 1991, 264 ff.; ferner *Kruse* unsere jugend 1990, 141; näher zum damaligen Vollzugsablauf betr. die Anstalt Wittlich *Götte,* Jugendstrafvollzug im „Dritten Reich" …, 2003).

Bzgl. der international vereinbarten Rechtslage s. Art. 10 Abs. 3 S. 2 **2a** IPBPR (*Neubacher* DVJJ 2003, 536), für den europäischen Raum → Einl. Rn. 30 ff.; zur Regelungslage des JStrafvollz in anderen europäischen Ländern s. etwa *Albrecht* RdJB 2007, 201 (206 ff.).

2. Verfassungsrechtliche Vorgaben, Ausgestaltung, Schlechterstellungsverbot

a) Verfassungsrechtliche Vorgaben. Die vormalige (mangelnde) gesetz- **3** liche Regelung des JStVollzugs war verfassungsrechtlich nicht vertretbar, sachlich unzureichend und benachteiligend (zum seinerzeitigen Diskussionsstand n. *Albrecht* RdJB 2003, 352 sowie 11. Aufl. Rn. 5). Mit Urteil v. 31.5.2006 (BVerfGE 116, 69 ff. = NJW 2006, 2093 ff.; zur Wegbereitung dieser Entscheidung durch einen JRichter als „politischer Unternehmer" vgl. näher *Hagemann ua* FS 2010, 230 ff.) hat das BVerfG daher diesen Zustand für verfassungswidrig erklärt und dem Gesetzgeber eine Übergangsfrist bis 31.12.2007 gesetzt, um ausreichende gesetzliche Regelungen zu verabschieden. Diese müssen dem Urteil zufolge besonderen verfassungsrechtlichen Vorgaben für den JStrafvollzug genügen, die für Gesetzgeber und Praxis bindend sind (s. auch *Brandt* ZJJ 2006, 246 f.). Insbesondere ist die spezielle, sich vom Erwachsenenvollzug (zu dessen verfassungs- und menschenrechtlicher Gestaltung *Neubacher* Bewährungshilfe 2011, 82 ff.) grundlegend unterscheidende Situation Jugendlicher und Heranwachsender im Hinblick auf (als Vollzugsziel aufgefasste) „soziale Integration" zu berücksichtigen (BVerfGE 116, 69 ff. = NJW 2006, 2094 f.). Als Maßstab können dabei auch internationale Regelungen des Europarates und der Vereinten Nationen dienen (dazu *Dünkel* NK 2006, 114; *Goerdeler/Pollähne* ZJJ 2006, 256 ff.; ausführlich *Hartmann,* Die Jugendstrafvollzugsreform, 2010, 54 ff.; *Alt,* Das Berliner JStVollzG (…), 2014, 35–55; für einen eingehenden Abgleich mit den Vorgaben der ERJOSSM etwa *Kühl,* Die gesetzliche Reform des Jugendstrafvollzug in Deutschland (…), 2012, 39 ff.; Verstöße hiergegen indizieren einen auch verfassungsrechtlich einwandbehafteten Zustand (zust. *Alt,* Das Berliner JStVollzG (…), 2014, 78).

3a   Sowohl die Ausgangsbedingungen als auch die Folgen strafrechtlicher Zurechnung und des Strafvollzugs unterscheiden sich bei jungen Gefangenen angesichts des Entwicklungsstandes grundlegend von denen bei Erwachsenen, da der Vollzug in eine besonders entscheidende Lebensphase eingreift und sich regelmäßig besonders einschneidend auswirkt. Diesen **Besonderheiten** bei **Jugendlichen,** die größtenteils **auch Heranwachsende** betreffen (können), muss der JStVollzug im Hinblick auf die diesbzgl. verfassungsrechtlichen Anforderungen Rechnung tragen (BVerfGE 116, 69 ff. = NJW 2006, 2095 f.). Der ultima ratio-Grundsatz und das Gebot zur Minimierung negativer Folgen des Vollzugs erlangen daher herausragende Bedeutung. Ebenso hat das verfassungsrechtlich durch Art. 1 Abs. 1 GG und das Verhältnismäßigkeitsprinzip garantierte Vollzugsziel einer „sozialen Integration", das gem. der Rspr. des BVerfG unbeschadet der unterschiedlichen Gesetzgebungskompetenz dem (im Allg. in § 2 Abs. 1 festgelegten) Erziehungsauftrag nicht zuwiderlaufen darf, besonders hohes Gewicht. Der Vollzug muss daher einerseits in noch stärkerem Maße als ohnehin bei Erwachsenen auf die Erreichung einer straffreien Zukunft des Betroffenen in Freiheit gerichtet sein. Andererseits sind die Besonderheiten des JStVollzugs auch bei den über die bloße Freiheitsentziehung hinausgehenden Eingriffen zu berücksichtigen und geeignete Rechtsschutzmöglichkeiten zu gewährleisten (s. zur defizitären Praxis *Tondorf/Tondorf* ZJJ 2006, 243 f.).

3b   Vorrangig sind die JStrafgefangenen soweit wie möglich vor Übergriffen durch andere Insassen oder Bedienstete zu **schützen** (vgl. nur § 3 Abs. 5 S. 2 BlnJStVollzG; BVerfG NJW 2006, 2096; vgl. auch *Eisenberg* MschKrim 2004, 353 ff.), und zwar im Einklang auch mit Nr. 28 der Regeln der Vereinten Nationen zum Schutz von Jugendlichen unter Freiheitsentzug (s. auch § 2 Abs. 4 S. 2 JVollzGB BW IV, § 44 Abs. 1 S. 3, Abs. 6 HessJStVollzG). Dem stehen in der Praxis die strukturellen Bedingungen in den VollzEinrichtungen tendenziell eher entgegen (zu (mutmaßlichen) Delikten seitens Insassen untereinander → Rn. 40a, 49b bzw. seitens Bediensteter gegenüber Insassen etwa *Barth* FS 2013, 129 (133); *Beck ua* US-Bureau of

Justice Statistics v. 6.6.2013, 9 (18) (betr. Sexualdelikte)), soweit sie nicht auf einen solchen Schutz ausgerichtet sind oder gar ihm zuwiderlaufen (zB auch durch Belegungsdichte). Umso mehr besteht (auch) gem. Art. 3, 13 EMRK die Pflicht, in Fällen einschlägigen Vorbringens unabhängige Ermittlungen zu gewährleisten (vgl. EGMR 26.1.2006 – 77617/01 Rn. 140–142) und eine Erklärung zu den Ursachen einer im JStVollzug entstandenen Verletzung zu geben (vgl. EGMR 28.7.1999 – 25803/94 Rn. 87; 17.10.2006 – 72000/01 Rn. 53).

Als von justiziellen Rechtsschutzmöglichkeiten unabhängige Beschwerde- 3c instanz kommt der Einrichtung eines **Bundesbeauftragten** für den Strafvollzug Bedeutung zu, und zwar nicht nur iSd Prävention von Folter (gem. Art. 17–23 des Fakultativprotokolls zur Antifolter-Konvention der VN), sondern auch bzgl. sonstiger Missstände. Zu dessen Wirkungsmöglichkeiten sind eine zureichende Ausstattung sowie eine funktionale Unabhängigkeit *und* Unabhängigkeit des Personals vonnöten (Art. 18 Nr. 1 des genannten Fakultativprotokolls; vgl. ergänzend *Feest* ZJJ 2007, 306 ff.).

b) Ausgestaltung. Die Strukturen des JStrafvollzugs sollen im Einklang 4 mit dem Kenntnisstand in Wissenschaftlicher Pädagogik und Erziehungswissenschaft begründet und durch sozialpädagogische und sozialtherapeutische Formen geprägt sein, dh durch erzieherische Bemühungen, die im Vergleich zum allg. Strafvollzug auf der Grundlage des „miteinander" zwischen Jugendlichen (und Heranwachsenden) und Personal geschehen. Hinsichtlich der *Organisations*struktur ist anzustreben, durch gruppen- und milieutherapeutische Arbeit bestehende Informations- und Misstrauensschranken zwischen Bediensteten und Gefangenen abzubauen und zugleich Isolation und „Scheinanpassung" abzumildern (vgl. schon Denkschrift 1977, 22 f. (25)), soweit dies trotz unterschiedlicher Perspektiven zwischen Gefangenen- bzw. Bedienstetengruppen (vgl. *Kersten/v. Wolffersdorff-Ehlert,* Jugendstrafe – Innenansichten aus dem Knast, 1980; s. aber zu „problemlösender Gemeinschaft" *Weiß* ZfStrV 1984, 263) möglich erscheint (vgl. auch *Bolle* in Queloz ua, Droit pénal et diversités culturelles, 2012, 137 ff., 140 f.). Die jeweilige *Interventions*strategie muss den Alters-, Entwicklungs- und geschlechts(rollen) spezifischen Sozialisationsbedingungen der Jugendlichen bzw. Heranwachsenden Rechnung tragen.

c) Schlechterstellungsverbot. Das Verbot der Schlechterstellung Ju- 5 gendlicher und auch Heranwachsender ggü. Erwachsenen in vergleichbarer Verfahrenssituation (vgl. näher → § 45 Rn. 9a; JuM Schleswig-Holstein (Hrsg.), Reform des JStrafvollzugs, 1989, 12) verlangt, dass die Rechtsstellung des JStrafgefangenen (mindestens) derjenigen von Freiheitsstrafgefangenen entspricht. Demgemäß dürfen nicht etwa die Rechte des JStrafgefangenen aus (angeblich) erzieherischen Gründen stärker beschnitten werden, als es aus Gründen des Vollzugsziels der Freiheitsstrafe (§ 2 S. 1 StVollzG bzw. entspr. Vorschriften der LandesGe) zulässig ist (vgl. näher Erl. zu einzelnen Verboten bzw. Beschränkungen (exemplarisch etwa §§ 36 Abs. 2 Nr. 3, 39 Nr. 4, 41 Abs. 1 S. 3 JVollzG LSA); speziell zu datenschutzrechtlichen Anforderungen vgl. → Rn. 11, 143 ff.).

3. Rechtsgrundlagen

6 **a) Entwicklung und Ausgestaltung.** Rechtsgrundlagen für den JStrafvollzug fanden sich im Sinne förmlichen Gesetzes bis zum Jahre 2007 nur in den §§ 91, 92 aF und 115 Abs. 2 aF sowie in § 176 iVm §§ 43–52 StVollzG. Die vormals von den Landesjustizverwaltungen bundeseinheitlich vereinbarten (seitherigen) VVJug, die am 1.1.1977 in Kraft getreten und in der Folgezeit mehrfach geändert worden sind, brachten iE die Einführung eines erheblichen Teils des StVollzG und der dazu ergangenen VV in den JStVollzug. Unabhängig davon galten bzw. gelten verschiedene AVen bzw. Runderlasse der einzelnen Bundesländer.

7 Auch bzgl. des JStrafvollzugs ist hingegen der für Grundrechtseingriffe stets geltende **Vorbehalt** des **Gesetzes** bindend, wobei eine analoge Anwendung des StVollzG von vornherein nicht in Betracht kam. Mit der sog. „Föderalismusreform" wurde die Gesetzgebungskompetenz (auch) für den JStrafvollzug zum 1.9.2006 auf die Länder übertragen (Art. 70 Abs. 1 GG), die somit nun verpflichtet waren, Regelungen zu schaffen. Dies betrifft Grundrechtseingriffe iRd Vollzuges und die Ausrichtung des gesamten Vollzugs auf das Vollzugsziel ebenso wie Festlegungen über die personelle und finanzielle Ausstattung von erfolgsnotwendigen Bedingungen und Maßnahmen. Bei der Schaffung dieser Regelungen muss sich der Gesetzgeber an vorhandenen Erkenntnisquellen und am Stand wissenschaftlicher Erkenntnis orientieren (BVerfGE 116, 69 ff. = NJW 2006, 2096 f.), wogegen eine durchsetzbare Verletzung des *Gleichheitsgrundsatzes* unter Hinweis auf günstigere Regelungen in einem anderen Bundesland verneint wurde (vgl. VerfGH RhPf NStZ-RR 2015, 262 (264) betr. allg. StR).

8 Im Laufe des Jahres 2007 haben sämtliche Bundesländer ein JStVollzG – ganz überwiegend als selbstständiges Gesetz, in Niedersachsen und Bayern sowie nachträglich auch in Baden-Württemberg (vormals auch in Hamburg) indes als besonderen Abschnitt im Rahmen eines allg. StVollzG bzw. in Brandenburg (formal ähnlich wie vormals Hamburg) in weithin einheitlicher Regelung für Freiheits- und Jugendstrafe (sowie den U-Haftvollzug umfassend) – verkündet, das zum 1.1.2008 (teilweise schon vorher) in Kraft getreten ist: Baden-Württemberg (GVBl. 2007, 298 (krit. dazu *Wegemund/ Dehne-Niemann* ZIS 2008, 565 ff.) und sodann GVBl. 2009, 545 sowie 2012, 581), Bayern (GVBl. 2007, 866, ergänzend 2008, 315; 2009, 400; 2011, 689; 2013, 275 sowie 2016, 866), Berlin (GVBl. 2007, 653 nebst ÄndG GVBl. 2009, 305 sowie 2011, 287, sodann aber Art. 2 des Gesetzes zur Weiterentwicklung des Berliner Justizvollzugs v. 16.4.2016 (GVBl. 152), unter Einbeziehung auch des Strafarrestes (§§ 1, 117f)), zunächst auch Brandenburg (GVBl. 2007, 348 nebst ÄndG GVBl. 2009, 26, sodann JVollzG v. 24.4.2013 (GVBl. I Nr. 14, ÄndG GVBl. 2014 I Nr. 34)), Bremen (GBl. 2007, 233), Hamburg ((zunächst GVBl. 2007, 471, sodann aber) GVBl. 2009, 280 nebst ÄndG GVBl. 2013, 211, ber. 310), Hessen (GVBl. 2007, 758 nebst ÄndG GVBl. 2010, 185 (226), GVBl. 2013, 46 sowie GVBl. 2015, 498), Sachsen-Anhalt (GVBl. 2007, 368, sodann JVollzGB v. 18.12.2015 (GVBl. 666)), Mecklenburg-Vorpommern (GVOBl. 2007, 427 sowie GVOBl. 2016, 302), Niedersachsen (GVBl. 2007, 720 sowie ÄndG 2009, 32, 2014, 106 und 2017, 172 ber. 319), Nordrhein-Westfalen (GV 2007, 539 (sowie ÄndG GV 2015, 76 und GV 2016, 310), sodann Art. 1 des Gesetzes v. 7.4.2017, GV 511), Rheinland-Pfalz (GVBl. 2007, 252 nebst

ÄndG GVBl. 2011, 427, sodann LJVollzG v. 8.5.2013 (GVBl. 79)), Saarland (ABl. 2007, 2370 nebst ÄndG ABl. 2013, 116), Sachsen (GVBl. 2007, 558 nebst ÄndG GVBl. 2010, 414 (431) sowie GVBl. 2013, 250), Schleswig-Holstein (GVOBl. 2007, 563 nebst ÄndG GVOBl. 2013, 169), Thüringen (GVBl. 2007, 221 nebst ErgVollzG GVBl. 2013, 121, sodann ThürJVollzGB v. 27.2.2014 (GVBl. 13)). Eine ursprünglich weithin einheitliche, teilweise und zumal in Zuge von Änderungen in den Folgejahren sich deutlich unterscheidende Fassung hatten die Länder Berlin, (zunächst auch) Brandenburg, Bremen, Mecklenburg-Vorpommern, Rheinland-Pfalz, Saarland, Sachsen-Anhalt, Sachsen, Schleswig-Holstein und Thüringen) verabschiedet (zitiert Berlin ua). – AVen bzw. VVen zum JStVollzG haben alsbald mehrere dieser Länder erlassen (zB Baden-Württemberg Die Justiz 2017, 118 ff. (158 ff.) (Neufassung v. 1.3.2017), Berlin, Sachsen-Anhalt, Saarland).

Hinsichtlich der von Niedersachsen und Bayern (nebst VVen) geschaffenen Abschnitte im Rahmen eines allg. StVollzG bestehen Bedenken einerseits insoweit, als die damit notwendig verbundene Verweisungstechnik das Verständnis der Regelungen erheblich erschwert, und zwar besonders für die betroffenen Jugendlichen und Heranwachsenden. Andererseits finden sich dort auch nur vergleichsweise wenige konkrete, die Besonderheiten des JStrafvollzugs berücksichtigende Vorschriften. Hiervon kann eine in der pauschalen Verweisung auf die allg. Regelungen enthaltene Verpflichtung, bei der Anwendung die Besonderheiten des JStrafvollzugs zu beachten (s. etwa § 132 Abs. 2 NJVollzG), nur bedingt Abhilfe schaffen, da eine solche allg. Klausel ohne konkrete Voraussetzungen für einzelne Regelungen in der Praxis nur eine eingeschränkte Wirkung entfalten wird. – Eher nur teilweise gelten diese Bedenken auch für das JVollzGB BW, soweit dessen Buch IV dem vormaligen JVollzG entspricht, jedoch regeln die dortigen VVJStVollzG in erheblichem Ausmaß eine entsprechende Anwendung der VV zum allg. Strafvollzug (Die Justiz 2010, 153 (159–161)). Hinsichtlich der Konzeption des BbgJVollzG ist, anders als nach dem vormaligen Gesetz in Hmb. (GVBl. 2007, 471) und wohl auch dem RhPfLJVollzG und dem JVollzGB LSA, eine Dominanz der Belange des allg. StVollzugs eher weniger zu erkennen, eher schon in den Änderungen des – obgleich weiterhin als selbstständiges Gesetz gestalteten – JStVollzG NRW (Art. 1 des Gesetzes v. 7.4.2017, GV 511). **9**

Kriminalpolitisch bestanden bereits ggü. dem Entwurf des BMJ v. 24.9.1991 insofern Bedenken, als Grundsätze des früheren § 91 partiell eingeschränkt worden wären (krit. *Dünkel* DVJJ-Journal 1992, 54 ff. (59 f.); IGfH DVJJ-Journal 1992, 63 f., AG JHilfe DVJJ-Journal 1992, 61 f., Kommission der DVJJ in DVJJ-Journal 1992, 41–50, jeweils ua betr. den Erziehungsbegriff („Vermischung von Erziehung und Strafe"); s. indes auch den Entwurf von *Kreideweiß*, Die Reform des Jugendstrafvollzugs, 1993, 287 ff.). Ähnliches gilt für den JStVollzG-E des BMJ v. 28.4.2004 (vgl. krit. *Eisenberg* MschrKrim 2004, 353 ff.; vgl. auch *Walter* ZfJ 2004, 397 ff.). Insofern hätte es sich eher empfohlen, Spezialvorschriften (nach § 92 aF) in das *JGG* einzufügen und im Übrigen gem. § 2 Abs. 2 das StVollzG zur Anwendung kommen zu lassen (vgl. dazu *Eisenberg* ZRP 1985, 41 ff.; entspr. verwirklicht im österreichischen JGG v. 20.1.1988 (BGBl. 1988, 3923 (3933–3935)); *Dünkel* Freiheitsentzug 490 f.). **10**

11 **b) Vollzugsbehörde.** Diejenige Person, der die Leitung der JStVollzEinrichtung obliegt, ist Vollzugsbehörde. Sie trägt die Verantwortung für den gesamten Vollzug und vertritt die Anstalt nach außen (§§ 101, 106 Abs. 1 S. 2 Nr. 2 JVollzG Bln (bei im Übrigen ausf. Regelung); § 13 Abs. 2 JVollzGB BW I, § 176 Abs. 1 NJVollzG, Art. 177 BayStVollzG, § 71 Abs. 1 S. 1 HessJStVollzG; zur strafrechtlichen Veranwortlichkeit für Managemententscheidungen *Hohmann* NJ 2007, 5 ff.). – Höhere Vollzugsbehörde ist – nach Ländern unterschiedlich – entweder der GStA beim OLG, eine Abteilung des Ministeriums oder ein besonderes Vollzugsamt (vgl. auch seitherige Nr. 98 VVJug). Oberste Aufsichtsbehörde ist regelmäßig das Justizministerium bzw. die Senatsverwaltung für Justiz.

4. Zusammensetzung der Gefangenengruppe (Anteile)

12 **a) Allgemeines.** Hinsichtlich der am Stichtag des 31.3. des jeweiligen Jahres wegen JStrafe (einschließlich Freiheitsstrafenvollzug gem. § 114) einsitzenden Gefangenen – 2011–2017 waren es 6.099, 5.796, 5.518, 4.910, 4.397, 4.010 und 3.889 (StVollzSt Tabelle 3.1; eingehend zur Belegungsentwicklung *Dünkel ua* RdJB 2016, 437 (438 ff.); *Endres/Maier* FS 2016, 45; zu früheren Jahren s. auch Vorauf.; vgl. auch → § 89b Rn. 5) – kann eine Unterteilung in solche, die wegen „Schwere der Schuld" *(§ 17 Abs. 2 Alt. 2)* und andere, die wegen „schädlicher Neigungen" (§ 17 Abs. 2 Alt. 1) verurteilt und eingewiesen wurden, für den Vollzug ua dann bedeutsam sein, wenn bei Verhängung wegen „Schwere der Schuld" erzieherische Belange weniger ausgeprägt sind bzw. die Strafdauer erzieherisch eher ungünstig ist (Extrembeispiel: Höchststrafe). – Rechtstatsächlich ist betreffs der Verhängungsvoraussetzungen und Bemessungskriterien der JStrafe bei Verurteilten iSv § *17 Abs. 2 Alt. 2* historisch zu berücksichtigen, dass seit Herabsetzung des Volljährigenalters auf 18 Jahre (1.1.1975) teilweise solche Personen im Alter ab 17 Jahren (vgl. → § 12 Rn. 1f) betroffen sind, die vormals dem Erfassungsbereich der (auf Minderjährige begrenzten) FE unterfielen, da eine Zweispurigkeit von Hilfe zur Erziehung nach § 12 Nr. 2 (bzw. vormals FE) und JStrafe nunmehr nur noch für (jüngere) Jugendliche besteht (s. jedoch § 41 KJHG) (vgl. zum Ganzen auch → § 12 Rn. 20 ff. bzw. Verweis in → § 12 Rn. 37–39).

13 **b) Anlassdelikte.** Betreffend die deliktsbezogene Aufteilung sind die statistischen Angaben aus speziellen methodischen Gründen nur eingeschränkt verlässlich (vgl. dazu statt vieler *Eisenberg/Kölbel* Kriminologie § 36 Rn. 26). In den Jahren 1994, 1999, 2004, 2009, 2014 und 2017 betrug an dem vorgenannten Stichtag, bezogen auf alle Straftaten nach dem StGB außer im Straßenverkehr, der Anteil der wegen Diebstahlsdelikten (§§ 242, 243, 244, 244a StGB) Verurteilten 46,30 % (1992 noch 49,30 %, 1993 noch 49,63 %), 40,96 %, 32,97 %, 25,91 %, 24,09 %, 23,04 %. 22,49 % und 22,46 %, dh der genannte Anteil ist (anders als in früheren Jahren) inzwischen weiterhin nicht mehr höher als bei den wegen Freiheitsstrafe Einsitzenden (2008: 25,53 %, 2010: 20,98 %, 2012: 21,83 %; 2014: 22,72 %; 2017: 29,94 %, StVollzSt Tabelle 5 (für das Jahr 2013: 21,23 % zu 21,25 %); krit. auch *Dünkel* Freiheitsentzug 176 ff., 190 ff.: im Regelfall „nicht besonders gefährliche" Personen); für Diebstahl (§ 242 StGB) betrugen die Anteile in

den Jahren 2015–2017 an dem genannten Stichtag 7,25 %, 7,62 % und 6,59 % (bzw. 12,79 %, 12,91 % und 12,98 %, StVollzSt Tabelle 5).

In den Jahren 1994, 1999, 2004, 2009, 2014 und 2017 machten die **13a** entsprechenden Anteile der wegen Delikten gegen das Leben (§§ 211–222 StGB) bzw. der wegen Körperverletzung (§§ 223–231 StGB) Verurteilten 7,04 %, 5,13 %, 5,05 %, 4,80 %, 4,18 % und 3,05 % bzw. 7,79 %, 13,10 %, 19,92 %, 25,74 %, 22,96 % und 21,18 % aus, und die Anteile betr. Raub und Erpressung (§§ 249–255, 316a StGB) betrugen 26,33 %, 28,30 %, 27,58 %, 28,96 %, 32,23 % und 33,27 %. Bezogen auf alle Straftaten entfiel in den genannten Jahren auf die wegen Straßenverkehrsdelikten Verurteilten unter den Gefangenen ein Anteil von 2,19 %, 2,76 %, 2,14 %, 1,15 %, 1,13 % und 0,74 % (StVollzSt Tabelle 5). – Die Anteile der wegen BtM-Delikten Ver-urteilten beliefen sich, bezogen auf alle Straftaten, an dem vorgenannten Stichtag in den Jahren 2015 bis 2017 auf 3,41 %, 3,84 % und 4,49 % (StVollzSt Tabelle 5).

c) Demografische Struktur. aa) Alter. Was die **altersmäßige** Gefan- **14** genenstruktur im JStrafvollzug angeht, so stehen Jugendliche ggü. Heran-wachsenden und auch Erwachsenen deutlich zurück. Jedoch wird die Be-rechnung nur nach *einem* Stichtag von der nach Altersgruppen tendenziell unterschiedlichen Haftdauer beeinflusst. Gleichwohl ging bei einer Stich-tagsberechnung die allg. Zunahme der Gefangenenziffer seit den 90er Jahren des 20. Jahrhunderts mit einem außergewöhnlichen Anstieg der Gefange-nenziffer bei Jugendlichen und auch bei Heranwachsenden einher (vgl. *Eisenberg/Kölbel* Kriminologie § 35 Rn. 5, 18; *Dünkel/Lang* in Bereswill/ Höynck, Jugendstrafvollzug in Deutschland, 2002, 27).

Es befanden sich am Stichtag des 31.3.1995, 1999, 2003, 2007, 2011, 2014 **14a** und 2017 im JStrafvollzug (einschließlich Freiheitsstrafenvollzug gem. § 114) JStrafgefangene im Alter von 14 Jahren absolut 3, 11, 2, 4, 1, 0 und 1, von 15 Jahren 0,70 %, 0,95 %, 0,59 %, 0,72, 0,47 %, 0,63 % und 0,97 % (absolut 35, 68, 43, 51, 29, 31 und 38), von 16 Jahren 3,33 %, 3,47 %, 3,33 %, 2,96 %, 3,11 %, 2,69 % und 3,49 % (absolut 166, 248, 242, 207, 190, 132 und 136), von 17 Jahren 6,85 %, 8,00 %, 7,35 %, 7,41 %, 6,02 %, 6,66 % und 6,73 %, von 18 Jahren 11,37 %, 12,43 %, 12,07 %, 11,97 %, 11,29 %, 10,71 % und 11,18 %, von 19 Jahren 15,90 %, 16,50 %, 15,89 %, 16,42 %, 15,93 %, 14,35 % und 15,99 %, von 20 Jahren 20,00 %, 19,15 %, 20,30 %, 19,38 %, 20,46 %, 19,28 % und 19,41 % sowie von 21 bis unter 25 Jahren 40,58 %, 37,73 %, 39,32 %, 40,27 %, 41,69 %, 44.25 % und 40,83 % (StVollzSt Tabelle 3.1).

Die Vollzugsbedingungen sind insb. für die (vergleichsweise kleine Zahl **14b** der) **jüngeren Jugendlichen** kaum adäquat (vgl. schon *Böhm* KrimGgfr 1974, 142 ff.; s. auch Angaben bei *Albrecht/Schüler-Springorum,* Jugendstrafe an 14- und 15jährigen, 1983), wenngleich deren Einweisung nach den Voll-strPlänen der Länder weithin nur für bestimmte JStVollzEinrichtungen vor-gesehen ist. Zudem sind die 14- und 15-jährigen JStrafgefangenen insgesamt mit noch höheren Defiziten belastet (nach *Ludwig* (in Albrecht/Schüler-Springorum, Jugendstrafe an 14- und 15jährigen, 1983, 72–74) waren 40 % Sonderschüler, nur 2,5 % hatten einen Schulabschluss, aber 60 % hatten einen oder mehrere Heimaufenthalte durchlebt). Daher ist sowohl die Unterbrin-gung in geeigneten Einrichtungen der JHilfe als auch die Einführung eines „altersgemäßen" Sondervollzugs zu erwägen, dessen wesentliche Schwerpunkte ua Spiel, Unterricht etc zu bilden hätten. – Wegen der Dominanz Heranwachsender bzw. Erwachsener sind aber auch für ältere Jugendliche nachhaltige Belastungen unbestreitbar.

15   **bb) Geschlecht.** Hinsichtlich der Verteilung nach dem **Geschlecht** ist – entsprechend der Tendenz bei Gefangenen des Freiheitsstrafenvollzugs – auch im JStrafvollzug der Anteil weiblicher Personen außerordentlich gering (vgl. *Haverkamp* NK 2015, 301 (306 ff.); *Eisenberg/Kölbel* Kriminologie § 36 Rn. 22; betr. psychische Belastungen vgl. etwa *Rothe-Gronotte* ZJJ 2007, 264 ff.). Dies darf indes nicht zu einer (negativen) Ungleichbehandlung führen, sei es zum Nachteil von weiblichen oder aber von männlichen (dazu BVerfG, 3. Kammer des 2. Senats NJW 2009, 661 (zum allg. StVollzR)) JStrafgefangenen. – Am Stichtag jeweils des 31.3. beliefen sich die Anteile in den Jahren 1975, 1980, 1985 und 1990 (in den „alten" Bundesländern) auf 2,9 %, 4,2 %, 2,45 %, und 2,62 %, während sie in den Jahren 1992, 1997, 2002, 2007, 2012 und 2017 (im gesamten Bundesgebiet) 2,80 %, 2,31 %, 3,72 %, 4,34 %, 3,65 % und 3,67 % betrugen (StVollzSt Tabelle 1.1).

16   **cc) Ethnie.** Der Anteil der **Nichtdeutschen** im JStrafvollzug war (in den „alten" Bundesländern) seit etwa 1970 zunächst erheblich angestiegen (vgl. näher zum Ganzen *Eisenberg/Kölbel* Kriminologie § 36 Rn. 23 sowie § 51 Rn. 39 ff.). Am Stichtag des 31.3. der Jahre 1995, 1999, 2003, 2007, 2011, 2015 und 2017 betrugen die Anteile (im gesamten Bundesgebiet) 31,47 %, 24,18 %, 17,65 %, 18,71 %, 21,38 %, 23,92 % und 29,26 % (StVollzSt 4.1 Tabelle 2; ergänzend *Walter* DVJJ 2003, 390). Umfassende Angaben über die Anteile unterschiedlicher Ethnien bzw. (Herkunfts-)Kulturen (vgl. auch → Rn. 50f) liegen nicht vor. – Zum Anteil der Aussiedler vgl. etwa *Hosser/Taefi* MschKrim 2008, 131 ff. betr. fünf norddeutsche Vollzugseinrichtungen); vormals *Pfeiffer ua*, Ausgrenzung, Gewalt und Kriminalität im Leben junger Menschen, 1998, 24: 10 %, sodann aber *Kleimann/Pfeiffer* ZJJ 2004, 383; *Walter* NK 2003, 13: für das Jahr 2000 ca. 55 % der Zugänge junge Nichtdeutsche oder Aussiedler, vgl. aber auch *Stelly/Walter* NK 2011, 50 f. (jeweils betr. JVA Adelsheim).

16a   Gegenüber **nichtdeutschen** bzw. solchen Gefangenen, die (oder deren Eltern) **zugewandert** sind, gilt der JStrafvollzug bislang als im Allg. besonders ungünstig. Allerdings kann nicht einheitlich von Benachteiligungen ausgegangen werden (s. etwa *Dünkel* Freiheitsentzug 203 ff. betr. Hessen). Ohnehin ist das Nichtvorhandensein der deutschen Staatsangehörigkeit als Einteilungsgesichtspunkt im Vergleich etwa zur Zugehörigkeit zu bestimmten gesellschaftlichen Minderheiten (nach ethnischen, kulturellen oder sozio-ökonomischen Merkmalen) nur partiell relevant (vgl. statt vieler *Eisenberg/Kölbel* Kriminologie § 51 Rn. 23 ff.).

17   **d) Zur tatsächlichen Verweildauer.** Gegenüber der bemessenen Dauer der JStrafe (vgl. → § 18 Rn. 10; vgl. auch *Lamp/Ganz* MschKrim 1985, 245) ergeben sich – insb. im Hinblick auf angerechnete (§ 52a) U-Haft und Formen vorzeitiger Entlassung bzw. etwaigen Widerruf – erhebliche Verkürzungen. – Instruktiv sind vormalige Einzelangaben für die JStVollzEinrichtung Hahnöfersand, wonach betr. die zwischen 1.12.1989 und 30.11.1990 Entlassenen (N=98) die tatsächliche Vollzugsdauer durchschnittlich 10 Monate betrug, unter Einbeziehung von U-Haft etwa 13 1/2 Monate (*Ohle* in Walter ua, Bruchstücke, Strafvollzugsprobleme ..., 1992, 122, unter Hinweis auf eine breite Varianz, dh die Verweildauer im Vollzug habe für etwa 70 % weniger als 12 Monate betragen).

e) Sozio-ökonomischer Status, psychische Belastungen. Nach em- **18** pirischen Befunden (vgl. näher → § 5 Rn. 37–82) weisen JStrafgefangene durchschnittlich und bezogen auf Gleichaltrige der Gesamtbevölkerung in mehreren Bereichen **Benachteiligungen** auf (eingehend dazu *Stelly ua* MschKrim 2014, 267 ff.; diff. *Boxberg* Jugendstrafe 183 ff.). Diese entsprechen einem ganz überwiegend extrem niedrigen sozio-ökonomischen Status schon der Eltern und scheinen durch private wie behördliche **Beeinträchtigungen** (nicht zuletzt gem. institutionalisierter Handlungsnormen (vgl. *Eisenberg/Kölbel* Kriminologie § 32; vgl. auch schon *Eisenberg* Minderjährige)) im Sinne selektierender Funktionen als negativ beurteilter Leistungsbiographien (vgl. *Stelly ua* Kriminalistik 1997 (2014), 271 f.) zumindest gefördert worden zu sein. So ist namentlich die spektakuläre Überrepräsentierung solcher JStrafgefangener zu berücksichtigen, bei denen – zum Teil mit Freiheitsentziehung verbundene – frühere Einwirkungen seitens der verschiedensten Kontrollbehörden vorliegen (*Koervers,* Jugendkriminalität und Religiosität, 1988, 130 ff.; nach *Böhm* RdJB 1973, 37 f. war im Hinblick auf registrierte „Rückfälligkeit" frühere FE bedeutungsvoller als eine frühere jugendrichterliche Maßnahme und selbst als JStrafe).

Hinsichtlich der **Schul-** und **Berufsausbildung** zeigt sich regelmäßig eine **19** vergleichsweise ungünstige Bilanz (s. empirische Befunde bei *Matzke,* Leistungsbereich bei Jugendstrafgefangenen, 1982, 82; *Koervers,* Jugendkriminalität und Religiosität, 1988, 135–137; nach *Stenger,* Berufliche Sozialisation … straffälliger Jugendlicher, 1984, 51 ff. verfügten nur etwa 40 %–50 % der Inhaftierten über einen Schulabschluss und nur etwa 10 % über eine abgeschlossene Berufsausbildung (ähnlich *Reinheckel,* Bildung im Jugendstrafvollzug, 2013: 52 % und 7 %; betr. Berufsausbildung auch *Dolde/Grübl* ZfStrVo 1988, 33), und der Anteil von Sonderschülern betrug etwa 25 % (ähnl. *Supe,* Strafgefangene und Schule, 1980, 80 f.; noch ungünstigere Quoten bei *Bulczak* Zbl 1986, 331)). Speziell betr. *Analphabetismus* gab *Wehrens* (ZfStrV 1983, 339 ff.) an, ein solcher habe bei bis zu 5 % der JStrafgefangenen vorgelegen (nach Hinweis in ZfStrVo 1987, 347 für Hamburg bis zu 20 %), im „funktionalen Sinne sogar bei bis zu 30 % (zu speziellen Behandlungsbemühungen s. *Rohwedder/Thiel* ZfStrVo 1987, 221; zur Notwendigkeit qualifizierter und motivierender Angebote *Borchert* FS 2009, 325 ff.; zu Beeinträchtigungen wegen zunehmend schriftlicher Kommunikation allg. *Colin/Klinger* Déviance et Société 2004, 36 f. (40 ff.) (zum Ausland)).

Für den **sozialpsychologischen** und **psychologischen** bzw. **psycho- 20 pathologischen** Bereich wird nahezu einheitlich auf Schwächen hingewiesen, etwa bzgl. emotionaler Bindungsfähigkeit, Über-Ich-Entwicklung, Problemlösungsstrategien, Identitätsfindung (zur Bedeutung der Selbsteinschätzung für die Erziehungsfähigkeit s. *Heilemann,* Realisierungsbedingungen der Erziehungs- und Behandlungsplanung im Jugendvollzug, 1985; zu subjektivem Belastungsempfinden bzw. depressiver Verstimmung *Bossong ua* ZfStrVo 2004, 197; zur Verknüpfung von Rigidität, Selbstkonzept und Therapiemotivation s. *Rink,* Rigidität und Veränderungsmotivation, 1984) sowie Werthierarchie (s. etwa DVJJ 1984, AK I; zu Unterschieden im (sozialen) Selbstbild aufgrund institutioneller Deprivationen s. *Rieländer/E. Quensel* MschKrim 1983, 84; *Quensel ua* MschKrim 1983, 94; krit. zumindest zur Interpretation

Schmitt MschKrim 1983, 122–124). Im Übrigen wurden regelmäßig bestimmte Anteile von JStrafgefangenen mit psychopathologischen Belastungen genannt (s. dazu betr. JVA Schleswig etwa *Köhler,* Psychische Störungen bei jungen Straftätern, 2004, 132 ff., 215 ff.; betr. Niedersachsen *Bennefeld-Kersten* Bewährungshilfe 2005, 35), im Speziellen etwa betr. ADHS (vgl. zB *Rösler ua* EuropAPsychiatClinNeur 2004, 365 ff. mit einer Prävalenzrate von ca. 45 % gem. den DMS-IV Kriterien und einer solchen von 21,7 % nach den Kriterien gem. ICD-10; vgl. auch *Grieger* RPsych 2015, 7–9; vgl. ergänzend → Rn. 58 sowie → § 5 Rn. 75).

5. Zu Fragen der „Rückfälligkeit"

21   Wegen Untersuchungsergebnissen zur Frage der „Rückfälligkeit" nach Entlassung vgl. (→ Rn. 115 ff. sowie näher → § 17 Rn. 16). Stets ist zu berücksichtigen, dass während des Bezugsintervalls (zumindest nach Entlassung) eine Vielzahl von Einwirkungen zu gewärtigen ist, die mit dem JStVollzug nichts zu tun haben müssen, dh dass iSd Validität von Aussagen „post hoc" nicht mit „propter hoc" gleichgesetzt werden darf (vgl. *Eisenberg/ Kölbel* Kriminologie § 20 Rn. 16 ff., § 42 Rn. 3f, 21 ff.; *Obergfell-Fuchs/Wulf* FS 2008, 232 ff.).

21a   Bezüglich der **„Rückfälligkeit"** nach Vollstr einer JStrafe im **geschlossenen Vollzug** wird aufgrund von Aktenanalysen ganz überwiegend von einer „Rückfall"-Quote zwischen 60 % und 80 % ausgegangen (vgl. *Schaffstein* KrimGgfr 1968, 66 ff. mN; nach *Meyer* MschKrim 1982, 281 (282): 82,3 %). Demgegenüber beliefen sich die „Rückfälligkeits"-Ziffern nach Entlassung aus dem **offenen** JStVollzug eher auf zwischen 40 % und 65 % (vgl. *Wiesbrock,* Probleme des offenen Jugendstrafvollzugs, 1971, 106; *Schalt,* Der Freigang im Jugendstrafvollzug, 1977, 83 f.; ähnlich *Frankenberg,* Offener Jugendstrafvollzug, 1999, 127 ff.). Dieser Unterschied ist schon aus Gründen der Auswahl der Verurteilten für den offenen Vollzug (→ § 92 Rn. 52–55) und wegen unterschiedlicher sozialer Nachwirkungen erwartungsgemäß.

21b   Unbeschadet höherer Quoten wies auch die Untersuchung von *Nolting* (Freigänger im Jugendstrafvollzug, 1985, 146 f., 150) ein entsprechendes Gefälle auf, wonach – innerhalb eines deutlich ausgedehnteren Zeitraums – 72 % der sog. „Freigänger" und 85 % der sonstigen JStrafgefangenen „rückfällig" wurden. Hinsichtlich des „Rückfall"-Intervalls ergab sich für das erste Jahr nach Entlassung zwischen beiden Gruppen sogar eine Differenz von 20,3 %. Indes wurde für diejenigen Probanden innerhalb beider Gruppen, die bereits vor Strafbeginn einen Lehrabschluss aufwiesen, eine Differenz von nur 0,8 % berechnet (*Nolting,* Freigänger im Jugendstrafvollzug, 1985, 169).

III. Grundsätze des Jugendstrafvollzugs

1. Ziele und Aufgaben

22   **a) Ziele.** Im JStrafvollzug kommt neben dem durch Art. 1 Abs. 1 GG und das Verhältnismäßigkeitsprinzip von Verfassung wegen garantierten **Vollzugsziel** einer **„sozialen Integration"**, das dem Erziehungsziel (§ 2 Abs. 1, vgl. auch → § 2 Rn. 14) nicht zuwider laufen darf, ein **besonders**

hohes Gewicht zu (vgl. schon → Rn. 3); die verfassungsrechtliche Verankerung räumt ihm Vorrang vor sonstigen Belangen ein (vgl. BVerfG NJW 2006, 2096), wobei offen bleibt, ob es alleiniges Vollzugsziel ist (vgl. auch DVJJ 2008, AK 1: „Sicherheit ... keine eigenständige Bedeutung"). Die vom BVerfG verlangte gesetzliche Ausrichtung des JStVollzuges auf dieses Ziel und die gleichfalls verlangte Entwicklung eines wirksamen diesbzgl. Konzepts sind seither nicht hinreichend geleistet worden.

Zumindest fehlt es auch weiterhin an Regelungen des Verhältnisses der **22a** rechtstatsächlich vorhandenen *sonstigen Vollzugsziele* untereinander (vgl. → Rn. 25–30). Im Übrigen kommt bei der Beurteilung von Vollzugszielen der tatsächlichen Haftdauer wesentliche Bedeutung zu (vgl. → Rn. 17), zumal die erheblichen Anteile der U-Haft innerhalb der gesamten Haftzeit die Landesjustizverwaltungen von vornherein in gewissem Ausmaß von dem Unterrichts-, Ausbildungs- und Sozialisationsauftrag der JStVollzAnstalten entlasten.

Dem Verständnis des Vollzugsziels abträglich ist es, dass die Landesgesetze **22b** (abw. von § 71 S. 1 StVollzG) keinen Anspruch auf *soziale Hilfe* einräumen, vielmehr die Entscheidungskompetenz auf die Vollzugseinrichtung verlagern (vgl. § 8 JStVollzG Bln ua; § 39 JVollzGB BW IV; § 132 Abs. 1 iVm §§ 68, 69 NJVollzG; § 5 JStVollzG NRW (obgleich die Pflicht besteht, dazu beizutragen, „individuelle Benachteiligungen zu vermeiden oder abzubauen", § 2 S. 2); gem. § 26 HessJStVollzG bzw. Art. 122 iVm Art. 74, 75 BayStVollzG ist gar die abwertende Zuschreibung von „Persönlichkeitsdefiziten" bzw. „Defiziten des Gefangenen" vorangestellt).

Im Einzelnen benennt Art. 121 S. 2 BayStVollzG (wie vormals § 91 **23** Abs. 1) als Vollzugsziel ua einen *„rechtschaffenen Lebenswandel ..."* des Verurteilten. Hinsichtlich dieser Begriffe (vgl. näher → § 5 Rn. 3f) bleibt unbestimmt, nach welchen Wert- und Interesseninhalten welcher gesellschaftlicher Gruppen sie auszufüllen sind (vgl. aber § 5 Abs. 1 S. 2 HessJStVollzG: „an den verfassungsrechtlichen Grundsätzen ausgerichtetes Werteverständnis"; zu – möglicherweise verzerrten – Befragungsergebnissen iSv konformen, normorientierten Zielvorstellungen der Insassen *Suhling*, Lebensziele junger Männer im Strafvollzug, 2005, 212, 233, 255). Konkreter sind zB die in §§ 22d, 22e SchlHJStVollzG angeführten (Teil-)Ziele. – Einzelne Länder beziehen das Bestreben ein, Einsicht hinsichtlich der Beeinträchtigung des Straf*tatopfers* zu wecken (vgl. als Soll-Vorschrift § 3 Abs. 1 S. 3 JStVollzG M-V, HmbJStVollzG sowie § 8 Abs. 1 S. 2 iVm § 1 ThürJVollzGB, § 8 Abs. 1 S. 2 JVollzGB LSA, § 8 Abs. 3 JStVollzG Bln (erg. zu Abs. 1 und 2), als Muss-Vorschrift § 3 Abs. 1 S. 3 SächsJStVollzG und SJStVollzG, vgl. auch Art. 122 iVm Art. 5a Abs. 1 RegE BayJAVollzG (gem. Abs. 2 S. 2: „sind zur Schadenswiedergutmachung anzuhalten"), zu Nordrhein-Westfalen FS 2012, 104 f. („symbolische" Geldleistung); *Gelber/Walter* FS 2012, 171 ff. sowie *Gelber* MschKrim 2012, 142 ff.; vgl. betr. Baden-Württemberg zur fallbezogenen Prüfung der Geeignetheit FS 2013, 228; zum Erlass von Verfahrenskosten (§ 464a StPO) bei geleisteten Wiedergutmachungszahlungen § 40 Abs. 5 HmbJStVollzG). Wenngleich ein solches, auf bestimmte Delikte bezogenes Bestreben aus der Sicht außerhalb des JStVollzugs als naheliegend erscheinen mag, so sind die Möglichkeiten der Verwirklichung aufgrund der Realitäten im JStVollzug – einschließlich der (mutmaßlichen) Opferwerdung der Insassen (vgl. → Rn. 40a, 40b, aber auch 49) – begrenzt (vgl. näher *Walter* ZJJ 2013, 90 f.; vgl. zu einem Modellprojekt *Hartmann ua* Bewährungshilfe 2013, 52 f. („Aufwand deutlich höher"), zu Ausschlussgründen nach Befragung Bediensteter *Hartmann ua* Bewährungshilfe 2013, 39 (51, betr. Methodik 47); zu sonstigen Modellprojekten *Kaspar/Mayer* FS 2015, 261; ergänzend *Kratzer-Ceylan/Kaspar* FS 2017, 295 ff. (298 f.); zum Täter-Opfer-Ausgleich *Andris,* Rechtliche und tatsächliche Rahmenbedingungen des Täter-Opfer-Ausgleichs in Haft, 2015, 120 ff.; krit. zum Ganzen etwa auch *Schaerff* ZStW 128 (16), 209 ff. (210, 231); *Köhne* JR 2016, 7 ff.; *Eisenberg/Kölbel* Kriminologie § 35 Rn. 53 entspr. sowie zu verdeckter Aggressionsableitung *Eisenberg/Kölbel* Kriminologie § 11 Rn. 8 ff.; vgl. auch → § 89c Rn. 15).

24 Die Mehrzahl der Landesgesetze formuliert das Vollzugsziel einer „sozialen Integration" bzw. den Erziehungsauftrag demgegenüber als Befähigung, künftig „in sozialer Verantwortung ein **Leben ohne Straftaten** zu führen" (§ 2 S. 1 JStVollzG Bln ua, § 1 JVollzGB BW IV, § 113 S. 1 NJVollzG, § 2 S. 1 HmbJStVollzG, § 2 Abs. 1 HessJStVollzG, § 2 S. 1 JStVollzG NRW) und ergänzt dies durch Vorschriften über eine erzieherische Vollzugsgestaltung (→ Rn. 31 ff.). Die Regelungen knüpfen damit lediglich an § 2 StVollzG an und machen deutlich, dass es verfassungsrechtliche Grenzen für eine Erziehung iRd JStVollzugs gibt. Namentlich ist diese auf die Verhinderung zukünftiger Straftaten begrenzt und muss nicht nur geeignet, sondern hierfür auch notwendig und erforderlich sein (s. *Ostendorf* NK 2006, 92); eine darüber hinausgehende Einwirkung ist unzulässig. – Einen retrospektiven – dem Wirken „von Beginn an" auf Eingliederung nach Entlassung (§ 3 Abs. 3 JStVollzG Bln) ggf. entgegengesetzten – Akzent enthält § 3 Abs. 2 JStVollzG Bln (zumal iVm § 8 Abs. 2), wonach der Vollzug auf die Auseinandersetzung „mit ihren Straftaten und deren Folgen auszurichten" ist.

24a Die Durchführung des JStVollzugs ist insofern erschwert, als die Funktion der JStrafe sowohl **Übelzufügung** als auch **Erziehung** sein soll (krit. schon *Peters* MschKrim 1966, 49 (56)). Als Kriminalstrafe begründet die JStrafe eine Einstellung ggü. dem Verurteilten, die einem pädagogisch aufgefassten Verständnis von vornherein widerspricht (vgl. → Rn. 4; krit. auch *Ludwig* Zbl 1986, 333). Die Bedingungen des JStVollzuges können tendenziell eher dazu führen, dass zentrale Grundlagen für eine Erziehung und die Entwicklung des JStrafgefangenen zerstört werden, und sie können dem Erlernen von Eigenverantwortung und Problemlösungskompetenz ggf. entgegen stehen. Der JStVollzug gilt daher als ein für die Erreichung des Vollzugsziels besonders ungeeigneter Ort (vgl. *Reuther* Elternrecht 174 ff., 184 ff.). – Organisatorisch vermag das Ausmaß an Reglementierung schon bestimmten Voraussetzungen einer Sekundärprävention („Rückfall"-Verhütung) nicht Rechnung zu tragen. Solche Voraussetzungen sind ua der Ausgleich von Benachteiligungen (vgl. nur → Rn. 18 ff.) und die Vermittlung altersgemäßer Bewältigungsstrategien unter Begrenzung des Eingriffs in die individuelle Lebensgestaltung auf das insoweit Unerlässliche (vgl. etwa schon DVJJ 1984, AK I).

25 **b) Aufgaben.** Trotz der verfassungsrechtlich gebotenen Vorrangstellung des Vollzugsziels einer „sozialen Integration" bzw. des Erziehungsauftrags (§ 2 Abs. 1, vgl. auch *Sonnen* ZJJ 2006, 238) sehen die meisten der vorliegenden Gesetze der Länder als weiteres Ziel bzw. als Aufgabe den **Schutz** der **Allgemeinheit** vor (vgl. modifiziert § 7 Abs. 1 JStVollzG NRW) und unterscheiden insofern nicht zwischen Jugend- und Erwachsenenstrafvollzug

(vgl. § 2 StVollzG). Sie sind angesichts dessen im Bereich der Öffnung des Vollzuges auch insgesamt deutlich restriktiver als der vormalige Entwurf des BMJ, der in § 2 nur die Lebensführung ohne Straftaten als Vollzugsziel nannte (ebenso *Alt,* Das Berliner JStVollzG im Lichte verfassungsrechtlicher Vorgaben sowie europäischer und internationaler Regelungen mit Menschenrechtsbezug, 2014, 88). Während § 113 S. 2 NJVollzG bereits eine dem § 2 StVollzG vergleichbare Regelung enthält (ähnlich § 2 Abs. 2 S. 1 HessJStVollzG; vgl. krit. *Kreuzer/Bartsch* FS 2010, 88 f.), lassen § 2 JStVollzG Bln ua sowie § 2 Abs. 1 S. 2 iVm § 1 ThürJVollzGB, § 2 Abs. 1 S. 2 JVollzGB LSA das Verhältnis zu dem Schutz der Allgemeinheit, der als „die Aufgabe" bezeichnet wird, eher offen (für Gleichrangigkeit hingegen § 2 S. 2 BbgJVollzG und HmbJStVollzG (vgl. dazu *Dünkel/Kühl* NK 2009, 82 ff.: „unzulässige Gleichgewichtung"), Mecklenburg-Vorpommern sowie Schleswig-Holstein: „gleichermaßen"; anders § 2 Abs. 2 S. 2 SächsJStVollzG („auch") und § 2 Abs. 2 S. 2 SJStVollzG („zugleich")). § 2 Abs. 1 JVollzGB BW I und Art. 121 Abs. 1 BayStVollzG stellen den Schutz der Allgemeinheit gesetzessystematisch gar dem Erziehungsziel voran.

Eine Gleichberechtigung oder Vorrangstellung von **Ordnungs-** und **Si-** 26 **cherungsbelangen** ggü. dem Vollzugsziel einer „sozialen Integration" kann sich hieraus gleichwohl nach wie vor nicht ergeben (vgl. zur vormaligen Rechtslage 11. Aufl. Rn. 12, 34; zur faktischen Vorrangstellung solcher Belange *Eisenberg* MschKrim 2004, 356). Dem stehen die verfassungsrechtlichen Vorgaben für den JStVollzug entgegen (so auch *Tondorf/Tondorf* ZJJ 2006, 244 f. mN). Diese gebietet eine verfassungskonforme Auslegung des Terminus „Schutz der Allgemeinheit" dahingehend, dass dieser nicht im Widerspruch zum Ziel einer „sozialen Integration" steht, sondern gerade durch die Integration erreicht wird (s. BVerfG NJW 2006, 2095). Ordnungs- und Sicherungsbelange sind daher von der Formulierung nur insoweit erfasst – und zwar unabhängig von der Benennung des Schutzes der Allgemeinheit als Aufgabe oder Ziel in den verschiedenen Gesetzen (vgl. *Goerdeler/Pollähne* ZJJ 2006, 252 f.; anders indes Art. 122 iVm Art. 4 BayStVollzG).

Der Umsetzung des Vorranges des Erziehungsauftrags (§ 2 Abs. 1) ggü. **26a** Ordnungs- oder Sicherungsbelangen würde es zB widersprechen, falls zur Erziehung oder Eingliederung notwendige Maßnahmen mit der allg. Begründung zurückgestellt würden, sie begünstigten die Gefahr von Störungen des Anstaltslebens oder strafbarer Handlungen; Entsprechendes gilt für Verlegungen (vgl. aber noch *Arloth* zu Art. 131 Abs. 1 BayStVollzG Rn. 1 auch betr. jüngere Insassen, ua „um eine kriminelle Infizierung zu unterbinden"; ergänzend zum Eilrechtsschutz BVerfG, 2. K. des 2. S., NStZ-RR 2015, 355 (betr. allg. StVollzR)).

c) Zuwiderlaufende Belange. Der Verwirklichung des Erziehungsziels 27 stehen im Übrigen andere **rechtliche** oder **tatsächliche** Belange nicht unerheblich entgegen (vgl. vormals auch *Arloth* zu § 113 NdsJStVollzG, Art. 121 Rn. 1 BayStVollzG: nicht berücksichtigungsfähig).

aa) Kollidierende Zweckbestimmungen. Im allg. StVollzugsrecht wer- **27a** den seitens (Teilen) der Praxis neben dem Vollzugsziel nach § 2 S. 1 StVollzG auch **andere zweckorientierte** Belange bei der Gestaltung des Strafvollzugs im Einzelfall berücksichtigt (vgl. aus vollzugspsychologischer Sicht krit. *Bayer ua* MschKrim 1987, 171 (173); zum JStVollzug *Eyrich* ZfStrVo 1985, 237). Diese Auffassung erlaubt zugleich eine moralische

Legitimierung für das „principle of less eligibility" (*Mannheim,* The dilemma of penal reform, 1939), dh für den Grundsatz, dass die Vollzugssituation weniger Vorzüge hat als jede andere Lebenssituation innerhalb der (Außen-) Gesellschaft (der wiederum als tragendes Element **außerstrafrechtlicher** gesellschaftlich positiver **Funktionen** registrierter Kriminalität gilt, näher *Eisenberg/Kölbel* Kriminologie §§ 10, 11).

27b Im JStR hingegen sind **generalpräventive** Überlegungen zumindest nach der herrschenden Rspr. unzulässig (vgl. → § 17 Rn. 6 f., → § 18 Rn. 43). Hinsichtlich der **Schuld** ist zu berücksichtigen, dass für die jugendstrafrechtlichen Rechtsfolgen einschließlich der JStrafe im Gegensatz zum allg. StR nicht Schwere der Tat bzw. der Schuld bestimmend sind, sondern – auch bei JStrafe wegen „Schwere der Schuld" (§ 17 Abs. 2 Alt. 2) – **vorrangig** der **Erziehungsgedanke** zu beachten ist. Demgemäß dürfen erzieherische Überlegungen auch in diesen Fällen nicht zurücktreten, und eine „reine" Schuldstrafe wäre unzulässig (→ § 17 Rn. 55 ff.), zumal andernfalls die Konsequenz wäre, dass JStrafe (nicht nur in Extremfällen, vgl. → § 18 Rn. 37) über einen Zeitraum vollstreckt werden dürfte, der aus erzieherischen Gründen eher ungünstig ist als eine kürzere Dauer. Gemäß diesen Grundsätzen ist die Berücksichtigung der Schuldschwere zB bei der Versagung von Vollzugslockerungen im JStVollzug, wenn überhaupt (s. krit. Anm. *Schüler-Springorum* und *Funck* zu OLG Stuttgart NStZ 1987, 430; vgl. auch *Schüler-Springorum* StV 1989, 265: „den Vollzug zu vergiften" (jeweils betr. Freiheitsstrafe); generell abl. *Sonnen* in Diemer/Schatz/Sonnen II § 16 Rn. 4) nur in engen Grenzen zulässig (vgl. auch → Rn. 66 ff.), da das Erziehungsziel vorrangig ist. Hinsichtlich der JStrafe wegen **„schädlicher Neigungen"** (§ 17 Abs. 2 Alt. 1) bestehen starke Ähnlichkeiten mit einer Maßregel der Besserung und Sicherung (→ § 17 Rn. 23), sodass insoweit ohnehin nur eingeschränkt Raum für eine Funktion im Sinne allg. Strafzwecke besteht.

28 **bb) Fiskalische Aspekte.** Weiterhin stehen trotz der einschlägigen Vorgaben des BVerfG nach wie vor fiskalische Erwägungen einer iSd Vollzugsziels ausreichenden Ausstattung des Vollzugs entgegen (vgl. aber betr. externe Therapie OLG Hamm NStZ 2009, 220; KG NStZ-RR 2013, 189 (jeweils betr. § 58 StVollzG); vgl. speziell zu Bayern aber *Schneider,* Strafvollzug und Jugendstrafvollzug im Bayerischen Strafvollzugsgesetz, 2010). So sieht zB das JVollzGB BW IV (wie schon das vormalige JStVollzG) nur in Ausnahmefällen als Anspruch ausformulierte subjektive Rechte der Gefangenen vor und weist weitgehend Ermessensvorschriften auf, um den Vollzug „haushaltsverträglich zu gestalten" (Gesetzesbegründung JVollzG v. 16.1.2007, 1).Ebenso läuft eine umfängliche **Kostenbeteiligung** der Gefangenen (s. etwa § 132 Abs. 1 iVm § 52 Abs. 3 NJVollzG; vgl. auch → Rn. 124) angesichts der für die Gefangenen oft ohnehin bestehenden Schuldenbelastung dem Vollzugsziel einer „sozialen Integration" zuwider.

29 **cc) Faktische Bedingungen.** Hemmnisse der Verwirklichung eines erzieherisch orientierten JStVollzugs ergeben sich (auch) durch innerhalb der „Gefängnisgesellschaft" – also bei (Teilen der) Bediensteten wie Gefangenen – im Verhältnis der **(faktischen) Vollzugsziele** von Sicherheit und Ordnung einerseits und reibungslosem Vollzugsablauf andererseits (vgl. näher *Eisenberg/Kölbel* Kriminologie § 35 Rn. 62f). Dem kann nur durch eine besondere **Eignung** und **Ausbildung** der **Bediensteten** (zur Bedeutung für die Erreichung des Vollzugsziels *Walter* ZJJ 2006, 249 ff.) begegnet werden, wie sie § 102 JStVollzG Bln ua (§ 112 JStVollzG LSA; näher § 107 JStVollzG Bln), § 72 Abs. 3 HessJStVollzG und § 101 Abs. 2 S. 3 HmbJStVollzG zwingend verlangen (vgl. auch § 107 Abs. 2 S. 1 JVollzGB LSA); andere Gesetze sehen dies teilweise nur als Sollvorschrift (§ 62 Abs. 2 S. 2 JStVollzG NRW, § 12 Abs. 3 JVollzGB BW I, abgeschwächter § 170 Abs. 2 NJVollzG) oder anderweit eingeschränkt vor (Art. 157 BayStVollzG: „nach Möglichkeit"). Da es weder für die Aufsichtsbeamten noch für das übrige Personal eine spezielle Ausbildung für die Erziehungsaufgabe des JStVollzugs gibt, ist die gesetzliche Forderung nur **unvollkommen erfüllt.** Immerhin finden sich neben Fortbildungsveranstaltungen teilweise Zusatzausbildungsgänge (vgl. *Walter/Ostheimer* ZfStrVo 1999, 92) und im Übrigen praxisverbundene, von Anstalt zu Anstalt differierende Unterweisungen (s. etwa schon *Fleck/Ringelhann* ZfStrVo 1986, 300; zur Frage der Verwendung von Persönlichkeitstests s. *Steinhilper* ZfStrVo 1986, 352).

Im Einzelnen ist anzustreben, dass in den **Wohngruppen** ständig zu- 29a geordnete (vgl. betr. feste Zuordnung § 62 Abs. 3 JStVollzG NRW (Soll-Vorschrift), vormals auch § 11 Abs. 4 S. 1 BWJStVollzG), einschlägig geeignete und aus- und weitergebildete **Mitarbeiter** in angemessener Anzahl und je nach den Bedürfnissen der Wohngruppenmitglieder tätig sind (s. betr. Reduzierung von aggressivem Verhalten *Voßenkauf* ZfStrVo 1998, 140–142; *Jesse* ZJJ 2015, 123), und dass sich darunter mindestens ein Mitarbeiter mit einer abgeschlossenen Fachhochschul- oder Hochschulausbildung befinden sollte. Im allg. wurden als Mindestdauer der **Ausbildung** für den allg. Vollzugsdienst 24 Monate und als Mindestdauer einer jugendstrafvollzugsspezifischen Weiterbildung im mittleren und gehobenen Vollzugs- und Verwaltungsdienst 6 Monate empfohlen (JStVollzKomm 58 f.).

Darüber hinaus begründen die vorgenannten (faktischen) Ziele **Wider-** 30 **stände** gegen tiefgreifende Vollzugs**reformen** (vgl. auch → Rn. 4; konkret *Bredlow* FS 2013, 159 ff.). Auf der Seite der *JStrafgefangenen* handelt es sich um mehr oder weniger erwartungsgemäße Abwehrmechanismen, die sich auch als regressiv umschreiben lassen. So erscheint es ihnen sinnvoller, eine Strafe „abzusitzen", als sich Anforderungen dieses oder jenes Erziehungsvollzugs zu stellen (vgl. auch → Rn. 34). Auch bilden in einer gewissen Konstanz nicht Erzieher, sondern Mitgefangene, die subkulturell eingebunden sind, das dominierende Orientierungs- oder gar Lernmodell (vgl. etwa schon *Kersten/v. Wolffersdorff-Ehlert,* Jugendstrafe – Innenansichten aus dem Knast, 1980).

Ein Widerstand seitens der *Aufsichtsbeamten* ist unmittelbar verständlich, da 30a sie diejenige Gruppe innerhalb der Bediensteten sind, deren Funktion der Aufrechterhaltung des reibungslosen Vollzugsablaufs durch Reformen am ehesten betroffen würde (vgl. auch *Walkenhorst* KrimPäd 1943 (15), 67). Aber auch die Aufgaben von Sozialarbeitern und Psychologen würden ggf. einer Änderung unterzogen (vgl. etwa → Rn. 129). Innerhalb der Bedinstetengruppen sind bestimmte Techniken der Behinderung von Reformen zu beobachten: Zum einen können Neuerungen nach und nach inhaltlich dergestalt abgeändert werden, dass sie in das bisherige Vollzugsgeschehen passen, wobei bisweilen allein die Bezeichnung der Reform erhalten bleibt; andererseits vermögen abfällige Bemerkungen, deutliche Zurückhaltung oder ein ausgedehnter Zeit- oder Kräfteaufwand bzgl. einer Reform deren Scheitern zur Folge habe (vgl. etwa Justizvollzugsbeauftragter S. 118 f., 282 ff.). – Gelegentlich kommt es zu strategischen Fusionen zwischen Aufsichtsbeam-

ten und JStrafgefangenen mit dem Ziel, Bemühungen um Erziehungsmaßnahmen aufzulösen (vgl. etwa auch *Bolle* in Queloz ua, Droit pénal et
diversités culturelles, 2012, 140 f.).

2. Erzieherische Gestaltung

31   **a) Landesgesetzliche Regelungen.** Hinsichtlich der Gestaltung des
JStVollzugs sehen die Gesetze der Länder Regelungen iSd überkommenen
Grundsätze ebenso vor wie Vorschriften über die besondere erzieherische
Ausgestaltung (zu diesbzgl. Anforderungen *Walter* ZJJ 2006, 241 ff.). Unterschiedlich wurden hingegen die Rechte der Personensorgeberechtigten gewürdigt (vgl. Begr. zu vormaligem Entwurf Hessen, 51 und zum ArbE
Sachsen, 104 (der Erziehungsauftrag sei auf die JVA übertragen) ggü. Begr.
zu vormaligem Entwurf NRW, 18 (Schutz von Elternrecht und Familie
werde in ihrem Wesensgehalt nicht aufgehoben)).

31a   Verschiedene Landesgesetze legen ausdrücklich fest, dass der Vollzug **erzieherisch** zu gestalten ist, und zwar im Sinne einer Förderung zur „eigenverantwortlichen und gemeinschaftsfähigen Lebensführung" (§ 3 Abs. 1
JStVollzG Bln ua, § 114 Abs. 1 NJVollzG, § 3 Abs. 1 S. 2 HessJStVollzG,
§ 3 Abs. 1 S. 2 JStVollzG NRW; nach § 3 Abs. 3 S. 3 HmbJStVollzG ist „ein
gewaltfreies Klima" als Gestaltungsgrundsatz aufgenommen, indes ohne Differenzierung (zB zwischen physischer, psychischer, strukureller Gewalt etc);
zur Erfragung des sog. „Gruppen-Klimas" im JStVollzug vgl. etwa *Heynen ua*
MschKrim 2014, 224 ff. (Auflistung von nach Skalen unterteilten 36 Fragen)).

31b   Das bayerische Gesetz sieht demgegenüber unter der Überschrift „Behandlung" neben dem Verweis auf diesbzgl. Formen des Erwachsenenvoll-
zugs (Art. 123 Abs. 1 iVm Art. 3 BayStVollzG) nur eine Ausbildungs- bzw.
Arbeitspflicht vor (Art. 123 Abs. 3). Einzelne in § 2 Abs. 2 JVollzGB BW
IV formulierte Erziehungsziele gehen über das Erziehungs- bzw. Vollzugsziel
und das verfassungsrechtlich zulässige Maß hinaus, sie berühren nicht nur die
negative Glaubensfreiheit aus Art. 4 Abs. 1 GG („Ehrfurcht vor Gott", „im
Geiste der christlichen Nächstenliebe"; krit. *Alt,* Das Berliner JStVollzG im
Lichte verfassungsrechtlicher Vorgaben sowie europäischer und internationaler Regelungen mit Menschenrechtsbezug, 2014, 95), sondern sind in ihrer
konkreten positiven Ausformulierung auch darüber hinaus weder geeignet
noch erforderlich („Liebe zu Volk und Heimat", „sittlicher und politischer
Verantwortlichkeit"). Eingeschränkt gilt dies für einzelne in § 3 Abs. 1 S. 3
SächsJStVollzG gefasste Ziele („Ehrfurcht vor allem Lebendigen", „Nächstenliebe", „sittliches und politisches Verantwortungsbewusstsein").

31c   Formen und Inhalt erzieherischer Gestaltung werden zB durch § 5
JStVollzG Bln ua ((§ 4 SchlHJStVollzG)) und § 4 JStVollzG NRW) in Form
von Leitlinien zur Erziehung und Förderung konkretisiert (vgl. indes einschr.
als bloße Sollvorschrift § 5 Abs. 2 JStVollzG Bln ua (Berlin § 6 Abs. 2
JStVollzG Bln; § 5 Abs. 1 S. 2 SächsJStVollzG), nicht hingegen etwa § 4
Abs. 2 JStVollzG NRW, § 2 Abs. 8 JVollzGB BW IV; vgl. im Übrigen zur
mangelnden Bestimmtheit → Rn. 23), wobei eine differenzierende, hinreichend **individuelle** Berücksichtigung der einzelnen JStrafgefangenen **geboten** ist, die sich nicht nur an „Angepasste" richtet (*Rehn* NK 2006, 122; zu
extern angebotenem sozialen Trainingskurs *Borchert* ZJJ 2016, 164 (etwa
gleichaltrige Studierende)). Vielmehr sind es gerade diejenigen, die sich

nicht ohne weiteres dem Vollzugsalltag an- und einpassen, die in besonderem Maße spezielle Angebote zur Motivierung benötigen (zur Bedeutung von Beziehung *Kraft* ZJJ 2011, 378 ff. (speziell betr. weibliche Gefangene)). – Soweit schon bei der Gestaltung ggf. auf eine Entscheidung nach *§ 89b Abs. 1 „hinzuwirken"* ist (§ 3 Abs. 3 S. 2 HessJStVollzG), wird den Voraussetzungen hierfür (vgl. → § 89b Rn. 3–8) auch methodisch kaum hinreichend Genüge geleistet werden können.

Die Gesetze enthalten die allg., § 3 StVollzG entsprechenden **Gestaltungsgrundsätze** betr. Angleichung, Gegensteuerung und Integration (§ 3 Abs. 3 JStVollzG Bln ua (§ 3 Abs. 4 SächsJStVollzG), § 2 Abs. 3, 4 JVollzGB BW IV, Art. 122 iVm Art. 5 BayStVollzG (nur Soll-Vorschrift), § 2 NJVollzG, § 3 Abs. 2 HessJStVollzG, § 3 Abs. 2 HmbJStVollzG (vgl. auch S. 3: von Beginn an)). § 3 Abs. 3 S. 4 JStVollzG Bln ua ordnet in diesem Zusammenhang einschränkend und wiederholend die Beachtung der Belangen von Sicherheit und Ordnung (hierzu ebenso § 3 Abs. 2 S. 2 HessJStVollzG) an, die indes dem Grundsatz der Verhältnismäßigkeit genügen muss. Daher sind Risiken in Kauf zu nehmen, wenn ihnen gegenüberstehende Vorteile überwiegen. Den Insassen ist „sobald wie möglich" die Teilnahme am „Leben in der Freiheit" einzuräumen (§ 3 Abs. 6 S. 2 JStVollzG Bln). **32**

b) Zum Erziehungsziel. Es bedürfte einer an dem Erkenntnisstand einschlägiger Fachdisziplinen ausgerichteten inhaltlichen und methodischen Klarstellung der **Grundvoraussetzungen** erzieherischen Bemühens um JStrafgefangene (ähnlich *Scherr* neue caritas 2006, 12; s. auch *Walter* ZJJ 2006, 238 ff.), soll dieses Ziel nicht (weiterhin) der Rechtfertigung vorhandener Machtpositionen dienen bzw. das **Gutdünken** dieses oder jenes Vollzugsbediensteten über die anzuwendenden „Methoden" entscheiden (zu divergierenden Perspektiven zwischen Bedienstetengruppen vgl. etwa *Averbeck/Lösel* in Steller ua, Straftäterbehandlung, 2. Aufl. 2003, 215, 217 ff.; vgl. aber auch → § 10 Rn. 50 ff.). Diese Notwendigkeit gilt auch für diejenigen Betroffenen, bei denen wegen der Kürze der (verbleibenden) Vollzugsdauer herkömmliche langfristige erzieherische Interventionen nicht durchgeführt werden können und im Übrigen das Verbot der Schädigung (vgl. dazu betr. den allg. Strafvollzug § 3 Abs. 2 StVollzG) erhöhte Bedeutung gewinnt. **33**

Hinsichtlich der personalen und sozialen Umstände von JStrafgefangenen ergibt die Vielzahl von Benachteiligungen (vgl. → Rn. 18 ff.) eine kaum überbrückbare Kluft zwischen dem **Verständnis** von **Erziehung** im Sinne eines allg. Begriffs privater und schulischer Förderung von Kindern und Jugendlichen einerseits und den verbleibenden (Rest-)Möglichkeiten einer Erziehung im JStVollzug. So sind zB Methoden der **Strafe** im **pädagogischen Sinn,** die eine Ansprechbarkeit voraussetzen, als erzieherisches Mittel des JStVollzugs prinzipiell eher nicht geeignet (zust. *Walter*, Bruchstücke, Strafvollzugsprobleme …, 1992, 60, 204), da JStrafgefangene idR eine solche Vielzahl von Belehrungen, Ermahnungen und Übelszufügungen erfahren haben, dass sie nur noch iSd **Ablehnung** reagieren (können (vgl. auch *Hosser/Greve* DVJJ-Journal 2002, 429 ff.)). Dem würde die vorsichtige Annahme entsprechen, dass der JStVollzug umso eher erzieherisch geeignete Möglichkeiten bietet, je weniger schwer die Betroffenen in der jeweiligen Lebensphase durch (auch vorausgegangene) Beeinträchtigungen belastet sind (vgl. schon *Böhm* RdJB 1973, 41). Zielführend und aktivierend wird eher die Orientierung an (ggf. seither verdeckten) Befähigungen als an Defiziten **34** sein (vgl. zu Motivationsbedingungen etwa *Zobrist* Bewährungshilfe 2015, 336 ff. (betr. inhaftierte Frauen)).

35   Unabhängig davon findet sich iSd **Schutzes** der (subjektiv empfundenen) höchstpersönlichen Wirklichkeit weithin eine **Abwehr**haltung zum (J) StVollzug und der Tatsache des Eingewiesenseins, sodass schon deshalb ein (emotionales) Interesse an Erziehung nicht bestehen kann. Dies gilt umso mehr, falls tatneutralisierende Elemente eine Erziehungswilligkeit einschränken (vgl. auch → § 3 Rn. 16; zu unterschiedlichen Perspektiven betr. Entstehungszusammenhänge der Straftaten s. *Averbeck/Lösel* in Steller ua, Straftäterbehandlung, 2. Aufl. 2003, 215, 217 ff., aber auch 226). Es handelt sich dabei im wesentlichen um eine Verfestigung der bei Jugendlichen (wie Erwachsenen) im Falle der Deliktsbegehung festzustellenden Dissonanz zwischen dem (etwa vorhandenen) Bewusstsein, selbst Täter zu sein, und dem Wunsch nach einem davon befreiten Selbstverständnis (vgl. auch → § 3 Rn. 16).

35a   Zu Aus- und **Folgewirkungen** des JStVollzugs auf psychische und zwischenmenschliche Bereiche liegen seither wenig empirische Untersuchungen vor (vgl. betr. Bezüge zur Legalbewährung → Rn. 58 ff., 115 ff.; *Eisenberg/Kölbel* Kriminologie § 37 Rn. 31, 35, § 55 Rn. 9, 14 ff., 34 f.; s. zudem *Greve/Hosser* MschKrim 1998, 85 (95); *Hosser/Greve* DVJJ-Journal 2002, 430 (betr. U-kurvenförmigen Haftverlauf)).

36   **c) Beschränkungen in der Erreichung des Vollzugsziels. aa) Einstellungsmuster.** Im Einzelnen haben jugendliche und heranwachsende ähnlich wie auch erwachsene Strafgefangene soziale **Normen** und **Wertvorstellungen** bzgl. tragender Rechtsgüter wie Eigentum, Freiheit, persönliche Unversehrtheit idR **verinnerlicht.** Was die Nichteinhaltung einzelner (statistisch vorherrschender) Verhaltensnormen im Leistungs-, Sozial- und Freizeitbereich angeht, so bleibt, unbeschadet einer Plausibilität, die Annahme einer spezifischen Relevanz für die Legalbewährung fraglich (vgl. → § 5 Rn. 37–82). – Im Übrigen ist unstreitig, dass innerhalb der Gesellschaft unterschiedliche altersmäßige und sonstige soziale Gruppen mit unterschiedlichen Wert- und Interessensystemen sowie Verhaltensmustern bestehen. So mag es sein, dass ein JStrafgefangener innerhalb seiner Bezugsgruppe sozialisiert ist, er den Bediensteten der JStVollzAnstalt aber als erziehungsbedürftig erscheint und demgemäß eine Änderung von ihm erwartet wird. Demgegenüber kann der Anspruch einer Sozialisierung an Normen altersmäßig oder sozio-ökonomisch anderer Gruppen wohl nur als überhöht verstanden werden (vgl. indes allg. etwa § 9 Abs. 1 JVollzGB LSA: „gemeinschaftsfähige Lebensführung").

37   Für die ganz überwiegende Mehrheit der JStrafgefangenen lässt sich lediglich feststellen, dass die von ihnen gewählten **Methoden** zur Erreichung allg. erstrebter Ziele illegal waren, und dass die Anwendung dieser Methoden strafrechtlich verfolgt wurde. Die erzieherische Strategie hätte sich demgemäß – bei konflikt-orientiertem Verständnis – zum einen darauf zu konzentrieren, die Unergiebigkeit der gewählten Methoden darzulegen; dies allerdings setzte eine tatsächlich hohe Entdeckungswahrscheinlichkeit bei einem etwaigen „Rückfall" voraus, woraus folgte, dass so verstandene Erziehung ohne reaktive Kontrollintensität inadäquat wäre. Zum anderen aber wären Verhaltenstechniken aufzuzeigen, die den Entlassenen nach Möglichkeit vor solchen Risikofaktoren und -situationen bewahren, die für die Auseinander-

setzung mit der bestehenden Gesellschafts- und Rechtsordnung konfliktträchtig sind (vgl. zu einem „Problemlösungs-Training" s. *Krott* ZfStrVo 1985, 138, betr. Legalbewährungseffekte eines sozialen Trainings relativierend *Boxberg/Bosold* FPPK 2009, 237 ff.; vgl. zu empirischen Daten ferner *Merzhäuser,* Delinquentes Verhalten von inhaftierten Jugendlichen, 1985; zur Auflockerung von Persönlichkeitsrigidität s. etwa *Rink,* Rigidität und Veränderungsmotivation, 1984, 445; s. auch *Steinhilper* KriminalpädPraxis 1988, 28 (betr. die Anstalten in Niedersachsen); *Görken* ZfStrVo 1987, 83 (betr. JVA Neumünster)). Hier besteht allerdings die Schwierigkeit zu erkennen, welche Verhaltensweisen eine Bedeutung für die Entstehung des strafrechtlich erfassten Verhaltens haben und welche (allein) iZm der privaten und behördlichen strafrechtlichen Erfassung bedeutsam sind (vgl. dazu → § 5 Rn. 38).

Im Übrigen ist davon auszugehen, dass **Verhalten** als Methode zur Errei- **38** chung von Zielen oder zur Verwirklichung von Interessen wesentlich auch **von Einstellungen abhängig** ist. Einstellungen ihrerseits ändern sich (nur), wenn sich das **Bewertungssystem** verschiebt oder entwickelt. Solches aber ist bevorzugt oder gar ausschließlich dann möglich, falls andere **(positive) soziale Erfahrungen** gemacht werden. – Auch im Allg. ist ein Nachholen sozialer Lernprozesse, die Weiterentwicklung der emotionalen und geistigen Fähigkeiten und die Förderung der Gemeinschaftsfähigkeit nur unter ähnlichen Bedürfnissen und Zwängen, Verlockungen und Verführungen möglich, wie sie vorhanden waren, als ein zur behebendes soziales Fehlverhalten entstanden ist. Dies aber lässt sich im JStVollzug im Hinblick auf Vollzugsbedingungen wie auch Besonderheiten der Sozialstruktur der Gefangenengesellschaft kaum erreichen (vgl. etwa schon *Böhm* in Elster/Lingemann/ Sieverts KrimHdWB 526; zu empirischen Daten einer eher negativen Einstellungsänderung *Eitzmann* 88; betr. Grenzen von Mediation oder gar eines TOA (dazu etwa *Rössner* ZJJ 2005, 32) vgl. → Rn. 23, näher Nachw. bei *Eisenberg/Kölbel* Kriminologie § 35 Rn. 53).

Aus diesem Grunde ist eine wirksame Intervention kaum zu erwarten, **39** solange der JStrafgefangene aus der Gesellschaft genommen wird und Möglichkeiten, soziale Belohnung zu erhalten, auf die Anstaltssituation beschränkt bleiben, zumal **Reglementierung** und **Beschneidung** von **Handlungschancen** innerhalb des Vollzugsgeschehens eine soziale Bestrafung bedeuten. Jedoch haben Wissenschaft und Praxis bisher keine Erfolg versprechenden Alternativen zum stationären Vollzug angeboten, die die komplexe Schutz- und Erziehungsaufgabe des JStVollzugs erfüllen könnten. – Betreffend die Bildung von Anstalts**beiräten** (zum allg. Strafvollzug s. §§ 162 ff. StVollzG) erscheint die Beteiligung der Öffentlichkeit sowie eine dadurch erhoffte Kontrolle als nur eingeschränkt verwirklicht, soweit die Landesjustizverwaltungen über (Nicht-)Ernennung, Entlassung oder Suspendierung befinden, und zwar auf der Grundlage von Verwaltungs- bzw. Ausführungsvorschriften (vgl. etwa schon *Wagner* ZfStrVo 1986, 340; *Felix ua* KrimJ 1979, 296; aber auch *Schibol/Senff* ZfStrVo 1986, 202); zu ehrenamtlichen Betreuern s. etwa *Siebolds* ZfStrVo 1986, 269.

bb) Beziehungsformen. Die Rollengestaltung und -verteilung inner- **40** halb der **Gefangenengesellschaft** bestimmt sich auch im JStVollzug vorrangig nach deren informellen Normen, die sich regelmäßig von den formellen Regelungen und Zielvorstellungen der Bediensteten bzw. der offiziellen Anstaltsorganisation unterscheiden und oftmals im Widerspruch hierzu stehen (vgl. zur Rollenverteilung einschließlich körperlicher Kraft *Hürlimann*, Führer und Einflussfaktoren in der Subkultur des Strafvollzuges, 1993, 139 ff.; speziell betr. Gefangene türkischer Ethnie *Klose*, Deskriptive Darstellung der subjektiv empfundenen Haftsituation männlicher türkischer Inhaftierter im geschlossenen Jugendstrafvollzug in NRW, 2002, 225 ff.). Dieses informelle Normensystem gilt als vergleichsweise konstant (vgl. auch zur Funktion *Schmalz*, Kommunikation und Interaktion weiblicher Inhaftierter in einer Justizvollzugsanstalt, 2016, 168 ff. (betr. weibliche Insassen); zu „häufig unmenschlichen Zugangs-, Unterwerfungs- und Bestrafungsritualen" *Preusker* ZfStrVo 2003, 231), und zwar unabhängig vom Ausmaß der Fluktuations- und Rücklaufquoten der JStrafgefangenen. Verschiedentlich wird angestrebt, durch Übertragung von erzieherischer **Verantwortung** (einschr. vormals *Arloth* zu Art. 158 BayStVollzG: nur „Vertretung") auf Gleichaltrigengruppen der JStrafgefangenen Widersprüche zum formellen Anstaltssystem einzuschränken (vgl. betr. Glen Mills *Walter* ZfStrVo 2002, 78; sowie zur Verneinung einer vergleichsweise günstigeren Legalbewährung *Walter* DVJJ-Journal 2002, 417 ff.; zu demokratischer Mitbestimmung *Weyers* NK 2003, 106 ff.; zu **Insassenvertretung** *Graebsch* FS 2016, 22 ff. (betr. allg. StVollz)); personell wird zB die Anwesenheit eines zusätzlichen Erziehers im Spätdienst empfohlen (DVJJ 2015, AK 3).

40a   Im Einzelnen ist zB (auch) für den JStVollzug davon auszugehen, dass die Insassen sich untereinander eher als **Konkurrenten** bzw. Tauschpartner betr. knappe wie überteuerte Waren oder bzgl. Dienstleistungen ansehen (vgl. *Kersten / v. Wolffersdorff-Ehlert*, Jugendstrafe – Innenansichten aus dem Knast, 1980) und ggf. untereinander auch **Straftaten** begehen. Darin liegt nicht nur ein erhebliches Problem mit Blick auf den Schutzauftrag des Staates, sondern auch hinsichtlich der spezialpräventiven Funktion von JStrafe: Gewaltförmige Viktimisierung im Vollzug scheint die Rückfälligkeit zu fördern (so international *McCuish / Lussier / Corrado* Journal of Developmental and Life-Course Criminology 2018, 427 (436 ff.).

40b   Von erheblicher Bedeutung ist daher ua die (im Vergleich zum Erwachsenenstrafvollzug wohl deutlich erhöhte) Zahl laut Gefangenenpersonalakten festgestellter Gewalttätigkeiten unter Gefangenen (vgl. *Wirth* 2006, 14 (16) (veröffentlicht auch Bewährungshilfe 2007, 185 ff.); teilweise ähnlich für Sachsen *Hinz / Hartenstein* ZJJ 2010, 176 ff.; zu vorsätzlichen Tötungen innerhalb von jeweils mit vier Personen belegten Zellen nach „Meldung" bei Bediensteten (und als eines Verstoßes gegen subkulturelle Normen) LG Erfurt 21.11.2002 – 920 Js 31952/01 – 3 Ks jug bzw. BGHSt 52, 316 = NJW 2008, 2397 mAnm *Eisenberg* sowie Bspr. *Eisenberg* ZJJ 2008, 381, wobei das jeweilige Opfer auch ausweislich der jeweils niedrig bemessenen JStrafe ggf. vor dieser Inhaftierung hätte bewahrt werden können (vgl. auch *Neubacher* NStZ 2008, 365); zu Vergewaltigung BGH NStZ 2011, 524 bzw. sexueller Nötigung etwa *Wattenberg* ZfStrVo 1990, 38 ff.); *Knapp*, AIDS im Strafvollzug, 1996, 376 f.; *Barth* R&P 2013, 129 ff.; zu massiven Körperverletzungen LG Berlin ZJJ 2012, 203 mit Bspr. *Eisenberg* (zur Tatbegehung in der Vorphase der anstehenden Entlassung ZJJ 2012, 205) sowie LG Hof 24.5.2011 nach BGH NStZ-RR 2012, 241); nach Dunkelbefragungen liegt die Zahl noch weit höher (vgl. nur *Baier/Bergmann* FS 2013, 76 (78); *Wolter/ Häufle* MschKrim 1997 (2014), 288 f. (zu den Methoden MschKrim 1997 (2014), 285 ff.)). Die überwiegende Zahl der Insassen wird sowohl als *Täter* als *auch* als *Opfer* erfasst (vgl. zur Affinität *Hinz/Hartenstein* ZJJ 2010, 176 ff. (179–181); vgl. auch *Häufle ua* Bewährungshilfe 2013, 20 (25 f.); *Boxberg/Bögelein* ZJJ 2015, 243 f., zugleich diff. nach „Gewaltklassen"; zu Risikofaktoren auf Opfer- bzw. Täterseite *Klatt/Baier* ZJJ 2016, 253 ff.). – Nur teilweise liegen Erhebungen zu Bediensteten als Täter vor (vgl. etwa *Barth* FS 2013, 129 (133); speziell zur Frage sexuellen Missbrauchs OLG München StV 2015, 495).

Systematisch ist zwischen *situation*sbezogenen – bzw. subkulturell erwar- **40c** tungsgemäßen (vgl. isv Anpassungsstrategien *Boxberg ua* MschKrim 1999 (16), 428 ff.; zum mehr gewaltausübenden Gruppen hin *Häufle ua* Bewährungshilfe 2013, 20 (31 f.)) – und *personen*bezogenen Entstehungszusammenhängen zu unterscheiden (vgl. näher *Goeckenjan* FS Eisenberg, 2009, 717 ff. (720 ff.)), und dies ist bei präventiven Strategien zu berücksichtigen (vgl. als Gestaltungsnorm § 3 Abs. 3 S. 3 HmbJStVollzG; zu „Gegenstrategien" betr. Gewaltdelikte *Jesse* SF 2007, 23 ff.; *Neubacher,* Gewalt hinter Gittern, 2008, 28 ff., 34 ff. bzw. NStZ 2008, 364 ff. sowie näher *Boxberg ua* in Dessecker/Egg, Justizvollzug in Bewegung, 2013?, 87 ff.; *Boxberg* Jugendstrafe 198 ff.; zu Resilienz *Pauli* in Neubacher/Bögelein, Krise – Kriminalität – Kriminologie, 2016, 157 ff.; betr. Befunde zu sonstigen Delikten O'*Donnell/Edgar* HowardJ 1998, 268 ff.; *Maitland/Sluder* PrisonJ 1998, 55 ff.; *Walkenhorst* DVJJ-Journal 1999, 248 f.; *Kury/Brandenstein* ZfStrVo 2002, 29 f. sowie *Kury/Smartt* ZfStrVo 2003, 332 f. (jeweils betr. JVA Hameln); zusammenfassend *Bieneck* Praxis der Rechtspsychologie 2010, 279 ff., aber auch *Prätor,* Gewalt im Jugendstrafvollzug, 2017, 17). Nach einer schriftlichen Befragung männlicher, mindestens 18-jähriger Inhaftierter (als „Täter", „Opfer" und „Informanten") in Bayern, Berlin, Nordrhein-Westfalen, Sachsen und Schleswig-Holstein bei einer Rücklaufquote von durchschnittlich ca. 30 % hätten 69,3 % angegeben, im zurückliegenden Jahr Zeuge von Straftaten verschiedenster Art durch Inhaftierte ggü. Inhaftierten gewesen zu sein (vgl. *Ernst* Bewährungshilfe 2008, 357 ff. (360)); verschiedentlich habe sich eine Übereinstimmung zwischen eher positiver Einstellung zu Bediensteten und Meldebereitschaft ergeben (*Ernst* Bewährungshilfe 2008, 357 (365)). näher zu einer Längsschnittstudie zu Gewalt und Suizid *Boxberg ua* in Dessecker/Egg, Justizvollzug in Bewegung, 2013, 87 ff.).

Zur Frage nach **Zusammenhängen** zwischen dem **Sozialsystem** der **41** **Gefangenen** und dem formellen Anstaltssystem bestehen im wesentlichen zwei Theorien, die zwar vorzugsweise erwachsene Gefangene betreffen, aber auch für Jugendliche und Heranwachsende relevant sein können. Eine Integration dieser Theorien erscheint schwerlich möglich, da die jeweils als relevant erachteten Merkmalsgefüge heterogen sind (vgl. näher *Tauss,* Die Veränderung von Selbstkonzeptkomponenten im Inhaftierungsverlauf jugendlicher Strafgefangener, 1992, 263 ff.; *Greve* in Lehmkuhl, Aggressives Verhalten bei Kindern und Jugendlichen, 2003, 230 ff.; ergänzend zu Habitualisierung *Paus/Remel* MschKrim 2013, 35 ff.).

Gemäß einer Theorie der **kulturellen Übertragung** wird angenommen, **41a** das Normen-(und Wert-)System der Gefangenen sei in substantiell gleicher Ausgestaltung auch außerhalb der Strafanstalten als System einer „kriminellen" oder „nichtkriminellen" Bezugsgruppe oder Subkultur vorhanden und werde in die Strafanstalt gewissermaßen hineingetragen (vgl. auch *Klingemann ua* KrimJ 1978, 141). Sollte diese Theorie empirisch (einstweilen) bestätigt werden, so wären erzieherische Maßnahmen im Strafvollzug zusätzlich insofern in Frage gestellt, als eine Änderung der Normen der Subkultur (en) des Gefängnisses teilweise nur durch Änderungen entsprechender Normen außerhalb der Strafanstalt möglich wäre. Demgemäß hat die Frage nach der Richtigkeit dieser Überlegungen unmittelbare Bedeutung auch für Zielsetzung, Strategie sowie Möglichkeiten und Grenzen der Erziehung von JStrafgefangenen.

42   Nach einer anderen Theorie wird die Gefangenenkultur als **Reaktion** auf die **Deprivationen** des (J)StVollzugs sowie als Ausdruck eines Bindungsbedürfnisses verstanden. Sie sei ein „endemisches" Phänomen der totalen Institution Strafvollzug, dh sie bestehe und entstehe nur unter deren Bedingungen. Dabei sei der Grad der Opposition und Abweichung der Gefangenenkultur vom formellen Anstaltssystem proportional der Betonung der Sicherheitsvorschriften und der Härte der Haftbedingungen (zu einzelnen Anhaltspunkten *Lambropoulou*, Erlebnisbiographie und Aufenthalt im Jugendstrafvollzug, 1987, 254–260; betr. den Unterschied zu milieutherapeutischer Orientierung *Dahle/Steller* ZexPsych 1990, 31). Bei einer (gedachten) formellen Anstaltsstruktur ohne entsprechende Merkmale müsse eine informelle Gefangenenkultur nicht bestehen. – Verschiedene empirische Untersuchungen haben (einstweilige) Teilbestätigungen der einen wie der anderen Theorie erbracht (vgl. zu Nachw. *Eisenberg/Kölbel* Kriminologie § 37 Rn. 4 ff., 18 ff.), vor allem aber deutlich werden lassen, dass eine **Differenzierung** nach der Art der Organisation der jeweiligen JStVollzAnstalt (zur Relevanz für Gewalttaten seitens Insassen (vgl. → Rn. 40a, 40b) etwa *Lahm* CJB 1935 (08), 120 ff.; *Baier ua* GS Walter, 2014, 473 ff.) bzw. nach Strafgefangenengruppen etc unerlässlich ist.

3. Zur Rechtsstellung des Jugendstrafgefangenen

43   § 6 JStVollzG Bln. ua, § 5 Abs. 3 S. 2 HmbStVollzG, § 3 Abs. 6 JStVollzG NRW und § 6 HessJStVollzG sehen eine § 4 Abs. 2 StVollzG entsprechende Regelung vor (vgl. auch § 9 Abs. 1 BbgJVollzG: vollzugliche Maßnahmen sind regelmäßig zu erläutern). Demgegenüber formulieren andere Landesgesetze die vollzugliche **Generalklausel** nicht mehr als eng begrenzte Ausnahme („schwerwiegende Störung der Ordnung", „unerlässlich"), sondern gestatten – insoweit ensprechend der polizeirechtlichen Generalklausel – gesetzlich nicht besonders geregelte Eingriffe bereits, wenn sie für die Aufrechterhaltung von Sicherheit und Ordnung erforderlich sind (§ 132 iVm § 3 S. 2 NJVollzG, Art. 125 Abs. 1 BayStVollzG (s. aber dazu vormals *Arloth* Rn. 2: Prüfung im Einzelfall erforderlich); eingeschränkt § 3 Abs. 2 JVollzGB BW IV („unerlässlich")). In BW und Bay. ist diese Neuregelung mit einem expliziten Verstoß gegen das **Schlechterstellungsverbot** (vgl. → Rn. 5) verbunden, da für den Erwachsenenvollzug nach wie vor ausdrücklich die eng begrenzte Generalklausel besteht (§ 3 Abs. 2 JVollzGB BW III, Art. 6 Abs. 2 BayStVollzG).

4. Mitwirkungspflicht

44   **a) Begründungsdefizite.** Wie bereits der Gesetzentwurf des BMJ (§ 4) sehen auch die Gesetze der Länder durchgehend und im Gegensatz zur bloßen Möglichkeit in § 4 Abs. 1 StVollzG eine allg. – und damit nicht hinreichend bestimmte – Mitwirkungspflicht des JStrafgefangenen hinsicht-

lich der Erreichung des Erziehungs- bzw. Vollzugsziels und diesbezüglicher Maßnahmen vor (§ 4 S. 1 JStVollzG Bln ua (§ 5 S. 1 SchlHJStVollzG; in Sachsen „Den Gefangenen obliegt"), § 114 Abs. 2 NJVollzG, § 3 Abs. 1 JVollzGB BW IV, Art. 123 Abs. 2 BayStVollzG, § 4 Abs. 1 HessJStVollzG, § 4 Abs. 4 S. 1 JStVollzG NRW (Soll-Vorschrift); § 5 Abs. 1 HmbJStVollzG (s. auch Abs. 2 sowie § 5 S. 3 UVollzG Bln: „Maßnahmen der Belohnung und Anerkennung", die indes Tendenzen eines „Stufenstrafvollzugs" (vgl. krit. → Rn. 77a) in sich bergen könnten; vgl. auch *Schaerff* ZStW 128 (16), 205 f.; § 6 Abs. 2 ThürJVollzGB; § 15 Abs. 3 JVollzGB LSA). Sie befinden sich damit im Gegensatz zu § 4 Abs. 1 StVollzG und führen so zu einer unzulässigen Schlechterstellung (→ Rn. 5) von Gefangenen im JStVollzug (zur Unvereinbarkeit mit Nr. 13, 50 ERJOSSM *Dünkel* ZJJ 2011, 148; *Kühl*, Die gesetzliche Reform des Jugendstrafvollzug in Deutschland (…), 2012, 103 f.; aA vormals *Arloth* NJVollzG § 114 Rn. 4, zu vormaligem HmbStVollzG § 5 Rn. 2, BayStVollzG Art. 123 Rn. 2). Zudem steht die Pflicht zur Mitwirkung zum einen in Widerspruch zu den Möglichkeiten partieller oder vollständiger Fehlurteile (bzw. zumindest nachvollziehbar als ungerecht empfundener Urteile; weitergehend *Ostendorf* in Ostendorf § 1 Rn. 31: dem Insassen müsse es „gestattet sein, die Strafe für sich abzulehnen"), zum anderen verträgt sie sich nicht mit dem Charakter der JStrafe und droht die jungen Gefangenen zum bloßen Objekt der Intervention zu machen (vgl. ergänzend *Reuther* Elternrecht 184 ff.; *Ostendorf* DVJJ 2008, 100: „muss es gestattet sein, die Strafe für sich abzulehnen").

b) Einwände. Darüber hinausgehend begegnet eine Mitwirkungspflicht **45** vor allem aus zwei Gründen **tief greifenden** Bedenken. Zum einen kann eine nur durch gesetzliche Verpflichtung erzwungene Mitwirkung an der eigenen Erziehung kaum tatsächlich Erfolge bringen, sondern wird eher kontraproduktiv wirken (vgl. *Walter* ZJJ 2006, 240). Erforderlich wäre vielmehr eine freiwillige, dem Erziehungsauftrag entsprechende Mitarbeit. Damit aber kommt einer solchen Regelung zum anderen nur noch die Funktion zu, eine Sanktionierung fehlender Mitwirkung bzw. Motivation hierzu zu ermöglichen, sei es im Wege von Erzieherischen Maßnahmen (krit. betr. § 85 HmbJStVollzG *Dünkel/Kühl* NK 2009, 82 ff.) oder gar Disziplinarmaßnahmen bzw. der Verweigerung von Vollzugslockerungen (vgl. ausdrücklich § 15 Abs. 2 S. 2 Bln ua (außer Berlin; insbes. Sachsen: nur „im Einzelfall"); § 42 Abs. 1 S. 2 JStVollzG NRW (Ermessenskriterien ua „Mitwirkungsbereitschaft", „sonstiges Vollzugsverhalten"); § 2 Abs. 7 JVollzGB BW II (Soll-Vorschrift); vgl. vormals auch *Arloth* NJVollzG § 114 Rn. 4, BayStVollzG Art. 123 und 135 Rn. 2; differenzierter § 54 S. 5 bzw. 55 Abs. 1 Nr. 2 HessJStVollzG, teilweise auch § 85 S. 3 HmbJStVollzG), da es sich dabei dann um einen Pflichtenverstoß handelt (s. *Ostendorf* NK 2006, 92). Die Mitwirkungspflicht droht so zu einem Einfallstor für eine repressive Vollzugspraxis (oder im Einzelfall gar von „Willkür") zu werden, die im Widerspruch zum Erziehungsauftrag steht (vgl. *Eisenberg* MschrKrim 2004, 355). Zudem legitimiert sie (hinsichtlich des Zugangs zu Lockerungs- und Förderungsmaßnahmen) eine Selektion und ist dabei geeignet, den Mangel an vorgehaltenen Kapazitäten zu verdecken (vgl. ähnlich auch *Höynck/Hosser* Bewährungshilfe 2007, 396) bzw. (bei fehlender Bereitschaft) nur zu verwahren (ähnlich *Rose* in Ostendorf § 10 Rn. 77).

IV. Planung des Jugendstrafvollzugs

1. Vollzugsplan

46   **a) Aufnahme.** Der **JStVollzug beginnt** regelmäßig in der Eingangsabteilung, in der neben einer unverzüglichen ärztlichen Untersuchung (§ 9 Abs. 4 SächsJStVollzG; „alsbald" hingegen ua nach § 9 Abs. 3 JStVollzG Bln) Tatsachen zu erheben sind, die für eine **erzieherische** Planung und für die **Eingliederung** des JStrafgefangenen nach seiner Entlassung notwendig sind (seither Nr. 2 Abs. 2 VVJug); im Unterschied zu § 6 Abs. 1 S. 2 StVollzG nebst VV ist ein Absehen bei Gefangenen mit kurzer Vollzugsdauer insoweit nicht zulässig. Diese Untersuchung darf nicht auf ein Aktenstudium beschränkt werden, da Akten der Verwaltungs- und Justizbehörden mitunter falsche Tatsachenangaben enthalten und aus einer behördlichen Interessenlage heraus abgefasst sind, die den Belangen des JStrafgefangenen und selbst denjenigen der JStVollzAnstalt widersprechen kann (nicht unbedenklich § 9 Abs. 2 S. 3 HessJStVollzG: „Erkenntnisse der JGH und der BewHilfe sind einzubeziehen", ähnlich § 10 Abs. 3 S. 3 JStVollzG Bln; vgl. aber § 81 Nr. 2 KJHG sowie → § 38 Rn. 66 ff.). Ungeeignet sind negative Zuschreibungen (zB „Intensivtäter", vgl. aus psychologisch-psychiatrischer Sicht *Huck/Mielenz* ZJJ 2011, 404 ff. (409 f.), aus soziologischer Sicht *Dollinger* Jugendkriminalität 173 ff., 217; ergänzend → § 5 Rn. 85a, 85b). – Jeweils ist während der Untersuchung und Vollzugsplanung individuell und positiv, dh weniger statisch im Sinne zugeschriebener Defizite als dezidiert zukunftsorientiert an **förderungswürdigen Potenzialen** orientiert (vgl. nur § 9 Abs. 1 BbgJVollzG; aus der Praxis näher *Walter* ZJJ 2013, 179 f.; näher zu Funktionen der Eingangsuntersuchungen *Matthes* ZJJ 2015, 127 ff.; zu retrospektiver Akzentuierung („Auseinandersetzung" mit Straftaten) aber etwa § 8 Abs. 1 S. 1, § 9 Abs. 4 JVollzGB LSA) zu entwickeln, welche erzieherischen Ziele der Vollzug anstrebt und welche Methoden angewandt werden.

46a   Entsprechend sehen die Gesetze der Länder – wenngleich unterschiedlich ausführlich – iRd Aufnahme ein **Zugangsgespräch** nebst Information über Rechte und Pflichten (vgl. speziell betr. Auslesens von Datenspeichern § 69a Abs. 1 S. 2 SächsJStVollzG, § 94 Abs. 3 SJStVollzG, § 142 Abs. 4 JVollzGB LSA) in einer für die Insassen verständlichen Form (§ 6 Abs. 2 Nr. 1 HmbJStVollzG) sowie die Beurteilung (gelegentlich als „diagnostische Feststellung" oder „Diagnoseverfahren" bezeichnet, vgl. konkretisiert zB § 22c SchlHJStVollzG, § 13 BbgJVollzG, § 10 SächsJStVollzG) der Frage eines Erziehungs- und Förderbedarfs vor. Dabei ist es einer erzieherischen Atmosphäre wenig förderlich, wenn (wie zB in § 7 Abs. 1 HmbJVollzG (ähnlich § 6 Abs. 1 StVollzG)) iSe Über-/Unterordnungsverhältnisses als Beginn eine „fachkundige Erforschung ihrer Persönlichkeit und ihrer Lebensverhältnisse" genannt wird und von vornherein von „Behandlungsuntersuchung" (§ 7 Abs. 1, Abs. 2 S. 1, § 8 Abs. 1 S. 1 HmbJStVollzG (GVBl. 2013, 211 (vormals indes Aufnahme-)) die Rede ist. – Soweit es für die sprachliche *Verständigung* erforderlich ist, muss Abhilfe geschaffen werden (Hinzuziehung zB eines Dolmetschers, Übersetzersoder zumindest eines „Sprachmittler" (§ 9 Abs. 1 S. 2 JStVollzG Bln)). – Soweit Ermittlungen während U-Haft etwa im Rahmen eines Auswahlverfahrens hergenommen werden (vgl. § 12

Abs. 1 S. 4 JStVollzG NRW), bestehen ähnliche Bedenken wie ggü. der vormaligen Nr. 79 UVollzO (vgl. Erl. zu → § 89c Rn. 1 ff.).

Während die §§ 9, 10 JStVollzG Bln ua (detailliert §§ 10–11a SächsJSt- **46b** VollzG) bzw. §§ 8, 9 HessJStVollzG vergleichsweise umfangreich bestimmen, wie die Aufnahme zu gestalten ist und dabei die besondere Situation jugendlicher Gefangener berücksichtigen, sind die §§ 116, 117 Abs. 1–3 NJVollzG, § 7 Abs. 2 HmbStVollzG (kriminologisch verfehlt: „Ursachen" und Umstände der Straftat (vgl. nur → § 5 Rn. 40)), Art. 128f BayStVollzG und auch (unbeschadet der Verpflichtung zu methodischer Korrektheit) § 4 Abs. 2 JVollzGB BW IV weniger detailliert gestaltet. – Soweit in den Landesgesetzen (Soll-)Vorschriften über Mitteilungen an Personensorgeberechtigte enthalten sind (vgl. vormals *Arloth* zu NJVollzG: keine Pflicht zur Ermittlung von deren Aufenthaltsort – diese Auffassung erscheint nicht für jeden Fall vertretbar), stehen sie unter dem Vorbehalt des jugend(straf)rechtlichen Schutzprinzips (vgl. auch § 10 Abs. 6 HessJStVollzG: „wenn dadurch das Erziehungsziel nicht beeinträchtigt wird", bzw. § 5 Abs. 6 JVollzGB BW IV: „soweit … vereinbar"; aus der Vollzugspraxis *Fiedler* DVJJ 2008, 112).

Was im Einzelnen die Anwendung von **Testverfahren** betr. die **schu- 47 lische** Qualifikation bzw. auf die **Berufsvorbereitung** bezogene Fähigkeiten, Interessen und Neigungen oder aber **psychodiagnostischer Testverfahren** angeht, so ist aus vielfältigen methodischen Gründen Zurückhaltung geboten (vgl. zu den letztgenannten etwa *Kury/Beckers* MschKrim 1983, 63; ausführlich *Kury* ZfStrV 1983, 323 ff. (329); *Schmitt* MschKrim 1983, 121), und zwar auch bei sog. objektiven Testverfahren. Dies gilt speziell auch wegen der besonderen Vollzugssituation, etwaigen in der Anlage der Tests begründeten Benachteiligungen von Personen aus sozio-ökonomisch unteren Gruppen sowie Verfälschungstendenzen zur Vermeidung bestimmter vollzugs- oder entlassungsbezogener Konsequenzen (vgl. Bsp. schon bei *Kury* MschKrim 1983, 72; s. auch *Rieländer* MschKrim 1983, 77).

Eher ungeeignet sind „Merkmals"-Auflistungen, die weder im Allg. noch **47a** speziell betr. Jugendliche validiert und zudem erzieherisch schon insoweit verfehlt sind, als sie **statischen** Inhalts bzw. mehr retro- als prospektiv orientiert sind (vgl. auch → § 5 Rn. 31, 77, → § 43 Rn. 45a), dh die Anwendung ist (zumindest mangels Eignungsnachweis) **schwerlich** mit Art. 2 Abs. 2 S. 2 GG **vereinbar.** Dies gilt etwa für Auflistungen wie static-99/R, SAVRY bzw. SORAG (zu diesen zusf. *Klein/Rettenberger* in Rettenberger/ von Franqué Kriminalprognostische Verf-HdB 66 ff. bzw. 159 ff.), HCR-20 (BGH StV 2015, 216; BeckRS 2015, 17296: allenfalls „geringe Aussagekraft") oder SVR-20 (vgl. zu Nachw. → § 5 Rn. 31a), VRAG (zusf. *Rossegger ua* in Rettenberger/von Franqué Kriminalprognostische Verf-HdB 141 ff., 149 ff., dt. Fassung *Rettenberger ua* KrimZ 2017 (online)) und PCL-R (sowie „Kieler Psychopathie-Inventar", dazu *Flindt ua* RPsych 2015, 73 ff.), auch weil sie den individuellen Besonderheiten des Betroffenen nicht Rechnung tragen (BGH StV 2008, 301 sowie 302; zu grds. methodischen Einwänden (speziell des PCL-R) *H. E. Müller* NStZ 2011, 565 ff.; vgl. ergänzend *Pfäfflin* in VFDH Psych. Begutachtung-HdB 300: „Aussonderung" durch „immer stärker reduzierte Einschätzungsskalen und Tests"; eher krit. auch *Eher ua* MschKrim 1995 (2012), 235 ff.; gar affirmativ aber *Endres* Rechtsausschuss (BT-Drs. 17/9874), 4). Bemühungen um Entwicklung eines Persönlichkeitsfragebogens, der die Besonderheiten des Strafvollzugs berücksichtigt, fehlt es seither an (hinreichender) Validität (vgl. *Seitz/Rautenberg,* PFI – Persönlichkeitsfragebogen für Inhaftierte, 2010; vgl. indes zum LSI-R → § 5 Rn. 31b (n. *Grieger* RPsych 2015, 11 ff.), zum CAPP-Modell → § 5 Rn. 77). Einer prospektiven Validierung entbehren aber zB auch die Zusammenstellung „MIVEA" (vgl. zu sonstigen Bedenken → § 5 Rn. 84; *Graebsch/Burkhardt* ZJJ 2006, 140 ff.), zu deren Verwendung von einem ministeriellen Versprechen der „Absicherung" ggü. drohenden Strafverfahren bzw. Regress im Falle schadensverursachender Fehlprognose berichtet wurde (vgl. etwa ZJJ 2006, 152)), und die Auflistung „BB-Just" (vgl. *Endres ua* FPPK 2014 (März), zumal darin auch Verhaltensformen im Sinne bestehender Abwehrrechte als negativ einbezogen werden und grds. das (erkannte, FPPK 2014, 9 f.) Manko der eher retrospektiven Ausrichtung besteht).

48   Der aufgrund der genannten Erhebungen für jeden Gefangenen zu erstellende **Vollzugs-** bzw. **Erziehungsplan** (§ 11 JStVollzG Bln ua; § 11 JStVollzG Bln: „Vollzugs- und Eingliederungsplan", § 5 JVollzGB BW IV, § 117 NJVollzG, Art. 130 BayStVollzG, § 10 HessJStVollzG („Förderplan"), § 15 Abs. 1 und (betr. Entlassungsvorbereitung) Abs. 4 BbgJVollzG) wird dem Insassen auszuhändigen sein (ausdrücklich zB § 8 Abs. 4 S. 3 HmbJStVollzG, § 11 Abs. 8 S. 1 SächsJStVollzG) und kann **gerichtlich** auf Ermessensfehler **überprüft werden**, sofern er im Zusammenwirken mit Planungsmaßnahmen eine Einzelfallregelung darstellt (vgl. schon BVerfG StV 1994, 94 (zum allg. StVollzR)); für konkrete Einzelregelungen (innerhalb des Plans) gilt dies ohnehin (vgl. zur Unzulässigkeit der Unterstellung von Missbrauchsgefahr wegen fehlender Mitarbeit an der „Behandlung" OLG Hamburg FS 2008, 139 (betr. allg. StVollz)). Soweit zur Wahrung der Rechte des Betroffenen erforderlich, besteht – in Extremfällen unter Berücksichtigung des Rechtsgedankens gem. § 54 Abs. 2 (vgl. aber einschr. → § 54 Rn. 45) – ein Anspruch auf *Aushändigung* des Vollzugsplans (OLG München NStZ-RR 2008, 391 (betr. allg. StVollzR)).

48a   Der Plan muss Angaben über die wichtigsten **erzieherischen Maßnahmen** enthalten (vgl. vormals Nr. 3 Abs. 2 VVJug) und sollte aufgrund einer **Vollzugskonferenz** erstellt werden (vgl. zu § 159 StVollzG betr. den Begriff „maßgeblich Beteiligter" OLG Frankfurt a. M. NStZ-RR 2007, 191 (auch der Einzeltherapeut, sodass ein therapeutisch begründetes Ergebnis gerichtsüberprüfbar dargelegt werden muss); betr. Anstaltsgeistlichen LG Gießen NStZ-RR 2012, 262 (zum allg. StR)), und zwar unter Beteiligung des Insassen und Teilnahme des Verteidigers (§ 11 Abs. 5 S. 3–5 SächsJStVollzG; vgl. auch Abs. 5 S. 3, 4 JStVollzG Bln). Ebenso ist zu berücksichtigen, dass die verfassungsrechtlichen Vorgaben hinsichtlich des Vollzugsziels einer „sozialen Integration" nach einem JStVollzug verlangen, der so weit wie möglich in **freien Formen** stattfindet und den Gefangenen so früh wie möglich schrittweise an ein Leben in Freiheit heranführt. – Die Gesetze der Länder regeln die **Inhalte** des zu erstellenden Vollzugs- bzw. Erziehungsplans unterschiedlich. So zählen zB § 5 Abs. 2 JVollzGB BW IV und auch § 117 Abs. 1 NJVollzG konkrete Angaben auf, die der Plan mindestens enthalten muss. § 11 Abs. 3 JStVollzG Bln ua (besonders § 11a SächsJStVollzG) und § 12 Abs. 2 JStVollzG NRW gehen mit ihren Auflistungen eher noch darüber hinaus. Art. 130 und Art. 9 Abs. 1, 2 BayStVollzG behalten nähere Festlegungen dazu, welche Angaben der Plan enthalten soll, zu erstellenden VV vor.

48b   Als **zeitliche Vorgaben** zur Erstellung sind zwischen vier und acht Wochen vorgesehen (vgl. zB Berlin § 11 Abs. 2 JStVollzG Bln: sechs Wochen), wobei bei einer voraussichtlichen VollzDauer von unter einem Jahr wegen der geringeren Anforderungen eine kürzere Frist bestimmt ist. Soweit diese Phase mit einem Ausschluss von erzieherischen Maßnahmen bzw. Arbeit etc einhergeht, mag dies einer alsbaldigen subkulturellen Vereinnahmung bzw. als negativ beurteilten Einflüssen wehren, jedoch stehen dem Gefahren (zusätzlicher) psychischer Beeinträchtigung und ohnehin ein Unterlassen im Hinblick auf das Vollzugsziel gegenüber, sodass generell vier Wochen nicht überschritten werden sollten (vgl. auch *Walter* in Ostendorf § 3 Rn. 9). Die Pläne sind nach § 10 Abs. 3 HessJStVollzG mindestens alle drei Monate, nach § 11 Abs. 2 JStVollzG Bln ua (außer Sachsen), § 8 Abs. 3 S. 2 HmbJStVollzG, § 117 Abs. 5 NJVollzG mindestens alle vier Monate, nach § 12 Abs. 3 S. 3 JStVollzG NRW spätestens nach sechs Monaten zu **über-prüfen** und **fortzuschreiben.** § 5 Abs. 5 JVollzGB BW IV und § 11 Abs. 2 SächsJStVollzG bestimmen in „regelmäßigen Abständen". In Bayern soll die Frist ein Jahr betragen (Art. 130 Abs. 1 iVm Art. 9 Abs. 2 BayStVollzG).

b) Besondere Fürsorgepflicht. Eine herausragende Fürsorgepflicht be- **49** steht bzgl. **unfall-** sowie **selbsttötungs**gefährdeten JStrafgefangenen (zu jeweils deutlich überhöhten Anteilen s. *Dünkel* Freiheitsentzug 269 ff.; zu einer Längsschnittuntersuchung *Boxberg ua* in Dessecker/Egg, Justizvollzug in Bewegung, 2013, 115 ff.; vgl. auch *Schmidt* KrimJ 2014, 15 ff.; betr. U-Haft → § 72 Rn. 3; vgl. aus der Praxis *Jesse* FS 2007, 25, wonach Doppelbe-legungen zur Suizidprophylaxe „nicht geeignet" sind; ähnlich *Neubacher,* Gewalt hinter Gittern, 2008, 20; zu empirischen Nachw., und diff. hinsicht-lich Bewältigungsmöglichkeiten betw. Anlassdelikten *Bennefeld-Kersten,* Aus-geschieden durch Suizid – Selbsttötung im Gefängnis, 2009, etwa 118 f., 161, 180; näher zu Prävention *Fehrmann/Bulla* ZJJ 2017, 151 ff.). Das Glei-che gilt für die Gefährdung, **Opfer** von **Straftaten** zu werden (eingehend, auch zu Fragen einer Garantenpflicht sowie der Vermeidung von Anzeigen, *Walter* NStZ 2010, 57 ff.; vgl. aber → Rn. 3 aE, ergänzend auch → Rn. 40– 40b).

Besondere Aufgaben bestehen oftmals bei (ggf. nichtdeutschen) JStraf- **50** gefangenen mit **Migrationshintergrund** und nicht selten auch bei *Aussied-lern* hinsichtlich überwiegend offenbar anhaltender (vgl. dazu *Dünkel* Frei-heitsentzug 202) sozio-ökonomischer Schlechterstellung sowie gem. sozio-kulturellen Gegebenheiten (vgl. betr. JVA Adelsheim *Fritsche* FS 2017, 105 ff.: Flüchtlinge; s. etwa auch § 6 Abs. 2 JVollzGB BW II; vormals bereits *Schütze* DVJJ-Journal 1992, 126 ff. (betr. JVA Hameln); zu Sprachkursen für Deutsch *Willsch* in Ostendorf § 4 Rn. 12; *Werner,* Jugendstrafvollzug in Deutschland, 2012, 165 ff.; zu psychologischen Befunden s. etwa *Focken/Gley,* Junge Ausländer im Strafvollzug, 1987; einschr. die Befragungsergeb-nisse von *Bukowski* ZfStrVo 1996, 226 ff.). – Nach Art. 122 iVm Art. 40 Abs. 3 und 4, Art. 145 Abs. 5 BayStVollzG sind die Insassen im Falle des Bedarfs verpflichtet, an *Integrationsunterricht* teilzunehmen, der während der Arbeitszeit stattfinden soll.

Hinsichtlich religiös bedingter Konflikte sind Besonderheiten bei Musli- **50a** men zu berücksichtigen (vgl. *Fröhmcke,* Muslime im Strafvollzug, 2005, 102 ff. (Beten am Arbeitsplatz), 169 ff. (Schriften); mit teilweise krit. Bspr. *Jahn* Religion, Staat, Gesellschaft 2011, 425 ff.; für Bayern *Endres/Nolte* ZJJ 2016, 368 ff.; zur Skizze einer Pilot-Studie *Bartsch ua* FS 2016, 192; aber auch FS 2017, 316). Insgesamt geht es um **Gruppenkonflikte** (zur Deeskalations-Strategie s. *Finkbeiner ua* ZfStrVo 1993, 347 ff.; vgl. betr. Gewaltanwendung durch Aussiedler etwa *Hosser/Taefi* MschKrim 2008, 134 ff. (137 f.) (zu fünf norddeutschen VollzEinrichtungen); zu Tendenzen der Überwindung subkultureller Rigidität aber *Stelly/Walter* NK 2011, 52 (betr. JVA Adelsheim)) insb. **interkultureller** Ausgestaltung (vgl. auch → Rn. 51).

50b Rechtstatsächlich werden möglicherweise zu erwartende Ausweisung (§§ 53, 54 AufenthG; zur mehrfachen Erweiterung vgl. auch frühere Aufl.) als Grund für ein Fehlen eines hinreichenden Erziehungsplans sowie für eine – im Vergleich etwa zu deutschen JStrafgefangenen bzw. solchen, die EU-Bürger sind (für diese gilt das FreizügG/EU) – **restriktiven** Handhabung von Vollzugslockerungen verwandt (*Chaidou,* Junge Ausländer …, 1984, 185; DVJJ 1987, 378; DVJJ 1990, Thesen AK XV; krit. zu den Folgen *Walter* DVJJ-Journal 1993, 247 f.; *Schmülling/Walter* StV 1998, 316 ff.; *Mey/Wirth* FS Böhm, 1999, 611; *Spindler/Tekin* in Bereswill/Greve, Forschungsthema Strafvollzug, 2001, 302 ff., 308 ff.; *Klose,* Deskriptive Darstellung der subjektiv empfundenen Haftsituation männlicher türkischer Inhaftierter im geschlossenen Jugendstrafvollzug in NRW, 2002, 282; ergänzend zum allg. StVollzR *Pohlreich* ZStW 2015 (127), 411 ff.; zur Anwendung des § 456a StPO vgl. → § 1 Rn. 54; vgl. aber betr. Restaussetzung → § 88 Rn. 18).

51 Spezielle Betreuungsaufgaben bestehen ggü. solchen Personen, die wegen **„politischer"** bzw. **„politisch motivierter Delikte"** verurteilt wurden, zumal die Möglichkeiten zu einer Verständigung im Allg. erschwert und im Einzelnen sehr unterschiedlich sind (s. zur Sicht der JGH etwa *Beha* Bewährungshilfe 1988, 331; *Eisenberg* ZfStrVo 1989, 338 f.). – Bemühungen um Unterbindung bzw. Eindämmung des Einflusses von politischem **Extremismus** bzw. von Radikalisierung innerhalb der Vollzugspraxis bedürfen in vielfältiger Weise der Legitimation und Differenzierung (vgl. wenig bestimmt als „extremistische Verhaltensweise" betr. Kontaktkontrolle etwa §§ 32 Abs. 2 Nr. 2 und 34 Abs. 3 Nr. 1 sowie betr. besondere Sicherungsmaßnahmen § 49 Abs. 3 S. 2 HessJSVollzG – vgl. betr. Sicherheitsüberprüfung Externer § 58a HessJStVollzG). Dies gilt umso mehr, als eine schriftliche Institutionenbefragung (betr. sämtliche deutsche JStVollz-Anstalten, vgl. *Leuschner* ZJJ 2017, 258 f.) zwar das weitgehende Fehlen einheitlicher Definitionen und die Nutzung durchaus unterschiedlicher („Merkmals"-)Auflistungen ergab (*Leuschner* ZJJ 2017, 258 (259, 261)), gleichwohl aber – bei aller Unterschiedlichkeit von Anstalt zu Anstalt (*Leuschner* ZJJ 2017, 258 (262)) – den Einsatz schärferer Sicherheitsmaßnahmen, die Erörterung bei Aufnahme und Vollzugsplanung sowie die Verwendung der Begriffe Gefährder bzw. Gefährdeter bestätigte (*Leuschner* ZJJ 2017, 258 (261)).

51a Im Einzelnen wird bzgl. als „rechtsradikal" beurteilter JStrafgefangener (s. etwa *Weiß* ZfStrVo 1993 sowie Polizei Führungsakademie 1994, 63 ff.; *Schütze* in Trenczek, Freiheitsentzug bei jungen Straffälligen, 1993, 144; zur „Motivationsbarriere" s. *Frövel* DVJJ-Journal 1994, 48), auf die zB seitens einschlägiger Organisationen (auch postalisch) Einfluss ausgeübt wird (vgl. OLG Jena ZfStrVo 2003, 242; *Beste* ZfJ 1993, 535 f. betr. Skinheads; *Nickolai/Walter* ZfStrVo 1994, 70), von Angepasstheit – und ggf. einer gewissen Affinität in bestimmten Einstellungen zu Aufsichtsbeamten – berichtet (*Flügge* ZfStrVo 2002, 84; ähnlich aufgrund qualitativer Untersuchung betr. 11 Insassen *Özsöz,* Rechtsextremistische Gewalttäter im Jugendstrafvollzug, 2009, 168 ff. (vgl. näher, auch betr. Vorauswahl durch die Anstalten, 71 ff.), ergänzend *Özsöz* MschKrim 2011, 364 ff.; zur Befragung von Insassen in

Großbritannien betr. „race matters" *Cheliotis/Liebling* BJC 2006, 296 (298 ff.)). Zugleich erfährt für sie zB die Auffassung eines zahlenmäßig übermäßigen Anteils Nichtdeutscher bzw. von Personen anderer Ethnien bzw. (Herkunfts-)Kulturen im JStVollzug eine Bestätigung (vgl. auch → Rn. 16), sodass Vorurteile eher verstärkt und Bemühungen seitens Anstaltspädagogen oder Sozialarbeitern eher erschwert werden (vgl. schon *Nickolai/Walter* ZfStrVo 1994, 70). Jedoch ist zu differenzieren zwischen ideologisch verfestigten Insassen und solchen, für die eher Bedürfnisse des Selbstbildes und der (gruppen-getragenen) Identität tatveranlassend waren (vgl. näher *Brandenstein,* Auswirkungen von Hafterfahrungen auf Selbstbild und Identität rechtsextremer jugendlicher Gewalttäter, 2012). Andererseits sei von Beeinflussung auch seitens „politischer Djihadisten" (vgl. hierzu auch → § 3 Rn. 24) auszugehen (vgl. *Dienstbühl/Abou-Taam* FS 2012, 43 f., indes ohne konkrete Angaben; (aufgrund Befragungen in der JVA Adelsheim) eher einschr. zu Gefahren der Radikalisierung im Vollzug *Stelly/Bartsch* ZJJ 2017, 68 ff. (72 f.)). Allg. zu pädagogischen Ansätzen bei gewaltorientiertem Islamismus vgl. Nachw. bei *Glaser/Figlestahler* ZJJ 2016, 259 ff.; zur Uneinheitlichkeit des Vorgehens *Leuschner* ZJJ 2017, 256 (262).

2. Offener (oder halboffener) Vollzug

a) Bedeutung. Während § 13 E-Bund 2006 wie im StVollzG den **offe- 52 nen Vollzug** als Regelfall vorsah, machen die meisten der Landesgesetze die Entscheidung im Anschluss an die Praxis der VVJug von der Beurteilung der Eignung des JStrafgefangenen im Einzelfall abhängig (vgl. § 13 JStVollzG Bln ua (in einigen der Landesgesetze heißt es „offenen oder geschlossenen", in anderen umgekehrt); vgl. klarstellend KG StraFo 2015, 261 (263): „Regelvollzugsform"), wobei im Hinblick auf die Bedeutung für das **Vollzugsziel** gewisse Risiken einzugehen sind. Im Falle der *Geeignetheit* ist die Unterbringung im offenen Vollzug *zwingend* (vgl. § 14 Abs. 1 S. 2 JStVollzG NRW; zum allg. StVollz, auch betr. etwaige Amtshaftung bei Belassen im geschlossenen Vollzug, OLG Naumburg BeckRS 2014, 02884 = NStZ-RR 2013, 124 (Ls.); zur Notwendigkeit überprüfter Tatsachen bei Ablehnung OLG Hamm StraFo 2009, 128 (betr. bloßes Telefonat einer Sozialarbeiterin), zu § 10 StVollzG). – Art. 133 iVm Art. 12 BayStVollzG, § 132 Abs. 1 iVm § 12 NJVollzG und § 13 Abs. 1 HessJStVollzG sehen den geschlossenen Vollzug als Regel vor. Damit entsprechen die Bestimmungen zwar der seitherigen Praxis, stehen aber in Widerspruch zum Erziehungsauftrag (§ 2 Abs. 1), dessen Verwirklichung grundsätzlich in Formen des offenen Vollzugs eher möglich ist (n. *Walter* ZJJ 2006, 242 f.). Außerdem erscheint eine solche gesetzliche Fassung insgesamt auch als nicht erforderlich iSd Verhältnismäßigkeitsprinzips. Es ist daher zw., ob diese Regelungen den verfassungsrechtlichen Vorgaben für den JStVollzug genügen (aA noch *Arloth* BayStVollzG Art. 133 Rn. 1). – Eine *Direktladung* in den offenen Vollzug wird, sofern die LandesGe es nicht untersagen, (auch) im JStrafvollzug zulässig sein müssen (vern. OLG Frankfurt a. M. NStZ-RR 2012, 358 unter Hinweis auf § 13 Abs. 1 HessJStVollzG, entgegen dem Verbot der Schlechterstellung im Vergleich zu Erwachsenen (§ 71 Abs. 2 Nr. 2 HessStVollzG)).

Entsprechend § 91 Abs. 3 aF sehen mehrere Landesgesetze – an einer **52a** neben offenem und geschlossenem Vollzug dritte Vollzugsform – die Möglichkeit des Vollzugs in freien Formen im Bereich von Einrichtungen der

JHilfe vor (vgl. § 13 Abs. 3 SächsJStVollzG („mit Zustimmung des Gefangenen"), § 98 Abs. 5 SächsJStVollzG; § 13 Abs. 3 Nr. 1 HessJStVollzG; § 14 Abs. 5 JStVollzG NRW). – § 7 JVollzGB BW IV (nebst VV Die Justiz 2017, 158) bestimmt darüber hinaus eine bei Jugendlichen stets noch vorzunehmende Prüfung (vgl. betr. Sachsen aaO §§ 13 Abs. 3, 98 Abs. 5 SächsJSt-VollzG wie Hessen aaO § 13 Abs. 3 Nr. 1 HessJStVollzG: nach Anhörung des Vollstreckungsleiters), ob der Gefangene in einer Einrichtung des Vollzugs „in freien Formen" untergebracht werden kann (dort gilt die Hausordnung der Einrichtung, VV aaO Die Justiz 2017, 158 Nr. 1.31), wobei die Entscheidung indes in ungebundenem Ermessen steht (vgl. zu dem Projekt „Chance" in Creglingen („Kloster Frauental") bzw. dem Projekt „Prisma" in Leonberg („Jugendhof Seehaus") *Goll/Wulf* ZfJ 2003, 219 ff. und vertiefend *Walter* ZJJ 2009, 192 ff.; speziell betr. das Projekt „Chance" AG Mosbach und OLG Karlsruhe ZJJ 2006, 332; dazu rechtstatsächlich bzw. aufgrund von Interviews *Dölling ua* DVJJ 2008, 119 ff. bzw. 126 ff. sowie zur Begleitforschung *Dölling/Stelly* ZJJ 2009, 201 ff., *Dölling/Kerner* GS Walter, 2014, 525 ff. und (methodisch deutlich einschränkend) *Stelly* ZJJ 2014, 257 ff.; zur Selektion bei der Aufnahme *von Manteuffel/Trapper* neue caritas 2006, 16 bzw. zu Interviews mit vier „festgelegten" Insassen *Biendl,* Jugendstrafvollzug in freier Form, 2005, 57 f., 79 ff., 84 ff. sowie Bericht FS 2008, 244 f. (nach fünfjähriger Laufzeit); zur Übersicht *von Manteuffel* FS 2007, 266 ff.; betr. „Prisma" *Merckle* FS 2007, 271 ff.). Auffällig ist die akzentuierte Gruppenorientierung, das durch ein starres Binnen-Normensystem gekennzeichnete Beurteilungs- und Stufenmodell (vgl. allg. krit. → Rn. 77) sowie (etwa betr. „Prisma") eine religiöse Ausrichtung, sodass insgesamt eher eine äußerlich bleibende Anpassung vorkommt, verinnerlichte Normakzeptanz und Wertorientierung aber nicht gefördert werden. Im Vergleich zur Unterbringung im offenen JStVollzug ohne Widerruf bzw. zur vorzeitigen Entlassung aus dem JStVollzug wurde die Quote derjenigen, die das jeweilige Programm durchgehalten haben, ebenso wie die Quote vorzeitiger Entlassung als deutlich niedriger berechnet, und zwar trotz erheblicher Selektion bei der Aufnahme (vgl. zum Ganzen *J. Walter* ZJJ 2009, 197 f., 193; betr. das Projekt „Chance" *Dölling/Stelly* ZJJ 2009, 202 ff., *Stelly ua* FS 2010, 291 ff. (Anteil mit „eigener" Wohnung von 18 % auf 39 % gestiegen, Anteil der Wohungslosen von 15 % auf 6 % gesunken)).

53 Grundsätzlich bietet der offene Vollzug **eher pädagogische Möglichkeiten** als der geschlossene, zumal er die JStrafgefangenen nur in geringerem Ausmaß der Freiheit und Eigenverantwortung entwöhnt (ebenso *Kreideweiß,* Die Reform des Jugendstrafvollzugs, 1993, 100; für Förderung von Selbstständigkeit sowie Selbstaktivität und -kontrolle *Reindl,* Offener Jugendstrafvollzug als Sozialisationsorganisation, 1990, 225; s. aber zum Verhältnis zur beruflichen Ausbildung *Nolting,* Freigänger im Jugendstrafvollzug, 1985, 169 f.). Je offener der Vollzug, umso mehr sind tendenziell Möglichkeiten zu Außenkontakten gegeben (vgl. etwa § 13 Abs. 4 StVollzG; zu einem zweiphasigen Modell (Erlernen von Verhaltensweisen in einem „pädagogischen Schonraum", sodann Erprobung in gesellschaftlich authentischen Feldern) s. *Reindl* (Offener Jugendstrafvollzug als Sozialisationsorganisation, 1990, 176–223 speziell betr. Abteilung innerhalb der JVA Hameln sowie das Fliedner-Haus Groß-Gerau), umso weniger ausgeprägt werden Gefangene emotionalen Deprivationen unterworfen und mit umso weniger finanziellen Belastungen ist die Vollzugsdurchführung verbunden. – Allerdings ergaben sich in

einer Untersuchung betr. das Selbstbild von JStrafgefangenen kaum Unterschiede hinsichtlich des Kriteriums „offener" oder aber „geschlossener" Vollzug; vielmehr bestanden entsprechende Unterschiede beim Vergleich verschiedener Abteilungen innerhalb derselben Vollzugsform aufgrund der Differenzierung nach der Ausbildungssituation (s. *Rieländer/Plass* MschKrim 1983, 111 (112)).

Was die Bediensteten des allg. Vollzugsdienstes angeht, so mag sich deren **54** berufliche Einstellung kaum von derjenigen ihrer Kollegen im geschlossenen Vollzug unterscheiden, und auch die Arbeitssituation mag vorrangig entsprechend den jeweiligen Sicherheitsregelungen, nicht aber im Sinne eines pädagogisch anderen Verständnisses differieren (vgl. zu empirischen Anhaltspunkten *Ziegert* MschKrim 1982, 230).

b) Geeignetheit. Wenn auch den Vollzugseinrichtungen ein Beurtei- **55** lungsspielraum zugestanden wird, erschließen sich Fehlentscheidungen ggf. aus unzureichender oder gesetzeswidriger Begründung. Es ist zB hinsichtlich sog. „Missbrauchsgefahr" anerkannt, dass nicht sämtliche als prognostisch günstig erachteten Umstände bereits erfüllt sein müssen, da der offene Vollzug zur weiteren Förderung von Legalbewährung beitragen soll, und Erwägungen iSv Schuldausgleich bzw. Schuldschwere etc sind hier überholt (vgl. KG StraFo 2015, 261 (zum Allg. StR), zugleich zur Unzulässigkeit der Anlastung einer Verfahrenseinstellung nach § 45). Nur bzgl. einer negativ beurteilten Extremgruppe von Verurteilten wird davon ausgegangen, dass sie sich für den offenenen Vollzug nicht eignen (tendenziell ähnlich DVJJ 1990, Thesen AK XII; zu pauschal AV Hmb. JVBl. 2000, 46 (auch → Rn. 70); eher aA noch *Arloth* BayStVollzG Art. 133 Rn. 1: erhebliche Anzahl). Eine solche Beurteilung lässt sich jedoch nur eingeschränkt gem. bestimmter Straftatbestände verantworten (zur ggf. einzuholenden Stellungnahme nur einer solchen „psychiatrischen Fachkraft", die mit dem Verurteilten noch nicht therapeutisch befasst war, oder eines psychiatrischen Gutachtens, vgl. § 11 Abs. 3 S. 1, aber auch S. 2 HmbJStVollzG). – Im Einzelnen ist zu berücksichtigen, dass eine etwaige Erfahrung, die *Missbrauchs*gefahr sei umso größer, je länger die verbleibende Vollzugszeit (anders zur Fluchtgefahr OLG Celle ZfStrVo SH 1979, 1 (Ls.); s. auch *Thomas* ZfStrVo 1985, 228 f.) und/ oder je kürzer der Zeitraum zwischen Vollzugsbeginn und -lockerung ist, von vielfältigen anderen Faktoren einschließlich jeweiligen Sicherungsformen abhängig sein wird. Zur „Rückfälligkeit" berechnete *Frankenberg* (Offener Jugendstrafvollzug, 1999) ein Sinken umso mehr, je größer der Anteil des offenen Vollzuges an der Vollstr insgesamt war (betr. die JStrafvollzugsanstalt Rockenberg).

Entgegen dem Vorrang des *Erziehungsziels* wird (auf fachpsychologischem **55a** Hintergrund) eine vielfach nicht sachgemäße Eignungsprüfung (zur empirischen Überprüfung der Auswahlkriterien in einer JVA vormals etwa *Rittner-Strenske/von der Starre* ZfStrVo 1984, 201) iSv Abs. 3 beanstandet. Rechtstatsächlich wird offener Vollzug tendenziell zurückhaltend gehandhabt und eher nur bei einer positiven Extremgruppe durchgeführt (Daten bei *Werner,* Jugendstrafvollzug in Deutschland, 2012, 85 ff., 292; *Dünkel ua* RdJB 2016, 437 (442 ff.): meist deutlich unter 10 %). Konkret waren nach statistischer Aufbereitung (vorbehaltlich methodischer Einschränkungen ua wegen ggf. regional unterschiedlich gehandhabter Definition des Begriffs „offener" Vollzug) von den am 30.11. der Jahre 2005, 2010, 2015 und 2017 (31.8.) im

JStVollzug einsitzenden 6.517, 5.782, 3.945 und 3.613 Gefangenen 581 (8,91 %), 471 (8,14 %), 368 (9,32 %) und 355 (9,27 %) im offenen Vollzug untergebracht (vgl. StBest-St, Tabelle „Geschlossener und offener Vollzug" (zu früheren Jahren vgl. Voraufl.); speziell zu den „neuen" Bundesländern *Dünkel* ZfStrVo 2002, 69 bzw. insgesamt *Dünkel/Geng* ZJJ 2007, 145 ff. sowie *Dünkel ua* ZJJ 2015, 233). Dabei handelte es sich um 25, 21, 10 und 11 weibliche Personen, bei insgesamt einsitzenden 274, 226, 149 und 144 (StBest-St Tabelle „Geschlossener und offener Vollzug"; krit. *Funk* NK 2009, 53). – Der Anteil der Nichtdeutschen im offenen JStrafvollzug ist ggü. dem Anteil der Gefangenen mit deutscher Staatsangehörigkeit geringer, hatte sich allerdings zeitweise angenähert (ua aufgrund des sich verringernden Anteils Deutscher im offenen Vollzug). Jeweils am 31.3. betrug er im Jahre 1982 (in den „alten" Bundesländen) 5,3 % ggü. 10,5 % und in den Jahren 1992, 2006 sowie 2008–2017 (jeweils im gesamten Bundesgebiet) 7,4 % ggü. 14,3 %, 7,82 % ggü. 9,29 % sowie 6,68 % ggü. 7,24 %, 4,43 % ggü. 7,36 %, 5,87 % ggü. 8,90 %, 6,13 % ggü. 8,82 %, 7,80 % ggü. 9,38 %, 7,67 % ggü. 9,84 %, 6,88 % ggü. 10,79 %, 7,50 % ggü. 10,67 %, 6,94 % ggü. 10,05 % und 5,62 % ggü. 10,94 % (StVollzSt Tabelle 2).

56 **c) Rückverlegung, Widerruf.** Eine Rückverlegung in den geschlossenen Vollzug bzw. Widerruf ist nur unter engen landesgesetzlichen Voraussetzungen zulässig (vgl. zB §§ 13 Abs. 3, 17 Abs. 2 JStVollzG Bln ua (vgl. aber auch § 13 Abs. 2 S. 2 SächsJStVollzG); ergänzend → Rn. 73). Die VollsrLitung und ds JAmt sind umindest unvrzüglich zu benachriftigen (vgl. § 19 Abs. 3 S. 3 iVm § 19 Abs. 3 S. 2 JStVollzG Bln – nach S. 3 erhalten Beistände iSv § 69 und die Verteidigung „auf Antrag" des Betroffenen „eine Mitteilung").

56a Im Einzelnen handelt es sich bei den Kriterien für die Berechtigung, aufgrund *nachträglich* eingetretener (darauf beschränkt § 14 Abs. 3 Nr. 1 HessJStVollzG) oder bekannt gewordener *Umstände* zu widerrufen, um unbestimmte Rechtsbegriffe (vgl. auch § 18 Abs. 3 JStVollzG Bln zur Wertung: „genügen den besonderen Anforderungen nicht oder mehr"), wozu den VollzEinrichtungen von der Rspr. (trotz der Kompetenzzuweisung für die ungleich gewichtigeren Entscheidungen gem. § 88) im Allg. ein – nur eingeschränkt überprüfbarer – Beurteilungsspielraum zugestanden wird (vgl. betr. BAK von 0,25 mg/l bei Rückkehr aus dem Urlaub OLG Karlsruhe FS 2009, 153: Aufhebung des Widerrufs (betr. allg. StVollzR)).

3. Spezielle Interventionsbemühungen

57 Das verfassungsrechtlich garantierte **Vollzugsziel** der Integration **verlang**t, neben der Orientierung auf eine diesem Ziel entsprechende Entwicklung schlechthin (vgl. zur „Messung" *Budde* FS 2015, 116 ff. (für Hessen)), nach hinreichenden Angeboten zur Therapie, deren strukturelle, sich aus dem Vollzug ergebenden Schwierigkeiten so weit wie möglich zu reduzieren sind. Zuschreibungen iSv „nicht-therapiegeeignet" verbieten sich gem. allg. methodologischen Erkenntnissen (vgl. etwa *Eisenberg* NStZ 2004, 240 ff. (zum allg. StR)), vielmehr ist solches allenfalls unter dem Vorbehalt bislang bekannter Methoden und des Befähigtseins therapeutisch befasster Personen vertretbar, und zwar selbst hinsichtlich besonders niedriger Intelligenz des Insasssen und ohnehin betr. sonstige Hemmnisse (vgl. zB betr. „autobiographisches Gedächtnis", Instabilität des Wirklichhkeitsbezugs sowie (Abwehr-)"Rigidität" *Thalmann* FPPK 2013, 172 ff.). – Im Speziellen muss immer dann, wenn die Anordnung von Sicherungsverwahrung „in Betracht kommt", schon während des (J)Strafvollzugs „gewährleistet sein", dass etwa erforderliche psychiatrische, psycho- oder sozialtherapeutische Behandlungen „zeitig beginnen, mit der gebotenen hohen Intensität durchgeführt und möglichst vor dem Strafende abgeschlossen werden" (BVerfG NJW 2011, 1931 Rn. 112; vgl. näher → Rn. 176 ff.).

a) Sozialtherapeutische Einrichtung. Einige der Landesgesetze **57a** (diesbzgl. Überblick bei *Dünkel* FS Egg, 2013, 152 ff.) sehen vor, dass JStVollzAnstalten grundsätzlich eine **sozialtherapeutische Einrichtung** erhalten (s. etwa § 107 Abs. 1 S. 2 BbgJVollzG, § 105 JStVollzG Bln ua (als Soll-Vorschrift in Sachsen, Schleswig-Holstein und wohl auch § 24 ThürJVollzGB; vgl. aber § 104 Abs. 2 S. 2 JVollzGB LSA); §§ 132 Abs. 1, 103 NJVollzG; § 104 Abs. 2 S. 2 JVollzGB LSA; einschränkend § 59 Abs. 5 S. 1 JStVollzG NRW; näher zu Bayern *Schneider,* Strafvollzug und Jugendstrafvollzug im Bayerischen Strafvollzugsgesetz, 2010). Betreffend die Verlegung in solche Einrichtungen entsprechen die Landesgesetze überwiegend den Regelungen des StVollzG (§ 14 JStVollzG Bln ua, § 138 Abs. 1 iVm § 104 NJVollzG, § 10 HmbJStVollzG, Art. 132 BayStVollzG, § 15 JStVollzG NRW, § 12 HessJStVollzG), jedoch wird in mehreren Ländern – zutreffend und zur Vermeidung einer Verengung (vgl. speziell betr. wegen sexuellen Missbrauchs Verurteilte etwa *Hefendehl* MschKrim 2010, 29 (34): „vordergründig leichter zu behandeln") – der Art des Anlassdelikts weniger Bedeutung beigemessen und betr. andere Anlassdelikte für die Verlegung die Zustimmung des Insassen vorausgesetzt (vgl. § 15 Abs. 2 S. 1 UVollzG NRW, § 14 Abs. 2, 3 SächsJStVollzG (vgl. bereits Begr. ArbE Sachsen 2007, 105 bzw. Begr. ArbE Thüringen 2007, 89 f.), § 10 Abs. 2 HmbJStVollzG, Art. 132 BayStVollzG bestimmen bei Delikten gegen die sexuelle Selbstbestimmung keine Mindesthöhe), was dem entsprechend eine eher knappe Fassung (ohne Benennung von Anlassdelikten) gefördert hat (so § 20 Abs. 2 S. 2 JStVollzG Bln, § 14 JStVollzG MV, § 14 SJStVollzG § 24 ThürJVollzGB, § 25 BbgJVollzG).

So bildeten zum 31.3.2010 (nach Übersicht *Niemz* KrimZ, 21, sodann **57b** *Elz* KrimZ, TabelleJ-5, J-6 (online)) hinsichtlich der – nach der „schwersten Straftat" (Deliktschwerpunkt) berechneten – *Anlassdelikte* (wie vor 2005 idR, erstmals 2010 wieder) Eigentums- und Vermögensdelikte (2009 = 21,3 %; 2010 = 26 %) die zweitstärkste und im Jahre 2014 (= 30 %) sogar die stärkste Deliktgruppe im JStVollzug anstelle der Delikte gegen die sexuelle Selbstbestimmung (2009 = 24,5 %; 2010 = 21,6 %, 2013 = 24,4 %, 2014 = 23,8 %), der bis 2013 (= 31,1 %) größte Anteil entfiel indes auf eine Sammelkategorie „sonstige" (2008 = 20,1 %, 2009 = 33,9 %, 2010 = 35 %, 2014 = 26,5 %), die ihrerseits von Körperverletzungsdelikten dominiert wird (2009 = 82,9 %, 2010 = 83,1 %, 2014 = 88,6 %). Zum 31.3. hatte der Anteil der „Tötungsdelikte" in den Jahren 1997, 2003 und 2004 mehr als 30 % betragen, seit 2008 lag er nur zweimal (geringfügig) über 20 % (*Elz* KrimZ, TabelleJ-5 (online)).

Sind die Voraussetzungen erfüllt, ist zu **verlegen,** dh es besteht **kein 57c Ermessen** der JVA (OLG Celle StraFo 2007, 436 (zum allg. StR); s. aber zur Praxis, die Subsumtion ggf. auch an der Kapazität vorgehaltener Plätze zu orientieren, *Suhling/Wischka* MschKrim 2008, 210). Anhaltend umstritten ist, ob der JVA bei Prüfung der Voraussetzungen ein Beurteilungsspielraum zusteht (bejahend OLG Celle NStZ-RR 2007, 284 (zum allg. StR); zur Folge dass das Gericht nicht selbst ein Gutachten in Auftrag geben dürfe, OLG Hamm NStZ 2008, 344). Andererseits sind weiterhin unbestimmt die **Voraussetzungen** hinsichtlich Entscheidungsinhalten und deren Kontrolle bzgl. **Rückverlegung** (vgl. zB § 15 Abs. 5 JStVollzG NRW; zu Fragen der Akzeptanz von Therapeuten vgl. etwa *Bereswill ua* ZJJ 2007, 48 ff.), obgleich daraus idR mannigfache Schlechterstellungen resultieren. Auf beiden Entscheidungsebenen ist die Wertung einer Nicht-Therapierbarkeit schon betr. Erwachsene – und umsomehr ggü. in der Reifeentwicklung befindlichen Jugendlichen und Heranwachsenden – ein (zwar administrativ funktionales, indes) empirisch kaum zugängliches und rechtlich einwandbehaftetes Konstrukt (zur Aufhebung (im Eilverfahren) mangels Tatsachengrundlage LG Hamburg StraFo 2009, 255 (betr. allg. StVollzR); vgl. näher *Eisenberg* NStZ 2004, 240 ff. (zum allg. StR)).

58   In der **Praxis** finden spezielle sozialtherapeutische Bemühungen bislang nur eingeschränkt statt, und zwar bei regional nicht unerheblichem Gefälle (vgl. etwa die Befragung bei 16 Einrichtungen bzw. Abteilungen von *Dünkel/Geng* Bewährungshilfe 2012, 115 ff. (127); *Dünkel* FS Egg, 2013, 158 ff.; zu den Behandlungsangeboten in den bayerischen Sozialtherapien *Vietor,* Sozialtherapie für junge Gefangene (...), 2012, 182 ff.). Auch bedeutet die Unterbringung in einer sozialtherapeutischen Anstalt nicht von vornherein, dass auch Therapie praktiziert wird, dh der Auswahlprozess folgt mitunter eher allg. funktionalen Belangen des Vollzugsauftrags (vgl. dazu etwa *Krott ua* MschKrim 2008, 349 f.: keine Therapie, wenn keine Persönlichkeitsstörung diagnostiziert ist). Dabei fällt auf, dass unter den Aufgenommenen 45,5 % keine Vorstrafe aufwiesen und auch aufgrund sonstiger Anhaltspunkte (vgl. zum 31.3.2012 *Niemz/Lauwitz,* Sozialtherapie im Strafvollzug, 2. Aufl. 2012, 80) anzunehmen ist, dass Verurteilte (allein) wegen „schädlicher Neigungen" (§ 17 Abs. 2 Alt. 1) weniger häufig waren. – Es bestanden (nach Übersicht *Elz* KrimZ, TabelleJ-1, J-3 (online); vgl. ferner *Dünkel* FS Egg, 2013, 148 ff.), am 31.3.2014 für den JStVollzug sozialtherapeutische Abteilungen in den JVAen Adelsheim, Berlin (JSA), Crailsheim, Ebrach, Hamburg-Hahnöfersand, Hameln, Herford, Ichtershausen, Neuburg-Herrenwörth (S.), Neuburg-Herrenwörth (G), Neustrelitz, Ottweiler, Raßnitz, Regis-Breitingen, Rockenberg, Schifferstadt, Schleswig, Wittlich, Wriezen und Wuppertal mit 480 Plätzen (2005 = 148, 2009: 350, 2010: 406) und 402 (2013 = 429) Insassen (Belegungsquote 83,8 %), von denen 45,3 % (2009 = 58,1 %) 18- bis unter 21-Jährige, 43,5 % (2009 = 34,2 %) 21- bis unter 25-Jährige und 9,7 % (2009 = 7,1 %, 2013 = 10,0 %) Jugendliche waren (vgl. im Übrigen vormals *Hinrichs* MschKrim 1991, 17; *Hinrichs* DVJJ-Journal 1999, 445 ff. und *Hinrichs/Werner* KrimPäd 1993, 36 (betr. „Gewalttäter" in der JVA Neumünster) sowie *Hinrichs/Thiel* ZfStrVo 1992, 173 ff. (betr. wegen Tötungsdelikten Verurteilte); speziell *Weiß* ZfStrVo 1991, 277 bzw. *Seitz/Specht* KrimPäd 2002, 55 (57) zu vergleichsweise hohen Anteilen Rückverlegter und deren Besonderheiten „ausgeprägter Vorbelastung" und Defiziten im Schul- bzw. Leistungsbereich (jeweils betr. sozialtherapeutische Abteilung der JVA Hameln) und *Michelitsch-Traeger* ZfStrVo 1991, 282 ff. (betr. sozialtherapeutisch orientierten Wohngruppenvollzug in der Anstalt Ludwigshafen); betr. Sozialtherapie in Hamburg AV JVerwBl. 2000, 73 f., *Tauss,* Die

Veränderung von Selbstkonzeptkomponenten im Inhaftierungsverlauf jugendlicher Strafgefangener, 1992, 187 ff., 210 ff.).

Hinsichtlich „Erfolgen" bestehen auch hier allg. methodische Schwierig- **58a** keiten (vgl. betr. Ergebnisse in der JVA Berlin-Plötzensee bzw. Hameln *Clemens ua* in Steller ua, Straftäterbehandlung, 2. Aufl. 2003, 22 f. bzw. *Hosser ua* R&P 2006, 125 ff.; *Gueridon/Suhling* ZJJ 2015, 133 f. (136 f.); systematisch *Eisenberg/Kölbel* Kriminologie § 20 Rn. 16 ff., § 42). So ist schon zwischen der Beeinflussung zB allg. Persönlichkeitsmerkmale (zB nach dem FPI) und einem Bezug zu zukünftiger Legalbewährung zu unterscheiden (vgl. näher *Schwedler/Schmucker* MschKrim 1995 (2012), 269 ff.; krit. betr. Sachsen *Wößner ua* in Dölling/Jehle, Täter, Taten, Opfer, 2013, 665: systematische Intervention betr. als „kriminogen" beurteilter Faktoren „nicht erkennbar" (zur Stichprobe 651)); zu Risiken gruppentherapeutischer Verfahren etwa *Bieschke* in Neubacher/Bögelein, Krise – Kriminalität – Kriminologie, 2016, 365 (370)).

b) Sonstige Interventionsbemühungen. Regelmäßig bedeutsam für **59** bestimmte JStrafgefangene sind **psychotherapeutische** Angebote (dazu § 14a SächsJStVollzG (eingef. GVBl. 2013, 250); vgl. zur JVA Arnstadt *Landgraf/Ptucha* FS 2016, 352 ff. (354 f. auch krit. zu dem eingesetzten „manual"); zur Übersicht betr. die Länder *Repp ua* ZfStrVo 2004, 199 f.; zum Bedarf *Köhler*, Psychische Störungen bei jungen Straftätern, 2004; betr. JVA Neumünster *Müller ua* FS 2007, 156 ff.) bzw. vergleichbare Interventionsbemühungen (vgl. betr. ADHS etwa *Hosser ua* ZJJ 2007, 249 f.; betr. geringe Wirkungen sog. „psychosozialer Behandlung" vgl. gem. wiederholter Einzelinterviews *Bosold ua* Praxis der Rechtspsychologie 2007, 274). Ohnehin angebracht sind ggf. **sozialpädagogische** Projekte (vgl. dazu etwa *Blumenberg* unsere jugend 1986, 343; betr. „moralische Entwicklung" (vgl. → § 3 Rn. 12) *Walter* DVJJ-Journal 1998, 236 ff.; zur differenzierten Akzeptanz der Insassen *Boxberg* Jugendstrafe 221 ff.). – Über das Ausmaß der Verwendung von **Psychopharmaka** liegen nur vereinzelte Angaben vor (*Romkopf* ZfStrVo 1982, 143; krit. *Brühl* R&P 1987, 85; ergänzend *Hinrichs* ZJJ 2007, 262 f.).

Bzgl. bestimmter Delikte gegen die sexuelle Selbstbestimmung wurde **59a** (vorübergehend) ein sog. **„Geschlechtsrollenseminar"** in der JVA Hameln durchgeführt (vgl. dazu *Bulczak* Zbl 1986, 331; *Heilemann* DVJJ 1987; *Gers/ von der Starre* Bewährungshilfe 1987, 397 (400 ff.)), das gem. der Auswahlpraxis der „Gesprächspartnerinnen" ein erhebliches Statusgefälle (auch betr. das Verbalisierungsniveau) aufwies, sodass ua aus diesem Grund zB auch das – ansonsten geeignete – Ziel des Angebots von Identifizierungsangeboten nur begrenzt realistisch erschien (krit. im Übrigen *Mey* Bewährungshilfe 1988, 378; *von Weizsäcker* DVJJ 1990). Seit dem Jahr 2000 wird in der Sozialtherapeutischen Abteilung der JVA Hameln betr. Personen, die wegen Taten des genannten Deliktsbereichs verurteilt wurden, eine verpflichtende Konzeption von Sozialtherapie praktiziert, wobei allerdings ca. 1/3 der Probanden als ungeeignet „abgelöst" wurden (vgl. *Spitczok von Brisinski ua* ZfStrVo 2005, 134 ff.; anders betr. die JVA Adelsheim, vgl. *Schüßler ua* ZfStrVo 2006, 274: mehr als ein Drittel unterdurchschnittliche IQ-Werte). – Zu **sexualpädagogischen** Bildungsangeboten vgl. etwa *Kaplan ua* FS 2017, 335 ff.

Speziell für wegen (bestimmter Tatgestaltungen der) Körperverletzung **60** Verurteilte wird von **Anti-Gewalttraining** bzw. Anti-Aggressivitätstraining unterschiedlicher Ausgestaltungen (zB körper- oder sprachorientiert) berichtet, wobei einige derselben aus methodischen wie rechtlichen Gründen zu Zweifel Anlass geben, ob eine hinreichende Zulässigkeitsprüfung seitens der Anstaltsleitung vorausgegangen ist (s. betr. die JVA Hameln *Weidner* ZfStrVo 1989, 295; *Wolters* Kriminalistik Päd 1990, 26 sowie *Weidner/Wolters* MschKrim 1991, 210; *Kilb/Weidner* KrimJ 2002, 298 (auch betr. „Coolness-Training"=CT); betr. die JVA Neustrelitz *Nagler* in Egg 99, 152; zur Anwendung auch auf „rechtsorientierte" Gewalttäter *Geretshauser ua* DVJJ-Journal 1993, 33–36; vgl. betr. die JVA Neuburg-Herrenwörth zur pädagogischen Methodik *Bauer-Cleve ua* ZfStrVo 1995, 202; s. ferner *Röskens* ZJJ 2008, 279 ff.). Einwände beziehen sich ua auf eine stigmatisierende, belehrende Art von Pädagogik (vgl. *Walkenhorst* unsere jugend 1993, 388–391) bzw. auf das Mittel verbaler Gewalt (vgl. *Nickolai/Walter* ZfStrVo 1994, 71; krit. betr. sog. „konfrontative Pädagogik" *Herz* ZJJ 2005, 365 ff. (mit Erwiderung *Kilb* ZJJ 2006, 278 ff.) bzw. *Plewig* ZJJ 2007, 383 ff.; 2008, 52 ff. sowie 2013, 84 ff. (befürwortend aber *Sellinger ua* Bewährungshilfe 2008, 388 ff. sowie, modifiziert, Bewährungshilfe 2009, 58 ff.) und *Heuer* ZJJ 2012, 195 ff. wegen (gar missbräuchlichen) Funktionswandels erzieherischer Hilfe) sowie auf die Ungewissheit hinsichtlich eines Erfolges im Sinne zukünftiger Legalbewährung (vern. *Ohlemacher ua* in Bereswill/Greve, Forschungsthema Strafvollzug, 2001, 345 (vgl. auch die Übersicht bei *Bosold ua* ZJJ 2006, 27 ff.), vgl. aber auch *Beck/Ptucha* ZJJ 2017, 373 (375 ff.) (betr. Thüringen); zur Vernachlässigung situations- und gruppenbezogener Tatumstände *Scherr* KrimJ 2002, 305 (308); vgl. auch *Dreßing,* Das Anti-Aggressivitätstraining als Maßnahme der Jugendhilfe und Jugendstrafrechtspflege, 2016, 67 ff., 186 ff.) und auf verfassungsrechtliche Schutzbelange (vgl. *Rzepka* unsere jugend 2004, 126; zu rechtlichen Grenzen *Hein,* Rechtliche Grenzen von Anti-Aggressivitätstrainings, 2007); als ein anderer Zugang zu „aggressiven" Insassen lassen sich Formen eines „emotionalen Sensitivitätstrainings" verstehen (vgl. dazu *Christian/Schönenberg* FS 2016, 117 ff.).– Hinzu kommen spezielle *Sportprogramme* (s. *Wolters* Bewährungshilfe 1993, 321 ff.; *Wolters* MschKrim 1998, 136 (betr. Evaluationsbemühen bei 15 Probanden)) – jeweils unter Inaussichtstellung von Vergünstigungen und vorzeitiger Entlassung im Falle der Teilnahme (*Wolters* MschKrim 1998, 136 (320); s. auch zu Testergebnissen *Wolters* ZfStrVo 1994, 23; vgl. aber ergänzend *van den Boogaart ua* DVJJ-Journal 2000, 30 f.).

4. Entlassungsvorbereitung

61   Diesbezügliche Maßnahmen sind ebenso wie pädagogische und therapeutische Betreuung kontinuierlich zu gewährleisten. Hierfür hat der Gesetzgeber angesichts der besonderen Bedeutung des Vollzugsziels im JStVollzug Sorge zu tragen (BVerfG NJW 2006, 2096; zu Risikofaktoren aus empirischer Sicht (anhand jeweils drei standardisierter Interviews während des Haftverlaufs) *Grieger* RPsych 2015, 5 ff., 13, 15 f.), was sich in den Gesetzen der Länder niederschlägt (§§ 19 ff. JStVollzG Bln ua, §§ 83 f. JVollzGB BW IV, § 119 NJVollzG, Art. 136 BayStVollzG (krit. zur unzulänglichen Umsetzung in der bayerischen Praxis *Walsh* NK 2014, 273 ff.), § 16 HessJStVollzG (Abs. 3 S. 5 verhält sich zu der Möglichkeit, eine Weisung betr. „elektronische Fußfessel" zu erteilen, vgl. dazu näher *Fünfsinn* FS Eisenberg, 2009, 691 ff. (700 ff.); **abl.** betr. Baden-Württemberg *Wößner/Schwedler* NK 2013,

60; *Ostendorf* in Ostendorf § 2 Rn. 55). Indes fehlt es weiterhin an einheitlichen (bundesgesetzlichen) Regelungen betr. eine Verpflichtung der JHilfe sowie der Arbeits- und Sozialverwaltung, grundsätzlich und bevorzugt Maßnahmen (zur Unterstützung der Integration) für Entlassene aus dem JStrafvollzug zu prüfen (vgl. dazu etwa DVJJ 2008, AK 2), obwohl eine solche Verpflichtung gem. den Vorgaben des BVerfG konsequent wäre ("Verbleib" nach Entlassung vgl. für Bremen *Matt* ZJJ 2016, 151 f.).

a) Art der Maßnahmen. Als derartige Maßnahmen kommen Vollzugs- **61a** lockerungen, ein besonderes Entlassungstraining (s. dazu etwa *Naber* in Nickolai ua, Sozialpädagogik im Strafvollzug, 1985, 135 ff.), eine Verlegung in den offenen Vollzug sowie verschiedene Formen eines der Entlassung vorgeschalteten Urlaubs/Langzeitausgangs in Betracht (nach § 19 Abs. 2–4 JStVollzG Bln ua, § 83 Abs. 2 JVollzGB BW IV, § 15 Abs. 2 Nr. 3 HmbJStVollzG: bis zu vier Monate, § 119 Abs. 2 NJVollzG: bis zu sechs Monaten; anders Art. 138 Abs. 2–5 BayStVollzG), sofern nicht schon eine vorzeitige Entlassung verantwortet werden kann bzw. angeordnet werden darf (vgl. → § 88 Rn. 14 ff., 23 ff.). Von der Häufigkeit hier findet Entlassungsurlaub im geschlossenen Vollzug nur eingeschränkt statt (vgl. zu mehreren Bundesländern etwa *Dünkel ua* ZJJ 2015, 239: "nur eine untergeordnete Rolle"; Hinweise zur Praxis auch bei *Schmidt-Esse*, Lange Jugendstrafen bei jugendlichen und heranwachsenden Gewalt- und Sexualstraftätern, 2018, 142).

Nach Möglichkeit sind auch Familienangehörige (zu eher hohem Anteil **61b** von Elternbesuch speziell türkischer Insassen s. *Klose*, Deskriptive Darstellung der subjektiv empfundenen Haftsituation männlicher türkischer Inhaftierter im geschlossenen Jugendstrafvollzug in NRW, 2002, 267) oder andere anstaltsfremde Personen oder Gruppen einzubeziehen (speziell zum Einfluss von Netzwerken betr. Migranten nach Entlassung *Rau*, Lebenslinien und Netzwerke junger Migranten nach Jugendstrafe, 2017, 318 ff., 409 ff.), soweit sie als die Legalbewährung eher fördernd beurteilt werden (zu Aufgaben des Übergangsvollzugs s. *Fleck* ZfStrVo 1985, 269 ff.; vgl. zu Nachsorge betr. "Projekt Chance" *Belz ua* FS 2008, 17 ff.); umgekehrt hat gar eine Mitteilung von der Entlassung ggü. den Personensorgeberechtigten zu unterbleiben, wenn dadurch eine Gefährdung des Jugendlichen verursacht würde (vgl. auch VGO BW (Die Justiz 2008, 203) 46.3.3; aus der Vollzugspraxis *Fiedler* DVJJ 2008, 112). – Mit Ausnahme von NRW (§ 45 Abs. 1 S. 1 JStVollzG) erweisen sich die Landesgesetze insofern als einwandbehaftet, als sie hinsichtlich der verschiedenen Maßnahmen das Einverständnis des JStrafgefangenen nicht verlangen (§ 19 Abs. 1 JStVollzG Bln ua, § 83 Abs. 1 JVollzGB BW IV, § 119 Abs. 1 NJVollzG, Art. 136 Abs. 1 BayStVollzG).

Hinzukommen ggf. die unterschiedlichsten entlassungsvorbereitenden **61c** und -begleitenden Maßnahmen – wobei hinsichtlich der diesbzgl. Praxis wohl nicht unerhebliche Unterschiede bestehen (für eine geringe Angebotshäufigkeit vgl. die Aktenauswertungsdaten bei *Schmidt-Esse*, Lange Jugendstrafen bei jugendlichen und heranwachsenden Gewalt- und Sexualstraftätern, 2018, 142 f.; anders für ein Projekt in Baden-Württemberg die Befragung Betroffener und Beschäftigter bei *Pruin* in Dölling/Jehle, Täter, Taten, Opfer, 2013, 699 ff., 705 ff.); zur Praxis des Übergangsmanagements auch *Dünkel ua* RdJB 2016, 437 (451 ff.)). In Betracht kommt die Vermittlung von Wohnung bzw. Unterbringung (für eine neue Umgebung *Görken*

ZfStrVo 1987, 83 (86); s. aber nach Zahlen von *Nikolai* Bewährungshilfe 1992, 294: mehr als die Hälfte zu Eltern oder einem Elternteil), Ausbildungs- bzw. Arbeitsstelle (so auch § 19 Abs. 1 JStVollzG Bln ua, Art. 138 Abs. 1 BayStVollzG; weitergehend § 83 Abs. 1 JVollzGB BW IV, wonach auch ein „soziales Umfeld" „vermittelt" werden soll) und – zusätzliche – Betreuung (vgl. VG Müchen ZJJ 2013, 79: Bedarf nach §§ 41, 43 KJHG bejahend) sowie Aufgaben der **Schulden**regulierung (s. dazu die allg. Regelungen zur sozialen Hilfe nach § 8 JStVollzG Bln ua, § 39 Abs. 2 S. 2 JVollzGB BW IV, § 132 Abs. 1 iVm §§ 68 ff. NJVollzG, Art. 122 iVm Art. 74 ff. BayStVollzG). In der Lebenswirklichkeit kommt diesem zuletzt genannten Bereich gerade auch iZm Bemühungen zur **Vermeidung** eines „**Rückfalls**" bei einem erheblichen Anteil der Entlassenen wesentliche Bedeutung zu (vgl. etwa schon *Zimmermann,* Die Verschuldung der Strafgefangenen, 1981, 40, 43; *Matzke,* Leistungsbereich bei Jugendstrafgefangenen, 1982, 82; *Gerstein* DVJJ-Journal 1992, 130 ff. (betr. JVA Siegburg); *Nikolai* Bewährungshilfe 1992, 296 (betr. BtM-Abhängige der JVA Crailsheim)), wie auch empirische Angaben zur durchschnittlichen Höhe der Schulden erkennen lassen (nach *Klotz* in Salman, Soziale Arbeit mit Straffälligen, 1986, 89 f., je Proband durchschnittlich etwa 10.000,– DM Schulden; nach *Kemter,* Schulden und Schuldenregulierung der Gefangenen in sächsischen Justizvollzugsanstalten, 2000, 140 (betr. Sachsen) durchschnittlich 14.850,– DM bzw. *Median* 10.000,– DM; nach Daten bei *Rau* ZJJ 2017, 61 (63 f.) bis 40.000 EUR (n. auch zur Entstehung ZJJ 2017, 61 (64 f.)); betr. weibliche Gefangene im offenen Vollzug (ohne Differenzierung nach dem Alter und gem. eigenen Angaben) s. *Bachmann* ZfStrVo 1989, 279).

61d Das **Überbrückungsgeld** wird als oftmals zu gering zu beurteilen sein, zumal es (zwar nur, aber immerhin) auf die Dauer von 4 Wochen bezogen ist (§ 51 StVollzG, vormalige Nr. 43 VVJug; zur Form zinsbringender Anlage OLG Celle StraFo 2013, 172 (zu § 47 NJVollzG, betr. allg. StVollzR), zw.). Es hat sich zudem auch als Eingliederungshindernis herausgestellt, soweit dem Gefangenen angesichts dessen nach seiner Entlassung regelmäßig Sozialleistungen und damit auch sonstige Fördermaßnahmen verweigert werden (vgl. aber § 61 Abs. 1 SchlHJVollzG: Ansparen als Vermögen), und so ggf. auch ein Zugang zur gesetzlichen Krankenversicherung unmöglich ist. Andererseits erlaubt die Schonung des Überbrückungsgeldes nicht ohne weiteres die Versagung einer (kostentragungspflichtigen) Ausführung (vgl. OLG Nürnberg StraFo 2016, 351 zu Art. 37 Abs. 3 iVm Art. 51 BayStVollzG (zum allg. StR)). – Mehrere Landesgesetze sehen (stattdessen) jeweils die Möglichkeit von **Entlassungsbeihilfe** vor (§ 21 JStVollzG Bln ua, § 47 Abs. 6 JStVollzG NRW, § 84 JVollzGB BW IV, § 132 Abs. 1 iVm § 70 NJVollzG, Art. 122 iVm Art. 80 BayStVollzG (erg. Art. 150 Nr. 2), § 17 HessJStVollzG; für die Beibehaltung der Möglichkeit der Bildung von pfändungsfreiem Überbrückungsgeld etwa DVJJ 2008, AK 1).

62 **b) „Koordinierung" mit dem Bewährungshelfer.** Nach überwiegender Auffassung wird eine Koordinierung mit dem BewHelfer (vgl. § 88 Abs. 6 S. 1; s. etwa *Lochmann / Berner* Bewährungshilfe 1992, 279; wegen der Einbeziehung des Vertreters der *JGH* s. § 38 Abs. 2 S. 9 aF bzw. § 38 Abs. 5 S. 5 nF nebst Erl. bei → § 38 Rn. 23; vgl. auch *Mollik* FS 2010, 272 ff.) bereits während (des Restes) des Vollzugszeitraums als sinnvoll beurteilt (weitergehend zB § 8 Abs. 7 HmbJStVollzG, § 14 Abs. 5 S. 2, 3, Abs. 7

BbgJVollzG). So schlug zB die JStVollzKomm (10) vor, es solle ein BewHelfer in Fällen der Verurteilung zu JStrafe bis zu einem Jahr trotz Versagens der Aussetzung der Vollstr zBew schon mit der Verurteilung, und in den anderen Fällen frühestens drei Monate vor dem gesetzlich frühestmöglichen Entlassungszeitraum bestellt werden.

Mitunter finden sich unter räumlich überschaubaren Voraussetzungen Verwirklichungen des Konzepts durchgehender Betreuung im Rahmen eines einheitlichen Sozialdienstes (zu entspr. Weisung AG Berlin-Tiergarten NStZ 1988, 428 mzustAnm *Matzke*). Während des Vollzugs soll der BewHelfer um die (materielle wie ideellen) Voraussetzungen zur Entlassung bemüht sein und dazu zB Gespräche und Abreden mit Kontakt- bzw. Bezugspersonen (etwa mit den Eltern) außerhalb der JStVollzAnstalt anstreben, sozialtechnische Hilfen leisten sowie die Vorbereitung der Schadenswiedergutmachung und/oder der Schuldentilgung vornehmen (allg. zur Forderung nach „Vorbetreuung" als Pflichtaufgabe des BewHelfers DVJJ 1990, Thesen AK XV; vgl. im Übrigen → § 88 Rn. 38, 39). **62a**

Unbeschadet solcher Vorzüge ist nicht zu übersehen, dass eine durchgehende „Betreuung" jedenfalls auch eine durchgehende **Kontrolle** darstellt. Im Übrigen kann es in mancherlei Hinsicht vorteilhaft sein, wenn der BewHelfer dem Entlassenen gewissermaßen unbelastet von Kenntnissen über Geschehnisse des Vollzugszeitraums und ohne die personifizierte Erinnerung an den JStVollzug begegnet. **63**

c) Förderung und institutionelle Belastungen des „Übergangs". Es sollte in allen Bundesländern die Möglichkeit geschaffen werden, den Entlassenen in einer Krisensituation kurzfristig **wieder** in die JStVollzAnstalt **aufzunehmen** (vgl. schon JStVollzKomm 48; Denkschrift 1977, 39; restriktiv auch § 125 StVollzG). So mag mancher „Rückfall" ua aus dem *unbewussten* Motiv heraus geschehen, wieder in die JVA zurück zu gelangen, weil die Entlassenen Angst vor dem „Draußen" haben bzw. sich dessen Anforderungen nicht gewachsen fühlen (vgl. dazu *Lempp* DVJJ-Journal 1994, 60 f.). Diesbzgl. Regelungen enthalten eingeschränkt § 85 Abs. 3 S. 3 JVollzGB BW IV, § 18 Abs. 3 S. 1 HmbJStVollzG, § 48 Abs. 2 JStVollzG NRW (gem. Abs. 6 ist bei Minderjährigen die Einwilligung der Personensorgeberechtigten vorausgesetzt; zw.), Art. 137 Abs. 2 S. 2 BayStVollzG (ab 1.1.2011, vgl. Art. 210 Abs. 1). In Extremfällen wird einer etwaigen Gefahr des missbräuchlichen Sich-Einschleusens vorzubeugen sein (soweit etwa die Nutzung der Gesundheitsvorsorge das Motiv sein sollte, könnte dem durch Begrenzungen begegnet werden). – In geeigneten Fällen kann es zur Entschärfung der Konfrontation mit Ungewissheiten nach Entlassung beitragen, wenn die Unterkunft in Freiheit weiter finanziert wird (vgl. betr. Extremfall BSG SozR 4–3500 § 67 Nr. 1 (zur Haftdauer → Rn. 19); näher *Hammel* ZJJ 2015, 157 f., 265 ff.). **64**

Zum **Übergangsmanagement,** das reintegrationsförderliche Maßnahmen verschiedener Institutionen anhand einer indivuduumsbezogenen Planung koordiniert (zu Empfehlungen aus der Praxis vgl. Befragungsdaten bei *Pruin ua* ZJJ 2016, 247 ff.; ferner etwa DVJJ-BAG 2017, 17 f.), gibt es inzwischen erste spezielle Vorgaben (vgl. §§ 8 ff. HmbResOG; dazu *Maelicke* ZJJ 2018, 327 (329 f.)). Zur Praxis liegen mehrere empirische Untersuchungen vor (vgl. etwa *Pruin* in DGHP Juvenile), die ua Konflikte zwischen Freien Trägern (zu deren Bedeutung in der Praxis aber *Sehrbrock-Wernicke* **65**

ZsozStRpflege 2013, 23 ff.) und öffentlichen Institutionen erkennen lassen (vgl. (betr. sog. „Intensivtäter", dazu krit. → § 5 Rn. 85a, 85b) zu einem Projekt Freier Träger und der JHilfe *Plewig/Kohlschmidt* FS 2011, 342 sowie näher *Plewig/Kohlschmidt* in Maelicke/Plewig, Erfolgreich, aber gescheitert, 2016, 13 ff. (zuvor *Plewig,* Endbericht, DVJJ online, 21.11.2012) und speziell zur „Rückfallquote" (=JStrafe ohne Aussetzung der Vollstr zBew der N=24 Betreuten nach zwischen zwei und vier Jahren) von nur 13 % *Plewig* ZJJ 2015, 395 ff., sodann aber Auslaufen des Projekts aufgrund landespolitischer Ablehnung der Finanzierung, vgl. *Maelicke/Plewig,* Erfolgreich, aber gescheitert, 2016, 4; vgl. aber auch *Becker* Bewährungshilfe 2015, 5 ff. betr. ESF-Bundesprogramm „XENOS – Integration und Vielfalt"). – Bedeutsam ist auch, dass ggü. (wiederholt) vorbestraften Personen eine **erhöhte** strafrechtliche **Verfolgungsintensität** besteht (vgl. zum Ausland betr. sog. Notunterkünfte etwa *Grommon* CPP 2016 (17), 827 ff.; *LeBel* CPP 2016 (17), 891 ff.: „principle of less eligibility"), wobei schon die private Anzeigebereitschaft gesteigert ist (vgl. auch → § 88 Rn. 40) und im Übrigen die zuständigen Behörden sich untereinander *Mitteilung* etwa über den Zeitpunkt der *Entlassung* oder über Änderungen des Wohnsitzes machen (vgl. neben §§ 2 Abs. 1, 13 Abs. 1 S. 1 und 2 bzw. § 13 Abs. 1 S. 3 BKAG, die regional durchaus unterschiedlich ausgelegt zu werden scheinen; vgl. speziell zB VGO BW (Die Justiz 2008, 203) 46.3.1 betr. jede Entlassung in Freiheit, spezieller betr. Urlaub oder Freistellung aus der Haft 39.2 S. 1 oder S. 2). Diese Sachlage kann in der praktischen Auswirkung zu unmittelbaren Konflikten zwischen der betreuenden Tätigkeit (von BewHelfern und Privatpersonen) einerseits und den Bemühungen (von anderen Privatpersonen sowie der Polizei sowie auch der kontrollierenden Funktionen der BewHelfer) um strafrechtliche Erfassung von Verhalten andererseits führen (n. dazu *Eisenberg/Kölbel* Kriminologie § 37 Rn. 33f). – Hinzukommen ggf. Beeinträchtigungen durch Mitteilungen an den Verletzten (§ 406d Abs. 2 StPO; vgl. zur Einschränkung des Datenschutzes zB § 89 Abs. 5 S. 3, Abs. 6 S. 2 SJStVollzG; vgl. für NRW FS 2012, 104 f. bzw. 134 (*Walter,* jeweils wohl betr. allg. StVollz)).

V. Lockerungen (einschließlich Urlaub/Langzeitausgang) im Jugendstrafvollzug

66 Die Gesetze der Länder sehen als Vollzugslockerungen jeweils Außenbeschäftigung, Freigang, Ausführung und Ausgang (ggf. zusammenhängend bis zu sechs Monaten § 19 Abs. 3 SächsJStVollzG) vor, teilweise wird auch Urlaub/Langzeitausgang unter diesen Begriff gefasst (§ 15 JStVollzG Bln ua, § 42 Abs. 3 JStVollzG NRW, § 9 JVollzG BW IV, Art. 134 iVm Art. 13 Abs. 1 BayStVollzG, § 13 Abs. 3 HessJStVollzG; vgl. auch § 119 Abs. 2 NJVollzG), wie sich in der Ersetzung des Begriffs Urlaub durch Langzeitausgang bestätigt (vgl. nur § 46 Abs. 1 S. 1 Nr. 3 BbgJVollzG, § 46 Abs. 1 S. 1 Nr. 3 ThürJVollzGB, § 45 Abs. 1 S. 1 RhPfLJVollzG wie JVollzGB LSA). Dabei ist die Handhabung regional durchaus unterschiedlich (vgl. etwa betr. begleiteten Ausgang die Zulassung Externer (vgl. ua § 45 Abs. 1 S. 1 Nr. 1 RhPfLJVollzG und § 45 Abs. 2 Nr. 2 JVollzGB LSA, § 13 Abs. 3 S. 1 Nr. 4 HessJStVollzG; zu (vormals) vergleichsweise niedrigen Zahlen betr. Ausgang und Freigang in mehreren sog. „neuen" Bundesländern *Dünkel ua* ZJJ 2015, 233 ff. (238 ff.)).

1. Voraussetzungen

a) (Negativ-)Voraussetzungen. Als zentrale Voraussetzungen machen 67 die Landesgesetze – nicht anders als das StVollzG – die Gewährung von Lockerungen davon abhängig, dass **keine Flucht- oder Missbrauchsgefahr** besteht (§ 15 Abs. 2 JStVollzG Bln ua (sprachlich modifiziert § 44 Abs. 2 JStVollzG Bln), § 9 Abs. 1 BWJVollzGB, § 132 Abs. 1 iVm § 13 Abs. 2 NJVollzG, Art. 134 Abs. 2 BayStVollzG, § 13 Abs. 2 S. 2 HessJStVollzG). Jedoch würde eine voraussichtliche MindestvollstrZeit (zB 18 Monate oder mehr) dem Förderungsprinzip widersprechen (zutr. daher § 12 HmbJStVollzG (entgegen vormaliger Nr. 8 Abs. 10a VVJug)). Teilweise bringen die Gesetze dabei mit ihrem Wortlaut („verantwortet werden kann zu erproben") die auch für den Erwachsenenvollzug allg. vertretene Auffassung zum Ausdruck, dass diese prognostischen Entscheidungen in keinem Fall sicher zu treffen sind, sondern vielmehr im Hinblick auf die Erreichung des Vollzugsziels (zur Bedeutung von Lockerungen hierfür *Walter* ZJJ 2006, 242 f.) ein gewisses Risiko einzugehen ist. Indes ist zu besorgen, dass die Regelungen ggf. einen weiteren Beurteilungsspielraum begründen als im allg. StVollzug (vgl. etwa Art. 134 Abs. 2 ggü. Art. 13 Abs. 2 BayStVollzG). – Auf das **Bestreiten** der **Tatbegehung** darf die Annahme von Flucht- oder Missbrauchsgefahr *nicht* gestützt werden (OLG Celle NStZ-RR 2009, 64; OLG Hamm BeckRS 2015, 18004 (jeweils zum allg. StVollzR); vgl. auch → § 88 Rn. 12).

Abzulehnen sind solche Regelungen, die – anders als das StVollzG und 67a § 42 Abs. 1 S. 1 JStVollzG NRW (einschr. betr. Ausführung Abs. 4), Art. 134 Abs. 2 BayStVollzG – die Zustimmung des Gefangenen nicht zur Voraussetzung für die Gewährung machen (§ 15 JStVollzG Bln ua, § 9 JVollzGB BW IV), da dies einer Förderung eigenverantwortlichen Handelns und somit der Erreichung des Vollzugsziels entgegensteht (vgl. schon *Eisenberg/Singelnstein* ZKJ 2007, 186; ähnlich *Ostendorf* in Ostendorf § 2 Rn. 44).

Mitunter sehen die Landesgesetze im Gegensatz zum StVollzG für be- 68 stimmte Gefangene ausdrücklich eine **besondere Prüfung** im Vorfeld von Entscheidungen über Vollzugslockerungen vor. So sind besondere Voraussetzungen, wie sie regelmäßig in (für Gerichte nicht verbindlichen) VV geregelt werden (vgl. betr. offenen Vollzug etwa VV BW Die Justiz 2017, 159 Nr. 2.13), in § 11 Abs. 3 S. 1 HmbJStVollzG enthalten, und zwar ua betr. wegen Delikten gegen die sexuelle Selbstbestimmung oder „grober Gewalttätigkeit" Verurteilte, und zwar teilweise unabhängig von dem Strafmaß (enger vormals AV Hamburg JVBl. 2000, 46 und schon 1997, 51; vgl. auch Rundschreiben JuM RhPf JBl. 2000, 169 sowie AV Berlin ABl. 2005, 2682). Eine vertiefte Prüfung verlangt (eher pauschal) etwa Art. 135 Abs. 3 iVm Art. 15 BayStVollzG für Gefangene, die wegen Tötungsdelikten oder bestimmten Delikten gegen die sexuelle Selbstbestimmung verurteilt sind. Die Einschränkungen gem. VV BW (Die Justiz 2017, 158 ff.; s. aber *Stelly/J. Walter* MschKrim 2008, 270 ff.) sind teilweise konkret (zB Verurteilung zu drei Jahren), teilweise allerdings überhöht. – Eine zusätzliche Einschränkung von Lockerungen ergibt sich aus der Berücksichtigung etwaiger Belange des Verletzten der Anlasstat und entsprechender Anwendung des § 406d Abs. 2,

Abs. 4 StPO (vgl. § 12 Abs. 5 HmbJStVollzG (eingef. GVBl. 2013, 211); zurückhaltend § 17 S. 2 SächsJStVollzG: „nach Möglichkeit", andererseits aber zum Besuchsverbot § 48 Nr. 3, zur Benachrichtigung § 88 Abs. 5 S. 5 und 6).

68a   Eher unbestimmt wird gem. § 132 Abs. 1 iVm § 16 NJVollzG bei einzelnen Gefangenengruppen sowie bei mutmaßlichen Drogennutzern eine Begutachtung oder körperliche Untersuchung angeordnet (ohne Anordnung darf der Antrag auf Lockerung nicht wegen Beurteilungsschwierigkeiten abgelehnt werden (OLG Celle NStZ-RR 2009, 64, betr. allg. StVollzR)), und im Fall von Weigerungen durch den JStrafgefangenen ist Abs. 3 zufolge idR der (unzulässige, vgl. → Rn. 130) Schluss zu ziehen, dass die Voraussetzungen der Lockerungsgewährung nicht vorliegen. Mit der Zuweisung an das unmittelbar der Fachaufsicht des JuM unterstehende „Prognosezentrum" bei der JVA Hannover, das eine personelle Dominanz der Psychologie (davon drei weibliche Personen (1 männlich), vgl. aber → Rn. 15) neben einem Psychiater aufweist (Pädagogik, Kriminologie oder Soziologie etc sind nicht repräsentiert) und ua der Vermeidung externer Gutachten dient, könnten ggf. ein institutionelles Verhaftetsein ebenso wie eine Minderberücksichtigung der (auch methodischen) Besonderheiten (vgl. nur → § 43 Rn. 45 ff.) bei Jugendlichen bzw. Heranwachsenden einhergehen, und zudem werden zB „Mindestanforderungen" (vgl. dazu etwa *Eisenberg* Beweisrecht StPO Rn. 1605 Fn. 91) bejaht (s. *Steinhilper* ua FS 2008, 163 ff. (165)). – Die Einschränkungen gem. VV BW (Die Justiz 2010, 109 (154 ff.); s. aber *Stelly/Walter* MschKrim 2008, 270 ff.) sind teilweise konkreter (zB Verurteilung zu drei Jahren), teilweise allerdings überhöht (zB aufgrund Gutachtens entgegenstehender Grund „hinreichend sicher ausgeschlossen").

69   **b) Anspruch auf ermessensfehlerfreie Bescheidung.** Auf der **Rechtsfolgenseite** hat der JStrafgefangene seither nach allg. Ansicht **keinen** unmittelbaren **Anspruch** auf Vollzugslockerungen, sondern **nur** auf ermessensfehlerfreie Bescheidung (vgl. etwa OLG Hamm ZfStrVo 1985, 248; OLG Stuttgart Die Justiz 1987, 76). Dies ist in den Gesetzen der Länder beibehalten, die – nicht anders als gem. dem StVollzG – die Entscheidung bei Vorliegen der Voraussetzungen in das Ermessen der Anstalt stellen (§ 15 Abs. 2 JStVollzG Bln ua (in Sachsen Soll-Vorschrift), § 16 Abs. 1 JStVollzG NRW, § 9 Abs. 1 JVollzGB BW IV, § 132 Abs. 1 iVm § 13 Abs. 2 NJVollzG, Art. 134 Abs. 2 BayStVollzG, § 13 Abs. 2 HessJStVollzG). – Unabhängig davon kommt der Gewährung von (zumal außengerichteten) Lockerungen die Funktion eines zentralen **Disziplinierungsmittels** für anstaltskonformes Verhalten zu (vgl. etwa § 42 Abs. 1 S. 2 JStVollzG NRW: als Ermessenskriterien ua „Mitwirkungsbereitschaft", „sonstiges Vollzugsverhalten"; s. näher *Grosch,* Lockerungen im Jugendstrafvollzug, 1995, 358 ff.).

70   Bei der Ermessensentscheidung sind **Sicherungsbelange** (vgl. vormals Nr. 6 Abs. 2 bzw. Nr. 8 Abs. 9 VVJug) weniger ausgeprägt zu berücksichtigen als im Freiheitsstrafenvollzug, und es kommt dem Erziehungsziel ein höherer Stellenwert zu (**Abs. 1** und **4** ggü. § 2 S. 2 StVollzG; vgl. → Rn. 27). Dies gilt angesichts der verfassungsrechtlichen Vorgaben (vgl. → Rn. 3, 22 ff.) auch zukünftig und unbeschadet der in den Gesetzen der Länder erhöhten Bedeutung des Schutzes der Allgemeinheit (→ Rn. 25f.) Eine Beurteilung entgegen den einschlägigen Vorschriften des JGG und der seitherigen VVJug war daher verfehlt (vgl. aber OLG Celle 13.2.1986 – 3

VAs 3/86 bei *Böhm* NStZ 1987, 444; s. für Berlin AV SenJust ABl. 2005, 2682, wonach die seitherigen Nr. 6 Abs. 12a und c–e sowie Nr. 8 Abs. 10a, b, d und e VVJug keine Anwendung fanden; vgl. für Baden-Württemberg zur Zustimmungsbedürftigkeit durch das JuM unter bestimmten Voraussetzungen VV Die Justiz 2010, 109 (154 ff.)). Im Einzelnen widersprachen die vormaligen Nr. 6 Abs. 13, Nr. 8 Abs. 12 sowie Nr. 30 Abs. 4 und 6 tendenziell den vorgenannten Grundsätzen (s. aber auch AV Hamburg JVBl. 2000, 46; Rundschreiben JuM RhPf JBl. 2000, 169), und ohnehin war der jeweilige S. 2 aE wegen der ihm innewohnenden Unbestimmtheit verfehlt (vgl. näher *Eisenberg/Kölbel* Kriminologie § 58 Rn. 46).

Soweit die Lockerungen von der Erfüllung der **Mitwirkungspflicht** abhängig gemacht werden (so § 15 Abs. 2 S. 2 JStVollzG Bln ua (außer Berlin; einschr. Sachsen: nur „im Einzelfall"), § 42 Abs. 1 S. 2 JStVollzG NRW; vgl. auch *Dünkel ua* ZJJ 2015, 234 (237)), ist dies aus den bereits genannten allg. Gründen **abzulehnen** (vgl. → Rn. 44 f; vgl. auch OLG Celle NStZ-RR 2009, 64 (betr. allg. StVollzR)). Die Berücksichtigung der Schwere der Schuld ist bei der Versagung von Vollzugslockerungen nur wesentlich eingeschränkter als (nach herrschender Rspr.) im allg. Strafvollzugsrecht zulässig (vgl. auch → Rn. 27, 70 sowie 79), während generalpräventive Belange ausscheiden (vgl. dazu → Rn. 27; Bedenken begegnet insofern zB die gem. § 9 Abs. 4 JVollzGB BW IV gewahrte, an bestimmte urteilsbezogene Voraussetzungen geknüpfte Zustimmungsbedürftigkeit durch das JuM (Die Justiz 2010, 109 (154 ff.))). **71**

Gemäß Nr. 6 Abs. 1 S. 2 der vormaligen VVJug wurden Lockerungen **72** nur zum Aufenthalt innerhalb des Geltungsbereichs des JGG gewährt, und sie waren nach Nr. 6 Abs. 8c bzw. Nr. 8 Abs. 7c der vormaligen VVJug ausgeschlossen bei Gefangenen, gegen die eine vollziehbare **Ausweisung**sverfügung für den Geltungsbereich des JGG besteht *und* die aus der Haft *abgeschoben* werden sollen (vgl. aber näher *Zieger/Nöding* Verteidigung Rn. 260, speziell auch betr. Freigang). Gemäß Nr. 6 Abs. 11d der vormaligen VVJug waren ungeeignet für Lockerungen nach Nr. 6 Abs. 8 „idR" ua solche Gefangene, gegen die ein Ausweisungsverfahren anhängig ist (weniger restriktiv AV Berlin v. 4.7.2005, ABl. 2682 f.).

c) **Weisungen; Widerruf.** Weiterhin sehen die Gesetze der Länder Mög- **73** lichkeiten vor, Weisungen zu erteilen (vgl. zB § 46 JStVollzG Bln (nach S. 3 sind auch Belange „der Verletzten von Straftaten" zu berücksichtigen)). Indes fehlt es weithin an hinreichender Bestimmtheit betreffs Geeignetheit und Grenzen der Zulässigkeit. – Im Übrigen finden sich Vorschriften dazu, Lockerungen in bestimmten Fällen zu widerrufen (§ 17 Abs. 2 JStVollzG Bln ua (§ 87a SJStVollzG), § 11 JVollzGB BW IV, § 132 Abs. 1 iVm § 15 Abs. 2 NJVollzG, Art. 122 iVm Art. 16 BayStVollzG, § 14 HessJStVollzG (zur Anwendung des HessVerwVerfG im Allg. vgl. § 5 Abs. 5 RegE-JStVollzG-ÄndG)), die im Wesentlichen den Regelungen des § 14 StVollzG entsprechen (vgl. aber auch → Rn. 165).

d) **Strafrechtlich relevante Verantwortung Bediensteter.** Im Ein- **74** klang mit der ggü. dem allg. Strafvollzug unterschiedlichen Akzentuierung der Vollzugsaufgaben (vgl. → Rn. 22 ff., 27 ff. sowie Abs. 3) sind Fragen einer etwaigen Strafbarkeit von Vollzugsbediensteten bei **fehlgeschlagenen Lockerungen** anders zu beurteilen als betr. den allg. Strafvollzug (vgl. zum

Maßregelvollzug LG Göttingen NStZ 1985, 410; s. ergänzend StA Paderborn NStZ 1999, 51 mAnm *Pollähne*).

2. Lockerungsmaßnahmen

75   **a) Art.** Die Maßnahmen umfassen im geschlossenen Vollzug zB den Besuch von bzw. die Mitwirkung bei Sportveranstaltungen (zum Radrennsport s. *Weiß* ZfStrVo 1988, 211; s. speziell zu „DLRG-Rettungswache" *Hucht* ZfStrVo 1986, 92; zu sonstigen erlebnispädagogisch orientierten Programmen s. *Wagner* ZfStrVo 1989, 285), Spaziergänge außerhalb der JStVollzAnstalt auch mit Angehörigen, Besuch „freier" Sportvereine und von Kontakt- bzw. Bezugspersonen außerhalb der JStVollzAnstalt, im Übrigen größere Freizügigkeit im Inneren der JStVollzAnstalt. Lockerungen aus wichtigem Anlass bzw. besonderen Gründen regeln zB §§ 15 Abs. 3, 16 Abs. 2 JStVollzG Bln ua (§ 16 SächsJStVollzG), § 10 JVollzGB BW IV. Eine etwaige Erwartungsverletzung bei diesen Vollzugslockerungen darf **nicht vorrangig repressiv** geahndet werden und erneuten Versuchen nicht entgegenstehen (*Böhm* in Elster/Lingemann/Sieverts KrimHdWB 529). Das Gleiche gilt betr. vorausgegangenen Therapieabbruch bei Drogengefährdeten, zumal ein „Rückfall" grundsätzlich einzukalkulieren ist (vgl. näher → § 82 Rn. 24).

76   **b) Einzelne Tendenzen in der Praxis.** Vorbehaltlich begrenzter Einheitlichkeit der Angaben sowie abgesehen von regional erheblichen Unterschieden scheinen indes Freigang und teilweise auch Beurlaubung/Langzeitausgang **restriktiver** gehandhabt zu werden **als im Erwachsenenstrafvollzug** (vgl. auch *Dünkel/Geng* ZJJ 2007, 149: im geschlossenen JStVollzug „praktisch nicht existent", vgl. sodann auch *Dünkel ua* ZJJ 2015, 233 ff.; *Dünkel ua* RdJB 437 (446 ff.)). Im Einzelnen beanstandete *Böhm* (NStZ 1985, 449) dies auch hinsichtlich der Beurteilung einer noch **verbleibenden VollstrDauer** (betr. KG 9.4.1995 − 4 VAs 8/85, wonach ein JStrafgefangener bei voraussichtlich noch 18 Monaten für Vollzugslockerungen ungeeignet sei) − eine mit § 91 Abs. 1 und 3 aF schwerlich zu vereinbarende Entscheidung (nicht ganz unbedenklich auch OLG Frankfurt a. M. 25.5.1993 − 3 VAs 9/93 bei *Böhm* NStZ 1993, 529). Hingegen wurde die Versagung eines **Freigangs** zwecks Besuchs der Gewerbeschule zur Erlangung eines höheren Schulabschlusses aufgehoben (und zwar unbeschadet dessen, dass der in Rede stehende Abschluss auch in einem Fernkurs erreicht werden könnte und dass bis zur Vollstr der Hälfte bzw. von zwei Dritteln der 10-jährigen EinheitsJStrafe noch 5 bzw. knapp 25 Monate ausstanden), da **Belange** des **Schuldausgleichs** ggü. solchen der Erziehung (Abs. 1, Abs. 2 S. 1, 2) **zurückzustehen** haben (OLG Stuttgart NStZ 1987, 430 mAnm *Schüler-Springorum* und *Funck*).

77   **c) Aufgelockerte und freiere Vollzugsformen.** Solche waren im früheren § 91 Abs. 3 vorgesehen, sind jedoch in den Gesetzen der Länder nur teilweise angeführt (s. etwa § 15 Abs. 1 Nr. 3 JStVollzG Bln ua (§ 44 Abs. 1 Nr. 5 JStVollzG Bln); speziell §§ 13 Abs. 3, 98 Abs. 5 SächsJStVollzG, § 9 Abs. 1 JVollzGB BW IV; vgl. auch → Rn. 52a). Sie können sowohl durch die Öffnung der Anstalten nach innen wie auch nach außen erprobt werden. Beide Möglichkeiten sollen die Fähigkeit des JStrafgefangenen (zur Relevanz für die §§ 120, 121 StGB unbeschadet der Heimaufsicht durch das Landesjugendamt AG Mosbach und OLG Karlsruhe ZJJ 2006, 332), eigene Verantwortung zu übernehmen, fördern bzw. die Bereitschaft dazu wecken. Dabei soll auch die Bewältigung gefährdender Situationen erlernt werden, dh es muss seitens der JStVollzAnstalt auch ein gewisses Risiko eingegangen werden (vgl. ergänzend → Rn. 37, 126). Da die Bemühungen zur Erreichung des Erziehungsziels im JStVollzug ggü. der Sicherungsaufgabe einen weit höheren Rang als das Vollzugsziel ggü. der Sicherungsaufgabe in § 2 StVollzG haben, dürfen im JStVollzug nur ernste Gefahren für die allg. Sicherheit eine aus erzieherischen Gründen erforderliche Lockerung hindern (vgl. schon JStVollzKomm 18).

Tatsächlich ist die Anordnung aufgelockerter und freierer Vollzugsformen **77a** mit **Elementen** eines **Stufenstrafvollzugs** verknüpft. Entsprechende Tendenzen werden ua damit zu begründen versucht, es sollten Erziehungsmängel durch ein zeitlich gedrängtes (erneutes oder nachträgliches) Durchlaufen verschiedener Entwicklungsphasen, in denen die Erziehung von deutlicher Führung bis zu möglichst umfangreicher eigener Entscheidungskompetenz reiche, ausgeglichen werden. So erhält der JStrafgefangene Vollzugsvergünstigungen meist erst mit zunehmender Verweildauer und Anpassung an die von der JStVollzAnstalt an ihn gestellten Anforderungen. Indes bestehen insoweit Bedenken sowohl hinsichtlich statischer Elemente als auch dahingehend, dass ein Vergünstigungssystem wegen des (zunächst) meisterwünschten (*Grosch,* Lockerungen im Jugendstrafvollzug, 1995, 352 ff.) Zieles außengerichteter Vollzugslockerungen zu Manipulation und Scheinanpassung führen und seine Funktion iErg in der (informellen) anstaltsinternen **Disziplinierung** (zust. *Kreideweiß,* Die Reform des Jugendstrafvollzugs, 1993, 111; s. auch *Walter* MschKrim 1993, 273 sowie DVJJ 1990, Thesen AK XV) finden kann. Im Einzelnen ergibt sich als erste Stufe der (bis zu mehreren Wochen dauernde) Eingangsvollzug in einer Aufnahmeabteilung unter Trennung in Einzelhaft und als zweite Stufe die Gemeinschaftshaft mit zur Entlassung hin größer werdenden Möglichkeiten an Vergünstigungen bzw. eines Spektrums an Vollzugslockerungen nach innen und außen.

3. Urlaub/Langzeitausgang

a) Dauer. Unter den gleichen Voraussetzungen und Bedingungen wie **78** (sonstige) Vollzugslockerungen (→ Rn. 67 ff.) können pro Jahr bis zu 24 (§ 16 JStVollzG Bln ua, § 42 Abs. 3 JStVollzG NRW, § 13 Abs. 3 Nr. 5 HessJStVollzG, § 9 Abs. 2 JVollzGB BW IV) bzw. 21 Tage (§ 132 Abs. 1 iVm § 13 Abs. 1 Nr. 3 NJVollzG, Art. 135 BayStVollzG) **Urlaub** gewährt werden (zum Entlassungsurlaub → Rn. 61a). – Ist eine durch VV bestimmte *Antragsfrist* überschritten, so entbindet dies die VollzEinrichtung nicht von einer Prüfung, da eine VV keine materielle Ausschlussfrist begründet (vgl. KG StraFo 2013, 216, betr. Antrag kurz vor Ablauf des Urlaubsjahrs (zum allg. StVollz)).

b) Versagung. Betreffend ein (neuerliches) Ermittlungsverfahren als Ver **79** sagungsgrund gelten als Minima die Grundsätze des allg. Strafvollzugsrechts (vgl. dazu OLG Celle StV 2005, 340), die Anstalt muss sich eigenverantwortlich zumindest zur Frage einer Substantiierung des Tatvorwurfs und zum Ermittlungs- bzw. Verfahrensstand verhalten (OLG Hamm NStZ-RR 2017, 327 (zum allg. StVollzR)). – Zweifelhaft ist die Vertretbarkeit solcher Regelungen (vgl. → Rn. 45) bzw. Auslegungen, denen zufolge ein Urlaub/

Langzeitausgang alleine wegen mangelnder Bereitschaft zur Mitarbeit am Vollzugsziel versagt werden dürfe (so vormals KG 23.3.1986 – 2 VAs 2/83 bei *Böhm* FS Blau, 1985, 200; ähnlich OLG Hamm NStZ 2004, 227). Gemäß § 4 Abs. 1 S. 1 StVollzG wäre dies für den Freiheitsstrafvollzug unzulässig, sodass ua eine Schlechterstellung Jugendlicher ggü. Erwachsenen in vergleichbarer Verfahrenssituation (dazu → § 45 Rn. 9a) bewirkt würde (zust. *Grosch*, Lockerungen im Jugendstrafvollzug, 1995, 105). Auch können Belange des Schuldausgleichs zumindest dann nicht der Gewährung von Sonderurlaub (zur Entlassungsvorbereitung) entgegenstehen, wenn eine Entlassung schon nach Vollstr der Hälfte der Strafdauer vorgesehen ist (OLG Stuttgart Die Justiz 1987, 114).

VI. Unterbringung, Einkauf, Kleidung

1. Unterbringung

80   Bezüglich dieser Frage und damit des Kontakts innerhalb des Vollzuges haben gesetzliche Regelungen nach verfassungsrechtlichen Vorgaben einerseits zu berücksichtigen, dass als „positiv" beurteilte Kontakte im Sinne sozialen Lernens nicht unnötig beschränkt, sondern gefördert werden. Andererseits sind die JStrafgefangenen vor Übergriffen und sonstigen schädlichen Einflüssen zu schützen (vgl. nur § 3 Abs. 5 S. 2 3 JStVollzG Bln; BVerfG NJW 2006, 2096; betr. Passiv-Rauchen eine Verletzung des Art. 2 Abs. 2 S. 1 GG bejahend BVerfG, 3. K. des 2. S., NJW 2013, 1943; OLG Hamm NStZ-RR 2017, 328 (jeweils zum allg. StVollzR)). Hierfür ist eine nächtliche Einzelunterbringung in kleineren, differenzierten Wohngruppen die am ehesten geeignete Form.

81   **a) Wohngruppenvollzug.** In diesem Sinne sehen § 26 JStVollzG Bln ua, § 18 Abs. 1 HessJStVollzG, § 17 Abs. 4 JStVollzG NRW, § 12 Abs. 1 JVollzGB BW IV den Wohngruppenvollzug für geeignete Gefangene als Regelfall an (ebenso vormals *Arloth* NJVollzG § 120 Rn. 4; HmbStVollzG § 21 Rn. 2). Nach § 120 Abs. 1 NJVollzG und § 20 Abs. 1 S. 1 HmbJStVollzG *sollen* geeignete Gefangene in Wohngruppen untergebracht werden, die Entscheidung steht also in gebundenem Ermessen. Art. 140 Abs. 1 BayStVollzG schließlich stellt diese Entscheidung gänzlich in das Ermessen der Anstalt („können"). Gleichwohl wird das Ermessen durch die genannten verfassungsrechtlichen Vorgaben erheblich reduziert, sodass der Wohngruppenvollzug auch hier die Regel zu sein haben wird.

81a   Nur vereinzelt finden sich Vorschriften über die – im Allg. zB nach Ausstattung und Aufschlusspraxis eher privilegierte – **Ausgestaltung** der Wohngruppen, die für deren positiven Effekt indes von erheblicher Bedeutung ist (vgl. zu Differenzierungen *Jesse* FS 2009, 294). Dabei ist entgegen der auf acht Insassen lautenden allg. fachkundigen Auffassung (vgl. auch → § 89b Rn. 19 ff.) eine **zahlenmäßige Größe** von bis zu höchstens zwölf Gefangenen (so § 26 S. 2 SächsJStVollzG, § 20 Abs. 2 S. 1 HmbJStVollzG) vorgesehen (überdehnt vormals *Arloth* NJVollzG § 120 Rn. 3, BayStVollzG Art. 140 Rn. 3; zwischen 10 und 20) – die Unbestimmtheit scheint nicht zuletzt Kostenbelangen zu dienen (vgl. auch *Walter* in Ostendorf § 3 Rn. 43). – In Art. 140 Abs. 2 BayStVollzG finden sich gewisse Regelungen über eine besondere Ausstattung des Wohngruppenvollzugs, wie sie jedoch auch für den sonstigen JStVollzug angezeigt wäre.

Der in den Landesgesetzen durchgehend verwandte Begriff der **Geeig-** 82 **netheit** für den Wohngruppenvollzug sowie der Ausschlussgrund „**mangelnder Gruppenfähigkeit**" (vgl. nur § 23 Abs. 3 S. 2 BbgJVollzG) begegnen erheblichen Bedenken hinsichtlich der **Unbestimmtheit** (s. vormals auch *Arloth* NJVollzG § 120 Rn. 4, BayStVollzG Art. 140 Rn. 4, zu vormaligem HmbStVollzG § 21 Rn. 2: keine Geeignetheit bei „Rückzugstendenzen"), zumal nach hM nur eingeschränkt eine gerichtliche Kontrolle stattfindet. Angesichts der mit einer solchen Einstufung verbundenen massiven Konsequenzen wäre hier eine Aufzählung konkreter Ausschlussgründe und klarer Kriterien notwendig bzw. werden in der Praxis unter Berücksichtigung des Verhältnismäßigkeitsprinzips hinreichend bestimmbare Fallgruppen herauszubilden sein. Leichte Verstöße iRd Wohngruppenvollzuges oder Gefährdungen allein der Ordnung in der JStVollzAnstalt werden dabei im Hinblick auf die Bedeutung des Wohngruppenvollzugs für die Erreichung des verfassungsrechtlich gebotenen Vollzugsziels nicht ausreichen können (so aber Art. 140 Abs. 3 BayStVollzG; wie hier vormals *Arloth* Rn. 4, ebenso Rn. 3 zu vormaligem § 21 HmbStVollzG). Im Übrigen sollten altersbezogen Untergruppen gebildet werden (s. aber vormals *Arloth* NJVollzG § 120 Rn. 3, BayStVollzG Art. 140 Rn. 3: auch die Jüngsten „idR ... bereits „Intensivtäter" mit hoher krimineller Energie" – wozu schon wegen der Begriffe abl. auf → § 5 Rn. 85a, 85b bzw. *Schäfer/Sander/ van Gemmeren* Strafzumessung 619 („Leerformel") zu verweisen ist).

b) Ruhezeit. Außerhalb der Einschlusszeiten können sich die Insassen in 83 Gemeinschaft aufhalten (vgl. nur § 15 Abs. 1 JStVollzG Bln), jedoch werden sie (im geschlossenen Vollzug) während der Einschlusszeiten einzeln in ihren Hafträumen untergebracht (vgl. § 25 JStVollzG Bln ua (§ 24 SächsSächsJStVollzG), § 120 Abs. 3 NJVollzG, Art. 139 Abs. 1 iVm Art. 20 BayStVollzG, § 19 Abs. 1 HmbJStVollzG, § 18 Abs. 4 HessJStVollzG, § 17 Abs. 1 S. 1 JStVollzG NRW). Indes erlauben mehrere Landesgesetze eine gemeinsame Unterbringung – (angestrebt bzw. nur zulässig ist, eine solche) mit höchstens zwei Personen –, wenn „schädliche Einflüsse" nicht zu besorgen sind und die U-Gefangenen **zustimmen** (vgl. etwa § 11 Abs. 1 S. 2 Nr. 1 UVollzG Bln ua (SchlHUVollzG)).

Die jeweils gestatteten Ausnahmen, die zudem weithin einer einheitlichen 83a zahlenmäßigen Obergrenze entbehren, sind jedoch geeignet, diesen Anspruch der JStrafgefangenen (nach *Jesse* FS 2007, 25: „unverzichtbar"; nachdrücklich *Alt,* Das Berliner JStVollzG im Lichte verfassungsrechtlicher Vorgaben sowie europäischer und internationaler Regelungen mit Menschenrechtsbezug, 2014, 185 ff.) in der Praxis erheblich zu entwerten, zumal nicht wenige Anstalten aufwändig umgebaut werden müssten. So steht in Frage, ob die Zusammenlegung mit Zustimmung der Gefangenen regelmäßig in deren Interesse ist bzw. die entsprechende Zustimmung tatsächlich frei erteilt wird (vgl. aber betr. Staffelung des Haftkostenbeitrags → Rn. 112b). Zumindest wäre eine strikte Begrenzung der Mehrfachbelegung auf 2 Personen angezeigt (so § 14 Abs. 1 S. 2 JStVollzG Bln: zu zweit; vormals § 125 Abs. 1 S. 2 ThürJStVollzG, nicht mehr § 18 ThürJVollzGB; vgl. auch DVJJ 2008, AK 1), zumal bei drei oder gar vier Personen sich oftmals eine Mehrheit (von zwei oder drei) gegen einen bildet. – Darüber hinaus ist nach allen

Gesetzen eine gemeinsame Unterbringung aus *„zwingenden Gründen"* vorübergehend auch ohne Zustimmung der Gefangenen zulässig. An einer genaueren Bestimmung fehlt es auch hier (betr. Nicht-Entstehen-Lassen von Unzufriedenheit wegen fehlender Arbeitsangebote krit. *Walter* in Ostendorf § 3 Rn. 13).

84   **c) Arbeit und Ausbildung.** Sie finden grds. in Gemeinschaft statt (§ 24 Abs. 1 JStVollzG Bln ua, § 120 Abs. 2 NJVollzG (einschr. ggü. § 19 Abs. 3), Art. 138 Abs. 1 BayStVollzG, § 18 Abs. 1 HessJStVollzG, § 19 Abs. 2 HmbJStVollzG). – Hinsichtlich der Unterbringung in der **Freizeit** sehen Art. 138 Abs. 2 BayStVollzG, § 120 Abs. 2 NJVollzG, § 25 Abs. 2 SächsJSt-VollzG ebenfalls eine gemeinschaftliche Unterbringung als Regelfall an. Hingegen stellen § 24 Abs. 2 JStVollzG Bln ua und § 19 Abs. 3 HmbJStVollzG die gemeinschaftliche Unterbringung in der Freizeit in das Ermessen der Anstalt. Alle Landesgesetze enthalten Regelungen zur Einschränkung der gemeinschaftlichen Unterbringung (nicht unbedenklich etwa Art. 138 Abs. 3 Nr. 4 BayStVollzG: bei Zustimmung des Gefangenen zulässig (vgl. auch → Rn. 82).

2. Haftraum

85   Gemäß (der vormaligen Nr. 14 Abs. 1 VVJug sowie) den Gesetzen der Länder (§ 29 JStVollzG Bln ua, § 19 Abs. 2 JStVollzG NRW, § 13 JVollzGB BW IV, § 121 iVm § 21 NJVollzG, Art. 141 iVm (diesen betr. Belange des „Erziehungsauftrags" einschr.; nach *Arloth* nicht aber wegen Unordnung) Art. 21 BayStVollzG, § 19 HessJStVollzG) darf der Gefangene den Haftraum in angemessenem Umfang mit eigenen Sachen **ausstatten,** wozu ua Bettwäsche gehört (nach OLG Zweibrücken ZfStrVo 2004, 315 aber nicht Spannbettbezüge). Bei den zur Einschränkung geeigneten Voraussetzungen (vormals gem. Nr. 14 Abs. 2 VVJug) handelt es sich um gerichtlich voll überprüfbare unbestimmte Rechtsbegriffe (OLG Zweibrücken ZfStrVo 2003, 250). – Speziell betr. Auffindung von Unterlagen iSe Tagebuchs vgl. zur Nichtverwertbarkeit KG NStZ-RR 2013, 122 f. (zum allg. StR)).

3. Einkauf

85a   Die Länder sind verpflichtet, von der Anstalt ein Angebot vermitteln zu lassen (vgl. § 31 Abs. 2 JStVollzG Bln ua; § 61 JStVollzG Bln; zu zusätzlicher Gestattung vgl. etwa § 31 Abs. 5 SächsJStVollzG). Zudem sollen Möglichkeiten des Erwerbs durch den Versandhandel eröffnet werden (vgl. etwa § 31 Abs. 3 JStVollzG Bln ua).

4. Kleidung

86   **a) Zusammenhang mit dem Vollzugsziel.** Diesbezüglich sieht die Mehrzahl der Landesgesetze das – im Widerspruch zu erzieherischer Vollzugsgestaltung stehende – Tragen von Anstaltskleidung vor, wovon – teilweise nur enge (vgl. etwa noch *Arloth* BayStVollzG Art. 142 Rn. 2) – Ausnahmen zugelassen werden können (§ 30 JStVollzG Bln ua (§ 59 JStVollzG Bln), § 122 NJVollzG, Art. 142 iVm Art. 22 BayStVollzG, § 21 HessJSt-VollzG, § 19 Abs. 1 S. 1, 2 JStVollzG NRW). Lediglich § 14 JVollzGB BW IV, § 23 Abs. 1 HmbJStVollzG und § 30 Abs. 1 S. 1 BremJStVollzG weisen ein umgekehrtes Verhältnis auf, gestatten den Gefangenen also grundsätzlich das Tragen eigener Kleidung. § 30 Abs. 1 SächsJStVollzG hält beide Möglichkeiten offen.

Die Uniformierung kann zwar partiell geeignet sein, sozio-ökonomische **86a** Unterschiede und sonstige Hierarchien im Vollzug (vordergründig) zu verdecken. Indes ist die Art, sich zu kleiden, Ausdruck der Persönlichkeit bzw. entwicklungsbedingter Bedürfnisse und kann wiederum Rückwirkungen auf Befinden und Verhalten des Betroffenen haben. Im Einzelfall kann das Ablegen der eigenen Kleidung gleichbedeutend mit der Aufgabe eines Teils der Individualität sein, im Allg. zudem geschwächter Selbstbestimmung und Eigenverantwortlichkeit (s. auch *Walter* in Ostendorf § 3 Rn. 53). Zumindest kann die Uniformierung durch einheitliche Anstaltskleidung die **Identitätsfindung** des JStrafgefangenen und damit das Ziel zukünftigen **Legalverhaltens** erschweren. Eine solche Einschränkung aber ist nicht schon wegen etwaiger vollzugstechnischer Vorteile (zB Erschwerung von Entweichungen) vertretbar, sondern es bedürfte zwingender Gründe (zust. *Sonnen* in Diemer/Schatz/Sonnen II § 30 Rn. 2). Somit wäre es angezeigt, das Regel-Ausnahme-Verhältnis zwischen Zivil- und Anstalts- bzw. Dienstkleidung ländereinheitlich umzukehren (vgl. ähnlich DVJJ 2008, AK 1; aA vormals *Arloth* zu § 122 NJVollzG: Bewusstmachen, dass „gleichartiges Strafübel erleiden"; kit *Schwirzer*, Jugendstrafvollzug für das 21. Jahrhundert, 2008, 184).

b) Personal. Betreffend desssen Dienstkleidung erscheint es im Interesse **86b** einer weniger starren Anstaltsatmosphäre angebracht, diese eher nur ausnahmsweise zuzulassen (vgl. schon JStVollzKomm 12).

VII. Kontakte mit der Außenwelt, Freizeit, Religionsausübung, Gesundheit

1. Kontakte mit der Außenwelt

Sie haben im JStVollzug eine ganz besondere Bedeutung für die Entwick- **87** lung des JStrafgefangenen im Hinblick auf den Integrationsgrundsatz und die Erreichung des Vollzugsziels (BVerfG NJW 2006, 2096; auch → Rn. 33 ff. sowie näher *Walter* ZJJ 2006, 241 f.; positive spezialpräventive Effekte zeigen bspw. *McCuish/Lussier/Corrado* Journal of Developmental and Life-Course Criminology 2018, 427 (436 ff.)). Sie sollten deshalb sorgfältig vorbereitet und gepflegt werden. Hiervon umfasst sind Besuch, Schriftwechsel und Telefongespräche. – Im Übrigen sollte seitens der Vollzugseinrichtung versucht werden, etwaige gegenseitige Beziehungen mit relevanten Kontakt- bzw. Bezugspersonen außerhalb der Anstalt (ggf. zB Eltern und sonstige Angehörige, vgl. näher *Walkenhorst ua* in Ostendorf § 7 Rn. 22) zu klären und zu verbessern (vgl. schon *Böhm* in Elster/Lingemann/Sieverts KrimHdWB 528; näher *Reuther* Elternrecht 192 ff.).

a) Besuch. Hinsichtlich der Besuchsregelungen kann speziell zB **Famili-** **88** **en**beziehungen ein hoher Stellenwert zukommen. Bei minderjährigen Gefangenen sind dabei Belange des Art. 6 GG allerdings nur in den **Grenzen** solcher Einschränkungen der Rechte von Sorgeberechtigten zu berücksichtigen, wie sie in Vorschriften des JStVR normiert sind (vgl. etwa § 27 Nr. 4

JStVollzG NRW: fehlendes Einverständnis muss „nachvollziehbare Gründe" haben; ohne Einschränkung hingegen zB § 123 Abs. 4 NJVollzG, § 48 Nr. 3 JStVollzG Bln ua (Nr. 4 SächsJStVollzG, § 34 Nr. 4 JVollzGB LSA), Art. 144 Abs. 2 S. 3 BayStVollzG). Idealiter sind diesbzgl. Besuchsmöglichkeiten ggf. „um ein Mehrfaches" über denen im Erwachsenenvollzug anzusetzen (BVerfG NJW 2006, 2096; zur Anerkennung von Reisekosten als Mehrbedarf SG Braunschweig ZJJ 2014, 299, näher zum Ganzen *Hammel* ZJJ 2015, 153 f.), und es sind kaum Gründe denkbar, die eine weitgehende Beschränkung des familiären Kontakts rechtfertigen könnten (vgl. (jeweils zum allg. StVollzR) etwa OLG Celle StRR 2009, 75: vormals häufige gemeinsame Deliktsbegehung rechtfertigt die Ablehnung von Langzeitbesuchen ohne Darlegung konkreter Gefährdung des VollzZiels nicht bzw. Überstellung bejahend OLG Celle NStZ 2013, 360).

88a   Nach § 47 Abs. 2 JStVollzG Bln ua, § 23 Abs. 2 S. 1 JStVollzG NRW, § 26 Abs. 2 S. 2 HmbJStVollzG, § 33 Abs. 2 JVollzGB LSA werden Besuchszeiten von **Kindern** nicht auf die als Anspruch bestehende Mindestbesuchszeit angerechnet (anders Berlin § 31 Abs. 1 S. 4 JStVollzG Bln: erhöht sich die Gesamtdauer um zwei Stunden; zur Situation der Kinder (auch bei Insassen des JStVollzugs) *Zwönitzer ua* MschKrim 2013, 325 ff. (328)). Für Kinder von Gefangenen sind teilweise Langzeitbesuche geregelt (zB Art. 144 Abs. 3 BayStVollzG, wozu vormals *Arloth* Rn. 5 verengend auf die Prognose des (Nicht-)Zusammenlebens nach Entlassung abstellte); § 123 Abs. 3 NJVollzG zB eröffnet darüber hinausgehend die Möglichkeit solcher *Langzeitbesuche* auch für andere Familienangehörige sowie Personen, von denen ein günstiger Einfluss erwartet wird (ähnlich § 23 Abs. 4 JStVollzG NRW). – Ansonsten jedoch sehen die JStVollzGe Berlin ua, Hmb., und Hessen keine Langzeitbesuche vor (zu „inakzeptabler" Schlechterstellung im Vergleich zum allg. Strafvollzug *Dünkel/Kühl* NeueKrimPol 2009, 82 ff.), und nur vereinzelt finden sich Regelungen zum Feiertags- und Wochenendbesuch (vgl. etwa § 31 Abs. 1 S. 4 JStVollz Bln). Bestimmungen zum Besuch mit Intim- oder Sexualkontakt fehlen – ein mit der biographischen Lebensphase der Insassen und im Hinblick auf das Vollzugsziel abträgliches Defizit (vgl. auch *Walkenhorst ua* in Ostendorf § 7 Rn. 33).

89   Im Allg. sehen die Gesetze der Länder eine als Anspruch bestehende **Mindestbesuchszeit** von vier Stunden im Monat vor (§ 23 Abs. 1 S. 1 JStVollzG NRW; 47 Abs. 1 JStVollzG Bln ua (in Sachsen für Angehörige zwei weitere Stunden; betr. Familienorientierung in Sachsen *Doltze* Bewährungshilfe 2008, 70 ff.); § 123 Abs. 2 NJVollzG: sechs (seit Gesetz v. 15.6.2017); deutlich abw. und systematisch verfehlt § 17 Abs. 2 JVollzGB BW IV, § 33 Abs. 1 S. 2 HessJStVollzG, § 26 Abs. 1 S. 2 HmbJStVollzG, § 33 Abs. 1 S. 2 JVollzG LSA), wenngleich in Bayern Ausgänge und Ausführungen hierauf angerechnet werden können sollen (Art. 144 Abs. 2 BayStVollzG; vgl. dazu noch *Arloth* Rn. 3: Freiwerden von Besuchskapazitäten). Nicht eingerechnet werden Kontakte zB aus dienstlichem Anlass (etwa Justiz, Polizei, JGH, Bewährungshilfe).

89a   Den meisten der Landesgesetze zufolge sollen förderliche Besuche auch darüber hinaus zugelassen werden (§ 47 Abs. 3 JStVollzG Bln ua (in Sachsen Abs. 2), § 123 Abs. 3 NJVollzG, Art. 144 Abs. 1 iVm Art. 27 Abs. 2 BaySt-VollzG). Es handelt sich also um eine Entscheidung des gebundenen Ermessens, wobei der JStrafgefangene Anspruch auf eine ermessensfehlerfreie Entscheidung hat. – Ohnehin zu gestatten sind Besuche von *Verteidigern, Rechts-*

anwälten und *Beiständen* (§ 49 JStVollzG Bln ua (§ 47 Abs. 4 SächsJStVollzG), § 20 Abs. 1 JVollzGB BW IV, § 123 Abs. 6 iVm § 27 NJVollzG, Art. 144 Abs. 1 iVm Art. 29 BayStVollzG, § 32 Abs. 3 S. 2 und 3 HessJStVollzG, § 28 Abs. 1 HmbJStVollzG, § 33 Abs. 6 JVollzG LSA; zur Nichtüberwachung → Rn. 90). Zumindest für Verteidiger wäre ein genereller Ausschluss wegen der Unterbringung in einem besonders gesicherten Haftraum unzulässig (LG Marburg StraFo 2012, 116 (zum allg. StVollzR)).

Über die Möglichkeit der Absuchung bzw. Durchsuchung der Besucher **90** sowie der Erfassung von Identifikationsmerkmalen vollzugsfremder Personen (vgl. näher § 24 JVollzDSG Bln) erlauben alle Landesgesetze die (optische) **Beaufsichtigung** bzw. die (akustische) **Überwachung** von Besuchen. – Besuche von **Verteidigern** und **Beiständen** (§ 69) dürfen weder beaufsichtigt noch überwacht werden (§ 50 Abs. 4 JStVollzG Bln ua (§ 49 Abs. 5 SächsJStVollzG), §§ 123 Abs. 6, 28 Abs. 4 NJVollzG, § 20 Abs. 2 S. 1 JVollzGB BW IV, Art. 144 Abs. 1, 30 Abs. 5 BayStVollzG, § 32 Abs. 3 S. 1 HessJStVollzG, § 36 Abs. 4 JVollzGB LSA). Nach § 28 Abs. 2 HmbJStVollzG, § 50 Abs. 4 S. 1 SächsJStVollzG, §§ 33 Abs. 4, 34 Abs. 2 JStVollzG gilt dies auch für Besuche von Rechtsanwälten und Notaren in einer den JStrafgefangenen betr. Rechtssache.

Gemäß § 50 Abs. 1 JStVollzG Bln ua (§ 49 Abs. 2 SächsJStVollzG), § 23 **90a** Abs. 7 JStVollzG NRW iVm § 20 StVollzG NRW, § 19 JVollzGB BW IV, Art. 144 Abs. 1 iVm Art. 30 Abs. 1 BayStVollzG und § 33 Abs. 4 S. 1, Abs. 5 S. 1 HessJStVollzG, § 36 Abs. 1 S. 1 JVollzGB LSA ist (aus Gründen der Erziehung bzw. der Sicherheit oder Ordnung) eine generelle Beaufsichtigung zulässig, es sei denn, es liegen im Einzelfall Erkenntnisse vor, dass es deren nicht bedarf (vgl. zur Frage der Zulässigkeit einer Ablehnung unüberwachten Besuchs vormals OLG Frankfurt a. M. 10.5.1989 – 3 VAs 12/89 bei *Böhm* NStZ 1990, 531).

In einigen Ländern ist die Beaufsichtigung nach vorherigem Hinweis auch **90b** mittels „technischer Hilfsmittel" bzw. **Video** erlaubt (§ 33 Abs. 3 S. 2 JStVollzG Bln: mittels optisch-elektronischer Einrichtung (s. aber §§ 65, 22 JVollzDSG Bln), Sachsen, Saarland, Schleswig-Holstein und § 36 Abs. 2 S. 3 ThürJVollzGB, § 33 Abs. 5 S. 1 HessJStVollzG, Art. 122 iVm Art. 30 Abs. 1 S. 2, 3, Art. 197 Abs. 3 BayStVollzG, § 19 Abs. 2 JVollzGB BW IV, § 23 Abs. 1 S. 2, 3 HmbJStVollzG, § 23 Abs. 7 JStVollzG NRW iVm §§ 20 Abs. 1 S. 2, 66 Abs. 2, 3 StVollzG NRW, § 50 Abs. 1 JStVollzG Bremen, MV, § 36 Abs. 2 BbgJVollzG; vgl. aber § 132 Abs. 1 iVm § 28 Abs. 1 S. 1 NJVollzG („offen überwacht") und dazu OLG Celle NStZ 2011, 349)). Dabei ist eine Aufzeichnung zulässig in Bln. (gem. § 23 Abs. 1 JVollzDSG Löschung nach 48 Stunden (restriktiver betr. Kernbereich der privaten Lebensgestaltung, § 23 Abs. 3–5)) sowie in Hamburg (§§ 115 Abs. 1 S. 2, 121 Abs. 2 S. 1 HmbJVollzG), Bayern und Nordrhein-Westfalen (§ 23 Abs. 7 JStVollzG iVm § 20 Abs. 1 S. 2 StVollzG, § 66 Abs. 3 StVollzG: Löschungsfrist von grds. zwei Wochen), zu Ausnahmen § 121 Abs. 2 S. 2 HmbJStVollzG, § 33 Abs. 5 S. 2 HessJStVollzG, § 36 Abs. 3 (Begrenzung gem. § 141 JVollzGB LSA); gem. § 50 Abs. 1 S. 3 SächsJStVollzG, § 36 Abs. 2 S. 4 ThürJVollzGB und § 50 Abs. 1 S. 5 SchlHJStVollzG ist eine Aufzeichnung jedoch untersagt. – Nach OLG Celle (FS 2013, 393 = StV 2014, 355 (betr. Speicherung von fünf Tagen zwecks Auswertung, zum allg. StVollzR) mAnm *Goerdeler*) sei § 191 Abs. 1 NJVollzG eine geeignete Rechtsgrundlage.

90c Die Unterhaltung darf **akustisch** nur überwacht werden, soweit dies im Einzelfall aus benannten Gründen als erforderlich beurteilt – hierbei handelt es sich um eine begründungsbedürftige Voraussetzung –, **idR** also **nicht** (§ 50 Abs. 1 S. 2 JStVollzG Bln ua (Berlin § 34 Abs. 1 JStVollzG Bln, §§ 65, 22 Abs. 1 JVollzDSG Bln; in einzelnen Ländern S. 3 bzw. 4), § 23 Abs. 7 JStVollzG NRW iVm § 20 Abs. 2 S. 1 StVollzG NRW, § 132 Abs. 1 iVm § 28 Abs. 1 NJVollzG, § 19 Abs. 1 S. 2 JVollzGB BW IV, Art. 144 Abs. 1 iVm Art. 30 Abs. 2 BayStVollzG, § 33 Abs. 4 S. 3 HessJStVollzG, § 36 Abs. 2 JVollzG LSA).

90d Ausnahmeregelungen betr. **Trennvorrichtungen** (§ 33 Abs. 7 JStVollzG Bln, § 132 Abs. 1 iVm § 28 Abs. 2 NJVollzG, Art. 144 Abs. 1 iVm Art. 30 Abs. 3 BayStVollzG, § 33 Abs. 5 S. 3 HessJStVollzG, § 50 Abs. 6 SJStVollzG (im Einzelfall)), deren Verwendung nur im Einzelfall zulässig ist (vgl. zum allg. Strafvollzug OLG Frankfurt a. M. NStZ-RR 2007, 62: konkrete Anhaltspunkte für eine Gefährdung erforderlich), können sich im Hinblick auf das Vollzugsziel ggf. abträglich auswirken. Das Gleiche gilt für Vorschriften zum **Abbruch** von Besuchen ohne vorherige Abmahnung (vgl. – wie schon Nr. 22 Abs. 2 S. 3 VVJug – etwa § 50 Abs. 2 S. 2 JStVollzG Bln ua), welches Vorgehen ggf. gar auch wegen „schädlicher" Einflussausübung zulässig ist (vgl. etwa § 50 Abs. 3 JStVollzG Bln ua, Art. 144 Abs. 5 BaySt-VollzG), wenngleich eine solche nach allg. Auffassung konkret festgestellt sein muss. – Bei Familienangehörigen wird ein Abbruch angesichts des Gewichts von Art. 6 Abs. 1, 2 GG nur höchst selten in Betracht kommen (zust. schon *Arloth* NJVollzG § 123 Rn. 3; *Arloth* BayStVollzG Art. 144 Rn. 7; *Arloth* zu vormaligem HmbStVollzG § 28 Rn. 4).

90e Ein umfassendes Verbot der Übergabe von **Gegenständen** ohne Möglichkeit der Erlaubnis im Einzelfall (§ 50 Abs. 5 JStVollzG Bln ua (§ 54 JVollzGB LSA, § 33 Abs. 6 S. 1 JStVollzG Bln: grundsätzlich keine)) verstößt gegen den Grundsatz der Verhältnismäßigkeit (zust. *Sonnen* in Diemer/ Schatz/Sonnen II § 50 Rn. 8).

91 **Besuchsverbote** dürfen zwar ua bei Gefahren für die Sicherheit oder Ordnung der Anstalt sowie einem zu erwartenden „schädlichen Einfluss" verhängt werden. Im Rahmen dieser – konkret zu begründenden (vgl. betr. Presseinterview NStZ 2013, 364 (zum allg. StVollzR)) – Ermessensentscheidung ist indes die besondere, verfassungsrechtlich abgesicherte Bedeutung von Besuchen für die Erreichung des Vollzugsziels zu berücksichtigen und in die Abwägung einzubeziehen, sodass nicht bereits jede Gefahr oder Befürchtung „schädlichen Einflusses" geeignet ist, ein Besuchsverbot zu legitimieren.

91a Verbote auf Antrag der *Sorgeberechtigten* sind bei volljährigen Gefangenen verfassungswidrig, bei Minderjährigen sind sie nur eingeschränkt zulässig (vgl. aber → Rn. 88), was bei der Ermessensausübung bzgl. einschlägiger Kann-Vorschriften (§ 48 Nr. 3 JStVollzG Bln ua (Berlin § 32 Nr. 4 JStVollzG Bln), § 26 Abs. 5 Nr. 3 HmbJStVollzG, § 32 Abs. 2 Nr. 3 HessJStVollzG, Art. 144 Abs. 2 S. 3 BayStVollzG) zu berücksichtigen ist.

92 **b) Schriftwechsel.** Gemäß den verfassungsrechtlichen Vorgaben für den JStVollzug ist das Recht auf Schriftwechsel allseits anerkannt (vgl. ausdrücklich § 51 JStVollzG Bln ua (§ 52 SächsJStVollzG), § 132 Abs. 1 iVm § 29 NJVollzG, § 21 JVollzGB BW IV, Art. 144 Abs. 1 iVm Art. 31 BayStVollzG, § 24 JStVollzG NRW, HessJStVollzG, § 38 Abs. 1 JVollzGB LSA). Indes regeln einzelne dieser Vorschriften dabei sogleich auch die – angesichts der Bedeutung von Schriftwechseln für die Erreichung des Vollzugsziels grundsätzlich nur höchst eingeschränkt zulässige – Möglichkeit, den schriftlichen Verkehr mit bestimmten Personen zu untersagen (vgl. § 53 Nr. 3, Nr. 4 SächsJStVollzG; wegen Fragen eines Verbots nur auf Antrag der Sorgeberechtigten vgl. → Rn. 91a entspr.). Aufgrund der zentralen Bedeutung von zwischenmenschlicher Bindung und Zuwendung wie auch von Außenkontakten für das Erziehungsziel hat im Bedarfsfall die Vollzugseinrichtung die *Kosten* für Aufwendungen, dh neben Schreibmaterial auch das Porto (zur (Teil-)Übernahme § 22 Abs. 3 S. 2 JStVollzG NRW, Art. 122 iVm Art. 31 Abs. 3 BayStVollzG, § 29 Abs. 3 HmbJStVollzG, § 38 Abs. 2 S. 2 JVollzGB LSA, § 36 Abs. 2 S. 2 JStVollzG Bln) zu tragen – entgegenstehende Regelungen (vgl. § 51 Abs. 1 JStVollzG Bln ua) sind mit den Vorgaben des BVerfG schwerlich vereinbar. Speziell betr. Kosten für Schreibgerät in vollzugsrechtlichen Belangen BVerfG BeckRS 2017, 130794 (zum allg. StVollz).

Der Schriftverkehr mit dem **Verteidiger** darf inhaltlich nicht überwacht **92a** werden (§ 2 Abs. 2, § 148 Abs. 1 StPO; s. auch § 29 Abs. 2 S. 1 StVollzG; ergänzend aber → Rn. 174), und zwar auch nicht bei Anbahnung eines Mandats (aA OLG München StraFo 2012, 348 mablAnm *Barton* (zum allg. StVollzR)); dies gilt auch für den Beistand (§ 69) und für Rechtsanwälte und Notare („in einer den Gefangenen betreffenden Rechtssache", vgl. nur §§ 54 Abs. 3, 55 S. 2 SächsJStVollzG). Sind die bei Durchsuchung des Haftraums gefundenen Unterlagen nicht als Verteidigerschriftverkehr gekennzeichnet, hat die Anstalt vor Sichtung gleichwohl rechtlich abzuwägen, ob dem JStrafgefangenen die Ausübung des Beobachtungsrechts einzuräumen ist (OLG Karlsruhe NStZ-RR 2011, 27 (zum allg. StVollzR)). – Vgl. betr. Bußgeldbescheid (§ 115 Abs. 1 OWiG) trotz Befugnis zur Weitergabe OLG Karlsruhe NStZ-RR 2014, 224 (Freispruch, betr. allg. U-Haftvollz).

Die enge Reglementierung des **Empfangs** von **Paketen** (nach OLG **92b** Nürnberg NStZ 2009, 217 auch die Zusendung von Internetausdrucken (Art. 36 Abs. 1 S. 1 BayStVollzG, Art. 5 Abs. 1 S. 1 GG), betr. allg. StVollzR), insb. das (auch für wohltätige Organisationen keine Ausnahmen vorsehende) Verbot von solchen mit Nahrungs- und Genussmitteln (s. etwa § 56 JStVollzG Bln ua (in Sachsen zusätzlich nicht Körperpflegemittel, gem. § 43 Abs. 1 S. 1 JStVollzG Bln zusätzlich nicht Arzneimittel), § 132 Abs. 1 S. 1 iVm § 34 Abs. 1 NJVollzG, § 26 JStVollzG NRW iVm § 28 Abs. 1 S. 2 StVollzG NRW, § 36 Abs. 1 HessJStVollzG, § 44 Abs. 1 S. 2 JVollzGB LSA; anders § 45 BbgJStVollzG sowie § 33 Abs. 1 S. 1 (s. aber auch S. 2, 3) HmbJStVollzG), scheint in dieser Form nicht erforderlich und steht im Widerspruch zu einer teilweise vorhandenen Praxis ebenso wie zur Bedeutung von Paketen für den Kontakt mit der Außenwelt (s. aber OLG Saarbrücken ZJJ 2011, 331 mit ausführlicher, zutr. abl. Anm. *Schady;* vgl. auch *Schroven* FS 2016 Heft 1; aA *Jung-Silberreis* in MRTW Anh. A Rn. 208 f.). – Betreffend die Versagung von Genusspaketen ist unbeschadet des Fehlens eines gesetzlich vorgesehenen Auslegungs-, Ermessens- oder Beurteilungsspielraums vor Anrufung des BVerfG eine fachgerichtliche Befassung vorausgesetzt (BVerfG, 2. Kammer des 2. Senats, BeckRS 2008, 32842 = HRRS 2008 Nr. 658 (zum allg. StR)).

Die Kostenlast der Paket**versendung** ist teilweise dahingehend geregelt, **92c** dass der JStrafgefangene sie zu tragen hat (§ 56 Abs. 4 SächsJStVollzG sowie – unter partiellen Ausnahmen – Art. 144 iVm Art. 36 Abs. 4 BayStVollzG bzw. (noch enger) § 33 Abs. 4 HmbJStVollzG, vgl. aber auch § 45 Abs. 6 BbgJVollzG), jedoch wird dies der erzieherischen Bedeutung von (zu unterstützender) zwischenmenschlicher Bindung und Zuwendung nicht gerecht, dh insoweit wäre eine Kostentragung der Vollzugseinrichtung vorzugswürdig.

93   Die **Überwachung** des allg. Schriftwechsels ist den Gesetzen der Länder zufolge grundsätzlich zulässig, soweit es für die Erziehung (oder Behandlung) bzw. die Sicherheit oder Ordnung in der JStVollzAnstalt erforderlich ist (§ 52 Abs. 3 JStVollzG Bln ua (enger § 39 Abs. 1 JStVollzG Bln: wegen „Gefährdung der Erreichung des Vollzugsziels oder aus Gründen der Sicherheit"); § 24 JStVollzG NRW iVm § 22 StVollzG NRW, § 22 JVollzGB BW IV, § 132 Abs. 1 iVm § 30 Abs. 1 NJVollzG, Art. 144 Abs. 1 iVm Art. 32 Abs. 3 BayStVollzG, § 34 Abs. 2 HessJStVollzG, § 41 Abs. 1 JVollzGB LSA; vgl. auch die seitherige VVJug Nr. 24; speziell AV Berlin ABl. 2006, 1558). Dabei ist – im Unterschied zum allg. Strafvollzug – ggü. jungen Gefangenen mehr Liberalität geboten und mehr Souveränität seitens der JStVollzAnstalt angebracht (s. aber OLG Hamm ZJJ 2005, 77 mkritAnm *Pollähne*). Vor diesem Hintergrund ist zumindest zw., ob Gründe der Erziehung alleine zur Rechtfertigung einer allg. Postkontrolle zwecks Erlangung von Kenntnissen über das „soziale Umfeld" ausreichend sind (vgl. BVerfG NJW 2006, 2098). Unabhängig davon ist eine Einzelfallprüfung erforderlich.

94   Ein **Anhalten von Schreiben** ist in den Ländern entsprechend der Regelung des StVollzG zulässig (§ 54 JStVollzG Bln ua (§ 55a Sächs-StVollzG), § 24 JStVollzG NRW (Verweis auf das dortige StVollzG), § 24 JVollzGB BW IV, § 132 iVm § 32 NJVollzG, Art. 144 Abs. 1 iVm Art. 34 BayStVollzG, § 34 Abs. 3 S. 2 HessJStVollzG, § 42 JVollzGB LSA; zur Nichtaushändigung bei rechtsextremistischem Inhalt OLG Jena ZfStrVo 2003, 242). Dabei sollte indes bei JStrafgefangenen eine etwaige Ventilfunktion erhöht respektiert werden, die ein „kräftig formulierter" Brief haben kann (zust. *Kreideweiß*, Die Reform des Jugendstrafvollzugs, 1993, 161). Ohnehin ist ein „beleidigungsfreier" Kommunikationsbereich anerkannt (vgl. etwa BVerfG NJW 2007, 1194 betr. Strafgefangene untereinander (zum allg. StVollzR)). Hinsichtlich „grob unrichtiger Darstellung" berührt die Befugnis zum Anhalten teilweise allg. methodische Probleme von Selbst- und Fremdeinschätzung, und ohnehin kann auch hier ein grundrechtlich anerkannter Kommunikationsschutz entgegenstehen (vgl. BVerfG, 3. Kammer des 2. Senats, StraFo 2009, 379 (zum allg. StVollzR): Art. 5 Abs. 1 S. 1 iVm Art. 2 Abs. 1 S. 1, Art. 1 Abs. 1 S. 1 GG, Art. 6 Abs. 1 GG (betr. „lassen Gefangene in dieser Gummizelle … teilweise wochenlang verrotten")). – Die Befugnis zum Anhalten von „ohne zwingenden Grund" in einer *fremden Sprache* abgefassten Schreiben (vgl. nur § 34 Abs. 3 S. 2 Nr. 4 HessJStVollzG, Art. 144 Abs. 1 iVm Art. 34 Abs. 1 Nr. 6 BayStVollzG) kommt ggü. Aussiedlern einer Sanktionierung der „Loyalität zur russischen Sprache" (*Klocke* Muttersprache 2008, 263) gleich (vgl. ergänzend betr. nur geraffte Übersetzung (AV Hessen JMBl. 2003, 294) *Eisenberg* ZfStVollz 2004, 95).

95   **c) Telekommunikation.** Die Erlaubnis zu **Telefon-** bzw. **Ferngesprächen** (zur Unzulässigkeit überhöhter Kosten BVerfG, 2. K. des 2. S., NJW 2018, 144 = StraFo 2018, 38; OLG Naumburg StV 2015, 710 (jeweils betr. allg. StVollz); vgl. auch*Fährmann/Oelbermann* FS 2014, 387 ff.) stellen

die Gesetze in das Ermessen der Vollzugseinrichtungen (§ 55 JStVollzG Bln ua (§ 35 JStVollzG Bln, § 51), § 25 JStVollzG NRW iVm § 24 und § 27 StVollzG NRW, § 25 JVollzGB BW IV, § 132 Abs. 1 iVm § 33 NJVollzG (vgl. näher zu § 33 Abs. 2 S. 1 bzw. S. 2 iVm § 26 NJVollzG OLG Celle NStZ-RR 2009, 158: „dringender Fall" ist ein gerichtlich uneingeschränkt überprüfbarer unbestimmter Rechtsbegriff), § 35 Abs. 1 HessJStVollzG, § 37 Abs. 2 JVollzGB LSA); in Bayern ist jedoch eine Beschränkung auf dringende Fälle vorgesehen (Art. 144 Abs. 1 iVm Art. 35 BayStVollzG; näher dazu *Laubenthal* FS Rössner, 2015, 285 f.). Dabei sollen jeweils die Regelungen über den Besuch Anwendung finden (vgl. aber speziell zu datenschutzgerechter Insassen-Telefonie *Körffer* FS 2015, 323 ff.). – Eine Überwachung von Gesprächen mit **Verteidigern** (vgl. ergänzend → Rn. 159) und **Beiständen** iSv § 69 ist grundsätzlich **unzulässig** (vgl. auch BGH NStZ 2011, 592 = StV 2011, 744, betr. allg. StVollzR: etwa missbräuchlicher Ausübung ist anderweit zu begegnen; zur Unzumutbarkeit von Störungen BVerfG, 2. Kammer des 2. Senats, NStZ-RR 2014, 121, zum allg. StVollzR), in mehreren Ländern gilt dies auch für Rechtsanwälte und Notare in einer den Insassen betreffenden Rechtssache (vgl. etwa § 35 Abs. 1 S. 1 iVm § 34 Abs. 2 JStVollzG Bln).

Mobiltelefone können nach den Vorschriften über den persönlichen **95a** Gewahrsam zugelassen werden, was aber idR im Hinblick auf die Sicherheit und Ordnung untersagt wird bzw. generell untersagt ist (vgl. nur § 22 Abs. 1 JVollzGB BW I; § 1 BlnMFunkVG (GVBl. 2009, 305), § 35 Abs. 4 S. 1 HessJStVollzG, § 55 Abs. 2 SächsJStVollzG (anders betr. offenen Vollzug)). – Das Auslesen von Daten ist wegen Verstoßes gegen Art. 1 Abs. 1 iVm Art. 2 Abs. 1 GG (informationelle Selbstbestimmung) unzulässig (LG Berlin StraFo 2013, 521 (zum allg. StVollz), § 25 JVollzDSG Bln), die Daten sind zur Begründung von VollzMaßnahmen nicht verwertbar. – Zur Regelung über technische Geräte zur Störung von Frequenzen vgl. § 2 BlnMFunkVG (GVBl. 2009, 305), § 32 Abs. 3 S. 1 HmbStVollzG, § 55 Abs. 3 SächsJSt-VollzG, § 22 Abs. 2 JVollzGB BW I, § 35 Abs. 4 S. 2–4 HessJVollzG), zu einem Testlauf in Berlin vgl. Bericht FS 2012, 282 f.

Zu anderen Formen der **Telekommunikation** (zB Internet, näher dazu **95b** etwa *Esser* NStZ 2018, 121 ff. (betr. allg. Vollz)) vgl. § 42 JStVollzG Bln, § 61 BbgJVollzG, § 55b SächsJStVollzG, § 32 Abs. 2 HmbJVollzG, § 55 Abs. 2 SJStVollzG.

2. Freizeit

Dieser Bereich und insb. zB sportliche Betätigung haben einen für die **96** Entwicklung des Jugendlichen bzw. Heranwachsenden und damit für das Vollzugsziel wesentlichen, zeitlich dominanten Stellenwert, der im Allg. als gleichrangig mit beruflicher und schulischer Bildung und Arbeit beurteilt wird und bei der gesetzlichen Regelung insofern speziell zu berücksichtigen ist (BVerfG NJW 2006, 2096). Wann Freizeit beginnt und endet, unterliegt der Regelung in der jeweiligen Hausordnung. – Besonders wichtig sind Freizeitangebote an *Wochenenden* und an Feiertagen (s. zu dieser Verpflichtung ausdrücklich § 39 Abs. 1 S. 2 JStVollzG NRW; ergänzend *Dünkel* DVJJ 2008, 78). Auch jugendgerichtlich auferlegte Freizeitarbeiten (vgl. AG Tiergarten 22.4.2009 – 47 Js 2276/08 Ls) werden an diesen Tagen abzuleisten sein. – Wegen einschlägiger Bemühungen bzgl. *Spielsüchtiger* s. vormals etwa *Burgstaller* ZfStrVo 1991, 287; vgl. allg. → § 5 Rn. 81a.

97 **a) Einzelne Regelungen.** Die Freizeitgestaltung soll (auch im JStVollzug) danach ausgerichtet sein, spontan geäußerte Bedürfnisse und Ideen aufzugreifen, Interessen zu fördern und Neigungen und Begabungen zu wecken (JStVollzKomm 36 f.). Sie dient auch der zweckfreien Entspannung und Erholung. Relevanz für Bemühungen um bestimmte Gefangenengruppen haben differenziertere pädagogische Angebote (vgl. etwa betr. „animative" Freizeitgestaltung *Walkenhorst* DVJJ-Journal 2000, 267 ff.; ergänzend *Pöge* Bewährungshilfe 2014, 87 ff.). Daher sollte ein attraktives Angebot verschiedenster Art bestehen (*Böhm* in Elster/Lingemann/Sieverts KrimHdWB 528; die Gesetze der Länder nennen teilweise zB Weiterbildung, Gruppenaktivitäten, Sport, Bücher, neue Medien). Gleichwohl legen die Gesetze nur teilweise ausdrücklich – indes ohnehin aus den **verfassungsrechtlichen Vorgaben** folgende – Verpflichtungen der JStVollzAnstalten fest, entsprechende Angebote vorzuhalten (vgl. §§ 39 Abs. 2 S. 1, 40, 41 JStVollzG NRW, § 50 Abs. 1 S. 2 HmbJStVollzG; weniger konkret § 38 S. 2 JStVollzG Bln ua (§ 45 S. 2 JStVollzG LSA), § 128 Abs. 1 NJVollzG), speziell zu einer Bücherei § 62 Abs. 1 S. 2 JStVollzG Bln, zu einer Mediathek § 65 Abs. 1 S. 2 BbgJVollzG, § 63 Abs. 1 S. 2 JVollzGB LSA).

97a Gemäß allg. erzieherischen Grundsätzen sind Eigenständigkeit und Mitspracherecht der JStrafgefangenen sowie freiwillige Teilnahme zu gewährleisten, dh eine **Verpflichtung** zur Teilnahme ist insoweit nur ausnahmsweise begründbar (zB wenn Einzelmaßnahmen aus individualtherapeutischen Gründen im Erziehungsplan vorgesehen sind), zumal andernfalls auch ein Verstoß gegen das Verbot der Schlechterstellung im Vergleich zum allg. Strafvollzug vorläge (vgl. → § 2 Rn. 23 ff.). Demgegenüber enthalten § 38 S. 3 JStVollzG Bln ua (Berlin § 62 Abs. 2 JStVollzG Bln) – nicht indes Sachsen und § 39 SchlHJStVollzG – sowie § 50 Abs. 2 HmbJStVollzG generell (vgl. dazu *Dünkel/Kühl* NK 2009, 82 ff.: „restriktiver Rückschritt") und § 128 Abs. 2 S. 1 NJVollzG als Möglichkeit eine spezielle Mitwirkungspflicht (abl. vormals *Arloth* NJVollzG § 128 Rn. 1; vgl. näher aber → Rn. 44f); vgl. im Sinne mittelbarer Pflicht § 63 Abs. 3 JVollzGB LSA, wonach Sport auch der „Erreichung des Vollzugsziels dient und zur Diagnostik und gezielten Behandlung eingesetzt werden kann."

98 **b) Sportliche Betätigung.** Sie gilt – statistisch betrachtet – als besonders wichtiger Freizeitfaktor. Dem tragen mehrere Landesgesetze besonders Rechnung (vgl. § 39 BremJStVollzG und § 39 SchlHJStVollzG, § 53 JVollzGB BW IV, Art. 153 Abs. 1 S. 2 BayStVollzG, § 30 HessJStVollzG). § 39 S. 3 JStVollzG Bln ua; § 53 Abs. 3 JVollzGB BW IV, § 30 S. 3 HessJStVollzG, § 63 Abs. 2 S. 2 JVollzGB LSA enthalten vor diesem Hintergrund einen Anspruch auf sportliche Betätigung von mindestens zwei Stunden pro Woche, § 38 S. 2 JStVollzG NRW von mindestens drei Stunden, § 39 SächsJStVollzG von mindestens vier Stunden. – Wie auch die Freizeitbeschäftigung im Allg., bieten Sportveranstaltungen zudem ggf. eine Möglichkeit unter mehreren, Kontakte zu Anstaltsfremden zu fördern (JStVollzKomm 36 ff.; *Böhm* in Elster/Lingemann/Sieverts KrimHdWB 528; s. auch *Kruse* ZfStrVo 1982, 287; auch *Spang* ZfStrVo 1982, 279; *Nickolai ua* in Nickolai ua, Sozialpädagogik im Strafvollzug, 1985, 119 ff.; *Nickolai* DVJJ-Journal 1995, 124 ff.; s. auch *Nickolai/Sperle* ZfStrVo 1993, 162 ff.; betr.

„Motorrad-Trial" s. *Thielicke/Winter* ZfStrVo 1991, 229), aber auch zu Elementen von Entspannung (vgl. *Asselborn/Lützenkirchen* ZfStrVo 1991, 269 (272 f., gem. nicht-direktiver Orientierung des Personals)) bzw. ggf. der Förderung des Selbstbewusstseins (vgl., unter Einschränkungen, zum Boxen *Bauer* FS 2015, 153 f.).

Andererseits scheidet auch hier ein Zwang aus (vgl. etwa schon *Rössner* FS **98a** Böhm, 1999, 458: *Arloth* Rn. 1 zum vormaligen § 53 HmbStVollzG; indes auch → § 128 Rn. 4 Abs. 2 S. 3 NJVollzG: „zur Teilnahme anzuhalten").

c) Kulturelle Beschäftigungen. Diese sind nicht minder bedeutsam (zB **99** handwerkliche Tätigkeiten, Malen, Schreiben, Lektüre, Fremdsprachen wie auch Ausüben bzw. Hören von Musik), worauf daher gleichfalls ein Anspruch auf Mindestzeiten der Ermöglichung anzuerkennen ist (speziell zu Kunsttherapie *Hammer* Bewährungshilfe 2014, 43; *Roggenthin* FS 2016, Heft 1; zum Lesen sozusagen als Notlösung *Pöge/Haertel* ZJJ 2015, 144). Hierfür sowie für sonstige Freizeitgestaltung erforderliche **Gegenstände** dürfen die Gefangenen daher grundsätzlich in angemessenem Umfang besitzen (§ 42 Abs. 1 JStVollzG Bln ua, § 54 JVollzGB BW IV, § 132 Abs. 1 iVm § 67 NJVollzG, § 20 HessJStVollzG, Art. 152 Abs. 2 iVm Art. 72 BayStVollzG).

Hinsichtlich **elektronischer** Geräte finden sich dabei besondere Regelun- **99a** gen. So ist deren Zulassung nach § 42 Abs. 3 JStVollzG Bln ua (Berlin § 58 Abs. 5 JStVollzG Bln) als Ermessensentscheidung ausgestaltet, „wenn erzieherische Gründe nicht entgegenstehen", und ähnlich verhält es sich gem. § 132 Abs. 1 iVm § 67 Abs. 1 NJVollzG, wenn Versagungsgründe nicht vorliegen. Gemäß § 54 Abs. 3 JVollzGB BW IV kann die Zulassung ggf. der Zustimmung der Aufsichtsbehörde „vorbehalten sein". Nach Art. 152 Abs. 2 S. 3 BayStVollzG aE sind Unterhaltungsmedien „ohne pädagogischen Wert" nicht zugelassen; weniger restriktiv § 41 Abs. 1 JStVollzG NRW bzw. § 53 Abs. 3 HmbJStVollzG: wenn die Benutzung dem Vollzugsziel „nicht zuwiderläuft" bzw. „erzieherische Gründe nicht entgegenstehen". Nach § 29 Abs. 4 S. 2 HessJStVollzG muss die „Nutzung dem Erziehungsziel" dienen, was im Einzelnen ggf. in gewissem Widerspruch zu Wesen und Sinn der Freizeit stehen kann (vgl. auch *Fiedler/Vogel* in Ostendorf § 5 Rn. 88). Die Zulassung kann auf die jeweilige VollzEinrichtung beschränkt werden, dh solchenfalls kann das Gerät mit Verlegung in eine andere VollzEinrichtung (bei ggf. unterschiedlichen Sicherheitsvorgaben) zur Habe genommen werden (vgl. OLG Frankfurt a. M. NStZ-RR 2009, 359 (betr. allg. StR)).

Die Judikatur (auch zum allg. StVollzug) ist entsprechend der technischen **99b** Entwicklung differenziert (vgl. etwa vormals OLG Frankfurt a. M. 22.11.1990 − 3 VAs 38/90 bei *Böhm* NStZ 1991, 525 bzw. OLG Bamberg BlStVKunde 1995, 9, denen zufolge die Aushändigung eines PC auf den Haftraum aus Gründen der Sicherheit und Ordnung versagt werden darf, was indes zumindest die Feststellung konkreter Gefährlichkeit voraussetzt (ebenso *Fiedler/Vogel* in Ostendorf § 5 Rn. 89); bejahend betr. Laptop OLG Rostock StV 2016, 168 (zu § 16 UVollzG M-V), vgl. ebenso *Walter* in Ostendorf § 3 Rn. 28)). Unterschiedlich beurteilt wird auch die Frage der Überlassung eines (einfachen) **DVD-Players** (vgl. KG StV 2006, 259) bzw. von DVDs (bejahend LG Bochum ZfStrVo 2002, 186, gem. überwiegender Auffassung nicht jedoch solche pornografischen Inhalts (OLG Brandenburg NJ 2008, 274: auch betr. offenen Vollzug); zum Kriterium FSK–18–Freigabe

OLG Frankfurt a. M. NStZ 2009, 220 sowie einschr. Hamburg FS 2009, 43 (zum allg. StR hingegen eine „generell-abstrakte Gefahr" bejahend OLG Koblenz NStZ 2011, 351)) bzw. von **Telespielgeräten** (s. OLG Nürnberg NStZ-RR 2002, 191; betr. Spielkonsole ‚Nintendo Game Cube' abl. OLG Brandenburg NStZ-RR 2007, 188 (internetfähig und Kontrollaufwand bei Abwägung wegen fehlenden Erziehungszwecks zu hoch), ähnlich betr. ‚Nintendo DS Lite' OLG Celle NStZ-RR 2011, 31 (Ls., zum allg. StVollzR); eher pauschal gegen Spielkonsolen, Mini-Computer sowie MP3-Player noch *Arloth* zum vormaligen § 56 HmbStVollzG, BayStVollzG Art. 152 Rn. 6; vgl. ergänzend *Beyler* ZfStrVo 2001, 142); die Spielkonsole **Sony Playstation 2** begründet nach hM eine allg. Gefährlichkeit für die Sicherheit der Anstalt (vgl. nur OLG Karlsruhe StV 2007, 316), da sie unter Verwendung von Zusatzgeräten den Zugang zum Internet ermöglicht (vgl. dazu → Rn. 100b; vgl. zum Ganzen auch *Jung-Silberreis* in MRTW Anl. A Rn. 182–184). – Ob die **Kosten** einer sicherheitstechnischen Überprüfung dem JStrafgefangenen auferlegt werden dürfen (bejahend OLG Brandenburg NStZ-RR 2005, 284), ist nicht abschließend geklärt (vgl. aber etwa § 58 Abs. 4 JStVollzG Bln).

100 **d) Zugang zu Medien.** Der Bezug von *Zeitungen* und *Zeitschriften* ist entsprechend dem StVollzG gestaltet (§ 40 JStVollzG Bln ua, § 56 JVollzGB BW IV, § 132 Abs. 1 iVm § 65 NJVollzG, Art. 152 Abs. 2 iVm Art. 70 BayStVollzG, § 29 Abs. 2 HessJStVollzG, § 58 JVollzGB LSA). – Wenngleich ein Abonnement nur im Falle der Erfüllung eines Straf- oder Bußgeldtatbestandes versagt werde darf, kann ansonsten ein Vorenthalten wegen (erheblicher) Gefährdung von Sicherheit oder Ordnung der Anstalt in Betracht kommen (vgl. betr. U-Haft → § 89c Rn. 72), wobei (schon zur Vermeidung einer Umgehung der vorgenannten Voraussetzung) die Kontrolle nur unter besonderen Umständen auf bloße Stichproben beschränkt werden darf (OLG Celle NdsRPfl 2011, 80 (zum allg. StVollzR)).

100a Über den gemeinschaftlichen **Radio- und Fernseh**empfang hinaus ist der Besitz von **Geräten** im **Haftraum** gem. § 41 Abs. 2 JStVollzG Bln ua (Berlin § 58 Abs. 2, 3 JStVollzG Bln), § 52 Abs. 1 S. 3 HmbJStVollzG, § 59 Abs. 2 S. 1 JVollzGB LSA in das Ermessen der Anstalt gestellt, „wenn erzieherische Gründe nicht entgegenstehen" (nach § 41 Abs. 2 S. 2 SächsJStVollzG hingegen nur, „wenn es der Erreichung des Vollzugsziels dient"), während gem. § 41 Abs. 1 JStVollzG NRW, § 55 JVollzGB BW IV, Art. 152 Abs. 2 iVm Art. 71 BayStVollzG die allg. Regelung über den Besitz von Gegenständen Anwendung findet (vgl. iÜ § 132 Abs. 1 iVm § 66 S. 1 NJVollzG, § 29 Abs. 4 HessJStVollzG), wobei ua die Ausmaße des Gerätes, nicht aber die Bildschirmdiagonale (OLG Celle MMR 2009, 290 (betr. Flachbildgerät)), ein geeignetes Kriterium sein können (zur Unzulässigkeit einer Verpflichtung, eine Anmietung nur bei einem bestimmten externen Anbieter vorzunehmen, OLG Dresden StV 2008, 89 (betr. allg. StVollz)).

100b Nach hM umfasst das Recht des JStrafgefangenen auf Besitz von Gegenständen zur Fortbildung und Freizeitgestaltung auch die Nutzung des **Internet** (vgl. nur § 52 Abs. 1 S. 4 JStVollzG Hmb) indes nur vermittelt (vgl. etwa schon *Arloth* NJVollzG § 128 Rn. 3; *Arloth* BayStVollzG Art. 152 Rn. 4: „Simulationen"; *Fiedler/Vogel* in Ostendorf § 5 Rn. 78: „Spiegeln" bestimmter Inhalte des Internet auf einen Server; zu Podknast vgl. *Schaede/Neubacher* FS 2010, 347 ff. (s. auch FS 2012, 4) bzw. *Baucks* in Dessecker/

Egg, Justizvollzug in Bewegung, 2013, 145 ff.; näher zu Art. 10 EMRK EGMR NJOZ 2018, 1158 mit Bspr. *Bode* ZIS 2017, 348 ff. (zum allg. StVollzR)). Dies betrifft auch **Online-Zeitungen** bzw. -Zeitschriften, die iRd Grundrechts auf Informationsfreiheit (Art. 5 Abs. 1 S. 1 GG) den sonstigen Regelungen unterliegen (vgl. 100), bzw. betr. – nur abstrakt-generell gefährdend – Empfangseinrichtungen für **Videotext** (zu Einschränkungen detailliert OLG Frankfurt a. M. NStZ-RR 2008, 30 (betr. allg. StVollzR)). Der Besitz eines *DVBT-Decoders* zum Empfang digitalen *Fernsehens* kann versagt werden, weil das Gerät (auch) eine unkontrollierte Informationsübermittlung ermöglicht (KG NStZ-RR 2007, 327 (Ls., betr. allg. StR); OLG Celle StraFo 2009, 172), und entsprechend wurde für USB- sowie SD-Memory-Card-Anschlüsse entschieden (OLG Frankfurt a. M. NStZ-RR 2013, 325 (zum allg. VollzR); vgl. auch → Rn. 99b). Zur Versagung von Medien mit der Kennzeichnung FSK-18 bzw. USK-18 auch ohne nähere Einzelfallprüfung OLG Naumburg NStZ 2016, 240 mit ausf. abl. Anm. *Müller-Metz;* anders OLG Hamburg OLGSt StVollzG § 116 Nr. 4 (jeweils zum allg. StVollz)).

3. Religionsausübung

Die hierzu getroffenen Regelungen der Gesetze der Länder entsprechen **101** jeweils den §§ 53 ff. StVollzG. Insoweit wird auf die Erl.-Werke hierzu bzw. zu den Landesgesetzen zum allg. StVollzug verwiesen.

4. Gesundheit

a) Fürsorge; Datenschutz. In den Landesgesetzen finden sich ver- **102** gleichsweise detaillierte Vorschriften über die Gesundheitsfürsorge der Gefangenen (§§ 32 ff. JStVollzG Bln ua, §§ 35 ff. JStVollzG NRW, §§ 30 ff. JVollzGB BW IV, § 132 iVm §§ 56 ff. NJVollzG, Art. 151 iVm Art. 58 ff. BayStVollzG, § 23 HessJStVollzG (allerdings einschr. § 24 Abs. 1 S. 1: „unter Beachtung … der Wirtschaftlichkeit")), und zwar einschließlich solcher mit Relevanz für *soziale Eingliederung* (vgl. betr. anstaltsärztliche Stellungnahme zur Erlangung einer Kostenzusage betr. § 35 BtMG OLG Nürnberg StV 2010, 704: Anspruch auf fehlerfreie Ermessensentscheidung nach § 65 BayStVollzG (betr. allg. StR, s. aber Art. 151 Abs. 1 S. 1 BaySt-VollzG)). § 35 Abs. 1 JStVollzG NRW kennt einen weiten Gesundheitsbegriff (körperlich, seelisch, geistig, sozial), die Mehrzahl der Landesgesetze nennen indes (nur) körperliche und geistige Gesundheit, § 32 Abs. 1 SchlHJStVollzG jedoch zusätzlich die seelische; hingegen enthalten sich § 32 SächsJVollzG, § 56 NJVollzG und § 23 HessJStVollzG einer Umschreibung. Teilweise erheblich unterschiedlich gestaltet sind auch das *Rauchverbot* (vgl. als besonders ausgeprägt § 26 JVollzGB BW I) und dessen Grenzen (n. dazu *Walter* in Ostendorf § 3 Rn. 74). Soweit JStrafgefangene verpflichtet sind, Maßnahmen zu *unterstützen* (vgl. Art. 122 iVm Art. 58 Abs. 2 BayStVollzG), sind Einzelheiten in den Hausordnungen geregelt (vgl. betr. Tätowieren oder Piercen AG Rosenheim NStZ 2009, 216 mit Bspr. *Rotthaus* NStZ 2010, 199).

Betreffend *schuldhafte Verursachung* wie speziell auch hinsichtlich Zahnpro- **102a** phylaxe geht der Anspruch teilweise über denjenigen im allg. StVollzug hinaus (vgl. etwa § 127 Abs. 1, 2 NJVollzG), und zwar besonders für Minderjährige (vgl. dazu Art. 151 Abs. 1 S. 2, Abs. 2 BayStVollzG). Dabei hat sich der Umfang des Versorgungsanspruchs ggü. den Anstalten am Leistungsumfang der gesetzlichen Krankenkassen zu orientieren (s. auch *Tondorf/Tondorf* ZJJ 2006, 246). Die Gesundheitsfürsorge umfasst auch einen Anspruch von ein bzw. zwei Stunden Aufenthalt im Freien pro Tag, wofür Gelegenheit zum Sport zu geben ist (vgl. etwa Art. 153 Abs. 3 BayStVollzG). Die Reduzierung (entspr. der vormaligen Nr. 55 VVJug) auf gar nur eine Stunde (vgl. etwa § 62 HmbJStVollzG) beruht weithin auf Personalbelangen (vgl. dazu vormals *Arloth* BayStVollzG Art. 151 Rn. 4; vgl. ergänzend auch *Jesse* ZJJ 2015, 125).

102b Angaben des Gefangenen über seinen Gesundheitszustand unterliegen seinem Recht auf *informationelle Selbstbestimmung* ebenso wie der *ärztlichen Schweigepflicht* (zur Nichtüberwachung des Schriftverkehrs mit Ärzten von außerhalb § 30 Abs. 3 Nr. 8 HmbJVollzG; vgl. auch → Rn. 143b). Bittet der Gefangene zB unter Bezeichnung als „Notfall" um ärztliche Untersuchung, so darf diese nicht davon abhängig gemacht werden, ob er unzulässige Fragen einer Person des allg. Vollzugsdienstes betr. den Gesundheitszustand beantwortet (OLG Frankfurt a. M. NStZ 2011, 709, betr. allg. StVollz).

102c Der Gefangene hat gem. dem informationellen Selbstbestimmungsrecht und dem erzieherischen Grundsatz der Transparenz ein Recht nicht nur auf Auskunft, sondern auf *Einsicht* in die *Krankenakten* (bzw. -unterlagen), und zwar − wenn auch ggf. unter Abwägung ggü. Belangen der ärztlichen Aufgaben − einschließlich Wertungen (vgl. (betr. allg. StVollz), unter Hinweis auch auf die Rspr. des EGMR zu Art. 8 EMRK, BVerfG, 2. K. des 2. Senats, NJW 2017, 1014 mit PK *Arloth* NStZ 2018, 163 f.: § 203 BayStVollzG insoweit mit Art. 19 Abs. 4 GG nicht vereinbar; betr. U-Haft OLG Brandenburg StraFo 2008, 154 f. (zum allg. StR); ergänzend → Rn. 149, → § 89c Rn. 79) sowie von − zur Kontrolle nicht selten zentralen − handschriftlichen Notizen, ohne das Interesse daran näher darlegen zu müssen (§§ 65, 30, 31 JVollzDSG Bln (vorbehaltlich einer Sperrung, § 29); auch betr. Krankenblätter, jeweils zum allg. StVollzR, *Bung* HRRS 2010, 251; aA KG HRRS 2010 Nr. 370). Zugleich hat er einen Anspruch auf (erforderlichenfalls unter Heranziehung eines Sachverständigen vorzunehmende) *gerichtliche Überprüfung* (Art. 19 Abs. 4 GG) der Geeignetheit und Angemessenheit einer ärztlichen *Behandlung* (Abs. 1 S. 1; BVerfG NStZ 2013, 168 = StV 2013, 578 (zum allg. StVollz)).

103 **b) Körperliche Benachteiligungen.** Soweit Gefangene zB wegen Alters oder geistiger, seelischer (vgl. allg. → § 5 Rn. 69 ff.; speziell betr. eine Anstalt in Schleswig-Holstein *Köhler*, Psychische Störungen bei jungen Straftätern, 2004) oder körperlicher Beeinträchtigung nicht in Schul-, Ausbildungs- oder Arbeitsprogramme integriert werden, finden ua **werkpädagogische** Bemühungen statt (vgl. etwa *Müller/Scholz* ZfStrVo 1992, 171 f.). − Bestimmte **körperliche Mängel** oder Benachteiligungen, deren ärztliche Behandlung zwar möglich, aber aus medizinischen Gründen nicht erforderlich ist (zB kosmetische Operationen, Zahnersatz), beeinträchtigen regelmäßig das Selbstwertgefühl (vgl. allg. auch → § 5 Rn. 72) und behindern vielfach ein unbefangenes Verhältnis des Gefangenen zur Umwelt; im Sinne multifaktorieller Zusammenhänge von Straftatbegehung können sie insofern relevant sein (vgl. schon *Stutte* Praxis KiPsych 1974, 161 ff.). Auch in diesen

Fällen sollte für die ärztliche Betreuung gesorgt werden (Denkschrift 1977, 38 f.; s. zum Kriterium medizinischer Beurteilung etwa Erlass JuM Hessen JMBl. 1987, 241; vgl. allg. die vormaligen Nr. 49, 52, 53, aber auch Nr. 54 VVJug).

c) Alkohol- bzw. Drogenabhängigkeit oder -gefährdung. Zur Be- 104
treuung alkoholabhängiger bzw. -gefährdeter JStrafgefangener (vgl. auch
→ § 5 Rn. 43, 47, 80) s. etwa *Fehrs* (Suchtgefahren 1985, 83; vgl. für
Sachsen *Wößner/Vogt* MschKrim 2010, 382 ff. bzw. *Hartenstein ua* ZJJ 2016,
19 (22 f.); für Nordrhein-Westfalen *Wirth* FS 2013, 351 f.). – Nach Angaben
anstaltsärztlicher Dienste seien als Anteil Alkoholabhängiger ca. 14 % genannt worden, bzgl. derer überwiegend zugleich Drogenabhängigkeit bejaht
worden sei (vgl. *Heimerdinger*, Alkoholabhängige Täter, Justizielle Praxis und
Strafvollzug, 2006, 75 f.; zur Entwicklung (betr. JVA Adelsheim) *Stelly/
Thomas* FS Kerner, 2013, 820 f.).

Einer dergestaltigen stichprobenartigen Atem*alkoholkontrolle,* der auch 104a
JStrafgefangene unterzogen werden, bei denen weder aktuell konkrete Anhaltspunkte für Konsum vorliegen noch jemals seither Alkoholkonsum festgestellt wurde, steht nicht nur der Verhältnismäßigkeitsgrundsatz (aA betr.
Sicherungsverwahrung OLG Hamm NStZ 2010, 399 (zum allg. StR)),
sondern im JStVollzug schon das Erziehungsziel (→ Rn. 22 ff.) entgegen, das
ein Minimum an gegenseitiger Vorhersehbarkeit des Verhaltens voraussetzt.

Bezüglich Drogenabhängiger besteht grundsätzlich eine Fürsorgepflicht 105
zur Behandlung. Für die Umsetzung dieser Pflicht ist zunächst der zahlenmäßig erhebliche Anteil dieser Personengruppe zu gewärtigen. Die diesbzgl.
Angaben schwanken international und regional stark, weisen aber auf eine
erhebliche Problemdimension hin (zum Forschungsstand *Klatt/Baier* Bewährungshilfe 2012, 5 (6 f., 12 ff.). Nach *Dolde* (in Gaßmann, Suchtprobleme
hinter Mauern, 2002, 133) waren in Baden-Württemberg gem. einer Befragung Ende der 1990er Jahre etwa 30 % therapiebedürftig (mit besonders
hohen Anteilen bei Aussiedlern; dazu betr. fünf norddeutsche VollzEinrichtungen ähnl. *Hosser/Taefi* MschKrim 2008, 138 f.; für 2011/12 geringer
Werte bei *Klatt/Baier* Bewährungshilfe 2012, 5 (10); zu rückläufiger Tendenz
auch *Stelly/Walter* NK 2011, 51; s. aber auch *Jung-Silberreis* in MRTW Anh.
A Rn. 229–231; für Sachsen *Wößner/Vogt* MschKrim 2010, 382 ff. (384) mit
sonstigen Nachw., *Hartenstein ua* ZJJ 2016, 19 (22 f.); zu (vormaliger) Dro-
generfahrung bei Insassen der JVA Laufen-Lebenau vgl. *Tillack/Hari* ZfStrVo
2000, 353 ff.). Die **Therapiemöglichkeiten** unter den Bedingungen einer
Haftanstalt (vgl. auch → § 89b Rn. 25 ff.) sind deshalb von vornherein
begrenzt, weil eine psychische Entwöhnung am ehesten in einem freien
Umfeld durchgeführt werden kann (zur Suchtberatung, die personell von
repressiver Drogenprävention zu trennen ist, vgl. schon AV NRW JMBl.
1998, 302 (4.4); speziell betr. Nichtdeutsche *Schlebusch* ZfStrVo 1999, 19 f.;
vgl. vormals allg. krit. *Scheerer/Kappel* StV 1982, 182 (184 ff.)). Zwar bewirkt
die bloße Inhaftierung – neben einer Entgiftung –, dass der JStrafgefangene
dem gewohnten Milieu (als etwaigem Verstärker des Fehlverhaltens) entzogen wird, jedoch ist auch der Vollzug rechtstatsächlich nicht frei von einschlägigen Einflüssen (vgl. → Rn. 40–42, 109f).

Was die tatsächlich im JStVollzug **durchgeführten Therapieprogram-** 106
me angeht (zu erheblichen Anteilen des Abbruchs für Sachsen *Hartenstein ua*
ZJJ 2016, 22), so werden – trotz Einwänden ähnlich denjenigen ggü. dem

Stufenstrafvollzug (vgl. → Rn. 77) im Allg. (vgl. etwa schon *Hanschmann ua* KrimJ 1982, 277 (282 f., 286)) – verschiedene Etappen unterschieden (etwa Aufnahmebereich mit anamnestischen und diagnostischen Aufgaben, Motivationsprüfungsversuche bzw. beschäftigungs-, psycho- und sozialtherapeutische Maßnahmen, Unterbringung in externen Einrichtungen). Als bedeutsam erscheint die verschiedentliche Beschäftigung **externer** Drogenberater, die die Betroffenen in der JVA aufsuchen, ebenso wie Vollzugslockerungen zwecks Orientierungsbesuchen bei Therapieeinrichtungen für den Fall der Zurückstellung oder Aussetzung der (weiteren) Vollstr.

106a Wenngleich eine abschließende Würdigung nicht möglich ist, vielmehr ua der Persönlichkeit (einschließlich beruflicher Qualifikation) der Therapierenden und Betreuenden (auch) bei der hier erörterten Streitfrage maßgebliche Bedeutung zukommt, scheinen bisherige Evaluationstendenzen die vorläufige Aussage zuzulassen, dass die Ergebnisse nach Therapie unter Zwang nicht schlechter sein müssen als nach Therapie ohne Zwang (vgl. etwa schon *Bühringer* in Egg S. 132 ff.; *Kurze* in Dessecker/Egg S. 82). Bedeutung kommt dabei auch der Frage nach einer (Methadon-)Substitution zu (vgl. aber betr. allg.-ärztliche Qualifikation restriktiv OLG München NStZ-RR 2012, 385 (betr. allg. StVollzR); zur Empirie vormals etwa *Althoff/Schmidt-Semisch* WienerZSuchtforschung 1992, 23 ff.; ergänzend → § 10 Rn. 64–64b, → § 82 Rn. 11). – Nach einer Analyse von *Grübl* betr. die JVA Crailsheim (ZfStrVo 1992, 297; s. dazu auch *Dolde* in Gaßmann, Suchtprobleme hinter Mauern, 2002, 138–140) sind „Rückfälle" in den Drogenkonsum während des Vollzugsprogramms nur begrenzt Grund zur Resignation, vielmehr geschehe die Erreichung oder aber Verfehlung des Vollzugsziels weithin unabhängig davon.

107 Notwendige Voraussetzung für die Anordnung einer **Urinkontrolle** (bzw. von – wegen des Verbots der Selbstbelastung umstrittenen – Disziplinarmaßnahmen im Falle der Verweigerung) zur Abwehr von Gesundheitsgefahren (vgl. auch → Rn. 130) ist ein hinreichend konkreter Verdacht auf BtM-Missbrauch (zB nachgewiesener vorausgegangener Konsum (BVerfG, 3. K. des 2. S., FS 2011, 192 = HRRS 2009 Nr. 877, betr. allg. StR), zusätzliche Umstände (OLG Rostock StV 2004, 611); vgl. ergänzend und zu sonstigen Konsequenzen OLG Frankfurt a. M. NStZ-RR 2005, 158 (Ls.; betr. allg. StR)); nach aA sollen (als Gesundheitsfürsorge) auch ohne konkreten aktuellen Verdacht Zufallsstichproben zulässig sein (OLG Frankfurt a. M. NStZ-RR 2009, 295; KG NStZ-RR 2018, 30 (jeweils betr. allg. StR)), wogegen im erzieherisch orientierten JStVollzug erhöhte Bedenken bestehen. Soweit in den Vollzugsakten ein Drogenkonsum bestätigender Urintest vermerkt wird, wird diesem kein Regelungscharakter beigemessen, sodass der Gefangene die Streichung nicht verlangen konnte (OLG Frankfurt a. M. 3.6.1992 – 3 VAs 22/92 bei *Böhm* NStZ 1992, 530; zw., zumal soweit wegen Weigerung der Abgabe von Urinproben Vollzugslockerungen versagt wurden, OLG Frankfurt a. M. 19.5.1993 – 3 VAs 8/93 bei *Böhm* NStZ 1993, 530; zur freiwilligen Abgabe als verfassungsrechtlich unbedenklich BVerfG NStZ-RR 2006, 189 (Ls.) betr. allg. Strafvollzug).

108 **d) Erkrankung an AIDS.** Besondere Probleme ergeben sich iZm Gefangenen, die diesbezüglich erkrankt bzw. mit dem HI-Virus infiziert sind. Allg. zum Umgang mit HIV-Infizierten bzw. AIDS-Kranken im (J)StVollzug bzw. zu Fragen der **Vollzugsgestaltung** und Behandlung s. betr. die unterschiedliche Handhabung in den einzelnen Bundesländern vormals BT-Drs. 11/7200 = ZfStrVo 1991, 109; vgl. im Übrigen schon *Höflich* ZfStrVo 1991, 81; *Rex* ZfStrVo 1991, 345; *Hefendehl* ZfStrVo 1996, 136; aus Sicht der Bewährungshilfe *Klingmann* in Busch, HIV/AIDS und Straffälligkeit, 1991, 231 ff.

Die Bundesländer haben (besonders für intravenös Drogenabhängige) **108a** Testempfehlungen erlassen, deren Durchführung formalrechtlich als freiwillig gilt (s. aber rechtstatsächlich vormals *Knapp,* AIDS im Strafvollzug, 1996, 137 f. (wenngleich ohne Zufallsauswahl, 77)), nach Sondervorschriften einzelner Bundesländer ggf. jedoch (zumindest indirekt dadurch, dass bei Weigerung eine vollzugliche Einordnung als HIV-Infizierter angedroht wird) erzwungen werden kann (für auch formalrechtliche Erzwingbarkeit gem. § 36 Abs. 4 S. 7 IfSG – unabhängig von Zugehörigkeit zu sog. Risikogruppe – vgl. VV Bayern zu § 5 StVollzG v. 8.7.2002 (JMBl. 2002, 105 f.); s. allg. *Sigel* ZfStrVo 1989, 156).

Nach inzwischen fast einhelliger Meinung ist eine **Zwangsunter-** **108b** **suchung aller** JStrafgefangener zur Erkennung einer HIV-Infektion **unzulässig** (s. etwa OLG Koblenz ZfStrVo 1989, 183; LG Bonn NStZ 1987, 140 f.; *Bruns* StV 1987, 505 f.). Im Übrigen wird die Zulässigkeit eines Zwangstests jedoch unterschiedlich beurteilt (bejahend für sog. Risikogruppen OLG Koblenz StV 1989, 163; LG Bonn NStZ 1987, 140 f.; einschr. *Sigel* ZfStrVo 1989, 159; *Dargel* ZfStrVo 1988, 151 f.; **abl.** *Loschelder* NJW 1987, 1467; *Höflich* ZfStrVo 1991, 79; *Stöver* KrimJ 1993, 184; *Franck,* Strafverfahren gegen HIV-Infizierte, 2000, 181; *Böllinger* in Prittwitz, AIDS, Recht und Gesundheitspolitik, 1990, 154 ff.).

Betreffend die Frage der **Bekanntgabe** der Infizierung insb. durch den **108c** untersuchenden Anstaltsarzt an den Vollzugsleiter s. vormals zum Vergleich der Praxis der einzelnen Justizverwaltungen der Länder BT-Drs. 11/7200 = ZfStrVo 1991, 109; s. auch schon *Dargel* ZfStrVo 1987, 161; *Bruns* StV 1987, 506; *Sigel* ZfStrVo 1989, 162; *Höflich* ZfStrVo 1991, 80; vgl. im Übrigen *Wellbrock* StV 1987, 507 ff.; *Schmuck* ZfStrVo 1989, 170. Zu Grenzen der Offenbarungspflicht vgl. → Rn. 143.

Grundsätzlich anerkannt ist, dass JStrafgefangene **nicht** eine **Risikogrup-** **109** **pe** eigener Art darstellen, sondern dass die Übertragungswege die gleichen sind wie in der Außengesellschaft (ungeschützter GV, unsterile Fixbestecke, unsterile Nadeln beim Tätowieren). Desgleichen anerkannt ist die Notwendigkeit einer umfassenden und genauen Aufklärung der JStrafgefangenen über die Möglichkeiten der Prävention, wenngleich sich im Hinblick auf das Gewicht sonstiger Einflüsse durch entsprechende Informationen allenfalls das Tätowieren unterbinden lassen wird, (noch) weniger jedoch sexuelle Kontakte und der intravenöse Drogengebrauch.

Auch für den JStVollzug gilt die Beseitigung der illegalen Drogeninjektion **109a** als eine der wichtigsten Maßnahmen zur einschlägigen Infektionsprävention unter Drogenkonsumenten, wenn auch die Probleme, die sich im allg. Strafvollzug iZm AIDS stellen, im JStVollzug zumindest in quantitativer Hinsicht seither von geringerer Bedeutung zu sein scheinen (vgl. *Sigel* ZfStrVo 1989, 159; *Höflich* ZfStrVo 1991, 77). Im Übrigen werden sich jedoch zwischen beiden Vollzugsbereichen weithin Entsprechungen im Umgang mit der AIDS-Problematik ergeben, sodass insoweit auf die Literatur betr. den allg. StVollzug Bezug genommen werden kann.

Umstritten sind Zulässigkeit und Zweckmäßigkeit sonstiger Präventions- **110** maßnahmen, wie zB die Abgabe steriler **Einwegspritzen** (befürwortend

Bruns StV 1987, 505; *Michels* KJ 1988, 424; *Höflich* ZfStrVo 1991, 79; *Stöver* KrimJ 1993, 184; näher *Frey ua* Kriminalistik 2008, 294 ff.; abl. etwa *Sigel* ZfStrVo 1989, 159), und die Abgabe von **Kondomen** (zu einem Anspruch auf kostenlose Abgabe vgl. OLG Koblenz NStZ 1997, 360; *Bruns* StV 1987, 505; *Michels* KJ 1988, 425; abl. speziell betr. JStVollzug *Sigel* ZfStrVo 1989, 159; betr. unterschiedliche Bereitschaft zur Benutzung vgl. *Bryan ua* JAppl-Psych 2004, 918 ff. (922 ff.)).

VIII. Schul- und Berufsausbildung; Arbeit

1. Allgemeines

111 **a) Bedeutung.** Vor allem der schulischen und beruflichen **Aus-** und **Weiterbildung,** aber auch der **Arbeit,** kommen im Hinblick auf die Erreichung des Vollzugsziels einer „sozialen Integration" im JStVollzug ganz besondere Bedeutung zu (vgl. nur §§ 22 ff. JStVollzG Bln; auch § 13 KJHG). In diesem Sinne sah bereits der frühere § 91 Abs. 2 als Grundlage der Erziehung an zweiter Stelle Arbeit und Unterricht vor. Das verfassungsrechtlich abgesicherte Gewicht des Vollzugsziels verpflichtet den Gesetzgeber dazu, ausreichende Bildungs-, Arbeits- und Ausbildungsmöglichkeiten bereitzustellen, und zwar auch dann, wenn wegen der Kürze der Haftzeit ein Ausbildungsabschluss (noch) nicht möglich ist (BVerfG NJW 2006, 2096 f.; vgl. auch → § 89b Rn. 30; § 40 Abs. 1 JVollzGB BW IV und § 34 Abs. 1 HmbJStVollzG sehen ein einklagbares Recht vor). Indes regeln die Landesgesetze eine Möglichkeit der Fortsetzung der Ausbildung **über** den **Entlassungs**zeitpunkt **hinaus** weithin (vgl. aber § 53 BbgJVollzG, § 35a HmbJVollzG) nur als Ausnahme (vgl. auch schon *Arloth* NJVollzG § 126 Rn. 1), dh unter weithin erheblichen Einschränkungen (vgl. § 85 Abs. 3 S. 1, 2 JVollzGB BW IV, Art. 137 Abs. 2 S. 2 BayStVollzG, § 22 Abs. 1 S. 1 JStVollzG Bln ua, § 28 Abs. 1 HessJStVollzG, § 126 Abs. 1 NJVollzG, § 48 Abs. 1 JStVollzG NRW; zur erneuten Aufnahme vgl. → Rn. 64) und ggf. finanziellen Belastungen (vgl. aber zur Fortzahlung von Ausbildungsbeihilfe § 22 Abs. 1 S. 3 Saarl. JStVollzG, zur Voraussetzung des Absehens von einer Kostenbeteiligung § 22 Abs. 3 SächsJStVollzG), wobei die Anstalt kein Erziehungsrecht hat (vgl. daher zB § 126 Abs. 2 NJVollzG), zumal der Betroffene nicht mehr JStrafgefangener ist (vgl. auch VGO BW (Die Justiz 2008, 203) 5).

112 **b) Einzelne Regelungen.** Die Gesetze der Länder sehen, auch im Sinne durchgängiger Betreuung (vgl. BVerfGE 116, 69 Rn. 61: verzahnte Entlassungsvorbereitung), eine **Pflicht** zur Teilnahme an **Ausbildungs**maßnahmen bzw. zur **Arbeit** vor (§ 37 Abs. 2 JStVollz Bln ua, § 29 Abs. 2 S. 1 JStVollzG NRW, § 40 Abs. 2 JVollzGB BW IV, § 124 NJVollzG (erweitert in Abs. 4 S. 2–4 durch Gesetz v. 15.6.2017), Art. 123 Abs. 3 BayStVollzG, § 27 Abs. 2 HessJStVollzG, §§ 26 ff. JVollzGB LSA). Diese Pflicht dient indes auch als „Disziplinierungsinstrument" (*Walter* Formelle Disziplinierung im Jugendstrafvollzug, 1998, 109), wie schon bislang der Anteil darauf entfallender formeller Disziplinierungen erkennen lässt (vgl. → Rn. 140). — Im Einzelnen gestattet zB § 124 Abs. 2 S. 3 NJVollzG die Zuweisung einer Hilfstätigkeit ohne Zustimmung über drei Monate hinaus, dh es handelt sich

zudem ggü. § 35 Abs. 2 S. 2 NJVollzG um eine unzulässige Schlechterstellung.

Aus- und Weiterbildung wie auch Arbeit soll bzw. kann den JStrafgefangenen unter divergierenden Voraussetzungen im Rahmen **freier Beschäftigungsverhältnisse** gestattet werden (§ 37 Abs. 4 JStVollzG Bln ua (Berlin § 28 JStVollzG Bln), § 29 Abs. 4 JStVollzG NRW, § 42 JVollzGB BW IV, § 132 Abs. 1 iVm § 36 (vgl. aber auch § 125) NJVollzG, Art. 147 BayStVollzG, § 27 Abs. 6 HessJStVollzG, § 30 JVollzGB LSA), zumal speziell die Berufsausbildung innerhalb der VollzEinrichtung ggf. weniger „realitätsnah" (*Jung-Silberreis* in MRTW Anh. A Rn. 96) ist (vgl. aber zur Versagung bei „Lohnwucher" OLG Dresden NStZ 2013, 361 (zum allg. StR)). Auch Selbstbeschäftigung kommt in Betracht (vgl. etwa § 36 Abs. 1 HmbJStVollzG, Art. 147 iVm Art. 42 Abs. 2 BayStVollzG.   **112a**

Gemäß § 46 JVollzGB BW IV, Art. 150 iVm Art. 49 BayStVollzG, § 132 Abs. 1 iVm § 52 NJVollzG wird von einem in einem freien Beschäftigungsverhältnis stehenden jungen Gefangenen ein **Haftkostenbeitrag** erhoben (eher weitergehend § 42 HessJStVollzG, § 132 Abs. 1 iVm § 52 Abs. 2 NJVollzG), allerdings vorbehaltlich verschiedener Absehenstatbestände (zB betr. (Wieder-)Eingliederung, vgl. näher BVerfG StV 2009, 421 f. (betr. „verschuldeter Arbeitslosigkeit", zum allg. StR); § 33 S. 2 JStVollzG NRW: „soweit" mit Förderung und Erziehung „zu vereinbaren"; zur Begrenzung der Höhe vgl. § 46 Abs. 2 S. 1 JVollzGB BW IV). Grundsätzlich bestimmt sich die Höhe nach dem Betrag, der nach § 17 SGB IV durchschnittlich zur Bewertung der Sachbezüge festgesetzt ist (vgl. zu den monatlichen Beträgen die jährliche Bekanntmachung im BAnz. (für 2018 v. 7.12.2017, BAnz. AT v. 21.12.2017 B1) sowie zum Folgenden ABl. Berlin (für 2018 v. 23.11.2017, ABl. 2017, 5896), unterteilt nach Unterbringung (gestaffelt von Einzel- bis „mehr als drei") und Verpflegung (diese entfallen bei Selbstverpflegung)). Jeweils bezogen auf einen Monat gilt hiernach bei Personen unter 18 Jahren und für Gefangene, die sich in einer Ausbildung befinden: für Einzelunterbringung ein Betrag von 156,10 EUR, für Doppelbelegung von 66,90 EUR, für Dreier-Belegung von 44,60 EUR und für eine Belegung mit mehr als drei Personen von 22,30 EUR festgelegt, bei allen anderen Personen lauten die Beträge in dieser Reihenfolge: 189,55 EUR, 100,35 EUR, 78,05 EUR und 55,75 EUR; für Verpflegung gilt: Frühstück 51,00 EUR, Mittagessen 95,00 EUR, Abendessen 95,00 EUR.   **112b**

2. Schulische und berufliche Bildungsmaßnahmen

Diesen muss unter den Voraussetzungen der Erziehungsbedürftigkeit, -fähigkeit und -willigkeit (vgl. → § 5 Rn. 13 ff.) des JStrafgefangenen Priorität (ggü. Arbeit) zukommen, wobei besonders eine bestehende Schulpflicht **Vorrang** hat (nach *Höynck/Hosser* Bewährungshilfe 2007, 395 (betr. Bremen, Hamburg und Niedersachsen) erreichten nur 7% einen regulären Schulabschluss und nur 18% einen beruflich weiterqualifizierenden Abschluss; vgl. für Nordrhein-Westfalen FS 2012, 206 betr. nur diejenigen männlichen Insassen, die Teilnehmer beruflicher Bildungsmaßnahmen waren, wonach 59,71% die Ausbildung erfolgreich abgeschlossen haben). Dies sehen § 37 Abs. 2 JStVollzG Bln ua, § 124 Abs. 2 NJVollzG, § 28 Abs. 2 JVollzGB LSA vor (vgl. auch Art. 145 Abs. 1–3 BayStVollzG, § 40 Abs. 1 JVollzGB BW IV, § 27 Abs. 2 HessJStVollzG; weniger explizit § 29 Abs. 1   **113**

S. 1, 2, Abs. 2 S. 1 JStVollzG NRW). Gemäß § 69 Abs. 1 HessJStVollzG müssen für mindestens 75 % der Einsitzenden auch Plätze in Einrichtungen für Schule und Ausbildung und zur arbeitstherapeutischen Beschäftigung zur Verfügung stehen. – Nach Art. 122 iVm Art. 40 Abs. 2 und 4, Art. 145 Abs. 5 BayStVollzG sind die Insassen im Falle des Bedarfs verpflichtet, an Deutschunterricht teilzunehmen, der während der Arbeitszeit stattfinden soll.

113a **Höhere schulische** Bildung wird idR nur durch externe Schulträger ermöglicht, bei als lockerungsgeeignet beurteilten Insassen kommt Ausgang in Betracht.

114 **a) Angebotsbedarf.** Bislang **mangelt** es tatsächlich vielfach an erzieherischer Fähigkeit seitens der JStVollzAnstalten (konstruktiv aber zu (auch finanziellen) Vorteilen *Walkenhorst* DVJJ-Journal 1999, 255; vgl. auch *Walkenhorst* DVJJ-Journal 1998, 134 (137); s. auch *Petrau/Weber* FS 2008, 210 ff.; speziell zur Geeignetheit Lehrender *Walkenhorst* DVJJ-Journal 2002, 411 f.; s. im Übrigen zB zu Grundlehrgängen *Kruse* Jugendwohl 1989, 406 bzw. zu Schulabschlüssen *Walkenhorst* unsere jugend 1994, 190 ff.; zu „aufsuchender Pädagogik" *Henschel* ZfStrVo 2001, 156 ff. (betr. weibliche Gefangene); zum zeitlich gestaffelten Berufsbildungsangebot in der JVA Schifferstadt s. *Pendon* ZfStrVo 1996, 87). Ein erheblicher Anteil der JStrafgefangenen erreicht lediglich einen Ausbildungsstandard, der für eine Hilfstätigkeit in der freien Wirtschaft genügt (vgl. dazu etwa schon *Matzke,* Leistungsbereich bei Jugendstrafgefangenen, 1982, 109; ähnlich *Dünkel* Freiheitsentzug 285 ff.; s. ferner *Stenzel,* Berufserziehung straffälliger Jugendlicher und Heranwachsender, 1990, 65 f. betr. Anlerntätigkeiten; vgl. zusf. auch *Bunk/Stentzel* ZfStrVo 1995, 73 ff.; *Lauterbach* ZJJ 2009, 46 (48): abgeschlossene Berufsausbildung nur bei 20 % (betr. vormals *Erst*inhaftierte in fünf JStVollzEinrichtungen, zudem *selektiv,* dh ohne solche mit zwischenzeitlich erneuter Inhaftierung wegen als schwer beurteilter „Rückfall"-Delikte)). In jüngerer Zeit hat sich der Vorbildungsstand der Inhaftierten allerdings etwas verbessert (s. die Zusammenstellung bei *Gudel* NK 2013, 247 (252 ff.); zur Entwicklung ferner *Reinheckel* FS 2008, 205 ff. sowie ergänzend *Stelly/Thomas* FS Kerner, 2013, 823 f.; *Wößner/Wienhausen-Knevzevic* MschKrim 2013, 477 (479 f.)).

114a Gerade bzgl. schulischer, berufsbildender und berufsfördernder Maßnahmen sind – unbeschadet gewisser Verbesserungen – die **Angebote** in den verschiedenen Anstalten recht **unterschiedlich** bzw. es fehlt teilweise an solchen (zur Übersicht vgl. die überregionale Befragungserhebung von *Steinheckel* 13; vormals *Stenger* MschKrim 1984, 145 ff. (155); betr. JVA Oranienburg als für Brandenburg allein zuständig bei Vollzeitschulpflicht *Nagler* in Egg S. 99, 150; als Umschreibung der Aufgaben des Lehrers vgl. vormals zB JBl. RhPf 1986, 3 f.; *Rieger* ZfStrVo 1986, 261 unter Trennung in vier Schwerpunkte; zu Bemühungen bei Analphabetismus *Rohwedder/Thiel* ZStrVo 1987, 221 sowie *Budweg/Schinz* ZfStrVo 1992, 232 (234 f.) („Leseclub"); zu Schulabschlüssen s. Hinweise in ZfStrVo 1987, 347 f. (für Hamburg) bzw. 357 (für BW); betr. Berufsausbildung in der JVA Bremen-Blockland s. bereits *Krause* unsere jugend 1991, 172; in der JVA Berlin speziell etwa *Cornel* KrimPäd 2011, 52; vormals zum Berufsschulunterricht in NRW vgl. JMBl. 1985, 220, zu den Angeboten in Rheinland-Pfalz JBl. 1992, 214; vgl. auch → Rn. 121).

Dies gilt nicht zuletzt für den Vollzug an **weiblichen** JStrafgefangenen, **114b**
bei denen wegen der geringen Anzahl besondere Formen von Kleingrup-
pen- oder auch Einzelunterricht bzw. -ausbildung vorzusehen sein werden
(vgl. zu näheren Anhaltspunkten betr. das Angebotsgefälle zwischen verschiedenen Anstalten *Beer* FS 2014, 358 ff. (Fragebogen-Untersuchung bei
Insassen); vgl. auch *Haverkamp* NK 2015, 301 (311 ff.); für Sachsen *Hinz ua*
ZJJ 2016, 376 ff.; vormals schon StVollzKomm 50 ff.); zur gemeinsamen
Nutzung mit männlichen Gefangenen krit. *Jansen* in Goerdeler/Walkenhorst
S. 248 (eher bejahend vormals *Arloth* BayStVollzG Art. 123 Abs. 4 Rn. 4),
zum Umgangsklima untereinander krit. *Schmalz,* Kommunikation und In-
teraktion weiblicher Inhaftierter in einer Justizvollzugsanstalt, 2016, 127 ff.,
186 ff. – Auch kann nur selten die nötige Kontinuität zwischen Vollzug und
Außengesellschaft bei Ausbildung oder Arbeit festgestellt werden (vgl. hierzu
Matzke, Leistungsbereich bei Jugendstrafgefangenen, 1982, 124 ff.).

In Orientierung an (Wieder-)Eingliederungschancen nach Entlassung ist **114c**
regional verschiedentlich die Umsetzung eines auf Bundesebene angelegten
Programms („XENOS", vgl. dazu *Becker* Bewährungshilfe 2015, 5 ff.) während des Vollzugs zu verzeichnen (vgl. etwa zur JVA (Heinsheim-)Pforzheim
Oechsle Bewährungshilfe 2015, 35 ff.), das Ausbildungs- und Arbeitserfah-
rungen bzw. ein berufliches Bildungssystem fördert (zu einer Befragung von
Insassen betr. Zukunftsperspektiven *Müller/Richter* Bewährungshilfe 2015,
43 ff.).

b) Kriminologische Bedeutung. Empirische Untersuchungen be- **115**
rechtigen zu der Annahme, dass ua eine erfolgreiche schulische und berufliche Ausbildung (zum Verhältnis von Berufsausbildung und Beschäftigung
während eines Jahres nach Enlassung *Müller* ZJJ 2015, 454 ff.) die „Rückfälligkeit" vermindern könnte (s. bereits *Böhm* in Elster/Lingemann/Sieverts
KrimHdWB 527; *Berckhauer/Hasenpusch* MschKrim 1982, 329; anders betr.
Berufsausbildung *Meyer* Bewährungshilfe 1982, 345 (347) = MschKrim
1982, 287; s. auch Hinweise bei *Nolting,* Freigänger im Jugendstrafvollzug,
1985, 169 f.; einschr. auch *Görken* ZfStrVo 1987, 83 (86)). Diesbzgl. ist
(mittelbar) zB bedeutsam, dass ein entsprechender Ausbildungsabschluss zu
Gunsten künftiger Sozial- oder Legalbewährung zur Förderung des Selbstwertgefühls beitragen kann (vgl. allg. auch → § 5 Rn. 72; s. aber zur Selbsteinschätzung *Heilemann,* Realisierungsbedingungen der Erziehungs- und
Behandlungsplanung im Jugendvollzug, 1985).

Methodisch wird auch bei diesem Problembereich zu berücksichtigen **115a**
sein, dass ein – gar punktuell angelegtes (krit. *Mey* ZfStrVo 1986, 265 (268))
– Defizitkonzept seinerseits eher destruktive Auswirkungen haben kann (vgl.
allg. auch → § 5 Rn. 58, → § 3 Rn. 44 ff.). Im Übrigen stehen Befunde
über **Zusammenhänge** zwischen **Arbeitsverhalten** und „**Rückfälligkeit**" unter der Einschränkung, dass Geschehnisse zB im Sozial- oder Freizeitbereich bedingend für eine (neuerliche) Deliktbegehung bzw. die Überführung gewesen sein können (vgl. näher *Eisenberg/Kölbel* Kriminologie § 37
Rn. 42). Zudem sind einschlägige Befunde im Verhältnis zu der jeweiligen
Ausprägung von (Jugend-)Arbeitslosigkeit zu würdigen.

Gemäß einer Untersuchung von 119 Personen, bei denen (nach U-Haft- **116**
vollzug) die Vollstr der JStrafe zBew ausgesetzt wurde, und von 51 Personen,
bei denen dieses betr. den Strafrest geschah, ergab sich eine Widerrufsquote
von mehr als 50 % bei denjenigen, die im ersten Monat arbeitslos waren,

hingegen eine solche von weniger als 40 % bei denjenigen, die im ersten Monat in einem Arbeitsverhältnis standen (*Spieß* in Kury S. 517, 543). Diese Differenzierung bestand, obwohl die erstgenannte Gruppe ansonsten nicht „belasteter" war als die zweitgenannte.

116a   Eine Auszählung bezüglich NRW zeigte, dass 74,5 % der Probanden, die während des JStVollzugs keinerlei berufliche Qualifikation erwarben, binnen 4 Jahren nach Entlassung erneut wegen einer Straftat inhaftiert wurden, von denjenigen mit einer „beruflichen Teilqualifikation" 47 %, und von Probanden der Gruppe, die einen „Gesellen- oder Facharbeiterbrief" erwarben, 36,2 % (*Wirth* Bewährungshilfe 2003, 311). Sofern nach Entlassung keine berufliche Beschäftigung bestand, lauteten die entsprechenden Anteile gar 90 %, 80 % und 32,8 % (*Wirth* Bewährungshilfe 2003, 311 (312)).

117   Berechnungen bzgl. in Baden-Württemberg Entlassener erbrachten, dass bei denjenigen, die während des Vollzugs eine fehlende Berufsausbildung nachgeholt hatten und nach einem Lehrabschluss entlassen wurden, die „Rückfall"-Quote besonders niedrig war (21 %, vgl. *Dolde/Grübl* ZfStrVo 1988, 33). Demgegenüber ergaben sich gem. einer Analyse des Verhältnisses von Teilnahme an (schulischen und berufl) Bildungsmaßnahmen während des JStVollzugs (gleichfalls in Baden-Württemberg) und „Rückfälligkeit" (ausweislich erneuter Eintragung im BZR) nach Entlassung höhere „Rückfall"-Quoten der (vormals) Teilnehmenden im Vergleich zu den Nichtteilnehmenden, und dies gilt sogar für diejenigen, die eine Ausbildung während des Vollzuges erfolgreich abschlossen, im Vergleich zu den „Erfolglosen" (*Geissler* S. 91; s. auch *dies* DVJJ-Journal 1991, 214 (217)); als günstigere Variablen erwiesen sich ein Lehrabschluss bereits vor Haftantritt sowie Lockerungs- und Urlaubsgewährung.

118   In einer Untersuchung bei norddeutschen VollzEinrichtungen (in Bremen, Hamburg, Sachsen-Anhalt und Niedersachsen) ergab sich 24 Monate nach Entlassung eine Reinhaftierungsquote von 49 % bei den sich in Ausbildung oder Erwerbstätigkeit befindenden Personen, hingegen eine solche von 58 % bei den als arbeitslos erfassten (vgl. *Höynck/Hosser* Bewährungshilfe 2007, 395; vgl. auch die neueren Daten bei *Wößner/Wienhausen-Knezevic* MschKrim 2013, 477 (485 ff.)).

118a   Aus einer vormaligen Forschung in Großbritannien, die sich über einen Zeitraum von zehn Jahren erstreckte, wurde berichtet, dass von denjenigen Entlassenen, die zumindest ein Jahr lang am Arbeitsplatz blieben, keiner „rückfällig" geworden sei (vgl. *Soothill/Holmes* Howard Journal 81). – Nach früheren US-amerikanischen Untersuchungen bei zur Bewährung entlassenen Personen ergab sich, dass innerhalb derjenigen, die drei Monate an ihrem Arbeitsplatz aushielten, 49 % eine Legalbewährung aufwiesen; demgegenüber waren innerhalb derjenigen, die „rückfällig" wurden, nur 23 % während des genannten Zeitraums an ihrer Arbeitsstelle verblieben (vgl. *Glaser,* The Effectiveness of the Prison and Parole System, 1969, 322).

119   **c) Zum schulischen Unterricht.** Bei einem wohl überwiegenden Anteil der JStrafgefangenen liegen diesbezüglich negative Vorerfahrungen vor. Daher sollte der Unterricht im JStVollzug (zunächst) ohne zu starke Leistungsanforderung gestaltet sein und – dem jeweiligen Alter der JStrafgefangenen angemessen – auf soziale Einordnungsschwierigkeiten und Behinderungen sowie auf die familiäre und schulische Lernbiographie (s. dazu *Sessar-Karpp,* Lernvoraussetzungen junger Inhaftierter, 1982) Rücksicht nehmen. Wichtig sind zudem, ggf. zeitlich vor der Berufslehre bzw. Kurzausbildung, Berufsfindungskurse und Berufsberatung.

d) Ablehnung des Angebots. Neuere Daten zeigen, dass ein nicht **120** unbeträchtlicher Anteil der JStrafgefangenen die angebotenen Bildungsmaßnahmen vorzeitig abbricht oder gar nicht antritt (vgl. etwa *Schmidt-Esse,* Lange Jugendstrafen bei jugendlichen und heranwachsenden Gewalt- und Sexualstraftätern, 2018, 124 ff.; zur Inanspruchnahme der Angebote auch *Boxberg* Jugendstrafe 218 ff.) **Nimmt** ein JStrafgefangener ein Ausbildungsangebot **nicht an,** so ist zunächst einmal nicht auszuschließen, dass die Voraussetzungen des Angebots aus erzieherischer Sicht ungeeignet waren, dh es wäre verfehlt, den Betreffenden stattdessen ohne weiteres mit Hilfsdiensten zu beauftragen. Andererseits kann der JStrafgefangene mangels eines sachlichen Grundes nicht Befreiung von einer gem. Vorschriften des jeweiligen Landesgesetzes erforderlichen Maßnahme verlangen (s. betr. einen schulischen Förderkurs OLG Frankfurt a. M. bei *Böhm* NStZ 1984, 448, allerdings nicht unbedenklich, da berufsbildende Maßnahmen (zumindest bei einem von der Schulpflicht befreiten Betroffenen) den Vorzug verdienen), wenngleich das erzieherische Prinzip der Freiwilligkeit Vorrang haben sollte (vgl. aber auch JStVollzKomm 28, die von der Verbindlichkeit der im Erziehungsplan festgelegten Bildungsmaßnahmen ausgeht). Teilweise ist die Annahme entsprechender Angebote ohnehin aus anderen Gründen nicht freiwillig, weil Vollzugslockerungen (vgl. → Rn. 75–79) und insb. die Entlassungsprognose von dem Verhalten des JStrafgefangenen abhängig sind.

Hiernach bedarf es bei Nichtaufnahme oder Nichtausübung der Beschäfti- **120a** gung einer am **Erziehungsauftrag** (§ 2 Abs. 1) orientierten, ggf. vom allg. StVollzR abw. Würdigung, **bevor** eine **Ablösung,** gar mit den Folgen der Beurteilung als „verschuldet ohne Beschäftigung" (vgl. § 27a Abs. 2 HessJStVollzG), vorgenommen wird (vgl. auch → Rn. 121b).

3. Arbeit

Die (grundsätzlich nachrangige) Möglichkeit bzw. Verpflichtung zur Ar- **121** beit wird insb. für diejenigen JStrafgefangenen relevant, bei denen es hinsichtlich einer Ausbildung an den Voraussetzungen der Erziehungsbedürftigkeit, -fähigkeit und -willigkeit (vgl. → § 5 Rn. 13 ff.) fehlt. Die Arbeit soll als zentraler Faktor des sozialen Integrationsprozesses dem Verurteilten *auch* in Freiheit die Möglichkeit bieten, soziale Bedürfnisse nach Kommunikation und Anerkennung zu befriedigen (JStVollzKomm 26; krit. *Kersten/v. Wolfersdorff-Ehlert* KrimJ 1982, 95). – Zur Problematik der Einbeziehung in die Rentenversicherung vgl. nur BT-Drs. 18/2606, 7331 (7338) (abl. im Plenum (18.12.2014)).

a) Ausgestaltung; Zuweisung. Die vorgenannte Funktion setzt voraus, **121a** dass die Arbeitsmöglichkeiten den **differenzierten Anlagen, Neigungen, Fähigkeiten** und **Fertigkeiten** des JStrafgefangenen und deren Entwicklung entsprechen (nur eingeschränkt vorgesehen von § 37 Abs. 1 S. 2 JStVollzG Bln ua (eher weitergehend Neufassung § 37 SächsJStVollzG), § 29 Abs. 2 S. 3 JStVollzG NRW, § 40 Abs. 3 JVollzGB BW IV, § 124 Abs. 2 S. 2 NJVollzG, Art. 146 Abs. 3 iVm Art. 39 Abs. 2 BayStVollzG, § 27 Abs. 2, 5 HessJStVollzG) und den Verhältnissen der freien Wirtschaft angepasst sind, und dass bei der Auswahl der Arbeit diese Kriterien Vorrang vor der wirtschaftlichen Ergiebigkeit haben (JStVollzKomm 27 f.; *Dallinger/Lackner* Rn. 32). Danach sind Regelungen insoweit verfehlt, als sie (entsprechend der vormaligen Nr. 32 Abs. 2, 5 VVJug) eine wirtschaftlich verwertbare und in angemessenem Verhältnis zum Aufwand stehende Arbeit in den Vordergrund rücken (vgl. etwa § 40 Abs. 3 JVollzGB BW IV, Art. 146 Abs. 3 iVm Art. 39 Abs. 2 BayStVollzG, § 29 Abs. 1 JVollzG LSA; zur Arbeitstherapie in der Praxis s. etwa *Wattenberg* ZfStrVo 1983, 279; *Wattenberg,* Arbeitstherapie im Jugendstrafvollzug, 1985, 355 sowie ZfStrVo 1988, 199 und ZfStrVo 1992, 181 ff.).

121b Ein *Widerruf* der Zuweisung eines bestimmten Arbeitsplatzes hat, mehr noch als im allg. Strafvollzug (verfehlt OLG Hamm NStZ 2010, 396 (ohne Mindestaufklärung des Zwecks, allein wegen Auffindens eines ärztlich nicht verordneten Medikaments mit Nebenwirkstoffen)), dieser Bedeutung Rechnung zu tragen. Eine *Ablösung* (§ 27a HessJStVollzG) von der zugewiesenen Arbeit ist nur unter den gesetzlich bestimmmten Vorausetzungen zulässig, andernfalls ist die Maßnahme rechtswidrig, sodass die Nichtaufnahme der Arbeit an der neu zugewiesenen Stelle keine Arbeitsverweigerung darstellt (vgl. OLG Frankfurt a. M. NStZ-RR 2016, 295 (zum allg. StVollzR)).

122 **b) Auswirkungen auf den Entlassungszeitpunkt.** Die Voraussetzungen des **Arbeitsurlaubs** sowie der **Anrechnung** der **Freistellung** auf den Entlassungszeitpunkt (zur Verfassungswidrigkeit des Wegfalls der Freistellungstage BVerfG NStZ 2016, 236 (zum allg. StVollzR)) sind in § 58 JStVollzG Bln ua (§ 57 SächsJStVollzG (Neufassung GVBl. 2013, 250)), § 32 JStVollzG NRW, § 41 HmbStVollzG, § 44 JVollzGB BW IV, Art. 149 BayStVollzG, § 132 Abs. 1 iVm § 39 NJVollzG, § 27 Abs. 8 (sowie § 38) HessJStVollzG (mit erheblichen Änderungen durch Gesetz v. 5.3.2013, GVBl. 46)) geregelt (vgl. auch vormals Nr. 38a VVJug), wobei nicht zuletzt Aus- oder Weiterbildungsmaßnahmen Bedeutung zukommt (vgl. aber etwa VerfGH RhPf NStZ-RR 2015, 262 (264), zum allg. StR). Insbesondere hinsichtlich der Haftreduzierung wird eine zu enge Fassung beanstandet (vgl. nur *Dünkel* NK 2007, 61).

4. Gelder

123 Wenngleich das **Arbeitsentgelt** eine kostenträchtige Materie darstellt (für das Jahr 2018 beträgt die Eckvergütung als Tagessatz bei 100 % iSv § 1 StVollzVergO gem. vollzugsgesetzlichen Regelungen und § 18 SGB IV 13,15 EUR (vgl. Die Justiz 2018, 107); zur Versagung von Mindestlohn OLG Hamburg StraFo 2015, 395 = NStZ 2016, 239: nur für Arbeitnehmer (zum allg. StVollzR), erscheint es doch erwägenswert, eine den Belangen der Ausbildung gemäße Regelung zu finden und die Arbeitsvergütung an der Ausbildungsvergütung zu orientieren und nicht umgekehrt. Wird die Ausbildungsvergütung als Maßstab genommen, so entspricht dies der zentralen Bedeutung der Ausbildung im JStVollzug, ohne dass eine Kostensteigerung die notwendige Folge wäre (zur Unfallversicherung § 2 Abs. 2 SGB VII).

124 **a) Grundlage.** Die Gesetze der Länder sehen jeweils verschiedene Regelungen bzgl. der Gelder der JStrafgefangenen vor, die neben Überbrückungs-, Eigen-, Haus- und *Taschengeld* (zu diesem statt vieler § 33 S. 1 JStVollzG NRW, § 35 Abs. 1 S. 2 StVollzG NRW: 14 % der Eckvergütung – die Bedürftigkeit ist vom JStrafgefangenen darzulegen (zur Verneinung von

Bedürftigkeit bei Ablehnung einer als „erforderlich" erachteten Arbeit § 68 Abs. 2 S. 2 BbgJVollzG); zur Vorschussbewilligung ua wegen subkultureller Anfälligkeit (vgl. dazu → Rn. 40 ff.) OLG Celle NStZ-RR 2014, 389) vor allem die Zahlung von **Ausbildungsbeihilfe und Arbeitsentgelt** betreffen (§§ 57 ff. JStVollzG Bln ua, §§ 30, 33 JStVollzG NRW, §§ 44 f. JVollzGB BW IV, § 132 Abs. 1 iVm §§ 40 ff. NJVollzG, §§ 44 ff. HmbJStVollzG, Art. 149f iVm Art. 46 ff. BayStVollzG, §§ 39 ff. HessJStVollzG, §§ 64 ff. JVollzGB LSA). Die Normen sind im Wesentlichen an die §§ 43 ff. StVollzG angelehnt, teilweise aber auch weitreichender (vgl. etwa Art. 149 Abs. 2 BayStVollzG; § 40 Abs. 4 HmbJStVollzG). Zur Anrechnung von AL-Geld bejahend BSG NZS 2018, 315 (zum allg. StVollz).

Gemäß § 62 Abs. 3 SächsJStVollzG soll (GVBl. 2013, 250, zuvor Kann- **124a** Vorschrift) der Anstaltsleiter die Inanspruchnahme des Überbrückungsgeldes zur Opferentschädigung gestatten. – Nach § 59a Abs. 2 S. 1 SächsJStVollzG ist ausdrücklich bestimmt, dass der Besitz von Bargeld in der Anstalt nicht gestattet ist, nach S. 2 entscheidet über Ausnahmen der Anstaltsleiter (nach § 59 Abs. 2 S. 4 SächsJStVollzG wird das Taschengeld dem Hausgeldkonto gutgeschrieben).

b) Beteiligung an Betriebskosten. Extensive Bestimmungen zur Kos- **124b** tenbeteiligung der JStrafgefangenen (s. etwa § 132 Abs. 1 iVm § 52 Abs. 3 NJVollzG, aber auch § 42 Abs. 5 S. 2 HessJStVollzG, § 52 Abs. 1 S. 5 HmbJVollzG; zu § 9 Abs. 2 JVollzGB BW I einschr. OLG Stuttgart Die Justiz 2017, 201 (zum allg. StVollzR); vgl. auch → Rn. 28) sind angesichts der regelmäßig bestehenden Schuldenbelastung geeignet, die vorgegebene Gestaltung sowie die Erreichung des Vollzugsziels zu gefährden (vgl. daher – unter Berücksichtigung des Rechtsgedankens des § 74 – § 132 Abs. 2 und schon zum allg. Vollzug § 52 Abs. 5 NJVollzG; Beteiligung (nur) betr. Stromkosten nach § 49 HmbJStVollzG). Die wenig präzisen Umschreibun- gen (zB „in angemessenem Umfang") stehen den erzieherischen Grund- sätzen der Klarheit und Transparenz entgegen. – Unzulässig wäre eine für alle Geräte einheitliche Regelung zumindest dann, wenn sie sich an den verbrauchsintensivsten Geräten orientierte (OLG Naumburg NStZ-RR 2013, 62 (Ls., zum allg. StVollzug)).

IX. Sicherheit und Ordnung

1. Allgemeines

Die verschiedenen Gesetze der Länder sehen jeweils vergleichsweise um- **125** fangreiche Regelungen über die **Sicherheit** und **Ordnung** und diesbzgl. Maßnahmen wie auch hinsichtlich des Einsatzes von Unmittelbarem Zwang und von Disziplinarmaßnahmen vor (eingehender Vergleich der Regelungen bei *Faber*, Länderspezifische Unterschiede bzgl. Disziplinarmaßnahmen (…), 2014, 101 ff.).

a) Rahmenbedingung des Erziehungsauftrags. Nach den Vorstellun- **126** gen mehrerer Landesgesetze sollen (äußere und innere) Sicherheit und Ord- nung die *Grundlage des Anstaltslebens* darstellen (§ 62 Abs. 1 JStVollzG Bln ua (§ 63 SächsJStVollzG); § 49 Abs. 1 S. 1 JStVollzG NRW, § 82 Abs. 1 JVollzGB LSA), während andere die Förderung des Verantwortungsbewusstseins für ein geordnetes Zusammenleben als Grundsatz vorsehen (§ 57 Abs. 1 JVollzGB BW IV, § 132 Abs. 1 iVm § 74 NJVollzG, Art. 154 iVm Art. 87 Abs. 1 BayStVollzG, § 44 Abs. 1 S. 2 HessJStVollzG). Die erstgenannte Vorstellung entspricht einer gewissen Veränderung der vormaligen Rechtslage gem. dem früheren § 91 Abs. 2, der die Ordnung als Grundlage der Erziehung an erster Stelle nennt.

126a Jedoch haben Sicherheit und Ordnung keine isolierte Bedeutung. Sie sollen vielmehr im Sinne einer Rahmenbedingung als **Erziehungsgrundlage** dazu dienen, Konflikte in möglichst akzeptabler Form auszutragen, eigene Bedürfnisse in gesetzmäßiger Weise zu befriedigen und fremde Bedürfnisse zu achten. Dazu sind aber gewisse Handlungsspielräume notwendig, dh der Vollzug muss ein gewisses Maß an Unruhe und äußerlicher Unordnung ertragen können (vgl. auch → Rn. 36–42; vgl. *Böhm* in Elster/Lingemann/Sieverts KrimHdWB 527). Demgegenüber nützt ein auf Zwang errichtetes Ordnungsgefüge im Sinne eines geregelten Tagesablaufs eher dem reibungslosen Funktionieren des Anstaltsbetriebes (vgl. → Rn. 29) als der späteren Legalbewährung der JStrafgefangenen, bedingt insoweit also eine „gute Führung" im erzieherisch negativen Sinne (*Dallinger/Lackner* Rn. 27 mN; *Böhm* in Elster/Lingemann/Sieverts KrimHdWB 527).

127 Die Gesetze der Länder sehen grundlegende, der Sicherheit und Ordnung dienende **Verhaltensvorschriften** vor, die denen des § 82 StVollzG entsprechen (§ 49 Abs. 2–5 JStVollzG NRW, § 132 Abs. 1 iVm § 75 NJVollzG, § 58 Abs. 1 JVollzGB BW IV, Art. 154 iVm Art. 88 Abs. 1 BayStVollzG, § 44 Abs. 3–6 HessJStVollzG); ausdrücklich ist bestimmt, dass sie Anordnungen der Bediensteten auch dann zu befolgen haben, wenn sie sich durch diese beschwert fühlen (vgl. § 84 Abs. 2 JStVollzG Bln, § 64 Abs. 2 S. 1 SächsJStVollzG, § 63 Abs. 2 S. 1 JVollzGB LSA). – In § 63 Abs. 1 JStVollzG Bln ua 2007 (§ 64 Abs. 1 SächsJStVollzG) findet sich eine weitergehende Regelung, die eine (noch) stärkere Verantwortungsübernahme und Forderung ggü. den JStrafgefangenen vorgibt (allerdings sind die Insassen nach § 64 Abs. 1 S. 3 JStVollzG „zu einvernehmlicher Streitbeilegung zu befähigen" (ohne dass etwa geeignete Methoden bestimmt wären)). Danach dürfen diese das Zusammenleben in der JStVollzAnstalt nicht nur nicht stören, sondern müssen zu diesem beitragen und werden für mitverantwortlich erklärt. Es handelt sich mithin um eine Pflicht zum aktiven Tun, die durch bloßes Unterlassen verletzt werden kann. Dies begegnet nicht nur angesichts der damit verbundenen Ausweitung von Pflichten sowie der Frage Bedenken, anhand welchen (hinreichend bestimmten) Maßstabs ein Unterlassen festzustellen sein soll. Vielmehr ist, wie bereits bei der allg. Mitwirkungspflicht dargelegt (vgl. → Rn. 44f), zu besorgen, dass die Regelung zu einer Ausweitung von Sanktionierungen führen könnte (zust. *Sonnen* in Diemer/Schatz/Sonnen II § 63 Rn. 2). – Spezielle *Meldepflichten* (vgl. nur § 63 Abs. 5 JStVollzG Bln ua) können eine zu Konflikten mit Schutzbelangen auch derjenigen führen, von denen eine Meldung verlangt wird (vgl. zu Binnennormen der Insassen → Rn. 40 ff.).

127a Die Regelungen zum *Aufwendungsersatz* und insb. diejenigen betr. Fälle von Selbstverletzungen (§ 75 JStVollzG Bln ua (§ 77 Abs. 1 S. 1 HmbJStVollzG, seit GVBl. 2013, 211 auch Beschädigung fremder Sachen), § 68 JVollzGB BW IV, §§ 132 Abs. 1, 86 NJVollzG iVm § 93 Abs. 1 S. 1 StVollzG, Art. 154 iVm Art. 89 BayStVollzG, § 51 HessJStVollzG) begegnen in erhöhtem Maße den für den Erwachsenenvollzug bestehenden Bedenken (zutr. indes OLG

Jena FS 2010, 181: aktiver Drogenkonsum keine Selbstverletzung), wozu auf die Spezialliteratur verwiesen wird. – Eine pauschale Erweiterung betr. Kosten, die iZm der Vorbereitung von *Behandlungsmaßnahmen* entstanden sind, mit denen der Jugendliche sich zuvor einverstanden erklärt hat, die er sodann aber „mutwillig" ablehnt (vgl. § 51 Abs. 1 S. 1 HessJStVollzG), birgt Gefahren der Fehlinterpretation von Gründen für die Meinungsänderung.

Für die Auferlegung von Pflichten und Beschränkungen zur Aufrecht- **128** erhaltung der Sicherheit und Ordnung als Grundrechteingriffen gilt stets der **Grundsatz** der **Verhältnismäßigkeit.** Dies ergibt sich bereits aus dem Wesen der Grundrechte und weiteren Verfassungsgrundsätzen und daher unabhängig davon, ob die Gesetze der Länder eine ausdrückliche Regelung vorsehen (so § 62 Abs. 2 JStVollzG Bln ua (§ 63 Abs. 2 SächsJStVollzG), § 52 Abs. 1 JStVollzG NRW iVm § 74 StVollzG NRW, § 57 Abs. 2 JVollzGB BW IV, Art. 154 iVm Art. 87 Abs. 2 BayStVollzG, § 44 Abs. 2 S. 1 HessJStVollzG).

b) Zielkonflikt. Innerhalb der Gefängnisgesellschaft, dh bei Personal wie **129** JStrafgefangenen, besteht ein tatsächlicher Zielkonflikt im Verhältnis von **Sicherheit** und **Ordnung** einerseits und **reibungslosem Vollzugsablauf** andererseits (vgl. auch → Rn. 29f; *Klingemann* ZfSoziologie 1981, 50 ff.). Trotz der zwischen Bediensteten- und Gefangenengruppen vorhandenen beiderseitigen Zurückhaltung oder auch (gruppengetragenen) Abneigung zwingt der Anstaltsalltag zu einem Arrangement. Ohne eine gewisse Flexibilität der Bediensteten lässt sich die Anstaltsordnung kaum aufrechterhalten (zum zahlenmäßigen Verhältnis von Insassen zu Bediensteten vgl. etwa *Lobitz* FS 2013, 342). Eine gar zu rigide Reglementierung müsste zwangsläufig die Interessen der JStrafgefangenen übermäßig verletzen und in der weiteren Folge Streitigkeiten vor allem dieser untereinander hervorrufen. Dies wiederum würde die Aufgabe der Bediensteten erschweren, und zwar umso mehr, als die JStrafgefangenen – entsprechend der erzwungenen Unterordnung – das Verhalten der Bediensteten vergleichsweise genau beobachten und Ungerechtigkeiten registrieren (vgl. zu einer Befragung von Insassen über den „idealen" Bediensteten *Fehrmann* FS 2013, 378 ff.).

Modifiziert wird dieser Zielkonflikt auch iRv administrativen *Steuerungs-* **129a** *kriterien* deutlich, wenngleich diese wesentlich das *Kosten*element berücksichtigen (vgl. dazu *Fleck,* Neue Verwaltungssteuerung und gesetzliche Regelung des Jugendstrafvollzuges, 2004, 43). Insofern ist Gefahren einer Zurückdrängung des Vollzugsziels oder gar der Ausgabenkonzentrierung auf ohnehin weniger belastete, eher „erfolgreiche" JStrafgefangene zu wehren (*Fleck,* Neue Verwaltungssteuerung und gesetzliche Regelung des Jugendstrafvollzuges, 2004, 129).

2. Sicherungsmaßnahmen

a) Allgemeine Maßnahmen. Zur Aufrechterhaltung der Sicherheit und **130** Ordnung ermöglichen die Gesetze der Länder verschiedene Sicherungsmaßnahmen, die in Teilen den Regelungen des StVollzG entsprechen, mitunter indes lediglich eine allg. Kontrollfunktion haben. Dies gilt zB für die in das informationelle Selbstbestimmungsrecht eingreifende optische Überwachung außerhalb der Haträume mittels *optisch-elektronischer* Vorrichtungen (vgl. § 67 Abs. 1 JStVollzG Bln ua (s. auch §§ 65, 20, 22 JVollzDSG Bln; nicht in

Bremen, Mecklenburg-Vorpommern), § 126 Abs. 2 BbgJVollzG, §§ 22, 23 JVollzDSG SH, § 94b SJStVollzG, § 68a SächsJStVollzG, § 44 Abs. 2 S. 2, 3 HessJStVollzG, § 115 Abs. 2 S. 1 (offen) – bzw. S. 2 (verdeckt) – HmbJStVollzG, §§ 141–143 JVollzGB LSA). Es gilt erhöht, wenn sie gar in Haftäumen zulässig ist (§ 32 Abs. 1 S. 1 JVollzGB BW I, § 2 Abs. 2 – und nach Abs. 3 „zusätzlich" akustisch – Art. 96 Abs. 2 Nr. 2 iVm Art. 122, 154 BayStVollzG, § 49 Abs. 2 Nr. 2, Abs. 6 HessJStVollzG, § 70 Abs. 2 Nr. 2 JStVollzG M-V, abstufend § 144 Abs. 2 S. 1 JVollzGB LSA; zu besonders gesichertem Haftraum vgl. → Rn. 133b; zur Unzulässigkeit der Totalüberwachung im Allg. BVerfGE 112, 304 = NJW 2005, 1338 (1341) mN), was die Mehrzahl der Länder nicht vorsehen (vgl. nur § 21 Abs. 1 JVollzDSG Bln).

130a So sehen alle Landesgesetze Regelungen zur **Durchsuchung** (oder auch Absuchung) von JStrafgefangenen sowie ihrer Sachen und Haftäume vor (§ 64 JStVollzG Bln ua (§ 65 SächsJStVollzG), § 50 JStVollzG NRW iVm § 64 StVollzG NRW, § 70 HmbJStVollzG (Abs. 1 S. 2 betr. Spürhunde, deren Einsatz innerhalb der Anstalt in vielerlei Hinsicht abträglich ist), § 60 JVollzGB BW IV, § 132 Abs. 1 iVm § 77 NJVollzG, Art. 154 iVm Art. 91 BayStVollzG, § 45 HessJStVollzG (betr. Spürhunde Begr. RegE HessJSt-VollzG-ÄndG, 211)), § 84 JVollzGB LSA; bei der Durchsuchung von Haftäumen ist der Schutz gem. höherrangiger Normen zu wahren (vgl. betr. Verteidigerpost → Rn. 92, 174 (tatsächlich schwerlich vereinbar § 45 Abs. 4 HessJStVollzG)).

130b Eine mit *Entkleidung* verbundene körperliche Durchsuchung ist danach nur unter besonderen Bedingungen sowie bei Gefahr im Verzug oder auf zu *begründende* Anordnung der Anstaltsleitung zulässig. Solche Anordnungen dürfen grundsätzlich nur im Einzelfall erfolgen (vgl. auch BVerfG, 2. K. des 2. S., NJW 2015, 3158: bereits Entkleidung unter „expliziter visueller Kontrolle des Körpers" (Rn. 34) stellt eine Durchsuchung iSd Vorschrift dar, ohnehin zumindest dann, wenn die Genitalien entblößt werden müssen (NJW 2015, 3158 Rn. 34), vgl. auch BVerfG NStZ 2018, 164 mit PK *Krä*, jeweils betr. allg. StVollz). Lediglich für die Aufnahme, nach Abwesenheit (nicht aber, wenn eine Gefahr des „Einschmuggelns" fern liegt, BVerfG, 3. K. des 2. S., StraFo 2013, 393 = NStZ-RR 2013, 324 (zum allg. StR); dem restriktiv folgend § 45 Abs. 3 Hs. 2 HessJStVollzG) oder Kontakt mit Besuchern kann eine allg. Anordnung erlassen werden. Jeweils wird eine *Dokumentation* von Durchführung und Ergebnis unerlässlich sein (vgl. § 65 Abs. 4 SächsJStVollzG).

130c Darüber hinaus sind teilweise **Maßnahmen** zur **Feststellung** von **Suchtmittelkonsum** vorgesehen (§ 68 JStVollzG Bln ua (§ 69 SächsJStVollzG), § 50 JStVollzG NRW iVm § 65 StVollzG NRW, Art. 154 iVm Art. 94 BayStVollzG, § 46 HessJStVollzG, § 72 Abs. 1 HmbJStVollzG, § 86 JVollzGB LSA), die jedoch nicht mit einem (zwangsweisen) körperlichen Eingriff verbunden sein dürfen (insb. Urinproben; vgl. auch → Rn. 107). Die Regelungen begegnen Bedenken angesichts ihrer Unbestimmtheit, sie werden in der Praxis im Hinblick auf den Grundsatz der Verhältnismäßigkeit einschränkend auszulegen sein, sodass entweder die Voraussetzungen oder die ermöglichten Maßnahmen zu begrenzen sind. Die gem. § 68 Abs. 2 JStVollzG Bln ua (seit GVBl. 2013, 250 auch in Sachsen, § 69 Abs. 3 SächsJStVollzG), § 77 JStVollzG NRW iVm § 65 Abs. 2 StVollzG NRW sowie Art. 154 iVm Art. 94 Abs. 2 BayStVollzG, § 72 Abs. 2 HmbStVollzG,

§ 86 Abs. 3 JVollzGB LSA zulässige, den Krankheitswert der Sucht außer Acht lassende *Kosten*abwälzung auf den Gefangenen in Fällen positiver Testung steht angesichts der ohnehin im Vollzug ganz überwiegend gegebenen Schuldenbelastung im Widerspruch zum Vollzugsziel einer „sozialen Integration" (betr. „B-Probe" besteht kein Erstattunganspruch, OLG Jena NStZ 2011, 224 ff.: Verpflichtungserklärung des Betroffenen nichtig (betr. allg. StVollzR); differenzierter, jedoch iErg gleichfalls zusätzlich belastend, § 46 Abs. 4 HessJStVollzG betr. Fälle des „Nicht-Einräumens", aber anschließender Bestätigung durch „extrenes Fachlabor"). Als eher verfehlt, weil einen mittelbaren Zwang erzeugend und in der Sache nicht ohne weiteres mit der Realität übereinstimmend, stellen sich solche Regelungen dar, die bei Weigerung des Gefangenen davon ausgehen, dass Drogenfreiheit nicht gegeben ist (so § 46 Abs. 3 HessJStVollzG, § 69 Abs. 2 SächsJStVollzG).

Gemäß § 65 JStVollzG Bln ua (§ 66 SächsJStVollzG), § 13 Abs. 1 Nr. 2 **131** JStVollzG NRW, § 61 JVollzGB BW IV, Art. 154 iVm Art. 92 BayStVollzG (ähnlich auch § 138 Abs. 1 iVm § 10 Abs. 1 Nr. 3 NJVollzG, § 11 Abs. 1 Nr. 3 HessJStVollzG, § 9 Abs. 2 HmbJStVollzG; s. zur bisherigen Rechtslage Nr. 76 VVJug) ist bei erhöhter Fluchtgefahr oder (sonstigen) Gefahren für die Sicherheit und Ordnung die **Verlegung** in eine andere Anstalt zulässig, die eine sicherere Unterbringung ermöglicht. Im Einzelnen wird eine solche Maßnahme mit der Begründung, es sei in erhöhtem Maße Fluchtgefahr gegeben, dann nicht uneingeschränkt gerechtfertigt zu sein, wenn die Erreichung des Erziehungsziels dadurch erheblich behindert wird (vgl. schon zum allg. StVollzR auch BVerfG, 2. K. des 2. S., BeckRS 2015, 52555 Rn. 28, wonach eine Verlegung gegen den Willen des Insassen in sein Grundrecht aus Art. 2 Abs. 1 GG eingreift und eine „Re-Sozialisierung" gefährden kann). – Betreffend den Verdacht anstaltsinternen Drogenhandels setzt die Verlegung in eine sog. *Abschirmstation* konkrete Anhaltspunkte voraus, wozu das Ergebnis eines polizeilich durchgeführten Drogenschnelltests wegen potentieller Fehlerhaftigkeit nicht ohne weiteres ausreicht (VerfGH Berlin StV 2016, 305 (zum allg. VollzR)).

Im Fall von Entweichungen sehen die § 69 JStVollzG Bln ua (§ 70 **131a** SächsJStVollzG), § 52 Abs. 5 JStVollzG NRW, § 62 JVollzGB BW IV, § 132 Abs. 1 iVm § 80 NJVollzG, Art. 154 iVm Art. 95 BayStVollzG, § 48 HessJStVollzG, § 87 JVollzGB LSA weiterhin ein **Festnahmerecht** zugunsten der JStVollzAnstalt bzw. auf deren Veranlassung hin vor.

In unterschiedlichem Maße vorgesehen sind (abschließende) Regelungen **132** über **erkennungsdienstliche Maßnahmen** und die Verwendung der dabei erhobenen Daten (§§ 66 f. JStVollzG Bln ua (Berlin §§ 65, 17 JVollzDSG Bln), § 67f SächsJStVollzG, § 124 Abs. 1 ThürJVollzGB), § 50 JStVollzG NRW iVm § 68 StVollzG NRW, § 71 HmbJStVollzG, § 132 Abs. 1 iVm § 78 NJVollzG, Art. 154 iVm Art. 93 BayStVollzG, §§ 58 ff. HessJStVollzG, § 136 Abs. 1 JVollzGB LSA). Zweck der Erhebung und damit auch der weiteren Verarbeitung ist – soweit keine Regelung zur Zweckumwidmung vorliegt – nur die Sicherung des Vollzugs, vor allem in Form der Identitätsfeststellung. Die Regelungen erfassen jeweils auch die – einen erheblichen Eingriff in das Recht auf informationelle Selbstbestimmung darstellende – Erhebung und Nutzung biometrischer Daten und regeln die Verwendung von Lichtbildausweisen. – Unverhältnismäßig ist eine **Löschung**spflicht erst fünf Jahre nach Entlassung aus dem Vollzug (so § 121 Abs. 1 HmbStVollzG,§ 65 Abs. 4 HessJStVollzG (zur bloßen Sper-

rung § 65 Abs. 3) – nach § 72 Abs. 3 JStVollzG NRW iVm § 114 Abs. 3
S. 1 StVollzG NRW: 10 Jahre, nach § 197 Abs. 1 NJVollzG: 20 Jahre (seit
Gesetz v. 15.6.2017); s. aber auch § 66 Abs. 3 JStVollzG M-V und § 66
Abs. 3 SchlHJStVollzG, § 137 BbgJVollzG, § 94 Abs. 1 S. 1 SJStVollzG,
§ 93 Abs. 1 S. 1 SächsJStVollzG: spätestens nach zwei Jahren; hingegen
(abgesehen von speziellen Daten) gem. § 66 Abs. 3 JStVollzG Bln ua
(Berlin §§ 65, 61 JVollzDSG Bln; § 67 Abs. 3 SächsJStVollzG) sowie § 38
Abs. 1 S. 1 ThürJVollzGB und § 136 Abs. 5 JVollzGB LSA Löschung mit
Ende der Vollstr).

133   **b) Besondere Maßnahmen.** Unter **bestimmten Vorraussetzungen**
sind darüber hinaus allen Gesetzen zufolge Besondere Sicherungsmaßnahmen zulässig, deren Regelung denen der §§ 88 ff. StVollzG entspricht
(§§ 70 ff. JStVollzG Bln ua (§§ 71 ff. SächsJStVollzG), §§ 63 ff. JVollzGB
BW IV (vgl. ergänzend § 33 JVollzGB BW I, wonach der Einsatz von
RFID-Respondern gestattet ist, und zwar gem. Abs. 2 S. 1 bei „Einwilligung" auch durch feste Verbindung mit dem Körper, s. auch § 34 Abs. 4
JVollzGB BW I; § 132 Abs. 1 iVm §§ 81 ff. NJVollzG, Art. 154 iVm
Art. 96 ff. BayStVollzG, §§ 49, 50 HessJStVollzG). Die Vorgaben des JStVollzugs berücksichtigende Unterschiede, die eine restriktivere Prüfung als im
allg. StVollzug verlangen (ebenso schon *Arloth* BayStVollzG Art. 97 Rn. 1),
bestehen in mitunter ausführlicheren Verfahrensregelungen (s. § 73
JStVollzG Bln ua (§ 74 SächsJStVollzG)) sowie teilweise insofern, als bei
Absonderung die Dauer (vgl. § 49 Abs. 7 S. 2 HessJStVollzG aF: „ununterbrochen nicht mehr als eine Woche", entfallen durch Gesetz v. 5.3.2013,
GVBl. 46)) und das *Zustimmung*serfordernis der *Aufsichtsbehörde* fristmäßig
unterschiedlich gestaltet sind: Während § 51 JStVollzG NRW iVm § 70
Abs. 5 S. 3 StVollzG NRW eine Gesamtdauer von mehr als 30 Tagen im Jahr
vorsieht, § 74 Abs. 3 S. 2 HmbJStVollzG und auch § 71 S. 2 JStVollzG MV
und SchlH eine Gesamtdauer von zwei Monaten im Jahr vorsehen und
§ 132 Abs. 1 iVm § 82 Abs. 2 S. 1 NJVollzG sowie Art. 97 Abs. 2 BaySt-
VollzG es sogar bei drei Monaten bewenden lassen, ist nach § 64 Abs. 2 S. 1
JVollzGB BW IV bzw. § 71 JStVollzG Bln ua die Zustimmung bereits nach
einer Woche bzw. nach zwei Wochen (s. auch § 89 Abs. 6 S. 1 JStVollzG
Bln: mehr als 14 Tage innerhab von 12 Monaten; § 91 Abs. 5 S. 2
BbgJVollzG, § 74 Abs. 5 S. 2 SächsJStVollzG: mehr als 20 Tage) Gesamtdauer im Jahr erforderlich (vgl. auch § 71 S. 2 SJStVollzG, § 89 Abs. 5 S. 2
JVollzGB LSA: 30 Tage im Jahr, § 49 Abs. 7 S. 3 HessJStVollzG: mehr als
vier Wochen innerhalb von 12 Monaten; vgl. aber auch § 90 Abs. 5 S. 2
ThürJVollzGB: von mehr als 30 Tagen Dauer oder mehr als drei Monaten
innerhalb von 12 Monaten). Unerlässlich ist die vorherige Beurteilung durch
einen Arzt (vgl. § 76 Abs. 3 HmbJStVollzG).

133a   Insgesamt betrachtet nehmen die Regelungen damit kaum Rücksicht auf
die besonderen Bedingungen des Strafvollzugs ggü. jungen Gefangenen.
Angesichts dessen ist in der Praxis gem. dem Erziehungsauftrag (§ 2 Abs. 1)
sowie dem Grundsatz der Verhältnismäßigkeit eine **restriktive Anwendung**
der Vorschriften angezeigt. Dies gilt besonders auch für den Entzug des
Aufenthalts im Freien (§ 70 Abs. 2 Nr. 4 JStVollzG Berlin ua (§ 71 Abs. 2
Nr. 4 SächsJStVollzG GVBl. 2013, 250: nur noch Beschränkung), § 51
JStVollzG NRW iVm § 69 Abs. 2 Nr. 4 StVollzG NRW, § 49 Abs. 2 Nr. 4
HessJStVollzG, § 74 Abs. 2 Nr. 4 HmbJStVollzG; § 88 Abs. 2 Nr. 4 (ein-

schränkend Abs. 4 Hs. 2) JVollzGB LSA), eine betr. jüngere Menschen verstärkt erniedrigende Behandlung (vgl. ergänzend schon die Aufhebung des § 103 Abs. 1 Nr. 6 StVollzG). Es betrifft uU aber auch die Unterbringung in einem besonders gesicherten Haftraum ohne gefährdende Gegenstände (vgl. nur § 70 Abs. 2 Nr. 5 JStVollzG Bln ua; § 49 Abs. 2 Nr. 5 HessJStVollzG; § 51 JStVollzG NRW iVm § 69 Abs. 2 Nr. 5 StVollzG NRW; § 88 Abs. 2 Nr. 5 JVollzGB LSA; zum *Vorenthalten* von *Kleidung* wegen angebl Suizidgefahr EGMR NJW 2012, 2173: Verstoß gegen Art. 3 EMRK (ggf. Zurverfügungstellung „reißfester" Kleidung, NJW 2012, 2173 Rn. 56); BVerfG, 2. K. des 2. S., NJW 2015, 2100 Rn. 37 ff. (zum allg. StVollz, mit zust. Bspr. *Muckel* JA 2015, 794): Vorenthalten auch von „Papierbekleidung" nebst Videoüberwachung mit dem Allg. Persönlichkeitsrecht (Art. 2 Abs. 1 iVm Art. 1 Abs. 1 GG) unvereinbar)

Nach § 70 Abs. 2 Nr. 2 JStVollzG Bln ua (einschr. jedoch § 65 Abs. 3 JVollzDSG Bln), § 32 JVollzGB BW I, Art. 122 iVm Art. 96 Abs. 2 Nr. 2 BayStVollzG sowie § 49 Abs. 2 Nr. 2, Abs. 6 HessJStVollzG ist die *„Beobachtung"* von JStrafgefangenen unter bestimmten Voraussetzungen nicht nur bei Nacht, sondern stets (und ständig) zulässig. Eine *Video-Überwachung* ist teilweise bei „Beobachtung" (§ 24 Abs. 2 JVollzDSG SH), überwiegend nur für einen besonders gesicherten Haftraum zulässig (vgl. etwa § 21 Abs. 2 S. 1 JVollzDSG Bln (zum Verbot der Speicherung § 23 Abs. 2 JVollzDSG Bln), nicht benannt in § 71 Abs. 2 Nr. 2 SächsJStVollzG; § 51 JStVollzG NRW iVm § 69 Abs. 4 S. 1 StVollzG NRW (gem. S. 3 ist „im Ausnahmefall" zusätzlich gar eine akustische Überwachung zulässig; vgl. aber betr. das Verbot einer Totalüberwachung → Rn. 130); § 32 Abs. 1 S. 2 JVollzGB BW I iVm § 63 Abs. 2 Nr. 5 JVollzGB BW IV; krit. zu rechtlichen und präventiven Aspekten *Witos ua* NK 2014, 363 ff.). **133b**

Soweit die Gesetze über die Regelungen des StVollzG hinausgehen, liegt eine **unzulässige Schlechterstellung** der JStrafgefangenen vor (vgl. → Rn. 5). So ist im Gegensatz zu § 88 Abs. 4 StVollzG in verschiedenen LandesGen zur *Fesselung* bei Ausführung, Vorführung und Transport keine erhöhte, sondern lediglich (einfache) Fluchtgefahr vorausgesetzt (§ 70 Abs. 4 JStVollzG Bln ua (§ 71 Abs. 6 SächsJStVollzG: „die das nach Absatz 1 erforderliche Maß nicht erreicht"); § 49 Abs. 4 HessJStVollzG; noch weiter gehend § 88 Abs. 7 JVollzGB LSA); anders § 51 JStVollzG NRW iVm § 69 Abs. 1, Abs. 2 Nr. 6 StVollzG NRW: „in erhöhtem Maße", § 63 Abs. 4 JVollzGB BW IV (unbeschadet sprachlicher Abweichung von § 88 Abs. 4 StVollzG; OLG Karlsruhe StV 2013, 302 (zum allg. StVollz)). Bei Fesselungs- und Fixierungsmaßnahmen, die freiheitsentziehende Wirkungen haben (vgl. etwa § 49 Abs. 8 S. 2 Hs. 2 HessJStVollzG: nur mit „Sitzwache"zulässige Fesselung auf Fixierliege), ist die bislang als ausreichend geltende Anordnung durch die Anstaltsleitung unzureichend. Nach BVerfG NJW 2018, 2619 bedarf es einer **richterlichen Anordnung** oder (in Eilfällen) einer richterlichen Genehmigung (zur Zuständigkeit s. § 93). **133c**

Die **Häufigkeit** der Anwendung besonderer Sicherungsmaßnahmen übertraf – relativ betrachtet – gem. statistischer Analyse diejenige im Erwachsenenstrafvollzug (nach BMJStVollzSt 8 für 1996 im JStVollzug 4.600 einschlägige Maßnahmen, im Freiheitsstrafenvollzug 25.541 (zur Jahresdurchschnittsbelegung vgl. → Rn. 141); Daten speziell für die Vollzugsdanstalt Neustrelitz bei *Faber,* Länderspezifische Unterschiede bezüglich Disziplinarmaßnahmen (…), 2014, 146 ff.). **134**

134a Bei der gerichtlichen Überprüfung des Vorliegens der Tatbestandsvoraussetzungen für die Anordnung einer besonderen Sicherungsmaßnahme geht die Judikatur davon aus, es handle sich wegen des (auch) prognostischen Inhalts um unbestimmte Rechtsbegriffe, bei deren Anwendung der Vollzugsbehörde – auch wegen der nicht seltenen Notwendigkeit kurzfristig zu treffender Entscheidung – ein *Beurteilungsspielraum* zustehe, der nur einer eingeschränkten gerichtlichen Kontrolle unterliege (vgl. zur Beurteilung von Flucht- und Missbrauchgefahr → Rn. 67). Insoweit ergibt sich eine Rechtswidrigkeit nicht schon daraus, das die Gefahrprognose im nachhinein nicht bestätigt wurde, zumal an die Wahrscheinlichkeit der Gefahrverwirklichung umso geringere Anforderungen zu stellen sind, je größer der möglicherweise eintretende Schaden und je höherrangiger das hierdurch ggf. betroffene Schutzgut sind. Indes bestimmen sich die *freibeweisrechtlichen Mindestvoraussetzungen* nach der Schwere der Maßnahme, sodass zB für eine Absonderung eine lediglich schriftliche Mitteilung eines Vollzugsbediensteten über Angaben eines anonym belassenen Mitinsassen schwerlich zureicht (betr. allg. StVollzR aA OLG Celle BeckRS 2010, 26925 = NdsRpfl 2011, 20 nebst dem Bemerken, es sei keine Aufklärungsrüge erhoben worden).

3. Unmittelbarer Zwang

135 **a) Allgemeines.** Die Anwendung (vormals Nr. 85 VVJug) ist in den Gesetzen der Länder ebenso geregelt wie in den §§ 94 ff. StVollzG (§§ 33, 76 ff. JStVollzG Bln ua (§§ 77 ff. SächsJStVollzG, § 78 ff. JStVollzG Hmb, § 52 Abs. 1 JStVollzG NRW iVm §§ 72 ff. StVollzG NRW, vorbehaltlich § 52 Abs. 2–6 JStVollzG NRW, §§ 69 ff. JVollzGB BW IV, § 132 iVm §§ 87 ff. NJVollzG, Art. 122 iVm Art. 101 ff. BayStVollzG, § 52 HessJStVollzG). Generell besteht mit der Voraussetzung der Rechtmäßigkeit der Durchführung auch die Voraussetzung einer rechtmäßigen Vollzugs- oder Sicherungsmaßnahme (vgl. ausdrücklich § 87 Abs. 1 JStVollzG Nds, § 78 Abs. 1 S. 1 SächsStVollzG). – Besonderheiten ergeben sich auf dem Gebiet der Gesundheitsfürsorge, wobei Voraussetzungen einer *Zwangsernährung* bzw. deren Zulässigkeit (n. zum Ganzen *Koranyi* StV 2015, 257 ff.) unterschiedlich geregelt sind (vgl. § 84 Abs. 1 S. 1 HmbJStVollzG: „Ernährung gegen den natürlichen Willen"; ähnlich § 25 Abs. 1 HessJStVollzG; § 68 Abs. 1 S. 1 SächsJStVollzG: „ohne Einwilligung"; modifiziert § 79 BbgJVollzG; vgl. auch § 77 Abs. 2, Abs. 5 S. 3, Abs. 6 JVollzGB LSA und ebenso Berlin; zur Einholung der Einwilligung der Personensorgeberechtigten s. etwa § 52 Abs. 6 S. 2 bzw. S. 3 JStVollzG NRW) und neben Fragen der Zumutbarkeit und der Gefahr für das Leben des Insassen (vgl. etwa § 52 Abs. 6 JStVollzG NRW iVm § 78 Abs. 1 Nr. 3, Nr. 5 StVollzG NRW) sowie den Kriterien Erster Hilfe umstritten ist, ob ärztlicherseits eine zuvor in verlässlicher Form erklärte Ablehnung lebenserhaltender Maßnahmen zu respektieren ist (vgl. etwa § 93 Abs. 2 S. 3 NdsVollzG; *Ostendorf* in Ostendorf § 9 Rn. 70). Grundsätzlich bedarf es der Anordnung des Anstaltsleiters auf der Grundlage ärztlicher Stellungnahme sowie der ärztlichen Leitung der Durchführung und Überwachung.

135a **b) Schusswaffengebrauch.** Besondere Vorschriften finden sich indes meist für den Schusswaffengebrauch durch Vollzugsbedienstete, der überwiegend unter bestimmten Voraussetzungen als zulässig verstanden wird

(§ 95 Abs. 1 S. 1 JVollzGB LSA: „innerhalb"), um **angriffs-** oder **flucht-unfähig** zu machen (vgl. einschr. § 53 Abs. 1 S. 2 HessJStVollzG, § 83 Abs. 2 S. 1 HmbJStVollzG: nur angriffsunfähig; anders § 52 Abs. 2 S. 1 JStVollzG NRW: nicht zur Vereitelung einer Flucht oder zur Wiederergreifung). Indes ist der Gebrauch durch Bedienstete *innerhalb* der Einrichtungen in einigen Ländern generell untersagt (§ 81 Abs. 1 JStVollzG Bln ua (Berlin § 95 Abs. 1 S. 1 JStVollzG Bln; anders § 81 JStVollzG, § 81 SchlHJStVollzG und § 81 SJStVollzG), § 97 Abs. 1 S. 1 BbgJVollzG; s. aber auch Art. 107 BayStVollzG), § 96 Abs. 1 S. 1 ThürJVollzGB, § 77 Abs. 4 SächsJStVollzG erlaubt von vonherein als Waffen nur (dienstlich zugelassene) „Hiebwaffen" (vgl. auch Nr. 92 ERJOSSM, dazu *Dünkel* ZJJ 2011, 150; ferner *Kühl,* Die gesetzliche Reform des Jugendstrafvollzugs (...), 2012, 288 ff.). Außerhalb der Einrichtungen ist die Anwendung nur unter engen Voraussetzungen durch dafür bestimmte Bedienstete teilweise zulässig (vgl. § 81 Abs. 5 JStVollzG Bln ua (vgl. insoweit auch § 81 Abs. 2, 4 SchlHJStVollzG und § 81 Abs. 2, 4 SJStVollzG sowie § 96 Abs. 2–6 ThürJVollzGB), § 97 Abs. 2 –6 BbgJVollzG, § 129 NJVollzG), gem. § 81 Abs. 5 JStVollzG M-V ggü. minderjährigen (also noch jugendlichen) JStrafgefangenen − enger − nur dann, wenn die JStrafgefangenen eine Waffe oder ein gefährliches Werkzeug trotz wiederholter Aufforderung nicht ablegen. Nach § 75 Abs. 2 JVollzGB BW IV dürfen Schusswaffen bei Flucht aus Einrichtungen mit überwiegend jugendlichen JStrafgefangenen nicht gebraucht werden.

Selbst gegen die vorgesehenen Ausnahmen sprechen im Allg. die damit **135b** verbundene **Eskalation**swirkung und Zweifel betr. die Notwendigkeit ebenso wie der darin liegende Konflikt (wenn auch nicht Gegensatz) zu Nr. 65 der Regeln der Vereinten Nationen zum Schutz von Jugendlichen unter Freiheitsentzug (anders aber vormals *Arloth* BayStVollzG Art. 154 Rn. 2: Einschätzung „ihrer kriminellen Energie und Gefährlichkeit" eher wie im allg. StVollzug (vgl. zu diesen Begriffen indes *Schäfer/Sander/van Gemmeren* Strafzumessung 619: „Leerformel" bzw. *Eisenberg* Beweisrecht StPO Rn. 1814a). Die Anwendung von Schusswaffen wird kaum einmal verhältnismäßig sein (s. bereits *Böhm* HwKrim 1979, 529 f.).

4. Erzieherische Maßnahmen; Disziplinarmaßnahmen

a) Allgemeines. Die Sanktionierung von Pflichtverstößen muss den phy- **136** sischen und psychischen Besonderheiten des Jugend- bzw. Heranwachsendenalters Rechnung tragen (vgl. BVerfG NJW 2006, 2096). Deshalb sehen die Landesgesetze durchgehend ein abgestuftes, der bestehenden Praxis entsprechendes System aus Erzieherischen Maßnahmen und Diszipl**inarmaß-nahmen** vor (§§ 82 ff. JStVollzG Bln ua (§§ 81 ff. SächsJStVollzG), §§ 53 ff. JStVollzG NRW und § 96 ff. JVollzGB LSA), §§ 77 ff. JVollzGB BW IV, §§ 85 ff. HbmJVollzG, § 132 iVm §§ 94 ff. NJVollzG, Art. 155f iVm Art. 110 ff. BayStVollzG, §§ 54, 55 HessJStVollzG). Statistisch betrachtet werden im Verhältnis zum allg. StVollzug auch unter Berücksichtigung der begrenzten Vergleichbarkeit schon der Gefangenenstruktur (einschließlich der Strafdauer) teilweise **überdurchschnittlich häufig** Verfehlungen **ggü. Bediensteten registriert** (nach BMJ StVollzSt 8 wurden zB im Jahre 1996 bei einer Jahresdurchschnittsbelegung von 4.613 im JStVollzug Inhaftierten 45 Tätlichkeiten ggü. Bediensteten erfasst, während die entspr. Zahlen für den Freiheitsstrafenvollzug 59.584 und 276 lauteten; vgl. auch betr. Disziplinarmaßnahmen → Rn. 141). Dieses Anzeichen für eine erhöhte Konfliktsituation ua aufgrund Autonomieverlusts (vgl. *Walter* NStZ 2010, 58) könnte ua darauf hindeuten, dass die Aufsichtsbeamten weiterhin spezieller Fortbildung bedürfen.

137 Die JStrafgefangenen sollen gem. dem Erziehungsauftrag im Vollzug lernen, Probleme und Konflikte zu lösen. Dies kann nur gelingen, wenn das Verhalten der Vollzugsbediensteten insofern ein Vorbild darstellt. Daher ist eine einvernehmliche Konfliktlösung (vgl. dazu nur § 98 Abs. 2 BbgJVollzG) stets vorrangig; Disziplinarmaßnahmen dürfen **nur** als – ggü. Gesprächen, Beruhigungschancen etc **subsidiäre** – „**Notlösung**" eingesetzt werden (*Walter* MschKrim 1993, 288) und nur dazu dienen, in einer konkreten Situation eine Gefahr für die Außenwelt und für das Zusammenleben in der Anstalt oder für die Gesundheit und das Leben des Betroffenen zu verringern (vgl. auch *Alt,* Das Berliner JStVollzG im Lichte verfassungsrechtlicher Vorgaben sowie europäischer und internationaler Regelungen mit Menschenrechtsbezug, 2014, 155). Vor diesem Hintergrund wäre als Vorstufe von Erzieherischen und Disziplinarmaßnahmen notwendig eine offene, konstruktive Strategie zur Bewältigung der bei Jugendlichen und ggf. auch bei Heranwachsenden „normalen" Regelverstöße (vgl. auch *Sonnen* ZJJ 2006, 239; betr. eine Ombudsperson *Tondorf/Tondorf* ZJJ 2006, 246 ff.), und zwar ggf. auch betr. situationsgeprägte Verstöße in Gestalt körperlicher Gewalt (vgl. iSv Anpassungsstrategien näher *Boxberg ua* MschKrim 1999 (16), 428 ff.).

137a Die Einführung sog. **Erzieherischer Maßnahmen** (zu einer eher weiten Fassung (auch erzieherisches Gespräch) § 77 Abs. 1 S. 2 JVollzGB BW IV, zur Regelverdeutlichung etwa § 54 HessJStVollzG) als erster Stufe und ohne förmliches, ggf. zeitaufwändiges Disziplinarverfahren (und bei sofortiger „Vollstreckbarkeit") ist grundsätzlich folgerichtig und entspricht dem Erziehungsauftrag, auch wenn eine gewisse Ausdehnung von Kontrolle (im Sinne eines net-widening-Effekts) nicht ausgeschlossen werden kann (zum Ganzen krit. *Rose* in Ostendorf § 10 Rn. 20 ff.). Unstreitig muss auch hier vor Anordnung der Sachverhalt einschließlich der Entstehungszusammenhänge geklärt und dem Betroffenen rechtliches Gehör eingeräumt worden sein (vgl. insoweit → Rn. 142). – Fehlt es an der Befugnis der anordnenden Person, so löst dies zwar keinen Suspensiveffekt aus, jedoch kann – wenngleich faktisch meist verspätet – Außervollzugsetzung beantragt werden (Abs. 1, § 114 Abs. 2 StVollzG).

137b Indes begegnet die konkrete Ausgestaltung in den Gesetzen der Länder (§ 82 JStVollzG Bln ua (§ 81 SächsJStVollzG), § 77 JVollzGB BW IV, § 130 Abs. 1 NJVollzG, Art. 155 BayStVollzG, § 54 HessJStVollzG) nicht unerheblichen Bedenken (vgl. nur § 85 S. 3 HmbStVollzG: Beschränkung in Bezug auf die Freizeit bzw. gemeinschaftliche Veranstaltungen bis zu einer Woche (abl. zum vormaligen HmbJVollzG schon *Arloth* Rn. 1; § 54 Abs. 3 Nr. 2 JStVollzG: gar bis zu sechs Wochen). Dies betrifft zunächst die Undifferenziertheit (vgl. aber nunmehr § 81 Abs. 1 Nr. 2 und 3 SächsJStVollzG GVBl. 2013, 250) sowie die Unbestimmtheit der genannten Regelungen, die insb. keine Festlegungen hinsichtlich des Verfahrens und der konkreten Ausgestaltung der einzelnen Maßnahmen enthalten (zB betr. die eher zu verneinende Frage der Zulässigkeit des Fernsehverbots (bejahend aber vormals *Arloth* NJVollzG § 130 Rn. 2)); in Art. 155 Abs. 1 BayStVollzG findet sich darüber hinaus eine lediglich beispielhafte und daher nicht abschließende Aufzählung möglicher Maßnahmen („insb.").

Bei den jeweils genannten Maßnahmen – etwa Verwarnung, Weisung, **137c** Auflagen, Beschränkungen der Freizeitgestaltung – handelt es sich um solche, die in ihrer Art eher Disziplinarmaßnahmen entsprechen bzw. auch solche sind. Sie unterscheiden sich daher nicht grundlegend von Disziplinarmaßnahmen iSd StVollzG, weshalb eine besondere erzieherische Geeignetheit kaum gegeben ist. Im Übrigen könnten erzieherische Maßnahmen gar im Sinne apokrypher Disziplinarmaßnahmen, dh als Umgehung von deren Voraussetzungen hergenommen zu werden (vgl. auch *Schwirzer,* Jugendstrafvollzug für das 21. Jahrhundert, 2008, 257 f.), zumal der Verzicht auf ein förmliches Verfahren uns beim einen Verlust an Schutz mit sich bringen kann.

Die Regelungen betr. **Disziplinarmaßnahmen** in den Landesgesetzen **138** (§§ 83 ff. JStVollzG Bln ua (§§ 82 ff. SächsJStVollzG), §§ 54 ff. JStVollzG NRW, §§ 77 ff. JVollzGB BW IV, § 132 Abs. 1 iVm §§ 94 ff. NJVollzG, Art. 156 iVm Art. 110 ff. BayStVollzG, § 55 HessJStVollzG, § 97 Abs. 3 JVollzGB LSA) entsprechen im Wesentlichen den Regelungen des StVollzG (zur Bewertung der einzelnen Maßnahmen *Claßen* ZfStrV 1984, 85; zum Problem der Konfliktbelastung der Anstalt s. krit. *Walter* ZfStrVo 1988, 195; *Jansen/Schreiber* MschKrim 1994, 139 (143 ff.); krit. zur Praxis der Anordnung *Lambropoulou,* Erlebnisbiographie und Aufenthalt im Jugendstrafvollzug, 1987, 21 ff., 206). Schon generell bestehen Bedenken, weniger einschlägige Verstöße seitens JStrafgefangener als solche gegen „Ordnung oder Sicherheit" der Anstalt zu bewerten (krit. *Böhm* FS Blau, 1985, 196 (198) mit Bsp.; krit. betr. Ausschluss vom gemeinschaftlichen Fernsehen *Walter* MschKrim 1993, 275; zur Interpretation des Erziehungsgedankens als repressive Ahndung *Tierel,* Vergleichende Studie zur Normierung des Jugendstrafvollzugs, 2008, 244). Ein vollständiges Besuchsverbot widerspricht der R 60.4 European Prison Rules (dazu *Feest* ZfStrVo 2006, 259 ff.).

Auf die Besonderheiten des JStVollzugs, wozu schon die im Allg. höhere **138a** Strafempfindlichkeit, das ausgeprägtere Zeitdauer-Empfinden sowie Reifungsverzögerungen gehören, wird weithin lediglich insofern Rücksicht genommen, als die zulässige Anordnungsdauer einzelner Maßnahmen teilweise kürzer ist als im StVollzG, nicht aber durch – dem Vollzugsziel abträgliche Auswirkungen vermeidende – Vorgaben als unzulässig(vgl. undifferenziert zB § 97 Abs. 3 S. 2 JVollzGB LSA; zu „im Regelfall maßvollerer" Handhabung schon *Arloth* BayStVollzG Art. 156 Rn. 3). Ansonsten sind die Bestimmungen kaum besonders auf die physischen und psychischen Besonderheiten des Jugend- und auch des Heranwachsendenalters zugeschnitten und werden daher den verfassungsrechtlichen Anforderungen (vgl. → Rn. 3f) nicht gerecht. Soweit als Voraussetzung von Disziplinarmaßnahmen statt bestimmter Verstoßtatbestände lediglich allg. (schuldhafte) Verstöße (so Art. 154 BayStVollzG, § 158 Abs. 1 NJVollzG, § 77 JVollzGB BW IV, § 86 Abs. 2 S. 1 Nr. 7 HmbJStVollzG, § 54 Abs. 1 iVm § 53 Abs. 1 S. 1 JStVollzG NRW) oder gar „Störungen" (§ 86 Abs. 2 S. 1 Nr. 10 HmbJStVollzG) genannt werden, sind die Vorgaben des BVerfG hinsichtlich einer den grundrechtlichen Anforderungen entsprechenden Normierung (BVerfG NJW 2006, 2097) nicht erfüllt.

Eher geeignet sind insofern die §§ 83 ff. JStVollzG Bln ua (§ 82 SächsJSt- **138b** VollzG, § 86 Abs. 2 HmbJStVollzG (ÄndG GVBl. 2013, 211 um drei Anlässe erweitert)) und auch §§ 54 ff. HessJStVollzG: Zum einen präzisieren und begrenzen sie die Voraussetzungen der Verhängung, indem sie die einschlägigen Pflichtverletzungen enumerativ aufzählen (§ 83 Abs. 2 JStVollzG

Bln ua, § 55 Abs. 2 HessJStVollzG, § 97 Abs. 1 JVollzGB LSA), wobei indes auch die umstrittene Entweichung (vern. bei gewaltloser Selbstbefreiung *Rose* in Ostendorf § 10 Rn. 64; *Keller* StV 1989, 441; zusf. *Ostendorf* NStZ 2007, 313 ff. (jeweils zum allg. Vollzug)) sowie die Entziehung aus zugewiesenen Aufgaben genannt sind (dazu *Ostendorf* NK 2006, 92). Zum anderen ist auch der Kreis zulässiger Disziplinarmaßnahmen deutlich eingegrenzt (diff. ÄndG Sachsen GVBl. 2013, 250 zu § 82 Abs. 3 Nr. 2 und Nr. 3), wobei insb. erzieherisch schädliche Maßnahmen (wie etwa Beschränkungen bei Ausbildung und Außenkontakten) aus dem Katalog gestrichen sind (vgl. aber § 55 Abs. 3 Nr. 7 HessJStVollzG), wenngleich der besonders eingriffsintensive Arrest enthalten bleibt (entfallen jedoch nach § 82 Abs. 3 SächsJSt-VollzG, GVBl. 2013, 250), der im Konflikt (wenn auch nicht im offenen Gegensatz) mit Nr. 67 der Regeln der Vereinten Nationen zum Schutz von Jugendlichen unter Freiheitsentzug steht. Im Übrigen enthebt der Arrest nicht von der Pflicht, täglich mindestens eine Stunde Aufenthalt im Freien zu ermöglichen (vgl. → Rn. 102), und auch im Übrigen ist ein pauschales Ruhen von Rechten (vgl. etwa § 84 Abs. 3 S. 3 JStVollzG Bln ua) idR erzieherisch nicht vertretbar.

139 **Disziplinarmaßnahmen** sind nur unter den – im Unterschied zu § 102 StVollzG – engeren Voraussetzungen eines **schuldhaften** Verstoßes gegen die **Ordnung** oder **Sicherheit** der **Anstalt** zulässig, dh sie unterliegen dem **Gesetzesvorbehalt** (Art. 103 Abs. 2 GG; konkret vern. bei „verbalen Auseinandersetzungen" mit anderen Insassen OLG Hamm StV 2016, 302 (zum allg. StVolzR)). Nur in diesen Grenzen dürfen die in der vormaligen Nr. 86 Abs. 1 VVJug (ebenso § 103 E-JStVollzG 1991) als „Erziehungsmaßnahmen" im Sinne einer Sofortreaktion (andernfalls sind sie aufzuheben, OLG Hamburg StV 2004, 276 (zum allg. StR)) bei leichteren Pflichtverletzungen und in der vormaligen Nr. 86 Abs. 2 und 3, Nr. 87 VVJug bei eher schwereren Pflichtverstößen vorgesehenen Maßnahmen angewandt werden (*Böhm* FS Blau, 1985, 198 sowie *Böhm* in Trenczek, Freiheitsentzug bei jungen Straffälligen, 1993, 204 f., jeweils mit Bsp. verfehlter Judikate; *Walter* MschKrim 1993, 274; krit. zu „verdeckter Rache" *Walkenhorst* DVJJ-Journal 1999, 258). Ein Großteil der Anlässe bezieht sich auf Verfehlungen ggü. Bediensteten (vgl. auch → Rn. 136) – insofern ist idR ein interaktionistischer Vorlauf zu prüfen – bzw. iZm Drogen oder Alkohol (vgl. auch *Preusker* in Gassmann).

139a Der Nachweis des schuldhaften Pflichtenverstoßes unterliegt **uneingeschränkter gerichtlicher Kontrolle** (BVerfG, 2. Kammer des 2. Senats, StV 2004, 612 = NStZ-RR 2004, 220; OLG Stuttgart NStZ-RR 2011, 29 f., konkret vern. bei Beleidigung ggü. Bedienstetem (betr. allg. StVollzR)). – Gemäß allg. Grundsätzen des JGG sind allein schuldvergeltende (vgl. → § 17 Rn. 55 ff.) oder gar – bezogen auf Mitgefangene – generalpräventiv (vgl. → § 17 Rn. 6 f., → § 18 Rn. 43, → § 21 Rn. 6) motivierte Disziplinarmaßnahmen unzulässig (vgl. auch *Walter* MschKrim 1993, 275; *Alt,* Das Berliner JStVollzG im Lichte verfassungsrechtlicher Vorgaben sowie europäischer und internationaler Regelungen mit Menschenrechtsbezug, 2014, 149), und ohnehin muss die Maßnahme dem Verhältnismäßigkeitsgrundsatz (geeignet, erforderlich und proportional) entsprechen (betr. Arrest konkret vern. OLG Stuttgart NStZ-RR 2011, 29 (zum allg. StVollzR); krit. speziell zum Arrest schon *Walter* MschKrim 1993, 276 ff. (291 f.); zur geschichtlichen Entwicklung von Disziplinarmaßnahmen s. *Walter* ZfStrVo 1997, 208 ff.).

b) Defizite von Disziplinarmaßnahmen. Diese Maßnahmen stellen 140
fast immer eine **Behinderung** der **erzieherischen** Möglichkeiten im Vollzug dar, treffen meist gerade die besonders Erziehungsbedürftigen (s. auch *Eckert* ZblJR 1982, 151) und sind Anzeichen für Schwierigkeiten, die vorrangig im Einzelgespräch oder in der Gruppe erörtert und aufgearbeitet werden sollten – daher wird empfohlen, insb. Arrest als Disziplinarmaßnahme nur iZm begleitenden pädagogischen Maßnahmen zu verhängen (DVJJ 2015, AK 3). Dem scheint die Praxis bislang nicht immer hinreichend Rechnung zu tragen (s. schon Nachw. bei *Böhm* FS Blau, 1985, 198), etwa bei Entweichung anlässlich begleiteten Ausgangs (vgl. OLG Hamm ZfStrVo 1986, 120), Arbeitsverweigerung (*Walter* ZfStrVo 1988, 198 sowie MschKrim 1993, 281; OLG Frankfurt a. M. 29.4.1986 – 3 VAs 19/86 bei *Böhm* NStZ 1987, 444 bzw. OLG Frankfurt a. M. NStZ 1992, 530: vier Wochen getrennte Unterbringung während der Freizeit; sehr zw.) oder Drogenkonsum (vgl. zu sieben Tagen Arrest wegen Haschisch-Konsums OLG Frankfurt a. M. ZfStrVo 1991, 310 (Ls.)). Als unzulässig galten bislang Disziplinarmaßnahmen wegen der Ablehnung, an der Erreichung des Vollzugsziels mitzuwirken (*Eisenberg* MschKrim 2004, 355 f.; vgl. aber → Rn. 45).

Hingegen lassen sich erzieherisch positive Ergebnisse zur Begründung 141
oder gar Erweiterung von Disziplinarmaßnahmen nicht nennen, und zwar insb. auch nicht bzgl. zukünftiger Legalbewährung (*Walter* MschKrim 1993, 286; vgl. auch die entspr. Befunde bzgl. erneuter Gewaltanwendung im Vollzug bei *Bachmann* MschKrim 2015, 1 (11 ff.)). Gleichwohl bestehen aufgrund statistischer Analyse, obwohl diese Disziplinarmaßnahmen nach Nr. 86 Abs. 1 VVJug offenbar nicht oder nicht einheitlich einbezieht (vgl. *Walter* MschKrim 1993, 278 f.; *Walter* ZfStrVo 1997, 213), Anhaltspunkte dafür, dass Disziplinarmaßnahmen – auch unter Berücksichtigung der begrenzten Vergleichbarkeit schon der Gefangenenstruktur (einschließlich der Strafdauer) – **häufiger** eingesetzt werden **als** im **allg. Strafvollzug** (ausführlich *Walter,* Formelle Disziplinierung im Jugendstrafvollzug, 1998, 94 ff., 131 ff.; für eine Länderabfrage zur Häufigkeit der Anwendung von Disziplinarmaßnahmen vgl. *Bachmann* MschKrim 2015, 1 (4 ff.)); zudem scheinen tendenziell die jüngeren JStrafgefangenen vergleichsweise stark betroffen zu sein (vgl. etwa *Walter* MschKrim 1993, 284). – Im Übrigen ist die Häufigkeit von Disziplinarmaßnahmen im gelockerten (halboffenen) Vollzug nach (bisherigen) Auswertungen durchaus geringer als im geschlossenen Vollzug (*Dünkel* Freiheitsentzug 262; *Walter* MschKrim 1993, 282; s. zur Reduzierung bei Erhöhung von Urlaubsgewährungen schon *Walter* ZfStrVo 1988, 196 f.).

Im Jahre 1996 wurden im JStVollzug insgesamt bei einer durchschnitt- 141a
lichen Jahresbelegung von 4.613 Inhaftierten 6.436 Disziplinarmaßnahmen verhängt, während die entsprechenden Zahlen für den Freiheitsstrafenvollzug 59.584 und (nur) 28.340 lauteten (StVollzSt 8 (später keine Aufschlüsselung der Einzeldaten); vgl. auch schon *Dünkel* Freiheitsentzug 255). Speziell bzgl. der Anteile des Arrestes werden erhebliche *regionale Unterschiede* verzeichnet (vgl. näher *Eisenberg/Tóth* GA 1993, 313), wobei allerdings Vorbehalte hinsichtlich der statistischen Erfassung bestehen. Insgesamt ist, schon wegen Schwankungen im zeitlichen Längsschnitt auch in ein und derselben Anstalt, ein erhebliches Ausmaß an Wertungsunterschieden der (ggf. fluktuierenden) jeweiligen Bediensteten innerhalb der JStVollzAnstalt bzw. der Aufsichtsbehörden anzunehmen (*Dünkel* Freiheitsentzug 263; *Wal-*

ter MschKrim 1993, 279 (282–285) sowie näher *Walter,* Formelle Disziplinierung im Jugendstrafvollzug, 1998, 144 ff. (gem. Umfrage bei den Leitern sämtlicher einschlägiger Anstalten)). – Die regional unterschiedliche Disziplinierungspraxis – nicht nur auf Landesebene, sondern auch von Anstalt zu Anstalt und zudem (nach Wechsel des Anstaltsleiters) innerhalb ein und derselben Anstalt (vgl. *Tierel,* Vergleichende Studie zur Normierung des Jugendstrafvollzugs, 2008, 245 f.) – ist zudem in einer Befragung (März 2014) bei 10 Bundesländern (außer Bayern, Brandenburg, Bremen, Hamburg, Hessen, Sachsen-Anhalt) betr. männliche Insassen bestätigt worden (vgl. *Bachmann/Ernst* MschKrim 2015 (98), 1 ff.; zur Praxis in der Vollzugsanstalt Neustrelitz vgl. *Faber,* Länderspezifische Unterschiede bezüglich Disziplinarmaßnahmen (…), 2014, 165 ff.).

142 Im **Verfahren** steht, in Abwägung von Zeitablauf und (ggf. in Betracht kommender) Sanktionsschwere, die Pflicht zu umfassender Sachverhalts*aufklärung* im Vordergrund, die sich auf die Entstehungszusammenhänge (verkürzt zB § 100 Abs. 1, 3 JStVollzG Bln) eines etwa vorliegenden Verstoßes zu erstrecken hat (ggf. unter Beteiligung von Sorgeberechtigten, vormaligen Schullehrerinnen bzw. -lehrern etc (indes bei besonders sorgfältiger Prüfung des Wahrheitsgehalts von deren Aussagen, vgl. auch → § 5 Rn. 39, 39a, 57–64b)). Im Falle mehrerer und gleichzeitig zu beurteilender Verfehlungen ist eine einheitliche Entscheidung zu treffen (§ 85 Abs. 2 SächsJStVollzG).

142a Der Betroffene ist vor seiner Aussage über sein Schweigerecht zu **belehren** (§ 136 Abs. 1 S. 2 StPO analog; § 55 Abs. 1 S. 5 JStVollzG NRW), mit der Folge, dass in einem anschließenden Strafverfahren ein Verwertungsverbot hinsichtlich der ohne vorausgegangene Belehrung getätigten Aussage besteht (vgl. zum Ganzen (jeweils betr. allg. StVollzR) BGH NJW 1997, 2893 = StV 1997, 337; LG Detmold StV 2018, 649). Ist der Betroffene *nicht* bereit, zu *erscheinen,* so wird sich zur Vermeidung zusätzlicher Konflikte ein schriftliches Verfahren (vgl. die Vorschriften der Landesgesetze entspr. § 106 Abs. 3 Hs. 2 StVollzG) nebst Erl. durch einen betreuenden Bediensteten empfehlen (Zulässigkeit bejahend schon *Arloth* § 106 Rn. 4; zur Frage der Erscheinenspflicht sowie dazu, ob deren Nichtbefolgung durch unmittelbaren Zwang durchgesetzt werden und ihrerseits einen Disziplinarverstoß darstellen könnte, vgl. (jeweils zum allg. StVollz) vern. OLG Frankfurt a. M. NStZ-RR 1997, 153; ebenso *Rose* in Ostendorf § 10 Rn. 55; bejahend OLG Nürnberg FS 2009, 153 sowie vormals OLG Hamm NStZ 1991, 509). Dies gilt auch deshalb, weil der Betroffene nach allg. Auffassung einer Aussagepflicht nicht unterliegt (vgl. nur OLG Frankfurt a. M. NStZ-RR 1997, 152 (zum allg. StVollz); zur Selbstbelastungsfreiheit näher → § 89c Rn. 101) und er auch seine Gründe dafür, von einem Erscheinen absehen zu wollen, nicht preisgeben muss.

142b Dem Betroffenen ist grundsätzlich die Möglichkeit zu geben, sich von einem (zumindest bei als „schwer" beurteilten Verfehlungen zu benachrichtigenden, § 85 Abs. 3 S. 2 SächsJStVollzG) **Verteidiger** beraten zu lassen (vgl. OLG Karlsruhe NStZ-RR 2002, 29, OLG Bamberg StRR 2010, 364 (Aufhebung wegen Verweigerns), jeweils zum allg. StVollz); *Rose* in Ostendorf § 10 Rn. 54: vor Arrest andernfalls Verwertungsverbot) und sich dessen bei der Anhörung zu bedienen (vgl., jeweils zum allg. StR, OLG Nürnberg StraFo 2011, 367 = StV 2012, 169; aA (betr. U-Haft) OLG Bamberg NStZ-RR 2015, 93). – Wegen *ärztlicher* Kontrolle enthalten die Landesgesetze nähere Regelungen.

X. Umgang mit personenbezogenen Daten

1. Einzelne Regelungen

Die vorliegenden Gesetze sehen Regelungen für den Umgang mit per- **143** sonenbezogenen Daten vor (§§ 88 ff. JStVollzG Bln ua (außer Berlin gem. JVollzDSG), §§ 72 JStVollzG NRW, §§ 34 ff. JVollzGB BW I, §§ 190 ff. NJVollzG, Art. 196 ff. BayStVollzG, §§ 58 ff. HessJStVollzG, §§ 120 ff. JVollzGB LSA), die grundsätzlich bei den Betroffenen zu **erheben** sind (s. etwa § 88 Abs. 2 JStVollzG Bln ua (Berlin § 14 JVollzDSG Bln; § 89 Abs. 1 SächsJStVollzG), § 72 Abs. 3 JStVollzG NRW iVm § 108 Abs. 2 S. 1 StVollzG NRW, § 125 Abs. 1 JVollzGB LSA, § 114 Abs. 2 S. 1 HmbJStVollzG, § 59 Abs. 1 HessJStVollzG, § 190 Abs. 2 NJVollzG, Art. 196 Abs. 2 BayStVollzG), es sei denn, eine Erhebung bei Dritten ist zu vollzuglichen Zwecken (einschließlich der „Erziehung" des Insassen, vgl. § 89 Abs. 2 SächsJStVollzG) „unerlässlich" (§§ 65, 15, 16 JVollzDSG Bln, gem. §§ 65 Abs. 2, 70 Abs. 1 und 2 auch bei Personensorgeberechtigten sowie über diese). − Gemäß den Grundsätzen des § 67 sind *Personensorgeberechtigte* jugendlichen Gefangenen gleichgestellt, jedoch unter Vorbehalten (§§ 65, 70 Abs. 3–5, 7 JVollzDSG Bln; s. aber auch § 42 Abs. 2 JVollzGB BW I).

Die *Betroffenen* haben grundsätzlich nur ein Aktenauskunftsrecht, wogegen **143a** ein *Akteneinsichtsrecht* von der Beurteilung als erforderlich abhängig gemacht ist (vgl. nur § 28 JVollzDSG Bln, § 37 iVm § 1 Abs. 2 RhPfLJVollzDSG; modifiziert § 72 Abs. 3 JStVollzG NRW iVm § 116 StVollzG NRW: „nicht ausreicht" *und* „auf die Einsichtnahme angewiesen"; OLG Hamm StV 2014, 351 (zum allg. StR)), wozu zumindest bei fachspezifischen Inhalten ein Ausdruck bzw. eine Fotokopie auszuhändigen ist (OLG Koblenz NStZ 2016, 246 betr. „Basisdiagnostik" (zum allg. StVollzR)).

a) Einwände betr. die Aufsichtsbehörde. Soweit die Landesgesetze die **143b** Berechtigung zu *Erhebung und Verarbeitung* auch der Aufsichtsbehörde einräumen, bestehen datenschutzrechtliche Einwände (vgl. auch → § 89c Rn. 103). Folgen die Vorschriften den Regelungen des StVollzG, so erweisen sich hier die gleichen Bereiche als rechtlich umstritten. Dies betrifft etwa die eingeschränkte Benachrichtigungspflicht bei heimlicher Erhebung (§ 89 Abs. 5 JStVollzG Bln ua (§ 89 Abs. 4 SächsJStVollzG, § 88 Abs. 5 JStVollzG M-V und § 88 Abs. 5 SchlHJStVollzG), § 125 S. 2 Nr. 1 BbgJVollzG, § 114 Abs. 4 HmbJStVollzG, § 190 Abs. 4 NJVollzG, Art. 196 Abs. 4 BaySt-VollzG; vgl. auch § 125 Abs. 3 JVollzGB LSA).

Die (teilweise an § 182 Abs. 2 S. 2, 3 StVollzG angelehnten) Regelungen **143c** zur Frage einer *Offenbarung*spflicht für Ärzte, Psychologen und Sozialarbeiter (§ 72 Abs. 3 JStVollzG NRW iVm § 112 Abs. 2 S. 2 StVollzG NRW, § 195 Abs. 2 S. 2, 3 NJVollzG, Art. 200 Abs. 2 S. 2, 3 BayStVollzG sowie § 92 Abs. 2 JStVollzG Bln ua (Berlin §§ 65, 52 JVollzDSG Bln, Bremen, Mecklenburg-Vorpommern und Schleswig-Holstein), § 90 Abs. 2 S. 2 SächsJSt-VollzG (ÄndG GVBl. 2013, 250, unter Aufgabe bisheriger Soll-Vorschrift); teilweise abw. § 119 Abs. 2 S. 3, 4 HmbStVollzG; vgl. auch §§ 150, 151 JVollzGB LSA) stehen einem vertrauensanbahnenden Beratungs- und Hilfeverhältnis eher entgegen (vgl. dazu *Goerdeler* in Ostendorf § 12 Rn. 95: unverhältnismäßig), ohne dass die Unterrichtungspflicht dem (stets) abhelfen könnte (vgl. betr. § 7 Abs. 2 etwa *Eisenberg* JR 2008, 148 (zum allg. StR)). Demgegenüber sieht § 92 Abs. 2 S. 3 JStVollzG Bremen, MV und Saarl. eine begrenzte *Verpflichtung* des *Arztes* auch im Übrigen vor, betr. die Offenbarungsbefugnis von Ärzten zur Voraussetzung ua der Unerlässlichkeit § 90 Abs. 2 S. 3 SächsJStVollzG, § 92 Abs. 2 S. 2 SchlHJStVollzG, s. aber auch §§ 65, 52 JVollzDSG Bln. Außerordentlich weitgehend nimmt sich § 47 Abs. 2 S. 2 JVollzGB BW I aus (zB „sonst" für die Aufgabenerfüllung der Anstalt).

143d Im Übrigen ist in § 92 Abs. 2 S. 2 JStVollzG Bln ua (anders §§ 65, 52, 53 JVollzDSG Bln: „Anstaltsleitung") in Abweichung von § 182 Abs. 2 S. 2 StVollzG Bln die Fassung „Erfüllung der Aufgaben der Vollzugsbehörde" (erweiternd) ersetzt durch „der Anstalt oder Aufsichtsbehörde". Hingegen ist gem. Art. 200 Abs. 2 S. 2 BayStVollzG, § 61 Abs. 2 S. 2 HessJStVollzG und § 90 Abs. 2 S. 2 SächsJStVollzG (verengend) lediglich der Begriff Vollzugsbehörde durch das Wort „Anstalt" bzw. „Anstaltsleitung" ausgetauscht.

144 **b) Einschränkende Grundsätze.** Treffen die JVollzugsgesetze keine besonderen Regelungen, gelten die Landesdatenschutzgesetze und damit auch der stets zu beachtende Grundsatz der *Datenvermeidung* bzw. Datensparsamkeit (s. etwa § 5a JVollzDSG Bln). – Soweit es trotz der besonderen Sensibilität der Daten als zulässig erachtet wird (KG NStZ-RR 2011, 156 (zum allg. StVollzR)), dass entsprechend § 479 Abs. 2 Nr. 1 StPO (vgl. aber auch §§ 65, 51 ff. (53) JVollzDSG Bln, § 4 Abs. 2 Nr. 2a BDSG) ein im Vollstreckungsverfahren erstattetes Prognose*gutachten* von der VollzEinrichtung in die Gefangenenpersonalakte aufgenommen und bei Vollzugsentscheidungen verwendet wird, steht den Informationsbelangen betr. etwaiger Erkenntnisse die Gefahr einer Orientierung (oder gar Abhängigkeit) von der – ggf. verfehlten – Sichtweise des Gutachters (zu Fragen der Geeignetheit vgl. → § 43 Rn. 49, 57) gar iSv „Brandmarkung" ggü., zumal offen ist, ob in einem neuerlichen Vollstreckungsverfahren ein anderer Gutachter herangezogen wird, der ggf. eine andere Sichtweise zum Ausdruck bringt.

2. Herausgabe

145 **a) Befugnisnormen.** Was den Schutz von Daten vor der Herausgabe an Empfänger **außerhalb** der Vollzugseinrichtung angeht, so ist er hinsichtlich der betr. Jugendliche und Heranwachsende bestehenden zusätzlichen Befugnisnormen (vgl. § 42 JVollzGB BW I) besonders sorgfältig zu wahren. Ansonsten ist zwischen verschiedenen öffentlichen Stellen bzw. zwischen öffentlichen und nichtöffentlichen Stellen (vgl. etwa §§ 38, 39 JVollzGB BW I sowie VV (Die Justiz 2008, 268 ff.) ua Nr. 3, 5, 6; § 60 Abs. 3 HessJStVollzG enthält eine mit § 2 Abs. 1 kaum zu vereinbarende Ausdehnung) zu unterscheiden. Die Übermittlung personenbezogener Daten an durch die Straftat Verletzte zwecks Wiedergutmachung scheidet wegen der erzieherischen Bedeutung eigenverantwortlicher Regelung persönlicher Angelegenheiten aus, sofern begründet davon auszugehen ist, dass der Verurteilte selbst die Wiedergutmachung „betreibt" (§§ 65, 71 S. 2 JVollzDSG Bln).

145a Spezielle Regelungen finden sich bzgl. Forschungsvorhaben (vgl. etwa betr. Verpflichtung zur Geheimhaltung Nr. 4 VV BW Die Justiz 2008, 309 ff., in Ergänzung zu § 40 JVollzGB BW I, § 476 StPO). Datenschutzrechtliche Fragen bilden hier regelmäßig einen Aspekt, der neben anderen Fragen (Machbarkeit, Qualitätssicherung, ethische Ebene usw) für die Genehmigung wissenschaftlicher Untersuchungen ausschlaggebend ist. Die Prüfung obliegt vielfach den Kriminologischen Diensten (teilw. in Kooperation mit den Justizministerien). Inwieweit die sich hieraus ergebenden Zugangsschwellen die Freiheit der wissenschaftlichen Forschung beeinträchtigen, wird kontrovers beurteilt (vgl. etwa *Fährmann/Knop* NK 2017, 251; *Breuer/Endres/Häßler ua* NK 2018, 92).

b) Insassen, die nicht EU-Bürger sind. Besonders Bestimmungen **145b** bestehen bzgl. nichtdeutscher JStrafgefangener, die nicht EU-Bürger sind, deren Daten nach § 87 AufenthG, §§ 71 ff. AufenthV der Ausländerbehörde übermittelt werden müssen. Dies gilt nach § 74 AufenthV auch für besondere Ereignisse und Termine bei Strafvollzug und -vollstreckung (wie zB Strafantritt, Verlegung, geplante Entlassung und Bewährungswiderruf). Dabei sind schon wegen des Schlechterstellungsverbotes die Grenzen aus § 180 Abs. 6, 10 StVollzG einzuhalten.

XI. Vollzug von Maßregeln der Besserung und Sicherung

1. Unterbringung in einem psychiatrischen Krankenhaus

a) Organisatorisches. Der Vollzug dieser Maßregel findet in Anstalten **146** der *Gesundheitsverwaltung* statt. Eine Auslagerung auf private Unternehmen gilt im allg. StR hinsichtlich des Funktionsvorbehalts des Art. 33 Abs. 4 GG als nicht unvertretbar (vgl. BVerfG NJW 2012, 1563 = StV 2012, 294; vgl. auch schon NdsStGH NdsVBl 2009, 77; OLG Schleswig ZJJ 2006, 79 (gegen LG Flensburg ZJJ 2005, 208 (211); zust. Bspr. *Willenbruch/Bischoff* NJW 2006, 1776); aA OLG Naumburg NStZ 2011, 348). – Der Vollzug richtet sich im Wesentlichen nach anderen landes- oder bundesrechtlichen Bestimmungen als denjenigen des (J)Strafvollzugs (§§ 136, 138 StVollzG bzw. Vorschriften in den JStVollzGen der Länder; zum Datenschutz im Maßregelvollzug schlechthin vgl. *Goerdeler* R&P 2014, 129 ff.). Dabei handelt es sich teilweise um UnterbringungsGe der Länder, teilweise um selbstständige MaßregelvollzGe.

Speziell betr. Zwangsbehandlung (Zwangsmedikation) kommen am **146a** ehesten Psychosen aus den Formenkreisen Schizophrenie und bedingt auch affektiver Psychosen in Betracht. Grundsätzlich verlangen das (freie) Selbstbestimmungsrecht und der Verhältnismäßigkeitsgrundsatz eine restriktive Handhabung (vgl. BVerfG NJW 2011, 2113 mit Bspr. Marschner R&P 2011, 160 f. sowie DGPPN R&P 2012, 62; NJW 2011, 3571; 2013, 2337, unbeschadet Einwilligung des Betreuers (NJW 2013, 2337 Rn. 71, betr. SächsPsychKG); OLG Celle StraFo 2011, 374; jeweils betr. allg. StR; vgl. aber auch Art. 44 Abs. 1, Art. 6 Abs. 3–6 BayMRVG v. 17.7.2015 (GVBl. 222) – im Übrigen krit. zu BayMRVG *Greiner* R&P 2017, 10 ff.). Beweisrechtlich erhebliche Schwierigkeiten bestehen insb. bei beantragter einstweiliger Anordnung des Verbots (vgl. näher BVerfG, 2. K. des 2. S., BeckRS 2017, 124089: „hypothetisch als zutreffend zu unterstellen") als auch betr. die Frage, ob eine selbstbestimmte, dh nicht abgenötigte Einwilligung erteilt wurde (vgl. zB betr. antiandrogene Mittel etwa Europarat CPT/Inf (2017) 13, v. 1.6.2017). Zur Überprüfung medizinischer Zulässigkeit sind ua Feststellungen zum Wahrscheinlichkeitsgrad des Auftretens von Nebenwirkungen und ihres Ausmaßes unerlässlich (vgl. zu § 20 Abs. 3 S. 2–5 BWPsychKHG näher OLG Karlsruhe R&P 2017, 104 (betr. „antipsychotisch wirksame" Medikamente)). Gegebenenfalls bedarf es der Heranziehung externer Sachverständiger (so § 15 Abs. 3 Nr. 7 S. 1 RhPfMVollzG; § 8a Abs. 2 S. 1 NdsMVollzG: „zwei … einvernehmlich"; einschr. § 17a Abs. 6 S. 2 MRVollzG NRW, geänd. durch Art. 7 des Gesetzes v. 7.4.2017, GV NRW 511).

147   Die **Vollzugsdurchführung** ist, zusätzlich zu den im Allg. ohnehin bestehenden Beeinträchtigungen psychisch Kranker in geschlossenen Institutionen, nur in begrenztem Maße therapeutisch ausgestaltet (vgl. aber zB *Häßler ua* ZJJ 2004, 26 ff. (betr. Klinik in Rostock); für NRW *Burchard* ZJJ 2015, 164 ff., 166 ff. (zur Klinik Marsberg), da das Sicherungsinteresse – teilweise unrealistisch – haftähnliche Bedingungen veranlasst (vgl. *Rüping* NStZ 1983, 13 f.; *Kammeier* in Schwind/Blau S. 108 ff.; *Tessenow,* Jugendliche und Heranwachsende im psychiatrischen Maßregelvollzug, 2002, 198) und (weitgehende) Lockerungen nur eingeschränkt stattfinden. Im Einzelnen ist besonders bei solchen Untergebrachten, bzgl. derer angenommen wird, sie erfüllten die Voraussetzungen für Urlaub und Ausgänge (noch) nicht, die Möglichkeit von Ausführungen zu prüfen (BVerfG, 3. K. des 2. S., NStZ-RR 2012, 387 (zum allg. StR); vgl. aber auch *Weissbeck/Günter* R&P 2010, 16; krit. zur Art der Lockerungsbeschränkungen in Baden-Württemberg *Royen* StV 2005, 411 ff. (betr. allg. StR)). Der Untergebrachte hat auf der Grundlage heranzuziehender landesgesetzlicher Vorschriften sowie von Art. 2 Abs. 1 GG einen **Anspruch** auf Erstellung und Einhaltung eines **Vollzugs-** und **Behandlungsplans** (OLG Karlsruhe StV 2012, 301). Zusätzliche Anforderungen auf administrativer Grundlage sind unzulässig (LG Göttingen R&P 2018, 53 (zum allg StR); vgl. zum Ausbildungsstand im Allg. etwa *Hollweg/Winkelkötter* R&P 2012, 140 f.; zu Standards der Behandlung *Elsner* in Schmidt-Quernheim/Hax-Schoppenhorst ForensPsych 437 ff.; ausf. *Müller ua* Nervenarzt 88 (2017), 1 ff. (zum allg StR)). – Einschränkungen des Besuchsrechts bedürfen einer gesetzlichen Grundlage (BVerfG, 2. K. des 2. Senats, 21.1.2008 – 2 BvR 2307/07 betr. unzulässige Bedingung vorherigen Prüfungsgesprächs mit Verwandten). – Rechtstatsächlich kommt es, teilweise vergleichbar dem JStVollzug (vgl. → § 92 Rn. 40), mitunter zu Übergriffen bis hin zu (Straf-)Taten ggü. Untergebrachten (vgl. etwa BGH R&P 2009, 57).

148   **b) Zum Trennungsgebot.** In einem Teil der Bundesländer findet die Unterbringung Jugendlicher und Heranwachsender *zusammen* mit *Erwachsenen* statt (nach *Weissbeck/Günter* R&P 2010, 13 (17): bei ca. *2/3* der Untergebrachten im Alter von 14–21 Jahren, und *ohne altersadäquate Therapie*), in einigen der übrigen Bundesländer gilt dies nur für Heranwachsende (vgl. zum Ganzen schon *Schniedermeyer* PraxisKiPsych 1985, 239 (241); *Tessenow,* Jugendliche und Heranwachsende im psychiatrischen Maßregelvollzug, 2002, 187; *Stöver ua* FPPK 2008, 255 ff. (nur betr. vor dem 18. Lbj. Aufgenommene), allg. *Stöver ua* FPPK 2013, 184 f.; zu „unklarer Datenlage" *Weissbeck ua* Forensik 2004, 145 (149)); insofern weiter Art. 44 Abs. 1 BayMRVG, allerdings Abs. 2: „sollen nach Möglichkeit in spezialisierten Einrichtungen"). Hiergegen bestehen (auch) unabhängig von der Frage nach dem Ausmaß strafrechtlicher Vorbelastungen erwachsener Untergebrachter und den hiermit verbundenen Gefahren und Einflüssen erzieherische Bedenken (vgl. ThürVerfGH NJ 2003, 195 (Ls.): ggf. Verstoß gegen Art. 2 Abs. 1 GG; instruktiv aus der Praxis *Weissbeck ua* Forensik 2004, 150 ff. sowie *Weissbeck/Günter* R&P 2010, 10 ff.). Ein altersangepasst erzieherisch-therapeutisches Herangehen ist unter den Bedingungen eines gemeinsamen Vollzugs jedenfalls kaum durchführbar (krit. daher *DVJJ Bremen* ZJJ 2019, 181 (182)). – Ähnlich wie im JStrafvollzug stellt sich die Aufgabe bzgl. der Unterbringung *weiblicher* Personen in speziellerer Weise (vgl. etwa *Selders/Wenzel* R&P 2013, 23 ff.). Gegebenenfalls ist die Verlegung in eine geeignete Einrichtung eines anderen Bundeslandes in Betracht zu ziehen.

c) **Rechtsschutz.** Hinsichtlich des Rechtswegs gegen Vollzugsmaßnahmen zur JKammer vgl. → Rn. 183. Sachlich zumindest nicht weniger geeignet (und zweckmäßig) wäre die Bestimmung der Zuständigkeit des Vollstreckungsleiters gewesen (dazu → § 92 Rn. 152). **149**

Bezüglich des Rechtsschutzes bestehen, mehr noch als beim Vollzug der JStrafe (vgl. aber betr. Behandlung BVerfG NStZ 2013, 168), Einwände ua insoweit, als mitunter der ärztlichen Beurteilung eine gewisse Sonderstellung eingeräumt wird, und zwar in Abweichung allg. verwaltungsrechtlicher Grundsätze zur gerichtlichen Überprüfbarkeit (VerfGH Bln StV 2016, 306 (betr. Rücknahme von Lockerungen aufgrund sexualmedizinischen Gutachtens); vgl. etwa auch KG R&P 1985, 34 mkritAnm *Volckart* (zum allg. StR)). Demgegenüber sind zB der Entzug von Gegenständen, (grds. androhungsbedürftiger) unmittelbarer Zwang (vgl. zur „Fixierung" Art. 44 Abs. 1, Art. 26 BayMRVG nebst Begr. LT-Drs. 17/4944, 50 f.), nächtliche Sichtkontrollen (§ 21 Abs. 1 MRVG, dazu OLG Hamm StraFo 2017, 171: Fehlen positiver Feststellung von Selbstgefährdung) oder die Sanktionierung von Verhalten (als faktische Disziplinarmaßnahme) nur aufgrund eines Gesetzes zulässig (OLG Hamburg R&P 2007, 203 mAnm *Lindemann* (betr. allg. StR)). Disziplinarmaßnahmen im rechtlichen Sinne sind mit dem Wesen dieser Maßregel (§ 63 StGB) nicht vereinbar (s. ausdrücklich § 43 Abs. 3 BlnPsychKG, dazu LG Berlin R&P 2017, 259 mAnm *Lindemann;* vgl. auch schon OLG München StV 2009, 150 (jeweils zum allg. StR)). **149a**

Grundsätzlich besteht ein Recht auf *Einsicht* in die *Krankenakten,* und zwar – wenn auch ggf. in Abwägung mit schützenswerten Belangen der ärztlichen Aufgaben – einschließlich Wertungen (vgl. näher → Rn. 102c, betr. U-Haft → § 89c Rn. 79; teilweise noch offenlassend BVerfG, 2. K. des 2. S., NJW 2006, 1116 f. (betr. allg. StR)). **149b**

Hinsichtlich tatsächlicher **Arbeitsleistungen** kommt es kostenrechtlich nicht darauf an, ob sie als therapeutisch indiziert legitimiert werden (OLG Dresden StV 2016, 310 (zum allg. VollzR)). **149c**

d) **Dauer.** Hinsichtlich der Dauer der Unterbringung (vgl. de lege ferenda → § 7 Rn. 11a, 11b) und der Art einer psychischen Erkrankung bzw. Störung einerseits und dem Anlassdelikt andererseits bestehen schon im allg. StR (abgesehen zB von Befunden iSd schizophrenen Formenkreises und ggf. Delikten gegen die sexuelle Selbstbestimmung) und, wie einzelne empirische Anhaltspunkte ergeben (vgl. etwa *Stöver ua* FPPK 2013, 189), auch für nach JStR Untergebrachte (vgl. aber speziell betr. „Klinefelter-Syndrom" BVerfG, 2. K. des 2. S., BeckRS 2014, 54608 Rn. 4) keine deutlichen Zusammenhänge (vgl. zusf. etwa *Eisenberg/Kölbel* Kriminologie § 38 Rn. 27, 35 ff.). **150**

2. Unterbringung in einer Entziehungsanstalt

151　　**a) Organisatorisches.** Der Vollzug auch dieser Maßregel geschieht in Anstalten der *Gesundheitsverwaltung* (zum Funktionsvorbehalt des Art. 33 Abs. 4 GG vgl. OLG Schleswig ZJJ 2006, 79 ff.: nicht offensichtlich verfassungswidrig, gegen LG Flensburg ZJJ 2005, 208 (211) (abl. betr. privates Unternehmen, ebenso Bspr. *Willenbruch/Bischoff* NJW 2006, 1776)) und richtet sich im Wesentlichen nach Landesrecht (vgl. auch schon § 138 StVollzG; zu VollzEinrichtungen und Belegungen vgl. etwa *Stöver ua* FPPK 2013, 184 f.; *Elsner* in Schmidt-Quernheim/Hax-Schoppenhorst Forens-Psych 436); eine stationsbezogen gemeinsame Unterbringung mit gem. § 7 Abs. 1, 63 StGB Untergebrachten (vgl. auch → Rn. 148) wäre wegen verschiedenster Formen der Beeinträchtigung des (Wieder-)Eingliederungsanspruchs unzulässig (vgl. zum allg. VollzR OLG Karlsruhe StV 2016, 309). Zur Abgrenzung von Einrichtungen gem. § 93a vgl. Erl. → § 93a Rn. 1, 2). Üblicherweise wird eine stufenweise Intervention unter Einschaltung mehrerer Institutionen als am ehesten erfolgreich angenommen, wobei die stationäre Unterbringung nur die erste Phase darstellt und der Nachsorge zentrale Bedeutung zukommt.

152　　**b) Geeignetheit von Therapie.** Zu dieser Frage fehlt es (auch) für jugendstrafrechtlich Verurteilte weithin an erforderlichen räumlichen und personellen Voraussetzungen, und zwar entgegen spezieller gesetzlicher Vorschrift (§ 93a (vgl. auch Erl. zu § 93a)). Dies gilt etwa insoweit, als sich dem körperlichen Entzug mitunter eine (meist eintönige) Form der Beschäftigung anschließt und psycho- oder sozialtherapeutische Bemühungen ohne hinreichende Qualität bleiben. Denn nach ganz überwiegender Erfahrung wird davon auszugehen sein, dass körperlicher Entzug ohne entsprechende Motivation und begleitende Bemühungen idR erfolglos bleibt. Differenziertere Ausgestaltungen hingegen deuten durchaus auf eine therapeutische Effektivität hin (vgl. etwa *Hartl ua* MschKrim 2015, 513 ff.; ausführlich zu Standards der Behandlung *Müller ua* Nervenarzt 88 (2017), 1 ff. (zum allg StR)).

152a　　Demgegenüber ist es für zukünftige Legalbewährung tendenziell abträglich, wenn eine (nur) **punktuelle Intervention** stattfindet und eine zunehmende Beeinträchtigung der Untergebrachten im psychischen und sozialen Bereich vor sich geht, besonders dann, wenn zentrale Voraussetzungen zur (Wieder-)Eingliederung in die Außengesellschaft weniger hergestellt werden (abl. zur Art der Lockerungsbeschränkungen in Baden-Württemberg *Royen* StV 2005, 411 ff. (betr. allg. StR); vgl. zum Ausbildungsstand im Allg. etwa *Hollweg/Winkelkötter* R&P 2012, 140 f.). Prognostisch ist im Speziellen die Etikettierung zB als „dissozial" (gar iSv „fehlender Reue, antisozialen Einstellungen, regelverletzendem Verhalten" (*Stöver ua* FPPK 2013, 190 f.)) einer eher einseitigen Perspektive geschuldet (vgl. auch → § 5 Rn. 77), und gegenüber vorwiegend statischen Merkmalsauflistungen bestehen auch bei differenzierender Handhabung (vgl. betr. PCL-R etwa *Rotermund ua* MschKrim 2013, 314 ff.) grundsätzliche Einwände (vgl. → Rn. 47a, → § 5 Rn. 31a, 77, → § 43 Rn. 47, 47a).

152b　　Hinsichtlich strafrechtlicher „*Rückfälligkeit*" liegen einzelne empirische Hinweise (nach einer Therapiedauer von durchschnittlich einem Jahr und acht Monaten) vor, wonach die Anteile nach Therapieabbruch signifikant höher waren (vgl. *Maaß ua* Nervenheilkunde 2016, 131 ff. (betr. psychiatrische Universitäts-Klinik Rostock)).

c) Bereitschaft und Freiwilligkeit. Auch in Anstalten mit vergleichs- 153
weise aufwändiger personeller Ausstattung hängt das therapeutische Verständnis und Vorgehen mehr von der jeweiligen Institution oder dem jeweiligen Therapeuten (mit entspr. Relevanz für den Therapieverlauf (vgl. *Vollmer/Ellgring* Suchtgefahren 1988, 281 f.)) und weniger von zuverlässigen Erkenntnissen über die Wirksamkeit verschiedener Behandlungskonzepte und -verfahren bei unterschiedlichen Probandengruppen ab (vgl. ergänzend → § 82 Rn. 10 ff.). Dies beruht neben anderen Gründen auf dem Mangel praxisbegleitender Sanktions- und Interventionsforschung wie auch auf der Ausgangsvoraussetzung von Therapie unter Zwang (vgl. etwa schon *Kappel/Scheerer* StV 1982, 182 (184 ff.)). Dabei entbehrt eine gelegentlich vertretene Auffassung des Inhalts, auf Bereitschaft oder Freiwilligkeit könne anhaltend verzichtet werden, weil eine suchtmittelabhängige Person kein mündiger Bürger sei, schon empirischer Grundlage. Vielmehr mag anhaltende Therapieunwilligkeit auf dem Grundwiderspruch zwischen erzwungener Unterbringung und Therapie beruhen (nach *Marneros ua* MschKrim 1993, 172 f. (zum allg. StR) berichteten 3/4 von N=90 Alkoholikern über eine negative Einstellung zur Therapie, weil sie keine „richtige" sei bzw. Vertrauen zum Therapeuten fehle).

Für Fälle (angeblich) fehlender Freiwilligkeit und Motivation zur Behand- 154
lung wird vereinzelt (auch aus ärztlicher Sicht) vertreten, der Drogenabhängige müsse „dazu gebracht" werden, den Willen des Therapeuten anzunehmen, bis er selbst (mit-)entscheiden könne; dies gelte umso mehr für solche Probanden, die Vertrauen in ihre Mitmenschen verloren hätten, fehlgeschlagene Therapieversuche aufwiesen bzw. nicht dazu in der Lage seien, Abstinenzsymptome zu bewältigen oder gar sich selbst als „unheilbar" einschätzten. Zur Motivation sei „Leidensdruck" erforderlich (krit. zum Begriff → § 5 Rn. 7). Derartige Auffassungen stehen in Widerspruch zu den allg. Grundvoraussetzungen jeder Therapie, nämlich Freiwilligkeit und Bereitschaft des Probanden, der Subjekt bleiben muss (s. etwa auch *Hellebrand* DVJJ 1990, 307, wonach sich der strafrechtliche Druck nicht beliebig steigern lässt, er vielmehr „umschlagen" und Therapieaussichten mindern kann).

3. Vollzug bei vorbehaltener Anordnung sowie nach Anordnung von Sicherungsverwahrung

a) Rechtliche Vorgaben. Der Vollzug dieser Maßregel geschieht (bisher 155
gem. §§ 129 ff. StVollzG bzw.) gem. **landesgesetzlichen** Bestimmungen, die (modifiziert) nach den Vorgaben in BVerfGE 128, 326 ff. spätestens zum 1.6.2013 in Kraft treten mussten (vgl. zB JVollzGB BW V (GBl. 2013, 581), NdsSvVollzG (GVBl. 2012, 566); BaySvVollzG (GVBl. 2013, 275); speziell § 5a HmbJStVollzG, § 17a Abs. 1 S. 1 HessJStVollzG (zum RegE HSVVollzG krit. *Kreuzer,* Stellungnahme August 2012, online abrufbar), §§ 5 Abs. 2 S. 2, 10 Abs. 2 S. 4, 11 Abs. 1 S. 2 SJStVollzG, §§ 22a, 22b SchlHJStVollzG, §§ 3 Abs. 3, 102 Abs. 3 SächsJStVollzG, §§ 6 Abs. 1 S. 3, 8 Abs. 2 ThürJVollzGB, §§ 8 Abs. 4, 13 Abs. 2 S. 2 BbgJVollzG, §§ 2 Abs. 2, 8 Abs. 3 S. 2, 13 Abs. 4, 107 Abs. 2 S. 2 JVollzGB LSA). Vormals hatte sich der Rechtsausschuss (BT-Drs. 16/9643, ebenso Begr. des betr.

RegE) zu dieser Frage nicht verhalten (lediglich wegen entstehender Mehrkosten war vage die Rede von „möglicherweise erforderlicher besonderer Einrichtungen und Maßnahmen für junge Untergebrachte", RegE, 11; krit. auch *Nestler/Wolf* NK 2008, 158; *Brettel* ZJJ 2009, 331). Die Erhebung eines Haftkostenbeitrags kommt nicht in Betracht (vgl. schon OLG Celle StraFo 2012, 426 (zum allg. StR)). Da es sich um eine vorbehaltene Anordnung bzw. Anordnung nach *materiellem JStR* handelt (§ 1 Abs. 2), scheidet – systematisch ebenso wie bei den Regelungen zum JStVollzug – eine Durchführung gem. dem SV-Vollzug bei nach allg. StR Abgeurteilten aus (vgl. aber zur Verweisung auf das StVollzG für NRW § 16 Abs. 1 JStVollzG (allerdings gem. Abs. 2 unter Wahrung von §§ 7 Abs. 3, 106 Abs. 5)); ähnlich für Niedersachsen § 132 Abs. 2 JVollzG, vgl. auch für Baden-Württemberg § 88 Abs. 1 JVollzGB IV).

155a   Das AbstandsgebotsG (v. 5.12.2012 (BGBl. I 2425)) hat **bundesgesetzliche** (vgl. Art. 74 Abs. 1 Nr. 1 GG sowie speziell BVerfGE 128, 326 Rn. 129) Vorgaben (sog. „Leitlinien") für Einrichtungen geschaffen, in denen die Unterbringung in Sicherungsverwahrung vollzogen wird (§ 66c Abs. 1 StGB (krit. betr. Nr. 1 zur „Psychiatrisierung" etwa *Dax,* Die Neuregelung des Vollzugs der Sicherungsverwahrung, 2017, 182 ff., 257) sowie die vorgenannten Landesgesetze), ebenso wie für den der Unterbringung vorangehenden Vollzug der JStrafe (§ 66c Abs. 2 StGB), zudem Bestimmungen mit dem Ziel, den verfassungskonformen Vollzug von Sicherungsverwahrung und vorangehendem (Jugend-)StVollzug abzusichern (insb. § 119a StVollzG bzw. § 67c Abs. 1 S. 1 Nr. 2 StGB und § 67d Abs. 2 S. 2 StGB (für diese beiden Vorschriften wäre systematisch stimmig zu § 67d Abs. 6 S. 1 StGB die Möglichkeit der Erledigterklärung gewesen); vgl. 176 ff.). Indes ist der Vollzug schon gem. der landesgesetzlichen Regelungen weitgehend demjenigen der Freiheitsstrafe angepasst (vgl. näher *Dax,* Die Neuregelung des Vollzugs der Sicherungsverwahrung, 2017, 271 ff., 322 ff. (zum allg. StVollzR)), ggü. der JStrafe bleibt er partiell gar zurück. Wegen der Einzelheiten wird auf die Spezialliteratur Bezug genommen.

156   **b) Angebote ohne psycho(patho)logische Verengung.** Soweit § 66c **Abs. 1 Nr. 1 lit. a StGB** die Pflicht enthält, dem Untergebrachten eine individuelle und intensive Betreuung anzubieten, wobei die den therapeutischen Bereich betr. Angebote besonders benannt sind (vgl. schon zur Förderungspflicht näher OLG Celle StV 2015, 374 (zum allg. StR); verengend aber Begr. RegE v. 6.6.2012 (BR-Drs. 17/9874), 18: „insb. medizinische Erkenntnisse"), dürfen demgegenüber gerade bei nach JStR Verurteilten sonstige dem Abstandsgebot geschuldete Betreuungsangebote – wie etwa berufliche Aus- und Weiterbildungsmaßnahmen oder Maßnahmen zur Ordnung der finanziellen oder familiären Verhältnisse – nicht zurückstehen. Dem könnte auch für den Fall besondere Bedeutung zukommen, dass länderübergreifend gemeinsame Einrichtungen unterhalten werden (vorgesehen sind (ohne Differenzierung nach JStR oder allg. StR) zB für Bayern 84 Plätze, für Rheinland-Pfalz 60 Plätze, jeweils „in" der JVA (nach FS 2012, 160 f.)), wodurch zB eine Anpassung an regional vertraute Lebensverhältnisse sowie Besuchsmöglichkeiten erheblich erschwert würden (betr. Intimbesuch vgl. BayLT-Drs. 16/13834, 38, zu Art. 22 Abs. 2 BaySvVollzG: „nicht umfasst"; krit. *Zimmermann* HRRS 2013, 170). – Die ohnehin nur eingeschränkte Umsetzung des Gebots der Trennung vom allg. (Jugend-)StVollzug (vgl. BVerfGE 128, 326 Rn. 115), wie sie 66c **Abs. 1 Nr. 2 lit. b** StGB bestimmt, ist darüber hinaus insofern wenig differenziert, als sie **nicht** zwischen nach JStR bzw. nach allg. StR Verurteilten **unterscheidet.**

Besonders nachdrücklich ist bei nach JStR Verurteilten § 66c **Abs. 1 156a Nr. 3 lit. a** einzuhalten, wonach die Einrichtung vollzugsöffnende Maßnahmen (also nicht nur Lockerungen) ebenso wie Entlassungsvorbereitungen treffen muss, soweit nicht zwingende Gründe entgegenstehen, wobei lediglich abstrakte Gefahren die Versagung solcher Maßnahmen nicht rechtfertigen können (vgl. auch schon zum allg. StVollzR OLG Hamburg StraFo 2013, 525, betr. Ausführung (nicht) durch Uniformierte). Das Begriffspaar „erhebliche Straftaten" meint solche iSv § 66 Abs. 1 S. 1 Nr. 4 StGB (vgl. Begr. RegE v. 6.6.2012 (BR-Drs. 17/9874, 21).

Eine durchgreifende Änderung des (Jugend-)Strafvollzugs verlangt § 66c **156b** Abs. 2 StGB, da hiernach eine individuelle und intensive Betreuung (gem. § 66c Abs. 1 Nr. 1 StGB) **zur Vermeidung** einer möglichen Unterbringung in Sicherungsverwahrung anzubieten ist – gem. der Fassung „schon im StVollzug" ist nicht nur der Vollzug derjenigen Jugend- oder Freiheitsstrafe erfasst, die wegen der Tat oder Taten verhängt wurde, die auch Anlass für die Sicherungsverwahrung ist oder sind, vielmehr handelt es sich um ein Verbot, eine Betreuung und Behandlung etwa iZm der Vollstr einer anderen Jugend- oder Freiheitsstrafe zu unterbrechen. Für die Prognose aus §§ 67c Abs. 1, 67d Abs. 2 StGB ist gerade bei nach JStR Verurteilten eine Erprobung im Rahmen vollzugsöffnender Maßnahmen eine ganz wesentliche Voraussetzung, um eine (prognostische) Aussage aufgrund mehrerer Erkenntnisquellen treffen zu können (zu statistischen Daten anhand BZR-Auszügen *Jehle/ Grindel* in Dölling/Jehle, Täter, Taten, Opfer, 2013, 122 ff.). Zwar umfasst § 67c Abs. 1 S. 1 Nr. 2 StGB nicht vollzugsöffnende Maßnahmen iSv § 66c Abs. 1 Nr. 3 StGB (krit. Stellungnahme DAV Nr. 56/2012), jedoch wäre es aus Gründen der Effektivität zumindest bei nach JStR Verurteilten angezeigt, dass deren Durchführung nicht von den allg. Kriterien des (Jugend-)Strafvollzugs abhängt (vgl. → Rn. 52 ff., 66 ff.; § 11 Abs. 2 StVollzG), dass vielmehr die Belange gem. BVerfGE 128, 326 ff. berücksichtigt werden (vgl. auch *Brettel* ZJJ 2015, 162 f.).

Die Vollzugsbedingungen der Sicherungsverwahrung müssen in deutli- **157** chem **Abstand** zum (Jugend-)Strafvollzug gestaltet sein (vgl. zur Ist- statt nur Soll-Vorschrift (vgl. → Rn. 32) des Angleichungsgrundsatzes Art. 3 Abs. 3 S. 1 BaySvVollzG; zur wohnlichen Ausstattung des Verwahrraums OLG Naumburg BeckRS 2012, 15513 (zum allg. StR); speziell betr. Spielkonsole OLG Nürnberg StraFo 2011, 336; betr. Musikanlage ohne Aufnahmemöglichkeit auch mit analogem und USB Eingang LG Berlin 22.4.2015 – 590 StVK 196/14 Vollz; zu Playstation 2 aber OLG Frankfurt a. M. NStZ-RR 2012, 32 (jeweils zum allg. StR); vern. betr. erhöhten Selbstverpflegungszuschuss (§ 17 SVVollzG NRW) OLG Hamm NStZ-RR 2014, 158 (zum allg. StR)) und insb. über den Freiheitsentzug hinausgehende Belastungen „vermeiden", da Sicherungsverwahrung ausschließlich mit präventiven Zwecken begründet ist und dem Betroffenen „gleichsam ein Sonderopfer" (BVerfGE 128, 326 Rn. 100) auferlegt. Dabei sind tendenziell angelegte Vorab-Einengungen – zB auch durch externe und ggf. wenig qualifizierte Pflichtbegutachtungen in der Funktion der Verantwortungsdelegation – insb. hinsichtlich Vollzugslockerungen zu vermeiden, schon weil andernfalls iErg das Abstandsgebot unterlaufen würde (BVerfGE 128, 326

Rn. 121, 129, 130; vgl. anhand konkreter Verfahren (zum allg. StR) auch *Beck* HRRS 2013, 9 ff.; ergänzend → § 7 Rn. 11). Verfassungsrechtlich erforderlich (vgl. BVerfGE 128, 326 Rn. 102, 108) ist ein „freiheitsorientierter und therapiegerichteter" Ablauf, wobei die Perspektive der Wiedererlangung der Freiheit als „System" der Sicherungsverwahrung „sichtbar die Praxis der Unterbringung bestimmt" (BVerfGE 128, 326 Rn. 100, 108). Auch ist dem Untergebrachten ein effektiv durchsetzbarer Rechtsanspruch auf Durchführung derjenigen Maßnahmen einzuräumen (vgl. → Rn. 176 ff.), die zur Reduktion der als „Gefährlichkeit" begründend erachteten Ausprägungen geboten sind, und es sind ihm ein geeigneter Beistand beizuordnen oder andere Hilfestellungen anzubieten, die ihn in der Wahrnehmung seiner Rechte und Interessen unterstützen (BVerfGE 128, 326 Rn. 117).

157a   Gemäß § 66c Abs. 1 Nr. 1 StGB beginnt der Vollzug angeordneter Sicherungsverwahrung mit einer umfassenden Behandlungsuntersuchung, auf die ein **Vollzugsplan** aufbaut. Zwar sieht die Vorschrift keine Fristen zur Aktualisierung des Vollzugsplans vor, jedoch wird (zumal bei nach JStR Eingewiesenen) idR ein Zeitraum von zwischen drei und sechs Monaten nicht überschritten werden dürfen (vgl. etwa § 14 Abs. 3 S. 2 JVollzG LSA; zur Teilnahme des Verteidigers gem. § 463 Abs. 8 S. 1, 2, § 8 Abs. 5 S. 4 SächsSVVollzG OLG Dresden NStZ-RR 2014, 357). – Ob sich eine Orientierung an Belangen Geschädigter der Anlasstaten mit dem Status als „Sonderopfer" vereinbaren lässt, ist grundsätzlich zw. (aA § 7 und Folgevorschriften SVVollzG NRW (GVBl. 2013, 217)).

158   **c) Therapie.** Diesbezüglich bedarf es regelmäßig einer Vorab-Prüfung dazu, ob das für diese oder jene Maßnahme erforderliche „kognitive Leistungsvermögens" des Untergebrachten zureicht (vgl. OLG Karlsruhe R&P 2017, 109 (zum allg. StR)). Im Übrigen fehlt es an den Voraussetzungen der **Angstfreiheit,** soweit der Verurteilte bei jedweder Äußerung besorgen muss, sie könne zu seinen Ungunsten gewertet werden. Da ein Zwang zur Therapie unzulässig wäre und eine geeignete (§ 70a Abs. 1 aF bzw. § 70b Abs. 1 nF) *Belehrung* (entspr. § 2 Abs. 2, § 136 Abs. 1 S. 2 StPO) vorauszugehen hat, vermag ggf. am ehesten ein Schweigen den rechtlichen Schutz zu wahren (zur Versagung eines externen Therapeuten OLG Nürnberg NStZ-RR 2016, 95 (betr. allg. StR, Art. 10 Abs. 2 Nr. 3 iVm Art. 3 Abs. 2 BaySvVollzG)). Auch kommt es vor, dass der Verurteilte in Rivalitäten zwischen Therapeuten gerät bzw. auf Anraten dieses oder jenes Therapeuten ggü. einem Sachverständigen unzutreffende und sich selbst belastende, jedoch einer Vorab-Beurteilung entsprechende Angaben macht, etwa in der Annahme, dadurch Erwartungen an eine Aufarbeitung der Tat zu genügen (vgl. zu Anhaltspunkten *Eisenberg* DRiZ 2009, 219 f. und JR 2010, 314 ff. sowie (zum allg. StR) schon *Eisenberg* JR 2008, 148). Ohnehin sind die auch im Bereich der (Jugend-)Strafjustiz mitunter verbalisierten Vorstellungen über Möglichkeiten einschlägiger Therapie umso relitätsferner, je weniger bisherige (auch therapeutische) Bemühungen während des (Jugend)Strafvollzugs erbracht haben (vgl. auch *Kröber* FPPK 2011, 64 f.: Mythologisierung iSe „Wunderstabs"). – Eher ausschlaggebend für das Ziel künftiger Legalbewährung ist demgegenüber die Organisation und Qualität des Übergangs in Freiheit (zumindest in den Bereichen Unterkunft, Arbeit und Beschäftigung, Krankenversicherung, speziell etwa betreutes Wohnen etc), die im Allg. fachdienstlicher Betreuung und Kontrolle (zumindest über einen Zeitraum von einem Jahr nach Entlassung hinweg) bedürfen. Dabei ist auch die Funktion des Überbrückungsgeldes relevant (vgl. etwa § 37 Abs. 1 S. 2 ÄndG NRW (Art. 4 des Gesetzes v. 7.4.2017, GV NRW 511)).

d) Ausbildungs- und Beschäftigungsangebote; Lockerungen. Zur **159** Art der Förderung sind in § 66c Abs. 1 Nr. 1 lit. a StGB zwar Arbeits-, Ausbildungs- oder sonstige Beschäftigungsangebote nicht ausdrücklich angeführt, jedoch gehört solches zu den verfassungsrechtlichen Vorgaben. Soweit die vorgesehene Regelung bestimmte **individuelle Angebote** durch die Wendung einschränkt, „soweit standardisierte nicht erfolgreich sind", lässt sich dies gem. den Vorgaben von BVerfGE 128, 326 ff. Rn. 113 nicht etwa dahingehend interpretieren, dass erst ein Scheitern solcher Verfahren abgewartet werden dürfe oder gar müsse. Vielmehr ist, zumal es sich um ein „Sonderopfer" handelt, von Anfang an der **erwartete Erfolg** maßgeblich, nicht aber die Kostenfrage. – Wegen der *Arbeitsvergütung* ist ein im Vergleich zum JStrafvollzug höherer Anteil vorgesehen (s. § 45 VollzGB BW V, Art. 39 Abs. 3 S. 1 BaySvVollzG, § 32 Abs. 1 SVVollzG NRW, jeweils: 16 % der Eckvergütung; vgl. für Baden-Württemberg (Die Justiz 2018, 107) ab 1.1.2018: Tagessatz 23,39).

Die Ausnahmeregelung (§ 66c Abs. 1 Nr. 1, Nr. 2 lit. b StGB) sozialthe- **159a** rapeutischer Behandlung in der Gruppe in der **allg. JVA,** dh mit (Jugend-) Strafgefangenen, darf nicht zu einem Unterlaufen des Trennungsgebots führen. Zumindest ist vorauszusetzen, dass eine solche Gruppenbehandlung nicht auch im SV-Vollzug möglich und erfolgversprechend wäre, und dass der Untergebrachte der Auslagerung zustimmt.

Die von § 66c Abs. 2 StGB vorgesehene Verpflichtung verweist lediglich **160** auf § 66c Abs. 1 Nr. 1, nicht auch auf dessen Nr. 2a, dh sie hebt sich nur geringfügig von der vergleichbaren Pflicht im (Jugend-)Strafvollzug ab (näher → Rn. 83, → § 89b Rn. 17 ff.; vgl. auch § 4 StVollzG). Konkreter wäre es (vgl. schon OLG Naumburg FS 2012, 55 mit iErg abl. Anm. *Arloth* (bei Vergleich mit Wohnbedingungen in Freiheit, zw.), eher aA OLG Hamm NStZ-RR 2013, 124, jeweils zum allg. StR), die Beschaffenheit des Haftraumes iSv § 66c Abs. 1 Nr. 2a StGB zu gestalten (vgl. Art. 16 Abs. 1 S. 4 BaySvVollzG: Raum mindestens 15m²).

Hinsichtlich *vollzugsöffnender* Maßnahmen ist gem. § 66c Abs. 1 Nr. 3 **160a** lit. a StGB (statt der Ausübung von Ermessen) eine bindende Entscheidung vorgesehen, die nur ausnahmsweise vermieden werden kann. Der im sonstigen (Jugend-)Strafvollzug den JVAen zugestandene Beurteilungsspielraum betr. Missbrauchs- und Fluchtgefahr (vgl. → Rn. 78 iVm → Rn. 69; § 11 Abs. 2 StVollzG) besteht dabei von Verfassungs wegen hier nur eingeschränkt (zur Beratung durch unabhängige Gremien vgl. BVerfGE 128, 326 Rn. 116; krit. zur Anhörung der StVollstrKammer oder gar der StA gem. einzelnen Landesgesetzen (zB Art. 54 Abs. 2 BaySvVollzG, § 13 Abs. 2 HessSvVollzG) *Baier* StraFo 2014, 397 (zum allg. StR)). – Im Einzelnen ist die Versagung der Ausführung mit der Begründung, es könnten dadurch keine Erkenntnisse für einen Ausgang gewonnen werden, nicht geeignet (OLG Hamburg StraFo 2016, 129; LG Regensburg StraFo 2012, 205; vgl. ergänzend LG Stendal StV 2013, 650 (jeweils zum allg. StR)).

XII. Rechtsbehelfe

1. Regelungssystematik

161   **a) Entstehung der Regelungen.** Gegen Entscheidungen der Vollzugsbehörde konnte der Betroffene im JA-Vollzug bzw. im JStrafvollzug bis zum Ablauf des Jahres 2007 nur gem. §§ 23 ff. EGGVG **gerichtliche Entscheidung** durch den Strafsenat des OLG beantragen (s. aber auch BGHSt 29, 33, wonach gem. §§ 109 ff. StVollzG über den Antrag die StVollstrKammer zu entscheiden hatte, wenn die JStrafe im Erwachsenenstrafvollzug vollzogen wurde (vgl. nunmehr Abs. 6)). – Eine Benachteiligung ggü. Gefangenen des Freiheitsstrafvollzugs bestand zudem darin, dass nach hM im Unterschied zu §§ 109, 116 StVollzG **keine zweite** gerichtliche **Instanz** gewährt wurde. Diese Einschränkung des Rechtsschutzes **verletzte** das **Verbot** der **Schlechterstellung** Jugendlicher ggü. Erwachsenen in vergleichbarer Verfahrenssituation (von dem das Gesetz nur einzelne bestimmte Ausnahmen vorsieht, vgl. auch → § 2 Rn. 23 ff.; zust. *Dünkel* Freiheitsentzug 500; *Walter,* Formelle Disziplinierung im Jugendstrafvollzug, 1998, 86). Eine etwa der Rechtsmittelbeschränkung des § 55 entsprechende Begründung für die vormalige Regelung wäre schon im Hinblick auf die engen Voraussetzungen des § 116 Abs. 2 StVollzG ungeeignet gewesen, da § 55 einem auf Verletzung des Gesetzes gestützten Rechtsmittel nicht entgegensteht.

162   Dies wurde durch Urteil des BVerfG v. 31.5.2006 (BVerfGE 116, 69 ff.) als den Anforderungen des Art. 19 Abs. 4 GG an einen **effektiven Rechtsschutz** nicht genügend beurteilt. Gerade im JA-Vollzug und im JStVollzug darf der Zugang zum Gericht nicht unverhältnismäßig erschwert werden, es muss vielmehr auf die besondere Situation der Insassen Rücksicht genommen werden. Diese befinden sich einerseits in einem „Rechtsverhältnis mit besonderen Gefährdungen", das eine Unterstützung durch Dritte behindert. Andererseits sind sie nicht selten ungeübt im Umgang mit Institutionen und speziell mit der Schriftsprache (BVerfGE 116, 69 ff. = NJW 2006, 2096). Demgegenüber besteht ein zentrales Element zukünftig (möglichst) straffreier Lebensführung darin, zu lernen, Rechte selbst wahrzunehmen. Als vorzugswürdig erscheint daher eine ortsnahe Rechtsschutzgarantie, die mündliche Kommunikation vorsieht, zeitnah Entscheidungen ermöglicht, einfach zu erreichen ist und auch ansonsten möglichst wenig Hürden aufbaut (s. auch *Sonnen* ZJJ 2006, 239; *Goerdeler/Pollähne* ZJJ 2006, 252 f.; zur Antragsberechtigung der Eltern vgl. *Reuther* Elternrecht 203 f.). Insoweit wäre es hilfreich, wenn möglichst viele Regelungen bzgl. des jeweiligen Vollzugs als Anspruch ausgestaltet wären und Ermessen eher die Ausnahme bliebe (ähnlich *Rose* in Ostendorf § 11 Rn. 10), auch weil – erzieherisch angezeigt – für die betroffenen Gefangenen verschiedene Entscheidungen dadurch eher einsehbar würden (vgl. aber zur Rechtsberatung durch Mitgefangene → Rn. 159).

162a   Ob oder inwieweit die verfassungsrechtlich erforderlich gewordene Neuregelung **rechtstatsächlich** dazu führt, dass JStrafgefangene von den Rechtsschutzmöglichkeiten Gebrauch machen, ist einstweilen nicht hinreichend untersucht. Nach der vormaligen rechtlichen Ausgestaltung nutzten JStrafgefangene die Möglichkeiten nach §§ 23 ff. EGGVG mit Abstand seltener (s. näher *Böhm* FS Blau, 1985, 195 f.), als es bei Freiheitsstrafgefangenen hinsichtlich der §§ 109, 116 StVollzG der Fall war bzw. ist, und zwar offenbar auch dann nicht, wenn sie eine Maßnahme „als Unrecht empfinden" (*Walter* MschKrim 1993, 289). Dies hing bzw. hängt ua mit Fragen der eingeschränkteren **Konfliktbewältigungsfähigkeit** bzw. **-technik** bei bloßem „Austausch von Schriftstücken" (*Böhm* in Trenczek, Freiheitsentzug bei jungen Straffälligen, 1993, 201) ggü. flexibleren informellen Regelungsmöglichkeiten innerhalb der JStVollzAnstalten zusammen. – Im Einzelnen hat das Gericht auch dann, wenn dem JStrafgefangenen (nur) ein Anspruch auf **ermessensfehlerfreie Entscheidung** zusteht, die Aufgabe, ihm Rechtsschutz gegen geltend gemachte Rechtsverletzungen zu gewähren (Art. 19 Abs. 4 GG; vgl. (betr. allg. StVollzR) BVerfG. 3. Kammer des 2. Senats, BeckRS 2012, 51068 Rn. 25). Hinsichtlich **Disziplinarmaßnahmen** bestehen statistische Anhaltspunkte dafür, dass solche wie auch besondere Sicherungsmaßnahmen im JStrafvollzug häufiger eingesetzt werden als im Freiheitsstrafenvollzug (→ Rn. 134, 141).

b) Gesetzgebung des Bundes. Die Landesgesetze zum JStVollzug enthalten keine speziellen Rechtsschutzregelungen, da dieser Bereich als zum gerichtlichen Verfahren iSv Art. 74 Abs. 1 Nr. 1 GG gehörend und daher als Bestandteil der konkurrierenden Gesetzgebungskompetenz erachtet wird, von der der Bund Gebrauch gemacht hat. Zwar ist nicht hinreichend geklärt, ob die Regelung der §§ 23 ff. EGGVG als Gebrauchmachen gerade der speziellen Kompetenz für das gerichtliche Verfahren im JStrafvollzug angesehen werden kann und daher die Sperrwirkung für den Landesgesetzgeber iSv Art. 72 Abs. 1 GG entfaltet. Jedoch ist die nunmehrige, durch Gesetz v. 13.12.2007 (BGBl. I 2894) eingeführte Regelung des Rechtsschutzes auf Bundesebene vorzugswürdig, denn es entspricht jahrzehntelanger Praxis, dass das gerichtliche Verfahren in den verschiedenen Rechtsgebieten ganz überwiegend durch den Bund geregelt wird. Auch ist nicht ersichtlich, warum der JA-Vollzug und der JStrafvollzug sowie der Vollzug der freiheitsentziehenden Maßregeln hier zu einer Ausnahme hätte gereichen dürfen. – Wird der JStrafvollzug – tendenziell entgegen dem Auftrag gem. § 2 Abs. 1 – durch *Vollstr* von U-Haft (als Überhaft) *unterbrochen,* so sind hiergegen ohnehin nur die Rechtsbehelfe der StPO gegeben (KG 29.5.1996 – 4 VAs 46/96 bei *Böhm* NStZ 1997, 484, der die Nichtumdeutung in einen Feststellungsantrag betr. die Rechtswidrigkeit der Vollstr beanstandet). 163

c) Landesgesetzgebung. aa) Abs. 1 S. 2 Hs. 2. Mit der Vorschrift wird dem Landesgesetzgeber die Möglichkeit eingeräumt, Regelungen zu erlassen, die im Vollzug des JA, der JStrafe und der Maßregeln nach § 61 Nr. 1–3 StGB die Durchführung eines **Schlichtungsverfahrens** vorsehen, und zwar mit dem Ziel einer gütlichen Streitbeilegung (vgl. vormals auch schon § 107 Abs. 1 BWJStVollzG). Soweit die Länder hiervon Gebrauch machen (vgl. § 87 Abs. 4 SJStVollzG; zu einer Ombudsperson *Tondorf/Tondorf* ZJJ 2006, 246; *Schwirzer,* Jugendstrafvollzug für das 21. Jahrhundert, 2008, 279)), wird es vorrangig darauf ankommen, die Voraussetzungen zur Wahrnehmung sowie zu einer rechtstatsächlich einverständlichen (und also nicht abgenötigten) Lösung nach Möglichkeit abzusichern. 164

bb) Aufhebung von Maßnahmen; förmliche Beschwerde. Wegen der *Aufhebung* von Maßnahmen gelten allg. Grundsätze (vgl. nur § 86 165

SächsJStVollzG; § 104 BbgJVollzG). Rechtswidrige Maßnahmen können ganz oder teilweise mit Wirkung für die Vergangenheit oder die Zukunft zurückgenommen werden, für rechtmäßige Maßnahmen gilt dies nur unter bestimmten Voraussetzungen (§ 101 Abs. 2, 3 RhPfLJVollzG und § 101 Abs. 2, 3 JStVollzG Bln). Hingegen dürfen begünstigende Maßnahmen nur bei Überwiegen der Vollzugsbelange ggü. dem „schutzwürdigen Vertrauen der Betroffenen" (§ 101 Abs. 4 RhPfLJVollzG und § 101 Abs. 4 JStVollzG Bln) aufgehoben werden, wovon insb. auszugehen sei, wenn die Aufhebung als zur Gewährleistung der Sicherheit der Anstalt unerlässlich beurteilt wird.

165a Grundsätzlich sinnvoll und mit dem Erziehungsauftrag vereinbar ist die (auch) in allen JStVollzGen der Länder enthaltene, dem § 108 StVollzG entsprechende Regelung eines *Beschwerderechts* (§ 87 JStVollzG Bln ua (Berlin § 102 Abs. 1 JStVollzG Bln), § 58 JStVollzG NRW, § 91 HmbJStVollzG, § 86 JVollzGB BW IV, § 132 Abs. 1 iVm § 101 NJVollzG, Art. 122 iVm Art. 115 BayStVollzG, § 57 HessJStVollzG). Die dem Rechtsschutzbedürfnis im Allg. entsprechenden Einschränkungen des § 86 Abs. 3 S. 1 JVollzGB BW IV (Nichtbescheidung bei Wiederholungen und mangelnder Form) sind (gem. den Grundsätzen des § 2 Abs. 1 und 2) betr. Jugendliche und Heranwachsende (im Rahmen teleologischer Auslegung) nur weniger restriktiv anwendbar (krit. auch *Pütz* in BeckOK JGG Rn. 20: „bedenklich"). Sie entheben nicht von der Pflicht, die Gründe mitzuteilen, warum in der Sache nicht entschieden wird. – Wird über die Beschwerde in einem angemessenem Zeitraum nicht entschieden und stellt der Gefangene sodann Antrag auf gerichtliche Entscheidung, so darf dieser auch dann nicht ohne weiteres im Sinne eines Untätigkeitsantrags behandelt werden (vgl. im Übrigen → Rn. 167), wenn in dem Antrag von Untätigkeit die Rede ist (OLG Schleswig NStZ-RR 2007, 326 (betr. allg. StR); zur Versagung der Untätigkeitsbeschwerde unter Hinweis auf §§ 198 ff. GVG OLG Hamburg StraFo 2012, 160, OLG Frankfurt a. M. NStZ-RR 2013, 264 (jeweils zum allg. StR)).

165b **cc) Sonstiges.** Im Übrigen besteht die Möglichkeit der Dienstaufsichtsbeschwerde gegen Entscheidungen der die JStVollzugseinrichtung leitenden Person.

2. Verfahren

166 **a) Gerichtliche Zuständigkeit und Besetzung.** Gemäß **Abs. 2 S. 1** ist für die gerichtliche Entscheidung über eine Maßnahme zur Regelung einzelner Angelegenheiten auf dem Gebiet des JStVollzuges die **JKammer** im Bezirk der beteiligten Vollzugsbehörde zuständig (sofern die Maßnahme nicht von der Leitung der für den Vollzug vorgesehenen Einrichtung stammt, sondern von deren Aufsichtsbehörde (vgl. auch → Rn. 11), ist dem Rechnung zu tragen, BT-Drs. 16/6293, 11). – Die Zuständigkeit des JGerichts, dem die *Vollstreckungsleitung* obliegt (§ 82), wäre wegen dessen Vollzugsnähe durchaus eine Alternative gewesen (vgl. auch *Wegemund/Dehne-Niemann* ZIS 2008, 580; so zB vormals noch § 102 Abs. 3 BWJStVollzG; anders bereits § 35 Abs. 3, 4 E-Bund 2006). Nicht auszuschließen ist, dass Abs. 2 S. 1 ua aufgrund von Abwehrstrategien der JVAen zustandekam (vgl. deren Gesetzentwurf von 1988), da die – nicht selten überlasteten – JKammern im Allg. als von der Sache her weniger vollzugsvertraut gelten und

(möglicherweise auch weiterhin) schwerer zu erreichen seien (nach *Kröner* ZJJ 2006, 192 ff. würden deshalb weniger Anträge gestellt werden; vgl. ergänzend vormals *Eisenberg* NStZ 1998, 104). Die Erwägung, die vollstreckungsleitende Person könnte trotz ihres Sachverstandes – „zumindest aus Sicht der Gefangenen" (BT-Drs. 16/6293, 11) – eher als befangen erscheinen, kann zwar auf gewisse tatsächliche Anhaltspunkte verweisen (bejahend *Dünkel* Neue KPol 2008, 4), entbehrt indes einer verallgemeinerungsfähigen empirischen Grundlage.

Gegen die Entscheidung der JKammer ist unter den Voraussetzungen der **166a** §§ 116 ff. StVollzG die **Rechtsbeschwerde** zum OLG zulässig (§ 121 Abs. 1 Nr. 3 GVG; die Verneinung der Zulässigkeit wegen nachträglicher justitieller Binnenkorrektur eines Rechtsfehlers setzt ua voraus, dass das OLG in anderer Sache die Rechtsfrage zutreffend beantwortet hat (konkret vern. BVerfG, 3. K. des 2. S., NJW 2011, 137 Rn. 36; vgl. auch BVerfG StraFo 2013, 393); zur Beschwer bei Anordnung nur einer Neubescheidung (auf einen Verpflichtungsantrag hin) BVerfG, 2. S. der 2. K., NJW 2017, 1735 (Ls.) = BeckRS 2017, 106848, zum allg. StVollzR)); zur Aufhebung wegen Nichtberücksichtigung des Allgemeinen Persönlichkeitsrechts (Art. 2 Abs. 1 iVm Art. 1 Abs. 1 GG) BVerfG 2. K. des 2. S., NJW 2015, 2100 Rn. 48 ff. (betr. allg. StVollzR). Beruht die Verneinung der Zulässigkeit auf einem von der Justiz verursachten Mangel, so ist Wiedereinsetzung zu gewähren (vgl. BVerfG, 3. K. des 2. S., NJW 2013, 446 (betr. unzureichende Belehrung), zum allg. StVollzR). Die Rechtsbeschwerde hat keine aufschiebende Wirkung (§ 92 Abs. 1 S. 2 Hs. 1 StVollzG, § 116 Abs. 3 S. 1 StVollzG), auch dann nicht, wenn die VollzEinrichtung sie gegen eine den Verurteilten begünstigende Entscheidung eingelegt hat (hM, vgl. nur OLG Karlsruhe StraFo 2009, 395 (zum allg. StVollzR)). – Anforderungen an die Begründung entsprechend § 238 Abs. 2 StPO bzw. § 344 Abs. 2 S. 2 StPO werden zumindest im JStVollzR und ua wegen Nichtvergleichbarkeit der jeweiligen Verfahrensgegenstände eher als überhöht zu gelten haben (vgl. aber zum allg. StVollzR OLG München NStZ-RR 2012, 385).

Die StA ist zur Einlegung der Rechtsbeschwerde nicht befugt, und zwar **166b** auch dann nicht, wenn Gegenstand des Verfahrens „intern" zustimmungspflichtige Lockerungen sind, deren Versagung das Gericht nicht bindet (vgl. zum allg. StVollzR OLG Karlsruhe StV 2016, 304 (betr. § 51 BWPsychKHG)).

Ein **Fortsetzungsfeststellungsinteresse** wurde auch dann bejaht, wenn **166c** ein gewichtiger, nach dem typischen Ablauf sich ohne zuvor erreichbaren wirksamen Rechtsschutz erledigender schwerwiegender Grundrechtseingriff oder ein gegen die Menschenwürde verstoßendes Geschehen in Rede steht (BVerfG, 3. K. des 2. S., NJW 2011, 137 Rn. 35 (betr. allg. StVollzR)). – Ansonsten ist dann, wenn das Interesse wegen zwischenzeitlicher Entlassung zu verneinen ist, eine Verletzung des Rechts auf effektiven Rechtsschutz ggf. bei der Kostenentscheidung zu berücksichtigen (vgl. betr. Eilantrag etwa BVerfG, 2. K. des 2. S., BeckRS 2015, 52401 zum allg. StVollzR).

Unterlässt die VollzEinrichtung die **Umsetzung** einer gerichtlichen Ent- **167** scheidung (sog. „Renitenz"), so verneinte die überwiegende Auffassung in Judikatur und Literatur eine entsprechende Anwendung der §§ 170, 172 VwGO, jedoch war vor einer Anrufung des BVerfG ein *Vornahme*verfahren (vgl. Abs. 1 S. 2, § 113 StVollzG) anzustrengen (vgl., auch mN, BVerfG, 3. K. des 2. S., StV 2012, 161; zur Entscheidung des Gerichts selbst KG StraFo

2012, 34; vgl. auch → Rn. 175). Das AbstandsgebotsG (v. 5.12.2012 (BGBl. I 2425)) hat § 120 Abs. 1 StVollzG dahingehend geändert, dass § 172 VwGO anwendbar ist.

168   Gemäß **Abs. 2 S. 3** ändert ein der gerichtlichen Entscheidung vorausgehendes Verwaltungsverfahren die in S. 1 geregelte *örtliche* Zuständigkeit der JKammer nicht. – Abs. 2 **S.** 4 regelt entsprechend § 78a Abs. 3 GVG die Zuständigkeit für den Fall, dass ein Land eine Einrichtung des Vollzuges der JStrafe auf dem Gebiet eines anderen Landes unterhält.

169   Die Regelung des **Abs.** 4 zur Besetzung der JKammer, die sich an § 78b GVG anlehnt, dient der Entlastung der Rechtspflege (BT-Drs. 16/6293, 11).

170   **b) Verfahrensrechte des Betroffenen.** Nach **Abs. 3 S.** 2 und 3 *muss* auf Antrag des JStrafgefangenen eine **mündliche Anhörung** idR in der Einrichtung des Vollzuges der JStrafe stattfinden bzw. *kann* das Gericht eine mündliche Verhandlung anberaumen, wenn es aufgrund der eingegangenen Schriftsätze weiteren Aufklärungsbedarf sieht, der auf dem Schriftwege nicht zu decken ist; die Möglichkeit der Anhörung auch außerhalb der Vollzugseinrichtung trage der Tatsache Rechnung, dass Gefangene bei entsprechender Eignung zur Wahrnehmung von Gerichtsterminen auch Vollzugslockerungen erhalten können (vgl. Begr. BT-Drs. 16/6293, 11). Hiernach sieht das Gesetz von der **Ausgangslage** her das **schriftliche** Verfahren vor, hingegen eine mündliche Anhörung in der Einrichtung des Vollzuges nur auf Antrag des JStrafgefangenen bzw. eine mündliche Verhandlung nur nach Ermessen der JKammer von Amts wegen. – Ob und ggf. unter welchen Voraussetzungen die Kann-Vorschrift des *§ 115 Abs. 1a StVollzG* auch für den JStVollz angewendet werden darf, ist mangels Erörterung im Gesetzgebungsverfahren (vgl. BT-Drs. 17/1224) ungeklärt – bejahendenfalls werden die Schutzbelange (§ 2 Abs. 1) eine nur restriktive Handhabung angezeigt sein lassen, zumal die Anordnung mangels Anfechtbarkeit (§ 115 Abs. 1a StVollzG) einer Kontrolle entzogen ist.

170a   Da es bei einem nicht unerheblichen Teil der JStrafgefangenen schon an der **Befähigung** bzw. dem Mut zur Antragstellung **fehlen** wird, und da die Tatsache der Antragstellung rechtstatsächlich seine sonstigen Belange ggf. gefährden könnte, ist die vorgesehene Regelung schon darin eher ungeeignet. Auch im Übrigen ist zw., ob die Ausgestaltung den Vorgaben des BVerfG genügt (BVerfGE 116, 69 ff.), dh ob sie zur Ermöglichung effektiven Rechtsschutzes der Situation der im JStrafvollzug Inhaftierten zureichend ist (auch wenn die noch in § 35 E-Bund 2006 vorgesehene Verweisung auf das Antragsverfahren des StVollzG entfallen ist; vgl. krit. auch *Dünkel* NK 2006, 114). Dies gilt zumindest insoweit, als die Betroffenen (ggf. schon gem. vergleichsweise niedrigem Elementarbildungsniveau, vgl. → § 5 Rn. 64b) wenig oder nicht in der Lage sind, sich ggü. der JStrafjustiz in einem dort erwarteten Stil zumal schriftlich auszudrücken (ebenso *Pütz* in BeckOK JGG Rn. 37).

171   Hinsichtlich des Verständnisses der **Begründung** einer gerichtlichen Entscheidung ist schon im allg. StVollz-Verfahrensrecht eine Verweisung auf **Schriftstücke** in den Akten (vgl. § 115 Abs. 1 StVollzG) **nur** zulässig, wenn im Übrigen die entscheidungserheblichen Tatsachen und die tragenden rechtlichen Gesichtspunkte und insb. das Antragsvorbringen des Gefangenen in seinem Kerngehalt wiedergegeben werden (hM, vgl. nur OLG Karlsruhe NStZ-RR 2007, 325).

Entsprechendes gilt für Betroffene im Vollzug des **JA** und für **Unterge-** 172
brachte in einem psychiatrischen Krankenhaus, einer Entziehungsanstalt
oder in SV.

c) Elternrechte. Sie sind gewahrt, weil § 67 Abs. 1–3 und 5 entspre- 173
chend gelten und die Erziehungsberechtigten die gleiche Stellung haben wie
im Verfahren bei Aussetzung der Verhängung der JStrafe. Dies entspricht der
verfassungsrechtlich durch Art. 6 GG gesicherten Position der Eltern, die
Verantwortung für den Schutz der Rechte ihrer Kinder tragen und darüber
hinaus das eigene Recht haben, iRd Vollzugs von JStrafe, JA und Unterbringung die eigenen Erziehungsvorstellungen geltend zu machen. Die Vorschriften der StPO über die Einlegung von Rechtsmitteln durch die gesetzlichen Vertreter (§ 298) gelten gem. § 120 Abs. 1 StVollzG auch für das
Verfahren zur gerichtlichen Überprüfung von Vollzugsmaßnahmen, sodass es
keiner ausdrücklichen Regelung bedarf.

d) Verteidiger bzw. Rechtsbeistand. Hinsichtlich deren Tätigkeit (vgl. 174
Zieger/Nöding Verteidigung Rn. 256: bislang selten) kommt es rechtstatsächlich ggf. zu Einschränkungen schon durch Sichtkontrolle des Schriftwechsels
(vgl. etwa § 34 Abs. 3 S. 2 HessJStVollzG (partiell entgegen OLG Frankfurt
a. M. NStZ-RR 2005, 61 ff., betr. ErwVollzug); zu praktischen Implikationen *Eisenberg/Reuther* JuS 2006, 149 f.) oder Kontrolle zB fernmündlichen
Austauschs (vgl. OLG Stuttgart 28.11.1996 – 4 VAs 14/96 bei *Böhm* NStZ
1997, 484), etwa indem die Garantie der Überwachungsfreiheit durch Erlangung einer Zustimmung des Gefangenen unterlaufen wird (die Öffnung
der Verteidigerpost auch dann abl. BVerfG StV 2012, 161 = NStZ-RR
2012, 61 („nicht berechtigt, die Aushändigung davon abhängig zu machen
…", nebst Hinweis auch auf die etwaige Verletzung der Rechte des Verteidigers selbst); OLG Dresden NStZ 2007, 707; OLG München NStZ
2013, 170; aA OLG Stuttgart NStZ 2011, 349 (jeweils zum allg. StVollzR)).
– Vgl. zu einem Bußgeldbescheid gem. § 115 Abs. 1 OWiG trotz Befugnis
der Weitergabe eines verteidigungsrelevanten Schriftstücks OLG Karlsruhe
NStZ-RR 2014, 224 (Freispruch (betr. allg. Vollz)).

Bzgl. *Prozesskostenhilfe* wird gem. Abs. 1, der nicht auch auf § 120 Abs. 2 174a
StVollzG verweist, statt der Vorschriften der §§ 114 ff. ZPO auf die jugendgemäß zu beurteilende Schwierigkeit der Sach- und Rechtslage abzustellen
sein (vgl. § 140 Abs. 2 StPO; s. auch BT-Drs. 16/6978, 6).

Rechtsberatung *durch Mitgefangene* wird als der Anstaltsordnung zuwider- 174b
laufend beurteilt, und zwar auch nach Ersetzung des vormaligen Rechts-
beratungsG durch das RechtsdienstleistungsG (geänd. durch Gesetz v.
19.7.2016 (BGBl. I 1757); vgl. OLG Celle NStZ 2009, 218 (zum allg.
StVollzR); Einschränkungen des Rechtsschutzes abl. BVerfG StV 2004, 277
(zum allg. StR)).

e) Vertretung und Pflichten der Vollzugseinrichtung. Sie wird durch 175
die mit deren Leitung beauftragte Person vertreten (vgl. → Rn. 11).

Fällt die gerichtliche Entscheidung entgegen der Intention der Vollzugs- 175a
einrichtung aus, so kommt es in der Praxis (zumindest in JVAen zum Vollzug
der Freiheitsstrafe) mitunter zu *Widerständen* hinsichtlich der Umsetzung
(vgl. etwa OLG Hamburg StV 2005, 564; KG StraFo 2012, 34: „inhaltlich
Kampfansage an das LG"; vgl. auch → Rn. 166). Daher bestimmt **§ 120
Abs. 1 S. 1 StVollzG,** die Durchsetzung von Ansprüchen des Antragstellers

dadurch effektiver machen, dass die in gerichtlichen Beschlüssen nach den §§ 109 ff. StVollzG enthaltenen vollzugsbehördlichen Verpflichtungen auch vollstreckt werden können. Der Antragsteller ist damit auch dann, wenn die Vollzugsbehörde ihre Verpflichtung nicht freiwillig erfüllt, nicht mehr auf andere, idR wenig ergiebige Rechtsbehelfe angewiesen. Die Vorschrift gilt für den Straf- und Maßregelvollzug insgesamt und insb. auch für einen durch den (J)Strafgefangenen oder den SVten selbst gerichtlich ggü. der Vollzugsbehörde durchzusetzenden Therapieanspruch.

3. Besonderheiten bei angeordneter oder vorbehaltener Sicherungsverwahrung

176   **a) (Jugend-)Strafvollzugsbegleitende gerichtliche Kontrolle.** Die Vorschrift des (Abs. 1 S. 2,) § 119a StVollzG (eingef. durch AbstandsgebotsG v. 5.12.2012 (BGBl. I 2425)) regelt bei angeordneter oder vorbehaltener Sicherungsverwahrung eine **von Amts wegen** durchzuführende, frühzeitig beginnende und regelmäßig fortzusetzende (jugend-)strafvollzugsbegleitende gerichtliche Kontrolle darüber, ob dem (Jugend-)Strafgefangenen eine den Vorgaben des § 66c Abs. 2 iVm § 66c Abs. 1 Nr. 1 StGB entsprechende Betreuung angeboten worden ist (und wird) oder nicht (unbeschadet dessen kann der (Jugend-)Strafgefangene auch wegen einer bestimmten Maßnahme einen Antrag gem. Abs. 1 stellen, vgl. Begr. RegE v. 6.6.2012 (BT-Drs. 17/9874, 40); betr. Verpflichtung zur Neubescheidung OLG Celle StV 2015, 34 (zum allg. StR)). Die Bundeskompetenz leitet sich aus der Aufgabe der (bundesgesetzlichen) Absicherung eines **verfassungskonformen Vollzugs** der JStrafe im Falle einer vorbehaltenen Anordnung von Sicherungsverwahrung ebenso wie von angeordneter Sicherungsverwahrung her (vgl. auch → Rn. 155). § 119a StVollzG gilt jedoch einheitlich für nach allg. StR wie nach JStR Verurteilte und nivelliert dadurch die rechtssystematischen ebenso wie die rechtstatsächlichen Unterschiede. Wegen der Vorschriften insgesamt wird auf die Spezialliteratur zum (StGB und) zum StVollzR verwiesen.

176a   Das vorgesehene, an der Funktion interinstitutioneller Abstimmung orientierte Verfahren könnte ua insoweit als nicht bedenkenfrei beurteilt werden, als der **Betroffene** (als potentielles bzw. bereits selektiertes „Sonderopfer") – im Unterschied zur Vollzugsanstalt (§ 119a Abs. 2 S. 1 StVollzG; zu deren Pflicht, dabei der Umgrenzungs- und Informationsfunktion nachzukommen, OLG Nürnberg StraFo 2015, 436 (zum allg. VollzR)) – **kein Antragsrecht** (iSv § 119a Abs. 1 StVollzG) hat. Zwar bleibt es ihm unbenommen, einen Antrag nach Abs. 1 S. 2 zu stellen, mit dem er bestimmte Betreuungsmaßnahmen einfordern oder anfechten kann, jedoch schafft das keinen Ausgleich für die Nichteinräumung des in Rede stehenden Antragsrechts – ein Defizit, das für einen nach JStR Verurteilten deshalb gewichtiger ist als für einen nach allg. StR Verurteilten, weil er innerhalb der Gesamtheit der Betroffenen einer (altersbezogenen) Minderheit angehört.

177   Soweit das Gericht entgegen der vorgesehenen regelmäßigen Überprüfungs**frist** von zwei Jahren (§ 119a Abs. 3 S. 1 StVollzG) bei vergleichsweise besonders langer Strafdauer **ausnahmsweise** (vgl. Begr. RegE v. 6.6.2012 (BR-Drs. 17/9874, 39) im Tenor eines Beschlusses innerhalb von 5 Jahren eine längere Frist bestimmen darf (§ 119a Abs. 3 S. 2 StVollzG-RegE aaO), wird dies bei **JStrafe** schon wegen der Entwicklungsdynamik (auch bei Heranwachsenden und jüngeren Erwachsenen) **nicht** in Betracht kommen. **Zuständig** ist gem. § 119a Abs. 6 S. 3 StVollzG iVm (§ 110 StVollzG die **177a** StVollstrKammer bzw. nach) **Abs. 2 S. 1–3** die **JKammer,** in deren Bezirk die Vollzugsbehörde ihren Sitz hat. Es ist eine Besetzung mit **drei Richtern** unter Einschluss des Vorsitzenden bestimmt (§ 119a Abs. 4 StVollzG bzw. § 92 Abs. 4 S. 1).

Im Verfahren nach § 119a StVollzG nimmt der **(Jugend-)Strafgefange-** **178** **ne** die Stellung eines **Verfahrensbeteiligten** ein (§ 119a Abs. 6 S. 3 iVm § 111 Abs. 1 Nr. 1 StVollzG), ihm hat der Kammervorsitzende für das Verfahren einen **Rechtsanwalt beizuordnen** (§ 119a Abs. 6 S. 1 StVollzG, § 109 Abs. 3 S. 2 StVollzG).

Soweit geregelt ist, dass das Gericht hinsichtlich der zwingenden **Anhö-** **178a** **rung** vor einer Entscheidung (§ 119a Abs. 6 S. 2 StVollzG) nach pflicht-gemäßem Ermessen darüber befindet, ob dies mündlich zu geschehen hat, wird es bei nach JStR Verurteilten aus Gründen, wie sie im jugendstrafrecht-lichen Erkenntnisverfahren anerkannt sind, idR nicht von der mündlichen Form absehen.

Die **Belange** des **JStR** und insb. die Soll-Vorschrift des **§ 43 Abs. 2 S. 2** **179** werden auch hinsichtlich der pflichtgemäßem Ermessen unterliegenden ge-richtlichen Entscheidungen dazu zu berücksichtigen sein, **ob** zur Vorberei-tung einer nach § 119a Abs. 1 oder Abs. 2 StVollzG zu treffenden Ent-scheidung ein **Sachverständiger** heranzuziehen ist (und zwar ebenso betr. die abschließende Prüfung gem. § 67c Abs. 1 S. 1 Nr. 2 StGB), und beja-hendenfalls wie die **Auswahl** vorzunehmen ist, dh zB, ob ein externer oder interner Sachverständigen herangezogen wird und ob dieser zuvor mit der Betreuung des Betroffenen befasst gewesen sein darf oder nicht.

b) Beiordnung eines Rechtsanwalts. Die Vorschrift des **§ 109 Abs. 3** **180** **StVollzG** bestimmt in Einklang mit dem Rechtsschutz- und Unterstüt-zungsgebot (BVerfGE 129, 326) die Beiordnung eines Rechtsanwalts auch für **Angelegenheiten** der **Umsetzung** iSv § 66c StGB – sei es im SV-Vollzug oder im vorausgehenden (Jugend-)Strafvollzug (vgl. auch OLG Celle StV 2015, 374 (zum allg. StR))–, soweit die Angelegenheit eine den Vorgaben des § 66c StGB konforme Umsetzung des Abstandsgebots betrifft und der Antragsteller (bei dem Verlangen bzw. der Anfechtung einer Voll-zugsmaßnahme) einer fachlichen Unterstützung bedarf (Rechtsgedanke des § 140 Abs. 2 S. 1 StPO). Hiernach ist zugleich geregelt, dass das Gericht von einer Beiordnung **ausnahmsweise absehen** kann (Begr. RegE v. 6.6.2012 (BR-Drs. 17/9874), 38), wenn es die Sach- und Rechtslage als einfach beurteilt oder davon ausgehen kann, dass der Antragsteller seine Rechte selbst ausreichend wahrnehmen kann – wobei die **Besonderheiten** bei **nach JStR** Verurteilten einem Absehen tendenziell eher entgegenstehen. Indes wäre es verfehlt, eine Beiordnung dann als entbehrlich anzusehen, wenn das Anliegen zB die Gestaltung des Unterbringungsraums oder be-stimmte Arten der Freizeitgestaltung betrifft (anders Begr. RegE v. 6.6.2012 (BR-Drs. 17/9874), 38), weil solche Fragen durchgängig von psycho-sozia-lem Einfluss sind, wogegen ein Antrag betr. spezielle Maßnahmen zur Ver-ringerung einer angenommenen „Gefährlichkeit" zwar auch regelmäßig die Beiordnung verlangt, sich jedoch meist nur auf die eine oder andere Wo-chenstunde bezieht. – **Zuständig** für die Entscheidung und deren Widerruf ist gem. § 109 Abs. 1 S. 3 StVollzG der Vorsitzende der „kleinen" StVoll-strKammer (§ 78b Abs. 1 Nr. 2 GVG; zur Verletzung von Art. 101 Abs. 1 S. 2 GG durch Überbesetzung OLG Celle StV 2013, 390 mAnm *Holtermann*) bzw. der JKammer.

4. Kosten

181   Die in **Abs. 5** im Einklang mit den für § 74 maßgebenden Erwägungen vorgesehene Möglichkeit, von der Auferlegung der **Kosten** und **Auslagen abzusehen,** geht dem – im Übrigen entsprechend anwendbaren – § 121 StVollzG vor. Sie wird namentlich dann in Betracht kommen, wenn die Kostenbelastung dem Vollzugsziel widersprechen und die Eingliederung des JStrafgefangenen behindern würde (vgl. auch *Rose* in Ostendorf § 11 Rn. 12).

182   Gemäß **Abs. 1, § 121 Abs. 3 S. 1 StVollzG** fallen die Kosten des Verfahrens und die notwendigen Auslagen bei erstinstanzlichen Entscheidungen des Gerichts nach § 119a Abs. 1 StVollzG der Staatskasse zur Last. Denn zum einen bezweckt die strafvollzugsbegleitende gerichtliche Kontrolle auch, im Interesse der Vollzugsbehörde Rechtssicherheit zu schaffen. Zum anderen steht diese finanzielle Freistellung im Einklang mit dem Rechtsschutz- und Unterstützungsgebot.

Gerichtliche Zuständigkeit und gerichtliches Verfahren bei Maßnahmen, die der vorherigen gerichtlichen Anordnung oder der gerichtlichen Genehmigung bedürfen

93   **¹Beim Vollzug des Jugendarrestes, der Jugendstrafe und der Maßregeln der Unterbringung in einem psychiatrischen Krankenhaus oder in einer Entziehungsanstalt oder in der Sicherungsverwahrung ist, soweit nach den Vollzugsgesetzen eine Maßnahme der vorherigen gerichtlichen Anordnung oder der gerichtlichen Genehmigung bedarf, das Amtsgericht zuständig, in dessen Bezirk die Maßnahme durchgeführt wird. ²Unterhält ein Land eine Einrichtung für den Vollzug der in Satz 1 genannten Freiheitsentziehung auf dem Gebiet eines anderen Landes, können die beteiligten Länder vereinbaren, dass das Amtsgericht zuständig ist, in dessen Bezirk die für die Einrichtung zuständige Aufsichtsbehörde ihren Sitz hat. ³Für das Verfahren gelten § 121b des Strafvollzugsgesetzes sowie § 67 Absatz 1, 2 und 5 sowie § 67a Absatz 1, 3 und 5 entsprechend.**

I. Allgemeines

1   Betreffend den persönlichen **Anwendungsbereich** gelten die Erl. zu → § 82 Rn. 1, 2 entsprechend.

2   § 93 sah bis Ende 2009 einige Maßgaben des U-Haftvollzugs vor (Trennungsgebot, erzieherische Gestaltung, Zugangsrecht der JGH). Mit der Neuregelung dieser Materie (→ § 89c Rn. 2 ff.) wurde die Vorschrift aufgehoben. Seit dem Gesetz zur Stärkung der Rechte von Betroffenen bei Fixierung im Rahmen von Freiheitsentziehungen v. 19.6.2019 (BGBl. I 840) bestimmt die Norm – in Wahrnehmung der konkurrierenden Bundes-

gesetzgebungskompetenz (BT-Drs. 19/8939, 13 f.) und in Umsetzung des Gesetzgebungsauftrags in BVerfG NJW 2018, 2619 (2228) – die gerichtliche Zuständigkeit und das Verfahren für die Anordnung oder Genehmigung jener Vollzugsmaßnahmen, die unter **Richtervorbehalt** stehen.

II. Bestimmung der Zuständigkeit

1. Anordnungs- und genehmigungsbedürftige Maßnahmen

a) Vollzugskontexte. Die Bestimmungen gelten nach der ausdrücklichen 3 Festlegung in S. 1 im Zusammenhang mit dem **Vollzug** von JStrafe sowie von stationären Maßregeln der Besserung und Sicherung. Für den Vollzug von U-Haft und einstweiliger Unterbringung (§ 126a StPO) machen §§ 126 Abs. 5, 126 Abs. 2 StPO iVm § 2 Abs. 2 fast wortgleiche Vorgaben (BT-Drs. 19/8939, 21).

Dass sich das Gesetz auch auf den **JA-Vollzug** erstreckt, erklärt sich mit 4 dem Bemühen, ein umfassendes und einheitliches Verfahrensrecht für besonders abzusichernde Vollzugsmaßnahmen zu schaffen. Bislang läuft dieser Pasus allerdings leer, denn in Betracht kommende Maßnahmen sind im JA-Vollzug gar nicht vorgesehen (namentlich keine Fixierung (dazu → Rn. 5), sondern allein die „einfache" Fesselung (→ § 90 Rn. 49)). Die Aufnahme des JA-Vollzugs in die Norm ist also gleichsam „auf Vorrat" erfolgt. Gerade dies könnte sich als problematisch erweisen und Anstoß für eine (höchst dysfunktionale) Aufnahme der besagten Maßnahmeformen in die Landesgesetze erweisen (dazu auch *Baur* NJW 2019, 2273, 2277).

b) Maßnahmen mit Richtervorbehalt. Die Entscheidung über Maß- 5 nahmen während des Vollzugs von Freiheitsentziehungen trifft den VollzugsG zufolge idR die (Leitung der jeweiligen) Einrichtung. Dies gilt auch bei grundrechtseingreifender Wirkung (dazu und zur Kritik bei der U-Haft → § 89c Rn. 10 f.). Bestimmte Vollzugsmaßnahmen stehen indes von Verfassungs wegen unter Richtervorbehalt. Dies ist namentlich bei einer nicht nur kurzfristigen (mindestens halbstündigen) **Fixierung** sämtlicher Gliedmaßen der Fall, weil diese eine eigenständige Freiheitsentziehung iSv Art. 2 Abs. 2 iVm Art 104 Abs. 2 GG darstellt, die nicht schon von der Anordnung der zugrunde liegenden, generellen Freiheitsentziehung (hier: JA, JStrafe usw) abgedeckt ist (dazu anhand der öffentlich-rechtlichen Unterbringung BVerfG NJW 2018, 2619 (2220 f.); zu daraus folgenden Konsequenzen für die VollzugsG s. → § 89c Rn. 96a, → § 92 Rn. 133c). Im Einzelfall können indes auch schon kürzere oder anderweitige Fixierungsverfahren diese Wirkung entfalten, gerade bei hierfür besonders vulnerablen jungen Menschen (BT-Drs. 19/10243, 19).

S. 1 stellt allerdings – anders als der konkret auf eine „Fesselung" bezogene 6 Entwurf der Regierungsfraktionen (BT-Drs. 19/8939, 9) – auf Maßnahmen ab, deren Abhängigkeit von einer richterlichen Entscheidung sich aus den „Vollzugsgesetzen" ergibt. Daher gilt die Zuständigkeitsbestimmung auch in ggf. vorgesehenen Konstellationen eines verfassungsrechtlich **nicht determinierten** Richtervorbehalts (sofern also die VollzugsG die Entscheidungskompetenz ohne grundgesetzliche Notwendigkeit bei einem Gericht ansiedeln). Abschließenden Charakter hat diese formale Anknüpfung aber nicht. Bei **verfassungsunmittelbaren** Richtervorbehalten (dh in ggf. auftretenden Fällen, in denen die richterliche Einbindung grundgesetzlich zwingend, aber einfachrechtlich nicht vorgesehen ist) gilt die Zuständigkeitsbestimmung zwar nicht ihrem Wortlaut, aber ihrer Funktion nach gleichermaßen.

2. Zuständiges Gericht

7 Die Zuständigkeit liegt grundsätzlich beim JRichter (§ 34 Abs. 1) an dem AG, in dessen Bezirk die Maßnahme durchgeführt wird (S. 1). Sofern es um Maßnahmen in einer Vollzugseinrichtung geht, die ein Bundesland auf dem Gebiet eines anderen Landes unterhält, kann nach S. 2 die Zuständigkeit durch die beteiligten Länder staatsvertraglich bei dem AG angesiedelt werden, in dessen Bezirk die Aufsichtsbehörde der fraglichen Einrichtung ihren Sitz hat (s. auch → § 85 Rn. 11a, → 92 Rn. 168).

8 Durch Organisation von Bereitschaftsdiensten (§ 22c GVG) muss an den AGen eine kurzfristige Überprüfung von unter Richtervorbehalt stehenden Maßnahmen gewährleistet werden (vgl. BVerfG NJW 2018, 2619 (2626); s. auch BT-Drs. 19/8939, 17: jedenfalls von 6:00 Uhr bis 21:00 Uhr ist die Erreichbarkeit eines zuständigen Richters sicherzustellen).

III. Verfahren

9 Die aus S. 3 folgende Anwendbarkeit von § 121b StVollzG führt dazu, dass sich das Verfahren nach dem FamFG richtet, va nach den für Unterbringungssachen vorgesehenen Bestimmungen. Das betrifft insbesondere die im AT (Buch 1) und in **§§ 312 ff. FamFG** getroffenen Regelungen (BT-Drs. 19/8939, 17). Problematisch ist, dass hiernach selbst bei ausreichender Vorlaufzeit nicht unbedingt ein Gutachten einzuholen ist und ein ärztliches Zeugnis genügt (§ 321 Abs. 2 FamFG).

10 Abweichend von §§ 315, 320 FamFG haben die **Erziehungsberechtigten** bzw. gesetzlichen Vertreter durch den Verweis auf § 67 Abs. 1, 2 und 5 sowie auf § 67a Abs. 1, 3 und 5 die im JStV allg. vorgesehenen Beteiligungsrechte und Unterrichtungsansprüche. In den von § 126 Abs. 5 StPO erfassten Konstellationen (→ Rn. 3) ergeben diese sich aus jugendgemäßer Auslegung (→ § 2 Rn. 17 ff.). – Im Übrigen ist das insgesamt stark auf Fixierungen zugeschnittene richterliche Verfahren auch bei den ggf. auftretenden anderen Fällen des Richtervorbehalts (→ Rn. 6) entspr. anzuwenden.

Unterbringung in einer Entziehungsanstalt

93a (1) **Die Maßregel nach § 61 Nr. 2 des Strafgesetzbuches wird in einer Einrichtung vollzogen, in der die für die Behandlung suchtkranker Jugendlicher erforderlichen besonderen therapeutischen Mittel und sozialen Hilfen zur Verfügung stehen.**

(2) **Um das angestrebte Behandlungsziel zu erreichen, kann der Vollzug aufgelockert und weitgehend in freien Formen durchgeführt werden.**

Schrifttum Dessecker/Egg (Hrsg.), Die strafrechtliche Unterbringung in einer Entziehungsanstalt, 1995; *Ingenleuf,* Maßregelvollzug ..., 1992; Kammeier/Pollähne (Hrsg.), Maßregelvollzugsrecht, 4. Aufl. 2018; *Kühne,* Staatliche Drogentherapie auf dem Prüfstand, 1985; Mader/Strotzka (Hrsg.), Drogenpolitik zwischen Therapie und Strafe, 1980; *Schröder,* Drogentherapie nach den §§ 93a JGG, 35 ff. BtMG ..., 1986; *Stosberg,* Sozialisation und Drogen, 1993; *Weissbeck,* Übersicht über Maßregelvollzugseinrichtungen für Jugendliche in Deutschland, 2008; *Westerhagen,* Rehabilitation jugendlicher Drogenabhängiger, 1987.

Übersicht

I. Anwendungsbereich

Die Vorschrift gilt in Verfahren gegen **Jugendliche** auch vor den für allg. 1 Strafsachen zuständigen Gerichten (vgl. auch → § 104 Rn. 29).

Die Vorschrift gilt in Verfahren gegen **Heranwachsende** – vor JGerich- 2 ten wie vor den für allg. Strafsachen zuständigen Gerichten – dann, wenn materielles JStR angewandt wurde (§§ 110 Abs. 1, 105 Abs. 1).

II. Tragweite der Vorschrift

1. Eingeschränkte Umsetzung der Vorschrift

a) Bisherige Ansätze. § 93a wurde durch ÄndG des BtMG v. 3 22.12.1971 in das JGG eingeführt (BGBl. I 2092; zu Mängeln der Gesetzgebungsstrategie s. *Kühne* MschKrim 1984, 379). Bisher sind solche Anstalten nur **vereinzelt eingerichtet** worden (zB die geschlossene Anstalt Parsberg (Bay.) mit ca. 50 Plätzen (*Frangos* Suchtgefahren 1983, 133; *Kühne,* Staatliche Drogentherapie auf dem Prüfstand, 1985, 82) sowie die eher offene Anstalt Brauel (Niedersachsen) mit ca. 76 Plätzen und unter Beteiligung der Länder Bremen, Hamburg, Niedersachsen und Rheinland-Pfalz gem. Abkommen v. 27.6.1997, das ausdrücklich auch die Unterbringung gem. § 64 StGB nebst „erforderlichen Absonderungen ... innerhalb" der Anstalt vorsieht (HmbGVBl. 1997, 421: Art. 2 Abs. 1, Art. 6 Abs. 1); zum AIDS-Risiko (vgl. auch → § 92 Rn. 108–110) – besonders bei Frauen – s. *Kremer ua* Kriminalpäd Praxis 1986, 18; *Westerhagen,* Rehabilitation jugendlicher Drogenabhängiger, 1987, 147; krit. auch *Kohl* KrimJ 1983, 259 ff. (265 ff. mN)). Generell finden sich sowohl integrierte Versorgungsformen in forensischen Kliniken gemeinsam mit Erwachsenen oder in der Kinder- und Jugendpsychiatrie als auch hieran jeweils angegliederte spezialisierte Abteilungen und Einrichtungen (vgl. die Zusammenstellung bei *Weissbeck,* Übersicht über Massregelvollzugseinrichtungen (…), 2008, 61 ff.; vgl. auch *Stöver ua* FPPK 2008, 255 (261 f.); *Elsner* in Schmidt-Quernheim/Hax-Schoppenhorst ForensPsych 435; *Höffler* FS Eisenberg II, 2019, 237 ff.). Auf dieser Grundlage sollen der Bundesregierung zufolge in etlichen Bundesländern ausreichende Kapazitäten zur Verfügung stehen (so ohne Belege BT-Drs. 16/13142, 80).

4 Das BVerfG (JMBl. NW 1977, 222) hatte offengelassen, ob die Länder verfassungsrechtlich verpflichtet sind, diese Sondereinrichtungen zu schaffen (vgl. ergänzend → § 7 Rn. 25; s. auch *Tondorf* RuP 1980, 114; *Schroth* MschKrim 1981, 103). Dabei mögen auch die vergleichsweise niedrigen Zahlen Betroffener (vgl. → § 7 Rn. 16) hemmend wirken.

5 **b) Alternative.** In der Praxis werden jugendliche und heranwachsende Suchtkranke zum Vollzug der Maßregel nach § 7, § 61 Nr. 2 StGB auch in psychiatrische Krankenhäuser eingewiesen (vgl. etwa *Häßler ua* ZJJ 2004, 26 ff.; ergänzend → § 7 Rn. 15–17, 25). Insofern sind die Chancen auf ein spezielles Interventionskonzept, auch betr. soziales Training etc, von vornherein eingeschränkt.

2. Spezielle Aufgaben

6 **a) Kriminologische Erkenntnisse.** Wegen der (jugend-)**kriminologischen** Zusammenhänge und der Problematik von (stationärer) **Drogentherapie** vgl. die Erl. zu → § 5 Rn. 79 ff., → § 7 Rn. 15 ff., → § 10 Rn. 60 ff., → § 17 Rn. 42 ff. sowie → § 92 Rn. 105–110. Im Falle geschlossener Unterbringung werden empirische Erkenntnisse zur Übertragung **subkultureller** Normen, Wertsysteme und Verhaltensmuster zu berücksichtigen sein (vgl. schon *Kreuzer* Zbl 1974, 220; *Kindermann* MschKrim 1979, 222; ergänzend *Eisenberg/Kölbel* Kriminologie § 37 Rn. 4 ff.; vgl. ferner *Brunner* Zbl 1980, 415). Zu (früheren) Abläufen in den Anstalten Parsberg und Brauel liegen einzelne empirische Anhaltspunkte vor (vgl. → Rn. 6a, 6b).

6a **b) Rechtstatsächliche Anhaltspunkte.** Speziell für die Anstalt *Parsberg* wurde berichtet, dass die Probanden (entgegen personeller Kontinuität) im Verlauf der Therapie mit vier verschiedenen Betreuungsteams (ausgebildet auf dem Fachgebiet Psychologie bzw. Sozialarbeit) konfrontiert worden (gewesen) seien (vgl. *Ingenleuf* (zur Befragung von Probanden) Maßregelvollzug …, 1992, 81 ff.). Nach vorläufigen Ergebnissen betr. diese Anstalt, die sich auf Nach-Erhebungen bei 61 ehemaligen Untergebrachten (= 41,2 % der Gesamtpopulation) bezogen, ergaben sich bei nahezu der Hälfte keine Anhaltspunkte für eine Reintegration (vgl. *Stosberg,* Sozialisation und Drogen, 1993, 108 f.); tendenziell ähnlich waren die Daten bzgl. der Legalbewährung (*Stosberg,* Sozialisation und Drogen, 1993, 108), und im Übrigen stieg die Therapieeffizienz nicht mit längerer Behandlungsdauer an (*Stosberg,* Sozialisation und Drogen, 1993, 77 ff.). Dies entspricht ua dem Umstand, dass bei BtM-Abhängigen gelegentlich eine gleichsam plötzliche Beendigung des Konsums zu verzeichnen ist (zB bei Auflösung der vertrauten Szene; ergänzend → § 10 Rn. 63).

6b Bzgl. der Anstalt *Brauel* wurde mitgeteilt, dass Unterbringungen gem. § 93a ggü. solchen nach § 65 Abs. 2 StVollzG deutlich zurückstanden; das durchschnittliche Alter bei Aufnahme hätte (daher) mehr als 30 Jahre betragen (s. *Meyer* in Dessecker/Egg, Die strafrechtliche Unterbringung in einer Entziehungsanstalt, 1995, 66). Von allen in der genannten Anstalt mindestens neun Monate lang behandelten Probanden, die bis 31.12.1990 regulär entlassen wurden (N=189), seien nach einem Zeitraum von fünf Jahren 18 % als „erfolgreich", 20 % als „teilweise erfolgreich" und 63 % als „rückfällig" beurteilt worden, und hinsichtlich der Legalbewährung sei ein Drittel „delinquenzfrei" geblieben (*Schulzke* SUCHT 1995, 81 ff.).

c) Mindestvoraussetzungen der Geeignetheit. Regelungsbedarf be- 7 steht hinsichtlich der Ausgestaltung des Vollzugs der Unterbringung. Die Bestimmung der Aufgaben der JStVollzGe genügt nicht den Anforderungen, die an Rechtsgrundlagen für Grundrechtseinschränkungen zu stellen sind (s. auch BVerfGE 33, 1). Die in den Bundesländern zuletzt eingeführten Maßregelvollzugsgesetze, die den bisherigen Rückgriff auf die Unterbringungsgesetze der Länder (zu deren entspr. Anwendbarkeit vgl. *Ostendorf* in NK-JGG Rn. 2) entbehrlich machen, enthalten bestenfalls wenige und kaum ausdifferenzierte Vorgaben für jugendliche, heranwachsende und sehr junge Untergebrachte (vgl. etwa Art. 44 BayMRVG), meist aber nur allg. Programmsätze (n. dazu und zur Kritik an der defizitären Regelungslage auch bei *Rzepka* in Kammeier/Pollähne, Maßregelvollzugsrecht, 4. Aufl. 2018, Rn. J49 und J53 f.).

Im Allg. wird anzustreben sein, dass **Sicherheitsmaßnahmen** und – der 8 Prüfung im Einzelfall bedürfender – **Kontrollmechanismen** totaler Abschirmung von der Außenwelt (weder Urlaub noch Ausgang; Unterbindung körperlichen Kontakte mit Besuchern; Vornahme unregelmäßiger Urinkontrollen) nur in den ersten Phasen des körperlichen Entzugs und der Motivationsförderung vorgenommen werden. Danach sollten durch schrittweise **Öffnung** des **Vollzugs** nach außen Sicherheitsmaßnahmen zunehmend reduziert werden. – Besondere Bedeutung kommt – entgegen seither verbreiteter Praxis – **Abs. 2** zu, um der Abhängigkeit, Passivität und permanenten Reglementierung, die eine geschlossene Unterbringung (zwangsläufig) kennzeichnen, entgegenwirken und Abstinenz auch insoweit fördern zu können.

d) Nachbetreuung. Unstreitig ist eine organisierte, überwachte und 9 langfristige ambulante Nachbetreuung (vor allem in Übergangsheimen und Selbsthilfeeinrichtungen) unerlässlich (vgl. auch *Sengbusch* in BeckOK JGG Rn. 5; hierzu etwa auch schon *Gratz/Werdenich* in Mader/Strotzka, Drogenpolitik zwischen Therapie und Strafe, 1980, 233 (239)).

III. Durchführung

Zu Fragen der VollstrUnterbrechung bzw. des Abgehens von der Voll- 10 strReihenfolge (§ 2 Abs. 2, § 67 Abs. 2 S. 1 StGB) vgl. → § 7 Rn. 15, 25; vgl. auch *Brunner/Dölling* Rn. 6 mN).

Betreffend den **Vollzug** im Allg. vgl. → § 92 Rn. 146 ff. 11

IV. Rechtsweg

12 Wegen des Rechtswegs gegen Vollzugsmaßnahmen ist § 92 Abs. 2, Abs. 6 einschlägig. Hiernach ist grundsätzlich die JKammer zuständig, es sei denn, der Untergebrachte hat das 24. Lbj. vollendet (dann Zuständigkeit der StrVollstrKammer). Diese Differenzierung entspricht jugendstrafrechtlichen Belangen und trägt zudem der Notwendigkeit Rechnung, dass die Voraussetzungen der Anordnung wie des Vollzuges (vgl. auch → § 7 Rn. 13) iSv §§ 63, 64 StGB ggf. danach erheblich unterschiedlich gestaltet sind, ob sie für den Altersabschnitt der Pubertät oder der Adoleszenz zu prüfen bzw. vorzuhalten sind oder nicht. Indes hätte sich – entsprechend der inneren Struktur der StVollstrKammer – die Bestimmung der Zuständigkeit des Vollstreckungsleiters auch für vollzugsrechtliche Entscheidungen angeboten (vgl. vormals näher *Eisenberg* NStZ 1998, 104; s. aber auch BGHSt 29, 33).

Viertes Hauptstück. Beseitigung des Strafmakels

94 bis 96 (weggefallen)

Die §§ 94–96 sind aufgehoben durch das Gesetz über das Zentralregister 1
und das Erziehungsregister (BZRG) v. 18.3.1971 (BGBl. I 243) idF der
Bekanntmachung v. 22.7.1976 (BGBl. I 2005). **Sondervorschriften über
die Eintragung** jugendstrafrechtlicher Maßnahmen in das Zentralregister
und das Erziehungsregister ebenso wie über die **Auskunft** aus dem Register
und die Eintragungen in das **Führungszeugnis** enthält nunmehr das BZRG
(vgl. näher → § 5 Rn. 92 ff.).

Beseitigung des Strafmakels durch Richterspruch

97 (1) [1]Hat der Jugendrichter die Überzeugung erlangt, daß sich
ein zu Jugendstrafe verurteilter Jugendlicher durch einwandfreie Führung als rechtschaffener Mensch erwiesen hat, so erklärt er
von Amts wegen oder auf Antrag des Verurteilten, des Erziehungsberechtigten oder des gesetzlichen Vertreters den Strafmakel als
beseitigt. [2]Dies kann auch auf Antrag des Staatsanwalts oder, wenn
der Verurteilte im Zeitpunkt der Antragstellung noch minderjährig
ist, auf Antrag des Vertreters der Jugendgerichtshilfe geschehen.
[3]Die Erklärung ist unzulässig, wenn es sich um eine Verurteilung
nach den §§ 174 bis 180 oder 182 des Strafgesetzbuches handelt.

(2) [1]Die Anordnung kann erst zwei Jahre nach Verbüßung oder
Erlaß der Strafe ergehen, es sei denn, daß der Verurteilte sich der
Beseitigung des Strafmakels besonders würdig gezeigt hat. [2]Wäh-
rend des Vollzugs oder während einer Bewährungszeit ist die Anordnung unzulässig.

Übersicht

	Rn.
I. Anwendungsbereich	1
II. Allgemeines	3
1. Zwei Fallgruppen	3
2. Bedeutung	4
III. Voraussetzungen	5
1. Formelle Voraussetzungen	5
a) Antrag	5
b) Keine Tilgung oder Tilgungsreife	7
c) Zeitraum von zwei Jahren	8
2. Materielle Voraussetzungen	10
a) Rechtskräftige Verurteilung zu JStrafe	10
b) „Rechtschaffener Mensch"	11
3. Pflichten des Jugendrichters	12
IV. Regelungen betr. das Zentralregister	13
1. Anordnung der Beseitigung des Strafmakels	13
2. Registerrechtliche Auswirkungen	14

I. Anwendungsbereich

1 Die Vorschrift gilt für **Jugendliche** auch dann, wenn die JStrafe durch ein für allg. Strafsachen zuständiges Gericht verhängt wurde (vgl. → § 104 Rn. 29).

2 Die Vorschrift gilt für **Heranwachsende** – nach Verhängung der JStrafe durch ein JGericht wie durch ein für allg. Strafsachen zuständiges Gericht – entsprechend (§ 111; vgl. § 112 sowie → § 104 Rn. 29).

II. Allgemeines

1. Zwei Fallgruppen

3 Das Gesetz unterscheidet gem. den in § 97 bzw. § 100 getroffenen Regelungen zwei Fallgruppen jugendrichterlicher Beseitigung des Strafmakels. Dabei bedarf es der Voraussetzungen gem. § 97 nur dann, wenn diejenigen des § 100 nicht vorliegen. Dem entspricht die offenbar „sehr seltene" (BT-Drs. 10/6739, 15 f.) Anwendung des § 97, während überwiegend von § 100 Gebrauch gemacht werde.

2. Bedeutung

4 Die Anordnung der Beseitigung des Strafmakels hat eine im Vergleich zum allg. StR **günstigere registerrechtliche Behandlung** zur Folge (vgl. → Rn. 13f). Hierdurch werden Nachteile, wie sie gerade auch im Ausbildungs- und Berufsbereich durch die Registrierung von Straftat und jugendstrafrechtlichen Rechtsfolgen für den Verurteilten entstehen können, vermindert. Indes bewegt sich diese Vergünstigung, bezieht man sie auf die Komplexität der Beschneidung von Handlungschancen bis hin zur institutionell-interaktionistischen Förderung einer „kriminellen Karriere" (dazu → § 5 Rn. 37 ff., 48 ff.), in engen Grenzen. – Zu Fragen einer moralisch-psychologischen Bedeutung jugendrichterlicher **Rehabilitation** für den Verurteilten, der die stigmatisierende Vorschrift des Abs. 1 S. 3 (eingef. durch Gesetz v. 28.1.1998 (BGBl. I 160); krit. auch *Dessecker* StV 1999, 683; *Horstkotte* DVJJ 1999)) zuwiderläuft, vgl. etwa *Schaffstein/Beulke/Swoboda* JugendStrafR 1008.

III. Voraussetzungen

1. Formelle Voraussetzungen

5 **a) Antrag.** Grundsätzlich ist ein Antrag des Verurteilten, seines gesetzlichen Vertreters oder eines Erziehungsberechtigten **notwendig** (s. auch RL 1). Man nimmt an, diese Personen könnten am ehesten beurteilen, ob ein Bedürfnis besteht, die Wirkungen des Registereintrags zu beseitigen. Zudem ist zu bedenken, dass die für das Verfahren notwendig werdenden Ermittlungen den Jugendlichen uU auch beeinträchtigen können. – Wenn das Gesetz gleichwohl die Einleitung des Verfahrens **von Amts wegen** oder auf Antrag der JStaatsanwaltschaft oder der JGH zulässt (für eine Sicherstellung

durch Wiedervorlageverfügung *Goerdeler* in NK-JGG Rn. 8), so ist dies aus der Erwägung geschehen, dass der Jugendliche seine Lage nicht immer zutreffend beurteilt und dass auch die Sorgeberechtigten ihre Pflichten ihm ggü. bisweilen versäumen. Eine vorherige Anhörung des Verurteilten, seines gesetzlichen Vertreters oder seines Erziehungsberechtigten erscheint dabei idR als unerlässlich (*Dallinger/Lackner* Rn. 17).

Die Antragsberechtigung des gesetzlichen Vertreters, des Erziehungs- **6** berechtigten und der JGH entfällt, wenn der Verurteilte **nicht mehr minderjährig** ist.

b) Keine Tilgung oder Tilgungsreife. Die im Register eingetragene **7** Verurteilung darf noch nicht getilgt oder tilgungsreif sein, da andernfalls eine Entscheidung angestrebt würde, deren Rechtswirkungen bereits in vollem Umfang eingetreten sind (allg. Auffassung).

c) Zeitraum von zwei Jahren. Grundsätzlich kann die Anordnung erst **8** erfolgen, wenn seit der vollständigen Vollstr oder dem Erlass der Strafe der genannte Zeitraum verstrichen ist (Abs. 2 S. 1). Maßgebend hierfür ist der Zeitpunkt der Beschlussfassung nach § 26a S. 1 (*Goerdeler* in NK-JGG Rn. 5; *Buhr* in HK-JGG § 111 Rn. 2), der Ausspruch des Gnadenerweises oder das Inkrafttreten des Amnestiegesetzes.

Die Voraussetzungen des **Abs. 2 S. 1 Hs. 2** kommen nur in Ausnahme- **9** fällen und nur uU (zB Verhalten, Leistung) in Betracht, die eine solche besonders anerkennenswerte Haltung des Jugendlichen offenbaren, die eine sonst notwendige längere Beobachtung als entbehrlich erscheinen lässt (vgl. *Schaffstein/Beulke/Swoboda* JugendStrafR 1003; zur Bedeutung *Zieger/Nöding* Verteidigung Rn. 267). Weiterhin ist hierfür erforderlich, dass der **Vollzug** der JStrafe **nicht** mehr **andauert (Abs. 2 S. 2);** unzulässig wäre auch die Anordnung während einer Strafunterbrechung oder eines Strafaufschubs, da nach dem Sinn des Gesetzes ein entsprechend vorübergehender Zustand nicht dazu geeignet ist, die Strafmakelbeseitigung durchzuführen (vgl. *Dallinger/Lackner* Rn. 12). Ferner darf eine BewZeit nicht mehr laufen (Abs. 2 S. 2); ob die Aussetzung der Vollstr zBew im Gnadenverfahren erfolgt ist, ist unerheblich. – Die JStrafe muss also vollstreckt, endgültig erlassen oder amnestiert sein.

2. Materielle Voraussetzungen

a) Rechtskräftige Verurteilung zu JStrafe. Eine solche muss vorliegen. **10** Der durch Gesetz v. 26.1.1998 (BGBl. I 160) eingeführte Ausschluss in Fällen der Verurteilung nach §§ 174–180 oder § 182 StGB (Abs. 1 S. 3) stellt ggü. dem Erziehungsauftrag einen **Systembruch** dar (ebenso *Trenczek/Goldberg* Jugendkriminalität 433; vgl. krit. auch → Rn. 4 aE) und trägt im Übrigen der „breiten Skala tatbestandsmäßiger Handlungsweisen" (BGH StV 2002, 477, betr. § 176 StGB nach allg. StR) nicht Rechnung. – Sind neben der Strafe Erziehungsmaßregeln, Zuchtmittel, Nebenstrafen, Nebenfolgen oder Maßregeln der Besserung und Sicherung angeordnet, so hindert dies die Beseitigung des Strafmakels nicht, da diese Rechtsfolgen ohnehin nicht in das Führungszeugnis aufgenommen werden (§ 32 Abs. 1, 2 Nr. 8 BZRG).

11   **b) „Rechtschaffener Mensch".** Weitere Voraussetzung ist, dass sich der Verurteilte als eine dergestalt beurteilte Person erwiesen hat (krit. zu dem Gesetzesbegriff → § 5 Rn. 3, 4). Nach verschiedentlich vertretener Auffassung genüge zur Bejahung ein straffreies Verhalten allein noch nicht, vielmehr sei eine positiv betätigte, die Rechtsordnung bejahende „Gesinnung" erforderlich. Die „Rechtschaffenheit" müsse durch eine „einwandfreie Führung" bewiesen worden sein, dh durch ein Verhalten, das zu Beanstandungen keinen Anlass gibt und das den Schluss rechtfertigt, dass in der abgeurteilten Verfehlung etwa offenbar gewordene erzieherische oder charakterliche Mängel (endgültig) überwunden sind. Demgegenüber wird aus Gründen der Unbestimmtheit dieser Begriffe (dazu → § 5 Rn. 3, 4) und der Ungeklärtheit etwaiger Relevanz für Deliktsbegehung (vgl. dazu → § 5 Rn. 37–82) idR auf ein **straffreies Verhalten** abzustellen sein (ebenso *Goerdeler* in NK-JGG Rn. 7).

3. Pflichten des Jugendrichters

12   Liegen die Voraussetzungen vor, so muss der JRichter den Strafmakel durch unabhängige jugendrichterliche Entscheidung (allg. Auffassung) für beseitigt erklären. − Dabei muss der JRichter insb. die Tatsachen, aus denen er auf das Vorhandensein oder Fehlen der „Rechtschaffenheit" des Verurteilten schließt, im Einzelnen darlegen. Dies ist auch deshalb erforderlich, um eine revisionsgerichtliche Überprüfung der tatrichterlichen Würdigung zu ermöglichen.

IV. Regelungen betr. das Zentralregister

1. Anordnung der Beseitigung des Strafmakels

13   Die Anordnung ist dem Zentralregister mitzuteilen und in dieses einzutragen (§§ 13 Abs. 1 Nr. 5, 20 BZRG; § 22 BZRG ist nicht entspr. anwendbar (ebenso *Brunner/Dölling* Rn. 9)).

2. Registerrechtliche Auswirkungen

14   Die Anordnung der Beseitigung des Strafmakels hat folgende Auswirkungen: Zum einen wird die Verurteilung nicht mehr in das Führungszeugnis aufgenommen (§ 32 Abs. 2 Nr. 4 BZRG). Ferner ist die gem. § 41 BZRG für bestimmte Behörden unbeschränkte Auskunft aus dem BZR durch § 41 Abs. 3 S. 1 BZRG insofern eingeschränkt, als nur noch den Strafgerichten und Staatsanwaltschaften für ein Strafverfahren gegen den Betroffenen Auskunft erteilt wird, es sei denn, es handelt sich um Verurteilungen nach den in § 41 Abs. 3 S. 2 BZRG bezeichneten Straftatbeständen (eingef. durch Gesetz v. 28.1.1998 (BGBl. I 160)). Ein Verwertungsverbot bzgl. der Verurteilung besteht aber nicht (→ § 100 Rn. 3). Weiterhin braucht der Verurteilte den der Verurteilung zu Grunde liegenden Sachverhalt nicht mehr zu offenbaren und darf sich als unbestraft bezeichnen (§ 53 iVm § 30 Abs. 2 Nr. 4 BZRG); dies gilt unter den Voraussetzungen des § 53 Abs. 2 BZRG allerdings nicht ggü. den Behörden iSv § 41 Abs. 3 BZRG. Im Übrigen beträgt die Tilgungsfrist fünf Jahre (§ 46 Abs. 1 Nr. 1f BZRG). Indes beschränkt die Beseitigung nicht das Tilgungsverbot des § 2 Abs. 2, § 47 Abs. 3 S. 1 BZRG (BGH StraFo 2009, 243).

Verfahren

98 (1) ¹Zuständig ist der Jugendrichter des Amtsgerichts, dem die familiengerichtlichen Erziehungsaufgaben für den Verurteilten obliegen. ²Ist der Verurteilte volljährig, so ist der Jugendrichter zuständig, in dessen Bezirk der Verurteilte seinen Wohnsitz hat.

(2) ¹Der Jugendrichter beauftragt mit den Ermittlungen über die Führung des Verurteilten und dessen Bewährung vorzugsweise die Stelle, die den Verurteilten nach der Verbüßung der Strafe betreut hat. ²Er kann eigene Ermittlungen anstellen. ³Er hört den Verurteilten und, wenn dieser minderjährig ist, den Erziehungsberechtigten und den gesetzlichen Vertreter, ferner die Schule und die zuständige Verwaltungsbehörde.

(3) Nach Abschluß der Ermittlungen ist der Staatsanwalt zu hören.

I. Anwendungsbereich

Es gelten die Erl. zu → § 97 Rn. 1, 2 entsprechend.   1

II. Zuständigkeit

Sachlich zuständig ist immer der JRichter, also auch in den Fällen, in 2 denen die Verurteilung durch ein Erwachsenengericht erfolgte.

Örtlich zuständig ist für Verurteilte, die im Zeitpunkt der Antragstellung 3 oder der Einleitung des Verfahrens von Amts wegen noch minderjährig sind, der JRichter des AG, dem die familiengerichtlichen Erziehungsaufgaben obliegen. Für volljährige Verurteilte gilt Abs. 1 S. 2 (s. dazu §§ 7 ff. BGB). Wird der Verurteilte während des schwebenden Verfahrens volljährig, so ändert das nichts an der örtlichen Zuständigkeit des Gerichts.

III. Verfahren

1. Ermittlungen

a) JRichter. Geleitet wird das Ermittlungsverfahren durch den JRichter, 4 der ggf. auch **eigene** Ermittlungen anstellt **(Abs. 2 S. 2).** Er bestimmt Art und Umfang der durchzuführenden Ermittlungen. Er sollte darauf achten, dass die Ermittlungen so **vorsichtig** und **schonend** wie nur möglich geführt werden, damit Beeinträchtigungen vermieden werden, die durch die Tatsache der Ermittlungen sowie dadurch entstehen könnten, dass die Verurteilung bzw. die Tat in der sozialen und ausbildungs- oder berufsbezogenen Umgebung bekannt (s. hierzu besonders RL Nr. 2 S. 2: „Es muss vermieden werden") oder in Erinnerung gerufen werden (vgl. *Dallinger/ Lackner* Rn. 3).

Hierzu wird der JRichter zunächst alle Akten beiziehen, die über die 5 Verhältnisse des Verurteilten Auskunft geben können. Außer den Strafakten und den Unterlagen des Vollstreckungsleiters sowie den Personalakten der

Vollzugsanstalt sind dies idR auch die Berichte der Betreuungsstelle oder des BewHelfers, die den Verurteilten nach der Entlassung aus dem Strafvollzug betreut haben (vgl. auch RL Nr. 1).

6   **b) JGH oder BewHelfer.** Konnte der JRichter keine genügenden Informationen über die Verhältnisse des Verurteilten erlangen, so **beauftragt** er mit den erforderlichen weiteren Ermittlungen vorzugsweise die in Abs. 2 S. 1 genannte Stelle, dh idR die JGH ((vgl. § 38 Abs. 2 S. 9 aF bzw. § 38 Abs. 5 S. 5 nF) bzw. das JAmt) oder den BewHelfer. Sinn der Beauftragung gerade dieser Stellen ist es, die Ermittlungen möglichst schonend und unauffällig vornehmen zu können, da diese Stellen meist ohnehin Informationen über den Verurteilten zur Verfügung haben.

2. Anhörungen

7   **a) Verurteilte.** Unabhängig von der Beurteilung aufgrund der Aktendurchsicht muss der Verurteilte angehört werden. Diese Anhörung kann, muss aber nicht mündlich geschehen.

   b) Gesetzlicher Vertreter, Erziehungsberechtigter. Gegebenenfalls (Abs. 2 S. 3) müssen auch diese angehört werden.

8   **c) Abs. 2 S. 3.** Wenngleich hiernach die Anhörung der **Schule** und der **zuständigen Verwaltungsbehörde** zwingend vorgeschrieben ist, stellt sich diese Pflicht hinsichtlich der **Schule** dann als gegenstandslos dar, wenn der Verurteilte (etwa wegen Auslaufens der Schulpflicht) keine solche mehr besucht. Im Übrigen kann der Vorschrift im Hinblick auf eine etwa drohende Beeinträchtigung des Verurteilten zum einen ggf. das Grundrecht auf informationelle Selbstbestimmung (Art. 2 Abs. 1 iVm Art. 1 Abs. 1 GG) entgegen stehen, zum anderen kann ggf. der Grundsatz der **Verhältnismäßigkeit** zu einem Absehen veranlassen (vgl. näher *Schatz* in Diemer/Schatz/Sonnen Rn. 4; s. auch ansonsten wegen Bedenken betr. die Anhörung der Schule → § 43 Rn. 20a, 20b). – Welche Verwaltungsbehörde zu hören ist, richtet sich nach **Landesrecht.** Soweit nichts anderes bestimmt ist, ist dies die untere Verwaltungsbehörde, die in ihre Stellungnahme idR auch einen Bericht der Polizei einbeziehen wird (vgl. *Dallinger/Lackner* Rn. 8).

9   Ob weitere Behörden gehört werden sollten, hängt von den Umständen des Einzelfalles ab. Dabei sollte aber zum Schutz des Verurteilten zurückhaltend verfahren werden (enger *Goerdeler* in NK-JGG Rn. 5).

3. Abs. 3

10   Nach Abschluss der Ermittlungen werden die Akten dem für das JGericht zuständigen **JStaatsanwalt** zugeleitet. Dessen Stellungnahme sollte möglichst einen bestimmten Antrag umfassen (Anordnung der Beseitigung des Strafmakels, Aufschub der Entscheidung oder Ablehnung (vgl. → § 99 Rn. 2 ff.)).

Entscheidung

99 (1) **Der Jugendrichter entscheidet durch Beschluß.**

(2) **Hält er die Voraussetzungen für eine Beseitigung des Strafmakels noch nicht für gegeben, so kann er die Entscheidung um höchstens zwei Jahre aufschieben.**

(3) **Gegen den Beschluß ist sofortige Beschwerde zulässig.**

Übersicht

	Rn.
I. Anwendungsbereich	1
II. Inhalt der Entscheidung	2
1. Positives bzw. negatives Ergebnis	2
a) Beseitigung	2
b) Ablehnung	3
2. Aufschieben	4
III. Verfahrensrechtliches	6
1. Beschluss bzw. Einstellungsverfügung	7
2. Rechtsbehelf	9
3. Kosten	11

I. Anwendungsbereich

Es gelten die Erl. zu → § 97 Rn. 1, 2 entsprechend. **1**

II. Inhalt der Entscheidung

1. Positives bzw. negatives Ergebnis

a) Beseitigung. Ist der JRichter nach seinen Ermittlungen zu dem Er **2**
gebnis gekommen, dass der Jugendliche sich „durch einwandfreie Führung
als rechtschaffener Mensch erwiesen hat, so erklärt er … den Strafmakel als
beseitigt" (§ 97 Abs. 1 S. 1).

b) Ablehnung. Liegen die Voraussetzungen für eine Beseitigung des **3**
Strafmakels nicht vor und ist deren Eintritt in absehbarer Zeit auch nicht zu
erwarten, so wird der Antrag abgelehnt. – Eine Bindungswirkung besteht
dann insofern, als ein (neuerlicher) Antrag nur Erfolg haben kann, wenn er
auf neue Tatsachen gestützt ist (iErg ähnlich *Goerdeler* in NK-JGG Rn. 3).

2. Aufschieben

Als dritte Möglichkeit kann der JRichter die Entscheidung um höchstens **4**
zwei Jahre aufschieben, wenn nur die zeitlichen Voraussetzungen nicht
gegeben sind, dh wenn der Antrag vor Ablauf der Frist des § 97 Abs. 2 S. 1
gestellt worden ist. Entsprechendes gilt, wenn zu erwarten ist, dass eine
positive Entscheidung zu einem absehbaren späteren Zeitpunkt in Betracht
kommen kann.

5   Nach Ablauf der genannten Frist muss das Verfahren **fortgesetzt** werden. Eine Einstellungsverfügung (vgl. → Rn. 7) ist nicht zulässig, weil in der Entscheidung über den Aufschub bereits eine weitere Sachentscheidung vorbehalten war. Eine erneute aufschiebende Entscheidung ist wohl zulässig (*Brunner/Dölling* Rn. 1; aA *Dallinger/Lackner* Rn. 6, da das Gesetz die Möglichkeit des Aufschubs nur für die erste Entscheidung vorsehe), aber nur unter der Voraussetzung, dass der Aufschub insgesamt zwei Jahre nicht übersteigt.

III. Verfahrensrechtliches

6   Der JRichter entscheidet ohne HV oder mündliche Verhandlung (vgl. aber → § 98 Rn. 6).

1. Beschluss bzw. Einstellungsverfügung

7   Wird das Verfahren auf Antrag durchgeführt, so ergeht die Entscheidung durch Beschluss. Ist das Verfahren von Amts wegen eingeleitet worden und wird eine Beseitigung des Strafmakels abgelehnt, so kann es durch eine Einstellungsverfügung abgeschlossen werden (*Brunner/Dölling* Rn. 2; aA *Verrel* in HK-JGG Rn. 3; *Goerdeler* in NK-JGG Rn. 1). Zwar kann auch in diesem Fall durch Beschluss entschieden werden, doch sollte diese gerichtliche Entscheidung vermieden werden, um den Verurteilten nicht ohne sachliche Notwendigkeit zu beschweren.

8   Der *Beschluss* ist zu *begründen* (§ 2 Abs. 2, § 34 StPO) und gem. § 2 Abs. 2, §§ 35 Abs. 2, 41 StPO, § 67 Abs. 2 aF bzw. § 67a Abs. 1 nF mit Rechtsmittelbelehrung (§ 2 Abs. 2, § 35a StPO) zuzustellen. Die *Einstellungsverfügung* erfolgt durch bloße *Mitteilung* (§ 2 Abs. 2, § 35 Abs. 2 StPO).

2. Rechtsbehelf

9   Gegen den Beschluss ist die **sofortige Beschwerde** (Abs. 3, § 311 StPO) zur JKammer zulässig. Eine weitere Beschwerde ist unzulässig (§ 2 Abs. 2, § 310 StPO). – Eine etwaige Einstellungsverfügung kann nicht angefochten werden; jedoch hindert sie einen Antrag eines Beteiligten nach § 97 Abs. 1 nicht (vgl. auch → Rn. 3).

10   **Beschwerdeberechtigt** sind bei Ablehnung oder Aufschub der Entscheidung der gesetzliche Vertreter, der Erziehungsberechtigte sowie ein etwaiger sonstiger Antragsteller (§ 97 Abs. 1). Erachtet die Jugendstaatsanwaltschaft (§ 97 Abs. 1 S. 2) den Beschluss als formal oder materiell rechtswidrig, so ist sie nach allg. Grundsätzen unabhängig davon beschwerdeberechtigt, ob der Beschlussinhalt ihrem Antrag entsprochen hat (vgl. *Schatz* in Diemer/Schatz/Sonnen Rn. 11; *Dallinger/Lackner* Rn. 11; aA *Brunner/Dölling* Rn. 6).

3. Kosten

11   Kosten oder Auslagen werden nicht erhoben, da dieses Verfahren eine prozessuale Besonderheit des JGG darstellt, sodass die in den §§ 464 ff. StPO geregelten Fälle der materiellen Kostentragungspflicht weder unmittelbar noch entsprechend anwendbar sind (vgl. *Dallinger/Lackner* Rn. 13 mit weiterer Begründung).

Beseitigung des Strafmakels nach Erlaß einer Strafe oder eines Strafrestes

100 [1] Wird die Strafe oder ein Strafrest bei Verurteilung zu nicht mehr als zwei Jahren Jugendstrafe nach Aussetzung zur Bewährung erlassen, so erklärt der Richter zugleich den Strafmakel als beseitigt. [2] Dies gilt nicht, wenn es sich um eine Verurteilung nach den §§ 174 bis 180 oder 182 des Strafgesetzbuches handelt.

I. Anwendungsbereich

Es gelten die Erl. zu → § 97 Rn. 1, 2 entsprechend. **1**

II. Bedeutung der Vorschrift

1. Regel und Ausnahme

Unter den Voraussetzungen der Vorschrift **muss** der Strafmakel als **beseitigt** **2** erklärt werden (obligatorische Regelung; nach AG Höxter Zbl 1988, 97 ist auch § 97 Abs. 2 S. 2 nicht anwendbar (zust. *Hohendorf* unsere jugend 1988, 132)). Wegen der rechtlichen Wirkungen der Beseitigung vgl. → § 97 Rn. 13 f.

Die Negativvoraussetzung des **S. 2,** eingefügt durch Gesetz v. 28.1.1998 **2a** (BGBl. I 160), hat stigmatisierende Relevanz (ähnlich krit. *Horstkotte* DVJJ 1999; vgl. auch → § 97 Rn. 4, 10) und erscheint ggü. dem Erziehungsauftrag (§ 2 Abs. 1) als **Systembruch.** Zudem trägt sie der „breiten Skala tatbestandsmäßiger Handlungsweisen" (BGH StV 2002, 477 (betr. § 176 StGB nach allg. StR)) nicht Rechnung.

Zu Anhaltspunkten zur statistischen Häufigkeit vgl. vormals BT-Drs. 10/ **2b** 6739, 15 f.

2. Auswirkungen

a) Einschränkungen der Auskunftserteilung. Zwar werden Verurtei- **3** lungen zu JStrafe von nicht mehr als zwei Jahren ohnehin dann nicht in das Führungszeugnis aufgenommen, wenn die Vollstr der Strafe oder eines Strafrestes zBew ausgesetzt ist und diese Entscheidung nicht widerrufen worden ist (§ 32 Abs. 2 Nr. 3 und 4 BZRG). Indes hat die Beseitigung des Strafmakels Auswirkungen auf die **Auskunftserteilung** aus dem **Zentralregister,** da die in § 41 Abs. 1 Nr. 1–10 BZRG festgelegte allg. Auskunftserteilung an andere Behörden durch § 41 Abs. 3 S. 1 Hs. 1 BZRG für die Fälle eingeschränkt ist (s. aber auch § 41 Abs. 3 S. 2 BZRG), in denen der Strafmakel als beseitigt erklärt wurde (nicht aber für StAen und Strafgerichte zu einem Strafverfahren gegen den Betroffenen, § 41 Abs. 3 S. 1 Hs. 2 BZRG). Jedoch enthält § 41 Abs. 3 BZRG nur ein Übermittlungsverbot, kein materielles Verwertungsverbot iSv § 51 BZRG (zur Verwendbarkeit auch durch Staatsangehörigkeitsbehörden vgl. BVerwGE 150, 17 = BeckRS 2014, 54184; s. ferner VG Berlin BeckRS 2016, 110774).

3a **b) (Nicht-)Verwertbarkeit bei der Rechtsfolgenbemessung.** Nicht unbedenklich ist die allein formal argumentierende Auffassung, dass der JRichter bei der Entscheidung in anderer Sache die entsprechende Verurteilung trotz Beseitigung des Strafmakels im Rahmen der Strafzumessung berücksichtigen dürfe, weil die Beseitigung des Strafmakels aus den vorgenannten Gründen kein diesbzgl. Verwertungsverbot begründe (so BGH bei *Holtz* MDR 1982, 972; BGH NStZ-RR 2019, 190 (Ls.) = BeckRS 2019, 6804). Werden die Konsequenzen der Strafmakelbeseitigung derart begrenzt, kommt diese einem „Etikettenschwindel" nahe. Auch verkennt die Judikatur den materiellen Aspekt des Vertrauensschutzes, da der Betroffene doch annehmen muss, dass ihm der Makel der früheren Verurteilung von den Strafverfolgungsbehörden nicht mehr vorgehalten werden darf.

III. Verfahrensrechtliches

1. Zuständigkeit

4 Die Entscheidung obliegt dem nach §§ 57, 58 Abs. 3 bestimmten Gericht, ggf. nach Vorentscheidung gem. § 88 dem Vollstreckungsleiter. Hingegen gilt die Zuständigkeitsregelung des § 98 Abs. 1 nicht, wie sich aus der systematischen Einordnung der Regelung des früheren § 96 Abs. 3 als § 100 nach § 98 sowie daraus ergibt, dass mit dem Erlass der Strafe zugleich (s. auch RL 1) der Strafmakel zu beseitigen ist (vgl. auch *Brunner/Dölling* Rn. 4).

2. Einzelregelungen

5 Da wegen der obligatorischen Regelung ein **Ermessensspielraum nicht** besteht, sind besondere Ermittlungen nicht erforderlich (anders in Verfahren nach § 97).

6 Die Beseitigung sollte in demselben Beschluss erklärt werden, in dem der Straferlass ergeht (vgl. RL 1). Es handelt sich um eine **jugendrichterliche** Entscheidung.

3. Nichtanfechtbarkeit

7 Die Entscheidung kann nicht angefochten werden (§ 59 Abs. 4 entspr.), da – anders als bei §§ 97, 99 Abs. 3 – in diesem Falle kein Bedürfnis dafür besteht.

Widerruf

101 ¹ **Wird der Verurteilte, dessen Strafmakel als beseitigt erklärt worden ist, vor der Tilgung des Vermerks wegen eines Verbrechens oder vorsätzlichen Vergehens erneut zu Freiheitsstrafe verurteilt, so widerruft der Richter in dem Urteil oder nachträglich durch Beschluß die Beseitigung des Strafmakels. ²In besonderen Fällen kann er von dem Widerruf absehen.**

I. Anwendungsbereich

Es gelten die Erl. zu → § 97 Rn. 1, 2 entsprechend. 1

II. Voraussetzungen des Widerrufs

1. Freiheitsstrafe

Als eine solche Sd Vorschrift **gilt zugleich** die **JStrafe** (hM). Dies ist im 2 Hinblick auf das Gewicht des Erziehungsauftrags (§ 2 Abs. 1) – auch im Bereich der JStrafe wegen „Schwere der Schuld" (§ 17 Abs. 2 Alt. 2; vgl. → § 17 Rn. 55 ff.) – nicht unbedenklich (vgl. zu S. 2 → Rn. 5). Jedenfalls nicht ausreichend ist eine mit Freiheitsentziehung verbundene Rechtsfolge der Kategorien Erziehungsmaßregel oder Zuchtmittel oder die Aussetzung der Verhängung der JStrafe zBew (§ 27). – Ein Widerruf aus anderen als den genannten Gründen ist unzulässig.

2. Zeitpunkt der Verurteilung

Die „erneute" Verurteilung muss **nach** der Anordnung der **Beseitigung** 3 des Strafmakels ausgesprochen worden sein. Auf den Begehungszeitpunkt der zu Grunde liegenden Tat kommt es nicht an.

3. Keine Tilgung oder Tilgungsreife

Ist der Vermerk über die Beseitigung des Strafmakels bereits getilgt oder 4 tilgungsreif (vgl. allg. RGSt 64, 146 (147)), so darf ein Widerspruch nicht mehr erfolgen.

III. Absehen vom Widerruf (S. 2)

Dieses erscheint insb. bei solchen vorsätzlichen Vergehen **vertretbar,** die 5 als leicht beurteilt werden oder die, ohne iZ zu früheren Straftaten zu stehen, als Einzelgeschehen erscheinen. Ein Absehen wird aber auch dann angezeigt sein, wenn die weitere soziale und ausbildungs- oder berufsmäßige Entwicklung durch den Widerruf in einer sachlich nicht zu rechtfertigenden Weise beeinträchtigt würde und die neue Tat keinen schwerwiegenden Strafmakel nach sich zieht.

IV. Verfahrensrechtliches

1. Zuständigkeit

Die Entscheidung obliegt dem Gericht des neuen Strafverfahrens, also ggf. 6 auch einem Erwachsenengericht (s. näher *Dallinger/Lackner* Rn. 15f (zur früheren Rechtslage)).

2. Nachträgliches Beschlussverfahren

7　　Ist der Widerruf nicht im Urteil ausgesprochen, so kann er in einem nachträglichen Beschlussverfahren – aber vor Tilgungsreife (vgl. → Rn. 4) – ohne mündliche Verhandlung nachgeholt werden. Zwecks Klarstellung ist entsprechend auch dann zu verfahren, wenn von dem Widerruf abgesehen wird (vgl. *Brunner/Dölling* Rn. 7; aA *Goerdeler* in NK-JGG Rn. 5: keine Entscheidung erforderlich). – Der Beschluss ist zu begründen und formlos mitzuteilen (§ 2 Abs. 2, §§ 35 Abs. 2, 41 StPO, § 67 Abs. 2 aF bzw. § 67a Abs. 1 nF).

3. Anfechtbarkeit

8　　Die Entscheidung kann, wenn sie in dem neuen Urteil ergangen ist, mit den **allg. Rechtsmitteln,** also Berufung und Revision, angefochten werden. Dies kann auch beschränkend auf die Widerrufsentscheidung geschehen.

Ist die Entscheidung nachträglich durch besonderen Beschluss ergangen, so ist dieser mit der **einfachen Beschwerde** (§ 2 Abs. 2, § 304 StPO) anfechtbar (hM; anders noch *Potrykus* Anm. 2, der entspr. § 99 Abs. 3 sofortige Beschwerde für zulässig hielt).

4. Wirkung des Widerrufs

9　　Der Widerruf, der dem Zentralregister mitzuteilen ist (§ 13 Abs. 1 Nr. 6 BZRG), hat zur Folge, dass die Beseitigung des Strafmakels **rückwirkend** entfällt (s. zur Berechnung von Fristen § 46 Abs. 2 BZRG).

Fünftes Hauptstück. Jugendliche vor Gerichten, die für allgemeine Strafsachen zuständig sind

Zuständigkeit

102 ¹Die Zuständigkeit des Bundesgerichtshofes und des Oberlandesgerichts werden durch die Vorschriften dieses Gesetzes nicht berührt. ²In den zur Zuständigkeit von Oberlandesgerichten im ersten Rechtszug gehörenden Strafsachen (§ 120 Abs. 1 und 2 des Gerichtsverfassungsgesetzes) entscheidet der Bundesgerichtshof auch über Beschwerden gegen Entscheidungen dieser Oberlandesgerichte, durch welche die Aussetzung der Jugendstrafe zur Bewährung angeordnet oder abgelehnt wird (§ 59 Abs. 1).

I. Anwendungsbereich

Die Vorschrift gilt in Verfahren gegen **Heranwachsende** entsprechend **1** (§ 112 S. 1; s. auch RL 2).

II. Allgemeines

1. Defizite der Begründung der Vorschrift

Die geregelten **Ausnahmen** von der **Zuständigkeit** der **JGerichte** wur- **2** den vom Gesetzgeber 1953 damit begründet, dass den JGerichten in den betr. Strafsachen die erforderliche Sachkunde fehle (Amtl. Begr. 49). Die Vorschrift soll sich ferner aus Zweckmäßigkeitsgründen rechtfertigen, die eine Aburteilung von Jugendlichen und Heranwachsenden vor den für allg. Strafsachen zuständigen Gerichten erforderlich machten (*Schaffstein/Beulke/ Swoboda* JugendStrafR 629; vgl. aber etwa JuMiKo v. 17.11.2016 TOP II. 7). Es erscheint allerdings nicht ohne weiteres ersichtlich, welche überwiegenden Gründe eine solche **Durchbrechung** des **Vorranges** des **Erziehungsauftrags** (vgl. § 2 Abs. 1) und eine damit verbundene Beschränkung einer erzieherisch ausgerichteten Verfahrensgestaltung (zB im Hinblick auf §§ 36, 37; vgl. näher → § 104 Rn. 31) sowie – möglicherweise zukünftig nicht mehr überwindbare – Entwicklungsstörungen (vgl. zu OLG Düsseldorf NStZ 1994, 209 und NJW 1995, 343; *Lempp* MschKrim 1998, 125 (128 f.); ausf. *Lederer* StV 2016, 745 ff.) rechtfertigen könnten (insoweit unerörtert in BGH NStZ 2001, 265 ff.; anders BGH NStZ 2002, 447; vgl. aber auch *Dallinger/Lackner* Rn. 4). Insbesondere ist schon bei der *Subsumtion* der einschlägigen Vorschriften (vgl. auch → Rn. 4) zu berücksichtigen, dass zB im Ausland wie auch aus der Opferperspektive nach dem altersmäßigen Status der Beschuldigten *differenziert* wird. Zudem verlangt der Gleichheitsgrundsatz (Art. 3 Abs. 1 GG) bei der jeweiligen Zuständigkeitsprüfung eine restriktive Auslegung (s. aber BGH *Dallinger* MDR 1956, 146 und dazu krit. *Eisenberg* NStZ 1996, 266 f.; aA *Schoreit* NStZ 1997, 70 f.).

2. Tragweite der Vorschrift

3   Bereits dem Zweck der Vorschrift entsprechend sind die JGerichte nicht gehindert, rechtskräftige Urteile der nach S. 1 zuständigen Gerichte nach Maßgabe von § 31 Abs. 2 – abgesehen von einer Entscheidung gem. § 27 (ebenso *Buhr* in HK-JGG § 31 Rn. 18; vgl. auch → § 40 Rn. 6) – in eine **neue** jugendgerichtliche **Entscheidung einzubeziehen** (*Dallinger/Lackner* Rn. 2; s. auch § 105 Abs. 2).

3a   Die Vorschrift gilt für das Erkenntnis-, nicht für das Vollstreckungsverfahren (vgl. → § 82 Rn. 4). Jedoch folgt der Zuständigkeit im **Erkenntnisverfahren** diejenige zur Entscheidung über Rechtsmittel gegen die vom JRichter als Vollstreckungsleiter getroffenen Entscheidungen (OLG Düsseldorf OLGSt JGG § 82 Nr. 2, unter Hinweis auf §§ 120 Abs. 3, 73 Abs. 1 GVG).

III. Umfang der Zuständigkeit der allgemeinen Strafgerichte

1. Oberlandesgerichte und Landgerichte im ersten Rechtszug

4   **a) Oberlandesgerichte.** Sie sind (vormals einschließlich des BayObLG (n. bis 18. Aufl.) dem Wortlaut nur dieser Vorschrift nach im ersten Rechtszug zuständig in den Fällen von S. 1 iVm § 120 Abs. 1, 2 GVG. Jedoch gilt dies zumindest bzgl. § 120 Abs. 2 GVG wegen des kriminalphänomenologisch differenzierend zu würdigenden *Altersstatus* wie auch gem. verfassungskonformer Auslegung (vgl. zu Art. 3 Abs. 1 GG auch → Rn. 2) des Begriffs „besondere Bedeutung" (vgl. aber zur Gesetzesbegr. des § 120 Abs. 2 S. 2 GVG idF des Gesetzes v. 12.6.2015 (BGBl. I 925), BT-Drs. 18/3007: „soll" einer eher restriktiven Auslegung „entgegenwirken") nur **ausnahmsweise** (BGH NStZ 2002, 447 (betr. „überwiegend" Jugendliche und Heranwachsende); ergänzend BGH NJW 2006, 1603 ff.): Einstellung des Verfahrens gegen fünf Angeklagte gem. § 47 Abs. 1 Nr. 1 (betr. Unterstützen einer terroristischen Vereinigung, § 129a StGB); vgl. auch *Eisenberg* NStZ 2003, 130; 2018, 667 (668); trotz raum-zeitlicher Tatbegrenztheit bejahend aber noch BGH NStZ 2000, 161 (betr. Heranwachsenden) sowie BGH NStZ 2001, 265 ff. (ggü. zwei zur Tatzeit 16-Jährigen); sodann **bejahend** BGH ZJJ 2016, 410 mkritAnm *Eisenberg/Wolf* (betr. zur Tatzeit 15-Jährige); BGH BeckRS 2017, 102669 betr. zur Tatzeit 18-Jährigen; BeckRS 2017, 109884 Rn. 2 betr. „teils als strafrechtlich verantwortlicher Jugendlicher, teils als Heranwachsender"; BeckRS 2017, 114339; BGH BeckRS 2018, 608 betr. „Jugendlichen").

4a   Verneint der GBA die „besondere Bedeutung", so kommt eine *Vorlage* gem. § 209 Abs. 2 StPO analog in Betracht (Auslegung des § 120 Abs. 2 S. 1 GVG aufgrund Art. 101 Abs. 1 GG, vgl. BVerfGE 22, 261 f.; *Sowada* Richter 671 sowie FS Fezer, 2016, 176 ff.; *Frister* in SK-StPO GVG § 120 Rn. 21).

5   **b) Landgerichte.** Es kommt die Zuständigkeit einer Staatsschutzstrafkammer (§ 74a GVG) oder einer Wirtschaftsstrafkammer (§ 74c GVG) gem. **§ 103 Abs. 2 S. 2** dann in Betracht, wenn im Falle der Verbindung einer JStrafsache mit der Strafsache gegen einen Erwachsenen letztere nach den allg. Vorschriften zur Zuständigkeit einer der beiden bezeichneten Strafkammern gehört, ohne dass der Schwurgerichtskammer (vgl. § 74e GVG) der Vorrang gebührte (vgl. § 41 Abs. 1 Nr. 1).

2. BGH und Oberlandesgerichte in der Rechtsmittelinstanz

a) BGH. Er ist als Revisionsgericht zuständig nach § 135 Abs. 1 GVG, als 6 Beschwerdegericht nach § 135 Abs. 2 GVG und zusätzlich im Fall des S. 2 (vgl. zu weiteren Fällen einer Zuständigkeit des BGH nach Maßgabe von S. 1 vgl. nur *Meyer-Goßner/Schmitt* GVG § 135 Rn. 3).

b) Oberlandesgerichte. Sie sind (einschließlich des vormaligen Bay- 7 ObLG (vgl. → Rn. 4)) in der Rechtsmittelinstanz zuständig als Revisionsgerichte nach § 121 Abs. 1 Nr. 1 GVG und als Beschwerdegerichte nach §§ 120 Abs. 3, Abs. 4, 121 Abs. 1 Nr. 2 GVG (vgl. zu weiteren Fällen der Zuständigkeit der OLGe nach Maßgabe von S. 1 vgl. nur *Meyer-Goßner/ Schmitt* GVG § 121 Rn. 16).

c) Strafkammer der allg. Strafgerichtsbarkeit. Deren Zuständigkeit 8 nach Maßgabe von § 103 Abs. 2 S. 2 **scheidet** in der Rechtsmittelinstanz (vgl. nach allg. Recht §§ 74a Abs. 3, 74c Abs. 2 GVG sowie § 74c Abs. 1 GVG) **aus** (s. § 41 Abs. 2 S. 1).

Verbindung mehrerer Strafsachen

103 **(1) Strafsachen gegen Jugendliche und Erwachsene können nach den Vorschriften des allgemeinen Verfahrensrechts verbunden werden, wenn es zur Erforschung der Wahrheit oder aus anderen wichtigen Gründen geboten ist.**

(2) ¹Zuständig ist das Jugendgericht. ²Dies gilt nicht, wenn die Strafsache gegen Erwachsene nach den allgemeinen Vorschriften einschließlich der Regelung des § 74e des Gerichtsverfassungsgesetzes zur Zuständigkeit der Wirtschaftsstrafkammer oder der Strafkammer nach § 74a des Gerichtsverfassungsgesetzes gehört; in einem solchen Fall sind diese Strafkammern auch für die Strafsache gegen den Jugendlichen zuständig. ³Für die Prüfung der Zuständigkeit der Wirtschaftsstrafkammer und der Strafkammer nach § 74a des Gerichtsverfassungsgesetzes gelten im Falle des Satzes 2 die §§ 6a, 225a Abs. 4, § 270 Abs. 1 Satz 2 der Strafprozeßordnung entsprechend; § 209a der Strafprozeßordnung ist mit der Maßgabe anzuwenden, daß diese Strafkammern auch gegenüber der Jugendkammer einem Gericht höherer Ordnung gleichstehen.

(3) Beschließt der Richter die Trennung der verbundenen Sachen, so erfolgt zugleich Abgabe der abgetrennten Sache an den Richter, der ohne die Verbindung zuständig gewesen wäre.

Schrifttum *Kost,* Verbindung und Trennung von Strafverfahren, 1989; *Mohr,* Jugendliche, Heranwachsende und Erwachsene gemeinsam vor dem Strafgericht, 2005; *Witzmann,* Die gemeinsame Verhandlung, 2012.

Übersicht

I. Anwendungsbereich

1. Persönlicher Anwendungsbereich

1   Die Vorschrift gilt für Verfahren gegen **Heranwachsende** entsprechend (§ 112 S. 1; vgl. auch RL 3). – Dies wird unabhängig davon zu gelten haben, ob sie inzwischen Erwachsene sind (§ 1 und dazu → Rn. 7; anders LG Ansbach 30.7.2015 – KLs 1023 Js 8836/14 jug mit Bspr. *Eisenberg* JA 2016, 623 ff.).

2. Verfahrensmäßiger Anwendungsbereich

2   Über eine **OWi**, die mit einer Jugendstraftat zusammenhängt, entscheidet (bei Einspruch gegen einen Bußgeldbescheid) das JGericht (vgl. § 45

OWiG). Eine Trennung der JStraf- und Bußgeldsache durch das JGericht ist nicht möglich, weil eine selbstständige Zuständigkeit für die OWi (ohne Verfahren vor der Verwaltungsbehörde) fehlt (§§ 2 Abs. 2, 4, 13 Abs. 2 StPO sind nicht anwendbar, soweit wegen der zusammenhängenden OWi das Hauptverfahren eröffnet ist; vgl. näher *Seitz/Bauer* in Göhler OWiG § 45 Rn. 4 mN).

Im Hinblick auf die Voraussetzungen in § 103 Abs. 1 scheidet es idR aus, 3 neben einer Strafsache gegen einen Erwachsenen eine OWi gegen einen Jugendlichen oder Heranwachsenden zu übernehmen (ausführlich *Lampe* in KK-OWiG OWiG § 45 Rn. 11 ff.; enger *Goerdeler* in NK-JGG Rn. 3). Es soll jedoch das Erwachsenengericht zuständig sein, wenn eine Verbindung gleichwohl erfolgt, weil die Zuständigkeit des JGerichts für OWi nur im Einspruchsverfahren bestehe (so *Brunner/Dölling* Rn. 20; *Seitz/Bauer* in Göhler OWiG § 45 Rn. 5; abl. *Goerdeler* in NK-JGG Rn. 3; *Grommes* in BeckOK JGG Rn. 8).

II. Allgemeines

1. Entwicklungsgeschichte der Vorschrift

a) Abs. 1. Eine Verbindung von JStrafsachen mit Strafsachen gegen Er- 4 wachsene war noch in § 26 Abs. 2 JGG 1923 – allerdings nur im Wege einer Sollvorschrift – untersagt. § 77 RJGG 1943 ließ unter Aufrechterhaltung der Sollvorschrift eine Ausnahme für den Fall zu, dass eine Verbindung zur Erforschung der Wahrheit oder aus anderen wichtigen Gründen geboten war. § 77 Abs. 2 RegE JGG 1953 behielt die letztere Regelung bei, aller- dings ergänzt um die Möglichkeit in § 77 Abs. 1, eine Verbindung iRd allg. StVR vorzunehmen – die sodann getroffene – und seither unveränderte – gesetzliche Regelung (Abs. 1) verknüpfte mittels einer **Kannvorschrift** die Möglichkeit einer Verbindung nach allg. StVR mit den zusätzlichen Voraus- setzungen der bisherigen Ausnahmebestimmung.

b) Abs. 2 S. 1. Welches Gericht für den Fall der Verbindung zuständig 5 sein sollte, ließ § 77 RJGG 1943 noch offen. Sinn der Ausnahmeregelung war es aber, die für den Fall der Verbindung angenommene Zuständigkeit des Erwachsenengerichts einzuschränken, und zwar durch eine Konkretisie- rung des Ermessens der Staatsanwaltschaft dahingehend, bei welchem Ge- richt die Anklage zu erheben war (vgl. *Peters* RJGG § 21 Anm. 2). In § 77 Abs. 3 RegE JGG 1953 wurde das Ermessen der (J)Staatsanwaltschaft da- durch beschränkt, dass die Anklage vor dem JGericht erhoben werden sollte, wenn das Schwergewicht bei dem Verfahren gegen Jugendliche lag. Inhalt- lich hatte diese Regelung Gültigkeit bis zur Neufassung von Abs. 2 durch Art. 3 Nr. 8 StVÄG 1979; nunmehr ist – von der Ausnahme in Abs. 2 S. 2, 3 abgesehen – in den Fällen der Verbindung das JGericht zuständig (Abs. 2 S. 1; zur Begründung BT-Drs. 8/976, 70). Diese Regelung, die zu einem erheblichen Anwachsen der Geschäftsbelastung vor allem der JSchöffenGe und JKammern geführt hat, wurde seitens der Praxis teilweise als hinderlich bezeichnet (vgl. *Blumenstein* KrimGgfr 1984, 157 ff.; vgl. krit. auch → Rn. 7 aE; s. aber *Brandemer* Zbl 1989, 320 f.).

6   **c) Abs. 3.** Dieser wurde 1953 aufgenommen und gilt seither unverändert. Die Vorschrift knüpft an § 26 Abs. 3 JGG 1923 an, ist allerdings umfassender gestaltet.

2. Systematische Bedeutung

7   **a) Verhältnis zu erzieherischen Belangen.** Die Vorschrift gestattet aus solchen verfahrensrechtlichen Gesichtspunkten, die ggü. erzieherischen Gründen für vorrangig erachtet werden (krit. *Witzmann,* Die gemeinsame Verhandlung, 2012, 146 ff., 208 f.: § 2 Abs. 1 sowie Grundsätze des JGG vorrangig), die sog. sachliche Verbindung zwischen JStrafsachen und Strafsachen gegen Erwachsene. Jedoch gilt die **Verbindung als idR unerwünscht** (vgl. auch Amtl. Begr. 49; LG Köln ZJJ 2009, 382: restriktive Handhabung geboten). Hierfür sind – abgesehen von Gesichtspunkten der Zweckmäßigkeit (RL Nr. 1 S. 1) – zum einen Anhaltspunkte für eine Tendenz in der Praxis bedeutsam, im Falle einer Verbindung Auswahl und nähere Ausgestaltung der gegen den Jugendlichen anzuordnenden Maßnahmen nicht ohne Berücksichtigung der gegen den Erwachsenen verhängten Strafe zu treffen (so bereits *Peters* RJGG § 77 Anm. 2). Zum anderen ist es – nach Einführung der grundsätzlichen Zuständigkeit des JGerichts (Abs. 2 S. 1) – nicht unbedenklich, den Erwachsenen im Wege der Verbindung aufgrund einer bloßen Ermessensvorschrift dem Gericht der allg. Strafgerichtsbarkeit zu entziehen (vgl. auch → Rn. 5 aE; nachdrücklich auch *Goerdeler* in NK-JGG Rn. 6).

8   **b) Einordnung im JGG.** Die Vorschrift griff bereits vor Neufassung des Abs. 2 inhaltlich insofern über die Überschrift des fünften Hauptstücks hinaus, als sie auch die Verbindung (und Trennung) von Strafsachen gegen Jugendliche und Erwachsene vor den JGerichten betraf (vgl. *Dallinger/Lackner* Rn. 1). Nach der regelmäßigen Zuständigkeit des JGerichts im Falle der Verbindung ist die Vorschrift nunmehr im Fünften Hauptstück gesetzessystematisch verfehlt und wohl de lege ferenda eher dem Zweiten Abschnitt des Zweiten Hauptstücks zuzuordnen (zust. *Witzmann,* Die gemeinsame Verhandlung, 2012, 101).

III. Ausgestaltung von Verbindungen

1. Voraussetzungen der Verbindung (Abs. 1) und Entscheidung

9   **a) Geboten zur Erforschung der Wahrheit oder aus anderen wichtigen Gründen (Abs. 1).** Eine Verbindung nach Abs. 1 setzt zunächst voraus, dass sie nach den Vorschriften den **allg. StVR** (§§ 2 ff., 13, 237 StPO) **zulässig** ist (vgl. zum insoweit maßgeblichen Begriff des Zusammenhanges die Erläuterungswerke zu § 3 StPO). Was die vorgenannten (zusätzlichen) Voraussetzungen des Abs. 1 anbetrifft, so sind hieran im Hinblick auf den **Ausnahmecharakter** der Vorschrift (vgl. Amtl. Begr. 49 sowie → Rn. 7, LG Verden StV 2008, 118) hohe Anforderungen zu stellen, die eine sorgfältige Abwägung im Einzelfall erforderlich machen und deren Vorliegen sich **nur ausnahmsweise** wird begründen lassen (OLG Koblenz JR 1982, 479 f.; LG Darmstadt bei *Allgeier* DVJJ-Journal 2000, 408; *Witzmann,* Die gemeinsame Verhandlung, 2012, 127). Dem tragen Nicht-Jugendgerichte (→ §§ 33–33b Rn. 12) mitunter weniger Rechnung (vgl. etwa

OLG Karlsruhe ZJJ 2013, 211 mAnm *Eisenberg/Höynck* ZJJ 2013, 320; KG NStZ-RR 2018, 91: ein Heranwachsender ggü. vier Erwachsenen; vgl. auch → Rn. 23; zur Begrenzung auf Fragen der Täterpersönlichkeit *Fahl* NStZ 1983, 310; *Kost,* Verbindung und Trennung von Strafverfahren, 1989, 30 f.).

So finden sich Entscheidungen, die **entgegen** der **gesetzlichen Intenti-** 9a **on** eher an Kriterien der **Erledigung** orientiert sind (OLG Köln NStZ-RR 2000, 314: Sanktionsauswahl und -bemessung „in einer Hand"; ausdehnend OLG Hamburg ZfJ 2004, 434; s. auch OLG Karlsruhe MDR 1981, 693 = GA 1982, 181). Das Gleiche gilt für die **unzulässige** (*Buhr* in HK-JGG Rn. 11) und spekulative Strategie eines „**Benutzens**" der (im Ermittlungs-verfahren etwa geständigen oder teilgeständigen) jugendlichen Angeklagten zwecks Überführung erwachsener Angeklagter (so aber KG NStZ 2006, 521 (mablAnm *Eisenberg* sowie Erl. *Grommes* in BeckOK JGG Rn. 11) sowie KG NStZ-RR 2018, 91; OLG Hamm ZJJ 2011, 90 (andernfalls „Änderung des Aussageverhaltens nicht zu erwarten"), OLG Karlsruhe ZJJ 2013, 212 mAnm *Eisenberg/Höynck* ZJJ 2013, 320; s. zu Bedenken auch OLG Nürn-berg StV 2011, 40 (betr. geständigen Erwachsenen)).

Demgegenüber kommen nur Fälle in Betracht, in denen es um die **Er-** 10 **möglichung** der Wahrheitserforschung geht, dh Fälle nur einer Erleichte-rung scheiden aus (ebeso *Grommes* in BeckOK JGG Rn. 10; vgl. auch *Fahl* NStZ 1983, 310; zu Bsp. *Mohr,* Jugendliche, Heranwachsende und Erwach-sene gemeinsam vor dem Strafgericht, 2005, 47 ff.). Ob es im Einzelnen etwa als geeignet erscheinen könnte, auch erwachsene Tatbeteiligte während der Dauer einer *HV* (und also nicht nur als Zeugen) zu **beobachten,** um Erkenntnisse für die Beurteilung des Einflusses der Umwelt auf den Jugend-lichen (oder Heranwachsenden) − oder aber der Rolle des Jugendlichen (oder Heranwachsenden) iZm Tatentschluss und -ausführung des Erwachse-nen − erst zu gewinnen (vgl. etwa OLG Karlsruhe ZJJ 2013, 212 mAnm *Eisenberg/Höynck* ZJJ 2013, 320; vormals *Dallinger/Lackner* Rn. 4 mN), ist wegen der für derartige Fragestellungen idR nicht geeigneten „**Dramatik der Situation**" (*Schüler-Springorum* MschKrim 1969, 1 (13)) eher **zw.** Ins-besondere wird zu bedenken sein, dass erwachsene Mitangeklagte die ju-gendgerichtliche Atmosphäre der HV uU beeinträchtigen (LG Darmstadt bei *Allgeier* DVJJ-Journal 2000, 408) und darüber hinaus den jugendlichen (oder heranwachsenden) Angeklagten noch in der HV in einer − von Amtierenden möglicherweise nicht erkennbaren − Weise beeinflussen (LG Berlin 10.3.2004 − (530) 69 Js 86/03 (6/04); vgl. schon *Nowakowski* JBl 1962, 469 (478)), die die gebotene **Persönlichkeitserforschung** (vgl. § 43) zu **behindern** vermag (verkürzt KG NStZ-RR 2018, 91 (indes ua schon „Opferschutz" anführend)).

Auch unter diesem Aspekt wird eine Verbindung **ausscheiden,** wenn es 10a sich bei den erwachsenen Angeklagten etwa um die **Eltern** des Jugendlichen handelt (vgl. RL Nr. 1 S. 2; LG Köln ZJJ 2009, 383; *Buhr* in HK-JGG Rn. 10; abw. KG NStZ 2006, 521 mablAnm *Eisenberg;* OLG Hamm ZJJ 2011, 89). Entsprechendes kann für den (mutmaßlichen) „**Anführer**" einer Tätergruppe gelten (AG Tiergarten 7.7.1994 − 400-111/94 betr. mindestens vier Jahre älteren Erwachsenen (anders aber LG Berlin 30.8.1994 − 530 Qs 32/94; zur Stabilisierung von Gruppenidentität durch Nichtbetreuung s. *Lempp* DVJJ-Journal 1994, 259).

Soweit es als **anderer wichtiger Grund** iSd Vorschrift angesehen wird, 10b wenn ohne eine Verbindung die ohnehin umfangreiche Beweisaufnahme wiederholt werden müsste, so mag dies zur Beschleunigung des Verfahrens und auch der Vermeidung uU erheblicher zusätzlicher Kosten (*Dallinger/ Lackner* Rn. 4) nicht nur unter dem Gesichtspunkt der Prozesswirtschaftlichkeit, sondern auch im Interesse der Angeklagten geboten erscheinen (s. allerdings zu etwaigen erheblichen Konsequenzen der Trennung oder Verbindung für die Verteidigerkosten schon *Eisenberg* NJW 1984, 2919). Dies gilt freilich nicht, sofern erwachsenen Mitangeklagten weitere Taten zur Last liegen, die ihrerseits eine Beweisaufnahme erforderlich machen, sodass es zu einer längeren Verfahrensdauer kommen wird (verfehlt daher OLG Karlsruhe ZJJ 2013, 212 mAnm *Eisenberg/Höynck* ZJJ 2013, 320; LG Stuttgart 25.6.2012 – 4 KLs 211 Js 28184/12 Hw., S. 4).

10c Ohnehin vermögen reine **Zweckmäßigkeitserwägungen keinen** wichtigen Grund iSd besonderen Voraussetzungen von Abs. 1 abzugeben (vgl. BGHSt 10, 327; OLG Koblenz JR 1982, 479 f.; wohl aber die Vermeidung nachträglicher Gesamtstrafenbildung, OLG Karlsruhe MDR 1981, 693 f.), und zwar schon deshalb nicht, weil bereits das Erfordernis der Zulässigkeit einer Verbindung nach den Vorschriften des allg. StVR (vgl. → Rn. 9) an die danach zu Grunde liegenden Gesichtspunkte einer Zweckmäßigkeit anknüpft. Nur formelle Gründe oder solche der Bequemlichkeit rechtfertigen eine Verbindung ohnehin nicht (vgl. bereits *Peters* RJGG § 77 Anm. 2; *Potrykus* Anm. 2 mit weiteren Erwägungen).

11 **b) Entscheidung.** Hinsichtlich der Entscheidung über die Verbindung liegt es zunächst im pflichtgemäßen Ermessen der **JStaatsanwaltschaft,** ob JStrafsachen gegen Jugendliche und Erwachsene einheitlich bearbeitet (vgl. auch Nr. 25 RiStBV) und erforderlichenfalls in einer gemeinsamen Anklage bei Gericht anhängig gemacht werden (§ 2 Abs. 1 StPO; für eine einschr. Praxis *Fahl* NStZ 1983, 309 f.; vgl. auch Nr. 114 RiStBV). Kommt eine einheitliche Bearbeitung in Betracht, sollte diese – wie die Entscheidung über eine verbundene Anklage – von dem JStaatsanwalt übernommen werden (s. bereits *Peters* RJGG § 77 Anm. 2). Dies gilt umso mehr, als seit der Neufassung des Abs. 2 nunmehr regelmäßig das JGericht zuständig ist (Abs. 2 S. 1; vgl. auch → § 36 Rn. 2, 3, 8).

12 Das **Gericht** entscheidet nach seinem **pflichtgemäßen Ermessen** darüber, ob die Verbindung der bei ihm anhängig gemachten Anklage aufrecht erhalten bleibt oder aber zu trennen ist (§§ 2 Abs. 2, 4 Abs. 1 StPO, auch § 13 Abs. 3 StPO; vgl. ergänzend → Rn. 18 ff.) bzw. ob eine Verbindung getrennt anhängig gemachter Sachen in Betracht kommt (Abs. 1 iVm §§ 4 Abs. 1, 13 Abs. 2, 237 StPO; abl. zu § 237 StPO *Kost,* Verbindung und Trennung von Strafverfahren, 1989, 27 f.; zum Umfang der Zuständigkeit des Gerichts vgl. → Rn. 13 ff.). Soweit die Verbindungsvoraussetzungen vorliegen, die Verbindung aber an der Ablehnung einer Übernahme durch die ersuchte JKammer scheitert, ist für eine Verbindung durch das gemeinschaftliche obere Gericht (§ 4 Abs. 2 S. 2 StPO) jedenfalls dann kein Raum, wenn die Gefahr eines Verfahrensstillstandes nicht besteht (OLG Düsseldorf MDR 1980, 1041 betr. die Verbindung nach § 112 S. 1 JGG, § 103 Abs. 1 JGG, § 3 StPO).

12a Die Aufrechterhaltung geschieht zusammen mit dem Eröffnungsbeschluss (vgl. auch *Brunner/Dölling* Rn. 9), ohne dass in der Praxis stets zu erkennen gegeben wird, mit welcher Begründung dies geschieht (vgl. etwa LG Ansbach 30.7.2015 – KLs 1023 Js 8836/14 jug mit Bspr. *Eisenberg* JA 2016, 623 ff.).

2. Zuständigkeit (Abs. 2); Folgen für den Rechtsmittelzug

a) Zuständigkeit (Abs. 2). Soweit nicht die Zuständigkeit des OLG in 13
Betracht kommt (§ 120 Abs. 1, 2 GVG) und kein Fall des Abs. 2 S. 2
vorliegt, ist die verbundene Anklage vor dem zuständigen JGericht (Abs. 2
S. 1) zu erheben (ohne dass es auf ein Schwergewicht ankäme). Die Anhängigkeit ist bei der JKammer herbeizuführen, wenn für die Erwachsenen nach
allg. Vorschriften eine große Strafkammer (ausschließlich der Strafkammern
nach Abs. 2 S. 2) zuständig wäre (§ 41 Abs. 1 Nr. 3, vgl. → § 41 Rn. 7;
anders noch für die frühere Rechtslage BGHSt 9, 399). Wäre für die
Erwachsenen nach allg. StVR eine große Strafkammer nicht zuständig, so
wird beim JSchöffenG anzuklagen sein, soweit im Hinblick auf § 39 Abs. 1
S. 2 eine Zuständigkeit des JRichters in Fällen der Verbindung von JStraf-
und Erwachsenenstrafsachen ausscheidet – ansonsten kommt ggf. auch eine
vor dem JRichter erhobene verbundene Anklage in Betracht (*Buhr* in HK-
JGG Rn. 14).

Ist das **Hauptverfahren eröffnet** (zum Verfahren bei Trennung der ver- 14
bunden anhängig gemachten Sache vor Eröffnung des Hauptverfahrens vgl.
→ Rn. 23), so entscheidet über die Verbindung der beim SchöffenG rechtshängigen Erwachsenenstrafsache mit der beim JRichter rechtshängigen
JStrafsache in entsprechender Anwendung von § 4 Abs. 2 S. 1 StPO, §§ 39
Abs. 1 S. 2, 40 Abs. 1 das JSchöffenG. Im Übrigen sind – von der Ausnahme
in Abs. 2 S. 2 abgesehen – die **JGerichte** für den Verbindungsbeschluss nach
der Gleichstellungsklausel in § 209a Nr. 2 lit. a StPO ohnehin **auch dann**
zuständig, wenn die Erwachsenenstrafsache bei einem allg. Strafgericht gleicher Ordnung innerhalb des Bezirks des JGerichts (vgl. § 4 Abs. 2 S. 1
StPO) rechtshängig war (für das Verfahren zur Begründung desselben Gerichtsstandes gilt § 13 Abs. 2 StPO entspr., jedoch nur insoweit, als dadurch
nicht zugleich die sachliche Zuständigkeit (zB SchöffenG/Strafkammer)
geändert werden soll (vgl. BGHSt 22, 232; BGH *Martin* DAR 1974, 122;
BGH NStZ 2000, 435), denn eine Vereinbarung über die örtliche Zuständigkeit zwischen Gerichten verschiedener Ordnung – einschließlich der
insoweit ohnehin nicht geltenden Gleichstellungsklausel in § 209a StPO –
sieht das StVR nicht vor).

Ausnahmsweise ist die Staatsschutzstrafkammer (§ 74a GVG) bzw. die 15
Wirtschaftsstrafkammer (§ 74c GVG) zur Entscheidung über die Verbindung
zuständig, wenn die Strafsachen gegen die Erwachsenen (dagegen nicht die
Jugendlichen) nach den allg. Vorschriften des StVR (§§ 74 ff. GVG) zu ihrer
Zuständigkeit gehören, ohne dass die vorrangige Zuständigkeit dem
Schwurgericht (§§ 74e, 74 Abs. 2 GVG – und damit der JKammer (§ 41
Abs. 1 Nr. 1) – zukommt (Abs. 2 S. 2). Die Regelung in S. 3 soll klarstellen,
dass die allg. Vorschriften über die Beachtung des Vorranges der Strafkammern in Verfahren vor den JGerichten auch dann gelten, wenn sich bei
gemeinsam gegen Jugendliche und Erwachsene anhängigen Strafsachen wegen des gegen Erwachsene gerichteten Tatvorwurfs der Vorrang einer solchen besonderen Strafkammer ergibt (vgl. Begr. BT-Drs. 8/976, 70; s. auch
OLG Karlsruhe NStZ 1987, 375; *Meyer-Goßner* NStZ 1989, 298 f.; krit. bei
erzieherischer Orientierung *Beha* Bewährungshilfe 1988, 330; betr. Terrorismus *Eisenberg/Kölbel* Kriminologie § 58 Rn. 38 ff.).

Aus der **Zuständigkeit** der **besonderen Strafkammer** für die Verbin- 16
dung (oder Trennung) in diesem Ausnahmefall ergibt sich hiernach, dass das

JGericht seine Unzuständigkeit bis zur Eröffnung des Hauptverfahrens von Amts wegen und nach Eröffnung auf Einwand des erwachsenen Angeklagten bis zum Beginn seiner Vernehmung zur Sache in der HV ausspricht (§ 6a StPO), wenn bei ihm entweder eine JStrafsache anhängig ist, deren Verbindung mit einer Erwachsenenstrafsache geboten erscheint, für welche die besondere Strafkammer zuständig ist, oder aber, wenn ein bereits verbundenes Verfahren bei ihm anhängig ist, wobei in der Strafsache gegen den Erwachsenen die besondere Strafkammer zuständig ist. – Im Eröffnungsverfahren geht das JGericht gem. § 209 Abs. 2 StPO vor, wobei für die JKammer nach S. 3 Hs. 2 die besondere Strafkammer einem Gericht höherer Ordnung gleichsteht. Vor Beginn einer HV verfährt das JGericht nach § 225a StPO (einschließlich dessen Abs. 4), nach Beginn einer HV nach § 270 Abs. 1 StPO (der grundsätzliche Vorrang der JKammer ist auch insoweit aufgehoben, vgl. § 47a S. 2).

17 **b) Rechtsmittelzug.** Dieser richtet sich auch für die Gesamtheit der verbundenen Sachen nur danach, welches Gericht – unabhängig von seiner Zuständigkeit – in der vorhergehenden Instanz tatsächlich entschieden hat, und nicht danach, welches Gericht als erstinstanzlich zuständig hätte entscheiden müssen (BGHSt 22, 48 (49 f.) gegen BGHSt 13, 157). Hiernach entscheidet etwa die JKammer über die allein von dem erwachsenen Mitangeklagten eingelegte Berufung gegen das Urteil des JRichters (BGHSt 22, 48; vgl. OLG Düsseldorf NJW 1968, 2020; die Rechtsmittelbeschränkungen des § 55 gelten insoweit nicht; betr. Abs. 2 S. 2 auch → § 102 Rn. 8).

3. Verfahren bei Trennung der verbundenen Sachen

18 **a) Trennung.** Eine solche kann jederzeit erfolgen, sobald sich eine gesonderte Bearbeitung als zweckmäßig erweist (vgl. zu einem entspr. Antrag der StA RL 2) oder die Gründe, die eine Verbindung ausnahmsweise geboten erscheinen ließen, entfallen sind (zu den Grenzen vgl. auch BGH StV 1984, 185). Ansonsten gelten die Erl. zu → Rn. 9–16 entsprechend.

18a **b) Trennung vor Eröffnung des Hauptverfahrens.** Beschließt das JGericht eine Trennung vor (oder zugleich mit) Eröffnung hinsichtlich des/ der Erwachsenen und ist diesbezüglich ein Erwachsenengericht gleicher oder niedrigerer Ordnung in seinem Bezirk zuständig, so hat das **abtrennende Gericht auch** dazu über die **Eröffnung** des Hauptverfahrens zu entscheiden, da es insoweit einem Gericht höherer Ordnung gleich steht (§ 2 Abs. 2, §§ 207, 209, 209a Nr. 2a StPO, zur Unzulässigkeit einer Zuständigkeitsbegründung des eröffnenden Richters qua Geschäftsverteilung vgl. *Eisenberg* GA 2002, 582 ff.); die Neufassung des § 209a StPO durch das StVÄG 1979 wurde in Abs. 3 – wohl infolge eines Redaktionsversehens (ebenso *Wenske* in MüKoStPO StPO § 209a Rn. 28) – nicht berücksichtigt (OLG Koblenz MDR 1982, 604 = JR 1982, 479 mzustAnm *Brunner;* KG StV 1985, 408; OLG Düsseldorf NStZ 1991, 145; OLG Hamm NStE § 103 Nr. 1 JGG; OLG Karlsruhe ZJJ 2013, 212; vgl. ergänzend LG Verden StV 2008, 119). Fehlt es indes an der Bezirksidentität (§ 2 Abs. 2, § 209 StPO), so hat sich das abtrennende Gericht für die Eröffnung als **nicht zuständig** zu erklären, und es ist an der StA, unter verschiedenen örtlich zuständigen Gerichten den Gerichtsstand zu bestimmen.

Ist eine verbundene Anklage zur **Staatsschutz**strafkammer erhoben und hält diese die Voraussetzungen von Abs. 1 für nicht gegeben, eröffnet sie das Verfahren gegen die Jugendlichen nach erfolgter Trennung vor der JKammer gem. §§ 209 Abs. 1, 209a Abs. 1 StPO (LG Berlin NStZ 1982, 203; vgl. Abs. 2 S. 3 letzter Hs. (Abs. 3 steht nicht entgegen)). **18b**

4. Fortdauer der durch die Verbindung begründeten Zuständigkeit

Sie bleibt auch dann bestehen, wenn die für die Verbindung maßgeblichen Gründe nachträglich weggefallen sind. Wird nunmehr getrennt, so ist für die abgetrennte Sache noch keine neue Zuständigkeit begründet. **19**

a) Zulässiger Wechsel der Zuständigkeit. Vor Eröffnung des Haupt- **19a** verfahrens **oder** dann, **wenn** die abgetrennte Sache vor ein für **allg. Strafsachen** zuständiges Gericht **höherer Ordnung** gehören würde, kommt ein Wechsel der Zuständigkeit in Betracht, der jedoch nicht durch die Trennung selbst, sondern erst **mit** der **Abgabe** eintritt. Insoweit verbleibt es etwa bei der Zuständigkeit des JGerichts für die erwachsenen Angeklagten bis zur Abgabe, auch wenn die Jugendlichen und Heranwachsenden aus dem Verfahren bereits ausgeschieden sind (vgl. auch *Brunner/Dölling* Rn. 14; zur früheren Rechtslage BGHSt 18, 79; *Dallinger/Lackner* Rn. 12). Ebenso kann das Gericht von sich aus die Verbindung zu einem gemeinsamen Verfahren wieder herbeiführen, solange eine Abgabe der abgetrennten Sache noch nicht erfolgt ist (BayObLG Zbl 1959, 265).

Die **Abgabe** nach **Abs. 3** ersetzt – soweit sie in Betracht kommt – die **19b** Begründung einer neuen Zuständigkeit nach den allg. Vorschriften. Mit der Abgabe geht die Sache in der Lage, in der sie sich befindet, an das nunmehr allein zuständige Gericht über. – Die Wirksamkeit der Abgabe setzt keine Bereitschaft des angegangenen Gerichts zur Übernahme voraus (OLG Stuttgart Justiz 1978, 174; *Dallinger/Lackner* Rn. 12). Die rechtswirksame Abgabe schließt gem. § 269 StPO aus Gründen der Prozessökonomie und der Verfahrensbeschleunigung eine weitere Abgabe an ein Gericht niedrigerer Ordnung auch dann, wenn sie sachlich zu Unrecht vorgenommen worden ist (OLG Karlsruhe NStZ 1987, 375). Eine Vorlage der Sache an das gemeinschaftliche obere Gericht zur Bestimmung der Zuständigkeit ist daher für den Fall der Abgabe nach Abs. 3 regelmäßig unzulässig (vgl. auch BGHSt 18, 381; *Erb* in Löwe/Rosenberg StPO Vor § 1 Rn. 14).

Indes enthebt – soweit nicht schon §§ 209 Abs. 1, 209a Nr. 2a StPO **19c** eingreifen – die Abgabe das angegangene Gericht nicht von der Prüfung der Voraussetzungen des Eröffnungsbeschlusses nach § 203 StPO (BGH JurBüro 1987, 1168 (1169)). Dieser kann in einer Berufungsverhandlung nicht mehr nachgeholt werden (BGHSt 33, 167). Sein Fehlen führt bei der Entscheidung über die Revision zur Verfahrenseinstellung gem. § 354 Abs. 1 StPO wegen eines nicht mehr behebbaren Verfahrenshindernisses (BGH NStZ 1984, 520; s. auch *Meyer-Goßner/Schmitt* StPO § 203 Rn. 4).

Nach hM (BGHSt 18, 79 (84) und die Nachw. in → Rn. 19) ist ein **20** Abweichen von Abs. 3 nicht gerechtfertigt, wenn sich das Verfahren vor dem Erwachsenengericht (Strafkammern nach §§ 74a, 74c GVG; OLG nach § 120 Abs. 1, 2 GVG) nach einer Verfahrenserledigung ggü. allen Erwachsenen nur noch gegen Jugendliche bzw. Heranwachsende richtet. Auch insoweit wird die Sache nicht unmittelbar beim JGericht anhängig, vielmehr bedürfte es der Abgabe (zust. *Goerdeler* in NK-JGG Rn. 9; vgl. näher → §§ 33–33b Rn. 29 ff.).

21   **b) Abtrennung nach Eröffnung des Hauptverfahrens.** Trennt das JGericht nach diesem Zeitpunkt das Verfahren gegen Erwachsene ab, so kann – abgesehen vom Ausnahmefall nach Abs. 2 S. 2, 3 – die Zuständigkeit eines für allg. Strafsachen zuständigen Gerichts gleicher oder niedrigerer Ordnung **nicht mehr** im Wege der **Abgabe** begründet werden (§ 47a S. 1 als lex specialis ggü. Abs. 3; BayObLG MDR 1980, 958; vgl. auch LG Berlin NStZ-RR 1999, 154). Dies gilt gerade auch dann, wenn die abgetrennte Sache nur noch Erwachsene betrifft (BGHSt 30, 260).

22   Seit der Neufassung von Abs. 2 S. 1 (vgl. → Rn. 5) wurde zunächst angenommen, es verbleibe auch bei **Zurückverweisung** im Falle der Urteilsaufhebung zu Gunsten lediglich des Erwachsenen durch das Revisionsgericht bei der durch die Verbindung begründeten Zuständigkeit (vgl. Nachw. 5. Aufl.). Diese Ansicht wurde sodann aufgegeben (BGHSt 35, 267; zur stRspr, vgl. nur BGH NStZ-RR 2009, 105; vgl. ferner *Goerdeler* in NK-JGG Rn. 14). Also kann das Revisionsgericht die Sache an eine allg. Strafkammer zurückverweisen; es soll aber auch nicht an einer Zurückverweisung an eine JKammer gehindert sein, wenn es dies für sachlich geboten hält (BGH StV 1994, 415 (mkritAnm *Schneider*), unter Hinweis zB auf verfahrens- bzw. zeitökonomische Gründe ebenso wie auf die Berücksichtigung „jugendspezifischer Umstände der Tat" im Verfahren nur noch gegen einen Erwachsenen; *Gericke* in KK-StPO § 355 Rn. 6). – Ohnehin anders verhält es sich, wenn – unter Verletzung von § 338 Nr. 4 StPO – bisher kein JGericht mit der Sache befasst gewesen ist und also § 47a nicht anzuwenden ist (BGH StV 1985, 357).

5. Anfechtbarkeit

23   **a) Beschwerde.** Die *vor* der *Eröffnung* des Hauptverfahrens durch Beschluss angeordnete *Abtrennung* kann durch einfache Beschwerde (§ 304 Abs. 1 StPO) angefochten werden (OLG Koblenz JR 1982, 479; OLG Düsseldorf NStZ 1991, 145; OLG Hamm NStE § 103 JGG Nr. 1). Ansonsten ist der **Verbindungs-** oder **Trennungsbeschluss** (ebenso wie dessen Ablehnung; vgl. BayObLGSt 52, 117; KG Juristische Wochenschrift 1932, 962 jeweils betr. § 237 StPO) wegen § 305 S. 1 StPO grundsätzlich **nicht** mit der Beschwerde anfechtbar. Eine Beschwerde kommt jedoch **ausnahmsweise** in Betracht, wenn die Wirkung des Beschlusses über eine bloße Verbindung oder Trennung hinausreicht (zB bei gleichzeitiger Eröffnung des HV), weil er den Fortgang des Verfahrens insgesamt auf längere bzw. unbestimmte Zeit hemmt. Denn insoweit dient er nicht mehr lediglich der Vorbereitung und Förderung der Urteilsfällung (vgl. OLG Hamburg ZfJ 2004, 432; *Meyer-Goßner/Schmitt* StPO § 2 Rn. 13; *Erb* in Löwe/Rosenberg StPO § 2 Rn. 27).

23a   Die Frage, ob die Prüfung des Beschwerdegerichts sich auf Ermessensfehler der abtrennenden Entscheidung zu beschränken hat oder aber ob eine **volle Nachprüfung** einschließlich Erwägungen der Zweckmäßigkeit vorzunehmen ist, beantworten die OLGe unter Bezugnahme auf Kommentierungen zu § 2 StPO überwiegend im zweitgenannten Sinne (vgl. ausdrück-

lich OLG Düsseldorf NStZ 1991, 145; OLG Karlsruhe ZJJ 2013, 212).
Indes steht einer solchen Nivellierung von allg. StVR und JStV entgegen,
dass die OLGe und der BGH von Gesetzes wegen keine Jugendgerichte sind
(→ §§ 33–33b Rn. 12; vgl. auch → Rn. 9; näher schon *Dallinger/Lackner*
§ 33 Rn. 5) und für sie die spezielle Befähigungsnorm des § 37 nicht gilt.
Daher wird, um den Auftrag des § 2 Abs. 1 nicht zu gefährden, nach hier
vertretener Auffassung eine Prüfung **nur** auf **Ermessensfehler** in Betracht
kommen dürfen.

b) **Revision.** Wird der Jugendliche vor der Entscheidung über die Tren- 24
nung nicht angehört, kann auf dieser Verletzung des Anspruchs auf **rechtliches Gehör** im Einzelfall das Urteil iSv § 337 Abs. 1 StPO beruhen (vgl.
BGH *Pfeiffer* NStZ 1982, 188 (für das allg. StVR)).

Auf eine fehlerhafte **Ermessens**entscheidung hinsichtlich der Verbindung 24a
bzw. Trennung von Strafsachen kann die Revision gem. § 2 Abs. 2, § 337
StPO nach allg. Grundsätzen (vgl. etwa *Meyer-Goßner/Schmitt* StPO § 337
Rn. 16, 17) – und also nur in den diesen entsprechenden Grenzen – gestützt
werden.

Hat aufgrund der Verbindung (oder Trennung) ein **sachlich unzuständi-** 24b
ges Gericht entschieden, so erfolgt eine Aufhebung des Urteils durch das
damit befasste Revisionsgericht von Amts wegen, ohne dass eine Rüge
erforderlich ist (vgl. BGHSt 10, 76; KG StV 1985, 408; vgl. auch → § 41
Rn. 17). Hat infolge unzulässiger Verbindung (oder Trennung) ein JGericht
einen Erwachsenen oder umgekehrt ein Erwachsenengericht einen Jugendlichen bzw. Heranwachsenden verurteilt, so gelten die Erl. zu → §§ 33–33b
Rn. 37 ff.

Da Abs. 2 S. 1 den **gesetzlichen Richter** bestimmt, kann sich auch ein 24c
erwachsener Mittäter auf die Verletzung dieser Vorschrift berufen (BGH
Holtz MDR 1980, 456; BGH StV 1985, 357). Aus dem gleichen Grunde ist
nach Verbindung der Strafrichter auch dann nicht gesetzlicher Richter, wenn
nach durchgeführter HV die Abtrennung einer von mehreren verbundenen
Strafsachen erfolgt und nur wegen der übrigen Taten verurteilt wird (aA
OLG Koblenz OLGSt Nr. 1 zu § 47a). Dies verlangt bereits das Erfordernis
einer generellen, Ermessenserwägungen ausschließenden Zuständigkeitsregelung (Art. 101 GG), und es entspricht der nach § 338 Nr. 4 StPO
unwiderleglichen Vermutung, dass das Urteil auf der Gesetzesverletzung
beruhe.

IV. Sonstige Fälle einer Verbindung

1. JStrafsachen gegen Jugendliche und Heranwachsende

Die Verbindung ist zwar nicht nach Maßgabe von Abs. 1, jedoch nach 25
den allg. Vorschriften (§§ 2, 3, 4, 13, 237 StPO; s. aber zu § 237 StPO *Kost,*
Verbindung und Trennung von Strafverfahren, 1989, 27 f.) zulässig (§ 2
Abs. 2), **nicht** aber im **vereinfachten JVerfahren** und im **beschleunigten
Verfahren** (s. § 79 Abs. 2). Im Übrigen ist **Zurückhaltung** allerdings schon
deswegen angezeigt, weil für Jugendliche und Heranwachsende nur teilweise
dieselben Vorschriften zur Anwendung kommen (vgl. → § 109 Rn. 9; *Dal-
linger/Lackner* Rn. 19).

2. Verfahren gegen mehrere Jugendliche

26   Die Verbindung (und Trennung) von Verfahren gegen mehrere tatbeteiligte Jugendliche ist ebenfalls nach den allg. Vorschriften zulässig (§ 2 Abs. 2).
– Zum Erfordernis der eigenständigen Prüfung der Eröffnungsvoraussetzungen durch das angegangene Gericht bei Verbindung nach vorausgegangener
Abgabe (vor Eröffnung) vgl. → Rn. 19c.

3. Verfahren gegen denselben Jugendlichen

27   Sie sollten – schon möglichst frühzeitig (vgl. § 70 S. 2; auch Nr. 17
RiStBV; vgl. bereits § 26 Abs. 1 JGG 1923) – verbunden werden (nach
den allg. Vorschriften). Hierfür besteht im Hinblick auf das Prinzip der
einheitlichen Maßnahme bzw. Rechtsfolgenverhängung (vgl. § 31, → § 31
Rn. 3 ff.) ein dringendes Bedürfnis (wegen des Erfordernisses der eigen-
ständigen Prüfung der Eröffnungsvoraussetzungen durch das angegangene
Gericht bei Verbindung nach vorausgegangener Abgabe auch insoweit
→ Rn. 17c).

28   **a) Taten in verschiedenen Altersstufen.** Der bezeichnete Gesichtspunkt gilt auch bei mehreren Verfehlungen desselben Jugendlichen in verschiedenen Altersstufen.

28a   **Zuständig** für die Verbindung und Aburteilung aller Taten ist das **JGericht** (hM; BGHSt 7, 26; 10, 64; 25, 50 (52); BayObLGSt 57, 1; 66, 119;
OLG Frankfurt a. M. NJW 1956, 1211; LG Berlin NJW 1962, 169; ebenso
bereits *Potrykus* § 112 Anm. 1; *Grethlein* JGG Vor § 102 Anm. 1b; *Kohlhaas*
unsere jugend 1965, 169; *Schnitzerling* RdJB 1958, 89).

29   Zwar wurde die Auffassung vertreten, eine zu umfangreiche Befassung der
JGerichte mit Erwachsenenstraftaten sei durch eine flexible Regelung der
Zuständigkeit je nach dem Schwergewicht der Taten im Jugendlichen- und
Heranwachsendenalter bzw. im Erwachsenenalter entsprechend § 32 bzw.
entsprechend § 103 Abs. 2 aF zu besorgen (grundlegend *Peters* NJW 1956,
492 (493 f.); *Dallinger/Lackner* Rn. 14; aA BGHSt 8, 349 (352) mit näherer
Begr.).

30   Seit der Aufhebung der Schwergewichtsformel in Abs. 2 aF durch das
StVÄG 79 und der nunmehr regelmäßigen Zuständigkeit des JGerichts für
den Fall der sachlichen Verbindung (Abs. 2 S. 1) wird sich die Gegenansicht
für den Fall der persönlichen Verbindung nicht mehr aufrecht erhalten lassen
(vgl. auch → Rn. 7 aE; s. aber OLG Nürnberg OLGSt Nr. 2 zu § 13
StPO).

31   Eine **gesetzliche Pflicht** zur **Verbindung** besteht **nicht** (BGH 10, 100
(101); vgl. aber zur Verdichtung im Sinne einer Verpflichtung *Goerdeler* in
NK-JGG Rn. 4; vgl. zum allg. StVR auch BGHSt 18, 238). Auch ist es als
zulässig erachtet worden, eine Verbindung dadurch aufzuheben, dass die
Revision auf Taten einer bestimmten Altersstufe beschränkt wurde (BGHSt
10, 100 (101); vgl. ferner BGH MDR 1974, 54 mit iE zust. Anm. *Brunner*
JR 1974, 429; vgl. aber → § 32 Rn. 19; vgl. ferner BGH NJW 1964, 1034).
– Wegen des Verfahrens im Einzelnen vgl. → § 109 Rn. 8, 56.

32   **b) Eine Tat in verschiedenen Altersstufen.** Die Ausführungen unter a)
(→ Rn. 28–31) gelten grundsätzlich auch für eine solche Fallgestaltung, dh
es kommt nicht darauf an, wo das Schwergewicht liegt (vgl. auch *Schlothau-*

er/Wieder/Wollschläger, Verteidigung im Revisionsverfahren, 3. Aufl. 2018, 188). Denn der Vorzug der Jugendgerichtsbarkeit darf nicht deshalb verloren gehen, weil einzelne deliktische Betätigungen im Sinne eines einheitlichen geschichtlichen Vorgangs erfasst wurden und dieser Geschehensablauf erst im Erwachsenenalter abgeschlossen ist. Ebenso wie es unter Anerkennung eines Fortsetzungszusammenhangs unerheblich war, ob es sich im Einzelnen unumgänglicherweise (vgl. → § 32 Rn. 13) um die Beurteilung als Fortsetzungstaten handelte (vgl. vormals BGHSt 10, 64 (65); BayObLGSt 57, 1; 66, 119 f.; OLG Hamburg StV 1985, 158), gilt dies namentlich für Fälle der natürlichen Handlungseinheit bzw. der juristischen Bewertungseinheit (etwa Urkundenfälschung). Gerade bei BtM-Delikten ist es möglich, dass die einzelnen Taten zu einer Bewertungseinheit zusammengefasst werden. Wenn davon einzelne Handlungen bis Vollendung des 21. Lbj. begangen wurden, ist das JGericht zuständig (*Eberth ua,* Verteidigung in Betäubungsmittelsachen, 7. Aufl. 2018, Rn. 94 ff., 392).

Auch eine **Einstellung** des **Verfahrens** wegen derjenigen von mehreren **33** Taten, die vor Vollendung des 21. Lbj. begangen wurden (§ 154 StPO), oder von vor dem 21. Lbj. begangenen Einzelhandlungen (§ 154a StPO), bewirkt **keine Zuständigkeitsänderung** (vgl. speziell zum Tatentschluss bei Fortsetzungszusammenhang vormals BayObLGSt 66, 119), weil Sachkunde und Erfahrung des JGerichts für dessen fortbestehende Zuständigkeit sprechen (wie hier wegen des vorrangigen Schutzzwecks jugendgerichtlicher Zuständigkeit *Weßlau* in SK-StPO[4] § 154a Rn. 12; *Schlothauer/Wieder/Wollschläger,* Verteidigung im Revisionsverfahren, 3. Aufl. 2018, 184; krit. auch *Drees* NStZ 1995, 481 f.; *Meyer-Goßner/Schmitt* § 338 Rn. 34; *Gericke* in KK-StPO § 338 Rn. 69; aA *Deiters* in SK-StPO § 154a Rn. 12), dh es verhält sich insofern anders als bei tatbestandsbezogener Spezialzuständigkeit des OLG in erster Instanz (vgl. dazu BGHSt 29, 341). Demgegenüber verneint die Rspr. eine Verletzung des § 2 Abs. 2, § 338 Nr. 4 StPO (vgl. BGH NStZ 1991, 503 mablAnm *Eisenberg/Sieveking* NStZ 1992, 295; BGH NStZ 1996, 244 f.; 2005, 650: „offensichtlich" kein Fall „gezielter Umgehung jugendgerichtlicher Zuständigkeit" sowie − trotz zumindest nicht ausschließbar gezielter Umgehung − BGH 21.8.2013 − 5 StR 330/13 mit Bspr. *Baumhöfener* ZJJ 2014, 159 ff.). BGH BeckRS 2019, 29190 sieht aber einen revisiblen Ermessensmissbrauch in der Abtrennung von Verfahrensteilen, die ohne hinreichende Berücksichtigung der Beschuldigtenrechte nur erfolgt, über für den übrigen Prozessgegenstand die Zuständigkeit eines Erwachsenengerichts herzustellen Wird die Revisionsrüge der sachlichen Unzuständigkeit auf (Ermessens-)Missbräuchlichkeit einer Trennung bzw. Verbindung gestützt, so sind Tatsachen anzugeben, die auf einen solchen Missbrauch hinweisen (vgl. auch *Frisch* in SK-StPO StPO § 338 Rn. 98).

Verfahren gegen Jugendliche

104 (1) **In Verfahren gegen Jugendliche vor den für allgemeine Strafsachen zuständigen Gerichten gelten die Vorschriften dieses Gesetzes über**

 1. **Verfehlungen Jugendlicher und ihre Folgen (§§ 3 bis 32),**
 2. **die Heranziehung und die Rechtsstellung der Jugendgerichtshilfe (§§ 38, 46a, 50 Abs. 3),**

3. den Umfang der Ermittlungen im Vorverfahren (§ 43),
4. das Absehen von der Verfolgung und die Einstellung des Verfahrens durch den Richter (§§ 45, 47),
4a. den Ausschluss der Öffentlichkeit (§ 48 Absatz 3 Satz 2),
5. die Untersuchungshaft (§§ 52, 52a, 72, 89c),
6. die Urteilsgründe (§ 54),
7. das Rechtsmittelverfahren (§§ 55, 56),
8. das Verfahren bei Aussetzung der Jugendstrafe zur Bewährung und der Verhängung der Jugendstrafe (§§ 57 bis 64),
9. die Beteiligung und die Rechtsstellung der Erziehungsberechtigten und der gesetzlichen Vertreter (§ 50 Absatz 2, § 51 Absatz 2 bis 7, §§ 67, 67a),
10. die notwendige Verteidigung (§§ 68, 68a),
11. Mitteilungen an amtliche Stellen (§ 70),
11a. die Unterrichtung des Jugendlichen (§ 70a),
11b. Belehrungen (§ 70b),
11c. die Vernehmung des Beschuldigten (§ 70c),
12. die Unterbringung zur Beobachtung (§ 73),
13. Kosten und Auslagen (§ 74),
14. den Ausschluß von Vorschriften des allgemeinen Verfahrensrechts (§§ 79 bis 81) und
15. Verfahren und Entscheidung bei Anordnung der Sicherungsverwahrung (§ 81a).

(2) Die Anwendung weiterer Verfahrensvorschriften dieses Gesetzes steht im Ermessen des Gerichts.

(3) Soweit es aus Gründen der Staatssicherheit geboten und mit dem Wohl des Jugendlichen vereinbar ist, kann das Gericht anordnen, dass die Heranziehung der Jugendgerichtshilfe unterbleibt und dass die in § 67 Absatz 1 und 2 genannten Rechte der Erziehungsberechtigten und der gesetzlichen Vertreter ruhen.

(4) ¹Hält das Gericht Erziehungsmaßregeln für erforderlich, so hat es deren Auswahl und Anordnung dem Familiengericht zu überlassen. ²§ 53 Satz 2 gilt entsprechend.

(5) Dem Jugendrichter, in dessen Bezirk sich der Jugendliche aufhält, sind folgende Entscheidungen zu übertragen:

1. Entscheidungen, die nach einer Aussetzung der Jugendstrafe zur Bewährung erforderlich werden;
2. Entscheidungen, die nach einer Aussetzung der Verhängung der Jugendstrafe erforderlich werden, mit Ausnahme der Entscheidungen über die Festsetzung der Strafe und die Tilgung des Schuldspruchs (§ 30);
3. Entscheidungen, die nach dem Vorbehalt einer nachträglichen Entscheidung über die Aussetzung der Jugendstrafe erforderlich werden, mit Ausnahme der vorbehaltenen Entscheidung selbst (§ 61a).

Übersicht

I. Anwendungsbereich

1. Heranwachsende

1　Abs. 1–3 und 5 gelten für Verfahren gegen Heranwachsende entsprechend (§ 112 S. 1), jedoch mit der Einschränkung, dass die in Abs. 1 aufgeführten Vorschriften nur dann zur Anwendung kommen können, wenn sie nach dem für die Heranwachsenden geltenden Recht (§§ 105 ff.) nicht ausgeschlossen sind (§ 112 S. 2). Abs. 4 kommt in Verfahren gegen Heranwachsende nicht zur Anwendung; es ist insoweit nach § 112 S. 3 vorzugehen (vgl. näher → § 112 Rn. 7; ergänzend → § 53 Rn. 2).

2. Soldatinnen und Soldaten

2　In Verfahren gegen diese ist die ergänzende Regelung in § 112e zu beachten (vgl. → § 112e Rn. 1; vgl. *Dallinger/Lackner* § 112e Rn. 1).

II. Entwicklung und Zweck der Vorschrift

1. Entwicklung

3　**a) Abs. 1 und 2.** Die Vorschriften knüpfen an § 78 Abs. 1 RJGG 1943 an, der den für allg. Strafsachen zuständigen Gerichten im Wege einer Soll-Bestimmung aufgab, die Verfahrensvorschriften des RJGG bei Personen anzuwenden, die zur Zeit der Anklageerhebung noch Jugendliche waren. § 78 Abs. 1 RegE-JGG 53 beschränkte sich zunächst darauf, die Heranwachsenden mit einzubeziehen (vgl. Amtl. Begr. 49); erst im Ausschuss für Rechtswesen und Verfassungsrecht erfuhr die Vorschrift ihre geltende Ausgestaltung (Schriftl. Ber. 12).

4　**b) Bedeutung.** Zwar hat der **tatsächliche Anwendungsbereich** der Vorschrift wegen der mit der Neufassung von § 103 Abs. 2 verbundenen Einschränkung in der Zuständigkeit von Erwachsenengerichten in Verfahren gegen Jugendliche eine weitgehende Beschränkung erfahren. Jedoch wäre es gerade wegen der nunmehr zusätzlich verdeutlichten Ausnahme einer Zuständigkeit von Erwachsenengerichten in Verfahren gegen Jugendliche angezeigt, weitere Vorschriften, die der Sicherung eines jugendgemäßen Verfahrens dienen sollen (vgl. → Rn. 21), in den Katalog von Abs. 1 aufzunehmen.

2. Zweck

5　Die Vorschrift beruht auf dem Grundsatz, dass die **Regelungen** des **JGG** in Verfahren gegen Jugendliche **im größtmöglichen Umfang** vor den Erwachsenengerichten zur Anwendung kommen sollen (*Dallinger/Lackner* Rn. 1; anders der Grundsatz des allg. StVR für den Fall einer Verbindung in § 5 StPO). Während einige Bestimmungen unabhängig von § 104 unmittelbar (vgl. → Rn. 28f) und andere gem. Abs. 1 stets uneingeschränkt (vgl. etwa → Rn. 6) gelten, kommen von sonstigen Vorschriften einige ggf. nur in abgeänderter oder beschränkbarer Form (vgl. → Rn. 7, 13) und andere –

nach Maßgabe von Abs. 2 – nur nach dem Ermessen des Gerichts (→ Rn. 19f) zur Anwendung. Darüber hinaus finden sich solche Bestimmungen, die niemals Platz greifen (vgl. → Rn. 31f).

III. Umfang nach Abs. 1 geltender Vorschriften

1. Sachlich-rechtliche Vorschriften

Die Vorschriften des ersten Hauptstücks („Verfehlungen Jugendlicher und ihre Folgen") in §§ 3–32 sind auch vor dem Gericht der allg. Strafgerichtsbarkeit unmittelbar anzuwenden. **Abs. 1 Nr. 1** dient der ausdrücklichen Klarstellung dieser Rechtslage (s. aber die Einschränkung durch Abs. 4; vgl. → Rn. 34f). **6**

2. Formell-rechtliche Vorschriften

Von diesen Vorschriften des zweiten Hauptstücks („JGerichtsverfassung und JStV") in §§ 33–81 sind gem. Abs. 1 Nr. 2–14 nachfolgende Bestimmungen anzuwenden: **7**

a) Heranziehung der JGH. Was die Pflicht dazu betrifft (Abs. 1 Nr. 2, §§ 38, 46a nF, 50 Abs. 3), so darf hiervon nur nach der einschränkend auszulegenden Ausnahmevorschrift des **Abs. 3 nF** abgewichen werden, soweit dies aus „Gründen der Staatssicherheit" geboten (vgl. zum Begriff die Erl.-Werke zu § 172 Nr. 1 GVG entspr.) und mit dem Wohl des Beschuldigten verträglich ist. Das zweite Merkmal liegt nur (ganz ausnahmsweise) dort vor, wo der Jugendliche des ggf. notwendig werdenden Beistandes der JGH sicher nicht bedarf und wo es zudem gewährleistet ist, dass das Gericht eine an § 2 Abs. 1 orientierte Entscheidung auch ohne deren Ermittlungen zu treffen vermag. Zudem wird der Verzicht auf die Heranziehung der JGH idR nur für Teile des Verfahrens („soweit") in Betracht kommen können (ähnlich *Potrykus* Anm. 4). Dies gilt nicht zuletzt wegen der herausragenden Bedeutung der JGH für ein jugendgemäßes Verfahren (vgl. → § 38 Rn. 7ff.), wie auch die revisionsrechtlichen Folgen einer gesetzwidrigen Nichtheranziehung der JGH (vgl. → § 38 Rn. 86ff.; → § 50 Rn. 31f) erkennen lassen. **7a**

b) Umfang der Ermittlungen im Vorverfahren (Abs. 1 Nr. 3, § 43). Die Einhaltung ist im Hinblick auf die Anwendbarkeit der sachlich-rechtlichen Bestimmungen nach Abs. 1 Nr. 1 **unverzichtbar.** Denn nur aufgrund der hiernach angemessenen Persönlichkeitserforschung unter Heranziehung der JGH und – wegen der regelmäßig geringeren Erfahrung des Erwachsenengerichts im Umgang mit Jugendlichen – ggf. mit zusätzlicher Unterstützung eines Sachverständigen (vgl. → § 43 Rn. 25ff.) wird eine sachgemäße Anwendung des materiellen JStR erfolgen können (*Schatz* in Diemer/Schatz/Sonnen Rn. 11; vgl. schon RL 1 zu § 78 RJGG 1943; vgl. generell → § 37 Rn. 7ff.). **8**

c) Einschränkung des Verfolgungszwanges (Abs. 1 Nr. 4, §§ 45, 47). Die Einschränkung beruht auf dem Grundsatz des Vorranges einer formlosen Erledigung in Verfahren ggü. Jugendlichen vor der Durchführung eines förmlichen Verfahrens als Ausfluss des Erziehungsauftrags **(§ 2 Abs. 1)** **9**

und **gilt** daher unabhängig davon, ob ein Jugend- oder ein Erwachsenengericht zuständig ist (ebenso *Dallinger/Lackner* Rn. 11).

9a **d) Öffentlichkeitsgrundsatz.** In Verfahren gegen Jugendliche vor den Erwachsenengerichten ist die **HV** grds. öffentlich. Dem Gericht wird aber seit jeher die Möglichkeit zuerkannt, nicht nur nach § 171b GVG zu verfahren, sondern nach seinem Ermessen gem. Abs. 2 iVm § 48 Abs. 1 und Abs. 2 nichtöffentlich zu verhandeln (*Dallinger/Lackner* § 104 Rn. 29; bereits *Grethlein* § 48 Anm. 1c). Seit Einführung von Abs. 1 Nr. 4a durch das Gesetz zur Stärkung der Verfahrensrechte von Beschuldigten im Jugendstrafverfahren besteht durch die sich hieraus ergebende Anwendbarkeit von **§ 48 Abs. 3 S. 2** eine zusätzliche Option des Öffentlichkeitsausschlusses (zumindest, wo dem Belange des Jugendlichen und keine anderen Gründe zugrunde liegen). Die Schwäche, dass dies vom richterlichen Ermessen abhängig ist, bleibt hierbei indes bestehen. Insofern wäre es mit Blick auf § 2 Abs. 1 und Art. 14 RL (EU) 2016, 800 (Recht auf Privatheit) vorzugswürdig gewesen, § 48 Abs. 1 anwendbar werden zu lassen. – Die geltende Regelung in Nr. 4a nF schließt allerdings – insofern sachgerecht – die in → § 48 Rn. 21 erörterten Konstellationen ein, in denen vor dem für allg. Strafsachen zuständigen Gericht neben dem Jugendlichen auch Heranwachsende oder Erwachsene angeklagt sind (ebenso mit Blick auf § 2 Abs. 1 schon vor Einführung von Nr. 4a etwa 20. Aufl. Rn. 22; *Dallinger/Lackner* Rn. 29; *Kohlhaas* unsere jugend 1953, 443 (447); *Kohlhaas* Anm. zu BGH EJF C I Nr. 15; aA *Potrykus* Anm. 3). – Zur Anwendbarkeit von § 48 in Verfahren gegen Heranwachsende vor den für allg. Strafsachen zuständigen Gerichten vgl. → § 112 Rn. 8 sowie → § 48 Rn. 2.

10 **e) U-Haft.** Was die Geltung der Vorschriften über deren Anordnung und Berücksichtigung bzw. Anrechnung (Abs. 1 Nr. 5, §§ 72, 52, 52a, 89c nF) angeht, so schließt sie die **unmittelbare Anwendbarkeit** von § 72 Abs. 4 iVm § 71 Abs. 2 ein (s. aber RL). – Wegen der Geltung von § 53 vgl. → Rn. 34 f.

11 **f) Umfang und Mitteilung der Urteilsgründe (Abs. 1 Nr. 6, § 54).** Diesbezüglich sollte ohne besondere Anhaltspunkte oder Hinweise (zB Empfehlung eines Sachverständigen) im Hinblick auf die regelmäßig geringere Erfahrung des Erwachsenengerichts im Umgang mit Jugendlichen von der Möglichkeit eines Verzichts auf die Mitteilung der Urteilsgründe (§ 54 Abs. 2) nur sehr eingeschränkt Gebrauch gemacht werden (vgl. ergänzend → § 54 Rn. 42, 45).

12 **g) Besondere Rechtsmittelbeschränkungen.** Diese Beschränkungen des JStVR sowie die Vorschrift über die **Teilvollstr** einer **EinheitsJStrafe** sind auch ggü. den Entscheidungen der Erwachsenengerichte in Verfahren gegen Jugendliche zu beachten **(Abs. 1 Nr. 7, §§ 55, 56).**

13 **h) Verfahrensvorschriften betr. die Aussetzung der JStrafe zBew.** Was diese Vorschriften betr. die **Vollstr** der **JStrafe** (§§ 21–26a) und der **Verhängung** der **JStrafe** (§§ 27–30) angeht (Abs. 1 Nr. 8, §§ 57–64), so hat der Gesetzgeber im Hinblick auf die unterstellte größere Erfahrung des JRichters ggü. den Gerichten der allg. Strafgerichtsbarkeit **besondere Vorkehrungen** getroffen. Gemäß **Abs. 5 Nr. 1** muss das Erwachsenengericht – abw. von § 58 Abs. 3 – sämtliche Entscheidungen, die nach einer Aussetzung der Vollstr der JStrafe zBew erforderlich werden, in vollem Umfang

dem JRichter übertragen, in dessen Bezirk sich der Jugendliche aufhält, mit der Folge, dass dieser JRichter für alle weiteren Entscheidungen – auch für deren Weiterübertragung – zuständig ist (BGHSt 25, 8 mAnm *Brunner* JR 1973, 206). Entsprechend sind nach **Abs. 5 Nr.** 2 die Entscheidungen nach einer Aussetzung der Verhängung der JStrafe zBew – mit Ausnahme der Entscheidungen über die Festsetzung der JStrafe und die Tilgung des Schuldspruchs (§ 30) – zu übertragen (vgl. zur Zuständigkeit und zum Verfahren auch → § 58 Rn. 1, → § 62 Rn. 1, → § 65 Rn. 5f). – Gemäß **Abs. 5 Nr. 3** (angefügt iZm der Einführung der §§ 61–61b; vgl. Begr. RegE BT-Drs. 17/9389) gilt die Übertragungsvorschrift auch für Fälle, in denen das Erwachsenengericht die Entscheidung über die Aussetzung der Vollstr der JStrafe zBew einem nachträglichen Beschluss vorbehält. Wie bei der Aussetzung der Verhängung der JStrafe die diesbzgl. Entscheidung im Nachverfahren bei dem erkennenden Erwachsenengericht verbleibt (vgl. → § 62 Rn. 9), ist auch hier die nachträgliche Entscheidung über die Aussetzung selbst von der Übertragung ausgenommen (Abs. 5 Nr. 3 Hs. 2). – Zur Geltung von Abs. 5 in Verfahren gegen **Heranwachsende** vgl. → Rn. 1 und → § 112 Rn. 6.

i) Erziehungsberechtigte, Gesetzliche Vertreter. Sie sind am Verfahren gegen Jugendliche vor dem für allg. Strafsachen zuständigen Gericht mit derselben Rechtstellung und **im gleichen Umfang** beteiligt wie am Verfahren vor dem JGericht (Abs. 1 Nr. 9, §§ 50 Abs. 2, 51 Abs. 2 – 7, 67, 67a). Nur in seltenen Ausnahmefällen (vgl. → Rn. 7a entspr.) kann nach **Abs. 3 nF** hiervon hinsichtlich der Äußerungs-, Frage-, Antrags-, Verteidigerwahl- und Anfechtungsrechte (→ § 67 Rn. 8 ff., → § 67 Rn. 12 ff.) abgewichen werden. Hinsichtlich der Anwesenheits- und Unterrichtungsrechte ist eine Beschränkung nicht nach Abs. 3, sondern allein nach den in §§ 51, 67a geregelten Maßgaben möglich (s. auch BT-Drs. 19/13837, 72). – Die Anwendung von Abs. 3 begründet die Notwendigkeit, entsprechend § 68 Nr. 2 einen Verteidiger zu bestellen (vgl. bereits *Dallinger/Lackner* Rn. 20), wobei dies ohnehin schon nach § 68 Nr. 1 iVm § 140 StPO geschehen sein wird. 14

j) Notwendige Verteidigung. Die Regelung des Bestellungszeitpunktes und die ggü. dem allg. StVR zusätzlichen Fälle sind auch in Verfahren vor den für allg. Strafsachen zuständigen Gerichten zu berücksichtigen (**Abs. 1 Nr. 10, §§ 68, 68a nF).** Für § 68b nF gilt dies dagegen nicht (dazu, dass die ebenfalls nicht erwähnte Konstellation von § 51a nF vor den Erwachsenengerichten nicht auftreten kann, s. RegE BT-Drs. 13837, 28). 15

k) Mitteilungen und Unterrichtung. Auch die Vorschriften über die gesetzlich vorgeschriebenen Mitteilungen an amtliche Stellen (und von diesen (§ 70 nF) sowie die Vorschriften zur Unterrichtung des Beschuldigten (§ 70a nF) gelten in gleicher Weise (Abs. 1 Nr. 11 und 11a). 15a

l) Belehrung und Vernehmung. Belehrungen des Jugendlichen müssen auch vor den für allg. Strafsachen zuständigen Gerichten in Übereinstimmung mit § 70b erfolgen (Abs. 1 Nr. 11b). Ebenso verbindlich sind die Vorgaben zur Vernehmungsdurchführung in § 70c (Abs. 1 Nr. 11c). 15b

m) Unterbringung zur Beobachtung. Da das für allg. Strafsachen zuständige Gericht in Verfahren gegen Jugendliche die sachlich-rechtlichen Bestimmungen (s. Abs. 1 Nr. 1) anzuwenden hat, ist es im Hinblick auf deren erzieherisch wirksame Anwendung auch befugt, zur Vorbereitung 16 eines Gutachtens über den Entwicklungsstand des Beschuldigten unter den Voraussetzungen von § 73 die genannte Anordnung zu treffen **(Abs. 1 Nr. 12, § 73).**

17   **n) Kosten.** Desgleichen kann auch das für allg. Strafsachen zuständige Gericht in Verfahren gegen Jugendliche – abw. von der allg. Vorschrift in § 465 StPO – den Angeklagten von den Kosten und Auslagen befreien **(Abs. 1 Nr. 13, § 74).**

18   **o) §§ 407 ff., 417 ff. StPO sowie §§ 403 ff. StPO.** Auch vor dem für allg. Strafsachen zuständigen Gericht sind in Verfahren gegen Jugendliche diese Vorschriften **ausgeschlossen,** und auch **Privatklage** und **Nebenklage** (von Ausnahmen gem. § 80 Abs. 3 S. 1 abgesehen) sind unzulässig **(Abs. 1 Nr. 14, §§ 79–81).** Jedoch kann der Jugendliche Privatkläger sein und in diesem Fall widerbeklagt (§ 388 StPO) werden (§ 80 Abs. 2 S. 1; vgl. auch *Goerdeler* in NK-JGG Rn. 3), ohne dass allerdings auf JStrafe erkannt werden darf (vgl. § 80 Abs. 2 S. 2).

18a   **p) § 81a.** Endlich kommt auch in Verfahren vor dem für allg. Strafsachen zuständigen Gericht diese (eine Anordnung von Sicherungsverwahrung betr., vgl. → § 7 Rn. 29 ff., → § 106 Rn. 10 ff.) Vorschrift zur Anwendung.

IV. Nach Abs. 2 anwendbare Vorschriften

19   Gemäß dieser Regelung können weitere Verfahrensvorschriften des JGG nach dem Ermessen des für allg. Strafsachen zuständigen Gerichts angewendet werden. Es werden hierbei die Vorschriften aus dem ersten, zweiten, sechsten und siebenten Unterabschnitt des Abschnitts „Jugendstrafverfahren" in Betracht zu ziehen sein.

1. § 44

20   Eine **Vernehmung** des **Beschuldigten durch** den **Staatsanwalt oder** den **Vorsitzenden** vor Anklageerhebung wird ggf. auch in Verfahren vor den für allg. Strafsachen zuständigen Gerichten angezeigt sein (vgl. RL Nr. 1 S. 2 Hs. 1 zu § 44).

2. Darstellung des wesentlichen Ergebnisses der Ermittlungen

21/22   Die Berücksichtigung erzieherischer Gesichtspunkte bei dieser Darstellung in der **Anklageschrift** sollte der Staatsanwalt auch in Verfahren gegen Jugendliche vor den Erwachsenengerichten wahren (RL 2 zu § 46). Bezüglich der Anwendung der Vorschrift durch den Staatsanwalt gilt Abs. 2 entsprechend (die Nichtgeltung der §§ 36, 37 (vgl. → Rn. 31) vor den Erwachsenengerichten steht dem nicht entgegen).

3. Anwesenheit in der HV

23   Der ggü. dem allg. StVR aus erzieherischen Gründen erweiterte Grundsatz der Anwesenheit des jugendlichen Angeklagten **(§ 50 Abs. 1)** wird auch in der HV vor dem für allg. Strafsachen zuständigen Gericht Beachtung finden müssen (hM; vgl. auch → § 50 Rn. 1).

4. Zeitweiliger Ausschluss von Verfahrensbeteiligten

Auch eine solche Maßnahme ist nach Abs. 2 ausnahmsweise zulässig 24
(§ 51; allg. Auffassung, vgl. *Dallinger/Lackner* Rn. 31 sowie RL S. 1 zu § 51
und RL zu § 104).

5. § 66

Die **Ergänzung** rechtskräftiger Entscheidungen bei **mehrfacher Ver-** 25
urteilung wird nach Maßgabe von Abs. 2 auch vor den für allg. Strafsachen
zuständigen Gerichten zulässig sein (ebenso *Brunner/Dölling* § 66 Rn. 13; aA
wohl *Dallinger/Lackner* Rn. 26; *Potrykus* Anm. 3; vgl. auch → § 66 Rn. 1).
Zum Verbot der Schlechterstellung vgl. etwa → § 31 Rn. 35, 55 (krit.
Brunner/Döllling § 66 Rn. 5).

6. Bestellung eines Beistands

Eine solche Bestellung für den jugendlichen Beschuldigten kann auch in 26
Verfahren vor den für allg. Strafsachen zuständigen Gerichten angezeigt sein,
und zwar auch unabhängig davon, ob ein Fall der notwendigen Verteidigung
vorliegt (Abs. 2, § 69; vgl. RL).

7. Vorläufige Anordnung über die Erziehung

Nach Maßgabe von Abs. 2 ist eine solche Anordnung (§ 71) in Verfahren 27
gegen Jugendliche auch vor dem für allg. Strafsachen zuständigen Gericht
zulässig (vgl. RL; vgl. zu § 72 Abs. 4 iVm § 71 Abs. 2 → Rn. 10); Abs. 4 S. 1
steht nicht entgegen (*Dallinger/Lackner* Rn. 33; vgl. auch → § 71 Rn. 1).

V. Von § 104 nicht erfasste Vorschriften; vor den für allgemeine Strafsachen zuständigen Gerichten nicht anwendbare Vorschriften

1. Nicht erfasste Vorschriften

a) §§ 1, 2. Unabhängig von § 104 **gelten** – wie sich bereits aus ihrer 28
systematischen Stellung im Gesetz ergibt – die genannten Bestimmungen
(allg. Auffassung).

b) Sonstige. Die Vorschriften des dritten Hauptstückes über Vollstr und 29
Vollzug sowie des vierten Hauptstückes über die Beseitigung des Strafmakels
(§§ 82–101) einschließlich § 112c **gelten** – unabhängig von § 104 – ebenfalls
unmittelbar vor den für allg. Strafsachen zuständigen Gerichten (vgl. auch
Brunner/Dölling Rn. 1). Ihre Anwendung begründet sich aus einer von dem
Erwachsenengericht zulässig (Abs. 1 Nr. 1) angeordneten Rechtsfolge nach
sachlichem JStR. Aus der systematischen Stellung der bezeichneten Vorschrif-
ten im Gesetz kann ein gegenteiliger Schluss nicht hergeleitet werden (allg.
Auffassung; vgl. auch OLG München MDR 1957, 437; vgl. → § 82 Rn. 1).
Unabhängig von § 104 gelten auch **§§ 102, 103** (vgl. auch *Brunner/* 30
Dölling Rn. 1).

2. Nichtanwendbarkeit vor den für allgemeine Strafsachen zuständigen Gerichten; Besonderheit des § 53

31   **a) Unanwendbare Vorschriften.** Nicht anwendbar in Verfahren gegen Jugendliche vor den für allg. Strafsachen zuständigen Gerichten sind die §§ 33–37 (vgl. aber zu §§ 36, 37 → Rn. 21), die §§ 39, 40 (eine Bestimmung der sachlichen Zuständigkeit des allg. Strafgerichts nach der Rechtsfolgenerwartung entspr. §§ 39, 40 Abs. 1 (so noch *Dallinger/Lackner* Rn. 9) ist durch die Neufassung von § 103 Abs. 2 gegenstandslos geworden), die §§ 41, 42 (vgl. auch BGHSt 18, 176 betr. § 42 Abs. 3) sowie die §§ 76–78 (vgl. auch *Goerdeler* in NK-JGG Rn. 23).

32/33   Die Unanwendbarkeit von § 34 Abs. 1 schließt nicht aus, dass dem JRichter die Vernehmung von Minderjährigen in Verfahren vor den für allg. Strafsachen zuständigen Gerichten im Wege der Rechtshilfe iRd Geschäftsverteilung übertragen wird (allg. Auffassung; RL Nr. 1 S. 2 zu § 34).

34   **b) Besonderheit des § 53.** Diese Vorschrift ist in Verfahren vor den für allg. Strafsachen zuständigen Gerichten durch die weitergehende Bestimmung in Abs. 4 ersetzt (vgl. → § 53 Rn. 1; s. auch RL zu § 53; für das Verfahren gegen Heranwachsende vor den für allg. Strafsachen zuständigen Gerichten s. § 112 S. 3, vgl. auch → § 112 Rn. 7). Das Erwachsenengericht darf − insoweit unter Einschränkung von Abs. 1 Nr. 1 − Erziehungsmaßregeln (§ 9) nicht aussprechen, sondern hat deren Auswahl und Anordnung − abw. von § 53 − zwingend dem FamG zu übertragen (Abs. 4 S. 1), und zwar auch dann, wenn es gleichzeitig auf JStrafe erkennt (vgl. RL 3 zu § 53; ebenso Dallinger/Lackner Rn. 14).

35   Zu Verfahren und Entscheidungen nach Überweisung vgl. näher → § 53 Rn. 10, 11 ff. entsprechend (Abs. 4 S. 2). Soweit das FamG Weisungen (betr. evtl. BewWeisungen gilt Abs. 5) ausgesprochen hat, denen der Jugendliche trotz geeigneter (§ 70a Abs. 1 aF bzw. § 70b Abs. 1 nF entspr.) Belehrung nicht nachgekommen ist, kann ein in Betracht zu ziehender JA (§ 11 Abs. 3) nicht von dem FamG angeordnet werden (vgl. → § 53 Rn. 14); es ist hierfür vielmehr der JRichter zuständig (vgl. auch *Goerdeler* in NK-JGG Rn. 23; vgl. aber auch → § 65 Rn. 2 ff.).

VI. Anfechtung

36   Ob die Anfechtung des Urteils darauf gestützt werden kann, dass das für allg. Strafsachen zuständige Gericht − unter Verstoß gegen § 104 − Verfahrensvorschriften des JGG nicht angewendet hat, richtet sich nach dem Umfang der **Revisibilität** der einzelnen Vorschriften (vgl. deshalb die Erl. bei den entspr. Bestimmungen; anders noch die Rechtslage unter der Geltung von § 78 RJGG 1943 (vgl. *Peters* RJGG § 78 Anm. 1), wonach eine versehentliche Nichtanwendung der jugendstrafrechtlichen Verfahrensvorschriften durch das Erwachsenengericht nicht anfechtbar war, da die Regelung über eine entspr. Anwendung nur als Sollbestimmung ausgestaltet war; vgl. auch → Rn. 3).

Dritter Teil. Heranwachsende

Erster Abschnitt. Anwendung des sachlichen Strafrechts

Anwendung des Jugendstrafrechts auf Heranwachsende

105 (1) Begeht ein Heranwachsender eine Verfehlung, die nach den allgemeinen Vorschriften mit Strafe bedroht ist, so wendet der Richter die für einen Jugendlichen geltenden Vorschriften der §§ 4 bis 8, 9 Nr. 1, §§ 10, 11 und 13 bis 32 entsprechend an, wenn

1. die Gesamtwürdigung der Persönlichkeit des Täters bei Berücksichtigung auch der Umweltbedingungen ergibt, daß er zur Zeit der Tat nach seiner sittlichen und geistigen Entwicklung noch einem Jugendlichen gleichstand, oder
2. es sich nach der Art, den Umständen oder den Beweggründen der Tat um eine Jugendverfehlung handelt.

(2) § 31 Abs. 2 Satz 1, Abs. 3 ist auch dann anzuwenden, wenn der Heranwachsende wegen eines Teils der Straftaten bereits rechtskräftig nach allgemeinem Strafrecht verurteilt worden ist.

(3) ¹Das Höchstmaß der Jugendstrafe für Heranwachsende beträgt zehn Jahre. ²Handelt es sich bei der Tat um Mord und reicht das Höchstmaß nach Satz 1 wegen der besonderen Schwere der Schuld nicht aus, so ist das Höchstmaß 15 Jahre.

Schrifttum *Busch,* Rechtspsychologische Begutachtung delinquenter Heranwachsender, 2006; *Eickmeyer,* Die strafrechtliche Behandlung der Heranwachsenden nach § 105, 1963; Frank/Harrer (Hrsg.), Drogendelinquenz. Jugendstrafrechtsreform, 1991; *Gensing,* Jugendgerichtsbarkeit und Jugendstrafverfahren im europäischen Vergleich, 2014; Gniewosz/Titzmann (Hrsg.), Handbuch Jugend, 2018; *Janssen,* Heranwachsende im Jugendstrafverfahren, 1980; *Kröplin,* Die Sanktionspraxis im Jugendstrafrecht in Deutschland im Jahr 1997, 2002; Lösel/Bottoms/Farrington (Hrsg.), Young Aduld Offenders. Lost in Transition?, 2012; *Lohmar,* Die strafrechtliche Behandlung der Heranwachsenden nach § 105 JGG, 1966; *Pruin,* Die Heranwachsendenregelung im deutschen Jugendstrafrecht, 2007; *Schulz,* Die Höchststrafe im Jugendstrafrecht ..., 2000; *Wagler,* Probleme der Verteidigung im Jugendstrafverfahren, 1988.

Übersicht

	Rn.
I. Allgemeines	1
1. Funktion und Systematik der Norm	1
2. Rechtspolitische und -vergleichende Einordnung der Norm	4
II. Handhabungswirklichkeit	7
1. Anwendungspraxis	7
2. Unterschiede in der Anwendungshäufigkeit	9
III. Abs. 1 Nr. 1	12

I. Allgemeines

1. Funktion und Systematik der Norm

1   Die seit 1953 im JStR vorgesehenen §§ 105–112 konkretisieren die in § 1 allg. angeordnete Anwendbarkeit des Gesetzes auf Heranwachsende. Dabei ergeben sich aus § 105 Abs. 1 die Kriterien für die Heranziehung des materiellen JStR (was nach § 109 Abs. 1 und 2 auch Auswirkungen auf die Einschlägigkeit der speziellen Verfahrensvorschriften des JStR hat). Die beiden Varianten, über die anhand der in Abs. 1 geregelten Merkmale zu befinden ist (Anwendung des materiellen JStR oder des allg. StR), bilden nach dem Gesetz gleichrangige Alternativen und stehen in keinem irgendwie gearteten Regel-Ausnahme-Verhältnis zueinander (BGHSt 12, 116 (118 f.) = NJW 1959, 159 (161); BGHSt 36, 37 (40) = NJW 1989, 1490 (1491); *Ostendorf* in NK-JGG Rn. 4). Abs. 1 obliegt deshalb eine **weichenstellende Funktion.** Ergibt sich danach in einem konkreten Fall, dass nicht die **Rechtsfolgen** des allg. StR (vgl. dann auch § 106), sondern die des JGG zu verhängen sind, werden diese durch Abs. 1 und 3 etwas modifiziert. Abs. 2 erweitert hier zudem die Möglichkeiten, eine Einheitssanktion nachträglich zu bilden.

Angesichts der genannten Normfunktion muss bei ausnahmslos allen Ver- **2** fehlungen Heranwachsender (→ § 1 Rn. 21) eine **Entscheidung** nach Abs. 1 getroffen werden. Die dabei zu beantwortende Rechtsfrage scheidet als Gegenstand einer **Absprache** (dazu → § 2 Rn. 47 ff.) aus (BGH NJW 2001, 2642 (2643); NStZ-RR 2006, 187; *Knauer* ZJJ 2010, 15 (18 f.); *Nowak* JR 2010, 248 (251 f.); *Stuckenberg* in Löwe/Rosenberg StPO § 257c Rn. 28; *Ambos/Ziehn* in Radtke/Hohmann StPO § 257c Rn. 20; *Diemer* in Diemer/ Schatz/Sonnen § 5 Rn. 26; *Schaffstein/Beulke/Swoboda* JugendStrafR 221). Im Rahmen von Abs. 1 ist das Gericht in seinem Vorgehen an eine möglichst objektive Beurteilung einer Sachlage gebunden. Es geht hier also nicht um disponible und deshalb vereinbarungs- bzw. aushandlungsfähige Aspekte iSv § 257c Abs. 2 StPO iVm § 2 Abs. 2 (vgl. schon vormals BGH NStZ 2001, 555; NStZ-RR 2006, 187 (188); tendenziell abw. aber *Meyer-Goßner/Schmitt* StPO § 257c Rn. 7; *Kirsch* StraFo 2010, 96, 97).

Die Anwendbarkeit des materiellen JStR auf Heranwachsende ist vom **3** Vorliegen einer der beiden Konstellationsvarianten des Abs. 1 abhängig. Beide Voraussetzungen stehen **gleichgestellt nebeneinander,** wobei sie in vielen Fällen gemeinsam bejaht werden können (BGH NStZ 2001, 102). Nr. 2 bietet dem JRichter indes insofern eine **Beweiserleichterung,** als eine umfassende Persönlichkeitserforschung, derer es zur Feststellung der Voraussetzungen von Nr. 1 bedarf (→ Rn. 18 ff.), immer dann entbehrlich wird, wenn die einfacher aufzeigbaren Bedingungen von Nr. 2 gegeben sind. Nach teilw. vertretener Auffassung sei die Prüfung nach Nr. 1 dann sogar unzulässig (vgl. *Schaffstein/Beulke/Swoboda* JugendStrafR 215; *Brunner/Döll- ling* Rn. 30; *Huber* JuS 1990, 732). Ein solcher prinzipieller Anwendungs- vorrang von Nr. 2 besteht aber nicht (OLG Hamm NStZ-RR 2005, 58 (59); *Sonnen* in Diemer/Schatz/Sonnen Rn. 11). Die entsprechende Sperr- wirkung muss allerdings dort angenommen werden, wo die persönlichkeits- rechtlichen Eingriffe, die mit den Erhebungen für Nr. 1 idR einhergehen, überflüssig und daher unverhältnismäßig wären (s. auch *Kölbel* in MüKoSt- PO StPO § 160 Rn. 83). Dies ist vornehmlich bei Massendelikten, in denen die fraglichen Informationen auch nicht für die Rechtsfolgenauswahl benö- tigt werden, der Fall (→ Rn. 19). Unabhängig davon empfiehlt es sich aus pragmatischen Gründen, bei der Prüfung des Abs. 1 stets mit Nr. 2 zu beginnen. Die Praxis greift indes öfter auf die Reifeverzögerung als auf die Jugendverfehlung zurück (*Palmowski* Sanktionierung 196 mwN.).

2. Rechtspolitische und –vergleichende Einordnung der Norm

Eine (einzelfallabhängige) Einbeziehung junger Erwachsener in das JStR **4** sehen **international** durchaus manche, aber keineswegs alle Rechtsordnungen vor. Oft gilt für über 18–jährige Personen das allg. StR, wobei die konkrete Altersgrenze bisweilen variiert. Häufig sind für die ersten Jahre nach deren Überschreitung aber Milderungen der allg. Rechtsfolgen sowie Sonderregelungen im Strafvollzug vorgesehen (näher *Gensing,* Jugendgerichtsbarkeit und Jugendstrafverfahren (...), 2014, 47 ff.; DGHP Juvenile 1568 ff.; ferner *Dünkel* DVJJ 2003, 21 ff.; *Dünkel* DVJJ 2015, 536 ff. (540 ff.)); *Pruin* in DVJJ 2019, 486 f.). Zu berücksichtige sind hierbei indes die jugendspezifischen Herausforderungen und Entwicklungsaufgaben, die in spätmodernen Gesellschaften eher wachsen und zu einer Verlängerung der Jugendphase führen (vgl. bereits *Pruin,* Die Heranwachsendenregelung (...), 2007, 166 ff.; ferner *dies.* in DVJJ 2019, 482 f.; *Hurrelmann/Quenzel,* Lebensphase Jugend, 13. Aufl. 2016, 9 ff.; n. BT-Drs. 18/11050, 91 ff.; *Buchmann/Steinhoff* in Gniewosz/Titzmann (Hrsg.), Handbuch Jugend, 2018, 341 ff.). In Ansehung dessen muss die Regelung in Abs. 1 prinzipiell als sachgerecht gelten (ebenso die Einschätzung aus der US- bzw. Außenwarte bei *Matthews/Schiraldi/Chester* Justice Evaluation Journal 1 (2018), 59 (66 ff.)). Dabei ist zuzugeben, dass die fallkonkrete Feststellung des personen- und tatbezogenen Jugendcharakters eines Geschehens nicht selten schwierig und die Rechtsanwendung daher nicht immer vorhersehbar ist. Dies wird durch starre Altersgrenzen zwar vermieden, doch stellen diese eine aus empirischer Sicht gleichsam „willkürliche" (für den Einzelfall mitunter unangemessene) Festlegung dar. Auch entspricht die − aufgrund der geltenden Regelung (zumindest eingeschränkt) vorgenommene − Auseinandersetzung mit den individuellen entwicklungspsychologischen Umständen dem **Erziehungsauftrag** (§ 2 Abs. 1). Dies ist umso wichtiger, je ungünstiger die Chancen des Heranwachsenden zu selbstständiger gesellschaftlicher Eingliederung waren.

5 All das bedeutet keineswegs, dass die geltende Regelung nicht rechtspolitisch weiterentwickelt werden könnte (s. dazu bei der Strafmündigkeitsgrenze → § 3 Rn. 3b f.). Schwerlich hilfreich ist dabei allerdings die gelegentlich vorgetragene Empfehlung, die Anwendung des allg. StR auf alle Heranwachsenden zu erstrecken (so *Pflieger* SchlHA 1999, 88 ff.; *Hinz* JR 2001, 50 (58); *Gehb/Drange* ZfJ 2004, 121 (127)) oder jedenfalls als dem gesetzlichen Regelfall auszugestalten (bspw. BR-Drs. 238/04; *Paul* ZRP 2003, 204 (205 f.); *Wolf* DRiZ 2018, 246). Berücksichtigt man, dass die Rückfallraten bei 21-Jährigen (die allein nach allg. StR sanktioniert werden) nicht besser als die der (teilw. nach JStR sanktionierten) 20-Jährigen sind (*Palmowski* Sanktionierung 535 ff.), **spricht wenig** für solche Vorschläge. Dies gilt auch für die internationale Forschung. In einigen US-Bundesstaaten hat die Anhebung der Altersgrenze (betr. den Übergang aus dem JStR-System in das allg. StR) das Deliktsaufkommen der fraglichen Altersgruppe nicht steigen lassen (vgl. *Loeffler/Chalfin* CPP 2017, 53 ff.), sondern vielmehr die Rückfallwerte verbessert (*Fagan* Law & Policy 1996, 77 ff.; *Fowler/Kurlychek* Youth Violence and Juvenile Justice 2018, 263 ff.). Im Übrigen votiert man aus den verschiedensten Bereichen der Rechtspraxis für den status quo (vgl. für die Verfassungsjustiz *Landau* ZJJ 2008, 218 (219); für die JStrafjustiz *Sieveking ua* ZRP 2005, 188 ff.; aus polizeilicher Sicht *Hübner/Kunath* DVJJ-Journal 1996, 328 (334); aus Sicht der Ministerialadministration s. Empfehlung des Ministerrats des Europarats v. 24.9.2003 (Rec (2003) 20 Nr. 11 sowie auch schon BMJ Recht 1997, 84; näher *Viehmann* DRiZ 1998, 340 (343)). Die in der Wissenschaft vertretenen Auffassungen sprechen

sich ggü. einer Streichung von § 105 nicht minder ablehnend aus (vgl. aus psychologischer bzw. jugendpsychiatrischer Sicht bereits *Wegener* DVJJ-Journal 1996, 325 (326); *Lempp* DVJJ-Journal 1996, 323 f.; *Günter* FPPK 2008, 169 (178); aus jugendstrafrechtlicher Sicht statt vieler *Kreuzer* NJW 2002, 2345 (2349 f.); *Dölling* FS Kreuzer, 2008, 117 ff.; *Pruin* in DVJJ 2019, 487 ff.). Denn große Teile der Delinquenz Heranwachsender ist aus entwicklungs-psychologischen Gründen der von älteren Erwachsenen schlichtweg nicht gleichzustellen (zusf. zum Forschungsstand *Hinrichs* FPPK 2008, 169 (171 ff.)).

In der Literatur wird indes nicht nur Abs. 1 verteidigt (besonders detailliert **6** *Palmowski* Sanktionierung 584 f.), sondern – neben dem Vorschlag, Heranwachsende **generell in das materielle JStR** einzubeziehen (*Walter* GA 2007, 503 (515); *Neubacher* in BMJV 2017, 147) – seit langem auch eine Ausdehnung jugendbezogener Sonderregelungen bis zum 25. Lbj. diskutiert („**Jungtäterrecht**" – dazu bereits Denkschrift 1964; *Lenckner* in Göppinger/ Witter ForensPsych-HdB 260; *Remschmidt* MschKrim 61 (1978), 79 (90); *Zieger* StV 1988, 305 (310); vgl. ferner *Schaffstein* MschKrim 59 (1976), 92 ff.; *Erlemann,* Heranwachsende in der Strafrechtspflege unter besonderer Berücksichtigung der Reifephase der Adoleszenz, 1988, 126 ff.; unter Hinweis auf die betrieblichen Schutzvorschriften für Auszubildende bis zum 25. Lbj. ergänzend *Pruin* ZJJ 2006, 257 (259 ff.)). Vor diesem Hintergrund sind neuere Befunde bemerkenswert, denen zufolge ein für Erwachsene typischer **Entwicklungsstand** bei 21-Jährigen keineswegs sicher vorausgesetzt werden kann. Dies ergibt sich aus psychosozialen Entwicklungsdaten (vgl. *Neubacher* in BMJV 2017, 123 ff.; *Rocque/Posick/White* Journal of Developmental and Life Course Criminology 1 (2015), 350 (370): „show that maturation tends to continue or progress throughout adolescence and into the 20s") sowie aus neueren Forschungsergebnissen zum neurologischen Reifungsprozess (vgl. *Remschmidt* ZJJ 2008, 336 ff.; *Remschmidt* FS Rössner, 2015, 342 ff. (späte Ausreifung der besonders relevanten kortikalen Region); ergänzend zur Gehirnentwicklung *Steinberg* AmPsychologist 64 (2009), 739 ff.; sowie *Dünkel/ Geng* MschKrim 97 (2014), 387; *Dünkel* DVJJ 2015, 542 ff.; *Dünkel/Geng/ Passow* ZJJ 2017, 123). Für die Definition von Adoleszenz wird deshalb inzwischen die deutlich erweiterte Lebensphase zwischen dem 10. und 24. Lbj. vorgeschlagen (*Sawyer/Azzopardi/Wickremarathne/Patton* Lancet Child & Adolescent Health 2018, 223). Dies macht eine Neuregelung von Abs. 1 dringlich, wie iÜ auch internationale Entwicklungen zeigen (zur britischen Debatte *Lösel/Bottoms/Farrington* und *Allen* in Lösel/Bottom/Farrington, Young Adult Offenders, 2012, 1 ff. und 155 ff.). So sind in den Niederlanden die Sanktionen des JStR seit 2014 auch bei bis zu 22-jährigen Personen möglich (dazu etwa *Matthews/Schiraldi/Chester* Justice Evaluation Journal 1 (2018), 59 (71 ff.); s. aber zur zurückhaltenden Praxis *uit Beijerse* ZJJ 2019, 50 (53)). Der Erörterung bedarf es jedoch, inwieweit die Einwirkungsformen, die mit einer angezeigten gesetzlichen Ausweitung der JStR-Anwendung auf über 18-Jährige einhergehen müssen, als „Erziehung junger Erwachsener" oder eher neutral als eine altersgerechte spezialpräventive „Intervention" zu konzipieren sind (*Remschmidt* FS Rössner, 2015, 350 ff.).

II. Handhabungswirklichkeit

1. Anwendungspraxis

7   Im Jahr 2017 handelte es sich bei 58,50 % der vor den JGerichten abgeurteilten Personen um Heranwachsende (absolut: 71.954). Entscheidungen
nach Abs. 1 müssen also **sehr häufig** getroffen werden. In diesen Fällen
werden dann die Voraussetzungen der personen- oder deliktsbezogenen
Jugendtypik oftmals bejaht. Den Daten des BZR zufolge ist dies in 64 % der
Verurteilungen der Fall (so für das Bezugsjahr 2007 *Palmowski* Sanktionierung 195). Die StrafSt weist für 2017 einen Anteil der nach Jugendstrafrecht
verurteilten Heranwachsenden von 61,84 % aus. Anfänglich waren die Verhältnisse dagegen noch umgekehrt (1954: 20,2 %). Bis zu den Jahren um
2000 fand indes ein deutlicher Anstieg statt (2004–2006 im ehemaligen
Bundesgebiet: zwischen 62,6 % und 64,3 %). In den Jahren 2007–2016 setzte
sich dies im gesamten Bundesgebiet zunächst fort (Anstieg von 62,93 % auf
66,91 % in 2012), um danach auf 60,73 % abzusinken (StrafSt Tab 2.1). Auch
wenn zu der Frage, ob die Zahlen bei den informellen Erledigungen (Einstellung gem. §§ 45, 47 anstatt gem. § 153 ff. StPO) ähnlich sind, auf der
Basis der StrafSt keine Aussagen gemacht werden können (dazu *Heinz* GS
Walter, 2014, 303 ff.), entspricht die Verteilung bei den Verurteilungen den
empirischen Erkenntnissen sowohl zum Entwicklungsstand Heranwachsender als auch zur prinzipiellen Geeignetheit des täterorientierten JStR für
diese Altersgruppe. Zugleich ist die langfristige Entwicklung als Konsequenz
einer sich ausdehnenden Jugendphase (sichtbar werdend bspw. an der Verlängerung von Ausbildungszeiten) interpretierbar.

8   Untersuchungen aus der 2. Hälfte des 20. Jahrhunderts weisen darauf hin,
dass die Entscheidungen für oder gegen die Anwendung von materiellem
JStR oft nur **unzureichend begründet** werden, wobei sich die JGerichte
häufig mit der Wiederholung des Gesetzestextes oder einer allg. Wendung
begnügten (nach *Lohmar,* Die strafrechtliche Behandlung der Heranwachsenden, 1966, 41 in 39 % und nach *Keller/Kuhn/Lempp* MschKrim 58 (1975),
153, 154 f. betr. ein AG in etwa 50 % der Fälle; nach *Bischoff* in Gerken/
Schumann Rechtsstaat 59 betr. drei AGen in Niedersachsen in 52 % und in
knapp 1/3 keine Erwähnung der Vorschrift). In Ansehung der (auch neueren) revisionsgerichtlichen Rspr. (vgl. → Rn. 67, → § 54 Rn. 48) scheinen
diese Befunde nicht (gänzlich) überholt zu sein. Welche Rolle hierbei das
anzuerkennende Bemühen spielt, als diskriminierend (miss-)verstehbare Entscheidungsgründe zu vermeiden, ist unklar.

2. Unterschiede in der Anwendungshäufigkeit

9   Ebenso wie in vielen Bereichen der richterlichen Rechtsanwendung (auch
außerhalb des JGG) bestehen beträchtliche Unterschiede in der Häufigkeit
der Anwendung von materiellem JStR. Durch das Gesetz sind diese nicht
immer zu rechtfertigen, zumal sie nicht selten aus innerbehördlichen Interessen hervorgehen dürften (vgl. etwa zum „Zweck" der Vermeidung eines
Rechtsmittelverfahrens *Franz* (bei *Kowalzyck* DVJJ 2003, 53)). **Geschlechtsbezogen** ergab sich bei Straftaten nach dem StGB (ohne Straßenverkehrsdelikte) für die Jahre 1994 und 2006 für das ehemalige Bundesgebiet sowie

in den Jahren 2012 und 2017 für das gesamte Bundesgebiet eine deutlich höhere Anwendungsquote des Abs. 1 für männliche Betroffene (70,53 % und 71,21 % sowie 74,53 % und 66,85 % ggü. einer solchen von 57,49 % und 59,27 % sowie 61,67 % und 56,12 % für weibliche Betroffene (StrafSt Tab 2.1)). Eine Erklärung hierfür ist am ehesten in den geschlechtsbezogenen Unterschieden der Anzeige- und Verfolgungsintensität (vgl. nur *Eisenberg/ Kölbel* Kriminologie § 48 Rn. 41 f.) und in der unterschiedlichen Zusammensetzung der jeweils geschlechtstypisch begangenen Deliktsarten zu sehen. Bei weiblichen Angeklagten dürften deshalb in den bis zur gerichtlichen Aburteilung gelangenden Verfahren die Sachlagen häufiger auftreten, in denen die rechtspraktisch verbreiteten Kriterien der Anwendung von allg. StR erfüllt sind. – Im Übrigen wird allg. StR aus (kriminal-)politischen wie verfahrensökonomischen (zB Strafbefehlsverfahren) Erwägungen (vgl. *Fiedler* GA 1973, 43 ff.; *Metz* Zbl 1977, 72 ff.; *Rohde* Kriminalität in der Bundeswehr, 1967, 237; *Schwenck* NZW 1976, 208 ff.) offenbar auch bei Soldaten/ innen tendenziell häufiger angewandt (so jedenfalls früher *Bischoff* und *Hencken* in Gerken/Schumann Rechtsstaat 61, 67 bzw. 81; zutr. Kritik bei *Lempp* in Frank/Harrer (Hrsg.), Drogendelinquenz, 1991, 233).

Regional zeigten sich in (teilweise auch älteren) Erhebungen ein Nord-Süd- und ein Stadt-Land-Gefälle (vgl. zu Befragungsergebnissen *Pfeiffer* Zbl 1977, 383 (385); *Janssen,* Heranwachsende im Jugendstrafverfahren, 1980, 183 ff.; *Elsner/Molnar,* Kriminalität Heranwachsender und Jungerwachsener in München, 2001, 110 f.) und zugleich Divergenzen zwischen vergleichbaren Orten (vgl. *Keller/Kuhn/Lempp* MschKrim 58 (1975), 153 ff.) sowie innerhalb einzelner Gerichte (vgl. *Eickmeyer,* Die strafrechtliche Behandlung der Heranwachsenden (…), 1963, 22 ff.). Ähnliche Unterschiede bestehen noch immer (*Palmowski* Sanktionierung 363 ff.), und dies zudem mit Blick auf das Delikt (vgl. *Kröplin,* Die Sanktionspraxis im Jugendstrafrecht (…), 2002, 156 ff.; *Pruin,* Die Heranwachsendenregelung (…), 2007, 62 ff.; *Heinz* GS Walter, 2014, 305 ff.). Überdurchschnittlich hoch sind die JGG-Anwendungsquoten bei Eigentums-, Gewalt-, Sexual- und Tötungsdelikten (wie generell bei schweren Straftaten (vgl. *Remschmidt* FS Rössner, 2015, 345 ff.; *Heinz* ZJJ 2017, 115 (121); s. bereits *Lohmar,* Die strafrechtliche Behandlung der Heranwachsenden, 1966, 29 f. (33)), unterdurchschnittlich dagegen bei Verkehrsdelikten (*Pruin,* Die Heranwachsendenregelung (…), 2007, 70 f.; *Reiff,* Straßenverkehrsdelinquenz in Deutschland, 2015, 211 ff. *Palmowski* Sanktionierung 325). Konkret lauteten im Jahr 2017 bei den verurteilten Heranwachsenden die JGG-Anwendungsanteile bspw. bei Raub 96,33 %, bei Diebstahlsdelikten und Unterschlagung 64,89 %, bei Straßenverkehrsdelikten 44,54 % und bei Straftaten gegen das Leben 73,21 % (StrafSt Tab. 2.1; für ältere Daten s. → 20. Aufl. Rn. 4b).

Diese Anwendungsmuster sind schwer zu interpretieren (umfassende **11** Erörterung bei *Pruin,* Die Heranwachsendenregelung (…), 2007, 77 ff.). Für die deliktsbezogenen Unterschiede dürften Aspekte jenseits der jeweiligen Jugendtypik maßgebend sein (verfahrenspraktische Routinen; Erwägungen zu Registerfolgen usw). Auch deutet manches auf ein rechtsfolgenorientiertes Vorgehen hin (so bei schweren Delikten bspw. die Umgehung hoher Mindeststrafen des allg. StR). Außerdem dürfte die oftmalige Heranziehung von Sachverständigen (dazu → § 43 Rn. 33, 35) und die generell intensivere Persönlichkeitserforschung in diesen Fällen dazu beitragen, dass vergleichsweise häufig ein Anlass zur Anwendung von JStR erkannt wird (s. etwa

Geraedts, Zur Tötungsdelinquenz bei jugendlichen und heranwachsenden Straftätern, 1998, 31). – Bei den Verkehrsdelikten (und einigen anderen Deliktsgruppen (*Kröplin,* Die Sanktionspraxis im Jugendstrafrecht (…), 2002, 160 f.)) ist vornehmlich in den Bundesländern mit hier sehr geringer JGG-Anwendungshäufigkeit (zu den gravierenden regionalen Unterschieden s. *Heinz* GS Walter, 2014, 308, 312 ff.) auch die Tendenz zu einer Erledigung durch Strafbefehl relevant. Da dieses Verfahren (ebenso wie die Verhängung von Geldstrafe) nur bei Anwendung des allg. StR zulässig ist (§ 109 Abs. 2 S. 1, § 79 Abs. 1), wird hier vielfach Abs. 1 aus verfahrensökonomischen Gründen ohne nähere Persönlichkeitserforschung (näher → § 109 Rn. 59 ff.; krit. *AG Saalfeld* NStZ 1994, 90) verneint, um sodann einen Strafbefehl erlassen zu können (*Hencken* in Gerken/Schumann Rechtsstaat 78; *Kölbel* ZfJ 1998, 10 ff.).

III. Abs. 1 Nr. 1

1. Grundlagen

12   **a) Das zentrale Kriterium. aa) Verlaufsprozess.** Der Normtext des Abs. 1 Nr. 1 ist missverständlich gefasst. Indem er darauf abstellt, dass der fragliche Heranwachsende „einem Jugendlichen gleichstand", unterstellt er die Existenz von zwei gleichsam **stufenartig** abgegrenzten Entwicklungsstadien mit jeweils eigenen und klar umrissenen Merkmalen (wobei die fragliche Person den Schritt von dem einen in das nächste Stadium noch nicht absolviert haben darf). Es gibt aber keine abstrakten Standards, die den „Norm-Jugendlichen" definieren und einen Vergleich mit dem konkreten Beschuldigten erlauben würden. Empirisch abgesicherte Leitbilder von „regelgerecht" entwickelten Jugendlichen und Heranwachsenden lassen sich nicht begründen. Wissenschaftlich wird vielmehr – im Gegensatz zu Stufen-, Sprung- und Phasenvorstellungen – von **kontinuierlich** fortschreitenden Veränderungsprozessen und fließend ansteigenden Reifungsgraden ausgegangen (vgl. etwa schon *Thomae* Soziale Reife 37; zum Abschied vom entwicklungspsychologischen Phasenmodell vgl. etwa *Montada/Lindenberger/Schneider* in Schneider/Lindenberger, Entwicklungspsychologie, 8. Aufl. 2018, 28 f.). So kann es schon lange als geklärt gelten, dass „entwicklungspsychologisch gesehen … zwischen dem 17. und 18. Lbj. keine Zäsur" liegt (*Suttinger* in Undeutsch Psych-HdB 297; kennzeichnend *Weichold/Silbereisen* in Schneider/Lindenberger, Entwicklungspsychologie, 8. Aufl. 2018, 239 ff.). Das Gleiche gilt im Übrigen für die Grenzziehung bei 21 Jahren, zumal es Anzeichen für eine Verlängerung der psycho-sozialen Entwicklungsverläufe gibt (→ Rn. 4 ff.). Dabei ist die Herausbildung einer „erwachsenen", dh ebenso autonomen wie sozial integrierten Persönlichkeit von einer Vielzahl von Bedingungen abhängig, zu denen neben den individuellen Dispositionen auch die (psychologisch und sozialisatorisch relevanten) Gegebenheiten im Nahraum und weiteren Umfeld, in den Lebens-, Ausbildungs-, Arbeits-, Freizeit- und medialen Konditionen und auch in den sozialstrukturellen Rahmensetzungen zählen.

13   **bb) Entwicklungsaufgaben.** Die Gruppe der Heranwachsenden befindet sich, entwicklungspsychologisch verstanden, in der Phase der **(Post-)Pubertät** bzw. **Adoleszenz,** wobei (Post-)Pubertät den körperlichen, Adoleszenz den psychischen Reifungsprozess meint. Mehrdimensional betrachtet ist im biologischen Bereich die Gesamtheit der somatischen Veränderungen zu berücksichtigen, während im (sozial-)psychologischen Bereich alle individuellen Vorgänge einzubeziehen sind, die mit dem Erleben, der Auseinandersetzung und Bewältigung der somatischen Wandlung sowie den sozialen Reaktionen auf diese verbunden sind (speziell zum Bedürfnis nach Anerkennung etwa *Günter* ZJJ 2011, 15 ff.). Soziologisch gesehen handelt es sich um ein Zwischenstadium, in dem zB im Hinblick auf Beruf und Partnerschaft, auf Autonomie, Individualisierung und Identitätsbildung eine Orientierung zunehmend motiviert, aber noch nicht abschließend vollzogen ist. Hinsichtlich des **Verlaufs** dieser Entwicklungsphase werden (Initial-)Stadien mit Veränderungen im somatischen, psychischen und psychosozialen Bereich von solchen (sich anschließenden) Stadien unterschieden, die als Reorganisation und Streben nach Erwachsenenstatus erscheinen und die iRd Identitätsfindung zu Auseinandersetzungen mit bestehenden sozialen Strukturen führen. Gerade insoweit handelt es sich um einen wesentlichen Entwicklungsabschnitt zur Erlangung psychosozialer (Erwachsenen-)Reife, dh einer Übereinstimmung zwischen psychischer Entwicklung und sozialen Normen.

Konkret wird von den Heranwachsenden die Bewältigung spezifischer **14** **Entwicklungsaufgaben** erwartet: Individuation und Identitätsbildung; intellektuelle Reifung; Fortschritte bei Bildung, Qualifikation und Berufsfindung; Entwicklung der eigenen Geschlechtsrolle und sexueller Beziehungsfähigkeit; Aufbau von Bindungsfähigkeit in Partnerschaften und Freundschaften; Kompetenz im Umgang mit materiellen Angeboten, Freizeit und Medienmöglichkeiten; Herausbildung von Werteorientierungen (s. etwa *Hurrelmann/Quenzel,* Lebensphase Jugend, 13. Aufl. 2016, 30 ff., 111 ff.; *von Buch/Köhler* RPsych 2019, 178 (185 ff.) sowie die Beiträge in *Gniewosz/ Titzmann* Handbuch Jugend, 2018, 165 ff.). Wie bei anderen entwicklungsbedingten Lernprozessen hängt deren Bewältigung sowohl von der sozialen Umwelt als auch von Persönlichkeitsdispositionen ab (speziell zum Verhältnis von Hirnreifung und sozio-emotionalem Kontrollsystem → Rn. 6). Schon deshalb kann es nicht darauf ankommen, dass sich der Heranwachsende auf dem „Stand eines Jugendlichen" befindet. So stellt denn auch die Rspr. darauf ab, ob er „geistig-seelisch (…) bereits im Wesentlichen ausgeformt" ist oder ob bei ihm „Entwicklungskräfte noch in größerem Umfang wirksam sind" (BGHSt 12, 116 (118) = NJW 1959, 159 (160); BGHSt 36, 337 (340) = NJW 1989, 1490 (1491) mAnm *Walter/Pieplow* NStZ 1989, 576 und *Brunner* JR 1989, 521; krit. dazu schon *Thomae* Soziale Reife 19 sowie *Weber/Rüth* FDNP 1997, 247 ff.; eher zust. aber *Hinrichs/Schütze* DVJJ-Journal 1999, 27 (28)). Hierfür kann ein (vorübergehendes) Zurückbleiben hinter imaginären Durchschnittsprozessen (so aber etwa OLG Hamburg MDR 1980, 338: „Entwicklungsrückstand") nicht maßgeblich sein (BGH NStZ 2013, 289).

Dem ist im Grundsatz zuzustimmen. Bei Abs. 1 Nr. 1 geht es nicht in **15** einem strengen Sinne darum, dass für den jeweiligen Angeklagten entweder mit dem allg. StR oder dem JStR das konkret geeignetere Rechtsfolgespektrum eröffnet werden soll (ferner → Rn. 18; abl. auch 20. Aufl. Rn. 33). **Die Funktion von Abs. 1 Nr. 1** besteht darin, einmal der spezifischen Vorwerfbarkeit, die bei „unreifen" Personen vergleichsweise geringer ist (→ § 17 Rn. 54), mit der Zuweisung zu den JGG-Sanktionen gerecht zu werden, durchaus zum anderen aber auch den Einsatz der **spezifisch erzieherischen Interventionen** des JGG von der Feststellung einer zumindest

typischerweise bestehenden **Ansprechbarkeit** des Heranwachsenden abhängig zu machen. Deshalb muss es bei der Anwendung von Abs. 1 Nr. 1 um die Frage gehen, ob die skizzierten Entwicklungsschritte noch laufen (= erzieherische Zugänglichkeit) oder ob diese sich schon ihrem Abschluss genähert haben (ebenso wohl auch BGH NStZ 2013, 289; vgl. auch *Suttinger* in Undeutsch Psych-HdB 312; aA mAnm *Molketin* MDR 1980, 1044). Dies lässt sich allein in einer strikt **individualisierenden** Betrachtung etwaiger „Reifungsnotwendigkeiten und –potenziale" erkennen. – Bei einer solchen Sichtweise ist es kein ausreichendes Anzeichen für eine weitgehend abgeschlossene Entwicklung, dass die fragliche Person das Niveau ihres sozialen (Herkunfts-)Kontextes erreicht hat (dazu anhand der sprachlichen Ausdrucksfähigkeit BGH StV 1981, 183) oder dass sie äußerlich in devianten Lebensstilen und subkulturellen Milieus zurechtzukommen vermag (vgl. BGH NStZ-RR 2011, 218 mAnm *Eisenberg* ZJJ 2011, 202 (203); s. auch den bei *Eisenberg* JA 2006, 140 (143) besprochenen Fall; tendenziell abw. aber LG Bonn BeckRS 2008, 20084 mkritAnm *Eisenberg* ZJJ 2008, 381 (383)).

16   **cc) sittliche" oder die „geistige" Entwicklung.** Das Gesetz spricht in einer kumulativ gefassten Formulierung von der „sittlichen und geistigen Entwicklung", ohne damit zu verlangen, dass tatsächlich **beide Bereiche** unabgeschlossen sind. Anderenfalls würden Fälle, in denen erzieherische Interventionen angezeigt und zielführend sind, dem JStR (zugunsten des spezialpräventiv ungeeigneteren allg. StR) entzogen. Sieht man einmal davon ab, dass sich beide Entwicklungsfelder letztlich in vielfältiger Weise bedingen und eine Abgrenzung nur iSv Schwerpunkten möglich ist, kommt JStR nach ganz hM deshalb auch dann zur Anwendung, wenn entweder die „sittliche" **oder** die „geistige" Entwicklung der fraglichen Person noch im Fluss ist und dies die gesamte Persönlichkeit prägt (vgl. schon BGH NJW 1956, 1408: Redaktionsversehen des Gesetzgebers bei Formulierung von Abs. 1 Nr. 1; s. ferner bspw. *Ostendorf* in NK-JGG Rn. 6).

17   **b) Zeitpunkt der Tat.** Mit Blick auf die eben (→ Rn. 13) genannte Funktion von Abs. 1 Nr. 1 läge es nahe, die bei der Entscheidung personal (noch) bestehende erzieherische Zugänglichkeit zur Voraussetzung für die Anwendung des JStR zu machen. Da die Frage der Anwendung des allg. StR oder aber des JStR nicht vom zufälligen Zeitpunkt des Verfahrens abhängen darf (Art. 103 Abs. 2 GG), legt das Gesetz aus Gründen der Rechtssicherheit jedoch das **tatzeitliche** Entwicklungsstadium als das maßgebliche Kriterium fest. Um hierzu eine Beurteilung zu ermöglichen, bedarf es rückblickender Erhebungen zu den damaligen Gegebenheiten (BGHSt 12, 116 (120) = NJW 1959, 159 (161); BGH NStZ 2008, 696), auch wenn Ermittlungen zur „Tatzeitpersönlichkeit" und retrospektive Erkenntnisse für prospektive erzieherische Einwirkungen oft gar nicht mehr effektiv oder sachdienlich sind. Bereits wegen dieser Divergenz von Beurteilungs- und zu beurteilendem Zeitpunkt reicht es idR nicht aus, auf den **Eindruck** abzustellen, den der Heranwachsende während des Verfahrens oder speziell **in der HV** gemacht hat. Wenn er dort auf das Gericht wie ein Erwachsener oder Jugendlicher wirkt, kann dies nur als ein (mittelbar) miteinbezogener Beurteilungsbaustein fungieren (BGH MDR 1954, 694 = BeckRS 1954, 31195621; OLG Bremen StV 1993, 536 = BeckRS 1992, 31133483; problematisch BGH NStZ 2015, 230 mkritAnm *Eisenberg* ZJJ 2014, 388 (389)).

Allerdings gilt „der Gerichtssaal als der ungeeignetste Ort", um „in das geistig-seelische Leben eines Menschen einzudringen" (*Peters* Strafprozess 405). Deshalb bedarf es auch dort, wo ein Sachverständiger unter dem Eindruck der HV zu einem anderen Ergebnis kommt als in dem (vorläufigen) schriftlichen Gutachten, einer näheren Auseinandersetzung (vgl. BGH BeckRS 2012, 09958).

c) „Gesamtwürdigung". Die Beurteilung des Entwicklungsstandes geschieht in Form einer **Gesamtwürdigung** der zur Persönlichkeit und den Umweltbedingungen getroffenen Feststellungen. Dabei handelt es sich um eine **hochgradig individualisierte Beurteilung** eines heranwachsenden Menschen, für die alle standardisierten Kriterien (→ Rn. 19 ff.) nur von begrenztem Nutzen sind. Dem Tatgericht wird eine umfassende Einschätzung von oftmals gegenläufigen Anzeichen und heterogenen Anknüpfungspunkten abverlangt (instruktiv zu diesem diagnostischen Prozess und den dabei ggf. relevanten Aspekten *von Buch/Köhler* RPsych 2019, 178 (197 ff.). Häufig weisen Heranwachsende in verschiedenen Lebensbereichen (Beziehung zu Eltern und zu Gleichaltrigen, Partnerschaften, Schule, Ausbildung usw) einen unterschiedlichen Entwicklungsgrad auf (und geben ggf. auch innerhalb einzelner Lebensbereiche ein widersprüchliches Bild ab). Dann bedarf es besonders sorgfältiger Gewichtungen und Abwägungen. Dem Tatgericht kommt hierbei ein Beurteilungsspielraum zu (BGHSt 36, 37 (38) = NJW 1989, 1490; BGH NStZ-RR 1999, 26; NStZ 2003, 493; 2004, 294 (295); 2013, 289; NStZ 2017, 217). Im Ergebnis kann dabei die Reifebeurteilung für verschiedene Lebensbereiche (Sexualität, Umgang mit Geld, Straßenverkehr usw) und damit auch für mehrere angeklagte Delikte durchaus **differenziert** ausfallen (*Laue* in MüKoStGB Rn. 25; *Blau* MDR 1959, 717; *Blau* RdJB 1962, 310; aA und eine einheitliche Rechtsanwendung verlangend *Dallinger/Lackner* Rn. 30; *Brunner/Dölling* Rn. 17; offen gelassen bei *Streng* JugendStrafR Rn. 81; *Schaffstein/Beulke/Swoboda* JugendStrafR 213). Dass dabei auch zu berücksichtigen sein soll, ob die Instrumente der allg. StR oder die des JStR zur Beeinflussung des fraglichen Heranwachsenden **besser geeignet** sind (*Brunner/Dölling* Rn. 16; *Swoboda* in Strafverteidigertag 2018, 374 f.), überzeugt jedoch nicht, weil es zu einer ergebnisorientierten Personenbeurteilung einlädt. – Im Übrigen besteht bei der Gesamtwürdigung **keine Bindung** an eigene Vorentscheidungen oder Entscheidungen anderer Gerichte (einschließlich der Revisionsgerichte (vgl. etwa BGH NStZ 2005, 644); *Ostendorf* in NK-JGG Rn. 25). Die Beurteilung der Persönlichkeitsentwicklung bspw. in einem **früheren Verfahren** ist ohne präjudizierende Wirkung. Inwiefern eine vorangegangene gerichtliche Entscheidung als ein wichtiges Indiz dienen kann (BGH NJW 1959, 159 (160)), hängt von der damaligen Begründungstiefe und den seitherigen Informationen ab.

d) Sachverständige Beurteilung und Kriterien. aa) Begutachtung. Für die insoweit idR notwendig werdende eingehende Persönlichkeitserforschung (BGH StV 1983, 378 = BeckRS 1983, 31112592) gelten die allg. Grundsätze, dh der JRichter hat (unter Berücksichtigung des Grundsatzes der Verhältnismäßigkeit) alle Ermittlungsmöglichkeiten (vgl. §§ 38, 43) auszuschöpfen (*Dallinger/Lackner* Rn. 40 ff.). Die primäre Entscheidungshilfe ist durch die JGH zu leisten (*Ostendorf* in NK-JGG Rn. 26). Bei schwereren Delikten kommt ggf. die Beauftragung eines **Sachverständigen** in Betracht

18

19

– zB dann, wenn die vorliegenden Informationen in ganz und gar unterschiedliche Richtungen weisen, so etwa wenn sich bei einem inhaftierten Angeklagten die Berichte der JGH und der JStVollzAnstalt in ihren Ergebnissen widersprechen (BGH NStZ 1985, 184). Ebenso verhält es sich bei sozialisatorischen Auffälligkeiten, bei deren Beurteilung die richterliche Sachkunde überfordert ist (OLG Koblenz StV 2011, 592 = BeckRS 2010, 19913). Von einer regelhaft bestehenden Notwendigkeit, einen Sachverständigen heranzuziehen, ist aber nicht auszugehen (BGH NStZ 1984, 467 mAnm *Brunner* NStZ 1984, 467 und *Eisenberg* NStZ 1985, 84; vgl. auch BGH NStZ-RR 1999, 26; BGHR JGG § 105 Abs. 1 Nr. 1 Entwicklungsstand 8 (Gründe) = BeckRS 2002, 5109; *Ostendorf* in NK-JGG Rn. 27). Eine entsprechende Begutachtung findet in der Praxis denn auch nur **selten** statt (nach älteren, von *Eisenberg* NStZ 1985, 84 zusammengestellten Studien lediglich in ca. 5 % der Verfahren; ergänzend Daten bei *Pahl,* Begutachtungspraxis bei langen Jugendstrafen, 2018, 184).

20 **bb) Marburger Richtlinien.** Da sowohl die richterliche wie auch die sachverständige Beurteilung von aufwandsarm heranziehbaren und zugleich wissenschaftlich fundierten Maßstäben profitieren könnte, wurde vormals durch eine Gruppe von Sachverständigen und Mitgliedern der Strafverfolgungsinstitutionen eine Reihe psychosozialer Merkmalsgruppen zusammengestellt, die als aussagekräftig eingeschätzt wurden – einerseits für eine unreife, noch in der Entwicklung stehende Persönlichkeit und andererseits für eine bereits erreichte (Erwachsenen-)Reife (*DVJPsychiatrie* unsere jugend 1954, 283 (284)). In der Sache handelte es sich dabei aber weniger um Kriterien als um phänomenologische Defizitbeschreibungen. Diese sog. Marburger Richtlinien erlangten gleichwohl eine gewisse Anerkennung, stießen aber auch schon früh auf Kritik (vgl. etwa *Mutschler* FDNP 1956, 217 ff.; *Lempp* in Frank/Harrer (Hrsg.), Drogendelinquenz, 1991, 229; zu ähnlichen Ansätzen aus jener Zeit s. *Suttinger* in Undeutsch Psych-HdB 299 ff.; dazu krit. *Schmitz* MschKrim 1974, 65 (66)). Tragfähige Schlussfolgerungen sollten sie freilich nur bei gleichsam kombiniertem Vorliegen erlauben und auch dies nicht bei einer schematischen Anwendung (im Sinne einer bloßen Addition), sondern erst unter Berücksichtigung der „Gesamtpersönlichkeit".

21 Als Jugendlichkeitsindikatoren stellten die Richtlinien ua auf das Vorherrschen des Gefühls- und Trieblebens (im Gegensatz zu selbstständigem, rational unterbautem Urteilen und Entscheiden) ab (vgl. dazu etwa *Illchmann-Christ* ZStW 53 (1965), 226 (235)). Eine gewisse Stimmungslabilität, ein „Leben im Augenblick" (im Gegensatz zur Fähigkeit zu zeitlich überschauendem Denken) zählte ebenso dazu (vgl. etwa BGH StV 1994, 607 = BeckRS 1994, 08913: sich „Anmutungs- und Evidenzerlebnissen" überlassen) wie ein Hang zum Abenteuer (vgl. *Illchmann-Christ* ZStW 53 (1965), 226 (239)) – der auch bei Kfz-Entwendungen zu Spazierfahrten angenommen wird (BGH EJF C I 43) – und eine spielerische Einstellung zur Arbeit im Gegensatz zu diesbzgl. Ernsthaftigkeit und Leistungsehrgeiz (anders aber schon *Gerson* RdJB 1964, 120 (121) bei antrainierter Arbeitsamkeit). Berücksichtigt wurden ferner Anlehnungsbedürftigkeit und naive Vertrauensseligkeit wie auch Verführbarkeit durch andere (vgl. BGH 29.6.1983 – 2 StR 228/83 bei *Böhm* NStZ 1984, 447; *Dallinger/Lackner* Rn. 22; betr. Taten aus politischer Überzeugung *Potrykus* Zbl 1953, 19) im Gegensatz zu einer

gewissen Eigenständigkeit ggü. anderen Menschen (zur Frage einer frühen Eheschließung aus naivem Zutrauen als Anzeichen von Unreife BGHSt 12, 116 (120) = NJW 1959, 159 (160)). Für eine noch unabgeschlossene Entwicklung sollten ferner sprechen: Ratlosigkeit und Unsicherheit ggü. der Ordnung der Erwachsenen, Eheschließung aus Drang zur Selbstständigkeit oder frühzeitige Lösung familiärer Bindungen sowie Widerstand gegen jede Autorität bzw. Suche nach neuen Vorbildern einschließlich ausgeprägter Nachahmungstendenzen (*Suttinger* MschKrim 1956, 65 (74)).

Die Richtlinien stießen mit Blick auf die fallkonkret verlässliche Feststellbarkeit der Merkmale auf Skepsis. Auch galt die Generalisierbarkeit unter Jugendlichen als fraglich. Insbesondere aber kritisierte man die geringe Spezifität der Kriterien, was die Frage nahelegte, ob es sich möglicherweise weniger um Kennzeichen für einen jugendgemäßen Entwicklungsabschnitt als vielmehr um Zuschreibungen bei (auch erwachsenen) **strafrechtlich registrierten** Personen handele (näher → 20. Aufl. Rn. 25 f.; zust. *Wagler,* Probleme der Verteidigung im Jugendstrafverfahren, 1988, 257 ff.; *Trenczek* ZJJ 2010, 249 (257 f.)). Hinzu kam ein generelles Problem bei Merkmalen der „Haltung" oder des Verhaltens, das in deren **Mehrdeutigkeit** liegt. Hierdurch ist kaum zuverlässig zu erkennen, ob die Merkmalsausprägungen durch Adoleszenz oder pathologisch bedingt (zB eine „neurotische Fixation", vgl. *Suttinger* in Undeutsch Psych-HdB 303) sind (vgl. auch schon *Lenckner* in Göppinger/Witter ForensPsych-HdB 259, 262). Soweit Abhilfe durch eine konkretisierende Operationalisierung und Einführung von 10 ähnlich aufgebauten, aber stärker differenzierten Reifemerkmalen gesucht wurde (vgl. *Esser/Fritz/Schmidt* MschKrim 74 (1991), 356 (367), waren diese zunächst nicht validiert (vgl. *Hinrichs/Schütze* DVJJ-Journal 1999, 27 (29); s. dann aber die Nachuntersuchung von *Esser* DVJJ-Journal 1999, 37 ff.). Auch ist die fallkonkrete Einschätzung des Merkmalsvorliegens von hoher Subjektivität.

cc) Neuere Kriterienkataloge. Bei einem weiteren Vorstoß wurde der Versuch unternommen, die einschlägigen Kriterien, Praxen und gehandhabten **Wissensbestände** von Justizpraktikern und Sachverständigen zu erheben und dies in einen anwendbaren Katalog von sieben Aspekten umzulegen. Deren Feststellung im Einzelfall sollte anhand von 47 Merkmalen geschehen und sich nach Art eines Algorithmus aus deren Ausprägungen ergeben (*Busch* ZJJ 2006, 264 (268 f.)). Ziel war es, so das diagnostische Vorgehen in der Begutachtung (also weniger im richterlichen Handeln) einheitlicher und transparenter werden zu lassen (vgl. *Busch/Scholz* MschKrim 86 (2003), 423, 425 ff., krit. *Esser/Wyschkon/Schmidt* MschKrim 87 (2004), 458 f.; s. ferner *Busch,* Rechtspsychologische Begutachtung delinquenter Heranwachsender, 2006, 127 ff. zu einem Abgleich mit den Meinungen von nicht repräsentativ befragten Nicht-Experten (mit besonders hohen Übereinstimmungen hinsichtlich Umständen bzw. Beweggründen der Tat)). Inhaltlich kann diese Methodik freilich nicht zu Maßstäben führen, die über den bisherigen status quo der Handhabung hinausgehen (die Problematik der Methode verkennend LG Ulm BeckRS 2010, 142226; krit. dazu *Eisenberg* HRRS 2012, 466 (471)). Ohnehin darf der Ansatz nicht zur Überstandardisierung führen (*Trenczek* ZJJ 2010, 249 (257 f.)) und die fallkonkret variierende Gewichtung und Relevanz der Einzelmerkmale unberücksichtigt lassen (zum Problem der Außerachtlassung einzelner Merkmale

22

23

BGH NStZ-RR 2011, 218 mAnm *Eisenberg* ZJJ 2011, 202 (203)). Er bietet Anhaltspunkte für eine **Gesamtwürdigung** und kein Scoringsystem (*Lederer* StV 2017, 748 (751)). – Insgesamt ist davon auszugehen, dass es an weitgehend standardisierten und wissenschaftlich gestützten Verfahren zur Beantwortung der von Abs. 1 Nr. 1 gestellten Frage bislang fehlt (und dass deren Entwicklung nur begrenzt aussichtsreich ist). Selbst wenn es tragfähige Kriterien und objektive Testverfahren gäbe, wird die Einordnung des Einzelfalls in das Schema regelmäßig Schwierigkeiten mit sich bringen und ein sensibler Punkt bleiben.

2. Un-/Geeignete Kriterien und Indikatoren

24　　**a) Alter und körperliche Entwicklung.** In der Praxis besteht eine **Tendenz,** JStR umso eher anzuwenden, je jünger der Heranwachsende ist (vgl. BGHR JGG § 18 Abs. 2, Entwicklungsstand 4; BGHR JGG § 105 Abs. 1 Nr. 1, Entwicklungsstand 8; vgl. auch OLG Rostock ZJJ 2004, 82). Dies beruht vermutlich darauf, dass es sich beim Altersmerkmal um ein einfach feststellbares und „hartes" Entscheidungskriterium handelt, das von subjektiven Bewertungen frei ist. Allerdings wird es dem gesetzlichen Ziel nur teilw. gerecht (BGH NStZ 2013, 289). Zu untersuchen und zu würdigen sind stets die gesetzlich **relevanten Entwicklungsumstände** des Einzelfalls. Das Alter gibt hierauf nur einen (sekundären) Hinweis unter vielen und entwickelt keine „Vermutungswirkung". Deshalb ist bei biografischen Gegebenheiten, die gegen die Anwendung von Erwachsenenstrafrecht sprechen, Abs. 1 Nr. 1 trotz Annäherung an das 21. Lbj. zu bejahen (zutr. daher BGH NStZ 2016, 400: materielles JStR bei Tatzeitalter jeweils von 20 Jahren 11 Monaten; BGH NStZ-RR 2011, 218 bei einem Tatzeitalter von 20 Jahren 9 Monaten; vgl. auch schon BGH 29.6.1983 – 2 StR 228/83 bei *Böhm* NStZ 1984, 447: bei Tatzeitalter von 20½ Jahren und „überfordernde Situation" durch Gruppeneinfluss; vgl. ferner bereits *Thomae* Soziale Reife 65; *Lempp* in Frank/Harrer, Drogendelinquenz, 1991, 234). Umgekehrt kann auch bei einem gerade erst volljährig gewordenen Heranwachsenden allg. StR anwendbar sein, aber der hierfür erforderliche Entwicklungsstand ist nur selten (und nur unter Beachtung von § 43 Abs. 2 S. 2) anzunehmen (problematisch LG Ulm BeckRS 2010, 142226 mkritAnm *Eisenberg* HRRS 2012, 466 (471 f.) bei Tatzeitalter von $18^{1}/_{2}$ Jahren).

25　　Dass vom Heranwachsenden abgegebene äußerliche Bild drängt sich in der Verfahrensinteraktion als Beurteilungskriterium vielfach auf. Aus der wahrnehmbaren **körperlichen Reife** lässt sich aber nicht auf eine entsprechende geistig-seelische Entwicklung schließen (*Dallinger/Lackner* Rn. 13; *Streng* JugendStrafR Rn. 75). Nach dem gegenwärtigen Wissensstand besteht kein direkter Zusammenhang zwischen physischer und psychischer Entwicklung, wohl aber eine gewisse Interaktion, die vorwiegend durch soziale Variablen bedingt ist (vgl. schon *Thomae* Soziale Reife 52). So beeinflussen Reaktionen der sozialen Umgebung auf eine körperliche Früh- bzw. Spätentwicklung das Selbstbild des Jugendlichen, wobei tendenziell der Reaktion auf Frühentwicklung eher positive (dh Selbstbewusstsein und Verantwortungsgefühl stärkende), der auf Spätentwicklung eher negative Auswirkungen zugeschrieben werden.

b) Zugehörigkeit zu besonders problembelasteten Gruppen. Bei 26
einer kleinen Gruppe von Personen bestehen Korrelationen zwischen körperlichen Reifungsverzögerungen und intellektuellen Ausfällen bzw. psychopathologischen Reifungsverzögerungen (vgl. bereits *Suttinger* in Undeutsch Psych-HdB 302; *Remschmidt* DVJJ 1977, 87). Insbesondere aber hat es für Abs. 1 Nr. 1 regelhaft Bedeutung, wenn die „sittliche" oder „geistige" Entwicklung durch besondere **konstitutionell begründete Beeinträchtigungen** beeinflusst wird, wie das zB durch frühkindliche Hirnschädigungen möglich ist (auch → § 5 Rn. 75). Dies gilt auch für ADHS (OLG Koblenz StV 2011, 592 = BeckRS 2010, 19913) oder eine Lernbehinderung, besonders bei deswegen fehlendem Schul- und Ausbildungsabschluss (OLG Brandenburg BeckRS 2010, 33044).

Delinquentes Sexualverhalten steht in der fraglichen Altersgruppe oft iZm 27
Entwicklungsproblemen (*Eisenberg/Kölbel* Kriminologie § 57 Rn. 26). Dies betrifft nicht nur Entstehungsverläufe, die aus Unerfahrenheit, Unsicherheit oder Impulsivität erwachsen, sondern auch Taten, die Ausdruck **psychosexueller Entwicklungsstörungen** sind (*Hummel,* Aggressive Sexualdelinquenz im Jugendalter, 2008, 82 ff., 107 ff.). Daher ist suchtartig erscheinendes Verhalten ebenfalls regelmäßig ein Ausdruck von Unreife (*Lempp* in Frank/Harrer, Drogendelinquenz, 1991, 232). Bei sexuellen Missbrauchshandlungen ist im Einzelfall (und meist sachverständig) zu klären, inwieweit es sich hierbei um Folgen einer sexuellen Präferenz oder von (ungünstig verlaufenden) Entwicklungsprozessen handelt (die diesbzgl. tatrichterliche Einordnung hinnehmend BGH NJW 1998, 3654 (3655)).

Unabhängig davon, ob regelmäßiger Drogenkonsum oder **Drogen-** 28
abhängigkeit eine Folge von bereits anderweitig bestehenden, psychosozialen Problemlagen iSv Abs. 1 Nr. 1 ist, wird die Bewältigung der alterstypischen Entwicklungsaufgaben (→ Rn. 13) hierdurch oft in etlichen (vor allem Leistungs-)Bereichen erschwert. Dadurch ist die soziale Reifung nicht selten (ggf. zusätzlich) verzögert oder gar unterbrochen (BGH StV 1994, 608 = BeckRS 1994, 08914; OLG Köln NJW 1976, 1801; OLG Bremen StV 1993, 536 = BeckRS 1992, 31133483; AG Rudolstadt ZJJ 2014, 48 (50) = BeckRS 2013, 17112; *Weber* BtMG Vor §§ 29 ff. Rn. 1733; *Ostendorf* in NK-JGG Rn. 16; *Brunner/Dölling* Rn. 45; *Eberth ua,* Verteidigung in Betäubungsmittelsachen, 7. Aufl. 2018, Rn. 391). Eine Beurteilung des Entwicklungsstadiums Drogenabhängiger bedarf deshalb besonderer Sorgfalt (allg. → § 5 Rn. 79 ff.). Die Praxis scheint allerdings bei „harten" Drogen (Heroin) bevorzugt allg. StR anzuwenden, jedenfalls eher als bei anderen Drogen wie zB Cannabis (vormals *Hachmann/Jauß* MschKrim 66 (1983) 148 (156) anhand von 1.000 Urteilen). Eine solche Tendenz ist, auch wenn sie durch Unterschiede in den sozio-ökonomischen Hintergründen, Ausbildungssituationen usw der jeweiligen Teilgruppen mitbeeinflusst sein könnte, bedenklich und mit den für Abs. 1 Nr. 1 bestimmenden Kriterien nicht ohne weiteres vereinbar (krit. auch *Schimmel* in Kotz/Rahlf BtMStrafR Kap. 9 Rn. 32).

Die psychosoziale Entwicklung kann durch nachwirkende **ungünstige** 29
Umweltbedingungen, die während der Kindheit und Jugend bestanden, bei entsprechenden Anhaltspunkten noch im Heranwachsendenalter beeinträchtigt sein. Dies ist insb. bei massiver physischer oder psychischer Gewaltausübung seitens der Eltern oder sonstiger Erwachsener möglich, aber auch bei einem Angeklagten, der „in den entscheidenden Entwicklungsjahren

ohne Vater aufgewachsen ist und bei seiner Mutter wenig Rückhalt gefunden hat" (BGH StV 1983, 378 = BeckRS 1983, 31112592). – Bei Heranwachsenden, die zeitweilig und/oder aktuell in mehr oder weniger totalen Institutionen lebten bzw. leben (etwa bei ggf. geschlossener **Heimunterbringung, JStVollzAnstalt**), sind die damit verbundenen Einschränkungen der persönlichen Erprobung und Entfaltung zu berücksichtigen. Durch die damit einhergehende Unselbstständigkeit und Abhängigkeit wird die Entwicklung von bspw. sozialen (Konfliktlösungs-)Kompetenzen, von Bindungsvermögen und finanziellen Dispositionsfähigkeiten usw nicht selten deutlich erschwert und damit auch das Erreichen der (Erwachsenen-)Reife insgesamt verzögert (ebenso *Ostendorf* in NK-JGG Rn. 17). – Unabhängig davon kann bei einem Heranwachsenden, der sich zur Tatzeit wegen Vollstr einer JStrafe aus einem anderen Verfahren im Erwachsenenstrafvollzug befindet (§ 89b), die dahingehende Anordnung (§ 89b Abs. 2 JGG) ggf. gewisse Rückschlüsse auf den Reifegrad ermöglichen (vgl. BGH NStZ-RR 2011, 218 (219)).

30 **c) Leistungsbereich und Lebensführung.** Die Praxis orientiert sich vielfach an leicht feststellbaren, eher äußerlichen Merkmalen aus dem Bereich der **schulischen** und **beruflichen Entwicklung.** So liegen jedenfalls in der älteren Literatur empirische Anhaltspunkte dafür vor, dass Heranwachsende, die noch die Schule besuchen (und zwar keineswegs nur als Sonderschüler oder als mehrmals „zurückgestellte" und nicht in die nächsthöhere Klassenstufe versetzte Hauptschüler), ganz überwiegend nach JStR behandelt werden, wohingegen dies bei abgeschlossener Berufsausbildung zurückhaltend geschieht (vgl. *Lohmar,* Die strafrechtliche Behandlung der Heranwachsenden, 1966, 66, 78; ähnlich *Eickmeyer,* Die strafrechtliche Behandlung der Heranwachsenden (…), 1963, 63; *Janssen,* Heranwachsende im Jugendstrafverfahren, 1980, 196 ff.; *Lux* Zbl 1982, 384 ff.). Auch in einer für Niedersachsen durchgeführten Untersuchung wurden Heranwachsende mit Ausbildungsabschluss deutlich häufiger nach allg. StR verurteilt als Personen ohne Ausbildungsabschluss (*Bischof* in Gerken/Schumann Rechtsstaat 64). Allerdings ist hierbei eine differenzierte Handhabung angezeigt. So gibt eine fehlende oder problematisch verlaufende Schul- und Berufsausbildung durchaus Hinweise darauf, dass in diesem Bereich noch zu bewältigende Entwicklungsaufgaben bestehen, womit die Bejahung von Abs. 1 Nr. 1 nahe liegt (OLG Bremen StV 1993, 536 = BeckRS 1992, 31133483; OLG Brandenburg BeckRS 2010, 33044; LG Kaiserslautern ZJJ 2015, 76). Umgekehrt ist ein erreichter Berufsausbildungsabschluss oder das Absolvieren einer fortgeschrittenen Lehrausbildung (BGH NStZ 2015, 230, 231 mAnm *Eisenberg* ZJJ 2014, 388 (389 f.)) für sich genommen aber kaum ein ausreichender Reifeausweis. Durch eine isolierte und schematische Anknüpfung an die formale Qualifikation würde das Gesetz also verengt und nicht selten ein sachfremdes Ergebnis erlangt, das im Übrigen auch auf die Benachteiligung einer Altersteilgruppe hinausliefe (in der Tendenz daher nicht unproblematisch etwa BGH StV 1982, 27; NStZ 2014, 408; BeckRS 2016, 21435).

31 Deutlicher als durch das Erreichen von Abschlüssen wird der Sozialisationserfolg durch das Finden eines beruflichen Standorts und eine zuverlässige **Berufsausübung** angezeigt. Unter Umständen gibt auch schon das erfolgreiche Bemühen um eine Arbeitsstelle einen solchen Hinweis (vgl. BGHR

JGG § 105 Abs. 1 Nr. 1, Entwicklungsstand 3). In die gegensätzliche Richtung deutet die „fehlende Kontinuität im Berufsleben" (BGH BeckRS 1989, 01495) bzw. „bei der Arbeitsaufnahme" (OLG Brandenburg BeckRS 2010, 33044). Bei ausgebliebener Berufstätigkeit ist zu berücksichtigen, dass der Heranwachsende damit die mit dem Eintritt in die Arbeitswelt verbundene soziale Anerkennung und finanzielle Unabhängigkeit nicht erfahren kann. Möglicherweise ist die Entwicklung hier auch durch wirtschaftliche Einschränkungen erschwert (gerade bei ohnehin sozio-ökonomisch benachteiligten Gruppen). Deshalb ist bei der Prüfung der Reife von **Arbeitslosen** besondere Aufmerksamkeit angebracht (vgl. dementsprechend *Bischoff* in Gerken/Schumann Rechtsstaat 64: häufige Anwendung von JStR bei Arbeitslosen mit oder ohne Ausbildungsabschluss). – Dass die Rspr. diese Kriterien auf den **illegalen** Bereich überträgt und eine dortige, gleichsam gewerbliche Aktivität als Reifeanzeichen wertet (so für die „Betätigung im Prostituiertenmilieu" und bei „Drogengeschäften" BGH NStZ 2003, 493 (495); BeckRS 2012, 12760; 2016, 21435), lässt eine untergründige Moralisierung vermuten. Überzeugen kann dies nur unter manchen Bedingungen (ausgeprägter Geschäftssinn, sorgfältige Organisation usw), nicht aber bspw. bei einem eher unreflektierten Streben „nach dem schnellen Geld".

Ist die elterliche Abhängigkeit relativ ausgeprägt und wird die Alltags- **32** gestaltung nicht autonom, sondern weitgehend durch die familiäre Rahmensetzung bestimmt, spricht dies für die Bejahung von Abs. 1 Nr. 1 (vgl. etwa LG Aachen BeckRS 2009, 89101). Dass der Heranwachsende noch bei den Eltern lebt, ist jedoch wenig aussagekräftig, wenn er dafür allein wirtschaftliche Gründe hat (BGH NStZ 2014, 408 (409)). Generell weist eine **selbstständige Lebensführung** auf eine weit entwickelte Persönlichkeit hin. Dafür genügt das Vorliegen bloß äußerlicher Umstände bzw. eher formaler Kriterien aber nicht (BGH NStZ 2013, 289). Das gilt namentlich für eine Eheschließung (*Lempp* in Frank/Harrer, Drogendelinquenz, 1991, 233), das „Zusammenleben mit der Mutter seines Kindes" (OLG Brandenburg BeckRS 2010, 33044) und eine eigene Wohnung (BGH NStZ-RR ZJJ 2011, 218 (219); s. ergänzend *Karle* Praxis der Rechtspsychologie 2003, 274 ff.). Selbst bei Heirat und eigenem Einkommen kann die Unselbstständigkeit ggf. fortbestehen, etwa bei Verbleiben in der Herkunfts- bzw. Großfamilie und Abgabe des erarbeiteten Geldes (dazu für türkischstämmige Heranwachsende *Toker* DVJJ-Journal 1999, 41 (42)).

d) **Migrationsbedingungen.** Besonderheiten ergeben sich nicht zuletzt **33** bei **zugewanderten** bzw. **nichtdeutschen** Heranwachsenden (bzw. auch solchen mit entsprechender Herkunftsfamilie). Zum einen ist hierbei auf Sozialisationsumstände bei Heranwachsenden hinzuweisen, die in Deutschland aufgewachsen sind, teilw. die deutsche Staatsbürgerschaft haben, oftmals die deutsche Sprache sprechen, aber ggf. über geringere schulische, berufliche und soziale Entfaltungsmöglichkeiten verfügen als Gleichaltrige ohne Migrationshintergrund. Manche dieser Personen changieren gleichsam „zwischen" teilweise differierenden Kulturen; insoweit kumulieren entsprechende Identifikationsprobleme mit allg. Formen altersspezifischer Orientierungsunsicherheit (vgl. etwa *Ostendorf* in NK-JGG Rn. 15; *Toker* DVJJ-Journal 1999, 41 (42); näher mwN *Eisenberg/Kölbel* Kriminologie § 52 Rn. 50 f.). Den besonderen Sozialisationsproblemen entsprechend wird bei

Heranwachsenden dieser Gruppe vergleichsweise häufig JStR angewandt (so zumindest vormals *Lux* Zbl 1982, 386).

34   Nochmals eigene Bedingungen bestehen bei Heranwachsenden, die nicht oder nur wenige Jahre in Deutschland aufgewachsen und mit ihrer **Familie** oder auch **unbegleitet** (bisweilen also ganz allein) eingereist bzw. **eingewandert** sind (hierzu und zu deren kriminalstatistischer Belastung kriminologisch etwa *Wetzels/Brettfeld/Farren* MschKrim 2018, 85 (93 ff.); *Glaubitz/Bliesener* NK 2018, 142 (146 ff., 152 ff.)). Abgesehen von den ambivalenten Auswirkungen, die der unmittelbare Migrationsvorgang auf ihre Entwicklung haben kann, sind hier die vorangegangenen Lebensphasen möglicherweise durch ungünstige Umstände belastet, insb. bei Heranwachsenden, die (zeitweilig) unter Krisen- und Kriegsbedingungen gelebt haben (Bildungsdefizite, schwierige familiäre Verhältnisse, notorische Perspektivenunsicherheit, ggf. Traumatisierungen usw (zu entwicklungshemmenden Folgen von Kriegszeiten bereits BT-Drs. I/3264, 36 bei Einführung von § 105). Vielfach wird die Herausbildung einer psychosozial gereiften Persönlichkeit bei ihnen auch noch nach der Einwanderung erschwert (Unterbringung in Gemeinschaftsunterkünften, teilhabe- und entfaltungshemmende Sprachbarrieren, vielfältige sonstige Integrationshindernisse) − und zwar gesteigert bei einem Aufwachsen in heimähnlichen Einrichtungen und ohne Familie. Entwicklungsverzögerungen liegen daher keineswegs fern (vgl. auch *Zieger/Nöding* Verteidigung Rn. 105a).

35   Um alltagstheoretische Verkürzungen handelt es sich dagegen bei pauschalisierenden Annahmen, wonach sich die Persönlichkeitsentwicklung angesichts der gesteigerten Herausforderungen gerade beschleunige und/oder die Bewältigung einer unbegleiteten Migration einen fortgeschrittenen Reifegrad dokumentiere (dazu iErg ebenso bereits BGH StV 1990, 508 = BeckRS 1990, 31085020; OLG Bremen StV 1993, 536 = BeckRS 1992, 31133483; OLG Hamm StV 2005, 71 (72) = BeckRS 2004, 12639). Stattdessen ist auch bei zugewanderten Heranwachsenden unter Verzicht auf solche Stereotypisierungen auf die konkrete biografische Situation und den **individuellen Entwicklungsstand** abzustellen. Dadurch wird die Praxis oftmals mit beträchtlichen Ermittlungsschwierigkeiten konfrontiert, weil Informationen zur Lebensgeschichte nicht vorliegen und nicht zu erlangen sind (vgl. auch → § 1 Rn. 24 ff. zu Problemen der Altersfeststellung). Das wird noch gesteigert, wenn Heranwachsende gleich mehrfach zwischen verschiedenen Staaten (und damit auch unterschiedlichen kulturellen Entwicklungsstandards) wechseln mussten (s. OLG Hamm StV 2001, 182 = BeckRS 1999, 14708). Ist der Reifegrad deshalb nicht eindeutig klärbar, muss auf die Maßgaben zurückgegriffen werden, die für Zweifelsfälle gelten (→ Rn. 47 f.).

36   **e) Deliktsbasierte Merkmale.** Die Begehung **bestimmter Deliktsarten** kann − mit Einschränkungen − als Indikator für das Entwicklungsstadium des jeweiligen Heranwachsenden herangezogen werden. Hinweise auf Reifeverzögerungen geben ggf. Straftaten, bei denen die strafrechtliche Mehrerfassung von 14- bis unter 21-Jährigen besonders stark ausgeprägt und die konkrete Angriffsrichtung von einer gewissen Jugendspezifik ist (wie etwa bei §§ 303, 242, 249 StGB sowie bei einfacher und gefährlicher Körperverletzung (zu § 224 Abs. 1 Nr. 4 StGB aber → § 2 Rn. 28 ff.)). Ungeachtet der abw. Tendenzen in der Praxis (→ Rn. 11) betrifft dies gerade auch den Verkehrsbereich und dort besonders Unfälle wegen überhöhter Geschwin-

digkeit, Trunkenheitsdelikte und Fahren ohne Führerschein bzw. trotz entzogener Fahrerlaubnis (*Eisenberg/Kölbel* Kriminologie § 45 Rn. 28 f.)). Neben der vergleichsweise geringen Fahrerfahrung hat dies oftmals entwicklungsbeeinflusste Gründe (wie etwa stärkere Risikoneigung, Bestätigungsbedürfnisse, geringeres Verantwortungsbewusstsein usw), sodass es ggf. als Ausdruck der von Abs. 1 Nr. 1 vorausgesetzten Bedingungen gelten kann (vgl. schon OLG Hamm NJW 1960, 1966; AG Saalfeld NStZ 1994, 89 (90)). Jedenfalls darf aus dem Vorhandensein einer Fahrerlaubnis, deren sehr frühzeitiger Erwerb sozialüblich ist, nicht auf das Vorliegen von (Erwachsenen-)Reife geschlossen werden. – Für eine weit gediehene Persönlichkeitsentwicklung spricht vorwiegend die Vornahme solcher Delikte, die Kenntnisse über gesellschaftliche und wirtschaftliche Zusammenhänge erfordern, also zB Betrug (anders aber meist § 265a StGB), Erpressung, Untreue und Urkundsdelikte (vgl. *Dallinger/Lackner* Rn. 26; vgl. ergänzend die entsprechend anwendbaren Erwägungen in → § 3 Rn. 23 ff.; abl. für BtM-Delikte *Hinrichs/Schütze* DVJJ-Journal 1999, 27 (29)).

Unter Umständen hat auch die **Art der Deliktsbegehung** einen gewissen Hinweiswert. Geht es darum, aus Tatmodalitäten auf die (Erwachsenen-) Reife zu schließen, übt die Rspr. jedoch eine begründete Zurückhaltung. Dies gilt etwa für die Vornahme einer gleichartigen Tatserie, für das im Delikt gezeigte Durchsetzungsvermögen und für die Rolle eines „Organisators" der Taten (BGH StV 1984, 254; NStZ-RR 2006, 188). Dagegen zeigen spezielle Aggressionstaten im Rahmen pubertärer Autoritätsproteste oder besonders starker Bindungen (aus jugendpsychiatrischer Sicht) einen noch anhaltenden Entwicklungsprozess an (*Lempp* in Frank/Harrer, Drogendelinquenz, 1991, 232 f.; vgl. auch BGH NStZ 2008, 696). Ähnlich verhält es sich bei gruppensituativen Umständen und gruppenförmigem Vorgehen, obwohl erfahrungsgemäß auch weitgehend und konform sozialisierte Heranwachsende infolge **gruppendynamischer** Einflüsse in ihrer Verhaltenskontrolle beeinträchtigt sein können (vgl. auch → § 5 Rn. 40, näher *Eisenberg/Kölbel* Kriminologie § 58 Rn. 4 f.). Eine erhöhte Anpassungs- oder gar Gehorsamsbereitschaft bzw. ein gesteigertes Anerkennungsbedürfnis gelten jedoch zutr. als Zeichen mangelnder Reife (vgl. auch BGH NStZ 2001, 102: „unreifes Imponiergehabe"; *Hoffmann* StV 2001, 196 ff.). Folglich ist auch die Suche nach Schutz, Zugehörigkeit und Anerkennung, die hinter einer autonomiemindernden Unterordnung in Gruppenstrukturen stehen kann, als Ausdruck eines noch anhaltenden sozialisatorischen Prozesses anerkannt worden (vgl. zu „Skin Heads" OLG Zweibrücken NStZ 1987, 89; *Ostendorf* in NK-JGG Rn. 17). – Besondere Einordnungsschwierigkeiten bestehen indes bei Zugehörigkeit zu (tatsächlich oder vorgeblich) islamistischen Gruppen, bspw. zu deliktisch agierenden sog. „Dschihadisten" oder „Salafisten" (vgl. auch → § 3 Rn. 24, → § 92 Rn. 51a). Die hier oftmals identitätsstiftende Verinnerlichung subkultureller Ziele und Normen kann jedenfalls für sich genommen noch nicht als ausreichender Reife-Beleg zählen (auch → Rn. 14). Maßgeblich ist, ob der Gruppeneinstieg und die individuelle **Radikalisierung** durch Orientierungsunsicherheiten oder ähnliche entwicklungstypische Problemlagen bestimmt sind und ob die Gruppeneinbindung sodann die psychosoziale Entwicklung (etwa die Werte- und Autonomiebildung) hemmt (vgl. auch *Lederer* StV 2017, 748 (752 f.); *Swoboda* in Strafverteidigertag 2018, 373; unzutr. OLG Frankfurt a. M. BeckRS 2016, 19047). Dies wird häufig anzunehmen sein (zur unveröffentlichten Judikatur,

37

in der Nr. 1 häufig bejaht wird, s. die Auswertung bei *Knauer* FS Eisenberg II, 2019, 260 ff.).

38 Unergiebig für Abs. 1 Nr. 1 ist die **Häufigkeit und Frequenz der Deliktsbegehung.** Allerdings wird verschiedentlich bei bereits mehrfach strafrechtlich erfassten Heranwachsenden eine deliktsbezogen „verfestigte Haltung" angenommen (und bei ihnen deshalb allg. StR angewandt), wohingegen gelegentliche Delinquenz eher für eine Entwicklungsbedingtheit und die Bejahung von Abs. 1 S. 1 spreche (so anhand einer fragwürdig typisierenden Differenzierung zwischen Anlage- und Entwicklungs-/Verwahrlosungstätern *Brunner/Dölling* Rn. 14; vgl. auch *Dallinger/Lackner* Rn. 29; s. ferner BGH StV 1994, 607). Abgesehen von der eingeschränkten prognostischen Relevanz mehrfacher Straftatbegehung (näher *Eisenberg/Kölbel* Kriminologie § 52 Rn. 6 ff., § 55 Rn. 39 ff.) besagt diese jedoch nichts für das Erreichen von (Erwachsenen-)Reife (sondern allenfalls etwas für offene und erst noch zu bewältigende Entwicklungsaufgaben). Für die psychosoziale Einschätzung ist deshalb auch der Umstand, dass der Heranwachsende im Anschluss an einen Freiheitsentzug schnell neue Straftaten begeht, ohne Aussagekraft (BGH StV 1982, 474 (475)).

39 **f) Annahme eines Entwicklungs-„Stillstands".** Eine besondere Problematik besteht bei den sehr (wenigen) Heranwachsenden, bei denen (ohne Vorliegen von Schuldunfähigkeit) **angenommen** wird, dass ihre psychosoziale Entwicklung infolge psycho(patho)logisch relevanter Auffälligkeiten gleichsam zum „Stillstand gekommen" sei. Dabei kann es sich allerdings nur um Extremfälle handeln, da sich die völlige und auf Dauer anhaltende Entwicklungsunfähigkeit nur äußerst selten mit einer gewissen Sicherheit vorhersagen lässt (vgl. auch BGH NStZ 2004, 294 (295 f.); zur im Zweifel gebotenen Annahme positiver Beeinflussungsfähigkeit s. *Lempp* in Frank/ Harrer, Drogendelinquenz, 1991, 233). Nicht von Ungefähr wird von leicht bis schwer geistig behinderten Heranwachsenden berichtet, bei denen ein „Nachreifungs"-Prozess auch in späteren Jahren habe beobachtet werden können (vgl. schon *Wegener* MschKrim 1960, 147).

40 Ob ein solcher Fall der ausgeschlossenen oder noch möglichen „Nachreifung" vorliegt, ist eine **Beweisfrage** (die ggf. schon für die Bestimmung der Zuständigkeit (etwa gem. § 108 Abs. 3 S. 2) zu klären ist (s. bspw. OLG Karlsruhe ZJJ 2018, 163 = BeckRS 2018, 22224) und die sich dabei für eine vorläufige Beurteilung schwerlich eignet (→ § 108 Rn. 9). Das Gericht muss grundsätzlich einen jugendpsychiatrischen oder entwicklungspsychologischen (vgl. auch → § 43 Rn. 42, 44) Sachverständigen hinzuziehen. Sieht der Heranwachsende von einer Beteiligung an der Untersuchung ab, so darf ihm dies nach dem Grundsatz der Selbstbelastungsfreiheit nicht angelastet werden (*Eisenberg* NStZ 2003, 124 (126)). Gegebenenfalls kann das JGericht dann durch Zeugenaussagen einen gewissen Aufschluss erhalten (wie etwa bei LG München I 16.5.2003 – 10 JKLs 122 Js 10353/97, S. 38 f.: Aussagen mehrerer Vollzugsbediensteter „sprechen deutlich für eine stattgefundene Nachreifung"). – Bei Alkohol- oder Drogenmissbrauch wird die prinzipielle Entwicklungsmöglichkeit tendenziell zu bejahen sein, wenn eine (chronische) Alkohol- oder Drogensuchterkrankung verneint wird (vgl. betr. Alkohol BGHR JGG § 18 Abs. 2, Entwicklungsstand 4; ebenso betr. „frühzeitig einsetzendes Drogen- und Alkoholproblem" BGH NStZ 2004, 294 (295)).

Ist von einem Entwicklungs-„Stillstand" auszugehen und wird der Heran- 41
wachsende den Entwicklungsstand eines Jugendlichen voraussichtlich nicht
überschreiten, muss Abs. 1 Nr. 1 nach zutr. und in der Literatur meist
vertretener Auffassung gleichwohl bejaht werden. Dies ist schon deshalb
geboten, weil bei Delikten von de facto „nicht-erwachsenen" (unreifen)
Personen die Vorwerfbarkeit eine vergleichsweise geringere ist (→ § 17
Rn. 54) und spezifischen Sanktionen des JStR auch diesem Umstand gerecht werden sollen (*Ostendorf* in NK-JGG Rn. 8; *Schaffstein/Beulke/Swoboda*
JugendStrafR 212; ebenso bereits *Potrykus* Anm. 2; *Hinrichsen* RdJB 1955,
44 (46); *Wegener* MschKrim 1960, 147). Dagegen geht ein Teil der Judikatur
davon aus, dass sich Abs. 1 Nr. 1 nur auf sich noch weiter entwickelnde
Heranwachsende beziehe und bei als unbehebbar beurteilten Entwicklungs-
rückständen unanwendbar sei (vgl. – jeweils 1. Senat – BGHSt 22, 41; BGH
NJW 1959, 1500; NStZ 2002, 204 (206) mkritAnm *Walter* NStZ 2002, 208
(209); *Eisenberg* NStZ 2003, 124 (125 f.); *Eisenberg* JA 2006, 140 (142); OLG
Karlsruhe GA 1980, 151; OLG Köln ZJJ 2011, 204 = BeckRS 2010, 28967
mkritAnm *Eisenberg* ZJJ 2011, 205 (207)). Das an sich zutr. Argument,
wonach das Rechtsfolgensystem des JGG auf den noch prägbaren Heranwachsenden zugeschnitten ist (*Dallinger/Lackner* Rn. 31), rechtfertigt es aber
nicht, die besondere psycho(patho)logische Problemlage zu einem systematischen Nachteil der Betroffenen führen zu lassen, nämlich zur ausnahmslosen
Anwendung des allg. StR (zumal ja auch §§ 20, 21 StGB nicht immer
einschlägig sind). Die sonstige Judikatur (auch der anderen Senate des BGH)
steht der Ablehnung von Abs. 1 Nr. 1 denn auch eher zurückhaltend gegenüber (vgl. etwa BGH NStZ 2004, 294 (295 f.); NStZ-RR 2011, 218 (219)
mAnm *Eisenberg* ZJJ 2011, 202).

IV. Abs. 1 Nr. 2

1. Grundlagen

Das Gesetz enthält keine Legaldefinition der Jugendverfehlung (*Schaffstein/* 42
Beulke/Swoboda JugendStrafR 214; vgl. auch BT-Drs. 1/3264, 44). Die hM
fasst – entspr. dem Normtext – unter den Begriff sowohl Straftaten, die ihrer
Art nach generell jugendtypisch sind (für Graffiti aber abw. OLG Düsseldorf
NJW 1999, 1199 (1200) mkritAnm *Böhm* NStZ 1999, 511 (512)), als auch
Delikte, bei denen entweder die konkreten Begehungsumstände eine ju-
gendtümliche Verhaltensweise zeigen oder bei denen die Veranlassung der
Tat solche Merkmale erkennen lässt, die als **charakteristisch** für die **ju-
gendliche Entwicklungsphase** verstanden werden (etwa BGHSt 8, 90 =
NJW 1955, 1606: „aus den Antriebskräften der Entwicklung entspringende
Entgleisungen"; BGH NStZ 1986, 549 (550): „fehlende Beherrschung";
BGH NStZ 1987, 366; 2014, 408; BayObLG StV 1981, 527: Mangel an
Ausgeglichenheit, Besonnenheit und Hemmungsvermögen; AG Saalfeld
NStE Nr. 6 zu § 105 JGG; AG Rudolstadt StV 2017, 725 = BeckRS 2017,
114984: Unbekümmertheit). Im Vordergrund der obergerichtlichen Judikatur (zur dortigen Kasuistik und den Umschreibungsvarianten auch *Laue* ZJJ
2017, 108 (109)) stehen indes altersgemäße Beweggründe und Motive. Bei
deren Vorliegen ist es für die Einordnung als Jugendverfehlung unschädlich,
wenn das **äußere Erscheinungsbild** der **Tat** einer für **Erwachsene** cha-

rakteristischen Begehungsweise entspricht (BGH NStZ 2001, 102; betr. Spontanverhalten OLG Zweibrücken 8.3.1993 – 1 Ss 21/93 bei *Böhm* NStZ 1993, 530; OLG Hamm StV 2001, 182 = BeckRS 1999, 14708; OLG Brandenburg BeckRS 2010, 33044; KG StV 2013, 763 = BeckRS 2013, 01154).

43   Soweit das Delikt nicht wegen seiner Art oder den Umständen generell als jugendtypisch gelten kann, bedarf es folglich einer **individuellen Untersuchung** des Verhältnisses von Tat und Person (zur Auseinandersetzung mit der individuellen Tatmotivation OLG Hamm StV 2005, 72 = BeckRS 2004, 12639). Es geht iRv Abs. 1 Nr. 2 jedoch nicht um eine Gesamtwürdigung der Persönlichkeit, sondern um die Bedeutung des Entwicklungsverlaufs des konkreten Heranwachsenden für das Geschehen. Zur Anwendung von JStR genügt die Feststellung, dass die einzelne Tat und ihre Motivation die Züge jugendlicher Unreife trägt. Dies kann zB bei jugendlichem Leichtsinn und Abenteuerlust bei einer Reise ua zum Zweck des Handels mit BtM der Fall sein (vgl. BGHR JGG § 105 Abs. 1 Nr. 2, Jugendverfehlung 3) oder wenn die Tat „unüberlegt und aus einer Laune heraus begangen" wird (AG Rudolstadt ZJJ 2019, 292 8294 = BeckRS 2019, 12041). Ebenso liegt es bei dem Motiv, dass „auch seine Bekannten ,so gut angezogen' waren" (vgl. BGH StV 1991, 424 = BeckRS 1990, 31093811), oder bei Tatumständen wie „Alkoholgenuss, Auseinandersetzung zwischen jungen Leuten in einem Festzelt, provozierende Sprüche, Imponiergehabe" (vgl. OLG Zweibrücken 8.3.1989 – 1 Ss 11/89 bei *Böhm* NStZ 1991, 524; vgl. auch betr. „eskalierender Streit in Gegenwart von Freunden und Freundinnen beider Seiten und Imponiergehabe" OLG Zweibrücken 24.5.1993 – 1 AR 46/93, BeckRS 9998, 34996 bei *Böhm* NStZ 1993, 530). Stets sind die Gestaltung und Entstehungszusammenhänge der **konkreten Tat** zu würdigen, wobei dem Tatrichter ein „erheblicher Beurteilungsspielraum" zugestanden wird (stellvertretend BGH NStZ 1986, 549 (550); NStZ-RR 1999, 26 (27); aber auch → Rn. 67).

2. Reichweite des Deliktsspektrums

44   Eine Jugendverfehlung ist bei **keinem Straftatbestand** von vornherein **ausgeschlossen.** Auch schwere Taten und Verbrechen können unter den vorgenannten Voraussetzungen durchaus Jugendverfehlungen sein. Dies wurde bspw. anerkannt bei Totschlag (BGH NStZ 2008, 696; zu § 212 StGB und schwerem Raub in Tateinheit mit gefährlicher Körperverletzung s. BGH NStZ-RR 2003, 188); bei schwerem Raub in zwei Fällen (BGH NStZ 1987, 366) bzw. gemeinschaftlichem schweren Raub in Tateinheit mit § 316a StGB (BGH StV 1991, 424 = BeckRS 1990, 31093811), bei Gewalt- und Rohheitsdelikten (BayObLG StV 1981, 527; OLG Zweibrücken NStZ 1987, 89; AG Rudolstadt BeckRS 2013, 17112), bei sexueller Nötigung (AG Rudolstadt ZJJ 2019, 292 8294 = BeckRS 2019, 12041), bei § 227 StGB (BGH NStZ 1986, 549), vorsätzlicher Körperverletzung in Tateinheit mit Nötigung (AG Rudolstadt StV 2013, 43 = BeckRS 2012, 04301) sowie gefährlicher Körperverletzung unter Einsatz eines Kfz (AG Rudolstadt StV 2013, 764 = BeckRS 2013, 14831). Prinzipiell kommt die Bejahung von Nr. 2 auch bei terroristischen Straftaten in Betracht (*Knauer* FS Eisenberg II, 2019, 268 ff.).

Der Annahme einer Jugendverfehlung steht keineswegs zwingend ent- **45** gegen, dass das fragliche Delikt häufig **auch durch Erwachsene begangen** wird (betr. gemeinschaftlich begangenen Diebstahl vgl. OLG Zweibrücken 7.3.1990 – 1 Ss 191/89 bei *Böhm* NStZ 1990, 531; LG Gera StV 1998, 346 = LSK 1998, 280294). Dies gilt bspw. für § 113 StGB (vgl. AG Saalfeld VRS 2004, 185; s. auch BayObLG StV 1984, 520 = LSK 1985, 040113; jugendkriminologisch hierzu näher *Puschke* FS Eisenberg, 2009, 156 ff.) und für unterschiedliche Formen von *BtMG*-Delikten (vgl. näher → Rn. 19 sowie *Kreuzer* StV 1982, 438 (441); weitere Beispiele aus der Rspr. bei *Laue* ZJJ 2017, 108 (110)). Prinzipiell möglich ist die Bejahung von Abs. 1 Nr. 2 gleichermaßen, wenn der Heranwachsende überlegt und zweckgerichtet (BGH StV 1983, 377 = BeckRS 1983, 31110867) bzw. planvoll und zielstrebig vorgegangen ist (OLG Hamm StV 2005, 71 (72) = BeckRS 2004, 12639; KG StV 2013, 763 = BeckRS 2013, 01154). – Bei einer Rauschtat muss diese, nicht die im Rausch begangene Tat als Jugendverfehlung zu beurteilen sein, da letztere nur eine Strafbarkeitsbedingung ist (LG Nürnberg-Fürth MDR 1955, 566; *Dallinger/Lackner* Rn. 35).

Für den Bereich von **Straßenverkehrsdelikten** (Trunkenheitsfahrt, Un- **46** fallflucht usw) gelten die gleichen Grundsätze ohne Besonderheiten (OLG Hamm NJW 1960, 1966; OLG Saarbrücken NStZ-RR 1999, 285; LG Gera StV 1999, 661 = LSK 1999, 010637; AG Saalfeld NStZ 1994, 89; VRS 2004, 282 = LSK 2004, 370223; DAR 2005, 52; VRS 2005, 366 = BeckRS 2005, 2890; s. bereits *Grethlein* NJW 1967, 840; *Molketin* DAR 1981, 137). Die dynamische und Risikokomponente sowie der Selbstbestätigungs- und Selbstdarstellungsaspekt des Fahrzeugführens stehen als jugendtypische Umstände mit vielen Verkehrsdelikten in Zusammenhang (vgl. dazu *Kölbel* ZfJ 1998, 10; *Kühn* NK 2008, 129). Für die Beurteilung als Jugendverfehlung kann zudem Gewicht haben, dass der Verurteilte „keine Fahrerlaubnis besaß" und „mit dem Fahrzeug nicht vertraut" war (wobei es dann auch nicht darauf ankommt, ob das Delikt (wie ggf. bei § 315b StGB) zur Verdeckung eines vorausgegangenen Diebstahls des Kfz geschah, OLG Brandenburg BeckRS 2010, 33044).

V. Entscheidung bei unbehebbaren Zweifeln

Bestehen nach der Beweiserhebung noch Zweifel, ob der Angeklagte das **47** 21. Lbj. zur Tatzeit bereits (oder noch nicht) vollendet hatte, ist in dubio pro reo davon auszugehen, dass er noch nicht erwachsen war (→ § 1 Rn. 18). Denkbar ist ferner, dass selbst nach Ausschöpfung aller Ermittlungsmöglichkeiten **nicht** mit Sicherheit **festgestellt werden** kann, ob der Heranwachsende noch einem Jugendlichen gleichsteht und/oder ob die Tat sich als Jugendverfehlung darstellt. In solchen Fällen will die Rspr. **grundsätzlich nur JStR** (bzw. die Rechtsfolgen des JStR) anwenden, weil der Heranwachsende nicht ohne weiteres von einer jugendgemäßen Behandlung ausgeschlossen werden dürfe und eine Fehlentscheidung beim unzutr. Einsatz des JStR (erzieherisch) weniger gravierend sei als beim unzutr. Einsatz des allg. StR (BGHSt 12, 116 (118 f.) = NJW 1959, 159 (161); BGHSt 36, 37 (40) = NJW 1989, 1490 (1491); BGH StV 1982, 27; 1983, 377 = BeckRS 1983, 31110867; NJW 2002, 73 (75); NStZ 2004, 294 (295); 2008, 696; KG StV 2013, 763 = BeckRS 2013, 01154).

48 Dagegen ist einzuwenden, dass die tatsächlichen Auswirkungen bei Anwendung von **JStR** für den Heranwachsenden im Einzelfall durchaus **belastender** als bei einer Sanktionierung nach allg. StR sein können (vgl. schon *Brauneck* ZStW 53 (1965), 209 (217); ferner etwa *Pruin* DVJJ 2008, 318). So mag ein wirtschaftlich abgesicherter Heranwachsender bspw. durch eine Arbeitsauflage subjektiv härter als durch eine Geldstrafe beeinträchtigt sein (speziell betr. die Nicht-/Eintragung von Einstellungen → § 45 Rn. 10, 12). Im Übrigen werden durch empirische Sanktionsvergleiche ganze Bereiche höherer jugendstrafrechtlicher Sanktionshärte nahegelegt (vgl. → § 18 Rn. 11; ferner *Eisenberg/Kölbel* Kriminologie § 25 Rn. 44). Deshalb hat sich das Gericht in den besagten Fällen des fortbestehenden Zweifels am Grundsatz „in dubio pro reo" zu orientieren und zu prüfen, ob das allg. StR oder aber das JStR die für den individuellen Angeklagten **weniger eingriffsintensive** Rechtsfolge ergibt. Anzuwenden ist dann die konkret mildere Variante (*Grethlein* NJW 1959, 542; *Laue* in MüKoStGB Rn. 28, 35; *Sonnen* in Diemer/Schatz/Sonnen Rn. 29; *Schimmel* in Kotz/Rahlf BtMStrafR Kap. 9 Rn. 29; *Schaffstein/Beulke/Swoboda* JugendStrafR Rn. 211; *Kinzig* FS Eisenberg, 2009, 396; näher auch → § 1 Rn. 32; abw. *Ostendorf* in NK-JGG Rn. 29; *Brunner/Dölling* Rn. 31: Anwendung JStR, aber die Sanktion dürfe nicht „härter" als die nach allg. StR verhängte Rechtsfolge sein). Bei diesem Rechtsfolgenvergleich haben stationäre Sanktionen prinzipiell ein größeres Eingriffsgewicht als ambulante Reaktionen. Dies betrifft etwa eine Anordnung nach § 12 Nr. 2 oder den JA gegenüber der Geldstrafe. Im Verhältnis von Freiheits- und JStrafe kommt es auf die jeweilige Dauer an BGHSt 10, 100 = NJW 1956, 680).

VI. Anzuwendende jugendstrafrechtliche Vorschriften

1. Grundlegende Maßgaben

49 Das staatsseitige Bemühen um eine „Besserung" von Erwachsenen ist bei Zwangsförmigkeit mit dem GG nicht zu vereinbaren. Auch sonst wirft es, wie das BVerfG als obiter dictum unterstrichen hat (BVerfGE 22, 180 (219 f.) = NJW 1967, 1795 (1799 f.), verfassungsrechtliche Fragen auf. Vor diesem Hintergrund kommen die sozialpädagogischen Interventionen der §§ 30 ff. SGB VIII gegenüber **volljährigen** Personen nicht in Betracht. Das bedeutet aber nicht, dass im JStR gegenüber Heranwachsenden überhaupt keine Anordnungen mit dezidiert spezialpräventiver bzw. **erzieherischer** Zielstellung möglich wären; vielmehr ist ein solches Vorgehen nach den in → Rn. 4 ff. dargestellten (rechtspolitischen) Erwägungen umgekehrt sogar indiziert (BVerfGE 74, 102 (123) = NJW 1988, 45 (47)). Deswegen erlaubt das JGG gegenüber diesem Personenkreis die meisten jugendstrafrechtlichen Reaktionsformen (mit Ausnahme der Hilfen zur Erziehung iSv § 12 (dazu Abs. 1 und RL 2)). Von der Praxis, die jene Möglichkeiten durchaus auch wahrnimmt, werden allerdings solche Rechtsfolgen, die den Sanktionen des **allg. StR** (Geld- und Freiheitsstrafe) **ähneln** (Geldauflage und JStrafe), bei Heranwachsenden häufiger als bei Jugendlichen eingesetzt (*Palmowski* Sanktionierung 206; s. a. Tabelle).

	2016		2017	
	Jugendliche	nach JStR verurteilte Heran- wachsende	Jugendliche	nach JStR verurteilte Heran- wachsende
Weisungen	25,82 % (abs. 12.224)	22,48 % (abs. 11.076)	26,38 % (abs. 12.123)	23,60 % (abs. 11.432)
Erziehungs- beistandschaft	0,22 % (abs. 106)	0,09 % (abs. 46)	0,16 % (abs. 72)	0,11 % (abs. 53)
Heimerzie- hung	0,04 % (abs. 18)	0,02 % (abs. 9)	0,04 % (abs. 20)	<0,01 % (abs. 2)
Verwarnung	18,67 % (abs. 8.841)	16,53 % (abs. 8.143)	18,70 % (abs. 8.594)	16,61 % (abs. 8.047)
Arbeitsauflage	29,29 % (abs. 13.871)	20,47 % (abs. 10.084)	29,10 % (abs. 13.376)	19,87 % (abs. 9.628)
Geldauflage	5,13 % (abs. 2.427)	14,06 % (abs. 6.928)	5,05 % (abs. 2.322)	14,43 % (abs. 6.993)
sonstige Auflagen	1,82 % (abs. 863)	2,38 % (abs. 1.174)	1,77 % (abs. 813)	2,43 % (abs. 1.177)
Jugendarrest	11,90 % (abs. 5.637)	10,43 % (abs. 5.139)	11,55 % (abs. 5.308)	9,83 % (abs. 4.764)
Jugendstrafe	7,10 % (abs. 3.363)	13,54 % (abs. 6.670)	7,25 % (abs. 3.333)	13,11 % (abs. 6.352)
	abs. 47.350	abs. 49.269	abs. 45.961	abs. 48.448

Zahlen aus StrafSt Tabelle 4.2 oder 4.4 (Daten ohne Nebenfolgen, Nebenstrafe, Maß- regeln der Besserung und Sicherung)

Bei der Sanktionswahl ist der Entwicklungsstand des jeweiligen Heran- **50** wachsenden in die Entscheidung einzubeziehen, um eine individuell an- gemessene und **altersgerechte** Anordnung treffen zu können. **Weisungen,** die demgegenüber in ihrem spezifischen Erziehungscharakter für den Heran- wachsenden in erheblicher Weise ungeeignet sind (und womöglich als miss- achtend empfunden werden), stellen uU einen Ermessensmissbrauch des JGerichts (mit der Folge der Nichtgeltung der Rechtsmittelbeschränkung (→ § 55 Rn. 48)) dar (weitergehend *Mrozynski* JR 1983, 397). Andererseits widerspräche es § 2 Abs. 1, würde man sich ggü. Heranwachsenden auf solche Weisungsvarianten beschränken, die auch bei Erwachsenen (dort im Rahmen einer Aussetzung der Vollstr zBew) Anwendung finden (also zB: Beschränkungen, die sich auf den Aufenthalt, die Benutzung eines Kfz oder die Verwendung des Einkommens beziehen; ferner die Erfüllung einer Unterhaltspflicht; die Teilnahme an einem Verkehrsunterricht; die Betreu- ungsweisung). Eine solche Tendenz käme zwar der Auffassung entgegen, der zufolge Vergeltungsbelange mit steigendem Alter stärker in den Vordergrund treten dürften oder gar müssten. Allerdings würde damit die Unterscheidung zwischen Erwachsenen, für die das allg. StR gilt, und Heranwachsenden, die dem JStR und dem Erziehungsauftrag (§ 2 Abs. 1) unterliegen, weitgehend nivelliert (dazu, dass deshalb bspw. auch die Arbeitsweisung (§ 10 Abs. 1 S. 3 Nr. 4) zulässig ist, etwa BVerfGE 74, 102 = NJW 1988, 45).

51 Aus dem Kreis von **Zuchtmitteln** kann der Verwarnung ggf. eine Wirkung bzw. Geeignetheit auch für Heranwachsende zukommen. Im Spektrum der Auflagen zeichnet sich, vergleicht man die Praxis mit dem Vorgehen bei Jugendlichen, eine gewisse rechtspraktische Verschiebung vom der Arbeitsauflage hin zu den „wirtschaftlichen" Varianten (§ 15 Abs. 1 Nr. 1 und 4) ab (s. Tabelle). Dass dies in allen (Einzel-)Fällen dadurch gerechtfertigt ist, dass Heranwachsende über größere finanzielle Mittel (und ggf. weniger Freizeit) als Jugendliche verfügen, muss man bezweifeln. Auf die Anordnung von JA sollte zumindest bei zwischenzeitlich erwachsen gewordenen Beschuldigten verzichtet werden (dezidiert *Budelmann* JugendStrafR 103 f.; s. auch *Ostendorf* in NK-JGG Rn. 30). Überhaupt legen die zahlreichen Probleme, die dieser Sanktionsform innewohnen (→ § 16 Rn. 11, 19, 20 ff.), eine ausgeprägte Skepsis gegenüber dem Einsatz dieser Sanktionsform nahe. Generell sind sämtliche Aspekte, die – beim JA wie bei allen besonders **eingriffsinvasiven** Rechtsfolgen – zu einer zurückhaltenden Handhabung gegenüber Jugendlichen mahnen, bei Heranwachsenden ungeachtet ihres höheren Alters gleichermaßen zu berücksichtigen (zur JStrafe s. aber → Rn. 54). Dies gilt namentlich auch für die Sorgfaltsanforderungen, an die der Einsatz von **Maßregeln** der Besserung und Sicherung gebunden ist (dazu für § 63 StGB ebenso BGH DVJJ-J 2002, 464 (465) = BeckRS 2002, 7265).

2. Besonderheiten bei der JStrafe gem. Abs. 3

52 **a) Grundregeln. aa) Voraussetzungen.** Nach Abs. 3 gelten für die Anordnung einer JStrafe – sei es durch das JGericht oder ein für allg. Strafsachen zuständiges Gericht (§§ 112, 104 Abs. 1 Nr. 1) – einige Besonderheiten. Zunächst ist JStrafe bei Heranwachsenden allerdings (nur) unter denselben Voraussetzungen wie bei Jugendlichen zulässig. Abstriche von den Anforderungen, die für die Anordnungsgründe gem. § 17 Abs. 2 bestehen (→ § 17 Rn. 20 ff., 45 ff.), können indes in eingeschränktem Maße gemacht werden: So verlieren die Verhältnismäßigkeitsschranken, die bei sehr jungen Angeklagten gegen eine JStrafe wegen „schädlicher Neigungen" sprechen (→ § 17 Rn. 40 f.), mit **steigendem Alter** der Heranwachsenden an Bedeutung. Ebenso wird die Frage, ob die Schwere der Schuld eine JStrafe erfordert, iRd hier maßgebenden Schuldverständnisses (→ § 17 Rn. 46 und → § 17 Rn. 54) mit zunehmender Annäherung an das 22. Lbj. stärker durch Tat- und Unrechtsmerkmale bestimmt, während der Aspekt der sich erst noch entwickelnden Verantwortungsfähigkeit an Bedeutung verliert (→ § 17 Rn. 49). Außerdem kommt es dann auf die (neben der Schuldschwere) erforderliche erzieherische Indiktion immer weniger an (näher → § 17 Rn. 57 sowie *Kölbel* JR 2019, 40 (42 f.)).

53 **bb) Strafrahmen.** Gemessen an der für 14- bis 18jährige geltenden Regelung (§ 18 Abs. 1 S. 2) ist die zulässige **Höchstdauer** erweitert: Bei Heranwachsenden kann nach Abs. 3 S. 1 eine JStrafe von bis zu **zehn**

Jahren verhängt werden – und dies abw. von § 18 Abs. 1 S. 2 nicht nur für bestimmte, sondern grundsätzlich für alle Taten. Die einzelgesetzlichen Strafrahmen des allg. StR gelten nicht (§ 18 Abs. 1 S. 3). Sie haben aber insofern Bedeutung, als sie – im Sinne einer **Limitierungsfunktion** – bei der Unrechts- und Schuldbewertung ebenso wie gegenüber Erwachsenen die obere Grenze einer schuldangemessenen Strafe markieren. Andernfalls würde womöglich ein Heranwachsender in unzulässiger Weise schwerer bestraft als ein Gleichaltriger (oder Erwachsener) bei Anwendung des StGB (näher dazu → § 18 Rn. 8 f.).

cc) Bemessung. Die festzulegende Dauer der JStrafe ist gem. § 18 Abs. 2 **54** an der **spezialpräventiven** Erforderlichkeit auszurichten (→ § 18 Rn. 14 ff.). Dass der Erziehungsgedanke bei der Bemessung „im Vordergrund" (BGH StV 1988, 307 = BeckRS 1987, 31088719) steht, muss also auch in einem Urteil gegen einen Heranwachsenden erkennbar und dargestellt werden (vgl. auch BGHR JGG § 18 Abs. 2 Erziehung 5 (Gründe) = BeckRS 1990, 31096649 zu einem fast 21-Jährigen). Das Vorwurfsgewicht kann innerhalb des Spektrums insofern geeigneter und notwendiger Strafdauern (→ § 18 Rn. 20) strafschärfend oder -mildernd (→ § 18 Rn. 24 ff.) berücksichtigt werden. Außerdem liegt die Bedeutung dieses Aspekts darin, dass die Strafdauer nicht außer Verhältnis zum Vorwurf stehen darf (→ § 18 Rn. 33). Im Übrigen ist das Vorwurfsgewicht hierbei erneut **entwicklungsbezogen** zu bewerten (→ § 18 Rn. 22), wobei allerdings das verwirklichte Tatunrecht mit steigendem Alter stärker in den Vordergrund rückt (weshalb eine falsche Altersberechnung die Strafzumessung beeinflussen kann (vgl. nur BGH 17.3.1992 – 1 StR 47/92 bei *Böhm* NStZ 1992, 528; 2000, 469). – Aus Sicht der etwas **abw. hM,** die für die Bemessung das Unrechtsgewicht und die Einwirkungsfunktionalität der JStrafe in eine **umfassende Abwägung** eingehen lassen will (→ § 18 Rn. 37), wird die Strafdauerfestlegung bei höherem Alter (vor allem bei schwereren Taten) jedoch zunehmend durch den Vorwurfsausgleich bestimmt und damit an die Logik des § 46 StGB angenähert (vgl. etwa BGH NStZ 2018, 728 (729); zur Situation bei über 21-jährigen Angeklagten (→ § 17 Rn. 57). Aber auch auf dieser Grundlage ist die Bedeutung des Lebensalters im Einzelnen zu begründen (BGH StV 1998, 334 = BeckRS 1997, 31120820). Es muss konkret gezeigt werden, wieso die Tatbewertung in ähnlicher Weise wie bei Erwachsenen erfolgen kann und inwieweit sich der Verurteilte in den verschiedenen Lebensbereichen ggf. umgekehrt noch in der Entwicklung befindet (sodass die Folgen des JStVollzugs ihn möglicherweise besonders nachteilig beeinträchtigen könnten).

Bei **sehr langen,** mehr als drei- bis vierjährigen JStrafen ist lediglich in **55** Ausnahmefällen davon auszugehen, dass dies iSv § 18 Abs. 2 der jeweils „erforderlichen erzieherischen Einwirkung" dient (→ § 18 Rn. 35). Solche Sanktionen können daher allein mit **Schuldgesichtspunkten** und der Zumessungslogik des § 46 Abs. 1 StGB begründet werden (zum Darlegungsmangel bei alleinigem (unsubstantiierten) Hinweis auf Erziehungsaspekte etwa BGH BeckRS 2019, 25540). Bei Jugendlichen ist das nach vorliegend vertretener Ansicht allein im Geltungsbereich des § 18 Abs. 2 (dh bei Verbrechen mit Mindeststrafe von 10 Jahren) zulässig, nicht aber in den (von § 18 Abs. 1 S. 1 geregelten) Normalkonstellationen (→ § 18 Rn. 38). Bei Heranwachsenden kennt das Gesetz diese Differenzierung dagegen nicht.

Indem es den Strafrahmen des Abs. 3 S. 1 hier auf den Normalfall erstreckt, erlaubt es eine schuldorientierte Festlegung langer JStrafen auch bei Delikten, die nicht in § 18 Abs. 1 S. 2 genannt sind. Begrenzt wird dies aber durch das Erfordernis, wonach eine „erzieherische Einwirkung" zwar nicht unbedingt „sinnvoll", aber immerhin **noch „möglich" sein** muss und nicht wegen der absehbar dysfunktionalen Haftdauer (entgegen § 18 Abs. 2) von vornherein unerreichbar sein darf (auch dazu → § 18 Rn. 38). – Ohnehin setzt eine lange JStrafe eine entsprechende fallkonkrete Vorwerfbarkeit (unter Berücksichtigung des individuellen Entwicklungsstandes (→ Rn. 54)) voraus. Da die Schuld des heranwachsenden Verurteilten nicht größer als bei einem Erwachsenen sein kann (→ § 17 Rn. 54; → § 18 Rn. 22), muss die JStrafdauer **hinter** jener **Freiheitsstrafe** zurückbleiben, die bei einem vergleichbaren Erwachsenen angesichts der konkreten Tat noch schuldangemessen wäre (zum Schuldprinzip und dessen Limitierungsfunktion → § 18 Rn. 33).

56 **b) Einordnung von Abs. 3 S. 2. aa) Probleme der Norm.** Bei Verurteilung wegen Mordes (§ 2 Abs. 2, § 211 StGB) und Feststellung der besonderen Schwere der Schuld liegt das Höchstmaß der JStrafe bei **15 Jahren** (Abs. 3 S. 2). Die Einführung dieser Regelung durch das Gesetz zur Erweiterung der jugendgerichtlichen Handlungsmöglichkeiten vom 4.9.2012 (vgl. auch schon den Gesetzentwurf durch fünf Bundesländer v. 14.5.2005 (BR–Drs. 276/05, 2)), stellt einen **Tiefpunkt** der deutschen Strafrechtspolitik dar (vgl. etwa *Höynck* StraFo 2017, 267 (268): „Sündenfall"). Die hierbei vorgenommene Annäherung an das allg. StR (§ 38 Abs. 2 StGB) weist nicht nur einen eklatanten Mangel an rationaler Begründung und Begründbarkeit, sondern auch einen außerordentlich hohen Grad an kriminologischer Dysfunktionalität auf (vgl. bspw. *Swoboda* ZStW 125 (2013), 86 (87 ff.); zu dogmatischen Inkonsistenzen vgl. *Mitsch* FS Beulke, 2015, 1181 ff.; s. ergänzend auch *Mitsch* GA 2013, 137). JStrafen der so ermöglichten Dauer lassen sich angesichts ihrer entwicklungspsychologischen Schädlichkeit spezialpräventiv schwerlich durch – empirisch nicht zu belegende – Abschreckungseffekte legitimieren (darauf aber bereits bei der Festsetzung auf 10 Jahre verweisend BT-Drs. 1/3264, 44). Auch in der Jugendstrafjustiz war kein Bedarf ersichtlich (vgl. dazu etwa die empirische Verfahrensanalyse von *Schulz,* Höchststrafe im Jugendstrafrecht, 2000, 152 ff.; ferner *Sieveking* (*Eisenberg/Heid* ZRP 2005, 188 ff.). Legislatorisch wurde Abs. 3 S. 2 auf „ethische" und gesellschaftliche Wertungen (also auf angebliche **gesellschaftliche Vergeltungsbedürfnisse**) gestützt, hinter denen „kriminologische Bedenken zurücktreten müssen" (BT-Drs. 17/9389, 8). Abgesehen davon, dass ein solcher expressiver Populismus (s. auch *Zieger/Nöding* Verteidigung Rn. 107) mit segregierend und entsozialisierend wirkenden Maßnahmen die angedeuteten positiv-generalpräventiven Wirkungen nur zerrbildartig erreichen kann, widerspricht er (als Entstellung der täterstrafrechtlichen Struktur des JGG) der erzieherischen Grundorientierung des Gesetzes (s. auch die speziell straftheoretische Kritik bei *Höffler/Kaspar* RdJB 2018, 449 (450 ff.)).

57 In einigen bekannt gewordenen Verfahren wurde Abs. 3 S. 2 bei Personen angewandt, die zur Tatzeit im Alter von knapp über 18 Jahren bis knapp über 20 Jahren waren (LG Verden 24.10.2014 – 3 KLs 1/14 mkritAnm *Eisenberg* NK 2016, 390 ff.; LG Cottbus BeckRS 2016, 126651; LG Berlin

19.2.2016 – 234 Js 18115 KLs; *LG Würzburg* ZJJ 2018, 155 mkritAnm *Kölbel* ZJJ 2018, 160). Abgesehen von fallspezifischen Unzulänglichkeiten (insb. bei der Sachverständigenauswahl und bei der Berücksichtigung tatsituativer und entwicklungsbezogener Bedingungen (näher → 20. Aufl. Rn. 39d)) demonstrieren all diese Entscheidungen die Problematik der Norm: Sieht man von einer ggf. erzielten „Genugtuung" ab, haben die hier verhängten, sehr langen JStrafen (zwischen 11 und 14 Jahren) allein **abträgliche (Entwicklungs-)Folgen** (insofern sie beim verurteilten Heranwachsenden mehr kriminogene als rehabilitative Faktoren erzeugen). – In dieser Hinsicht ist zudem (über den Einzelfall hinaus) eine **Diffundierung** zu besorgen (ebenso bspw. *Verrel* NK 2013, 67 (75); *Swoboda* ZStW 125 (2013), 86 (90)). Teile der Praxis könnten Abs. 3 S. 2 – entgegen der Gesetzesbegründung (vgl. BT-Drs. 17/9389, 20) – dazu hernehmen, um spezialpräventive Aspekte auch bei der Bemessung nach Abs. 3 S. 1 stärker in den Hintergrund zu rücken (vgl. den kennzeichnenden Verwerfungsantrag (§ 349 Abs. 2, 3 StPO) des GBA vom 22.2.2013 – 5 StR 81/13: Abs. 3 „streitet für…eine Überprüfung der gängigen Redeweise vom Vorrang des Erziehungsgedankens in Fällen gem. § 17 Abs. 2, Altern 2"; vgl. in der Tendenz ähnlich auch BGH NStZ 2013, 658).

Die Inkohärenz von Abs. 3 S. 2 liegt nicht allein darin, die ohnehin schon **58** bestehende Problematik spezialpräventiv nicht zu rechtfertigender JStrafdauern (→ Rn. 55) deutlich auszudehnen, sondern zeigt sich (als gleichsam **qualitativer** Systembruch) auch in den Kriterien der Strafrahmenerweiterung: Einerseits kommt die Norm ausschließlich für Personen in Betracht, bei denen die Heranziehung des JGG gerade auf ihrem Entwicklungsstand und den hierfür spezialpräventiv besonders geeigneten Mitteln des JGG beruht (weil bei § 211 StGB immer (zumindest auch) Abs. 1 Nr. 1 (und nicht allein Abs. 1 Nr. 2) einschlägig sein dürfte). Andererseits wird die Norm aber allein nach StGB-Kriterien konkretisiert. Denn die besondere **Schwere der Schuld** bestimmt sich nach hM anhand der gleichen Standards wie bei Erwachsenen, da die zu **§ 57a StGB** entwickelte (problematische) Judikatur (BGHSt 40, 360 = NJW 1995, 407; krit. etwa *Stree/Kinzig* in Schönke/Schröder § 57a Rn. 5) auch bei Abs. 3 S. 2 maßgebend sein soll (BGHSt 61, 193 (196) = NJW 2016, 2674 (2675); ebenso *Brunner/Dölling* Rn. 34; unklar BGH NJW 2017, 1252). Die Handhabung der Norm wird damit also gerade nicht durch die in → § 17 Rn. 46 dargestellten jugendspezifischen Kriterien (dafür etwa *Laubenthal/Baier/Nestler* JugendStrafR Rn. 747; *Müller* JR 2017, 120 (122)), sondern vorwiegend durch äußerliche tatbezogene Aspekte bestimmt (also Tatvorbereitung, Begehungsweise, Tatfolgen usw. (krit. dazu *Höynck* StraFo 2017, 267 (269); *Kölbel* ZJJ 2018, 160 (162); *Swoboda* in Strafverteidigertag 2018, 379 ff.), wobei die darauf fußende tatrichterliche Schwerebeurteilung sodann revisionsgerichtlich nicht korrigierbar sein soll (BGHSt 61, 193 (195) = NJW 2016, 2674 (2675)).

bb) Auslegung der Norm. Nach hiesiger Ansicht wird diese Problema- **59** tik von Abs. 3 S. 2 allerdings dadurch relativiert, dass die Vorschrift an sich leerlaufen muss (dafür auch *Mitsch* FS Beulke, 2015, 1193). Da die Festlegung einer absehbar erziehungsschädlichen JStrafdauer **gegen § 18 Abs. 2 verstößt** (→ Rn. 55; → § 18 Rn. 38), sind über 10-jährige JStrafen auch bei bejahter besonderer Schuldschwere streng genommen unzulässig. – Wenn man dem nicht folgt, unterliegt Abs. 3 S. 2 indes einer Auslegung, die den

Regelungszusammenhang der Vorschrift berücksichtigt und jene hiermit harmonisiert. Die sich daraus ergebende restriktive Normlesart macht sich bei allen drei Tatbestandsvoraussetzungen (und entsprechend hohen Begründungsanforderungen) bemerkbar (näher *Kölbel* ZJJ 2018, 160 (162)): So schließt der **Mord** iSv Abs. 3 S. 2 zwar auch Versuchs- und sämtliche Beteiligungskonstellationen ein (LG Würzburg ZJJ 2018, 155 (158 f.); *Feilcke* FS Breidling, 2017, 75 ff.; abw. *Ostendorf* in NK-JGG Rn. 32a), doch wird bei manchen Mordmerkmalen die Frage nach der besonderen Schuldschwere von vornherein gar nicht eröffnet. Dies betrifft etwa die Verdeckungsabsicht und alle anderen Merkmale des § 211 Abs. 2 StGB, deren Vorliegen durch jugendspezifische Bedingungen gefördert wird und den normativen Bewertungssprung daher nicht in der gleichen Weise wie bei Erwachsenen rechtfertigt (näher → § 2 Rn. 28 ff. sowie *Eisenberg* HRRS 2012, 23). Außerdem ist die Vorwerfbarkeit mit Blick auf das Alter und den Reifegrad regelhaft in einem Maße reduziert (→ § 17 Rn. 54), dass sich die **Schuld** allenfalls in krassen Ausnahmefällen als **besonders schwer** einstufen lässt (zust. *Ostendorf* in NK-JGG Rn. 32a). Soweit Abs. 3 S. 2 schließlich erfordert, dass die 10jährige Regelhöchststrafe angesichts der Schuldschwere **nicht ausreicht,** ist dies auch unter Berücksichtigung von § 2 Abs. 1 zu prüfen (so ausdrücklich BT-Drs. 17/9389, 20). Dass der Regelstrafrahmen unter spezialpräventiven Gesichtspunkten unzureichend sein kann, ist mit Blick auf die Folgen langer Haft (→ § 18 Rn. 35) aber nur dort vorstellbar, wo eine JStrafe unter 10 Jahren der verurteilten Person als Bagatellisierung des Geschehens erscheinen würde.

60   **c) Aussetzung zBew.** Bei einer Aussetzung der Vollstr zBew oder bei der Aussetzung der Verhängung der JStrafe zBew ist darauf zu achten, dass die iRd Aussetzung angeordneten Weisungen und Auflagen dem Alter des Heranwachsenden angemessen sind (vgl. hierzu → Rn. 50). Das gilt gleichermaßen bei der Aussetzung der Vollstr des **Strafrestes** zBew. Im Übrigen bietet die Strafrestaussetzung (im Rahmen ihrer gesetzlichen Voraussetzungen) eine Möglichkeit, den erzieherischen Bedürfnissen auch in jenen Fällen, in denen aus Schuldgesichtspunkten auf eine über die erzieherische Notwendigkeit hinausgehende Dauer der JStrafe erkannt wurde, (anschließend) doch noch teilw. Rechnung zu tragen (§ 88 Abs. 2).

3. Mehrere Verurteilungen bzw. Straftaten (Abs. 2)

61   **a) Einordnung und Anwendungsfälle.** Der Verweis in Abs. 1 stellt klar, dass dort, wo **innerhalb eines Verfahrens** eine Verurteilung wegen mehrerer Straftaten erfolgt, eine einheitliche Rechtsfolge angeordnet werden muss (§ 31 Abs. 1). Dies gilt auch dann, wenn auf diese Delikte teilw. JStR und teilw. allg. StR anzuwenden wäre. In solchen Fällen ist nach den Regeln des § 32 (Prüfung des Schwerpunktes) eine einheitliche Sanktionierung entweder nach dem JGG oder dem StGB herzustellen. Soweit eine Einheitssanktion nach JStR zu bilden ist, gelten hierbei die allg. Regeln (bspw. § 8 oder → Rn. 49 ff.). – Liegt zum Zeitpunkt der Verurteilung eine **in einem anderen Verfahren** rechtskräftig gewordene, aber noch nicht vollständig vollstreckte Verurteilung nach JStR vor, kommt es gem. § 31 Abs. 2 in der Regel (einschränkend § 31 Abs. 3) zu deren Einbeziehung in die nunmehr ebenfalls zu bildende Einheitssanktion. Das gilt unabhängig davon, ob die

einzubeziehende Tat im Jugendalter begangen wurde oder wegen Abs. 1 dem JStR unterstand. Anders als in diesen eindeutig geregelten Konstellationen treten Probleme auf, wenn in dem aktuellen Verfahren die Sanktionierung nach **allg. StR bzw. JStR** von der Handhabung im vorangegangenen Verfahren **differiert.** Während die Fallvariante, in der die **bereits rechtskräftige Verurteilung nach JStR** erfolgte und nunmehr eine Verurteilung nach allg. StR ansteht, nach hier vertretener Ansicht gem. § 32 analog zu behandeln ist (eingehend zum Meinungsstand → § 32 Rn. 7 ff.), werden die umgekehrt liegenden Sachlagen durch Abs. 2 erfasst.

Hatte das Gericht den Heranwachsenden in dem **früheren** Verfahren **62** (infolge – zutreffender oder fehlerhafter – Verneinung der Voraussetzungen des Abs. 1) nach **StGB** bestraft, entwickelt dies keine Bindung für künftige Entscheidungen (→ Rn. 18). Deshalb kann im **aktuellen** Verfahren eine Sanktionierung nach **JStR** erfolgen. Liegen hier die Voraussetzungen von Abs. 1 tatsächlich vor, erfordert der Erziehungsauftrag (§ 2 Abs. 1) sodann regelmäßig eine gem. **Abs. 2 iVm § 31 Abs. 2 S. 1** erfolgende einheitliche Rechtsfolgenbestimmung (→ § 31 Rn. 14). Anderenfalls käme es zu einem unkoordinierten Nebeneinander umzusetzender Rechtsfolgen aus verschiedenen Strafrechtsordnungen, das sich spezialpräventiv ungünstig auswirken kann (BT-Drs. 7/550, 332). Ausnahmen von der Einheitssanktion erlaubt nur § 31 Abs. 3 (dazu BGH NStZ 2018, 660 (661); näher → § 31 Rn. 28 ff.). Hinsichtlich der einbeziehungsfähigen Rechtsfolgen bestehen keine Einschränkungen (→ § 32 Rn. 16). Weil es bei der Einbeziehung nicht um eine „Privilegierung" des Verurteilten, sondern um eine sinnvolle Einwirkung geht, spielt es auch keine Rolle, ob die einzubeziehende Tat vor der aktuell abzuurteilenden Tat begangen wurde (verkannt von *Laue* in MüKoStGB Rn. 51). Die Bildung der einheitlichen Sanktion ist im Übrigen noch nachträglich gem. § 66 möglich (§ 109 Abs. 2 S. 2).

Diese Maßgaben gelten gleichermaßen, wenn das aktuelle Verfahren we- **63** gen einer schon länger zurückliegenden, aber gem. Abs. 1 gleichwohl nach JStR zu sanktionierenden Tat erfolgt und das einzubeziehende Urteil nur wegen einer **als Erwachsener** verübten Straftat ergangen ist (BGHSt 37, 34 = NJW 1990, 3157 mzustAnm *Eisenberg* JR 1990, 483; BGHR JGG § 31 Abs. 2, Einbeziehung 9; BGH StV 1998, 345 = BeckRS 1997, 31357095; BeckRS 2002, 871; 2010, 13969; StV 2011, 590 = BeckRS 2010, 16622; BeckRS 2012, 03060; 2013, 05641; DAR 2018, 377, 379; AG Rudolstadt NStZ-RR 2013, 387 (Ls.); abl. *Laue* in MüKoStGB Rn. 47, 52). Unter Einbeziehung der bereits rechtskräftigen, aber noch nicht vollständig erledigten Verurteilungen nach StGB wird hier nunmehr also eine einheitliche Maßnahme nach JStR oder eine EinheitsJStrafe festgesetzt. Anlass, hiervon gem. Abs. 2 iVm § 31 Abs. 3 S. 1 abzusehen, besteht allein bei erzieherischen Gründen „von ganz besonderem Gewicht" (BGH StV 2013, 215 = BeckRS 2012, 14984; näher → § 31 Rn. 28 ff.). Ist eine Entscheidung über die Nicht-/Einbeziehung iSv § 31 Abs. 2, 3 unterblieben, muss dies (auch bei beabsichtigter Nichteinbeziehung) von Amts wegen nachträglich im Wege von § 66 erfolgen (OLG Celle NStZ-RR 2010, 27 (Ls.); hierzu auch → § 66 Rn. 8). – Scheidet die Einbeziehung des bereits rechtskräftigen Urteils deshalb aus, weil dieses durch ein **ausländisches** Gericht erlassen wurde, kann dies nach den Grundsätzen eines Härteausgleichs iRd Gesamtstrafübels nur durch eine Milderung der neuen jugendstrafrechtlichen Sanktion berücksichtigt werden. Im Falle einer JStrafe ist das auch erforderlich (vgl. zumindest für die aus Altersgründen allein schuldbasiert begründete und bemessene JStrafe (→ § 17 Rn. 57) ebenso BGH StV 2011, 589 = BeckRS 2011, 4359).

64 **b) Entscheidungskriterien und -folgen.** Aus Abs. 2 ergibt sich in den hiervon erfassten Konstellationen lediglich die Notwendigkeit, eine einheitliche Sanktion zu bilden. Ob dies eine Rechtsfolge des JStR oder des allg. StR ist, muss nach den **entsprechend anwendbaren** Kriterien des § 32 entschieden werden (BGHSt 37, 34 (37) = NJW 1990, 3157; BGH DAR 2018, 377 (380)). Diese Vorschrift regelt den Modus, wie beim Zusammentreffen verschieden eingeordneter Taten eine einheitliche Bewertung vorzunehmen ist. Der Verweis in Abs. 2 bezieht sich zwar nur auf § 31 Abs. 2 und 3, sodass § 32 allein für die Konstellationen der gleichzeitigen Aburteilung ausdrücklich (über den Verweis in Abs. 1) angeordnet wird. Es ist aber kein Grund ersichtlich, warum die identische Sachlage bei sukzessiver Aburteilung anders behandelt werden sollte. Die entsprechende Anwendung von § 32 hat – bei dahingehendem Ausgang der Schwergewichts-Prüfung – ggf. zur Folge, dass eine einheitliche Sanktion des JStR verhängt werden muss (BGH StraFo 2010, 296 = BeckRS 2010, 13969; DAR 2018, 377 (380)). Dafür sind die einbezogene und die aktuell verhandelte Tat in einer **Gesamtwürdigung** eigenständig und neu zu bewerten, um eine **originäre,** an § 2 Abs. 1 orientierte Sanktion festzulegen (→ § 31 Rn. 44 ff.). Bei umgekehrtem Ausgang der Schwergewichtsprüfung wird nach §§ 54, 55 StGB eine **Gesamtstrafe** gebildet (BGHSt 40, 1 = NJW 1994, 744; BGH StV 1998, 345 = BeckRS 1997, 31120430). Für die alternative Möglichkeit, es in solchen Fällen bei einer getrennten Aburteilung von Erwachsenen- und Jugendtat zu belassen, ist keine Rechtsgrundlage ersichtlich. Die fragliche Wirkung ist aber über Abs. 2 iVm § 31 Abs. 3 erreichbar.

65 **c) Übertragbarkeit auf Taten im Jugendalter.** Die Bildung einer Einheitssanktion nach den genannten Maßgaben setzt nach der Rspr. (BGHSt 27, 295 = NJW 1978, 384) voraus, dass die später (nach JStR) abzuurteilende Tat im Heranwachsendenalter begangen wurde. Ist in dem aktuellen Urteil jedoch über eine (lange zurückliegende) bereits vor Erreichen des 18. Lbj. begangene Tat zu entscheiden, scheidet diese Lösung aus, weil Abs. 2 als die maßgebende und verweisende Vorschrift ausdrücklich **nur für Heranwachsende** gilt. Eine Gegenauffassung in der Literatur befürwortet hingegen eine analoge Anwendung von Abs. 2 (*Ostendorf* in NK-JGG § 32 Rn. 9; *Streng* JugendStrafR Rn. 289; abl. *Laue* in MüKoStGB Rn. 45). Dafür spricht zwar die sachgerechte und dem Prinzip einheitlicher Rechtsfolgenbestimmung gerecht werdende Lösung. Allerdings setzt sich diese Auffassung nicht nur über den Normtext und dessen systematische Stellung hinweg. Unstimmig ist vielmehr auch, dass ihr zufolge für die frühere Straftat eines Jugendlichen ggf. nach § 32 S. 2 (analog) das allg. StR anwendbar sein müsste.

VII. Prozessuale Aspekte

1. Entscheidung und Entscheidungsbegründung

66 Die Entscheidung darüber, ob die Voraussetzungen des Abs. 1 vorliegen, betrifft nicht die Schuld-, sondern ist ein Teil der **Straffrage** (BGHSt 5, 207

= NJW 1954, 360; stRspr). Demgemäß muss nach § 263 StPO iVm § 2 Abs. 2 mit Zweidrittelmehrheit abgestimmt werden. Wird diese Mehrheit nicht erreicht, gilt gem. § 196 Abs. 3 S. 2 GVG die sich milder auswirkende Meinung, die durch einen Vergleich der im konkreten Fall nach allg. StR oder nach JStR in Frage kommenden Rechtsfolge ermittelt wird (vgl. → Rn. 48). Besteht keine Einigkeit darüber, welches im Einzelfall die milder sanktionierende Meinung ist, entscheidet die einfache Stimmenmehrheit (allg. Auffassung).

Mit den Beurteilungsspielräumen, die dem Tatgericht in den Fragen des **67** Abs. 1 eingeräumt werden (→ Rn. 18, → Rn. 43), korrespondiert eine gesteigerte **Begründungspflicht,** mit der die richterliche Übernahme und Umsetzung der darin liegenden Entscheidungsverantwortung dokumentiert und transparent gemacht wird. Eine detaillierte Darlegung der Entscheidungsgründe ist auch deshalb erforderlich, um die Bejahung oder Verneinung von Abs. 1 Nr. 1 oder Nr. 2 für das Rechtsmittelgericht auf (Rechts-) Fehler hin **nachprüfbar** zu machen (also etwa bzgl. unvertretbarer Schlüsse oder insb. der **Nichtberücksichtigung** entscheidungserheblicher Aspekte (vgl. etwa BGH NStZ-RR 2011, 218 (219); BeckRS 2016, 21435)). Die Wiederholung des Gesetzeswortlauts genügt dafür keineswegs (BGH MDR 1954, 694 = BeckRS 1954, 31195621). Es müssen betr. Abs. 1 Nr. 1 bzw. Nr. 2 die Tatsachen und rechtlichen Schlussfolgerungen angegeben werden, auf denen die jeweils konkrete Entscheidung beruht (zum Erfordernis, auch die Angaben der JGH zu würdigen, s. KG StV 2013, 763 = BeckRS 2013, 01154). Sie müssen im Einzelnen erkennen lassen, dass bei den Ermittlungen alle Möglichkeiten der Anwendung von JStR ausgeschöpft wurden (stellvertretend BGH StV 1983, 377 = BeckRS 1983, 31110867). Bei Abs. 1 Nr. 2 ist im Urteilstext eine „umfassende Würdigung der äußeren Tatumstände sowie der Beweggründe des Täters … erforderlich" (BGH NStZ 1987, 366; vgl. etwa auch BGH NStZ-RR 2003, 186 (188)). Bzgl. Abs. 1 Nr. 1 betrifft dies die herangezogenen „Kriterien und Tatsachen (für) die sittliche und geistige Entwicklung" (BayObLG NStZ 2005, 645). Die bloße Verneinung von Anhaltspunkten für den Schluss auf Reifeverzögerungen genügt nicht (BGH 28.2.1994 − 4 StR 796/93 bei *Böhm* NStZ 1994, 532; vgl. auch OLG Hamm StV 2001, 182 = BeckRS 1999, 14708 betr. Kulturkonfliktsituation).

2. Anfechtung und Aufhebung des Urteils

a) Rechtsmittelbegrenzung. Die Bejahung oder Verneinung der Vo- **68** raussetzungen von Abs. 1 Nr. 1 oder Nr. 2 ist kein selbstständiger Beschwerdegegenstand iSv §§ 318, 344 StPO. Eine Begrenzung der Anfechtung und Aufhebung eines Urteils auf die nach Abs. 1 zu treffende Entscheidung ist also nicht möglich. Jeweils erfasst wird die **Rechtsfolgenfrage** stets **insgesamt** (näher → § 55 Rn. 20). Nach Aufhebung des Strafausspruchs ist eine erneute Entscheidung nach Abs. 1 vorzunehmen, da die ursprüngliche Beurteilung ohne Bindungswirkung ist (→ Rn. 18). − Wird ein Rechtsmittel auf einen Teil der Straffrage beschränkt, der erst nach der Entscheidung über Abs. 1 Nr. 1 oder Nr. 2 zu prüfen ist (zB die Bemessung oder die Aussetzung der Vollstr der Freiheits- oder JStrafe zBew), oder wird das Urteil nur in diesem Umfang aufgehoben, so war die Anwendung des Abs. 1 der älteren Rspr. zufolge von der Teilrechtskraft bei den nicht angefochtenen

Teilen der Straffrage erfasst und im weiteren Verfahren der Nachprüfung entzogen (OLG Frankfurt a. M. NJW 1956, 233; *Dallinger/Lackner* Rn. 50). Nach der zutr. heutigen Ansicht ist dies indes abzulehnen. Wird ein Rechtsmittel auf das Strafmaß und/oder auf die Aussetzung der Vollstr einer Freiheits-/JStrafe zBew beschränkt, kann dieser angefochtene Teil von der Entscheidung nach Abs. 1 **nicht abgetrennt** werden, weil die Bemessung oder Bewährungsaussetzung im JStrafR und allg. StR völlig unterschiedlich ausgestaltet ist. Der angegriffene Entscheidungsteil ist also von der Bejahung oder Verneinung von Abs. 1 Nr. 1 oder Nr. 2 unmittelbar abhängig, sodass deren Überprüfung nicht verhindert ist (so zumindest für Aussetzung der Vollstr zBew BGH 29.2.1984 – 2 StR 604/83 bei *Böhm* NStZ 1984, 447; OLG Celle NStZ-RR 2014, 229).

69 **b) Reformatio in Peius.** Das Verschlechterungsverbot (§§ 331, 358 Abs. 2 S. 1 StPO iVm § 2 Abs. 2) gilt für den Fall der Abänderung der Entscheidung zu Abs. 1 Nr. 1 oder Nr. 2 sowohl iRd Rechtsmittelverfahrens wie auch in einem sich daran anschließenden Verfahren (vgl. dazu näher → § 55 Rn. 73–74b, 86 ff.). Dies macht es erforderlich, zwischen der nunmehr vorgesehenen Rechtsfolge und derjenigen der angefochtenen Entscheidung einen Vergleich hinsichtlich Art und Höhe vorzunehmen (näher → § 55 Rn. 87 ff.). Beispielsweise kann eine Freiheitsstrafe durch JA oder jede ambulante jugendstrafrechtliche Rechtsfolge ersetzt werden. Kommt eine solche Sanktion fallkonkret nicht in Betracht, ist auch JStrafe möglich. Diese darf die Dauer der angegriffenen Freiheitsstrafe aber nicht übersteigen, sodass sie uU die Mindestdauer (§ 18 Abs. 1 S. 1) ausnahmsweise unterschreiten muss (näher → § 55 Rn. 86 ff.).

70 **c) Doppelrelevante Tatsache.** Bei der Frage nach dem **Alter** zur Tatzeit (vgl. → § 1 Rn. 3) handelt es sich um eine sog. doppelrelevante Tatsache, dh sie ist sowohl für eine prozessuale Frage (Zuständigkeit) als auch für eine materiell-rechtliche Entscheidung (Rechtsfolge) erheblich (BGH StV 1982, 101 = LSK 1982, 260123). Daher ist das Revisionsgericht an eine im Strengbeweisverfahren und rechtfehlerfrei getroffene Feststellung **gebunden** (BGH NStZ 2000, 388 (betr. Zuständigkeit des Schwurgerichts); *Eisenberg* Beweisrecht StPO Rn. 41).

Milderung des allgemeinen Strafrechts für Heranwachsende; Sicherungsverwahrung

106 (1) **Ist wegen der Straftat eines Heranwachsenden das allgemeine Strafrecht anzuwenden, so kann das Gericht an Stelle von lebenslanger Freiheitsstrafe auf eine Freiheitsstrafe von zehn bis zu fünfzehn Jahren erkennen.**

(2) **Das Gericht kann anordnen, daß der Verlust der Fähigkeit, öffentliche Ämter zu bekleiden und Rechte aus öffentlichen Wahlen zu erlangen (§ 45 Abs. 1 des Strafgesetzbuches), nicht eintritt.**

(3) **¹Sicherungsverwahrung darf neben der Strafe nicht angeordnet werden. ²Das Gericht kann im Urteil die Anordnung der Sicherungsverwahrung vorbehalten, wenn**

1. der Heranwachsende zu einer Freiheitsstrafe von mindestens fünf Jahren verurteilt wird wegen eines oder mehrerer Verbrechen
   a) gegen das Leben, die körperliche Unversehrtheit oder die sexuelle Selbstbestimmung oder
   b) nach § 251 des Strafgesetzbuches, auch in Verbindung mit § 252 oder § 255 des Strafgesetzbuches,
   durch welche das Opfer seelisch oder körperlich schwer geschädigt oder einer solchen Gefahr ausgesetzt worden ist, und
2. auf Grund der Gesamtwürdigung des Heranwachsenden und seiner Tat oder seiner Taten mit hinreichender Sicherheit feststellbar oder zumindest wahrscheinlich ist, dass bei ihm ein Hang zu Straftaten der in Nummer 1 bezeichneten Art vorliegt und er infolgedessen zum Zeitpunkt der Verurteilung für die Allgemeinheit gefährlich ist.

(4) Unter den übrigen Voraussetzungen des Absatzes 3 Satz 2 kann das Gericht einen solchen Vorbehalt auch aussprechen, wenn

1. die Verurteilung wegen eines oder mehrerer Vergehen nach § 176 des Strafgesetzbuches erfolgt,
2. die übrigen Voraussetzungen des § 66 Absatz 3 des Strafgesetzbuches erfüllt sind, soweit dieser nicht auf § 66 Absatz 1 Satz 1 Nummer 4 des Strafgesetzbuches verweist, und
3. es sich auch bei den maßgeblichen früheren und künftig zu erwartenden Taten um solche der in Nummer 1 oder Absatz 3 Satz 2 Nummer 1 genannten Art handelt, durch welche das Opfer seelisch oder körperlich schwer geschädigt oder einer solchen Gefahr ausgesetzt worden ist oder würde.

(5) [1] Wird neben der Strafe die Anordnung der Sicherungsverwahrung vorbehalten und hat der Verurteilte das siebenundzwanzigste Lebensjahr noch nicht vollendet, so ordnet das Gericht an, dass bereits die Strafe in einer sozialtherapeutischen Einrichtung zu vollziehen ist, es sei denn, dass die Resozialisierung des Täters dadurch nicht besser gefördert werden kann. [2] Diese Anordnung kann auch nachträglich erfolgen. [3] Solange der Vollzug in einer sozialtherapeutischen Einrichtung noch nicht angeordnet oder der Gefangene noch nicht in eine sozialtherapeutische Einrichtung verlegt worden ist, ist darüber jeweils nach sechs Monaten neu zu entscheiden. [4] Für die nachträgliche Anordnung nach Satz 2 ist die Strafvollstreckungskammer zuständig. [5] § 66c Absatz 2 und § 67a Absatz 2 bis 4 des Strafgesetzbuches bleiben unberührt.

(6) Das Gericht ordnet die Sicherungsverwahrung an, wenn die Gesamtwürdigung des Verurteilten, seiner Tat oder seiner Taten und ergänzend seiner Entwicklung bis zum Zeitpunkt der Entscheidung ergibt, dass von ihm Straftaten der in Absatz 3 Satz 2 Nummer 1 oder Absatz 4 bezeichneten Art zu erwarten sind; § 66a Absatz 3 Satz 1 des Strafgesetzbuches gilt entsprechend.

(7) Ist die wegen einer Tat der in Absatz 3 Satz 2 Nr. 1 bezeichneten Art angeordnete Unterbringung in einem psychiatrischen Krankenhaus nach § 67d Abs. 6 des Strafgesetzbuches für erledigt erklärt worden, weil der die Schuldfähigkeit ausschließende oder vermin-

dernde Zustand, auf dem die Unterbringung beruhte, im Zeitpunkt der Erledigungsentscheidung nicht bestanden hat, so kann das Gericht die Unterbringung in der Sicherungsverwahrung nachträglich anordnen, wenn

1. die Unterbringung des Betroffenen nach § 63 des Strafgesetzbuches wegen mehrerer solcher Taten angeordnet wurde oder wenn der Betroffene wegen einer oder mehrerer solcher Taten, die er vor der zur Unterbringung nach § 63 des Strafgesetzbuches führenden Tat begangen hat, schon einmal zu einer Freiheitsstrafe von mindestens drei Jahren verurteilt oder in einem psychiatrischen Krankenhaus untergebracht worden war und

2. die Gesamtwürdigung des Betroffenen, seiner Taten und ergänzend seiner Entwicklung bis zum Zeitpunkt der Entscheidung ergibt, dass er mit hoher Wahrscheinlichkeit erneut Straftaten der in Absatz 3 Satz 2 Nr. 1 bezeichneten Art begehen wird.

Schrifttum *Bartsch*, Sicherungsverwahrung – Recht, Vollzug, aktuelle Probleme, 2010; *Wüstenhagen*, Sicherungsverwahrung gegen Heranwachsende und Jugendliche, 2008.

Übersicht

	Rn.
I. Allgemeines	1
1. Anwendungsbereich	1
2. Abs. 1 und Abs. 2	2
a) Chance der (Wieder-)Eingliederung	2
b) Weiterreichende Bedeutung	3
II. Zeitige statt lebenslanger Freiheitsstrafe (Abs. 1)	4
1. Bedeutung der Vorschrift	4
a) Regelmäßiges Gebrauchmachen	4
b) Systematische Zusammenhänge	5
2. Verfahren	6
a) Ermessensentscheidung	6
b) Prüfungspflicht	6a
3. Entscheidung	7
III. § 45 Abs. 1 StGB	9
IV. Sicherungsverwahrung	10
1. Verhältnis zu GG und EMRK	11
a) Verhältnis zu Art. 2 Abs. 2 S. 2 iVm Art. 104 Abs. 1 GG	11
b) Verhältnis zu Art. 5 Abs. 1 S. 2 Buchst. a, Buchst. c und Buchst. e EMRK sowie zu Art. 7 Abs. 1 S. 2 EMRK	13
2. Empirische Anhaltspunkte	16
a) Prognostisches Unvermögen	16
b) Erhöhte Prüfungspflicht	17
c) Vor-Selektionen	18
3. Vorbehalt und nachfolgende Anordnung	19
a) Abs. 3	19
b) Abs. 4	23
c) Abs. 5	26
d) Nachfolgende Anordnung (Abs. 6)	27
4. Nachträgliche Anordnung (Abs. 7)	28

I. Allgemeines

1. Anwendungsbereich

Die Vorschrift findet auch vor den für **allg. Strafsachen** zuständigen 1
Gerichten Anwendung (§§ 112, 104 Abs. 1 Nr. 1).

2. Abs. 1 und Abs. 2

a) Chance der (Wieder-)Eingliederung. Liegen die Voraussetzungen 2
des § 105 Abs. 1 nicht vor und ist daher allg. StR anzuwenden, so soll dem
Heranwachsenden, auch wenn er schwerste Verbrechen begangen hat,
gleichwohl die (Wieder-)Eingliederung in die Gesellschaft ermöglicht blei-
ben (vgl. auch *Hoffmann-Holland* FS Eisenberg, 2009, 76 (80): Gebot der
Besserstellung). Dem tragen einzelne Sonderregelungen zur Milderung bzw.
Einschränkung der Rechtsfolgen Rechnung (vgl. BGHSt 31, 189 mzustAnm
Brunner NStZ 1983, 218 sowie zustAnm *Eisenberg* JZ 1983, 507).

b) Weiterreichende Bedeutung. Wenngleich diese Vorschriften ab- 3
schließende Regelungen darstellen (vgl. auch BGH *Herlan* GA 1956, 347),
so ist deren Intention im Sinne allg. Grundsätze des JStR **auch** in **anderem
Zusammenhang** zu berücksichtigen. Dies gilt ggü. einem Heranwachsenden ggf. schon bei Prüfung des subjektiven Tatbestandes (vgl. betr. materielles JStR → § 2 Rn. 28 ff.) oder der Entscheidung zu § 21 StGB (nicht
erörtert in BGH NStZ 2007, 639; vgl. betr. materielles JStR → § 18 Rn. 26)
und ohnehin zB für die Bemessung einer zeitigen Freiheitsstrafe (BGHR
§ 46 Abs. 1, Wiedereingliederung 1; BGH DVJJ-Journal 2003, 80 (allerdings
auf § 46 Abs. 1 S. 2 StGB gestützt)) ebenso wie für die Bemessung der
Tagessätze einer Geldstrafe (OLG Nürnberg StV 2006, 695 (zu § 32 Abs. 2
Nr. 5 lit. a BZRG)) oder für die Frage der Aussetzung der Vollstr zBew im
Hinblick auf § 56 Abs. 3 StGB (OLG Köln NJW 1967, 838 mAnm *Grethlein*).

II. Zeitige statt lebenslanger Freiheitsstrafe (Abs. 1)

1. Bedeutung der Vorschrift

a) Regelmäßiges Gebrauchmachen. Das Gericht **kann** statt einer ver- 4
wirkten lebenslangen Freiheitsstrafe eine zeitige Freiheitsstrafe (von zehn bis
zu fünfzehn Jahren Dauer) verhängen (Abs. 1; vgl. BGHSt 52, 316 = NJW
2008, 2397 (mAnm *Eisenberg* sowie Bspr. *Eisenberg* ZJJ 2008, 383) betr. zur
Tatzeit 19-jährigen Inhaftierten, indes in Einschränkung des Sinngehalts der
Vorschrift, vgl. → Rn. 2 sowie zu den Tatumständen → § 92 Rn. 40 –
insoweit zutr. in demselben Verfahren LG Bonn 8.5.2009 – 22 KLs 38/08
Rn. 147 ff., 158 (juris), BeckRS 2009, 21028). Hierzu ist es allg. Auffassung
in der Fachliteratur, dass die Vorschrift **idR** genutzt werden soll, um die
Möglichkeit der (Wieder-)Eingliederung in Freiheit offen zu halten (vgl. nur
Brunner/Dölling Rn. 1: „sollte sehr großzügig Gebrauch gemacht werden";
Sonnen in Diemer/Schatz/Sonnen Rn. 3: „fast schon als ‚Muss',; *Ostendorf*
in NK-JGG Rn. 3: „tendenziell im Sinne einer Anwendung"; *Rössner* in

HK-JGG Rn. 4: „regelmäßig"; einschr. *Laue* in MüKoStGB Rn. 6–8). Dem entsprechend darf die Norm nur dann nicht angewandt werden, wenn – was rechtstatsächlich kaum einmal begründbar ist (vgl. *Böhm/Feuerhelm* Jugend-StrafR § 7, 5b: „lebenslange Freiheitsstrafe darf … eigentlich nicht verhängt werden", s. auch die über Jahrzehnte hinweg meist „Null" lautenden Zahlen der einschlägigen Bundesstatistik) – eine zukünftige Legalbewährung als nahezu ausgeschlossen erscheint (allzu begründungsarm angenommen bei BGH NStZ-RR 2018, 327 (328)). Verfehlt wäre es demgegenüber., darauf abzustellen, ob „die Reifeentwicklung zur Tatzeit" als „bereits abgeschlossen" beurteilt wird (so auch BGH StraFo 2009, 124 – ohne indes aufzuheben (von BVerfG, 2. Kammer des 2. Senats, ZJJ 2009, 260 sodann nicht zur Entscheidung angenommen); verfehlt LG Ulm BeckRS 2010, 142226, nicht beanstandet von BGH BeckRS 2010, 27745 mit Bspr. *Eisenberg* HRRS 2012, 466 ff.).

5 **b) Systematische Zusammenhänge.** Praktisch unmittelbar bedeutsam ist die Vorschrift nur für diejenigen Straftatbestände, bei denen eine lebenslange Freiheitsstrafe obligatorisch ist, da im Falle fakultativer Anordnung das Gericht schon nach allg. StR im Hinblick auf das Altersstadium des Beschuldigten eine zeitige Freiheitsstrafe verhängen kann. – Im Übrigen ermöglichen § 21 bzw. § 23 StGB neben § 106 eine zusätzliche Strafmilderung, und zwar sowohl im Einklang mit allg. rechtssystematischen Auslegungsregeln als auch deshalb, weil andernfalls zur Tatzeit Heranwachsende mit zur Tatzeit Erwachsenen, auf die solche Milderungsvorschriften angewandt werden, gleichgestellt würden, ihnen die Spezialvorschrift des Abs. 1 also verwehrt würde. Nicht erörtert wird dieser Aspekt in der abw. Entscheidung BGH NStZ 2005, 166 mkritAnm *Eisenberg* JR 2005, 81, derzufolge neben der Milderung nach allg. StR keine weitere Milderung vorzunehmen, sondern der Gedanke des Abs. 1 nur als ein Zumessungsaspekt zu berücksichtigen sei.

2. Verfahren

6 **a) Ermessensentscheidung.** Das Gericht trifft seine Entscheidung – grundsätzlich nach *Anhörung* der *JGH* (vgl. → § 107 Rn. 12 ff., § 109 Abs. 1 S. 2 sowie → § 109 Rn. 4) – nach pflichtgemäßem Ermessen. Dabei sollen die etwa noch vorhandene Entwicklungsfähigkeit des Angeklagten und seine mögliche **(Wieder-)Eingliederung** in die Gesellschaft – zur Ermittlung bieten sich ggf. Sachverständigengutachten oder Zeugenvernehmung an – gegen Sicherungs- und Vergeltungsbelange der Allgemeinheit abgewogen werden. Allerdings erfordert es der Zweck der Vorschrift, die Belange der (Wieder-)Eingliederung in den Vordergrund zu rücken (vgl. BGHSt 31, 189 mzustAnm *Brunner* NStZ 1983, 218 sowie mzustAnm *Eisenberg* JZ 1983, 507 (509); BGH NStZ-RR 2018, 327 (328)), ohne dass die Einführung des § 57a StGB zu Lasten des Angeklagten berücksichtigt werden dürfte (ebenso BGHR JGG § 106 Abs. 1, Strafmilderung 1 = NStZ 1988, 498, wonach bei einem bisher nicht in Strafhaft gewesenen Angeklagten die „Chancen einer Besserung auf Grund des Strafvollzuges" zu prüfen sind).

6a **b) Prüfungspflicht.** Eine Erwägung, aus Gründen der „Sühne" (vgl. zu diesem Begriff aber → § 5 Rn. 7) **von vornherein** von der Möglichkeit gem. Abs. 1 absehen und lebenslange Freiheitsstrafe verhängen zu dürfen (vgl. noch BGHSt 7, 353 (ggü. einem noch „resozialisierbaren" Heranwachsenden)), ist **unzulässig,** (einschr. schon BGH bei *Holtz* MDR 1977, 283 sowie BGH 22.10.1982 – 2 StR 602/82 bei *Böhm* NStZ 1983, 451, wonach es im Übrigen unzulässig sei, neben dem Zweck der „Sühne" zusätzlich generalpräventive Aspekte sowie ein Genugtuungsbedürfnis der Angehörigen des Opfers zu berücksichtigen; generell vern. *Zieger* StV 1988, 310; *Nix* in Nix Rn. 4).

3. Entscheidung

Wegen des Erfordernisses der Entscheidungen mit **2/3-Mehrheit** gilt (§ 2 Abs. 2), § 263 Abs. 1 StPO.   **7**

Im **Entscheidungstenor** wird nur die gemilderte Rechtsfolge ausgewiesen. – In den Entscheidungs**gründen** ist auszuführen, welche Rechtsfolgen verwirkt sind und – ggf. – warum das Gericht eine Milderung vorgenommen hat. Mildert das Gericht nicht, obwohl dies nach den gesetzlichen Voraussetzungen der Vorschrift möglich wäre, so müssen die Entscheidungsgründe erkennen lassen, dass das Gericht die Milderungsmöglichkeit gegen die sonstigen Strafzwecke abgewogen hat (vgl. BGH 19.8.1958 – 5 StR 262/58; betr. Gesamtstrafe BGH StraFo 2005, 468 = NStZ 2005, 644).   **8**

III. § 45 Abs. 1 StGB

Ferner kann angeordnet werden, dass die nach § 45 Abs. 1 StGB ex lege vorgesehenen Nebenfolgen nicht eintreten **(Abs. 2).** Das Gericht trifft die Entscheidung – grundsätzlich nach *Anhörung der JGH* (vgl. § 107 sowie § 109 Abs. 1 S. 2 und → § 109 Rn. 4) – nach pflichtgemäßem **Ermessen.** Dabei erfordert es der Zweck der Vorschrift, die Belange der (Wieder-)Eingliederung vorrangig zu gewichten (vgl. auch → Rn. 6), sodass es idR geboten sein wird, die Nebenfolgen nicht eintreten zu lassen.   **9**

Was die Vorschriften des § 45 Abs. 2, 5 StGB angeht, so kann das Gericht das Altersstadium Heranwachsender bereits nach allg. StR berücksichtigen.

IV. Sicherungsverwahrung

Diese Maßregel darf gegen Heranwachsende u*nmittelbar* auch bei Anwendung allg. StR *nicht* angeordnet werden **(Abs. 3 S. 1;** vgl. vormals BGH DVJJ-Journal 2002, 464; für Aufhebung des Verbots Gesetzentwurf v. 14.5.2004 (BR-Drs. 238/04)). Anders verhält es sich bei Verurteilung durch ein JGericht (auch) wegen solcher Straftaten, die als Erwachsener begangen wurden (BGHSt 25, 44 (51) = NJW 1973, 154; abl. aus Gründen der Prävention *Wüstenhagen,* Sicherungsverwahrung gegen Heranwachsende und Jugendliche, 2008). – Zur Frage der (Nicht-)Geeignetheit von JStrafe als Vorstrafe iSv § 66 StGB vgl. → § 17 Rn. 62.   **10**

1. Verhältnis zu GG und EMRK

a) Verhältnis zu Art. 2 Abs. 2 S. 2 iVm Art. 104 Abs. 1 GG. Die vormaligen Vorschriften über die vorbehaltene (Abs. 3 aF) bzw. die nachträgliche Anordnung (Abs. 5, 6 aF) sind – ebenso wie das gesamte System   **11**

der Eingriffsnormen im Bereich der Sicherungsverwahrung nach allg. StR – wegen Verletzung von Art. 2 Abs. 2 S. 2 iVm Art. 104 Abs. 1 GG als **verfassungswidrig** erklärt worden (BVerfGE 128, 326 ff. = NJW 2011, 1931 ff. mAnm *Kreuzer/Bartsch* StV 2011, 472 ff.; *Hörnle* NStZ 2011, 488 ff.; BVerfG BeckRS 2011, 51793; zum allg. StR; vgl. ebenso schon *Laubenthal/Baier/Nestler* JugendStrafR Rn. 455), weil das **Abstandsgebot** zwischen Schuldstrafe und der in Rede stehenden freiheitsentziehenden Maßregel („gleichsam ein Sonderopfer", BVerfG 8.6.2011 – 2 BvR 2846/09 Rn. 101, BeckRS 2011, 51793) **nicht gewahrt** gewesen ist (zu Bsp. für den Änderungsbedarf vgl. BVerfG 8.6.2011 – 2 BvR 2846/09 Rn. 112–130, BeckRS 2011, 51793). Andere Vorschriften, zu denen im Schrifttum auch Abs. 5 aF gezählt wird (*Mosbacher* HRRS 2011, 230 f. (238, 241); *Hörnle* NStZ 2011, 491 Fn. 27; aA etwa LG Augsburg 29.2.2012 – Jug KLs 401 Js 107041/02), wurden in BVerfGE 128, 326 ff. zudem wegen **Verletzung** des **Vertrauensschutzgebots** als verfassungswidrig erklärt.

11a Ansonsten hat sich das Urteil BVerfGE 128, 326 ff. bzgl. des *Verbots* der *Doppelbestrafung* (Art. 103 Abs. 3 GG) und des *Rückwirkungsverbots* (Art. 103 Abs. 2 GG) der näheren Würdigung und ausnahmslosen rechtlichen Konsequenz (Eklärung der Normen für nichtig) enthoben, indem es eine Orientierung an dem **Strafbegriff** des Art. 7 Abs. 1 EMRK abgelehnt hat (vgl. näher → § 7 Rn. 31). – Zu den Besonderheiten bei der Altersgruppe der zur Tatzeit Heranwachsenden im Vergleich zu Erwachsenen hat sich das BVerfG in dem Urteil nicht verhalten (sogar nicht betr. Jugendliche, vgl. Anm. *Eisenberg* StV 2011, 480 ff.), obgleich für die *Prognose* der Zeitpunkt der *Anlasstat* und der Zeitraum *vor* der *Inhaftierung* von zentraler Bedeutung ist (verkannt bei *Endres* Rechtsausschuss BT-Drs. 17/9874, 3).

12 In BVerfGE 128, 326 ff. wurde die befristete (bis spätestens 31.5.2013) Fortgeltung der in Rede stehenden Normen erklärt, allerdings nur eingeschränkt unter erhöhten Voraussetzungen (vgl. auch BVerfG BeckRS 2011, 55417 Rn. 16 = EuGRZ 2011, 665). Gemäß der Neuregelung (Art. 316f Abs. 2 S. 2, 3 EGStGB, AbstandsgebotsG v. 5.12.2012 (BGBl. I 2425); zur Erfassung auch der Anordnung vorbehaltener Sicherungsverwahrung BGH NStZ 2014, 209 zum allg. StR) ist auf *vor Inkrafttreten* des Gesetzes begangene **Taten** (sog. „Altfälle") das **bisherige Recht** – unter den Einschränkungen gem. BVerfGE 128, 326 ff. – anzuwenden (vgl. dazu 16. Aufl. Rn. 27 ff.) – ob diese „Fortschreibung" mit der Rspr. des EGMR (vgl. auch → § 7 Rn. 31, 39, 40–43 entspr.) vereinbar ist, scheint bisher nicht abschließend geklärt (vern. LG Traunstein 25.9.2012 – NSV 402 Js 1100/04, S. 25: „quasi ad infinitum"; bejahend BGH NJW 2013, 2295 Rn. 24 (unter Bezugnahme auf Entscheidungen zum allg. StR); NJW 2013, 2295 = StV 2013, 767 mkritAnm *Brettel*). – Zu der (nicht umgesetzten) Anregung des Bundesrats (v. 30.3.2012, BR-Drs. 173/12, nicht aufrecht erhalten in der Sitzung v. 22.11.2012; vgl. aber auch Koalitionsvertrag – Bund v. 24.11.2013 (Zeilen 658–6592)), eine sog. „nachträgliche Therapieunterbringung" in das Gesetz einzufügen, um „psychisch gestörte" Personen, deren „hochgradige Gefährlichkeit" erst nach dem Strafurteil erkennbar werde („nova"), zum Schutz der Allgemeinheit unterzubringen, vgl. näher 19. Aufl.

13 **b) Verhältnis zu Art. 5 Abs. 1 S. 2 Buchst. a, Buchst. c und Buchst. e EMRK sowie zu Art. 7 Abs. 1 S. 2 EMRK.** Ob die **Abs. 3 und 4** (eingef. durch AbstandsgebotsG v. 5.12.2012 (BGBl. I 2425)) bzw.

die anschließende Anordnung von Sicherungsverwahrung (Abs. 6) mit
Art. 5 Abs. 1 S. 2 Buchst. a EMRK („nach Verurteilung") vereinbar sind,
scheint bislang ungeklärt (vgl. krit. zum Vorbehalt schon *Gazeas* StraFo
2005, 14; *Kinzig* NJW 2002, 3205 sowie 2011, 179; *Merkel* R&P 2011,
211 f.; aA BVerfG NJW 2012, 3357 Rn. 99 ff., speziell zur Zeitspanne
Rn. 111 (betr. allg. StR); *Kreuzer* NStZ 2010, 479), da es an der *Unmittelbarkeit* eines Kausalzusammenhangs zwischen (vorausgegangener) Verurteilung nebst Vorbehalt und (späterer) Anordnung *fehlt* (vgl. EGMR 13.1.2011
– 6587/04 Rn. 75, NJW 2011, 3423: the „detention" must follow the
„conviction" in point of time: in addition, the „detention" must result from,
follow and depend upon or occur by virtue of the „conviction"), und zwar
betr. Abs. 6 nicht zuletzt wegen des Verweises auf § 66a Abs. 3 S. 1 StGB
(„bis zur vollständigen Vollstreckung"; vgl. auch *Esser* in Löwe/Rosenberg
EMRK Art. 5 Rn. 83–85).

Eher (noch) größere Zweifel bestehen betr. **Abs. 6** hinsichtlich eines 14
Verstoßes gegen Art. 5 Abs. 1 S. 2 Buchst. c EMRK bei Fehlen konkreter
Gefahr. Zudem ist davon auszugehen, dass Abs. 6 und **Abs. 7** mit Art. 5
Abs. 1 S. 2 Buchst. e EMRK nicht vereinbar ist, es sei denn, es liegt eine
verlässliche und valide Diagnose einer geistigen Gestörtheit vor (vgl. nur
EGMR 13.1.2011 – 6587/04 Rn. 77, NJW 2011, 3423: „he must reliably
be shown to be of unsound mind, that is, a true mental disorder must be
established before a competent authority on the basis of objective medical
expertise"; ebenso EGMR 13.4.2011, 13.1.2011 – 17792/07 Rn. 55,
BeckRS 2011, 80354), der grundsätzlich die Art der Unterbringung entsprechen (EGMR 13.1.2011 – 6587/04 Rn. 78, NJW 2011, 3423
mN: „In principle, the „detention" of a person as a mental health patient
will only be „lawful" ... if effected in a hospital, clinic or other appropriate
institution"; ähnlich EGMR 28.11.2013 – 7345/12 Rn. 75, 85, 92; ergänzend *Pösl/Dürr* EuCLR 2012, 158 ff.). Zwar scheidet eine Persönlichkeitsstörung nicht von vornherein aus, jedoch kommt es auf deren Intensität und
sonstige Tatsachen an – es handelt sich um eine Rechtsfrage (vgl. auch → § 7
Rn. 40), die nicht dem den Mitgliedstaaten zugestandenen Gestaltungsspielraum (EGMR 22.10.2009 – 1431/03 Rn. 34 betr. „psychiatric institution")
unterfällt (vgl. ergänzend Anm. *Renzikowski* NStZ 2010, 506 ff.). Wegen
Einzelfragen zum ThUG → § 7 Rn. 41, 41a.

Im Übrigen handelt es sich bei den (durch das AbstandsgebotsG einge- 15
führten) **Abs. 6** bzw. **Abs. 7** insoweit um einen Verstoß gegen Art. 7 Abs. 1
S. 2 EMRK, als Sicherungsverwahrung sich (weiterhin) als zusätzliche Strafe
darstellt (vgl. EGMR StV 2010, 181 Nr. 100 ff. mit Bspr. *Müller* StV 2010,
207; *Greger* NStZ 2010, 679; *Pösl/Dürr* EuCLR 2012, 158 ff.; vgl. auch betr.
§ 66b Abs. 3 StGB aF BGH StV 2010, 482 mit Bspr. *Gaede* HRRS 2010,
329 ff.).

2. Empirische Anhaltspunkte

a) Prognostisches Unvermögen. Die **methodischen Schwierigkei-** 16
ten und rechtstatsächlichen **Belastungen** für das **Vollzugs**geschehen (vgl.
zu empirischen Erhebungen *Bartsch,* Sicherungsverwahrung – Recht, Vollzug, aktuelle Probleme, 2010; s. auch *Kinzig* StV 2002, 500 ff.; ergänzend
Eisenberg ZfStrVo 2001, 131 f. und Jura 2001, 787 ff.) bestehen bei **vorbehaltener** Anordnung von Sicherungsverwahrung in ähnlicher, wenn auch

modifizierter Weise wie bei nachträglicher Anordnung. Inwieweit die (durch AbstandsgebotsG v. 5.12.2012 (BGBl. I 2425) eingeführten) Kontrollen des Vollzugsablaufs (§§ 66c, 67c Abs. 1 StGB; vgl. → § 92 Rn. 155 ff., 176 ff.) hierin substantiell eine Änderung ermöglichen, ist einstweilen offen. Zumindest die sachbedingten Grenzen einer verlässlichen Prognosestellung (vgl. auch → § 7 Rn. 34f) können dadurch nicht überwunden, wenngleich ggf. reduziert werden (zur Gefahr der „Freiheitsberaubung (§ 239 StGB) ohne nachweisbaren Vorsatz" bei unzutreffend negativer Prognose schon *Schüler-Springorum* ZfStrVo 2005, 231; rechtstatsächlich bilanzierend *Ullenbruch* NStZ 2008, 6). Bisher ist aufgrund empirischer Untersuchungen von Anteilen **falscher negativer Prognosen** nicht unter 50 % auszugehen (vgl. *Kinzig,* Die Legalbewährung gefährlicher Rückfalltäter, 2. Aufl. 2010, 196 ff.; *Alex/Feltes* FS 2010, 159 ff.; *Müller ua* MschKrim 2011, 256 ff.; vgl. aber Begr. RegE BT-Drs. 17/9874, 34: „zur Verbesserung der Prognosesicherheit"). Inhaltlich setzt die Anordnung vorbehaltener Sicherungsverwahrung und nachfolgender Anordnung bzw. nachträglicher Anordnung (Abs. 6 bzw. Abs. 7) voraus, dass die als negativ beurteilten Tatsachen und Umstände stabil sind, dh dass sie – wie bei **haftbedingter** Entstehung bzw. Steigerung eher nicht zu erwarten (vgl. zur prognostischen Schwierigkeit auch *Renzikowski* NJW 2013, 1641) – auch nach Entlassung fortbestehen (zum *Verfahren* vgl. Erl. zu § 81a).

17   **b) Erhöhte Prüfungspflicht.** Diese **Bedenken** wirken sich bei zur Tatzeit **Heranwachsenden** – im Vergleich zu zur Tatzeit erwachsen gewesenen Verurteilten – in **gesteigerter** Weise aus (speziell zu § 66 Abs. 1 Nr. 4 StGB vgl. ergänzend → § 17 Rn. 62), weil die Betroffenen in aller Regel biographisch **weniger verfestigt** sind als Erwachsene (vgl. betr. 2. StR-ReformG v. 4.7.1969 (BGBl. I 717): Sicherungsverwahrung nur, wenn die Anlasstat nach Vollendung des 25. Lbj. begangen wurde; vgl. auch *Goerdeler* ZJJ 2003, 189; *Rzepka* KrimJ 2003, 234 f.). Daher sind auch die **Prognose** und die **Verhältnismäßigkeitsprüfung** anders vorzunehmen als bei Erwachsenen, und sie bedürfen erhöhter Prüfung. Verstärkt gelten die Einwände insb. in Fällen **ohne** einschlägige **Vorverurteilung** (vgl. aber BGHSt 52, 316 = NJW 2008, 2397 mablAnm *Eisenberg* (sodann in demselben Verfahren anordnend LG Bonn 8.5.2009 – 22 KLs 38/08 Rn. 171 ff., mit der Floskel „kriminelle Energie" Rn. 175, 177, BeckRS 2009, 21028); abl. auch *Laubenthal/Baier/Nestler* JugendStrafR Rn. 461; *Kinzig* RdJB 2007, 161 f.; *Streng* JugendStrafR Rn. 560; *Lange,* Die Kriminalprognose im Recht der Sicherungsverwahrung, 2012, 154 f. (schon zum allg. StR); krit. *Freudig* NStZ 2010, 256 f.).

18   **c) Vor-Selektionen.** Die Beeinträchtigungen des Vollzugsziels durch Formen der „vorsorglichen" Vorab-Erfassung zum Nachteil derjenigen, die die formellen Voraussetzungen erfüllen, mögen zwar gem. (Abs. 4 Abs. 1 aF wie) Abs. 5 S. 1 idF des AbstandsgebotsG (BGBl. 2012 I 2425) ggf. in gewisser Weise abgemildert sein (zur Begrenzung auf das 27. Lbj. vgl. rechtssystematisch ergänzend § 41 iVm § 2 Abs. 2 Nr. 6, § 7 Abs. 1 Nr. 3 KJHG), sie werden aber nicht behoben. Insbesondere kann eine etwaige Abmilderung die im Vergleich zum allg. StR (§ 66a Abs. 1 StGB) bestehende Mehrbelastung Betroffener schwerlich aufwiegen, die darin liegt, dass die negative Prognose ungleich gewichtiger ist, weil gem. (Abs. 3 Nr. 3 wie) Abs. 3 S. 2 Nr. 2 idF des AbstandsgebotsG sowohl Hang als auch Gefährlichkeit fest-

stehen müssen. – Kriminalpolitisch wurde mitunter gar eine Verlagerung vom Gericht (Abs. 4 S. 1) auf die Exekutive empfohlen (vgl. Gesetzentwurf v. 14.5.2004 (BR-Drs. 238/04)), was sich indes wegen des damit verbundenen Verlusts an gerichtlicher Kontrolle verbietet (vgl. im Übrigen (auch) aus der justitiellen Praxis abl. *Sieveking ua* ZRP 2005, 188 ff.).

3. Vorbehalt und nachfolgende Anordnung

a) Abs. 3. Die (durch AbstandsgebotsG v. 5.12.2012 (BGBl. I 2425) **19** eingeführte) Regelung des Vorbehalts der Anordnung von Sicherungsverwahrung (vgl. im Übrigen zu § 7 Abs. 2 Erl. zu → § 7 Rn. 29, 44 ff.) weitet die Zulässigkeit gegen nach allg. StR verurteilte Heranwachsende auf **Erstverurteilte** (sog. „Ersttäter") aus (Abs. 3). Die Bestimmung ist der Vorschrift des § 66a Abs. 2 StGB insoweit entlehnt, als der Vorbehalt auch dann zulässig ist, wenn eine „**hangbedingte Gefährlichkeit**" nur zumindest **wahrscheinlich** ist. Hinsichtlich formeller Voraussetzungen des Vorbehalts wie einer sich daran etwa anschließenden Anordnung von Sicherungsverwahrung muss es sich (enger als nach Abs. 3 aF) um **Verbrechen** gegen **höchstpersönliche Rechtsgüter** nebst **schwerer Opferschädigung** oder **-gefährdung** (vgl. dazu → § 7 Rn. 45) handeln. Die Mindesthöhe der Freiheitsstrafe beträgt (wie Abs. 3 aF) fünf Jahre. – Wegen der Frage nach der Vereinbarkeit mit der **EMRK** vgl. → Rn. 13–15.

Die Ausweitung auf sog. Erstverurteilte übergeht **adoleszenzbedingte 20 Unterschiede** zu Erwachsenen, zumindest stellt sie solche Unterschiede hintan (vgl. dazu LG Verden, zitiert nach *Marquardt* Der Kriminalistik 2016, 4 ff. (aufschlussreich auch zu sonstigen Fehlern)). Die Ausweitung wird auch kaum dadurch aufgefangen, dass – im Vergleich zum allg. StR (§ 66a Abs. 2 StGB) – als erhöhte Voraussetzung eine schwere Opferschädigung oder -gefährdung eingestellt ist. Das Erfordernis eines „Hangs" ist – unbeschadet der empirischen Unzugänglichkeit – wegen seiner eher zur Einschränkung geeigneten Funktion bedeutsam (zu verfehlter Begründung aber BGH BeckRS 2010, 27745 mit Bspr. *Eisenberg* HRRS 2012, 466 ff.).

Ob kriminalpolitisch verbalisierte Annahmen des Inhalts, infolge einer **21** Vorbehaltsentscheidung komme es zu einer Verstärkung der im **StVollzug** unternommenen Interventionsbemühungen einschließlich dafür unerlässlicher Lockerungen, sich bestätigen könnten, wird ggf. teilweise davon abhängen, ob substantielle Änderungen der Vollzugsbedingungen vorgenommen werden (vgl. dazu Abs. 3 iVm § 66c Abs. 2 StGB (eingeführt durch AbstandsgebotsG, BGBl. I 2425)). Indes wird der Betroffene auch zukünftig besonderer Beobachtung ausgesetzt sein, wodurch schon die Melde- oder Anzeigebereitschaft erhöht sein kann und zudem die permanente Gefahr fingierter Anlässe nebst behördlicher Fehlbeurteilung besteht. Zum anderen ist zu besorgen, dass (auch weiterhin) die Möglichkeit anschließender Anordnung von Sicherungsverwahrung sich abträglich auf den StVollzug insgesamt auswirkt.

Nicht anders als im allg. StR darf zulässiges **Verteidigungsverhalten 22** nicht angelastet werden (vgl. nur BGH StV 2011, 482 (betr. allg. StR)). – Bezüglich Abs. 3 S. 2 Nr. 2 hat das Gericht, wie bei einem Vorbehalt nach § 66a Abs. 2 StGB, in den **Urteilsgründen** darzulegen, ob es „Hang" und „Gefährlichkeit" lediglich für wahrscheinlich hält oder bereits eine diesbzgl. Überzeugung gewonnen hat (vgl. Begr. RegE v. 6.6.2012 (BT-Drs. 17/9874), 29).

23 **b) Abs. 4.** Die Vorschrift sieht die Möglichkeit vorbehaltener Sicherungsverwahrung für sog. „Wiederholungs-„ und „Mehrfachtäter" auch dann vor, wenn die Anlassverurteilung ein oder mehrere **Vergehen** des sexuellen Missbrauchs von Kindern (§ 176 StGB) betrifft. Diese Regelung erweckt Zweifel hinsichtlich des Bestimmtheitsgrundsatzes schon angesichts der unterschiedlichen, vergleichsweise ausgeprägt zur Disposition der Rechtsanwendenden stehenden Verwirklichungsfacetten dieses StrafTb. Zudem übergeht sie die pubertäts- bzw. adoleszenzbedingten Zusammenhänge einschlägigen Verhaltens und ist geeignet, eine formelle Ausgrenzung zu veranlassen. So entbehrt die Begr. des RegE (v. 6.6.2012 (BT-Drs. 17/9874), 36) jedweder Erwähnung von oder gar Auseinandersetzung mit (entwicklungs- bzw. jugend-)psychologischen und sexualwissenschaftlichen Erkenntnissen, bescheidet sich vielmehr mit der Wendung, einschlägigen Delikten „im jungen Alter" könne „in Einzelfällen eine prognostische Bedeutung" im Sinne „künftiger Begehung schwerer Sexual- oder Gewalttraftaten" zukommen (wozu – unter Verschweigen von Selektionkriterien der Anzeige- und Überführungsbereitschaft einschließlich des unbekannten Ausmaßes von Fehlentscheidungen betr. diese Deliktsbereiche – auf veröffentlichte Auszählungen strafrechtsbezogener Verläufe Bezug genommen wird). Zwar wird zugleich die Anwendbarkeit nur auf **„Extremfälle"** hervorgehoben (Begr. RegE v. 6.6.2012 (BT-Drs. 17/9874), 36), jedoch fehlt es an einem Nachweis dazu, dass gem. dem Verhältnismäßigkeitsgrundsatz vorrangige **außerstrafrechtliche Intervention**smöglichkeiten nicht zureichen. – Wegen der Frage der Vereinbarkeit mit der EMRK wird (auch hierzu) auf die Erl. in → Rn. 13–15 verwiesen.

24 Hinsichtlich **formeller Voraussetzungen** ist die Verurteilung wegen einer oder mehrerer Straftaten nach § 176 StGB zu einer Freiheitsstrafe von mindestens fünf Jahren erforderlich, wobei eine der Straftaten als Anlassdelikt die Wertung einer **schweren Opferschädigung** oder **-gefährdung** aufweisen muss. Diese Auslegung folgt aus Abs. 4 Nr. 1 und dem Verweis in Abs. 4 auf die übrigen Voraussetzungen des Abs. 3 S. 2. Hinsichtlich der opferbezogenen Qualifikation lässt schon der Verhältnismäßigkeitsgrundsatz keine andere Auslegung zu (vgl. auch Begr. RegE v. 6.6.2012 (BT-Drs. 17/9874), 34: „hier auf keinen Fall weniger geboten als bei den in Abs. 3 genannten Verbrechen").

24a Weiterhin müssen nach Abs. 4 Nr. 2 (wie in Abs. 3 aF) die übrigen Voraussetzungen des **§ 66 Abs. 3 StGB** erfüllt sein (vgl. auch § 66a Abs. 1 Nr. 2; ergänzend Begr. BT-Drs. 15/1311, 26). Hinsichtlich der **Vorverurteilung** verlangt § 66 Abs. 3 S. 2 – im Unterschied zu S. 1 – im Falle der Verhängung einer Gesamtstrafe nicht eine Vorverurteilung zu einer Einzelstrafe von mindestens drei Jahren (nach BGH BeckRS 2015, 19044 gelte dies auch für eine EinheitsJStrafe als Vorverurteilung; zw., näher dazu → § 17 Rn. 62, → § 31 Rn. 53f). – Gemäß Abs. 4 Nr. 3 ist zudem erforderlich, dass es sich auch bei den nach Abs. 4 Nr. 2 maßgeblichen früheren Taten um solche aus dem Katalog der Anlassstraftaten mit der genannten besonderen opferbezogenen Qualifikation handelt.

25 Zu den **materiellen Voraussetzungen** gehört eine negative Prognose nach Abs. 3 S. 2 Nr. 2, wie der Verweis auf dessen „übrige Voraussetzun-

gen" ergibt. Gemäß Abs. 4 Nr. 3 muss sich die Prognose auf Straftaten aus dem Katalog der Anlassdelikte beziehen und die Qualifikation einer schweren Opferschädigung oder -gefährdung umfassen.

c) Abs. 5. Die Vorschrift ersetzt den Begriff sozialtherapeutische Anstalt 26 durch den genannten – umfassenderen – Begriff. Damit soll indes inhaltlich verdeutlicht werden, dass die sozialtherapeutische Bemühung nicht in organisatorisch und räumlich selbstständigen Einrichtungen erfolgen muss, sondern auch innerhalb einer besonderen Abteilung des Strafvollzugs durchgeführt werden kann (Begr. RegE v. 6.6.2012 (BT-Drs. 17/9874)).

Mit der Vorschrift wird – den Vorgaben des BVerfG NJW 2011, 1931, 1938 entsprechend – das Ziel verfolgt, durch eine rehabilitative Einwirkung im Vollz der JStrafe eine spätere Anordnung vorbehaltenen Sicherungsverwahrung möglichst entbehrlich zu machen (s. auch → § 66c Abs. 2 StGB). Dies hat durch sozialtherapeutische Bemühungen zu geschehen. Dass in S. 1 dabei von einer sozialtherapeutischen Einrichtung und nicht von einer entspr. Anstalt die Rede ist, soll zum Ausdruck bringen, dass es hierfür keines organisatorisch und räumlich verselbstständigten Kontextes bedarf. Ausreichend ist indes eine besondere Abteilung des StVollz (Begr. RegE v. 6.6.2012 [BT-Drs. 17/9874]). Die Anordnung, die JStrafe in einer solchen Einrichtung zu vollziehen, trifft das Tatgericht. Es darf davon nur absehen, wenn dies nicht spezialpräventiv förderlicher als der Regelvollzug wäre. Für die nachträgliche Anordnung (und die turnusmäßige Prüfung eines entspr. Anlasses) ist dann aber das VollstrG zuständig (S. 2 – 4). Das gilt auch für die (bei Vorliegen neuer einwirkungsrelevanter Umstände ggf. notwendige) Änderung einer nach S. 1 getroffenen Entscheidung (vgl. OLG Hamm BeckRS 2018, 36219).

d) Nachfolgende Anordnung (Abs. 6). Das Gericht ordnet an, wenn 27 die Gesamtwürdigung ergibt, dass Straftaten der in Abs. 3 S. 2 Nr. 1 oder Abs. 4 bezeichneten Art von dem Betroffenen „zu erwarten sind". Dies verlangt zwar keine „hohe Wahrscheinlichkeit", jedoch wäre die Annahme einer „nahe liegenden Gefahr" weder hinreichend bestimmt noch kontrollierbar, dh es bedarf auch hier (vgl. → § 7 Rn. 48 entspr.) verlässlich festgestellter Tatsachen und entwicklungsbezogener Interpretation.

Ein Unterschied zu § 66a Abs. 3 S. 2 StGB besteht jedoch darin, dass die Erwartung „erheblicher Straftaten" nicht ausreicht.

4. Nachträgliche Anordnung (Abs. 7)

Bezüglich Abs. 7 (gem. AbstandsgebotsG (BGBl. 2012 I 2425); wegen der 28 vormaligen nachträglichen Anordnung gem. Abs. 5 aF vgl. bis 19. Aufl.) wird, vorbehaltlich sich aus den unterschiedlichen Altersstufen ergebender Modifizierungen, auf die Erl. zu der entsprechenden Vorschrift des § 7 Abs. 4 verwiesen (vgl. → § 7 Rn. 54). – Bei der Prüfung der inhaltlichen Voraussetzungen lässt sich ein etwaiges Interesse der psychiatrischen Krankenhäuser auf Entlastung von ggf. als „störend" beurteilten Untergebrachten, wegen des höheren Alters mutmaßlich mehr als bei jüngeren Personen (s. § 7 Abs. 4), nicht ausschließen. Entsprechendes gilt unter fiskalischen Aspekten insofern, als die Unterbringung in Sicherungsverwahrung (bislang) deutlich kostengünstiger ist als die Unterbringung in einem psychiatrischen Krankenhaus, allerdings wird sich das Gefälle durch Umsetzung der Vorgaben in BVerfGE 128, 326 ff. = NJW 2011, 1931 ff. (vgl. auch → § 92 Rn. 155 ff., 176 ff.) reduzieren.

29   Gemäß § 14 Abs. 1 bzw. Abs. 3 ThUG (vgl. zu diesem Gesetz aber näher → § 7 Rn. 41, 41a) ist es zulässig, nach persönlicher Anhörung (hier ggf. im Wege der Rechtshilfe) eine **vorläufige Unterbringung** für die Dauer von drei Monaten ohne „Anhörung" eines Sachverständigen (zivilgerichtlich) anzuordnen, die nach „Anhörung" eines solchen bis zu einem Jahr verlängert werden kann. Beweisrechtlich begegnet diese Regelung, die kriminalpolitisch dahingehend motiviert gewesen sein mag, etwaigen Bedenken bei den Gerichten zu begegnen, eine als fehlerhaft beurteilte Unterbringung für erledigt zu erklären, erheblichen Einwänden (ein „dringendes Bedürfnis" vern. OLG Frankfurt a. M. BeckRS 2012, 16595 zum allg. StR).

Zweiter Abschnitt. Gerichtsverfassung und Verfahren

Gerichtsverfassung

107 Von den Vorschriften über die Jugendgerichtsverfassung gelten die §§ 33 bis 34 Abs. 1 und §§ 35 bis 38 für Heranwachsende entsprechend.

Übersicht

	Rn.
I. Anwendungsbereich	1
II. Allgemeines	2
1. Systematische Bedeutung	2
2. Heranwachsende; jugendgerichtliche Zuständigkeit ...	4
a) Begriff	4
b) Zuständigkeit der JGerichte	5
III. Mitwirkung von Organen der Jugendgerichtsverfassung ..	7
1. Aufgaben des JGerichts	7
a) Abweichungen	8
b) Aufgabenverteilung	10
2. Aufgaben der JStaatsanwaltschaft	11
3. Aufgaben der JGH	12
a) Heranziehung	13
b) Besonderheiten der Aufgaben	14
c) Revision	15
IV. Abgabe und Anfechtbarkeit	17

I. Anwendungsbereich

Von den in der Bestimmung aufgeführten Vorschriften gilt in Verfahren **1** gegen **Heranwachsende** vor den für allg. Strafsachen zuständigen Gerichten nur § 38 (§§ 112 S. 1, 104 Abs. 1 Nr. 2; vgl. aber auch die Erl. bei → § 104 Rn. 7 entspr.).

II. Allgemeines

1. Systematische Bedeutung

Vor 1953 waren Heranwachsende nicht in die JG-Verfassung und das JG- **2** Verfahren einbezogen. Dies zu verändern war ein wesentliches Anliegen des Gesetzgebers für die Neufassung von 1953 (s. Amtl. Begr. 35, 36 f.).

Die Vorschrift bezieht Heranwachsende in gleichem Umfang wie Jugend- **3** liche in den Bereich der Jugendgerichtsbarkeit ein, damit die in der Beurteilung des Verhaltens und der Entwicklung junger Menschen ggü. den für allg. Strafsachen zuständigen Gerichten erfahreneren JGerichte jeweils die Entscheidung treffen, ob bei einem Heranwachsenden im Einzelfall JStR oder allg. StR anzuwenden ist (Amtl. Begr. 37). – Da die Ausgestaltung des Verfahrens nach JGG-Bestimmungen (§ 109) und die Anwendung materiellen JStR (§ 105 Abs. 1) unabhängig von der Einbeziehung der Heranwach-

senden in die JG-Verfassung ist, richten sich Reformbestrebungen teilweise
auf die völlige Gleichstellung der Heranwachsenden (ggf. unter modifizierter
Einbeziehung der Jungerwachsenen) mit den Jugendlichen (vgl. näher aber
→ § 105 Rn. 5 f.).

2. Heranwachsende; jugendgerichtliche Zuständigkeit

4 **a) Begriff.** Der Begriff des Heranwachsenden iSd Vorschrift ist identisch
mit demjenigen in § 1 Abs. 2. Maßgeblich ist hiernach das Alter zur **Zeit
der Tat** und nicht dasjenige zur Zeit der Anklageerhebung oder des weiteren Verfahrens. Ist der Heranwachsendenstatus zur Zeit der Tat nicht mit
Sicherheit auszuschließen, entscheidet ebenfalls das JGericht (vgl. näher
→ §§ 33–33b Rn. 4).

5 **b) Zuständigkeit der JGerichte.** Die JGerichte sind grundsätzlich in
demselben Umfang zur Entscheidung bei Verfehlungen Heranwachsender
wie bei Verfehlungen **Jugendlicher** zuständig (vgl. § 108 Abs. 1; zu Besonderheiten im Verhältnis einzelner JGerichte zueinander s. § 108 Abs. 2,
3). Demgemäß sind JGerichte auch dann zur Entscheidung berufen, wenn
eine einheitliche Tat bzw. mehrere Verfehlungen desselben Beschuldigten
vorliegen, die (bzw. deren Einzelakte) dieser zumindest teilweise als Heranwachsender, teilweise als Erwachsener begangen hat (s. BGHSt 8, 349; 7, 26;
BGH StV 1981, 77; BGH 5.2.1986 – 3 StR 23/86; BGH StV 2003, 15;
StraFo 2010, 466 Rn. 4; vgl. näher → § 103 Rn. 28 ff., 32). Insbesondere
kommt es hierfür nicht darauf an, bei welchen Taten das Schwergewicht
liegt (BGH StV 1994, 173 Rn. 13; OLG Jena OLGSt StPO § 209 Nr. 4).
Wird die Verfolgung jedoch durch das Gericht oder die StA auf die im
Erwachsenenalter begangenen Taten beschränkt (§ 2 Abs. 2 iVm §§ 154,
154a StPO), entfällt die Zuständigkeit der JGerichte (soweit dies durch die
Teileinstellung nicht gezielt erreicht werden sollte (BGH NStZ 1996, 244)).

5a Erfolgt die Anklage irrig vor dem falschen Gericht, hat dieses das Verfahren an das zuständige JGericht oder Erwachsenengericht abzugeben (dazu
→ §§ 33–33b Rn. 25 ff.); erfolgt dies nicht, hat das Folgen für die Anfechtbarkeit des Urteils (näher → §§ 33–33b Rn. 37 ff.).

6 Die bei Jugendlichen bestehenden **Ausnahmen** von der Zuständigkeit
der JGerichte (§§ 102, 103 Abs. 2 S. 2, 3) gelten bei Heranwachsenden
entsprechend (§ 112 S. 1). Da die Ausnahmen gesetzlich abschließend bestimmt sind, ist die Entscheidung einer Verwaltungsbehörde über Verstöße
Heranwachsender gegen StR-Normen im engeren Sinne – (dh ausschließlich des OWiR; s. aber zur Zuständigkeit des JGerichts im gerichtlichen
Bußgeldverfahrens nach Einspruch § 68 Abs. 2 OWiG) – unzulässig (vgl.
→ §§ 33–33b Rn. 4 sowie bereits *Dallinger/Lackner* Rn. 7).

III. Mitwirkung von Organen der Jugendgerichtsverfassung

1. Aufgaben des JGerichts

7 Es hat in Verfahren gegen Heranwachsende grundsätzlich dieselben **Aufgaben** wie in Verfahren gegen Jugendliche (vgl. deshalb die Erl. betr. § 34
Abs. 1 entspr., → § 34 Rn. 5).

a) Abweichungen. Solche bestehen zum einen insofern, als seit Einfüh- 8
rung der Volljährigkeit Heranwachsender zugleich mit dem elterlichen Erziehungsrecht auch die nachrangige Erziehungsberechtigung des Staates entfallen ist (vgl. BVerfGE 22, 180). Da demgemäß die familiengerichtlichen
Erziehungsaufgaben in § 34 Abs. 3 ggü. Heranwachsenden nicht mehr in
Betracht kommen, ist insoweit auch das Prinzip der Einheit von JRichter
und FamRichter (vormals Vormundschaftsrichter) in § 34 Abs. 2 aufgehoben.

Zum anderen ergeben sich gewisse *Besonderheiten* dadurch, dass bei der 9
Anwendung von Verfahrensvorschriften des JGG mitunter im Verhältnis
zu Jugendlichen abw. Gesichtspunkte maßgebend sein können (vgl. näher
→ § 109 Rn. 22 ff.).

b) Aufgabenverteilung. Eine Aufteilung unter mehreren JRichtern 10
(bzw. JKammern) iRd Geschäftsverteilung nach **Jugend-Strafsachen** einerseits und **Heranwachsenden-Strafsachen** andererseits ist schon im Hinblick auf die Beurteilung nach § 105 Abs. 1 zu **vermeiden** (ähnl. *Dallinger/
Lackner* Rn. 8 mwN; vgl. auch → § 34 Rn. 13). Auch bei der Bestellung
von BezirksJRichtern ist eine solche Aufteilung abzulehnen (allg. Auffassung; vgl. auch → §§ 33–33b Rn. 25); die Bildung eines gemeinsamen
JSchöffenG nur für JStrafsachen oder nur für Heranwachsenden-Strafsachen
kommt nicht in Betracht (*Dallinger/Lackner* Rn. 9).

2. Aufgaben der JStaatsanwaltschaft

In Verfahren vor den JGerichten werden auch Strafsachen gegen Heran- 11
wachsende regelmäßig von **JStaatsanwälten** bearbeitet (§§ 107, 36, 33; zur
Zuständigkeit der JStA vgl. → § 36 Rn. 8 ff.). Bei der Geschäftsverteilung ist
darauf zu achten, dass von mehreren JStaatsanwälten jeder im gleichen
Ausmaß mit Strafsachen gegen Heranwachsende wie gegen Jugendliche
befasst ist.

3. Aufgaben der JGH

In demselben Umfang wie in Verfahren gegen Jugendliche wirkt die **JGH** 12
grundsätzlich auch in Verfahren gegen Heranwachsende mit. Dies gilt auch
für Soldatinnen und Soldaten (OLG Schleswig SchlHA 1958, 341 = EJF C I
Nr. 47; s. auch schon *Würfflein* RdJB 1958, 223; ferner → § 112d Rn. 6).

a) Heranziehung. Die Mitwirkungspflicht der JGH besteht **unabhängig** 13
davon, ob aus Sicht der JStrafjustiz mit der Anwendung von **allg. StR** oder
von JStR zu rechnen ist. Desgleichen ist es insoweit **unerheblich**, wenn der
Heranwachsende bei Einleitung des **Verfahrens** oder während des Verfah-
rensverlaufs das **21. Lbj.** vollendet hat (BGHSt 6, 354; BGH StV 1982,
336 f. mAnm *Gatzweiler*). Denn anderenfalls wäre der zufällige zeitliche
Abstand zwischen der Tat und der Einleitung des Ermittlungsverfahrens bzw.
der Durchführung des Hauptverfahrens für die Heranziehung (und die Verwirklichung der weiteren Rechte der JGH) maßgeblich (BGHSt 6, 354
(356 f.)). Die JGH ist auch dann heranzuziehen, wenn ein Teilakt einer
einheitlichen Tat erst nach Vollendung des 21. Lbj. begangen ist (*Dallinger/
Lackner* Rn. 14 mN). – Auch im Strafbefehlsverfahren gelten die Vorschrif-

ten über die Beteiligung der JGH entsprechend (*Kaspar* in MüKoStPO Rn. 4).

14   **b) Besonderheiten der Aufgaben.** Was die Aufgaben der JGH in Verfahren gegen Heranwachsende im Allg. anbelangt, so hat deren Ermittlungsfunktion eine besondere Bedeutung insofern, als die Beurteilung des Entwicklungsstandes des Heranwachsenden maßgebend für die Entscheidung darüber ist, ob **JStR** oder **allg. StR** anzuwenden ist. Dabei kommt der Stellungnahme der JGH ein erhöhtes Gewicht dann zu, wenn seit der Tat des Heranwachsenden bis zum Zeitpunkt seiner Aburteilung ein längerer Zeitraum vergangen ist, der mehrere Entwicklungsphasen einschließt (s. BGH *Dallinger* MDR 1956, 12 = EJF C I Nr. 7 mAnm *Kohlhaas*). Die Voraussetzungen der Offenbarung solcher Daten, die der JGH im Rahmen ihrer Hilfefunktion anvertraut worden sind, bestimmen sich nach § 65 Abs. 1 S. 1 Nr. 1, 5 KJHG (vgl. im Übrigen → § 38 Rn. 66 ff. entspr.). – Die Ermittlungen der JGH werden auch im Hinblick auf die Möglichkeit einer **Strafmilderung** nach § 106 Abs. 1 für die Entscheidung des Gerichts erhebliches Gewicht erlangen können (vgl. BGHSt 6, 354 (356); *Dallinger/ Lackner* Rn. 15).

14a   Die Nachbetreuungsaufgabe der JGH tritt zwar im Hinblick auf das Erwachsenenalter des Heranwachsenden in ihrer erzieherischen Funktion zunehmend zurück. Jedoch wird ihre unterstützende Funktion bezüglich allg. Sozialisations- und Unterstützungshilfen stattdessen an Bedeutung gewinnen (vgl. → § 38 Rn. 24).

15   **c) Revision.** Wegen der revisionsrechtlichen **Folgen,** falls die **JGH** am Verfahren **nicht** beteiligt wird, vgl. → § 38 Rn. 86 ff., → § 50 Rn. 31 f entsprechend. Ist die Anwendung materiellen JStR nach Prüfung von § 105 Abs. 1 ohne Beteiligung der JGH abgelehnt worden, wird das tatrichterliche Urteil regelmäßig im Revisionsverfahren aufgehoben werden müssen, wenn unter Verstoß gegen §§ 107, 38 Abs. 3, 109 Abs. 1 S. 1, 50 Abs. 3 die JGH nicht herangezogen wurde (BGH NStZ-RR 2001, 27) bzw. wenn entgegen der Aufklärungspflicht (§ 43, § 244 Abs. 2 StPO) die erforderliche umfassende Gesamtwürdigung der Persönlichkeit nicht erfolgt ist (vgl. BGH *Dallinger* MDR 1956, 12 = EJF C I Nr. 7 mzustAnm *Kohlhaas;* OLG Saarbrücken NStZ-RR 1999, 284; ebenso *Dallinger/Lackner* Rn. 16).

16   Mitunter wird der Gesetzesverstoß nur den Rechtsfolgenausspruch betreffen (s. BGH *Dallinger* MDR 1956, 146; auch ablAnm *Deisenhofer* zu OLG Hamburg EJF C I Nr. 34), zumal die Gesamtwürdigung zur Prüfung der Verantwortlichkeit nach § 3 S. 1 bei Heranwachsenden entfällt. Soweit jedoch auch der Schuldspruch von dem Verfahrensfehler berührt sein kann, ist das Urteil ggf. auch insoweit aufzuheben.

IV. Abgabe und Anfechtbarkeit

17   Für Fälle, in denen die Anwendung der nach § 107 in Verfahren gegen Heranwachsende entsprechend geltenden Vorschriften unterblieben oder gesetzwidrig geschehen ist, wird hinsichtlich der Anfechtbarkeit des Urteils auf die Erl. zu den jeweiligen Vorschriften verwiesen (vgl. → §§ 33–33b Rn. 37 ff.; → § 35 Rn. 18; → § 36 Rn. 12 ff.; → § 37 Rn. 14 f), speziell betr. die JGH auf → Rn. 15 f.

Zuständigkeit

108 (1) Die Vorschriften über die Zuständigkeit der Jugendgerichte (§§ 39 bis 42) gelten auch bei Verfehlungen Heranwachsender.

(2) Der Jugendrichter ist für Verfehlungen Heranwachsender auch zuständig, wenn die Anwendung des allgemeinen Strafrechts zu erwarten ist und nach § 25 des Gerichtsverfassungsgesetzes der Strafrichter zu entscheiden hätte.

(3) [1]Ist wegen der rechtswidrigen Tat eines Heranwachsenden das allgemeine Strafrecht anzuwenden, so gilt § 24 Abs. 2 des Gerichtsverfassungsgesetzes. [2]Ist im Einzelfall eine höhere Strafe als vier Jahre Freiheitsstrafe oder die Unterbringung des Beschuldigten in einem psychiatrischen Krankenhaus, allein oder neben einer Strafe, oder in der Sicherungsverwahrung (§ 106 Absatz 3, 4, 7) zu erwarten, so ist die Jugendkammer zuständig. [3]Der Beschluss einer verminderten Besetzung in der Hauptverhandlung (§ 33b) ist nicht zulässig, wenn die Anordnung der Unterbringung in der Sicherungsverwahrung, deren Vorbehalt oder die Anordnung der Unterbringung in einem psychiatrischen Krankenhaus zu erwarten ist.

Übersicht

I. Anwendungsbereich

1 Die Vorschrift gilt nur in Verfahren gegen **Heranwachsende** (vgl. → § 107 Rn. 4f entspr.) **vor den JGerichten** (vgl. §§ 104 Abs. 1, 112 S. 1). Eine Zuständigkeitsbeschränkung iSv Abs. 2 und Abs. 3 S. 1 für den Strafrichter bzw. das SchöffenG der allg. Strafgerichtsbarkeit ist seit der Neuregelung von § 103 Abs. 2 (iVm § 112 S. 1) durch das StVÄG 1979 gegenstandslos, weil deren Zuständigkeit im Verfahren gegen Heranwachsende vor den Gerichten der allg. Strafgerichtsbarkeit nicht mehr in Betracht kommt.

II. Systematische Bedeutung; besondere Auslandsverwendung von Soldatinnen und Soldaten

1. Anwendung von Jugend- oder von allgemeinem Strafrecht

2 Die Vorschrift enthält die Regelungen über die sachliche und örtliche Zuständigkeit der JGerichte für Verfehlungen Heranwachsender. – Hinsichtlich der sachlichen Zuständigkeit ist danach zu unterscheiden, ob die Anwendung von JStR **oder** von allg. StR zu erwarten ist. Im ersten Fall erfolgt die Prüfung nach Abs. 1 (wie in Verfahren gegen Jugendliche) in der Reihenfolge JRichter, JKammer, JSchöffenG. Für den zweitgenannten Fall bestehen – wegen der rechtsfolgenabhängigen und von der Rechtsfolgenkompetenz der allg. Strafgerichte abw. Unterteilungen der Zuständigkeit zwischen den einzelnen JGerichten – die ergänzenden Regelungen in Abs. 2 und 3.

2. Soldatinnen und Soldaten bei besonderer Auslandsverwendung

2a Der Gerichtsstand bei solcher Verwendung (§ 62 Abs. 1 SoldG) bestimmt sich, in Abweichung von § 42 Abs. 1 Nr. 2 und Nr. 3, nach § 11a StPO iVm § 143a Abs. 1 GVG (Gesetz v. 28.1.2013 (BGBl. I 1989); vgl. auch Begr. RegE, BT-Drs. 17/9694), dh zuständig ist der Gerichtsstand der Stadt Kempten. Hinsichtlich der JGH wird in Wahrung der § 87b Abs. 1 S. 2 KJHG, § 86a Abs. 1 KJHG (vgl. auch § 30 Abs. 3 S. 2 SGB I) Amtshilfe zu leisten sein (n. *Sommerfeld* ZJJ 2012, 309).

III. Sachliche Zuständigkeit

1. Sachliche Zuständigkeit des JRichters

3 Die Prüfung geschieht zunächst durch die J**Staatsanwaltschaft vor** Erhebung der **Anklage** im Sinne einer konkreten Betrachtungsweise danach, ob im Einzelfall die Anwendung sachlichen JStR oder allg. StR zu erwarten ist.

4 **a) Anwendung von Jugend- oder von allgemeinem Strafrecht.** Soweit die Anwendung des **JStR** zu **erwarten** ist, richtet sich die sachliche Zuständigkeit des JRichters (abw. von § 25 GVG iVm § 24 Abs. 1 Nr. 2

GVG) nach Abs. 1 iVm § 39 Abs. 1 (dagegen ist die Rechtsfolgenkompetenz des JRichters nach § 39 Abs. 2 für die Frage, bei welchem Gericht der Staatsanwalt Anklage erhebt, ohne Bedeutung; ist im Zeitpunkt der Anklageerhebung JStrafe zu erwarten, folgt hieraus regelmäßig die Unzuständigkeit des JRichters; vgl. → § 39 Rn. 7 ff.).

Soweit die Anwendung des **allg. StR** zu **erwarten** ist, ist für die sachliche 5 Zuständigkeit des JRichters im Zeitpunkt der Anklageerhebung Abs. 2 iVm § 25 GVG maßgeblich. Hiernach kommt es darauf an, ob es sich bei der Verfehlung um ein Vergehen handelt und ob im Fall des § 25 Nr. 2 GVG diese einer entsprechenden Beurteilung unterliegt. − Zur Zuständigkeit des JRichters für das Strafbefehlsverfahren vgl. näher → § 109 Rn. 63 ff.

Lässt sich vor der Erhebung der Anklage eine eindeutige **Voraussage** 6 darüber, ob im konkreten Fall JStR oder allg. StR angewendet werden wird, **nicht** treffen, so ist die Zuständigkeit für beide Varianten zu prüfen. Ergibt sich danach die Zuständigkeit verschiedener Gerichte, muss der Rspr. zufolge die Anklage (und anschließend auch die Eröffnung) vor dem höheren Gericht erfolgen, da hierdurch unnötige Verweisungen (infolge der beschränkten Rechtsfolgenkompetenz des unteren Gerichts) vermieden werden (OLG Karlsruhe ZJJ 2018, 163 (165) = BeckRS 2018, 22224; *Kaspar* in MüKoStPO Rn. 7a). Anklage beim JRichter wird folglich nur dann zu erheben sein, wenn sowohl die Voraussetzungen nach Abs. 1, § 39 Abs. 1 wie auch von Abs. 2, § 25 GVG zu bejahen sind (*Bender* JGG Rn. 9; *Dallinger/Lackner* Rn. 5).

b) Prüfung durch das Gericht. Dieses prüft seine sachliche Zuständig- 7 keit in jeder Verfahrenslage **von Amts wegen** (§ 2 Abs. 2, § 6 StPO; zum Verfahren bei Unzuständigkeit vgl. → § 39 Rn. 14 ff.). In der HV ist für die sachliche Zuständigkeit nicht mehr die Rechtsfolgenerwartung gem. Abs. 1, § 39 Abs. 1 S. 1 maßgeblich, vielmehr richtet sie sich − vom Ausnahmefall der Verhandlungsverbindung mit einer Erwachsenensache (Abs. 1, § 39 Abs. 1 S. 2) abgesehen − nach der Rechtsfolgenkompetenz des JRichters.

Bei **Anwendung** von **JStR** gilt Abs. 1, § 39 Abs. 2 (soweit eine JStrafe 8 von über einem Jahr bzw. eine Unterbringung in einem psychiatrischen Krankenhaus in Betracht kommt, ist nach § 2 Abs. 2, § 270 Abs. 1 S. 1 StPO an das JGericht höherer Ordnung zu verweisen, vgl. → § 39 Rn. 23).

Bei **Anwendung** des **allg. StR** ist die Rechtsfolgenkompetenz des JRich- 9 ters in der HV mit derjenigen des JSchöffenG identisch (Abs. 3 S. 1 unter Verweis auf § 24 Abs. 2 GVG). Hiernach darf der JRichter auch bei Anwendung allg. StR gegen Heranwachsende nicht auf eine höhere Strafe als vier Jahre Freiheitsstrafe und nicht auf die Unterbringung in einem psychiatrischen Krankenhaus, allein oder neben einer Strafe, oder in Sicherungsverwahrung (vgl. → § 106 Rn. 10 ff.) erkennen. − Was die beweisrechtlichen Voraussetzungen für eine Entscheidung nach **§ 270 Abs. 1 S. 1 StPO** anbetrifft, so wird nach allg. Auffassung davon ausgegangen, hinsichtlich des *Tatvorwurfs* sei (nur) hinreichender Tatverdacht entsprechend § 203 StPO erforderlich, der sich allerdings „genügend verfestigt" bzw. „bestätigt" haben müsse (vgl. nur OLG Frankfurt a. M. NStZ-RR 1997, 311). Betreffend die Voraussetzungen bzgl. des Überschreitens der *Rechtsfolgenkompetenz* vermag die Möglichkeit der Anordnung oder das „in Betracht kommen" einer bestimmten Rechtsfolge die Verweisung nicht zu rechtfertigen (vgl. nur OLG Zweibrücken NStZ-RR 1998, 280 f.), vielmehr müssen die Voraussetzungen „mit genügender Sicherheit" (OLG Düsseldorf NStZ 1986, 427) oder zumindest „mit genügend großer Wahrscheinlichkeit" (*Stuckenberg* in Löwe/Rosenberg StPO § 270 Rn. 19; *Schlüchter/Frister* in SK-StPO § 270 Rn. 10) erkennbar sein (abw. OLG Köln ZJJ 2011, 204 mablAnm *Eisenberg*), und daher muss eine **HV** ggf. so lange **fortgeführt** werden, bis ihr Ergebnis das Vorliegen der in Rede stehenden Voraussetzungen „bestätigt", dh die Straferwartung sich „soweit verfestigt" (OLG Zweibrücken NStZ-RR 1998, 280; *Hagemeier* in Radtke/Hohmann StPO § 270 Rn. 9) hat, dass ein innerhalb der Rechtsfolgenkompetenz liegender Ausspruch nicht mehr zu erwarten ist.

2. Sachliche Zuständigkeit des JSchöffenG

10   Diese richtet sich bei Verfehlungen Heranwachsender zunächst nach der **Rechtsfolgen**erwartung gem. Abs. 1, § 40 (vgl. näher → § 40 Rn. 5–7) und in der HV nach der Rechtsfolgenkompetenz – also bei Anwendung des JStR nach Abs. 1, § 40, bei Anwendung des allg. StR nach Abs. 3 S. 1 iVm § 24 Abs. 2 GVG (zum Vorgehen bei unklarer Voraussage über die Anwendung von JStR oder allg. StR → Rn. 6).

11   **a) Anwendung von Jugendstrafrecht.** Solchenfalls gilt wie bei Jugendlichen auch das Übernahmeverfahren nach § 40 Abs. 2–4 (vgl. näher → § 40 Rn. 11 ff.; zum Verfahren bei Unzuständigkeit vgl. → § 40 Rn. 8 ff.).

12   **b) Anwendung von allgemeinem Strafrecht.** Hier bestimmt sich die Zuständigkeit grundsätzlich ebenfalls nach Abs. 1, § 40 (iVm §§ 39, 41), mit der Besonderheit, dass das JSchöffenG – wie das SchöffenG der allg. Strafgerichtsbarkeit – wegen der Verfehlung eines Heranwachsenden auf eine vier Jahre übersteigende Freiheitsstrafe und auf die Unterbringung in einem psychiatrischen Krankenhaus, allein oder neben einer Strafe, oder in Sicherungsverwahrung (vgl. näher → § 106 Rn. 10 ff.) nicht erkennen darf (Abs. 3 S. 2 iVm § 24 Abs. 2 GVG; BGH NStZ 2010, 94). – Mit der (durch Gesetz v. 24.7.2004 (BGBl. I 1838)) in Abs. 3 S. 1 ausdrücklich geregelten Anwendbarkeit des § 24 Abs. 2 GVG hat sich die vormalige Streitfrage, ob diese Vorschrift bzgl. der Rechtsfolgenkompetenz des JSchöffenG bei Anwendung allg. StR gem. § 2 Abs. 2 heranzuziehen ist, erledigt.

3. Sachliche Zuständigkeit der JKammer

13   Diese richtet sich bei Verfehlungen Heranwachsender nach Abs. 1, § 41 sowie nach Abs. 3 S. 2.

14   **a) Anwendung von Jugend- oder von allgemeinem Strafrecht.** Bei Anwendung des JStR (zu Zweifelsfällen → Rn. 6) ist die JKammer als erkennendes Gericht des 1. Rechtszuges im selben Umfang wie in Verfahren gegen Jugendliche zuständig (→ § 41 Rn. 5 ff.; zum Verfahren bei sachl Unzuständigkeit → § 41 Rn. 15f).

15   Bei Anwendung des allg. StR ist die JKammer erstinstanzlich zusätzlich zu den in § 41 geregelten Fällen auch dann zuständig, wenn – uU bereits vor Anklageerhebung (OLG Karlsruhe GA 1975, 27) – eine vier Jahre übersteigende Freiheitsstrafe zu erwarten ist oder wenn eine Verweisung an die JKammer deshalb erfolgt ist, weil unter Anwendung allg. StR auf eine Unterbringung in einem psychiatr Krankenhaus allein oder neben einer

Strafe, oder in Sicherungsverwahrung (vgl. zur Verfassungswidrigkeit von § 106 Abs. 3, 5 und 6 → § 106 Rn. 10 ff.) zu erkennen ist, oder wenn ein Fall des § 24 Abs. 1 Nr. 3 GVG vorliegt (s. **Abs. 3 S.** 2); entsprechend wird bei Erwartung dieser Maßregel bereits vor Anklageerhebung nach § 2 Abs. 2, § 74 Abs. 1 S. 2 GVG bei der JKammer anzuklagen sein (OLG Karlsruhe ZJJ 2018, 163 (165) = BeckRS 2018, 22224; zur früheren Rechtslage *Dallinger/Lackner* Rn. 13).

Gemäß **Abs. 3 S. 3** ist entsprechend den Wertungen, die § 33b Abs. 2 **15a** S. 3 Nr. 2 und § 76 Abs. 2 S. 3 Nr. 2 GVG zugrunde liegen, die Besetzung der *großen JKammer* mit drei Berufsrichtern auch bei Heranwachsenden, die nach allg. Strafrecht zu behandeln sind, *zwingend* zu beschließen (zum Zeitpunkt gilt ggf. § 76 Abs. 4 GVG entspr.), wenn die Unterbringung in einem psychiatrischen Krankenhaus, allein oder neben der Strafe, oder die Unterbringung in Sicherungsverwahrung oder deren Vorbehalt zu erwarten ist.

b) Rechtsmittelgericht. Als solches ist die JKammer auch zur Ver- **16** handlung und Entscheidung über die Urteile des JRichters und des JSchöffenG in Heranwachsendensachen dann zuständig, wenn im ersten Rechtszug allg. StR angewendet worden ist (KG VRS 23 (1962), 301; zum Umfang der sachlichen Zuständigkeit als Rechtsmittelgericht im Übrigen → § 41 Rn. 8 ff.).

IV. Örtliche Zuständigkeit

Diese Zuständigkeit des erkennenden Gerichts des ersten Rechtszuges **17** bestimmt sich in Verfahren gegen Heranwachsende nach **Abs. 1,** § 42. Die besonderen Gerichtsstände des JStVR stehen neben denjenigen des allg. StVR (§§ 7 ff. StPO) unabhängig davon zur Verfügung, ob mit der Anwendung des JStR oder des allg. StR zu rechnen ist.

Soweit davon ausgegangen wird, dass der JStaatsanwaltschaft – vorbehalt- **17a** lich nur einer als willkürlich beurteilten Bestimmung der Zuständigkeit – unter mehreren Gerichtsständen ein Auswahlermessen zusteht, verneint die Judikatur eine Begründungspflicht für die Auswahl (vgl. OLG Jena OLGSt StPO § 8 Nr. 12; OLG Hamm StRR 2015, 412 bei *Fricke* = BeckRS 2015, 8301). Demgegenüber ist wegen Gefahren der Orientierung an Unterschieden (von Gericht zu Gericht bzw. von Kammer zu Kammer), wie sie zB bei der Rechtsfolgenauswahl und -bemessung (vgl. etwa *Eisenberg/Kölbel* Kriminologie § 31 Rn. 56, 66f) bzw. der Erfüllung der Voraussetzungen des § 37 (vgl. → § 37 Rn. 6 ff.) bestehen, zur Wahrung von Art. 101 Abs. 1 S. 2 GG sowie des Rechtsstaatsprinzips (Art. 3 GG) eine Überprüfung der darzulegenden Sachlichkeit der Gründe und der Fehlerfreiheit der Ermessensausübung geboten (vgl. LG Kaiserslautern 24.5.2006 – 8 Qs 12/16; LG Verden StV 2008, 118; *Schady* in NK-JGG § 42 Rn. 11; vgl. auch → § 42 Rn. 16). Im Einzelnen werden auch dann, wenn die Voraussetzungen nach Abs. 1 iVm § 42 Abs. 1, 2 nicht vorliegen, die Schutzbelange des Heranwachsenden zu würdigen sein (vgl. aber OLG Jena OLGSt StPO § 8 Nr. 12 Rn. 3, 30, wonach davon auch dann abgesehen werden dürfe, wenn die Bestimmung für den einzigen Heranwachsenden, der zusammen mit mehreren Erwachsenen angeklagt ist, nachteilig ist).

1. Gerichtsstände

18　　a) **Familiengerichtliche Zuständigkeit.** Dieser Gerichtsstand (Abs. 1 iVm § 42 Abs. 1 Nr. 1, s. § 34 Abs. 2, 3) scheidet in Verfahren gegen Heranwachsende aus, weil familiengerichtliche Maßnahmen gegen die (volljährigen) Heranwachsenden nicht in Betracht kommen. Dies ist bereits bei Erhebung der Anklage (§ 42 Abs. 2) zu berücksichtigen (vgl. näher → § 42 Rn. 2, 8; vgl. speziell OLG Jena OLGSt StPO § 8 Nr. 1; zur früheren Rechtslage *Dallinger/Lackner* Rn. 16; zu Folgen für die örtliche Zuständigkeit des nach § 84 Abs. 2 zuständigen Vollstreckungsleiters vgl. → § 84 Rn. 6).

18a　　b) **Freiwilliger Aufenthalt des Beschuldigten.** Dieser Gerichtsstand (Abs. 1 iVm § 42 Abs. 1 Nr. 2, Abs. 3) ist auch in Verfahren gegen Heranwachsende gegeben, wobei es (auch hier) auf den Ort des tatsächlichen Aufenthalts ankommt (vgl. nur BGH NStZ-RR 2015, 353, in Abgrenzung zu Wohnsitz (§ 8 Abs. 1 StPO) bzw. Meldeanschrift). Dies ist im Allg. auch hinsichtlich der Aufklärungsmöglichkeiten zu den Voraussetzungen des § 105 Abs. 1 Nr. 1 funktional. Abweichungen kommen (nur) zur Vermeidung erheblicher Erschwernisse für das Verfahren in Betracht (vgl. BGH StraFo 2006, 415; OLG Celle BeckRS 2008, 9893), wobei zumindest bei erwachsen gewordenen Angeklagten auch eine Abwägung mit Zweckmäßigkeitsüberlegungen (zB Wohnsitz des Zeugen, (zusätzliche) Kosten) in Einzelfällen als zulässig gilt.

18b　　Die RL S. 1 zu § 108 empfiehlt die Anklageerhebung grundsätzlich am Gerichtsstand des freiwilligen Aufenthalts des Heranwachsenden, hält aber eine Anklageerhebung am Gerichtsstand des Tatortes für sachgerecht (RL S. 2 zu § 108), wenn etwa − wie in Verkehrsstrafsachen − eine größere Anzahl von am Tatort wohnenden Zeugen zu vernehmen ist (vgl. aber → § 42 Rn. 15; einschr. bei nur einem Zeugen BGH 4.2.1987 − 2 ARs 18/87 auszugsweise bei *Böhm* NStZ 1987, 443 − unter Hinweis auf die Möglichkeit kommissarischer Vernehmung).

19　　c) **Vollstreckungsleiter.** Dieser Gerichtsstand (Abs. 1 iVm § 42 Abs. 1 Nr. 3) ist nur begründet, wenn die neue Verfehlung vor vollständiger Vollstr (vgl. näher → § 42 Rn. 12, 13) der JStrafe (nicht aber Freiheitsstrafe; allg. Auffassung) und vor Vollendung des 21. Lbj. (vgl. schon *Scheunemann* RdJB 1956, 296; *Dallinger/Lackner* Rn. 17; *Brunner/Dölling* Rn. 5; sodann auch *Czerner/Habetha* in HK-JGG Rn. 10) zur Anklage kommt (vgl. eher anders aber *Goerdeler* in NK-JGG Rn. 7; *Sonnen* in Diemer/Schatz/Sonnen Rn. 9). − Nach BGHSt 18, 1 (3 f.) obliegen die Aufgaben des Vollstreckungsleiters iSv § 42 Abs. 1 Nr. 3 in einem Verfahren gegen einen Heranwachsenden, gegen den eine JStrafe vollstreckt wird und gegen den im neuen Verfahren eine drei Jahre übersteigende Freiheitsstrafe zu erwarten ist, nicht dem in § 85 Abs. 2, 3 bezeichneten JRichter, sondern der ihm örtlich übergeordneten JKammer (*Kaspar* in MüKoStPO Rn. 13).

2. Aufenthaltswechsel

20　　Verändert der heranwachsende Angeklagte nach Erhebung der Anklage seinen Aufenthaltsort, so besteht die Möglichkeit einer Abgabe nach Abs. 1 iVm § 42 Abs. 3 (vgl. bejahend (im Hinblick auf die JGH am Aufenthaltsort) nur BGH BeckRS 2010, 14143, – unter Inkaufnahme der Erschwernis der Anreise für den Zeugen – sowie BGH BeckRS 2010, 23040, – unter Hinweis auch auf den Säugling der Angeklagten). Vgl. im Übrigen näher → § 42 Rn. 18 ff. (betr. eine ergänzende Auslegung (bzw. Empfehlung einer Neufassung) von RL S. 1 vgl. *Bezjak/Sommerfeld* ZJJ 2008, 257).

V. Anfechtbarkeit

Von Amts wegen ist die sachliche Zuständigkeit in jeder Lage des Verfahrens zu prüfen (§ 2 Abs. 2, § 6 StPO), die örtliche Zuständigkeit bis zur Eröffnung des Hauptverfahrens (§ 2 Abs. 2, § 16 S. 1 StPO) – jeweils ggf. mit der Folge des absoluten Revisionsgrunds nach § 338 Nr. 4 StPO. Hinsichtlich der örtlichen Unzuständigkeit gilt im allg. Strafverfahren allerdings § 16 S. 2 und 3 StPO (Rügepräklusion), ohne dass die Frage gleicher Anwendbarkeit auch im JStrafverfahren (§ 2 Abs. 2) im Einzelnen untersucht wäre (vgl. zu Bedenken → § 42 Rn. 26 entspr.). – Im Übrigen wird betr. Urteile gegen Heranwachsende, die unter Verletzung der gesetzlichen Zuständigkeitsbestimmungen ergangen sind, verwiesen auf Erl. zu → §§ 33– 33b Rn. 37 ff., → § 39 Rn. 24f, → § 40 Rn. 14, → § 41 Rn. 17; → § 42 Rn. 26 entsprechend. 21

Verfahren

109 (1) [1]**Von den Vorschriften über das Jugendstrafverfahren (§§ 43 bis 81a) sind im Verfahren gegen einen Heranwachsenden die §§ 43, 46a, 47a, 50 Absatz 3 und 4, die §§ 51a, 68 Nummer 1, 4 und 5, die §§ 68a, 68b, 70 Absatz 2 und 3, die §§ 70a, 70b Absatz 1 Satz 1 und Absatz 2, die §§ 70c, 72a bis 73 und 81a entsprechend anzuwenden.** [2]**Die Bestimmungen des § 70a sind nur insoweit anzuwenden, als sich die Unterrichtung auf Vorschriften bezieht, die nach dem für die Heranwachsenden geltenden Recht nicht ausgeschlossen sind.** [3]**Die Jugendgerichtshilfe und in geeigneten Fällen auch die Schule werden von der Einleitung und dem Ausgang des Verfahrens unterrichtet.** [4]**Sie benachrichtigen den Staatsanwalt, wenn ihnen bekannt wird, daß gegen den Beschuldigten noch ein anderes Strafverfahren anhängig ist.** [5]**Die Öffentlichkeit kann ausgeschlossen werden, wenn dies im Interesse des Heranwachsenden geboten ist.**

(2) [1]**Wendet der Richter Jugendstrafrecht an (§ 105), so gelten auch die §§ 45, 47 Abs. 1 Satz 1 Nr. 1, 2 und 3, Abs. 2, 3, §§ 52, 52a, 54 Abs. 1, §§ 55 bis 66, 74 und 79 Abs. 1 entsprechend.** [2]**§ 66 ist auch dann anzuwenden, wenn die einheitliche Festsetzung von Maßnahmen oder Jugendstrafe nach § 105 Abs. 2 unterblieben ist.** [3]**§ 55 Abs. 1 und 2 ist nicht anzuwenden, wenn die Entscheidung im beschleunigten Verfahren des allgemeinen Verfahrensrechts ergangen ist.** [4]**§ 74 ist im Rahmen einer Entscheidung über die Auslagen des Verletzten nach § 472a der Strafprozessordnung nicht anzuwenden.**

(3) **In einem Verfahren gegen einen Heranwachsenden findet § 407 Abs. 2 Satz 2 der Strafprozeßordnung keine Anwendung.**

Schrifttum *Bartels,* Das Strafbefehlsverfahren bei Heranwachsenden in Theorie und Praxis, 2007; *Lubitz,* Das beschleunigte Verfahren der StPO und seine rechtstatsächliche Durchführung in Berlin und Brandenburg, 2010; *Putzke,* Beschleunigtes Verfahren bei Heranwachsenden, 2004.

Übersicht

I. Anwendungsbereich

1. Geltung von Vorschriften auch bei Nichtanwendung materiellen Jugendstrafrechts

Die in **Abs. 1 S. 1** aufgeführten Vorschriften gelten unabhängig von der **1** Anwendung materiellen Jugendstrafrechts oder allg. Strafrechts in Verfahren gegen Heranwachsende vor den für allg. Strafsachen zuständigen Gerichten entsprechend (§ 112 S. 1 und 2, § 104 Abs. 1 Nr. 2, 3, 10, 12; näher → § 112 Rn. 5); ebenso gelten **Abs. 1 S. 2, 3** sinngemäß (§ 112 S. 1, 2, § 104 Abs. 1 Nr. 11 entspr.). Unabhängig von der Anwendung materiellen JStR kann **Abs. 1 S. 4** auch in Verfahren gegen Heranwachsende vor den für allg. Strafsachen zuständigen Gerichten zur Anwendung kommen (§ 112 S. 1, 2, § 104 Abs. 2; vgl. → § 104 Rn. 22; → § 112 Rn. 8). – Das vereinfachte JVerfahren (§§ 76–78) findet in Verfahren gegen Heranwachsende keine Anwendung.

2. Geltung von Vorschriften bei Anwendung materiellen Jugendstrafrechts

Soweit in Verfahren gegen Heranwachsende vor den für allg. Strafsachen **2** zuständigen Gerichten materielles JStR (§ 105 Abs. 1) zur Anwendung kommt, gelten auch die in **Abs. 2 S. 1** aufgeführten Vorschriften (§ 112 S. 1, 2, § 104 Abs. 1 Nr. 4, 5, 6, 7, 8 (mit der sich aus § 104 Abs. 5 ergebenden Besonderheit), 13, 14), nur eingeschränkt hingegen die §§ 65, 66 (vgl. → § 65 Rn. 2 ff., → § 66 Rn. 2, → § 104 Rn. 25, → § 112 Rn. 6).

II. Sinn und Zweck der Vorschrift

1. Systematik der Geltung verfahrensrechtlicher Vorschriften

Die verfahrensrechtliche Stellung der Heranwachsenden zwischen derjeni- **3** gen der Jugendlichen und der der Erwachsenen ist von dem Grundsatz bestimmt, dass die JGerichte in Verfahren gegen Heranwachsende die Vorschriften des allg. StVR anzuwenden haben, soweit § 109 nicht die Vorschriften des JStVR für entsprechend anwendbar erklärt (Abs. 1 S. 1, Abs. 2) oder selbst eine besondere Regelung trifft (Abs. 1 S. 2–4). Allerdings erfahren einzelne der gem. Abs. 1 nicht anwendbaren Vorschriften des allg. StVR in Verfahren gegen Heranwachsende ggf. eine Berücksichtigung des altersmäßigen Status (vgl. → Rn. 12 ff.).

4 **a) Einheitliche Normenanwendung gem. Abs. 1.** Eine gewisse Zahl von Vorschriften gilt nach Abs. 1 **unabhängig** davon, **ob** im Einzelfall **materielles JStR** zur Anwendung kommt (Abs. 1 S. 1–3; wegen Abs. 1 S. 4 vgl. → Rn. 52 ff.). Es sind dies (neben der Zuständigkeitsnorm in § 47a) zunächst die jugendstrafrechtlichen Sondervorschriften zur „Persönlichkeitserforschung" (§ 43, § 46a nF, § 50 Abs. 3 und 4, § 70 Abs. 2 und 3, § 73), da für die erforderliche Entscheidung nach § 105 Abs. 1 eine Gesamtwürdigung der Persönlichkeit des Heranwachsenden gewährleistet sein muss. Zudem haben die Einbindung und die Ermittlungen der JGH auch im Falle der Anwendung allg. StR für die Strafzumessung Bedeutung (BGH NStZ-RR 2001, 27). Werden etwa die Voraussetzungen von § 105 Abs. 1 Nr. 1 verneint, ohne dass eine Mitteilung an die JGH nach § 50 Abs. 3 ergangen ist, muss das Urteil auf die Aufklärungsrüge hin ggf. aufgehoben werden (→ § 107 Rn. 15f; näher → § 38 Rn. 86 ff., → § 50 Rn. 31 ff. mN).

5 Die Vorgaben zur **Vernehmungsdurchführung** (§ 70c nF) sind bei Heranwachsenden in gleicher Weise wie bei Jugendlichen zu berücksichtigen. Ebenso verhält es sich bei den besonderen jugendstrafrechtlichen Vorschriften zur **notwendigen Verteidigung** (§§ 51a, 68 – 68b) mit Ausnahme der auf Erziehungsberechtigte abstellenden Bestellungsgründe (§ 68 Nr. 2 und 3). Ferner gem. Abs. 1 S. 1 einbezogen sind die den besonderen Unterstützungs- und Schutzbelangen von U-Gefangenen dienenden Vorschriften (§§ 72a, 72b). Speziell betr. die Anordnung von Sicherungsverwahrung (vgl. näher → § 106 Rn. 10 ff.) umfasst Abs. 1 S. 1 auch die Verfahrensvorschrift des § 81a. Die besonderen **Unterrichtungs- und Belehrungsvorschriften** (§§ 70a, 70b nF), die gem. der systematischen Einordnung als allg. Bestimmungen für das gesamte JGG-Verfahren gelten (vgl. → § 70b Rn. 2), sind gleichermaßen in Verfahren gegen Heranwachsende anzuwenden. Dies gilt jedoch nicht für Informationen zu Rechtspositionen, die nur für Jugendliche und nicht auch Heranwachsende bestehen (Abs. 1 S. nF), und für die Erstreckung der Belehrungspflicht auf die Erziehungsberechtigten (§ 70b Abs. 1 S. 2 und 3), die es jugendstrafrechtlich bei Heranwachsenden nicht gibt.

6 In Abs. 1 S. 2, 3 werden die Mitteilungspflichten gesondert geregelt, da die in Verfahren gegen Jugendliche gem. § 70 ggf. vorgesehene Unterrichtungspflicht des FamG und dessen Benachrichtigungspflicht wegen der Volljährigkeit der Heranwachsenden ausscheiden.

7 **b) Geltung nur bei Anwendung von Jugendstrafrecht (Abs. 2).** Weitere in Abs. 2 S. 1 abschließend aufgeführte, gem. Abs. 2 S. 2–4 teilweise mit Modifikationen versehene Vorschriften des JStVR gelten **nur** dann, **wenn** nach § 105 Abs. 1 gegen den Heranwachsenden **materielles** JStR zur Anwendung kommt. Ist die Bejahung von § 105 Abs. 1 **zweifelhaft**, ist nach dem Günstigkeitsprinzip zu verfahren (ähnlich bzgl. der Verfahrenseinstellung *Kaspar* in MüKoStPO Rn. 23). Deshalb setzt die Zulässigkeit des Strafbefehlsverfahrens (§§ 407 ff. StPO) eine verneinende Entscheidung voraus (näher → Rn. 57 ff.). Dass die Frage nach der Geltung dieser

Vorschriften formal erst beantwortet wird, nachdem eine Entscheidung gem. § 105 Abs. 1 getroffen wurde, ist insoweit unschädlich, als die Vorschriften sämtlich gleichzeitig mit dieser Entscheidung bzw. erst danach Wirkung zeitigen – allerdings bleibt rechtstatsächlich die Frage offen, inwieweit die (Nicht-)Befürwortung der Anwendung der einen oder anderen dieser Vorschriften unzulässigerweise bereits die Entscheidung zu § 105 Abs. 1 beeinflusst.

c) **Verbindung mehrerer Taten bzw. von Strafsachen gegen Jugendliche und gegen Heranwachsende.** Handelt es sich um mehrere Taten, die in **verschiedenen Altersstufen** begangen worden (zur Zuständigkeit vgl. → § 103 Rn. 13 ff.), so sind grundsätzlich für jede selbstständige Tat die für sie geltenden Verfahrensvorschriften anzuwenden (hM; für Vorrang der spezielleren des JStV *Goerdeler* in NK-JGG Rn. 2; *Sonnen* in Diemer/Schatz/Sonnen Rn. 2; für eine normbezogen-differenzierende Handhabung *Kaspar* in MüKoStPO Rn. 3 f.), wogegen Belange der Praktikabilität zurückzustehen haben. Da das **Verfahren** im Fall der Verbindung nur **einheitlich** sein kann, scheiden allerdings alle Verfahrensformen aus, die hinsichtlich wenigstens einer der in dem Verfahren verbundenen Taten unzulässig wären (vgl. zur Nebenklage → § 80 Rn. 13b). So kann etwa unter Aufrechterhaltung der Verbindung nicht hinsichtlich der vor Vollendung des 18. Lbj. begangenen Verfehlungen von dem vereinfachten JVerfahren und hinsichtlich der im Heranwachsendenalter begangenen Taten gleichzeitig von der Möglichkeit des beschleunigten Verfahrens Gebrauch gemacht werden. Auch kommt eine entsprechende Anwendung des § 32 in der Weise, dass die Straftat mit dem größeren Gewicht über die geltenden Verfahrensvorschriften entscheidet, nicht in Betracht, da das Schwergewicht erst im Verfahren festgestellt wird, die Verfahrensart aber vorher bestimmt sein muss. – Vgl. zur Anwendbarkeit der Regelung über die Nichtöffentlichkeit der HV (§ 48) → Rn. 52 sowie → § 48 Rn. 3; vgl. auch *Brunner/Dölling* Rn. 14.

Bei Verbindung von Strafsachen gegen **Jugendliche und gegen Heranwachsende** gelten die Ausführungen zu → Rn. 8 entsprechend (vgl. → § 103 Rn. 25), dh es sind bei jedem Betroffenen die für ihn geltenden Verfahrensvorschriften anzuwenden (vgl. auch schon *Dallinger/Lackner* Rn. 46). Lässt sich dies jedoch – wie bei der Nebenklage (vgl. näher → § 80 Rn. 13, 13a, zu Ausnahmen → Rn. 16–20a) – nicht wahren, so gelten einheitlich die Regelungen betr. Jugendliche, weil deren Schutzbelange vorrangig sind (*Sonnen* in Diemer/Schatz/Sonnen Rn. 2, 3; *Eisenberg* NStZ 2003, 132; aA BGHSt 48, 34 Rn. 20; *Brunner/Dölling* Rn. 6; *Verrel/Linke* in HK-JGG Rn. 3; *Kaspar* in MüKoStPO Rn. 4). Zu den Sonderregelungen über die Öffentlichkeit der Verhandlung im Fall der Verbindung (Abs. 1 S. 4 bzw. § 48 Abs. 3 S. 2) vgl. → Rn. 52 ff. sowie → § 48 Rn. 4.

2. Reformerwägungen

Kriminalpolitisch wurde und wird vielfach die Aufnahme weiterer Verfahrensvorschriften in § 109 vorgeschlagen (zu §§ 76–78 in Abs. 2 S. 1 UK III DVJJ-Journal 1992, 26 (mit Hinweis auch auf beträchtliche Teile der Straßenverkehrsdelinquenz), DVJJ 1993, AK IV/3 sowie Gesetzentwurf v. 14.5.2004 (BR-Drs. 238/04), wofür Aspekte der Verfahrensökonomie (§ 78

Abs. 2, 3 S. 1), nicht jedoch rechtsstaatliche Prinzipien des JStVR sprechen). Dies gilt insb. betr. §§ 71, 72 in Abs. 2 S. 1 (vgl. AK IV und VII des 18. DJGT, Thesen (DVJJ 1981, 236 ff., 350 ff.) sowie DVJJ 1996, AK II/5; UK III bzw. IV DVJJ-Journal 1992, 25 bzw. 39; zu einem Modell in OLG Hamburg ZfStrVo 1991, 240; vgl. ergänzend bereits *Peters* ZStW 1937, 521; *de Wyl* RdJB 1958, 361 (363); *Becker* JR 1955, 47; vgl. zum Ganzen auch RL (EU) 2016/800 Erwägungsgründe 11 und 12, dazu → Einl. Rn. 32). Allerdings wäre – nicht zuletzt im Hinblick auf § 71 – eine ausschließlich erzieherische Einflussnahme bei Heranwachsenden zumal vor einer rechtskräftigen Verurteilung, die erst die Unschuldsvermutung (Art. 6 Abs. 2 EMRK) widerlegen könnte, rechtlich nicht ganz unbedenklich (vgl. → § 71 Rn. 2, → § 72 Rn. 2). – Verschiedentlich wird der Ausschluss des Strafbefehlsverfahrens empfohlen (vgl. *Weßlau* in SK-StPO StPO Vor §§ 407 ff. Rn. 27; näher zu Alternativen *Bartels,* Das Strafbefehlsverfahren bei Heranwachsenden in Theorie und Praxis, 2007, 201 ff.).

3. Häufigkeiten

11   Statistisch betrachtet kommen in der Praxis vor den JGerichten häufiger Verfahrensvorschriften des allg. StVR als solche des JGG zur Anwendung, soweit der Umstand zugrundegelegt ist, dass Heranwachsende zahlenmäßig häufiger als Jugendliche vor den JGerichten abgeurteilt werden. So wurden zB in den Jahren 2007, 2010, 2013 und 2016 (im Bundesgebiet insgesamt) 121.385, 110.607, 89.096 und 74.301 Heranwachsende abgeurteilt und 91.411, 80.091, 64.049 und 52.874 Heranwachsende verurteilt, während 102.505, 90.859, 66.303 und 51.448 Jugendliche abgeurteilt und 63.826, 55.388, 39.518 und 29.620 Jugendliche verurteilt wurden (StrafSt Tabelle 2.1 (zu früheren Jahren vgl. Vorauflagen)). Die – unter erheblichen Einschränkungen der Aussagefähigkeit stehende (und in der amtlichen Statistik nur kursiv gesetzte) – Verurteiltenziffer betrug für Deutsche in den Jahren 2007, 2010, 2013 und 2016 bei Heranwachsenden 2.924, 2.618, 2.280 und 1.669, hingegen bei Jugendlichen 1.614, 1.557, 1.095 und 803 (StrafSt Tabelle 1. 2; vgl. näher zum Ganzen *Eisenberg/Kölbel* Kriminologie § 48 Rn. 12 nebst Tabelle; ferner → § 15 Rn. 28f).

III. Erläuterungen zu Abs. 1

1. Nicht anwendbare Vorschriften

12   Wenngleich in Verfahren gegen Heranwachsende – unabhängig von der Entscheidung gem. § 105 Abs. 1 – mehrere Vorschriften des JStV **nicht** entsprechend **anzuwenden sind** (§§ 44, 46, 50 Abs. 1 und 2, 51, 53, 67, 69, 71, 72, 76–78, 80), so ist wegen der **praktischen Auswirkungen** gleichwohl gem. dem Auftrag des § 2 Abs. 1 bzw. aus Gründen prozessualer Fürsorge eine gewisse Berücksichtigung angezeigt.

13   **a) § 44.** Unbeschadet der Nichtanwendbarkeit dieser Vorschrift wird sich nach den allg. Vorschriften eine entsprechende Vernehmung in Verfahren gegen Heranwachsende ggf. dann empfehlen, wenn mit der Anwendung materiellen JStR zu rechnen ist (vgl. RL Nr. 1 S. 2 Hs. 2 zu § 44; ebenso *Dallinger/Lackner* § 44 Rn. 13).

b) § 46. Ferner wird auch in Verfahren gegen Heranwachsende derjenige 14 Rechtsgedanke, wie er der Vorschrift des § 46 zugrunde liegt, nämlich nach dem **Entwicklungsstand** zu befürchtende **negative** Wirkungen zu **vermeiden,** regelmäßig zu berücksichtigen sein (vgl. RL 2 zu § 46; vgl. → § 46 Rn. 1). – Wird die Anwendung materiellen JStR erwartet, so ist iRd Anklagesatzes (§ 2 Abs. 2, § 200 Abs. 1 S. 1 StPO) § 105 Abs. 1 anzuführen, während die nähere Begründung in die Darstellung des wesentlichen Ermittlungsergebnisses aufzunehmen ist (allg. Auffassung; vgl. → § 46 Rn. 5).

c) § 50. Desgleichen wird nach dem pflichtgemäßen richterlichen Ermes- 15 sen bei Anwendung der allg. Verfahrensvorschriften dem Grundgedanken der Vorschrift des § 50 **Abs.** 1 Rechnung zu tragen sein (*Dallinger/Lackner* Rn. 24; zu „äußerst restriktiver Anwendung" speziell der § 329 Abs. 2 StPO vgl. Begr. BT-Drs. 18/3562, 74). Insbesondere wird eine Prüfung nach § 105 Abs. 1 ohne die Anwesenheit des Heranwachsenden nur in Ausnahmefällen vertretbar sein (OLG Hamburg NJW 1963, 67; vgl. → § 50 Rn. 2).

Betreffend die Nichtanwendbarkeit der **§§ 50 Abs.** 2, 67 ist (auch hier) 15a zu beachten, dass – wegen der ausschließlichen Maßgeblichkeit des Alters zur Tatzeit (§ 1 Abs. 2) – zur HV gegen einen inzwischen Heranwachsenden, der die Verfehlung als Jugendlicher begangen hat, die Eltern als bisherige Erziehungsberechtigte bzw. der bisherige gesetzliche Vertreter entsprechend § 50 Abs. 2 geladen werden sollten (ebenso schon *Röstel* Zbl 1975, 326 (327); *Brunner/Dölling* Rn. 2a), falls der Beschuldigte und die genannten bisher Berechtigten damit einverstanden ist. Dabei wird die Soll-Vorschrift wegen der Volljährigkeit des Angeklagten als eine (zudem nur restriktiv zu handhabende) Kann-Vorschrift anzuwenden sein (zust. *Kaspar* in MüKoSt-PO Rn. 28).

d) § 51. Die Nichtanwendbarkeit dieser Norm auf Heranwachsende wird 16 aus jugendpsychiatrischer Sicht teilweise bedauert (vgl. etwa schon *Klosinski* ZfKiJPsychiatrie 1983, 349).

e) § 69. Was den Ausschluss eines Beistandes gem. § 69 angeht, so soll mit 17 Eintritt der Volljährigkeit eine bereits zuvor erfolgte Bestellung zum Beistand beendet sein und deshalb, sofern abzusehen ist, dass der Jugendliche im Laufe des Verfahrens volljährig wird, ihm kein Beistand mehr bestellt werden dürfen (OLG Stuttgart Justiz 1976, 267). Dagegen ist die Bestellung eines Beistandes nach § 2 Abs. 2, § 149 StPO stets möglich. – Verschiedentlich wurde empfohlen (vgl. Denkschrift 1977, 71), eine § 149 StPO entsprechende Vorschrift aufzunehmen, die die Zulassung der Eltern als Beistände erfasst (nach geltendem Recht ist lediglich die Zulassung der Anwesenheit der Eltern in Verfahren gegen Heranwachsende iRv § 48 Abs. 2 S. 3 gestattet; näher schon *Brunner* Zbl 1977, 366 (367); *Röstel* Zbl 1975, 326 (328)).

f) § 72. Wenngleich diese Vorschrift nicht unmittelbar gilt (vgl. aber zu 18 kriminalpolitischen Erwägungen → Rn. 6), werden zumindest bei jüngeren Heranwachsenden hinsichtlich der **Subsumtion** unter einen in Betracht kommenden Straftatbestand die bei Anwendung materiellen JStR geltenden Auslegungsgrundsätze (vgl. → § 2 Rn. 28 ff.) nicht von vornherein ausscheiden und es wird sich eine tendenziell extensive Auslegung verbieten (vgl. betr. 18 1/2-Jährigen LG Hamburg, hier zitiert nach OLG Hamburg NStZ 2017, 544 (dieses mit abw. Auffassung)). Auch bei der **Prognose** zu Haftgründen (§ 2 Abs. 2, § 112 Abs. 2 Nr. 2, Nr. 3 StPO) bzw. zu einer Rechtsfolgenentscheidung werden die bei Jugendlichen zu berücksichtigenden Kriterien (vgl. → Rn. 6 ff. sowie → § 17 Rn. 20 ff., → § 17 Rn. 45 ff. bzw. → § 18 Rn. 14 ff.) zumindest nicht von vornherein ausscheiden (anders OLG Hamburg NStZ 2017, 544 mit eher gouvernementaler Argumentation).

19   Ohnehin anerkannt ist, dass ein besonderes **Beschleunigungsgebot** besteht (vgl. BVerfG, 3. K. des 2. S., StraFo 2013, 160 (betr. nicht vorbestraften und erstmals inhaftierten 19-Jährigen); nicht erörtert trotz U-Haftdauer von 4 ½ Monaten aufgrund § 2 Abs. 2, § 112 Abs. 3 StPO, § 129a StGB in BGH BeckRS 2011, 23246 Rn. 41 ff. (allerdings allg. begrenzend) sowie trotz einer Dauer von bereits sechs Monaten aufgrund § 2 Abs. 2, § 112 Abs. 2 Nr. 2 StPO, §§ 129a Abs. 1 Nr. 1, 129b Abs. 1 S. 1, 2 StGB in BGH 17.4.2013 – AK 7/13 und auch nicht in BGH BeckRS 2015, 21040 – allerdings Außervollzugsetzung nach zwei Monaten – und nicht in BGH BeckRS 2016, 19193 sowie BeckRS 2016, 19501 und BeckRS 2017, 102669 – betr. zur Tatzeit 18-Jährigen – sowie BeckRS 2017, 122780; zu § 2 Abs. 2, §§ 112 Abs. 3, 121 Abs. 1 StPO BGH BeckRS 2014, 14298 Rn. 25–27; systematisch verfehlt, weil im Sinne allg. StR restriktiv, OLG Stuttgart StV 2014, 752 ff. (mAnm *Herrmann*): nach bereits „knapp 6 Monaten" im U-Haftvollzug 1 HV-Termin pro Woche (geplant 10 Wochen)), zumal schädliche Auswirkungen für die weitere Entwicklung oftmals zu verzeichnen sind (vgl. auch *Heyding* (bei Kowalzyck DVJJ-Journal 2003, 52)). – Auch nach erstinstanzlichem Urteil sind vom Betroffenen angebotene Beweise gem. dem Anspruch auf rechtliches Gehör (Art. 103 Abs. 1 GG) zu erheben (OLG Hamm StV 2002, 209 (211)).

20   Im Falle einer Unterbringung außerhalb von U-VollzEinrichtungen hängt die **Anrechenbarkeit** gem. **§ 121 Abs. 1 StPO** in Würdigung der Unschuldsvermutung (und unter Berücksichtigung auch der Kriterien der Anrechnung gem. §§ 52, 52a bzw. § 51 StGB) weder davon ab, ob oder inwieweit Außenkontakte ermöglicht werden, noch davon, ob der U-Vollzug förmlich ausgesetzt wurde (§ 116 StPO; vgl. zum allg. StVR etwa KG NStZ 1997, 148 (unterbrochen); nicht verneint auch von OLG Dresden NStZ-RR 2002, 60 („öffentliches psychiatrisches Krankenhaus"); aA *Meyer-Goßner/Schmitt* StPO § 121 Rn. 5; *Wankel* in KMR StPO § 121 Rn. 3), zumal auf dem Hintergrund eines effektiven Grundrechtsschutzes die formale Gestaltung der Entscheidung nicht als vorrangig beurteilt werden muss. Maßgebend ist vielmehr, ob die Freiheitsentziehung (jugend-)strafgerichtlich – und also in Abhängigkeit von dem konkreten (J-) Strafverfahren stehend – an Stelle und **in der Funktion** von **U-Haft** angeordnet (Vorliegen von Haftgründen) und vollzogen wird (vgl. auch *Paeffgen* in SK-StPO StPO § 121 Rn. 5; *Hilger* in Löwe/Rosenberg StPO § 121 Rn. 12) – zumindest dann, wenn eine U-Vollstr im engeren Sinne sich anschließt (aA OLG Köln ZJJ 2011, 204 (mablAnm *Eisenberg*), obwohl der vorausgegangene Beschluss des AG Aachen 5.10.2010 – 407 Js 440/10–164/10 auf „Haftgründe und nicht … Gründe des § 71 Abs. 1" bezogen war).

21   Ob die Anordnung von U-Haft allein auf § 2 Abs. 2, § 112a Abs. 1 Nr. 1 StPO gestützt werden darf, ist sowohl wegen der Zukunftsorientierung auch bei Heranwachsenden als auch wegen der iRd Reifeentwicklung erhöhten prognostischen Schwierigkeiten zw. (vgl. aber OLG Schleswig SchlHA

2001, 135). – Zu Bedenken betr. Haftgrund wie Verhältnismäßigkeit BVerfG NJW 2005, 3131 = NStZ 2005, 699.

Eine Wiederholungsgefahr iSv § 2 Abs. 2, § 112a Abs. 1 Nr. 2 StPO **21a** wird bei einem Heranwachsenden, auf den nunmehr allg. StR angewandt wird, mit Bezug auf frühere Taten dann zu verneinen sein, wenn in den diese betr. Verfahren keinmal auf JStrafe erkannt wurde (OLG Oldenburg ZJJ 2012, 320).

IV. Bei Anwendung materiellen Jugendstrafrechts anzuwendende Vorschriften (Abs. 2)

Unter Bejahung der Voraussetzungen des § 105 Abs. 1 gelten in Heran- **22** wachsenden-Strafsachen (zusätzlich) die in Abs. 2 angeführten Vorschriften des JStVR. Jedoch ergeben sich teilweise Modifikationen, und zwar sowohl betr. die in Abs. 2 S. 2–4 genannten Bestimmungen als auch bezüglich anderer Vorschriften.

1. Vermeidung eines förmlichen Verfahrens

Mit der Einfügung der Regelungen über die Vermeidung eines förmli- **23** chen Verfahren (§§ 45, 47) in Abs. 2 S. 1 sollte der Vorrang des **Erzie-hungsauftrags (§ 2 Abs. 1)** im JStR auch ggü. Heranwachsenden gewähr-leistet werden (BT-Drs. 7/550, 333). Denn „auch bei dem geständigen Heranwachsenden muss gelten, dass das förmliche Strafverfahren nicht wei-tergeführt zu werden braucht, wenn andere Maßnahmen ausreichen und dadurch der Erziehung und Resozialisierung am besten gedient ist" (BT-Drs. 7/550, 333).

a) § 45. Daher ist das Absehen von der Verfolgung nach dieser Vorschrift **24** (zu Verfahrenseinstellungen nach allg. StVR vgl. → § 45 Rn. 8 ff.) ggü. Heranwachsenden – entgegen wörtlicher Auslegung des Abs. 2 S. 1 („der Richter") – nicht nur iRd § 45 Abs. 3, sondern grundsätzlich in demselben Umfang zulässig wie ggü. Jugendlichen (ebenso *Brunner/Dölling* Rn. 5 sowie RL 5; aA *Böhm/Feuerhelm* JugendStrafR 47). Allerdings kommt wegen der Volljährigkeit der Heranwachsenden bei der Wahl der anzure-genden bzw. auszusprechenden Maßnahmen einer Einflussnahme iSv „Nach-Sozialisation" bzw. Hilfe und Unterstützung im Verhältnis zu erzie-herischen Gesichtspunkten im engeren Sinne der Vorrang zu. Davon abge-sehen wendet der JStaatsanwalt das formlose Verfahren in gleicher Weise wie bei Jugendlichen an (gegen eine restriktivere Handhabung auch *Kaspar* in MüKoStPO Rn. 24). Er wird es also dann anregen, wenn die jeweiligen Voraussetzungen von § 45 Abs. 1 oder 2 gegeben sind und aufgrund des Ergebnisses der Ermittlungen (§ 43) nach seiner Auffassung materielles JStR anzuwenden ist (vgl. RL 5). Insbesondere bei Bejahung von § 105 Abs. 1 Nr. 2 geht das formlose Verfahren dann dem Strafbefehlsverfahren vor (vgl. auch → Rn. 17 ff.).

b) § 47. Diese Regelung über die Einstellung des Verfahrens durch den **25** JRichter nach Einreichung der Anklage gilt mit der Einschränkung, dass Abs. 1 Nr. 4 der Regelung als nur Jugendliche betreffend in Verfahren gegen einen Heranwachsenden nicht in Betracht kommt. – Ebensowenig gilt § 47

Abs. 2 S. 4. Dies ergibt sich zwar nicht ausdrücklich, wohl aber im Wege der Auslegung aus Abs. 2 S. 1, da der Ausschluss des § 54 Abs. 2 zeigt, dass es zu befürchtende Nachteile für die Erziehung des (volljährigen) Heranwachsenden nicht rechtfertigen können, von der Mitteilung der Entscheidungsgründe an ihn abzusehen (vgl. → § 47 Rn. 2).

2. Berücksichtigung oder Anrechnung von U-Haft

26 Stets gelten die JA und JStrafe betreffenden Vorschriften (§§ 52, 52a; vgl. auch RL 2 zu § 52). Soweit die Begründung, aus erzieherischen Gründen (§ 52a Abs. 2, 3) von einer Anrechnung abzusehen, schon bei Jugendlichen eher Bedenken begegnet (vgl. → § 52a Rn. 8), sollte von diesem Versagungsgrund, der Bedürfnis und Möglichkeit einer „Nach-Sozialisation" voraussetzt, bei Heranwachsenden nur äußerst restriktiv Gebrauch gemacht werden. Dem entspricht es, dass der in Rede stehende Grund ausscheidet, wenn bei einem Heranwachsenden nach erfolgter Prüfung der Voraussetzungen des § 105 Abs. 1 nur in Orientierung am Grundsatz „in dubio pro reo" materielles JStR angewendet worden ist (vgl. → § 105 Rn. 47 f.), weil andernfalls eine Schlechterstellung ggü. der Verfahrenslage des Heranwachsenden (bei Anwendung allg. StR) bestünde (LG Münster NJW 1979, 938).

3. Inhalt der Urteilsgründe

27 Die Vorschrift über den Inhalt (nicht dagegen über die Mitteilung, vgl. Abs. 2 S. 1 und § 54 Abs. 2) der Urteilsgründe (§ 54 Abs. 1) gilt ebenfalls, jedoch mit der Einschränkung, dass die Überlassung von Auswahl und Anordnung von Maßnahmen an das FamG ggü. den volljährigen Heranwachsenden nicht in Betracht kommt und demgemäß auch keine Aufnahme in die Urteilsgründe findet (wegen des Aufbaus der schriftlichen Urteilsbegründung und der Anforderungen im Einzelnen vgl. Erl. zu § 54, → § 54 Rn. 21 ff.

4. Teilvollstreckung

28 Die Regelung über die Teilvollstr einer **Einheitsstrafe** (§ 56) gilt ebenfalls bei Anwendung materiellen JStR ggü. Heranwachsenden (vgl. auch RL 2 zu § 56). Zur Empfehlung einer zurückhaltenden Anwendung der Vorschrift vgl. → § 56 Rn. 6.

5. Aussetzung zur Bewährung

29 Ferner gelten die ergänzenden Verfahrensvorschriften zu den materiellrechtlichen Regelungen über die Aussetzung der **Vollstr** der **JStrafe** zBew (§§ 21–26a) und die Aussetzung der **Verhängung** der JStrafe zBew (§§ 27–30) in §§ 57–60 (ausdrücklich OLG Hamm ZJJ 2017, 76 f.) sowie §§ 62–64). – Im Einzelnen besteht die zwingende Verpflichtung, Gelegenheit zu einer mündlichen Anhörung zu geben (§ 58 Abs. 1 S. 3), unabhängig davon, ob der Verurteilte inzwischen Erwachsener ist (vgl. OLG Hamm NStZ 2017, 543). Die Erwägung, für Fälle nach § 26 Abs. 1 S. 1 Nr. 1 eine ausnahmsweise Aufweichung wegen fortgeschrittenen Alters unter Hinweis auf Sinn und Zweck dieser entsprechend anzuwendenden Vorschrift (vgl. KG 11.10.2012 – 4 Ws 110/12, obiter dictum: ab 24. Lbj.) in Betracht zu ziehen, wird schon deshalb nicht zuträglich sein, weil es bei der Entscheidung weiterhin wesentlich um Entstehungszusammenhänge auch der vormaligen Tat geht.

6. Anwendbarkeit der §§ 56, 66

Ebenfalls haben Geltung die Vorschriften über die **nachträglichen Ent-** 30 **scheidungen** über Weisungen und Auflagen sowie über die **Ergänzung rechtskräftiger** Entscheidungen bei mehrfacher Verurteilung (§§ 65, 66). Hierbei ist nach **Abs. 2 S.** 2 der Anwendungsbereich von § 66 insofern erweitert, als die einheitliche Festsetzung von Maßnahmen oder JStrafe auch dann noch mit bereits rechtskräftig vorliegenden Verurteilungen nach allg. StR vorzunehmen ist, wenn dies bei der Anwendung von materiellem JStR – entgegen § 105 Abs. 2 – versäumt wurde (vgl. → § 105 Rn. 62).

7. Kosten; Auslagen der Nebenklage

a) Vermeidung geldstrafenähnlicher Belastung. Bei Anwendung 31 sachlichen JStR kann auch im Verfahren gegen Heranwachsende davon abgesehen werden, dem heranwachsenden Angeklagten Kosten und Auslagen aufzuerlegen (§ 74). Dies wird sich besonders empfehlen, wenn zu besorgen ist, dass andernfalls eine Belastung eintritt, die in der Wirkung derjenigen der Geldstrafe nahe kommt, welche bei Anwendung materiellen JStR unzulässig ist (näher → § 74 Rn. 8, 8a; ausdrücklich BGH StV 2017, 717: „einem sozial eingegliedertem Leben entgegenstehen"; LG Bonn 27.6.2012 – 22 KLs 664 Js 151/11 16/12 Rn. 177 (juris), BeckRS 2014, 13023: „von den Kosten des Verfahrens zu entlasten und ihm so auch in finanzieller Hinsicht nach seiner Haftentlassung die Chance einer gesellschaftlichen Eingliederung zu geben"; ohne Begr. auferlegend aber BGH BeckRS 2011, 23618; ohne geeignete Begr. (*vor* der Inhaftierung Einkünfte aus einem Ausbildungsverhältnis, Verurteilung zu JStrafe von drei Jahren) – entgegen GBA – BGH BeckRS 2016, 5080; ähnlich OLG Hamm NStZ 2014, 412 (bloßer (und unbezifferter) Hinweis auf Ausbildungseinkommen); mit teilweise unstimmiger Begr. LG Berlin 20.8.2012 – 234 Js 4850/11 KLs: von der Möglichkeit des Absehens „aus erzieherischen Gründen keinen Gebrauch gemacht" (S. 27, wogegen das Urteil zur Bemessung der JStrafe bei einem der Verurteilten mit keinem Wort erzieherische Belange erwähnt, vgl. → § 18 Rn. 16 ff.); mit floskelhafter, die tatsächlichen Feststellungen (→ Rn. 24, 29) übergehender Begründung OLG Hamburg 25.2.2013 – 2 Ws 19/13, BeckRS 2013, 6271).

b) Auslagen der Nebenklage. Die Möglichkeit des Absehens von der 32 Auferlegung (§ 74) bezieht sich auch auf Auslagen der Nebenklage bzw. eines (ziffernmäßig oder prozentual) bestimmten Teiles derselben, ohne dass ansonsten die bzgl. des Verurteilten von der herrschenden Judikatur vertretene Ablehnung der Freistellung von *notwendigen* Auslagen (vgl. → § 74 Rn. 15) eingehalten würde (vgl. zu § 473 Abs. 4 StPO bzw. § 472a Abs. 2 StPO BGH BeckRS 2016, 6313; zu § 472 Abs. 1 StPO etwa OLG Düsseldorf NStZ-RR 2011, 295). Richtigerweise ist von der in § 74 vorgesehenen Möglichkeit bzgl. der Nebenklagekosten nur dann kein Gebrauch zu machen, wenn dies ausnahmsweise einmal konkret erzieherisch angezeigt ist (n.

→ § 74 Rn. 16 f.). Bei Heranwachsenden liegt die Schwelle hierfür nur dann niedriger als bei Jugendlichen, wenn ein relevantes Einkommen erzielt wird.

33/34 Wird von der Auferlegung abgesehen, so können die Auslagen des Nebenklägers per Beschluss der Staatskasse auferlegt werden (→ § 74 Rn. 16b).

35 Umstritten ist, ob die sofortige **Beschwerde** der **Nebenklage** gegen die Kostenentscheidung auch dann zulässig ist, wenn eine Urteilsanfechtung für die Nebenklage gem. § 400 Abs. 1 StPO ausscheidet (vgl. zum allg. StVR Nachw. bei *Meyer-Goßner/Schmitt* StPO § 464 Rn. 17a).

36 **c) § 472a StPO.** Bei einer Entscheidung nach dieser Vorschrift ist § 74 nicht anwendbar (Abs. 2 S. 4 (eingeführt durch 2. JuMoG v. 30.12.2006, BGBl. I 3416); vgl. auch → Rn. 12). Dies bedeutet aber nicht, dass die Kosten des Adhäsionsverfahrens zwangsläufig vom Heranwachsenden zu tragen sind (so aber *Noak* in BeckOK JGG § 81 Rn. 4 mwN). Vielmehr muss das Gericht bei einer Entscheidung gem. § 472a **Abs. 2** StPO den **Schutzbelangen** iSv § 74 und § 2 Abs. 1 nachdrücklich Rechnung tragen (vgl. auch *Diemer* in Diemer/Schatz/Sonnen § 81 Rn. 4; vgl. auch zu § 472a Abs. 2 S. 2 *Sonnen* in Diemer/Schatz/Sonnen Rn. 20). – Hinsichtlich der **sonstigen Kosten** des Adhäsionsverfahrens bleibt es ohnehin bei der Geltung des § 74.

8. Rechtsmittelbeschränkung

37 Die einschlägigen Regelungen (§ 55 Abs. 1, 2) gelten ebenfalls, es sei denn, es handelte sich um ein beschleunigtes Verfahren (Abs. 2 S. 3, §§ 417 ff. StPO). Im Übrigen bezieht sich der Ausschluss der Anfechtbarkeit bei Überlassung der Auswahl und Anordnung von Erziehungsmaßregeln an das FamG in § 55 Abs. 1 S. 1 nicht auf ein Rechtsmittel, mit welchem geltend gemacht wird, die Entscheidung sei gesetzwidrig ergangen; denn insoweit ist nicht der Rechtsfolgenausspruch angegriffen, sondern die Unzuständigkeit des FamG in Verfahren gegen volljährige Heranwachsende.

38 **a) Anfechtungsziel der Anwendung materiell allgemeinen Strafrechts.** Ist nach § 105 Abs. 1 materielles JStR angewendet und sind eine oder mehrere der in § 55 Abs. 1 S. 1 aufgeführten Rechtsfolgen ausgesprochen worden, so hindert die Rechtsmittelbeschränkung des § 55 Abs. 1 nicht die Anfechtung mit dem Ziel, dass allg. StR angewendet werde (ebenso *Dallinger/Lackner* Rn. 13). Zu Folgerungen der Einordnung einer Entscheidung über die Anwendung des materiellen Rechts als eines Teils des Rechtsfolgenausspruchs vgl. näher → § 105 Rn. 68.

39 **b) Abweichende Entscheidungen zur Anwendung materiellen Jugend- oder allgemeinen Strafrechts.** Soweit die Rechtsmittelbeschränkung nach § 55 Abs. 2 davon abhängig ist, dass materielles JStR zur Anwendung gekommen ist, richtet sich die Zulässigkeit einer Revision für den Fall, dass für das anzuwendende Recht im 1. Rechtszug und im Berufungsrechtszug abw. Entscheidungen ergangen sind, danach, **welches** materielle **Recht** dem Berufungsurteil **zugrundelag.** Denn nur hiergegen – nicht aber gegen die erstinstanzliche Entscheidung – kann sich die Revision richten.

40 Hat das erstinstanzliche Gericht materielles JStR, das **Berufungsgericht** aber **allg. StR** angewendet, so ist die Revision ohne die in § 55 Abs. 2

geregelten Einschränkungen zulässig (ebenso *Dallinger/Lackner* Rn. 13; vgl. auch schon OLG Neustadt MDR 1956, 504).

Hat das erstinstanzliche Gericht allg. StR, das **Berufungsgericht** aber materielles **JStR** angewendet, so gilt für die Frage der Zulässigkeit einer Revision nach hM die Beschränkung in § 55 Abs. 2 (vgl. OLG Düsseldorf MDR 1986, 257; OLG Zweibrücken 6.11.1990 – 1 Ss 242/90 bei *Böhm* NStZ 1991, 523; OLG Karlsruhe StV 2001, 173 mablAnm *Kutschera;* OLG Bamberg NStZ 2012, 166; *Dallinger/Lackner* Rn. 13; *Brunner/Dölling* Rn. 18; *Schady* in NK-JGG Rn. 32; *Potrykus* Anm. 6). Zweifelhaft ist, ob diese Auffassung mit dem (auch dem JGG) übergeordneten strafverfahrensrechtlichen Prinzip vereinbar ist, dass ein Gericht seine materiell-rechtliche Entscheidung nicht selbst unanfechtbar machen darf (ähnlich *Grethlein* JGG § 55 Anm. 3b). Dies gilt zumal zB Anhaltspunkte dafür vorliegen, dass Berufungsgerichte mitunter die Einlegung eines Rechtsmittels sozusagen verdeckt sanktionieren könnten (vgl. auch → § 74 Rn. 24), wozu verbaliter zB ein Eindruck in der HV von einer uneinsichtigen Persönlichkeit oder dergleichen bemüht werden könnte – etwa wenn es die nach allg. StR (hinsichtlich verhängter Freiheitsstrafe) getroffene Versagung der Aussetzung der Vollstr zBew trotz für die JStrafe geltender anderer Vorgaben (s. § 21 Abs. 2) aufrecht erhält (zum Ganzen n. und iErg zust. *Beulke* FS Eisenberg II, 2019, 194 ff.). – Nach hM soll die Beschränkung auch dann gelten, wenn die Berufungs-HV nach § 2 Abs. 2, § 231 Abs. 2 StPO in Abwesenheit des Angeklagten zu Ende geführt wurde (BayObLG NStE Nr. 1 zu § 109 JGG; zw., vgl. auch → § 50 Rn. 17). 41

Zur Nichtanwendbarkeit materiellen JStR, wenn die JStaatsanwaltschaft mit ihrer entsprechend beschränkten Berufung nur das Ziel verfolgt, die Aufhebung einer dem Heranwachsenden nach allg. StR bewilligten Aussetzung der Vollstr der Freiheitsstrafe zBew zu erreichen, vgl. OLG Frankfurt a. M. NJW 1956, 233 f. mzustAnm *Schnitzerling* (vgl. auch → § 55 Rn. 81). 42

Die Rechtsmittelbeschränkung nach § 55 Abs. 2 gilt jedoch nur dann, wenn gegen den Heranwachsenden im konkreten Fall tatsächlich materielles JStR angewendet worden ist (bejahend OLG Saarbrücken BeckRS 2016, 4548). Lässt sich dies nicht feststellen oder ist die Prüfung nach § 105 Abs. 1 unterblieben, weil nach der Verfahrenslage bereits ein Freispruch erging (OLG Frankfurt a. M. NStZ-RR 2003, 327; vgl. auch → § 55 Rn. 64) oder aus anderen Gründen ein Schuldspruch (etwa im Hinblick auf § 20 StGB) nicht ergehen konnte, so scheidet eine entsprechende Anwendung von § 55 Abs. 2 aus (OLG Düsseldorf NZV 1988, 151 f.; OLG Celle NdsRpfl 1962, 88 f.). 43

Nach hM ist in Verfahren gegen Heranwachsende dem erstinstanzlich nach materiellem JStR verurteilten Berufungsführer die Revision auch dann verwehrt, wenn seine Berufung nach **§ 329 Abs. 1 StPO** verworfen worden ist (BGH 30, 98, zust. *Brunner* JR 1982, 124 sowie *Böhm* NStZ 1982, 416; BayObLG bei *Rüth* DAR 1986, 246; OLG Hamm MDR 1988, 343; OLG Düsseldorf MDR 1992, 71; *Meyer-Goßner/Schmitt* StPO § 329 Rn. 46; *Burscheid* Verbot 139 f.). Die Gegenansicht (OLG Celle NJW 1979, 1314 (Ls.) = JR 1980, 37 (unter Aufgabe der Auffassung von OLG Celle NJW 1968, 1297) mablAnm *Brunner; Schmitt* NJW 1968, 161) wird darauf gestützt, dass die Rechtsmittelbeschränkung in Abs. 2 mangels Sachentscheidung und damit verbundener Anwendung materiellen JStR (Abs. 2 S. 1, § 105 Abs. 1) nicht eingreifen kann (vgl. im Übrigen auch schon BayObLG 44

JR 1974, 523 mAnm *Brunner*). Allerdings bliebe die insoweit kaum begründbare unterschiedliche Rechtsmittelberechtigung Jugendlicher (vgl. → § 55 Rn. 21) und Heranwachsender unzuträglich.

V. Einzelne besondere Verfahrensarten

1. Beschleunigtes Verfahren

45 Weil **§ 79 Abs.** 2 in Verfahren gegen Heranwachsende nicht gilt, ist bei ihnen – unabhängig von der Anwendung sachlichen JStR oder allg. StR – das **beschleunigte Verfahren** des allg. StVR (§§ 417 ff. StPO) zulässig (vgl. auch RL 3; RL 3 zu § 79); zuständig ist das JGericht (§§ 108 Abs. 1, 39 ff. (vgl. betr. Aufhebung LG Rostock StraFo 2008, 211)). Da gem. Abs. 1 S. 1 auch in diesem Verfahren ua im Hinblick auf die Voraussetzungen von § 105 Abs. 1 (vgl. *Lubitz,* Das beschleunigte Verfahren der StPO und seine rechtstatsächliche Durchführung in Berlin und Brandenburg, 2010, 59; DVJJ 1999, AK II-7) nach § 43 zu ermitteln und die JGH heranzuziehen ist (§ 50 Abs. 3; vgl. auch LG Rostock StraFo 2008, 211; einschr. aber zur Praxis *Lubitz,* Das beschleunigte Verfahren der StPO und seine rechtstatsächliche Durchführung in Berlin und Brandenburg, 2010, 91), handelt es sich um keinen „einfachen Sachverhalt" (§ 417 StPO), und deshalb wird von diesem Verfahren idR abzusehen sein (grds. abl. *von Danwitz* FS Eisenberg, 2009, 12 f.; *Lubitz,* Das beschleunigte Verfahren der StPO und seine rechtstatsächliche Durchführung in Berlin und Brandenburg, 2010, 59; eher aA *Putzke,* Beschleunigtes Verfahren bei Heranwachsenden, 2004, 105 ff.), sodass insoweit eine HV-Haft (§ 127b StPO) entfällt. Wird gleichwohl das beschleunigte Verfahren praktiziert, so hat dies – gerade betr. Sanktionen oder Aufklärungsbedarf „in tatsächlicher Hinsicht" (BT-Drs. 12/6853, 41) – die Konsequenz, dass § 55 Abs. 1 und 2 nicht gelten **(Abs. 2 S. 3).** Im Übrigen ist im beschleunigten Verfahren eine Übertragung der örtlichen Zuständigkeit durch das gemeinschaftliche obere Gericht nach § 12 Abs. 2 StPO unzulässig (BGHSt 15, 314). – Wegen der Wahrung der Funktion der *Anklage* (§ 200 Abs. 1 S. 1 StPO) vgl. näher OLG Hamburg NJW 2012, 631: Beweis nur durch die Sitzungsniederschrift (§ 274 StPO (betr. allg. StR)).

46 Zur Streitfrage betr. Art. 6 Abs. 3 Buchst. a und b EMRK, ob bei einem der deutschen Sprache nicht kundigen Angeschuldigten eine vorherige **Übersetzung** der **Antragsschrift** (§ 2 Abs. 2, § 147 StPO) erforderlich ist, bejahend OLG Hamm StV 2004, 364; OLG Karlsruhe StraFo 2005, 370 (betr. Pflichtverteidigerbestellung „als Ausgleich"); vern. OLG Stuttgart NStZ 2005, 471.

2. Annahmeberufung (§ 313 StPO)

47 Die Frage nach der Geltung dieser Vorschrift ist zu *verneinen,* weil andernfalls zu besorgen wäre, dass eine geeignete, also über die Aktenlage hinausgehende Überprüfung der Voraussetzungen des § 105 Abs. 1 nicht stattfände (*Schäfer* NStZ 2009, 334; **aA** KG BeckRS 2000, 15971; OLG Stuttgart ZJJ 2009, 156, ohne Berücksichtigung dessen, dass bei in Betracht kommenden Verfahren zB Äußerungen der JGH eher selten sind; *Paul* in KK-StPO § 313

Rn. 2). Weil nach hier vertretener Auffassung kein Fall des § 313 StPO vorliegt, ist § 322a StPO nicht einschlägig.

3. Privatklage; Nebenklage

Da eine entsprechende Geltung von § 80 nicht vorgesehen ist, ist gegen **48** Heranwachsende sowohl Privat- wie (unabhängig von den Ausnahmen gem. § 80 Abs. 3 S. 1) auch Nebenklage zulässig (vgl. RL Nr. 4 S. 1; RL Nr. 3 S. 2 zu § 80). Wegen den Grenzen der Anfechtbarkeit seitens der Nebenklage (§ 2 Abs. 2, § 400 Abs. 1 StPO) vgl. eher ausdehnend OLG Jena NStZ 2016, 63; ansonsten wird auf die Erläuterungswerke zum allg. StVR verwiesen (zur Empfehlung, Nebenklage für den Fall berechtigter Inanspruchnahme eines außerstrafrechtlichen Entschädigungsverfahrens abzuschaffen, *von Galen* StV 2013, 176 (178)).

Im Privatklageverfahren gegen Heranwachsende ist regelmäßig der JRich **49** ter zuständig (§§ 107, 33 Abs. 1, 108 Abs. 1 iVm §§ 39, 108 Abs. 2 iVm § 25 Nr. 1 GVG; vgl. auch RL Nr. 4 S. 2; RL Nr. 3 S. 3 zu § 80). Eine Einschränkung gilt nur insoweit, als gegen den Heranwachsenden als Privatkläger vor dem Gericht der allg. Strafgerichtsbarkeit Widerklage (§ 388 StPO) erhoben wird (vgl. → § 112 Rn. 1).

Auch im Privatklageverfahren erfolgt nach § 105 Abs. 1 die Prüfung, ob **50** materielles JStR oder allg. StR im konkreten Einzelfall anzuwenden ist. Wird auf eine Rechtsfolge nach JStR erkannt, so wird – unbeschadet dessen, dass eine JStrafe bei Privatklagedelikten idR nicht in Betracht kommen wird – die aus § 80 Abs. 2 S. 2 ersichtliche gesetzliche Wertung zu beachten sein. Unabhängig von der Anwendung materiellen JStR oder allg. StR dürfen Maßregeln der Besserung und Sicherung nicht angeordnet werden (§ 384 Abs. 1 S. 2 StPO, ggf. iVm §§ 7, 2). Vgl. im Übrigen § 80 sowie die Erläuterungswerke zu §§ 347 ff. StPO und §§ 395 ff. StPO.

4. Entschädigung des Verletzten

Gegen die Anwendung der diesbezüglichen Vorschriften (§§ 403–406c **51** StPO), die hier bis Ende 2006 ausgeschlossen waren (n. bis 14. Aufl.), erst seit Inkrafttreten des 2. JuMoG (v. 30.12.2006, BGBl. I 3416) – *ohne* seitherige *Evaluierung* im allg. StVR – gelten und zudem durch das 2. OpferRRG eine fördernde Hinweispflicht erfuhren (§ 400h S. 1 Nr. 2 StPO), bestehen auch seitens der Praxis (vgl. etwa *Stuppi* ZJJ 2007, 21) schon wegen vorzugswürdiger Alternativen (zB Auflage Schadenswiedergutmachung bzw. Täter-Opfer-Ausgleich) gewichtige Einwände (vgl. etwa BReg, BT-Drs. 16/3038, 68: „eher nachteilige Auswirkungen für das eigentliche JStrafverfahren"; zuvor statt vieler *Höynck* ZJJ 2005, 37 ff.; sodann *Höynck* ZJJ 2007, 77; vgl. auch → § 81 Rn. 3–5 sowie zur Kostenbelastung gem. Abs. 3 S. 4 → Rn. 32). Da es den Bereich materiellen JStR betrifft, ist eine „integrierte zivilrechtliche Auseinandersetzung", die das Verfahren „häufig verzögert" (BT-Drs. 16/3038, 67; vgl. zu § 406 Abs. 1 S. 4 StPO BGH BeckRS 2015, 9072 betr. allg. StR; sowie NStZ-RR 2015, 320 betr. JStR), ein Widerspruch in sich, ganz abgesehen davon, dass betroffene Heranwachsende „selten" über „ausreichende eigene Finanzmittel" (BT-Drs. 16/3038, 67) verfügen bzw. verfügen werden (instruktiv LG Würzburg 26.1.2017 – JKLs 801 Js 263/16 jug). Anderseits aber besteht das Erfordernis des Gerichts, einzelfallbezogene Umstände der Tatbeteiligten zu berücksichtigen und dies in der Begründung darzustellen (vgl. nur BGH NStZ-RR 2010, 344: „persönlichen und wirtschaftlichen Verhältnisse"; NJW 2014, 1544: „wirtschaftlichen Verhältnisse von Täter und Opfer"; vgl. auch BGH NStZ 2014, 50 Rn. 13: Wahrscheinlichkeit von Ansprüchen „nicht mit Tatsachen belegt"), betr. Heranwachsende in erhöhtem Maße.

VI. (Nicht-)Öffentlichkeit der Hauptverhandlung (Abs. 1 S. 4)

52 Die HV gegen Heranwachsende ist grundsätzlich öffentlich (für Nichtöffentlichkeit de lege ferenda Denkschrift 1964, 15; UK III DVJJ-Journal 1992, 23). Es gelten die allg. Vorschriften (§§ 169 ff. GVG). Nach Abs. 1 S. 4 tritt – unabhängig von der Anwendung materiellen JStR – neben die in §§ 171a, 171b, 172 GVG bezeichneten Gründe als ein zusätzlicher Grund das „Interesse des Heranwachsenden", das den Ausschluss der Öffentlichkeit rechtfertigen kann (vgl. auch RL Nr. 1 S. 2).

1. Auslegung

53 **a) Allgemeine Grundsätze.** Nach allg. Auffassung ist diese (dem § 48 Abs. 3 S. 2 nachgebildete) Sonderregelung weit auszulegen (vgl. nur BGHSt 44, 43 = JR 1999, 171 mAnm *Wölfl*). Indes darf ein Ausschluss der Öffentlichkeit nach Abs. 1 S. 4 nicht auf verfahrensrechtliche Gesichtspunkte schlechthin, sondern allein darauf gestützt werden, dass ein dem Entwicklungsstand des Heranwachsenden gemäßes Verfahren den Ausschluss gebietet (n. zu den bei der Ermessensentscheidung beachtenswerten Gesichtspunkten → § 48 Rn. 14, zum Verfahren bei Ausschluss der Öffentlichkeit vgl. → § 48 Rn. 21f entspr.). Unzulässig wäre der Ausschluss insb. dann, wenn er dem Nichtbekanntwerden gesetzwidrigen Verfahrens diente (vgl. aber LG Ulm BeckRS 2010, 142226 mit Bspr. *Eisenberg* HRRS 2012, 466 sowie NK 2013, 241 betr. einen – entgegen § 43 Abs. 2 S. 2 herangezogenen – ungeeigneten Sachverständigen).

53a Die *Urteilsverkündung* ist gem. § 173 Abs. 1 GVG („in jedem Fall") öffentlich, nach hM geht Abs. 1 S. 4 jedoch vor (vgl. BGHSt 42, 294 = NStZ 1998, 53 mablAnm *Eisenberg;* OLG Düsseldorf NJW 1961, 1547; *Brunner/Dölling* § 48 Rn. 23; *Verrel/Linke* in HK-JGG Rn. 7). Indes wird hierzu eine differenzierende, tendenziell weniger weite Auslegung vorzugswürdig sein, weil andernfalls auch ein Interesse des Angeklagten selbst (neben demjenigen der Allgemeinheit) an Verfahrensöffentlichkeit, das bei Heranwachsenden im Unterschied zu Jugendlichen im Verhältnis zu den Schutzbelangen vor Öffentlichkeit mehr an Bedeutung gewinnt, nicht hinreichend zur Geltung käme (zust. *Pielow,* Öffentliches Strafverfahren – Öffentliches Strafen, 2018, 64).

54 **b) Alter zur Zeit der Tat.** Hat der Angeklagte im Zeitpunkt der **HV** das **21. Lbj. überschritten,** hindert dies eine Ausschließung der Öffentlichkeit in seinem Interesse nicht. Denn auch insoweit kommt es für den Heranwachsendenbegriff nur auf das Alter zur Zeit der Tat (**§ 1 Abs. 2**) an (vgl. schon BGH *Herlan* GA 1963, 106; ebenso *Dallinger/Lackner* Rn. 3; aA noch

Kohlhaas unsere jugend 1964, 502). Sachlich wird dies – seit Streichung der (ausschließlich) „erzieherischen" Interessen in Abs. 1 S. 4 wegen der Volljährigkeit der Heranwachsenden – nunmehr schon deshalb gerechtfertigt sein, weil mitunter eine größere Zahl anwesender Personen ein dem Entwicklungsstand des Jungerwachsenen in der HV gemäßes Verfahren eher beeinträchtigen kann.

c) Ausnahmen. Ist im Interesse des Heranwachsenden eine Ausschlie- 55 ßung der Öffentlichkeit erfolgt, soll in **sinngemäßer** Anwendung von § **48 Abs.** 2 den in dieser Regelung bezeichneten Personen die Anwesenheit gestattet sein bzw. sollen aus besonderen Gründen (§ 48 Abs. 2 S. 3) andere Personen zugelassen werden können (vgl. auch schon *Dallinger/Lackner* Rn. 4).

2. Einzelfragen

Sind mehrere Verfehlungen oder mehrere Einzelakte einer Verfehlung 56 **teils** in der Altersstufe des **Jugendlichen, teils** in der des **Heranwachsenden** begangen worden und Gegenstand der HV (vgl. → Rn. 39), gilt nicht Abs. 1 S. 4, sondern § 48 (vgl. BGHSt 22, 21; vgl. → § 48 Rn. 3 mwN).

Ist im Verlauf der HV (vgl. → Rn. 8) das Verfahren wegen der als Jugend- 56a licher begangenen Taten gem. § 154 Abs. 2 StPO vorläufig eingestellt worden, so verlangt Abs. 1 S. 4, dass – unbeschadet (des auf den Verfahrenszeitpunkt abstellenden) Art. 6 Abs. 1 EMRK – die HV unter Ausschluss der Öffentlichkeit stattfindet (BGHSt 44, 43 = JR 1999, 11 mablAnm *Wölfl;* krit. *Budelmann* JugendStrafR 140; *Streng* FS Wolter, 2013, 1241 f.).

VII. Strafbefehlsverfahren (Voraussetzungen, Einschränkung gem. Abs. 3)

Ein Strafbefehl darf in Verfahren gegen Heranwachsende nur erlassen 57 werden, wenn materielles allg. StR zur Anwendung kommt (Abs. 2 S. 1, § 79 Abs. 1; vgl. auch RL Nr. 2 S. 1). Ein Antrag der JStaatsanwaltschaft auf Erlass eines Strafbefehls kommt demzufolge nur unter der Voraussetzung in Betracht, dass aufgrund der **Ermittlungen** nach Abs. 1, § 43 (wegen der Beteiligung der JGH vgl. → § 107 Rn. 12 ff.) mit der Anwendung allg. StR zu rechnen ist (vgl. auch *RL Nr. 2 S. 2*). Aber auch dann, wenn diese Voraussetzung erfüllt ist, die zu erwartende Rechtsfolge jedoch bei zukunftsorientierter Würdigung eine erhebliche Beeinträchtigung des Heranwachsenden verursachen kann, wird die JStaatsanwaltschaft von dem Antrag absehen (vgl. schon *Dallinger/Lackner* § 109 Rn. 12; ebenso *Gössel* in Löwe/ Rosenberg StPO Vor § 407 Rn. 53).

Im Übrigen bestimmt **Abs. 3** eine Einschränkung ggü. dem allg. StVR, 57a dh die Verhängung einer Freiheitsstrafe im Wege des Strafbefehlsverfahrens ist ausgeschlossen.

1. Widersprüchliches

a) Berücksichtigung der Persönlichkeit? Die Notwendigkeit von Er- 58 mittlungen zur Persönlichkeit steht dem Zweck des Strafbefehls entgegen, das Verfahren zu vereinfachen und zu beschleunigen. Schon im Hinblick auf den insofern vorliegenden Widerspruch wäre von dem Antrag auf Erlass eines Strafbefehls nur mit äußerster Zurückhaltung Gebrauch zu machen (allg. Auffassung im Schrifttum).

59 In der Praxis hingegen scheint eine Tendenz zu bestehen, die Anwendung von materiellem **JStR** gar gleichsam **pauschal abzulehnen,** umso eine Erledigung durch Strafbefehl zu ermöglichen (vgl. zu Nachw. → § 105 Rn. 12). – So waren zB bei den vier StAen im Bereich des OLG Schleswig bezüglich im Jahre 2001 beantragten Erlasses eines Strafbefehls ausweislich einer Aktenuntersuchung persönliche Umstände mit etwaiger Tragweite iSv § 43 ohne Bedeutung (teilweise allenfalls das Lebensalter), und scheinbar ähnlich verhielt es sich hinsichtlich strafrechtlicher Vorbelastungen (vgl. *Bartels,* Das Strafbefehlsverfahren bei Heranwachsenden in Theorie und Praxis, 2007, 124–133 bzw. 134 ff.); Berichte der JGH (vgl. → § 107 Rn. 13) wurden bei Anträgen gem. § 2 Abs. 2, § 107 Abs. 1 S. 1 StPO nur selten angeregt (dann aber entsprach ihnen die gerichtliche Entscheidung), bei Anträgen gem. § 2 Abs. 2, § 408a Abs. 1 S. 1 StPO hingegen wurden Berichte überwiegend angeregt, jedoch nur selten noch erstellt bzw., falls sie erstellt wurden, entsprach die Staatsanwaltschaft ihnen kaum (*Bartels,* Das Strafbefehlsverfahren bei Heranwachsenden in Theorie und Praxis, 2007, 139 ff., 145 ff.).

60 Eine solche Vorgehensweise ist schwerlich mit dem Gesetz vereinbar, weil selbst bei unbehebbaren Zweifeln über den Entwicklungsstand des Heranwachsenden in der Regel materielles JStR zur Anwendung kommen muss (näher → § 105 Rn. 48), mit der Folge, dass ein Strafbefehl unzulässig ist. Dem Gesichtspunkt der Arbeitsüberlastung in Bagatellsachen sollte durch die gesetzlich vorgesehenen Formen der Vermeidung eines förmlichen Verfahrens (Abs. 2 S. 1, § 45 sowie ggf. § 153a Abs. 1 StPO; vgl. näher → § 45 Rn. 17 ff.) hinreichend begegnet werden können.

61 **b) Insbesondere Verkehrsdelikte.** Auch hinsichtlich der in der Praxis zahlenmäßig häufigen **Verkehrsverfehlungen** geringfügigerer Art wird die zumeist schematische Handhabung in der Anwendung des Strafbefehlsverfahrens häufig ungeeignet sein (vgl. *Kölbel* ZfJ 1998, 16 ff.), zumal gerade mit Relevanz für leichtere Verkehrsverfehlungen bei Anwendung von § 45 Abs. 3 die Weisung der Teilnahme an einem Verkehrsunterricht gesetzlich vorgesehen ist. Für die Annahme einer häufiger dem Entwicklungsstand der Erwachsenen entsprechenden Persönlichkeitsbeurteilung von Heranwachsenden gerade in Verkehrsstrafsachen (*Dallinger/Lackner* Rn. 31) bestehen keine hinreichenden empirischen Anhaltspunkte (vgl. auch → § 105 Rn. 36, 46).

62 **c) Anforderungen.** Liegen umfangreiche Beurteilungsgrundlagen vor, aufgrund derer die JStaatsanwaltschaft zu der Auffassung gelangt, dass materielles allg. StR anzuwenden ist, und sind die übrigen Voraussetzungen für den Erlass eines Strafbefehls (s. § 407 StPO) gegeben, so wird bei der Fassung des Strafbefehlsentwurfs auf eine klare, übersichtliche und leicht verständliche **Darstellung** unter Vermeidung einer lediglich formelhaften Bezeichnung der Tat mit den Worten des Gesetzes zu achten sein (Nr. 177 Abs. 1 RiStBV entspr.). Im Übrigen wird betreffend das wesentliche Ergebnis der Ermittlungen der in § 46 enthaltene Rechtsgedanke nicht unberücksichtigt bleiben dürfen.

2. Zuständigkeit

Für den Erlass von Strafbefehlen gegen Heranwachsende ist, von der Aus- 63
nahme nach § 408a StPO abgesehen, der JRichter zuständig (§ 108 Abs. 2,
§ 25 GVG idF des RPflEntlG; vgl. zum allg. StVR *Meyer-Goßner/Schmitt*
StPO § 408 Rn. 5 f.). Ist der Erlass eines Strafbefehls beim JSchöffenG
beantragt, so hat der Vorsitzende die Sache durch Vermittlung der JStaatsanwaltschaft an den JRichter abzugeben (aA *Gössel* in Löwe/Rosenberg
StPO Vor § 407 Rn. 52: Erlass durch den Vorsitzenden des JSchöffenG
zulässig).

Der Strafrichter, der einen versehentlich bei ihm beantragten Strafbefehl 64
gegen einen Heranwachsenden erlassen hat, muss vor Beginn einer HV nach
Einspruch die Akten durch Vermittlung der JStaatsanwaltschaft dem JRichter
vorlegen, der über die Übernahme durch Beschluss entscheidet (§ 2 Abs. 2,
§§ 225a Abs. 1, 209a Nr. 2a StPO entspr.).

Während vormals ein zur Einstellung führender unheilbarer Mangel für 65
gegeben erachtet wurde, wenn ein Eröffnungsbeschluss oder ein durch Einspruch angegriffener Strafbefehl nicht von dem angegangenen JGericht,
sondern von dem für allg. Strafsachen zuständigen Gericht erlassen worden
war (OLG Karlsruhe Justiz 1962, 217; ebenso in einem vergleichbaren Fall
BayObLGSt 60, 122), ist auf der Grundlage der nunmehr hM über das
Verhältnis zwischen JGerichten und Gerichten der allg. Strafgerichtsbarkeit
(BGHSt 18, 79; vgl. → §§ 33–33b Rn. 9, aber auch → Rn. 10) wohl entsprechend den vom Gesetzgeber für jedes Verfahrensstadium umfassend geregelten Vorschriften über die Abgabe zu verfahren (vgl. bereits *Dallinger/
Lackner* Rn. 34).

3. Vorschriftswidriger Erlass eines Strafbefehls

Wird gegen einen Heranwachsenden trotz Anwendung materiellen JStR 66
– entgegen Abs. 2 S. 1, § 79 Abs. 1 – ein Strafbefehl erlassen, so ist entsprechend den Erl. zu → § 79 Rn. 6, 7 zu verfahren.

Dritter Abschnitt. Vollstreckung, Vollzug und Beseitigung des Strafmakels

Vollstreckung und Vollzug

110 (1) **Von den Vorschriften über die Vollstreckung und den Vollzug bei Jugendlichen gelten § 82 Abs. 1, §§ 83 bis 93a für Heranwachsende entsprechend, soweit der Richter Jugendstrafrecht angewendet (§ 105) und nach diesem Gesetz zulässige Maßnahmen oder Jugendstrafe verhängt hat.**

(2) **Für die Vollstreckung von Untersuchungshaft an zur Tatzeit Heranwachsenden gilt § 89c Absatz 1 und 3 entsprechend.**

I. Voraussetzungen der Anwendung des Abs. 1

1. Anwendung materiellen Jugendstrafrechts

1 Die Vorschrift gilt – bei Verfahren vor JGerichten wie vor den für allg. Strafsachen zuständigen Gerichten – dann, wenn materielles JStR angewandt wurde (vgl. § 105 Abs. 1).

2. Art der Rechtsfolgenentscheidung

2 Weitere Voraussetzung der entsprechenden Anwendung der Vollstreckungsvorschriften des JGG ist, dass auf eine nach JStR ggü. Heranwachsenden zulässige Rechtsfolge erkannt wurde; hierzu zählen auch Nebenfolgen (§ 6) und Maßregeln der Besserung und Sicherung (§ 7). Demgemäß ist nicht der JRichter als Vollstreckungsleiter, sondern die JKammer als erstinstanzliches Gericht nach § 462a Abs. 3 StPO für die weiteren Entscheidungen zuständig, wenn in eine gem. § 460 StPO gebildete Gesamtstrafe eine von der JKammer gegen einen Heranwachsenden unter Anwendung allg. StR ausgesprochene Freiheitsstrafe eingegangen ist (vgl. OLG Schleswig NStZ 1983, 480). Bedenklich erscheint eine Entscheidung (OLG Schleswig bei *Ernesti/Lorenzen* SchlHA 1983, 120; s. aber OLG Düsseldorf Zbl 1983, 506), wonach bei Anordnung der Maßregel nach § 63 StGB – trotz Kostenentscheidung nach § 74 (vgl. aber § 109 Abs. 2 S. 1) – nicht materielles JStR (§ 105 Abs. 1, § 7) angewandt worden sei und folglich nach allg. Vorschriften die StrafvollstrKammer für zuständig erklärt wurde.

3 Soweit die VollstrBehörde zugleich Gnadenbehörde ist, wirkt sich die Anwendung von JStR auch auf die **Gnadenzuständigkeit** aus (*Dallinger/Lackner* Rn. 4).

4 **a) Vollzugsvorschriften.** Unter den vorgenannten Voraussetzungen gelten auch die Vorschriften des JGG über den Vollzug entsprechend. Dies umfasst Fälle von **U-Haft** dann, wenn eine noch nicht rechtskräftige, auf materiellem JStR beruhende Entscheidung bereits vorliegt (vgl. auch *Dallinger/Lackner* Rn. 8).

5 **b) Sonstige Regelungen.** S. im Übrigen RL 1.

1468

II. Abs. 2

1. Anwendungsvoraussetzungen

U-Haft wird bei einer nicht geringen Anzahl von Heranwachsenden voll- **6** zogen (zu den Problemen der statistischen Erfassung *Eisenberg/Kölbel* Kriminologie § 29 Rn. 17 f.). Errechnet man aus der Anzahl von 18- bis unter 21-jährigen Personen, die sich zu den drei jährlichen Stichtagen der amtlichen Belegungserfassung (31.3., 31.8. und 30.11. jeden Jahres) bundesweit in U-Haft befanden, für jedes Jahr einen Durchschnittswert und verwendet man dies als Hinweis auf die durchschnittliche tägliche Belegung mit heranwachsenden U-Haftgefangenen des jeweiligen Jahres, wird die überaus relevante Größenordnung deutlich (vgl. Tabelle).

2004	2006	2008	2010	2012	2014	2016	2018
1.618	1.336	1.222	1.000	994	948	1.086	1.219

Zahlen aus: Bestand der Gefangenen und Verwahrten in den deutschen Justizvollzugsanstalten

Die Vollstr dieser U-Haftfälle erfolgt nach Abs. 2 iVm § 89c S. 1 aF bzw. § 89c Abs. 1 S. 1 nF nach jugendstrafrechtlichen Maßgaben und in Einrichtungen für Jugendliche. Diese Bestimmung gilt **unabhängig** davon, ob materielles JStR oder **allg. StR** angewandt wird, zumal diese Frage bei Anordnung von U-Haft meist noch gar nicht geklärt ist.

Über die in der Tabelle erfassten 18- bis unter 21-Jährigen hinaus werden **6a** die Maßgaben von → Rn. 6 durch die Kann-Regelung in Abs. 2 iVm § 89c S. 2 aF bzw. § 89c Abs. 1 S. 2 nF prinzipiell auch auf jene Personen erstreckt, die zwar zur Tatzeit heranwachsend waren, aber bei der Vollstr des Haftbefehls bereits im Alter von **21 bis 24 Jahren** sind. Anderenfalls müsste die U-Haft bei dieser jungerwachsenen Gruppe stets in einer Haftanstalt für Erwachsene umgesetzt werden, obwohl ihre sich ggf. anschließende JStrafe gem. § 89b Abs. 1 häufig im JStrafvollzug vollstreckt wird (BT-Drs. 11/5829, 39). Darüber, ob es tatsächlich zur U-Haftvollstreckung in einer Einrichtung für Jugendliche kommt, entscheidet das den Haftbefehl erlassende Gericht. Die Wahrnehmung dieser fakultativen Möglichkeit ist von der entsprechenden **Eignung** des fraglichen Jungerwachsenen, aber auch den Belangen der anderen jüngeren Insassen der Einrichtung abhängig zu machen (→ § 89c Rn. 4; vgl. auch § 114). Die bevorstehende Bejahung bzw. Verneinung von § 105 Abs. 1 JGG ist bei der Ermessensausübung dagegen nur dann ein relevanter (für bzw. gegen diese Option) sprechender Aspekt, wenn sie sich ausnahmsweise schon einmal sicher absehen lässt. – Die dem Schutz Jugendlicher dienende Unterbringungsnorm in § 89c Abs. 2 ist weder für Heranwachsende noch auf Jungerwachsene anwendbar (vgl. den insofern eingeschränkten Verweis in Abs. 2 nF.

2. Erziehungsanspruch verfassungswidrig?

Hiervon wird ganz überwiegend ausgegangen, zumal das elterliche Erzie- **7** hungsrecht mit der Volljährigkeit endet, sodass auch der Staat keinen Erziehungsanspruch mehr erheben kann (*Linck* ZRP 1971, 57 ff.; *Giemulla/Barton* RdJB 1982, 289 (291); *Molketin/Jakobs* ZfStrV 1982, 335 ff.; *Bachmann* JZ 2019, 759 (761 ff.)). Zum anderen erscheint der Versuch einer Herleitung eines Erziehungsrechts aus Art. 6 Abs. 2 GG iVm (§ 110) Abs. 2, § 89c wegen des Umstandes, dass sich der Heranwachsende in U-Haft befindet, als unsachgemäße Differenzierung und also als Verstoß gegen Art. 3 Abs. 1 GG wie auch gegen die Unschuldsvermutung (Art. 6 Abs. 2 EMRK; vgl. *Sprenger* NJW 1976, 663). – Allerdings leidet diese Auffassung an einem allzu engen Erziehungsbegriff, der als quasi-elterliche Einwirkung aufgefasst wird. Nach der vorzugswürdigen aA ist eine breiter verstandene Erziehung bei Heranwachsenden (in U-Haft) nicht generell ausgeschlossen: Soweit es sich um erzieherisch verstandene Eingriffe versagender Art handelt, sind sie unzulässig, solange der Betroffene nicht einwilligt; soweit es sich hingegen um Angebote, Leistungen und erzieherische Gestaltung im Haftvollzug handele, steht dem rechtlich nichts im Wege. Vielmehr setzt gerade hier die rechtliche Leistungspflicht ein (*Kreuzer* RdJB 1978, 351). Zweifelhaft bleibt indes, ob entsprechende rechtlich gebotene Leistungen mit einer Verpflichtung des Heranwachsenden korrespondieren, diese zu nutzen, zumal gestaltende Maßnahmen ggf. auch kontrollierende bis eingreifende Elemente enthalten. Zumindest für den (gem. 1. JGG-ÄndG einbezogenen) Bereich der älter als 21-Jährigen wird daher insoweit aus verfassungsrechtlichen Gründen von einem Einwilligungserfordernis auszugehen sein (vgl. auch *Sonnen* in Diemer/Schatz/Sonnen Rn. 5).

Beseitigung des Strafmakels

111 **Die Vorschriften über die Beseitigung des Strafmakels (§§ 97 bis 101) gelten für Heranwachsende entsprechend, soweit der Richter Jugendstrafe verhängt hat.**

I. Anwendungsbereich

1   Es gelten die Ausführungen zu → § 110 Rn. 1 entsprechend.

II. Sonstige Regelungen

1. BZRG

2   Neben der entsprechenden Geltung der §§ 97–101 kommen die besonderen Vorschriften des BZRG bei Eintragungen jugendstrafrechtlicher Rechtsfolgen zur Anwendung.

2. Zuständigkeit

3   S. § 98 Abs. 1 S. 2 (vgl. aber auch → § 101 Rn. 6).

Vierter Abschnitt. Heranwachsende vor Gerichten, die für allgemeine Strafsachen zuständig sind

Entsprechende Anwendung

112 [1]Die §§ 102, 103, 104 Abs. 1 bis 3 und 5 gelten für Verfahren gegen Heranwachsende entsprechend. [2]Die in § 104 Abs. 1 genannten Vorschriften sind nur insoweit anzuwenden, als sie nach dem für die Heranwachsenden geltenden Recht nicht ausgeschlossen sind. [3]Hält der Richter die Erteilung von Weisungen für erforderlich, so überläßt er die Auswahl und Anordnung dem Jugendrichter, in dessen Bezirk sich der Heranwachsende aufhält.

I. Zuständigkeit

Wie in Verfahren gegen Jugendliche sind die Gerichte der allg. Straf- **1** gerichtsbarkeit zur Entscheidung über Verfehlungen von Heranwachsenden nur ausnahmsweise zuständig (S. 1, § 102; vgl. näher → § 102 Rn. 2; → § 103 Rn. 5, 7, 15, 16; ferner bei Widerklage gegen die Privatklage eines Heranwachsenden gegen einen Erwachsenen, vgl. → § 109 Rn. 49). Insbesondere ist kein Gericht der allg. Strafgerichtsbarkeit, sondern stets das JGericht zuständig, wenn bei mehreren Taten (oder mehreren Einzelakten derselben Tat) desselben Beschuldigten diese teilweise als Heranwachsender, teilweise als Erwachsener begangen wurden (OLG Hamburg StV 1985, 158; vgl. → § 103 Rn. 32), und zwar – abgesehen von Fällen des S. 1 iVm § 103 Abs. 2 S. 2 – auch dann, wenn sich das Verfahren zugleich gegen einen erwachsenen Mitangeklagten richtet (BGH 11.11.1982 – 1 StR 628/82 bei *Böhm* NStZ 1983, 450; vgl. im Übrigen zur Verbindung und Trennung) von Verfahren gegen Jugendliche und Heranwachsende → § 103 Rn. 25, und gegen Heranwachsende und Erwachsene → § 103 Rn. 9 ff. entspr.).

II. Geltungsbereich der Vorschriften des JGG

1. Allgemeines

Von den Vorschriften des JGG kommen in Verfahren gegen Heranwach- **2** sende vor den für allg. Strafsachen zuständigen Gerichten nur diejenigen zur Anwendung, die auch in Verfahren gegen Jugendliche vor den für allg. Strafsachen zuständigen Gerichten anzuwenden sind und zudem gleichzeitig in Verfahren gegen Heranwachsende vor den JGerichten gelten (S. 1, S. 2 iVm § 104 Abs. 1; vgl. zu den unabhängig hiervon geltenden JGG-Vorschriften → § 104 Rn. 28–30).

2. Materiell-rechtliche Vorschriften

Die Regelungen der §§ 4–8, 9 Nr. 1, 10, 11, 13–32 sind in Verfahren **3** gegen Heranwachsende nach Maßgabe von § 105 Abs. 1 auch vor den für allg. Strafsachen zuständigen Gerichten anzuwenden (S. 1, 2 iVm § 104

Abs. 1 Nr. 1). Soweit das für allg. Strafsachen zuständige Gericht materielles JStR anwendet, gelten § 105 Abs. 2, 3 entsprechend (S. 1, 2 iVm § 104 Abs. 1 Nr. 1 analog; vgl. auch *Sonnen* in Diemer/Schatz/Sonnen Rn. 2), da diese Vorschriften nur Besonderheiten bei der Anwendung materiellen JStR auf Heranwachsende regeln, die an die Anwendbarkeit der in § 104 Abs. 1 Nr. 1 bezeichneten Vorschriften anknüpfen und sie voraussetzen. Kommt materielles allg. StR zur Anwendung, so gilt § 106 entsprechend, da diese Vorschrift nur eine Sonderregelung darstellt, die ohnehin die Anwendung materiellen allg. StR voraussetzt (iE ebenso *Brunner/Dölling* Rn. 8; wohl auch *Dallinger/Lackner* Rn. 9).

3. Verfahrensrechtliche Vorschriften

4 Hinsichtlich dieser Bestimmungen gilt der Grundsatz, dass in Heranwachsenden-Strafsachen das allg. StVR anzuwenden ist, soweit § 112 nicht die Regelungen des JStVR für anwendbar erklärt.

5 **a) Materielles Jugend- wie allgemeines Strafrecht.** Unabhängig von der Anwendung materiell-rechtlichen Jugend- oder allg. Strafrechts kommen entsprechend zur Anwendung §§ 38, 50 Abs. 3 (mit der sich aus § 104 Abs. 3 ergebenden Einschränkungsmöglichkeit; vgl. im Übrigen → § 104 Rn. 7; → § 107 Rn. 12 ff.), § 43 (vgl. BGHSt 6, 324 (326); vgl. auch → § 104 Rn. 8; → § 109 Rn. 4; *Bandemer* Zbl 1989, 322), § 68 Nr. 1, 4 und 5 nF (vgl. näher → § 104 Rn. 15; → § 109 Rn. 4), § 73 (näher → § 104 Rn. 16; → § 109 Rn. 4) sowie die Regelung über die Mitteilungspflichten (§ 109 Abs. 1 S. 2, 3, soweit sie § 70 entspricht; vgl. → § 104 Rn. 15a; → § 109 Rn. 4).

6 **b) Anwendung materiell-rechtlichen Jugendstrafrechts.** Unter dieser Voraussetzung gelten zusätzlich (S. 2, § 104 Abs. 1) §§ 45, 47 Abs. 1 Nr. 1–3, Abs. 2, 3 (→ § 104 Rn. 9, → § 109 Rn. 23 ff.), §§ 52, 52a (→ § 104 Rn. 10; → § 109 Rn. 26), § 54 Abs. 1 (→ § 104 Rn. 11; → § 109 Rn. 27), §§ 55, 56 (→ § 104 Rn. 12; → § 109 Rn. 37 ff.), §§ 57–60 und §§ 62–64 mit den sich nach Maßgabe von S. 1 iVm § 104 Abs. 5 ergebenden Besonderheiten (näher → § 104 Rn. 13; ferner → § 109 Rn. 29), § 74 (vgl. → § 104 Rn. 17; → § 109 Rn. 31), § 79 Abs. 1 (vgl. → § 104 Rn. 18; näher → § 109 Rn. 57) und § 81 (vgl. → § 104 Rn. 18; → § 109 Rn. 51); nur eingeschränkt gelten § 65 (vgl. näher → § 65 Rn. 2 ff.; → § 109 Rn. 2) und § 66.

7 **c) S. 3.** Diese Vorschrift tritt in Verfahren gegen Heranwachsende vor den für allg. Strafsachen zuständigen Gerichten an die Stelle des in Verfahren gegen Jugendliche vor den für allg. Strafsachen zuständigen Gerichten durch § 104 Abs. 4 ersetzten § 53. Vorgesehen ist bei Erforderlichkeit einer Erteilung von Weisungen – ebenso wie hinsichtlich erforderlich werdender Entscheidungen nach S. 1, § 104 Abs. 5 – die Übertragung des weiteren Verfahrens an den JRichter des Aufenthaltsortes (näher → § 53 Rn. 2, → § 104 Rn. 1, 13; vgl. auch → § 112e Rn. 1).

III. Geltung nach richterlichem Ermessen

Gemäß S. 1, § 104 Abs. 2 unterliegt die Anwendung weiterer Verfahrens- **8** vorschriften des JGG dem jugendrichterlichen Ermessen (vgl. näher → § 104 Rn. 19 ff.). Eine **entsprechende** Anwendung kommt jedoch nach dem Grundgedanken in **S. 2** nur insoweit in Betracht, als sie nach § 109 vorgesehen ist (allg. Auffassung; vgl. auch → § 104 Rn. 1, → § 109 Rn. 3 ff.). Neben der Bestellung eines Beistandes nach § 69 und einer (eingeschränkten, vgl. → § 104 Rn. 25) Anwendung von § 66 ist bedeutsam, dass das JGericht nach S. 1, §§ 104 Abs. 2, 48 Abs. 1 die Öffentlichkeit ausschließen kann, wenn dies im Interesse des Heranwachsenden geboten ist (vgl. auch § 109 Abs. 1 S. 4, → § 48 Rn. 2, → § 104 Rn. 22, aber auch → § 109 Rn. 52 ff.).

IV. Nicht anwendbare Vorschriften

Hierunter fallen in Verfahren gegen Heranwachsende vor den für allg. **9** Strafsachen zuständigen Gerichten insb. § 3 sowie die §§ 33–37, 39–42, 47a, 50 Abs. 2, 67, 68 Nr. 2, 76–78, 80, aber auch – mitunter wenig folgerichtig (vgl. die Erl. bei den nachfolgend genannten Vorschriften) – §§ 50 Abs. 1, 51, 71 sowie § 72 (vgl. aber → § 109 Rn. 10).

Vierter Teil. Sondervorschriften für Soldaten der Bundeswehr

Anwendung des Jugendstrafrechts

112a Das Jugendstrafrecht (§§ 3 bis 32, 105) gilt für die Dauer des Wehrdienstverhältnisses eines Jugendlichen oder Heranwachsenden mit folgenden Abweichungen:

1. Hilfe zur Erziehung im Sinne des § 12 darf nicht angeordnet werden.
2. *(aufgehoben)*
3. [1]Bei der Erteilung von Weisungen und Auflagen soll der Richter die Besonderheiten des Wehrdienstes berücksichtigen. [2]Weisungen und Auflagen, die bereits erteilt sind, soll er diesen Besonderheiten anpassen.
4. Als ehrenamtlicher Bewährungshelfer kann ein Soldat bestellt werden. Er untersteht bei seiner Tätigkeit (§ 25 Satz 2) nicht den Anweisungen des Richters.
5. [1]Von der Überwachung durch einen Bewährungshelfer, der nicht Soldat ist, sind Angelegenheiten ausgeschlossen, für welche die militärischen Vorgesetzten des Jugendlichen oder Heranwachsenden zu sorgen haben. [2]Maßnahmen des Disziplinarvorgesetzten haben den Vorrang.

Schrifttum *Lingens/Korte*, WStG, 5. Aufl. 2012.

Übersicht

	Rn.
I. Anwendungsbereich	1
II. Allgemeines	2
1. Anwendbarkeit der §§ 112a ff.	2
a) Maßgeblicher Zeitpunkt	3
b) Soldatin, Soldat	4
c) Rechtstatsächliche Einschränkungen	4a
2. Verhältnis des WStG zum JGG	5
III. Unzulässigkeit von Hilfe zur Erziehung nach § 12	6
IV. Vormalige Erziehungshilfe durch den Disziplinarvorgesetzten, Gründe der Aufhebung von Nr. 2 und § 112b	7
1. Geringe praktische Bedeutung	8
a) Rechtssystematische Unklarheiten	8
b) Herabsetzung des Volljährigkeitsalters	9
2. Konflikt mit dem Erziehungsauftrag	10–14
V. Weisungen und Auflagen	15
1. Vorrang militärischer Belange	16
a) Unvereinbarkeit mit dem Wehrdienst	17
b) Gerechtfertigte Zuwiderhandlung	18
2. Rechtsmittel	19
a) Allgemeines	19
b) Einschränkungen der Begründetheit	20

I. Anwendungsbereich

1   Die Vorschrift findet in Verfahren gegen (**Jugendliche** und) **Heranwachsende** auch vor den für allg. Strafsachen zuständigen Gerichten Anwendung (§ 112e).

II. Allgemeines

1. Anwendbarkeit der §§ 112a ff.

2   Während das JGG im Allg. auch für **Soldatinnen** und **Soldaten** gilt (§ 3 Abs. 2 WStG), enthalten die §§ 112a ff. geringfügige verfahrens- und materiellrechtliche Besonderheiten.

3   **a) Maßgeblicher Zeitpunkt.** Es kommt darauf an, ob die betroffene Person **zur Zeit** des **Urteils,** der **Vollstr** oder des **Vollzugs** Soldatin oder Soldat ist (ebenso *Dau* in MüKoStGB EGWStG Art. 1 Rn. 4), nicht hingegen darauf, ob dies zur Zeit der Tat der Fall war. Zugleich gelten diese Vorschriften **nur** für die **Dauer** des **Wehrdienstverhältnisses,** dh sie sind nicht mehr anwendbar, wenn das Wehrdienstverhältnis im Zeitpunkt der Rechtsanwendung beendet ist, und zwar unabhängig davon, ob eine militärische oder eine allg. Straftat begangen worden ist. Demgegenüber ist der Zeitpunkt der Tat für die Anwendung der §§ 112a ff. nur insofern relevant, als er die Anwendbarkeit des JGG im Allg. begründet. Da nach diesem System mit Beginn und Ende des Wehrdienstverhältnisses unterschiedliche Rechtsfolgen für ein und dieselbe Tat zur Anwendung kommen, könnten **Bedenken** im Hinblick auf den **Bestimmtheitsgrundsatz** bestehen. – Wenngleich die Besonderheiten rechtssystematisch sowohl für Jugendliche als auch für Heranwachsende gelten (vgl. auch § 3 Abs. 2 WStG), wird es tatsächlich selten Jugendliche betreffen, da die Begründung des Wehrdienstverhältnisses vor Vollendung des 18. Lbj. (s. dazu *Steinlechner* NVwZ 1995, 39 f.; krit. *Walz* NZWehr 1995, 106 ff.) eher eine Ausnahme darstellt.

4   **b) Soldatin, Soldat.** Kriterium ist, ob die Person sich in einem Wehrdienstverhältnis (§ 1 Abs. 1 S. 1, Abs. 2, 4 SoldG) befindet. Das Wehrdienstverhältnis beginnt mit dem Zeitpunkt, der in der Ernennungsurkunde für den Dienstantritt der Soldatin bzw. des Soldaten bestimmt ist, und zwar unabhängig davon, ob der Dienst pünktlich angetreten wurde. Das Wehrdienstverhältnis „endet mit dem Ablauf des Tages" des Ausscheidens aus der Bundeswehr (§ 2 Abs. 2 SoldG).

c) Rechtstatsächliche Einschränkungen. Der Anwendungsbereich der 4a §§ 112a ff. ist ohnehin insoweit eingeschränkt, als der Disziplinarvorgesetzte, sofern ihm (mutmaßliche) strafbare Handlungen bekannt werden, eine **Ermessensentscheidung** darüber trifft, ob er den Vorgang der Staatsanwaltschaft **zur Kenntnis** gibt (zu den Entscheidungskriterien s. § 33 Abs. 3 S. 1 WDO). Dabei besteht gem. militärischen Aufgaben eine Tendenz zur (allein) internen Erledigung – abgesehen von bestimmten schwerwiegenden Taten (zB Fahnenflucht, nicht aber bei eigenmächtiger Abwesenheit). – Das Wehrdisziplinarrecht sieht Prozess**kosten**hilfe nicht vor (zur Umdeutung als Antrag auf Bestellung eines Verteidigers gem. § 90 Abs. 1 S. 2 WDO vgl. BVerwG StraFo 2017, 417).

2. Verhältnis des WStG zum JGG

Vorschriften des WStG gelten iSv § 2 Abs. 2 als allg. Vorschriften und 5 stehen demgemäß den Bestimmungen des JGG nach (§ 3 Abs. 2 WStG; vgl. auch LG Kassel NZWehrr 1979, 34 mAnm *Metz*). Innerhalb der allg. Vorschriften jedoch gehen sie sonstigen gesetzlichen Bestimmungen vor (§ 3 Abs. 1 WStG). Demgemäß finden die allg. Vorschriften der §§ 1–7 WStG auch auf Jugendliche und Heranwachsende Anwendung (ebenso Dau in MüKoStGB EGWStG Art. 1 Rn. 3), da das JGG keine entgegenstehenden Vorschriften kennt. Entsprechendes gilt für die besonderen Deliktstatbestände der §§ 15–48 WStG. Hingegen greifen bzgl. der Rechtsfolgen statt der Regelungen der §§ 9–14a WStG über besondere Strafarten die Vorschriften des JGG dann Platz, wenn – betr. Heranwachsende gem. § 105 Abs. 1 – materielles JStR anzuwenden ist (s. aber § 112a). Im Falle der Anwendung allg. StR ist – betr. Heranwachsende – § 106 zu beachten. – Es besteht eine zusätzliche *Mitteilungspflicht* (s. allg. § 70) an weitere militärische Stellen (vgl. MiStra 19; § 89 SoldG iVm § 125c BRRG).

III. Unzulässigkeit von Hilfe zur Erziehung nach § 12

Der **Sinn** der Vorschrift der **Nr. 1** ergibt sich zum einen daraus, dass ein 6 Soldat durch den Disziplinarvorgesetzten beaufsichtigt und betreut wird (§ 10 Abs. 2, 3 SoldG) und diesem somit wesentliche Aufgaben der Hilfe zur Erziehung nach § 12 obliegen. Zum anderen sind die in Nr. 1 genannten Erziehungsmaßregeln in ihrer Durchführung mit den Besonderheiten des Wehrdienstes kaum ohne weiteres vereinbar. Handelt es sich bei dem Soldaten um einen Jugendlichen, so bleibt eine bei Beginn des Wehrdienstverhältnisses etwa bestehende EB oder Hilfe nach § 12 Nr. 2 insoweit unberührt; jedoch wird es sich idR empfehlen, eine solche Erziehungsmaßregel nach Beginn des Wehrdienstverhältnisses aufzuheben (s. vormals §§ 61 Abs. 2 S. 1, 75 Abs. 2 S. 1 JWG; vgl. auch schon *Potrykus* NJW 1957, 815), weil die genannten Pflichten des militärischen Vorgesetzten den Zweck dieser Erziehungsmaßregeln als fortgeführt erscheinen lassen (vgl. auch schon *Schwalm* JZ 1957, 398 (399)).

IV. Vormalige Erziehungshilfe durch den Disziplinarvorgesetzten, Gründe der Aufhebung von Nr. 2 und § 112b

7 Für Jugendliche und Heranwachsende im Wehrdienst konnte das JGericht vormals Erziehungshilfe durch den Disziplinarvorgesetzten als Erziehungsmaßregel anordnen (Nr. 2), wozu der vormalige § 112b Fragen der Ausgestaltung regelte. Diese Vorschriften (ebenso wie die DVO-Erziehungshilfe v. 25.8.1958 (BGBl. I 645)) wurden durch Gesetz v. 8.12.2010 (BGBl. I 1864) aufgehoben, und zwar aus mehreren Gründen.

1. Geringe praktische Bedeutung

8 **a) Rechtssystematische Unklarheiten.** Zum einen haben die Vorschriften kaum je praktische Bedeutung erlangt (vgl. 14. Aufl. Rn. 9). Dies beruhte ua darauf, dass Disziplinarvorgesetzte vielfach *Skepsis* ggü. der praktischen Handhabbarkeit dieser Rechtsfolge zeigten. So war umstritten, ob Erziehungshilfe innerhalb der Kategorie von Erziehungsmaßregeln eine Weisung iSv § 10 oder aber eine selbstständige, der Weisung nur nahe stehende Erziehungsmaßregel darstellte. Die Beantwortung der Frage hing davon ab, ob Erziehungshilfe iSv Geboten und Verboten die Lebensführung des Verurteilten regeln und dazu seine Erziehung fördern und sichern sollte (§ 10 Abs. 1 S. 1), wobei sich indes nicht unerhebliche *Abweichungen* und Besonderheiten gegenüber den Weisungen ergaben. Insbesondere galt die Erziehungshilfe nicht als gezielte Einzelmaßnahme, sondern sie sollte eher umfassend der Erziehung dienen (vgl. auch *Dallinger/Lackner* Rn. 16). Daher war sie als eine besondere, auf Soldaten beschränkte Ergänzung des Katalogs in § 9 anzusehen, und somit wäre allenfalls – soweit Rechtsähnlichkeit vorläge – eine entsprechende Anwendung der für Weisungen geltenden Vorschriften in Betracht gekommen (gegen eine Anwendbarkeit von § 11 Abs. 2, 3 *Ostendorf* in NK-JGG Rn. 7).

9 **b) Herabsetzung des Volljährigkeitsalters.** Zudem verlor die Möglichkeit der Erziehungshilfe mit zunehmender Verkürzung der Wehrpflichtdauer an Relevanz. Insbesondere blieben die Vorschriften hinter der allg. Rechtsentwicklung insofern zurück, als zeitlich *nach* ihrer Verabschiedung das Volljährigkeitsalter auf 18 Jahre gesenkt wurde, sodass die etwa praktizierte Anordnung der Erziehungshilfe – abgesehen von auf deren Antrag herangezogenen 17-jährigen Personen (vgl. auch → Rn. 3; ergänzend betr. Entlassung von Soldaten auf Zeit alternativ § 55 Abs. 4, 5 SoldG) – Volljährige betraf bzw. betroffen hätte. Gegenüber Volljährigen aber sind als erzieherisch beurteilte, zwangsweise durchsetzbare Maßnahmen ohne ihre Zustimmung verfassungsrechtlich schwerlich vertretbar (vgl. BVerfGE 22, 219 f. (obiter dictum)), und gleichsam umgekehrt ist die Voraussetzung der Zustimmung mit dem Wesen eines militärischen Befehls nicht vereinbar.

2. Konflikt mit dem Erziehungsauftrag

10–14 Nicht zuletzt konnten Nr. 2, § 112b ggf. in gewisser Weise in *Widerspruch* zu dem Erziehungsauftrag des JGG (nunmehr ausdrücklich **§ 2 Abs.** 1) geraten. Eine Maßnahme iSd genannten Vorschriften traf der Disziplinar-vorgesetzte als militärischen Befehl, dh der Verurteilte hatte ihnen als militärischer Pflicht nachzukommen. Führte der Verurteilte einen dergestaltigen Befehl schuldhaft nicht aus, so drohte die Sanktionierung wegen eines Dienstvergehens und, bei Vorliegen sonstiger Voraussetzungen (vgl. §§ 19, 20 WStG), ggf. einer – neuerlichen – Straftat. Gemäß § 2 Abs. 1 sind aber Gefährdungen für die *künftige Legalbewährung* nach Möglichkeit zu vermeiden (vgl. → § 2 Rn. 2 ff.).

V. Weisungen und Auflagen

Die Soll-Vorschrift der **Nr.** 3 gilt einheitlich für Weisungen und Auflagen 15 und unabhängig davon, ob diese nach §§ 10, 15 selbstständig oder iRv Aussetzungsentscheidungen nach § 23, § 29 oder § 88 angeordnet worden sind (soweit Nr. 3 sich an den „Richter" wendet – hiermit meint das Gesetz idR dn erkennenden Richter –, beeinträchtigt dies nicht die Geltung der Vorschrift auch für den in Fällen des § 88 zuständigen Vollstreckungsleiter (§ 82)). In der Praxis wird es sich empfehlen, dass der Richter sich wegen der Möglichkeiten der Durchführung bei dem nächsten Disziplinarvorgesetzten des Verurteilten informiert (zu dessen Anhörung s. § 112d).

1. Vorrang militärischer Belange

Die Vorschrift ist zum einen Ausdruck dessen, dass **militärische Auf-** 16 **gaben** nach Möglichkeit nicht durch die Ausgestaltung dieser Rechtsfolgen beeinträchtigt werden sollten (s. auch *Ostendorf* in NK-JGG Rn. 6), ohne dass dies einen Vorrang dieser Aufgaben bedeutet (*Diemer* in Diemer/Schatz/Sonnen Vorb. Rn. 1). Zum anderen bleibt ein Verurteilter im Wehrdienstverhältnis auch dann, wenn Weisungen oder Auflagen angeordnet sind, in gleichem Umfang wie jeder andere Soldat den militärischen Dienstpflichten unterworfen.

a) Unvereinbarkeit mit dem Wehrdienst. Solches ist stets dann an- 17 zunehmen, wenn die Durchführung der Weisungen und Auflagen nicht ohne Störung des militärischen Dienstbetriebes möglich ist. Dies ist am ehesten dann nicht der Fall, wenn Weisungen oder Auflagen bestimmten militärischen Disziplinarmaßnahmen (§ 22 WDO) nachgebildet werden. Dabei ist das JGericht nicht an die militärische Ausgestaltung (etwa iSd WDO) gebunden, weil er den Inhalt der Weisungen nach § 10 selbstständig bestimmt.

b) Gerechtfertigte Zuwiderhandlung. Ein Verstoß gegen die Anord- 18 nung ist dann **nicht rechtswidrig,** wenn dadurch die Erfüllung entgegenstehender militärischer Pflichten erst ermöglicht werden soll (vgl. *Dallinger/Lackner* Rn. 23). Auch wenn eine Weisung oder Auflage zunächst als mit den Erfordernissen des Wehrdienstes vereinbar erscheint, im Zeitpunkt der Ausführung jedoch nur unter Verletzung einer Dienstpflicht möglich wäre, hat letztere Vorrang. Demgemäß fehlt es an der Rechtswidrigkeit der Zuwiderhandlung, sodass eine Ahndung mit JA nach §§ 11 Abs. 3, 15 Abs. 3 ebenso wie ein Widerrufsgrund nach § 26 Abs. 1 Nr. 2 oder 3 ausscheidet (vgl. auch *Gertler* in BeckOK JGG Rn. 35: Verstoß „nicht schuldhaft oder gröblich"). – In entsprechenden Fällen ist eine Erörterung der **Pflichten-kollision** mit dem militärischen Dienstvorgesetzten, regelmäßig der Diszip-linarvorgesetzte (§ 1 Abs. 4 S. 1 SoldG), und eine Benachrichtigung des JRichters angezeigt.

2. Rechtsmittel

19   **a) Allgemeines.** Verletzt die Anordnung einer Weisung oder Auflage **wehrrechtliche Vorschriften,** so wird dies durch dasjenige Rechtsmittel geltend gemacht, das gegen die Entscheidung, in der die Anordnung getrof-fen wurde, zulässig ist (§§ 55, 59 Abs. 2, 63 Abs. 2, 65 Abs. 2). Die Rechts-mittelbeschränkung des § 55 Abs. 1 wirkt sich dabei nicht aus, soweit die Maßnahme nicht lediglich in ihrem Umfang angefochten wird (s. auch *Dallinger/Lackner* Rn. 23; vgl. aber → Rn. 20). Jedoch haben weder der nächste Disziplinarvorgesetzte noch eine andere Dienststelle der Bundeswehr ein Anfechtungsrecht (allg. Auffassung, vgl. nur *Gertler* in BeckOK JGG Rn. 54); sie können lediglich eine Erörterung mit der JStaatsanwaltschaft oder eine Anregung bei dem JRichter vornehmen (zB gem. §§ 11 Abs. 2, 23 Abs. 1 S. 3 zu verfahren).

20   **b) Einschränkungen der Begründetheit.** Da es sich (bei Nr. 3) **nur** um eine **Soll-Vorschrift** handelt, wird im Falle der **Nichtberücksichti-gung** die getroffene Maßnahme **nicht gesetzwidrig,** es sei denn, es handelt sich um einen Fall der Ermessensunterschreitung oder des Ermessensmiss-brauchs. Ein Rechtsmittel kann daher auf eine unzureichende Anpassung einer Anordnung an die Besonderheiten des Wehrdienstes nur gestützt werden, wenn dieses Rechtsmittel im Allg. überhaupt zulässig ist und wenn das Rechtsmittelgericht nicht auf eine nur rechtliche Nachprüfung der Ent-scheidung beschränkt ist. Die Rechtsmittelbeschränkung des § 55 Abs. 1 betrifft auch Fälle dieser Art – die Maßnahmen als solche sind nicht gesetz-widrig –, soweit mit dem Rechtsmittel die Anordnung anderer Erziehungs-maßregeln oder Zuchtmittel angestrebt wird (vgl. *Dallinger/Lackner* Rn. 25). – Handelt es sich um Weisungen oder Auflagen im Rahmen einer Aussetz-ungsentscheidung, so ergeben sich die Grenzen der Begründetheit der Beschwerde aus § 59 Abs. 2.

3. Anpassung

21   **a) Nr. 3 S. 2.** Hinsichtlich der Anpassung bereits ausgesprochener Rechtsfolgen der in Rede stehenden Art (Nr. 3 S. 2) ist das JGericht inhalt-lich weitgehend frei. Es kann die bisherigen Maßnahmen ganz oder teilweise wegfallen lassen, sie abändern oder sie durch andere ersetzen. – Nach teil-weise vertretener Auffassung sei das JGericht auch durch Urteile nicht gehindert, von *Weisungen zu Auflagen* überzugehen *oder umgekehrt,* da es eine sachlich nicht begründete Beschränkung wäre, es an die im Urteil gewählte Rechtsfolgenart zu binden. Der Gesetzeswortlaut zwinge nicht zu einer solchen engen Auslegung, während die Bedürfnisse der Anpassung an die Notwendigkeiten des Wehrdienstes eine entsprechend weite Auslegung an-gezeigt sein ließen (*Dallinger/Lackner* Rn. 28; aA *Grethlein* JGG § 15 Anm. 6b). Indes ist *zw.,* ob eine derart weitreichende *Abweichung* von Fällen der Weisung nach § 11 Abs. 2, in denen das Ergebnis der Änderung stets wieder eine Weisung sein muss, von der bloßen Soll-Vorschrift getragen ist. Im

Übrigen bestehen *Bedenken* im Hinblick auf die *unterschiedlichen* erzieherischen *Voraussetzungen* der jeweiligen Maßnahmen.

Das JGericht darf eine nachträgliche Anpassung auch dann vornehmen, **21a** wenn die Besonderheiten des Wehrdienstes schon bei Anordnung der Maßnahmen berücksichtigt worden sind und es nunmehr **lediglich** um eine **zusätzliche Anpassung** geht. Diese Auslegung ist vor allem für die urteilsmäßig angeordneten Auflagen bedeutsam, weil es für diese keine allg. Möglichkeit nachträglicher Änderung oder Aufhebung gibt.

b) Verfahren. Die Anpassung geschieht in demjenigen Verfahren, das im **22** Allg. für die nachträgliche Änderung oder Aufhebung der Weisungen oder Auflagen vorgesehen ist. Handelt es sich um selbstständig angeordnete Weisungen und Auflagen, so wird § 65 entsprechend anzuwenden sein, da diese Vorschrift – wenngleich sie wegen der Verweisungen auf §§ 11, 15 unmittelbar nur bestimmte Fälle nachträglicher Entscheidungen betrifft – doch alle Möglichkeiten der nachträglichen Modifizierung selbstständig angeordneter Weisungen und Auflagen dieser Art erfasst, wie sie vor Einführung der Nr. 3 im JGG bestanden haben. Sind die Weisungen oder Auflagen im Rahmen einer BewAufsicht angeordnet, so verfährt der Richter gem. §§ 58, 62 Abs. 4.

VI. Bewährungshilfe

Die Vorschriften der **Nr. 4** und **5** sind anwendbar bei den verschiedenen **23** Aussetzungsentscheidungen (§§ 21 ff., 27 ff., 88). Sie entsprechen inhaltlich den Regelungen des § 14 Abs. 3 und 4 WStG betr. BewHilfe nach allg. StR.

1. Soldat als ehrenamtlicher BewHelfer

Bestellt werden kann jede Soldatin und jeder Soldat (Nr. 4). Indes sollte **24** der Disziplinarvorgesetzte idR ausscheiden (vgl. auch *Diemer* in Diemer/Schatz/Sonnen Rn. 6; *Goerdeler* in NK-JGG Rn. 10), da sonst die Gefahr besteht, dass die eigenständigen Aufgaben als BewHelfer nicht oder nur in begrenztem Umfang geleistet werden können (vgl. etwa auch → Rn. 28, 29). Wegen der eingeschränkten Rechte des JRichters ggü. einem Soldaten als BewHelfer sollte die Auswahl besonders sorgsam geschehen; vor der Bestellung eines Soldaten zum BewHelfer soll der nächste Disziplinarvorgesetzte des Verurteilten gehört werden (§ 112d). – Wegen der Voraussetzungen der Bestellung eines ehrenamtlichen BewHelfers, der nicht Soldatin oder Soldat ist, s. § 24 Abs. 1 S. 2.

a) Eingeschränkte Berichtspflicht; Rechtsstellung. Auch ein **25** BewHelfer, der Soldat ist, **muss** dem **JGericht** berichten. Jedoch unterliegt er bei Ausführung der BewAufsicht nicht den Anweisungen des JRichters **(Nr. 4 S. 2),** dh § 25 S. 2 ist insoweit ausdrücklich außer Kraft gesetzt. Mit dieser Regelung soll ausgeschlossen werden, dass die Gerichte auf den Pflichtenkreis der Soldaten in einer Weise Einfluss nehmen könnten, die ggf. den Maßnahmen und Absichten der militärischen Vorgesetzten entgegensteht.

26 Demgegenüber bleibt die Rechtsstellung des BewHelfers und seine diesbzgl. Tätigkeit von seiner militärischen Stellung und der Erfüllung von militärischen Dienstpflichten unberührt (vgl. auch *Gertler* in BeckOK JGG Rn. 40: in seiner Tätigkeit als BewHelfer „nicht an Befehl und Gehorsam gebunden"). Seine militärischen Vorgesetzten dürfen ihm keine Befehle über die Art und Weise der Ausgestaltung der BewHilfe erteilen, es sei denn, er übe im Rahmen seiner Tätigkeit als BewHelfer zugleich dienstliche Angelegenheiten aus oder greife in solche ein. Der BewHelfer ist als Soldat den Befehlen seiner Vorgesetzten nur iRd Dienstverhältnisses unterworfen; Anordnungen, die keinen Bezug zum Wehrdienst haben, trifft er selbstständig. Dem entspricht es, dass die **Aufsicht** und **Verantwortlichkeit** des **JGerichts** bzgl. der Tätigkeit des BewHelfers sowie die Verantwortlichkeit des BewHelfers ggü. dem JGericht einschließlich der Berichtspflichten unberührt bleiben.

27 **b) Entbindung.** Ergeben sich infolge der fehlenden Anweisungsbefugnis (Nr. 4 S. 2) unüberwindbare Schwierigkeiten, die auch nicht durch eine etwaige Erörterung des JGerichts mit dem Disziplinarvorgesetzten überwindbar sind, so hat das JGericht jederzeit das Recht, den BewHelfer notfalls von seinem Amt zu entbinden.

2. Nicht-Soldat als BewHelfer

28 Dieser hat gegenüber einem Verurteilten nur eingeschränkte Befugnisse **(Nr. 5).** Er muss sich im wesentlichen auf den privaten Bereich (zB Schadenswiedergutmachung, Vorbereitung für die Zeit nach dem Wehrdienst) beschränken, kann aber kaum Einfluss auf die Lebensführung des Verurteilten nehmen (*Potrykus* NJW 1957, 814 (817)). Zur Regelung von Streitfragen hinsichtlich der Grenzen der Aufgaben der BewHilfe ist gem. S. 1 bzw. S. 2 danach zu unterscheiden, ob eine bestimmte Angelegenheit dem militärischen Vorgesetzten vorbehalten ist (vgl. insb. § 10 SoldG) bzw. ob es sich um – nach S. 2 vorrangige – Maßnahmen des Disziplinarvorgesetzten (§ 1 Abs. 4 SoldG, §§ 27 ff. WDO) handelt. – Greifen Maßnahmen des Disziplinarvorgesetzten (gar unter Überschreitung der Befehlsgewalt, § 11 SoldG) im Einzelfall in unzulässiger Weise in den Wirkungsbereich des zivilen BewHelfers ein und wird er dadurch in seiner Tätigkeit beeinträchtigt, kann der BewHelfer ebenso wie der JRichter Dienstaufsichtsbeschwerde bei der vorgesetzten Dienststelle des Disziplinarvorgesetzten einlegen (für Streitentscheidungskompetenz des JRichters dagegen *Ostendorf* in NK-JGG Rn. 12; *Rzepka* in Nix Rn. 20). Dem Verurteilten steht insoweit ein allg. Beschwerderecht gem. § 1 WehrbeschwerdeO zu, sofern er sich seinerseits als beschwert empfindet (vgl. auch *Lingens/Korte*, WStG, 5. Aufl. 2012, § 14 Rn. 20; aA *Dau* in MüKoStGB WStG § 14 Rn. 22: keine Beschwer, da nur mittelbar betroffen).

3. Ermessensentscheidung des JGerichts

29 Gemäß der Ausgestaltung der Nr. 4 liegt es – im Unterschied zu § 24 Abs. 1 – im Ermessen des JGerichts, ob es einen amtlichen BewHelfer oder – als ehrenamtlichen BewHelfer – eine andere Zivilperson oder eine Soldatin bzw. einen Soldaten (*Potrykus* NJW 1957, 814 (817); für letzteres *Roestel* unsere jugend 1959, 200) bestellt. Dabei ist zum einen zu berücksichtigen,

dass die allg. Sorgepflicht des militärischen Vorgesetzten (§ 10 Abs. 2, 3 SoldG) ohnehin die Aufgabe der Unterstützung dazu umfasst, dass eine Soldatin bzw. ein Soldat die Ziele einer bestehenden Aussetzung erreicht. Zum anderen wird eine helfende Unterstützung betr. **außerdienstliche** 29a **Verhältnisse,** dh solcher ohne Bezug zum Wehrdienst, eher durch die Formen der BewHilfe gewährleistet sein. Insoweit wird es sich empfehlen, die BewHilfe am Heimatort weiterzuführen (BGH NJW 1959, 1503 mAnm *Grethlein*) und nicht etwa die weiteren Entscheidungen nach § 58 Abs. 3 S. 2 an das JGericht am Ort der Stationierung zu übertragen (dies gilt zumindest dann, wenn die abgeurteilten Straftaten zu einem Zeitpunkt begangen worden sind, zu denen der Verurteilte noch nicht Soldatin bzw. Soldat war).

VII. Auswirkungen des Wehrdienstverhältnisses auf sonstige Rechtsfolgen

Neben den in Nr. 1, 3–5 genannten Abweichungen bestehen Auswirkun- 30 gen des Wehrdienstverhältnisses auch auf solche Rechtsfolgen, die in diesen Vorschriften nicht aufgeführt sind. Insoweit handelt es sich um das Ziel, zu vermeiden, dass der besondere Umstand des Wehrdienstverhältnisses bei Beachtung allg. Grundsätze und Vorschriften des JStR zu einem nicht stimmigen Ergebnis führt.

1. Einzelne sonstige Rechtsfolgen

Insbesondere kann die Einordnung in die militärische Disziplin für die 31 Erfolgsaussichten von Erziehungsmaßregeln, für die Notwendigkeit von Zuchtmitteln oder JStrafe wie auch im Hinblick auf die Prognose bei Aussetzungsentscheidungen von Bedeutung sein. – Soweit unterstellt wird, **Verwarnungen** (§ 14) seien bei Soldaten kaum angebracht (vgl. → § 14 Rn. 1 aE), ist eine hinreichende Begründung dafür nicht ersichtlich (ebenso *Gertler* in BeckOK JGG Rn. 23). Ist zu prüfen, ob gegen einen Soldaten **Jugendarrest** (§ 16) zu verhängen ist, so ergibt sich schon aus § 112c Abs. 2, dass auch dabei die militärischen Belange berücksichtigt werden sollten (*Potrykus* NJW 1957, 814 (817)). Für die **Aussetzung** der **Verhängung** der **JStrafe** zBew (§§ 27 ff.) ebenso wie für die Verhängung von **JStrafe mit** oder **ohne** Aussetzung der **Vollstr** zBew (§§ 17 ff., 21 ff.) gelten ebenso wie für **Erlass, Widerruf** und **Nachverfahren** (§§ 26, 26a, 30) unmittelbar keine Besonderheiten (vgl. jedoch → Rn. 15 ff. zu Nr. 3 sowie → Rn. 23 ff. zu Nr. 4 und 5).

2. Verhältnis zu Disziplinarmaßnahmen

Wird wegen der **gleichen „Tat"** gegen einen Soldaten sowohl eine 32 Rechtsfolge im JStrafverfahren als **auch** eine **Disziplinarmaßnahme** verhängt (ua die Verwarnung (§ 14) als ein Zuchtmittel ist iSd WDO als Disziplinarmaßnahme beurteilt worden (Zweiter Wehrdienstsenat NZWehrr 1988, 256; vgl. auch → § 13 Rn. 8), so verstößt dies zwar nach hM (vgl. zurückhaltend BVerfGE 21, 391 (403) = NJW 1967, 1654 ff.) nicht gegen das Verbot der Doppelbestrafung (Art. 103 Abs. 3 GG), jedoch dürfen beide Entscheidungen nicht unabhängig voneinander getroffen werden (vgl. allg.

zum Verhältnis von Kriminalstrafe und Disziplinarstrafe BVerfGE 27, 180 = NJW 1970, 507). Dabei ist es unerheblich, welche der Entscheidungen früher ergangen ist. Dies ist mehrfach bzgl. der Disziplinarbuße entschieden worden (vgl. OLG Frankfurt a. M. NZWehrr 1973, 194 und OLG Hamm NJW 1978, 1063, jeweils zum allg. StR; OLG Oldenburg NZWehrr 1982, 157 zum JStR (Anrechnung auf JA); vgl. auch *Gertler* in BeckOK JGG Rn. 14); es gilt ebenso zB für den disziplinaren Arrest (BVerfG NJW 1967, 1651; zur Art der Anrechnung OLG Frankfurt a. M. NJW 1971, 852), und zwar auch dann, wenn der Arrest zugleich wegen eines anderen Vorfalles verhängt wurde (OLG Celle NJW 1968, 1103).

3. Vollstreckung von Strafarrest

33   Für VollstrEntscheidungen betr. den Strafarrest nach dem WStG (§ 82 Abs. 1 ist nicht anwendbar (§ 110 Abs. 1)) ist die **StVollstrKammer** zuständig, da der Begriff Freiheitsstrafe in § 462a StPO (neben JStrafe) auch Strafarrest umfasst, und zwar unabhängig davon, ob der Strafarrest, wie es erst nach Ausscheiden aus dem Wehrdienst der Fall ist, in einer JVA (vgl. näher §§ 1, 117f JStVollzG Bln.) oder ansonsten bei der Bundeswehr (§ Art. 5 EGWStG) vollstreckt wird (OLG Stuttgart Justiz 1977, 24).

112b *(aufgehoben)*

Vollstreckung

112c (1) **Der Vollstreckungsleiter sieht davon ab, Jugendarrest, der wegen einer vor Beginn des Wehrdienstverhältnisses begangenen Tat verhängt ist, gegenüber Soldaten der Bundeswehr zu vollstrecken, wenn die Besonderheiten des Wehrdienstes es erfordern und ihnen nicht durch einen Aufschub der Vollstreckung Rechnung getragen werden kann.**

(2) **Die Entscheidung des Vollstreckungsleiters nach Absatz 1 ist eine jugendrichterliche Entscheidung im Sinne des § 83.**

I. Anwendungsbereich

1–3   Die Vorschrift gilt für **Jugendliche** und **Heranwachsende** (§ 112a) auch in Verfahren vor den für allg. Strafsachen zuständigen Gerichten (§ 112e steht nicht entgegen, da § 112c nur Vollstr und Vollzug betrifft).

II. Vollzug und Absehen von der Vollstreckung des Jugendarrestes

1. Vollzug

4   Während des Wehrdienstes geschieht der Vollzug (auf Ersuchen des Vollstreckungsleiters) durch die Behörden der Bundeswehr (Art. 5 Abs. 2

EGWStG). Dies gilt unabhängig von der Art der Straftat, deretwegen der JA verhängt wurde, und es kommt auch nicht darauf an, ob der JA vor oder während des Wehrdienstverhältnisses verhängt worden ist. Gemäß dieser Regelung ist § 90 Abs. 2 insoweit ausgeschlossen, und eine Übertragung der VollstrZuständigkeit nach § 85 Abs. 1 findet nicht statt. Der JA wird wie Strafarrest, also durch Freiheitsentziehung (§ 9 Abs. 2 WStG), vollzogen (Art. 5 Abs. 2 EGWStG), wodurch insoweit die Trennung zwischen allg. StR und JStR aufgehoben wird und ggf. (auch) hinsichtlich der Haftbedingungen eine Schlechterstellung ggü. verurteilten zivilen Gleichaltrigen eintritt (*Peschke* NZWehrr 1987, 159). Die Berechnung gem. § 5 BwVollzO geschieht – anders als nach § 25 JAVollzO – nach Tagen. Die Art der Unterbringung, die Behandlung, die Beschäftigung sowie die Gewährung und der Entzug von Vergünstigungen wie auch der Verkehr mit der Außenwelt richten sich nach der BwVollzO.

Nach überwiegender Auffassung (vgl. vormals *Dallinger/Lackner* Rn. 14; **5** *Diemer* in Diemer/Schatz/Sonnen Rn. 4; aA *Gertler* in BeckOK JGG Rn. 14) soll ein (vergleichsweise kurzer) Restzeitraum eines bereits im Ablauf befindlichen Vollzugs bei zwischenzeitlichem Eintritt in das Wehrdienstverhältnis – unter Beachtung von Abs. 1 – in der allg. JAVollzAnstalt, bei zwischenzeitlicher Entlassung in der Bundeswehreinrichtung zu Ende vollstreckt werden dürfen.

2. Absehen von der Vollstreckung

Für Fälle, in denen sich – auch durch etwaige Erörterung zwischen dem **6** Vollstreckungsleiter und der zuständigen Dienststelle der Bundeswehr – ein **Einvernehmen** hinsichtlich der Belange des Wehrdienstes einerseits und solcher der Vollstr des JA andererseits **nicht erreichen** lässt, gilt die Regelung des **Abs. 1.** Sie kommt von Gesetzes wegen dann **nicht** zur Anwendung, wenn der JA wegen einer **während** des **Wehrdienstverhältnisses** begangenen **Tat** verhängt worden ist.

Was diejenige Voraussetzung des Abs. 1 angeht, dass die Besonderheiten **7** des Wehrdienstes (zB zusammenhängende Grundausbildung) ein Absehen erfordern, so wird sie bei *Freizeit-* oder *Kurzarrest* eher nicht oder doch nur *eingeschränkt* erfüllt sein. Zudem kommt eine Teilvollstr in Betracht.

Durch einen *Aufschub* kann der Vollstr dann *nicht* Rechnung getragen **8** werden, wenn sie dadurch unzulässig (§ 87 Abs. 4) oder zumindest erzieherisch sinnlos (§ 87 Abs. 3; vgl. → § 87 Rn. 6a, 10) wird.

III. Verfahrensrechtliches

1. Abs. 2

Die **Entscheidungen** nach Abs. 1 ergehen als solche **jugendrichterli-** **9** **cher Natur** in richterlicher Unabhängigkeit.

2. Gehör

Bevor der JRichter die Entscheidung nach Abs. 1 trifft, ist Gelegenheit **10** zur Äußerung gem. § 33 Abs. 2 und – ggf. – Abs. 3 StPO zu geben. Ferner soll der JRichter den nächsten Disziplinarvorgesetzten des Jugendlichen oder Heranwachsenden hören (§ 112d).

3. Rechtsbehelf

11 Gegen die **Entscheidung,** die durch **Beschluss** ergeht, ist die sofortige Beschwerde zulässig (vgl. näher → § 83 Rn. 7, 9 ff.). − Der Disziplinarvorgesetzte, der nicht Verfahrensbeteiligter im prozessualen Sinne ist, kann jedoch ein **Rechtsmittel** nicht einlegen (vgl. auch → § 112a Rn. 19).

Anhörung des Disziplinarvorgesetzten

112d Bevor der Richter oder der Vollstreckungsleiter einem Soldaten der Bundeswehr Weisungen oder Auflagen erteilt, von der Vollstreckung des Jugendarrestes nach § 112c Absatz 1 absieht oder einen Soldaten als Bewährungshelfer bestellt, soll er den nächsten Disziplinarvorgesetzten des Jugendlichen oder Heranwachsenden hören.

I. Anwendungsbereich

1 Die Vorschrift findet auf **Jugendliche** und **Heranwachsende** auch in Verfahren vor den für allg. Strafsachen zuständigen Gerichten Anwendung (§ 112e).

II. Allgemeines

1. Zweck der Vorschrift

2 Die Vorschrift dient gem. jugendstrafrechtlichen Grundsätzen dem Zweck der **Ermittlung** solcher Umstände, die für die Entscheidungen zB gem. § 105 Abs. 1 oder hinsichtlich der erzieherisch am ehesten zweckmäßigen Rechtsfolge wesentlich sind (nach *Gertler* in BeckOK JGG Rn. 3: nur sekundäre Folge der Vorschrift). Zum anderen − bzw. primär − zielt die Vorschrift darauf ab, in den bestimmten Fällen besondere militärische Belange in Erfahrung zu bringen, um (auch aus erzieherischen Gründen) konträre Anordnungen oder Erwartungen seitens des JGerichts einerseits und des nächsten Disziplinarvorgesetzten andererseits vermeiden zu können.

2. Einzelheiten

3 Soweit das Gesetz im Einzelnen die Erteilung von **Weisungen** und **Auflagen** anführt (dazu § 112a Nr. 3 S. 1), so umfasst dies **auch** die **Änderung** bestehender Weisungen und Auflagen (§ 112a Nr. 3 S. 2). − Im Übrigen wird eine Anhörung ebenso angezeigt sein vor der Verhängung von **JA** nach **§ 11 Abs. 3** zur Klärung der Frage, ob die Befolgung der Weisung oder Erfüllung der Auflage dienstlich möglich gewesen wäre (vgl. auch → § 11 Rn. 16).

III. Verfahrensrechtliches

1. Anhörung

Der **nächste Disziplinarvorgesetzte** ist der unterste Vorgesetzte mit 4/5
Disziplinargewalt, dem der Soldat unmittelbar unterstellt ist (§§ 27 ff., 29
WDO). Die **Form** der Anhörung hat das Gesetz nicht festgelegt. Sie wird
nach dem jeweiligen Stand des Verfahrens bzw. nach der Art der Entscheidung unterschiedlich sein. Im Falle einer HV (oder einer mündlichen Verhandlung iSv § 78) wird die Anhörung idR in dieser Verhandlung vorgenommen werden. Dies wird weniger gelten für die Anhörung zur Bestellung einer Soldatin oder eines Soldaten zum BewHelfer, die mit dem
Verfahren selbst nicht in Beziehung steht. Im Übrigen genügt es, wenn
Gelegenheit zur (mündlichen oder schriftlichen) Äußerung gegeben wird.

2. Fortbestehen allgemeiner Aufklärungs- und Anhörungspflichten

Von der Beachtung dieser Pflichten (auch bzgl. der JGH) kann die Vor- 6
schrift schon wegen ihres begrenzten Zwecks (vgl. → Rn. 2, 3) nicht befrei-
en (vgl. schon OLG Schleswig EJF C I 47 = SchlHA 1958, 341).

3. Anfechtbarkeit

Soweit die Nichteinhaltung dieser Soll-Vorschrift nicht zugleich einen 7
Verstoß gegen die allg. richterliche Aufklärungspflicht darstellt (vgl. auch
→ § 43 Rn. 9 ff.), ist sie verfahrensrechtlich nur eingeschränkt bedeutsam. –
Wegen eines entsprechenden Verstoßes ist die **Anfechtung** nur durch die
Verfahrensbeteiligten, nicht hingegen durch den nächsten Disziplinarvorgesetzten zulässig (*Schwalm* JZ 1957, 398 (400); *Potrykus* NJW 1957, 814
(815); vgl. auch → § 112a Rn. 19 sowie → § 112c Rn. 13).

Verfahren vor Gerichten, die für allgemeine Strafsachen zuständig sind

112e In Verfahren gegen Jugendliche oder Heranwachsende
vor den für allgemeine Strafsachen zuständigen Gerichten (§ 104) sind die §§ 112a und 112d anzuwenden.

Die Vorschrift steht in Ergänzung zu § 104 Abs. 1 und ist iZm den 1
Beschränkungen des § 104 Abs. 4 und 5 anzuwenden. Da § 112e die **Befugnisse** der für allg. Strafsachen zuständigen Gerichte **nicht erweitert,**
dürfen diese Gerichte auch ggü. Soldatinnen und Soldaten weder Erzie-
hungsmaßregeln (§ 104 Abs. 4) anordnen noch in Fällen der Aussetzung der
Vollstr der JStrafe zBew (§§ 21–26a) oder der Aussetzung der Verhängung
der JStrafe zBew (§§ 27–30) Nebenentscheidungen treffen (§ 104 Abs. 5).

§ **112c** ist deshalb nicht angeführt, weil er Fragen der Vollstr und des Vollzugs 2
betrifft und sich dabei nur an den JRichter wendet. Dies gilt unabhängig davon,
ob der JA durch ein für allg. Strafsachen zuständiges Gericht verhängt wurde.

Fünfter Teil. Schluß- und Übergangsvorschriften

Bewährungshelfer

113 [1] Für den Bezirk eines jeden Jugendrichters ist mindestens ein hauptamtlicher Bewährungshelfer anzustellen. [2] Die Anstellung kann für mehrere Bezirke erfolgen oder ganz unterbleiben, wenn wegen des geringen Anfalls von Strafsachen unverhältnismäßig hohe Aufwendungen entstehen würden. [3] Das Nähere über die Tätigkeit des Bewährungshelfers ist durch Landesgesetz zu regeln.

Schrifttum *Bruckmeier ua,* Jugenddelinquenz in der Wahrnehmung von Sozialarbeitern, 1984; *Dölling/Entorf/Hermann,* Kriminologisch-ökonomische Evaluation der fachlichen Qualität der Bewährungs- und Gerichtshilfe sowie des Täter-Opfer-Ausgleichs in Baden-Württemberg, 2015; Kerner ua (Hrsg.), Straf(rest)aussetzung und Bewährungshilfe ..., 1984; *Sommer,* Bewährungshilfe zwischen Beratung und Zwang, 1986; *Weigelt,* Bewähren sich Bewährungsstrafen?, 2009; *Walsh,* Intensive Bewährungshilfe und junge Intensivtäter, 2018.

Übersicht

	Rn.
I. Umsetzung des gesetzlichen Auftrags	1
1. Organisation der Jugendbewährungshilfe	1
2. Dienstaufsicht; Amtsträger	2
3. Häufigkeiten	3
II. Ausbildung; Zuteilung	5
1. Ausbildung	5
a) Mangel an Vorgaben	5
b) Alltagsverständnis	5a
2. Zuteilung	6
III. Erzieherische Ausgestaltung	7
1. Überwachung, Betreuung	7
2. Fragen nach der Wirksamkeit	8

I. Umsetzung des gesetzlichen Auftrags

1. Organisation der Jugendbewährungshilfe

Die Vorschrift schreibt die im Regelfall notwendige Einrichtung einer **1** JugendBewHilfe vor (s. aber S. 2), macht für deren Organisation und praktische Tätigkeit aber keine näheren Vorgaben. Der gesetzliche Auftrag des § 113 ist wegen § 2 Abs. 1 indes dahingehend zu verstehen, dass die Regelung und Ausgestaltung der Tätigkeit des BewHelfers in Übereinstimmung mit dem **Erziehungsauftrag** zu geschehen hat (zu rechtstatsächlichen Einschränkungen → Rn. 7 ff.). Die Länder haben den Auftrag des § 113 aus organisatorischen Gründen in der Weise erfüllt, dass sie die Anstellungen nicht nur für den Bezirk eines jeden JRichters, sondern nach **Gerichtsbezirken** oder auf **Landesebene** vorgenommen haben (vgl. etwa auch *Stein* Bewährungshilfe 1987, 154). Dies ist dann mit S. 1 vereinbar, wenn dem

Bezirk jedes JRichters ein hauptamtlicher BewHelfer zur Verfügung steht. – Teilweise war versucht worden, die Geschäftsverteilung nach dem **Alter** des **Verurteilten** bzw. danach vorzunehmen, ob nach JStR oder nach allg. StR verurteilt worden ist. Demgegenüber sind diese Gesichtspunkte tatsächlich zunehmend weniger berücksichtigt worden (vgl. schon *Wahl* Bewährungshilfe 1964, 5 (30)). Dies ist umso bemerkenswerter, als schon die gesetzliche Neuregelung der Unterstellungsvoraussetzungen aus dem Jahre 1969 dazu geführt hat, dass die Zahl besonders der Unterstellungen nach allg. StR seit 1975 erheblich angestiegen ist (vgl. dazu etwa *Eisenberg/Kölbel* Kriminologie § 30 Rn. 25; zur Verkürzung der Dauer („oder einen Teil") vgl. 23. StrRG v. 13.4.1986 (BGBl. I 393)). – Wegen **Internationaler Rechtshilfe** zwischen **EU**-Mitgliedstaaten vgl. → § 1 Rn. 40 ff..

2. Dienstaufsicht; Amtsträger

2   Die Organisationsform der BewHilfe (und eine etwaige Verselbstständigung der JugendBewHilfe von der allg. BewHilfe) unterscheidet sich zwischen den Bundesländern teilweise recht deutlich (Überblick bei *Kawamura-Reindl* in Dollinger/Schmidt-Semisch Jugendkriminalität-HdB 448 ff.). Die hauptamtlichen BewHelfer werden in den **meisten Ländern** (auf Vorschlag oder mit Zustimmung der Jugendbehörden) von **Justizbehörden** eingestellt und unterstehen dann der Dienstaufsicht der jeweiligen Justizbehörde (vgl. etwa betr. Nordrhein-Westfalen (JMBl. 2000, 77) ebenso wie betr. Schleswig-Holstein (GVBl. 1996, 275) und betr. Bayern (JMBl. 2003, 37): Präsident des LG; zu Erfahrungen s. *Dünkel* Bewährungshilfe 1990, 36); in den Stadtstaaten Berlin und Bremen hingegen werden sie für den jugendstrafrechtlichen Bereich von **Jugendbehörden** eingestellt und unterstehen auch deren Dienstaufsicht (ebenso *Sonnen* in Diemer/Schatz/Sonnen Rn. 1; *Rzepka* in Nix Rn. 3; *Cornel* Bewährungshilfe 2000, 304) – anders inzwischen in Hamburg (vgl. *Katz* DVJJ-Journal 2003, 11: Verlagerung in die Sozialen Dienste der Justiz). – Die hauptamtlichen BewHelfer sind Amtsträger iSv § 11 Abs. 1 Nr. 2 StGB. Eine „Beleihung" (als Form der Privatisierung bzw. Auslagerung), die zeitweilig in Baden-Württemberg für BewHilfe und Gerichtshilfe praktiziert wurde (Gesetz v. 1.7.2004 (GBl. 504) idF v. 11.12.2007 (GBl. 580)), ist daher hinsichtlich Art. 33 Abs. 4 bzw. Abs. 5 GG verfassungsrechtlich nicht unbedenklich (vgl. BVerwGE 150, 366 = NVwZ 2015, 1061: keine Weisungsbefugnisse des privaten Trägers gegenüber beamteten Bew- und Gerichtshelfern in Baden-Württemberg (eingeräumte Übergangsfrist bis Ende 2016); zuvor schon VG Sigmaringen ZJJ 2008, 297: unvereinbar bzw. nichtig; s. etwa auch *Sterzel* Bewährungshilfe 2007, 180 ff.). Dies hat zum 1.1.2017 zu einer „Rückverstaatlichung" geführt (durch Gesetz über die Sozialarbeit der Justiz Baden-Württemberg v. 26.10.2016) – unabhängig von den unterschiedlichen Bewertungen der rechtstatsächlichen Privatisierungsfolgen (krit. *Lübbemeier* Bewährungshilfe 2013, 84 ff.; anders *Steindorfner* FS 2010, 270; tendenziell positiv auch *Dölling/Entorf/Hermann*, Kriminologisch-ökonomische Evaluation (…)., 2015, 29 ff., 94 ff.). Im Übrigen ist der BewHelfer unabhängig von der Organisationsform an die Weisungen des JRichters gebunden (n. → § 25 Rn. 8 ff.).

3. Häufigkeiten

Statistisch ist in den Jahren ab 1968–1991 ein insgesamt erheblicher, 3
wenngleich nicht durchgängiger Anstieg der Anzahl der Unterstellungen
nach JStR ausgewiesen (vgl. BewHiSt 2006 Tabelle 1.1), der sich insgesamt
in ähnlicher Weise auch ab 1995 (absolute Anzahl 29.358 (Wert für Nds.
Wert aus 1994)) zunächst fortsetzte, sodann aber schwankte (absolute Anzahl
2006 = 36.015, 2007 = 35.321 (Wert für SchlH aus 2003), 2008 = 35.904
(betr. Berlin Zahl für 2007); BewHiSt 2007 Tabelle 1.1; „alte" Bundesländer
einschließlich Gesamt-Berlin (aber ohne Hamburg), begrenzt auf Unterstellungen unter hauptamtlich tätige Personen der BewH; jeweils auch Mehr-
fach-Unterstellungen). Dagegen wurde anschließend ein Sinken verzeichnet
(vgl. untenstehende Tabelle). Dieser Trend hat sich nach 2011 (ab hier sind
nur noch Daten einiger Bundesländer verfügbar) weiter fortgesetzt. So
wurden am 31.12.2011 in Bay. und BW 5.152 bzw. 5.884 Unterstellungen
erfasst, am 31.12.2016 bzw. 2015 dagegen nur noch 3.705 bzw. 3.890
(BewHiSt Bay. 2016 bzw. BW 2015).

Bestand der Unterstellungen unter BewHilfe in den „alten" Bundeslän- 3a
dern (vgl. → Rn. 1; BewHiSt Tabelle 1.2.1, 1.2.2 (ohne Hamburg))

Jahr, jeweils am 31.12.	Unterstellungen nach materiellem Jugendstrafrecht				
	insgesamt	davon in %			
		§ 21	§ 88		§ 27
			davon Strafrest bei Entlassung		
			unter 1 Jahr	1 Jahr und mehr	
2002	35.933	68,3	17,6	14,3	3,4	11,6
2004	35.933	67,1	17,5	14,3	3,3	11,5
2006	36.015	66,8	17,2	14,3	3,0	11,8
2008	35.904	64,4	17,8	14,3	3,5	13,4
2010	32.461	62,6	18,9	14,9	4,1	13,5
2011	32.002	61,6	19,7	15,4	4,3	13,6

Was die Zahl der nach JStR und nach allg. StR Unterstellten angeht, die 4
von dem einzelnen BewHelfer zu beaufsichtigen und zu betreuen sind, so
liegt sie – regional unterschiedlich – bei zwischen 40 und 90 (*Eisenberg/
Kölbel* Kriminologie § 30 Rn. 24; vgl. aber zu noch höheren Zahlen betr.
Mecklenburg-Vorpommern *Dünkel ua* ZJJ 2003, 129). Sie wird allg. als zu
hoch beurteilt und führt zwangsläufig zu einer Selektion der Probanden
hinsichtlich der Betreuungsintensität. Am 31.12.1991 gab es insgesamt 2.129
hauptamtliche BewHelfer – dies entsprach, bei erheblichen regionalen Unterschieden, insgesamt einem Verteilungsschlüssel von etwa 1: 61,4
(BewHiSt 1991 Tabelle 1); für 2000 lauteten die entsprechenden Zahlen

2.212,8 und – bei 156.828 Probanden – 1: 70,9 (Aufbereitung MdJ Hessen (außer Berlin und Bremen)).

II. Ausbildung; Zuteilung

1. Ausbildung

5 **a) Mangel an Vorgaben.** Soweit ersichtlich, **fehlt** es an einer spezifischen Ausbildung zum BewHelfer und insb. zum JugendBewHelfer (zu vergleichbaren Problemen betr. die JGH → § 38 Rn. 57). Einstellungsvoraussetzung zur einschlägigen Tätigkeit ist idR eine abgeschlossene Ausbildung für Sozialarbeit. Abgesehen von regional besonderen Ausbildungs- und Prüfungsschwerpunkten fehlt es daher verschiedentlich an einem Qualifikationserfordernis erzieherischer Befähigung und Ausbildung (s. betr. die JGH ebenso DVJJ 1993, AK III/3); dasselbe gilt bezüglich einer kriminologischen Ausbildung ggf. selbst dann, wenn zB der Ausbildungsabschluss in Sozialpädagogik erreicht ist. Demgegenüber ist die Eignung des Jugend-BewHelfers wesentlich davon abhängig, ob er mit den kulturellen, sozialen und altersgemäßen Bedingungen der Lebensführung der ihm Unterstellten zumindest vertraut ist.

5a **b) Alltagsverständnis.** Hiernach verwundert nicht, wenn bei Jugend-BewHelfern betr. Entstehungszusammenhänge von (registrierten) Straftaten Jugendlicher und Heranwachsender teilweise ein Vorverständnis zu erkennen ist, das den Probanden im Sinne sozialpathologischer Vorstellungen in individualisierender Beurteilung als „Defekt-Persönlichkeit" erscheinen lässt (vgl. etwa *Klug* Bewährungshilfe 2007, 242: „Gefährlichkeit wird eingeschätzt", keine Hilfestrategie ohne „Motivation zur Selbstveränderung"). Mitunter steht solches gar iZm methodisch ungeeigneter Dichotomisierung und Orientierung an psychiatrischen Wertungen (vgl. betr. sog. „Risikoproband" *Beß/Koob-Sodtke* Bewährungshilfe 2007, 251 f. (entgegen kriminologischem Kenntnisstand, vgl. dazu etwa *Eisenberg/Kölbel* Kriminologie § 5 Rn. 3 ff., § 53 Rn. 6 f, § 56 Rn. 37 ff.)). Demgegenüber stehen insoweit sozialpsychologische, sozialstrukturelle und sozio-ökonomische Zusammenhänge, insb. solche auch makrostruktureller Art, eher im Hintergrund. Daher ist schon von dem aufgezeigten Vorverständnis her der kognitive Zugang zu den Probanden in nicht unerheblichem Ausmaß verwehrt (vgl. zur Problematik etwa *Bruckmeier ua*, Jugenddelinquenz in der Wahrnehmung von Sozialarbeitern, 1984; aus der Praxis s. *Lübbemeier* Bewährungshilfe 1990, 43 ff.). – Im Übrigen **fehlt** es regional mitunter an einer hinreichenden **Differenzierung** der Ausbildung nach Alters- und Geschlechtsgruppen (zB Jugendkriminologie betr. männliche bzw. weibliche Probanden).

2. Zuteilung

6 Die Zuständigkeit des BewHelfers richtet sich idR nach der Geschäftsverteilung (vgl. zB für Bayern JMBl. 2003, 30 Nr. 2.2.1; betr. die JGH krit. *Deußer* DVJJ-Journal 1991, 379 ff.). Hierdurch wird die Möglichkeit einer Zuteilung entsprechend den **personalen** und **sozialen Gegebenheiten** sowohl des konkreten BewHelfers als auch des konkreten Probanden **versagt** (vgl. näher zu dem Verhältnis zwischen BewHelfer und Proband

→ § 25 Rn. 23). In der Praxis kommt es allerdings verschiedentlich zu einzelfallbezogen abw. Regelungen, Absprachen oder auch einem Austausch. Am ehesten scheint aus besonderen Gründen (zB Geschlechtszugehörigkeit) ein anderer als der nach der Geschäftsverteilung zuständige hauptamtliche BewHelfer bestellt zu werden. Allerdings könnte der JRichter auch den zuständigen hauptamtlichen BewHelfer durch Berufung eines *ehrenamtlichen* BewHelfers ersetzen (§ 24 Abs. 1 S. 2). Sachlich angezeigt wäre es insoweit ggf., den Probanden einem BewHilfe-Team zuzuweisen, das dann die individuelle Zuordnung vorzunehmen hätte.

III. Erzieherische Ausgestaltung

1. Überwachung, Betreuung

Vorgaben für die Ausgestaltung des Verhältnisses zwischen BewHelfer **7** und Probanden ergeben sich nicht aus der Vorschrift, sondern aus § 24 Abs. 3 sowie aus professionellen Standards und teilw. auch aus den länderrechtlichen Regelungen der BewHilfe (n. zu den Aufgaben, Pflichten und der Doppelrolle des BewHelfers *Kawamura-Reindl* in Dollinger/Schmidt-Semisch Jugendkriminalität-HdB 445 ff. sowie n. → § 25 Rn. 11 ff.). Im Allgemeinen wird angestrebt, eine behördliche oder bürokratische Atmosphäre nach Möglichkeit zu vermeiden. Um nicht schon von den äußeren Gegebenheiten her die formelle institutionalisierte Eigenschaft der BewHilfe deutlich werden zu lassen („Behördenscheu"), sollte der BewHelfer seinen Arbeitsraum zweckmäßigerweise nicht in Dienstgebäuden haben. Eine entsprechende räumliche Trennung mag einem informellen Kontakt und der etwaigen Entwicklung eines Vertrauensverhältnisses förderlich sein (s. aber zum Einsatz von EDV BewHiBek Bay., JMBl. 2003, 32 f.; vgl. schon *Spieß* Bewährungshilfe 1988, 65 (71 f.); *Lummer* Bewährungshilfe 1988, 81 f.).

Nach allg. Primärerfahrung scheint die Dauer des *Gesprächs* mit dem Pro- **7a** banden mit zunehmender Berufserfahrung kürzer zu werden. Als durchschnittliche Gesprächsdauer wurde von ca. 1/2 Stunde berichtet (s. *Kerner ua,* Straf(rest)aussetzung und Bewährungshilfe …, 1984, 61; s. ferner etwa *Sommer,* Bewährungshilfe zwischen Beratung und Zwang, 1986; *Weigelt,* Bewähren sich Bewährungsstrafen?, 2009, 206 f.).

2. Fragen nach der Wirksamkeit

Verlässliche Angaben zur Effektivität der BewHilfe lassen sich schon des- **8** halb nicht machen, weil die Probanden-Struktur und zahlreiche andere Gegebenheiten danach divergieren, ob es sich um eine Aussetzung der Vollstr zBew nach §§ 21, 27 bzw. § 56 StGB oder aber nach vorheriger Vollstr eines Teils handelt (vgl. zu Berechnungen anhand BZR-Daten betr. Entscheidungsjahr 1994 und Referenzzeitraum von vier Jahren *Weigelt,* Bewähren sich Bewährungsstrafen?, 2009, 199). Zudem ergeben sich auch unterschiedliche Anteile je nachdem, ob Unterstellungen nach JStR oder aber nach allg. StR einbezogen werden.

Aus den Angaben der **BewHilfe-Statistik** über Unterstellungen und **9** Beendigungen (zB durch Widerruf) lassen sich **nur bedingt** Schlüsse auf die

Wirksamkeit der Tätigkeit der BewHilfe ziehen. Zum einen bestehen schon Bedenken dagegen, die Angaben über „Beendigung der Unterstellung durch Widerruf" als (negatives) Erfolgskriterium zugrunde zu legen. Im Übrigen besagt die gem. den (jährlichen) Angaben der BewHilfe-Statistik errechnete Widerrufsquote lediglich, wie viele Widerrufe auf die Gesamtzahl der innerhalb eines Berichtsjahres beendeten Unterstellungsfälle entfielen. Demgemäß ist diese Gesamtzahl nicht mit der Gesamtzahl der innerhalb eines Berichtsjahres begonnenen Unterstellungsfälle identisch (vgl. dazu schon *Heinz* Bewährungshilfe 1977, 303 ff.; *Heinz* Bewährungshilfe 1982, 154 (162); *Heinz* DVJJ-Journal 1996, 116 f.; s. zu mathematischer Folgerung *Hermann* MschKrim 1983, 267 ff. (hierzu krit. *Berckhauer/Hasenpusch* MschKrim 1984, 176 nebst Erwiderung *Hermann* MschKrim 1984, 185)). Bleibt daher die tatsächliche Widerrufshäufigkeit gleich, steigt aber die Anzahl der Unterstellungsfälle an, so sinkt der (nach Berichtsjahren) errechnete Anteil an Widerrufen, und umgekehrt.

10   Im Übrigen ist davon auszugehen, dass der regelmäßige Befund einer vergleichsweise hohen Widerrufsquote bei Jugendlichen und Heranwachsenden (n. und speziell zu Unterschieden nach Delikten *Weigelt,* Bewähren sich Bewährungsstrafen?, 2009, 199, 228)) und insb. bei strafrechtlich Vorbelasteten (und namentlich bei ehemaligen BewHilfe-Probanden (vgl. bereits *Kerner* Bewährungshilfe 1977, 294)) auch Ausdruck **unterschiedlicher Kontrollintensität** durch die BewHilfe ist (vgl. dazu auch → §§ 24, 25 Rn. 10). Insgesamt hat sich wiederholt ein Sinken der Widerrufsquote mit Zunahme der Unterstellungen ergeben (vgl. etwa *Dünkel ua* ZJJ 2003, 129; *Kawamura-Reindl* in Dollinger/Schmidt-Semisch Jugendkriminalität-HdB 452 ff.; näher *Eisenberg/Kölbel* Kriminologie § 30 Rn. 26, § 42 Rn. 39 ff.). Aufschlussreicher sind daher vertiefende (auch qualitativ vorgehende) Untersuchungen zu bestimmten Stichproben oder Gruppen von BewHi-Probanden. In der ähnlich gelagerten internationalen Forschung (etwa *Doekhie ua* Journal of Developmental and Life-Course Criminology 2018, 491) zeichnet sich dabei ab, dass BewHelfer mit einem „caseworker approach" tendenziell erfolgreicher als mit einem „surveillance approach" sind (zur Unterscheidung → § 25 Rn. 10). Der oftmals erfolgende Übergang zu einer oder „Differenzierenden Leistungsgestaltung" der BewHilfe, bei der sich Art, Ausmaß und Intensität der Angebote und Maßnahmen je nach Bedarf (und Mitwirkungsbereitschaft) der Probanden (bzw. je nach deren Zugehörigkeit zu einer bestimmten „Risikoklasse") unterscheiden, scheint keine erheblichen Auswirkungen auf die statistische Bewährungsrate der Institution zu haben (dazu für MV *Bieschke/Tetal* in Boers/Schaerff Kriminologische Welt, 529 ff.). Bei einem Modellprojekt der Intensivbewährungshilfe für mehrfachauffällige Probanden in Bay. (zu einer positiven Einschätzung von dessen Entwicklung s. *Haverkamp/Walsh* Bewährungshilfe 2014, 117) konnten keine verbesserten Legalbewährungswerte nachgewiesen werden (*Walsh* Intensive Bewährungshilfe und junge Intensivtäter, 2018, 107 ff.; *dies.* ZJJ 2019, 241 (244 ff.)).

Vollzug von Freiheitsstrafe in der Einrichtung für den Vollzug der Jugendstrafe

114 In der Einrichtung für den Vollzug der Jugendstrafe dürfen an Verurteilten, die das vierundzwanzigste Lebensjahr noch nicht vollendet haben und sich für den Jugendstrafvollzug eignen, auch Freiheitsstrafen vollzogen werden, die nach allgemeinem Strafrecht verhängt worden sind.

Übersicht

	Rn.
I. Anwendungsbereich	1
II. Allgemeines	2
III. Voraussetzungen	4
1. Alter	4
2. Eignung für den JStVollzug	5
IV. Durchführung	7
1. Einweisung (§ 451 StPO)	7
2. Endgültige Übernahme	9
3. Häufigkeit	11
V. Rechtsnatur der endgültigen Entscheidung	12

I. Anwendungsbereich

Die Vorschrift gilt bei Verurteilung zu einer Freiheitsstrafe, sei es gegen- **1** über einem Heranwachsenden nach Ablehnung von § 105 Abs. 1 oder gegenüber einem Erwachsenen. Ob die Entscheidung durch ein **JGericht** oder ein für **allg. Strafsachen** zuständiges **Gericht** getroffen wurde, ist dementsprechend unerheblich.

II. Allgemeines

Die Regelung betrifft unmittelbar allein den Vollzug der **Freiheitsstrafe,** **2** mittelbar jedoch auch denjenigen der **JStrafe.** Insofern ist auch im Hinblick auf die historische Entwicklung der Trennung zwischen jugendlichen und erwachsenen Gefangenen in der Geschichte des StVollzugs (vgl. → § 92 Rn. 2) verständlich, dass diese Vorschrift in das JGG eingefügt wurde.

Die Vorschrift soll dem Umstand Rechnung tragen, dass in der bezeichne- **3** ten Altersgruppe mitunter noch in erheblichem Maße Prozesse der **Persönlichkeitsentwicklung** vonstatten gehen, die in einer allg. StVollzugsanstalt eher beeinträchtigt werden als in einer als erzieherisch orientiert gedachten JStVollzAnstalt. – Soweit eingewandt wird, § 114 laufe einer Entscheidung nach § 105 Abs. 1 zuwider, so mag dies schon wegen der Unbestimmtheit der Kriterien des § 105 Abs. 1 (vgl. → § 105 Rn. 3, 7 ff., 34 f.) nur ein geringeres Gewicht haben (im Übrigen mag die Vorschrift im Einzelfall als Möglichkeit zur Abwendung negativer Folgen etwa rechtskräftig gewordener Fehlentscheidungen zu § 105 Abs. 1 dienlich sein können; ebenso *Zieger/ Nöding* Verteidigung Rn. 263: korrigieren; krit. *Gertler* in BeckOK JGG Rn. 9).

III. Voraussetzungen

1. Alter

4   Zum einen muss der Verurteilte bei Beginn der Vollstr ein Alter von unter 24 Jahren haben. Hat er hingegen das Alter von 24 Jahren erreicht, so muss er in eine allg. JVA überführt werden. Diese zwingende Vorschrift kann im *Einzelfall* dem langfristigen Ziel zukünftiger *Legalbewährung* (s. auch § 2 Abs. 1) *zuwiderlaufen*, etwa falls es iRv Vollzugslockerungen zu erneuter Straftatbegehung mit der Folge einer Anschlussstrafe kommt, der Betroffene jedoch innerhalb der JStVollzAnstalt integriert ist. Insofern vermag die Auffassung, ein Verbleib in der JStVollzAnstalt sei für einen „geringen" Strafrest noch nach dem 24. Geburtstag ausnahmsweise möglich (so – betr. Fälle iSv § 89b – § 5 der bereits durch die vormaligen VVJug gegenstandslos gewordenen JStVollzO (vgl. → Einl. Rn. 22); s. auch *Dallinger/Lackner* Rn. 3), dem Problem nicht hinreichend abzuhelfen. Eine Abweichung vom VollstrPlan gem. § 8 Abs. 1 Nr. 1 StVollzG (analog) ist zumindest deshalb nicht zulässig, weil diese Vorschrift nur eine Verlegung in eine „für den Vollzug von Freiheitsstrafe zuständige Anstalt" erlaubt. – Kriminalpolitisch wird es sich empfehlen, die Regelung bezüglich Anschlussstrafen zu modifizieren.

2. Eignung für den JStVollzug

5   Hinsichtlich dieser zweiten Voraussetzung kommt es darauf an, ob für den jeweiligen individuellen Verurteilten die erzieherischen Bemühungen im JStVollzug der zukünftigen Sozial- und **Legalbewährung** eher **dienlich** sind, als die Gegebenheiten im allg. StVollzug. Diesbzgl. wird teilweise eine Mindestdauer der Freiheitsstrafe von sechs Monaten als Kriterium zugrundegelegt, und zwar der Annahme folgend, eine erzieherische Einwirkung von einer Dauer unterhalb dieses Zeitraumes sei von vornherein kaum Erfolg versprechend. Indes fehlt es für diese Annahme an hinreichenden empirischen Belegen (vgl. → § 18 Rn. 3). Nur von der Tendenz her – nicht also im Sinne einer Ablehnung trotz besonderer Umstände im Einzelfall – vertretbar ist es, die Eignung zu verneinen bei zu vergleichsweise sehr hohen Freiheitsstrafen Verurteilten ebenso wie bei solchen Personen, die bereits nahezu 24 Jahre alt sind (vgl. → Rn. 4).

6   Soweit RL 1 Alt. 2 die Eignung eines Verurteilten auch davon abhängig macht, ob von seiner Anwesenheit in der JStVollzAnstalt **Nachteile** für die Erziehung der **anderen Gefangenen** zu befürchten sind, so mag es sich hierbei auch um eine Voraussetzung zur Wahrung von Belangen der jeweiligen JStVollzAnstalt handeln, wodurch im konkreten Einzelfall die Bedürfnisse und Interessen des Verurteilten möglicherweise zurückgestellt werden.

IV. Durchführung

1. Einweisung (§ 451 StPO)

7   Ist der zu Freiheitsstrafe Verurteilte **unter 21 Jahren** alt, so weist die Staatsanwaltschaft – nicht der Rechtspfleger (§ 31 Abs. 2 S. 2 RPflG, vgl.

auch RL 6, § 25 StVollstrO; näher zur Begr. BR-Drs. 378/03, 81 f.) – als VollstrBehörde ihn gem. RL 2 S. 1 in die JStVollzAnstalt ein. Sie *kann* ihn in die allg. StVollzAnstalt einweisen, falls in dieser eine besondere Abteilung für junge Gefangene besteht (RL 2 S. 2; s. im Übrigen aber RL 5 S. 2).

Ist der Verurteilte **zwischen 21** und **unter 24 Jahren** alt, so weist die 8 Staatsanwaltschaft ihn gem. RL 3 idR in die allg. StVollzAnstalt ein. Unter den Voraussetzungen von RL 5 S. 1 *kann* sie ihn jedoch in die JStVollzAnstalt einweisen. – Ob der Leiter der allg. StVollzAnstalt zuständig ist, ihn unter der Voraussetzung der RL 4, dh sofern er ihn als für den JStVollzug geeignet hält, in die JStVollzAnstalt zu *überweisen* und die VollstrBehörde lediglich zu benachrichtigen, ist umstritten (abl. *Gertler* in BeckOK JGG Rn. 8).

2. Endgültige Übernahme

Die Frage nach der Zuständigkeit für die Entscheidung darüber, ob der 9 (nach RL 3 oder 4 oder) vorläufig (RL 5) in die JStVollzAnstalt eingewiesene Verurteilte endgültig in dieser Anstalt verbleibt oder aber doch in die allg. StVollzAnstalt eingewiesen bzw. wieder eingewiesen wird, ist umstritten. Da RL 7 im Einklang mit der besonderen Sachnähe des **Leiters** der **JStVollzAnstalt** diesem für die „endgültige Übernahme" ohnehin die Kompetenz zuweist, wird teilweise dessen Zuständigkeit bejaht (*Brunner/Dölling* Rn. 5; hier bis 18. Aufl.). Nach anderer Ansicht besteht gem. dem Vorrang des Gesetzes – und auch aus sachlichen Gründen (zB zur Vermeidung ggf. eher situativer vollzugsinterner Einflüsse oder gar partieller Eigenbelange der JStVollzAnstalt) – die Zuständigkeit des **JRichters** analog § 82 Abs. 1 S. 1 (*Verrel/Linke* in HK-JGG Rn. 6; *Ostendorf* in NK-JGG Rn. 5; *Sonnen* in Diemer/Schatz/Sonnen Rn. 8). Eine dritte Ansicht geht von der Zuständigkeit der **Staatsanwaltschaft** gem. § 451 StPO aus, wobei sie gem. RL 7 allerdings daran gehindert sei, entgegen der Auffassung der JStVollzAnstalt den endgültigen Verbleib anzuordnen (*Gertler* in BeckOK JGG Rn. 19). Da die allg. VollstrZuständigkeit der Staatsanwaltschaft (§ 451 StPO), nachdem der Verurteilte sich bereits in der JStVollzAnstalt befindet, mit der Konzeption des § 82 Abs. 1 nicht verträglich ist, erscheint die Zuständigkeit des **JRichters** (analog § 82 Abs. 1 S. 1) **vorzugswürdig.**

An die Eignung des Verurteilten werden höhere Anforderungen zu stellen 10 sein als etwa in Fällen des § 89b Abs. 2. Die Entscheidung kann auch noch getroffen werden, wenn der Verurteilte sich schon eine gewisse Zeit in der JStVollzAnstalt befindet (vgl. *Dallinger/Lackner* Rn. 6).

3. Häufigkeit

In der Literatur wird verschiedentlich beanstandet, dass von § 114 in der 11 Praxis – nicht nur aus Gründen des Raummangels in den JStVollzEinrichtungen – nur wenig Gebrauch gemacht wird und zudem die „Anschlussstrafen" das Hauptanwendungsgebiet für § 114 darstellen (*Böhm/Feuerhelm* JugendStrafR 266 f.). – Am 31.8. der Jahre 2005–2017 befanden sich, zunächst (weiterhin) sinkend, sodann schwankend 81, 57, 51, 39, 37, 41, 44, 78, 47, 65, 71, 60, 46 und 53 Gefangene gem. § 114 im JStVollzug (Daten aus: Bestand der Gefangenen und Verwahrten in den deutschen Justizvollzugsanstalten; zu früheren Jahren vgl. bis → 12. Aufl.).

V. Rechtsnatur der endgültigen Entscheidung

12 Die gem. RL 7 zu treffende endgültige Entscheidung (vgl. → Rn. 9) ist – anders als die Entscheidung des JRichters als Vollstreckungsleiter (§ 83 Abs. 1 S. 1) nach § 89b Abs. 2 – ein **Verwaltungsakt**. Der gegen diese Entscheidung zulässige **Rechtsweg** zur gerichtlichen Überprüfung (Art. 19 Abs. 4 GG) bestimmt sich nach §§ 23 ff. EGGVG.

115 *(aufgehoben)*

Zeitlicher Geltungsbereich

116 Das Gesetz wird auch auf Verfehlungen angewendet, die vor seinem Inkrafttreten begangen worden sind.

Bei der Vorschrift handelt es sich um eine – dem Grundsatz des § 2 Abs. 2 StGB entsprechende – Übergangsregelung, die zwischenzeitlich, dh seit Inkrafttreten des JGG 1953 (§ 125), praktisch gegenstandslos geworden ist. Zu den Gründen für die Aufhebung von Abs. 1 S. 2, Abs. 2 aF vgl. BT-Drs. 17/2279, zu Art. 54 Nr. 8. – Eine vor Inkrafttreten des JGG wegen einer im Alter von zwischen 18 und 20 Jahren begangenen Tat verhängte Strafe blieb in einem späteren Verfahren auch dann rückfallbegründend oder strafschärfend, wenn nach dem (erst nunmehr geltenden) JGG 1953 ggf. nur eine Erziehungsmaßregel oder ein Zuchtmittel angeordnet worden wäre (BGH NJW 1956, 1408 mAnm *Potrykus;* s. *Dallinger/Lackner* Rn. 2).

117-120 *(aufgehoben)*

Übergangsvorschrift

121 (1) Für am 1. Januar 2008 bereits anhängige Verfahren auf gerichtliche Entscheidung über die Rechtmäßigkeit von Maßnahmen im Vollzug der Jugendstrafe, des Jugendarrestes und der Unterbringung in einem psychiatrischen Krankenhaus oder einer Entziehungsanstalt sind die Vorschriften des Dritten Abschnitts des Einführungsgesetzes zum Gerichtsverfassungsgesetz in ihrer bisherigen Fassung weiter anzuwenden.

(2) **Für Verfahren, die vor dem 1. Januar 2012 bei der Jugendkammer anhängig geworden sind, ist § 33b Absatz 2 in der bis zum 31. Dezember 2011 geltenden Fassung anzuwenden.**

(3) **Hat die Staatsanwaltschaft in Verfahren, in denen über die im Urteil vorbehaltene oder die nachträgliche Anordnung der Siche-**

rungsverwahrung zu entscheiden ist, die Akten dem Vorsitzenden des zuständigen Gerichts vor dem 1. Januar 2012 übergeben, ist § 74f des Gerichtsverfassungsgesetzes in der bis zum 31. Dezember 2011 geltenden Fassung entsprechend anzuwenden.

Die Vorschrift des *Abs. 1* dient der Klarstellung, von welchem Zeitpunkt 1 an die am 1.1.2008 in Kraft getretene Neuregelung über den Rechtsschutz anzuwenden ist. Zugleich bedeutet die Übergangsvorschrift, dass die Neuregelungen im GKG nur auf solche Rechtsbehelfe Anwendung finden, die nach dem genannten Datum anhängig werden.

Mit der Überleitungsvorschrift in *Abs. 2* wird geregelt, dass auf die vor 2 dem 1.1.2012 bei der JKammer eingegangenen Verfahren § 33b Abs. 2 in der bis zum 31.12.2011 geltenden Fassung anzuwenden ist. Auf die danach eingehenden Verfahren ist § 33b Abs. 2–5 in der neuen Fassung anzuwenden.

Die Überleitungsvorschrift des *Abs. 3* bezieht sich auf Verfahren, in denen 3 über die im Urteil vorbehaltene oder die nachträgliche Anordnung der Sicherungsverwahrung nach § 7 Abs. 2 und 3 sowie § 106 Abs. 3, 5 und 6 zu entscheiden ist. Der Regelung des § 41 Abs. 2 EGGVG entsprechend, soll für die Besetzung der JKammer auch in diesen Fällen das bisherige Recht gelten, wenn die Akten dem Vorsitzenden des zuständigen Gerichts von der JStaatsanwaltschaft vor dem 1.1.2012 (nach § 81a Abs. 1 iVm § 275a Abs. 1 StPO oder nach § 81a Abs. 2 bzw. – in sog. „Altfällen" betr. Sicherungsverwahrung – nach den gem. Art. 316e Abs. 1 EGStGB maßgeblichen Vorschriften) übergeben worden sind.

122-124 *(aufgehoben)*

Inkrafttreten

125 Dieses Gesetz tritt am 1. Oktober 1953 in Kraft.

Anhang

1. Sozialgesetzbuch (SGB) Achtes Buch (VIII) Kinder- und Jugendhilfe

vom 26. Juni 1990 (BGBl. I S. 1163),
neugefasst durch Bek. vom 11. September 2012 (BGBl. I S. 2022)

FNA 860-8

zuletzt geändert G zur Regelung des Sozialen Entschädigungsrechts vom 12.12.2019
(BGBl. I S. 2652)

– Auszug –

Erstes Kapitel. Allgemeine Vorschriften

§ 1 Recht auf Erziehung, Elternverantwortung, Jugendhilfe

(1) Jeder junge Mensch hat ein Recht auf Förderung seiner Entwicklung und auf Erziehung zu einer eigenverantwortlichen und gemeinschaftsfähigen Persönlichkeit.

(2) [1]Pflege und Erziehung der Kinder sind das natürliche Recht der Eltern und die zuvörderst ihnen obliegende Pflicht. [2]Über ihre Betätigung wacht die staatliche Gemeinschaft.

(3) Jugendhilfe soll zur Verwirklichung des Rechts nach Absatz 1 insb.

1. junge Menschen in ihrer individuellen und sozialen Entwicklung fördern und dazu beitragen, Benachteiligungen zu vermeiden oder abzubauen,
2. Eltern und andere Erziehungsberechtigte bei der Erziehung beraten und unterstützen,
3. Kinder und Jugendliche vor Gefahren für ihr Wohl schützen,
4. dazu beitragen, positive Lebensbedingungen für junge Menschen und ihre Familien sowie eine kinder- und familienfreundliche Umwelt zu erhalten oder zu schaffen.

§ 2 Aufgaben der Jugendhilfe

(1) Die Jugendhilfe umfasst Leistungen und andere Aufgaben zugunsten junger Menschen und Familien.

(2) Leistungen der Jugendhilfe sind:

1. Angebote der Jugendarbeit, der Jugendsozialarbeit und des erzieherischen Kinder- und Jugendschutzes (§§ 11 bis 14),
2. Angebote zur Förderung der Erziehung in der Familie (§§ 16 bis 21),
3. Angebote zur Förderung von Kindern in Tageseinrichtungen und in Tagespflege (§§ 22 bis 25),
4. Hilfe zur Erziehung und ergänzende Leistungen (§§ 27 bis 35, 36, 37, 39, 40),

5. Hilfe für seelisch behinderte Kinder und Jugendliche und ergänzende Leistungen (§§ 35a bis 37, 39, 40),
6. Hilfe für junge Volljährige und Nachbetreuung (§ 41).

(3) Andere Aufgaben der Jugendhilfe sind
1. die Inobhutnahme von Kindern und Jugendlichen (§ 42),
2. die vorläufige Inobhutnahme von ausländischen Kindern und Jugendlichen nach unbegleiteter Einreise (§ 42a),
3. die Erteilung, der Widerruf und die Zurücknahme der Pflegeerlaubnis (§§ 43, 44),
4. die Erteilung, der Widerruf und die Zurücknahme der Erlaubnis für den Betrieb einer Einrichtung sowie die Erteilung nachträglicher Auflagen und die damit verbundenen Aufgaben (§§ 45 bis 47, 48a),
5. die Tätigkeitsuntersagung (§§ 48, 48a),
6. die Mitwirkung in Verfahren vor den Familiengerichten (§ 50),
7. die Beratung und Belehrung in Verfahren zur Annahme als Kind (§ 51),
8. die Mitwirkung in Verfahren nach dem Jugendgerichtsgesetz (§ 52),
9. die Beratung und Unterstützung von Müttern bei Vaterschaftsfeststellung und Geltendmachung von Unterhaltsansprüchen sowie von Pflegern und Vormündern (§§ 52a, 53),
10. die Erteilung, der Widerruf und die Zurücknahme der Erlaubnis zur Übernahme von Vereinsvormundschaften (§ 54),
11. Beistandschaft, Amtspflegschaft, Amtsvormundschaft und Gegenvormundschaft des Jugendamts (§§ 55 bis 58),
12. Beurkundung (§ 59),
13. die Aufnahme von vollstreckbaren Urkunden (§ 60).

§ 3 Freie und öffentliche Jugendhilfe

(1) Die Jugendhilfe ist gekennzeichnet durch die Vielfalt von Trägern unterschiedlicher Wertorientierungen und die Vielfalt von Inhalten, Methoden und Arbeitsformen.

(2) [1] Leistungen der Jugendhilfe werden von Trägern der freien Jugendhilfe und von Trägern der öffentlichen Jugendhilfe erbracht. [2] Leistungsverpflichtungen, die durch dieses Buch begründet werden, richten sich an die Träger der öffentlichen Jugendhilfe.

(3) [1] Andere Aufgaben der Jugendhilfe werden von Trägern der öffentlichen Jugendhilfe wahrgenommen. [2] Soweit dies ausdrücklich bestimmt ist, können Träger der freien Jugendhilfe diese Aufgaben wahrnehmen oder mit ihrer Ausführung betraut werden.

§ 4 Zusammenarbeit der öffentlichen Jugendhilfe mit der freien Jugendhilfe

(1) [1] Die öffentliche Jugendhilfe soll mit der freien Jugendhilfe zum Wohl junger Menschen und ihrer Familien partnerschaftlich zusammenarbeiten. [2] Sie hat dabei die Selbständigkeit der freien Jugendhilfe in Zielsetzung und Durchführung ihrer Aufgaben sowie in der Gestaltung ihrer Organisationsstruktur zu achten.

(2) Soweit geeignete Einrichtungen, Dienste und Veranstaltungen von anerkannten Trägern der freien Jugendhilfe betrieben werden oder rechtzeitig geschaffen werden können, soll die öffentliche Jugendhilfe von eigenen Maßnahmen absehen.

(3) Die öffentliche Jugendhilfe soll die freie Jugendhilfe nach Maßgabe dieses Buches fördern und dabei die verschiedenen Formen der Selbsthilfe stärken.

§ 5 Wunsch- und Wahlrecht

(1) ^{1}Die Leistungsberechtigten haben das Recht, zwischen Einrichtungen und Diensten verschiedener Träger zu wählen und Wünsche hinsichtlich der Gestaltung der Hilfe zu äußern. ^{2}Sie sind auf dieses Recht hinzuweisen.

(2) ^{1}Der Wahl und den Wünschen soll entsprochen werden, sofern dies nicht mit unverhältnismäßigen Mehrkosten verbunden ist. ^{2}Wünscht der Leistungsberechtigte die Erbringung einer in § 78a genannten Leistung in einer Einrichtung, mit deren Träger keine Vereinbarungen nach § 78b bestehen, so soll der Wahl nur entsprochen werden, wenn die Erbringung der Leistung in dieser Einrichtung im Einzelfall oder nach Maßgabe des Hilfeplanes (§ 36) geboten ist.

§ 6 Geltungsbereich

(1) ^{1}Leistungen nach diesem Buch werden jungen Menschen, Müttern, Vätern und Personensorgeberechtigten von Kindern und Jugendlichen gewährt, die ihren tatsächlichen Aufenthalt im Inland haben. ^{2}Für die Erfüllung anderer Aufgaben gilt Satz 1 entsprechend. ^{3}Umgangsberechtigte haben unabhängig von ihrem tatsächlichen Aufenthalt Anspruch auf Beratung und Unterstützung bei der Ausübung des Umgangsrechts, wenn das Kind oder der Jugendliche seinen gewöhnlichen Aufenthalt im Inland hat.

(2) ^{1}Ausländer können Leistungen nach diesem Buch nur beanspruchen, wenn sie rechtmäßig oder auf Grund einer ausländerrechtlichen Duldung ihren gewöhnlichen Aufenthalt im Inland haben. ^{2}Absatz 1 Satz 2 bleibt unberührt.

(3) Deutschen können Leistungen nach diesem Buch auch gewährt werden, wenn sie ihren Aufenthalt im Ausland haben und soweit sie nicht Hilfe vom Aufenthaltsland erhalten.

(4) Regelungen des über- und zwischenstaatlichen Rechts bleiben unberührt.

§ 7 Begriffsbestimmungen

(1) Im Sinne dieses Buches ist
1. Kind, wer noch nicht 14 Jahre alt ist, soweit nicht die Absätze 2 bis 4 etwas anderes bestimmen,
2. Jugendlicher, wer 14, aber noch nicht 18 Jahre alt ist,
3. junger Volljähriger, wer 18, aber noch nicht 27 Jahre alt ist,
4. junger Mensch, wer noch nicht 27 Jahre alt ist,

5. Personensorgeberechtigter, wem allein oder gemeinsam mit einer anderen Person nach den Vorschriften des Bürgerlichen Gesetzbuchs die Personensorge zusteht,
6. Erziehungsberechtigter, der Personensorgeberechtigte und jede sonstige Person über 18 Jahre, soweit sie auf Grund einer Vereinbarung mit dem Personensorgeberechtigten nicht nur vorübergehend und nicht nur für einzelne Verrichtungen Aufgaben der Personensorge wahrnimmt.

(2) Kind im Sinne des § 1 Abs. 2 ist, wer noch nicht 18 Jahre alt ist.

(3) Werktage im Sinne der §§ 42a-42c sind die Wochentage Montag bis Freitag; ausgenommen sind gesetzliche Feiertage.

(4) Die Bestimmungen dieses Buches, die sich auf die Annahme als Kind beziehen, gelten nur für Personen, die das 18. Lebensjahr noch nicht vollendet haben.

§ 8 Beteiligung von Kindern und Jugendlichen

(1) ^{1}Kinder und Jugendliche sind entsprechend ihrem Entwicklungsstand an allen sie betreffenden Entscheidungen der öffentlichen Jugendhilfe zu beteiligen. ^{2}Sie sind in geeigneter Weise auf ihre Rechte im Verwaltungsverfahren sowie im Verfahren vor dem Familiengericht und dem Verwaltungsgericht hinzuweisen.

(2) Kinder und Jugendliche haben das Recht, sich in allen Angelegenheiten der Erziehung und Entwicklung an das Jugendamt zu wenden.

(3) ^{1}Kinder und Jugendliche haben Anspruch auf Beratung ohne Kenntnis des Personensorgeberechtigten, wenn die Beratung auf Grund einer Not- und Konfliktlage erforderlich ist und solange durch die Mitteilung an den Personensorgeberechtigten der Beratungszweck vereitelt würde. ^{2}§ 36 des Ersten Buches bleibt unberührt.

§ 8a Schutzauftrag bei Kindeswohlgefährdung

(1) ^{1}Werden dem Jugendamt gewichtige Anhaltspunkte für die Gefährdung des Wohls eines Kindes oder Jugendlichen bekannt, so hat es das Gefährdungsrisiko im Zusammenwirken mehrerer Fachkräfte einzuschätzen. ^{2}Soweit der wirksame Schutz dieses Kindes oder dieses Jugendlichen nicht in Frage gestellt wird, hat das Jugendamt die Erziehungsberechtigten sowie das Kind oder den Jugendlichen in die Gefährdungseinschätzung einzubeziehen und, sofern dies nach fachlicher Einschätzung erforderlich ist, sich dabei einen unmittelbaren Eindruck von dem Kind und von seiner persönlichen Umgebung zu verschaffen. ^{3}Hält das Jugendamt zur Abwendung der Gefährdung die Gewährung von Hilfen für geeignet und notwendig, so hat es diese den Erziehungsberechtigten anzubieten.

(2) ^{1}Hält das Jugendamt das Tätigwerden des Familiengerichts für erforderlich, so hat es das Gericht anzurufen; dies gilt auch, wenn die Erziehungsberechtigten nicht bereit oder in der Lage sind, bei der Abschätzung des Gefährdungsrisikos mitzuwirken. ^{2}Besteht eine dringende Gefahr und kann die Entscheidung des Gerichts nicht abgewartet werden, so ist das Jugendamt verpflichtet, das Kind oder den Jugendlichen in Obhut zu nehmen.

(3) [1]Soweit zur Abwendung der Gefährdung das Tätigwerden anderer Leistungsträger, der Einrichtungen der Gesundheitshilfe oder der Polizei notwendig ist, hat das Jugendamt auf die Inanspruchnahme durch die Erziehungsberechtigten hinzuwirken. [2]Ist ein sofortiges Tätigwerden erforderlich und wirken die Personensorgeberechtigten oder die Erziehungsberechtigten nicht mit, so schaltet das Jugendamt die anderen zur Abwendung der Gefährdung zuständigen Stellen selbst ein.

(4) [1]In Vereinbarungen mit den Trägern von Einrichtungen und Diensten, die Leistungen nach diesem Buch erbringen, ist sicherzustellen, dass
1. deren Fachkräfte bei Bekanntwerden gewichtiger Anhaltspunkte für die Gefährdung eines von ihnen betreuten Kindes oder Jugendlichen eine Gefährdungseinschätzung vornehmen,
2. bei der Gefährdungseinschätzung eine insoweit erfahrene Fachkraft beratend hinzugezogen wird sowie
3. die Erziehungsberechtigten sowie das Kind oder der Jugendliche in die Gefährdungseinschätzung einbezogen werden, soweit hierdurch der wirksame Schutz des Kindes oder Jugendlichen nicht in Frage gestellt wird.

[2]In die Vereinbarung ist neben den Kriterien für die Qualifikation der beratend hinzuzuziehenden insoweit erfahrenen Fachkraft insb. die Verpflichtung aufzunehmen, dass die Fachkräfte der Träger bei den Erziehungsberechtigten auf die Inanspruchnahme von Hilfen hinwirken, wenn sie diese für erforderlich halten, und das Jugendamt informieren, falls die Gefährdung nicht anders abgewendet werden kann.

(5) [1]Werden einem örtlichen Träger gewichtige Anhaltspunkte für die Gefährdung des Wohls eines Kindes oder eines Jugendlichen bekannt, so sind dem für die Gewährung von Leistungen zuständigen örtlichen Träger die Daten mitzuteilen, deren Kenntnis zur Wahrnehmung des Schutzauftrags bei Kindeswohlgefährdung nach § 8a erforderlich ist. [2]Die Mitteilung soll im Rahmen eines Gespräches zwischen den Fachkräften der beiden örtlichen Träger erfolgen, an dem die Personensorgeberechtigten sowie das Kind oder der Jugendliche beteiligt werden sollen, soweit hierdurch der wirksame Schutz des Kindes oder des Jugendlichen nicht in Frage gestellt wird.

§ 8b Fachliche Beratung und Begleitung zum Schutz von Kindern und Jugendlichen

(1) Personen, die beruflich in Kontakt mit Kindern oder Jugendlichen stehen, haben bei der Einschätzung einer Kindeswohlgefährdung im Einzelfall gegenüber dem örtlichen Träger der Jugendhilfe Anspruch auf Beratung durch eine insoweit erfahrene Fachkraft.

(2) Träger von Einrichtungen, in denen sich Kinder oder Jugendliche ganztägig oder für einen Teil des Tages aufhalten oder in denen sie Unterkunft erhalten, und die zuständigen Leistungsträger, haben gegenüber dem überörtlichen Träger der Jugendhilfe Anspruch auf Beratung bei der Entwicklung und Anwendung fachlicher Handlungsleitlinien
1. zur Sicherung des Kindeswohls und zum Schutz vor Gewalt sowie
2. zu Verfahren der Beteiligung von Kindern und Jugendlichen an strukturellen Entscheidungen in der Einrichtung sowie zu Beschwerdeverfahren in persönlichen Angelegenheiten.

§ 9 Grundrichtung der Erziehung, Gleichberechtigung von Mädchen und Jungen

Bei der Ausgestaltung der Leistungen und der Erfüllung der Aufgaben sind

1. die von den Personensorgeberechtigten bestimmte Grundrichtung der Erziehung sowie die Rechte der Personensorgeberechtigten und des Kindes oder des Jugendlichen bei der Bestimmung der religiösen Erziehung zu beachten,
2. die wachsende Fähigkeit und das wachsende Bedürfnis des Kindes oder des Jugendlichen zu selbständigem, verantwortungsbewusstem Handeln sowie die jeweiligen besonderen sozialen und kulturellen Bedürfnisse und Eigenarten junger Menschen und ihrer Familien zu berücksichtigen,
3. die unterschiedlichen Lebenslagen von Mädchen und Jungen zu berücksichtigen, Benachteiligungen abzubauen und die Gleichberechtigung von Mädchen und Jungen zu fördern.

§ 10 Verhältnis zu anderen Leistungen und Verpflichtungen

(1) ^{1}Verpflichtungen anderer, insb. der Träger anderer Sozialleistungen und der Schulen, werden durch dieses Buch nicht berührt. ^{2}Auf Rechtsvorschriften beruhende Leistungen anderer dürfen nicht deshalb versagt werden, weil nach diesem Buch entsprechende Leistungen vorgesehen sind.

(2) ^{1}Unterhaltspflichtige Personen werden nach Maßgabe der §§ 90 bis 97b an den Kosten für Leistungen und vorläufige Maßnahmen nach diesem Buch beteiligt. ^{2}Soweit die Zahlung des Kostenbeitrags die Leistungsfähigkeit des Unterhaltspflichtigen mindert oder der Bedarf des jungen Menschen durch Leistungen und vorläufige Maßnahmen nach diesem Buch gedeckt ist, ist dies bei der Berechnung des Unterhalts zu berücksichtigen.

(3) ^{1}Die Leistungen nach diesem Buch gehen Leistungen nach dem Zweiten Buch vor. ^{2}Abweichend von Satz 1 gehen Leistungen nach § 3 Absatz 2, den §§ 14 bis 16g, § 19 Absatz 2 in Verbindung mit § 28 Absatz 6 des Zweiten Buches sowie Leistungen nach § 6b Absatz 2 des Bundeskindergeldgesetzes in Verbindung mit § 28 Absatz 6 des Zweiten Buches den Leistungen nach diesem Buch vor.

(4) ^{1}Die Leistungen nach diesem Buch gehen Leistungen nach dem Neunten und Zwölften Buch vor. ^{2}Abweichend von Satz 1 gehen Leistungen nach § 27a Absatz 1 in Verbindung mit § 34 Absatz 6 des Zwölften Buches und Leistungen der Eingliederungshilfe nach dem Neunten Buch für junge Menschen, die körperlich oder geistig behindert oder von einer solchen Behinderung bedroht sind, den Leistungen nach diesem Buch vor. ^{3}Landesrecht kann regeln, dass Leistungen der Frühförderung für Kinder unabhängig von der Art der Behinderung vorrangig von anderen Leistungsträgern gewährt werden.

Zweites Kapitel. Leistungen der Jugendhilfe

Erster Abschnitt. Jugendarbeit, Jugendsozialarbeit, erzieherischer Kinder- und Jugendschutz

§ 11 Jugendarbeit

(1) [1]Jungen Menschen sind die zur Förderung ihrer Entwicklung erforderlichen Angebote der Jugendarbeit zur Verfügung zu stellen. [2]Sie sollen an den Interessen junger Menschen anknüpfen und von ihnen mitbestimmt und mitgestaltet werden, sie zur Selbstbestimmung befähigen und zu gesellschaftlicher Mitverantwortung und zu sozialem Engagement anregen und hinführen.

(2) [1]Jugendarbeit wird angeboten von Verbänden, Gruppen und Initiativen der Jugend, von anderen Trägern der Jugendarbeit und den Trägern der öffentlichen Jugendhilfe. [2]Sie umfasst für Mitglieder bestimmte Angebote, die offene Jugendarbeit und gemeinwesenorientierte Angebote.

(3) Zu den Schwerpunkten der Jugendarbeit gehören:

1. außerschulische Jugendbildung mit allgemeiner, politischer, sozialer, gesundheitlicher, kultureller, naturkundlicher und technischer Bildung,
2. Jugendarbeit in Sport, Spiel und Geselligkeit,
3. arbeitswelt-, schul- und familienbezogene Jugendarbeit,
4. internationale Jugendarbeit,
5. Kinder- und Jugenderholung,
6. Jugendberatung.

(4) Angebote der Jugendarbeit können auch Personen, die das 27. Lebensjahr vollendet haben, in angemessenem Umfang einbeziehen.

§ 12 Förderung der Jugendverbände

(1) Die eigenverantwortliche Tätigkeit der Jugendverbände und Jugendgruppen ist unter Wahrung ihres satzungsgemäßen Eigenlebens nach Maßgabe des § 74 zu fördern.

(2) [1]In Jugendverbänden und Jugendgruppen wird Jugendarbeit von jungen Menschen selbst organisiert, gemeinschaftlich gestaltet und mitverantwortet. [2]Ihre Arbeit ist auf Dauer angelegt und in der Regel auf die eigenen Mitglieder ausgerichtet, sie kann sich aber auch an junge Menschen wenden, die nicht Mitglieder sind. [3]Durch Jugendverbände und ihre Zusammenschlüsse werden Anliegen und Interessen junger Menschen zum Ausdruck gebracht und vertreten.

§ 13 Jugendsozialarbeit

(1) Jungen Menschen, die zum Ausgleich sozialer Benachteiligungen oder zur Überwindung individueller Beeinträchtigungen in erhöhtem Maße auf Unterstützung angewiesen sind, sollen im Rahmen der Jugendhilfe sozialpädagogische Hilfen angeboten werden, die ihre schulische und berufliche Ausbildung, Eingliederung in die Arbeitswelt und ihre soziale Integration fördern.

(2) Soweit die Ausbildung dieser jungen Menschen nicht durch Maßnahmen und Programme anderer Träger und Organisationen sichergestellt wird, können geeignete sozialpädagogisch begleitete Ausbildungs- und Beschäftigungsmaßnahmen angeboten werden, die den Fähigkeiten und dem Entwicklungsstand dieser jungen Menschen Rechnung tragen.

(3) [1]Jungen Menschen kann während der Teilnahme an schulischen oder beruflichen Bildungsmaßnahmen oder bei der beruflichen Eingliederung Unterkunft in sozialpädagogisch begleiteten Wohnformen angeboten werden. [2]In diesen Fällen sollen auch der notwendige Unterhalt des jungen Menschen sichergestellt und Krankenhilfe nach Maßgabe des § 40 geleistet werden.

(4) Die Angebote sollen mit den Maßnahmen der Schulverwaltung, der Bundesagentur für Arbeit, der Träger betrieblicher und außerbetrieblicher Ausbildung sowie der Träger von Beschäftigungsangeboten abgestimmt werden.

§ 14 Erzieherischer Kinder- und Jugendschutz

(1) Jungen Menschen und Erziehungsberechtigten sollen Angebote des erzieherischen Kinder- und Jugendschutzes gemacht werden.

(2) Die Maßnahmen sollen

1. junge Menschen befähigen, sich vor gefährdenden Einflüssen zu schützen und sie zur Kritikfähigkeit, Entscheidungsfähigkeit und Eigenverantwortlichkeit sowie zur Verantwortung gegenüber ihren Mitmenschen führen,
2. Eltern und andere Erziehungsberechtigte besser befähigen, Kinder und Jugendliche vor gefährdenden Einflüssen zu schützen.

§ 15 Landesrechtsvorbehalt

Das Nähere über Inhalt und Umfang der in diesem Abschnitt geregelten Aufgaben und Leistungen regelt das Landesrecht.

Vierter Abschnitt. Hilfe zur Erziehung, Eingliederungshilfe für seelisch behinderte Kinder und Jugendliche, Hilfe für junge Volljährige

Erster Unterabschnitt. Hilfe zur Erziehung

§ 27 Hilfe zur Erziehung

(1) Ein Personensorgeberechtigter hat bei der Erziehung eines Kindes oder eines Jugendlichen Anspruch auf Hilfe (Hilfe zur Erziehung), wenn eine dem Wohl des Kindes oder des Jugendlichen entsprechende Erziehung nicht gewährleistet ist und die Hilfe für seine Entwicklung geeignet und notwendig ist.

(2) [1]Hilfe zur Erziehung wird insb. nach Maßgabe der §§ 28 bis 35 gewährt. [2]Art und Umfang der Hilfe richten sich nach dem erzieherischen Bedarf im Einzelfall; dabei soll das engere soziale Umfeld des Kindes oder des Jugendlichen einbezogen werden. [3]Die Hilfe ist in der Regel im Inland zu erbringen; sie darf nur dann im Ausland erbracht werden, wenn dies nach Maßgabe der Hilfeplanung zur Erreichung des Hilfezieles im Einzelfall erforderlich ist.

(2a) Ist eine Erziehung des Kindes oder Jugendlichen außerhalb des Elternhauses erforderlich, so entfällt der Anspruch auf Hilfe zur Erziehung nicht dadurch, dass eine andere unterhaltspflichtige Person bereit ist, diese Aufgabe zu übernehmen; die Gewährung von Hilfe zur Erziehung setzt in diesem Fall voraus, dass diese Person bereit und geeignet ist, den Hilfebedarf in Zusammenarbeit mit dem Träger der öffentlichen Jugendhilfe nach Maßgabe der §§ 36 und 37 zu decken.

(3) [1] Hilfe zur Erziehung umfasst insb. die Gewährung pädagogischer und damit verbundener therapeutischer Leistungen. [2] Sie soll bei Bedarf Ausbildungs- und Beschäftigungsmaßnahmen im Sinne des § 13 Absatz 2 einschließen.

(4) Wird ein Kind oder eine Jugendliche während ihres Aufenthaltes in einer Einrichtung oder einer Pflegefamilie selbst Mutter eines Kindes, so umfasst die Hilfe zur Erziehung auch die Unterstützung bei der Pflege und Erziehung dieses Kindes.

§ 28 Erziehungsberatung

[1] Erziehungsberatungsstellen und andere Beratungsdienste und -einrichtungen sollen Kinder, Jugendliche, Eltern und andere Erziehungsberechtigte bei der Klärung und Bewältigung individueller und familienbezogener Probleme und der zugrunde liegenden Faktoren, bei der Lösung von Erziehungsfragen sowie bei Trennung und Scheidung unterstützen. [2] Dabei sollen Fachkräfte verschiedener Fachrichtungen zusammenwirken, die mit unterschiedlichen methodischen Ansätzen vertraut sind.

§ 29 Soziale Gruppenarbeit

[1] Die Teilnahme an sozialer Gruppenarbeit soll älteren Kindern und Jugendlichen bei der Überwindung von Entwicklungsschwierigkeiten und Verhaltensproblemen helfen. [2] Soziale Gruppenarbeit soll auf der Grundlage eines gruppenpädagogischen Konzepts die Entwicklung älterer Kinder und Jugendlicher durch soziales Lernen in der Gruppe fördern.

§ 30 Erziehungsbeistand, Betreuungshelfer

Der Erziehungsbeistand und der Betreuungshelfer sollen das Kind oder den Jugendlichen bei der Bewältigung von Entwicklungsproblemen möglichst unter Einbeziehung des sozialen Umfelds unterstützen und unter Erhaltung des Lebensbezugs zur Familie seine Verselbständigung fördern.

§ 31 Sozialpädagogische Familienhilfe

[1] Sozialpädagogische Familienhilfe soll durch intensive Betreuung und Begleitung Familien in ihren Erziehungsaufgaben, bei der Bewältigung von Alltagsproblemen, der Lösung von Konflikten und Krisen sowie im Kontakt mit Ämtern und Institutionen unterstützen und Hilfe zur Selbsthilfe geben. [2] Sie ist in der Regel auf längere Dauer angelegt und erfordert die Mitarbeit der Familie.

§ 32 Erziehung in einer Tagesgruppe

¹Hilfe zur Erziehung in einer Tagesgruppe soll die Entwicklung des Kindes oder des Jugendlichen durch soziales Lernen in der Gruppe, Begleitung der schulischen Förderung und Elternarbeit unterstützen und dadurch den Verbleib des Kindes oder des Jugendlichen in seiner Familie sichern. ²Die Hilfe kann auch in geeigneten Formen der Familienpflege geleistet werden.

§ 33 Vollzeitpflege

¹Hilfe zur Erziehung in Vollzeitpflege soll entsprechend dem Alter und Entwicklungsstand des Kindes oder des Jugendlichen und seinen persönlichen Bindungen sowie den Möglichkeiten der Verbesserung der Erziehungsbedingungen in der Herkunftsfamilie Kindern und Jugendlichen in einer anderen Familie eine zeitlich befristete Erziehungshilfe oder eine auf Dauer angelegte Lebensform bieten. ²Für besonders entwicklungsbeeinträchtigte Kinder und Jugendliche sind geeignete Formen der Familienpflege zu schaffen und auszubauen.

§ 34 Heimerziehung, sonstige betreute Wohnform

¹Hilfe zur Erziehung in einer Einrichtung über Tag und Nacht (Heimerziehung) oder in einer sonstigen betreuten Wohnform soll Kinder und Jugendliche durch eine Verbindung von Alltagserleben mit pädagogischen und therapeutischen Angeboten in ihrer Entwicklung fördern. ²Sie soll entsprechend dem Alter und Entwicklungsstand des Kindes oder des Jugendlichen sowie den Möglichkeiten der Verbesserung der Erziehungsbedingungen in der Herkunftsfamilie

1. eine Rückkehr in die Familie zu erreichen versuchen oder
2. die Erziehung in einer anderen Familie vorbereiten oder
3. eine auf längere Zeit angelegte Lebensform bieten und auf ein selbständiges Leben vorbereiten.

³Jugendliche sollen in Fragen der Ausbildung und Beschäftigung sowie der allgemeinen Lebensführung beraten und unterstützt werden.

§ 35 Intensive sozialpädagogische Einzelbetreuung

¹Intensive sozialpädagogische Einzelbetreuung soll Jugendlichen gewährt werden, die einer intensiven Unterstützung zur sozialen Integration und zu einer eigenverantwortlichen Lebensführung bedürfen. ²Die Hilfe ist in der Regel auf längere Zeit angelegt und soll den individuellen Bedürfnissen des Jugendlichen Rechnung tragen.

**Zweiter Unterabschnitt. Eingliederungshilfe
für seelisch behinderte Kinder und Jugendliche**

§ 35a Eingliederungshilfe für seelisch behinderte Kinder und Jugendliche

(1) [1]Kinder oder Jugendliche haben Anspruch auf Eingliederungshilfe, wenn

1. ihre seelische Gesundheit mit hoher Wahrscheinlichkeit länger als sechs Monate von dem für ihr Lebensalter typischen Zustand abweicht, und
2. daher ihre Teilhabe am Leben in der Gesellschaft beeinträchtigt ist oder eine solche Beeinträchtigung zu erwarten ist.

[2]Von einer seelischen Behinderung bedroht im Sinne dieses Buches sind Kinder oder Jugendliche, bei denen eine Beeinträchtigung ihrer Teilhabe am Leben in der Gesellschaft nach fachlicher Erkenntnis mit hoher Wahrscheinlichkeit zu erwarten ist. [3]§ 27 Absatz 4 gilt entsprechend.

(1a) [1]Hinsichtlich der Abweichung der seelischen Gesundheit nach Absatz 1 Satz 1 Nummer 1 hat der Träger der öffentlichen Jugendhilfe die Stellungnahme

1. eines Arztes für Kinder- und Jugendpsychiatrie und -psychotherapie,
2. eines Kinder- und Jugendpsychotherapeuten oder
   [ab 1.9.2020:
2. *eines Kinder- und Jugendlichenpsychotherapeuten, eines Psychotherapeuten mit einer Weiterbildung für die Behandlung von Kindern und Jugendlichen oder]*
3. eines Arztes oder eines psychologischen Psychotherapeuten, der über besondere Erfahrungen auf dem Gebiet seelischer Störungen bei Kindern und Jugendlichen verfügt,

einzuholen.

[2]Die Stellungnahme ist auf der Grundlage der Internationalen Klassifikation der Krankheiten in der vom Deutschen Institut für medizinische Dokumentation und Information herausgegebenen deutschen Fassung zu erstellen. [3]Dabei ist auch darzulegen, ob die Abweichung Krankheitswert hat oder auf einer Krankheit beruht. [4]Die Hilfe soll nicht von der Person oder dem Dienst oder der Einrichtung, der die Person angehört, die die Stellungnahme abgibt, erbracht werden.

(2) Die Hilfe wird nach dem Bedarf im Einzelfall

1. in ambulanter Form,
2. in Tageseinrichtungen für Kinder oder in anderen teilstationären Einrichtungen,
3. durch geeignete Pflegepersonen und
4. in Einrichtungen über Tag und Nacht sowie sonstigen Wohnformen geleistet.

(3) Aufgabe und Ziele der Hilfe, die Bestimmung des Personenkreises sowie Art und Form der Leistungen richten sich nach Kapitel 6 des Teils 1 des Neunten Buches sowie § 90 und den Kapiteln 6 des Teils 2 des Neunten Buches, soweit diese Bestimmungen auch auf seelisch behinderte oder von einer solchen Behinderung bedrohte Personen Anwendung finden und sich aus diesem Buch nichts anderes ergibt.

(4) [1]Ist gleichzeitig Hilfe zur Erziehung zu leisten, so sollen Einrichtungen, Dienste und Personen in Anspruch genommen werden, die geeignet sind, sowohl die Aufgaben der Eingliederungshilfe zu erfüllen als auch den erzieherischen Bedarf zu decken. [2]Sind heilpädagogische Maßnahmen für Kinder, die noch nicht im schulpflichtigen Alter sind, in Tageseinrichtungen für Kinder zu gewähren und lässt der Hilfebedarf es zu, so sollen Einrichtungen in Anspruch genommen werden, in denen behinderte und nichtbehinderte Kinder gemeinsam betreut werden.

Dritter Unterabschnitt. Gemeinsame Vorschriften für die Hilfe zur Erziehung und die Eingliederungshilfe für seelisch behinderte Kinder und Jugendliche

§ 36 Mitwirkung, Hilfeplan

(1) [1]Der Personensorgeberechtigte und das Kind oder der Jugendliche sind vor der Entscheidung über die Inanspruchnahme einer Hilfe und vor einer notwendigen Änderung von Art und Umfang der Hilfe zu beraten und auf die möglichen Folgen für die Entwicklung des Kindes oder des Jugendlichen hinzuweisen. [2]Vor und während einer langfristig zu leistenden Hilfe außerhalb der eigenen Familie ist zu prüfen, ob die Annahme als Kind in Betracht kommt. [3]Ist Hilfe außerhalb der eigenen Familie erforderlich, so sind die in Satz 1 genannten Personen bei der Auswahl der Einrichtung oder der Pflegestelle zu beteiligen. [4]Der Wahl und den Wünschen ist zu entsprechen, sofern sie nicht mit unverhältnismäßigen Mehrkosten verbunden sind. [5]Wünschen die in Satz 1 genannten Personen die Erbringung einer in § 78a genannten Leistung in einer Einrichtung, mit deren Träger keine Vereinbarungen nach § 78b bestehen, so soll der Wahl nur entsprochen werden, wenn die Erbringung der Leistung in dieser Einrichtung nach Maßgabe des Hilfeplans nach Absatz 2 geboten ist.

(2) [1]Die Entscheidung über die im Einzelfall angezeigte Hilfeart soll, wenn Hilfe voraussichtlich für längere Zeit zu leisten ist, im Zusammenwirken mehrerer Fachkräfte getroffen werden. [2]Als Grundlage für die Ausgestaltung der Hilfe sollen sie zusammen mit dem Personensorgeberechtigten und dem Kind oder dem Jugendlichen einen Hilfeplan aufstellen, der Feststellungen über den Bedarf, die zu gewährende Art der Hilfe sowie die notwendigen Leistungen enthält; sie sollen regelmäßig prüfen, ob die gewählte Hilfeart weiterhin geeignet und notwendig ist. [3]Werden bei der Durchführung der Hilfe andere Personen, Dienste oder Einrichtungen tätig, so sind sie oder deren Mitarbeiter an der Aufstellung des Hilfeplans und seiner Überprüfung zu beteiligen. [4]Erscheinen Maßnahmen der beruflichen Eingliederung erforderlich, so sollen auch die für die Eingliederung zuständigen Stellen beteiligt werden.

(3) Erscheinen Hilfen nach § 35a erforderlich, so soll bei der Aufstellung und Änderung des Hilfeplans sowie bei der Durchführung der Hilfe die Person, die eine Stellungnahme nach § 35a Absatz 1a abgegeben hat, beteiligt werden.

(4) Vor einer Entscheidung über die Gewährung einer Hilfe, die ganz oder teilweise im Ausland erbracht wird, soll zur Feststellung einer seelischen Störung mit Krankheitswert die Stellungnahme einer in § 35a Absatz 1a Satz 1 genannten Person eingeholt werden.

§ 36a Steuerungsverantwortung, Selbstbeschaffung

(1) [1] Der Träger der öffentlichen Jugendhilfe trägt die Kosten der Hilfe grundsätzlich nur dann, wenn sie auf der Grundlage seiner Entscheidung nach Maßgabe des Hilfeplans unter Beachtung des Wunsch- und Wahlrechts erbracht wird; dies gilt auch in den Fällen, in denen Eltern durch das Familiengericht oder Jugendliche und junge Volljährige durch den Jugendrichter zur Inanspruchnahme von Hilfen verpflichtet werden. [2] Die Vorschriften über die Heranziehung zu den Kosten der Hilfe bleiben unberührt.

(2) [1] Abweichend von Absatz 1 soll der Träger der öffentlichen Jugendhilfe die niedrigschwellige unmittelbare Inanspruchnahme von ambulanten Hilfen, insb. der Erziehungsberatung, zulassen. [2] Dazu soll er mit den Leistungserbringern Vereinbarungen schließen, in denen die Voraussetzungen und die Ausgestaltung der Leistungserbringung sowie die Übernahme der Kosten geregelt werden.

(3) [1] Werden Hilfen abweichend von den Absätzen 1 und 2 vom Leistungsberechtigten selbst beschafft, so ist der Träger der öffentlichen Jugendhilfe zur Übernahme der erforderlichen Aufwendungen nur verpflichtet, wenn

1. der Leistungsberechtigte den Träger der öffentlichen Jugendhilfe vor der Selbstbeschaffung über den Hilfebedarf in Kenntnis gesetzt hat,
2. die Voraussetzungen für die Gewährung der Hilfe vorlagen und
3. die Deckung des Bedarfs
   a) bis zu einer Entscheidung des Trägers der öffentlichen Jugendhilfe über die Gewährung der Leistung oder
   b) bis zu einer Entscheidung über ein Rechtsmittel nach einer zu Unrecht abgelehnten Leistung
   keinen zeitlichen Aufschub geduldet hat.

[2] War es dem Leistungsberechtigten unmöglich, den Träger der öffentlichen Jugendhilfe rechtzeitig über den Hilfebedarf in Kenntnis zu setzen, so hat er dies unverzüglich nach Wegfall des Hinderungsgrundes nachzuholen.

§ 37 Zusammenarbeit bei Hilfen außerhalb der eigenen Familie

(1) [1] Bei Hilfen nach §§ 32 bis 34 und § 35a Absatz 2 Nummer 3 und 4 soll darauf hingewirkt werden, dass die Pflegeperson oder die in der Einrichtung für die Erziehung verantwortlichen Personen und die Eltern zum Wohl des Kindes oder des Jugendlichen zusammenarbeiten. [2] Durch Beratung und Unterstützung sollen die Erziehungsbedingungen in der Herkunftsfamilie innerhalb eines im Hinblick auf die Entwicklung des Kindes oder Jugendlichen vertretbaren Zeitraums so weit verbessert werden, dass sie das Kind oder den Jugendlichen wieder selbst erziehen kann. [3] Während dieser Zeit soll durch begleitende Beratung und Unterstützung der Familien darauf hingewirkt werden, dass die Beziehung des Kindes oder Jugendlichen zur Herkunftsfamilie gefördert wird. [4] Ist eine nachhaltige Verbesserung der Erziehungsbedingungen in der Herkunftsfamilie innerhalb dieses Zeitraums nicht erreichbar, so soll mit den beteiligten Personen eine andere, dem Wohl des Kindes oder des Jugendlichen förderliche und auf Dauer angelegte Lebensperspektive erarbeitet werden.

(2) [1] Die Pflegeperson hat vor der Aufnahme des Kindes oder Jugendlichen und während der Dauer des Pflegeverhältnisses Anspruch auf Bera-

tung und Unterstützung; dies gilt auch in den Fällen, in denen für das Kind oder den Jugendlichen weder Hilfe zur Erziehung noch Eingliederungshilfe gewährt wird oder die Pflegeperson nicht der Erlaubnis zur Vollzeitpflege nach § 44 bedarf. [2]Lebt das Kind oder der Jugendliche bei einer Pflegeperson außerhalb des Bereichs des zuständigen Trägers der öffentlichen Jugendhilfe, so sind ortsnahe Beratung und Unterstützung sicherzustellen. [3]Der zuständige Träger der öffentlichen Jugendhilfe hat die aufgewendeten Kosten einschließlich der Verwaltungskosten auch in den Fällen zu erstatten, in denen die Beratung und Unterstützung im Wege der Amtshilfe geleistet wird. [4]§ 23 Absatz 4 Satz 3 gilt entsprechend.

(2a) [1]Die Art und Weise der Zusammenarbeit sowie die damit im Einzelfall verbundenen Ziele sind im Hilfeplan zu dokumentieren. [2]Bei Hilfen nach den §§ 33, 35a Absatz 2 Nummer 3 und § 41 zählen dazu auch der vereinbarte Umfang der Beratung der Pflegeperson sowie die Höhe der laufenden Leistungen zum Unterhalt des Kindes oder Jugendlichen. [3]Eine Abweichung von den dort getroffenen Feststellungen ist nur bei einer Änderung des Hilfebedarfs und entsprechender Änderung des Hilfeplans zulässig.

(3) [1]Das Jugendamt soll den Erfordernissen des Einzelfalls entsprechend an Ort und Stelle überprüfen, ob die Pflegeperson eine dem Wohl des Kindes oder des Jugendlichen förderliche Erziehung gewährleistet. [2]Die Pflegeperson hat das Jugendamt über wichtige Ereignisse zu unterrichten, die das Wohl des Kindes oder des Jugendlichen betreffen.

§ 38 Vermittlung bei der Ausübung der Personensorge

Sofern der Inhaber der Personensorge durch eine Erklärung nach § 1688 Absatz 3 Satz 1 des Bürgerlichen Gesetzbuchs die Vertretungsmacht der Pflegeperson soweit einschränkt, dass dies eine dem Wohl des Kindes oder des Jugendlichen förderliche Erziehung nicht mehr ermöglicht, sowie bei sonstigen Meinungsverschiedenheiten sollen die Beteiligten das Jugendamt einschalten.

§ 39 Leistungen zum Unterhalt des Kindes oder des Jugendlichen

(1) [1]Wird Hilfe nach den §§ 32 bis 35 oder nach § 35a Absatz 2 Nummer 2 bis 4 gewährt, so ist auch der notwendige Unterhalt des Kindes oder Jugendlichen außerhalb des Elternhauses sicherzustellen. [2]Er umfasst die Kosten für den Sachaufwand sowie für die Pflege und Erziehung des Kindes oder Jugendlichen.

(2) [1]Der gesamte regelmäßig wiederkehrende Bedarf soll durch laufende Leistungen gedeckt werden. [2]Sie umfassen außer im Fall des § 32 und des § 35a Absatz 2 Nummer 2 auch einen angemessenen Barbetrag zur persönlichen Verfügung des Kindes oder des Jugendlichen. [3]Die Höhe des Betrages wird in den Fällen der §§ 34, 35, 35a Absatz 2 Nummer 4 von der nach Landesrecht zuständigen Behörde festgesetzt; die Beträge sollen nach Altersgruppen gestaffelt sein. [4]Die laufenden Leistungen im Rahmen der Hilfe in Vollzeitpflege (§ 33) oder bei einer geeigneten Pflegeperson (§ 35a Absatz 2 Nummer 3) sind nach den Absätzen 4 bis 6 zu bemessen.

(3) Einmalige Beihilfen oder Zuschüsse können insb. zur Erstausstattung einer Pflegestelle, bei wichtigen persönlichen Anlässen sowie für Urlaubs- und Ferienreisen des Kindes oder des Jugendlichen gewährt werden.

(4) [1] Die laufenden Leistungen sollen auf der Grundlage der tatsächlichen Kosten gewährt werden, sofern sie einen angemessenen Umfang nicht übersteigen. [2] Die laufenden Leistungen umfassen auch die Erstattung nachgewiesener Aufwendungen für Beiträge zu einer Unfallversicherung sowie die hälftige Erstattung nachgewiesener Aufwendungen zu einer angemessenen Alterssicherung der Pflegeperson. [3] Sie sollen in einem monatlichen Pauschalbetrag gewährt werden, soweit nicht nach der Besonderheit des Einzelfalls abweichende Leistungen geboten sind. [4] Ist die Pflegeperson in gerader Linie mit dem Kind oder Jugendlichen verwandt und kann sie diesem unter Berücksichtigung ihrer sonstigen Verpflichtungen und ohne Gefährdung ihres angemessenen Unterhalts Unterhalt gewähren, so kann der Teil des monatlichen Pauschalbetrages, der die Kosten für den Sachaufwand des Kindes oder Jugendlichen betrifft, angemessen gekürzt werden. [5] Wird ein Kind oder ein Jugendlicher im Bereich eines anderen Jugendamts untergebracht, so soll sich die Höhe des zu gewährenden Pauschalbetrages nach den Verhältnissen richten, die am Ort der Pflegestelle gelten.

(5) [1] Die Pauschalbeträge für laufende Leistungen zum Unterhalt sollen von den nach Landesrecht zuständigen Behörden festgesetzt werden. [2] Dabei ist dem altersbedingt unterschiedlichen Unterhaltsbedarf von Kindern und Jugendlichen durch eine Staffelung der Beträge nach Altersgruppen Rechnung zu tragen. [3] Das Nähere regelt Landesrecht.

(6) [1] Wird das Kind oder der Jugendliche im Rahmen des Familienleistungsausgleichs nach § 31 des Einkommensteuergesetzes bei der Pflegeperson berücksichtigt, so ist ein Betrag in Höhe der Hälfte des Betrages, der nach § 66 des Einkommensteuergesetzes für ein erstes Kind zu zahlen ist, auf die laufenden Leistungen anzurechnen. [2] Ist das Kind oder der Jugendliche nicht das älteste Kind in der Pflegefamilie, so ermäßigt sich der Anrechnungsbetrag für dieses Kind oder diesen Jugendlichen auf ein Viertel des Betrages, der für ein erstes Kind zu zahlen ist.

(7) Wird ein Kind oder eine Jugendliche während ihres Aufenthaltes in einer Einrichtung oder einer Pflegefamilie selbst Mutter eines Kindes, so ist auch der notwendige Unterhalt dieses Kindes sicherzustellen.

§ 40 Krankenhilfe

[1] Wird Hilfe nach den §§ 33 bis 35 oder nach § 35a Absatz 2 Nummer 3 oder 4 gewährt, so ist auch Krankenhilfe zu leisten; für den Umfang der Hilfe gelten die §§ 47 bis 52 des Zwölften Buches entsprechend. [2] Krankenhilfe muss den im Einzelfall notwendigen Bedarf in voller Höhe befriedigen. [3] Zuzahlungen und Eigenbeteiligungen sind zu übernehmen. [4] Das Jugendamt kann in geeigneten Fällen die Beiträge für eine freiwillige Krankenversicherung übernehmen, soweit sie angemessen sind.

Vierter Unterabschnitt. Hilfe für junge Volljährige

§ 41 Hilfe für junge Volljährige, Nachbetreuung

(1) [1]Einem jungen Volljährigen soll Hilfe für die Persönlichkeitsentwicklung und zu einer eigenverantwortlichen Lebensführung gewährt werden, wenn und solange die Hilfe aufgrund der individuellen Situation des jungen Menschen notwendig ist. [2]Die Hilfe wird in der Regel nur bis zur Vollendung des 21. Lebensjahres gewährt; in begründeten Einzelfällen soll sie für einen begrenzten Zeitraum darüber hinaus fortgesetzt werden.

(2) Für die Ausgestaltung der Hilfe gelten § 27 Absatz 3 und 4 sowie die §§ 28 bis 30, 33 bis 36, 39 und 40 entsprechend mit der Maßgabe, dass an die Stelle des Personensorgeberechtigten oder des Kindes oder des Jugendlichen der junge Volljährige tritt.

(3) Der junge Volljährige soll auch nach Beendigung der Hilfe bei der Verselbständigung im notwendigen Umfang beraten und unterstützt werden.

Drittes Kapitel. Andere Aufgaben der Jugendhilfe

Erster Abschnitt. Vorläufige Maßnahmen zum Schutz von Kindern und Jugendlichen

§ 42 Inobhutnahme von Kindern und Jugendlichen

(1) [1]Das Jugendamt ist berechtigt und verpflichtet, ein Kind oder einen Jugendlichen in seine Obhut zu nehmen, wenn

1. das Kind oder der Jugendliche um Obhut bittet oder
2. eine dringende Gefahr für das Wohl des Kindes oder des Jugendlichen die Inobhutnahme erfordert und
   a) die Personensorgeberechtigten nicht widersprechen oder
   b) eine familiengerichtliche Entscheidung nicht rechtzeitig eingeholt werden kann oder
3. ein ausländisches Kind oder ein ausländischer Jugendlicher unbegleitet nach Deutschland kommt und sich weder Personensorge- noch Erziehungsberechtigte im Inland aufhalten.

[2]Die Inobhutnahme umfasst die Befugnis, ein Kind oder einen Jugendlichen bei einer geeigneten Person, in einer geeigneten Einrichtung oder in einer sonstigen Wohnform vorläufig unterzubringen; im Fall von Satz 1 Nr. 2 auch, ein Kind oder einen Jugendlichen von einer anderen Person wegzunehmen.

(2) [1]Das Jugendamt hat während der Inobhutnahme die Situation, die zur Inobhutnahme geführt hat, zusammen mit dem Kind oder dem Jugendlichen zu klären und Möglichkeiten der Hilfe und Unterstützung aufzuzeigen. [2]Dem Kind oder dem Jugendlichen ist unverzüglich Gelegenheit zu geben, eine Person seines Vertrauens zu benachrichtigen. [3]Das Jugendamt hat während der Inobhutnahme für das Wohl des Kindes oder des Jugendlichen zu sorgen und dabei den notwendigen Unterhalt und die Krankenhilfe sicherzustellen; § 39 Absatz 4 Satz 2 gilt entsprechend. [4]Das Jugendamt ist während der Inobhutnahme berechtigt, alle Rechtshandlungen vorzunehmen, die zum Wohl des Kindes oder Jugendlichen notwendig sind; der mutmaß-

liche Wille der Personensorge- oder der Erziehungsberechtigten ist dabei angemessen zu berücksichtigen. [5]Im Fall des Absatzes 1 Satz 1 Nummer 3 gehört zu den Rechtshandlungen nach Satz 4, zu denen das Jugendamt verpflichtet ist, insb. die unverzügliche Stellung eines Asylantrags für das Kind oder den Jugendlichen in Fällen, in denen Tatsachen die Annahme rechtfertigen, dass das Kind oder der Jugendliche internationalen Schutz im Sinne des § 1 Absatz 1 Nummer 2 des Asylgesetzes benötigt; dabei ist das Kind oder der Jugendliche zu beteiligen.

(3) [1]Das Jugendamt hat im Fall des Absatzes 1 Satz 1 Nummer 1 und 2 die Personensorge- oder Erziehungsberechtigten unverzüglich von der Inobhutnahme zu unterrichten und mit ihnen das Gefährdungsrisiko abzuschätzen. [2]Widersprechen die Personensorge- oder Erziehungsberechtigten der Inobhutnahme, so hat das Jugendamt unverzüglich

1. das Kind oder den Jugendlichen den Personensorge- oder Erziehungsberechtigten zu übergeben, sofern nach der Einschätzung des Jugendamts eine Gefährdung des Kindeswohls nicht besteht oder die Personensorge- oder Erziehungsberechtigten bereit und in der Lage sind, die Gefährdung abzuwenden oder

2. eine Entscheidung des Familiengerichts über die erforderlichen Maßnahmen zum Wohl des Kindes oder des Jugendlichen herbeizuführen.

[3]Sind die Personensorge- oder Erziehungsberechtigten nicht erreichbar, so gilt Satz 2 Nummer 2 entsprechend. [4]Im Fall des Absatzes 1 Satz 1 Nummer 3 ist unverzüglich die Bestellung eines Vormunds oder Pflegers zu veranlassen. [5]Widersprechen die Personensorgeberechtigten der Inobhutnahme nicht, so ist unverzüglich ein Hilfeplanverfahren zur Gewährung einer Hilfe einzuleiten.

(4) Die Inobhutnahme endet mit

1. der Übergabe des Kindes oder Jugendlichen an die Personensorge- oder Erziehungsberechtigten,

2. der Entscheidung über die Gewährung von Hilfen nach dem Sozialgesetzbuch.

(5) [1]Freiheitsentziehende Maßnahmen im Rahmen der Inobhutnahme sind nur zulässig, wenn und soweit sie erforderlich sind, um eine Gefahr für Leib oder Leben des Kindes oder des Jugendlichen oder eine Gefahr für Leib oder Leben Dritter abzuwenden. [2]Die Freiheitsentziehung ist ohne gerichtliche Entscheidung spätestens mit Ablauf des Tages nach ihrem Beginn zu beenden.

(6) Ist bei der Inobhutnahme die Anwendung unmittelbaren Zwangs erforderlich, so sind die dazu befugten Stellen hinzuzuziehen.

§ 42a Vorläufige Inobhutnahme von ausländischen Kindern und Jugendlichen nach unbegleiteter Einreise

(1) [1]Das Jugendamt ist berechtigt und verpflichtet, ein ausländisches Kind oder einen ausländischen Jugendlichen vorläufig in Obhut zu nehmen, sobald dessen unbegleitete Einreise nach Deutschland festgestellt wird. [2]Ein ausländisches Kind oder ein ausländischer Jugendlicher ist grundsätzlich dann als unbegleitet zu betrachten, wenn die Einreise nicht in Begleitung eines

Personensorgeberechtigten oder Erziehungsberechtigten erfolgt; dies gilt auch, wenn das Kind oder der Jugendliche verheiratet ist. ³§ 42 Absatz 1 Satz 2, Absatz 2 Satz 2 und 3, Absatz 5 sowie 6 gilt entsprechend.

(2) ¹Das Jugendamt hat während der vorläufigen Inobhutnahme zusammen mit dem Kind oder dem Jugendlichen einzuschätzen,

1. ob das Wohl des Kindes oder des Jugendlichen durch die Durchführung des Verteilungsverfahrens gefährdet würde,

2. ob sich eine mit dem Kind oder dem Jugendlichen verwandte Person im Inland oder im Ausland aufhält,

3. ob das Wohl des Kindes oder des Jugendlichen eine gemeinsame Inobhutnahme mit Geschwistern oder anderen unbegleiteten ausländischen Kindern oder Jugendlichen erfordert und

4. ob der Gesundheitszustand des Kindes oder des Jugendlichen die Durchführung des Verteilungsverfahrens innerhalb von 14 Werktagen nach Beginn der vorläufigen Inobhutnahme ausschließt; hierzu soll eine ärztliche Stellungnahme eingeholt werden.

²Auf der Grundlage des Ergebnisses der Einschätzung nach Satz 1 entscheidet das Jugendamt über die Anmeldung des Kindes oder des Jugendlichen zur Verteilung oder den Ausschluss der Verteilung.

(3) ¹Das Jugendamt ist während der vorläufigen Inobhutnahme berechtigt und verpflichtet, alle Rechtshandlungen vorzunehmen, die zum Wohl des Kindes oder des Jugendlichen notwendig sind. ²Dabei ist das Kind oder der Jugendliche zu beteiligen und der mutmaßliche Wille der Personen- oder der Erziehungsberechtigten angemessen zu berücksichtigen.

(3a) Das Jugendamt hat dafür Sorge zu tragen, dass für die in Absatz 1 genannten Kinder oder Jugendlichen unverzüglich erkennungsdienstliche Maßnahmen nach § 49 Absatz 8 und 9 des Aufenthaltsgesetzes durchgeführt werden, wenn Zweifel über die Identität bestehen.

(4) ¹Das Jugendamt hat der nach Landesrecht für die Verteilung von unbegleiteten ausländischen Kindern und Jugendlichen zuständigen Stelle die vorläufige Inobhutnahme des Kindes oder des Jugendlichen innerhalb von sieben Werktagen nach Beginn der Maßnahme zur Erfüllung der in § 42b genannten Aufgaben mitzuteilen. ²Zu diesem Zweck sind auch die Ergebnisse der Einschätzung nach Absatz 2 Satz 1 mitzuteilen. ³Die nach Landesrecht zuständige Stelle hat gegenüber dem Bundesverwaltungsamt innerhalb von drei Werktagen das Kind oder den Jugendlichen zur Verteilung anzumelden oder den Ausschluss der Verteilung anzuzeigen.

(5) ¹Soll das Kind oder der Jugendliche im Rahmen eines Verteilungsverfahrens untergebracht werden, so umfasst die vorläufige Inobhutnahme auch die Pflicht,

1. die Begleitung des Kindes oder des Jugendlichen und dessen Übergabe durch eine insofern geeignete Person an das für die Inobhutnahme nach § 42 Absatz 1 Satz 1 Nummer 3 zuständige Jugendamt sicherzustellen sowie

2. dem für die Inobhutnahme nach § 42 Absatz 1 Satz 1 Nummer 3 zuständigen Jugendamt unverzüglich die personenbezogenen Daten zu übermitteln, die zur Wahrnehmung der Aufgaben nach § 42 erforderlich sind.

[2]Hält sich eine mit dem Kind oder dem Jugendlichen verwandte Person im Inland oder im Ausland auf, hat das Jugendamt auf eine Zusammenführung des Kindes oder des Jugendlichen mit dieser Person hinzuwirken, wenn dies dem Kindeswohl entspricht. [3]Das Kind oder der Jugendliche ist an der Übergabe und an der Entscheidung über die Familienzusammenführung angemessen zu beteiligen.

(6) Die vorläufige Inobhutnahme endet mit der Übergabe des Kindes oder des Jugendlichen an die Personensorge- oder Erziehungsberechtigten oder an das aufgrund der Zuweisungsentscheidung der zuständigen Landesbehörde nach § 88a Absatz 2 Satz 1 zuständige Jugendamt oder mit der Anzeige nach Absatz 4 Satz 3 über den Ausschluss des Verteilungsverfahrens nach § 42b Absatz 4.

§ 42b Verfahren zur Verteilung unbegleiteter ausländischer Kinder und Jugendlicher

(1) [1]Das Bundesverwaltungsamt benennt innerhalb von zwei Werktagen nach Anmeldung eines unbegleiteten ausländischen Kindes oder Jugendlichen zur Verteilung durch die zuständige Landesstelle das zu dessen Aufnahme verpflichtete Land. [2]Maßgebend dafür ist die Aufnahmequote nach § 42c.

(2) [1]Im Rahmen der Aufnahmequote nach § 42c soll vorrangig dasjenige Land benannt werden, in dessen Bereich das Jugendamt liegt, das das Kind oder den Jugendlichen nach § 42a vorläufig in Obhut genommen hat. [2]Hat dieses Land die Aufnahmequote nach § 42c bereits erfüllt, soll das nächstgelegene Land benannt werden.

(3) [1]Die nach Landesrecht für die Verteilung von unbegleiteten ausländischen Kindern oder Jugendlichen zuständige Stelle des nach Absatz 1 benannten Landes weist das Kind oder den Jugendlichen innerhalb von zwei Werktagen einem in seinem Bereich gelegenen Jugendamt zur Inobhutnahme nach § 42 Absatz 1 Satz 1 Nummer 3 zu und teilt dies demjenigen Jugendamt mit, welches das Kind oder den Jugendlichen nach § 42a vorläufig in Obhut genommen hat. [2]Maßgeblich für die Zuweisung sind die spezifischen Schutzbedürfnisse und Bedarfe unbegleiteter ausländischer Minderjähriger. [3]Für die Verteilung von unbegleiteten ausländischen Kindern oder Jugendlichen ist das Landesjugendamt zuständig, es sei denn, dass Landesrecht etwas anderes regelt.

(4) Die Durchführung eines Verteilungsverfahrens ist bei einem unbegleiteten ausländischen Kind oder Jugendlichen ausgeschlossen, wenn

1. dadurch dessen Wohl gefährdet würde,
2. dessen Gesundheitszustand die Durchführung eines Verteilungsverfahrens innerhalb von 14 Werktagen nach Beginn der vorläufigen Inobhutnahme gem. § 42a nicht zulässt,
3. dessen Zusammenführung mit einer verwandten Person kurzfristig erfolgen kann, zum Beispiel aufgrund der Verordnung (EU) Nr. 604/2013 des Europäischen Parlaments und des Rates vom 26. Juni 2013 zur Festlegung der Kriterien und Verfahren zur Bestimmung des Mitgliedstaats, der für die Prüfung eines von einem Drittstaatsangehörigen oder Staatenlosen in einem Mitgliedstaat gestellten Antrags auf internationalen Schutz zustän-

dig ist (ABl. L 180 vom 29.6.2013, S. 31), und dies dem Wohl des Kindes entspricht oder
4. die Durchführung des Verteilungsverfahrens nicht innerhalb von einem Monat nach Beginn der vorläufigen Inobhutnahme erfolgt.

(5) ^{1}Geschwister dürfen nicht getrennt werden, es sei denn, dass das Kindeswohl eine Trennung erfordert. ^{2}Im Übrigen sollen unbegleitete ausländische Kinder oder Jugendliche im Rahmen der Aufnahmequote nach § 42c nach Durchführung des Verteilungsverfahrens gemeinsam nach § 42 in Obhut genommen werden, wenn das Kindeswohl dies erfordert.

(6) ^{1}Der örtliche Träger stellt durch werktägliche Mitteilungen sicher, dass die nach Landesrecht für die Verteilung von unbegleiteten ausländischen Kindern und Jugendlichen zuständige Stelle jederzeit über die für die Zuweisung nach Absatz 3 erforderlichen Angaben unterrichtet wird. ^{2}Die nach Landesrecht für die Verteilung von unbegleiteten ausländischen Kindern oder Jugendlichen zuständige Stelle stellt durch werktägliche Mitteilungen sicher, dass das Bundesverwaltungsamt jederzeit über die Angaben unterrichtet wird, die für die Benennung des zur Aufnahme verpflichteten Landes nach Absatz 1 erforderlich sind.

(7) ^{1}Gegen Entscheidungen nach dieser Vorschrift findet kein Widerspruch statt. ^{2}Die Klage gegen Entscheidungen nach dieser Vorschrift hat keine aufschiebende Wirkung.

(8) Das Nähere regelt das Landesrecht.

§ 42c Aufnahmequote

(1) ^{1}Die Länder können durch Vereinbarung einen Schlüssel als Grundlage für die Benennung des zur Aufnahme verpflichteten Landes nach § 42b Absatz 1 festlegen. ^{2}Bis zum Zustandekommen dieser Vereinbarung oder bei deren Wegfall richtet sich die Aufnahmequote für das jeweilige Kalenderjahr nach dem von dem Büro der Gemeinsamen Wissenschaftskonferenz im Bundesanzeiger veröffentlichten Schlüssel, der für das vorangegangene Kalenderjahr entsprechend den Steuereinnahmen und der Bevölkerungszahl der Länder errechnet worden ist (Königsteiner Schlüssel), und nach dem Ausgleich für den Bestand der Anzahl unbegleiteter ausländischer Minderjähriger, denen am 1. November 2015 in den einzelnen Ländern Jugendhilfe gewährt wird. ^{3}Ein Land kann seiner Aufnahmepflicht eine höhere Quote als die Aufnahmequote nach Satz 1 oder 2 zugrunde legen; dies ist gegenüber dem Bundesverwaltungsamt anzuzeigen.

(2) ^{1}Ist die Durchführung des Verteilungsverfahrens ausgeschlossen, wird die Anzahl der im Land verbleibenden unbegleiteten ausländischen Kinder und Jugendlichen auf die Aufnahmequote nach Absatz 1 angerechnet. ^{2}Gleiches gilt, wenn der örtliche Träger eines anderen Landes die Zuständigkeit für die Inobhutnahme eines unbegleiteten ausländischen Kindes oder Jugendlichen von dem nach § 88a Absatz 2 zuständigen örtlichen Träger übernimmt.

(3) Bis zum 1. Mai 2017 wird die Aufnahmepflicht durch einen Abgleich der aktuellen Anzahl unbegleiteter ausländischer Minderjähriger in den Ländern mit der Aufnahmequote nach Absatz 1 werktäglich ermittelt.

§ 42d Übergangsregelung

(1) Kann ein Land die Anzahl von unbegleiteten ausländischen Kindern oder Jugendlichen, die seiner Aufnahmequote nach § 42c entspricht, nicht aufnehmen, so kann es dies gegenüber dem Bundesverwaltungsamt anzeigen.

(2) In diesem Fall reduziert sich für das Land die Aufnahmequote
1. bis zum 1. Dezember 2015 um zwei Drittel sowie
2. bis zum 1. Januar 2016 um ein Drittel.

(3) ¹Bis zum 31. Dezember 2016 kann die Ausschlussfrist nach § 42b Absatz 4 Nummer 4 um einen Monat verlängert werden, wenn die zuständige Landesstelle gegenüber dem Bundesverwaltungsamt anzeigt, dass die Durchführung des Verteilungsverfahrens in Bezug auf einen unbegleiteten ausländischen Minderjährigen nicht innerhalb dieser Frist erfolgen kann. ²In diesem Fall hat das Jugendamt nach Ablauf eines Monats nach Beginn der vorläufigen Inobhutnahme die Bestellung eines Vormunds oder Pflegers zu veranlassen.

(4) ¹Ab dem 1. August 2016 ist die Geltendmachung des Anspruchs des örtlichen Trägers gegenüber dem nach § 89d Absatz 3 erstattungspflichtigen Land auf Erstattung der Kosten, die vor dem 1. November 2015 entstanden sind, ausgeschlossen. ²Der Erstattungsanspruch des örtlichen Trägers gegenüber dem nach § 89d Absatz 3 erstattungspflichtigen Land verjährt in einem Jahr; im Übrigen gilt § 113 des Zehnten Buches entsprechend.

(5) ¹Die Geltendmachung des Anspruchs des örtlichen Trägers gegenüber dem nach § 89d Absatz 3 erstattungspflichtigen Land auf Erstattung der Kosten, die nach dem 1. November 2015 entstanden sind, ist ausgeschlossen. ²Die Erstattung dieser Kosten richtet sich nach § 89d Absatz 1.

§ 42e Berichtspflicht

Die Bundesregierung hat dem Deutschen Bundestag jährlich einen Bericht über die Situation unbegleiteter ausländischer Minderjähriger in Deutschland vorzulegen.

§ 42f Behördliches Verfahren zur Altersfeststellung

(1) ¹Das Jugendamt hat im Rahmen der vorläufigen Inobhutnahme der ausländischen Person gem. § 42a deren Minderjährigkeit durch Einsichtnahme in deren Ausweispapiere festzustellen oder hilfsweise mittels einer qualifizierten Inaugenscheinnahme einzuschätzen und festzustellen. ²§ 8 Absatz 1 und § 42 Absatz 2 Satz 2 sind entsprechend anzuwenden.

(2) ¹Auf Antrag des Betroffenen oder seines Vertreters oder von Amts wegen hat das Jugendamt in Zweifelsfällen eine ärztliche Untersuchung zur Altersbestimmung zu veranlassen. ²Ist eine ärztliche Untersuchung durchzuführen, ist die betroffene Person durch das Jugendamt umfassend über die Untersuchungsmethode und über die möglichen Folgen der Altersbestimmung aufzuklären. ³Ist die ärztliche Untersuchung von Amts wegen durchzuführen, ist die betroffene Person zusätzlich über die Folgen einer Weigerung, sich der ärztlichen Untersuchung zu unterziehen, aufzuklären; die Untersuchung darf nur mit Einwilligung der betroffenen Person und ihres

Vertreters durchgeführt werden. ^{4}Die §§ 60, 62 und 65 bis 67 des Ersten Buches sind entsprechend anzuwenden.

(3) ^{1}Widerspruch und Klage gegen die Entscheidung des Jugendamts, aufgrund der Altersfeststellung nach dieser Vorschrift die vorläufige Inobhutnahme nach § 42a oder die Inobhutnahme nach § 42 Absatz 1 Satz 1 Nummer 3 abzulehnen oder zu beenden, haben keine aufschiebende Wirkung. ^{2}Landesrecht kann bestimmen, dass gegen diese Entscheidung Klage ohne Nachprüfung in einem Vorverfahren nach § 68 der Verwaltungsgerichtsordnung erhoben werden kann.

Zweiter Abschnitt. Schutz von Kindern und Jugendlichen in Familienpflege und in Einrichtungen

§ 45 Erlaubnis für den Betrieb einer Einrichtung

(1) ^{1}Der Träger einer Einrichtung, in der Kinder oder Jugendliche ganztägig oder für einen Teil des Tages betreut werden oder Unterkunft erhalten, bedarf für den Betrieb der Einrichtung der Erlaubnis. ^{2}Einer Erlaubnis bedarf nicht, wer

1. eine Jugendfreizeiteinrichtung, eine Jugendbildungseinrichtung, eine Jugendherberge oder ein Schullandheim betreibt,
2. ein Schülerheim betreibt, das landesgesetzlich der Schulaufsicht untersteht,
3. eine Einrichtung betreibt, die außerhalb der Jugendhilfe liegende Aufgaben für Kinder oder Jugendliche wahrnimmt, wenn für sie eine entsprechende gesetzliche Aufsicht besteht oder im Rahmen des Hotel- und Gaststättengewerbes der Aufnahme von Kindern oder Jugendlichen dient.

(2) ^{1}Die Erlaubnis ist zu erteilen, wenn das Wohl der Kinder und Jugendlichen in der Einrichtung gewährleistet ist. ^{2}Dies ist in der Regel anzunehmen, wenn

1. die dem Zweck und der Konzeption der Einrichtung entsprechenden räumlichen, fachlichen, wirtschaftlichen und personellen Voraussetzungen für den Betrieb erfüllt sind,
2. die gesellschaftliche und sprachliche Integration und ein gesundheitsförderliches Lebensumfeld in der Einrichtung unterstützt werden sowie die gesundheitliche Vorsorge und die medizinische Betreuung der Kinder und Jugendlichen nicht erschwert werden sowie
3. zur Sicherung der Rechte von Kindern und Jugendlichen in der Einrichtung geeignete Verfahren der Beteiligung sowie der Möglichkeit der Beschwerde in persönlichen Angelegenheiten Anwendung finden.

(3) Zur Prüfung der Voraussetzungen hat der Träger der Einrichtung mit dem Antrag

1. die Konzeption der Einrichtung vorzulegen, die auch Auskunft über Maßnahmen zur Qualitätsentwicklung und -sicherung gibt, sowie
2. im Hinblick auf die Eignung des Personals nachzuweisen, dass die Vorlage und Prüfung von aufgabenspezifischen Ausbildungsnachweisen sowie von Führungszeugnissen nach § 30 Absatz 5 und § 30a Absatz 1 des Bundeszentralregistergesetzes sichergestellt sind; Führungszeugnisse sind von dem Träger der Einrichtung in regelmäßigen Abständen erneut anzufordern und zu prüfen.

(4) ^{1} Die Erlaubnis kann mit Nebenbestimmungen versehen werden. ^{2} Zur Sicherung des Wohls der Kinder und der Jugendlichen können auch nachträgliche Auflagen erteilt werden.

(5) ^{1} Besteht für eine erlaubnispflichtige Einrichtung eine Aufsicht nach anderen Rechtsvorschriften, so hat die zuständige Behörde ihr Tätigwerden zuvor mit der anderen Behörde abzustimmen. ^{2} Sie hat den Träger der Einrichtung rechtzeitig auf weitergehende Anforderungen nach anderen Rechtsvorschriften hinzuweisen.

(6) ^{1} Sind in einer Einrichtung Mängel festgestellt worden, so soll die zuständige Behörde zunächst den Träger der Einrichtung über die Möglichkeiten zur Beseitigung der Mängel beraten. ^{2} Wenn sich die Beseitigung der Mängel auf Entgelte oder Vergütungen nach § 134 des Neunten Buches oder nach § 76 des Zwölften Buches auswirken kann, so ist der Träger der Eingliederungshilfe oder der Sozialhilfe, mit dem Vereinbarungen nach diesen Vorschriften bestehen, an der Beratung zu beteiligen. ^{3} Werden festgestellte Mängel nicht behoben, so können dem Träger der Einrichtung Auflagen erteilt werden, die zur Beseitigung einer eingetretenen oder Abwendung einer drohenden Beeinträchtigung oder Gefährdung des Wohls der Kinder oder Jugendlichen erforderlich sind. ^{4} Wenn sich eine Auflage auf Entgelte oder Vergütungen nach § 134 des Neunten Buches oder nach § 76 des Zwölften Buches auswirkt, so entscheidet die zuständige Behörde nach Anhörung des Trägers der Eingliederungshilfe oder der Sozialhilfe, mit dem Vereinbarungen nach diesen Vorschriften bestehen, über die Erteilung der Auflage. ^{5} Die Auflage ist nach Möglichkeit in Übereinstimmung mit den nach § 134 des Neunten Buches oder nach den §§ 75 bis 80 des Zwölften Buches getroffenen Vereinbarungen auszugestalten.

(7) ^{1} Die Erlaubnis ist zurückzunehmen oder zu widerrufen, wenn das Wohl der Kinder oder der Jugendlichen in der Einrichtung gefährdet und der Träger der Einrichtung nicht bereit oder nicht in der Lage ist, die Gefährdung abzuwenden. ^{2} Widerspruch und Anfechtungsklage gegen die Rücknahme oder den Widerruf der Erlaubnis haben keine aufschiebende Wirkung.

Dritter Abschnitt. Mitwirkung in gerichtlichen Verfahren

§ 50 Mitwirkung in Verfahren vor den Familiengerichten

(1) ^{1} Das Jugendamt unterstützt das Familiengericht bei allen Maßnahmen, die die Sorge für die Person von Kindern und Jugendlichen betreffen. ^{2} Es hat in folgenden Verfahren nach dem Gesetz über das Verfahren in Familiensachen und in den Angelegenheiten der freiwilligen Gerichtsbarkeit mitzuwirken:

1. Kindschaftssachen (§ 162 des Gesetzes über das Verfahren in Familiensachen und in den Angelegenheiten der freiwilligen Gerichtsbarkeit),
2. Abstammungssachen (§ 176 des Gesetzes über das Verfahren in Familiensachen und in den Angelegenheiten der freiwilligen Gerichtsbarkeit),
3. Adoptionssachen (§ 188 Absatz 2, §§ 189, 194, 195 des Gesetzes über das Verfahren in Familiensachen und in den Angelegenheiten der freiwilligen Gerichtsbarkeit),

4. Ehewohnungssachen (§ 204 Absatz 2, § 205 des Gesetzes über das Verfahren in Familiensachen und in den Angelegenheiten der freiwilligen Gerichtsbarkeit) und
5. Gewaltschutzsachen (§§ 212, 213 des Gesetzes über das Verfahren in Familiensachen und in den Angelegenheiten der freiwilligen Gerichtsbarkeit).

(2) ^{1}Das Jugendamt unterrichtet insb. über angebotene und erbrachte Leistungen, bringt erzieherische und soziale Gesichtspunkte zur Entwicklung des Kindes oder des Jugendlichen ein und weist auf weitere Möglichkeiten der Hilfe hin. ^{2}In Kindschaftssachen informiert das Jugendamt das Familiengericht in dem Termin nach § 155 Absatz 2 des Gesetzes über das Verfahren in Familiensachen und in den Angelegenheiten der freiwilligen Gerichtsbarkeit über den Stand des Beratungsprozesses.

(3) ^{1}Das Jugendamt, das in Verfahren zur Übertragung der gemeinsamen Sorge nach § 155a Absatz 4 Satz 1 und § 162 des Gesetzes über das Verfahren in Familiensachen und in den Angelegenheiten der freiwilligen Gerichtsbarkeit angehört wird oder sich am Verfahren beteiligt, teilt gerichtliche Entscheidungen, aufgrund derer die Sorge gem. § 1626a Absatz 2 Satz 1 des Bürgerlichen Gesetzbuchs den Eltern ganz oder zum Teil gemeinsam übertragen wird, dem nach § 87c Absatz 6 Satz 2 zuständigen Jugendamt zu den in § 58a genannten Zwecken unverzüglich mit. ^{2}Mitzuteilen sind auch das Geburtsdatum und der Geburtsort des Kindes oder des Jugendlichen sowie der Name, den das Kind oder der Jugendliche zur Zeit der Beurkundung seiner Geburt geführt hat.

§ 51 Beratung und Belehrung in Verfahren zur Annahme als Kind

(1) ^{1}Das Jugendamt hat im Verfahren zur Ersetzung der Einwilligung eines Elternteils in die Annahme nach § 1748 Absatz 2 Satz 1 des Bürgerlichen Gesetzbuchs den Elternteil über die Möglichkeit der Ersetzung der Einwilligung zu belehren. ^{2}Es hat ihn darauf hinzuweisen, dass das Familiengericht die Einwilligung erst nach Ablauf von drei Monaten nach der Belehrung ersetzen darf. ^{3}Der Belehrung bedarf es nicht, wenn der Elternteil seinen Aufenthaltsort ohne Hinterlassung seiner neuen Anschrift gewechselt hat und der Aufenthaltsort vom Jugendamt während eines Zeitraums von drei Monaten trotz angemessener Nachforschungen nicht ermittelt werden konnte; in diesem Fall beginnt die Frist mit der ersten auf die Belehrung oder auf die Ermittlung des Aufenthaltsorts gerichteten Handlung des Jugendamts. ^{4}Die Fristen laufen frühestens fünf Monate nach der Geburt des Kindes ab.

(2) ^{1}Das Jugendamt soll den Elternteil mit der Belehrung nach Absatz 1 über Hilfen beraten, die die Erziehung des Kindes in der eigenen Familie ermöglichen könnten. ^{2}Einer Beratung bedarf es insb. nicht, wenn das Kind seit längerer Zeit bei den Annehmenden in Familienpflege lebt und bei seiner Herausgabe an den Elternteil eine schwere und nachhaltige Schädigung des körperlichen und seelischen Wohlbefindens des Kindes zu erwarten ist. ^{3}Das Jugendamt hat dem Familiengericht im Verfahren mitzuteilen, welche Leistungen erbracht oder angeboten worden sind oder aus welchem Grund davon abgesehen wurde.

(3) Steht nicht miteinander verheirateten Eltern die elterliche Sorge nicht gemeinsam zu, so hat das Jugendamt den Vater bei der Wahrnehmung seiner Rechte nach § 1747 Absatz 1 und 3 des Bürgerlichen Gesetzbuchs zu beraten.

§ 52 Mitwirkung in Verfahren nach dem Jugendgerichtsgesetz

(1) Das Jugendamt hat nach Maßgabe der §§ 38 und 50 Absatz 3 Satz 2 des Jugendgerichtsgesetzes im Verfahren nach dem Jugendgerichtsgesetz mitzuwirken.

(2) ¹Das Jugendamt hat frühzeitig zu prüfen, ob für den Jugendlichen oder den jungen Volljährigen Leistungen der Jugendhilfe in Betracht kommen. ²Ist dies der Fall oder ist eine geeignete Leistung bereits eingeleitet oder gewährt worden, so hat das Jugendamt den Staatsanwalt oder den Richter umgehend davon zu unterrichten, damit geprüft werden kann, ob diese Leistung ein Absehen von der Verfolgung (§ 45 JGG) oder eine Einstellung des Verfahrens (§ 47 JGG) ermöglicht.

(3) Der Mitarbeiter des Jugendamts oder des anerkannten Trägers der freien Jugendhilfe, der nach § 38 Absatz 2 Satz 2 des Jugendgerichtsgesetzes tätig wird, soll den Jugendlichen oder den jungen Volljährigen während des gesamten Verfahrens betreuen.

Viertes Kapitel. Schutz von Sozialdaten

§ 61 Anwendungsbereich

(1) ¹Für den Schutz von Sozialdaten bei ihrer Verarbeitung in der Jugendhilfe gelten § 35 des Ersten Buches, §§ 67 bis 85a des Zehnten Buches sowie die nachfolgenden Vorschriften. ²Sie gelten für alle Stellen des Trägers der öffentlichen Jugendhilfe, soweit sie Aufgaben nach diesem Buch wahrnehmen. ³Für die Wahrnehmung von Aufgaben nach diesem Buch durch kreisangehörige Gemeinden und Gemeindeverbände, die nicht örtliche Träger sind, gelten die Sätze 1 und 2 entsprechend.

(2) Für den Schutz von Sozialdaten bei ihrer Verarbeitung im Rahmen der Tätigkeit des Jugendamts als Amtspfleger, Amtsvormund, Beistand und Gegenvormund gilt nur § 68.

(3) Werden Einrichtungen und Dienste der Träger der freien Jugendhilfe in Anspruch genommen, so ist sicherzustellen, dass der Schutz der personenbezogenen Daten bei der Verarbeitung in entsprechender Weise gewährleistet ist.

§ 62 Datenerhebung

(1) Sozialdaten dürfen nur erhoben werden, soweit ihre Kenntnis zur Erfüllung der jeweiligen Aufgabe erforderlich ist.

(2) ¹Sozialdaten sind bei der betroffenen Person zu erheben. ²Sie ist über die Rechtsgrundlage der Erhebung sowie die Zweckbestimmungen der Verarbeitung aufzuklären, soweit diese nicht offenkundig sind.

(3) Ohne Mitwirkung der betroffenen Person dürfen Sozialdaten nur erhoben werden, wenn

1. eine gesetzliche Bestimmung dies vorschreibt oder erlaubt oder
2. ihre Erhebung bei der betroffenen Person nicht möglich ist oder die jeweilige Aufgabe ihrer Art nach eine Erhebung bei anderen erfordert, die Kenntnis der Daten aber erforderlich ist für
   a) die Feststellung der Voraussetzungen oder für die Erfüllung einer Leistung nach diesem Buch oder
   b) die Feststellung der Voraussetzungen für die Erstattung einer Leistung nach § 50 des Zehnten Buches oder
   c) die Wahrnehmung einer Aufgabe nach den §§ 42 bis 48a und nach § 52 oder
   d) die Erfüllung des Schutzauftrages bei Kindeswohlgefährdung nach § 8a oder
3. die Erhebung bei der betroffenen Person einen unverhältnismäßigen Aufwand erfordern würde und keine Anhaltspunkte dafür bestehen, dass schutzwürdige Interessen der betroffenen Person beeinträchtigt werden oder
4. die Erhebung bei der betroffenen Person den Zugang zur Hilfe ernsthaft gefährden würde.

(4) [1] Ist die betroffenen Person nicht zugleich Leistungsberechtigter oder sonst an der Leistung beteiligt, so dürfen die Daten auch beim Leistungsberechtigten oder einer anderen Person, die sonst an der Leistung beteiligt ist, erhoben werden, wenn die Kenntnis der Daten für die Gewährung einer Leistung nach diesem Buch notwendig ist. [2] Satz 1 gilt bei der Erfüllung anderer Aufgaben im Sinne des § 2 Absatz 3 entsprechend.

§ 63 Datenspeicherung

(1) Sozialdaten dürfen gespeichert werden, soweit dies für die Erfüllung der jeweiligen Aufgabe erforderlich ist.

(2) [1] Daten, die zur Erfüllung unterschiedlicher Aufgaben der öffentlichen Jugendhilfe erhoben worden sind, dürfen nur zusammengeführt werden, wenn und solange dies wegen eines unmittelbaren Sachzusammenhangs erforderlich ist. [2] Daten, die zu Leistungszwecken im Sinne des § 2 Absatz 2 und Daten, die für andere Aufgaben im Sinne des § 2 Absatz 3 erhoben worden sind, dürfen nur zusammengeführt werden, soweit dies zur Erfüllung der jeweiligen Aufgabe erforderlich ist.

§ 64 Datenübermittlung und -nutzung

(1) Sozialdaten dürfen zu dem Zweck übermittelt oder genutzt werden, zu dem sie erhoben worden sind.

(2) Eine Übermittlung für die Erfüllung von Aufgaben nach § 69 des Zehnten Buches ist abweichend von Absatz 1 nur zulässig, soweit dadurch der Erfolg einer zu gewährenden Leistung nicht in Frage gestellt wird.

(2a) Vor einer Übermittlung an eine Fachkraft, die nicht dem Verantwortlichen angehört, sind die Sozialdaten zu anonymisieren oder zu pseudonymisieren, soweit die Aufgabenerfüllung dies zulässt.

(3) Sozialdaten dürfen beim Träger der öffentlichen Jugendhilfe zum Zwecke der Planung im Sinne des § 80 gespeichert oder genutzt werden; sie sind unverzüglich zu anonymisieren.

§ 65 Besonderer Vertrauensschutz in der persönlichen und erzieherischen Hilfe

(1) [1] Sozialdaten, die dem Mitarbeiter eines Trägers der öffentlichen Jugendhilfe zum Zwecke persönlicher und erzieherischer Hilfe anvertraut worden sind, dürfen von diesem nur weitergegeben oder übermittelt werden

1. mit der Einwilligung dessen, der die Daten anvertraut hat, oder
2. dem Familiengericht zur Erfüllung der Aufgaben nach § 8a Absatz 2, wenn angesichts einer Gefährdung des Wohls eines Kindes oder eines Jugendlichen ohne diese Mitteilung eine für die Gewährung von Leistungen notwendige gerichtliche Entscheidung nicht ermöglicht werden könnte, oder
3. dem Mitarbeiter, der aufgrund eines Wechsels der Fallzuständigkeit im Jugendamt oder eines Wechsels der örtlichen Zuständigkeit für die Gewährung oder Erbringung der Leistung verantwortlich ist, wenn Anhaltspunkte für eine Gefährdung des Kindeswohls gegeben sind und die Daten für eine Abschätzung des Gefährdungsrisikos notwendig sind, oder
4. an die Fachkräfte, die zum Zwecke der Abschätzung des Gefährdungsrisikos nach § 8a hinzugezogen werden; § 64 Absatz 2a bleibt unberührt, oder
5. unter den Voraussetzungen, unter denen eine der in § 203 Absatz 1 oder 4 des Strafgesetzbuches genannten Personen dazu befugt wäre.

[2] Der Empfänger darf die Sozialdaten nur zu dem Zweck weitergeben oder übermitteln, zu dem er sie befugt erhalten hat.

(2) § 35 Absatz 3 des Ersten Buches gilt auch, soweit ein behördeninternes Weitergabeverbot nach Absatz 1 besteht.

§ 66 *(weggefallen)*

§ 67 *(weggefallen)*

§ 68 Sozialdaten im Bereich der Beistandschaft, Amtspflegschaft und der Amtsvormundschaft

(1) [1] Der Beamte oder Angestellte, dem die Ausübung der Beistandschaft, Amtspflegschaft oder Amtsvormundschaft übertragen ist, darf Sozialdaten nur verarbeiten, soweit dies zur Erfüllung seiner Aufgaben erforderlich ist. [2] Die Nutzung dieser Sozialdaten zum Zwecke der Aufsicht, Kontrolle oder Rechnungsprüfung durch die dafür zuständigen Stellen sowie die Übermittlung an diese ist im Hinblick auf den Einzelfall zulässig. [3] Die Informationspflichten nach Artikel 13 und 14 der Verordnung (EU) 2016/679 des Europäischen Parlaments und des Rates vom 27. April 2016 zum Schutz natürlicher Personen bei der Verarbeitung personenbezogener Daten, zum freien Datenverkehr und zur Aufhebung der Richtlinie 95/46/EG (Datenschutz-Grundverordnung) (ABl. L 119 vom 4.5.2016, S. 1; L 314 vom 22.11.2016,

S. 72; L 127 vom 23.5.2018, S. 2) in der jeweils geltenden Fassung bestehen nur, soweit die Erteilung der Informationen

1. mit der Wahrung der Interessen der minderjährigen Person vereinbar ist und
2. nicht die Erfüllung der Aufgaben gefährdet, die in der Zuständigkeit des Beistands, des Amtspflegers oder des Amtsvormundes liegen.

(2) § 84 des Zehnten Buches gilt entsprechend.

(3) [1] Das Recht auf Auskunft der betroffenen Person gemäß Artikel 15 der Verordnung (EU) 2016/679 besteht nicht, soweit die betroffene Person nach Absatz 1 Satz 3 nicht zu informieren ist oder durch die Auskunftserteilung berechtigte Interessen Dritter beeinträchtigt würden. [2] Einer Person, die unter Beistandschaft, Amtspflegschaft oder Amtsvormundschaft gestanden und ihr 18. Lebensjahr noch nicht vollendet hat, kann Auskunft erteilt werden, soweit sie die erforderliche Einsichts- und Urteilsfähigkeit besitzt und die Auskunftserteilung nicht nach Satz 1 ausgeschlossen ist. [3] Nach Beendigung einer Beistandschaft hat darüber hinaus der Elternteil, der die Beistandschaft beantragt hat, einen Anspruch auf Kenntnis der gespeicherten Daten, solange der junge Mensch minderjährig ist, der Elternteil antragsberechtigt ist und die Auskunftserteilung nicht nach Satz 1 ausgeschlossen ist.

(4) Personen oder Stellen, an die Sozialdaten übermittelt worden sind, dürfen diese nur zu dem Zweck speichern und nutzen, zu dem sie ihnen nach Absatz 1 befugt übermittelt worden sind.

(5) Für die Tätigkeit des Jugendamts als Gegenvormund gelten die Absätze 1 bis 4 entsprechend.

Fünftes Kapitel. Träger der Jugendhilfe, Zusammenarbeit, Gesamtverantwortung

Erster Abschnitt. Träger der öffentlichen Jugendhilfe

§ 69 Träger der öffentlichen Jugendhilfe, Jugendämter, Landesjugendämter

(1) Die Träger der öffentlichen Jugendhilfe werden durch Landesrecht bestimmt.

(2) (weggefallen)

(3) Für die Wahrnehmung der Aufgaben nach diesem Buch errichtet jeder örtliche Träger ein Jugendamt, jeder überörtliche Träger ein Landesjugendamt.

(4) Mehrere örtliche Träger und mehrere überörtliche Träger können, auch wenn sie verschiedenen Ländern angehören, zur Durchführung einzelner Aufgaben gemeinsame Einrichtungen und Dienste errichten.

§ 70 Organisation des Jugendamts und des Landesjugendamts

(1) Die Aufgaben des Jugendamts werden durch den Jugendhilfeausschuss und durch die Verwaltung des Jugendamts wahrgenommen.

(2) Die Geschäfte der laufenden Verwaltung im Bereich der öffentlichen Jugendhilfe werden vom Leiter der Verwaltung der Gebietskörperschaft oder

in seinem Auftrag vom Leiter der Verwaltung des Jugendamts im Rahmen der Satzung und der Beschlüsse der Vertretungskörperschaft und des Jugendhilfeausschusses geführt.

(3) ^{1}Die Aufgaben des Landesjugendamts werden durch den Landesjugendhilfeausschuss und durch die Verwaltung des Landesjugendamts im Rahmen der Satzung und der dem Landesjugendamt zur Verfügung gestellten Mittel wahrgenommen. ^{2}Die Geschäfte der laufenden Verwaltung werden von dem Leiter der Verwaltung des Landesjugendamts im Rahmen der Satzung und der Beschlüsse des Landesjugendhilfeausschusses geführt.

§ 71 Jugendhilfeausschuss, Landesjugendhilfeausschuss

(1) Dem Jugendhilfeausschuss gehören als stimmberechtigte Mitglieder an
1. mit drei Fünfteln des Anteils der Stimmen Mitglieder der Vertretungskörperschaft des Trägers der öffentlichen Jugendhilfe oder von ihr gewählte Frauen und Männer, die in der Jugendhilfe erfahren sind,
2. mit zwei Fünfteln des Anteils der Stimmen Frauen und Männer, die auf Vorschlag der im Bereich des öffentlichen Trägers wirkenden und anerkannten Träger der freien Jugendhilfe von der Vertretungskörperschaft gewählt werden; Vorschläge der Jugendverbände und der Wohlfahrtsverbände sind angemessen zu berücksichtigen.

(2) Der Jugendhilfeausschuss befasst sich mit allen Angelegenheiten der Jugendhilfe, insb. mit
1. der Erörterung aktueller Problemlagen junger Menschen und ihrer Familien sowie mit Anregungen und Vorschlägen für die Weiterentwicklung der Jugendhilfe,
2. der Jugendhilfeplanung und
3. der Förderung der freien Jugendhilfe.

(3) ^{1}Er hat Beschlussrecht in Angelegenheiten der Jugendhilfe im Rahmen der von der Vertretungskörperschaft bereitgestellten Mittel, der von ihr erlassenen Satzung und der von ihr gefassten Beschlüsse. ^{2}Er soll vor jeder Beschlussfassung der Vertretungskörperschaft in Fragen der Jugendhilfe und vor der Berufung eines Leiters des Jugendamts gehört werden und hat das Recht, an die Vertretungskörperschaft Anträge zu stellen. ^{3}Er tritt nach Bedarf zusammen und ist auf Antrag von mindestens einem Fünftel der Stimmberechtigten einzuberufen. ^{4}Seine Sitzungen sind öffentlich, soweit nicht das Wohl der Allgemeinheit, berechtigte Interessen einzelner Personen oder schutzbedürftiger Gruppen entgegenstehen.

(4) ^{1}Dem Landesjugendhilfeausschuss gehören mit zwei Fünfteln des Anteils der Stimmen Frauen und Männer an, die auf Vorschlag der im Bereich des Landesjugendamts wirkenden und anerkannten Träger der freien Jugendhilfe von der obersten Landesjugendbehörde zu berufen sind. ^{2}Die übrigen Mitglieder werden durch Landesrecht bestimmt. ^{3}Absatz 2 gilt entsprechend.

(5) ^{1}Das Nähere regelt das Landesrecht. ^{2}Es regelt die Zugehörigkeit beratender Mitglieder zum Jugendhilfeausschuss. ^{3}Es kann bestimmen, dass der Leiter der Verwaltung der Gebietskörperschaft oder der Leiter der Verwaltung des Jugendamts nach Absatz 1 Nr. 1 stimmberechtigt ist.

§ 72 Mitarbeiter, Fortbildung

(1) [1]Die Träger der öffentlichen Jugendhilfe sollen bei den Jugendämtern und Landesjugendämtern hauptberuflich nur Personen beschäftigen, die sich für die jeweilige Aufgabe nach ihrer Persönlichkeit eignen und eine dieser Aufgabe entsprechende Ausbildung erhalten haben (Fachkräfte) oder aufgrund besonderer Erfahrungen in der sozialen Arbeit in der Lage sind, die Aufgabe zu erfüllen. [2]Soweit die jeweilige Aufgabe dies erfordert, sind mit ihrer Wahrnehmung nur Fachkräfte oder Fachkräfte mit entsprechender Zusatzausbildung zu betrauen. [3]Fachkräfte verschiedener Fachrichtungen sollen zusammenwirken, soweit die jeweilige Aufgabe dies erfordert.

(2) Leitende Funktionen des Jugendamts oder des Landesjugendamts sollen in der Regel nur Fachkräften übertragen werden.

(3) Die Träger der öffentlichen Jugendhilfe haben Fortbildung und Praxisberatung der Mitarbeiter des Jugendamts und des Landesjugendamts sicherzustellen.

§ 72a Tätigkeitsausschluss einschlägig vorbestrafter Personen

(1) [1]Die Träger der öffentlichen Jugendhilfe dürfen für die Wahrnehmung der Aufgaben in der Kinder- und Jugendhilfe keine Person beschäftigen oder vermitteln, die rechtskräftig wegen einer Straftat nach den §§ 171, 174 bis 174c, 176 bis 180a, 181a, 182 bis 184g, 184i, 201a Absatz 3, §§ 225, 232 bis 233a, 234, 235 oder 236 des Strafgesetzbuchs verurteilt worden ist. [2]Zu diesem Zweck sollen sie sich bei der Einstellung oder Vermittlung und in regelmäßigen Abständen von den betroffenen Personen ein Führungszeugnis nach § 30 Absatz 5 und § 30a Absatz 1 des Bundeszentralregistergesetzes vorlegen lassen.

(2) Die Träger der öffentlichen Jugendhilfe sollen durch Vereinbarungen mit den Trägern der freien Jugendhilfe sicherstellen, dass diese keine Person, die wegen einer Straftat nach Absatz 1 Satz 1 rechtskräftig verurteilt worden ist, beschäftigen.

(3) [1]Die Träger der öffentlichen Jugendhilfe sollen sicherstellen, dass unter ihrer Verantwortung keine neben- oder ehrenamtlich tätige Person, die wegen einer Straftat nach Absatz 1 Satz 1 rechtskräftig verurteilt worden ist, in Wahrnehmung von Aufgaben der Kinder- und Jugendhilfe Kinder oder Jugendliche beaufsichtigt, betreut, erzieht oder ausbildet oder einen vergleichbaren Kontakt hat. [2]Hierzu sollen die Träger der öffentlichen Jugendhilfe über die Tätigkeiten entscheiden, die von den in Satz 1 genannten Personen auf Grund von Art, Intensität und Dauer des Kontakts dieser Personen mit Kindern und Jugendlichen nur nach Einsichtnahme in das Führungszeugnis nach Absatz 1 Satz 2 wahrgenommen werden dürfen.

(4) [1]Die Träger der öffentlichen Jugendhilfe sollen durch Vereinbarungen mit den Trägern der freien Jugendhilfe sowie mit Vereinen im Sinne des § 54 sicherstellen, dass unter deren Verantwortung keine neben- oder ehrenamtlich tätige Person, die wegen einer Straftat nach Absatz 1 Satz 1 rechtskräftig verurteilt worden ist, in Wahrnehmung von Aufgaben der Kinder- und Jugendhilfe Kinder oder Jugendliche beaufsichtigt, betreut, erzieht oder ausbildet oder einen vergleichbaren Kontakt hat. [2]Hierzu sollen die Träger der öffentlichen Jugendhilfe mit den Trägern der freien Jugendhilfe Vereinbarun-

gen über die Tätigkeiten schließen, die von den in Satz 1 genannten Personen auf Grund von Art, Intensität und Dauer des Kontakts dieser Personen mit Kindern und Jugendlichen nur nach Einsichtnahme in das Führungszeugnis nach Absatz 1 Satz 2 wahrgenommen werden dürfen.

(5) [1] Träger der öffentlichen und freien Jugendhilfe dürfen von den nach den Absätzen 3 und 4 eingesehenen Daten nur den Umstand, dass Einsicht in ein Führungszeugnis genommen wurde, das Datum des Führungszeugnisses und die Information erheben, ob die das Führungszeugnis betreffende Person wegen einer Straftat nach Absatz 1 Satz 1 rechtskräftig verurteilt worden ist. [2] Die Träger der öffentlichen und freien Jugendhilfe dürfen diese erhobenen Daten nur speichern, verändern und nutzen, soweit dies zum Ausschluss der Personen von der Tätigkeit, die Anlass zu der Einsichtnahme in das Führungszeugnis gewesen ist, erforderlich ist. [3] Die Daten sind vor dem Zugriff Unbefugter zu schützen. [4] Sie sind unverzüglich zu löschen, wenn im Anschluss an die Einsichtnahme keine Tätigkeit nach Absatz 3 Satz 2 oder Absatz 4 Satz 2 wahrgenommen wird. [5] Andernfalls sind die Daten spätestens drei Monate nach der Beendigung einer solchen Tätigkeit zu löschen.

Zweiter Abschnitt. Zusammenarbeit mit der freien Jugendhilfe, ehrenamtliche Tätigkeit

§ 73 Ehrenamtliche Tätigkeit

In der Jugendhilfe ehrenamtlich tätige Personen sollen bei ihrer Tätigkeit angeleitet, beraten und unterstützt werden.

§ 74 Förderung der freien Jugendhilfe

(1) [1] Die Träger der öffentlichen Jugendhilfe sollen die freiwillige Tätigkeit auf dem Gebiet der Jugendhilfe anregen; sie sollen sie fördern, wenn der jeweilige Träger
1. die fachlichen Voraussetzungen für die geplante Maßnahme erfüllt und die Beachtung der Grundsätze und Maßstäbe der Qualitätsentwicklung und Qualitätssicherung nach § 79a gewährleistet,
2. die Gewähr für eine zweckentsprechende und wirtschaftliche Verwendung der Mittel bietet,
3. gemeinnützige Ziele verfolgt,
4. eine angemessene Eigenleistung erbringt und
5. die Gewähr für eine den Zielen des Grundgesetzes förderliche Arbeit bietet.
[2] Eine auf Dauer angelegte Förderung setzt in der Regel die Anerkennung als Träger der freien Jugendhilfe nach § 75 voraus.

(2) [1] Soweit von der freien Jugendhilfe Einrichtungen, Dienste und Veranstaltungen geschaffen werden, um die Gewährung von Leistungen nach diesem Buch zu ermöglichen, kann die Förderung von der Bereitschaft abhängig gemacht werden, diese Einrichtungen, Dienste und Veranstaltungen nach Maßgabe der Jugendhilfeplanung und unter Beachtung der in § 9 genannten Grundsätze anzubieten. [2] § 4 Absatz 1 bleibt unberührt.

(3) ^{1}Über die Art und Höhe der Förderung entscheidet der Träger der öffentlichen Jugendhilfe im Rahmen der verfügbaren Haushaltsmittel nach pflichtgemäßem Ermessen. ^{2}Entsprechendes gilt, wenn mehrere Antragsteller die Förderungsvoraussetzungen erfüllen und die von ihnen vorgesehenen Maßnahmen gleich geeignet sind, zur Befriedigung des Bedarfs jedoch nur eine Maßnahme notwendig ist. ^{3}Bei der Bemessung der Eigenleistung sind die unterschiedliche Finanzkraft und die sonstigen Verhältnisse zu berücksichtigen.

(4) Bei sonst gleich geeigneten Maßnahmen soll solchen der Vorzug gegeben werden, die stärker an den Interessen der Betroffenen orientiert sind und ihre Einflussnahme auf die Ausgestaltung der Maßnahme gewährleisten.

(5) ^{1}Bei der Förderung gleichartiger Maßnahmen mehrerer Träger sind unter Berücksichtigung ihrer Eigenleistungen gleiche Grundsätze und Maßstäbe anzulegen. ^{2}Werden gleichartige Maßnahmen von der freien und der öffentlichen Jugendhilfe durchgeführt, so sind bei der Förderung die Grundsätze und Maßstäbe anzuwenden, die für die Finanzierung der Maßnahmen der öffentlichen Jugendhilfe gelten.

(6) Die Förderung von anerkannten Trägern der Jugendhilfe soll auch Mittel für die Fortbildung der haupt-, neben- und ehrenamtlichen Mitarbeiter sowie im Bereich der Jugendarbeit Mittel für die Errichtung und Unterhaltung von Jugendfreizeit- und Jugendbildungsstätten einschließen.

§ 74a Finanzierung von Tageseinrichtungen für Kinder

^{1}Die Finanzierung von Tageseinrichtungen regelt das Landesrecht. ^{2}Dabei können alle Träger von Einrichtungen, die die rechtlichen und fachlichen Voraussetzungen für den Betrieb der Einrichtung erfüllen, gefördert werden. ^{3}Die Erhebung von Teilnahmebeiträgen nach § 90 bleibt unberührt.

§ 75 Anerkennung als Träger der freien Jugendhilfe

(1) Als Träger der freien Jugendhilfe können juristische Personen und Personenvereinigungen anerkannt werden, wenn sie
1. auf dem Gebiet der Jugendhilfe im Sinne des § 1 tätig sind,
2. gemeinnützige Ziele verfolgen,
3. auf Grund der fachlichen und personellen Voraussetzungen erwarten lassen, dass sie einen nicht unwesentlichen Beitrag zur Erfüllung der Aufgaben der Jugendhilfe zu leisten imstande sind, und
4. die Gewähr für eine den Zielen des Grundgesetzes förderliche Arbeit bieten.

(2) Einen Anspruch auf Anerkennung als Träger der freien Jugendhilfe hat unter den Voraussetzungen des Absatzes 1, wer auf dem Gebiet der Jugendhilfe mindestens drei Jahre tätig gewesen ist.

(3) Die Kirchen und Religionsgemeinschaften des öffentlichen Rechts sowie die auf Bundesebene zusammengeschlossenen Verbände der freien Wohlfahrtspflege sind anerkannte Träger der freien Jugendhilfe.

§ 76 Beteiligung anerkannter Träger der freien Jugendhilfe an der Wahrnehmung anderer Aufgaben

(1) Die Träger der öffentlichen Jugendhilfe können anerkannte Träger der freien Jugendhilfe an der Durchführung ihrer Aufgaben nach den §§ 42, 42a, 43, 50 bis 52a und 53 Absatz 2 bis 4 beteiligen oder ihnen diese Aufgaben zur Ausführung übertragen.

(2) Die Träger der öffentlichen Jugendhilfe bleiben für die Erfüllung der Aufgaben verantwortlich.

§ 77 Vereinbarungen über die Höhe der Kosten

^{1}Werden Einrichtungen und Dienste der Träger der freien Jugendhilfe in Anspruch genommen, so sind Vereinbarungen über die Höhe der Kosten der Inanspruchnahme zwischen der öffentlichen und der freien Jugendhilfe anzustreben. ^{2}Das Nähere regelt das Landesrecht. ^{3}Die §§ 78a bis 78g bleiben unberührt.

§ 78 Arbeitsgemeinschaften

^{1}Die Träger der öffentlichen Jugendhilfe sollen die Bildung von Arbeitsgemeinschaften anstreben, in denen neben ihnen die anerkannten Träger der freien Jugendhilfe sowie die Träger geförderter Maßnahmen vertreten sind. ^{2}In den Arbeitsgemeinschaften soll darauf hingewirkt werden, dass die geplanten Maßnahmen aufeinander abgestimmt werden und sich gegenseitig ergänzen.

(Dritter Abschnitt und die §§ 78a–g hier nicht wiedergegeben)

Vierter Abschnitt. Gesamtverantwortung, Jugendhilfeplanung

§ 79 Gesamtverantwortung, Grundausstattung

(1) Die Träger der öffentlichen Jugendhilfe haben für die Erfüllung der Aufgaben nach diesem Buch die Gesamtverantwortung einschließlich der Planungsverantwortung.

(2) ^{1}Die Träger der öffentlichen Jugendhilfe sollen gewährleisten, dass zur Erfüllung der Aufgaben nach diesem Buch

1. die erforderlichen und geeigneten Einrichtungen, Dienste und Veranstaltungen den verschiedenen Grundrichtungen der Erziehung entsprechend rechtzeitig und ausreichend zur Verfügung stehen; hierzu zählen insb. auch Pfleger, Vormünder und Pflegepersonen;

2. eine kontinuierliche Qualitätsentwicklung nach Maßgabe von § 79a erfolgt.

^{2}Von den für die Jugendhilfe bereitgestellten Mitteln haben sie einen angemessenen Anteil für die Jugendarbeit zu verwenden.

(3) Die Träger der öffentlichen Jugendhilfe haben für eine ausreichende Ausstattung der Jugendämter und der Landesjugendämter zu sorgen; hierzu gehört auch eine dem Bedarf entsprechende Zahl von Fachkräften.

§ 79a Qualitätsentwicklung in der Kinder- und Jugendhilfe

(1) [1]Um die Aufgaben der Kinder- und Jugendhilfe nach § 2 zu erfüllen, haben die Träger der öffentlichen Jugendhilfe Grundsätze und Maßstäbe für die Bewertung der Qualität sowie geeignete Maßnahmen zu ihrer Gewährleistung für

1. die Gewährung und Erbringung von Leistungen,
2. die Erfüllung anderer Aufgaben,
3. den Prozess der Gefährdungseinschätzung nach § 8a,
4. die Zusammenarbeit mit anderen Institutionen

weiterzuentwickeln, anzuwenden und regelmäßig zu überprüfen. [2]Dazu zählen auch Qualitätsmerkmale für die Sicherung der Rechte von Kindern und Jugendlichen in Einrichtungen und ihren Schutz vor Gewalt. [3]Die Träger der öffentlichen Jugendhilfe orientieren sich dabei an den fachlichen Empfehlungen der nach § 85 Absatz 2 zuständigen Behörden und an bereits angewandten Grundsätzen und Maßstäben für die Bewertung der Qualität sowie Maßnahmen zu ihrer Gewährleistung.

§ 80 Jugendhilfeplanung

(1) Die Träger der öffentlichen Jugendhilfe haben im Rahmen ihrer Planungsverantwortung

1. den Bestand an Einrichtungen und Diensten festzustellen,
2. den Bedarf unter Berücksichtigung der Wünsche, Bedürfnisse und Interessen der jungen Menschen und der Personensorgeberechtigten für einen mittelfristigen Zeitraum zu ermitteln und
3. die zur Befriedigung des Bedarfs notwendigen Vorhaben rechtzeitig und ausreichend zu planen; dabei ist Vorsorge zu treffen, dass auch ein unvorhergesehener Bedarf befriedigt werden kann.

(2) Einrichtungen und Dienste sollen so geplant werden, dass insb.

1. Kontakte in der Familie und im sozialen Umfeld erhalten und gepflegt werden können,
2. ein möglichst wirksames, vielfältiges und aufeinander abgestimmtes Angebot von Jugendhilfeleistungen gewährleistet ist,
3. junge Menschen und Familien in gefährdeten Lebens- und Wohnbereichen besonders gefördert werden,
4. Mütter und Väter Aufgaben in der Familie und Erwerbstätigkeit besser miteinander vereinbaren können.

(3) [1]Die Träger der öffentlichen Jugendhilfe haben die anerkannten Träger der freien Jugendhilfe in allen Phasen ihrer Planung frühzeitig zu beteiligen. [2]Zu diesem Zwecke sind sie vom Jugendhilfeausschuss, soweit sie überörtlich tätig sind, im Rahmen der Jugendhilfeplanung des überörtlichen Trägers vom Landesjugendhilfeausschuss zu hören. [3]Das Nähere regelt das Landesrecht.

(4) Die Träger der öffentlichen Jugendhilfe sollen darauf hinwirken, dass die Jugendhilfeplanung und andere örtliche und überörtliche Planungen aufeinander abgestimmt werden und die Planungen insgesamt den Bedürfnissen und Interessen der jungen Menschen und ihrer Familien Rechnung tragen.

§ 81 Strukturelle Zusammenarbeit mit anderen Stellen und öffentlichen Einrichtungen

Die Träger der öffentlichen Jugendhilfe haben mit anderen Stellen und öffentlichen Einrichtungen, deren Tätigkeit sich auf die Lebenssituation junger Menschen und ihrer Familien auswirkt, insb. mit

1. den Trägern von Sozialleistungen nach dem Zweiten, Dritten, Vierten, Fünften, Sechsten und dem Zwölften Buch sowie Trägern von Leistungen nach dem Bundesversorgungsgesetz,
2. Rehabilitationsträger nach § 6 Absatz 1 Nummer 7 des Neunten Buches,
3. den Familien- und Jugendgerichten, den Staatsanwaltschaften sowie den Justizvollzugsbehörden,
4. Schulen und Stellen der Schulverwaltung,
5. Einrichtungen und Stellen des öffentlichen Gesundheitsdienstes und sonstigen Einrichtungen und Diensten des Gesundheitswesens,
6. den Beratungsstellen nach den §§ 3 und 8 des Schwangerschaftskonfliktgesetzes und Suchtberatungsstellen,
7. Einrichtungen und Diensten zum Schutz gegen Gewalt in engen sozialen Beziehungen,
8. den Stellen der Bundesagentur für Arbeit,
9. Einrichtungen und Stellen der beruflichen Aus- und Weiterbildung,
10. den Polizei- und Ordnungsbehörden,
11. der Gewerbeaufsicht und
12. Einrichtungen der Ausbildung für Fachkräfte, der Weiterbildung und der Forschung

im Rahmen ihrer Aufgaben und Befugnisse zusammenzuarbeiten.

Sechstes Kapitel. Zentrale Aufgaben

§ 82 Aufgaben der Länder

(1) Die oberste Landesjugendbehörde hat die Tätigkeit der Träger der öffentlichen und der freien Jugendhilfe und die Weiterentwicklung der Jugendhilfe anzuregen und zu fördern.

(2) Die Länder haben auf einen gleichmäßigen Ausbau der Einrichtungen und Angebote hinzuwirken und die Jugendämter und Landesjugendämter bei der Wahrnehmung ihrer Aufgaben zu unterstützen.

§ 83 Aufgaben des Bundes, Bundesjugendkuratorium

(1) ^{1}Die fachlich zuständige oberste Bundesbehörde soll die Tätigkeit der Jugendhilfe anregen und fördern, soweit sie von überregionaler Bedeutung ist und ihrer Art nach nicht durch ein Land allein wirksam gefördert werden kann. ^{2}Hierzu gehören auch die überregionalen Tätigkeiten der Jugendorganisationen der politischen Parteien auf dem Gebiet der Jugendarbeit.

(2) ^{1}Die Bundesregierung wird in grundsätzlichen Fragen der Jugendhilfe von einem Sachverständigengremium (Bundesjugendkuratorium) beraten. ^{2}Das Nähere regelt die Bundesregierung durch Verwaltungsvorschriften.

§ 84 Jugendbericht

(1) [1] Die Bundesregierung legt dem Deutschen Bundestag und dem Bundesrat in jeder Legislaturperiode einen Bericht über die Lage junger Menschen und die Bestrebungen und Leistungen der Jugendhilfe vor. [2] Neben der Bestandsaufnahme und Analyse sollen die Berichte Vorschläge zur Weiterentwicklung der Jugendhilfe enthalten; jeder dritte Bericht soll einen Überblick über die Gesamtsituation der Jugendhilfe vermitteln.

(2) [1] Die Bundesregierung beauftragt mit der Ausarbeitung der Berichte jeweils eine Kommission, der mindestens sieben Sachverständige (Jugendberichtskommission) angehören. [2] Die Bundesregierung fügt eine Stellungnahme mit den von ihr für notwendig gehaltenen Folgerungen bei.

Siebtes Kapitel. Zuständigkeit, Kostenerstattung

Erster Abschnitt. Sachliche Zuständigkeit

§ 85 Sachliche Zuständigkeit

(1) Für die Gewährung von Leistungen und die Erfüllung anderer Aufgaben nach diesem Buch ist der örtliche Träger sachlich zuständig, soweit nicht der überörtliche Träger sachlich zuständig ist.

(2) Der überörtliche Träger ist sachlich zuständig für

1. die Beratung der örtlichen Träger und die Entwicklung von Empfehlungen zur Erfüllung der Aufgaben nach diesem Buch,
2. die Förderung der Zusammenarbeit zwischen den örtlichen Trägern und den anerkannten Trägern der freien Jugendhilfe, insb. bei der Planung und Sicherstellung eines bedarfsgerechten Angebots an Hilfen zur Erziehung, Eingliederungshilfen für seelisch behinderte Kinder und Jugendliche und Hilfen für junge Volljährige,
3. die Anregung und Förderung von Einrichtungen, Diensten und Veranstaltungen sowie deren Schaffung und Betrieb, soweit sie den örtlichen Bedarf übersteigen; dazu gehören insb. Einrichtungen, die eine Schuloder Berufsausbildung anbieten, sowie Jugendbildungsstätten,
4. die Planung, Anregung, Förderung und Durchführung von Modellvorhaben zur Weiterentwicklung der Jugendhilfe,
5. die Beratung der örtlichen Träger bei der Gewährung von Hilfe nach den §§ 32 bis 35a, insb. bei der Auswahl einer Einrichtung oder der Vermittlung einer Pflegeperson in schwierigen Einzelfällen,
6. die Wahrnehmung der Aufgaben zum Schutz von Kindern und Jugendlichen in Einrichtungen (§§ 45 bis 48a),
7. die Beratung der Träger von Einrichtungen während der Planung und Betriebsführung,
8. die Fortbildung von Mitarbeitern in der Jugendhilfe,
9. die Gewährung von Leistungen an Deutsche im Ausland (§ 6 Absatz 3), soweit es sich nicht um die Fortsetzung einer bereits im Inland gewährten Leistung handelt,
10. die Erteilung der Erlaubnis zur Übernahme von Pflegschaften oder Vormundschaften durch einen rechtsfähigen Verein (§ 54).

(3) Für den örtlichen Bereich können die Aufgaben nach Absatz 2 Nummer 3, 4, 7 und 8 auch vom örtlichen Träger wahrgenommen werden.

(4) Unberührt bleiben die am Tage des Inkrafttretens dieses Gesetzes geltenden landesrechtlichen Regelungen, die die in den §§ 45 bis 48a bestimmten Aufgaben einschließlich der damit verbundenen Aufgaben nach Absatz 2 Nummer 2 bis 5 und 7 mittleren Landesbehörden oder, soweit sie sich auf Kindergärten und andere Tageseinrichtungen für Kinder beziehen, unteren Landesbehörden zuweisen.

(5) Ist das Land überörtlicher Träger, so können durch Landesrecht bis zum 30. Juni 1993 einzelne seiner Aufgaben auf andere Körperschaften des öffentlichen Rechts, die nicht Träger der öffentlichen Jugendhilfe sind, übertragen werden.

Zweiter Abschnitt. Örtliche Zuständigkeit

Erster Unterabschnitt. Örtliche Zuständigkeit für Leistungen

§ 86 Örtliche Zuständigkeit für Leistungen an Kinder, Jugendliche und ihre Eltern

(1) ^{1} Für die Gewährung von Leistungen nach diesem Buch ist der örtliche Träger zuständig, in dessen Bereich die Eltern ihren gewöhnlichen Aufenthalt haben. ^{2} An die Stelle der Eltern tritt die Mutter, wenn und solange die Vaterschaft nicht anerkannt oder gerichtlich festgestellt ist. ^{3} Lebt nur ein Elternteil, so ist dessen gewöhnlicher Aufenthalt maßgebend.

(2) ^{1} Haben die Elternteile verschiedene gewöhnliche Aufenthalte, so ist der örtliche Träger zuständig, in dessen Bereich der personensorgeberechtigte Elternteil seinen gewöhnlichen Aufenthalt hat; dies gilt auch dann, wenn ihm einzelne Angelegenheiten der Personensorge entzogen sind. ^{2} Steht die Personensorge im Fall des Satzes 1 den Eltern gemeinsam zu, so richtet sich die Zuständigkeit nach dem gewöhnlichen Aufenthalt des Elternteils, bei dem das Kind oder der Jugendliche vor Beginn der Leistung zuletzt seinen gewöhnlichen Aufenthalt hatte. ^{3} Hatte das Kind oder der Jugendliche im Fall des Satzes 2 zuletzt bei beiden Elternteilen seinen gewöhnlichen Aufenthalt, so richtet sich die Zuständigkeit nach dem gewöhnlichen Aufenthalt des Elternteils, bei dem das Kind oder der Jugendliche vor Beginn der Leistung zuletzt seinen tatsächlichen Aufenthalt hatte. ^{4} Hatte das Kind oder der Jugendliche im Fall des Satzes 2 während der letzten sechs Monate vor Beginn der Leistung bei keinem Elternteil einen gewöhnlichen Aufenthalt, so ist der örtliche Träger zuständig, in dessen Bereich das Kind oder der Jugendliche vor Beginn der Leistung zuletzt seinen gewöhnlichen Aufenthalt hatte; hatte das Kind oder der Jugendliche während der letzten sechs Monate keinen gewöhnlichen Aufenthalt, so richtet sich die Zuständigkeit nach dem tatsächlichen Aufenthalt des Kindes oder des Jugendlichen vor Beginn der Leistung.

(3) Haben die Elternteile verschiedene gewöhnliche Aufenthalte und steht die Personensorge keinem Elternteil zu, so gilt Absatz 2 Satz 2 und 4 entsprechend.

(4) ^{1} Haben die Eltern oder der nach den Absätzen 1 bis 3 maßgebliche Elternteil im Inland keinen gewöhnlichen Aufenthalt, oder ist ein gewöhnlicher Aufenthalt nicht feststellbar, oder sind sie verstorben, so richtet sich die

Zuständigkeit nach dem gewöhnlichen Aufenthalt des Kindes oder des Jugendlichen vor Beginn der Leistung. [2] Hatte das Kind oder der Jugendliche während der letzten sechs Monate vor Beginn der Leistung keinen gewöhnlichen Aufenthalt, so ist der örtliche Träger zuständig, in dessen Bereich sich das Kind oder der Jugendliche vor Beginn der Leistung tatsächlich aufhält.

(5) [1] Begründen die Elternteile nach Beginn der Leistung verschiedene gewöhnliche Aufenthalte, so wird der örtliche Träger zuständig, in dessen Bereich der personensorgeberechtigte Elternteil seinen gewöhnlichen Aufenthalt hat; dies gilt auch dann, wenn ihm einzelne Angelegenheiten der Personensorge entzogen sind. [2] Solange in diesen Fällen die Personensorge beiden Elternteilen gemeinsam oder keinem Elternteil zusteht, bleibt die bisherige Zuständigkeit bestehen. [3] Absatz 4 gilt entsprechend.

(6) Lebt ein Kind oder ein Jugendlicher zwei Jahre bei einer Pflegeperson und ist sein Verbleib bei dieser Pflegeperson auf Dauer zu erwarten, so ist oder wird abweichend von den Absätzen 1 bis 5 der örtliche Träger zuständig, in dessen Bereich die Pflegeperson ihren gewöhnlichen Aufenthalt hat. Er hat die Eltern und, falls den Eltern die Personensorge nicht oder nur teilweise zusteht, den Personensorgeberechtigten über den Wechsel der Zuständigkeit zu unterrichten. Endet der Aufenthalt bei der Pflegeperson, so endet die Zuständigkeit nach Satz 1.

(7) [1] Für Leistungen an Kinder oder Jugendliche, die um Asyl nachsuchen oder einen Asylantrag gestellt haben, ist der örtliche Träger zuständig, in dessen Bereich sich die Person vor Beginn der Leistung tatsächlich aufhält; geht der Leistungsgewährung eine Inobhutnahme voraus, so bleibt die nach § 87 begründete Zuständigkeit bestehen. [2] Unterliegt die Person einem Verteilungsverfahren, so richtet sich die örtliche Zuständigkeit nach der Zuweisungsentscheidung der zuständigen Landesbehörde; bis zur Zuweisungsentscheidung gilt Satz 1 entsprechend. [3] Die nach Satz 1 oder 2 begründete örtliche Zuständigkeit bleibt auch nach Abschluss des Asylverfahrens so lange bestehen, bis die für die Bestimmung der örtlichen Zuständigkeit maßgebliche Person einen gewöhnlichen Aufenthalt im Bereich eines anderen Trägers der öffentlichen Jugendhilfe begründet. [4] Eine Unterbrechung der Leistung von bis zu drei Monaten bleibt außer Betracht.

§ 86a Örtliche Zuständigkeit für Leistungen an junge Volljährige

(1) Für Leistungen an junge Volljährige ist der örtliche Träger zuständig, in dessen Bereich der junge Volljährige vor Beginn der Leistung seinen gewöhnlichen Aufenthalt hat.

(2) Hält sich der junge Volljährige in einer Einrichtung oder sonstigen Wohnform auf, die der Erziehung, Pflege, Betreuung, Behandlung oder dem Strafvollzug dient, so richtet sich die örtliche Zuständigkeit nach dem gewöhnlichen Aufenthalt vor der Aufnahme in eine Einrichtung oder sonstige Wohnform.

(3) Hat der junge Volljährige keinen gewöhnlichen Aufenthalt, so richtet sich die Zuständigkeit nach seinem tatsächlichen Aufenthalt zu dem in Absatz 1 genannten Zeitpunkt; Absatz 2 bleibt unberührt.

(4) [1] Wird eine Leistung nach § 13 Absatz 3 oder nach § 21 über die Vollendung des 18. Lebensjahres hinaus weitergeführt oder geht der Hilfe

für junge Volljährige nach § 41 eine dieser Leistungen, eine Leistung nach § 19 oder eine Hilfe nach den §§ 27 bis 35a voraus, so bleibt der örtliche Träger zuständig, der bis zu diesem Zeitpunkt zuständig war. ²Eine Unterbrechung der Hilfeleistung von bis zu drei Monaten bleibt dabei außer Betracht. ³Die Sätze 1 und 2 gelten entsprechend, wenn eine Hilfe für junge Volljährige nach § 41 beendet war und innerhalb von drei Monaten erneut Hilfe für junge Volljährige nach § 41 erforderlich wird.

§ 86b Örtliche Zuständigkeit für Leistungen in gemeinsamen Wohnformen für Mütter/Väter und Kinder

(1) ¹Für Leistungen in gemeinsamen Wohnformen für Mütter oder Väter und Kinder ist der örtliche Träger zuständig, in dessen Bereich der nach § 19 Leistungsberechtigte vor Beginn der Leistung seinen gewöhnlichen Aufenthalt hat. ²§ 86a Absatz 2 gilt entsprechend.

(2) Hat der Leistungsberechtigte keinen gewöhnlichen Aufenthalt, so richtet sich die Zuständigkeit nach seinem tatsächlichen Aufenthalt zu dem in Absatz 1 genannten Zeitpunkt.

(3) ¹Geht der Leistung Hilfe nach den §§ 27 bis 35a oder eine Leistung nach § 13 Absatz 3, § 21 oder § 41 voraus, so bleibt der örtliche Träger zuständig, der bisher zuständig war. ²Eine Unterbrechung der Hilfeleistung von bis zu drei Monaten bleibt dabei außer Betracht.

§ 86c Fortdauernde Leistungsverpflichtung und Fallübergabe bei Zuständigkeitswechsel

(1) ¹Wechselt die örtliche Zuständigkeit für eine Leistung, so bleibt der bisher zuständige örtliche Träger so lange zur Gewährung der Leistung verpflichtet, bis der nunmehr zuständige örtliche Träger die Leistung fortsetzt. ²Dieser hat dafür Sorge zu tragen, dass der Hilfeprozess und die im Rahmen der Hilfeplanung vereinbarten Hilfeziele durch den Zuständigkeitswechsel nicht gefährdet werden.

(2) ¹Der örtliche Träger, der von den Umständen Kenntnis erhält, die den Wechsel der Zuständigkeit begründen, hat den anderen davon unverzüglich zu unterrichten. ²Der bisher zuständige örtliche Träger hat dem nunmehr zuständigen örtlichen Träger unverzüglich die für die Hilfegewährung sowie den Zuständigkeitswechsel maßgeblichen Sozialdaten zu übermitteln. ³Bei der Fortsetzung von Leistungen, die der Hilfeplanung nach § 36 Absatz 2 unterliegen, ist die Fallverantwortung im Rahmen eines Gespräches zu übergeben. ⁴Die Personensorgeberechtigten und das Kind oder der Jugendliche sowie der junge Volljährige oder der Leistungsberechtigte nach 19 sind an der Übergabe angemessen zu beteiligen.

§ 86d Verpflichtung zum vorläufigen Tätigwerden

Steht die örtliche Zuständigkeit nicht fest oder wird der zuständige örtliche Träger nicht tätig, so ist der örtliche Träger vorläufig zum Tätigwerden verpflichtet, in dessen Bereich sich das Kind oder der Jugendliche, der junge Volljährige oder bei Leistungen nach § 19 der Leistungsberechtigte vor Beginn der Leistung tatsächlich aufhält.

Zweiter Unterabschnitt. Örtliche Zuständigkeit für andere Aufgaben

§ 87 Örtliche Zuständigkeit für vorläufige Maßnahmen zum Schutz von Kindern und Jugendlichen

[1] Für die Inobhutnahme eines Kindes oder eines Jugendlichen (§ 42) ist der örtliche Träger zuständig, in dessen Bereich sich das Kind oder der Jugendliche vor Beginn der Maßnahme tatsächlich aufhält. [2] Die örtliche Zuständigkeit für die Inobhutnahme eines unbegleiteten ausländischen Kindes oder Jugendlichen richtet sich nach § 88a Absatz 2.

§ 87a Örtliche Zuständigkeit für Erlaubnis, Meldepflichten und Untersagung

(1) [1] Für die Erteilung der Pflegeerlaubnis sowie deren Rücknahme oder Widerruf (§§ 43, 44) ist der örtliche Träger zuständig, in dessen Bereich die Pflegeperson ihren gewöhnlichen Aufenthalt hat.

(2) Für die Erteilung der Erlaubnis zum Betrieb einer Einrichtung oder einer selbständigen sonstigen Wohnform sowie für die Rücknahme oder den Widerruf dieser Erlaubnis (§ 45 Absatz 1 und 2, § 48a), die örtliche Prüfung (§§ 46, 48a), die Entgegennahme von Meldungen (§ 47 Absatz 1 und 2, § 48a) und die Ausnahme von der Meldepflicht (§ 47 Absatz 3, § 48a) sowie die Untersagung der weiteren Beschäftigung des Leiters oder eines Mitarbeiters (§§ 48, 48a) ist der überörtliche Träger oder die nach Landesrecht bestimmte Behörde zuständig, in dessen oder deren Bereich die Einrichtung oder die sonstige Wohnform gelegen ist.

(3) Für die Mitwirkung an der örtlichen Prüfung (§§ 46, 48a) ist der örtliche Träger zuständig, in dessen Bereich die Einrichtung oder die selbständige sonstige Wohnform gelegen ist.

§ 87b Örtliche Zuständigkeit für die Mitwirkung in gerichtlichen Verfahren

(1) [1] Für die Zuständigkeit des Jugendamts zur Mitwirkung in gerichtlichen Verfahren (§§ 50 bis 52) gilt § 86 Absatz 1 bis 4 entsprechend. [2] Für die Mitwirkung im Verfahren nach dem Jugendgerichtsgesetz gegen einen jungen Menschen, der zu Beginn des Verfahrens das 18. Lebensjahr vollendet hat, gilt § 86a Absatz 1 und 3 entsprechend.

(2) [1] Die nach Absatz 1 begründete Zuständigkeit bleibt bis zum Abschluss des Verfahrens bestehen. [2] Hat ein Jugendlicher oder ein junger Volljähriger in einem Verfahren nach dem Jugendgerichtsgesetz die letzten sechs Monate vor Abschluss des Verfahrens in einer Justizvollzugsanstalt verbracht, so dauert die Zuständigkeit auch nach der Entlassung aus der Anstalt so lange fort, bis der Jugendliche oder junge Volljährige einen neuen gewöhnlichen Aufenthalt begründet hat, längstens aber bis zum Ablauf von sechs Monaten nach dem Entlassungszeitpunkt.

(3) Steht die örtliche Zuständigkeit nicht fest oder wird der zuständige örtliche Träger nicht tätig, so gilt § 86d entsprechend.

Vierter Unterabschnitt. Örtliche Zuständigkeit für vorläufige Maßnahmen, Leistungen und die Amtsvormundschaft für unbegleitete ausländische Kinder und Jugendliche

§ 88a Örtliche Zuständigkeit für vorläufige Maßnahmen, Leistungen und die Amtsvormundschaft für unbegleitete ausländische Kinder und Jugendliche

(1) Für die vorläufige Inobhutnahme eines unbegleiteten ausländischen Kindes oder Jugendlichen (§ 42a) ist der örtliche Träger zuständig, in dessen Bereich sich das Kind oder der Jugendliche vor Beginn der Maßnahme tatsächlich aufhält, soweit Landesrecht nichts anderes regelt.

(2) ^{1}Die örtliche Zuständigkeit für die Inobhutnahme eines unbegleiteten ausländischen Kindes oder Jugendlichen (§ 42) richtet sich nach der Zuweisungsentscheidung gem. § 42b Absatz 3 Satz 1 der nach Landesrecht für die Verteilung von unbegleiteten ausländischen Kindern oder Jugendlichen zuständigen Stelle. ^{2}Ist die Verteilung nach § 42b Absatz 4 ausgeschlossen, so bleibt die nach Absatz 1 begründete Zuständigkeit bestehen. ^{3}Ein anderer Träger kann aus Gründen des Kindeswohls oder aus sonstigen humanitären Gründen von vergleichbarem Gewicht die örtliche Zuständigkeit von dem zuständigen Träger übernehmen.

(3) ^{1}Für Leistungen an unbegleitete ausländische Kinder oder Jugendliche ist der örtliche Träger zuständig, in dessen Bereich sich die Person vor Beginn der Leistung tatsächlich aufhält. ^{2}Geht der Leistungsgewährung eine Inobhutnahme voraus, so bleibt die nach Absatz 2 begründete Zuständigkeit bestehen, soweit Landesrecht nichts anderes regelt.

(4) Die örtliche Zuständigkeit für die Vormundschaft oder Pflegschaft, die für unbegleitete ausländische Kinder oder Jugendliche durch Bestellung des Familiengerichts eintritt, richtet sich während

1. der vorläufigen Inobhutnahme (§ 42a) nach Absatz 1,
2. der Inobhutnahme (§ 42) nach Absatz 2 und
3. der Leistungsgewährung nach Absatz 3.

Dritter Abschnitt. Kostenerstattung

§ 89b Kostenerstattung bei vorläufigen Maßnahmen zum Schutz von Kindern und Jugendlichen

(1) Kosten, die ein örtlicher Träger im Rahmen der Inobhutnahme von Kindern und Jugendlichen (§ 42) aufgewendet hat, sind von dem örtlichen Träger zu erstatten, dessen Zuständigkeit durch den gewöhnlichen Aufenthalt nach § 86 begründet wird.

(2) Ist ein kostenerstattungspflichtiger örtlicher Träger nicht vorhanden, so sind die Kosten von dem überörtlichen Träger zu erstatten, zu dessen Bereich der örtliche Träger gehört.

(3) Eine nach Absatz 1 oder 2 begründete Pflicht zur Kostenerstattung bleibt bestehen, wenn und solange nach der Inobhutnahme Leistungen auf Grund einer Zuständigkeit nach § 86 Absatz 7 Satz 1 Halbsatz 2 gewährt werden.

§ 89d Kostenerstattung bei Gewährung von Jugendhilfe nach der Einreise

(1) [1]Kosten, die ein örtlicher Träger aufwendet, sind vom Land zu erstatten, wenn

1. innerhalb eines Monats nach der Einreise eines jungen Menschen oder eines Leistungsberechtigten nach § 19 Jugendhilfe gewährt wird und
2. sich die örtliche Zuständigkeit nach dem tatsächlichen Aufenthalt dieser Person oder nach der Zuweisungsentscheidung der zuständigen Landesbehörde richtet.

[2]Als Tag der Einreise gilt der Tag des Grenzübertritts, sofern dieser amtlich festgestellt wurde, oder der Tag, an dem der Aufenthalt im Inland erstmals festgestellt wurde, andernfalls der Tag der ersten Vorsprache bei einem Jugendamt. [3]Die Erstattungspflicht nach Satz 1 bleibt unberührt, wenn die Person um Asyl nachsucht oder einen Asylantrag stellt.

(2) Ist die Person im Inland geboren, so ist das Land erstattungspflichtig, in dessen Bereich die Person geboren ist.

(3) *(aufgehoben)*

(4) Die Verpflichtung zur Erstattung der aufgewendeten Kosten entfällt, wenn inzwischen für einen zusammenhängenden Zeitraum von drei Monaten Jugendhilfe nicht zu gewähren war.

(5) Kostenerstattungsansprüche nach den Absätzen 1 bis 3 gehen Ansprüchen nach den §§ 89 bis 89c und § 89e vor.

Achtes Kapitel. Kostenbeteiligung

Erster Abschnitt. Pauschalierte Kostenbeteiligung

§ 90 Pauschalierte Kostenbeteiligung

(1) Für die Inanspruchnahme von Angeboten

1. der Jugendarbeit nach § 11,
2. der allgemeinen Förderung der Erziehung in der Familie nach § 16 Absatz 1, Absatz 2 Nummer 1 und 3 und
3. der Förderung von Kindern in Tageseinrichtungen und Kindertagespflege nach den §§ 22 bis 24

können Kostenbeiträge festgesetzt werden.

(2) [1]In den Fällen des Absatzes 1 Nummer 1 und 2 kann der Kostenbeitrag auf Antrag ganz oder teilweise erlassen oder ein Teilnahmebeitrag auf Antrag ganz oder teilweise vom Träger der öffentlichen Jugendhilfe übernommen werden, wenn

1. die Belastung
   a) dem Kind oder dem Jugendlichen und seinen Eltern oder
   b) dem jungen Volljährigen
   nicht zuzumuten ist und
2. die Förderung für die Entwicklung des jungen Menschen erforderlich ist.

[2]Lebt das Kind oder der Jugendliche nur mit einem Elternteil zusammen, so tritt dieser an die Stelle der Eltern. [3]Für die Feststellung der zumutbaren

Belastung gelten die §§ 82 bis 85, 87, 88 und 92a des Zwölften Buches entsprechend, soweit nicht Landesrecht eine andere Regelung trifft. [4] Bei der Einkommensberechnung bleiben das Baukindergeld des Bundes sowie die Eigenheimzulage nach dem Eigenheimzulagengesetz außer Betracht.

(3) [1] Im Fall des Absatzes 1 Nummer 3 sind Kostenbeiträge zu staffeln. [2] Als Kriterien für die Staffelung können insbesondere das Einkommen der Eltern, die Anzahl der kindergeldberechtigten Kinder in der Familie und die tägliche Betreuungszeit des Kindes berücksichtigt werden. [3] Werden die Kostenbeiträge nach dem Einkommen berechnet, bleibt das Baukindergeld des Bundes außer Betracht. [4] Darüber hinaus können weitere Kriterien berücksichtigt werden.

(4) [1] Im Fall des Absatzes 1 Nummer 3 wird der Kostenbeitrag auf Antrag erlassen oder auf Antrag ein Teilnahmebeitrag vom Träger der öffentlichen Jugendhilfe übernommen, wenn die Belastung durch Kostenbeiträge den Eltern und dem Kind nicht zuzumuten ist.

[2] Nicht zuzumuten sind Kostenbeiträge immer dann, wenn Eltern oder Kinder Leistungen zur Sicherung des Lebensunterhalts nach dem Zweiten Buch, Leistungen nach dem dritten und vierten Kapitel des Zwölften Buches oder Leistungen nach den §§ 2 und 3 des Asylbewerberleistungsgesetzes beziehen oder wenn die Eltern des Kindes Kinderzuschlag gemäß § 6a des Bundeskindergeldgesetzes oder Wohngeld nach dem Wohngeldgesetz erhalten. [3] Der Träger der öffentlichen Jugendhilfe hat die Eltern über die Möglichkeit einer Antragstellung nach Satz 1 bei unzumutbarer Belastung durch Kostenbeiträge zu beraten. [4] Absatz 2 Satz 2 bis 4 gilt entsprechend.

Zweiter Abschnitt. Kostenbeiträge für stationäre und teilstationäre Leistungen sowie vorläufige Maßnahmen

§ 91 Anwendungsbereich

(1) Zu folgenden vollstationären Leistungen und vorläufigen Maßnahmen werden Kostenbeiträge erhoben:

1. der Unterkunft junger Menschen in einer sozialpädagogisch begleiteten Wohnform (§ 13 Absatz 3),
2. der Betreuung von Müttern oder Vätern und Kindern in gemeinsamen Wohnformen (§ 19),
3. der Betreuung und Versorgung von Kindern in Notsituationen (§ 20),
4. der Unterstützung bei notwendiger Unterbringung junger Menschen zur Erfüllung der Schulpflicht und zum Abschluss der Schulausbildung (§ 21),
5. der Hilfe zur Erziehung
   a) in Vollzeitpflege (§ 33),
   b) in einem Heim oder in einer sonstigen betreuten Wohnform (§ 34),
   c) in intensiver sozialpädagogischer Einzelbetreuung (§ 35), sofern sie außerhalb des Elternhauses erfolgt,
   d) auf der Grundlage von § 27 in stationärer Form,
6. der Eingliederungshilfe für seelisch behinderte Kinder und Jugendliche durch geeignete Pflegepersonen sowie in Einrichtungen über Tag und Nacht und in sonstigen Wohnformen (§ 35a Absatz 2 Nummer 3 und 4),
7. der Inobhutnahme von Kindern und Jugendlichen (§ 42),
8. der Hilfe für junge Volljährige, soweit sie den in den Nummern 5 und 6 genannten Leistungen entspricht (§ 41).

(2) Zu folgenden teilstationären Leistungen werden Kostenbeiträge erhoben:

1. der Betreuung und Versorgung von Kindern in Notsituationen nach § 20,
2. Hilfe zur Erziehung in einer Tagesgruppe nach § 32 und anderen teilstationären Leistungen nach § 27,
3. Eingliederungshilfe für seelisch behinderte Kinder und Jugendliche in Tageseinrichtungen und anderen teilstationären Einrichtungen nach § 35a Absatz 2 Nummer 2 und
4. Hilfe für junge Volljährige, soweit sie den in den Nummern 2 und 3 genannten Leistungen entspricht (§ 41).

(3) Die Kosten umfassen auch die Aufwendungen für den notwendigen Unterhalt und die Krankenhilfe.

(4) Verwaltungskosten bleiben außer Betracht.

(5) Die Träger der öffentlichen Jugendhilfe tragen die Kosten der in den Absätzen 1 und 2 genannten Leistungen unabhängig von der Erhebung eines Kostenbeitrags.

§ 92 Ausgestaltung der Heranziehung

(1) Aus ihrem Einkommen nach Maßgabe der §§ 93 und 94 heranzuziehen sind:

1. Kinder und Jugendliche zu den Kosten der in § 91 Absatz 1 Nummer 1 bis 7 genannten Leistungen und vorläufigen Maßnahmen,
2. junge Volljährige zu den Kosten der in § 91 Absatz 1 Nummer 1, 4 und 8 genannten Leistungen,
3. Leistungsberechtigte nach § 19 zu den Kosten der in § 91 Absatz 1 Nummer 2 genannten Leistungen,
4. Ehegatten und Lebenspartner junger Menschen und Leistungsberechtigter nach § 19 zu den Kosten der in § 91 Absatz 1 und Absatz 2 genannten Leistungen und vorläufigen Maßnahmen,
5. Elternteile zu den Kosten der in § 91 Absatz 1 genannten Leistungen und vorläufigen Maßnahmen; leben sie mit dem jungen Menschen zusammen, so werden sie auch zu den Kosten der in § 91 Absatz 2 genannten Leistungen herangezogen.

(1a) Zu den Kosten vollstationärer Leistungen sind junge Volljährige und volljährige Leistungsberechtigte nach § 19 zusätzlich aus ihrem Vermögen nach Maßgabe der §§ 90 und 91 des Zwölften Buches heranzuziehen.

(2) Die Heranziehung erfolgt durch Erhebung eines Kostenbeitrags, der durch Leistungsbescheid festgesetzt wird; Elternteile werden getrennt herangezogen.

(3) [1]Ein Kostenbeitrag kann bei Eltern, Ehegatten und Lebenspartnern ab dem Zeitpunkt erhoben werden, ab welchem dem Pflichtigen die Gewährung der Leistung mitgeteilt und er über die Folgen für seine Unterhaltspflicht gegenüber dem jungen Menschen aufgeklärt wurde. [2]Ohne vorherige Mitteilung kann ein Kostenbeitrag für den Zeitraum erhoben werden, in welchem der Träger der öffentlichen Jugendhilfe aus rechtlichen oder tat-

sächlichen Gründen, die in den Verantwortungsbereich des Pflichtigen fallen, an der Geltendmachung gehindert war. ^{3}Entfallen diese Gründe, ist der Pflichtige unverzüglich zu unterrichten.

(4) ^{1}Ein Kostenbeitrag kann nur erhoben werden, soweit Unterhaltsansprüche vorrangig oder gleichrangig Berechtigter nicht geschmälert werden. ^{2}Von der Heranziehung der Eltern ist abzusehen, wenn das Kind, die Jugendliche, die junge Volljährige oder die Leistungsberechtigte nach § 19 schwanger ist oder der junge Mensch oder die nach § 19 leistungsberechtigte Person ein leibliches Kind bis zur Vollendung des sechsten Lebensjahres betreut.

(5) ^{1}Von der Heranziehung soll im Einzelfall ganz oder teilweise abgesehen werden, wenn sonst Ziel und Zweck der Leistung gefährdet würden oder sich aus der Heranziehung eine besondere Härte ergäbe. ^{2}Von der Heranziehung kann abgesehen werden, wenn anzunehmen ist, dass der damit verbundene Verwaltungsaufwand in keinem angemessenen Verhältnis zu dem Kostenbeitrag stehen wird.

§ 93 Berechnung des Einkommens

(1) ^{1}Zum Einkommen gehören alle Einkünfte in Geld oder Geldeswert mit Ausnahme der Grundrente nach oder entsprechend dem Bundesversorgungsgesetz sowie der Renten und Beihilfen, die nach dem Bundesentschädigungsgesetz für einen Schaden an Leben sowie an Körper und Gesundheit gewährt werden bis zur Höhe der vergleichbaren Grundrente nach dem Bundesversorgungsgesetz. ^{2}Eine Entschädigung, die nach § 253 Absatz 2 des Bürgerlichen Gesetzbuchs wegen eines Schadens, der nicht Vermögensschaden ist, geleistet wird, ist nicht als Einkommen zu berücksichtigen. ^{3}Geldleistungen, die dem gleichen Zweck wie die jeweilige Leistung der Jugendhilfe dienen, zählen nicht zum Einkommen und sind unabhängig von einem Kostenbeitrag einzusetzen. ^{4}Kindergeld und Leistungen, die auf Grund öffentlich-rechtlicher Vorschriften zu einem ausdrücklich genannten Zweck erbracht werden, sind nicht als Einkommen zu berücksichtigen.

(2) Von dem Einkommen sind abzusetzen

1. auf das Einkommen gezahlte Steuern und
2. Pflichtbeiträge zur Sozialversicherung einschließlich der Beiträge zur Arbeitsförderung sowie
3. nach Grund und Höhe angemessene Beiträge zu öffentlichen oder privaten Versicherungen oder ähnlichen Einrichtungen zur Absicherung der Risiken Alter, Krankheit, Pflegebedürftigkeit und Arbeitslosigkeit.

(3) ^{1}Von dem nach den Absätzen 1 und 2 errechneten Betrag sind Belastungen der kostenbeitragspflichtigen Person abzuziehen. ^{2}Der Abzug erfolgt durch eine Kürzung des nach den Absätzen 1 und 2 errechneten Betrages um pauschal 25 vom Hundert. ^{3}Sind die Belastungen höher als der pauschale Abzug, so können sie abgezogen werden, soweit sie nach Grund und Höhe angemessen sind und die Grundsätze einer wirtschaftlichen Lebensführung nicht verletzen. ^{4}In Betracht kommen insb.

1. Beiträge zu öffentlichen oder privaten Versicherungen oder ähnlichen Einrichtungen,

2. die mit der Erzielung des Einkommens verbundenen notwendigen Ausgaben,
3. Schuldverpflichtungen.
[5]Die kostenbeitragspflichtige Person muss die Belastungen nachweisen.

(4) [1]Maßgeblich ist das durchschnittliche Monatseinkommen, das die kostenbeitragspflichtige Person in dem Kalenderjahr erzielt hat, welches dem jeweiligen Kalenderjahr der Leistung oder Maßnahme vorangeht. [2]Auf Antrag der kostenbeitragspflichtigen Person wird dieses Einkommen nachträglich durch das durchschnittliche Monatseinkommen ersetzt, welches die Person in dem jeweiligen Kalenderjahr der Leistung oder Maßnahme erzielt hat. [3]Der Antrag kann innerhalb eines Jahres nach Ablauf dieses Kalenderjahres gestellt werden. [4]Macht die kostenbeitragspflichtige Person glaubhaft, dass die Heranziehung zu den Kosten aus dem Einkommen nach Satz 1 in einem bestimmten Zeitraum eine besondere Härte für sie ergäbe, wird vorläufig von den glaubhaft gemachten, dem Zeitraum entsprechenden Monatseinkommen ausgegangen; endgültig ist in diesem Fall das nach Ablauf des Kalenderjahres zu ermittelnde durchschnittliche Monatseinkommen dieses Jahres maßgeblich.

§ 94 Umfang der Heranziehung

(1) [1]Die Kostenbeitragspflichtigen sind aus ihrem Einkommen in angemessenem Umfang zu den Kosten heranzuziehen. [2]Die Kostenbeiträge dürfen die tatsächlichen Aufwendungen nicht überschreiten. [3]Eltern sollen nachrangig zu den jungen Menschen herangezogen werden. [4]Ehegatten und Lebenspartner sollen nachrangig zu den jungen Menschen, aber vorrangig vor deren Eltern herangezogen werden.

(2) Für die Bestimmung des Umfangs sind bei jedem Elternteil, Ehegatten oder Lebenspartner die Höhe des nach § 93 ermittelten Einkommens und die Anzahl der Personen, die mindestens im gleichen Range wie der untergebrachte junge Mensch oder Leistungsberechtigte nach § 19 unterhaltsberechtigt sind, angemessen zu berücksichtigen.

(3) [1]Werden Leistungen über Tag und Nacht außerhalb des Elternhauses erbracht und bezieht einer der Elternteile Kindergeld für den jungen Menschen, so hat dieser unabhängig von einer Heranziehung nach Absatz 1 Satz 1 und 2 und nach Maßgabe des Absatzes 1 Satz 3 und 4 einen Kostenbeitrag in Höhe des Kindergeldes zu zahlen. [2]Zahlt der Elternteil den Kostenbeitrag nach Satz 1 nicht, so sind die Träger der öffentlichen Jugendhilfe insoweit berechtigt, das auf dieses Kind entfallende Kindergeld durch Geltendmachung eines Erstattungsanspruchs nach § 74 Absatz 2 des Einkommensteuergesetzes in Anspruch zu nehmen.

(4) Werden Leistungen über Tag und Nacht erbracht und hält sich der junge Mensch nicht nur im Rahmen von Umgangskontakten bei einem Kostenbeitragspflichtigen auf, so ist die tatsächliche Betreuungsleistung über Tag und Nacht auf den Kostenbeitrag anzurechnen.

(5) Für die Festsetzung der Kostenbeiträge von Eltern, Ehegatten und Lebenspartnern junger Menschen und Leistungsberechtigter nach § 19 werden nach Einkommensgruppen gestaffelte Pauschalbeträge durch Rechtsverordnung des zuständigen Bundesministeriums mit Zustimmung des Bundesrates bestimmt.

(6) [1] Bei vollstationären Leistungen haben junge Menschen und Leistungsberechtigte nach § 19 nach Abzug der in § 93 Absatz 2 genannten Beträge 75 Prozent ihres Einkommens als Kostenbeitrag einzusetzen. [2] Es kann ein geringerer Kostenbeitrag erhoben oder gänzlich von der Erhebung des Kostenbeitrags abgesehen werden, wenn das Einkommen aus einer Tätigkeit stammt, die dem Zweck der Leistung dient. [3] Dies gilt insb., wenn es sich um eine Tätigkeit im sozialen oder kulturellen Bereich handelt, bei der nicht die Erwerbstätigkeit, sondern das soziale oder kulturelle Engagement im Vordergrund stehen.

2. Richtlinien zum Jugendgerichtsgesetz (RiJGG)

vom 15. Februar 1955 (ABl Berlin 1955, 426)
in der Fassung ab 1. August 1994 (ABl Berlin 1994, 2313)

Einführung

Die bundeseinheitlichen Richtlinien zum Jugendgerichtsgesetz wenden sich vornehmlich an die Staatsanwaltschaft und geben für den Regelfall Anleitungen und Orientierungshilfen, von denen wegen der Besonderheit des Einzelfalles abgewichen werden kann.

Sie enthalten aber auch Hinweise und Empfehlungen an das Gericht. Soweit diese Hinweise nicht die Art der Ausführung eines Amtgeschäfts betreffen, bleibt es dem Gericht überlassen, sie zu berücksichtigen. Auch im übrigen enthalten die Richtlinien Grundsätze, die für das Gericht von Bedeutung sein können.

Soweit diese Richtlinien keine besonderen Bestimmungen aufweisen, gelten die Richtlinien für das Strafverfahren und das Bußgeldverfahren.

Personen- und Funktionsbezeichnungen gelten jeweils in weiblicher und männlicher Form.

Zu § 1:

1. Auf Handlungen, für die Ordnungs- oder Zwangsmittel vorgesehen sind, findet das Jugendgerichtsgesetz keine Anwendung. Für das Bußgeldverfahren gelten die Vorschriften des Jugendgerichtsgesetzes sinngemäß, soweit das Gesetz über Ordnungswidrigkeiten nichts anderes bestimmt (§ 46 Abs. 1 OWiG).
2. Stellt die Staatsanwaltschaft ein Verfahren wegen Schuldunfähigkeit (vgl. § 19 StGB) ein, so prüft sie, wer zu benachrichtigen ist (vgl. insb. § 70 Satz 1, § 109 Abs. 1 Satz 2) und ob gegen Aufsichtspflichtige einzuschreiten ist.

Zu § 3:

1. Verbleiben nach Ausschöpfung anderer Ermittlungsmöglichkeiten ernsthafte Zweifel an der strafrechtlichten Verantwortlichkeit, ist zu prüfen, ob ein Sachverständigengutachten einzuholen ist (vgl. auch die §§ 38, 43, 73 und die Richtlinien dazu). Dabei ist der Grundsatz der Verhältnismäßigkeit zu beachten.
2. Ergibt die Prüfung, daß der Jugendliche mangels Reife nicht verantwortlich ist oder kann die Verantwortlichkeit nicht sicher festgestellt werden, so stellt die Staatsanwaltschaft das Verfahren ein (§ 170 Abs. 2 StPO); ist die Anklage bereits eingereicht, so regt die Staatsanwaltschaft die Einstellung des Verfahrens an (§ 47 Abs. 1 Satz 1 Nr. 4).

Zu § 5:

Ergibt sich in der Hauptverhandlung, daß bereits eine erzieherische Maßnahme durchgeführt oder eingeleitet worden ist, und hält die Staatsanwaltschaft deshalb eine Ahndung für entbehrlich, so regt sie die Einstellung des
Verfahrens an (§ 47 Abs. 1 Satz 1 Nr. 2).

Zu § 6:

Soweit eine in § 6 nicht genannte Nebenstrafe oder Nebenfolge nicht
zwingend vorgeschrieben ist, beantragt die Staatsanwaltschaft sie nur, wenn
sie erzieherisch notwendig erscheint.

Zu § 9:

Wegen der Eintragung in das Zentralregister und das Erziehungsregister
wird auf § 5 Abs. 2 und § 60 Abs. 1 Nr. 2 BZRG hingewiesen.

Zu § 10:

1. Die Lebensführung gestaltende Gebote sind Verboten im allgemeinen
   vorzuziehen. Eine Weisung wird in der Regel besonders wirksam sein,
   wenn das auferlegte Verfahren in einem inneren Zusammenhang mit der
   Tat steht.
2. Die Weisung, sich einem Betreuungshelfer zu unterstellen (§ 10 Abs. 1
   Satz 3 Nr. 5), wird auch im Hinblick auf die damit für den Jugendlichen
   verbundenen Belastungen und den personellen und zeitlichen Aufwand
   im Bereich der Jugendgerichtshilfe bei geringfügigen Verfehlungen[1] nicht
   in Betracht kommen. Gegenüber Jugendlichen wird die Maßnahme nur
   sinnvoll sein, wenn die Erziehungsberechtigten zustimmen. Kommt eine
   Anordnung der Maßnahme in Betracht, so empfiehlt es sich, frühzeitig
   mit der Jugendgerichtshilfe Verbindung aufzunehmen. Auf § 38 Abs. 2
   Satz 7 und § 38 Abs. 3 Satz 2 sowie die Richtlinien dazu wird hingewiesen. Die Person des Betreuungshelfers ist möglichst genau zu bezeichnen.
   Im Verfahren nach § 45 ist die Weisung nicht zulässig (vgl. § 45 Abs. 3
   Satz 1).
3. Auch bei der Weisung, an einem sozialen Trainingskurs teilzunehmen
   (§ 10 Abs. 1 Satz 3 Nr. 6), handelt es sich um eine verhältnismäßig auf-
   wendige Maßnahme, die für den Jugendlichen je nach struktureller und
   zeitlicher Gestaltung der Kurse mit nicht unerheblichen Belastungen verbunden sein kann. Nr. 2 Satz 1, 3 und 6 gilt entsprechend. Die Weisung,
   an anderen Formen sozialer Gruppenarbeit teilzunehmen, wird durch
   § 10 Abs. 1 Satz 3 Nr. 6 nicht ausgeschlossen.
4. Der Täter-Opfer-Ausgleich (§ 10 Abs. 1 Satz 3 Nr. 7) verdient im gesamten Verfahren Beachtung (vgl. § 45 Abs. 2 Satz 2, § 45 Abs. 3 Satz 1,
   auch in Verbindung mit § 47 Abs. 1 Satz 1 Nr. 2 und 3, § 23 Abs. 1
   Satz 1, § 29 Satz 2 und § 88 Abs. 6 Satz 1). Besondere Bedeutung
   kommt ihm in Verbindung mit dem Verfahren nach § 45 Abs. 2 zu. Nr. 2
   Satz 3 gilt entsprechend. Er zielt darauf ab, bei dem Verletzten den
   immateriellen und materiellen Schaden auszugleichen und bei dem Jugendlichen einen Lernprozeß einzuleiten.

---

[1] Vgl. Einigungsvertrag Abschnitt III 3. b).

5. Hinsichtlich des Versichungsschutzes bei Arbeitsleistungen wird auf § 540 RVO hingewiesen.
6. Ist die Befolgung einer Weisung mit Kosten verbunden, sollte die Staatsanwaltschaft darauf hinwirken, daß vor Erteilung der Weisung geklärt wird, wer die Kosten trägt. Wenn der Jugendliche oder die Unterhaltspflichtigen die Kosten nicht aufbringen können, kann der Träger der Sozialhilfe oder eine andere Stelle als Kostenträger in Betracht kommen. Eine Verpflichtung dritter Stellen, die Kosten für die Durchführung einer Weisung nach § 10 Abs. 2 zu übernehmen, kann sich aus dem Recht der gesetzlichen Krankenversicherung, dem Achten Buch Sozialgesetzbuch (§§ 91, 92 SGB VIII) und dem Bundessozialhilfegesetz (subsidiäre Krankenhilfe nach § 37 BSHG, Eingliederungshilfe nach § 39 BSHG nebst Eingliederungshilfe-VO, Gefährdetenhilfe nach § 72 BSHG) ergeben. Bei Zuständigkeitsüberschneidungen kann durch Zusammenwirken der in Betracht kommenden Kostenträger sichergestellt werden, daß keine Lücken in der Kostenträgerschaft entstehen (z. B. bei kombinierten Behandlungsmethoden).
7. Vor der Erteilung von Weisungen sind die Vertreter der Jugendgerichtshilfe zu hören (§ 38 Abs. 3 Satz 3).
8. Die Staatsanwaltschaft wirkt darauf hin, daß das Gericht den Jugendlichen über die Bedeutung der Weisungen und Folgen schuldhafter Zuwiderhandlung (§ 11 Abs. 3 Satz 1) belehrt und diese Belehrung in der Niederschrift über die Hauptverhandlung vermerkt oder sonst aktenkundig gemacht wird.
9. Bevor Jugendlichen die Weisung erteilt wird, sich einer heilerzieherischen Behandlung oder einer Entziehungskur zu unterziehen, wird es in der Regel notwendig sein, einen Sachverständigen gutachterlich zu hören.

Zu § 11:

1. Bei Weisungen, denen der Jugendliche längere Zeit hindurch nachzukommen hat, empfiehlt es sich, in angemessenen Zeitabständen zu prüfen, ob es aus Gründen der Erziehung geboten ist, die Weisung oder ihre Laufzeit zu ändern oder die Weisung aufzuheben. Zur Anhörung der Jugendgerichtshilfe, eines bestellten Betreuungshelfers und des Leiters eines sozialen Trainingskurses wird auf § 65 Abs. 1 Satz 2 hingewiesen.
2. Unter Beachtung des Grundsatzes der Verhältnismäßigkeit soll die Staatsanwaltschaft darauf hinwirken, daß bei Zuwiderhandlungen gegen Weisungen Jugendarrest nur verhängt wird, wenn mildere Maßnahmen, z. B. eine formlose Ermahnung, nicht ausreichen. Ist Jugendarrest nach § 11 Abs. 3 Satz 1 zu verhängen, so regt die Staatsanwaltschaft an, ein solches Maß festzusetzen, das im Wiederholungsfall gesteigert werden kann, falls sich dies aus erzieherischen Gründen als notwendig erweist.
3. Vor der Verhängung von Jugendarrest ist dem Jugendlichen Gelegenheit zur mündlichen Äußerung zu geben (§ 65 Abs. 1 Satz 3).

Zu § 12:

Auf die Richtlinie Nr. 2 zu § 105 wird hingewiesen.

Zu § 13:

Wegen der Eintragung in das Zentralregister oder in das Erziehungsregister wird auf § 5 Abs. 2 und § 60 Abs. 1 Nr. 2 BZRG hingewiesen.

Zu § 14:

Wegen des Ausspruchs der rechtskräftig angeordneten Verwarnung (Vollstreckung) wird auf Abschnitt IV Nr. 1 der Richtlinien zu §§ 82 bis 85 hingewiesen.

Zu § 15:

1. Die Wiedergutmachung des Schadens kann auch in Arbeitsleistungen für den Geschädigten bestehen (vgl. hierzu die Richtlinie Nr. 5 zu § 10).
2. Im Hinblick auf eine Wiedergutmachung des Schadens oder eine Entschuldigung bei dem Verletzten wird auf die Richtlinie Nr. 4 zu § 10 hingewiesen.
3. Zur Auflage, Arbeitsleistungen zu erbringen, wird auf § 540 RVO hingewiesen.
4. Wegen der Kosten der Durchführung von Auflagen wird auf die Richtlinie Nr. 6 zu § 10 hingewiesen.
5. Die Staatsanwaltschaft wirkt darauf hin, daß das Gericht den Jugendlichen über die Bedeutung der Weisungen und Folgen schuldhafter Zuwiderhandlung (§ 11 Abs. 3 Satz 1) belehrt und diese Belehrung in der Niederschrift über die Hauptverhandlung vermerkt oder sonst aktenkundig gemacht wird.
6. Wegen der Folgen schuldhafter Nichterfüllung von Auflagen wird auf die Richtlinien Nrn. 2 und 3 zu § 11 hingewiesen. Geldleistungen, die nach § 15 Abs. 1 Satz 1 Nr. 1 und 4 auferlegt worden sind, können nicht zwangsweise beigetrieben werden.

Zu § 16:

1. Wöchentliche Freizeit ist die Zeit von der Beendigung der Arbeit am Ende der Woche bis zum Beginn der Arbeit in der nächsten Woche. Bei Jugendlichen, die an Sonntagen beschäftigt werden, tritt an die Stelle dieser Freizeit die entsprechende Freizeit während der Woche. Der Freizeitarrest kann auch an einem Feiertag vollstreckt werden, jedoch nicht über die regelmäßige Dauer der wöchentlichen Freizeit hinaus. Hinsichtlich der Arrestdauer wird auf § 25 JAVollzO und § 5 BwVollzO verwiesen.
2. Wegen der Berücksichtigung von Untersuchungshaft bei Jugendarrest wird auf § 52 und die Richtlinien dazu verwiesen.

Zu § 17:

1. Jugendstrafe darf nur verhängt werden, wenn andere Rechtsfolgen des Jugendgerichtsgesetzes nicht ausreichen. Sie soll in erster Linie der Erziehung dienen und darf deshalb mit der Freiheitsstrafe nicht gleichgesetzt werden.

2. Wenn Jugendliche und Erwachsene gemeinsam abgeurteilt werden (§ 103), wird es sich in der Regel empfehlen, in der mündlichen Urteilsbegründung das Wesen der Jugendstrafe und ihre Verschiedenheit von der Freiheitsstrafe darzulegen.

Zu § 18:

1. Der Umstand, daß Jugendstrafe von weniger als sechs Monaten nicht ausgesprochen werden kann, darf nicht dazu führen, daß Jugendarrest in Fällen verhängt wird, in denen dieser nicht angebracht ist. Ist weder Jugendstrafe noch Jugendarrest gerechtfertigt, so kann das Gericht mehrere Maßnahmen miteinander verbinden (§ 8) und vor allem Weisungen erteilen, die eine länger dauernde erzieherische Einwirkung ermöglichen (vgl. § 10 und die Richtlinien dazu).
2. Die vom Gesetz angeordnete vorrangige Berücksichtigung des Erziehungsgedankens bedeutet nicht, daß Belange des Schuldausgleichs ausgeschlossen wären. Sie darf nicht dazu führen, daß die obere Grenze schuldangemessenen Strafens überschritten wird.
3. Wegen der Anrechnung von Untersuchungshaft auf Jugendstrafe wird auf § 52a und die Richtlinien dazu hingewiesen.

Zu § 21:

1. Die Entscheidung darüber, ob eine Jugendstrafe zur Bewährung auszusetzen ist, setzt – auch bei Erstbestraften – eine sorgfältige Erforschung der Persönlichkeit und der Lebensverhältnisse des Jugendlichen voraus. Bei günstiger Prognose ist eine Jugendstrafe von nicht mehr als einem Jahr auszusetzen. Bei Jugendstrafe von mehr als einem Jahr bis zu zwei Jahren bedarf es jedoch zusätzlich der Prüfung, ob besondere Umstände in der bisherigen und absehbaren Entwicklung des Jugendlichen die Vollstreckung gebieten.
2. Für den Erfolg der Aussetzung der Jugendstrafe zur Bewährung ist es von Bedeutung, ob der Jugendliche fähig und willens ist, sich zu bessern. Sein Einverständnis mit der Maßnahme ist zwar nicht vorgeschrieben; eine Aussetzung ohne dieses Einverständnis ist aber nur sinnvoll, wenn erwartet werden kann, daß der Jugendliche in der Bewährungszeit zu einer bejahenden Einstellung kommt.
3. Aus erzieherischen Gründen empfiehlt es sich, dem Jugendlichen bewußt zu machen, daß die Jugendstrafe im Vertrauen auf seine Fähigkeit und seinen Willen, sich zu bewähren, ausgesetzt wird und daß ihm daraus eine besondere Verpflichtung erwächst.
4. Die Verurteilung zu einer Jugendstrafe von nicht mehr als zwei Jahren wird nicht in das Führungszeugnis aufgenommen, wenn Strafaussetzung zur Bewährung bewilligt und diese Entscheidung nicht widerrufen worden ist (vgl. § 32 Abs. 2 Nr. 3 BZRG).

Zu § 23:

1. Wegen des Inhalts von Weisungen und Auflagen im Rahmen der Bewährung wird auf die Richtlinie Nr. 1 zu § 10 und die Richtlinien Nrn. 1

bis 3 zu § 15, wegen der Kosten ihrer Durchführung auf die Richtlinie Nr. 6 zu § 10 hingewiesen.

2. Für die nachträgliche Änderung von Weisungen oder Auflagen gilt die Richtlinie Nr. 1 zu § 11 entsprechend.

3. Die Weisungen oder Auflagen werden in einem Bewährungsplan zusammengestellt, der dem Jugendlichen auszuhändigen ist (§ 60).

4. Für die Befragung, ob der Jugendliche Zusagen machen oder sich zu Leistungen erbieten will, gilt § 57 Abs. 3 Satz 1.

Zu §§ 24 und 25:

1. Da der Bewährungshelfer seine Überwachungsaufgaben im Einvernehmen mit dem Gericht erfüllt und das Gericht ihm auch für seine betreuende Tätigkeit Anweisungen erteilen kann, ist eine enge persönliche Zusammenarbeit zwischen Gericht und Bewährungshelfer unerläßlich. Es empfiehlt sich jedoch, die Selbständigkeit des Bewährungshelfers bei der Betreuung des Jugendlichen möglichst nicht einzuschränken.

2. Das Gericht unterstützt den Bewährungshelfer in dem Bemühen, ein persönliches, auf Vertrauen beruhendes Verhältnis zu dem Jugendlichen zu gewinnen.

3. Um die Entwicklung des Jugendlichen während der Bewährungszeit beobachten zu können, empfiehlt es sich, dem Bewährungshelfer zur Pflicht zu machen, in anfangs kürzeren, später längeren Zeitabständen über seine Tätigkeit und über die Führung des Jugendlichen zu berichten (§ 25 Satz 3). Ferner empfiehlt es sich, darauf hinzuwirken, daß der Bewährungshelfer nicht nur gröbliche und beharrliche Verstöße des Jugendlichen gegen Weisungen, Auflagen, Zusagen oder Anerbieten (§ 25 Satz 4), sondern auch alles Wesentliche mitteilt, was ihm über die Entwicklung des Jugendlichen, seine Lebensverhältnisse und sein Verhalten bekannt wird. Besondere Vorfälle teilt der Bewährungshelfer dem Gericht sofort mit. Für den Schlußbericht des Bewährungshelfers wird auf die Richtlinie Nr. 1 zu §§ 26, 26a hingewiesen.

4. Gegenüber anderen Personen und Stellen wird der Bewährungshelfer Verschwiegenheit wahren, um insb. auch das für die Erziehungsarbeit notwendige Vertrauensverhältnis zwischen ihm und dem Jugendlichen nicht zu beeinträchtigen. Dies gilt nicht im Verhältnis zu den dienstaufsichtsführenden Stellen.

5. Vor Bestellung eines ehrenamtlichen Bewährungshelfers soll seine Eignung für die Betreuung des Jugendlichen sorgfältig geprüft und seine Einwilligung eingeholt werden.

6. Soweit in den Ländern für die Tätigkeit der Bewährungshilfe, auch im Rahmen der Führungsaufsicht (§§ 68a ff StGB), spezielle Verwaltungsvorschriften ergangen sind, wird auf diese hingewiesen.

Zu §§ 26 und 26a:

1. Vor Ablauf der Unterstellungszeit legt der Bewährungshelfer dem Gericht einen Schlußbericht so rechtzeitig vor, daß Maßnahmen nach § 26 Abs. 2 in der gebotenen Zeit getroffen werden können, namentlich die Bewährungs- oder Unterstellungszeit noch verlängert werden kann (§ 26 Abs. 2 Nr. 2, § 22 Abs. 2 Satz 2, § 24 Abs. 2 Satz 1). Der Bewährungshelfer

ergänzt diesen Schlußbericht bis zum Ablauf der Unterstellungszeit, falls ihm Umstände bekannt werden, die für die Entscheidung über den Erlaß der Jugendstrafe oder den Widerruf der Strafaussetzung von Bedeutung sein können.

2. Kommt eine Entscheidung nach § 26 in Betracht, ist dem Jugendlichen Gelegenheit zur mündlichen Äußerung zu geben (§ 58 Abs. 1 Satz 3); auf § 58 Abs. 1 Satz 2 wird hingewiesen.
3. Wegen der Beseitigung des Strafmakels nach Erlaß einer Strafe oder eines Strafrestes wird auf § 100 hingewiesen.
4. Falls der Widerruf der Aussetzung in Betracht kommt, kann das Gericht vorläufige Maßnahmen treffen, um sich der Person des Jugendlichen zu versichern (§ 58 Abs. 2 JGG i. V. m. § 453c StPO).

Zu § 27:

Der Schuldspruch nach § 27 wird nicht in das Führungszeugnis aufgenommen (vgl. § 32 Abs. 2 Nr. 2 BZRG).

Zu § 31:

1. Ein rechtskräftiges Urteil wird im Gegensatz zu § 55 StGB auch einbezogen, wenn die weitere Straftat nach seiner Verkündung begangen worden ist.
2. Ist durch das frühere Urteil Jugendstrafe verhängt und die Vollstreckung nach § 21 zur Bewährung ausgesetzt worden, so bedarf es zur Einbeziehung nicht des Widerrufs der Aussetzung. Das gleiche gilt, wenn nach §§ 88, 89 während der Vollstreckung einer Jugendstrafe Aussetzung zur Bewährung angeordnet worden ist. Ist in dem früheren Urteil nach § 27 lediglich die Schuld festgestellt worden, so wird durch die Einbeziehung dieses Urteils auch das ihm zugrundeliegende Verfahren erledigt.
3. Bei der neuen Entscheidung ist von den tatsächlichen Feststellungen und dem Schuldspruch des einzubeziehenden rechtskräftigen Urteils auszugehen. Es wird jedoch insoweit erneut Beweis zu erheben sein, als dies für die Gesamtbeurteilung des Angeklagten, insb. im Hinblick auf die Festsetzung einer neuen Maßnahme oder Jugendstrafe erforderlich ist.
4. Ist wegen der neuen Straftat eine Verschärfung des früheren Urteils nicht angemessen, so verfährt die Staatsanwaltschaft in der Regel nach § 154 StPO. Dies gilt auch, wenn es ausreicht, die Aussetzung einer Jugendstrafe oder eines Strafrestes zur Bewährung zu widerrufen (§§ 26, 88, 89) oder ein nach Schuldspruch ausgesetztes Verfahren fortzusetzen (§ 30).
5. Über die Anrechnung oder Berücksichtigung von Untersuchungshaft, die im Zusammenhang mit einem einbezogenen Urteil vollzogen worden ist, wird neu zu entscheiden sein.

Zu § 34:

1. Zu den Aufgaben des Jugendrichters gehören nach § 34 Abs. 1 auch die richterlichen Handlungen im Ermittlungsverfahren sowie die Erledigung der Rechtshilfeersuchen in Jugendsachen. Es empfiehlt sich, ihm bei der Geschäftsverteilung auch die Erledigung der Rechtshilfe in sonstigen

Strafsachen zu übertragen, wenn um Vernehmung von Minderjährigen ersucht wird.

2. Wird der Richter beim Amtsgericht als Jugendrichter oder Vollstreckungsleiter mit Jugendlichen oder Heranwachsenden befaßt, für die ein anderes Amtsgericht als Vormundschaftsgericht zuständig ist, so kann es angebracht sein, daß das Gericht des Jugendrichters oder Vollstreckungsleiters gem. § 46 des Gesetzes über die Angelegenheiten der freiwilligen Gerichtsbarkeit die Aufgaben des Vormundschaftsgerichts übernimmt. Die übernommenen vormundschaftsrichterlichen Aufgaben kann der Jugendrichter nach der gleichen Vorschrift wieder abgeben.

3. Werden nach Einleitung eines Strafverfahrens vormundschaftsrichterliche Maßnahmen für Jugendliche oder Heranwachsende erforderlich, gegen die Anklage vor einem anderen Gericht erhoben ist oder erhoben werden soll, so sollte das Vormundschaftsgericht prüfen, ob sich die Abgabe der vormundschaftsrichterlichen Aufgaben an das Jugendgericht empfiehlt, das bereits mit ihnen befaßt ist oder demnächst befaßt werden wird.

Zu § 36:

Der zuständige Jugendstaatsanwalt soll nach Möglichkeit die Anklage auch in der Hauptverhandlung vertreten, sofern er nicht im vereinfachten Jugendverfahren von der Teilnahme an der mündlichen Verhandlung absieht (§ 78 Abs. 2).

Zu § 37:

1. Bei der Besetzung der Jugendgerichte und bei der Auswahl der Jugendstaatsanwälte sollte in besonderem Maße auf Eignung und Neigung Rücksicht genommen werden. Die Jugendkammer soll nach Möglichkeit mit erfahrenen früheren Jugend- und Vormundschaftsrichtern besetzt werden.

2. In der Jugendstrafrechtspflege sind besondere Erfahrungen notwendig, die regelmäßig erst im Laufe längerer Zeit erworben werden können. Ein häufiger Wechsel der Richter bei den Jugendgerichten und der Jugendstaatsanwälte muß daher nach Möglichkeit vermieden werden.

3. Für die Tätigkeit der Richter bei den Jugendgerichten und der Jugendstaatsanwälte sind Kenntnisse auf den Gebieten der Pädagogik, der Jugendpsychologie, der Jugendpsychiatrie, der Kriminologie und der Soziologie von besonderem Nutzen. Eine entsprechende Fortbildung sollte ermöglicht werden.

4. Den Richtern bei den Jugendgerichten und den Jugendstaatsanwälten wird empfohlen, mit Vereinigungen und Einrichtungen, die der Jugendhilfe dienen, Fühlung zu halten.

Zu § 38:

1. Die Staatsanwaltschaft und das Gericht wirken darauf hin, daß der Bericht, in dem die Jugendgerichtshilfe ihre Erhebungen niederlegt, unter Verzicht auf Ausführungen zur Schuldfrage ein Bild von der Persönlichkeit, der Entwicklung und der Umwelt der beschuldigten Person ergibt. Der Bericht soll angeben, auf welchen Informationen er beruht. Werden

im Bericht nicht alle vorliegenden Informationen verarbeitet, so soll dies zum Ausdruck gebracht werden. Es ist anzugeben, ob Leistungen der Jugendhilfe in Betracht kommen (§ 52 Abs. 2 SGB VIII).
2. Berichte der Jugendgerichtshilfe sind von der Akteneinsicht nach Nr. 185 Abs. 3 und 4 RiStBV grundsätzlich auszuschließen.

Zu §§ 39 bis 41:

Die Entscheidung der Jugendkammer nach § 40 Abs. 2 kann nicht die Staatsanwaltschaft oder der Angeschuldigte, sondern nur der Vorsitzende des Jugendschöffengerichts herbeiführen. Für die Übernahme werden namentlich Strafsachen in Betracht kommen, die wegen der großen Anzahl von Beschuldigten oder Zeugen von einem Berufsrichter allein nicht sachgemäß erledigt werden können.

Zu § 42:

1. Bei Verfehlungen[2] von geringem Unrechtsgehalt, bei denen vormundschaftsrichterliche Maßnahmen nicht erforderlich sind, stellt die Staatsanwaltschaft den Antrag in der Regel bei dem Jugendgericht, in dessen Bezirk sich die auf freiem Fuß befindliche beschuldigte Person zur Zeit der Erhebung der Anklage aufhält (§ 42 Abs. 1 Nr. 2) oder in dessen Bezirk diese Person ergriffen worden ist (§ 9 StPO).
2. Wird die Anklage im Falle des § 42 Abs. 1 Nr. 3 nicht vor dem danach zuständigen Gericht erhoben, so übersendet die Staatsanwaltschaft dem Vollstreckungsleiter eine Abschrift der Anklage und teilt den Ausgang des Verfahrens mit.

Zu § 43:

1. Die Ermittlungen der Staatsanwaltschaft haben auch die Aufgabe, eine sachgerechte Entscheidung über die Rechtsfolgen der Tat zu ermöglichen. Nr. 17 RiStBV gilt entsprechend.
2. Zur Persönlichkeitserforschung sollen Akten über Vorstrafen und vormundschaftsrichterliche Akten beigezogen werden. Wichtige Aufschlüsse über die Persönlichkeit des Jugendlichen können Akten von Vollzugsanstalten, Berichte von Heimen der Jugendhilfe sowie Aufzeichnungen der Schule geben.
3. Befindet sich der Jugendliche in Untersuchungshaft, so fordert die Staatsanwaltschaft oder das Gericht in der Regel von der Vollzugsanstalt einen Bericht über die von ihr vorgenommene Persönlichkeitserforschung, über das Verhalten des Jugendlichen in der Anstalt und über seine besonderen Eigenarten an (Nr. 79 UVollzO).
   Ebenso ist zu verfahren, wenn der Jugendliche sich in Strafhaft befindet. Ist die einstweilige Unterbringung in einem Heim der Jugendhilfe (§ 71 Abs. 2, § 72 Abs. 4) erfolgt, so soll die Heimleitung gehört werden.
4. Wird dem Beschuldigten Hilfe zur Erziehung in einem Heim oder einer vergleichbaren Einrichtung gewährt, so soll außer dem Jugendamt auch die Leitung der Einrichtung unmittelbar um Äußerung ersucht werden.

---

[2] Vgl. Einigungsvertrag Abschnitt III 3. b).

5. Untersteht der Beschuldigte der Aufsicht und Leitung eines Bewährungshelfers oder ist für ihn ein Erziehungsbeistand bestellt, so soll auch dieser gehört werden. Dies gilt entsprechend, wenn der Beschuldigte einem Betreuungshelfer unterstellt ist oder an einem sozialen Trainingskurs teilnimmt.

6. Die Maßnahmen und Strafen des Jugendstrafrechts sind regelmäßig dann am wirksamsten, wenn sie der Tat auf dem Fuße folgen. Die Staatsanwaltschaft wirkt darauf hin, daß das Jugendamt verständigt wird, sobald der Stand der Ermittlungen dies erlaubt, und daß das Jugendamt seine Erhebungen mit größter Beschleunigung durchführt. In geeigneten Fällen kann ein mündlicher oder fernmündlicher Bericht – dem schriftlichen Bericht vorausgehend oder statt eines solchen – angefordert werden, dessen Inhalt die Staatanwaltschaft oder das Gericht in den Akten vermerkt.

7. Die Staatsanwaltschaft teilt dem Jugendamt so bald wie möglich – in der Regel fernmündlich – mit, ob und bei welchem Gericht sie Anklage erheben oder Antrag im vereinfachten Jugendverfahren (§ 76) stellen wird. Soll das Verfahren durchgeführt werden, so wird das Jugendamt im allgemeinen dem Gericht unmittelbar berichten und der Staatsanwaltschaft eine Abschrift des Berichts übersenden. Dies sollte so rechtzeitig erfolgen, daß das Erforderliche noch vor Durchführung der Hauptverhandlung veranlaßt werden kann. Erwägt die Staatsanwaltschaft, nach § 45 von der Verfolgung abzusehen, hält sie aber noch eine Äußerung des Jugendamtes für erforderlich, so ersucht sie das Jugendamt, ihr zu berichten. In anderen geeigneten Fällen, namentlich wenn die Staatsanwaltschaft wegen nicht erwiesener Schuld das Verfahren einstellen will, benachrichtigt sie das Jugendamt, daß und weshalb sich der Bericht erübrigt.

8. Die Untersuchung des Jugendlichen durch einen Sachverständigen kann insb. veranlaßt sein,
   a) wenn Grund zu der Annahme besteht, daß die Verfehlung[3] mit einer psychischen Krankheit des Jugendlichen zusammenhängt,
   b) wenn der Jugendliche durch seelische, geistige oder körperliche Besonderheiten auffällt oder
   c) wenn der Jugendliche ohne erkennbare Ursachen erheblich verwahrlost ist.

9. § 43 gilt auch im Verfahren gegen Jugendliche vor den für allgemeine Strafsachen zuständigen Gerichten und im Verfahren gegen Heranwachsende (§ 104 Abs. 1 Nr. 3, § 109 Abs. 1 Satz 1; vgl. jedoch § 104 Abs. 3, § 112).

Zu § 44:

1. Die Vernehmung dient vor allem dem Zweck, vor der Hauptverhandlung, in der sich der Jugendliche vielfach nicht unbefangen gibt, ein persönliches Bild von ihm zu erhalten und dadurch auch die Prüfung der strafrechtlichen Verantwortlichkeit (§ 3) zu erleichtern. Eine solche Vernehmung kann auch im Verfahren gegen Jugendliche vor den für allgemeine Strafsachen zuständigen Gerichten angezeigt sein, obwohl sie dort nicht vorgeschrieben ist (§ 104); das gleiche gilt im Hinblick auf § 105 auch im

---

[3] Vgl. Einigungsvertrag Abschnitt III 3. b).

Verfahren gegen Heranwachsende (§ 109). Die Vernehmung kann die Grundlage für die Entschließung bilden, ob die Untersuchung des Jugendlichen nach § 43 Abs. 2 oder § 73 Abs. 1 angezeigt ist. Dies gilt auch für die Entscheidung über eine Verteidigerbestellung gem. § 68.

2. Bei der Vernehmung sind die in Nr. 19 RiStBV dargelegten Grundsätze und, wenn Schulkinder vernommen werden, etwa hierfür ergangene Bestimmungen zu beachten.

Zu § 45:

1. Bei kleineren bis mittelschweren Verfehlungen[4] ist stets zu prüfen, ob auf eine jugendstrafrechtliche Sanktion durch Urteil verzichtet werden kann.
2. Eine Anwendung von § 45 Abs. 1 ist insb. bei Taten erstmals auffälliger Jugendlicher zu prüfen, wenn es sich um jugendtypisches Fehlverhalten mit geringem Schuldgehalt und geringen Auswirkungen handelt, das über die bereits von der Entdeckung der Tat und dem Ermittlungsverfahren ausgehenden Wirkungen hinaus keine erzieherischen Maßnahmen erfordert.
3. Erzieherische Maßnahmen iSv § 45 Abs. 2 sollen geeignet sein, die Einsicht des Jugendlichen in das Unrecht der Tat und deren Folgen zu fördern. Sie können von den Erziehungsberechtigten, aber z. B. auch vom Jugendamt, der Schule oder dem Ausbilder ausgehen. Ist noch keine angemessene erzieherische Reaktion erfolgt, so prüft die Staatsanwaltschaft, ob sie selbst die Voraussetzungen für die Einstellung des Verfahrens herbeiführen kann (z. B. indem sie ein erzieherisches Gespräch mit dem Jugendlichen führt oder ihn ermahnt oder eine Schadenswiedergutmachung im Rahmen eines Täter-Opfer-Ausgleichs anregt). Erforderlich hierfür ist, daß der Beschuldigte den Tatvorwurf nicht ernstlich bestreitet, das Anerbieten der Staatsanwaltschaft annimmt und die Erziehungsberechtigten und die gesetzlichen Vertreter nicht widersprechen.
4. Erwägt die Staatsanwaltschaft eine Anregung nach § 45 Abs. 3, so unterrichtet sie die Jugendgerichtshilfe unter Mitteilung des Tatvorwurfs, sofern sie diese nicht schon zur Vorbereitung dieser Entscheidung gehört hat.
5. § 45 gilt auch im Verfahren gegen Jugendliche vor den für allgemeine Strafsachen zuständigen Gerichten (§ 104 Abs. 1 Nr. 4), im Verfahren gegen Heranwachsende nur, wenn Jugendstrafrecht zur Anwendung kommt (§ 109 Abs. 2).

Zu § 46:

1. Auf eine für den Beschuldigten verständliche Fassung der Anklageschrift hat die Staatsanwaltschaft besonderes Gewicht zu legen. Einzelheiten über Straftaten gegen die sexuelle Selbstbestimmung oder kriminelle Methoden und ähnliche Angaben sind nur insoweit aufzunehmen, als dies unerläßlich ist. Ausführungen über eine mangelhafte Erziehung des Jugendlichen durch die Eltern sollen unterbleiben.
2. Wenn auch § 46 im Verfahren gegen Jugendliche vor den für allgemeine Strafsachen zuständigen Gerichten und im Verfahren gegen Heranwachsende nicht unmittelbar gilt (§§ 104, 109), so wird doch sein Grundgedanke auch dort zu beachten sein.

---

[4] Vgl. Einigungsvertrag Abschnitt III 3. b).

Zu § 47:

1. Das Gericht kann in jedem Verfahrensstadium – auch schon vor Eröffnung des Hauptverfahrens – prüfen, ob die Durchführung oder Fortsetzung einer Hauptverhandlung erforderlich ist oder mit Zustimmung der Staatsanwaltschaft nach § 47 i. V. m. § 45 verfahren werden kann. Dies wird insb. in Betracht kommen, wenn inzwischen angemessene erzieherische Reaktionen im sozialen Umfeld des Jugendlichen erfolgt sind oder sich aufgrund der Einschaltung der Jugendgerichtshilfe entsprechende Möglichkeiten eröffnen.
2. Im vereinfachten Jugendverfahren bedarf es der Zustimmung der Staatsanwaltschaft zu der Einstellung des Verfahrens nach § 47 Abs. 1 Satz 2, Abs. 2 Satz 1 in der mündlichen Verhandlung nicht, wenn die Staatsanwaltschaft an dieser nicht teilnimmt (§ 78 Abs. 2 Satz 2).
3. § 47 gilt auch im Verfahren gegen Jugendliche vor den für allgemeine Strafsachen zuständigen Gerichten (§ 104 Abs. 1 Nr. 4), jedoch nicht im Verfahren gegen Heranwachsende (§ 109 Abs. 1). Wendet das Gericht Jugendstrafrecht an, so gilt § 47 Abs. 1 Satz 1 Nr. 1, 2 und 3, Abs. 2 und 3 entsprechend (§ 109 Abs. 2).

Zu § 48:

Personen, die sich im juristischen Studium oder Vorbereitungsdienst befinden sowie Personen, die in Ausbildung bei der Polizei oder für soziale Dienste stehen, kann die Anwesenheit im allgemeinen gestattet werden. Aus erzieherischen Gründen empfiehlt es sich nicht, Schulklassen oder anderen größeren Personengruppen die Teilnahme an der Verhandlung zu erlauben. Dies gilt auch für die Presse; entschließt sich der Vorsitzende dennoch, die Presse in der Hauptverhandlung zuzulassen, so sollte er darauf hinwirken, daß in den Presseberichten der Name des Jugendlichen nicht genannt, sein Lichtbild nicht veröffentlicht und auch jede andere Angabe vermieden wird, die auf die Person des Jugendlichen hindeutet. Nr. 131 Abs. 2 Satz 3 RiStBV gilt sinngemäß.

Zu § 50:

1. Im Jugendstrafverfahren ist der persönliche Eindruck, den das Gericht von dem Jugendlichen erhält, von entscheidender Bedeutung. Eine Hauptverhandlung in Abwesenheit des Angeklagten sollte deshalb nur in Erwägung gezogen werden, wenn es sich um eine geringfügige Verfehlung[5] handelt, auf Grund des Berichts der Jugendgerichtshilfe ein klares Persönlichkeitsbild vorliegt und das Erscheinen des Jugendlichen wegen weiter Entfernung mit großen Schwierigkeiten verbunden ist oder wenn gegebenenfalls eine Abtrennung des Verfahrens gegen den abwesenden Jugendlichen mit Rücksicht auf eine umfangreiche Beweisaufnahme unangebracht ist.
2. Nimmt die Staatsanwaltschaft im vereinfachten Jugendverfahren an der mündlichen Verhandlung nicht teil, so bedarf es ihrer Zustimmung zur Durchführung der Verhandlung in Abwesenheit des Angeklagten nicht (§ 78 Abs. 2 Satz 2).

---

[5] Vgl. Einigungsvertrag Abschnitt III 3. b).

3. § 50 Abs. 2 trägt der Tatsache Rechnung, daß die Hauptverhandlung ein bedeutsames Ereignis im Leben und für die Erziehung von Jugendlichen ist. Deshalb ist die Anwesenheit von Erziehungsberechtigten und gesetzlichen Vertretern regelmäßig wichtig. Ihre Teilnahme an der Hauptverhandlung kann auch dazu beitragen, daß das Verfahren alsbald rechtskräftig abgeschlossen wird. Auf § 67 Abs. 5 wird hingewiesen.
4. Schon vor der Hauptverhandlung sollte geprüft werden, ob es im Interesse des Angeklagten angezeigt ist, den in § 50 Abs. 4 Satz 2 und § 48 Abs. 2 genannten Helfern und Betreuungspersonen im Hinblick auf die Betreuung Nachricht vom Hauptverhandlungstermin auch dann zu geben, wenn ihre Ladung nicht aus anderen Gründen erforderlich ist.
5. § 50 Abs. 2 gilt auch im Verfahren gegen Jugendliche vor den für allgemeine Strafsachen zuständigen Gerichten (§ 104 Abs. 1 Nr. 9; vgl. jedoch Ausnahme in § 104 Abs. 3), nicht jedoch im Verfahren gegen Heranwachsende (§ 109 Abs. 1, § 112).

Zu § 51:

Im Verfahren gegen Jugendliche vor den für allgemeine Strafsachen zuständigen Gerichten kann § 51 nach dem Ermessen des Gerichts angewendet werden (§ 104 Abs. 2). Im Verfahren gegen Heranwachsende gilt die Vorschrift nicht (§ 109); hier kann das Gericht den Angeklagten nur nach den allgemeinen Verfahrensvorschriften von der Verhandlung ausschließen (vgl. insb. § 247 StPO).

Zu §§ 52 und 52a:

1. Als eine andere wegen der Tat erlittene Freiheitsentziehung iSv §§ 52, 52a Abs. 1 Satz 1 ist namentlich die Unterbringung in einem Heim oder einer Anstalt nach § 71 Abs. 2, § 72 Abs. 4 und § 73 anzusehen.
2. Die §§ 52, 52a gelten auch im Verfahren gegen Jugendliche vor den für allgemeine Strafsachen zuständigen Gerichten (§ 104 Abs. 1 Nr. 5), im Verfahren gegen Heranwachsende nur, wenn das Gericht Jugendstrafrecht anwendet (§ 109 Abs. 2).

Zu § 53:

Hält das Gericht im Verfahren gegen Jugendliche vor den für allgemeine Strafsachen zuständigen Gerichten Erziehungsmaßregeln für erforderlich, so hat es deren Auswahl und Anordnung dem Vormundschaftsgericht zu überlassen, selbst wenn es zugleich auf Jugendstrafe erkennt (§ 104 Abs. 4).

Zu § 54:

1. Für die Entscheidung im Jugendstrafverfahren ist die Persönlichkeit des Jugendlichen von ausschlaggebender Bedeutung. Dies sollte sich auch in den Urteilsgründen widerspiegeln, zumal sie eine wertvolle Grundlage für die Erziehungsarbeit im Vollzug und andere spätere Maßnahmen bilden. Der Vorschrift, daß in den Gründen des schuldigsprechenden Urteils die seelische, geistige und körperliche Eigenart des Jugendlichen berücksichtigt werden soll, wird durch eine bloße Schilderung des Lebenslaufes nicht genügt. Das gilt namentlich für Urteile, in denen für Jugendliche eine

Betreuungsweisung (§ 10 Abs. 1 Satz 3 Nr. 5) erteilt, Hilfe zur Erziehung (§ 12) angeordnet, Jugendstrafe verhängt (§ 17 Abs. 2), die Schuld des Angeklagten festgestellt (§ 27) oder in einem der genannten Fälle gegen Heranwachsende Jugendstrafrecht wegen mangelnder Reife (§ 105 Abs. 1 Nr. 1) angewendet wird.

2. Die Verkündung des Urteils ist für die Erziehung von besonderer Bedeutung. Die mündliche Eröffnung der Urteilsgründe soll dem Wesen und dem Verständnis der Jugendlichen angepaßt sein. Alle nicht unbedingt gebotenen rechtlichen Ausführungen können unterbleiben. Erörterungen, die für die Erziehung der Jugendlichen nachteilig sein können, sollten vermieden werden.

3. Soll der Jugendliche eine Ausfertigung oder eine Abschrift des Urteils mit Gründen erhalten (etwa nach § 35 Abs. 1 Satz 2, § 316 Abs. 2, § 343 Abs. 2 StPO), so bestimmt der Vorsitzende, inwieweit ihm die schriftlichen Urteilsgründe mitgeteilt werden. Erhält der Jugendliche nur einen Auszug der Gründe, so wird dies auf der Ausfertigung oder der Abschrift vermerkt, die für ihn bestimmt ist.

4. § 54 gilt auch im Verfahren gegen Jugendliche vor den für allgemeine Strafsachen zuständigen Gerichten (§ 104 Abs. 1 Nr. 6). Im Verfahren gegen Heranwachsende gilt nur § 54 Abs. 1, wenn das Gericht Jugendstrafrecht anwendet (§ 109 Abs. 2).

Zu § 55:

1. Aus erzieherischen Gründen ist es regelmäßig erwünscht, daß das Jugendstrafverfahren möglichst schnell zum Abschluß gebracht wird. Bei der Einlegung von Rechtsmitteln zuungunsten des Angeklagten ist daher besondere Zurückhaltung geboten (vgl. im Übrigen Nr. 147ff RiStBV).

2. Die Anfechtung der im Verfahren bei Aussetzung der Jugendstrafe zur Bewährung oder bei Aussetzung der Verhängung der Jugendstrafe ergehenden Entscheidungen ist in den §§ 59 und 63 geregelt. Für die Anfechtung nachträglicher Entscheidungen über Weisungen wird auf § 65 Abs. 2 hingewiesen. Wegen der Anfechtung von Entscheidungen im Vollstreckungsverfahren wird auf § 83 Abs. 3 Satz 1 hingewiesen.

3. § 55 gilt auch im Verfahren gegen Jugendliche vor den für allgemeine Strafsachen zuständigen Gerichten (§ 104 Abs. 1 Nr. 7), im Verfahren gegen Heranwachsende nur, wenn das Gericht Jugendstrafrecht anwendet (§ 109 Abs. 2).

Zu § 56:

1. Von der Möglichkeit, die Teilvollstreckung einer nach § 31 gebildeten Einheitsstrafe anzuordnen, wird nur mit Zurückhaltung Gebrauch gemacht werden können. Es ist vor allem zu bedenken, ob sich bei einem Wegfall einzelner Schuldfeststellungen ein anderes Bild von der Persönlichkeit des Jugendlichen ergeben und damit die Verhängung von Jugendstrafe überhaupt entbehrlich werden könnte.

2. § 56 gilt auch im Verfahren gegen Jugendliche vor den für allgemeine Strafsachen zuständigen Gerichten (§ 104 Abs. 1 Nr. 7), im Verfahren gegen Heranwachsende nur, wenn das Gericht Jugendstrafrecht anwendet (§ 109 Abs. 2).

Zu § 60:

Es empfiehlt sich, die Aushändigung des Bewährungsplans und die Belehrung des Jugendlichen in einem gesonderten Termin in Gegenwart der Erziehungsberechtigten, der gesetzlichen Vertreter und des Bewährungshelfers vorzunehmen.

Zu § 66:

1. Liegen die Voraussetzungen des Absatz 1 vor, ist eine gerichtliche Entscheidung herbeizuführen. Das Gericht kann von der einheitlichen Festsetzung von Maßnahmen oder Jugendstrafe absehen (§ 31 Abs. 3).
2. Die Staatsanwaltschaft beantragt die Durchführung einer Hauptverhandlung nach Absatz 2 vor allem dann, wenn zu erwarten ist, daß die ergänzende Entscheidung von den früheren Entscheidungen erheblich abweicht.

Zu § 67:

§ 67 gilt auch im Verfahren gegen Jugendliche vor den für allgemeine Strafsachen zuständigen Gerichten (§ 104 Abs. 1 Nr. 9), nicht jedoch im Verfahren gegen Heranwachsende (§ 109).

Zu § 68:

§ 68 gilt auch im Verfahren gegen Jugendliche vor den für allgemeine Strafsachen zuständigen Gerichten (§ 104 Abs. 1 Nr. 10). Im Verfahren gegen Heranwachsende gilt nur § 68 Nr. 1 und 3 (§ 109 Abs. 1).

Zu § 71:

1. Vor Erlaß einer vorläufigen Anordnung über die Erziehung sollte das Gericht regelmäßig die Jugendgerichtshilfe und, wenn notwendig, auch die Erziehungsberechtigten sowie die gesetzlichen Vertreter hören. Hiervon kann abgesehen werden, wenn die Anordnung keinen Aufschub duldet. In diesem Fall kann eine nachträgliche Anhörung angezeigt sein. Der Beschluß über die vorläufige Anordnung ist zu begründen (§ 34 StPO).
2. Der einstweiligen Unterbringung in einem geeigneten Heim der Jugendhilfe kommt besondere Bedeutung zu, wenn die Voraussetzungen für den Erlaß eines Haftbefehls gem. §§ 112 ff. StPO vorliegen (§ 72 Abs. 4 Satz 1). Ist die Maßnahme durchführbar und reicht sie aus, so darf Untersuchungshaft nicht angeordnet oder vollzogen werden (§ 72 Abs. 1 Satz 1 und 3). Staatsanwaltschaft und Gericht sollten deshalb frühzeitig prüfen, ob ein geeignetes Heim zur Verfügung steht und gegebenenfalls mit der Leitung der Einrichtung in Verbindung treten. Die Jugendgerichtshilfe ist heranzuziehen. Auf § 72a und die Richtlinie dazu wird ergänzend hingewiesen.
3. Ist ein Haftbefehl bereits erlassen und stellt sich nachträglich heraus, daß die Unterbringung möglich ist, so kann der Haftbefehl durch einen Unterbringungsbefehl ersetzt werden.
4. Der Unterbringungsbefehl nach § 71 Abs. 2 sollte insb. durch einen Haftbefehl ersetzt werden, wenn sich die einstweilige Unterbringung als

undurchführbar oder ungeeignet erweist und die Haftvoraussetzungen fortbestehen (§ 72 Abs. 4 Satz 2).
5. Auch im Verfahren gegen Jugendliche vor den für allgemeine Strafsachen zuständigen Gerichten kann eine vorläufige Anordnung über die Erziehung getroffen und die einstweilige Unterbringung in einem Heim der Jugendhilfe angeordnet werden (§ 104 Abs. 2). Im Verfahren gegen Heranwachsende sind diese Maßnahmen nicht zulässig.

Zu § 72:

1. Das Verfahren gegen verhaftete Jugendliche soll durch Ermittlungen gegen Mitbeschuldigte oder durch kommissarische Zeugenvernehmungen nach Möglichkeit nicht verzögert werden. Erforderlichenfalls ist das Verfahren abzutrennen.
2. Werden Jugendliche an einem Ort ergriffen, der weder ihr gewöhnlicher Aufenthaltsort ist noch zum Bezirk des Gerichts gehört, dem die vormundschaftsrichterlichen Erziehungsaufgaben obliegen, so veranlaßt die Staatsanwaltschaft in der Regel unverzüglich, daß die Jugendlichen durch Einzeltransport dem Gericht überstellt werden, das für die vormundschaftsrichterlichen Erziehungsaufgaben zuständig ist. Gleichzeitig beantragt sie beim bisherigen Haftrichter, daß dieser seine Aufgaben auf das Gericht überträgt, das die vormundschaftsrichterlichen Erziehungsaufgaben wahrzunehmen hat.
3. Zur einstweiligen Unterbringung in einem Heim der Jugendhilfe wird auf die Richtlinien zu § 71 hingewiesen.
4. Wegen des Vollzugs der Untersuchungshaft wird auf § 93 und die Richtlinie dazu hingewiesen.
5. § 72 gilt auch im Verfahren gegen Jugendliche vor den für allgemeine Strafsachen zuständigen Gerichten (§ 104 Abs. 1 Nr. 5), aber nicht im Verfahren gegen Heranwachsende (§ 109).

Zu § 72a:

Staatsanwaltschaft und Gericht tragen dafür Sorge, daß die Jugendgerichtshilfe so früh wie möglich, gegebenenfalls durch die Polizei, unterrichtet wird. Ist gem. § 128 StPO eine Vorführung zu erwarten, so teilen sie der Jugendgerichtshilfe auch Ort und Termin der Vorführung mit.

Zu § 73:

1. Die Staatsanwaltschaft beantragt die Unterbringung zur Vorbereitung eines Gutachtens über den Entwicklungsstand von Jugendlichen nur, wenn die Bedeutung der Strafsache diese schwerwiegende Maßnahme rechtfertigt und eine Untersuchung nach § 43 Abs. 2 nicht ausreicht (vgl. die Richtlinie Nr. 8 zu § 43 sowie Nrn. 61 ff. RiStBV).
2. Dem Beschuldigten, der keinen Verteidiger hat, ist ein solcher zu bestellen (§ 68 Nr. 3).
3. § 73 gilt auch im Verfahren gegen Jugendliche vor den für allgemeine Strafsachen zuständigen Gerichten (§ 104 Abs. 1 Nr. 12) und im Verfahren gegen Heranwachsende (§ 109 Abs. 1).

Zu § 74:

1. Kosten und Auslagen werden Jugendlichen nur aufzuerlegen sein, wenn anzunehmen ist, daß sie aus Mitteln bezahlt werden, über die sie selbständig verfügen können, und wenn ihre Auferlegung aus erzieherischen Gründen angebracht erscheint. Reichen die Mittel der Jugendlichen zur Bezahlung sowohl der Kosten als auch der Auslagen nicht aus, so können ihnen entweder nur die Kosten oder nur die Auslagen oder ein Teil davon auferlegt werden.
2. Eine Entscheidung über die Kosten und Auslagen wird auch bei der Ergänzung rechtskräftiger Entscheidungen nach § 66 getroffen. Wenn in einer einbezogenen Entscheidung (§ 31 Abs. 2, § 66) von der Ermächtigung des § 74 kein Gebrauch gemacht worden ist, kann in der neuen Entscheidung ausgesprochen werden, daß es insoweit bei der früheren Kostenentscheidung verbleibt. Das wird sich besonders dann empfehlen, wenn auf Grund der früheren Kostenentscheidung bereits Kosten oder Auslagen eingezogen worden sind.
3. Gerichtsgebühren werden nach § 40 GKG berechnet. Bei der Einbeziehung einer Strafe nach § 31 Abs. 2 oder bei Ergänzung rechtskräftiger Entscheidungen nach § 66 ist bei der Berechnung der Gerichtsgebühren § 41 des GKG zu beachten.
4. Zu den Auslagen des Verfahrens gehören auch die Kosten einer einstweiligen Unterbringung in einem Heim der Jugendhilfe (§ 71 Abs. 2, § 72 Abs. 4) und einer Unterbringung zur Beobachtung (§ 73).
5. Die Kosten, die Jugendlichen dadurch entstehen, daß sie einer ihnen erteilten Weisung (§ 10) oder Auflage (§ 15) nachkommen, gehören nicht zu den Kosten und Auslagen im Sinne des § 74. Sie werden von ihnen selbst oder von für sie leistungspflichtigen oder leistungsbereiten Dritten getragen.
6. § 74 gilt auch im Verfahren gegen Jugendliche vor den für allgemeine Strafsachen zuständigen Gerichten (§ 104 Abs. 1 Nr. 13), im Verfahren gegen Heranwachsende nur, wenn das Gericht Jugendstrafrecht anwendet (§ 109 Abs. 2).

Zu § 76:

1. Liegen die Voraussetzungen des § 76 Satz 1 vor und kommt ein Absehen von der Verfolgung nach § 45 nicht in Betracht, so stellt die Staatsanwaltschaft in aller Regel Antrag auf Entscheidung im vereinfachten Jugendverfahren.
2. Die Staatsanwaltschaft wird den Antrag im allgemeinen schriftlich stellen, um dem Jugendrichter eine einwandfreie Grundlage für seine Entscheidung nach § 77 Abs. 1 und für das spätere Urteil zu geben. Ein schriftlicher Antrag ist besonders dann angebracht, wenn die Staatsanwaltschaft an der mündlichen Verhandlung nicht teilnehmen will. In dem Antrag werden die dem Beschuldigten zur Last gelegte Tat und das anzuwendende Strafgesetz bezeichnet.
3. Das vereinfachte Jugendverfahren findet weder vor den für allgemeine Strafsachen zuständigen Gerichten noch im Verfahren gegen Heranwachsende statt (§§ 104, 109).

Zu § 77:

Hält der Jugendrichter eine richterliche Ahndung der Tat für entbehrlich, so kann er nach § 47 verfahren. In der mündlichen Verhandlung bedarf es hierzu der Zustimmung der Staatsanwaltschaft nicht, wenn diese an der Verhandlung nicht teilnimmt (§ 78 Abs. 2 Satz 2).

Zu § 78:

Die schnelle Durchführung des vereinfachten Jugendverfahrens wird mitunter die Mitteilungen, die vor Erlaß des Urteils zu machen sind, unmöglich machen. Für die rechtzeitige, notfalls fernmündliche Benachrichtigung der Jugendgerichtshilfe vom Verfahren und vom Verhandlungstermin sollte jedoch stets Sorge getragen werden.

Zu § 79:

Wegen des Strafbefehls und des beschleunigten Verfahrens gegen Heranwachsende wird auf die Richtlinien Nrn. 2 und 3 zu § 109 hingewiesen.

Zu § 80:

1. Gründe der Erziehung können die Verfolgung eines Privatklagedeliktes namentlich dann erfordern, wenn Jugendliche wiederholt oder schwere Straftaten begangen haben und eine Ahndung zur Einwirkung auf sie geboten ist.
2. Für die Widerklage bleibt das mit der Privatklage befaßte Gericht zuständig. Gegen den jugendlichen Widerbeklagten kann das für allgemeine Strafsachen zuständige Gericht nur Zuchtmittel[6] (§ 13) selbst verhängen; hält es Erziehungsmaßregeln für erforderlich, so verfährt es nach § 104 Abs. 4 Satz 1.
3. Auch vor den für allgemeine Strafsachen zuständigen Gerichten kann gegen Jugendliche eine Privat- oder Nebenklage nicht erhoben werden (§ 104 Abs. 1 Nr. 14). Gegen Heranwachsende sind die Privat- und die Nebenklage zulässig, unabhängig davon, ob die Anwendung des allgemeinen Strafrechts oder des Jugendstrafrechts zu erwarten ist (§ 109). Auch insoweit ist grundsätzlich der Jugendrichter zuständig (§ 108 Abs. 1 und 2 JGG i. V. m. § 25 Nr. 1 GVG).

Zu § 81:

1. Auf die Möglichkeiten des Täter-Opfer-Ausgleichs und der Schadenswiedergutmachung wird hingewiesen.
2. Die Vorschriften der §§ 403 ff. StPO sind gegen Jugendliche auch im Verfahren vor den für allgemeine Strafsachen zuständigen Gerichten nicht anzuwenden (§ 104 Abs. 1 Nr. 14). Im Verfahren gegen Heranwachsende ist die Anwendung dieser Vorschriften nur ausgeschlossen, wenn Jugendstrafrecht angewandt wird (§ 109 Abs. 2).

---

[6] Vgl. Einigungsvertrag Abschnitt III 3. c).

Zu §§ 82 bis 85:

I. Zuständigkeit zur Vollstreckung

1. Vollstreckungsleiter ist
   a) der Jugendrichter in allen Verfahren, in denen er selbst oder unter seinem Vorsitz das Jugendschöffengericht im ersten Rechtszug erkannt hat (§ 82 Abs. 1, § 84 Abs. 1),
   b) in allen anderen Fällen der Jugendrichter des Amtsgerichts, dem die vormundschaftsrichterlichen Erziehungsaufgaben obliegen (§ 84 Abs. 2, § 34 Abs. 3), bzw. der Bezirksjugendrichter, zu dessen Bezirk dieses Amtsgericht gehört (§ 33 Abs. 3).
2. Bei der Vollstreckung von Jugendarrest und Jugendstrafe tritt unter Umständen ein Wechsel der Zuständigkeit ein. An Stelle des zu Nr. 1 genannten Jugendrichters wird Vollstreckungsleiter
   a) der Jugendrichter am Ort des Vollzugs nach Abgabe bzw. Übergang der Vollstreckung (§ 85 Abs. 1 i. V. m. § 90 Abs. 2 Satz 2 bzw. § 85 Abs. 2 Satz 1),
   b) der gem. § 85 Abs. 2 Satz 2 oder gem. § 85 Abs. 3 bestimmte Jugendrichter nach der Aufnahme von zu Jugendstrafe Verurteilten in die Jugendstrafanstalt.
3. Hat das Gericht wegen der Straftat von Heranwachsenden das allgemeine Strafrecht angewendet, so bestimmt sich die Zuständigkeit nach den Vorschriften der Strafvollstreckungsordnung.

II. Verfahren im allgemeinen

1. Die bei der Strafvollstreckung grundsätzlich erforderliche Beschleunigung ist für die Vollstreckung der für Jugendliche festgesetzten Maßnahmen und Strafen besonders wichtig. Je mehr sich für sie der innere Zusammenhang zwischen Tat, Urteil und Vollstreckung durch Zeitablauf lockert, um so weniger ist damit zu rechnen, daß die Maßnahme oder Strafe die beabsichtigte Wirkung erreicht. Alle beteiligten Stellen müssen daher bestrebt sein, die Vollstreckung nachdrücklich zu fördern.
2. Nach Eintritt der Rechtskraft des Urteils sind dem in Abschnitt I Nr. 1 genannten Vollstreckungsleiter unverzüglich die Strafakten mit der Bescheinigung der Rechtskraft des Urteils zu übersenden. Falls die Akten noch nicht entbehrlich sind, werden ihm ein Vollstreckungsheft und zwei Ausfertigungen des vollständigen Urteils zugeleitet. Hat ein Mitangeklagter gegen die Verurteilung wegen einer Tat, an der der rechtskräftig Verurteilte nach den Urteilsfeststellungen beteiligt war, Revision eingelegt, so ist dem Vollstreckungsheft eine Abschrift der Revisionsbegründung beizufügen oder nachzusenden. Auf die Beachtung von § 19 StVollstrO und § 357 StPO wird hingewiesen.
3. Wird die Teilvollstreckung einer Einheitsstrafe nach § 56 angeordnet, so werden dem Vollstreckungsleiter unverzüglich nach Eintritt der Rechtskraft des Beschlusses je zwei beglaubigte Abschriften des vollständigen Urteils und des Beschlusses übersandt.
4. Die mit der Rechtskraft des Urteils anfallenden Nebengeschäfte der Vollstreckung (Mitteilungen, Zählkarten usw) werden von dem nach den

allgemeinen Vorschriften zuständigen Beamten bei dem zunächst als Vollstreckungsleiter berufenen Jugendrichter (vgl. Abschnitt I Nr. 1) oder der von der Landesjustizverwaltung sonst bestimmten Stelle ausgeführt.

5. Soweit die Entscheidungen des Vollstreckungsleiters nicht jugendrichterliche Entscheidungen sind (§ 83 Abs. 1), nimmt der Jugendrichter als Vollstreckungsleiter Justizverwaltungsaufgaben wahr. Er ist insoweit weisungsgebunden. Über Beschwerden gegen andere als jugendrichterliche Entscheidungen des Vollstreckungsleiters wird im Verwaltungswege entschieden, falls nicht nach §§ 455, 456, § 458 Abs. 2 und § 462 Abs. 1 StPO das Gericht des ersten Rechtszuges oder nach § 83 Abs. 2 Nr. 1 die Jugendkammer zuständig ist.

6. Auf die Vollstreckung finden die Vorschriften der Strafvollstreckungsordnung nur Anwendung, soweit nichts anderes bestimmt ist (§ 1 Abs. 3 StVollstrO). Die Leitung der Vollstreckung obliegt dem Jugendrichter. Dem Rechtspfleger werden die Geschäfte der Vollstreckung übertragen, durch die eine richterliche Vollstreckungsanordnung oder eine die Leitung der Vollstreckung nicht betreffende allgemeine Verwaltungsvorschrift ausgeführt wird. Das Nähere wird durch Anordnung der Landesjustizverwaltung bestimmt.

III. Vollstreckung bei Erziehungsmaßregeln

1. Sind Weisungen erteilt worden, so übersendet der Vollstreckungsleiter der Jugendgerichtshilfe oder in Bewährungsfällen dem Bewährungshelfer eine beglaubigte Abschrift des Urteils mit dem Ersuchen, die Befolgung der Weisungen zu überwachen, erhebliche Zuwiderhandlungen mitzuteilen (§ 38 Abs. 2) und, falls eine Änderung des Weisungen oder ihrer Laufzeit oder die Befreiung von ihnen angebracht erscheint (§ 11 Abs. 2), solche Maßnahmen anzuregen.

2. Ist Hilfe zur Erziehung iSv § 12 angeordnet worden, so übersendet der Vollstreckungsleiter die Strafakten mit der Bescheinigung der Rechtskraft des Urteils dem zuständigen Vormundschaftsrichter (§ 82 Abs. 2; vgl. auch §§ 30 und 34 SGB VIII).

IV. Vollstreckung von Verwarnung und Auflagen

1. Die Verwarnung wird erteilt, sobald das Urteil rechtskräftig geworden ist, möglichst unmittelbar im Anschluß an die Hauptverhandlung. Es ist zu prüfen, ob die Anwesenheit von Erziehungsberechtigten angebracht ist.

2. Sind Auflagen erteilt worden, so übersendet der Vollstreckungsleiter der Jugendgerichtshilfe oder in Bewährungsfällen dem Bewährungshelfer eine beglaubigte Abschrift des Urteils mit dem Ersuchen, die Erfüllung der Auflagen zu überwachen und erhebliche Zuwiderhandlungen mitzuteilen (§ 38 Abs. 2). In geeigneten Fällen wird der Vollstreckungsleiter die Erfüllung der Auflagen selbst überwachen.

V. Vollstreckung des Jugendarrestes

1. Ist der zunächst als Vollstreckungsleiter zuständige Jugendrichter nicht selbst Vollzugsleiter (vgl. § 90 Abs. 2 Satz 2), so gibt er die Vollstreckung an diesen ab. Mit Zustimmung des Vollzugsleiters kann er zunächst die Ladung zum Antritt des Jugendarrestes veranlassen. Bei Abgabe der Vollstreckung übersendet er dem neuen Vollstreckungsleiter die Strafakten oder, falls diese noch nicht entbehrlich sind, das Vollstreckungsheft.

2. Die Einweisung in die Jugendarrestanstalt oder in die Freizeitarresträume der Landesjustizverwaltung geschieht durch ein Aufnahmeersuchen des Vollstreckungsleiters. Er gibt dabei die in der Ladung zum Antritt des Jugendarrestes vorgeschriebene Zeit oder, falls sich Verurteilte nicht auf freiem Fuße befinden, die Anstalt an, aus der sie übergeführt werden. Nach Möglichkeit teilt er in dem Ersuchen ferner die Umstände mit, die für die Festsetzung der Entlassungszeit von Bedeutung sein können (z. B. Arbeits- oder Schulbeginn).

3. Der Vollstreckungsleiter lädt auf freiem Fuße befindliche Verurteilte durch einfachen Brief unter Verwendung des eingeführten Vordrucks zum Antritt des Jugendarrestes. Die Zeit des Antritts ist nach Tag und Stunde vorzuschreiben, die voraussichtliche Entlassungszeit ist mitzuteilen. Bei der Festsetzung der Antrittszeit sind die Berufsverhältnisse der Verurteilten und die Verkehrsverhältnisse zu berücksichtigen.

4. Falls das Urteil sofort rechtskräftig wird und der Vorsitzende des Gerichts entweder selbst Vollzugsleiter ist oder das Einverständnis des Vollzugsleiters herbeiführen kann, wird die Ladung nach Möglichkeit im Anschluß an die Hauptverhandlung ausgehändigt. In geeigneten Fällen kann im Anschluß an die Hauptverhandlung eine mündliche Ladung zum sofortigen Antritt des Jugendarrestes erfolgen.

5. Hinweise über den Ersatz der Fahrtkosten zur Jugendarrestanstalt oder zu den Freizeitarresträumen können sich aus den Jugendarrestgeschäftsordnungen der Länder ergeben.

6. Zugleich mit der Ladung sind die Erziehungsberechtigten, in Fällen der Hilfe zur Erziehung nach § 34 SGB VIII das Jugendamt von der Ladung zu benachrichtigen und zu ersuchen, für rechtzeitigen Antritt des Jugendarrestes zu sorgen. Auch der Leiter der Berufsausbildung bzw. der Arbeitgeber des Jugendlichen und der Leiter der Schule oder Berufsschule, die der Jugendliche besucht, sollen davon unterrichtet werden, wo und in welcher Zeit der Jugendliche Jugendarrest zu verbüßen hat. Dem Jugendlichen kann auch aufgegeben werden, die Ladung den bezeichneten Personen vorzulegen und von ihnen auf der Ladung die Kenntnisnahme bescheinigen zu lassen. Die Unterrichtung soll unterbleiben, wenn der Arrest in der Freizeit oder während des Urlaubs bzw. der Ferien des Jugendlichen vollzogen wird und ihm aus der Mitteilung unerwünschte Nachteile für sein Fortkommen entstehen könnten.

7. Folgen Verurteilte der Ladung zum Antritt des Jugendarrestes ohne genügende Entschuldigung nicht oder zeigen sie sich bei fristloser Ladung nicht zum Antritt des Jugendarrestes bereit, so veranlaßt der Vollstreckungsleiter, daß sie sofort dem Vollzug zugeführt werden. Für die Zwangszuführung kann sich der Vollstreckungsleiter der Hilfe der Polizei oder anderer geeigneter Stellen bedienen. Die Polizei ist darauf hinzuwei-

sen, daß eine Beförderung im Gefangenensammeltransport nicht in Betracht kommt.

8. Für die Berechnung der Arrestzeit wird auf § 25 JAVollzO hingewiesen.

VI. Vollstreckung der Jugendstrafe

1. Der Erziehungserfolg der Jugendstrafe kann durch die Verzögerung der Vollstreckung in starkem Maße gefährdet werden. Sogleich nach Eintritt der Rechtskraft des Urteils sollen daher auf freiem Fuße befindliche Verurteilte zum Antritt der Jugendstrafe geladen und in Untersuchungshaft befindliche oder einstweilen untergebrachte (§ 71 Abs. 2, § 72 Abs. 4) Verurteilte in die zuständige Vollzugsanstalt eingewiesen werden. Der Umstand, daß das Urteil noch nicht mit den Gründen bei den Akten ist, rechtfertigt einen Aufschub der Vollstreckung nicht. In den Fällen, in denen dem Aufnahmeersuchen eine Abschrift des vollständigen Urteils nicht beigefügt werden kann, ist die Abschrift der Vollzugsanstalt nachzureichen, sobald das Urteil abgefaßt ist. Auch hierbei ist Beschleunigung geboten, da die Kenntnis des Urteilsinhalts für die wirksame Gestaltung des Vollzugs unentbehrlich ist.

2. Bei über 24 Jahre alten Verurteilten kann die Vollstreckung nach § 85 Abs. 6 abgegeben werden. Für die weiteren Entscheidungen im Rahmen der Vollstreckung ist dann die Strafvollstreckungskammer zuständig. Ihr sind die Vorgänge so rechtzeitig zur Prüfung der Aussetzung des Restes der Jugendstrafe nach § 88 Abs. 1 vorzulegen, daß die Fristen nach § 88 Abs. 2 unter Beachtung von § 88 Abs. 3 eingehalten werden können.

3. Der Vollstreckungsleiter weist den Verurteilten in die zuständige Justizvollzugsanstalt ein und führt die Vollstreckung so lange, bis der Verurteilte in die Jugendstrafanstalt aufgenommen worden ist. Dem Aufnahmeersuchen sind stets drei Abschriften des vollständigen Urteils beizufügen oder nachzusenden. War gegen den Verurteilten früher Hilfe zur Erziehung nach § 12 angeordnet worden, so ist dies der Justizvollzugsanstalt unter Angabe der mit der Durchführung der Erziehungsmaßregel befaßten Behörde mitzuteilen.

4. Zugleich mit der Ladung sind die Erziehungsberechtigten, in Fällen der Hilfe zur Erziehung nach § 34 SGB VIII das Jugendamt von der Ladung zu benachrichtigen und zu ersuchen, für rechtzeitigen Antritt der Jugendstrafe zu sorgen. Auch der Leiter der Berufsausbildung bzw. der Arbeitgeber des Jugendlichen und der Leiter der Schule oder Berufsschule, die der Jugendliche besucht, sollen davon unterrichtet werden, wo und in welcher Zeit der Jugendliche Jugendstrafe zu verbüßen hat. Dem Jugendlichen kann auch aufgegeben werden, die Ladung den bezeichneten Personen vorzulegen und von ihnen auf der Ladung die Kenntnisnahme bescheinigen zu lassen. Die Unterrichtung soll unterbleiben, wenn die Jugendstrafe in der Freizeit oder während des Urlaubs bzw. der Ferien des Jugendlichen vollzogen wird und ihm aus der Mitteilung unerwünschte Nachteile für sein Fortkommen entstehen könnten.

5. Mittellosen Verurteilten, die sich auf freiem Fuße befinden und zum Vollzug einer Jugendstrafe in eine mehr als zehn Kilometer von ihrem Wohnort entfernt liegende Jugendstrafanstalt eingewiesen werden, kann der Vollstreckungsleiter für die Fahrt zur Jugendstrafanstalt eine Fahrkarte

oder, soweit das Gutscheinverfahren üblich ist, einen Gutschein für die Fahrkarte aushändigen.

6. Sobald der Vollstreckungsleiter Nachricht von der Aufnahme von Verurteilten in die Jugendstrafanstalt erhält (Strafantrittsanzeige), übersendet er die Strafakten oder das Vollstreckungsheft an denjenigen Jugendrichter, auf den die Vollstreckung nach § 85 Abs. 2 oder 3 mit der Aufnahme übergegangen ist. Die Jugendstrafanstalt legt dem neuen Vollzugsleiter unverzüglich eine Durchschrift der Strafantrittsanzeige, das mit der Strafzeitberechnung versehene Zweitstück des Aufnahmeersuchens und zwei der ihm mit dem Aufnahmeersuchen übersandten Urteilsabschriften vor.

7. Der nach § 85 Abs. 2 oder 3 zuständige Vollstreckungsleiter macht sich mit der Wesensart der einzelnen Jugendlichen vertraut und verfolgt deren Entwicklung im Vollzug. Er hält mit der Anstaltsleitung und den Vollzugsbediensteten Fühlung und nimmt an Vollzugsangelegenheiten von größerer Bedeutung beratend teil.

8. Im Falle der Aussetzung eines Strafrestes zur Bewährung wird sich die Zurück- oder Weitergabe der Vollstreckung (§ 85 Abs. 5) dann empfehlen, wenn der Vollstreckungsleiter mit Verurteilten oder Bewährungshelfern wegen weiter Entfernung nicht mehr Fühlung halten kann. Wird die Vollstreckung zurück- oder weitergegeben, so soll sich der bisher zuständige Vollstreckungsleiter über die Führung des Verurteilten während der Bewährungszeit auf dem laufenden halten, damit er vor einem Widerruf der Aussetzung des Strafrestes zur Bewährung die Vollstreckung wieder an sich ziehen kann. In der Regel wird es zweckmäßig sein, daß sich der Vollstreckungsleiter bei der Abgabe der Vollstreckung ausdrücklich vorbehält, die Vollstreckung wieder zu übernehmen, bevor über den Widerruf der Aussetzung des Strafrestes zur Bewährung entschieden wird.

VII. Vollstreckung von Maßregeln der Besserung und Sicherung

1. Die Zuständigkeit für die Vollstreckung von Maßregeln der Besserung und Sicherung richtet sich nach §§ 84 und 85 Abs. 4 (siehe Abschn. I Nrn. 1 und 2). Wird bei Heranwachsenden allgemeines Strafrecht angewendet, richtet sich die Zuständigkeit nach den Vorschriften der Strafvollstreckungsordnung.

2. Wegen der Vollstreckung von Führungsaufsicht wird auf § 54a StVollstrO hingewiesen.

Zu §§ 88 und 89:

Auf die Verwaltungsvorschriften zum Jugendstrafvollzug (VVJug) und auf die Beseitigung des Strafmakels nach § 100 wird hingewiesen.

Zu § 90:

Für den Vollzug des Jugendarrestes in Vollzugseinrichtungen der Landesjustizverwaltungen bestimmt die Jugendarrestvollzugsordnung das Nähere.

Zu § 91:

Über den Vollzug der Jugendstrafe ist das Nähere in den Verwaltungsvorschriften zum Jugendstrafvollzug (VVJug) bestimmt.

Zu § 92:

Auch wenn zu Jugendstrafe Verurteilte das 18. Lebensjahr bereits vollendet haben, werden sie in der Regel zunächst in die Jugendstrafanstalt eingewiesen. Die Entscheidung über die Eignung von Verurteilten für den Jugendstrafvollzug (§ 92 Abs. 2) wird dann von dem nach § 85 Abs. 2 oder Abs. 3 zuständigen Vollstreckungsleiter getroffen. Lediglich in den Fällen, in denen der Mangel der Eignung für den Jugendstrafvollzug offenkundig ist, werden über 18 Jahre alte Verurteilte sogleich in die zuständige Justizvollzugsanstalt eingewiesen.

Zu § 93:

Über den Vollzug der Untersuchungshaft sind in Nr. 1 Abs. 4, Nr. 13, Nr. 22 Abs. 4, Nrn. 77 bis 85 der UVollzO nähere Bestimmungen getroffen.

Zu § 97:

1. Wird wegen einer Jugendstrafe eine Vergünstigung nach §§ 39, 49 BZRG erbeten, so ist das Gesuch in der Regel zunächst dem nach § 98 zuständigen Jugendgericht vorzulegen, damit dieses prüfen kann, ob die Beseitigung des Strafmakels durch Richterspruch angebracht ist. Wird der Strafmakel als beseitigt erklärt, so ist dem Verurteilten zu eröffnen, daß sein Gesuch als damit erledigt angesehen wird.
2. Wegen der Eintragung der Entscheidung nach § 97 in das Zentralregister wird auf § 13 Abs. 1 Nr. 5 BZRG hingewiesen.

Zu § 98:

1. In dem Verfahren zur Beseitigung des Strafmakels empfiehlt es sich in der Regel, außer den Strafakten und den Vollstreckungsvorgängen die Personalakten der Vollzugsanstalt heranzuziehen.
2. Bei der Erteilung von Ermittlungsaufträgen empfiehlt es sich, die beauftragte Stelle auf die Notwendigkeit schonender Durchführung der Ermittlungen hinzuweisen. Es muß vermieden werden, daß die Verurteilung Personen bekannt wird, die bisher darüber nicht unterrichtet waren.

Zu § 100:

Wegen der Eintragung in das Zentralregister wird auf § 13 Abs. 1 Nr. 5 BZRG hingewiesen.

Zu § 101:

Wegen der Eintragung in das Zentralregister wird auf § 13 Abs. 1 Nr. 6 BZRG hingewiesen.

Zu § 103:

1. Die Verbindung von Strafsachen gegen Jugendliche und Erwachsene ist im allgemeinen nicht zweckmäßig. Sie ist namentlich dann nicht angebracht, wenn der Jugendliche geständig und der Sachverhalt einfach ist

oder wenn es sich bei den Erwachsenen um die Eltern des Jugendlichen handelt.

2. Die Staatsanwaltschaft beantragt die Trennung der verbundenen Sachen, sobald sich die gesonderte Bearbeitung als zweckmäßig erweist (z. B. wenn gegen die erwachsenen Beschuldigten in Abwesenheit des Jugendlichen verhandelt und Urteil erlassen worden ist oder wenn der Durchführung des Verfahrens gegen die erwachsenen Beschuldigten für längere Zeit Hindernisse entgegenstehen).

3. § 103 gilt auch im Verfahren gegen Heranwachsende (§ 112 Satz 1).

Zu § 104:

Als Verfahrensvorschriften, deren Anwendung nach Absatz 2 im Ermessen des Gerichts steht, kommen z. B. § 51 (zeitweilige Ausschließung von Beteiligten), § 69 (Beistand), § 71 (vorläufige Anordnung über die Erziehung) und § 72 Abs. 4 (Unterbringung in einem Heim der Jugendhilfe anstelle von Untersuchungshaft) in Betracht.

Zu § 105:

1. Die strafrechtliche Verantwortlichkeit Heranwachsender kann nicht wegen mangelnder Reife nach § 3 ausgeschlossen sein; sie wird nur nach den allgemeinen Vorschriften beurteilt. Gröbere Entwicklungsmängel können Anlaß zu der Prüfung geben, ob die Schuldfähigkeit nach §§ 20 bzw. 21 StGB ausgeschlossen oder vermindert ist.

2. Hilfe zur Erziehung (§ 9 Nr. 2, § 12) kann gegen Heranwachsende nicht angeordnet werden. Statt dessen kommt namentlich die Weisung in Betracht, sich einem Betreuungshelfer zu unterstellen (§ 10 Abs. 1 Satz 3 Nr. 5).

Zu § 108:

Die Staatsanwaltschaft erhebt die Anklage gegen den Beschuldigten, der sich auf freiem Fuß befindet, grundsätzlich bei dem Gericht, in dessen Bezirk er sich zur Zeit der Erhebung der Anklage aufhält. Eine Anklageerhebung bei dem für den Tatort zuständigen Gericht wird insb. dann in Betracht kommen, wenn – wie z. B. in Verkehrsstrafsachen – eine größere Zahl von am Tatort wohnenden Zeugen zu vernehmen sein wird.

Zu § 109:

1. Im Gegensatz zum Verfahren gegen Jugendliche ist das Verfahren gegen Heranwachsende grundsätzlich öffentlich. Die Öffentlichkeit kann aber nicht nur aus den in §§ 171a, 171b, 172 GVG genannten Gründen, sondern auch im Interesse der Heranwachsenden ausgeschlossen werden (vgl. hierzu die Richtlinie zu § 48).

2. Gegen Heranwachsende darf ein Strafbefehl nur erlassen werden, wenn das allgemeine Strafrecht anzuwenden ist (§ 109 Abs. 2, § 79 Abs. 1). Die Staatsanwaltschaft beantragt deshalb den Erlaß eines Strafbefehls gegen Heranwachsende nur, wenn sie Ermittlungen nach § 43 angestellt hat und zu der Auffassung gelangt ist, daß das allgemeine Strafrecht anzuwenden ist.

3. Das vereinfachte Jugendverfahren ist gegen Heranwachsende nicht zulässig, wohl aber das beschleunigte Verfahren nach §§ 212 ff. StPO.
4. Privatklage und Nebenklage sind gegen Heranwachsende zulässig, unabhängig davon, ob allgemeines Strafrecht oder Jugendstrafrecht anzuwenden ist. Auch insoweit ist grundsätzlich das Jugendgericht zuständig.
5. Die Staatsanwaltschaft wendet § 45 bei Heranwachsenden an, wenn sie auf Grund der Ermittlungen nach § 43 zu der Auffassung gelangt ist, daß Jugendstrafrecht anzuwenden ist.

Zu § 110:

1. Wird gegen Heranwachsende das allgemeine Strafrecht angewendet, so gelten für die Vollstreckung die allgemeinen Vorschriften. Besuchen solche Heranwachsende eine Schule oder Berufsschule, so soll die Schulleitung von der Vollstreckungsbehörde über den Ort und die Zeit der von ihnen zu verbüßenden Freiheitsstrafe unterrichtet werden. Den Heranwachsenden kann auch aufgegeben werden, die Ladung der Schulleitung vorzulegen und von ihr auf der Ladung die Kenntnisnahme bescheinigen zu lassen. Die Unterrichtung kann unterbleiben, wenn die Freiheitsstrafe in der Freizeit oder während des Urlaubs bzw. der Ferien der Heranwachsenden vollzogen wird und ihnen aus der Mitteilung unerwünschte Nachteile für ihr Fortkommen entstehen könnten.
2. Wegen der Möglichkeit des Vollzugs einer Freiheitsstrafe in der Jugendstrafanstalt wird auf § 114 und die Richtlinien dazu hingewiesen.

Zu § 114:

1. Zu Freiheitsstrafe Verurteilte unter 24 Jahren sind für den Jugendstrafvollzug geeignet, wenn die erzieherische Einwirkung in der Jugendstrafanstalt bei ihnen Erfolg verspricht und von ihrer Anwesenheit in der Jugendstrafanstalt Nachteile für die Erziehung der anderen Gefangenen nicht zu befürchten sind.
2. Zu Freiheitsstrafe Verurteilte unter 21 Jahren werden in die Jugendstrafanstalt eingewiesen. Wenn jedoch in einer Justizvollzugsanstalt eine besondere Abteilung für junge Gefangene besteht, kann die Einweisung in die Justizvollzugsanstalt erfolgen.
3. Zu Freiheitsstrafe Verurteilte, die das 21., aber noch nicht das 24. Lebensjahr vollendet haben, werden in der Regel in die Justizvollzugsanstalt eingewiesen.
4. Hält die Justizvollzugsanstalt Verurteilte unter 24 Jahren für den Jugendstrafvollzug für geeignet, so überweist sie diese in die Jugendstrafanstalt und benachrichtigt hiervon die Strafvollstreckungsbehörde.
5. Nach Anhörung des Vorsitzenden des Gerichts, das im ersten Rechtszug erkannt hat, und, falls sich der Verurteilte in Haft befindet, der Justizvollzugsanstalt kann die Strafvollstreckungsbehörde den zu Freiheitsstrafe Verurteilten, der das 21., aber noch nicht das 24. Lebensjahr vollendet hat, ausnahmsweise sogleich in die Jugendstrafanstalt einweisen, wenn seine Eignung für den Jugendstrafvollzug offenkundig ist. Dies gilt auch für Verurteilte unter 21 Jahren, die nach Nr. 2 Satz 2 in die Justizvollzugsanstalt einzuweisen wären.

6. Die Entscheidung darüber, ob zu Freiheitsstrafe Verurteilte unter 24 Jahren in die Jugendstrafanstalt oder in die Justizvollzugsanstalt einzuweisen sind, wird dem Rechtspfleger nicht übertragen.
7. Über die endgültige Übernahme von Verurteilten in den Jugendstrafvollzug und über ihr Verbleiben in der Jugendstrafanstalt entscheidet in allen Fällen die Leitung dieser Anstalt.

3. Anordnung über Mitteilungen in Strafsachen (MiStra)

In der ab dem 1. Mai 2019 geltenden Fassung vom 1. Februar 2019
(BAnz Allgemeiner Teil 8.4.2019 B1)

− Auszug −

6 Inhalt und Zeitpunkt der Mitteilungen

(1) [1]Der Inhalt und der Zeitpunkt der Mitteilungen richten sich nach den besonderen Vorschriften. [2]Neben den mitzuteilenden Daten dürfen weitere Daten unter den Voraussetzungen des § 18 Absatz 1 EGGVG übermittelt werden. [3]Im Übrigen gelten die folgenden Bestimmungen.

(2) [1]Ist die Einleitung eines Verfahrens mitzuteilen, richtet sich der Inhalt der Mitteilung nach deren Zweck und den Umständen des Einzelfalles. [2]Die Mitteilung unterbleibt, solange kein begründeter Verdacht vorliegt.

(3) [1]Ist der Erlass und der Vollzug eines Haft- oder Unterbringungsbefehls mitzuteilen, sind auch die Aufhebung dieser Entscheidungen sowie die Aussetzung des Vollzugs mitzuteilen. [2]Der Haft- oder der Unterbringungsbefehl selbst werden grundsätzlich nicht übermittelt. [3]Soll der Erlass eines Haft- oder Unterbringungsbefehls vor dessen Vollzug mitgeteilt werden, ist besonders zu prüfen, ob Zwecke des Strafverfahrens dem entgegenstehen (Nummer 2 Absatz 1 Satz 4).

(4) [1]Ist die Erhebung der öffentlichen Klage mitzuteilen, sind die Anklageschrift, eine an ihre Stelle tretende Antragsschrift nach § 414 Absatz 2 Satz 2 StPO, der Antrag auf Erlass eines Strafbefehls, der Antrag auf Entscheidung im beschleunigten Verfahren (§ 417 StPO) bzw. der Antrag im vereinfachten Jugendverfahren (§ 76 JGG) zu übermitteln. [2]Staatsanwältinnen oder Staatsanwälte können im Einzelfall anordnen, dass die Übermittlung des wesentlichen Ergebnisses der Ermittlungen unterbleibt.

(5) [1]Ist das Urteil mitzuteilen, sind die Urteilsformel und die Urteilsgründe zu übermitteln. [2]Richterinnen oder Richter, Staatsanwältinnen oder Staatsanwälte können im Einzelfall anordnen, dass die Übermittlung der Urteilsgründe unterbleibt. [3]Mitzuteilen ist auch, ob und von wem ein Rechtsmittel gegen das Urteil eingelegt worden ist.

(6) [1]Ist die rechtskräftige Entscheidung (Urteil, Strafbefehl, Gesamtstrafenbeschluss) mitzuteilen, ist auch anzugeben, wann sie rechtskräftig geworden ist. [2]Ist mit der rechtskräftigen Entscheidung ein Rechtsmittel verworfen worden oder wird darin auf eine angefochtene Entscheidung Bezug genommen, ist auch die angefochtene Entscheidung mitzuteilen; Absatz 5 Satz 2 gilt entsprechend.

(7) [1]Ist der Ausgang des Verfahrens mitzuteilen, ist jede das Verfahren endgültig oder − außer in den Fällen des § 153a StPO − vorläufig abschließende Entscheidung mit Begründung mitzuteilen, insbesondere die Einstel-

lungsverfügung (Ablehnung der Strafverfolgung) der Staatsanwaltschaft, der nicht mehr anfechtbare Beschluss, der die Eröffnung des Hauptverfahrens ablehnt, die Einstellung des Verfahrens durch gerichtlichen Beschluss und die rechtskräftige Entscheidung. [2] Richterinnen oder Richter, Staatsanwältinnen oder Staatsanwälte können im Einzelfall anordnen, dass die Übermittlung der Begründung unterbleibt.

11 Mitteilungen an die Polizei

§ 482 StPO

(1) Die Staatsanwaltschaft teilt der Polizeibehörde, die mit dem Verfahren befasst war, ihr Aktenzeichen mit.

(2) Die Staatsanwaltschaft teilt der Polizeibehörde, die mit dem Verfahren befasst war, den Ausgang des Verfahrens mit.

(3) [1] Die Mitteilung nach Absatz 2 erfolgt

1. in den Fällen des § 20 Absatz 1 Satz 1 BZRG durch Übersendung einer Mehrfertigung der Mitteilung an das Bundeszentralregister,
2. im Übrigen grundsätzlich nur durch Übermittlung der Entscheidungsformel (Tenor), der entscheidenden Stelle sowie des Datums und der Art der Entscheidung (Urteil, Beschluss, Entschließung der Staatsanwaltschaft).

[2] Eine Mehrfertigung des Urteils (gegebenenfalls auch der nach § 267 Absatz 1 Satz 3, Absatz 4 Satz 1 StPO in Bezug genommenen Abbildungen und Schriftstücke) oder einer mit Gründen versehenen Einstellungsentscheidung kann auf Ersuchen der befassten Polizeibehörde übersandt werden.

(4) Die Mitteilung des Verfahrensausgangs von Amts wegen unterbleibt in Verfahren gegen Unbekannt sowie bei Verkehrsstrafsachen, soweit sie nicht unter die §§ 142, 315 bis 315c StGB fallen. Die Befugnis zur Erteilung von Auskünften oder der Gewährung von Akteneinsicht auf Ersuchen bleibt hiervon unberührt.

13 Bewährungs- und Führungsaufsichtsfälle

§ 479 Absatz 2 Nummer 3 StPO

(1) Ist durch eine Entscheidung des Gerichts oder durch eine Gnadenentscheidung

1. die Vollstreckung einer Freiheitsstrafe oder des Restes einer Freiheitsstrafe,
2. die Vollstreckung oder weitere Vollstreckung einer Unterbringung,
3. ein Berufsverbot,
4. die Vollstreckung einer Jugendstrafe oder des Restes einer Jugendstrafe,
5. die Vollstreckung eines Strafarrestes oder des Restes eines Strafarrestes zur Bewährung ausgesetzt oder
6. die Strafe oder der Strafarrest nach Ablauf der Bewährungszeit erlassen

worden, ist dem Gericht oder der Gnadenbehörde Mitteilung zu machen, sobald Umstände bekannt werden, die zu einem Widerruf der Aussetzung oder des Straferlasses oder des Erlasses des Strafarrestes führen können.

(2) Ist durch die Entscheidung eines Gerichts oder kraft Gesetzes Führungsaufsicht eingetreten, so ist dem Gericht sowie der Führungsaufsichts-

stelle Mitteilung zu machen, sobald Umstände bekannt werden, die zu nachträglichen Entscheidungen führen können.

(2a) [1]Ist eine unter Bewährung stehende Verurteilte bzw. ein unter Bewährung stehender Verurteilter in anderer Sache in Strafhaft genommen worden, so ist der die Bewährungsstrafe vollstreckenden Staatsanwaltschaft zur Weiterleitung an das bis zu diesem Zeitpunkt die Bewährungsaufsicht führende Gericht Mitteilung zu machen. [2]Gleiches gilt in den Fällen, in denen Maßregeln der Besserung und Sicherung vollstreckt werden.

(3) Ist die Verurteilung zu einer Geldstrafe vorbehalten oder die Entscheidung über die Verhängung einer Jugendstrafe ausgesetzt worden, ist dem Gericht Mitteilung zu machen, sobald Umstände bekannt werden, die zur Verurteilung zu der vorbehaltenen Strafe oder zur Verhängung einer Jugendstrafe führen können.

(4) Ist Bewährungs- oder Führungsaufsicht angeordnet, ist die Mitteilung in zwei Stücken zu machen.

19 Strafsachen gegen Soldatinnen und Soldaten der Bundeswehr
§ 89 Absatz 1 und 3 SG, § 115 BBG

(1) [1]In Strafsachen gegen Soldatinnen und Soldaten der Bundeswehr sind mitzuteilen

1. der Erlass und der Vollzug eines Haft- oder Unterbringungsbefehls,
2. die Anklageschrift oder eine an ihre Stelle tretende Antragsschrift,
3. der Antrag auf Erlass eines Strafbefehls und
4. die einen Rechtszug abschließende Entscheidung mit Begründung sowie gegebenenfalls mit dem Hinweis, dass ein Rechtsmittel eingelegt worden ist.

[2]Endet das Wehrdienstverhältnis nach der Übermittlung einer Mitteilung, so ist der Empfänger vom Ausgang des Verfahrens nach § 20 Absatz 1 EGGVG zu unterrichten, soweit er hierauf nicht verzichtet hat.

(2) [1]Absatz 1 gilt in Verfahren wegen Privatklagedelikten nur, wenn die Staatsanwaltschaft das öffentliche Interesse an der Strafverfolgung bejaht hat; Nummer 29 bleibt unberührt. [2]In Verfahren wegen fahrlässig begangener Straftaten sind Mitteilungen nach Absatz 1 Ziffer 2 bis 4 nur zu machen, wenn

1. es sich um schwere Verstöße, namentlich Vergehen der Trunkenheit im Straßenverkehr oder der fahrlässigen Tötung, handelt oder
2. in sonstigen Fällen die Kenntnis der Daten aufgrund der Umstände des Einzelfalles erforderlich ist, um zu prüfen, ob dienstrechtliche Maßnahmen zu ergreifen sind.

(3) [1]Entscheidungen über Verfahrenseinstellungen, die nicht bereits nach Absatz 1 oder 2 zu übermitteln sind, sollen übermittelt werden, wenn die in Absatz 2 Ziffer 2 genannten Voraussetzungen erfüllt sind. [2]Dabei ist zu berücksichtigen, wie gesichert die zu übermittelnden Erkenntnisse sind. Übermittelt werden sollen insbesondere Einstellungsentscheidungen gemäß § 170 Absatz 2 StPO, die Feststellungen zu einer Schuldunfähigkeit nach § 20 StGB enthalten. Die Mitteilung ordnen Richterinnen oder Richter, Staatsanwältinnen oder Staatsanwälte an.

(4) Übermittlungen nach den Absätzen 1 bis 3 sind auch zulässig, soweit sie Daten betreffen, die dem Steuergeheimnis (§ 30 AO) unterliegen.

(5) [1]Mitteilungen sind zu richten

1. bei Erlass und Vollzug eines Haft- oder Unterbringungsbefehls schriftlich an die nächsten Disziplinarvorgesetzten oder deren Vertretung im Amt,
2. in allen übrigen Fällen zum Zwecke der Weiterleitung an die zuständige Stelle an das Kommando Territoriale Aufgaben der Bundeswehr (Kurt-Schumacher-Damm 41, 13405 Berlin).

[2]Die Mitteilungen sind als „Vertrauliche Personalsache" zu kennzeichnen. [3]Im Falle der Ziffer 2 sind nur die Personendaten der Soldatinnen oder Soldaten, die zur Ermittlung der zuständigen Stelle erforderlich sind (Name, Geburtsname, Vorname, Geburtsdatum, Dienstgrad, Truppenteil oder Dienststelle sowie Standort), dem Kommando Territoriale Aufgaben der Bundeswehr mitzuteilen. [4]Die übrigen Daten sind zur Weiterleitung in einem verschlossenen Umschlag zu übermitteln. [5]Ist das Wehrdienstverhältnis zwischenzeitlich beendet, soll neben den bekannten, zuletzt gültigen Personendaten auch die bekannte Anschrift der entlassenen Soldatinnen oder Soldaten mitgeteilt werden.

21 Strafsachen gegen Zivildienstleistende

§ 45a ZDG, § 115 BBG

(1) [1]In Strafsachen gegen Zivildienstleistende sind mitzuteilen

1. der Erlass und der Vollzug eines Haft- oder Unterbringungsbefehls,
2. die Anklageschrift oder eine an ihre Stelle tretende Antragsschrift,
3. der Antrag auf Erlass eines Strafbefehls und
4. die einen Rechtszug abschließende Entscheidung mit Begründung sowie gegebenenfalls mit dem Hinweis, dass ein Rechtsmittel eingelegt worden ist.

[2]Endet das Zivildienstverhältnis nach Übermittlung einer Mitteilung, ist der Empfänger über den Ausgang des Verfahrens nach § 20 Absatz 1 EGGVG zu unterrichten, soweit er hierauf nicht verzichtet hat.

(2) [1]Absatz 1 gilt in Verfahren wegen Privatklagedelikten nur, wenn die Staatsanwaltschaft das öffentliche Interesse an der Strafverfolgung bejaht hat; Nummer 29 bleibt unberührt. [2]In Verfahren wegen fahrlässig begangener Straftaten sind Mitteilungen nach Absatz 1 Ziffer 2 bis 4 nur zu machen, wenn

1. es sich um schwere Verstöße, namentlich Vergehen der Trunkenheit im Straßenverkehr oder der fahrlässigen Tötung, handelt oder
2. in sonstigen Fällen die Kenntnis der Daten aufgrund der Umstände des Einzelfalles erforderlich ist, um zu prüfen, ob dienstrechtliche Maßnahmen zu ergreifen sind.

(3) [1]Entscheidungen über Verfahrenseinstellungen, die nicht bereits nach Absatz 1 oder 2 zu übermitteln sind, sollen übermittelt werden, wenn die in Absatz 2 Ziffer 2 genannten Voraussetzungen erfüllt sind. [2]Dabei ist zu berücksichtigen, wie gesichert die zu übermittelnden Erkenntnisse sind. [3]Übermittelt werden sollen insbesondere Einstellungsentscheidungen gemäß § 170 Absatz 2 StPO, die Feststellungen zu einer Schuldunfähigkeit nach

§ 20 StGB enthalten. [4]Die Mitteilung ordnen Richterinnen oder Richter, Staatsanwältinnen oder Staatsanwälte an.

(4) Übermittlungen nach den Absätzen 1 bis 3 sind auch zulässig, soweit sie Daten betreffen, die dem Steuergeheimnis (§ 30 AO) unterliegen.

(5) Die Mitteilungen sind an das
Bundesamt für Familie und zivilgesellschaftliche Aufgaben
50964 Köln
Telefon: 02 21/36 73-0
zu richten und als „Vertrauliche Personalsache" zu kennzeichnen.

31 Mitteilungen an das Betreuungsgericht und an das Familiengericht

§ 22a FamFG, § 70 Satz 1 JGG

(1) Werden in einem Strafverfahren – gleichgültig, gegen wen es sich richtet – Tatsachen bekannt, die Maßnahmen des Betreuungs- oder des Familiengerichts erfordern können, so sind diesen die Tatsachen mitzuteilen, soweit nicht für die übermittelnde Stelle erkennbar ist, dass schutzwürdige Interessen der Betroffenen an dem Ausschluss der Übermittlung das Schutzbedürfnis von Minderjährigen oder Betreuten oder das öffentliche Interesse an der Übermittlung überwiegen.

(2) Die Mitteilung ordnen Richterinnen oder Richter, Staatsanwältinnen oder Staatsanwälte an.

32 Mitteilungen an die Jugendgerichtshilfe in Strafsachen gegen Jugendliche und Heranwachsende

§§ 38, 50, 70 Satz 1, §§ 72a, 107, 109 Absatz 1 JGG

In Strafsachen gegen Jugendliche und Heranwachsende sind der Jugendgerichtshilfe mitzuteilen

1. die Einleitung des Verfahrens,
2. vorläufige Anordnungen über die Erziehung,
3. der Erlass und der Vollzug eines Haft- oder Unterbringungsbefehls sowie die Unterbringung zur Beobachtung,
4. die Erhebung der öffentlichen Klage,
5. Ort und Zeit der Hauptverhandlung,
6. die Urteile,
7. der Ausgang des Verfahrens,
8. der Name und die Anschrift der Bewährungshelferin oder des Bewährungshelfers,
9. die nachträglichen Entscheidungen, die sich auf Weisungen oder Auflagen beziehen oder eine Aussetzung der Vollstreckung einer Jugendstrafe oder des Restes einer Jugendstrafe zur Bewährung, eine Aussetzung der Verhängung der Jugendstrafe oder die Führungsaufsicht betreffen.

33 Mitteilungen an die Schule in Strafsachen gegen Jugendliche und Heranwachsende

§ 70 Satz 1, § 109 Absatz 1 JGG

(1) [1]In Strafsachen gegen Jugendliche und Heranwachsende sind Mitteilungen an die Schule nur in geeigneten Fällen zu machen. [2]Es wird in der Regel genügen, die Schule von dem Ausgang des Verfahrens zu unterrichten. [3]Die Einleitung des Verfahrens oder die Erhebung der öffentlichen Klage wird mitzuteilen sein, wenn aus Gründen der Schulordnung, insbesondere zur Wahrung eines geordneten Schulbetriebs oder zum Schutz anderer Schülerinnen oder Schüler, sofortige Maßnahmen geboten sein können.

(2) Die Mitteilungen sind an die Leiterin oder den Leiter der Schule oder die Vertretung im Amt zu richten.

(3) Die Mitteilung ordnen Richterinnen oder Richter, Staatsanwältinnen oder Staatsanwälte an.

34 Mitteilungen an andere Prozessbeteiligte in Strafsachen gegen Jugendliche

§§ 67, 43 Absatz 1 JGG, Artikel 104 Absatz 4 GG

(1) Sind in Strafsachen gegen Jugendliche durch verfahrensrechtliche Bestimmungen Mitteilungen an die Beschuldigten vorgeschrieben, so sind diese auch zu richten an

1. die Erziehungsberechtigten,
2. die gesetzlichen Vertreterinnen und gesetzlichen Vertreter,
3. die Verfahrenspflegerin oder den Verfahrenspfleger.

(2) [1]Die in Absatz 1 bezeichneten Personen werden ferner benachrichtigt von

1. der Einleitung des Verfahrens,
2. der Verhaftung, Verwahrung oder Unterbringung.

[2]Die Mitteilungen nach Satz 1 Ziffer 1 können bei Geringfügigkeit der Verfehlung unterbleiben.

(3) Die Mitteilung ordnen Richterinnen oder Richter, Staatsanwältinnen oder Staatsanwälte an.

35 Mitteilungen zum Schutz von Minderjährigen

§ 13 Absatz 2, § 14 Absatz 1 Nummer 5, § 17 Nummer 5 EGGVG

(1) Werden in einem Strafverfahren – gleichgültig, gegen wen es sich richtet – Tatsachen bekannt, deren Kenntnis aus der Sicht der übermittelnden Stelle zur Abwehr einer erheblichen Gefährdung von Minderjährigen erforderlich ist, sind diese der zuständigen öffentlichen Stelle mitzuteilen.

(2) Mitteilungen erhalten insbesondere

1. das Jugendamt und das Familiengericht, wenn gegen Minderjährige eine Straftat gegen die sexuelle Selbstbestimmung (Dreizehnter Abschnitt des

Besonderen Teils des StGB) oder nach den §§ 171, 225, 232 bis 233a StGB begangen oder versucht worden ist,

2. die zuständige Aufsichtsbehörde für betriebserlaubnispflichtige Kinder- oder Jugendeinrichtungen nach § 45 SGB VIII, wenn der Schutz von Minderjährigen deren Unterrichtung erfordert,

3. das Jugendamt und die für die Gewerbeaufsicht zuständige Stelle, wenn eine Verurteilung wegen Zuwiderhandlungen gegen die §§ 27, 28 JuSchG ausgesprochen worden ist,

4. das Familiengericht, wenn familiengerichtliche Maßnahmen nach § 1666 BGB oder die Anordnung einer Vormundschaft (Pflegschaft) notwendig erscheinen,

5. die für die Gewerbeaufsicht zuständige Stelle, das Landesjugendamt sowie die sonst zuständigen Stellen, wenn der Schutz von Minderjährigen die Unterrichtung dieser Stellen erfordert (vgl. §§ 28, 29, 32 BBiG, §§ 22, 22a, 23 HwO, §§ 25, 27 JArbSchG),

6. das Jugendamt in sonstigen Fällen, wenn sein Tätigwerden zur Abwendung einer erheblichen Gefährdung von Minderjährigen erforderlich erscheint.

(3) In Strafsachen gegen einen Elternteil wegen einer an seinem minder-jährigen Kind begangenen rechtswidrigen Tat ist die Erhebung der öffent-lichen Klage oder die Einstellung des Verfahrens wegen Schuldunfähigkeit dem Familiengericht und dem Jugendamt mitzuteilen.

(4) In Strafsachen, die eine erhebliche Gefährdung von Minderjährigen erkennen lassen, sowie in Jugendschutzsachen (§ 26 Absatz 1 Satz 1 GVG) werden dem Jugendamt Ort und Zeit der Hauptverhandlung mitgeteilt.

(5) Die Mitteilung ordnen Richterinnen oder Richter, Staatsanwältinnen oder Staatsanwälte an.

42 Mitteilungen über Ausländerinnen und Ausländer

§ 87 Absatz 2, 4, § 88 Absatz 2, 3 AufenthG, auch in Verbindung mit § 11 Absatz 1 FreizügG/EU, § 74, auch in Verbindung mit § 79 AufenthV

(1) [1] In Strafsachen gegen Ausländerinnen und Ausländer (§ 2 Absatz 1 AufenthG) sind unverzüglich mitzuteilen

1. die Einleitung des Verfahrens unter Angabe der gesetzlichen Vorschriften,

2. der Ausgang des Verfahrens,

3. der Widerruf einer Strafaussetzung zur Bewährung,

4. der Widerruf der Zurückstellung der Strafvollstreckung.

[2] Die Mitteilung nach Ziffer 1 kann unterbleiben, wenn in den Akten dokumentiert ist, dass sie bereits durch die Polizei erfolgt ist.

(2) [1] Wird in einem Strafverfahren – gleichgültig, gegen wen es sich richtet –

1. der Aufenthalt einer Ausländerin oder eines Ausländers, wenn weder ein erforderlicher Aufenthaltstitel erteilt noch die Abschiebung ausgesetzt ist,

2. der Verstoß gegen eine räumliche Beschränkung,

3. die unberechtigte Inanspruchnahme oder Beantragung von Sozialleistun-gen durch eine Ausländerin oder einen Ausländer, für sich selbst, ihre oder seine Familienangehörigen oder für sonstige Haushaltsangehörige in den Fällen des § 7 Absatz 1 Satz 2 Nummer 2 oder Satz 4 SGB II oder in

den Fällen des § 23 Absatz 3 Satz 1 Nummer 2, 3 oder 4, Satz 3, 6 oder 7 SGB XII oder

4. ein sonstiger Ausweisungsgrund

bekannt, so ist dies unverzüglich mitzuteilen. [2]Satz 1 findet keine Anwendung auf Ausländerinnen und Ausländer, deren Rechtsstellung durch das Gesetz über die allgemeine Freizügigkeit von Unionsbürgern geregelt ist. [3]Bei diesen sind sonstige Tatsachen dann mitzuteilen, wenn die Voraussetzungen des § 5 Absatz 5 oder § 6 Absatz 1 FreizügG/EU vorliegen können. [4]Die Mitteilung kann unterbleiben, wenn in den Akten dokumentiert ist, dass sie bereits durch andere Stellen erfolgt ist.

(3) Bei den Mitteilungen sind, soweit bekannt, jeweils folgende Daten mit anzugeben:

1. Familiennamen,
2. Geburtsnamen,
3. Vornamen,
4. Tag und Ort mit Angabe des Staates der Geburt,
5. Staatsangehörigkeiten,
6. Anschrift.

(4) Personenbezogene Daten, die von einer Ärztin, einem Arzt oder einer der in § 203 Absatz 1 Nummer 1, 2, 4 bis 6 und Absatz 3 StGB bezeichneten Personen in Strafverfahren zugänglich gemacht worden sind, dürfen übermittelt werden,

1. wenn die Ausländerin oder der Ausländer die öffentliche Gesundheit gefährdet und besondere Schutzmaßnahmen zum Ausschluss der Gefährdung nicht möglich sind oder von der Ausländerin oder dem Ausländer nicht eingehalten werden oder
2. soweit die Daten für die Feststellung erforderlich sind, ob die in § 55 Absatz 2 Nummer 4 AufenthG bezeichneten Voraussetzungen vorliegen.

(5) Personenbezogene Daten, die nach § 30 AO dem Steuergeheimnis unterliegen, dürfen übermittelt werden, wenn gegen die Ausländerin oder den Ausländer wegen eines Verstoßes gegen eine Vorschrift des Steuereinschließlich des Zoll- und des Monopolrechts oder des Außenwirtschaftsrechts oder gegen Einfuhr-, Ausfuhr-, Durchfuhr- oder Verbringungsverbote oder -beschränkungen ein strafrechtliches Ermittlungsverfahren eingeleitet worden ist.

(6) Die Mitteilungen sind an die nach jeweiligem Landesrecht örtlich zuständige Ausländerbehörde zu richten.

(7) [1]In den Fällen des Absatzes 2 Ziffer 1 und 2 und sonstiger nach dem Aufenthaltsgesetz strafbarer Handlungen kann statt der Ausländerbehörde die zuständige Polizeibehörde unterrichtet werden, wenn eine der in § 71 Absatz 5 AufenthG bezeichneten Maßnahmen (Zurückschiebung, Festnahme, Durchsetzung der Verlassenspflicht, Durchführung der Abschiebung) in Betracht kommt. [2]Absatz 2 Satz 2 gilt entsprechend.

(8) In den Fällen des Absatzes 5 dürfen auch die mit der polizeilichen Kontrolle des grenzüberschreitenden Verkehrs betrauten Behörden unterrichtet werden, wenn ein Ausreiseverbot nach § 46 Absatz 2 AufenthG erlassen werden soll.

(9) Mitteilungen nach Absatz 2 Satz 3 sowie den Absätzen 4, 5 und 8 ordnen Richterinnen oder Richter, Staatsanwältinnen oder Staatsanwälte an.

43 Strafsachen gegen Gefangene und Untergebrachte

§ 479 Absatz 2 Nummer 1 und 2 StPO

Wird gegen Untersuchungsgefangene, Strafgefangene, Sicherungsverwahrte oder in einem psychiatrischen Krankenhaus oder in einer Entziehungsanstalt Untergebrachte ein weiteres Verfahren eingeleitet, sind der Leitung der Justizvollzugsanstalt, des psychiatrischen Krankenhauses oder der Entziehungsanstalt mitzuteilen

1. die Einleitung des Verfahrens,
2. die Erhebung der öffentlichen Klage,
3. der Ausgang des Verfahrens.

50 Betäubungsmittelsachen

§ 27 Absatz 3 und 4 BtMG

(1) In Strafsachen nach dem Betäubungsmittelgesetz sind mitzuteilen:

1. der für die Überwachung nach § 19 Absatz 1 Satz 3 BtMG zuständigen Landesbehörde die rechtskräftige Entscheidung mit Begründung, wenn
   a) auf eine Strafe oder eine Maßregel der Besserung und Sicherung erkannt oder der bzw. die Angeklagte wegen Schuldunfähigkeit freigesprochen worden ist und
   b) die Entscheidung Informationen zum Betäubungsmittelverkehr bei Ärztinnen und Ärzten, Zahnärztinnen und Zahnärzten, Tierärztinnen und Tierärzten oder in Apotheken, tierärztlichen Hausapotheken, Krankenhäusern und Tierkliniken enthält,
2. dem
   Bundesinstitut für Arzneimittel und Medizinprodukte
   Kurt-Georg-Kiesinger-Allee 3
   53175 Bonn
   in Verfahren gegen Ärztinnen und Ärzte, Zahnärztinnen und Zahnärzte, Tierärztinnen und Tierärzte,
   a) die Anklageschrift oder eine an ihre Stelle tretende Antragsschrift,
   b) der Antrag auf Erlass eines Strafbefehls und
   c) die das Verfahren abschließende Entscheidung mit Begründung; ist mit dieser Entscheidung ein Rechtsmittel verworfen worden oder wird darin auf die angefochtene Entscheidung Bezug genommen, ist auch diese zu übermitteln.

(2) [1] In gegen Ärztinnen und Ärzte, Zahnärztinnen und Zahnärzte, Tierärztinnen und Tierärzte, Apothekerinnen und Apotheker gerichteten sonstigen Strafsachen ist der für die Überwachung nach § 19 Absatz 1 Satz 3 BtMG zuständigen Landesbehörde die abschließende Entscheidung mit Begründung mitzuteilen, wenn

1. ein Zusammenhang der Straftat mit dem Betäubungsmittelverkehr im Sinne von Absatz 1 Ziffer 1 Buchstabe b besteht und
2. die Kenntnis der Entscheidung aus der Sicht der übermittelnden Stelle für dessen Überwachung erforderlich ist.

[2] Absatz 1 Ziffer 2 Buchstabe c zweiter Halbsatz gilt entsprechend.

4. Strafvollstreckungsordnung (StVollstrO)

vom 1. August 2011
(BAnz. Nr. 112a S. 1)
geändert durch AndVwV com 10. August 2017
(BAnz. AT 18.8.2017 B6)
– Auszug –

Abschnitt 1. Allgemeine Bestimmungen

§ 1 Geltungsbereich

(1) Die Vorschriften der Strafvollstreckungsordnung gelten für die Vollstreckung von Urteilen und ihnen gleichstehenden Entscheidungen, die auf eine Strafe, Nebenstrafe, Nebenfolge oder Maßregel der Besserung und Sicherung lauten.

(2) Die Vorschriften der Strafvollstreckungsordnung gelten ferner, soweit die §§ 87, 88 dies bestimmen, für die Vollstreckung gerichtlicher Entscheidungen nach dem Gesetz über Ordnungswidrigkeiten sowie für die Vollstreckung von Ordnungs- und Zwangshaft in Straf- und Bußgeldsachen.

(3) Für die Vollstreckung von Entscheidungen gegen Jugendliche und Heranwachsende gelten die Vorschriften der Strafvollstreckungsordnung nur, soweit das Jugendgerichtsgesetz (JGG), die Richtlinien dazu (RiJGG), die Landesgesetze zum Jugendstrafvollzug, die Bundeswehrvollzugsordnung und das Gesetz über Ordnungswidrigkeiten (OWiG) nichts anderes bestimmen.

§ 2 Nachdrückliche Vollstreckung

(1) Im Interesse einer wirksamen Strafrechtspflege ist die richterliche Entscheidung mit Nachdruck und Beschleunigung zu vollstrecken.

(2) Durch Gnadengesuche sowie durch andere Gesuche und Eingaben darf die Vollstreckung grundsätzlich nicht verzögert werden.

§ 13 Urkundliche Grundlage der Vollstreckung

(1) Die Vollstreckung setzt die Rechtskraft der Entscheidung voraus (§ 449 StPO).

(2) Urkundliche Grundlage der Vollstreckung ist die Urschrift oder eine beglaubigte Abschrift der Entscheidung oder ihres erkennenden Teils; auf ihr muss die Rechtskraft bescheinigt und angegeben sein, wann sie eingetreten ist (§ 451 Absatz 1 StPO).

(3) Die Rechtskraft kann bereits bescheinigt werden, bevor die schriftlichen Urteilsgründe vorliegen. Ist die verurteilte Person in Haft, so hat die die Rechtskraft bescheinigende Stelle die urkundliche Grundlage der Voll-

streckung binnen drei Tagen nach Eintritt der Rechtskraft der Vollstreckungsbehörde zu übersenden.

(4) Die Rechtskraft bescheinigt die Urkundsbeamtin oder der Urkundsbeamte der Geschäftsstelle beim Gericht des ersten Rechtszuges. Wird gegen ein Berufungsurteil keine Revision eingelegt, so bescheinigt sie die Urkundsbeamtin oder der Urkundsbeamte der Geschäftsstelle beim Berufungsgericht.

(5) Wird gegen ein Urteil Revision eingelegt, so behält die Vollstreckungsbehörde eine beglaubigte Abschrift des erkennenden Teils der für die Vollstreckung erforderlichen Urteile zurück. Die Urkundsbeamtin oder der Urkundsbeamte der Geschäftsstelle beim Revisionsgericht übersendet der Vollstreckungsbehörde unverzüglich eine beglaubigte Abschrift des erkennenden Teils des Revisionsurteils, wenn dieses die Rechtskraft des angefochtenen Urteils herbeigeführt hat oder selbst vollstreckungsfähig ist. Dasselbe gilt, wenn die Revision durch Beschluss verworfen wird und die Akten nicht sofort zurückgegeben werden können.

§ 14 Weitere urkundliche Grundlagen der Vollstreckung

(1) Weitere urkundliche Grundlage der Vollstreckung ist die Urschrift oder eine beglaubigte Abschrift der Entscheidung oder ihres erkennenden Teils, durch die

1. eine Verurteilung zu der vorbehaltenen Strafe (§ 59b StGB) ausgesprochen wird;
2. die Aussetzung einer Strafe, eines Strafrestes oder einer Unterbringung (§ 56f Absatz 1, § 57 Absatz 3, § 57a Absatz 3, § 67g Absatz 1 bis 3 StGB) oder ein Straferlass (§ 56g Absatz 2 StGB) widerrufen wird;
3. eine Anordnung über eine vom Urteil abweichende Reihenfolge der Vollstreckung von Freiheitsstrafen und freiheitsentziehenden Maßregeln (§ 67 Absatz 3 StGB) getroffen wird;
4. der Vollzug der Freiheitsstrafe angeordnet wird (§ 67 Absatz 5 Satz 2, zweiter Halbsatz StGB);
5. die Überweisung in den Vollzug einer anderen freiheitsentziehenden Maßregel angeordnet wird (§ 67a Absatz 1 bis 3 StGB);
6. nach § 67c Absatz 2 StGB die Vollstreckung einer Unterbringung angeordnet wird;
7. nach § 67d Absatz 5 StGB bestimmt wird, dass die Unterbringung in einer Entziehungsanstalt nicht weiter zu vollziehen ist;
8. der Vollzug der nächsten freiheitsentziehenden Maßregel angeordnet wird (§ 72 Absatz 3 StGB).

(2) § 13 Absatz 2, 3 und 4 Satz 1 gilt entsprechend.

§ 21 Beschwerden

(1) Über Einwendungen gegen eine Entscheidung oder eine andere Anordnung der Vollstreckungsbehörde entscheidet, soweit nicht das Gericht dafür zuständig ist (§§ 458, 459h StPO, § 83 Absatz 1 JGG),

1. die Generalstaatsanwaltschaft, wenn die Staatsanwaltschaft bzw. die Jugendrichterin als Vollstreckungsleiterin oder der Jugendrichter als Vollstreckungsleiter,

2. die oberste Behörde der Landesjustizverwaltung, wenn die Generalstaatsanwaltschaft,
3. das Bundesministerium der Justiz, wenn der Generalbundesanwalt beim Bundesgerichtshof

die beanstandete Entscheidung oder Anordnung getroffen hat.

(2) Durch Einwendungen nach Absatz 1 wird die Vollstreckung nicht gehemmt.

Abschnitt 2. Vollstreckung von Freiheitsstrafen

§ 22 Vollstreckungsplan

(1) Aus dem Vollstreckungsplan ergeben sich für jeden Gerichtsbezirk die Vollzugsanstalten, die für die Vollstreckung von Jugendarrest, Freiheitsstrafen und freiheitsentziehenden Maßregeln der Besserung und Sicherung sachlich und örtlich zuständig sind.

(2) Der Vollstreckungsplan regelt auch die sachliche Zuständigkeit zur Vollstreckung von Jugendarrest, Freiheitsstrafen und freiheitsentziehenden Maßregeln der Besserung und Sicherung, die im ersten Rechtszug in Ausübung von Gerichtsbarkeit des Bundes verhängt worden sind.

(3) Vollzieht die Bundeswehr Strafarrest (Artikel 5 Absatz 1 des Einführungsgesetzes zum Wehrstrafgesetz – EGWStG) oder auf Ersuchen der Vollstreckungsbehörde Freiheitsstrafe von nicht mehr als sechs Monaten oder Jugendarrest (Artikel 5 Absatz 2 EGWStG), so gibt die Befehlshaberin oder der Befehlshaber im Wehrbereich durch die Rechtsberaterin oder den Rechtsberater die zuständige Vollzugseinrichtung der Bundeswehr an. Von einem Vollstreckungsersuchen (Artikel 5 Absatz 2 EGWStG) ist regelmäßig abzusehen, wenn

1. die Soldatin oder der Soldat aus persönlichen Gründen oder wegen der der Verurteilung zugrunde liegenden Straftat für den Vollzug bei der Bundeswehr ungeeignet ist;
2. die Bildung einer höheren als einer sechsmonatigen Gesamtstrafe zu erwarten ist;
3. die Soldatin oder der Soldat vor dem voraussichtlichen Strafende aus dem Dienst bei der Bundeswehr ausscheidet;
4. gegen die Soldatin oder den Soldaten in anderer Sache Untersuchungshaft, Sicherungshaft nach § 453c StPO oder eine einstweilige Unterbringung nach § 126a StPO angeordnet worden ist.

Im Falle des Satzes 2 Nummer 4 ist ein bereits eingeleiteter Strafvollzug in Vollzugseinrichtungen der Bundeswehr in der Regel zu unterbrechen.

§ 25 Strafvollstreckung bei jungen Verurteilten

Für die Vollstreckung von Freiheitsstrafen an Verurteilten unter 24 Jahren gelten die Richtlinien zu § 114 JGG.

§ 35 Anzeige vom Strafantritt und andere Mitteilungen an die Vollstreckungsbehörde

(1) Die Vollstreckungsbehörde erhält von der Vollzugsanstalt eine Mitteilung,

1. wenn die im Aufnahmeersuchen angegebene Frist abgelaufen ist, ohne dass die verurteilte Person die Strafe angetreten hat;

2. wenn die verurteilte Person die Strafe einen Monat nach Ablauf der im Aufnahmeersuchen angegebenen Frist noch nicht angetreten hat. Ist der verurteilten Person durch die Vollstreckungsbehörde ein Vollstreckungsaufschub gewährt worden, beginnt die Frist mit Ablauf des Aufschubes. Das Aufnahmeersuchen wird spätestens vier Monate nach Ablauf der Frist der Vollstreckungsbehörde zurückgesandt;

3. wenn eine verurteilte Person vorläufig aufgenommen worden ist, durch Anforderung eines Aufnahmeersuchens;

4. wenn eine verurteilte Person endgültig aufgenommen worden ist, durch Rücksendung des mit den erforderlichen Ergänzungen, insb. der Strafzeitberechnung versehenen zweiten Stückes des Aufnahmeersuchens und durch Übersendung einer Bescheinigung über die Aushändigung der in § 29 Absatz 3 Nummer 1 und 2 bezeichneten Schriftstücke;

5. wenn die verurteilte Person in eine andere Vollzugsanstalt verlegt worden ist, und zwar unter Angabe der Gründe, sofern diese der Vollstreckungsbehörde offenbar noch nicht bekannt sind;

6. sobald sich Umstände ergeben, welche die Strafzeitberechnung beeinflussen;

7. wenn die verurteilte Person mehrere Strafen in derselben Vollzugsanstalt zu verbüßen hat;

8. wenn die vorläufig aufgenommene verurteilte Person entlassen worden ist, weil die endgültige Aufnahme unterblieben ist;

9. sobald die verurteilte Person ohne Unterbrechung der Strafe wegen körperlicher oder geistiger Erkrankung in eine Anstalt verbracht worden ist, die nicht dem Vollzug dient;

10. sobald der Strafvollzug beendet ist;

11. wenn der Strafvollstreckung eine Überstellung der verurteilten Person aus dem Ausland voraus ging.

(2) Wird eine Freiheitsstrafe in Unterbrechung einer in anderer Sache verhängten Untersuchungshaft vollstreckt, so übersendet die Vollzugsanstalt dem Gericht, das die Untersuchungshaft verhängt hat, sowie der Staatsanwaltschaft, in deren Verfahren sie angeordnet wurde, die Strafzeitberechnung.

§ 37 Allgemeine Regeln für die Strafzeitberechnung

(1) Die Strafzeit ist für jede selbständige Strafe getrennt zu berechnen, auch wenn in derselben Sache auf mehrere Freiheitsstrafen erkannt worden ist. Bei jeder Strafzeitberechnung ist darauf zu achten, dass sie nicht zu einer Verlängerung der nach § 39 StGB ausgesprochenen Strafe führt. Zur Berechnung der Strafzeit gehört bei zeitigen Freiheitsstrafen von mehr als zwei Monaten und bei lebenslangen Freiheitsstrafen auch die Errechnung des

Zeitpunktes, zu dem die Vollstreckung des Strafrestes nach § 57 Absatz 1, 2 Nummer 1, § 57a Absatz 1 StGB zur Bewährung ausgesetzt werden kann.

(2) Hat die verurteilte Person nicht mehr als eine Woche im Strafvollzug zuzubringen, so wird die Strafe dem Tage und der Stunde nach berechnet; die für die Berechnung maßgebenden Umstände, die im Laufe einer Stunde eintreten, gelten als zu Beginn der Stunde eingetreten.

Bei längerer Vollzugsdauer wird die Strafe nur nach Tagen berechnet; Umstände, die im Laufe eines Tages eintreten, gelten als zu Beginn des Tages eingetreten. Die im Laufe einer Stunde (Satz 1) oder eines Tages (Satz 2) eingetretenen Umstände gelten jedoch als am Ende der Stunde oder des Tages eingetreten, wenn dies für die verurteilte Person günstiger ist. Ist die genaue Feststellung des Tages oder der Stunde nicht möglich, so wird der Tag oder die Stunde zugrunde gelegt, die der Wirklichkeit mutmaßlich am nächsten kommt. Ist der Lauf der Strafzeit aus irgendeinem Grunde unterbrochen worden, so ist für die Anwendung von Satz 1 oder 2 nicht der Strafrest, sondern die Zeit maßgebend, welche die verurteilte Person insgesamt im Strafvollzug zuzubringen hat.

(3) Ist eine Strafe an Soldatinnen oder Soldaten durch eine Behörde der Bundeswehr zu vollziehen (Artikel 5 EGWStG), so wird die Strafe auch dann nur nach Tagen berechnet, wenn die verurteilte Person nicht mehr als eine Woche im Vollzug zuzubringen hat (§ 5 Abs. 1 der Bundeswehrvollzugsordnung – BwVollzO –).

(4) Der Tag ist zu 24 Stunden, die Woche zu sieben Tagen, der Monat und das Jahr sind nach der Kalenderzeit zu berechnen. Demgemäß ist bei der Berechnung nach Monaten oder Jahren bis zu dem Tage zu rechnen, der durch seine Zahl dem Anfangstage entspricht. Fehlt dieser Tag in dem maßgebenden Monat, so tritt an seine Stelle dessen letzter Tag.

(5) Treffen mehrere Zeiteinheiten zusammen, so geht bei Vorwärtsrechnung die größere Zeiteinheit der kleineren, bei Rückwärtsrechnung die kleinere der größeren vor.

§ 38 Strafbeginn

Als Beginn der Strafzeit ist anzusetzen:

1. bei einer verurteilten Person, die sich selbst stellt, der Zeitpunkt, in dem sie in einer Anstalt in amtliche Verwahrung genommen wird;
2. bei einer verurteilten Person, die auf Grund eines nach § 457 StPO erlassenen Vorführungs- oder Haftbefehls oder eines nach § 453c StPO ergangenen Sicherungshaftbefehls festgenommen und sodann eingeliefert worden ist, der Zeitpunkt der Festnahme; ist die verurteilte Person im Ausland festgenommen worden, so beginnt die Strafzeit mit ihrer Übernahme durch deutsche Beamtinnen oder Beamte;
3. bei einer verurteilten Person, die sich im Zeitpunkt des Eintritts der Rechtskraft in Untersuchungshaft befindet, dieser Zeitpunkt; ist das Rechtsmittel, das eine in Untersuchungshaft befindliche angeklagte Person verspätet eingelegt hat, als unzulässig verworfen worden, so beginnt die Strafzeit mit dem Ablauf der Rechtsmittelfrist;
4. bei einer verurteilten Person, die eine Strafe in Unterbrechung einer in anderer Sache verhängten Untersuchungshaft verbüßt, der Zeitpunkt, in

dem das Aufnahme- oder Überführungsersuchen bei der Untersuchungshaftanstalt eingegangen ist; wird die verurteilte Person zur Verbüßung der Strafe von der Untersuchungshaftanstalt in eine andere Anstalt verbracht, so teilt die Untersuchungshaftanstalt den Zeitpunkt des Eingangs des Überführungsersuchens der Vollzugsanstalt mit.

§ 39 Anrechnung von Untersuchungshaft, einer anderen Freiheitsentziehung oder von Geldstrafe

(1) Untersuchungshaft oder eine andere Freiheitsentziehung (Absatz 3), welche die verurteilte Person aus Anlass einer Tat, die Gegenstand des Verfahrens ist oder gewesen ist, erlitten hat, ist kraft Gesetzes (§ 51 Absatz 1 Satz 1 StGB, § 52a JGG) auf eine zeitige Freiheitsstrafe und auf eine Geldstrafe anzurechnen, und zwar, wenn neben einer Freiheitsstrafe auf eine Geldstrafe erkannt worden ist, zunächst auf die Freiheitsstrafe. Satz 1 gilt nicht, soweit sich aus dem erkennenden Teil der Entscheidung etwas anderes ergibt. Bei der Vollstreckung von Jugendarrest ist Untersuchungshaft oder eine andere Freiheitsentziehung nach Absatz 3 nur zu berücksichtigen, wenn und soweit das Gericht sie angerechnet hat (§ 52 JGG).

(2) Die Anrechnung nach Absatz 1 erstreckt sich vorbehaltlich einer abweichenden gerichtlichen Entscheidung auf die Untersuchungshaft und die in Absatz 1 Satz 1 genannte andere Freiheitsentziehung, welche die verurteilte Person bis zu dem Tage erlitten hat, an dem die Entscheidung rechtskräftig geworden ist. Hat sich die verurteilte Person an dem Tage, an dem die Rechtskraft eingetreten ist, in Untersuchungshaft befunden oder hat sie an diesem Tage eine andere in Absatz 1 Satz 1 genannte Freiheitsentziehung erlitten, so wird dieser Tag nur angerechnet, wenn er nicht bereits unverkürzt als Strafhaft zählt (§ 37 Absatz 2).

(3) Zu der nach Absatz 1 anzurechnenden anderen Freiheitsentziehung gehören vor allem:
1. die Haft, welche die verurteilte Person auf Grund vorläufiger Festnahme durch eine Amtsperson erlitten hat;
2. die Auslieferungshaft und die vorläufige Auslieferungshaft, welche die verurteilte Person aus Anlass einer Tat erlitten hat, die Gegenstand des Verfahrens gewesen ist;
3. die Unterbringung nach den §§ 81, 126a StPO und nach § 71 Absatz 2, § 73 Absatz 1 JGG;
4. der Disziplinararrest nach der Wehrdisziplinarordnung, soweit er wegen der Tat oder gleichzeitig auch wegen einer anderen Pflichtverletzung vollstreckt worden ist;
5. Jugendarrest nach § 16a JGG in dem Umfang, in dem er verbüßt worden ist (§ 26 Absatz 3 Satz 3 JGG).

(4) Untersuchungshaft sowie eine andere anzurechnende Freiheitsentziehung werden vom errechneten Ende der Strafzeit nach vollen Tagen rückwärts abgerechnet. Wenn sich im Rahmen einer Vergleichsberechnung eine für die verurteilte Person günstigere Strafzeit ergibt, ist im Hinblick auf § 37 Absatz 1 Satz 2 diese für die Vollstreckung maßgeblich. Bei an zwei aufeinanderfolgenden Tagen ununterbrochen vollzogener Freiheitsentziehung ist nur ein Tag anzurechnen, wenn sich den Vollstreckungsunterlagen nach-

vollziehbar entnehmen lässt, dass zusammen nicht mehr als 24 Stunden verbüßt worden sind.

(5) Für die Anrechnung von Geldstrafe gilt Absatz 1 sinngemäß. Bei der Anrechnung von Geldstrafe oder auf Geldstrafe entspricht ein Tag Freiheitsentziehung einem Tagessatz (§ 51 Absatz 4 Satz 1 StGB). Ist eine ausländische Strafe oder Freiheitsentziehung anzurechnen, so führt die Vollstreckungsbehörde eine Entscheidung des Gerichts über den Maßstab der Anrechnung herbei (§ 51 Absatz 4 Satz 2 StGB).

§ 39a. Anrechnung einer nach Rechtskraft des Urteils im Ausland erlittenen Freiheitsentziehung

(1) Im Ausland erlittene Freiheitsentziehung, welche die verurteilte Person in einem Auslieferungsverfahren zum Zwecke der Strafvollstreckung erlitten hat, ist nach § 450a Absatz 1, 2 und 3 Satz 2 StPO anzurechnen.

(2) Erscheint eine Anrechnung ganz oder teilweise im Hinblick auf das Verhalten der verurteilten Person nach dem Erlass des Urteils, in dem die dem Urteil zugrunde liegenden tatsächlichen Feststellungen letztmalig geprüft werden konnten, nicht gerechtfertigt, so wirkt die Vollstreckungsbehörde auf eine Prüfung hin, ob ein Antrag nach § 450a Absatz 3 Satz 1 StPO gestellt werden soll.

§ 40 Berechnung des Strafrestes

(1) Ist der Strafvollzug unterbrochen worden, so wird der Strafrest nach Tagen und bei einer Vollzugsdauer von insgesamt nicht mehr als einer Woche auch nach Stunden berechnet. § 37 Absatz 1 Satz 2 gilt dabei entsprechend. Ist eine Strafe an Soldatinnen und Soldaten durch Behörden der Bundeswehr zu vollziehen, so wird der Strafrest nur nach Tagen berechnet (§ 5 Absatz 2 BwVollzO).

(2) Als Zeitpunkt, von dem an der Strafvollzug fortgesetzt wird, gilt bei einer verurteilten Person, die aus dem Strafvollzug entwichen ist, der Zeitpunkt, in dem sie zwecks weiterer Strafvollzugs polizeilich festgenommen worden ist oder sich in einer Anstalt zur weiteren Strafverbüßung gestellt hat. Bei Soldatinnen und Soldaten steht die Festnahme durch eine Feldjägerin oder einen Feldjäger der polizeilichen Festnahme gleich.

§ 43 Vollstreckung mehrerer Freiheitsstrafen und Ersatzfreiheitsstrafen

(1) Freiheitsstrafen und Ersatzfreiheitsstrafen, aus denen keine Gesamtstrafe gebildet werden kann, sind grundsätzlich unmittelbar nacheinander zu vollstrecken (§ 454b Absatz 1 StPO).

(2) Die Reihenfolge der Vollstreckung bestimmt sich wie folgt:
1. Beim Zusammentreffen mehrerer Freiheitsstrafen werden kürzere Freiheitsstrafen vor den längeren und gleich lange in der Reihenfolge, in der die Rechtskraft eingetreten ist, vollstreckt. Vorab werden Freiheitsstrafen von nicht mehr als zwei Monaten und nach diesen Strafreste vollstreckt,

deren Vollstreckung bereits nach § 57 StGB oder im Gnadenwege zur
Bewährung ausgesetzt war.
2. Ersatzfreiheitsstrafen werden nach Freiheitsstrafen vollstreckt; für die Vollstreckung mehrerer Ersatzfreiheitsstrafen gilt Nummer 1 Satz 1 entsprechend.

(3) Hat die Vollstreckung einer zeitigen Freiheitsstrafe oder Ersatzfreiheitsstrafe bereits begonnen, wird sie, unbeschadet des § 454b StPO, fortgesetzt.

(4) Aus wichtigem Grund, insb. bei Hinzutreten von Strafresten nach
Widerruf der Strafaussetzung zur Bewährung, kann die Vollstreckungsbehörde eine von den Absätzen 2 und 3 abweichende Reihenfolge der Vollstreckung bestimmen.

(5) Sind für die Vollstreckung mehrerer Freiheitsstrafen und Ersatzfreiheitsstrafen verschiedene Vollstreckungsbehörden zuständig, treten sie, soweit
erforderlich, unverzüglich miteinander in Verbindung und sorgen dafür, dass
bei der Vollzugsanstalt unverzüglich Überhaft für die weiteren Strafen vermerkt wird.

(6) Sind mehrere Freiheitsstrafen zu vollstrecken, die ihrer Art nach in
derselben Vollzugsanstalt vollzogen werden können, so richtet sich die sachliche Vollzugszuständigkeit nach der Gesamtvollzugsdauer. Tritt nachträglich
eine Anschlussstrafe hinzu, so gilt § 23 Absatz 1 Satz 2 Halbsatz 2 entsprechend.

(7) Sind bei der Vollstreckung mehrerer Freiheitsstrafen verschiedene Vollstreckungsbehörden beteiligt und können sie sich über die Reihenfolge der
Vollstreckung nicht einigen, so entscheidet die Generalstaatsanwaltschaft,
welche der Vollstreckungsbehörde übergeordnet ist, die für die längste Strafe
oder bei gleicher Dauer die für die zuerst rechtskräftig gewordene Strafe
zuständig ist. Ist eine Generalstaatsanwaltschaft als Vollstreckungsbehörde
beteiligt, so entscheidet sie. Sind mehrere Generalstaatsanwaltschaften als
Vollstreckungsbehörden beteiligt, so gilt Satz 1 entsprechend. Ist der Generalbundesanwalt beim Bundesgerichtshof als Vollstreckungsbehörde beteiligt, so ist seine Entscheidung maßgebend.

§ 44a Zusammentreffen von Freiheitsstrafe mit Unterbringung in einem psychiatrischen Krankenhaus oder in einer Entziehungsanstalt aus demselben Verfahren

(1) Ist neben einer Freiheitsstrafe eine Unterbringung in einem psychiatrischen Krankenhaus oder in einer Entziehungsanstalt zu vollstrecken, auf die
in demselben Verfahren erkannt wurde, so wird die Maßregel vor der Strafe
vollzogen, sofern nicht das Gericht für die gesamte Strafe oder einen Teil
etwas anderes bestimmt (§ 67 Absatz 1 bis 3, 5 Satz 2 StGB). Wird die
Maßregel ganz oder zum Teil vor der Strafe vollzogen, ist die Zeit des
Vollzuges der Maßregel auf die Strafe anzurechnen, bis zwei Drittel der
Strafe erledigt sind.

(2) Wird die Strafe ganz oder zum Teil vor der Unterbringung vollstreckt,
so gilt § 44 Absatz 1 Satz 2 sinngemäß.

---

[1] **Amtl. Anm.:** Ist die Unterbringung vor dem 1. Mai 1986 angeordnet worden, so
ist Artikel 316 EGStGB zu beachten.

(3) Liegen die Voraussetzungen für den Widerruf der Aussetzung der Unterbringung und der Strafe vor, so führt die Staatsanwaltschaft eine Entscheidung des Gerichts auch darüber herbei, ob die Strafe vor der Maßregel zu vollziehen ist (§ 67 Absatz 3 StGB).

§ 44b Zusammentreffen von Freiheitsstrafe mit Unterbringung in einem psychiatrischen Krankenhaus oder in einer Entziehungsanstalt aus verschiedenen Verfahren

(1) Ist neben einer Freiheitsstrafe eine Unterbringung in einem psychiatrischen Krankenhaus oder in einer Entziehungsanstalt zu vollstrecken, auf die in einem anderen Verfahren erkannt wurde, wird die Maßregel vor der Strafe vollzogen, es sei denn, dass der Zweck der Maßregel durch den vorherigen Vollzug der Strafe oder eines Teils leichter erreicht wird. Die Anrechnung des Vollzugs der Maßregel auf die Strafe erfolgt nach Maßgabe des § 67 Absatz 6 StGB.

(2) Die Vollstreckungsbehörde bestimmt, in welcher Reihenfolge die Freiheitsstrafe und die Maßregel zu vollstrecken sind. § 44 Absatz 4 gilt sinngemäß.

§ 47 Mitteilungen der Vollstreckungsbehörde an die Bundeswehr

(1) Ist die verurteilte Person Soldatin oder Soldat, so teilt die Vollstreckungsbehörde der nächsten disziplinarvorgesetzten Person alsbald mit:

1. das Strafende nach jeder Strafzeitberechnung;
2. die Vollzugsanstalt, in der die Strafe jeweils vollzogen wird.

Die Mitteilung nach Nummer 2 unterbleibt, wenn die Verlegung nur für kurze Zeit erfolgt oder die Strafe von einer Behörde der Bundeswehr vollzogen wird.

(2) Entweicht die Soldatin oder der Soldat aus dem Vollzug, so wird die nächste disziplinarvorgesetzte Person unverzüglich verständigt, sofern nicht die Strafe von einer Behörde der Bundeswehr vollzogen wird.

§ 54a Führungsaufsicht

(1) Entscheidungen, in denen die Führungsaufsicht angeordnet ist (§ 68 StGB) oder die ihren Eintritt kraft Gesetzes zur Folge haben (§§ 67b bis 67d, 68f StGB), teilt die Vollstreckungsbehörde der zuständigen Aufsichtsstelle mit.

(2) In den Fällen der §§ 68f und 67d Absatz 3 und 4 StGB veranlasst die Vollstreckungsbehörde, dass die Akten drei Monate vor der Entlassung der verurteilten Person dem Gericht vorgelegt werden, damit die Entscheidungen nach § 68f Absatz 2 oder nach den §§ 68a bis 68c StGB alsbald getroffen werden können. Abschriften ihrer Stellungnahme übersendet die Vollstreckungsbehörde unter Beifügung von Abschriften des Urteils und einer bereits vorliegenden Stellungnahme der Justizvollzugsanstalt der Führungsaufsichtsstelle des voraussichtlichen Wohnorts der verurteilten Person; ist der künftige Wohnsitz ungewiss, so unterrichtet sie die nach § 463a Absatz 5 Satz 2 StPO voraussichtlich zuständige Führungsaufsichtsstelle. Die Vollstre-

ckungsbehörde teilt die Entscheidung des Gerichts der Führungsaufsichtsstelle mit, die nach Satz 2 benachrichtigt worden war. In den Fällen des § 67c Absatz 1 und 2 und des § 67d Absatz 2 und 5, 6 StGB wirkt die Vollstreckungsbehörde darauf hin, dass die Entscheidungen nach den §§ 68a bis 68c StGB so rechtzeitig getroffen werden können, dass die Führungsaufsicht vorbereitet werden kann.

(3) Die Vollstreckungsbehörde übersendet der Aufsichtsstelle in allen Fällen der Führungsaufsicht je zwei Abschriften der der Führungsaufsicht zugrunde liegenden Unterlagen (z. B. Gutachten über den körperlichen und geistigen Zustand der verurteilten Person, Berichte der Gerichtshilfe, der Bewährungshilfe oder von Jugend- oder Sozialbehörden).

(4) Die Vollstreckungsbehörde teilt die von ihr nach den §§ 68c bis 68g StGB berechnete Dauer der Führungsaufsicht sowie deren Beginn und Ende der Aufsichtsstelle mit.

(5) Wird eine verurteilte Person, die unter Führungsaufsicht steht, auf strafgerichtliche Anordnung in einer Anstalt verwahrt (§ 68c Absatz 4 Satz 2 StGB), so teilt die Behörde, welche die Verwahrung vollstreckt, Beginn und Ende der Verwahrung der Behörde mit, welche die Führungsaufsicht vollstreckt.

5. Verordnung über den Vollzug des Jugendarrestes (Jugendarrestvollzugsordnung – JAVollzO)

vom 12. August 1966 (BGBl I S. 505), in der Fassung der Bekanntmachung
vom 30. November 1976 (BGBl I S. 3270)
zuletzt geändert durch Art 53 des Gesetzes vom 8. Dezember 2010 (BGBl I S. 1864)

§ 1. Vollzugseinrichtungen

(1) Dauerarrest und Kurzarrest von mehr als zwei Tagen werden in Jugendarrestanstalten, Freizeitarrest und Kurzarrest bis zu zwei Tagen in Freizeitarresträumen vollzogen. Freizeitarrest und Kurzarrest bis zu zwei Tagen können auch in einer Jugendarrestanstalt vollzogen werden.

(2) Jugendarrestanstalten dürfen nicht, Freizeitarresträume dürfen nicht gleichzeitig dem Vollzug von Strafe oder dem Vollzug an Erwachsenen dienen. Jugendarrestanstalten und Freizeitarresträume dürfen nicht in Straf oder Untersuchungshaftanstalten, auch nicht im Verwaltungsteil dieser Anstalten, eingerichtet werden.

(3) Männliche und weibliche Jugendliche werden getrennt. Hiervon darf abgesehen werden, um Jugendlichen die Teilnahme an religiösen Veranstaltungen und an erzieherischen Maßnahmen zu ermöglichen.

(4) Jugendarrestanstalten sollen nicht weniger als 10 und nicht mehr als 60 Jugendliche aufnehmen können.

§ 2. Leitung des Vollzuges

(1) Vollzugsleiter ist der Jugendrichter am Ort des Vollzuges. Ist dort kein Jugendrichter oder sind mehrere tätig, so ist Vollzugsleiter der Jugendrichter, den die oberste Behörde der Landesjustizverwaltung dazu bestimmt.

(2) Der Vollzugsleiter ist für den gesamten Vollzug verantwortlich. Er kann bestimmte Aufgaben einzelnen oder mehreren Mitarbeitern gemeinschaftlich übertragen.

(3) Die Zusammenarbeit aller an der Erziehung Beteiligten soll durch regelmäßige Besprechungen gefördert werden.

§ 3. Mitarbeiter

(1) Die Mitarbeiter des Vollzugsleiters sollen erzieherisch befähigt und in der Jugenderziehung erfahren sein. Sie sollen so ausgewählt und angeleitet werden, daß sie mit dem Vollzugsleiter in einer erzieherischen Einheit vertrauensvoll zusammenarbeiten.

(2) Männliche Jugendliche werden von Männern, weibliche Jugendliche von Frauen beaufsichtigt. Hiervon darf abgewichen werden, wenn Unzuträglichkeiten nicht zu befürchten sind.

(3) Nach Bedarf werden Psychologen, Sozialpädagogen, Sozialarbeiter, Lehrer und andere Fachkräfte als Mitarbeiter bestellt.

(4) Ehrenamtliche Mitarbeiter können zur Mitwirkung an der Erziehungsarbeit herangezogen werden.

§ 4. Nachdrückliche Vollstreckung

Der Jugendarrest ist in der Regel unmittelbar nach Rechtskraft des Urteils zu vollziehen.

§ 5. Aufnahme

(1) Der Jugendliche hat sämtliche eingebrachten Sachen, die er während des Vollzuges nicht benötigt, bei der Aufnahme abzugeben und, soweit tunlich, selbst zu verzeichnen. Sie werden außerhalb des Arrestraumes verwahrt. Der Jugendliche wird über seine Rechte und Pflichten unterrichtet. Anschließend wird er, nach Möglichkeit ohne Entkleiden, gründlich, aber schonend durchsucht. Männliche Jugendliche dürfen nur von Männern, weibliche Jugendliche nur von Frauen durchsucht werden. Gegenstände der eingebrachten Sachen, die einem berechtigten Bedürfnis dienen, können dem Jugendlichen belassen werden.

(2) Fürsorgemaßnahmen, die infolge der Freiheitsentziehung erforderlich werden, sind rechtzeitig zu veranlassen.

(3) Weibliche Jugendliche, die über den fünften Monat hinaus schwanger sind, vor weniger als sechs Wochen entbunden haben oder ihr Kind selbst nähren, dürfen nicht aufgenommen werden.

§ 6. Unterbringung

(1) Der Jugendliche wird während der Nacht allein in einem Arrestraum untergebracht, sofern nicht sein körperlicher oder seelischer Zustand eine gemeinsame Unterbringung erfordert.

(2) Während des Tages soll der Jugendliche bei der Arbeit und bei gemeinschaftlichen Veranstaltungen mit anderen Jugendlichen zusammen untergebracht werden, sofern Aufsicht gewährleistet ist und erzieherische Gründe nicht entgegenstehen. Im Freizeitarrest und Kurzarrest bis zu zwei Tagen kann er auch während des Tages allein untergebracht werden. Erfordert sein körperlicher oder seelischer Zustand eine gemeinsame Unterbringung, so ist er auch während des Tages mit anderen Jugendlichen zusammen unterzubringen.

§ 7. Persönlichkeitserforschung

Der Vollzugsleiter und die an der Erziehung beteiligten Mitarbeiter sollen alsbald ein Bild von dem Jugendlichen und seinen Lebensverhältnissen zu gewinnen versuchen, soweit dies für die Behandlung des Jugendlichen während des Arrestes und für eine Nachbetreuung notwendig ist.

§ 8. Behandlung

(1) An den Jugendlichen sind während des Vollzuges dieselben Anforderungen zu stellen, die bei wirksamer Erziehung in der Freiheit an ihn gestellt werden müssen.

(2) Der Jugendliche ist mit „Sie" anzureden, soweit nicht der Vollzugsleiter etwas anderes bestimmt.

(3) Alle Mitarbeiter haben wichtige Wahrnehmungen, die einen Jugendlichen betreffen, unverzüglich dem Vollzugsleiter zu melden.

§ 9. Verhaltensvorschriften

(1) Der Jugendliche soll durch sein Verhalten zu einem geordneten Zusammenleben in der Anstalt beitragen. Er darf die Ordnung in der Anstalt nicht stören.

(2) Die Anforderungen, die an das Verhalten des Jugendlichen gestellt werden, sind durch die Vollzugsbehörde in besonderen Verhaltensvorschriften zusammenzufassen, die in jedem Arrestraum ausgehängt werden. Diese Verhaltensvorschriften sind so abzufassen, daß sie einem Jugendlichen verständlich sind. Der Sinn der Verhaltensvorschriften und der Anordnungen der Vollzugsbediensteten soll dem Jugendlichen nahegebracht werden.

(3) Der Jugendliche hat die Anordnungen der Vollzugsbediensteten zu befolgen und die Verhaltensvorschriften zu beachten.

§ 10. Erziehungsarbeit

(1) Der Vollzug soll so gestaltet werden, daß die körperliche, geistige und sittliche Entwicklung des Jugendlichen gefördert wird.

(2) Die Erziehungsarbeit soll im Kurzarrest von mehr als zwei Tagen und im Dauerarrest neben Aussprachen mit dem Vollzugsleiter namentlich soziale Einzelhilfe, Gruppenarbeit und Unterricht umfassen. Beim Vollzug des Freizeitarrestes und des Kurzarrestes bis zu zwei Tagen soll eine Aussprache mit dem Vollzugsleiter nach Möglichkeit stattfinden.

§ 11. Arbeit und Ausbildung

(1) Der Jugendliche wird zur Arbeit oder nach Möglichkeit zum Unterricht oder zu anderen ausbildenden Veranstaltungen herangezogen. Er ist verpflichtet, fleißig und sorgfältig mitzuarbeiten.

(2) Im Freizeitarrest und während der ersten beiden Tage des Kurzarrestes und des Dauerarrestes kann von der Zuweisung von Arbeit und von der Teilnahme am Unterricht oder an anderen ausbildenden Veranstaltungen abgesehen werden.

(3) Arbeit, Unterricht und andere ausbildende Veranstaltungen außerhalb des Anstaltsbereichs kann der Vollzugsleiter aus erzieherischen Gründen mit Zustimmung des Jugendlichen zulassen.

(4) Der Jugendliche erhält kein Arbeitsentgelt.

§ 12. Lebenshaltung

(1) Der Jugendliche trägt eigene Kleidung und eigene Wäsche. Während der Arbeit trägt er Anstaltssachen. Dasselbe gilt, wenn die eigene Kleidung oder Wäsche unangemessen ist.

(2) Der Jugendliche erhält ausreichende Kost. Selbstbeköstigung und zusätzliche eigene Verpflegung sind ausgeschlossen. Alkoholgenuß ist nicht gestattet. Rauchen kann Jugendlichen über 16 Jahren gestattet werden.

(3) Der Jugendliche erhält das anstaltsübliche Bettlager und, soweit erforderlich, Mittel zur Körperpflege.

(4) Der Aufenthalt im Freien beträgt, soweit die Witterung es zuläßt und gesundheitliche Gründe nicht entgegenstehen, täglich mindestens eine Stunde. Am Zugangs- und Abgangstag sowie bei Freizeit- und Kurzarrest bis zu zwei Tagen kann von dem Aufenthalt im Freien abgesehen werden.

(5) Der Jugendliche hat die notwendigen Maßnahmen zum Gesundheitsschutz und zur Hygiene zu unterstützen.

§ 13. *(weggefallen)*

§ 14. *(weggefallen)*

§ 15. *(weggefallen)*

§ 16. Sport

(1) Im Vollzug des Jugendarrestes wird nach Möglichkeit Sport getrieben. Der Jugendliche ist verpflichtet, daran teilzunehmen.

(2) Wenn in der Jugendarrestanstalt keine geeigneten Anlagen für sportliche Übungen vorhanden sind, kann der Vollzugsleiter mit Zustimmung des Jugendlichen gestatten, Sporteinrichtungen außerhalb der Anstalt zu benutzen.

§ 17. Gesundheitspflege

(1) Der Jugendliche wird bei der Aufnahme oder bald danach und nach Möglichkeit vor der Entlassung ärztlich untersucht und während des Vollzugs, soweit erforderlich, ärztlich behandelt.

(2) Bei Freizeit- und Kurzarrest bis zu zwei Tagen kann der Vollzugsleiter von der Aufnahme- und Entlassungsuntersuchung absehen.

(3) Aus Gründen der Gesundheit des Jugendlichen kann der Vollzugsleiter auf Empfehlung des Arztes von Vollzugsvorschriften abweichen.

(4) Erkrankt der Jugendliche und kann er in der Jugendarrestanstalt nicht behandelt werden, so ordnet der Vollstreckungsleiter die Unterbrechung der Vollstreckung an.

§ 18. Freizeit

(1) Der Jugendliche erhält Gelegenheit, seine Freizeit sinnvoll zu verbringen. Er wird hierzu angeleitet. Aus erzieherischen Gründen kann

seine Teilnahme an gemeinschaftlichen Veranstaltungen angeordnet werden.

(2) Die Teilnahme an Veranstaltungen außerhalb der Jugendarrestanstalt kann der Vollzugsleiter aus erzieherischen Gründen mit Zustimmung des Jugendlichen zulassen.

(3) Der Jugendliche kann die Anstaltsbücherei benutzen. Aus erzieherischen Gründen kann ihm auch eigener Lesestoff belassen werden.

§ 19. Seelsorge

(1) Eine geordnete Seelsorge ist zu gewährleisten.

(2) Der Jugendliche hat das Recht, den Zuspruch des bestellten Geistlichen seines jetzigen oder früheren Bekenntnisses zu empfangen und an gemeinschaftlichen Gottesdiensten und anderen religiösen Veranstaltungen seines Bekenntnisses in der Anstalt teilzunehmen.

(3) Wenn ein Geistlicher dieses Bekenntnisses nicht bestellt ist, so kann der Jugendliche durch einen Geistlichen seines Bekenntnisses besucht werden.

§ 20. Verkehr mit der Außenwelt

(1) Der Verkehr mit der Außenwelt wird auf dringende Fälle beschränkt. Im Kurzarrest von mehr als zwei Tagen und im Dauerarrest können Schriftwechsel und Besuche aus erzieherischen Gründen zugelassen werden.

(2) Die Entscheidung über die Zulassung des Schriftwechsels und der Besuche ist dem Vollzugsleiter vorbehalten. Ist dieser nicht erreichbar, so trifft der dazu bestimmte Vollzugsbedienstete die Entscheidung.

§ 21. Ausgang und Ausführung

Fordern wichtige unaufschiebbare Angelegenheiten die persönliche Anwesenheit des Jugendlichen außerhalb der Anstalt, so kann der Vollzugsleiter ihm einen Ausgang gestatten oder ihn ausführen lassen. § 20 Abs. 2 Satz 2 ist anzuwenden.

§ 22. Sicherungsmaßnahmen

(1) Die Jugendlichen, ihre Sachen und die Arresträume dürfen jederzeit durchsucht werden. § 5 Abs. 1 Satz 5 ist anzuwenden.

(2) Gegen einen Jugendlichen, der die Sicherheit oder Ordnung gefährdet oder bei dem die Gefahr der Selbstbeschädigung besteht, können Sicherungsmaßnahmen getroffen werden. Sie dürfen nur so lange aufrechterhalten werden, wie sie notwendig sind.

(3) Als Sicherungsmaßnahmen sind nur zulässig

1. Entziehung von Gegenständen, die der Jugendliche zu Gewalttätigkeiten oder sonst mißbrauchen könnte;
2. Absonderung oder Zusammenlegung mit anderen Jugendlichen;
3. die Unterbringung in einem besonders gesicherten Arrestraum ohne gefährdende Gegenstände.

(4) Die Sicherungsmaßnahmen ordnet der Vollzugsleiter an. Bei Gefahr im Verzug darf sie vorläufig auch der die Aufsicht führende Vollzugsbedienstete anordnen. Die Entscheidung des Vollzugsleiters ist unverzüglich einzuholen.

(5) Soweit das Verhalten oder der Zustand des Jugendlichen dies erfordert, ist ein Arzt zu hören.

(6) Die gesetzlichen Vorschriften über die Anwendung unmittelbaren Zwanges bleiben unberührt.

§ 23. Hausstrafen

(1) Gegen einen Jugendlichen, der schuldhaft seine Pflichten verletzt, kann der Vollzugsleiter eine Hausstrafe verhängen. Der Jugendliche wird vorher gehört.

(2) Die Hausstrafe wird durch schriftliche Verfügung verhängt. Diese wird dem Jugendlichen mit kurzer Begründung eröffnet.

(3) Hausstrafen sind
1. der Verweis,
2. die Beschränkung oder Entziehung des Lesestoffes auf bestimmte Dauer,
3. Verbot des Verkehrs mit der Außenwelt bis zu zwei Wochen,
4. Ausschluß von Gemeinschaftsveranstaltungen und
5. abgesonderte Unterbringung.

(4) Ist eine Hausstrafe teilweise vollzogen, so kann der Vollzugsleiter von der weiteren Vollstreckung absehen, wenn der Zweck der Hausstrafe bereits durch den teilweisen Vollzug erreicht ist.

§ 24. Bitten und Beschwerden

Dem Jugendlichen wird Gelegenheit gegeben, Bitten und Vorstellungen sowie Beschwerden in Angelegenheiten, die ihn selbst betreffen, an den Vollzugsleiter zu richten.

§ 25. Zeitpunkt der Aufnahme und der Entlassung

(1) Für die Vollstreckung von Dauerarrest und Kurzarrest wird der Tag zu 24 Stunden, die Woche zu sieben Tagen gerechnet. Die Arrestzeit wird von der Annahme zum Vollzug ab nach Tagen und Stunden berechnet. Die Stunde, in deren Verlauf der Jugendliche angenommen worden ist, wird voll angerechnet.

(2) Der Jugendliche wird am Tage des Ablaufs der Arrestzeit vorzeitig entlassen, soweit das nach den Verkehrsverhältnissen oder zur alsbaldigen Wiederaufnahme der beruflichen Arbeit des Jugendlichen erforderlich ist.

(3) Der Freizeitarrest beginnt am Sonnabend um 8.00 Uhr oder, wenn der Jugendliche an diesem Tag vormittags arbeitet oder die Schule besuchen muß, um 15.00 Uhr. Ausnahmen werden nur zugelassen, soweit die Verkehrsverhältnisse dazu zwingen. Der Freizeitarrest endet am Montag um 7.00 Uhr. Der Jugendliche kann vorzeitig, auch schon am Sonntagabend entlassen werden, wenn er nur so seine Arbeitsstätte oder die Schule am Montag rechtzeitig erreichen kann.

(4) Absatz 3 gilt entsprechend, wenn die Freizeit des Jugendlichen auf andere Tage fällt.

§ 26. Fürsorge für die Zeit nach der Entlassung

(1) Fürsorgemaßnahmen, die für die Zeit nach der Entlassung des Jugendlichen notwendig und nicht schon anderweitig veranlaßt worden sind, werden in Zusammenarbeit mit den Trägern der öffentlichen und freien Jugendhilfe vorbereitet.

(2) Ist es den Umständen nach angemessen, daß der Jugendliche nach der Entlassung ein öffentliches Verkehrsmittel nach seinem Wohn- oder Arbeitsort benutzt, so wird ihm eine Fahrkarte aus Haushaltsmitteln beschafft, wenn die eigenen Mittel des Jugendlichen nicht ausreichen oder aus Billigkeitsgründen nicht in Anspruch genommen werden sollen.

(3) Maßnahmen nach den Absätzen 1 und 2 sind, soweit erforderlich, auch im Fall des § 17 Abs. 4 zu veranlassen.

§ 27. Schlußbericht

(1) Bei Dauerarrest faßt der Vollzugsleiter über jeden Jugendlichen einen Schlußbericht ab, in dem er sich zu dessen Führung und, soweit dies möglich ist, auch zu dessen Persönlichkeit sowie zur Wirkung des Arrestvollzuges äußert. Der Bericht wird zu den Vollzugs- und den Strafakten gebracht. Eine Abschrift ist dem Jugendamt, bei unter Bewährungsaufsicht stehenden Jugendlichen auch dem zuständigen Bewährungshelfer zuzuleiten.

(2) Bei Freizeit- und Kurzarrest wird ein Schlußbericht nur bei besonderem Anlaß abgefaßt.

§ 28. *(aufgehoben)*

§ 29. *(weggefallen)*

§ 30. Heranwachsende

Die Vorschriften dieser Verordnung gelten auch für Heranwachsende.

§ 31. *(weggefallen)*

§ 32. *(aufgehoben)*

§ 33. Inkrafttreten

Diese Verordnung tritt am 1. Oktober 1966[1] in Kraft.

---

[1] **Amtl. Anm.:** § 33 betrifft das Inkrafttreten der Verordnung in der ursprünglichen Fassung vom 12. August 1966. Der Zeitpunkt des Inkrafttretens der späteren Änderungen ergibt sich aus den Änderungsverordnungen.

6. Verordnung über den Vollzug von Freiheitsstrafe, Strafarrest, Jugendarrest und Disziplinararrest durch Behörden der Bundeswehr – Bundeswehrvollzugsordnung (BwVollzO) –

vom 29. November 1972 (BGBl I S. 2205)
geändert durch § 184 StrafvollzugsG vom 16. März 1976 (BGBl I S. 581)

Auf Grund des Artikels 7 des Einführungsgesetzes zum Wehrstrafgesetz vom 30. März 1957 (Bundesgesetzbl. I S. 306) und des § 115 des Jugendgerichtsgesetzes vom 4. August 1953 (Bundesgesetzbl. I S. 751), beide zuletzt geändert durch das Gesetz zur Neuordnung des Wehrdisziplinarrechts vom 21. August 1972 (Bundesgesetzbl. I S. 1481), wird von der Bundesregierung mit Zustimmung des Bundesrates und auf Grund des § 49 Abs. 4 der Wehrdisziplinarordnung in der Fassung der Bekanntmachung vom 4. September 1972 (Bundesgesetzbl. I S. 1665) von dem Bundesminister der Verteidigung verordnet:

§ 1. Geltungsbereich

Diese Verordnung gilt für den Vollzug von Freiheitsstrafe, Strafarrest und Jugendarrest sowie für den Vollzug von Disziplinararrest an Soldaten durch Behörden der Bundeswehr.

§ 2. Behandlungsgrundsatz

(1) Im Vollzug soll die Bereitschaft des Soldaten gefördert werden, ein gesetzmäßiges Leben zu führen, namentlich seine soldatischen Pflichten zu erfüllen.

(2) Der Soldat nimmt in der Regel am Dienst teil.

§ 3. Vollzugseinrichtungen

(1) Der Vollzug wird in militärischen Anlagen und Einrichtungen und, soweit der Soldat am Dienst teilnimmt, bei einer militärischen Einheit oder Dienststelle durchgeführt.

(2) Der Soldat wird von anderen Soldaten getrennt in einem Arrestraum untergebracht, soweit er nicht wegen der Teilnahme am Dienst oder wegen seiner Beschäftigung außerhalb des Arrestraumes eingesetzt wird.

§ 4. Vollzugsleiter und Vollzugshelfer

(1) Die Vollzugsbehörden der Bundeswehr bestellen Vollzugsleiter und Vollzugshelfer; der Vollzugsleiter und die Vollzugshelfer sind für die Dauer des Vollzuges Vorgesetzte des Soldaten nach § 3 der Verordnung über die Regelung des militärischen Vorgesetztenverhältnisses.

(2) Der Vollzugsleiter ist für die ordnungsgemäße Durchführung des Vollzuges verantwortlich; er trifft die im Rahmen des Vollzuges erforderlichen Entscheidungen.

(3) Die Vollzugshelfer unterstützen den Vollzugsleiter nach dessen Weisungen in der Durchführung des Vollzuges.

§ 5. Dauer der Freiheitsentziehung

(1) Die Dauer der Freiheitsentziehung wird nach Tagen berechnet; dabei ist die Woche mit sieben Tagen, der Monat nach der Kalenderzeit zu berechnen.

(2) Der Tag, an dem sich der Soldat zum Vollzug meldet, und der Tag, an dem er entlassen wird, sind voll anzurechnen; das Gleiche gilt, wenn der Vollzug unterbrochen wird.

(3) Der Freizeitarrest beginnt am Sonnabend um 8.00 Uhr und endet am Montag eine Stunde vor Dienstbeginn.

(4) Wird Freiheitsstrafe, Strafarrest oder Jugendarrest vollzogen und fällt der Entlassungszeitpunkt auf den ersten Werktag nach Ostern oder Pfingsten oder in die Zeit vom 22. Dezember bis zum 2. Januar, so kann der Soldat an dem diesem Tag oder Zeitraum vorhergehenden Werktag entlassen werden, wenn dies nach der Länge der Freiheitsentziehung vertretbar ist und keine Nachteile für die Disziplin zu besorgen sind.

§ 6. Vollzugsplan

Der Vollzugsleiter hat einen auf die Persönlichkeit des Soldaten ausgerichteten Vollzugsplan zu erstellen, soweit dies wegen der Teilnahme des Soldaten am Dienst oder wegen seiner Beschäftigung geboten erscheint. Der Vollzugsplan ist dem Soldaten zu eröffnen. Die Anordnungen im Vollzugsplan können widerrufen oder geändert werden, soweit die Persönlichkeit des Soldaten, die Sicherheit oder Ordnung im Vollzug oder die militärische Ordnung dies erfordern; dies ist unter Angabe der Gründe im Vollzugsplan zu vermerken.

§ 7. Ärztliche Untersuchung vor Beginn des Vollzuges

Der Disziplinarvorgesetzte veranlasst vor Beginn des Vollzuges eine ärztliche Untersuchung, wenn ihm Anhaltspunkte dafür bekannt geworden sind, dass der Gesundheitszustand des Soldaten den Vollzug nicht zulässt. Ist der Soldat nicht vollzugstauglich, so hat

1. der vollstreckende Vorgesetzte, wenn Disziplinararrest zu vollziehen ist, die Vollstreckung aufzuschieben,
2. der Vollzugsleiter, wenn Freiheitsstrafe oder Strafarrest zu vollziehen ist, die Entscheidung der Vollstreckungsbehörde, wenn Jugendarrest zu vollziehen ist, die Entscheidung des Vollstreckungsleiters herbeizuführen.

§ 8. Mitnahme dienstlicher und persönlicher Gegenstände

(1) Der Soldat hat zum Vollzug nur die Gegenstände mitzubringen, die für den dienstlichen und persönlichen Gebrauch als notwendig bestimmt worden sind. Lichtbilder nahestehender Personen, Erinnerungsstücke von persönlichem Wert sowie Gegenstände des religiösen Gebrauchs sind ihm zu belassen. Der Besitz von Büchern und anderen Gegenständen zur Fortbildung oder zur sonstigen Freizeitbeschäftigung ist ihm in angemessenem Umfang zu gestatten, soweit der Besitz oder die Überlassung oder Benutzung nicht mit Strafe oder Geldbuße bedroht ist oder die Sicherheit oder Ordnung im Vollzug oder die militärische Ordnung gefährden würde.

(2) Entscheidungen nach Absatz 1 können eingeschränkt oder widerrufen werden, soweit sich nachträglich ergibt, dass die Voraussetzungen für die Entscheidung nicht mehr gegeben sind.

(3) Der Soldat, seine Sachen und der Arrestraum dürfen durchsucht werden. Gegenstände, die der Soldat nicht besitzen darf, sind ihm abzunehmen und für ihn aufzubewahren.

§ 9. Pflichten und Rechte des Soldaten

Der Soldat hat auch während des Vollzuges die Pflichten und Rechte des Soldaten, soweit sich nicht aus den Vorschriften über den Vollzug etwas anderes ergibt.

§ 10. Teilnahme am Dienst und Beschäftigung

(1) Der Soldat soll während des Vollzuges in seiner Ausbildung gefördert werden. In der Regel soll er bei einer militärischen Einheit, wenn dies nicht möglich oder nicht tunlich ist, bei einer militärischen Dienststelle am Dienst teilnehmen; die Teilnahme kann auf bestimmte Arten des Dienstes oder auf eine bestimmte Zeit beschränkt werden. Ist die Teilnahme am Dienst wegen der Persönlichkeit des Soldaten, der Art des Dienstes, der Kürze des Vollzuges oder aus anderen Gründen nicht tunlich, so soll der Soldat nach Möglichkeit in einer Weise beschäftigt werden, die seine Ausbildung fördert.

(2) Soweit der Soldat nicht am Dienst teilnimmt oder in anderer Weise beschäftigt wird, kann er innerhalb dienstlicher Unterkünfte und Anlagen zu Arbeiten herangezogen werden, die dem Erziehungszweck und den Fähigkeiten des Soldaten angemessen sind.

(3) Der Soldat darf nicht zum Wachdienst eingeteilt und nicht zu Sicherheitsaufgaben herangezogen werden.

§ 11. Aufenthalt im Freien

Dem Soldaten wird täglich mindestens eine Stunde Aufenthalt im Freien ermöglicht, wenn die Witterung dies zu der festgesetzten Zeit zulässt. Der Aufenthalt im Freien kann versagt werden, wenn der Soldat während des Dienstes oder seiner Beschäftigung sich schon mindestens eine Stunde im Freien aufgehalten hat.

§ 12. Verpflegung, persönlicher Bedarf

Der Soldat erhält Truppenverpflegung; Tabakwaren, andere Genussmittel, zusätzliche Nahrungsmittel und Mittel zur Körperpflege sind in angemessenem Umfang gestattet. Gegenstände, die die Sicherheit oder Ordnung im Vollzug gefährden, können ausgeschlossen werden. Besitz und Genuss alkoholischer Getränke sowie anderer Rauschmittel sind untersagt.

§ 13. Seelsorgerische Betreuung

(1) Der Soldat hat Anspruch auf seelsorgerische Betreuung durch einen Militärgeistlichen seiner Religionsgemeinschaft. Ist ein solcher Militärgeistlicher nicht bestellt, so ist dem Soldaten nach Möglichkeit zu helfen, mit einem Seelsorger seines Bekenntnisses in Verbindung zu treten.

(2) Dem Soldaten ist Gelegenheit zu geben, am Gottesdienst und an anderen religiösen Veranstaltungen seines Bekenntnisses innerhalb der militärischen Anlage oder Einrichtung, in der der Vollzug durchgeführt wird, teilzunehmen.

(3) Besteht an Sonntagen oder gesetzlichen Feiertagen keine Möglichkeit zur Teilnahme am Gottesdienst innerhalb der militärischen Anlage oder Einrichtung, so darf der Soldat im Standort an einem Gottesdienst seines Bekenntnisses teilnehmen; das gilt auch an sonstigen kirchlichen Feiertagen, soweit ihm außerhalb des Vollzuges Dienstbefreiung zu erteilen wäre.

(4) Die Teilnahme an Gottesdiensten und religiösen Veranstaltungen kann aus Gründen der Sicherheit oder Ordnung untersagt werden. Die Teilnahme am Gottesdienst im Standort kann auch zeitlich oder auf den Gottesdienst in einer bestimmten Kirche beschränkt werden.

§ 14. Ärztliche Betreuung

(1) Der Soldat erhält ärztliche Betreuung durch den Truppenarzt im Rahmen der freien Heilfürsorge.

(2) Aus Gründen der Gesundheit des Soldaten kann der Vollzugsleiter auf Vorschlag des Truppenarztes von Vollzugsvorschriften abweichen; solche Abweichungen sind im Vollzugsplan zu vermerken.

§ 15. Brief- und Paketpost

(1) Der Soldat darf Brief- und Paketpost empfangen und absenden. Sein Schriftverkehr wird nicht überwacht. Pakete und Päckchen darf der Soldat nur unter Aufsicht öffnen oder verpacken; dies gilt nicht, wenn Disziplinararrest vollzogen wird.

(2) Ist gegen den Soldaten in einer anderen Sache die Untersuchungshaft angeordnet, so gelten die Bestimmungen des Absatzes 1 nur, soweit nicht der Richter hinsichtlich der Überwachung des Postverkehrs des Soldaten andere Anordnungen trifft.

§ 16. Empfang von Besuchen

(1) Der Soldat darf wöchentlich einmal Besuch empfangen. Weitere Besuche können gestattet werden, insb. wenn ein wichtiger Grund vorliegt und der Vollzug nicht gefährdet wird. Besuche können untersagt oder überwacht werden, soweit dies für die Sicherheit oder Ordnung im Vollzug notwendig ist; die Unterhaltung des Soldaten mit Besuchern darf nur dann überwacht werden, wenn es aus diesen Gründen unerlässlich ist.

(2) Die Beschränkungen des Absatzes 1 gelten nicht für Besuche von Verteidigern sowie von Rechtsanwälten und Notaren in einer den Soldaten betreffenden Rechtssache. Sie gelten ferner nicht für Besuche von Vertretern der Jugendgerichtshilfe und, wenn der Soldat unter Bewährungsaufsicht steht oder Erziehungshilfe angeordnet ist, für Besuche des Bewährungshelfers und des Erziehungshelfers.

(3) Ist gegen den Soldaten in einer anderen Sache die Untersuchungshaft angeordnet, so gelten die Bestimmungen des Absatzes 1 nur, soweit nicht der Richter hinsichtlich der Überwachung der Besuche andere Anordnungen trifft.

§ 17. Vollzugserleichterungen

(1) Der Vollzugsleiter kann dem Soldaten wegen dringender persönlicher Gründe Urlaub bis zu sieben Tagen erteilen. Durch den Urlaub wird die Vollstreckung nicht unterbrochen.

(2) Ist Strafe oder Arrest mehr als einen Monat ununterbrochen vollzogen worden, so können dem Soldaten bei guter Führung auch andere Vollzugserleichterungen bewilligt werden, soweit dies mit der Sicherheit und Ordnung im Vollzug vereinbar ist. Als besondere Erleichterungen können das Verlassen des Arrestgebäudes oder der militärischen Anlage oder Einrichtung auch außerhalb der Dienstzeit und für jeden Monat ununterbrochenen Vollzuges ein Tag Urlaub bewilligt werden. Der Urlaub ist auf den Jahresurlaub anzurechnen; Absatz 1 Satz 2 gilt entsprechend.

(3) Die Vollzugserleichterungen können eingeschränkt oder widerrufen werden, soweit sich nachträglich ergibt, dass die Voraussetzungen für ihre Bewilligung nicht mehr gegeben sind.

§ 18. Vollzugsuntauglichkeit

(1) Wird der Soldat wegen Krankheit in ein Bundeswehrkrankenhaus oder in eine andere Krankenanstalt verbracht oder ist er nach Feststellung des Truppenarztes sonst nicht mehr vollzugstauglich, so hat der Vollzugsleiter, wenn Disziplinararrest vollzogen wird, die Entscheidung des vollstreckenden Vorgesetzten, wenn Freiheitsstrafe oder Strafarrest vollzogen wird, die Entscheidung der Vollstreckungsbehörde, und wenn Jugendarrest vollzogen wird, die Entscheidung des Vollstreckungsleiters herbeizuführen, ob die Vollstreckung unterbrochen wird.

(2) Bis zur Entscheidung über die Unterbrechung der Vollstreckung kann von den Vollzugsvorschriften abgewichen werden.

§ 19. Ordnung und Sicherheit im Vollzug

(1) Verstößt ein Soldat gegen die Ordnung oder gefährdet er die Sicherheit im Vollzug, so können besondere Maßnahmen getroffen werden. Sie dürfen nur insoweit und solange aufrechterhalten werden, als notwendig ist, um die Sicherheit oder Ordnung im Vollzug zu gewährleisten oder wiederherzustellen.

(2) Als besondere Maßnahmen sind zulässig:

1. der Entzug oder die Vorenthaltung von Gegenständen, die der Soldat zu Gewalttätigkeiten, zur Flucht, zum Selbstmord oder zur Selbstbeschädigung oder sonst missbrauchen könnte,
2. die Beobachtung bei Nacht,
3. der Entzug oder die Beschränkung des Aufenthalts im Freien,
4. die Unterbringung in einem besonders gesicherten Arrestraum ohne gefährdende Gegenstände.

Maßnahmen nach den Nummern 1 und 2 sind unzulässig, wenn der Soldat nur gegen die Ordnung im Vollzug verstößt.

(3) Mehrere Maßnahmen können nebeneinander angeordnet werden, soweit die Ordnung oder Sicherheit im Vollzug nur dadurch gewährleistet oder wiederhergestellt werden kann. Eine in ihrer Wirkung schärfere Maßnahme darf nur angeordnet werden, wenn eine leichtere keinen Erfolg verspricht.

(4) Die Anordnungen sind unter Angabe der Gründe im Vollzugsplan zu vermerken oder sonst aktenkundig zu machen. Sie können bei Gefahr im Verzug auch vorläufig von den Vollzugshelfern getroffen werden; in diesen Fällen ist die Entscheidung des Vollzugsleiters unverzüglich einzuholen.

§ 20. Behandlung von Beschwerden

Für Beschwerden gegen unrichtige Behandlung durch militärische Vorgesetzte oder Dienststellen der Bundeswehr im Vollzug gelten die Vorschriften der Wehrbeschwerdeordnung.

§ 21. Einschränkung von Grundrechten

Das Grundrecht der körperlichen Unversehrtheit (Artikel 2 Abs. 2 Satz 1 des Grundgesetzes) sowie das Grundrecht des Postgeheimnisses (Artikel 10 Abs. 1 des Grundgesetzes) werden nach Maßgabe dieser Verordnung eingeschränkt.

§ 22. *(aufgehoben)*

§ 23. Inkrafttreten

(1) Diese Verordnung tritt am Tage nach ihrer Verkündung in Kraft.

(2) Gleichzeitig treten die Rechtsverordnung über den Vollzug des Strafarrestes vom 25. August 1958 (Bundesgesetzbl. I S. 647) und § 29 der Verordnung über den Vollzug des Jugendarrestes vom 12. August 1966 (Bundesgesetzbl. I S. 505) außer Kraft

Sachverzeichnis

Die fett gedruckten Zahlen bezeichnen die Paragrafen, die mager gedruckten Zahlen beziehen sich auf die Randnummern.

Sachverzeichnis

Fette Zahlen = Paragraphen

1612

Sachverzeichnis

Sachverzeichnis

Sachverzeichnis

Sachverzeichnis

Sachverzeichnis

Sachverzeichnis

Sachverzeichnis

Sachverzeichnis

Sachverzeichnis

Sachverzeichnis

Sachverzeichnis

Sachverzeichnis

Sachverzeichnis

Sachverzeichnis

Sachverzeichnis

Sachverzeichnis

Sachverzeichnis

Sachverzeichnis

Sachverzeichnis

Sachverzeichnis

Sachverzeichnis

Sachverzeichnis

Sachverzeichnis

Sachverzeichnis

Sachverzeichnis

Sachverzeichnis

– „Schwänzen" **11** 15a–16a; **82** 34
– Weisungen **10** 24a
Schüler
– Gerichte **45** 20a
– sozio-ökonomischer Status **5** 39
Schutz der Allgemeinheit 5 25; **17** 6
Schwachsinnige 5 76
Schweigen (des Beschuldigten/Ange-
klagten, auch Schweigerecht) **17** 36;
18 30; **38** 63; **50** 32; **65** 10a; **68** 6a;
70c 14; **72** 7
Schweigepflicht
– des Arztes, Entbindung von der – **67** 3
Schwere der Schuld 17 45 ff.
– bei Aussetzung der Vollstreckung der
Jugendstrafe zur Bewährung **17** 12
– bei Aussetzung der Vollstreckung des
Strafrestes zur Bewährung **88** 9
– bei besonders/minder schweren Fällen
17 50
– bei erfolgsqualifiziertem Delikt **17** 53
– bei Fahrlässigkeit **17** 52
– deliktsbezogene Kriterien **17** 50 ff.
– erzieherische Indikation, Notwendigkeit der **17** 55 ff.
– jugendspezifische Bewertung **17** 46 ff.
– unzulässig bei Aussetzung der Verhängung der Jugendstrafe zur Bewährung
27 9
– Verhältnis zu schädlichen Neigungen
17 10 f.
Schwere des Schadens 17 50 f.
Schwergewicht
– bei mehreren Straftaten in verschiedenen Altersstufen **32** 10–14, 21; **105** 64
– Zweifel **32** 13
Schwurgerichtliche Zuständigkeit 41
5
Seelsorgerische Betreuung
– im Jugendstrafvollzug **89b** 30
Segregation 3 44
Sekundäre
– Viktimisierung **33–33b** 47
– Vollstreckungszuständigkeit **84** 7;
85 3
Selbstanpassung 5 36
Selbstbelastungsfreiheit (s auch
Schweigen) **50** 14; **72** 45b; **89c** 14, 15,
26, 42
Selbstkonzept 5 72a
Self-fullfilling prophecy 5 35
Serientäter 5 85b
Sexualdelikte 5 43a, 45–47; **92** 49
– Therapie **92** 57–59
Sexueller Missbrauch
– Richtlinien Strafverfolgung **33–33b** 46
– *s. Jugendschutzverfahren*

SGB VIII
– Verhältnis zum JGG **Einl.** 13, 37; **38**
6, 9
Sicherheit und Ordnung
– im Jugendstrafvollzug **92** 125 ff.
– im U-Haftvollzug **89c** 88 ff.
Sicherstellung 1 16
Sicherungsbelange
– und Maßregeln **7** 3
Sicherungshaft
– Anrechnung der – **58** 33
– keine Aussetzung des Vollzuges **58** 31
– befehl vor Widerruf **26, 26a** 14, 33;
58 18, 28–34; **59** 28
– entschädigung **58** 34
– Vollzug der – **58** 32
– bei Wiederholungsgefahr **17** 60; **72** 7
– Zuständigkeit **58** 26, 27
Sicherungsmaßnahmen
– vorläufige – vor Widerruf **58** 14–34
Sicherungsverfahren
– Voraussetzung **7** 7; **80** 13a, 16
– Zuständigkeit **40** 7
Sicherungsverwahrung Einl. 23; **7**
29–59; **41** 8; **43** 49a; **81a; 82** 48–52;
92 155–160, 176–180; **104** 18a; **106**
10–27; **108** 9, 12, 15; **109** 4
– Abstandsgebot **7** 4, 31, 36, 39, 42–44,
47, 49–51, 54; **83** 48–50; **92** 155–157,
167, 176, 180; **106** 11–14, 18, 19, 21,
27, 28
– Akteneinsicht **81a** 12
– Altfälle **7** 4, 43; **81a** 4; **106** 12
– nachträgliche – *s. dort*
– vorbehaltene **7** 4, 29, 36 f, 44 ff.; **106**
19 ff.
– **Vollzug 92** 155 ff.
– Arbeitsvergütung **92** 159
Sittliche Einsichtsfähigkeit 3 19
Sittliche Entwicklung
– Heranwachsender **105** 16
– Jugendlicher **3** 15
– von Soldaten **112a** 10
Sittliche Reife 3 15; **105** 16
Sitzungsniederschrift 51 11, 12, 23
Sitzungspolizei 2 45
Skin-Heads 5 42; **92** 51; **105** 37
Sofortige Beschwerde
– **gegen Aussetzung der Vollstreckung der Jugendstrafe zur Bewährung 55** 71; **59** 5, 8, 20
– neben Berufung **59** 15
– neben Revision **59** 16, 17
– gegen Entscheidung über die Beseitigung des Strafmakels **99** 9
– gegen Erzwingungshaft **82** 29–32,
37

Sachverzeichnis

Sachverzeichnis Fette Zahlen = Paragraphen

Staatssicherheit 104 7, 14
static-99/R 5 31a; **92** 47a
Steckbrief
– bei Haftbefehl vor Widerruf **58** 29
Stereotypisierung 14 12; **17** 21
Steuerungsfähigkeit 3 9, 17, 18
Stigmatisierung 3 29; **5** 53
– durch Bewährungshelfer **24** 6, 16
– durch heilerzieherische Behandlung **10** 59
– sprozesse **5** 49
Störung
– der Entwicklung **3** 44
Strafarrest
– Vollstreckungszuständigkeit **112a** 33
– Vollzug **92** 8; **112a** 33
Strafaussetzung zur Bewährung *s. Aussetzung der Jugendstrafe zur Bewährung*
Strafausspruch
– keine Bindung an – bei Einbeziehung **31** 38
Strafausstand 82 38
Strafbefehl
– Abgabe **42** 20
– Einschränkung der Rechtsfolgen **109** 57
– Einspruch **79** 3, 7
– gegen Heranwachsende **79** 2; **105** 9, 11, 13; **107** 13; **109** 57–66
– Beteiligung der JGH **107** 13
– nicht gegen Jugendliche **79** 1, 3
– Nichtigkeit **79** 6
– Zuständigkeit **109** 63
Strafbemessung
– und Aussetzung zur Bewährung **21** 4
– Doppelverwertungsverbot **17** 30; **18** 27, 40
– und erzieherische Belange **18** 14 ff.
– **Jugendstrafe**
  – besonders /minderschwerer Fall **18** 25 f.; **36** 2; **54** 8
  – Geständnis **18** 31
  – **Unrecht der Tat 18** 24 ff.
  – verminderte Schuldfähigkeit **18** 26
– Schuldausgleich **18** 35 ff.
– Spielraumtheorie **18** 36
– Verfahrensverzögerung **18** 44 ff.
– Versuch **18** 27
Strafdrohung
– des allgemeinen Strafrechts, Einordnung der Tat **4** 3
Straffälligkeit
– von Eltern **3** 28; **5** 55
– Entstehung von – **5** 29
– Bedeutung für Prognose **5** 37, 38

Strafgerichte
– Jugendgerichte als – **33–33b** 9
Strafgewalt *s. Rechtsfolgenkompetenz*
Strafmakel
– Beseitigung des – **26, 26a** 29
Strafmündigkeit Einl. 13; **1** 11; **3** 3
– Urteilsgründe **54** 30, 47
Strafrahmen
– bei Einbeziehung **31** 11
– der Jugendstrafe **18** 2 ff.
Strafrechtlich
– erfasstes Verhalten **5** 53
Strafrechtliche
– Erfassung **3** 45; **5** 56
– **Verantwortlichkeit 3**
  – Voraussetzung für Entscheidung gem. § 45 **45** 8
  – Entziehung der Fahrerlaubnis trotz fehlender – **7** 71
  – im Nachverfahren **30** 19
  – und Schwere der Schuld **17** 49
– Voraussetzung für § 32 **32** 3
Straftat
– **in verschiedenen Altersstufen 1** 4
– gleichzeitige Aburteilung **32** 2, 16
– als Voraussetzung für Rechtsfolgen des Jugendstrafrechts **5** 23
Straftatbestände Einl. 54
– Auslegung, jugendgemäße **2** 26 ff.
– Garantiefunktion **2** 26 ff.
– keine Sonderregelung im Jugendstrafrecht **2** 26 f.
Strafunmündigkeit *s. Kinder*
Strafunterbrechung 31 50
Strafverfolgungsintensität 5 39
Strafverfolgungsverjährung *s. Verfolgungsverjährung*
Strafvollstreckung *s. Vollstreckung*
Strafvollstreckungskammer 82 6, 51; **83** 7; **85** 11, 12, 22; **88** 33, 48; **89b** 34; **92** 161, 177, 180; **93a** 12
– Entscheidung über Aussetzung der Vollstreckung des Restes der Freiheitsstrafe zur Bewährung **83** 3; **89a** 2, 4, 5
– Vollstreckung von Strafarrest **112a** 33
Strafvollstreckungsverjährung 28 6
Strafvollzug *s. Jugendstrafvollzug, Jugendstrafvollzug, Vollzug*
Strafvollzugsgesetz 92 6
Strafzumessung *s. Strafbemessung, Jugendstrafe, Rechtsfolgen*
Straße, Gesetz der – 5 76b
Straßenkinder 5 42, 58
Straßenkultur 5 68
Straßenkompetenz 5 76b

1648

Sachverzeichnis

Sachverzeichnis

Sachverzeichnis

Urteil
- abgekürztes **16a** 17; **54** 26
- Absetzung **82** 39–41
- Begründung **5** 89, 90; **54** 24–41
- Bekanntmachung **54** 7
- Diskrepanz zwischen Tenor und Gründen **54** 51
- Einbeziehung **31** 37, 59–65; **54** 20
- Fehl- *s. dort*
- nachträgliche Einbeziehung durch – **66** 24
- sformel **5** 91; **54** 5, 8; **61, 61a** 8
- sgründe **10** 78, 79; **16a** 17; **18** 47; **54** 5; **61, 61a** 9; **109** 27
  - Aufbau **54** 28–41
  - vor dem Erwachsenengericht **104** 11
  - **Mitteilung 54** 45–46
- schriftliche – **54** 45, 46
- **gegen Heranwachsende 54** 2
- bei Anwendung von § 106 **54** 8
- Kostenentscheidung **54** 23
- Nichtigkeit **1** 35 ff.; **31** 10
- Öffentlichkeit **48** 22
- Persönlichkeitsschilderung **54** 28
- Rechtsmittelbelehrung **54** 44
- Revision **54** 47
- Tenor **54** 8–12
- im vereinfachten Jugendverfahren **76–78** 3
- Zustellung **54** 6

Verantwortlichkeit
- bei Gesetzeskonkurrenz **3** 7
- von Jugendlichen **3** 4–30
- fehlende – im Nachverfahren **30** 19
- bei Tateinheit **3** 6
- bei Tatmehrheit **3** 8
- Verhältnis zur allgemeinen Schuldfähigkeit (Ausschluss, Minderung) **3** 33–35, 39
- nicht behebbare Zweifel **3** 4

Verantwortungsreife 3 9–20
- Kategorien für Fehlen der – **3** 21–30
- wissenschaftliche Erkenntnisse **3** 10–14

Verbindung
- bei Verfehlungen in verschiedenen Altersstufen **103** 28–32; **109** 8
- betr Erziehungsbeistandschaft und Hilfe zur Erziehung nach § 12 Nr. 2 **8** 8
- erzieherische Eignung **8** 1, 12
- mehrerer Strafsachen, Voraussetzung **103** 9–12
- Rechtsmittelzug **103** 17
- unzweckmäßige – **8** 12 ff.
- verschiedener Arrestarten **16** 30
- Vollzugsgestaltung **16a** 3 f., 8

- der Reaktionsmittel des JGG **8; 15** 12
  - mit Betreuungsweisung **10** 22
  - mit Maßregeln **8** 5
  - mit Nebenstrafen und -folgen **8** 4
  - unzulässige – **8** 6 ff.
- **von Jugendarrest** gem. § 16a *s. Kopplungsarrest*
- von mehreren Verfahren gegen denselben Jugendlichen **103** 27
- **von Verfahren 32** 19
  - gegen mehrere Jugendliche **103** 26
  - gegen Jugendliche oder Heranwachsende und gegen Erwachsene **103** 7
  - gegen Jugendliche und Heranwachsende **103** 25; **109** 9
- Zuständigkeit **103** 13–17
- Zuständigkeit nach Abgabe **103** 19

Verbot
- der Doppelbestrafung **7** 31, 48, 60
- der Doppelverwertung **18** 30
- der Schlechterstellung *s. dort*

Verbotsirrtum
- und Altersreife **3** 32

Verbrauch der Strafklage
- kein – bei Absehen von der Verfolgung **45** 31
- durch formloses Erziehungsverfahren **45** 33

Verdacht
- der Beteiligung der Erziehungsberechtigten **67** 17

Verdunkelungsgefahr
- Voraussetzung zur U-Haft **72** 7

Vereidigung
- von Sachverständigen **2** 51
- von Zeugen **2** 51

Vereinfachtes Jugendverfahren
- Abgabe **76–78** 19
- Ablehnung der Entscheidung im – **76–78** 15
- Antrag des Staatsanwaltes als formelle Voraussetzung **76–78** 7–13
- Anwendungsbereich **76–78** 4–6
- Beschleunigung **76–78** 3–9, 15, 27, 32
- Einstellung des Verfahrens **47** 3
- keine Entscheidung gem. § 27 **27** 10
- keine Entscheidung über Eröffnung des Hauptverfahrens **76–78** 20
- nicht vor dem Erwachsenengericht **76–78** 1
- Unterschied zum formlosen jugendrichterlichen Erziehungsverfahren **76–78** 3
- gegen Heranwachsende **76–78** 2
- Beteiligung der JGH **38** 47
- Mitteilungspflicht **76–78** 24, 32

Sachverzeichnis

Sachverzeichnis

Fette Zahlen = Paragraphen

Verletztenbefugnisse Einl. 53; 2 53 ff.;
80 14, 15
– anwaltlicher Beistand 80 15
Verletztenbeistand s. *Beistand*
Verletzter
– Anwesenheitsrecht in der Hauptver-
handlung 48 16
– Entschädigung 81
– Erziehungsberechtigter und gesetzli-
cher Vertreter 48 16; 51 20
– Interesse an der Verfolgung von Privat-
klagedelikten 80 7
– Schutzbedürftigkeit, besondere 41 7b,
7c
Verlust
– der Fähigkeit, öffentliche Ämter zu be-
kleiden und Rechte aus öffentlichen
Wahlen zu erlangen 6
Verminderte Schuldfähigkeit 3 34,
35; 5 81a; 18 26
Vernehmung
– Anhörungsbogen 70c 12
– Anwesenheitsrecht Eltern 67 11a ff.
 – audiovisuell 33–33b 58 ff.; 70c 14,
 18 ff.
– Begriff der – 70c 4 f.
– Beistandspersonen 67 11h ff.
– Belehrung des Beschuldigten, Verwertungsverbot bei Verletzung 67 11d f.,
70c 5, 14 f.
– des Beschuldigten zur Persönlichkeitserforschung im Vorverfahren 44 2 f.
 – Dys-/Funktionalität 44 4 ff.
 – Überführungstendenz 44 6
 – Verfahren 44 10 f.
 – vernehmende Person 44 8 f.
– des Beschuldigten zur Tataufklärung
44 5; 70c
 – nach erziehungspsychologischen Erkenntnissen 70c 16
 – von Heranwachsenden 109 13
– des JGH-Vertreters als Zeugen 38 43
– Konsultationsrecht Eltern 67 11c ff.
– Konsultationsrecht Verteidiger s. *Verteidiger*
– Protokoll 70c 14, 23
– des Sachverständigen 43 62
– Sofortvernehmung 68b 4 ff.; 70c 29
– Übersetzung 70c 13
– Unterbrechung/Verschiebung 70c
24 ff.
– sfähigkeit 70c 13
 – verbotene -smethoden 70c 17
– von Kindern 1 12
– vor dem Erwachsenengericht 104 20
 – im Vorverfahren 67 11a; 68a 8 ff.;
 68b 4 ff.; 70c 2

– Wartepflicht (Eltern) 67 11i, 11c
– Wartepflicht (Verteidiger) 70c 28
Verpflichtung nach § 12 Nr. 2 50 17;
55 36, 41, 42, 44, 49, 77
– *(s. auch Hilfe zur Erziehung –)*
Verschlechterungsverbot
– Einheitsstrafe 31 68
– Verhältnis der besonderen Rechtsfolgen des JGG zu Freiheits- und Geldstrafe 55 86–91
– betr Heranwachsende 105 69
– bei Jugendstrafe 17 64; 18 5
– Kostenentscheidung 74 23
– bei nachträglicher Einbeziehung 66 7
– betr einzelne Rechtsfolgen 55 73–95;
 s. *auch bei den einzelnen Rechtsfolgen*
– **im vereinfachten Jugendverfahren**
55 24
– betr Ordnungswidrigkeiten 76–78 36
Verselbständigung
– des Jugendlichen 12 14
Versicherung bei Durchführung
– von Auflagen 15 4, 13a
– bei Arbeit im Jugendstrafvollzug 92
123
– von Weisungen 10 21
Verstandesreife
– Nebenklage 33–33b 45c
– strafrechtliche Verantwortlichkeit 3 16
Verständigung s. *Absprache*
Verständlichkeit
– der Anklageschrift 46 8
Verstoß
– gegen Bewährungsweisungen und
-auflagen 30 6
– gegen Weisungen und Auflagen 26,
26a 8
Verteidiger
– Recht auf Akteneinsicht 68 14 f.;
76–78 24
– Anbahnungsgespräch 72 16
– Anfechtungsrecht 54 6
– Anklageschrift an – 46 11
– **Recht auf Anwesenheit**
 – im Ermittlungsverfahren 68 6a, 20;
 68b 8
 – in der Hauptverhandlung 48 15; 51
 19; 68 20
 – Verzicht auf – 70c 26 ff.
– Aufgaben 68 6 ff.
– bei Ausschluss des Erziehungsberechtigten und des gesetzlichen Vertreters
67 20; 68 29 f.
– vor dem Erwachsenengericht 68 1;
104 15
– erzieherische Befähigung 68 9 ff., 68a
25

1654

Sachverzeichnis

Sachverzeichnis

Sachverzeichnis

Fette Zahlen = Paragraphen

1658

Sachverzeichnis

Sachverzeichnis